U0596401

国家出版基金项目
NATIONAL PUBLICATION FOUNDATION

〔唐〕魏徵 等撰

點校本二十四史修訂本

隋書

第一册

卷一至卷一二

中華書局

圖書在版編目(CIP)數據

隋書/(唐)魏徵等撰. —北京:中華書局,2020.11
(點校本二十四史修訂本)
ISBN 978-7-101-14826-8

Ⅰ.隋… Ⅱ.魏… Ⅲ.中國歷史-隋代-紀傳體
Ⅳ.K241.042

中國版本圖書館 CIP 數據核字(2020)第 196027 號

責任編輯:孫文穎　劉彥捷　王　勖
責任校對:許尚宜　宋梅鵬

點校本二十四史修訂本
隋　書
(全六册)
〔唐〕魏　徵 等撰
*
中華書局出版發行
(北京市豐臺區太平橋西里 38 號　100073)
http://www.zhbc.com.cn
E-mail:zhbc@zhbc.com.cn
北京瑞古冠中印刷廠印刷
*
880×1230 毫米 1/32 · 69¾印張 · 16 插頁 · 1360 千字
2020 年 11 月北京第 1 版　2020 年 11 月北京第 1 次印刷
印數:1-5000 册　定價:280.00 元

ISBN 978-7-101-14826-8

帝紀第一　隋書一

特進臣魏徵上

高祖上

高祖文皇帝姓楊氏諱堅弘農郡華陰人也漢太尉震八代孫鉉仕燕為北平太守鉉生元壽後魏代為武川鎮司馬子孫因家焉元壽生太原太守惠嘏嘏生平原太守烈烈生寧遠將軍禎禎生忠忠即皇考也皇考從周太祖起義關西賜姓普六茹氏位至柱國大司空隋國公薨贈太保謚曰桓皇妣呂氏以大統七年六月癸丑夜生高祖於馮翊般若寺紫氣充庭有尼來自河東謂皇妣曰此兒所從來甚異不可於俗間處之尼將高祖舍於別館躬自撫養皇妣嘗抱高祖忽見頭上角出徧體鱗起皇妣大駭墜高祖於地尼自外入見曰已驚我兒致令晚得天下為人龍顏額有五柱入頂目光外射有文在手曰王長上短下沈深嚴重初入太學雖至親不敢狎也年十四京兆尹薛善辟為功曹十五以太祖勳授

宋刻遞修本（中國國家圖書館藏）

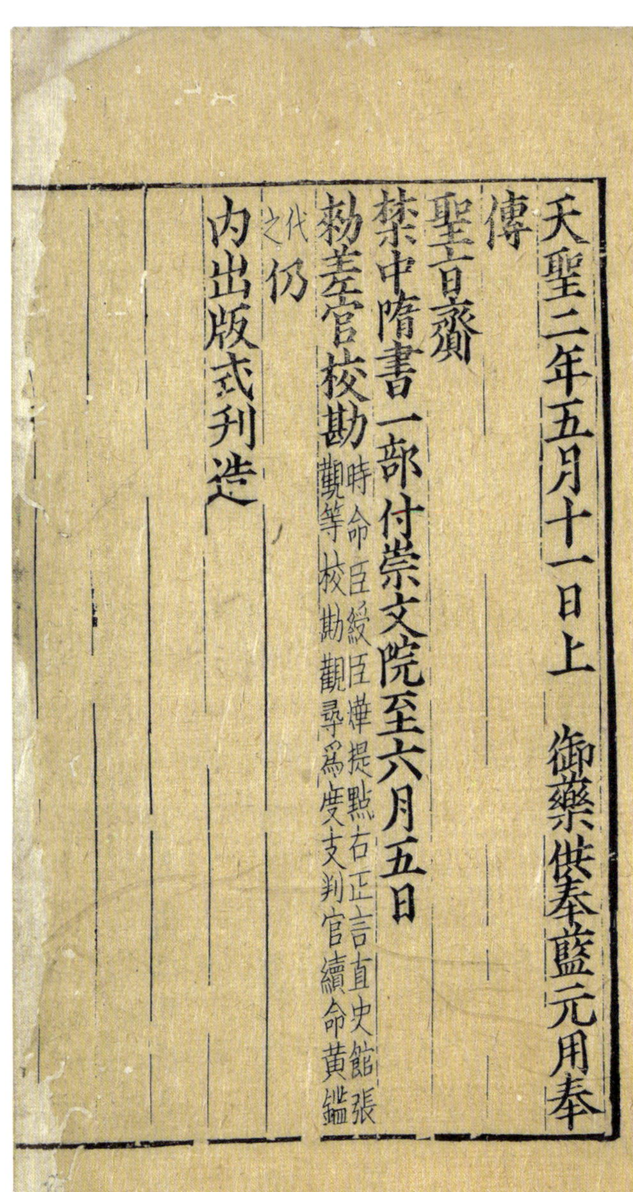

天聖二年五月十一日上　御藥供奉藍元用奉

傳

聖旨齎

禁中嗜書一部付崇文院至六月五日

勅差官校勘時命臣綬臣樺提點右正言直史館張觀等校勘觀尋爲度支判官續命黄鑑代之仍

内出版式刊造

二一　宋刻本（中國國家圖書館藏）

鶉雉爲領褾各八
六嬪六卿之內子自翟衣而下七雉衣皆七等以
翟雉爲領褾各七
上媛上大夫之孺人自青衣而下六
中媛中大夫之孺人自朱衣而下五
下媛下大夫之孺人自黃衣而下四
御婉士之婦人自素衣而下三
中宮六尚一曰緅衣（其色赤而微玄）諸命秩之服曰公服
其餘常服曰私衣皇后華皆十有二樹諸侯之夫
人亦皆以命數爲之節三妃三公夫人已下又各

宋刻本（上海圖書館藏）

辰晦日有蝕之九月景辰降囚徒庚申以邵國公楊綸爲滕王乙丑以柱國杜彥爲雲州總管冬十月乙卯上柱國華陽郡公梁彥光卒

十四年夏四月乙丑詔曰在昔聖人作樂崇德移風易俗於斯爲大自晉氏播遷兵戈不息雅樂流散年代已多四方未一無由辨正賴上天鑒臨明神降福拯茲塗炭安息蒼生天下大同歸於治理遺文舊物皆爲國有比命所司總令研究正樂雅聲詳考已訖宜即施用見行者停人間音樂流僻日久棄其舊體競造繁聲浮宕不歸遂以成俗宜加禁約務存其本五月辛酉京師地震關內諸州旱六

四　元大德饒州路儒學刻明正德嘉靖遞修公文紙印本（中國國家圖書館藏）

隋書第二十五卷

監修國史趙國公長孫無忌等撰

志第二十

刑法

夫刑者制死生之命詳善惡之源翦亂誅暴禁人爲非者也聖王仰視法星旁觀習坎彌縫五氣取則四時莫不先春風以播恩後秋霜而動憲是以宣慈惠愛導其萌芽刑罰威怒隨其肅殺仁恩以爲情性禮義以爲綱紀養化以爲本明刑以爲助上有道刑之

五　元至順三年瑞州路儒學刻明修本（中國國家圖書館藏）

列傳卷第四十　　隋書七十五

特進臣魏徵上

儒林

儒之爲教大矣其利物博矣篤父子正君臣尚忠節重仁義貴廉讓賤貪鄙開政化之本源鑿生民之耳目百王損益一以貫之雖世或汙隆而斯文不墜經邦致治非一時也涉其流者無祿而富懷其道者無位而尊故仲尼頓挫於魯君孟軻抑揚於齊后荀卿見珍於彊楚叔孫取

萬曆二十二年刊　隋書列傳卷四十　一

六　明萬曆二十二年至二十三年南京國子監刻明清遞修本（北京中華書局圖書館藏）

爲兵部尚書雍州牧衛王爽爲原州總管甲申使使弔於陳國乙
酉上柱國李充破突厥於馬邑戊子以上柱國叱李長叉爲蘭州
總管辛卯以上開府爾朱敞爲徐州總管景申詔曰朕祗奉上玄
君臨萬國屬生人之敝（宋本作弊後倣此）處前代之宮常以爲作之者勞居之者逸
改創之事心未遑也而王公大臣陳謀獻策咸云羲農以降至于
姬劉有當代而屢遷無革命而不徙曹馬之後時見因循乃末代
之宴安非往聖之宏義此城從漢彫殘日久屢爲戰場舊經喪亂
今之宮室事近權宜又非謀筮從龜瞻星揆日不足建皇王之邑
合大衆所聚論變通之數具幽顯之情同心固請詞情深切然則
京師百官之府四海歸向非朕一人之所獨有苟利於物其可違
乎且殷之五遷恐人盡死是則以吉凶之土制長短之命謀新去
故如農望秋雖暫劬勞其究安宅今區宇寧一陰陽順序安安以

明崇禎八年毛氏汲古閣刻本（北京中華書局圖書館藏）

射唐固注梁有春秋穀梁傳十五卷漢諫議大夫尹更始撰亡春秋穀梁傳十二卷魏樂平太
守麋信注穀梁傳十卷晉堂邑太守張靖注梁有春秋穀梁傳十三卷晉給事郎徐乾注春秋穀梁傳
十卷胡訥集解亡春秋穀梁傳十六卷程闡撰春秋穀梁傳十四卷
孔衍撰春秋穀梁傳十二卷徐邈撰春秋穀梁傳十四卷段肅注疑
漢人春秋穀梁傳五卷孔君指訓殘缺梁十四卷春秋穀梁傳十二卷范甯
集解梁有穀梁音一卷亡春秋穀梁傳四卷殘缺張程孫劉四家集解麋信理何氏
漢議二卷魏人撰春秋穀梁傳義十卷徐邈撰春秋議十卷何休
撰徐邈荅春秋穀梁義三卷○薄叔玄問穀梁義二卷梁四
卷春秋穀梁傳例一卷范甯撰春秋公羊穀梁傳十二卷晉博
士劉兆撰春秋穀梁廢疾三卷何休撰鄭玄釋張靖箋春秋公羊穀梁二

八　百衲本影印元大德刻本（北京中華書局圖書館藏）

隋書整理人員名録

原點校者　汪紹楹　陰法魯
　　　　　鄧經元
修訂主持人　吴玉貴　孟彦弘
修訂承擔單位　復旦大學
修訂組成員　吴玉貴　孟彦弘
編輯組成員　許逸民　馮寶志　孫文穎　劉彦捷　王　勖

點校本二十四史及清史稿修訂緣起

以「二十四史」及清史稿爲代表的紀傳體史書，記載了中國古代從傳説中的黄帝到辛亥革命結束清朝統治前各個朝代的歷史概貌，以歷代王朝的興亡更替爲先後，反映了中國的歷史進程，構成了關於中國古代政治、經濟、軍事、科技、思想文化、社會風俗等各個方面最爲重要的基本史料，使中國和中華民族成爲世界上惟一擁有數千年連貫、完整歷史記載的國家和民族。這是中華民族引以爲榮並值得進一步發揚光大的寶貴歷史文化遺產。

爲了更好地傳承與保護這份珍貴的歷史文化遺産，二十世紀五十至七十年代，在毛澤東主席、周恩來總理的親自部署和國家有關部門的直接領導下，由中華書局承擔組織落實和編輯出版工作，集中全國學術界、出版界的力量，完成了「二十四史」及清史稿的點校整理和出版。從一九五八年九月標點「前四史」及改繪楊守敬地圖工作會議召開，次年九月點校本史記問世，到一九七八年點校本宋史完成出版，整理工作歷時二十年，其間不斷完善點校體例，逐史加以標點、分段、校勘、正誤、補闕，所積累的科學整理方法和豐富的實踐經驗，爲傳統文獻的整理做出了寶貴的探索，確立了現代古籍整理的基本範式和標準。點校本出版之後，以其優秀的學術品質和適宜閱讀的現代形式，逐漸取代了此前的各種舊本，爲學術界和廣大讀者普遍採用，成爲使用最廣泛的權威性通行本。

點校本「二十四史」及清史稿從開始出版，至今已超過半個世紀，上距一九七八年宋史出版，點校工作完成，也已經過去了三十多年。點校本「二十四史」及清史稿的整理出版工作，由於受到當時種種客觀條件的制約，加之整理出版過程歷時綿長，時間跨度大，參與點校者時有變動，點校體例未能統一，或底本選擇不够精當，或校勘過於簡略，或標點間有失誤，各史都存在着不同程度的缺憾。爲適應新時代學術發展和讀者使用的需求，亟需予以全面修訂。

中華書局於二〇〇五年開始籌備「二十四史」及清史稿的修訂工作，梳理學術界關於點校本的意見建議，清理點校工作原始檔案，進一步明確修訂工作重點。二〇〇六年四月召開專家論證會，得到了學術界的積極響應。其後，在新聞出版總署、中國出版集團公司和社會各界學術力量的支持下，正式組建了點校本「二十四史」及清史稿修訂工程組織機構，擬定了修訂工作的各項具體規定，包括修訂工作總則、修訂工作流程，以及標點分段辦法舉例、校勘記寫法細則舉例等一系列規範性文件，並在全國範圍内通過廣泛調研，遴選確定了各史修訂承擔單位和主持人。

點校本「二十四史」及清史稿，是二十世紀中國古籍整理的標誌性成果，修訂本是原點校本在新的歷史時期的延續。修訂工作在原有點校本基礎上展開，嚴格遵守在點校本基礎上進行適度、適當修訂和完善的原則，通過全面系統的版本覆核、文本校訂，解決原點校本存在的問題，彌補不足，力求在原有基礎上，形成一個體例統一、標點準確、校勘精審、閱讀方便的新的升級版本。

修訂工作的總體目標，主要包括兩個方面：一，保持點校本已取得的整理成果和學術優勢，通過各個修訂環節，消弭點校本存在的缺憾，並認真吸收前人與時賢的研究成果，包括當代學術研究的新發現（文物、文獻資料）、新結論（學術定論），使修訂本成爲符合現代古籍整理規範、代表當代學術水準、能够體現二十一世紀新的時代特點的典範之作。二，解決原點校本各史體例不一的問題，做到體例基本統一，包括：規範取校範圍、校勘取捨標準、分段及校勘記、標點方式；撰寫各史修訂本前言、凡例；編製主要參考文獻目録及其他附録、索引。

早在一九六〇年，時任國務院古籍整理出版規劃小組組長的齊燕銘同志，就曾對點校本「二十四史」提出過兩點明確的要求，其一是在學術成果上「超越前人」；其二是經過重版修訂使之「成爲定本」。點校本的學術業績，獲得了學術界和廣大讀者的高度評價和廣泛採用，經過全面修訂，希望能在保持原有學術優勢的基礎上完善提高，進一步確立並鞏固點校本「二十四史」及清史稿的現代通行本地位，「成爲定本」還需要廣大讀者的檢驗和今後不斷的努力。

點校本「二十四史」及清史稿整理工作自二十世紀五十年代起始，至本世紀全面修訂再版，五十餘年間，一代又一代學者如同接力賽跑，前赴後繼，爲之默默奉獻，傾盡心力。點校本的學術成就和首創之功，以及其間展現的幾代人鍥而不捨的爲學精神，將澤被學林，彪炳史册！ 值此修訂本出版之際，我們向所有參加過點校工作的前輩學者和出版工作者，表示崇高的敬意，對已故前輩表達深切的懷念，向承擔本次修訂的各位學者專家表示誠摯的謝意，向國家出版基金管理委員會及其辦公室、各史點校和修訂承擔單位、各相關圖書收藏機構，以及關注和支持本次修訂工作的社會各界人士，謹致由衷的謝忱。

中華書局編輯部　二〇一三年七月

點校本隋書修訂前言

隋書是唐魏徵、長孫無忌領銜編撰的官修紀傳體正史。全書八十五卷，包括帝紀五卷、列傳五十卷、志三十卷。紀、傳記載隋朝史事，志則涵括梁、陳、北齊、北周和隋五朝，故又稱五代史志。

一

北周大定元年（五八一）二月，周靜帝宇文闡禪位於外戚楊堅，楊堅稱帝，國號「隋」，是爲隋文帝。隋開皇三年（五八三）移都大興城（今陝西西安），九年正月，隋軍南下滅陳，南北統一，結束了近三百年南北分治的局面。隋文帝躬行節儉，整飭吏治，寬簡刑法，輕徭薄賦。廢除傳統的辟舉制，六品以下官吏統一由中央吏部任命。廢止九品中正制，推行科舉制，並始設對後世影響深遠的進士科。廢止模仿「周禮」建立的中央官制，逐漸形成三省六部制。在隋文帝統治的二十多年間，府庫充實，社會繁榮，隋朝進入鼎盛時期。

仁壽四年（六〇四）七月，煬帝楊廣即位。隋煬帝時，統治中心東移，東都洛陽成爲第二個政治中心，並最終完成了北起涿郡、南抵餘杭，貫通南北的「大運河」的開鑿。煬帝好慕虛名，東征西討，四處巡幸，濫用民力，以致民怨沸騰，羣雄並起。大業十三年（六一七）十一月，李淵率兵攻取長安，立煬帝之孫代王楊侑爲帝，是爲隋恭帝。次年三月，宇文化及、司馬德戡與裴虔通等在江都發動兵變，煬帝被縊殺。五月，隋恭帝禪位於李淵，李淵稱帝，唐朝建立。同月，洛陽留守羣臣擁立煬帝之孫越王楊侗爲帝，是爲隋哀帝，又稱皇泰主。後哀帝爲王世充罷黜，兩個月後被殺。隋朝歷三十八年而亡，成爲結束長期分裂局面之後一個短命的統一王朝。

二

隋書修撰始於唐朝建立之初，唐武德四年（六二一）十一月，起居舍人令狐德棻言於高祖，「近代已來，多無正史，梁、陳及齊，猶有文籍，至於周、隋，多有遺闕。當今耳目猶接，尚有可憑，如更十數年後，恐事跡湮没，無可紀録」，建議修史。次年十二月，朝廷下詔，稱「自有魏至乎陳、隋，莫不自命正朔，綿歷歲祀，各殊徽號，删定禮儀。然而簡牘未編，紀傳咸闕，炎涼已積，謡俗遷訛，餘烈遺風，泯焉將墜。顧彼湮落，用深軫悼，有懷撰次，實資良直」，因命蕭瑀、王敬業、殷聞禮修魏史，陳叔達、令狐德棻、庾儉修周史，封德彝、顔師古修隋史，崔善爲、孔紹安、蕭德言修梁史，裴矩、祖孝孫、魏徵修齊史，竇璡、歐陽詢、姚思廉修陳史。同時修撰的包括北朝的北魏、北齊、北周三代，南朝梁、陳兩代，以及作爲統一王朝的隋代的「正史」。此六代史書的修撰，歷時數載，「竟不能就而罷」（唐會要卷六三，又舊唐書卷七三令狐德棻傳）。

貞觀三年（六二九），設立專門機構，「於中書置祕書内省，以修五代史」（唐會要卷六三）。據舊唐書卷七三令狐德棻傳，由令狐德棻、岑文本修周史，李百藥修齊史，姚思廉修梁、陳史，魏徵修隋史，並與房玄齡總監諸代史的修撰。令狐德棻「又奏引殿中侍御史崔仁師佐修周史，德棻仍總知類會梁、陳、齊、隋諸史」。因魏史此前已有魏收、魏澹兩家，頗爲詳備，遂不再修。據舊唐書卷七一魏徵傳，孔穎達、許敬宗參撰隋史，魏徵「受詔總加撰定，多所損益，務存簡正。隋史序論，皆徵所作，梁、陳、齊各爲總論，時稱良史」。「五代史」的修撰歷時近八年，於貞觀十年（六三六）完成。「貞觀十年正月二十日，尚書左僕射房玄齡、侍中魏徵、散騎常侍姚思廉、太子右庶子李百藥孔穎達、禮部侍郎令狐德棻、中書侍郎岑文本、中書舍人許敬宗等，撰成周、隋、梁、陳、齊五代史，上之」（唐會要卷六三）。

貞觀十年修成包括隋書在内的「五代史」，只有紀、傳，都没有志。五代史志的修撰開始於貞觀十五年（六四一）。隋書宋天聖二年（一〇二四）刊本所附跋語稱，貞觀「十五年，又詔左僕射于志寧、太史令李淳風、著作郎韋安仁、符璽郎李延壽同脩五代史志。凡勒成十志三十卷。顯慶元年（六五六）五月己卯，太尉長孫無忌等詣朝堂上進，詔藏秘閣。後又編第入隋書，其實别行，亦呼爲『五代史志』」。舊唐書卷四高宗紀也記載，顯慶元年五月己卯，「太尉長孫無忌進史官所撰梁、陳、周、齊、隋五代史志三十卷」。五代史志包括禮儀志七卷、經籍志四卷、音樂志律曆志天文志百官志地理志各三卷、五行志二卷、食貨志刑法志各一卷。

貞觀三年開始修撰的「五代史」，紀、傳部分先成，且諸代各自名書，而續修成的五代史志則附入隋書，即所謂「編第入隋書」，所以五代史志又是隋書的志。北史卷一〇〇序傳即稱五代史志爲「隋書十志」，舊唐書卷四六經籍志序所引毋煚撰古今書録序，稱「所用書序，咸取魏文貞；所分書類，皆據隋經籍志」，亦視經籍志爲隋書的一部分。唐杜佑通典卷二三職官户部尚書云：「開皇三年，改度支爲民部，統度支、民部、金部、倉部四曹，國家修隋志，謂之户部，蓋以廟諱故也。」明確稱作「隋志」。他更在卷二五職官太常卿「奉禮郎」的自注中説：「奉禮本名理禮，國家撰五代史志，至永徽七年乃成，於時此官已改，故隋書百官志謂北齊及隋理禮皆爲奉禮。」將「五代史志」與「隋書百官志」並提，明顯是將五代史志視作隋書的一部分。舊唐書卷四六經籍志上著録隋書八十五卷，卷數與今本相合，而未另列「五代史志」或「隋書十志」。

隋書列傳在提到志時，往往與隋書諸志的實際名稱不符。如隋書卷四九牛弘傳記載，牛弘與姚察諸人定新樂，稱「事在音律志」，但隋書只有音樂志，並無音律志。再如卷六八閻毗傳，議輦輅車輿事，稱「語在輿服志」，而隋書並無輿服志，閻毗事見於禮儀志五。又如卷六六裴政傳記載他與長孫紹遠論音樂事，稱「語在音律志」，不僅音律志與音樂志名稱不盡相符，其事亦不見於音樂志，而在周書卷二六長孫紹遠傳（周書本卷原缺，今本係後人據節本或其他史料補）。這些事例表明，在修撰五代史紀、傳時，就已決定修志，並且初步擬定了諸志的名目和内容，但在後來五代史志修撰中又對篇目名稱有所調整。另外，五代史志的内容敍述也以隋朝爲主體，記述梁、陳、北齊、北周史事，一般都列舉朝代名，而對隋朝則往往僅稱帝號或年號，大概是在修志之初，即已決定要附入隋書。

關於隋書的修撰者，舊唐書卷七一魏徵傳稱「孔穎達、許敬宗撰隋史」，「隋史序論，皆徵所作」。舊唐書卷七三令狐德棻傳云：「祕書監魏徵修隋史，與尚書左僕射房玄齡總監諸代史。」舊唐書卷七三孔穎達傳云：「又與魏徵撰成隋史。」舊唐書卷一八九上敬播傳云：「有詔詣祕書内省佐顔師古、孔穎達修隋史。」唐劉知幾史通卷一二古今正史則謂「皇家貞觀初敕中書侍郎顔師古、給事中孔穎達共撰成隋書五十五卷」。隋書宋天聖二年刊本跋語稱「經籍志四卷，獨云侍中、鄭國公魏徵撰」，「紀傳亦有題太子少師許敬宗撰」，「房喬、志寧初並受詔」。又李延壽傳云，被詔與著作佐郎敬播同脩五代史志」，「天文、律曆、五行三志，皆淳風獨作」。五行志序，諸本云褚遂良作」，「今紀、傳題以徵，志以無忌，從衆本所載也」。相關史料所記各有側重，蓋前後經手非一，撰寫亦各有分工，故留下了不同的撰著者的記録，至宋人刊刻時方統一題署，紀、傳題魏徵，志題長孫無忌，沿襲至今。

三

隋王朝從建立到滅亡不足四十年。武德四年，令狐德棻建議修前代史，距隋亡也不過四五年的時間，已感慨「梁、陳及齊，猶有文籍，至於周、隋，多有遺闕」。隋書卷二六百官志序也説「南征不復，朝廷播遷，圖籍注記，多從散逸。今之存録者，不能詳備焉」。史通古今正史言及隋朝史書，僅舉王劭隋書八十卷、王胄大業起居注，稱「及江都之禍，仍多散逸」，都强調修撰隋書所能利用的資料頗爲有限。其實王劭是受朝廷委任修撰國史，侯白、辛德源、劉炫、劉焯、王孝籍等人都曾參與或協助他工作。隋書卷六九王劭傳云：「劭在著作，將二十年，專典國史，撰隋書八十卷。多録口勑，又採迂怪不經之語及委巷之言，以類相從，爲其題目，辭義繁雜，無足稱者，遂使隋代文武名臣列將善惡之迹，堙没無聞。」「多録口勑」、「又採迂怪不經之語及委巷之言」、「以類相從」云云，只是説該書蕪雜叢脞，不合史家體例，並不妨礙書中收集和保存了大量的隋朝史料。

隋書經籍志史部著録了不少有關隋朝的史書，如隋開皇起居注六十卷、開業平陳記二十卷、東宫典記七十卷、隋開皇令三十卷、隋大業令三十卷等。這些史書，都是唐初史臣修隋書經籍志時尚留存者，無疑都是修撰隋書的有用材料。如隋書本紀，特别是高祖本紀的編年繫日十分詳盡，倘無隋開皇起居注之類史籍爲依據，恐難做到。隋書的類傳，當也參考了如西域道里記三卷、諸蕃國記十七卷、裴矩隋西域圖三卷、大隋翻經婆羅門法師外國傳五卷等書。此外像牛弘隋朝儀禮一百卷、郎蔚之隋諸州圖經集一百卷、隋諸郡土俗物産一百五十一卷、區宇圖志一百二十九卷、隋大業正御書目録九卷等相關專門著述，應該也都是修撰隋書十志的重要史料。

隋朝享國短暫，隋書修撰者距隋亡國很近，「耳目猶接，尚有可憑」，基本屬於「當時人寫當時事」，這就使隋書的記載更具「原始性」，一定程度上減少或避免了因史料改篡而導致的失實問題。隋書列傳中有不少兼跨前後代的人物。對這類人物處理，隋書大都採取了上限寬、下限嚴的方式，即對傳主在前代的事迹多有追述，而對入唐人物則僅記其在隋朝的行事。

列傳編撰者還盡力提示了與傳主事迹相關的「史莫能詳」的人物綫索。如卷四六張煚傳末附劉仁恩、郭均、馮世基、庫狄嶔，稱「此四人俱顯名於當世，然事行闕落，史莫能詳」。又如卷六四末，稱「時有將軍鹿愿、范貴、馮孝慈，俱爲將帥，數從征討，並有名於世。然事皆亡失，故史官無所述焉」。卷六五趙才傳末，稱「仁壽、大業間，有蘭興浴、賀蘭蕃，俱爲武候將軍，剛嚴正直，不避强禦，咸以稱職知名」。這種連類牽舉的修撰手法，保存了史料不足徵的一些重要人物，並留下了考查的綫索，近年新發現的劉仁恩、郭均、范安貴（即范貴）墓誌，正可彌補原書「史官無所述」的缺憾。

隋書十志佔隋書近半篇幅，史料價值甚高，歷來備受重視。天文志、律曆志是對南北朝以來天文、曆法及度量衡制度演變和成就的總結。地理志所載乃隋大業五年平定吐谷渾更置四郡之初的版圖，同時還記録了南北朝後期的建置沿革。音樂志記録了不同地區不同民族的絢爛多彩的音樂文化及其交融情形，是研究中古時期文化交流的寶貴資料。食貨志和刑法志，是除魏書以外，系統記載這一時期經濟、法制等内容的僅有的專志。經籍志以「見存」爲基礎，標注别本及已亡，對蕭梁至隋典籍存佚進行了全面清理，是研究東漢以來學術發展的主要依據。它所確立的經、史、子、集的傳統典籍四部分類法，被後代奉爲圭臬，在中國古代目録學史上具有重要地位。

典章制度最重流變，但典制的變動與朝代的更替往往並不同步。隋書十志對典制沿革的「完整性」有清醒且充分的認識和自覺，這表現在對典制溯源「接續」的處理上。史通斷限曾批評宋書、隋書斷限不嚴，「宋史則上括魏朝，隋書則仰包梁代」。這個批評顯然並不恰當。因隋書十志原本就是「五代史」志，理應包括梁、陳、北齊、北周的内容。五代而外，十志常常又上溯前代，如音樂志常溯及宋、齊諸朝，食貨志則從「晉自中原喪亂，元帝寓居江左」談起，這就使十志的内容與續漢書志、宋書志、南齊書志、魏書志等前代史書所載典制得以銜接。這種突破史書朝代「斷限」的撰述方式，體現了修撰者對典制沿革的異常重視，也爲研究典章制度的流變提供了難得的系統史料和重要參考。

四

隋書至遲於宋天聖二年即已刊刻流傳。宋會要輯稿卷一三一崇儒四之六記載：「仁宗天聖二年六月，詔直史館張觀、集賢校理王質晁宗慤李淑、祕閣校理陳詁、館閣校勘彭乘、國子監直講公孫覺校勘南北史、隋書，及令知制誥宋綬、龍圖閣待制劉燁提舉之。綬等請就崇文内院校勘，成，復徙外館。又奏國子監直講黄鑑預其事。隋書有詔刻板，内出板樣示之，三年十月版成。」隋書刻板，是北宋王朝陸續校勘、刊刻五經、正史工作的一部分。此前已校刊史記、前後漢書、三國志、晉書、(舊)唐書，此後則又刊行南北朝「七史」。今流傳於世的隋書宋天聖二年刊本末附跋文也稱：「天聖二年五月十一日，上御藥供奉藍元用奉傳聖旨，齎禁中隋書一部，付崇文院。至六月五日，勑差官校勘，時命臣綬、臣燁提點，右正言、直史館張觀等校勘。觀尋爲度支判官，續命黄鑑代之。仍内出版式雕造。」宋天聖刊本隋書，今已失傳。

現將目前所見隋書的主要刻本及其流傳情形略述如左：

一、宋甲本。原點校本稱宋刻遞修本，也稱「宋小字本」，半葉十四行，行廿五、六字。

今存六十五卷（卷一至九、卷一三至一五、卷一九至二六、卷三二至七六，卷七六殘，葉十三後缺），藏中國國家圖書館，有中華再造善本影印本。

二、宋乙本。原點校本稱「宋中字本」，半葉十行，行十九字。今存約八卷，其中五卷（卷二四、二五、八三至八五）藏中國國家圖書館，有中華再造善本影印本；另三卷（卷九至一一）藏臺北「國家圖書館」，卷一一至葉廿四止，其中葉十、十一及十八缺；上海圖書館藏有該卷葉廿七至卅九，其中葉廿九缺。

三、元大德本。即大德饒州路儒學刻本，原點校本稱「元十行本」。現存印本有覆刻、補刻及混配，混配之後的補板遞修等情況，極爲複雜。大德本刊板入明南監，遞經修印，直至萬曆重雕新板爲止。

四、元至順本。即至順瑞州路儒學刻本，原點校本稱「元九行本」，亦經明代修板。今將至順本與百衲本（所據底本爲大德本）通校，知至順本與大德本並非源自同一個系統的宋本。

五、明南監本。即明萬曆二十二年至二十三年南京國子監刻本，與元大德本一脈相承。

六、明北監本。即明萬曆二十六年北京國子監刻本，係據南監本刊刻。

七、明汲古閣本。即明崇禎八年毛氏汲古閣刻本，主要以南監本爲底本，據書中校語，知其曾通校宋本。

八、殿本。即清乾隆四年武英殿刻本，底本爲北監本。清張映斗書末識語稱：「宋本殘缺，乃以監本爲底本。此外完書備校者有南監本、汲古閣本，他本殘缺，亦可參校者，宋本外有兩舊本。」張元濟校史隨筆稱「殿本是書據宋刻校勘，故訛脱視他史爲少，然校刊官張映斗識語，謂宋本殘缺，乃以監本爲底本，故有時不免爲監本所誤」。四庫全書所收隋書即殿本，卷末考證與殿本悉同，又校過監本、汲古閣本及北史、通典等，校勘成果見四庫全書考證。

九、百衲本。百衲本以大德本爲底本影印，但其中既有大德原本，也有覆刻本，且有明代補板。張元濟盡量抽换了明代補板，通校了殿本，相異之處則再校汲古閣本；仍有不同，再校以監本，並作了不少描潤工作，成爲學界可讀可用的善本。

五

隋書原點校本由汪紹楹先生點校，後經陰法魯先生覆閲改定全稿，由鄧經元先生編輯整理，於一九七三年出版發行。此後又多次印刷，並有挖改。近半個世紀以來，點校本幾乎取代了其他各種版本，成爲最通行的版本，赢得了學術界的高度認可，深受廣大讀者的歡迎和信任。隋書修訂工作遵照點校本二十四史及清史稿修訂工作總則確定的修訂原則和工作程序進行。

據原點校本出版説明，隋書校勘採用了傳世的九種版本，並參校通典、太平御覽、册府元龜、資治通鑑、通志等書的有關部分。版本校勘「主要是用宋小字本和兩種元刻本互校，並參校其他刻本，擇善而從。版本校勘，一般不出校記」。採取的是不主一本、擇善而從的校勘方式。我們經過通校可以確知，原點校本所用工作本爲百衲本。此次修訂，仍以百衲本爲底本，既可以很好地與原點校本的工作相銜接，也便於保留和利用張元濟的校勘成果。

修訂工作嚴格遵守版本校勘的原則，以百衲本爲底本，通校宋甲本、宋乙本、元至順本、明汲古閣本，參校元大德本、明南監本、明北監本、清武英殿本，除明顯版刻訛誤外，凡有改動必出校記。在版本校的基礎上，運用本校、他校，大量利用了正史、類書、文集、墓誌等相關資料進行校勘。

修訂工作在原點校本基礎上進行，我們對原點校本的校改之處均一一覆核，充分尊重原點校本的成績，原校勘記需補充資料或論證者，適當加以增補；欠妥或失誤者，加以修改或删除；失校者，則補寫校勘記。分段、標點，明顯欠妥或錯誤者，酌情改訂，其餘悉從原書。

需要特别説明的一點是，百衲本的底本大德本的覆刻、補板情况極爲複雜，在覆刻或修板時，常參考利用後代的版本，加之百衲本影印時又作了修改描潤，所以百衲本的某些文字往往與南北監本、殿本相同，而與宋、元本乃至汲本相異。爲了彌補百衲本的這一缺憾，我們在必要時以異文校的形式，交待宋、元本等早期版本的情况。

修訂工作盡可能充分地吸收前人的研究和校勘成果，除原點校本曾系統利用的如錢大昕廿二史考異、李慈銘隋書札記、張森楷隋書校勘記、張元濟隋書校勘記、姚振宗隋書經籍志考證、楊守敬隋書地理志考證、岑仲勉隋書求是等外，我們對原點校本出版後學術界發表的成果，特别是散見的校讀札記，作了全面梳理利用（詳見書後所附主要參考文獻，此不贅舉）。這些研究和校勘成果，爲修訂工作提供了非常有價值的參考借鑒。希望通過科學、嚴謹的整理，爲學術界和廣大讀者提供一個較爲可靠、便於利用的修訂本。缺點錯誤，在所難免，懇請讀者指正。

點校本隋書修訂組

二〇一八年十二月

點校本隋書修訂凡例

一　中華書局一九七三年點校本隋書採用不主一本、擇善而從的校勘方法，所校版本有宋刻遞修本（校勘記中簡稱宋小字本）、宋刻本（簡稱宋中字本）、元大德饒州路刻本（簡稱元十行本，百衲本據以影印）、元至順瑞州路刻明修本（簡稱元九行本）、明南京國子監本、明北京國子監本、明汲古閣本、清武英殿本、清淮南書局本等九種版本，「主要是用宋小字本和兩種元刻本互校，並參校其他刻本，擇善而從。版本校勘，一般不出校記」（出版説明），形成了一個新的校本。此次修訂以百衲本（上海涵芬樓影印元大德刻本並借北平圖書館、江蘇省立國學圖書館藏本配補）爲底本。

二　修訂所用通校本及簡稱如下：

（一）宋甲本：中華再造善本影印中國國家圖書館藏宋刻遞修本；

（二）宋乙本：中華再造善本影印中國國家圖書館藏宋刻本，存五卷（卷二四、二五、

八三至八五),另三卷(卷九至一一)藏臺北「國家圖書館」,上海圖書館藏卷一一殘葉;

(三)至順本:中國國家圖書館藏元至順三年瑞州路儒學刻明修本;

(四)汲本:中華書局圖書館藏明崇禎八年毛氏汲古閣刻本。

三　修訂所用參校本及簡稱如下:

(一)大德本:中國國家圖書館藏元大德饒州路儒學刻明正德嘉靖遞修公文紙印本;

(二)南監本:中華書局圖書館藏明萬曆二十二年至二十三年南京國子監刻明清遞修本;

(三)北監本:中華書局圖書館藏明萬曆二十六年北京國子監刻清康熙二十五年補修本;

(四)殿本:上海古籍出版社、上海書店據涵芬樓一九一六年縮印清乾隆四年武英殿刻本影印二十五史本。

四　此次修訂係在原點校本的基礎上進行。原校勘記盡量予以保留,並作全面覆核;個別書證、表述欠妥或出校不審者,視具體情況,或增補潤飾,或徑予删除。

五　修訂本對原點校本的分段、標點大多加以繼承，少數分段、標點有誤或不妥者酌情予以修改。

六　此次修訂以版本校爲基礎，廣泛參校相關典籍，但尤重與隋書史源關係密切的史籍。如本紀、列傳，通校北史、通志、册府元龜、太平御覽及相關墓誌；志，通校通典、職官分紀、樂府詩集等。

七　凡訛、倒、脱、衍而予改、乙、補、删者，一般皆出校説明。形近致訛，或偏旁混刻之字，有版本依據，或前人已加辨正及約定俗成者，則徑予改正。

八　校改從嚴，凡屬史文撰寫的錯誤，原則上不改，凡屬流傳過程中産生的錯誤，則酌情加以校改，以盡量保存該書原貌。

九　隋書校勘研究成果豐富，如張元濟隋書校勘記、岑仲勉隋書求是、姚振宗隋書經籍志考證、楊守敬隋書地理志考證等，均在修訂工作參考之列。引用諸家之説，限於體例，未能一一標明出處，統一編製主要參考文獻，附於書後。

一〇　當世或前朝諱字，原則上不作回改。缺筆者徑補爲正字。惟唐人諱改天干「丙」爲「景」，作爲特例，徑予回改，不出校記。其他專名、成詞涉及避諱者，於首見處出校説明。

一一 新編隋書人名索引、隋書地名索引等，將於日後另行出版。

一二 爲行文方便，校勘記所引文獻部分使用簡稱：

册府元龜，簡稱册府。

太平御覽，簡稱御覽。

資治通鑑，簡稱通鑑。

文獻通考，簡稱通考。

元和郡縣圖志，簡稱元和志。

太平寰宇記，簡稱寰宇記。

錢大昕廿二史考異，簡稱錢大昕考異。

張元濟隋書校勘記，簡稱張元濟校勘記。

姚振宗隋書經籍志考證，簡稱姚振宗考證。

楊守敬隋書地理志考證，簡稱楊守敬考證。

劉次沅諸史天象記録考證，簡稱劉次沅考證。

隋書目録

第一册

第二册

第三册

第四册

卷四十一　列傳第六

卷四十二　列傳第七

卷四十三　列傳第八

卷四十四　列傳第九

卷四十五　列傳第十

第五册

卷七十二　列傳第三十七

卷七十三　列傳第三十八

卷七十四　列傳第三十九

卷七十五　列傳第四十

卷七十六　列傳第四十一

卷七十七　列傳第四十二

卷八十四　列傳第四十九

卷八十五　列傳第五十

附録

隋書卷一

帝紀第一

高祖上

高祖文皇帝姓楊氏，諱堅，弘農郡華陰人也。漢太尉震八代孫鉉〔一〕，仕燕爲北平太守。鉉生元壽，後魏代爲武川鎮司馬，子孫因家焉。元壽生太原太守惠嘏，嘏生平原太守烈，烈生寧遠將軍禎〔二〕，禎生忠，忠即皇考也。皇考從周太祖起義關西，賜姓普六茹氏，位至柱國、大司空、隋國公。薨，贈太保，謚曰桓。

皇妣呂氏，以大統七年六月癸丑夜，生高祖於馮翊般若寺，紫氣充庭。有尼來自河東，謂皇妣曰：「此兒所從來甚異，不可於俗間處之。」尼將高祖舍於別館，躬自撫養。皇妣嘗抱高祖，忽見頭上角出，徧體鱗起。皇妣大駭，墜高祖於地。尼自外入見曰：「已驚我兒，致令晚得天下。」爲人龍顔〔三〕，額上有五柱入頂，目光外射，有文在手曰「王」，長上短下。沈深嚴重，初入太學，雖至親昵不敢狎也。

年十四，京兆尹薛善辟爲功曹。十五，以太祖勳授散騎常侍、車騎大將軍、儀同三司，封成紀縣公。十六，遷驃騎大將軍，加開府。周太祖見而歎曰：「此兒風骨，不似代間人！」明帝即位，授右小宫伯，進封大興郡公。帝嘗遣善相者趙昭視之〔四〕，昭詭對曰：「不過作柱國耳。」既而陰謂高祖曰：「公當爲天下君，必大誅殺而後定。善記鄙言。」

武帝即位，遷左小宫伯。出爲隋州刺史，進位大將軍。後徵還，遇皇妣寢疾三年，晝夜不離左右，代稱純孝。宇文護執政，尤忌高祖，屢將害焉，大將軍侯伏侯壽等匡護得免〔五〕。其後襲爵隋國公。武帝娉高祖長女爲皇太子妃，益加禮重。齊王憲言於帝曰：「普六茹堅相貌非常〔六〕，臣每見之，不覺自失。恐非人下，請早除之。」帝曰：「此止可爲將耳。」内史王軌驟言於帝曰：「皇太子非社稷主，普六茹堅貌有反相。」帝不悦，曰：「必天命有在，將若之何？」高祖甚懼，深自晦匿。

建德中，率水軍三萬，破齊師於河橋。明年，從帝平齊，進位柱國。與宇文憲破齊任城王高湝於冀州〔七〕，除定州總管。先是，定州城西門久閉不行。齊文宣帝時，或請開之，以便行路。帝不許，曰：「當有聖人來啓之。」及高祖至而開焉，莫不驚異。尋轉亳州總管。宣帝即位，以后父徵拜上柱國、大司馬。大象初，遷大後丞、右司武，俄轉大前疑。每巡幸，恒委居守。時帝爲刑經聖制，其法深刻。高祖以法令滋章，非興化之道，切諫，不納。

高祖位望益隆，帝頗以爲忌。帝有四幸姬，並爲皇后，諸家爭寵，數相毁譖。帝每忿怒謂后曰：「必族滅爾家。」因召高祖，命左右曰：「若色動，即殺之。」高祖既至，容色自若，乃止。

大象二年五月，以高祖爲揚州總管，將發，暴有足疾，不果行。乙未，帝崩。時靜帝幼沖，未能親理政事。内史上大夫鄭譯、御正大夫劉昉以高祖皇后之父，衆望所歸，遂矯詔引高祖入總朝政，都督内外諸軍事。周氏諸王在藩者，高祖恐其生變〔八〕，稱趙王招將嫁女於突厥爲詞以徵之。丁未，發喪。庚戌，周帝拜高祖假黄鉞、左大丞相，百官總己而聽焉。以正陽宫爲丞相府，以鄭譯爲長史，劉昉爲司馬，具置寮佐。宣帝時，刑政苛酷，羣心崩駭，莫有固志。至是，高祖大崇惠政，法令清簡，躬履節儉，天下悦之。

六月，趙王招、陳王純、越王盛、代王達〔九〕、滕王逌並至于長安。相州總管尉遲迥自以重臣宿將，志不能平，遂舉兵東夏。趙、魏之士，從者若流，旬日之間，衆至十餘萬。又宇文冑以滎州，石愻以建州，席毗以沛郡〔一〇〕，毗弟叉羅以兖州，皆應於迥。迥遣子質於陳請援。高祖命上柱國、鄖國公韋孝寬討之。雍州牧畢王賢及趙、陳等五王，以天下之望歸於高祖，因謀作亂。高祖執賢斬之，寢趙王等之罪，因詔五王劍履上殿，入朝不趨，用安其心。

七月，陳將陳紀、蕭摩訶等寇廣陵，吴州總管于顗轉擊破之。廣陵人杜喬生聚衆反，刺史元義討平之。韋孝寬破尉遲迥於相州〔一一〕，傳首闕下，餘黨悉平。初，迥之亂也，鄖州總管司馬消難據州響應，淮南州縣多同之。命襄州總管王誼討之，消難奔陳。荆、郢羣蠻乘釁作亂，命亳州總管賀若誼討平之。先是，上柱國王謙爲益州總管，既見幼主在位，政由高祖，遂起巴、蜀之衆，以匡復爲辭。高祖方以東夏、山南爲事，未遑致討。謙進兵屯劍閣，陷始州。至是，乃命行軍元帥、上柱國梁睿討平之，傳首闕下。巴、蜀阻險，人好爲亂，於是更開平道，毁劍閣之路，立銘垂誡焉。五王陰謀滋甚，高祖齎酒肴以造趙王第，欲觀所爲。趙王伏甲以宴高祖，高祖幾危，賴元胄以濟，語在胄傳。於是誅趙王招、越王盛。

九月，以世子勇爲洛州總管、東京小冢宰。壬子，周帝詔曰：「假黄鉞、使持節、左大丞相、都督内外諸軍事、上柱國、大冢宰、隋國公堅，感山河之靈，應星辰之氣，道高雅俗，德協幽顯。釋巾登仕，搢紳傾屬，開物成務，朝野承風。受詔先皇，弼諧寡薄，合天地而生萬物，順陰陽而撫四夷。近者，内有艱虞，外聞妖寇，以鷹鸇之志，運帷帳之謀，行兩觀之誅，掃萬里之外。遐邇清肅，實所賴焉。四海之廣，百官之富，俱稟大訓，咸餐至道。治定功成，棟梁斯託，神猷盛德，莫二於時。可授大丞相，罷左、右丞相之官，餘如故。」

冬十月壬申，詔贈高祖曾祖烈爲柱國、太保、都督徐兗等十州諸軍事、徐州刺史、隋國公，謚曰康；祖禎爲柱國、太傅、都督陝蒲等十三州諸軍事、同州刺史、隋國公，謚曰獻；考忠爲上柱國、太師、大冢宰、都督冀定等十三州諸軍事、雍州牧。誅陳王純〔二〕。癸酉，上柱國、鄖國公韋孝寬卒〔三〕。

十一月辛未，誅代王達、滕王逌〔四〕。

十二月甲子，周帝詔曰：

天大地大，合其德者聖人，一陰一陽，調其氣者上宰。所以降神載挺，陶鑄羣生，代蒼蒼之工，成巍巍之業。假黃鉞、使持節、大丞相、都督內外諸軍事、上柱國、大冢宰、隋國公，應百代之期，當千齡之運，家隆台鼎之盛，門有翊贊之勤。心同伊尹，必致堯舜，情類孔丘，憲章文武。爰初入仕，風流映世，公卿仰其軌物，搢紳謂爲師表。入處禁闈，出居藩政，芳猷茂績，問望彌遠。往平東夏，人情未安。燕南趙北，實爲天府，擁節杖旄，任當連率。柔之以德，導之以禮，畏之若神，仰之若日，芳風美迹，歌頌獨存。淮海榛蕪，多歷年代，作鎮南鄙，選衆惟賢，威震殊俗，化行黔首。任掌鈞陳，職司邦政，國之大事，朝寄更深，鑾駕巡遊，留臺務廣。周公陝西之任，僅可爲倫，漢臣關內之重，未足相況。

及天崩地坼，先帝升遐，朕以眇年，奄經荼毒，親受顧命，保乂皇家。姦人乘隙，潛圖宗社，無君之意已成，竊發之期有日。英規潛運，大略川迴，匡國庇人，罪人斯得。兩河遘亂，三魏稱兵，半天之下，洶洶鼎沸。祖宗之基已慮，生人之命將怠〔一五〕。安陸作釁，南通吳、越，蜂飛蠆聚，江、漢騷然。巴、蜀鴟張，翻將問鼎，秦塗更阻，漢門重閉。畫籌帷帳，建出師車，諸將稟其謀，壯士感其義，不違時日，咸得清蕩。九功遠被，七德允諧，百僚師師，四門穆穆。光景照臨之地，風雲去來之所，允武允文，幽明同德，驟山驟水，遐邇歸心。使朕繼踵上皇，無爲以治，聲高宇宙，道格天壤。伊尹輔殷，霍光佐漢，方之蔑如也。

昔營丘、曲阜，地多諸國，重耳、小白，錫用殊禮。蕭何優贊拜之儀，番君越公侯之爵。姬、劉以降，代有令謨，宜崇典禮，憲章自昔。可授相國，總百揆，去都督內外諸軍事、大冢宰之號，進公爵爲王，以隋州之崇業，鄖州之安陸、城陽，温州之宜人，應州之平靖、上明，順州之淮南，士州之永川〔一六〕，昌州之廣昌、安昌，申州之義陽、淮安，息州之新蔡、建安，豫州之汝南、臨潁、廣寧、初安，蔡州之蔡陽，郢州之漢東二十郡爲隋國。劍履上殿，入朝不趨，贊拜不名，備九錫之禮，加璽綬、遠游冠、相國印、綠綟綬，位在諸侯王上。隋國置丞相已下，一依舊式。

高祖再讓，不許。乃受王爵、十郡而已。詔進皇祖、考爵並爲王，夫人爲王妃。辛巳，司馬消難以陳師寇江州，刺史成休寧擊却之。

大定元年春二月壬子，令曰：「已前賜姓，皆復其舊。」是日，周帝詔曰：「伊、周作輔，不辭殊禮之錫，桓、文爲霸，允應異物之典，所以表格天之勳，彰不代之業。相國隋王，前加典策，式昭大禮，固守謙光，絲言未綍。宜申顯命，一如往旨。王功必先人，賞存後己，退讓爲本，誠乖朕意。宜命百辟盡詣王宮，衆心克感，必令允納。如有表奏，勿復通聞。」癸丑，文武百官詣闇敦勸，高祖乃受。甲寅，策曰：

咨爾假黃鉞、使持節、大丞相、都督內外諸軍事、上柱國、大冢宰隋王：天覆地載，藉人事以財成，日往月來，由王道而盈昃。五氣陶鑄，萬物流形。誰代上玄之工，斯則大聖而已。曰惟先正，翊亮皇朝。種德積善，載誕上相。精采不代，風骨異人。匡國濟時，除凶撥亂。百神奉職，萬國宅心。殷相以先知悟人，周輔乃弘道於代，方斯蔑如也。今將授王典禮，其敬聽朕命：

朕以不德，早承丕緒，上靈降禍，夙遭愍凶。妖醜覬覦，密圖社稷，宮省之內，疑慮驚心。公受命先皇，志在匡弼，輯諧內外，潛運機衡，姦人懾憚，謀用丕顯，俾贊旒之危，爲太山之固。是公重造皇室，作霸之基也。伊我祖、考之代，任寄已深，入掌禁兵，外司藩政，文經武略，久播朝野。戎軒大舉，長驅晉、魏，平陽震熊羆之勢，冀部耀貔豹之威。初平東夏，人情未一。叢臺之北，易水之南，西距井陘，東至滄海，比數千里，舉袂如帷。委以連城，建旌杖節，教因其俗，刑用輕典，如泥從印，猶草隨風。此又公之功也。吴、越不賓，多歷年代，淮、海之外，時非國有。爰整其旅，出鎮於亳，武以威物，文以懷遠。羣盜自奔，外户不閉，人黎慕義，襁負而歸。自北之風，化行南國。此又公之功也。宣帝御寓，任重宗臣，入典八屯，外司九伐。禁衛勤巡警之務，治兵得蒐狩之禮。此又公之功也。鑾駕遊幸，頻委留臺，文武注意，軍國諮稟。萬事咸理，反顧無憂。此又公之功也。朕在諒闇，公實總己。磐石之宗，姦回者衆，招引無賴，連結羣小。往者國哀甫爾〔一七〕，已創陰謀，積惡數旬，昆吾方稔。泣誅罄甸，宗廟以寧。此又公之功也。尉迥猖狂〔一八〕，稱兵鄴邑，欲長戟而指北闕，强弩而圍南斗，憑陵三魏之間，震驚九州之半，聚徒百萬，悉成蛇豕，淇水、洹水，一飲而竭。人之死生，翻繫凶豎，壽之長短，不由司命。公乃戒彼鷹揚，出車練卒，誓蒼兕於河朔，建瓴水於山東〔一九〕。口授兵書，手畫行陣，量敵制勝，指日剋期。諸將遵其成旨，壯士感其大義，輕死忘生，轉鬬千里，旗鼓奮發，如火燎毛。玄黄變漳河之水，京觀比爵臺之峻。百城氛祲，一旦廓清。此又公之功也。青土連率，跨據東秦，藉負海之饒，倚連山之險，望三輔而將逐鹿，指六國而願連雞。風雨之兵，助鬼爲虐。本根既拔，枝葉自殞，屈法申恩，示以大信。此又公之功也。中部殘賊，充斥一隅，蠅飛蟻聚，攻州略地。播以玄澤，迷更知反，服而捨之，無費遺鏃。此又公之功也。宇文胄親則宗枝，外藩巖邑，影響鄴賊，有同就燥。迫脅吏人，叛换城戍，偏師討蹙，遂入網羅。東之武牢[二〇]，有同囹圄，事窮將軍，如伏國刑。此又公之功也。檀讓、席毗，擁衆河外。陳、韓、梁、鄭、宋、衞、鄒、魯，村落成梟獍之墟，人庶爲豺狼之餌。强以陵弱，大則吞小，城有晝閉，巷無行人。授律出師，隨機掃定，讓既授首，毗亦梟懸。此又公之功也。司馬消難與國親姻，作鎮安陸，性多嗜欲，意好貪聚。屬城子女，劫掠靡餘，部人貨財，多少具罄。擅誅刺舉之使，專殺儀台之臣。懼罪畏威，動而内奰。蠶食郡縣，鴆毒華夷，聞有王師，自投南裔。帝唐崇山之罰，僅可方此，大漢流禦之刑，是亦相匹。逋逃入藪，荆、郢用安。此又公之功也。王謙在蜀，翻爲厲階，閉劍閣之門，塞靈關之宇，自謂五丁復起，萬夫莫向。分閫推轂，嘗不踰時，風馳席卷，一舉大定，擒斬兇惡，掃地無遺。此又公之功也。陳頊因循僞業，自擅金陵，屢遣醜徒，趑趄江北。公指麾藩鎮，無不摧殄。方置文深之柱〔三二〕，非止尉佗之拜。此又公之功也。

公有濟天下之勤，重之以明德，始於辟命，屈己登庸。素業清徽，聲掩廊廟，雄規神略，氣蓋朝野。序百揆而穆四門，恥一匡之舉九合。尊賢崇德，尚齒貴功，録舊旌善，興亡繼絶。寬猛相濟，彝倫攸敍。敦睦帝親，崇獎王室。星象不拆，陰陽自調，玄冥、祝融如奉太公之召，雨師、風伯似應成王之宰。祥風嘉氣，觸石摇林，瑞獸異禽，遊園鳴閣。至功至德，可大可久，盡品物之和，究杳冥之極。

朕又聞之，昔者明王設官胙土，營丘四履，得征五侯，參墟寵章，異其禮物。故藩屏作固，垂拱責成，沈嘿巖廊，不下堂席。公道高往烈，賞薄前王。朕以眇身，託于兆人之上，求諸故實，甚用懼焉。往加大典，憲章在昔。謙以自牧，未應朝禮。日月不居，便已隔歲。時談物議，其謂朕何！今進授相國、總百揆，以申州之義陽等二十郡爲隋國。今命使持節、太傅、上柱國、杞國公椿，大宗伯、大將軍、金城公趙煚，授相國印綬。相國禮絶百辟，任總羣官，舊職常典，宜與事革。昔堯臣太尉，舜佐司空，姬旦相周，霍光輔漢，不居藩國，唯在天朝。其以相國總百揆，去衆號焉。上所假節、大丞相、大冢宰印綬。

又加九錫，其敬聽朕後命。以公執律脩德，慎獄恤刑，爲其訓範，人無異志，是用錫公大輅、戎輅各一，玄牡二駟。公勤心地利，所寶人天，崇本務農，公私殷阜，是用錫公袞冕之服，赤舄副焉。公樂以移風，雅以變俗，遐邇胥悅，天地咸和，是用錫公軒懸之樂，六佾之舞。公仁風德教，覃及海隅，荒忽幽遐，迴首内向，是用錫公朱户以居。公水鏡人倫，銓衡庶職，能官流詠，遺賢必舉，是用錫公納陛以登。公執鈞於内，正性率下，犯義無禮，罔不屏黜，是用錫公武賁之士三百人〔三〕。公元本闕。是用錫公鈇鉞各一。公威嚴夏日，精厲秋霜，猾夏必誅，顧眄天壤，掃清姦宄，折衝無外，是用錫公彤弓一、彤矢百，盧弓十、盧矢千。惟公孝通神明，肅恭祀典，尊嚴如在，情切幽明，是用錫公秬鬯一卣，珪瓚副焉。隋國置丞相以下，一遵舊式。往欽哉！其敬循往策，祗服大典，簡恤爾庶功，對揚我太祖之休命。

於是建臺置官。

丙辰，詔王冕十有二旒，建天子旌旗，出警入蹕，乘金根車，駕六馬，備五時副車，置旄頭雲罕，樂舞八佾，設鍾虡宮懸。王妃爲王后，長子爲太子。前後三讓，乃受。

俄而周帝以衆望有歸，乃下詔曰：「元氣肇闢，樹之以君，有命不恒，所輔惟德。天心人事，選賢與能，盡四海而樂推，非一人而獨有。周德將盡，妖孽遞生，骨肉多虞，藩維構釁，影響同惡，過半區宇，或小或大，圖帝圖王，則我祖宗之業，不絕如線。相國隋王，叡聖自天，英華獨秀，刑法與禮儀同運，文德共武功俱遠，愛萬物其如己，任兆庶以爲憂。手運璣衡，躬命將士，芟夷姦宄，刷蕩氛祲，化通冠帶，威震幽遐。虞舜之大功二十，未足相比，姬發之合位三五，豈可足論。況木行已謝，火運既興，河、洛出革命之符，星辰表代終之象。煙雲改色，笙簧變音，獄訟咸歸，謳歌盡至。且天地合德，日月貞明，故以稱大爲王，照臨下土。朕雖寡昧，未達變通，幽顯之情，皎然易識。今便祗順天命，出遜別宫，禪位於隋，一依唐、虞、漢、魏故事。」高祖三讓，不許。遣兼太傅、上柱國、杞國公椿奉册曰：

咨爾相國隋王：粵若上古之初，爰啓清濁，降符授聖，爲天下君。事上帝而理兆人，和百靈而利萬物，非以區寓之富，未以宸極爲尊。大庭、軒轅以前，驪連、赫胥之日，咸以無爲無欲，不將不迎。遐哉！其詳不可聞已。厥有載籍，遺文可觀。聖莫逾於堯，美未過於舜。堯得太尉，已作運衡之篇，舜遇司空，便敍精華之竭。彼褰裳脱屣，貳宫設饗，百辟歸禹，若帝之初。斯蓋上則天時，不敢不授，下祗天命，不可不受。湯代於夏，武革於殷，干戈揖讓，雖復異揆，應天順人，其道靡異。自漢迄晉，有魏至周，天曆逐獄訟之歸，神鼎隨謳歌之去。道高者稱帝，禄盡者不王，與夫文祖、神宗無以別也。

周德將盡，禍難頻興，宗戚姦回，咸將竊發。顧瞻宫闕，將圖宗社，藩維連率，逆亂相尋。搖蕩三方，不合如礪，蛇行鳥攫，投足無所。王受天明命，叡德在躬，救頹運之艱，匡墜地之業，拯大川之溺，撲燎原之火，除羣凶於城社，廓妖氛於遠服，至德合於造化，神用洽於天壤。八極九野，萬方四裔，圓首方足，罔不樂推。往歲長星夜掃，經天晝見，八風比夏后之作，五緯同漢帝之聚，除舊之徵，昭然在上。近者赤雀降祉，玄龜効靈，鍾石變音，蛟魚出穴，布新之貺，煥焉在下。九區歸往，百靈協贊，人神屬望，我不獨知。仰祗皇靈，俯順人願，今敬以帝位禪於爾躬。天祚告窮，天祿永終。於戲！王宜允執厥和〔一三〕，儀刑典訓，升圓丘而敬蒼昊，御皇極而撫黔黎，副率土之心，恢無疆之祚，可不盛歟！

遣大宗伯、大將軍、金城公趙煚奉皇帝璽紱，百官勸進。高祖乃受焉。

開皇元年二月甲子，上自相府常服入宮，備禮即皇帝位於臨光殿。設壇於南郊，遣使柴燎告天。是日，告廟，大赦，改元。京師慶雲見。易周氏官儀，依漢、魏之舊。以柱國、相國司馬、渤海郡公高熲爲尚書左僕射兼納言，相國司録、沁源縣公虞慶則爲內史監兼吏部尚書，相國內郎、咸安縣男李德林爲內史令，上開府、漢安縣公韋世康爲禮部尚書，上開府、義寧縣公元暉爲都官尚書，開府、民部尚書〔一四〕、昌國縣公元巖爲兵部尚書，上儀同、司宗長孫毗爲工部尚書，上儀同、司會楊尚希爲度支尚書，上柱國、雍州牧、邗國公楊惠爲左衞大將軍。乙丑，追尊皇考爲武元皇帝，廟號太祖，皇妣爲元明皇后。遣八使巡省風俗。丙寅，修廟社。立王后獨孤氏爲皇后，王太子勇爲皇太子。丁卯，以大將軍、金城郡公趙煚爲尚書右僕射，上開府、濟陽侯伊婁彦恭爲左武候大將軍。己巳，以周帝爲介國公，邑五千户，爲隋室賓。旌旗車服禮樂，一如其舊。上書不爲表，答表不稱詔。周氏諸王，盡降爲公。辛未，以皇弟同安郡公爽爲雍州牧。乙亥，封皇弟邵國公慧爲滕王，同安公爽爲衞王；皇子雁門公廣爲晉王〔二五〕，俊爲秦王，秀爲越王，諒爲漢王。以上柱國、并州總管、申國公李穆爲太師，上柱國、鄧國公竇熾爲太傅，上柱國、幽州總管、任國公于翼爲太尉，觀國公田仁恭爲太子太師，武德郡公柳敏爲太子太保，濟南郡公孫恕爲太子少傅，開府蘇威爲太子少保。丁丑，以晉王廣爲并州總管，以陳留郡公楊智積爲蔡王，興城郡公楊静爲道王。戊寅，以官牛五千頭分賜貧人。

三月辛巳〔二六〕，高平獲赤雀，太原獲蒼烏，長安獲白雀，各一。宣仁門槐樹連理，衆枝内附。壬午，白狼國獻方物。甲申，太白晝見。乙酉，又晝見。以上柱國元景山爲安州總管。丁亥，詔犬馬器玩口味不得獻上。戊子，弛山澤之禁。以上開府、當亭縣公賀若弼爲楚州總管，和州刺史、新義縣公韓擒爲廬州總管〔二七〕。己丑，盩厔縣獻連理樹，植之宫庭。

辛卯，以上柱國、神武郡公竇毅爲定州總管。戊戌，以太子少保蘇威兼納言、吏部尚書，餘官如故。庚子，詔曰：「自古帝王受終革代，建侯錫爵，多與運遷。朕應籙受圖，君臨海内，載懷沿革，事有不同。然則前帝後王，俱在兼濟，立功立事，爵賞仍行。苟利於時，其致一揆，何謂物我之異，無計今古之殊。其前代品爵，悉可依舊。」丁未，梁主蕭巋使其太宰蕭巖、司空劉義來賀。

四月辛巳，大赦。壬午，太白、歲星晝見。戊戌，太常散樂並放爲百姓，禁雜樂百戲。辛丑，陳散騎常侍韋鼎、兼通直散騎常侍王瑳來聘于周，至而上已受禪，致之介國。是月，發稽胡修築長城，二旬而罷。

五月戊午〔二八〕，封邗國公楊雄爲廣平王，永康郡公楊弘爲河間王。辛未，介國公薨，上舉哀於朝堂，以其族人洛嗣焉。

六月癸未，詔以初受天命，赤雀降祥，五德相生，赤爲火色。其郊及社廟，依服冕之儀，而朝會之服，旗幟犧牲，盡令尚赤。戎服以黄。

秋七月乙卯，上始服黄，百寮畢賀。庚午，靺鞨酋長貢方物。

八月壬午，廢東京官。突厥阿波可汗遣使貢方物。甲午，遣行軍元帥樂安公元諧擊吐谷渾於青海，破而降之。

九月戊申，戰亡之家，遣使賑給。庚午，陳將周羅睺攻陷胡墅，蕭摩訶寇江北。辛未，以越王秀爲益州總管，改封爲蜀王。壬申，以上柱國、薛國公長孫覽，上柱國、宋安公元景山，並爲行軍元帥，以伐陳，仍命尚書左僕射高熲節度諸軍。突厥沙鉢略可汗遣使貢方物。是月，行五銖錢。

冬十月乙酉，百濟王扶餘昌遣使來賀，授昌上開府儀同三司、帶方郡公。戊子，行新律。壬辰，行幸岐州。

十一月乙卯，以永富郡公竇榮定爲右武候大將軍〔三九〕。丁卯，遣兼散騎侍郎鄭撝使於陳。己巳，有流星，聲如隤牆，光燭于地。

十二月戊寅，以申州刺史尒朱敞爲金州總管。甲申，以禮部尚書韋世康爲吏部尚書。己丑，以柱國元衮爲廓州總管，興勢郡公衞玄爲淮州總管。庚子，至自岐州。壬寅，高麗王高陽遣使朝貢，授陽大將軍、遼東郡公。太子太保柳敏卒。

二年春正月癸丑，幸上柱國王誼第。庚申，幸安成長公主第。陳宣帝殂，子叔寶立。辛酉，置河北道行臺尚書省於并州，以晉王廣爲尚書令。置河南道行臺尚書省於洛州，以秦王俊爲尚書令。置西南道行臺尚書省於益州，以蜀王秀爲尚書令。戊辰，陳遣使請和，歸我胡墅。辛未，高麗、百濟並遣使貢方物。甲戌，詔舉賢良。

二月己丑，詔高熲等班師。庚寅，以晉王廣爲左武衞大將軍，秦王俊爲右武衞大將軍，餘官並如故。辛卯，幸趙國公獨孤陁第。庚子，京師雨土。

三月戊申，開渠，引杜陽水於三畤原。

四月丁丑，以寧州刺史竇榮定爲左武候大將軍。庚寅，大將軍韓僧壽破突厥於雞頭山，上柱國李充破突厥於河北山。

五月戊申，以上柱國、開府長孫平爲度支尚書。己酉，旱，上親省囚徒，其日大雨。己未，高寶寧寇平州，突厥入長城。庚申，以豫州刺史皇甫績爲都官尚書。壬戌，太尉、任國公于翼薨。甲子，改傳國璽曰受命璽。

六月壬午，以太府卿蘇孝慈爲兵部尚書，雍州牧、衞王爽爲原州總管。甲申，使使弔於陳國。乙酉，上柱國李充破突厥於馬邑。戊子，以上柱國叱李長叉爲蘭州總管。辛卯，以上開府尒朱敞爲徐州總管。丙申，詔曰：

朕祗奉上玄，君臨萬國，屬生人之敝，處前代之宫。常以爲作之者勞，居之者逸，改創之事，心未遑也。而王公大臣陳謀獻策，咸云羲、農以降，至于姬、劉，有當代而屢遷，無革命而不徙。曹、馬之後，時見因循，乃末代之宴安，非往聖之宏義。此城從漢，彫殘日久，屢爲戰場，舊經喪亂。今之宫室，事近權宜，又非謀筮從龜，瞻星揆日，不足建皇王之邑，合大衆所聚。論變通之數，具幽顯之情，同心固請，詞情深切。然則京師百官之府，四海歸向，非朕一人之所獨有。苟利於物，其可違乎！且殷之五遷，恐人盡怨〔三〇〕，是則以吉凶之土，制長短之命。謀新去故，如農望秋，雖暫劬勞，其究安宅。今區宇寧一，陰陽順序，安安以遷，勿懷胥怨。龍首山川原秀麗，卉物滋阜，卜食相土，宜建都邑，定鼎之基永固，無窮之業在斯。公私府宅，規模遠近，營構資費，隨事條奏。

仍詔左僕射高熲、將作大匠劉龍、鉅鹿郡公賀婁子幹、太府少卿高龍叉等創造新都。

秋八月癸巳，以左武候大將軍竇榮定爲秦州總管。

十月癸酉，皇太子勇屯兵咸陽，以備胡。庚寅，上疾愈，享百寮於觀德殿，賜錢帛，皆任其自取，盡力而出。辛卯，以營新都副監賀婁子幹爲工部尚書。

十一月丙午，高麗遣使獻方物。

十二月辛未，上講武於後園。甲戌，上柱國竇毅卒。丙子，名新都曰大興城。乙酉，遣沁源公虞慶則屯弘化〔三一〕，備胡。突厥寇周槃，行軍總管達奚長儒擊之，爲虜所敗。丙戌，賜國子生經明者束帛。丁亥，親録囚徒。

三年春正月庚子，將入新都，大赦天下。禁大刀長矟。癸亥，高麗遣使來朝。

二月己巳朔，日有蝕之。壬申，宴北道勳人。癸酉，陳遣兼散騎常侍賀徹、兼通直散騎常侍蕭褒來聘。突厥寇邊。甲戌，涇陽獲毛龜。癸未，以左衞大將軍李禮成爲右武衞大將軍。

三月丁未，上柱國、鮮虞縣公謝慶恩卒。己酉，以上柱國達奚長儒爲蘭州總管。丙辰，雨，常服入新都。京師醴泉出。丁巳，詔購求遺書於天下。庚申，宴百寮，班賜各有差。癸亥，城榆關。

夏四月己巳，上柱國、建平郡公于義卒。庚午，吐谷渾寇臨洮，洮州刺史皮子信死之。辛未，高麗遣使來朝。壬申，以尚書右僕射趙煚兼内史令。丁丑，以滕王瓚爲雍州牧。己卯，衞王爽破突厥於白道。庚辰，行軍總管陰壽破高寶寧於黄龍。甲申，旱，上親祈雨師於國城之西南〔三〕。丙戌，詔天下勸學行禮。以濟北郡公梁遠爲汶州總管。己丑，陳郢州城主張子譏遣使請降，上以和好，不納。辛卯，遣兼散騎常侍薛舒、兼通直散騎常侍王劭使於陳。癸巳，上親雩。甲午，突厥遣使來朝。

五月癸卯，行軍總管李晃破突厥於摩那渡口。甲辰，高麗遣使來朝。乙巳，梁太子蕭琮來賀遷都。丁未，靺鞨貢方物。戊申，幽州總管陰壽卒。辛酉，有事於方澤。壬戌，行軍元帥竇榮定破突厥及吐谷渾於涼州。丙寅，赦黃龍死罪已下。

六月庚午，以衞王爽子集爲遂安郡王。戊寅，突厥遣使請和。庚辰，行軍總管梁遠破吐谷渾於爾汗山，斬其名王。壬申〔三三〕，以晉州刺史燕榮爲青州總管。己丑，以河間王弘爲寧州總管。乙未，幸安成長公主第。

秋七月辛丑，以豫州刺史周搖爲幽州總管。壬戌，詔曰：「行仁蹈義，名教所先，厲俗敦風，宜見褒獎。往者，山東、河表，經此妖亂，孤城遠守，多不自全。濟陰太守杜猷身陷賊徒，命懸寇手。郡省事范臺玫傾産營護，免其戮辱。眷言誠節，實有可嘉，宜超恒賞，用明沮勸。臺玫可大都督、假湘州刺史。」丁卯，日有蝕之〔三四〕。

八月丁丑，靺鞨貢方物。己卯，以右武衞大將軍李禮成爲襄州總管。壬午，遣尚書左僕射高熲出寧州道，內史監虞慶則出原州道，並爲行軍元帥，以擊胡。戊子，上有事於太社。

九月壬子，幸城東，觀稼穀。癸丑，大赦天下。

冬十月甲戌，廢河南道行臺省，以秦王俊爲秦州總管。

十一月己酉，發使巡省風俗，因下詔曰：「朕君臨區宇，深思治術，欲使生人從化，以德代刑，求草萊之善，旌閭里之行。民間情僞，咸欲備聞。已詔使人，所在賑恤，揚鑣分路，將遍四海，必令爲朕耳目。如有文武才用，未爲時知，宜以禮發遣，朕將銓擢。其有志節高妙，越等超倫，亦仰使人就加旌異，令一行一善奬勸於人。遠近官司，遐邇風俗，巨細必紀，還日奏聞。庶使不出户庭，坐知萬里。」

庚辰，陳遣散騎常侍周墳、通直散騎常侍袁彦來聘〔三五〕。陳主知上之貌異世人，使彦畫像持去。甲午，罷天下諸郡。

閏十二月乙卯，遣兼散騎常侍唐令則〔三六〕、通直散騎常侍魏澹使於陳。戊午，以上柱國竇榮定爲右武衛大將軍，刑部尚書蘇威爲民部尚書。

四年春正月甲子，日有蝕之。己巳，有事於太廟。辛未，有事於南郊。壬申，梁主蕭巋來朝。甲戌，大射於北苑，十日而罷。壬午，齊州水。辛卯，渝州獲獸似麋，一角同蹄。壬辰，班新曆。

二月乙巳，上餞梁主於霸上。丁未，靺鞨貢方物。突厥蘇尼部男女萬餘人來降。庚戌，幸隴州。突厥可汗阿史那玷率其屬來降〔三七〕。

夏四月己亥，勑總管、刺史父母及子年十五已上，不得將之官。庚子，以吏部尚書虞慶則爲尚書右僕射，瀛州刺史楊尚希爲兵部尚書，毛州刺史劉仁恩爲刑部尚書。甲辰，以上柱國叱李長叉爲信州總管。丁未，宴突厥、高麗、吐谷渾使者於大興殿。丁巳，以上大將軍賀婁子幹爲榆關總管。

五月癸酉，契丹主莫賀弗遣使請降，拜大將軍。丙子，以柱國馮昱爲汾州總管。乙酉，以汴州刺史呂仲泉爲延州總管。

六月庚子，降囚徒。乙巳，以鴻臚卿乙弗寔爲翼州總管，上柱國豆盧勣爲夏州總管。壬子，開渠，自渭達河〔三八〕，以通運漕。戊午，秦王俊來朝。

秋七月丙寅，陳遣兼散騎常侍謝泉、兼通直散騎常侍賀德基來聘。

八月甲午，遣十使巡省天下。戊戌，衞王爽來朝。是日，以秦王俊納妃，宴百寮，班賜各有差。壬寅，上柱國、太傅、鄧國公竇熾薨。丁未，宴秦王官屬，賜物各有差。壬子，享陳使。乙卯，陳將夏侯苗請降，上以通和，不納。

九月甲子，幸襄國公主第。乙丑，幸霸水，觀漕渠，賜督役者帛各有差。己巳，上親録囚徒。庚午，契丹内附。甲戌，駕幸洛陽，關内飢也。癸未，太白晝見。

冬十一月壬戌，遣兼散騎常侍薛道衡、通直散騎常侍豆盧寔使於陳。癸亥，以榆關總管賀婁子幹爲雲州總管。

五年春正月戊辰，詔行新禮。

三月戊午，以尚書左僕射高熲爲左領軍大將軍，上柱國宇文忻爲右領軍大將軍。

夏四月甲午，契丹主多彌遣使貢方物。壬寅，上柱國王誼謀反，伏誅。乙巳，詔徵山東馬榮伯等六儒。戊申，車駕至自洛陽。

五月甲申，詔置義倉。梁主蕭巋殂，其太子琮嗣立。遣上大將軍元契使于突厥阿波可汗。

秋七月庚申，陳遣兼散騎常侍王話、兼通直散騎常侍阮卓來聘。丁丑，以上柱國宇文慶爲涼州總管。壬午，突厥沙鉢略上表稱臣。

八月丙戌，沙鉢略可汗遣子庫合真特勤來朝〔三九〕。甲辰，河南諸州水，遣民部尚書邳國公蘇威賑給之。戊申，有流星數百，四散而下。己酉，幸栗園。

九月丁巳，至自栗園。乙丑，改鮑陂曰杜陂，霸水爲滋水。陳將湛文徹寇和州，儀同三司費寶首獲之。丙子，遣兼散騎常侍李若、兼通直散騎常侍崔君贍使於陳。

冬十月壬辰，以上柱國楊素爲信州總管，朔州總管吐萬緒爲徐州總管。

十一月甲子，以上大將軍源雄爲朔州總管。丁卯，晉王廣來朝。

十二月丁未，降囚徒。戊申，以上柱國達奚長儒爲夏州總管。

六年春正月甲子，党項羌内附。庚午，班曆於突厥。辛未，以柱國韋洸爲安州總管。壬申，遣民部尚書蘇威巡省山東。

二月乙酉，山南荆、淅七州水〔四〇〕，遣前工部尚書長孫毗賑恤之。丙戌，制刺史上佐每歲暮更入朝，上考課。丁亥，發丁男十一萬修築長城，二旬而罷。乙未，以上柱國崔弘度爲襄州總管。庚子，大赦天下。

三月己未，洛陽男子高德上書，請上爲太上皇，傳位皇太子。上曰：「朕承天命，撫育蒼生，日旰孜孜，猶恐不逮。豈學近代帝王，事不師古，傳位於子，自求逸樂者哉！」癸亥，突厥沙鉢略遣使貢方物。

夏四月己亥，陳遣兼散騎常侍周磻、兼通直散騎常侍江椿來聘。

秋七月辛亥，河南諸州水。乙丑，京師雨毛，如馬鬉尾，長者二尺餘，短者六七寸。

八月辛卯，關内七州旱，免其賦税。遣散騎常侍裴豪〔四一〕、兼通直散騎常侍劉顗聘于陳。戊申，上柱國、太師、申國公李穆薨。

閏月己酉，以河州刺史段文振爲蘭州總管。丁卯，皇太子鎮洛陽。辛未，晉王廣、秦王俊並來朝。丙子，上柱國、郕國公梁士彥，上柱國、杞國公宇文忻，柱國、舒國公劉昉，以謀反伏誅。上柱國、許國公宇文善坐事除名。

九月辛巳，上素服御射殿，詔百寮射，賜梁士彥三家資物。丙戌，上柱國、宋安郡公元景山卒。庚子，以上柱國李詢爲隰州總管。辛丑，詔大象已來死事之家，咸令賑恤。

冬十月己酉，以河北道行臺尚書令、并州總管、晉王廣爲雍州牧，餘官如故；兵部尚書楊尚希爲禮部尚書。癸丑，置山南道行臺尚書省於襄州，以秦王俊爲尚書令。丙辰，以芳州刺史駱平難爲疊州刺史，衡州總管周法尚爲黃州總管。甲子，甘露降于華林園。

七年春正月癸巳，有事于太廟。乙未，制諸州歲貢三人。

二月丁巳，祀朝日于東郊。己巳，陳遣兼散騎常侍王亨、兼通直散騎常侍王眘來聘。壬申，車駕幸醴泉宮。是月，發丁男十萬餘修築長城，二旬而罷。

夏四月己酉，幸晉王第。庚戌，於揚州開山陽瀆，以通運漕。突厥沙鉢略可汗卒，其子雍虞閭嗣立[四二]，是爲都藍可汗。癸亥，頒青龍符於東方總管、刺史，西方以騶虞[四三]，南方以朱雀，北方以玄武。甲戌，遣兼散騎常侍楊同、兼通直散騎常侍崔儦使于陳。以民部尚書蘇威爲吏部尚書。

五月乙亥朔，日有蝕之。己卯，雨石于武安、滏陽間十餘里。

秋七月己丑，衞王爽薨，上發喪於門下外省。

八月丙午，以懷州刺史源雄爲朔州總管。庚申，梁主蕭琮來朝。

九月乙酉，梁安平王蕭巖掠於其國，以奔陳。辛卯，廢梁國，曲赦江陵。以梁主蕭琮爲柱國，封莒國公。

冬十月庚申，行幸同州，以先帝所居，降囚徒。癸亥，幸蒲州。丙寅，宴父老，上極懽，曰：「此間人物，衣服鮮麗，容止閑雅，良由仕宦之鄉，陶染成俗也。」

十一月甲午，幸馮翊，親祠故社。父老對詔失旨，上大怒，免其縣官而去。戊戌，至自馮翊。

校勘記

〔一〕漢太尉震八代孫鉉　「代」，北史卷一一隋本紀上作「世」，蓋唐人避諱改。錢大昕考異卷三三，隋史成於唐太宗時，其時不避「世」字，此紀多處改「世」爲「代」，皆唐人追改；而仍作「世」者，蓋唐以後人又據它書回改，而改之不盡，或因校書者展轉改易。今按，本書「代」、「世」雜出，各從底本，不另出校。

〔二〕嘏生平原太守烈烈生寧遠將軍禎　「平原太守」，周書卷一九楊忠傳作「太原郡守」。「寧遠將軍」，周書作「建遠將軍」。

〔三〕爲人龍顔　「顔」，殿本、北史卷一一隋本紀上、册府卷四四帝王部奇表均作「頷」。

〔四〕趙昭　御覽卷七三〇方術部一一相中引隋書、宋本册府卷八六〇總録部相術作「趙照」，北史卷一一隋本紀上作「來和」。本書卷七八藝術來和傳、北史卷八九藝術上來和傳載來和開皇末所上表，自陳爲周武帝相楊堅事，與此處記事相合。

〔五〕侯伏侯壽　即侯伏侯萬壽。顔師古匡謬正俗卷六複名、顧炎武日知録卷二三古人二名止用一字均謂古人名時作省稱。

〔六〕普六茹堅　「堅」，宋甲本作「諱」，册府卷四四帝王部奇表注：「臣欽若等曰，普六茹，周所賜姓；堅，諱也。」蓋隋人避諱，唐史臣未回改。本書以下徑從正字，不另出校。

〔七〕與宇文憲破齊任城王高湝於冀州　「與」字原闕，據宋甲本補。北史卷一一隋本紀上、御覽卷一〇六皇王部三一隋高祖文皇帝引隋書、册府卷七帝王部創業亦有「與」字。

〔八〕高祖恐其生變　「恐」上原有「悉」字，據宋甲本删。大德本「悉」字處空一格。御覽卷一〇六皇王部三一隋高祖文皇帝引隋書、册府卷七帝王部創業均無此字。

〔九〕越王盛代王達　原作「越王達代王盛」，據殿本改。册府卷七帝王部創業亦作「越王盛代王達」。本卷下文有「越王盛」、「代王達」，卷四〇王誼傳、虞慶則傳、卷四一高熲傳有「越王盛」。按周書卷一三文閔明武宣諸子傳，盛爲越野王、達爲代奰王。

〔一〇〕席毗　即「席毗羅」之省稱。本書省稱、全稱雜用，不另出校。

〔一一〕「七月」至「韋孝寬破尉遲迥於相州」　本年繫月無八月，疑脱。周書卷八靜帝紀、北史卷一〇周本紀下、卷一一隋本紀上均繫韋孝寬破尉遲迥事於八月庚午。

〔一二〕（壬申）誅陳王純　周書卷八靜帝紀、北史卷一一隋本紀上繫此事於是月壬戌，疑此處脱。

〔一三〕「冬十月壬申」至「癸酉上柱國鄖國公韋孝寬卒」　韋孝寬之卒，北史卷六四韋孝寬傳繫於十一月，周書卷八靜帝紀、北史卷一〇周本紀下、通鑑卷一七四陳紀八宣帝太建十二年繫於十一月丁未（廿五日），韋孝寬墓誌作十一月廿七日（己酉）。

〔一四〕十一月辛未誅代王達滕王逌　是月癸未朔，無辛未。周書卷八靜帝紀繫此事於十二月辛未。十二月壬子朔，辛未爲二十日。按大周故滕國閒公墓誌，滕王薨於大象二年十二月廿一日，廿七日窆於京兆萬年縣。但本書此下紀事爲十二月甲子（十三日），不應在二十一日之後。或繫日有顛倒。

〔一五〕生人之命將息　「人」，應作「民」，蓋唐人諱改。本書「人」、「民」雜出，後各從底本，不另出校。

〔一六〕土州　疑爲「土州」之訛。通鑑卷一七四陳紀八宣帝太建十二年十二月胡注引隋書帝紀作「土州」。本書卷三一地理志下漢東郡土山縣：「梁曰龍巢，置土州。」陳書卷五宣帝紀，太建十二年八月，周司馬消難據九州降陳，其中有土州。

〔一七〕國哀甫爾　「哀」，原作「衰」，據梅鼎祚隋文紀卷三、張溥百三家集卷一一六李德林隋王九錫册文、嚴可均全隋文卷一七所引改。李慈銘隋書札記亦稱「『衰』爲『哀』之誤字」。

〔一八〕尉迥　即「尉遲迥」之省稱。

〔一九〕建瓴水於山東　「山東」，原作「東山」，據宋甲本改。

〔二〇〕武牢　即「虎牢」，唐人諱改。

〔二一〕方置文深之柱　「文深」，應作「文淵」，唐人諱改。文淵，馬援字，立柱事見後漢書卷二四馬援傳。

〔二二〕是用錫公武賁之士三百人　「武賁」，應作「虎賁」，唐人諱改。

〔二三〕王宜允執厥和　「和」，應作「中」，「允執厥中」，語出僞古文尚書大禹謨。蓋隋人避「忠」諱改，唐史臣未回改。

〔二四〕民部尚書　本書卷六二元巖傳作「民部中大夫」。蓋隋人避「忠」諱改，唐史臣未回改。

〔二五〕皇子雁門公廣爲晉王　「廣」，宋甲本、大德本作「諱」，汲本作「□」，注：「廣○宋本諱。」王鳴盛十七史商榷卷五五各帝書諱言，唐人修梁書，於諸帝名皆稱諱，與此類似。蓋隋人避諱，唐史臣未回改。本書以下徑從正字，不另出校。

〔二六〕三月辛巳　「三月」，原作「二月」，據宋甲本、大德本、至順本、汲本改。開皇元年二月壬子朔，無辛巳；辛巳爲三月初一。

〔二七〕韓擒　即韓擒虎，唐人避諱或作省稱。

〔二八〕五月戊午　「戊午」，原作「戊子」，據北史卷一一隋本紀上改。是月庚戌朔，無戊子，戊午爲初九日。通鑑卷一七五陳紀九宣帝太建十三年五月亦繫其事於戊午。

〔二九〕以永富郡公竇榮定爲右武候大將軍　「永富」，原作「永昌」。本書卷三九竇榮定傳記其爲「永富縣公」，卷七八藝術來和傳作「永富公」，北史卷一一隋本紀上作「永富郡公」。「永富」是，今據改。

〔三〇〕且殷之五遷恐人盡怨　「怨」，原作「死」，據北史卷一一隋本紀上改。按，尚書盤庚：「盤庚五遷，將治亳殷，民咨胥怨，作盤庚三篇。」史記卷三殷本紀：「帝盤庚之時，（中略）迺五遷，無定處。殷民咨胥皆怨，不欲徙。」

〔三一〕遣沁源公虞慶則屯弘化　「沁源公」，北史卷一一隋本紀上作「彭城公」。本書卷四〇虞慶則傳，北周時襲爵沁源縣公，開皇元年已封彭城郡公。

〔三二〕上親祈雨師於國城之西南　「師」字原闕，據宋甲本補。「祈雨師」，北史卷一一隋本紀上、冊府卷一四三帝王部弭災作「祀雨師」。本書卷七禮儀志二：「舊禮祀司中、司命、風師、雨師之法，皆隨其類而祭之。（中略）隋制，（中略）國城西南八里金光門外爲雨師壇，祀以立夏後申。」

〔二三〕壬申　是月戊辰朔，壬申乃初五日，其紀事不當在其上庚辰（十三日）與其下己丑（廿二日）之間。紀文當有訛誤或顛倒。

〔二四〕（秋七月）丁卯日有蝕之　通鑑卷一七五陳紀九長城公至德元年：「八月，丁卯朔，日有食之。」通鑑考異卷八陳紀下長城公至德元年八月條：「隋紀作七月丁卯，蓋曆差。」

〔二五〕庚辰陳遣散騎常侍周墳通直散騎常侍袁彦來聘　「庚辰」前疑脱「十二月」。按十一月丙申朔，無庚辰。十二月乙丑朔，庚辰爲十六日，其後之甲午爲三十日。册府卷一四二帝王部和好正繫此事於十二月。

〔二六〕唐令則　宋甲本、大德本、至順本、汲本、殿本作「曹令則」。

〔二七〕阿史那玷　北史卷一一隋本紀上、册府卷九七七外臣部降附、通鑑考異卷八陳紀下長城公至德二年二月引隋帝紀、玉海卷一九〇兵捷隋行軍元帥破突厥引隋書本紀均作「阿史那玷厥」。

〔二八〕自渭達河　「達河」，宋甲本、大德本、至順本、汲本、玉海卷二一地理隋廣通渠漕渠富人渠引隋書作「運門」。

〔二九〕沙鉢略可汗遣子庫合真特勤來朝　「特勤」，原作「特勒」，據闕特勤碑、本書卷一高祖紀下、卷三煬帝紀上改。下文「特勤」同改。

〔三〇〕山南荆淅七州水　「淅」，原作「浙」。錢大昕考異卷三八：「『浙』當作『淅』，周隋置淅州於淅陽，即後魏析州也。『淅』非州名，此轉寫之譌。」今據改。十通本通志卷七四災祥略水正作「淅」。

〔四一〕裴豪　北史卷一一隋本紀上作「裴世豪」，蓋唐人避諱或作省稱。

〔四二〕其子雍虞閭嗣立　本書卷五一長孫覽傳附長孫晟傳、卷八四北狄突厥傳，雍虞閭讓可汗位於其叔父處羅侯，處羅侯卒，雍虞閭才嗣立。

〔四三〕騶虞　北史卷一一隋本紀上作「白虎」。唐人諱「虎」，故以此代。

隋書卷二

帝紀第二

高祖下

八年春正月乙亥，陳遣散騎常侍袁雅、兼通直散騎常侍周止水來聘。

二月庚子，鎮星入東井。辛酉，陳人寇硤州。

三月辛未，上柱國、隴西郡公李詢卒。壬申，以成州刺史姜須達爲會州總管。甲戌，遣兼散騎常侍程尚賢、兼通直散騎常侍韋惲使于陳。戊寅，詔曰：

昔有苗不賓，唐堯薄伐，孫皓僭虐，晉武行誅。有陳竊據江表，逆天暴物。朕初受命，陳頊尚存，思欲教之以道，不以龔行爲令，往來脩睦，望其遷善。時日無幾，釁惡已聞。厚納叛亡，侵犯城戍，勾吴、閩越，肆厥殘忍。于時王師大舉，將一車書，陳頊反地收兵，深懷震懼，責躬請約，俄而致殞。矜其喪禍，仍詔班師。

叔寶承風，因求繼好，載佇克念，共敦行李。每見珪璪入朝，輶軒出使，何嘗不殷勤曉喻，戒以惟新。而狼子之心，出而彌野，威侮五行，怠棄三正，誅翦骨肉，夷滅才良。據手掌之地，恣溪壑之險，劫奪閭閻，資産俱竭，驅蹙内外，勞役弗已。徵責女子，擅造宮室，日增月益，止足無期，帷薄嬪嬙，有逾萬數。寶衣玉食，窮奢極侈，淫聲樂飲，俾晝作夜。斬直言之客，滅無罪之家，剖人之肝，分人之血。欺天造惡，祭鬼求恩，歌儛衢路，酣醉宮闈。盛粉黛而執干戈，曳羅綺而呼警蹕，躍馬振策，從旦至昏，無所經營，馳走不息。負甲持仗，隨逐徒行，追而不及，即加罪譴。自古昏亂，罕或能比。介士武夫，飢寒力役，筋髓罄於土木，性命俟於溝渠。君子潛逃，小人得志，家家隱殺戮，各各任聚斂。天災地孽，物怪人妖，衣冠鉗口，道路以目。傾心翹足，誓告於我，日月以冀，文奏相尋。重以背德違言，搖蕩疆埸，巴峽之下，海澨已西，江北、江南，爲鬼爲蜮。死隴窮發掘之酷，生居極攘敚之苦，抄掠人畜，斷截樵蘇，市井不立，農事廢寢。歷陽、廣陵，窺覦相繼，或謀圖城邑，或劫剥吏人，晝伏夜遊，鼠竄狗盜。彼則羸兵敝卒，來必就擒，此則重門設險，有勞藩捍。天之所覆，無非朕臣，每關聽覽，有懷傷惻。有梁之國，我南藩也，其君入朝，潛相招誘，不顧朕恩。士女深迫脅之悲，城府致空虚之歎。非直朕居人上，懷此無忘，既而百辟屢以爲言，兆庶不堪其請，豈容對而不誅，忍而不救！

近日秋始，謀欲弔人。益部樓船，盡令東鶩，便有神龍數十，騰躍江流，引伐罪之師，向金陵之路，船住則龍止，船行則龍去，四日之内，三軍皆覩，豈非蒼旻愛人，幽明展事，降神先路，協贊軍威！以上天之靈，助戡定之力，便可出師授律，應機誅殄，在斯舉也，永清吴、越。其將士糧仗，水陸資須，期會進止，一准别勑。

秋八月丁未，河北諸州飢，遣吏部尚書蘇威賑恤之。

九月丁丑，宴南征諸將，頒賜各有差。癸巳，嘉州言龍見。

冬十月己亥，太白出西方。己未，置淮南行臺省於壽春，以晉王廣爲尚書令。辛酉，陳遣兼散騎常侍王琬、兼通直散騎常侍許善心來聘，拘留不遣。甲子，將伐陳，有事於太廟。命晉王廣、秦王俊、清河公楊素並爲行軍元帥，以伐陳。於是晉王廣出六合，秦王俊出襄陽，清河公楊素出信州，荆州刺史劉仁恩出江陵，宜陽公王世積出蘄春，新義公韓擒虎出廬江，襄邑公賀若弼出吴州，落叢公燕榮出東海，合總管九十，兵五十一萬八千，皆受晉王節度。東接滄海，西拒巴、蜀，旌旗舟楫，横亘數千里。曲赦陳國。有星孛于牽牛。

十一月丁卯，車駕餞師，詔購陳叔寶位上柱國、萬户公。乙亥，行幸定城，陳師誓衆。

丙子，幸河東。

十二月庚子，至自河東。

九年春正月己巳，白虹夾日。辛未，賀若弼拔陳京口，韓擒虎拔陳南豫州。癸酉，以尚書右僕射虞慶則爲右衛大將軍。丙子，賀若弼敗陳師於蔣山，獲其將蕭摩訶。韓擒虎進師入建鄴，獲其將任蠻奴〔一〕，獲陳主叔寶。陳國平，合州三十〔二〕，郡一百，縣四百。癸巳，遣使持節巡撫之。

二月乙未，廢淮南行臺省。丙申，制五百家爲鄉，正一人；百家爲里，長一人。丁酉，以襄州總管韋世康爲安州總管。

夏四月己亥，幸驪山，親勞旋師。乙巳，三軍凱入，獻俘於太廟。拜晉王廣爲太尉。庚戌，上御廣陽門，宴將士，頒賜各有差。辛亥，大赦天下。己未，以陳都官尚書孔範，散騎常侍王瑳、王儀，御史中丞沈觀等，邪佞於其主，以致亡滅，皆投之邊裔。辛酉，以信州總管楊素爲荆州總管，吏部侍郎宇文弼爲刑部尚書，宗正少卿楊异爲工部尚書。壬戌，詔曰：

往以吴、越之野，羣黎塗炭，干戈方用，積習未寧。今率土大同，含生遂性，太平之法，方可流行。凡我臣僚，澡身浴德，開通耳目，宜從茲始。喪亂已來，緬將十載，君無君德，臣失臣道，父有不慈，子有不孝，兄弟之情或薄，夫婦之義或違，長幼失序，尊卑錯亂。朕爲帝王，志存愛養，時有臻道，不敢寧息。內外職位，遐邇黎人，家家自修，人人克念，使不軌不法，蕩然俱盡。兵可立威，不可不戢，刑可助化，不可專行。禁衞九重之餘，鎮守四方之外，戎旅軍器，皆宜停罷。代路既夷〔三〕，羣方無事，武力之子，俱可學文，人間甲仗，悉皆除毁。有功之臣，降情文藝，家門子姪，各守一經，令海內翕然，高山仰止。京邑庠序，爰及州縣，生徒受業，升進於朝，未有灼然明經高第。此則教訓不篤，考課未精，明勸所由，隆茲儒訓。官府從宦，丘園素士，心迹相表，寬弘爲念，勿爲跼促，乖我皇猷。

朕君臨區宇，於茲九載，開直言之路，披不諱之心，形於顏色，勞於興寢。自頃逞藝論功，昌言乃衆，推誠切諫，其事甚疎。公卿士庶，非所望也，各啓至誠，匡茲不逮。見善必進，有才必舉，無或噤嘿，退有後言。頒告天下，咸悉此意。

閏月甲子，以安州總管韋世康爲信州總管。丁丑，頒木魚符於總管、刺史，雌一雄一〔四〕。己卯，以吏部尚書蘇威爲尚書右僕射。

六月乙丑，以荆州總管楊素爲納言。丁丑〔五〕，以吏部侍郎盧愷爲禮部尚書。

時朝野物議，咸願登封。秋七月丙午，詔曰：「豈可命一將軍，除一小國，遐邇注意，便謂太平。以薄德而封名山，用虛言而干上帝，非朕攸聞。而今以後，言及封禪，宜即禁絶。」

八月壬戌，以廣平王雄爲司空。

冬十一月壬辰，考使定州刺史豆盧通等上表，請封禪，上不許。庚子，以右衞大將軍虞慶則爲右武候大將軍，右領軍將軍李安爲右領軍大將軍。甲寅，降囚徒。

十二月甲子，詔曰：「朕祗承天命，清蕩萬方。百王衰敝之後，兆庶澆浮之日，聖人遺訓，掃地俱盡，制禮作樂，今也其時。朕情存古樂，深思雅道。鄭、衞淫聲，魚龍雜戲，樂府之內，盡以除之。今欲更調律呂，改張琴瑟。且妙術精微，非因教習，工人代掌，止傳糟粕，不足達神明之德，論天地之和。區域之間，奇才異藝〔六〕，天知神授，何代無哉！蓋晦迹於非時，俟昌言於所好，宜可搜訪，速以奏聞，庶覩一藝之能，共就九成之業。」仍詔太常牛弘、通直散騎常侍許善心、祕書丞姚察、通直郎虞世基等議定作樂。己巳，以黄州總管周法尚爲永州總管。

十年春正月乙未，以皇孫昭爲河南王，楷爲華陽王。

二月庚申，幸并州。

夏四月辛酉，至自并州。

五月乙未，詔曰：「魏末喪亂，寓縣瓜分，役車歲動，未遑休息。兵士軍人，權置坊府，南征北伐，居處無定。家無完堵，地罕包桑，恒爲流寓之人，竟無鄉里之號。朕甚愍之。凡是軍人，可悉屬州縣，墾田籍帳，一與民同。軍府統領，宜依舊式。」罷山東河南及北方緣邊之地新置軍府。

六月辛酉，制人年五十，免役收庸。癸亥，以靈州總管王世積爲荆州總管，淅州刺史元胄爲靈州總管。

秋七月癸卯，以納言楊素爲内史令。庚戌，上親録囚徒。辛亥，高麗遼東郡公高陽卒。壬子，吐谷渾遣使來朝。

八月壬申，遣柱國、襄陽郡公韋洸，上開府、東萊郡公王景，並持節巡撫嶺南，百越皆服。

冬十月甲子，頒木魚符於京官五品已上〔七〕。戊辰，以永州總管周法尚爲桂州總管。

十一月辛卯，幸國學，頒賜各有差。丙午，契丹遣使朝貢。辛丑〔八〕，有事於南郊。是月，婺州人汪文進、會稽人高智慧、蘇州人沈玄懀皆舉兵反，自稱天子，署置百官。樂安蔡道人、蔣山李稜、饒州吴代華〔九〕、永嘉沈孝徹〔一〇〕、泉州王國慶、餘杭楊寶英、交趾李春等皆自稱大都督，攻陷州縣。詔上柱國、内史令、越國公楊素討平之。

十一年春正月丁酉，以平陳所得古器多爲妖變，悉命毁之。辛丑，高麗遣使朝貢。丙午，皇太子妃元氏薨，上舉哀於文思殿。

二月戊午，吐谷渾遣使貢方物。以大將軍蘇孝慈爲工部尚書。丙子，以臨潁令劉曠治術尤異，擢爲莒州刺史。己卯，突厥遣使獻七寶盌。辛巳晦，日有蝕之。

三月壬午，遣通事舍人若干治使于吐谷渾。癸未，以幽州總管周摇爲壽州總管，朔州總管吐萬緒爲夏州總管〔一一〕。

夏四月戊午，突厥雍虞閭可汗遣其特勤來朝。

五月甲子〔一二〕，高麗遣使貢方物。癸卯，詔百官悉詣朝堂上封事。乙巳，以右衛將軍元旻爲左衛大將軍〔一三〕。

秋七月己丑，以柱國杜彦爲洪州總管。

八月壬申，幸栗園。滕王瓚薨。乙亥，至自栗園。上柱國、沛國公鄭譯卒。

十二月丙辰，靺鞨遣使貢方物。

十二年春正月壬子，以蘇州刺史皇甫績爲信州總管，宣州刺史席代雅爲廣州總管〔一四〕。

二月己巳〔一五〕，以蜀王秀爲内史令、兼右領軍大將軍，漢王諒爲雍州牧、右衛大將軍。

夏四月辛卯，以壽州總管周摇爲襄州總管。

五月辛亥，廣州總管席代雅卒。

秋七月乙巳，尚書右僕射、邳國公蘇威，禮部尚書、容城縣侯盧愷，並坐事除名。壬戌，幸昆明池，其日還宫。己巳，有事於太廟。壬申晦，日有蝕之。

八月甲戌，制天下死罪，諸州不得便決，皆令大理覆治。乙亥，幸龍首池。癸巳，制宿衛者不得輒離所守。丁酉，上柱國、夏州總管、楚國公豆盧勣卒〔一六〕。戊戌，上親録囚徒。

九月丁未，以工部尚書楊异爲吴州總管。

冬十月丁丑，以遂安王集爲衛王。壬午，有事于太廟。至太祖神主前，上流涕嗚咽，悲不自勝。

十一月辛亥，有事於南郊。壬子，宴百寮，頒賜各有差。己未，上柱國、新義郡公韓擒虎卒。庚申，以豫州刺史權武爲潭州總管。甲子，百寮大射於武德殿。

十二月癸酉，突厥遣使來朝。乙酉，以上柱國、内史令楊素爲尚書右僕射。己酉〔一七〕，吐谷渾、靺鞨並遣使貢方物。

十三年春正月乙巳，上柱國、鄅國公韓建業卒〔一八〕。丙午，契丹、奚、霫、室韋並遣使貢方物。壬子，親祀感帝。己未，以信州總管韋世康爲吏部尚書。壬戌，行幸岐州。

二月丙子，詔營仁壽宮。丁亥，至自岐州。戊子，宴考使於嘉則殿〔一九〕。己卯，立皇孫暕爲豫章王。戊子，晉州刺史、南陽郡公賈悉達，隰州總管、撫寧郡公韓延等，以賄伏誅。己丑，制坐事去官者，配流一年。丁酉，制私家不得隱藏緯候圖讖。

夏四月癸未，制戰亡之家，給復一年。

五月癸亥，詔人間有撰集國史、臧否人物者，皆令禁絶。

秋七月戊申，靺鞨遣使貢方物。壬子，左衞大將軍、雲州總管、鉅鹿郡公賀婁子幹卒。丁巳，幸昆明池。戊辰晦，日有蝕之。

九月丙辰，降囚徒。庚申，以邵國公楊綸爲滕王。乙丑，以柱國杜彦爲雲州總管。

冬十月乙卯〔二〇〕，上柱國、華陽郡公梁彦光卒〔二一〕。

十四年夏四月乙丑，詔曰：「在昔聖人，作樂崇德，移風易俗，於斯爲大。自晉氏播遷，兵戈不息，雅樂流散，年代已多，四方未一，無由辨正。賴上天鑒臨，明神降福，拯茲塗炭，安息蒼生，天下大同，歸於治理，遺文舊物，皆爲國有。比命所司，總令研究，正樂雅聲，詳考已訖，宜即施用，見行者停。人間音樂，流僻日久，棄其舊體，競造繁聲，浮宕不歸，遂以成俗。宜加禁約，務存其本。」

五月辛酉，京師地震。關内諸州旱。

六月丁卯，詔省府州縣，皆給公廨田，不得治生，與人爭利。

秋七月乙未，以邳國公蘇威爲納言。

八月辛未，關中大旱，人飢。上率户口就食於洛陽。

九月己未〔三〕，以齊州刺史樊子蓋爲循州總管。丁巳，以基州刺史崔仲方爲會州總管。

冬閏十月甲寅，詔曰：「齊、梁、陳往皆創業一方，綿歷年代。既宗祀廢絶，祭奠無主，興言矜念，良以愴然。莒國公蕭琮及高仁英、陳叔寶等，宜令以時脩其祭祀。所須器物，有司給之。」乙卯，制外官九品已上，父母及子年十五已上，不得將之官。

十一月壬戌，制州縣佐吏，三年一代，不得重任。癸未，有星孛于角亢。

十二月乙未，東巡狩。

十五年春正月壬戌，車駕次齊州，親問疾苦。丙寅，旅王符山。庚午，上以歲旱，祠太山，以謝愆咎，大赦天下。

二月丙辰，收天下兵器，敢有私造者坐之。關中、緣邊，不在其例。丁巳，上柱國、蔣國公梁睿卒。

三月己未，至自東巡狩。望祭五嶽海瀆。丁亥，幸仁壽宮。營州總管韋藝卒。

夏四月己丑朔，大赦天下。甲辰，以趙州刺史楊達爲工部尚書。丁未，以開府儀同三司韋沖爲營州總管。

五月癸酉，吐谷渾遣使朝貢。丁亥，制京官五品已上，佩銅魚符。

六月戊子，詔鑿底柱。庚寅，相州刺史豆盧通貢綾文布，命焚之於朝堂。乙未，林邑遣使來貢方物。辛丑，詔名山大川未在祀典者，悉祠之。

秋七月乙丑，晉王廣獻毛龜。甲戌，遣邳國公蘇威巡省江南。戊寅，至自仁壽宮。辛巳，制九品已上官，以理去職者，聽並執笏。

冬十月戊子，以吏部尚書韋世康爲荆州總管。

十一月辛酉，幸温湯。乙丑，至自温湯。

十二月戊子，勑盜邊糧一升已上皆斬，並籍没其家。己丑，詔文武官以四考交代。

十六年春正月丁亥〔二三〕，以皇孫裕爲平原王，筠爲安成王，嶷爲安平王，恪爲襄城王，該爲高陽王，韶爲建安王，煚爲潁川王。

夏五月丁巳，以懷州刺史龐晃爲夏州總管，蔡陽縣公姚辯爲靈州總管。

六月甲午，制工商不得進仕。并州大蝗。辛丑，詔九品已上妻、五品已上妾，夫亡不得改嫁。

秋八月丙戌，詔決死罪者，三奏而後行刑。

冬十月己丑，幸長春宮。

十一月壬子，至自長春宮。

十七年春二月癸未，太平公史萬歲擊西寧羌〔二四〕，平之。庚寅，幸仁壽宮。庚子，上柱國王世積討桂州賊李光仕，平之。壬寅，河南王昭納妃〔二五〕，宴羣臣，頒賜各有差。

三月丙辰，詔曰：「分職設官，共理時務，班位高下，各有等差。若所在官人不相敬憚，多自寬縱，事難克舉。諸有殿失，雖備科條，或據律乃輕，論情則重，不即決罪，無以懲肅。其諸司論屬官，若有愆犯，聽於律外斟酌決杖。」辛酉，上親録囚徒。癸亥，上柱國、彭國公劉昶以罪伏誅。庚午，遣治書侍御史柳彧、皇甫誕巡省河南、河北。

夏四月戊寅，頒新曆。壬午，詔曰：「周曆告終，羣凶作亂，釁起蕃服，毒被生人。朕受命上玄，廓清區宇，聖靈垂祐，文武同心。申明公穆、鄖襄公孝寬、廣平王雄、蔣國公睿、楚國公勣、齊國公熲、越國公素、魯國公慶則、新寧公長叉、宜陽公世積、趙國公羅雲、隴西公詢、廣業公景、真昌公振、沛國公譯、項城公子相、鉅鹿公子幹等，登庸納揆之時，草昧經綸之日，丹誠大節，心盡帝圖，茂績殊勳，力宣王府。宜弘其門緒，與國同休。其世子世孫未經州任者，宜量才升用，庶享榮位，世禄無窮。」

五月，宴百寮於玉女泉〔二六〕，頒賜各有差。己巳，蜀王秀來朝。高麗遣使貢方物。甲戌，以左衞將軍獨孤羅雲爲涼州總管〔二七〕。

閏月己卯，羣鹿入殿門，馴擾侍衞之内。

秋七月丁丑，桂州人李代賢反〔二八〕，遣右武候大將軍虞慶則討平之。丁亥，上柱國、并州總管秦王俊坐事免，以王就第。戊戌，突厥遣使貢方物。

八月丁卯，荆州總管、上庸郡公韋世康卒。

九月甲申，至自仁壽宮。庚寅，上謂侍臣曰：「禮主於敬，皆當盡心。黍稷非馨，貴在祇肅。廟庭設樂，本以迎神，齋祭之日，觸目多感。當此之際，何可爲心！在路奏樂，禮未爲允。羣公卿士，宜更詳之。」

冬十月丁未，頒銅獸符於驃騎、車騎府〔二九〕。戊申，道王靜薨。庚午，詔曰：「五帝異樂，三王殊禮，皆隨事而有損益，因情而立節文。仰惟祭享宗廟，瞻敬如在，罔極之感，情深茲日。而禮畢升路，鼓吹發音，還入宮門，金石振響。斯則哀樂同日，心事相違，情所不安，理實未允。宜改茲往式，用弘禮教。自今已後，享廟日不須備鼓吹，殿庭勿設樂懸。」辛未，京師大索。

十一月丁亥，突厥遣使來朝。

十二月壬子，上柱國、右武候大將軍、魯國公虞慶則以罪伏誅。

十八年春正月辛丑，詔曰：「吳、越之人，往承弊俗，所在之處，私造大船，因相聚結，致有侵害。其江南諸州，人間有船長三丈已上，悉括入官。」

二月甲辰，幸仁壽宮。乙巳，以漢王諒爲行軍元帥，水陸三十萬伐高麗。

三月乙亥，以柱國杜彥爲朔州總管。

夏四月癸卯，以蔣州刺史郭衍爲洪州總管。

五月辛亥〔三〇〕，詔畜猫鬼、蠱毒、厭魅〔三一〕、野道之家，投於四裔。

六月丙寅，下詔黜高麗王高元官爵。

秋七月壬申，詔以河南八州水，免其課役。丙子，詔京官五品已上，總管、刺史，以志行修謹、清平幹濟二科舉人。

九月己丑，漢王諒師遇疾疫而旋，死者十八九〔三二〕。庚寅，勑舍客無公驗者，坐及刺史、縣令。辛卯，至自仁壽宮。

冬十一月甲戌，上親録囚徒。癸未，有事於南郊。

十二月庚子，上柱國、夏州總管、任城郡公王景以罪伏誅。是月，自京師至仁壽宮，置行宮十有二所。

十九年春正月癸酉，大赦天下。戊寅，大射武德殿，宴賜百官。

二月己亥，晉王廣來朝。辛丑，以并州總管長史宇文弼爲朔州總管。甲寅，幸仁壽宮。

夏四月丁酉，突厥利可汗內附〔三三〕。達頭可汗犯塞，遣行軍總管史萬歲擊破之。

六月丁酉，以豫章王暕爲內史令。

秋八月癸卯，上柱國、尚書左僕射、齊國公高熲坐事免。辛亥，上柱國、皖城郡公張威卒。甲寅，上柱國、城陽郡公李徹卒。

九月乙丑，以太常卿牛弘爲吏部尚書。

冬十月甲午，以突厥利可汗爲啓人可汗〔三四〕，築大利城處其部落。庚子，以朔州總管宇文弼爲代州總管。

十二月乙未，突厥都藍可汗爲部下所殺。丁丑，星霣於渤海〔三五〕。

二十年春正月辛酉朔，上在仁壽宮，突厥、高麗、契丹並遣使貢方物。癸亥，以代州總管宇文弼爲吳州總管。

二月己巳，以上柱國崔弘度爲原州總管。丁丑，無雲而雷。

三月辛卯，熙州人李英林反，遣行軍總管張衡討平之。

夏四月壬戌，突厥犯塞，以晉王廣爲行軍元帥，擊破之。乙亥，天有聲如瀉水，自南而北。

六月丁丑，秦王俊薨。

秋八月，老人星見。

九月丁未，至自仁壽宮。癸丑，吳州總管楊异卒。

冬十月己未，太白晝見。乙丑，皇太子勇及諸子並廢爲庶人。殺柱國、太平縣公史萬歲。己巳，殺左衞大將軍、五原郡公元旻。

十一月戊子，天下地震，京師大風雪。以晉王廣爲皇太子。

十二月戊午，詔東宫官屬不得稱臣於皇太子。辛巳，詔曰：「佛法深妙，道教虚融，咸降大慈，濟度羣品，凡在含識，皆蒙覆護。所以雕鑄靈相，圖寫真形，率土瞻仰，用申誠敬。其五嶽四鎮，節宣雲雨，江、河、淮、海，浸潤區域，並生養萬物，利益兆人，故建廟立祀，以時恭敬。敢有毁壞偷盜佛及天尊像、嶽鎮海瀆神形者，以不道論。沙門壞佛像，道士壞天尊者，以惡逆論。」

仁壽元年春正月乙酉朔，大赦，改元。以尚書右僕射楊素爲尚書左僕射，納言蘇威爲尚書右僕射。丁酉，徙河南王昭爲晉王。突厥寇恒安，遣柱國韓洪擊之，官軍敗績。以晉王昭爲内史令。辛丑，詔曰：「君子立身，雖云百行，唯誠與孝，最爲其首。故投生殉節〔三六〕，自古稱難，殞身王事，禮加二等。而代俗之徒，不達大義，至於致命戎旅，不入兆域。虧孝子之意，傷人臣之心，興言念此，每深愍歎！且入廟祭祀，並不廢闕，何止墳塋，獨在其外。自今已後，戰亡之徒，宜入墓域。」

二月乙卯朔，日有蝕之。辛巳，以上柱國獨孤楷爲原州總管。

三月壬辰，以豫章王暕爲揚州總管。

夏四月，以淅州刺史蘇孝慈爲洪州總管。

五月己丑，突厥男女九萬口來降。壬辰，驟雨震雷，大風拔木，宜君湫水，移於始平。

六月癸丑，洪州總管蘇孝慈卒。乙卯，遣十六使巡省風俗。乙丑，詔曰：「儒學之道，訓教生人，識父子君臣之義，知尊卑長幼之序，升之於朝，任之以職，故能贊理時務，弘益風範。朕撫臨天下，思弘德教，延集學徒，崇建庠序，開進仕之路，佇賢雋之人。而國學胄子，垂將千數，州縣諸生，咸亦不少。徒有名録，空度歲時，未有德爲代範，才任國用。良由設學之理，多而未精。今宜簡省，明加獎勵。」於是國子學唯留學生七十人，太學、四門及州縣學並廢。其日，頒舍利於諸州。

秋七月戊戌，改國子爲太學。

九月癸未，以柱國杜彥爲雲州總管。

十一月己丑，有事於南郊。壬辰，以資州刺史衞玄爲遂州總管。

二年春二月辛亥，以邢州刺史侯莫陳穎爲桂州總管〔三七〕，宗正楊紀爲荆州總管〔三八〕。

三月己亥，幸仁壽宮。壬寅，以齊州刺史張奫爲潭州總管〔三九〕。

夏四月庚戌，岐、雍二州地震。

秋七月丙戌，詔内外官各舉所知。戊子，以原州總管獨孤楷爲益州總管。

八月己巳，皇后獨孤氏崩。

九月丙戌，至自仁壽宮。壬辰，河南、北諸州大水，遣工部尚書楊達賑恤之。乙未，上柱國、襄州總管、金水郡公周摇卒。隴西地震。

冬十月壬子，曲赦益州管内。癸丑，以工部尚書楊達爲納言。

閏月甲申，詔尚書左僕射楊素與諸術者刊定陰陽舛謬。己丑，詔曰：「禮之爲用，時義大矣。黄琮蒼璧，降天地之神，粢盛牲食，展宗廟之敬，正父子君臣之序，明婚姻喪紀之節。故道德仁義，非禮不成，安上治人，莫善於禮。自區宇亂離，緜歷年代，王道衰而變風作，微言絶而大義乖，與代推移，其弊日甚。至於四時郊祀之節文，五服麻葛之隆殺，是非異説，踳駁殊塗，致使聖教凋訛，輕重無准。朕祗承天命，撫臨生人，當洗滌之時，屬干戈之代。克定禍亂，先運武功，删正彝典，日不暇給。今四海乂安，五戎勿用，理宜弘風訓俗，導德齊禮，綴往聖之舊章，興先王之茂則。尚書左僕射、越國公楊素，尚書右僕射、邳國公蘇威，吏部尚書、奇章公牛弘，内史侍郎薛道衡，祕書丞許善心，内史舍人虞世基，著作郎王劭，或任居端揆，博達古今，或器推令望，學綜經史。委以裁緝，實允僉議。可並修定五禮。」壬寅，葬獻皇后於太陵。

十二月癸巳，上柱國、益州總管、蜀王秀廢爲庶人。交州人李佛子舉兵反，遣行軍總管劉方討平之。

三年春二月己卯，原州總管、比陽縣公龐晃卒。戊子，以大將軍、蔡陽郡公姚辯爲左武候大將軍。

夏五月癸卯，詔曰：「哀哀父母，生我劬勞，欲報之德，昊天罔極。但風樹不靜，嚴敬莫追，霜露既降，感思空切。六月十三日是朕生日，宜令海内爲武元皇帝、元明皇后斷屠。」

六月甲午，詔曰：

禮云：「至親以朞斷。」蓋以四時之變易，萬物之更始，故聖人象之。其有三年，加隆爾也。但家無二尊，母爲厭降，是以父存喪母，還服于朞者，服之正也。豈容朞内而更小祥！然三年之喪而有小祥者，禮云：「朞祭，禮也。朞而除喪，道也。」以是之故，雖未再朞，而天地一變，不可不祭，不可不除。故有練焉，以存喪祭之本。然朞喪有練，於理未安。雖云十一月而練，乃無所法象，非朞非時，豈可除祭。而儒者徒擬三年之喪，立練禫之節，可謂苟存其變，而失其本，欲漸於奪，乃薄於喪。致使子則冠練去絰，黄裹縓緣，絰則布葛在躬，麤服未改。豈非絰哀尚存〔四〇〕，子情已奪，親疏失倫，輕重顛倒！乃不順人情，豈聖人之意也！故知先聖之禮廢於人邪，三年之喪尚有不行之者，至於祥練之節，安能不墜者乎？

禮云：「父母之喪，無貴賤一也。」而大夫士之喪父母，乃貴賤異服。然則禮壞樂崩，由來漸矣。所以晏平仲之斬麤縗，其老謂之非禮，滕文公之服三年，其臣咸所不欲。蓋由王道既衰，諸侯異政，將踰越於法度，惡禮制之害己，乃滅去篇籍，自制其宜。遂至骨肉之恩，輕重從俗，無易之道，隆殺任情。況孔子没而微言隱，秦滅學而經籍焚者乎！有漢之興，雖求儒雅，人皆異説，義非一貫。又近代亂離，唯務兵革，其於典禮，時所未遑。夫禮不從天降，不從地出，乃人心而已者，謂情緣於恩也。故恩厚者其禮隆，情輕者其禮殺。聖人以是稱情立文，别親疏貴賤之節。自臣子道消，上下失序，莫大之恩，逐情而薄，莫重之禮，與時而殺。此乃服不稱喪，容不稱服，非所謂聖人緣恩表情制禮之義也。

然喪與易也，寧在於戚，則禮之本也。禮有其餘，未若於哀，則情之實也。今十一月而練者，非禮之本，非情之實。由是言之，父存喪母，不宜有練。但依禮十三月而祥，中月而禫。庶以合聖人之意，達孝子之心。

秋七月丁卯，詔曰：

日往月來，唯天所以運序，山鎮川流，唯地所以宣氣。運序則寒暑無差，宣氣則雲雨有作，故能成天地之大德，育萬物而爲功。況一人君于四海，睹物欲運，獨見致治，不藉羣才，未之有也。是以唐堯欽明，命羲、和以居岳，虞舜叡德，升元、凱而作相。伊尹鼎俎之媵，爲殷之阿衡，呂望漁釣之夫，爲周之尚父。此則鳴鶴在陰，其子必和，風雲之從龍虎，賢哲之應聖明，君德不回，臣道以正，故能通天地之和，順陰陽之序，豈不由元首而有股肱乎？

自王道衰，人風薄，居上莫能公道以御物，爲下必踵私法以希時。上下相蒙，君臣義失，義失則政乖，政乖則人困。蓋同德之風難嗣，離德之軌易追，則任者不休，休者不任，則衆口鑠金，戮辱之禍不測。是以行歌避代，辭位灌園，卷而可懷，黜而無愠，放逐江湖之上，沈赴河海之流，所以自潔而不悔者也。至於閭閻秀異之士，鄉曲博雅之儒，言足以佐時，行足以勵俗，遺棄於草野，堙滅而無聞，豈勝道哉！所以覽古而歎息者也。

方今區宇一家，煙火萬里，百姓乂安，四夷賓服，豈是人功，實乃天意。朕惟夙夜祇懼，將所以上嗣明靈，是以小心勵己，日慎一日。以黎元在念，憂兆庶未康，以庶政爲懷，慮一物失所。雖求傅巖，莫見幽人，徒想崆峒，未聞至道。唯恐商歌於長夜，抱關於夷門，遠跡犬羊之間，屈身僮僕之伍。其令州縣搜揚賢哲，皆取明知今古，通識治亂，究政教之本，達禮樂之源。不限多少，不得不舉。限以三旬，咸令進路。徵召將送，必須以禮。

八月壬申，上柱國、檢校幽州總管、落叢郡公燕榮以罪伏誅。

九月壬戌，置常平官。甲子，以營州總管韋沖爲民部尚書。

十二月癸酉，河南諸州水，遣納言楊達賑恤之。

四年春正月丙辰，大赦。甲子，幸仁壽宮。乙丑，詔賞罰支度，事無巨細，並付皇太子。

夏四月乙卯〔四一〕，上不豫。

六月庚午〔四二〕，大赦天下。有星入月中，數日而退。長人見於雁門。

秋七月乙未，日青無光，八日乃復。己亥，以大將軍段文振爲雲州總管〔四三〕。甲辰，上以疾甚，卧於仁壽宮，與百寮辭訣，並握手歔欷。丁未，崩於大寶殿，時年六十四。遺詔曰：

嗟乎！自昔晉室播遷，天下喪亂，四海不一，以至周、齊，戰爭相尋，年將三百。

故割疆土者非一所，稱帝王者非一人，書軌不同，生人塗炭。上天降鑒，爰命於朕，用登大位，豈關人力！故得撥亂反正，偃武修文，天下大同，聲教遠被，此又是天意欲寧區夏。所以昧旦臨朝，不敢逸豫，一日萬機，留心親覽，晦明寒暑，不憚劬勞，匪曰朕躬〔四四〕，蓋爲百姓故也。王公卿士，每日闕庭，刺史以下，三時朝集，何嘗不罄竭心府，誡勑殷勤。義乃君臣，情兼父子。庶藉百寮智力，萬國歡心，欲令率土之人，永得安樂，不謂遘疾彌留，至於大漸。此乃人生常分，何足言及！但四海百姓，衣食不豐，教化政刑，猶未盡善，興言念此，唯以留恨。朕今年踰六十，不復稱夭，但筋力精神，一時勞竭。如此之事，本非爲身，止欲安養百姓，所以致此。

人生子孫，誰不愛念，既爲天下，事須割情。勇及秀等，並懷悖惡，既知無臣子之心，所以廢黜。古人有言：「知臣莫若於君，知子莫若於父。」若令勇、秀得志，共治家國，必當戮辱徧於公卿，酷毒流於人庶。今惡子孫已爲百姓黜屏，好子孫足堪負荷大業。此雖朕家事，理不容隱，前對文武侍衞，具已論述。皇太子廣，地居上嗣，仁孝著聞，以其行業，堪成朕志。但令內外羣官，同心戮力，以此共治天下，朕雖瞑目，何所復恨。

但國家事大，不可限以常禮。既葬公除，行之自昔，今宜遵用，不勞改定。凶禮所須，纔令周事。務從節儉，不得勞人。諸州總管、刺史已下，宜各率其職，不須奔赴。自古哲王，因人作法，前帝後帝，沿革隨時。律令格式，或有不便於事者，宜依前敕修改，務當政要。嗚呼，敬之哉！無墜朕命！乙卯，發喪。河間楊柳四株無故黄落，既而花葉復生。

八月丁卯，梓宫至自仁壽宫。丙子，殯于大興前殿。

冬十月己卯，合葬於太陵，同墳而異穴。

上性嚴重，有威容，外質木而内明敏，有大略。初，得政之始，羣情不附，諸子幼弱，内有六王之謀，外致三方之亂。握强兵、居重鎮者，皆周之舊臣。上推以赤心，各展其用，不踰朞月，克定三邊〔四五〕，未及十年，平一四海。薄賦斂，輕刑罰，内脩制度，外撫戎夷。每旦聽朝，日昃忘倦，居處服翫，務存節儉，令行禁止，上下化之。開皇、仁壽之間，丈夫不衣綾綺，而無金玉之飾，常服率多布帛，裝帶不過以銅鐵骨角而已。雖嗇於財，至於賞賜有功，亦無所愛悋。

乘輿四出，路逢上表者，則駐馬親自臨問。或潛遣行人採聽風俗，吏治得失，人間疾苦，無不留意。嘗遇關中飢，遣左右視百姓所食。有得豆屑雜糠而奏之者，上流涕以示羣臣，深自咎責，爲之徹膳不御酒肉者殆將一朞。及東拜太山，關中户口就食洛陽者，道路相屬。上勑斥候，不得輒有驅逼，男女參廁於仗衞之間。逢扶老攜幼者，輒引馬避之，慰勉而去。至艱險之處，見負擔者，遽令左右扶助之。其有將士戰没，必加優賞，仍令使者就家勞問。自强不息，朝夕孜孜，人庶殷繁，帑藏充實。雖未能臻於至治，亦足稱近代之良主。

然天性沉猜，素無學術，好爲小數，不達大體，故忠臣義士莫得盡心竭辭。其草創元勳及有功諸將，誅夷罪退，罕有存者。又不悅詩書，廢除學校，唯婦言是用，廢黜諸子。逮于暮年，持法尤峻，喜怒不常，過於殺戮。嘗令左右送西域朝貢使出玉門關，其人所經之處，或受牧宰小物饋遺鸚鵡、麖皮、馬鞭之屬，上聞而大怒。又詣武庫，見署中蕪穢不治，於是執武庫令及諸受遺者，出開遠門外，親自臨決，死者數十人。又往往潛令人賂遺令史府史，有受者必死，無所寬貸。議者以此少之。

史臣曰：高祖龍德在田，奇表見異，晦明藏用，故知我者希。始以外戚之尊，受託孤之任，與能之議，未爲當時所許，是以周室舊臣，咸懷憤惋。既而王謙固三蜀之阻，不踰朞月，尉迥舉全齊之衆，一戰而亡，斯乃非止人謀，抑亦天之所贊也。乘兹機運，遂遷周鼎。于時蠻夷猾夏，荆、揚未一，劬勞日昃，經營四方。樓船南邁則金陵失險，驃騎北指則單于款塞，職方所載，並入疆理，禹貢所圖，咸受正朔。雖晉武之克平吳、會，漢宣之推亡固存，比義論功，不能尚也。七德既敷，九歌已洽，要荒咸暨，尉候無警。於是躬節儉，平徭賦，倉廩實，法令行，君子咸樂其生，小人各安其業，强無陵弱，衆不暴寡，人物殷阜，朝野歡娱。二十年間，天下無事，區宇之内晏如也。考之前王，足以參蹤盛烈〔四六〕。但素無術學，不能盡下，無寬仁之度，有刻薄之資，暨乎暮年，此風逾扇。又雅好符瑞，暗於大道，建彼維城，權侔京室，皆同帝制，靡所適從。聽哲婦之言，惑邪臣之説，溺寵廢嫡，託付失所。滅父子之道，開昆弟之隙，縱其尋斧，翦伐本枝。墳土未乾，子孫繼踵屠戮，松檟纔列，天下已非隋有。惜哉！迹其衰怠之源，稽其亂亡之兆，起自高祖，成於煬帝，所由來遠矣，非一朝一夕。其不祀忽諸，未爲不幸也。

校勘記

〔一〕任蠻奴　「蠻奴」，任忠小字，因避隋諱「忠」而稱其字。

〔二〕合州三十　「三十」，北史卷一一隋本紀上作「四十」，是。本書卷二九地理志上述及陳之疆域，稱「州有四十二」。北史謂「四十」，乃舉其成數。

〔三〕代路既夷　「代」，原作「伐」，據宋甲本改。册府卷五九帝王部興教化、通鑑卷一七七隋紀一文帝開皇九年四月作「世」，册府卷一四二帝王部弭兵作「代」。據此，知本作「世」，唐人諱改爲「代」，後形近訛作「伐」。

〔四〕雌一雄一　「雄二」，北史卷一一隋本紀上、北宋本通典卷三三職官一五郡太守作「雄三」。

〔五〕丁丑　北史卷一一隋本紀上作「丁卯」。丁卯乃是月初五日。

〔六〕奇才異藝　「藝」，原作「議」，據宋甲本、汲本、殿本改。册府卷五六八掌禮部作樂亦作「藝」。

〔七〕頒木魚符於京官五品已上　「京官」，原作「京師官」，據宋甲本改。「京」、「官」二字間，大德本作一字空格，至順本作墨釘，汲本作「□」，注：「宋本闕，一有『師』字。」按，北史卷一一隋本紀上、玉海卷八五器用隋玉麟符木魚符引文帝紀皆作「京官」。

〔八〕辛丑　是月乙酉朔，辛丑（十七日）敍事應置於丙午（廿二日）之前。紀文當有訛誤或顛倒。

〔九〕吴代華　北史卷一一隋本紀上、通鑑卷一七七隋紀一文帝開皇十年十一月作「吴世華」，此處乃唐人諱改。

〔一〇〕沈孝徹　原作「沈孝澈」，據宋甲本、汲本、殿本改。北史卷一一隋本紀上亦作「沈孝徹」。

〔一一〕朔州總管吐萬緒爲夏州總管　「朔州」，疑當作「徐州」。本書卷一高祖紀上，開皇五年冬十月，「朔州總管吐萬緒爲徐州總管」。卷六五吐萬緒傳，「徙爲朔州總管，甚爲北夷所憚。其後高祖潛有吞陳之志，轉徐州總管，（中略）及陳平，拜夏州總管」。

〔一二〕五月甲子　是月壬午朔，無甲子。册府卷九七〇外臣部朝貢、三國史記卷二〇均載是月高麗遣使貢方物之事。或「甲子」乃「甲午」（十三日）之誤。

〔一三〕以右衞將軍元旻爲左衞大將軍　「右衞」，宋甲本、大德本、至順本、汲本作「左衞」。

〔一四〕席代雅　應作「席世雅」，唐人諱改。席世雅，周書卷四四有傳。

〔一五〕二月己巳　是月丁丑朔，無己巳。疑繫日有誤。

〔一六〕（十二年八月丁酉）楚國公豆盧勣卒　本書卷三九豆盧勣傳繫其事於開皇十年。

〔一七〕己酉　是月壬申朔，無己酉日。册府卷九七〇外臣部朝貢作「是歲」。

〔一八〕韓建業　原作「韓達業」，據本書卷二三五行志上、北史卷一一隋本紀上改。韓建業傳，附北史卷五三、北齊書卷一九張保洛傳，其事亦見周書卷六武帝紀下建德五年十二月丙辰條、卷七宣帝紀大象元年八月壬午條。

〔一九〕丁亥至自岐州戊子宴考使於嘉則殿　是月辛未朔，丁亥（十七日）、戊子（十八日）敍事不應置於己卯（初九日）之前。紀文當有訛誤或顛倒。隋書求是疑「丁亥」應作「丁丑」（初七日）、「戊子」應作「戊寅」（初八日），則全月干支全無抵觸。

〔二〇〕十月乙卯　北史卷一一隋本紀上作「十一月乙卯」。按，十月戊辰朔，無乙卯日；十一月丁酉朔，乙卯爲十九日。疑「十月」乃「十一月」之訛。

〔二一〕梁彦光　原作「梁彦先」，據本書卷七三循吏梁彦光傳、卷七八藝術來和傳、北史卷一一隋本紀上改。

〔二二〕九月己未　是月壬辰朔，己未（廿八日）敍事不應置於丁巳（廿六日）之前。隋書求是疑「己未」應作「乙未」（初四日）。

〔二三〕正月丁亥　「正月」，北史卷一一隋本紀上作「二月」。按，正月甲寅朔，無丁亥。二月甲申朔，丁亥爲初四日。

〔二四〕太平公史萬歲擊西寧羌　本書卷五三史萬歲傳記其所擊爲「南寧夷爨翫」，通鑑卷一七八隋紀二文帝開皇十七年二月癸未條作「南寧羌」，胡注云：「南寧之地，漢屬牂柯，蜀漢屬南中，晉屬寧州，梁爲南寧州。其後爲爨氏所據，（中略）西爨，蠻也，非羌也。通鑑因隋紀成文。」

〔二五〕河南王昭納妃　「河南王」，原作「河東王」，據本卷開皇十年正月乙未條、仁壽元年正月丁酉條、本書卷五九煬三子元德太子昭傳改。

〔二六〕五月宴百寮於玉女泉　「五月」下疑脱紀日。北史卷一一隋本紀上、册府卷七九帝王部慶賜、卷一〇九帝王部宴享繫此事於庚申（十四日）。

〔二七〕獨孤羅雲　疑即「獨孤羅」，本書卷七九有傳。其仕歷，紀、傳、墓誌多有歧異。

〔二八〕李代賢　本書卷六五權武傳、北史卷一一隋本紀上、通鑑卷一七八隋紀二文帝開皇十七年七月作「李世賢」，是。此爲唐人諱改。本書卷四〇虞慶則傳省稱「李賢」。

〔二九〕頒銅獸符於驃騎車騎府　「獸」，應作「虎」，唐人諱改。

〔三〇〕五月辛亥　是月辛未朔，無辛亥。通鑑卷一七八隋紀二文帝開皇十八年繫此事於四月辛亥。

另，胡注引隋書志云，江南有五月五日聚百種蟲以畜蠱之俗，見本書卷三一地理志下揚州。是年五月五日爲乙亥，倘於是日下詔禁絶，則「辛亥」或爲「乙亥」之誤。

〔二一〕厭魅　「厭」，原作「厥」，據殿本改。北史卷一一隋本紀上、册府卷六一一刑法部定律令亦作「厭」。

〔二二〕死者十八九　「十八九」，北史卷一一隋本紀上作「十二三」。

〔二三〕利可汗　本書卷八四北狄突厥傳作「突利可汗」。錢大昕考異卷三三：「『利可汗』當作『突利可汗』，史脱『突』字。」本卷下文本年冬十月甲午條同。

〔二四〕以突厥利可汗爲啓人可汗　「啓人可汗」，應作「啓民可汗」，唐人諱改。錢大昕考異卷三三：「啓人，煬帝紀作『啓民』，突厥傳及它傳亦多作『啓民』者。」

〔二五〕十二月乙未突厥都藍可汗爲部下所殺丁丑星霣於渤海　是月壬辰朔，乙未乃初四日，無丁丑。本書卷二一天文志下有「十九年十二月乙未，星霣於渤海」，疑即此事。北史卷一一隋本紀上稱：「十二月乙未，突厥都藍可汗爲部下所殺，國大亂。星隕於勃海。」疑「丁丑」衍。

〔二六〕故投生殉節　「生」，原作「主」，據宋甲本改。北史卷一一隋本紀上、册府卷一五九帝王部革弊亦作「生」。

〔二七〕以邢州刺史侯莫陳穎爲桂州總管　「邢州」，原作「荆州」，據宋甲本、大德本、至順本改。

〔二八〕楊紀　原作「楊祀」，據本書卷六五李景傳、卷七三循吏公孫景茂傳改。按，「楊紀」爲「楊文紀」省稱。楊文紀，本書卷四八有傳。

〔三九〕張奫　原作「張喬」。按，張奫，本書卷六四、北史卷七八有傳，今據改。

〔四〇〕經則布葛在躬麤服未改豈非經哀尚存　兩處「經」，疑均爲「絰」之誤。李慈銘隋書札記：「兩『經』字皆當作『絰』，以伯叔父母期喪無練禫變服之節也。各本及北史同誤。」張元濟校北史，亦稱「二『經』字皆『絰』之誤」。

〔四一〕夏四月乙卯　是月丙寅朔，無乙卯，疑繫日有誤。

〔四二〕六月庚午　「庚午」，原作「庚申」，據本書卷二一天文志下、北史卷一一隋本紀上改。按，是月乙丑朔，無庚申日，庚午爲初六日。

〔四三〕以大將軍段文振爲雲州總管　「雲州」，疑應作「靈州」。按，本書卷三煬帝紀上大業二年十月，「以靈州刺史段文振爲兵部尚書」。卷六〇段文振傳，「尋拜靈州總管，煬帝即位，徵爲兵部尚書」。

〔四四〕匪曰朕躬　「躬」，原作「日」，據宋甲本、殿本改。北史卷一一隋本紀上亦作「躬」。

〔四五〕克定三邊　「三」，原作「二」，據北史卷一一隋本紀上、册府卷一八帝王部帝德改。三邊，或指尉遲迥、司馬消難、王謙三方之亂。

〔四六〕足以參蹤盛烈　「足」，原作「是」，據宋甲本、大德本、南監本、北監本、汲本、殿本改。

隋書卷三

帝紀第三

煬帝上

煬皇帝諱廣，一名英，小字阿麼，高祖第二子也。母曰文獻獨孤皇后。上美姿儀，少敏慧，高祖及后於諸子中特所鍾愛。在周，以高祖勳，封雁門郡公。

開皇元年，立爲晉王，拜柱國、并州總管，時年十三。尋授武衛大將軍，進位上柱國、河北道行臺尚書令，大將軍如故。高祖令項城公歆〔一〕、安道公李徹輔導之〔二〕。上好學，善屬文，沉深嚴重，朝野屬望。高祖密令善相者來和徧視諸子，和曰：「晉王眉上雙骨隆起，貴不可言。」既而高祖幸上所居第，見樂器絃多斷絶，又有塵埃，若不用者，以爲不好聲妓，善之。上尤自矯飾，當時稱爲仁孝。嘗觀獵遇雨，左右進油衣，上曰：「士卒皆霑濕，我獨衣此乎！」乃令持去。

六年，轉淮南道行臺尚書令〔三〕。其年，徵拜雍州牧、内史令。八年冬，大舉伐陳，以上爲行軍元帥。及陳平，執陳湘州刺史施文慶、散騎常侍沈客卿、市令陽慧朗、刑法監徐析〔四〕、尚書都令史暨慧，以其邪佞，有害於民，斬之右闕下，以謝三吴。於是封府庫資財，無所取，天下稱賢。進位太尉，賜輅車、乘馬，衮冕之服，玄珪、白璧各一。復拜并州總管。俄而江南高智慧等相聚作亂，徙上爲揚州總管，鎮江都，每歲一朝。高祖之祠太山也，領武候大將軍。明年，歸藩。後數載，突厥寇邊，復爲行軍元帥，出靈武，無虜而還。

及太子勇廢，立上爲皇太子。是月，當受册。高祖曰：「吾以大興公成帝業。」令上出舍大興縣。其夜，烈風大雪，地震山崩，民舍多壞，壓死者百餘口。

仁壽初，奉詔巡撫東南。是後高祖每避暑仁壽宮，恒令上監國。

四年七月，高祖崩，上即皇帝位於仁壽宮。八月，奉梓宮還京師。并州總管、漢王諒舉兵反，詔尚書左僕射楊素討平之。九月乙巳，以備身將軍崔彭爲左領軍大將軍。十一月乙未，幸洛陽。丙申，發丁男數十萬掘塹，自龍門東接長平、汲郡，抵臨清關，度河，至浚儀、襄城，達於上洛，以置關防。癸丑，詔曰：

乾道變化，陰陽所以消息，沿創不同，生靈所以順敍。若使天意不變，施化何以成四時，人事不易，爲政何以釐萬姓！易不云乎：「通其變，使民不倦。」「變則通，通則久。」「有德則可久，有功則可大。」朕又聞之，安安而能遷，民用丕變。是故姬邑兩周，如武王之意，殷人五徙，成湯后之業。若不因人順天，功業見乎變，愛人治國者可不謂歟！

然雒邑自古之都，王畿之內，天地之所合，陰陽之所和。控以三河，固以四塞，水陸通，貢賦等。故漢祖曰：「吾行天下多矣，唯見雒陽。」自古皇王，何嘗不留意，所不都者蓋有由焉。或以九州未一，或以困其府庫，作雒之制所以未暇也。我有隋之始，便欲創茲懷、雒，日復一日，越暨于今。念茲在茲，興言感哽！

朕肅膺寶曆，纂臨萬邦，遵而不失，心奉先志。今者漢王諒悖逆，毒被山東，遂使州縣或淪非所。此由關河懸遠，兵不赴急，加以并州移户復在河南。周遷殷人，意在於此。況復南服遐遠，東夏殷大，因機順動，今也其時。羣司百辟，僉諧厥議。但成周墟塉，弗堪胥宇[五]。今可於伊、雒營建東京，便即設官分職，以爲民極也。

夫宮室之制本以便生，上棟下宇，足避風露，高臺廣廈，豈曰適形。故傳云：「儉，德之共；侈，惡之大。」宣尼有云：「與其不遜也，寧儉。」豈謂瑶臺瓊室方爲宮殿者乎，土堦采椽而非帝王者乎？是知非天下以奉一人，乃一人以主天下也。民惟國本，本固邦寧，百姓足，孰與不足！今所營構，務從節儉，無令雕牆峻宇復起於當今，欲使卑宮菲食將貽於後世。有司明爲條格，稱朕意焉。

十二月乙丑，以右武衛將軍來護兒爲右驍衛大將軍。戊辰，以柱國李景爲右武衛大將軍。以右衛率周羅睺爲右武候大將軍。

大業元年春正月壬辰朔，大赦，改元。立妃蕭氏爲皇后。改豫州爲溱州，洛州爲豫州，廢諸州總管府。丙申，立晉王昭爲皇太子。丁酉，以上柱國宇文述爲左衛大將軍，上柱國郭衍爲左武衛大將軍，延壽公于仲文爲右衛大將軍。己亥，以豫章王暕爲豫州牧。戊申，發八使巡省風俗，下詔曰：

昔者哲王之治天下也，其在愛民乎？既富而教，家給人足，故能風淳俗厚，遠至邇安。治定功成，率由斯道。朕嗣膺寶曆，撫育黎獻，夙夜戰兢，若臨川谷。雖則聿遵先緒，弗敢失墜，永言政術，多有缺然。況以四海之遠，兆民之衆，未獲親臨，問其疾苦。每慮幽仄莫舉，冤屈不申，一物失所，乃傷和氣，萬方有罪，責在朕躬，所以寤寐增歎，而夕惕載懷者也。

今既布政惟始，宜存寬大。可分遣使人，巡省方俗，宣揚風化，薦拔淹滯，申達幽枉。孝悌力田，給以優復。鰥寡孤獨不能自存者，量加振濟。義夫節婦，旌表門閭。高年之老，加其版授，並依別條，賜以粟帛。篤疾之徒給侍丁者，雖有侍養之名，曾無賙贍之實，明加檢校，使得存養。若有名行顯著，操履脩絜，及學業才能，一藝可取，咸宜訪採，將身入朝。所在州縣，以禮發遣。其有蠹政害人，不便於時者，使還之日，具録奏聞。

己酉，以吴州總管宇文弼爲刑部尚書。

二月己卯，以尚書左僕射楊素爲尚書令。

三月丁未，詔尚書令楊素、納言楊達、將作大匠宇文愷營建東京，徙豫州郭下居人以實之。戊申，詔曰：「聽採輿頌，謀及庶民，故能審政刑之得失。是知昧旦思治，欲使幽枉必達，彝倫有章。而牧宰任稱朝委，苟爲徼幸以求考課，虚立殿最，不存治實，綱紀於是弗理，冤屈所以莫申。關河重阻，無由自達。朕故建立東京，躬親存問。今將巡歷淮海，觀省風俗，眷求讜言，徒繁詞翰，而鄉校之内，闃爾無聞。恇然夕惕，用忘興寢。其民下有知州縣官人政治苛刻，侵害百姓，背公徇私，不便於民者，宜聽詣朝堂封奏，庶乎四聰以達，天下無冤。」又於皁澗營顯仁宫，採海内奇禽異獸草木之類，以實園苑。徙天下富商大賈數萬家於東京。辛亥，發河南諸郡男女百餘萬，開通濟渠，自西苑引穀、洛水達于河，自板渚引河通于淮。庚申，遣黄門侍郎王弘、上儀同於士澄往江南採木，造龍舟、鳳艒〔六〕、黄龍、赤艦、樓船等數萬艘。

夏四月癸亥，大將軍劉方擊林邑，破之。

五月庚戌，民部尚書義豐侯韋沖卒。

六月甲子，熒惑入太微。

秋七月丁酉，制戰亡之家給復十年。丙午，滕王綸、衞王集並奪爵徙邊。

閏七月甲子，以尚書令楊素爲太子太師，安德王雄爲太子太傅，河間王弘爲太子太保。丙子，詔曰：

君民建國，教學爲先，移風易俗，必自茲始。而言絶義乖，多歷年代，進德脩業，其道寖微。漢採坑焚之餘，不絶如線，晉承板蕩之運，掃地將盡。自時厥後，軍國多虞，雖復黌宇時建，示同愛禮，函丈或陳，殆爲虚器。遂使紆青拖紫，非以學優，製錦操刀，類多牆面。上陵下替，綱維靡立，雅缺道消，實由於此。

朕纂承洪緒，思弘大訓，將欲尊師重道，用闡厥繇，講信修睦，敦奬名教。方今宇宙平一，文軌攸同，十步之内，必有芳草，四海之中，豈無奇秀！諸在家及見入學者，若有篤志好古，耽悦典墳，學行優敏，堪膺時務，所在採訪，具以名聞，即當隨其器能，擢以不次。若研精經術，未願進仕者，可依其藝業深淺，門蔭高卑，雖未升朝，並量準給禄。庶夫恂恂善誘，不日成器，濟濟盈朝，何遠之有！其國子等學，亦宜申明舊制，教習生徒，具爲課試之法，以盡砥礪之道。

八月壬寅，上御龍舟，幸江都。以左武衞大將軍郭衍爲前軍，右武衞大將軍李景爲後軍。文武官五品已上給樓船，九品已上給黄蔑。舳艫相接，二百餘里。

冬十月己丑，赦江淮已南。揚州給復五年，舊總管内給復三年。

十一月己未，以大將軍崔仲方爲禮部尚書。

二年春正月辛酉，東京成，賜監督者各有差。以大理卿梁毗爲刑部尚書。丁卯，遣十使併省州縣。

二月丙戌，詔尚書令楊素、吏部尚書牛弘、大將軍宇文愷、内史侍郎虞世基、禮部侍郎許善心制定輿服。始備輦路及五時副車。上常服，皮弁十有二琪，文官弁服，佩玉，五品已上給犢車、通幰，三公親王加油絡，武官平巾幘，袴褶，三品已上給瓟槊。下至胥吏，服色皆有差。非庶人不得戎服。戊戌，置都尉官。

三月庚午，車駕發江都。先是，太府少卿何稠、太府丞雲定興盛脩儀仗，於是課州縣送羽毛。百姓求捕之，網羅被水陸，禽獸有堪氅毦之用者，殆無遺類。至是而成。

夏四月庚戌，上自伊闕，陳法駕，備千乘萬騎，入於東京。辛亥，上御端門，大赦，免天下今年租稅。癸丑，以冀州刺史楊文思爲民部尚書。

五月甲寅，金紫光祿大夫、兵部尚書李通坐事免〔七〕。乙卯，詔曰：「旌表先哲，式存饗祀，所以優禮賢能，顯彰遺愛。朕永鑒前脩，尚想名德，何嘗不興歎九原，屬懷千載。其自古已來賢人君子，有能樹聲立德、佐世匡時、博利殊功、有益於人者，並宜營立祠宇，以時致祭。墳壟之處，不得侵踐。有司量爲條式，稱朕意焉。」

六月壬子，以尚書令、太子太師楊素爲司徒。進封豫章王暕爲齊王。

秋七月癸丑，以衞尉卿衞玄爲工部尚書。庚申，制百官不得計考增級，必有德行功能灼然顯著者，擢之。壬戌，擢藩邸舊臣鮮于羅等二十七人官爵有差。甲戌，皇太子昭薨。乙亥，上柱國、司徒、楚國公楊素薨。

八月辛卯，封皇孫倓爲燕王，侗爲越王，侑爲代王。

九月乙丑，立秦孝王俊子浩爲秦王。

冬十月戊子，以靈州刺史段文振爲兵部尚書。

十二月庚寅，詔曰：「前代帝王，因時創業，君民建國，禮尊南面。而歷運推移，年世永久，丘壟殘毁，樵牧相趨，塋兆堙蕪，封樹莫辨。興言淪滅，有愴于懷。自古已來帝王陵墓，可給隨近十户，蠲其雜役，以供守視。」

三年春正月癸亥，敕并州逆黨已流配而逃亡者，所獲之處，即宜斬決。丙子，長星竟天，出於東壁，二旬而止。是月，武陽郡上言，河水清。

二月己丑，彗星見於奎，掃文昌，歷大陵、五車、北河，入太微，掃帝坐，前後百餘日而止。

三月辛亥，車駕還京師。壬子，以大將軍姚辯爲左屯衛將軍〔八〕。癸丑，遣羽騎尉朱寬使於流求國。乙卯，河間王弘薨。

夏四月庚辰，詔曰：「古者帝王觀風問俗，皆所以憂勤兆庶，安集遐荒。自蕃夷内附，未遑親撫，山東經亂，須加存恤。今欲安輯河北，巡省趙、魏。所司依式。」甲申，頒律令，大赦天下，關内給復三年。壬辰，改州爲郡。改度量權衡，並依古式。改上柱國已下官爲大夫。甲午，詔曰：

天下之重，非獨治所安，帝王之功，豈一士之略。自古明君哲后，立政經邦，何嘗不選賢與能，收採幽滯。周稱多士，漢號得人，常想前風，載懷欽佇。朕負扆夙興，冕旒待旦，引領巖谷，寘以周行，冀與羣才共康庶績。而彙茅寂寞，投竿罕至，豈美璞韜采，未值良工，將介石在懷，確乎難拔？永鑒前哲，憮然興歎！凡厥在位，譬諸股肱，若濟巨川，義同舟楫。豈得保茲寵禄，晦爾所知，優游卒歲，甚非謂也。祁大夫之舉善，良史以爲至公，臧文仲之蔽賢，尼父譏其竊位。求諸往古，非無褒貶，宜思進善，用匡寡薄。

夫孝悌有聞，人倫之本，德行敦厚，立身之基。或節義可稱，或操履清潔，所以激貪厲俗，有益風化。强毅正直，執憲不撓，學業優敏，文才美秀，並爲廊廟之用，實乃瑚璉之資。才堪將略，則拔之以禦侮，膂力驍壯，則任之以爪牙。爰及一藝可取，亦宜採録，衆善畢舉，與時無棄。以此求治，庶幾非遠。文武有職事者，五品已上，宜依令十科舉人。有一於此，不必求備。朕當待以不次，隨才升擢。其見任九品已上官者，不在舉送之限。

丙申，車駕北巡狩。丁酉，以刑部尚書宇文弼爲禮部尚書。戊戌，勑百司不得踐暴禾稼，其有須開爲路者，有司計地所收，即以近倉酬賜，務從優厚。己亥，次赤岸澤〔九〕，以太牢祭故太師李穆墓。

五月丁巳，突厥啓民可汗遣子拓特勤來朝。戊午，發河北十餘郡丁男鑿太行山，達于并州，以通馳道。丙寅，启民可汗遣其兄子毗黎伽特勤來朝。辛未，启民可汗遣使請自入塞，奉迎輿駕。上不許。癸酉，有星孛于文昌上將，星皆動摇。

六月辛巳，獵於連谷。丁亥，詔曰：

聿追孝饗，德莫至焉，崇建寢廟，禮之大者。然則質文異代，損益殊時，學滅坑焚，經典散逸，憲章湮墜，廟堂制度，師説不同。所以世數多少，莫能是正，連室異宮，亦無準定。

朕獲奉祖宗，欽承景業，永惟嚴配，思隆大典。於是詢謀在位，博訪儒術。咸以爲高祖文皇帝受天明命，奄有區夏，拯羣飛於四海，革凋敝於百王，恤獄緩刑，生靈皆遂其性，輕徭薄賦，比屋各安其業。恢夷宇宙，混壹車書。東漸西被，無思不服，南征北怨，俱荷來蘇。駕毳乘風，歷代所弗至，辮髮左衽，聲教所罕及，莫不厥角關塞，頓顙闕庭。譯靡絶時，書無虚月，韜戈偃武，天下晏如。嘉瑞休徵，表裏禔福，猗歟偉歟，無得而名者也。

朕又聞之，德厚者流光，治辨者禮縟。是以周之文、武，漢之高、光，其典章特立，謚號斯重，豈非緣情稱述，即崇顯之義乎？高祖文皇帝宜别建廟宇，以彰巍巍之德，仍遵月祭，用表蒸蒸之懷。有司以時創造，務合典制。又名位既殊，禮亦異等。天子七廟，事著前經，諸侯二昭，義有差降，故其以多爲貴。王者之禮，今可依用，貽厥後昆。

戊子，次榆林郡。丁酉，啓民可汗來朝。己亥，吐谷渾、高昌並遣使貢方物。甲辰，上御北樓，觀漁于河，以宴百寮。

秋七月辛亥，啓民可汗上表請變服，襲冠帶。詔啓民贊拜不名，位在諸侯王上。甲寅，上於郡城東御大帳，其下備儀衛，建旌旗，宴啓民及其部落三千五百人，奏百戲之樂，賜啓民及其部落各有差。丙子，殺光禄大夫賀若弼、禮部尚書宇文弢、太常卿高熲。尚書左僕射蘇威坐事免。發丁男百餘萬築長城，西距榆林，東至紫河，一旬而罷〔一〇〕，死者十五六。

八月壬午，車駕發榆林。乙酉，啓民飾廬清道，以候乘輿。帝幸其帳，啓民奉觴上壽，宴賜極厚。上謂高麗使者曰：「歸語爾王，當早來朝見。不然者，吾與啓民巡彼土矣。」皇后亦幸義城公主帳〔一一〕。己丑，啓民可汗歸蕃。癸巳，入樓煩關。壬寅，次太原。詔營晉陽宫。

九月己未，次濟源。幸御史大夫張衡宅，宴享極歡。己巳，至于東都。壬申，以齊王暕爲河南尹、開府儀同三司。癸酉，以民部尚書楊文思爲納言。

四年春正月乙巳，詔發河北諸郡男女百餘萬開永濟渠，引沁水南達于河，北通涿郡。庚戌，百寮大射於允武殿。丁卯，賜城內居民米各十石。壬申，以太府卿元壽爲內史令，鴻臚卿楊玄感爲禮部尚書。癸酉，以工部尚書衛玄爲右候衛大將軍，大理卿長孫熾爲民部尚書。

二月己卯，遣司朝謁者崔毅使突厥處羅〔一二〕，致汗血馬。

三月辛酉，以將作大匠宇文愷爲工部尚書。壬戌，百濟、倭、赤土、迦羅舍國並遣使貢方物。乙丑，車駕幸五原〔一三〕，因出塞巡長城。丙寅，遣屯田主事常駿使赤土，致羅刹〔一四〕。

夏四月丙午，以離石之汾源、臨泉，雁門之秀容，爲樓煩郡。起汾陽宮。癸丑，以河內太守張定和爲左屯衛大將軍。乙卯，詔曰：「突厥意利珍豆啓民可汗率領部落，保附關塞，遵奉朝化，思改戎俗，頻入謁覲，屢有陳請。以氈牆毳幕，事窮荒陋，上棟下宇，願同比屋。誠心懇切，朕之所重。宜於萬壽戍置城造屋，其帷帳牀褥已上，隨事量給，務從優厚，稱朕意焉。」

五月壬申，蜀郡獲三足烏，張掖獲玄狐，各一。

秋七月辛巳，發丁男二十餘萬築長城，自榆林谷而東〔一五〕。乙未，左翊衛大將軍宇文述破吐谷渾於曼頭、赤水。

八月辛酉，親祠恒岳，河北道郡守畢集。大赦天下，車駕所經郡縣，免一年租調。

九月辛未，徵天下鷹師悉集東京，至者萬餘人。戊寅，彗星出於五車，掃文昌，至房而滅。辛巳，詔免長城役者一年租賦。

冬十月丙午，詔曰：「先師尼父，聖德在躬，誕發天縱之姿，憲章文、武之道。命世膺期，蘊茲素王，而頹山之歎，忽踰於千祀，盛德之美，不存於百代。永惟懿範，宜有優崇。可立孔子後爲紹聖侯。有司求其苗裔，録以申上。」辛亥，詔曰：「昔周王下車，首封唐、虞之胤，漢帝承曆，亦命殷、周之後。皆所以襃立先代，憲章在昔。朕嗣膺景業，傍求雅訓，有一弘益，欽若令典。以爲周兼夏、殷，文質大備，漢有天下，車書混一，魏、晉沿襲，風流未遠。並宜立後，以存繼絶之義。有司可求其胄緒列聞。」乙卯，頒新式於天下。

五年春正月丙子，改東京爲東都。癸未，詔天下均田。戊子，上自東都還京師。己丑，制民間鐵叉、搭鉤、穳刃之類，皆禁絶之。太守每歲密上屬官景迹。

二月戊戌，次于閿鄉。詔祭古帝王陵及開皇功臣墓。庚子，制魏、周官不得爲蔭。辛丑，赤土國遣使貢方物。戊申，車駕至京師。丙辰，宴耆舊四百人於武德殿，頒賜各有差。

己未，上御崇德殿之西院，憮然不悦〔一六〕，顧謂左右曰：「此先帝之所居，實用增感，情所未安，宜於此院之西别營一殿。」壬戌，制父母聽隨子之官。

三月己巳，車駕西巡河右。庚午，有司言，武功男子史永遵與從父昆弟同居。上嘉之，賜物一百段，米二百石，表其門閭。乙亥，幸扶風舊宅。

夏四月己亥，大獵於隴西。壬寅，高昌、吐谷渾、伊吾並遣使來朝。乙巳，次狄道，党項羌來貢方物。癸亥，出臨津關，渡黄河，至西平，陳兵講武。

五月乙亥，上大獵於拔延山，長圍周亘二千里〔一七〕。庚辰，入長寧谷。壬午，度星嶺。甲申，宴羣臣於金山之上。丙戌，梁浩亹，御馬度而橋壞，斬朝散大夫黄亘及督役者九人。吐谷渾主率衆保覆袁川〔一八〕，帝分命内史元壽南屯金山，兵部尚書段文振北屯雪山，太僕卿楊義臣東屯琵琶峽，將軍張壽西屯泥嶺，四面圍之。渾主伏允以數十騎遁出，遣其名王詐稱伏允，保車我真山。壬辰，詔右屯衛大將軍張定和往捕之〔一九〕。定和挺身挑戰，爲賊所殺。亞將柳武建擊破之，斬首數百級。甲午，其仙頭王被圍窮蹙，率男女十餘萬口來降。

六月丁酉，遣左光禄大夫梁默、右翊衛將軍李瓊等追渾主，皆遇賊死之。癸卯，經大斗拔谷，山路隘險，魚貫而出。風霰晦冥，與從官相失〔二〇〕，士卒凍死者太半。丙午，次張掖。辛亥，詔諸郡學業該通、才藝優洽，膂力驍壯、超絶等倫，在官勤舊〔二二〕、堪理政事，立性正直、不避强禦四科舉人。壬子，高昌王麴伯雅來朝，伊吾吐屯設等獻西域數千里之地，上大悦。癸丑，置西海、河源、鄯善、且末等四郡。丙辰，上御觀風行殿，盛陳文物，奏九部樂，設魚龍曼延，宴高昌王、吐屯設於殿上，以寵異之。其蠻夷陪列者三十餘國。戊午，大赦天下，開皇已來流配，悉放還鄉，晉陽逆黨，不在此例。隴右諸郡，給復一年，行經之所，給復二年。

秋七月丁卯，置馬牧於青海渚中，以求龍種，無效而止。

九月癸未，車駕入長安。

冬十月癸亥，詔曰：「優德尚齒，載之典訓，尊事乞言，義彰膠序。鬻熊爲師，取非筋力，方叔元老，克壯其猷。朕永言稽古，用求至治，是以厖眉黄髮，更令收敍，務簡秩優，無虧藥膳，庶等卧治，佇其弘益。今歲耆老赴集者，可於近郡處置，年七十以上，疾患沉滯，不堪居職，即給賜帛，送還本郡；其官至七品已上者，量給廩，以終厥身。」

十一月丙子，車駕幸東都。

六年春正月癸亥朔，旦，有盜數十人，皆素冠練衣，焚香持華，自稱彌勒佛，入自建國門。監門者皆稽首。既而奪衞士仗，將爲亂。齊王暕遇而斬之。於是都下大索，與相連坐者千餘家。丁丑，角抵大戲於端門街，天下奇伎異藝畢集，終月而罷。帝數微服往觀之。己丑，倭國遣使貢方物。

二月乙巳，武賁郎將陳稜、朝請大夫張鎮州擊流求，破之，獻俘萬七千口，頒賜百官。乙卯，詔曰：「夫帝圖草創，王業艱難，咸仗股肱，叶同心德，用能拯厥頹運，克膺大寶，然後疇庸茂賞，開國承家，誓以山河，傳之不朽。近代喪亂，四海未一，茅土妄假，名實相乖，歷茲永久，莫能懲革。皇運之初，百度伊始，猶循舊貫，未暇改作，今天下交泰，文軌攸同，宜率遵先典，永垂大訓。自今已後，唯有功勳乃得賜封，仍令子孫承襲。」丙辰，改封安德王雄爲觀王，河間王子慶爲郇王。庚申，徵魏、齊、周、陳樂人，悉配太常。

三月癸亥，幸江都宮。甲子，以鴻臚卿史祥爲左驍衞大將軍。

夏四月丁未，宴江淮已南父老，頒賜各有差。

六月辛卯，室韋、赤土並遣使貢方物。壬辰，雁門賊帥尉文通聚衆三千，保於莫壁谷。遣鷹揚楊伯泉擊破之。甲寅，制江都太守秩同京尹。

冬十月壬申〔二二〕，刑部尚書梁毗卒。壬子，民部尚書、銀青光祿大夫長孫熾卒。

十二月己未，左光祿大夫、吏部尚書牛弘卒〔二三〕。辛酉，朱崖人王萬昌舉兵作亂，遣隴西太守韓洪討平之。

七年春正月壬寅，左武衞大將軍、光禄大夫、真定侯郭衍卒。

二月己未，上升釣臺，臨揚子津，大宴百寮，頒賜各有差。庚申，百濟遣使朝貢。乙亥，上自江都御龍舟入通濟渠，遂幸于涿郡。壬午，詔曰：「武有七德，先之以安民；政有六本，興之以教義。高麗高元，虧失藩禮，將欲問罪遼左，恢宣勝略。雖懷伐國，仍事省方。今往涿郡，巡撫民俗。其河北諸郡及山西、山東年九十已上者，版授太守；八十者，授縣令。」

三月丁亥，右光禄大夫、左屯衞大將軍姚辯卒。

夏四月庚午，至涿郡之臨朔宫。

五月戊子，以武威太守樊子蓋爲民部尚書。

秋，大水，山東、河南漂没三十餘郡〔二四〕，民相賣爲奴婢。

冬十月乙卯，底柱山崩，偃河逆流數十里。戊午，以東平太守吐萬緒爲左屯衞大將軍。

十二月己未，西面突厥處羅多利可汗來朝。上大悦，接以殊禮。于時遼東戰士及餽運者填咽於道，晝夜不絕，苦役者始爲羣盜。甲子，勑都尉、鷹揚與郡縣相知追捕，隨獲斬決之。

校勘記

〔一〕項城公韶　「韶」，原作「歆」，據御覽卷一〇六皇王部三一煬皇帝引隋書改。項城公韶即王韶，本書卷六二有傳。

〔二〕安道公李徹　「公」下原衍「才」，據本書卷五四李徹傳、北史卷六六李和傳附李徹傳刪。

〔三〕六年轉淮南道行臺尚書令　本書卷二高祖紀下繫其事於開皇八年十月己未。

〔四〕徐析　南史卷七七沈客卿傳附傳作「徐哲」。

〔五〕弗堪胥宇　「胥」，原作「葺」，據北史卷一二隋本紀下、册府卷一一三帝王部都邑改。詩大雅緜：「古公亶父，來朝走馬。率西水滸，至於岐下。爰及姜女，聿來胥宇。」

〔六〕鳳艒　「艒」，本書卷二四食貨志、北史卷一二隋本紀下作「䑽」，御覽卷一〇六皇王部三一煬皇帝引隋書作「舸」。「艒」爲小船，「䑽」乃大船，或應作「䑽」。

〔七〕李通　即李圓通，本書卷六四有傳。

〔八〕姚辯　原作「姚辨」，據宋甲本、南監本改。

〔九〕赤岸澤　册府卷一一三帝王部巡幸、卷一三八帝王部旌表作「赤岸驛」。

〔一〇〕一旬而罷　「一」，北史卷一一隋本紀上、册府卷九九〇外臣部備禦作「二」。

〔一一〕義城公主　本書多作「義成公主」。本書「義城」、「義成」雜出，不另出校。

〔一二〕崔毅　即崔君肅，使突厥處羅事見本書卷八四北狄西突厥傳。

〔一三〕車駕幸五原　「五原」，册府卷一一三帝王部巡幸作「大原」，即太原。隋書求是「卷五六張衡傳」條，據煬帝巡幸路綫及相關記載，以爲應作「太原」。

〔一四〕羅刹　原作「羅罽」，據本書卷二四食貨志、通典卷一八八邊防四羅刹改。

〔一五〕榆林谷　宋甲本、大德本、至順本、册府卷九九〇外臣部備禦作「榆谷」。

〔一六〕憮然不悦　「憮」，宋甲本、大德本、南監本、北監本、汲本、殿本作「愀」。「悦」，宋甲本、至順本、汲本作「怡」。

〔一七〕上大獵於拔延山長圍周亘二千里　本書卷八禮儀志三，大業中「詔虞部量拔延山南北周二百里」，通典卷七六禮三六天子諸侯四時田獵同。

〔一八〕吐谷渾主率衆保覆袁川　「主」，原作「王」，據宋甲本、至順本、南監本、北監本、汲本、殿本改。北史卷一二隋本紀下亦作「主」。

〔一九〕詔右屯衞大將軍張定和往捕之　「右屯衞」，本卷上年四月、本書卷六四張定和傳、明本册府卷九八四外臣部征討作「左屯衞」。

〔二〇〕與從官相失　「從官」，北史卷一二隋本紀下、册府卷一一三帝王部巡幸、卷一三五帝王部好邊功作「後宮」。

〔三〕在官勤舊　「舊」，原作「奮」，據宋甲本、大德本、至順本、汲本改。北史卷一二隋本紀下、御覽卷一〇六皇王部三一煬皇帝引隋書亦作「舊」。

〔三〕冬十月壬申　是月己丑朔，無壬申，疑誤。

〔三〕十二月己未左光祿大夫吏部尚書牛弘卒　「十二月」，本書卷四九牛弘傳作「十一月」。

〔四〕山東河南漂没三十餘郡　「三十」，本書卷二四食貨志作「四十」。

隋書卷四

帝紀第四

煬帝下

八年春正月辛巳，大軍集于涿郡。以兵部尚書段文振爲左候衞大將軍。壬午，下詔曰：

天地大德，降繁霜於秋令，聖哲至仁，著甲兵於刑典。故知造化之有肅殺，義在無私，帝王之用干戈，蓋非獲已。版泉、丹浦，莫匪龔行，取亂覆昏，咸由順動。況乎甘野誓師，夏開承大禹之業，商郊問罪，周發成文王之志。永監前載，屬當朕躬。

粵我有隋，誕膺靈命，兼三才而建極，一六合而爲家。提封所漸，細柳、盤桃之外，聲教爰暨，紫舌、黄枝之域。遠至邇安，罔不和會，功成治定，於是乎在。而高麗小醜，迷昏不恭，崇聚勃、碣之間，荐食遼、獩之境。雖復漢、魏誅戮，巢窟暫傾，亂離多阻，種落還集。萃川藪於往代[一一]，播實繁以迄今，眷彼華壤，翦爲夷類。歷年永久，惡稔既盈，天道禍淫，亡徵已兆。亂常敗德，非可勝圖，掩慝懷姦，唯日不足。移告之嚴，未嘗面受，朝覲之禮，莫肯躬親。誘納亡叛，不知紀極，充斥邊垂，亟勞烽候，關柝以之不靜，生人爲之廢業。在昔薄伐，已漏天網，既緩前禽之戮，未即後服之誅，曾不懷恩，翻爲長惡，乃兼契丹之黨，虔劉海戍，習靺鞨之服，侵軼遼西。又青丘之表，咸修職貢，碧海之濱，同稟正朔，遂復敓攘琛賮，遏絶往來，虐及弗辜，誠而遇禍。輶軒奉使，爰暨海東，旌節所次，途經藩境，而擁塞道路，拒絶王人，無事君之心，豈爲臣之禮！此而可忍，孰不可容！且法令苛酷，賦斂煩重，强臣豪族，咸執國鈞，朋黨比周，以之成俗，賄貨如市，冤枉莫申。重以仍歲災凶，比屋饑饉，兵戈不息，徭役無期，力竭轉輸，身填溝壑。百姓愁苦，爰誰適從？境内哀惶，不勝其弊。迴首面内，各懷性命之圖，黄髮稚齒，咸興酷毒之歎。省俗觀風，爰届幽朔，弔人問罪，無俟再駕。於是親總六師，用申九伐，拯厥阽危，協從天意，殄茲逋穢，克嗣先謨。

今宜授律啓行，分麾届路，掩勃澥而雷震，歷夫餘以電掃。比戈按甲，誓旅而後行，三令五申[一二]，必勝而後戰。左第一軍可鏤方道，第二軍可長岑道，第三軍可海冥道，第四軍可蓋馬道，第五軍可建安道，第六軍可南蘇道，第七軍可遼東道，第八軍可玄菟道，第九軍可扶餘道，第十軍可朝鮮道，第十一軍可沃沮道，第十二軍可樂浪道。右第一軍可黏蟬道，第二軍可含資道，第三軍可渾彌道，第四軍可臨屯道，第五軍可候城道，第六軍可提奚道，第七軍可踏頓道，第八軍可肅慎道，第九軍可碣石道，第十軍可東暆道，第十一軍可帶方道，第十二軍可襄平道。凡此衆軍，先奉廟略，駱驛引途，總集平壤。莫非如豺如貔之勇，百戰百勝之雄，顧眄則山岳傾穨，叱吒則風雲騰鬱，心德攸同，爪牙斯在。朕躬馭元戎，爲其節度，涉遼而東，循海之右，解倒懸於遐裔，問疾苦於遺黎。其外輕齎遊闕，隨機赴響，卷甲銜枚，出其不意。又滄海道軍舟艫千里，高颿電逝，巨艦雲飛，横斷浿江〔三〕，逕造平壤，島嶼之望斯絶，坎井之路已窮。其餘被髮左衽之人，控弦待發，微、盧、彭、濮之旅，不謀同辭。杖順臨逆，人百其勇，以此衆戰，勢等摧枯。

然則王者之師，義存止殺，聖人之教，必也勝殘。天罰有罪，本在元惡，人之多僻，脅從罔治。若高元泥首轅門，自歸司寇，即宜解縛焚櫬，弘之以恩。其餘臣人歸朝奉順，咸加慰撫，各安生業，隨才任用，無隔夷夏。營壘所次，務在整肅，芻蕘有禁，秋毫勿犯，布以恩宥，喻以禍福。若其同惡相濟，抗拒官軍，國有常刑，俾無遺類。明加曉示，稱朕意焉。

總一百一十三萬三千八百，號二百萬，其餽運者倍之。癸未，第一軍發，終四十日，引師乃盡，旌旗亘千里。近古出師之盛，未之有也。乙未，以右候衛大將軍衛玄爲刑部尚書。甲辰，内史令元壽卒。

二月甲寅，詔曰：「朕觀風燕裔，問罪遼濱。文武叶力，爪牙思奮，莫不執鋭勤王，捨家從役，罕蓄倉廩之資，兼損播殖之務。朕所以夕惕愀然，慮其匱乏。雖復素飽之衆，情在忘私，悦使之人，宜從其厚。諸行從一品以下、佽飛募人以上家口，郡縣宜數存問。若有糧食乏少，皆宜賑給；或雖有田疇，貧弱不能自耕種，可於多丁富室勸課相助。使夫居者有斂積之豐，行役無顧後之慮。」壬戌，司空、京兆尹、光禄大夫觀王雄薨。

三月辛卯，兵部尚書、左候衛大將軍段文振卒。癸巳，上御師。甲午，臨戎于遼水橋。戊戌，大軍爲賊所拒，不果濟。右屯衛大將軍、左光禄大夫麥鐵杖，武賁郎將錢士雄、孟金叉等，皆死之。甲午，車駕度遼。大戰于東岸，擊賊破之，進圍遼東。乙未，大頓，見二大鳥〔四〕，高丈餘，皜身朱足，遊泳自若。上異之，命工圖寫，并立銘頌。

五月壬午，納言楊達卒。

于時諸將各奉旨，不敢赴機〔五〕。既而高麗各城守，攻之不下。

六月己未，幸遼東，責怒諸將。止城西數里，御六合城。

七月壬寅，宇文述等敗績于薩水，右屯衞將軍辛世雄死之〔六〕。九軍並陷，將帥奔還亡者二千餘騎〔七〕。癸卯，班師。

九月庚辰〔八〕，上至東都。己丑，詔曰：「軍國異容，文武殊用，匡危拯難，則霸德攸興，化人成俗，則王道斯貴。時方撥亂，屠販可以登朝，世屬隆平，經術然後升仕。豐都爰肇，儒服無預于周行，建武之朝，功臣不參于吏職。自三方未一，四海交爭，不遑文教，唯尚武功。設官分職，罕以才授，班朝治人，乃由勳敍，莫非拔足行陣，出自勇夫，斅學之道，既所不習，政事之方，故亦無取。是非暗于在己，威福專於下吏，貪冒貨賄，不知紀極，蠹政害民，實由於此。自今已後，諸授勳官者，並不得回授文武職事，庶遵彼更張，取類於調瑟，求諸名製，不傷于美錦。若吏部輒擬用者，御史即宜糾彈。」

冬十月甲寅，工部尚書宇文愷卒。

十一月己卯，以宗女華容公主嫁于高昌王〔九〕。辛巳，光祿大夫韓壽卒〔一〇〕。甲申，敗將宇文述、于仲文等並除名爲民，斬尚書右丞劉士龍以謝天下。

是歲，大旱，疫，人多死，山東尤甚。密詔江、淮南諸郡閱視民間童女，姿質端麗者，每歲貢之。

九年春正月丁丑，徵天下兵，募民爲驍果，集于涿郡。壬午，賊帥杜彦冰〔一一〕、王潤等陷平原郡，大掠而去。辛卯，置折衝、果毅、武勇、雄武等郎將官，以領驍果。乙未，平原李德逸聚衆數萬，稱「阿舅賊」，劫掠山東。靈武白榆妄，稱「奴賊」，劫掠牧馬，北連突厥，隴右多被其患。遣將軍范貴討之，連年不能尅。戊戌，大赦。己亥，遣代王侑、刑部尚書衛玄鎮京師。辛丑，以右驍衛將軍李渾爲右驍衛大將軍〔一二〕。

二月己未，濟北人韓進洛聚衆數萬爲羣盜。壬午〔一三〕，復宇文述等官爵。又徵兵討高麗。

三月丙子，濟陰人孟海公起兵爲盜，衆至數萬。丁丑，發丁男十萬城大興。戊寅，幸遼東。以越王侗、民部尚書樊子蓋留守東都。庚子，北海人郭方預聚徒爲盜〔一四〕，自號盧公，衆至三萬，攻陷郡城，大掠而去。

夏四月庚午，車駕度遼。壬申，遣宇文述、楊義臣趣平壤。

五月丁丑，熒惑入南斗。己卯，濟北人甄寶車聚衆萬餘，寇掠城邑。

六月乙巳，禮部尚書楊玄感反於黎陽。丙辰，玄感逼東都。河南贊務裴弘策拒之〔一五〕，反爲賊所敗。戊辰，兵部侍郎斛斯政奔于高麗。庚午，上班師。高麗犯後軍，勑右武衞大將軍李景爲後拒。遣左翊衞大將軍宇文述、左候衞將軍屈突通等馳傳發兵〔一六〕，以討玄感。

秋七月己卯，令所在發人城縣府驛。癸未，餘杭人劉元進舉兵反，衆至數萬。

八月壬寅，左翊衞大將軍宇文述等破楊玄感於閿鄉，斬之，餘黨悉平。癸卯，吳人朱燮、晉陵人管崇擁衆十萬餘，自稱將軍，寇江左。甲辰，制驍果之家蠲免賦役。丁未，詔郡縣城去道過五里已上者，徙就之。戊申，制盜賊籍没其家。乙卯，賊帥陳瑱等衆三萬，攻陷信安郡。辛酉，司農卿、光禄大夫、葛國公趙元淑以罪伏誅。

九月己卯，濟陰人吳海流、東海人彭孝才並舉兵爲盜，衆數萬。庚辰，賊帥梁慧尚率衆四萬，陷蒼梧郡。甲午，車駕次上谷，以供費不給，上大怒，免太守虞荷等官。丁酉，東陽人李三兒、向但子舉兵作亂，衆至萬餘。

閏月己巳，幸博陵。庚午，上謂侍臣曰：「朕昔從先朝周旋於此，年甫八歲，日月不居，倏經三紀，追惟平昔，不可復希！」言未卒，流涕嗚咽，侍衞者皆泣下沾襟。

冬十月丁丑，賊帥吕明星率衆數千圍東郡，武賁郎將費青奴擊斬之。乙酉，詔曰：「博陵昔爲定州，地居衝要，先皇歷試所基，王化斯遠，故以道冠豳風，義高姚邑。朕巡撫氓庶，爰届茲邦，瞻望郊廛，緬懷敬止，思所以宣播德澤，覃被下人，崇紀顯號，式光令緒。

可改博陵爲高陽郡，赦境内死罪已下，給復一年。」於是召高祖時故吏，皆量材授職。壬辰，以納言蘇威爲開府儀同三司。朱燮、管崇推劉元進爲天子。遣將軍吐萬緒、魚俱羅討之，連年不能剋。齊人孟讓、王薄等衆十餘萬，據長白山，攻剽諸郡，清河賊張金稱衆數萬，渤海賊帥格謙自號燕王，孫宣雅自號齊王，衆各十萬，山東苦之。丁亥〔一七〕，以右候衛將軍郭榮爲右候衛大將軍〔一八〕。

十一月己酉，右候衛將軍馮孝慈討張金稱於清河，反爲所敗，孝慈死之。

十二月甲申，車裂玄感弟朝請大夫積善及黨與十餘人，仍焚而揚之。丁亥，扶風人向海明舉兵作亂，稱皇帝，建元白烏。遣太僕卿楊義臣擊破之。

十年春正月甲寅，以宗女爲信義公主，嫁於突厥曷娑那可汗〔一九〕。

二月辛未，詔百寮議伐高麗〔二〇〕，數日無敢言者。戊子，詔曰：「竭力王役，致身戎事，咸由徇義，莫匪勤誠，委命草澤，棄骸原野，興言念之，每懷愍惻。往年出車問罪，將届遼濱，廟筭勝略，具有進止。而諒惛凶，罔識成敗，高熲愎很，本無智謀，臨三軍猶兒戲，視人命如草芥，不遵成規，坐貽撓退，遂令死亡者衆，不及埋藏。今宜遣使人分道收葬，設祭於遼西郡，立道場一所。恩加泉壤，庶弭窮魂之冤，澤及枯骨，用弘仁者之惠。」辛卯，詔曰：

黃帝五十二戰，成湯二十七征，方乃德施諸侯，令行天下。盧芳小盜，漢祖尚且親戎，隗囂餘燼，光武猶自登隴，豈不欲除暴止戈，勞而後逸者哉！

朕纂成寶業，君臨天下，日月所照，風雨所沾，孰非我臣，獨隔聲教。蕞爾高麗，僻居荒表，鴟張狼噬，侮慢不恭，抄竊我邊陲，侵軼我城鎮。是以去歲出軍，問罪遼、碣，殪長蛇於玄菟，戮封豕於襄平。扶餘衆軍，風馳電逝，追奔逐北，徑踰浿水，滄海舟楫，衝賊腹心，焚其城郭，汙其宮室。高元伏鑕泥首，送款軍門，尋請入朝，歸罪司寇。朕以許其改過，乃詔班師。而長惡靡悛，宴安鴆毒，此而可忍，孰不可容！便可分命六師，百道俱進。朕當親執武節，臨御諸軍，秣馬丸都，觀兵遼水，順天誅於海外，救窮民於倒懸，征伐以正之，明德以誅之，止除元惡，餘無所問。若有識存亡之分，悟安危之機，翻然北首，自求多福；必其同惡相濟，抗拒王師，若火燎原，刑茲無赦。有司便宜宣布，咸使知聞。

丁酉，扶風人唐弼舉兵反，衆十萬，推李弘爲天子〔二二〕，自稱唐王。

三月壬子，行幸涿郡。癸亥，次臨渝宮，親御戎服，禡祭黃帝，斬叛軍者以釁鼓。

夏四月辛未，彭城賊張大彪聚衆數萬〔二三〕，保懸薄山爲盜。遣榆林太守董純擊破，斬之。甲午，車駕次北平。

五月庚子，詔舉郡孝悌廉潔各十人。壬寅，賊帥宋世謨陷琅邪郡。庚申，延安人劉迦論舉兵反，自稱皇王，建元大世。

六月辛未，賊帥鄭文雅、林寶護等衆三萬，陷建安郡，太守楊景祥死之。

秋七月癸丑，車駕次懷遠鎮。乙卯，曹國遣使貢方物。甲子，高麗遣使請降，囚送斛斯政。上大悅。

八月己巳，班師。庚午，右衛大將軍、左光禄大夫鄭榮卒〔二三〕。

冬十月丁卯，上至東都。己丑，還京師。

十一月丙申，支解斛斯政於金光門外。乙巳，有事於南郊。己酉，賊帥司馬長安破長平郡。乙卯，離石胡劉苗王舉兵反，自稱天子，以其弟六兒爲永安王，衆至數萬。將軍潘長文討之，不能剋。是月，賊帥王德仁擁衆數萬，保林慮山爲盜。

十二月壬申，上如東都。其日，大赦天下。戊子，入東都。庚寅，賊帥孟讓衆十餘萬，據都梁宮。遣江都郡丞王世充擊破之，盡虜其衆。

十一年春正月甲午朔，大宴百寮。突厥、新羅、靺鞨、畢大辭、訶咄、傳越、烏那曷、波臘、吐火羅、俱慮建、忽論、靺鞨、訶多、沛汗、龜茲、疏勒、于闐、安國、曹國、何國、穆國、畢、衣密、失范延、伽折、契丹等國並遣使朝貢。戊戌，武賁郎將高建毗破賊帥顏宣政於齊郡，虜男女數千口。乙卯，大會蠻夷，設魚龍曼延之樂，頒賜各有差。

二月戊辰，賊帥楊仲緒率衆萬餘，攻北平，滑公李景破斬之。庚午，詔曰：「設險守國，著自前經，重門禦暴，事彰往策，所以宅土寧邦，禁邪固本。而近代戰爭，居人散逸，田疇無伍，郛郭不修，遂使遊惰實繁，寇歎未息。今天下平一，海內晏如，宜令人悉城居，田隨近給，使强弱相容，力役兼濟，穿窬無所厝其姦宄，萑蒲不得聚其逋逃。有司具爲事條，務令得所。」丙子，上谷人王須拔反〔二四〕，自稱漫天王，國號燕，賊帥魏刁兒自稱歷山飛，衆各十餘萬，北連突厥，南寇趙。

五月丁酉〔二五〕，殺右驍衛大將軍、光禄大夫、郕公李渾，將作監、光禄大夫李敏，並族滅其家。癸卯，賊帥司馬長安破西河郡。己酉，幸太原，避暑汾陽宮。

秋七月己亥，淮南人張起緒舉兵爲盜，衆至三萬。辛丑，光禄大夫、右禦衛大將軍張壽卒。

八月乙丑，巡北塞。戊辰，突厥始畢可汗率騎數十萬，謀襲乘輿，義成公主遣使告變。壬申，車駕馳幸雁門。癸酉，突厥圍城，官軍頻戰不利。上大懼，欲率精騎潰圍而出，民部尚書樊子蓋固諫乃止。齊王暕以後軍保于崞縣。甲申，詔天下諸郡募兵，於是守令各來赴難。

九月甲辰，突厥解圍而去。丁未，曲赦太原、雁門郡死罪已下。

冬十月壬戌，上至于東都。丁卯，彭城人魏騏驎聚衆萬餘爲盜，寇魯郡。壬申，賊帥盧明月聚衆十餘萬，寇陳、汝間。東海賊帥李子通擁衆度淮，自號楚王，建元明政，寇江都。

十一月乙卯，賊帥王須拔破高陽郡。

十二月戊寅，有大流星如斛，墜明月營，破其衝車。庚辰，詔民部尚書樊子蓋發關中兵，討絳郡賊敬盤陀、柴保昌等，經年不能剋。譙郡人朱粲擁衆數十萬，寇荆襄，僭稱楚帝，建元昌達。漢南諸郡多爲所陷焉。

十二年春正月甲午，雁門人翟松柏起兵於靈丘，衆至數萬，轉攻傍縣。

二月己未，真臘國遣使貢方物。甲子夜，有二大鳥似鵰，飛入大業殿，止于御幄，至明而去。癸亥〔二六〕，東海賊盧公暹率衆萬餘，保于蒼山。

夏四月丁巳，顯陽門災。癸亥，魏刁兒所部將甄翟兒復號歷山飛，衆十萬，轉寇太原。將軍潘長文討之，反爲所敗，長文死之。

五月丙戌朔，日有蝕之，既。癸巳，大流星隕于吳郡，爲石。壬午〔二七〕，上於景華宮徵求螢火，得數斛，夜出遊山，放之，光徧巖谷。

秋七月壬戌，民部尚書、光禄大夫濟北公樊子蓋卒〔二八〕。甲子，幸江都宮，以越王侗、光禄大夫段達、太府卿元文都、檢校民部尚書韋津、右武衛將軍皇甫無逸、右司郎盧楚等總留後事。奉信郎崔民象以盜賊充斥，於建國門上表，諫不宜巡幸。上大怒，先解其頤，乃斬之。戊辰，馮翊人孫華自號總管，舉兵爲盜。高涼通守洗珤徹舉兵作亂，嶺南溪洞多應之。己巳，熒惑守羽林，月餘乃退。車駕次汜水，奉信郎王愛仁以盜賊日盛，諫上請還西京。上怒，斬之而行。

八月乙巳，賊帥趙萬海衆數十萬，自恒山寇高陽。壬子，有大流星如斗，出王良閣道，聲如隤牆。癸丑，大流星如甕，出羽林。

九月丁酉〔二九〕，東海人杜揚州〔三〇〕、沈覓敵等作亂，衆至數萬。右禦衛將軍陳稜擊破之。戊午，有二枉矢出北斗魁，委曲蛇形，注於南斗。壬戌，安定人荔非世雄殺臨涇令，舉兵作亂，自號將軍。

冬十月己丑，開府儀同三司、左翊衛大將軍、光禄大夫、許公宇文述薨。

十二月癸未，鄱陽賊操天成舉兵反，自號元興王，建元始興，攻陷豫章郡。乙酉，以右翊衛大將軍來護兒爲開府儀同三司、行左翊衛大將軍。壬辰，鄱陽人林士弘自稱皇帝，國號楚，建元太平，攻陷九江、廬陵郡。唐公破甄翟兒於西河，虜男女數千口。

十三年春正月壬子，齊郡賊杜伏威率衆度淮，攻陷歷陽郡。丙辰，渤海賊竇建德設壇於河間之樂壽，自稱長樂王，建元丁丑。辛巳，賊帥徐圓朗率衆數千，破東平郡。弘化人到仚成聚衆萬餘人爲盜〔三二〕，傍郡苦之。

二月壬午，朔方人梁師都殺郡丞唐世宗，據郡反，自稱大丞相。遣銀青光禄大夫張世隆擊之，反爲所敗。戊子，賊帥王子英破上谷郡。己丑，馬邑校尉劉武周殺太守王仁恭，舉兵作亂，北連突厥，自稱定楊可汗。庚寅，賊帥李密、翟讓等陷興洛倉。越王侗遣武賁郎將劉長恭、光禄少卿房崱擊之，反爲所敗，死者十五六。庚子，李密自號魏公，稱元年，開倉以振羣盜，衆至數十萬，河南諸郡相繼皆陷焉。壬寅，劉武周破武賁郎將王智辯于桑乾鎮，智辯死之。

三月戊午，廬江人張子路舉兵反。遣右禦衛將軍陳稜討平之。丁丑，賊帥李通德衆十萬，寇廬江，左屯衛將軍張鎮州擊破之。

夏四月癸未，金城校尉薛舉率衆反，自稱西秦霸王，建元秦興，攻陷隴右諸郡。己丑，賊帥孟讓，夜入東都外郭，燒豐都市而去。癸巳，李密陷迴洛東倉。丁酉，賊帥房憲伯陷汝陰郡。是月，光祿大夫裴仁基、淮陽太守趙佗等並以衆叛歸李密。

五月辛酉〔三三〕，夜有流星如甕，墜於江都。甲子，唐公起義師於太原。丙寅，突厥數千寇太原，唐公擊破之。

秋七月壬子，熒惑守積屍。丙辰，武威人李軌舉兵反，攻陷河西諸郡，自稱涼王，建元安樂。

八月辛巳，唐公破武牙郎將宋老生於霍邑，斬之。

九月己丑〔三三〕，帝括江都人女寡婦，以配從兵。是月，武陽郡丞元寶藏以郡叛歸李密，與賊帥李文相攻陷黎陽倉。彗星見於營室。

冬十月丁亥，太原楊世洛聚衆萬餘人〔三四〕，寇掠城邑。丙申，羅令蕭銑以縣反，鄱陽人董景珍以郡反，迎銑於羅縣，號爲梁王，攻陷傍郡。戊戌，武賁郎將高毗敗濟北郡賊甄寶車於嶦山。

十一月丙辰，唐公入京師。辛酉，遥尊帝爲太上皇，立代王侑爲帝，改元義寧。上起宫丹陽，將遜于江左。有烏鵲來巢幄帳，驅不能止。熒惑犯太微。有石自江浮入于揚子。日光四散如流血。上甚惡之。

二年三月，右屯衞將軍宇文化及，武賁郎將司馬德戡、元禮，監門直閤裴虔通，將作少監宇文智及，武勇郎將趙行樞，鷹揚郎將孟景〔三五〕，內史舍人元敏，符璽郎李覆、牛方裕，千牛左右李孝本、弟孝質，直長許弘仁、薛世良，城門郎唐奉義，醫正張愷等，以驍果作亂，入犯宮闈。上崩于溫室，時年五十。蕭后令宮人撤牀簀爲棺以埋之。化及發後，右禦衞將軍陳稜奉梓宮於成象殿，葬吴公臺下。發斂之始，容貌若生，衆咸異之。大唐平江南之後，改葬雷塘。

初，上自以藩王，次不當立，每矯情飾行，以釣虛名，陰有奪宗之計。時高祖雅信文獻皇后，而性忌妾媵。皇太子勇內多嬖幸，以此失愛。帝後庭有子，皆不育之，示無私寵，取媚於后。大臣用事者，傾心與交。中使至第，無貴賤，皆曲承顔色，申以厚禮。婢僕往來者，無不稱其仁孝。又常私入宮掖，密謀於獻后，楊素等因機構扇，遂成廢立。自高祖大漸，暨諒闇之中，烝淫無度，山陵始就，即事巡遊，以天下承平日久，士馬全盛，慨然慕秦皇、漢武之事。乃盛治宮室，窮極侈靡，召募行人，分使絶域。諸蕃至者，厚加禮賜，有不恭命，以兵擊之。盛興屯田於玉門、柳城之外。課天下富室，益市武馬，匹直十餘萬，富强坐是凍餒者十家而九。帝性多詭譎，所幸之處，不欲人知。每之一所，輒數道置頓，四海珍羞殊味，水陸必備焉，求市者無遠不至。郡縣官人，競爲獻食，豐厚者進擢，疏儉者獲罪。姦吏侵漁，内外虚竭，頭會箕斂，人不聊生。于時軍國多務，日不暇給，帝方驕怠，惡聞政事，冤屈不治，奏請罕決。又猜忌臣下，無所專任，朝臣有不合意者，必構其罪而族滅之。故高熲、賀若弼先皇心膂，參謀帷幄，張衡、李金才藩邸惟舊，績著經綸，或惡其直道，或忿其正議，求其無形之罪，加以刎頸之誅。其餘事君盡禮，謇謇匪躬，無辜無罪，横受夷戮者，不可勝紀。政刑弛紊，賄貨公行，莫敢正言，道路以目。六軍不息，百役繁興，行者不歸，居者失業。人飢相食〔三六〕，邑落爲墟，上不之恤也。東西遊幸，靡有定居，每以供費不給，逆收數年之賦。所至唯與後宮流連耽湎，惟日不足，招迎姥媪，朝夕共肆醜言，又引少年，令與宫人穢亂，不軌不遜，以爲娱樂。區宇之内，盜賊蜂起，劫掠從官，屠陷城邑，近臣互相掩蔽，隱賊數不以實對。或有言賊多者，輒大被詰責，各求苟免，上下相蒙，每出師徒，敗亡相繼。戰士盡力，必不加賞，百姓無辜，咸受屠戮。黎庶憤怨，天下土崩，至於就擒而猶未之寤也。

史臣曰：煬帝爰在弱齡，早有令聞，南平吴、會，北却匈奴，昆弟之中，獨著聲績。於是矯情飾貌，肆厥姦回，故得獻后鍾心，文皇革慮，天方肇亂，遂登儲兩，踐峻極之崇基，承丕顯之休命。地廣三代，威振八紘，單于頓顙，越裳重譯。赤仄之泉，流溢于都内，紅腐之粟〔三七〕，委積於塞下。負其富强之資，思逞無厭之欲，狹殷、周之制度，尚秦、漢之規摹。恃才矜己，傲狠明德，内懷險躁，外示凝簡，盛冠服以飾其姦，除諫官以掩其過。淫荒無度，法令滋章，教絶四維，刑參五虐，鋤誅骨肉，屠勦忠良，受賞者莫見其功，爲戮者不知其罪。驕怒之兵屢動，土木之功不息，頻出朔方，三駕遼左，旌旗萬里，徵稅百端，猾吏侵漁，人不堪命。乃急令暴條以擾之，嚴刑峻法以臨之，甲兵威武以董之，自是海内騷然，無聊生矣。俄而玄感肇黎陽之亂，匈奴有雁門之圍，天子方棄中土，遠之揚、越。姦宄乘釁，强弱相陵，關梁閉而不通，皇輿往而不反。加之以師旅，因之以饑饉，流離道路，轉死溝壑，十八九焉。於是相聚萑蒲，蝟毛而起，大則跨州連郡，稱帝稱王，小則千百爲羣，攻城剽邑，流血成川澤，死人如亂麻，炊者不及析骸，食者不遑易子。茫茫九土，並爲麋鹿之場，慄慄黔黎，俱充蛇豕之餌。四方萬里，簡書相續，猶謂鼠竊狗盜，不足爲虞，上下相蒙，莫肯念亂，振蜉蝣之羽，窮長夜之樂。土崩魚爛，貫盈惡稔，普天之下，莫匪仇讎，左右之人，皆爲敵國。終然不悟，同彼望夷，遂以萬乘之尊，死於一夫之手。億兆靡感恩之士，九牧無勤王之師。子弟同就誅夷，骸骨棄而莫掩，社稷顛隕，本枝殄絶，自肇有書契以迄于兹，宇宙崩離，生靈塗炭，喪身滅國，未有若斯之甚也。書曰：「天作孽，猶可違，自作孽，不可逭。」傳曰：「吉凶由人，祅不妄作。」又曰：「兵猶火也，不戢將自焚。」觀隋室之存亡，斯言信而有徵矣！

校勘記

〔一〕萃川藪於往代　「川藪」，李慈銘隋書札記：「本當作『淵藪』，唐人避諱，改爲『川』。」

〔二〕三令五申　「三」，原作「先」，據南監本改。北史卷一二隋本紀下、册府卷一一七帝王部親征、三國史記卷二〇亦作「三」。

〔三〕横斷浿江　「浿」，原作「沮」，據三國史記卷二〇改。本書卷八一東夷高麗傳，稱其國「南臨浿水」。本卷下文大業十年二月辛卯詔中之「浿水」同改，不另出校。

〔四〕「甲午臨戎于遼水橋」至「乙未大頓見二大鳥」　此處重紀甲午日事，當有誤。且三月庚辰朔，後之甲午（十五日）、乙未（十六日）紀事不應置於戊戌（十九日）之後。通鑑考異卷八隋紀大業八年三月條引隋帝紀，以此處繫日紀事混亂，「今並除之」，未予繫日；且「乙未大頓」下有「丙申大赦」事。今疑後一「甲午」當屬四月，且應作甲子（四月庚戌朔，無甲午）；册府卷一三五帝王部好邊功「三月帝御師於遼水，四月進遼東」，可爲佐證。又，本書卷七六文學虞綽傳，臨海頓見大鳥乃四月丙子（廿七日）事。册府卷一一七帝王部親征繫時與此完全不同：三月辛巳（初二日），帝御師；戊子（初九日）臨戎於遼水橋；辛卯（十二日）大軍爲賊所拒，不果濟，麥鐵杖、錢士雄、孟金義（叉）死之；甲午（十五日），車駕渡遼，戰於東岸，擊賊破之，進圍遼東。隋書求是疑「甲午」應作「甲辰」（廿五日），「乙未」應作「乙亥」，且上奪「四月」。

〔五〕不敢赴機　「赴」，原作「越」，據宋甲本、大德本、至順本、汲本改。

〔六〕辛世雄　原作「薛世雄」，據宋甲本、大德本、至順本、汲本改。御覽卷一〇六皇王部三一煬皇帝引隋書，冊府卷一一七帝王部親征、卷一三五帝王部好邊功亦作「辛世雄」。

〔七〕將帥奔還亡者二千餘騎　本書卷六一宇文述傳敍其事作「及還至遼東城，唯二千七百人」，北史卷一二隋本紀下作「師奔還，亡者千餘騎」。「亡」，通志卷一八隋紀作「至」。

〔八〕九月庚辰　「庚辰」，宋甲本、大德本、至順本、汲本作「庚寅」（十三日）。御覽卷一〇六皇王部三一煬皇帝引隋書、通鑑卷一八一隋紀五煬帝大業八年同。若作「庚寅」，則不當在下文己丑（十二日）之前。亦或此處紀文有訛誤或顛倒。

〔九〕以宗女華容公主嫁于高昌王　「王」，宋甲本、大德本、至順本、汲本無。

〔一〇〕韓壽　即韓僧壽，本書卷五二有傳。

〔一一〕杜彥冰　北史卷一二隋本紀下作「杜彥永」。

〔一二〕右驍衛將軍李渾　「驍衛」，原作「驍騎」，據宋甲本改。按，本書卷三七李穆傳附李渾傳：「大業初，轉右驍衛將軍。（中略）九年，遷右驍衛大將軍。」北史卷一二隋本紀下亦作「驍衞」。

〔一三〕（二月）壬午　是月乙巳朔，無壬午日，疑誤。四部叢刊本通鑑考異卷八隋紀大業九年二月條：「雜記在去年十一月，今從隋書。」

〔一四〕郭方預　原作「郭方頂」，據本書卷七一誠節張須陁傳、北史卷一二隋本紀下、御覽卷一〇六皇王部三一煬皇帝引隋書、通鑑卷一八二隋紀六煬帝大業九年三月改。

〔一五〕河南贊務裴弘策拒之　「贊務」，應作「贊治」，唐人諱改。

〔一六〕左候衞將軍屈突通等馳傳發兵　「左候衞」，本書卷六一宇文述傳、卷七〇楊玄感傳作「武衞」。

〔一七〕（十月）丁亥　是月辛未朔，丁亥（十七日）敍事應在壬辰（廿二日）之前，紀文疑有訛誤或顛倒。

〔一八〕以右候衞將軍郭榮爲右候衞大將軍　「右候衞將軍」，本書卷五〇郭榮傳作「左候衞將軍」。

〔一九〕嫁於突厥曷娑那可汗　「曷娑那」，本書卷六七裴矩傳、卷八四北狄西突厥傳作「曷薩那」，音譯異字。

〔二〇〕詔百寮議伐高麗　「議」，原作「講」，據宋甲本、至順本、汲本改。北史卷一二隋本紀下、册府卷一一七帝王部親征亦作「議」。

〔二一〕李弘　舊唐書卷五五薛舉傳作「李弘芝」。

〔二二〕張大彪　通鑑卷一八二隋紀六煬帝大業十年四月作「張大虎」，本書爲唐人諱改。

〔二三〕右衛大將軍左光禄大夫鄭榮卒　「鄭榮」，疑係「郭榮」之誤。郭榮，本書卷五〇有傳。「右衛」，據本卷大業九年十月條及郭榮本傳，疑應作「右候衛」。

〔二四〕上谷人王須拔反　「上谷」，原作「土谷」，據南監本、殿本改。按，通鑑卷一八二隋紀六煬帝大業十一年正月有「上谷賊帥王須拔」。

〔二五〕五月丁酉　「五月」，宋甲本、至順本、北史卷一二隋本紀下、通鑑卷一八二隋紀六煬帝大業十一年作「三月」。

〔二六〕(二月)癸亥　是月戊午朔，癸亥(初六日)事應置於甲子(初七日)之前，紀文疑有訛誤或顛倒。

〔二七〕(五月)壬午　是月丙戌朔，無壬午；閏五月丙辰朔，壬午爲廿七日，疑此係閏五月事。

〔二八〕濟北公　原作「齊北公」，據宋甲本、至順本、南監本、汲本改。通鑑卷一八三隋紀七煬帝大業十二年七月作「濟景公」，胡注引隋書樊子蓋傳：「帝以子蓋守東都平玄感之功，進爵濟公，謂其功濟天下，封以嘉名，無此郡國也。」「景」乃謚號，「北」字疑誤或衍。

〔二九〕九月丁酉　是月甲寅朔，無丁酉，疑此日應繫於八月，或爲丁巳之訛。

〔三〇〕杜揚州　原作「杜伏威揚州」，據宋甲本、大德本、至順本、汲本改。册府卷一二一帝王部征討、通志卷一八隋紀亦作「杜揚州」。按，李慈銘隋書札記：「伏威齊郡人，非東海人。下文

『十三年正月齊郡賊杜伏威率衆度淮』是也。陳稜時在江都，伏威始起於山東，不得與稜相接。稜傳及舊唐書杜伏威、李子通、沈法興等傳皆有稜擊伏威之事，自在伏威據歷陽以後。且伏威等傳言稜兵屢敗，求救於伏威，安得有擊破之事？此處自以『杜揚州』爲名，當時小盜，起滅無常，無他可考耳。」

〔三一〕到佡成　舊唐書卷五六梁師都傳、卷六四高祖二十二子隱太子建成傳、新唐書卷八七梁師都傳、通鑑卷一八八唐紀四高祖武德四年正月作「劉佡成」，册府卷四四九將帥部殺降、卷九七七外臣部降附、卷九八五外臣部征討四作「劉企成」。

〔三二〕五月辛酉　「辛酉」，本書卷二一天文志下作「辛亥」。

〔三三〕九月己丑　是月己酉朔，無己丑日。疑此事應繫於八月。隋書求是則以爲「己丑」乃「乙丑」之訛。

〔三四〕楊世洛　北史卷一二隋本紀下作「陽世洛」。

〔三五〕孟景　即孟秉，唐人諱改。

〔三六〕人飢相食　「人」，原作墨釘，據宋甲本、大德本、至順本、汲本補。

〔三七〕紅腐之粟　「粟」，原作「衆」，據宋甲本、大德本、至順本、南監本改。

隋書卷五

帝紀第五

恭帝

恭皇帝諱侑，元德太子之子也。母曰韋妃。性聰敏，有氣度。大業三年，立爲陳王。後數載，徙爲代王〔一〕，邑萬户。及煬帝親征遼東，令於京師總留事。十一年，從幸晉陽，拜太原太守。尋鎮京師。義兵入長安，尊煬帝爲太上皇，奉帝纂業。

義寧元年十一月壬戌，上即皇帝位於大興殿。詔曰：「王道喪亂，天步不康，古往今來，代有其事，屬之於朕，逢此百罹，彼蒼者天，胡寧斯忍！襁褓之歲，夙遭憫凶，孺子之辰，太上播越，興言感動，實疚于懷。太尉唐公，膺期作宰，時稱舟楫，大拯横流，糾合義兵，翼戴皇室，與國休戚，再匡區夏，爰奉明詔，弼予幼沖，顯命光臨，天威咫尺，對揚尊號，悼心失圖。一人在遠，三讓不遂，僶俛南面，厝身無所，苟利社稷，莫敢或違，俯從羣議，奉遵聖旨。可大赦天下，改大業十三年爲義寧元年。十一月十六日昧爽以前，大辟罪已下，皆赦除之。常赦所不免者，不在赦限。」甲子，以光禄大夫、大將軍、太尉唐公爲假黄鉞、使持節、大都督内外諸軍事、尚書令、大丞相，進封唐王。丙寅，詔曰：「朕惟孺子，未出深宫，太上遠巡，追蹤穆滿。時逢多難，委當尊極，辭不獲免，恭己臨朝，若涉大川，罔知所濟，撫躬永歎，憂心孔棘。民之情僞，曾未之聞，王業艱難，載云其易。賴股肱戮力，上宰賢良，匡佐沖人，輔其不逮。軍國機務，事無大小，文武設官，位無貴賤，憲章賞罰，咸歸相府，庶績其凝，責成斯屬，逖聽前史，兹爲典故。因循仍舊，非曰徒言，所存至公，無爲讓德。」己巳，以唐王子隴西公建成爲唐國世子，敦煌公爲京兆尹，改封秦公，元吉爲齊公，食邑各萬户。太原置鎮北府。乙亥，張掖康老和舉兵反。

十二月癸未，薛舉自稱天子，寇扶風。秦公爲元帥，擊破之。丁亥，桂陽人曹武徹舉兵反，建元通聖。丁酉，義師擒驍衛大將軍屈突通於閿鄉，虜其衆數萬。乙巳，賊帥張善安陷廬江郡。

二年春正月丁未，詔唐王劍履上殿，入朝不趨，贊拜不名，加前後羽葆鼓吹。壬戌，將軍王世充爲李密所敗，河內通守孟善誼、武賁郎將王辯、楊威、劉長恭、梁德、董智通皆死之。庚戌〔二〕，河陽郡尉獨孤武都降於李密。

三月丙辰，右屯衞將軍宇文化及殺太上皇於江都宮，右禦衞將軍獨孤盛死之。齊王暕，趙王杲，燕王倓，光祿大夫、開府儀同三司、行右翊衞大將軍宇文協，金紫光祿大夫、內史侍郎虞世基，銀青光祿大夫、御史大夫裴蘊，通議大夫、行給事郎許善心，皆遇害。化及立秦王浩爲帝，自稱大丞相，朝士文武皆受其官爵。光祿大夫、宿公麥才〔三〕，折衝郎將、朝請大夫沈光，同謀討賊，夜襲化及營，反爲所害。戊辰，詔唐王備九錫之禮，加璽紱、遠遊冠、綠綟綬，位在諸侯王上。唐國置丞相已下，一依舊式。

五月乙巳朔，詔唐王冕十有二旒，建天子旌旗，出警入蹕，金根車駕，備五時副車，置旄頭雲罕車，儛八佾，設鍾虡宮懸。王后、王子、王女爵命之號，一遵舊典。戊午，詔曰：

天禍隋國，大行太上皇遇盜江都，酷甚望夷，釁深驪北。憫予小子，奄逮丕愆，哀號承感，心情糜潰，仰惟荼毒，仇復靡申，形影相弔，罔知啓處。

相國唐王，膺期命世，扶危拯溺，自北徂南，東征西怨，總九合於一匡，決百勝於千里，糾率夷夏，大庇氓黎，保乂朕躬，繄王是賴。德侔造化，功格蒼旻，兆庶歸心，曆數斯在，屈爲人臣，載違天命。在昔虞、夏，揖讓相推，苟非重華，誰堪命禹！當今九服崩離，三靈改卜，大運去矣，請避賢路，兆謀布德，顧己莫能，私僮命駕，須歸藩國。予本代王，及予而代，天之所廢，豈期如是！庶憑稽古之聖，以誅四凶，幸值惟新之恩，預充三恪。雪寃恥於皇祖，守禋祀爲孝孫，朝聞夕殞，及泉無恨，今遵故事，遜於舊邸。庶官羣辟，改事唐朝，宜依前典，趣上尊號。若釋重負，感泰兼懷，假手真人，俾除醜逆。濟濟多士，明知朕意。仍勑有司，凡有表奏，皆不得以聞。是日，上遜位於大唐，以爲酅國公。武德二年夏五月崩，時年十五。

史臣曰：恭帝年在幼沖，遭家多難，一人失德，四海土崩。羣盜蜂起，豺狼塞路，南巢遂往，流彘不歸。既鍾百六之期，躬踐數終之運，謳歌有屬，笙鍾變響，雖欲不遵堯舜之迹，其庸可得乎！

校勘記

〔一〕大業三年立爲陳王後數載徙爲代王　本書卷三煬帝紀上、通鑑卷一八〇隋紀四繫侑封代王事於大業二年八月。

〔二〕庚戌　南監本作「庚午」。是月丁未朔，庚戌（初四日）敍事不應置於壬戌（十六日）之後。或係「庚午」（廿四日）之誤。

〔三〕麥才　即麥孟才，本書卷六四有傳。

隋書卷六

志第一

禮儀一

唐、虞之時，祭天之屬爲天禮，祭地之屬爲地禮，祭宗廟之屬爲人禮。故書云命伯夷典朕三禮，所以彌綸天地，經緯陰陽，辨幽賾而洞幾深，通百神而節萬事。殷因於夏，有所損益，旁垂祇訓，以勸生靈。商辛無道，雅章湮滅。周公救亂，弘制斯文，以吉禮敬鬼神，以凶禮哀邦國，以賓禮親賓客，以軍禮誅不虔，以嘉禮合姻好，謂之五禮。故曰「禮經三百，威儀三千，未有入室而不由户者」也。成、康由之，而刑厝不用。

自犬戎弑后，遷周削弱，禮失樂微，風凋俗敝。仲尼預蜡賓而歎曰：「丘有志焉，禹、湯、文、武、成王、周公未有不謹於禮者也。」於是緝禮興樂，欲救時弊。君棄不顧，道鬱不行。故敗國喪家亡人，必先廢其禮。昭公娶孟子而諱姓，楊侯竊女色而傷人。故曰婚姻之禮廢，則淫僻之罪多矣。羣飲而逸，不知其郵，鄉飲酒之禮廢，則爭鬬之獄繁矣。魯侯逆五廟之祀，漢帝罷三年之制，喪祭之禮廢，則骨肉之恩薄矣。諸侯下堂於天子，五伯召君於河陽，朝聘之禮廢，則侵陵之漸起矣。

秦氏以戰勝之威，并吞九國，盡收其儀禮，歸之咸陽。唯採其尊君抑臣，以爲時用。至於退讓起於趨步，忠孝成於動止，華葉靡舉，鴻纖並擯。甚芻狗之棄路，若章甫之遊越，儒林道盡，詩書爲煙。

漢高祖既平秦亂，初誅項羽，放賞元勳，未遑朝制。羣臣飲酒爭功，或拔劍擊柱，高祖患之。叔孫通言曰：「儒者難與進取，可與守成。」於是請起朝儀而許焉，猶曰「度吾能行者爲之」。微習禮容，皆知順軌。若祖述文、武，憲章洙、泗，則良由不暇，自畏之也。武帝興典制而愛方術，至於鬼神之祭，流宕不歸。世祖中興，明皇纂位，祀明堂，襲冠冕，登靈臺，望雲物，得其時制，百姓悦之。而朝廷憲章，其來已舊，或得之於升平之運，或失之於凶荒之年，而世載遐邈，風流訛舛。必有人情，將移禮意，殷、周所以異軌，秦、漢於焉改轍。至於增輝風俗，廣樹隄防，非禮威嚴，亦何以尚！譬山祇之有嵩、岱，海若之有滄溟，飾以涓塵，不貽伊敗。而高堂生於所傳士禮亦謂之儀，弘暢人情，粉飾行事。洎西京以降，用相裁准，咸稱當世之美，自有周旋之節。黄初之詳定朝儀，太始之削除乖謬，則宋書言之備矣。

梁武始命羣儒，裁成大典。吉禮則明山賓，凶禮則嚴植之，軍禮則陸璉，賓禮則賀瑒，嘉禮則司馬褧。帝又命沈約、周捨、徐勉、何佟之等，咸在參詳。陳武克平建業，多准梁舊，仍詔尚書左丞江德藻、員外散騎常侍沈洙、博士沈文阿、中書舍人劉師知等，或因行事，隨時取捨。後齊則左僕射陽休之、度支尚書元脩伯、鴻臚卿王晞、國子博士熊安生，在周則蘇綽、盧辯、宇文弼，並習於儀禮者也，平章國典，以爲時用。高祖命牛弘、辛彦之等採梁及北齊儀注，以爲五禮云。

禮曰：「萬物本乎天，人本乎祖，所以配上帝也。」秦人蕩六籍以爲煨燼，祭天之禮殘缺，儒者各守其所見物而爲之義焉。一云：祭天之數，終歲有九，祭地之數，一歲有二，圓丘、方澤，三年一行。若圓丘、方澤之年，祭天有九，祭地有二。若天不通圓丘之祭，終歲有八。地不通方澤之祭，終歲有一。此則鄭學之所宗也。一云：唯有昊天，無五精之帝。而一天歲二祭，壇位唯一。圓丘之祭，即是南郊，南郊之祭，即是圓丘。日南至，於其上以祭天，春又一祭，以祈農事，謂之二祭，無別天也。五時迎氣，皆是祭五行之人帝太皞之屬，非祭天也。天稱皇天，亦稱上帝，亦直稱帝。五行人帝亦得稱上帝，但不得稱天。故五時迎氣及文、武配祭明堂，皆祭人帝，非祭天也。此則王學之所宗也。梁、陳以降，以迄于隋，議者各宗所師，故郊丘互有變易。

梁南郊，爲圓壇，在國之南。高二丈七尺，上徑十一丈，下徑十八丈。其外再壝，四門。常與北郊間歲。正月上辛行事，用一特牛，祀天皇上帝之神於其上〔一〕，以皇考太祖文帝配。禮以蒼璧制幣。五方上帝、五官之神、太一、天一、日、月、五星、二十八宿、太微、軒轅、文昌、北斗、三台、老人、風伯、司空、雷電、雨師，皆從祀。其二十八宿及雨師等座有坎，五帝亦如之，餘皆平地。器以陶匏，席用稾秸。太史設柴壇於丙地。皇帝齋於萬壽殿，乘玉輅，備大駕以行禮。禮畢，變服通天冠而還。

北郊，爲方壇於北郊。上方十丈，下方十二丈，高一丈。四面各有陛。其外爲壝再重。與南郊間歲。正月上辛，以一特牛，祀后地之神於其上，以德后配。禮以黃琮制幣。五官之神、先農、五岳、沂山、嶽山、白石山、霍山、醫無閭山〔二〕、蔣山、四海、四瀆、松江、會稽江、錢塘江、四望，皆從祀。太史設埋坎於壬地焉。

天監三年，左丞吴操之啓稱：「傳云『啓蟄而郊』，郊應立春之後。」尚書左丞何佟之議：「今之郊祭，是報昔歲之功，而祈今年之福。故取歲首上辛，不拘立春之先後。周冬至於圓丘，大報天也。夏正又郊，以祈農事，故有啓蟄之説。自晉太始二年，并圓丘、方澤同於二郊。是知今之郊禋，禮兼祈報，不得限以一途也。」帝曰：「圓丘自是祭天，先農即是祈穀。但就陽之位，故在郊也。冬至之夜，陽氣起於甲子，既祭昊天，宜在冬至。祈穀時可依古，必須啓蟄。在一郊壇，分爲二祭。」自是冬至謂之祀天，啓蟄名爲祈穀。何佟之又啓：「案鬯者盛以六彝，覆以畫羃，備其文飾，施之宗廟。今南北二郊，儀注有裸，既乖尚質，謂宜革變。」博士明山賓議，以爲：「表記『天子親耕，粢盛秬鬯，以事上帝』，蓋明堂之裸耳。郊不應裸。」帝從之。又有司以爲祀竟，器席相承還庫，請依典燒埋之。佟之等議：「案禮『祭器弊則埋之』。今一用便埋，費而乖典。」帝曰：「薦藉輕物，陶匏賤器，方還付庫，容復穢惡。但敝則埋之，蓋謂四時祭器耳。」自是從有司議，燒埋之。

四年，佟之云：「周禮『天曰神，地曰祇』。今天不稱神，地不稱祇，天欑題宜曰皇天座，地欑宜曰后地座。又南郊明堂用沉香，取本天之質，陽所宜也。北郊用上和香，以地於人親，宜加雜馥。」帝並從之。

五年，明山賓稱：「伏尋制旨，周以建子祀天，五月祭地。殷以建丑祀天，六月祭地。夏以建寅祀天，七月祭地。自頃代以來，南北二郊，同用夏正。」詔更詳議。山賓以爲二儀並尊，三朝慶始，同以此日二郊爲允。并請迎五帝於郊，皆以始祖配饗。及郊廟受福，唯皇帝再拜，明上靈降祚，臣下不敢同也。詔並依議。

六年，議者以爲北郊有岳鎮海瀆之座，而又有四望之座，疑爲煩重。儀曹郎朱异議曰：「望是不即之名，豈容局於星海，拘於岳瀆？」明山賓曰：「舜典云『望于山川』。春秋傳曰『江、漢、沮、漳，楚之望也』。而今北郊設岳鎮海瀆，又立四望，竊謂煩黷，宜省。」徐勉曰：「岳瀆是山川之宗。至於望祀之義，不止於岳瀆也。若省四望，於義爲非。」議久不能決。至十六年，有事北郊，帝復下其議。於是八座奏省四望、松江、浙江、五湖等座。其鍾山、白石，既土地所在，並留如故。

七年，帝以一獻爲質，三獻則文，事天之道，理不應然，詔下詳議。博士陸瑋、明山賓，禮官司馬褧，以爲「宗祧三獻，義兼臣下，上天之禮，主在帝王，約理申義，一獻爲允」。自是天地之祭皆一獻，始省太尉亞獻，光祿終獻。又太常丞王僧崇稱：「五祀位在北郊，圓丘不宜重設。」帝曰：「五行之氣，天地俱有，故宜兩從。」僧崇又曰：「風伯、雨師，即箕、畢星矣。而今南郊祀箕、畢二星，復祭風師、雨師，恐乖祀典[三]。」帝曰：「箕、畢自是二十八宿之名，風師、雨師自是箕、畢星下隸。兩祭非嫌。」

十一年，太祝牒，北郊止有一海，及二郊相承用柒俎盛牲，素案承玉。又制南北二郊壇下衆神之座，悉以白茅，詔下詳議。八座奏：「禮云『觀天下之物，無可以稱其德』，則知郊祭爲俎，理不應柴。又藉用白茅，禮無所出。皇天大帝坐既用俎，則知郊有俎義。」於是改用素俎，并北郊置四海座。五帝以下，悉用蒲席藁薦，并以素俎。又帝曰：「禮『祭月於坎』，良由月是陰義。今五帝天神，而更居坎。又禮云『祭日於壇，祭月於坎』，並是別祭，不關在郊，故得各從陰陽，而立壇坎。兆於南郊，就陽之義，居於北郊，就陰之義。既云就陽，義與陰異。星月與祭，理不爲坎。」八座奏曰：「五帝之義，不應居坎。良由齊代圓丘，小而且峻，邊無安神之所。今丘形既大，易可取安。請五帝座悉於壇上，外壝二十八宿及雨師等座〔四〕，悉停爲坎。」自是南北二郊，悉無坎位矣。

十七年，帝以威仰、魄寶俱是天帝，於壇則尊，於下則卑。且南郊所祭天皇，其五帝別有明堂之祀，不煩重設。又郊祀二十八宿而無十二辰，於義闕然。於是南郊始除五帝祀，加十二辰座，與二十八宿各於其方而爲壇。

陳制，亦以間歲。正月上辛，用特牛一，祀天地於南北二郊。永定元年，武帝受禪，脩南郊，圓壇高二丈二尺五寸，上廣十丈，柴燎告天。明年正月上辛，有事南郊，以皇考德皇帝配〔五〕，除十二辰座，加五帝位，其餘準梁之舊。北郊爲壇，高一丈五尺，廣八丈〔六〕，以皇妣昭后配，從祀亦準梁舊。及文帝天嘉中，南郊改以高祖配，北郊以德皇帝配天。

太中大夫、領大著作、攝太常卿許亨奏曰：「昔梁武帝云：『天數五，地數五，五行之氣，天地俱有。』故南北郊內，並祭五祀。臣按周禮：『以血祭社稷五祀。』鄭玄云：『陰祀自血起，貴氣臭也。五祀，五官之神也。』五神主五行，隸於地，故與埋沈疈辜同爲陰祀。既非煙柴，無關陽祭。故何休云：『周爵五等者，法地有五行也。』五神位在北郊，圜丘不宜重設。」制曰：「可。」亨又奏曰：「梁武帝議，箕、畢自是二十八宿之名，風師、雨師自是箕、畢下隸，非即星也。故郊雩之所，皆兩祭之。臣案周禮大宗伯之職云：『槱燎祀司中、司命、風師、雨師。』鄭衆云：『風師，箕也；雨師，畢也。』詩云：『月離于畢，俾滂沱矣。』如此則風伯、雨師即箕、畢星矣。而今南郊祀箕、畢二星，復祭風伯、雨師，恐乖祀典。」制曰：「若郊設星位，任即除之。」亨又奏曰：「梁儀注曰：『一獻爲質，三獻爲文。事天之事，故不三獻。』臣案周禮司樽所言，三獻施於宗祧，而鄭注『一獻施於羣小祀』。今用小祀之禮施於天神大帝，梁武此義爲不通矣。且樽俎之物，依於質文，拜獻之禮，主於虔敬。今請凡郊丘祀事，準於宗祧，三獻爲允。」制曰：「依議。」

廢帝光大中，又以昭后配北郊。及宣帝即位，以南北二郊卑下，更議增廣。久而不決。至太建十一年，尚書祠部郎王元規議曰：

案前漢黃圖，上帝壇徑五丈，高九尺；后土壇方五丈，高六尺。梁南郊壇上徑十一丈，下徑十八丈，高二丈七尺，北郊壇上方十丈，下方十二丈，高一丈。即日南郊壇廣十丈，高二丈二尺五寸，北郊壇廣九丈三尺，高一丈五尺〔七〕。今議增南郊壇上徑十二丈，則天大數，下徑十八丈，取於三分益一，高二丈七尺，取三倍九尺之堂。北郊壇上方十丈，以則地義，下至十五丈，亦取二分益一〔八〕，高一丈二尺，亦取二倍漢家之數。

禮記云：「爲高必因丘陵，爲下必因川澤。因名山升中于天，因吉土饗帝于郊。」周官云：「冬日至，祠天於地上之圓丘。夏日至，祭地於澤中之方丘。」祭法云：「燔柴於泰壇，祭天也。瘞埋於泰折，祭地也。」記云：「至敬不壇，埽地而祭。」於其質也，以報覆燾持載之功。爾雅亦云：「丘，言非人所造爲。」古圓方兩丘，並因見有而祭。本無高廣之數。後世隨事遷都，而建立郊禮。或有地吉而未必有丘，或有見丘而不必廣絜。故有築建之法，而制丈尺之儀。愚謂郊祀事重，圓方二丘，高下廣狹，既無明文，但五帝不相沿，三王不相襲。今謹述漢、梁并即日三代壇不同，及更增修丈尺如前。聽旨。

尚書僕射臣繕，左户尚書臣元饒、左丞臣周確、舍人臣蕭淳、儀曹郎臣沈客卿同元規議〔九〕。詔遂依用。

後主嗣立，無意典禮之事，加舊儒碩學，漸以凋喪，至於朝亡，竟無改作。

後齊制，圓丘方澤，並三年一祭，謂之禘祀。圓丘在國南郊。丘下廣輪二百七十尺，上廣輪四十六尺，高四十五尺。三成，成高十五尺，上中二級，四面各一陛，下級方維八陛。周以三壝，去丘五十步。中壝去内壝，外壝去中壝，各二十五步。皆通八門。又爲大營於外壝之外，輪廣三百七十步。其營壍廣一十二尺，深一丈，四面各通一門。又爲燎壇於中壝之外，當丘之丙地。廣輪三十六尺，高三尺，四面各有陛。方澤爲壇在國北郊，廣輪四十尺，高四尺，面各一陛。其外爲三壝，相去廣狹同圓丘。壝外大營，廣輪三百二十步。營壍廣一十二尺，深一丈，四面各通一門。又爲瘞坎於壇之壬地，中壝之外，廣深一丈二尺。

圓丘則以蒼璧束帛，正月上辛，祀昊天上帝於其上，以高祖神武皇帝配。五精之帝，從祀於其中丘。面皆内向。日月、五星、北斗、二十八宿、司中、司命、司人、司禄、風師、雨師、靈星於下丘，爲衆星之位，遷於内壝之中。合用蒼牲九。夕牲之旦，太尉告廟，陳幣於神武廟訖，埋於兩楹間焉。皇帝初獻，太尉亞獻，光禄終獻。司徒獻五帝，司空獻日月、五星、二十八宿，太常丞已下薦衆星。方澤則以黃琮束帛，夏至之日，禘崐崘皇地祇於其上，以武明皇后配。其神州之神、社稷、岱岳、沂鎮、會稽鎮、云云山、亭亭山、蒙山、羽山、嶧山、崧岳、霍岳、衡鎮、荆山、内方山、大别山、敷淺原山、桐柏山、陪尾山、華岳、太岳鎮、積石山、龍門山、江山、岐山、荆山、嶓冢山、壺口山、雷首山、底柱山、析城山、王屋山、西傾朱圉山、鳥鼠同穴山、熊耳山、敦物山、蔡蒙山、梁山、崏山、武功山、太白山、恒岳、醫無閭山鎮、陰山、白登山、碣石山、太行山、狼山、封龍山、漳山、宣務山、閼山、方山、苟山、狹龍山、淮水、東海、泗水、沂水、淄水、濰水、江水、南海、漢水、穀水、洛水、伊水、漾水、沔水、河水、西海、黑水、澇水、渭水、涇水、酆水、濟水、北海、松水、京水、桑乾水、漳水、呼沲水、衞水、洹水、延水，並從祀。其神州位在青陛之北甲寅地，社位赤陛之西未地，稷位白陛之南庚地；自餘並内壝之内，内向，各如其方。合用牲十二，儀同圓丘。其後諸儒定禮，圓丘改以冬至云。

其南北郊則歲一祀，皆以正月上辛。南郊爲壇於國南，廣輪三十六尺，高九尺，四面各一陛。爲三壝，内壝去壇二十五步，中壝、外壝相去如内壝。四面各通一門。又爲大營於外壝之外，廣輪二百七十步。營塹廣一丈，深八尺，四面各一門。又爲燎壇於中壝之外丙地，廣輪二十七尺，高一尺八寸，四面各一陛。祀所感帝靈威仰於壇，以高祖神武皇帝配。禮用四圭有邸，幣各如方色。其上帝及配帝，各用騂特牲一，儀燎同圓丘。其北郊則爲壇如南郊壇，爲瘗坎如方澤坎，祀神州神於其上，以武明皇后配。禮用兩圭有邸，各用黄牲一，儀瘗如北郊。

後周憲章姬周，祭祀之式，多依儀禮。司量掌爲壇之制，圓丘三成，成崇一丈二尺，深二丈。上徑六丈，十有二階，每等十有二節。在國陽七里之郊。圓壝徑三百步，内壝半之。方一成，下崇一丈，徑六丈八尺，上崇五尺，方四丈，八方，方一階，階十級，級一尺〔二〇〕。方丘在國陰六里之郊。丘一成，八方，下崇一丈，方六丈八尺，上崇五尺，方四丈。方一階，尺一級。其壝八面，徑百二十步，内壝半之。南郊爲方壇於國南五里。其崇一丈二尺，其廣四丈。其壝方百二十步，内壝半之。神州之壇，崇一丈，方四丈，在北郊方丘之右。其壝如方丘。

其祭圓丘及南郊，並正月上辛。圓丘則以其先炎帝神農氏配昊天上帝於其上。五方上帝、日月、内官、中官、外官、衆星，並從祀。皇帝乘蒼輅，載玄冕，備大駕而行。預祭者皆蒼服。南郊，以始祖獻侯莫那配所感帝靈威仰於其上。北郊方丘，則以神農配后地之祇。神州則以獻侯莫那配焉。

其用牲之制，祀昊天上帝，祭皇地祇及五帝、日月、五星、十二辰、四望、五官，各以其方色毛。宗廟以黄，社稷以黝，散祭祀用純，表貉磔禳用厖。

高祖受命，欲新制度。乃命國子祭酒辛彦之議定祀典。爲圓丘於國之南，太陽門外道東二里。其丘四成，各高八尺一寸。下成廣二十丈，再成廣十五丈，又三成廣十丈，四成廣五丈。再歲冬至之日，祀昊天上帝於其上，以太祖武元皇帝配。五方上帝、日月、五星、内官四十二座、次官一百三十六座、外官一百一十一座〔一〕、衆星三百六十座，並皆從祀。上帝、日月在丘之第二等，北斗、五星、十二辰、河漢、内官在丘第三等，二十八宿、中官在丘第四等，外官在内壝之内，衆星在内壝之外。其牲，上帝、配帝用蒼犢二，五帝、日月用方色犢各一，五星已下用羊豕各九。

爲方丘於宮城之北十四里。其丘再成，成高五尺，下成方十丈，上成方五丈。夏至之日，祭皇地祇於其上，以太祖配。神州、迎州、冀州、戎州、拾州、柱州、營州、咸州、陽州九州山、海、川、林、澤、丘陵、墳衍、原隰，並皆從祀。地祇及配帝在壇上，用黄犢二。神州九州神座於第二等八陛之間：神州東南方，迎州南方，冀州、戎州西南方，拾州西方，柱州西北方，營州北方，咸州東北方，陽州東方，各用方色犢一。九州山海已下，各依方面八陛之間。其冀州山林川澤，丘陵墳衍，於壇之南，少西，加羊豕各九。南郊爲壇於國之南，太陽門外道西一里。去宮十里。壇高七尺，廣四丈。孟春上辛，祠所感帝赤熛怒於其上，以太祖武元皇帝配。其禮四圭有邸，牲用騂犢二。北郊孟冬祭神州之神，以太祖武元皇帝配。牲用犢二。

凡大祀，齋官皆於其晨集尚書省，受誓戒。散齋四日，致齋三日。祭前一日，晝漏上水五刻，到祀所，沐浴，著明衣，咸不得聞見衰絰哭泣。昊天上帝、五方上帝、日月、皇地祇、神州、社稷、宗廟等爲大祀，星辰、五祀、四望等爲中祀，司中、司命、風師、雨師及諸星、諸山川等爲小祀。大祀養牲，在滌九旬，中祀三旬，小祀一旬。其牲方色難備者，聽以純色代。告祈之牲者不養。祭祀犧牲，不得捶扑。其死則埋之。

初帝既受周禪，恐黎元未愜，多說符瑞以耀之。其或造作而進者，不可勝計。仁壽元年冬至祠南郊，置昊天上帝及五方天帝位，並于壇上，如封禪禮。板曰：

維仁壽元年，歲次作噩，嗣天子臣堅，敢昭告于昊天上帝。璇璣運行，大明南至。臣蒙上天恩造，羣靈降福，撫臨率土，安養兆人。顧惟虛薄，德化未暢，夙夜憂懼，不敢荒怠。天地靈祇，降錫休瑞，鏡發區宇，昭彰耳目。爰始登極，蒙授龜圖，遷都定鼎，醴泉出地，平陳之歲，龍引舟師。省俗巡方，展禮東岳，盲者得視，瘖者得言，復有躄人，忽然能步。自開皇已來，日近北極，行於上道，晷度延長。天啓太平，獸見一角，改元仁壽，楊樹生松。石魚彰合符之徵，玉龜顯永昌之慶，山圖石瑞，前後繼出，皆載臣姓名，褒紀國祚。經典諸緯，爰及玉龜，文字義理，遞相符會。

宫城之内，及在山谷，石變爲玉，不可勝數。桃區一嶺，盡是琉璃，黄銀出於神山，碧玉生於瑞巘。多楊山響，三稱國興，連雲山聲，萬年臨國。野鵝降天，仍住池沼，神鹿入苑，頻賜引導。騶虞見質，遊麟在野，鹿角生於楊樹，龍湫出於荆谷。慶雲發彩，壽星垂耀。宮殿樓閣，咸出靈芝，山澤川原，多生寶物。威香散馥，零露凝甘。敦煌烏山，黑石變白，弘禄巖嶺，石華遠照。玄狐玄豹，白兔白狼，赤雀蒼烏，野蠶天豆，嘉禾合穗，珍木連理。神瑞休徵，洪恩景福，降賜無疆，不可具紀。此皆昊天上帝，爰降明靈，矜愍蒼生，寧靜海内。故錫茲嘉慶，咸使安樂，豈臣微誠，所能上感。虔心奉謝，敬薦玉帛犧齊、粢盛庶品，燔祀于昊天上帝。皇考太祖武元皇帝，配神作主。

大業元年，孟春祀感帝，孟冬祀神州，改以高祖文帝配。其餘並用舊禮。十年，冬至祀圓丘，帝不齋于次。詰朝，備法駕，至便行禮。是日大風，帝獨獻上帝，三公分獻五帝。禮畢，御馬疾驅而歸。

明堂在國之陽。梁初，依宋、齊，其祀之法，猶依齊制。禮有不通者，武帝更與學者議之。舊齊儀，郊祀，帝皆以衮冕。至天監七年，始造大裘，而明堂儀注猶云衮服。十年，儀曹郎朱异以爲：「禮大裘而冕，祭昊天上帝。五帝亦如之。良由天神高遠，義須誠質，今從汎祭五帝，理不容文。」於是改服大裘。异又以爲：「齊儀初獻樽彝，明堂貴質，不應三獻。又不應象樽。禮云：『朝踐用太樽。』鄭云：『太樽，瓦也。』記又云：『有虞氏瓦樽。』此皆在廟所用，猶以質素，況在明堂，禮不容象。今請改用瓦樽，庶合文質之衷。」又曰：「宗廟貴文，故庶羞百品，天義尊遠，則須簡約。今儀注所薦，與廟不異，即理徵事，如爲未允。請自今明堂肴膳准二郊。但帝之爲名，本主生育，成歲之功，實爲顯著。非如昊天，義絶言象，雖曰同郊，復應微異。若水土之品，蔬果之屬，猶宜以薦，止用梨棗橘栗四種之果，薑蒲葵韭四種之菹，粳稻黍粱四種之米。自此以外，郊所無者，請並從省除。」

初，博士明山賓制儀注，明堂祀五帝，行禮先自赤帝始。异又以爲：「明堂既汎祭五帝，不容的有先後，東階而升，宜先春帝。請改從青帝始。」又以爲：「明堂籩豆等器，皆以彫飾。尋郊祀貴質，改用陶匏，宗廟貴文，誠宜彫俎。明堂之禮，既方郊爲文，則不容陶匏，比廟爲質，又不應彫俎。斟酌二途，須存厥衷，請改用純漆。」异又以「舊儀，明堂祀五帝，先酌鬱鬯，灌地求神，及初獻清酒，次酃終醁。禮畢，太祝取俎上黍肉，當御前以授。請依郊儀，止一獻清酒。且五帝天神，不可求之於地，二郊之祭，並無黍肉之禮。並請停灌及授俎法。」又以爲：「舊明堂皆用太牢。案記云『郊用特牲』；又云『天地之牛，角繭栗』。五帝既曰天神，理無三牲之祭。而毛詩我將篇云，祀文王於明堂，有『維羊維牛』之說。良由周監二代，其義貴文，明堂方郊，未爲極質，故特用三牲，止爲一代之制。今斟酌百王，義存通典，蔬果之薦，雖符周禮，而牲牢之用，宜遵夏、殷。請自今明堂止用特牛，既合質文之中，又見貴誠之義。」帝並從之。

先是，帝欲有改作，乃下制旨，而與羣臣切磋其義。制曰：「明堂准大戴禮：『九室八牖，三十六户。以茅蓋屋，上圓下方。』鄭玄據援神契，亦云『上圓下方』，又云『八窗四達』。明堂之義，本是祭五帝神，九室之數，未見其理。若五堂而言，雖當五帝之數，向南則背叶光紀，向北則背赤熛怒，東向西向，又亦如此，於事殊未可安。且明堂之祭五帝，則是總義，在郊之祭五帝，則是別義。宗祀所配，復應有室，若專配一室，則是義非配五，若皆配五，則便成五位。以理而言，明堂本無有室。」朱异以爲：「月令『天子居明堂左个、右个』。聽朔之禮，既在明堂，今若無室，則於義成闕。」制曰：「若如鄭玄之義，聽朔必在明堂，於此則人神混淆，莊敬之道有廢。春秋云：『介居二大國之間。』此言明堂左右个者，謂所祀五帝堂之南，又有小室，亦號明堂，分爲三處聽朔。既三處，則有左右之義。在營域之內，明堂之外，則有个名，故曰明堂左右个也。以此而言，聽朔之處，自在五帝堂之外，人神有別，差無相干。」其議是非莫定，初尚未改。十二年，太常丞虞皭復引周禮明堂九尺之筵〔一三〕，以爲高下脩廣之數，堂崇一筵，故階高九尺。漢家制度，猶遵此禮，故張衡云，「度堂以筵」者也。鄭玄以廟寢三制既同，俱應以九尺爲度。制曰：「可。」於是毁宋太極殿，以其材構明堂十二間，基准太廟。以中央六間安六座，悉南向。東來第一青帝，第二赤帝，第三黃帝，第四白帝，第五黑帝。配帝總配享五帝，在阼階東上，西向。大殿後爲小殿五間，以爲五佐室焉。

陳制，明堂殿屋十二間。中央六間，依齊制，安六座。四方帝各依其方，黃帝居坤維，而配饗坐依梁法。武帝時，以德帝配〔一三〕。文帝時，以武帝配。廢帝已後，以文帝配。牲以太牢，粢盛六飯，鉶羹果蔬備薦焉。

後齊採周官考工記爲五室，周採漢三輔黃圖爲九室，各存其制，而竟不立。

高祖平陳，收羅杞梓，郊丘宗社，典禮粗備，唯明堂未立。開皇十三年，詔命議之。禮部尚書牛弘、國子祭酒辛彥之等定議，事在弘傳。後檢校將作大匠事宇文愷，依月令文，造明堂木樣，重檐複廟，五房四達，丈尺規矩，皆有准憑，以獻。高祖異之，命有司於郭内安業里爲規兆。方欲崇建，又命詳定，諸儒爭論，莫之能決。弘等又條經史正文重奏。時非議既多，久而不定，又議罷之。及大業中，愷又造明堂議及樣奏之。煬帝下其議，但令於霍山採木，而建都興役，其制遂寢。終隋代，祀五方上帝，止於明堂，恒以季秋在雩壇上而祀。其用幣各於其方。人帝各在天帝之左。太祖武元皇帝在太昊南，西向。五官在庭，亦各依其方。牲用犢十二。皇帝、太尉、司農行三獻禮于青帝及太祖。自餘有司助奠。祀五官於堂下，行一獻禮。有燎。其省牲進熟，如南郊儀。

校勘記

〔一〕祀天皇上帝之神於其上　「上帝」，宋甲本、至順本、汲本均作「大帝」。

〔二〕醫無閭山　「醫」字原闕，據宋甲本補。本卷下文敍北齊圓丘所祭有「醫無閭山鎮」。按，周禮夏官職方氏：「東北曰幽州，其山鎮曰醫無閭。」

〔三〕恐乖祀典　「乖」，原作「繁」，於義難通。按，下文言此事亦稱「恐乖祀典」，册府卷一九三閏位部崇祀、通典卷四二禮二郊天上亦作「乖」。今據改。

〔四〕外壝二十八宿及雨師等座　「壝」，原作「域」，據通典卷四二禮二郊天上改。

〔五〕以皇考德皇帝配　陳書卷二高祖紀下，永定元年十月辛巳，「追尊皇考曰景皇帝」。周書卷一文帝紀上，周文帝父肱「武成初，追尊曰德皇帝」。此處敍陳制，「德皇帝」當作「景皇帝」。本卷下文「北郊以德皇帝配天」同。

〔六〕廣八丈　「八丈」，本卷下文王元規議，言及此制，作「九丈三尺」。

〔七〕高一丈五尺　「尺」，原作「寸」，據本卷上文所述陳北郊爲壇之制及册府卷五七九掌禮部奏議改。

〔八〕亦取二分益一　「二」，通典卷四五禮五方丘、册府卷五七九掌禮部奏議作「三」。

〔九〕儀曹郎臣沈客卿同元規議　「同」，原作「周」，據册府卷五七九掌禮部奏議改。

〔一〇〕「方一成」至「級一尺」　此三十字上無所屬，疑衍。通典卷四二禮二郊天上有上文内容、卷四五禮五方丘有下文内容，恰無此三十字内容。

〔一一〕外官一百一十一座　「一百一十一」，通典卷四二禮二郊天上作「一百二十一」。

〔一二〕虞曮　原作「虞爵」，據宋甲本、大德本、至順本改。册府卷五六三掌禮部制禮亦作「虞曮」。

〔一三〕武帝時以德帝配　「德帝」，當作「景帝」。參本卷校勘記〔五〕。

隋書卷七

志第二

禮儀二

春秋「龍見而雩」，梁制不爲恒祀。四月後旱，則祈雨，行七事：一，理冤獄及失職者；二，振鰥寡孤獨者；三，省繇輕賦；四，舉進賢良；五，黜退貪邪；六，命會男女，恤怨曠；七，撤膳羞，弛樂懸而不作。天子又降法服。七日，乃祈社稷；七日，乃祈山林川澤常興雲雨者；七日，乃祈羣廟之主于太廟；七日，乃祈古來百辟卿士有益於人者；七日，乃大雩，祈上帝，徧祈所有事者。大雩禮，立圓壇於南郊之左，高及輪廣四丈，周十二丈，四陛。牲用黄牯牛一。祈五天帝及五人帝於其上，各依其方，以太祖配，位於青帝之南，五官配食於下。七日乃去樂。又徧祈社稷山林川澤，就故地處大雩。國南除地爲墠，舞童六十四人。祈百辟卿士於雩壇之左，除地爲墠，舞童六十四人，皆袨服，爲八列，各執羽翳。每列歌雲漢詩一章而畢。旱而祈，澍則報以太牢，皆有司行事。唯雩則不報。若郡國縣旱請雨，則五事同時並行：一，理冤獄失職；二，存鰥寡孤獨；三，省徭役；四，進賢良；五，退貪邪。守令皆絜齋三日，乃祈社稷。七日不雨，更齋祈如初。三變仍不雨，復齋祈其界内山林川澤常興雲雨者。祈而澍，亦各有報。

陳氏亦因梁制，祈而澍則報以少牢。武帝時，以德皇帝配〔一〕，文帝時，以武帝配。廢帝即位，以文帝配青帝。牲用黄牯牛，而以清酒四升洗其首。其壇墠配饗歌舞，皆如梁禮。天子不親奉，則太宰、太常、光禄行三獻禮。其法皆採齊建武二年事也。

梁、陳制，諸祠官皆給除穢氣藥，先齋一日服之，以取清潔。

天監九年，有事雩壇。武帝以爲雨既類陰，而求之正陽，其謬已甚。東方既非盛陽，而爲生養之始，則雩壇應在東方，祈晴亦宜此地。於是遂移於東郊。

十年，帝又以雩祭燔柴，以火祈水，於理爲乖。儀曹郎朱异議曰：「案周宣雲漢之詩，毛注有瘞埋之文，不見有燔柴之説。若以五帝必柴，今明堂又無其事。」於是停用柴，從坎瘞典。

十一年，帝曰：「四望之祀，頃來遂絶。宜更議復。」朱异議：「鄭衆云：『四望謂日月星海。』鄭玄云：『謂五岳四鎮四瀆。』尋二鄭之説，互有不同。竊以望是不即之名，凡厥遥祭，皆有斯目。豈容局於星漢，拘於海瀆？請命司天，有關水旱之義，爰有四海名山大川，能興雲致雨，一皆備祭。」帝從之。又揚州主簿顧協又云：「禮『仲夏大雩』，春秋『龍見而雩』，則雩常祭也，水旱且又禱之，謂宜式備斯典。」太常博士亦從協議。祠部郎明巖卿以爲：「祈報之祀，已備郊禋，沿革有時，不必同揆。」帝從其議，依舊不改。

大同五年，又築雩壇於藉田兆内。有祈禜，則齋官寄藉田省云。

後齊以孟夏龍見而雩，祭太微五精帝於夏郊之東。爲圓壇，廣四十五尺，高九尺，四面各一陛。爲三壝外營，相去深淺，并燎壇，一如南郊。於其上祈穀實，以顯宗文宣帝配。青帝在甲寅之地，赤帝在丙巳之地，黄帝在己未之地，白帝在庚申之地，黑帝在壬亥之地。面皆内向，藉以藁秸。配帝在青帝之南，小退，藉以莞席，牲以騂。其儀同南郊。又祈禱者有九焉：一曰雩，二曰南郊，三曰堯廟，四曰孔、顔廟，五曰社稷，六曰五岳，七曰四瀆，八曰滏口，九曰豹祠。水旱癘疫，皆有事焉。無牲，皆以酒脯棗栗之饌。若建午、建未、建申之月不雨，則使三公祈五帝於雩壇。禮用玉幣，有燎，不設金石之樂，選伎工端絜善謳詠者，使歌雲漢詩於壇南。自餘同正雩。南郊則使三公祈五天帝於郊壇，有燎，座位如雩。五人帝各在天帝之左。其儀如郊禮。堯廟，則遣使祈於平陽。孔、顔廟，則遣使祈於國學，如堯廟。社稷如正祭。五岳，遣使祈於岳所。四瀆如祈五岳，溢口如祈堯廟，豹祠如祈溢口。

隋雩壇，國南十三里啓夏門外道左。高一丈，周百二十尺。孟夏之月，龍星見，則雩五方上帝，配以五人帝於上，以太祖武元帝配饗，五官從配於下。牲用犢十，各依方色。京師孟夏後旱，則祈雨，理冤獄失職，存鰥寡孤獨，振困乏，掩骼埋胔，省徭役，進賢良，舉直言，退佞諂，黜貪殘，命有司會男女，恤怨曠。七日，乃祈岳鎮海瀆及諸山川能興雲雨者；又七日，乃祈社稷及古來百辟卿士有益於人者；又七日，乃祈宗廟及古帝王有神祠者；又七日，乃修雩，祈神州；又七日，仍不雨，復從岳瀆已下祈如初典。秋分已後不雩，但禱而已。皆用酒脯。初請後二旬不雨者，即徙市禁屠。皇帝御素服，避正殿，減膳撤樂，或露坐聽政。百官斷傘扇。令人家造土龍。雨澍，則命有司報。州郡尉祈雨，則理冤獄，存鰥寡孤獨，掩骼埋胔，潔齋祈于社。七日，乃祈界内山川能興雨者，徙市斷屠如京師。祈而澍，亦各有報。霖雨則禜京城諸門，三禜不止，則祈山川岳鎮海瀆社稷。又不止，則祈宗廟、神州。報以太牢。州郡縣苦雨，亦各禜其城門，不止則祈界内山川。及祈報，用羊豕。

禮，天子每以四立之日及季夏，乘玉輅，建大旂，服大裘，各於其方之近郊爲兆，迎其帝而祭之。所謂燔柴於泰壇，掃地而祭者也。春迎靈威仰者，三春之始，萬物稟之而生，莫不仰其靈德，服而畏之也。夏迎赤熛怒者，火色熛怒，其靈炎至明盛也。秋迎白招拒者，招集，拒大也，言秋時集成萬物，其功大也。冬迎叶光紀者，叶拾，光華，紀法也，言冬時收拾光華之色，伏而藏之，皆有法也。中迎含樞紐者，含容也，樞機有開闔之義，紐者結也。言土德之帝，能含容萬物，開闔有時，紐結有法也。然此五帝之號，皆以其德而名焉。梁、陳、後齊、後周及隋，制度相循，皆以其時之日，各於其郊迎，而以太皥之屬五人帝配祭。並以五官、三辰、七宿於其方從祀焉。

梁制，迎氣以始祖配，牲用特牛一，其儀同南郊。天監七年，尚書左丞司馬筠等議：「以昆蟲未蟄，不以火田，鳩化爲鷹，罻羅方設。仲春之月，祀不用牲，止珪璧皮幣。斯又事神之道，可以不殺，明矣。況今祀天，豈容尚此？請夏初迎氣，祭不用牲。」帝從之。八年，明山賓議曰：「周官祀昊天以大裘，祀五帝亦如之。頃代郊祀之服，皆用衮冕，是以前奏迎氣、祀五帝，亦服衮冕。愚謂迎氣、祀五帝亦宜用大裘，禮俱一獻。」帝從之。

陳迎氣之法，皆因梁制。

後齊五郊迎氣，爲壇各於四郊，又爲黄壇於未地。所祀天帝及配帝五官之神同梁。

其玉帛牲各以其方色。其儀與南郊同。帝及后各以夕牲日之旦，太尉陳幣，告請其廟，以就配焉。其從祀之官，位皆南陛之東，西向。壇上設饌畢，太宰丞設饌於其座。亞獻畢，太常少卿乃於其所獻。事畢，皆撤。又云，立春前五日，於州大門外之東，造青土牛兩頭，耕夫犁具。立春，有司迎春於東郊，豎青幡於青牛之傍焉。

後周五郊壇，其崇及去國，如其行之數。其廣皆四丈，其方俱百二十步。內壝皆半之。祭配皆同後齊。星辰、七宿、岳鎮、海瀆、山林、川澤、丘陵、墳衍，亦各於其方配郊而祀之。其星辰爲壇，崇五尺，方二丈。岳鎮爲埳，方二丈，深二尺。山林已下，亦爲埳。壇，崇三尺，埳深一尺，俱方一丈。其儀頗同南郊。冢宰亞獻，宗伯終獻，禮畢。

隋五時迎氣。青郊爲壇，國東春明門外道北，去宮八里。高八尺。赤郊爲壇，國南明德門外道西，去宮十三里。高七尺。黄郊爲壇，國南安化門外道西，去宮十二里。高七尺。白郊爲壇，國西開遠門外道南，去宮八里。高九尺。黑郊爲壇，宮北十一里丑地〔二〕。高六尺。並廣四丈。各以四方立日，黄郊以季夏土王日。祀其方之帝，各配以人帝，以太祖武元帝配。五官及星三辰七宿，亦各依其方從祀。其牲依方色，各用犢二，星辰加羊豕各一。其儀同南郊。其岳瀆鎮海，各依五時迎氣日，遣使就其所，祭之以太牢。

晉江左以後，乃至宋、齊，相承始受命之主，皆立六廟，虛太祖之位。宋武初爲宋王，立廟於彭城，但祭高祖已下四世。

中興二年，梁武初爲梁公。曹文思議：「天子受命之日，便祭七廟。諸侯始封，即祭五廟。」祠部郎謝廣等並駁之，遂不施用。乃建臺於東城，立四親廟，并妃郗氏而爲五廟〔三〕。告祠之禮，並用太牢。其年四月，即皇帝位。謝廣又議，以爲初祭是四時常祭，首月既不可移易，宜依前剋日於東廟致齋。帝從之。遂於東城時祭訖，遷神主於太廟。始自皇祖太中府君、皇祖淮陰府君、皇高祖濟陰府君、皇曾祖中從事史府君、皇祖特進府君，并皇考，以爲三昭三穆，凡六廟。追尊皇考爲文皇帝，皇妣爲德皇后，廟號太祖。皇祖特進以上，皆不追尊。擬祖遷於上，而太祖之廟不毀，與六親廟爲七，皆同一堂，共庭而別室。春祀、夏礿、秋嘗、冬蒸并臘，一歲凡五，謂之時祭。三年一禘，五年一祫，謂之殷祭。禘以夏，祫以冬，皆以功臣配。其儀頗同南郊。又有小廟，太祖太夫人廟也。非嫡，故別立廟。皇帝每祭太廟訖，乃詣小廟，亦以一太牢，如太廟禮。

天監三年，尚書左丞何佟之議曰：「禘於首夏，物皆未成，故爲小。祫於秋冬，萬物皆成，其禮尤大。司勳列功臣有六，皆祭於大蒸，知祫尤大，乃及之也。近代禘祫，並及功臣〔四〕，有乖典制。宜改。」詔從之。自是祫祭乃及功臣。是歲，都令史王景之，列自江左以來，郊廟祭祀，帝已入齋，百姓尚哭，以爲乖禮。佟之等奏：「案禮，國門在皋門外，今之籬門是也。今古殊制，若禁凶服不得入籬門爲太遠，宜以六門爲斷。」詔曰：「六門之內，士庶甚多，四時蒸嘗，俱斷其哭，若有死者，棺器須來。既許其大，而不許其細也。到齋日，宜去廟二百步斷哭。」

四年，何佟之議：「案禮，未祭一日，大宗伯省牲鑊，祭日之晨，君親牽牲麗碑。後代有冒暗之防，而人主猶必親奉，故有夕牲之禮。頃代人君，不復躬牽，相承丹陽尹牽牲，於古無取。宜依以未祭一日之暮，太常省牲視鑊，祭日之晨，使太尉牽牲出入也。」少牢饋食殺牲於廟門外，今儀注詣厨烹牲，謂宜依舊。帝可其奏。佟之又曰：「鄭玄云：『天子諸侯之祭禮，先有祼尸之事，乃迎牲。』今儀注乃至薦熟畢，太祝方執珪瓚祼地，違謬若斯。又近代人君，不復躬行祼禮。太尉既攝位，實宜親執其事，而越使卑賤太祝，甚乖舊典。愚謂祭日之晨，宜使太尉先行祼獻，乃後迎牲。」帝曰：「祼尸本使神有所附。今既無尸，祼將安設？」佟之曰：「如馬、鄭之意，祼雖獻尸，而義在求神。今雖無尸，求神之義，恐不可闕。」帝曰：「此本因尸以祀神。今若無尸，則宜立寄求之所。」祼義乃定。佟之曰：「祭統云：『獻之屬，莫重於祼。』今既存尸卒食之獻，則祼鬯之求，實不可闕。又送神更祼，經記無文，宜依禮革。」奏未報而佟之卒。後明山賓復申其理。帝曰：「佟之既不復存，宜從其議也。」自是始使太尉代太祝行祼而又牽牲。太常任昉，又以未明九刻呈牲，加又太尉祼酒，三刻施饌，間中五刻，行儀不辦。近者臨祭從事，實以二更，至未明三刻方辦。明山賓議，謂九刻已疑太早，況二更非復祭旦。帝曰：「夜半子時，即是晨始。宜取三更省牲，餘依儀注。」又有司以爲三牲或離杙，依制埋瘞，猪羊死則不埋。請議其制。司馬褧等議，以爲：「牲死則埋，必在滌矣。謂三牲在滌死，悉宜埋。」帝從之。

五年，明山賓議：「樽彝之制，祭圖唯有三樽：一曰象樽，周樽也；二曰山罍，夏樽也；三曰著樽，殷樽也。徒有彝名，竟無其器，直酌象樽之酒，以爲珪瓚之實。竊尋祼重於獻，不容共樽，宜循彝器，以備大典。案禮器有六彝，春祠夏礿，祼用雞彝鳥彝。王以珪瓚初祼，后以璋瓚亞祼，故春夏兩祭，俱用二彝。今古禮殊，無復亞祼，止循其二。春夏雞彝，秋冬斝彝〔五〕，庶禮物備也。」帝曰：「雞是金禽，亦主巽位。但金火相伏，用之通夏，於義爲疑。」山賓曰：「臣愚管，不奉明詔，則終年乖舛。案鳥彝是南方之物，則主火位，木生於火，宜以鳥彝，春夏兼用。」帝從之。

七年，舍人周捨以爲：「禮『玉輅以祀，金輅以賓』，則祭日應乘玉輅。」詔下其議。左丞孔休源議：「玉輅既有明文，而儀注金輅，當由宋、齊乖謬，宜依捨議。」帝從之。又禮官司馬筠議：「自今大事，遍告七廟，小事止告一室。」於是議以封禪，南、北郊，祀明堂，巡省四方，御臨戎出征，皇太子加元服，寇賊平蕩，築宮立闕，纂戎戒嚴、解嚴，合十一條，則遍告七廟。講武、脩宗廟明堂、臨軒封拜公王、四夷款化貢方物、諸公王以愆削封及詔封王紹襲，合六條，則告一室。帝從之。

九年，詔簠簋之實，以藉田黑黍。

十二年，詔曰：「祭祀用洗匜中水盥，仍又滌爵。爵以禮神，宜窮精潔，而一器之內，雜用洗手，外可詳議。」於是御及三公應盥及洗爵，各用一匜。

十六年四月，詔曰：「夫神無常饗，饗于克誠，所以西鄰礿祭，實受其福。宗廟祭祀，猶有牲牢，無益至誠，有累冥道。自今四時蒸嘗外，可量代。」八座議：「以大脯代一元大武。」八座又奏：「既停宰殺，無復省牲之事，請立省饌儀。其衆官陪列，並同省牲。」帝從之。十月，詔曰：「今雖無復牲腥，猶有脯脩之類，即之幽明，義爲未盡。可更詳定，悉薦時蔬。」左丞司馬筠等參議：「大餅代大脯，餘悉用蔬菜。」帝從之。又舍人朱异議：「二廟祀〔六〕，相承止有一鉶羹，蓋祭祀之禮，應有兩羹，相承止於一鉶，即禮爲乖。請加熬油蓴羹一鉶。」帝從之。於是起至敬殿、景陽臺，立七廟座。月中再設淨饌。自是訖於臺城破，諸廟遂不血食。

普通七年，祔皇太子所生丁貴嬪神主于小廟。其儀，未祔前，先脩坮室，改塗。其日，有司行埽除，開埳室，奉皇考太夫人神主於坐。奠制幣訖，衆官入自東門，位定，祝告訖，撤幣，埋於兩楹間。有司遷太夫人神主於上，又奉穆貴嬪神主於下，陳祭器，如時祭儀。禮畢，納神主，閉于埳室。

陳制，立七廟，一歲五祠，謂春夏秋冬臘也。每祭共以一太牢，始祖以三牲首，餘唯骨體而已。五歲再殷，殷大祫而合祭也。初文帝入嗣，而皇考始興昭烈王廟在始興國，謂之東廟。天嘉四年，徙東廟神主，祔于梁之小廟，改曰國廟。祭用天子儀。

後齊文襄嗣位，猶爲魏臣，置王高祖秦州使君、王曾祖太尉武貞公、王祖太師文穆公、王考相國獻武王，凡四廟。文宣帝受禪，置六廟：曰皇祖司空公廟、皇祖吏部尚書廟、皇祖秦州使君廟、皇祖文穆皇帝廟、太祖獻武皇帝廟、世宗文襄皇帝廟，爲六廟。獻武已下不毀，已上則遞毀，並同廟而別室。既而遷神主於太廟，文襄、文宣，並太祖之子。文宣初疑其昭穆之次，欲別立廟，衆議不同，至二年秋，始祔太廟。春祠、夏礿、秋嘗、冬蒸，皆以孟月，并臘，凡五祭。禘祫如梁之制。每祭，室一太牢，始以皇后預祭。河清定令，四時祭廟禘祭及元日廟庭，並設庭燎二所。

王及五等開國，執事官、散官從二品已上〔七〕，皆祀五世。五等散品及執事官、散官正三品已下從五品已上，祭三世。三品已上，牲用一太牢，五品已下，少牢〔八〕。執事官正六品已下、從七品已上，祭二世，用特牲。正八品已下，達於庶人，祭於寢，牲用特肫，或亦祭祖禰。諸廟悉依其宅堂之制，其間數各依廟多少爲限。其牲皆子孫見官之牲。

後周之制，思復古之道，乃右宗廟而左社稷。置太祖之廟，并高祖已下二昭二穆，凡五。親盡則遷。其有德者謂之祧，廟亦不毁。閔帝受禪，追尊皇祖爲德皇帝，文王爲文皇帝[九]，廟號太祖。擬已上三廟遞遷，至太祖不毁。其下相承置二昭二穆爲五焉。明帝崩，廟號世宗，武帝崩，廟號高祖，並爲祧廟而不毁。其時祭，各於其廟，祫禘則於太祖廟，亦以皇后預祭。其儀與後齊同。所異者，皇后亞獻訖，后又薦加豆之籩，其實菱芡芹葅兔醢。冢宰終獻訖，皇后親撤豆，降還板位。然後太祝撤焉。

高祖既受命，遣兼太保宇文善、兼太尉李詢，奉策詣同州，告皇考桓王廟，兼用女巫，同家人之禮。上皇考桓王尊號爲武元皇帝，皇妣尊號爲元明皇后，奉迎神主，歸于京師。犧牲尚赤，祭用日出。是時帝崇建社廟，改周制，左宗廟而右社稷。宗廟未言始祖，又無受命之祧，自高祖已下，置四親廟，同殿異室而已。一曰皇高祖太原府君廟，二曰皇曾祖康王廟，三曰皇祖獻王廟，四曰皇考太祖武元皇帝廟。擬祖遷於上，而太祖之廟不毁。各以孟月，饗以太牢。四時薦新於太廟，有司行事，而不出神主。祔祭之禮，並准時饗。其司命、户以春，竈以夏，門以秋，行以冬，各於享廟日，中霤則以季夏祀黄郊日，各命有司，祭於廟西門道南。牲以少牢。三年一祫，以孟冬，遷主、未遷主合食於太祖之廟。五年一禘，以孟夏，其遷主各食於所遷之廟，未遷之主各於其廟。禘祫之月，則停時饗，而陳諸瑞物及伐國所獲珍奇於廟庭，及以功臣配饗。并以其日，使祀先代王公：帝堯於平陽，以契配；帝舜於河東，咎繇配；夏禹於安邑，伯益配；殷湯於汾陰，伊尹配；文王、武王於灃渭之郊〔一〇〕，周公、召公配；漢高帝於長陵，蕭何配。各以一太牢而無樂。配者饗於廟庭。

大業元年，煬帝欲遵周法，營立七廟，詔有司詳定其禮。禮部侍郎、攝太常少卿許善心，與博士褚亮等議曰：

謹案禮記：「天子七廟，三昭三穆，與太祖之廟而七。」鄭玄注曰：「此周制也。七者，太祖及文王、武王之祧，與親廟四也。殷則六廟，契及湯，與二昭二穆也。夏則五廟，無太祖，禹與二昭二穆而已。」玄又據王者禘其祖之所自出，而立四廟。案鄭玄義，天子唯立四親廟，并始祖而爲五。周以文、武爲受命之祖，特立二祧，是爲七廟。王肅注禮記：「尊者尊統上，卑者尊統下。故天子七廟，諸侯五廟。其有殊功異德，非太祖而不毁，不在七廟之數。」案王肅以爲天子七廟，是通百代之言，又據王制之文「天子七廟，諸侯五廟，大夫三廟」，降二爲差。是則天子立四親廟，又立高祖之父，高祖之祖，并太祖而爲七。周有文、武、姜嫄，合爲十廟。漢諸帝之廟各立，無迭毁之義，至元帝時，貢禹、匡衡之徒，始建其禮，以高帝爲太祖，而立四親廟，是爲五廟。唯劉歆以爲天子七廟，諸侯五廟，降殺以兩之義。七者，其正法，可常數也，宗不在數内，有功德則宗之，不可預設爲數也〔一二〕。是以班固稱，考論諸儒之議，劉歆博而篤矣。光武即位，建高廟於雒陽，乃立南頓君以上四廟，就祖宗而爲七。至魏初，高堂隆爲鄭學，議立親廟四，太祖武帝，猶在四親之内，乃虚置太祖及二祧，以待後代。至景初間，乃依王肅，更立五世、六世祖，就四親而爲六廟。晉武受禪，博議宗祀，自文帝以上六世祖征西府君，而宣帝亦序於昭穆，未升太祖，故祭止六也。江左中興，賀循知禮，至於寢廟之儀，皆依魏、晉舊事。宋武帝初受晉命爲王，依諸侯立親廟四。即位之後，增祠五世祖相國掾府君、六世祖右北平府君，止於六廟。逮身殁，主升從昭穆，猶太祖之位也。降及齊、梁，守而弗革，加崇迭毁，禮無違舊。

臣等又案姬周自太祖已下，皆别立廟，至於禘祫，俱合食於太祖。是以炎漢之初，諸廟各立，歲時嘗享，亦隨處而祭，所用廟樂，皆象功德而歌儛焉。至光武乃總立一堂，而羣主異室，斯則新承寇亂，欲從約省。自此以來，因循不變。伏惟高祖文皇帝，睿哲玄覽，神武應期，受命開基，垂統聖嗣，當文明之運，定祖宗之禮。且損益不同，沿襲異趣，時王所制，可以垂法。自歷代以來，雜用王、鄭二義，若尋其指歸，校以優劣，康成止論周代，非謂經通，子雍總貫皇王，事兼長遠。今請依據古典，崇建七廟。受命之祖，宜別立廟祧，百代之後，爲不毀之法。至於鑾駕親奉，申孝享於高廟，有司行事，竭誠敬於羣主，俾夫規模可則，嚴祀易遵，表有功而彰明德，大復古而貴能變。

臣又案周人立廟，亦無處置之文。據冢人處職而言之，先王居中，以昭穆爲左右。阮忱撰禮圖，亦從此義〔一三〕。漢京諸廟既遠，又不序禘祫。今若依周制，理有未安，雜用漢儀，事難全採。謹詳立別圖，附之議末。

其圖，太祖、高祖各一殿，准周文武二祧，與始祖而三。餘並分室而祭。始祖及二祧之外，從迭毀之法。詔可，未及創制。

既營建洛邑，帝無心京師，乃於東都固本里北，起天經宮，以遊高祖衣冠，四時致祭。於三年，有司奏，請准前議，於東京建立宗廟。帝謂祕書監柳䛒曰：「今始祖及二祧已具，今後子孫，處朕何所？」又下詔，唯議別立高祖之廟，屬有行役，遂復停寢。

自古帝王之興，皆禀五精之氣。每易姓而起，以致太平，必封乎太山，所以告成功也。封訖而禪乎梁甫，梁甫者，太山之支山卑下者也，能以其道配成高德。故禪乎梁甫，亦以告太平也。封禪者，高厚之謂也。天以高爲尊，地以厚爲德，增太山之高，以報天也，厚梁甫之基，以報地也。明天之所命，功成事就，有益於天地，若天地之更高厚云。記曰：「王者因天事天，因地事地。因名山升中于天，而鳳凰降，龜龍格。」齊桓公既霸而欲封禪，管仲言之詳矣。秦始皇既黜儒生，而封太山，禪梁甫，其封事皆祕之，不可得而傳也。漢武帝頗採方士之言，造爲玉牒，而編以金繩，封廣九尺，高一丈二尺。光武中興，聿遵其故。晉、宋、齊、梁及陳，皆未遑其議。後齊有巡狩之禮，并登封之儀，竟不之行也。

開皇十四年，羣臣請封禪，高祖不納。晉王廣又率百官抗表固請，帝命有司草儀注。於是牛弘、辛彦之、許善心、姚察、虞世基等創定其禮，奏之。帝逡巡其事，曰：「此事體大，朕何德以堪之。但當東狩，因拜岱山耳。」十五年春，行幸兖州，遂次岱岳。爲壇，如南郊，又壝外爲柴壇，飾神廟，展宫懸於庭。爲埋坎二於南門外。又陳樂設位於青帝壇，如南郊。帝服衮冕，乘金輅，備法駕而行。禮畢，遂詣青帝壇而祭焉。

開皇十四年閏十月，詔東鎮沂山，南鎮會稽山，北鎮醫無閭山，冀州鎮霍山，並就山立祠。東海於會稽縣界，南海於南海鎮南，並近海立祠。及四瀆、吴山，並取側近巫一人，主知灑掃，並命多蒔松柏。其霍山，雩祀日遣使就焉。十六年正月，又詔北鎮於營州龍山立祠。東鎮晉州霍山鎮，若脩造，並准西鎮吴山造神廟。

大業中，煬帝因幸晉陽，遂祭恒岳。其禮頗採高祖拜岱宗儀，增置二壇，命道士女官數十人，於壝中設醮。十年，幸東都，過祀華岳，築場於廟側。事乃不經，蓋非有司之定禮也。

禮天子以春分朝日於東郊，秋分夕月於西郊。漢法，不俟二分於東西郊，常以郊泰時。旦出竹宮東向揖日，其夕西向揖月。魏文譏其煩褻，似家人之事，而以正月朝日于東門之外。前史又以爲非時。及明帝太和元年二月丁亥，朝日于東郊。八月己丑，夕月于西郊。始合於古。

後周以春分朝日於國東門外，爲壇，如其郊。用特牲青幣，青圭有邸。皇帝乘青輅，及祀官俱青冕，執事者青弁。司徒亞獻，宗伯終獻。燔燎如圓丘。秋分夕月於國西門外，爲壇於埳中，方四丈，深四尺，燔燎禮如朝日。

開皇初，於國東春明門外爲壇，如其郊。每以春分朝日。又於國西開遠門外爲坎，深三尺，廣四丈。爲壇於坎中，高一尺，廣四尺。每以秋分夕月。牲幣與周同。

凡人非土不生，非穀不食，土穀不可偏祭，故立社稷以主祀。古先聖王，法施於人則祀之，故以勾龍主社，周棄主稷而配焉。歲凡再祭，蓋春求而秋報，列於中門之外、外門之內，尊而親之，與先祖同也。然而古今既殊，禮亦異制。故左社稷而右宗廟者，得質之道也。右社稷而左宗廟者，文之道也。

梁社稷在太廟西，其初蓋晉元帝建武元年所創，有太社、帝社、太稷，凡三壇。門牆並隨其方色。每以仲春仲秋，并令郡國縣祠社稷、先農，縣又兼祀靈星、風伯、雨師之屬。及臘，又各祠社稷于壇。百姓則二十五家爲一社，其舊社及人稀者，不限其家。春秋祠、水旱禱祈，祠具隨其豐約。其郡國有五岳者，置宰祝三人，及有四瀆若海應祠者，皆以孟春仲冬祠之。

舊太社，廩犧吏牽牲，司農省牲，太祝吏讚牲。天監四年，明山賓議，以爲：「案郊廟省牲日，則廩犧令牽牲，太祝令讚牲。祭之日，則太尉牽牲。郊特牲云『社者神地之道』，國主社稷，義實爲重。今公卿貴臣，親執盛禮，而令微吏牽牲，頗爲輕末。且司農省牲，又非其義，太常禮官，實當斯職。禮，祭社稷無親事牽之文。」謂宜以太常省牲，廩犧令牽牲，太祝令讚牲。帝唯以太祝讚牲爲疑，又以司農省牲，於理似傷，犧吏執紖，即事成卑。議以太常丞牽牲，餘依明議。於是遂定。至大同初，又加官社、官稷，并前爲五壇焉。

陳制皆依梁舊。而帝社以三牲首，餘以骨體。薦粢盛爲六飯：粳以敦，稻以牟，黃粱以簠，白粱以簋，黍以瑚，粢以璉。又令太史署〔一三〕，常以二月八日，於署庭中，以太牢祠老人星，兼祠天皇大帝、天一〔一四〕、太一、日月、五星、鉤陳、北極、北斗、三台、二十八宿、丈人星〔一五〕、子孫星，都四十六坐。

凡應預祠享之官，亦太醫給除穢氣散藥，先齋一日服之，以自潔。其儀本之齊制。

後齊立太社、帝社、太稷三壇於國右〔一六〕。每仲春仲秋月之元辰及臘，各以一太牢祭焉。皇帝親祭，則司農卿省牲進熟，司空亞獻，司農終獻。

後周社稷，皇帝親祀，則冢宰亞獻，宗伯終獻。

開皇初，社稷並列於含光門內之右，仲春仲秋吉戊，各以一太牢祭焉。牲色用黑。孟冬下亥，又臘祭之。州郡縣二仲月，並以少牢祭，百姓亦各爲社。又於國城東南七里延興門外，爲靈星壇，立秋後辰，令有司祠以一少牢。

古典有天子東耕儀。江左未暇，至宋始有其典。

梁初藉田，依宋、齊，以正月用事，不齋不祭。天監十二年，武帝以爲：「啓蟄而耕，則在二月節內。書云：『以殷仲春。』藉田理在建卯。」於是改用二月。又，「國語云：『王即齋宮，與百官御事並齋三日。』乃有沐浴裸饗之事。前代當以耕而不祭，故闕此禮。國語又云：『稷臨之，太史讚之。』則知耕藉應有先農神坐，兼有讚述耕旨。今藉田應散齋七日，致齋三日，兼於耕所設先農神坐，陳薦羞之禮。讚辭如社稷法。」又曰：「齊代舊事，藉田使御史乘馬車，載耒耜，於五輅後。禮云：『親載耒耜，措于參保介之御間。』則置所乘輅上。若以今輅與古不同，則宜升之次輅，以明慎重。而遠在餘處，於義爲乖。且御史掌視，尤爲輕賤。自今宜以侍中奉耒耜，載於象輅，以隨木輅之後。」

普通二年，又移籍田於建康北岸，築兆域大小，列種梨柏，便殿及齋官省，如南北郊。別有望耕臺，在壇東。帝親耕畢，登此臺，以觀公卿之推伐。又有祈年殿云。

北齊籍於帝城東南千畝內，種赤粱、白穀、大豆、赤黍、小豆、黑穄、麻子、大麥[一七]、小麥，色別一頃。自餘一頃，地中通阡陌，作祠壇於陌南阡西，廣輪三十六尺，高九尺，四陛三壝四門。又爲大營於外，又設御耕壇於阡東陌北。每歲正月上辛後吉亥，使公卿以一太牢祠先農神農氏於壇上，無配饗。祭訖，親耕。先祠，司農進穜稑之種，六宮主之。行事之官并齋，設齋省於壇所，列宮懸。又置先農坐於壇上。衆官朝服，司空一獻，不燎。祠訖，皇帝乃服通天冠、青紗袍、黑介幘，佩蒼玉，黃綬，青帶、袜、舄，備法駕，乘木輅。耕官具朝服從。殿中監進御耒於壇南，百官定列。帝出便殿，升耕壇南陛，即御座。應耕者各進於列。帝降自南陛，至耕位，釋劍執耒，三推三反，升壇即坐。耕，官一品五推五反，二品七推七反，三品九推九反。籍田令帥其屬以牛耕，終千畝。以青箱奉穜稑種，跪呈司農，詣耕所灑之。耰訖，司農省功，奏事畢。皇帝降之便殿，更衣饗宴。禮畢，班賚而還。

隋制，於國南十四里啓夏門外，置地千畝，爲壇，孟春吉亥，祭先農於其上，以后稷配。牲用一太牢。皇帝服衮冕，備法駕，乘金根車〔一八〕。禮三獻訖，因耕。司農授耒，皇帝三推訖，執事者以授應耕者，各以班五推九推〔一九〕。而司徒帥其屬〔二〇〕，終千畝。播殖九穀，納于神倉，以擬粢盛。穰稾以餉犧牲云。

周禮王后蠶於北郊，而漢法皇后蠶於東郊。魏遵周禮，蠶于北郊。吳韋昭制西蠶頌，則孫氏亦有其禮矣。晉太康六年，武帝楊皇后蠶于西郊，依漢故事。江左至宋孝武大明四年，始於臺城西白石里，爲西蠶設兆域，置大殿七間，又立蠶觀。自是有其禮。

後齊爲蠶坊於京城北之西，去皇宮十八里之外，方千步。蠶宮方九十步，牆高一丈五尺，被以棘。其中起蠶室二十七口，別殿一區。置蠶宮令丞佐史，皆宦者爲之。路西置皇后蠶壇，高四尺，方二丈，四出，階廣八尺。置先蠶壇於桑壇東南，大路東、橫路之南。壇高五尺，方二丈，四出，階廣五尺。外兆方四十步，面開一門。有緑襜襦、褠衣、黃履，以供蠶母。每歲季春，穀雨後吉日，使公卿以一太牢祀先蠶黃帝軒轅氏於壇上，無配，如祀先農。禮訖，皇后因親桑於桑壇。備法駕，服鞠衣，乘重翟，帥六宮升桑壇東陛，即御座。女尚書執筐，女主衣執鈎，立壇下。皇后降自東陛，執筐者處右，執鈎者居左，蠶母在後。乃躬桑三條訖，升壇，即御座。內命婦以次就桑，鞠衣五條，展衣七條，褖衣九條，以授蠶母。還蠶室，初授世婦〔二一〕，灑一簿〔二二〕。預桑者並復本位。后乃降壇，還便殿，改服，設勞酒，班賚而還。

後周制，皇后乘翠輅，率三妃、三㚤、御媛、御婉、三公夫人、三孤內子至蠶所，以一太牢親祭，進奠先蠶西陵氏神。禮畢，降壇，昭化嬪亞獻，淑嬪終獻，因以公桑焉〔二三〕。

隋制，於宮北三里爲壇，高四尺。季春上巳，皇后服鞠衣，乘重翟，率三夫人、九嬪、內外命婦，以一太牢、制幣，祭先蠶於壇上，用一獻禮。祭訖，就桑位於壇南，東面。尚功進金鈎，典制奉筐。皇后採三條，反鈎。命婦各依班採五條九條而止。世婦亦有蠶母受功桑〔二四〕，灑訖，還依位。皇后乃還宮。

自後齊、後周及隋，其典大抵多依晉儀，然亦時有損益矣。

禮仲春以玄鳥至之日，用太牢祀于高禖。漢武帝年二十九，乃得太子，甚喜，爲立禖祠於城南，祀以特牲，因有其祀。晉惠帝元康六年，禖壇石中破爲二。詔問，石毀今應復不？博士議：「禮無高禖置石之文，未知造設所由，既已毀破，可無改造。」更下西府博議〔二五〕。而賊曹屬束晳議，以石在壇上，蓋主道也。祭器弊則埋而置新，今宜埋而更造，不宜遂廢。時此議不用。後得高堂隆故事，魏青龍中，造立此石，詔更鐫石，令如舊，置高禖壇上。埋破石入地一丈。案梁太廟北門內道西有石，文如竹葉，小屋覆之，宋元嘉中脩廟所得，陸澄以爲孝武時郊禖之石。然則江左亦有此禮矣。

後齊高禖，爲壇於南郊傍，廣輪二十六尺，高九尺，四陛三壝。每歲春分玄鳥至之日，皇帝親帥六宮，祀青帝於壇，以太昊配，而祀高禖之神以祈子。其儀，青帝北方南向，配帝東方西向，禖神壇下東陛之南西向。禮用青珪束帛，牲共以一太牢。祀日，皇帝服衮冕，乘玉輅。皇后服褘衣，乘重翟。皇帝初獻，降自東陛，皇后亞獻，降自西陛，並詣便坐。夫人終獻。上嬪獻于禖神訖，帝及后並詣攢位，乃送神。皇帝皇后及羣官皆拜，乃撤就燎，禮畢而還。

隋制亦以玄鳥至之日，祀高禖於南郊壇，牲用太牢一。

舊禮祀司中、司命、風師、雨師之法，皆隨其類而祭之。兆風師於西方者，就秋風之勁，而不從箕星之位。兆司中、司命於南郊，以天神是陽，故兆於南郊也。兆雨師於北郊者，就水位，在北也。

隋制，於國城西北十里亥地，爲司中、司命、司禄三壇，同壝，祀以立冬後亥。國城東北七里通化門外爲風師壇，祀以立春後丑。國城西南八里金光門外爲雨師壇，祀以立夏後申。壇皆三尺，牲並以一少牢。

昔伊耆氏始爲蜡。蜡者，索也。古之君子，使人必報之。故周法，以歲十二月，合聚萬物而索饗之。仁之至，義之盡也。其祭法，四方各自祭之。若不成之方，則闕而不祭。

後周亦存其典，常以十一月，祭神農氏、伊耆氏、后稷氏、田畯、鱗、羽、臝、毛、介、水墉、坊、郵表畷、獸猫之神於五郊。五方上帝、地祇、五星、列宿、蒼龍、朱雀、白獸〔三六〕、玄武、五人帝、五官之神、岳鎮海瀆、山林川澤、丘陵墳衍原隰，各分其方，合祭之。日月，五方皆祭之。上帝、地祇、神農、伊耆、人帝於壇上，南郊則以神農，既蜡，無其祀。三辰七宿則爲小壇於其側，岳鎮海瀆、山林川澤、丘陵墳衍原隰，則各爲坎，餘則於平地。皇帝初獻上帝、地祇、神農、伊耆及人帝，冢宰亞獻，宗伯終獻。上大夫獻三辰、五官、后稷、田畯、岳鎮海瀆，中大夫獻七宿、山林川澤已下。自天帝、人帝、田畯、羽、毛之類，牲幣玉帛皆從燎；地祇、郵表畷之類，皆從埋。祭畢，皇帝如南郊便殿致齋，明日乃蜡祭于南郊，如東郊儀。祭訖，又如黃郊便殿致齋，明日乃祭。祭訖，又如西郊便殿，明日乃祭。祭訖，又如北郊便殿，明日蜡祭訖，還宮。

隋初因周制，定令亦以孟冬下亥蜡百神，臘宗廟，祭社稷。其方不熟，則闕其方之蜡焉。

又以仲冬祭名源川澤於北郊，用一太牢。祭井於社宮，用一少牢。季冬藏冰，仲春開冰，並用黑牡秬黍，於冰室祭司寒神。開冰，加以桃弧棘矢。

開皇四年十一月，詔曰：「古稱臘者，接也，取新故交接。前周歲首，今之仲冬，建冬之月〔二七〕，稱䄍可也。後周用夏后之時，行姬氏之䄍。考諸先代，於義有違。其十月行䄍者停，可以十二月爲臘。」於是始革前制。

後齊，正月晦日，中書舍人奏祓除。年暮，上臺、東宮奏擇吉日詣殿堂，貴臣與師行事所須，皆移尚書省備設云。

後主末年，祭非其鬼，至於躬自鼓儛，以事胡天。鄴中遂多淫祀，茲風至今不絕。後周欲招來西域，又有拜胡天制，皇帝親焉。其儀並從夷俗，淫僻不可紀也。

校勘記

〔一〕武帝時以德皇帝配　「德皇帝」，當作「景皇帝」。參本書卷六校勘記〔五〕。

〔二〕宫北十一里丑地　「丑」，原作「田」，據宋甲本、至順本、汲本、殿本改。

〔三〕并妃郗氏而爲五廟　「郗氏」，原作「郄氏」，據宋甲本、殿本改。隋書詳節卷二禮儀志亦作「郗氏」。按，郗氏即高祖郗皇后，梁書卷七有傳。

〔四〕並及功臣　「及」，原作「不及」，據通典卷五〇禮一〇功臣配享、册府卷五七八掌禮部奏議改。

〔五〕秋冬斝彝　「斝」，原作「牛」，據宋甲本、大德本、至順本、汲本改。

〔六〕二廟祀　「二」，原作「上」，據宋甲本、至順本、南監本、北監本、汲本、殿本改。

〔七〕散官從二品已上　「二」，原作「三」，據通典卷四八禮八諸侯大夫士宗廟改。與下文「散官正三品已下從五品已上」適成對應。

〔八〕三品已上牲用一太牢五品已下少牢　「三品已上」、「五品已下」，未言四品，下文又徑言「正六品已下」。疑「五品已下」應作「五品已上」。通典卷四八禮八諸侯大夫士宗廟：「三品以上，牲用太牢，以下少牢。」

〔九〕文王爲文皇帝　「文王」，通典卷四七禮七天子宗廟、通志二十略禮略二宗廟作「父文王」。

〔一〇〕文王武王於澧渭之郊　「澧」，原作「灃」，據南監本改。通典卷五三禮一三祀先代帝王亦作

「澧」。

〔二〕不可預設爲數也　「設」，原作「毀」，據舊唐書卷七二褚亮傳、册府卷五八四掌禮部奏議改。隋書詳節卷二禮儀志無此字，作「不可預爲數也」。

〔三〕亦從此義　「義」，原作「議」，據宋甲本、大德本、至順本、汲本改。

〔三〕又令太史署　「太史署」，原作「太中署」，據宋甲本改。通典卷四四禮四風師雨師及諸星等祠、隋書詳節卷二禮儀志亦作「太史署」。

〔四〕天一　二字原闕，據至順本補。通典卷四四禮四風師雨師及諸星等祠、隋書詳節卷二禮儀志、玉海卷九九郊祀隋司中司命司禄壇引志陳制亦有「天一」二字。

〔五〕丈人星　原作「大人星」，據通典卷四四禮四風師雨師及諸星等祠、玉海卷九九郊祀隋司中司命司禄壇引志陳制改。

〔六〕後齊立太社帝社太稷三壇於國右　「右」，原作「方」，據宋甲本、至順本、汲本改。通典卷四五禮五社稷亦作「右」。

〔七〕大麥　二字原闕，據通典卷四六禮六籍田補。按上下文，北齊籍田千畝，種赤粱等，色别一頃，餘一頃作祠壇，則需九種。

〔八〕乘金根車　「金根車」，唐六典卷一九司農寺作「耕根車」。按本書卷一〇禮儀志五，耕根車爲大業車輦之制。

〔九〕各以班五推九推　「五推九推」，原作「九推五推」，據宋甲本、大德本、至順本、汲本、殿本、隋書詳節卷二禮儀志改。

〔一〇〕而司徒帥其屬　「司徒」，唐六典卷一九司農寺敍其事作「司農」。

〔一一〕初授世婦　「初」，通典卷四六禮六先蠶作「切之」。

〔一二〕灑一簿　「簿」下原衍「領」字，據宋甲本删。通典卷四六禮六先蠶亦無「領」字。

〔一三〕因以公桑焉　「公」，通典卷四六禮六先蠶作「躬」。

〔一四〕世婦亦有蠶母受功桑　通典卷四六禮六先蠶作「世婦於蠶母受切桑」。

〔一五〕更下西府博議　「西府博議」，御覽卷五二九禮儀部八高禖作「四府博士議」。

〔一六〕白獸　「獸」，應作「虎」，唐人諱改。

〔一七〕建冬之月　「建冬」，通典卷四四禮四大禘、隋書詳節卷二禮儀志作「建亥」。

隋書卷八

志第三

禮儀三

陳永定三年七月，武帝崩〔一〕。新除尚書左丞庾持稱：「晉、宋以來，皇帝大行儀注，未祖一日，告南郊太廟，奏策奉謚。梓宮將登輼輬，侍中版奏，已稱某謚皇帝。遣奠，出於陛階下，方以此時，乃讀哀策。而前代策文，猶云大行皇帝，請明加詳正。」國子博士、領步兵校尉、知儀禮沈文阿等謂：「應劭風俗通，前帝謚未定，臣子稱大行，以別嗣主。近檢梁儀，自梓宮將登輼輬，版奏皆稱某謚皇帝登輼輬。伏尋今祖祭已奉策謚，哀策既在庭，遣祭不應猶稱大行。且哀策篆書，藏於玄宮。請依梁儀稱謚〔二〕，以傳無窮。」詔可之。

天嘉元年八月癸亥，尚書儀曹請今月晦皇太后服安吉君禫除儀注。沈洙議，謂：「至親朞斷，加隆故再朞〔三〕，而再周之喪，斷二十五月。但重服不可頓除，故變之以纖縞；創巨不可便愈，故稱之以祥禫。禫者，淡也，所以漸祛其情。至如父在爲母出適後之子〔四〕，則屈降之以朞。朞而除服，無復衰麻，緣情有本同之義，許以心制。心制既無杖絰可除，不容復改玄縗，既是心憂，則無所更淡其心也。且禫杖朞者，十五月已有禫制。今申其免懷之感，故斷以再周，止二十五月而已。所以宋元嘉立義，心喪以二十五月爲限。大明中，王皇后父喪，又申明其制。齊建元中，太子穆妃喪，亦同用此禮。唯王儉古今集記云，心制終二十七月，又爲王逡所難。何佟之儀注用二十五月而除。案古循今，宜以再周二十五月爲斷。今皇太后於安吉君心喪之期，宜除於再周，無復心禫之禮。」詔可之。

隋制，諸岳崩瀆竭，天子素服，避正寢，撤膳三日。遣使祭崩竭之山川，牲用太牢。皇帝本服大功已上親及外祖父母、皇后父母、諸官正一品喪，皇帝不視事三日。皇帝本服五服內親及嬪、百官正二品已上喪，並一舉哀。太陽虧、國忌日，皇帝本服小功緦麻親、百官三品已上喪，皇帝皆不視事一日。

皇太后、皇后爲本服五服內諸親及嬪，一舉哀。皇太子爲本服五服之內親及東宮三師、三少、宮臣三品已上，一舉哀。

梁天監元年，齊臨川獻王所生妾謝墓被發，不至埏門。蕭子晉傳重，諮禮官何佟之。佟之議，以爲：「改葬服緦，見柩不可無服故也。此止侵壙土，不及於椁，可依新宮火處三日哭假而已。」帝以爲得禮。

二年，何佟之議：「追服三年無禫。」尚書議，並以佟之言爲得。

又，二年，始興王嗣子喪。博士管咺議，使國長從服緦麻。

四年，掌凶禮嚴植之定儀注，以亡月遇閏，後年中祥，疑所附月。帝曰：「閏蓋餘分，月節則各有所隸。若節屬前月，則宜以前月爲忌，節屬後月，則宜以後月爲忌。祥逢閏則宜取遠日。」

又，四年，安成國刺稱：「廟新建，欲剋今日遷立所生吳太妃神主。國王既有妃喪，欲使臣下代祭。」明山賓議，以爲不可：「宜待王妃服竟，親奉盛禮。」

五年，貴嬪母車喪，議者疑其儀。明山賓以爲：「貴嬪既居母憂，皇太子出貴嬪別第，一舉哀，以申聖情，庶不乖禮。」帝從之。

又，五年，祠部郎司馬褧牒：「貴嬪母車亡，應有服制。」謂「宜准公子爲母麻衣之制，既葬而除」。帝從之。

六年，申明葬制，凡墓不得造石人獸碑，唯聽作石柱，記名位而已。

七年，安成王慈太妃喪，周捨牒，使安成、始興諸王以成服日一日爲位受弔。帝曰：「喪無二主。二王既在遠，嗣子宜祭攝事。」周捨牒：「嗣子著細布衣、絹領帶、單衣用十五升葛。凡有事及歲時節朔望，並於靈所朝夕哭。三年不聽樂。」

十四年，舍人朱异議：「禮，年雖未及成人，已有爵命者，則不爲殤。封陽侯年雖中殤，已有拜封，不應殤服。」帝可之。於是諸王服封陽侯依成人之服。

大同六年，皇太子啓：「謹案下殤之小功，不行婚冠嫁三嘉之禮，則降服之大功，理不得有三嘉。今行三嘉之禮，竊有小疑。」帝曰：「禮云：『大功之末，可以冠子。父小功之末，可以冠子、嫁子、娶婦。己雖小功，既卒哭，可以冠、娶妻。下殤之小功則不可。』晉代蔡謨、謝沈、丁纂、馮懷等遂云：『降服大功，可以嫁女。』宋代裴松之、何承天又云：『女有大功之服，亦得出嫁。』范堅、荀伯子等，雖復率意致難，亦未能折。太始六年，虞龢立議：『大功之末，乃可娶婦。』于時博詢，咸同龢議。齊永明十一年，有大司馬長子之喪，武帝子女同服大功。左丞顧杲之議云：『大功之末，非直皇女嬪降無疑，皇子娉納，亦在非碍。』徐爰、王文憲並云：『朞服降爲大功，皆不可以婚嫁。』凡此諸議，皆是公背正文，務爲通耳。於義乃爲不乖，而又不釋其意。天監十年，信安公主當出適，而有臨川長子大功之慘，具論此義，粗已詳悉。太子今又啓審大功之末及下殤之小功行婚冠嫁三吉之事。案禮所言下殤小功，本是朞服，故不得有三吉之禮。況本服是朞，降爲大功，理當不可。人間行者，是用鄭玄逆降之義。雜記云：『大功之末，可以冠子嫁子。』此謂本服大功，子則小功，踰月以後，於情差輕，所以許有冠嫁。此則小功之末，通得取婦。前所云『大功之末，可以冠子嫁子』，此是簡出大功之身，不得取婦。後言『小功之末，可以冠子嫁子』，非直子得冠嫁，亦得取婦。故有出沒。婚禮，國之大典，宜有畫一。今宗室及外戚，不得復輒有干啓，禮官不得輒爲曲議。可依此以爲法。」

後齊定令，親王、公主、太妃、妃及從三品已上喪者，借白鼓一面，喪畢進輸。王、郡公主、太妃、儀同三司已上及令僕，皆聽立凶門柏歷。三品已上及五等開國，通用方相。四品已下，達於庶人，以魌頭。旌則一品九旒，二品、三品七旒，四品、五品五旒，六品、七品三旒，八品已下，達于庶人，唯旐而已。其建旐，三品已上及開國子、男，其長至軫，四品、五品至輪，六品至于九品，至較。勳品達于庶人，不過七尺。

王元軌子欲改葬祖及祖母，列上未知所服。邢子才議曰：「禮『改葬緦麻』。鄭玄注：『臣爲君，子爲父，妻爲夫。』唯三人而已。然嫡曾孫、孫承重者，曾祖父母、祖父母改葬，既並三年之服，皆應服緦。而止言三人，若非遺漏，便是舉其略耳。」

開皇初，高祖思定典禮。太常卿牛弘奏曰：「聖教陵替，國章殘缺，漢、晉爲法，隨俗因時，未足經國庇人，弘風施化。且制禮作樂，事歸元首，江南王儉，偏隅一臣，私撰儀注，多違古法。就廬非東階之位，凶門豈設重之禮？兩蕭累代，舉國遵行。後魏及齊，風牛本隔，殊不尋究，遥相師祖，故山東之人，浸以成俗。西魏已降，師旅弗遑，賓嘉之禮，盡未詳定。今休明啓運，憲章伊始，請據前經，革茲俗弊。」詔曰：「可。」弘因奏徵學者，撰儀禮百卷。悉用東齊儀注以爲准，亦微採王儉禮。修畢，上之，詔遂班天下，咸使遵用焉。

其喪紀，上自王公，下逮庶人，著令皆爲定制，無相差越。正一品薨，則鴻臚卿監護喪事，司儀令示禮制。二品已上，則鴻臚丞監護，司儀丞示禮制。五品已上薨、卒，及三品已上有朞親已上喪，並掌儀一人示禮制。官人在職喪，聽斂以朝服，有封者，斂以冕服，未有官者，白帢單衣。婦人有官品者，亦以其服斂。棺内不得置金銀珠玉。諸重，一品懸鬲六〔五〕，五品已上四，六品已下二。輀車，三品已上油幰，朱絲絡網，施襈，兩箱畫龍，幰竿諸末垂六旒蘇。七品已上油幰，施襈，兩箱畫雲氣，垂四旒蘇。八品已下，達於庶人，鼈甲車，無幰襈旒蘇畫飾。執紼，一品五十人，三品已上四十人，四品三十人，並布幘布深衣。

三品已上四引、四披、六鐸、六翣，五品已上二引、二披、四鐸、四翣，九品已上二鐸、二翣。四品已上用方相，七品已上用魌頭。在京師葬者，去城七里外。三品已上立碑，螭首龜趺。趺上高不得過九尺。七品已上立碣，高四尺。圭首方趺。若隱淪道素，孝義著聞者，雖無爵，奏，聽立碣。

三年及朞喪，不數閏。大功已下數之。以閏月亡者，祥及忌日，皆以閏所附之月爲正。

凶服不入公門。朞喪已下不解官者，在外曹褔縿紗帽。若重喪被起者，皁絹下裙帽。若入宮殿及須朝見者，冠服依百官例。

齊衰心喪已上，雖有奪情，並終喪不弔不賀不預宴。朞喪未練、大功未葬，不弔不賀，並終喪不預宴。小功已下，假滿依例。居五服之喪，受册及之職，儀衞依常式，唯鼓樂從而不作。若以戎事，不用此制。

自秦兼天下，朝覲之禮遂廢。及周封蕭詧爲梁王，訖於隋，恒稱藩國，始有朝見之儀。梁王之朝周，入畿，大冢宰命有司致積。其饔五牢，米九十筥，醯醢各三十五甕，酒十八壺，米禾各五十車，薪芻各百車。既至，大司空設九儐以致館。梁王束帛乘馬，設九介以待之。禮成而出。明日，王朝，受享於廟。既致享，大冢宰又命公一人，玄冕乘車，陳九儐，以束帛乘馬，致食于賓及賓之從各有差。致食訖，又命公一人，弁服乘車，執贄，設九儐以勞賓。王設九介，迎於門外。明日，朝服乘車，還贄于公。公皮弁迎於大門，授贄受贄，並於堂之中楹。又明日，王朝服，設九介，乘車，備儀衛，以見于公。事畢，公致享。明日，三孤一人，又執贄勞于梁王。明日，王還贄。又明日，王見三孤，如見三公。明日，卿一人，又執贄勞王。王見卿，又如三孤。於是三公、三孤、六卿，又各餼賓，並屬官之長爲使。牢米束帛同三公。

開皇四年正月，梁主蕭巋朝于京師，次於郊外。詔廣平王楊雄、吏部尚書韋世康，持節以迎。衛尉設次於驛館。雄等降就便幕。巋服通天冠、絳紗袍、端珽，立於東階下，西面。文武陪侍，如其國。雄等立於門右，東面。巋攝内史令柳顧言出門請事。世康曰：「奉詔勞于梁帝。」顧言入告。巋出，迎於館門之外，西面再拜。持節者導雄與巋俱入，至于庭下。巋北面再拜受詔訖。雄等乃出，立於館門外道右〔六〕，東向。巋送於門外，西面再拜。及奉見，高祖冠通天冠，服絳紗袍，御大興殿，如朝儀。巋服遠遊冠，朝服以入，君臣並拜，禮畢而出。

古者天子征伐，則宜于社，造于祖，類于上帝。還亦以牲徧告。梁天監初，陸璉議定軍禮，遵其制。帝曰：「宜者請征討之宜，造者稟謀於廟，類者奉天時以明伐，並明不敢自專。陳幣承命可也。」璉不能對。嚴植之又爭之，於是告用牲幣，反亦如之。

後齊天子親征纂嚴，則服通天冠，文物充庭。有司奏更衣，乃入，冠武弁，弁左貂附蟬以出〔七〕。誓訖，擇日備法駕，乘木輅，以造于廟。載遷廟主於齋車，以俟行。次宜于社，有司以毛血釁軍鼓，載帝社石主於車，以俟行。次擇日陳六軍，備大駕，類于上帝。次擇日祈后土、神州、岳鎮、海瀆、源川等。乃爲坎盟，督將列牲於坎南，北首。有司坎前讀盟文，割牲耳，承血。皇帝受牲耳，徧授大將，乃寘于坎。又歃血，歃徧，又以寘坎。禮畢，埋牲及盟書。又卜日，建牙旗於墠，祭以太牢，及所過名山大川，使有司致祭。將屆戰所，卜剛日，備玄牲，列軍容，設柴於辰地，爲墠而禡祭。大司馬奠矢，有司奠毛血，樂奏大護之音。禮畢，徹牲，柴燎。戰前一日，皇帝禱祖，司空禱社。戰勝則各報以太牢。又以太牢賞用命戰于祖〔八〕，引功臣入旌門，即神庭而授版焉。又罰不用命于社，即神庭行戮訖，振旅而還。格廟詣社訖，擇日行飲至禮，文物充庭。有司執簡，紀年號月朔，陳六師凱入格廟之事，飲至策勳之美，因述其功，不替賞典焉。

隋制，行幸所過名山大川，則有司致祭。岳瀆以太牢，山川以少牢。親征及巡狩，則類上帝、宜社、造廟，還禮亦如之。將發軔，則軷祭。其禮，有司於國門外，委土爲山象，設埋埳。有司刳羊，陳俎豆。駕將至，委奠幣，薦脯醢，加羊於軷，西首。又奠酒解羊，并饌埋於埳。駕至，太僕祭兩軹及軓前，乃飲，授爵，遂轢軷上而行。

大業七年，征遼東，煬帝遣諸將，於薊城南桑乾河上，築社稷二壇，設方壝，行宜社禮。帝齋於臨朔宮懷荒殿，預告官及侍從，各齋于其所。十二衞士並齋。帝衮冕玉輅，備法駕。禮畢，御金輅，服通天冠，還宮。又於宮南類上帝，積柴於燎壇，設高祖位於東方。帝服大裘以冕，乘玉輅，祭奠玉帛，並如宜社。諸軍受胙畢，帝就位，觀燎，乃出。又於薊城北設壇，祭馬祖於其上，亦有燎。又於其日，使有司并祭先牧及馬步，無鐘鼓之樂。

衆軍將發，帝御臨朔宮，親授節度。每軍，大將、亞將各一人。騎兵四十隊，隊百人置一纛。十隊爲團，團有偏將一人。第一團，皆青絲連明光甲、鐵具裝、青纓拂，建狻猊旗。第二團，絳絲連朱犀甲、獸文具裝、赤纓拂，建貔貅旗。第三團，白絲連明光甲、鐵具裝、素纓拂，建辟邪旗。第四團，烏絲連玄犀甲、獸文具裝、黑纓拂〔九〕，建六駮旗。前部鼓吹一部，大鼓、小鼓及鼙、長鳴、中鳴等各十八具，掆鼓、金鉦各二具。後部鐃吹一部，鐃二面，哥簫及笳各四具，節鼓一面，吴吹篳篥、横笛各四具，大角十八具。又步卒八十隊，分爲四團。團有偏將一人。第一團，每隊給青隼旟旛一。第二團，每隊黄隼旟旛一。第三團，每隊白隼旟旛一。第四團，每隊蒼隼旟旛一。長槊楯弩及甲毦等，各稱兵數。受降使者一人，給二馬軺車一乘，白獸幡及節各一，騎吏三人，車輻白從十二人。承詔慰撫，不受大將制，戰陣則爲監軍。

軍將發，候大角一通，步卒第一團出營東門，東向陣。第二團出營南門，南向陣。第三團出營西門，西向陣。第四團出營北門，北向陣。陣四面團營，然後諸團嚴駕立。大角三通，則鐃鼓俱振，騎第一團引行。隊間相去各十五步。次第二團，次前部鼓吹，次弓矢一隊，合二百騎。建蹲獸旗，爬槊二張，大將在其下。次誕馬二十匹，次大角，次後部鐃吹〔一〇〕，次第三團，次第四團，次受降使者。次及輜重戎車散兵等，亦有四團。第一輜重出，收東面陣，分爲兩道，夾以行。第二輜重出，收南面陣，夾以行。第三輜重出，收西面陣，夾以行。第四輜重出，收北面陣，夾以行。亞將領五百騎，建騰豹旗，殿軍後。至營，則第一團騎陣於東面，第二團騎陣於南面，鼓吹翊大將居中，駐馬南向。第三團騎陣於西面，第四團騎陣於北面，合爲方陣。四團外向，步卒翊輜重入於陣内，以次安營。營定，四面陣者，引騎入營。亞將率驍騎遊弈督察。其安營之制，以車外布，間設馬槍，次施兵幕，内安雜畜。事畢，大將、亞將等，各就牙帳。其馬步隊與軍中散兵，交爲兩番，五日而代。

於是每日遣一軍發，相去四十里，連營漸進。二十四日續發而盡。首尾相繼，鼓角相聞，旌旗亘九百六十里。天子六軍次發，兩部前後先置，又亘八十里。通諸道合三十軍，亘一千四十里。諸軍各以帛爲帶，長尺五寸，闊二寸，題其軍號爲記。御營内者，合十二衞、三臺、五省、九寺，並分隸内外前後左右六軍，亦各題其軍號，不得自言臺省。王公已下，至于兵丁厮隸，悉以帛爲帶，綴于衣領，名「軍記帶」。諸軍並給幡數百，有事，使人交相去來者，執以行。不執幡而離本軍者，佗軍驗軍記帶，知非部兵，則所在斬之。

是歲也，行幸望海鎮，於秃黎山爲壇，祀黄帝，行禡祭。詔太常少卿韋霽、博士褚亮奏定其禮。皇帝及諸預祭臣近侍官諸軍將，皆齋一宿。有司供帳設位，爲埋埳神坐西北，内壝之外。建二旗於南門外。以熊席設帝軒轅神坐於壝内，置甲冑弓矢於坐側，建槊於坐後。皇帝出次入門，羣官定位，皆再拜奠。禮畢，還宫。

隋制，常以仲春，用少牢祭馬祖於大澤。諸預祭官，皆於祭所致齋一日，積柴於燎壇，禮畢，就燎。仲夏祭先牧，仲秋祭馬社，仲冬祭馬步，並於大澤，皆以剛日。牲用少牢，如祭馬祖，埋而不燎。

開皇二十年，太尉晉王廣北伐突厥，四月己未，次於河上，禡祭軒轅黄帝，以太牢制幣，陳甲兵，行三獻之禮。

後齊命將出征，則太卜詣太廟，灼靈龜，授鼓旗於廟。皇帝陳法駕，服衮冕，至廟，拜於太祖。徧告訖，降就中階，引上將，操鉞授柯，曰：「從此上至天，將軍制之。」又操斧授柯，曰：「從此下至泉，將軍制之。」將軍既受斧鉞，對曰：「國不可從外理，軍不可從中制。臣既受命，有鼓旗斧鉞之威，願無一言之命於臣〔一一〕。」帝曰：「苟利社稷，將軍裁之。」將軍就車，載斧鉞而出。皇帝推轂度閫，曰：「從此以外，將軍制之。」

周大將出征，遣太祝，以羊一，祭所過名山大川。明帝武成元年，吐谷渾寇邊。帝常服乘馬〔一二〕，遣大司馬賀蘭祥於太祖之廟，司憲奉鉞，進授大將。大將拜受，以授從者。禮畢，出受甲兵。

隋制，皇太子親戎，及大將出師，則以豭肫一釁鼓，皆告社廟。受斧鉞訖，不得反宿於家。開皇八年，晉王廣將伐陳，内史令李德林攝太尉，告于太祖廟。禮畢，又命有司宜于太社。

古者三年練兵，入而振旅，至於春秋蒐獮，亦以講其事焉。

梁、陳時，依宋元嘉二十五年蒐宣武場。其法，置行軍殿於幕府山南岡，并設王公百官幕。先獵一日，遣馬騎布圍。右領軍將軍督右，左領軍將軍督左，大司馬董正諸軍。獵日，侍中三奏，一奏，搥一鼓爲嚴，三嚴訖，引仗爲小駕鹵簿。皇帝乘馬戎服，從者悉絳衫幘，黄麾警蹕，鼓吹如常儀。獵訖，宴會享勞，比校多少。戮一人以懲亂法。會畢，還宮。

後齊常以季秋，皇帝講武於都外。有司先萊野爲場，爲二軍進止之節。又別墠於北場，輿駕停觀。遂命將簡士教衆，爲戰陣之法。凡爲陣，少者在前，長者在後。其還，則長者在前，少者在後。長者持弓矢，短者持旌旗。勇者持鉦鼓刀楯爲前行，戰士次之，槊者次之，弓箭爲後行。將帥先教士目，使習見旌旗指麾之蹤，發起之意，旗卧則跪。教士耳，使習金鼓動止之節，聲鼓則進，鳴金則止。教士心，使知刑罰之苦，賞賜之利。教士手，使習持五兵之便，戰鬭之備。教士足，使習跪及行列嶮泥之塗。前五日，皆請兵嚴於場所，依方色建旗爲和門。都墠之中及四角，皆建五采牙旗。應講武者，各集於其軍。戒鼓一通，軍士皆嚴備。二通，將士貫甲。三通，步軍各爲直陣，以相俟。大將各處軍中，立旗鼓下。有司陳小駕鹵簿，皇帝武弁，乘革輅，大司馬介冑乘，奉引入行殿。百司陪列。位定，二軍迭爲客主。先舉爲客，後舉爲主。從五行相勝法，爲陣以應之。

後齊春蒐禮，有司規大防，建獲旗，以表獲車。蒐前一日，命布圍。領軍將軍一人，督左甄，護軍將軍一人，督右甄。大司馬一人，居中，節制諸軍。天子陳小駕，服通天冠，乘木輅，詣行宮。將親禽，服戎服，鈒戟者皆嚴。武衛張甄圍，旗鼓相望，銜枚而進。甄常開一方，以令三驅。圍合，吏奔騎令曰：「鳥獸之肉，不登於俎者不射。皮革齒牙，骨角毛羽，不登於器者不射。」甄合，大司馬鳴鼓促圍，衆軍鼓譟鳴角，至期處而止。大司馬屯北旌門，二甄帥屯左右旌門。天子乘馬，從南旌門入，親射禽。謁者以獲車收禽，載還，陳於獲旗之北。王公已下以次射禽，皆送旗下。事畢，大司馬鳴鼓解圍，復屯。殿中郎中率其屬收禽，以實獲車。天子還行宮。命有司，每禽擇取三十，一曰乾豆，二曰賓客，三曰充君之庖，其餘即於圍下量犒將士。禮畢，改服，鈒者韜刃而還〔一三〕。夏苗、秋獮、冬狩，禮皆同。

河清中定令，每歲十二月半後講武，至晦逐除〔一四〕。二軍兵馬，右入千秋門，左入萬歲門，並至永巷南下，至昭陽殿北，二軍交。一軍從西上閤，一軍從東上閤，並從端門南出閶闔門前橋南，戲射並訖，送至城南郭外罷。

後齊三月三日，皇帝常服乘輿，詣射所，升堂即坐，皇太子及羣官坐定，登歌，進酒行爵。皇帝入便殿，更衣以出，驊騮令進御馬，有司進弓矢。帝射訖，還御坐，射懸侯，又畢，羣官乃射五埒。一品三十二發，一發調馬，十發射下，十五發射上，三發射麞，三發射獸頭〔一五〕。

二品三十發，一發調馬，十發射下，十發射上，三發射麞，三發射帖，三發射獸頭。三品二十五發，一發調馬，五發射下，十發射上，三發射麞，三發射帖，三發射獸頭。四品二十發，一發調馬，五發射下，八發射上，二發射麞，二發射帖，二發射獸頭。五品十五發，一發調馬，四發射下，五發射上，二發射麞，二發射帖，一發射獸頭。侍官御仗已上十發。一發調馬，四發射下，五發射上。

季秋大射，皇帝備大駕，常服，御七寶輦，射七埒。正三品已上第一埒，一品五十發，一發調馬，十五發射下，二十五發射上，三發射麞，三發射帖，三發射獸頭。二品四十六發。一發調馬，十五發射下，二十二發射上，二發射麞，三發射帖，三發射獸頭。從三品四品第二埒，三品四十二發，一發調馬，十二發射下，二十二發射上，二發射麞，二發射帖，三發射獸頭。四品三十七發。一發調馬，十一發射下，十九發射上，一發射麞，二發射帖，三發射獸頭。五品第三埒，三十二發。一發調馬，九發射下，十七發射上，一發射麞，二發射帖，二發射獸頭。六品第四埒，二十七發。一發調馬，八發射下，十六發射上，一發射麞，一發射帖。七品第五埒，二十一發。一發調馬，六發射下，十二發射上，一發射麞，一發射帖。八品第六埒，十六發。一發調馬，四發射下，九發射上，一發射麞，一發射帖。九品第七埒，十發。一發調馬，三發射下，四發射上，一發射麞，一發射帖。

大射置大將、太尉公爲之。射司馬各一人，録事二人。七埒各置埒將、射正參軍各一人，埒士四人，威儀一人，乘白馬以導，的別參軍一人，懸侯下府參軍一人。又各置令史埒士等員，以司其事。

後周仲春教振旅，大司馬建大麾於萊田之所。鄉稍之官，以旍物鼓鐸鉦鐃，各帥其人而致。誅其後至者。建麾於後表之中，以集衆庶。質明，偃麾，誅其不及者。乃陳徒騎，如戰之陣。大司馬北面誓之。軍中皆聽鼓角，以爲進止之節。田之日，於所萊之北，建旗爲和門。諸將帥徒騎序入其門。有司居門，以平其人。既入而分其地，險野則徒前而騎後，易野則騎前而徒後。既陣，皆坐，乃設驅逆騎，有司表貉於陣前。以太牢祭黃帝軒轅氏，於狩地爲壝，建二旗，列五兵於坐側，行三獻禮。遂蒐田致禽以祭社。仲夏教茇舍，如振旅之陣，遂以苗田如蒐法，致禽以享礿。仲秋教練兵，如振旅之陣，遂以獮田如蒐法，致禽以祀方。仲冬教大閱，如振旅之陣，遂以狩田如蒐法，致禽以享烝。

孟秋迎太白，候太白夕見於西方。先見三日，大司馬戒期，遂建旗於陽武門外。司空除壇兆，有司薦毛血，登歌奏昭夏。在位者拜，事畢出。其日中後十刻，六軍士馬，俱介胄集旗下。左右武伯督十二帥嚴街，侍臣文武，俱介胄奉迎。樂師撞黃鐘，右五鐘皆應。皇帝介胄，警蹕以出，如常儀而無鼓角，出國門而軷祭。至則舍於次。太白未見五刻，中外皆嚴，皇帝就位，六軍鼓譟，行三獻之禮。每獻，鼓譟如初獻。事訖，燔燎賜胙，畢，鼓譟而還。

隋制，大射祭射侯於射所，用少牢。軍人每年孟秋閱戎具，仲冬教戰法。及大業三年，煬帝在榆林，突厥啓民及西域、東胡君長，並來朝貢。帝欲誇以甲兵之盛，乃命有司，陳冬狩之禮。詔虞部量拔延山南北周二百里，並立表記。前狩二日，兵部建旗於表所。五里一旗，分爲四十軍，軍萬人，騎五千匹。前一日，諸將各帥其軍，集於旗下。鳴鼓，後至者斬。詔四十道使，並揚旗建節，分申佃令，即留軍所監獵。

布圍，圍闕南面，方行而前〔一六〕。帝服紫袴褶、黑介幘，乘闟猪車，其飾如木輅，重輞漫輪，虬龍繞轂，漢東京鹵簿所謂獵車者也。駕六黑騮。太常陳鼓笳鐃簫角於帝左右，各百二十。百官戎服騎從，鼓行入圍。諸將並鼓行赴圍。乃設驅逆騎千有二百。闟猪停軔，有司斂大綏，王公已下，皆整弓矢，陳於駕前。有司又斂小綏，乃驅獸出，過於帝前。初驅過，有司整御弓矢以前，待詔。再驅過，備身將軍奉進弓矢。三驅過，帝乃從禽，鼓吹皆振，左而射之〔一七〕。每驅必三獸以上。帝發，抗大綏。次王公發，則抗小綏。次諸將發射之，無鼓，驅逆之騎乃止。然後三軍四夷百姓皆獵。凡射獸，自左膘而射之，達于右腢，爲上等。達右耳本，爲次等。自左髀達于右䯚爲下等〔一八〕。羣獸相從，不得盡殺。已傷之獸，不得重射。又逆向人者，不射其面。出表者不逐之。佃將止，虞部建旗於圍内。從駕之鼓及諸軍鼓俱振，卒徒皆譟。諸獲禽者，獻於旗所，致其左耳。大獸公之，以供宗廟，使歸薦腊于京師。小獸私之。

齊制，季冬晦，選樂人子弟十歲以上、十二以下爲侲子，合二百四十人。一百二十人，赤幘、皂褠衣，執鞀。一百二十人，赤布袴褶，執鞞角。方相氏黄金四目，熊皮蒙首，玄衣朱裳，執戈揚楯。又作窮奇、祖明之類，凡十二獸，皆有毛角。鼓吹令率之，中黄門行之，冗從僕射將之，以逐惡鬼于禁中。其日戊夜三唱，開諸里門，儺者各集，被服器仗以待事。戊夜四唱，開諸城門，二衞皆嚴。上水一刻，皇帝常服，即御座。王公執事官第一品已下、從六品已上，陪列預觀。儺者鼓譟，入殿西門，徧於禁内。分出二上閤，作方相與十二獸儛戲，喧呼周徧，前後鼓譟。出殿南門，分爲六道，出於郭外。

隋制，季春晦，儺，磔牲於宫門及城四門，以禳陰氣。秋分前一日，禳陽氣。季冬傍磔、大儺亦如之。其牲，每門各用羝羊及雄鷄一。選侲子，如後齊。冬八隊，二時儺則四隊。問事十二人，赤幘褠衣，執皮鞭。工人二十二人。其一人方相氏，黄金四目，蒙熊皮，玄衣朱裳。其一人爲唱師，著皮衣，執棒。鼓角各十。有司預備雄鷄羝羊及酒，於宫門爲坎。未明，鼓譟以入。方相氏執戈揚楯，周呼鼓譟而出，合趣顯陽門，分詣諸城門。將出，諸祝師執事，預副牲匈，磔之於門，酌酒禳祝。舉牲并酒埋之。

後齊制，日蝕，則太極殿西廂東向，東堂東廂西向〔一九〕，各設御座。羣官公服。晝漏上水一刻，内外皆嚴。三門者閉中門，單門者掩之。蝕前三刻，皇帝服通天冠，即御座，直衞如常，不省事。有變，聞鼓音，則避正殿，就東堂，服白袷單衣。侍臣皆赤幘，帶劍，升殿侍。諸司各於其所，赤幘，持劍，出户向日立。有司各率官屬，並行宫内諸門、掖門，屯衞太社。鄴令以官屬圍社，守四門，以朱絲繩繞繫社壇三匝。太祝令陳辭責社。太史令二人，走馬露版上尚書，門司疾上之。又告清都尹鳴鼓，如嚴鼓法。日光復，乃止，奏解嚴。

後魏每攻戰剋捷，欲天下知聞，迺書帛，建於竿上，名爲露布。其後相因施行。開皇中，迺詔太常卿牛弘、太子庶子裴政撰宣露布禮。及九年平陳，元帥晉王以馹上露布，兵部奏請依新禮宣行。承詔集百官、四方客使等，並赴廣陽門外，服朝衣，各依其列。内史令稱有詔，在位者皆拜。宣訖，拜，蹈舞者三，又拜。郡縣亦同。

校勘記

〔一〕陳永定三年七月武帝崩　「七月」，疑爲「六月」之訛。按陳書卷二高祖紀下、卷三世祖紀，武帝崩於是年六月丙午。

〔二〕請依梁儀稱謚 「請」，原作「謂」，據通典卷七九禮三九大喪初崩及山陵制改。

〔三〕加隆故再朞 「隆」，原作「降」，因避諱缺末筆而致訛。按，禮記三年問：「然則何以三年也？曰加隆焉爾也。」

〔四〕至如父在爲母出適後之子 「如」，原作「加」，據宋甲本、至順本、汲本改。

〔五〕一品懸鬲六 「鬲」，原作「隔」，據宋甲本、汲本改。

〔六〕立於館門外道右 「立」字原闕，據宋甲本、至順本補。

〔七〕弁左貂附蟬以出 「弁」，宋甲本、通典卷七六禮三六天子諸侯將出征類宜造禡并祭所過山川無。

〔八〕又以太牢賞用命戰于祖 「以太牢」，宋甲本、至順本、通典卷七六禮三六天子諸侯將出征類宜造禡并祭所過山川作「用太牢」。「戰」，通典無，南監本、殿本作「戰士」。

〔九〕黑纓拂 三字原闕，據通考卷一五七兵考九補。北監本、殿本作「建纓拂」。

〔一〇〕次後部鐃吹 「吹」字原闕，據通典卷七六禮三六出師儀制補。按，上文言衆軍將發，有前部鼓吹、後部鐃吹。

〔一一〕願無一言之命於臣 「願無」，通典卷七六禮三六命將出征作「願假」，隋書詳節卷三禮儀志作「顧無」。

〔一二〕帝常服乘馬　「常服」，通典卷七六禮三六命將出征作「戎服」。

〔一三〕鈒者韜刃而還　「刃」，原作「刀」，據通典卷七六禮三六天子諸侯四時田獵改。

〔一四〕至晦逐除　「逐除」，原作「遂除」，據宋甲本改。通典卷七八禮三八時儺亦作「逐除」。按，呂氏春秋季冬紀高誘注：「今人臘歲前一日，擊鼓驅疫，謂之逐除。」

〔一五〕「三十二發」至「三發射獸頭」　此廿六字原闕，據通典卷七七禮三七天子諸侯大射鄉射補。據下文，疑通典亦脱「三發射帖」四字，且「三十二發」也應作「三十五發」，因每品相差均爲五發。

〔一六〕方行而前　「行」，原作「幘」，據宋甲本改。通典卷七六禮三六天子諸侯四時田獵、册府卷一一五帝王部蒐狩亦作「行」。

〔一七〕左而射之　「左」，原作「坐」，據宋甲本、至順本、汲本改。通典卷七六禮三六天子諸侯四時田獵、册府卷一一五帝王部蒐狩亦作「左」。

〔一八〕自左髀達于右䏶爲下等　「䏶」，原作「䏶」，據通典卷七六禮三六天子諸侯四時田獵、册府卷一一五帝王部蒐狩改。

〔一九〕東堂東廂西向　前「東」字原闕，據通典卷七八禮三八天子合朔伐鼓補。

隋書卷九

志第四

禮儀四

周大定元年，靜帝遣兼太傅、上柱國、杞國公椿，大宗伯、大將軍、金城公煚，奉皇帝璽紱策書〔一〕，禪位于隋。司錄虞慶則白，請設壇於東第。博士何妥議，以爲受禪登壇，以告天也。故魏受漢禪，設壇於繁昌，爲在行旅，郊壇乃闕。至如漢高在汜〔二〕，光武在鄗，盡非京邑所築壇。自晉、宋揖讓，皆在都下，莫不並就南郊，更無別築之義。又後魏即位，登朱雀觀，周帝初立，受朝於路門，雖自我作古，皆非禮也。今即府爲壇，恐招後誚。議者從之。

二月，甲子，椿等乘象輅，備鹵簿，持節，率百官至門下，奉策入次。百官文武，朝服立于門南，北面。高祖冠遠遊冠，府寮陪列。記室入白，禮曹導高祖，府寮從，出大門東廂西向。椿奉策書，昞奉璽紱，出次，節導而進。高祖揖之，入門而左，椿等入門而右。百官隨入庭中。椿南向，讀册書畢，進授高祖。高祖北面再拜，辭不奉詔。上柱國李穆進喻朝旨，又與百官勸進，高祖不納。椿等又奉策書進而敦勸，高祖再拜，俯受策，以授高熲；受璽，以授虞慶則。退就東階位。使者與百官，皆北面再拜，搢笏，三稱萬歲。有司請備法駕，高祖不許，改服紗帽、黄袍，入幸臨光殿。就閤内服衮冕，乘小輿，出自西序，如元會儀。禮部尚書以案承符命及祥瑞牒，進東階下。納言跪御前以聞。内史令奉宣詔大赦，改元曰開皇。是日，命有司奉册祀于南郊。

後齊將崇皇太后，則太尉以玉帛告圓丘方澤，以幣告廟。皇帝乃臨軒，命太保持節，太尉副之。設九儐，命使者受璽綬册及節，詣西上閤。其日，昭陽殿文物具陳，臨軒訖，使者就位，持節及璽綬，稱詔。二侍中拜進，受節及册璽綬，以付小黄門。黄門以詣閤。皇太后服褘衣，處昭陽殿，公主及命婦陪列於殿，皆拜。小黄門以節綬入，女侍中受，以進皇太后。皇太后興，受，以授左右。復坐，反節於使者。使者受節出。

册皇后，如太后之禮。

後齊册皇太子，則皇帝臨軒，司徒爲使，司空副之。太子服遠遊冠，入至位。使者入，奉册讀訖，皇太子跪受册於使，以授中庶子。又受璽綬於尚書，以授庶子。稽首以出。就册，則使者持節至東宮，宮臣內外官定列。皇太子階東，西面。若幼，則太師抱之，主衣二人奉空頂幘服從，以受册。明日，拜章表於東宮殿庭，中庶子、中舍人乘軺車，奉章詣朝堂謝。擇日齋於崇正殿，服冕，乘石山安車謁廟。擇日羣臣上禮，又擇日會。明日，三品以上牋賀。

册諸王，以臨軒日上水一刻，吏部令史乘馬，賫召版，詣王第。王乘高車鹵簿，至東掖門止，乘軺車。既入，至席。尚書讀册訖，以授王，又授章綬。事畢，乘軺車，入鹵簿，乘高車，詣閶闔門，伏闕表謝。報訖，拜廟還第。就第，則鴻臚卿持節，吏部尚書授册，侍御史授節。使者受而出，乘軺車，持節，詣王第。入就西階，東面。王入，立於東階，西面。使者讀册，博士讀版，王俛伏。興，進受册章綬茅土，俛伏三稽首，還本位，謝如上儀。在州鎮，則使者受節册，乘軺車至州，如王第。

諸王、三公、儀同、尚書令、五等開國、太妃、妃、公主恭拜，册軸一枚，長二尺，以白練衣之。用竹簡十二枚，六枚與軸等，六枚長尺二寸。文出集書，書皆篆字。哀册、贈册亦同。

諸王、五等開國及鄉男恭拜，以其封國所在方，取社壇方面土，包以白茅，内青箱中。函方五寸，以青塗飾，封授之，以爲社。

隋臨軒册命三師、諸王、三公，並陳車輅，餘則否。百司定列，内史令讀册訖，受册者拜受出。又引次受册者，如上儀。若册開國，郊社令奉茅土，立於仗南，西面。每受册訖，授茅土焉。

後齊皇帝加元服，以玉帛告圓丘方澤，以幣告廟，擇日臨軒。中嚴，羣官位定，皇帝著空頂介幘以出。太尉盥訖，升，脱空頂幘，以黑介幘奉加訖，太尉進太保之右，北面讀祝訖，太保加冕，侍中繫玄紘，脱絳紗袍，加衮服。事畢，太保上壽，羣官三稱萬歲。皇帝入温室，移御坐，會而不上壽。後日，文武羣官朝服，上禮酒十二鍾，米十二囊，牛十二頭。又擇日，親拜圓丘方澤，謁廟。

皇太子冠，則太尉以制幣告七廟，擇日臨軒。有司供帳於崇正殿。中嚴，皇太子空頂幘公服出，立東階之南，西面。使者入，立西階之南，東面。皇太子受詔訖，入室盥櫛，出，南面。使者進揖，詣冠席，西面坐。光禄卿盥訖，詣太子前疏櫛〔三〕。使者又盥，奉進賢三梁冠，至太子前，東面祝，脱空頂幘，加冠。太子興，入室更衣，出，又南面就席。光禄卿盥櫛。使者又盥祝，脱三梁冠，加遠遊冠。太子又入室更衣。設席中楹之西，使者揖就席，南面。光禄卿洗爵酌醴，使者詣席前，北面祝。太子拜，受醴，即席坐，祭之，啐之，奠爵，降階，復本位，西面。三師、三少及在位羣官拜事訖。又擇日會宫臣，又擇日謁廟。

隋皇太子將冠，前一日，皇帝齋於大興殿。皇太子與賓贊及預從官，齋於正寢。其日質明，有司告廟，各設筵於阼階〔四〕。皇帝衮冕入拜，即御座。賓揖皇太子進，升筵，西向坐。贊冠者坐櫛，設纚。賓盥訖，進加緇布冠。贊冠進設頍纓。賓揖皇太子適東序，衣玄衣素裳以出。贊冠者又坐櫛，賓進加遠遊冠。改服訖，賓又受冕。太子適東序，改服以出。賓揖皇太子南面立，賓進受醴，進筵前，北面立祝。皇太子拜受觶。賓復位，東面答拜。贊冠者奉饌於筵前，皇太子祭奠。禮畢，降筵，進當御，東面拜。納言承詔，詣太子戒訖，太子拜。贊冠者引太子降自西階。賓少進，字之。贊冠者引皇太子進，立於庭，東面。諸親拜訖，贊冠者拜，太子皆答拜。與賓贊俱復位。納言承詔降，令有司致禮。賓贊又拜。皇帝降復阼階〔五〕，拜，皇太子已下皆拜。皇帝出，更衣還宫。皇太子從至闕，因入見皇后，拜而還。

後齊皇帝納后之禮，納采、問名、納徵訖，告圓丘方澤及廟，如加元服。是日，皇帝臨軒，命太尉爲使，司徒副之。持節詣皇后行宫，東向，奉璽綬册，以授中常侍。皇后受册於行殿。使者出，與公卿以下皆拜。有司備迎禮。太保太尉，受詔而行。主人公服，迎拜於門。使者入，升自賓階，東面。主人升自阼階，西面。禮物陳於庭。設席於兩楹間，童子以璽書版升，主人跪受。送使者，拜于大門之外。有司先於昭陽殿兩楹間供帳，爲同牢之具。皇后服大嚴繡衣，帶綬珮，加幜。女長御引出，升畫輪四望車。女侍中負璽陪乘。鹵簿如大駕。皇帝服衮冕出，升御坐。皇后入門，大鹵簿住門外，小鹵簿入。到東上閤，施步鄣，降車，席道以入昭陽殿。前至席位，姆去幜，皇后先拜後起，皇帝後拜先起。帝升自西階，詣同牢坐，與皇后俱坐。各三飯訖，又各酳二爵一巹。奏禮畢，皇后興，南面立。皇帝御太極殿，王公已下拜，皇帝興，入。明日，后展衣，於昭陽殿拜表謝。又明日，以榛栗棗脩，見皇太后於昭陽殿。擇日，羣官上禮。又擇日，謁廟。皇帝使太尉，先以太牢告，而後徧見羣廟。

皇太子納妃禮，皇帝遣使納采，有司備禮物。會畢，使者受詔而行。主人迎于大門外。禮畢，會於聽事。其次問名、納吉，並如納采。納徵，則使司徒及尚書令爲使，備禮物而行。請期，則以太常宗正卿爲使，如納采。親迎，則太尉爲使。三日，妃朝皇帝於昭陽殿，又朝皇后於宣光殿。擇日，羣官上禮。佗日，妃還。又佗日，皇太子拜閤。

隋皇太子納妃禮，皇帝臨軒，使者受詔而行。主人俟於廟。使者執鴈，主人迎拜於大門之東。使者入，升自西階，立於楹間，南面。納采訖，乃行問名儀。事畢，主人請致禮於從者。禮有幣馬。其次擇日納吉，如納采。又擇日，以玉帛乘馬納徵。又擇日告期。又擇日，命有司以特牲告廟，册妃。皇太子將親迎，皇帝臨軒，醮而誡曰：「往迎爾相，承我宗事，勗帥以敬。」對曰：「謹奉詔。」既受命，羽儀而行。主人几筵於廟，妃服褕翟，立於東房。主人迎於門外，西面拜。皇太子答拜。主人揖皇太子先入，主人升，立於阼階，西面。皇太子升進，當房户前，北面，跪奠鴈，俛伏，興拜，降出。妃父少進，西面戒之。母於西階上，施衿結帨，及門内，施鞶申之。出門，妃升輅，乘以几。姆加幜。皇太子乃御輪三周，御者代之。皇太子出大門，乘輅，羽儀還宫。妃三日，雞鳴夙興以朝。奠笲於皇帝，皇帝撫之。又奠笲於皇后，皇后撫之。席於户牖間，妃立於席西，祭奠而出。

後齊娉禮，一曰納采，二曰問名，三曰納吉，四曰納徵，五曰請期，六曰親迎。皆用羔羊一口，鴈一隻，酒黍稷稻米麪各一斛。自皇子王已下，至於九品，皆同。流外及庶人，則減其半。納徵，皇子王用玄三匹，纁二匹，束帛十匹，大璋一，第一品已下至從三品，用璧玉，四品已下皆無。獸皮二，第一品已下至從五品，用豹皮二，六品已下至從九品，用鹿皮。錦綵六十匹，一品錦綵四十匹，二品三十匹，三品二十匹，四品雜綵十六匹，五品十匹，六品、七品五匹。絹二百匹，一品一百四十匹，二品一百二十匹，三品一百匹，四品八十匹，五品六十匹，六品、七品五十匹，八品、九品三十匹。羔羊一口，羊四口，犢二頭，酒黍稷稻米麪各十斛。一品至三品，減羊二口，酒黍稷稻米麪各減六斛，四品、五品減一犢，酒黍稷稻米麪又減二斛，六品已下無犢，酒黍稷稻米麪各一斛。諸王之子，已封未封，禮皆同第一品。新婚從車，皇子百乘，一品五十乘，第二、第三品三十乘，第四、第五品二十乘，第六、第七品十乘，八品達於庶人五乘。各依其秩之飾。

梁大同五年，臨城公婚，公夫人於皇太子妃爲姑姪，進見之制，議者互有不同。令曰〔六〕：「纁雁之儀，既稱合於二姓，酒食之會，亦有姻不失親。若使榛栗腶脩，贄饋必舉，副笄編珈，盛飾斯備，不應婦見之禮，獨以親闕。頃者敬進酏醴，已傳婦事之則，而奉盤沃盥，不行侯服之家。是知繁省不同，質文異世，臨城公夫人於妃既是姑姪，宜停省。」

後齊將講於天子，先定經於孔父廟，置執經一人，侍講二人，執讀一人，擿句二人，録義六人，奉經二人。講之旦，皇帝服通天冠、玄紗袍，乘象輅，至學，坐廟堂上。講訖，還便殿，改服絳紗袍，乘象輅，還宮。講畢，以一太牢釋奠孔父，配以顏回，列軒懸樂，六佾舞。

行三獻禮畢，皇帝服通天冠、絳紗袍，升阼，即坐。宴畢，還宮。皇太子每通一經，亦釋奠，乘石山安車，三師乘車在前，三少從後而至學焉。

梁天監八年，皇太子釋奠。周捨議，以爲：「釋奠仍會，既惟大禮，請依東宮元會，太子著絳紗襮，樂用軒懸。預升殿坐者，皆服朱衣。」帝從之。又，有司以爲：「禮云：『凡爲人子者，升降不由阼階。』案今學堂凡有三階，愚謂客若降等，則從主人之階。今先師在堂，義所尊敬，太子宜登阼階，以明從師之義。若釋奠事訖，宴會之時，無復先師之敬，太子升堂，則宜從西階，以明不由阼義。」吏部郎徐勉議：「鄭玄云：『由命士以上，父子異宮。』宮室既異，無不由阼階之禮。請釋奠及宴會，太子升堂，並宜由東階。若輿駕幸學，自然中陛。又檢東宮元會儀注，太子升崇正殿，不欲東西階。責東宮典儀，列云『太子元會，升自西階』，此則相承爲謬。請自今東宮大公事〔七〕，太子升崇正殿，並由阼階。其預會賓客，依舊西階。」

大同七年，皇太子表其子寧國、臨城公入學，時議者以與太子有齒胄之義，疑之。侍中、尚書令臣敬容、尚書僕射臣纘，尚書臣僧旻、臣之遴、臣筠等，以爲：「參、點並事宣尼，回、路同諮泗水，鄒魯稱盛，洙汶無譏。師道既光，得一資敬，無虧亞貳，況於兩公，而云不可？」制曰：「可。」

後齊制，新立學，必釋奠禮先聖先師，每歲春秋二仲，常行其禮。每月旦，祭酒領博士已下及國子諸學生已上，太學、四門博士升堂，助教已下、太學諸生階下，拜孔揖顏。日出行事而不至者，記之爲一負。雨霑服則止。學生每十日給假，皆以丙日放之。郡學則於坊内立孔、顏廟，博士已下，亦每月朝云。

隋制，國子寺，每歲以四仲月上丁，釋奠於先聖先師。年別一行鄉飲酒禮。州郡學則以春秋仲月釋奠。州郡縣亦每年於學一行鄉飲酒禮。學生皆乙日試書，丙日給假焉。

梁元會之禮，未明，庭燎設，文物充庭。臺門闢，禁衞皆嚴，有司各從其事。太階東置白獸樽。羣臣及諸蕃客並集，各從其班而拜。侍中奏中嚴，王公卿尹各執珪璧入拜。侍中乃奏外辦，皇帝服衮冕，乘輿以出。侍中扶左，常侍扶右，黄門侍郎一人，執曲直華蓋從。至階，降輿，納舄升坐。有司御前施奉珪藉。王公以下，至阼階，脱舄劍，升殿，席南奉贄珪璧，禮畢下殿〔八〕，納舄佩劍，詣本位。主客郎徙珪璧於東箱。帝興，入，徙御坐於西壁下，東向。設皇太子王公已下位。又奏中嚴，皇帝服通天冠，升御坐。王公上壽禮畢，食。食畢，樂伎奏。太官進御酒，主書賦黄甘，逮二品已上。尚書騶騎引計吏，郡國各一人，皆跪受詔。侍中讀五條詔，計吏每應諾訖，令陳便宜者，聽詣白獸罇，以次還坐。宴樂罷，皇帝乘輿以入。皇太子朝，則遠遊冠服，乘金輅，鹵簿以行。預會則劍履升坐。會訖，先興。

天監六年詔曰：「頃代以來，元日朝畢，次會羣臣，則移就西壁下，東向坐。求之古義，王者讌萬國，唯應南面，何更居東面？」於是御坐南向，以西方爲上。皇太子以下，在北壁坐者，悉西邊東向。尚書令以下在南方坐者，悉東邊西向。舊元日，御坐東向，酒壺在東壁下。御坐既南向，乃詔壺於南蘭下。又詔：「元日受五等贄，珪璧並量付所司。」周捨：「案周禮冢宰，大朝覲，贊玉幣。尚書，古之冢宰。頃王者不親撫玉，則不復須冢宰贊助。尋尚書主客曹郎，既冢宰隸職，今元日五等奠玉既竟，請以主客郎受。鄭玄注覲禮云：『既受之後，出付玉人於外。』漢時少府，職掌珪璧，請主客受玉，付少府掌。」帝從之。又尚書僕射沈約議：「正會儀注，御出，乘輿至太極殿前，納舄升階。尋路寢之設，本是人君居處，不容自敬宮室。案漢氏，則乘小車升殿。請自今元正及大公事，御宜乘小輿至太極階，仍乘版輿升殿。」制：「可。」

陳制，先元會十日，百官並習儀注，令僕已下，悉公服監之。設庭燎，街闕、城上、殿前皆嚴兵，百官各設部位而朝。宮人皆於東堂，隔綺疏而觀。宮門既無籍，外人但絳衣者，亦得入觀。是日，上事人發白獸罇。自餘亦多依梁禮云。

後齊正日，侍中宣詔慰勞州郡國使。詔牘長一尺三寸，廣一尺，雌黄塗飾，上寫「詔書」。計會日〔九〕，侍中依儀勞郡國計吏，問刺史太守安不，及穀價麥苗善惡、人間疾苦。又班五條詔書於諸州郡國使人，寫以詔牘一枚，長二尺五寸，廣一尺三寸，亦以雌黄塗飾，上寫「詔書」。正會日，依儀宣示使人，歸以告刺史二千石。一曰，政在正身，在愛人，去殘賊，擇良吏，正決獄，平徭賦。二曰，人生在勤，勤則不匱，其勸率田桑，無或煩擾。三曰，六極之人，務加寬養，必使生有以自救，没有以自給。四曰，長吏華浮，奉客以求小譽，逐末捨本，政之所疾，宜謹察之。五曰，人事意氣，干亂奉公，外内溷淆，綱紀不設，所宜糾劾。正會日，侍中黄門宣詔勞諸郡上計。勞訖付紙，遣陳土宜。字有脱誤者，呼起席後立。書迹濫劣者，飲墨水一升。文理孟浪，無可取者，奪容刀及席。既而本曹郎中，考其文迹才辭可取者，録牒吏部，簡同流外三品敍。

元正大饗，百官一品已下，流外九品已上預會。一品已下、正三品已上，開國公侯伯、散品公侯及特命之官、下代刺史〔一〇〕，並升殿。從三品已下、從九品以上及奉正使人比流官者〔一一〕，在階下。勳品已下端門外。

隋制，正旦及冬至，文物充庭，皇帝出西房，即御座。皇太子鹵簿至顯陽門外，入賀。

復詣皇后御殿，拜賀訖，還宮。皇太子朝訖，羣官客使入就位，再拜。上公一人，詣西階，解劍，升賀，降階，帶劍，復位而拜。有司奏諸州表。羣官在位者又拜而出。皇帝入東房，有司奏行事訖，乃出西房。坐定，羣官入就位，上壽訖，上下俱拜。皇帝舉酒，上下舞蹈，三稱萬歲。皇太子預會，則設坐於御東南，西向。羣臣上壽畢，入，解劍以升。會訖，先興。

後齊元日，中宮朝會，陳樂，皇后褘衣乘輿，以出於昭陽殿。坐定，内外命婦拜，皇后興，妃主皆跪。皇后坐，妃主皆起，長公主一人，前跪拜賀。禮畢，皇后入室，乃移幄坐於西廂。皇后改服褕狄以出。坐定，公主一人上壽訖，就坐。御酒食，賜爵，並如外朝會。隋儀如後齊制，而又有皇后受羣臣賀禮。則皇后御坐，而内侍受羣臣拜以入，承令而出，羣臣拜而罷。

後齊皇太子月五朝。未明二刻，乘小輿出，爲三師降。至承華門，升石山安車，三師軺車在前，三少在後，自雲龍門入。皇帝御殿前，設拜席位，至柏閣，齋帥引，洗馬、中庶子從。至殿前席南，北面再拜。

天保元年，皇太子監國，在西林園冬會。羣議，皆東面。二年，於北城第内冬會，又議東面。吏部郎陸卬疑非禮，魏收改爲西面。邢子才議欲依前，曰：

凡禮有同者，不可令異。詩説，天子至於大夫，皆乘四馬，況以方面之少，何可皆不同乎？若太子定西面者，王公卿大夫士，復何面邪？南面，人君正位。今一官之長，無不南面，太子聽政，亦南面坐。議者言皆晉舊事，太子在東宮西面，爲避尊位，非爲向臺殿也。子才以爲東晉博議，依漢、魏之舊，太子普臣四海，不以爲嫌，又何疑於東面？禮「世子絶旁親」，「世子冠於阼」，「冢子生，接以太牢」。漢元著令，太子絶馳道。此皆禮同於君。又晉王公世子，攝命臨國，乘七旒安車，駕用三馬，禮同三公。近宋太子乘象輅，皆有同處，不以爲嫌。況東面者，君臣通禮，獨何爲避？明爲向臺，所以然也。

近皇太子在西林園，在於殿，猶且東面，於北城非宫殿之處，更不得邪？諸人以東面爲尊，宴會須避〔一二〕。案燕禮、燕義，君位在東，賓位則在西，君位在阼階，故有武王踐阼篇，不在西也。禮「乘君之車，不敢曠左」。君在，惡空其位，左亦在東，不在西也。「君在阼，夫人在房」，鄭注「人君尊東也」。前代及今，皇帝宴會接客，亦東堂西面。若以東面爲貴，皇太子以儲后之禮、監國之重，別第宴臣賓，自得申其正位。禮者皆東宮臣屬，公卿接宴，觀禮而已。若以西面爲卑，實是君之正位，太公不肯北面說丹書，西面則道之，西面乃尊也。君位南面，有東有西，何可皆避？且事雖少異，有可相比者。周公，臣也；太子，子也。周公爲冢宰，太子爲儲貳。明堂尊於別第，朝諸侯重於宴臣賓，南面貴於東面。臣疎於子，冢宰輕於儲貳。周公攝政，得在明堂南面朝諸侯，今太子監國，不得於別第異宮東面宴客，情所未安。且君行以太子監國，君宴不以公卿爲賓，明父子無嫌，君臣有嫌。案儀注，親王受詔冠婚，皇子皇女皆東面。今不約王公南面，而獨約太子，何所取邪？議者南尊改就西面，轉君位，更非合禮。方面既少，難爲節文。東西二面，君臣通用，太子宜然，於禮爲允。

魏收議云：

去天保初，皇太子監國。冬會羣官於西園都亭，坐從東面，義取於向中宮臺殿故也。二年於宮冬會，坐乃東面，收竊以爲疑。前者遂有別議，議者同之。邢尚書以前定東面之議，復申本懷，此乃國之大禮，無容不盡所見。收以爲太子東宮，位在於震，長子之義也。案易八卦，正位向中。皇太子今居北城，於宮殿爲東北，南面而坐，於義爲背也。前者立議，據東宮爲本。又案東宮舊事，太子宴會，多以西面爲禮，此又成證，非徒言也。不言太子常無東南二面之坐，但用之有所。至如西園東面，所不疑也。未知君臣車服有同異之議，何爲而發？就如所云，但知禮有同者，不可令異。不知禮有異者，不可令同。苟別君臣同異之禮，恐重紙累札，書不盡也。

子才竟執東面，收執西面，援引經據，大相往復。其後竟從西面爲定。

時議又疑宮吏之姓與太子名同。子才又謂曰：「案曲禮『大夫士之子，不與世子同名。』鄭注云：『若先之生，亦不改。』漢法，天子登位，布名於天下，四海之內，無不咸避。案春秋經『衞石惡出奔晉』，在衞侯衎卒之前。衎卒，其子惡始立。明石惡與長子同名〔一三〕。諸侯長子，在一國之內，與皇太子於天子〔一四〕，禮亦不異。鄭言先生不改，蓋以此義。衞石惡、宋向戌，皆與君同名，春秋不譏。皇太子雖有儲貳之重，未爲海內所避，何容便改人姓。然事有消息，不得皆同於古。宮吏至微，而有所犯。朝夕從事〔一五〕，亦是難安。宜聽出宮，尚書更補佗職。」制曰：「可。」

後周制，正之二日，皇太子南面，列軒懸，宮官朝賀。

及開皇初，皇太子勇准故事張樂受朝，宮臣及京官，北面稱慶。高祖誚之。是後定儀注，西面而坐，唯宮臣稱慶，臺官不復總集。煬帝之爲太子，奏降章服，宮官請不稱臣。詔許之。

後齊立春日，皇帝服通天冠、青介幘、青紗袍，佩蒼玉，青帶、青袴、青襪舃，而受朝於太極殿。尚書令等坐定，三公郎中詣席，跪讀時令訖，典御酌酒卮，置郎中前，郎中拜，還席伏飲，禮成而出。立夏、季夏、立秋讀令，則施御座於中楹，南向。立冬如立春，於西廂東向。各以其時之色服，儀並如春禮。

後齊每策秀孝，中書策秀才，集書策考貢士，考功郎中策廉良，皇帝常服，乘輿出，坐於朝堂中楹。秀孝各以班草對。其有脱誤、書濫、孟浪者，起立席後，飲墨水，脱容刀。

後齊宴宗室禮，皇帝常服，別殿西廂東向。七廟子孫皆公服，無官者，單衣介幘，集神武門。宗室尊卑，次于殿庭。七十者二人扶拜，八十者扶而不拜。升殿就位，皇帝興，宗室伏。皇帝坐，乃興，拜而坐。尊者南面，卑者北面，皆以西爲上。八十者一坐。再至，進絲竹之樂。三爵畢，宗室避席，待詔而後復位。乃行無筭爵。

正晦汎舟，則皇帝乘輿，鼓吹至行殿。升御坐，乘版輿，以與王公登舟，置酒。非預汎者，坐於便幕。

仲春令辰〔六〕，陳養老禮。先一日，三老五更齋於國學。皇帝進賢冠、玄紗袍，至璧雍，入總章堂。列宮懸。王公已下及國老庶老各定位。司徒以羽儀武賁安車，迎三老五更于國學。並進賢冠、玄服、黑舄、素帶。國子生黑介幘、青衿、單衣，乘馬從以至。皇帝釋劍，執珽，迎於門内。三老至門，五更去門十步，則降車以入。皇帝拜，三老五更攝齊答拜。皇帝揖進，三老在前，五更在後，升自右階，就筵。三老坐，五更立。皇帝升堂，北面。公卿升自左階，北面。三公授几杖，卿正履，國老庶老各就位。皇帝拜三老，羣臣皆拜。不拜五更。乃坐，皇帝西向，肅拜五更。進珍羞酒食，親袒割〔一七〕，執醬以饋，執爵以酳。以次進五更。又設酒酏於國老庶老。皇帝升御坐，三老乃論五孝六順，典訓大綱。皇帝虚躬請受，禮畢而還。又都下及外州人年七十已上，賜鳩杖黃帽。有勑即給，不爲常也。

後周保定三年，陳養老之禮。以太傅、燕國公于謹爲三老。有司具禮擇日，高祖幸太學以食之。事見謹傳〔一八〕。

校勘記

〔一〕奉皇帝璽紱策書　「紱」，原作「綬」，據宋甲本、宋乙本、大德本、至順本、汲本、殿本改。下文「哭奉璽紱」同改。

〔二〕至如漢高在氾　「氾」，原作「汜」，據文淵閣四庫全書本、史記卷八高祖本紀、漢書卷一下高帝紀下改。

〔三〕詣太子前疏櫛　「疏櫛」，通典卷五六禮一六皇太子冠作「跪櫛」。

〔四〕各設筵於阼階　「阼階」，北宋本通典卷五六禮一六皇太子冠、通志二十略禮略三皇太子冠無「階」字。

〔五〕皇帝降復阼階　「降復」，通典卷五六禮一六皇太子冠作「復降」。

〔六〕令曰　此句上，通典卷五八禮一八公侯大夫士婚禮有「皇太子」三字。按，唐六典卷一尚書都省有注曰：「皇太子曰令。」此條所述內容與皇太子妃有關，應以通典爲是。

〔七〕請自今東宮大公事　「今」，原作「令」，據宋甲本、大德本、至順本、南監本、北監本、汲本、殿本改。

〔八〕禮畢下殿　「禮」字原闕，據宋甲本、宋乙本、至順本、汲本補。通典卷七〇禮三〇元正冬至受朝賀亦有「禮」字。

〔九〕計會日　此句上原有「三」字，據通典卷七〇禮三〇元正冬至受朝賀刪。「三」字或爲「上」之訛。

〔一〇〕下代刺史　「下代」，通典卷七〇禮三〇元正冬至受朝賀無。

〔一一〕從九品以上及奉正使人比流官者　「流官」，通典卷七〇禮三〇元正冬至受朝賀作「流外官」。

〔一二〕宴會須避　「須」字原闕，據宋甲本、宋乙本、至順本、汲本、殿本補。通典卷七一禮三一皇太子監國及會宮臣議、册府卷五八三掌禮部奏議亦有「須」字。

〔三〕明石惡與長子同名　「與」，原作「於」，據宋甲本、至順本、汲本改。通典卷七一禮三一皇太子監國及會宮臣議、册府卷五八三掌禮部奏議亦作「與」。

〔四〕與皇太子於天子　「天子」，通典卷七一禮三一皇太子監國及會宮臣議作「天下」。

〔五〕朝夕從事　「夕」，原作「名」，據十通本通典卷七一禮三一皇太子監國及會宮臣議改。

〔六〕仲春令辰　通典卷六七禮二七養老此句上有「北齊制」三字。本卷各類禮制，前多標明朝代，如「後周制」、「後齊」、「陳制」、「隋制」等，此處疑脱。

〔七〕親祖割　「割」，通典卷六七禮二七養老作「割牲」。

〔八〕事見謹傳　指周書于謹傳。

隋書卷十

志第五

禮儀五

輿輦之別，蓋先王之所以列等威也。然隨時而變，代有不同。

梁初，尚遵齊制，其後武帝既議定禮儀，乃漸有變革。始永明中，步兵校尉伏曼容奏：「宋大明中，尚書左丞荀萬秋議，金玉二輅，並建碧旂，象革木輅，並建赤旂。非時運所上，又非五方之色。今五輅五牛及五色幡旗，並請准齊所尚青色。」時議所駁，不行。及天監三年，乃改五輅旗同用赤而旒不異，以從行運所尚也。

七年，帝曰：「據禮『玉輅以祀，金輅以賓』，而今大祀，並乘金輅。」詔下詳議。周捨以爲：「金輅以之齋車，本不關於祭祀。」於是改陵廟皆乘玉輅，大駕則太僕卿御，法駕則奉車郎馭。其餘四輅，則使人執轡，以朱絲爲之。執者武冠、朱衣。

又齊永明制，玉輅上施重屋，棲寶鳳皇，綴金鈴，鑷珠璫、玉蚌佩。四角金龍，銜五綵毦。又畫麒麟頭加於馬首者。十二年，帝皆省之。

初齊武帝造大小輦，並如軺車〔一〕，但無輪轂，下橫轅軛。梁初，漆畫代之。後帝令上可加笨，輦形如犢車，自茲始也。中方八尺，左右開四望。金爲龍首，飾其五末，謂轅轂頭及衡端也。金鸞棲軛，其下施重層，以空青雕鏤爲龍鳳象。漆木橫前，名爲望板，其下交施三十六橫。小輿形似軺車，金裝漆畫，但施八橫。元正大會，乘出上殿。西堂舉哀亦乘之，行則從後。一名輿車。

羊車一名輦，其上如軺。小兒衣青布袴褶，五辮髻，數人引之，時名羊車小史。漢氏或以人牽，或駕果下馬。梁貴賤通得乘之，名曰牽子。

畫輪車，一乘，駕牛。乘用如齊制，舊史言之詳矣。

衣書車，十二乘，駕牛。漢皁蓋朱裏，過江加緑油幢。朱絲絡，青交路，黄金塗五末。一曰副車。梁朝謂之衣書車。

皇太子鸞輅，駕三馬，左右騑。朱班輪，倚獸較〔二〕，伏鹿軾，九旒，畫降龍，青蓋畫幡，文輈，黄金塗五末。近代亦謂之鸞輅，即象輅也。梁東宮初建及太子釋奠、元正朝會則乘之。以畫輪爲副。若常乘畫輪，以軺衣書車爲副。畫輪車，上開四望，緑油幢，朱繩絡，兩箱裏飾以錦，黄金塗五末。

二千石四品已上及列侯，皆給軺車，駕牛。伏兔箱，青油幢，朱絲絡，轂輞皆黑漆。天監二年令，三公、開府、尚書令，則給鹿幡軺，施耳，後户，皁輞。尚書僕射、左右光禄大夫、侍中、中書監令、祕書監，則給鳳轄軺，後户，皁輞。領、護、國子祭酒、太子詹事、尚書、侍中、列卿、散騎常侍，給聊泥軺，無後户，漆輪。車騎、驃騎及諸王除刺史帶將軍，給龍雀軺，以金銀飾。御史中丞給方蓋軺，形如小傘。

諸王三公有勳德者，皆特加皁輪車，駕牛，形如犢車。但烏漆輪轂，黄金雕裝，上加青油幢，朱絲絡，通幰或四望。上臺，三夫人亦乘之，以揭幢涅幰爲副。王公加禮者，給油幢絡車，駕牛。朱輪華轂。天監二年令，上臺，六宮、長公主、公主、諸王太妃、妃，皆乘青油輿幢通幰車，揭幢涅幰爲副。采女、皇女、諸王嗣子、侯夫人，皆乘赤油揭幢車，以涅幰爲副。侍女、直乘涅幰之乘。

諸王三公並乘通幰平乘車，竹箕子壁、仰，檳榆爲輞。如今犢車，但舉幰通覆上〔三〕。方州刺史，並乘通幰平肩輿，從横施八横，亦得金渡裝較。

天子至于下賤，通乘步輿，方四尺，上施隱膝以及襻，舉之。無禁限。載輿亦如之，但不施脚，以其就席便也。優禮者，人輿以升殿。司徒謝朏，以脚疾優之。

五牛旗，左青赤，右白黑，黄居其中，蓋古之五時副車也。舊有五色立車、五色安車，合十乘，名爲五時車。建旗十二，各如車色。立車則正豎其旗，安車則斜注。馬亦隨五時之色，白馬則朱其鬣尾。左右騑驂，金鍐鏤錫〔四〕，黄屋左纛，如金根之制。行則從後。名五時副車。晉過江，不恒有事，則權以馬車代之，建旗其上。後但以五色木牛象車，豎旗於牛背，使人輿之。旗常纏不舒，唯天子親戎，乃舒其旆。周遷以爲晉武帝平吴後造五牛之旗，非過江始爲也。

指南車，大駕出，爲先啓之乘。漢初，置俞兒騎，並爲先驅。左太沖曰：「俞騎騁路，指南司方。」後廢其騎而存其車。

記里車，駕牛。其中有木人執槌，車行一里，則打一槌。

鼓吹車，上施層樓，四角金龍，銜旒蘇羽葆。凡鼓吹，陸則樓車，水則樓船，在殿庭則畫筍虡爲樓。樓上有翔鷺棲烏，或爲鵠形。

陳承梁末王琳縱火延燒車府，至天嘉元年，敕守都官尚書、寶安侯到仲舉，議造玉金象革木等五輅及五色副車。皆金薄交龍，爲輿倚較，文貔伏軾〔五〕，虯首銜軛，左右吉陽筩，鸞雀立衡，橫文畫轓，緑油蓋，黄紋裏〔六〕，相思橑，金華末。斜注旂旗於車之左，各依方色。加棨戟於車之右，韜以黻繡之衣。獸頭幡，長丈四尺，懸於戟杪。玉輅，正副同駕六馬，餘輅皆駕四馬。馬並黄金爲叉髦，插以翟尾，玉爲鏤錫。又以綵畫赤油，長三尺，廣八寸，繫兩軸頭，古曰飛軨，改以綵畫蛙蟆幡，綴兩軸頭，即古飛軨遺象也。五輅兩箱後，皆用玳瑁爲鶡翅，加以金銀雕飾，故俗人謂之金鶡車。兩箱之裏，衣以紅錦，金花帖釘，上用紅紫錦爲後檐，青絞純帶，夏用簟，冬用綺繡褥。此後漸修，具依梁制。

後魏天興初，詔儀曹郎董謐撰朝饗儀，始制軒冕，未知古式，多違舊章。孝文帝時，儀曹令李韶，更奏詳定，討論經籍，議改正之。唯備五輅，各依方色，其餘車輦，猶未能具。至熙平九年〔七〕，明帝又詔侍中崔光與安豐王延明、博士崔瓚採其議，大造車服。定制，五輅並駕五馬。皇太子乘金輅，朱蓋赤質，四馬。三公及王，朱屋青表，制同於輅，名曰高車，駕三馬。庶姓王、侯及尚書令、僕已下，列卿已上，並給軺車，駕用一馬。或乘四望通幰車，駕一牛。自斯以後，條章粗備，北齊咸取用焉。其後因而著令，並無增損。

王、庶姓王、儀同三司已上、親公主，雉尾扇，紫傘。皇宗及三品已上官，青傘朱裏。

其青傘碧裏，達於士人，不禁。

正從第一品執事官、散官及儀同三司、諸公主，得乘油色朱絡網車，車牛飾得用金塗及純銀。二品、三品得乘卷通幰車，車牛飾用金塗。四品已下、七品已上，得乘偏幰車，車牛飾用銅。

尚書令給哄士十五人，左右僕射、御史中丞，各十二人。

周氏設六官，置司輅之職，以掌公車之政，辨其名品與其物色。

皇帝之輅，十有二等：一曰蒼輅，以祀昊天上帝。二曰青輅，以祀東方上帝。三曰朱輅，以祀南方上帝及朝日。四曰黃輅，以祭地祇、中央上帝。五曰白輅，以祀西方上帝及夕月。六曰玄輅，以祀北方上帝及感帝，祭神州。此六輅，通漆之而已，不用他物爲飾。皆疏面，旒就以方色，俱十有二。疏面，刻皮當顱。七曰玉輅，以享先皇，加元服，納后。八曰碧輅，以祭社稷，享諸先帝，大貞於龜，食三老五更，享食諸侯及耕籍。九曰金輅，以祀星辰，祭四望，視朔，大射，賓射，饗羣臣，巡犧牲，養國老。十曰象輅，以望秩羣祀，視朝，燕諸侯及羣臣，燕射，養庶老，適諸侯家，巡省，臨太學，幸道法門。十一曰革輅，以巡兵即戎。十二曰木輅，以田獵，行鄉畿。此六輅，又以六色漆而畫之，用玉碧金象革物，以飾諸末。皆鍚面、金鉤，就以五采，俱十有二。鍚面，鏤金當顱。鉤以屬勒鞶纓。

皇后之車，亦十二等：一曰重翟，以從皇帝，重翟羽爲車蕃。祀郊禖，享先皇，朝皇太后。二曰厭翟，以祭陰社。次其羽也。三曰翟輅，以採桑。翟羽飾之。四曰翠輅，以從皇帝，見賓客。翠羽飾之。五曰雕輅，以歸寧。刻諸末也。六曰篆輅，以臨諸道法門。篆諸飾也。六輅皆鍚面，朱總、總以朱絲爲之，置馬勒，直兩耳與兩鑣也。金鉤。七曰蒼輅，以適命婦家。八曰青輅，九曰朱輅，十曰黃輅，十一曰白輅，十二曰玄輅。五時常出入則供之。六輅皆疏面，繢總。以畫繒爲之。

諸公之輅九：方輅、各象方之色。碧輅、金輅，皆鍚面，鞶纓九就，金鉤。象輅、犀輅、貝輅、革輅、篆輅、木輅，皆疏面，鞶纓九就。凡就，皆以朱白蒼三采。諸侯自方輅而下八，又無碧輅。諸伯自方輅而下七，又無金輅。諸子自方輅而下六，又無象輅。諸男自方輅而下五，又無犀輅。凡就，各如其命。

諸公夫人之輅車九：厭翟、翟輅、翠輅，皆鍚面，朱總、金鉤。雕輅、篆輅，皆勒面，刻白黑韋爲當顱。繢總。朱輅、黃輅、白輅、玄輅，皆雕面，刻漆韋爲當顱。鷖總。總青黑色繒，其著如朱總。諸侯夫人自翟輅而下八，諸伯夫人自翠輅而下七，諸子夫人自雕輅而下六，諸男夫人自篆輅而下五。鞶纓就數，各視其君。

公孤卿大夫，皆以中之色乘祀輅。士乘祀車。

三公之輅車九：祀輅、犀輅、貝輅、篆輅、木輅、夏篆、夏縵、墨車、輚車。自篆已上，金塗諸末，疏錫，鞶纓，金鉤。木輅已下，銅飾諸末，疏，鞶纓皆九就。三孤自祀輅而下八，無犀輅。六卿自祀輅而下七，又無貝輅。上大夫自祀輅而下六，又無篆輅。中大夫自祀輅而下五，又無木輅。下大夫自祀輅而下四，又無夏篆。士車三：祀車、墨車、輚車。凡就，各如其命之數。自孤下，就以朱緑二采。

三妃、三公夫人之輅九：篆輅、朱輅、黄輅、白輅、玄輅，皆勒面，繢總。夏篆、夏縵、墨車、輚車，皆雕面，鷖總。三㚤、三孤内子，自朱輅已下八。六嬪、六卿内子，自黄輅而下七。上媛婦、中大夫孺人，自玄輅而下五。下媛婦、大夫孺人，自夏篆而下四。御婉、士婦人，自夏縵而下三。其鞶纓就，各以其等。

皆簟第，漆之。君以赤，卿大夫士以玄。

君駕四，三軥六轡。卿大夫駕三，二軥五轡。士駕二，一軥四轡。

輅之制，重輪重較而加耳焉〔八〕。皇帝、皇后之輅，輿廣六尺有六寸，輪高七尺。畫輪轂，輈衡以雲牙，箱軾以虡文，虡内畫以雜獸。獸伏軾，鹿倚較。諸侯及夫人、命夫命婦之輅車，廣六尺有二寸，輪崇六尺有六寸。畫轂以雲牙，軾以虡文，虡内畫以雲華。鹿倚較。

士不畫。后、夫人、内子已下同，去獸與鹿。

凡旗，太常畫三辰，日、月、五星。旂畫青龍〔九〕，皇帝升龍，諸侯交龍。旟畫朱雀，旌畫黃麟，旗畫白獸，旐畫玄武，皆加雲〔一〇〕。其旜物在軍，亦書其事號〔一一〕，加之以雲氣。徽幟亦如之。通帛爲旜，雜帛爲物。在軍亦書其人官與姓名之事號。徽幟亦書之，但畫其所書之例。旌節又畫白獸，而析羽於其上。

司常，掌旗物之藏。通帛之旗六，以供郊丘之祀。一曰蒼旗，二曰青旗，三曰朱旗，四曰黃旗，五曰白旗，六曰玄旗。畫繢之旗六，以充玉輅之等。一曰三辰之常，二曰青龍之旗，三曰朱鳥之旟，四曰黃麟之旌，五曰白獸之旗，六曰玄武之旐。皆左建旗而右建闟戟〔一二〕。又有繼旗四，以施軍旅。一曰麾，以供軍將。二曰旞，以供師帥。三曰旇〔一三〕，以供旅帥。四曰旆，以供倅長。諸公方輅、碧輅建旂，金輅建旟，象輅建物，木輅建旐。諸侯自金輅而下，如諸公之旗。諸伯自象輅而下，如諸侯之旗。諸子自犀輅而下，如諸伯之旗。諸男自篆輅而下〔一四〕，如諸子之旗。三公犀輅、貝輅、篆輅建旜，木輅建旐，夏篆、夏縵及輚車建物。孤卿已下，各以其等建其旗。

旌杠，皇帝六刃，諸侯五刃，大夫四刃，士三刃。

旒，皇帝曳地，諸侯及軹，大夫及轂，士及軫。凡注毛於杠首曰綏，析羽曰旌，全羽曰旞。其幓，皇帝諸侯加以弧韣。闟戟，方六尺而被之以黻，唯皇帝諸侯輅建焉。闟戟、杠綢與旗同。

車之蓋圓以象天，輿方以象地，輪輻三十以象日月，蓋橑二十有八以象列宿。設和鑾以節趨行，被旗旒以表貴賤。其取象也大，其彰德也明，是以王者尚之。

皇帝、皇后在喪之車五：一曰木車，初喪乘之。二曰素車，卒哭乘之。三曰藻車，既練乘之。四曰駹車，祥而乘之。五曰漆車，禫而乘之。

及平齊，得其輿輅，藏於中府，盡不施用。至大象初，遣鄭譯閱視武庫，得魏舊物，取尤異者，並加雕飾，分給六宮。有乾象輦，羽葆圓蓋，畫日月五星、二十八宿、天街雲罕、山林奇怪及遊麟飛鳳、朱雀玄武、騶虞青龍，駕二十四馬，以給天中皇后，助祭則乘。又有大樓輦車，龍輈十二，加以玉飾，四轂六衡，方輿圓蓋，金雞樹羽，寶鐸旒蘇，鸞雀立衡，六螭龍銜軛，建太常，畫升龍日月，駕二十牛。又有象輦，左右金鳳，白鹿仙人，羽葆旒蘇，金鈴玉佩，初駕二象，後以六駝代之。并有遊觀、小樓等輦，駕十五馬，車等合十餘乘，皆魏天興中之所制也。宣帝至是咸復御之。復令天下車，皆以渾成木爲輪。

開皇元年，内史令李德林奏，周、魏輿輦乖制〔一五〕，請皆廢毀。高祖從之。唯留魏太和時儀曹令李韶所製五輅，齊天保所遵用者。又留魏熙平中，太常卿穆紹議皇后之輅，其從祭則御金根車，親桑則御雲母車，並駕四馬。歸寧則御紫罽車，遊行則御安車，弔問則御紺罽軿車，並駕三馬。於後著令。制五輅。

玉輅，青質，以玉飾諸末。重箱盤輿，左青龍，右白虎，金鳳翅，畫虡文鳥獸。黃屋左纛，金鳳在軾前〔一六〕，八鸞在衡，二鈴在軾。龍輈，前設鄣塵。青蓋黃裏，繡飾。博山鏡子，樹羽。輪皆朱斑重牙。左建旗，十有二旒，幓旒皆畫升龍，其長曳地。右載闟戟，長四尺，廣三尺，黻文。旂首金龍頭，銜結綬及鈴緌。駕蒼龍，金鍐方釳，插翟尾五隼，鏤錫，鞶纓十有二就。錫馬當顱，鏤金爲之。鞶馬大帶，纓馬鞅，皆以五彩飾之。就，成也，一帀爲一就。祭祀、納后則供之。

金輅，赤質，以金飾諸末。左建旜，右建闟戟。旜畫鳥隼。餘與玉輅同。駕赤騮。朝覲會同，饗射飲至則供之。

象輅，黃質，以象飾諸末。左建旌，右建闟戟。旌畫黃麟。駕黃騮。行道則供之。

革輅，白質，輓之以革。左建旗，右建闟戟。旗畫白獸。駕白駱〔一七〕。巡守臨兵事則供之。

木輅〔一八〕，漆之。左建旐，右建闟戟。旐畫龜蛇。駕黑騮。田獵則供之。

五輅之蓋，旌旗之質，及鞶纓，皆從輅之色。蓋之裏，俱用黄。其鏤鍚，五輅同。

安車，飾重輿，曲壁，紫油纁朱裏，通幰，朱絲絡網，朱鞶纓，朱覆髮，具絡。駕赤騮。臨幸則供之。

四望車，制同犢車。金飾，青油纁朱裏，通幰。拜陵臨弔則供之。

皇后、皇太后重翟，青質，金飾諸末。朱輪，金根朱牙。其箱飾以重翟羽，青油纁朱裏，通幰，繡紫帷，朱絲絡網，繡紫絡帶。八鑾在衡，鍚鞶纓十二就，金鑁方釳，插翟尾，朱總。總以朱爲之，如馬纓而小，著馬勒，在兩耳兩鑣也。駕蒼龍。受册、從郊禖、享廟則供之。

厭翟，赤質，金飾諸末。輪畫朱牙。其箱飾以次翟羽，紫油纁朱裏，通幰，紅錦帷，朱絲絡網，紅錦絡帶。其餘如重翟。駕赤騮。親桑則供之。

翟車，黄質，金飾諸末。輪畫朱牙。其車側飾以翟羽，黄油纁黄裏，通幰，白紅錦帷，朱絲絡網，白紅錦絡帶。其餘如重翟。駕黄騮。歸寧則供之。

諸鞶纓之色，皆從車質。

安車，赤質，金飾。紫通幰朱裏。駕四馬。臨幸及弔則供之。

皇太子金輅，赤質，金飾諸末。重較，箱畫虡文鳥獸，黄屋，伏鹿軾，龍輈。金鳳一，在軾前。設鄣塵。朱蓋黄裏。輪畫朱牙。左建旂，九旒，右載闟戟。旂首金龍頭，銜結綬及鈴緌。駕赤騂四。八鑾在衡，二鈴在軾。金鍐方釳，插翟尾五隼、鏤錫，鞶纓九就。從祀享、正冬大朝、納妃則乘之。

軺車，金飾諸末。紫通幰朱裏。駕一馬。五日常朝及朝饗宮臣，出入行道乘之。

四望車，金飾諸末。紫油纁通幰朱裏，朱絲絡網。駕一馬。弔臨則乘之。

公及一品象輅，黃質，以象飾諸末。建旜，畫以鳥隼。受冊、告廟、升壇、上任、親迎及葬則乘之。

侯伯及二品三品革輅，白質，以革飾諸末。建旜，畫熊獸。受冊、告廟、親迎及葬則乘之。

子男及四品木輅，黑質，以漆飾之。建旐，畫以龜蛇。受冊、告廟、親迎及葬則乘之。

象輅已下，旒及就數，各依爵品，雖依禮製名，未及創造。開皇三年閏十二月，並詔停造，而盡用舊物。至九年平陳，又得輿輦。舊著令者，以付有司，所不載者，並皆毀棄。雖從儉省，而於禮多闕。

十四年，詔又以見所乘車輅，因循近代，事非經典，令更議定。於是命有司詳考故實，改造五輅及副。玉輅青質，祭祀乘之。金輅赤質，朝會禮還乘之。象輅黃質，臨幸乘之。革輅白質，戎事乘之。木輅玄質，耕藉乘之。五輅皆朱斑輪、龍輈、重輿，建十二旒，並畫升龍。左建闟戟。旂旒與輅同色。樊纓十有二就。王、五等開國、第一第二品及刺史輅，朱質，朱蓋，斑輪。左建旂，旂畫龍，一升一降。右建闟戟。第三第四品輅，朱質，朱蓋，左建旜，通帛爲之，旂旜皆赤。其旒及樊纓就數，各依其品。

大業元年，更製車輦，五輅之外，設副車。詔尚書令楚公楊素、吏部尚書奇章公牛弘、工部尚書安平公宇文愷、內史侍郎虞世基、禮部侍郎許善心、太府少卿何稠、朝請郎閻毗等，詳議奏決。於是審擇前朝故事，定其取捨云。

玉輅，禋祀所用，飾以玉。白武通云〔一九〕：「玉輅，大輅也。」周禮巾車氏所掌，「鏤錫，樊纓十有再就，建太常，十有二旒」。虞氏謂之鸞車，夏后氏謂之鉤車，殷謂之大輅，周謂之乘輅。大戴禮著其形式，上蓋如規象天，二十八橑象列星，下方輿象地，三十輻象一月。前視則覩鑾和之聲，側觀則覩四時之運。昔成湯用而郊祀，因有山車之瑞，亦謂桑根車。蔡邕獨斷論漢制度，凡乘輿車，皆有六馬，羽蓋金爪，黃屋左纛，鏤鍐方釳，重轂繁纓，黃繒爲蓋裏也。左纛，以旄牛尾建於竿上，其大如斗，立于左騑也。鏤鍐高闊各五寸，上如傘形，施於髮上，而插翟尾也。方釳當顱，蓋馬冠也。繁纓，膺前索也。重轂，重施轂也。應劭漢官，大輅龍旂，畫龍於旂上也〔二〇〕。董巴志謂爲瑞山車，秦謂金根，即殷輅矣。司馬彪志亦云：「漢備五輅，或謂德車，其所駕馬，皆如方色。」唯晉太常卿摯虞，獨疑大輅，謂非玉輅。摯虞之説，理實可疑，而歷代通儒，混爲玉輅，詳其施用，義亦不殊。左建太常。案釋名：「日月爲常，畫日月於旗端，言常明也。」又云：「自夏始也。」奚仲爲夏車正，加以旂常，於是旒就有差，用明尊卑之别也。董巴所述，全明漢制。天子建太常，十二斿，曳地，日月升龍，象天明也。今之玉輅，參用舊典，消息取捨，裁其折中。以青爲質，玉飾其末。重箱盤輿，左龍右獸，金鳳翅，畫虡文。軛左立纛。金鳳一，在軾前。八鸞在衡，二鈴在軾。龍輈之上，前設鄣塵。青蓋黄裏，繡游帶。金博山，綴以鏡子，下垂八佩。樹四十葆羽。輪皆朱斑重牙[二三]，復轄。左建太常，十有二旒，皆畫升龍日月，其長曳地。右載闟戟，長四尺，闊三尺，黻文。旗首金龍頭，銜鈴及緌，垂以結綬。駕蒼龍，金鍐方釳，插翟尾五隼，鏤錫，鞶纓十有二就，皆五繒罽，以爲文飾。天子祭祀、納后則乘之。馭士二十八人，餘輅准此。

副車，案蔡邕獨斷，五輅之外，乃復設五色安車、立車各一乘，皆駕四馬，是爲五時副車。俗人名曰五帝車者，蓋副車也。故張良狙擊秦皇帝，誤中副車。漢家制度，亦備副車。司馬彪云：「德車駕六，後駕四，是爲副車。」魏志亦云：「天子命太祖駕金根六馬，設五時副車。」江左乃闕，至梁始備。開皇中，不置副車，平陳得之，毀而弗用。至是復並設之。副玉輅，色及旗章，一同正輅，唯降二等。駕用四馬，馭士二十四人。餘四副准此。

金輅，案尚書，即綴輅也。周官：「金輅，鏤錫，繁纓九就，建大旂，以賓，同姓以封。」夫禮窮則通，下得通於上也，故天子乘之，接賓宴，同姓諸侯，受而出封。是以漢太子、諸王，皆乘金輅及安車，並朱斑輪，倚獸較，伏鹿軾，黑櫕文，畫藩，青蓋，金華施橑，朱畫轅，金塗飾。非皇子爲王，不錫此乘，皆左右騑，駕三馬。旂九旒，畫降龍。皇孫乘緑車，亦駕之。魏、晉制，太子及諸王，皆駕四馬。依摯虞議，天子金輅，次在第二。又云，金輅以朝，象輅以賓。則是晉用輅與周異矣。宋起居注，泰始四年，尚書令建安王休仁議：「天子之元子，士也，故齒冑於辟雍，欲使知教而後尊，不得生而貴矣。既命之後，禮同上公，故天子賜之金輅，但減旂章爲等級。象及革木，賜異姓諸侯。在朝卿士，亦准斯例。」此則皇太子及帝子王者，通得乘之。自晉過江，王公以下，車服卑雜，唯有太子，禮秩崇異。又乘山石安車〔三二〕，義不經見，事無所出。賜金輅者，此爲古制，降乘輿二等，駕用四馬。唯天子五輅，通駕六馬。旟旌旗旐，並十二旒。左建旟。案爾雅：「錯革鳥曰旟。」郭璞云：「此謂全剝鳥皮毛，置之竿上也。」舊説，刻爲革鳥。孫叔然云〔三三〕：「革，急也。言畫急疾鳥於旒上也。」周官所謂鳥隼爲旟，亦是急義。今之金輅，赤質，黄金飾諸末。左建旟，畫飛隼，右建闟戟，鞶輿鳳翅等，並同玉輅。駕赤騮。臨朝會同，饗射飲至則用之。

皇太子輅，古者金飾。宋、齊以來，並乘象輅。宇文愷、閻毗奏：「案宋大明六年，初備五輅，有司奏云：『秦改周輅，創制金根，漢、魏因循，其形莫改。而金玉二輅，雕飾略同，造次瞻覩，殆無差別。若錫於東儲，在禮嫌重，非所以崇峻陛級，表示等威。今皇太子宜乘象輅，碧旂九葉，進不斥尊，退不逼下，酌時沿古，於禮爲中。』觀宋此義，乃無副車。新置五輅，金玉同體，至象已下，即爲差降。所以太子不得乘金輅，欲示等威，故令給象。今取周禮之名，依漢家之制，天子五輅，形飾並同。旒及繁纓，例皆十二，黃屋左纛，金根重轂，無不悉同，唯應五方色以爲殊耳。若用此輅，給於太子，革木盡皆不可，何況金象者乎？既製副車，駕用四馬，至於金輅，自有等差。春秋之義，降下以兩。今天子金輅，駕用六馬，十二旒，太子金輅，駕用四馬，降龍九旒，制頗同於副車，又有旌旗之別。并嫡皇孫及親王等輅，並給金輅，而減其雕飾，合於古典。臣謂非嫌。」制曰：「可。」於是太子金輅，赤質，制同副車，具體而小，亦駕四馬，馭士二十人。皇嫡孫金輅，緑質，降太子一等。去盤輿重轂，轅上起箱，末以金飾，旌長七刃，七旒。駕用四馬，馭士一十八人。親王金輅，以赤爲質，餘同於皇嫡孫。唯在其國及納妃親迎則給之，常朝則乘象輅。

象輅，案尚書，即先輅也。周禮：「象輅，朱繁纓五就，建大赤，以朝，異姓以封。」左建旌。案爾雅注「旄首曰旌」，許慎所説「游車載旌」。廣雅云：「天子旌高九刃，諸侯七刃，大夫五刃。」周書王會：「張羽鳧旌。」禮記云：「龍旂九旒，天子之旌也。」今象輅，以黃爲質，象飾諸末。左建旌，畫綠麟，右建闟戟。駕黃騮。祀后土則用之。

革輅，案釋名「天子車也」。周禮：「革輅，龍勒，條纓五就，建大白，用之即戎，以封四衛。」古者革輓而漆之，更無他飾。又有「戎輅之萃，廣車之萃，闕車之萃，輕車之萃」〔二四〕。此皆兵車，所謂五戎。然革輅亦名戎輅，天子在軍所乘。廣車，橫陣車也。闕車，補闕車也。飾並以革，故「師供革車，各以其萃」〔二五〕。摯虞議云，革輅第四。左建旌。案釋名「熊獸爲旗」，周官「龍旂九旒，以象大火」。今革輅白質，輓之以革。左建旗，畫騶虞，右建闟戟，駕白駱。巡守臨兵則用之。三品已下，並乘革輅，朱色爲質。馭士十六人。

木輅，案尚書，即次輅也。周官：「木輅，緇樊鵠纓，建麾，以畋，以封藩國。」晉摯虞云，畋輅第五。唯宋泰始詔，乘木輅以耕稼。徐爰釋疑略曰：「天子五輅，晉遷江左，闕其三，唯有金輅以郊，木輅即戎。宋大明時，始備其數。」

凡五輅之蓋、旌旗之質及鞶纓，皆從方色。蓋裏並黃，雕飾如一。沈約曰：「金象革木，禮圖不載其形。」今旒數羽葆，並同玉輅。左建旐。案周官：「龜蛇爲旐。」釋名云：「龜知氣兆之吉凶也。」許慎云：「旐有四斿，以象營室。」今木輅黑質，漆之。左建旐，畫玄武，右建闟戟。駕黑騮。畋獵用之。四品方伯乘木輅，赤質，駕士十四人。

安車，案禮，卿大夫致事則乘之。其制如輜軿。蔡邕獨斷有五色安車，皆畫輪重轂。今畫輪，重輿，曲壁，紫油幢絳裏，通幰，朱絲絡網，赤鞶纓。駕四馬。省問臨幸則乘之。皇太子安車，斑輪，赤質，制略同乘輿，亦駕四馬。

四望車，案晉中朝大駕鹵簿，四望車，駕牛中道。東宮舊儀，皇太子及妃，皆有畫輪四望車。今四望車，制同犢車，黄金飾，青油幢朱裏，紫通幰，紫絲網。駕一牛。拜陵臨弔則用之。皇太子四望車，緑油幢，青通幰，朱絲絡網。

耕根車，案沈約云：「親幸耕籍御之。三蓋車，一名芝車，又名耕根車。置耒耜於軾上。」即潘岳所謂「紺轅屬於黛耜」者也。開皇無之，駕出親耕，則乘木輅，蓋依宋泰始之故事也。今耕根車，以青爲質，三重施蓋，羽葆雕裝，並同玉輅。駕六馬。其軾平，以青囊盛耒而加於上。籍千畝，行三推禮，則親乘焉。

羊車，案晉司隸校尉劉毅奏，護軍羊琇私乘者也。開皇無之，至是始置焉。其制如軺車，金寶飾，紫錦幰，朱絲網。馭童二十人，皆兩鬟髻，服青衣，取年十四五者爲，謂之羊車小史。駕以果下馬，其大如羊。

屬車，案古者諸侯貳車九乘，秦滅九國，兼其車服，故爲八十一乘。漢遵不改。武帝祠太一甘泉，則盡用之。明帝上原陵，又用之。法駕三十六乘，小駕十二乘。開皇中，大駕十二乘，法駕減半。大業初，屬車備八十一乘，並如犢車，紫通幰，朱絲絡網，黄金飾。駕一牛。在鹵簿中，單行正道。至三年二月，帝嫌其多，問起部郎閻毗。毗曰：「臣共宇文愷參詳故實，此起於秦，遂爲後式，故張衡賦云『屬車九九』是也。次及法駕，三分減一，此漢制也。故文帝紀『奉天子法駕迎代邸』，如淳曰『屬車三十六乘』是也。又據宋孝建時，有司奏議，晉遷江左，唯設五乘，尚書令建平王宏曰：『八十一乘，無所准憑，江左五乘，儉不中禮。但帝王旍旒之數，皆用十二，今宜准此，設十二乘。』開皇平陳，因以爲法令。憲章往古〔二六〕，大駕依秦，法駕依漢，小駕依宋，以爲差等。」帝曰：「大駕宜用三十六，法駕宜用十二，小駕除之可也。」

輦，案釋名「人所輦也」。漢成帝遊後庭則乘之。徐爰釋問云：「天子御輦，侍中陪乘。」今輦制象軺車而不施輪，通幰朱絡，飾以金玉，用人荷之。

副輦，加笨，制如犢車，亦通幰朱絡，謂之蓬輦。自梁武帝始也。

輿，案説文云：「篗，竹輿也。」周官曰：「周人上輿。」漢室制度，以雕玉爲之〔二七〕，方徑六尺。今輿制如輦而但小耳，宫苑宴私則御之。

小輿，幰方，形同幄帳。自閤出升正殿則御之。

軺車，案六韜，一名遥車，蓋言遥遠四顧之車也。漢武帝迎申公，弟子二人乘軺傳從。

此又是馳傳車也。晉氏鹵簿，御史軺車行中道。晉公卿禮秩云：「尚書令軺，黑耳後户。」今軺車，青通幰，駕二馬。王侯入學、五品朝婚，通給之。司隸刺史及縣令、詔使品第六七，則並駕一馬。

犢車，案魏武書，贈楊彪七香車二乘，用牛駕之。蓋犢車也。長沙耆舊傳曰：「劉壽常乘通幰車。」今犢車通幰，自王公已下，至五品已上，並給乘之。三品已上，青幰朱裏，五品已上，紺幰碧裏，皆白銅裝。唯有慘及弔喪者，則不張幰而乘鐵裝車。六品已下不給，任自乘犢車，弗許施幰。初，五品已上，乘偏幰車，其後嫌其不美，停不行用，以亘幰代之。三品已上通幰車則青壁，一品軺車，油幰朱網，唯車輅一等，聽勑始得乘之。

馬珂，三品已上九子，四品七子，五品五子。

皇后重翟車，案周禮，正后亦有五輅：一曰重翟，二曰厭翟，三曰安車，四曰翟車，五曰輦車。漢制，后法駕，乘重翟車。今重翟，青質，金飾諸末。畫輪，金根朱牙，重轂。其箱飾以重翟羽。青油幢朱裏，通幰，紫繡帷，朱絲絡，紫繡帶。八鑾在衡，鏤鍚，鞶纓十有二就，金鑁方釳，插翟尾，朱總，綴於馬勒及兩金鑣之上。駕蒼龍。受册從祀郊禖享廟則供之。

厭翟，赤質，金飾諸末。朱輪，畫朱牙。其箱飾以次翟羽，紫油幢朱裏，通幰，紅錦帷，朱絲絡網，紅錦帶。其餘如重翟。駕赤騮。採桑則供之。

翟車，黄質，金飾諸末。輪畫朱牙。其箱飾以翟羽，黄油幢黄裏，通幰，白紅錦帷，朱絲絡網，白紅錦帶。其餘如重翟。駕黄騮。歸寧則供之。諸鞶纓之色，皆從車質。

安車，金飾，紫通幰，朱裏。駕四馬。臨幸及弔則供之。

輦車，金飾，同於蓬輦，通幰，斑輪，駕用四馬。宫苑近行則乘之。

皇后屬車三十六乘，初宇文愷、閻毗奏定，請減乘輿之半。禮部侍郎許善心奏駁曰：「謹案周禮，后備六服，并設五輅，采章之數，並與王同，屬車之制，不應獨異。又宋孝建時，議定輿輦，天子屬車，十有二乘。至大明元年九月，有司奏皇后副車，未有定式，詔下禮官，議正其數。博士王燮之議：『鄭玄云：后象王立六宫，亦正寢一而燕寢五。推其所立，每與王同，謂十二乘通關爲允。』宋帝從之，遂爲後式。今請依乘輿，不須差降。」制曰：「可。」

三妃乘翟車，以赤爲質，駕二馬。九嬪已下，並乘犢車，青幰，朱絡網。

皇太子妃乘翟車，以赤爲質，駕三馬，畫轅金飾。犢車爲副，紫幰，朱絡網。良娣已下，並乘犢車，青幰朱裏。

三公夫人、公主、王妃，並犢車，紫幰，朱絡網〔二八〕。五品已上命婦，並乘青幰，與其夫同。

校勘記

〔一〕並如軺車　「軺車」，周一良隋書札記輦制條，據續漢書輿服志、宋書禮志，疑爲「輜車」形近之誤。本卷下文「大業元年更製車輦」下「今輦制象軺車」之「軺車」亦同。

〔二〕倚獸較　「獸」，應作「虎」，唐人諱改。

〔三〕但舉幰通覆上　「但」，原作「帕」，晉書卷二五輿服志所記內容與此全同，今據改。

〔四〕金鋄鏤錫　「鋄」，原作「燮」，據北宋本通典卷六四禮二四副車改。按，續漢書輿服志上：「金鋄方釳。」下文「燮」字，或作「爕」，統改，不另出校。

〔五〕文貔伏軾　「文貔」，周一良隋書札記陳朝輿制條疑「貔」字誤，通典卷六四禮二四五輅作「文豹」。按，此處應作「文虎」，唐人諱改。

〔六〕黃紋裏　「紋」，通典卷六四禮二四五輅作「紋」。周一良隋書札記以作「紋」爲是。下文「青紋純帶」同。

〔七〕至熙平九年　「九」，疑爲「元」形近之訛。熙平無九年，魏書卷一〇八之四禮志四載此事，有熙平元年九月侍中崔光表、太學博士崔瓚議，云云。

〔八〕重輪重較而加耳焉　「加」，原作小字注「缺」，據至順本、汲本補。通典卷六四禮二四五輅亦有「加」字。「耳」，通典作「茸」。

〔九〕旂畫青龍　「旂」，原作「旃」，據宋乙本、至順本、汲本改。通典卷六六禮二六旌旗、隋書詳節卷三禮儀志亦作「旂」。

〔一〇〕皆加雲　「雲」，御覽卷三四〇兵部七一旗引隋書、隋書詳節卷三禮儀志作「雲氣」。

〔一一〕亦書其事號　「書」，宋乙本、至順本、北宋本通典卷六六禮二六旌旗、御覽卷三四〇兵部七一旗引隋書、隋書詳節卷三禮儀志作「畫」。「事」，宋乙本、至順本、汲本、隋書詳節卷三禮儀志作「士」。

〔一二〕皆左建旗而右建闟戟　「闟戟」，原作「闒戟」，據通典卷六六禮二六旌旗改。下同。按，續漢書輿服志上：「鳳皇闟戟。」「闟戟」即「鈒戟」。

〔一三〕三曰旐　「旐」，原作「旒」，據通典卷六六禮二六旌旗改。

〔一四〕諸男自篆輅而下　「篆輅」，原作「象輅」，據宋乙本、大德本、至順本、汲本改。通典卷六六禮二六旌旗、隋書詳節卷三禮儀志亦作「篆輅」。

〔一五〕周魏輿輦乖制　「周魏」，通典卷六四禮二四五輅作「後魏」。

〔一六〕金鳳在軾前　「金鳳」，通典卷六四禮二四五輅作「金鳳一」。

〔一七〕駕白駱　「駱」，原作「輅」，據殿本改。通典卷六四禮二四五輅亦作「駱」。

〔一八〕木輅　通典卷六四禮二四五輅此句下有「黑質」二字。

〔一九〕白武通　應作「白虎通」，唐人諱改。後同，不另出校。

〔二〇〕畫龍於旂上也　「畫」，原作「書」，據宋乙本、至順本、南監本、北監本、汲本、殿本改。隋書詳節卷三禮儀志、玉海卷八三車服漢龍旂熊旗引隋志亦作「畫」。

〔二一〕輪皆朱斑重牙　「輪」，原作「輒」，據通典卷六四禮二四五輅改。按，續漢書輿服志上：「輪皆朱班重牙。」

〔二二〕山石安車　本書卷九禮儀志四作「石山安車」。按，宋書卷一八禮志五泰始四年建安王休仁議：「皇太子乘石山安車，義不見經，事無所出。」

〔二三〕孫叔然　原作「孫叔敖」。按，本書卷三二經籍志一有爾雅七卷，「孫炎注」，孫炎即孫叔然，三國志卷一三魏書王肅傳稱「時樂安孫叔然受學鄭玄之門」，作「毛詩、禮記、春秋三傳、國語、爾雅諸注」。裴注：「叔然與晉武帝同名，故稱其字。」此處所引，正與邢昺疏所引「孫炎云」相同。今據改。

〔二四〕戎輅之萃廣車之萃闕車之萃輕車之萃　諸「萃」，原作「革」，據宋乙本、大德本、至順本、汲本改。按，周禮春官車僕：「掌戎路之萃，廣車之萃，闕車之萃，苹車之萃，輕車之萃。」

〔二五〕各以其萃　「萃」，原作「革」。周禮春官車僕：「凡師共革車，各以其萃。」「革」乃「萃」形近之訛，今據改。

〔二六〕因以爲法令憲章往古　「令」，本書卷六八閻毗傳、册府卷五八四掌禮部奏議作「今」，屬下讀。

〔二七〕以雕玉爲之　「玉」字原闕，據南監本、北監本、殿本補。玉海卷七九車服漢玉輅彫玉輿輦引隋志亦有「玉」字。汲本注：「雍本有『玉』字。」

〔二八〕朱絡網　「絡網」，原作「網絡」，據大德本改。

隋書卷十一

志第六

禮儀六

梁制，乘輿郊天、祀地、禮明堂、祠宗廟、元會臨軒，則黑介幘，通天冠平冕，俗所謂平天冠者也。其制，玄表，朱緑裏，廣七寸，長尺二寸，加於通天冠上。前垂四寸，後垂三寸，前圓而後方。垂白玉珠，十有二旒，其長齊肩。以組爲纓，各如其綬色，傍垂黈纊，珫珠以玉瑱。其衣，皁上絳下，前三幅，後四幅。衣畫而裳繡。衣則日、月、星辰、山、龍、華蟲、火、宗彝，畫以爲繢。裳則藻、粉米、黼、黻，以爲繡。凡十二章。素帶，廣四寸，朱裏，以朱緑裨飾其側〔一〕。中衣以絳緣領袖。赤皮爲韠，蓋古之韍也。絳袴襪，赤舄。佩白玉，垂朱黃大綬，黃赤縹紺四采，革帶，帶劍，緄帶以組爲之，如綬色。黃金辟邪首爲帶鐍，而飾以白玉珠。又有通天冠，高九寸，前加金博山、述，黑介幘，絳紗袍，皁緣中衣，黑舄，是爲朝服。元正賀畢，還儲更衣，出所服也。其釋奠先聖，則皁紗袍，絳緣中衣，絳袴袜，黑舄。臨軒亦服衮冕，未加元服，則空頂介幘。拜陵則箋布單衣，介幘。又有五梁進賢冠、遠遊、平上幘武冠。單衣，黑介幘，宴會則服之。

單衣、白帢，以代古之疑衰、皮弁爲弔服，爲羣臣舉哀臨喪則服之。

天監三年，何佟之議：「公卿以下祭服，裏有中衣，即今之中單也。案後漢輿服志明帝永平二年，初詔有司採周官、禮記、尚書，乘輿服，從歐陽説；公卿以下服，從大、小夏侯説。祭服，絳緣領袖爲中衣，絳袴袜，示其赤心奉神。今中衣絳緣，足有所明，無俟於袴。」既非聖法，謂不可施。遂依議除之。

四年，有司言：平天冠等一百五條，自齊以來，隨故而毀，未詳所送。何佟之議：「禮『祭服敝則焚之』。」於是並燒除之，其珠玉以付中署。

七年，周捨議：「詔旨以王者衮服，宜畫鳳皇，以示差降。按禮：『有虞氏皇而祭，深衣而養老。』鄭玄所言，皇則是畫鳳皇羽也。又按禮所稱雜服，皆以衣定名，猶如衮冕〔二〕，則是衮衣而冕。明有虞言皇者，是衣名，非冕，明矣。畫鳳之旨，事實灼然。」制：「可。」又王僧崇云：「今祭服，三公衣身畫獸，其腰及袖，又有青獸，形與獸同，義應是蜼，即宗彝也。兩袖各有禽鳥，形類鸞鳳，似是華蟲。今畫宗彝，即是周禮。但鄭玄云：『蜼，禺屬〔三〕，昂鼻長尾。』是獸之輕小者。謂宜不得同獸。尋冕服無鳳，應改爲雉。又裳有圓花，於禮無礙，疑是畫師加葩蘤耳〔四〕。藻、米、黼、黻，並乖古制，今請改正，并去圓花。」帝曰：「古文日、月、星辰，此以一辰攝三物也。山、龍、華蟲，又以一山攝三物也。藻、火、粉米，又以一藻攝三物也。是爲九章。今袞服畫龍，則宜應畫鳳，明矣。孔安國云：『華者，花也。』則爲花非疑。若一向畫雉，差降之文，復將安寄？鄭義是所未允。」又，帝曰：「禮：『王者祀昊天上帝，則大裘而冕，祀五帝亦如之。』又云：『莞席之安，而蒲越稾秸之用。』斯皆至敬無文，貴誠重質。今郊用陶匏，與古不異，而大裘蒲秸，獨不復存，其於質敬，恐有未盡。且一獻爲質，其劍佩之飾及公卿所著冕服，可共詳定。」五經博士陸瑋等並云：「祭天猶存掃地之質，而服章獨取黼、黻爲文，於義不可。今南郊神座，皆用茝席，此獨莞類，未盡質素之理。宜以稾秸爲下藉，蒲越爲上席。又司服云『王祀昊天，服大裘』，明諸臣禮不得同。自魏以來，皆用袞服，今請依古，更制大裘。」制：「可。」瑋等又尋大裘之制，唯鄭玄注司服云「大裘，羔裘也」，既無所出，未可爲據。案六冕之服，皆玄上纁下。今宜以玄繒爲之。其制式如裘，其裳以纁，皆無文繡。冕則無旒。詔：「可。」

又乘輿宴會，服單衣，黑介幘。舊三日九日小會，初出乘金輅服之〔五〕。八年，帝改去還皆乘輦，服白紗帽。

九年，司馬筠等參議：「禮記玉藻云：『諸侯玄冕以祭，裨冕以朝。』雜記又云：『大夫冕而祭於公，弁而祭於己。』今之尚書，上異公侯，下非卿士，止有朝衣，本無冕服。但既預齋祭，不容同在於朝〔六〕，宜依太常及博士諸齋官例，著皁衣，絳襈，中單，竹葉冠。若不親奉，則不須入廟。」帝從之。

十一年，尚書參議：「按禮，跣韈，事由燕坐，屨不宜陳尊者之側。今則極敬之所，莫不皆跣。清廟崇嚴，既絕恒禮，凡有履行者，應皆跣韈。」詔：「可。」

陳永定元年，武帝即位，徐陵白：「所定乘輿御服，皆採梁之舊制。」又以爲：「冕旒，後漢用白玉珠，晉過江，服章多闕，遂用珊瑚雜珠〔七〕，飾以翡翠。侍中顧和奏，『今不能備玉珠，可用白琁』，從之。蕭驕子云，『白琁，蜯珠是也』。」帝曰：「形制依此。今天下初定，務從節儉。應用繡、織成者，並可彩畫，金色宜塗，珠玉之飾，任用蜯也。」至天嘉初，悉改易之，定令具依天監舊事，然亦往往改革。今不同者，皆隨事於注言之；不言者，蓋無所改制云。

皇太子，金璽龜鈕，朱綬，三百二十首。朝服，遠遊冠，金博山，佩瑜玉翠緌，垂組，朱衣，絳紗袍，皁緣白紗中衣〔八〕，白曲領，帶鹿盧劍，火珠首，素革帶，玉鉤燮，獸頭鞶囊。其大小會、祠廟、朔望、五日還朝，皆朝服，常還上宮則朱服。若釋奠，則遠遊冠，玄朝服，絳緣中單，絳袴袜，玄舄。講，則著介幘。又有三梁進賢冠。其侍祀則平冕九旒，衮衣九章，白紗絳緣中單，絳繒韠，赤舄，絳韈。若加元服，則中舍執冕從。皇太子舊有五時朝服，自天監之後則朱服。在上省則烏帽，永福省則白帽云。

諸王，金璽龜鈕，纁朱綬，一百六十首。朝服，遠遊冠，介幘〔九〕，朱衣，絳紗袍，皁緣中衣，素帶，黑舄。佩山玄玉，垂組，大帶，獸頭鞶，腰劍。若加餘官，則服其加官之服。

開國公，金章龜鈕，玄朱綬，一百四十首〔一〇〕。朝服，紗朱衣，進賢三梁冠，佩山玄玉，獸頭鞶，腰劍。

開國侯、伯，金章龜鈕，青朱綬，一百二十首。朝服，紗朱衣，進賢三梁冠，佩水蒼玉，獸頭鞶，腰劍。

開國子、男，金章龜鈕，青綬，一百首〔一一〕。朝服，紗朱衣，進賢三梁冠，佩水蒼玉，獸頭鞶，腰劍。

縣、鄉、亭、關內、關中及名號侯，金印龜鈕，紫綬，朝服，進賢二梁冠，獸頭鞶，腰劍。

關內、關中及名號侯則珪鈕。

關外侯，銀印珪鈕，青綬，朝服，進賢二梁冠，獸頭鞶，腰劍。

諸王嗣子，金印珪鈕，紫綬，八十首。朝服，進賢二梁冠，佩山玄玉，獸頭鞶，腰劍。

開國公、侯嗣子，銀印珪鈕，青綬，八十首。朝服，進賢二梁冠，佩水蒼玉，獸頭鞶，腰劍。

太宰、太傅、太保、司徒、司空，金章龜鈕，紫綬，八十首。朝服，進賢三梁冠，佩山玄玉，獸頭鞶，腰劍。陳令加有相國丞相，服制同。

大司馬、大將軍、太尉、諸位從公者，金章龜鈕，紫綬，八十首。朝服，武冠，佩山玄玉，獸頭鞶，腰劍。直將軍則不帶劍。

凡公及位從公、言以將軍及以左右光祿、開府儀同者，各隨本位號。其文則曰「某位號儀同之章」。五等諸侯，助祭郊廟，皆平冕九旒，青玉爲珠，有前無後。各以其綬色爲組纓，旁垂黈纊。衣，玄上纁下，畫山龍已下九章，備五采，大佩，赤舄，絇履[一三]。錄尚書無章綬品秩，悉以餘官總司其任，服則餘官之服，猶執笏紫荷。其在都坐，則東面最上。

尚書令、僕射、尚書，銅印墨綬，朝服，納言幘，進賢冠，佩水蒼玉，尚書則無印綬。腰劍，紫荷，執笏。陳尚書令、僕射，金章龜鈕，紫綬，八十首，獸頭鞶。尚書無印綬及鞶。餘並同梁。

侍中、散騎常侍、通直常侍、員外常侍，朝服，武冠貂蟬，侍中左插，常侍右插。皆腰劍，佩水蒼玉。其員外常侍不給佩。舊至尊朝會登殿，侍中常侍夾御，御下輿，則扶左右。侍中驂乘，則不帶劍。

中書監、令、祕書監，銅印墨綬，朝服，進賢兩梁冠，佩水蒼玉，腰劍，獸頭鞶。陳制，銀章龜鈕，青綬，八十首，獸頭鞶，腰劍。餘同梁。

左、右光祿大夫，皆與加金章紫綬同。其但加金紫者，謂之金紫光祿，但加銀青者，謂之光祿大夫〔三〕。陳令有特進，進賢二梁冠，朝服，佩水蒼玉，腰劍。梁令不載。

光祿、太中、中散大夫，太常、光祿、弘訓太僕、太僕、廷尉、宗正、大鴻臚、大司農、少府、大匠諸卿，丹陽尹，太子保、傅，大長秋，太子詹事，銀章龜鈕，青綬，獸頭鞶，朝服，進賢冠二梁，佩水蒼玉。卿大夫助祭，則冠平冕五旒，黑玉爲珠，有前無後。各以其綬采爲組纓，旁垂黈纊。衣，玄上纁下，畫華蟲七章，皆佩五采大佩，赤舄，絇屨。陳宮卿改云慈訓，餘皆同梁。又有太舟卿，服章同。

驃騎、車騎、衞將軍、中軍、冠軍、輔國將軍、四方中郎將，金章紫綬，中郎將則青綬。朝服，武冠，佩水蒼玉。陳令：鎮衞、驃騎、車騎、中軍、中衞、中撫軍、中權、四征、四鎮、四安、四翊、四平將軍，金章獸鈕。其冠軍、四方中郎將，金章豹鈕，並紫綬，八十首，獸頭鞶，朝服，武冠，佩水蒼玉。自中軍已下諸將軍及冠軍、四方中郎將，並官不給佩。

領、護軍，中領、護軍，五營校尉，銀印青綬，朝服，武冠，佩水蒼玉，獸頭鞶。其屯騎〔一四〕，夾御日，假給佩，餘校不給。陳令：領、護，金章龜鈕，紫綬，八十首。中領、護，銀章龜鈕，青綬，八十首。其五營校尉，銀印珪鈕，青綬，八十首。官不給佩。餘並同梁。

弘訓衞尉，衞尉，陳宮卿云慈訓，服同諸卿，但武冠。司隸校尉，陳無官服。左右衞、驍騎、游擊、前、左、右、後軍將軍，龍驤、寧朔、建威、振威、奮威、揚威、廣威、武威、建武、振武、奮武、揚武、廣武等將軍，積弩、積射、强弩將軍，監軍，銀章青綬，朝服，武冠，佩水蒼玉，獸頭鞶。驍、游已下，並不給佩。驍、游夾侍日，假給。陳令：左、右衞，銀章龜鈕，不給劍。左右驍騎、游擊、雲騎、游騎、前、左、右、後軍將軍，左右中郎將，銀印珪鈕。餘服飾同梁，亦官不給佩。其驍、游、雲騎，夾御日，假給。其積弩、積射、强弩，銅印環鈕，墨綬，帶劍。餘服同梁。又有忠武、軍師、武臣、爪牙、龍騎、雲麾、鎮兵、翊帥〔一五〕、宣惠、宣毅、智威、仁威、勇威、信威、嚴威、智武、仁武、勇武、信武、嚴武，金章豹鈕，紫綬，八十首。官不給。輕車、鎮朔、武旅、貞毅、朔威、寧遠、安遠、征遠、振遠、宣遠等將軍，金章貔鈕，紫綬，並獸頭鞶，朝服，武冠，佩水蒼玉。

國子祭酒，皁朝服，進賢二梁冠，佩水蒼玉。

御史中丞、都水使者，銀印，墨綬，朝服，進賢二梁冠，獸頭鞶，腰劍，佩水蒼玉。陳中丞，銀章龜鈕，青綬，八十首，二梁冠。餘同梁。其都水，陳、梁改爲太舟卿，服在諸卿中見。

謁者僕射，銅印環鈕，墨綬，八十首。朝服，高山冠，獸頭鞶，佩水蒼玉，腰劍。

諸軍司，銀章龜鈕，青綬，朝服，武冠，獸頭鞶。

給事中、黃門侍郎、散騎通直、員外散騎侍郎、奉朝請、太子中庶子、庶子、武衛將軍、武騎常侍，朝服，武冠，腰劍。陳令：庶子已上簪筆。其武衛不劍，正直夾御，白布袴褶。

中書侍郎，朝服，進賢一梁冠，腰劍。冗從僕射、太子衛率，銅印，墨綬，獸頭鞶，朝服，武冠。陳衛率，銀章龜鈕，青綬，不劍。冗從，銅印環鈕，墨綬，腰劍。餘並同梁。

武賁中郎將、羽林監，銅印環鈕，墨綬，朝服，武冠，獸頭鞶，腰劍。其在陛牙及備鹵簿，著毦尾，絳紗縠單衣。

護匈奴中郎將、護羌、戎、夷、蠻、越、烏丸、西域校尉，銀印珪鈕，青綬，朝服，武冠，獸頭鞶。陳令，無此官。其庶子，鎮蠻、寧蠻、平戎、西戎校尉，平越中郎將，服章同。

安夷、撫夷護軍，州郡國都尉，奉車、駙馬、騎都尉，諸護軍，銀印珪鈕，青綬，獸頭鞶，朝服，武冠。陳安遠、鎮蠻護軍，州、郡、國都尉，奉車、駙馬、騎都尉，諸護軍，服章同。無餘文。

州刺史，銅印，墨綬，獸頭鞶，腰劍，絳朝服，進賢二梁冠。陳銅章龜鈕〔一六〕，青綬。餘同梁。

郡國太守、相、內史，銀章龜鈕，青綬，獸頭鞶，單衣，介幘。加中二千石，依卿尹冠服劍佩。

尚書左、右丞，祕書丞，銅印環鈕，黃綬，獸爪鞶，朝服，進賢一梁冠。

尚書、祕書、著作郎，太子中舍人、洗馬、舍人，朝服，進賢一梁冠，腰劍。

諸王友、文學，朱服，進賢一梁冠。陳令：諸王師服同。

治書侍御史、侍御史，朝服，腰劍，法冠。治書侍御史，則有銅印環鈕，墨綬。陳又有殿中、蘭臺侍御史，朝服，法冠，腰劍，簪筆。

諸博士，給皁朝服，進賢兩梁冠，佩水蒼玉。

太學博士，正限八人，著佩，限外六人不給。

廷尉律博士，無佩。並簪筆。

國子助教，皁朝服，進賢一梁冠，簪筆。

公府長史，獸頭鞶。諸卿尹丞，黃綬，獸爪鞶，簪筆。

諸縣署令、秩千石者，獸爪鞶，銅印環鈕，墨綬，朝服，進賢兩梁冠。長史朱服，諸卿尹丞、建康令，玄服。

公府掾屬、主簿、祭酒，朱服，進賢一梁冠。公府令史亦同。

領、護軍長史，朱服，獸頭鞶。諸軍長史，單衣，介幘，獸頭鞶。

諸卿部丞、獄丞，並皁朝服，一梁冠，黃綬，獸爪鞶，簪筆。

太子保、傅、詹事丞，皁朝服，一梁冠，簪筆，獸爪鞶，黃綬。

郡國相、內史丞、長史，單衣，介幘。長史，獸頭鞶。其丞，黃綬，獸爪鞶。

諸縣署令、長、相，單衣，介幘，獸頭鞶，銅印環鈕，墨綬，朝服，進賢一梁冠。諸署令，朱衣，武冠。州都大中正、郡中正，單衣，介幘。

太子門大夫，獸頭鞶，陵令、長，獸爪鞶，銅印環鈕，墨綬，朝服，進賢一梁冠。令、長朱服，率更、家令、僕，朝服，兩梁冠，獸頭鞶，腰劍。

黃門諸署令、僕、長、丞，朱服，進賢一梁冠，銅印環鈕，墨綬。丞，黃綬。黃門冗從僕射監、太子寺人監，銅印環鈕，墨綬，朝服，武冠，獸頭鞶。

公府司馬，領、護軍司馬，諸軍司馬，護匈奴中郎將，護羌、戎、夷、蠻、越、烏丸、戊己校尉長史、司馬，銅印環鈕，墨綬，獸頭鞶，朝服，武冠。諸軍司馬，單衣，平巾幘。長史，介幘。陳令：公府司馬，領、護軍司馬，諸軍司馬，鎮、安蠻、安遠護軍，蠻、戎、越校尉中郎將長史、司馬，其服章與梁官同。

公府從事中郎，朱服，進賢一梁冠。諸將軍開府功曹、主簿，單衣，介幘，革帶。廷尉，建康正、監、平，銅印環鈕，墨綬，皁零辟，朝服，法冠，獸爪鞶。

左、右衞司馬，銅印環鈕，墨綬，單衣，帶，平巾幘，獸頭鞶。

諸府參軍，單衣，平巾幘。

諸州别駕、治中、從事、主簿、西曹從事，玄朝服，進賢一梁冠，簪筆。常公事，單衣，介幘，朱衣。

直閤將軍，朱服，武冠，銅印珪鈕，青綬，獸頭鞶。

直閤將軍諸殿主帥，朱服，武冠。正直絳衫，從則裲襠衫。

諸開國郎中令、大農，公，傅中尉，銅印環鈕，青綬，朝服，進賢兩梁冠，中尉武冠，皆獸頭鞶。

諸開國三將軍，銅印環鈕，青綬，朝服，武冠。限外者不給印。陳制：墨綬，餘並同梁。

開國掌書中尉、司馬，陵廟食官，廐牧長，典醫典府丞，銅印。

常侍、侍郎、世子、庶子、謁者、中大夫、舍人，不給印。典書、典祠、學官令，典膳丞、長，銅印。限外者不給印。

左右常侍、侍郎，典衞中尉司馬，朝服，武冠。典書、典祠、學官令，朝服，進賢一梁冠。餘悉朱服，一梁冠。常侍、侍郎、典書、典祠、學官令，簪筆，腰劍。

太子衞率、率更、家令丞，銅印環鈕，黄綬，皁朝服，進賢一梁冠，獸爪鞶。

太子常從武賁督，銅印環鈕，墨綬，朝服，武冠，獸爪鞶。

殿中將軍、員外將軍，朱服，武冠。

州郡國都尉司馬，銅印環鈕，墨綬，朱服，武冠，獸頭鞶。

諸謁者，朝服，高山冠。

中書通事舍人門下令史、主書典書令史、門下朝廷局書令史、太子門下通事守舍人、主書典守舍人、二宮齋内職左右職局齋幹已上，朱服，武冠。

殿中内外局監、太子内外監殿中守舍人，銅印環鈕，朱服，武冠。

内外監典事書吏，朱服，進賢一梁冠。　内監朝廷人領局典事、外監統軍隊諮詳發遣局典事，武冠。　外監及典事書吏，悉著朱衣，唯正直及齋監并受使，不在例。　其東宮内外監、殿典事書吏，依臺格。　五校、三將將軍主事，内監主事，外監主事，三校主事，朱服，武冠。

尚書都令史，都水參事，門下書令史，集書、中書、尚書、祕書著作掌書主書主圖主譜典客令史書令史〔七〕，監、令、僕射省事，蘭臺、殿中蘭臺、謁、都水令史，公府令史書令史，太子導客、次客守舍人及諸省典事，朱衣，進賢一梁冠。

尚書都竿、度支竿、左户校吏，朱服，進賢一梁冠。

諸縣署丞、太子諸署丞、王公侯諸署及公主家令丞、僕，銅印環鈕，黃綬，朱服，進賢一梁冠。太官、太醫丞，武冠。

諸縣尉，銅印環鈕，單衣，介幘，黃綬，獸爪鞶。節騎郎，朱服，武冠。其在陛列及備鹵簿者，髦尾，絳紗縠單衣。御節郎、黃鉞郎，朝服，赤介幘，簪筆。典儀、唱警、唱奏事、持兵、主麾等諸職，公事及備鹵簿，朱服，武冠。

殿中中郎將、校尉、都尉，銀印珪鈕，青綬，朱服，武冠，獸頭鞶。

城門候，銅印環鈕，墨綬，朱服，武冠，獸頭鞶。

部曲督、司馬吏、部曲將，銅印環鈕，朱服，武冠。司馬吏，假墨綬，獸爪鞶。

太中、中散、諫議大夫，議郎、中郎、郎中、舍人，朱服，進賢一梁冠。

諸門郎、僕射、佐吏，東宮門吏，其郎朱服，僕射皁零辟，朝服，進賢冠，吏却非冠，佐吏著進賢冠。

總章協律，銅印環鈕，艾綬，獸爪鞶，朱服，武冠。

黃門後閤舍人、主書、齋帥、監食、主食、主客、扶侍、鼓吹，朱服，武冠。鼓吹進賢冠，齋帥墨綬，獸頭鞶。

殿中司馬，銅印環鈕，墨綬，朱服，武冠，獸頭鞶。

總章監、鼓吹監，銅印環鈕，艾綬，朱服，武冠。

諸四品將兵都尉、牙門將、崇毅、材官、折難、輕騎、揚烈、威遠、寧遠、宣威、光威、驤威、威烈、威虜、平戎、綏遠、綏狄、綏邊、綏戎、獸威〔一八〕、威武、烈武、毅武、奮武、討寇、討虜、殄難、討難、討夷、厲武、横野、陵江、鷹揚、執訊、蕩寇、蕩虜、蕩難、蕩逆、殄虜、掃虜、掃難、掃逆、掃寇、厲鋒、武奮、武牙〔一九〕、廣野，領兵滿五十人，給銀章，不滿五十，除板而已，不給章，朱服，武冠。以此官爲刺史、太守，皆青綬。此條已下，皆陳制，與梁不同。

典儀但帥、典儀正帥，朱衣，武冠。其本資有殿但、正帥，得帶艾綬，獸頭鞶。殿但帥、正帥，艾綬，獸頭鞶，朱服，武冠。殿帥、羽儀帥、員外帥，朱衣，武冠。

威雄、猛、烈、振、信、勝、略、風、力、光等十威將軍，武猛、略、勝、力、毅、健、烈、威、鋭、勇等十武將軍，並銀章熊鈕，青綬，獸頭鞶，武冠，朝服。

猛毅、烈、威、鋭、震、進、智、武、勝、駿等十猛將軍〔二〇〕，銀章羆鈕，青綬，獸頭鞶，武冠，朝服。

壯武、勇、烈、猛、鋭、威、毅、志、意、力等十壯將軍，驍雄、桀、猛、烈、武、勇、鋭、名、勝、迅等十驍將軍，雄猛、威、明、烈、信、武、勇、毅、壯、健等十雄將軍，並銀章羔鈕，青綬，獸頭鞶，武冠，朝服。

忠勇、烈、猛、鋭、壯、毅、捍、信、義、勝等十忠將軍，明智、略、遠、勇、烈、威、勝、進、鋭、毅等十明將軍，光烈、明、英、遠、勝、鋭、命、勇、武、野等十光將軍，飈勇、猛、烈、鋭、奇、決、起、略、勝、出等十飈將軍〔二一〕，並銀章鹿鈕，青綬，獸頭鞶，武冠，朝服。

龍驤、武視〔二二〕、雲旗、風烈、電威、雷音、馳鋭、進鋭〔二三〕、羽騎、突騎、折衝、冠武、和戎、安壘、起猛〔二四〕、英果、掃虜、掃狄、武鋭、摧鋒、開遠、略遠、貞威、決勝、清野、堅鋭、輕鋭〔二五〕、拔山、雲勇、振旅等三十號將軍，銀印菟鈕，青綬，獸頭鞶，朝服，武冠。

超武、鐵騎、樓船、宣猛、樹功、剋狄、平虜、稜威、戎昭、威戎、伏波、雄戟、長劍、衝冠、雕騎、佽飛、勇騎、破敵、剋敵、威虜、前鋒、武毅、開邊、招遠、全威〔二六〕、破陣、蕩寇、殄虜、横野、馳射等三十號將軍，銅印環鈕，墨綬，獸頭鞶，朝服，武冠。并左十二件將軍，除並假給章印綬，板則止朱服、武冠而已。其勳選除，亦給章印。

建威、牙門、期門已下諸將軍，並銅印環鈕，墨綬，獸頭鞶，朱服，武冠。板則無印綬，止冠服而已。其在將官，以功次轉進，應署建威已下諸號，不限板除，悉給印綬。若武官署位轉進，登上條九品馳射已上諸戎號〔二七〕，亦不限板除，悉給印綬。

千人督、校督、司馬武賁督、牙門將、騎督督、守將兵都尉、太子常從督、別部司馬、假司馬，假銅印環鈕，朱服，武冠，墨綬，獸頭鞶。

武猛中郎將、校尉、都尉，銅印環鈕，朱服，武冠。其以此官爲千人司馬、道賁督已上及司馬，皆假墨綬，獸頭鞶。已上陳制，梁所無及不同者。

陛長、甲僕射、主事吏將騎、廷上五牛旗假吏武賁，在陛列及備鹵簿，服錦文衣，武冠，髦尾。陛長者，假銅印環鈕，墨綬，獸頭鞶。

假旄頭羽林，在陛列及備鹵簿，服絳單衣，上著韋畫腰襦，假旄頭。輿輦、迹禽、前驅、由基强弩司馬，給絳科單衣，武冠。其本位佩武猛都尉已上印者，假墨綬〔二八〕，別部司馬已下假墨綬，並獸頭鞶。

殿中冗從武賁、殿中武賁、持鈒戟冗從武賁，假青綬，絳科單衣，武冠。陳令：絳科單衣，其本位職佩武猛、都尉等印，假鞶綬，依前條。

持椎斧武騎武賁、五騎傳詔武賁、殿中羽林、太官尚食武賁、稱飯宰人、諸宮尚食武賁〔二九〕，假墨綬，給絳褠，武冠。其佩武猛、都尉等位印，皆依上條假鞶綬之例。

其在陛列及備鹵簿，五騎武賁，服錦文衣，髦尾。宰人服離支衣。領軍捉刃人〔三〇〕，烏總帽，袴褶，皮帶。

絓是羽葆旄鼓吹，悉改著進賢冠，外給系旄。鼓吹著武冠。諸官鼓吹，尚書廊下都坐門下使守藏守閤、殿中威儀騶，武賁常直殿門雲龍門者、門下左右部武賁羽林騶，給傳事者諸導騶，門下中書守閤、尚書門下武賁羽林騶，蘭臺五曹節藏僕射廊下守閤、威儀發符騶，都水使者廊下守給騶，謁者威儀騶，諸宮謁者騶，絳構，武冠，衣服如舊。大誰、天門士，皁科單衣，樊噲冠。衛士，涅布構，却敵冠。

諸將軍、使持節、都督執節史，朱衣，進賢一梁冠。自此條已下皆陳制，梁所無。持節節史，單衣，介幘。其纂戎戒嚴時，同使持節。制假節節史，單衣，介幘。凡節趺，以石爲之。持節皆刻爲鞶螭形，假節及給蠻夷節，皆刻爲狗頭趺。

諸王典籤帥，單衣，平巾幘。典籤書史，袴褶，平巾幘。

諸王書佐，單衣，介幘。

公府書佐，朱衣，進賢冠。

諸王國舍人、司理、謁者、閤下令史、中衛都尉，朱衣，進賢一梁冠。司理假銅印，謁者高山冠，令史已下武冠。

太子太傅五官、功曹、主簿，皁朝服，進賢一梁冠。

太子二傅門下主記、録事、功曹書佐，門下書佐，記室帳下督、都督省事，法曹書佐，太傅外都督，皁衣，進賢一梁冠。

太子妃家令，絳朝服，進賢一梁冠。

太子三校、二將，積弩、殿中將軍，衣服皆與上宮官同。

太子正員司馬督、題閤監，銅印墨綬。三校内主事、主章、扶侍，守舍人，衣帶仗局、服飾衣局、珍寶朝廷主衣統，奏事幹，内局内幹，朱衣，武冠。

諸公府御屬及省事，録尚書省事，太子門下及内外監丞、典事、導客、竿書吏，次功、典書函、典書、典經、五經典書諸守宮舍人，市買清慎食官督，内直兵吏，宣華、崇賢二門舍人，諸門吏，朱衣，進賢一梁冠。

太子妃傳令，朱衣，武冠，執刀，烏信幡。

太子二傅騎吏，玄衣，赤幘，武冠，常行則袴褶。執儀、齋帥、殿帥、典儀帥，傳令、執刀戟、主蓋扇麾繖、殿上持兵、車郎、扶車、注疏、萌床、齋閤食司馬、唱導飯、主食、殿前帥、殿前威儀、武賁威儀、散給使、閤將、鼓吹士帥副，武冠，絳褠。案輀、小輿、持車、軺車給使，平巾幘，黄布袴褶，赤罽帶。

太子諸門將，涅布褠，樊噲冠。

太子鹵簿戟吏，赤幘，武冠，絳褠。廉帥、整陣、禁防，平巾幘，白布袴褶。輓角五音帥、長麾，青布袴褶，岑帽，絳絞帶。都伯，平巾幘，黄布袴褶。

文官曹幹，白紗單衣、介幘。尚書二臺曹幹亦同。

武官問訊、將士給使，平巾幘，白布袴褶。

通天冠，高九寸，正豎，頂少斜却，乃直下鐵爲卷梁，前有展筩，冠前加金博山、述。乘輿所常服。

遠遊冠，制似通天，而前無山、述，有展筩，橫于冠前。皇太子及王者後、諸王服之。諸王加官者，自服其官之冠服，唯太子及王者後常冠焉。太子則以翠羽爲緌，綴以白珠。其餘但青絲而已。

進賢冠，古緇布冠遺象也，斯蓋文儒者之服。前高七寸，後高三寸，長八寸。有五梁、三梁、二梁、一梁之別。五梁唯天子所服，其三梁已下，爲臣高卑之別云。

武冠，一名武弁，一名大冠，一名繁冠，一名建冠，今人名曰籠冠，即古惠文冠也。天子元服，亦先加大冠。今左右侍臣及諸將軍武官通服之。侍中常侍，則加金璫附蟬焉，插以貂尾，黄金爲飾云。

高山冠，一名側注，高九寸，鐵爲卷梁。制似通天，頂直豎，不斜，無山述展筩。高山者，取其矜莊賓遠，中外謁者僕射服之。

法冠，一名柱後，或謂之獬豸冠，高五寸，以縰爲展筩，鐵爲柱卷，取其不曲撓也。侍御史、廷尉正監平，凡執法官，皆服之。

鶡冠，猶大冠也，加雙鶡尾，豎插兩邊，故以名焉。武賁中郎將、羽林監、節騎郎，在陛列及鹵簿者服之。

長冠，一名齋冠。高七寸，廣三寸，漆纚爲之。制如版，以竹爲裹。漢高祖微時，以竹皮爲此冠，所謂劉氏冠。後除竹，用漆纚焉。司馬彪曰：「長冠，楚制也。人間或謂之鵲尾冠，非也。」後代以爲祭服，尊敬之也。至天監三年，祠部郎沈宏議：「案竹葉冠，是高祖爲亭長時所服，安可緜代爲祭服哉？禮：『士弁祭於公。』請令太常丞、博士奉齋之服，宜改用爵弁。」明山賓同宏議。司馬褧云：「若必遵三王，則懼所改非一。長冠謂宜仍舊。案今之宗丞博士之服，未有可非。」帝竟不改。

建華冠，以鐵爲柱卷，貫大銅珠九枚。祀天地、五郊、明堂，舞人服之。

樊噲冠，廣九寸，高七寸，前後出各四寸，制似平冕。凡殿門司馬衞士服之。

却敵冠，高四寸，通長四寸，後高三寸，制似進賢冠。凡宮殿門衞士服之。

却非冠，高五寸，制似長冠。宮殿門吏僕射冠之。

幘，尊卑貴賤皆服之。文者長耳，謂之介幘；武者短耳，謂之平上幘。各稱其冠而制之。尚書令、僕射、尚書幘，收方三寸，名曰納言。未冠童子幘，無屋，施假髻者，示未成人也。

幍，傅子云：「先未有歧，荀文若巾觸樹成歧，時人慕之，因而弗改。」今通爲慶弔之服。白紗爲之，或單或袷。初婚冠送餞亦服之。

巾，國子生服，白紗爲之。晉太元中，國子生見祭酒博士，單衣，角巾，執經一卷，以代手版。宋末，闕其制。齊立學，太尉王儉更造。今形如之。

帽，自天子下及士人，通冠之。以白紗者，名高頂帽。皇太子在上省則烏紗，在永福省則白紗。又有繒皁雜紗爲之，高屋下裙，蓋無定准。

袴褶，近代服以從戎。今纂嚴，則文武百官咸服之。車駕親戎，則縛袴，不舒散也。中官紫褶，外官絳褶，腰皮帶，以代鞶革。

笏，中世以來，唯八座尚書執笏。笏者白筆綴其頭，以紫囊裹之。其餘公卿，但執手版。荷紫者，以紫生爲袷囊，綴之服外，加於左肩。周遷云：「昔周公負成王，制此衣，至今以爲朝服。」蕭驕子云：「名契囊。」案趙充國傳云「張子孺持囊簪筆，事孝武帝」，張晏云：「囊，契囊也。近臣負囊簪筆，從備顧問，有所記也。」

入殿門，有籠冠者著之，有纓則下之。緣廂行，得提衣。省閤內得著履、烏紗帽。入齋閤及橫度殿庭，不得人提衣及捉服飾。入閤則執手板，自摳衣。几席不得入齋正閤。介幘不得上正殿及東、西堂。儀仗繖扇，有幰牽車，不得入臺門。臺官問訊皇太子，亦皆朱服，著襪；謁諸王，單衣，幘；庶姓，單衣，帢。詣三公，必衣帢。至黃閤，下履，過閤還，著履。

古者君臣佩玉，尊卑有序，綬者，所以貫佩相承受也。又上下施韍，如蔽膝，貴賤亦各有殊。五霸之後，戰兵不息，佩非兵器，韍非戰儀，於是解去佩韍，留其繫襚而已。韍佩既廢，秦乃以采組連結於襚，轉相結受，又謂之綬。漢承用之。至明帝始復制佩，而漢末又亡絶。魏侍中王粲識其形，乃復造焉。今之佩，粲所制也。

皇后謁廟，服袿襹大衣，蓋嫁服也，謂之褘衣，皁上皁下。親蠶則青上縹下。皆深衣制〔三一〕，隱領袖緣以絛。首飾則假髻、步摇，俗謂之珠松是也。簪珥步摇，以黄金爲山題，貫白珠，爲支相繆。八爵九華，熊、獸、赤羆、天鹿、辟邪、南山豐大特六獸。諸爵獸皆以翡翠爲華〔三二〕。綬佩同乘輿。

貴妃、貴嬪、貴姬，是爲三夫人，金章龜紐，紫綬，八十首。佩于寘玉，獸頭鞶。

淑媛、淑儀、淑容、昭華、昭儀、昭容、脩華、脩儀、脩容，是爲九嬪，金章龜鈕，青綬，八十首。獸頭鞶，佩采瓄玉。

婕妤、容華、充華、承徽、列榮五職，亞九嬪，銀印珪鈕，艾綬，獸頭鞶。

美人、才人、良人三職，散位，銅印環鈕，墨綬，獸頭鞶。

皇太子妃，金璽龜鈕，纁朱綬，一百六十首。佩瑜玉，獸頭鞶。

良娣，銀印珪鈕，佩采瓄玉，青綬，八十首。獸爪鞶。保林，銀印珪鈕，佩水蒼玉，青綬，八十首。獸爪鞶。諸王太妃、妃、諸長公主、公主、封君，金印龜鈕，紫綬，八十首。佩山玄玉，獸頭鞶。開國公、侯太夫人，銀印珪鈕，青綬，八十首。佩水蒼玉，獸頭鞶。公主、三夫人，大手髻，七鏌蔽髻。九嬪及公夫人，五鏌；世婦，三鏌。其長公主得有步摇。公主、封君已上，皆帶綬。以綵組爲緄帶，各以其綬色。金辟邪，首爲帶玦。公、特進、列侯、卿、校、中二千石夫人，紺繒幗，黄金龍首銜白珠，魚須擿，長一尺，爲簪珥。入廟佐祭者，皁絹上下，助蠶者，縹絹上下，皆深衣制，緣。自二千石夫人已上至皇后，皆以蠶衣爲朝服。

自晉左遷，中原禮儀多缺。後魏天興六年，詔有司始制冠冕，各依品秩，以示等差，然未能皆得舊制。至太和中，方考故實，正定前謬，更造衣冠，尚不能周洽。及至熙平二年，太傅、清河王懌、黄門侍郎韋廷祥等，奏定五時朝服，准漢故事，五郊衣幘，各如方色焉。及後齊因之。河清中，改易舊物，著令定制云。

乘輿，平冕，黑介幘，垂白珠十二旒，飾以五采玉，以組爲纓，色如其綬，黈纊，玉笄。

白玉璽，黄赤綬，五采，黄赤縹緑紺，純黄質，長二丈九尺，五百首，廣一尺二寸。小綬長三尺二寸，與綬同采，而首半之。衮服，皁衣，絳裳，裳前三幅，後四幅，織成爲之，十二章，緣絳中單，織成緄帶，朱韍，佩白玉，帶鹿盧劍，絳袴袜，赤舄。未加元服，則空頂介幘。又有通天金博山冠，則絳紗袍，皁緣中單。其五時服，則五色介幘，進賢五梁冠，五色紗袍。又有遠遊五梁冠，並不通于下。四時祭廟、圓丘、方澤、明堂、五郊、封禪、大雩、出宮行事、正旦受朝及臨軒拜王公，皆服衮冕之服。還宮及齋，則服通天冠。籍田則冠冕，璪十二旒，佩蒼玉，黄綬，青帶，青袜，青舄。拜陵則黑介幘，白紗單衣。釋奠則服通天金博山冠，玄紗袍。春分朝日，則青紗朝服，青舄，秋分夕月，則白紗朝服，緗舄，俱冠五梁進賢冠。合朔，服通天金博山冠，絳紗袍。季秋講武、出征告廟，冠武弁，黄金附蟬，左貂。禡類宜社，武弁，朱衣。纂嚴升殿，服通天金博山冠，絳紗袍。入温、涼室，冠武弁，右貂附蟬，絳紗服。征還飲至，服通天冠。廟中遣上將，則衮冕，還宮則通天金博山冠。賞祖罰社，則武弁，左貂附蟬。元日、冬至大小會，皆通天金博山冠。四時畋、出宮，服通天冠，並赤舄。明堂則五時俱通天冠，各以其色服。東、西堂舉哀，服白帢。

天子六璽：文曰「皇帝行璽」，封常行詔勑則用之。「皇帝之璽」，賜諸王書則用之。「皇帝信璽」，下銅獸符，發諸州征鎮兵，下竹使符，拜代徵召諸州刺史，則用之。並白玉爲之，方一寸二分，螭獸鈕。「天子行璽」，封拜外國則用之。「天子之璽」，賜諸外國書則用之。「天子信璽」，發兵外國，若徵召外國，及有事鬼神，則用之。並黃金爲之，方一寸二分，螭獸鈕。又有傳國璽，白玉爲之，方四寸，螭獸鈕，上交五蟠螭，隱起鳥篆書，文曰「受天之命，皇帝壽昌」，凡八字。在六璽外，唯封禪以封石函。又有督攝萬機印一鈕，以木爲之，長一尺二寸，廣二寸五分。背上爲鼻鈕，鈕長九寸，厚一寸，廣七分。腹下隱起篆書爲「督攝萬機」，凡四字。此印常在內，唯以印籍縫。用則左户郎中、度支尚書奏取，印訖輸內。

皇太子平冕，黑介幘，垂白珠九旒，飾以三采玉，以組爲纓，色如其綬。金璽，朱綬，四采，赤黃縹紺。純朱質〔三三〕，長二丈一尺，三百二十首，廣九寸。小綬長三尺二寸，與綬同色，而首半之。衮服，同乘輿而九章，絳紱，佩瑜玉，玉具劍、火珠標首，絳袴袜，赤舄。非謁廟則不服。未加元服，則空頂黑介幘，雙童髻，雙玉導。中舍人執遠遊冠以從。其遠遊三梁冠，黑介幘，翠緌纓，絳紗袍，皁緣中單，黑舄。大朝所服，亦服進賢三梁冠，黑介幘，皁朝服，絳緣中單，玄舄。爲宮臣舉哀，白帢，單衣，烏皮履。未加元服，則素服。

皇太子璽，黃金爲之，方一寸，龜鈕，文曰「皇太子璽」。宮中大事用璽，小事用門下典書坊印。

諸公卿平冕，黑介幘，青珠爲旒，上公九，三公八，諸卿六，以組爲纓，色如其綬。衣皆玄上纁下。三公山龍八章，降皇太子一等，九卿藻火六章，唯郊祀天地宗廟服之。遠遊三梁，諸王所服。其未冠，則空頂黑介幘。開國公、侯、伯、子、男及五等散爵未冠者，通如之。

進賢冠，文官二品已上，並三梁，四品已上，並兩梁，五品已下、流外九品已上，皆一梁。致事者，通著委貌冠。主兵官及侍臣，通著武弁。侍臣加貂璫。御史大理著法冠。諸謁者、太子中導客舍人，著高山冠。宮門僕射、殿門吏、亭長、太子率更寺、宮門督、太子内坊察非吏、諸門吏等，皆著却非冠。羽林、武賁，著鶡。録令已下，尚書以上，著納言幘。又有赤幘，卑賤者所服。救日蝕，文武官皆免冠，著赤介幘，對朝服。賤者平巾，赤幘，示威武，以助於陽也。止雨亦服之。請雨則服緗幘，東耕則服青幘，庖人則服緑幘。

印綬，二品已上，並金章，紫綬；三品銀章，青綬；三品已上，凡是五省官及中侍中省，皆爲印，不爲章。四品得印者，銀印，青綬；五品、六品得印者，銅印，墨綬；四品已下，凡是開國子、男及五等散品名號侯，皆爲銀章，不爲印。七品、八品、九品得印者，銅印，黄綬。金銀章印及銅印，並方一寸，皆龜鈕。東西南北四藩諸國王章，上藩用中金，中藩用下金，下藩用銀[三四]，並方寸，龜鈕。佐官唯公府長史、尚書二丞，給印綬。六品已下、九品已上，唯當曹爲官長者給印。餘自非長官，雖位尊，並不給。

諸王纁朱綬，四采，赤黃縹紺，純朱質，纁文織，長二丈一尺，二百四十首，廣九寸。開國郡縣公、散郡縣公，玄朱綬，四采，玄赤縹紺，朱質，玄文織，長一丈八尺，百八十首，廣八寸。開國縣侯伯、散縣侯伯，青朱綬，四采，青赤白縹，朱質，青文織，長一丈六尺，百四十首，廣七寸〔三五〕。開國縣子男、散縣子男、名號侯、開國鄉男，素朱綬，三采，青赤白，朱質，白文織，長一丈四尺，百二十首，廣六寸。一品、二品，紫綬，三采，紫黃赤，純紫質，長一丈八尺，百八十首，廣八寸。三品、四品，青綬，三采，青白紅，純青質，長一丈六尺，百四十首，廣七寸。五品、六品，墨綬，二采，青紺，純紺質，長一丈四尺，百首，廣六寸。七品、八品、九品，黃綬，二采，黃白，純黃質，長一丈二尺，六十首，廣五寸。官品從第二已上，小綬間得施玉環。凡綬，先合單紡爲一絲，絲四爲一扶，扶五爲一首，首五成一文。采純爲質。首多者絲細，首少者絲麤。官有綬者，則有紛，皆長八尺，廣三寸，各隨綬色。若服朝服則佩綬，服公服則佩紛。官無綬者，不合佩紛。

鞶囊，二品已上金縷，三品金銀縷，四品銀縷，五品、六品綵縷，七、八、九品綵縷，獸爪鞶。官無印綬者，並不合佩鞶囊及爪。

一品，玉具劍，佩山玄玉。二品，金裝劍，佩水蒼玉。三品及開國子男、五等散品名號侯雖四、五品，並銀裝劍，佩水蒼玉。侍中已下，通直郎已上，陪位則像劍。帶真劍者，入宗廟及升殿，若在仗内，皆解劍。一品及散郡公、開國公侯伯，皆雙佩。二品、三品及開國子男、五等散品名號侯，皆隻佩。綬亦如之。

百官朝服公服，皆執手板。尚書録令、僕射、吏部尚書，手板頭復有白筆，以紫皮裹之，名曰笏。朝服綴紫荷，録令、左僕射左荷，右僕射、吏部尚書右荷。七品已上文官朝服，皆簪白筆。正王公侯伯子男、卿尹及武職，並不簪。朝服，冠、幘各一，絳紗單衣，白紗中單，皁領袖，皁襈，革帶，曲領，方心，蔽膝，白筆、舄、襪，兩綬，劍佩，簪導，鉤䚢，爲具服。七品已上服也。公服，冠、幘，紗單衣，深衣，革帶，假帶，履襪，鉤䚢，謂之從省服。八品已下、流外四品已上服也。

流外五品已下、九品已上，皆著褠衣爲公服。

皇后璽、綬、佩同乘輿，假髻，步摇，十二鏌，八雀九華。助祭朝會以褘衣，祠郊禖以褕狄，小宴以闕狄，親蠶以鞠衣，禮見皇帝以展衣，宴居以褖衣。六服俱有蔽膝、織成緄帶。皇太后、皇后璽，並以白玉爲之，方一寸二分，螭獸鈕，文各如其號。璽不行用，有令，則太后以宫名衛尉印，皇后則以長秋印。

内外命婦從五品已上，蔽髻，唯以鏌數花釵多少爲品秩。二品已上金玉飾，三品已下金飾。內命婦、左右昭儀、三夫人視一品，假髻，九鏌，金章，紫綬，服褕翟，雙佩山玄玉。九嬪視三品，五鏌蔽髻，銀章，青綬，服鞠衣，佩水蒼玉。世婦視四品，三鏌，銀印，青綬，服展衣，無佩。八十一御女視五品，一鏌，銅印，墨綬，服褖衣。又有宮人女官服制，第二品七鏌蔽髻，服闕翟；三品五鏌，鞠衣；四品三鏌，展衣；五品一鏌，褖衣；六品褖衣；七品青紗公服。俱大首髻。八品、九品，俱青紗公服，偏髾髻。

皇太子妃璽、綬、佩同皇太子，假髻，步搖，九鏌，服褕翟。從蠶則青紗公服。皇太子妃璽，以黃金，方一寸，龜鈕，文曰「皇太子妃之璽」。若有封書，則用內坊印。郡長公主、公主、王國太妃、妃，纁朱綬，髻章服佩同內命婦一品。郡長君七鏌蔽髻，玄朱綬，闕翟，章佩與公主同。郡君、縣主，佩水蒼玉，餘與郡長君同。太子良娣視九嬪服。縣主青朱綬，餘與良娣同。女侍中五鏌，假金印、紫綬，服鞠衣，佩水蒼玉。縣君銀章，青朱綬，餘與女侍中同。太子孺人同世婦。太子家人子同御女。鄉主、鄉君，素朱綬，佩水蒼玉，餘與御女同。

外命婦章印綬佩，皆如其夫。若夫假章印綬佩，妻則不假。一品、二品，七鏌蔽髻，服闕翟。三品五鏌，服鞠衣。四品三鏌，服展衣。五品一鏌，服褖衣。內外命婦、宮人女官從蠶，則各依品次，還著蔽髻，皆服青紗公服。如外命婦，綬帶鞶囊，皆准其夫公服之例。

百官之母詔加太夫人者，朝服公服，各與其命婦服同。

後周設司服之官，掌皇帝十二服。祀昊天上帝，則蒼衣蒼冕；祀東方上帝及朝日，則青衣青冕；祀南方上帝，則朱衣朱冕；祭皇地祇、祀中央上帝，則黄衣黄冕；祀西方上帝及夕月，則素衣素冕；祀北方上帝，祭神州、社稷，則玄衣玄冕；享先皇、加元服、納后、朝諸侯，則象衣象冕。十有二章，日、月、星辰、山、龍、華蟲六章在衣，火、宗彝、藻、粉米、黼、黻六章在裳，凡十二等。享諸先帝、大貞於龜、食三老五更、享諸侯、耕籍，則服衮冕，自龍已下，凡九章十二等。宗彝已下五章在衣，藻、火已下四章在裳，衣重宗彝。祀星辰、祭四望、視朔、大射、饗羣臣、巡犧牲、養國老，則服山冕，八章十二等。衣裳各四章，衣重火與宗彝。羣祀、視朝、臨太學、入道法門、宴諸侯與羣臣及燕射、養庶老、適諸侯家，則服鷩冕，七章十二等。衣三章，裳四章，衣重三章。衮、山、鷩三冕，皆裳重黼、黻，俱十有二等。通以升龍爲領褾。冕通十有二旒。巡兵即戎，則服韋弁，謂以靺韋爲弁，又以爲裳衣也。田獵行鄉畿，則服皮弁，謂以鹿子皮爲弁，白布衣而素裳也。皇帝凶服斬衰。父母之喪上下達。其弔服，錫衰以哭三公，緦衰以哭諸侯，皆十五升抽其半。錫者，浣其布，不浣其縷，哀在內。緦者，浣其縷，不浣其布，哀在外也。疑衰以哭大夫，十四升。皆素弁，如爵弁之數。環絰。

一服纏絰。凡大疫、大荒、大災則素服縞冠。凡疫病、荒飢、年災水旱也。

諸公之服九：一曰方冕。二曰衮冕，九章，宗彝已上五章在衣，藻已下四章在裳。三曰山冕，八章，衣裳各四章，衣重宗彝，爲九等。四曰鷩冕，七章，衣三章，裳四章，衣重火與宗彝。五曰火冕，六章，衣裳各三章，衣重宗彝及藻，裳重黻。六曰毳冕，五章，衣三章，裳二章，衣重藻、粉米，裳重黼、黻。山冕已下俱九等，皆以山爲領褾，冕俱九旒。七曰韋弁。八曰皮弁。九曰玄冠。

諸侯服，自方冕而下八，無衮冕。山冕八章，衣裳各四章。鷩冕七章，衣三章，裳四章，衣重宗彝。火冕六章，衣裳各三章，衣重藻，裳重黻。毳冕五章，衣三章，裳二章，衣重粉米，裳重黼、黻。鷩冕已下俱八等，皆以華蟲爲領褾。冕俱八旒。

諸伯服，自方冕而下七，又無山冕。鷩冕七章，衣三章，裳四章。火冕六章，衣裳各三章，裳重黻。毳冕五章，衣三章，裳二章，裳重黼、黻。火冕已下俱七等，皆以火爲領褾。冕俱七旒。

諸子服，自方冕而下六，又無鷩冕。火冕六章，衣裳各三章。毳冕五章，衣三章，裳二章，裳重黻。毳冕已下俱六等，皆以宗彝爲領褾。冕俱六旒。

諸男服，自方冕而下五，又無火冕。毳冕五章，衣三章，裳二章。以藻爲領褾。冕五旒。

三公之服九：一曰祀冕。二曰火冕，六章，衣裳各三章，衣重宗彝與藻，裳重黻。三曰毳冕，五章，衣三章，裳二章，衣重藻與粉米，裳重黼、黻。四曰藻冕，四章，衣裳俱二章，衣重藻與粉米，裳重黼、黻。五曰繡冕，三章，衣一章，裳二章，衣重粉米，裳重黼、黻，俱九等，皆以宗彝爲領褾。六曰爵弁。七曰韋弁。八曰皮弁。九曰玄冠。

三孤之服，自祀冕而下八，無火冕。毳冕五章，衣三章，裳二章，衣重粉米，裳重黼、黻。藻冕四章，衣裳各二章，衣重藻與粉米，裳重黼、黻，俱八等，皆以藻爲領褾。繡冕三章，衣一章，裳二章，衣重粉米，裳重黼、黻，爲八等。

公卿之服，自祀冕而下七，又無毳冕。藻冕四章，衣裳各二章，衣重粉米，裳重黼、黻，爲七等，皆以粉米爲領褾，各七。繡冕三章，衣一章，裳二章，衣重粉米，裳重黼、黻，爲七等。

上大夫之服，自祀冕而下六，又無藻冕。繡冕三章，衣一章，裳二章，衣重粉米，裳重黼，爲六等。

中大夫之服，自祀冕而下五，又無皮弁。繡冕三章，衣一章，裳二章，衣重粉米，爲五等。

下大夫之服，自祀冕而下四，又無爵弁。繡冕三章，衣一章，裳二章，衣重粉米，爲四等。

士之服三：一曰祀弁，二曰爵弁，三曰玄冠。玄冠皆玄衣。其裳，上士以玄，中士以黃，下士雜裳，謂前玄後黃也。庶士之服一：玄冠。庶士，庶人在官〔三六〕，府史之屬。其服緇衣裳。

後令文武俱著常服，冠形如魏帢，無簪有纓。其凶服皆與庶人同。其弔服，諸侯於其卿大夫，錫衰；同姓，緦衰；於士，疑衰。其當事則弁絰，否則皮弁。公孤卿大夫之弔服，錫衰弁絰，皮弁亦如之〔三七〕。士之弔服，疑衰素裳，當事弁絰，否則徒弁。

皇后衣十二等。其翟衣六，從皇帝祀郊禖，享先皇，朝皇太后，則服翬衣。素質，五色。祭陰社，朝命婦，則服褕衣。青質，五色。祭羣小祀，受獻繭〔三八〕，則服鷩衣。赤衣。采桑則服鳪衣。黃色。從皇帝見賓客，聽女教，則服鵫衣。白色。食命婦，歸寧，則服翔衣。玄色。俱十有二等，以翬雉爲領褾，各有二。臨婦學及法道門，燕命婦〔三九〕，有時見命婦，則蒼衣。春齋及祭還，則青衣。夏齋及祭還，則朱衣。采桑齋及采桑還，則黃衣。秋齋及祭還，則素衣。冬齋及祭還，則玄衣。自青衣而下，其領褾以相生之色。

諸公夫人九服，其翟衣雉皆九等，俱以褕雉爲領褾，各九。自褕衣已下五，曰褕衣、鷩衣、鳪衣、鵫衣、翔衣，并朱衣、黃衣、素衣、玄衣而九。自朱衣而下，其領褾亦同用相生之色。

諸侯夫人，自鷩而下八。其翟衣雉皆八等，俱以鷩雉爲領褾。無䌛衣。

諸伯夫人，自鳪而下七。其翟衣雉皆七等，俱以鳪雉爲領褾。又無鷩衣。

諸子夫人，自鵫而下六。其翟衣俱以鵫雉爲領褾。又無鳪衣。

諸男夫人，自翷而下五。其翟衣雉皆五等，俱以翷雉爲領褾。又無鵫衣。

三妃、三公夫人之服九：一曰鳪衣，二曰鵫衣，三曰翷衣，四曰青衣，五曰朱衣，六曰黄衣，七曰素衣，八曰玄衣，九曰髾衣。似髮。華皆九樹。其雉衣亦皆九等，以鳪雉爲領褾，各九。

三䛛、三孤之内子，自鵫衣而下八。雉衣皆八等，以鵫雉爲領褾，各八。

六嬪、六卿之内子，自翷衣而下七。雉衣皆七等，以翷雉爲領褾，各七。

上媛、上大夫之孺人，自青衣而下六。

中媛、中大夫之孺人，自朱衣而下五。

下媛、下大夫之孺人，自黄衣而下四。

御婉、士之婦人，自素衣而下三。

中宫六尚，緅衣〔四〇〕。其色赤而微玄。

諸命秩之服，曰公服，其餘常服，曰私衣。皇后華皆有十二樹。諸侯之夫人，亦皆以命數爲之節。三妃、三公夫人已下，又各依其命。一命再命者，又俱以三爲節。

皇后及諸侯夫人之服，皆舃履。三妃、三公夫人已下，翟衣則舃，其餘皆屨。舃、履各如其裳之色。

皇后之凶服，斬衰、齊衰，降旁朞已下。弔服，爲妃、嬪、三公之夫人、孤卿內子之喪，錫衰。錫者，十五升去其半。無事其縷，有事其布，哀在內也。爲諸侯夫人之喪，緦衰。緦亦十五升去其半。有事其縷，無事其布，哀在外也〔四一〕。爲媛、御婉及大夫孺人、士之婦人之喪，疑衰。十四升，疑於吉。皆吉笄，無首。象笄，去首飾。太陰虧則素服。蕩天下之陰事。諸侯之夫人及三妃與三公之夫人已下凶事，則五衰：自緦已上皆服之。其弔，諸侯夫人於卿之內子、大夫孺人，錫衰。於己之同姓之臣，緦衰。於士之婦人，疑衰。皆吉笄，無首。其三妃已下及媛、三公夫人已下及孺人，其弔服錫衰。御婉及士之婦人，弔服疑衰。疑衰同笄。九族已下皆骨笄。

韠，皇帝三章，龍、火、山；諸侯二章，去龍；卿大夫一章，以山。皆織綵以成之。

皇帝八璽，有神璽，有傳國璽，皆寶而不用。神璽明受之於天，傳國璽明受之於運。皇帝負扆，則置神璽於筵前之右，置傳國璽於筵前之左。又有六璽。其一「皇帝行璽」，封命諸侯及三公用之。其二「皇帝之璽」，與諸侯及三公書用之。其三「皇帝信璽」，發諸夏之兵用之。其四「天子行璽」，封命蕃國之君用之。其五「天子之璽」，與蕃國之君書用之。其六「天子信璽」，徵蕃國之兵用之。六璽皆白玉爲之，方一寸五分，高寸，螭獸鈕。

皇后璽，文曰「皇后之璽」，白玉爲之，方寸五分，高寸，麟鈕。三公諸侯皆金印，方寸二分，高八分，龜鈕。七命已上銀，四命已上銅，皆龜鈕。三命已上〔四二〕，銅印銅鼻。其方皆寸，其高六分，文曰「某公官之印」。

皇帝之組綬，以蒼，以青，以朱，以黃，以白，以玄，以纁，以紅，以紫，以緅，以碧，以綠，十有二色。諸公九色，自黃以下。諸侯八色，自白以下。諸伯七色，自玄以下。諸子六色，自纁已下。諸男五色，自紅已下。三公之綬，如諸公。三孤之綬，如諸侯。六卿之綬，如諸伯。上大夫之綬，如諸子。中大夫之綬，如諸男。下大夫綬，自紫已下。士之綬，自緅已下。其璽印之綬，亦如之。

保定四年，百官始執笏，常服上焉。宇文護始命袍加下欄。

宣帝即位，受朝於路門，初服通天冠，絳紗袍。羣臣皆服漢、魏衣冠。大象元年，制冕二十四旒，衣服以二十四章爲準。二年下詔，天臺近侍及宿衛之官，皆著五色衣，以錦綺繢繡爲緣，名曰品色衣。有大禮則服冕。內外命婦皆執笏，其拜俛伏方興。

校勘記

〔一〕以朱繡裨飾其側　「繡」，通典卷六一禮二一君臣服章制度作「緣」。

〔二〕猶如衮冕　「如」，原作「加」，據宋乙本改。通典卷六一禮二一君臣服章制度、册府卷五七九掌禮部奏議亦作「如」。

〔三〕蜼禺屬　「禺」，原作「蝺」，據册府卷五七九掌禮部奏議改。周禮司尊彝鄭注：「蜼，禺屬，卬鼻而長尾。」

〔四〕疑是畫師加葩蘤耳　「師」，宋乙本、至順本、通典卷六一禮二一君臣服章制度、册府卷五七九掌禮部奏議作「飾」。

〔五〕初出乘金輅服之　「金」，原作「今」，據册府卷五七九掌禮部奏議改。

〔六〕不容同在於朝　「同在於朝」，宋乙本、汲本、通典卷六一禮二一君臣服章制度、册府卷五七九掌禮部奏議作「同於在朝」。

〔七〕遂用珊瑚雜珠　「雜珠」，隋書詳節卷三禮儀志作「玉珠」。下文顧和奏「今不能備玉珠」，疑作「玉珠」是。

〔八〕皁緣白紗中衣　「中」，原作「巾」，據至順本改。通典卷六一禮二一君臣服章制度亦作「中」。

〔九〕介幘　「幘」字原闕，據宋乙本、大德本、至順本、汲本補。

〔一〇〕一百四十首　「一百」，原作「二百」，通典卷六三禮二三天子諸侯玉佩劍綬璽印作「百四十首」，疑因「一」、「二」形近致誤，今據改。

〔一一〕一百首　「一」，原作「二」，據通典卷六三禮二三天子諸侯玉佩劍綬璽印改。

〔一二〕絇屨　「絇」，原作「朐」，據通典卷六一禮二一君臣服章制度改。下文「絇屨」同改。

〔一三〕謂之光禄大夫　「光禄大夫」，通典卷六三禮二三天子諸侯玉佩劍綬璽印作「銀青光禄」。

〔一四〕其屯騎　宋乙本、至順本、通典卷六三禮二三天子諸侯玉佩劍綬璽印此句下有「越騎」二字。

〔一五〕翊帥　「帥」，本書卷二六百官志上作「師」。

〔一六〕陳銅章龜鈕　「銅章」，通典卷六三禮二三天子諸侯玉佩劍綬璽印作「銀章」。

〔一七〕祕書著作掌書主書主圖主譜典客令史書令史　「書令史」，宋乙本、大德本、至順本、汲本無。

〔一八〕獸威　「獸」，本應作「虎」，唐人諱改。

〔一九〕武牙　「武」，本應作「虎」，唐人諱改。

〔二〇〕智武勝駿等十猛將軍　「武」，原作「威」，據通典卷六三禮二三天子諸侯玉佩劍綬璽印改。

參本書卷二六校勘記〔四三〕。

〔二一〕起略勝出等十飈將軍　「起」，通典卷六三禮二三天子諸侯玉佩劍綬璽印「陳制」作「超」。

〔二二〕武視　「武」，本應作「虎」，唐人諱改。

〔二三〕進鋭　本書卷二六百官志上、通典卷六三禮二三天子諸侯玉佩劍綬璽印「陳制」作「追鋭」。

〔二四〕起猛　本書卷二六百官志上、通典卷六三禮二三天子諸侯玉佩劍綬璽印「陳制」作「超猛」。

〔二五〕輕銳　本書卷二六百官志上作「輕車」。

〔二六〕全威　本書卷二六百官志上作「金威」。

〔二七〕登上條九品馳射已上諸戎號　「馳射」，原作「馳尉」，據宋乙本、至順本、汲本改。

〔二八〕假墨綬　「墨綬」，與下文「別部司馬已下」重。宋書卷一八禮志五作「青綬」。

〔二九〕太官尚食武賁稱飯宰人諸宮尚食武賁　兩「尚食」，原作「嘗食」。宋書卷一八禮志五所述與此大致契合，今據改。

〔三〇〕領軍捉刃人　「刃」，疑爲「刀」之誤。下文敍「太子妃傳令」有「執刀」。

〔三一〕皆深衣制　「皆」，原作「比」，此服制沿自前代，今據續漢書輿服志下改。

〔三二〕諸爵獸皆以翡翠爲華　續漢書輿服志下敍此制，「華」上有「毛羽金題白珠璫繞以翡翠爲」十二字。

〔三三〕純朱質　「純」，原作「綬」，據宋乙本、至順本、汲本改。

〔三四〕上藩用中金中藩用下金下藩用銀　「下金下藩用」五字原闕，據宋乙本、南監本、北監本、汲本、殿本補。

〔三五〕「開國縣侯伯散縣侯伯」至「長一丈六尺百四十首廣七寸」　此三十五字原闕，據宋乙本、南監本、北監本、汲本、殿本補。通典卷六三禮二三天子諸侯玉佩劍綬璽印無「散縣侯伯」及「一」字。

〔三六〕庶人在官　「官」，原作「宮」，據宋乙本、大德本、至順本、汲本改。

〔三七〕皮弁亦如之　「之」字原闕，據宋乙本、至順本補。

〔三八〕受獻繭　「繭」，原作「璽」，據通典卷六二禮二二后妃命婦服章制度改。

〔三九〕燕命婦　「燕」字原闕，據宋乙本、至順本補。通典卷六二禮二二后妃命婦服章制度亦有「燕」字。

〔四〇〕緅衣　「緅衣」上原有「一曰」二字，據宋乙本刪。通典卷六二禮二二后妃命婦服章制度亦作「緅衣」。

〔四一〕哀在外也　「哀」，原作「衰」，據宋乙本、大德本、至順本、南監本、北監本、汲本、殿本改。

〔四二〕三命已上　「上」，大德本、至順本作「下」，疑是。

隋書卷十二

志第七

禮儀七

高祖初即位，將改周制，乃下詔曰：「宣尼制法，云行夏之時，乘殷之輅〔一〕。弈葉共遵，理無可革。然三代所尚，衆論多端，或以爲所建之時，或以爲所感之瑞，或當其行色，因以從之。今雖夏數得天，歷代通用，漢尚於赤，魏尚於黄，驪馬玄牲，已弗相踵，明不可改，建寅歲首，常服於黑。朕初受天命，赤雀來儀，兼姬周已還，於兹六代。三正迴復，五德相生，總以言之，並宜火色。垂衣已降，損益可知，尚色雖殊，常兼前代。其郊丘廟社，可依衮冕之儀，朝會衣裳，宜盡用赤。昔丹烏木運，姬有大白之旂，黄星土德，曹乘黑首之馬，在祀與戎，其尚恒異。今之戎服，皆可尚黄，在外常所著者，通用雜色。祭祀之服，須合禮經，宜集通儒，更可詳議。」太子庶子、攝太常少卿裴政奏曰〔三〕：「竊見後周制冕，加爲十二，既與前禮數乃不同，而色應五行，又非典故。謹案三代之冠，其名各別。六等之冕，承用區分，璪玉五采，隨班異飾，都無迎氣變色之文。唯月令者，起于秦代，乃有青旂赤玉，白駱黑衣，與四時而色變，全不言於弁冕。五時冕色，禮既無文，稽於正典，難以經證。且後魏已來，制度咸闕。天興之歲，草創繕修，所造車服，多參胡制。故魏收論之，稱爲違古，是也。周氏因襲，將爲故事，大象承統，咸取用之，輿輦衣冠，甚多迂怪。今皇隋革命，憲章前代，其魏、周輦輅不合制者，已勑有司盡令除廢，然衣冠禮器，尚且兼行。乃有立夏衮衣，以赤爲質，迎秋平冕，用白成形，既越典章，須革其謬。謹案續漢書禮儀志云『立春之日，京都皆著青衣』，秋夏悉如其色。逮于魏、晉，迎氣五郊，行禮之人，皆同此制。考尋故事，唯幘從衣色。今請冠及冕，色並用玄，唯應著幘者，任依漢、晉。」制曰：「可。」

於是定令，採用東齊之法。

乘輿衮冕，垂白珠十有二旒，以組爲纓，色如其綬，黈纊充耳，玉笄。玄衣，纁裳。衣，山、龍、華蟲、火、宗彝五章；裳，藻、粉米、黼、黻四章。衣重宗彝，裳重黼、黻，爲十二等。衣褾、領織成升龍，白紗內單，黼領，青褾、襈、裾。革帶，玉鉤䚢，大帶，素帶朱裏，紕其外，上以朱，下以緑。韍隨裳色，龍、火、山三章。鹿盧玉具劍，火珠鏢首。白玉雙佩，玄組。

雙大綬，六采，玄黃赤白縹緑，純玄質，長二丈四尺，五百首，廣一尺；小雙綬，長二尺六寸，色同大綬，而首半之，間施三玉環。朱韈，赤舄，舄加金飾。祀圓丘、方澤、感帝、明堂、五郊、雩、䄍、封禪、朝日、夕月、宗廟、社稷、籍田、廟遣上將、征還飲至、元服、納后、正月受朝及臨軒拜王公，則服之。通天冠，加金博山，附蟬，十二首，施珠翠，黑介幘，玉簪導。絳紗袍，深衣制〔三〕，白紗內單，皁領、褾、襈、裾，絳紗蔽膝，白假帶，方心曲領。其革帶、劍、佩、綬、舄，與上同。若未加元服，則雙童髻，空頂黑介幘，雙玉導，加寶飾。朔日受朝、元會及冬會、諸祭還，則服之。武弁，金附蟬，平巾幘，餘服具服。講武、出征、四時蒐狩、大射、禡、類、宜社、賞祖、罰社、纂嚴，則服之。黑介幘，白紗單衣，烏皮履，拜陵則服之。白紗帽，白練裙襦，烏皮履，視朝、聽訟及宴見賓客，皆服之。白帢，白紗單衣，烏皮履，舉哀則服之。

神璽，寶而不用。受命璽，封禪則用之。「皇帝行璽」，封命諸侯及三師、三公，則用之。「皇帝之璽」，賜諸侯及三師、三公書，則用之。「皇帝信璽」，徵諸夏兵，則用之。「天子行璽」，封命蕃國之君，則用之。「天子之璽」，賜蕃國之君書，則用之。「天子信璽」，徵蕃國兵，則用之。常行詔勅，則用內史門下印。

皇帝臨臣之喪，三品已上，服錫衰；五等諸侯，緦衰；四品已下，疑衰。

皇太子衮冕，垂白珠九旒，青纊充耳，犀笄。玄衣，纁裳。衣，山、龍、華蟲、火、宗彝五章；裳，藻、粉米、黼、黻四章。織成爲之。白紗内單，黼領，青褾、襈、裾。革帶，金鉤䚢，大帶，素帶不朱裏，亦紕以朱緑。黻隨裳色，火、山二章。玉具劍，火珠鏢首。瑜玉雙佩，朱組。雙大綬，四采，赤白縹紺，純朱質，長一丈八尺，三百二十首，廣九寸；小雙綬，長二尺六寸，色同大綬，而首半之，間施二玉環。朱韈，赤舄，以金飾。侍從皇帝祭祀及謁廟、元服、納妃，則服之。

遠遊三梁冠，加金附蟬，九首，施珠翠，黑介幘，纓翠緌，犀簪導。絳紗袍，白紗内單，皁領、褾、襈、裾，白假帶，方心曲領，絳紗蔽膝，韎，舄。其革帶、劍、佩、綬與上同。未冠則雙童髻，空頂黑介幘，雙玉導，加寶飾。謁廟、還宫、元日朔日入朝、釋奠，則服之。

遠遊冠，公服，絳紗單衣，革帶，金鉤䚢，假帶，方心。紛長六尺四寸，廣二寸四分，色同其綬。金縷鞶囊，韈，履。五日常朝，則服之。

白帢，單衣，烏皮履，爲宫臣舉哀，則服之。

皇太子璽，宫内大事用之。小事用左、右庶子印。

皇太子臨弔三師、三少，則錫衰；宫臣四品已上，緦衰；五品已下，疑衰。

衮冕，青珠九旒，以組爲纓，色如其綬。自此已下，纓皆如之。服九章，同皇太子。王、國公、開國公初受册，執贄，入朝，祭，親迎，則服之。三公助祭者亦服之。

鷩冕，侯八旒，伯七旒。服七章。衣，華蟲、火、宗彝三章；裳，藻、粉米、黼、黻四章。八旒者，重宗彝。侯、伯初受册，執贄，入朝，祭，親迎，則服之。

毳冕，子六旒，男五旒。服五章。衣，宗彝、藻、粉米三章，裳，黼、黻二章。六旒者裳重黻。子、男初受册，執贄，入朝，祭，親迎，則服之。

絺冕，三品七旒，四品六旒，五品五旒。服三章。七旒者，衣粉米一章爲三重，裳黼、黻二章各二重。六旒者，減黼一重。五旒，又減黻一重。正三品已下、從五品已上，助祭則服之。

自王公已下服章，皆繡爲之。祭服冕，皆簪導、青纊充耳。玄衣，纁裳，白紗内單，黼領，絺冕已下，内單青領。青褾、襈、裾。革帶，鉤艓，大帶，王、三公及公、侯、伯、子、男，素帶，不朱裏，皆紕其外，上以朱，下以緑。正三品已下、從五品已上，素帶，紕其垂，外以玄，内以黄。紐約皆用青組。朱韍，凡韍皆隨裳色，衮、鷩毳，火、山二章。絺，山一章。劍，佩，綬，韈，赤舄。

爵弁，玄纓無旒，從九品已上，助祭，則服之。其制服簪導，玄衣、纁裳無章，白絹内單，青領、褾、襈、裾，革帶，大帶，練帶紕其垂，内外以緇。紐約用青組。爵韠，韈，赤履。

武弁，平巾幘，諸武職及侍臣通服之。侍臣加金璫附蟬，以貂爲飾，侍左者左珥，右者右珥。

遠遊三梁冠，黑介幘，諸王服之。

進賢冠，黑介幘，文官服之。從三品已上三梁，從五品已上兩梁，流內九品已上一梁。

法冠，一名獬豸冠，鐵爲柱，其上施珠兩枚，爲獬豸角形。法官服之。

高山冠，謁者服之。

却非冠，門者及禁防伺非服之。

黑介幘，平巾黑幘，應服者，並上下通服之。庖人則緑幘。

白帢，白紗單衣，烏皮履，上下通服之。

委貌冠，未冠則雙童髻，空頂黑介幘，皆深衣，青領，烏皮履。國子太學四門生服之。

朝服，亦名具服。冠，幘，簪導，白筆，絳紗單衣，白紗內單，皂領、袖，皂襈，革帶，鉤鰈〔四〕，假帶，曲領方心，絳紗蔽膝，韈，舄，綬，劍，佩。從五品已上，陪祭、朝饗、拜表，凡大事則服之。六品已下、從七品已上，去劍、佩、綬，餘並同。

自餘公事，皆從公服。亦名從省服。冠，幘，簪導，絳紗單衣，革帶，鉤鰈，假帶，方心，韈，履，紛，鞶囊。從五品已上服之。

絳褠衣公服，褠衣即單衣之不垂胡也。袖狹，形直如褠內。餘同從省。流外五品已下、九品已上服之。

綬，王，纁朱綬，四采，赤黃縹紺，純朱質，纁文織，長一丈八尺，二百四十首，廣九寸。公，玄朱綬，四采，玄赤縹紺，純朱質，玄文織，長一丈八尺，二百四十首，廣九寸。侯、伯，青朱綬，四采，青赤白縹，純朱質，青文織，長一丈六尺，百八十首，廣八寸。子、男，素朱綬，三采，青赤白，純朱質，白文織成，一丈四尺，百四十首，廣七寸。正、從一品，緑綟綬，四采，緑紫黃赤，純緑質，長一丈八尺，二百四十首，廣九寸。從三品已上，紫綬，三采，紫黃赤，純紫質，長一丈六尺，百八十首，廣八寸。銀青光禄大夫，朝議大夫及正、從四品，青綬，三采，青白紅，純青質，長一丈四尺，百四十首，廣七寸。正、從五品，墨綬，二采，青紺，純紺質，長一丈二尺，百首，廣六寸。自王公已下，皆有小雙綬，長二尺六寸，色同大綬，而首半之。正、從一品，施二玉環，已下不合。其有綬者則有紛，皆長六尺四寸，廣二寸四分，各隨其綬色。

鞶囊，二品已上金縷，三品金銀縷，四品及開國男銀縷，五品綵縷。官無綬者，則不合劍佩。一品及五等諸侯，並佩山玄玉。五品已上，佩水蒼玉。

年高致仕及以理去官，被召謁見，皆服前官從省服。州郡秀孝，試見之日，皆假進賢一梁冠，絳公服。

隱居道素之士，被召入謁見者，黑介幘，白單衣，革帶，烏皮履。

左右衞、左右武衞、左右武候大將軍、領左右大將軍，並武弁，絳朝服，劍，佩，綬。侍從則平巾幘，紫衫，大口袴褶，金玳瑁裝兩襠甲。唯左右武衞大將軍執赤檉杖。左右衞、左右武衞、左右武候將軍、領左右將軍、左右監門衞將軍、太子左右衞、左右宗衞、左右内等率、左右監門郎將及諸副率，並武弁，絳朝服，劍，佩，綬。侍從則平巾幘，紫衫，大口袴，金裝兩襠甲。唯左右武衞將軍、太子左右宗衞率，執白檀杖。

直閤將軍、直寢、直齋、太子直閤，武弁，絳朝服，劍，佩，綬。侍從則平巾幘，絳衫，大口袴褶，銀裝兩襠甲。

皇后首飾，花十二樹。皇太子妃，公主，王妃，三師、三公及公夫人，一品命婦，並九樹。侯夫人，二品命婦，並八樹。伯夫人，三品命婦，並七樹。子夫人，世婦及皇太子昭訓，四品已上官命婦，並六樹。男夫人，五品命婦，五樹。女御及皇太子良娣，三樹。自皇后已下，小花並如大花之數〔五〕，并兩博鬢也。

皇后褘衣，深青織成爲之。爲翬翟之形，素質，五色，十二等。青紗内單，黼領，羅縠褾、襈，蔽膝，隨裳色，用翟爲章，三等。大帶，隨衣色，朱裏，紕其外，上以朱錦，下以緑錦。紐約用青組。以青衣，革帶，青韈、舄，舄加金飾。白玉佩，玄組、綬。章采尺寸，與乘輿同。祭及朝會，凡大事則服之。

鞠衣，黄羅爲之。應服者皆同。其蔽膝、大帶及衣，革帶、舄，隨衣色。餘與褘衣同，唯無翚。親蠶則服之。應服者皆以助祭。

青衣，青羅爲之，制與鞠衣同。去花、大帶及佩綬。以禮見皇帝，則服之。

朱衣，緋羅爲之，制如青衣。宴見賓客則服之。

皇太后服與皇后同。皇太后璽，不行用，若封令書，則用宫官之印。

皇后璽，不行用，若封令書，則用内侍之印。

皇太子妃褕翟，青織成爲之。爲摇翟之形，青質，五色，九等。青紗内單，黼領，羅縠褾、襈，蔽膝，隨衣色，以摇翟爲章，三等。大帶，隨衣色，下朱裏，紕其外，上以朱錦，下以緑錦。紐約用青組。以青衣，革帶，青韈、舄，舄加金飾。瑜玉佩，純朱綬。章采尺寸，與皇太子同。助祭朝會，凡大事則服之。亦有鞠衣。

皇太子妃璽，不行用，若封書，則用典内之印。

公主，王妃，三師、三公及公侯伯夫人，服褕翟。繡爲之。公主，王妃，三師三公及公夫人爲九等，侯夫人八等，伯夫人七等。助祭朝會，凡大事則服之。亦有鞠衣。

子、男夫人，服闕翟。緋羅爲之。刻赤繒爲翟形，不繡，綴於服上。子夫人六等，男夫人五等。

助祭朝會，凡大事則服之。亦有鞠衣。

諸王、公、侯、伯、子、男之母，與妃、夫人同。其郡縣君，各視其夫及子。若郡縣君品高及無夫、子者，准品。

嬪及從三品已上官命婦，青服。制與褕翟同，青羅爲之，唯無雉。助祭朝會，凡大事則服之。亦有鞠衣。

世婦及皇太子昭訓，從五品已上官命婦，服青服。助祭從蠶朝會，凡大事則服之。

女御及皇太子良媛，朱服。制與青服同，去佩綬。助祭從蠶朝會，凡大事則服之。

六尚，朱絲布公服。助祭從蠶朝會，凡大事則服之。

六司、六典及皇太子三司、三典、三掌，青紗公服。助祭從蠶朝會，凡大事則服之。

佩綬，嬪同九卿，世婦及皇太子昭訓同五品，公主、王妃同諸王，三師、三公、五等國夫人及從五品已上官命婦，皆准其夫。無夫者准品。

定令訖。

高祖元正朝會，方御通天服，郊丘宗廟，盡用龍衮衣，大裘毳黹，皆未能備。至平陳，得其器物，衣冠法服，始依禮具。然皆藏御府，弗服用焉。百官常服，同於匹庶，皆著黃袍，出入殿省。高祖朝服亦如之，唯帶加十三環，以爲差異。蓋取於便事。及大業元年，煬帝始詔吏部尚書牛弘、工部尚書宇文愷、兼内史侍郎虞世基、給事郎許善心、儀曹郎袁朗等，憲章古制，創造衣冠，自天子逮于胥皁，服章皆有等差。若先所有者，則因循取用，弘等議定乘輿服，合八等焉。

大裘冕之制，案周禮，大裘之冕，無旒。三禮衣服圖：「大裘而冕，王祀昊天上帝及五帝之服。」至秦，除六冕，唯留玄冕。漢明帝永平中，方始創制。董巴志云：「漢六冕同制，皆闊七寸，長尺二寸，前圓後方。」於是遂依此爲大裘冕制，青表，朱裏，不施旒纊，不通於下。其大裘之服，案周官注「羔裘也」。其制，准禮圖，以羔正黑者爲之，取同色繒以爲領袖。其裳用纁，而無章飾，絳韈，赤舄。祀圓丘、感帝、封禪、五郊、明堂、雩、禘，皆服之。

衮冕之制，案禮玉藻「十有二旒」。大戴禮云：「冕而加旒，以蔽明也，琇纊塞耳，以蔽聰也。」又禮含文嘉：「前後邃延，不視邪也，加以黈纊，不聽讒也。」三王之冕，既不通制，故夫子云：「行夏之時，服周之冕。」今以采綖貫珠，爲旒十二。邃延者，出冕前後而下垂之，旒齊於髆，纊齊於耳，組爲纓，玉笄導。其爲服之制，案釋名云「衮，卷也」，謂畫龍於上也。是時虞世基奏曰：

後周故事，升日月於旌旗，乃闕三辰，而章無十二。但有山、龍、華蟲作繪，宗彝、藻、火、粉米、黼、黻，乃與三公不異。開皇中，就裏欲生分別，故衣重宗彝，裳重黼、黻，合重二物，以就九章，爲十二等。但每一物，上下重行。衮服用九，鷩服用七，今重此三物，乃非典故。且周氏執謙，不敢負於日月，所以綴此三象，唯施太常，天王衮衣，章乃從九。但天子譬日，德在照臨，辰爲帝位，月主正后，負此三物，合德齊明，自古有之，理應無惑。周執謙道，殊未可依，重用宗彝，又乖法服。

今准尚書：「予欲觀古人之服，日、月、星辰、山、龍、華蟲作會，宗彝、藻、火、粉米、黼、黻絺繡。」具依此，於左右髆上爲日月各一，當後領下而爲星辰，又山、龍九物，各重行十二。又近代故實，依尚書大傳：「山、龍純青，華蟲純黃，作會；宗彝純黑，藻純白，火純赤。」以此相間，而爲五采。鄭玄議已自非之，云：「五采相錯，非一色也。」今並用織成於繡，五色錯文。准孔安國，衣質以玄，加山、龍、華蟲、火、宗彝等，並織成爲五物；裳質以纁，加藻、粉米、黼、黻之四。衣裳通數，此爲九章，兼上三辰，而備十二也。衣褾、領上各帖升龍，漢、晉以來，率皆如此。既是先王法服，不可乖於夏制，徵而用之，理將爲允。

墨勑曰：「可。」承以單衣。又案董巴輿服志宗廟冕服云：「絳領、袖爲內單衣。」又車服雜記曰：「天子釋奠、郊祭而單衣，以絳緣。」今用白紗爲內單，黼領，絳褾，青裾及襈。革帶，玉鉤艓，大帶朱裏，紕其外。紐約用組，上加朱韍。又案説文：「韠，韍也。所以蔽前。」禮記曰：「有虞氏韍，夏后氏山，殷火，周龍章。」鄭玄曰：「冕之韍也，舜始作之，以尊祭服。禹、湯至周，增以文飾。」禮記曰：「君朱韠。」鄭曰：「韠象裳色。」今依白武通注，以蔽裳前，上闊一尺，象天數也；下闊二尺，象地數也；長三尺，象三才也；加龍章山火，以備三代之法也。於是制衮冕之服，玄衣，纁裳，合九章爲十二等。白紗内單，黼領，青褾、襈。革帶，玉鉤艓，大帶，韍，鹿盧玉具劍，火珠鏢首，白玉雙佩，玄組，大、小綬。朱韤，赤舄，舄飾以金。宗廟、社稷、籍田、方澤、朝日、夕月、遣將授律、征還飲至、加元服、納后、正冬受朝、臨軒拜爵，皆服之。

通天冠之制，案董巴志：「冠高九寸，形正豎，頂少邪却，後乃下直爲鐵卷梁〔六〕，前有高山。」故禮圖或謂之高山冠也。晉起居注，成帝咸和五年，制詔殿内曰：「平天、通天冠，並不能佳，可更修理之。」雖在禮無文，故知天子所冠，其來久矣。又徐氏輿服注曰：「通天冠，高九寸，黑介幘，金博山。」徐爰亦曰：「博山附蟬，謂之金顔。」今制依此，不通於下，獨天子元會臨軒服之。其服絳紗袍，深衣制，白紗内單，皁領、褾、裾、襈，絳紗蔽膝，白假帶，方心曲領。其劍、佩、綬、舄、革帶，皆與上同。元冬饗會、諸祭還，則服之。四時視朔，則内單領、襈，各隨其方色。唯秋方色白，以緑代之。

遠遊冠之制，案漢雜事曰：「太子諸王服之。」故淮南子曰：「楚莊王冠通梁，組纓。」注云：「通梁，遠遊也。」晉令：「皇太子諸王，給遠遊冠。」徐氏雜注曰：「天子雜服，遠遊五梁。太子諸王三梁。」董巴志曰：「制如通天，有展筩，横之幘上。」今制依此，天子加金博山，九首，施珠翠，黑介幘，金緣，以承之。翠綏纓，犀簪導。太子親王加金附蟬，宗室王去附蟬，並不通於庶姓。其乘輿遠遊冠服，白紗單衣，承以裙襦，烏皮履，拜山陵則服之。

武弁之制，案徐爰宋志，謂籠冠是也。禮圖曰：「武士服之。」董巴輿服志云：「諸常侍、内常侍，加黄金附蟬、貂尾，謂之惠文冠。」今制，天子金博山，三公已上玉冠枝，四品已上金枝。侍臣加附蟬，毦豐貂，文官七品已上毦白筆，八品已下及武官，皆不毦筆。其乘輿武弁之服，衣、裳、綬如通天之服。講武、出征、四時蒐狩、大射、禡、類、宜社、賞祖、罰社、纂嚴，皆服之。

弁之制，案五經通義：「高五寸，前後玉飾。」詩云：「瑲弁如星。」董巴曰：「以鹿皮爲之。」尚書顧命：「四人綦弁，執戈。」故知自天子至于執戈，通貴賤矣。魏臺訪議曰：「天子以五采玉珠十二飾之。」今參准此〔七〕，通用烏漆紗而爲之。天子十二琪，皇太子及一品九琪，二品八琪，三品七琪，四品六琪，五品五琪，六品已下無琪。唯文官服之，不通武職。案禮圖，有結纓而無笄導。少府少監何稠，請施象牙簪導。詔許之。弁加簪導，自茲始也。乘輿鹿皮弁服，緋大襦，白羅裙，金烏皮履，革帶，小綬長二尺六寸，色同大綬，而首半之，間施三玉環，白玉佩一隻。視朝聽訟則服之。凡弁服，自天子已下，内外九品已上，弁皆以烏爲質，並衣袴褶。五品已上以紫，六品已下以絳。宿衛及在仗内，加兩襠，𧋍蛇絳褠衣，連裳。典謁贊引，流外冗吏，通服之以縵。後制鹿皮弁，以賜近臣。

帽，古野人之服也。董巴云：「上古穴居野處，衣毛帽皮。」以此而言，不施衣冠，明矣。案宋、齊之間，天子宴私，著白高帽，士庶以烏，其制不定。或有卷荷，或有下裙，或有紗高屋，或有烏紗長耳。後周之時，咸著突騎帽，如今胡帽，垂裙覆帶，蓋索髮之遺象也。又文帝項有瘤疾，不欲人見，每常著焉。相魏之時，著而謁帝，故後周一代，將爲雅服，小朝公宴，咸許戴之。開皇初，高祖常著烏紗帽，自朝貴已下，至于冗吏，通著入朝。今復制白紗高屋帽，其服，練裙襦，烏皮履。宴接賓客則服之。

白帢，案傅子：「魏太祖以天下凶荒，資財乏匱，擬古皮弁，裁縑帛以爲之。」蓋自魏始也。梁令，天子爲朝臣等舉哀則服之。今亦准此。其服，白紗單衣，承以裙襦，烏皮履。舉哀臨喪則服之。

幘，案董巴云：「起於秦人，施於武將，初爲絳袙，以表貴賤焉。至漢孝文時，乃加以高顏。」孝元帝額有壯髮，不欲人見，乃始進幘。又董偃召見，緑幘傅韝。東觀記云：「詔賜段熲赤幘大冠一具。」故知自上已下，至于皁隸，及將帥等，皆通服之。今天子畋獵御戎，文官出遊田里，武官自一品已下，至于九品，并流外吏色，皆同烏。厨人以緑，卒及馭人以赤，轝輦人以黄。駕五輅人，逐其車色。承遠遊、進賢者，施以掌導，謂之介幘。承武弁者，施以笄導，謂之平巾。其乘輿黑介幘之服，紫羅褶，南布袴，玉梁帶，紫絲鞋，長靿靴。畋獵豫遊則服之。

皇太子服六等，衮冕九旒，朱組纓，青纊琉耳，犀簪導。紺衣，纁裳，去日月星辰爲九章。白紗内單，黼黻領，青褾、襈、裾。革帶，金鉤鰈，大帶，韍二章，玉具劍。侍從祭祀，及謁廟、加元服、納妃，則服之。據晉咸寧四年故事，衣色用玄，改用紺。舊章用織成，降以繡。玉具劍，故事以火珠鏢首，改以白珠。開皇中，皇太子冕同天子，貫白珠。及仁壽元年，煬帝爲太子，以白珠太逼，表請從青珠。於是太子衮冕，與三公王等，皆青珠九旒。旒短不及髆，降天子二寸。

遠遊冠，金附蟬，加寶飾珠翠，九首，珠纓翠緌，犀簪導。絳紗袍，白紗内單，皁領、褾、襈、裾。白假帶，方心曲領，絳紗蔽膝。韈，舃，革帶，劍，佩，綬同衮冕。未冠則雙童髻，空頂黑介幘，雙玉導，加寶飾珠翠，二首。謁廟還，元日、朔旦入朝，釋奠，則服之。

始後周采用周禮，皇太子朝賀，皆衮冕九章服。開皇初，自非助祭，皆冠遠遊冠。至此，牛弘奏云：「皇太子冬正大朝，請服衮冕。」帝問給事郎許善心曰：「太子朝謁，著遠遊冠，有何典故？」對曰：「晉令皇太子給五時朝服、遠遊冠。至宋泰始六年，更議儀注，儀曹郎丘仲起議：『案周禮，公自衮冕已下，至卿大夫之玄冕，皆其朝聘之服也。伏尋古之公侯，尚得服衮，以入朝見，況皇太子儲副之尊，謂宜式遵盛典，服衮朝賀。』兼左丞陸澄議：『服冕以朝，實著經典，自秦除六冕之制，後漢始備古章。魏、晉以來，非祀宗廟，不欲令臣下服於衮冕，位爲公者，必加侍官，故太子入朝，因亦不著。但承天作副，禮絶羣后，宜遵前王之令典，革近代之陋制，皇太子朝，請服冕。』自宋以下，始定此儀。至梁簡文之爲太子，嫌於上逼，還冠遠遊，下及於陳，皆依此法。後周之時，亦言服衮入朝。至于開皇，復遵魏、晉故事。臣謂衮冕之服，章玉雖差，一日而觀，頗欲相類。臣子之道，義無上逼。故晉武帝太始三年，詔太宰安平王孚著侍内之服，四年，又賜趙、燕、樂安王等散騎常侍之服。自斯以後，台鼎貴臣，並加貂璫武弁，故皇太子遂著遠遊，謙不逼尊，於理爲允。」帝曰：「善。」竟用開皇舊式。

遠遊三梁冠，從省服，絳紗單衣，革帶，金鉤艓，假帶，方心，佩一隻，紛長六尺四寸，闊二寸四分，色同於綬。金縷鞶囊，白韈，烏皮履，金飾。五日常朝則服之。

鹿皮弁，九琪，服絳羅襦，白羅裙，革帶，履，韈，佩，紛，如從省服。在宮聽政則服之。

平巾，黑幘，玉冠枝，金花飾，犀簪導，紫羅褶，南布袴，玉梁帶，長靿靴。侍從田狩則服之。

白帢，素單衣，烏皮履。爲宮臣舉哀弔喪則服之。

諸王三公已下，爲服之制，衮冕九章服。三公攝祭及諸王初受册、執贄、入朝、助祭、親迎〔八〕，則服之。綬各依其色。

鷩冕，案禮圖：「王祭先公及卿之服。」天子九旒，用玉二百一十六。侯伯服以助祭，七旒，用玉八十。新制依此。服七章。三品及公侯助祭則服之。

毳冕，案禮圖：「王祀四望山川之服。」天子七旒，用玉百六十八。子男服以助祭，五旒，用玉五十。新制依此。服五章。四品及伯助祭則服之。

絺冕，案禮圖：「王者祭社稷五祀之服。」天子五旒，用玉百二十。孤卿服以助祭，四旒，用玉三十二。新制依此。服三章。五品及子男助祭則服之。

玄冕，案禮圖：「王祭羣小祀及視朝服。」天子四旒，用玉三十二。諸侯服以祭其宗廟，三旒，用玉十八。新制依此。服三章。通給庶姓。一品已下、五品已上，自製于家，祭其私廟。三品省衣粉米，加三重；裳黼、黻，加二重。四品減黼一重，五品減黻一重。禮自玄冕以上，加旒一等，天子祭祀，節級服之。

開皇以來，天子唯用衮冕，自鷩之下，不施於尊，具依前式。而六等之冕，皆有黈纊，黃緜爲之，其大如橘。自皇太子以下，三犀導，青纓爵弁。案董巴志：「同於爵形，一名冕，有收持笄，所謂夏收、殷冔者也。」祠天地、五郊、明堂，雲翹舞人服之。禮云：「朱干玉戚，冕而舞大夏。」此之謂也。禮圖云：「士助君祭服之，色如爵頭，無旒有纊。」新制依此。角爲簪導，衣青，裳縓，並縵，無章。六品已下，皆通服之。

遠遊冠服，王所服也。衣裳內單。如皇太子，佩山玄玉，金章龜鈕。宋孝建故事亦謂之璽，今文曰「印」。又並歸於官府，身不自佩，例以銅易之。大綬四采，小綬同色，施二玉環，玉具劍，烏皮舄，舄加金飾。唯帝子宗室封國王者服之。

進賢冠，案漢官云：「平帝元始五年，令公卿列侯冠三梁，二千石兩梁，千石以下一梁。」梁別貴賤，自漢始也。董巴釋曰：「如緇布冠，文儒之服也。」前高七寸而却，後高三寸而立。王莽之時，以幘承之。新制依此。內外文官通服之。三品已上三梁，五品已上兩梁，九品已上一梁，用明尊卑之等也。其朝服，亦名具服。絳紗單衣，白紗內單，玄領、裾、褾、袖，革帶，金鉤䚢，假帶，曲領方心，絳紗蔽膝，白韈，烏皮舄。雙佩、綬，如遠遊之色。自一品已下，五品已上，衣服盡同，而綬依其品。陪祭朝饗拜表，凡大事皆服之。六品、七品，去劍、佩、綬。八品、九品，去白筆、內單，而用履代舄。其五品已上、一品已下，又有公服，亦名從省服。並烏皮履，去曲領、内單、白筆、蔽膝。開皇故事，亦去鞶囊、佩、綬。何稠請去大綬，而偏垂一小綬，綴於獸頭鞶囊，獨一隻佩，正當於後。詔從之。一品已下、五品已上，同。

高山冠，案董巴志云：「一曰側注，謁者僕射之所服也。」胡伯始以爲齊王冠，秦滅齊，以賜謁者。傅子曰：「魏明帝以高山冠似通天，乃毀變其形，除去卷筩，令如介幘。幘上加物，以象山峯，行人使者，通皆服之。」新制參用其事，形如進賢，於冠前加三峯，以象魏制。謁者大夫已下服之。梁依其品。

獬豸冠，案禮圖曰：「法冠也，一曰柱後惠文。」如淳注漢官曰：「惠，蟬也，細如蟬翼。」今御史服之。禮圖又曰：「獬豸冠，高五寸，秦制也。法官服之。」董巴志曰：「獬豸，神羊也。」蔡邕云：「如麟，一角。」應劭曰：「古有此獸，主觸不直，故執憲者，爲冠以象之。秦滅楚，以其冠賜御史。」此即是也。開皇中，御史戴却非冠，而無此色。新制又以此而代却非。御史大夫以金，治書侍御史以犀，侍御史已下，用麢羊角，獨御史、司隸服之。

巾，案方言云：「巾，趙、魏間通謂之承露。」郭林宗傳曰：「林宗嘗行遇雨，巾沾角折。」又袁紹戰敗，幅巾渡河。此則野人及軍旅服也。制有二等。今高人道士所著，是林宗折角；庶人農夫常服，是袁紹幅巾。故事，用全幅皁而向後襆髮，俗人謂之襆頭。自周武帝裁爲四脚，今通於貴賤矣。

簪導，案釋名云：「簪，建也，所以建冠於髮也。一曰笄。笄，係也，所以拘冠使不墜也。導，所以導擽鬢髮，使入巾幘之裏也。」今依周禮，天子以玉笄，而導亦如之。又史記曰：「平原君誇楚，爲玳瑁簪。」班固與弟書云：「今遺仲升以黑犀簪。」士燮集云：「遺功曹史貢皇太子通天犀導。」故知天子獨得用玉，降此通用玳瑁及犀。今並准是，唯弁用白牙笄導焉。

貂蟬，案漢官：「侍内金蟬左貂，金取剛固，蟬取高潔也。」董巴志曰：「内常侍，右貂金璫，銀附蟬，内書令亦同此。」今宦者去貂，内史令金蟬右貂，納言金蟬左貂。開皇時，加散騎常侍在門下者，皆有貂蟬，至是罷之。唯加常侍聘外國者，特給貂蟬，還則輸納於内省。

白筆，案徐氏雜注云：「古者貴賤皆執笏，有事則書之，故常簪筆。今之白筆，是遺象也。」魏略曰：「明帝時大會而史簪筆。」今文官七品已上，通珥之。武職雖貴，皆不珥也。

纓，案儀禮曰：「天子朱纓，諸侯丹組纓。」今冕，天子已下皆朱纓。又尉繚子曰：「天子玄纓，諸侯素纓。」別尊卑也。今不用素，並從冠色焉。

佩，案禮，天子佩白玉。董巴、司馬彪云：「君臣佩玉，尊卑有序，所以章德也。」今參用杜夔之法，天子白玉，太子瑜玉，王山玄玉。自公已下，皆水蒼玉。

綬，案禮：「天子玄組綬，侯伯朱組綬，大夫純組綬，世子綦組綬。」漢官云：「蕭何爲相國，佩緑綬，公侯紫，卿二千石青，令長千石黑。」今大抵准此。天子以雙綬，六采，玄黃赤白縹緑，純玄質，長二丈四尺，五百首，闊一尺；雙小綬，長二尺六寸，色同大綬，而首半之，間施四玉環。開皇用三，今加一。皇太子，朱雙綬，四采，赤白縹紺，純朱質，長一丈八尺，三百二十首，闊九寸；雙小綬，長一尺六寸，色同大綬，而首半之，間施三玉環。開皇用二，今加一。三公，緑綟綬，四采，緑黃縹紫，純緑質，黃文織之，長一丈八尺，二百四十首，闊九寸，與親王綬，俱施二玉環。諸王，纁朱綬，四采，赤黃縹紺，純朱質，纁文織之，長一丈八尺，二百四十首，闊九寸。公，玄朱綬，四采，赤縹玄紺，純朱質，玄文織之，長一丈八尺，二百四十首，闊九寸。侯、伯，青朱綬，四采，青赤白縹，純朱質，青文織，長一丈六尺，百八十首，闊八寸。子、男，素朱綬，三采，青赤白，純朱質，素文織之，長一丈四尺，百四十首，闊七寸。二品已上，纁紫綬，四采，纁紫赤黃，純紫質，纁文織之，長一丈四尺，百四十首〔九〕，闊八寸。三品，紺紫綬，四采，紫紺黃縹，純紫質，紺文織之，長一丈六尺，百八十首，闊八寸。四品，青綬，三采，青白紅，純青質，長一丈四尺，百四十首，闊七寸。五品，墨綬，二采，青紺，純紺質，長一丈二尺，百二十首，闊六寸。自王公已下，皆有小綬二枚，色同大綬，而首半之。正、從一品，施二玉環。凡有綬者，皆有紛，並長六尺四寸，闊二寸四分，隨於綬色。

鞶囊，案禮：「男鞶革，女鞶絲。」東觀書：「詔賜鄧遵獸頭鞶囊一枚。」班固與弟書：「遺仲升獸頭旁囊，金錯鉤也。」古佩印皆貯懸之，故有囊稱。或帶於旁，故班氏謂爲旁囊，綬印鈕也。今雖不佩印，猶存古制，有佩綬者，通得佩之。無佩則不。今採梁、陳、東齊制，品極尊者，以金織成，二品以上服之。次以銀織成，三品已上服之。下以綖織成，五品已上服之。分爲三等。

革帶，案禮「博二寸」。禮圖曰：「璫綴於革帶。」阮諶以爲有章印則於革帶佩之。東觀記：「楊賜拜太常，詔賜自所著革帶。」故知形制尊卑不別。今博三寸半，加金鏤鰈，螳蜋鉤，以相拘帶。自大裘至于小朝服，皆用之。

劍，案漢自天子至于百官，無不佩刀。蔡謨議云：「大臣優禮，皆劍履上殿。非侍臣，解之。」蓋防刃也。近代以木，未詳所起。東齊著令，謂爲象劍，言象於劍。周武帝時，百官燕會，並帶刀升座。至開皇初，因襲舊式，朝服登殿，亦不解焉。十二年，因蔡徵上事，始制凡朝會應登殿坐者，劍履俱脱。其不坐者，敕召奏事及須升殿，亦就席解劍，乃登。納言、黃門、內史令、侍郎、舍人，既夾侍之官，則不脱。其劍皆真刃，非假。既合舊典，弘制依定。又准晉咸康元年定令故事，自天子已下，皆衣冠帶劍。今天子則玉具火珠鏢首，餘皆玉鏢首。唯侍臣帶劍上殿，自王公已下，非殊禮引升殿，皆就席解而後升。六品以下，無佩綬者，皆不帶。

曲領，案釋名，在單衣内襟領上，横以雍頸。七品已上有内單者則服之，從省服及八品已下皆無。

珽，案禮：「天子搢珽，方正於天下也。」又五經異義：「天子笏曰珽，珽直無所屈也。」今制准此，長尺二寸，方而不折。以球玉爲之。

笏，案禮：「諸侯以象，大夫魚須文竹，士以竹，本象可也。」「凡有指畫於君前〔一〇〕，受命書於笏，笏畢用也。」五經要義曰：「所以記事，防忽忘。」禮圖云：「度二尺有六寸，中博二寸，其殺六分去一。」晉、宋以來，謂之手板，此乃不經，今還謂之笏，以法古名。自西魏以降，五品已上，通用象牙，六品已下，兼用竹木。

履、舄，案圖云：「複下曰舄，單下曰履。夏葛冬皮。」近代或以重皮，而不加木，失於乾腊之義。今取乾腊之理，以木重底。冕服者色赤，冕衣者色烏，履同烏色。諸非侍臣，皆脱而升殿。凡舄，唯冕服及具服著之，履則諸服皆用。唯褶服以靴。靴，胡履也，取便於事，施於戎服。

諸建華、鵔鸃、鶡冠、委貌、長冠、樊噲、却敵、巧士、術氏、却非等，前代所有，皆不採用。

皇后服四等，有褘衣、鞠衣、青服、朱服。

褘衣，深青質，織成領袖，文以翬翟，五采重行，十二等。首飾花十二鈿，小花毦十二樹，并兩博鬢。素紗内單，黼領，羅縠褾、襈，色皆以朱。蔽膝隨裳色，以緅爲緣，用翟三章。大帶隨衣裳，飾以朱緑之錦，青緣。革帶，青韈、舄，舄以金飾。白玉佩，玄組，綬，章采尺寸同於乘輿。祭及朝會，凡大事皆服之。

鞠衣，黄羅爲質，織成領袖，小花十二樹。蔽膝，革帶及舄，隨衣色。餘准褘衣，親蠶服也。

青服，去花、大帶及佩綬，金飾履。禮見天子則服之。

朱服，制如青服。宴見賓客則服之。

有金璽，盤螭鈕，文曰「皇后之璽」。冬正大朝，則并黄琮，各以笥貯，進於座隅。

皇太后服，同於后服。而貴妃以下，並亦給印。

貴妃、德妃、淑妃，是爲三妃。服褕翟之衣，首飾花九鈿，并二博鬢。金章龜鈕，文從其職。紫綬，一百二十首，長一丈七尺，金縷織成，獸頭鞶囊，佩于寘玉。

順儀、順容、順華、脩儀、脩容、脩華、充儀、充容、充華，是爲九嬪。服闕翟之衣，首飾花八鈿，并二博鬢。金章龜鈕，文從其職。紫綬，一百首，長一丈七尺，金縷織成，獸頭鞶囊，佩采瓄玉。

婕妤，銀縷織成，獸頭鞶囊，首飾花七鈿。他如嬪服。

美人、才人，服鞠衣，首飾花六鈿，并二博鬢。銀印珪鈕，文從其職。青綬，八十首，長一丈六尺，綵縷織成，獸爪鞶囊，佩水蒼玉。

寶林，服展衣，首飾花五鈿，并二博鬢。銀印環鈕，文如其職。艾綬，八十首，長一丈六尺，鞶囊，佩玉，同於婕妤。

承衣刀人、采女，皆服褖衣，無印綬。參准宋泰始四年及梁、陳故事，增損用之。

皇太子妃，服褕翟之衣，青質，五采織成爲搖翟，以備九章。首飾花九鈿，并二博鬢。金璽龜鈕，文如其職。素紗内單，黼領，羅褾、襈，色皆用朱，蔽膝二章。大帶，同褘衣，青緑革帶，朱韈，青舄，舄加金飾。佩瑜玉，纁朱綬，一百六十首，長二丈，獸頭鞶囊。凡大禮見皆服之。唯侍親桑，則用鞠衣之服，花鈿佩綬，與褕衣同。准宋孝建二年故事而增損之。

良娣，鞠衣之服，銀印珪鈕，文如其職。佩采瓄玉，青綬，八十首，長一丈六尺，獸爪鞶囊。餘同世婦。

保林、八子，展衣之服，銅印環鈕，文如其職。佩水蒼玉，艾綬，八十首，長一丈六尺，獸爪鞶囊。自良娣等，准宋大明六年故事而損益之。

諸王太妃、妃、長公主、公主、三公夫人、一品命婦，褕翟之服，繡爲九章。首飾花九鈿，佩山玄玉，獸頭鞶囊。綬同夫色。

公夫人、縣主、二品命婦，亦服褕翟，繡爲八章。首飾八鈿。侍從親桑，同用鞠衣。自此之下，佩皆水蒼玉。

侯、伯夫人、三品命婦，亦服褕翟，繡爲七章。首飾七鈿。

子夫人、四品命婦，服闕翟之衣，刻赤繒爲翟，綴於服上，以爲六章。首飾六鈿。

男夫人、五品命婦，亦服闕翟之衣，刻繒爲翟，綴於服上，以爲五章。首飾五鈿。若當從侍親桑，皆同鞠衣。

議既定，帝幸修文殿覽之，乃令何稠、起部郎閻毗等造樣上呈。二年總了，始班行焉，軒冕之盛，貫古今矣。三年正月朔旦，大陳文物。時突厥染干朝見，慕之，請襲冠冕。帝不許。明日，率左光禄大夫、褥但特勤阿史那職御，左光禄大夫、特勤阿史那伊順，右光禄大夫、意利發史蜀胡悉等，並拜表，固請衣冠。帝大悦，謂弘等曰：「昔漢制初成，方知天子之貴。今衣冠大備，足致單于解辮，此乃卿等功也。」弘、愷、善心、世基、何稠、閻毗等賜帛各有差，並事出優厚。

是後師旅務殷，車駕多行幸。百官行從，唯服袴褶，而軍旅間不便。至六年後，詔從駕涉遠者，文武官等皆戎衣。貴賤異等，雜用五色。五品已上，通着紫袍，六品已下，兼用緋緑，胥吏以青，庶人以白，屠商以皂，士卒以黄。

卓彼上天，宫室混成，玄戈居其左，上將居其右，弧矢揚威，羽林置陳。易曰：「天垂象，聖人則之。」昔軒轅氏之有天下也，以師兵爲營衞，降至三代，其儀大備。西漢武帝，每上甘泉，則列鹵簿，車千乘，騎萬匹。其居前殿，則植戟懸楯，以戒不虞。其所由來者尚矣。

梁武受禪于齊，侍衞多循其制。正殿便殿閣及諸門上下，各以直閤將軍等直領。又置刀釤、御刀、御楯之屬，直御左右。兼有御仗、鋋矟、赤氅、角抵、勇士、青氅、衞仗、長刀、刀劍、細仗、羽林等左右二百七十六人，以分直諸門。行則儀衞左右。又有左右夾轂、蜀客、楯劍、格獸羽林、八從遊盪、十二不從遊盪、直從細射、廉察、刀戟、腰弩、大弩等隊，凡四十九隊，亦分直諸門上下。行則量爲儀衞。東西掖、端、大司馬、東西華、承明、大通等門，又各二隊，及防殿三隊，雖行幸不從。又有八馬遊盪、馬左右夾轂、左右馬百騎等各二隊，及騎官、閱武馬容、雜伎馬容及左右馬騎直隊，行則侍衞左右，分爲警衞。車駕晨夜出入及涉險，皆作函。鹵簿應宿衞軍騎，皆執兵持滿，各當其所保護方面。天明及度險，乃奏解函，撾鼓而依常列。

乘輿行則有大駕、法駕、小駕。大駕以郊饗上天，臨馭九伐。法駕以祭方澤，祀明堂，奉宗廟，藉千畝。小駕以敬園陵，親蒐狩。大駕則公卿奉引，大將軍驂乘，太僕馭。法駕、小駕，皆侍中驂乘，奉車郎馭，公卿不引。其餘行幸，送往勞旋，則槊仗，近讌則隊仗。三駕法天，二仗法地，其動也參天而兩地也。

陳氏承梁，亦無改革。

齊文宣受禪之後，警衞多循後魏之儀。及河清中定令，宮衞之制，左右各有羽林郎十二隊。又有持鈒隊、鋋槊隊、長刀隊、細仗隊、楯鎩隊、雄戟隊、格獸隊、赤氅隊、角抵隊、羽林隊、步遊盪隊、馬遊盪隊。又左右各武賁十隊，左右翊各四隊，又步遊盪、馬遊盪左右各三隊，是爲武賁。又有直從武賁，左右各六隊，在左者爲前驅隊，在右者爲後拒隊。又有募員武賁隊、强弩隊，左右各一隊，在左者皆左衞將軍總之，在右者皆右衞將軍總之，以備警衞。其領軍、中領將軍，侍從出入，則著兩襠甲，手執檉杖。左右衞將軍、將軍則兩襠甲，手執檀杖。侍從左右，則有千牛備身、左右備身、刀劍備身之屬。兼有武威、熊渠、鷹揚等備身三隊，皆領左右將軍主之，宿衞左右，而戎服執仗。兵有斧鉞弓箭刀稍，旌旗皆囊首，五色節文，旆悉赭黄。天子御正殿，唯大臣夾侍，兵仗悉在殿下。郊祭鹵簿，則督將平巾幘，緋衫甲，大口袴。

後周警衞之制，置左右宫伯，掌侍衞之禁，各更直於内。小宫伯貳之。臨朝則分在前侍之首，並金甲，各執龍環金飾長刀。行則夾路車。左右中侍，掌御寢之禁，皆金甲，左執龍環、右執獸環長刀，並飾以金。次左右侍，陪中侍之後，並銀甲，左執鳳環、右執麟環長刀。次左右前侍，掌御寢南門之左右，並銀甲，左執師子環、右執象環長刀。次左右後侍，掌御寢北門之左右，並銀甲，左執犀環、右執兕環長刀。左右騎侍，立於寢之東西階，並銀甲，左執羆環、右執熊環長刀，十二人，兼執師子彤楯，列左右侍之外。自左右侍以下，刀並以銀飾。左右宗侍，陪左右前侍之後，夜則衞於寢庭之中，皆服金塗甲，左執豹環、右執貔環長刀，並金塗飾，十二人，兼執師子彤楯，列於左右騎侍之外。自左右中侍已下，皆行則兼帶黄弓矢，巡田則常服，帶短刀，如其長刀之飾。左右庶侍，掌非皇帝所御門閤之禁，並服金塗甲，左執解豸環、右執獜環長劍，並金飾，十二人，兼執師子彤楯，列於左右宗侍之外。行則兼帶皓弓矢。左右勳侍，掌陪左右庶侍而守出入，則服金塗甲，左執吉良環、右執狰環長劍，十二人，兼執師子彤楯，列於左右庶侍之外。行則兼帶盧弓矢，巡田則與左右庶侍，俱常服，佩短劍，如其長劍之飾。諸侍官，大駕則俱侍，中駕及露寢半之，小駕三分之一。

左右武伯，掌内外衛之禁令，兼六率之士。皇帝臨軒，則備三仗於庭，服金甲，執金鈿杖，立於殿上東西階之側。行則列兵於帝之左右，從則服金甲，被繡袍。左右小武伯各二人，貳之，服執同於武伯，分立於大武伯下及露門之左右塾。行幸則加錦袍。左右武賁率，掌武賁之士，其隊器服皆玄，以四色飾之，各總左右持鈒之隊。皇帝臨露寢，則立於左右三仗第一行之南北。出則分在隊之先後。其副率貳之。左右旅賁率，掌旅賁士，其隊器服皆青，以朱爲飾，立於三仗第二行之南北。其副率貳之。左右射聲率，掌射聲之士，其器服皆朱，以黄爲飾，立於三仗第三行之南北。其副率貳之。左右驍騎率，掌驍騎之士，器服皆黄，以皓爲飾，立於三仗第四行之南北。其副率貳之。左右羽林率，掌羽林之士，其隊器服皆皓，以玄爲飾，立於三仗第五行之南北。其副率貳之。左右遊擊率，掌遊擊之士，其器服皆玄，以青爲飾。其副率貳之。武賁已下六率，通服金甲師子文袍，執銀鈿檀杖。副率通服金甲獸文袍。各有倅長、帥長，相次陪列。行則引前。倅長通服銀甲豹文袍，帥長通服銀甲鶡文袍。自副率已下，通執獸環銀飾長刀。凡大駕則盡行，中駕及露寢則半之，小駕半中駕。常行軍旅，則衣色尚烏。

高祖受命，因周、齊宮衛，微有變革。戎服臨朝大仗，則領左右大將軍二人，分在左右廂。左右直寢、左右直齋、左右直後、千牛備身、左右備身等，夾侍供奉於左右及坐後。左右衛大將軍、左右直閤將軍、以次左右衛將軍，各領儀刀，爲十二行。內四行親衛，行別以大都督領。次外四行勳衛，以帥都督領。次外四行翊衛，以都督領。行各二人。執金花師子楯、猨刀。一百四十人，分左右，帶橫刀。後監門直長十二人，左青龍旗，右白獸旗。左右武衛開府，各領三仗六行，在大仗內，行別六十人，大都督一人領之，帥都督一人後之。大駕則執黃麾仗。其次戟二十四，左青龍幢，右白獸幢，罕、畢各一，鈒金二十四，金節十二道，蓋獸，又絳引幡，朱幢，爲持鈒前隊，應蹕，大都督二人領之，在御前橫街南。左右武衛大將軍，領大仗左右廂，各六行，行別三百六十人，大都督一人領之。

及大業四年，煬帝北巡出塞，行宮設六合城。方一百二十步，高四丈二尺。六合，以木爲之，方六尺，外面一方有板，離合爲之，塗以青色。壘六板爲城，高三丈六尺，上加女牆板，高六尺，開南北門。又於城四角起樓敵二，門觀、門樓檻皆丹青綺畫。又造六合殿、千人帳，載以槍車，車載六合三板。其車軨解合交叉，即爲馬槍。每車上張幕，幕下張平一弩，傅矢，五人更守。兩車之間〔一二〕，施車軨馬槍，皆外其轅，以爲外圍。次內布鐵菱，次内施蟄鞬。每一蟄鞬，中施弩牀，長六尺，闊三尺。牀桄陛插鋼錐，皆長五寸，謂之蝦鬚。皆施機關，張則錐皆外向。其牀上施旋機弩，以繩連弩機，人從外來，觸繩則弩機旋轉，向觸所而發。其外又以矰周圍行宮，二丈一鈴一柱，柱舉矰，去地二尺五寸。當行宮南北門，施槌磬，連矰，以機發之。有人觸矰，則衆鈴發響〔三〕，槌擊兩磬，以知所警，名爲擊警。八年征遼，又造鉤陳，以木板連如帳子。張之則綺文，卷之則直焉。帝御營與賊城相對，夜中設六合城，周迴八里。城及女垣，合高十仞，上布甲士，立仗建旗。又四隅有闕，面別一觀，觀下開三門。其中施行殿，殿上容侍臣及三衞仗，合六百人。一宿而畢，望之若真，高麗旦忽見，謂之爲神焉。

校勘記

〔一〕乘殷之輅　册府卷五八四掌禮部奏議此句下有「服周之冕」。

〔二〕裴政　原作「裴正」，據本書卷六六本傳改。

〔三〕深衣制　「制」，原作「製」，據通典卷六一禮二一君臣服章制度改。下文大業元年議定乘輿服「通天冠之制」條之「深衣制」亦同改。

〔四〕鉤鍱　「鍱」字原闕，據通典卷六一禮二一君臣服章制度補。

〔五〕小花並如大花之數　「數」，通典卷六二禮二二后妃命婦首飾制度作「形」。

〔六〕後乃下直爲鐵卷梁　「下直」，續漢書輿服志下作「直下」。

〔七〕今參准此　「今」，原作「命」，據大德本、至順本改。

〔八〕三公攝祭及諸王初受册執贄入朝助祭親迎　「執」字原闕。上文高祖定制「衮冕」條：「王、國公、開國公初受册，執贄，入朝，祭，親迎，則服之。」通典卷六一禮二一君臣服章制度：「王、公、開國公初受册，執贄，入朝，祭祀，親迎，則服之。」今據補。

〔九〕「二品已上」至「長一丈四尺百四十首」　「二品已上」綬長與首數，均低於下文「三品」，疑有誤。

〔一〇〕凡有指畫於君前　通鑑卷一七五陳紀九宣帝太建十三年二月胡注引隋志，此句下有「用笏」，正與禮記玉藻同。

〔一一〕兩車之間　「間」，原作「門」，張元濟校勘記稱據北監本、汲本、殿本誤修，今據大德本、至順本、南監本回改。

〔一二〕則衆鈴發響　「響」，原作「饗」，據南監本、殿本改。通鑑卷一八一隋紀五煬帝大業四年三月乙丑條胡注引隋志亦作「響」。

點校本
二十四史
修訂本

隋書

第二册
卷一三至卷二一

〔唐〕魏徵　等撰

中華書局

2020 年 11 月北京第 1 版　　2020 年 11 月北京第 1 次印刷

ISBN 978-7-101-14826-8

隋書卷十三

志第八

音樂上

夫音本乎太始，而生於人心，隨物感動，播於形氣。形氣既著，協於律呂，宮商克諧，名之爲樂。樂者，樂也。聖人因百姓樂己之德，正之以六律，文之以五聲，詠之以九歌，舞之以八佾。實升平之冠帶，王化之源本。記曰：「感於物而動，故形於聲。」夫人者，兩儀之播氣，而性情之所起也，恣其流湎，往而不歸。是以五帝作樂，三王制禮，標舉人倫，削平淫放。其用之也，動天地，感鬼神，格祖考，諧邦國。樹風成化，象德昭功，啓萬物之情，通天下之志。若夫升降有則，宮商垂範。禮踰其制，則尊卑乖，樂失其序，則親疎亂。禮定其象，樂平其心，外敬內和，合情飾貌，猶陰陽以成化，若日月以爲明也。

記曰：「大夫無故不撤懸，士無故不撤琴瑟。」聖人造樂，導迎和氣，惡情屏退，善心興起。伊耆有葦籥之音，伏犧有網罟之詠，葛天八闋，神農五弦，事與功偕，其來已尚。黄帝樂曰咸池，帝嚳曰六英，帝顓頊曰五莖，帝堯曰大章，帝舜曰簫韶，禹曰大夏，殷湯曰護，武王曰武，周公曰勺。教之以風賦，弘之以孝友，大禮與天地同節，大樂與天地同和，禮意風猷，樂情膏潤。傳曰：「如有王者，必世而後仁。」成、康化致升平，刑厝而不用也。古者天子聽政，公卿獻詩，秦人有作，罕聞斯道。漢高祖時，叔孫通爰定篇章，用祀宗廟。唐山夫人能楚聲，又造房中之樂。武帝裁音律之響，定郊丘之祭，頗雜謳謡，非全雅什。漢明帝時，樂有四品：一曰大予樂，郊廟上陵之所用焉。則易所謂「先王作樂崇德，殷薦之上帝，以配祖考」者也。二曰雅頌樂，辟雍饗射之所用焉。則孝經所謂「移風易俗，莫善於樂」者也。三曰黄門鼓吹樂，天子宴羣臣之所用焉。則詩所謂「坎坎鼓我，蹲蹲儛我」者也。其四曰短簫鐃歌樂，軍中之所用焉。黄帝時，岐伯所造，以建武揚德，風敵勵兵，則周官所謂「王師大捷，則令凱歌」者也。又採百官詩頌，以爲登歌，十月吉辰，始用蒸祭。董卓之亂，正聲咸蕩。漢雅樂郎杜夔，能曉樂事，八音七始，靡不兼該。魏武平荆州，得夔，使其刊定雅律。魏有先代古樂，自夔始也。自此迄晉，用相因循，永嘉之寇，盡淪胡、羯。於是樂人南奔，穆皇羅鍾磬，苻堅北敗，孝武獲登歌。晉氏不綱，魏圖將霸，道武克中山，太武平統萬，或得其宮懸，或收其古樂，于時經營是迫，雅器斯寢。孝文頗爲詩歌，以勗在位，謠俗流傳，布諸音律。大臣馳騁漢、魏，旁羅宋、齊，功成奮豫，代有制作。莫不各揚廟舞，自造郊歌，宣暢功德，輝光當世，而移風易俗，浸以陵夷。

梁武帝本自諸生，博通前載，未及下車，意先風雅，爰詔凡百，各陳所聞。帝又自糾擿前違，裁成一代。周太祖發跡關、隴，躬安戎狄，羣臣請功成之樂，式遵周舊，依三材而命管，承六典而揮文。而下武之聲，豈姬人之唱，登歌之奏，叶鮮卑之音，情動於中，亦人心不能已也。昔仲尼返魯，風雅斯正，所謂有其藝而無其時。高祖受命惟新，八州同貫，制氏全出於胡人，迎神猶帶於邊曲。及顏、何驟請，頗涉雅音，而繼想聞韶，去之彌遠。若夫二南斯理，八風揚節，順序旁通，妖淫屏棄，宮徵流唱，翺翔率舞，弘仁義之道，安性命之真，君子益厚，小人無悔，非大樂之懿，其孰能與於此者哉！是以舜詠南風而虞帝昌，紂歌北鄙而殷王滅。大樂不紊，則王政在焉。故録其不相因襲，以備于志。周官大司樂一千三百三十九人。漢郊廟及武樂，三百八十人。煬帝矜奢，頗翫淫曲，御史大夫裴蘊，揣知帝情，奏括周、齊、梁、陳樂工子弟，及人間善聲調者，凡三百餘人，並付太樂。倡優獿雜，咸來萃止。其哀管新聲，淫弦巧奏，皆出鄴城之下，高齊之舊曲云。

梁氏之初，樂緣齊舊。武帝思弘古樂，天監元年，遂下詔訪百寮曰：「夫聲音之道，與政通矣，所以移風易俗，明貴辨賤。而韶、護之稱空傳，咸、英之實靡託，魏晉以來，陵替滋甚。遂使雅鄭混淆，鍾石斯謬，天人缺九變之節，朝醼失四懸之儀。朕昧旦坐朝，思求厥旨，而舊事匪存，未獲釐正，寤寐有懷，所爲歎息。卿等學術通明，可陳其所見。」於是散騎常侍、尚書僕射沈約奏答曰：「竊以秦代滅學，樂經殘亡。至于漢武帝時，河間獻王與毛生等，共採周官及諸子言樂事者，以作樂記。其内史丞王定，傳授常山王禹。劉向校書，得樂記二十三篇，與禹不同。向別録有樂歌詩四篇、趙氏雅琴七篇、師氏雅琴八篇、龍氏雅琴百六篇。唯此而已。晉中經簿，無復樂書，別録所載，已復亡逸。案漢初典章滅絶，諸儒捃拾溝渠牆壁之間，得片簡遺文，與禮事相關者，即編次以爲禮，皆非聖人之言。月令取吕氏春秋，中庸、表記、防記、緇衣皆取子思子，樂記取公孫尼子，檀弓殘雜，又非方幅典誥之書也。禮既是行己經邦之切，故前儒不得不補綴以備事用。樂書事大而用緩，自非逢欽明之主，制作之君，不見詳議。漢氏以來，主非欽明，樂既非人臣急事，故言者寡。陛下以至聖之德，應樂推之符，實宜作樂崇德，殷薦上帝。而樂書淪亡，尋案無所。宜選諸生，分令尋討經史百家，凡樂事無小大，皆別纂録。乃委一舊學，撰爲樂書，以起千載絶文，以定大梁之樂。使五英懷慚，六莖興愧。」

是時對樂者七十八家，咸多引流略，浩蕩其詞，皆言樂之宜改，不言改樂之法。帝既素善鍾律，詳悉舊事，遂自制定禮樂。又立爲四器，名之爲通。通受聲廣九寸，宣聲長九尺，臨岳高一寸二分。每通皆施三絃。一曰玄英通：應鍾絃，用一百四十二絲，長四尺七寸四分差强；黄鍾絃，用二百七十絲，長九尺；大吕絃，用二百五十二絲，長八尺四寸三分差弱。二曰青陽通：太簇絃，用二百四十絲，長八尺；夾鍾絃，用二百二十四絲，長七尺五寸弱；姑洗絃，用二百一十四絲，長七尺一寸一分强〔一〕。三曰朱明通：中吕絃，用一百九十九絲，長六尺六寸六分弱；蕤賓絃，用一百八十九絲，長六尺三寸二分强；林鍾絃，用一百八十絲，長六尺〔二〕。四曰白藏通：夷則絃，用一百六十八絲，長五尺六寸二分弱；南吕絃，用一百六十絲，長五尺三寸二分大强；無射絃，用一百四十九絲〔三〕，長四尺九寸九分强〔四〕。因以通聲，轉推月氣，悉無差違，而還相得中。又制爲十二笛，黄鍾笛長三尺八寸，大吕笛長三尺六寸，太簇笛長三尺四寸，夾鍾笛長三尺二寸，姑洗笛長三尺一寸，中吕笛長二尺九寸，蕤賓笛長二尺八寸，林鍾笛長二尺七寸，夷則笛長二尺六寸，南吕笛長二尺五寸，無射笛長二尺四寸，應鍾笛長二尺三寸。用笛以寫通聲，飲古夾鍾玉律并周代古鍾〔五〕，並皆不差。於是被以八音，施以七聲，莫不和韻。

是時北中郎司馬何佟之上言：「案周禮『王出入則奏王夏，尸出入則奏肆夏，牲出入則奏昭夏』。今樂府之夏，唯變王夏爲皇夏，蓋緣秦、漢以來稱皇故也。而齊氏仍宋儀注，迎神奏昭夏，皇帝出入奏永至，牲出入更奏引牲之樂。其爲舛謬，莫斯之甚。請下禮局改正。」周捨議，以爲：「禮『王入奏王夏』，大祭祀與朝會，其用樂一也。而漢制，皇帝在廟，奏永至樂，朝會之日，別有皇夏。二樂有異，於禮爲乖，宜除永至，還用皇夏。又禮『尸出入奏肆夏』，『賓入大門奏肆夏』，則所設唯在人神，其與迎牲之樂，不可濫也。宋季失禮，頓虧舊則，神入廟門，遂奏昭夏，乃以牲牢之樂，用接祖考之靈。斯皆前代之深疵，當今所宜改也。」時議又以爲：「周禮云『若樂六變，天神皆降』，神居上玄，去還怳忽，降則自至，迎則無所。可改迎爲降，而送依前式。又周禮云『若樂八變，則地祇皆出，可得而禮』，地宜依舊爲迎神。」並從之。又以明堂設樂，大略與南郊不殊，惟壇堂異名，而無就燎之位。明堂則徧歌五帝，其餘同於郊式焉。

初宋、齊代，祀天地，祭宗廟，准漢祠太一后土，盡用宮懸。又太常任昉，亦據王肅議云：「周官『以六律、五聲、八音、六舞大合樂，以致鬼神，以和邦國，以諧兆庶，以安賓客，以悅遠人』。是謂六同，一時皆作。今六代舞，獨分用之，不厭人心。」遂依肅議，祀祭郊廟，備六代樂。至是帝曰：「周官分樂饗祀，虞書止鳴兩懸，求之於古，無宮懸之議。何事人禮縟，事神禮簡也。天子襲衮，而至敬不文，觀天下之物，無可以稱其德者，則以少爲貴矣。大合樂者，是使六律與五聲克諧，八音與萬舞合節耳。豈謂致鬼神祇用六代樂也？其後即言『分樂序之，以祭以享』。此乃曉然可明，肅則失其旨矣。推檢載籍，初無郊禋宗廟偏舞六代之文。唯明堂位曰：『禘祀周公於太廟，朱干玉戚，冕而舞大武，皮弁素積，裼而舞大夏。納夷蠻之樂於太廟，言廣魯於天下也。』夫祭尚於敬，無使樂繁禮黷。是以季氏逮闇而祭，繼之以燭，有司跛倚。其爲不敬大矣。他日祭，子路與焉，質明而始，晏朝而退。孔子聞之，曰：『誰謂由也不知禮乎？』若依肅議，郊既有迎送之樂，又有登歌，各頌功德，偏以六代，繼之出入，方待樂終。此則乖於仲尼韙晏朝之意矣。」於是不備宮懸，不偏舞六代，逐所應須。即設懸，則非宮非軒，非判非特，宜以至敬所應施用耳。宗廟省迎送之樂，以其閟宮靈宅也。

齊永明中，舞人冠幘並簪筆，帝曰：「筆笏蓋以記事受言，舞不受言，何事簪筆？豈有身服朝衣，而足綦讌履？」於是去筆。

又晉及宋、齊，懸鍾磬大准相似，皆十六架。黃鍾之宮：北方，北面，編磬起西〔六〕，其東編鍾，其東衡大於鎛，不知何代所作。其東鎛鍾。太簇之宮：東方，西面，起北。蕤賓之宮：南方，北面，起東。姑洗之宮：西方，東面，起南。所次皆如北面。設建鼓於四隅，懸內四面，各有柷敔。帝曰：「著晉、宋史者，皆言太元、元嘉四年〔七〕，四廂金石大備。今檢樂府，止有黃鍾、姑洗、蕤賓、太蔟四格而已。六律不具，何謂四廂？備樂之文，其義焉在？」於是除去衡鍾，設十二鎛鍾，各依辰位，而應其律。每一鎛鍾，則設編鍾磬各一虡，合三十六架。植建鼓於四隅。元正大會備用之。

乃定郊禋宗廟及三朝之樂，以武舞爲大壯舞，取易云「大者壯也」，「正大而天地之情可見也」。以文舞爲大觀舞，取易云「大觀在上」，「觀天之神道而四時不忒也」。國樂以「雅」爲稱，取詩序云「言天下之事，形四方之風，謂之雅。雅者，正也」。止乎十二，則天數也。乃去階步之樂，增撤食之雅焉。衆官出入，宋元徽三年儀注奏肅咸樂，齊及梁初亦同。至是改爲俊雅，取禮記「司徒論選士之秀者而升之學〔八〕，曰俊士」也。二郊、太廟、明堂、三朝同用焉。皇帝出入，宋孝建二年秋起居注奏永至，齊及梁初亦同。至是改爲皇雅，取詩「皇矣上帝，臨下有赫」也。二郊、太廟同用。皇太子出入，奏胤雅，取詩「君子萬年，永錫爾胤」也。王公出入，奏寅雅，取尚書周官「二公弘化〔九〕，寅亮天地」也。上壽酒，奏介雅，取詩「君子萬年，介爾景福」也。食舉，奏需雅，取易「雲上於天，需，君子以飲食宴樂」也。撤饌，奏雍雅，取禮記「大饗客出以雍撤」也。並三朝用之。牲出入，宋元徽二年儀注奏引牲，齊及梁初亦同。至是改爲滌雅，取禮記「帝牛必在滌三月」也。薦毛血，宋元徽三年儀注奏嘉薦，齊及梁初亦同。至是改爲牷雅，取春秋左氏傳「牲牷肥腯」也。

北郊、明堂、太廟並同用。降神及迎送，宋元徽三年儀注奏昭夏，齊及梁初亦同。至是改爲諴雅，取尚書「至諴感神」也。皇帝飲福酒，宋元徽三年儀注奏嘉祚，至齊不改，梁初，改爲永祚。至是改爲獻雅，取禮記祭統「尸飲五，君洗玉爵獻卿」〔一〇〕。今之福酒，亦古獻之義也。北郊、明堂、太廟同用。就燎位，宋元徽三年儀注奏昭遠，齊及梁不改。就埋位，齊永明六年儀注奏隸幽。至是燎埋俱奏禋雅，取周禮大宗伯「以禋祀祀昊天上帝」也。其辭並沈約所製。今列其歌詩二十曲云〔一一〕。

俊雅，歌詩三曲，四言：

設官分職，髦俊攸俟。髦俊伊何？貴德尚齒。唐乂咸事，周寧多士。區區衞國，猶賴君子。漢之得人，帝猷乃理。

開我八襲，闢我九重。珩佩流響，纓紱有容。衮衣前邁，列辟雲從。義兼東序，事美西雍。分階等肅，異列齊恭。

重列北上，分庭異陛。百司揚職，九賓相禮。齊宋舅甥，魯衞兄弟。思皇藹藹，羣龍濟濟。我有嘉賓，實惟愷悌。

皇雅，三曲，五言：

帝德實廣運，車書靡不賓。執瑁朝羣后，垂旒御百神。八荒重譯至，萬國婉來親。

華蓋拂紫微，勾陳繞太一〔一二〕。容裔被緹組，參差羅罕畢。星回照以爛，天行徐且謐。清蹕朝萬寓，端冕臨正陽。青絇黄金繶，衮衣文繡裳。既散華蟲采，復流日月光。

胤雅，一曲，四言：

自昔殷代，哲王迭有。降及周成，惟器是守。上天乃眷，大梁既受。灼灼重明，仰承元首。體乾作貳，命服斯九。置保置師，居前居後。前星北耀，克隆萬壽。

寅雅，一曲，三言：

禮莫違，樂具舉。延藩辟，朝帝所。執桓蒲，列齊莒。垂衮毳，紛容與。升有儀，降有序。齊簪紱，忘笑語。始矜嚴，終酣醑。

介雅，三曲，五言：

百福四象初，萬壽三元始。拜獻惟衮職，同心協卿士。北極永無窮，南山何足擬。壽隨百禮洽，慶與三朝升。惟皇集繁祉，景福互相仍。申錫永無遺，穰簡必來應。百味既含馨，六飲莫能尚。玉罍信湛湛，金卮頗摇漾。敬舉發天和，祥祉流嘉貺。

需雅，八曲，七言：

實體平心待和味，庶羞百品多爲貴。或鼎或鼒宣九沸，楚桂胡鹽芼芳卉。加籩列俎彫且蔚。

五味九變兼六和，令芳甘旨庶且多。三危之露九期禾，圓案方丈粲星羅。皇舉斯樂同山河。

九州上腴非一族，玄芝碧樹壽華木。終朝采之不盈掬，用拂腥羶和九穀。既甘且飫致遐福。

人欲所大味爲先，興和盡敬咸在旃。碧鱗朱尾獻嘉鮮，紅毛綠翼墜輕翾。臣拜稽首萬斯年。

擊鍾以俟惟大國，況乃御天流至德。侑食斯舉揚盛則，其禮不僭儀不忒。風猷所被深且塞。

膳夫奉職獻芳滋，不麛不夭咸以時。調甘適苦別澠、淄，其德不爽受福釐。於焉逸豫永無期。

備味斯饗惟至聖，咸降人神禮爲盛。或風或雅流歌詠，負鼎言歸啓殷命。悠悠四海同茲慶。

道我六穗羅八珍，洪鼎自爨匪勞薪。荆包海物必來陳，滑甘滫瀡味和神。以斯至德被無垠。

雍雅，三曲，四言：

明明在上，其儀有序。終事靡愆，收鉶撤俎。乃升乃降，和樂備舉。天德莫違，人謀是與。敬行禮達，茲焉譏語。

我餕惟阜，我肴孔庶。嘉味既充，食旨斯飫。屬厭無爽，沖和在御。擊壤齊歡，懷生等豫。蒸庶乃粒，實由仁恕。

百司警列，皇在在陛。既飫且醑，卒食成禮。其容穆穆，其儀濟濟。凡百庶僚，莫不愷悌。奄有萬國，抑由天啓。

滌雅，一曲，四言：

將脩盛禮，其儀孔熾。有腯斯牲，國門是置。不黎不瘠，靡愆靡忌。呈肌獻體，永言昭事。俯休皇德，仰綏靈志。百福具膺，嘉祥允洎。駿奔伊在，慶覃遐嗣。

牷雅，一曲，四言：

反本興敬，復古昭誠。禮容宿設，祀事孔明。華俎待獻，崇碑麗牲。充哉繭握，肅矣簪纓。其膋既啓，我豆既盈。庖丁遊刃，葛盧驗聲。多祉攸集，景福來并。

諴雅，一曲，三言：南郊降神用。

懷忽慌，瞻浩蕩。盡誠絜，致虔想。出杳冥，降無象。皇情肅，具僚仰。人禮盛，神途敞。僾明靈，申敬饗。感蒼極，洞玄壤。

諴雅，一曲，三言：北郊迎神用。

地德溥，崐丘峻。揚羽翟，鼓應𣞤。出尊祇，展誠信。招海瀆，羅岳鎮。惟福祉，咸昭晉。

諴雅，一曲，四言：南北郊、明堂、太廟送神同用。

我有明德，馨非稷黍。牲玉孔備，嘉薦惟旅。金懸宿設，和樂具舉。禮達幽明，敬行鐏俎。鼓鍾云送，遐福是與。

獻雅，一曲，四言：

神宮肅肅，天儀穆穆。禮獻既同，膺此釐福。我有馨明，無愧史祝。

禋雅，一曲，四言：就燎。

紫宮昭焕，太一微玄。降臨下土，尊高上天。載陳珪璧，式備牲牷。雲孤清引，栒虡高懸。俯昭象物，仰致高煙。肅彼靈祉，咸達皇虔。

禋雅，一曲，四言：就埋。

盛樂斯舉，協徵調宮。靈饗慶洽，祉積化融。八變有序，三獻已終。坎牲瘞玉，酬德報功。振垂成吕，投壤生風。道無虚致，事由感通。於皇盛烈，比祚華嵩。

普通中，薦蔬之後，改諸雅歌，勑蕭子雲製詞。既無牲牢，遂省滌雅、牷雅云。

南郊，舞奏黄鍾，取陽始化也。北郊，舞奏林鍾，取陰始化也。明堂、宗廟，所尚者敬，蕤賓是爲敬之名，復有陰主之義，故同奏焉。其南北郊、明堂、宗廟之禮，加有登歌。今又列其歌詩一十八曲云。

南郊皇帝初獻奏登歌，二曲，三言：

暾既明，禮告成。惟聖祖，主上靈。爵已獻，罍又盈。息羽籥，展歌聲。僾如在，結皇情。

禮容盛，樽俎列。玄酒陳，陶匏設。獻清旨，致虔絜。王既升，樂已闋。降蒼昊，垂芳烈。

北郊皇帝初獻奏登歌，二曲，四言：

方壇既垎，地祇已出。盛典弗愆，羣望咸秩。乃升乃獻，敬成禮卒。靈降無兆，神饗載謐。允矣嘉祚，其升如日。

至哉坤元，實惟厚載。躬兹奠饗，誠交顯晦。或升或降，摇珠動佩。德表成物，慶流皇代。純嘏不愆，祺福是賚。

宗廟皇帝初獻奏登歌，七曲，四言：

功高禮洽，道尊樂備。三獻具舉，百司在位。誠敬罔愆，幽明同致。茫茫億兆，無思不遂。蓋之如天，容之如地。

殷兆玉筐，周始邠王。於赫文祖，基我大梁。肇土七十，奄有四方。帝軒百祀，人思未忘。永言聖烈，祚我無疆。

有夏多罪，殷人塗炭。四海倒懸，十室思亂。自天命我，殲凶殄難。既躍乃飛，言登天漢。爰饗爰祀，福祿攸贊。

犧象既飾，罍俎斯具。我鬱載馨，黃流乃注。峩峩卿士，駿奔是務。佩上鳴堦，纓還拂樹。悠悠億兆，天臨日煦。

猗與至德，光被黔首。鑄鎔蒼昊，甄陶區有。肅恭三獻，對揚萬壽。比屋可封，含生無咎。匪徒七百，天長地久。

有命自天，於皇后帝。悠悠四海，莫不來祭。繁祉具膺，八神聳衞。福至有兆，慶來無際。播此餘休，于彼荒裔。

祀典昭潔，我禮莫違。八簋充室，六龍解騑。神宮肅肅，靈寢微微。嘉薦既饗，景福攸歸。至德光被，洪祚載輝。

明堂徧歌五帝登歌，五曲，四言：

歌青帝辭：

帝居在震，龍德司春。開元布澤，含和尚仁。羣居既散，歲云陽止。飭農分地，人粒惟始。雕梁繡栱，丹楹玉墀。靈威以降，百福來綏。

歌赤帝辭：

炎光在離，火爲威德。執禮昭訓，持衡受則。靡草既凋，温風以至。嘉薦惟旅，時羞孔備。齊醍在堂，笙鏞在下。匪惟七百，無絶終始。

歌黄帝辭：

鬱彼中壇，含靈闡化。迴環氣象，輪無輟駕。布德焉在，四序將收。音宫數五，飯稷驂駵。宅屏居中，旁臨外宇。升爲帝尊，降爲神主。

歌白帝辭：

神在秋方，帝居西皓。允兹金德，裁成萬寶。鴻來雀化，參見火邪。幕無玄鳥，菊有黄華。載列笙磬，式陳彝俎。靈罔常懷，惟德是與。

歌黑帝辭：

德盛乎水，玄冥紀節。陰降陽騰，氣凝象閉。司智莅坎，駕鐵衣玄。祁寒坼地，晷度迴天。悠悠四海，駿奔奉職。祚我無疆，永隆人極。

太祖太夫人廟舞歌：

閟宮肅肅，清廟濟濟。於穆夫人，固天攸啓。祚我梁德，膺斯盛禮。文槐達嚮，重檐丹陛。飾我俎彝，絜我粢盛〔三〕。躬事奠饗，推尊盡敬。悠悠萬國，具承茲慶。大孝追遠，兆庶攸詠。

太祖太夫人廟登歌：

光流者遠，禮貴彌申〔四〕。嘉饗云備，盛典必陳。追養自本，立愛惟親。皇情乃慕，帝服來尊。駕齊六轡，旂耀三辰。感茲霜露，事彼冬春。以斯孝德，永被蒸民。

大壯舞奏夷則，大觀舞奏姑洗，取其月王也。二郊、明堂、太廟、三朝並同用。今亦列其歌詩二曲云。

大壯舞歌，一曲，四言：

高高在上，實愛斯人〔五〕。眷求聖德，大拯彝倫。率土方燎，如火在薪。惵惵黔首，暮不及晨。朱光啓耀，兆發穹旻。我皇鬱起，龍躍漢津。言屆牧野，電激雷震。闕鞏之甲，彭濮之人。或貔或武，漂杵浮輪。我邦雖舊，其命惟新。六伐乃止，七德必陳。君臨萬國，遂撫八寅。

大觀舞歌，一曲，四言：

皇矣帝烈，大哉興聖。奄有四方，受天明命。居上不怠，臨下唯敬。舉無僭則，動無失正。物從其本，人遂其性。昭播九功，肅齊八柄。寬以惠下，德以爲政。三趾晨儀，重輪夕映。棧壑忘阻，梯山匪夐。如日有恒，與天無竟。載陳金石，式流舞詠。咸英韶夏，於茲比盛。

相和五引：

角引：

萌生觸發，歲在春。咸池始奏，德尚仁。沾滯以息，和且均。

徵引：

執衡司事，宅離方。滔滔夏日，火德昌。八音備舉，樂無疆。

宮引：

八音資始，君五聲。興此和樂，感百精。優遊律呂，被咸英。

商引：

司秋紀兑，奏西音。激揚鍾石，和瑟琴。風流福被，樂愔愔。

羽引：

玄英紀運，冬冰折。物爲音本，和且悦。窮高測深，長無絶。

普通中，薦蔬以後，敕蕭子雲改諸歌辭爲相和引，則依五音宮商角徵羽爲第次，非隨月次也。

舊三朝設樂有登歌，以其頌祖宗之功烈，非君臣之所獻也，於是去之。三朝，第一，奏相和五引；第二，衆官入，奏俊雅；第三，皇帝入閤，奏皇雅；第四，皇太子發西中華門，奏胤雅；第五，皇帝進，王公發足；第六，王公降殿，同奏寅雅；第七，皇帝入儲變服；第八，皇帝變服出儲，同奏皇雅；第九，公卿上壽酒，奏介雅；第十，太子入預會，奏胤雅；十一，皇帝食舉，奏需雅；十二，撤食，奏雍雅；十三，設大壯武舞；十四，設大觀文舞；十五，設雅歌五曲；十六，設俳伎；十七，設鼙舞；十八，設鐸舞；十九，設拂舞；二十，設巾舞并白紵；二十一，設舞盤伎；二十二，設舞輪伎；二十三，設刺長追花幢伎；二十四，設受猾伎；二十五，設車輪折脰伎；二十六，設長蹻伎；二十七，設須彌山、黃山、三峽等伎；二十八，設跳鈴伎；二十九，設跳劍伎；三十，設擲倒伎；三十一，設擲倒案伎；三十二，設青絲幢伎；三十三，設一繖花幢伎；三十四，設雷幢伎；三十五，設金輪幢伎；三十六，設白獸幢伎；三十七，設擲蹻伎；三十八，設獮猴幢伎；三十九，設啄木幢伎；四十，設五案幢呪願伎；四十一，設辟邪伎；四十二，設青紫鹿伎；四十三，設白武伎，作訖，將白鹿來迎下；四十四，設寺子導安息孔雀〔一六〕、鳳凰、文鹿胡舞登連上雲樂歌舞伎；四十五，設緣高絙伎；四十六，設變黃龍弄龜伎；四十七，皇太子起，奏胤雅；四十八，衆官出，奏俊雅；四十九，皇帝興，奏皇雅。

自宋、齊已來，三朝有鳳凰銜書伎。至是乃下詔曰：「朕君臨南面，道風蓋闕，嘉祥時至，爲媿已多。假令巢侔軒閣，集同昌户，猶當顧循寡德，推而不居。况於名實頓爽，自欺耳目。一日元會，太樂奏鳳凰銜書伎，至乃舍人受書，升殿跪奏。誠復興乎前代，率由自遠，内省懷慙，彌與事篤。可罷之。」

天監四年，掌賓禮賀瑒，請議皇太子元會出入所奏。帝命别制養德之樂。瑒謂宜名元雅，迎送二傅亦同用之。取禮「一有元良，萬國以貞」之義。明山賓、嚴植之及徐勉等，以爲周有九夏，梁有十二雅。此並則天數，爲一代之曲。今加一雅，便成十三。瑒又疑東宫所奏舞，帝下其議。瑒以爲，天子爲樂，以賞諸侯之有德者。觀其舞，知其德。况皇儲養德春宫，式瞻攸屬。謂宜備大壯、大觀二舞，以宣文武之德。帝從之。於是改皇太子樂爲元貞，奏二舞。是時禮樂制度，粲然有序。其後臺城淪没，簡文帝受制於侯景。景以簡文女溧陽公主爲妃，請帝及主母范淑妃宴于西州，奏梁所常用樂。景儀同索超世亦在宴筵。帝潸然屑涕。景興曰：「陛下何不樂也？」帝强笑曰：「丞相言索超世聞此以爲何聲？」景曰：「臣且不知，何獨超世？」自此樂府不修，風雅咸盡矣。及王僧辯破侯景，諸樂並送荆州。經亂，工器頗闕，元帝詔有司補綴纔備。荆州陷没，周人不知采用，工人有知音者，並入關中，隨例没爲奴婢。

鼓吹，宋、齊並用漢曲，又充庭用十六曲。高祖乃去四曲，留其十二，合四時也。更制新歌，以述功德。其第一，漢曲朱鷺改爲木紀謝，言齊謝梁升也。第二，漢曲思悲翁改爲賢首山，言武帝破魏軍於司部，肇王迹也。第三，漢曲艾如張改爲桐柏山，言武帝牧司，王業彌章也。第四，漢曲上之回改爲道亡，言東昏喪道，義師起樊、鄧也。第五，漢曲擁離改爲忱威，言破加湖元勳也〔一七〕。第六，漢曲戰城南改爲漢東流，言義師克魯山城也。第七，漢曲巫山高改爲鶴樓峻，言平郢城，兵威無敵也。第八，漢曲上陵改爲昏主恣淫慝，言東昏政亂，武帝起義，平九江、姑熟，大破朱雀，伐罪弔人也。第九，漢曲將進酒改爲石首局，言義師平京城，仍廢昏，定大事也。第十，漢曲有所思改爲期運集，言武帝應籙受禪，德盛化遠也。十一，漢曲芳樹改爲於穆，言大梁闡運，君臣和樂，休祚方遠也。十二，漢曲上邪改爲惟大梁，言梁德廣運，仁化洽也。

天監七年，將有事太廟。詔曰：「禮云『齋日不樂』，今親奉始出宫，振作鼓吹。外可詳議。」八座丞郎參議，請輿駕始出，鼓吹從而不作，還宫如常儀。帝從之，遂以定制。

初武帝之在雍鎮，有童謡云：「襄陽白銅蹄，反縛揚州兒。」識者言，白銅謂金、蹄謂馬也〔一八〕。白，金色也。及義師之興，實以鐵騎，揚州之士，皆面縛，果如謡言。故即位之後，更造新聲，帝自爲之詞三曲，又令沈約爲三曲，以被絃管。帝既篤敬佛法，又制善哉、大樂、大歡〔一九〕、天道、仙道、神王、龍王、滅過惡、除愛水、斷苦輪等十篇〔二〇〕，名爲正樂，皆述佛法。又有法樂、童子伎、童子倚歌、梵唄，設無遮大會則爲之。

陳初，武帝詔求宋、齊故事。太常卿周弘讓奏曰：「齊氏承宋，咸用元徽舊式，宗祀朝饗，奏樂俱同，唯北郊之禮，頗有增益。皇帝入壝門，奏永至；飲福酒，奏嘉胙；太尉亞獻，奏凱容；埋牲，奏隸幽；帝還便殿，奏休成；衆官並出，奏肅成〔二一〕。此乃元徽所闕，永明六年之所加也。唯送神之樂，宋孝建二年秋起居注云『奏肆夏』，永明中，改奏昭夏。」帝遂依之。是時並用梁樂，唯改七室舞辭，今列之云。

皇祖步兵府君神室奏凱容舞辭：

於赫皇祖，宮牆高嶷。邁彼厥初，成茲峻極。縵樂簡簡，閟寢翼翼。裸饗若存，惟靈靡測。

皇祖正員府君神室奏凱容舞辭：

昭哉上德，浚彼洪源。道光前訓，慶流後昆。神猷緬邈，清廟斯存。以享以祀，惟祖惟尊。

皇祖懷安府君神室奏凱容舞辭：

選辰崇饗，飾禮嚴敬。靡愛牲牢，兼馨粢盛。明明列祖，龍光遠映。肇我王風，形斯舞詠。

皇高祖安成府君神室奏凱容舞辭：

道遥積慶，德遠昌基。永言祖武，致享從思。九章停列，八舞迴墀。靈其降止，百福來綏。

皇曾祖太常府君神室奏凱容舞辭：

肇迹帝基〔三〕，義標鴻篆。恭惟載德，瓊源方闡。享薦三清，筵陳四璉。增我堂構，式敷帝典。

皇祖景皇帝神室奏景德凱容舞辭：

皇祖執德，長發其祥。顯仁藏用，懷道韜光。寧斯閟寢，合此蕭薌。永昭貽厥，還符翦商。

皇考高祖武皇帝神室奏武德舞辭：

烝哉聖祖，撫運升離。道周經緯，功格玄祇。方軒邁扈，比舜陵嬀。緝熙是詠，欽明在斯。雲雷遘屯，圖南共舉。大定揚越，震威衡楚。四奧宅心，九疇還敍。景星出翼，非雲入呂。德暢容辭，慶昭羽綴。於穆清廟，載揚徽烈。嘉玉既陳，豐盛斯潔。是將是享，鴻猷無絶。

天嘉元年，文帝始定圓丘、明堂及宗廟樂。都官尚書到仲舉權奏：「衆官入出，皆奏肅成。牲入出，奏引犧。上毛血，奏嘉薦。迎送神，奏昭夏。皇帝入壇，奏永至。皇帝升陛，奏登歌。皇帝初獻及太尉亞獻、光禄勳終獻，並奏宣烈。皇帝飲福酒，奏嘉胙；就燎位，奏昭遠；還便殿，奏休成。」

至太建元年，定三朝之樂〔三〕，採梁故事：第一，奏相和五引，各隨王月，則先奏其鍾。唯衆官入，奏俊雅，林鍾作，太簇參應之，取其臣道也。鼓吹作。皇帝出閤，奏皇雅，黄鍾作，太簇、夾鍾、姑洗、大呂皆應之。鼓吹作。皇太子入至十字陛，奏胤雅，太簇作，南呂參應之，取其二月少陽也。皇帝延王公登，奏寅雅，夷則作，夾鍾應之，取其月法也。皇帝入宁變服，奏皇雅，黄鍾作，林鍾參應之。鼓吹作。皇帝出宁及升座，皆奏皇雅，並如變服之作。上壽酒，奏介雅，太簇作，南呂參應之，取其陽氣盛長，萬物輻湊也。食舉，奏需雅，蕤賓作，大呂參應之，取火主於禮，所謂「食我以禮」也。撤饌，奏雍雅，無射作，中呂參應之，取其津潤已竭也。武舞奏大壯，夷則作，夾鍾參應之，七月金始王，取其堅斷也。鼓吹引而去來。文舞奏大觀，姑洗作，應鍾參應之，三月萬物必榮，取其布惠者也。鼓吹引而去來。衆官出，奏俊雅，蕤賓作，林鍾、夷則、南呂、無射、應鍾、太簇參應之。鼓吹作。皇帝起，奏皇雅，黄鍾作，林鍾、夷則、南呂、無射參應之。鼓吹作。祠用宋曲，宴准梁樂，蓋取人神不雜也。制曰：「可。」

五年，詔尚書左丞劉平、儀曹郎張崖〔二四〕，定南北郊及明堂儀注。改天嘉中所用齊樂，盡以「韶」爲名。工就位定，協律校尉舉麾，太樂令跪贊云：「奏懋韶之樂。」降神，奏通韶；牲入出，奏絜韶；帝入壇及還便殿，奏穆韶。帝初再拜，舞七德，工執干楯，曲終復綴。出就懸東，繼舞九序，工執羽籥。獻爵於天神及太祖之座，奏登歌。帝飲福酒，奏嘉韶；就望燎，奏報韶。

至六年十一月，侍中、尚書左僕射、建昌侯徐陵，儀曹郎中沈罕，奏來年元會儀注，稱舍人蔡景歷奉勑，先會一日，太樂展宮懸、高絙、五案於殿庭。客入，奏相和五引。帝出，黄門侍郎舉麾於殿上，掌故應之，舉於階下，奏康韶之樂。詔延王公登，奏變韶。奉珪璧訖，初引下殿，奏亦如之。帝興，入便殿，奏穆韶。更衣又出，奏亦如之。帝舉酒，奏綏韶。進膳，奏侑韶。帝御茶果，太常丞跪請進舞七德，繼之九序。其鼓吹雜伎，取晉、宋之舊，微更附益。舊元會有黄龍變文康〔二五〕、師子之類，太建初定制，皆除之。至是蔡景歷奏，悉復設焉。其制，鼓吹一部十六人，則簫十三人，笳二人，鼓一人。東宮一部，降三人，簫減二人，笳減一人。諸王一部，又降一人，減簫一。庶姓一部，又降一人，復減簫一。

及後主嗣位，耽荒於酒，視朝之外，多在宴筵。尤重聲樂，遣宮女習北方簫鼓，謂之代北，酒酣則奏之。又於清樂中造黃鸝留及玉樹後庭花、金釵兩臂垂等曲〔二六〕，與幸臣等製其歌詞，綺豔相高，極於輕薄。男女唱和，其音甚哀。

校勘記

〔一〕姑洗絃用二百一十四絲長七尺一寸一分强　「二百一十四」，原作「一百四十二」。按，本書卷一六律曆志上引梁武帝鍾律緯説：「制爲四器，黃鍾之絃二百七十絲，長九尺，以次三分損益其一，以生十二律之絃絲數及絃長。」依「三分損益法」計算，黃鍾絃長九尺，則林鍾絃長六尺。而三十倍各絃的長度，即産生各絃的絲數（取整數）。參見本條末所附十二律絃長的算式。「三分損一」即取三分之二，「三分益一」即取一又三分之一。以現在計算的結果比對志中所列的兩種數字，可以看出其中一項微有差異：南吕絃長五尺三寸三分，原作「五尺三寸二分大强」；另四項有訛誤：姑洗絃用二百一十四絲（二百一十三强），原作「一百四十二絲」（這是應鍾絃的絲數）；林鍾絃長六尺，原作「六尺四寸」；無射絃用一百四十九絲，原作「一百二十九絲」；無射絃長四尺九寸九分强，原作「四尺九寸一分强」。今據以改正。

黄鍾	9 尺
林鍾	$9\times\frac{2}{3}=6$ 尺
太簇	$6\times1\frac{1}{3}=8$ 尺
南吕	$8\times\frac{2}{3}=5\frac{1}{3}=5.33$ 尺
姑洗	$5\frac{1}{3}\times1\frac{1}{3}=7\frac{1}{9}=7.11$ 尺
應鍾	$7\frac{1}{9}\times\frac{2}{3}=4\frac{20}{27}=4.74$ 尺
蕤賓	$4\frac{20}{27}\times1\frac{1}{3}=6\frac{26}{81}=6.32$ 尺
大吕	$6\frac{26}{81}\times1\frac{1}{3}=8\frac{104}{243}=8.43$ 尺
夷則	$8\frac{104}{243}\times\frac{2}{3}=5\frac{451}{729}=5.62$ 尺
夾鍾	$5\frac{451}{729}\times1\frac{1}{3}=7\frac{1075}{2187}=7.49$ 尺
無射	$7\frac{1075}{2187}\times\frac{2}{3}=4\frac{6524}{6561}=4.99$ 尺
中吕	$4\frac{6524}{6561}\times1\frac{1}{3}=6\frac{12974}{19683}=6.66$ 尺

〔二〕長六尺　「六尺」，原作「六尺四寸」，今改正。參見上條校勘記。

〔三〕無射絃用一百四十九絲　「一百四十九」，原作「一百二十九」，今改正。參見本卷校勘記〔一〕。

〔四〕長四尺九寸九分强　「九分」，原作「一分」，據通典卷一四三樂三歷代製造、册府卷五六六掌禮部作樂改。參見本卷校勘記〔一〕。

〔五〕飲古夾鍾玉律并周代古鍾　「夾」字原闕，據本書卷一六律曆志上、通典卷一四三樂三歷代製造補。

〔六〕北方北面編磬起西　「北面」，從以下所言東方西面起北、南方北面起東、西方東面起南來看，疑應作「南面」。

〔七〕著晉宋史者皆言太元元嘉四年　通典卷一四四樂四樂懸無「宋」、「元嘉」，作「著晉史者皆言太元四年」。

〔八〕司徒論選士之秀者而升之學　「秀」，原作「序」，據宋本樂府詩集卷一四燕射歌辭俊雅三首引隋書樂志、通典卷一四二樂二歷代沿革下改。按，「司徒論選士之秀者而升之學」，語見禮記王制。

〔九〕二公弘化　「二公」，原作「三公」，據南監本改。宋本樂府詩集卷一四燕射歌辭寅雅引隋書樂志、宋本通典卷一四二樂二歷代沿革下作「貳公」。按，尚書周官：「貳公弘化。」

〔一〇〕君洗玉爵獻卿　「君」字原闕，據宋本樂府詩集卷三郊廟歌辭獻雅引隋書樂志補。按，「君洗玉爵獻卿」，語見禮記祭統。

〔一一〕今列其歌詩二十曲云　「二十」，疑誤。以下合計爲三十曲。

〔一二〕勾陳繞太一　「繞」，原作「統」，據宋甲本、大德本、汲本改。宋本藝文類聚卷四三樂部三歌、宋本樂府詩集卷三郊廟歌辭梁雅樂歌亦作「繞」。

〔一三〕絜我粢盛　「絜」，原作「挈」，據宋甲本改。南監本、北監本、汲本、殿本作「潔」。

〔一四〕禮貴彌申　「申」，原作「巾」，據宋本樂府詩集卷九郊廟歌辭梁宗廟登歌七首改。

〔一五〕實愛斯人　「斯」，原作「期」，據宋甲本、至順本、南監本、北監本、汲本、殿本改。

〔一六〕設寺子導安息孔雀　「導」，原作「遵」，據宋本樂府詩集卷五一清商曲辭上雲樂引隋書樂志、陳暘樂書卷一八七改。

〔一七〕言破加湖元勳也　宋本樂府詩集卷二〇鼓吹曲辭桐柏山引隋書樂志「元勳」下有「建」字。

〔一八〕白銅謂金蹄謂馬也　「謂金蹄」三字原闕，據通典卷一四二樂二歷代沿革下、册府卷五六六掌禮部作樂補。此句，宋本樂府詩集卷四八清商曲辭襄陽蹋銅蹄引隋書樂志作「白銅蹄謂金蹄，爲馬也」。

〔一九〕大歡　「歡」，通典卷一四二樂二歷代沿革下作「勸」。

〔二〇〕斷苦輪　「輪」，原作「轉」，據通典卷一四二樂二歷代沿革下、册府卷五六六掌禮部作樂改。

〔二一〕奏肅成　「成」，北宋本、明本通典卷一四二樂二歷代沿革下作「咸」。下文到仲舉所奏「衆官入出，皆奏肅成」同。

〔二二〕肇迹帝基　「帝」，宋甲本、宋本樂府詩集卷九郊廟歌辭陳太廟舞辭凱容舞作「締」。

〔二三〕定三朝之樂　「朝」，原作「廟」，據上文及通典卷一四二樂二歷代沿革下改。

〔二四〕張崖　原作「張崔」，據通典卷一四二樂二歷代沿革下、册府卷五六六掌禮部作樂改。按張崖，陳書卷三三有傳。

〔二五〕文康　原作「文鹿」，據册府卷五六六掌禮部作樂改。「文康」指文康舞。

〔二六〕金釵兩臂垂　「臂」，宋本樂府詩集卷四七清商曲辭玉樹後庭花引隋書樂志作「鬢」。

隋書卷十四

志第九

音樂中

齊神武霸跡肇創，遷都于鄴，猶曰人臣，故咸遵魏典。及文宣初禪，尚未改舊章。宮懸，各設十二鎛鍾於其辰位，四面並設編鍾磬各一簨簴，合二十架，設建鼓於四隅。郊廟朝會同用之。其後將有創革，尚藥典御祖珽自言〔一〕，舊在洛下，曉知舊樂，上書曰：「魏氏來自雲、朔，肇有諸華，樂操土風，未移其俗。至道武帝皇始元年，破慕容寶于中山，獲晉樂器，不知采用，皆委棄之。天興初，吏部郎鄧彥海奏上廟樂，創制宮懸，而鍾管不備。樂章既闕，雜以簸邏迴歌。初用八佾，作皇始之舞。至太武帝平河西，得沮渠蒙遜之伎，賓嘉大禮，皆雜用焉。此聲所興，蓋苻堅之末，呂光出平西域，得胡戎之樂，因又改變，雜以秦聲，所謂秦漢樂也。至永熙中，録尚書長孫承業共臣先人太常卿瑩等，斟酌繕修，戎華兼采，至於鍾律，煥然大備。自古相襲，損益可知，今之創制，請以爲准。」斑因采魏安豐王延明及信都芳等所著樂説，而定正聲。始具宮懸之器，仍雜西涼之曲，樂名廣成，而舞不立號，所謂「洛陽舊樂」者也。

武成之時，始定四郊、宗廟、三朝之樂。羣臣入出，奏肆夏。牲入出，薦毛血，並奏昭夏。迎送神及皇帝初獻、禮五方上帝，並奏高明之樂，爲覆燾之舞。皇帝入壇門及升壇飲福酒，就燎位，還便殿，並奏皇夏。以高祖配饗，奏武德之樂，爲昭烈之舞。裸地，奏登歌。其四時祭廟及禘祫皇六世祖司空、五世祖吏部尚書、高祖秦州刺史、曾祖太尉武貞公、祖文穆皇帝諸神室，並奏始基之樂，爲恢祚之舞。高祖神武皇帝神室，奏武德之樂，爲昭烈之舞。文襄皇帝神室，奏文德之樂，爲宣政之舞。顯祖文宣皇帝神室，奏文正之樂，爲光大之舞。肅宗孝昭皇帝神室，奏文明之樂，爲休德之舞。其入出之儀，同四郊之禮。今列其辭云。

大禘圜丘及北郊歌辭：

夕牲，羣臣入門，奏肆夏樂辭：

肇應靈序，奄字黎人。乃朝萬國，爰徵百神。祇展方望，幽顯咸臻。禮崇聲協，贊列珪陳。翼差鱗次，端笏垂紳。來趨動色，式贊天人。

迎神奏高明樂辭：登歌辭同。

惟神監矣，北郊云：「惟祇監矣。」皇靈肅止。圓璧展事，北郊云：「方琮展事。」成文即始。北郊云：「即陰成理。」士備八能，樂合六變。北郊云：「樂合八變。」風淒伊雅，光華襲薦。宸衞騰景，靈駕霏煙。嚴壇生白，綺席凝玄。

牲出入，奏昭夏辭：

剛柔設位，惟皇配之。言肅其禮，念暢在茲。飾牲舉獸，載歌且舞。既捨伊腯，致精靈府。物色惟典，齋沐加恭。宗族咸暨，罔不率從。

薦毛血，奏昭夏辭：羣臣出，奏肆夏，進熟，羣臣入，奏肆夏，辭同初入。

展禮上月，肅事應時。藾栗爲用，交暢有期。弓矢斯發，瓮簝將事。圓神致祀，北郊云：「方祇致祀。」率由先志。和以鑾刀，臭以血膋。致哉敬矣，厥義孔高。

進熟，皇帝入門，奏皇夏辭：

帝敬昭宣，皇誠肅致。玉帛齊軌，屏攝咸次。三垓上列，北郊云：「重垓上列。」四陛旁升。北郊云：「分陛旁升。」龍陳萬騎，鳳動千乘。神儀天藹，晬容離曜。金根停軫，奉光先導。

皇帝升丘，奏皇夏辭：壇上登歌辭同。

紫壇雲曖，北郊云：「層壇雲曖。」紺幄霞褰。北郊云：「嚴幄霞褰。」我其陟止，載致其虔。百靈竦聽，萬國咸仰。人神咫尺，玄應肸蠁。

皇帝初獻，奏高明樂辭：

上下眷，旁午從。爵以質，獻以恭。咸斯暢，樂惟雍。孝敬闡，臨萬邦。

皇帝奠爵訖，奏高明樂、覆燾之舞辭：

自天子之，會昌神道。丘陵肅事，北郊云：「方澤祇事。」克光天保。九關洞開，百靈環列。八樽呈備，五聲投節。

皇帝獻太祖配饗神座，奏武德之樂、昭烈之舞辭：皇帝小退，當昊天上帝神座前，奏皇夏，辭同上皇夏。

配神登聖，主極尊靈。敬宣昭燭，咸達窅冥。禮弘化定，樂贊功成。穰穰介福，下被羣生。

皇帝飲福酒，奏皇夏之樂：皇帝詣東陛，還便坐，又奏皇夏，辭同初入門。

皇心緬且感，吉蠲奉至誠。赫哉光盛德，乾巛詔百靈。報福歸昌運，承祐播休明。風雲馳九域，龍蛟躍四溟。浮幕呈光氣，儷象燭華精。護武方知恥，韶夏僅同聲。

送神，降丘南陛，奏高明樂辭：皇帝之望燎位，又奏皇夏，辭同上皇夏。

獻享畢，懸佾周。神之駕，將上遊。北郊云：「將下遊。」超斗極，北郊云：「超荒極。」絶河流。北郊云：「憩崑丘。」懷萬國，寧九州。欣帝道，心顧留。帀上下，荷皇休。

紫壇既燎，奏昭夏樂辭：皇帝自望燎還本位，奏皇夏，辭同上皇夏。

玄黃覆載，元首照臨。合德致禮，有契其心。敬申事閟，潔誠云報。玉帛載升，北郊云：「牲玉載陳。」棫樸斯燎。寥廓幽曖，播以馨香。皇靈惟監，降福無疆。

皇帝還便殿，奏皇夏辭：羣臣出，奏肆夏，辭同上肆夏。祠感帝用圜丘辭。

天大親嚴，匪敬伊孝。永言肆饗，宸明增耀。陽丘既暢，北郊云：「陰澤云暢。」大典逾光。乃安斯息，欽若舊章。天迴地旋，鳴鑾引警。且萬且億，皇曆惟永。

五郊迎氣樂辭：

青帝降神，奏高明樂辭：

歲云獻，谷風歸。斗東指，雁北飛。電鞭激，雷車遽。虹旌靡，青龍馭。和氣洽，具物滋。翻降止，應帝期。

赤帝降神，奏高明樂辭：

婺女司旦，中呂宣。朱精御節，離景延。根荄俊茂，温風發。柘火風水，應炎月。執衡長物，德孔昭。赤旂霞曳，會今朝。

黄帝降神，奏高明樂辭：

居中帀五運，乘衡畢四時。含養資羣物，協德固皇基。嘽緩契王風，持載符君德。良辰動靈駕，承祀昌邦國。

白帝降神，奏高明樂辭：

風涼露降，馳景颺寒精。山川摇落，平秩在西成。蓋藏成積，蒸人被嘉祉。從享來儀，鴻休溢千祀。

黑帝降神，奏高明樂辭：

虹藏雉化，告寒。冰壯地坼，年殫。日次月紀，方極。九州萬邦，獻力。叶光是紀，歲窮。微陽潛兆，方融。天子赫赫，明聖。享神降福，惟敬。

祠五帝於明堂樂歌辭：

先祀一日，夕牲，羣官入自門，奏肆夏：

國陽崇祀，嚴恭有聞〔二〕。荒華胥暨，樂我大君。冕瑞有列，禽帛恭敍。羣后師師，威儀容與。執禮辨物，司樂考章。率由靡墜，休有烈光。

太祝令迎神，奏高明樂、覆燾舞辭：

祖德光，國圖昌。祇上帝，禮四方。闢紫宮，洞華闕。龍獸奮，風雲發。飛朱雀，從玄武。擕日月，帶雷雨。耀宇内，溢區中。眷帝道，感皇風。帝道康，皇風扇。粢盛列，椒糈薦。神且寧，會五精。歸福禄，幸閶亭。

太祖配饗，奏武德樂、昭烈舞辭：五方天帝奏高明之樂、覆燾之舞，辭同迎氣。

我惟我祖，自天之命。道被歸仁，時屯啓聖。運鍾千祀，授手萬姓。夷兇掩虐，匡頹翼正。載經載營，庶土咸寧〔三〕。九功以洽，七德兼盈。丹書入告，玄玉來呈。露甘泉白，雲郁河清。聲教咸往，舟車畢會。仁加有形，化洽無外。嚴親惟重，陟配惟大。既祐斯歌，率土攸賴。

牲出入，奏昭夏樂辭：

孝饗不匱，精絜臨年。滌牢委溢，形色博牷。于以用之，言承歆祀。肅肅威儀，敢不敬止。載飾載省，維牛維羊。明神有察，保兹萬方。

薦血毛，奏昭夏辭：羣臣出，奏肆夏，進熟，羣臣入，奏肆夏，同上肆夏辭。

我將宗祀，夤獻厥誠。鞠躬如在，側聽無聲。薦色斯純，呈氣斯臭。有滌有濯，惟神其祐。五方來格，一人多祉。明德惟馨，於穆不已。

進熟，皇帝入門，奏皇夏辭：皇帝升壇，奏皇夏，辭同。

象乾上構，儀巛下基。集靈崇祖，永言孝思。室陳簠豆，庭羅懸佾。夙夜畏威，保茲貞吉。舞貴其夜，歌重其升。降斯百禄，惟饗惟應〔四〕。

皇帝初獻，奏高明樂、覆燾舞辭：

度几筵，闢牖户。禮上帝，感皇祖。酌惟絜，滌以清。薦心款，達神明。

皇帝祼獻，奏高明樂、覆燾舞辭：

帝精來降，應我明德。禮殫義展，流祉邦國。既受多祉，實資孝敬。祀竭其誠，荷天休命。

皇帝飲福酒，奏皇夏辭：

恭祀洽，盛禮宣。英猷爛層景，廣澤同深泉。上靈鍾百福，羣神歸萬年。月軌咸梯岫，日域盡浮川。瑞鳥飛玄扈，潛鱗躍翠漣。皇家膺寶曆，兩地復參天。

太祝送神，奏高明樂、覆燾舞辭：

青陽奏，發朱明。歌西皓，唱玄冥。大禮罄，廣樂成。神心懌，將遠征。飾龍駕，矯鳳旍。指閶闔，憩層城。出温谷，邁炎庭。跨西汜，過北溟。忽萬億，耀光精。比電騖，與雷行。嗟皇道，懷萬靈。固王業，震天聲。

皇帝還便殿，奏皇夏辭：

文物備矣，聲明有章。登薦唯肅，禮邈前王。三齊云終，折旋告罄。穆穆旒冕，蘊誠畢敬。屯衞按部，鑾蹕迴途。暫留紫殿，將及清都。

享廟樂辭：

先祀一日，夕牲，羣臣入，奏肆夏辭：

霜凄雨暢，烝哉帝心。有敬其祀，肅事惟歆。昭昭車服，濟濟衣簪。鞠躬貢酎，磬折奉琛。差以五列，和以八音。式祇王度，如玉如金。

迎神奏高明登歌樂辭：

日卜惟吉，辰擇其良。奕奕清廟，黼黻周張。大吕爲角，應鍾爲羽。路鼗陰竹，德歌昭舞。祀事孔明，百神允穆。神心乃顧，保兹介福。

牲出入，奏昭夏樂辭：

大祀云事，獻奠有儀。既歌既展，贊顧迎犧。執從伊竦，芻飾惟慄。俟用於庭，將升於室。且握且騂，以致其誠。惠我貽頌，降祉千齡。

薦血毛，奏昭夏辭：三公出，奏肆夏，進熟，羣臣入，奏肆夏，辭同。

恤彼遐慨，悠然永思。留連七享，纏綿四時。神升魄沈，靡聞靡見。陰陽載俟，臭聲兼薦。祖考其鑒，言萃王休。降神敷錫，百福是由。

進熟，皇帝入北門，奏皇夏樂辭：

齊居嚴殿，夙駕層闈。車輅垂彩，旒衮騰輝。聳誠載仰，翹心有慕。洞洞自形，斤斤表步。閟宫有邃，神道依俙。孝心緬邈，爰屬爰依。

太祝裸地，奏登歌樂辭：皇帝詣東陛，奏皇夏，升殿，又奏皇夏，辭同。

太室窅窅，神居宿設。鬱鬯惟芬，珪瓚惟絜。彝斝應時，龍蒲代用。藉茅無咎，福禄攸降。端感會事，儼思脩禮。齊齊勿勿，俄俄濟濟。

皇帝升殿，殿上作登歌樂辭：

我祠我祖，永惟厥先。炎農肇聖，靈祉蟬聯。霸圖中造，帝業方宣。道昌基構，撫運承天。奄家六合，爰光八埏。尊神致禮，孝思惟纏。寒來暑反，惕薦在年〔五〕。匪敬伊慕，備物不愆。設簴設業，鞉鼓填填。辟公在位，有容伊虔。登歌啓佾，下管應懸。厥容無爽，幽明肅然。誠帀厚地，和達穹玄。既調風雨，載協山川。周庭有列，湯孫永延。教聲惟被，邁後光前。

皇帝初獻皇祖司空公神室，奏始基樂、恢祚舞辭：

克明克俊，祖武惟昌。業弘營土，聲被海方。有流厥德，終耀其光。明神幽贊，景祚攸長。

皇帝初獻皇祖吏部尚書神室，奏始基樂、恢祚舞辭：

顯允盛德，隆我前構。瑶源彌濬，瓊根愈秀。誕惟有族，丕緒克茂。大業崇新，洪基增舊。

皇帝初獻皇祖秦州使君神室，奏始基樂、恢祚舞辭：

祖德丕顯，明喆知機。豹變東國，鵲起西歸。禮申官次，命改朝衣。敬思孝享，多福無違。

皇帝獻太祖太尉武貞公神室，奏始基樂、恢祚舞辭：

兆靈有業，潛德無聲。韜光戢耀，貫幽洞冥。道弘舒卷，施博藏行。緬追歲事，夜遽不寧。

皇帝獻皇祖文穆皇帝神室，奏始基樂、恢祚舞辭：

皇皇祖德，穆穆其風。語嘿自己，明叡在躬。荷天之錫，聖表克隆。高山作矣，實祚其崇。離光旦旦，載焕載融。感薦惟永，神保無窮。

皇帝獻高祖神武皇帝神室，奏武德樂、昭烈舞辭：

天造草昧，時難糺紛。孰拯斯溺，靡救其焚。大人利見，緯武經文。顧指惟極，吐吸風雲。開天闢地，峻岳夷海。冥工掩迹，上德不宰。神心有應，龍化無待。義征九服，仁兵告凱。上平下成，靡或不寧。匪王伊帝，偶極崇靈。享親則孝，潔祀惟誠。禮備樂序，肅贊神明。

皇帝獻文襄皇帝神室，奏文德樂、宣政舞辭：

聖武丕基，叡文顯統。眇哉神啓，鬱矣天縱。道則人弘，德云邁種。昭冥咸敍，崇深畢綜。自中徂外，經朝庇野。政反淪風，威還缺雅。旁作穆穆，格于上下。維享維宗，來鑒來假。

皇帝獻顯祖文宣皇帝，奏文正樂、光大舞辭：

玄曆已謝，蒼靈告期。圖璽有屬，揖讓惟時。龍升獸變，弘我帝基。對揚穹昊，寔啓雍熙。欽若皇猷，永懷王度。欣賞斯穆，威刑允措。軌物俱宣，憲章咸布。俗無邪指，下歸正路。茫茫九域，振以乾綱。混通華裔，配括天壤。作禮視德，列樂傳響。薦祀惟虔，衣冠載仰。

皇帝還東壁，飲福酒，奏皇夏樂辭：

孝心翼翼，率禮兢兢。時洗時薦，或降或升。在堂在户，載湛載凝。多品斯奠，備物攸膺。蘭芬敬挹，玉俎恭承。受祭之祜，知彼岡陵。

送神，奏高明樂辭：

仰榱桷，慕衣冠。禮云罄，祀將闌。神之駕，紛弈弈。乘白雲，無不適。窮昭域，極幽塗。歸帝祉，眷皇都。

皇帝詣便殿，奏皇夏樂辭：羣官出，奏肆夏，辭同。

禮行斯畢，樂奏以終。受嘏先退，載暢其衷。鑾軒循轍，麾旌復路。光景徘徊，絃歌顧慕。靈之相矣，有錫無疆。國圖日鏡，家曆天長。

元會大饗，協律不得升陛，黃門舉麾於殿上。今列其歌辭云。

賓入門，四箱奏肆夏辭：

昊蒼眷命，興王統天。業高帝始，道邈皇先。禮成化穆，樂合風宣。賓朝荒夏，揚對穹玄。

皇帝出閤，奏皇夏樂辭：

夏正肇旦，周物充庭。具僚在位，俛伏無聲。大君穆穆，宸儀動睟。日煦天迴，萬靈胥萃。

皇帝當扆，羣臣奉賀，奏皇夏辭：

天子南面，乾覆離明。三千咸列，萬國填并。猶從禹會，如次湯庭。奉茲一德，上下和平。

皇帝入宁變服，黄鍾、太簇二箱奏皇夏辭：

我應天曆，四海爲家。協同内外，混一戎華。鶴蓋龍馬，風乘雲車。夏章夷服，其會如麻。九賓有儀，八音有節。肅肅於位，飲和在列。四序氤氳，三光昭晰。君哉大矣，軒唐比轍。

皇帝變服，移幄坐於西箱，帝出升御坐，姑洗奏皇夏辭：

皇運應籙，廓定區寓。受終以文，構業以武。堯昔命舜，舜亦命禹。大人馭歷，重規沓矩。欽明在上，昭納八賓。從靈體極，誕聖窮神。化生羣品，陶育蒸人。展禮肆樂，協此元春。

王公奠璧，奏肆夏辭：

萬方咸暨，三揖以申。垂旒馮玉，五瑞交陳。拜稽有章，升降有節。聖皇負扆，虞唐比烈。

上壽，黄鍾箱奏上壽曲辭：

仰三光，奏萬壽。人皇御六氣，天地同長久。

皇太子入，至坐位，酒至御，殿上奏登歌辭三：

大齊統曆，道化光明。馬圖呈寶，龜籙告靈。百蠻非衆，八荒非逖。同作堯人，俱包禹迹。其一。

天覆地載，成以四時。惟皇是則，比大於茲。羣星拱極，衆川赴海。萬寓駿奔，一朝咸在。其二。

齊之以禮，相趨帝庭。應規蹈矩，玉色金聲。動之以樂，和風四布。龍中鳳舞，鸞歌麟步。其三。

食至御前，奏食舉樂辭：

三端正啓，萬方觀禮。具物充庭，二儀合體。百華照曉，千門洞晨。或華或裔，奉贄惟新。悠悠亘六合，員首莫不臣。仰施如雨，晞和猶春。風化表笙鏞，歌謳被琴瑟。誰言文軌異，今朝混爲一。其一。

彤庭爛景，丹陛流光。懷黄縮白，鵷鷺成行。文贊百揆，武鎮四方。折衝鼓雷電，獻替協陰陽。大矣哉，道邁上皇。陋五帝，狹三王。窮禮物，該樂章。序冠帶，垂衣裳。其二。

天壤和，家國穆。悠悠萬類，咸孕育。契冥化，侔大造。靈効珍，神歸寶。興雲氣，飛龍蒼。麟一角，鳳五光。朱雀降，黄玉表。九尾馴，三足擾。化之定，至矣哉。瑞感德，四方來。其三。

圀圍空，水火菽粟。求賢振滯，棄珠玉。衣不靡，宮以卑。當陽端默，垂拱無爲。云云萬有，其樂不訾。其四。

嗟此舉時，逢至道。肖形咸自持，賦命無傷夭。行氣進皇輿，遊龍服帝皁。聖主寧區寓，乾坤永相保。其五。

牧野征，鳴條戰。大齊家萬國，拱揖應終禪。奥主廓清都，大君臨赤縣。高居深視，當扆正殿。旦暮之期，今一見。其六。

兩儀分，牧以君。陶有象，化無垠。大齊德，邈誰羣。超鳳火，冠龍雲。露以絜，風以薰。榮光至，氣氤氳。其七。

神化遠，人靈協。寒暑調，風雨燮。披泥檢，受圖諜。圖諜啓，期運昌。分四序，綴三光。延寶祚，眇無疆。其八。

惟皇道，升平日。河水清，海不溢。雲干呂，風入律。驅黔首，入仁壽。與天高，並地厚。其九。

刑以厝，頌聲揚。皇情邈，眷汾襄。岱山高，配林壯。亭亭聳，云云望。旆葳蕤，駕騤騤。刊金闕，奠玉龜。其十。

文舞將作，先設階步辭：

我后降德，肇峻皇基。摇鈴大號，振鐸命期。雲行雨洽，天臨地持。茫茫區宇，萬代一時。文來武肅，成定於茲。象容則舞，歌德言詩。鏘鏘金石，列列匏絲。鳳儀龍至，樂我雍熙。

文舞辭：

皇天有命，歸我大齊。受茲華玉，爰錫玄珪。奄家環海，實子蒸黎。圖開寶匣，檢封芝泥。無思不順，自東徂西。教南暨朔，罔敢或攜。比日之明，如天之大。神化斯洽，率土無外。眇眇舟車，華戎畢會。祠我春秋，服我冠帶。儀協震象，樂均天籟。蹈武在庭，其容藹藹。

武舞將作，先設階步辭：

大齊統曆，天鑒孔昭。金人降汎，火鳳來巢。眇均虞德，干戚降苗。夙沙攻主，歸我軒朝。禮符揖讓，樂契咸韶。蹈揚惟序，律度時調。

武舞辭：

天眷横流，宅心玄聖。祖功宗德，重光襲映。我皇恭己，誕膺靈命。宇外斯燭，域中咸鏡。悠悠率土，時惟保定。微微動植，莫違其性。仁豐庶物，施洽羣生。海寧洛變，契此休明。雅宣茂烈，頌紀英聲。鏗鍠鍾鼓，掩抑簫笙。歌之不足，舞以禮成。鑠矣王度，緬邁千齡。

皇帝入，鍾鼓奏皇夏辭：

禮終三爵，樂奏九成。允也天子，穹壤和平。載色載笑，反寢宴息。一人有祉，百神奉職。

鼓吹二十曲，皆改古名，以敍功德。第一，漢朱鷺改名水德謝，言魏謝齊興也。第二，漢思悲翁改名出山東，言神武帝戰廣阿，創大業，破尒朱兆也。第三，漢艾如張改名戰韓陵，言神武滅四胡，定京洛，遠近賓服也。第四，漢上之回改名殄關隴，言神武遣侯莫陳悦誅賀拔岳，定關、隴，平河外，漠北款，秦中附也。第五，漢擁離改名滅山胡，言神武屠劉蠡升，高車懷殊俗，蠕蠕來向化也。第六，漢戰城南改名立武定，言神武立魏主，天下既安，而能遷於鄴也。第七，漢巫山高改名戰芒山，言神武斬周十萬之衆，其軍將脱身走免也。第八，漢上陵改名禽蕭明，言梁遣兄子貞陽侯來寇彭、宋，文襄帝遣太尉、清河王岳，一戰禽殄，俘馘萬計也。第九，漢將進酒改名破侯景，言文襄遣清河王岳，摧殄侯景，克復河南也。第十，漢君馬黄改名定汝潁，言文襄遣清河王岳，禽周大將軍王思政於長葛，汝、潁悉平也。第十一，漢芳樹改名克淮南，言文襄遣清河王岳，南翦梁國，獲其司徒陸法和，克壽春、合肥、鍾離、淮陰，盡取江北之地也。第十二，漢有所思改名嗣丕基，言文宣帝統纘大業也。第十三，漢雉子班改名聖道洽〔六〕，言文宣克隆堂構，無思不服也。第十四，漢聖人出改名受魏禪，言文宣應天順人也。第十五，漢上邪改名平瀚海，言蠕蠕盡部落入寇武州之塞，而文宣命將出征，平殄北荒，滅其國也。第十六，漢臨高臺改名服江南，言文宣道洽無外，梁主蕭繹來附化也。第十七，漢遠如期改名刑罰中，言孝昭帝舉直措枉，獄訟無怨也。第十八，漢石留行改名遠夷至，言時主化霑海外，西夷諸國，遣使朝貢也。第十九，漢務成改名嘉瑞臻，言時主應期，河清龍見，符瑞總至也。第二十，漢玄雲改名成禮樂，言時主功成化洽，制禮作樂也。古又有黃雀、釣竿二曲，略而不用。並議定其名，被於鼓吹。諸州鎮戍，各給鼓吹，樂人多少各以大小等級爲差。諸王爲州，皆給赤鼓、赤角，皇子則增給吴鼓、長鳴角，上州刺史皆給青鼓、青角，中州已下及諸鎮戍，皆給黑鼓、黑角。樂器皆有衣，並同鼓色。

雜樂有西涼鼙舞、清樂、龜茲等。然吹笛、彈琵琶、五絃及歌舞之伎，自文襄以來，皆所愛好。至河清以後，傳習尤盛。後主唯賞胡戎樂，耽愛無已。於是繁手淫聲，爭新哀怨。故曹妙達、安未弱、安馬駒之徒，至有封王開府者，遂服簪纓而爲伶人之事。後主亦自能度曲，親執樂器，悅翫無倦，倚絃而歌。別採新聲，爲無愁曲，音韻窈窕，極於哀思，使胡兒閹官之輩，齊唱和之，曲終樂闋，莫不殞涕。雖行幸道路，或時馬上奏之，樂往哀來，竟以亡國。

周太祖迎魏武入關，樂聲皆闕。恭帝元年，平荆州，大獲梁氏樂器，以屬有司。及建六官，乃詔曰：「六樂尚矣，其聲歌之節，舞蹈之容，寂寥已絶，不可得而詳也。但方行古人之事，可不本於茲乎？自宜依准，制其歌舞，祀五帝、日、月、星辰。」於是有司詳定：郊廟，祀五帝、日、月、星辰，用黄帝樂，歌大呂，舞雲門。祭九州、社稷，水旱雩禜，用唐堯樂，歌應鍾，舞大咸。祀四望，饗諸侯，用虞舜樂，歌南呂，舞大韶。祀四類，幸辟雍，用夏禹樂，歌函鍾，舞大夏。祭山川，用殷湯樂，歌小吕，舞大護。享宗廟，用周武王樂，歌夾鍾，舞大武。皇帝出入，奏皇夏。賓出入，奏肆夏。牲出入，奏昭夏。蕃國客出入，奏納夏。有功臣出入，奏章夏。皇后進羞，奏深夏。宗室會聚，奏族夏。上酒宴樂，奏陔夏。諸侯相見，奏驁夏。皇帝大射，歌騶虞，諸侯歌狸首，大夫歌采蘋，士歌采蘩〔七〕。雖著其文，竟未之行也。

及閔帝受禪，居位日淺。明帝踐阼，雖革魏氏之樂，而未臻雅正。天和元年，武帝初造山雲舞，以備六代。南北郊、雩壇、太廟禘祫，俱用六舞。南郊則大夏降神，大護獻熟，次作大武、正德、武德、山雲之舞。北郊則大護降神，大夏獻熟，次作大武、正德、武德、山雲之舞。雩壇以大武降神，正德獻熟，次作大夏、大濩、武德、山雲之舞。太廟祫禘，則大武降神，山雲獻熟，次作正德、大夏、大護、武德之舞。時享太廟，以山雲降神，大夏獻熟，次作武德之舞。拜社，以大護降神，大武獻熟，次作正德之舞。五郊、朝日，以大夏降神，大護獻熟。神州、夕月、籍田，以正德降神，大護獻熟。

建德二年十月甲辰，六代樂成，奏於崇信殿。羣臣咸觀。其宮懸，依梁三十六架。朝會則皇帝出入，奏皇夏。皇太子出入，奏肆夏。王公出入，奏驁夏。五等諸侯正日獻玉帛，奏納夏。宴族人，奏族夏。大會至尊執爵，奏登歌十八曲。食舉，奏深夏，舞六代大夏、大濩、大武、正德、武德、山雲之舞。於是正定雅音，爲郊廟樂。創造鍾律，頗得其宜。宣帝嗣位，郊廟皆循用之，無所改作。今採其辭云。

員丘歌辭：

降神，奏昭夏：

重陽禋祀，大報天。丙午封壇，肅且圜。孤竹之管，雲和弦。神光未下，風肅然。王城七里，通天臺。紫微斜照，影徘徊。連珠合璧，重光來。天策暫轉，鉤陳開。

皇帝將入門，奏皇夏：

旌迴外壝，蹕靜郊門。千乘按轡，萬騎雲屯。藉茅無咎，掃地惟尊。揖讓展禮，衡璜節步。星漢就列，風雲相顧。取法於天，降其永祚。

俎入，奏昭夏：

日至大禮，豐犧上辰。牲牢脩牧，繭栗毛純。俎豆斯立，陶匏以陳。大報反命，居陽兆日。六變鼓鍾，三和琴瑟。俎奇豆偶，惟誠惟質。

奠玉帛，奏昭夏：

員玉已奠，蒼幣斯陳。瑞形成象，璧氣含春。禮從天數，智總員神。爲祈爲祀，至敬咸遵。

皇帝升壇，奏皇夏：

七星是仰，八陛有憑。就陽之位，如日之升。思虔肅肅，施敬繩繩。祝史陳信，玄象斯格。惟類之典，惟靈之澤。幽顯對揚，人神咫尺。

皇帝初獻，作雲門之舞：

獻以誠，鬱以清。山罍舉，沈齊傾。惟尚饗，洽皇情。降景福，通神明。

皇帝初獻配帝，作雲門之舞：

長丘遠歷，大電遥源。弓藏高隴，鼎没寒門。人生于祖，物本於天。尊神配德〔八〕，迄用康年。

皇帝初獻及獻配帝畢，奏登歌：

歲之祥，國之陽。蒼靈敬，翠雲長。象爲飾，龍爲章。乘長日，坯蟄户。列雲漢，迎風雨。大呂歌〔九〕，雲門舞。省滌濯，奠牲牷。鬱金酒，鳳凰樽。迴天睠，顧中原。

皇帝飲福酒，奏皇夏：

國命在禮，君命在天。陳誠惟肅，飲福惟虔。洽斯百禮，福以千年。鈎陳掩映，天駟徘徊。彫禾飾斝，翠羽承罍。受斯茂祉，從天之來。

撤奠奏雍樂：

禮將畢，樂將闌。迴日轡，動天關。翠鳳摇，和鑾響。五雲飛，三步上。風爲馭，雷爲車。無轍迹，有煙霞。暢皇情，休靈命。雨留甘，雲餘慶。

帝就望燎位，奏皇夏：

六典聯事，九司咸則。率由舊章，於焉允塞。掌禮移次，燔柴在焉。煙升玉帛，氣斂牲牷。休氣馨香，膋芳昭晰。翼翼虔心，明明上徹。

帝還便座，奏皇夏：

玉帛禮畢，人神事分。嚴承乃睠，瞻仰迴雲。輦路千門，王城九軌。式道移候，司方迴指。得一惟清，於萬斯寧。受茲景命，于天告成。

方澤歌辭：

降神，奏昭夏：

報功陰澤，展禮玄郊。平琮鎮瑞，方鼎升庖。調歌絲竹，縮酒江茅。聲舒鍾鼓，器質陶匏。列耀秀華，凝芳都荔。川澤茂祉，丘陵容衞。雲飾山罍，蘭浮汎齊。日至之禮，歆茲大祭。

奠玉，奏昭夏：

曰若厚載，欽明方澤。敢以敬恭，陳之玉帛。德包含養，功藏靈迹。斯箱既千，子孫則百。

初獻，奏登歌辭：舞詞同員丘。

質明孝敬，求陰順陽。壇有四陛，琮爲八方。牲牷蕩滌，蕭合馨香。和鑾戾止，振鷺來翔。威儀簡簡，鍾鼓喤喤。聲和孤竹，韻入空桑。封中雲氣，坎上神光。下元之主，功深蓋藏。

望坎位，奏皇夏：

司筵撤席，掌禮移次。迴顧封壇，恭臨坎位。瘞玉埋俎，藏芬斂氣。是曰就幽，成斯地意。

祀五帝歌辭：

奠玉帛，奏皇夏辭：

嘉玉惟芳，嘉幣惟量。成形依禮，禀色隨方。神班有次，歲禮惟常。威儀抑抑，率由舊章。

初獻，奏皇夏：

惟令之月，惟嘉之辰。司壇宿設，掌史誠陳。敢用明禮，言功上神。鉤陳旦闢，閶闔朝分。旒垂象冕，樂奏山雲。將迴霆策，暫轉天文。五運周環，四時代序。鱗次玉帛，循迴樽俎。神其降之，介福斯許。

皇帝初獻青帝，奏雲門舞：

甲在日，鳥中星。禮東后，奠蒼靈。樹春旗，命青史。候雁還，東風起。歌木德，舞震宮。泗濱石，龍門桐。孟之月，陽之天。億斯慶，兆斯年。

皇帝初獻配帝，奏舞：

帝出于震，蒼德於神。其明在日，其位居春。勞以定國，功以施人。言從配祀，近取諸身。

皇帝初獻赤帝，奏雲門舞：

招搖指午，對南宮。日月相會，實沈中。離光布政，動温風。純陽之月，樂炎精。赤雀丹書，飛送迎。朱絃絳鼓，罄虔誠。萬物含養，各長生。

皇帝獻配帝，奏舞：

以炎爲政，以火爲官。位司南陸，享配離壇。三和實俎，百味浮蘭。神其茂豫，天步艱難。

皇帝初獻黄帝，奏雲門舞：

三光儀表正，四氣風雲同。戊己行初曆，黄鍾始變宫。平琮禮内鎮，陰管奏司中。齋壇芝曄曄，清野桂馮馮。夕牢芬六鼎，安歌韻八風。神光乃超忽，佳氣恒葱葱。

皇帝初獻配帝，舞〔一〇〕：

四時咸一德，五氣或同論。猶吹鳳凰管，尚對梧桐園。器圜居土厚，位總配神尊。始知今奏樂，還用我雲門。

皇帝初獻白帝，奏雲門舞：

肅靈兑景，承配秋壇。雲高火落，露白蟬寒。帝律登年，金精行令。瑞獸霜輝，祥禽雪映。司藏肅殺，萬保咸宜。厥田上上，收功在斯。

皇帝初獻配帝，奏舞：

金行秋令，白帝朱宣。司正五雉，歌庸九川。執文之德，對越彼天。介以福祉，君子萬年。

皇帝初獻黑帝，奏雲門舞：

北辰爲政玄壇，北陸之祀員官。宿設玄圭浴蘭，坎德陰風御寒。次律將迴窮紀，微陽欲動細泉。管猶調於陰竹，聲未入於春弦。待歸餘於送曆，方履慶於斯年。

皇帝初獻配帝，奏舞：

地始坼，虹始藏。服玄玉，居玄堂。沐蕙氣，浴蘭湯。匏器潔，水泉香。陟配彼，福無疆。君欣欣，此樂康。

宗廟歌辭：

皇帝入廟門，奏皇夏：

肅肅清廟，巖巖寢門。欹器防滿，金人戒言。應𣞤懸鼓，崇牙樹羽。階變升歌，庭紛象舞。閑安象設，緝熙清奠。春鮪初登，新蓱先薦。僾然入室，儼乎其位。悽愴履之，非寒之謂。

降神，奏昭夏：

永惟祖武，潛慶靈長。龍圖革命，鳳曆歸昌。功移上墋，德耀中陽。清廟肅肅，猛虡煌煌。曲高大夏，聲和盛唐。牲牷蕩滌，蕭合馨香。和鑾戾止，振鷺來翔。永敷萬國，是則四方。

俎入，皇帝升階，奏皇夏：

年祥辯日，上協龜言。奉酎承列，來庭駿奔。彫禾飾斝，翠羽承樽。敬殫如此，恭惟執燔。

皇帝獻皇高祖，奏皇夏：

慶緒千重秀，鴻源萬里長。無時猶戢翼，有道故韜光。盛德必有後，仁義終克昌。明星初肇慶，大電久呈祥。

皇帝獻皇曾祖德皇帝，奏皇夏：

克昌光上烈，基聖穆西藩。崇仁高涉渭，積德被居原。帝圖張往迹，王業茂前尊。重芬德陽廟，疊慶壽陵園。百靈光祖武，千年福孝孫。

皇帝獻皇祖太祖文皇帝，奏皇夏：

雄圖屬天造，宏略遇羣飛。風雲猶聽命，龍躍遂乘機。百二當天險，三分拒樂推。函谷風塵散，河陽氛霧晞。濟弱淪風起，扶危頹運歸。地紐崩還正，天樞落更追。原祠乍超忽，畢隴或綿微。終封三尺劍，長卷一戎衣。

皇帝獻文宣皇太后，奏皇夏：

月靈興慶，沙祥發源。功參禹迹，德贊堯門。言容典禮，褕狄徽章。儀形温德，令問昭陽。日月不居，歲時晼晚。瑞雲纏心，閟宮惟遠。

皇帝獻閔皇帝，奏皇夏：

龍圖基代德，天步屬艱難。謳歌還受瑞，揖讓乃登壇。升輿芒刺重，入位據關寒。卷舒雲汎濫，游揚日浸微。出鄭終無反，居桐竟不歸。祀夏今惟舊，尊靈謚更追。

皇帝獻明皇帝，奏皇夏：

若水逢降君，窮桑屬惟政。丕哉馭帝籙，鬱矣當天命。方定五雲官，先齊八風令。文昌氣似珠，太史河如鏡。南宮學已開，東觀書還聚。文辭金石韵，毫翰風飈豎。清室桂馮馮，齊房芝詡詡。寧思玉管笛，空見靈衣舞。

皇帝獻高祖武皇帝，奏皇夏：

南河吐雲氣，北斗降星辰〔一一〕。百靈咸仰德，千年一聖人。書成紫微動，律定鳳凰馴。六軍命西土，甲子陳東鄰。戎衣此一定，萬里更無塵。煙雲同五色，日月並重輪。流沙既西靜，盤木又東臣。凱樂聞朱雁，鐃歌見白麟。今爲六代祀，還得九疑賓。

皇帝還東壁，飲福酒，奏皇夏：

禮殫裸獻，樂極休成。長離前掞，宗祀文明。縮酌浮蘭，澄罍合鬯。磬折禮容，旋回靈貺。受釐徹俎，飲福移樽。惟光惟烈，文子文孫。

皇帝還便坐，奏皇夏：

庭闋四始，筵終三薦。顧步階墀，徘徊餘奠。六龍矯首，七萃警途。鼓移行漏，風轉相烏。翼翼從事，綿綿四時。惟神降嘏，永言保之。

太祖輔魏之時，高昌款附，乃得其伎，教習以備饗宴之禮。及天和六年，武帝罷掖庭四夷樂。其後帝娉皇后於北狄，得其所獲康國、龜茲等樂，更雜以高昌之舊，並於大司樂習焉。採用其聲，被於鍾石，取周官制以陳之。

明帝武成二年正月朔旦，會羣臣於紫極殿，始用百戲。武帝保定元年，詔罷之。及宣帝即位，而廣召雜伎，增修百戲。魚龍漫衍之伎，常陳殿前，累日繼夜，不知休息。好令城市少年有容貌者，婦人服而歌舞相隨，引入後庭，與宫人觀聽。戲樂過度，遊幸無節焉。

武帝以梁鼓吹熊羆十二案，每元正大會，列於懸間，與正樂合奏。宣帝時，革前代鼓吹，制爲十五曲。第一，改漢朱鷺爲玄精季，言魏道陵遲，太祖肇開王業也。第二，改漢思悲翁爲征隴西，言太祖起兵，誅侯莫陳悦，掃清隴右也。第三，改漢艾如張爲迎魏帝，言武帝西幸，太祖奉迎，宅關中也。第四，改漢上之回爲平竇泰，言太祖擁兵討泰，悉禽斬也。

第五，改漢擁離爲復恒農，言太祖攻復陜城，關東震肅也。第六，改漢戰城南爲克沙苑，言太祖俘斬齊十萬衆於沙苑，神武脱身至河，單舟走免也。第七，改漢巫山高爲戰河陰，言太祖破神武於河上，斬其將高敖曹、莫多婁貸文也。第八，改漢上陵爲平漢東，言太祖命將平隨郡安陸，俘馘萬計也。第九，改漢將進酒爲取巴蜀，言太祖遣軍平定蜀地也。第十，改漢有所思爲拔江陵，言太祖命將禽蕭繹，平南土也。第十一，改漢芳樹爲受魏禪，言閔帝受終於魏，君臨萬國也。第十二，改漢上邪爲宣重光，言明帝入承大統，載隆皇道也。第十三，改漢君馬黄爲哲皇出，言高祖以聖德繼天，天下向風也。第十四，改漢雉子班爲平東夏，言高祖親率六師破齊，禽齊主於青州，一舉而定山東也。第十五，改古聖人出爲禽明徹，言陳將吴明徹，侵軼徐部，高祖遣將，盡俘其衆也。宣帝晨出夜還，恒陳鼓吹。嘗幸同州，自應門至赤岸，數十里間，鼓樂俱作。祈雨仲山還，令京城士女，於衢巷奏樂以迎之。公私頓弊，以至於亡。

高祖既受命，定令，宫懸四面各二虡，通十二鎛鍾，爲二十虡。虡各一人。建鼓四人，柷敔各一人。歌、琴、瑟、簫、筑、箏、搊箏、卧箜篌、小琵琶，四面各十人，在編磬下。笙、竽、長笛、横笛、簫、篳篥、篪、壎，四面各八人，在編鍾下。舞各八佾。宫懸簨虡，金五博山，飾以旒蘇樹羽。其樂器應漆者，天地之神皆朱，宗廟加五色漆畫。天神懸内加雷鼓，地祇加靈鼓，宗廟加路鼓。登歌，鍾一虡，磬一虡，各一人；歌四人，兼琴瑟；簫、笙、竽、横笛、篪、壎各一人。其漆畫及博山旒蘇樹羽，與宮懸同。登歌人介幘、朱連裳、烏皮履。宮懸及下管人，平巾幘，朱連裳。凱樂人，武弁，朱褠衣，履韈。文舞〔一二〕，進賢冠，絳紗連裳，帛内單，皁領袖襈，烏皮鞮，左執籥，右執翟。二人執纛，引前，在舞人數外，衣冠同舞人。武弁〔一三〕，朱褠衣，烏皮履。三十二人執戈，龍楯。三十二人執戚，龜楯〔一四〕。二人執旍，居前。二人執鼗，二人執鐸，二人執鐃，二人執錞。四人執弓矢，四人執殳，四人執戟，四人執矛。自旍已下夾引，並在舞人數外，衣冠同舞人。

皇帝宮懸及登歌，與前同。應漆者皆五色漆畫。懸内不設鼓。

皇太子軒懸，去南面，設三鎛鍾於辰丑申。三建鼓亦如之。其登歌，去兼歌者，減二人。其簨虡金三博山。樂器漆者，皆朱漆之。其餘與宮懸同。

大鼓、小鼓、大駕鼓吹，並朱漆畫。大鼓加金鐲，凱樂及節鼓，飾以羽葆。其長鳴、中鳴、横吹，皆五采衣幡，緋掌，畫交龍，五采脚。大角幡亦如之。大鼓、長鳴工人，皁地苣文；金鉦、棡鼓、小鼓、中鳴、吴横吹工人，青地苣文；凱樂工人，武弁，朱褠衣；横吹，緋地苣文。並爲帽、袴褶。大角工人，平巾幘，緋衫，白布大口袴。内宮鼓樂服色，皆准此。

皇太子，鐃及節鼓，朱漆畫，飾以羽葆。餘鼓吹並朱漆。大鼓、小鼓無金鐲。長鳴、中鳴、橫吹，五采衣幡，緋掌，畫蹲獸，五采脚。大角幡亦如之。大鼓、長鳴、橫吹工人，紫帽，緋袴褶。金鉦、棡鼓、小鼓、中鳴工人，青帽，青袴褶。鐃吹工人，武弁，朱褠衣。大角工人，平巾幘，緋衫，白布大口袴。

正一品，鐃及節鼓，朱漆畫，飾以羽葆。餘鼓吹並朱漆。長鳴、中鳴、橫吹，五采衣幡，緋掌，畫蹲獸，五采脚。大角幡亦如之。大鼓、長鳴、橫吹工人，紫帽〔一五〕，赤布袴褶。金鉦、棡鼓、小鼓、中鳴工人，青帽，青布袴褶。鐃吹工人，武弁，朱褠衣。大角工人，平巾幘，緋衫，白布大口袴。三品以上，朱漆鐃，飾以五采。騶哄工人，武弁，朱褠衣。餘同正一品。四品，鐃及工人衣服同三品。餘鼓皆綠沈。金鉦、棡鼓、大鼓工人，青帽，青布袴褶。

開皇二年，齊黃門侍郎顏之推上言：「禮崩樂壞，其來自久。今太常雅樂，並用胡聲，請馮梁國舊事，考尋古典。」高祖不從，曰：「梁樂亡國之音，奈何遣我用邪？」是時尚因周樂，命工人齊樹提檢校樂府，改換聲律，益不能通。俄而柱國、沛公鄭譯奏上，請更脩正。於是詔太常卿牛弘、國子祭酒辛彥之、國子博士何妥等議正樂。然淪謬既久，音律多乖，積年議不定。高祖大怒曰：「我受天命七年，樂府猶歌前代功德邪？」命治書侍御史李諤引弘等下，將罪之。諤奏：「武王克殷，至周公相成王，始制禮樂。斯事體大，不可速成。」

高祖意稍解。

又詔求知音之士，集尚書，參定音樂。譯云：「考尋樂府鍾石律呂，皆有宮、商、角、徵、羽、變宮、變徵之名。七聲之内，三聲乖應，每恒求訪，終莫能通。先是周武帝時，有龜茲人曰蘇祗婆，從突厥皇后入國，善胡琵琶。聽其所奏，一均之中間有七聲。因而問之，答云：『父在西域，稱爲知音。代相傳習，調有七種。』以其七調，勘校七聲，冥若合符。一曰『娑陁力』，華言平聲，即宮聲也。二曰『雞識』，華言長聲，即商聲也〔二六〕。三曰『沙識』，華言質直聲，即角聲也。四曰『沙侯加濫』，華言應聲，即變徵聲也。五曰『沙臘』，華言應和聲，即徵聲也。六曰『般贍』，華言五聲，即羽聲也。七曰『俟利箑』，華言斛牛聲，即變宮聲也。」譯因習而彈之，始得七聲之正。然其就此七調，又有五旦之名，旦作七調。以華言譯之，旦者則謂「均」也。其聲亦應黄鍾、太蔟、林鍾、南吕、姑洗五均，已外七律，更無調聲。譯遂因其所捻琵琶，絃柱相飲爲均，推演其聲，更立七均。合成十二，以應十二律。律有七音，音立一調，故成七調十二律，合八十四調，旋轉相交，盡皆和合。仍以其聲考校太樂所奏林鍾之宮，應用林鍾爲宮，乃用黄鍾爲宮；應用南吕爲商，乃用太簇爲商；應用應鍾爲角，乃取姑洗爲角。故林鍾一宮七聲，三聲並戾。其十一宮七十七音，例皆乖越，莫有通者。又以編懸有八，因作八音之樂。七音之外，更立一聲，謂之應聲。譯因作書二十餘篇，以明其指。至是譯以其書宣示朝廷，并立議正之。時邳國公世子蘇夔，亦稱明樂，駁譯曰：「韓詩外傳所載樂聲感人，及月令所載五音所中，並皆有五，不言變宮、變徵。又春秋左氏所云：『七音六律，以奉五聲。』准此而言，每宮應立五調，不聞更加變宮、變徵二調爲七調。七調之作，所出未詳。」譯答之曰：「周有七音之律，漢書律曆志，天地人及四時，謂之七始。黄鍾爲天始，林鍾爲地始，太簇爲人始，是爲三始。姑洗爲春，蕤賓爲夏，南呂爲秋，應鍾爲冬，是爲四時。四時三始，是以爲七。今若不以二變爲調曲，則是冬夏聲闕，四時不備。是故每宮須立七調。」衆從譯議。

譯又與夔俱云：「案今樂府黄鍾，乃以林鍾爲調首，失君臣之義，清樂黄鍾宮，以小呂爲變徵，乖相生之道。今請雅樂黄鍾宮，以黄鍾爲調首，清樂去小呂，還用蕤賓爲變徵。」衆皆從之。

夔又與譯議，欲累黍立分，正定律呂。時以音律久不通，譯、夔等一朝能爲之，以爲樂聲可定。而何妥舊以學聞，雅爲高祖所信。高祖素不悅學，不知樂，妥又恥己宿儒，不逮譯等，欲沮壞其事。乃立議非十二律旋相爲宮，曰：「經文雖道旋相爲宮，恐是直言其理，亦不通隨月用調，是以古來不取。若依鄭玄及司馬彪，須用六十律，方得和韻。今譯唯取黄鍾之正宮，兼得七始之妙義。非止金石諧韻，亦乃簨虡不繁，可以享百神，可以合萬舞矣。」而又非其七調之義，曰：「近代書記所載，縵樂鼓琴吹笛之人，多云『三調』。三調之聲，其來久矣。請存三調而已。」時牛弘總知樂事，弘不能精知音律。又有識音人萬寶常，脩洛陽舊曲，言幼學音律，師於祖孝徵，知其上代脩調古樂。周之璧翣，殷之崇牙，懸八用七，盡依周禮備矣。所謂正聲，又近前漢之樂，不可廢也。是時競爲異議，各立朋黨，是非之理，紛然淆亂。或欲令各脩造，待成，擇其善者而從之。妥恐樂成，善惡易見，乃請高祖張樂試之。遂先說曰：「黃鍾者，以象人君之德。」及奏黃鍾之調，高祖曰：「滔滔和雅，甚與我心會。」妥因陳用黃鍾一宮，不假餘律，高祖大悅，班賜妥等脩樂者。自是譯等議寢。

校勘記

〔一〕尚藥典御祖珽自言　「藥」，原作「樂」，據宋甲本、大德本、至順本、汲本改。北齊書卷三九祖珽傳、通典卷一四二樂二歷代沿革下亦作「藥」。

〔二〕嚴恭有聞　「恭」，宋甲本、大德本、至順本作「載」。

〔三〕庶士咸寧　「士」，北監本、殿本作「土」。

〔四〕惟饗惟應　「饗」，原作「響」，據宋甲本改。宋本樂府詩集卷三郊廟歌辭北齊明堂樂歌亦作「饗」。

〔五〕愓薦在年　「愓」，原作「惕」，據宋甲本、南監本、殿本改。宋本樂府詩集卷九郊廟歌辭北齊享廟樂辭亦作「愓」。

〔六〕漢雉子班改名聖道洽　「雉」，原作「稚」，據至順本改。冊府卷五六七掌禮部作樂、宋本樂府詩集卷一六鼓吹曲辭亦作「雉」。下文「雉子班」同改。

〔七〕士歌采蘩　「蘩」，原作「繁」，據宋甲本、殿本改。冊府卷五六七掌禮部作樂亦作「蘩」。

〔八〕尊神配德　「尊」，宋本樂府詩集卷四郊廟歌辭周祀圓丘歌作「奠」。

〔九〕大呂歌　「大呂」，原作「六呂」，周禮大司樂：「乃奏黄鍾，歌大呂，舞雲門，以禮天神」，今據改。

〔一〇〕皇帝初獻配帝舞　「舞」，據前後文例，似應作「奏舞」。

〔一一〕北斗降星辰　「星辰」，宋甲本作「星神」。

〔一二〕文舞　原作「文隣」，據冊府卷五六八掌禮部作樂改。

〔一三〕武弁　據文意，此上當有「武舞」。

〔一四〕龜楯　「楯」字原闕，據宋甲本補。冊府卷五六八掌禮部作樂亦有「楯」字。

〔一五〕紫帽　冊府卷五六八掌禮部作樂作「赤帽」。

〔一六〕即商聲也　「商」，原作「南呂」，據宋史卷七一律曆志四改。古樂律「七聲」中，「宫」與「角」之間爲「商」聲。

隋書卷十五

志第十

音樂下

開皇九年平陳，獲宋、齊舊樂，詔於太常置清商署以管之。求陳太樂令蔡子元、于普明等，復居其職。由是牛弘奏曰：

臣聞周有六代之樂，至韶、武而已。秦始皇改周舞曰五行，漢高帝改韶舞曰文始〔一〕，以示不相襲也。又造武德，自表其功，故高帝廟奏武德、文始、五行之舞。又作昭容、禮容，增演其意。昭容生於武德，蓋猶古之韶也。禮容生於文始，矯秦之五行也。文帝又作四時之舞，故孝景帝立，追述先功，采武德舞作昭德舞，被之管弦，薦於太宗之廟。孝宣采昭德舞爲盛德舞，更造新歌，薦於武帝之廟。據此而言，遞相因襲，縱有改作，並宗於韶。至明帝時，東平獻王采文德舞爲大武之舞，薦于光武之廟。

漢末大亂，樂章淪缺，魏武平荊州，獲杜夔，以爲軍謀祭酒，使創雅樂。時散騎侍郎鄧靜善詠雅歌，樂師尹胡能習宗祀之曲，舞師馮肅曉知先代諸舞。總練研精，復於古樂，自夔始也。文帝黃初，改昭容之樂爲昭業樂，武德之舞爲武頌舞，文始之舞爲大韶舞，五行之舞爲大武舞。明帝初，公卿奏上太祖武皇帝樂曰武始之舞，高祖文皇帝樂曰咸熙之舞。又製樂舞，名曰章斌之舞，有事於天地宗廟，及臨朝大饗，並用之。

晉武帝泰始二年，遣傅玄等造行禮及上壽食舉歌詩。張華表曰：「按漢、魏所用，雖詩章辭異，興廢隨時，至其韻逗曲折，並繫於舊，一皆因襲，不敢有所改也。」九年，荀勗典樂，使郭夏、宋識造正德、大豫之舞。改魏昭武舞曰宣武舞，羽籥舞曰宣文舞。江左之初，典章堙紊，賀循爲太常卿，始有登歌之樂。大寧末，阮孚等又增益之。咸和間，鳩集遺逸，鄴没胡後，樂人頗復南度，東晉因之，以具鍾律。太元間，破苻永固，又獲樂工楊蜀等，閑練舊樂，於是金石始備。尋其設懸音調，並與江左是同。慕容垂破慕容永於長子，盡獲苻氏舊樂。垂息爲魏所敗，其鍾律令李佛等，將太樂細伎，奔慕容德於鄴。德遷都廣固，子超嗣立，其母先沒姚興，超以太樂伎一百二十人詣興贖母。

及宋武帝入關，悉收南度。永初元年，改正德舞曰前舞，大武舞曰後舞。文帝元嘉九年，太樂令鍾宗之更調金石。至十四年，典書令奚縱復改定之。又有凱容、宣業之舞，齊代因而用之。蕭子顯齊書志曰：「宋孝建初，朝議以凱容舞爲韶舞，宣業舞爲武德舞〔二〕。據韶爲言，宣業即是古之大武，非武德也。」故志有前舞凱容歌辭，後舞凱容歌辭者矣。至于梁初，猶用凱容、宣業之舞，後改爲大壯、大觀焉。今人猶喚大觀爲前舞，故知樂名雖隨代而改，聲韻曲折，理應常同。

前克荆州，得梁家雅曲，今平蔣州，又得陳氏正樂。史傳相承，以爲合古。且觀其曲體，用聲有次，請修緝之，以備雅樂。其後魏洛陽之曲，據魏史云「太武平赫連昌所得」，更無明證。後周所用者，皆是新造，雜有邊裔之聲。戎音亂華，皆不可用。請悉停之。

制曰：「制禮作樂，聖人之事也，功成化洽，方可議之。今宇內初平，正化未洽。遽有變革，我則未暇。」晉王廣又表請，帝乃許之。

牛弘遂因鄭譯之舊，又請依古五聲六律，旋相爲宮。雅樂每宮但一調，唯迎氣奏五調，謂之五音。縵樂用七調，祭祀施用。各依聲律尊卑爲次。高祖猶憶妥言，注弘奏下，不許作旋宮之樂，但作黃鍾一宮而已。於是牛弘及祕書丞姚察、通直散騎常侍許善心、儀同三司劉臻、通直郎虞世基等，更共詳議曰：

後周之時，以四聲降神，雖采周禮，而年代深遠，其法久絶，不可依用。謹案司樂：「凡樂，圜鍾爲宮，黃鍾爲角，太蔟爲徵，姑洗爲羽，舞雲門以祭天。函鍾爲宮，太蔟爲角，姑洗爲徵，南呂爲羽，舞咸池以祭地。黃鍾爲宮，大呂爲角，太蔟爲徵，圜鍾爲羽，舞韶以祀宗廟。」馬融曰：「圜鍾，應鍾也。」賈逵、鄭玄曰：「圜鍾，夾鍾也。」鄭玄又云：「此樂無商聲，祭尚柔剛，故不用也。」干寶云：「不言商，商爲臣。王者自謂，故置其實而去其名，若曰，有天地人物，無德以主之，謙以自牧也。」先儒解釋，既莫知適從。然此四聲，非直無商，又律管乖次，以其爲樂，無克諧之理。今古事異，不可得而行也。

按東觀書馬防傳，大予丞鮑鄴等上作樂事，下防[三]。防奏言：「建初二年七月鄴上言，天子食飲，必順于四時五味，而有食舉之樂。所以順天地，養神明，求福應也。今官雅樂獨有黃鍾，而食舉樂但有太蔟，皆不應月律，恐傷氣類。可作十二月均，各應其月氣。公卿朝會，得聞月律，乃能感天，和氣宜應。詔下太常評焉。太常上言，作樂器直錢百四十六萬，奏寢。今明詔復下，臣防以爲可須上天之明時，因歲首之嘉月，發太蔟之律，奏雅頌之音，以迎和氣。」其條貫甚具，遂獨施行。起於十月，爲迎氣之樂矣。又順帝紀云：「陽嘉二年冬十月庚午，以春秋爲辟雍，隸太學，隨月律。十月作應鍾，三月作姑洗。元和以來，音戾不調，修復黄鍾，作樂器，如舊典。」據此而言，漢樂宫懸有黄鍾均，食舉太蔟均，止有二均，不旋相爲宫，亦以明矣。計從元和至陽嘉二年，纔五十歲，用而復止。驗黄帝聽鳳以制律吕，尚書曰「予欲聞六律五聲」，周禮有「分樂而祭」。此聖人制作，以合天地陰陽之和，自然之理，乃云音戾不調，斯言誣之甚也。

今梁、陳雅曲，並用宫聲。按禮：「五聲十二律，還相爲宫。」盧植云：「十二月三管流轉用事，當用事者爲宫。宫，君也。」鄭玄曰：「五聲宫、商、角、徵、羽。其陽管爲律，陰管爲吕。布十二辰，更相爲宫，始自黄鍾，終於南吕，凡六十也。」皇侃疏：「還相爲宫者，十一月以黄鍾爲宫，十二月以大吕爲宫，正月以太蔟爲宫。餘月放此。凡十二管，各備五聲，合六十聲。五聲成一調，故十二調。」此即釋鄭義之明文，無用商、角、徵、羽爲别調之法矣。樂稽耀嘉曰：「東方春，其聲角，樂當宫於夾鍾。餘方各以其中律爲宫。」若有商、角之理，不得云宫於夾鍾也。又云：「五音非宫不調，五味非甘不和。」又動聲儀：「宮唱而商和，是謂善本，太平之樂也。」周禮：「奏黃鍾，歌大呂，以祀天神。」鄭玄「以黃鍾之鍾，大呂之聲爲均。」均，調也。故崔靈恩云：「六樂十二調，亦不獨論商、角、徵、羽也。」又云：「凡六樂者，皆文之以五聲，播之以八音。」故知每曲皆須五聲八音錯綜而能成也。禦寇子云：「師文鼓琴，命宮而總四聲，則慶雲浮，景風翔。」唯韓詩云：「聞其宮聲，使人温厚而寬大。聞其商聲，使人方廉而好義。」及古有清角、清徵之流。此則當聲爲曲。今以五引爲五聲，迎氣所用者是也。餘曲悉用宮聲，不勞商、角、徵、羽。何以得知？荀勗論三調爲均首者，得正聲之名，明知雅樂悉在宮調。已外徵、羽、角，自爲謡俗之音耳。且西涼、龜茲雜伎等，曲數既多，故得隸於衆調，調各別曲，至如雅樂少，須以宮爲本，歷十二均而作，不可分配餘調，更成雜亂也。

其奏大抵如此。帝並從之。故隋代雅樂，唯奏黃鍾一宮，郊廟饗用一調，迎氣用五調。舊工更盡，其餘聲律，皆不復通。或有能爲蕤賓之宮者，享祀之際肆之，竟無覺者。

弘又修皇后房内之樂，據毛萇、侯苞、孫毓故事，皆有鍾磬〔四〕，而王肅之意，乃言不可。又陳統云：「婦人無外事，而陰教尚柔，柔以靜爲體，不宜用於鍾。」弘等採肅、統以取正焉。高祖龍潛時，頗好音樂，常倚琵琶，作歌二首，名曰地厚、天高，託言夫妻之義。因即取之爲房内曲。命婦人并登歌、上壽並用之[五]。職在宫内，女人教習之。

初後周故事，懸鍾磬法，七正七倍，合爲十四。蓋準變宫、變徵，凡爲七聲，有正有倍，而爲十四也。長孫紹遠引國語泠州鳩云：「武王伐殷，歲在鶉火。自鶉及駟，七位故也。」既以七同其數，而以律和其聲，於是有七律。」又引尚書大傳謂之「七始」，其注云：「謂黄鍾、林鍾、太蔟、南吕、姑洗、應鍾、蕤賓也。歌聲不應此者，皆去之。」然據一均言也。宫、商、角、徵、羽爲正，變宫、變徵爲和，加倍而有十四焉。又梁武帝加以濁倍，三七二十一而同爲架，雖取繁會，聲不合古。又後魏時，公孫崇設鍾磬正倍，參懸之。弘等並以爲非，而據周官小胥職「懸鍾磬，半之爲堵，全之爲肆」。鄭玄曰：「鍾磬編懸之，二八十六而在一虡。鍾一堵，磬一堵，謂之肆。」又引樂緯「宫爲君，商爲臣，君臣皆尊，各置一副，故加十四而懸十六」。又據漢成帝時，犍爲水濱，得石磬十六枚，此皆懸八之義也。懸鍾磬法，每虡準之，懸八用七，不取近周之法懸七也。

又參用儀禮及尚書大傳，爲宫懸陳布之法。北方北向[六]，應鍾起西，磬次之，黄鍾次之，鍾次之，大吕次之，皆東陳。一建鼓在其東，東鼓。東方西向，太蔟起北，磬次之，夾鍾次之，鍾次之，姑洗次之，皆南陳。一建鼓在其南，東鼓。南方北向，中吕起東，鍾次之，蕤賓次之，磬次之，林鍾次之，皆西陳。一建鼓在其西，西鼓。西方東向，夷則起南，鍾次之，南呂次之，磬次之，無射次之，皆北陳。一建鼓在其北，西鼓。其大射，則撤北面而加鉦鼓。祭天用雷鼓、雷鼗，祭地用靈鼓、靈鼗，宗廟用路鼓、路鼗。各兩設在懸内。

又準儀禮，宫懸四面設鎛鍾十二虡，各依辰位。又甲、丙、庚、壬位，各設鍾一虡，乙、丁、辛、癸位，各陳磬一虡。共爲二十虡。其宗廟、殿庭、郊丘、社並同。樹建鼓于四隅，以象二十四氣。依月爲均，四箱同作，蓋取毛傳詩云「四懸皆同」之義。古者鎛鍾據儀禮擊爲節檢，而無合曲之義。又大射有二鎛，皆亂擊焉，乃無成曲之理。依後周以十二鎛相生擊之，聲韻克諧。每鎛鍾、建鼓各一人。每鍾、磬簨簴各一人，歌二人，執節一人，琴、瑟、箏、筑各一人。每鍾虡，竽、笙、簫、笛、塤、篪各一人。懸内柷、敔各一人，柷在東，敔在西。二舞各八佾。樂人皆平巾幘、絳褠衣。樂器並采周官，參之梁代，擇用其尤善者。其簨簴皆金五博山，飾以崇牙，樹羽旒蘇。其樂器應漆者，天地之神皆朱漆，宗廟及殿庭則五色漆畫。晉、宋故事，箱別各有柷、敔，既同時戛之，今則不用。

又周官大司樂：「奏黄鍾，歌大呂，舞雲門，以祀天神。奏太蔟，歌應鍾，舞咸池，以祭地祇。奏姑洗，歌南呂，舞大韶，以祀四望。奏蕤賓，歌函鍾，舞大夏，以祭山川。奏夷則，歌小呂，舞大濩，以享先妣。奏無射，歌夾鍾，舞大武，以享先祖。」此乃周制，立二王三恪，通己爲六代之樂。至四時祭祀，則分而用之。以六樂配十二調，一代之樂，則用二調矣。

隋去六代之樂，又無四望、先妣之祭，今既與古祭法有别，乃以神祇位次分樂配焉。奏黄鍾，歌大吕，以祀圜丘。黄鍾所以宣六氣也，耀魄天神，最爲尊極，故奏黄鍾以祀之。奏太蔟，歌應鍾，以祭方澤。太蔟所以贊陽出滯，崐崘厚載之重，故奏太蔟以祀之。奏姑洗，歌南吕，以祀五郊、神州。姑洗所以滌絜百物，五郊神州，天地之次，故奏姑洗以祀之。奏蕤賓，歌函鍾，以祭宗廟。蕤賓所以安靜神人，祖宗有國之本，故奏蕤賓以祀之。奏夷則，歌小吕，以祭社稷、先農。夷則所以詠歌九穀，貴在秋成，故奏夷則以祀之。奏無射，歌夾鍾，以祭巡狩方嶽。無射所以示人軌物，觀風望秩，故奏無射以祀之。同用文武二舞。其圓丘降神六變，方澤降神八變，宗廟禘祫降神九變，皆用昭夏。其餘祭享皆一變。又周禮，王出，奏王夏，尸出，奏肆夏。叔孫通法，迎神奏嘉至。今亦隨事立名。皇帝入出，皆奏皇夏。羣官入出，皆奏肆夏。食舉上壽，奏需夏。迎、送神，奏昭夏。薦獻郊廟，奏誠夏。宴饗殿上，奏登歌。并文舞武舞，合爲八曲。古有宫、商、角、徵、羽五引，梁以三朝元會奏之。今改爲五音，其聲悉依宫商，不使差越。唯迎氣於五郊，降神奏之，月令所謂「孟春其音角」是也。通前爲十三曲。并内宫所奏天高、地厚二曲，於房中奏之，合十五曲。

其登歌法，準禮郊特牲「歌者在上，匏竹在下」。大戴云：「清廟之歌，懸一磬而尚拊搏。」又在漢代，獨登歌者，不以絲竹亂人聲。近代以來，有登歌五人，别升於上，絲竹一部，進處階前。此蓋尚書「戛擊鳴球，搏拊琴瑟以詠，祖考來格」之義也。梁武樂論以爲登歌者頌祖宗功業，檢禮記乃非元日所奏。若三朝大慶，百辟俱陳，升工籍殿，以詠祖考，君臣相對，便須涕洟。以此說非通，還以嘉慶用之。後周登歌，備鍾、磬、琴、瑟，階上設笙、管。今遂因之。合於儀禮荷瑟升歌，及笙入〔七〕，立於階下，間歌合樂，是燕飲之事矣。登歌法，十有四人，鍾東磬西，工各一人，琴、瑟、箏、筑各一人，并歌者三人，執節七人，並坐階上。笙、竽、簫、笛、塤、篪各一人，並立階下。悉進賢冠，絳公服。斟酌古今，參而用之。釋奠祀神宴會通行之。若有大祀臨軒，陳於階壇之上。若册拜王公，設宮懸，不用登歌。釋奠則唯用登歌，而不設懸。

古者人君食，皆用當月之調，以取時律之聲。使不失五常之性，調暢四體，令得時氣之和。故鮑鄴上言，天子食飲，必順四時，有食舉樂，所以順天地，養神明，可作十二月均，感天和氣。此則殿庭月調之義也。祭祀既已分樂，臨軒朝會，並用當月之律。正月懸太蔟之均，乃至十二月懸大呂之均，欲感君人情性，允協陰陽之序也。

又文舞六十四人，並黑介幘，冠進賢冠，絳紗連裳，內單，皁褾、領、襈、裾，革帶，烏皮履。十六人執翌、十六人執帗、十六人執旄、十六人執羽，左手皆執籥〔八〕。二人執纛，引前，在舞人數外，衣冠同舞人。武舞六十四人，並服武弁，朱褠衣，革帶，烏皮履。左執朱干，右執大戚，依朱干玉戚之文。二人執旌，居前，二人執鼗，二人執鐸。金錞二，四人輿，二人作。二人執鐃次之。二人執相，在左，二人執雅，在右，各工一人作。自旌以下夾引，並在舞人數外，衣冠同舞人。周官所謂「以金錞和鼓，金鐲節鼓，金鐃止鼓，金鐸通鼓」也。又依樂記象德擬功，初來就位，總干而山立，思君道之難也。發揚蹈厲，威而不殘也。舞亂皆坐，四海咸安也。武，始而受命，再成而定山東，三成而平蜀道，四成而北狄是通，五成而江南是拓，六成復綴，以闡太平。高祖曰：「不須象功德，直象事可也。」然竟用之。近代舞出入皆作樂，謂之階步，咸用肆夏。今亦依定，即周官所謂樂出入奏鍾鼓也。又魏、晉故事，有矛俞、弩俞及朱儒導引。今據尚書直云干羽，禮文稱羽籥干戚。今文舞執羽籥，武舞執干戚，其矛俞、弩俞等，蓋漢高祖自漢中歸，巴、俞之兵，執仗而舞也。既非正典，悉罷不用。

十四年三月，樂定。祕書監、奇章縣公牛弘，祕書丞、北絳郡公姚察，通直散騎常侍、虞部侍郎許善心，兼内史舍人虞世基，儀同三司、東宫學士饒陽伯劉臻等奏曰：「臣聞蕢桴土鼓，由來斯尚，雷出地奮，著自易經。邃古帝王，經邦馭物，揖讓而臨天下者，禮樂之謂也。秦焚經典，樂書亡缺，爰至漢興，始加鳩採，祖述增廣，緝成朝憲。魏、晉相承，更加論討，沿革之宜，備於故實。永嘉之後，九服崩離，燕、石、苻、姚，遞據華土。此其戎乎，何必伊川之上，吾其左衽，無復微管之功。前言往式，於斯而盡。金陵建社，朝士南奔，帝則皇規，粲然更備，與内原隔絶，三百年於兹矣。伏惟明聖膺期，會昌在運。今南征所獲梁、陳樂人，及晉、宋旗章，宛然俱至。曩代所不服者，今悉服之，前朝所未得者，今悉得之。化洽功成，於是乎在。臣等伏奉明詔，詳定雅樂，博訪知音，旁求儒彦，研校是非，定其去就，取爲一代正樂，具在本司。」於是并撰歌辭三十首，詔並令施用，見行者皆停之。其人間音樂，流僻日久，棄其舊體者，並加禁約，務存其本。

先是高祖遣内史侍郎李元操、直内史省盧思道等，列清廟歌辭十二曲。令齊樂人曹妙達於太樂教習，以代周歌。其初迎神七言，象元基曲，獻奠登歌六言，象傾盃曲，送神禮畢五言，象行天曲。至是弘等但改其聲，合於鍾律，而辭經勑定，不敢易之。至仁壽元年，煬帝初爲皇太子，從饗于太廟，聞而非之。乃上言曰：「清廟歌辭，文多浮麗，不足以述宣功德，請更議定。」於是制詔吏部尚書、奇章公弘，開府儀同三司、領太子洗馬柳顧言，祕書丞、攝太常少卿許善心，内史舍人虞世基，禮部侍郎蔡徵等，更詳故實，創製雅樂歌辭。其祠圓丘，皇帝入，至版位定，奏昭夏之樂，以降天神。升壇，奏皇夏之樂。受玉帛，登歌，奏昭夏之樂。皇帝降南陛，詣罍洗，洗爵訖，升壇，並奏皇夏。初升壇，俎入，奏昭夏之樂。皇帝初獻，奏諴夏之樂。皇帝既獻，作文舞之舞。皇帝飲福酒，作需夏之樂。皇帝反爵於坫，還本位，奏皇夏之樂。武舞出，作肆夏之樂。送神作昭夏之樂。就燎位，還大次，並奏皇夏。

圜丘：

降神，奏昭夏辭：

肅祭典，協良辰。具嘉薦，俟皇臻。禮方成，樂已變。感靈心，迴天睠。闢華闕，下乾宮。乘精氣，御祥風。望爟火，通田燭。膺介圭，受瑄玉。神之臨，慶陰陰。煙衢洞，宸路深。善既福，德斯輔。流鴻祚，徧區寓。

皇帝升壇，奏皇夏辭：

於穆我君，昭明有融。道濟區域，功格玄穹。百神警衞，萬國承風。仁深德厚，信洽義豐。明發思政，勤憂在躬。鴻基惟永，福祚長隆。

登歌辭：

德深禮大，道高饗穆。就陽斯恭，陟配惟肅。血膋升氣，冕裘標服。誠感清玄，信陳史祝。祇承靈貺，載膺多福。

皇帝初獻，奏誠夏辭：

肇禋崇祀，大報尊靈。因高盡敬，掃地推誠。六宗隨兆，五緯陪營〔九〕。雲和發韵，孤竹揚清。我粢既絜，我酌惟明。元神是鑒，百禄來成。

皇帝既獻，奏文舞辭：

皇矣上帝，受命自天。睿圖作極，文教遐宣。四方監觀，萬品陶甄。有苗斯格，無得稱焉。天地之經，和樂具舉。休徵咸萃，要荒式序。正位履端，秋霜春雨。

皇帝飲福酒，奏需夏辭：

禮以恭事，薦以饗時。載清玄酒，備絜薌萁。迴旒分爵，思媚軒墀。惠均撤俎，祥降受釐。十倫以具，百福斯滋。克昌厥德，永祚鴻基。

武舞辭：

御曆膺期，乘乾表則。成功戡亂，順時經國。兵暢五材，武弘七德。憬彼遐裔，化行充塞。三道備舉，二儀交泰。情發自中，義均莫大。祀敬恭肅，鍾鼓繁會。萬國斯歡，兆人斯賴。享茲介福，康哉元首。惠我無疆，天長地久。

送神奏昭夏辭：

享序洽，祀禮施。神之駕，嚴將馳。奔精驅，長離耀。牲煙達，絜誠照。騰日馭，鼓電鞭。辭下土，升上玄。瞻寥廓，杳無際。澹羣心，留餘惠。

皇帝就燎，還大次，並奏皇夏，辭同上。

五郊歌辭五首：迎送神、登歌，與圜丘同。

青帝歌辭，奏角音：

震宮初動，木德惟仁。龍精戒旦，鳥曆司春。陽光煦物，温風先導。巖處載驚，膏田已冒。犧牲豐絜，金石和聲。懷柔備禮，明德惟馨。

赤帝歌辭，奏徵音：

長嬴開序，炎上爲德。執禮司萌，持衡御國。重離得位，芒種在時。含櫻薦實，木槿垂蕤。慶賞既行，高明可處。順時立祭，事昭福舉。

黄帝歌辭，奏宫音：

爰稼作土，順位稱坤。孕金成德，履艮爲尊。黄本内色，宫實聲始。萬物資生，四時咸紀。靈壇汎埽〔一〇〕，盛樂高張。威儀孔備，福履無疆。

白帝歌辭，奏商音：

西成肇節，盛德在秋。三農稍已，九穀行收。金氣肅殺，商威飂戾。嚴風鼓莖，繁霜殞蔕。厲兵詰暴，勑法慎刑。神明降嘏，國步惟寧。

黑帝歌辭，奏羽音：

玄英啓候，冥陵初起。虹藏於天，雉化於水。嚴關重閉，星迴日窮。黄鍾動律，廣莫生風。玄樽示本，天産惟質。恩覃外區，福流景室〔二二〕。

感帝奏諴夏辭：迎送神、登歌，與圜丘同。

禘祖垂典，郊天有章。以春之孟，於國之陽。繭栗惟誠，陶匏斯尚。人神接禮，明幽交暢。火靈降祚，火曆載隆。蒸哉帝道，赫矣皇風。

雩祭奏諴夏辭：迎送神、登歌，與圜丘同。

朱明啓候，時載陽。肅若舊典，延五方。嘉薦以陳，盛樂奏。氣序和平，資靈祐。公田既雨，私亦濡。人殷俗富，政化敷。

蜡祭奏諴夏辭：迎送神、登歌，與圜丘同。

四方有祀，八蜡酬功。收藏既畢，榛葛送終。使之必報，祭之斯索。三時告勞，一日爲澤。神祇必來，鱗羽咸致。惟義之盡，惟仁之至。年成物阜，罷役息人。皇恩已洽，靈慶無垠。

朝日、夕月歌詩二首：迎送神、登歌，與圜丘同。

朝日奏諴夏辭：

扶木上朝暾，嵫山沉暮景。寒來遊晷促，暑至馳輝永。時和合璧耀，俗泰重輪明。執圭盡昭事，服冕罄虔誠。

夕月奏諴夏辭：

澄輝燭地域，流耀鏡天儀。曆草隨弦長，珠胎逐望虧。成形表蟾兔，竊藥資王母。西郊禮既成，幽壇福惟厚。

方丘歌辭四首：唯此四者異，餘並同圜丘。

迎神奏昭夏辭：

柔功暢，陰德昭。陳瘞典，盛玄郊。篚冪清，嘗罍馥。皇情虔，具寮肅。笙頌合，鼓鼗會。出桂旗，屯孔蓋。敬如在，肅有承。神胥樂，慶福膺。

奠玉帛登歌：

道惟生育，器乃包藏。報功稱範，殷薦有常。六瑚已饋，五齊流香。貴誠尚質，敬洽義彰。神祚惟永，帝業增昌。

皇地祇歌辭，奏諴夏辭：

原載垂德，崐丘主神。陰壇吉禮，北至良辰。鑒水呈絜，牲栗表純。樽壺夕視，幣玉朝陳。羣望咸秩，精靈畢臻。祚流於國，祉被於人。

送神歌辭，奏昭夏辭：

奠既徹，獻已周。竦靈駕，逝遠遊。洞四極，帀九縣。慶方流，祉恒遍。埋玉氣，掩牲芬。晰神理，顯國文。

神州奏諴夏辭：迎送神、登歌，與方丘同。

四海之内，一和之壤。地曰神州，物賴生長。咸池既降，泰折斯饗。牲牷尚黑，珪玉寔兩。九寓載寧，神功克廣。

社稷歌辭四首：迎送神、登歌，與方丘同。

春祈社，奏諴夏辭：

厚地開靈，方壇崇祀。達以風露，樹之松梓。勾萌既申，芟柞伊始。恭祈粢盛，載膺休祉。

春祈稷，奏諴夏辭：

粒食興教，播厥有先。尊神致絜，報本惟虔。瞻榆束耒，望杏開田。方憑戩福，佇詠豐年。

秋報社，奏諴夏辭：

北墉申禮，單出表誠。豐犧入薦，華樂在庭。原隰既平，泉流又清。如雲已望，高廩斯盈。

秋報稷，奏諴夏辭：

人天務急，農亦勤止。或蓑或藨，惟薹惟芑。涼風戒時，歲云秋矣。物成則報，功施必祀。

先農，奏誠夏辭：迎送神，與方丘同。

農祥晨晰，土膏初起。春原俶載，青壇致祀。斂蹕長阡，迴旌外壝。房俎飾薦，山罍沈滓。親事朱紘〔二〕，躬持黛耜。恭神務穡，受釐降祉。

先聖先師，奏誠夏辭：

經國立訓，學重教先。三墳肇册，五典留篇。開鑿理著，陶鑄功宣。東膠西序，春誦夏弦。芳塵載仰，祀典無騫。

太廟歌辭：

迎神歌辭：

務本興教，尊神體國。霜露感心，享祀陳則。官聯式序，奔走在庭。几筵結慕，裸獻惟誠。嘉樂載合，神其降止。永言保之，錫以繁祉。

登歌辭：

孝熙嚴祖，師象敬宗。惟皇肅事，有來雝雝。雕梁霞複，繡橑雲重。觀德自感，奉璋伊恭。彝斝盡飾，羽綴有容。升歌發藻，景福來從。

俎入歌辭：郊丘、社、廟同。

祭本用初，祀由功舉。駿奔咸會，供神有序。明酌盈樽，豐犧實俎。幽金既薦，繢錯維旅。享由明德，香非稷黍。載流嘉慶，克固鴻緒。

皇高祖太原府君神室歌辭：

締基發祥，肇源興慶。廼仁廼哲，克明克令。庸宣國圖，善流人詠。開我皇業，七百同盛。

皇曾祖康王神室歌辭：

皇條俊茂，帝系靈長。豐功疊軌，厚利重光。福由善積，代以德彰。嚴恭盡禮，永錫無疆。

皇祖獻王神室歌辭：

盛才必達，丕基增舊。涉渭同符〔三〕，遷邠等構。弘風邁德，義高道富。神鑒孔昭，王猷克懋。

皇考太祖武元皇帝神室歌辭：

深仁冥著，至道潛敷。皇矣太祖，耀名天衢。翦商隆祚，奄宅隋區。有命既集，誕開靈符。

飲福酒歌辭：郊丘、社、廟同。

神道正直，祀事有融。肅雝備禮，莊敬在躬。羞燔已具，奠斝將終。降祥惟永，受福無窮。

送神歌辭：

饗禮具，利事成。佇旒冕，肅簪纓。金奏終，玉俎撤。盡孝敬，窮嚴絜。人祇分，哀樂半。降景福，憑幽贊。

元會：

皇帝出入殿庭，奏皇夏辭：郊丘、社、廟同。

深哉皇度，粹矣天儀。司陛整蹕，式道先馳。八屯霧擁，七萃雲披。退揚進揖，步矩行規。勾陳乍轉，華蓋徐移。羽旗照耀，珪組陸離。居高念下，處安思危。照臨有度，紀律無虧。

皇太子出入，奏肆夏辭：

惟熙帝載，式固王猷。體乾建本，是曰孟侯。馳道美漢，寢門稱周。德心既廣，道業惟優。傅保斯導，賢才與遊。瑜玉發響，畫輪停輈。皇基方峻，匕鬯恒休。

食舉歌辭八首：

燔黍設教，禮之始。五味相資，火爲紀。平心和德，在甘旨。牢羞既陳，鍾石俟。以斯而御，揚盛軌。

養身必敬，禮食昭。時和歲阜，庶物饒。鹽梅既濟，鼎鉉調。特以膚腊，加臐膮。威儀濟濟，懋皇朝。

饔人進羞，樂侑作。川濳之膾，雲飛臛。甘酸有宜，芬勺藥。金敦玉豆，盛交錯。御鼓既聲，安以樂。

玉食惟后，膳必珍。芳菰既絜，重秬新。是能安體，又調神。荊包畢至，海貢陳。用之有節，德無垠。

嘉羞入饋，猶化謐。沃土名滋，帝臺實。陽華之菜，雕陵栗。鼎俎芬芳，豆籩溢。通幽致遠，車書一。

道高物備，食多方。山膚既善，水豢良。桓蒲在位，簨業張。加籩折俎，爛成行。恩風下濟，道化光。

禮以安國，仁爲政。具物必陳，饔牢盛。罝罘斤斧，順時令。懷生熙熙，皆得性。於茲宴喜，流嘉慶。

皇道四達，禮樂成。臨朝日舉，表時平。甘芳既飫，醑以清。揚休玉巵，正性情。隆我帝載，永明明。

上壽歌辭：

俗已乂，時又良。朝玉帛，會衣裳。基同北辰久，壽共南山長。黎元鼓腹樂未央。

宴羣臣登歌辭：

皇明馭曆，仁深海縣。載擇良辰，式陳高宴。顒顒卿士，昂昂侯甸。車旗煜爚，衣纓蔥蒨。樂正展懸，司宫飾殿。三揖稱禮，九賓爲傳。圓鼎臨碑，方壺在面。鹿鳴成曲，嘉魚入薦。筐篚相輝，獻酬交徧。飲和飽德，恩風長扇。

文舞歌辭：

天睠有屬，后德惟明。君臨萬寓，昭事百靈。濯以江漢，樹之風聲。罄地必歸〔一四〕，窮天皆至。六戎仰朔〔一五〕，八蠻請吏。煙雲獻彩，龜龍表異。緝和禮樂，燮理陰陽。功由舞見，德以歌彰。兩儀同大〔一六〕，日月齊光。

武舞歌辭：

惟皇御寓，惟帝乘乾。五材並用，七德兼宣。平暴夷險，拯溺救燔。九域載安，兆庶斯賴。續地之厚，補天之大。聲隆有截，化覃無外。鼓鍾既奮，干戚攸陳。功高德重，政謐化淳。鴻休永播，久而彌新。

大射登歌辭：

道謐金科照，時乂玉條明。優賢饗禮洽，選德射儀成。鑾旗鬱雲動，寶軑儼天行。巾車整三乏，司裘飾五正。鳴球響高殿，華鍾震廣庭。烏號傳昔美，淇衞著前名。揖讓皆時傑，升降盡朝英。附枝觀體定，杯水覩心平。豐觚既來去，燔炙復從橫。欣看禮樂盛，喜遇黄河清。

凱樂歌辭三首：

述帝德：

於穆我后，睿哲欽明。膺天之命，載育羣生。開元創曆，邁德垂聲。朝宗萬寓，祇事百靈。焕乎皇道，昭哉帝則。惠政滂流，仁風四塞。淮海未賓，江湖背德。運籌必勝，濯征斯克。八荒霧卷，四表雲褰。雄圖盛略，邁後光前。寰區已泰，福祚方延。長歌凱樂，天子萬年。

述諸軍用命：

帝德遠覃，天維宏布。功高雲天，聲隆韶護。惟彼海隅，未從王度。皇赫斯怒，元戎啓路。桓桓猛將，赳赳英謨。攻如燎髮，戰似摧枯。救兹塗炭，克彼妖逋。塵清兩越，氣靜三吳。鯨鯢已夷，封疆載闢。班馬蕭蕭，歸旌弈弈。雲臺表効，司勳紀績。業並山、河，道固金石。

述天下太平：

阪泉軒德，丹浦堯勳。始實以武，終乃以文。嘉樂聖主，大哉爲君。出師命將，廓定重氛。書軌既并，干戈是戢。弘風設教，政成人立。禮樂聿興，衣裳載緝。風雲自美，嘉祥爰集。皇皇聖政，穆穆神猷。牢籠虞夏，度越姬劉。日月比曜，天地同休。永清四海，長帝九州。

皇后房内歌辭：

至順垂典，正内弘風。母儀萬國，訓範六宮。求賢啓化，進善宣功。家邦載序，道業斯融。

大業元年，煬帝又詔脩高廟樂，曰：「古先哲王，經國成務，莫不因人心而制禮，則天明而作樂。昔漢氏諸廟别所，樂亦不同，至於光武之後，始立共堂之制。魏文承運，初營廟寢，太祖一室，獨爲别宫。自兹之後，兵車交爭，制作規模，日不暇給。伏惟高祖文皇帝，功侔造物，道濟生靈，享薦宜殊，樂舞須别。今若月祭時饗，既與諸祖共庭，至於舞功，獨於一室，交違禮意，未合人情。其詳議以聞。」有司未及陳奏，帝又以禮樂之事，總付祕書監柳顧言、少府副監何稠、著作郎諸葛潁、祕書郎袁慶隆等，增多開皇樂器，大益樂員，郊廟樂懸，並令新製。顧言等後親〔一七〕，帝復難於改作，其議竟寢。諸郊廟歌辭，亦並依舊制，唯新造高祖廟歌九首。今亡。又遣祕書省學士，定殿前樂工歌十四首，終大業世，每舉用焉。帝又詔博訪知鍾律歌管者，皆追之。時有曹士立、裴文通、唐羅漢、常寶金等，雖知操弄，雅鄭莫分，然總付太常，詳令删定。議脩一百四曲，其五曲在宮調，黄鍾也；一曲應調，大吕也；二十五曲商調，太蔟也；一十四曲角調，姑洗也；一十三曲變徵調，蕤賓也；八曲徵調，林鍾也；二十五曲羽調，南吕也；一十三曲變宮調，應鍾也。其曲大抵以詩爲本，參以古調，漸欲播之弦歌，被之金石。仍屬戎車，不遑刊正，禮樂之事，竟無成功焉。

自漢至梁、陳樂工，其大數不相踰越。及周并齊、隋并陳，各得其樂工，多爲編户。至六年，帝乃大括魏、齊、周、陳樂人子弟，悉配太常，並於關中爲坊置之，其數益多前代。顧言等又奏，仙都宮内，四時祭享，還用太廟之樂，歌功論德，别製其辭。七廟同院，樂依舊式。又造饗宴殿庭宮懸樂器，布陳簨簴，大抵同前，而於四隅各加二建鼓、三案。又設十二鎛，鎛别鍾磬二架，各依辰位爲調，合三十六架。至於音律節奏，皆依雅曲，意在演令繁會，自梁武帝之始也，開皇時，廢不用，至是又復焉。高祖時，宮懸樂器，唯有一部，殿庭饗宴用之。平陳所獲，又有二部，宗廟、郊丘分用之。至是並於樂府藏而不用。更造三部：五郊二十架，工一百四十三人。廟庭二十架，工一百五十人。饗宴二十架，工一百七人。舞郎各二等，並一百三十二人。

顧言又增房內樂，益其鐘磬，奏議曰：「房內樂者，主爲王后弦歌諷誦而事君子，故以房室爲名。燕禮、鄉飲酒禮，亦取而用也。故云：『用之鄉人焉，用之邦國焉。』文王之風，由近及遠，鄉樂以感人，須存雅正。既不設鍾鼓，義無四懸，何以取正於婦道也。磬師職云：『燕樂之鍾磬。』鄭玄曰：『燕樂，房內樂也，所謂陰聲，金石備矣。』以此而論，房內之樂，非獨弦歌，必有鍾磬也。內宰職云：『正后服位，詔其禮樂之儀。』鄭玄云：『薦撤之禮，當與樂相應。』薦撤之言，雖施祭祀，其入出賓客，理亦宜同。請以歌鍾歌磬，各設二虡，土革絲竹並副之，并升歌下管，總名房內之樂。女奴肄習，朝燕用之。」制曰：「可。」於是內宮懸二十虡。其鎛鍾十二，皆以大磬充。去建鼓，餘飾並與殿庭同。

皇太子軒懸，去南面，設三鎛鍾於辰丑申，三建鼓亦如之。編鍾三虡，編磬三虡，共三鎛鍾爲九虡。其登歌減者二人。簨虡金三博山。樂器應漆者朱漆之。其二舞用六佾。

其雅樂鼓吹，多依開皇之故。雅樂合二十器，今列之如左：

金之屬二：一曰鎛鍾，每鍾懸一簨虡，各應律呂之音，即黃帝所命伶倫鑄十二鍾，和五音者也。二曰編鍾，小鍾也，各應律吕，大小以次，編而懸之。上下皆八，合十六鍾，懸於一簨虡。

石之屬一：曰磬，用玉若石爲之，懸如編鍾之法。

絲之屬四：一曰琴，神農制爲五弦，周文王加二弦爲七者也。二曰瑟，二十七弦，伏犧所作者也。三曰筑，十二弦。四曰箏，十三弦，所謂秦聲，蒙恬所作者也。

竹之屬三：一曰簫，十六管，長二尺，舜所造者也。二曰篪，長尺四寸，八孔，蘇公所作者也。三曰笛，凡十二孔，漢武帝時丘仲所作者也。京房備五音，有七孔，以應七聲。黄鍾之笛，長二尺八寸四分四釐有奇，其餘亦上下相次，以爲長短。

匏之屬二：一曰笙，二曰竽，並女媧之所作也。笙列管十九，於匏内施簧而吹之。竽大，三十六管。

土之屬一：曰塤，六孔，暴辛公之所作者也。

革之屬五：一曰建鼓，夏后氏加四足，謂之足鼓。殷人柱貫之，謂之楹鼓。周人懸之，謂之懸鼓。近代相承，植而貫之，謂之建鼓。蓋殷所作也。又棲翔鷺於其上，不知何代所加。或曰，鵠也，取其聲揚而遠聞。或曰，鷺，鼓精也。越王勾踐擊大鼓於雷門以厭吴。晉時移於建康，有雙鷺哾鼓而飛入雲。或曰，皆非也。詩云：「振振鷺，鷺于飛。鼓咽咽，醉言歸。」古之君子，悲周道之衰，頌聲之輟，飾鼓以鷺，存其風流。未知孰是。靈鼓、靈鞉，並八面。雷鼓、雷鞉，六面。路鼓、路鞉，四面。鼓以桴擊，鞉貫其中而手搖之。又有節鼓，不知誰所造也。

木之屬二：一曰柷，如桶，方二尺八寸，中有椎柄，連底動之，令左右擊，以節樂。二曰敔，如伏獸，背有二十七鉏鋙，以竹長尺，横櫟之，以止樂焉。

簨簴，所以懸鍾磬，横曰簨，飾以鱗屬，植曰虡，飾以臝及羽屬。簨加木板於上，謂之業。殷人刻其上爲崇牙，以挂懸。周人畫繒爲翣，戴之以璧，垂五采羽於其下，樹於簨簴之角。近代又加金博山於簨上，垂流蘇，以合采羽。五代相因，同用之。

始開皇初定令，置七部樂：一曰國伎〔一八〕，二曰清商伎，三曰高麗伎，四曰天竺伎，五曰安國伎，六曰龜兹伎，七曰文康伎。又雜有疏勒、扶南、康國、百濟、突厥、新羅、倭國等伎〔一九〕。其後牛弘請存鞞、鐸、巾、拂等四舞，與新伎並陳。因稱：「四舞，按漢、魏以來，並施於宴饗。鞞舞，漢巴、渝舞也。至章帝造鞞舞辭云『關東有賢女』，魏明代漢曲云『明明魏皇帝』。鐸舞，傅玄代魏辭云『振鐸鳴金』，成公綏賦云『鞞鐸舞庭，八音並陳』是也。拂舞者，沈約宋志云：『吳舞，吳人思晉化。』其辭本云『白符鳩』是也。巾舞者，公莫舞也。

伏滔云：『項莊因舞，欲劍高祖，項伯紆長袖以扞其鋒，魏、晉傳爲舞焉。』檢此雖非正樂，亦前代舊聲。故梁武報沈約云：『鞞、鐸、巾、拂，古之遺風。』楊泓云：『此舞本二八人，桓玄即真，爲八佾。後因而不改。』齊人王僧虔已論其事。平陳所得者，猶充八佾，於懸内繼二舞後作之，爲失斯大。檢四舞由來，其實已久。請並在宴會，與雜伎同設，於西涼前奏之。」帝曰：「其聲音節奏及舞，悉宜依舊。惟舞人不須捉鞞拂等。」

及大業中，煬帝乃定清樂、西涼、龜茲、天竺、康國、疎勒、安國、高麗、禮畢，以爲九部。樂器工衣創造既成，大備於兹矣。

清樂其始即清商三調是也，並漢來舊曲。樂器形制，并歌章古辭，與魏三祖所作者，皆被於史籍。屬晉朝遷播，夷羯竊據，其音分散。苻永固平張氏，始於涼州得之。宋武平關中，因而入南，不復存於内地。及平陳後獲之。高祖聽之，善其節奏，曰：「此華夏正聲也。昔因永嘉，流於江外，我受天明命，今復會同。雖賞逐時遷，而古致猶在。可以此爲本，微更損益，去其哀怨，考而補之。以新定律吕，更造樂器。」其歌曲有陽伴，舞曲有明君并契。其樂器有鍾、磬、琴、瑟、擊琴、琵琶、箜篌、筑、箏、節鼓、笙、笛、簫、篪、塤等十五種，爲一部。工二十五人。

西涼者，起苻氏之末，吕光、沮渠蒙遜等據有涼州，變龜茲聲爲之，號爲秦漢伎。魏太武既平河西得之，謂之西涼樂。至魏、周之際，遂謂之國伎。今曲項琵琶、豎頭箜篌之徒，並出自西域，非華夏舊器。楊澤新聲、神白馬之類，生於胡戎。胡戎歌非漢魏遺曲，故其樂器聲調，悉與書史不同。其歌曲有永世樂，解曲有萬世豐，舞曲有于寘佛曲。其樂器有鍾、磬、彈箏、搊箏、卧箜篌、豎箜篌、琵琶、五絃、笙、簫、大篳篥、長笛〔一〇〕、小篳篥、横笛、腰鼓、齊鼓、擔鼓、銅拔、貝等十九種，爲一部。工二十七人。

龜茲者，起自呂光滅龜茲，因得其聲。呂氏亡，其樂分散，後魏平中原，復獲之。其聲後多變易。至隋有西國龜茲、齊朝龜茲、土龜茲等，凡三部。開皇中，其器大盛於閭閈。時有曹妙達、王長通、李士衡、郭金樂、安進貴等，皆妙絶弦管，新聲奇變，朝改暮易，持其音技，估衒公王之間，舉時爭相慕尚。高祖病之，謂羣臣曰：「聞公等皆好新變，所奏無復正聲，此不祥之大也。自家形國，化成人風，勿謂天下方然，公家家自有風俗矣。存亡善惡，莫不繫之。樂感人深，事資和雅，公等對親賓宴飲，宜奏正聲；聲不正，何可使兒女聞也！」帝雖有此勑，而竟不能救焉。煬帝不解音律，略不關懷。後大製豔篇，辭極淫綺。令樂正白明達造新聲，剏萬歲樂、藏鈎樂、七夕相逢樂、投壺樂、舞席同心髻、玉女行觴、神仙留客、擲磚續命、鬭雞子、鬭百草、汎龍舟、還舊宮、長樂花及十二時等曲，掩抑摧藏，哀音斷絶。帝悦之無已，謂幸臣曰：「多彈曲者，如人多讀書。讀書多則能撰書，彈曲多即能造曲。此理之然也。」因語明達云：「齊氏偏隅，曹妙達猶自封王。我今天下大同，欲貴汝，宜自脩謹。」六年，高昌獻聖明樂曲，帝令知音者，於館所聽之，歸而肄習。及客方獻，先於前奏之，胡夷皆驚焉。其歌曲有善善摩尼，解曲有婆伽兒，舞曲有小天，又有疎勒鹽。其樂器有豎箜篌、琵琶、五弦、笙、笛、簫、篳篥、毛員鼓、都曇鼓、答臘鼓、腰鼓、羯鼓、雞婁鼓、銅拔、貝等十五種，爲一部。工二十人。

天竺者，起自張重華據有涼州，重四譯來貢男伎，天竺即其樂焉。歌曲有沙石疆〔三一〕，舞曲有天曲。樂器有鳳首箜篌、琵琶、五弦、笛、銅鼓、毛員鼓、都曇鼓、銅拔、貝等九種，爲一部。工十二人。

康國，起自周代，帝娉北狄爲后，得其所獲西戎伎，因其聲。歌曲有戢殿農和正，舞曲有賀蘭鉢鼻始、末奚波地、農惠鉢鼻始、前拔地惠地等四曲。樂器有笛、正鼓、加鼓〔三二〕、銅拔等四種，爲一部。工七人。

疎勒、安國、高麗，並起自後魏平馮氏及通西域，因得其伎。後漸繁會其聲，以別於太樂。

疎勒，歌曲有亢利死讓樂，舞曲有遠服，解曲有鹽曲〔三三〕。樂器有豎箜篌、琵琶、五弦、笛、簫、篳篥、答臘鼓、腰鼓、羯鼓、雞婁鼓等十種，爲一部，工十二人。

安國，歌曲有附薩單時，舞曲有末奚，解曲有居和祇。樂器有箜篌、琵琶、五弦、笛、簫、篳篥、雙篳篥、正鼓〔二四〕、和鼓、銅拔等十種，爲一部。工十二人。

高麗，歌曲有芝栖，舞曲有歌芝栖〔二五〕。樂器有彈箏、臥箜篌、豎箜篌、琵琶、五弦、笛、笙、簫、小篳篥、桃皮篳篥、腰鼓、齊鼓、擔鼓、貝等十四種，爲一部。工十八人。

禮畢者，本出自晉太尉庾亮家。亮卒，其伎追思亮，因假爲其面，執翳以舞，象其容，取其謚以號之，謂之爲文康樂。每奏九部樂終則陳之，故以「禮畢」爲名。其行曲有單交路，舞曲有散花。樂器有笛、笙、簫、篪、鈴槃、鞞、腰鼓等七種，三懸爲一部。工二十二人。

始齊武平中，有魚龍爛漫、俳優、朱儒、山車、巨象、拔井、種瓜、殺馬、剥驢等，奇怪異端，百有餘物，名爲百戲。周時，鄭譯有寵於宣帝，奏徵齊散樂人，並會京師爲之。蓋秦角抵之流者也。開皇初，並放遣之。及大業二年，突厥染干來朝，煬帝欲誇之，總追四方散樂，大集東都。初於芳華苑積翠池側，帝帷宮女觀之。有舍利先來，戲於場内，須臾跳躍，激水滿衢，黿鼉龜鼇，水人蟲魚，徧覆于地。又有大鯨魚，噴霧翳日，倏忽化成黃龍，長七八丈，聳踊而出，名曰黃龍變。又以繩繫兩柱，相去十丈，遣二倡女，對舞繩上，相逢切肩而過，歌舞不輟。又爲夏育扛鼎，取車輪石臼大甕器等，各於掌上而跳弄之。并二人戴竿，其上有舞，忽然騰透而換易之。又有神鼇負山，幻人吐火，千變萬化，曠古莫儔。染干大駭之。自是皆於太常教習。每歲正月，萬國來朝，留至十五日，於端門外、建國門内，綿亘八里，列爲戲場。百官起棚夾路，從昏達旦，以縱觀之，至晦而罷。伎人皆衣錦繡繒綵。其歌舞者，多爲婦人服，鳴環佩，飾以花毦者，殆三萬人。初課京兆、河南製此衣服，而兩京繒錦，爲之中虛。三年，駕幸榆林，突厥啓民朝于行宫，帝又設以示之。六年，諸夷大獻方物。突厥啓民以下，皆國主親來朝賀。乃於天津街盛陳百戲，自海内凡有奇伎，無不總萃。崇侈器翫，盛飾衣服，皆用珠翠金銀，錦罽絺繡。其營費鉅億萬。關西以安德王雄總之，東都以齊王暕總之，金石匏革之聲，聞數十里外。彈弦擫管以上，一萬八千人。大列炬火，光燭天地，百戲之盛，振古無比。自是每年以爲常焉。

故事，天子有事於太廟，備法駕，陳羽葆，以入于次。禮畢升車，而鼓吹並作。開皇十七年詔曰：「昔五帝異樂，三王殊禮，皆隨事而有損益，因情而立節文。仰惟祭享宗廟，瞻敬如在，罔極之感，情深茲日。而禮畢升路，鼓吹發音，還入宫門，金石振響。斯則哀樂同日，心事相違，情所不安，理實未允。宜改茲往式，用弘禮教。自今以後，享廟日不須設鼓吹，殿庭勿設樂懸。在廟内及諸祭，並依舊。其王公已下，祭私廟日，不得作音樂。」

至大業中，煬帝制宴饗設鼓吹，依梁爲十二案。案別有錞于、鉦、鐸、軍樂鼓吹等一部。案下皆熊羆貙豹，騰倚承之，以象百獸之舞。其大駕鼓吹，並朱漆畫。大駕鼓吹、小鼓加金鐲、羽葆鼓、鐃鼓、節鼓，皆五采重蓋，其羽葆鼓，仍飾以羽葆。長鳴、中鳴、大小橫吹，五采衣幡，緋掌，畫交龍，五采脚。大角幡亦如之。大鼓、長鳴、大橫吹、節鼓及橫吹後笛、簫、篳篥、笳、桃皮篳篥等工人服，皆緋地苣文爲袍袴及帽。金鉦、棡鼓，其鉦鼓皆加八角紫繖。小鼓、中鳴、小橫吹及橫吹後笛、簫、篳篥、笳、桃皮篳篥等工人服，並青地苣文袍袴及帽。羽葆鼓、鐃及歌、簫、笳工人服，並武弁，朱褠衣，革帶。大角工人，平巾幘，緋衫，白布大口袴。其鼓吹督帥服，與大角同。以下準督帥服，亦如之。

棡鼓一曲，十二變，與金鉦同。夜警用一曲俱盡，次奏大鼓。大鼓，一十五曲供大駕，一十二曲供皇太子，一十曲供王公等。小鼓，九曲供大駕，三曲供皇太子及王公等。

長鳴色角，一百二十具供大駕，三十六具供皇太子，十八具供王公等。

次鳴色角，一百二十具供大駕，十二具供皇太子，一十具供王公等。

大角，第一曲起捉馬，第二曲被馬，第三曲騎馬，第四曲行，第五曲入陣，第六曲收軍，第七曲下營。皆以三通爲一曲。其辭並本之鮮卑。

鐃鼓，十二曲供大駕，六曲供皇太子，三曲供王公等。其樂器有鼓，并歌、簫、笳。

大横吹，二十九曲供大駕，九曲供皇太子，七曲供王公。其樂器有角、節鼓、笛、簫、篳篥、笳、桃皮篳篥。

小横吹，十二曲供大駕，夜警則十二曲俱用。其樂器有角、笛、簫、篳篥、笳、桃皮篳篥。

校勘記

〔一〕漢高帝改韶舞曰文始　「韶舞」，原作「韶武」，據宋甲本、汲本、殿本改。

〔二〕宣業舞爲武德舞　「業」，南齊書卷一一樂志作「烈」。下文梁初猶用「宣業之舞」之「業」，宋本樂府詩集卷五二舞曲歌辭梁大壯大觀舞歌二首引隋書樂志亦作「烈」。

〔三〕大予丞鮑鄴等上作樂事下防　「大予丞」，原作「太子丞」，據宋甲本改。按，續漢書百官志二，太常下有大予樂丞。

〔四〕皆有鍾磬　「磬」，原作「聲」，據通典卷一四七樂七皇后樂議改。按本卷下文敍大業中柳顧言奏增房内樂，益其鍾磬，以爲「房内之樂，非獨弦歌，必有鍾磬」。

〔五〕命婦人并登歌上壽並用之　「人」，宋本樂府詩集卷一五燕射歌辭隋皇后房内歌引隋書樂志作「入」。

〔六〕北方北向　據下文「東方西向」、「南方北向」、「西方東向」推斷，「北向」疑應作「南向」。

〔七〕及笙入　「入」，原作「人」，據殿本改。册府卷五六八掌禮部作樂亦作「入」。

〔八〕左手皆執籥　宋本樂府詩集卷五二舞曲歌辭隋文武舞歌引隋書樂志無「皆」字；此句下有「右手執翟」四字。

〔九〕五緯陪營　「緯」，原作「諱」，據宋甲本、殿本改。張元濟校勘記：「按五緯指五星言。」

〔一〇〕靈壇汛埽　「汛」，宋甲本、大德本、至順本作「汎」。

〔一一〕福流景室　「景」，宋甲本、汲本作「京」。四庫全書考證卷二六：「刊本『京』訛『景』，據毛本改。」

〔一二〕親事朱紘　「紘」，原作「弦」，據宋甲本、至順本、殿本改。按，禮記祭義：「昔者天子爲藉千畝，冕而朱紘，躬秉耒。」

〔一三〕涉渭同符　「渭」，原作「魏」，據殿本改。宋本樂府詩集卷一〇郊廟歌辭隋太廟歌獻王歌亦作「渭」。按詩經大雅公劉：「涉渭爲亂，取厲取鍛。」

〔一四〕罄地必歸　「必」，宋本樂府詩集卷五二舞曲歌辭隋文武舞歌文舞歌作「畢」。

〔一五〕六戎仰朔　「仰」，宋本樂府詩集卷五二舞曲歌辭隋文武舞歌文舞歌作「行」。

〔一六〕兩儀同大　「同大」，宋甲本、大德本作「固大」，汲本注：「『同大』，一作『固天』，一作『同天』。」

〔一七〕顧言等後親　此句疑有脱訛，册府卷五六九掌禮部作樂作「其後」。

〔一八〕一曰國伎　「國」，宋本樂府詩集卷七九近代曲辭作「西涼」。

〔一九〕倭國　原作「俀國」，據汲本改。册府卷五六九掌禮部作樂、卷五七〇掌禮部夷樂亦作「倭國」。

〔二〇〕長笛　原作「竪」，據通典卷一四六樂六前代雜樂改。

〔二一〕沙石疆　「疆」，原作「彊」，據宋甲本、大德本、至順本、汲本改。

〔二二〕加鼓　唐六典卷一四太常寺太樂署作「和鼓」。

〔二三〕鹽曲　原作「監曲」，據御覽卷五六七樂部五四夷樂引樂部樂志、册府卷五七〇掌禮部夷樂、陳暘樂書卷一五八改。本卷上文「龜茲者」條有疎勒鹽。

〔二四〕正鼓　原作「王鼓」，據通典卷一四六樂六四方樂、册府卷五七〇掌禮部夷樂改。通典卷一四四樂四八音有「正鼓、和鼓」。

〔二五〕歌曲有芝栖舞曲有歌芝栖　「芝栖」，御覽卷五六七樂部五四夷樂引樂部樂志、册府卷五七〇掌禮部夷樂作「歌芝栖」；「歌芝栖」，御覽作「舞芝栖」，宋本册府作「舞枝栖」（明本「栖」作「棲」），但均載於「安國」條下。

隋書卷十六

志第十一

律曆上

自夫有天地焉，有人物焉，樹司牧以君臨，懸政教而成務，莫不擬乾坤之大象，稟中和以建極，撰影響之幽賾，成律呂之精微。是用範圍百度，財成萬品。昔者淳古葦籥，創覩人籟之源，女媧笙簧〔一〕，仍昭鳳律之首。後聖廣業，稽古彌崇，伶倫含少，乃擅比竹之工，虞舜昭華，方傳刻玉之美。是以書稱：「叶時月正日，同律度量衡。」又曰：「予欲聞六律、五聲、八音、七始訓〔二〕，以出納五言。」此皆候金常而列管，憑璿璣以運鈞，統三極之元，紀七衡之響，可以作樂崇德，殷薦上帝。故能動天地，感鬼神，和人心，移風俗，考得失，徵成敗者也。粤在夏、商，無聞改作。其於周禮，典同則「掌六律六同之和，以辨天地四方陰陽之聲，以爲樂器」。景王鑄鍾，問律於泠州鳩，對曰：「夫律者，所以立鈞出度。」鈞有五，則權衡規矩準繩咸備。故詩曰：「尹氏太師，執國之鈞，天子是裨，俾衆不迷」是也。太史公律書云：「王者制事立物，法度軌則，一禀於六律，爲萬事之本。其於兵械，尤所重焉。故云：『望敵知吉凶，聞聲効勝負。』百王不易之道也。」

及秦氏滅學，其道浸微。漢室初興，丞相張蒼，首言音律，未能審備。孝武帝創置協律之官，司馬遷言律吕相生之次，詳矣。及王莽之際，考論音律，劉歆條奏，班固因志之。蔡邕又記建武以後言律吕者，司馬紹統採而續之。炎歷將終，而天下大亂，樂工散亡，器法湮滅。魏武始獲杜夔，使定音律，夔依當時尺度，權備典章。及晉武受命，遵而不革。至泰始十年，光禄大夫荀勖，奏造新度，更鑄律吕。元康中，勖子藩，復嗣其事。未及成功，屬永嘉之亂，中朝典章，咸没於石勒。及帝南遷，皇度草昧，禮容樂器，掃地皆盡。雖稍加採掇，而多所淪胥，終于恭、安，竟不能備。宋錢樂之衍京房六十律，更增爲三百六十，梁博士沈重，述其名數。後魏、周、齊，時有論者。今依班志，編録五代聲律度量，以志于篇云。

漢志言律，一曰備數，二曰和聲，三曰審度，四曰嘉量，五曰衡權。自魏、晉已降，代有沿革。今列其增損之要云。

備數

五數者，一、十、百、千、萬也。傳曰：「物生而後有象，滋而後有數。」是以言律者，云數起於建子，黃鍾之律，始一，而每辰三之，歷九辰至酉，得一萬九千六百八十三，而五數備成，以爲律法。又參之，終亥，凡歷十二辰，得十有七萬七千一百四十七，而辰數該矣，以爲律積。以成法除該積，得九寸，即黃鍾宮律之長也。此則數因律起，律以數成，故可歷管萬事，綜覈氣象。其筭用竹，廣二分，長三寸，正策三廉，積二百一十六枚，成六觚，乾之策也。負策四廉，積一百四十四枚，成方，坤之策也。觚方皆經十二，天地之大數也。是故探賾索隱，鈎深致遠，莫不用焉。一、十、百、千、萬，所同由也。律、度、量、衡、歷、率，其別用也。故體有長短，檢之以度，則不失毫氂。物有多少，受之以器，則不失圭撮。量有輕重，平之以權衡，則不失黍絫。聲有清濁，協之以律呂，則不失宮商。三光運行，紀以曆數，則不差晷刻。事物糅見，御之以率，則不乖其本。故幽隱之情，精微之變，可得而綜也。

夫所謂率者，有九流焉：一曰方田，以御田疇界域。二曰粟米，以御交質變易。三曰衰分，以御貴賤禀税。四曰少廣，以御積冪方圓。五曰商功，以御功程積實。六曰均輸，以御遠近勞費。七曰盈朒，以御隱雜互見。八曰方程，以御錯糅正負〔三〕。九曰句股，以御高深廣遠。皆乘以散之，除以聚之，齊同以通之，今有以貫之。則筭數之方，盡於斯矣。

古之九數，圓周率三，圓徑率一，其術疏舛。自劉歆、張衡、劉徽、王蕃、皮延宗之徒，各設新率，未臻折衷。宋末，南徐州從事史祖沖之，更開密法，以圓徑一億爲一丈，圓周盈數三丈一尺四寸一分五釐九毫二秒七忽，朒數三丈一尺四寸一分五釐九毫二秒六忽，正數在盈朒二限之間。密率，圓徑一百一十三，圓周三百五十五。約率，圓徑七，周二十二。又設開差冪，開差立，兼以正圓參之。指要精密，筭氏之最者也。所著之書，名爲綴術，學官莫能究其深奧，是故廢而不理。

和聲

傳稱黃帝命伶倫斷竹，長三寸九分，而吹以爲黃鍾之宮，曰含少。次制十二管，以聽鳳鳴，以別十二律，比雌雄之聲，以分律呂。上下相生，因黃鍾爲始。虞書云：「叶時月正日，同律度量衡。」夏禹受命，以聲爲律，以身爲度。周禮，樂器以十二律爲之度數。司馬遷律書云：「黃鍾長八寸七分之一，太蔟長七寸七分二，林鍾長五寸七分三，應鍾長四寸三分二〔四〕。」此樂之三始，十二律之本末也。班固、司馬彪律志：「黃鍾長九寸，聲最濁；太蔟長八寸；林鍾長六寸；應鍾長四寸七分四釐强，聲最清。」鄭玄禮月令注、蔡邕月令章句及杜夔、荀勗等所論，雖尺有增損，而十二律之寸數並同。漢志京房又以隔八相生，一始自黃鍾，終於中呂，十二律畢矣。中呂上生黃鍾，不滿九寸，謂之執始，下生去滅。上下相生，終於南事，更增四十八律，以爲六十。其依行在辰，上生包育，隔九編於冬至之後。分焉、遲內，其數遂減應鍾之清。宋元嘉中，太史錢樂之，因京房南事之餘，引而伸之，更爲三百律，終於安運，長四寸四分有奇。總合舊爲三百六十律。日當一管，宮徵旋韻，各以次從。何承天立法制議云：「上下相生，三分損益其一，蓋是古人簡易之法。猶如古曆周天三百六十五度四分之一，後人改制，皆不同焉。而京房不悟，謬爲六十。」承天更設新率，則從中呂還得黃鍾，十二旋宮，聲韻無失。黃鍾長九寸，太蔟長八寸二氂，林鍾長六寸一氂，應鍾長四寸七分九氂强。其中呂上生所益之分，還得十七萬七千一百四十七，復十二辰參之數。

梁初，因晉、宋及齊，無所改制。其後武帝作鍾律緯，論前代得失。其略云：

案律呂，京、馬、鄭、蔡，至蕤賓，並上生大呂；而班固律曆志，至蕤賓，仍以次下生。若從班義，夾鍾唯長三寸七分有奇。律若過促，則夾鍾之聲成一調，中呂復去調半，是過於無調。仲春孟夏，正相長養，其氣舒緩，不容短促。求聲索實，班義爲乖。鄭玄又以陰陽六位，次第相生。若如玄義，陰陽相逐生者，止是升陽。其降陽復將何寄？就筮數而論，乾主甲壬而左行，坤主乙癸而右行，故陰陽得有升降之義。陰陽從行者，真性也，六位升降者，象數也。今鄭廼執象數以配真性，故言比而理窮。云九六相生，了不釋十二氣所以相通，鄭之不思，亦已明矣。

案京房六十，準依法推，廼自無差。但律呂所得，或五或六，此一不例也。而分焉上生，乃復遲内上生盛變，盛變仍復上生分居，此二不例也。房妙盡陰陽，其當有以，若非深理難求，便是傳者不習。

比勑詳求，莫能辨正。聊以餘日，試推其旨，參校舊器，及古夾鍾玉律，更制新尺，以證分豪，制爲四器，名之爲通。四器絃間九尺，臨岳高一寸二分。黄鍾之絃二百七十絲，長九尺，以次三分損益其一，以生十二律之絃絲數及絃長。各以律本所建之月，五行生王，終始之音，相次之理，爲其名義，名之爲通。通施三絃，傳推月氣，悉無差舛。即以夾鍾玉律命之，則還相中。

又制爲十二笛，以寫通聲。其夾鍾笛十二調，以飲玉律，又不差異。山謙之記云：「殿前三鍾，悉是周景王所鑄無射也。」遣樂官以今無射新笛飲，不相中。以夷則笛飲，則聲韻合和。端門外鍾，亦案其銘題，定皆夷則。其西廂一鍾，天監中移度東。以今笛飲，乃中南呂。驗其鐫刻，乃是太蔟，則下今笛二調。重勑太樂丞斯宣達，令更推校，鍾定有鑿處，表裏皆然。借訪舊識，乃是宋泰始中，使張永鑿之，去銅既多，故其調嘽下。以推求鍾律，便可得而見也。宋武平中原，使將軍陳傾致三鍾，小大中各一。則今之太極殿前二鍾、端門外一鍾是也。案西鍾銘則云「清廟撞鍾」，秦無清廟，此周制明矣。又一銘云「太蔟鍾徵」，則林鍾宮所施也。京房推用，似有由也。檢題既無秦、漢年代，直云夷則、太蔟，則非秦、漢明矣。古人性質，故作僮僕字，則題而言，彌驗非近。且夫驗聲改政，則五音六律，非可差舛。工守其音，儒執其文，歷年永久，隔而不通。無論樂奏，求之多缺，假使具存，亦不可用。周頌漢歌，各敍功德，豈容復施後王，以濫名實？今率詳論，以言所見，并詔百司，以求厥中。未及改制，遇侯景亂。

陳氏制度，亦無改作。

西魏廢帝元年，周文攝政。又詔尚書蘇綽，詳正音律。綽時得宋尺，以定諸管，草創未就。會閔帝受禪，政由冢宰，方有齊寇，事竟不行。後掘太倉，得古玉斗，按以造律及衡，其事又多湮沒。

至開皇初，詔太常牛弘，議定律呂。於是博徵學者，序論其法，又未能決。遇平江右，得陳氏律管十有二枚，並以付弘。遣曉音律者陳山陽太守毛爽及太樂令蔡子元、于普明等，以候節氣，作律譜。時爽年老，以白衣見高祖，授淮州刺史〔五〕，辭不赴官。因遣協律郎祖孝孫，就其受法。弘又取此管，吹而定聲。既天下一統，異代器物，皆集樂府，曉音律者，頗議考覈，以定鍾律。更造樂器，以被皇夏十四曲，高祖與朝賢聽之，曰：「此聲滔滔和雅，令人舒緩。」

然萬物人事，非五行不生，非五行不成，非五行不滅。故五音用火尺，其事火重。用金尺則兵，用木尺則喪，用土尺則亂，用水尺則律呂合調，天下和平。魏及周、齊，貪布帛長度，故用土尺。今此樂聲，是用水尺。江東尺短於土，長於水。俗間不知者，見玉作，名爲玉尺，見鐵作，名爲鐵尺。詔施用水尺律樂，其前代金石，並鑄毁之，以息物議。

至仁壽四年，劉焯上啓於東宫，論張胄玄曆，兼論律呂。其大旨曰：「樂主於音，音定於律，音不以律，不可克諧，度律均鍾，於是乎在。但律終小呂，數復黄鍾，舊計未精，終不復始。故漢代京房，妄爲六十，而宋代錢樂之，更爲三百六十。考禮詮次，豈有得然，化未移風，將恐由此。匪直長短失於其差，亦自管圍乖於其數。又尺寸意定，莫能詳考，既亂管絃，亦舛度量。焯皆校定，庶有明發。」其黄鍾管六十三爲實，以次每律減三分，以七爲寸法。約之，得黄鍾長九寸，太蔟長八寸一分四氂，林鍾長六寸，應鍾長四寸二分八氂七分之四。其年，高祖崩，煬帝初登，未遑改作，事遂寢廢。其書亦亡。大業二年，乃詔改用梁表律調鍾磬八音之器，比之前代，最爲合古。其制度文議，并毛爽舊律，並在江都淪喪。

律管圍容黍

漢志云：「黃鍾圍九分，林鍾圍六分，太蔟圍八分。」續志及鄭玄，並云：「十二律空，皆徑三分，圍九分。」後魏安豐王，依班固志，林鍾空圍六分，及太蔟空圍八分，作律吹之，不合黃鍾商徵之聲。皆空圍九分，乃與均鍾器合。開皇九年平陳後，牛弘、辛彥之、鄭譯、何妥等，參考古律度，各依時代，制其黃鍾之管，俱徑三分，長九寸。度有損益，故聲有高下；圓徑長短，與度而差，故容黍不同。今列其數云。

晉前尺黃鍾容黍八百八粒。

梁法尺黃鍾容八百二十八。

梁表尺黃鍾三：其一容九百二十五，其一容九百一十，其一容一千一百二十。

漢官尺黃鍾容九百三十九。

古銀錯題黃鍾籥容一千二百。

宋氏尺，即鐵尺，黃鍾凡二：其一容一千二百，其一容一千四十七。

後魏前尺黃鍾容一千一百一十五。

後周玉尺黄鍾容一千二百六十七。

後魏中尺黄鍾容一千五百五十五。

後魏後尺黄鍾容一千八百一十九。

東魏尺黄鍾容二千八百六十九。

萬寶常水尺律母黄鍾容黍一千三百二十。

梁表、鐵尺律黄鍾副别者，其長短及口空之圍徑並同，而容黍或多或少，皆是作者旁庣其腹，使有盈虚。

候氣

後齊神武霸府田曹參軍信都芳，深有巧思，能以管候氣，仰觀雲色。嘗與人對語，即指天曰：「孟春之氣至矣。」人往驗管，而飛灰已應。每月所候，言皆無爽。又爲輪扇二十四，埋地中，以測二十四氣。每一氣感，則一扇自動，他扇並住，與管灰相應，若符契焉。

開皇九年平陳後，高祖遣毛爽及蔡子元、于普明等，以候節氣。依古，於三重密屋之内，以木爲案，十有二具。每取律吕之管，隨十二辰位，置于案上，而以土埋之，上平於地。中實葭莩之灰，以輕緹素覆律口。每其月氣至，與律冥符，則灰飛衝素，散出于外。而氣應有早晚，灰飛有多少，或初入月其氣即應；或至中下旬間，氣始應者；或灰飛出，三五夜而盡；或終一月，纔飛少許者。高祖異之，以問牛弘。弘對曰：「灰飛半出爲和氣，吹灰全出爲猛氣，吹灰不能出爲衰氣。和氣應者其政平，猛氣應者其臣縱，衰氣應者其君暴。」高祖駁之曰：「臣縱君暴，其政不平，非月別而有異也。今十二月律，於一歲内，應並不同。安得暴君縱臣，若斯之甚也？」弘不能對。

令爽等草定其法。爽因稽諸故實，以著于篇，名曰律譜。其略云：

臣爽按，黄帝遣伶倫氏取竹于嶰谷，聽鳳阿閣之下，始造十二律焉。乃致天地氣應，是則數之始也。陽管爲律，陰管爲吕，其氣以候四時，其數以紀萬物。云隸首作數，蓋律之本也。夫一、十、百、千、萬、億、兆者，引而申焉，曆度量衡，出其中矣。故有虞氏用律和聲，鄒衍改之，以定五始。正朔服色，亦由斯而別也。夏正則人，殷正則地，周正則天。孔子曰：「吾得夏時焉。」謂得氣數之要矣。

漢初興也，而張蒼定律，乃推五勝之法，以爲水德。寔因戰國官失其守，後秦滅學，其道浸微，蒼補綴之，未獲詳究。及孝武創制，乃置協律之官，用李延年以爲都尉，頗解新聲變曲，未達音律之源，故其服色不得而定也。至于元帝，自曉音律，郎官京房，亦達其妙，因使韋玄成等，雜試問房。房自敍云：「學焦延壽，用六十律相生之法。以上生下，皆三生二，以下生上，皆三生四。陽下生陰，陰上生陽，乃還相爲宫之正法也。」於後劉歆典領條奏，著其始末，理漸研精。班氏漢志，盡歆所出也，司馬彪志，並房所出也。

至于後漢，尺度稍長。魏代杜夔，亦制律呂，以之候氣，灰悉不飛。晉光祿大夫荀勗，得古銅管，校夔所制，長古四分，方知不調，事由其誤。乃依周禮，更造古尺，用之定管，聲韻始調。

左晉之後，漸又訛謬。至梁武帝時，猶有汲冢玉律，宋蒼梧時，鑽爲橫吹，然其長短厚薄，大體具存。臣先人栖誠，學筭於祖暅，問律於何承天，沈研三紀，頗達其妙。後爲太常丞，典司樂職，乃取玉管及宋太史尺，並以聞奏。詔付大匠，依樣制管。自斯以後，律又飛灰。侯景之亂，臣兄喜於太樂得之。後陳宣帝詣荆州爲質，俄遇梁元帝敗，喜没於周。適欲上聞，陳武帝立，遂又以十二管衍爲六十律，私候氣序，並有徵應。至太建時，喜爲吏部尚書，欲以聞奏。會宣帝崩，後主嗣立，出喜爲永嘉内史，遂留家内，貽諸子孫。陳亡之際，竟並遺失。

今正十二管在太樂者，陽下生陰，始於黃鍾，陰上生陽，終於中呂，而一歲之氣，畢於此矣。中呂上生執始，執始下生去滅，終於南事。六十律候，畢於此矣。仲冬之月，律中黃鍾。黃鍾者，首於冬至，陽之始也。應天之數而長九寸，十一月氣至，則黃鍾之律應，所以宣養六氣，緝和九德也。自此之後，並用京房律準，長短宮徵，次日而用。凡十二律，各有所攝，引而申之，至于六十。亦由八卦衍而重之，以爲六十四也。相生者相變。始黃鍾之管，下生林鍾，以陽生陰，故變也。相攝者相通。如中呂之管，攝於物應，以母權子。故相變者，異時而各應，相通者，同月而繼應。應有早晚者，非正律氣，乃子律相感，寄母中應也。

其律，大業末於江都淪喪。

律直日

宋錢樂之因京房南事之餘，更生三百律。至梁博士沈重鍾律議曰：「易以三百六十策當期之日，此律曆之數也。淮南子云：『一律而生五音，十二律而爲六十音，因而六之，故三百六十音，以當一歲之日。律曆之數，天地之道也。』此則自古而然矣。」重乃依淮南本數，用京房之術求之，得三百六十律。各因月之本律，以爲一部。以一部律數爲母，以一中氣所有日爲子，以母命子，隨所多少，各一律所建日辰分數也。以之分配七音，則建日冬至之聲，黃鍾爲宮，太蔟爲商，林鍾爲徵，南呂爲羽，姑洗爲角，應鍾爲變宮，蕤賓爲變徵。五音七聲，於斯和備。其次日建律，皆依次類運行。當日者各自爲宮，而商徵亦以次從。以考聲徵氣，辨識時序，萬類所宜，各順其節。自黃鍾終於壯進，一百五十律，皆三分損一以下生。自依行終於億兆，二百九律，皆三分益一以上生。唯安運一律爲終，不生。其數皆取黄鍾之實十七萬七千一百四十七爲本，以九三爲法，各除其實，得寸分及小分，餘皆委之。即各其律之長也。脩其律部，則上生下生宫徵之次也。今略其名次云。

黄鍾：

包育　含微　帝德　廣運　下濟　剋終　執始　握鑒　持樞　黄中　通聖　潛升　殷普　景盛　滋萌　光被　咸亨　廼文　廼聖　微陽　分動　生氣　雲繁　鬱湮　升引　屯結　開元　質末　僾昧　逋建　玄中　玉燭　調風

右黄鍾一部，三十四律。每律直三十四分日之三十一。

大吕：

荄動　始贊　大有　坤元　輔時　匡弼　分否　又繁　唯微　棄望　庶幾　執義　秉强　陵陰　侣陽　識沈　緝熙　知道　適時　權變　少出　阿衡　同雲　承明　善述　休光

右大吕一部，二十七律。每律直一日及二十七分日之三。

太蔟：

未知　其己　義建　亭毒　條風　湊始　時息　達生　匏奏　初角　少陽　柔橈

商音　屈齊　扶弱　承齊　動植　咸擢　兼山　止速　隨期　龍躍　勾芒　調序

青要　結萼　延敷　刑晉　辨秩　東作　贊揚　顯滯　俶落

右太蔟一部，三十四律。

夾鍾：

明庶　協侶　陰贊　風從　布政　萬化　開時　震德　乘條　芬芳　散朗　淑氣

風馳　佚喜　槖籥　四隙　種生　恣性　逍遥　仁威　爭南　旭旦　晨朝　生遂

羣分　絜新

右夾鍾一部，二十七律。

姑洗：

南授　懷來　考神　方顯　攜角　洗陳　變虞　擢穎　嘉氣　始升　卿雲　媚嶺

疏道　路時　日旅　實沈　炎風　首節　柔條　方結　刑始　方齊　物華　革蕤

茂實　登明　壯進下生安運。　依行上生包育。　少選　道從　朱獻　揚庭　含貞

右姑洗一部，三十四律。

中吕：

朱明　啓運　景風　初緩　羽物　斯奮　南中　離春　率農　有程　南訛　敬致

相趣　内貞　朱草　含輝　屈軼　曜疇　巳氣　清和　物應　戒辨　荒落　貞軫

天庭　祚周

右中呂一部，二十七律。

蕤賓：

南事京房終律。　謐靜　則選　布萼　滿贏　潛動　盛變　賓安　懷遠　聲暨

軌同　海水　息沴　離躬　安壯　崇明　遠眺　升中　鳳翥　朝陽　制時　瑞通

鶉火　乂次　高談　其煌

右蕤賓一部，二十七律。

林鍾：

謙侍　崇德　循道　方壯　陰升　靡慝　去滅　華銷　朋慶　雲布　均任　仰成

寬中　安度　德均　無蹇　禮溢　智深　任肅　純恪　歸嘉　美音　温風　候節

蓂華　繡嶺　物無　否與　景口　曜井　日焕　重輪　財華

右林鍾一部，三十四律。

夷則：

升商　清爽　氣精　陰德　白藏　御敍　鮮刑　貞剋　金天　劉獮　會道　歸仁

陰侶　去南　陽消　柔辛　延乙　和庚　靡卉　蕤晉　分積　孔脩　九德　咸蓋

僉惟　俾乂

右夷則一部，二十七律。

南吕：

白吕　捐秀　敦實　素風　勁物　酋稔　結躬　肥遯　嬴中　晟陰　抗節　威遠

有截　歸期　中德　王猷　允塞　蓐收　搏彎　摇落　未卬　質隨　分滿　道心

貞堅　蓄止　歸藏　夷汗　均義　悦使　亡勞　九有　光賁

右南吕一部，三十四律。

無射：

思沖　懷謙　恭儉　休老　恤農　銷祥　閉奄　降婁　藏邃　日在　旋春　閹藏

明奎　鄰齊　軌衆　大蓄　嗇斂　下濟　息肩　無邊　期保　延年　秋深　野色

玄月　澄天

右無射一部，二十七律。

應鍾：

分焉　祖微　據始　功成　乂定　静謐　遲内　無爲　而乂　姑射　凝晦　動寂

應徵　未育　萬機　萬壽　無疆　地久　天長　脩復　遲時　方制　無休　九野

八荒　億兆　安運

右應鍾一部，二十八律。

審度

史記曰：「夏禹以身爲度，以聲爲律。」禮記曰：「丈夫布手爲尺。」周官云：「璧羨起度。」鄭司農云：「羨，長也。此璧徑尺，以起度量。」易緯通卦驗：「十馬尾爲一分。」淮南子云：「秋分而禾蔈定，蔈定而禾熟。律數十二蔈而當一粟，十二粟而當一寸。」蔈者，禾穗芒也。說苑云：「度量權衡以粟生，一粟爲一分。」孫子筭術云：「蠶所生吐絲爲忽，十忽爲秒，十秒爲豪，十豪爲氂，十氂爲分。」此皆起度之源，其文舛互。唯漢志：「度者，所以度長短也，本起黄鍾之長。以子穀秬黍中者，一黍之廣度之，九十黍爲黄鍾之長。一黍爲一分，十分爲一寸，十寸爲一尺，十尺爲一丈，十丈爲一引，而五度審矣。」後之作者，又憑此說，以律度量衡，並因秬黍，散爲諸法。其率可通故也。黍有大小之差，年有豐耗之異，前代量校〔六〕，每有不同，又俗傳訛替，漸致增損。今略諸代尺度一十五等，并異同之說如左。

一、周尺

漢志王莽時劉歆銅斛尺。

後漢建武銅尺。

晉泰始十年荀勗律尺，爲晉前尺。

祖沖之所傳銅尺。

徐廣、徐爰、王隱等晉書云：「武帝泰始九年，中書監荀勗，校太樂八音，不和，始知爲後漢至魏，尺長於古四分有餘。勗乃部著作郎劉恭，依周禮制尺，所謂古尺也。依古尺更鑄銅律呂，以調聲韻。以尺量古器，與本銘尺寸無差。又汲郡盜發魏襄王冢，得古周時玉律及鍾磬，與新律聲韻闇同。于時郡國或得漢時故鍾，吹新律命之，皆應。」梁武鍾律緯云：「祖沖之所傳銅尺，其銘曰：『晉泰始十年，中書考古器，揆校今尺，長四分半。所校古法有七品：一曰姑洗玉律，二曰小呂玉律，三曰西京銅望臬，四曰金錯望臬，五曰銅斛，六曰古錢，七曰建武銅尺。姑洗微强，西京望臬微弱，其餘與此尺同〔七〕。』銘八十二字。此尺者，勗新尺也。今尺者，杜夔尺也。雷次宗、何胤之二人作鍾律圖，所載荀勗校量古尺文，與此銘同。而蕭吉樂譜，謂爲梁朝所考七品，謬也。今以此尺爲本，以校諸代尺」云。

二、晉田父玉尺

梁法尺，實比晉前尺一尺七氂。

世説稱，有田父於野地中得周時玉尺，便是天下正尺。荀勗試以校尺，所造金石絲竹，皆短校一米。梁武帝鍾律緯稱，主衣從上相承，有周時銅尺一枚，古玉律八枚。檢主衣周尺，東昏用爲章信，尺不復存。玉律一口蕭，餘定七枚夾鍾，有昔題刻〔八〕。迺制爲尺，以相參驗〔九〕。取細毫中黍，積次詶定，今之最爲詳密，長祖沖之尺校半分。以新尺制爲四器，名爲通。又依新尺爲笛，以命古鍾，按刻夷則，以笛命飲和韻，夷則定合。案此兩尺長短近同。

三、梁表尺　實比晉前尺一尺二分二氂一毫有奇。

蕭吉云：「出於司馬法。梁朝刻其度於影表，以測影〔一〇〕。」案此即奉朝請祖暅所筭造銅圭影表者也。經陳滅入朝。大業中，議以合古，乃用之調律，以制鍾磬等八音樂器。

四、漢官尺　實比晉前尺一尺三分七毫。

晉時始平掘地得古銅尺。

蕭吉樂譜云：「漢章帝時，零陵文學史奚景，於泠道縣舜廟下得玉律，度爲此尺。」傅暢晉諸公讚云：「荀勗新造鍾律〔一一〕，時人並稱其精密，唯陳留阮咸，譏其聲高。後始平掘地，得古銅尺，歲久欲腐，以校荀勗今尺，短校四分。時人以咸爲解。」此兩尺長短近同。

五、魏尺　杜夔所用調律，比晉前尺一尺四分七氂。

魏陳留王景元四年，劉徽注九章云，王莽時劉歆斛尺，弱於今尺四分五氂〔一二〕，比魏尺，其斛深九寸五分五氂。即晉荀勗所云「杜夔尺長於今尺四分半」是也。

六、晉後尺　實比晉前尺一尺六分二氂。

蕭吉云，晉氏江東所用。

七、後魏前尺　實比晉前尺一尺二寸七氂。

八、中尺　實比晉前尺一尺二寸一分一氂。

九、後尺　實比晉前尺一尺二寸八分一氂。即開皇官尺及後周市尺。

後周市尺，比玉尺一尺九分三氂。

開皇官尺，即鐵尺，一尺二寸。

此後魏初及東西分國，後周未用玉尺之前，雜用此等尺。甄鸞筭術云：「周朝市尺，得玉尺九分二氂。」或傳梁時有誌公道人作此尺，寄入周朝，云與多鬚老翁。周太祖及隋高祖，各自以爲謂己。周朝人間行用。及開皇初〔一三〕，著令以爲官尺，百司用之，終于仁壽。大業中，人間或私用之。

十、東後魏尺　實比晉前尺一尺五寸八豪〔一四〕。

此是魏中尉元延明，累黍用半周之廣爲尺，齊朝因而用之。魏收魏史律曆志云：「公孫崇永平中，更造新尺，以一黍之長，累爲寸法。尋太常卿劉芳，受詔脩樂，以秬黍中者一黍之廣，即爲一分。而中尉元匡，以一黍之廣，度黍二縫，以取一分。三家紛競，久不能決。太和十九年高祖詔，以一黍之廣，用成分體，九十之黍，黄鍾之長，以定銅尺。有司奏從前詔，而芳尺同高祖所制，故遂典脩金石。迄武定未有論律者。」

十一、蔡邕銅籥尺

後周玉尺，實比晉前尺一尺一寸五分八氂。

從上相承，有銅籥一，以銀錯題，其銘曰：「籥，黄鍾之宫，長九寸，空圍九分，容秬黍一千二百粒，稱重十二銖，兩之爲一合。三分損益，轉生十二律。」祖孝孫云：「相承傳是蔡邕銅籥。」

後周武帝保定中，詔遣大宗伯盧景宣、上黨公長孫紹遠、岐國公斛斯徵等，累黍造尺，從横不定。後因脩倉掘地，得古玉斗，以爲正器，據斗造律度量衡。因用此尺，大赦，改元天和，百司行用，終於大象之末。其律黄鍾，與蔡邕古籥同。

十二、宋氏尺　實比晉前尺一尺六分四氂。

錢樂之渾天儀尺。

後周鐵尺。

開皇初調鍾律尺及平陳後調鍾律水尺。

此宋代人間所用尺，傳入齊、梁、陳，以制樂律。與晉後尺及梁時俗尺、劉曜渾天儀尺，略相依近。當由人間恒用，增損訛替之所致也。

周建德六年平齊後，即以此同律度量，頒于天下。其後宣帝時，達奚震及牛弘等議曰：

竊惟權衡度量，經邦懋軌，誠須詳求故實，考校得衷。謹尋今之鐵尺，是太祖遣尚書故蘇綽所造，當時檢勘，用爲前周之尺。驗其長短，與宋尺符同，即以調鍾律，并用均田度地。今以上黨羊頭山黍，依漢書律曆志度之。若以大者稠累，依數滿尺，實於黃鍾之律，須撼乃容。若以中者累尺，雖復小稀，實於黃鍾之律，不動而滿。計此二事之殊，良由消息未善，其於鐵尺，終有一會。且上黨之黍，有異他鄉，其色至烏，其形圓重，用之爲量，定不徒然。正以時有水旱之差，地有肥瘠之異，取黍大小，未必得中。案許慎解，秬黍體大，本異於常。疑今之大者，正是其中，累百滿尺，即是會古。實籥之外，纔剩十餘，此恐圍徑或差，造律未妙。就如撼動取滿，論理亦通。

今勘周漢古錢，大小有合，宋氏渾儀，尺度無舛。又依淮南，累粟十二成寸。明先王制法，索隱鈎深，以律計分，義無差異。漢書食貨志云：「黃金方寸，其重一斤。」今鑄金校驗，鐵尺爲近。依文據理，符會處多。且平齊之始，已用宣布，今因而爲定，彌合時宜。至於玉尺累黍，以廣爲長，累既有剩，實復不滿。尋訪古今，恐不可用。其晉、梁尺量，過爲短小，以黍實管，彌復不容，據律調聲，必致高急。且八音克諧，明王盛範，同律度量，哲后通規。臣等詳校前經，斟量時事，謂用鐵尺，於理爲便。未及詳定，高祖受終，牛弘、辛彥之、鄭譯、何妥等，久議不決。既平陳，上以江東樂爲善，曰：「此華夏舊聲，雖隨俗改變，大體猶是古法。」祖孝孫云：「平陳後，廢周玉尺律，便用此鐵尺律，以一尺二寸即爲市尺。」

十三、開皇十年萬寶常所造律呂水尺　實比晉前尺一尺一寸八分六氂。

今太樂庫及內出銅律一部，是萬寶常所造，名水尺律。說稱其黃鍾律當鐵尺南呂倍聲。南呂，黃鍾羽也，故謂之水尺律。

十四、雜尺　趙劉曜渾天儀土圭尺，長於梁法尺四分三氂，實比晉前尺一尺五分。

十五、梁朝俗間尺　長於梁法尺六分三氂、於劉曜渾儀尺二分，實比晉前尺一尺七分一氂。

梁武鍾律緯云：「宋武平中原，送渾天儀土圭，云是張衡所作。驗渾儀銘題，是光初四年鑄，土圭是光初八年作。並是劉曜所制，非張衡也。制以爲尺，長今新尺四分三氂，短俗間尺二分。」新尺謂梁法尺也。

嘉量

周禮，㮚氏「爲量，鬴深尺，內方尺而圓其外，其實一鬴；其臀一寸，其實一豆；其耳三寸，其實一升。重一鈞。其聲中黃鍾。槩而不税。其銘曰：『時文思索，允臻其極。嘉量既成，以觀四國。永啓厥後，茲器維則。』」春秋左氏傳曰：「齊舊四量，豆、區、鬴、鍾。四升曰豆，各自其四，以登於鬴。」六斗四升也。「鬴十則鍾」，六十四斗也。鄭玄以爲方尺積千寸，比九章粟米法少二升、八十一分升之二十二。祖沖之以筭術考之，積凡一千五百六十二寸半。方尺而圓其外，減傍一氂八毫。其徑一尺四寸一分四毫七秒二忽有奇而深尺，即古斛之制也。九章商功法程粟一斛，積二千七百寸。米一斛，積一千六百二十寸。菽荅麻麥一斛[一五]，積二千四百三十寸。此據精麤爲率，使價齊而不等。其器之積寸也，以米斛爲正，則同于漢志。孫子筭術曰：「六粟爲圭，十圭爲秒，十秒爲撮，十撮爲勺，十勺爲合。」應劭曰：「圭者自然之形，陰陽之始。四圭爲撮。」孟康曰：「六十四黍爲圭。」漢志曰：「量者，龠、合、升、斗、斛也，所以量多少也。本起於黃鍾之龠。用度數審其容，以子穀秬黍中者千有二百，實其龠，以井水准其概。合龠爲合，十合爲升，十升爲斗，十斗爲斛，而五量嘉矣。其法用銅，方尺而圓其外，旁有庣焉。其上爲斛，其下爲斗，左耳爲升，右耳爲合、龠。其狀似爵，以縻爵祿。上三下二，參天兩地。圓而函方，左一右二，陰陽之象也。圓象規，其重二鈞，備氣物之數，各萬有一千五百二十也。聲中黄鍾，始於黄鍾而反覆焉。」其斛銘曰：「律嘉量斛，方尺而圓其外，庣旁九氂五毫，冪百六十二寸，深尺，積一千六百二十寸，容十斗。」祖沖之以圓率考之，此斛當徑一尺四寸三分六氂一毫九秒二忽，庣旁一分九毫有奇。劉歆庣旁少一氂四毫有奇，歆數術不精之所致也。

魏陳留王景元四年，劉徽注九章商功曰：「當今大司農斛圓徑一尺三寸五分五氂，深一尺，積一千四百四十一寸十分寸之三〔一六〕。王莽銅斛於今尺爲深九寸五分五氂，徑一尺三寸六分八氂七毫。以徽術計之，於今斛爲容九斗七升四合有奇。」此魏斛大而尺長，王莽斛小而尺短也。

梁、陳依古。

齊以古升五升爲一斗〔一七〕。

後周武帝「保定元年辛巳五月，晉國造倉，獲古玉斗〔一八〕。暨五年乙酉冬十月，詔改制銅律度，遂致中和。累黍積籥，同茲玉量，與衡度無差。准爲銅升，用頒天下。內徑七寸一分，深二寸八分，重七斤八兩。天和二年丁亥，正月癸酉朔，十五日戊子校定〔一九〕，移地官府爲式。」此銅升之銘也。其玉升銘曰：「維大周保定元年，歲在重光，月旅蕤賓，晉國之有司，修繕倉廩，獲古玉升，形制典正，若古之嘉量。太師晉國公以聞，勑納於天府。暨五年歲在叶洽，皇帝廼詔稽準繩，考灰律，不失圭撮，不差累黍。遂鎔金寫之，用頒天下，以合太平權衡度量。」今若以數計之，玉升積玉尺一百一十寸八分有奇，斛積一千一百八寸五分七氂三毫九秒〔二〇〕。又甄鸞筭術云：「玉升一升，得官斗一升三合四勺。」此玉升大而官斗小也。以數計之，甄鸞所據後周官斗，積玉尺九十七寸有奇，斛積九百七十七寸有奇。後周玉斗并副金錯銅斗及建德六年金錯題銅斗實，同以秬黍定量。以玉稱權之，一升之實，皆重六斤十三兩。

開皇以古斗三升爲一升。大業初，依復古斗。

衡權

衡者，平也；權者，重也。衡所以任權而鈞物平輕重也。其道如底，以見準之正，繩之直。左旋見規，右折見矩。其在天也，佐助琁璣〔二一〕，斟酌建指，以齊七政，故曰玉衡。權者，銖、兩、斤、鈞、石也，以秤物平施，知輕重也。古有黍、絫、錘、錙、鐶、鈎、鋝、鎰之目，歷代差變，其詳未聞。前志曰：權本起於黄鍾之重。一籥容千二百黍，重十二銖。兩之爲兩，二十四銖爲兩。十六兩爲斤。三十斤爲鈞。四鈞爲石。五權謹矣。其制以義立之，以物鈞之。其餘大小之差，以輕重爲宜。圜而環之，令之肉倍好者〔二二〕，周旋亡端，終而復始，亡窮已也。權與物鈞而生衡，衡運生規，規圓生矩，矩方生繩，繩直生準。準正則衡平而鈞權矣。是爲五則,備于鈞器,以爲大範。案趙書,石勒十八年七月,造建德殿,得圓石,狀如水碓。其銘曰:「律權石,重四鈞,同律度量衡。有辛氏造。」續咸議是王莽時物。後魏景明中,并州人王顯達,獻古銅權一枚,上銘八十一字。其銘云:「律權石,重四鈞。」又云:「黄帝初祖,德帀于虞。虞帝始祖,德帀于新〔二三〕。歲在大梁,龍集戊辰。戊辰直定〔二四〕,天命有人。據土德,受正號即真。改正建丑,長壽隆崇。同律度量衡,稽當前人。龍在己巳,歲次實沈,初班天下,萬國永遵。子子孫孫,享傳億年。」此亦王莽所制也。其時太樂令公孫崇,依漢志先修稱尺,及見此權,以新稱稱之,重一百二十斤。新稱與權,合若符契。於是付崇調樂。孝文時,一依漢志作斗尺。

梁、陳依古稱。

齊以古稱一斤八兩爲一斤。

周玉稱四兩,當古稱四兩半。

開皇以古稱三斤爲一斤,大業中,依復古秤。

校勘記

〔一〕女媧笙簧　「女媧」,原作「女蝸」,據至順本、汲本改。「簧」,原作「篁」,據殿本改。

〔二〕七始訓　「訓」，殿本作「詠」，與漢書卷二一上律曆志上同。

〔三〕以御錯糅正負　「負」，原作「員」，據九章算術卷八方程改。

〔四〕應鍾長四寸三分二　「四寸三分二」，史記卷二五律書作「四寸二分三分二」。

〔五〕「遇平江右」至「授淮州刺史」　據隋書求是，本書卷三〇地理志中淮安郡下載，西魏淮州，開皇五年改顯州，則開皇九年平陳後不得仍稱淮州。

〔六〕前代量校　「前」，原作「末」，據南監本、北監本、汲本、殿本改。

〔七〕「晉泰始十年」至「其餘與此尺同」　以上銘文八十字，而下文稱「銘八十二字」，或有奪文。

〔八〕玉律一□蕭餘定七枚夾鍾有昔題刻　本節所引梁武帝鍾律緯文意幾不可解，當有訛奪。玉海卷六律曆周玉律：「鍾律緯云：『從上相承，有周時銅尺一枚，古玉律八枚，今餘七枚。檢考參差，惟夾鍾玉琯有昔題刻，未必是舜時白琯，觀其玉色，要非近物，迺制爲尺，以相參驗。』」天中記卷六律引鍾律緯同，惟「從上」上有「主衣」二字。疑「餘定」應作「今餘」。

〔九〕以相參驗　「驗」字原闕，據至順本、汲本補。

〔一〇〕以測影　「測」，原作「則」，據南監本、北監本、汲本、殿本改。

〔一一〕荀勗新造鍾律　「新」字原闕，據至順本補。晉書卷一六律曆志上亦有「新」字。

〔一二〕弱於今尺四分五氂　「分」，原作「寸」，據晉書卷一六律曆志上改。

〔一三〕周朝人間行用及開皇初　「用及」，至順本作「玉尺」。

〔一四〕實比晉前尺一尺五寸八豪　「五寸」，宋史卷七一律曆志四作「三寸」，馬衡隋書律曆志十五等尺謂宋史「似較近理」。

〔一五〕菽荅麻麥一斛　「荅」，原作「合」，據晉書卷一六律曆志上改。

〔一六〕積一千四百四十一寸十分寸之三　後「寸」字原闕，據九章算術卷五商功補。

〔一七〕齊以古升五升爲一斗　下文謂「齊以古稱一斤八兩爲一斤」，吳承洛中國度量衡史據此認爲，此「五升」應作「一斗五升」。

〔一八〕獲古玉斗　「斗」，原作「升」，周書卷五武帝紀上保定元年五月「晉公護獲玉斗以獻」。本卷上文兩次提及後周獲古「玉斗」事，下文也明確稱「後周玉斗」，今據改。又，下文屢次提到「玉升」、「銅升」，其「升」字疑亦應作「斗」，不另出校。

〔一九〕正月癸酉朔十五日戊子校定　十五日爲丁亥，戊子爲十六日，此日期或干支有誤。

〔二〇〕斛積一千一百八寸五分七氂三毫九秒　「寸」，原作「十」，據南監本改。

〔二一〕佐助琁璣　「璣」，原作「機」，據南監本、北監本、汲本、殿本改。

〔二二〕令之肉倍好者　「倍」字原闕，據殿本補。漢書卷二一上律曆志上亦有「倍」字。

〔二三〕德市于新　「新」，原作「辛」，據馬衡隋書律曆志十五等尺改。

〔二四〕龍集戊辰戊辰直定　後「戊辰」原闕，據馬衡隋書律曆志十五等尺補。

隋書卷十七

志第十二

律曆中

夫曆者，紀陰陽之通變，極往數以知來，可以迎日授時，先天成務者也。然則懸象著明，莫大於二曜，氣序環復，無信於四時。日月相推而明生矣，寒暑迭進而歲成焉，遂能成天地之文，極乾巛之變。天數五，地數五，五位相乘而各有合。天數二十有五，地數三十，凡天地之數五十有五，所以成變化而行鬼神也。乾之策二百一十有六，巛之策一百四十有四，凡三百六十，以當朞之日也。至乃陰陽迭用，剛柔相摩，四象既陳，八卦成列，此乃造文之元始，創曆之厥初者歟？洎乎炎帝分八節，軒轅建五部，少昊以鳳鳥司曆，顓頊以南正司天，陶唐則分命和、仲，夏后乃備陳鴻範，湯、武革命，咸率舊章。然文質既殊，正朔斯革，故天子置日官，諸侯有日御，以和萬國，以叶三辰。至于寒暑晦明之徵，陰陽生殺之數，啓閉升降之紀，消息盈虛之節，皆應躔次而不淫，遂得該浹生靈，堪輿天地，開物成務，致遠鉤深。周德既衰，史官廢職，疇人分散，機祥莫理。秦兼天下，頗推五勝，自以獲水德之瑞，以十月爲正。漢氏初興，多所未暇，百有餘載，猶行秦曆。至于孝武，改用夏正。時有古曆六家，學者疑其紕繆，劉向父子，咸加討論，班固因之，採以爲志。光武中興，未能詳考。逮于永平之末，乃復改行四分，七十餘年，儀式方備。其後復命劉洪、蔡邕，共修律曆，司馬彪用之以續班史。當塗受命，亦有史官，韓翊創之於前，楊偉繼之於後，咸遵劉洪之術，未及洪之深妙。中、左兩晉，迭有增損。至於西涼，亦爲蔀法，事迹糾紛，未能詳記。宋氏元嘉，何承天造曆，迄于齊末，相仍用之。梁武初興，因循齊舊，天監中年，方改行宋祖沖之甲子元曆。陳武受禪，亦無創改。後齊文宣，用宋景業曆。西魏入關，行李業興曆。逮於周武帝，乃有甄鸞造甲寅元曆，遂參用推步焉。大象之初，太史上士馬顯，又上丙寅元曆，便即行用。迄于開皇四年，乃改用張賓曆，十七年，復行張冑玄曆，至于義寧。今采梁天監以來五代損益之要，以著于篇云。

梁初因齊，用宋元嘉曆。天監三年下詔定曆，員外散騎侍郎祖暅奏曰：「臣先在晉已來，世居此職。仰尋黃帝至今十二代，曆元不同，周天、斗分，疏密亦異，當代用之，各垂一法。宋大明中，臣先人考古法，以爲正曆，垂之于後，事皆符驗，不可改張。」八年，晅又上疏論之。詔使太史令將匠道秀等，候新舊二曆氣朔、交會及七曜行度，起八年十一月，訖九年七月，新曆密，舊曆疎。晅乃奏稱：「史官今所用何承天曆，稍與天乖，緯緒參差，不可承案。被詔付靈臺，與新曆對課疎密，前期百日，并又再申。始自去冬，終于今朔，得失之効，並已月別啓聞。夫七曜運行，理數深妙，一失其源，則歲積彌爽。所上脫可施用，宜在來正。」至九年正月，用祖沖之所造甲子元曆頒朔。至大同十年，制詔更造新曆，以甲子爲元，六百一十九爲章歲，一千五百三十六爲日法，一百八十三年冬至差一度，月朔以遲疾定其小餘，有三大二小。未及施用而遭侯景亂，遂寢。

陳氏因梁，亦用祖沖之曆，更無所創改。

後齊文宣受禪，命散騎侍郎宋景業叶圖讖，造天保曆。景業奏：「依握誠圖及元命包，言齊受録之期，當魏終之紀，得乘三十五以爲蔀，應六百七十六以爲章。」文宣大悅，乃施用之。期曆統曰：「上元甲子，至天保元年庚午，積十一萬五百二十六筭外〔一〕，章歲六百七十六，度法二萬三千六百六十，斗分五千七百八十七，曆餘十六萬二千二百六十一。」至後主武平七年，董峻、鄭元偉立議非之曰：「宋景業移閏於天正，退命於冬至交會之際，承二大之後，三月之交，妄減平分。臣案，景業學非探賾，識殊深解，有心改作，多依舊章，唯寫子換母，頗有變革，妄誕穿鑿，不會真理。乃使日之所在，差至八度，節氣後天，閏先一月。朔望虧食，既未能知其表裏，遲疾之曆步，又不可以傍通。妄設平分，虛退冬至，虛退則日數減於周年〔二〕，平分妄設，故加時差於異日。五星見伏，有違二旬，遲疾逆留，或乖兩宿。軌箭之術，妄刻水旱。今上甲寅元曆，並以六百五十七爲章〔三〕，二萬二千三百三十八爲蔀，五千四百六十一爲斗分，甲寅歲甲子日爲元紀。」又有廣平人劉孝孫、張孟賓二人，同知曆事。孟賓受業於張子信，並棄舊事，更制新法。又有趙道嚴，準晷影之長短，定日行之進退，更造盈縮，以求虧食之期。劉孝孫以六百一十九爲章〔四〕，八千四十七爲紀，一千九百六十六爲歲餘〔五〕，甲子爲上元，命日度起虛中。張孟賓以六百一十九爲章，四萬八千九百一爲紀〔六〕，九百四十八爲日法，萬一千九百四十五爲斗分〔七〕。元紀共命，法略旨遠。日月五星，並從斗十一起。盈縮轉度，陰陽分至，與漏刻相符，共日影俱合，循轉無窮。上拒春秋，下盡天統，日月虧食及五星所在，以二人新法考之，無有不合。其年，訖干敬禮及曆家豫刻日食疎密〔八〕。六月戊申朔，太陽虧，劉孝孫言食於卯時，張孟賓言食於甲時〔九〕，鄭元偉、董峻言食於辰時，宋景業言食於巳時。至日食，乃於卯甲之間，其言皆不能中。爭論未定，遂屬國亡。

西魏入關，尚行李業興正光曆法。至周明帝武成元年，始詔有司造周曆。於是露門學士明克讓、麟趾學士庾季才，及諸日者，採祖暅舊議，通簡南北之術。自斯已後，頗覩其謬，故周、齊並時，而曆差一日。克讓儒者，不處日官，以其書下于太史。及武帝時，甄鸞造天和曆。上元甲寅至天和元年丙戌，積八十七萬五千七百九十二筭外。章歲三百九十一，蔀法二萬三千四百六十，日法二十九萬一百六十，朔餘十五萬三千九百九十一，斗分五千七百三十一，會餘九萬三千五百一十六，曆餘一十六萬八百三十，冬至斗十五度，參用推步。終於宣政元年。

大象元年，太史上士馬顯等，又上丙寅元曆，抗表奏曰：

臣案九章、五紀之旨，三統、四分之説，咸以節宣發斂，考詳晷緯，布政授時，以爲皇極者也。而乾維難測，斗憲易差，盈縮之期致舛，咎徵之道斯應。寧止蚍或乘龍，水能沴火，因亦玉羊掩曜，金雞喪精。王化關以盛衰，有國由其隆替，曆之時義，於斯爲重。

自炎漢已還，迄於有魏，運經四代，事涉千年，日御天官，不乏於世，命元班朔，互有沿改。驗近則疊璧應辰，經遠則連珠失次，義難循舊，其在茲乎？

大周受圖膺録，牢籠萬古，時夏乘殷，斟酌前代，曆變壬子，元用甲寅。高祖武皇帝索隱探賾，盡性窮理，以爲此曆雖行，未臻其妙，爰降詔旨，博訪時賢，并勑太史上士馬顯等，更事刊定，務得其宜。然術藝之士，各封異見，凡所上曆，合有八家，精麤踳駁，未能盡善。去年冬，孝宣皇帝乃詔臣等，監考疎密，更令同造。謹案史曹舊簿及諸家法數，棄短取長，共定今術。開元發統，肇自丙寅，至於兩曜虧食，五星伏見，參校積時，最爲精密。庶鐵炭輕重，無失寒燠之宜，灰箭飛浮，不爽陰陽之度。上元丙寅至大象元年己亥，積四萬一千五百五十四筭上。日法五萬三千五百六十三，亦名蔀會法。章歲四百四十八，斗分三千一百六十七，蔀法一萬二千九百九十二。章中爲章會法。日法五萬三千五百六十三，曆餘二萬九千六百九十三，會日百七十三，會餘一萬六千六百一十九，冬至日在斗十二度。小周餘、盈縮積〔一〇〕，其曆術別推入蔀會，分用陽率四百九十九，陰率九。每十二月下各有日月蝕轉分，推步加減之，乃爲定蝕大小餘，而求加時之正。

其術施行。

時高祖作輔，方行禪代之事，欲以符命曜于天下。道士張賓，揣知上意，自云玄相，洞曉星曆，因盛言有代謝之徵，又稱上儀表非人臣相。由是大被知遇，恒在幕府。及受禪之初，擢賓爲華州刺史，使與儀同劉暉、驃騎將軍董琳、索盧縣公劉祐、前太史上士馬顯、太學博士鄭元偉、前保章上士任悅、開府掾張徹、前盪邊將軍張膺之、校書郎衡洪建、太史監候粟相、太史司曆郭翟、劉宜、兼筭學博士張乾敍、門下參人王君瑞、荀隆伯等，議造新曆，仍令太常卿盧賁監之。賓等依何承天法，微加增損。四年二月撰成奏上。高祖下詔曰：「張賓等存心筭數，通洽古今，每有陳聞，多所啓沃。畢功表奏，具已披覽。使後月復育，不出前晦之宵，前月之餘，罕留後朔之旦。減朓就朒，懸殊舊準。月行表裏，厥途乃異，日交弗食，由循陽道。驗時轉筭不越纖豪，逖聽前脩，斯祕未啓。有一於此，實爲精密，宜頒天下，依法施用。」

張賓所造曆法，其要：

以上元甲子己巳已來〔一〕，至開皇四年歲在甲辰，積四百一十二萬九千一，筭上。

蔀法，一十萬二千九百六十。

章歲，四百二十九。

章月，五千三百六。

通月，五百三十七萬二千二百九。

日法，一十八萬一千九百二十。

斗分，二萬五千六十三。

會月，一千二百九十七。
會率，二百二十一。
會數，一百一十半。
會分，一十一億八千七百二十五萬八千一百八十九。
會日法，四千二十萬四千三百二十。
會日，百七十三。
餘，五萬六千一百四十三。
小分，一百一十。
交法，五億一千二百一十萬四千八百。
交分法，二千八百一十五。
陰陽曆，一十三。
餘，十一萬二百六十三。
小分，二千三百二十八。
朔差，二。
餘，五萬七千九百二十一。

小分，九百七十四。

蝕限，一十二。

餘，八萬一千三百三。

小分，四百三十三半。

定差，四萬四千五百四十八。

周日，二十七。

餘，一十萬八百五十九。亦名少大法。

木精曰歲星，合率四千一百六萬三千八百八十九。

火精曰熒惑，合率八千二十九萬七千九百二十六。

土精曰鎮星，合率三千八百九十二萬五千四百一十三。

金精曰太白，合率六千一十一萬九千六百五十五。

水精曰辰星，合率一千一百九十三萬一千一百二十五。

張賓所創之曆既行，劉孝孫與冀州秀才劉焯，並稱其失，言學無師法，刻食不中，所駁凡有六條：其一云，何承天不知分閏之有失，而用十九年之七閏。其二云，賓等不解宿度之差改，而冬至之日守常度。其三云，連珠合璧，七曜須同，乃以五星別元。其四云，賓等唯知日氣餘分恰盡而爲立元之法，不知日月不合，不成朔旦冬至。其五云，賓等但守立元定法，不須明有進退。其六云，賓等唯識轉加大餘二十九以爲朔，不解取日月合會准以爲定。此六事微妙，曆數大綱，聖賢之通術，而暉未曉此，寔管窺之謂也。若乃驗影定氣，何氏所優，賓等推測，去之彌遠。合朔順天，何氏所劣，賓等依據，循彼迷蹤。蓋是失其菁華，得其糠粃者也。又云，魏明帝時，有尚書郎楊偉，修景初曆，乃上表立義，駮難前非，云：「加時後天，食不在朔。」然觀楊偉之意，故以食朔爲真，未能詳之而制其法。至宋元嘉中，何承天著曆，其上表云：「月行不定，或有遲疾，合朔月食，不在朔望，亦非曆之意也。」然承天本意，欲立合朔之術，遭皮延宗飾非致難，故事不得行。至後魏獻帝時，有龍宜弟，復修延興之曆，又上表云：「日食不在朔，而習之不廢，據春秋書食，乃天之驗朔也。」此三人者，前代善曆，皆有其意，未正其書。但曆數所重，唯在朔氣。朔爲朝會之首，氣爲生長之端，朔有告餼之文，氣有郊迎之典，故孔子命曆而定朔旦冬至，以爲將來之範。今孝孫曆法，並按明文，以月行遲疾定其合朔，欲令食必在朔，不在晦、二之日也。縱使頻月一小、三大，得天之統。大抵其法有三，今列之云。

第一，勘日食證恒在朔。

引詩云：「十月之交，朔日辛卯，日有食之。」今以甲子元曆術推筭，符合不差。春秋經書日食三十五〔二〕。二十七日食，經書有朔，推與甲子元曆不差。八食，經書並無朔字。左氏傳云：「不書朔，官失之也。」公羊傳云：「不言朔者，食二日也。」穀梁傳云：「不言朔者，食晦也。」今以甲子元曆推筭，俱是朔日。丘明受經夫子，於理尤詳，公羊、穀梁皆臆說也。

春秋左氏隱公三年二月己巳，日有食之。推合己巳朔。

莊公十八年春三月，日有食之。推合壬子朔。

僖公十二年三月庚午，日有食之。推合庚午朔。

十五年夏五月，日有食之。推合癸未朔。

襄公十五年秋八月丁未，日有食之〔三〕。推合丁巳朔。

前、後漢及魏、晉四代所記日食，朔、晦及先晦，都合一百八十一，今以甲子元曆術推之，並合朔日而食。

前漢合有四十五食。三食並先晦一日，三十二食並皆晦日，十食並是朔日。

後漢合有七十四食。三十七食並皆晦日，三十七食並皆朔日。

魏合有十四食。四食並皆晦日，十食並皆朔日。

晉合有四十八食。二十五食並皆晦日，二十三食並皆朔日。

第二，勘度差變驗。

尚書云：「日短星昴，以正仲冬。」即是唐堯之時，冬至之日，日在危宿，合昏之時，昴正午。案竹書紀年，堯元年丙子。今以甲子元曆術推筭，得合堯時冬至之日，合昏之時，昴星正午。漢書武帝太初元年丁丑歲，落下閎等考定太初曆冬至之日，日在牽牛初。今以甲子元曆術筭，即得斗末牛初矣。晉時有姜岌，又以月食驗於日度，知冬至之日日在斗十七度。宋文帝元嘉十年癸酉歲，何承天考驗乾度，亦知冬至之日日在斗十七度。雖言冬至後上三日，前後通融，只合在斗十七度。但堯年漢日，所在既殊，唯晉及宋，所在未改，故知其度，理有變差。至今大隋甲辰之歲，考定曆數象，以稽天道，知冬至之日日在斗十三度。

第三，勘氣影長驗。

春秋緯命曆序云：「魯僖公五年正月壬子朔旦冬至。」今以甲子元曆術推筭，得合不差。宋書元嘉十年，何承天以土圭測影，知冬至已差三日。詔使付外考驗，起元嘉十三年爲始，畢元嘉二十年，八年之中，冬至之日恒與影長之日差校三日。今以甲子元曆術推筭，但是冬至之日恒與影長之符合不差。詳之如左：

十三年丙子，

天正十八日曆注冬至，
十五日影長，
即是今曆冬至日。
十四年丁丑，
天正二十九日曆注冬至，
二十六日影長，
即是今曆冬至日。
十五年戊寅，
天正十一日曆注冬至，
陰，無影可驗，
今曆八日冬至。
十六年己卯，
天正二十一日曆注冬至，
十八日影長，
即是今曆冬至日。

十七年庚辰，

天正二日曆注冬至，

十月二十九日影長，

即是今曆冬至日。

十八年辛巳，

天正十三日曆注冬至，

十日影長〔一四〕，

即是今曆冬至日。

十九年壬午，

天正二十五日曆注冬至〔一五〕，

陰，無影可驗，

今曆二十二日冬至。

二十年癸未，

天正六日曆注冬至，

三日影長，

即是今曆冬至日。

于時新曆初頒，賓有寵於高祖，劉暉附會之，被升爲太史令。二人叶議，共短孝孫，言其非毁天曆，率意迂怪，焯又妄相扶證，惑亂時人。孝孫、焯等，竟以他事斥罷。後賓死，孝孫爲掖縣丞，委官入京，又上，前後爲劉暉所詰，事寢不行。仍留孝孫直太史，累年不調，寓宿觀臺。乃抱其書，弟子輿櫬，來詣闕下，伏而慟哭。執法拘以奏之。高祖異焉，以問國子祭酒何妥。妥言其善，即日擢授大都督，遣與賓曆比校短長。先是信都人張胄玄，以筭術直太史，久未知名。至是與孝孫共短賓曆，異論鋒起，久之不定。

至十四年七月，上令參問日食事。楊素等奏：「太史凡奏日食二十有五，唯一晦三朔，依尅而食，尚不得其時，又不知所起，他皆無驗。胄玄所尅，前後妙衷，時起分數，合如符契。孝孫所尅，驗亦過半。」於是高祖引孝孫、胄玄等，親自勞徠。孝孫因請先斬劉暉，乃可定曆。高祖不懌，又罷之。俄而孝孫卒，楊素、牛弘等傷惜之，又薦胄玄。上召見之，胄玄因言日長景短之事，高祖大悅，賞賜甚厚，令與參定新術。劉焯聞胄玄進用，又增損孝孫曆法，更名七曜新術，以奏之。與胄玄之法，頗相乖爽，袁充與胄玄害之，焯又罷。至十七年，胄玄曆成，奏之。上付楊素等校其短長。劉暉與國子助教王頍等執舊曆術〔一六〕，迭相駁難，與司曆劉宜，援據古史影等，駁胄玄云：

命曆序僖公五年天正壬子朔旦日至，左氏傳僖公五年正月辛亥朔日南至。張賓曆，天正壬子朔冬至，合命曆序，差傳一日。張胄玄曆，天正壬子朔，合命曆序，差傳一日；三日甲寅冬至，差命曆序二日，差傳三日。成公十二年，命曆序天正辛卯朔旦日至。張賓曆，天正辛卯朔冬至，合命曆序。張胄玄曆，天正辛卯朔，合命曆序〔一七〕；二日壬辰冬至，差命曆序一日。昭公二十年，春秋左氏傳二月己丑朔日南至，準命曆序庚寅朔旦日至。張賓曆，天正庚寅朔冬至，並合命曆序，差傳一日。張胄玄曆，天正庚寅朔，合命曆序，差傳一日；二日辛卯冬至，差命曆序一日，差傳二日。宜案命曆序及春秋左氏傳〔一八〕，並閏餘盡之歲，皆須朔旦冬至。若依命曆序勘春秋三十七食，合處至多；若依左傳，合者至少，是以知傳爲錯。今張胄玄信情置閏，命曆序及傳氣朔並差。

又宋元嘉冬至影有七，張賓曆合者五，差者二，亦在前一日。張胄玄曆合者三，差者四，在後一日。元嘉十二年十一月甲寅朔，十五日戊辰冬至，日影長。張賓曆合戊辰冬至，張胄玄曆己巳冬至，差後一日。十三年十一月己酉朔，二十六日甲戌冬至，日影長。張賓曆癸酉冬至，差前一日，張胄玄曆合甲戌冬至。十五年十一月丁卯朔，十八日甲申冬至，日影長。二曆並合甲申冬至。十六年十一月辛酉朔，二十九日己丑冬至，日影長。張賓曆合己丑冬至，張冑玄曆庚寅冬至，差後一日。十七年十一月乙酉朔，十日甲午冬至，日影長。張賓曆合甲午冬至，張冑玄曆乙未冬至，差後一日。十八年十一月己卯朔，二十一日己亥冬至，日影長。張賓曆合己亥冬至，張冑玄曆庚子冬至〔一九〕，差後一日。十九年十一月癸卯朔，三日乙巳冬至，影長。張賓曆甲辰冬至，差前一日，張冑玄曆合乙巳冬至。

又周從天和元年丙戌至開皇十五年乙卯，合得冬夏至日影一十四。張賓曆合得者十，差者四，三差前一日，一差後一日。張冑玄曆合者五，差者九，八差後一日，一差前一日。天和二年十一月戊戌朔，三日庚子冬至，日影長。張賓曆合庚子冬至〔二〇〕，張冑玄曆辛丑冬至，差後一日。三年十一月壬辰朔，十四日乙巳冬至，日影長。張賓曆合乙巳冬至，張冑玄曆丙午冬至，差後一日。建德元年十一月己亥朔，二十九日丁卯冬至，日影長。張賓曆丙寅冬至，差前一日，張冑玄曆合丁卯冬至。二年五月丙寅朔，三日戊辰夏至，日影短。張賓曆己巳夏至，差後一日，張冑玄曆庚午夏至，差後二日。三年十一月戊午朔，二十日丁丑冬至，日影長。張賓曆合丁丑冬至，張冑玄曆戊寅冬至，差後一日。六年十一月庚午朔，二十三日壬辰冬至，日影長。張賓曆合壬辰冬至，張冑玄曆癸巳冬至，差後一日。宣政元年十一月甲午朔，五日戊戌冬至，日影長。兩曆並合戊戌冬至。開皇四年十一月己未朔，十一日己巳冬至，日影長。張賓曆合己巳冬至，張胄玄曆庚午冬至，差後一日。五年十一月甲寅朔，二十二日乙亥冬至，日影長。張賓曆甲戌冬至，差前一日，張胄玄曆合庚辰冬至〔二〕。七年五月乙亥朔，九日癸未夏至，日影短。張賓曆壬午夏至，差前一日，張胄玄曆合癸未夏至。十一月壬申朔，十四日乙酉冬至，日影長。張賓曆合乙酉冬至，張胄玄曆丙戌冬至，差後一日。十一年十一月己卯朔，二十八日丙午冬至，日影長。張賓曆合丙午冬至，張胄玄曆丁未冬至，差後一日。十四年十一月辛酉朔旦冬至。張賓曆合十一月辛酉朔旦冬至，張胄玄曆十一月辛酉朔，二日壬戌冬至，差後一日。建德四年四月大、乙酉朔，三十日甲寅，月晨見東方。張賓曆四月大、乙酉朔，三十日甲寅，月晨見東方，張胄玄曆四月小、乙酉朔，五月大，甲寅朔，月晨見東方。宜案影極長爲冬至，影極短爲夏至，二至自古史分可勘者二十四，其二十一有影，三有至日無影。見行曆合一十八，差者六。旅騎尉張胄玄曆合者八，差者一十六，二差後二日，一十四差後一日。又開皇四年，在洛州測冬至影，與京師二處，進退絲毫不差。周天和已來案驗並在後。更檢得建德四年，晦朔東見；張胄玄曆，五月朔日，月晨見東方。今十七年，張賓曆閏七月，張胄玄曆閏五月。又審至以定閏，胄玄曆至既不當，故知置閏必乖。見行曆四月、五月頻大，張胄玄曆九月、十月頻大，爲胄玄朔弱，頻大在後晨〔二二〕，故朔日殘月晨見東方。

宜又案開皇四年十二月十五日癸卯，依曆月行在鬼三度，時加酉，月在卯上，食十五分之九，虧起西北〔二三〕。今伺候，一更一籌起食東北角，十五分之十，至四籌還生，至二更一籌復滿。五年六月三十日，依曆太陽虧，日在七星六度，加時在午少强上，食十五分之一半强，虧起西南角。今伺候，日乃在午後六刻上始食，虧起西北角，十五分之六，至未後一刻還生，至五刻復滿。六年六月十五日，依曆太陰虧，加時酉，在卯上，食十五分之九半弱，虧起西南〔二四〕。當其時陰雲不見月。至辰巳，雲裏見月，已食三分之二，虧從東北，即還雲合。至巳午間稍生，至午後，雲裏蹔見，已復滿。十月三十日丁丑，依曆太陽虧，日在斗九度，時加在辰少弱上，食十五分之九强，虧起東北角。今候所見，日出山一丈，辰二刻始食，虧起正西，食三分之二，辰後二刻始生，入巳時三刻上復滿。十年三月十六日癸卯，依曆月行在氐七度，時加戌，月在辰太半上，食十五分之七半强，虧起東北。今候，月初出卯南，帶半食，出至辰初三分，可食二分許，漸生，辰末已復滿。見行曆九月十六日庚子，月行在胃四度，時加丑，月在未半强上，食十分之三半强〔二五〕，虧起正東。今伺候，月以午後二刻，食起正東，須臾如南，至未正上，食南畔五分之四〔二六〕，漸生，入申一刻半復滿。十二年七月十五日己未，依曆月行在室七度，時加戌，月在辰太强上，食十五分之十二半弱，虧起西北〔二七〕。今伺候，一更三籌起西北上〔二八〕，食准三分之二强，與曆注同。十三年七月十六日，依曆月在申半强上，食十五分之半弱，虧起西南。十五日夜，從四更候月，五更一籌起東北上，食半强，入雲不見。十四年七月一日，依曆時加巳弱上，食十五分之十二半强〔二九〕。至未後三刻，日乃食，虧起西北，食半許，入雲不見，食頃暫見，猶未復生，因即雲鄣。十五年十一月十六日庚午，依曆月行在井十七度，時加亥，月在巳半上，食十五分之九半强，虧西北〔三〇〕。其夜一更四籌後，月在辰上起食，虧東南，至二更三籌，月在巳上，食三分之二許，漸生，至三更一籌，月在丙上，復滿。十六年十一月十六日乙丑，依曆月行在井十七度，時加丑，月在未太弱上，食十五分之十二半弱，虧起東南。十五日夜伺候，至三更一籌，月在丙上，雲裏見，已食十五分之三許，虧起正東，至丁上，食既，後從東南生，至四更三籌，月在未末，復滿。而冑玄不能盡中。迭相駁難，高祖惑焉，踰時不決。

會通事舍人顔慜楚上書云：「漢落下閎改顓頊曆作太初曆，云後八百歲，此曆差一日。」語在冑玄傳。高祖欲神其事，遂下詔曰：「朕應運受圖，君臨萬寓，思欲興復聖教，恢弘令典，上順天道，下授人時，搜揚海内，廣延術士。旅騎尉張胄玄，理思沉敏，術藝宏深，懷道白首，來上曆法。令與太史舊曆，並加勘審。仰觀玄象，參驗璿璣〔三〕，胄玄曆數與七曜符合，太史所行，乃多疏舛，羣官博議，咸以胄玄爲密。太史令劉暉，司曆郭翟、劉宜，驍騎尉任悦，往經修造，致此乖謬。通直散騎常侍、領太史令庾季才，太史丞邢儁，司曆郭遠，曆博士蘇粲，曆助教傅儁、成珍等，既是職司，須審疎密。遂虚行此曆，無所發明。論暉等情狀，已合科罪，方共飾非護短，不從正法。季才等，附下罔上，義實難容。」於是暉等四人，元造詐者，並除名；季才等六人，容隱姦慝，俱解見任。胄玄所造曆法，付有司施行。擢拜胄玄爲員外散騎侍郎，領太史令。胄玄進袁充，互相引重，各擅一能，更爲延譽。胄玄言充曆，妙極前賢，充言胄玄曆術，冠於今古。胄玄學祖沖之，兼傳其師法。自茲厥後，剋食頗中。其開皇十七年所行曆術，命冬至起虚五度。後稍覺其疏，至大業四年劉焯卒後，乃敢改法，命起虚七度，諸法率更有增損，朔終義寧。今録戊辰年所定曆術著之于此云。

自甲子元至大業四年戊辰，百四十二萬七千六百四十四年，筭外。

章歲，四百一十。

章閏，百五十一。

章月，五千七十一。

日法，千一百四十四。

月法，三萬三千七百八十三。

辰法，二百八十六。

歲分，一千五百五十七萬三千九百六十三〔三〕。

度法，四萬二千六百四十。

没分，五百一十九萬一千三百二十一〔三〕。

没法，七萬四千五百二十一。

周天分，一千五百五十七萬四千四百六十六。

斗分，一萬八百六十六。

氣法，四十六萬九千四十。

氣時法，一萬六百六十。

周日，二十七。

日餘，一千四百一十三。

周通，七萬二百九。

周法，二千五百四十八。

推積月術：

置入元已來至所求年，以章月乘之，如章歲得一，爲積月，餘爲閏餘。閏餘三百九十七已上，若冬至不在其月，加積月一。

推月朔弦望術：

以月法乘積月，如法得一，爲積日，餘爲小餘。以六十去積日，餘爲大餘，命以甲子筭外，爲所求年天正月朔日。天正月者，建子月也，今爲去年十一月。凡朔小餘五百三十七已上〔三四〕，其月大。加大餘七，小餘四百三十七太；凡四分一爲少，二爲半，三爲太。小餘滿日法去之，從大餘；滿六十去之，命如前，爲上弦日。又加，得望、下弦、後月朔。朔餘滿五百三十七，其月大，減者小。

推二十四氣術：

以月法乘閏餘，又以章歲乘朔小餘，加之，如氣法得一，爲日，命朔筭外，爲冬至日。不盡者，以十一約之，爲日分。

求次氣：加日十五，日分九千三百一十五，小分一；小分滿八從日分一，日分滿度法從日一；如月大小去之，日不滿月，筭外，爲次氣日。其月無中氣者，爲閏。

二十四氣	損益率	盈縮數
冬至十一月中	益七十	縮初
小寒十二月節	益三十五	縮七十
大寒十二月中	益三十五	縮百五
立春正月節	益二十	縮百四十〔三五〕
雨水正月中	益三十〔三六〕	縮百六十
啓蟄二月節	益三十五	縮百九十
春分二月中	損五十五	縮二百二十五
清明三月節	損四十五〔三七〕	縮百七十
穀雨三月中	損四十	縮百二十五
立夏四月節	損三十	縮八十五
小滿四月中	損五十五	縮五十五
芒種五月節	益六十五	盈初
夏至五月中	益五十五	盈六十五
小暑六月節	益四十	盈百二十

大暑六月中	益二十五	盈百六十
立秋七月節	益五	盈百八十五
處暑七月中	益三十	盈百九十
白露八月節	益四十	盈二百二十
秋分八月中	損六十〔三八〕	盈二百六十
寒露九月節	損五十五	盈二百
霜降九月中	損五十	盈百四十五
立冬十月節	損四十五	盈九十五
小雪十月中	損四十	盈五十
大雪十一月節	損十	盈十

求朔望入氣盈縮術：

以入氣日筭乘損益率，如十五得一，餘八已上，從一；以損益盈縮數爲定盈縮。其入氣日十五筭者，如十六得一，餘半法已上亦從一，以下皆准此。

推土王術：

加分至日二十七，日分一萬六千七百六十七，小分九；小分滿四十從日分一，滿去如前，即分至後土始王日。

推没日術：

其氣有小分者，以八乘日分〔三九〕，内小分，又以十五乘之，以減没分；無小分者，以百二十乘日分，以減之；滿没法爲日，不盡爲日分，以其氣去朔日加之，去、命如前。

求次没：加日六十九，日分四萬九千三百七十二；日分滿没法，從日，去、命如前。

推入遲疾曆術：

以周通去朔積日，餘以周法乘之，滿周通又去之，餘滿周法得一日，餘爲日餘，即所求年天正朔筭外夜半入曆日及餘。

求次月：大月加二日，小月加一日，日餘皆千一百三十五，滿周日及日餘去之〔四〇〕。

求次日：加一，滿、去如前。

求朔望加時入曆術：

以四十九乘朔小餘，滿二十二得一爲日餘，不盡爲小分，以加夜半入曆日及餘分。

求次月：加日一，餘二千四百八十六，小分二十一，滿、去如前，即次月入曆日及餘。

求望：加日十四日，餘千九百四十九，小分二十一半，滿、去如前，爲望入曆日及餘。

曆日　轉分　轉法〔四一〕　損益率〔四二〕　盈縮積分　差法

一日	六百一	退六	益二百三十八〔四三〕	盈初	五千六百
二日	五百九十五	退七	益二百一十一〔四四〕	盈六十萬五千一百五十九	五千五百四十
三日	五百八十八	退八	益一百七十九	盈一百一十四萬一千六百七十八	五千四百七十
四日	五百八十	退九	益一百四十三〔四五〕	盈一百五十九萬八千一百一十七	五千三百九十
五日	五百七十一	退九	益一百三	盈一百九十六萬三千三十六	五千三百
六日	五百六十二	退九	益六十二	盈二百二十二萬四千九百九十五	五千二百一十
七日	五百五十三	退十	益二十二	盈二百三十八萬三千九百九十四	五千一百二十
八日	五百四十三	退十	損二十三	盈二百四十四萬三十三〔四六〕	五千二十
九日	五百三十三	退九	損六十八	盈二百三十八萬一千六百七十二	四千九百二十
十日	五百二十四	退八	損一百八	盈二百二十萬八千九百一十一	四千八百三十
十一日	五百一十六	退七	損一百四十四	盈一百九十三萬三千一百九十	四千七百五十
十二日	五百九	退七	損一百七十六	盈一百五十六萬五千九百四十九〔四七〕	四千六百八十
十三日	五百二	退六	損二百七	盈一百一十一萬八千六百二十八〔四八〕	四千六百一十
十四日	四百九十六	進二	損二百三十四	盈五十九萬一千二百二十七	四千五百五十
十五日	四百九十八	進六	益二百二十五	縮四千八百一十四	四千五百七十

十六日	五百四	進七	益一百九十八	縮五十七萬七千九百七十五	四千六百三十〔四九〕
十七日	五百一十一	進八	益一百六十七	縮一百八萬二千四百九十六	四千七百
十八日	五百一十九	進八	益一百三十一	縮一百五十萬六千九百三十七	四千七百八十
十九日	五百二十七	進九	益九十五	縮一百八十三萬九千八百五十八	四千八百六十
二十日	五百三十六	進九	益五十四	縮二百八萬一千二百五十九〔五〇〕	四千九百五十
二十一日	五百四十五	進十	益十四	縮二百二十一萬九千七百	五千四十
二十二日	五百五十五	進九	損三十一	縮二百二十五萬五千一百八十一	五千一百四十
二十三日	五百六十四	進九	損七十一	縮二百一十七萬六千二百六十二	五千二百三十〔五一〕
二十四日	五百七十三	進八	損一百一十二	縮一百九十九萬四千三百八十三	五千三百二十
二十五日	五百八十一	進八	損一百四十八	縮一百七十萬九千五百四十四	五千四百
二十六日	五百八十九	進六	損一百八十四	縮一百三十三萬三千一百八十五〔五二〕	五千四百八十
二十七日	五百九十五	進五	損二百一十一〔五三〕	縮八十六萬五千三百六	五千五百四十
二十八日	六百	進一	損二百三十三	縮三十二萬八千七百八十七	五千五百九十

推朔望加時定日及小餘術：

以入曆日餘乘所入曆日損益率〔五四〕，以損益盈縮積分，如差法而一，爲定積分。乃與入氣定盈縮〔五五〕，皆以盈減、縮加本朔望小餘；不足減者，加日法乃減之，加時在往日；加之，滿日法者去之，則在來日；餘爲定小餘。無食者不須氣盈縮。

角十二度　亢九度　氐十五度　房五度　心五度　尾十八度　箕十一度

東方七宿七十五度

斗二十六度　牛八度　女十二度　虛十度　危十七度　室十六度　壁九度

北方七宿九十八度

奎十六度　婁十二度　胃十四度　昴十一度　畢十六度　觜二度　參九度

西方七宿八十度

井三十三度　鬼四度　柳十五度　星七度　張十八度　翼十八度　軫十七度

南方七宿百一十二度

推日度術：

置入元至所求年，以歲分乘之，爲通實，滿周天分去之，餘如度法而一，爲積度，不盡爲度分。命度以虛七度，宿次去之，經斗去其分，度不滿宿，筭外〔五六〕，即所求年天正冬至日所在度及分。以冬至去朔日以減分度數，分不足減者，減度一，加度法，乃減之，命如前，即天正朔前夜半日所在度及分。須求朔共度者，用去定用日數減之，俟後所須。

求次月：大月加度三十，小月加度二十九，宿次去去其分〔五七〕。

求次日：加度一，去、命如前。

求朔望加時日所在度術：

各以定小餘乘章歲，滿十一爲度分，以加其前夜半度分，滿之去如前。凡朔加時日月同度。

求轉分：以千四十約度分，不盡爲小分。

求望加時月所在度術：

置望加時日所在度及分，加度一百八十二，轉分二十五，小分七百五十三；小分滿千四十從轉分一，轉分滿四十一從度；去、命如前，經斗去轉分十，小分四百六十六。

求月行遲疾日轉定分術：

以夜半入曆日餘乘轉差，滿周法得一爲變差，以進加、退減日轉分爲定分。

推朔望夜半月定度術〔五八〕：

以定小餘乘所入曆日轉定分，滿日法得一爲分，分滿四十一爲度，各以減加時月所在度，即各其前夜半定度。

求次日：以日轉定分加轉分，滿四十一從度，去、命如前；朔日不用前加〔五九〕。

推五星術：

木數，千七百萬八千三百三十二四分。

火數，三千三百二十五萬六千二十六。

土數，千六百一十二萬一千七百六十七。

金數，二千四百八十九萬八千四百一十七。

水數，四百九十四萬一千九十八。

木終日，三百九十八。日分，三萬七千六百一十二四分。

火終日，七百七十九。日分，三萬九千四百六十六。

土終日，三百七十八。日分，三千八百四十七。

金終日，五百八十三。日分，三萬九千二百九十七。晨見伏，三百二十七日，分同；夕見伏，二百五十六日〔六〇〕。

水終日，百一十五。日分，三萬七千四百九十八。晨見伏，六十三日，分同；夕見伏，五十二日。

求星見術：

置通實，各以數去之，餘以減數，其餘如度法得一爲日，不盡爲日分，即所求年天正冬至後晨平見日及分。其金、水，以夕見伏日去之，得者餘爲夕平見日及分。

求平見見月日：置冬至去朔日數及分，各以冬至後日數及分加之，分滿度法從日，起天正月，依大小去之，不滿月者爲去朔日，命日筭外〔六一〕，即星見所在月日及分。

求後見：各以終日及分加之，滿去如前。其金、水各以晨夕加之，滿去如前，加晨得夕，加夕得晨。

木：平見在春分前者，以三千三百四十乘去大寒後十日數，以加平見分，滿法去之〔六二〕，以爲定見日及分。立秋後者，以四千二百乘去寒露日，加之，滿同前。春分至清明均加四日，後至立夏五日，以後至芒種加六日，均至立秋。小雪前者，以七千四百乘去寒露日數，以減平見日分；冬至後者，以八千三百乘去大寒後十日數，以減之；小雪至冬至均減八日，爲定見日數。初見伏去日各十四度。

火：平見在雨水前，以二萬六千八百八十乘去大寒日數；在立夏後，以萬三千四百四十乘去立秋日數，以加見日分〔六三〕，滿去如前；雨水至立夏，均加二十九日。小雪前，以萬一千五百八十乘去處暑日數；冬至後，以三萬四千三百八十乘去大寒日數，滿去如前，以減之；小雪至冬至，均減二十五日。初見伏去日各十七度。

土：平見在處暑前，以萬二千三百七十乘去大暑日數；白露後，以八千三百四十乘去霜降日數，以加見日分，滿去如前〔六四〕；處暑至白露均加九日。小寒前，以四千九百八十乘去霜降日數，小寒至立春均減九日，立春後減八日，啓蟄後去七，氣別去一，至穀雨去三，夏至後十日去一，至大暑去盡。初見伏去日各十七度。

金：晨平見，在立春前者，以四千一百二十乘去小寒日數，小滿後〔六五〕，以乘去夏至日數〔六六〕，以加見日分，滿均加三日〔六七〕。立秋前，以乘去冬至日數〔六八〕，滿去如前，以減之，立秋至小雪均減三日。夕平見，在啓蟄前，以六千二百九十乘去小雪日數〔六九〕。清明後，以六千二百九十乘去芒種日數，滿去如前，以減之，啓蟄至清明均減九日。處暑前，以六千二百九十乘去夏至日數；寒露後〔七〇〕，以六千二百九十乘去大雪日數；以加之，處暑至寒露均加九日。初見伏去日各十一度〔七一〕。

水：晨平見，在雨水後、立夏前者，應見不見。啓蟄至雨水，去日十八度外、三十六度内〔七二〕，晨有木、火、土、金一星已上者，見；無者不見。立夏至小滿，去日度如前，晨有木、火、土、金一星已上者，見；無者亦不見。從霜降至小雪加一日，冬至至小寒減四日，立春至雨水減三日。冬至前，一去三，二去二，三去一。夕平見，在處暑後、霜降前者，應見不見。立秋至處暑，夕有星，去日如前者，見；無者亦不見。霜降至立冬，夕有星，去日如前者，見；無者亦不見。從穀雨至夏至，減二日。初見伏去日各十七度。

行五星法：

置星定見之前夜半日所在宿度筭及分，各以定見日分加其分，滿度法從度〔七三〕。又以星初見去日度數，晨減、夕加之，滿去如前，即星初見所在度及分。

求次日：各加一日所行度及分，有小分者，各日數爲母，小分滿其母去從分，分滿度法從度。其行有益疾遲者，副置一日行分，各以其分疾遲損乃加之〔七四〕。留者因前，退則減之，伏不注度，順行出斗去其分，退行入斗先加分。訖，皆以千四十約分，爲大分，以四十一爲母。

木：初見，順，日行萬六百一十八分，日益遲六十分，一百一十四日行十九度、萬三千八百三十二分而留。二十六日乃退，日六千一百一分，八十四日退十二度、八百四分。又留二十五日、三萬七千六百一十二分、小分四，乃順。初日行三千八百三十七分，日益疾六十分，百一十四日行十九度、萬三千七百一十八分而伏。

土：初見，順，日行三千八百一十四分，八十三日行七度、萬八千八百八十二分而留。三十八日乃退，日二千五百六十三分，百日退六度、四百六十分。又留三十七日、三千八百四十七分乃順，日三千八百一十三分，八十三日行七度、萬七千九百九十九分如初乃伏。

火：初見已後各如其法：

損益日度各一。　冬至初　二百四十一日　行百六十三度

二日損一　盡百二十八日　百七十七日　行九十九度盡百六十一日同〔七五〕。

三日損一　盡百八十二日　百七十日　行九十二度盡百八十八日同。

三日益一　盡二百二十七日　百八十三日　行一百五度

二日益一　盡二百四十九日　百九十四日　行百一十六度

一日益一　盡三百一十日　二百五十五日　行百七十七度盡三百三十七日同〔七六〕。

二日損一　盡三百六十五日　復二百四十一日　行百六十三度〔七七〕

見在雨水前，以見去小寒日數，小滿後，以去大暑日數；三約之，所得減日爲定日；雨水至小滿，均去二十日爲定日。已前皆前疾日數及度數。各計冬至後日數，依損益之，爲定日數及度數。以度法乘定度，如定日得一，即平行一日分，不盡爲小分。大寒至立秋差行，餘平行。處暑至白露，皆去定皆度六日〔七八〕。白露至寒露，初日行半度，四十日行二十度，餘日及餘度續同前。置日數減一，以三十乘之，加平行一日分，爲初日分。差行者，日益遲六十分，各盡其日度而遲。初日行二萬六百分，日益遲百分，六十日行二十四度、三萬五千六百四十分其前疾去度六者〔七九〕，此遲初日加四千二百六十四分，六十日行三十度，分同。而留。十三日前去日者，分、日於二留，奇從後留。乃退，日萬二千八十二分，六十日退十七度、四十分。又留，十二日三萬九千四百六十六分。又順，遲，初日行萬四千七百分，日益疾百分，六十日行二十四度，分同前，此遲在立秋至秋分加一日行分四千二百六十四，六十日行四十度〔八〇〕，分同前。而後疾。

損益	冬至初	二百一十四日	行百三十六度
一日損一	盡三十七日	百七十七日	行九十九度
二日損一	盡五十七日〔八一〕	一百六十七日	行八十九度盡七十九日同。
三日益一	盡百三十日〔八二〕	百八十四日	行百六度〔八三〕
一日益一	盡百九十日	二百三十七日	行百五十九度
一日益二〔八四〕	盡二百日	二百五十七日	行百七十九度
一日益一	盡二百一十日	二百六十七日	行百八十九度盡二百五十九日同。
二日損一〔八五〕	盡三百六十五日	復二百一十四日	行百三十六度

後遲加六度者，此後疾去度爲定度，已前皆後疾日數及度數。其在立夏至〔八六〕，小暑、至立秋，盡四十日，行二十度。計餘日及度，從前法。前法皆平行。求行分亦如前。各盡其日度而伏。

金：晨初見，乃退，日半度，十日退五度而留。九日乃順，遲，差行，先遲日益五百分，四十日行三十度。小暑前以去芒種日數，十日減一度；立冬後以去大雪日數，十日減一度；小暑至立冬，均減三度爲定度。大雪至芒種不加減。求初日，以三十乘度法，四十得一爲平分。又以三十九乘二百五十，以減平分爲初日行分〔八七〕。平行，日一度，十五日行十五度。小寒後十日，益日度各一，至雨水二十一日，行二十一度。均至春分後十日減一，至小滿，復十五日行十五度。其後六日減一，至處暑，日及度皆盡。至霜降後，四日益一，至復十五日行十五度〔八八〕。疾，百七十日行二百四度。前順遲減度者，計減數益此度爲定度。求一日行度分者，以百七十日日一度以減定度，餘乘度法，如百七十得一〔八九〕，爲一日平行度分。晨伏東方。夕初見，順，疾，百七十日行二百四度。夏至前，以見去小滿日數，六日加一度；小暑後〔九〇〕，以去立秋日數，六日加一度〔九一〕，夏至至小暑均加五度〔九二〕，爲定度。白露至清明，差行，先疾日益遲百分〔九三〕；清明至白露平行。求一日平行同晨疾〔九四〕；求差行，以五十乘百六十九，加之，爲初日行度分。平行，日一度，十五日行十五度。冬至後十日減日度各一〔九五〕，至啓蟄九日行九度。均至夏至後五日益一，至大暑復十五日行十五度。均至立秋後六日益一，至寒露二十五日行二十五度〔九六〕。後六日減一，至大雪復十五日行十五度，均至冬至。順，遲，差行，先疾，日益五百分〔九七〕，四十日行三十度。前加度者，此依數減之。求初日行分〔九八〕，如晨遲，唯減者爲加之。又留，九日乃退，日半度，十日退五度，而夕伏西方。

水：晨初見，留六日。順，遲，日行萬六百六十分，四日行一度。大寒至雨水不須此遲行。平行，日一度，十日行十度。大寒後二日，去日度各一，盡二十日，日及度俱盡。疾，日行一度三萬八千三百七十六分，十日行十九度，前無遲行者，減此分萬二千七百九十二分，十日行十六度。晨伏東方。夕初見，順，疾，日行一度三萬八千三百七十六分，十日行十九度。小暑至白露減萬二千七百九十二分，十日行十六度。平行，日一度，十日行十度。大暑後二日，去日度各一，盡二十日，日及度俱盡。遲，日行萬六百六十分〔九九〕，四日行一度。疾減萬二千七百九十二分者，不須此遲。行又留六日〔一〇〇〕，夕伏西方。

推交會術〔一〇一〕：

會通，千六十四萬六千七百二十九。

朔差，九十萬七千五十七。

望差，四十五萬三千五百二十八半。

單數，五百三十二萬三千三百六十四半。

時法，三萬二千六百四。

望數，五百七十七萬六千八百九十三。

外限，四百八十六萬九千八百三十六。

內限，千一十九萬三千二百半。

中限，五百六十四萬九千四百四半。

次限，千三十二萬六百八十九。

推入交法：

以會通去積月，餘以朔望差乘之〔一〇二〕，滿會通又去之，餘爲所求年天正朔入交餘。

求望，望數加之〔一〇三〕，滿、去如前〔一〇四〕。

求次月，以朔差加之，滿、去如前。

推交道内外及先後去交術：

其朔望在啓蟄前，以一千三百八十乘去小寒日數；在穀雨後〔一〇五〕，以乘去芒種日數，爲氣差以加之，啓蟄至穀雨均加六萬三千六百；滿會通去之〔一〇六〕，餘爲定餘。其小寒至春分，立夏至芒種，朔值盈二時已下，皆半氣差而加之；二時已上，皆不加。朔入交餘如望差、望數已下，中限已上，有星伏，木、土去見十日外，火去見四十日外，金、晨伏去見二十二日外。有一星者不加氣差。朔望在白露前者，以九百乘去小暑日數；在立冬後者，以千七百七十乘去大雪日數，以減之；白露至立冬均減五萬五千，不足減者，加會通乃減之，餘爲定餘。朔入交餘如外限、内限已上，單數次限已下有星伏〔一〇七〕。如前者，不減氣差。定餘不滿單數者，爲在外；滿去之，餘在内。其餘如望差已下、外限已上，望則月食；在内者，朔則日食〔一〇八〕。其餘如望差已下者，即爲去先交餘；如外限已上者，以減單數，餘爲去後交餘。如時法得一，然爲去交時數。

推月食加時術：

置食定日小餘，三之，如辰法得一辰，命以子，筭外即所在辰。不盡爲時餘，四之，如法，無所得爲辰初，一爲少，二爲半，三爲太。又不盡者，三之，如法，得一爲强，以并少爲少强，并半爲半强，并太爲太强；得二强者爲少弱，并少爲半弱，并半爲太弱，并太爲辰末。此加時謂食時月在衝也〔一〇九〕。

推日食加時術〔一一〇〕：

置食定日小餘，秋三月，內道，去交八時已上，加二十四，十二時以加四十八；春三月，內道，去交七時已上，加二十四。乃以三乘之，如辰法得一辰，以命子筭外，即所在辰。不盡爲時餘。副置時餘，仲辰不滿半辰，減半辰，已上去半辰〔一一一〕；季辰者直加半辰；孟辰者減辰法，餘加半辰爲差率。

又，置去交時數，三已下加三，六已下加二，九已下加一，九已上依數，十二已上從十二；以乘差率，如十四得一爲時差。子半至卯半、午半至酉半，以加時餘；卯半至午半、酉半至子半，以減時餘。加之，滿辰法去之，進一辰〔一一二〕，餘爲定時餘。乃如月食法，子午卯酉爲仲，辰戌丑未爲季，寅申巳亥爲孟。日出前入後各二時外，不注日食。三乘氣時法得一，命子筭外爲時。

求外道日食法：

去交一時内者，食。夏去交二時内，加時在南方三辰者，食。若去分至十二時内〔一一三〕，去交六時内者，亦食。若去春分三日内，後交二時内，秋分三日内，先交二時内者，亦食。先交二時内，值盈二時外，及後交二時内，值縮二時外，亦食。諸去交三時内〔一一四〕，星伏如前者，食。

求内道日不食法：

加時南方三辰，五月朔先交十三時外，六月朔後交十三時外，不食。啓蟄至穀雨，先交十三時外〔一一五〕，值縮加時在未以西者，不食。處暑至霜降，後交十三時外，值盈加時在巳以東者，不食。

求月食分：

春後交、秋先交、冬後交，皆去不食餘一時，不足去者，食既。餘以三萬二百三十五爲法，得一爲不食分。不盡者，半法已上爲半强，已下爲半弱，以減十五，餘爲食分。

推日食分術：

在秋分前者，以去夏至日數乘二千，以減去交餘，餘爲不食餘；不足減者，反減十八萬四千，餘爲不食餘。亦減望差爲定法。其後交值縮〔一一六〕，並不減望差，直以望差爲定法。在啓蟄後者，以去夏至日數乘千五百以減之〔一一七〕；秋分至啓蟄，均減十八萬四千，不足減者，如前;大寒至小滿,去後交五時外,皆去不食餘一時。時差減者,先交減之,後交加之,不足減者食既;值加,先交減之〔一八〕,不足減者食〔一九〕。

求所起:內道西北,虧東北;外道西南,虧東南〔二〇〕。十三分以上,正左起。虧皆據甚時,月則行上起。

氣	日出	日入
冬至	辰六十分刻之五十〔二一〕	申七刻分刻之三十〔二二〕
小寒 大雪〔二三〕	辰三十二分	申七刻四十八分
大寒 小雪	卯八刻四十九分〔二四〕	酉一分
立春 立冬	卯七刻二十八分〔二五〕	酉五十二分
啓蟄 霜降	卯六刻二十五分	酉一刻五十五分〔二六〕
雨水 寒露	卯五刻十三分	酉三刻七分
春分 秋分	卯三刻五十五分	酉四刻二十五分〔二七〕
清明 白露	卯二刻三十七分〔二八〕	酉五刻四十三分
穀雨 處暑	卯一刻二十八分	酉六刻五十二分
立夏 立秋	卯二十八分	酉七刻五十二分〔二九〕

小滿大暑	寅八刻三分	戌十七分
芒種小暑	寅七刻三十六分	戌四十四分
夏至	寅七刻三十分〔一三〇〕	戌五十分

求日出入所在術：

以所入氣辰刻及分，與後氣辰刻及分相減，餘乘入氣日筭，如十五得一，以損益所入氣，依刻及分爲定刻。

校勘記

〔一〕積十一萬五百二十六筭外　「二十」二字原闕，據推算補。

〔二〕虛退則日數減於周年　據文意，「虛」上當有「冬至」二字。

〔三〕並以六百五十七爲章　「章」，原作「率」，據文意改。

〔四〕劉孝孫以六百一十九爲章　「六」字原闕，據推算補。

〔五〕一千九百六十六爲歲餘　「一千」二字原闕，據推算補。

〔六〕四萬八千九百一爲紀　「一」字原闕，據推算補。

〔七〕萬一千九百四十五爲斗分　「一」，原作「四」，據推算改。

〔八〕訖干敬禮　原作「訖于敬禮」，據本書卷一九天文志上改。惟天文志上作「訖干景禮」，「景」、「敬」音近，姑存疑。

〔九〕張孟賓言食於甲時　「甲」，原作「申」，據至順本改。按，古曆加時法有甲丙庚壬時等，寅末卯初是爲甲時。

〔一〇〕小周餘盈縮積　此句及下文疑有奪文。

〔一一〕以上元甲子己巳已來　玉海卷九律曆隋甲子元曆：「隋甲子元曆，又名己巳元。」疇人傳卷一二張賓：「依率推之，其上元歲名、日名，並起甲子，而不直己巳。劉孝孫等駁賓術之失，以五星別元爲非，然則己巳蓋五星之元也。」姑存疑。

〔一二〕春秋經書日食三十五　「食」，原作「合」，羣書考索續集卷二二曆門引隋志作「食」，今據改。

〔一三〕襄公十五年秋八月丁未日有食之　「丁未」，殿本作「丁巳」。按，原注稱「推合丁巳朔」，殿本蓋據注文改「丁巳」。又，左傳襄公十五年：「秋八月丁巳，日有食之。」杜注：「無傳。八月無丁巳，丁巳七月一日也。日月必有誤。」

〔一四〕十日影長　「十」下原有「一」字，據推算刪。

〔一五〕天正二十五日曆注冬至　「二十五」，原作「二十九」，據推算改。

〔一六〕王頍　原作「王頗」，據本書卷七六文學王頍傳改。

〔一七〕命曆序　原作「命序曆」，本卷上下文多處作「命曆序」，即上文春秋緯命曆序之簡稱，今據乙正。

〔一八〕宜案命曆序及春秋左氏傳　「命曆序」，原作「命序」，據汲本補。本卷上下文俱作「命曆序」。

〔一九〕張胄玄曆　「曆」字原闕，據汲本補。

〔二〇〕張賓曆　「曆」字原闕，據汲本補。

〔二一〕張胄玄曆合庚辰冬至　按，「庚辰」爲開皇六年冬至，「曆」下當有脱文。依張賓、張胄玄術推算，此處脱文應爲「合乙亥冬至。六年十一月丁丑朔，四日庚辰冬至，日影長。兩曆並」。

〔二二〕頻大在後晨　「晨」字疑衍。

〔二三〕虧起西北　據陳美東歷代律曆志校證推算，「西」當作「東」。按，律曆志校勘多據陳美東推算結果，以下除特別情況外，凡引此書不另注明。

〔二四〕虧起西南　據推算，「西」當作「東」。

〔二五〕食十分之三半强　據推算，「十」下應奪「五」字。

〔二六〕食南畔五分之四　據推算，「五」上應奪「十」字。

〔二七〕虧起西北　據推算，「西」當作「東」。

〔二八〕一更三籌起西北上　據推算，「籌」下應奪「虧」字，「西」當作「東」。

〔二九〕食十五分之十二半强　原文「食」字重出，據殿本删。

〔三〇〕虧西北　據推算，「西」當作「起東」。

〔三二〕參驗璿璣　「璣」，原作「機」，據至順本、汲本改。

〔三三〕一千五百五十七萬三千九百六十三　前「三」，原作「二」，據推算改。

〔三三〕五百一十九萬一千三百二十一　「二」，原作「一」，據推算改。

〔三四〕凡朔小餘五百三十七已上　「三」，原作「四」，據推算改。

〔三五〕縮百四十　「四」，原作「三」，據推算改。

〔三六〕益三十　「三」，原作「二」，據推算改。

〔三七〕損四十五　「四」，原作「三」，據推算改。

〔三八〕損六十　「損」，原作「益」，據推算改。

〔三九〕以八乘日分　「八」，原作「水」，據文意改。

〔四〇〕日餘皆千一百三十五滿周日及日餘去之　據推算，「皆」下疑奪「加」字，「滿」上應奪「日餘滿周法得一日，入曆日及餘」十三字。

〔四一〕轉法　據文意，「法」當作「差」。

〔四二〕損益率　原作「益損率」，據文意乙正。

〔四三〕益二百三十八　「三」，原作「四」，據推算改。

〔四四〕益二百一十一　後「一」，原作「八」，據推算改。

〔四五〕益一百四十三　「三」，原作「二」，據推算改。

〔四六〕二百四十四萬三十三　前「四」，原作「三」，據推算改。

〔四七〕一百五十六萬五千九百四十九　後「九」，原作「七」，據推算改。

〔四八〕一百一十一萬八千六百二十八　後「一」，原作「八」，據推算改。

〔四九〕四千六百三十　「三」，原作「四」，據推算改。

〔五〇〕二百八萬一千二百五十九　「一」，原作「二」，後「二」，原作「一」，據推算改。

〔五一〕五千二百三十　「三」，原作「四」，據推算改。

〔五二〕一百三十三萬三千一百八十五　後「三」，原作「二」，據推算改。

〔五三〕損二百一十一　後「一」，原作「六」，據推算改。

〔五四〕以入曆日餘乘所入曆日損益率　後「入曆」下原有「所」字，據文意刪。

〔五五〕乃與入氣定盈縮　「乃」上原有「如差法」三字，據文意刪。

〔五六〕筭外　「筭」前原有「度以虛七度宿次去之經斗去其分度不滿宿」十八字，與上文重出，當是衍文，今刪。

〔五七〕宿次去去其分　據文意，本句當作「宿次去之，經斗去其分」。

〔五八〕推朔望夜半月定度術　「度」字原闕，據文意補。

〔五九〕朔日不用前加　「用」，至順本、汲本作「因」。

〔六〇〕夕見伏二百五十六日　此九字原誤闌入下文「水終日」條下，據文意乙正。

〔六一〕命日筭外　「外」，原作「卯」，據文意改。

〔六二〕滿法去之　「去」字原闕，據文意補。

〔六三〕以加見日分　「加」字原闕，據文意補。

〔六四〕滿去如前　「去」字原闕，據文意補。

〔六五〕以四千一百二十乘去小寒日數小滿後　「寒日數小」四字原闕，據文意補。

〔六六〕以乘去夏至日數　據推算，「以」下當奪「四千一百二十」六字。

〔六七〕滿均加三日　據文意，「滿」上當奪「滿去如前立春至小」八字。

〔六八〕以乘去冬至日數　據推算，本句當作「以四千一百二十乘去小暑日數，小雪後以四千一百二十乘去冬至日數」。

〔六九〕以六千二百九十乘去小雪日數　「二」，原作「三」，據文意改。又，「小雪」應作「冬至」。

〔七〇〕寒露後　「後」字原闕，據文意補。

〔七一〕初見伏去日各十一度　「見」字原闕，據文意補。

〔七二〕三十六度内　「三」，原作「四」，據推算改。

〔七三〕滿度法從度　後「度」字原闕，據文意補。

〔七四〕各以其分疾遲損乃加之　據文意，本句當作「各以其分疾益遲損之」。

〔七五〕盡百六十一日同　「同」下原有「日」字，據文意删。

〔七六〕盡三百三十七日同　後「三」，原作「四」，據推算改。

〔七七〕行百六十三度　「六十三」，原作「七十七」，據推算改。

〔七八〕皆去定皆度六日　據文意，本句當作「皆去定日，定度六」。

〔七九〕其前疾去度六者　「疾」字原闕，據文意補。

〔八〇〕六十日行四十度　據推算，「四」應作「三」。

〔八一〕盡五十七日　「七」，原作「五」，據推算改。

〔八二〕盡百三十日　「三」，原作「四」，據推算改。

〔八三〕行百六度　據推算，以下應奪一行：「二日益一　盡百四十四日　百九十一日　行一百一十三度。」

〔八四〕一日益二　「二」，原作「一」，據推算改。

〔八五〕二日損一　據推算，「二」應作「三」。

〔八六〕其在立夏至　據推算，「夏至」下奪「小暑，日行半度，盡六十日，行三十度」。

〔八七〕以減平分爲初日行分　「平」，原作「半」，據文意改。

〔八八〕至復十五日行十五度　「至」下當奪「冬至」二字。按，霜降後，依四日益一的比率，復十五度，須六十日，當爲冬至。

〔八九〕如百七十得一　「如」，原作「加」，據文意改。

〔九〇〕小暑後　「小暑」，原作「大暑」，據文意改。
〔九一〕六日加一度　「六日」，原作「五日」，據文意改。
〔九二〕夏至至小暑均加五度　「小暑」，原作「大暑」，據文意改。
〔九三〕先疾日益遲百分　「疾」，原作「度」，據文意改。
〔九四〕求一日平行同晨疾　「同」，原作「周」，據文意改。
〔九五〕冬至後十日減日度各一　據文意，「冬至」下應奪「均至小寒」四字。
〔九六〕至寒露二十五日行二十五度　「行二十五度」，原作「日行五度」，據文意改。
〔九七〕日益五百分　據文意，「益」下應奪「遲」字。
〔九八〕求初日行分　「初」，原作「一」，據文意改。
〔九九〕日行萬六百六十分　「日行」，原作「行日」，據文意乙正。
〔一〇〇〕行又留六日　「行」字原闕，據文意補。
〔一〇一〕推交會術　「術」，原作「行」，據文意改。
〔一〇二〕餘以朔望差乘之　據文意，「望」字疑是衍文。
〔一〇三〕求望望數加之　「望」字原不重，據文意補。
〔一〇四〕滿去如前　「去」字原闕，據文意補。
〔一〇五〕在穀雨後　「後」字原作「雨水」，據文意改。

〔一〇六〕滿會通去之　「去」字原闕，據文意補。

〔一〇七〕單數次限已下有星伏　「下」，原作「上」，據文意改。

〔一〇八〕朔則日食　「食」字原闕，據文意補。

〔一〇九〕此加時謂食時月在衝也　「食」下原有「四」字，據文意删。

〔一一〇〕推日食加時術　「加」，原作「四」，據文意改。

〔一一一〕已上去半辰　「去」，原作「云」，據文意改。

〔一一二〕進一辰　據文意，「辰」下當奪「減之若不足，退一辰」八字。

〔一一三〕若去分至十二時内　「分」字原闕，據文意補。

〔一一四〕諸去交三時内　「去」，原作「志」，據文意改。至順本作「後」。

〔一一五〕先交十三時外　「外」字原闕，據文意補。

〔一一六〕其後交值縮　「後」字原闕，據文意補。

〔一一七〕以去夏至日數乘千五百以減之　據推算，「五百」下應奪「一十」二字。

〔一一八〕先交減之　據文意，本句當作「先交加之，後交減之」。

〔一一九〕不足減者食　據文意，「食」下當奪「既」字。

〔一二〇〕内道西北虧東北外道西南虧東南　據文意，「内道」、「外道」下均當奪「起」字。

〔一二一〕六十分刻之五十　「分」，原作「八」，據文意改。

〔二二〕分刻之三十　「三」，原作「四」，據文意改。

〔二三〕小寒大雪　「大雪」原闕，據文意補。下文「小雪」原在下欄，今前移，與「大寒」並列一欄；以下「立冬」、「霜降」、「寒露」、「秋分」、「白露」、「處暑」、「立秋」、「大暑」、「小暑」並依次相應前移至上欄。

〔二四〕四十九分　據推算，「四」字應是衍文。

〔二五〕二十八分　「八」，原作「九」，據推算改。

〔二六〕五十五分　後「五」，原作「一」，據推算改。

〔二七〕二十五分　「二」字原闕，據推算補。

〔二八〕三十七分　「三」，原作「四」，據推算改。

〔二九〕五十二分　「二」，原作「三」，據推算改。

〔三〇〕三十分　「三」，原作「四」，據推算改。

隋書卷十八

志第十三

律曆下

開皇二十年，袁充奏日長影短，高祖因以曆事付皇太子，遣更研詳著日長之候。太子徵天下曆筭之士，咸集于東宫。劉焯以太子新立，復增修其書，名曰皇極曆，駁正冑玄之短。太子頗嘉之，未獲考驗。焯爲太學博士，負其精博，志解冑玄之印，官不滿意，又稱疾罷歸。至仁壽四年，焯言冑玄之誤於皇太子。

其一曰，張冑玄所上見行曆，日月交食，星度見留，雖未盡善，得其大較，官至五品，誠無所愧。但因人成事，非其實録，就而討論，違舛甚衆。

其二曰，冑玄弦望晦朔，違古且疎，氣節閏候，乖天爽命。時不從子半，晨前別爲後日。日躔莫悟緩急，月逡妄爲兩種，月度之轉，輒遺盈縮，交會之際，意造氣差。七曜之行，不循其道，月星之度，行無出入，應黄反赤，當近更遠，虧食乖準，陰陽無法。星端不協，珠璧不同，盈縮失倫，行度愆序。去極晷漏，應有而無，食分先後，彌爲煩碎。測今不審，考古莫通，立術之疎，不可紀極。今隨事糾駁，凡五百三十六條。

其三曰，胄玄以開皇五年，與李文琮，於張賓曆行之後，本州貢舉，即齎所造曆擬以上應。其曆在鄉陽流布，散寫甚多，今所見行，與焯前曆不異。玄前擬獻，年將六十，非是忽迫倉卒始爲，何故至京未幾，即變同焯曆，與舊懸殊。焯作於前，玄獻於後，捨己從人，異同暗會。且孝孫因焯，胄玄後附孝孫，曆術之文，又皆是孝孫所作，則元本偷竊，事甚分明。恐胄玄推諱，故依前曆爲駁，凡七十五條，并前曆本俱上。

其四曰，玄爲史官，自奏虧食，前後所上，多與曆違，今筭其乖舛有一十三事。又前與太史令劉暉等校其疎密五十四事，云五十三條新。計後爲曆應密於舊，見用筭推，更疎於本。今糾發并前，凡四十四條。

其五曰，胄玄於曆，未爲精通。然孝孫初造，皆有意〔一一〕，徵天推步，事必出生，不是空文，徒爲臆斷。

其六曰，焯以開皇三年，奉勑修造，顧循記注，自許精微，秦、漢以來，無所與讓。

尋聖人之迹，悟曩哲之心，測七曜之行，得三光之度，正諸氣朔，成一曆象，會通今古，符允經傳，稽於庶類，信而有徵。胄玄所違，焯法皆合，胄玄所闕，今則盡有，隱括始終，謂爲總備。

仍上啓曰：「自木鐸寢聲，緒言成燼，羣生蕩析，諸夏沸騰，曲技雲浮，疇官雨絶，曆紀廢壞，千百年矣。焯以庸鄙，謬荷甄擢，專精藝業，耽翫數象，自力羣儒之下，冀覩聖人之意。開皇之初，奉勑修撰，性不諧物，功不克終，猶被胄玄竊爲己法，未能盡妙，協時多爽，尸官亂日，實點皇猷。請徵胄玄答，驗其長短。」

焯又造曆家同異，名曰稽極。大業元年，著作郎王劭、諸葛潁二人，因入侍宴，言劉焯善曆，推步精審，證引陽明。帝曰：「知之久矣。」仍下其書與胄玄參校。胄玄駁難云：「焯曆有歲率、月率，而立定朔，月有三大、三小。案歲率、月率者，平朔之章歲、章月也。以平朔之率而求定朔，值三小者，猶似減三五爲十四；值三大者，增三五爲十六也。校其理實，並非十五之正。故張衡及何承天創有此意，爲難者執數以校其率，率皆自敗，故不克成。今焯爲定朔，則須除其平率，然後爲可。」互相駁難，是非不決，焯又罷歸。

四年，駕幸汾陽宫，太史奏曰：「日食無效。」帝召焯，欲行其曆。袁充方幸於帝，左右胄玄，共排焯曆，又會焯死，曆竟不行。術士咸稱其妙，故録其術云。

甲子元，距大隋仁壽四年甲子，積一百萬八千八百四十筭〔二〕。

歲率，六百七十六。

月率，八千三百六十一。

朔日法，千二百四十二。

朔實，三萬六千六百七十七。

旬周，六十。

朔辰百三半〔三〕。

日干元，五十二。

日限，十一。

盈汎，十六。

虧總，十七。

推經朔術：

置入元距所求年，月率乘之，如歲率而一，爲積月，不滿爲閏衰。朔實乘積月，滿朔日法得一，爲積日，不滿爲朔餘。旬周去積日，不盡爲日，即所求年天正經朔日及餘。

求上下弦、望：加經朔日七、餘四百七十五小，即上弦經日及餘。又加得望、下弦及後月朔。就徑求望者，加日十四、餘九百五十半；下弦加日二十二、餘百八十四〔四〕；餘九百五十半下弦加五十九〔五〕。每月加閏衰二十大，即各其月閏衰也。

凡月建子爲天正，建丑爲地正，建寅爲人正。即以人正爲正月，統求所起，本於天正。若建歲曆從正月始，氣、候、月、星，所值節度，雖有前却，並亦隨之。其前地正爲十二月，天正爲十一月，并諸氣度皆屬往年。其日之初，亦從星起，晨前多少，俱歸昨日。若氣在夜半之後，量影以後日爲正。諸因加者，各以其餘滅法，殘者爲全餘。若所因之餘滿全餘以上〔六〕，皆增全一而加之，減其全餘；即因餘少於全餘者〔七〕，不增全加，皆得所求。分度亦爾。凡日不全爲餘，積以成餘者曰秒；度不全爲分，積以成分者曰篾；其有不成秒曰麽，不成篾曰幺。其分、餘、秒、篾，皆一爲小，二爲半，三爲大，四爲全，加滿全者從一。其三分者，一爲少，二爲太。若加者，秒篾成法〔八〕，分餘滿法從日度一，日度有所滿〔九〕，則從去之。而日命以日辰者，滿旬周則亦除；命有連分、餘、秒、篾者，亦隨全而從去。其日度雖滿，而分秒不滿者，未可從去，仍依本數。若減者，秒篾不足，減分餘一，加法而減之；分餘不足減者，加所從去或前日度乃減之。即其名有總，而日度全及分餘共者，須相加除，當皆連全及分餘共加除之。若須相乘，有分餘者，母必通全内子，乘訖報除。或分餘相并，母不同者，子乘而并之〔一〇〕，母相乘爲法，其并，滿法從一爲全，此即齊同之也。既除爲分餘而有不成，若例有秒篾，法乘而又法除，得秒篾數。已爲秒篾及正有分餘，而所不成不復須者，須過半從一，無半棄之。若分餘其母不等，須變相通，以彼所法之母乘此分餘〔二一〕，而此母除之，得彼所須之子。所有秒篾者，亦法乘，不滿此母，又除而得其數。麼幺亦然。其所除去而有不盡全，則謂之不盡，亦曰不如。其不成全，全乃爲不滿分、餘、秒、篾，更曰不成。凡以數相減，而有小及半、太須相加減，同於分餘法者，皆以其母三四除其氣度日法，以半及太、大本率二三乘之，少、小即須因所除之數隨其分餘而加減焉。秋分後春分前爲盈汎，春分後秋分前爲虧總，須取其數。汎總爲名，指用其時，春分爲主，虧日分後，盈日分前。凡所不見，皆放於此。

氣日法，四萬六千六百四十四。

歲數，千七百三萬六千四百六十六半。

度準，三百三十八〔二二〕。

約率，九。

氣辰，三千八百八十七。

餘通，八百九十七。

秒法，四十八。

曆法，五。

推氣術：

半閏衰乘朔實，又度準乘朔餘〔一三〕，加之，如約率而一，所得滿氣日法爲去經朔日，不滿爲氣餘。以去經朔日，即天正月冬至恒日定餘，乃加夜數之半者，減日一，滿者因前，皆爲定日。命日甲子筭外，即定冬至日。其餘如半氣辰千九百四十三半以下者，爲氣加子半後也；過以上，先加此數，乃氣辰而一，命以辰筭外，即氣所在辰。十二辰外，爲子初以後餘也。又十二乘辰餘：

四爲小太，亦曰少；五爲半少；六爲半；

七爲半太；八爲大少，亦曰太；九爲太〔一四〕；

十爲大太；十一爲窮辰少。

其又不成法者，半以上爲進，以下爲退。退以配前爲强，進以配後爲弱。即初不成一而有退者，謂之沾辰；初成十一而有進者，謂之窮辰。未旦其名有重者，則於間可以加之，命辰通用其餘，辨日分辰而判諸日。因別亦皆準此。因冬至有減日者，還加之。每加日十五、餘萬一百九十二、秒三十七〔一五〕，即各次氣恒日及餘。諸月齊其閏衰，如求冬至法，亦即其月中氣恒日去經朔數。其求後月節氣恒日，如次之求前節者減之。

月	氣	躔衰	衰總	陟降率	遲速數
十一月	大雪				
	冬至中	增二十八	先端	陟五十	速本
十二月	小寒節	增二十四	先二十八	陟四十三〔一六〕	速五十
	大寒中	增二十	先五十二	陟三十六	速九十三
正月	立春節	增二十	先七十二	陟三十六	速一百二十九
	雨水中	增二十四	先九十二	陟四十三	速一百六十五
二月	驚蟄節	增二十八	先一百一十六	陟五十	速二百八〔一八〕
	春分中	損二十八	先一百四十四	降五十〔一七〕	速二百五十八
三月	清明節	損二十四	先一百一十六	降四十三	速二百八
	穀雨中	損二十	先九十二	降三十六	速一百六十五
四月	立夏節	損二十	先七十二	降三十六	速一百二十九
	小滿中	損二十四	先五十二	降四十三	速九十三
五月	芒種節	損二十八	先二十八〔一九〕	降五十	速五十
	夏至中	增二十八	後端	陟五十〔二〇〕	遲本〔二一〕
六月	小暑節	增二十四〔二二〕	後二十八〔二三〕	陟四十三〔二四〕	遲五十〔二五〕
	大暑中	增二十	後五十二	陟三十六	遲九十三
七月	立秋節	增二十	後七十二	陟三十六	遲一百二十九
	處暑中	增二十四	後九十二	陟四十三〔二六〕	遲一百六十五〔二七〕
八月	白露節	增二十八	後一百一十六	陟五十	遲二百八
	秋分中	損二十八	後一百四十四	降五十〔二八〕	遲二百五十八
九月	寒露節	損二十四	後一百一十六	降四十三〔二九〕	遲二百八
	霜降中	損二十	後九十二	降三十六	遲一百六十五〔三〇〕
十月	立冬節	損二十	後七十二	降三十六	遲一百二十九
	小雪中	損二十四	後五十二	降四十三	遲九十三
十一月	大雪節	損二十八	後二十八	降五十	遲五十
	冬至				

推每日遲速數術：

見求所在氣陟降率，并後氣率半之，以日限乘而汎總除，得氣末率。又日限乘二率相減之殘，汎總除，爲總差。其總差亦日限乘而汎總除，爲別差。率前少者，以總差減末率，爲初率，乃別差加之〔三一〕；前多者，即以總差加末率〔三二〕，皆爲氣初日陟降數。以別差前多者日減，前少者日加初數，得每日數。所曆推定氣日隨筭其數，陟加、降減其遲速，爲各遲速數。其後氣無同率及有數同者，皆因前末，以末數爲初率，加總差爲末率，及差漸加初率〔三三〕，爲每日數，通計其秒，調而御之。

求月朔弦望應平會日所入遲速：各置其經餘爲辰，以入氣辰減之，乃日限乘日，日内辰爲入限，以乘其氣前多之末率，前少之初率，日限而一，爲總率。其前多者，入限減汎總之殘，乘總差，汎總而一，爲入差，并於總差，入限乘，倍日限除，以加總率〔三四〕；前少者，入限自乘，再乘別差〔三五〕，日限自乘，倍而除，亦加總率，皆爲總數。乃以陟加、降減其氣遲速數，爲定，即速加、遲減其經餘，各其月平會日所入遲速定日及餘。

求每日所入先後：各置其氣躔衰與衰總，皆以餘通乘之，所乃躔衰如陟降率〔三六〕；衰總如遲速數，亦如求遲速法，即得每所入先後及定數。

求定氣：其每日所入先後數即爲氣餘，其所曆日皆以先加之〔三七〕，以後減之〔三八〕，隨筭其日，通准其餘，滿一恒氣，即爲二至後一氣之數。以加二氣〔三九〕，如法用別其日而命之。

又筭其次，每相加命，各得其定氣日及餘也。亦以其先後已通者，先減、後加其恒氣，即次氣定日及餘。亦因別其日，命以甲子，各得所求。

求土王：距四立各四氣外所入先後加減，滿一十二日〔四〇〕、餘八千一百五十四、秒十、麽二〔四一〕。除所滿日外，即土始王日。

求候日：定氣即初候日也。三除恒氣，各爲平候日。餘亦以所入先後數爲氣餘，所曆之日皆以先加、後減，隨計其日，通準其餘，每滿其平，以加氣日而命之，即得次候日。亦筭其次，每相加命，又得末候及次氣日。

氣	初候	次候	末候	夜半漏	昏去中星
冬至夜五十九刻八十六分〔四二〕	武始交〔四三〕	芸始生	荔挺出	二十七刻分四十三〔四四〕	八十二度轉分四十七〔四五〕
小寒	蚯蚓結	麋角解	水泉動	二十七刻二十六	八十三度十六〔四六〕
大寒	雁北向	鵲始巢	雉始雊	二十六刻七十六	八十五度六
立春	雞始乳	東風解凍	蟄蟲始振	二十五刻九十八半〔四七〕	八十七度四十九〔四八〕
雨水	魚上冰	獺祭魚	鴻雁來	二十四刻九十六半	九十一度三十六〔四九〕
驚蟄	始雨水	桃始華	倉庚鳴	二十三刻七十七半	九十六度三
春分	鷹化爲鳩	玄鳥至	雷始發聲	二十二刻五十	一百度三十七半

清明	電始見	蟄蟲咸動	蟄蟲啓户	二十一刻二十二半	百五度二十一
穀雨	桐始華	田鼠爲鴽	虹始見	二十刻三半	百九度三十九
立夏	萍始生	戴勝降桑	螻蟈鳴	十九刻一半	百一十三度二十五〔五〇〕
小滿	蚯蚓出	王瓜生	苦菜秀	十八刻二十三	百十六度十九
芒種	靡草死	小暑至	螳蜋生	十七刻六十九	百一十八度十八
夏至夜四十刻十四分	鵙始鳴	反舌無聲	鹿角解	十七刻五十七	百一十八度四十〔五一〕
小暑	蟬始鳴	半夏生	木堇榮	十七刻六十九	百一十八度十八
大暑	温風至	蟋蟀居壁	鷹乃學習	十八刻二十三	百一十六度十九
立秋	腐草爲螢	土潤溽暑	涼風至	十九刻一半	百一十三度二十五〔五二〕
處暑	白露降	寒蟬鳴	鷹祭鳥	二十刻三半〔五三〕	百九度三十九
白露	天地始肅	暴風至	鴻雁來	二十一刻二十二半〔五四〕	百五度二十一
秋分	玄鳥歸	羣鳥養羞〔五五〕	雷始收聲	二十二刻五十	百度三十七半〔五六〕
寒露	蟄蟲附户	殺氣盛	陽氣始衰	二十三刻七十七半	九十六度三
霜降	水始涸	鴻雁來賓	雀入水爲蛤	二十四刻九十六半	九十一度三十六
立冬	菊有黄華	豺祭獸	水始冰	二十五刻九十八半	八十七度五十〔五七〕

小雪　地始凍　雉入水爲蜃　虹藏不見　二十六刻七十六〔五八〕　八十五度六

大雪　冰益壯　地始坼　鶡旦不鳴〔五九〕　二十七刻二十六　八十三度十六〔六〇〕

倍夜半之漏，得夜刻也。以減百刻，不盡爲晝刻。每減晝刻五，以加夜刻，即其晝爲日見、夜爲不見刻數。刻分以百爲母。

求日出入辰刻：十二除百刻，十二除百刻〔六一〕，得辰刻數，爲法。半不見刻以半辰加之，爲日出實；又加日出見刻，爲日入實。如法而一，命子筭外，即所在辰，不滿法，爲刻及分。

求辰前餘數：氣、朔日法乘夜半刻，百而一，即其餘也。

求每日刻差：每氣準爲十五日，全刻二百二十五爲法。其二至各前後於二分，而數因相加減，間皆六氣；各盡於四立，爲三氣。至與前日爲一，乃每日增太；又各二氣，每日增少；其末之氣，每日增少之小，而末六日，不加而裁焉。二至前後一氣之末日〔六二〕，終於十少；二氣初日，稍增爲十二半〔六三〕，終於二十大〔六四〕；三氣初日，二十一，終於三十少；四立初日，三十一，終於三十五太；五氣亦少增〔六五〕，初日三十六太〔六六〕，終四十一少〔六七〕；末氣初日，四十一少，終於四十二〔六八〕。每氣前後累筭其數，又百八十乘爲實，各汎總乘法而除，得其刻差。隨而加減夜刻而半之，各得入氣夜半定刻〔六九〕。其分後十五日外，累筭盡日，乃副置之，百八十乘，虧總除，爲其所因數。以減上位，不盡爲所加也。不全日者，隨辰率之。

求晨去中星：加周度一，各昏去中星減之，不盡爲晨去度〔七〇〕。

求每日度差：準日因增加裁，累筭所得，百四十三之，四百而一，亦百八十乘，汎總除，爲度差數。滿轉法爲度，隨日加減，各得所求。分後氣間，亦求準外與前求刻，至前加減，皆因日數逆筭求之。亦可因至向背其刻，冬減夏加〔七一〕；而度冬加夏減〔七二〕。若至前，以入氣減氣間，不盡者，因後氣而反之，以不盡日累筭乘除所定，從後氣而逆以加減，皆得其數。此但略校其總，若精存于稽極云。

轉終日，二十七；餘，千二百五十五。

終法，二千二百六十三。

終實，六萬二千三百五十六。

終全餘，千八。

轉法，五十二。

篾法，八百九十七。

閏限，六百七十六。

推入轉術：終實去積日，不盡，以終法乘而又去，不如終實者，滿終法得一日，不滿爲餘，即其年天正經朔夜半入轉日及餘。

求次日：加一日，每日滿轉終則去之，其二十八日者加全餘爲夜半入初日餘〔七三〕。

求弦望：皆因朔加其經日，各得夜半所入日餘。

求次月：加大月二日，小月一日，皆及全餘，亦其夜半所入。

求經辰所入朔弦望：經餘變從轉，不成爲秒，加其夜半所入，皆其辰入日及餘。因朔辰所入，每加日七、餘八百六十五、秒千一百六十大，秒滿日法成餘，亦得上弦。望、下弦、次朔經辰所入徑求者，加望日十四、餘千七百三十一、秒千七十九半，下弦日二十二、餘三百三十四、秒九百九十八小〔七四〕，次朔日一、餘二千二百八、秒九百一十七。亦朔望各增日一，減其全餘：望五百三十一、秒百六十二半，朔五十四、秒三百二十五。

求月平應會日所入〔七五〕：以月朔弦望會日所入遲速定數，亦變從轉餘，乃速加、遲減其經辰所入餘，即各平會所入日餘。

轉日	速分	速差〔七六〕	加減	朓朒積
一日	七百六十四	消七	加六十八	朓初
二日	七百五十七	消八	加六十一	朓百二十三

三日	七百四十九	消十一	加五十三	朓二百三十四〔七七〕
四日	七百三十八〔七八〕	消十二	加四十二	朓三百三十一
五日	七百二十六	消十三	加三十一	朓四百八
六日	七百一十三	消十三	加十八	朓四百六十四
七日	七百	消十二〔七九〕	加五減秒太　八加一減〔八〇〕	朓四百九十六
八日	六百八十八	消十四	減七	朓五百五
九日	六百七十四	消十四	減二十一	朓四百九十二
十日	六百六十	消十二	減三十四	朓四百五十四
十一日	六百四十八	消九	減四十六	朓三百九十一
十二日	六百三十九	消七	減五十五	朓三百七
十三日	六百三十二	消六	減六十二	朓二百七
十四日	六百二十六	息二	減五十六加十六　七減二加〔八一〕	朓九十四
十五日	六百二十八	息七	加六十六	朒二十八
十六日	六百三十五	息九	加五十九	朒百四十八
十七日	六百四十四	息十一	加五十	朒二百五十六

十八日	六百五十五	息十一	加三十九	朒三百四十七
十九日	六百六十六	息十三	加二十九	朒四百一十九
二十日	六百七十九	息十四	加十六	朒四百七十一
二十一日	六百九十三	息十二	加三減大　六加三減	朒五百
二十二日	七百五	息十四	減十〔八二〕	朒五百五當日自減，減見爲五百四。
二十三日	七百一十九	息十三	減二十三	朒四百八十七
二十四日	七百三十二〔八三〕	息十二	減三十六	朒四百四十六
二十五日	七百四十四	息十	減四十八	朒三百八十一〔八四〕
二十六日	七百五十四	息七	減五十八	朒二百九十三
二十七日	七百六十一	息五箋四	減六十五	朒百八十八
二十八日	七百六十六箋四〔八五〕	平五息四消	減七十三十八少終餘三十一太全餘〔八六〕	朒七十

推朔弦望定日術：

各以月平會所入之日加減限，限并後限而半之，爲通率〔八七〕；又二限相減，爲限衰〔八八〕。前多者，以入餘減終法，殘乘限衰，終法而一，并於限衰而半之；前少者，半入餘乘限衰，亦終法而一。皆加通率，入餘乘之，日法而一〔八九〕，所得爲平會加減限數。其限數又別從轉餘爲變餘，朓減、朒加本入餘。限前多者，朓以減與未減，朒以加與未加，皆減終法，并而半之，以乘限衰；前少者，亦朓朒各并二入餘，半之，以乘限衰〔九〇〕；皆終法而一，加於通率，變餘乘之，日法而一〔九一〕。所得以朓減、朒加限數，加減朓朒積而定朓朒。乃朓減、朒加其平會日所入餘，滿若不足進退之，即朔弦望定日及餘。不滿晨前數者，借減日筭，命甲子筭外，各其日也。不減與減，朔日立筭與後月同。若俱無立筭者，月大，其定朔筭後加所借減筭。閏衰限滿閏限，定朔無中氣者爲閏。滿之前後在分前，若近春分後、秋分前，而或月有二中者，皆量置其朔，不必依定。其後無同限者，亦因前多以通率數爲半衰而減之〔九二〕，前少，即爲通率。其加減變餘進退日者，分爲一日，隨餘初末如法求之，所得并以加減限數。凡分餘秒篾，事非因舊，文不著母者，皆十爲法。若法當求數，用相加減，而更不過通遠，率少數微者，則不須筭。其入七日餘二千一十一〔九三〕，十四日餘千七百五十九，二十一日餘千五百七，二十八日始終餘以下爲初數〔九四〕，各減終法以上爲末數。其初末數皆加減相返，其要各爲九分，初則七日八分，十四日七分，二十一日六分，二十八日五分；末則七日一分，十四日二分，二十一日三分，二十八日四分。雖初稍弱而末微强，餘差止一，理勢兼舉，皆今有轉差〔九五〕，各隨其數。若恒筭所求，七日與二十一日得初、衰數，而末初加隱而不顯，且數與平行正等，亦初末有數而恒筭所無。其十四日、二十八日既初末數存，而虚衰亦顯，其數當去，恒法不見。

求朔弦望之辰所加：

定餘半朔辰五十一大以下，爲加子過；以上，加此數，乃朔辰而一，亦命以子，十二筭外，又加子初。以後其求入辰强弱，如氣。

求入辰法度：

度法，四萬六千六百四十四。

周數，千七百三萬七千七十六。

周分，萬二千一十六。

轉，十三。

篾，三百五十五。

周差，六百九半。

在日謂之餘通，在度謂之篾法，亦氣爲日法、爲度法，隨事名異，其數本同。女末接虚，謂之周分。變周從轉，謂之轉。晨昏所距日在黄道中，準度赤道計之。

斗二十六〔九六〕　牛八　女十二　虚十　危十七　室十六　壁九

北方玄武七宿，九十八度〔九七〕。

奎十六　婁十二　胃十四　昴十一　畢十六　觜二〔九八〕　參九

西方白虎七宿，八十度。

井三十三　鬼四　柳十五　星七　張十八　翼十八　軫十七

南方朱雀七宿，百一十二度。

角十二　亢九　氐十五　房五　心五　尾十八　箕十一

東方蒼龍七宿，七十五度。

前皆赤道度，其數常定，紘帶天中，儀極攸準。

推黃道術：

準冬至所在爲赤道度，後於赤道四度爲限〔九九〕。初數九十七，每限增一，以終百七。其三度少弱，平，乃初限百九，亦每限增一〔一〇〇〕，終百一十九〔一〇一〕，春分所在；因百一十九，每限損一〔一〇二〕，又終百九〔一〇三〕，亦三度少弱，平，乃初限百七，每限損一，終九十七，夏至所在；又加冬至後法，得秋分、冬至所在數。各以數乘其限度，百八而一〔一〇四〕，累而總之，即皆黃道度也。度有分者，前後輩之〔一〇五〕，宿有前却，度亦依體，數逐差遷，道不常定，準令爲度，見步天行，歲久差多，隨術而變。

斗二十四〔一〇六〕　牛七　女十一半　虛十　危十七　室十七　壁十

北方九十六度半〔一〇七〕。

奎十七　婁十三　胃十五　昴十一　畢十五半　觜二　參九〔一〇八〕

西方八十二度半〔一〇九〕。

井三十　鬼四　柳十四半　星七　張十七　翼十九　軫十八

南方一百九度半。

角十三　亢十　氐十六　房五　心五　尾十七　箕十半〔一一〇〕

東方七十六度半。

前見黃道度〔一一一〕，步日所行。月與五星出入，循此。

推月道所行度術：

準交定前後所在度半之，亦於赤道四度爲限，初十一，每限損一，以終於一。其三度强〔一一二〕，平。乃初限數一，每限增一，亦終十一，爲交所在。即因十一，每限損一，以終於一。亦三度强〔一一三〕，平。又初限數一，每限增一，終於十一，復至交半，返前表裏。仍因十一增損，如道得後交及交半數。各積其數，百八十而一，即道所行每與黃道差數。其月在表，半後交前，損減增加〔一一四〕；交後半前，損加增減於黃道。其月在裏，各返之，即得月道所行度。其限未盡四度，以所直行數乘入度，四而一。若月在黃道度，增損於黃道之表裏，不正當於其極，可每日準去黃道度，增損於黃道，而計去赤道之遠近，準上黃道之率以求之，遁伏相消〔一一五〕，朓朒互補，則可知也。積交差多，隨交爲正。其五星先候，在月表裏出入之漸，又格以黃儀，準求其限。若不可推明者，依黃道命度。

推日度術：

置入元距所求年歲數乘之，爲積實，周數去之，不盡者，滿度法得積度，不滿爲分。以冬至餘減分，命積度以黃道起於虛一宿次除之，不滿宿筭外，即所求年天正冬至夜半日所在度及分。

求年天正定朔度：

以定朔日至冬至每日所入先後，餘爲分，日爲度。加分以減冬至度，即天正定朔夜半日在所度分〔一一六〕。亦去朔日乘衰總已通者，以至前定氣除之，又如上求差加以并去朔日乃減度，亦即天正定朔日所在度。皆日爲度，餘爲分。其所入先後及衰總用增損者，皆分前增、分後損其平日之度。

求次日：

每日所入先後分增損度，以加定朔度，得夜半。

求弦望：

去定朔每日所入分，累而增損去定朔日，乃加定朔度，亦得其夜半。

求次月：

曆筭大月三十日，小月二十九日，每日所入先後分增損其月，以加前朔度，即各夜半所在至虛去周分。

求朔弦望辰所加：

各以度準乘定餘，約率而一，爲平分。又定餘乘其日所入先後分，日法而一，乃增損其平分，以加其夜半，即各辰所加。其分皆篾法約之，爲轉分，不成爲篾。凡朔辰所加者，皆爲合朔日月同度。

推月而與日同度術〔一七〕：

各以朔平會加減限數加減朓朒，爲平會朓朒。以加減定朔〔一八〕，度準乘，約率除，以加減定朔辰所加日度，即平會辰日所在。又平會餘乘度準，約率除，減其辰所在，爲平會夜半日所在。乃以四百六十四半乘平會餘，亦以周差乘，朔實除，從之，以減夜半日所在，即月平會夜半所在。三十七半乘平會餘，增其所減，以加減半，得月平會辰平行度。五百二乘朓朒，亦以周差乘，朔實除而從之，朓減、朒加其平行，即月定朔辰所在度，而與日同。若即以平會朓朒所得分加減平會辰所在，亦得同度。

求月弦望定辰度：

各置其弦望辰所加日度及分，加上弦度九十一，轉分十六，篾三百一十三；望度百八十二，轉分三十二，篾六百二十六；下弦度二百七十三，轉分四十九，篾四十二〔一一九〕，皆至虛，去轉周求之。

定朔夜半入轉：

經朔夜半所入準於定朔日有增損者，亦以一日加減之，否者因經朔爲定。其因定求朔次日、弦望、次月夜半者，如於經月法爲之。

推月轉日定分術：

以夜半入轉餘乘逡差，終法而一，爲見差。以息加、消減其日逡分，爲月每日所行逡定分。

求次日：

各以逡定分加轉分，滿轉法從度，皆其夜半。因日轉若各加定日，皆得朔、弦望夜半月所在定度〔一二〇〕。其就辰加以求夜半，各以逡分〔一二一〕，消者，定餘乘差，終法除，并差而半之；息者，半定餘以乘差，終法而一。皆加所減，乃以定餘乘之，日法而一，各減辰所加度，亦得其夜半度。因夜半亦如此求逡分，以加之，亦得辰所加度。諸轉可初以逡分及差爲箋，而求其次，皆訖，乃除爲轉分。因經朔夜半求定辰度者，以定辰去經朔夜半減〔一二〕，而求其增損數，乃以數求逡定分，加減其夜半，亦各定辰度。

求月晨昏度：

如前氣與所求每日夜漏之半，以逡定分乘之〔一三〕，百而一，爲晨分；減逡定分，爲昏分。除爲轉度，望前以昏，後以晨，加夜半定度，得所在。

求晨昏中星：

各以度數加夜半定度，即中星度。其朔、弦、望，以百刻乘定餘，滿日法得一刻，即各定辰近入刻數。皆減其夜半漏，不盡爲晨，初刻不滿者屬昨日。

復月，五千四百五十八。

交月，二千七百二十九。

交率，四百六十五。

交數，五千九百二十三。

交法，七百三十五萬六千三百六十六。

會法，五十七萬七千五百三十。

交復日，二十七。　餘，二百六十三。　秒，三千四百三十五。

交日，十三。餘，七百五十二〔一二四〕。秒，四千六百七十九。

交限，日，十二〔一二五〕。餘，五百五十五〔一二六〕。秒，四百七十三半。

望差，日，一。餘，百九十七。秒，四千二百五半〔一二七〕。

朔差，日，二。餘，三百九十五。秒，二千四百八十八〔一二八〕。

會限，百五十八。餘，六百七十六。秒，五十半。

會日，百七十三。餘，三百八十四。秒，二百八十三。

推月行入交表裏術：

置入元積月，復月去之，不盡，交率乘而復去〔一二九〕，不如復月者，滿交月去之，爲在裏數；不滿爲在表數，即所求年天正經入交表裏數〔一三〇〕。

求次月：以交率加之，滿交月去之，前表者在裏，前裏者在表。

入交日	去交衰	衰積
一日	進十四	衰始
二日餘百九十八以下食限	進十三	十四
三日	進十一半	二十七
四日	進九半	三十八半

五日	進七	四十八〔一三一〕
六日	進四	五十五
七日	進二退二〔一三二〕四進强一退弱	五十九
八日	退二	六十六十又一分一分當日退〔一三三〕
九日	退五	五十八
十日	退八	五十三
十一日	退十半	四十五
十二日	退十二半	三十四半〔一三四〕
十三日餘五百五十五以上食限	退十三半	二十二
十四日	退十四小三退强二進弱〔一三五〕	八半

推月入交日術：

以朔實乘表裏數，爲交實，；滿交法爲日，不滿者交數而一，爲餘，不成爲秒〔一三六〕，命日筭外，即其經朔月平入交日餘〔一三七〕。

求望：以望差加之，滿交日去之，則月在表裏與朔同；不滿者與朔返。其月食者，先交與當月朔，後交與月朔表裏同〔一三八〕。

求次月：朔差加月朔所入，滿交日去之，表裏與前月返〔一三九〕；不滿者，與前月同。

求經朔望入交常日：

以月入氣朔望平會日遲速定數，速加、遲減其平入交日餘，爲經交常日及餘。

求定朔望入交定日：

以交率乘定朓朒，交數而一，所得以朓減、朒加常日餘，即定朔望所入定日及餘〔一四〇〕。其去交如望差以下〔一四一〕、交限以上者月食，月在裏者日食〔一四二〕。

推日入會日術〔一四三〕：

會法除交實爲日，不滿者，如交率爲餘，不成爲秒，命日筭外，即經朔日入平會日及餘。

求望：加望日及餘，次月加經朔，其表裏皆準入交。

求入會常日：以交數乘月入氣朔望所平會日遲速定數〔一四四〕，交率而一，以速加、遲減其入平會日餘，即所入常日餘。亦以定朓朒，而朓減、朒加其常日餘〔一四五〕，即日定朔望所入會日及餘。皆滿會日去之，其朔望去會，如望以下〔一四六〕、會限以上者，亦月食；月在日道裏則日食。

求月定朔望入交定日夜半：

交率乘定餘，交數而一，以減定朔望所入定日餘，即其夜半所定入。

求次日：以每日遲速數，分前增、分後損定朔所入定日餘，以加其日，各得所入定日及餘。

求次月：加定朔，大月二日，小月一日，皆餘九百七十八〔一四七〕，秒二千四百八十八。各以一月遲速數，分前增、分後損其所加，爲定。其入七日，餘九百九十七，秒二千三百三十九半以下者，進；其入此以上，盡全餘二百四十四，秒三千五百八十三半者，退。其入十四日，如交餘及秒以下者，退；其入此以上，盡全餘四百八十九，秒千二百四十四者，進而復也。其要爲五分，初則七日四分，十四日三分；末則七日後一分〔一四八〕，十四日後二分，雖初强末弱，衰率有檢。

求月入交去日道：皆同其數，以交餘爲秒積，以後衰并去交衰，半之，爲通數〔一四九〕。進則秒積減衰法〔一五〇〕，以乘衰，交法除，而并衰以半之；退者，半秒積以乘衰，交法而一〔一五一〕；皆加通數，秒積乘，交法除，所得以進退衰積，十而一爲度，不滿者求其强弱，則月去日道數。月朔望入交，如限以上〔一五二〕，減交日，殘爲去後交數；如望差以下即爲去先交數〔一五三〕。有全日同爲餘，各朔辰而一，得去交辰。其月在日道裏，日應食而有不食者；月在日不應食而亦有食者〔一五四〕。

推應食不食術：

朔先後在夏至十日內，去交十二辰少；二十日內，十二辰半；一月內，十二辰大；閏四月、六月，十三辰以上，加南方三辰。若朔在夏至二十日內，去交十三辰，以加辰申半以南四辰；閏四月、六月〔一五五〕，亦加四辰；穀雨後、處暑前，加三辰；清明後、白露前，加巳半以西、未半以東二辰；春分前，加午一辰〔一五六〕。皆去交十三辰半以上者，並或不食。

推不應食而食術：

朔在夏至前後一月內，去交二辰；四十六日內，一辰半，以加二辰；又一月內，亦一辰半，加三辰及加四辰〔一五七〕，與四十六日內加三辰；穀雨後、處暑前，加巳少後、未太前；清明後、白露前，加二辰；春分後、秋分前〔一五八〕，加一辰。皆去交半辰以下者，並得食。

推月食多少術：

望在分後，以去夏至氣數三之；其分前，又以去分氣數倍而加分後者〔一五九〕；皆又以十加去交辰，倍而并之〔一六〇〕，減其去交餘，爲不食定餘。乃以減望差，殘者九十六而一，不滿者求其强弱，亦如氣辰法，以十五爲限，命之，即各月食多少。

推日食多少術：

月在內者，朔在夏至前後二氣，加南二辰，增去交餘一辰太；加三辰，增一辰少；加四辰，增太。三氣内，加二辰，增一辰〔一六一〕；加三辰，增太；加四辰，增少。四氣内，加二辰，增太；加三辰及五氣内〔一六二〕，加二辰，增少〔一六三〕。自外所加辰，立夏後、立秋前，依本其四氣内加四辰〔一六四〕，五氣内加三辰，六氣内加二辰。六氣内加二辰者〔一六五〕，亦依平。自外所加之北諸辰，各依其去立夏、立秋、白露數〔一六六〕，隨其依平辰，辰北每辰以其數三分減去交餘；雨水後、霜降前，又半其去二分日數〔一六七〕，以加二分去二立之日，乃減去交餘；其在冬至前後，更以去霜降、雨水日數三除之，以加霜降、雨水當氣所得之數〔一六八〕，而減去交餘，皆爲定不食餘。以減望差，乃如月食法。

月在外者，其去交辰數，若日氣所繫之限，止一而無等次者，加所去交辰一〔一六九〕，即爲食數。若限有等次，加別繫同者，隨所去交辰數而返其衰，以少爲多，以多爲少，亦加其一，以爲食數。皆以十五爲限，乃以命之，即各日之所食多少。

凡日食月行黄道，體所映蔽，大較正交如累璧，漸減則有差，在内食分多，在外無損。雖外全而月下，内損而更高，交淺則閒遥；交深則相搏而不淹。因遥而蔽多，所觀之地又偏，所食之時亦別。月居外道，此不見虧，月外之人反以爲食。交分正等，同在南方，冬損則多，夏虧乃少。假均冬夏，早晚又殊。處南辰體則高，居東西傍而下視有邪正。理不可一，由準率若實而違。古史所詳，事有紛互，今故推其梗槩，求者知其指歸。苟地非於陽城，皆隨所而漸異。然月食以月行虛道，暗氣所衝，日有暗氣，天有虛道，正黄道常與日對，如鏡居下，魄耀見陰，名曰暗虛，奄月則食，故稱「當月月食，當星星亡」。雖夜半之辰，子午相對，正隔於地，虛道即虧。既月兆日光，當午更耀，時亦隔地，無廢禀明。諒以天光神妙，應感玄通，正當夜半，何害虧禀。月由虛道，表裏俱食。日之與月，體同勢等，校其食分，月盡爲多，容或形差，微增虧數，踈而不漏，綱要克舉。

推日食所在辰術：

置定餘，倍日限，克減之，月在裏，三乘朔辰爲法，除之，所得以艮、巽、坤、乾爲次，命艮筭外，不滿法者半法減之，無可減者爲前，所減之殘爲後，前則因餘，後者減法，各爲其率。乃以十加去交辰，三除之，以乘率，十四而一，爲差。其朔所在氣二分前後一氣内，即爲定差。近冬至，以去寒露、驚蟄，近夏至，以去清明、白露氣數〔一七〇〕，倍而三除去交辰，增之〔一七一〕。近冬至，艮、巽以加，坤、乾以減；近夏至，艮、巽以減，坤、乾以加其差爲定差。乃艮以坤加，巽以乾減定餘〔一七二〕。月在外，直三除去交辰，以乘率，十四而一，亦爲定差。艮、坤以減，巽、乾以加定餘，皆爲食餘。如氣求入辰法，即日食所在辰及小大〔一七三〕。其求辰刻，以辰克乘辰餘〔一七四〕，朔辰而一，得刻及分。若食近朝夕者，以朔所入氣日之出入刻，校食所在，知食見否之少多所在辰，爲正見。

推月食所在辰術：

三日阻減望定餘半〔一七五〕。置望之所入氣日〔一七六〕，不見刻，朔日法乘之，百而一，所得若食餘與之等、以下，又以此所得減朔日法，其殘食餘與之等、以上，爲食正見數。其食餘亦朔辰而一，如求加辰所在。又如前求刻校之，月在衝辰食，日月食既有起訖晚早，亦或變常進退，皆於正見前後十二刻半候之。

推日月食起訖辰術：

準其食分十五分爲率，全以下各爲衰。十四分以上，以一爲衰。以盡於五分，每因前衰，每降一分，積衰增二，以加於前，以至三分，每積增四。二分每增四〔一七七〕，二分增六，一分增十九，皆累筭爲各衰。三百爲率，各衰減之，各以其殘乘朔日法，皆率而一，所得爲食衰數。其率全，即以朔日法爲衰數，以衰數加減食餘，其減者爲起，加者爲訖，數亦如氣。求入辰法及求刻：以加減食所刻等，得起訖晚早之辰，與校正見多少之數。史書虧復起訖不同，今以其全一辰爲率。

推日月食所起術：

月在內者〔一七八〕，其正南，則起右上，虧左上；若正東，月自日上邪北而下；其在東南維前，東向望之，初不正，橫，月高日下；乃月稍西北，日漸東南；過於維後，南向望之，月更北，日差西南。以至於午之後，亦南望之，月歙西北，日復東南。西南維後，西向而望，月爲東北，日則西南。正西，自日北下邪虧，而亦後不正，横，月高日下。若食十二分以上〔一七九〕，起右虧左〔一八〇〕。其正東，起上近虧下而北〔一八一〕；午前則漸自上邪下。維西，起西北，虧東南。維北，起西南，虧東北；午後則稍從下傍下。維東，起西南，虧東北。維北〔一八二〕，虧東南。在東則以上爲東，在西則以下爲西。

月在外者，其正南，起右下，虧左上。在正東，月自日南邪下而映。維北，則月微東南，日返西。維西南，日稍移東北，以至於午，月南日北，過午之後，月稍東南，日更西北。維北，月有西南，日復東北。正西，月自日下邪南而上。皆準此體以定起虧，隨其所處，每用不同。其月之所食，皆依日虧起，每隨類反之，皆與日食限同表裏，而與日返其逆順，上下過其分〔一八三〕。

五星：

歲爲木。　熒惑爲火。　鎮爲土。　太白爲金〔一八四〕。　辰爲水。

木數，千八百六十萬五千四百六十八。

伏半平，八十三萬六千八百四十八。

復日，三百九十八；餘，四萬一千一百五十六。

歲一，殘日，三十三；餘，二萬九千七百四十九半〔一八五〕。

見去日，十四度。

平見，在春分前，以四乘去立春日；小滿前，又三乘去春分日，增春分所乘者；白露後〔一八六〕，亦四乘去寒露日；小暑，加七日〔一八七〕。小雪前，以八乘去寒露日；冬至後，以八乘去立春日，爲減，小雪至冬至減七日。

見，初日行萬一千八百一十八分，日益遲七十分〔一八八〕，百一十日行十八度、分四萬七百三十八而留。二十八日乃逆，日退六千四百三十六分，八十七日退十二度、分二百四〔一八九〕。又留二十八日。初日行四千一百八十八分，日益疾七十分，百一十日亦行十八度、分四萬七百三十八而伏。

火數，三千六百三十七萬七千五百九十五。

伏半平，三百三十七萬九千三百二十七半。

復日，七百七十九；餘，四萬一千九百一十九。

歲再，殘日，四十九；餘，萬九千一百六。

見去日，十六度。

平見，在雨水前，以十九乘去大寒日；清明前，又十八乘去雨水日，增雨水所乘者；夏至後〔一九〇〕，以十六乘去處暑日；小滿後，又十五日〔一九一〕；寒露前，以十八乘去白露日；小雪前，又十七乘去寒露所乘者〔一九二〕；大雪後，二十九乘去大寒日，爲減，小雪至大雪減二十五日。

見，初在冬至，則二百三十六日行百五十八度，以後日度隨其日數增損各一：盡三十日，一日半損一〔一九三〕；又八十六日，二日損一；復三十八日，同；又十五日，三日損一；復十二日，同；又三十九日，三日增一；又二十四日，二日增一；又五十八日，一日增一〔一九四〕；復三十三日，同；又三十日，二日損一，還終至冬至，二百三十六日行百五十八度。其立春盡春分，夏至盡立夏〔一九五〕，八日減一日；春分至立夏，減六日；立秋至秋分，減五度，各其初行日及度數。白露至寒露，初日行半度，四十日行二十度。以其殘日及度，計充前數，皆差行，日益遲二十分，各盡其日度乃遲，初日行分二萬二千六百六十九，日益遲一百一十分，六十一日行二十五度、分萬五千四百九。初減度五者，於此初日加分三千八百二十三、箋十七；以遲日爲母，盡其遲日行三十度，分同，而留十三日。

前減日分於二留，乃逆，日退分萬二千五百二十六、六十三日退十六度〔一九六〕、分四萬二千八百三十四。又留十三日而行，初日萬六千六十九，日益疾百一十分，六十一日行二十五度、分萬五千四百九。立秋盡秋分，增行度五，加初日分同前，更疾。在冬至則二百一十三日行百三十五度：盡三十六日，一日損一；又二十日，二日損一；復二十四日，同；又五十四日，三日日增一〔一九七〕；又十二日，二日增一〔一九八〕；又四十二日，一日增一；又十四日，一日增一半；又十二日，增一〔一九九〕；復四十五日，同；又一百六日，二日損一，亦終冬至二百一十三日，行百三十五度。

前增行度五者，於此亦減五度，爲疾日及數。其立夏盡夏至日，亦日行半度〔二〇〇〕，六十日行三十度。夏至盡立秋，亦初日行半度，四十日行二十度。其殘亦計充如前，皆差行，日益疾二十分〔二〇一〕，各盡其日度而伏。

土數，千七百六十三萬五千五百九十四。

伏半平，八十六萬四千九百九十五。

復日，三百七十八；餘，四千一百六十二。

歲一，殘日，十二；餘，三萬九千三百九十九半。

見去日，十六度半。

平見，在大暑前，以七乘去小滿日；寒露後，九乘去小雪日，爲加，大暑至寒露加八日。小寒前，以九乘去小雪日；雨水後，以四乘去小滿日；立春後，又三乘去雨水日，增雨水所乘者，爲減，小寒至立春減八日。

見，日行分四千三百六十四，八十日行七度、分二萬二千六百一十二而留三十九日乃逆〔二〇二〕，日退分二千八百二十，百三日退六度、分萬五百九十六。又留三十九日，亦行分日四千三百六十四，八十日行七度、分二萬二千六百一十二而伏〔二〇三〕。

金數，二千七百二十三萬六千二百八。

晨伏半平，百九十五萬七千一百四。

復日，五百八十三；餘，四萬二千七百五十六。

歲一，殘日，二百一十八；餘，三萬一千三百四十九半。

夕見伏，二百五十六日。

晨見伏，三百二十七日〔二〇四〕；餘與復同。

見去日，十一度。

夕平見，在立秋前，以六乘去芒種日；秋分後，以五乘去小雪日；小雪後，又四乘去大雪日，增小雪所乘者，爲加，立秋至秋分加七日。立春前，以五乘去大雪日；雨水前，又四乘去立春日，增立春所乘者；清明後，以六乘去芒種日，爲減，雨水至清明減七日。

晨平見，在小寒前，以六乘去冬至日〔二〇五〕；立春前，又五乘去小寒日〔二〇六〕，增小寒所乘者；芒種前，以六乘去夏至日〔二〇七〕；立夏前，又五乘去芒種日〔二〇八〕，增芒種所乘者，爲加，立春至立夏加五日。小暑前，以六乘去夏至日〔二〇九〕；立秋前，又五乘去小暑日〔二一〇〕；增小暑所乘者；大雪後，以六乘去冬至日〔二一一〕；立冬後，又五乘去大雪日〔二一二〕，增大雪所乘者，爲減，立秋至立冬減五日。

夕見，百七十一日行二百六度。其穀雨至小滿、寒露〔二一三〕，皆十日加一度；小滿至白露，加三度。乃十二日行十二度。冬至後，十二日減日度各一，雨水盡夏至〔二一四〕，日度七；夏至後六日增一。大暑至立秋，還日度十二；至寒露，日度二十二，後六日減一。自大雪盡冬至，又日度十二而遲。日益疾五百二十分〔二一五〕，初日行分二萬三千七百九十一、篾三十五〔二一六〕，行日爲母，四十三日行三十二度。

前加度者，此依減之。留九日乃逆，日退太半度，九日退六度，而夕伏晨見。日退太半度，九日退六度。復留，九日而行，日益遲五百二十分〔二一七〕，初日行分四萬五千六百三十一、篾三十五〔二一八〕，四十三日行三十二度〔二一九〕。芒種至小暑，大雪至立冬，十五日減一度；小暑至立冬，減二度。又十二日行十二度。冬至後，十五日增日度各一〔二二〇〕。驚蟄至春分，日度十七，後十五日減一〔二二一〕，盡夏至，還日度十二。後六日減一，至白露，日度皆盡。霜降後，五日增一，盡冬至，又日度十二。乃疾，百七十一日行二百六度〔二二二〕。前減者，此亦加之，而晨伏。

水數，五百四十萬五千六。

晨伏半平，七十九萬九十九。

復日〔二三〕，百一十五；餘，四萬九百四十六。

夕見伏，五十一日。

晨見伏，六十四日；餘與復同。

見去日，十七度。

夕應見，在立秋後小雪前者不見〔二四〕；其白露前立夏後〔二五〕，時有見者。

晨應見，在立春後小滿前者不見〔二六〕；其驚蟄前立冬後，時有見者。

夕見，日行一度太，十二日行二十度。小暑至白露，行度半，十二日行十八度，乃八日行八度〔二七〕。大暑後，二日去度一，訖十六日，而日度俱盡。而遲，日行半度，四日行二度。益遲，日行少半度，三日行一度。前行度半者，去此益遲。乃留四日而夕伏晨見，留四日，爲日行少半度，三日行一度。大寒至驚蟄，無此行，更疾，日行半度；四日行二度；又八日行八度〔二八〕。亦大寒後，二日去度一；訖十六日；亦日度俱盡。益疾，日行一度太，十二日行二十度。初無遲者，此行度半，十二日行十八度而晨伏。

推星平見術：

各以伏半減積半實[二二九]，乃以其數去之；殘返減數，滿氣日法爲日，不滿爲餘，即所求年天正冬至後平見日餘。金、水滿晨見伏日者，去之，晨平見。求平見月日：以冬至去定朔日、餘，加其後日及餘，滿復日又去，起天正月，依定大小朔除之，不盡筭外日，即星見所在。求後平見，因前見去其歲一、再，皆以殘日加之，亦可。其復日，金、水準以晨夕見伏日，加晨得夕，加夕得晨[二三〇]。

求常見日：以轉法除所得加減者，爲日；其不滿，以餘通乘之，爲餘；并日，皆加減平見日、餘，即爲常見日及餘。

求定見日：以其先後已通者，先減、後加常見日，即得定見日餘。

求星見所在度：

置星定見、其日夜半所在宿度及分，以其日先後餘，分前加、分後減氣日法，而乘定見餘，氣日法而一所得加夜半度分，乃以星初見去日度數，晨減、夕加之，即星初見所在宿度及分。

求次日：各加一日所行度及分。其有益疾、遲者副置一日行分[二三一]，各以其分疾增、遲損，乃加之[二三二]。有篾者，滿法從分，其母有不等，齊而進退之。留即因前，逆則依減，入虛去分，逆出先加[二三三]。皆以篾法除，爲轉分；其不盡者，仍謂之篾，各得每日所在知去日度〔一三四〕，增以日所入先後分，定之。諸行星度求水其外內〔一三五〕，準月行增損黃道而步之；不明者，依黃道而求所去日度。先後分亦分明前加後減。其金、火諸日度，計數增損定之者。其日少度多，以日減度之殘者，與日多度少之度，皆度法乘之，日數而一，所得爲分。不滿篾，以日數爲母。日少者以分并減之一度，日多者直爲度分，即皆一日平行分。其差行者，皆減所行日數一，乃半其益疾、益遲分而乘之，益疾以減，益遲以加一日平行分，皆初日所行分。有計日加減，而日數不滿，未得成度者，以氣日法若度法乘，見已所行日即日數除之，所得以增損其氣日疾法，爲日及度。其不成者，亦即爲篾。其木、火、土，晨有見而夕有伏；金、水即夕見，還夕伏，晨見即晨伏。然火之初行及後疾，距冬至日計日增損日度者，皆當先置從冬至日餘數，累加於位上，以知其去冬至遠近，乃以初見與後疾初日去冬至日數而增損定之，而後依其所直日度數行之也。

校勘記

〔一〕然孝孫初造皆有意　本句文意不足，應有奪文。

〔二〕積一百萬八千八百四十筭　「積」，原作「稱」，據文意改。

〔三〕朔辰百三半　「辰」，原作「晨」，據至順本改。錢大昕考異卷三三：「『晨』當作『辰』，今人所謂時也，以十二除朔日法得之。氣朔日法各不同，故朔辰與氣辰數亦異。要皆十二分日法之一也。」

〔四〕餘百八十四　據文意，「四」當作「三大」。

〔五〕餘九百五十半下弦加五十九　「餘九百五十半下弦」八字與上文重出，當是衍文。錢大昕考異卷三三略同。又，「加五十九」當作「後月朔加日二十九、餘六百五十九」。

〔六〕若所因之餘滿全餘以上　據文意，後「餘」字疑是衍文。

〔七〕即因餘少於全餘者　據文意，後「餘」字疑是衍文。

〔八〕秒篾成法　據文意，「法」下應奪「從分餘」三字。

〔九〕日度有所滿　「日」，原作「百」，據至順本、汲本改。

〔一〇〕子乘而并之　據文意，「乘」下應奪「母」字。

〔一一〕以彼所法之母乘此分餘　「此」下原有「而」字，據文意刪。

〔一二〕三百三十八　「三」，原作「四」，汲本作「三」，與推算合，今據改。

〔一三〕又度準乘朔餘　「度準」，原作「準度」，據文意乙正。

〔一四〕九爲太　錢大昕考異卷三三：「此『太』字當作『大』。」按，上文稱八爲大少，「亦曰太」，下文十爲大太，作「大」更合上下文意。

〔一五〕每加日十五餘萬一百九十二秒三十七　「二」字原闕。錢大昕考異卷三三：「此二十四氣恒日及餘也。置歲數，以二十四約之，又以氣日法收之，得十五日萬一百九十二分又四十八分之三十七也。當云『餘萬一百九十二』。脱『二』字。」今據補。

〔一六〕陟四十三　「四」，原作「五」。錢大昕考異卷三三：「當云『陟四十三』。」今據改。

〔一七〕降五十　「降」，原作「陟」，據文意改。

〔一八〕速二百八　「八」字原闕，據推算補。

〔一九〕先二十八　「二十八」，原作「後端」，據文意改。

〔二〇〕陟五十　「陟」，原作「降」，據文意改。

〔二一〕遲本　「本」，原作「九十」，據至順本改。

〔二二〕增二十四　「四」字原闕，據推算補。

〔二三〕後二十八　「二十八」，原作「五十二」，據推算改。

〔二四〕陟四十三　「四十三」，原作「三十六」，據推算改。

〔二五〕遲五十　「五十」，原作「九十三」，據推算改。

〔二六〕陟四十三　「三」，原作「四」，據推算改。

〔二七〕遲一百六十五　「五」，原作「九」，據推算改。

〔二八〕降五十　「降」，原作「陟」，據文意改。

〔二九〕降四十三　「降」，原作「陟」，據文意改。

〔三〇〕遲一百六十五　「五」，原作「三」，據推算改。

〔三一〕乃別差加之　據文意，「乃」當作「半」。

〔三二〕即以總差加末率　據文意，「率」下應奪「半別差減之」五字。

〔三三〕及差漸加初率　據文意，「及」下應奪「別」字。

〔三四〕以加總率　「加」字原闕，據文意補。

〔三五〕入限自乘再乘別差　「自乘」二字原闕；「別差」，原作「差別」，據李儼中算家的內插法研究補正。

〔三六〕所乃躔衰如陟降率　「率」字原闕，據文意補。

〔三七〕其所曆日皆以先加之　據文意，「加」當作「減」。

〔三八〕以後減之　據文意，「減」當作「加」。

〔三九〕以加二氣　「氣」字原闕，據文意補。

〔四〇〕滿一十二日　「一十」二字原闕，據推算補。

〔四一〕秒十麽二　「二」字原闕，據推算補。

〔四二〕夜五十九刻八十六分　此九字原闕，據推算補。

〔四三〕武始交　「武」，當作「虎」，唐人諱改。

〔四四〕分四十三　「三」，原作「二」，汲本作「三」，與推算合，今據改。

〔四五〕轉分四十七　據推算，「四十七」應作「三十四半」。

〔四六〕八十三度十六　據推算，「六」應作「五」。

〔四七〕九十八半　「九十八」，原作「八十六」，汲本作「九十八」，與推算合，今據改。

〔四八〕八十七度四十九　據推算，「四十九」應作「五十」。

〔四九〕九十一度三十六　「三十六」，原作「四十八」，據推算改。

〔五〇〕百一十三度二十五　據推算，「二十五」下應奪「半」字。

〔五一〕百一十八度四十　據推算，「四十」下應奪「一」字。

〔五二〕百一十三度二十五　據推算，「五」下應奪「半」字。

〔五三〕二十刻三半　「半」字原闕，據推算補。

〔五四〕二十一刻二十二半　「二十二」，原作「二十三」，據推算改。

〔五五〕羣鳥養羞　「羣鳥」，原作「鸎」，據汲本改。按，「羣鳥養羞」語出呂氏春秋卷八仲秋紀。魏書卷一〇七上律曆志上、舊唐書卷三三曆志二、新唐書卷二八上曆志四上正作「玄鳥歸，羣鳥養羞」。

〔五六〕百度三十七半　「三」，原作「二」，據推算改。

〔五七〕八十七度五十　「五十」，原作「三十九」，據推算改。

〔五八〕二十六刻七十六　「七」，原作「九」，據推算改。

〔五九〕曷旦不鳴　「不」字原闕。本句魏書卷一〇七上律曆志上作「鶡旦不鳴」，舊唐書卷三三曆志二、新唐書卷二八上曆志四上作「鶡鳥不鳴」，呂氏春秋卷一一仲冬紀作「鶡鴠不鳴」。今據補。

〔六〇〕八十三度十六　據推算，「六」應作「五」。

〔六一〕十二除百刻　此五字重出，當是衍文。

〔六二〕二至前後一氣之末日　「二」下原有「望」字，據文意刪。

〔六三〕稍增爲十二半　據推算，「十二半」應作「十一」。

〔六四〕終於二十大　據推算，「大」應作「少」。

〔六五〕五氣亦少增　「少」，汲本作「稍」。

〔六六〕初日三十六太　據推算，「太」字應爲衍文。

〔六七〕終四十一少　據推算，「少」字應爲衍文。

〔六八〕終於四十二　據推算，「二」下應奪「少」字。

〔六九〕各得入氣夜半定刻　「夜半定刻」，原作「夜之半刻」，據文意改。

〔七〇〕不盡爲晨去度　「晨」，原作「辰」，據文意改。

〔七一〕冬減夏加　「冬」，原作「各」，據文意改。

〔七二〕而度冬加夏減　「冬」，原作「各」，據文意改。

〔七三〕其二十八日者加全餘爲夜半入初日餘　「其」，原作「且」，據文意改。

〔七四〕秒九百九十八小　「九百九十八」，原作「八百九十七」，據推算改。

〔七五〕求月平應會日所入　據文意，「應」字應在「平」上。

〔七六〕速差　「速」，原作「違」，據文意改。

〔七七〕朓二百三十四　「三」，原作「四」，據推算改。

〔七八〕七百三十八　「三」，原作「四」，據推算改。

〔七九〕消十二　「二」，原作「三」，據推算改。

〔八〇〕加五減秒太八加一減　「太」下原有「九分」二大字，據推算删。

〔八一〕減五十六加十六七減二加　「七減」，原作「減七」，據文意乙正。

〔八二〕減十　「十」下原有「七」字，據推算删。

〔八三〕七百三十二　「二」，原作「一」，據推算改。

〔八四〕朒三百八十一　「一」字原闕，據推算補。

〔八五〕七百六十六篾四　「四」字原闕，據推算補。

〔八六〕三十一太全餘　「三」，原作「四」，據推算改。

〔八七〕限并後限而半之爲通率　據文意，前「限」字疑衍，「爲」字下應奪「前多者」三字。

〔八八〕又二限相減爲限衰　據文意，後「限」字下應奪「以減前多者爲前少者通率」十一字。

〔八九〕日法而一　據文意,「日」應作「終」。

〔九〇〕半之以乘限衰　「之」字原闕,據文意補。

〔九一〕變餘乘之日法而一　據文意,「日」應作「終」。

〔九二〕亦因前多以通率數爲半衰而減之　據文意,本句當作「亦因前限,前多,以通率爲初數,半衰而減之」。

〔九三〕其入七日餘二千一十一　「日」,原作「百」,據文意改。

〔九四〕二十八日始終餘以下爲初數　據文意,「始」應爲衍文。

〔九五〕皆今有轉差　「今」,疑是「令」之訛文。

〔九六〕斗二十六　據推算,此四字下應奪「一萬二千一十六分」八字。

〔九七〕北方玄武七宿九十八度　據推算,「度」下應奪「一萬二千一十六分」八字。

〔九八〕觜二　「二」,原作「三」,據推算改。

〔九九〕後於赤道四度爲限　「四」,原作「西」,據文意改。

〔一〇〇〕乃初限百九亦每限增一　據推算,「九」應作「七」,「亦」字當删,「增」應作「損」。

〔一〇一〕終百一十九　據推算,「百一十九」應作「九十七」。

〔一〇二〕因百一十九每限損一　「限」字原闕,據文意補。又,據推算,「百一十九」應作「九十七」,「損」應作「增」。

〔一〇三〕又終百九　據推算，「九」應作「七」。

〔一〇四〕百八而一　據推算，「八」下應奪「十」字。

〔一〇五〕前後輩之　「後」字原闕，據文意補。

〔一〇六〕斗二十四　據推算，「四」下應奪「一萬二千一十六分」八字。

〔一〇七〕北方九十六度半　據推算，「半」應作「太」。

〔一〇八〕參九　「九」，原作「八」，據推算改。

〔一〇九〕西方八十二度半　「二」，原作「一」，據推算改。

〔一一〇〕箕十半　「半」字原闕，據推算補。

〔一一一〕前見黄道度　據文意，「見」當作「皆」。

〔一一二〕其三度强　據文意，「强」當作「弱」。

〔一一三〕亦三度强　據文意，「强」當作「弱」。

〔一一四〕損減增加　「減」字原闕，據文意補。

〔一一五〕遁伏相消　「遁」，原作「道」，據文意改。

〔一一六〕即天正定朔夜半日在所度分　據文意，「在所」當作「所在」。

〔一一七〕推月而與日同度術　據文意，「而」字應爲衍文。

〔一一八〕以加減定朔　據文意，「朔」下應奪「先後數」三字。

〔二九〕轉分四十九篾四十二　「四十九篾」四字原闕，據推算補。

〔三〇〕皆得朔弦望夜半月所在定度　「望」字原闕，據文意補。

〔三一〕各以逡分　「以」下應奪「半逡差減」四字。

〔三二〕以定辰去經朔夜半減　「朔」字原闕，據文意補。

〔三三〕如前氣與所求每日夜漏之半以逡定分乘之　「漏」字原闕，據文意補；「以」上原有「夜」字，據文意刪。

〔三四〕七百五十二　「二」，原作「三」，據推算改。

〔三五〕日十二　「二」，原作「三」，據推算改。

〔三六〕五百五十五　「五百」，原作「三百」。錢大昕考異卷三三：「『三百』當爲『五百』。」今據改。

〔三七〕四千二百五半　「半」，原作「十」，據推算改。

〔三八〕二千四百八十八　據文意，本行之下，即「朔差」與「會限」之間，應奪「望數，十四。　餘，九百五十。　秒，二百三十二半」一行。

〔三九〕交率乘而復去　據文意，「率」應作「數」。

〔四〇〕即所求年天正經入交表裏數　據文意，「經」下應奪「朔」字。

〔四一〕四十八　「四」，原作「三」，據推算改。

〔四二〕進二退一　本句原作「進五分退一分」，據文意改。

〔三三〕當日退　「退」，原作「限」，據文意改。

〔三四〕三十四半　「三」，原作「四」，據推算改。

〔三五〕三退强二進弱　「進」，原作「退」，據文意改。

〔三六〕爲餘不成爲秒　原作「成餘不爲秒」，據文意改。

〔三七〕即其經朔月平入交日餘　據文意，「餘」字應爲衍文。

〔三八〕後交與月朔表裏同　據文意，「交」下疑奪「且」字，「月」上應奪「下」字。

〔三九〕表裏與前月返　「返」，原作「進」，據文意改。

〔四〇〕即定朔望所入定日及餘　「及」字原闕，據文意補。

〔四一〕其去交如望差以下　「下」字原闕，據文意補。

〔四二〕月在裏者日食　「裏」，原作「衰」，據文意改。

〔四三〕推日入會日術　後「日」字原闕，據文意補。

〔四四〕以交數乘月入氣朔望所平會日遲速定數　「遲」下原有「違」字，據文意删。

〔四五〕而朓減朒加其常日餘　「減」字原闕，據文意補。

〔四六〕如望以下　據文意，「望」下應奪「數」字。

〔四七〕皆餘九百七十八　據推算，「九百七十八」應作「三百九十五」。

〔四八〕末則七日後一分　「分」，原作「日」，據文意改。

〔四九〕爲通數　據文意，「爲」下疑奪「進者」二字，「數」下應奪「又以二衰相減爲衰，以減進者爲退者通數」十七字。

〔五〇〕進則秒積減衰法　據文意，「衰」應作「交」。

〔五一〕交法而一　據文意，「一」下應奪「以減衰」三字。

〔五二〕如限以上　據文意，「限」上應奪「交」字。

〔五三〕如望差以下即爲去先交數　「下」字原闕，據文意補。

〔五四〕月在日不應食而亦有食者　「日」下當有「道外」二字。

〔五五〕閏四月六月　後「月」，原作「日」，據文意改。

〔五六〕春分前加午一辰　據文意，「春分前」當作「春分、秋分前後」。

〔五七〕加三辰及加四辰　據文意，「及加四」當作「去交一」。

〔五八〕春分後秋分前　據文意，「後」字應移至「前」下。

〔五九〕又以去分氣數倍而加分後者　「倍」，原作「位」，據文意改。

〔六〇〕皆又以十加去交辰倍而并之　「倍」，原作「位」；「并」字原重出，據文意删改。

〔六一〕加二辰增一辰　據文意，「一辰」後應奪「少」字。

〔六二〕加三辰及五氣内　「三」字原闕，據文意補。

〔六三〕加二辰增少　「少」，原作「小」，據文意改。

〔六四〕依本其四氣内加四辰　前「四」字原闕，據至順本、汲本補。

〔六五〕六氣内加二辰六氣内加二辰者　「六氣内加二辰」不當重出。疑爲衍文。

〔六六〕各依其去立夏立秋白露數　「白露」二字當是衍文，「立秋」下奪「日」字。

〔六七〕又半其去二分日數　「二」字原闕，據至順本、汲本補。與陳美東歷代律曆志校證推算結果合。

〔六八〕以加霜降雨水當氣所得之數　「氣」上原有「水」字，據至順本、汲本删。

〔六九〕加所去交辰一　「交」字原闕，據至順本、汲本補。

〔七〇〕以去清明白露氣數　「以去」二字原闕，據文意補。

〔七一〕倍而三除去交辰增之　「增」上原有「謂」字，據文意删。

〔七二〕乃艮以坤加巽以乾減定餘　據文意，「艮以坤加」，當作「艮、坤以加」；「巽以乾減」，當作「巽、乾以減」。

〔七三〕即日食所在辰及小大　據文意，「小大」當作「大小」。

〔七四〕以辰克乘辰餘　據文意，「克」當作「刻」，「辰」當作「食」。

〔七五〕三日阻減望定餘半　據文意，此八字疑是衍文。

〔七六〕置望之所入氣日　「置」字原闕，據文意補。

〔七七〕二分每增四　下文稱「二分增六」，此五字疑是衍文。

〔一七八〕月在内者 「内」，原作「景」，至順本作「丙」。蓋誤「内」爲「丙」，又因避唐諱改「景」，今據正。

〔一七九〕若食十二分以上 「分」字原闕，據文意補。

〔一八〇〕起右虧左 據文意，「起」上疑奪「其正南」三字。

〔一八一〕起上近虧下而北 據文意，「近」字應在「而」下。

〔一八二〕維北 據文意，本句當作「維南，起西北」。

〔一八三〕上下過其分 「下」，原作「勢」，據文意改。

〔一八四〕太白爲金 「爲」字原闕，據文意補。

〔一八五〕餘二萬九千七百四十九半 「餘」上原有「萬」字，據文意删。又，「四」，原作「三」，據推算改。

〔一八六〕白露後 據文意，「白露」上疑奪「白露前，以四乘去小暑日」十字。

〔一八七〕小暑加七日 據文意，「小暑」下應奪「前後」二字。

〔一八八〕日益遲七十分 「日」字原闕，據文意補。

〔一八九〕分二百四 「分」字原闕，據文意補。

〔一九〇〕夏至後 據文意，「夏至」上應奪「清明至夏至加二十七日」十字。

〔一九一〕小滿後又十五日 陳美東歷代律曆志校證謂「小滿」當作「處暑」；「十五日」當作「二十八乘

去白露日，減處暑所乘者」。劉洪濤古代曆法計算法則謂本句當作「小滿前後，又減十五日」。

〔九二〕又十七乘去寒露所乘者　據文意，本句當作「又十七乘去寒露日，增寒露所乘者」。

〔九三〕一日半損一　據推算，「半」字應爲衍文。

〔九四〕一日增一　「一日」二字原闕，據文意補。

〔九五〕夏至盡立夏　據文意，「立夏」應爲「立秋」之誤。

〔九六〕六十三日退十六度　前「十」字原闕，據文意補。

〔九七〕三日日增一　據文意，「日增」當作「損」。

〔九八〕二日增一　據推算，「一」下應奪「半」字。

〔九九〕又十二日增一　據文意，「增」上應奪「一日」二字。

〔二〇〇〕其立夏盡夏至日亦日行半度　據文意，本句當作「其立夏盡夏至，初日行半度」。

〔二〇一〕日益疾二十分　「日」下原有「盡」字，據文意删。

〔二〇二〕分二萬二千六百一十二而留三十九日乃逆　「二千」，原作「七千」，據推算改。

〔二〇三〕分二萬二千六百一十二而伏　「二千」，原作「七千」，據推算改。

〔二〇四〕三百二十七日　「百」，原作「日」，據推算改。

〔二〇五〕以六乘去冬至日　據推算，「六」當作「五」。

〔一〇六〕又五乘去小寒日　據推算，「五」當作「六」。

〔一〇七〕芒種前以六乘去夏至日　據推算，「前」當作「後」，「六」當作「五」。

〔一〇八〕立夏前又五乘去芒種日　據推算，「前」當作「後」，「五」當作「六」。

〔一〇九〕以六乘去夏至日　「日」字原闕，據文意補。又，據推算，「六」當作「五」。

〔一一〇〕又五乘去小暑日　據推算，「五」當作「六」。

〔一一一〕以六乘去冬至日　據推算，「六」當作「五」。

〔一一二〕又五乘去大雪日　據推算，「五」當作「六」。

〔一一三〕寒露　據文意，當作「白露至寒露」。

〔一一四〕雨水盡夏至　「盡」下原有「見」字，據文意刪。

〔一一五〕日益疾五百二十分　「疾」，原作「遲」，據文意改。

〔一一六〕箴三十五　「五」，原作「四」，據推算改。

〔一一七〕日益遲五百二十分　「遲」，原作「疾」，據文意改。

〔一一八〕箴三十五　「五」，原作「四」，據推算改。

〔一一九〕四十三日行三十二度　「日」字原闕，據推算補。

〔一二〇〕十五日增日度各一　「度各」二字原闕，據文意補。

〔一二一〕後十五日減一　據文意，「一」下應奪「盡芒種」三字。

〔二二〕百七十一日行二百六度　「六」字原闕，據推算補。

〔二三〕復日　「復」，原作「後」，據汲本改。

〔二四〕在立秋後小雪前者不見　「立」字原闕；「後」，原作「及」，據文意補改。

〔二五〕其白露前立夏後　「夏」，原作「冬」，據文意改。

〔二六〕在立春後小滿前者不見　「立」字原闕；「後」，原作「及」，據文意補改。

〔二七〕乃八日行八度　「乃」，原作「及」，據推算改。

〔二八〕又八日行八度　前「八」字原闕，據文意補。

〔二九〕各以伏半減積半實　據文意，「伏」下應奪「見」字；後「半」字疑衍。

〔三〇〕加晨得夕加夕得晨　「得夕加夕」四字原闕，據文意補。

〔三一〕其有益疾遲者副置一日行分　「副」，原作「則」，據文意改。

〔三二〕各以其分疾增遲損乃加之　「遲」字原闕；「加」，原作「如」，據文意補改。

〔三三〕逆出先加　「先」，原作「光」，據文意改。

〔三四〕各得每日所在知去日度　據文意，「知」字疑衍。

〔三五〕諸行星度求水其外内　據文意，「水」字疑衍。

隋書卷十九

志第十四

天文上

若夫法紫微以居中，擬明堂而布政，依分野而命國，體衆星而効官，動必順時，教不違物，故能成變化之道，合陰陽之妙。爰在庖犧，仰觀俯察，謂以天之七曜、二十八星，周於穹圓之度，以麗十二位也。在天成象，示見吉凶。五緯入房，啓姬王之肇跡，長星孛斗，鑒宋人之首亂，天意人事，同乎影響。自夷王下堂而見諸侯，赧王登臺而避責，記曰「天子微，諸侯僭」，於是師兵吞滅，僵仆原野。秦氏以戰國之餘，怙茲凶暴，小星交鬬，長彗橫天。漢高祖驅駕英雄，墾除災害，五精從歲，七重暈畢，含樞曾緬，道不虛行。自西京創制，多歷年載。世祖中興，當塗馭物，金行水德，祗奉靈命，玄兆著明，天人不遠。昔者榮河獻籙〔一〕，温洛呈圖，六爻摛範〔二〕，三光宛備，則星官之書，自黄帝始。高陽氏使南正重司天，北正黎司地，帝堯乃命羲、和，欽若昊天。夏有昆吾，殷有巫咸，周之史佚，宋之子韋，魯之梓慎，鄭之裨竈，魏有石氏，齊有甘公，皆能言天文，察微變者也。漢之傳天數者，則有唐都、李尋之倫。光武時，則有蘇伯況、郎雅光，並能參伍天文，發揚善道，補益當時，監垂來世。而河、洛圖緯，雖有星占星官之名，未能盡列。

後漢張衡爲太史令，鑄渾天儀，總序經星，謂之靈憲。其大略曰：「星也者，體生於地，精發於天。紫宫爲帝皇之居，太微爲五帝之坐，在野象物，在朝象官。居其中央，謂之北斗，動係於占，寔司王命。四布於方，爲二十八星，日月運行，歷示休咎。五緯經次，用彰禍福，則上天之心，於是見矣。中外之官，常明者百有二十〔三〕，可名者三百二十，爲星二千五百，微星之數萬一千五百二十，庶物蠢動，咸得繫命。」而衡所鑄之圖，遇亂堙滅，星官名數，今亦不存。三國時，吴太史令陳卓，始列甘氏、石氏、巫咸三家星官，著於圖録。并注占贊，總有二百五十四官，一千二百八十三星，并二十八宿及輔官附坐一百八十二星，總二百八十三官，一千五百六十五星。宋元嘉中，太史令錢樂之所鑄渾天銅儀，以朱黑白三色，用殊三家，而合陳卓之數。

高祖平陳，得善天官者周墳，并得宋氏渾儀之器。乃命庾季才等，參校周、齊、梁、陳及祖暅、孫僧化官私舊圖，刊其大小，正彼疎密，依準三家星位，以爲蓋圖。旁摛始分，甄表常度，并具赤黃二道，内外兩規。懸象著明，纏離攸次，星之隱顯，天漢昭回，宛若穹蒼，將爲正範。以墳爲太史令。墳博考經書，勤於教習，自此太史觀生，始能識天官。煬帝又遣宫人四十人，就太史局，别詔袁充，教以星氣，業成者進内，以參占驗云。

史臣於觀臺訪渾儀，見元魏太史令晁崇所造者，以鐵爲之，其規有六。其外四規常定，一象地形，二象赤道，其餘象二極。其内二規，可以運轉，用合八尺之管，以窺星度。周武帝平齊所得。隋開皇三年，新都初成，以置諸觀臺之上。大唐因而用焉。

馬遷天官書及班氏所載，妖星暈珥，雲氣虹蜺，存其大綱，未能備舉。自後史官，更無紀録。春秋傳曰：「公既視朔遂登觀臺，凡分至啓閉，必書雲物。」神道司存，安可誣也！今略舉其形名占驗，次之經星之末云。

天體

古之言天者有三家，一曰蓋天，二曰宣夜，三曰渾天。

蓋天之説，即周髀是也。其本庖犧氏立周天曆度，其所傳則周公受於殷商〔四〕，周人志之，故曰周髀。髀，股也。股者，表也。其言天似蓋笠，地法覆槃，天地各中高外下。北極之下，爲天地之中，其地最高，而滂沲四隤，三光隱映，以爲晝夜。天中高於外衡冬至日之所在六萬里，北極下地高於外衡下地亦六萬里，外衡高於北極下地二萬里。天地隆高相從，日去地恒八萬里。日麗天而平轉，分冬夏之間日所行道爲七衡六間。每衡周徑里數，各依筭術，用句股重差，推晷影極游，以爲遠近之數，皆得於表股者也〔五〕，故曰周髀。

又周髀家云：「天圓如張蓋，地方如棊局。天旁轉如推磨而左行，日月右行，天左轉，故日月實東行，而天牽之以西没。譬之於蟻行磨石之上，磨左旋而蟻右去，磨疾而蟻遲，故不得不隨磨以左迴焉。天形南高而北下，日出高故見，日入下故不見。天之居如倚蓋，故極在人北，是其證也。極在天之中，而今在人北，所以知天之形如倚蓋也。日朝出陰中，暮入陰中，陰氣暗冥，故從没不見也。夏時陽氣多，陰氣少，陽氣光明，與日同暉，故日出即見，無蔽之者，故夏日長也。冬時陰氣多，陽氣少，陰氣暗冥，掩日之光，雖出猶隱不見，故冬日短也。」

漢末，揚子雲難蓋天八事，以通渾天。其一云：「日之東行，循黄道。晝夜中規〔六〕，牽牛距北極南百一十度〔七〕，東井距北極南七十度，并百八十度。周三徑一，二十八宿周天當五百四十度，今三百六十度，何也？」其二曰：「春秋分之日正出在卯，入在酉，而晝漏五十刻。即天蓋轉，夜當倍晝。今夜亦五十刻，何也？」其三曰：「日入而星見，日出而不見，即斗下見日六月，不見日六月。北斗亦當見六月，不見六月。今夜常見，何也？」其四曰：「以蓋圖視天河，起斗而東入狼弧間，曲如輪。今視天河直如繩，何也？」其五曰：「周天二十八宿，以蓋圖視天，星見者當少，不見者當多。今見與不見等，何出入無冬夏，而兩宿十四星當見，不以日長短故見有多少，何也？」其六曰：「天至高也，地至卑也。日託天而旋，可謂至高矣。縱人目可奪，水與景不可奪也。今從高山上〔八〕，以水望日，日出水下，影上行，何也？」其七曰：「視物，近則大，遠則小。今日與北斗，近我而小，遠我而大，何也？」其八曰：「視蓋橑與車輻間，近杠轂即密，益遠益疎。今北極爲天杠轂，二十八宿爲天橑輻。以星度度天，南方次地星間當數倍。今交密，何也？」

其後桓譚、鄭玄、蔡邕、陸績，各陳周髀，考驗天狀，多有所違。逮梁武帝於長春殿講義，別擬天體，全同周髀之文，蓋立新意，以排渾天之論而已。

宣夜之書，絕無師法。唯漢祕書郎郗萌，記先師相傳云：「天了無質，仰而瞻之，高遠無極，眼瞀精絕，故蒼蒼然也。譬之旁望遠道之黃山而皆青，俯察千仞之深谷而窈黑，夫青非真色，而黑非有體也。日月衆星，自然浮生虛空之中，其行其止，皆須氣焉。是以七曜或逝或住，或順或逆，伏見無常，進退不同，由乎無所根繫，故各異也。故辰極常居其所，而北斗不與衆星西没也。」

晉成帝咸康中，會稽虞喜，因宣夜之說，作安天論，以爲「天高窮於無窮，地深測於不測。天確乎在上，有常安之形，地魄焉在下，有居靜之體，當相覆冒，方則俱方，圓則俱圓，無方圓不同之義也。其光曜布列，各自運行，猶江海之有潮汐，萬品之有行藏也。」葛洪聞而譏之曰：「苟辰宿不麗於天，天爲無用，便可言無。何必復云有之而不動乎？」由此而談，葛洪可謂知言之選也。喜族祖河間相聳，又立穹天論云：「天形穹隆如雞子幕，其際周接四海之表，浮乎元氣之上。譬如覆奩以抑水而不没者，氣充其中故也。日繞辰極，没西還東，而不出入地中。天之有極，猶蓋之有斗也。天北下於地三十度，極之傾在地卯酉之北亦三十度。人在卯酉之南十餘萬里，故斗極之下，不爲地中，當對天地卯酉之位耳。日行黄道繞極。極北去黄道百一十五度，南去黄道六十七度，二至之所舍，以爲長短也。」

吴太常姚信，造昕天論云：「人爲靈蟲，形最似天。今人頤前侈臨匈，而項不能覆背〔九〕。近取諸身，故知天之體，南低入地，北則偏高也。又冬至極低，而天運近南，故日去人遠，而斗去人近，北天氣至，故水寒也。夏至極起，而天運近北，而斗去人遠，日去人近，南天氣至，故蒸熱也。極之高時〔一〇〕，日行地中淺，故夜短；天去地高，故晝長也。極之低時，日行地中深，故夜長；天去地下，故晝短也。」自虞喜、虞聳、姚信，皆好奇徇異之説，非極數談天者也。

前儒舊說，天地之體，狀如鳥卵，天包地外，猶殼之裹黃，周旋無端，其形渾渾然，故曰渾天。又曰：「天表裏有水，兩儀轉運，各乘氣而浮，載水而行。」漢王仲任，據蓋天之說，以駁渾儀云：「舊說，天轉從地下過。今掘地一丈輒有水，天何得從水中行乎？甚不然也。日隨天而轉，非入地。夫人目所望，不過十里，天地合矣。實非合也，遠使然耳。今視日入，非入也，亦遠耳。當日入西方之時，其下之人亦將謂之爲中也。四方之人，各以其近者爲出，遠者爲入矣。何以明之？今試使一人把大炬火，夜行於平地，去人十里，火光滅矣。非火滅也，遠使然耳。今日西轉不復見，是火滅之類也。日月不圓也，望視之所以圓者，去人遠也。夫日，火之精也；月，水之精也。水火在地不圓，在天何故圓？」丹陽葛洪釋之曰：

渾天儀注云：「天如雞子，地如中黃，孤居於天內，天大而地小。天表裏有水，天地各乘氣而立，載水而行。周天三百六十五度、四分度之一，又中分之，則半覆地上，半繞地下。故二十八宿，半見半隱。天轉如車轂之運也。」諸論天者雖多，然精於陰陽者少。張平子、陸公紀之徒，咸以爲推步七曜之道，以度曆象昏明之證候，校以四八之氣，考以漏刻之分，占晷影之往來，求形驗於事情，莫密於渾象也。張平子既作銅渾天儀，於密室中，以漏水轉之，與天皆合如符契也。崔子玉爲其碑銘曰：「數術窮天地，制作侔造化。高才偉藝，與神合契。」蓋由於平子渾儀及地動儀之有驗故也。

若天果如渾者，則天之出入，行於水中，爲必然矣。故黄帝書曰：「天在地外，水在天外。水浮天而載地者也。」又易曰：「時乘六龍。」夫陽爻稱龍，龍者居水之物，以喻天。天陽物也，又出入水中，與龍相似，故比以龍也。聖人仰觀俯察，審其如此。故晉卦坤上離下，以證日出於地也。又明夷之卦離下坤上，以證日入於地也。又需卦乾下坎上，此亦天入水中之象也。天爲金，金水相生之物也。天出入水中，當有何損，而謂爲不可乎？然則天之出入水中，無復疑矣。

又今視諸星出於東者，初但去地小許耳。漸而西行，先經人上，後遂轉西而下焉，不旁旋也。其先在西之星，亦稍下而没，無北轉者。日之出入亦然。若謂天磨石轉者，衆星日月，宜隨天而迴，初在於東，次經於南，次到於西，次及於北，而復還於東，不應横過去也。今日出於東，冉冉轉上，及其入西，亦復漸漸稍下，都不繞邊北去。了了如此，王生必固謂爲不然者，疏矣。

今日徑千里，其中足以當小星之數十也。若日以轉遠之故，但當光曜不能復來照及人耳，宜猶望見其體，不應都失其所在也。日光既盛，其體又大於星。今見極北之小星，而不見日之在北者，明其不北行也。若日以轉遠之故，不復可見，其比入之間，應當稍小。而日方入之時，反乃更大，此非轉遠之徵也。王生以火炬喻日，吾亦將借子之矛，以刺子之瞂焉。把火之人，去人轉遠，其光轉微，而日月自出至入，不漸小也。王生以火喻之，謬矣。

又日之入西方，視之稍稍去，初尚有半，如橫破鏡之狀，須臾淪沒矣。若如王生之言，日轉北去者，其比都沒之頃〔一一〕，宜先如豎破鏡之狀，不應如橫破鏡也。如此言之，日入北方，不亦孤孑乎？又月之光微，不及日遠矣。月盛之時，雖有重雲蔽之，不見月體，而夕猶朗然，是月光猶從雲中而照外也。日若繞西及北者，其光故應如月在雲中之狀，不得夜便大暗也。又日入則星月出焉。明知天以日月分主晝夜，相代而照也。若日常出者，不應日亦入而星月出也。

又案河、洛之文，皆云水火者，陰陽之餘氣也。夫言餘氣，則不能生日月可知也，顧當言日精生火者可耳。若水火是日月所生，則亦何得盡如日月之圓乎？今火出於陽燧，陽燧圓而火不圓也。水出於方諸，方諸方而水不方也。又陽燧可以取火於日，而無取日於火之理，此則日精之生火明矣。方諸可以取水於月，無取月於水之道，此則月精之生水了矣。王生又云：「遠故視之圓。」若審然者，月初生之時及既虧之後，何以視之不圓乎？而日食，或上或下，從側而起，或如鉤至盡。若遠視見圓，不宜見其殘缺左右所起也。此則渾天之體，信而有徵矣。

宋何承天論渾天象體曰：「詳尋前說，因觀渾儀，研求其意，有悟天形正圓，而水居其半，地中高外卑，水周其下。言四方者，東曰暘谷，日之所出，西曰濛汜，日之所入。莊子又云：『北溟有魚，化而爲鳥，將徙於南溟。』斯亦古之遺記，四方皆水證也。四方皆水，謂之四海。凡五行相生，水生於金。是故百川發源，皆自山出，由高趣下，歸注於海。日爲陽精，光曜炎熾，一夜入水，所經焦竭。百川歸注，足以相補，故旱不爲減，浸不爲益。」又云：「周天三百六十五度、三百四分之七十五。天常西轉，一日一夜，過周一度。南北二極，相去一百一十六度、三百四分度之六十五彊，即天經也。黄道裦帶赤道，春分交於奎七度，秋分交於軫十五度，冬至斗十四度半彊，夏至井十六度半。從北極扶天而南五十五度彊，則居天四維之中，最高處也，即天頂也。其下則地中也。」自外與王蕃大同。王蕃渾天說，具於晉史。

舊說渾天者，以日月星辰，不問春秋冬夏，晝夜晨昏，上下去地中皆同，無遠近。列子曰：「孔子東遊，見兩小兒鬭。問其故？一小兒曰：『我以日始出去人近，而日中時遠也。』一小兒曰：『我以爲日初出遠，而日中時近也。』言初出近者曰：『日初出，大如車蓋，及其日中，裁如盤盂〔一二〕。此不爲遠者小，近者大乎？』言日初出遠者曰：『日初出時，滄滄涼涼，及其中時，熱如探湯。此不爲近者熱，遠者涼乎？』」

桓譚新論云：「漢長水校尉平陵關子陽，以爲日之去人，上方遠而四傍近。何以知之？星宿昏時出東方，其間甚疎，相離丈餘。及夜半在上方，視之甚數，相離一二尺。以準度望之，逾益明白，故知天上之遠於傍也。日爲天陽，火爲地陽。地陽上升，天陽下降。今置火於地，從傍與上，診其熱，遠近殊不同焉。日中正在上，覆蓋人，人當天陽之衝，故熱於始出時。又新從太陰中來，故復涼於其西在桑榆間也。桓君山曰：子陽之言，豈其然乎？」

張衡靈憲曰：「日之薄地，闇其明也〔一三〕。由闇視明，明無所屈，是以望之若大。方其中〔一四〕，天地同明，明還自奪，故望之若小。火當夜而揚光，在晝則不明也。月之於夜，與日同而差微。」

晉著作郎陽平束晳，字廣微，以爲傍方與上方等。傍視則天體存於側，故日出時視日大也。日無小大，而所存者有伸厭。厭而形小，伸而體大，蓋其理也。又日始出時色白者，雖大不甚，始出時色赤者，其大則甚，此終以人目之惑，無遠近也。且夫置器廣庭，則函牛之鼎如釜，堂崇十仞，則八尺之人猶短，物有陵之，非形異也。夫物有惑心，形有亂目，誠非斷疑定理之主。故仰遊雲以觀月，月常動而雲不移，乘舡以涉水，水去而舡不徙矣。

矣。姜岌云〔一五〕：「余以爲子陽言天陽下降，日下熱，束晳言天體存於目，則日大，頗近之矣。渾天之體，圓周之徑，詳之於天度，驗之於晷影，而紛然之說，由人目也。參伐初出，在旁則其間疎，在上則其間數。以渾檢之〔一六〕，度則均也。旁之與上，理無有殊也。夫日者純陽之精也，光明外曜，以眩人目，故人視日如小。及其初出，地有遊氣，以厭日光，不眩人目，即日赤而大也。無遊氣則色白，大不甚矣。地氣不及天，故一日之中，晨夕日色赤，而中時日色白。地氣上升，蒙蒙四合，與天連者，雖中時亦赤矣。日與火相類，火則體赤而炎黃，日赤宜矣。然日色赤者，猶火無炎也。光衰失常，則爲異矣。」

梁奉朝請祖暅曰：

自古論天者多矣，而羣氏糾紛，至相非毁。竊覽同異，稽之典經，仰觀辰極，傍矚四維，覩日月之升降，察五星之見伏，校之以儀象，覆之以晷漏，則渾天之理，信而有徵。輒遺衆說，附渾儀云。考靈曜先儒求得天地相去十七萬八千五百里，以晷影驗之，失於過多。既不顯求之術，而虚設其數，蓋夸誕之辭，宜非聖人之旨也。學者多因其說而未之革〔一七〕，豈不知尋其理歟，抑未能求其數故也？

王蕃所考，校之前說，不啻減半。雖非揆格所知，而求之以理，誠未能遥趣其實，蓋近密乎？輒因王蕃天高數，以求冬至、春分日高及南戴日下去地中數。法，令表高八尺與冬至影長一丈三尺，各自乘，并而開方除之爲法。天高乘表高爲實，實如法，得四萬二千六百五十八里有奇，即冬至日高也。以天高乘冬至影長爲實，實如法，得六萬九千三百二十里有奇，即冬至南戴日下去地中數也。求春秋分數法，令表高及春秋分影長五尺三寸九分，各自乘，并而開方除之爲法。因冬至日高實，而以法除之，得六萬七千五百二里有奇，即春秋分日高也。以天高乘春秋分影長實，實如法而一，得四萬五千四百七十九里有奇，即春秋分南戴日下去地中數也。南戴日下，所謂丹穴也。推北極里數法，夜於地中表南，傅地遥望北辰紐星之末〔一八〕，令與表端參合。以人目去表數及表高各自乘，并而開方除之爲法。天高乘表高數爲實，實如法而一，即北辰紐星高地數也。天高乘人目去表爲實，實如法，即去北戴極下之數也。

北戴斗極爲空桐。

日去赤道表裏二十四度，遠寒近暑而中和。二分之日，去天頂三十六度。日去地中，四時同度，而有寒暑者，地氣上騰，天氣下降，故遠日下而寒，近日下而暑，非有遠近也。猶火居上，雖遠而炎，在傍，雖近而微。視日在傍而大，居上而小者，仰矚爲難，平觀爲易也。由視有夷險，非遠近之効也。今懸珠於百仞之上，或置之於百仞之前，從而觀之，則大小殊矣。先儒弗斯取驗，虚繁翰墨，夷途頓轡，雄辭析辯，不亦迂哉。今大寒在冬至後二氣者，寒積而未消也。大暑在夏至後二氣者，暑積而未歇也。寒暑均和，乃在春秋分後二氣者，寒暑積而未平也。譬之火始入室，而未甚温，弗事加薪，久而逾熾。既已遷之，猶有餘熱也。

渾天儀

案虞書：「舜在琁璣玉衡，以齊七政。」則考靈曜所謂觀玉儀之游，昏明主時，乃命中星者也。琁璣中而星未中爲急，急則日過其度，月不及其宿。琁璣未中而星中爲舒，舒則日不及其度，月過其宿。琁璣中而星中爲調，調則風雨時，庶草蕃蕪，而五穀登，萬事康也。所言琁璣者，謂渾天儀也。故春秋文耀鉤云：「唐堯即位，羲、和立渾儀。」而先儒或因星官書，北斗第二星名琁，第三星名璣，第五星名玉衡，仍七政之言，即以爲北斗七星。載筆之官，莫之或辨。史遷、班固，猶且致疑。馬季長創謂璣衡爲渾天儀。鄭玄亦云：「其轉運者爲璣，其持正者爲衡，皆以玉爲之。七政者，日月五星也。以璣衡視其行度，以觀天意也。」故王蕃云：「渾天儀者，羲、和之舊器，積代相傳，謂之璣衡。其爲用也，以察三光，以分宿度者也。又有渾天象者，以著天體，以布星辰。而渾象之法，地當在天中，其勢不便，故反觀其形，地爲外匡，於已解者，無異在内。詭狀殊體，而合於理，可謂奇巧。

然斯二者，以考於天，蓋密矣。」又云：「古舊渾象，以二分爲一度，周七尺三寸半分〔一九〕。而莫知何代所造。」今案虞喜云：「落下閎爲漢孝武帝於地中轉渾天，定時節，作泰初曆。」或其所製也。

漢孝和帝時，太史揆候，皆以赤道儀，與天度頗有進退。以問典星待詔姚崇等，皆曰星圖有規法，日月實從黃道。官無其器。至永元十五年，詔左中郎將賈逵，乃始造太史黃道銅儀。至桓帝延熹七年，太史令張衡，更以銅製，以四分爲一度，周天一丈四尺六寸一分。亦於密室中，以漏水轉之。令司之者，閉戶而唱之，以告靈臺之觀天者，琁璣所加，某星始見，某星已中，某星今沒，皆如合符。蕃以古製局小，以布星辰，相去稠穊，不得了察。張衡所作，又復傷大，難可轉移。蕃今所作，以三分爲一度，周一丈九寸五分、四分分之三〔二〇〕。張古法三尺六寸五分、四分分之一，減衡法亦三尺六寸五分、四分分之一。渾天儀法，黃赤道各廣一度有半。故今所作渾象〔二一〕，黃赤道各廣四分半，相去七寸二分。又云：「黃赤二道，相共交錯，其間相去二十四度。以兩儀準之，二道俱三百六十五度有奇。又赤道見者，常一百八十二度半彊。又南北考之，天見者亦一百八十二度半彊。是以知天之體圓如彈丸，南北極相去一百八十二度半彊也。而陸績所作渾象，形如鳥卵，以施二道，不得如法。若使二道同規，則其間相去不得滿二十四度。若令相去二十四度，則黃道當長於赤道。又兩極相去，不翅八十二度半彊〔一三〕。案續說云：『天東西徑三十五萬七千里，直徑亦然。』則績意亦以天爲正圓也。器與言謬，頗爲乖僻。」然則渾天儀者，其制有機有衡。既動靜兼狀，以效二儀之情，又周旋衡管，用考三光之分。所以揆正宿度，準步盈虛，求古之遺法也。則先儒所言圓規徑八尺，漢候臺銅儀，蔡邕所欲寢伏其下者是也。

梁華林重雲殿前所置銅儀，其制則有雙環規相並，間相去三寸許。正豎當子午。其子午之間，應南北極之衡，各合而爲孔，以象南北樞。植楗於前後，以屬焉。又有單橫規，高下正當渾之半。皆周帀分爲度數，署以維辰之位，以象地。又有單規，斜帶南北之中，與春秋二分之日道相應。亦周帀分爲度數，而署以維辰，並相連著。屬楗植而不動。其裏又有雙規相並，如外雙規。內徑八尺，周二丈四尺，而屬雙軸。軸兩頭出規外各二寸許，合兩爲一。內有孔，圓徑二寸許，南頭入地下，注於外雙規南樞孔中，以象南極。北頭出地上，入於外雙規規北樞孔中，以象北極。其運動得東西轉，以象天行。其雙軸之間，則置衡，長八尺，通中有孔，圓徑一寸。當衡之半，兩邊有關，各注著雙軸。衡既隨天象東西轉運，又自於雙軸間得南北低仰。所以準驗辰曆，分考次度，其於揆測，唯所欲爲之者也。檢其鐫題，是僞劉曜光初六年，史官丞南陽孔挺所造，則古之渾儀之法者也。而宋御史中丞何承天及太中大夫徐爰，各著宋史，咸以爲即張衡所造。其儀略舉天狀，而不綴經星七曜。魏、晉喪亂，沉没西戎。義熙十四年，宋高祖定咸陽得之。梁尚書沈約著宋史，亦云然，皆失之遠矣。

後魏道武天興初，命太史令晁崇脩渾儀，以觀星象。十有餘載，至明元永興四年壬子，詔造太史候部鐵儀，以爲渾天法，考琁璣之正。其銘曰：「於皇大代〔三〕，配天比祚。赫赫明明，聲列遐布。爰造兹器，考正宿度。貽法後葉，永垂典故。」其製並以銅鐵，唯誌星度以銀錯之。南北柱曲抱雙規，東西柱直立，下有十字水平，以植四柱。十字之上，以龜負雙規。其餘皆與劉曜儀大同。即今太史候臺所用也。

渾天象

渾天象者，其制有機而無衡，梁末祕府有，以木爲之。其圓如丸，其大數圍。南北兩頭有軸。偏體布二十八宿、三家星、黄赤二道及天漢等。别爲横規環，以匡其外。高下管之，以象地。南軸頭入地，注於南植，以象南極。北軸頭出於地上，注於北植，以象北極。正東西運轉。昏明中星，既其應度，分至氣節，亦驗，在不差而已。不如渾儀，别有衡管，測揆日月，分步星度者也。吴太史令陳苗云：「先賢制木爲儀，名曰渾天。」即此之謂耶？由斯而言，儀象二器，遠不相涉。則張衡所造，蓋亦止在渾象七曜，而何承天莫辨儀象之異，亦爲乖失。

宋文帝以元嘉十三年，詔太史更造渾儀。太史令錢樂之，依案舊説，采效儀象，鑄銅爲之。五分爲一度，徑六尺八分少，周一丈八尺二寸六分少。地在天内，不動。立黄赤二道之規，南北二極之規，布列二十八宿、北斗極星。置日月五星於黄道上。爲之杠軸，以象天運。昏明中星，與天相符。梁末，置於文德殿前。至如斯制，以爲渾儀，儀則内闕衡管。以爲渾象，而地不在外。是參兩法，别爲一體。就器用而求，猶渾象之流，外内天地之狀，不失其位也。吴時又有葛衡〔二四〕，明達天官，能爲機巧。改作渾天，使地居于天中。以機動之，天動而地止〔二五〕，以上應晷度，則樂之之所放述也。

到元嘉十七年，又作小渾天，二分爲一度，徑二尺二寸，周六尺六寸。安二十八宿中外官星備足。以白青黄等三色珠爲三家星。其日月五星，悉居黄道。亦象天運，而地在其中。

宋元嘉所造儀象器，開皇九年平陳後，並入長安。大業初，移於東都觀象殿。

蓋圖

晉侍中劉智云：「顓頊造渾儀，黄帝爲蓋天。」然此二器，皆古之所制，但傳説義者，失其用耳。昔者聖王正曆明時，作圓蓋以圖列宿。極在其中，迴之以觀天象。分三百六十五度、四分度之一，以定日數。日行於星紀，轉迴右行，故圓規之，以爲日行道。欲明其四時所在：故於春也，則以青爲道；於夏也，則以赤爲道；於秋也，則以白爲道；於冬也，則以黑爲道。四季之末，各十八日，則以黄爲道。蓋圖已定，仰觀雖明，而未可正昏明，分晝夜，故作渾儀，以象天體。今案自開皇已後，天下一統，靈臺以後魏鐵渾天儀，測七曜盈縮，以蓋圖列星坐，分黄赤二道距二十八宿分度，而莫有更爲渾象者矣。

仁壽四年，河間劉焯造皇極曆，上啓於東宮。論渾天云：

璿璣玉衡，正天之器，帝王欽若，世傳其象。漢之孝武，詳考律曆，糾落下閎、鮮于妄人等，共所營定。逮于張衡，又尋述作，亦其體制，不異閎等。雖閎制莫存，而衡造有器。至吴時，陸績、王蕃，並要修鑄。績小有異，蕃乃事同。宋有錢樂之，魏初晁崇等，總用銅鐵。小大有殊，規域經模，不異蕃造。觀蔡邕月令章句，鄭玄注考靈曜，勢同衡法，迄今不改。

焯以愚管，留情推測，見其數制，莫不違爽。失之千里，差若毫氂，大象一乖，餘何可驗。況赤黄均度，月無出入，至所恒定，氣不別衡。分刻本差，輪迴守故。其爲疎謬，不可復言。亦既由理不明，致使異家間出。蓋及宣夜，三説並驅，平、昕、安、穹，四天騰沸。至當不二，理唯一揆，豈容天體，七種殊說？又影漏去極，就渾可推，百骸共體，本非異物。此真已驗，彼僞自彰，豈朗日未暉，爝火不息，理有而闕，詎不可悲者也？昔蔡邕自朔方上書曰：「以八尺之儀，度知天地之象，古有其器，而無其書。常欲寢伏儀下，案度成數，而爲立說。」邕以負罪朔裔，書奏不許。邕若蒙許，亦必不能。邕才不踰張衡，衡本豈有遺思也？則有器無書，觀不能悟。焯今立術，改正舊渾。又以二至之影，定去極晷漏，并天地高遠，星辰運周，所宗有本，皆有其率。祛今賢之巨惑，稽往哲之羣疑，豁若雲披，朗如霧散。爲之錯綜，數卷已成，待得影差，謹更啓送。

又云：「周官夏至日影，尺有五寸。張衡、鄭玄、王蕃、陸績先儒等，皆以爲影千里差一寸。言南戴日下萬五千里，表影正同，天高乃異。考之筭法，必爲不可。寸差千里，亦無典說，明爲意斷，事不可依。今交、愛之州，表北無影，計無萬里，南過戴日。是千里一寸，非其實差。焯今說渾，以道爲率，道里不定，得差乃審。既大聖之年，升平之日，釐改羣謬，斯正其時。請一水工，并解筭術士，取河南、北平地之所，可量數百里，南北使正。審時以漏，平地以繩，隨氣至分，同日度影。得其差率，里即可知。則天地無所匿其形，辰象無所逃其數，超前顯聖，効象除疑。請勿以人廢言。」不用。至大業三年，勅諸郡測影，而焯尋卒，事遂寢廢。

地中

周禮大司徒職：「以土圭之法，測土深，正日景，以求地中。」此則渾天之正説，立儀象之大本。故云：「日南則景短多暑，日北則景長多寒，日東則景夕多風，日西則景朝多陰。日至之景，尺有五寸，謂之地中。天地之所合也，四時之所交也，風雨之所會也，陰陽之所和也。然則百物阜安，乃建王國焉。」又考工記匠人：「建國，水地以縣。置槷以縣，眂以日景〔二六〕。爲規，識日出之景與日入之景。晝參諸日中之景，夜考之極星，以正朝夕。」案土圭正影，經文闕略，先儒解説，又非明審。祖暅錯綜經注，以推地中。其法曰：「先驗昏旦，定刻漏，分辰次。乃立儀表於準平之地，名曰南表。漏刻上水，居日之中，更立一表於南表影末，名曰中表。夜依中表，以望北極樞，而立北表，令參相直。三表皆以懸準定，乃觀。三表直者，其立表之地，即當子午之正。三表曲者，地偏僻。每觀中表，以知所偏。中表在西，則立表處在地中之西，當更向東求地中。若中表在東，則立表處在地中之東也，當更向西求地中。取三表直者，爲地中之正。又以春秋二分之日，旦始出東方半體，乃立表於中表之東，名曰東表。令東表與日及中表參相直。視日之夕〔二七〕，日入西方半體，又立表於中表之西，名曰西表。亦從中表西望西表及日，參相直。乃觀三表直者，即地南北之中也。若中表差近南，則所測之地在卯酉之南。中表差在北，則所測之地在卯酉之北。進退南北，求三表直正東西者，則其地處中，居卯酉之正也。」

晷景

昔者周公測晷景於陽城，以參考曆紀。其於周禮，在大司徒之職：「以土圭之法，測土深，正日景，以求地中。日至之景，尺有五寸，則天地之所合，四時之所交。百物阜安，乃建王國。」然則日爲陽精，玄象之著然者也。生靈因之動息，寒暑由其遞代。觀陰陽之升降，揆天地之高遠，正位辨方，定時考閏，莫近於茲也。古法簡略，旨趣難究，術家考測，互有異同。先儒皆云：「夏至立八尺表於陽城，其影與土圭等。」案尚書考靈曜稱：「日永，景尺五寸〔二八〕；日短，景丈三尺〔二九〕。」易通卦驗曰：「冬至之日，樹八尺之表，日中視其晷景長短，以占和否。夏至景一尺四寸八分，冬至一丈三尺。」周髀云：「成周土中，夏至景一尺六寸，冬至景一丈三尺五寸。」劉向鴻範傳曰：「夏至景長一尺五寸八分，冬至一丈三尺一寸四分，春秋二分，景七尺三寸六分。」後漢四分曆、魏景初曆、宋元嘉曆、大明祖沖之曆，皆與考靈曜同。漢、魏及宋，所都皆別，四家曆法，候景則齊。且緯候所陳，恐難依據。劉向二分之景，直以率推，非因表候，定其長短。然尋晷景尺丈，雖有大較，或地域不改，而分寸參差，或南北殊方，而長短維一。蓋術士未能精驗，馮古所以致乖。今删其繁雜，附於此云。

梁天監中，祖晅造八尺銅表，其下與圭相連。圭上爲溝，置水，以取平正。揆測日晷，求其盈縮。至大同十年，太史令虞劆，又用九尺表，格江左之景。夏至一尺三寸二分，冬至一丈三尺七分，立夏、立秋二尺四寸五分，春分、秋分五尺三寸九分。陳氏一代，唯用梁法。齊神武以洛陽舊器，並徙鄴中。以暨文宣受終，竟未考驗。至武平七年，訖干景禮始薦劉孝孫、張孟賓等於後主。劉、張建表測景，以考分至之氣。草創未就，仍遇朝亡。周自天和以來，言曆者紛紛復出。亦驗二至之景，以考曆之精麤。

及高祖踐極之後，大議造曆。張胄玄兼明揆測，言日長之瑞。有詔司存，而莫能考決。至開皇十九年，袁充爲太史令，欲成胄玄舊事，復表曰：「隋興已後，日景漸長。開皇元年冬至之景，長一丈二尺七寸二分，自爾漸短。至十七年冬至景，一丈二尺六寸三分。四年冬至，在洛陽測景，長一丈二尺八寸八分。二年夏至景，一尺四寸八分，自爾漸短。至十六年夏至景，一尺四寸五分。其十八年冬至，陰雲不測。元年、十七年、十八年夏至，亦陰雲不測。周官以土圭之法正日景，日至之景，尺有五寸。鄭玄云：『冬至之景，一丈三尺。』今十六年夏至之景，短於舊五分，十七年冬至之景，短於舊三寸七分。日去極近，則景短而日長；去極遠，則景長而日短。行内道則去極近，行外道則去極遠。堯典云：「日短星昴，以正仲冬。」據昴星昏中，則知堯時仲冬，日在須女十度。以曆數推之，開皇以來冬至，日在斗十一度，與唐堯之代，去極俱近。謹案元命包云：『日月出内道，琁璣得其常，天帝崇靈，聖王初功。』京房别對曰：『太平日行上道，升平日行次道，霸代日行下道。』伏惟大隋啓運，上感乾元，景短日長，振古希有。」是時廢庶人勇，晉王廣初爲太子，充奏此事，深合時宜。上臨朝謂百官曰：「景長之慶，天之祐也。今太子新立，當須改元，宜取日長之意，以爲年號。」由是改開皇二十一年爲仁壽元年。此後百工作役，並加程課，以日長故也。皇太子率百官，詣闕陳賀。案日徐疾盈縮無常，充等以爲祥瑞，大爲議者所貶。

又考靈曜、周髀、張衡靈憲及鄭玄注周官，並云：「日影於地，千里而差一寸。」案宋元嘉十九年壬午，使使往交州測影。夏至之日，影出表南三寸二分。何承天遥取陽城，云夏至一尺五寸。計陽城去交州，路當萬里，而影實差一尺八寸二分。是六百里而差一寸也。又梁大同中，二至所測，以八尺表率取之，夏至當一尺一寸七分彊。後魏信都芳注周髀四術，稱永平元年戊子，當梁天監之七年，見洛陽測影，又見公孫崇集諸朝士，共觀祕書影。同是夏至日，其中影皆長一尺五寸八分。以此推之，金陵去洛，南北略當千里，而影差四寸。則二百五十里而影差一寸也。況人路迂迴，山川登降，方於鳥道，所校彌多，則千里之言，未足依也。其揆測參差如此，故備論之。

漏刻

昔黄帝創觀漏水，制器取則，以分晝夜。其後因以命官，周禮挈壺氏則其職也。其法，總以百刻，分于晝夜。冬至晝漏四十刻，夜漏六十刻。夏至晝漏六十刻，夜漏四十刻。春秋二分，晝夜各五十刻。日未出前二刻半而明，既没後二刻半乃昏。減夜五刻，以益晝漏，謂之昏旦。漏刻皆隨氣增損。冬夏二至之間，晝夜長短，凡差二十刻。每差一刻爲一箭。冬至互起其首，凡有四十一箭。晝有朝，有禺，有中，有晡，有夕。夜有甲、乙、丙、丁、戊。昏旦有星中。每箭各有其數，皆所以分時代守，更其作役。

漢興，張蒼因循古制，猶多疏闊。及孝武考定星曆，下漏以追天度，亦未能盡其理。劉向鴻範傳記武帝時所用法云：「冬夏二至之間，一百八十餘日，晝夜差二十刻。」大率二至之後，九日而增損一刻焉。至哀帝時，又改用晝夜一百二十刻，尋亦寢廢。至王莽竊位，又遵行之。光武之初，亦以百刻九日加減法，編於甲令，爲常符漏品。至和帝永元十四年，霍融上言：「官曆率九日增減一刻，不與天相應。或時差至二刻半，不如夏曆漏刻，隨日南北爲長短。」乃詔用夏曆漏刻。依日行黄道去極，每差二度四分，爲增減一刻。凡用四十八箭。終於魏、晉，相傳不改。

宋何承天，以月蝕所在，當日之衡，考驗日宿，知移舊六度。冬至之日，其影極長，測量晷度，知冬至移舊四日。前代諸漏，春分晝長，秋分晝短，差過半刻。皆由氣日不正，所以而然。遂議造漏法。春秋二分，昏旦晝夜漏各五十五刻。齊及梁初，因循不改。至天監六年，武帝以晝夜百刻，分配十二辰，辰得八刻，仍有餘分。乃以晝夜爲九十六刻，一辰有全刻八焉。至大同十年，又改用一百八刻。依尚書考靈曜，晝夜三十六頃之數，因而三之。冬至晝漏四十八刻，夜漏六十刻。夏至晝漏七十刻，夜漏三十八刻。春秋二分，晝漏六十刻，夜漏四十八刻。昏旦之數各三刻。先令祖暅爲漏經，皆依渾天黄道日行去極遠近，爲用箭日率。陳文帝天嘉中，亦命舍人朱史造漏，依古百刻爲法。周、齊因循魏漏。晉、宋、梁大同，並以百刻分于晝夜。

隋初，用周朝尹公正、馬顯所造漏經。至開皇十四年，鄜州司馬袁充上晷影漏刻。充以短影平儀，均布十二辰，立表，隨日影所指辰刻，以驗漏水之節。十二辰刻，互有多少，時正前後，刻亦不同。其二至二分用箭辰刻之法，今列之云。

冬至：日出辰正，入申正，晝四十刻，夜六十刻。

子、丑、亥各二刻，寅、戌各六刻，卯、酉各十三刻，辰、申各十四刻，巳、未各十刻，午八刻。

右十四日改箭。

春秋二分：日出卯正，入酉正，晝五十刻，夜五十刻。

子四刻，丑、亥七刻，寅、戌九刻，卯、酉十四刻，辰、申九刻，巳、未七刻，午四刻。

右五日改箭。

夏至：日出寅正，入戌正，晝六十刻，夜四十刻。

子八刻，丑、亥十刻，寅、戌十四刻，卯、酉十三刻，辰、申六刻，巳、未二刻，午二刻。

右一十九日，加減一刻，改箭。

袁充素不曉渾天黃道去極之數，苟役私智，變改舊章。其於施用，未爲精密。

開皇十七年，張胄玄用後魏渾天鐵儀，測知春秋二分，日出卯酉之北，不正當中。與何承天所測頗同，皆日出卯三刻五十五分，入酉四刻二十五分。晝漏五十刻一十分，夜漏四十九刻四十分，晝夜差六十分刻之四十。仁壽四年，劉焯上皇極曆，有日行遲疾，推二十四氣，皆有盈縮定日。春秋分定日，去冬至各八十八日有奇，去夏至各九十三日有奇。二分定日，晝夜各五十刻。又依渾天黃道，驗知冬至夜漏五十九刻、一百分刻之八十六，晝漏四十刻一十四分，夏至晝漏五十九刻八十六分，夜漏四十刻一十四分。冬夏二至之間，晝夜差一十九刻、一百分刻之七十二。胄玄及焯漏刻，並不施用。然其法制，皆著在曆術，推驗加時，最爲詳審。

大業初，耿詢作古欹器，以漏水注之，獻于煬帝。帝善之，因令與宇文愷，依後魏道士李蘭所脩道家上法稱漏，制造稱水漏器，以充行從。又作候影分箭上水方器，置於東都乾陽殿前鼓下司辰。又作馬上漏刻，以從行辨時刻。揆日晷，下漏刻，此二者，測天地，正儀象之本也。晷漏沿革，今古大殊，故列其差，以補前闕。

經星中宮

北極五星，鉤陳六星，皆在紫宮中。北極，辰也。其紐星，天之樞也。天運無窮，三光迭耀，而極星不移。故曰：「居其所而衆星共之。」賈逵、張衡、蔡邕、王蕃、陸績，皆以北極紐星爲樞，是不動處也。祖暅以儀準候不動處，在紐星之末，猶一度有餘。北極大星，太一之座也。第一星主月，太子也。第二星主日，帝王也。第三星主五星，庶子也。所謂第二星者，最赤明者也。北極五星，最爲尊也。中星不明，主不用事。右星不明，太子憂。鉤陳，後宮也，太帝之正妃也，太帝之坐也。北四星曰女御宮，八十一御妻之象也。鉤陳口中一星，曰天皇太帝。其神曰耀魄寶，主御羣靈，秉萬神圖。抱極樞四星曰四輔，所以輔佐北極，而出度授政也。太帝上九星曰華蓋，蓋所以覆蔽太帝之坐也。又九星直，曰杠。蓋下五星曰五帝内坐，設敍順帝所居也。客犯紫宫中坐〔三〇〕，大臣犯主。華蓋杠旁六星曰六甲，可以分陰陽而紀節候，故在帝旁，所以布政教而授人時也。極東一星曰柱下史，主記過。古者有左右史，此之象也。柱史北一星曰女史，婦人之微者，主傳漏。故漢有侍史。傳舍九星在華蓋上，近河，賓客之館，主胡人入中國。客星守之，備姦使，亦曰胡兵起。傳舍南河中五星曰造父，御官也，一曰司馬，或曰伯樂。星亡，馬大貴。西河中九星如鉤狀，曰鉤星，伸則地動。天一一星，在紫宫門右星南，天帝之神也，主戰鬬，知人吉凶者也。太一一星，在天一南，相近，亦天帝神也，主使十六神，知風雨水旱，兵革饑饉，疾疫災害所生之國也。

紫宫垣十五星〔三一〕，其西蕃七，東蕃八，在北斗北。一曰紫微，太帝之坐也，天子之常居也，主命，主度也。一曰長垣，一曰天營，一曰旗星，爲蕃衞，備蕃臣也。宫闕兵起，旗星直，天子出，自將宫中兵。東垣下五星曰天柱，建政教，懸圖法之所也。常以朔望日懸禁令於天柱，以示百司。周禮以正歲之月，懸法象魏，此之類也。門内東南維五星曰尚書，主納言，夙夜諮謀，龍作納言，此之象也。尚書西二星曰陰德、陽德，主周急振無。宫門左星内二星曰大理，主平刑斷獄也。門外六星曰天牀，主寢舍，解息燕休。西南角外二星曰内厨，主六宫之飲食，主后夫人與太子宴飲。東北維外六星曰天厨，主盛饌。

北斗七星，輔一星在太微北，七政之樞機，陰陽之元本也。故運乎天中，而臨制四方，以建四時，而均五行也。魁四星爲琁璣，杓三星爲玉衡。又象號令之主〔三二〕，又爲帝車，取乎運動之義也。又魁第一星曰天樞，二曰琁，三曰璣，四曰權，五曰玉衡，六曰開陽，七曰摇光。一至四爲魁，五至七爲杓。樞爲天，琁爲地，璣爲人，權爲時，玉衡爲音，開陽爲律，摇光爲星。石氏云：「第一曰正星，主陽德，天子之象也。二曰法星，主陰刑，女主之位也。三曰令星，主禍害也。四曰伐星，主天理，伐無道。五曰殺星，主中央，助四旁，殺有罪。六曰危星，主天倉五穀。七曰部星，亦曰應星，主兵。」又云：「一主天，二主地，三主火，四主水，五主土，六主木，七主金。」又曰：「一主秦，二主楚，三主梁，四主吴，五主趙，六主燕，七主齊。」

魁中四星，爲貴人之牢，曰天理也。輔星傅乎開陽，所以佐斗成功也。又曰：「主危正，矯不平。」又曰：「丞相之象也。」七政星明，其國昌。不明，國殃。斗旁欲多星則安，斗中少星則人恐上〔三三〕，天下多訟法者。無星二十日。有輔星明而斗不明，臣强主弱。斗明輔不明，主彊臣弱也。杓南三星及魁第一星，皆曰三公〔三四〕，宣德化，調七政，和陰陽之官也。

文昌六星，在北斗魁前，天之六府也，主集計天道。一曰上將，大將建威武。二曰次將，尚書正左右。三曰貴相，太常理文緒。四曰司禄、司中，司隸賞功進。五曰司命、司怪，太史主滅咎。六曰司寇，大理佐理寶。所謂一者，起北斗魁前，近内階者也。明潤，大小齊，天瑞臻。

文昌北六星曰内階，天皇之陛也。相一星在北斗南。相者總領百司而掌邦教，以佐帝王安邦國，集衆事也。其明吉。太陽守一星，在相西，大將大臣之象也，主戒不虞，設武備也。非其常，兵起。西北四星曰勢。勢，腐刑人也。天牢六星在北斗魁下，貴人之牢也，主愆過，禁暴淫。

太微，天子庭也，五帝之坐也，亦十二諸侯府也。其外蕃，九卿也。一曰太微爲衡。衡，主平也。又爲天庭，理法平辭，監升授德，列宿受符，諸神考節，舒情稽疑也。南蕃中二星間曰端門。東曰左執法，廷尉之象也。西曰右執法，御史大夫之象也。執法，所以舉刺凶姦者也。左執法之東，左掖門也。右執法之西，右掖門也。東蕃四星，南第一曰上相，其北東太陽門也。第二星曰次相，其北中華東門也。第三星曰次將，其北東太陰門也。第四星曰上將。所謂四輔也。西蕃四星：南第一星曰上將，其北西太陽門也。第二星曰次將，其北中華西門也。第三曰次相，其北西太陰門也。第四星曰上相。亦四輔也。東西蕃有芒及摇動者，諸侯謀天子也。執法移則刑罰尤急。月、五星所犯中坐，成刑。月、五星入太微軌道，吉。

西南角外三星曰明堂，天子布政之宫也。明堂西三星曰靈臺，觀臺也。主觀雲物，察符瑞，候災變也。左執法東北一星曰謁者，主贊賓客也。謁者東北三星曰三公内坐，朝會之所居也。三公北三星曰九卿内坐，主治萬事。九卿西五星曰内五諸侯，内侍天子，不之國者也。辟雍之禮得，則太微諸侯明。

黄帝坐一星，在太微中，含樞紐之神也。天子動得天度，止得地意，從容中道，則太微五帝坐明以光〔三五〕。黄帝坐不明，人主求賢士以輔法，不然則奪勢。又曰太微五坐小弱青黑，天子國亡。四帝坐四星，四星俠黄帝坐。東方星，蒼帝靈威仰之神也。南方星，赤帝熛怒之神也。西方星，白帝招距之神也。北方星，黑帝叶光紀之神也。

五帝坐北一星曰太子，帝儲也。太子北一星曰從官，侍臣也。帝坐東北一星曰幸臣。屏四星在端門之内，近右執法。屏所以壅蔽帝庭也。執法主刺舉，臣尊敬君上，則星光明潤澤。郎位十五星，在帝坐東北，一曰依烏，郎位也〔三六〕。周官之元士，漢官之光禄、中散、諫議、議郎、三署郎中，是其職也。或曰今之尚書也〔三七〕。郎位主衞守也。其星明，大臣有劫主。又曰，客犯上。其星不具，后死，幸臣誅。客星入之，大臣爲亂。郎將一星在郎位北，主閱具，所以爲武備也。武賁一星，在太微西蕃北，下台南，靜室旄頭之騎官也。常陳七星，如畢狀，在帝坐北〔三八〕，天子宿衞武賁之士，以設强毅也。星搖動，天子自出，明則武兵用，微則武兵弱。

三台六星，兩兩而居，起文昌，列招搖，太微。一曰天柱，三公之位也。在天曰三台，主開德宣符也。西近文昌二星曰上台，爲司命，主壽。次二星曰中台，爲司中，主宗室〔三九〕。東二星曰下台，爲司祿，主兵，所以昭德塞違也。又曰三台爲天階，太一躡以上下。一曰泰階。上階，上星爲天子，下星爲女主〔四〇〕；中階，上星爲諸侯三公，下星爲卿大夫；下階，上星爲士，下星爲庶人。所以和陰陽而理萬物也。其星有變，各以所主占人〔四一〕。君臣和集，如其常度。

南四星曰內平，近職執法平罪之官也。中台之北一星曰大尊，貴戚也。下台南一星曰武賁，衞官也。

攝提六星，直斗杓之南，主建時節，伺禨祥。攝提爲楯，以夾擁帝席也〔四二〕，主九卿。明大三公恣，客星入之，聖人受制。西三星曰周鼎，主流亡。大角一星，在攝提間。大角者，天王座也。又爲天棟，正經紀。北三星曰帝席，主宴獻酬酢。梗河三星，在大角北。

梗河者，天矛也。一曰天鋒，主胡兵。又爲喪，故其變動應以兵喪也。星亡，其國有兵謀。招摇一星在其北，一曰矛楯，主胡兵。占與梗河略相類也。招摇與北斗杓間曰天庫。星去其所，則有庫開之祥也。招摇欲與棟星、梗河、北斗相應，則胡常來受命於中國。招摇明而不正，胡不受命。玄戈一星〔四三〕，在招摇北。玄戈所主，與招摇同。或云主北夷。客星守之，胡大敗。天槍三星，在北斗杓東。一曰天鉞，天之武備也。故在紫宫之左，所以禦難也。女牀三星，在其北，後宫御也，主女事。天棓五星，在女牀北，天子先驅也，主忿爭與刑罰〔四四〕，藏兵，亦所以禦難也。槍棓皆以備非常也。一星不具，國兵起。

東七星曰扶筐，盛桑之器，主勸蠶也。七公七星，在招摇東，天之相也，三公之象，主七政。貫索九星在其前，賤人之牢也。一曰連索，一曰連營，一曰天牢，主法律，禁暴彊也。牢口一星爲門，欲其開也。九星皆明，天下獄煩。七星見，小赦；五星，大赦。動則斧鑕用，中空則更元。漢志云十五星。天紀九星，在貫索東，九卿也。九河主萬事之紀，理怨訟也。明則天下多辭訟，亡則政理壞，國紀亂，散絶則地震山崩。織女三星，在天紀東端，天女也，主果蓏絲帛珍寶也。王者至孝，神祇咸喜，則織女星俱明，天下和平。大星怒角，布帛貴。東足四星曰漸臺，臨水之臺也。主晷漏律吕之事。西足五星曰輦道〔四五〕，王者嬉遊之道也，漢輦道通南、北宫，其象也〔四六〕。

左右角間二星曰平道之官。平道西一星曰進賢，主卿相舉逸才。角北二星曰天田。亢北六星曰亢池。亢，舟航也；池，水也。主送往迎來。氐北一星曰天乳〔四七〕，主甘露。房中道一星曰日，歲守之，陰陽平〔四八〕。房西二星南北列，曰天福，主乘輿之官，若禮巾車、公車之政。主祠事。東咸、西咸各四星，在房、心北，日月五星之道也。房之户，所以防淫佚也。星明則吉，暗則凶。月、五星犯守之，有陰謀。東咸西三星，南北列，曰罰星，主受金贖。鍵閉一星，在房東北，近鉤鈐，主關籥。

天市垣二十二星，在房、心東北，主權衡，主聚衆。一曰天旗庭，主斬戮之事也。市中星衆潤澤則歲實，星稀則歲虚。熒惑守之，戮不忠之臣。又曰，若怒角守之，戮者臣殺主〔四九〕。彗星除之，爲徙市易都。客星入之，兵大起，出之有貴喪。市中六星臨箕，曰市樓，市府也，主市價律度。其陽爲金錢，其陰爲珠玉。變見，各以所主占之。北四星曰天斛，主量者也。斛西北二星曰列肆，主寶玉之貨。市門左星内二星曰車肆，主衆賈之區。

帝坐一星，在天市中，候星西，天庭也。光而潤則天子吉，威令行。微小，凶，大人當之。候一星，在帝坐東北，主伺陰陽也。明大，輔臣彊，四夷開。候細微則國安，亡則主失位，移則主不安。宦者四星，在帝坐西南侍，主刑餘之人也。星微則吉，明則凶，非其常，宦者有憂。斗五星，在宦者南，主平量。仰則天下斗斛不平，覆則歲穰。宗正二星，在帝坐東南，宗大夫也。彗星守之，若失色，宗正有事。客星守之，更號令也。宗人四星，在宗正東，主録親疏享祀。族人有序，則如綺文而明正〔五〇〕，動，則天子親屬有變。客星守之，貴人死。宗星二，在候星東，宗室之象，帝輔血脉之臣也。客星守之，宗人不和。東北二星曰帛度，東北二星曰屠肆，各主其事。

天江四星在尾北，主太陰。江星不具，天下津河關道不通。明若動摇，大水出，大兵起。參差則馬貴。熒惑守之，有立王。客星入之，河津絶。

天籥八星，在南斗杓西，主關閉。建星六星，在南斗北，亦曰天旗，天之都關也。爲謀事，爲天鼓，爲天馬。南二星，天庫也。中央二星，市也，鈇鑕也〔五一〕。上二星，旗跗也。斗建之間，三光道也。星動則人勞。月暈之，蛟龍見，牛馬疫。月、五星犯之，大臣相譖，臣謀主；亦爲關梁不通，有大水。東南四星曰狗國，主鮮卑、烏丸、沃且。熒惑守之，外夷爲變。太白逆守之，其國亂。客星犯守之，有大盜，其王且來。狗國北二星曰天雞，主候時。天弁九星在建星北，市官之長也。主列肆闤闠，若市籍之事，以知市珍也。星欲明，吉。彗星犯守之，糴貴，囚徒起兵。

河鼓三星，旗九星，在牽牛北，天鼓也，主軍鼓，主鈇鉞。一曰三武，主天子三將軍。中央大星爲大將軍，左星爲左將軍，右星爲右將軍。左星，南星也，所以備關梁而距難也，設守阻險，知謀徵也。旗即天鼓之旗，所以爲旌表也。左旗九星，在鼓左旁。鼓欲正直而明，色黃光澤，將吉；不正，爲兵憂也。星怒馬貴，動則兵起，曲則將失計奪勢。旗星戾，亂相陵。旗端四星南北列，曰天桴。桴，鼓桴也。星不明，漏刻失時。前近河鼓，若桴鼓相直，皆爲桴鼓用。

離珠五星，在須女北，須女之藏府也，女子之星也。星非故，後宮亂。客星犯之，後宮凶。虛北二星曰司命〔五二〕，北二星曰司祿，又北二星曰司危，又北二星曰司非。司命主舉過行罰，滅不祥。司祿主增年延德，故在六宗之祀〔五三〕。司危主驕佚亡下〔五四〕。司非以法多就私。瓠瓜五星，在離珠北，主陰謀，主後宮，主果食。明則歲熟，微則歲惡，后失勢。非其故，則山搖，谷多水。旁五星曰敗瓜，主種。天津九星，横河中，一曰天漢，一曰天江，主四瀆津梁〔五五〕，所以度神通四方也。一星不備，津關道不通。星明動則兵起如流沙，死人如亂麻〔五六〕。微而參差，則馬貴若死。星亡，若從河水爲害，或曰水賊稱王也。東近河邊七星曰車府，主車之官也。車府東南五星曰人星，主靜衆庶，柔遠能邇。一曰卧星，主防淫。其南三星內杵〔五七〕，東南四星曰杵臼，主給軍糧。客星入之，兵起，天下聚米。天津北四星如衡狀〔五八〕，曰奚仲，古車正也。

螣蛇二十二星，在營室北，天蛇星主水蟲〔五九〕。星明則不安，客星守之，水雨爲災，水物不收。王良五星，在奎北，居河中，天子奉車御官也。其四星曰天駟，旁一星曰王良，亦曰天馬。其星動，爲策馬，車騎滿野。亦曰王梁〔六〇〕，爲天橋，主御風雨水道，故或占津梁。其星移，有兵，亦曰馬病。客星守之，橋不通。前一星曰策，王良之御策也，主天子僕，在王良旁。若移在馬後，是謂策馬，則車騎滿野。閣道六星，在王良前，飛道也。從紫宮至河，神所乘也。一曰閣道，主道里，天子遊別宮之道也。亦曰閣道，所以扞難滅咎也。一曰王良旗，一曰紫宮旗，亦所以爲旌表，而不欲其動摇。旗星者，兵所用也。傅路一星，在閣道南，旁別道也。備閣道之敗，復而乘之也。一曰太僕，主禦風雨，亦遊從之義也。東壁北十星曰天廐，主馬之官，若今驛亭也，主傳令置驛，逐漏馳鶩，謂其行急疾，與晷漏競馳〔六一〕。

天將軍十二星，在婁北，主武兵。中央大星，天之大將也。外小星，吏士也。大將星摇，兵起，大將出。小星不具，兵發。南一星曰軍南門，主誰何出入。太陵八星，在胃北。陵者，墓也。太陵卷舌之口曰積京〔六二〕，主大喪也。積京中星絶，則諸侯有喪，民多疾，兵起，粟聚。少則粟散。星守之，有土功。太陵中一星曰積尸，明則死人如山。天船九星，在太陵北，居河中。一曰舟星，主度，所以濟不通也，亦主水旱。不在漢中，津河不通。中四星欲其均明，即天下大安。不則兵若喪。客彗星出入之，爲大水，有兵。中一星曰積水，候水災。昴西二星曰天街，三光之道，主伺候關梁中外之境。天街西一星曰月。卷舌六星在北，主口語，以知佞讒也。曲者吉，直而動，天下有口舌之害。中一星曰天讒，主巫醫。

五車五星，三柱九星，在畢北。五車者，五帝車舍也，五帝坐也，主天子五兵，一曰主五穀豐耗。西北大星曰天庫，主太白，主秦。次東北星曰獄〔六三〕，主辰星，主燕、趙。次東星曰天倉，主歲星，主魯、衞。次東南星曰司空，主填星，主楚。次西南星曰卿星，主熒惑，主魏。五星有變，皆以其所主而占之。三柱，一曰三泉，一曰休，一曰旗。五車星欲均明，闊狹有常也。天子得靈臺之禮，則五車、三柱均明。中有五星曰天潢。天潢南三星曰咸池，魚囿也。月、五星入天潢，兵起，道不通，天下亂，易政。咸池明，有龍墮死，猛獸及狼害人，若兵起。

五車南六星曰諸王，察諸侯存亡。西五星曰厲石，金若客星守之，兵動。北八星曰八穀，主候歲。八穀一星亡，一穀不登。天關一星，在五車南，亦曰天門，日月所行也，主邊事，主開閉。芒角，有兵。五星守之，貴人多死。

東井鉞前四星曰司怪，主候天地日月星辰變異，及鳥獸草木之妖，明主聞災，脩德保福也。司怪西北九星曰坐旗，君臣設位之表也。坐旗西四星曰天高，臺榭之高，主遠望氣象。天高西一星曰天河，主察山林妖變。南河、北河各三星，夾東井。一曰天高天之闕門，主關梁。南河曰南戍，一曰南宮，一曰陽門，一曰越門，一曰權星，主火。北河一曰北戍，一曰北宮，一曰陰門，一曰胡門，一曰衡星，主水。兩河戍間，日月五星之常道也。河戍動搖，中國兵起。南河三星曰闕丘，主宮門外象魏也。五諸侯五星，在東井北，主刺舉，戒不虞。又曰理陰陽，察得失。亦曰主帝心。一曰帝師，二曰帝友，三曰三公，四曰博士，五曰太史。此五者常爲帝定疑議。星明大潤澤，則天下大治，角則禍在中。五諸侯南三星曰天樽，主盛饘粥，以給貧餒。積水一星，在北河西北，水河也，所以供酒食之正也〔六四〕。積薪一星，在積水東，供給庖厨之正也。水位四星，在東井東，主水衡。客星若水、火守犯之，百川流溢。

軒轅十七星，在七星北。軒轅，黄帝之神，黄龍之體也。后妃之主，士職也。一曰東陵，一曰權星，主雷雨之神。南大星，女主也。次北一星，妃也。次，將軍也。其次諸星，皆次妃之屬也。女主南小星，女御也。左一星少民，少后宗也。右一星大民，太后宗也。欲其色黄小而明也。軒轅右角南三星曰酒旗，酒官之旗也，主饗宴飲食。五星守酒旗，天下大酺，有酒肉財物，賜若爵宗室。酒旗南二星曰天相，丞相之象也。軒轅西四星曰爟〔六五〕，爟者烽火之爟也，邊亭之警候。

爟北四星曰內平。少微四星，在太微西，士大夫之位也。一名處士，亦天子副主，或曰博士官。一曰主衞掖門。南第一星處士，第二星議士，第三星博士，第四星大夫。明大而黃，則賢士舉也。月、五星犯守之，處士、女主憂，宰相易。南四星曰長垣，主界域及胡夷。熒惑入之，胡入中國。太白入之，九卿謀。

校勘記

〔一〕昔者滎河獻籙 「滎」，原作「滎」，據宋甲本、汲本改。

〔二〕六爻摛範 「爻」，原作「文」，據南監本、殿本改。

〔三〕常明者百有二十 續漢書天文志上、晉書卷一一天文志上引張衡靈憲「十」下有「四」字。

〔四〕其所傳則周公受於殷商 「殷商」，晉書卷一一天文志上作「殷高」。按，盧文弨羣書拾補云：「周髀稱周公問於商高，即殷高也。」李國祥、彭益林隋書天文志斠證稱此涉形近而誤。

〔五〕皆得於表股者也 「者」字原闕，據宋甲本補。按，本卷多有「者也」句式。

〔六〕晝夜中規 「夜」字原闕，據文意補。

〔七〕牽牛距北極南百一十度 「南」，原作「北」，據文意改。

〔八〕今從高山上 「山上」，原作「上山」，據文意乙正。

〔九〕而項不能覆背　「項」，御覽卷二天部二天部下引姚信昕天論作「頂」。

〔一〇〕極之高時　「高」，原作「立」，據御覽卷二天部二天部下引姚信昕天論改。

〔一一〕其比都没之頃　「比」，原作「北」，據宋甲本改。

〔一二〕裁如盤盂　「盂」，原作「蓋」，至順本作「盂」，與列子卷五湯問篇同，今據改。

〔一三〕日之薄地闇其明也　續漢書天文志上劉昭注引靈憲、通考卷二八〇象緯考三無「闇」字，文意較長。

〔一四〕方其中　續漢書天文志上劉昭注引靈憲、通考卷二八〇象緯考三作「方於中天」，「中」下疑脱「天」字。唐開元占經卷一天地名體引靈憲亦作「方於中天」。

〔一五〕姜岌　原作「安岌」。疇人傳卷六附姜岌：「論天一篇，隋志以爲安岌之語。錢少詹大昕曰：『安岌』當爲『姜岌』，字脱其半也。其文即渾天論是也。」按，晉書卷一八律曆志下，姜岌，後秦姚興時人，曾造三紀甲子元曆。今據改。

〔一六〕以渾檢之　「檢」，原作「驗」，據宋甲本、汲本改。

〔一七〕學者多因其説而未之革　「因」，宋甲本、至順本、汲本作「固」。按，唐開元占經卷一天地名體引祖暅渾天論作「因」。

〔一八〕傅地遥望北辰紐星之末　「紐星」，原作「細星」，據唐開元占經卷一天地名體引祖暅渾天論改。下同。

〔一九〕周七尺三寸半分　「分」字原闕，據推算補。

〔二〇〕四分分之三　後「分」字原闕，據推算補。

〔二一〕故今所作渾象　「故」，原作「汝」，據唐開元占經卷一天地名體引陸公紀渾天改。

〔二二〕不翅八十二度半彊　「八」上當補「一百」二字。

〔二三〕於皇大代　「代」，原作「伐」，據至順本改。

〔二四〕葛衡　御覽卷二天部二渾儀引晉陽秋作「葛衜」，注稱：「『衜』，古『道』字。」

〔二五〕天動而地止　「止」，原作「上」，據御覽卷二天部二渾儀改。三國志卷六三吳書趙達傳裴注引晉陽秋作「天轉而地止」，可證。

〔二六〕眂以日景　「日」字原闕，據宋甲本、至順本補。按「眂以日景」，與下文「識日出之景與日入之景」合。

〔二七〕視日之夕　「視」，原作「是」，據文意改。

〔二八〕日永景尺五寸　「尺」，宋甲本、至順本作「盡」。

〔二九〕日短景丈三尺　「丈三尺」，原作「尺三寸」，據玉海卷五天文周土圭引隋志改。按五禮通考卷一八八引方觀承說，「尺三寸」應是「丈三尺」，周髀算經李淳風注引考靈曜作「日短一十三尺」，適符「丈三尺」之數。

〔三〇〕客犯紫宮中坐　通志卷三九天文略二引隋志、晉書卷一一天文志上「客」下有「星」字。唐開元占經卷八四客星占作「客星犯紫宮中帝座」。

〔二一〕紫宮垣十五星　「十」，原作「下」，據宋甲本改。

〔二二〕又象號令之主　通志卷三九天文略二引隋志作：「又曰，斗爲人君之象，號令之主也。」晉書卷一一天文志上同。羣書考索卷五七引隋書作：「又曰，斗爲人君之象也，號令之主也。」「又」下當奪「曰斗爲人君之」六字。

〔二三〕斗中少星則人恐上　「恐」，通志卷三九天文略二引隋志作「怨」，通考卷二七八象緯考一同。作「怨」文意較長。

〔二四〕杓南三星及魁第一星皆曰三公　晉書卷一一天文志上作：「杓南三星及魁第一星西三星皆曰三公」。疑「皆」上脫「西三星」三字。

〔二五〕則太微五帝坐明以光　「明」下原有「坐」字，據晉書卷一一天文志上、通志卷三九天文略二刪。

〔二六〕郎位十五星在帝坐東北一曰依烏郎位也　漢書卷二六天文志「後聚十五星，曰哀烏郎位」，「依烏」作「哀烏」。史記卷二七天官書：「後聚一十五星，蔚然，曰郎位。」索隱：「『哀烏』『蔚然』皆星之貌狀。其星爲郎位。」王念孫讀書雜志卷四謂，「郎位」爲星名，漢書「曰」字應在「哀烏」下。王引之稱，「哀」、「依」古同聲，依烏即哀烏，「烏」蓋「焉」之訛字。哀焉猶依然，依然猶蔚然，皆衆盛之貌。蓋唐初已訛作「曰哀烏郎位」，李淳風從誤。

〔三七〕或曰今之尚書也　史記卷二七天官書索隱、通志卷三九天文略二、通考卷二七八象緯考一「尚書」下有「郎」字。

〔三八〕在帝坐北　「在帝」二字原闕，據玉海卷一天文中宮引隋志補。晉書卷一一天文志上亦作「在帝坐北」。

〔三九〕次二星曰中台爲司中主宗室　「室」字原闕，據玉海卷一天文中宮引隋志補。晉書卷一一天文志上、通志卷三九天文略二亦有「室」字。

〔四〇〕上階上星爲天子下星爲女主　「上階」二字原闕，據晉書卷一一天文志上、史記索隱應劭引黄帝泰階六符經、通志卷三九天文略二補。

〔四一〕各以所主占人　「人」，通志卷三九天文略二、通考卷二七八象緯考一作「之」。此句，晉書卷一一天文志上作「各以所主占其人」。

〔四二〕攝提爲楯以夾擁帝席也　「席」，晉書卷一一天文志上作「座」。通志卷三九天文略二、通考卷二七八象緯考一作「坐」。漢書卷二六天文志：「大角者，天王帝坐廷。其兩旁各有三星，鼎足句之，曰攝提。」「席」疑是「座」之訛字。

〔四三〕玄戈一星　「一」，原作「二」，據宋甲本、汲本改。玉海卷一天文中宮引隋志亦作「一」，宋史卷四九天文志二「天戈一星，又名玄戈，在招摇北」，即此。

〔四四〕主忿爭與刑罰　「忿」，晉書卷一一天文志上、通考卷二九四象緯考一七作「分」。

〔四五〕西足五星曰輦道　「足」，原作「之」，據晉書卷一一天文志上改。按「西足五星曰輦道」，與上文「東足四星曰漸臺」相屬。唐開元占經卷六九甘氏中官占引甘氏星經：「輦道五星，屬織女西足。」

〔四六〕漢輦道通南北宮其象也　「其」字原闕，據玉海卷一天文中宮引石氏星經、晉書卷一一天文志上補。

〔四七〕氐北一星曰天乳　「氐」，原作「兵」，殿本改作「氐」，考證稱：「『氐』字，各本俱訛作『兵』，今改正。」按，唐開元占經卷六九甘氏中官占引甘氏星經曰：「天乳一星在氐北。」今據改。

〔四八〕房中道一星曰日歲守之陰陽平　「日」字原闕。李慈銘隋書札記疑本段有脱文。按，唐開元占經卷六九甘氏中官占引甘氏星經曰：「日一星在房中道前。」通志卷三八天文略一：「日一星在房中道前，太陽之精，主明德。」通考卷二七九象緯考二同。宋史卷五〇天文志三：「日一星，在房宿南，太陽之精，主昭明令德。（中略）歲星守，王得忠臣，陰陽和。」今據補。

〔四九〕若怒角守之戮者臣殺主　通志卷三九天文略二、通考卷二七九象緯考二：「若怒角守之者臣殺主。」「戮」字疑衍。

〔五〇〕「客星守之」至「明正」　「之更號令也宗人四星在宗正東主録親疏享祀族人有序則如綺文而明正」三十字原闕，據晉書卷一一天文志上補。通志卷三九天文略二、通考卷二七八象緯考一略同晉書。

〔五二〕鈇鑕也　「鑕也」二字原闕，據晉書卷一一天文志上、通志卷三八天文略一、通考卷二七九象緯考二補。

〔五三〕虚北二星曰司命　「北」，原作「之」，據宋甲本、汲本改。通考卷二七九象緯考二亦作「北」。

〔五三〕司禄主增年延德故在六宗之祀　「主」字原闕，通志卷三八天文略一：「又北二星曰司禄，主爵禄，增年延德，故在六宗之祀。」通考卷二七九象緯考二同。今據補。「之祀」，原作「北犯」，據汲本改，宋甲本作「之犯」。

〔五四〕司危主驕佚亡下　「驕佚亡下」，通志卷三八天文略一作「矯枉失」，宋史卷五〇天文志三作「矯失正下」。

〔五五〕「天津九星」至「主四瀆津梁」　「横河中一曰天漢一曰天江主四瀆津」十五字原闕，據晉書卷一一天文志上補。

〔五六〕兵起如流沙死人如亂麻　後「如」字原闕，據通志卷三八天文略一、通考卷二七九象緯考二補。晉書卷一一七姚興載記上亦謂「起兵如流沙，死者如亂麻」。

〔五七〕其南三星内杵　「内杵」，原作「内析」，宋甲本作「内折」。按，御覽卷六天部六星中引天文録：「内杵三星在人星旁。」今據改。「析」、「折」涉形近致誤。

〔五八〕天津北四星如衡狀　「衡」，原作「衞」，據宋甲本、汲本改。

〔五九〕騰虵二十二星在營室北天蛇星主水蟲　後「星」，晉書卷一一天文志上、唐開元占經卷六五石氏中官占引石氏星經作「也」。按，通志卷三八天文略一：「騰蛇二十二星在營室北，若盤蛇之狀，居於河濱，謂之天蛇星，主水蟲。」此處或應從晉書、唐開元占經作「也」，或「天蛇星」上有奪文。

〔六〇〕亦曰王梁　「王梁」，原作「王良梁」，漢書卷二六天文志作「王梁」。古「良」、「梁」混用，本句承上文「旁一星曰王良」衍「良」字，今據刪。

〔六一〕與晷漏競馳　「與」，原作「興」，據晉書卷一一天文志上改。

〔六二〕太陵卷舌之口曰積京　晉書卷一一天文志上：「太陵八星在胃北，亦曰積京，主大喪也。」唐開元占經卷六六石氏中官引石氏星經略同。知「積京」爲太陵別稱。疑「卷舌之口」衍，此句應作「太陵一曰積京」。

〔六三〕次東北星曰獄　「獄」，史記卷二七天官書正義、通志卷三八天文略一作「天獄」。按，前稱「天庫」，後稱「天倉」，疑作「天獄」是。

〔六四〕「以給貧餒」至「所以供酒食之正也」　「貧餒積水一星在北河西北水河也所以供」十七字原闕，據晉書卷一一天文志上補。宋史卷五一天文志四同晉書。

〔六五〕軒轅西四星曰爟　「爟」，原作「權」，據晉書卷一一天文志上、唐開元占經卷六九甘氏中官占引甘氏星經、巫咸五星占、甘氏讚改。

隋書卷二十

志第十五

天文中

二十八舍

東方。角二星，爲天闕，其間天門也，其内天庭也。故黄道經其中，七曜之所行也。左角爲天田，爲理，主刑，其南爲太陽道。右角爲將，主兵，其北爲太陰道。蓋天之三門，猶房之四表。其星明大，王道太平，賢者在朝。動摇移徙，王者行。

亢四星，天子之内朝也。總攝天下奏事，聽訟理獄録功者也。一曰疏廟，主疾疫。星明大，輔納忠，天下寧，人無疾疫。動則多疾。

氐四星，王者之宿宫，后妃之府，休解之房。前二星適也，後二星妾也。將有徭役之事，氐先動。星明大則臣奉度，人無勞。

房四星爲明堂，天子布政之宫也，亦四輔也。下第一星，上將也；次，次將也；次，次相也；上星，上相也。南二星君位，北二星夫人位。又爲四表，中間爲天衢之大道，爲天闕，黄道之所經也。南間曰陽環，其南曰太陽。北間曰陰間，其北曰太陰。七曜由乎天衢，則天下平和。由陽道則主旱喪，由陰道則主水兵。亦曰天駟，爲天馬，主車駕。南星曰左驂，次左服，次右服，次右驂。亦曰天廐，又主開閉，爲畜藏之所由也。房星明則王者明。驂星大則兵起，星離則人流。又北二小星曰鉤鈐，房之鈐鍵，天之管籥，主閉藏，鍵天心也。王者孝則鉤鈐明。近房，天下同心，遠則天下不和，王者絶後。房、鉤鈐間有星及疎坼，則地動河清。

心三星，天王正位也。中星曰明堂，天子位，爲大辰，主天下之賞罰。天下變動，心星見祥。星明大，天下同，暗則主暗。前星爲太子，其星不明，太子不得代。後星爲庶子，後星明，庶子代。心星變黑，大人有憂。直則王失勢，動則國有憂急，角摇則有兵，離則人流。

尾九星，後宫之場，妃后之府。上第一星，后也；次三星，夫人；次星，嬪妾。第三星傍一星，名曰神宫，解衣之内室。尾亦爲九子。星色欲均明，大小相承，則後宫有敍，多子孫。星微細暗，后有憂疾。疏遠，后失勢。動摇則君臣不和，天下亂。就聚則大水。

箕四星，亦後宫妃后之府。亦曰天津，一曰天雞。主八風，凡日月宿在箕、東壁、翼、軫者，風起。又主口舌，主客蠻夷胡貉，故蠻胡將動，先表箕焉。星大明直則穀熟，内外有差。就聚細微，天下憂。動則蠻夷有使來。離徙則人流動，不出三日，大風。

北方。南斗六星，天廟也，丞相太宰之位，主褒賢進士，禀授爵禄，又主兵。一曰天機。南二星魁，天梁也。中央二星，天相也。北二星杓，天府庭也，亦爲天子壽命之期也。將有天子之事，占於斗。斗星盛明，王道平和，爵禄行。芒角動摇，天子愁，兵起移徙，其臣逐。

牽牛六星，天之關梁，主犧牲事。其北二星，一曰即路，一曰聚火。又曰，上一星主道路，次二星主關梁，次三星主南越。摇動變色則占之。星明大，王道昌，關梁通，牛貴。怒則馬貴。不明失常，穀不登。細則牛賤。中星移上下，牛多死。小星亡，牛多疫。又曰，牽牛星動爲牛災。

須女四星，天之少府也。須，賤妾之稱，婦職之卑者也，主布帛裁製嫁娶。星明，天下豐，女功昌，國充富。小暗則國藏虚。動則有嫁娶出納裁製之事。

虛二星，冢宰之官也。主北方，主邑居廟堂祭祀祝禱事，又主死喪哭泣。危三星，主天府天庫架屋，餘同虛占。星不明，客有誅。動則王者作宮殿，有土功。墳墓四星，屬危之下，主死喪哭泣，爲墳墓也。星不明，天下旱。動則有喪。

營室二星，天子之宮也。一曰玄宮，一曰清廟，又爲軍糧之府，及土功事。星明國昌，小不明，祠祀鬼神不享，國家多疾。動則有土功，兵出野。離宮六星，天子之別宮，主隱藏休息之所。

東壁二星，主文章，天下圖書之秘府也，主土功。星明，王者興，道術行，國多君子。星失色，大小不同，王者好武，經士不用，圖書隱。星動則有土功。離徙就聚，爲田宅事。

西方。奎十六星，天之武庫也。一曰天豕，亦曰封豕。主以兵禁暴，又主溝瀆。西南大星，所謂天豕目，亦曰大將，欲其明。若帝淫佚，政不平，則奎有角。角動則有兵，不出年中，或有溝瀆之事。又曰，奎中星明，水大出。

婁三星，爲天獄，主苑牧犧牲，供給郊祀，亦爲興兵聚衆。星明，天下平和，郊祀大享，多子孫。動則有聚衆。星直則有執主之命者。就聚，國不安。

胃三星，天之厨藏，主倉廩五穀府也。明則和平倉實，動則有輸運事，就聚則穀貴人流。

昴七星，天之耳目也，主西方，主獄事。又爲旄頭，胡星也。又主喪。昴、畢間爲天街，天子出，旄頭罕畢以前驅，此其義也。黃道之所經也。昴明則天下牢獄平。昴六星皆明，與大星等，大水。七星黃，兵大起。一星亡，爲兵喪。摇動，有大臣下獄，及白衣之會。大而數盡動，若跳躍者，胡兵大起。一星獨跳躍，餘不動者，胡欲犯邊境也。

畢八星，主邊兵，主弋獵。其大星曰天高，一曰邊將，主四夷之尉也。星明大則遠夷來貢，天下安。失色則邊亂。一星亡，爲兵喪。動摇，邊城兵起，有讒臣。離徙，天下獄亂。就聚，法令酷。附耳一星在畢下，主聽得失，伺愆邪，察不祥。星盛則中國微，有盜賊，邊候驚，外國反，鬬兵連年。若移動，佞讒行，兵大起，邊尤甚。月入畢，多雨。

觜觿三星，爲三軍之候，行軍之藏府，主葆旅，收斂萬物。明則軍儲盈，將得勢。動而明，盜賊羣行，葆旅起。動移，將有逐者。

參十星，一曰參伐，一曰大辰，一曰天市，一曰鈇鉞，主斬刈。又爲天獄，主殺伐。又主權衡，所以平理也。又主邊城，爲九譯，故不欲其動也。參，白獸之體。其中三星橫列，三將也。東北曰左肩，主左將。西北曰右肩，主右將。東南曰左足，主後將軍。西南曰右足，主偏將軍。故黃帝占參應七將。中央三小星曰伐，天之都尉也，主胡、鮮卑、戎狄之國，故不欲明。七將皆明大，天下兵精也。王道缺則芒角張。伐星明與參等，大臣皆謀，兵起。參星失色，軍散敗〔一〕。參芒角動摇，邊候有急，天下兵起。又曰，有斬伐之事。參星移，客伐主。參左足入玉井中，兵大起，秦大水，若有喪，山石爲怪。參星差戾，王臣貳。

南方。東井八星，天之南門，黄道所經，天之亭候。主水衡事，法令所取平也。王者用法平，則井星明而端列。鉞一星，附井之前，主伺淫奢而斬之。故不欲其明。明與井齊，則用鉞，大臣有斬者，以欲殺也。月宿井，有風雨。

輿鬼五星，天目也，主視，明察姦謀。東北星主積馬，東南星主積兵，西南星主積布帛，西北星主積金玉，隨變占之。中央爲積尸，主死喪祠祀。一曰鈇質，主誅斬。鬼星明大，穀成。不明，人散。動而光，上賦斂重，傜役多。星徙，人愁，政令急。鬼質欲其忽忽不明則安，明則兵起，大臣誅。

柳八星，天之厨宰也，主尚食，和滋味，又主雷雨，若女主驕奢。一曰天相，一曰天庫，一曰注，又主木功。星明，大臣重慎，國安，厨食具。注舉首，王命興，輔佐出。星直，天下謀伐其主。星就聚，兵滿國門。

七星七星，一名天都，主衣裳文繡，又主急兵，守盜賊。故欲明。星明，王道昌，闇則賢良不處，天下空，天子疾。動則兵起，離則易政。

張六星，主珍寶，宗廟所用及衣服，又主天厨，飲食賞賚之事。星明則王者行五禮，得天之中。動則賞賚，離徙天下有逆人，就聚有兵。

翼二十二星，天之樂府，主俳倡戲樂，又主夷狄遠客，負海之賓。星明大，禮樂興，四夷賓。動則蠻夷使來，離徙則天子舉兵。

軫四星，主冢宰輔臣也，主車騎，主載任。有軍出入，皆占於軫。又主風，主死喪。軫星明，則車駕備。動則車騎用。離徙，天子憂。就聚，兵大起。轄星，傅軫兩傍，主王侯。左轄爲王者同姓，右轄爲異姓。星明，兵大起。遠軫凶。軫、轄舉，南蠻侵。車無轄，國主憂。長沙一星，在軫之中，主壽命。明則主壽長，子孫昌。

右四方二十八宿并輔官一百八十二星。

星官在二十八宿之外者

庫樓十星，其六大星爲庫，南四星爲樓，在角南。一曰天庫，兵車之府也。旁十五星，三三而聚者，柱也。中央四小星，衡也。主陳兵。又曰，天庫空則兵四合。東北二星曰陽門，主守隘塞也。南門二星在庫樓南，天之外門也。主守兵。平星二星，在庫樓北，平天下之法獄事，廷尉之象也。天門二星，在平星北。

亢南七星曰折威，主斬殺。頓頑二星，在折威東南，主考囚情狀，察詐僞也。

騎官二十七星，在氐南，若天子武賁，主宿衛。東端一星，騎陣將軍，騎將也。南三星車騎，車騎之將也。陣車三星，在騎官東北，革車也。

積卒十二星，在房、心南，主爲衞也。他星守之，近臣誅。從官二星，在積卒西北。

龜五星，在尾南，主卜，以占吉凶。傅説一星，在尾後。傅説主章祝巫官也。章，請號之聲也。主王后之内祭祀，以祈子孫，廣求胤嗣。詩云：「克禋克祀，以弗無子。」此之象也。星明大，王者多子孫。魚一星，在尾後河中，主陰事，知雲雨之期也。星不明，則魚多亡，若魚少。動摇則大水暴出。出漢中，則大魚多死。

杵三星，在箕南，杵給庖舂。客星入杵臼，天下有急。糠一星，在箕舌前，杵西北。

鼈十四星，在南斗南。鼈爲水蟲，歸太陰。有星守之，白衣會，主有水令。農丈人一星，在南斗西南，老農主稼穡也。狗二星，在南斗魁前，主吠守。

天田九星，在牛南。羅堰九星，在牽牛東，岠馬也，以壅畜水潦，灌溉溝渠也。九坎九星，在牽牛南。坎，溝渠也，所以導達泉源，疏瀉盈溢〔二〕，通溝洫也。九坎間十星曰天池，一曰三池，一曰天海，主灌溉事。九坎東列星：北一星曰齊，齊北二星曰趙，趙北一星曰鄭，鄭北一星曰越，越東二星曰周，周東南北列二星曰秦，秦南二星曰代，代西一星曰晉，晉北一星曰韓，韓北一星曰魏，魏西一星曰楚，楚南一星曰燕。其星有變，各以其國。秦、代東三星南北列，曰離瑜。離圭衣也，瑜玉飾，皆婦人之服星也。

虚南二星曰哭，哭東二星曰泣，泣哭皆近墳墓。泣南十三星，曰天壘城，如貫索狀，主北夷丁零、匈奴。敗臼四星，在虚危南，知凶災。他星守之，飢兵起。

危南二星曰蓋屋，主治宫室之官也。虚梁四星，在蓋屋南，主園陵寢廟。非人所處，故曰虚梁。

室南六星曰雷電。室西南二星曰土功吏，主司過度。

壁南二星曰土公，土公西南五星曰礔礰，礔礰南四星曰雲雨，皆在壘壁北。

羽林四十五星，在營室南。一曰天軍，主軍騎，又主翼王也。壘壁陣十二星，在羽林北，羽林之垣壘也，主軍位，爲營壅也。五星有在天軍中者，皆爲兵起，熒惑、太白、辰星尤甚。北落師門一星，在羽林南。北者，宿在北方也。落，天之蕃落也。師，衆也。師門猶軍門也。長安城北門曰北落門，以象北也。主非常，以候兵。有星守之，虜入塞中，兵起。北落西北有十星，曰天錢。北落西南一星，曰天綱，主武帳。北落東南九星，曰八魁，主張禽獸。客星入之，多盜賊。八魁西北三星曰鈇質，一曰鈇鉞。有星入之，皆爲大臣誅。

奎南七星曰外屏。外屏南七星曰天溷，廁也。屏，所以障之也。天溷南一星曰土司空，主水土之事故，又知禍殃也。客星入之，多土功，天下大疾。

婁東五星曰左更，山虞也，主澤藪竹木之屬，亦主仁智。婁西五星曰右更，牧師也，主養牛馬之屬，亦主禮義。二更，秦爵名也。天倉六星，在婁南，倉穀所藏也。星黄而大，歲熟。西南四星曰天庾，積厨粟之所也。

天囷十三星在胃南。囷，倉廩之屬也，主給御糧也。星見則囷倉實，不見即虚。

天廩四星在昴南，一曰天廥，主畜黍稷，以供饗祀，春秋所謂御廩，此之象也。天苑十六星，在昴、畢南，天子之苑囿，養禽獸之所也，主馬牛羊。星明則牛馬盈，希則死。苑西六星曰芻藁，以供牛馬之食也。一曰天積，天子之藏府也。星盛則歲豐穰，希則貨財散。苑南十三星曰天園，植果菜之所也。

畢附耳南八星，曰天節，主使臣之所持者也。天節下九星，曰九州殊口，曉方俗之官，通重譯者也。畢柄西五星曰天陰。

參旗九星在參西，一曰天旗，一曰天弓，主司弓弩之張，候變禦難。玉井四星，在參左足下，主水漿，以給厨。西南九星曰九游，天子之旗也。玉井東南四星曰軍井，行軍之井也。軍井未達，將不言渴，名取此也。屏二星在玉井南，屏爲屏風。客星入之，四足蟲大疾。天廁四星，在屏東，溷也，主觀天下疾病。天矢一星在廁南，色黄則吉，他色皆凶。軍市十三星，在參東南，天軍貿易之市，使有無通也。野雞一星，主變怪，在軍市中。軍市西南二星曰丈人，丈人東二星曰子，子東二星曰孫。

東井西南四星曰水府，主水之官也。東井南垣之東四星，曰四瀆，江、河、淮、濟之精也。狼一星，在東井東南。狼爲野將，主侵掠。色有常，不欲變動也。角而變色動摇，盜賊萌，胡兵起，人相食。躁則人主不靜，不居其宫，馳騁天下。北七星曰天狗，主守財。弧九星在狼東南，天弓也，主備盜賊，常向於狼。弧矢動移，不如常者，多盜賊，胡兵大起。狼弧張，害及胡，天下乖亂。又曰，天弓張，天下盡兵，主與臣相謀。弧南六星爲天社。昔共工氏之子句龍，能平水土，故祀以配社，其精爲星。老人一星在弧南，一曰南極。常以秋分之旦見于丙，春分之夕而没于丁。見則化平，主壽昌，亡則君危代天〔三〕。常以秋分候之南郊。

柳南六星曰外厨。厨南一星曰天紀，主禽獸之齒。

稷五星在七星南。稷，農正也。取乎百穀之長，以爲號也。

張南十四星曰天廟，天子之祖廟也。客星守之，祠官有憂。

翼南五星曰東區，蠻夷星也。

軫南三十二星曰器府，樂器之府也。青丘七星在軫東南，蠻夷之國號也。青丘西四星曰土司空，主界域，亦曰司徒。土司空北二星曰軍門，主營候豹尾威旗。

自攝提至此，大凡二百五十四官〔四〕，一千二百八十三星。并二十八宿輔官，名曰經星常宿。遠近有度，小大有差。苟或失常，實表災異。

天漢，起東方，經尾、箕之間，謂之漢津。乃分爲二道，其南經傅說、魚、天籥、天弁、河鼓，其北經龜，貫箕下，次絡南斗魁、左旗，至天津下而合南道。乃西南行，又分夾匏瓜，絡人星、杵、造父、騰蛇、王良、傅路、閣道北端、太陵、天船、卷舌而南行，絡五車，經北河之南，入東井、水位而東南行，絡南河、闕丘、天狗、天紀、天稷，在七星南而没。

天占

鴻範五行傳曰：「清而明者，天之體也，天忽變色，是謂易常。天裂，陽不足，是謂臣强，下將害上，國後分裂，其下之主當之。天開見光，流血滂滂。天裂見人，兵起國亡。天鳴有聲，至尊憂且驚。皆亂國之所生也。」

漢惠帝二年，天開東北，長二十餘丈〔五〕，廣十餘丈。後有吕氏變亂。

晉惠帝太安二年，天中裂。穆帝升平五年，又裂，廣數丈，並有聲如雷。其後皆有兵革之應。

七曜

日循黃道東行，一日一夜行一度，三百六十五日有奇而周天。行東陸謂之春，行南陸謂之夏，行西陸謂之秋，行北陸謂之冬。行以成陰陽寒暑之節。是故傳云：「日爲太陽之精，主生養恩德，人君之象也。」又人君有瑕，必露其慝，以告示焉。故日月行有道之國則光明，人君吉昌，百姓安寧。日變色，有軍軍破，無軍喪侯王。其君無德，其臣亂國，則日赤無光。日失色，所臨之國不昌。日晝昏，烏鳥羣鳴，國失政。日中烏見，主不明，爲政亂，國有白衣會。日晝昏，行人無影，到暮不止者，上刑急，下人不聊生，不出一年，有大水。日中有黑子、黑氣、黑雲，乍三乍五，臣廢其主。日食，陰侵陽，臣掩君之象，有亡國，有死君，有大水。日食見星，有殺君，天下分裂。王者脩德以禳之。

月者，陰之精也。其形圓，其質清，日光照之，則見其明。日光所不照，則謂之魄。故月望之日，日月相望，人居其間，盡覩其明，故形圓也。二絃之日，日照其側，人觀其傍，故半明半魄也。晦朔之日，日照其表，人在其裏，故不見也。其行有遲疾。其極遲則日行十二度强，極疾則日行十四度半强。遲則漸疾，疾極漸遲，二十七日半强而遲疾一終矣。又月行之道，斜帶黄道。十三日有奇在黄道表，又十三日有奇在黄道裏。表裏極遠者，去黄道六度。二十七日有奇，陰陽一終。張衡云：「對日之衝，其大如日，日光不照，謂之闇虚。闇虚逢月則月食，值星則星亡。」今曆家月望行黄道，則值闇虚矣。值闇虚有表裏深淺，故食有南北多少。月爲太陰之精，以之配日，女主之象也。以之比德，刑罰之義。列之朝廷，諸侯大臣之類。故君明則月行依度，臣執權則月行失道。大臣用事，兵刑失理，則月行乍南乍北。女主外戚擅權，則或進或退。月變色，將有殃。月晝明，姦邪並作，君臣爭明，女主失行，陰國兵强，中國饑，天下謀僭。數月重見，國以亂亡。

歲星曰東方春木。於人五常，仁也；五事，貌也。仁虧貌失，逆春令，傷木氣，則罰見歲星。歲星盈縮，以其舍命國。其所居久，其國有德厚，五穀豐昌，不可伐。其對爲衝，歲乃有殃。歲星安靜中度，吉。盈縮失次，其國有變，不可舉事用兵。又曰，人主出象也。色欲明光潤澤，德合同。又曰，進退如度，姦邪息；變色亂行，主無福。又主福，主大司農，主齊、吴，主司天下諸侯人君之過，主歲五穀。赤而角，其國昌；赤黄而沉，其野大穰。

熒惑曰南方夏火，禮也，視也。禮虧視失，逆夏令，傷火氣，罰見熒惑。熒惑法使行無常，出則有兵，入則兵散。以舍命國，爲亂，爲賊，爲疾，爲喪，爲飢，爲兵，居國受殃。環繞勾己，芒角動摇變色，乍前乍後，乍左乍右，其殃愈甚。其南丈夫、北女子喪。周旋止息，乃爲死喪，寇亂其野，亡地。其失行而速，兵聚其下，順之戰勝。又曰，熒惑主大鴻臚，主死喪，主司空，又爲司馬，主楚、吴、越以南，又司天下羣臣之過，司驕奢亡亂妖孽，主歲成敗。又曰，熒惑不動，兵不戰，有誅將。其出色赤怒，逆行成鉤己，戰凶，有圍軍。鉤己，有芒角如鋒刃，人主無出宫，下有伏兵。芒大則人民怒，君子違違，小人浪浪，不有亂臣，則有大喪，人欺吏，吏欺王。又爲外則兵，内則理政，爲天子之理也。故曰，雖有明天子，必視熒惑所在。其入守犯太微、軒轅、營室、房、心，主命惡之。

填星曰中央季夏土，信也，思心也。仁義禮智，以信爲主，貌言視聽，以心爲政，故四星皆失，填乃爲之動。動而盈，侯王不寧。縮，有軍不復。所居之宿，國吉，得地及女子，有福，不可伐。去之，失地，若有女憂。居宿久，國福厚，易則薄。失次而上二三宿曰盈，有主命不成，不乃大水。失次而下曰縮，后戚，其歲不復，不乃天裂，若地動。一曰，填爲黄帝之德，女主之象，主德厚，安危存亡之機，司天下女主之過。又曰，天子之星也。天子失信，則填星大動。

太白曰西方秋金，義也，言也。義虧言失，逆秋令，傷金氣，罰見太白。太白進退以候兵，高埤遲速，静躁見伏，用兵皆象之，吉。其出西方，失行，夷狄敗；出東方，失行，中國敗。未盡期日，過參天，病其對國。若經天，天下革，人更王，是謂亂紀，人民流亡。晝與日爭明，强國弱，小國强，女主昌。又曰，太白大臣，其號上公也，大司馬位謹候此。

辰星曰北方冬水，智也，聽也。智虧聽失，逆冬令，傷水氣，罰見辰星。辰星見，主刑，主廷尉，主燕、趙，又爲燕、趙、代以北，宰相之象，亦爲殺伐之氣，戰鬬之象。又曰，軍於野，辰星爲偏將之象，無軍爲刑事。和陰陽，應其時。不和，出失其時，寒暑失其節，邦當大饑。當出不出，是謂擊卒，兵大起。在於房、心間，地動。亦曰，辰星出入躁疾，常主夷狄。又曰，蠻夷出星，亦主刑法之得失。色黄而小，地大動。

凡五星有色，大小不同，各依其行而順時應節。色變有類。凡青皆比參左肩，赤比心大星，黄比參右肩，白比狼星，黑比奎大星。不失本色，而應其四時者，吉；色害其行，凶。

凡五星所出所行所直之辰，其國爲得位者，歲星以德，熒惑有禮，填星有福，太白兵强，辰星陰陽和。所行所直之辰，順其色而有角者勝，其色害者敗。居實，有德也。居虛，無德也。色勝位，行勝色，行得盡勝之。營室爲清廟，歲星廟也。心爲明堂，熒惑廟也。南斗爲文太室，填星廟也。亢爲疏廟，太白廟也。七星爲員官，辰星廟也。五星行至其廟，謹候其命。

凡五星盈縮失位，其精降于地爲人。歲星降爲貴臣；熒惑降爲童兒，歌謠嬉戲；填星降爲老人婦女；太白降爲壯夫〔六〕，處於林麓；辰星降爲婦人。吉凶之應，隨其象告。

凡五星，木與土合，爲内亂、饑；與水合，爲變謀而更事；與火合，爲饑，爲旱；與金合，爲白衣之會，合鬭，國有内亂，野有破軍，爲水。太白在南，歲星在北，名曰牡年，穀大熟。太白在北，歲星在南，年或有或無。火與金合，爲爍爲喪，不可舉事用兵。從軍爲軍憂，離之軍却。出太白陰，分宅，出其陽，偏將戰。與土合，爲憂，主孽。與水合，爲北軍，用兵舉事大敗。一曰，火與水合爲焠，不可舉事用兵。土與水合，爲壅沮，不可舉事用兵，有覆軍下師。一曰，爲變謀更事，必爲旱。與金合，爲疾，爲白衣會，爲内兵，國亡地。與木合，國饑。水與金合，爲變謀，爲兵憂。入太白中而上出，破軍殺將，客勝。下出，客亡地，視旗所指，以命破軍。環繞太白，若與鬭，大戰，客勝。凡木、火、土、金與水鬭，皆爲戰，兵不在外，皆爲内亂。凡同舍爲合，相陵爲鬭。二星相近，其殃大，相遠無傷，七寸以内必之。

凡月蝕五星，其國亡。歲以饑，熒惑以亂，填以殺，太白以强國戰，辰以女亂。

凡五星入月，其野有逐相。太白，將僇。

凡五星所聚，其國王，天下從。歲以義從，熒惑以禮從，填以重從，太白以兵從，辰以法，各以其事致天下也。三星若合，是謂驚立絶行，其國外内有兵，天喪人民，改立侯王。四星若合，是謂太陽，其國兵喪並起，君子憂，小人流。五星若合，是謂易行，有德受慶，改立王者，奄有四方，子孫蕃昌；亡德受殃，離其國家，滅其宗廟，百姓離去，被滿四方。五星皆大，其事亦大；皆小，事亦小。

凡五星色，其圜白，爲喪，爲旱；赤中不平，爲兵，爲憂；青爲水；黑爲疾疫，爲多死；黄爲吉。皆角，赤，犯我城；黄，地之爭；白，哭泣聲；青，有兵憂；黑，有水。五星同色，天下偃兵，百姓安寧，歌儛以行，不見災疾，五穀蕃昌。

凡五星，歲，政緩則不行〔七〕，急則過分，逆則占。熒惑，緩則不入，急則不出，違道則占。填，緩則不還，急則過舍，逆則占。太白，緩則不出，急則不入，逆則占。辰星，緩則不出，急則不入，非時則占。五星不失行，則年穀豐昌。

凡五星分天之中，積于東方，中國；積于西方，外國。用兵者利。辰星不出，太白爲客；其出，太白爲主。出而與太白不相從，及各出一方，爲格，野有軍不戰。

五星爲五德之主，其行或入黄道裏，或出黄道表，猶月行出有陰陽也。終出入五常，不可以筭數求也。其東行曰順，西行曰逆，順則疾，逆則遲，通而率之，終爲東行矣。不東不西曰留。與日相近而不見，曰伏。伏與日同度曰合。其留行逆順掩合犯法陵變色芒角，凡其所主，皆以時政五常、五官、五事之得失，而見其變。

木、火、土三星行遲，夜半經天。其初皆與日合度，而後順行漸遲，追日不及，晨見東方。行去日稍遠，朝時近中則留。留經旦過中則逆行。逆行至夕時近中則又留。留而又順，先遲漸速，以至于夕伏西方，乃更與日合。金、水二星，行速而不經天。自始與日合之後，行速而先日，夕見西方。去日前稍遠，夕時欲近南方則漸遲，遲極則留。留而近日，則逆行而合日，在于日後。晨見東方。逆極則留，留而後遲。遲極去日稍遠，旦時欲近南方，則速行以追日，晨伏于東方，復與日合。此五星合見、遲速、逆順、留行之大經也。昏旦者，陰陽之大分也。南方者，太陽之位，而天地之經也。七曜行至陽位，當天之經，則虧昃留逆而不居焉。此天之常道也。三星經天，二星不經天，三天兩地之道也。

凡五星見伏留行，逆順遲速，應曆度者，爲得其行，政合于常。違曆錯度，而失路盈縮者，爲亂行。亂行則爲天矢彗孛，而有亡國革政，兵饑喪亂之禍云。

古曆五星並順行，秦曆始有金、火之逆。又甘、石並時，自有差異。漢初測候，乃知五星皆有逆行，其後相承罕能察。至後魏末，清河張子信，學藝博通，尤精曆數。因避葛榮亂，隱於海島中，積三十許年，專以渾儀測候日月五星差變之數，以筭步之，始悟日月交道，有表裏遲速，五星見伏，有感召向背。言日行在春分後則遲，秋分後則速。合朔月在日道裏則日食，若在日道外，雖交不虧。月望值交則虧，不問表裏。又月行遇木、火、土、金四星，向之則速，背之則遲。五星行四方列宿，各有所好惡。所居遇其好者，則留多行遲，見早。遇其惡者，則留少行速，見遲。與常數並差，少者差至五度，多者差至三十許度。其辰星之行，見伏尤異。晨應見在雨水後立夏前，夕應見在處暑後霜降前者，並不見。啓蟄、立夏、立秋、霜降四氣之内，晨夕去日前後三十六度内，十八度外，有木、火、土、金一星者見，無者不見。後張胄玄、劉孝孫、劉焯等，依此差度，爲定入交食分及五星定見定行，與天密會，皆古人所未得也。

梁奉朝請祖暅，天監中，受詔集古天官及圖緯舊説，撰天文録三十卷。逮周氏克梁，獲庾季才，爲太史令，撰靈臺秘苑一百二十卷，占驗益備。今略其雜星、瑞星、妖星、客星、流星及雲氣名狀，次之於此云。

瑞星

一曰景星，如半月，生於晦朔，助月爲明。或曰，星大而中空。或曰，有三星，在赤方氣，與青方氣相連。黄星在赤方氣中，亦名德星。二曰周伯星，黄色煌煌然，所見之國大昌。三曰含譽，光耀似彗，喜則含譽射。

星雜變

一曰星晝見。若星與日並出，名曰嫁女。星與日爭光，武且弱，文且强，女子爲王，在邑爲喪，在野爲兵。又曰，臣有姦心，上不明，臣下從横，大水浩洋。又曰，星晝見，虹不滅，臣人生明，星奪日光，天下有立王。二曰恒星不見。恒星者，在位人君之類。不見者，象諸侯之背畔，不佐王者奉順法度，無君之象也。又曰，恒星不見，主不嚴，法度消。又曰，天子失政，諸侯横暴。又曰，常星列宿不見，象中國諸侯微滅也。三曰星鬬，星鬬天下大亂。四曰星摇，星摇人衆將勞。五曰星隕。大星隕下，陽失其位，災害之萌也。又曰，衆星墜，人失其所也。凡星所墜，國易政。又曰，星墜，當其下有戰場，天下亂，期三年。又曰，奔星之所墜，其下有兵，列宿之所墜，滅家邦，衆星之所墜，衆庶亡。又曰，填星墜，海水泆，黄星騁，海水躍。又曰，黄星墜，海水傾。亦曰，贖星墜而勃海決。星隕如雨，天子微，諸侯力政，五伯代興，更爲盟主，衆暴寡，大并小。又曰，星辰附離天，猶庶人附離王者也。王者失道，綱紀廢，下將畔去。故星畔天而隕，以見其象。國有兵凶，則星墜爲鳥獸。天下將亡，則星墜爲飛蟲。天下大兵，則星墜爲金鐵。天下有水，則星墜爲土。國主亡，有兵，則星墜爲草木。兵起，國主亡，則星墜爲沙。星墜，爲人而言者，善惡如其言。又曰，國有大喪，則星墜爲龍。

妖星

妖星者，五行之氣，五星之變名，見其方，以爲殃災。各以其日五色占，知何國吉凶決矣。行見無道之國，失禮之邦，爲兵爲饑，水旱死亡之徵也。又曰，凡妖星所出，形狀不同，爲殃如一。其出不過一年，若三年，必有破國屠城。其君死，天下大亂，兵士亂行，戰死於野，積尸從横。餘殃不盡，爲水旱兵飢疾疫之殃。又曰，凡妖星出見，長大，災深期遠；短小，災淺期近。三尺至五尺，期百日。五尺至一丈，期一年。一丈至三丈，期三年。三丈至五丈，期五年。五丈至十丈，期七年。十丈以上，期九年。審以察之，其災必應。

彗星，世所謂掃星，本類星，末類彗，小者數寸，長或竟天。見則兵起，大水。主掃除，除舊布新。有五色，各依五行本精所主。史臣案，彗體無光，傅日而爲光，故夕見則東指，晨見則西指，在日南北，皆隨日光而指。頓挫其芒，或長或短，光芒所及則爲災。

又曰，孛星，彗之屬也。偏指曰彗，芒氣四出曰孛。孛者，孛然非常，惡氣之所生也。内不有大亂，則外有大兵，天下合謀，闇蔽不明，有所傷害。晏子曰：「君若不改，孛星將出，彗星何懼乎？」由是言之，災甚於彗。

歲星之精，流爲天棓、天槍、天猾、天衝、國皇、反登。一曰天棓，一名覺星，或曰天格。本類星，末鋭，長四丈。主滅兵，主奮爭。又曰，天棓出，其國凶，不可舉事用兵。又曰，期三月，必有破軍拔城。又曰，天棓見，女主用事。其本者爲主人。二曰天槍，主捕制。或曰，欃雲如牛，槍雲如馬。或曰，如槍，左右鋭，長數丈。天欃本類星，末鋭，長丈。三曰天猾，主招亂。又曰，人主自恣，逆天暴物，則天猾起。四曰天衝，狀如人，蒼衣赤首，不動。主滅位。又曰，衝星出，臣謀主，武卒發。又曰，天衝抱極泣帝前，血濁霧下天下寃。五曰國皇。或曰，機星散爲國皇。國皇之星，大而赤，類南極老人星也。主滅姦，主內寇難。見則兵起，天下急。或云，去地一二丈，如炬火狀。後客星內亦有國皇，名同而占狀異。六曰反登，主夷分，皆少陽之精，司徒之類，青龍七宿之域。有謀反，若恣虐爲害，主失春政者，以出時衝爲期。皆主君黴也。

熒惑之精，流爲析旦、蚩尤旗、昭明、司危、天欃。一曰析旦，或曰昭旦，主弱之符。又曰，析旦橫出，參櫂百尺〔八〕，爲相誅滅。二曰蚩尤旗。或曰，旋星散爲蚩尤旗。或曰，蚩尤旗，五星盈縮之所生也。狀類彗而後曲，象旗。或曰，四望無雲，獨見赤雲，蚩尤旗也。

或曰，蚩尤旗如箕，可長二丈，末有星。又曰，亂國之王，衆邪並積，有雲若植藿竹長，黄上白下，名曰蚩尤旗。主誅逆國。又曰，帝將怒，則蚩尤旗出。又曰，虐王反度，則蚩尤旗出。或曰，本類星，而後委曲，其像旗旛，可長二三丈。見則王者旗鼓，大行征伐，四方兵大起。不然，國有大喪。三曰昭明者，五星變出於西方，名曰昭明，金之氣也。又曰，赤彗分爲昭明。昭明滅光，象如太白，七芒，故以爲起霸之徵。或曰，機星散爲昭明。又曰，西方有星，望之去地可六丈而有光，其類太白，數動，察之中赤，是謂西方之野星，名曰昭明。出則兵大起。其出也，下有喪。出南方，則西方之邦失地。或曰，昭明如太白，不行，主起有德。又曰，西方有星，大而白，有角，目下視之，名曰昭明。金之精，出則兵大起。若守房、心，國有喪，必有屠城。昭明下則爲天狗，所下者大戰流血。四曰司危。或曰，機星散爲司危。又曰，白彗之氣，分爲司危。司危平，以爲乖爭之徵。或曰，司危星大，有毛，兩角。又曰，司危星類太白，數動，察之而赤。司危出，强國盈，主擊强侯兵也。又曰，司危見則主失法，期八年，豪傑起，天子以不義失國。有聲之臣，行主德也。又曰，司危見，則其下國相殘賊。又曰，司危星出正西，西方之野星，去地可六丈，大而白，類太白。一曰，見，兵起强。又曰，司危出則非，其下有兵衝不利。五曰天攙，其狀白小，數動，是謂攙星，一名斬星。天攙主殺罰〔九〕。又曰，天攙見，女主用事者，其本爲主人。又曰，天攙出，其下相攙，爲饑爲兵，赤地千里，枯骨籍籍。亦曰，天攙出，其國内亂。又曰，太陽之精，赤烏七宿之域，有謀反，恣虐爲害，主失夏政。

填星之精，流爲五殘、六賊、獄漢、大賁、炤星、絀流、茀星、旬始、擊咎。一曰五殘。或曰，旋星散爲五殘。亦曰，蒼彗散爲五殘。故爲毁敗之徵。或曰，五殘五分。亦曰，一本而五枝也。期九年，姦興〔一〇〕。三九二十七，大亂不可禁。又曰，五殘者，五行之變，出於東方，五殘木之氣也。一曰，五鋒又曰五殘，星出正東，東方之野星，狀類辰星，可去地六七丈，大而白，主乖亡。或曰，東方有星，望之去地可六丈，大而赤，察之中青。或曰，星表青氣如暈，有毛，其類歲星，是謂東方之野星，名曰五殘。出則兵大起。其出也，下有喪。出北則東方之邦失地。又曰，五殘出，四蕃虛，天子有急兵。或曰，五殘大而赤，數動，察之有青。又曰，五殘出則兵起。二曰六賊者，五行之氣，出於南方。或曰，六賊火之氣也。或曰，六賊星形如彗。又曰，南方有星，望之可去地六丈，赤而數動，察之有光，其類熒惑，是謂南方之野星，名曰六賊。出則兵起，其國亂。其出也，下有喪。出東方則南方之邦失地。又曰，六賊星見，出正南，南方之星，去地可六丈，大而赤，數動有光。三曰獄漢，一曰咸漢。或曰，權星散爲獄漢。又曰，咸漢者，五行之氣，出於北方，水之氣也。獄漢青中赤表，下有三彗從横，主逐王刺王。又曰，北方有星，望之可去地六丈，大而赤，數動，察之中青黑，其類辰星，是謂北方之野星，名曰咸漢。出則兵起，其下有喪。出西方則北方之邦失地。又曰，獄漢動，諸侯驚，出則陰橫。四曰大賁，主暴衝。五曰熖星，主滅邦。六曰絀流，動天下赦主伏逃。又曰，絀流，主自理，無所逃。七曰茀星，在東南，本有星，末類茀，所當之國，實受其殃。八曰旬始。或曰，樞星散爲旬始。或曰，五星盈縮之所生也。亦曰，旬始妖氣。又曰，旬始蚩尤也。又曰，旬始出於北斗旁，狀如雄雞。其怒青黑，象伏鼈。又曰，黄彗分爲旬始。旬始者，今起也。狀如雄雞，土含陽，以文白接，精象雞，故以爲立主之題。期十年，聖人起代。又曰，旬始主爭兵，主亂，主招橫。又曰，旬始照，其下必有滅王。五姦爭作，暴骨積骸，以子續食。見則臣亂兵作，諸侯爲虐。又曰，常以戊戌日，視五車及天軍天庫中有奇怪，曰旬始。狀如鳥有喙，而見者則兵大起，攻戰當其首者破死。又曰，出見北斗，聖人受命，天子壽，王者有福。九曰擊咎，出，臣下主。一曰，臣禁主，主大兵。又曰，土精，斗七星之域，以長四方，司空之位，有謀反恣虐者，占如上。

太白之精，散爲天杵、天柎、伏靈、大敗、司姦、天狗、天殘、卒起。一曰天杵，主牂羊。二曰天柎，主擊殃。三曰伏靈，主領讒。伏靈出，天下亂復人。四曰大敗，主鬬衝。或曰，大敗出，擊咎謀。五曰司姦，主見妖。六曰天狗。亦曰，五星氣合之變，出西南，金火氣合，名曰天狗。或曰，天狗星有毛，旁有短彗，下有如狗形者，主徵兵，主討賊。亦曰，天狗流，五將鬭。又曰，西北方有星，長三丈，而出水金氣交，名曰天狗。亦曰，西北三星，大而白，名曰天狗。見則大兵起，天下饑，人相食。又曰，天狗所下之處，必有大戰，破軍殺將，伏尸流血，天狗食之。皆期一年，中二年，遠三年，各以其所下之國，以占吉凶。後流星內天狗，名同，占狀小異。七曰天殘，主貪殘。八曰卒起。卒起見，禍無時，諸變有萌，臣運柄。又曰，少陰之精，大司馬之類，白獸七宿之域，有謀反，若恣虐爲害，主失秋政者，期如上占，禍亦應之。

辰星之精，散爲枉矢、破女、拂樞、滅寶、繞廷、驚理、大奮祀。一曰枉矢。或曰，填星之變爲枉矢。又曰，機星散爲枉矢。亦曰，枉矢，五星盈縮之所生也，弓弩之像也。類大流星，色蒼黑，蛇行，望之如有毛目，長數匹，著天。主反萌，主射愚。又曰，黑彗分爲枉矢。枉矢者，射是也。枉矢見，謀反之兵合，射所誅，亦爲以亂伐亂。又曰，人君暴專己，則有枉矢動。亦曰，枉矢類流星，望之有尾目，長可一匹布，皎皎著天。見則大兵起，大將出，弓弩用，期三年。曰，枉矢所觸，天下之所伐，射滅之象也。二曰破女。破女若見，君臣皆誅，主勝之符。三曰拂樞。拂樞動亂，駭擾無調時。又曰，拂樞主制時。四曰滅寶。滅寶起，相得之。又曰，滅寶主伐之。五曰繞廷。繞廷主亂孽。六曰驚理。驚理主相署。七曰大奮祀。大奮祀主招邪。或曰，大奮祀出，主安之。太陰之精，玄武七宿之域，有謀反，若恣虐爲害，主失冬政者，期如上占，禍亦應之。又曰，五精潛潭，皆以類逆所犯，行失時指，下臣承類者，乘而害之，皆滅亡之徵也。入天子宿，主滅，諸侯五百謀。

雜妖

一曰天鋒。天鋒，彗象矛鋒者也，主從横。天下從横，則天鋒星見。

二曰燭星，狀如太白，其出也不行，見則不久而滅。或曰，主星上有三彗上出。燭星所出邑反。又曰，燭星所燭者城邑亂。又曰，燭星所出，有大盜不成。

三曰蓬星，一名王星，狀如夜火之光，多即至四五，少即一二。亦曰，蓬星在西南，脩數丈，左右兑，出而易處。又曰，有星，其色黄白，方不過三尺，名曰蓬星。又曰，蓬星狀如粉絮，見則天下道術士當有出者，布衣之士貴，天下太平，五穀成。又曰，蓬星出北斗，諸侯有奪地，以地亡，有兵起。星所居者，期不出三年。又曰，蓬星出太微中，天子立王。

四曰長庚，狀如一匹布著天。見則兵起。

五曰四填，星出四隅，去地六丈餘。或曰，四填去地可四丈。或曰，四填星大而赤，去地二丈，當以夜半時出。四填星見，十月而兵起。又曰，四填星見四隅，皆爲兵起其下。

六曰地維臧光。地維臧光者，五行之氣，出於四季土之氣也。又曰，有星出，大而赤，去地二三丈，如月，始出謂之地維臧光。四隅有星，望之可去地四丈，而赤黄摇動，其類填星，是謂中央之野星，出於四隅，名曰地維臧光。出東北隅，天下大水。出東南隅，天下大旱。出西南隅，則有兵起。出西北隅，則天下亂，兵大起。又曰，地維臧光見，下有亂者亡，有德者昌。

七曰女帛。女帛者，五星氣合變，出東北，水、木氣合也。又曰，東北有星，長三丈而出，名曰女帛，見則天下兵起，若有大喪。又東北有大星出，名曰女帛，見則天下有大喪。

八曰盜星。盜星者，五星氣合之變，出東南，火、木氣合也。又曰，東南有星，長三丈而出，名曰盜星，見則天下有大盜，多寇賊。

九曰積陵。積陵者，五星氣合之變，出西北，金、水氣合也。又曰，西南有星，長三丈，名曰積陵，見則天下隕霜，兵大起，五穀不成，人饑。

十曰端星。端星者，五星氣合之變，出與金、木、水、火，合於四隅。又四隅有星，大而赤，察之中黄，數動，長可四丈。此土之氣，効於四季，名曰四隅端星，所出，兵大起。

十一曰昏昌。有星出西北，氣青赤以環之，中赤外青，名曰昏昌，見則天下兵起，國易政。先起者昌，後起者亡。高十丈，亂一年。高二十丈，亂二年。高三十丈，亂三年。

十二曰莘星。有星出西北，狀如有環二，名山勤〔二〕。一星見則諸侯有失地，西北國。

十三曰白星。有如星非星，狀如削瓜，有勝兵，名曰白星。白星出，爲男喪。

十四曰菟昌。西北菟昌之星，有赤青環之，有殃，有青爲水。此星見，則天下改易。

十五曰格澤，狀如炎火。又曰，格澤星也，上黄下白，從地而上，下大上鋭，見則不種而穫。又曰，不有土功，必有大客鄰國來者，期一年、二年。又曰，格澤氣赤如火，炎炎中天，上下同色，東西絚天，若於南北，長可四五里。此熒惑之變，見則兵起，其下伏尸流血，期三年。

十六曰歸邪，狀如星非星，如雲非雲。或曰，有兩赤彗上向，上有蓋狀如氣，下連星。或曰，見必有歸國者。

十七曰濛星，夜有赤氣如牙旗，長短四面，西南最多。又曰刀星，亂之象。又曰，徧天薄雲，四方生赤黄氣，長三尺，乍見乍没，尋皆消滅。又曰，刀星見，天下有兵，戰鬭流血。或曰，徧天薄雲，四方合有八氣，蒼白色，長三尺，乍見乍没。

漢京房著風角書，有集星章，所載妖星，皆見於月旁，互有五色方雲，以五寅日見，各五星所生云。

天槍星生箕宿中，天根星生尾宿中，天荆星生心宿中，真若星生房宿中，天㯣星生氐宿中，天樓星生亢宿中，天垣星生左角宿中，皆歲星所生也。見以甲寅日，其星咸有兩青方在其旁。

天陰星生軫宿中，晉若星生翼宿中，官張星生張宿中，天惑星生七宿中，天雀星生柳宿中，赤若星生鬼宿中，蚩尤星生井宿中，皆熒惑之所生也。出在丙寅日，有兩赤方在其旁。天上、天伐、從星、天樞、天翟、天沸、荊彗，皆鎮星之所生也。出在戊寅日，有兩黃方在其旁。

若星生參宿中，帚星生觜宿中，若彗星生畢宿中，竹彗星生昴宿中，牆星生胃宿中，櫳星生婁宿中，白雚星生奎宿中，皆太白之所生也。出在庚寅日，有兩白方在其旁。天美星生壁宿中，天毚星生室宿中，天杜星生危宿中，天麻星生虛宿中，天林星生女宿中，天高星生牛宿中，端下星生斗宿中，皆辰星之所生也。出以壬寅日，有兩黑方在其旁。

已前三十五星，即五行氣所生，皆出月左右方氣之中，各以其所生星將出不出日數期候之。當其未出之前而見，見則有水旱兵喪饑亂，所指亡國失地，王死破軍殺將。

客星

客星者，周伯、老子、王蓬絮、國皇、温星，凡五星，皆客星也。行諸列舍，十二國分野，各在其所臨之邦，所守之宿，以占吉凶。周伯，大而色黃，煌煌然。見其國兵起，若有喪，天下饑，衆庶流亡去其鄉。瑞星中名狀與此同〔一二〕，而占異。老子，明大，色白，淳淳然。所出之國，爲饑，爲凶，爲善，爲惡，爲喜，爲怒。常出見則兵大起，人主有憂。王者以赦除咎則災消。王蓬絮，狀如粉絮，拂拂然。見則其國兵起，若有喪，白衣之會，其邦饑亡。又曰，王蓬絮，星色青而熒熒然。所見之國，風雨不如節，焦旱，物不生，五穀不成登，蝗蟲多。國皇星，出而大，其色黄白，望之有芒角。見則兵起，國多變，若有水饑，人主惡之，衆庶多疾。温星，色白而大，狀如風動揺，常出四隅。出東南，天下有兵，將軍出於野。出東北，當有千里暴兵。出西北，亦如之。出西南，其國兵喪並起，若有大水，人饑。又曰，温星出東南，爲大將軍服屈不能發者。出於東北，暴骸三千里。出西亦然。

凡客星見其分，若留止，即以其色占吉凶。星大事大，星小事小。星色黄得地，色白有喪，色青有憂，色黑有死，色赤有兵，各以五色占之，皆不出三年。又曰，客星入列宿中外官者，各以其所出部舍官名爲其事。所之者爲其謀，其下之國，皆受其禍。以所守之舍爲其期，以五氣相賊者爲其使。

流星

流星，天使也。自上而降曰流，自下而升曰飛。大者曰奔，奔亦流星也。星大者使大，星小者使小。聲隆隆者，怒之象也。行疾者期速，行遲者期遲。大而無光者，衆人之事。小而光者，貴人之事。大而光者，其人貴且衆也。乍明乍滅者，賊敗成也。前大後小者，恐憂也。前小後大者，喜事也。蛇行者，姦事也。往疾者，往而不返也。長者，其事長久也。短者，事疾也。奔星所墜，其下有兵。無風雲，有流星見，良久間乃入，爲大風發屋折木。小流星百數，四面行者，庶人流移之象。流星異狀，名占不同。今略古書及荆州占所載云。

流星之尾，長二三丈，暉然有光竟天，其色白者，主使也，色赤者，將軍使也。流星有光，其色黄白者，從天墜有音，如炬熛火下地，野雉盡鳴，斯天保也。所墜國安有喜，若水。流星其色青赤，名曰地雁，其所墜者起兵。流星有光青赤，其長二三丈，名曰天雁，軍之精華也。其國起兵，將軍當從星所之。流星暉然有光，白，長竟天者，人主之星也，主將相軍從星所之。凡星如甕者，爲發謀起事。大如桃者爲使事。流星大如缶，其光赤黑，有喙者，名曰梁星，其所墜之鄉有兵，君失地。

飛星大如缶若甕，後皎然白，前卑後高，此謂頓頑，其所從者多死亡，削邑而不戰。有飛星大如缶若甕，後皎然白，前卑後高，摇頭，乍上乍下，此謂降石，所下民食不足。飛星大如缶若甕，後皎然白，星滅後，白者曲環如車輪，此謂解銜。其國人相斬爲爵禄，此謂自相齧食。有飛星大如缶若甕，其後皎然白，長數丈，星滅後，白者化爲雲流下，名曰大滑，所下有流血積骨。有飛星大如缶若甕，後皎白，縵縵然長可十餘丈而委曲，名曰天刑，一曰天飾，將軍均封疆。

天狗，狀如大奔星，色黄有聲，其止地類狗，所墜，望之如火光，炎炎衝天，其上鋭，其下圓，如數頃田處。或曰，星有毛，旁有短彗，下有狗形者。或曰，星出，其狀赤白有光，下即爲天狗。一曰，流星有光，見人面，墜無音，若有足者，名曰天狗。其色白，其中黄，黄如遺火狀。主候兵討賊，見則四方相射，千里破軍殺將。或曰，五將鬬，人相食，所往之鄉有流血。其君失地，兵大起，國易政，戒守禦。餘占同前。營頭，有雲如壞山墮，所謂營頭之星。所墮，其下覆軍，流血千里。亦曰，流星晝隕名營頭。

雲氣

瑞氣

一曰慶雲，若煙非煙，若雲非雲，郁郁紛紛，蕭索輪囷，是謂慶雲，亦曰景雲。此喜氣也，太平之應。一曰昌光，赤如龍狀。聖人起，帝受終則見。

妖氣

一曰虹蜺，日旁氣也。斗之亂精，主惑心，主内淫，主臣謀君，天子詘后妃，顓妻不一。二曰牂雲，如狗，赤色長尾，爲亂君，爲兵喪。

校勘記

〔一〕軍散敗　「敗」字原闕，據宋甲本補。史記卷二七天官書、晉書卷一一天文志上、宋史卷五一天文志四亦有「敗」字。

〔二〕疏瀉盈溢　「盈」，原作「瀛」，據晉書卷一一天文志上改。

〔三〕亡則君危代天　「代天」，御覽卷五天部五星上引春秋元命苞作「主亡」，文意較長。

〔四〕大凡二百五十四官　「官」，原作「宫」，據宋甲本、至順本、殿本改。

〔五〕長二十餘丈　「二十」，原作「三十」，據宋甲本改。漢書卷二六天文志亦作「二十」。

〔六〕太白降爲壯夫　「壯」，原作「仕」，據晉書卷一二天文志中、通考卷二八〇象緯考三改。

〔七〕凡五星歲政緩則不行　「歲」，原作「爲」，據漢書卷二六天文志、晉書卷一二天文志中改。

〔八〕參櫂百尺　「櫂」，宋甲本、汲本作「擢」。

〔九〕天攙主殺罰　「罰」，原作「時」，據晉書卷一二天文志中改。

〔一〇〕姦興　「興」，原作「與」，據唐開元占經卷八五妖星占上引春秋合誠圖改。

〔一一〕狀如有環二名山勤　「二」，疑是「一」之訛文。戎事類傳卷一四星類八作「狀如環，一名山勤」。

〔一二〕瑞星中名狀與此同　「瑞」，原作「端」，據宋甲本改。通考卷二八一象緯考四亦作「瑞」。

隋書卷二十一

志第十六

天文下

十煇

周禮，眡祲氏掌十煇之法，以觀妖祥，辨吉凶。一曰祲，謂陰陽五色之氣，祲淫相侵。或曰，抱珥背璚之屬，如虹而短是也。二曰象，謂雲如氣，成形象，雲如赤烏，夾日以飛之類是也。三曰鑴，日旁氣刺日，形如童子所佩之鑴也。四曰監，謂雲氣臨在日上也。五曰闇，謂日月蝕，或日光暗也〔一〕。六曰瞢，謂瞢瞢不光明也。七曰彌，謂白虹彌天而貫日也。八曰序，謂氣若山而在日上。或曰，冠珥背璚，重疊次序，在于日旁也。九曰隮，謂暈氣也。或曰，虹也。詩所謂「朝隮于西」者也。十曰想，謂氣五色，有形想也，青饑，赤兵，白喪，黑憂，黃熟。或曰，想，思也，赤氣爲人獸之形，可思而知其吉凶。自周已降，術士間出。今採其著者而言之。

日，君乘土而王，其政太平，則日五色。又曰，或黑或青或黃，師破。又曰，遊氣蔽天，日月失色，皆是風雨之候也。若天氣清靜，無諸遊氣，日月不明，乃爲失色。或天氣下降，地氣未升，厚則日紫，薄則日赤，若於夜則月白，皆將雨也。或天氣未降，地氣上升，厚則日黃，薄則日白，若於夜則月赤，將旱且風。亦爲日月暈之候，雨少而多陰。或天氣已降，地氣又升，上下未交則日青，若於夜則月綠色，將寒候也。或天地氣雖交而未密，則日黑，若於夜則月青，將雨不雨，變爲雺霧，暈背虹蜺。又曰，沉陰，日月俱無光，晝不見日，夜不見星，皆有雲鄣之，兩敵相當，陰相圖議也。日曚曚光，士卒內亂。日薄赤，見日中烏，將軍出，旌旗舉，此不祥，必有敗亡。又曰，數日俱出若鬬，天下兵大戰。日鬬下有拔城。

日戴者，形如直狀，其上微起，在日上爲戴。戴者德也，國有喜也。一云，立日上爲戴。青赤氣抱在日上，小者爲冠，國有喜事。青赤氣小，而交於日下，爲纓。青赤氣小而圓，一二在日下左右者，爲紐。青赤氣如小半暈狀，在日上爲負。負者得地爲喜。又曰，青赤氣長而斜倚日傍爲戟。青赤氣圓而小，在日左右，爲珥。黃白者有喜。又曰，有軍。日有一珥爲喜，在日西，西軍戰勝，在日東，東軍戰勝。南北亦如之。無軍而珥，爲拜將。

又日旁如半環，向日爲抱。青赤氣如月初生，背日者爲背。又曰，背氣青赤而曲，外向爲叛象，分爲反城。璚者如帶，璚在日四方。青赤氣長，而立日旁，爲直。日旁有一直，敵在一旁欲自立。從直所擊者勝。日旁有二直三抱，欲自立者不成。順抱擊者勝，殺將。氣形三抱，在日四方，爲提。青赤氣横在日上下爲格。氣如半暈，在日下爲承。承者，臣承君也。又曰，日下有黄氣三重若抱，名曰承福，人主有吉喜，且得地。青白氣如履，在日下者爲履。日旁抱五重，戰順抱者勝。日一抱一背爲破走。抱者，順氣也，背者，逆氣也。兩軍相當，順抱擊逆者勝，故曰破走。日抱且兩珥，一虹貫抱，至日〔二〕，順虹擊者勝。日重抱，内有璚，順抱擊者勝；亦曰軍内有欲反者。日重抱，左右二珥，有白虹貫抱，順抱擊勝，得二將。有三虹，得三將。日抱黄白潤澤，内赤外青，天子有喜，有和親來降者。軍不戰，敵降，軍罷。色青，將喜；赤，將兵爭；白，將有喪；黑，將死。日重抱且背，順抱擊者勝，得地，若有罷師。日重抱，抱内外有璚，兩珥，順抱擊者勝，破軍，軍中不和，不相信。日旁有氣，圓而周帀，内赤而外青，名爲暈。日暈者，軍營之象。周環帀日無厚薄，敵與軍勢齊等。若無軍在外，天子失御，民多叛。日暈有五色，有喜。不得五色，有憂〔三〕。

凡占兩軍相當，必謹審日月暈氣，知其所起，留止遠近，應與不應，疾遲大小，厚薄長短，抱背爲多少，有無實虚久亟，密疎澤枯。相應等者勢等。近勝遠，疾勝遲，大勝小，厚勝薄，長勝短，抱勝背，多勝少，有勝無，實勝虛，久勝亟，密勝疎，澤勝枯。重背大破，重抱爲和親，抱多親者益多，背爲不和。分離相去，背於內者離於內，背於外者離於外也。

凡占分離相去，赤內青外，以和相去；青內赤外，以惡相去。日暈明久，內赤外青，外人勝；內青外赤，內人勝；內黃外青黑，內人勝；外黃內青黑，外人勝；外白內青，外人勝；內白外青，內人勝；內黃外青，外人勝；內青外黃，內人勝。日暈周帀，東北偏厚，厚爲軍福，在東北戰勝，西南戰敗。日暈，黃白，不鬬兵未解；青黑，和解分地；色黃，土功動，人不安；日色黑，有水，陰國盛。日暈七日無風雨，兵大作，不可起，衆大敗。不及日蝕，日暈而明，天下有兵，兵罷；無兵，兵起不戰。日暈始起，前滅而後成者，後成面勝〔四〕。日暈有兵在外者，主人不勝。日暈，內赤外青，羣臣親外；外赤內青，羣臣親內其身，身外其心。日有朝夕暈，是謂失地，主人必敗。

日暈而珥，主有謀，軍在外，外軍有悔。日暈抱珥上，將軍易。日暈而珥如井幹者，國亡，有大兵交。日暈上西，將軍易，兩敵相當。日暈兩珥，平等俱起而色同，軍勢等，色厚潤澤者賀喜。日暈有直珥爲破軍，貫至日爲殺將。日暈員且戴，國有喜，戰從戴所擊者勝，得地。日暈而珥背左右，如大車輞者，兵起，其國亡城，兵滿野而城復歸。

日暈，暈內有珥一抱，所謂圍城者在內，內人則勝。日暈有重抱，後有背，戰順抱者勝，得地有軍。日暈有一抱，抱爲順，貫暈內，在日西，西軍勝，有軍。

日暈有一背，背爲逆，在日西，東軍勝。餘方放此。日暈而背，兵起，其分，失城。日暈有背，背爲逆，有降叛者，有反城。在日東，東有叛。餘方放此。日暈背氣在暈內，此爲不和，分離相去。其色青外赤內，節臣受王命有所之。日暈上下有兩背，無兵兵起，有兵兵入。日暈四背在暈內，名曰不和，有內亂。日暈而四背如大車輞者四提，設其國衆在外，有反臣。日暈四提，必有大將出亡者。日暈有四背璚，其背端盡出暈者，反從內起。

日暈而兩珥在外，有聚雲在內與外，不出三日，城圍出戰。日暈有背珥直，而有虹貫之者，順虹擊之，大勝得地。日暈，有白虹貫暈至日，從虹所指戰勝，破軍殺將。日暈，有虹貫暈，不至日，戰從貫所擊之勝，得小將。日暈，有一虹貫暈內，順虹擊者勝，殺將。日暈，二白虹貫暈，有戰，客勝。日重暈，有四五白虹氣，從內出外，以此圍城，主人勝，城不拔。

又日重暈，攻城圍邑不拔。日暈二重，其外清內濁不散，軍會聚。日暈三重，有拔城。日交暈無厚薄，交爭，力勢均厚者勝。日交暈，人主左右有爭者，兵在外戰。日在暈上，軍罷。交暈貫日，天下有破軍死將。日交暈而爭者先衰，不勝即兩敵相向。交暈至日月，順以戰勝，殺將。一法日在上者勝。日有交者，赤青如暈狀，或如合背，或正直交者，偏交也，兩氣相交也，或相貫穿，或相向，或相背也。交主内亂，軍内不和。日交暈如連環，爲兩軍兵起，君爭地。日有三暈，軍分爲三。日方暈而上下聚二背，將敗人亡。日暈若井垣，若車輪，二國皆兵亡。又曰，有軍。

日暈不市，半暈在東，東軍勝，在西，西軍勝。南北亦如之。日暈如車輪半，軍在外者罷〔五〕。日半暈東向者，西夷羌胡來入國。半暈西向者，東夷人欲反入國。半暈北向者，南夷人欲反入國。半暈南向者，北夷人欲反入國。

又曰，軍在外，月暈師上，其將戰必勝。月暈黄色，將軍益秩禄，得位。月暈有兩珥，白虹貫之，天下大戰。月暈而珥，兵從珥攻擊者利。月暈有蜺雲，乘之以戰，從蜺所往者大勝。月暈，虹蜺直指暈至月者，破軍殺將。

雜氣

天子氣，内赤外黄正四方，所發之處，當有王者。若天子欲有遊往處，其地亦先發此氣。或如城門，隱隱在氣霧中，恒帶殺氣森森然，或如華蓋在氣霧中，或有五色，多在晨昏見。或如千石倉在霧中，恒帶殺氣，或如高樓在霧氣中，或如山鎮。蒼帝起，青雲扶日。赤帝起，赤雲扶日。黄帝起，黄雲扶日。白帝起，白雲扶日。黑帝起，黑雲扶日。或曰氣象青衣人，垂手〔六〕，在日西，天子之氣也。敵上氣如龍馬，或雜色鬱鬱衝天者，此帝王之氣，不可擊。若在吾軍，戰必大勝。凡天子之氣，皆多上達於天，以王相日見。

凡猛將之氣如龍。兩軍相當，若氣發其上，則其將猛鋭。或如虎，在殺氣中。猛將欲行動，亦先發此氣；若無行動，亦有暴兵起。或如火煙之狀，或白如粉沸，或如火光之狀，夜照人，或白而赤氣繞之，或如山林竹木，或紫黑如門上樓，或上黑下赤，狀似黑旌，或如張弩，或如埃塵，頭鋭而卑，本大而高。兩軍相當，敵軍上氣如囷倉，正白，見日逾明，或青白如膏，將勇。大戰氣發，漸漸如雲，變作山形，將有深謀〔七〕。

凡氣上與天連，軍中有貞將，或云賢將。

凡軍勝氣，如堤如坂，前後磨地，此軍士衆强盛，不可擊。軍上氣如火光，將軍勇，士卒猛，好擊戰，不可擊。軍上氣如山堤，山上若林木，將士驍勇。軍上氣如埃塵粉沸，其色黄白，旌旗無風而颺，揮揮指敵，此軍必勝。敵上有白氣粉沸如樓，繞以赤氣者，兵鋭。營上氣黄白色，重厚潤澤者，勿與戰。兩敵相當，有氣如人，持斧向敵，戰必大勝。兩敵相當，上有氣如蛇，舉首向敵者戰勝。敵上氣如一匹帛者，此雍軍之氣，不可攻。望敵上氣如覆舟，雲如牽牛，有白氣出，似旌幟，在軍上，有雲如鬭雞，赤白相隨，在氣中，或發黄氣，皆將士精勇，不可擊。軍營上有赤黄氣，上達於天，亦不可攻。

凡軍營上五色氣，上與天連，此天應之軍，不可擊。其氣上小下大，其軍日增益士卒。軍上氣如堤，以覆其軍上，前赤後白，此勝氣。若覆吾軍，急往擊之，大勝。夫氣鋭，黄白團團而潤澤者，敵將勇猛，且士卒能强戰，不可擊。雲如日月而赤氣繞之，如日月暈狀有光者，所見之地大勝，不可攻。

凡雲氣，有獸居上者勝。軍上有氣如塵埃，前下後高者，將士精鋭。敵上氣如乳武豹伏者，難攻。軍上恒有氣者，其軍難攻。軍上雲如華蓋者，勿往與戰。雲如旌旗，如蜂向人者，勿與戰。兩軍相當，敵上有雲如飛鳥，徘徊其上，或來而高者，兵精鋭，不可擊。軍上雲如馬，頭低尾仰，勿與戰。軍上雲如狗形，勿與戰。望四方有氣如赤鳥，在烏氣中，如烏人在赤氣中，如赤杵在烏氣中，如人十十五五，或如旌旗，在烏氣中，有赤氣在前者，敵人精悍，不可當。敵上有雲如山，不可説。有雲如引素，如陣前鋭，或一或四，黑色有陰謀，赤色饑，青色兵有反，黄色急去。

凡氣，上黄下白，名曰善氣。所臨之軍，欲求和退。若氣出北方，求退向北，其衆死散。向東則不可信，終能爲害。向南將死。敵上氣囚廢枯散，或如馬肝色，如死灰色，或類偃蓋，或類偃魚，皆爲將敗。軍上氣，乍見乍不見，如霧起，此衰氣，可擊。上大下小，士卒日減。

凡軍營上，十日無氣發，則軍必勝。而有赤白氣，乍出即滅，外聲欲戰，其實欲退散。黑氣如壞山墮軍上者，名曰營頭之氣，其軍必敗。軍上氣昏發連夜，夜照人，則軍士散亂。軍上氣半而絶，一敗，再絶再敗，三絶三敗。在東發白氣者，災深。軍上氣中有黑雲如牛形，或如猪形者，此是瓦解之氣，軍必敗。敵上氣如粉如塵者，勃勃如煙，或五色雜亂，或東西南北不定者，其軍欲敗。軍上氣如羣羊羣猪在氣中，此衰氣，擊之必勝。軍上有赤氣，炎降於天，則將死，士衆亂。赤光從天流下入軍，軍亂將死。彼軍上有蒼氣，須臾散去，擊之必勝。在我軍上，須自堅守。軍有黑氣如牛形，或如馬形，從氣霧中下，漸漸入軍，名曰天狗下食血，則軍破。軍上氣或如羣鳥亂飛，或如懸衣，如人相隨，或紛紛如轉蓬，或如揚灰，或雲如卷席，如匹布亂穰者，皆爲敗徵。氣乍見乍没，乍聚乍散，如霧之始起，爲敗氣。氣如繫牛，如人卧，如敗車，如雙蛇，如飛鳥，如決堤垣，如壞屋，如人相指，如人無頭，如驚鹿相逐，如兩雞相向，皆爲敗氣。

凡降人氣，如人十十五五，皆叉手低頭。又亦如人叉手相向〔八〕。白氣如羣鳥，趣入屯營，連結百餘里不絶，而能徘徊，須臾不見者，當有他國來降。氣如黑山，以黄爲緣者，欲降服。敵上氣青而高漸黑者，將欲死散。軍上氣如燔生草之煙，前雖鋭，後必退。黑氣臨營，或聚或散，如鳥將宿，敵人畏我，心意不定，終必逃背，逼之大勝。

凡白氣從城中南北出者，不可攻，城不可屠。城中有黑雲如星，名曰軍精，急解圍去，有突兵出，客敗。城上白氣如旌旗，或青雲臨城，有喜慶。黃雲臨城，有大喜慶，青色從中南北出者，城不可攻。或氣如青色，如牛頭觸人者，城不可屠。城中氣出東方，其色黃，此太一。城白氣從中出，青氣從城北入，反向還者，軍不得入。攻城圍邑，過旬雷雨者，爲城有輔，疾去之，勿攻。城上氣如煙火，主人欲出戰。其氣無極者，不可攻。城上氣如雙蛇者，難攻。赤氣如杵形，從城中向外者，內兵突出，主人戰勝。城上有雲，分爲兩彗狀，攻不可得。赤氣在城上，黃氣四面繞之，城中大將死，城降。城上赤氣如飛鳥，如敗車〔九〕，及無雲氣，士卒必散。城營中有赤黑氣，如貍皮斑及赤者，並亡。城上氣上赤而下白色，或城中氣聚如樓，出見於外，城皆可屠。城營上有雲，如衆人頭，赤色，下多死喪流血。城上氣如灰，城可屠。氣出而北，城可剋。其氣出復入，城中人欲逃亡。其氣出而覆其軍，軍必病。氣出而高，無所止，用日久長。有白氣如蛇來指城，可急攻。白氣從城指營，宜急固守。攻城若雨霧日死風至，兵勝。日色無光爲日死。雲氣如雄雉臨城，其下必有降者。濛氛圍城而入城者，外勝，得入。有雲如立人五枚，或如三牛，邊城圍。

凡軍上有黑氣，渾渾圓長，赤氣在其中，其下必有伏兵。白氣粉沸起，如樓狀，其下必有藏兵萬人，皆不可輕擊。伏兵之氣，如幢節狀，在烏雲中，或如赤杵在烏雲中，或如烏人在赤雲中。

凡暴兵氣，白如瓜蔓連結，部隊相逐，須臾罷而復出，至八九來而不斷，急賊卒至，宜防固之。白氣如仙人衣，千萬連結，部隊相逐，罷而復興，如是八九者，當有千里兵來，視所起備之。黑雲從敵上來，之我軍上，欲襲我。敵人告發，宜備不宜戰。壬子日，候四望無雲，獨見赤雲如旌旗，其下有兵起。若偏四方者，天下盡有兵。若四望無雲，獨見黑雲極天，天下兵大起。半天，半起。三日內有雨，災解。敵欲來者，其氣上有雲，下有氛零，中天而下，敵必至。雲氣如旌旗，賊兵暴起。暴兵氣，如人持刀楯，雲如人，赤色，所臨城邑，有卒兵至，驚怖，須臾去。赤氣如人持節，兵來未息。雲如方虹，有暴兵。赤雲如火者，所向兵至。天有白氣，狀如匹布，經丑未者，天下多兵。

凡戰氣，青白如膏，將勇。大戰氣，如人無頭，如死人卧。敵上氣如丹蛇，赤氣隨之，必大戰，殺將。四望無雲，見赤氣如狗入營，其下有流血。

凡連陰十日，晝不見日，夜不見月，亂風四起，欲雨而無雨，名曰蒙，臣謀君。故曰，久陰不雨臣謀主。霧氣若晝若夜，其色青黃，更相奄冒，乍合乍散，臣謀君，逆者喪。山中冬霧十日不解者，欲崩之候。視四方常有大雲，五色具者，其下有賢人隱也。青雲潤澤蔽日，在西北爲舉賢良。雲氣如亂穰，大風將至，視所從來避之。雲甚潤而厚，大雨必暴至。

四始之日，有黑雲氣如陣，厚重大者，多雨。氣若霧非霧，衣冠不雨而濡，見則其城帶甲而趣。日出没時，有雲横截之，白者喪，烏者驚。三日内雨者各解。有黑氣入營者，兵相殘。有赤青氣入營者，兵弱。有雲如蛟龍，所見處將軍失魄。有雲如鵠尾，來蔭國上，三日亡。有雲如日月暈，赤色，其國凶。青白色，有大水。有雲狀如龍行，國有大水，人流亡。有雲赤黄色，四塞終日，竟夜照地者，大臣縱恣。有雲如氣，昧而濁，賢人去，小人在位。

凡白虹者，百殃之本，衆亂所基。霧者，衆邪之氣，陰來冒陽。

凡遇四方盛氣，無向之戰。甲乙日青氣在東方，丙丁日赤氣在南方，庚辛日白氣在西方，壬癸日黑氣在北方，戊己日黄氣在中央。四季戰當此日氣，背之吉。日中有黑氣，君有小過而臣不諫，又掩君惡而揚君善，故日中有黑氣不明也。

凡白虹霧，姦臣謀君，擅權立威。晝霧夜明，臣志得申，夜霧晝明，臣志不申。霧終日終時，君有憂。色黄小雨。白言兵喪，青言疾，黑有暴水，赤有兵喪，黄言土功，或有大風。

凡夜霧，白虹見，臣有憂。晝霧白虹見，君有憂。虹頭尾至地，流血之象。

凡霧氣不順四時，逆相交錯，微風小雨，爲陰陽氣亂之象。從寅至辰巳上，周而復始，爲逆者不成。積日不解，晝夜昏暗，天下欲分離。

凡霧四合，有虹各見其方，隨四時色吉，非時色凶。氣色青黃，更相掩覆，乍合乍散，臣欲謀君，爲逆者不成，自亡。

凡霧氣四方俱起，百步不見人，名曰晝昏，不有破國，必有滅門。

凡天地四方昏濛若下塵，十日五日以上，或一日，或一時，雨不霑衣而有土，名曰霾。故曰，天地霾，君臣乖，大旱。

凡海傍蜃氣象樓臺，廣野氣成宮闕。北夷之氣如牛羊羣畜穹閭，南夷之氣類舟船幡旗。自華以南，氣下黑上赤。嵩高、三河之郊，氣正赤。恒山之北，氣青。勃、碣、海、岱之間，氣皆正黑。江湖之間，氣皆白。東海氣如圓簦。附漢、河水，氣如引布。江、漢氣勁如杼。濟水氣如黑豘。渭水氣如狼白尾〔一〇〕。淮南氣如帛。少室氣如白兔青尾。恒山氣如黑牛青尾。東夷氣如樹，西夷氣如室屋，南夷氣如闍臺，或類舟船。陣雲如立垣，杼軸雲類軸摶，兩端兑。杓雲如繩〔一一〕，居前亘天，其半半天，其蛪者類闕旗，故鉤雲勾曲。諸此雲見，以五色占而澤摶密。其見，動人及有兵，必起合鬭。其直，雲氣如三匹帛，廣前兑後，大軍行氣也。韓雲如布，趙雲如牛，楚雲如日，宋雲如車，魯雲如馬，衞雲如犬，周雲如車輪，秦雲如行人，魏雲如鼠，鄭、齊雲如絳衣，越雲如龍，蜀雲如囷。車氣乍高乍下，往往而聚。騎氣卑而布。卒氣摶。前卑後高者疾，前方而高，後兑而卑者卻。其氣平者，其行徐。前高後卑者，不止而返。校騎之氣正蒼黑，長數百丈。遊兵之氣如彗埽，一云長數百丈，無根本。喜氣上黄下白，怒氣上下赤，憂氣上下黑，土功氣黄白，徙氣白。

凡候氣之法，氣初出時，若雲非雲，若霧非霧，髣髴若可見。初出森森然，在桑榆上，高五六尺者，是千五百里外。平視則千里，舉目望則五百里。仰瞻中天，則百里内。平望桑榆間二千里，登高而望，下屬地者，三千里。

凡欲知我軍氣，常以甲、己日及庚、子、辰、戌、午、未、亥日，及八月十八日，去軍十里許，登高望之可見，依别記占之。百人以上皆有氣。

凡占災異，先推九宫分野，六壬日月，不應陰霧風雨而陰霧者，乃可占。對敵而坐，氣來甚卑下，其陰覆人，上掩溝蓋道者，是大賊必至。敵在東，日出候。在南，日中候。在西，日入候。在北，夜半候。王相色吉，囚死色凶。

凡軍上氣，高勝下，厚勝薄，實勝虚，長勝短，澤勝枯。我軍在西，賊軍在東，氣西厚東薄，西長東短，西高東下，西澤東枯，則知我軍必勝。

凡氣初出，似甑上氣，勃勃上升。氣積爲霧，霧爲陰，陰氣結爲虹蜺暈珥之屬。

凡氣不積不結，散漫一方，不能爲災。必須和雜殺氣，森森然疾起，乃可論占。軍上氣安則軍安，氣不安則軍不安。氣南北則軍南北，氣東西則軍亦東西。氣散則爲軍破敗。

候氣，常以平旦、下晡、日出沒時處氣，以見知大。占期內有大風雨久陰，則災不成。故風以散之，陰以諫之，雲以幡之，雨以猒之。

五代災變應

梁武帝天監元年八月壬寅，熒惑守南斗。占曰：「糴貴，五穀不成，大旱，多火災，吳、越有憂，宰相死。」是歲大旱，米斗五千，人多餓死。其二年五月，尚書范雲卒。

二年五月丙辰，月犯心。占曰：「有亂臣，不出三年，有亡國。」其四年，交州刺史李凱舉兵反。七月丙子，太白犯軒轅大星。

四年六月壬戌，歲星晝見。占曰：「歲色黄潤，立竿影見，大熟。」是歲大穰，米斛三十。又曰：「星與日爭光，武且弱，文且强。」自此後，帝崇尚文儒，躬自講説，終於太清，不脩武備。八月庚子，老人星見。占曰：「老人星見，人主壽昌。」自此後，每年恒以秋分後見於參南，至春分而伏。武帝壽考之象云。

七年九月己亥，月犯東井。占曰：「有水災。」其年京師大水。

十年九月丙申，天西北隆隆有聲，赤氣下至地。占曰：「天狗也，所往之鄉有流血，其君失地。」其年十二月，馬仙琕大敗魏軍，斬馘十餘萬，尅復朐山城。十二月壬戌朔，日食，在牛四度。

十三年二月丙午，太白失行，在天關。占曰：「津梁不通，又兵起。」其年塡星守天江。占曰：「有江河塞，有決溢，有土功。」其年，大發軍衆造浮山堰，以堨淮水。至十四年，塡星移去天江而堰壞，奔流決溢。

十四年十月辛未，太白犯南斗。

十七年閏八月戊辰，月行掩昴。

普通元年春正月丙子，日有食之。占曰：「日食，陰侵陽，陽不克陰也，爲大水。」其年七月，江、淮、海溢。九月乙亥，有星晨見東方，光爛如火。占曰：「國皇見，有内難，有急兵反叛。」其二年，義州刺史文僧朗以州叛〔一二〕。

四年十一月癸未朔，日有食之，太白晝見。

六年三月丙午，歲星入南斗。庚申，月食。五月己酉，太白晝見。六月癸未，太白經天。九月壬子，太白犯右執法。

七年正月癸卯，太白、歲星在牛相犯。占曰：「其國君凶，易政。」明年三月，改元，大赦。

大通元年八月甲申，月掩填星。閏月癸酉，又掩之。占曰：「有大喪，天下無主〔一三〕，國易政。」其後中大通元年九月癸巳，上又幸同泰寺捨身，王公以一億萬錢奉贖。十月己酉還宮，大赦，改元。中大通三年，太子薨，皆天下無主、易政及大喪之應。

中大通元年閏月壬戌，熒惑犯鬼積尸。占曰：「有大喪，有大兵，破軍殺將。」其二年，蕭玩帥衆援巴州，爲魏梁州軍所敗，玩被殺。

四年七月甲辰，星隕如雨。占曰：「星隕，陽失其位，災害之象萌也。」又曰：「星隕如雨，人民叛，下有專討。」又曰：「大人憂。」其後侯景狡亂，帝以憂崩，人衆奔散，皆其應也。

五年正月己酉，長星見。

六年四月丁卯，熒惑在南斗。占曰：「熒惑出入留舍南斗中，有賊臣謀反，天下易政，更元。」其年十二月，北梁州刺史蘭欽舉兵反，後年改爲大同元年。

大同三年三月乙丑，歲星掩建星。占曰：「有反臣。」其年，會稽山賊起。其七年，交州刺史李賁舉兵反〔一四〕。

五年十月辛丑，彗出南斗，長一尺餘，東南指，漸長一丈餘。十一月乙卯，至婁滅。占曰：「天下有謀王者。」其八年正月，安成民劉敬躬挾左道以反，黨與數萬。其九年，李賁僭稱皇帝於交州〔一五〕。

太清二年五月，兩月見。占曰：「其國亂，必見於亡國。」

三年正月壬午，熒惑守心。占曰：「王者惡之。」乙酉，太白晝見。占曰：「不出三年，有大喪，天下革政更王，强國弱，小國强。」三月丙子，熒惑又守心。占曰：「大人易政，主去其宮。」又曰：「人饑亡，海内哭，天下大潰。」是年，帝爲侯景所幽，崩。七月，九江大饑，人相食十四五〔一六〕。九月戊午，月在斗，掩歲星。占曰：「天下亡君。」其後侯景篡殺。

簡文帝大寶元年正月丙寅，月晝光見。占曰：「月晝光，有隱謀，國雄逃。」又云：「月晝明，姦邪並作，擅君之朝。」其後侯景篡殺，皆國亂亡君，大喪更政之應也。

元帝承聖三年九月甲午，月犯心中星。占曰：「有反臣，王者惡之，有亡國。」其後三年，帝爲周軍所俘執，陳氏取國，梁氏以亡。

陳武帝永定三年九月辛卯朔，月入南斗。占曰：「月入南斗，大人憂。」一曰：「太子殃。」後二年，帝崩〔一七〕，太子昌在周爲質，文帝立。後昌還國，爲侯安都遣盜迎殺之。

三年五月丙辰朔，日有食之。占曰：「日食君傷。」又曰：「日食帝德消。」六月庚子，填星、鉞與太白并。占：「太白與填合，爲疾爲内兵。」

文帝天嘉元年五月辛亥，熒惑犯右執法。占曰：「大臣有憂，執法者誅。」後四年，司空侯安都賜死。

九月癸丑，彗星長四尺，見芒，指西南。占曰：「彗星見則敵國兵起，得本者勝。」其年，周將獨孤盛領衆趣巴湘，侯瑱襲破之。

二年五月己酉，歲星守南斗。六月丙戌，熒惑犯東井。七月乙丑，熒惑入鬼中。戊辰，熒惑犯斧質。十月，熒惑行在太微右掖門内。

三年閏二月己丑〔一八〕，熒惑逆行，犯上相。甲子，太白犯五車、填星。七月，太白犯輿鬼。八月癸卯，月犯南斗。丙午，月犯牽牛。庚申，太白入太微。十一月丁丑，月犯畢左股。辛巳，熒惑犯歲星。戊子，月犯角。庚寅，月入氐。

四年六月癸丑，太白犯右執法。七月戊子，熒惑犯填星。八月甲午，熒惑犯軒轅大星。丁未，太白犯房。九月戊寅，熒惑入太微，犯右執法。癸未，太白入南斗。占曰：「太白入斗，天下大亂，將相謀反，國易政。」又曰：「君死，不死則廢。」又曰：「天下受爵禄。」其後安成王爲太傅，廢少帝而自立，改官受爵之應也。辛卯，熒惑犯左執法。十一月辛酉，熒惑犯右執法。甲戌，月犯畢左股。

五年正月甲子，月犯畢大星、奎。丁卯，月犯星。四月庚子，太白、歲星合，在奎，金在南，木在北，相去二尺許。壬寅，月入氐，又犯熒惑，太白、歲星又合，在婁，相去一尺許。癸卯，月犯房上星。五月庚午，熒惑逆行二十一日，犯氐東南、西南星。占曰：「月有賊臣。」又曰：「人主無出，廊廟間有伏兵。」又曰：「君死，有赦。」後二年，少帝廢之應也〔一九〕。六月丙申，月犯亢。七月戊寅，月犯畢大星。閏十月庚申，月犯牽牛。丙子，又犯左執法。十一月乙未，月食畢大星。

六年正月己亥，太白犯熒惑，相去二寸。占曰：「其野有兵喪，改立侯王。」三月丁卯，日入後，衆星未見，有流星白色，大如斗，從太微間南行，尾長尺餘。占曰：「有兵與喪。」四月丁巳，月犯軒轅。占曰：「女主有憂。」五月丁亥，太白犯軒轅。占曰：「女主失勢。」又曰：「四方禍起。」其後年，少帝廢，廢後慈訓太后崩。六月己未，月犯氐。辛酉，有彗長可丈餘。占曰：「陰謀姦宄起。」一曰：「宮中火起。」後安成王録尚書、都督中外諸軍事，廢少帝而自立，陰謀之應。八月戊辰，月掩畢大星。丙子，月與太白並，光芒相着，在太微西蕃南三尺所。九月辛巳，熒惑犯左執法。癸未，太白犯右執法。辛卯，犯左執法。乙巳，月犯上相，太白犯熒惑。其夜，月又犯太白。占曰：「其國内外有兵喪，改立侯王。」明年，帝崩，又少帝廢之應也。

七年二月庚午，日無光，烏見。占曰：「王者惡之。」其日庚午，吳、楚之分野。四月甲子，日有交暈，白虹貫之。是月癸酉，帝崩。

廢帝天康元年五月庚辰，月犯軒轅女御大星。占曰：「女主憂。」後年，慈訓太后崩〔二〇〕。癸未，月犯左執法。

光大元年正月甲寅，月犯軒轅大星。占曰：「女主當之。」八月戊寅，月食哭星。占曰：「有喪泣事。」明年，太后崩，臨海王薨〔二一〕，哭泣之應也。壬午，鎮星、辰星合於軫。九月戊午，辰星、太白相犯。占曰：「改立侯王。」己未，月犯歲星。占曰：「國亡君。」十二月辛巳，月又犯歲星。辛卯，月犯建星。占曰：「大人惡之。」

二年正月戊申，月掩歲星。占曰：「國亡君。」五月乙未，月犯太白。六月丙寅，太白犯右執法。壬子，客星見氐東。八月庚寅，月犯太微。九月庚戌，太白逆行，與鎮星合，在角。占曰：「爲白衣之會。」又曰：「所合之國，爲亡地，爲疾兵。」戊午，太白晝見。占曰：「太白晝見，國更政易王。」十一月丙午，歲星守右執法。甲申，月犯太微東南星。戊子，太白入氐〔二二〕。十二月甲寅，慈訓太后廢帝爲臨海王〔二三〕，太建二年四月薨，皆其應也。

宣帝太建七年四月丙戌，有星孛于大角。占曰：「人主亡。」五月庚辰，熒惑犯右執法。壬子，又犯右執法〔二四〕。

十年二月癸亥，日上有背。占曰：「其野失地，有叛兵。」甲子，吴明徹軍敗於吕梁，將卒並爲周軍所虜。來年，淮南之地，盡沒于周。十月癸卯，月食熒惑〔二五〕。占曰：「國敗君亡，大兵起，破軍殺將。」來年三月，吴明徹敗於吕梁，十三年帝崩〔二六〕，敗國亡君之應也。

十一年四月己丑，歲星、太白、辰星，合于東井。

十二年二月壬寅〔二七〕，白虹見西方。占曰：「有喪。」其後十三年帝崩〔二八〕。十月戊午，月犯牽牛吴越之野。占曰：「其國亡，君有憂。」後年帝崩。辛酉，歲星犯執法。十二月癸酉，辰星在太白上。甲戌，辰星、太白交相掩。占曰：「大兵在野，大戰。」辛巳，彗星見西南〔二九〕。占曰：「有兵喪。」明年帝崩，始興王叔陵作亂。

後主至德元年正月壬戌，蓬星見。占曰：「必有亡國亂臣。」後帝於太皇寺捨身作奴，以祈冥助，不恤國政，爲施文慶等所惑，以至國亡。

魏普泰元年十月，歲星、熒惑、填星、太白，聚於觜、參，色甚明大。占曰：「當有王者興。」其月，齊高祖起於信都，至中興二年春而破尒朱兆，遂開霸業。

魏武定四年九月丁未，高祖圍玉壁城，有星墜於營，衆驢皆鳴。占曰：「破軍殺將。」高祖不豫，五年正月丙午崩。

齊文宣帝天保元年十二月甲申，熒惑犯房北頭第一星及鉤鈐。占曰：「大臣有反者。」其二年二月壬辰〔三〇〕，太尉彭樂謀反，誅。

八年二月己亥，歲星守少微，經六十三日。占曰：「五官亂。」五月癸卯，歲星犯太微上將。占曰：「大將憂，大臣死。」其十年五月，誅諸元宗室四十餘家，乾明元年，誅楊遵彥等，皆五官亂，大將憂，大臣死之應也。

八年七月甲辰，月掩心星。占曰：「人主惡之。」十年十月，帝崩。

九年二月，熒惑犯鬼質。占曰：「斧質用，有大喪。」三月甲午，熒惑犯軒轅。占曰：「女主惡之。」其十年五月，誅魏氏宗室，十月帝崩，斧質用，有大喪之應也。

十年六月庚子，填星犯井鉞，與太白并。占曰：「子爲玄枵，齊之分野，君有戮死者，大臣誅，斧鉞用。」其明年二月乙巳，太師常山王誅尚書令楊遵彥、右僕射燕子獻、領軍可朱渾天和、侍中宋欽道等。八月壬午，廢少帝爲濟南王。

廢帝乾明元年三月甲午，熒惑入軒轅〔三一〕。占曰：「女主凶。」後太寧二年四月，太后崩。

肅宗皇建二年四月丙子，日有食之。子爲玄枵，齊之分野。七月乙丑，熒惑入鬼中，戊辰，犯鬼質。占曰：「有大喪。」十一月，帝以暴疾崩。

武成帝河清元年七月乙亥，太白犯輿鬼。占曰：「有兵謀，誅大臣，斧質用。」其年十月壬申，冀州刺史平秦王高歸彦反〔三二〕，段孝先討禽，斬之於都市，又其二年，殺太原王紹德〔三三〕，皆斧質用之應也。八月甲寅，月掩畢。占曰：「其國君死，大臣有誅者，有邊兵大戰，破軍殺將。」其十月，平秦王歸彦以反誅，其三年，周師與突厥入并州，大戰城西，伏屍流血百餘里，皆其應也。

四年正月己亥，太白犯熒惑，相去二寸，在奎。甲辰，太白、熒惑、歲星合在婁。占曰：「甲爲齊。三星若合，是謂驚立絶行，其分有兵喪，改立侯王，國易政。」三月戊子，彗星見。占曰：「除舊布新，有易王。」至四月，傳位於太子，改元。

後主天統元年六月壬戌，彗星見於文昌，長數寸，入文昌，犯上將，然後經紫微宫西垣，入危，漸長一丈餘，指室、壁。後百餘日，在虚、危滅。占曰：「有大喪，有亡國易政。」其四年十二月，太上皇崩。

三年五月戊寅，甲夜，西北有赤氣竟天，夜中始滅。十月丙午，天西北頻有赤氣〔三四〕。占曰：「有大兵大戰。」後周武帝總衆來伐，大戰，有大兵之應也。

四年六月，彗星見東井。占曰：「大亂，國易政。」七月，孛星見房、心，白如粉絮，大如斗，東行。八月，入天市，漸長四丈，犯瓠瓜，歷虚、危，入室，犯離宫。九月入奎，至婁而滅。孛者，孛亂之氣也。占曰：「兵喪並起，國大亂易政，大臣誅。」其後，太上皇崩。至武平二年七月，領軍庫狄伏連、治書侍御史王子宜，受琅邪王儼旨，矯詔誅録尚書、淮南王和士開於南臺，伏連等即日伏誅，右僕射馮子琮賜死。此國亂之應也。

五年二月戊辰，歲星逆行，掩太微上將。占曰：「天下大驚，四輔有誅者。」五月甲午，熒惑犯鬼積尸。甲，齊也。占曰：「大臣誅，兵大起，斧質用，有大喪。」至武平二年九月，誅琅邪王儼，三年五月，誅右丞相、咸陽王斛律明月〔三五〕，四年七月，誅蘭陵王長恭〔三六〕，皆懿親名將也。四年十月，又誅崔季舒等，此斧質用之應也。

武平三年八月癸未，填星、歲星、太白合於氐，宋之分野。占曰：「其國内外有兵喪，改立侯王。」其四年十月，陳將吴明徹寇彭城，右僕射崔季舒，國子祭酒張雕，黄門裴澤、郭遵，尚書左丞封孝琰等，諫車駕不宜北幸并州。帝怒，並誅之，内外兵喪之應也。九月庚申，月在婁，食既，至旦不復。占曰：「女主凶。」其三年八月，廢斛律皇后，立穆后。四年，又廢胡后爲庶人。十一月乙亥，天狗下西北。占曰：「其下有大戰流血。」後周武帝攻晉州，進兵平并州，大戰流血。

三年十二月辛丑，日食歲星。占曰：「有亡國。」至七年，而齊亡。

四年五月癸巳，熒惑犯右執法。占曰：「大將死，執法者誅，若有罪。」其年，誅右丞相斛律明月，明年，誅蘭陵王長恭，後年，誅右僕射崔季舒〔三七〕，皆大將死，執法誅之應也。

周閔帝元年五月癸卯，太白犯軒轅。占曰：「太白行軒轅中，大臣出令。」又曰：「皇后失勢。」辛亥，熒惑犯東井北端第二星〔三八〕。占曰：「其國亂。」又曰：「大旱。」其年九月，冢宰護逼帝遜位，幽於舊邸，月餘殺崩，司會李植、軍司馬孫恒及宮伯乙弗鳳等被誅害。其冬大旱。皆大臣出令、大臣死、旱之應也。

明帝二年三月甲午，熒惑入軒轅。占曰：「王者惡之，女主凶。」其月，皇后獨孤氏崩〔三九〕。六月庚子，填星犯井鉞，與太白并〔四〇〕。占曰：「傷成於鉞，君有戮死者。」其年，太師宇文護進食，帝遇毒崩。

武帝保定元年九月乙巳，客星見於翼。十月甲戌，日有食之。戊寅，熒惑犯太微上將，合爲一。

二年閏正月癸巳，太白入昴。二月壬寅，熒惑犯太微上相。三月壬午，熒惑犯左執法。七月乙亥，太白犯輿鬼。九月戊辰，日有食之，既。十一月壬午，熒惑犯歲星於危南。

三年三月乙丑朔，日有食之。九月甲子，熒惑犯太微上將。占曰：「上將誅死。」十月壬辰，熒惑犯左執法。

四年二月庚寅朔，日有食之。甲午，熒惑犯房右驂。三月己未，熒惑又犯房右驂。占曰：「上相誅，車馳人走，天下兵起。」其年十月，冢宰晉公護率軍伐齊。十二月，柱國、庸公王雄力戰死之，遂班師。兵起將死之應也。八月丁亥朔，日有蝕之。

五年正月辛卯，白虹貫日。占曰：「爲兵喪。」甲辰，太白、熒惑、歲星合於婁。六月庚申，彗星出三台，入文昌，犯上將，後經紫宮西垣，入危，漸長一丈餘，指室、壁，後百餘日稍短，長二尺五寸，在虛、危滅，齊之分野。七月辛巳朔，日有食之。

天和元年正月己卯，日有食之。十月乙卯，太白晝見，經天。

二年正月癸酉朔，日有食之。五月己丑，歲星與熒惑合在井宿，相去五尺。井爲秦分。占曰：「其國有兵，爲飢旱，大臣匿謀，下有反者，若亡地。」閏六月丁酉，歲星、太白合，在柳，相去一尺七寸。柳爲周分。占曰：「爲内兵。」又曰：「主人凶憂，失城。」是歲，陳湘州刺史華皎，率衆來附，遣衞公直將兵援之，因而南伐。九月，衞公直與陳將淳于量戰于沌口，王師失利。元定、韋世沖以步騎數千先度，遂没陳。七月庚戌，太白犯軒轅大星，相去七寸。占曰：「女主失勢，大臣當之。」又曰：「西方禍起。」其十一月癸丑，太保、許公宇文貴薨，大臣當之驗也。十月辛卯，有黑氣一，大如杯，在日中。甲午，又加一，經六日乃滅。占曰：「臣有蔽主之明者。」十一月戊戌朔，日有食之。庚子，熒惑犯鉤鈐，去之六寸。占曰：「王者有憂。」又曰：「車騎驚，三公謀。」

三年三月己未，太白犯井北轅第一星。占曰：「將軍惡之。」其七月壬寅，隋公楊忠薨。四月辛巳，太白入輿鬼，犯積尸。占曰：「大臣誅。」又曰：「亂臣在内，有屠城。」六月甲戌，彗見東井，長一丈，上白下赤而兑，漸東行，至七月癸卯，在鬼北八寸所乃滅。占曰：「爲兵，國政崩壞。」又曰：「將軍死，大臣誅。」七月己未，客星見房心，白如粉絮，大如斗，漸大，東行；八月，入天市，長如匹所，復東行，犯河鼓右將；癸未，犯瓠瓜，又入室，犯離宫；九月壬寅，入奎，稍小；壬戌，至婁北一尺所滅。凡六十九日。占曰：「兵起，若有喪，白衣會，爲饑旱，國易政。」又曰：「兵犯外城，大臣誅。」

四年二月戊辰，歲星逆行，掩太微上將。占曰：「天下大驚，國不安，四輔有誅，必有兵革，天下大赦。」庚午，有流星，大如斗，出左攝提，流至天津滅，有聲如雷。五月癸巳，熒惑犯輿鬼，甲午，犯積尸。占曰：「午，秦也。大臣有誅，兵大起。」後三年，太師、大冢宰、晉國公宇文護，以不臣誅，皆其應也。

五年正月乙巳，月在氐，暈，有白虹長丈所貫之，而有兩珥連接，規北斗第四星。占曰：「兵大起，大戰，將軍死於野。」是冬，齊將斛律明月寇邊，於汾北築城，自華谷至於龍門。其明年正月，詔齊公憲率師禦之。三月己酉，憲自龍門度河，攻拔其新築五城，兵起大戰之應也。

六年二月己丑夜，有蒼雲，廣三丈，經天，自戌加辰。四月戊寅朔，日有蝕之。己卯，熒惑逆行，犯輿鬼。占曰：「有兵喪，大臣誅，兵大起。」其月，又率師取齊宜陽等九城。六月，齊將攻陷汾州。六月庚辰，熒惑、太白合，在張宿，相去一尺。占曰：「主人兵不勝，所合國有殃。」

建德元年三月丙辰，熒惑、太白合壁。占曰：「其分有兵喪，不可舉事，用兵必受其殃。」又曰：「改立侯王，有德者興，無德者亡。」其月，誅晉公護、護子譚公會、莒公至、崇業公靜等，大赦。癸亥，詔以齊公憲爲大冢宰，是其驗也。七月丙午，辰與太白合於井，相去七寸。占曰：「其下之國，必有重德致天下〔四一〕。」後四年，上帥師平齊，致天下之應也。九月己酉，月犯心中星，相去一寸〔四二〕。占曰：「亂臣在傍，不出五年，下有亡國。」後周武伐齊，平之，有亡國之應也。

二年二月辛亥，白虹貫日。占曰：「臣謀君，不出三年。」又曰：「近臣爲亂。」後年七月，衞王直在京師舉兵反。癸亥，熒惑掩鬼西北星。占曰：「大賊在大人之側。」又曰：「大臣有誅。」四月己亥，太白掩西北星，壬寅，又掩東北星。占曰：「國有憂，大臣誅。」六月丙辰，月犯心中後二星〔四三〕。占曰：「亂臣在傍，不出三年，有亡國。」又曰：「人主惡之。」九月癸酉，太白犯左執法。占曰：「大臣有憂，執法者誅，若有罪。」十一月壬子，太白掩填星，在尾〔四四〕。占曰：「填星爲女主，尾爲後宮。」明年皇太后崩。

三年二月戊午，客星大如桃，青白色，出五車東南三尺所，漸東行，稍長二尺所；至四月壬辰，入文昌；丁未，入北斗魁中，後出魁，漸小。凡見九十三日。占曰：「天下兵起，車騎滿野，人主有憂。」又曰：「天下有亂，兵大起，臣謀主。」其七月乙酉，衞王直在京師舉兵反，討擒之，廢爲庶人。至十月，始州民王鞅擁衆反，討平之。四月乙卯，星孛於紫宮垣外，大如拳，赤白，指五帝座，漸東南行，稍長一丈五尺；五月甲子，至上台北滅。占曰：「天下易政，無德者亡。」後二年，武帝率六軍滅齊。十一月丙子，歲星與太白相犯，光芒相及，在危。占曰：「其野兵，人主凶，失其城邑。危，齊之分野。」後二年，宇文神舉攻拔陸渾等五城。十二月庚寅，月犯歲星，在危，相去二寸。占曰：「其邦流亡，不出三年。」辛卯，月行在營室，食太白。占曰：「其國以兵亡，將軍戰死。營室，衞也，地在齊境。」後齊亡入周。

四年三月甲子，月犯軒轅大星。占曰：「女主有憂，又五官有亂。」

五年十月庚戌，熒惑犯太微西蕃上將星。占曰：「天下不安，上將誅，若有罪，其止。」

六年二月，皇太子巡撫西土，仍討吐谷渾〔四五〕。八月，至伏俟城而旋。吐谷渾寇邊，天下不安之應也。六月庚午，熒惑入鬼。占曰：「有喪旱。」其七月，京師旱。十月戊午，歲星犯大陵。又己未、庚申，月連暈，規昴、畢、五車及參。占曰：「兵起爭地。」又曰：「王自將兵。」又曰：「天下大赦。」癸亥，帝率衆攻晉州。是日虹見晉州城上，首向南，尾入紫宮，長十餘丈。庚午，克之。丁卯夜，白虹見，長十餘丈，頭在南，尾入紫宮中。占曰：「其下兵戰流血。」又曰：「若無兵，必有大喪。」至六年正月，平齊，與齊軍大戰。十一月稽胡反，齊王討平之。

六年四月〔四六〕，先此熒惑入太微宮二百日，犯東蕃上相，西蕃上將，句己往還。至此月甲子，出端門。占曰：「爲大臣代主。」又曰：「臣不臣，有反者。」又曰：「必有大喪。」後宣、武繼崩，高祖以大運代起。十月癸卯，月食熒惑，在斗。占曰：「國敗，其君亡，兵大起，破軍殺將。斗爲吴、越之星，陳之分野。」十一月，陳將吴明徹侵呂梁，徐州總管梁士彦出軍與戰，不利。明年三月，郯公王軌討擒陳將吴明徹，俘斬三萬餘人。十一月甲辰，晡時，日中有黑子，大如杯。占曰：「君有過而臣不諫，人主惡之。」十二月癸丑，流星大如月，西流有聲，蛇行屈曲，光照地。占曰：「兵大起，下有戰場。」戊辰平旦，有流星大如三斗器，色赤，出紫宮，凝著天，乃北下。占曰：「人主去其宮殿。」是月，營州刺史高寶寧據州反。其明年五月，帝總戎北伐。後年，武帝崩〔四七〕。

宣政元年正月丙子，月食昴。占曰：「有白衣之會。」又曰：「匈奴侵邊。」其月，突厥寇幽州，殺略吏人。五月，帝總戎北伐。六月，帝疾甚，還京，次雲陽而崩。六月壬午、癸丑，木、火、金三星合，在井。占曰：「其國霸。」又曰：「其國外內有兵喪，改立侯王。」是月，幽州人盧昌期據范陽反，改立王侯、兵喪之驗也。七年辛丑，月犯心前星〔四八〕。占曰：「太子惡之，若失位。」後靜帝立爲天子，不終之徵也。丙辰，熒惑、太白合，在七星，相去二尺八寸所。占曰：「君憂。」又曰：「其國有兵，改立王侯，有德興，無德亡。」後年，改置四輔官，傳位太子，改立王侯之應也。己未，太白犯軒轅大星。占曰：「女主凶。」後二年，宣帝崩，楊后令其父隋公爲大丞相，總軍國事。隋氏受命，廢后爲樂平公主，餘四后悉廢爲比丘尼。八月庚辰，太白入太微。占曰：「爲天下驚。」又曰：「近臣起兵，大臣相殺，國有憂。」其後，趙、陳等五王，爲執政所誅，大臣相殺之應也。九月丁酉，熒惑入太微西掖門，庚申，犯左執法，相去三寸。占曰：「天下不安，大臣有憂。」又曰：「執法者誅若有罪。」是月，汾州稽胡反，討平之。十一月，突厥寇邊，圍酒泉，殺略吏人。明年二月，殺柱國、郯公王軌。皆其應也。十二月癸未，熒惑入氐，守犯之三十日。占曰：「天子失其宮。」又曰：「賊臣在內，下有反者。」又曰：「國君有繫饑死，若毒死者。」靜帝禪位，隋高祖幽殺之。

宣帝大成元年正月丙午、癸丑，日皆有背。占曰：「臣爲逆，有反叛，邊將去之。」又曰：「卿大夫欲爲主。」其後，隋公作霸，尉迥、王謙、司馬消難，各舉兵反。

大象元年四月戊子，太白、歲星、辰星合，在井。占曰：「是謂驚立，是謂絶行，其國内外有兵喪，改立王公。」又曰：「其國可霸，修德者强，無德受殃。」其五月，趙、陳、越、代、滕五王並入國。後二年，隋王受命，宇文氏宗族相繼誅滅。六月丁卯，有流星一，大如雞子，出氐中，西北流，有尾迹，長一丈所，入月中，即滅。占曰：「不出三年，人主有憂。」又曰：「有亡國。」靜帝幽閉之應也。己丑，有流星一，大如斗，色青，有光明照地，出營室，抵壁入濁。七月壬辰，熒惑掩房北頭第一星。占曰：「亡君之誡。」又曰：「將軍爲亂，王者惡之，大臣有反者，天子憂。」其十二月，帝親御驛馬，日行三百里。四皇后及文武侍衛數百人，並乘馹以從。房爲天駟，熒惑主亂，此宣帝亂道德，馳騁車騎，將亡之誡。八月辛巳，熒惑犯南斗第五星。占曰：「且有反臣，道路不通，破軍殺將。」尉迥、王謙等起兵敗亡之徵也。九月己酉，太白入南斗魁中。占曰：「天下有大亂，將相謀反，國易政。」又曰：「君死，不死則疾。」又曰：「天下爵禄。」皆高祖受命，羣臣分爵之徵也。十月壬戌，歲星犯軒轅大星。占曰：「女主憂，若失勢。」周自宣政元年，熒惑、太白從歲星聚東井。大象元年四月，太白、歲星、辰星又聚井。十月，歲星守軒轅。其年，又守翼。東井，秦分，翼，楚分，漢東爲楚地，軒轅后族，隋以后族興於秦地之象，而周之后妃失勢之徵也。乙酉，熒惑在虛，與填星合。占曰：「兵大起，將軍爲亂，大人惡之。」是月，相州段德舉謀反，伏誅。其明年三月，杞公宇文亮舉兵反，擒殺之。

二年四月乙丑，有星大如斗，出天厨，流入紫宫，抵鉤陳乃滅。占曰：「有大喪，兵大起，將軍戮。」又曰：「臣犯上，主有憂。」其五月，帝崩，隋公執國政，大喪、臣犯主之應。趙王、越王以謀執政被誅。又荆、豫、襄三州諸蠻反，尉迥、王謙、司馬消難各舉兵畔，不從執政，終以敗亡。皆大兵起，將軍戮之應也。五月甲辰，有流星一，大如三斗器，出太微端門，流入翼，色青白，光明照地，聲若風吹幡旗。占曰：「有立王，若徙王。」又曰：「國失君。」其月己酉，帝崩，劉昉矯制，以隋公受遺詔輔政，終受天命，立王、徙王、失君之應也。七月壬子，歲星、太白合於張，有流星，大如斗，出五車東北流，光明燭地。九月甲申，熒惑、歲星合于翼。

静帝大定元年正月乙酉，歲星逆行，守右執法，熒惑掩房北第一星。占曰：「房爲明堂，布政之宫，無德者失之。」二月甲子，隋王稱尊號。

高祖文皇帝開皇元年三月甲申，太白晝見。占曰：「太白經天晝見，爲臣强，爲革政。」四月壬午，歲星晝見。占曰：「大臣强，有逆謀，王者不安。」其後，劉昉等謀反，伏誅。

十一月己巳，有流星，聲如隤牆，光燭地。占曰：「流星有光有聲，名曰天保，所墜國安有喜。」其九年，平陳，天下一統。五年八月戊申，有流星數百，四散而下。占曰：「小星四面流行者，庶人流移之象也。」其九年，平陳，江南士人，悉播遷入京師。

八年二月庚子，填星入東井。占曰：「填星所居有德，利以稱兵。」其年大舉伐陳，克之。十月甲子，有星孛于牽牛。占曰：「臣殺君，天下合謀。」又曰：「內不有大亂，則外有大兵。」牛，吳、越之星，陳之分野。後年，陳氏滅。

九年正月己巳，白虹夾日。占曰：「白虹銜日，臣有背主。」又曰：「人主無德者亡。」是月，滅陳。

十四年十一月癸未，有彗星孛于虛、危及奎、婁〔四九〕，齊、魯之分野。其後魯公虞慶則伏法，齊公高熲除名。

十九年十二月乙未，星貫於渤海。占曰：「陽失其位，災害之萌也。」又曰：「大人憂。」

二十年十月，太白晝見。占曰：「大臣强，爲革政，爲易王。」右僕射楊素，熒惑高祖及獻后，勸廢嫡立庶。其月乙丑，廢皇太子勇爲庶人。明年改元。皆陽失位及革政易王之驗也。

仁壽四年六月庚午，有星入于月中。占曰：「有大喪，有大兵，有亡國，有破軍殺將。」七月乙未，日青無光，八日乃復。占曰：「主勢奪。」又曰：「日無光，有死王〔五〇〕。」甲辰，上疾甚，丁未，宮車晏駕。漢王諒反，楊素討平之。皆兵喪亡國死王之應。

煬帝大業元年六月甲子，熒惑入太微。占曰：「熒惑爲賊，爲亂入宮，宮中不安。」

三年三月辛亥，長星見西方，竟天，干歷奎婁、角亢而没。至九月辛未，轉見南方，亦竟天，又干角亢，頻掃太微帝座，干犯列宿，唯不及參、井。經歲乃滅。占曰：「去穢布新，天所以去無道，建有德，見久者災深，星大者事大，行遲者期遠。兵大起，國大亂而亡。餘殃爲水旱饑饉，土功疾疫。」其後，築長城，討吐谷渾及高麗，兵戎歲駕，略無寧息。水旱饑饉疾疫，土功相仍，而有羣盜並起，邑落空虛。九年五月，禮部尚書楊玄感，於黎陽舉兵反。丁未，熒惑逆行入南斗，色赤如血，如三斗器，光芒震耀，長七八尺，於斗中句己而行。占曰：「有反臣，道路不通，國大亂，兵大起。」斗，吴、越分野，玄感父封於越，後徙封楚地，又次之，天意若曰，使熒惑句己之，除其分野。至七月，宇文述討平之。其兄弟悉梟首車裂，斬其黨與數萬人。其年，朱燮、管崇，亦於吴郡擁衆反。此後羣盜屯聚，剽略郡縣，屍横草野，道路不通，齎詔勑使人，皆步涉夜行，不敢遵路。

十一年六月，有星孛于文昌東南，長五六寸，色黑而鋭，夜動摇，西北行，數日至文昌，去宮四五寸，不入，却行而滅。占曰：「爲急兵。」其八月，突厥圍帝於雁門，從兵悉馮城禦寇，矢及帝前。七月，熒惑守羽林。占曰：「衞兵反。」十二月戊寅，大流星如斛，墜賊盧明月營，破其衝輣，壓殺十餘人。占曰：「奔星所墜，破軍殺將。」其年，王充擊盧明月城，破之。

十二年五月丙戌朔，日有食之，既。占曰：「日食既，人主亡，陰侵陽，下伐上。」其後宇文化及等行殺逆。癸巳，大流星隕于吴郡，爲石。占曰：「有亡國，有死王，有大戰，破軍殺將。」其後大軍破逆賊劉元進于吴郡，斬之。八月壬子，有大流星如斗，出王良閣道，聲如隤牆；癸丑，大流星如甕，出羽林。九月戊午，有枉矢二，出北斗魁，委曲蛇形，注於南斗。占曰：「主以兵去，天之所伐。」亦曰：「以亂代亂，執矢者不正。」後二年，化及殺帝僭號，王充亦於東都殺恭帝，篡號鄭。皆殺逆無道，以亂代亂之應也。

十三年五月辛亥，大流星如甕，墜於江都。占曰：「其下有大兵戰，流血破軍殺將。」六月，有星孛于太微五帝座，色黄赤，長三四尺所，數日而滅。占曰：「有亡國，有殺君。」明年三月，宇文化及等殺帝也。十一月辛酉，熒惑犯太微，日光四散如流血。占曰：「賊入宮，主以急兵見伐。」又曰：「臣逆君。」明年三月，化及等殺帝，諸王及幸臣並被戮。

校勘記

〔一〕或日光暗　晉書卷一二天文志中作「或曰脫光」，通考卷二八一象緯考四作「或曰光脫」。

〔二〕一虹貫抱至日　「至」上原重出「抱」，蓋因涉上文「抱」字而衍，今删。

〔三〕日暈有五色有喜不得五色有憂　兩處「五」，原文俱作「玉」，宋甲本、至順本前「玉」作「五」，今據文意改。

〔四〕後成面勝　「面」，至順本作「而」。

〔五〕軍在外者罷　「軍」，原作「暈」，據宋甲本、至順本改。通考卷二八一象緯考四亦作「軍」。

〔六〕或曰氣象青衣人垂手　「曰」原作「日」，「垂」原作「無」，據唐開元占經卷九四雲氣雜占改。

〔七〕變作山形將有深謀　「山」，原作「此」，據晉書卷一二天文志中、通典卷一六二兵一五風雲氣候雜占、唐開元占經卷九四雲氣雜占改。

〔八〕又亦如人叉手相向　「亦」，原作「云」，據至順本改，宋甲本作「示」。蓋因形近訛「亦」爲「示」，又從而誤「示」爲「云」。

〔九〕城上赤氣如飛鳥如敗車　宋甲本「鳥」下復有「赤氣」二字。

〔一〇〕渭水氣如狼白尾　「渭水」，原作「滑水」，據宋甲本改。晉書卷一二天文志中、唐開元占經卷九四雲氣雜占、通考卷二八一象緯考四亦作「渭水」。

〔一一〕杓雲如繩　「杓」，原作「杓」，史記卷二七天官書、漢書卷二六天文志、晉書卷一二天文志中作「杓」。王叔岷史記斠證：「案漢志補注：『晉隋志：「㣿雲如繩。」「㣿」蓋「杓」之誤。』晉志『杓』字同，隋志作『㣿』，王氏失檢。索隱所引許注，見淮南子道應篇。王念孫淮南雜志引此文索隱，改『杓』爲『扚』，从手，不从木。云：『扚音丁了反而訓爲引，與杓字不同。晉書天文志：「扚雲如繩。」何超音義扚音鳥，鳥與丁了同音。今本淮南、史記、漢書「扚」字皆誤作「杓」。晉書又誤作「㣿」。』今本晉志亦誤作『杓』，隋志乃誤作『㣿』也。」今據改。

〔一二〕其二年義州刺史文僧朗以州叛　「二年」，原作「三年」，據本書卷二二五行志上改。梁書卷三武帝紀下、通鑑卷一四九梁紀五繫其事在普通二年六月丁卯，與五行志合。

〔一三〕天下無主　「主」，原作「王」，據宋甲本改。通考卷二八八象緯考一一亦作「主」。

〔一四〕其七年交州刺史李賁舉兵反　梁書卷三武帝紀下大同七年載：「是歲，交州土民李賁攻刺史蕭諮，諮輸賂，得還越州。」陳書卷一高祖紀上作「土人李賁」，通鑑卷一五八梁紀一四武帝大同七年作「豪右」。此稱「刺史」，疑涉「攻刺史蕭諮」而誤。

〔一五〕其九年李賁僭稱皇帝於交州　梁書卷三武帝紀下、南史卷七梁本紀中武帝紀下、通鑑卷一五八梁紀一四繫其事在大同十年正月。

〔一六〕人相食十四五　「五」，原作「年」，據梁書卷四簡文帝紀改。

〔一七〕「陳武帝永定三年九月辛卯朔」至「後二年帝崩」　陳書卷一高祖紀上、卷三世祖紀俱載陳武帝卒於永定三年六月丙午，與周書卷四明帝紀、北齊書卷四文宣帝紀、通鑑卷一六七陳紀一合。陳武帝不應卒於永定三年之「後二年」。「永定三年」當是「永定二年」之誤；「後二年」或是「後一年」之誤。查二十史朔閏表，永定二年九月辛卯朔，本段下文接「三年五月丙辰朔」，可證。又，朔日不見月，「月入南斗」前當有脱文。

〔一八〕三年閏二月己丑　本年閏二月辛丑朔，無己丑日。據劉次沅考證，下文稱「熒惑逆行，犯上相」，「己丑」應是「辛丑」之誤。

〔一九〕後二年少帝廢之應也　此句前承天嘉五年。陳書卷四廢帝紀，廢少帝在光大二年十一月，與陳書卷五宣帝紀、周書卷四明帝紀、北齊書卷四文宣帝紀、通鑑卷一七〇陳紀四合。光大二年上距天嘉五年爲四年，疑「二」應作「四」。

〔二〇〕「廢帝天康元年」至「後年慈訓太后崩」　「天康」爲陳文帝年號，此稱「廢帝」，誤。又，據陳書卷五宣帝紀、卷七皇后高祖章皇后傳、通鑑卷一七〇陳紀四，慈訓太后卒於宣帝太建二年三月丙申，上距天康元年已有四年之久，不得稱「後年」。

〔二一〕「光大元年正月甲寅」至「明年太后崩臨海王薨」　本年正月癸酉朔，無甲寅日。據陳書卷五宣帝紀、卷七皇后高祖章皇后傳、通鑑卷一七〇陳紀四，慈訓太后卒於宣帝太建二年三月丙申；陳書卷四廢帝紀、卷五宣帝紀，廢帝卒於同年四月乙卯，俱不在光大元年之「明年」。

〔二二〕甲申月犯太微東南星戊子太白入氐　此句前承光大二年十一月丙午。十一月壬辰朔，丙午十五日，無甲申、戊子日。據劉次沅考證，月犯太微屏東南星及金星入氐，在十月二十三日甲申、二十七日戊子。甲申、戊子應在十月，誤次於十一月之下。

〔二三〕十二月甲寅慈訓太后廢帝爲臨海王　「十二月」，當作「十一月」。按此句前承光大二年。本年十二月壬戌朔，無甲寅日。陳書卷四廢帝紀，廢少帝在光大二年十一月二十三日甲寅，與陳書卷五宣帝紀、周書卷四明帝紀、北齊書卷四文宣帝紀、通鑑卷一七〇陳紀四合。

〔二四〕壬子又犯右執法　此句前承五月二十七日庚辰。五月甲寅朔，無壬子，據劉次沅考證，「壬子」疑是「壬午」之誤。

〔二五〕十月癸卯月食熒惑　此句前承太建十年二月。本年十月甲子朔，無癸卯日。據劉次沅考證，太建九年十月初四癸卯，月掩火星。當是九年事誤置於十年之下。下文稱「來年三月，吴明徹敗於吕梁」，陳書卷五宣帝紀、南史卷一〇陳本紀下宣帝紀、通鑑卷一七三陳紀七俱載吴明徹兵敗事於太建十年二月，周書卷六武帝紀下、北史卷一〇周本紀下武帝紀在同年三月，與太建九年之「來年」正合。

〔二六〕十三年帝崩　「十三年」，疑當作「十四年」。陳書卷五宣帝紀、卷六後主紀俱載宣帝崩於太建十四年正月甲寅，與本書卷二高祖紀下、南史卷一〇陳本紀下宣帝紀、通鑑卷一七五陳紀九合。下文「其後十三年帝崩」同。

〔二七〕十二年二月壬寅　本年二月丁巳朔，無壬寅日。

〔二八〕其後十三年帝崩　「十三年」，疑當作「十四年」。參見本卷校勘記〔二六〕。

〔二九〕辛巳彗星見西南　此句前承太建十二年十二月。按，陳書卷五宣帝紀、南史卷一〇陳本紀下宣帝紀俱載太建十三年十二月初六辛巳彗星見，「辛巳」上當奪「十三年十二月」六字，下文稱「明年帝崩」，恰與太建十四年正月宣帝崩相契合。參見本卷校勘記〔二六〕。

〔三〇〕二月壬辰　「壬辰」，原作「壬申」，據北齊書卷四文宣帝紀改。本月乙亥朔，有壬辰，無壬申。

〔三一〕廢帝乾明元年三月甲午熒惑入軒轅　「三月」，疑是「二月」之誤。本年三月壬子朔，無甲午日。據劉次沅考證，二月十二日甲午，火星入軒轅。

〔三二〕其年十月壬申冀州刺史平秦王高歸彥反　「十月」，疑是「七月」之誤。本年十月丁酉朔，無壬申日。北史卷八齊本紀下武成帝紀繫高歸彥反事在河清元年七月，與通鑑卷一六八陳紀二文帝天嘉三年合。

〔三三〕又其二年殺太原王紹德　「二年」，疑是「元年」之誤。據本書卷二三五行志下，事在河清元年，與北史卷八齊本紀下武成帝紀、通鑑卷一六八陳紀二文帝天嘉三年合。

〔三四〕十月丙午天西北頻有赤氣　本年十月戊辰朔，無丙午日。

〔三五〕三年五月誅右丞相咸陽王斛律明月　「右丞相」，北史卷八齊本紀下後主紀、北齊書卷一七斛律金傳附斛律光傳作「左丞相」。按，據後主紀上文，二年十一月「癸酉，以右丞相斛律光爲左丞相」。當作「左丞相」。

〔三六〕四年七月誅蘭陵王長恭　「七月」，疑應作「五月」。北史卷八齊本紀下後主紀、卷五二蘭陵王長恭傳、通鑑卷一七一陳紀五宣帝太建五年俱載，誅蘭陵王在武平四年五月。

〔三七〕其年誅右丞相斛律明月明年誅蘭陵王長恭後年誅右僕射崔季舒　此處所列諸事繫年均有誤。按本卷上文，斛律明月誅於武平三年，非四年；蘭陵王長恭誅於武平四年，非四年之「明年」。又，據北史卷八齊本紀下後主紀、通鑑卷一七一陳紀五宣帝太建五年，崔季舒誅於武平四年十月，亦非四年之「後年」。

〔三八〕辛亥熒惑犯東井北端第二星　此句前承周閔帝元年五月癸卯。按，周書卷三孝閔帝紀繫其事在本年七月辛亥，據劉次沅考證，與天象合。「辛亥」前應奪「七月」二字。

〔三九〕「明帝二年三月甲午」至「其月皇后獨孤氏崩」　「皇后」，宋甲本、至順本作「王后」，周書卷四明帝紀同。又，周書卷四明帝紀，熒惑入軒轅在二年四月庚午，獨孤后崩在同月甲戌。北史卷九周本紀上明帝紀、通鑑卷一六七陳紀一武帝永定二年均記獨孤后崩於四月甲戌。周書卷九皇后明帝獨孤皇后傳亦載：「二年正月，立爲王后。四月，崩，葬昭陵。」「其月」疑是「四月」之誤。

〔四〇〕六月庚子填星犯井鉞與太白并　此句前承明帝二年三月。本年六月癸亥朔，無庚子日。據劉次沅考證，其事應在明年即武成元年六月十五庚子。「六月」上應補「武成元年」。

〔四一〕必有重德致天下　「有」，宋甲本作「以」，文意較長。

〔四二〕九月己酉月犯心中星相去一寸　周書卷五武帝紀上繫其事在七月己酉。據劉次沅考證，九月己酉與所載天象不合，建德元年七月初九己酉，月犯心中星，相距一寸。周書是，「九月」當作「七月」。

〔四三〕六月丙辰月犯心中後二星　周書卷五武帝紀上繫其事在六月甲辰。據劉次沅考證，六月丙辰與所載天象不合，建德二年六月初十甲辰，月犯心中後二星。周書是，「丙辰」當作「甲辰」。

〔四四〕十一月壬子太白掩填星在尾　「壬子」，疑是「壬午」之誤。本年十一月癸亥朔，無壬子。據劉次沅考證，本月二十日壬午，金星掩土星，在尾。

〔四五〕「五年十月庚戌」至「六年二月皇太子巡撫西土仍討吐谷渾」　「六年」疑應作「五年」。按，下文稱「至六年正月，平齊」，兩「六年」重出。周書卷六武帝紀下、通鑑卷一七二陳紀六宣帝太建八年均記皇太子贇巡撫西土事在建德五年二月辛酉。説見張森楷校勘記。又，周太子討吐谷渾之事，是上文「五年十月庚戌，熒惑犯太微西蕃上將星」的徵應，其事既發生在五年二月，則此處「五年十月庚戌」疑亦有誤。

〔四六〕六年四月　「六」，原作「七」，據宋甲本改。按，七年三月壬辰，改建德七年爲宣政元年，不得四月仍稱七年。

〔四七〕其明年五月帝總戎北伐後年武帝崩　「後年」，疑是「後月」之誤。按，此句前承周武帝建德六年十二月，「明年」即宣政元年。周書卷六武帝紀下，宣政元年「五月己丑，帝總戎北伐。

（中略）六月丁酉，帝疾甚，還京。其夜，崩於乘輿。時年三十六。」周書卷七宣帝紀：「宣政元年六月丁酉，高祖崩。」

〔四八〕七年辛丑月犯心前星　「七年」，疑是「七月」之誤。按，此句前承宣政元年六月，周書卷七宣帝紀，宣政元年「秋七月辛丑，月犯心前星」。

〔四九〕有彗星孛于虛危及奎婁　「虛危及奎婁」，本書卷二高祖紀下、北史卷一一隋本紀上文帝紀作「角亢」。

〔五〇〕日無光有死王　「有」，汲本作「主」。

〔唐〕魏徵 等撰

點校本
二十四史
修訂本

隋書

第三册
卷二二至卷三一

中華書局

2020 年 11 月北京第 1 版　2020 年 11 月北京第 1 次印刷
ISBN 978-7-101-14826-8

隋書卷二十二

志第十七

五行上

易以八卦定吉凶，則庖犧所以稱聖也。書以九疇論休咎，則大禹所以爲明也。春秋以災祥驗行事，則仲尼所以垂法也。天道以星象示廢興，則甘、石所以先知也。是以祥符之兆可得而言，妖訛之占所以徵驗。夫神則陰陽不測，天則欲人遷善。均乎影響，殊致同歸。漢時有伏生、董仲舒、京房、劉向之倫，能言災異，顧眄六經，有足觀者。劉向曰：「君道得則和氣應，休徵生。君道違則乖氣應，咎徵發。」夫天有七曜，地有五行。五事愆違則天地見異，況於日月星辰乎？況於水火金木土乎？若梁武之降號伽藍，齊文宣之盤遊市里，陳則蔣山之鳥呼曰「奈何」，周則陽武之魚乘空而鬬，隋則鵲巢黼帳，火炎門闕，豈唯天道，亦曰人妖，則祥眚呈形，于何不至？亦有脱略政教，張羅鐏糈，崇信巫史，重增愆罰。昔懷王事神而秦兵逾進，萇弘尚鬼而諸侯不來。性者，生之靜也；欲者，心之使也。置情攸往，引類同歸。雀乳於空城之側，鷮飛于鼎耳之上。短長之制，既曰由人；黔隧崇山，同車共軫。必有神道，裁成倚伏。一則以爲殃釁，一則以爲休徵。故曰，德勝不祥而義厭不惠。是以聖王常由德義消伏災咎也。

洪範五行傳曰：「木者東方，威儀容貌也。古者聖王垂則，天子穆穆，諸侯皇皇。登輿則有鸞和之節，降車則有佩玉之度，田狩則有三驅之制，飲食則有享獻之禮。無事不出境。此容貌動作之得節，所以順木氣也。如人君違時令，失威儀，田獵馳騁，不反宮室，飲食沉湎，不顧禮制，縱欲恣睢，出入無度，多繇役以奪人時，增賦税以奪人財，則木不曲直。」

齊後主武平五年，鄴城東青桐樹，有如人狀。京房易傳曰：「王德衰，下人將起，則有木生爲人狀。」是時後主怠於國政，耽荒酒色，威儀不肅，馳騁無度，大發繇役，盛脩宮室，後二歲而亡。木不曲直之効也。

七年，宮中有樹，大數圍，夜半無故自拔。齊以木德王，無故自拔，亡國之應也。其年，齊亡。

開皇八年四月，幽州人家以白楊木懸竈上，積十餘年，忽生三條，皆長三尺餘，甚鮮茂。仁壽二年春，盩厔人以楊木爲屋梁，生三條，長二尺。京房易傳曰：「妃后有顓，木仆反立，斷枯復生。」獨孤后專恣之應也。

仁壽元年十月，蘭州楊樹上松生，高三尺，六節十二枝。宋志曰：「松不改柯易葉，楊者危脆之木，此永久之業，將集危亡之地也。」是時帝惑讒言，幽廢冢嫡，初立晉王爲皇太子。天戒若曰，皇太子不勝任，永久之業，將致危亡。帝不悟。及帝崩，太子立，是爲煬帝，竟以亡國。

仁壽四年八月，河間柳樹無故枯落，既而花葉復生。京房易飛候曰：「木再榮，國有大喪。」是歲，宮車晏駕。

洪範五行傳曰：「金者西方，萬物既成，殺氣之始也。古之王者，興師動衆，建立旗鼓，以誅殘賊，禁暴虐，安天下，殺伐必應義，以順金氣。如人君樂侵陵，好攻戰，貪城邑之賂，以輕百姓之命，人皆不安，外内騷動，則金不從革。」

陳禎明二年五月，東冶鐵鑄，有物赤色，大如斗，自天墜鎔所，隆隆有聲，鐵飛破屋而四散，燒人家。時後主與隋雖結和好，遣兵度江，掩襲城鎮，將士勞敝，府藏空竭。東冶者，陳人鑄兵之所。鐵飛爲變者，金不從革之應。天戒若曰，陳國小而兵弱，當以和好爲固，無鑄兵而黷武，以害百姓。後主不悟，又遣僞將陳紀、任蠻奴、蕭摩訶數寇江北，百姓不堪其役。及隋師度江，而二將降款，卒以滅亡。

洪範五行傳曰：「火者南方，陽光爲明也。人君向南，蓋取象也。昔者聖帝明王，負扆攝袂，南面而聽斷天下。攬海内之雄俊，積之於朝，以續聰明，推邪佞之僞臣，投之于野，以通壅塞，以順火氣。夫不明之君，惑於讒口，白黑雜揉，代相是非，衆邪並進，人君疑惑。棄法律，間骨肉，殺太子，逐功臣，以孽代宗，則火失其性。」

梁天監元年五月，有盜入南、北掖，燒神武門總章觀。時帝初即位，而火燒觀闕，不祥之甚也。既而太子薨，皇孫不得立。及帝暮年，惑於朱异之口，果有侯景之亂，宮室多被焚燒。天誡所以先見也。

普通二年五月，琬琰殿火，延燒後宮三千餘間。中大通元年，朱雀航華表災。明年，同泰寺災。大同三年，朱雀門災。水沴火也。是時帝崇尚佛道，宗廟牲牷，皆以麪代之。又委萬乘之重，數詣同泰寺，捨身爲奴，令王公已下贖之。初陽爲不許，後爲嘿許，方始還宮。天誡若曰，梁武爲國主，不遵先王之法，而淫於佛道，橫多糜費，將使其社稷不得血食也。天數見變，而帝不悟，後竟以亡。及江陵之敗，闔城爲賤隸焉，即捨身爲奴之應也。

陳永定三年，重雲殿災。

東魏天平二年十一月，閶闔門災。是時齊神武作宰，而大野拔斬樊子鵠，以州來降，神武聽讒而殺之。司空元暉業免〔一〕。逐功臣大臣之罰也。

武定五年八月，廣宗郡火，燒數千家。

後齊後主天統三年，九龍殿災，延燒西廊。四年，昭陽、宣光、瑤華三殿災，延燒龍舟。是時讒言任用，正士道消，祖孝徵作歌謠，斛律明月以誅死。讒夫昌，邪勝正之應也。京房易傳曰：「君不思道，厥妖火燒宮。」

開皇十四年，將祠泰山，令使者致石像神祠之所。未至數里，野火欻起，燒像碎如小塊。時帝頗信讒言，猜阻骨肉，滕王瓚失志而死，創業功臣，多被夷滅，故天見變，而帝不悟，其後太子勇竟被廢戮。

大業十二年，顯陽門災，舊名廣陽，則帝之姓名也。國門之崇顯，號令之所由出也。時帝不遵法度，驕奢荒怠，裴蘊、虞世基之徒，阿諛順旨，掩塞聰明，宇文述以讒邪顯進，忠諫者咸被誅戮。天戒若曰，信讒害忠，則除「廣陽」也。

洪範五行傳曰：「水者，北方之藏，氣至陰也。宗廟者，祭祀之象也。故天子親耕以供粢盛，王后親蠶以供祭服，敬之至也。發號施令，十二月咸得其氣，則水氣順。如人君簡宗廟，不禱祀，逆天時，則水不潤下。」

梁天監二年六月，太末、信安、安豐三縣大水〔一〕。春秋考異郵曰：「陰盛臣逆人悲，則水出河決。」是時江州刺史陳伯之、益州刺史劉季連舉兵反叛，師旅數興，百姓愁怨，臣逆人悲之應也。

六年八月，建康大水，濤上御道七尺。七年五月，建康又大水。是時數興師旅，以拒魏軍。十二年四月，建康大水。是時大發卒築浮山堰，以遏淮水，勞役連年，百姓悲怨之應也。

中大通五年五月，建康大水，御道通舡。京房易飛候曰：「大水至國，賤人將貴。」蕭棟、侯景僭稱尊號之應也。

後齊河清二年十二月，兗、趙、魏三州大水。天統三年，并州汾水溢。讖曰：「水者純陰之精。陰氣洋溢者，小人專制。」是時和士開、元文遥、趙彦深專任之應也。

武平六年八月，山東諸州大水。京房易飛候曰：「小人踊躍，無所畏忌，陰不制於陽，則涌水出。」是時羣小用事，邪佞滿朝。閹豎嬖倖，伶人封王。此其所以應也。

開皇十八年，河南八州大水。是時獨孤皇后干預政事，濫殺宮人，放黜宰相。楊素頗專。水陰氣，臣妾盛强之應也。

仁壽二年，河南、河北諸州大水。京房易傳曰：「顓事有智，誅罰絶理，則厥災水。」亦由帝用刑嚴急，臣下有小過，帝或親臨斬決，又先是柱國史萬歲以忤旨被戮，誅罰絶理之應也。

大業三年，河南大水，漂没三十餘郡。帝嗣位已來，未親郊廟之禮，簡宗廟，廢祭祀之應也。

洪範五行傳曰：「土者中央，爲内事。宮室臺榭，夫婦親屬也。古者，自天子至于士，宮室寢居，大小有差，高卑異等，骨肉有恩。故明王賢君，脩宮室之制，謹夫婦之别，加親戚之恩，敬父兄之禮，則中氣和。人君肆心縱意，大爲宮室，高爲臺榭，雕文刻鏤，以疲人力，淫泆無别，妻妾過度，犯親戚，侮父兄，中氣亂，則稼穡不成。」

齊後主武平四年，山東饑。是時，大興土木之功於仙都苑。又起宮於邯鄲，窮侈極麗。後宮侍御千餘人，皆寶衣玉食。逆中氣之咎也。

煬帝大業五年，燕、代、齊、魯諸郡饑。先是建立東都，制度崇侈。又宗室諸王，多遠徙邊郡。

洪範五行傳曰：「貌之不恭，是謂不肅，則下不敬。陰氣勝，故厥咎狂，厥罰常雨，厥極惡。時則有服妖，時則有龜孽，有雞禍，有下體生上體之痾，有青眚青祥。惟金沴木。」

貌不恭

侯景僭即尊號，升圓丘，行不能正履，有識者知其不免。景尋敗。

梁元帝既平侯景，破蕭紀，而有驕矜之色。性又沉猜，由是臣下離貳。即位三年而爲西魏所陷，帝竟不得其死。

陳後主每祀郊廟，必稱疾不行。建寧令章華上奏諫曰：「拜三妃以臨軒，祀宗廟而稱疾，非祇肅之道。」後主怒而斬之。又引江總、孔範等内宴，無復尊卑之序，號爲狎客，專以詩酒爲娱，不恤國政。祕書監傅縡上書諫曰：「人君者，恭事上帝，子愛下人，省嗜慾，遠邪佞，未明求衣，日旰忘食，是以澤被區宇，慶流子孫。陛下頃來，酒色過度，不虔郊廟大神，專媚淫昏之鬼。小人在側，宦豎擅權，惡誠直如仇讎，視時人如草芥。後宮曳羅綺，厩馬餘菽粟，百姓流離，轉屍蔽野。神怒人怨，衆叛親離。臣恐東南王氣，自斯而盡。」後主不聽，驕恣日甚。未幾而國滅。

陳司空侯安都，自以有安社稷之功，驕矜日甚，每侍宴酒酣，輒箕踞而坐。嘗謂文帝曰：「何如作臨川王時？」又借華林園水殿，與妻妾賓客，置酒於其上，帝甚惡之。後竟誅死。

東魏武定五年，後齊文襄帝時爲世子，屬神武帝崩，秘不發喪，朝魏帝於鄴。魏帝宴之，文襄起儛。及嗣位，又朝魏帝於鄴，侍宴而惰。有識者知文襄之不免。後果爲盜所害。

神武時，司徒高昂嘗詣相府，將直入門，門者止之。昂怒，引弓射門者，神武不之罪。尋爲西魏所殺。

後齊後主爲周師所迫，至鄴集兵。斛律孝卿勸後主親勞將士，宜流涕慷慨，以感激之，人當自奮。孝卿授之以辭，後主然之。及對衆，嘿無所言，因赧然大笑，左右皆哂。將士怒曰：「身尚如此，吾輩何急！」由是皆無戰心，俄爲周師所虜。

煬帝自負才學，每驕天下之士。嘗謂侍臣曰：「天下當謂朕承藉餘緒而有四海耶？設令朕與士大夫高選，亦當爲天子矣。」謂當世之賢，皆所不逮。書云：「謂人莫己若者亡。」帝自矜己以輕天下，能不亡乎？帝又言習吳音，其後竟終於江都，此亦魯襄公終於楚宮之類也。

常雨水

梁天監七年七月，雨，至十月乃霽。洪範五行傳曰：「陰氣强積，然後生水雨之災。」時武帝頻年興師，是歲又大舉北伐，諸軍頗捷，而士卒罷敝，百姓怨望，陰氣畜積之應也。

陳太建十二年八月，大雨霪霖。時始興王叔陵驕恣，陰氣盛强之應也。明年，宣帝崩，後主立。叔陵刺後主於喪次。宮人救之，僅而獲免。叔陵出閤，就東府作亂。後主令蕭摩訶破之，死者千數。

東魏武定五年秋，大雨七十餘日，元瑾、劉思逸謀殺後齊文襄之應也。

後齊河清三年六月庚子，大雨，晝夜不息，至甲辰。山東大水，人多餓死。是歲，突厥寇并州，陰戎作梗，此其應也。

天統三年十月，積陰大雨。胡太后淫亂之所感也。

武平七年七月，大霖雨，水澇，人户流亡。是時駱提婆、韓長鸞等用事，小人專政之罰也。

後周建德三年七月，霖雨三旬。時衞刺王直潛謀逆亂。屬帝幸雲陽宮，以其徒襲肅章門，尉遲運逆拒破之。其日雨霽。

大雨雪

梁普通二年三月，大雪，平地三尺。洪範五行傳曰：「庶徵之常，雨也，然尤甚焉。雨，陰也；雪，又陰畜積甚盛也。皆妾不妾、臣不臣之應。」時義州刺史文僧朗以州叛於魏，臣不臣之應也。

大同三年七月，青州雪，害苗稼。是時交州刺史李賁舉兵反，僭尊號，置百官，擊之不能克。

十年十二月，大雪，平地三尺。是時邵陵王綸、湘東王繹、武陵王紀並權侔人主，頗爲驕恣，皇太子甚惡之，帝不能抑損。上天見變，帝又不悟。及侯景之亂，諸王各擁强兵，外有赴援之名，內無勤王之實，委棄君父，自相屠滅，國竟以亡。

東魏興和二年五月，大雪。時後齊神武作宰，發卒十餘萬築鄴城，百姓怨思之徵也。

武定四年二月，大雪，人畜凍死，道路相望。時後齊霸政，而步落稽舉兵反，寇亂數州，人多死亡。

後齊河清二年二月〔三〕，大雪連雨，南北千餘里，平地數尺，繁霜晝下。是時突厥木杆可汗與周師入并州〔四〕，殺掠吏人，不可勝紀。

天統二年十一月，大雪；三年正月，又大雪，平地二尺；武平三年正月，又大雪。是時馮淑妃、陸令萱內制朝政，陰氣盛積，故天變屢見，雷雨不時。

陳太建元年七月，大雨，震萬安陵華表，又震慧日寺刹，瓦官寺重閣門下一女子震死。京房易飛候曰：「雷雨霹靂丘陵者，逆先人令，爲火殺人者，人君用讒言殺正人。」時蔡景歷以奸邪任用，右僕射陸繕以讒毀獲譴，發病而死。

十年三月，震武庫。時帝好兵，頻年北伐，內外虛竭，將士勞敝。既克淮南，又進圖彭、汴，毛喜切諫，不納。由是吳明徹諸軍皆没，遂失淮南之地。武庫者，兵器之所聚也，而震之，天戒若曰，宜戢兵以安百姓。帝不悟，又大興軍旅。其年六月，又震太皇寺刹、莊嚴寺露槃、重陽閣東樓、鴻臚府門。太皇、莊嚴二寺，陳國奉佛之所，重陽閣每所遊宴，鴻臚賓客禮儀之所在，而同歲震者，天戒若曰，國威已喪，不務脩德，後必有恃佛道，耽宴樂，棄禮儀而亡國者。陳之君臣竟不悟。至後主之代，災異屢起，懼而於太皇寺捨身爲奴，以祈冥助，不恤國政，耽酒色，棄禮法，不脩鄰好，以取敗亡。

齊武平元年夏，震丞相段孝先南門柱。京房易傳曰：「震擊貴臣門及屋者，不出三年，佞臣被誅。」後歲，和士開被戮。

木冰

東魏武定四年冬，天雨木冰。洪範五行傳曰：「陰之盛而凝滯也。木者少陽，貴臣象也。將有害，則陰氣脅木，木先寒，故得雨而冰襲之。木冰一名介，介者兵之象也。」時司徒侯景制河南，及神武不豫，文襄懼其爲亂而徵之，景因舉兵反。豫州刺史高元成、襄州刺史李密、廣州刺史暴顯並爲景所執辱，貴臣有害之應也。其後左僕射慕容紹宗與景戰於渦陽，俘斬五萬。

後齊天保二年，雨木冰三日。初，清河王岳爲高歸彥所譖，是歲以憂死。武平元年冬，雨木冰；明年二月，又木冰。時録尚書事和士開專政。其年七月，太保、琅邪王儼矯詔殺之。領軍大將軍庫狄伏連、尚書右僕射馮子琮，並坐儼賜死。九月，儼亦遇害。

六年、七年，頻歲春冬木冰。其年周師入晉陽，因平鄴都。後主走青州，貴臣死散，州郡被兵者不可勝數。

大雨雹

梁中大通元年四月，大雨雹。洪範五行傳曰：「雹，陰脅陽之象也。」時帝數捨身爲奴，拘信佛法，爲沙門所制。

陳太建二年六月，大雨雹；十年四月，又大雨雹；十三年九月，又雨雹。時始興王叔陵驕恣，陰結死士，圖爲不逞，帝又寵遇之，故天三見變。帝不悟。及帝崩，叔陵果爲亂逆。

服妖

後齊婁后卧疾，寢衣無故自舉。俄而后崩。

文宣帝末年，衣錦綺，傅粉黛，數爲胡服，微行市里。粉黛者，婦人之飾，陽爲陰事，君變爲臣之象也。及帝崩，太子嗣位，被廢爲濟南王。又齊氏出自陰山，胡服者，將反初服也。錦綵非帝王之法服，微服者布衣之事，齊亡之効也。

後主好令宮人以白越布折額，狀如髽幗；又爲白蓋。此二者，喪禍之服也。後主果爲周武帝所滅，父子同時被害。

武平時，後主於苑内作貧兒村，親衣襤褸之服而行乞其間，以爲笑樂。多令人服烏衣，以相執縛。後主果爲周所敗，被虜於長安而死，妃后窮困，至以賣燭爲業。

後周大象元年，服冕二十有四旒，車服旗鼓，皆以二十四爲節。侍衞之官，服五色，雜以紅紫。令天下車以大木爲輪，不施輻。朝士不得佩綬，婦人墨粧黄眉。又造下帳，如送終之具，令五皇后各居其一，實宗廟祭器於前，帝親讀版而祭之。又將五輅載婦人，身率左右步從。又倒懸鷄及碎瓦於車上，觀其作聲，以爲笑樂。皆服妖也。帝尋暴崩，而政由於隋，周之法度，皆悉改易。

開皇中，房陵王勇之在東宮，及宜陽公王世積家，婦人所服領巾製同槊幡軍幟。婦人爲陰，臣象也，而服兵幟，臣有兵禍之應矣。勇竟而遇害，世積坐伏誅。

雞禍

開皇中，有人上書，言頻歲已來，雞鳴不鼓翅，類腋下有物而妨之，翮不得舉，肘腋之臣，當爲變矣。書奏不省。京房易飛候曰：「雞鳴不鼓翅，國有大害。」其後大臣多被夷滅，諸王廢黜，太子幽廢。

大業初，天下雞多夜鳴。京房易飛候曰：「雞夜鳴，急令。」又云：「昏而鳴，百姓有事；人定鳴，多戰；夜半鳴，流血漫漫。」及中年已後，軍國多務，用度不足，於是急令暴賦，責成守宰，百姓不聊生矣，各起而爲盜，戰爭不息，屍骸被野。

龜孽

開皇中，掖庭宮每夜有人來挑宮人。宮司以聞。帝曰：「門衞甚嚴，人何從而入。當是妖精耳。」因戒宮人曰：「若逢，但斫之。」其後有物如人，夜來登牀，宮人抽刀斫之，若中枯骨。其物落牀而走，宮人逐之，因入池而沒。明日，帝令涸池，得一龜，徑尺餘，其上有刀迹。殺之，遂絕。龜者水居而靈，陰謀之象，晉王諂媚宮掖求嗣之應云。

青眚青祥

陳禎明二年四月，羣鼠無數，自蔡洲岸入石頭淮，至青塘兩岸。數日死，隨流出江。近青祥也。京房易飛候曰：「鼠無故羣居不穴衆聚者，其君死。」未幾而國亡。

金沴木

陳天嘉六年秋七月，儀賢堂無故自壓，近金沴木也。時帝盛脩宮室，起顯德等五殿，稱爲壯麗，百姓失業，故木失其性也。儀賢堂者，禮賢尚齒之謂，無故自壓，天戒若曰，帝好奢侈，不能用賢使能，何用虛名也。帝不悟，明年竟崩。

禎明元年六月，宮內水殿若有刀鋸斫伐之聲，其殿因無故而倒。七月，朱雀航又無故自沉。時後主盛脩園囿，不虔宗廟。水殿者，遊宴之所，朱雀航者，國門之大路，而無故自壞。天戒若曰，宮室毀，津路絶。後主不悟，竟爲隋所滅，宮廟爲墟。

後齊孝昭帝將誅楊愔，乘車向省，入東門，幰竿無故自折。帝甚惡之，歲餘而崩。

河清三年，長廣郡廳事梁忽剥若人狀，太守惡而削去之，明日復然。長廣，帝本封也；木爲變，不祥之兆。其年帝崩。

武平七年秋，穆后將如晉陽，向北宮辭胡太后。至宮內門，所乘七寶車無故陷入於地，牛没四足。是歲齊滅，后被虜於長安。

後周建德六年，青城門無故自崩。青者東方色，春宮之象也。時皇太子無威儀禮節，青城門無故自崩者，皇太子不勝任之應。帝不悟。明年太子嗣位，果爲無道。周室危亡，實自此始。

大業中，齊王暕於東都起第，新構寢堂，其栿無故而折。時上無太子，天下皆以暕次當立，公卿屬望。暕遂驕恣，呼術者令相，又爲厭勝之事。堂栿無故自折，木失其性，奸謀之應也。天見變以戒之，暕不悟，後竟得罪於帝。

洪範五行傳曰：「言之不從，是謂不乂。厥咎僭，厥罰常暘〔五〕，厥極憂。時則有詩妖，時則有毛蟲之孽，時則有犬禍。故有口舌之痾，有白眚白祥。惟木沴金。」

言不從

梁武陵王紀僭即帝位，建元曰天正。永豐侯蕭撝曰：「王不克矣。昔桓玄年號大亨，有識者以爲『二月了』，而玄之敗，實在仲春。今曰天正，正之爲文『一止』，其能久乎！」果一年而敗。

後齊文宣帝時，太子殷當冠，詔令邢子才爲制字。子才字之曰正道。帝曰：「正，一止也。吾兒其替乎？」子才請改，帝不許，曰：「天也。」因顧謂常山王演曰：「奪時任汝，慎無殺也。」及帝崩，太子嗣位，常山果廢之而自立。殷尋見害。

武成帝時，左僕射和士開言於帝曰：「自古帝王，盡爲灰土，堯舜、桀紂，竟亦何異。陛下宜及少壯，恣意歡樂，一日可以當千年，無爲自勤約也。」帝悦其言，彌加淫侈。士開既導帝以非道，身又擅權，竟爲御史中丞所殺。

武平中，陳人寇彭城，後主發言憂懼，侍中韓長鸞進曰：「縱失河南，猶得爲龜茲國子。淮南今没，何足多慮。人生幾何時，但爲樂，不須憂也。」帝甚悦，遂耽荒酒色，不以天下爲虞。未幾，爲周所滅。

武平七年，後主爲周師所敗，走至鄴，自稱太上皇，傳位於太子恒，改元隆化。時人離合其字曰「降死」。竟降周而死。

周武帝改元爲宣政，梁主蕭巋離合其字爲「宇文亡日」。其年六月，帝崩。宣帝在東宫時，不脩法度，武帝數撻之。及嗣位，摸其痕而大罵曰：「死晚也。」年又改元爲大象，蕭巋又離合其字曰「天子冢」。明年而帝崩。

開皇初，梁主蕭琮改元爲廣運〔六〕。江陵父老相謂曰：「運之爲字，軍走也。吾君當爲軍所走乎？」其後琮朝京師而被拘留不反，其叔父巖掠居人以叛，梁國遂廢。

文帝名皇太子曰勇，晉王曰英，秦王曰俊，蜀王曰秀。開皇初，有人上書曰：「勇者一夫之用。又千人之秀爲英，萬人之秀爲俊。斯乃布衣之美稱，非帝王之嘉名也。」帝不省。

時人呼楊姓多爲嬴者。或言於上曰：「楊英反爲嬴殃。」帝聞而不懌，遽改之。其後勇、俊、秀皆被廢黜，煬帝嗣位，終失天下，卒爲楊氏之殃。

煬帝即位，號年曰大業。識者惡之，曰：「於字離合爲『大苦未』也〔七〕。」尋而天下喪亂，率土遭荼炭之酷焉。

煬帝常從容謂祕書郎虞世南曰：「我性不欲人諫。若位望通顯而來諫我，以求當世之名者，彌所不耐。至於卑賤之士，雖少寬假，然卒不置之於地。汝其知之！」時議者以爲古先哲王之馭天下也，明四目，達四聰，懸敢諫之鼓，立書謗之木，以開言者之路，猶恐忠言之不至。由是澤敷四海，慶流子孫。而帝惡直言，讎諫士，其能久乎！竟逢殺逆。

旱

梁天監元年，大旱，米斗五千，人多餓死。洪範五行傳曰：「君持亢陽之節，興師動衆，勞人過度，以起城邑，不顧百姓，臣下悲怨。然而心不能從，故陽氣盛而失度，陰氣沉而不附。陽氣盛，旱災應也。」初帝起兵襄陽，破張沖，敗陳伯之，及平建康，前後連戰，百姓勞弊，及即位後，復與魏交兵不止之應也。

陳太建十二年春，不雨至四月。先是周師掠淮北，始興王叔陵等諸軍敗績，淮北之地皆没於周，蓋其應也。

東魏天平四年，并、肆、汾、建、晉、絳、秦、陝等諸州大旱，人多流散。是歲，齊神武與西魏戰於沙苑，敗績，死者數萬。

東魏武定二年冬春旱。先是西魏師入洛陽，神武親帥軍大戰於芒山，死者數萬。

後齊天保九年夏，大旱。先是大發卒築長城四百餘里，勞役之應也。

乾明元年春，旱。先是發卒數十萬築金鳳、聖應、崇光三臺，窮極侈麗，不恤百姓，亢陽之應也。

河清二年四月，并、晉已西五州旱。是歲，發卒築軹關。突厥二十萬衆毁長城，寇恒州。

後主天統二年春，旱。是時大發卒〔八〕，起大明宮。

開皇四年已後，京師頻旱。時遷都龍首，建立宮室，百姓勞敝，亢陽之應也。

大業四年，燕、代緣邊諸郡旱。時發卒百餘萬築長城，帝親巡塞表，百姓失業，道殣相望。

八年，天下旱，百姓流亡。時發四海兵，帝親征高麗，六軍凍餒，死者十八九。

十三年，天下大旱。時郡縣鄉邑，悉遣築城，發男女，無少長，皆就役。

詩妖

梁天監三年六月八日，武帝講於重雲殿，沙門誌公忽然起儛歌樂，須臾悲泣，因賦五言詩曰：「樂哉三十餘，悲哉五十裏！ 但看八十三，子地妖災起。 佞臣作欺妄，賊臣滅君子。 若不信吾語，龍時侯賊起。 且至馬中間，銜悲不見喜。」梁自天監至于大同，三十餘年，江表無事。 至太清二年，臺城陷，帝享國四十八年，所言五十裏也。 太清元年八月十三，而侯景自懸瓠來降，在丹陽之北，子地。 帝惑朱异之言以納景。 景之作亂，始自戊辰之歲。 至午年，帝憂崩。 十年四月八日，誌公於大會中又作詩曰：「兀尾狗子始著狂，欲死不死齧人傷，須臾之間自滅亡。 患在汝陰死三湘，橫尸一旦無人藏。」侯景小字狗子。 初自懸瓠來降，懸瓠則古之汝南也。 巴陵南有地名三湘，即景奔敗之所。

天監中，茅山隱士陶弘景爲五言詩曰：「夷甫任散誕，平叔坐談空。 不意昭陽殿，忽作單于宮。」及大同之季，公卿唯以談玄爲務。 夷甫、平叔，朝賢也。 侯景作亂，遂居昭陽殿。

大同中，童謠曰：「青絲白馬壽陽來。」其後侯景破丹陽，乘白馬，以青絲爲羈勒。

陳初，有童謠曰：「黃班青驄馬，發自壽陽涘。 來時冬氣末，去日春風始。」其後陳主果爲韓擒所敗。 擒本名擒獸，黃班之謂也。 破建康之始，復乘青驄馬，往反時節皆相應。

陳時，江南盛歌王獻之桃葉之詞曰：「桃葉復桃葉，度江不用檝，但度無所苦，我自迎接汝。」晉王伐陳之始，置營桃葉山下，及韓擒度江，大將任蠻奴至新林以導北軍之應。陳後主造齊雲觀，國人歌之曰：「齊雲觀，寇來無際畔。」功未畢，而爲隋師所虜。禎明初，後主作新歌，詞甚哀怨，令後宫美人習而歌之。其辭曰：「玉樹後庭花，花開不復久。」時人以歌讖，此其不久兆也。

齊神武始移都于鄴，時有童謠云：「可憐青雀子，飛入鄴城裏。作窠猶未成，舉頭失鄉里。寄書與婦母，好看新婦子。」魏孝靜帝者，清河王之子也。后則神武之女。鄴都宫室未備，即逢禪代，作窠未成之効也。孝靜尋崩，文宣以后爲太原長公主，降於楊愔。時婁后尚在，故言寄書於婦母。新婦子，斥后也。

武定中，有童謠云：「百尺高竿摧折，水底燃燈澄滅。」高者，齊姓也。澄，文襄名。五年，神武崩，摧折之應。七年，文襄遇盜所害，澄滅之徵也。

天保中，陸法和入國，書其屋壁曰：「十年天子爲尚可，百日天子急如火，周年天子迭代坐。」時文宣帝享國十年而崩，廢帝嗣立百餘日，用替厥位，孝昭即位一年而崩。此其効也。

武平元年，童謠曰：「狐截尾，你欲除我我除你。」其年四月，隴東王胡長仁謀遣刺客殺和士開，事露，返爲士開所譖死。

二年，童謠曰：「和士開，七月三十日，將你向南臺。」小兒唱訖，一時拍手云：「殺却。」至七月二十五日，御史中丞、琅邪王儼執士開，送於南臺而斬之。是歲，又有童謠曰：「七月刈禾傷早，九月喫餻正好。十月洗蕩飯瓮，十一月出却趙老。」七月士開被誅，九月琅邪王遇害，十一月趙彦深出爲西兗州刺史。

武平末，童謠曰：「黄花勢欲落，清鐏但滿酌。」時穆后母子淫僻，干預朝政，時人患之。穆后小字黄花，尋逢齊亡，欲落之應也。

鄴中又有童謠曰：「金作掃帚玉作把，淨掃殿屋迎西家。」未幾，周師入鄴。

周初有童謠曰：「白楊樹頭金雞鳴，祇有阿舅無外甥。」靜帝隋氏之甥，既遜位而崩，諸舅强盛。

周宣帝與宮人夜中連臂蹋蹀而歌曰：「自知身命促，把燭夜行遊。」帝即位三年而崩〔九〕。

開皇十年，高祖幸并州，宴秦孝王及王子相。帝爲四言詩曰：「紅顔詎幾，玉貌須臾。一朝花落，白髮難除。明年後歲，誰有誰無。」明年而子相卒，十八年而秦孝王薨。

大業十一年，煬帝自京師如東都，至長樂宮，飲酒大醉，因賦五言詩。其卒章曰：「徒有歸飛心，無復因風力。」令美人再三吟詠，帝泣下霑襟，侍御者莫不歔欷。帝因幸江都，復作五言詩曰：「求歸不得去，真成遭箇春。鳥聲爭勸酒，梅花笑殺人。」帝以三月被弑，即遭春之應也。是年盜賊蜂起，道路隔絶，帝懼，遂無還心。帝復夢二豎子歌曰：「住亦死，去亦死。未若乘船度江水。」由是築宫丹陽，將居焉〔一〇〕。功未就而帝被殺。

大業中，童謡曰：「桃李子，鴻鵠遶陽山，宛轉花林裏。莫浪語，誰道許。」其後李密坐楊玄感之逆，爲吏所拘，在路逃叛。潛結羣盜，自陽城山而來，襲破洛口倉，後復屯兵苑内。莫浪語，密也。宇文化及自號許國，尋亦破滅。誰道許者，蓋驚疑之辭也。

毛蟲之孽

梁武帝中大同元年，邵陵王綸在南徐州卧内，方晝，有狸鬭於櫚上，墮而獲之。太清中，遇侯景之亂，將兵援臺城。至鍾山，有蟄熊無何至，齧綸所乘馬。毛蟲之孽也。綸尋爲王僧辯所敗，亡至南陽，爲西魏所殺。

中大同中，每夜狐鳴闕下，數年乃止。京房易飛候曰：「野獸羣鳴，邑中且空虚。」俄而國亂，丹陽死喪略盡。

陳禎明初，狐入牀下，捕之不獲。京房易飛候曰：「狐入君室，室不居。」未幾而國滅。

東魏武定三年九月，豹入鄴城南門，格殺之。五年八月，豹又上銅爵臺。京房易飛候曰：「野獸入邑，及至朝廷若道，上官府門，有大害，君亡。」是歲，東魏師敗於玉壁，神武遇疾崩。

後齊武平二年，有兔出廟社之中。京房易飛候曰：「兔入王室，其君亡。」案廟者，祖宗之神室也。後五歲，周師入鄴，後主東奔。

武平末，并、肆諸州多狼而食人。洪範五行傳曰：「狼貪暴之獸，大體以白色爲主，兵之表也。又似犬，近犬禍也。」京房易傳曰：「君將無道，害將及人，去之深山以全身。厥妖狼食人。」時帝任用小人，競爲貪暴，殘賊人物，食人之應。尋爲周軍所滅，兵之象也。

武平中，朔州府門外，無何有小兒脚跡，又擁土爲城雉之狀，時人怪而察之，乃狐媚所爲，漸流至并、鄴。與武定三年同占。是歲，南安王思好起兵於北朔，直指并州，爲官軍所敗。鄭子饒、羊法暠等復亂山東。

犬禍

後齊天保四年，鄴中及頓丘，並有犬與女子交。洪範五行傳曰：「異類不當交而交，誖亂之氣。犬交人爲犬禍。」犬禍者，亢陽失衆之應也。時帝不恤國政，恩澤不流於其國。

後主時，犬爲開府儀同，雌者有夫人郡君之號，給兵以奉養，食以粱肉，藉以茵蓐。天奪其心，爵加於犬，近犬禍也。天意若曰，卿士皆類犬。後主不悟，遂以取滅。

後周保定三年，有犬生子，腰已後分爲兩身，二尾六足。犬猛畜而有爪牙，將士之象也。時宇文護與侯伏侯龍恩等，有謀懷貳。犬體後分，此其應也。

大業元年，雁門百姓間犬多去其主，羣聚於野，形頓變如狼而噉噬行人，數年而止。五行傳曰：「犬，守禦者也，而今去其主，臣下不附之象。形變如狼，狼色白，爲主兵之應也。」其後帝窮兵黷武，勞役不息。天戒若曰，無爲勞役，守禦之臣將叛而爲害。帝不悟，遂起長城之役。續有西域、遼東之舉，天下怨叛。及江都之變，並宿衞之臣也。

白眚白祥

梁大同二年，地生白毛，長二尺，近白祥也。孫盛以爲勞人之異。先是大發卒築浮山堰，功費鉅億，功垂就而復潰者，數矣。百姓厭役，吁嗟滿道。

齊河清元年九月，滄州及長城之下〔一三〕，地多生毛，或白或黑，長四五寸，近白祥也。時北築長城，內興三臺，人苦勞役。

開皇六年七月，京師雨毛，如髮尾。長者三尺餘，短者六七寸。京房易飛候曰：「天雨毛，其國大飢。」是時關中旱，米粟涌貴。

後齊天統初，岱山封禪壇玉璧自出，近白祥也。岱山，王者易姓告代之所，玉璧所用幣。而自出，將有易姓者用幣之象。其後齊亡，地入于周，及高祖受周禪，天下一統，焚柴太山告祠之應也。

武平三年，白水巖下青石壁傍，有文曰：「齊亡走。」人改之爲「上延」，後主以爲嘉瑞，百寮畢賀。後周師入國，後主果棄鄴而走。

開皇十七年，石隕於武安、滏陽間十餘。洪範五行傳曰：「石自高隕者，君將有危殆也。」後七載，帝崩。

開皇末，高祖於宮中埋二小石於地，以誌置牀之所。未幾，變爲玉。劉向曰：「玉者至貴也。賤將爲貴之象。」及大業末，盜皆僭名號。

大業十三年，西平郡有石，文曰：「天子立千年。」百寮稱賀。有識者尤之曰：「千年萬歲者，身後之意也。今稱立千年者，禍在非遠。」明年而帝被殺。

木沴金

梁大同十二年，曲阿建陵隧口石騏驎動。木沴金也。動者，遷移之象。天戒若曰，園陵無主，石驎將爲人所徙也。後竟國亡。

後齊河清四年，殿上石自起，兩兩相擊。眭孟以爲石陰類，下人象，殿上石自起者，左右親人離叛之應。及周師東伐，寵臣尉相願、乞扶貴和兄弟、韓建業之徒，皆叛入周。

梁大同十二年正月，送辟邪二于建陵。左雙角者至陵所。右獨角者，將引，於車上振躍者三，車兩轅俱折。因換車。未至陵二里，又躍者三，每一振則車側人莫不聳奮，去地三四尺，車輪陷入土三寸。木沴金也。劉向曰：「失衆心，令不行，言不從，以亂金氣也。石爲陰，臣象也。臣將爲變之應。」梁武暮年，不以政事爲意，君臣唯講佛經、談玄而已。朝綱紊亂，令不行，言不從之咎也。其後果致侯景之亂。

周建德元年，濮陽郡有石像，郡官令載向府，將刮取金。在道自躍投地，如此者再。乃以大繩縛著車壁，又絶繩而下。時帝既滅齊，又事淮南，征伐不息，百姓疲敝，失衆心之應也。

校勘記

〔一〕司空元暉業免　「元暉業」，原作「元暉」，據魏書卷一二孝靜帝紀、北史卷五魏本紀東魏孝靜帝紀補。元暉業，濟陰王小新成後裔，北史卷一七有傳。

〔二〕太末信安安豐三縣大水　「安豐」，梁書卷三武帝紀中作「豐安」，疑是。梁書稱「東陽、信安、豐安三縣水潦」，據南齊書卷一四州郡志上，豐安屬揚州東陽郡，安豐屬豫州安豐郡。

〔三〕後齊河清二年二月　「二月」，疑當作「十二月」。北史卷八齊本紀下武成帝紀、通鑑卷一六九陳紀三文帝天嘉四年，並繫其事於是年十二月。

〔四〕木杆可汗與周師入并州　「木杆可汗」，原作「木杵可汗」，據宋甲本、汲本改。

〔五〕厥罰常暘　「暘」，原作「陽」，據宋甲本改。

〔六〕梁主蕭琮改元爲廣運　「主」，原作「王」，據本書卷一高祖紀上開皇七年、卷二三五行志下改。通考卷三一〇物異考一六流言亦稱蕭琮爲「梁主」。按，周書卷四八蕭詧傳，自西魏恭帝元年于謹平江陵，立蕭詧爲梁主，稱皇帝、建年號，歷蕭巋、蕭琮不改。

〔七〕大若未　北監本、汲本、殿本作「大苦來」，南監本作「大若者」。汲本「苦來」下夾注稱：「宋本作『若未』，雍本作『若者』。」册府卷一五帝王部年號作「大苦未」。

〔八〕是時大發卒　「時」，至順本作「歲」。

〔九〕帝即位三年而崩　「三」，原作「二」，據汲本改。按，周宣帝以宣政元年即位，大象二年去世。

〔一〇〕由是築宮丹陽將居焉　「宮」，原作「居」，據宋甲本改。

〔一一〕滄州　原作「滄洲」，據至順本、汲本改。御覽卷八八〇咎徵部七地生毛引隋書亦作「滄州」。

隋書卷二十三

志第十八

五行下

洪範五行傳曰：「視之不明，是謂不知。厥咎舒，厥罰常燠，厥極疾。時則有草妖，時則有羽蟲之孽。故有羊禍，故有目疾，有赤眚赤祥。惟水沴火。」

常燠

後齊天保八年三月，大熱，人或暍死。劉向五行傳曰：「視不明，用近習，賢者不進，不肖不退，百職廢壞，庶事不從，其過在政教舒緩。」時帝狂躁、荒淫無度之應。

草妖

高祖時，上黨有人，宅後每夜有人呼聲，求之不得。去宅一里所，但見人參一本，枝葉峻茂。因掘去之，其根五尺餘，具體人狀，呼聲遂絶。蓋草妖也。視不明之咎。時晉王陰有奪宗之計，諂事親要，以求聲譽。譖皇太子，高祖惑之。人參不當言，有物憑之。上黨，黨，與也。親要之人，乃黨晉王而譖太子。高祖不悟，聽邪言，廢無辜，有罪用〔一〕，因此而亂也。

羽蟲之孽

梁中大同元年，邵陵王綸在南徐州，坐聽事。有野鳥如戴數百，飛屋梁上，彈射不中。俄頃失所在。京房易飛候曰：「野鳥入君室，其邑虚，君亡之他方。」後綸爲湘東王所襲，竟致奔亡，爲西魏所殺。

侯景在梁，將受錫命，陳備物於庭。有野鳥如山鵲，赤觜，集於册書之上，鵂鶹鳴於殿。與中大同元年同占。景尋敗，將亡入海中，爲羊鵾所殺。

陳後主時，蔣山有衆鳥，鼓翼而鳴曰：「奈何帝。」京房易飛候曰：「鳥鳴門闕，如人音，邑且亡。」蔣山，吳之望也。鳥於上鳴，吳空虚之象。及陳亡，建康爲墟。又陳未亡時，有一足鳥，集于殿庭，以觜畫地成文，曰：「獨足上高臺，盛草變成灰。」獨足者，叔寶獨行無衆之應。盛草成灰者，陳政蕪穢，被隋火德所焚除也。叔寶至長安，館於都水臺上，高臺之義也。

後齊孝昭帝，即位之後，有雉飛上御座。占同中大同元年。又有鳥止於後園，其色赤，形似鴨而有九頭。其年帝崩。

天統三年九月，萬春鳥集仙都苑。京房易飛候曰：「非常之鳥，來宿於邑中，邑有兵。」周師入鄴之應也。

武成胡后，生後主初，有梟升后帳而鳴。梟不孝之鳥，不祥之應也。後主嗣位，胡后淫亂事彰，遂幽后於北宮焉。

武平七年，有鸛巢太極殿，又巢并州嘉陽殿。雉集晉陽宮御座，獲之。京房易飛候曰：「鳥無故巢居君門及殿屋上，邑且虛。」其年國滅。

周大象二年二月，有禿鶖集洛陽宮太極殿。其年帝崩，後宮常虛。

開皇初，梁主蕭琮新起後，有鵂鳥集其帳隅。未幾，琮入朝，被留於長安。梁國遂廢。

大業末，京師宮室中，恒有鴻雁之類無數，翔集其間。俄而長安不守。

十三年十一月，烏鵲巢帝帳幄，驅不能止。帝尋逢弑。

羊禍

開皇十二年六月，繁昌楊悦，見雲中二物，如羝羊，黃色，大如新生犬，鬬而墜。悦獲其一，數旬失所在。近羊禍也。洪範五行傳曰：「君不明，逆火政之所致也。」狀如新生犬者，羔類也。雲體掩蔽，邪佞之象。羊，國姓。羔，羊子也。皇太子勇，既升儲貳，晉王陰毁而被廢黜。二羔鬬，一羔墜之應也。

恭帝義寧二年，麟遊太守司馬武，獻羊羔，生而無尾。時議者以爲楊氏子孫無後之象。是歲，煬帝被殺於江都，恭帝遜位。

赤眚赤祥

梁天監十五年七月，荆州市殺人而身不僵，首墮于地，動口張目，血如竹箭，直上丈餘，然後如雨細下。是歲荆州大旱。近赤祥，冤氣之應。

陳太建十四年三月，御座幄上見一物，如車輪，色正赤。尋而帝患，無故大叫數聲而崩。

至德三年十二月，有赤物隕于太極殿前，初下時，鐘皆鳴。又嘗進白飲，忽變爲血。又有血霑殿階，瀝瀝然至御榻。尋而國滅。

後齊河清二年，太原雨血。劉向曰：「血者陰之精，傷害之象。僵尸之類也。」明年，周師與突厥入并州，大戰城西，伏屍百餘里。京房易飛候曰：「天雨血染衣，國亡君戮。」亦後主亡國之應。

四年三月，有物隕於殿庭，色赤，形如數斗器，衆星隨者如小鈴。四月，婁太后崩。

武平中，有血點地，自咸陽王斛律明月宅，而至于太廟。大將，社稷之臣也，後主以讒言殺之。天戒若曰，殺明月，則宗廟隨而覆矣。後主不悟，國祚竟絕。

洪範五行傳曰：「聽之不聰，是謂不謀。厥咎急，厥罰寒，厥極貧。時則有鼓妖，有魚孽，有彘禍，有黑眚黑祥，惟火沴水。」

寒

東魏武定四年二月，大寒。人畜凍死者，相望於道。京房易飛候曰：「誅過深，當燠而寒。」是時後齊神武作相。先是尒朱文暢等謀害神武，事泄伏誅，諸與交通者，多有濫死。

河清元年，歲大寒。京房易傳曰：「有德遭險，茲謂逆命。厥異寒。」讖曰：「殺無罪，其寒必異。」是時，帝淫於文宣李后，因生子，后愧恨，不舉之。帝大怒，於后前殺其子太原王紹德。后大哭，帝倮后而撻殺之，投于水中，良久乃蘇。寃酷之應。

梁天監三年三月，六年三月，並隕霜殺草。京房易傳曰：「興兵妄誅，謂亡法，厥罰霜。」是時，大發卒，拒魏軍於鍾離，連兵數歲。

大同三年六月，朐山隕霜。

陳太建十年八月，隕霜，殺稻菽。是時，大興師選衆，遣將吴明徹，與周師相拒於吕梁。

鼓妖

梁天監四年十一月，天清朗，西南有電光，有雷聲二。易曰：「鼓之以雷霆。」霆近鼓妖。洪範五行傳曰：「雷霆託於雲，猶君之託於人也。君不恤於天下，故兆人有怨叛之心也。」是歲，交州刺史李凱舉兵反。

十九年九月，西北隱隱有聲如雷，赤氣下至地。是歲，盜殺東莞、琅邪二郡守，以朐山引魏軍。

中大通六年十二月，西南有聲如雷。其年北梁州刺史蘭欽舉兵反。

陳太建二年十二月，西北有聲如雷。其年湘州刺史華皎舉兵反。

齊天保四年四月，西南有聲如雷。是時，帝不恤天下，興師旅。

後周建德六年正月，西方有聲如雷。未幾，吐谷渾寇邊。

開皇十四年正月旦，廓州連雲山，有聲如雷。是時五羌反叛，侵擾邊鎮。二十年，無雲而雷。京房易飛候曰：「國將易君，下人不静，小人先命。國凶，有兵甲。」後數歲，帝崩，漢王諒舉兵反。徙其黨數十萬家。

大業中，滏陽石鼓頻歲鳴。其後，天下大亂，兵戎並起。

魚孽

梁大同十年三月，帝幸朱方，至四塹中，及玄武湖，魚皆驤首見於上，若望乘輿者。帝入宮而沒。洪範五行傳曰：「魚陰類也，下人象。又有鱗甲，兵之應也。」下人將舉兵圍宮，而睥睨乘輿之象也。後果有侯景之亂。

齊武平七年〔二〕，相州鸕鶿泊，魚盡飛去而水涸。洪範五行傳曰：「急之所致。魚陰類，下人象也。」晏子曰：「河伯以水爲國，以魚爲百姓。」水涸魚飛，國亡人散之象。明年而國亡。

後周大象元年六月，陽武有鯉魚乘空而鬭。猶臣下興起，小人從之而鬭也。明年帝崩，國失政。尉迥起兵相州，高祖遣兵擊敗之。

開皇十七年，大興城西南四里，有袁村，設佛會。有老翁，皓首，白裙襦衣，來食而去。衆莫識，追而觀之，行二里許，不復見。但有一陂，中有白魚，長丈餘，小魚從者無數。人爭射之，或弓折弦斷。後竟中之，剖其腹，得秔飯，始知此魚向老翁也。後數日，漕渠暴溢，射人皆溺死。

大業十二年，淮陽郡驅人入子城，鑿斷羅郎郭〔三〕。至女垣之下，有穴，其中得鯉魚，長七尺餘。昔魏嘉平四年，魚集武庫屋上。王肅以爲魚生於水，而亢於屋，水之物失其所也，邊將殆棄甲之變。後果有東關之敗〔四〕。是時，長白山賊，寇掠河南，月餘，賊至城下。郡兵拒之，反爲所敗，男女死者萬餘人。

蟲妖

梁大同初，大蝗，籬門松柏葉皆盡。洪範五行傳曰：「介蟲之孽也。」與魚同占。京房易飛候曰：「食祿不益聖化，天視以蟲。蟲無益於人而食萬物也。」是時公卿皆以虛澹爲美，不親職事，無益食物之應也。

後齊天保八年，河北六州、河南十二州蝗。畿人皆祭之。帝問魏尹丞崔叔瓚曰：「何故蟲？」叔瓚對曰：「五行志云：『土功不時則蝗蟲爲災。』今外築長城，内脩三臺，故致災也。」帝大怒，毆其頰，擢其髮，溷中物塗其頭。役者不止。九年，山東又蝗，十年，幽州大蝗。洪範五行傳曰：「刑罰暴虐，貪饕不厭，興師動衆，取城脩邑，而失衆心，則蟲爲災。」是時帝用刑暴虐，勞役不止之應也。

後周建德二年，關中大蝗。

開皇十六年，并州蝗。時秦孝王俊裒刻百姓，盛脩邸第。後竟獲譴而死。

𧈅禍

開皇末，渭南有沙門三人，行投陁法於人場圃之上。夜見大豕來詣其所，小豕從者十餘，謂沙門曰：「阿練，我欲得賢聖道，然猶負他一命。」言罷而去。賢聖道者，君上之所行也。皇太子勇當嗣業，行君上之道，而被囚廢之象也。一命者，言爲煬帝所殺。

開皇末，渭南有人寄宿他舍，夜中聞二豕對語。其一曰：「歲將盡，阿耶明日殺我供歲。何處避之？」一答曰：「可向水北姊家。」因相隨而去。天將曉，主人覓豕不得，意是宿客而詰之。宿客言狀，主人如其言而得豕。其後蜀王秀得罪，帝將殺之，樂平公主每匡救〔五〕，得全。後數年而帝崩，歲盡之應。

黑眚黑祥

梁承聖三年六月，有黑氣如龍，見于殿内。近黑祥也。黑，周所尚之色。今見於殿内，周師入梁之象。其年，爲周所滅，帝亦遇害。

陳太建五年六月，西北有黑雲屬地，散如豬者十餘。洪範五行傳曰：「當有兵起西北。」時後周將王軌，軍於呂梁。明年，擒吴明徹，軍皆覆没。

火沴水

後齊河清元年四月，河、濟清。襄楷曰：「河，諸侯之象。應濁反清，諸侯將爲天子之象。」是後十餘歲，隋有天下。

大業三年，武陽郡河清，數里鏡澈。十二年，龍門又河清。後二歲，大唐受禪。

陳太建十四年七月，江水赤如血，自建康，西至荆州。禎明中，江水赤，自方州，東至海。洪範五行傳曰：「火沴水也。法嚴刑酷，傷水性也。五行變節，陰陽相干，氣色繆亂，皆敗亂之象也。」京房易占曰：「水化爲血，兵且起。」是時後主初即位，用刑酷暴之應。其後爲隋師所滅。

禎明二年四月，郢州南浦水，黑如墨。黑水在關中，而今淮南水黑，荆、揚州之地，陷於關中之應。

後周大象元年六月，咸陽池水變爲血。與陳太建十四年同占。是時，刑罰嚴急，未幾國亡。

洪範五行傳曰：「思心不容，是謂不聖。厥咎霿，厥罰常風，厥極凶短折。有脂夜之妖，有華孽，有牛禍，有心腹之痾，有黄眚黄祥，木金水火沴土。」

常風

梁天監六年八月戊戌，大風折木。京房易飛候曰：「角日疾風，天下昏。不出三月中，兵必起。」是歲魏軍入鍾離。

承聖三年十一月癸未，帝閲武於南城，北風大急，普天昏闇。洪範五行傳曰：「人君瞀亂之應。」時帝既平侯景，公卿咸勸帝反丹陽，帝不從。又多猜忌，有瞀亂之行，故天變應之以風。是歲爲西魏滅。

陳天嘉六年七月癸未，大風起西南，吹倒靈臺候樓。洪範五行傳，以爲大臣專恣之咎。時太子沖幼，安成王頊專政，帝不時抑損。明年崩，皇太子嗣位，頊遂廢之。太建十二年六月壬戌，大風吹壞皋門中闥。十二年九月，夜又風，發屋拔樹。始興王叔陵專恣之應。

至德中，大風吹倒朱雀門。

禎明二年六月丁巳〔六〕，大風，自西北，激濤水入石頭、淮。是時，後主任司馬申，誅戮忠諫。沈客卿、施文慶，專行邪僻。江總、孔範等，崇長淫縱。杜塞聰明，瞀亂之咎。

後齊河清二年，大風，三旬乃止。時帝初委政佞臣和士開，專恣日甚。天統三年五月，大風，晝晦，發屋拔樹。天變再見，而帝不悟。明年帝崩。後主詔内外表奏，皆先詣士開，然後聞徹。趙郡王叡、馮翊王潤，按士開驕恣，不宜仍居内職，反爲士開所譖，叡竟坐死。士開出入宮掖，生殺在口，尋爲琅邪王儼所誅。

七年三月，大風起西北，發屋拔樹。五日乃止。時高阿那瓌〔七〕、駱提婆等專恣之應。

開皇二十年十一月，京都大風，發屋拔樹，秦、隴壓死者千餘人。地大震，鼓皆應。淨剎寺鐘三鳴，佛殿門鎖自開，銅像自出户外。鐘鼓自鳴者，近鼓妖也。揚雄以爲人君不聰，爲衆所惑，空名得進，則鼓妖見。時獨孤皇后干預政事，左僕射楊素權傾人主。帝聽二人之讒，而黜僕射高熲，廢太子勇爲庶人，晉王釣虚名而見立。思心瞀亂，陰氣盛之象也。鎖及銅像，並金也。金動木震之，水沴金之應。洪範五行傳曰：「失衆心甚之所致也。」高熲、楊勇，無罪而咸廢黜，失衆心也。

仁壽二年，西河有胡人，乘騾在道，忽爲迴風所飄，并一車上千餘尺，乃墜，皆碎焉。京房易傳曰：「衆逆同志，至德乃潛，厥異風。」後二載，漢王諒在并州，潛謀逆亂，車及騾騎之象也。升空而墜，顛隕之應也。天戒若曰，無妄動車騎，終當覆敗，而諒不悟。及高祖崩，諒發兵反，州縣響應，衆至數十萬。月餘而敗。

夜妖

梁承聖二年十月丁卯，大風，晝晦，天地昏暗。近夜妖也。京房易飛候曰：「羽日風，天下昏，人大疾。不然，多寇盜。」三年爲西魏所滅。

陳禎明三年正月朔旦，雲霧晦冥，入鼻辛酸。後主昏昧，近夜妖也。洪範五行傳曰：「王失中，臣下强盛，以蔽君明，則雲陰。」是時北軍臨江，柳莊、任蠻奴並進中款，後主惑佞臣孔範之言，而昏闇不能用，以至覆敗。

東魏武定四年冬，大霧六日，晝夜不解。洪範五行傳曰：「晝而晦冥若夜者，陰侵陽，臣將侵君之象也。」明年，元瑾、劉思逸謀殺大將軍之應。

周大象二年，尉迥敗於相州。坑其黨與數萬人於遊豫園。其處每聞鬼夜哭聲。洪範五行傳曰：「哭者死亡之表，近夜妖也。鬼而夜哭者，將有死亡之應。」京房易飛候曰：「鬼夜哭，國將亡。」明年，周氏王公皆見殺，周室亦亡。

仁壽中，仁壽宮及長城之下，數聞鬼哭。尋而獻后及帝，相次而崩於仁壽宮。

大業八年，楊玄感作亂於東都。尚書樊子蓋，坑其黨與於長夏門外，前後數萬。洎于末年，數聞其處鬼哭，有呻吟之聲。與前同占。其後王世充害越王侗于洛陽。

華孽

後齊武平元年，槐華而不結實。槐，三公之位也，華而不實，萎落之象。至明年，録尚書事和士開伏誅。隴東王胡長仁，太保、琅邪王儼皆遇害。左丞相段韶薨。

陳後主時，有張貴妃、孔貴嬪，並有國色，稱爲妖艷。後主惑之，寵冠宮掖，每充侍從，詩酒爲娱。一入後庭，數旬不出，荒淫侈靡，莫知紀極。府庫空竭，頭會箕斂，天下怨叛，將士離心。敵人鼓行而進，莫有死戰之士。女德之咎也。及敗亡之際，後主與此姬俱投於井，隋師執張貴妃而戮之，以謝江東。洪範五行傳曰：「華者，猶榮華容色之象也。以色亂國，故謂華孽。」

齊後主有寵姬馮小憐，慧而有色，能彈琵琶，尤工歌儛。後主惑之，拜爲淑妃。選綵女數千，爲之羽從，一女之飾，動費千金。帝從禽於三堆，而周師大至，邊吏告急，相望於道。帝欲班師，小憐意不已，更請合圍。帝從之。由是遲留，而晉州遂陷。後與周師相遇於晉州之下，坐小憐而失機者數矣，因而國滅。齊之士庶，至今咎之。

牛禍

梁武陵王紀祭城隍神，將烹牛，忽有赤蛇繞牛口。牛禍也。象類言之，又爲龍蛇之孽。魯宣公三年，郊牛之口傷，時以爲天不享，棄宣公也。五行傳曰：「逆君道傷，故有龍蛇之孽。」是時紀雖以赴援爲名，而實妄自尊亢。思心之咎，神不享，君道傷之應。果爲元帝所敗。

後齊武平二年，并州獻五足牛〔八〕。牛禍也。洪範五行傳曰：「牛事應，宮室之象也。」帝尋大發卒，於仙都苑穿池築山，樓殿間起，窮華極麗。功始就而亡國。

後周建德六年，陽武有獸三，狀如水牛，一黃，一赤，一黑。與黑者鬭久之，黃者自傍觸之，黑者死，黃赤俱入于河。近牛禍也。黑者，周之所尚色。死者，滅亡之象。後數載，周果滅而隋有天下，旗牲尚赤，戎服以黃。

大業初，恒山有牛，四脚膝上，各生一蹄。其後建東都，築長城，開溝洫。

心腹之痾

陳禎明三年，隋師臨江，後主從容而言曰：「齊兵三來，周師再來，無復摧敗。彼何爲者？」都官尚書孔範曰：「長江天塹，古以爲限隔南北。今日北軍豈能飛度耶？臣每患官卑，彼若度來，臣爲太尉矣。」後主大悅，因奏妓縱酒，賦詩不輟。心腹之痾也。存亡之機，定之俄頃，君臣旰食不暇，後主已不知懼，孔範從而蕩之，天奪其心，曷能不敗。陳國遂亡，範亦遠徙。

齊文宣帝，嘗宴於東山，投杯赫怒，下詔西伐，極陳甲兵之盛。既而泣謂羣臣曰：「黑衣非我所制。」卒不行。有識者，以帝精魄已亂，知帝祚之不永。帝後竟得心疾，耽荒酒色，性忽狂暴，數年而崩。

武成帝丁太后憂，緋袍如故。未幾，登三臺，置酒作樂，侍者進白袍，帝大怒，投之臺下。未幾而崩。

黃眚黃祥

梁大同元年，天雨土。二年，天雨灰，其色黃。近黃祥也。京房易飛候曰：「聞善不及，茲謂有知。厥異黃，厥咎聾，厥災不嗣。蔽賢絕道之咎也。」時帝自以爲聰明博達，惡人勝己。又篤信佛法，捨身爲奴，絕道蔽賢之罰也。

大寶元年正月，天雨黃沙。二年，簡文帝夢丸土而呑之。尋爲侯景所廢，以土囊壓之而斃，諸子遇害，不嗣之應也。

陳後主時，夢黃衣人圍城。後主惡之，遶城橘樹，盡伐去之。隋高祖受禪之後，上下通服黃衣。未幾隋師攻圍之應也。

後周大象二年正月，天雨黃土，移時乃息。與大同元年同占。時帝昏狂滋甚，期年而崩，至于靜帝，用遜厥位。絕道不嗣之應也。

開皇二年，京師雨土。是時，帝懲周室諸侯微弱，以亡天下，故分封諸子，並爲行臺，專制方面。失土之故，有土氣之祥，其後諸王各謀爲逆亂。京房易飛候曰：「天雨土，百姓勞苦而無功。」其時營都邑。後起仁壽宮，頹山堙谷，丁匠死者太半。

裸蟲之孽

梁太清元年，丹陽有莫氏妻，生男，眼在頂上，大如兩歲兒。墜地而言曰：「兒是旱疫鬼，不得住。」母曰：「汝當令我得過。」疫鬼曰：「有上官，何得自由。母可急作絳帽，故當無憂。」母不暇作帽，以絳繫髮。自是旱疫者二年，揚、徐、兗、豫尤甚。莫氏鄉鄰，多以絳免，他土効之無驗。

大寶二年，京口人於藏兒，年五歲，登城西南角大樓，打鼓作長江檣。鼓，兵象也。是時侯景亂江南。

陳永定三年，有人長三丈，見羅浮山，通身潔白，衣服楚麗。京房占曰：「長人見，亡。」後二歲，帝崩。

後主爲太子時，有婦人突入東宮而大言曰：「畢國主。」後主立而祚終之應也。

至德三年八月，建康人家婢死，埋之九日而更生。有牧牛人聞而出之。

禎明二年，有船下，忽聞人言曰：「明年亂。」視之，得死嬰兒，長二尺而無頭。明年陳滅。

齊天保中，臨漳有婦人産子，二頭共體。是後政由姦佞，上下無別，兩頭之應也。

後主時，有桑門，貌若狂人，見烏則向之作禮，見沙門則毆辱之。烏，周色也。未幾，齊爲周所吞，滅除佛法。

後周保定三年，有人産子男，陰在背上如尾，兩足指如獸爪。陰不當生於背而生於背者，陰陽反覆，君臣顛倒之象。人足不當有爪而有爪者，將致攫人之變也。是時，晉蕩公宇文護，專擅朝政，征伐自己，陰懷篡逆。天戒若曰，君臣之分已傎矣，將行攫噬之禍。帝見變而悟，遂誅晉公，親萬機，躬節儉，克平齊國，號爲高祖。轉禍爲福之効也。

武帝時，有强練者，佯狂，持一瓠，至晉蕩公護門，而擊破之，曰：「身尚可，子苦矣。」時護專政，因朝太后，帝擊殺之。發兵捕其諸子，皆備楚毒而死。强練又行乞於市，人或遺之粟麥，輒以無底帒受之。因大笑曰：「盛空。」未幾，周滅，高祖移都，長安城爲墟矣。

開皇六年，霍州有老翁，化爲猛獸。

七年，相州有桑門，變爲蛇，尾繞樹而自抽，長二丈許。

仁壽四年，有人長數丈，見於應門〔九〕，其迹長四尺五寸。其年帝崩。

大業元年，雁門人房回安，母年百歲，額上生角，長二寸。洪範五行傳曰：「婦人，陰象也。角，兵象也。下反上之應。」是後天下果大亂，陰戎圍帝於雁門。

四年，雁門宋谷村，有婦人生一肉卵，大如斗，埋之。後數日，所埋處雲霧晝合，從地雷震而上，視之洞穴，失卵所在。

六年，趙郡李來王家婢，産一物，大如卵。

六年正月朔旦，有盜衣白練裙襦，手持香花，自稱彌勒佛出世。入建國門，奪衞士仗，將爲亂。齊王暕遇而斬之。後三年，楊玄感作亂，引兵圍洛陽，戰敗伏誅。

八年，有澄公者，若狂人，於東都大叫唱賊。帝聞而惡之。明年，玄感舉兵，圍洛陽。

十二年，澄公又叫賊。李密逼東都，孟讓燒豐都市而去。

九年，帝在高陽。唐縣人宋子賢，善爲幻術。每夜，樓上有光明，能變作佛形，自稱彌勒出世。又懸大鏡於堂上，紙素上畫爲蛇爲獸及人形。有人來禮謁者，轉側其鏡，遣觀來生形像。或映見紙上蛇形，子賢輒告云：「此罪業也，當更禮念。」又令禮謁，乃轉人形示之。遠近惑信〔一〇〕，日數百千人。遂潛謀作亂，將爲無遮佛會，因舉兵，欲襲擊乘輿。事泄，鷹揚郎將以兵捕之。夜至其所，遶其所居，但見火坑，兵不敢進。郎將曰：「此地素無坑，止妖妄耳。」及進，無復火矣。遂擒斬之，并坐其黨與千餘家。其後復有桑門向海明，於扶風自稱彌勒佛出世，潛謀逆亂。人有歸心者，輒獲吉夢。由是人皆惑之，三輔之士，翕然稱爲大聖。因舉兵反，衆至數萬。官軍擊破之。京房易飛候曰：「妖言動衆者，茲謂不信。路無人行。不出三年，起兵。」自是天下大亂，路無人行。

木金水火沴土

梁天監五年十一月，京師地震，木金水火沴土也。洪範五行傳曰：「臣下盛，將動而爲害。」京房易飛候曰：「地動以冬十一月者，其邑飢亡。」時交州刺史李凱舉兵反。明年，霜，歲儉人飢。

普通三年正月，建康地震〔一一〕。是時，義州刺史文僧朗以州叛。

六年十二月，地震。京房易飛候曰：「地冬動有音，以十二月者，其邑有行兵。」是時，帝令豫章王綜，將兵北伐。

中大通五年正月，建康地震。京房易飛候曰：「地以春動，歲不昌。」是歲，大水，百姓飢饉。

大同三年十一月，建康地震。京房易飛候曰：「地震以十一月，邑有大喪及飢亡。」明年，霜爲災，百姓飢。

三年十月，建康地震。是歲，會稽山賊起。

七年二月，建康地震。是歲，交州人李賁舉兵，逐刺史蕭諮。

九年閏正月，地震。李賁自稱皇帝，署置百官。

太清三年四月，建康地再震。時侯景自爲大丞相、録尚書事，帝所須不給。是月，以憂憤崩。

陳永定二年五月，建康地震。時王琳立蕭莊於郢州。

太建四年十一月，地震。陳寶應反閩中。

禎明元年正月，地震。施文慶、沈客卿專恣之應也。

東魏武定二年十一月，西河地陷而且然。京房易妖占曰：「地自陷，其君亡。」祖晅曰：「火，陽精也。地者，陰主也。地然，越陰之道，行陽之政，臣下擅恣，終以自害。」時後齊神武作宰，而侯景專擅河南。後二歲，神武果崩，景遂作亂，而自取敗亡之應。

後齊河清二年，并州地震。和士開專恣之應。

後周建德二年，涼州地頻震。城郭多壞，地裂出泉。京房易妖占曰：「地分裂，羌夷叛。」時吐谷渾頻寇河西。

開皇十四年五月，京師地震。京房易飛候曰：「地動以夏五月，人流亡。」是歲關中飢，帝令百姓就糧於關東。

仁壽二年四月，岐、雍地震。京房易飛候曰：「地動以夏四月，五穀不熟，人大飢。」

三年，梁州就谷山崩。洪範五行傳曰：「崩散落，背叛不事上之類也。」梁州爲漢地。明年，漢王諒舉兵反。

大業七年，砥柱山崩，壅河，逆流數十里。劉向洪範五行傳曰：「山者，君之象。水者，陰之表。人之類也。天戒若曰，君人擁威重，將崩壞，百姓不得其所。」時帝興遼東之師，百姓不堪其役，四海怨叛。帝不能悟，卒以滅亡。

洪範五行傳曰：「皇之不極，是謂不建。厥咎瞀，厥罰常陰，厥極弱。時則有射妖，則有龍蛇之孽，則有馬禍。」

雲陰

開皇二十年十月，久陰不雨。劉向曰：「王者失中，臣下強盛而蔽君明，則雲陰。」是時，獨孤后遂與楊素，陰譖太子勇，廢爲庶人。

射妖

東魏武定四年，後齊神武作宰，親率諸軍，攻西魏於玉壁。其年十一月，帝不豫，班師。將士震懼，皆曰：「韋孝寬以定功弩射殺丞相。」西魏下令國中曰：「勁弩一發，凶身自殞。」神武聞而惡之，其疾暴增，近射妖也。洪範五行傳曰：「射者，兵戎禍亂之象，氣逆天則禍亂將起。」神武行，殿中將軍曹魏祖諫曰〔二二〕：「王以死氣逆生氣，爲客不利，主人則可。」帝不從，頓軍五旬，頻戰沮衂。又聽孤虛之言，於城北斷汾水，起土山。其處天險千餘尺，功竟不就，死者七萬。氣逆天之咎也。其年帝崩。明年，王思政擾河南。

武平〔二三〕，後主自并州還鄴，至八公嶺，夜與左右歌而行。有一人忽發狂，意後主以爲狐媚，伏草中彎弓而射之。傷數人，幾中後主。後主執而斬之。其人不自覺也。狐而能媚，獸之妖妄也。時帝不恤國政，專與內人閹豎酣歌爲樂。或衣繿縷衣，行乞爲娛。此妖妄之象。人又射之，兵戎禍亂之應也。未幾而國滅。

龍蛇之孽

梁天監二年，北梁州潭中有龍鬭，濆霧數里。龍蛇之孽。洪範五行傳曰：「龍，獸之難害者也。天之類，君之象。天氣害，君道傷，則龍亦害。鬭者兵革之象也。」京房易飛候曰：「衆心不安，厥妖龍鬭。」是時帝初即位，而有陳伯之、劉季連之亂，國内危懼。

普通五年六月，龍鬭于曲阿王陂，因西行，至建陵城，所經之處，樹木皆折開數十丈。與天監二年同占。經建陵而樹木折者，國有兵革之禍，園陵殘毀之象。時帝專以講論爲務，不崇耕戰，將輕而卒惰。君道既傷，故有龍孽之應。帝殊不悟。至太清元年，黎州水中又有龍鬭。波浪涌起，雲霧四合，而見白龍南走，黑龍隨之。其年，侯景以兵來降，帝納之而無備，國人皆懼。俄而難作，帝以憂崩。

大同十年夏，有龍，夜因雷而墮延陵人家井中。明旦視之，大如驢。將以戟刺之，俄見庭中及室中各有大蛇，如數百斛船，家人奔走。洪範五行傳曰：「龍，陽類，貴象也。上則在天，下則在地，不當見庶人邑里室家。井中，幽深之象也，諸侯且有幽執之禍，皇不建之咎也。」後侯景反，果幽殺簡文于酒庫，宗室王侯皆幽死。

陳太建十一年正月，龍見南兗州池中。與梁大同十年同占。未幾，後主嗣位，驕淫荒怠，動不得中。其後竟以國亡，身被幽執。

東魏武定元年〔一四〕，有大蛇見武牢城。是時，北豫州刺史高仲密妻李氏，慧而艷。世子澄悦之，仲密内不自安，遂以武牢叛，陰引西魏，大戰於河陽。神武爲西兵所窘，僅而獲免，死者數千。

後齊天保九年，有龍長七八丈，見齊州大堂。占同大同十年。時常山、長廣二王權重，帝不思抑損。明年帝崩，太子殷嗣立。常山王演，果廢帝爲濟南王，幽而害之。河清元年，龍見濟州浴堂中。占同天保九年。先是平秦王歸彦，受昭帝遺詔，立太子百年爲嗣。而歸彦遂立長廣王湛，是爲武成帝。而廢百年爲樂陵王，竟以幽死。天統四年，貴鄉人伐枯木，得一黄龍，折脚，死於孔中。齊稱木德。龍，君象。木枯龍死，不祥之甚。其年武成崩。

武平三年，龍見邯鄲井中，其氣五色屬天。又見汲郡佛寺涸井中。占同河清元年。後主竟降周，後被誅。

武平七年，并州招遠樓下，有赤蛇與黑蛇鬬，數日，赤蛇死。赤，齊尚色。黑，周尚色。鬬而死，滅亡之象也。後主任用邪佞，與周師連兵於晉州之下。委軍於孽臣高阿那肱，竟啓敵人，皇不建之咎也。後主遂爲周師所虜。

琅邪王儼壞北宫中白馬浮圖，石趙時澄公所建。見白蛇長數丈，迴旋失所在。時儼專誅失中之咎也。見變不知戒，以及於難。

後周建德五年，黑龍墜於亳州而死。龍，君之象。黑，周所尚色。墜而死，不祥之甚。時皇太子不才，帝每以爲慮，直臣王軌、宇文孝伯等，驟請廢立，帝不能用。後二歲，帝崩，太子立，虐殺齊王及孝伯等，因而國亡。

仁壽四年，龍見代州總管府井中。其龍或變爲鐵馬甲士彎弓上射之象。變爲鐵馬，近馬禍也。彎弓上射，又近射妖。諸侯將有兵革之變，以致幽囚也。是時漢王諒潛謀逆亂，故變兵戒之。諒不悟，遂興兵反，事敗，廢爲庶人，幽囚數年而死。

馬禍

侯景僭尊號於江南，每將戰，其所乘白馬，長鳴蹀足者輒勝，垂頭者輒不利。西州之役，馬臥不起，景拜請，且箠之，竟不動。近馬禍也。洪範五行傳曰：「馬者兵象。將有寇戎之事，故馬爲怪。」景因此大敗。

陳太建五年，衡州馬生角。洪範五行傳曰：「馬生角，兵之象，敗亡之表也。」是時宣帝遣吳明徹出師呂梁，與周師拒。連兵數歲，衆軍覆没，明徹竟爲周師所虜。

天保中，廣宗有馬，兩耳間生角，如羊尾。京房易傳曰：「天子親伐，則馬生角。」四年，契丹犯塞，文宣帝親御六軍以擊之。

大業四年，太原厩馬死者太半，帝怒，遣使案問。主者曰：「每夜厩中馬無故自驚，因而致死。」帝令巫者視之。巫者知帝將有遼東之役，因希旨言曰：「先帝令楊素、史萬歲取之，將鬼兵以伐遼東也。」帝大悅，因釋主者。洪範五行傳曰：「逆天氣，故馬多死。」是時，帝每歲巡幸，北事長城，西通且末，國内虛耗，天戒若曰，除廄馬，無事巡幸。帝不悟，遂至亂。

十一年，河南、扶風三郡〔一五〕，並有馬生角，長數寸。與天保初同占。是時，帝頻歲親征高麗。

義寧元年，帝在江都宮，龍廄馬無故而死，旬日，死至數百匹。與大業四年同占。

校勘記

〔一〕有罪用　依上文「聽邪言，廢無辜」文例，疑應作「用有罪」。

〔二〕齊武平七年　「齊」原作「齊神武」。按，「武平」爲齊後主年號，「神武」應爲衍文。洪範政鑒卷二下水行下魚孽「齊神武」作「後齊」，今據删「神武」二字。

〔三〕羅郎郭　「郎」字疑衍，按古稱外城爲羅城或羅郭。

〔四〕東關　原作「東闕」，據三國志卷四魏書三少帝齊王芳紀、宋書卷三三五行志四改。

〔五〕樂平公主　原作「平樂公主」，據太平廣記卷一三九徵應渭南人引廣古今五行記乙正。按，樂平公主見本書卷三七李穆傳附李敏傳、卷五九煬三子齊王暕傳、卷六九王劭傳、周書卷九皇后宣帝楊皇后傳。

〔六〕禎明二年六月丁巳　「二年」，原作「三年」，據陳書卷六後主紀改。按，禎明二年六月戊戌朔，二十日丁巳；三年六月壬戌朔，無丁巳日。

〔七〕高阿那瓌　即高阿那肱。北齊書卷五〇恩倖高阿那肱傳：「雖作『肱』字，世人皆稱爲『瓌』音。」

〔八〕武平二年并州獻五足牛　「二年」，至順本作「三年」；「五足」作「三足」。

〔九〕應門　本書卷二高祖紀下作「雁門」。

〔一〇〕遠近惑信　「惑」，原作「感」，據宋甲本、至順本、汲本、殿本改。

〔一一〕建康地震　「建康」，原作「建寧」，據宋甲本改。

〔一二〕曹魏祖　原作「曹魏」，據北史卷六齊本紀上神武帝紀補。按曹魏祖見本書卷七五儒林何妥傳、北史卷五一齊宗室諸王傳上上洛王思宗傳附高元海傳、卷五四斛律金傳附斛律光傳。

〔一三〕武平　「武平」下不載年份，疑有奪文。洪範政鑒卷一一上皇極上射妖作「武平中」。

〔一四〕東魏武定元年　「武定」，原作「武安」，據北史卷六齊本紀上神武帝紀改。按東魏無武安年號。御覽卷九三三鱗介部五蛇上引後魏書亦作「武定」。

〔一五〕河南扶風三郡　「三郡」上僅列河南、扶風二郡，疑有訛脱。

隋書卷二十四

志第十九

食貨

王者量地以制邑，度地以居人，總土地所生，料山澤之利，式遵行令，敬授人時，農商趣向，各本事業。書稱懋遷有無，言穀貨流通，咸得其所者也。周官太府，掌九貢九賦之法，王之經用，各有等差。所謂取之有道，用之有節，故能養百官之政，勗戰士之功，救天災，服方外，活國安人之大經也。爰自軒、頊，至于堯、舜，皆因其所利而勸之，因其所欲而化之。不奪其時，不窮其力，輕其征，薄其賦，此五帝三皇不易之教也。古語曰：「善爲人者，愛其力而成其財。」若使之不以道，斂之如不及，財盡則怨，力盡則叛。昔禹制九等而康歌興，周人十一而頌聲作。於是東周遷洛，諸侯不軌，魯宣初税畝，鄭産爲丘賦，先王之制，靡有孑遺。秦氏起自西戎，力正天下，驅之以刑罰，棄之以仁恩，以太半之收，長城絶於地脉，以頭會之歛，屯戍窮於嶺外。漢高祖承秦凋敝，十五税一，中元繼武，府廩彌殷。世宗得之，用成雄侈，開邊擊胡，蕭然咸罄。宫宇捫於天漢，巡遊跨於海表，旱歲除道，凶年嘗秫，户口以之減半，盗賊以之公行。於是譎詭賦税，異端俱起，賦及童齔，筭至舡車。光武中興，聿遵前事，成賦單薄，足稱經遠。靈帝開鴻都之牓，通賣官之路，公卿州郡，各有等差。漢之常科，土貢方物，帝又遣先輸中署，名爲導行，天下賄成，人受其敝。自魏、晉二十一帝，宋、齊十有五主，雖用度有衆寡，租賦有重輕，大抵不能傾人産業，道闕政亂。

隋文帝既平江表，天下大同，躬先儉約，以事府帑。開皇十七年，户口滋盛，中外倉庫，無不盈積。所有賚給，不踰經費，京司帑屋既充，積於廊廡之下，高祖遂停此年正賦，以賜黎元。煬皇嗣守鴻基，國家殷富，雅愛宏玩，肆情方騁，初造東都，窮諸巨麗。帝昔居藩翰，親平江左，兼以梁、陳曲折，以就規摹。曾雉踰芒，浮橋跨洛，金門象闕，咸竦飛觀，頽巖塞川，構成雲綺，移嶺樹以爲林藪，包芒山以爲苑囿。長城御河，不計於人力，運驢武馬，指期於百姓，天下死於役而家傷於財。既而一討渾庭，三駕遼澤，天子親伐，師兵大舉，飛糧輓秣，水陸交至。疆埸之所傾敗，勞敝之所殂殞，雖復太半不歸，而每年興發，比屋良家之子，多赴於邊陲，分離哭泣之聲，連響於州縣。老弱耕稼，不足以救飢餒，婦工紡績，不足以贍資裝。九區之內，鑾和歲動，從行宮掖，常十萬人，所有供須，皆仰州縣。租賦之外，一切徵斂，趣以周備，不顧元元，吏因割剥，盜其太半。遐方珍膳，必登庖厨，翔禽毛羽，用爲玩飾，買以供官，千倍其價。人愁不堪，離棄室宇，長吏叩扉而達曙，猛犬迎吠而終夕。自燕、趙跨於齊、韓，江、淮入於襄、鄧，東周洛邑之地，西秦隴山之右，僭僞交侵，盜賊充斥。宫觀鞠爲茂草，鄉亭絶其煙火，人相啖食，十而四五。關中癘疫，炎旱傷稼，代王開永豐之粟，以振飢人，去倉數百里，老幼雲集。吏在貪殘，官無攸次，咸資鏹貨，動移旬月，頓卧墟野，欲返不能，死人如積，不可勝計。雖復皇王撫運，天禄有終，而隋氏之亡，亦由於此。

馬遷爲平準書，班固述食貨志，上下數千載，損益粗舉。自此史官曾無概見。夫厥初生人，食貨爲本。聖王割廬井以業之，通貨財以富之。富而教之，仁義以之興，貧而爲盜，刑罰不能止。故爲食貨志，用編前書之末云。

晉自中原喪亂，元帝寓居江左，百姓之自拔南奔者，並謂之「僑人」。皆取舊壤之名，僑立郡縣，往往散居，無有土著。而江南之俗，火耕水耨，土地卑濕，無有蓄積之資。諸蠻陬俚洞，霑沐王化者，各隨輕重，收其賧物，以裨國用。又嶺外酋帥，因生口翡翠明珠犀象之饒，雄於鄉曲者，朝廷多因而署之，以收其利。歷宋、齊、梁、陳，皆因而不改。其軍國所須雜物，隨土所出，臨時折課市取，乃無恒法定令。列州郡縣，制其任土所出，以爲徵賦。其無貫之人，不樂州縣編户者，謂之「浮浪人」，樂輸亦無定數，任量准所輸，終優於正課焉。

都下人多爲諸王公貴人左右、佃客、典計、衣食客之類，皆無課役。官品第一第二，佃客無過四十户，第三品三十五户，第四品三十户，第五品二十五户，第六品二十户，第七品十五户，第八品十户，第九品五户。其佃穀，皆與大家量分。其典計，官品第一第二置三人，第三第四置二人，第五第六及公府參軍、殿中監、監軍、長史、司馬、部曲督、關外侯、材官、議郎已上一人，皆通在佃客數中。官品第六已上，并得衣食客三人，第七第八二人，第九品及轝輦、跡禽、前驅、由基强弩司馬、羽林郎、殿中冗從武賁、殿中武賁、持椎斧武騎武賁、持鈒冗從武賁、命中武賁武騎一人。客皆注家籍。

其課，丁男調布絹各二丈，絲三兩，綿八兩，禄絹八尺，禄綿三兩二分，租米五石，禄米二石。丁女並半之。男女年十六已上至六十，爲丁。男年十六，亦半課，年十八正課，六十六免課。女以嫁者爲丁，若在室者，年二十乃爲丁。其男丁，每歲役不過二十日。又率十八人出一運丁役之。其田，畝税米二斗。蓋大率如此。其度量，斗則三斗當今一斗，稱則三兩當今一兩，尺則一尺二寸當今一尺。

其倉，京都有龍首倉，即石頭津倉也，臺城内倉、南塘倉、常平倉、東西太倉、東宮倉，所貯總不過五十餘萬。在外有豫章倉、釣磯倉、錢塘倉，並是大貯備之處。自餘諸州郡臺傳，亦各有倉。大抵自侯景之亂，國用常褊。京官文武，月别唯得廩食〔一〕，多遥帶一郡縣官而取其禄秩焉。揚、徐等大州，比令、僕班。寧、桂等小州，比參軍班。丹陽、吴郡、會稽等郡，同太子詹事、尚書班。高涼、晉康等小郡，三班而已。大縣六班，小縣兩轉方至一班。品第既殊，不可委載〔二〕。州郡縣禄米絹布絲綿，當處輸臺傳倉庫。若給刺史守令等，先准其所部文武人物多少，由敕而裁。凡如此禄秩，既通所部兵士給之，其家所得蓋少。諸王諸主，出閤就第婚冠所須，及衣裳服飾，并酒米魚鮭香油紙燭等，並官給之。王及主婿外禄者，不給。解任還京，仍亦公給云。

魏自永安之後，政道陵夷，寇亂實繁，農商失業。官有征伐〔三〕，皆權調於人，猶不足以相資奉，乃令所在迭相糾發，百姓愁怨，無復聊生。尋而六鎮擾亂，相率内徙，寓食於齊、晉之郊。齊神武因之，以成大業。魏武西遷，連年戰爭，河、洛之間，又並空竭。天平元年，遷都於鄴，出粟一百三十萬石，以振貧人。是時六坊之衆，從武帝而西者，不能萬人，餘皆北徙，並給常廩，春秋二時賜帛，以供衣服之費。常調之外，逐豐稔之處，折絹糴粟，以充國儲。於諸州緣河津濟，皆官倉貯積，以擬漕運。於滄、瀛、幽、青四州之境，傍海置鹽官，以煮鹽，每歲收錢，軍國之資，得以周贍。自是之後，倉廩充實，雖有水旱凶饑之處，皆仰開倉以振之。元象、興和之中，頻歲大穰，穀斛至九錢。是時法網寬弛，百姓多離舊居，闕於徭賦。神武乃命孫騰、高隆之，分括無籍之户，得六十餘萬。於是僑居者各勒還本屬，是後租調之入有加焉。及文襄嗣業，侯景背叛，河南之地，困於兵革。尋而侯景亂梁，乃命行臺辛術，略有淮南之地。其新附州郡，羈縻輕稅而已。

及文宣受禪，多所創革。六坊之內徙者，更加簡練，每一人必當百人，任其臨陣必死，然後取之，謂之百保鮮卑。又簡華人之勇力絶倫者，謂之勇士〔四〕，以備邊要。始立九等之户，富者稅其錢，貧者役其力。北興長城之役，南有金陵之戰。其後南征諸將，頻歲陷没，士馬死者，以數十萬計。重以脩創臺殿，所役甚廣。而帝刑罰酷濫，吏道因而成姦，豪黨兼并，户口益多隱漏。舊制，未娶者輸半牀租調，陽翟一郡，户至數萬，籍多無妻。有司劾之，帝以爲生事。由是姦欺尤甚，户口租調，十亡六七。

是時用度轉廣，賜與無節，府藏之積，不足以供。乃減百官之祿，撤軍人常廩，併省州郡縣鎮戍之職。又制刺史守宰行兼者，並不給幹，以節國之費用焉。天保八年，議徙冀、定、瀛無田之人，謂之樂遷，於幽州范陽寬鄉以處之，百姓驚擾。屬以頻歲不熟，米糴踊貴矣。

廢帝乾明中，尚書左丞蘇珍芝〔五〕，議脩石鼈等屯，歲收數萬石。自是淮南軍防，糧廪充足。孝昭皇建中，平州刺史嵇曄建議，開幽州督亢舊陂，長城左右營屯，歲收稻粟數十萬石，北境得以周贍。又於河内置懷義等屯，以給河南之費。自是稍止轉輸之勞。

至河清三年定令，乃命人居十家爲比鄰，五十家爲閭里，百家爲族黨。男子十八以上，六十五已下爲丁；十六已上，十七已下爲中；六十六已上爲老；十五已下爲小。率以十八受田，輸租調，二十充兵，六十免力役，六十六退田，免租調。

京城四面，諸坊之外三十里内爲公田。受公田者，三縣代遷户執事官一品已下，逮于羽林、武賁，各有差。其外畿郡，華人官第一品已下，羽林、武賁已上，各有差。職事及百姓請墾田者，名爲永業田〔六〕。奴婢受田者，親王止三百人；嗣王止二百人；第二品嗣王已下及庶姓王，止一百五十人；正三品已上及皇宗，止一百人；七品已上，限止八十人；八品已下至庶人，限止六十人。奴婢限外不給田者，皆不輸。其方百里外及州人，一夫受露田八十畝，婦四十畝。奴婢依良人，限數與在京百官同。丁牛一頭，受田六十畝，限止四牛〔七〕。又每丁給永業二十畝爲桑田，其中種桑五十根、榆三根、棗五根，不在還受之限。非此田者，悉入還受之分。土不宜桑者，給麻田，如桑田法。

率人一牀，調絹一疋，綿八兩，凡十斤綿中，折一斤作絲，墾租二石，義租五斗。奴婢各准良人之半。牛調二尺，墾租一斗，義租五升。墾租送臺，義租納郡以備水旱。墾租皆依貧富爲三梟。其賦税常調，則少者直出上户，中者及中户，多者及下户。上梟輸遠處，中梟輸次遠，下梟輸當州倉。三年一校焉。租入臺者，五百里内輸粟，五百里外輸米。入州鎮者，輸粟。人欲輸錢者，准上絹收錢。諸州郡皆别置富人倉。初立之日，准所領中下户口數，得支一年之糧，逐當州穀價賤時，斟量割當年義租充入。穀貴，下價糶之；賤則還用所糴之物，依價糴貯。

每歲春月，各依鄉土早晚，課人農桑〔八〕。自春及秋，男子十五已上〔九〕，皆布田畝〔一〇〕。桑蠶之月，婦女十五已上，皆營蠶桑。孟冬，刺史聽審邦教之優劣，定殿最之科品。人有人力無牛，或有牛無力者，須令相便，皆得納種。使地無遺利，人無遊手焉。緣邊城守之地，堪墾食者，皆營屯田，置都使、子使以統之。一子使當田五十頃，歲終考其所入，以論褒貶。

是時頻歲大水，州郡多遇沉溺，穀價騰踊。朝廷遣使開倉，從貴價以糶之，而百姓無益，飢饉尤甚。重以疾疫相乘，死者十四五焉。

至天統中〔一一〕，又毀東宮，造脩文、偃武隆基，嬪嬙諸院起玳瑁樓。又於遊豫園穿池，周以列館，中起三山，構臺，以象滄海，并大修佛寺，勞役鉅萬計。財用不給，乃減朝士之祿，斷諸曹糧膳，及九州軍人常賜以供之。武平之後，權幸並進，賜與無限，加之旱蝗，國用轉屈。乃料境內六等富人，調令出錢。而給事黃門侍郎顏之推奏請立關市邸店之稅，開府鄧長顒贊成之，後主大悅。於是以其所入，以供御府聲色之費，軍國之用不豫焉。未幾而亡。

後周太祖作相，創制六官。載師掌任土之法，辨夫家田里之數，會六畜車乘之稽，審賦役斂弛之節，制畿疆修廣之域，頒施惠之要，審牧產之政。司均掌田里之政令。凡人口十已上，宅五畝；口七已上〔一二〕，宅四畝；口五已下，宅三畝〔一三〕。有室者，田百四十畝，丁者田百畝。司賦掌功賦之政令。凡人自十八以至六十有四，與輕癃者，皆賦之。其賦之法，有室者，歲不過絹一疋，綿八兩，粟五斛；丁者半之。其非桑土，有室者，布一疋，麻十斤；丁者又半之。豐年則全賦，中年半之，下年一之〔一四〕，皆以時徵焉。若艱凶札，則不徵其賦。司役掌力役之政令。凡人自十八以至五十有九，皆任於役。豐年不過三旬，中年則二旬，下年則一旬。凡起徒役，無過家一人。其人有年八十者，一子不從役，百年者，家不從役。廢疾非人不養者，一人不從役。若凶札，又無力征。掌鹽掌四鹽之政令。一曰散鹽，煮海以成之；二曰盬鹽，引池以化之；三曰形鹽，物地以出之；四曰飴鹽，於戎以取之。凡盬鹽形鹽，每地爲之禁，百姓取之，皆稅焉。司倉掌辨九穀之物，以量國用。國用足，即蓄其餘，以待凶荒；不足則止。餘用足，則以粟貸人。春頒之，秋斂之。

閔帝元年，初除市門稅。及宣帝即位，復興入市之稅。武帝保定元年，改八丁兵爲十二丁兵，率歲一月役。建德二年，改軍士爲侍官〔一五〕，募百姓充之，除其縣籍。是後夏人半爲兵矣。宣帝時，發山東諸州，增一月功爲四十五日役，以起洛陽宮。并移相州六府於洛陽，稱東京六府。

武帝保定二年正月，初於蒲州開河渠，同州開龍首渠，以廣溉灌。

高祖登庸，罷東京之役，除入市之稅。是時尉迥、王謙、司馬消難，相次叛逆，興師誅討，賞費鉅萬。及受禪，又遷都，發山東丁，毀造宮室。仍依周制，役丁爲十二番，匠則六番。及頒新令，制人五家爲保，保有長。保五爲閭，閭四爲族，皆有正。畿外置里正，比閭正，黨長比族正，以相檢察焉。男女三歲已下爲黃，十歲已下爲小，十七已下爲中，十八已上爲丁。丁從課役，六十爲老，乃免。自諸王已下，至于都督，皆給永業田，各有差。多者至一百頃，少者至四十畝。其丁男、中男永業露田，皆遵後齊之制。並課樹以桑榆及棗。其園宅，率三口給一畝，奴婢則五口給一畝。丁男一牀，租粟三石。桑土調以絹絁，麻土以布。絹絁以疋，加綿三兩。布以端，加麻三斤。單丁及僕隸各半之。未受地者皆不課。有品爵及孝子順孫義夫節婦，並免課役。京官又給職分田。一品者給田五頃。每品以五十畝爲差，至五品，則爲田三頃，六品二頃五十畝。其下每品以五十畝爲差，至九品爲一頃。外官亦各有職分田。又給公廨田，以供公用。

開皇三年正月，帝入新宮。初令軍人以二十一成丁。減十二番每歲爲二十日役，減調絹一疋爲二丈。先是尚依周末之弊，官置酒坊收利，鹽池鹽井，皆禁百姓採用。至是罷酒坊，通鹽池鹽井與百姓共之。遠近大悦。

是時突厥犯塞，吐谷渾寇邊，軍旅數起，轉輸勞敝。帝乃令朔州總管趙仲卿，於長城以北，大興屯田，以實塞下。又於河西，勒百姓立堡，營田積穀。京師置常平監。

是時山東尚承齊俗，機巧姦僞，避役惰遊者十六七。四方疲人，或詐老詐小，規免租賦。高祖令州縣大索貌閲，户口不實者，正長遠配，而又開相糾之科。大功已下，兼令析籍，各爲户頭，以防容隱。於是計帳進四十四萬三千丁，新附一百六十四萬一千五百口〔二六〕。

高熲又以人間課輸，雖有定分，年常徵納，除注恒多，長吏肆情，文帳出没，復無定簿，難以推校，乃爲輸籍定樣，請徧下諸州。每年正月五日，縣令巡人，各隨便近，五黨三黨，共爲一團，依樣定户上下。帝從之。自是姦無所容矣。

時百姓承平日久，雖數遭水旱，而户口歲增。諸州調物，每歲河南自潼關，河北自蒲坂，達于京師，相屬於路，晝夜不絶者數月。帝既躬履儉約，六宫咸服澣濯之衣。乘輿供御有故敝者，隨令補用，皆不改作。非享燕之事，所食不過一肉而已。有司嘗進乾薑，以布袋貯之，帝用爲傷費，大加譴責。後進香，復以氈袋，因笞所司，以爲後誡焉。由是内外率職，府帑充實，百官禄賜及賞功臣，皆出於豐厚焉。九年陳平，帝親御朱雀門勞凱旋師〔一七〕，因行慶賞。自門外，夾道列布帛之積〔一八〕，達于南郭，以次頒給。所費三百餘萬段。帝以江表初定，給復十年。自餘諸州，並免當年租賦。十年五月，又以宇内無事，益寬徭賦。百姓年五十者，輸庸停防。十一年，江南又反，越國公楊素討平之，師還，賜物甚廣。其餘出師命賞，亦莫不優隆。十二年，有司上言，庫藏皆滿。帝曰：「朕既薄賦於人，又大經賜用，何得爾也？」對曰：「用處常出，納處常入。略計每年賜用，至數百萬段，曾無減損。」於是乃更闢左藏之院，構屋以受之。下詔曰：「既富而教，方知廉恥，寧積於人，無藏府庫。河北、河東今年田租三分減一，兵減半功，調全免。」

時天下户口歲增，京輔及三河，地少而人衆，衣食不給，議者咸欲徙就寬鄉。其年冬，帝命諸州考使議之。又令尚書，以其事策問四方貢士，竟無長筭。帝乃發使四出，均天下之田。其狹鄉，每丁纔至二十畝，老小又少焉。

十三年，帝命楊素出，於岐州北造仁壽宮。素遂夷山堙谷，營構觀宇，崇臺累榭，宛轉相屬。役使嚴急，丁夫多死，疲敝顛仆者，推填坑坎，覆以土石，因而築爲平地。死者以萬數。宫成，帝行幸焉。時方暑月，而死人相次於道，素乃一切焚除之。帝頗知其事，甚不悦。及入新宫遊觀，乃喜，又謂素爲忠。後帝以歲暮晚日，登仁壽殿，周望原隰，見宫外燐火彌漫，又聞哭聲。令左右觀之，報曰：「鬼火。」帝曰：「此等工役而死，既屬年暮，魂魄思歸耶？」乃令灑酒宣敕，以呪遣之。自是乃息。

開皇三年，朝廷以京師倉廩尚虚，議爲水旱之備，於是詔於蒲、陝、虢、熊、伊、洛、鄭、懷、邵、衛、汴、許、汝等水次十三州，置募運米丁。又於衛州置黎陽倉，洛州置河陽倉，陝州置常平倉，華州置廣通倉，轉相灌注。漕關東及汾、晉之粟，以給京師。又遣倉部侍郎韋瓚，向蒲、陝以東，募人能於洛陽運米四十石，經砥柱之險，達于常平者，免其征戍。其後以渭水多沙，流有深淺，漕者苦之。四年，詔曰：

京邑所居，五方輻湊，重關四塞，水陸艱難。大河之流，波瀾東注，百川海瀆，萬里交通。雖三門之下，或有危慮，但發自小平，陸運至陝，還從河水，入於渭川，兼及上流，控引汾、晉，舟車來去，爲益殊廣。而渭川水力，大小無常，流淺沙深，即成阻閡。計其途路，數百而已，動移氣序，不能往復，汎舟之役，人亦勞止。朕君臨區宇，興利除害，公私之弊，情實愍之。故東發潼關，西引渭水，因藉人力，開通漕渠，量事計功，易可成就。已令工匠，巡歷渠道，觀地理之宜，審終久之義，一得開鑿，萬代無毀。可使官及私家，方舟巨舫，晨昏漕運，沿泝不停，旬日之功，堪省億萬。誠知時當炎暑，動致疲勤，然不有暫勞，安能永逸。宣告人庶，知朕意焉。

於是命宇文愷率水工鑿渠，引渭水，自大興城東至潼關，三百餘里，名曰廣通渠〔一九〕。轉運通利，關內賴之。諸州水旱凶飢之處，亦便開倉振給。

五年五月，工部尚書、襄陽縣公長孫平奏曰：「古者三年耕而餘一年之積，九年作而有三年之儲，雖水旱爲災，而人無菜色，皆由勸導有方，蓄積先備故也。去年亢陽，關內不熟，陛下哀愍黎元，甚於赤子。運山東之粟，置常平之官，開發倉廩，普加賑賜。少食之人，莫不豐足。鴻恩大德，前古未比。其強宗富室，家道有餘者，皆競出私財，遞相賙贍。此乃風行草偃，從化而然。但經國之理，須存定式。」於是奏令諸州百姓及軍人，勸課當社，共立義倉。收穫之日，隨其所得，勸課出粟及麥，於當社造倉窖貯之。即委社司，執帳檢校，每年收積，勿使損敗。若時或不熟，當社有飢饉者，即以此穀振給。自是諸州儲峙委積。其後關中連年大旱，而青、兗、汴、許、曹、亳、陳、仁、譙、豫、鄭、洛、伊、潁、邳等州大水，百姓飢饉。高祖乃命蘇威等，分道開倉振給。又命司農丞王亶，發廣通之粟三百餘萬石，以拯關中。又發故城中周代舊粟，賤糶與人。買牛驢六千餘頭，分給尤貧者，令往關東就食。其遭水旱之州，皆免其年租賦。

十四年，關中大旱，人饑。上幸洛陽，因令百姓就食。從官並准見口賑給，不以官位爲限。明年，東巡狩，因祠泰山。是時義倉貯在人間，多有費損。十五年二月，詔曰：「本置義倉，止防水旱，百姓之徒，不思久計，輕爾費損，於後乏絕。又北境諸州，異於餘處，雲、夏、長、靈、鹽、蘭、豐、鄯、涼、甘、瓜等州，所有義倉雜種，並納本州。若人有旱儉少糧，先給雜種及遠年粟。」十六年正月，又詔秦、疊、成、康、武、文、芳、宕、旭、洮、岷、渭、紀、河、廓、豳、隴、涇、寧、原、敷、丹、延、綏、銀、扶等州社倉，並於當縣安置。二月，又詔社倉，准上中下三等税，上户不過一石，中户不過七斗，下户不過四斗。其後山東頻年霖雨，杞、宋、陳、亳、曹、戴、譙、潁等諸州，達于滄海，皆困水災，所在沉溺。十八年，天子遣使將水工，巡行川源，相視高下，發隨近丁以疏導之。困乏者，開倉賑給，前後用穀五百餘石〔二〇〕。

灃水之處，租調皆免。自是頻有年矣。

開皇八年五月，高熲奏諸州無課調處，及課州管户數少者，官人禄力，乘前已來，恒出隨近之州。但判官本爲牧人，役力理出所部。請於所管户内，計户徵稅。帝從之。先是京官及諸州，並給公廨錢，迴易生利，以給公用。至十四年六月，工部尚書、安平郡公蘇孝慈等，以爲所在官司，因循往昔，以公廨錢物，出舉興生，唯利是求，煩擾百姓，敗損風俗，莫斯之甚。於是奏皆給地以營農，迴易取利，一皆禁止。十七年十一月，詔在京及在外諸司公廨，在市迴易及諸處興生，並聽之，唯禁出舉收利云。

煬帝即位，是時户口益多，府庫盈溢，乃除婦人及奴婢部曲之課，男子以二十二成丁。始建東都，以尚書令楊素爲營作大監，每月役丁二百萬人。徙洛州郭内人及天下諸州富商大賈數萬家，以實之。新置興洛及迴洛倉。又於皁澗營顯仁宮，苑囿連接，北至新安，南及飛山，西至澠池，周圍數百里。課天下諸州，各貢草木花果、奇禽異獸。於其中開渠，引穀、洛水，自苑西入，而東注于洛。又自板渚引河，達于淮海，謂之御河。河畔築御道，樹以柳。又命黄門侍郎王弘、上儀同於士澄，往江南諸州採大木，引至東都。所經州縣，遞送往返，首尾相屬，不絶者千里。而東都役使促迫，僵仆而斃者，十四五焉。每月載死丁，東至城皋，北至河陽，車相望於道。時帝將事遼、碣，增置軍府，掃地爲兵。自是租賦之入益減矣。

又造龍舟鳳艒、黃龍赤艦、樓船篾舫。募諸水工，謂之殿脚，衣錦行幐，執青絲纜挽舡〔二三〕，以幸江都。帝御龍舟，文武官五品已上給樓舡，九品已上給黃篾舫，舳艫相接，二百餘里。所經州縣，並令供頓，獻食豐辦者加官爵，闕乏者譴至死。又盛脩車輿輦輅，旌旗羽儀之飾。課天下州縣，凡骨角齒牙、皮革毛羽，可飾器用，堪爲氅毦者，皆責焉。徵發倉卒，朝命夕辦，百姓求捕，網罟徧野，水陸禽獸殆盡，猶不能給，而買於豪富蓄積之家，其價騰踊。是歲，翟雉尾一直十縑，白鷺鮮半之。

乃使屯田主事常駿使赤土國，致羅刹。又使朝請大夫張鎮州擊流求，俘虜數萬。士卒深入，蒙犯瘴癘，餒疾而死者十八九。又以西域多諸寶物，令裴矩往張掖，監諸商胡互市，啖之以利，勸令入朝。自是西域諸蕃，往來相繼，所經州郡，疲於送迎，糜費以萬萬計。

明年，帝北巡狩。又興衆百萬，北築長城，西距榆林，東至紫河，緜亘千餘里，死者太半。四年，發河北諸郡百餘萬衆，引沁水，南達于河，北通涿郡。自是以丁男不供，始以婦人從役。五年，西巡河右。西域諸胡，佩金玉，被錦罽，焚香奏樂，迎候道左。帝乃令武威、張掖士女，盛飾縱觀。衣服車馬不鮮者，州縣督課，以誇示之。其年，帝親征吐谷渾，破之於赤水。慕容佛允〔二二〕，委其家屬，西奔青海。帝駐兵不出，遇天霖雨，經大斗拔谷，士卒死者十二三焉，馬驢十八九。於是置河源郡、積石鎮。又於西域之地，置西海、鄯善、且末等郡。謫天下罪人，配爲戍卒，大開屯田，發西方諸郡運糧以給之。道里懸遠，兼遇寇抄，死亡相續。

六年，將征高麗，有司奏兵馬已多損耗。詔又課天下富人，量其貲産，出錢市武馬，填元數，限令取足。復點兵具器仗，皆令精新，濫惡則使人便斬。於是馬匹至十萬。七年冬，大會涿郡。分江淮南兵，配驍衛大將軍來護兒，別以舟師濟滄海，舳艫數百里。並載軍糧，期與大兵會平壤。是歲山東、河南大水，漂没四十餘郡，重以遼東覆敗，死者數十萬。因屬疫疾，山東尤甚。所在皆以徵斂供帳軍旅所資爲務，百姓雖困，而弗之恤也。每急徭卒賦，有所徵求，長吏必先賤買之，然後宣下，乃貴賣與人，旦暮之間，價盈數倍，裒刻徵斂，取辦一時。彊者聚而爲盜，弱者自賣爲奴婢。九年，詔又課關中富人，計其貲産出驢，往伊吾、河源、且末運糧。多者至數百頭，每頭價至萬餘。又發諸州丁，分爲四番，於遼西柳城營屯，往來艱苦，生業盡罄。盜賊四起，道路南絶〔二三〕，隴右牧馬，盡爲奴賊所掠，楊玄感乘虚爲亂。時帝在遼東，聞之，遽歸于高陽郡。及玄感平，帝謂侍臣曰：「玄感一呼而從者如市，益知天下人不欲多，多則爲賊。不盡誅，後無以示勸。」乃令裴藴窮其黨與，詔郡縣坑殺之，死者不可勝數，所在驚駭。舉天下之人，十分九爲盜賊，皆盜武馬，始作長槍，攻陷城邑。帝又命郡縣置督捕以討賊。益遣募人征遼，馬少不充八馱，而許爲六馱。又不足，聽半以驢充。在路逃者相繼，執獲皆斬之，而莫能止。帝不懌。遇高麗執送叛臣斛斯政，遣使求降，發詔赦之。囚政至于京師，於開遠門外〔一四〕，磔而射殺之。遂幸太原，爲突厥圍於雁門。突厥尋散，遽還洛陽，募益驍果，以充舊數。

是時百姓廢業，屯集城堡，無以自給。然所在倉庫，猶大充牣，吏皆懼法，莫肯振救，由是益困。初皆剥樹皮以食之，漸及於葉，皮葉皆盡，乃煮土或擣藁爲末而食之。其後人乃相食。十二年，帝幸江都。是時李密據洛口倉，聚衆百萬。越王侗與段達等守東都。東都城内糧盡，布帛山積，乃以絹爲汲綆，然布以爨。代王侑與衞玄守京師，百姓飢饉，亦不能救。義師入長安，發永豐倉以振之，百姓方蘇息矣。

晉自過江，凡貨賣奴婢馬牛田宅，有文券，率錢一萬，輸估四百入官，賣者三百，買者一百。無文券者，隨物所堪，亦百分收四，名爲散估。歷宋齊梁陳，如此以爲常。以此人競商販，不爲田業，故使均輸，欲爲懲勵。雖以此爲辭，其實利在侵削。又都西有石頭津，東有方山津，各置津主一人，賊曹一人，直水五人，以檢察禁物及亡叛者。其荻炭魚薪之類過津者，並十分稅一以入官。其東路無禁貨，故方山津檢察甚簡。淮水北有大市百餘，小市十餘所〔二五〕。大市備置官司，稅斂既重，時甚苦之。

梁初，唯京師及三吳、荆、郢、江、湘、梁、益用錢。其餘州郡，則雜以穀帛交易。交、廣之域，全以金銀爲貨。武帝乃鑄錢，肉好周郭，文曰「五銖」，重如其文。而又別鑄，除其肉郭，謂之女錢。二品並行。百姓或私以古錢交易，有直百五銖、五銖女錢、太平百錢、定平一百、五銖雉錢、五銖對文等號，輕重不一。天子頻下詔書，非新鑄二種之錢，並不許用。而趣利之徒，私用轉甚。至普通中，乃議盡罷銅錢，更鑄鐵錢。人以鐵賤易得，並皆私鑄。及大同已後，所在鐵錢，遂如丘山，物價騰貴。交易者以車載錢，不復計數，而唯論貫。商旅姦詐，因之以求利。自破嶺以東，八十爲百，名曰東錢。江、郢已上，七十爲百，名曰西錢。京師以九十爲百，名曰長錢。中大同元年，天子乃詔通用足陌。詔下而人不從，錢陌益少。至于末年，遂以三十五爲百云。

陳初，承梁喪亂之後，鐵錢不行。始梁末又有兩柱錢及鵝眼錢，于時人雜用，其價同，但兩柱重而鵝眼輕。私家多鎔錢，又間以錫鐵，兼以粟帛爲貨。至文帝天嘉五年，改鑄五銖。初出，一當鵝眼之十。宣帝太建十一年，又鑄大貨六銖，以一當五銖之十，與五銖並行。後還當一，人皆不便。乃相與訛言曰：「六銖錢有不利縣官之象。」未幾而帝崩，遂廢六銖而行五銖，竟至陳亡。其嶺南諸州，多以鹽米布交易，俱不用錢云。

齊神武霸政之初，承魏猶用永安五銖。遷鄴已後，百姓私鑄，體制漸別，遂各以爲名。有雍州青赤、梁州生厚、緊錢、吉錢，河陽生澀、天柱、赤牽之稱。冀州之北，錢皆不行，交貿者皆以絹布〔二六〕。神武帝乃收境内之銅及錢，仍依舊文更鑄，流之四境。未幾之間，漸復細薄，姦僞競起。文宣受禪，除永安之錢，改鑄常平五銖，重如其文。其錢甚貴，且制造甚精。至乾明、皇建之間，往往私鑄。鄴中用錢，有赤熟、青熟、細眉、赤生之異。河南所用，有青薄鉛錫之別。青、齊、徐、兗、梁、豫州，輩類各殊。武平已後，私鑄轉甚，或以生鐵和銅。至于齊亡，卒不能禁。

後周之初，尚用魏錢。及武帝保定元年七月，乃更鑄布泉之錢，以一當五，與五銖並行。時梁、益之境，又雜用古錢交易。河西諸郡，或用西域金銀之錢，而官不禁。建德三年六月，更鑄五行大布錢，以一當十，大收商估之利，與布泉錢並行。四年七月，又以邊境之上，人多盜鑄，乃禁五行大布，不得出入四關，布泉之錢，聽入而不聽出。五年正月，以布泉漸賤而人不用，遂廢之。初令私鑄者絞，從者遠配爲户。齊平已後，山東之人，猶雜用齊氏舊錢。至宣帝大象元年十一月，又鑄永通萬國錢，以一當十，與五行大布及五銖，凡三品並用。

高祖既受周禪，以天下錢貨輕重不等，乃更鑄新錢。背面肉好，皆有周郭，文曰「五銖」，而重如其文。每錢一千，重四斤二兩。是時錢既新出，百姓或私有鎔鑄。三年四月，詔四面諸關，各付百錢爲樣。從關外來，勘樣相似，然後得過。樣不同者，即壞以爲銅，入官。詔行新錢已後，前代舊錢，有五行大布、永通萬國及齊常平，所在用以貿易不止。四年，詔仍依舊不禁者，縣令奪半年禄。然百姓習用既久，尚猶不絶。五年正月，詔又嚴其制。自是錢貨始一，所在流布，百姓便之。是時見用之錢，皆須和以錫鑞。錫鑞既賤，求利者多，私鑄之錢，不可禁約。其年，詔乃禁出錫鑞之處，並不得私有採取。十年，詔晉王廣，聽於揚州立五鑪鑄錢。其後姦狡稍漸磨鑢錢郭，取銅私鑄，又雜以錫錢，遞相放效，錢遂輕薄。乃下惡錢之禁，京師及諸州邸肆之上，皆令立榜，置樣爲准。不中樣者，不入於市。十八年，詔漢王諒，聽於并州立五鑪鑄錢。是時江南人間錢少，晉王廣又聽於鄂州白紵山有銅鉚處，錮銅鑄錢，於是詔聽置十鑪鑄錢。又詔蜀王秀，聽於益州立五鑪鑄錢。是時錢益濫惡，乃令有司，括天下邸肆見錢，非官鑄者，皆毀之，其銅入官。而京師以惡錢貿易，爲吏所執，有死者。數年之間，私鑄頗息。大業已後，王綱弛紊，巨姦大猾，遂多私鑄，錢轉薄惡。初每千猶重二斤，後漸輕至一斤。或翦鐵鍱，裁皮糊紙以爲錢，相雜用之。貨賤物貴，以至於亡。

校勘記

〔一〕月別唯得廪食　「廪」，原作「禀」，據宋乙本、至順本改。

〔二〕不可委輸　「委」，原作「妄」，據通典卷五食貨五賦税中、卷三五職官一七禄秩改。

〔三〕官有征伐　「征伐」，原作「征代」，據宋甲本、宋乙本、至順本、汲本改。

〔四〕謂之勇士　「勇士」，原作「勇夫」，據宋甲本、宋乙本、至順本、南監本、北監本、汲本改。

〔五〕蘇珎芝　即蘇瓊，北史卷八六有傳，字珍之。

〔六〕名爲永業田　「永業田」，原作「永田」，據通典卷二食貨二田制下補。

〔七〕限止四牛　「牛」，原作「年」，據通典卷二食貨二田制下改。

〔八〕課人農桑　「課人」，原作「課入」，據宋甲本改。通典卷二食貨二田制下亦作「課人」。

〔九〕男子十五已上　原作「男二十五已上」，據宋甲本改。通典卷二食貨二田制下亦作「男子十五以上」。

〔一〇〕皆布田畝　「布」，原作「有」，據宋乙本、大德本、南監本、北監本、汲本、殿本改。通典卷二食貨二田制下、册府卷四九五邦計部田制亦作「布」。

〔一一〕天統　原作「大統」，據通典卷五食貨五賦税中、册府卷二一八閏位部失政改。

〔一二〕口七已上　「七」，原作「九」，據通典卷二食貨二田制下改。

〔一三〕宅三畝　「三」，北監本、汲本、殿本作「二」。

〔一四〕下年一之　「一」，原作「三」，據宋甲本、宋乙本、至順本、汲本改。隋書詳節卷七食貨志、通典卷五食貨五賦税中、册府卷五〇四邦計部絲帛亦作「一」。

〔一五〕建德二年改軍士爲侍官　周書卷五武帝紀上、北史卷一〇周本紀下武帝紀繫此事於建德三年。

〔一六〕於是計帳進四十四萬三千丁新附一百六十四萬一千五百口　「四十四萬」，本書卷六七裴藴傳作「二十四萬」；「一百六十四萬」作「六十四萬」。

〔一七〕朱雀門　本書卷二高祖紀下、北史卷一一隋本紀上文帝紀、册府卷七九帝王部慶賜、通鑑卷一七七隋紀一文帝開皇九年四月條皆作「廣陽門」。

〔一八〕布帛之積　「布」，原作「牛」，據宋甲本改。册府卷四八四邦計部經費、卷五〇四邦計部絲帛亦作「布」。

〔一九〕三百餘里名曰廣通渠　「三百餘里」、「廣通渠」，本書卷六一郭衍傳作「四百餘里」、「富民渠」。

〔二〇〕前後用穀五百餘石　「五百餘石」，册府卷一〇五帝王部惠民作「五千餘萬石」。陸錫熊炳燭偶鈔疑應作「五百餘萬石」。

〔二一〕執青絲纜挽舡　「纜」，原作「攬」，據宋甲本、宋乙本、至順本、南監本改。

〔二二〕慕容佛允　「佛允」，本書卷八三西域吐谷渾傳作「伏允」，爲音譯異字。

〔二三〕道路南絶　「南」，北監本、殿本作「隔」。張元濟校勘記疑「南」乃「鬲」之誤。

〔二四〕開遠門　本書卷四煬帝紀下、卷七〇斛斯政傳作「金光門」。

〔二五〕淮水北有大市百餘小市十餘所　「百」，北宋本、十通本通典卷一一食貨一一雜税作「自」。

〔二六〕交貿者皆以絹布　「以」字原闕，據宋甲本、宋乙本補。

隋書卷二十五

志第二十

刑法

夫刑者，制死生之命，詳善惡之源，翦亂誅暴，禁人爲非者也。聖王仰視法星，旁觀習坎，彌縫五氣，取則四時，莫不先春風以播恩，後秋霜而動憲。是以宣慈惠愛，導其萌芽，刑罰威怒，隨其肅殺。仁恩以爲情性，禮義以爲綱紀，養化以爲本，明刑以爲助。上有道，刑之而無刑；上無道，殺之而不勝也。記曰：「教之以德，齊之以禮，則人有格心。教之以政，齊之以刑，則人有遯心。」而始乎勸善，終乎禁暴，以此字人，必兼刑罰。至於時逢交泰，政稱忠厚，美化與車軌攸同，至仁與嘉祥間出，歲布平典，年垂簡憲。昭然如日月，望之者不迷，曠乎如大路，行之者不惑。

刑者甲兵焉，鈇鉞焉，刀鋸鑽鑿，鞭扑榎楚，陳乎原野而肆諸市朝，其所由來，亦已久矣。若夫龍官之歲，鳳紀之前，結繩而不違，不令而人畏。五帝畫象，殊其衣服，三王肉刑，刻其膚體。若重華之眚災肆赦，文命之刑罰三千，而都君卹刑，尚奉唐堯之德，高密泣罪，猶懷虞舜之心。殷因以降，去德滋遠。若紂能遵成湯，不造炮烙，設刑兼禮，守位依仁，則西伯斂轡，化爲田叟。周王立三刺以不濫，弘三宥以開物，成、康以四十二年之間，刑厝不用。薰風潛暢，頌聲遐舉，越裳重譯，萬里來歸。若乃魯接燕、齊，荆鄰鄭、晉，時之所尚，資乎辯舌，國之所恃，不在威刑。是以纔鼓夷蒐，宣尼致誚，既鑄刑辟，叔向貽書。夫勃澥之浸，沾濡千里，列國之政，豈周之膏潤者歟！秦氏僻自西戎，初平區夏，于時投戈棄甲，仰恩祈惠，乃落嚴霜於政教，揮流電於邦國，棄灰偶語，生愁怨於前，毒網凝科，害肌膚於後。玄鉞肆於朝市，赭服飄於路衢，將閭有一劍之哀，茅焦請列星之數。漢高祖初以三章之約，以慰秦人，孝文躬親玄默，遂疎天網。孝宣樞機周密，法理詳備，選于定國爲廷尉，黄霸以爲廷平。每以季秋之後，諸所請讞，帝常幸宣室，齋居決事〔一〕，明察平恕，號爲寬簡。光武中興，不移其舊，是以二漢羣后，罕聞殘酷。魏武造易鈇之科，明皇施減死之令，中原凋敝，吴、蜀三分，哀矜折獄，亦所未暇。晉氏平吴，九州寧一，乃命賈充，大明刑憲。内以平章百姓，外以和協萬邦，寔曰輕平，稱爲簡易。是以宋、齊方駕，轥其餘軌。

若乃刑隨喜怒，道暌正直，布憲擬於秋荼，設網踰於朝脛，恣興夷翦，取快情靈。若隋高祖之揮刀無辜，齊文宣之輕刀臠割，此所謂匹夫私讎〔二〕，非關國典。孔子曰：「刑亂及諸政，政亂及諸身。」心之所詣，則善惡之本原也。彪、約所製，無刑法篇，臧、蕭之書，又多漏略。是以撮其遺事，以至隋氏，附于篇云。

梁武帝承齊昏虐之餘，刑政多僻。既即位，乃制權典，依周、漢舊事，有罪者贖。其科，凡在官身犯，罰金。鞭杖杖督之罪，悉入贖停罰。其臺省令史士卒欲贖者，聽之。時欲議定律令，得齊時舊郎濟陽蔡法度，家傳律學，云齊武時，刪定郎王植之，集注張、杜舊律，合爲一書，凡一千五百三十條，事未施行，其文殆滅，法度能言之。於是以爲兼尚書刪定郎，使損益植之舊本，以爲梁律。天監元年八月，乃下詔曰：「律令不一，實難去弊〔三〕。殺傷有法，昏墨有刑，此蓋常科，易爲條例。至如三男一妻，懸首造獄，事非慮內，法出恒鈞。前王之律，後王之令，因循創附，良各有以。若遊辭費句，無取於實録者，宜悉除之。求文指歸，可適變者，載一家爲本，用衆家以附。丙丁俱有，則去丁以存丙。若丙丁二事，注釋不同，則二家兼載。咸使百司，議其可不，取其可安，以爲標例。宜云『某等如干人同議，以此爲長』，則定以爲梁律。留尚書比部，悉使備文，若班下州郡，止撮機要。可無二門侮法之弊。」

法度又請曰：「魏、晉撰律，止關數人，今若皆諮列位，恐緩而無決。」於是以尚書令王亮、侍中王瑩、尚書僕射沈約、吏部尚書范雲、長兼侍中柳惲、給事黄門侍郎傅昭、通直散騎常侍孔藹、御史中丞樂藹、太常丞許懋等，參議斷定，定爲二十篇：一曰刑名，二曰法例，三曰盜劫，四曰賊叛，五曰詐僞，六曰受賕，七曰告劾，八曰討捕，九曰繫訊，十曰斷獄，十一曰雜，十二曰户，十三曰擅興，十四曰毁亡，十五曰衞宫，十六曰水火，十七曰倉庫，十八曰廐，十九曰關市，二十曰違制。其制刑爲十五等之差：棄市已上爲死罪，大罪梟其首，其次棄市。刑二歲已上爲耐罪，言各隨伎能而任使之也。有髡鉗五歲刑笞二百，收贖絹，男子六十疋。又有四歲刑，男子四十八疋。又有三歲刑，男子三十六疋。又有二歲刑，男子二十四疋。罰金一兩已上爲贖罪。贖死者金二斤，男子十六疋。贖髡鉗五歲刑笞二百者，金一斤十二兩，男子十四疋。贖四歲刑者，金一斤八兩，男子十二疋。贖三歲刑者，金一斤四兩，男子十疋。贖二歲刑者，金一斤，男子八疋。罰金十二兩者，男子六疋。罰金八兩者，男子四疋。罰金四兩者，男子二疋。罰金二兩者，男子一疋。罰金一兩者，男子二丈。女子各半之。五刑不簡，正于五罰，五罰不服，正于五過，以贖論，故爲此十五等之差。又制九等之差：有一歲刑，半歲刑，百日刑，鞭杖二百，鞭杖一百，鞭杖五十〔四〕，鞭杖三十，鞭杖二十，鞭杖一十。又有八等之差〔五〕：一曰免官，加杖督一百；二曰免官；三曰奪勞百日，杖督一百；四曰杖督一百；五曰杖督五十；六曰杖督三十〔六〕；七曰杖督二十；八曰杖督一十。論加者上就次，當減者下就次。

凡繫獄者，不即答款，應加測罰，不得以人士爲隔。若人士犯罰，違扞不款，宜測罰者，先參議牒啓，然後科行。斷食三日，聽家人進粥二升。女及老小，一百五十刻乃與粥，滿千刻而止。囚有械、杻、斗械及鉗〔七〕，並立輕重大小之差，而爲定制。其鞭，有制鞭、法鞭、常鞭，凡三等之差。制鞭，生革廉成；法鞭，生革去廉；常鞭，熟靼不去廉。皆作鶴頭紐，長一尺一寸。梢長二尺七寸，廣三分〔八〕，靶長二尺五寸。杖皆用生荆，長六尺。有大杖、法杖、小杖三等之差。大杖，大頭圍一寸三分，小頭圍八分半。法杖，圍一寸三分，小頭五分。小杖，圍一寸一分，小頭極杪。諸督罰，大罪無過五十、三十，小者二十。當笞二百以上者，笞半，餘半後決，中分鞭杖。老小於律令當得鞭杖罰者，皆半之。其應得法鞭、杖者，以熟靼鞭、小杖。過五十者，稍行之。將吏已上及女人應有罰者，以罰金代之。其以職員應罰〔九〕，及律令指名制罰者，不用此令。其問事諸罰，皆用熟靼鞭、小杖。其制鞭制杖，法鞭法杖，自非特詔，皆不得用。詔鞭杖在京師者，皆於雲龍門行。女子懷孕者，勿得決罰。其謀反、降叛、大逆已上皆斬。父子同産男，無少長，皆棄市。母妻姊妹及應從坐棄市者，妻子女妾同補奚官爲奴婢。貲財没官。劫身皆斬，妻子補兵。遇赦降死者，黵面爲「劫」字，髡鉗，補冶鎖士終身。其下又謫運，謫配材官冶士〔一〇〕、尚方鎖士，皆以輕重差其年數。其重者或終身。

士人有禁錮之科，亦以輕重爲差〔一一〕。其犯清議，則終身不齒。耐罪囚八十已上、十歲已下，及孕者、盲者、侏儒當械繫者，及郡國太守相、都尉、關中侯已下〔一二〕，亭侯已上之父母、妻、子及所生，坐非死罪、除名之罪，二千石已上非檻徵者，並頌繫之。

丹陽尹月一詣建康縣，令三官參共録獄，察斷枉直。其尚書當録人之月者，與尚書參共録之。大凡定罪二千五百二十九條。

二年四月癸卯，法度表上新律，又上令三十卷，科三十卷〔一三〕。帝乃以法度守廷尉卿，詔班新律於天下。

三年八月，建康女子任提女，坐誘口當死。其子景慈對鞫，辭云母實行此。是時法官虞僧虬啓稱：「案子之事親，有隱無犯，直躬證父，仲尼爲非。景慈素無防閑之道，死有明目之據，陷親極刑，傷和損俗。凡乞鞫不審，降罪一等，豈得避五歲之刑，忽死母之命！景慈宜加罪辟。」詔流于交州。至是復有流徒之罪。其年十一月甲子〔一四〕，詔以金作權典，宜在蠲息。於是除贖罪之科。

武帝敦睦九族，優借朝士，有犯罪者，皆諷羣下，屈法申之。百姓有罪，皆案之以法。其緣坐則老幼不免，一人亡逃，則舉家質作。人既窮急，姦宄益深。後帝親謁南郊，秣陵老人遮帝曰：「陛下爲法，急於黎庶，緩於權貴，非長久之術。誠能反是，天下幸甚。」帝於是思有以寬之。舊獄法，夫有罪，逮妻子，子有罪，逮父母。十一年正月壬辰，乃下詔曰：「自今逋謫之家〔一五〕，及罪應質作，若年有老小者，可停將送。」十四年，又除黵面之刑。

帝銳意儒雅，疎簡刑法，自公卿大臣，咸不以鞫獄留意。姦吏招權，巧文弄法，貨賄成市，多致枉濫。大率二歲刑已上，歲至五千人。是時徒居作者具五任，其無任者，著斗械〔一六〕。若疾病，權解之。是後囚徒或有優劇。大同中，皇太子在春宮視事，見而愍之，乃上疏曰：「臣以比時奉勑，權親京師雜事〔一七〕。切見南北郊壇、材官、車府、太官下省、左裝等處上啓，並請四五歲已下輕囚，助充使役。自有刑均罪等，愆目不異，而甲付錢署，乙配郊壇。錢署三所，於事爲劇〔一八〕，郊壇六處，在役則優。今聽獄官詳其可否，舞文之路，自此而生。公平難遇其人，流泉易啓其齒，將恐玉科重輕，全關墨綬，金書去取，更由丹筆。愚謂宜詳立條制，以爲永准。」帝手敕報曰：「頃年已來，處處之役，唯資徒謫，逐急充配。若科制繁細，義同簡絲〔一九〕，切須之處，終不可得。引例興訟，紛紜方始，防杜姦巧，自是爲難。更當別思，取其便也。」竟弗之從。是時王侯子弟皆長，而驕蹇不法。武帝年老，厭於萬機，又專精佛戒，每斷重罪，則終日弗懌。嘗遊南苑，臨川王宏伏人於橋下，將欲爲逆。事覺，有司請誅之。帝但泣而讓曰：「我人才十倍於爾，處此恒懷戰懼。爾何爲者？我豈不能行周公之事，念汝愚故也。」免所居官。頃之，還復本職。由是王侯驕横轉甚，或白日殺人於都街，劫賊亡命，咸於王家自匿，薄暮塵起，則剥掠行路，謂之打稽。武帝深知其弊，而難於誅討。十一年十月，復開贖罪之科。中大同元年七月甲子，詔自今犯罪，非大逆，父母、祖父母勿坐。自是禁網漸疎，百姓安之，而貴戚之家，不法尤甚矣。尋而侯景逆亂。

及元帝即位，懲前政之寬，且帝素苛刻，及周師至，獄中死囚且數千人，有司請皆釋之，以充戰士。帝不許，並令棒殺之。事未行而城陷。敬帝即位，刑政適陳矣。

陳氏承梁季喪亂，刑典疎闊。及武帝即位，思革其弊，乃下詔曰：「朕聞唐、虞道盛，設畫象而不犯，夏、商德衰，雖孥戮其未備。洎乎末代，綱目滋繁，矧屬亂離，憲章遺紊。朕始膺寶曆，思廣政樞，外可搜舉良才，删改科令，羣僚博議，務存平簡。」於是稍求得梁時明法吏，令與尚書删定郎范泉，參定律令。又勑尚書僕射沈欽、吏部尚書徐陵、兼尚書左丞宗元饒、兼尚書左丞賀朗參知其事，制律三十卷，令科四十卷〔三〇〕。採酌前代，條流冗雜，綱目雖多，博而非要。其制唯重清議禁錮之科。若縉紳之族，犯虧名教、不孝及内亂者，發詔棄之，終身不齒。先與士人爲婚者，許妻家奪之。其獲賊帥及士人惡逆，免死付治〔二一〕，聽將妻入役，不爲年數。又存贖罪之律，復父母緣坐之刑。自餘篇目條綱，輕重簡繁，一用梁法。其有贓驗顯然而不款，則上測立。立測者，以土爲垛，高一尺，上圓劣，容囚兩足立。鞭二十、笞三十訖，著兩械及杻，上垛。一上測七刻，日再上。三七日上測，七日一行鞭。凡經杖，合一百五十，得度不承者，免死。其髡鞭五歲刑，降死一等，鎖二重。其五歲刑已下，並鎖一重〔二二〕。五歲四歲刑，若有官，准當二年，餘並居作。其三歲刑，若有官，准當二年，餘一年贖。若公坐過誤，罰金。其二歲刑，有官者，贖論。一歲刑，無官亦贖論。寒庶人，准決鞭杖。囚並著械，徒並著鎖，不計階品。死罪將決，乘露車，著三械，加拲手。至市，脱手械及拲手焉〔二三〕。當刑於市者，夜須明，雨須晴。晦朔、八節、六齊、月在張心日，並不得行刑。廷尉寺爲北獄，建康縣爲南獄，並置正、監、平。又制，常以三月，侍中、吏部尚書、尚書三公郎、部都令史、三公録冤局令史〔二四〕、御史中丞、侍御史、蘭臺令史，親行京師諸獄及冶署，理察囚徒冤枉〔二五〕。

文帝性明察，留心刑政，親覽獄訟，督責羣下，政號嚴明。是時承寬政之後，功臣貴戚有非法，帝咸以法繩之，頗號峻刻。及宣帝即位，優借文武之士，崇簡易之政，上下便之。其後政令既寬，刑法不立，又以連年北伐，疲人聚爲劫盜矣。後主即位，信任讒邪，羣下縱恣，囂獄成市，賞罰之命，不出于外。後主性猜忍疾忌，威令不行，左右有忤意者，動至夷戮。百姓怨叛，以至於滅。

齊神武、文襄，並由魏相，尚用舊法。及文宣天保元年，始命羣官刊定魏朝麟趾格。是時軍國多事，政刑不一，決獄定罪，罕依律文，相承謂之變法從事。清河房超爲黎陽郡守，有趙道德者，使以書屬超。超不發書，棒殺其使。文宣於是令守宰各設棒，以誅屬請之使。後都官郎中宋軌奏曰：「昔曹操懸棒，威於亂時，今施之太平，未見其可。若受使請賕，猶致大戮，身爲枉法，何以加罪？」於是罷之。既而司徒功曹張老上書，稱大齊受命已來，律令未改，非所以創制垂法，革人視聽。於是始命羣官，議造齊律，積年不成，其決獄猶依魏舊。是時刑政尚新，吏皆奉法。自六年之後，帝遂以功業自矜，恣行酷暴，昏狂酗營，任情喜怒。爲大鑊、長鋸、剉碓之屬，並陳於庭，意有不快，則手自屠裂，或命左右臠噉，以逞其意。時僕射楊遵彥，乃令憲司先定死罪囚，置于仗衞之中，帝欲殺人，則執以應命，謂之供御囚。經三月不殺者，則免其死。帝嘗幸金鳳臺，受佛戒，多召死囚，編籧篨爲翅，命之飛下，謂之放生。墜皆致死，帝視以爲歡笑。時有司折獄，又皆酷法。訊囚則用車輻獨杖、夾指壓踝，又立之燒犁耳上，或使以臂貫燒車釭。既不勝其苦，皆致誣伏。七年，豫州檢使白擲，爲左丞盧斐所劾，乃於獄中誣告斐受金。文宣知其姦罔，詔令按之，果無其事。乃勑八座議立案劾格，負罪不得告人事。於是挾姦者畏糾，乃先加誣訟，以擬當格，吏不能斷。又妄相引，大獄動至十人〔二六〕，多移歲月。然帝猶委政輔臣楊遵彥，彌縫其闕，故時議者竊云，主昏於上，政清於下。

孝昭在藩，已知其失，即位之後，將加懲革。未幾而崩。武成即位，思存輕典，大寧元年，乃下詔曰：「王者所用，唯在賞罰，賞貴適理，罰在得情。然理容進退，事涉疑似，盟府司勳，或有開塞之路，三尺律令，未窮畫一之道。想文王之官人，念宣尼之止訟，刑賞之宜，思獲其所。自今諸應賞罰，皆賞疑從重，罰疑從輕。」又以律令不成，頻加催督。河清三年，尚書令、趙郡王叡等，奏上齊律十二篇：一曰名例，二曰禁衞，三曰婚户，四曰擅興，五曰違制，六曰詐僞，七曰鬭訟，八曰賊盜，九曰捕斷，十曰毀損，十一曰廐牧，十二曰雜。其定罪九百四十九條。又上新令四十卷〔二七〕，大抵採魏、晉故事。其制刑名五：一曰死，重者轘之，其次梟首，並陳屍三日；無市者，列於鄉亭顯處。其次斬刑，殊身首。其次絞刑，死而不殊。凡四等。二曰流刑，謂論犯可死，原情可降，鞭笞各一百，髡之，投于邊裔，以爲兵卒，未有道里之差。其不合遠配者，男子長徒，女子配舂，並六年。三曰刑罪，即耐罪也，有五歲、四歲、三歲、二歲、一歲之差，凡五等，各加鞭一百。其五歲者，又加笞八十，四歲者六十，三歲者四十，二歲者二十，一歲者無笞，並鎖輸左校而不髡，無保者鉗之，婦人配舂及掖庭織。四曰鞭，有一百、八十、六十、五十、四十之差，凡五等。五曰杖，有三十、二十、十之差，凡三等。大凡爲十五等。當加者上就次，當減者下就次。贖罪舊以金，皆代以中絹。死一百匹，流九十二匹，刑五歲七十八匹，四歲六十四匹，三歲五十匹，二歲三十六匹。各通鞭笞論。一歲無笞，則通鞭二十四匹。鞭杖每十，贖絹一匹。至鞭百，則絹十匹。無絹之鄉，皆准絹收錢。自贖笞十已上至死，又爲十五等之差。當加減次，如正決法。合贖者，謂流内官及爵秩比視、老小閹癡并過失之屬〔二八〕。犯罰絹一匹及杖十已上，皆名爲罪人。盜及殺人而亡者，即懸名注籍，甄其一房配驛户。宗室則不注盜，及不入奚官，不加宮刑〔二九〕。自犯流罪已下合贖者，及婦人犯刑已下，侏儒、篤疾、癃殘非犯死罪，皆頌繫之。罪刑年者鎖，無鎖以枷。流罪已上加杻械。死罪者桁之。決流刑鞭笞者，鞭其背。五十，一易執鞭人。鞭鞘皆用熟皮，削去廉稜。鞭瘡長一尺。笞者笞臀，而不中易人。杖長三尺五寸，大頭徑二分半，小頭徑一分半。決三十已下杖者，長四尺，大頭徑三分，小頭徑二分。在官犯罪，鞭杖十爲一負。閑局六負爲一殿，平局八負爲一殿，繁局十負爲一殿。加於殿者，復計爲負焉。赦日，則武庫令設金雞及鼓於閶闔門外之右。勒集囚徒於闕前，撾鼓千聲，釋枷鎖焉。

又列重罪十條：一曰反逆，二曰大逆，三曰叛，四曰降，五曰惡逆，六曰不道，七曰不敬，八曰不孝，九曰不義，十曰内亂。其犯此十者，不在八議論贖之限。是後法令明審，科條簡要，又勑仕門之子弟，常講習之。齊人多曉法律，蓋由此也。其不可爲定法者，别制權令二卷，與之並行。後平秦王高歸彦謀反，須有約罪，律無正條，於是遂有别條權格，與律並行。大理明法，上下比附，欲出則附依輕議，欲入則附從重法，姦吏因之，舞文出没。至于後主，權幸用事，有不附之者，陰中以法。綱紀紊亂，卒至於亡。

周文帝之有關中也，霸業初基，典章多闕。大統元年，命有司斟酌今古通變，可以益時者，爲二十四條之制，奏之。七年，又下十二條制。十年，魏帝命尚書蘇綽，總三十六條，更損益爲五卷，班於天下。其後以河南趙肅爲廷尉卿，撰定法律。肅積思累年，遂感心疾而死。乃命司憲大夫託拔迪掌之。至保定三年二月庚子乃就〔三〇〕，謂之大律，凡二十五篇：一曰刑名，二曰法例，三曰祀享，四曰朝會，五曰婚姻，六曰户禁，七曰水火，八曰興繕，九曰衞宫，十曰市廛，十一曰鬬競，十二曰劫盜，十三曰賊叛，十四曰毁亡，十五曰違制，十六曰關津，十七曰諸侯，十八曰廐牧，十九曰雜犯，二十曰詐僞，二十一曰請求，二十二曰告言，二十三曰逃亡，二十四曰繫訊，二十五曰斷獄。大凡定罪一千五百三十七條。

其制罪：一曰杖刑五，自十至五十。二曰鞭刑五，自六十至于百。三曰徒刑五，徒一年者，鞭六十，笞十。徒二年者，鞭七十，笞二十。徒三年者，鞭八十，笞三十。徒四年者，鞭九十，笞四十。徒五年者，鞭一百，笞五十。四曰流刑五，流衞服，去皇畿二千五百里者，鞭一百，笞六十。流要服，去皇畿三千里者，鞭一百，笞七十。流荒服，去皇畿三千五百里者，鞭一百，笞八十。流鎮服，去皇畿四千里者，鞭一百，笞九十。流蕃服，去皇畿四千五百里者，鞭一百，笞一百。五曰死刑五，一曰磬，二曰絞，三曰斬，四曰梟，五曰裂。五刑之屬各有五，合二十五等。不立十惡之目，而重惡逆、不道、大不敬、不孝、不義、内亂之罪。凡惡逆，肆之三日。盜賊羣攻鄉邑及入人家者，殺之無罪。若報讎者，告於法而自殺之，不坐。經爲盜者，注其籍，唯皇宗則否。凡死罪枷而拲，流罪枷而梏，徒罪枷，鞭罪桎，杖罪散以待斷。皇族及有爵者，死罪已下鎖之，徒已下散之。獄成將殺者，書其姓名及其罪於拲而殺之市，唯皇族與有爵者隱獄。

其贖杖刑五，金一兩至五兩。贖鞭刑五，金六兩至十兩。贖徒刑五，一年金十二兩，二年十五兩，三年一斤二兩，四年一斤五兩，五年一斤八兩。贖流刑，一斤十二兩，俱役六年，不以遠近爲差等。贖死罪，金二斤。鞭者以一百爲限。加笞者，合二百止。應加鞭笞者，皆先笞後鞭。婦人當笞者，聽以贖論。徒輸作者，皆任其所能而役使之。杖十已上，當加者上就次，數滿乃坐。當減者，死罪流蕃服，蕃服已下俱至徒五年。五年以下，各以一等爲差。盜賊及謀反、大逆、降叛、惡逆罪，當流者，皆甄一房配爲雜户。其爲盜賊事發逃亡者，懸名注配。若再犯徒、三犯鞭者，一身永配下役。應贖金者，鞭杖十，收中絹一匹。流徒者，依限歲收絹十二匹。死罪者一百匹。其贖刑，死罪五旬，流刑四旬，徒刑三旬，鞭刑二旬，杖刑一旬。限外不輸者，歸於法。貧者請而免之。大凡定法一千五百三十七條，班之天下。其大略滋章，條流苛密，比於齊法，煩而不要。

又初除復讎之法，犯者以殺論。時晉公護將有異志，欲寬政以取人心，然闇於知人，所委多不稱職。既用法寬弛，不足制姦，子弟僚屬，皆竊弄其權，百姓愁怨，控告無所。武帝性甚明察，自誅護後，躬覽萬機，雖骨肉無所縱捨，用法嚴正，中外肅然。自魏、晉相承，死罪其重者，妻子皆以補兵。魏虜西涼之人，沒入名爲隸户。魏武入關，隸户皆在東魏，後齊因之，仍供廝役。建德六年，齊平後，帝欲施輕典於新國，乃詔凡諸雜户，悉放爲百姓。自是無復雜户。其後又以齊之舊俗，未改昏政，賊盜姦宄，頗乖憲章。其年，又爲刑書要制以督之。其大抵持仗羣盜一匹以上，不持仗羣盜五匹以上，監臨主掌自盜二十匹以上，盜及詐請官物三十匹以上，正長隱五户及十丁以上、及地三頃以上〔三〕，皆死。自餘依大律。由是澆詐頗息焉。

宣帝性殘忍暴戾，自在儲貳，惡其叔父齊王憲及王軌、宇文孝伯等。及即位，並先誅戮，由是內外不安，俱懷危懼。帝又恐失衆望，乃行寬法，以取衆心。宣政元年八月，詔制九條，宣下州郡。大象元年，又下詔曰：「高祖所立刑書要制，用法深重，其一切除之。」然帝荒淫日甚，惡聞其過，誅殺無度，疏斥大臣。又數行肆赦，爲姦者皆輕犯刑法，政令不一，下無適從。於是又廣刑書要制，而更峻其法，謂之刑經聖制。宿衞之官，一日不直，罪至削除。逃亡者皆死，而家口籍没。上書字誤者，科其罪。鞭杖皆百二十爲度，名曰天杖，其後又加至二百四十。又作礔礰車，以威婦人。其決人罪，云「與杖」者，即一百二十，「多打」者，即二百四十。帝既酣飲過度，嘗中飲，有下士楊文祐白宮伯長孫覽，求歌曰：「朝亦醉，暮亦醉。日日恒常醉，政事日無次。」鄭譯奏之，帝怒，命賜杖二百四十而致死。後更令中士皇甫猛歌，猛歌又諷諫。鄭譯又以奏之，又賜猛杖一百二十。是時下自公卿，內及妃后，咸加棰楚，上下愁怨。及帝不豫，而內外離心，各求苟免。隋高祖爲相，又行寬大之典，删略舊律，作刑書要制。既成奏之，靜帝下詔頒行。諸有犯罪未科決者，並依制處斷。

高祖既受周禪，開皇元年，乃詔尚書左僕射、渤海公高熲，上柱國、沛公鄭譯，上柱國、清河郡公楊素，大理前少卿、平源縣公常明，刑部侍郎、保城縣公韓濬，比部侍郎李諤，兼考功侍郎柳雄亮等，更定新律，奏上之。其刑名有五：一曰死刑二，有絞，有斬。二曰流刑三，有一千里、千五百里、二千里。應配者，一千里居作二年，一千五百里居作二年半，二千里居作三年。應住居作者，三流俱役三年。近流加杖一百，一等加三十。三曰徒刑五，有一年、一年半、二年、二年半、三年。四曰杖刑五，自五十至于百〔三三〕。五曰笞刑五，自十至于五十。而蠲除前代鞭刑及梟首、轘裂之法，其流、徒之罪皆減從輕〔三三〕，唯大逆謀反叛者，父子兄弟皆斬，家口沒官。又置十惡之條，多採後齊之制，而頗有損益。一曰謀反，二曰謀大逆，三曰謀叛，四曰惡逆，五曰不道，六曰大不敬，七曰不孝，八曰不睦，九曰不義，十曰內亂。犯十惡及故殺人獄成者，雖會赦，猶除名。

其在八議之科，及官品第七已上犯罪，皆例減一等。其品第九已上犯者，聽贖。應贖者，皆以銅代絹。贖銅一斤爲一負，負十爲殿。笞十者銅一斤，加至杖百則十斤。徒一年，贖銅二十斤，每等則加銅十斤，三年則六十斤矣。流一千里，贖銅八十斤，每等則加銅十斤，二千里則百斤矣。二死皆贖銅百二十斤。犯私罪以官當徒者，五品已上，一官當徒二年；九品已上，一官當徒一年；當流者，三流同比徒三年〔三四〕。若犯公罪者，徒各加一年，當流者各加一等。其累徒過九年者，流二千里。定訖，詔頒之曰：

帝王作法，沿革不同，取適於時，故有損益。夫絞以致斃，斬則殊形〔三五〕，除惡之體，於斯已極。梟首轘身，義無所取，不益懲肅之理，徒表安忍之懷。鞭之爲用，殘剥膚體，徹骨侵肌，酷均臠切。雖云遠古之式，事乖仁者之刑，梟轘及鞭，並令去也。貴礪帶之書，不當徒罰，廣軒冕之蔭，旁及諸親。流役六年，改爲五載，刑徒五歲，變從三祀。其餘以輕代重，化死爲生，條目甚多，備於簡策。宜班諸海内，爲時軌範，雜格嚴科，並宜除削。先施法令，欲人無犯之心，國有常刑，誅而不怒之義。措而不用，庶或非遠，萬方百辟，知吾此懷。

自前代相承，有司訊考，皆以法外。或有用大棒束杖，車輻鞵底，壓踝杖桄之屬，楚毒備至，多所誣伏。雖文致於法，而每有枉濫，莫能自理。至是盡除苛慘之法，訊囚不得過二百，枷杖大小，咸爲之程品，行杖者不得易人。

帝又以律令初行，人未知禁，故犯法者衆。又下吏承苛政之後，務鍛鍊以致人罪。乃詔申勑四方，敦理辭訟。有枉屈縣不理者，令以次經郡及州省，仍不理，乃詣闕申訴。有所未愜，聽撾登聞鼓，有司録狀奏之。

帝又每季親録囚徒。常以秋分之前，省閲諸州申奏罪狀。三年，因覽刑部奏，斷獄數猶至萬條。以爲律尚嚴密，故人多陷罪。又勑蘇威、牛弘等，更定新律〔三六〕。除死罪八十一條，流罪一百五十四條，徒杖等千餘條，定留唯五百條，凡十二卷。一曰名例，二曰衞禁，三曰職制，四曰户婚，五曰廐庫，六曰擅興，七曰賊盗，八曰鬭訟，九曰詐僞，十曰雜律，十一曰捕亡，十二曰斷獄。自是刑網簡要，疎而不失。於是置律博士弟子員。斷決大獄，皆先牒明法，定其罪名，然後依斷。五年，侍官慕容天遠糾都督田元冒請義倉事實，而始平縣律生輔恩，舞文陷天遠，遂更反坐。帝聞之，乃下詔曰：「人命之重，懸在律文，刊定科條，俾令易曉。分官命職，恒選循吏，小大之獄，理無疑舛。而因襲往代，别置律官，報判之人，推其爲首。殺生之柄，常委小人，刑罰所以未清，威福所以妄作。爲政之失，莫大於斯。其大理律博士、尚書刑部曹明法、州縣律生，並可停廢。」自是諸曹決事，皆令具寫律文斷之。六年，勑諸州長史已下、行參軍已上，並令習律，集京之日，試其通不。又詔免尉迥、王謙、司馬消難三道逆人家口之配没者，悉官酬贖，使爲編户。因除孥戮相坐之法。又命諸州囚有處死，不得馳驛行決。

高祖性猜忌，素不悦學，既任智而獲大位，因以文法自矜，明察臨下。恒令左右覘視内外，有小過失，則加以重罪。又患令史贓汙，因私使人以錢帛遺之，得犯立斬。每於殿廷打人，一日之中，或至數四。嘗怒問事揮楚不甚，即命斬之。十年，尚書左僕射高熲、治書侍御史柳彧等諫，以爲朝堂非殺人之所，殿庭非決罰之地。帝不納。熲等乃盡詣朝堂請罪，曰：「陛下子育羣生，務在去弊，而百姓無知，犯者不息，致陛下決罰過嚴。皆臣等不能有所裨益，請自退屏，以避賢路。」帝於是顧謂領左右都督田元曰：「吾杖重乎？」元曰：「重。」帝問其狀，元舉手曰：「陛下杖大如指，捶楚人三十者，比常杖數百，故多致死。」帝不懌，乃令殿内去杖，欲有決罰，各付所由。後楚州行參軍李君才上言，帝寵高熲過甚，上大怒，命杖之，而殿内無杖，遂以馬鞭笞殺之。自是殿内復置杖。未幾怒甚，又於殿庭殺人，兵部侍郎馮基固諫，帝不從，竟於殿庭行決。帝亦尋悔，宣慰馮基，而怒羣僚之不諫者。十二年，帝以用律者多致踳駁，罪同論異。詔諸州死罪不得便決，悉移大理案覆，事盡然後上省奏裁。十三年，改徒及流並爲配防。十五年制，死罪者三奏而後決〔三七〕。十六年，有司奏合川倉粟少七千石，命斛律孝卿鞫問其事，以爲主典所竊。復令孝卿馳驛斬之，没其家爲奴婢，鬻粟以填之。是後盜邊糧者，一升已上皆死，家口没官〔三八〕。上又以典吏久居其職，肆情爲姦。諸州縣佐史，三年一代〔三九〕，經任者不得重居之。十七年，詔又以所在官人，不相敬憚，多自寬縱，事難克舉。諸有殿失，雖備科條，或據律乃輕，論情則重，不即決罪，無以懲肅。其諸司屬官，若有愆犯，聽於律外斟酌決杖。於是上下相驅，迭行捶楚，以殘暴爲幹能，以守法爲懦弱。

是時帝意每尚慘急，而姦回不止，京市白日，公行掣盜，人間强盜，亦往往而有。帝患之，問羣臣斷禁之法。楊素等未及言，帝曰：「朕知之矣。」詔有糾告者〔四〇〕，没賊家産業，以賞糾人。時月之間，内外寧息。其後無賴之徒，候富人子弟出路者，而故遺物於其前，偶拾取則擒以送官，而取其賞。大抵被陷者甚衆。帝知之，乃命盜一錢已上皆棄市。行旅皆晏起晚宿〔四一〕，天下懍懍焉。此後又定制，行署取一錢已上，聞見不告言者，坐至死。自此四人共盜一榱桶，三人同竊一瓜，事發即時行決。有數人劫執事而謂之曰：「吾豈求財者邪？但爲枉人來耳。而爲我奏至尊，自古以來，體國立法，未有盜一錢而死也。而不爲我以聞，吾更來，而屬無類矣。」帝聞之，爲停盜取一錢棄市之法。

帝嘗發怒，六月棒殺人。大理少卿趙綽固爭曰：「季夏之月，天地成長庶類。不可以此時誅殺。」帝報曰：「六月雖曰生長，此時必有雷霆。天道既於炎陽之時，震其威怒，我則天而行，有何不可。」遂殺之。大理掌固來曠上封事，言大理官司恩寬。帝以曠爲忠直，遣每旦於五品行中參見。曠又告少卿趙綽濫免徒囚，帝使信臣推驗，初無阿曲。帝又怒曠，命斬之。綽因固爭，以爲曠不合死。帝乃拂衣入閤，綽又矯言，「臣更不理曠，自有他事未及奏聞」。帝命引入閤，綽再拜請曰：「臣有死罪三。臣爲大理少卿，不能制馭掌固，使曠觸挂天刑，死罪一也。囚不合死，而臣不能死爭，死罪二也。臣本無他事，而妄言求入，死罪三也。」帝解顏。會獻皇后在坐，帝賜綽二金盃酒，飲訖，并以盃賜之。曠因免死，配徒廣州。

帝以年齡晚暮，尤崇尚佛道，又素信鬼神。二十年，詔沙門道士壞佛像天尊，百姓壞岳瀆神像，皆以惡逆論。帝猜忌二朝臣寮，用法尤峻。御史監師，於元正日不劾武官衣劍之不齊者，或以白帝，帝謂之曰：「爾爲御史，何縱捨自由。」命殺之。諫議大夫毛思祖諫，又殺之。左領軍府長史考校不平，將作寺丞以課麥䴷遲晚〔四二〕，武庫令以署庭荒蕪，獨孤師以受蕃客鸚鵡，帝察知，並親臨斬決。

仁壽中，用法益峻，帝既喜怒不恒，不復依準科律。時楊素正被委任。素又稟性高下，公卿股慄，不敢措言。素於鴻臚少卿陳延不平，經蕃客館，庭中有馬屎，又庶僕氈上樗蒲。旋以白帝，帝大怒曰：「主客令不灑埽庭内，掌固以私戲汙敗官氈〔四三〕，罪狀何以加此。」皆於西市棒殺，而榜捶陳延，殆至於斃。大理寺丞楊遠、劉子通等，性愛深文，每隨牙奏獄，能承順帝旨。帝大悦，並遣於殿庭三品行中供奉，每有詔獄，專使主之。候帝所不快，則案以重抵，無殊罪而死者，不可勝原。遠又能附楊素，每於塗中接候，而以囚名白之，皆隨素所爲輕重。其臨終赴市者，莫不塗中呼枉，仰天而哭。越公素侮弄朝權，帝亦不之能悉。

煬帝即位，以高祖禁網深刻，又敕修律令，除十惡之條。時斗稱皆小舊二倍〔四四〕，其贖銅亦加二倍爲差。杖百則三十斤矣。徒一年者六十斤，每等加三十斤爲差，三年則一百八十斤矣。流無異等，贖二百四十斤。二死同贖三百六十斤。其實不異開皇舊制。

釁門子弟，不得居宿衞近侍之官。先是蕭巖以叛誅，崔君綽坐連庶人勇事，家口籍没。巖以中宮故，君綽緣女入宮愛幸，帝乃下詔革前制曰：「罪不及嗣，既弘至孝之道，恩由義斷，以勸事君之節。故羊鮒從戮，彌見叔向之誠，季布立勳，無預丁公之禍，用能樹聲往代，貽範將來。朕虛己爲政，思遵舊典，推心待物，每從寬政。六位成象，美厥含弘，一眚掩德，甚非謂也。諸犯罪被戮之門，朞已下親，仍令合仕，聽預宿衞近侍之官。」

三年，新律成。凡五百條，爲十八篇。詔施行之，謂之大業律：一曰名例，二曰衞宮，三曰違制，四曰請求，五曰户，六曰婚，七曰擅興，八曰告劾，九曰賊，十曰盜，十一曰鬭，十二曰捕亡，十三曰倉庫，十四曰廐牧，十五曰關市，十六曰雜，十七曰詐僞，十八曰斷獄。其五刑之内，降從輕典者，二百餘條。其枷杖決罰訊囚之制，並輕於舊。是時百姓久厭嚴刻，喜於刑寬。後帝乃外征四夷，内窮嗜慾，兵革歲動，賦斂滋繁。有司皆臨時迫脅，苟求濟事，憲章遐棄，賄賂公行，窮人無告，聚爲盜賊。帝乃更立嚴刑，勅天下竊盜已上，罪無輕重，不待聞奏，皆斬。百姓轉相羣聚，攻剽城邑，誅罰不能禁。帝以盜賊不息，乃益肆淫刑。九年，又詔爲盜者籍没其家。自是羣賊大起，郡縣官人，又各專威福，生殺任情矣。

及楊玄感反，帝誅之，罪及九族。其尤重者，行轘裂梟首之刑。或磔而射之，命公卿已下，臠噉其肉。百姓怨嗟，天下大潰。及恭帝即位，獄訟有歸焉。

校勘記

〔一〕齋居決事　「居」，宋甲本作「而」。

〔二〕此所謂匹夫私讎　「所」字原闕，據宋甲本、宋乙本、至順本補。

〔三〕實難去弊　「弊」，册府卷六一〇刑法部定律令作「取」。

〔四〕鞭杖二百鞭杖一百鞭杖五十　「二百」、「一百」、「五十」，通典卷一六四刑法二刑制中分别作「一百」、「五十」、「四十」。

〔五〕又有八等之差　「又」字原闕，據宋甲本、宋乙本、至順本補。通典卷一六四刑法二刑制中、册府卷六一〇刑法部定律令亦有「又」字。

〔六〕杖督三十　「三十」，通典卷一六四刑法二刑制中作「四十」。

〔七〕斗械　原作「升械」，據北宋本通典卷一六四刑法二刑制中、册府卷六一〇刑法部定律令改。

〔八〕廣三分　「分」，原作「寸」，鞭恐不能達三寸之寬，疑誤。御覽卷六四九刑法部一五鞭引晉令有鞭之規格，作「廣三分」，今據改。

〔九〕其以職員應罰　「員」，疑當作「負」，下文北齊「鞭杖十爲一負」，隋「贖銅一斤爲一負」。

〔一〇〕謫配材官冶士　「謫」字原闕，據北宋本和十通本通典卷一六四刑法二刑制中、宋本册府卷六一〇刑法部定律令補。

〔一一〕亦以輕重爲差　「以」，原作「有」，據宋甲本、宋乙本、至順本改。

〔一二〕關中侯已下　「下」，原作「上」，據通典卷一六四刑法二刑制中改。

〔一三〕科三十卷　「三十」，梁書卷二武帝紀中作「四十」。

〔一四〕其年十一月甲子　「一」字原闕，十月無甲子，據梁書卷二武帝紀中補。

〔一五〕自今逋讁之家　「逋」，原作「捕」，據梁書卷二武帝紀中天監十一年正月壬辰詔改。

〔一六〕著斗械　「斗械」，原作「升械」，據册府卷二六一儲宮部忠諫改。

〔一七〕權親京師雜事　「權親」，宋甲本作「權視」。通典卷一七〇刑法八舞紊亦作「權視」。

〔一八〕於事爲劇　「事」，原作「辛」，據通典卷一七〇刑法八舞紊、册府卷二六一儲宮部忠諫改。

〔一九〕義同箇絲　「絲」，原作「約」，據宋甲本改。册府卷二六一儲宮部忠諫亦作「絲」。

〔二〇〕令科四十卷　「科」，原作「律」，據宋甲本、至順本、汲本改。册府卷六一一刑法部定律令亦作「科」。此句唐六典卷六尚書刑部注作「令三十卷、科三十卷」，通典卷一六四刑法二刑制中作「科三十卷」。

〔二一〕免死付治　「治」，原作「冶」，據宋甲本改。北宋本通典卷一六四刑法二刑制中亦作「治」。本卷二字混用，不另出校。「免死」之上，通典有「雖經赦」三字。

〔二二〕鎖二重其五歲刑已下並鎖一重　二「鎖」，册府卷六一一刑法部定律令並作「鉗」；「二」，至順本作「一」，北宋本和十通本通典卷一六四刑法二刑制中作「三」。

〔二三〕著三械加拲手至市脱手械及拲手焉　「三」，宋甲本作「二」。「拲」，原作「壼」。通典卷一六四刑法二刑制中作「拲」，注「拲，音拱，兩手曰拲」。按本卷下文，北周「凡死罪枷而拲」，「獄成將殺者，書其姓名及其罪於拲而殺之市」。今據改。

〔二四〕三公録冤局令史　「史」字原闕，據宋甲本補。

〔二五〕理察囚徒冤枉　「理」，本作「治」，見北宋本通典卷一六四刑法二刑制中。史臣避唐諱改。下文「有枉屈縣不理者」、「令以次經郡及州省，仍不理」等同，不另出校。

〔二六〕大獄動至十人　「十人」，通考卷一六五刑考四刑制作「千人」。

〔二七〕又上新令四十卷　「四十」，通典卷一六四刑法二刑制中作「三十」，唐六典卷六刑部郎中員外郎條作「五十」。

〔二八〕老小闇癡　「癡」，原作「凝」，據宋甲本改。通典卷一六四刑法二刑制中、册府卷六一一刑法部定律令亦作「癡」。

〔二九〕不加宫刑　「宫」，原作「害」，據通典卷一六四刑法二刑制中、册府卷六一一刑法部定律令改。

〔三〇〕至保定三年二月庚子乃就　「二月」，原作「三月」，據周書卷五武帝紀上、北史卷一〇周本紀下武帝紀、册府卷六一一刑法部定律令改。

〔三一〕正長隱五户及十丁以上及地三頃以上　「十」、「三」二字原脱，據周書卷六武帝紀下、北史卷一〇周本紀下武帝紀、册府卷六一一刑法部定律令補。「十丁」，通典卷一六四刑法二刑制中作「丁五」；「三頃」，通鑑卷一七三陳紀七宣帝太建九年作「頃」。

〔三二〕自五十至于百　「五十」，通典卷一六四刑法二刑制中、册府卷六一一刑法部定律令作「六十」。

〔三三〕其流徒之罪皆減從輕　「流」，原作「法」，據通典卷一六四刑法二刑制中、册府卷六一一刑法部定律令改。

〔三四〕三流同比徒三年　「同」，原作「周」，據通典卷一六四刑法二刑制中、册府卷六一一刑法部定律令改。通典「同」下有「皆」，唐律疏議卷二名例云「以官當流者，三流同比徒四年」。

〔三五〕斬則殊形　「形」，宋甲本、大德本、南監本作「刑」。册府卷六一一刑法部定律令亦作「刑」。

〔三六〕又勑蘇威牛弘等更定新律　「又」字原闕，據宋甲本、宋乙本、至順本、汲本、殿本補。隋書詳節卷八刑法志亦有「又」字。

〔三七〕十五年制死罪者三奏而後決　本書卷二高祖紀下繫其事於十六年八月。

〔三八〕「十六年」至「是後盜邊糧者一升已上皆死家口没官」　按本書卷二高祖紀下：十五年「十二月戊子，勑盜邊糧一升已上皆斬，並籍没其家」。「一升」，通典卷一七〇刑法八峻酷作「一斗」。

〔三九〕諸州縣佐史三年一代　此處上承十六年。本書卷二高祖紀下繫其事於十四年十一月壬戌。

〔四〇〕詔有糾告者　「有」，宋甲本、宋乙本、至順本、汲本、殿本作「有能」。

〔四一〕晏起晚宿　「晚」，御覽卷六四六刑法部一二棄市引隋書作「早」。

〔四二〕課麥䴹遲晚　「課」，原作「諫」，據通典卷一七〇刑法八峻酷、通鑑卷一七八隋紀二文帝開皇十七年三月條改。

〔四三〕掌固以私戲汙敗官氊　「固」，原作「國」，據宋甲本、宋乙本、至順本改。

〔四四〕時斗稱皆小舊二倍　「斗稱」，原作「升稱」，據通典卷一六四刑法二刑制中、册府卷六一一刑法部定律令改。

隋書卷二十六

志第二十一

百官上

易曰：「天尊地卑，乾坤定矣，卑高既陳，貴賤位矣。」是以聖人法乾坤以作則，因卑高以垂教，設官分職，錫珪胙土。由近以制遠，自中以統外，內則公卿大夫士，外則公侯伯子男。咸所以協和萬邦，平章百姓，允釐庶績，式敍彝倫。其由來尚矣。然古今異制，文質殊途，或以龍表官，或以雲紀職，放勛即分命四子，重華乃爰置九官，夏倍於虞，殷倍於夏，周監二代，沿革不同。其道既文，置官彌廣。逮于戰國，戎馬交馳，雖時有變革，然猶承周制。秦始皇廢先王之典，焚百家之言，創立朝儀，事不師古，始罷封侯之制，立郡縣之官。太尉主五兵，丞相總百揆，又置御史大夫，以貳於相。自餘衆職，各有司存。漢高祖除暴寧亂，輕刑約法，而職官之制，因於嬴氏。其間同異，抑亦可知。光武中興，聿遵前緒，唯廢丞相與御史大夫，而以三司綜理衆務。洎于叔世，事歸臺閣，論道之官，備員而已。魏、晉繼及，大抵略同，爰及宋、齊，亦無改作。梁武受終，多循齊舊。然而定諸卿之位，各配四時，置戎秩之官，百有餘號。陳氏繼梁，不失舊物。高齊創業，亦遵後魏，臺省位號，與江左稍殊，所有節文，備詳於志。有周創據關右，日不暇給，洎乎克清江、漢，爰議憲章。酌酆鎬之遺文，置六官以綜務，詳其典制，有可稱焉。高祖踐極，百度伊始，復廢周官，還依漢、魏。唯以中書爲内史，侍中爲納言，自餘庶僚，頗有損益。煬帝嗣位，意存稽古，建官分職，率由舊章。大業三年，始行新令。于時三川定鼎，萬國朝宗，衣冠文物，足爲壯觀。既而以人從欲，待下若讎，號令日改，官名月易。尋而南征不復，朝廷播遷，圖籍注記，多從散逸。今之存録者，不能詳備焉。

梁武受命之初，官班多同宋、齊之舊，有丞相、太宰、太傅、太保、大將軍、大司馬、太尉、司徒、司空、開府儀同三司等官。諸公及位從公開府者，置官屬，有長史、司馬、諮議參軍、掾屬、從事中郎、記室、主簿、列曹參軍、行參軍、舍人等官。其司徒則有左、右二長史，又增置左西掾一人，自餘僚佐，同於二府。有公則置，無則省。而司徒無公，唯省舍人，餘官常置。開府儀同三司，位次三公，諸將軍、左右光禄大夫，優者則加之，同三公置官屬。

特進，舊位從公。武帝以鄧禹列侯就第，特進奉朝請，是特引見之稱，無官定體。於是革之。

尚書省，置令，左、右僕射各一人。又置吏部、祠部、度支、左户、都官、五兵等六尚書。左右丞各一人。吏部、删定、三公、比部、祠部、儀曹、虞曹、主客、度支、殿中、金部、倉部、左户、駕部、起部、屯田、都官、水部、庫部、功論、中兵、外兵、騎兵等郎二十三人〔一〕。令史百二十人，書令史百三十人。

尚書掌出納王命，敷奏萬機。令總統之。僕射副令，又與尚書分領諸曹。令闕，則左僕射爲主。其祠部尚書多不置，以右僕射主之。若左、右僕射並闕，則置尚書僕射，以掌左事，置祠部尚書，以掌右事。然則尚書僕射、祠部尚書不恒置矣。又有起部尚書，營宗廟宮室則權置之。事畢則省，以其事分屬都官、左户二尚書。左、右丞各一人，佐令、僕射知省事。左掌臺内分職儀、禁令、報人章，督録近道文書章表奏事，糾諸不法。右掌臺内藏及廬舍、凡諸器用之物，督録遠道文書章表奏事。凡諸尚書文書，詣中書省者，密事皆以挈囊盛之，封以左丞印。自晉以後，八座及郎中，多不奏事。天監元年詔曰：「自禮闈陵替，歷茲永久，郎署備員，無取職事。糠粃文案，貴尚虚閑，空有趨墀之名，了無握蘭之實。曹郎可依昔奏事。」自是始奏事矣。三年，置侍郎，視通直郎。其郎中在職勤能，滿二歲者，轉之。又有五都令史，與左、右丞共知所司。舊用人常輕，九年詔曰：「尚書五都，職參政要，非但總領衆局，亦乃方軌二丞。頃雖求才，未臻妙簡，可革用士流，每盡時彦，庶同持領，秉此羣目。」於是以都令史視奉朝請。其年，以太學博士劉納兼殿中都，司空法曹參軍劉顯兼吏部都，太學博士孔虔孫兼金部都，司空法曹參軍蕭軌兼左户都，宣毅墨曹參軍王顒兼中兵都。五人並以才地兼美，首膺茲選矣。駕部又別領車府署，庫部領南、北武庫二署令丞。

門下省置侍中、給事黄門侍郎各四人，掌侍從左右，擯相威儀，盡規獻納，糾正違闕。監合嘗御藥〔二〕，封璽書。侍中高功者〔三〕，在職一年，詔加侍中祭酒，與侍郎高功者一人，對掌禁令，凡領公車、太官、太醫等令，驊騮厩丞〔四〕。

集書省置散騎常侍、通直散騎常侍各四人，員外散騎常侍無員，散騎侍郎、通直郎各四人。又有員外散騎侍郎、給事中、奉朝請。常侍、侍郎，掌侍從左右，獻納得失，省諸奏聞文書。意異者，隨事爲駁。集録比詔比璽，爲諸優文策文，平處諸文章詩頌。常侍高功者一人爲祭酒，與侍郎高功者一人，對掌禁令，糾諸逋違。

駙馬、奉車、車騎三都尉〔五〕，並無員。駙馬以加尚公主者，無班秩。

散騎常侍、通直散騎常侍、員外散騎常侍，舊並爲顯職，與侍中通官。宋代以來，或輕或雜，其官漸替。天監六年革選，詔曰：「在昔晉初，仰惟盛化，常侍、侍中，並奏帷幄，員外常侍，特爲清顯。陸始名公之胤，位居納言，曲蒙優禮，方有斯授。可分門下二局，委散騎常侍。尚書案奏，分曹入集書。通直常侍，本爲顯爵，員外之選，宜參舊准人數，依正員格。」自是散騎視侍中，通直視中丞，員外視黃門郎。

中書省置監、令各一人，掌出内帝命。侍郎四人，功高者一人，主省内事。又有通事舍人、主事令史等員，及置令史，以承其事。通事舍人，舊入直閤内。梁用人殊重，簡以才能，不限資地，多以他官兼領。其後除通事，直曰中書舍人。

祕書省置監、丞各一人，郎四人，掌國之典籍圖書。著作郎一人，佐郎八人，掌國史，集注起居。著作郎謂之大著作，梁初周捨、裴子野，皆以他官領之。又有撰史學士，亦知史書。佐郎爲起家之選。

御史臺，梁國初建，置大夫，天監元年，復曰中丞。置一人，掌督司百寮。皇太子已下，其在宮門行馬内違法者，皆糾彈之。雖在行馬外，而監司不糾，亦得奏之。專道而行，逢尚書丞郎，亦得停駐。其尚書令、僕、御史中丞，各給威儀十人。其八人武冠絳韝，執青儀囊在前。囊題云「宜官告」〔六〕，以受辭訴。一人緗衣，執鞭杖，依列行，七人唱呼入殿，引喤至階。一人執儀囊，不喤。屬官治書侍御史二人，掌舉劾官品第六已下，分統侍御史。侍御史九人，居曹，掌知其事，糾察不法。殿中御史四人，掌殿中禁衛内事〔七〕。又有符節令史員。

謁者臺，僕射一人，掌朝覲賓饗之事。屬官謁者十人，掌奉詔出使拜假，朝會擯贊。高功者一人爲假史，掌差次謁者。

諸卿，梁初猶依宋、齊，皆無卿名。天監七年，以太常爲太常卿，加置宗正卿，以大司農爲司農卿，三卿是爲春卿。加置太府卿，以少府爲少府卿，加置太僕卿，三卿是爲夏卿。以衛尉爲衛尉卿，廷尉爲廷尉卿，將作大匠爲大匠卿，三卿是爲秋卿。以光禄勳爲光禄卿，大鴻臚爲鴻臚卿，都水使者爲太舟卿，三卿是爲冬卿。凡十二卿，皆置丞及功曹、主簿。而太常位視金紫光禄大夫〔八〕，統明堂、二廟、太史、太祝、廩犧、太樂、鼓吹、乘黄、北館、典客館等令丞，及陵監、國學等。又置協律校尉、總章校尉，監、掌故、樂正之屬，以掌樂事。太樂又有清商署丞，太史別有靈臺丞。詔以爲陵監之名，不出前誥，且宗廟憲章，既備典禮，園寢職司，理不容異，諸正陵先立監者改爲令，於是陵置令矣。

國學，有祭酒一人，博士二人，助教十人，太學博士八人。又有限外博士員。天監四年，置五經博士各一人。舊國子學生，限以貴賤，帝欲招來後進，五館生皆引寒門儁才，不限人數。大同七年，國子祭酒到溉等，又表立正言博士一人，位視國子博士。置助教二人。

宗正卿，位視列曹尚書，主皇室外戚之籍。以宗室爲之。

司農卿，位視散騎常侍，主農功倉廩。統太倉、導官、籍田、上林令，又管樂遊、北苑丞，左右中部三倉丞，莢庫、荻庫、箬庫丞，湖西諸屯主。天監九年，又置勸農謁者，視殿中御史。

太府卿，位視宗正，掌金帛府帑。統左右藏令、上庫丞，掌太市、南北市令〔九〕。關津亦皆屬焉。

少府卿，位視尚書左丞，置材官將軍，左中右尚方、甄官、平水署，南塘邸税庫、東西冶、中黄、細作、炭庫、紙官、柒署等令丞〔一〇〕。

太僕卿，位視黄門侍郎，統南馬牧、左右牧、龍廐、内外廐丞。又有弘訓太僕，亦置屬官。

衞尉卿，位視侍中，掌宫門屯兵。卿每月、丞每旬行宫徼，糾察不法。統武庫令、公車司馬令。又有弘訓衞尉，亦置屬官。

廷尉卿，梁國初建，曰大理，天監元年，復改爲廷尉。有正、監、平三人。元會，廷尉三官，與建康三官，皆法冠玄衣朝服，以監東、西、中華門。手執方木，長三尺，方一寸，謂之執方。四年，置胄子律博士，位視員外郎。

大匠卿，位視太僕，掌土木之工。統左、右校諸署。

光禄卿，位視太子中庶子，掌宮殿門户。統守宮、黄門、華林園、暴室等令。又有左右光禄、金紫光禄、太中、中散等大夫，並無員，以養老疾。

鴻臚卿，位視尚書左丞，掌導護贊拜。

太舟卿，梁初爲都水臺，使者一人，參軍事二人，河堤謁者八人。七年，改焉。位視中書郎，列卿之最末者也。主舟航堤渠。

大長秋，主諸宦者〔二〕，以司宮闈之職。統黄門、中署、奚官、暴室、華林等署。

領軍，護軍，左、右衛，驍騎，游騎等六將軍，是爲六軍。又有中領、中護，資輕於領、護。又左右前後四將軍，左右中郎將，屯騎、步騎、越騎、長水、射聲等五營校尉，武賁、冗從、羽林三將軍，積射、强弩二軍，殿中將軍、武騎之職，皆以分司丹禁，侍衛左右。天監六年，置左右驍騎、左右游擊將軍，位視二率。改舊驍騎曰雲騎，游擊曰游騎，降左右驍、游一階。又置朱衣直閤將軍，以經爲方牧者爲之。其以左右驍、游帶領者，量給儀從。

太子太傅一人，位視尚書令。少傅一人，位視左僕射。天監初，又置東宮常侍，皆散騎常侍爲之。

詹事，位視中護軍，任總宫朝。二傅及詹事，各置丞、功曹、主簿、五官，家令、率更令、僕各一人。家令，自宋、齊已來，清流者不爲之。天監六年，帝以三卿陵替，乃詔革選。家令視通直常侍，率更、僕視黄門，三寺皆置丞〔一二〕。中大通三年，以昭明太子妃居金華宫，又置金華家令。

左、右衞率各一人，位視御史中丞。各有丞。左率領果毅、統遠、立忠、建寧、陵鋒、夷寇〔一三〕、祚德等七營，右率領崇榮、永吉、崇和、細射等四營。二率各置殿中將軍十人，員外將軍十人，正員司馬四人。又有員外司馬督官。其屯騎、步兵、翊軍三校尉各一人，謂之三校。旅賁中郎將、宂從僕射各一人，謂之二將。左、右積弩將軍各一人。門大夫一人，視謁者僕射。

中庶子四人，功高者一人爲祭酒。行則負璽，前後部護駕。

中舍人四人，功高者一人，與中庶子祭酒共掌其坊之禁令。又有通事守舍人、典事守舍人、典法守舍人員。

庶子四人，掌侍從左右，獻納得失。高功者一人，與高功舍人共掌其坊之禁令。

舍人十六人，掌文記。通事舍人二人，視南臺御史，多以餘官兼職。典經局洗馬八人，位視通直郎。置典經守舍人、典事守舍人員。又有外監殿局，內監殿局，導客局，齋內局，主璽、主衣、扶侍等局，門局，錫庫局，內厩局，中藥藏局，食官局，外厩局，車厩局等，各置有司，以承其事。

皇弟、皇子府，置師，長史，司馬，從事中郎，諮議參軍，友〔二四〕，掾屬，中録事、中記室、中直兵等參軍，功曹史，録事、記室、中兵等參軍，文學，主簿，正參軍、行參軍、長兼行參軍等員。嗣王府則減皇弟皇子府師、友、文學、長兼行參軍。蕃王府則又減嗣王從事中郎，諮議參軍，掾屬，録事、記室、中兵參軍等員。自此以下，則並不登二品。

王國置郎中令、將軍、常侍官，又置典祠令、廟長、陵長、典醫丞、典府丞、典書令、學官令、食官長、中尉、侍郎、執事中尉、司馬、謁者、典衛令、舍人、中大夫、大農等官。嗣王國則唯置郎中令、中尉、常侍、大農等員。蕃王則無常侍。自此以下，並不登二品。

諸王皆假金獸符第一至第五左，竹使符第一至第十左。諸公侯皆假銅獸符、竹使符第一至第五。名山大澤不以封。鹽鐵金銀銅錫，及竹園、別都宮室園圃，皆不以屬國。

諸王言曰令，境內稱之曰殿下。公侯封郡縣者，言曰教，境內稱之曰第下。自稱皆曰寡人。相以下，公文上事，皆詣典書。世子主國，其文書、表疏、儀式，如臣而不稱臣。文書下羣官，皆言告。諸王公侯國官，皆稱臣。上於天朝，皆稱陪臣。有所陳，皆曰上疏。

其公文曰言事。五等諸公，位視三公，班次之。開國諸侯，位視孤卿、重號將軍、光禄大夫，班次之。開國諸伯，位視九卿，班次之。開國諸子，位視二千石，班次之。開國諸男，位視比二千石，班次之。公已下，各置相、典祠、典書令、典衞長一人。而伯子典書謂之長，典衞謂之丞。男典祠謂之長，典書謂之丞，無典衞。諸公已下，臺爲選置相，掌知百姓事。典祠已下，自選補上。諸列侯食邑千户已上，置家丞、庶子員。不滿千户，則但置庶子員。

州刺史二千石，受拜之明日，辭宫廟而行。州置别駕、治中從事各一人，主簿、西曹、議曹從事、祭酒從事、部傳從事、文學從事，各因其州之大小而置員。郡置太守，置丞。國曰内史。郡丞，三萬户以上，置佐一人。

縣爲國曰相，大縣爲令，小縣爲長，皆置丞、尉。郡縣置吏，亦各准州法，以大小而制員。郡縣吏有書僮，有武吏，有醫，有迎新、送故等員。亦各因其大小而置焉。

建康舊置獄丞一人。天監元年，詔依廷尉之官，置正、平、監，革選士流，務使任職。又令三官更直一日，分受罪繫，事無小大，悉與令籌。若有大事，共詳，三人具辨。脱有同異，各立議以聞。尚書水部郎袁孝然、議曹郎孔休源並爲之。位視給事中。

天監初，武帝命尚書删定郎濟陽蔡法度，定令爲九品。秩定，帝於品下注一品秩爲萬石，第二第三爲中二千石，第四第五爲二千石。至七年，革選，徐勉爲吏部尚書，定爲十八班。以班多者爲貴，同班者，則以居下者爲劣。

丞相、太宰、太傅、太保、大司馬、大將軍、太尉、司徒、司空，爲十八班。

諸將軍開府儀同三司、左右光禄開府儀同三司，爲十七班。

尚書令、太子太傅、左右光禄大夫，爲十六班。

尚書左僕射，太子少傅，尚書僕射、右僕射，中書監，特進，領、護軍將軍，爲十五班。

中領、護軍，吏部尚書，太子詹事，金紫光禄大夫，太常卿，爲十四班。

中書令，列曹尚書，國子祭酒，宗正、太府卿，光禄大夫，爲十三班。

侍中，散騎常侍，左、右衞將軍，司徒左長史，衞尉卿，爲十二班。

御史中丞，尚書吏部郎，祕書監，通直散騎常侍，太子左、右二衞率，左、右驍騎，左、右游擊，太中大夫，皇弟皇子師，司農、少府、廷尉卿，太子中庶子，光禄卿，爲十一班。

給事黄門侍郎，員外散騎常侍，皇弟皇子府長史，太僕、大匠卿，太子家令、率更令、僕，揚州别駕，中散大夫，司徒右長史，雲騎，游騎，皇弟皇子府司馬，朱衣直閤將軍，爲十班。

尚書左丞，鴻臚卿，中書侍郎，國子博士，太子庶子，揚州中從事，皇弟皇子公府從事中郎，太舟卿，大長秋，皇弟皇子府諮議，嗣王府長史，前左右後四軍、嗣王府司馬，庶姓公府長史、司馬，爲九班。

祕書丞，太子中舍人，司徒左西掾，司徒屬，皇弟皇子友，散騎侍郎，尚書右丞，南徐州別駕，皇弟皇子公府掾屬，皇弟皇子單爲二衞司馬，嗣王、庶姓公府從事中郎，左、右中郎將，嗣王、庶姓公府諮議，皇弟皇子之庶子府長史、司馬，蕃王府長史、司馬，庶姓持節府長史、司馬，爲八班。

五校，東宮三校，皇弟皇子之庶子府中録事〔一五〕、中記室、中直兵參軍，南徐州中從事，皇弟皇子之庶子府、蕃王府諮議，爲七班。

太子洗馬，通直散騎侍郎，司徒主簿，尚書侍郎，著作郎，皇弟皇子府功曹史，五經博士，皇弟皇子府録事、記室、中兵參軍，皇弟皇子荆江雍郢南兗五州別駕，領、護軍長史、司馬，嗣王、庶姓公府掾屬，南臺治書侍御史，廷尉三官，謁者僕射，太子門大夫，嗣王、庶姓公府中録事、中記室、中直兵參軍，庶姓府諮議，爲六班。

尚書郎中，皇弟皇子文學及府主簿，太子太傅、少傅丞，皇弟皇子湘豫司益廣青衡七州別駕，皇弟皇子荆江雍郢南兗五州中從事，嗣王、庶姓荆江雍郢南兗五州別駕，太常丞，皇弟皇子國郎中令，三將，東宮二將，嗣王府功曹史，庶姓公府録事〔一六〕、記室、中兵參軍，皇弟皇子之庶子府、蕃王府中録事、中記室、中直兵參軍，爲五班。

給事中，皇弟皇子府正參軍，中書舍人，建康三官，皇弟皇子北徐北兗梁交南梁五州別駕〔二七〕，皇弟皇子湘豫司益廣青衡七州別駕、中從事，嗣王庶姓湘豫司益廣青衡七州別駕，嗣王庶姓荆江雍郢南兗五州中從事，宗正、太府、衛尉、司農、少府、廷尉、太子詹事等丞，積射、彊弩將軍，太子左右積弩將軍，皇弟皇子國大農，嗣王國郎中令，嗣王、庶姓公府主簿，皇弟皇子之庶子府、蕃王府功曹史，皇弟皇子之庶子府、蕃王府録事、記室、中兵參軍，爲四班。

太子舍人，司徒祭酒，皇弟皇子公府祭酒，員外散騎侍郎，皇弟皇子府行參軍，太子太傅少傅五官功曹主簿，二衛司馬，公車令，胄子律博士，皇弟皇子越桂寧霍四州別駕，皇弟皇子北徐北兗梁交南梁五州中從事，嗣王庶姓北徐北兗梁交南梁五州別駕，湘豫司益廣青衡七州中從事，嗣王、庶姓公府正參軍，皇弟皇子之庶子府、蕃王府曹主簿，武衛將軍，光禄丞，皇弟皇子國中尉、太僕、大匠丞，嗣王國大農，蕃王國郎中令，庶姓持節府中録事、中記室、中直兵參軍，北館令，爲三班。

祕書郎，著作佐郎，揚、南徐州主簿，嗣王、庶姓公府祭酒，皇弟皇子單爲領護詹事二衛等五官功曹、主簿，太學博士，皇弟皇子國常侍，奉朝請，國子助教，皇弟皇子越桂寧霍四州中從事，皇弟皇子荆江雍郢南兗五州主簿，嗣王庶姓越桂寧霍四州别駕，嗣王庶姓北徐北兗梁交南梁五州中從事，鴻臚丞，尚書五都令史，武騎常侍，材官將軍，明堂二廟帝陵令，嗣王府庶姓公府行參軍，皇弟皇子之庶子府正參軍，蕃王國大農，庶姓持節府録事、記室、中兵參軍，庶姓持節府功曹史，爲二班。

揚南徐州西曹祭酒從事，皇弟皇子國侍郎，嗣王國常侍，揚南徐州議曹從事，東宫通事舍人，南臺侍御史，太舟丞，二衞殿中將軍，太子二率殿中將軍，皇弟皇子之庶子府蕃王府行參軍，蕃王國中尉，皇弟皇子湘豫司益廣青衡七州主簿，皇弟皇子荆雍郢南兗四州西曹祭酒議曹從事，皇弟皇子江州西曹從事祭酒議曹祭酒部傳從事，嗣王庶姓越桂寧霍四州中從事，嗣王庶姓荆江雍郢南兗五州主簿，庶姓持節府主簿，汝陰巴陵二國郎中令，太官、太樂、太市、太史、太醫、太祝、東西冶、左右尚方、南北武庫、車府等令，爲一班。

位不登二品者，又爲七班。

皇弟皇子府長兼參軍，皇弟皇子國三軍，嗣王國侍郎，蕃王國常侍，揚南徐州文學從事，殿中御史，庶姓持節府除正參軍，太子家令丞，二衞殿中員外將軍，太子二率殿中員外將軍，鎮蠻安遠護軍度支校尉等司馬，皇弟皇子北徐北兗梁交南梁五州主簿，皇弟皇子湘豫司益廣青衡七州西曹祭酒議曹從事，皇弟皇子荆雍郢三州從事史、江州議曹從事、南兗州文學從事，嗣王庶姓湘豫司益廣青衡七州主簿，嗣王庶姓荊雍郢南兗四州西曹祭酒議曹從事，嗣王庶姓江州西曹從事祭酒部傳從事、勸農謁者，汝陰巴陵二王國大農，郡公國郎中令，爲七班。

皇弟皇子國典書令，嗣王國三軍，蕃王國侍郎，領護詹事五官功曹，皇弟皇子府參軍督護，嗣王府長兼參軍，庶姓公府長兼參軍，庶姓持節府板正參軍，皇弟皇子越桂寧霍四州主簿，皇弟皇子北徐北兗梁交南梁五州西曹祭酒議曹從事，嗣王庶姓北徐北兗梁交南梁五州主簿，嗣王庶姓湘豫司益廣青衡七州西曹祭酒議曹從事，皇弟皇子豫司益廣青五州文學從事、湘衡二州從事，嗣王庶姓荊霍郢三州從事史、江州議曹從事、南兗州文學從事，汝陰巴陵二王國中尉，皇弟皇子之庶子縣侯國郎中令，郡公國大農，縣公國郎中令，爲六班。

皇弟皇子國三令，嗣王國典書令，蕃王國三軍，皇弟皇子公府東曹督護，嗣王府、庶姓公府參軍督護，皇弟皇子之庶子長兼參軍，蕃王府長兼參軍，二衛正員司馬督，太子二率正員司馬督，領護主簿，詹事主簿，二衛功曹，太常五官功曹，石頭戍軍功曹，庶姓持節府行參軍，皇弟皇子越桂寧霍四州西曹祭酒議曹從事，皇弟皇子北徐北兗梁交南梁五州文學從事，嗣王庶姓越桂寧霍四州主簿，嗣王庶姓北徐北兗梁交南梁五州西曹祭酒議曹從事，嗣王庶姓豫司益廣青五州文學從事、湘衡二州從事，汝陰巴陵二王國常侍，郡公國中尉，縣侯國郎中令，皇弟皇子府功曹督護，爲五班。

嗣王國三令，蕃王國典書令，嗣王府功曹督護，庶姓公府東曹督護，皇弟皇子之庶子府參軍督護，蕃王府參軍督護，二衞員外司馬督，太子二率員外司馬督，二衞主簿，太常主簿，宗正等十一卿五官功曹，石頭戍軍主簿，庶姓持節府板行參軍，皇弟皇子越桂寧霍四州文學從事，嗣王庶姓越桂寧霍四州西曹祭酒議曹從事，嗣王庶姓北徐北兗梁交南梁五州文學從事，汝陰巴陵二王國侍郎，縣公國中尉，爲四班。

蕃王國三令，皇弟皇子之庶子府蕃王府功曹督護，宗正等十一卿主簿，庶姓持節府長兼參軍，嗣王庶姓越桂寧霍四州文學從事，郡公國侍郎，爲三班。

庶姓持節府參軍督護，汝陰巴陵二王國典書令，縣公國侍郎，爲二班。

庶姓持節府功曹督護，汝陰巴陵二王國三令，郡公國典書令，爲一班。

又著作正令史，集書正令史，尚書度支三公正令史，函典書、殿中外監、齊監〔一八〕、東堂監、尚書都官左降正令史，諸州鎮監、石頭城監、琅邪城監、東宮外監、殿中守舍人、齊監、東宮典經守舍人，上庫令，太社令，細作令，導官令，平水令，太官市署丞，正厨丞，酒庫丞，柒署丞〔一九〕，太樂庫丞，別局校丞，清商丞，太史丞，太醫二丞，中藥藏丞，東冶小庫等三丞，作堂金銀局丞，木局丞，北武庫二丞，南武庫二丞，東宮食官丞，上林丞，湖西塼屯丞，茭著庫丞，紋絹簟席丞，國子典學，材官司馬，宣陽等諸門候，東宮導客守舍人，運署謁者，都水左右二裝五城謁者，石城宣城陽新屯謁者，南康建安晉安伐船謁者，晉安練葛屯主，爲三品蘊位。

又門下集書主事通正令史〔二〇〕，中書正令史，尚書正令史，尚書監籍正令史，都正令史，殿中内監，題閤監，婚局監，東宮門下通事守舍人，東宮典書守舍人，東宮内監、殿中守舍人、題閤監，乘黄令，右藏令，籍田令，廩犧令，梅根諸冶令，典客館令，太官四丞，庫丞，太樂丞〔二一〕，東冶太庫丞，左尚方五丞，右尚方四丞，東宮衛庫丞，司農左右中部倉丞，廷尉律博士，公府舍人，諸州別署監，山陰獄丞，爲三品勳位。

其州二十三，並列其高下，選擬略視内職。郡守及丞，各爲十班。縣制七班〔二二〕。用人各擬内職云。

又詔以將軍之名，高卑舛雜，命更加釐定。於是有司奏置一百二十五號將軍。以鎮衛、驃騎、車騎，爲二十四班。内外通用。四征、東南西北，止施外。四中，軍、衛、撫、權〔二三〕，止施内。爲二十三班。八鎮東南西北，止施在外。左右前後，止施在内。爲二十二班。八安東西南北，止施在外。左右前後，止施在内。爲二十一班。四平、東南西北。四翊，左右前後。爲二十班。凡三十五號，爲一品。是爲重號將軍。忠武、軍師，爲十九班。武臣、爪牙、龍騎、雲麾，爲十八班。代舊前後左右四將軍。鎮兵、翊師、宣惠、宣毅，爲十七班。代舊四中郎。十號爲一品。智威、仁威、勇威、信威、嚴威，爲十六班。代舊征虜。智武、仁武、勇武、信武、嚴武，爲十五班。代舊冠軍。十號爲一品，所謂五德將軍者也。輕車、征遠、鎮朔、武旅、貞毅，爲十四班。代舊輔國。凡將軍加大者，唯至貞毅而已。通進一階。優者方得比加位從公。凡督府，置長史司馬諮議諸曹，有録事記室等十八曹。天監七年，更置中録事、中記室、中直兵參軍各一人。寧遠、明威、振遠、電耀、威耀，爲十三班。代舊寧朔。十號爲一品。武威、武騎、武猛、壯武、飈武，爲十二班。電威、馳鋭、追鋒、羽騎、突騎，爲十一班。十號爲一品。折衝、冠武、和戎、安壘、猛烈，爲十班。掃狄、雄信、掃虜、武鋭、摧鋒，爲九班。十號爲一品。略遠、貞威、決勝、開遠、光野，爲八班。厲鋒、輕鋭、討狄、蕩虜、蕩夷，爲七班。十號爲一品。武毅、鐵騎、樓舡、宣猛、樹功，爲六班。克狄、平虜、討夷、平狄、威戎，爲五班。十號爲一品。伏波、雄戟、長劍、衝冠、雕騎，爲四班。佽飛、安夷、克戎、綏狄、威虜，爲三班。十號爲一品。前鋒、武毅、開邊、招遠、金威，爲二班〔二四〕。綏虜、蕩寇、殄虜、橫野、馳射，爲一班。十號爲一品。凡十品，二十四班。亦以班多爲貴。其制品十，取其盈數。班二十四，以法氣序。制簿悉以大號居後，以爲選法自小遷大也。前史所記，以位得從公，故將軍之名，次于台槐之下。至是備其班品，敍於百司之外。

其不登二品，應須軍號者，有牙門、代舊建威。期門，代舊建武。爲八班。候騎、代舊振威。熊渠，代舊振武。爲七班。中堅、代舊奮威。典戎，代舊奮武。爲六班。戈船、代舊揚威。繡衣，代舊揚武。爲五班。執訊、代舊廣威。行陣，代舊廣武。爲四班。鷹揚爲三班。陵江爲二班。偏將軍、裨將軍，爲一班。凡十四號，別爲八班，以象八風。所施甚輕。

又有武安、鎮遠、雄義，擬車騎。爲二十四班。四撫東南西北，擬四征。爲二十三班。四寧東南西北，擬四鎮。爲二十二班。四威東南西北，擬四安。爲二十一班。四綏東南西北，擬四平。爲二十班。凡十九號，爲一品。安遠、安邊，擬忠武、軍師。爲十九班。輔義、安沙、衞海、撫河，擬武臣等四號。爲十八班。平遠、撫朔、寧沙、航海，擬鎮兵等四號。爲十七班。凡十號，爲一品。翊海、朔野、拓遠、威河、龍幕，擬智威等五號。爲十六班。威隴、安漠、綏邊、寧寇、梯山，擬智武等五號。爲十五班。凡十號，爲一品。寧境、綏河、明信、明義、威漠，擬輕車等五號。爲十四班。安隴、向義、宣節、振朔、候律，擬寧遠等五號。爲十三班。凡十號，爲一品。平寇、定遠、陵海、寧隴、振漠，擬武威等五號。爲十二班。馳義、橫朔、明節、執信、懷德，擬電威等五號。爲十一班。凡十號，爲一品。撫邊、定隴、綏關、立信、奉義，擬折衝等五號。爲十班。綏隴、寧邊、定朔、立節、懷威，擬掃狄等五號。爲九班。凡十號，爲一品。

懷關、靜朔、掃寇、寧河、安朔，擬略遠等五號。爲八班。揚化、超隴、執義、來化、度嶂，擬厲鋒等五號。爲七班。凡十號，爲一品。平河、振隴、雄邊、横沙、寧關，擬武毅等五號。爲六班。懷信、宣義、弘節、浮遼、鑿空，擬克狄等五號。爲五班。凡十號，爲一品。扞海、款塞、歸義、陵河、明信，擬伏波等五號。爲四班。奉忠、守義、弘信、仰化、立義，擬佽飛等五號。爲三班。凡十號，爲一品。綏方、奉正、承化、浮海、度河，擬先鋒等五號[二五]。爲二班。懷義、奉信、歸誠、懷澤、伏義，擬綏虜等五號。爲一班。凡十號，爲一品。大凡一百九號將軍，亦爲十品，二十四班。正施於外國。

及大通三年，有司奏曰：「天監七年，改定將軍之名，有因有革。普通六年，又置百號將軍，更加刊正，雜號之中，微有移異。大通三年[二六]，奏移寧遠班中明威將軍進輕車班中，以輕車班中征遠度入寧遠班中。又置安遠將軍代貞武，宣遠代明烈。其戎夷之號，亦加附擬。選序則依此承用。」遂以定制。轉則進一班，黜則退一班。班即階也。同班以優劣爲前後。有鎮衞、驃騎、車騎同班。四中、四征同班。八鎮同班。八安同班。四平、四翊同班。忠武、軍師同班。武臣、爪牙、龍騎、雲麾、冠軍同班。鎮兵、翊師、宣惠、宣毅四將軍，東南西北四中郎將同班。智威、仁威、勇威、信威、嚴威同班。智武、仁武、勇武、信武、嚴武同班。謂爲五德將軍。輕車、鎮朔、武旅、貞毅、明威同班[二七]。寧遠、安遠、征遠、振遠、宣遠同班。威雄、威猛、威烈、威振、威信、威勝、威略、威風、威力、威光同班。武猛、武略、武勝、武力、武毅、武健、武烈、武威、武鋭、武勇同班。猛毅、猛烈、猛威〔二八〕、猛鋭、猛震、猛進、猛智、猛威〔二九〕、猛勝、猛駿同班。壯武、壯勇、壯烈、壯猛、壯鋭、壯盛、壯毅、壯志、壯意、壯力同班。驍雄、驍桀、驍猛、驍烈、驍武、驍勇、驍鋭、驍名、驍勝、驍迅同班。雄猛、雄威、雄明、雄烈、雄信、雄武、雄勇、雄毅、雄壯、雄健同班。忠勇、忠烈、忠猛、忠鋭、忠壯、忠毅、忠捍、忠信、忠義、忠勝同班。明智、明略、明遠、明勇、明烈、明威、明勝、明進、明鋭、明毅同班。光烈、光明、光英、光遠、光勝、光鋭、光命、光勇、光戎、光野同班。飆勇、飆猛、飆烈、飆鋭、飆奇、飆決、飆起、飆略、飆勝、飆出同班。龍驤、武視、雲旗、風烈、電威、雷音、馳鋭、追鋭、羽騎、突騎同班。折衝、冠武、和戎、安壘、超猛、英果、掃虜、掃狄、武鋭、摧鋒同班。開遠、略遠、貞威、決勝、清野、堅鋭、輕鋭、拔山、雲勇、振旅同班。超武、鐵騎、樓船、宣猛、樹功、克狄、平虜、稜威、昭威、威戎同班。伏波、雄戟、長劍、衝冠、雕騎、佽飛、勇騎、破敵、克敵、威虜同班。前鋒、武毅、開邊、招遠、金威、破陣、蕩寇、殄虜、横野、馳射同班。牙門、期門同班。候騎、熊渠同班。中堅、典戎同班。執訊、行陣同班。伏武、懷奇同班。偏、裨將軍同班。凡二百四十號，爲四十四班〔三〇〕。

又雍州置寧蠻校尉，廣州置平越中郎將，北涼、南秦置西戎校尉，南秦、梁州置平戎校尉，寧州置鎮蠻校尉，西陽、南新蔡、晉熙、廬江等郡，置鎮蠻護軍，武陵郡置安遠護軍，巴陵郡置度支校尉。皆立府，隨府主號輕重而不爲定。其將軍施於外國者，雄義、鎮遠、武安同班，擬鎮衞等三號。四撫同班，擬四征。四威同班，擬四安。四綏同班，擬四平。安遠、安邊同班，擬忠武等號。撫河、衞海、安沙、輔義同班，擬武臣等號。航海、寧沙、撫朔、平遠同班，擬鎮兵等號。龍幕、威河、和戎、拓遠、朔野、翊海同班，擬智威等號。梯山、寧寇、綏邊、安漠、威隴五號同班，擬智武等號。威漠、明義、昭信、綏河、寧境同班，擬輕車等號。候律、振朔、宣節、向義、安隴同班，擬寧遠等號。振漠、寧隴、陵海、安遠、平寇同班，擬威雄等號。懷德、執信、明節、横朔、馳義同班，擬武猛等號。安朔、寧河、掃寇、靜朔、懷關同班〔三一〕，擬驍雄等號。度嶂、奉化、康義、超隴、揚化同班，擬猛烈等號。寧關、横沙、雄邊、振隴、平河同班，擬忠勇等號。鑿空、浮遼、弘節、宣義、懷信同班，擬明智等號。明信、陵河、歸義、款塞、扞海同班，擬光烈等號。立義、仰化、弘信、守義、奉忠同班，擬飆勇等號。奉誠、立誠、建誠、顯誠、義誠同班，擬龍驤等號〔三二〕。尉遼、寧渤、綏嶺、威塞、通候同班，擬折衝等號。掃荒、威荒、定荒、開荒、理荒同班，擬開遠等號。奉節、歸節〔三三〕、建節、效節、伏節同班，擬超武等號。渡河、陵海、承化、奉正、綏方同班，擬伏波等號。伏義、懷澤、歸誠、奉信、懷義同班，擬前鋒等號。凡一百二十五將軍，二十八班，並施外國，戎號准于中夏焉。大同四年，魏彭城王尒朱仲遠來降，以爲定洛大將軍，仍使其北討，故名云。

陳承梁，皆循其制官，而又置相國，位列丞相上。并丞相、太宰、太傅、太保、大司馬、大將軍，並以爲贈官。定令，尚書置五員，郎二十一員。其餘並遵梁制，爲十八班，而官有清濁。自十二班以上並詔授，表啓不稱姓。從十一班至九班，禮數復爲一等。又流外有七班，此是寒微士人爲之。從此班者，方得進登第一班。其親王起家則爲侍中。若加將軍，方得有佐史，無將軍則無府，止有國官。皇太子家嫡者，起家封王，依諸王起家。餘子並封公，起家中書郎。諸王子并諸侯世子，起家給事。三公子起家員外散騎侍郎，令僕子起家祕書郎。若員滿，亦爲板法曹，雖高半階，望終祕書郎下。次令僕子起家著作佐郎，亦爲板行參軍。此外有揚州主簿、太學博士、王國侍郎、奉朝請、嗣王行參軍，並起家官，未合發詔。諸王公參佐等官，仍爲清濁。或有選司補用，亦有府牒即授者，不拘年限，去留隨意。在府之日，唯賓遊宴賞，時復脩參，更無餘事。若隨府王在州，其僚佐等，或亦得預催督。若其驅使，便有職務。其衣冠子弟，多有脩立〔三四〕，非氣類者，唯利是求，暴物亂政，皆此之類。國之政事，並由中書省。有中書舍人五人，領主事十人，書吏二百人。書吏不足，并取助書。分掌二十一局事，各當尚書諸曹，並爲上司，總國内機要，而尚書唯聽受而已。被委此官，多擅威勢。其庶姓爲州，若無將軍者，謂之單車。郡縣官之任代下，有迎新送故之法，餉饋皆百姓出，並以定令。其所制品秩，今列之云。

相國，丞相，太宰，太傅，太保，大司馬，大將軍，太尉，司徒，司空，開府儀同三司，已上秩萬石。巴陵王、汝陰王後，尚書令，已上秩中二千石。品並第一。

中書監，尚書左右僕射，特進，太子二傅，左右光祿大夫，已上中二千石。品並第二。

中書令，侍中，散騎常侍，領、護軍，中領、護軍〔三五〕，吏部尚書，列曹尚書，金紫光祿大夫，光祿大夫，已上並中二千石。左右衞將軍，御史中丞，已上二千石。太后衞尉、太僕、少府三卿，太常、宗正、太府、衞尉、司農、少府、廷尉、光祿、大匠、太僕、鴻臚、太舟等卿，太子詹事，國子祭酒，已上中二千石。揚州刺史，凡單車刺史，加督進一品，都督進二品。不論持節假節，揚州、徐州加督，進二品右光祿已下。加都督，第一品尚書令下。南徐、東揚州刺史，皇弟皇子封國王世子，品並第三。

通直散騎常侍，員外散騎常侍，黄門侍郎，已上二千石。祕書監，中二千石。左右驍騎、左右游擊等將軍，太子中庶子，已上二千石。太子左右衞率，二千石。朱衣直閤，雲騎、游騎將軍，中書侍郎，已上千石。尚書左右丞，尚書吏部侍郎、郎中，已上六百石。尚書郎中與吏部郎同列，今品同。太子三卿，太中、中散大夫，司徒左右長史，已上千石。諸王師，依秩減之例。

國子博士，千石。荆江南兗郢湘雍等州刺史，六州加督，進在第三品東揚州下。加都督，進在第二品右光禄下。嗣王、蕃王、郡公、縣公等世子，品並第四。

祕書丞，明堂、太廟、帝陵等令，已上六百石。散騎侍郎，前左右後軍將軍，左右中郎將，已上千石。大長秋，二千石。太子中舍人、庶子，六百石。豫益廣衡等州、青州領冀州、北兗北徐等州、梁州領南秦州、司南梁交越桂霍寧等十五州刺史〔三六〕，加督，進在第四品雍州下。加都督，進在第三品南徐州下。不言秩。丹陽尹，中二千石。會稽太守，二千石。加督，進在第四品雍州下。加都督，進在第三品南徐州下。諸郡若督及都督，皆以此差次爲例。吴郡吴興二太守，二千石。侯世子，不言秩。皇弟皇子府諮議參軍，八百石。皇弟皇子府板諮議參軍，不言秩。皇弟皇子府長史，千石。皇弟皇子府板長史，不言秩。皇弟皇子府司馬，千石。皇弟皇子府板司馬，不言秩。皇弟皇子公府從事中郎，六百石。品並第五。

通直散騎侍郎，千石。著作郎，六百石。步兵、射聲、長水、越騎、屯騎五校尉，並千石。太子洗馬，六百石。太子步兵、翊軍、屯騎三校尉，並秩同臺校。司徒左西掾屬，並本秩四百石。依減秩例。皇弟皇子友，依減秩例。皇弟皇子公府屬，本秩四百石。依減秩例。五經博士，六百石。子男世子，不言秩。萬户以上郡太守、内史、相，嗣王府、皇弟皇子之庶子府諮議參軍，六百石。板者不言秩。嗣王府、皇弟皇子之庶子府長史、司馬，並八百石。嗣王府官減正王府一階。其板長史、司馬，並不言秩。庶姓公府諮議參軍，六百石。與嗣王府同。其板者並不言秩。庶姓公府長史、司馬，並八百石。其板者並不言秩。嗣王、庶姓公府從事中郎，六百石。皇弟皇子府中録事參軍、板府中録事參軍、中記室參軍、板中記室參軍、中直兵參軍、板中直兵參軍，揚州別駕中從事，皇弟皇子南徐荆江南兖郢湘雍州別駕中從事，並不言秩。品並第六。

給事中，六百石。員外散騎侍郎，祕書著作佐郎，並四百石。依減秩例。奉車、駙馬、騎都尉〔三七〕，武賁中郎將，羽林監，冗從僕射，已上並六百石。謁者僕射，千石。南臺治書侍御史，六百石。太子舍人，二百石。依減秩例。太子門大夫，六百石。太子旅賁中郎將、冗從僕射，並秩同臺將。司徒主簿，依減秩例。司徒祭酒，不言秩。領護軍長史、司馬，廷尉正、監、平，並六百石。皇弟皇子府録事記室中兵等參軍、板録事記室中兵等參軍、功曹史、主簿，公府祭酒，並不言秩。皇弟皇子文學，依減秩例。嗣王、庶姓公府掾屬，並本秩四百石。依減秩例。太子二傅丞，並六百石。蕃王府諮議參軍，四百石。蕃王府板諮議參軍，不言秩。蕃王府長史、司馬，六百石。板者並不言秩。庶姓持節府諮議參軍，四百石。庶姓非公不持節將軍置長史，六百石。庶姓持節府板諮議參軍，不言秩。庶姓持節府長史、司馬，並六百石。板者皆不言秩。嗣王府、皇弟皇子之庶子及庶姓公府中録事中記室中直兵參軍及板中録事中記室中直兵參軍，並不言秩。不滿萬户太守、内史、相，二千石。丹陽會稽吴郡吴興及萬户郡丞，並六百石。建康令，千石。建康正、監、平，秩同廷尉。品並第七。

中書通事舍人，依減秩例。積射、强弩、武衛等將軍，公車令，太子左右積弩將軍，並六百石。奉朝請，武騎常侍，依減秩例。太后三卿、十二卿、大長秋等丞，並六百石。左右衛司馬，不言秩。太子詹事丞，冑子律博士，並六百石。皇弟皇子府正參軍、板正參軍、行參軍、板行參軍，嗣王府、皇弟皇子之庶子府録事記室中兵參軍、板録事記室中兵參軍〔三八〕、功曹史、主簿，庶姓非公不持節諸將軍置主簿，庶姓公府録事記室中兵參軍、板録事記室中兵參軍、主簿，嗣王、庶姓公府祭酒，蕃王府中録事記室直兵參軍、板中録事記室直兵參軍，庶姓持節府中録事記室直兵參軍及板中録事記室直兵參軍，太子太傅五官功曹史、主簿，少傅五官功曹史、主簿，已上並不言秩。太學博士，六百石。國子助教，司樽郎，安蠻戎越校尉中郎將府等長史，六百石。蠻戎越等府佐無定品。自隨主軍號輕重。小府減大府一階。蠻戎越校尉中郎將等府板長史，不言秩。蠻戎越校尉中郎將等司馬，六百石。板者不言秩。庶姓南徐荆江南兖郢湘雍等州別駕中從事，不言秩。不滿萬户已下郡丞〔三九〕，六百石。五千户已上縣令、相，一千石。皇弟皇子國郎中令、大農、中尉，並六百石。品並第八。

左右二衛殿中將軍，不言秩。南臺侍御史，依秩減例。東宮通事舍人，不言秩。材官將軍，六百石。太子左右二衛率、殿中將軍及丞，嗣王府、皇弟皇子之庶子府正參軍、板正參軍、行參軍、板行參軍，庶姓公府正參軍、板正參軍，蕃王府録事記室中兵等參軍、板録事記室中兵等參軍、功曹史、主簿、正參軍、板正參軍、行參軍、板行參軍，庶姓持節府録事記室中兵等參軍、板録事記室中兵等參軍、功曹史、主簿，庶姓豫益廣衡青冀北兗北徐梁秦司南徐等州別駕中從事史，揚州主簿、西曹及祭酒、議曹二從事，南徐州主簿、西曹、祭酒議曹二從事，皇弟皇子諸州主簿、西曹，已上並不言秩。不滿五千户已下縣令、相，六百石。皇弟皇子國常侍、侍郎，不言秩。嗣王國郎中令、大農、中尉，並四百石。嗣王國常侍，不言秩。蕃王國郎中令、大農、殿中〔四〇〕，並二百石。品並第九。

又有戎號擬官，自一品至于九品，凡二百三十七。鎮衛、驃騎、車騎等三號將軍，擬官品第一。比秩中二千石。四中、軍、撫、衛、權。四征、東南西北。八鎮東南西北，左右前後。等十六號將軍，擬官品第二。秩中二千石。八安、左前右後，東南西北。四翊、左前右後。四平東南西北。等十六號將軍，擬官品第三。秩中二千石。忠武、軍師、武臣、爪牙、龍騎、雲麾、冠軍、鎮兵、翊師、宣惠、宣毅等將軍，四中郎將，智、仁、勇、信、嚴等五威、五武將軍，合二十五號，擬官品第四。秩中二千石。輕車、鎮朔、武旅、貞毅、明威等將軍〔四一〕，將軍加大者至此。凡加大，通進一階。寧、安、征、振、宣等五遠將軍，寧蠻校尉，雍州小府、蠻越校尉中郎將，隨府主軍號輕重。若單作，則減刺史一階。若有將軍，減將軍一階。合十八號，擬官品第五。威雄、猛、烈、震、信、略、勝、風、力、光等十威〔四二〕，武猛、略、勝、力、毅、健、烈、威、鋭、勇等十武，猛毅、烈、威、震、鋭、進、智、勝、駿等十猛〔四三〕，壯武、勇、烈、猛、鋭、威、力、毅、志、意等十壯，驍雄、桀、猛、烈、武、勇、鋭、名、勝、迅等十驍，雄猛、威、明、烈、信、武、勇、毅、壯、健等十雄，忠勇、烈、猛、鋭、壯、毅、捍、信、義、勝等十忠，明智、略、遠、勇、烈、威、鋭、毅、勝、進等十明，光烈、明、英、遠、勝、鋭、命、勇、戎、野等十光〔四四〕，飆勇、烈、猛、鋭、奇、決、起、勝、略、出等十飆將軍，平越中郎，廣、梁、南秦、南梁、寧等州小府。西戎、平戎、鎮蠻三校尉等，擬官一百四號，品第六。並千石。龍驤、武視〔四五〕、雲旗、風烈、電威、雷音、馳鋭、追鋭〔四六〕、羽騎、突騎、折衝、冠武、和戎、安壘、超猛〔四七〕、英果、掃虜、掃狄、武鋭、摧鋒、開遠、略遠、貞威、決勝、清野、堅鋭、輕車〔四八〕、拔山、雲勇、振旅等將軍，擬官三十號，品第七。並六百石。超武、鐵騎、樓船、宣猛、樹功、克狄、平虜、稜威、戎昭、威戎、伏波、雄戟、長劍、衝冠、雕騎、佽飛、勇騎、破敵、克敵、威虜等將軍，鎮蠻護軍，西陽、南新蔡、晉熙、廬江郡小府，鎮蠻安遠護軍、度支校尉，隨府主號輕重。若單作，則減太守內史相一階。若有將軍，減一階。安遠護軍，度支校尉巴陵郡丞等，擬官二十三號，品第八。並六百石。前鋒、武毅、開邊、招遠、金威〔四九〕、破陣、蕩寇、殄虜、橫野、馳射等將軍，擬官十號，品第九。並四百石。諸將起自第六品已下，板則無秩。其雖除不領兵，領兵不滿百人，并除此官而爲州郡縣者，皆依本條減秩石。二千石減爲千石，千石降爲六百石。自四百石降而無秩。其州郡縣，自各以本秩論。凡板將軍，皆降除一品。諸依此減降品秩。其應假給章印，各依舊差，不貶奪。

其封爵亦爲九等之差。郡王第一品。秩萬石。嗣王、蕃王、開國郡縣公，第二品。開國郡、縣侯，第三品。開國縣伯，第四品。並視中二千石。開國子，第五品。開國男，第六品。並視二千石。湯沐食侯，第七品。鄉、亭侯，第八品。並視千石。關中、關外侯，第九品。視六百石〔五〇〕。

陳依梁制，年未滿三十者，不得入仕。唯經學生策試得第，諸州光迎主簿，西曹左奏及經爲挽郎得仕。其諸郡，唯正王任丹陽尹經迎得出身，庶姓尹則不得。必有奇才異行殊勳，別降恩旨敍用者，不在常例。其相知表啓通舉者，每常有之，亦無年常考校黜陟之法。既不爲此式，所以勤惰無辨。凡選官無定期，隨闕即補，多更互遷官，未必即進班秩。其官唯論清濁，從濁官得微清〔五一〕，則勝於轉。若有遷授，或由別勑，但移轉一人爲官，則諸官多須改動。其用官式，吏部先爲白牒，録數十人名，吏部尚書與參掌人共署奏。敕或可或不可。其不用者，更銓量奏請。若勑可，則付選，更色別，量貴賤，内外分之，隨才補用。以黃紙録名，八座通署，奏可，即出付典名。而典以名帖鶴頭板，整威儀，送往得官之家。其有特發詔授官者，即宣付詔誥局，作詔章草奏聞。敕可，黄紙寫出門下。門下答詔，請付外施行。又畫可，付選司行召。得詔官者，不必皆須待召。但聞詔出，明日〔五二〕，即與其親入謝，後詣尚書上省拜受。若拜王公則臨軒。

校勘記

〔一〕外兵騎兵等郎二十三人　「二十三」，原作「二十二」，據宋甲本、汲本改。通典卷二二職官四歷代郎官作「二十三曹」。

〔二〕監合嘗御藥　「合」，原作「令」，據宋甲本、至順本、汲本改。唐六典卷八門下省注、通典卷二一職官三門下省、册府卷四五七臺省部總序、職官分紀卷六門下省引隋百官志亦作「合」。

〔三〕侍中高功者　「侍中」，原作「侍郎中」，據通典卷二一職官三門下省、册府卷四五七臺省部總序改。

〔四〕凡領公車太官太醫等令驊騮廐丞　「凡領」二字原闕，據册府卷四五七臺省部總序補。通典卷二一職官三門下省敍述南齊之制，稱「領給事黄門侍郎、公車、太學、太醫等令丞及内外殿中監、内外驊騮廐」等官。

〔五〕駙馬奉車車騎三都尉　後「車」，疑因涉上「奉車」而衍。通典卷二九職官一一三都尉，歷代所置，即指奉車、駙馬、騎，「梁三都尉並無員秩」。本書卷一一禮儀志六載梁陳服制印綬，梁

「奉車、駙馬、騎都尉」，銀印珪鈕，云。

〔六〕宜官告　「告」，原作「吉」，據通典卷二四職官六中丞、職官分紀卷一四御史臺中丞引隋百官志改。

〔七〕掌殿中禁衛內事　「事」字原闕，據宋甲本補。通典卷二四職官六殿中侍御史、册府卷五一二憲官部總序、職官分紀卷一四御史臺殿中侍御史引隋制亦有「事」字。

〔八〕太常位視金紫光禄大夫　「位」字原闕，據宋甲本、至順本補。唐六典卷一四太常寺注、册府卷六二〇卿監部總序、職官分紀卷一八總敍卿太常引隋百官志亦有「位」字。以下諸卿均作「位視」云云。

〔九〕掌太市南北市令　「太市」，原作「太倉」。按，司農卿統太倉，見上文。唐六典卷二〇太府寺注，梁天監七年始置太府卿，「統左右藏令、上庫丞、太市南市北市令」。今據改。

〔一〇〕紙官柒署等令丞　「柒」，原作「柴」，據宋甲本改。參見本卷校勘記〔一九〕。職官分紀卷二二少府監引隋百官志作「染」。又，册府卷四八三邦計部總序作「紙漆等署令」。通典卷二七職官九少府監有「織染署」，周禮天官有「染人」。

〔一一〕大長秋主諸宦者　「宦」，原作「宮」，據宋甲本、至順本改。

〔一二〕三寺皆置丞　「寺」，原作「等」，家令、率更、僕爲太子三寺，置丞指此三寺而言。

〔一三〕夷寇　「寇」，原作「冠」，據宋甲本、至順本改。職官分紀卷三〇太子左右衛府率副率引隋百官志亦作「寇」。

〔四〕諮議參軍友　「友」，原作「及」，據宋甲本改。下文嗣王府「減皇弟皇子府師、友、文學、長兼行參軍」，與此均可對應。唐六典卷二九親王府「友一人」注：「梁皇弟、皇子府友各一人，班第八。」

〔五〕皇弟皇子之庶子府中録事　「之庶子」三字疑衍，與下文第五班重。此處所記應爲皇弟皇子府屬僚品級。

〔六〕庶姓公府録事　「姓」，原作「政」，據宋甲本、汲本改。通典卷三七職官一九梁官品亦作「姓」。

〔七〕北兗　原作「北衮」，據至順本、南監本、北監本、汲本、殿本改。

〔八〕齊監　「監」字原闕，據通典卷三七職官一九梁官品補。

〔九〕柒署丞　「柒」，原作「柴」，據宋甲本、大德本、至順本改。北宋本通典卷三七職官一九梁官品亦作「柒」。

〔一〇〕又門下集書主事通正令史　「事通」，通典卷三七職官一九梁官品作「通事」。

〔一一〕太樂丞　原作「太樂令」，據宋甲本改。通典卷三七職官一九梁官品亦作「太樂丞」。

〔一二〕縣制七班　「七班」，本書卷二四食貨志有「大縣六班」語。

〔一三〕四中軍衞撫權　「權」，原作「護」，據通典卷二八職官一〇將軍總敍「梁」、卷三七職官一九梁官品、册府卷三四〇將帥部總序改。梁書卷二武帝紀中，天監六年五月己巳，「置中衛、中權將軍」。

〔二四〕招遠金威爲二班　「金威」，册府卷三四〇將帥部總序、通鑑卷一四七梁紀三武帝天監七年二月條胡注作「全威」。

〔二五〕擬先鋒等五號　「先鋒」，北監本、殿本作「前鋒」。張元濟校勘記疑殿本是。按，上文述將軍號二十四班之二班、下文述大通三年將軍號班次，均見「前鋒」。

〔二六〕大通三年　「三年」，宋甲本作「二年」。册府卷三四〇將帥部總序、職官分紀卷三四雜號將軍引隋百官志亦作「二年」。

〔二七〕輕車鎮朔武旅貞毅明威同班　下文有「明智（中略）明威明勝明進明鋭明毅同班」，「明威」重。按本書卷一一禮儀志六引陳令，有「輕車鎮朔武旅貞毅朔威寧遠安遠（中略）等將軍金章貔鈕」云。陳承梁制，疑此「明威」應作「朔威」。

〔二八〕猛烈猛威　「猛威」，與下文「猛威」重。宋甲本作「猛盛」。册府卷三四〇將帥部總序亦作「猛盛」。

〔二九〕猛智猛威　「猛威」，通鑑卷一五三梁紀九武帝中大通元年「詔更定二百四十號將軍爲四十四班」條，胡注作「猛略」。

〔三〇〕爲四十四班　今計凡三十四班。

〔二二〕懷德執信明節橫朔馳義同班擬武猛等號安朔寧河掃寇靜朔懷關同班　「德執信」至「靜朔懷」廿五字原闕，據南監本、北監本、汲本、殿本補。册府卷三四〇將帥部總序、職官分紀卷三四雜號將軍引隋百官志亦有此廿五字。

〔二三〕擬龍驤等號　「龍」字原闕，據至順本、南監本、北監本、汲本、殿本補。

〔二三〕歸節　此二字原闕，據宋甲本、至順本、南監本、北監本、汲本、殿本補。册府卷三四〇將帥部總序亦有此二字。

〔二四〕多有脩立　「有」，宋甲本作「自」。

〔二五〕中領護軍　此四字原闕，據宋甲本補。通典卷三八職官二〇陳官品亦有此四字。

〔二六〕司南梁交越桂霍寧等十五州刺史　「刺史」二字原闕，據通典卷三八職官二〇陳官品補。

〔二七〕騎都尉　「騎」字原闕，據通典卷三八職官二〇陳官品補。

〔二八〕板録事記室中兵參軍　「録事」，原作「參軍」，據宋甲本、至順本、南監本、北監本、汲本、殿本改。

〔二九〕不滿萬户已下郡丞　「下」，原作「上」，據宋甲本、南監本、北監本、汲本、殿本改。通典卷三八職官二〇陳官品亦作「下」。

〔四〇〕蕃王國郎中令大農殿中　「殿中」，通典卷三八職官二〇陳官品作「中尉」。上文與此對應的嗣王國官職是郎中令、大農、中尉。

〔四一〕明威等將軍　「明威」，本書卷一一禮儀志六引陳令作「朔威」。

〔四二〕威雄猛烈震信略勝風力光等十威　「震」，本書卷一一禮儀志六作「振」。

〔四三〕猛毅烈威震鋭進智勝駿等十猛　原闕一猛。册府卷三四〇將帥部總序敍陳制，「智」下有「勇」字。本書上文梁制作「武」。參見本書卷一一校勘記〔二〇〕。

〔四四〕光烈明英遠勝鋭命勇戎野等十光　「戎」，本書卷一一禮儀志六作「武」。

〔四五〕武視　「武」，當作「虎」，史臣避唐諱改。

〔四六〕追鋭　本書卷一一禮儀志六作「進鋭」。

〔四七〕超猛　本書卷一一禮儀志六作「起猛」。

〔四八〕輕車　本書卷一一禮儀志六作「輕鋭」。

〔四九〕金威　本書卷一一禮儀志六作「全威」。

〔五〇〕視六百石　「石」，原作「户」，據宋甲本、南監本、北監本、汲本、殿本改。

〔五一〕從濁官得微清　「得」，原作「則」，據宋甲本改。通典卷一九職官一歷代官制總序注「陳依梁制」云云亦作「得」。

〔五二〕明日　「日」，原作「白」，據宋甲本、大德本、至順本、南監本、北監本、汲本、殿本改。

隋書卷二十七

志第二十二

百官中

後齊制官，多循後魏，置太師、太傅、太保，是爲三師，擬古上公，非勳德崇者不居。次有大司馬、大將軍，是爲二大，並典司武事。次置太尉、司徒、司空，是爲三公。三師、二大、三公府，三門，當中開黄閤，設内屏。各置長史，司馬，諮議參軍，從事中郎，掾屬，主簿，録事，功曹，記室，户曹，金曹〔一〕，中兵、外兵、騎兵、長流、城局、刑獄等參軍事，東西閤祭酒及參軍事，法、墨、田、水、鎧、集、士等曹行參軍，兼左户右户行參軍，長兼行參軍，參軍，督護等員。司徒則加有左右長史。三公下次有儀同三司。加開府者，亦置長史已下官屬，而減記室、倉、城局、田、水、鎧、士等七曹，各一人。其品亦每官下三府一階。三師、二大置佐史，則同太尉府。乾明中，又置丞相。河清中，分爲左右，亦各置府僚云。

特進，左右光禄，金紫、銀青等光禄大夫，用人俱以舊德就閑者居之。自一品已下，從九品已上，又有驃騎、車騎、衞、四征、四鎮、中軍、鎮軍、撫軍、翊軍、四安、冠軍、輔國、龍驤、鎮遠、安遠、建忠、建節、中堅、中壘、振威、奮威、廣德、弘義、折衝、制勝、伏波、陵江、輕車、樓舡、勁武、昭勇、明威、顯信、度遼、横海、踰岷、越嶂、戎昭、武毅、雄烈、恢猛、揚麾、曜鋒、蕩邊、開城〔二〕、靜漠、綏戎、平越、殄夷、飛騎、隼擊、武牙〔三〕、武奮、清野、横野、偏、裨等將軍，以褒賞勳庸。

尚書省，置令、僕射，吏部、殿中、祠部、五兵、都官、度支等六尚書。又有録尚書一人，位在令上，掌與令同，但不糾察。令則彈糾見事，與御史中丞更相廉察。僕射職爲執法，置二則爲左、右僕射，皆與令同。左糾彈，而右不糾彈。録、令、僕射，總理六尚書事，謂之都省。其屬官，左丞、掌吏部、考功、主爵、殿中、儀曹、三公、祠部、主客、左右中兵、左右外兵、都官、二千石、度支、左右户十七曹，并彈糾見事。又主管轄臺中，有違失者，兼糾駁之。右丞各一人。掌駕部、虞曹、屯田、起部、都兵、比部、水部、膳部、倉部、金部、庫部十一曹。亦管轄臺中。又主凡諸用度雜物、脂、燈、筆、墨、幃帳。唯不彈糾，餘悉與左同。并都令史八人，共掌其事。其六尚書，分統列曹。吏部統吏部、掌褒崇、選補等事。考功、掌考第及秀孝貢士等事〔四〕。主爵掌封爵等事。

三曹。殿中統殿中、掌駕行百官留守名帳，宮殿禁衛，供御衣倉等事。儀曹、掌吉凶禮制事。三公、掌五時讀時令，諸曹囚帳，斷罪，赦日建金雞等事。駕部掌車輿、牛馬廄牧等事。四曹。祠部統祠部、掌祠部醫藥，死喪贈賜等事。主客、掌諸蕃雜客等事。虞曹、掌地圖，山川遠近，園囿田獵，殽膳雜味等事。屯田、掌藉田、諸州屯田等事。起部掌諸興造工匠等事。五曹。祠部，無尚書則右僕射攝。五兵統左中兵、掌諸郡督告身〔五〕、諸宿衞官等事。右中兵、掌畿內丁帳、事力、蕃兵等事。左外兵、掌河南及潼關已東諸州丁帳，及發召征兵等事。右外兵、掌河北及潼關已西諸州，所典與左外同。都兵掌鼓吹、太樂、雜户等事。五曹。都官統都官、掌畿內非違得失事。二千石、掌畿外得失等事。比部、掌詔書律令勾檢等事。水部、掌舟航、津梁，公私水事。膳部掌侍官百司禮食肴饌等事。五曹。度支統度支、掌計會，凡軍國損益、事役糧廩等事。倉部、掌諸倉帳出入等事。左户、掌天下計帳、户籍等事。右户、掌天下公私田宅租調等事。金部、掌權衡量度、內外諸庫藏文帳等事。庫部掌凡是戎仗器用所須事。六曹。凡二十八曹。吏部、三公，郎中各二人，餘並一人。凡三十郎中〔六〕。吏部、儀曹、三公、虞曹、都官、二千石、比部、左户，各量事置掌故主事員。

門下省，掌獻納諫正，及司進御之職。侍中、給事黃門侍郎各六人，録事四人，通事令史、主事令史八人。統局六。領左右局，領左右各二人，掌知朱華閤內諸事〔七〕。宣傳已下，白衣齋子已上，皆主之。左右直長四人。尚食局，典御二人，總知御膳事。丞、監各四人。尚藥局，典御及丞各二人，總知御藥事。侍御師、尚藥監各四人。主衣局，都統、子統各二人。掌御衣服玩弄事。齋帥局，齋帥四人。掌鋪設洒掃事。殿中局，殿中監四人。掌駕前奏引行事〔八一〕，制請修補。東耕則進耒耜。

中書省，管司王言，及司進御之音樂。監、令各一人，侍郎四人。并司伶官西涼部直長、伶官西涼四部、伶官龜茲四部、伶官清商部直長、伶官清商四部。又領舍人省，掌署敕行下，宣旨勞問。中書舍人、主書各十人。

祕書省，典司經籍。監、丞各一人，郎中四人，校書郎十二人，正字四人。又領著作省，郎二人，佐郎八人，校書郎二人。

集書省，掌諷議左右，從容獻納。散騎常侍、通直散騎常侍各六人，諫議大夫七人，散騎侍郎六人，員外散騎常侍二十人，通直散騎侍郎六人，給事中六人，員外散騎侍郎一百二十人，奉朝請二百四十人。又領起居省，散騎常侍、通直散騎常侍、散騎侍郎、通直散騎侍郎各一人，校書郎二人。

中侍中省，掌出入門閤。中侍中二人，中常侍、中給事中各四人。又有中尚藥典御及丞，并中謁者僕射，各二人。中尚食局，典御、丞各二人，監四人。内謁者局，統、丞各一人。

御史臺，掌察糾彈劾。中丞一人，治書侍御史二人，侍御史八人，殿中侍御史、檢校御史各十二人，録事四人。領符節署，令一人，符璽郎中四人。

都水臺，管諸津橋。使者二人，參事十人。又領都尉、合昌、坊城等三局。尉皆分司諸津橋。

謁者臺，掌凡諸吉凶公事，導相禮儀事。僕射二人，謁者三十人，録事一人。

太常、光禄、衞尉、宗正、太僕、大理、鴻臚、司農、太府，是爲九寺。置卿、少卿、丞各一人。各有功曹、五官、主簿、録事等員。

太常，掌陵廟羣祀、禮樂儀制，天文術數衣冠之屬。其屬官有博士、四人，掌禮制。協律郎、二人，掌監調律吕音樂。八書博士二人。等員。統諸陵、掌守衞山陵等事。太廟、掌郊廟社稷等事。太樂、掌諸樂及行禮節奏等事。衣冠、掌冠幘、舄履之屬等事。鼓吹、掌百戲、鼓吹樂人等事。太祝、掌郊廟贊祝，祭社衣服等事。太史、掌天文地動，風雲氣色，律曆卜筮等事。太醫、掌醫藥等事。廩犧、掌養犧牲，供祭羣祀等事。太宰掌諸神祀烹宰行禮事。等署令、丞。而太廟兼領郊祠、掌五郊羣神事。崇虚掌五岳四瀆神祀，在京及諸州道士簿帳等事。二局丞，太樂兼領清商部丞，掌清商音樂等事。鼓吹兼領黄户局丞，掌供樂人衣服。太史兼領靈臺、掌天文觀候。

太卜掌諸卜筮。二局丞。

光禄寺，掌諸膳食，帳幕器物，宫殿門户等事。統守宫、掌凡張設等事。太官、掌食膳事。宫門、主諸門籥事。供府、掌供御衣服玩弄之事。肴藏、掌器物鮭味等事。清漳、主酒，歲二萬石。春秋中半。華林掌禁籞林木等事。等署。宫門署，置僕射六人，以司其事。餘各有令、丞。又領東園局丞員。掌諸凶具。

衞尉寺，掌禁衞甲兵。統城門寺，置校尉二人，以司其職。掌宫殿城門，并諸倉庫管籥等事。又領公車、掌尚書所不理，有枉屈，經判奏聞。武庫、掌甲兵及吉凶儀仗。衞士掌京城及諸門兵士。等署令。武庫又有脩故局丞。掌領匠脩故甲等事。

大宗正寺，掌宗室屬籍。統皇子王國、諸王國、諸長公主家。

太僕寺，掌諸車輦、馬、牛、畜産之屬。統驊騮、掌御馬及諸鞍乘。左右龍、左右牝、掌駝馬。駝牛、掌飼駝騾驢牛。司羊、掌諸羊。乘黄、掌諸輦輅。車府掌諸雜車。等署令、丞。驊騮署，又有奉承直長二人。左龍署，有左龍局。右龍署，有右龍局。左牝署，有左牝局。右牝署，有右牝局。駝牛署，有典駝、特牛、牸牛三局。司羊署，有特羊、牸羊局。諸局並有都尉。寺又領司訟、典腊、出入等三局丞。

大理寺，掌決正刑獄。正、監、評各一人，律博士四人，明法掾二十四人，檻車督二人，掾十人，獄丞、掾各二人，司直、明法各十人。

鴻臚寺，掌蕃客朝會，吉凶弔祭。統典客、典寺、司儀等署令、丞。典客署，又有京邑薩甫二人，諸州薩甫一人。典寺署，有僧祇部丞一人。司儀署，又有奉禮郎三十人。

司農寺，掌倉市薪菜，園池果實。統平準、太倉、鈎盾、典農、導官、梁州水次倉、石濟水次倉、藉田等署令、丞。而鈎盾又別領大囿、上林、遊獵、柴草、池藪、苜蓿等六部丞。典農署，又別領山陽、平頭、督亢等三部丞。導官署，又有御細部、麲麵部、典庫部等倉督員。

太府寺，掌金帛府庫，營造器物。統左、中、右三尚方，左藏、司染、諸冶東西道署、黄藏、右藏、細作、左校、甄官等署令、丞。左尚方，又別領局、樂器、器作三局丞。中尚方，又別領別局、涇州絲局、雍州絲局、定州紬綾局四局丞。右尚方，又別領別局丞。司染署，又別領京坊、河東、信都三局丞。諸冶東道，又別領滏口、武安、白間〔九〕三局丞。諸冶西道，又別領晉陽冶、泉部、大邳、原仇四局丞。甄官署，又別領石窟丞。

國子寺，掌訓教胄子。祭酒一人，亦置功曹、五官、主簿、録事員。領博士五人，助教十人，學生七十二人。太學博士十人，助教二十人，太學生二百人。四門學博士二十人，助教二十人，學生三百人。

長秋寺，掌諸宫閣。卿、中尹各一人，並用宦者。丞二人。亦有功曹、五官、主簿、録事員。領中黄門、掖庭、晉陽宫、中山宫、園池、中宫僕、奚官等署令、丞。又有暴室局丞。其中黄門，又有冗從僕射及博士四人。掖庭、晉陽、中山，各有宫教博士二人。中山署，又别有麵豆局丞。園池署，又别有桑園部丞。中宫僕署，又别有乘黄局教尉、細馬車都督、車府部丞。奚官署，又别有染局丞。

將作寺，掌諸營建。大匠一人，丞四人。亦有功曹，主簿，録事員。若有營作，則立將、副將、長史、司馬、主簿、録事各一人。又領軍主、副，幢主、副等。

昭玄寺，掌諸佛教。置大統一人，統一人，都維那三人。亦置功曹、主簿員，以管諸州郡縣沙門曹。

領軍府，將軍一人，掌禁衛宫掖。朱華閤外，凡禁衛官，皆主之。輿駕出入，督攝仗衛。中領軍亦同。有長史、司馬、功曹、五官、主簿、録事，釐其府事。又領左右衛、領左右等府。

左右衛府，將軍各一人，掌左右廂。所主朱華閤以外，各武衛將軍二人貳之。皆有司馬、功曹、主簿、録事，釐其府事。其御仗屬官，有御仗正副都督、御仗五職、御仗等員。其直盪屬官，有直盪正副都督、直入正副都督、勳武前鋒正副都督、勳武前鋒五藏等員。直衞屬官，有直衞正副都督、翊衞正副都督、前鋒正副都督等員。直突屬官，有直突都督、勳武前鋒散都督等員。直閣屬官，有朱衣直閣、直閣將軍、直寢、直齋、直後之屬。又有武騎、雲騎將軍各一人，驍騎、遊擊、前後左右等四軍將軍，左右中郎將，各五人，步兵、越騎、射聲、屯騎、長水等校尉，奉車都尉等，各十人，武賁中郎將、羽林監各十五人，冗從僕射三十人，騎都尉六十人，積弩、積射、强弩等將軍及武騎常侍，各二十五人，殿中將軍五十人，員外將軍一百人，殿中司馬督五十人，員外司馬督一百人。

領左右府，有領左右將軍、領千牛備身，又有左右備身正副都督、左右備身五職、左右備身員。又有刀劍備身正副都督、刀劍備身五職、刀劍備身員。又有備身正副督、備身五職員。

護軍府，將軍一人，掌四中關津。輿駕出則護駕。中護軍亦同。有長史、司馬、功曹、五官、主簿、録事，釐其府事。其屬官，東西南北四中府皆統之。四府各中郎將一人，長史、司馬、録事參軍、統府録事各一人。又有統府直兵及功曹、倉曹、中兵、外兵、騎兵、長流、城局等參軍各一人，法、田、鎧等曹行參軍各一人。又領諸關尉、津尉。

行臺，在令無文。其官置令、僕射。其尚書丞郎，皆隨權制而置員焉。其文未詳。

太子太師、太傅、太保，是爲三師，掌師範訓導，輔翊皇太子。少師、少傅、少保，是爲三少，各一人，掌奉皇太子，以觀三師之德。出則三師在前，三少在後。

詹事，總東宫内外衆務，事無大小，皆統之。府置丞、功曹、五官、主簿、録事員。領家令、率更令、僕等三寺，左右衛二坊。三寺各置丞，二坊各置司馬，俱有功曹、主簿，以承其事。

家令，領食官、典倉、司藏等署令、丞。又領内坊令、丞。掌知閤内諸事。其食官，又别領器局、酒局二丞，典倉又别領園丞，司藏又别領仗庫、典作二局丞。率更領中盾署令、丞各一人。掌周衛禁防，漏刻鐘鼓。僕寺領厩牧署令、丞，署又别有車輿局丞。

左右衛坊率，各領騎官備身正副都督、騎官備身五職、騎官備身員。又有内直備身正副都督、内直備身五職、内直備身員。又有備身正副都督、備身五職員。又有直閤、直前、直後員。又有旅騎、屯衛、典軍等校尉各二人，騎尉三十人。

門下坊，中庶子、中舍人、通事守舍人、主事守舍人，各四人。又領殿内、典膳、藥藏、齋帥等局。殿内局有内直監二人，副直監四人。典膳、藥藏局，監、丞各二人。藥藏又有侍醫四人。齋帥局，齋帥、内閤帥各二人。

典書坊，庶子四人，舍人二十人〔一〇〕。又領典經坊，洗馬八人，守舍人二人。門大夫坊，門大夫、主簿各一人。并統伶官西涼二部、伶官清商二部。

自諸省臺府寺，各因其繁簡而置吏。有令史、書令史、書吏之屬。又各置曹兵，以共其役。其員因繁簡而立。其餘主司專其事者，各因事立名，條流甚衆，不可得而具也。

王，位列大司馬上。非親王則位在三公下。置師一人，餘官大抵與梁制不異。其封内之調，盡以入臺，三分食一。公已下，四分食一。

皇子王國，置郎中令，大農，中尉，常侍，各一人。侍郎，二人。上、中、下三將軍，各一人。上、中大夫，各二人。防閤，四人。典書、典祠、學官、典衞等令，各一人。齋帥，四人。食官、厩牧長，各一人。典醫丞，二人。典府丞，一人。執書，二人。謁者，四人。舍人十人。等員。

諸王國，則加有陵長、廟長，常侍各一人，而無中將軍員。上、中大夫各減一人。諸公又減諸王防閤、齋帥、典醫丞等員。諸侯伯子男國，又減諸公國將軍、大夫員。諸公主則置家令、丞、主簿、録事等員。

司州，置牧。屬官有別駕從事史，治中從事史，州都，主簿，西曹書佐、記室、户曹、功曹、金曹、租曹、兵曹、騎曹、都官、法曹、部郡等從事員。主簿置史，西曹已下各置掾史。又領西、東市署令、丞，及統清都郡諸畿郡。

清都郡，置尹，丞，中正，功曹，主簿，督郵，五官，門下督，録事，主記，議生，及功曹、記室、户、田、金、租、兵、騎、賊、法等曹掾，中部掾等員。

鄴、臨漳、成安三縣令，各置丞、中正、功曹、主簿、門下督、録事、主記，議及功曹〔一二〕、記室、户、田、金、租、兵、騎、賊、法等曹掾員。鄴又領右部、南部、西部三尉，又領十二行經途尉。凡一百一十四里，里置正。臨漳又領左部、東部二尉，左部管九行經途尉。凡一百三十五里，里置正。成安又領後部、北部二尉，後部管十一行經途尉，七十四里，里置正。清都郡諸縣令已下官員，悉與上上縣同。諸畿郡太守已下，悉與上上郡同。

上上州刺史，置府。屬官有長史，司馬，録事，功曹、倉曹、中兵等參軍事及掾史，主簿及掾，記室掾史，外兵、騎兵、長流、城局、刑獄等參軍事及掾史，參軍事及法、墨、田、鎧、集、士等曹行參軍及掾史，右户掾史，行參軍，長兼行參軍，督護，統府録事，統府直兵，箱録事等員。州屬官，有別駕從事史，治中從事史，州都光迎主簿，主簿，西曹書佐，市令及史，祭酒從事史，部郡從事，皁服從事，典籤及史，門下督，省事，都録事及史，箱録事及史，朝直，刺姦，記室掾，户曹、田曹、金曹、租曹、兵曹、左户等掾史等員。

上上州，府、州屬官佐史，合三百九十三人。上中州減上上州十人。上下州減上中州十人。中上州減上下州五十一人。中中州減中上州十人。中下州減中中州十人。下上州減中下州五十人。下中州減下上州十人。下下州減下中州十人。

上上郡太守，屬官有丞，中正，光迎功曹，光迎主簿，功曹，主簿，五官，省事，録事，及西曹、户曹、金曹、租曹、兵曹、集曹等掾佐，太學博士，助教，太學生，市長，倉督等員。合屬官佐史二百一十二人。上中郡減上上郡五人。上下郡減上中郡五人。中上郡減上下郡四十五人。中中郡減中上郡五人。中下郡減中中郡五人。下上郡減中下郡四十人。下中郡減下上郡二人。下下郡減下中郡二人。

上上縣令，屬官有丞，中正，光迎功曹，光迎主簿，功曹，主簿，録事，及西曹、户曹、金曹、租曹、兵曹等掾，市長等員。合屬官佐史五十四人。上中縣減上上縣五人。上下縣減上中縣五人。中上縣減上下縣六人。中中縣減中上縣五人。中下縣減中中縣一人。下上縣減中下縣一人。下中縣減下上縣一人。下下縣減下中縣一人。

自州、郡、縣，各因其大小置白直，以供其役。

三等諸鎮，置鎮將、副將，長史，録事參軍，倉曹、中兵、長流、城局等參軍事，鎧曹行參軍，市長，倉督等員。

三等戍，置戍主、副，掾，隊主、副等員。

官一品，每歲禄八百匹，二百匹爲一秩。從一品，七百匹，一百七十五匹爲一秩。二品，六百匹，一百五十匹爲一秩。從二品，五百匹，一百二十五匹爲一秩。

三品，四百匹，一百匹爲一秩。從三品，三百匹，七十五匹爲一秩。
四品，二百四十匹，六十匹爲一秩。從四品，二百匹，五十匹爲一秩。
五品，一百六十匹，四十匹爲一秩。從五品，一百二十匹，三十匹爲一秩。
六品，一百匹，二十五匹爲一秩。從六品，八十匹，二十匹爲一秩。
七品，六十匹，十五匹爲一秩。從七品，四十匹，十匹爲一秩。
八品，三十六匹，九匹爲一秩。從八品，三十二匹，八匹爲一秩。
九品，二十八匹，七匹爲一秩。從九品，二十四匹，六匹爲一秩。
禄率一分以帛，一分以粟，一分以錢。事繁者優一秩，平者守本秩，閑者降一秩。長兼、試守者，亦降一秩。官非執事、不朝拜者，皆不給禄。又自一品已下，至於流外勳品，各給事力。一品至三十人，下至於流外勳品，或以五人爲等，或以四人、三人、二人、一人爲等。繁者加一等，平者守本力，閑者降一等焉。

州、郡、縣制禄之法，刺史、守、令下車，各前取一時之秩。上上州刺史，歲秩八百匹，與司州牧同。上中、上下各以五十匹爲差。中上降上下一百匹，中中及中下，亦以五十匹爲差。下上降中下一百匹，下中、下下，亦各以五十匹爲差。

上上郡太守〔一二〕，歲秩五百匹，降清都尹五十匹。上中、上下各以五十匹爲差。中上降上下四十匹，中中及中下，各以三十匹爲差。下上降中下四十匹，下中、下下各以二十匹爲差。

上上縣，歲秩一百五十匹，與鄴、臨漳、成安三縣同。上中、上下各以十匹爲差。中上降上下三十匹，中中及中下，各以五匹爲差。下上降中下二十匹，下中、下下各以十匹爲差。

州自長史已下，逮于史吏，郡縣自丞已下，逮于掾佐，亦皆以帛爲秩。郡有尉者，尉減丞之半。皆以其所出常調課之〔一三〕。其鎮將，戍主，軍主、副，幢主、副，逮于掾史，亦各有差矣。

諸州刺史、守、令已下，幹及力，皆聽敕乃給。其幹出所部之人。一幹輸絹十八匹，幹身放之。力則以其州、郡、縣白直充。

三師、王、二大、大司馬、大將軍。三公，爲第一品。

開府儀同三司、開國郡公，爲從一品。

儀同三司，太子三師，特進，尚書令，驃騎、車騎將軍，二將軍加大者，在開國郡公下。衞將軍，加大者，在太子太師上。四征將軍，加大者，次衞大將軍。左右光禄大夫，散郡公，開國縣公，爲第二品。

尚書僕射，置二，左居右上。中書監〔一四〕，四鎮，加大者，次四征。中、鎮、撫軍將軍，三將軍，武職罷任者爲之。領軍、加大者，在尚書令下。護軍、翊軍將軍，金紫光禄大夫，散縣公，開國縣侯，爲從二品。

吏部尚書，四安將軍，中領、護，太常、光禄、衛尉卿，太子三少，中書令，太子詹事，侍中，列曹尚書，四平將軍，大宗正、太僕、大理、鴻臚、司農、太府卿，清都尹，三等上州刺史，左右衛將軍，祕書監，銀青光禄大夫，散縣侯，開國縣伯，爲第三品。

散騎常侍，三等中州刺史，司徒左長史，四方中郎將，四護匈奴、羌戎、夷、蠻越。中郎將，國子祭酒，御史中丞，中侍中，長秋卿，將作大匠，冠軍將軍，太尉長史，領左右將軍，武衛將軍，太子左右衛率，輔國將軍，四護校尉，太中大夫，龍驤將軍，三等上郡太守，散縣伯，爲從第三品。

鎮遠、安遠將軍，太常、光禄、衛尉少卿，尚書吏部郎中，給事黄門侍郎，太子中庶子，司徒右長史，司空長史，大宗正、太僕、大理、鴻臚、司農、太府少卿，三公府司馬，中常侍，中尹，城門校尉，武騎、雲騎、驍騎、遊擊將軍，已前上階。建忠、建節將軍，通直散騎常侍，諸開府長史、中大夫〔一五〕，三等下州刺史，三等鎮將，諸開府司馬，開國縣子，爲第四品。

中堅、中壘將軍，尚書左丞，三公府諮議參軍事，司州別駕從事史，三等上州長史，太子三卿，前、左、右、後軍將軍，中書侍郎，太子庶子，三等中郡太守，左右備身、刀劍備身、備身、衞仗、直盪等正都督〔一六〕，三等上州司馬，已前上階。振威、奮武將軍〔一七〕，諫議大夫，尚書右丞，諸開府諮議參軍，司州治中從事史，左右中郎將，步兵、越騎、射聲、屯騎、長水校尉，朱衣直閤，直閤將軍，太子騎官備身、內直備身等正都督，三等鎮副將，散縣子，爲從第四品。

廣德、弘義將軍，太子備身、直入、直衞等正都督，領左右、三等中州長史，三公府從事中郎，祕書丞，皇子友，國子博士，散騎侍郎，太子中舍人，員外散騎常侍，三等中州司馬，已前上階。折衝、制勝將軍，主衣都統，尚食、尚藥二典御，太子旅騎、屯衞、典軍校尉，領護府長史司馬，諸開府從事中郎，開國縣男，爲第五品。

伏波、陵江將軍，三等下州長史，三公府掾屬，著作郎，通直散騎侍郎，太子洗馬，左右備身、刀劍備身、御仗、直盪等副都督〔一八〕，左右直長，中尚食、中尚藥典御，三等下州司馬，已前上階。輕車、樓舡將軍，駙馬都尉，翊衞正都督，直寢，直齋，奉車都尉，都水使者，諸開府掾屬，崇聖、歸義、歸正、歸命、歸德侯，清都郡丞，治書侍御史，鄴、臨漳、成安三縣令，中給事中，三等下郡太守，大理司直，太子直閤、二衞隊主，太子騎官、內直備身副都督，開國鄉男，散縣男，爲從第五品。

勁武、昭勇將軍，尚書諸曹郎中，中書舍人，三公府主簿，三等上州別駕從事史，四中府、三等鎮守長史，三公府録事參軍事，皇子郎中令，三公府功曹、記室、户、倉、中兵參軍事，皇子文學，謁者僕射，已前上階。明威、顯信將軍，太子備身副都督，四中府司馬，武賁中郎將，羽林監，冗從僕射，直入副都督，千牛備身，大理正、監、評，侍御師，諸開府録事、功曹、記室、倉、中兵等曹參軍事，三等上州録事參軍事，治中從事史，三等上郡丞，三等上縣令，太子内直監，平準署令，爲第六品。

度遼、橫海將軍，直突都督，三等中州別駕從事史，三公府列曹參軍事，給事中，太子門大夫，三等上州功、倉、中兵等參軍事，皇子大農，騎都尉，直後，符璽郎中，三等中州録事參軍事，已前上階。踰岷、越嶂將軍，直衞副都督，三等中州從事史，諸開府主簿、列曹參軍事，三等中州功、倉、中兵等參軍事，太子舍人，三寺丞，太子直前，太子副直監，太子諸隊主，爲從第六品。

戎昭、武毅將軍，勳武前鋒正都督，三公府東西閤祭酒，三等下州別駕從事史，三等上州府主簿、列曹參軍事，三等下州録事參軍事，四中府録事參軍事，王公國郎中令，積弩、積射將軍，員外散騎侍郎，皇子中尉，三公府參軍事、列曹行參軍，已前上階。雄烈、恢猛將軍，翊衛副都督，諸開府東西閤祭酒、參軍事、列曹行參軍，三等下州功、倉、中兵參軍事，四中府功、倉、中兵參軍事，三等中州府主簿、列曹參軍事，二衛府司馬，詹事府丞，左右備身五職，三等鎮録事參軍事，六寺丞，祕書郎中，著作佐郎，太子侍醫，太子騎尉，太子騎官備身五職，三等中郡丞，三等中縣令，爲第七品。

揚麾、曜鋒將軍，勳武前鋒副都督，强弩將軍，三公府行參軍，三等上州參軍事，列曹行參軍，三等下州府主簿、列曹參軍事，四中府列曹參軍事，王公國大農，長秋、將作寺丞，太子二率坊司馬，三等鎮倉、中兵參軍事，已前上階。 蕩邊、開域將軍，勳武前鋒散都督，太學博士，皇子常侍，太常博士，武騎常侍，左右備身，刀劍備身五職，都將、别、統、軍主、幢主。三等中州參軍事、列曹行參軍，諸開府行參軍，奉朝請，國子助教，公車、京邑二市署令，三等鎮列曹參軍事，三縣丞，侍御史，尚食、尚藥丞，齋帥，中尚食、中尚藥丞，太子直後、二衛隊副，前鋒正都督，太子騎官備身，太子内直備身五職，已見前。 諸戍主、軍主，爲從第七品。

靜漠、綏戎將軍，協律郎，三等上州行參軍，三等下州參軍事、列曹行參軍事〔一九〕，四中府列曹行參軍，侯、伯國郎中令，殿中將軍，皇子侍郎，已前上階。 平越、殄夷將軍，刀劍備身五職，已見前。 前鋒副都督，太子内直備身，主書，殿中侍御史，太子典膳、藥藏丞，太子齋帥，三等中州行參軍，王、公國中尉，三等鎮鎧曹行參軍，三等下郡丞，三等下縣令，爲第八品。

飛騎、隼擊將軍，三公府長兼左右户行參軍、長兼行參軍，門下録事，尚書都令史，檢校御史，諸署令，諸開府典籤，中謁者僕射，中黄門冗從僕射，已前上階。武牙、武奮將軍，備身御仗五職，宫門署僕射，太子備身五職，侯、伯國大農，皇子上、中、下將軍，皇子上、中大夫，王、公國常侍，諸開府長兼左右户行參軍，諸開府長兼行參軍，員外將軍，勳武前鋒五職，司州及三等上州典籤，太子諸隊副，諸戍、諸軍副，清都郡丞，爲從第八品。

清野將軍，子、男國郎中令，諸署〔二〇〕，内謁者局統，三等上州長兼行參軍，中黄門、太子内坊令，公主家令，皇子防閤、典書令，四門博士，大理律博士，校書郎，三公府參軍督護，都水參軍事，七部尉，諸郡尉，已前上階。横野將軍，王、公國侍郎，侯、伯國中尉，謁者，太子三寺丞，諸開府參軍督護，殿中司馬督，御仗，太子食官、中盾、典倉等令〔二一〕，太子備身，平準、公車丞，三等中州典籤，爲第九品。

偏將軍，諸宫教博士，太子司藏、厩牧令，太子校書，諸署别局都尉，諸尉，諸關津尉，三等上州參軍督護，三等中州長兼行參軍，祕書省正字，皇太子三令〔二二〕，王、公國上中下將軍及上中大夫，諸署令，諸縣丞，已前上階。裨將軍，領軍護軍府、太常光禄衛尉寺、詹事府等功曹、五官、奉禮郎，子、男國大農，小黄門，員外司馬督，太學助教，諸幢主、遥途尉〔三三〕，中侍中，省録事，三等下州典籤，尚書、門下、中書等省醫師，爲從第九品。

流内比視官十三等。第一領人酋長〔三四〕，視從第三品。第一不領人酋長，視第四品。第二領人酋長，第一領人庶長，視從第四品。諸州大中正，第二不領人酋長，第一不領人庶長，視第五品。諸州中正，畿郡邑中正，第三領人酋長，第二領人庶長，視從第五品。第三不領人酋長，第二不領人庶長，視第六品。第三領人庶長，視從第六品。第三不領人庶長，視第七品。司州州都、主簿，國子學生，視從第七品。諸州州都、督簿，司州西曹書佐，清都郡中正、功曹，視第八品。司州列曹從事，諸州西曹書佐，諸郡中正、功曹，清都郡主簿，視從第八品。司州部郡從事，諸州祭酒從事史，視第九品。諸州部郡從事，司州守從事，諸郡主簿，司州武猛從事，視從第九品。

周太祖初據關内，官名未改魏號。及方隅粗定，改創章程，命尚書令盧辯，遠師周之建職，置三公三孤，以爲論道之官。次置六卿，以分司庶務。其所制班序：

内命，謂王朝之臣。三公九命，三孤八命，六卿七命，上大夫六命，中大夫五命，下大夫四命，上士三命，中士再命，下士一命。

外命，謂諸侯及其臣。諸公九命，諸侯八命，諸伯七命，諸子六命，諸男五命，諸公之孤卿四命，侯之孤卿、公之大夫三命，子男之孤卿、侯伯之大夫、公之上士再命，子男之大夫、公之中士、侯伯之上士一命，公之下士、侯伯之中士下士、子男之士不命。

其制祿秩，下士一百二十五石，中士已上，至於上大夫，各倍之。上大夫是爲四千石。卿二分，孤三分，公四分，各益其一。公因盈數爲一萬石。其九秩一百二十石，八秩至於七秩，每二秩六分而下各去其一，二秩一秩俱爲四十石〔二五〕。凡頒祿，視年之上下。畝至四釜爲上年，上年頒其正。三釜爲中年，中年頒其半。二釜爲下年，下年頒其一。無年爲凶荒，不頒祿。六官所制如此。

制度既畢，太祖以魏恭帝三年，始命行之。所設官名，訖於周末，多有改更。並具盧傳〔二六〕，不復重序云。

校勘記

〔一〕金曹　通典卷二〇職官二總敍三師三公以下官屬作「倉曹」。按，下文與此對應所減之曹，有倉曹，而此處却無倉曹，疑通典是。

〔二〕開城　本卷下文所敍北齊職品，從七品下階，與此對應者作「開域」。

〔三〕武牙　當作「虎牙」，史臣避唐諱改。

〔四〕掌考第及秀孝貢士等事　「貢」，原作「貞」，據至順本、汲本改。册府卷四五七臺省部總序亦作「貢」。

〔五〕掌諸郡督告身　「郡督」，通典卷二三職官五兵部尚書作「都督」。

〔六〕凡三十郎中　「郎」，原作「部」，張元濟誤修，據大德本、至順本、汲本改。職官分紀卷九列曹尚書引隋百官志亦作「郎」。

〔七〕掌知朱華閣内諸事　「閣」，原作「闕」，據下文及通鑑卷一六八陳紀二文帝天嘉元年胡注改。

〔八〕掌駕前奏引行事　「前」字原闕，據至順本、南監本、北監本、汲本、殿本補。

〔九〕白間　職官分紀卷二二少府監引隋百官志作「白澗」。

〔一〇〕二十人　至順本、南監本、北監本、汲本作「二十八人」。

〔一一〕議及功曹　本卷上文敍清都郡屬官有「議生」，疑此處「議」下脱「生」字。

〔一二〕上上郡太守　「上上」，原作「上」，下文上中、上下各以五十匹爲差；前述郡屬官有上上郡、上中郡、上下郡。今補一「上」字。

〔一三〕皆以其所出常調課之　「課之」，通典卷三五職官一七北齊官秩、册府卷五〇五邦計部俸禄作「課給之」。

〔一四〕中書監　通典卷三八職官二〇北齊職品下有「司州牧」。

〔一五〕中大夫　通典卷三八職官二〇北齊職品作「中散大夫」。

〔一六〕衞仗直盪等正都督　「衞仗」，通典卷三八職官二〇北齊職品作「御仗」，疑是。按，上文左右衞府有「御仗正副都督」、「直盪正副都督」，下文從五品上階有「御仗、直盪等副都督」，即當與此相對應。

〔一七〕奮武將軍　「奮武」，通典卷三八職官二〇北齊職品作「奮威」。按，本卷上文敍將軍號，與此相對應者正作「奮威」。

〔一八〕御仗直盪等副都督　「御仗」，原作「御使」，「直盪」，原作「直塗」，均據至順本、汲本改。按，本卷上文左右衞府「御仗」、「直盪」屬官，均有正副都督。

〔一九〕列曹行參軍事　「行」字原闕，據北宋本通典卷三八職官二〇北齊職品補。

〔二〇〕諸署　通典卷三八職官二〇北齊職品作「太祝導官太史太醫黄藏衞士細作諸署令」，疑下脱「令」字。

〔二一〕太子食官中盾典倉等令　「中盾」，原作「中省」，據通典卷三八職官二〇北齊職品改。按，本卷上文敍太子三寺，家令領食官、典倉、司藏等署令丞，率更領中盾署令丞。

〔二二〕皇太子三令　「皇太子」，汲本作「皇子」，疑是。通典卷三八職官二〇北齊職品與此相對應者爲「皇子典書、典祠、學官、典衞等令」。按，太子三令或三卿指太子家令、率更令、僕，見從四品上階。

〔二三〕遥途尉　本卷前敍鄴、臨漳、成安三縣令屬官，有「經途尉」。此官職又見魏書卷六八甄琛傳，疑北齊承魏制，「遥」乃「經」之訛。

〔二四〕領人酋長　「領人」，當作「領民」，史臣避唐諱改。

〔二五〕二秩一秩俱爲四十石　「一秩」二字原闕，據通典卷一九職官一禄秩、卷三五職官一七俸禄、册府卷五〇五邦計部俸禄補。

〔二六〕並具盧傳　指周書卷二四盧辯傳。

隋書卷二十八

志第二十三

百官下

高祖既受命，改周之六官，其所制名，多依前代之法。置三師、三公及尚書、門下、內史、祕書、內侍等省，御史、都水等臺，太常、光禄、衞尉、宗正、太僕、大理、鴻臚、司農、太府、國子、將作等寺，左右衞、左右武衞、左右武候、左右領、左右監門、左右領軍等府，分司統職焉。

三師，不主事，不置府僚，蓋與天子坐而論道者也。

三公，參議國之大事，依後齊置府僚。無其人則闕。祭祀則太尉亞獻，司徒奉俎，司空行掃除。其位多曠，皆攝行事。尋省府及僚佐，置公則坐於尚書都省。朝之衆務，總歸於臺閣。

尚書省，事無不總。置令、左右僕射各一人，總吏部、禮部、兵部、都官、度支、工部等六曹事，是爲八座。屬官左、右丞各一人，都事八人，分司管轄。吏部尚書統吏部侍郎二人，主爵侍郎一人，司勳侍郎二人，考功侍郎一人。禮部尚書統禮部、祠部侍郎各一人，主客、膳部侍郎各二人。兵部尚書統兵部、職方侍郎各二人，駕部、庫部侍郎各一人。都官尚書統都官侍郎二人，刑部、比部侍郎各一人，司門侍郎二人。度支尚書統度支、户部侍郎各二人，金部、倉部侍郎各一人。工部尚書統工部、屯田侍郎各二人，虞部、水部侍郎各一人。凡三十六侍郎，分司曹務，直宿禁省，如漢之制。

門下省，納言二人，給事黄門侍郎四人，録事、通事令史各六人。又有散騎常侍、通直散騎常侍各四人，諫議大夫七人，散騎侍郎四人，員外散騎常侍六人，通直散騎侍郎四人，並掌部從朝直。又有給事二十人，員外散騎侍郎二十人，奉朝請四十人，並掌同散騎常侍等，兼出使勞問。統城門、尚食、尚藥、符璽、御府、殿内等六局。城門局，校尉二人，直長四人。尚食局，典御二人，直長四人，食醫四人。尚藥局，典御二人，侍御醫、直長各四人，醫師四十人。符璽、御府、殿内局，監各二人，直長各四人。

内史省，置監、令各一人。尋廢監。置令二人，侍郎四人，舍人八人，通事舍人十六人，主書十人，録事四人。

祕書省，監、丞各一人，郎四人，校書郎十二人，正字四人，録事二人。領著作、太史二曹。著作曹，置郎二人，佐郎八人，校書郎、正字各二人。太史曹，置令、丞各二人，司曆二人，監候四人。其曆、天文、漏刻、視祲，各有博士及生員。

内侍省，内侍、内常侍各二人，内給事四人，内謁者監六人，内寺伯二人，内謁者十二人，寺人六人，伺非八人。並用宦者。領内尚食、掖庭、宫闈、奚官、内僕、内府等局。尚食，置典御及丞各二人。餘各置令、丞，皆二人。其宫闈、内僕，則加置丞各一人。掖庭又有宫教博士二人。

御史臺，大夫一人，治書侍御史二人，侍御史八人，殿内侍御史、監察御史，各十二人，録事二人。後魏延昌中，王顯有寵於宣武，爲御史中尉，請革選御史。此後踵其事，每一中尉，則更置御史。自開皇後，始自吏部選用，仍依舊入直禁中。

都水臺，使者及丞各二人，參軍三十人，河堤謁者六十人，録事二人。領掌船局、都水尉二人，又領諸津。上津每尉一人，丞二人。中津每尉、丞各一人。下津每典作一人，津長四人〔一〕。

太常、光禄、衞尉、宗正、太僕、大理、鴻臚、司農、太府等九寺，並置卿、少卿各一人。

太僕尋加少卿一人。各置丞，太常、衞尉、宗正、大理、鴻臚、將作二人，光禄、太僕各三人，司農五人，太府六人。主簿、太府四人。餘寺各二人。録事各二人。光禄則加至三人，司農、太府則各四人。等員。

太常寺又有博士四人，協律郎二人，奉禮郎十六人。統郊社、太廟、諸陵、太祝、衣冠、太樂、清商、鼓吹、太醫、太卜、廩犧等署。各置令，並一人。太樂、太醫則各加至二人。丞。各一人。郊社、太樂、鼓吹則各至二人。郊社署又有典瑞。四人。太祝署有太祝。二人。太樂署、清商署，各有樂師員。太樂八人，清商二人。鼓吹署有哄師。二人。太醫署有主藥、二人。醫師、二百人。藥園師、二人。醫博士、二人。助教、二人。按摩博士、二人。祝禁博士二人。等員。太卜署有卜師、二十人。相師、十人。男覡、十六人。女巫、八人。太卜博士、助教、各二人。相博士、助教各一人。等員。

光禄寺統太官、肴藏、良醞、掌醢等署。各置令、太官三人，肴藏、良醞各二人，掌醢一人。丞。太官八人，肴藏、掌醢各二人，良醞四人。太官又有監膳，十二人。良醞有掌醖，五十人。掌醢有掌醢十人。等員。

衞尉寺統公車、武庫、守宫等署。各置令、公車一人，武庫、守宫各二人。丞公車一人，武庫二人。等員。

宗正寺不統署。

太僕寺又有獸醫博士員。一百二十人。統驊騮、乘黃、龍廄、車府、典牧、牛羊等署。各置令、二人。乘黃、車府則各減一人。丞二人。乘黃則一人，典牧、牛羊則各三人。等員。大理寺，不統署。又有正、監、評、各一人。司直、十人。律博士、八人。明法、二十人。獄掾。八人。

鴻臚寺統典客、司儀、崇玄三署。各置令。二人。崇玄則惟置一人。典客署又有掌客，十人。司儀有掌儀二十人。等員。

司農寺統太倉、典農、平準、京市〔二〕、鈎盾、華林、上林、導官等署。各置令。二人。鈎盾、上林則加至三人，華林惟置一人。太倉又有米廩督、二人。穀倉督、四人。鹽倉督，二人。京市有肆長，四十人。導官有御細倉督、二人。麴麫倉督二人。等員。

太府寺統左藏、左尚方、內尚方、右尚方、司染、右藏、黃藏、掌治〔三〕、甄官等署。各置令、二人。左、右尚方則加至三人〔四〕，黃藏則惟置一人。丞四人。左尚則八人，右尚則六人，黃藏則一人。等員〔五〕。

國子寺元隸太常。祭酒，一人。屬官有主簿、録事。各一人。統國子、太學、四門、書、筭學，各置博士、國子、太學、四門各五人，書、筭各二人。助教、國子、太學、四門各五人，書、筭各二人。學生國子一百四十人，太學、四門各三百六十人，書四十人，筭八十人。等員。

將作寺大匠、一人。丞、主簿、録事。各二人。統左右校署令、各二人。丞，左校四人，右校三人。各有監作左校十二人，右校八人。等員。

左右衛、左右武衛、左右武候，各大將軍、一人。將軍，二人。並有長史，司馬，録事，功、倉、兵、騎等曹參軍，法曹、鎧曹行參軍，各一人。行參軍左右衛、左右武候各六人，左右武衛各八人。等員。

左右衛，掌宮掖禁禦，督攝仗衛。又各有直閤將軍、六人。直寢、十二人。直齋、直後，各十五人。並掌宿衛侍從。奉車都尉，六人。掌馭副車。武騎常侍、十人。殿内將軍、十五人。員外將軍、三十人。殿内司馬督、二十人。員外司馬督，四十人。並以參軍府朝，出使勞問。左右衛又各統親衛，置開府。左勳衛開府，左翊一開府、二開府、三開府、四開府，及武衛、武候、領軍、東宮領兵開府准此。府置開府，一人。有長史，司馬，録事，及倉、兵等曹參軍，法曹行參軍，各一人。行參軍。三人。又有儀同府。武衛、武候、領軍、東宮領兵儀同皆准此。儀同已下，置員同開府，但無行參軍員。諸府皆領軍坊。每坊東宮軍坊准此。置坊主、一人。佐。二人。每鄉團東宮鄉團准此。置團主、一人。佐。二人。

左右武衛府，無直閤已下員，但領外軍宿衛。

左右武候，掌車駕出，先驅後殿，晝夜巡察，執捕姦非，烽候道路，水草所置〔六〕。巡狩師田，則掌其營禁。右加置司辰師、四人。漏刻生。一百一十人。

左右領左右府，各大將軍、一人。將軍，二人。掌侍衞左右，供御兵仗。領千牛備身，十二人。掌執千牛刀；備身左右，十二人。掌供御弓箭；備身，六十人〔七〕。掌宿衞侍從。各置長史，司馬，録事，及倉、兵二曹參軍事，鎧曹行參軍各一人。等員。

左右監門府各將軍，一人。掌宮殿門禁及守衞事。各置郎將，二人。校尉，直長，各三十人。長史，司馬，録事，及倉、兵曹參軍，鎧曹行參軍，各一人。行參軍四人。等員。

左右領軍府，各掌十二軍籍帳、差科、辭訟之事。不置將軍。唯有長史，司馬，掾屬及録事，功、倉、户、騎、兵等曹參軍，法、鎧等曹行參軍，各一人。行參軍十六人。等員。又置明法，四人。隸於法司，掌律令輕重。

行臺省，則有尚書令，僕射，左、右任置。兵部、兼吏部、禮部。度支兼都官、工部。尚書及丞左、右任置。各一人，都事四人。有考功、兼吏部、爵部、司勳。禮部、兼祠部、主客。膳部、兵部、兼職方。駕部、庫部、刑部、兼都官、司門。度支、兼倉部。户部、兼比部。金部、工部、屯田兼水部、虞部。侍郎，各一人。每行臺置食貨，農圃，武器，百工監、副監，各一人。各置丞、食貨四人，農圃六人，武器二人，百工四人。録事食貨、農圃、百工各二人，武器一人。等員。

太子置太師、太傅、太保、少師、少傅、少保。開皇初，置詹事。二年定令，罷之。門下坊，置左庶子二人，內舍人四人，録事二人，主事令史四人。統司經、宮門、內直、典膳、藥藏、齋帥等六局。司經置洗馬四人，校書六人，正字二人。宮門置大夫二人。內直置監、副監各二人，監殿舍人四人。典膳、藥藏，並置監、丞各二人。藥藏又有侍醫四人。齋帥置四人。

典書坊，右庶子二人，舍人、通事舍人各八人，録事二人，主事令史四人，內坊典內及丞各二人，丞直四人，録事一人。內厩置尉二人，掌內車輿之事。

家令、掌刑法、食膳、倉庫、什物、奴婢等事。率更令、掌伎樂漏刻。僕、掌宗族親疏，車輿騎乘。各一人。三寺各置丞、家令二人，寺各一人。録事。家令二人，寺各一人。家令領食官、典倉、司藏三署令、各一人。丞。食官二人，典倉一人，司藏三人。僕寺領厩牧令一人。員。

左右衞，各置率一人，副率二人，掌宮中禁衞。各置長史，司馬及録事，功、倉、兵、騎兵等曹參軍事，法曹、鎧曹行參軍，各一人，行參軍四人。員。又各有直閤四人，直寢八人，直齋、直後各十人。

左右宗衞，制官如左右衞，各掌以宗人侍衞。加置行參軍二人，而無直閤、直寢、直齋、直後等員。

左右虞候，各置開府一人，掌斥候伺非。長史已下如左右衞，而無録事參軍員，減行參軍一人。

左右内率、副率，各一人，掌領備身已上禁内侍衞，供奉兵仗。又無功、騎兵、法等曹及行參軍員，餘與虞候同。有千牛備身八人，掌執千牛刀；備身左右八人，掌供奉弓箭；備身二十人，掌宿衞侍從。

左右監門，各率一人，副率二人，掌諸門禁。長史已下，同内率府，而各有直長十人。

高祖又採後周之制，置上柱國、柱國、上大將軍、大將軍、上開府儀同三司、開府儀同三司、上儀同三司、儀同三司、大都督、帥都督、都督，總十一等，以酬勤勞。又有特進、左右光禄大夫、金紫光禄大夫、銀青光禄大夫、朝議大夫、朝散大夫，並爲散官，以加文武官之德聲者，並不理事。六品已下，又有翊軍等四十三號將軍，品凡十六等，爲散號將軍，以加汎授。居曹有職務者爲執事官，無職務者爲散官。戎上柱國已下爲散實官〔八〕，軍爲散號官。諸省及左右衞、武候、領，左右監門府爲内官，自餘爲外官。

國王、郡王、國公、郡公、縣公、侯、伯、子、男，凡九等。皇伯叔昆弟、皇子爲親王。置師、友各一人，文學二人，嗣王則無師、友。長史、司馬、諮議參軍事、掾屬，各一人，主簿二人，録事，功曹，記室，户、倉、兵等曹，騎兵、城局等參軍事，東西閤祭酒，各一人，參軍事四人，法、田、水、鎧、士等曹行參軍各一人，行參軍六人，長兼行參軍八人，典籤二人。

上柱國、嗣王、郡王，無主簿、録事參軍、東西閤祭酒、長兼行參軍等員，而加參軍事爲五人，行參軍爲十二人。柱國又無騎兵參軍事、水曹行參軍等員，而減參軍事、行參軍各一人。上大將軍又無諮議參軍事，田曹、鎧曹行參軍員，又減行參軍一人。大將軍又無掾屬員，又減參軍事二人。上開府又無法曹、士曹行參軍，參軍事員。開府又無典籤員，減行參軍二人。上儀同又無功曹、城局參軍事員，又減行參軍二人。儀同又無倉曹員，減行參軍三人。

三師、三公，置府佐，與柱國同。若上柱國任三師、三公，唯從上柱國置。王公已下、三品已上，又並有親信、帳内，各隨品高卑而制員。

諸王置國官。有令、大農各一人，尉各二人，典衞各八人，常侍各二人，侍郎各四人，廟長、學官長各一人，食官，厩牧長、丞，各一人，典府長、丞各一人，舍人各四人等員。上柱國、柱國公，減典衞二人，無侍郎員。侯、伯又減典衞二人，食官、厩牧長各一人。子、男又減尉、典衞、常侍、舍人各一人。上大將軍、大將軍公，同柱國、子、男。其侯、伯減公典衞、侍郎、厩牧丞各一人。子、男無令，無典衞，又減舍人一人。上開府、開府公，同大將軍、子、男。其侯、伯又無常侍，無食官、厩牧丞。子、男又無侍郎、厩牧長。上儀同、儀同公，同開府子、男。其侯、伯又無尉，無學官長。子、男又無廄長、食官長。二王後，置國官，與諸王同。郡王與上柱國公同。國公無上開府已上官者，與開府公同〔九〕。散郡公與儀同侯、伯同。散縣公與儀同子、男同。大長公主、長公主、公主，並置家令、丞各一人，主簿謁者、舍人各二人等員。郡主唯減主簿員。

雍州，置牧。屬官有別駕，贊務，州都，郡正，主簿，録事，西曹書佐，金、户、兵、法、士等曹從事，部郡從事，武猛從事等員。并佐史，合五百二十四人。

京兆郡，置尹，丞，正，功曹，主簿，金、户、兵、法、士等曹佐等員。并佐史，合二百四十四人。

大興、長安縣，置令，丞，正，功曹，主簿，西曹，金、户、兵、法、士曹等員。并佐史，合一百四十七人。

上上州，置刺史，長史，司馬，録事參軍事，功曹，户、兵等曹參軍事，法、士曹等行參軍，行參軍，典籤，州都，光初主簿，郡正，主簿，西曹書佐，祭酒從事，部郡從事，倉督，市令、丞等員。并佐史，合三百二十三人。上中州，減上州吏屬十二人。上下州，減上中州十六人。中上州，減上下州二十九人。中中州，減中上州二十人。中下州，減中中州二十人。下上州，減中下州三十二人。下中州，減下上州十五人。下下州，減下中州十二人。

郡，置太守，丞，尉，正，光初功曹，光初主簿，縣正，功曹，主簿，西曹，金、户、兵、法、士等曹，市令等員。并佐史，合一百四十六人。上中郡，減上上郡吏屬五人。上下郡，減上中郡四人。中上郡，減上下郡十九人。中中郡，減中上郡六人。中下郡，減中中郡五人。下上郡，減中下郡十九人。下中郡，減下上郡五人。下下郡，減下中郡六人。

縣，置令，丞，尉，正，光初功曹，光初主簿，功曹，主簿，西曹，金、户、兵、法、士等曹佐，及市令等員。合九十九人。上中縣，減上上縣吏屬四人。上下縣，減上中縣五人。中上縣，減上下縣十人。中中縣，減中上縣五人。中下縣，減中中縣五人。下上縣，減中下縣十二人。下中縣，減下上縣六人。下下縣，減下中縣五人。

州，置總管者，列爲上中下三等。總管刺史加使持節。

鎮，置將、副。戍，置主、副。關，置令、丞。其制，官屬各立三等之差。

同州，總監、副監各一人，置二丞。統食貨農圃二監、副監。岐州亦置監、副監。諸冶亦置三等監。各有丞員。

鹽池，置總監、副監、丞等員。管東西南北面等四監，亦各置副監及丞。隴右牧，置總監、副監、丞，以統諸牧。其驊騮牧及二十四軍馬牧，每牧置儀同及尉、大都督、帥都督等員。驢騾牧，置帥都督及尉。原州羊牧，置大都督并尉。原州駝牛牧，置尉。又有皮毛監、副監及丞、録事。又鹽州牧監，置監及副監，置丞，統諸羊牧，牧置尉。苑川十二馬牧，每牧置大都督及尉各一人，帥都督二人。沙苑羊牧，置尉二人。緣邊交市監及諸屯監，每監置監、副監各一人。畿内者隸司農，自外隸諸州焉。

五嶽各置令，又有吴山令，以供其洒掃。

三師、王、三公，爲正一品。

上柱國、郡王、國公、開國郡縣公，爲從一品。

柱國、太子三師、特進、尚書令、左右光禄大夫、開國侯，爲正二品。

上大將軍、尚書左右僕射、雍州牧、金紫光禄大夫，爲從二品。

大將軍、吏部尚書，太常、光禄、衞尉等三卿，太子三少，納言，内史令，左右衞、左右武衞、左右武候、領左右等大將軍，禮部、兵部、都官、度支、工部尚書，宗正、太僕、大理、鴻臚、司農、太府等六卿，上州刺史，京兆尹，祕書監，銀青光禄大夫，開國伯，爲正三品。

上開府儀同三司，散騎常侍，左右衞、武衞、武候、領左右、監門等將軍，國子祭酒，御史大夫，將作大匠，中州刺史，親王師，朝議大夫，爲從三品。

驃騎將軍，開府儀同三司，太常、光禄、衞尉等三少卿，太子左右衞、宗衞、内等率，尚書吏部侍郎，給事黄門侍郎，太子左庶子，宗正、太僕、大理、鴻臚、司農、太府等少卿，下州刺史，已前上階。內史侍郎，太子右庶子，通直散騎常侍，左右監門郎將，朝散大夫，開國子，爲正四品。

上儀同三司，尚書左丞，太子左右衞、宗衞、內等副率，左右監門率，上郡太守，雍州別駕，親王府長史，太子家令，率更令、僕，內侍，城門校尉，已前上階。尚書右丞，上鎮將〔一〇〕，雍州贊務，直閤將軍，親王府司馬，諫議大夫，爲從四品。

車騎將軍，儀同三司，內常侍，祕書丞，國子博士，散騎侍郎，太子內舍人，太子左右監門副率，員外散騎常侍，上州長史，親王府諮議參軍事，開國男，已前上階。尚食、尚藥典御，上州司馬，爲正五品。

著作郎，通直散騎侍郎，中郡太守，直寢，太子洗馬，中州長史，奉車都尉，已前上階。都水使者，治書侍御史，大興、長安令，大理司直，直齋，太子直閤，京兆郡丞，中州司馬，中鎮將，上鎮副，內給事，駙馬都尉，親王友，員外散騎侍郎，爲從五品。

翊軍、翊師將軍，尚書諸曹侍郎，內史舍人，下郡太守，大都督，親王府掾屬，下州長史，已前上階。四征將軍，征東、征南、征西、征北。三將軍，內軍、鎮軍、撫軍。大理正、監、評，千牛備身左右，左右監門校尉，內尚食典御，符璽監，御府監，殿內監，太子內直監，下州司馬，下鎮將，中鎮副，爲正六品。

四平將軍，平東、平南、平西、平北。四將軍，前軍、後軍、左軍、右軍。通事舍人，親王文學，帥都督，左右領軍府長史，太子直寢，親王府主簿，親王府録事參軍事，太子門大夫，給事，上縣令，已前上階。冠軍、輔國二將軍，太子舍人，直後，三寺丞，親王府功曹、記室、倉户曹參軍事，城門直長，太子直齋，太子副直監，太子典内，左右領軍府司馬，下鎮副，爲從六品。

鎮遠、安遠二將軍，員外散騎侍郎，御醫，左右衞、武衞、武候、領左右等府長史，親衞，親王府諸曹參軍事，已前上階。建威、寧朔二將軍，六寺丞，祕書郎，著作佐郎，太子千牛備身，太子備身左右，尚食、尚藥、左右監門等直長，太子通事舍人，左右衞、武衞、武候、領左右等府司馬，都督，太子典膳、藥藏等監，太子齋帥，上戍主，爲正七品。

寧遠、振威二將軍，左右監門府長史，太子左右衞、宗衞等率，左右虞候、左右内率等府長史，符璽、御府、殿内等直長，上州録事參軍事，左右領軍府掾屬，親王府東西閤祭酒，中縣令，上郡丞，太子親衞，將作丞，勳衞，親王府參軍事，上鎮長史，已前上階。伏波、輕車二將軍，太學、太常二博士，武騎常侍，奉朝請，國子助教，親王府諸曹行參軍，太子直後，太子左右監門直長，大興、長安縣丞，太子侍醫，侍御史，太史令，上州諸曹參軍事，左右監門府、太子左右衞、左右宗衞、左右虞候、左右内率等司馬，上鎮司馬，爲從七品。

宣威、明威二將軍，協律郎，都水丞，殿内將軍，太子左右監門率府長史，別將，下縣令，中郡丞，中州録事參軍事，上上州諸曹行參軍事〔二二〕，親王府行參軍，左右領軍府録事參軍事，中鎮長史，太子内坊丞，太子勳衛，已前上階。襄威、厲威二將軍，殿内御史，掖庭、宫闈二令，上署令，公車、郊社、太廟、太祝、平準、太樂、驊騮、武庫、典客、鉤盾、左藏、太倉、左尚方、右尚方、司染、典農、京市、太官、鼓吹。太子左右監門率府司馬，中州諸曹參軍事，左右衛、武衛、武候等府録事參軍事，左右領軍府諸曹參軍事，内尚食丞，中戍主，上戍副，爲正八品。

威戎、討寇二將軍，四門博士，主書，門下録事，尚書都事，監察御史，内謁者監，上關令，中署令，太醫、右藏、黄藏、乘黄、龍厩、衣冠、守宫、華林、上林、掌冶、導官、左校、右校、牛羊、典牧。下郡丞，下州録事參軍事，中州諸曹行參軍，備身，左右衛、武衛、武候、領左右等府諸曹參軍事，左右領軍府諸曹行參軍，太子左右衛、宗衛、率等府録事參軍事，下鎮長史，太子翊衛，已前上階。盪寇、盪難二將軍，親王府長兼行參軍及典籤，員外將軍，統軍，太子三寺丞，中關令，奚官、内僕二令，下署令，諸陵、崇玄、太卜、車府、清商、司儀、肴藏、良醖、掌醢、甄官、廪犧。上津尉，下州諸曹參軍事，左右衛、武衛、武候等府諸曹行參軍，領左右府鎧曹行參軍，左右監門、太子左右衛、宗衛等率，左右虞候、左右内率等府諸曹參軍事，掌舡局都尉，上鎮諸曹參軍事，上縣丞，上郡尉，爲從八品。

殄寇、殄難二將軍，太學助教，太子備身，大理寺律博士，諸校書郎，都水參軍事，内史録事，内謁者令，内寺伯，中縣丞，下關令，中津尉，下州諸曹行參軍，上州行參軍，左右監門府鎧曹行參軍，太子左右衛、宗衛、虞候府等諸曹行參軍，太子左右内率府鎧曹行參軍，左右領軍府行參軍，中鎮諸曹參軍事，上鎮士曹行參軍，中郡尉，已前上階。掃寇、掃難二將軍，殿内司馬督，太子食官、典倉、司藏等令，尚食、尚醫、軍主、太史、掖庭、宮闈局等丞，上署丞〔一二〕，太子左右監門率府諸曹參軍事，中州行參軍，左右衛、武衛、武候等府行參軍，上州典籤，下戍主，上關丞，太子典膳、藥藏等局丞，下郡尉，典客署掌客，司辰師，爲正九品。

曠野、横野二將軍，掖庭局宮教博士，太祝，太子廄牧令，太子校書，下縣丞，中署丞，左右監門率府鎧曹行參軍，下州行參軍，中州典籤，左右監門府、太子左右衛、宗衛、虞候、率府等行參軍，正字，太子内坊丞直，中關、上津丞，下鎮諸曹參軍事，中鎮士曹行參軍，上縣尉，已前上階。偏、裨二將軍，四門助教，書、筭學博士，奉禮郎，員外司馬督，幢主、奚官、内僕等局丞，下署丞，下州典籤，内謁者局丞，中津丞，中縣尉，太子正字，太史監候，太官監膳，御府局監事，左右校及掖庭監作，太史司曆，諸樂師，爲從九品。

又有流内視品十四等：

行臺尚書令，爲視正二品。

上總管、行臺尚書僕射，爲視從二品。

中總管、行臺諸曹尚書，爲視正三品。

下總管，爲視從三品。

行臺尚書左右丞，爲視從四品。

同州總監、隴右牧總監，爲視從五品。

行臺諸曹侍郎，爲視正六品。

上柱國、嗣王、郡王、柱國府長史、司馬、諮議參軍事，鹽池總監，同州、隴右牧總副監，王、二王後國令，爲視從六品。

上大將軍、大將軍府長史、司馬，上柱國、嗣王、郡王、柱國府掾屬，嗣王文學，公國令，王、二王後大農尉、典衛，爲視正七品。

上開府、開府府長史、司馬，上大將軍、大將軍府掾屬，上柱國、嗣王、郡王、柱國府諸曹參軍事，鹽池總副監，鹽州牧監，諸屯監，國子學生，侯、伯國令，公國大農尉、典衛，雍州薩保，爲視從七品。

上儀同儀同府長史、司馬，上大將軍、大將軍府諸曹參軍事，上柱國、嗣王、郡王、柱國府參軍事、諸曹行參軍，行臺諸監，同州諸監，鹽池四面監，皮毛監，岐州監，同州總監、隴右牧監等丞，諸大冶監，雍州州都、主簿，子、男國令，侯、伯國大農尉、典衞，王、二王後國常侍，爲視正八品。

行臺尚書都事，上開府、開府府諸曹參軍事，上大將軍、大將軍府參軍事、諸曹行參軍，上柱國、嗣王、郡王、柱國府行參軍，五岳、四瀆、吴山等令，鹽池四面副監，諸皮毛副監，行臺諸副監，諸屯副監，諸中冶監，諸緣邊交市監，鹽池總監丞，諸州州都、主簿，雍州西曹書佐、諸曹從事，京兆郡正、功曹，太學生，子、男國大農、典衞，爲視從八品。

開府府法曹行參軍，上儀同、儀同府諸曹參軍事，上大將軍、大將軍府行參軍，上柱國、嗣王、郡王、柱國府典籤，同州諸副監，岐州副監，諸小冶監，鹽州牧監丞，諸大冶監丞，諸緣邊交市副監，諸郡正、功曹，京兆郡主簿，諸州西曹書佐、祭酒從事，雍州部郡從事，公國常侍，王、二王後國侍郎，公主家令，諸州胡二百户已上薩保，爲視正九品。

儀同府法曹行參軍，上開府、開府府行參軍，上大將軍、大將軍府典籤，上儀同、儀同府行參軍，上開府府典籤，行臺諸監丞，鹽池四面監丞，皮毛監丞，諸中冶監丞，四門學生，諸郡主簿，諸州部郡從事，雍州武猛從事，大興、長安縣正、功曹、主簿，侯、伯、子、男國常侍，公國侍郎，爲視從九品。

又有流外勳品、二品、三品、四品、五品、六品、七品、八品、九品之差。又視流外，亦有視勳品、視二品、視三品、視四品、視五品、視六品、視七品、視八品、視九品之差。極於胥吏矣，皆無上下階云。

京官正一品，禄九百石，其下每以百石爲差，至正四品，是爲三百石。從四品，二百五十石，其下每以五十石爲差，至正六品，是爲百石。從六品，九十石，以下每以十石爲差，至從八品，是爲五十石。食封及官不判事者，并九品，皆不給禄。其給皆以春秋二季。刺史、太守、縣令，則計户而給禄，各以户數爲九等之差。大州六百二十石，其下每以四十石爲差，至於下下，則三百石。大郡三百四十石，其下每以三十石爲差，至於下下，則百石。大縣百四十石，其下每以十石爲差，至於下下，則六十石。其禄唯及刺史二佐及郡守、縣令。

三年四月，詔尚書左僕射，掌判吏部、禮部、兵部三尚書事，御史糾不當者，兼糾彈之。尚書右僕射，掌判都官、度支、工部三尚書事，又知用度。餘皆依舊。尋改度支尚書爲户部尚書[一三]，都官尚書爲刑部尚書。諸曹侍郎及内史舍人，並加爲從五品。增置通事舍人十二員，通舊爲二十四員。廢光禄寺及都水臺入司農，廢衛尉入太常、尚書省，廢鴻臚亦入太常。罷大理寺監、評及律博士員，加置正爲四人。罷郡，以州統縣，改別駕、贊務以爲長史、司馬。舊周、齊州郡縣職，自州都、郡縣正已下，皆州郡將、縣令至而調用，理時事。至是不知時事，直謂之鄉官。別置品官，皆吏部除授，每歲考殿最。刺史、縣令，三年一遷，佐官四年一遷。佐官以曹爲名者，並改爲司。六年，尚書省二十四司各置員外郎一人，以司其曹之籍帳。侍郎闕，則釐其曹事。吏部又別置朝議、通議、朝請、朝散、給事、承奉、儒林、文林等八郎，武騎、屯騎、驍騎、游騎、飛騎、旅騎、雲騎、羽騎八尉。其品則正六品以下、從九品以上。上階爲郎，下階爲尉。散官番直，常出使監檢。罷門下省員外散騎常侍、奉朝請、通事令史員，及左右衞、殿内將軍，司馬督，武騎常侍等員。

十二年，復置光禄、衞尉、鴻臚等寺。諸州司以從事爲名者，改爲參軍。

十三年，復置都水臺。國子寺罷隸太常，又改寺爲學。

十四年，諸省各置主事令史員。改九等州縣爲上、中、中下、下，凡四等。

十五年，罷州縣鄉官。

十六年，内侍省加置内主事員二十人，以承門閤。

十八年，置備身府。

二十年，改將作寺爲監，以大匠爲大監。初加置副監。

仁壽元年，改都水臺爲監，更名使者爲監。罷國子學，唯立太學一所，置博士五人，從五品，學生七十二人。

三年，監門府又置門候一百二十人。

煬帝即位，多所改革。三年定令，品自第一至于第九，唯置正從，而除上下階。罷諸總管，廢三師、特進官。分門下、太僕二司，取殿内監名以爲殿内省，并尚書、門下、内史、祕書，以爲五省。增置謁者、司隸二臺，并御史爲三臺。分太府寺爲少府監。改内侍省爲長秋監，國子學爲國子監，將作寺爲將作監，并都水監，總爲五監。改左右衛爲左右翊衛，左右備身爲左右驍衛〔一四〕。左右武衛依舊名。改領軍爲左右屯衛，加置左右禦衛〔一五〕。改左右武候爲左右候衛。是爲十二衛。又改領左右府爲左右備身府，左右監門依舊名。凡十六府。其朝之班序，以品之高卑爲列。品同則以省府爲前後，省府同則以局署爲前後焉。

尚書省六曹，各侍郎一人，以貳尚書之職。又增左、右丞階，與六侍郎，並正四品。諸曹侍郎，並改爲郎。又改吏部爲選部郎，户部爲人部郎，禮部爲儀曹郎，兵部爲兵曹郎，刑部爲憲部郎，工部爲起部郎，以異六侍郎之名。廢諸司員外郎，而每增置一曹郎，各爲二員。都司郎各一人，品同曹郎，掌都事之職。以都事爲正八品，分隸六尚書。諸司主事，並去令史之名。其令史隨曹閑劇而置。每十令史，置一主事，不滿十者，亦置一人〔二六〕。其餘四省三臺，亦皆曰令史，九寺五監諸衞府，則皆曰府史。後又改主客郎爲司蕃郎。尋又每減一郎，置承務郎一人，同員外之職。

舊都督已上，至上柱國，凡十一等，及八郎、八尉、四十三號將軍官，皆罷之。并省朝議大夫。自一品至九品，置光禄、從一品。左右光禄、左正二品，右從二品。金紫、正三品。銀青光禄、從三品。正議、正四品。通議、從四品。朝請、正五品。朝散從五品。等九大夫，建節、正六品。奮武、從六品。宣惠、正七品。綏德、從七品。懷仁、正八品。守義、從八品。奉誠、正九品。立信從九品。等八尉，以爲散職。開皇中，以開府儀同三司爲四品散實官，至是改爲從一品，同漢、魏之制，位次王公。門下省減給事黄門侍郎員，置二人，去給事之名，移吏部給事郎名爲門下之職，位次黄門下。置員四人，從五品，省讀奏案。廢散騎常侍、通直散騎常侍、諫議大夫、散騎侍郎等常員。改符璽監爲郎，置員二人，爲從六品。加録事階爲正八品。以城門、殿内、尚食、尚藥、御府等五局隸殿内省。十二年，又改納言爲侍内。

内史省減侍郎員爲二人，減内史舍人員爲四人。加置起居舍人員二人，從六品。次舍人下。改通事舍人員爲謁者臺職。減主書員，置四人，加爲正八品。十二年，改内史爲内書。

殿内省置監，正四品。少監，從四品。丞，從五品。各一人，掌諸供奉。又有奉車都尉十二人，掌進御輿馬。統尚食、尚藥、尚衣、尚舍、尚乘、尚輦等六局，各置奉御二人，正五品。皆置直長，以貳之。正七品。尚食直長六人，又有食醫員。尚藥直長四人，又有侍御醫、司醫、醫佐員。尚衣即舊御府也，改名之，有直長四人。尚舍即舊殿中局也，改名之，有直長八人。尚乘局置左右六閑：一左右飛黄閑，二左右吉良閑，三左右龍媒閑，四左右騊駼閑，五左右駃騠閑，六左右天苑閑。有直長十四人，又有奉乘十人。尚輦有直長四人，又有掌輦六人。城門置校尉一人，降爲正五品。後又改校尉爲城門郎，置員四人，從六品。自殿内省隸爲門下省官。

祕書省降監爲從三品〔一七〕，增置少監一人。從四品。增著作郎階爲正五品，減校書郎爲十人。改太史局爲監，進令階爲從五品，又減丞爲一人。置司辰師八人，增置監候爲十人。其後又改監、少監爲令、少令。增祕書郎爲從五品，加置佐郎四人，從六品。以貳郎之職。降著作郎階爲從五品。又置儒林郎十人，正七品。掌明經待問，唯詔所使。文林郎二十人，從八品。掌撰録文史，檢討舊事。此二郎皆上在藩已來直司學士。增校書郎員四十人，加置楷書郎員二十人，從九品。掌抄寫御書。

御史臺增治書侍御史爲正五品。省殿內御史員，增監察御史員十六人，加階爲從七品。開皇中，御史直宿禁中，至是罷其制。又置主簿、録事員各二人。五年，又降大夫階爲正四品，減治書侍御史爲從五品，增侍御史爲正七品，唯掌侍從糾察，其臺中簿領，皆治書侍御史主之。後又增置御史，從九品，尋又省。

謁者臺大夫一人，從四品。五年，改爲正四品。掌受詔勞問，出使慰撫，持節察授，及受冤枉而申奏之。駕出，對御史引駕。置司朝謁者二人以貳之。從五品。屬官有丞一人，主簿、録事各一人等員。又有通事謁者二十人，從六品。即內史通事舍人之職也。次有議郎二十四人，通直三十六人，將事謁者三十人，謁者七十人，皆掌出使。其後廢議郎，通直、將事謁者，謁者等員，而置員外郎八十員。尋詔門下、內史、御史、司隸、謁者五司，監受表，以爲恒式，不復專謁者矣。尋又置散騎郎，從五品，二十人，承議郎、正六品。通直郎、從六品。各三十人，宣德郎、正七品。宣義郎，從七品。各四十人，徵事郎、正八品。將仕郎、從八品。常從郎、正九品。奉信郎，從九品。各五十人，是爲正員。並得禄當品。又各有散員郎，無員無禄。尋改常從爲登仕，奉信爲散從。自散騎已下，皆主出使，量事大小，據品以發之。

司隸臺大夫一人，正四品。掌諸巡察。別駕二人，從五品。分察畿內，一人案東都，一人案京師。刺史十四人，正六品。巡察畿外諸郡。從事四十人，副刺史巡察。其所掌六條：一察品官以上理政能不。二察官人貪殘害政。三察豪強姦猾，侵害下人，及田宅踰制，官司不能禁止者。四察水旱蟲災，不以實言，枉徵賦役，及無災妄蠲免者。五察部內賊盜，不能窮逐，隱而不申者。六察德行孝悌，茂才異行，隱不貢者。每年二月，乘軺巡郡縣，十月入奏。置丞、從六品。主簿、從八品。録事從九品。各一人。後又罷司隸臺，而留司隸從事之名，不爲常員。臨時選京官清明者，權攝以行。

光禄已下八寺卿，皆降爲從三品。少卿各加置二人，爲從四品。諸寺上署令，並增爲正六品，中署令爲從六品，下署令爲正七品。始開皇中，署司唯典掌受納，至是署令爲判首，取二卿判。丞唯知勾檢。令闕，丞判。五年，寺丞並增爲從五品。

太常寺罷太祝署，而留太祝員八人，屬寺。後又增爲十人。奉禮減置六人。太廟署又置陰室丞，守視陰室。改樂師爲樂正，置十人。太卜又省博士員，置太卜卜正二十人，以掌其事。太醫又置醫監五人，正十人。罷衣冠、清商二署。

太僕減驊騮署入殿內尚乘局，改龍廄曰典廄署，有左、右駮阜二廄。加置主乘、司庫、司廩官。罷牛羊署。

大理寺丞改爲勾檢官，增正員爲六人，分判獄事。置司直十六人，降爲從六品，後加至二十人。又置評事四十八人，掌頗同司直，正九品。

鴻臚寺改典客署爲典蕃署。初煬帝置四方館於建國門外，以待四方使者，後罷之，有事則置，名隸鴻臚寺，量事繁簡，臨時損益。東方曰東夷使者，南方曰南蠻使者，西方曰西戎使者，北方曰北狄使者，各一人，掌其方國及互市事。每使者署，典護録事、敍職、敍儀、監府、監置、互市監及副、參軍各一人。録事主綱紀。敍職掌其貴賤立功合敍者。敍儀掌小大次序。監府掌其貢獻財貨。監置掌安置其駞馬船車，并糾察非違。互市監及副掌互市，參軍事出入交易。

司農但統上林、太倉、鉤盾、導官四署，罷典農、華林二署，而以平準、京市隸太府。

太府寺既分爲少府監，而但管京都市五署及平準、左右藏等，凡八署。京師東市曰都會，西市曰利人。東都東市曰豐都，南市曰大同，北市曰通遠。及改諸令爲監，唯市署曰令。

國子監依舊置祭酒，加置司業一人，從四品，丞三人，加爲從六品。并置主簿、録事各一人。國子學置博士，正五品，助教，從七品，員各一人。學生無常員。太學博士、助教各二人，學生五百人。先是仁壽元年，省國子祭酒、博士，置太學博士員五人，爲從五品，總知學事。至是太學博士降爲從六品。

將作監改大監、少監爲大匠、少匠，丞加爲從六品。統左右校及甄官署。五年，又改大匠爲大監，正四品，少匠爲少監，正五品。十三年，又改監、少監爲令、少令。丞加品至從五品。

少府監置監，從三品，少監，從四品，各一人。丞從五品，二人。統左尚、右尚、内尚、司織、司染、鎧甲、弓弩、掌冶等署。復改監、少監爲令、少令。併司織、司染爲織染署，廢鎧甲、弓弩二署。

都水監改爲使者，增爲正五品，丞爲從七品。統舟檝、河渠二署。舟檝署每津置尉一人。五年，又改使者爲監，四品，加置少監，爲五品。後又改監、少監爲令，從三品，少令，從四品。

長秋監置令一人，正四品，少令一人，從五品，丞二人，正七品。並用士人。改内常侍爲内承奉，置二人，正五品；給事爲内承直，置四人，從五品。並用宦者。罷内謁者官。領掖庭、宮闈、奚官等三署，並參用士人。後又置内謁者員。

十二衞，各置大將軍一人，將軍二人，總府事，并統諸鷹揚府。改驃騎爲鷹揚郎將，正五品；車騎爲鷹揚副郎將，從五品；大都督爲校尉；帥都督爲旅帥；都督爲隊正，增置隊副以貳之。改三衞爲三侍。其直閤將軍、直寢、奉車都尉、駙馬都尉、直齋、別將、統軍、軍主、幢主之屬，並廢。以武候府司辰師員，隸爲太史局官。其軍士，左右翊衞所領名爲驍騎〔一八〕，左右驍衞所領名豹騎，左右武衞所領名熊渠，左右屯衞所領名羽林，左右禦衞所領名射聲，左右候衞所領名佽飛，而總號衞士。每衞置護軍四人，掌副貳將軍。將軍無則一人攝。尋改護軍爲武賁郎將，正四品，而置武牙郎將六人，副焉，從四品。諸衞皆置長史，從五品。又有録事參軍，司倉、兵、騎、鎧等員。翊衞又加有親侍。鷹揚府，每府置鷹揚郎將一人，正五品，副鷹揚郎將一人，從五品，各有司馬及兵、倉兩司。其府領親、勳、武三侍，非翊衞府，皆無三侍。鷹揚每府置越騎校尉二人，掌騎士，步兵校尉二人，領步兵，並正六品。外軍鷹揚官並同。左右候衞增置察非掾二人，專糾彈之事。五年，又改副郎將並爲鷹擊郎將。

左右領左右府，改爲左右備身府，各置備身郎將一人。又各置直齋二人，以貳之，並正四品，掌侍衞左右。統千牛左右、司射左右各十六人，並正六品。千牛掌執千牛刀宿衞，司射掌供御弓箭。置長史，正六品，録事，司兵、倉、騎參軍等員，並正八品。有折衝郎將，各三人，正四品，掌領驍果。又各置果毅郎將三人以貳之〔一九〕，從四品。其驍果，置左、右雄武府雄武郎將，以領之。以武勇郎將爲副，員同鷹揚、鷹擊。有司兵、司騎二局，並置參軍事。

左右監門府，改將軍爲郎將，各置一人，正四品，直閤各六人，正五品。置官屬，並同備身府。又增左右門尉員一百二十人，正六品；置門候員二百四十人，正七品。並分掌門禁守衛。

門下坊減内舍人、洗馬員，各置二人。減侍醫，置二人。改門大夫爲宫門監，正字爲正書。

典書坊改太子舍人爲管記舍人，減置四人。改通事舍人爲宣令舍人，爲八員。家令改爲司府令，内坊承直改爲典直。

左右衛率改爲左右侍率，正四品。改親衛爲功曹，勳衛爲義曹，翊衛爲良曹。罷直齋、直閤員。

左右宗衛率改爲左右武侍率，正四品。

左右虞候開府改爲左右虞候率，正四品，并置副率。

左右内率降爲正五品。千牛備身改爲司仗左右，備身左右改爲主射左右。各員八人。

左右監門率改爲宫門將，降爲正五品。監門直長改爲直事，置六十人。

開皇中，置國王，郡王，國公，郡公，縣公、侯、伯、子、男爲九等者，至是唯留王、公、侯三等。餘並廢之。

王府諸司參軍，更名諸司書佐〔二〇〕，屬參軍則直以屬爲名。改國令爲家令。自餘以國爲名者，皆去之。

行宫所在，皆立總監以司之。上宫正五品，中宫從五品，下宫正七品。隴右諸牧，置左、右牧監各一人，以司統之。

罷州置郡，郡置太守。上郡從三品，中郡正四品，下郡從四品。京兆、河南則俱爲尹，並正三品。罷長史、司馬，置贊務一人以貳之。京兆、河南從四品，上郡正五品，中郡從五品，下郡正六品。次置東西曹掾，京兆、河南從五品，上郡正六品，中郡從六品，下郡正七品。主簿，司功、倉、户、兵、法、士曹等書佐，各因郡之大小而爲增減。改行參軍爲行書佐。舊有兵處，則刺史帶諸軍事以統之，至是別置都尉、副都尉。都尉正四品，領兵，與郡不相知。副都尉正五品。又置京輔都尉，從三品，立府於潼關，主兵領遏。并置副都尉，從四品。又置諸防主、副官，掌同諸鎮。大興、長安、河南、洛陽四縣令，並增爲正五品。諸縣皆以所管閑劇及衝要以爲等級。丞、主簿如故。其後諸郡各加置通守一人，位次太守，京兆、河南，則謂之内史。又改郡贊務爲丞，位在通守下，縣尉爲縣正，尋改正爲户曹、法曹，分司以承郡之六司〔三〕。河南、洛陽、長安、大興，則加置功曹，而爲三司，司各二人。郡縣佛寺，改爲道場，道觀改爲玄壇，各置監、丞。京都諸坊改爲里，皆省除里司，官以主其事。

帝自三年定令之後，驟有制置，制置未久，隨復改易。其餘不可備知者，蓋史之闕文云。

校勘記

〔一〕下津每典作一人津長四人　疑有脱文。唐六典卷二三諸津注：「隋都水領諸津（中略）下津，尉一人。每津典作一人、津長四人。」

〔二〕京市　「京」，原作「廩」。本卷下文記載煬帝即位後所作改革，司農寺「但統上林、太倉、鉤盾、導官四署（中略）而以平準、京市隸太府」。通典卷二六職官八太府卿：「諸市署（中略）隋初，京市令、丞屬司農，煬帝改隸太府。」今據改。

〔三〕掌治　「治」，原作「治」。通典卷二七職官九少府監：「掌治署（中略）隋有掌治署令、丞。」本卷下敍煬帝時制，少府監所統有「掌治署」。今據改。

〔四〕左右尚方則加至三人　「三人」，原作「二人」，據至順本、汲本改。此處上句稱「各置令二人」，則此不應作「加至二人」。按，唐六典卷二二左尚署注「隋開皇中，三尚方並屬太府寺，左尚令三人」，右尚署注「隋左右尚方屬太府寺，令三人」。

〔五〕各置令丞等員　「等員」二字原闕，據北監本、汲本、殿本補。

〔六〕水草所置　「置」，唐六典卷二五左右金吾衛注、通典卷二八職官一〇左右金吾衛、職官分紀卷三五左右金吾衛將軍引隋百官志作「宜」。

〔七〕備身六十人　「六十」，唐六典卷二五左右千牛衛注、通典卷二八職官一〇左右千牛衛作「十六」。

〔八〕戎上柱國已下爲散實官　「戎」，南監本、殿本作「凡」。張元濟校勘記疑殿本是。

〔九〕與開府公同　「與」，原作「上」，據殿本改。

〔一〇〕上鎮將　「將」下，原衍「軍」，大德本有一字空格，據至順本删。按，本卷上文敍鎮之設官，有鎮將、副；下文敍隋官品秩，從五品下階有「中鎮將」、正六品下階有「下鎮將」。

〔一一〕上上州諸曹行參軍事　「上上」，通典卷三九職官二一隋官品令作「上」。官品令敍述州之屬官品秩，均以上中下三等，而未分爲九等。疑衍一「上」字。

〔一二〕上署丞　原作「上署令」，據通典卷三九職官二一隋官品令改。上署令，已見本卷上文正八品下階。

〔一三〕改度支尚書爲户部尚書　「户部」，當作「民部」，史臣避唐諱改。通典卷二三職官五户部尚書：「開皇三年，改度支爲民部，統度支、民部、金部、倉部四曹，國家修隋志，謂之户部，蓋以廟諱故也。」參隋書求是「百官下」條。下文「煬帝即位，多所改革」，其中有改「户部爲人部郎」，亦同。

〔一四〕左右備身爲左右驍衛　「驍衛」，原作「騎尉」，據下文所述十二衛所統軍士名、通典卷二八職官一〇將軍總敍、左右驍衛改。

〔一五〕加置左右禦衛　「衛」字原闕。此次改革，十二衛名稱均爲二字，此不應例外。本卷下文敍十二衛所統軍士名，即作「左右禦衛」，今據補。按，本書紀傳所及，亦稱「禦衛」，如卷四煬帝紀下大業十一年七月、十二年九月、卷六三衛玄傳、卷六四來護兒傳等。

〔一六〕亦置一人　「人」，原作「以」，據大德本、至順本、汲本改。

〔一七〕祕書省降監爲從三品　「三」，原作「二」，據唐六典卷一〇祕書省注、册府卷六二〇卿監部總序改。隋初祕書監爲正三品，見本卷上文。

〔一八〕左右翊衛所領名爲驍騎　「翊」字原闕。本卷上文述煬帝即位，統改衛名，左右衛改爲左右翊衛。此處所及衛名，均爲改名後名稱，此不應例外。今據改。又，通典卷二八職官一〇左右衛：「煬帝改左右衛爲左右翊衛。」

〔一九〕又各置果毅郎將三人以貳之　「三人」，原作「以領之」，據大德本、至順本、汲本改。

〔二〇〕諸司書佐　「書佐」二字原闕。通典卷三一職官一三歷代王侯封爵稱「煬帝更名王府參軍爲諸司書佐」，今據補。

〔二一〕分司以承郡之六司　「承」，原作「丞」，據通典卷三三職官一五總論縣佐改。

隋書卷二十九

志第二十四

地理上

京兆郡　馮翊郡　扶風郡　安定郡　北地郡　上　郡　雕陰郡
延安郡　弘化郡　平涼郡　朔方郡　鹽川郡　靈武郡　榆林郡
五原郡　天水郡　隴西郡　金城郡　枹罕郡　澆河郡　西平郡
武威郡　張掖郡　敦煌郡　鄯善郡　且末郡　西海郡　河源郡
漢川郡　西城郡　房陵郡　清化郡　通川郡　宕渠郡　漢陽郡
臨洮郡　宕昌郡　武都郡　同昌郡　河池郡　順政郡　義城郡
平武郡　汶山郡　普安郡　金山郡　新城郡　巴西郡　遂寧郡

涪陵郡　巴　郡　巴東郡　蜀　郡　臨邛郡　眉山郡　隆山郡
資陽郡　瀘川郡　犍爲郡　越巂郡　牂柯郡　黔安郡

自古聖王之受命也，莫不體國經野，以爲人極。上應躔次，下裂山河，分疆畫界，建都錫社。是以放勛御曆，脩職貢者九州，文命會同，執玉帛者萬國。洎乎殷遷夏鼎，周黜殷命，雖質文之用不同，損益之途或革，而封建之制，率由舊章。於是分土惟三，列爵惟五，千里以制畿甸，九服以別要荒。十國爲連，連有帥，倍連爲卒，卒有正。皆所以式固鴻基，藩屛王室，興邦致化，康俗庇人者歟！周德既衰，諸侯力政，干戈日用，戎馬生郊。彊陵弱，衆暴寡，魯滅於楚，鄭滅於韓，田氏篡齊，六卿分晉。其餘弑君亡國，不得守其社稷者，不可勝數。逮于七雄競逐，二帝爭彊，疆埸之事，一彼一此。秦始皇據百二之巖險，奮六世之餘烈，力爭天下，蠶食諸侯，在位二十餘年，遂乃削平寓內，懲周氏之微弱，恃狙詐以爲彊，蔑棄經典，罷侯置守。子弟無立錐之地，功臣無尺土之賞，身没而區宇幅裂，及子而社稷淪胥。漢高祖挺神武之宏圖，掃清禍亂，矯秦皇之失策，封建王侯，並跨州連邑，有踰古典，而郡縣之制，無改於秦。逮于孝武，務勤遠略，南兼百越，東定三韓。通邛、笮之險塗，斷匈奴之右臂，雖聲教遠洎，而人亦勞止。昭、宣之後，罷戰務農，户口既其滋多，郡縣亦有增置。至于平帝，郡國一百有三，户一千二百二十三萬〔一〕。光武中興，承王莽之餘弊，兵戈不戢，飢疫荐臻，率土遺黎，十纔一二，乃併省郡縣，四百餘所。明、章之後，漸至滋繁，郡縣之數，有加曩日。逮炎靈數盡，三國爭彊，兵革屢興，户口減半。有晉太康之後，文軌方同，大抵編户二百六十餘萬〔二〕。尋而五胡逆亂，二帝播遷，東晉洎于宋、齊，僻陋江左，苻、姚之與劉、石，竊據中原，事跡糾紛，難可具紀。

梁武帝除暴寧亂，奄有舊吳，天監十年，有州二十三，郡三百五十，縣千二十二〔三〕。其後務恢境宇，頻事經略，開拓閩、越，克復淮浦，平俚洞，破牂柯，又以舊州遐闊，多有析置。大同年中，州一百七，郡縣亦稱於此。既而侯景構禍，臺城淪陷，墳籍散逸，注記無遺，郡縣户口，不能詳究。逮于陳氏，土宇彌蹙，西亡蜀、漢，北喪淮、肥，威力所加，不出荆、揚之域。州有四十二，郡唯一百九，縣四百三十八，户六十萬。後齊承魏末喪亂，與周人抗衡，雖開拓淮南，而郡縣僻小。天保之末，總加併省，洎乎國滅，州九十有七，郡一百六十，縣三百六十五〔四〕，户三百三萬。周氏初有關中，百度草創，遂乃訓兵教戰，務穀勸農，南清江、漢，西兼巴、蜀，卒能以寡擊衆，戡定彊鄰。及于東夏削平，多有省廢。大象二年，通計州二百一十一，郡五百八，縣一千一百二十四。

高祖受終，惟新朝政，開皇三年，遂廢諸郡。洎于九載，廓定江表，尋以户口滋多，析置州縣。煬帝嗣位，又平林邑，更置三州。既而併省諸州，尋即改州爲郡，乃置司隸刺史，分部巡察。五年，平定吐谷渾，更置四郡。大凡郡一百九十，縣一千二百五十五，户八百九十萬七千五百四十六，口四千六百一萬九千九百五十六。墾田五千五百八十五萬四千四十一頃。其邑居道路，山河溝洫，沙磧鹹鹵，丘陵阡陌，皆不預焉。東西九千三百里，南北萬四千八百一十五里，東南皆至於海，西至且末，北至五原，隋氏之盛，極於此也。

京兆郡開皇三年，置雍州。城東西十八里一百一十五步〔五〕，南北十五里一百七十五步。東面通化、春明、延興三門，南面啓夏、明德、安化三門，西面延平、金光、開遠三門，北面光化一門。里一百六，市二。大業三年，改州爲郡，故名焉。置尹。**統縣二十二，户三十萬八千四百九十九。**

大興開皇三年置。後周于舊郡置縣曰萬年〔六〕，高祖龍潛，封號大興，故至是改焉。有長樂宮。有後魏杜城縣、西霸城縣〔七〕、西魏山北縣，並後周廢。**長安**帶郡。有仙都、福陽、太平等宮。有關官。有舊長安城。**始平**故置扶風郡，開皇三年郡廢。**武功**後周置武功郡，建德中郡廢。有永豐渠、普濟渠。**盩厔**後周置周南郡及恒州，又有倉城、溫湯二縣，尋並廢。有司竹園，有宜壽、仙遊、文山、鳳皇等宮。有關官。有太一山。有溫湯。**醴泉**後魏曰寧夷，西魏置寧夷郡。後周改爲秦郡，後廢，又以新時、甘泉二縣入焉。開皇十八年改縣名醴泉。有甘泉水、波水、浪水。有九嵕山、温秀嶺。上宜開皇十七年置。有舊莫西縣，十八年改名好畤，大業三年廢入焉。鄠有甘泉宫。有終南山。有澇水。藍田後周置藍田郡，尋廢郡，及白鹿、玉山二縣入焉。有關官。有滋水。新豐有温湯。華原後魏置北雍州，西魏改爲宜州，又置北地郡，尋改爲通川郡。開皇初郡廢，大業初州廢，及土門縣入焉。有沮水、頻山。宜君舊置宜君郡，開皇初郡廢。有清水。同官

鄭後魏置東雍州，并華山郡。西魏改曰華州。開皇初郡廢，大業初州廢。有少華山。渭南後魏置渭南郡，西魏分置靈源、中源二縣，後周郡及二縣並廢入焉。有步壽宫。萬年　高陵後魏曰高陸，大業初改焉。三原後周置建忠郡，建德初郡廢。涇陽舊置咸陽縣，開皇初廢。有茂農渠。雲陽舊置，後周置雲陽郡，開皇初郡廢。有涇水、五龍水、甘水、走馬水。富平舊置北地郡，後周改曰中華郡，尋罷。有荆山。華陰有興德宫。有關官，有京輔都尉。有白渠。有華山。

馮翊郡後魏置華州，西魏改曰同州。統縣八，户九萬一千五百七十二。

馮翊後魏曰華陰。西魏改爲武鄉，置武鄉郡。開皇初郡廢，大業初改名馮翊，置馮翊郡。有沙苑。韓城開皇十八年置。有關官。有梁山，有鬼谷。郃陽　朝邑後魏曰南五泉，西魏改焉。有長春宫。有關官。有朝坂。澄城後魏置澄城郡，後周併五泉縣入焉。開皇初郡廢。蒲城舊置南、北二白水。西魏改爲蒲城，置白水郡，開皇初郡廢。下邽舊置延壽郡。開皇初郡廢，大業初併蓮勺縣入焉。有金氏陂。白水有五龍山、馬蘭山。

扶風郡舊置岐州。統縣九，户九萬二千二百二十三。

雍後魏置平秦郡〔八〕，西魏改爲岐山郡，開皇三年郡廢。大業初置扶風郡。有岐陽宮。岐山後周曰三龍縣，開皇十六年改名焉。又有後魏周城縣，後周廢。有岐山。陳倉後魏曰宛川，西魏改曰陳倉。後周置顯州，尋州縣俱廢。開皇十八年置，曰陳倉。有陳倉山。有關官。虢後魏置武都郡，西魏改縣曰洛邑。後周置朔州，州尋廢。郡開皇初廢，大業初改縣爲虢。郿舊曰平陽縣，西魏改曰郿城，後周廢入周城縣。開皇十八年改周城爲渭濱，大業二年改爲郿。又後周置雲州，建德中廢。有安仁宮、鳳泉宮。有太白山、五丈原。普閏大業初置。有仁壽宮。有漆水、岐水、杜水。汧源西魏置隴東郡及汧陰縣，後改縣曰杜陽。後周又曰汧陰。開皇三年郡廢，五年縣改曰汧源。又有西魏東秦州，後改爲隴州，大業三年州廢。有關官。有隴山、汧山、汧水。汧陽舊置汧陽郡，後周罷。南由後魏置，西魏改爲鎮，後周復置縣。又有舊長蛇縣，開皇末廢。有關官。有盤龍山。

安定郡舊置涇州。統縣七，户七萬六千二百八十一。

安定帶郡。鶉觚舊置趙平郡。後周廢郡，并以宜禄縣入焉。大業初分置靈臺縣，二年廢。陰盤後魏置平涼郡，開皇初郡廢。有盧水。朝那西魏置安武郡，及析置安武縣。開皇三年郡縣並廢入焉。良原大業初置。臨涇大業初置，初曰湫谷，尋改焉。華亭大業初置。有隴水、芮水。

北地郡後魏置豳州，西魏改爲寧州。大業初復曰豳州。統縣六，户七萬六百九十。

定安舊置趙興郡。開皇初郡廢，大業初置北地郡。羅川舊曰陽周，開皇中改焉。又西魏置顯州，後周廢。有橋山。彭原舊曰彭陽。後魏置西北地郡，有洛蟠城。西魏置蔚州，有豐城〔九〕。西魏置雲州。後周二州並廢。開皇初郡廢，十八年改縣曰彭原。有珊瑚水。襄樂後魏置襄樂郡，後周廢。又西魏置燕州，後周廢。又有子午山。新平舊曰白土，西魏置豳州。開皇四年改縣爲新平，大業初州廢。三水西魏置恒州，尋廢。

上郡後魏置東秦州，後改爲北華州。西魏改爲敷州。大業二年改爲鄜城郡，後改爲上郡。統縣五，户五萬三千四百八十九。

洛交開皇三年置。大業三年置上郡。内部舊置敷州及内部郡〔一〇〕。開皇三年郡廢，大業初州廢。三川舊名長城，西魏改焉。又有利仁縣，尋廢入焉。鄜城後魏曰敷城，大業初改焉。洛川有鄜水。

雕陰郡西魏置綏州。大業初改爲上州。統縣十一，户三萬六千一十八。

上縣西魏置安寧郡，與安寧、綏德、安人三縣同置。開皇初郡廢，改安人爲吉萬。大業初置雕陰郡，廢安寧、吉萬二縣入。又後周置義良縣，亦廢入焉。大斌西魏置，仍立安政郡。開皇初廢。有平水。延福西魏置，曰延陵。開皇中改焉。儒林後周置銀州，開皇三年改名焉。大業初州廢。**真鄉**西魏置。後周置真鄉郡，開皇初郡廢。**開光**舊置開光郡，開皇三年郡廢。有圁水。**銀城**後周置，曰石城，後改名焉。**城平**西魏置。**開疆**西魏置，有後魏撫寧郡，開皇三年郡廢。**撫寧**西魏置。**綏德**西魏置。

延安郡後魏置東夏州。西魏改爲延州，置總管府。開皇中府廢。統縣十一，户五萬三千九百三十九。

膚施大業三年置，及置延安郡。有豐林山。**豐林**後魏置，曰廣武，及徧城郡。開皇初郡廢，十八年改爲豐林，大業初又併沃野縣入焉。**魏平**後魏置，并立朔方郡。後周廢郡，併朔方、和政二縣入焉〔一一〕。**金明**有治官。有清水。**臨真**有西魏神水郡〔一二〕、真川縣，後周郡廢，大業初廢真川入焉。**延川**西魏置，曰文安，及置文安郡。開皇初郡廢，改縣爲延川。**延安**西魏置，又置義鄉縣。大業中廢義鄉入焉。**因城**後魏置。後周廢，尋又置。**義川**西魏置汾州、義川郡，後改州爲丹州。後周改縣爲丹陽。開皇初郡廢，改縣曰義川，又廢樂川郡入。大業初州廢，又廢雲巖縣入焉。**汾川**舊曰安平，後周改曰汾川。大業初廢門山縣入焉。**咸寧**舊曰永寧，西魏改爲太平。開皇中改爲咸寧。

弘化郡西魏置朔州，後周廢。開皇十六年，置慶州。統縣七，户五萬一千四百七十三。

合水開皇十六年置，大業初置弘化郡。**馬嶺**大業初置。**華池**仁壽初置。又西魏置蔚州，後周廢。歸德西魏置恒州，後周廢。有雕水。洛源大業初置。有博水、洱水。弘化開皇十八年置弘州，大業初州廢。弘德大業初置。

平涼郡舊置原州，後周置總管府，大業初府廢。統縣五，户二萬七千九百九十五。

平高後魏置太平郡〔三〕，後改爲平高。開皇初郡廢。大業初置平涼郡。有關官。有笄頭山。百泉後魏置長城郡及黄石縣，西魏改黄石爲長城。開皇初郡廢，大業初縣改爲百泉。平涼後周置。有可藍山。會寧西魏置會州，後周廢，開皇十六年置縣。默亭〔四〕。

朔方郡後魏置夏州，後周置總管府，大業初府廢。統縣三，户一萬一千六百七十三。

巖緑西魏置弘化郡。開皇初廢，大業初置朔方郡。寧朔後周置。長澤西魏置闡熙郡。又有後魏大安郡，及置長州。開皇三年郡廢，又廢山鹿、新囶二縣入焉。大業三年州廢。

鹽川郡西魏置西安州，後改爲鹽州。統縣一，户三千七百六十三。

五原後魏置郡，曰大興。西魏改爲五原，後又爲大興。開皇初郡廢，大業初置鹽川郡。

靈武郡後魏置靈州，後周置總管府，大業元年府廢。統縣六，户一萬二千三百三十。

迴樂後周置，帶普樂郡。又西魏置臨河郡。開皇元年改臨河郡曰新昌，三年郡並廢。大業初置靈武郡。弘靜開皇十一年置。有賀蘭山。懷遠後周置，仍立懷遠郡。開皇三年郡廢。靈武後周置，曰建安，後又置歷城郡。開皇三年郡廢，十八年改建安爲廣閏，仁壽元年改名焉。鳴沙後周置會州，尋廢。開皇十九年置環州及鳴沙縣。大業三年州廢。有關官。豐安開皇十年置。

榆林郡開皇二十年，置勝州。統縣三，户二千三百三十。

榆林開皇七年置〔一五〕。大業初置郡。富昌開皇十年置。金河開皇三年置，曰陽壽，及置油雲縣，又置榆關總管。五年改置雲州總管〔一六〕。十八年改陽壽曰金河，二十年雲州移，二縣俱廢。仁壽二年又置金河縣，帶關。

五原郡開皇五年置豐州，仁壽元年置總管府，大業元年府廢。統縣三，户二千三百三十。

九原開皇五年置。大業初置郡。永豐開皇五年置。安化開皇十一年置。

天水郡舊秦州〔一七〕。後周置總管府，大業初府廢。統縣六，户五萬二千一百三十。

上邽故曰上封〔一八〕，帶天水郡。開皇初郡廢，大業初復置郡，縣改名焉。有濛水。冀城後周曰冀城縣，廢入黄瓜縣〔一九〕。大業初改曰冀城。有石鼓崖。清水後魏置，及置清水郡。開皇初郡廢。有關官。有分水嶺。秦嶺後魏置，曰伯陽縣。開皇中改焉。隴城舊曰略陽，置略陽郡。開皇二年郡廢，縣改曰河陽。六年改曰隴城〔二〇〕。成紀舊廢，後周置。有龍馬城、仙人硤〔二一〕。

隴西郡舊渭州。統縣五，户一萬九千二百四十七。

襄武帶郡。隴西舊城内陶〔二二〕，置南安郡。開皇初郡廢，改爲武陽，十年改名焉。渭源有鳥鼠山。有渭水。障後魏置〔二三〕。西魏置廣安郡，後周郡廢。長川後魏置安陽郡，領安陽、烏水二縣。西魏改曰北秦州，後又改曰交州。開皇三年郡廢。十八年改州曰紀州，安陽曰長川。大業初州廢，又廢烏水入焉。

金城郡開皇初，置蘭州總管府，大業初府廢。**統縣二，户六千八百一十八。**

金城舊縣曰子城〔二四〕，帶金城郡。開皇初郡廢。大業初改縣爲金城，置金城郡。有關官。**狄道**後魏置臨洮郡、龍城縣，後周皆廢。又後魏置武始郡，開皇初廢。有白石山。

枹罕郡舊置河州。**統縣四，户一萬三千一百五十七。**

枹罕舊置枹罕郡，開皇初郡廢。大業初置郡。有關官。有鳳林山。**龍支**後魏曰北金城〔二五〕，西魏改焉。有唐述山。**大夏**有金紐山。**水池**後魏曰葦川〔二六〕，後周改焉。

澆河郡後周武帝逐吐谷渾，以置廓州總管府。開皇初府廢。**統縣二，户二千二百四十。**

河津後周置洮河郡，領洮河、廣威、安戎三縣。開皇初郡廢，併三縣入焉。大業初置澆河郡。有濫水。**達化**後周置達化郡。開皇初郡廢，併綏遠縣入焉。有連雲山。

西平郡舊置鄯州〔二七〕。**統縣二，户三千一百一十八。**

湟水舊曰西都，後周置樂都郡。開皇初郡廢，十八年改縣曰湟水。又有舊浩亹縣，又西魏置龍居、路倉二縣，並後周廢。大業初置西平郡。有土樓山。**化隆**舊魏曰廣威，西魏置澆河郡，後周廢郡，仁壽初改爲化隆。有拔延山、湟水、盧水。

武威郡舊置涼州，後周置總管府，大業初府廢。**統縣四，户一萬一千七百五。**

姑臧舊置武威郡，開皇初郡廢。大業初復置武威郡。又後魏置武安郡、襄武縣，並西魏廢。又舊有顯美縣，後周廢。有第五山〔二八〕。**昌松**後魏置昌松郡，後周廢郡，以揟次縣入〔二九〕。開皇初改縣爲永世，後改曰昌松。又有後魏魏安郡，後周改置白山縣，尋廢。有白山。**番和**後魏置番和郡。後周郡廢，置鎮。開皇中爲縣，又併力乾、安寧、廣城、障、燕支五縣之地入焉。有燕支山。**允吾**後魏置，曰廣武，及置廣武郡。開皇初郡廢，改縣曰邑次，尋改爲廣武，後又改爲邑次。大業初改爲允吾。有青巖山。

張掖郡西魏置西涼州，尋改曰甘州。**統縣三，户六千一百二十六。**

張掖舊曰永平縣，後周置張掖郡。開皇初郡廢，十七年縣改爲酒泉。大業初改爲張掖，置張掖郡。又有臨松縣，後周廢。有甘峻山、臨松山、合黎山，有玉石潤、大柳谷。**删丹**後魏曰山丹，又有西郡、永寧縣。西魏郡廢，縣改爲弱水。後周省入山丹。大業改爲删丹。又後周置金山縣，尋廢入焉。有祀山。有鹽池。有弱水。**福禄**舊置酒泉郡，開皇初郡廢。仁壽中以置肅州，大業初州尋廢。又後周置樂涫縣，尋廢。有祁連山、崆峒山、崑崙山，有石渠。

敦煌郡舊置瓜州。**統縣三，户七千七百七十九。**

敦煌舊置敦煌郡，後周併效穀、壽昌二郡入焉〔三〇〕。又併敦煌、鳴沙、平康、效穀、東鄉、龍勒六縣爲鳴沙縣〔三一〕。開皇初郡廢。大業置敦煌郡，改鳴沙爲敦煌。有神沙山、三危山，有流沙。常樂後魏置常樂郡。後周併涼興、大至、冥安、閏泉，合爲涼興縣〔三二〕。開皇初郡廢，改縣爲常樂。有關官。玉門後魏置會稽郡。後周廢郡，併會稽、新鄉、延興爲會稽縣。開皇中改爲玉門，併得後魏玉門郡地。

鄯善郡大業五年平吐谷渾置，置在鄯善城，即古樓蘭城也。并置且末、西海、河源，總四郡。有蒲昌海、鄯善水。統縣二。

顯武　濟遠

且末郡置在古且末城。有且末水、薩毗澤。統縣二。

肅寧　伏戎

西海郡置在古伏俟城，即吐谷渾國都。有西王母石窟、青海、鹽池。統縣二。

宣德　威定

河源郡置在古赤水城。有曼頭城、積石山，河所出。有七烏海。統縣二。

遠化　赤水

周禮職方氏：「正西曰雍州。」上當天文，自東井十度至柳八度，爲鶉首。於辰在未，得秦之分野。考其舊俗，前史言之詳矣。化於姬德，則閑田而興讓，習於嬴敝，則相稽而反脣。斯豈土壤之殊乎？亦政教之移人也。京兆王都所在，俗具五方，人物混淆，華戎雜錯。去農從商，爭朝夕之利，游手爲事，競錐刀之末。貴者崇侈靡，賤者薄仁義，豪彊者縱橫，貧窶者窘蹙。桴鼓屢驚，盜賊不禁，此乃古今之所同焉。自京城至於外郡，得馮翊、扶風，是漢之三輔。其風大抵與京師不異。安定、北地、上郡、隴西、天水、金城，於古爲六郡之地，其人性猶質直。然尚儉約，習仁義，勤於稼穡，多畜牧，無復寇盜矣。雕陰、延安、弘化，連接山胡，性多木彊，皆女淫而婦貞，蓋俗然也。平涼、朔方、鹽川、靈武、榆林、五原，地接邊荒，多尚武節，亦習俗然焉。河西諸郡，其風頗同，並有金方之氣矣。

漢川郡舊置梁州。統縣八，户一萬一千九百一十。

南鄭舊置漢川郡。開皇初郡廢，大業初置郡。又西魏置白雲縣，至是併入焉。有黄牛山、龍岡山。**西**舊曰嶓冢，大業初改焉。有關官。有定軍山、百牢山、街亭山、嶓冢山。有漢水。**褒城**開皇初曰褒内。仁壽元年因失印更給〔三三〕，改名焉。有關官。有女郎山。**城固**　**興勢**舊置儻城郡〔三四〕，開皇初郡廢。**西鄉**舊曰豐寧，置洋州，及洋川郡。開皇初廢郡，大業初廢州，改縣曰西鄉。又舊有懷昌郡，後周廢爲懷昌縣，至是入焉。有洋水。**黄金**　**難江**後周置集州及平桑郡。開皇初郡廢，大業初州廢。

西城郡梁置梁州，尋改曰南梁州。西魏改置東梁州，尋改爲金州，置總管府。開皇初府廢。統縣六，戶一萬四千三百四十一。

金川梁初曰上廉，後曰吉陽。西魏改曰吉安，後周以西城入焉。舊有金城、吉安二郡，開皇初並廢。十八年改縣爲吉安。大業三年改曰金川，置西城郡。又後周置洵州，尋廢。有焦陵山。石泉舊曰永樂，置晉昌郡。西魏改郡曰魏昌，尋改永樂曰石泉，析置魏寧縣。後周省魏昌郡入中城郡，又省魏寧縣入石泉縣。洵陽舊置洵陽郡，開皇初郡廢。有洵水。安康舊曰寧都，齊置安康郡，後魏置東梁州，後蕭詧改直州。開皇初郡廢，大業初州廢，縣改曰安康。黃土西魏置淯陽郡。後周改郡〔三五〕，置縣曰長岡。後郡省入甲郡〔三六〕，置縣曰黃土，併赤石、甲、臨江三縣入焉。開皇初郡廢。豐利梁置南上洛郡，西魏改郡曰豐利。後周省郡入上津郡，以熊川、陽川二縣入豐利，後又廢上津郡入甲郡。有天心水。

房陵郡西魏置光遷國。後周國廢，置遷州。大業初改名房州。統縣四，戶七千一百六。

光遷舊曰房陵，置新城郡。梁末置岐州，後周郡縣並改爲光遷。又有舊綏州，開皇初，與郡並廢。大業初置房陵郡。有房山、霍水。永清舊曰大洪，後周改焉。有照珠山、百武山〔三七〕、沮水、汎水。竹山梁曰安城，西魏改焉，置羅州。開皇十八年改曰房州，大業初州廢。有花林山、懸鼓山。上庸梁曰新豐，西魏改焉。後周改曰孔陽。開皇十八年復曰上庸。

清化郡舊置巴州。統縣十四，户一萬六千五百三十九。

化成梁曰梁廣，仍置歸化郡。後周改縣曰化成。開皇初郡廢。大業初置清化郡。**曾口**梁置。**清化**梁置，曰伏彊，有木門郡。開皇三年郡廢，七年縣改曰清化。有伏彊山、清水。**盤道**梁置，曰難江。西魏改焉。有龍腹山。**永穆**梁置，曰永康，又有萬榮郡。開皇初郡廢，十八年縣改名焉。**歸仁**梁置，曰平州縣。後周改曰同昌，開皇中改名焉。**始寧**梁置，并置遂寧郡。開皇初郡廢。有始寧山。**其章**梁置。**恩陽**梁置，曰義陽。開皇末改。**長池**後周置，曰曲細。開皇末改焉。**符陽**舊置其章郡，開皇初廢。**白石**有文山。**安固**梁置。後周置蓬州，大業初州廢。有大蓬山。**伏虞**梁置，曰宣漢，及置伏虞郡。開皇初郡廢，十八年改焉。

通川郡梁置萬州，西魏曰通州〔三八〕。統縣七，户一萬二千六百二十四。

通川梁曰石城，置東關郡。開皇初郡廢。大業初置通川郡。**三岡**梁置，屬新安郡。西魏改郡曰新寧。開皇初郡廢。**石鼓**西魏置遷州。後周廢州，置臨清郡。開皇初廢郡。**東鄉**西魏置石州。後周廢州，置三巴郡。開皇初郡廢。**宣漢**西魏置并州及永昌郡。開皇三年郡廢，五年州廢。**西流**後魏曰漢興。西魏改焉，又置開州，及周安、萬安、江會三郡。後周省江會入周安。開皇初郡並廢，大業初州廢。**萬世**後周置，及置萬世郡。開皇初郡廢。

宕渠郡梁置渠州。統縣六，户一萬四千三百三十五。

流江後魏置縣，及置流江郡。開皇初郡廢，大業初置宕渠郡。**賨城**〔三九〕舊曰始安，開皇十八年改焉。**鄰水**梁置縣，并置鄰州。後魏改鄰山郡，開皇初郡廢。**宕渠**梁置，并置境陽郡〔四〇〕。開皇初郡廢。**咸安**梁置，曰綏安。開皇末改名焉。**墊江**西魏置縣及容州、容山郡〔四一〕。後周改爲魏安縣。開皇初郡廢，十八年縣改名焉。

漢陽郡後魏曰南秦州，西魏曰成州。**統縣三，户一萬九百八十五。**

上祿舊置仇池郡，後魏置倉泉縣，後周廢階陵、豐川、建平、城階四縣入焉。開皇初郡廢，大業初置漢陽郡，改縣曰上祿。有百頃堆〔四二〕。**潭水**西魏置潭水郡。後周郡廢，并廢甘若、相山、武定三縣入焉。**長道**後魏置漢陽郡。後周郡廢，又省水南縣入焉。開皇初郡廢，十八年改曰長道。

臨洮郡後周武帝逐吐谷渾，以置洮陽郡，尋立洮州。開皇初郡廢。**統縣十一，户二萬八千九百七十一。**

美相後周置縣，及置洮陽郡。開皇初郡廢，併洮陽縣入焉。大業初置臨洮郡。**疊川**後周置疊州、疊川縣。開皇四年置總管府，大業元年府廢。有洮水、流水。**合川**後周置，仍立西疆郡。開皇初郡廢。有白嶺山。**樂川**後周置。**歸政**開皇二年置，仍立疊澤郡，三年廢。又後周立弘州及開遠、河濱二郡。開皇初州郡並廢。**洮源**後周置，曰金城，并立旭州，又置通義郡。開皇初郡廢，十八年縣改爲美俗。大業初州廢，縣改名焉。**洮陽**後周置，曰廣恩，并置廣恩郡。開皇初郡廢，仁壽元年，改縣爲洮河，大業初改曰洮陽。臨潭後周曰汎潭，開皇十一年改名焉。臨洮西魏置，曰溢樂，并置岷州及同和郡。開皇初郡廢，大業初州廢，更名縣曰臨洮。又後周置祐川郡、基城縣，尋郡縣俱廢。有岷山、崆峒山。當夷後周置。又立洪和郡，郡尋廢。又置博陵郡及博陵、寧人二縣。開皇初併入。和政後周置洮城郡，尋廢。

宕昌郡後周置宕昌國，天和元年置宕州總管府。開皇四年府廢。統縣三，户六千九百九十六。

良恭後周置，初曰陽宕，置宕昌郡。開皇初郡廢，十八年改名焉。大業初置宕昌郡。和戎後周置。有良恭山。懷道後周置甘松郡，開皇初郡廢。

武都郡西魏置武州。統縣七，户一萬七百八十。

將利舊曰石門，西魏改曰安育。後周改曰將利，置武都郡，後改曰永都郡。開皇初郡廢，大業初置武都郡。又有東平縣，後周併入焉。有河池水。建威後魏置白水郡，後廢，改爲白水縣。西魏復立郡，改爲綏戎。後周郡廢，改爲建威縣，并廢洪化縣入焉。又西魏有孔堤郡及縣，後周並廢。覆津後魏初曰覠當，置武階郡。西魏又置覆津縣，及置萬郡〔四三〕，統赤萬〔四四〕、接難、五部三縣。後周一郡三縣并覠當，並廢入焉。開皇初武階郡又廢。盤堤西魏置，曰南五部縣，後改名焉；并立武陽郡及茄蘆縣。後周郡廢，縣併入焉。長松西魏置，初曰建昌，置文州及盧北郡。開皇初郡廢，十八年縣改曰長松，大業初州廢。曲水西魏置。正西西魏置。

同昌郡西魏逐吐谷渾，置鄧州。開皇七年改曰扶州。統縣八，户一萬二千二百四十八。

尚安西魏置縣及鄧寧郡。開皇初郡廢，大業初置同昌郡。有黑水。鉗川西魏置。有鉗川山。有白水。怗夷西魏置，又置昌寧郡。開皇三年郡廢。同昌西魏置。有鄧至山，云鄧艾所至，故名焉。嘉誠後周置縣并龍涸郡及扶州總管府。開皇初府廢，三年郡廢，七年州廢。有雪山。封德後周置，又立芳州〔四五〕，有深泉郡。開皇初郡廢，又省理定縣入焉。大業初州廢。常芬後周置，及立恒香郡。開皇初郡廢。有弱水。金崖後周置。

河池郡後魏置南岐州，後周改曰鳳州〔四六〕。統縣四，户一萬一千二百二。

梁泉舊曰故道，後魏置郡，曰固道，縣曰涼泉，尋改曰梁泉。西魏改郡曰歸真。後周廢郡，又廢龍安、商樂二縣入。大業初置郡。兩當後魏置，及立兩當郡。開皇初郡廢。河池後魏曰廣化，并置廣化郡。開皇初郡廢，仁壽初縣改名焉。又後魏置思安縣，大業初省入。有河池水。同谷舊曰白石，置廣業郡。西魏改曰同谷，後周置康州。開皇初郡廢，大業初州廢。又有泥陽縣，西魏廢。

順政郡後魏置東益州，梁爲武興蕃王國，西魏改爲興州。統縣四，户四千二百六十一。

順政舊曰略陽。西魏置郡，曰順政，縣曰漢曲；又置仇池縣，後改曰靈道。開皇初郡廢。十八年，縣改名焉。大業初置郡，又省靈道縣併入。鳴水西魏置，曰落叢，并置落叢郡。開皇初郡廢。

六年，縣改爲厨北。八年，改曰鳴水。長舉西魏置，又立盤頭郡。後周廢郡。有鳳溪水。脩城舊置脩城郡，縣曰廣長。後周郡廢，又廢下阪縣入。仁壽初，縣改名焉。又西魏置柏樹縣，後周廢。

義城郡後魏立益州，世號小益州。梁曰黎州。西魏復曰益州，又改曰利州，置總管府。大業初府廢。

統縣七，户一萬五千九百五十。

緜谷舊曰興安，置晉壽郡。開皇初郡廢。十八年，縣改名焉。大業初置郡。又有華陽郡，梁置華州。西魏並廢。有龍門山。益昌　義城西魏置。葭萌後魏曰晉安，置新巴郡。開皇初郡廢。十八年，縣改名焉。大業初又併恩金縣入焉。岐坪　景谷舊曰白水，置平興郡。後周省東洛郡入。開皇初郡廢，縣改名平興。十八年，改曰景谷。大業初又省魚盤縣入焉。有關官。有木馬山、良珠山。有涑水。嘉川舊置宋熙郡，開皇初廢。

平武郡西魏置龍州。統縣四，户五千四百二十。

江油後魏置江油郡，開皇三年郡廢，大業初置郡。有關官。馬盤後魏置馬盤郡，開皇三年郡廢。平武梁末，李文智自立爲藩王，西魏廢爲縣。有涪水、潺水。方維舊曰秦興，置建陽郡。開皇初郡廢，縣改名焉。

汶山郡後周置汶州。開皇初改曰蜀州，尋爲會州，置總管府。大業初府廢。統縣十一，户二萬四千一百五十九。

汶山舊曰廣陽。梁改爲北部都尉，置繩州、北部郡。後周改曰汶州〔四七〕。開皇初郡廢，仁壽元年改名焉。北川後周置。有龍泉水、鷹門山〔四八〕、襄陽山。汶川後周置汶山郡〔四九〕，開皇初郡廢。交川開皇初置。有關官。通化開皇初置，曰金川，仁壽初改名焉。左封後周置，曰廣年〔五〇〕，及置廣年郡、左封郡。開皇初郡並廢。仁壽初縣改名焉。又周置翼州，大業初廢。有汶山。平康後周置。有羊腸山。翼水後周置，曰龍求，及置清江郡。開皇初郡廢，縣改曰清江。十八年，又改名焉。翼針後周置，及翼針郡。開皇初郡廢。有石鏡山。江源後周置。通軌後周置縣及覃州，并覃川、榮鄉二郡。開皇初郡廢，四年州廢。有甘松山。

普安郡梁置南梁州，後改爲安州。西魏改爲始州。統縣七，戶三萬一千三百五十一。

普安舊曰南安。西魏改曰普安，置普安郡。開皇初郡廢，大業初置郡焉。永歸舊曰白水，西魏改焉。黃安舊曰華陽，西魏改焉，又置黃原郡。開皇初郡廢。陰平宋置北陰平郡，魏置龍州。西魏改郡爲陰平，又名縣焉。後州徙江油郡〔五一〕，改曰靜龍，縣曰陰平。開皇初郡廢。梓潼舊曰安壽，西魏置潼川郡。開皇初郡廢。大業初縣改名焉。有五婦山。武連舊曰武功，置輔劍郡。西魏改郡曰安都，縣曰武連。開皇初郡廢。臨津舊曰胡原，開皇七年改焉。

金山郡西魏置潼州。開皇五年，改曰緜州。統縣七，戶三萬六千九百六十三。

巴西舊曰涪，置巴西郡。西魏改縣曰巴西。開皇初郡廢。大業初置金山郡。有鹽井。**昌隆**有雲臺山。**涪城**舊置始平郡，西魏改郡爲涪城，後周又改曰安城。開皇初郡廢，改縣曰安城。十六年，改爲涪城。**魏城**西魏置。**萬安**舊曰孱亭，西魏改名焉，置萬安郡。開皇初郡廢。**神泉**舊曰西充國，開皇六年改名焉。**金山**舊置益昌、晉興二縣，西魏省晉興入益昌，後周別置金山。開皇四年，省益昌入金山。

新城郡梁末置新州。開皇末改曰梓州。**統縣五，戶三萬七百二十七。**

郪舊曰伍城。西魏改曰昌城，仍置昌城郡。開皇初郡廢。大業初置新城郡，改縣名焉。**射洪**西魏置，曰射江，後周改名焉。**鹽亭**西魏置鹽亭郡。開皇初郡廢，有高渠縣。大業初併入焉。**通泉**舊曰通泉，置西宕渠郡。西魏改郡、縣俱曰湧泉。開皇初郡廢，縣改名，又併光漢縣入焉。**飛烏**開皇中置。

巴西郡梁置南梁、北巴州，西魏置隆州。**統縣十，戶四萬一千六十四。**

閬内梁置北巴郡〔五二〕，後魏平蜀，置盤龍郡，開皇初郡廢。大業初置巴西郡。有盤龍山、天柱山、靈山。**南部**舊曰南充國，梁曰南部，西魏置新安郡，後周郡廢。**蒼溪**舊曰漢昌，開皇末改名焉。**南充**舊曰安漢，置宕渠郡〔五三〕。開皇初郡廢。十八年，縣改名焉。**相如**梁置梓潼郡，後魏郡廢。**西水**梁置掌天郡，西魏改曰金遷，開皇初郡廢。**晉城**舊曰西充國，梁置木蘭郡。西魏廢郡，改縣名焉。有閬水。**奉國**梁置白馬、義陽二郡，開皇初郡廢，并廢義陽縣入焉。**儀隴**梁置，并置隆城郡。開皇初郡廢。**大寅**梁置。

遂寧郡後周置遂州。仁壽二年，置總管府〔五四〕。大業初府廢。**統縣三，户一萬二千六百二十二。**

方義梁曰小溪，置東遂寧郡。西魏改縣名焉。後周改郡曰石山。開皇初郡廢。大業初置遂寧郡。**青石**舊曰晉興，西魏改名焉，又置懷化郡。開皇初郡廢〔五五〕。**長江**舊曰巴興，西魏改名焉，又置懷化郡。開皇初郡廢。

涪陵郡西魏置合州。開皇末改曰涪州。**統縣三，户九千九百二十一。**

石鏡舊曰墊江，置宕渠郡。西魏改郡爲墊江，縣爲石鏡。開皇初郡廢。大業初置涪陵郡。**漢初**梁置新興郡。西魏改郡曰清居，名縣曰漢初。開皇初郡廢。**赤水**開皇八年置。

巴郡梁置楚州。開皇初改曰渝州。**統縣三，户一萬四千四百二十三。**

巴舊置巴郡，後周廢枳、墊江二縣入焉。開皇初郡廢。大業初置巴郡。**江津**舊曰江州縣。西魏改爲江陽，置七門郡。開皇初郡廢。十八年，縣改名焉。**涪陵**舊曰漢平，置涪陵郡。開皇初郡廢。十三年，縣改名焉。

巴東郡梁置信州，後周置總管府，大業元年府廢。**統縣十四，户二萬一千三百七十。**

人復舊置巴東郡，縣曰魚復。西魏改曰人復。開皇初郡廢。大業初，置巴東郡。有鹽井、白鹽山。雲安舊曰朐䏰，後周改焉。南浦後周置安鄉郡，後改縣曰安鄉，改郡曰萬川。開皇初郡廢。十八年，縣改名焉。梁山西魏置。有高梁山。有紆溪。大昌後周置永昌郡，尋廢，又廢北井縣入焉。巫山舊置建平郡，開皇初郡廢。有巫山。秭歸後周曰長寧，置秭歸郡。開皇初郡廢，改縣曰秭歸。巴東舊曰歸鄉，梁置信陵郡。後周郡廢，縣改曰樂鄉。開皇末，又改名焉。有巫峽。新浦後周置周安郡，開皇初郡廢。盛山梁曰漢豐，西魏改爲永寧，開皇末，曰盛山。臨江梁置臨江郡，後周置臨州。開皇初郡廢，大業初州廢。有平都山。有彭溪。武寧後周置南州、南都郡、源陽縣，後改郡曰懷德，縣曰武寧。開皇初州郡並廢入焉。石城開皇初置庸州，大業初州廢。務川開皇末置。

蜀郡舊置益州。開皇初廢後周置總管府。開皇二年，置西南道行臺省，三年，復置總管府，大業元年府廢。統縣十三，户十萬五千五百八十六。

成都舊置蜀郡，又有新都縣。梁置始康郡，西魏廢始康郡。開皇初廢蜀郡，并廢新繁入焉。十八年，改新都曰興樂。大業初置蜀郡，省興樂入焉。舊置懷寧、晉熙、宋興、宋寧四郡，至後周並廢。有武檐山。雙流舊曰廣都，置寧蜀郡，後周郡廢。仁壽元年改縣曰雙流。有女伎山。新津後周置，并置犍爲郡。開皇初郡廢。大業初又廢僰道縣入焉。晉原舊曰江原，及置江原郡。後周廢郡，縣改名焉。清城舊置齊基郡，後周廢爲清城縣。有嗚鵠山、清城山。九隴舊曰晉壽，梁置東益州。後周州廢，置九隴郡，并改縣曰九隴。仁壽初置濛州。開皇初郡廢，并隴泉、興固、青陽三縣入焉。大業初州廢〔五六〕。有太山、道場山。緜竹舊置晉熙郡及長楊、南武都二縣。後周併二縣爲晉熙，後又廢晉熙入陽泉。開皇初郡廢，十八年改爲孝水，大業二年改曰緜竹。有冶官。有緜水。有鹿堂山。郫西魏分置温江縣，開皇初省入。仁壽初復置萬春縣，大業初又廢入焉。有金山、平樂山、天彭門。玄武舊曰伍城，後周置玄武郡。開皇初郡廢，改縣名焉。仁壽初置凱州，大業初廢。有三堆山、鄓江。雒舊曰廣漢，又置廣漢郡。開皇初郡廢。十八年，改曰緜竹。大業初改名雒焉。又有西遂寧郡、南陰平郡。後周廢西遂寧，改爲懷中，南陰平郡曰南陰平縣，尋並廢。陽安舊曰牛鞞，西魏改名焉，并置武康郡。開皇初郡廢。仁壽初置簡州，大業初州廢。有鹽井。平泉西魏置，曰婆閏。開皇十八年，改名焉。金泉西魏置縣及金泉郡。後周廢郡，并廢白牟縣入焉。有昌利山、銅官山、石城山。

臨卭郡舊置雅州。統縣九，户二萬三千三百四十八。

嚴道西魏置，曰始陽縣，置蒙山郡。開皇初郡廢。十三年，改曰蒙山，尋置雅州。大業置臨卭郡，縣改名焉。有卭來山。名山舊曰蒙山。開皇十三年，改始陽曰蒙山，改蒙山曰名山。盧山仁壽末置。依政西魏置，及置卭州，大業初廢。臨卭舊置臨卭郡，開皇初廢。有火井。蒲江西魏置，曰廣定，及置蒲原郡。開皇初郡廢。仁壽初縣改名焉。臨溪〔五七〕西魏置。沈黎後周置黎州，尋并縣廢。開皇中置縣。仁壽末置登州，大業初州廢。漢源大業初置。

眉山郡西魏曰眉州。後周曰青州，後又曰嘉州。大業二年又改曰眉州。統縣八，户二萬三千七百九十九。

龍遊後周置，曰峨眉，及置平羌郡。開皇初郡廢。九年改縣爲青衣。平陳日，龍見水，隨軍而進，十年改名焉。大業初置眉山郡。平羌後周置，仍置平羌郡。開皇初郡廢。夾江開皇十三年置〔五八〕。峨眉開皇十三年置。有峨眉山、綏山。通義舊置齊通郡及青州。西魏改州曰眉州。開皇初郡廢，改齊通曰廣通。仁壽元年改爲通義。大業初州廢。青神後周置，并置青神郡。開皇初郡廢。丹稜後周置，曰齊樂。開皇中改名焉。洪雅開皇十三年置。

隆山郡西魏置陵州。統縣五，户一萬一千四十二。

仁壽梁置懷仁郡，西魏改縣曰普寧。開皇初郡廢，十八年縣改名焉。又西魏置蒲縣。大業初置隆山郡，蒲縣併入焉〔五九〕。有鹽井。貴平西魏置，又立和仁郡。後周又廢可曇、平井二縣入焉。開皇初郡廢。大業初，又廢籍縣入焉。井研　始建開皇十一年置。有鐵山。隆山舊曰犍爲，置江州。西魏改縣曰隆山。後周省州，置隆山郡。開皇初郡廢，又併江陽縣入焉。有治官。有鼎鼻山。

資陽郡西魏置資州。統縣九，户二萬五千七百二十二。

盤石後周置縣及資中郡，開皇初郡廢。大業初置資陽郡。内江後周置。　威遠開皇初置。　大牢開皇十三年置。安岳後周置，并置普州。大業初州廢。普慈後周置郡曰普慈，縣曰多業。開皇初郡廢。十三年，縣改名焉。安居後周置，曰柔剛，及置安居郡。開皇初郡廢。十三年，縣改名焉。隆康後周置，曰永康。開皇十八年改焉。資陽後周置。

瀘川郡梁置瀘州。仁壽中置總管府，大業初府廢。統縣五，户一千八百二。

瀘川舊曰江陽，并置江陽郡。開皇初郡廢。大業初置瀘川郡，縣改名焉。富世後周置，及置洛源郡。開皇初郡廢。江安舊曰漢安，開皇十八年改名焉。合江後周置。緜水梁置。有緜溪。

犍爲郡梁置戎州。統縣四，户四千八百五十九。

僰道後周置，曰外江。大業初改曰僰道，置犍爲郡。犍爲後周置，曰武陽。開皇初改焉。南溪梁置，曰南廣，及置六同郡。開皇初郡廢。仁壽初縣改名焉。開邊開皇六年置，七年廢訓州入焉。大業初廢恭州、協州入焉。

越巂郡後周置嚴州。開皇六年改曰西寧州，十八年又改曰巂州。統縣六，户七千四百四十八。

越巂帶郡。邛都蘇祇舊置亮善郡，開皇初郡廢。有孫水。可泉舊宣化郡，開皇初廢。臺登舊置白沙郡〔六〇〕。開皇初郡廢。邛部舊置邛部郡，又有平樂郡。開皇初並廢。有巂山。

牂柯郡開皇初，置牂州。統縣二。

牂柯帶郡。**賓化**

黔安郡後周置黔州，不帶郡。統縣二，户一千四百六十。

彭水開皇十三年置。有伏牛山。出鹽井。**涪川**開皇五年置。

梁州於天官上應參之宿。周時梁州，以併雍部。及漢，又析置益州。在禹貢，自漢川以下諸郡，皆其封域。漢中之人，質朴無文，不甚趨利。性嗜口腹，多事田漁，雖蓬室柴門，食必兼肉。好祀鬼神，尤多忌諱，家人有死，輒離其故宅。崇重道教，猶有張魯之風焉。每至五月十五日，必以酒食相饋，賓旅聚會，有甚於三元。傍南山雜有獠户，富室者頗參夏人爲婚，衣服居處言語，殆與華不别。西城、房陵、清化、通川、宕渠，地皆連接，風俗頗同。漢陽、臨洮、宕昌、武都、同昌、河池、順政、義城、平武、汶山，皆連雜氐羌。人尤勁悍，性多質直。皆務於農事，工習獵射，於書計非其長矣。蜀郡、臨邛、眉山、隆山、資陽、瀘川、巴東、遂寧、巴西、新城、金山、普安、犍爲、越嶲、牂柯、黔安，得蜀之舊域。其地四塞，山川重阻，水陸所湊，貨殖所萃，蓋一都之會也。昔劉備資之，以成三分之業。自金行喪亂，四海沸騰，李氏據之於前，譙氏依之於後。當梁氏將亡，武陵憑險而取敗，後周之末，王謙負固而速禍。故孟門不祀，古人所以誡焉。其風俗大抵與漢中不别。其人敏慧輕急，貌多蕞陋，頗慕文學，時有斐然，多溺於逸樂，少從宦之士，或至耆年白首，不離鄉邑。人多工巧，綾錦雕鏤之妙，殆侔於上國。貧家不務儲蓄，富室專於趨利。其處家室，則女勤作業，而士多自閑，聚會宴飲，尤足意錢之戲。小人薄於情禮，父子率多異居。其邊野富人，多規固山澤，以財物雄役夷、獠，故輕爲姦藏，權傾州縣。此亦其舊俗乎？又有獽狿蠻賨，其居處風俗，衣服飲食，頗同於獠，而亦與蜀人相類。

校勘記

〔一〕户一千二百二十三萬　「二百」二字原闕，據漢書卷二八下地理志下補。晉書卷一四地理志上同。參見楊守敬考證卷一。按，地理志校勘多參考楊守敬此書，以下除特别情況外，不一一注明。

〔二〕編户二百六十餘萬　晉書卷一四地理志上「太康元年，平吴，大凡户二百四十五萬九千八百四十」。

〔三〕縣千二十二　通典卷一七一州郡一序目上、通考卷三一五輿地考一作「縣千二十有五」。

〔四〕州九十有七郡一百六十縣三百六十五　周書卷六武帝紀下、北史卷一〇周本紀下武帝紀作「州五十五，郡一百六十二，縣三百八十五」。御覽卷三二四兵部五五降引後周書同，惟州數作「五十」。

〔五〕城東西十八里一百一十五步　舊唐書卷三八地理志一作「城東西十八里一百五十步」。

〔六〕後周于舊郡置縣　「于」字原闕，據楊守敬考證卷一引宋本補。

〔七〕西霸城縣　魏書卷一〇六下地形志下作「霸城」，疑「西」下奪「魏」字。

〔八〕平秦郡　原作「秦平郡」，魏書卷一〇六下地形志下作「平秦郡」。按，魏書卷五九蕭寶夤傳，吕伯度封平秦郡開國公；又，魏書卷六九裴延儁傳附裴聿傳，聿曾出任平秦太守。今據改。

〔九〕豐城　疑應作「豐義城」。元和志卷三寧州豐義縣下稱，隋文帝廢雲州防置豐義城，即此。

〔一〇〕內部舊置敷州及內部郡　「內部」，魏書卷一〇六下地形志下作「中部」，避隋諱改。

〔一一〕和政　魏書卷一〇六下地形志下作「政和」。

〔一二〕有西魏神水郡　「神水郡」，原作「神木郡」，據汲本改。隋元智妻姬氏墓誌，姬氏父肇，曾任北周東秦州刺史、神水郡開國公。周書卷六武帝紀下建德五年有「神水公姬願」。可證。

〔一三〕太平郡　魏書卷一〇六下地形志下作「高平郡」。

〔一四〕默亭　魏書卷一〇六下地形志下原州高平郡領縣有「里亭」，疑即「默亭」。

〔一五〕開皇七年置　「七年」，原作「六年」，據至順本、汲本改。元和志卷四勝州榆林縣：「隋開皇七年置榆林縣。」

〔一六〕又置榆關總管五年改置雲州總管　本書卷一高祖紀上，開皇四年十一月，「以榆關總管賀婁子幹爲雲州總管」。則改置雲州總管應在四年。

〔一七〕舊秦州　依本志通例，「舊」下當脱「置」字。

〔一八〕故曰上封　「上封」，原作「上邽」，魏書卷一〇六下地形志下天水郡條作「上封」，稱「犯太祖諱改」。錢大昕考異卷三三：「當云『故曰上封』。（中略）蓋上邽本漢舊縣，後魏避道武嫌名，改爲上封，至大業初，復稱上邽也。」今據改。

〔一九〕後周曰冀城縣廢入黄瓜縣　據楊守敬考證卷一引宋本，前「縣」字作「尋」，屬下讀。

〔二〇〕六年改曰隴城　「隴城」，原作「龍城」，據至順本、北監本、殿本改。

〔二一〕仙人硤　楊守敬考證卷一：「水經渭水注：成紀水東南入瓦亭水，歷僵人硤，路側巖上有死人僵尸巒穴。疑此『仙』爲『僵』之誤。」

〔二二〕隴西舊城内陶　「城」，當作「曰」。輿地廣記卷一六鞏州隴西縣，「晉南安郡有中陶縣，隋開皇初南安郡廢，改中陶爲内陶，又改爲武陽，十年又改爲隴西」。「内陶」者，避隋文帝父諱改。

〔二三〕障後魏置　「障」，魏書卷一〇六下地形志下作「彰」。

〔二四〕金城舊縣曰子城　「子城」，魏書卷一〇六下地形志下作「直城」。

〔二五〕後魏曰北金城　「北金城」，魏書卷一〇六下地形志下、元和志卷三九鄯州龍支縣、舊唐書卷四〇地理志三鄯州龍支縣作「金城」。

〔二六〕後魏曰蕈川　「蕈川」，原作「覃川」，據至順本、汲本改。水經注卷二河水：「洮水又北出門峽，歷求厥川，葷川水注之。」蓋縣以水名。

〔二七〕舊置鄯州　「鄯州」，原作「膳州」，據殿本改。元和志卷三九隴右道載，後魏孝昌二年立鄯州。

〔二八〕第五山　原作「茅五山」，據寰宇記卷一五二涼州姑臧縣、晉書卷八六張軌傳附張寔傳改。

〔二九〕以揟次縣入　「揟次」，原作「楡次」，據漢書卷二八下地理志下、續漢書郡國志五、魏書卷一〇六下地形志下改。

〔三〇〕後周併效穀壽昌二郡入焉　「壽昌」，原作「壽皇」。敦煌寫本壽昌縣地境：「右本漢龍勒縣，魏正光六年，改爲壽昌郡，屬瓜州。」（斯七八八沙州志同）。輿地廣記卷一七沙州壽昌縣：「本龍勒，二漢屬敦煌郡，晉因之。元魏立壽昌郡。後周郡縣皆廢入敦煌。」今據改。

〔三一〕龍勒　原作「龍勤」，據漢書卷二八下地理志下、續漢書郡國志五改。

〔三二〕後周併涼興大至冥安閏泉合爲涼興縣　錢大昕考異卷三三：「大至即廣至，避隋煬帝諱，以『廣』爲『大』也。冥安當作宜安。閏泉蓋即淵泉，史家避唐諱改之。」

〔三三〕仁壽元年因失印更給　「元年」，原作「九年」。按，仁壽止四年，無九年，元和志卷二二興元府褒城縣、寰宇記卷一三三興元府褒城縣作「元年」，今據改。

〔三四〕儻城郡　原作「儻成郡」，據寰宇記卷一三八洋州興道縣、周書卷三四楊摽傳附韓盛傳、周書卷三五薛善傳改。

〔三五〕西魏置淯陽郡後周改郡　通典卷一七五州郡五安康郡：「西魏置淯陽郡，後曰黃土，因山爲名也。」楊守敬考證卷二據此認爲「後周改郡」，或應作「後周改黃土郡」。

〔三六〕後郡省入甲郡　「甲郡」，疑應作「上甲郡」。按周書卷四四扶猛傳，猛，上甲黃土人。南史卷五一梁宗室傳上蕭韶傳，韶封上甲縣都鄉侯。下文「併赤石、甲、臨江三縣」、「入甲郡」之「甲」並疑應作「上甲」，不另出校。

〔三七〕百武山　原作「有武山」，據至順本、南監本、北監本、汲本、殿本改。

〔三八〕西魏曰通州　「通州」，原作「通川」，據至順本改。寰宇記卷一三七達州條作「通州」。

〔三九〕賓城　「城」字原闕，據至順本、汲本補。

〔四〇〕并置境陽郡　「置」，原作「直」，據至順本、汲本改。

〔四一〕西魏置縣及容州容山郡　「容州」，原作「容川」。周書卷二八陸騰傳，天和初年，「涪陵郡守藺休祖又據楚、向、臨、容、開、信等州，地方二千餘里，阻兵爲亂」。今據改。

〔四二〕百頃堆　原作「百頃雄」，據至順本、殿本改。又，初學記卷八州郡部隴右道引三秦記：「仇池山號百頃，上有百頃池，壁立百仞，一人守道，萬夫莫向。」舊唐書卷四〇地理志三成州上祿縣：「州南八十里仇池山，其上有百頃地，可處萬家。」

〔四三〕及置萬郡　「萬郡」，疑應作「赤萬郡」。魏書卷一〇六下地形志下，武階郡赤萬縣「太和四年置郡，後改」。

〔四四〕統赤萬　「赤萬」，原作「赤方」，魏書卷一〇六下地形志下作「赤萬」，蓋「萬」原作「万」，涉形近訛「方」。今據改。

〔四五〕後周置又立芳州　「後周」，原作「後魏」，據至順本、汲本改。周書卷六武帝紀下，建德六年六月，於「甘松防置芳州」。元和志卷三九芳州：「周明帝武成中，西逐諸戎，始有其地，乃於三交口築城置甘松防，武帝建德中改爲芳州，領恒香、深泉二郡。」

〔四六〕後魏置南岐州後周改曰鳳州　「後周」，疑應作「西魏」。周書卷二文帝紀下，魏廢帝三年正月改南岐州爲鳳州。元和志卷二二鳳州、舊唐書卷三九地理志二、寰宇記卷一三四鳳州略同。

〔四七〕後周改曰汶州　楊守敬考證卷二：「按，志於郡下既載周置汶州，則此不當複。此『汶州』當作『汶川』，蓋云改郡也。」

〔四八〕鷹門山　原作「雁門山」。寰宇記卷七八茂州汶山縣：「鷹門山，在縣北二十里。山多鷹棲，故名。」今據改。

〔四九〕後周置汶山郡　「汶山郡」，原作「汝山郡」，據至順本、汲本改。

〔五〇〕廣年　舊唐書卷四一地理志四、元和志卷三二悉州左封縣作「廣平」。

〔五一〕「陰平宋置北陰平郡魏置龍州」至「後州徙江油郡」　「後州」原作「後周」，「徙」原作「從」。按，江油爲隋平武郡屬縣。本卷上文平武郡下稱「西魏置龍州」。元和志卷三三龍州載「晉於此置平武縣，屬陰平郡。（中略）至西魏禪帝二年平蜀，於此立龍州」。寰宇記卷八四龍州：「至後魏武帝得其地，置江油郡。西魏廢帝二年定蜀，于此立龍州。隋大業初廢州爲平武郡。」可知魏末龍州州治自陰平徙江油。今據改。

〔五二〕閬内梁置北巴郡　「北巴郡」，疑應作「北巴西郡」。宋書卷三七州郡志三：「梁州北巴西是晉末所立也」，南齊書卷一五州郡志下，梁州北巴西郡，治閬中縣。梁書卷二武帝紀中，天監八年「以北巴西郡置南梁州」。

〔五三〕舊曰安漢置宕渠郡　「宕渠郡」，疑應作「南宕渠郡」。寰宇記卷八六果州南充郡：「秦、二漢並屬巴郡，即安漢縣也，亦爲充國之地。（中略）今郡在嘉陵江之西。後魏平蜀，于今州北三十七里石苟壩置南宕渠郡，其縣亦移就郡理。」宋書卷三七州郡志三、南齊書卷一五州郡志下亦作「南宕渠郡」。又，「安漢」，宋書、南齊書作「漢安」，或是西魏、北周時所改。

〔五四〕仁壽二年置總管府　「二年」，疑爲「元年」之誤。本書卷二高祖紀下，仁壽元年十一月「壬辰，以資州刺史衛玄爲遂州總管」。

〔五五〕青石舊曰晉興西魏改名焉又置懷化郡開皇初郡廢　下文長江縣下載「又置懷化郡，開皇初郡廢」，與本條重出。據本志通例，懷化郡廢置事應附見於郡治長江縣下，不當復載於青石縣下。疑此十字衍。又，元和志卷三三遂州青石縣下載，晉爲晉興縣，「後魏改爲始興縣，隋開皇十八年改爲青石縣」。通典卷一七六州郡六遂寧郡遂州、寰宇記卷八七遂州青石縣略同。疑本條闕書後魏改始興及開皇改青石事。

〔五六〕仁壽初置濛州開皇初郡廢并隴泉興固青陽三縣入焉大業初州廢　「仁壽」不應在「開皇」前，且前稱「郡廢」，則下文「三縣入焉」無所承。元和志卷三一彭州九隴縣：「後魏改爲九隴郡，取九隴山爲名也。隋開皇三年罷郡爲九隴縣，屬益州。」舊唐書卷四一地理志四彭州九隴縣：「初於縣東三里置濛州，大業省。」寰宇記卷七三彭州九隴縣略同。蓋開皇初廢九隴郡置縣，仁壽初，置濛州，以隴泉等三縣入，大業初，州廢。「開皇初郡廢」五字，應在「仁壽初置濛州」之前。

〔五七〕臨溪　原作「蒲溪」，蓋涉上文「蒲江」而誤。按，元和志卷三一邛州臨溪縣、舊唐書卷四一地理志四、寰宇記卷七五邛州臨溪縣皆作「臨溪」，今據改。

〔五八〕開皇十三年置　「十三年」，原作「三年」，元和志卷三一嘉州夾江縣作「十三年」，寰宇記卷七四嘉州夾江縣作「十二年」。蓋本書脱「十」字，寰宇記「二」爲「三」之誤。今據補。

〔五九〕西魏置蒲縣大業初置隆山郡蒲縣併入焉　二「蒲縣」，輿地紀勝卷一五〇隆州仁壽縣引隋志作「蒲縣」，疑是。

〔六〇〕白沙郡　原作「曰沙郡」，據楊守敬考證卷二引宋本改。輿地廣記卷三〇巂州臺登縣亦作「白沙郡」。

隋書卷三十

志第二十五

地理中

河南郡　滎陽郡　梁　郡　譙　郡　濟陰郡　襄城郡　潁川郡

汝南郡　淮陽郡　汝陰郡　上洛郡　弘農郡　淅陽郡　南陽郡

淯陽郡　淮安郡　東　郡　東平郡　濟北郡　武陽郡　渤海郡

平原郡　信都郡　清河郡　魏　郡　汲　郡　河内郡　長平郡

上黨郡　河東郡　絳　郡　文城郡　臨汾郡　龍泉郡　西河郡

離石郡　雁門郡　馬邑郡　定襄郡　樓煩郡　太原郡　襄國郡

武安郡　趙　郡　恒山郡　博陵郡　河間郡　涿　郡　上谷郡

漁陽郡　北平郡　安樂郡　遼西郡　北海郡　齊　郡　東萊郡

高密郡

河南郡舊置洛州。大業元年移都，改曰豫州。東面三門，北曰上春，中曰建陽，南曰永通。南面二門，東曰長夏，正南曰建國。里一百三，市三。三年改爲郡，置尹。統縣十八，户二十萬二千二百三十。

河南帶郡。有闕官。有郟山。有瀍水。洛陽有漢已來舊都。後魏置司州，東魏改曰洛州。後周置東京六府、洛州總管。開皇元年改六府，置東京尚書省。其年廢東京尚書省。二年廢總管，置河南道行臺省。三年廢行臺，以洛州刺史領總監。十四年於金墉城別置總監。煬帝即位，廢省。舊河南縣，東魏遷鄴，改爲宜遷縣。後周復曰河南。大業元年徙入新都。又東魏置洛陽郡、河陰縣。開皇初郡並廢，又析置伊川縣。大業初河陰、伊川二縣併入焉。閿鄉舊曰湖城，開皇十六年改焉。有王澗、全鳩澗[一]、秦山。桃林開皇十六年置。有上陽宫。有淄水。陜後魏置，及置陜州、恒農郡。後周又置崤郡。開皇初郡並廢。大業初州廢，置弘農宫。有常平倉、温湯。有砥柱。熊耳後周置，及同軌郡。開皇初郡廢。又有後魏崤縣，大業初廢入。有二崤。有天柱山、大頭山、硤石山、穀水。澠池後周置河南郡，大象中廢。新安後周置中州及東垣縣，州尋廢。開皇十六年置穀州，仁壽四年州廢，又廢新安入東垣。大業初改名新安。有治官。有䰟山〔二〕、强山、缺門山、孝水、澗水、金谷水。偃師舊廢，開皇十六年置。有關官。有河陽倉。有都尉府。有首陽山、酈山、乾脯山。鞏後齊廢，開皇十六年復。有興洛倉。有九山，有天陵山、緱山〔三〕、東首陽山。宜陽後魏置宜陽郡，東魏置陽州，後周改曰熊州。又復後魏置南澠池縣〔四〕，後周改曰昌洛。開皇初郡廢。十八年改昌洛曰洛水。大業初廢熊州，省洛水入宜陽。又東魏置金門郡，後周廢。有福昌宫、金門山、女几山、太陰山、嶕嶢山。壽安後魏置縣曰甘棠，仁壽四年改焉。有顯仁宫。有慈澗。陸渾東魏置伊川郡，領南陸渾縣。開皇初廢郡，改縣曰伏流。大業初改曰陸渾。又有東魏北荆州，後周改曰和州。開皇初又改曰伊州。大業初州廢。又有東魏東亭縣，尋廢。有方山、三塗山、孤山、陽山、王母澗。伊闕舊曰新城，東魏置新城郡。開皇初郡廢。十八年縣改名焉。有伊闕山。興泰大業初置。有鹿蹄山、石墨山、鍾山。緱氏舊廢，東魏置。開皇十六年廢，大業初又置。有緱氏山、轘轅山〔五〕、景山。嵩陽後魏置，曰潁陽。東魏分置堙陽，後周廢潁陽入。開皇六年改曰武林。十八年改曰輪氏，大業元年改曰嵩陽。又有東魏中川郡，後周廢。有嵩高山、少室山、潁水。陽城後魏置陽城郡，開皇初廢。十六年置嵩州，仁壽四年廢。又後魏置康城縣，仁壽四年廢入焉。有箕山、偃月山、荆山、禹山、峆山。

滎陽郡舊鄭州。開皇十六年置管州。大業初復曰鄭州。統縣十一，户十六萬九百六十四。

管城舊曰中牟，東魏置廣武郡。開皇初郡廢，改中牟曰內牟。十六年析置管城。十八年改內牟曰圃田入焉。後魏置曲梁縣，後齊廢。有鄭水。汜水舊曰成皋，即武牢也。後魏置東中府，東魏置北豫州，後周置滎州。開皇初曰鄭州，十八年改成皋曰汜水。大業初置武牢都尉府。有周山、天陵山。滎澤開皇四年置，曰廣武。仁壽元年改名焉。原武開皇十六年置。陽武　圃田開皇十六年置，曰郲城。大業初改焉。浚儀東魏置梁州、陳留郡，後齊廢開封郡入，後周改曰汴州。開皇初郡廢，大業初州廢。有關官。有通濟渠、蔡水。酸棗後齊廢，開皇六年復。有關官。新鄭後魏廢，開皇十六年復，大業初併宛陵縣入焉。有關官。有大騩山。滎陽舊置滎陽郡。後齊省卷、京二縣入，改曰成皋郡。開皇初郡廢。有京索水、梧桐澗。開封東魏置郡，後齊廢。

梁郡開皇十六年置宋州。統縣十三，戶十五萬五千四百七十七。

宋城舊曰睢陽，置梁郡。開皇初郡廢，十八年縣改名焉。大業初又置郡。又梁置北新安郡，尋廢。雍丘後魏置陽夏郡。開皇初郡廢，十六年置杞州。大業初州廢。襄邑後齊廢，開皇十六年復。寧陵後齊廢，開皇六年復。虞城後魏曰蕭，後齊廢。開皇十六年置，改名焉。又後魏置沛郡，後齊廢。穀熟後魏廢，開皇十六年復。陳留後魏廢，開皇六年復。十六年析置新里縣，大業初廢入焉。又有小黃縣，後齊廢入。有睢水、渙水。下邑後齊廢己吾縣入焉。考城後魏曰考陽，置北梁郡。後齊郡縣並廢，爲城安縣。開皇十八年以重名，改曰考城。楚丘後魏曰己氏，置北譙郡。後齊郡縣並廢。開皇四年又置己氏，六年改曰楚丘。碭山後魏置，曰安陽。開皇十八年改名焉。有碭山、魚山。圉城舊曰圉，後齊廢。開皇六年復置，曰圉城。有谷水。柘城舊曰柘，久廢。開皇十六年置，曰柘城。

譙郡後魏置南兗州。後周置總管府，後改曰亳州。開皇元年府廢。統縣六，户七萬四千八百一十七。

譙舊曰小黄，置陳留郡。開皇初郡廢，十六年分置梅城縣。大業三年，改小黄爲譙縣，併梅城入焉。鄼舊廢，開皇十六年復。舊有馬頭郡，後魏又置下邑縣，後齊並廢。城父宋置，曰浚儀。開皇十八年改焉。谷陽後齊省，開皇六年復。山桑後魏置渦州、渦陽縣，又置譙郡。梁改渦州曰西徐州。東魏改曰譙州。開皇初郡廢，十六年改渦陽爲肥水。大業初州廢，改縣曰山桑。又梁置北新安郡，東魏改置蒙郡。後齊廢郡，置蒙縣，後又置郡。開皇初郡廢。又梁置陽夏郡，東魏廢。臨涣後魏置臨涣郡，又別置丹城縣。東魏析置白樿縣〔六〕，後齊郡廢。開皇元年丹城省，大業初白樿又省，並入焉。有嵇山〔七〕、龍岡。

濟陰郡後魏置西兗州，後周改曰曹州。統縣九，户十四萬九百四十八。

濟陰後魏置沛郡，後齊廢。又開皇六年分置黄縣，十八年改爲蒙澤，大業初廢入焉。外黄後齊廢成安縣入。又開皇十八年置首城縣，大業初廢入焉。濟陽 成武後齊置永昌郡。開皇初郡廢，十六年置戴州。大業初州廢。冤句　乘氏　定陶　單父後魏曰離狐，置北濟陰郡。後齊郡縣並廢。開皇六年更置，名單父。金鄉開皇十六年分置昌邑縣，大業初併入。

襄城郡東魏置北荆州，後周改曰和州。開皇初改爲伊州，大業初改曰汝州。統縣八，户十萬五千九百一十七。

承休舊曰汝原，置汝北郡，後改曰汝陰郡。後周郡廢。大業初改縣曰承休，置襄城郡。有黄水。梁舊置汝北郡，後齊廢。有濫泉〔八〕。郟城舊曰龍山。東魏置順陽郡及南陽郡、南陽縣。開皇初改龍山曰汝南，三年二郡並廢。十八年改汝南曰輔城，南陽曰期城。大業初改輔城曰郟城，廢期城入焉。有關官。有大留山。陽翟東魏置陽翟郡，開皇初郡廢。有鈞臺。有九山祠。汝源汝南有後魏汝南郡及符壘縣，並後齊廢。魯後魏置荆州，尋廢，立魯陽郡，後置魯州〔九〕。開皇初郡廢，大業初州廢。有關官。有和山、大義山。犨城舊曰雉陽。開皇十八年改曰湛水，大業初改名焉。又有後周置武山郡，開皇初廢。後魏置南陽縣、河山縣，大業初並廢入焉。有應山。

潁川郡舊置潁州，東魏改曰鄭州，後周改曰許州。統縣十四，户十九萬五千六百四十。

潁川舊曰長社，置潁川郡。後齊廢潁陰縣入，開皇初廢郡改縣焉。又東魏置黄臺縣，大業初廢入焉，置郡。襄城舊置襄城郡，後周置汝州。開皇初郡廢，大業初州廢。有澱水。汝墳後齊置漢廣郡，尋廢。有首山。葉後齊置襄州。後周廢襄州，置南襄城郡。開皇初郡廢。又東魏置定南郡，後周廢爲定南縣，大業初省入。北舞舊置定陵郡，開皇初廢。有百尺溝。郾城開皇初置，十六年置道州，大業初州廢。又後魏置潁川郡，後齊改爲臨潁郡，開皇初郡廢。又有邵陵縣，大業初廢。有溵水。繁昌　臨潁　尉氏後齊廢，開皇六年復。長葛開皇六年置。許昌　㶏强開皇十六年置，曰陶城，大業初改焉。扶溝　鄢陵東魏置許昌郡，後齊廢縣。開皇初郡廢，七年復鄢陵縣。十六年置洧州，大業初州廢。又開皇十六年置蔡陂縣，至是省入焉。

汝南郡後魏置豫州，東魏置行臺。後周置總管府，後改曰舒州，尋復曰豫州，及改洛州爲豫州，此爲溱州，又改曰蔡州。統縣十一，户十五萬二千七百八十五。

汝陽舊曰上蔡，置汝南郡。開皇初郡廢。大業初置郡，改縣曰汝陽，并廢保城縣入焉。有鴻郤陂。城陽舊廢，梁置，又有義興縣。後魏置城陽郡，梁置楚州，東魏置西楚州，後齊曰永州。開皇九年，廢入純州。十八年改義興爲純義。大業初州縣並廢入焉。又梁置伍城郡，後齊廢。有十丈山、大木山。真陽舊置郢州。東魏廢州，置義陽郡。後齊廢郡入保城縣。開皇十一年廢縣。十六年置縣，曰真丘。大業初改曰真陽。又有白狗縣，梁置淮州。後齊廢州，以置齊興郡，郡尋廢。開皇初，改縣曰淮川，至是亦省入焉。又有後魏安陽縣，後廢。有汶水。新息後魏置東豫州。梁改曰西豫州，又改曰淮州。東魏復曰東豫州，後周改曰息州，大業初州廢。又後魏置汝南郡，開皇初郡廢。又梁置滇州，尋廢。又梁置北光城郡，東魏廢，又有北新息縣，後齊廢。褒信宋改曰包信。大業初改復舊焉。又梁置梁安郡，開皇初廢。又有長陵郡，後齊廢爲縣。大業初又省縣焉。上蔡後魏置，曰臨汝。後齊廢。開皇中置，曰武津。大業初改名焉。平輿舊廢，大業初改新蔡置焉。有葛陂。新蔡齊置北新蔡郡，魏曰新蔡郡，東魏置蔡州〔一〇〕。後齊廢州置廣寧郡。開皇初郡廢。十六年置舒州及舒縣、廣寧縣。仁壽元年改廣寧曰汝北。大業初州廢，改汝北曰新蔡。又後齊置永康縣，後改名曰澺水，至是及舒縣並廢入焉。朗山舊曰安昌，置初安郡。廢，十八年縣改名焉〔一一〕。又梁置陳州，後魏廢，又齊置荆州，尋廢。後周又置威州，後又廢。吴房故曰遂寧，後齊省綏義縣入焉。大業初改曰吴房。西平後魏置襄城郡，後齊改郡曰文城，開皇初郡廢。又有故武陽縣，十八年改曰吴房，大業初省。又有故淯州、灊州，並後齊置，開皇初皆廢。

淮陽郡開皇十六年置陳州。統縣十，户十二萬七千一百四。

宛丘後魏曰項，置陳郡。開皇初縣改名宛丘，尋廢郡，後析置臨蔡縣。大業初置淮陽郡，并臨蔡縣入焉。又後魏置南陽郡，東魏廢。西華舊曰長平，開皇十八年改曰鴻溝。大業初改焉。有舊長平縣，後齊廢。溵水開皇十六年置，又有後魏汝陽郡及縣，後齊郡廢，大業初縣廢。扶樂開皇十六年置。有渦水。太康舊曰陽夏，并置淮陽郡。開皇初郡廢，七年更名太康。有洼水。鹿邑舊曰武平，開皇十八年改名焉。項城東魏置揚州及丹陽郡〔一二〕、秣陵縣，梁改曰殷州，東魏又改曰北揚州，後齊改曰信州，後周改曰陳州。開皇初改秣陵爲項縣〔一三〕。十六年分置沈州，大業初州廢。又有項城郡，開皇初分立陳郡，三年並廢。南頓舊置南頓郡。後齊廢郡及平鄉縣入，改曰和城。大業初又改爲南頓。鄲開皇六年置。鮦陽後齊廢，開皇十一年復。又東魏置財州，後齊廢，以置包信縣。開皇初廢。

汝陰郡舊置潁州。**統縣五，户六萬五千九百二十六。**

汝陰舊置汝陰郡，開皇初郡廢。大業初復置。**潁陽**梁曰陳留，并置陳留郡及陳州。東魏廢州。開皇初廢郡，十八年縣改名焉。有鄭縣，後齊廢。**清丘**梁曰許昌，及置潁川郡。開皇初廢郡，十八年縣改名焉。**潁上**梁置下蔡郡，後齊廢郡。大業初縣改名焉。**下蔡**梁置汴郡，後齊郡廢。大業初縣改名焉。又梁置淮陽郡，後齊改曰潁川郡。開皇初郡廢。

上洛郡舊置洛州，後周改爲商州。**統縣五，户一萬五百一十六。**

上洛舊置上洛郡，開皇初郡廢，大業初復置。有秦嶺山、熊耳山、洛水、丹水。**商洛**有關官。**洛南**舊曰拒陽，置拒陽郡。開皇初郡廢，縣改名焉。有玄扈山、陽虛山〔一四〕。**豐陽**後周置，開皇初併南陽縣入。有洵水、甲水〔一五〕。**上津**舊置北上洛郡，梁改爲南洛州，西魏又改爲上州，後周併漫川、開化二縣入，大業初廢州。有天柱山、詔及山、女思山。

弘農郡大業三年置。**統縣四，户二萬七千四百六十六。**

弘農舊置西恒農郡，後周廢。大業初置弘農郡。又有石城郡、玉城縣〔一六〕，西魏並廢。有石隄山。盧氏後魏置漢安郡，西魏置義川郡〔一七〕。開皇初郡廢，州改爲虢州。大業初州廢。有關官。有石扇山。長泉後魏曰南陜，西魏改焉。有松楊山、檀山。朱陽舊置朱陽郡，後周郡廢。有邑陽縣，開皇末改爲邑川，大業初併入。有肺山，有湖水。

淅陽郡西魏置淅州。統縣七，户三萬七千二百五十。

南鄉舊置南鄉郡，後周併龍泉、湖里、白亭三縣入。又有左南鄉縣，并置左鄉郡。西魏改郡爲秀山，改縣爲安山。後周秀山郡廢。開皇初南鄉郡廢。大業初置淅陽郡，併安山縣入焉。有石墨山。内鄉舊曰西淅陽郡〔一八〕，西魏改爲内鄉。後周廢〔一九〕，併淅川、石人二縣入焉。有淅水。丹水舊置丹川郡。後周郡廢，併茅城、倉陵、許昌三縣入。有胡保山。武當舊置武當郡。又僑置始平郡，後改爲齊興郡。梁置興州，後周改爲豐州。開皇初二郡並廢，改爲均州。大業初州廢。有石階山、武當山。均陽梁置。安福梁置，曰廣福，併爲郡。開皇初郡廢，仁壽初改焉。鄖鄉有防山。

南陽郡舊置荆州。開皇初，改爲鄧州。統縣八，户七萬七千五百二十。

穰帶郡。有白水。新野舊曰棘陽，置新野郡。又有漢廣郡，西魏改爲黄岡郡。又有南棘陽縣，改爲百寧縣。後周二郡並廢，併南棘縣入焉。開皇初更名新野。南陽舊曰上陌，置南陽郡。後周併宛縣入，更名上宛〔二〇〕。開皇初郡廢，又改爲南陽。**課陽**〔二一〕舊曰涅陽，開皇初改焉。有課水、涅水。**順陽**舊置順陽郡。西魏析置鄭縣，尋改爲清鄉。後周又併順陽入清鄉。開皇初又改爲順陽。**冠軍**　**菊潭**舊曰酈，開皇初改焉。有東弘農郡，西魏改爲武關，至是廢入。有梅溪、湍水。**新城**西魏改爲臨湍，開皇初復名焉。有朝水。

淯陽郡西魏置蒙州。仁壽中，改曰淯州。**統縣三，户一萬七千九百。**

武川帶郡。有雉衡山。有淯水、潏水、澧水。**向城**西魏置，又立雉陽郡。開皇初郡廢。**方城**西魏置，及置襄邑郡。開皇初廢。東魏又置建城郡及建城縣，後齊郡縣並廢。又有業縣〔二二〕，開皇末改爲澧水，大業併入〔二三〕。有西唐山。

淮安郡後魏置東荆州，西魏改爲淮州。開皇五年又改爲顯州。**統縣七，户四萬六千八百四十。**

比陽帶郡。後魏曰陽平，開皇七年改爲饒良，大業初又改焉。又有後魏城陽縣，置殷州、城陽郡。開皇初郡並廢〔二四〕，其縣尋省。又有昭越縣，大業初改爲同光，尋廢。又有東南陽郡，西魏改爲南郭郡，後周廢。又有比陽故縣，置西郢州。西魏改爲鴻州，後周廢爲真昌郡。開皇初郡廢，大業初縣廢。**平氏**舊置漢廣郡，開皇初郡廢。有淮水。**真昌**舊曰北平，開皇九年改焉。**顯岡**舊置舞陰郡，開皇初郡廢。**臨舞**東魏置，及置期城郡。開皇初郡廢。又有東舞陽縣，開皇十八年改爲昆水，大業初廢。**慈丘**後魏曰江夏，并置江夏郡。開皇初郡廢，更置慈丘於其北境。後魏有鄭州、潘州、溱州及襄城、周康二郡，上蔡、青山、震山三縣，並開皇初廢。有比水。桐柏梁置，曰淮安，并立華州，又立上川郡。西魏改州爲淮州，後改爲純州，尋廢。開皇初郡廢，更名縣曰桐柏。又梁置西義陽郡，西魏置淮陽郡及輔州，後周州郡並廢，又置淮南縣。開皇末改爲油水，大業初廢。又有大義郡，後周置，開皇初廢。有桐柏山。

豫州於禹貢爲荆州之地。其在天官，自氐五度至尾九度，爲大火，於辰在卯，宋之分野，屬豫州。自柳九度至張十六度，爲鶉火，於辰在午，周之分野，屬三河，則河南。淮之星次〔三五〕，亦豫州之域。豫之言舒也，言稟平和之氣，性理安舒也。洛陽得土之中，賦貢所均，故周公作洛，此焉攸在。其俗尚商賈，機巧成俗。故漢志云「周人之失，巧僞趨利，賤義貴財」，此亦自古然矣。滎陽古之鄭地，梁郡梁孝故都，邪僻傲蕩，舊傳其俗。今則好尚稼穡，重於禮文，其風皆變於古。譙郡、濟陰、襄城、潁川、汝南、淮陽、汝陰，其風頗同。南陽古帝鄉，搢紳所出，自三方鼎立，地處邊疆，戎馬所萃，失其舊俗。上洛、弘農，本與三輔同俗。自漢高發巴、蜀之人，定三秦，遷巴之渠率七姓，居於商、洛之地，由是風俗不改其壤。其人自巴來者，風俗猶同巴郡。淅陽、淯陽，亦頗同其俗云。

東郡開皇九年置杞州，十六年改爲滑州，大業二年爲兗州。統縣九，户十二萬一千九百五。

白馬舊置東郡，後齊併涼城縣入焉〔二六〕。大業初復置郡。靈昌開皇十六年置。衞南開皇十六年置，大業初廢西濮陽入焉。又有後魏平昌、長樂二縣，後齊並廢。濮陽開皇十六年分置昆吾縣，大業初入焉。封丘後齊廢，開皇十六年復。匡城後齊曰長垣，開皇十六年改焉。胙城舊曰東燕，開皇十八年改焉。韋城開皇六年置〔二七〕，十六年分置長垣縣，大業初省入焉。離狐

東平郡後周置魯州，尋廢。開皇十年置鄆州。統縣六，户八萬六千九十。

鄆城後周置，曰清澤，又置高平郡。開皇初郡廢，改縣曰萬安。十八年改曰鄆城。大業初置郡，併廩丘入焉。鄄城舊置濮陽郡，開皇初郡廢，十六年置濮州，大業初州廢。有關官。須昌開皇十六年置。有梁山。宿城後齊曰須昌，開皇十六年改焉。舊置東平郡，後齊並廢〔二八〕。雷澤舊曰城陽，後齊廢。開皇十六年置，曰雷澤，又分置臨濮縣。大業初併入焉。有歷山、雷澤。鉅野舊廢，開皇十六年復，又置乘丘縣，大業初廢入焉。

濟北郡舊置濟州。統縣九，户十萬五千六百六十。

盧舊置郡，開皇初廢。六年分置濟北縣，大業初省入焉，尋置郡。有關官。有成迴倉。有魚山、遊仙山。范後齊廢，開皇十六年置。陽穀開皇十六年置。東阿有浮山、巘山、狼水。平陰開皇十四年置，曰榆山，大業初改焉。長清開皇十四年置。又有東太原郡，後齊廢。濟北開皇十四年置，曰時平，大業初改焉。壽張　肥城宋置濟北郡，後齊廢。後周置肥城郡，尋廢，又復。開

皇初又廢。

武陽郡後周置魏州。統縣十四，户二十一萬三千三十五。

貴鄉東魏置。又有平邑縣，後齊廢，開皇十六年又置。大業初置武陽郡，并省平邑縣入焉〔二九〕。有愜山。元城後齊廢。開皇六年復，又置馬陵縣，大業初廢入焉。有沙麓山。繁水舊曰昌樂，置昌樂郡。東魏郡廢，後周又置。舊有魏城縣，後齊廢。開皇初廢郡。六年置縣，曰繁水。大業初廢昌樂縣入焉。魏後齊廢，開皇六年復。十六年析置漳陰縣，大業初省入焉。莘舊曰陽平，後齊改曰樂平。開皇六年復曰陽平，八年改曰清邑，十六年置莘州。大業初州廢，改縣名莘，又廢莘亭縣入焉。後周置武陽郡焉，開皇初廢。頓丘後齊省，開皇六年置。又有舊陰安縣，後齊廢。觀城舊曰衛國，開皇六年改。臨黄後魏置，後齊省，開皇六年復，十六年分置河上縣，大業初省入焉。武陽後齊省，後周置。武水開皇十六年置。館陶舊置毛州，大業初州廢〔三〇〕。又有舊陽平郡，開皇初廢。堂邑開皇六年置。冠氏開皇六年置。聊城舊置南冀州及平原郡，未幾，州廢。開皇初郡廢。十六年置博州，大業初州廢。

渤海郡開皇六年置棣州，大業二年爲滄州。統縣十，户十二萬二千九百九。

陽信帶郡。樂陵舊置樂陵郡，開皇初郡廢。十六年分置鬲津縣，大業初廢入焉。滴河〔三一〕開皇十六年置。又有後魏濕沃縣，後齊廢。有關官。厭次後齊廢，開皇十六年復。蒲臺開皇十六年置。饒安舊置滄州、浮陽郡，開皇初郡廢，大業初州廢。無棣開皇六年置。鹽山舊曰高成。開皇十六年又置浮水縣。十八年改高成曰鹽山。大業初省浮水入焉。有鹽山、峽山。南皮 清池〔三二〕舊曰浮陽，開皇十八年改。

平原郡開皇九年置德州。統縣九，户十三萬五千八百二十二。

安樂舊置平原郡〔三三〕，開皇初郡廢，大業初復。又開皇十六年置繹幕縣，至是廢入焉。又有後魏鬲縣，後齊廢。有關官。平原後齊併鄃縣入焉。有關官。又後魏置東青州，置未久而廢。將陵開皇十六年置。平昌後魏置東安郡〔三四〕，後齊廢，并以重平縣入焉。般後齊省，開皇十六年復。長河舊曰廣川。後齊省，開皇六年復置，仁壽初改名焉。弓高舊廢，開皇十六年置。東光舊置渤海郡，開皇初郡廢。九年置觀州，大業初州廢，又併安陵入焉。有天胎山。胡蘇舊廢，開皇十六年置。

兗州於禹貢爲濟、河之地。其於天官，自軫十二度至氐四度，爲壽星，於辰在辰〔三五〕，鄭之分野。兗州蓋取沇水爲名，亦曰兗，兗之爲言端也，言陽精端端，故其氣纖殺也。東郡、東平、濟北、武陽、平原等郡，得其地焉。兼得鄒、魯、齊、衞之交。舊傳太公唐叔之教，亦有周孔遺風。今此數郡，其人尚多好儒學，性質直懷義，有古之風烈矣。

信都郡舊置冀州。統縣十二，户十六萬八千七百一十八。

長樂舊曰信都，帶長樂郡，後齊廢扶柳縣入焉。開皇初郡廢，分信都置長樂縣。十六年又分長樂置澤城縣。大業初廢信都及澤城入焉，置信都郡。堂陽舊縣，後齊廢，開皇十六年復。衡水開皇十六年置。棗彊舊縣，後齊廢索蘆、廣川二縣入焉。武邑舊縣，後齊廢。開皇六年置，并得後齊觀津縣地。十六年分武彊置昌亭縣，大業初廢入焉。武彊舊置武邑郡，後齊郡廢，又廢武遂縣入焉。南宮舊縣，後齊廢，開皇六年復。斌彊　鹿城舊曰鄡〔三六〕，後齊改曰安國。開皇六年改爲安定，十八年改。開皇十六年又置晏城，大業初廢入。下博　蓨舊曰脩，開皇五年改。十六年分置觀津縣，大業初廢。阜城

清河郡後周置貝州。統縣十四，户三十萬六千五百四十四。

清河舊曰武城，置清河郡。開皇初郡廢，改名焉，仍别置武城縣。十六年置夏津縣，大業初廢入，置清河郡。清陽舊曰清河縣，後齊省貝丘入焉，改爲貝丘。開皇六年改爲清陽。又有後魏候城縣，後齊省以入武城，亦入焉。武城舊曰東武城。開皇初改武城爲清河縣，於此置武城。歷亭開皇十六年分武城置焉。漳南開皇六年置，曰東陽，十八年改爲漳南。有後魏故索盧城〔三七〕，後齊以入棗彊，至是入。鄃舊廢，開皇十六年置。臨清後齊廢，開皇六年復。又十六年置沙丘縣，大業初廢入焉。清泉〔三八〕後齊廢千童縣入〔三九〕。開皇十六年置貝丘縣，大業二年廢入。清平開

皇六年置，曰貝丘，十六年改曰清平。高唐後魏置南清河郡，後齊郡廢。經城後齊廢，開皇六年置，十六年分置府城縣，大業初省入焉。宗城舊曰廣宗，仁壽元年改。博平開皇六年置靈縣，大業初省入。茌平後齊廢，開皇初復。

魏郡後魏置相州，東魏改曰司州牧。後周又改曰相州，置六府。宣政初府移洛，以置總管府，未幾，府廢。統縣十一，户十二萬二百二十七。

安陽周大象初，置相州及魏郡，因改名鄴。開皇初郡廢，十年復，名安陽，分置相縣，鄴還復舊。大業初廢相入焉，置魏郡。有韓陵山。鄴東魏都。後周平齊，置相州。大象初縣隨州徙安陽，此改爲靈芝縣。開皇十年又改焉。臨漳東魏置。成安後齊置。靈泉後周置。有龍山。堯城開皇十年置，名長樂。十八年改焉。洹水後周置。滏陽後周置。開皇十年置慈州，大業初州廢。臨水有慈石山、鼓山、滏山。林慮後魏置林慮郡，後齊郡廢，後又置。開皇初郡廢〔四〇〕，又分置淇陽縣。十六年置巖州。大業初州廢，又廢淇陽入焉。有林慮㟅、仙人臺、洹水。臨淇東魏置，尋廢，開皇十六年復。有淇水。

汲郡東魏置義州，後周爲衛州。統縣八，户十一萬一千七百二十一。

衛舊曰朝歌，置汲郡。後周又分置脩武郡。開皇初郡並廢，十六年又置清淇縣。大業初置汲郡，改朝歌縣曰衛，廢清淇入焉。有朝陽山、同山。有紂朝歌城、比干墓。汲東魏僑置七郡十八縣。

後齊省，以置伍城郡，後周廢爲伍城縣，開皇六年改焉。隋興開皇六年置。後析置陽源縣，大業初併入焉。有倉巖山。黎陽後魏置黎陽郡，後置黎州〔四一〕。開皇初州郡並廢。十六年又置黎州，大業初罷。有倉。有關官。有大伾山、枉人山。内黄舊廢，開皇六年置。十六年分置繁陽縣，大業初廢入。湯陰舊廢，開皇六年又置。有博望岡。臨河開皇六年置。澶水〔四二〕開皇十六年置。

河内郡舊置懷州。統縣十，户十三萬三千六百六。

河内舊曰野王，置河内郡。開皇初郡廢，十六年縣改焉。有軹縣，大業初廢入，尋置郡。有大行〔四三〕。有丹水。有絺城。温舊廢，開皇十六年置。古温城。濟源開皇十六年置。舊有沁水縣，後齊廢入。有孔山、母山。有濟水、漯水〔四四〕、古原城。河陽舊廢，開皇十六年置。有盟津。有古河陽城治。安昌舊曰州縣，置武德郡。開皇初郡廢，十八年縣改爲邢丘。大業初改名安昌，又廢懷縣入焉。舊有平高縣〔四五〕，後齊廢。王屋舊曰長平，後周改焉，後又置懷州。及平齊，廢州置王屋郡。開皇初郡廢。有王屋山、齊子嶺。有軹關。獲嘉後周置脩武郡，開皇初郡廢。十六年置殷州，大業初州廢。新鄉開皇初年置。有關官。舊有獲嘉縣，後齊廢。脩武後魏置脩武，後齊併入焉。開皇十六年析置武陟，大業初併入焉。又有東魏廣寧郡，後周廢。共城舊曰共，後齊廢。開皇六年復置，曰共城。有共山、白鹿山。

長平郡舊曰建州。開皇初改爲澤州。統縣六，户五萬四千九百一十三。

丹川舊曰高都。後齊置長平、高都二郡，後周併爲高平郡。開皇初郡廢，十八年改爲丹川。大業初置長平郡。有太行山。沁水舊置廣寧郡。後齊郡廢，縣改爲永寧〔四六〕。開皇十八年改焉。有輔山。端氏後魏置安平郡，開皇初郡廢。有巨峻山、秦川水。濩澤有樵嶢山、濩澤山〔四七〕。高平舊曰平高，齊末改焉，又併泫氏縣入焉。有關官。陵川開皇十六年置。

上黨郡後周置潞州。統縣十，户十二萬五千五十七。

上黨舊置上黨郡，開皇初郡廢。有壺關縣。大業初復置郡，廢壺關入焉。有羊頭山、抱犢山。長子後齊廢。開皇九年置，曰寄氏縣。十八年改爲長子。舊有屯留、樂陽二縣，後齊廢。有濁漳水、堯水。潞城開皇十六年置。有黄阜山。屯留後齊廢，開皇十六年復。襄垣舊置襄垣郡，後齊郡廢。後周置韓州，大業初州廢。有鹿臺山。黎城後魏以潞縣被誅遺人置，十八年改名黎城〔四八〕。有積布山、松門嶺。涉後魏廢，開皇十八年復。有崇山。鄉石勒置武鄉郡，後魏去「武」字。開皇初郡廢，十六年分置榆社縣，大業初廢。又有後魏南垣州，尋改豐州，後周廢。銅鞮有舊涅縣，後魏改爲陽城。開皇十八年改爲甲水，大業初省入。有銅鞮水。沁源後魏置縣及義寧郡，開皇初廢〔四九〕。十六年置沁州。又義寧縣十八年改爲和川。大業初州廢，又廢和川縣入。

河東郡後魏曰秦州〔五〇〕，後周改曰蒲州。統縣十，户十五萬七千七十八。

河東舊曰蒲坂縣，置河東郡。開皇初郡廢，十六年析置河東縣。大業初置河東郡，併蒲坂入。有酒官。有首山。有嬀、汭水。**桑泉**開皇十六年置。有三疑山。**汾陰**舊置汾陰郡，開皇初郡廢。有龍門山。**龍門**後魏置，并置龍門郡。開皇初郡廢。**芮城**舊置，曰安戎。後周改焉，又置永樂郡，後省入焉〔五一〕。有關官。**安邑**開皇十六年置虞州，大業初州廢。有鹽池、銀冶。**夏**舊置安邑郡，開皇初郡廢。有巫咸山、稷山、虞坂。**河北**舊置河北郡，開皇初郡廢。有關官。有砥柱山。有傅巖。**猗氏**西魏改曰桑泉，後周復焉。**虞鄉**後魏曰安定，西魏改曰南解，又改曰綏化，又曰虞鄉。有石錐山、百梯山、百徑山。

絳郡後魏置東雍州，後周改曰絳州。**統縣八，户七萬一千八百七十六。**

正平舊曰臨汾，置正平郡。開皇初郡廢，十八年縣改名焉。大業初置絳郡。又有後魏南絳郡，後周廢郡，又併南絳縣入小鄉縣。開皇十八年改曰汾東，大業初省入焉。**翼城**後魏置，曰北絳縣，并置北絳郡。後齊廢新安縣，并南絳郡入焉。開皇初郡廢，十八年改爲翼城。有烏嶺山、東涇山〔五二〕。有澮水。**絳**舊置絳郡，開皇初郡廢。後周置晉州，建德五年廢。**曲沃**後周置，建德六年廢。有絳山、橋山。**稷山**後魏曰高涼，開皇十八年改焉。有後魏龍門郡，開皇初廢。又有後周勳州，置總管，後改曰絳州，開皇初移。**聞喜**有景山。有董澤陂。**垣**後魏置邵郡及白水縣。後周置邵州，改白水爲亳城。開皇初郡廢。大業初州廢，縣改爲垣縣，又省後魏所置清廉縣及後周所置蒲原縣入焉。有黑山。**太平**後魏置，後齊省臨汾縣入焉〔五三〕。有關官。

文城郡東魏置南汾州，後周改爲汾州，後齊爲西汾州。後周平齊，置總管府。開皇四年府廢，十六年改爲耿州，後復爲汾州。**統縣四，户二萬二千三百。**

吉昌後魏曰定陽縣，并置定陽郡。開皇初郡廢，十八年縣改名焉。大業初，置文城郡。有風山。**文城**後魏置。有石門山。**伍城**後魏置，曰刑軍縣，後改爲伍城，後又置伍城郡。開皇初郡廢，又廢後魏平昌縣入焉。大業初又廢大寧縣入焉。**昌寧**後魏置，并内陽郡〔五四〕。開皇初郡廢。有壺口山、崿山。

臨汾郡後魏置唐州，改曰晉州。後周置總管府，開皇初府廢。**統縣七，户七萬一千八百七十四。**

臨汾後魏曰平陽，并置平陽郡。開皇初改郡爲平河，改縣爲臨汾，尋郡廢。又有東魏西河、敷城、伍城、北伍城、定陽等五郡，後周廢爲西河、定陽二郡。開皇初郡並廢。又有後魏永安縣，開皇初改爲西河，大業初省。又有舊襄城縣，後齊省。有姑射山。**襄陵**後魏太武禽赫連昌，乃分置禽昌縣。齊併襄陵入禽昌縣。大業初又改爲襄陵。**冀氏**後魏置冀氏郡，領冀氏、合陽二縣。後齊郡廢，又廢合陽入焉。**楊**　**霍邑**後魏曰永安，并置永安郡。開皇初郡廢。十六年置汾州，十八年改爲呂州，縣曰霍邑。大業初州廢。有霍山。有彘水。**汾西**後魏曰臨汾，并置汾西郡〔五五〕。開皇初郡廢，十八年縣改爲汾西。又有後周新城縣，開皇十年省入〔五六〕。**岳陽**後魏置，曰安澤。大業初改焉。

龍泉郡後周置汾州。開皇四年置西汾州總管，五年改爲隰州總管。大業初府廢。統縣五，户二萬五千八百三十。

隰川後周置縣，初曰長壽，又置龍泉郡。開皇初郡廢，縣改曰隰川。大業初置郡。永和後周置，曰臨河縣及臨河郡。開皇初郡廢，十八年縣改名焉。有關官。樓山後周置，曰歸化。開皇十八年改名焉。有北石樓山，有孔山。石樓舊置吐京郡及吐京縣，開皇初郡廢，十八年縣改名。蒲後周置，有伍城郡及石城郡及石城縣，周末並廢。又有後魏平昌縣，開皇中改曰蒲川，大業初廢入焉。

西河郡後魏置汾州，後齊置南朔州，後周改曰介州。統縣六，户六萬七千三百五十一。

隰城舊置西河郡，開皇初郡廢，大業初復。有隱泉山。介休後魏置定陽郡、平昌縣。後周改郡曰介休，以介休縣入焉。開皇初郡廢，十八年縣改曰介休。永安有雀鼠谷。平遥開皇十六年析置清世縣，大業初廢入焉。又後魏置蔚州，後周廢。有鹿臺山。靈石開皇十年置。有介山，有靖巖山。綿上開皇十六年置。有沁水。

離石郡後齊置西汾州，後周改爲石州。統縣五，户二萬四千八十一。

離石後齊曰昌化縣，置懷政郡。後周改曰離石郡及縣，又置寧鄉縣。開皇初郡廢。大業初置郡，并寧鄉入焉。脩化後周置，曰窟胡，并置窟胡郡。開皇初郡廢，後縣改爲修化。又後周置盧山縣，大業初併入焉。有伏盧山。定胡後周置，及置定胡郡。開皇初郡廢。有關官。平夷後周置。太和後周置，曰烏突，及置烏突郡。開皇初郡廢，縣尋改焉。有湫水。

雁門郡後周置肆州。開皇五年改爲代州，置總管府。大業初府廢。統縣五，户四萬二千五百二。

雁門舊曰廣武，置雁門郡。開皇初郡廢，十八年改曰雁門。大業初置雁門郡。有關官。有長城。有纍頭山，有夏屋山。繁畤後魏置，并置繁畤郡。後周郡縣並廢。開皇十八年復置縣。有東魏武州及吐京、齊、新安三郡，寄在城中。後齊改爲北靈州，尋廢。有長城、滹沱水、泒水、唐山。崞後魏置，曰石城縣。東魏置廓州。有廣安、永定、建安三郡，寄山城〔五七〕。後齊廢郡，改爲北顯州。後周廢。開皇十年改縣曰平寇。大業初改爲崞縣。又有雲中城，東魏僑置恒州，尋廢。有無京山、崞山。有土城。五臺舊曰慮虒，久廢。後魏置，曰驢夷。大業初改焉。有五臺山。靈丘後魏置靈丘郡，後齊省莎泉縣入焉。後周置蔚州，又立大昌縣。開皇初郡廢，縣併入焉。大業初州廢。

馬邑郡舊置朔州。開皇初置總管府，大業初府廢。統縣四，户四千六百七十四。

善陽後齊置縣曰招遠，郡曰廣安。開皇初郡廢。大業初縣改曰善陽，置代郡，尋曰馬邑。又有後魏桑乾郡，後齊以置朔州及廣寧郡。後周郡廢，大業初州廢。神武後魏置神武郡，後齊改曰太平，後周罷郡。有桑乾水。雲内後魏立平齊郡，尋廢。後齊改曰太平縣，後周改曰雲中，開皇初改曰雲内。有後魏都，置司州，又有後齊安遠、臨塞、威遠、臨陽等郡屬北恒州，後周並廢。有紇真山〔五八〕、白登山、武周山。有㶟水。開陽舊曰長寧，後齊置齊德、長寧二郡。後周廢齊德郡。開皇初郡廢，十九年縣改曰開陽。

定襄郡開皇五年置雲州總管府，大業元年府廢。統縣一，户三百七十四。

大利大業初置，帶郡。有長城。有陰山。有紫河。

樓煩郡大業四年置。統縣三，户二萬四千四百二十七。

靜樂舊曰岢嵐。開皇十八年改爲汾源，大業四年改焉。有長城。有汾陽宫〔五九〕。有關官〔六〇〕。有管涔山〔六一〕、天池、汾水。臨泉後齊置，曰蔚汾。大業四年改焉。秀容舊置肆州〔六二〕，後齊又置平寇縣。後周州徙雁門。開皇初置新興郡、銅川縣。郡尋廢。十年廢平寇縣。十八年置忻州，大業初州廢，又廢銅川〔六三〕。有程侯山、繫舟山。有嵐水。

太原郡後齊并州，置省，立別宫。後周置并州六府，後置總管，廢六府。開皇二年置河北道行臺，九年改爲總管府，大業初府廢。統縣十五，户十七萬五千三。

晉陽後齊置，曰龍山，帶太原郡。開皇初郡廢，十年改縣曰晉陽，十六年又置清源縣，大業初省入焉。有龍山、蒙山。太原舊曰晉陽，帶郡。開皇十年分置陽真縣，大業初省入焉。有晉陽宮。有晉水。交城開皇十六年置。汾陽舊曰陽曲。開皇六年改爲陽直，十六年又改名焉，復分置盂縣，大業初廢。有摩笄山。文水舊曰受陽，開皇十年改焉。有文水、泌水〔六四〕。祁〔六五〕後齊廢，開皇中復。壽陽開皇十年改州南受陽縣爲文水；分州東故壽陽，置壽陽。有鷰巖。榆次後齊曰中都，開皇中改焉。太谷舊曰陽邑，開皇十八年改焉。樂平舊置樂平郡，開皇初廢郡。十六年分置遼州及東山縣，大業初廢州及東山縣。有臯洛山。有清漳水。和順舊曰梁榆，開皇十年改。有九京山。遼山後魏曰遼陽，後齊省。開皇十年置，改名焉。十六年屬遼州，并置交漳縣。大業初廢州，并罷交漳入焉。有萁轑水。平城開皇十六年置。有涂水〔六六〕。石艾有蒙山。盂開皇十六年置，曰原仇，大業初改焉。有白鹿山。

襄國郡開皇十六年置邢州。統縣七，户十萬五千八百七十三。

龍岡舊曰襄國，開皇九年改名焉。十六年又置青山縣，大業初省入焉。有黑山。有湡水。南和舊置北廣平郡，後齊省入廣平郡，後周分置南和郡。開皇初郡廢，十六年置任縣，大業初廢入。平鄉　沙河開皇十六年置。有磬山。鉅鹿後齊廢，開皇六年置南巒縣〔六七〕，後廢入焉。內丘有干言山〔六八〕。柏仁有鵲山。

武安郡後周置洺州。統縣八，户十一萬八千五百九十五。

永年舊曰廣平，置廣平郡，後齊廢北廣平郡及曲梁、廣平二縣入。開皇初郡廢，復置廣平，後改曰雞澤。仁壽元年改廣平爲永年〔六九〕。大業初置武安郡，又併雞澤縣入。肥鄉東魏省，開皇十年復。清漳開皇十六年置。平恩　洺水舊曰斥漳，後齊省入平恩。開皇六年分置曲周，大業初廢入焉。武安開皇十年分置陽邑縣，大業初廢入焉。有楡溪，有閼與山，有寖水。邯鄲東魏廢。開皇十六年復置陟鄉，大業初省入焉。臨洺舊曰易陽。後齊廢入襄國縣，置襄國郡。後周改爲易陽縣，別置襄國縣。開皇六年改易陽爲邯鄲，十年改邯鄲爲臨洺。開皇初郡廢。有紫山、狗山、塔山。

趙郡開皇十六年置欒州，大業三年改爲趙州。統縣十一，户十四萬八千一百五十六。

平棘舊置趙郡，開皇初省。有宋子縣，後齊廢〔七〇〕。大業初置趙郡，廢宋子縣入焉。高邑　贊皇開皇十六年置。有孔子嶺，有白溝。元氏舊縣，後齊廢，開皇六年置。十六年分置靈山縣，大業初廢入焉。有靈山。廮陶舊曰廮遥，開皇六年改爲「陶」。欒城舊縣，後齊廢，開皇十六年復。大陸舊曰廣阿，置殷州及南鉅鹿郡。後改爲南趙郡，改州爲趙州。開皇十六年分置欒州，仁壽元年改爲象城。大業初州廢，縣改爲大陸。又開皇十六年所置大陸縣，亦廢入焉。柏鄉開皇十六年置。有嵈嵍山。房子舊縣，後齊省，開皇六年復。有贊皇山。有彭水。稾城後齊廢下曲陽入焉，改爲高城縣〔七一〕，置鉅鹿郡。開皇初郡廢。十年置廉州，十八年改爲稾城縣，大業初州廢。又開皇十六年置柏鄉縣，亦廢入焉。鼓城舊曰曲陽，後齊廢。開皇十六年分置昔陽縣〔七二〕，十八年改爲鼓城。十六年又置廉平縣，大業初併入。

恒山郡後周置恒州。統縣八，户十七萬七千五百七十一。

真定舊置常山郡，開皇初郡廢。十六年分置常山縣。大業初置恒山郡，省常山入焉。滋陽開皇六年置。十六年又置王亭縣，大業初省入焉。有大茂山、歲山〔七三〕。行唐　石邑舊縣，後齊改曰井陘，開皇六年改焉。十六年析置鹿泉縣，大業初併入。有封龍山、抱犢山。九門後齊廢，開皇六年復。大業初，又併新市縣入焉。有許春壘。井陘後齊廢石邑，以置井陘。開皇六年復石邑縣，分置井陘。十六年於井陘置井州，及置葦澤縣。大業初廢州，并廢葦澤縣及蒲吾縣入焉。房山開皇十六年置。靈壽後周置蒲吾郡，開皇初郡廢。

博陵郡舊置定州。後周置總管府，尋罷。統縣十，户十萬二千八百一十七。

鮮虞舊曰盧奴，置鮮虞郡。後齊廢盧奴入安喜。開皇初廢郡，以置鮮虞縣。大業初置博陵郡，又廢安喜入焉。有盧水。北平舊置北平郡。後齊郡廢，又併望都、蒲陰二縣來入。開皇六年又置望都，大業初又廢。有都山、伊祁山〔七四〕。有濡水〔七五〕。唐舊縣，後齊廢，開皇十六年復。有堯山、郎山、中山。恒陽舊曰上曲陽，後齊去「上」字。開皇六年改爲石邑，七年改曰恒陽。有恒山，有恒陽溪，有范水。新樂開皇十六年置。有黄山。隋昌後魏曰魏昌，後齊廢。開皇十六年復，仍改焉。毋極　義豐開皇六年置。舊有安國縣，後齊廢。深澤後齊廢，開皇六年復。安平後齊置博陵郡，開皇初廢。十六年置深州，大業初州廢。

河間郡舊置瀛州〔七六〕。統縣十三，户十七萬三千八百八十三。

河間舊置河間郡，開皇初郡廢。大業初復置郡，併武垣縣入焉。文安有狐狸淀〔七七〕。樂壽舊曰樂城，開皇十八年改爲廣城，仁壽初改焉。束城舊曰束州，後齊廢。開皇十六年置，後改名焉。景城舊曰成平，開皇十八年改焉。高陽舊置高陽郡，開皇初郡廢。十六年置蒲州，大業初州廢，并任丘縣入焉。鄚有易城縣，後齊廢。開皇中置永寧縣，大業初廢入焉。博野舊曰博陸，後魏改爲博野，後齊廢蠡吾縣入焉。有君子淀。清苑舊曰樂鄉。後齊省樊輿〔七八〕、北新城、清苑、樂鄉入永寧，改名焉。開皇十八年改爲清苑。長蘆開皇初置，并立漳河郡，郡尋廢。十六年置景州，大業初州廢。平舒舊置章武郡，開皇初廢。魯城開皇十六年置。饒陽開皇十六年分置安平、蕪蔞二縣，大業初省入焉。

涿郡舊置幽州，後齊置東北道行臺。後周平齊，改置總管府。大業初府廢。統縣九，户八萬四千五十九。

薊舊置燕郡，開皇初廢，大業初置涿郡。良鄉　安次　涿舊置范陽郡，開皇初郡廢。固安舊曰故安，開皇六年改焉。雍奴　昌平舊置東燕州及昌平郡〔七九〕。後周州郡並廢，後又置平昌郡。開皇初郡廢，又省萬年縣入焉。有關官。有長城。**懷戎**後齊置北燕州，領長寧、永豐二郡。後周去「北」字。開皇初郡廢，大業初州廢。有喬山、歷陽山，大、小翮山。有㶟水、滋水、涿水、阪泉水。**潞**舊置漁陽郡，開皇初廢。

上谷郡開皇元年置易州。**統縣六，户三萬八千七百。**

易開皇初置黎郡，尋廢。十六年置縣。大業初置上谷郡。舊有故安縣，後齊廢。有駁牛山、五迴嶺。有易水、徐水。**淶水**舊曰遒縣，後周廢。開皇元年，以范陽爲遒，更置范陽於此。六年改爲固安，八年廢。十年又置，爲永陽。十八年改爲淶水。**遒**舊范陽居此，俗號小范陽。開皇初改爲遒。**遂城**舊曰武遂。後魏置南營州，淮營州置五郡十一縣：龍城、廣興、定荒屬昌黎郡；石城、廣都屬建德郡〔八〇〕；襄平、新昌屬遼東郡；永樂屬樂浪郡；富平、帶方、永安屬營丘郡。後齊唯留昌黎一郡〔八一〕，領永樂、新昌二縣，餘並省。開皇元年州移，三年郡廢，十八年改爲遂城。有龍山。**永樂**舊曰北平，後周改名焉。有郎山。**飛狐**後周置，曰廣昌。仁壽初改焉。有栗山。有巨馬河。

漁陽郡開皇六年徙玄州於此，并立總管府。大業初府廢。**統縣一，户三千九百二十五。**

無終後齊置，後周又廢徐無縣入焉。大業初置漁陽郡。有長城。有燕山、無終山。有泃河〔八二〕、如河、庚水、灅水、濫水。有海。

北平郡舊置平州。統縣一，户二千二百六十九。

盧龍舊置北平郡，領新昌、朝鮮二縣。後齊省朝鮮入新昌，又省遼西郡并所領海陽縣入肥如。開皇六年又省肥如入新昌，十八年改名盧龍。大業初置北平郡。有長城。有關官。有臨渝宫。有覆舟山。有碣石。有玄水、盧水、温水〔八三〕、潤水〔八四〕、龍鮮水、巨梁水〔八五〕。有海。

安樂郡舊置安州，後周改爲玄州。開皇十六年州徙〔八六〕，尋置檀州。統縣二，户七千五百九十九。

燕樂後魏置廣陽郡，領大興〔八七〕、方城、燕樂三縣。後齊廢郡，以大興、方城入焉。大業初置安樂郡。有長城。有沽河。密雲後魏置密雲郡，領白檀、要陽、密雲三縣。後齊廢郡及二縣入密雲。又有舊安樂郡，領安市、土垠二縣，後齊廢土垠入安市，後周廢安市入密雲縣。開皇初郡廢。有長城。有桃花山、螺山。有漁水。

遼西郡舊置營州，開皇初置總管府，大業初府廢。統縣一，户七百五十一。

柳城後魏置營州於和龍城，領建德、冀陽、昌黎、遼東、樂浪、營丘等郡，龍城、大興、永樂、帶方、定荒、石城、廣都、陽武、襄平、新昌〔八八〕、平剛、柳城、富平等縣。後齊唯留建德、冀陽二郡，永樂、帶方、龍城、大興等縣，其餘並廢。開皇元年唯留建德一郡，龍城一縣，其餘並廢。尋又廢郡，改縣爲龍山，十八年改爲柳城。大業初，置遼西郡。有帶方山、禿黎山、雞鳴山、松山。有渝水、白狼水。

冀州於古，堯之都也。舜分州爲十二，冀州析置幽、并。其於天文，自胃七度至畢十一度，爲大梁，屬冀州。自尾十度至南斗十一度，爲析木，屬幽州。自危十六度至奎四度，爲娵訾，屬并州。自柳九度至張十六度，爲鶉火，屬三河，則河内、河東也。准之星次，本皆冀州之域，帝居所在，故其界尤大。至夏廢幽、并入焉，得唐之舊矣。信都、清河、河間、博陵、恒山、趙郡、武安、襄國，其俗頗同。人性多敦厚，務在農桑，好尚儒學，而傷於遲重。前代稱冀、幽之士鈍如椎，蓋取此焉。俗重氣俠，好結朋黨，其相赴死生，亦出於仁義。故班志述其土風，悲歌忼慨，椎剽掘冢，亦自古之所患焉。前諺云「仕宦不偶遇冀部」〔八九〕，實弊此也。魏郡，鄴都所在，浮巧成俗，彫刻之工，特云精妙，士女被服，咸以奢麗相高，其性所尚習，得京、洛之風矣。語曰：「魏郡、清河，天公無奈何！」斯皆輕狡所致。汲郡、河内，得殷之故壤，考之舊説，有紂之餘教。汲又衞地，習仲由之勇，故漢之官人，得以便宜從事，其多行殺戮，本以此焉。今風俗頗移，皆向於禮矣。長平、上黨，人多重農桑，性尤朴直，蓋少輕詐。河東、絳郡、文城、臨汾、龍泉、西河，土地沃少堉多，是以傷於儉嗇。其俗剛强，亦風氣然乎？太原山川重複，實一都之會，本雖後齊別都，人物殷阜，然不甚機巧。俗與上黨頗同，人性勁悍，習於戎馬。離石、雁門、馬邑、定襄、樓煩、涿郡、上谷、漁陽、北平、安樂、遼西，皆連接邊郡，習尚與太原同俗，故自古言勇俠者，皆推幽、并云。然涿郡、太原，自前代已來，皆多文雅之士，雖俱曰邊郡，然風教不爲比也。

北海郡舊置青州，後周置總管府，開皇十四年府廢。統縣十，户十四萬七千八百四十五。

益都舊置齊郡，開皇初廢，大業初置北海郡。有堯山、狃山。臨淄及東安平、西安，並後齊廢。開皇十六年又置臨淄及時水縣。大業初廢高陽、時水二縣入焉。有社山、葵丘、牛山、稷山。千乘舊置樂安郡，開皇初郡廢。博昌舊曰樂安，開皇十六年改焉。又十八年析置新河縣，大業初廢入焉。壽光開皇十六年置閭丘縣，大業初廢入焉。臨朐舊曰昌國。開皇六年改爲逢山，又置般陽縣。大業初改曰臨朐，并廢般陽入焉。有逢山、沂山〔九〇〕、穆陵山〔九一〕、大峴山。有汶水、浯水〔九二〕。都昌有箕山、阜山、白狼山。北海舊曰下密，置北海郡。後齊改郡曰高陽，開皇初郡廢。十六年分置濰州，大業初州廢，縣改名焉。營丘後齊廢，開皇十六年復。有叢角山、女節山〔九三〕。下密後魏曰膠東，後齊廢。開皇六年復，改爲濰水。大業初改名焉。有鐵山。有溉水。

齊郡舊曰齊州。統縣十，户十五萬二千三百二十三。

歷城舊置濟南郡，開皇初廢。大業初置齊郡，廢山茌縣入焉。有舜山、雞山、盧山、鵲山、華山、鮑山。祝阿　臨邑　臨濟開皇六年置，曰朝陽。十六年改曰臨濟，別置朝陽。大業初廢入焉。

鄒平舊曰平原，開皇十八年改名焉。章丘舊曰高唐，開皇十六年改焉，又置營城縣。大業初廢入焉。又宋置東魏郡，後齊廢。有東陵山、長白山、龍盤山。長山舊曰武彊，置廣川郡，併東清河、平原二郡入，改曰東平原郡。開皇初郡廢。又十六年置濟南縣，十八年改武彊曰長山。大業初省濟南縣入焉。高苑後齊曰長樂。開皇十八年改爲會城。大業初改焉。亭山舊曰衞國，後齊併土鼓、肥鄉入焉。開皇六年改名亭山。有龍舟山、儒山。淄川舊曰貝丘，置東清河郡。後齊郡廢。開皇十六年置淄州，十八年縣改名焉。大業初州廢。

東萊郡舊置光州，開皇五年改曰萊州。統縣九，户九萬三百五十一。

掖舊置東萊郡，後齊併曲城、當利二縣入焉。開皇初廢郡，大業初復置郡。有缶山。有掖水、光水〔九四〕。膠水舊曰長廣，仁壽元年改名焉。有明堂山。盧鄉後齊盧鄉及挺城並廢。開皇十六年復置盧鄉，并廢挺城入焉。即墨後齊及不其縣並廢。開皇十六年復，并廢不其入焉。有大勞山、馬山。有田横島。觀陽後周廢。開皇十六年復，又分置牟州。大業初州廢。昌陽有巨神山。黄舊置東牟、長廣二郡，後齊廢東牟郡入長廣郡，開皇初郡廢。牟平有牟山、龍山、金山、九目山。文登後齊置。有石橋。有文登山、斥山、之罘山。

高密郡舊置膠州，開皇五年改爲密州。統縣七，户七萬一千九百二十。

諸城舊曰東武，置高密郡。開皇初郡廢，十八年縣改名焉。大業初復置郡。有烽火山。東莞後齊併姑幕縣入焉。有箕山、濰水。郚城舊置平昌郡。後齊廢郡，置琅邪縣，廢朱虚入焉。大業初改名郚城。安丘開皇十六年置，曰牟山。大業初改名，并省安昌入焉。高密後齊廢淳于縣入焉。膠西舊曰黔陬，置平昌郡。開皇初郡廢。十六年置縣，曰膠西。大業初又以黔陬入焉。琅邪開皇十六年置，曰豐泉。大業初改焉。有徐山、盧山、鄣日山、膠水。

周禮職方氏：「正東曰青州。」其在天官，自須女八度至危十五度，爲玄枵，於辰在子，齊之分野。吴札觀樂，聞齊之歌曰：「泱泱乎大風也哉，國未可量也。」在漢之時，俗彌侈泰，織作冰紈綺繡純麗之物，號爲冠帶衣履天下。始太公以尊賢尚智爲教，故士庶傳習其風，莫不矜于功名，依於經術，闊達多智，志度舒緩。其爲失也，夸奢朋黨，言與行謬。齊郡舊曰濟南，其俗好教飾子女淫哇之音，能使骨騰肉飛，傾詭人目。俗云「齊倡」，本出此也。祝阿縣俗，賓婚大會，餚饌雖豐，至於蒸膾，嘗之而已，多則謂之不敬，共相誚責，此其異也。大抵數郡風俗，與古不殊，男子多務農桑，崇尚學業，其歸于儉約，則頗變舊風。東萊人尤朴魯，故特少文義。

校勘記

〔一〕全鳩澗　原作「金鳩澗」，水經注卷四河水作「全鳩澗」，寰宇記卷六陝州閿鄉縣下稱：「全鳩水，一名全節水，戾太子亡匿處。」今據改。

〔二〕騩山　原作「魏山」，水經注卷四河水作「騩山」，今據改。

〔三〕緱山　寰宇記卷五河南府鞏縣作「侯山」，引盧元明嵩山記：「漢有王彥者，隱于此山，景帝累徵不出，遂就而封侯，山因爲名。」

〔四〕又復後魏置南澠池縣　楊守敬考證卷三認爲「復」字爲衍文。

〔五〕轘轅山　「轘轅」，原作「軒轅」，左傳襄公二十一年、元和志卷五河南府緱氏縣作「轘轅」，今據改。

〔六〕白樿縣　魏書卷一〇六中地形志中作「白撣縣」。下同，不另出校。

〔七〕嵇山　原作「稽山」，水經注卷三〇淮水作「嵇山」，三國志卷二一魏書王粲傳附嵇康傳裴注引虞預晉書「銍有嵇山，家于其側，遂氏焉」，今據改。

〔八〕濫泉　疑應作「温泉」。寰宇記卷八汝州梁縣有「温湯」，新唐書卷三八地理志二梁縣：「西南五十里有温湯，可以熟米。又有黄女湯。高宗置温泉頓。」水經注卷二一汝水作「温泉」。

〔九〕後置魯州　錢大昕考異卷三三：「永安中，置廣州於魯陽，而齊、周因之，史未見『魯州』之名，當爲『廣州』之誤也。」隋書求是隋書州郡牧守編年表二四七條認爲，「廣州」之作「魯州」，蓋隋仁壽中避隋煬帝諱改。

〔一〇〕東魏置蔡州　「置」下原有「終」字，錢大昕考異卷三三、楊守敬考證卷三認爲「終」字爲衍文，今據删。

〔二〕舊曰安昌置初安郡廢十八年縣改名焉 寰宇記卷一一蔡州朗山縣：「後魏真君二年于朗陵故城復置安昌縣，以隸初安郡。隋開皇三年自朗陵故城移安昌縣于今所，屬豫州，十六年仍改安昌又爲朗山縣。」元和志卷九蔡州朗山縣略同。楊守敬考證卷三認爲「廢」上應奪「開皇初郡」四字。「十八年」、「十六年」未知孰是，姑存疑。

〔三〕東魏置揚州 「揚州」，疑應作「北揚州」。魏書卷一〇六中地形志中北揚州「天平二年置，治項城」。

〔三〕開皇初改秣陵爲項縣 「項縣」，當作「項城縣」。元和志卷八陳州項城縣：「隋文帝改項縣加『城』字，屬陳州。」

〔四〕陽虚山 原作「陽靈山」，據水經注卷一五洛水改。

〔五〕甲水 原作「申水」，據漢書卷二八上地理志上、水經注卷二七沔水改。

〔六〕玉城縣 原作「王城縣」，元和志卷六虢州作「玉城縣」，周書卷四四陽雄傳，雄曾進爵玉城縣公。寰宇記卷六虢州玉城縣：「廢帝元年，改石城爲玉城縣，以隸虢，因荆山之石有玉而美，故以名之。」今據改。

〔七〕西魏置義川郡 「義川郡」上疑奪「東義州」三字。按，下文稱「開皇初郡廢，州改爲虢州。大業初州廢」，此有「郡」無「州」，與下文不屬。寰宇記卷六虢州盧氏縣：「後魏大統中于此立東義州。隋開皇三年改爲虢州，大業三年廢州。」

〔一八〕内鄉舊曰西淅陽郡　元和志卷二一鄧州内鄉縣下載：「後魏於此置析陽郡。」魏書卷一〇六下地形志下析州析陽郡領西析陽、東析陽二縣。寰宇記卷一四二鄧州内鄉縣：「後魏孝文帝於此置析陽郡，理西析陽。」西淅陽應是郡治，此「郡」前疑奪「并置淅陽」四字。

〔一九〕後周廢　楊守敬考證卷三認爲「廢」下應脱「郡」字，稱：「若非廢郡，則下文并二縣入何縣耶？」

〔二〇〕上宛　原作「上苑」，據輿地廣記卷八、新唐書卷四〇地理志四改。

〔二一〕課陽　大清一統志卷一六五、卷一六六作「淉陽」。説文解字：「淉，水也。」芒洛冢墓遺文四編卷二韓智門墓誌，智門父節，「隋南陽郡淉陽縣長」。下文「課水」同，不另出校。

〔二二〕業縣　魏書卷一〇六下地形志下、元和志卷六汝州、舊唐書卷三八地理志一、新唐書卷三八地理志二、寰宇記卷八汝州作「葉縣」。

〔二三〕大業併入　依本志文例，「大業」下疑奪「初」字。

〔二四〕置殷州城陽郡開皇初郡並廢　據上下文意，後「郡」上疑奪「州」字。

〔二五〕准之星次　「准」，原作「淮」，下文冀州序作「准之星次」，今據改。

〔二六〕後齊併涼城縣入焉　「焉」下應補「開皇初郡廢」五字，始能與下文「大業初復置郡」相照應。

〔二七〕開皇六年置　「六年」，原作「十六年」，據楊守敬考證卷四引宋本、至順本改。按，下文稱「十六年分置長垣縣」，可證此「十」字當爲衍文。

〔二八〕舊置東平郡後齊並廢　葉圭綬續山東考古録卷七泰安府東平州：「按此『並』字當指郡與無鹽，『郡』字下當有『及無鹽縣』四字。」

〔二九〕平邑縣　原作「玄邑縣」。上文稱「又有平邑縣」，即指此縣。魏書卷一〇六上地形志上，司州有平邑縣。今據改。

〔三〇〕館陶舊置毛州大業初州廢　元和志卷一六魏州館陶縣：「周大象二年置屯州，以近屯河爲名。隋大業二年廢屯州，以縣屬魏州。」李慈銘隋書札記謂「毛州」應是「屯州」之誤。隋書求是舉漢書卷二九溝洫志「屯氏河」下顔師古注：「屯音大門反。而隋室分析州縣，誤以爲毛氏河，乃置毛州，失之甚矣。」

〔三一〕滳河　原作「滴河」，據殿本改。元和志卷一七棣州滳河縣：「漢成帝鴻嘉四年，河水泛溢爲害，河隄都尉許商鑿此河通海，故以『商』字爲名，後人加『水』焉。」

〔三二〕清池　原作「清地」，據元和志卷一八滄州清池縣、通典卷一八〇州郡一〇古兖州、舊唐書卷三九地理志二改。

〔三三〕安樂舊置平原郡　舊唐書卷三九地理志二：「安德，漢縣，屬平原郡。今州治，至隋不改。」楊守敬考證卷四謂「諸書並無隋改安德爲安樂之説，知此『樂』字爲『德』字之誤無疑」。

〔三四〕平昌後魏置東安郡　魏書卷一〇六上地形志上滄州有安德郡，疑此「東安郡」應作「東安德郡」，蓋魏書同卷冀州復有安德郡，故名。

〔三五〕於辰在辰　後「辰」字原闕，據晉書卷一一天文志上、通志卷三九天文略二、通考卷二八〇象緯考三補。

〔三六〕舊曰鄡　「鄡」，原作「郡」，據漢書卷二八下地理志下、續漢書郡國志二、晉書卷一四地理志上改。

〔三七〕索盧城　原作「素盧城」，據至順本改。魏書卷一〇六上地形志上亦作「索盧城」。

〔三八〕清泉　漢書卷二八上地理志上、魏書卷一〇六上地形志上作「清淵」，本書避唐諱改。

〔三九〕後齊廢千童縣入　葉圭綬認爲「千童」是「發干」之誤。續山東考古録卷四東昌府堂邑縣：「此廢發干入清淵。其時清淵治在今冠縣清水堡也。一統志，發干，後齊省。傳寫訛耳。」

〔四〇〕後魏置林慮郡後齊郡廢後又置開皇初郡廢　「後又置」，當作「後周又置」，元和志卷一六相州林慮縣：「周武帝置林慮郡，隋開皇三年罷郡，縣屬相州。」可證。

〔四一〕後魏置黎陽郡後置黎州　「後置」，疑當作「後周置」，周書卷六武帝紀下，宣政元年春正月「分相州廣平郡置洺州，清河郡置貝州，黎陽郡置黎州」。

〔四二〕澶水　寰宇記卷五七澶州臨河縣：「廢澶淵縣，在縣東四十里。隋開皇十六年割臨河、内黄、頓丘三縣置澶淵縣，南臨澶淵。（中略）唐武德四年以國諱改名澶水，貞觀十七年廢入臨河縣。」「澶水」，唐人諱改。

〔四三〕有大行　「大行」，當作「太行山」。元和志卷一六懷州河内縣：「太行山，在縣北二十五里。」引述征記：「太行山首始於河内，自河内北至幽州，凡百嶺，連亘十二州之界。」寰宇記卷五三懷州河内縣略同。可證。

〔四四〕濝水　原作「淇水」，據水經注卷四河水改。

〔四五〕平高縣　漢書卷二八上地理志上、晉書卷一四地理志上、魏書卷一〇六上地形志上作「平皋縣」。

〔四六〕沁水舊置廣寧郡後齊郡廢縣改爲永寧　「廣寧郡」，魏書卷一〇六上地形志上、通典卷一七九州郡九高平郡作「泰寧郡」。元和志卷一五澤州沁水縣：「後魏孝莊帝於此置泰寧郡及東永安縣，高齊省郡而縣存。」寰宇記卷四四略同。疑「廣寧郡」應是「泰寧郡」之誤，下奪「及東永安縣」五字。

〔四七〕濩澤有嶕嶢山濩澤山　元和志卷一五澤州陽城縣：「本漢濩澤縣，屬河東郡，因濩澤爲名也。」又載：「濩澤，在縣西北十二里。墨子曰：『舜漁於濩澤。』」寰宇記卷四四略同。疑「濩澤山」之「山」字涉上文「嶕嶢山」而誤衍。

〔四八〕後魏以潞縣被誅遺人置十八年改名黎城　魏書卷一〇六上地形志上刈陵：「二漢、晉曰潞，屬上黨，真君十一年改，後屬。」元和志卷一五潞州黎城縣：「漢爲潞縣之地，後魏太武改潞縣爲刈陵縣，隋開皇十八年改刈陵爲黎城縣。」「置」下當補「刈陵」二字，「十八年」上當補「開皇」二字。又，楊守敬考證卷五謂「遺」當作「遣」。

〔四九〕後魏置縣及義寧郡開皇初廢　「廢」字上疑奪「郡」字。元和志卷一三沁州沁源縣：「後魏莊帝於今理置沁源縣，因沁水爲名也，屬義寧郡。隋開皇三年罷郡，縣屬晉州。」開皇初郡罷而縣未廢。

〔五〇〕河東郡後魏曰秦州　「秦州」，當是「泰州」之誤。魏書卷一〇六下地形志下泰州：「神䴥元年置雍州，延和元年改，太和中罷，天平初復，後陷。」

〔五一〕後周改焉又置永樂郡後省入焉　「永樂郡」，當作「永樂縣」。寰宇記卷四六蒲州永樂縣：「本漢河北縣地，後周武成二年改河北縣爲永樂縣，保定二年省，以地屬芮城。」

〔五二〕東涇山　當作「東陘山」，水經注卷六汾水：「天井水出東陘山西南。」即此。

〔五三〕臨汾縣　原作「臨分縣」，據至順本、汲本改。

〔五四〕并內陽郡　楊守敬考證卷五：「『并』下脱『置』字。」

〔五五〕後魏曰臨汾并置汾西郡　魏書卷一〇六上地形志上，臨汾縣屬晉州平陽郡，無汾西郡。元和志卷一二晉州汾西縣：「高齊又於此置臨汾郡及臨汾縣。」寰宇記卷四三同。本卷上文絳郡太平縣下亦稱「後魏置，後齊省臨汾縣入焉」。此「後魏」當作「後齊」，「汾西」當作「臨汾」，蓋與下文「十八年縣改爲汾西」相亂而誤。

〔五六〕又有後周新城縣開皇十年省入　魏書卷一〇六上地形志上，汾州領西河、吐京、五城、定陽四郡，吐京郡領有新城、吐京二縣。此「後周」疑是「後魏」之誤。

〔五七〕有廣安永定建安三郡寄山城　魏書卷一〇六上地形志上，廓州領廣安、永定、建安三郡，「治肆州敷城界郭城」。楊守敬考證卷五據此認爲，「寄」下當奪「治」字，「山城」爲「崞城」（即地形志之「郭城」）之誤，「山」應是「崞」字之壞文。

〔五八〕紇真山　原作「純真山」。元和志卷一四雲州雲中縣：「紇真山，在縣東三十里。虜語紇真，漢言三十里。其山夏積雪霜。」寰宇記卷四九雲州雲中縣同。御覽卷四五地部一〇河北諸山引冀州圖經：「紇真山在城東北，登之望桑乾代郡，數百里内宛然。」今據改。

〔五九〕汾陽宫　原作「汾陽官」，據至順本改。

〔六〇〕關官　「官」，原作「宫」，據至順本、殿本改。

〔六一〕管涔山　寰宇記卷四一嵐州静樂縣，管涔山，一名菅涔山，「土人云：『其山多菅草，或以爲名。』」「管」、「菅」形近易訛，姑存疑。

〔六二〕秀容舊置肆州　「肆州」，原作「泗州」，據魏書卷一〇六上地形志上改。

〔六三〕又廢銅川　依本志文例，「銅川」下應有「入焉」二字。

〔六四〕有文水沁水　「沁水」，原作「沁水」，水經注卷六文水：「文水出文谷，東逕大陵縣故城西，而南流，有沁水注之。」今據改。

〔六五〕祁　原作「祈」，據至順本改。漢書卷二八上地理志上、晉書卷一四地理志上亦作「祁」。

〔六六〕涂水　原作「徐水」，水經注卷六洞過水：「洞過水又西南爲淳湖，謂之洞過澤，而涂水注之。水出陽邑縣東北大嵰山涂谷。」今據改。

〔六七〕南䜌縣　原作「南蛮縣」，漢書卷二八上地理志上鉅鹿郡、元和志卷一五邢州鉅鹿縣、寰宇記卷五九邢州鉅鹿縣作「南䜌縣」，今據改。至順本、汲本作「南蠻縣」，亦誤。

〔六八〕干言山　原作「千言山」，汲本作「于言山」，寰宇記卷五九邢州堯山縣：「李公緒趙記云：『柏仁有干言山，衞詩云：「出宿于干，飲餞于言」，是此山也。』」今據改。

〔六九〕改廣平爲永年　元和志卷一五洺州永年縣：「仁壽元年改廣年爲永年，避煬帝諱也。」楊守敬考證卷五據此認爲「廣平」應是「廣年」之誤，稱「蓋上既云改廣平爲雞澤，則廣平已廢，而通典、舊唐志、寰宇記、輿地廣記又皆作『改廣平爲永年』，則其誤已久」。

〔七〇〕有宋子縣後齊廢　下文稱「大業初置趙郡，廢宋子縣入焉」，則「後齊廢」下當奪「開皇初復置」五字。

〔七一〕改爲高城縣　「高城縣」，原作「稾城縣」，元和志卷一七恒州稾城縣「高齊改爲高城縣」，與下文開皇十八年「改爲稾城縣」相契合。今據改。

〔七二〕開皇十六年分置昔陽縣　「昔陽縣」，原作「晉陽縣」，據水經注卷一〇濁漳水、元和志卷一七恒州鼓城縣、寰宇記卷六一鎮州鼓城縣改。又「十六年」，元和志、寰宇記作「六年」，寰宇記下文稱：「十年改屬廉州，十八年改昔陽縣爲鼓城。」據此，則當以「六年」爲是。

〔七三〕歲山　至順本、汲本作「濊山」。

〔七四〕伊祁山　原作「伊祈山」，寰宇記卷六二定州望都縣：「伊祁山，堯住此山，後因作姓。」今據改。

〔七五〕濡水　原作「漂水」，據水經注卷一一易水、元和志卷一八定州北平縣、寰宇記卷六二定州北平縣改。

〔七六〕瀛州　原作「嬴州」。寰宇記卷六六瀛州：「後魏太和十一年分定州河間、高陽，冀州章武三郡置瀛州，以瀛海爲名。」今據改。

〔七七〕狐狸淀　原作「狐狸液」，寰宇記卷六七霸州文安縣作「狐狸淀」，引隋圖經「文安狐狸淀，俗謂之掘鯉淀」。今據改。

〔七八〕樊輿　原作「樊與」，據水經注卷一一易水改。魏書卷一〇六上地形志上扶輿「前漢屬涿，後漢罷，晉復屬。前漢、晉曰樊輿，後罷。太和中改，復」。

〔七九〕舊置東燕州及昌平郡　「昌平郡」，原作「平昌郡」。水經注卷一三灅水載，祁夷水「又逕昌平郡東，魏太和中置，西南去故城六十里」。又，魏書卷一六道武七王江陽王繼傳附羅侯傳：「家於燕州之昌平郡，（中略）就拜昌平太守。」魏書卷六三宋弁傳附宋維傳：「黜爲燕州昌平郡守。」今據改。

〔八〇〕淮營州置五郡十一縣龍城廣興定荒屬昌黎郡石城廣都屬建德郡　「一縣龍城廣興定荒屬昌

黎郡石城廣」十五字原闕，此從錢大昕考異卷三三據魏書卷一〇六上地形志上補。又，楊守敬考證卷五疑「淮營州」三字爲衍文；李慈銘隋書札記謂「淮」應作「准」。今據補。

〔八一〕後齊唯留昌黎一郡　「昌黎」，原作「黎」，錢大昕考異卷三三、楊守敬考證卷五謂奪「昌」字，今據補。

〔八二〕泃河　原作「洵河」，據水經注卷一四鮑丘水改。

〔八三〕温水　原作「涅水」，據水經注卷一四濡水改。

〔八四〕潤水　原作「閏水」。水經注卷一四濡水，洛水「出盧龍塞，西南流注濡水，又屈而流，左得潤水，又會敖水，二水並自盧龍西注濡水」。今據改。

〔八五〕巨梁水　原作「臣梁水」。水經注卷一四鮑丘水：「鮑丘水又東，巨梁水注之，水出土垠縣北陳宮山。」今據改。

〔八六〕後周改爲玄州開皇十六年州徙　上文漁陽郡下稱「開皇六年徙玄州於此」，與本條相差十年。按，寰宇記卷七〇薊州：「至隋開皇初徙玄州于此。」卷七一檀州引隋圖經：隋「開皇初徙玄州于漁陽，今漁陽郡是也」。疑「十」字衍。

〔八七〕大興　魏書卷一〇六上地形志上作「廣興」，稱「延和二年置，真君九年併恒山，屬」。蓋隋避煬帝諱改。

〔八八〕新昌　原作「親昌」，據至順本改。魏書卷一〇六上地形志上亦作「新昌」。

〔八九〕仕官不偶遇冀部　「官」，疑是「宦」之誤字。御覽卷一六一州郡部七冀州引十三州志「仕宦不偶值冀部」，寰宇記卷六三冀州引同。寰宇記卷六一鎮州亦稱：「語云『仕宦不偶值冀部』。」

〔九〇〕沂山　原作「汴山」，據水經注卷二五沂水、元和志卷一一沂州沂水縣改。

〔九一〕穆陵山　原作「穆凌山」，據至順本、汲本改。元和志卷一一沂州沂水縣亦作「穆陵山」。

〔九二〕浯水　原作「涪水」，據水經注卷二五濰水、元和志卷一一密州輔唐縣引三齊記改。

〔九三〕女節山　疑是「節女山」誤倒。寰宇記卷一八濰州北海縣：「節女山，在縣西北三十五里。郡國志云：『北海縣節女，當齊湣王伐楚，蘇渾死焉，有五女終身不嫁，呼父魂，葬于此山，因名。』」

〔九四〕光水　光水無考，疑爲「尤水」之誤。左傳昭公二十年「姑、尤以西」杜注：「姑、尤，齊東界也。姑水、尤水皆在城陽郡東南入海。」説見汪士鐸水經注圖之漢萊膠東二郡國圖、楊守敬考證卷六。

隋書卷三十一

志第二十六

地理下

彭城郡　魯郡　琅邪郡　東海郡　下邳郡　江都郡　鍾離郡

淮南郡　弋陽郡　蘄春郡　廬江郡　同安郡　歷陽郡　丹陽郡

宣城郡　毗陵郡　吴郡　會稽郡　餘杭郡　新安郡　東陽郡

永嘉郡　建安郡　遂安郡　鄱陽郡　臨川郡　廬陵郡　南康郡

宜春郡　豫章郡　南海郡　龍川郡　義安郡　高涼郡　信安郡

永熙郡　蒼梧郡　始安郡　永平郡　鬱林郡　合浦郡　珠崖郡

寧越郡　交趾郡　九真郡　日南郡　比景郡　海陰郡　林邑郡

南　郡　夷陵郡　竟陵郡　沔陽郡　沅陵郡　武陵郡　清江郡
襄陽郡　舂陵郡　漢東郡　安陸郡　永安郡　義陽郡　九江郡
江夏郡　澧陽郡　巴陵郡　長沙郡　衡山郡　桂陽郡　零陵郡
熙平郡

彭城郡舊置徐州，後齊置東南道行臺，後周立總管府。開皇七年行臺廢，大業四年府廢〔一〕。統縣十一，户一十三萬二百三十二。

彭城舊置郡，後周併沛及南陽平二郡入。開皇初郡廢，大業初復置郡。有吕梁山、徐山。**蘄**梁置蘄郡。後齊置仁州，又析置龍亢郡。開皇初郡廢，大業初州廢。**穀陽**後齊置穀陽郡，開皇初郡廢。又有己吾、義城二縣，後齊併以爲臨淮縣，大業初併入焉。**沛**　**留**後齊廢，開皇十六年復。有微山、黄山。**豐**　**蕭**舊置沛郡，後齊廢爲承高縣。開皇六年改爲龍城，十八年改爲臨沛，大業初改曰蕭。有相山。**滕**舊曰蕃，置蕃郡。後齊廢。開皇十六年改曰滕縣〔二〕。**蘭陵**舊曰承，置蘭陵郡。開皇初郡廢，十六年分承置鄫州及蘭陵縣。大業初州廢，又併蘭陵、鄫城二縣入焉，尋改承爲蘭陵。有抱犢山。**符離**後齊置睢南郡，開皇初郡廢，有竹邑縣，梁置睢州，開皇三年州廢，又廢竹邑入焉。有女山、定陶山。**方與**後齊廢，開皇十六年復。

魯郡舊兗州，大業二年改爲魯郡〔三〕。統縣十，戶十二萬四千一十九。

瑕丘舊廢，開皇十三年復，帶郡。任城舊置高平郡，開皇初廢。鄒有鄒山、承匡山。曲阜舊曰魯郡，後齊改郡爲任城。開皇三年郡廢，四年改縣曰汶陽，十六年改名曲阜。泗水開皇十六年置。有陪尾山、尼丘山、防山。有洙、泗水。平陸後齊曰樂平，開皇十六年改焉。龔丘後齊曰平原縣，開皇十六年改焉。梁父有龜山。博城舊曰博，置泰山郡。後齊改郡曰東平，又併博平、牟入焉〔四〕。開皇初郡廢，十六年改縣曰汶陽，尋改曰博城。有奉高縣，開皇六年改曰岱山，大業初州廢〔五〕，又廢岱山縣入焉。有岱山、玉符山。嬴開皇十六年分置牟城縣，大業初併入焉。有艾山。有淄水。

琅邪郡舊置北徐州，後周改曰沂州。統縣七，戶六萬三千四百二十三。

臨沂舊曰即丘，帶郡。開皇初郡廢，十六年分置臨沂，大業初併即丘入焉。有大祠山。費舊曰南武陽，開皇十八年改名焉。又有南城縣，後齊廢。有開明山。新泰後齊廢蒙陰縣入焉。沂水舊置南青州及東安郡〔六〕，後周改州爲莒州。開皇初郡廢，改縣曰東安。十六年又改曰沂水。大業初州廢。東安後齊廢，開皇十六年復。有松山。莒舊置東莞郡。後齊廢，後置義唐郡。開皇初廢。

東海郡梁置南、北二青州，東魏改爲海州。統縣五，戶二萬七千八百五十八。

朐山舊曰朐，置琅邪郡。後周改縣曰朐山，郡曰朐山。開皇初郡廢，大業初復，帶郡。有朐山、羽山。東海舊置廣饒縣及東海郡，後齊分廣饒置東海縣〔七〕。開皇初廢郡及東海縣，仁壽元年，改廣饒曰東海。有謝禄山、鬱林山。漣水舊曰襄賁，置東海郡。東魏改曰海安〔八〕。開皇初郡廢，縣又改焉。沭陽梁置潼陽郡〔九〕。東魏改曰沭陽郡，置縣曰懷文。後周改縣曰沭陽。開皇初郡廢。懷仁梁置南、北二青州。東魏廢州，立義唐郡及懷仁縣〔一〇〕。開皇初郡廢。

下邳郡後魏置南徐州，梁改爲東徐州，東魏又改曰東楚州，陳改爲安州，後周改爲泗州。統縣七，户五萬二千七十。

宿豫舊置宿豫郡，開皇初郡廢。大業初置下邳郡。又梁置朝陽、臨沭二郡，後齊置晉寧郡，尋並廢。夏丘後齊置，並置夏丘郡，尋立潼州。後周改州爲宋州，縣曰晉陵。開皇初郡廢，十八年州廢，縣復曰夏丘。又東魏置臨潼郡、睢陵縣，後齊改郡爲潼郡。開皇初郡縣並廢，亦入潼郡。又梁置潼州，後齊改曰睢州，尋廢。徐城梁置高平郡。東魏又併梁東平、陽平、清河、歸義四郡爲高平縣，又併梁朱沛、循儀、安豐三郡置朱沛縣。又有安遠郡，後齊廢，後周又併朱沛入高平。開皇初郡廢，十八年更名徐城。淮陽梁置淮陽郡。東魏併綏化、吕梁二郡置綏化縣。後周改縣爲淮陽。開皇初郡廢。又有梁臨清、天水、浮陽三郡，東魏併爲甬城縣〔一一〕，後齊改曰文城縣，後周又改爲臨清，開皇三年省入焉。下邳梁曰歸政，置武州、下邳郡。魏改縣爲下邳，置郡不改，改州曰東徐。後周改州爲邳州。開皇初郡廢，大業初州廢。有嶧山、磬石山。良城梁置武安郡，開皇初郡廢，十一年縣更名曰良城。有徐山。郯舊置郡，開皇初廢。

禹貢：「海、岱及淮惟徐州。」彭城、魯郡、琅邪、東海、下邳，得其地焉。在於天文，自奎五度至胃六度，爲降婁，於辰在戌。其在列國，則楚、宋及魯之交。考其舊俗，人頗勁悍輕剽，其士子則挾任節氣，好尚賓遊，此蓋楚之風焉。大抵徐、兗同俗，故其餘諸郡，皆得齊、魯之所尚。莫不賤商賈，務稼穡，尊儒慕學，得洙泗之俗焉。

江都郡梁置南兗州，後齊改爲東廣州，陳復曰南兗，後周改爲吳州。開皇九年改爲揚州，置總管府，大業初府廢。**統縣十六，户十一萬五千五百二十四。**

江陽舊曰廣陵，後齊置廣陵、江陽二郡。開皇初郡廢，十八年改縣爲邗江，大業初更名江陽。有江都宮、揚子宮。有陵湖。**江都**自梁及隋，或廢或置。**海陵**梁置海陵郡。開皇初郡廢，又併建陵縣入，尋析置江浦縣，大業初省入。**寧海**開皇初併如皋縣入。**高郵**梁析置竹塘、三歸二縣，及置廣業郡，尋以有嘉禾，爲神農郡。開皇初郡廢，又併竹塘、三歸、臨澤三縣入焉。**安宜**梁置陽平郡及東莞郡。開皇初郡廢，又廢石鱉縣入焉。有白馬湖。**山陽**舊置山陽郡，開皇初郡廢。十二年置楚州，大業初州廢。有後魏淮陰郡，東魏改爲淮州，後齊併魯、富陵立懷恩縣，後周改曰壽張，又僑立東平郡。開皇元年改郡爲淮陰，并立楚州，尋廢郡，更改縣曰淮陰。大業初州廢，縣併入焉。**盱眙**舊魏置盱眙郡〔一二〕。陳置北譙州，尋省。開皇初郡廢，又併考城、直瀆、陽城三縣入。有都梁山。**鹽城**後齊置射陽郡，陳改曰鹽城，開皇初郡廢。**清流**舊曰頓丘，置新昌郡及南譙州。開皇初改爲滁州，郡廢。又廢樂鉅、高塘二縣入頓丘，改曰新昌。十八年又改爲清流。大業初州廢。有白禪山、曲亭山。**全椒**梁曰北譙，置北譙郡。後齊改郡爲臨滁，後周又曰北譙。開皇初郡廢，改縣爲滁水。大業初改名焉。有銅官山、九鬬山。**六合**舊曰尉氏，置秦郡。後齊置秦州。後周改州曰方州，改郡曰六合。開皇初郡廢，四年改尉氏曰六合，省堂邑、方山二縣入焉。大業初州廢。又後齊置瓦梁郡，陳廢。有瓜步山、六合山。**永福**舊曰沛，梁置涇城、東陽二郡〔一三〕。陳廢州，併二郡爲沛郡。後周改沛郡爲石梁郡，改沛縣曰石梁縣，省橫山縣入焉。開皇初郡廢。大業初改縣曰永福。有香山、永福山。**句容**有茅山、浮山、四平山。**延陵**舊置南徐州、南東海郡，梁改曰蘭陵郡，陳又改爲東海。開皇九年州郡並廢，又廢丹徒縣入焉。十五年置潤州，大業初州廢。有句驪山、黃鵠山、蒜山、長塘湖。**曲阿**有武進縣，梁改爲蘭陵，開皇九年併入。

鍾離郡後齊曰西楚州，開皇二年改曰濠州〔一四〕。**統縣四，户三萬五千一十五。**

鍾離舊置郡，開皇初郡廢。大業中復置郡。**定遠**舊曰東城。梁改曰定遠，置臨濠郡。後齊改曰廣安。開皇初郡廢。又有舊九江郡，後齊廢爲曲陽縣，縣尋廢。又有梁置安州，侯景亂廢。**化明**

故曰睢陵，置濟陰郡。後齊改縣曰池南，陳復曰睢陵，後周改爲昭義。開皇初郡廢，大業初縣改名焉。**塗山**舊曰當塗。後齊改曰馬頭，置郡曰荆山。開皇初改縣曰塗山，廢郡。有當塗山。

淮南郡舊曰豫州，後魏曰揚州，梁曰南豫州，東魏曰揚州，陳又曰豫州，後周曰揚州。開皇九年曰壽州，置總管府，大業元年府廢。**統縣四，户三萬四千二百七十八。**

壽春舊有淮南、梁郡、北譙、汝陰等郡，開皇初並廢，并廢蒙縣入焉。大業初置淮南郡〔一五〕。有八公山、門溪。**安豐**梁置陳留、安豐二郡，開皇初並廢。有芍陂。**霍丘**梁置安豐郡，東魏廢。開皇十九年置縣，名焉。**長平**梁置北陳郡，開皇初廢，又併西華縣入。

弋陽郡梁置光州。**統縣六，户四萬一千四百三十三。**

光山舊置光城郡。開皇初郡廢，十八年置縣焉。大業初置光陽郡。又有舊黄川郡，梁廢。**樂安**梁置宋安郡，及宋安、光城二縣，又有豐安郡，開皇三年並廢入焉。有弋陽山、浮光山〔一六〕、金山、錫山。**定城**後齊置南郢州，後廢入南、北二弋陽縣，後又省北弋陽入南弋陽，改爲定遠焉〔一七〕。又後魏置弋陽郡，及有梁東新蔡縣。後周改爲淮南郡。又後齊置齊安、新蔡二郡，及廢舊義州，立東光城郡。至開皇初，五郡及郢州並廢。**殷城**舊曰包信，開皇初改名焉。梁置義城郡及建州，并所領平高、新蔡、新城三郡〔一八〕，開皇初並廢。有大蘇山、南松山。**固始**梁曰蓼縣。後齊改名焉，置北建州，尋廢州，置新蔡郡。後周改置澮州。開皇初州郡並廢入，又改縣爲固始。有安陽山〔一九〕。期思陳置邊城郡。開皇初郡廢，改縣名焉。有後齊光化郡，亦廢入焉。有大別山。

蘄春郡後齊置羅州〔二〇〕，後周改曰蘄州。開皇初置總管府，九年府廢。統縣五，戶三萬四千六百九十。

蘄春舊曰蘄陽，梁改曰蘄水。後齊改曰齊昌，置齊昌郡。開皇十八年改爲蘄春。開皇初郡廢。有安山。浠水舊置永安郡，開皇初郡廢。有石鼓山。蘄水舊曰蘄春，梁改名焉。有鼓吹山。有蘄水。黃梅舊曰永興，開皇初改曰新蔡，十八年改名焉。有黃梅山。羅田梁置義州、義城郡，開皇初並廢。

廬江郡梁置南豫州，又改爲合州。開皇初改爲廬州。統縣七，戶四萬一千六百三十二。

合肥梁曰汝陰，置汝陰郡。後齊分置北陳郡。開皇初郡廢，縣改名焉。廬江齊置廬江郡，梁置湘州，後齊州廢，開皇初郡廢。有冶甫山、上薄山、三公山、聖山、藍家山。襄安梁曰蘄，開皇初改焉。有龜山、紫微山、亞父山、半陽山、白石山、四鼎山。慎東魏置平梁郡，陳曰梁郡，開皇初郡廢。有浮闍山。霍山梁置霍州及岳安郡、岳安縣。後齊州廢。開皇初郡廢，縣改名焉。潕水梁置北沛郡及新蔡縣。開皇初郡廢，又廢新蔡入焉。有墜星山。開化梁置。有衡山、九公山、蹋鼓山、天山、多智山。

同安郡梁置豫州，後改曰晉州，後齊改曰江州，陳又曰晉州，開皇初曰熙州。統縣五，戶二萬一千七百六十六。

懷寧舊置晉熙郡，開皇初郡廢。大業三年置同安郡。**宿松**梁置高塘郡〔三一〕。開皇初郡廢，改縣曰高塘，十八年又改名焉。有雷水。**太湖**開皇初改爲晉熙，十八年復改名焉。**望江**陳置大雷郡。開皇十一年改曰義鄉，十八年改名焉。**同安**舊曰樅陽，并置樅陽郡。開皇初郡廢，十八年縣改名焉。有浮度山。

歷陽郡後齊立和州。**統縣二，戶八千二百五十四。**

歷陽舊置歷陽郡，開皇初郡廢。大業初復置郡。**烏江**梁置江都郡，後齊改爲齊江郡，陳又改爲臨江郡，周改爲同江郡。開皇初郡廢。大業初置歷陽郡〔三二〕。有六合山。

丹陽郡自東晉已後置郡曰揚州。平陳，詔並平蕩耕墾，更於石頭城置蔣州。**統縣三，戶二萬四千一百二十五。**

江寧梁置丹陽郡及南丹陽郡，陳省南丹陽郡。平陳，又廢丹陽郡，并以秣陵、建康、同夏三縣入焉。大業初置丹陽郡。有蔣山。**當塗**舊置淮南郡。平陳，廢郡，并襄垣、于湖〔三三〕、繁昌〔三四〕、西鄉入焉。有天門山、楚山。**溧水**舊曰溧陽。開皇九年廢丹陽郡入〔三五〕，十八年改焉。有赭山、盧山、楚山。

宣城郡舊置南豫州。平陳，改爲宣州。**統縣六，戶一萬九千九百七十九。**

宣城舊曰宛陵，置宣城郡。平陳，郡廢，仍併懷安、寧國、當塗、浚遒四縣入焉。大業初置郡。有敬亭山。涇平陳，省安吴、南陽二縣入焉。有蓋山、陵陽山。南陵梁置，併置南陵郡，陳置北江州。平陳，州郡並廢，并所管石城、臨城、定陵、故治〔二六〕、南陵五縣入焉。秋浦舊曰石城。平陳廢，開皇十九年置，改名焉。永世平陳廢，開皇十二年又置。有靈光山。綏安舊曰石封，平陳，改名焉〔二七〕。梁末立大梁郡，又改爲陳留。平陳，郡廢，省大德、故鄣、安吉、原鄉四縣入焉。

毗陵郡平陳，置常州。統縣四，户一萬七千五百九十九。

晉陵舊置晉陵郡。平陳，郡廢。大業初置郡。有横山。江陰梁置，及置江陰郡。平陳，廢郡及利城梁豐縣入焉。有毗陵山。無錫有九龍山。義興舊曰陽羨，置義興郡。平陳，郡廢，改縣名焉，又廢義鄉、國山、臨津三縣入焉〔二八〕。有計山、洞庭山。

吴郡陳置吴州。平陳，改曰蘇州，大業初復曰吴州。統縣五，户一萬八千三百七十七。

吴舊置吴郡。平陳，郡廢，大業初復置。有胥山〔二九〕、横山、華山、黄山、姑蘇山、太湖。昆山梁置。平陳廢，開皇十八年復。常熟舊曰南沙，梁置信義郡。平陳廢，并所領海陽、前京、信義、海虞、興國、南沙入焉。有虞山。烏程舊置吴興郡。平陳，郡廢，并東遷縣入焉。仁壽中置湖州，大業初州廢。有雉山。長城平陳廢，仁壽二年復。有卞山。

會稽郡梁置東揚州。陳初省，尋復。平陳，改曰吴州，置總管府。大業初府廢，置越州。統縣四，户二萬二百七十一。

會稽舊置會稽郡。平陳，郡廢，及廢山陰、永興、上虞、始寧四縣入，大業初置郡。有稷山、重山〔三〇〕、會稽山。句章平陳，併餘姚、鄞、鄮三縣入〔三一〕。有太白山、方山。剡有桐柏山。諸暨有泄溪、大農湖。

餘杭郡平陳，置杭州。仁壽中置總管府，大業初府廢。統縣六，戶一萬五千三百八十。

錢唐舊置錢唐郡。平陳，廢郡，并所領新城縣入。大業三年置餘杭郡。有粟山、石甑山〔三二〕、臨平湖。富陽有石頭山、鷄籠山。餘杭有由拳山、金鵝山。於濳有天目山、石鏡山。有桐溪。鹽官有蜀山。武康平陳廢，仁壽二年復。有封嵎山、青山、白鵠山。

新安郡平陳，置歙州。統縣三，戶六千一百六十四。

休寧舊曰海寧，開皇十八年改名焉。大業初置郡。歙平陳廢，十一年復。黟平陳廢，十一年復。

東陽郡平陳，置婺州。統縣四，戶一萬九千八百五。

金華舊曰長山，置金華郡。平陳，郡廢，又廢建德、太末、豐安三縣入，改爲吴寧縣。十二年改曰東陽，十八年改名焉。大業初置東陽郡。有長山、龍山、樓山、丘山〔三三〕。有赤松澗。永康　烏傷有香山、歌山。信安有江山、悲思嶺。有定陽溪。

永嘉郡開皇九年置處州，十二年改曰括州。統縣四，戶一萬五百四十二。

括倉平陳，置縣，大業初置永嘉郡。有縉雲山、括倉山。永嘉舊曰永寧，置永嘉郡。平陳，郡廢，縣改名焉。有芙蓉山。松陽　臨海舊曰章安，置臨海郡。平陳，郡廢，縣改名焉。有赤山、天台山。

建安郡陳置閩州，仍廢，後又置豐州。平陳，改曰泉州。大業初改曰閩州。統縣四，户一萬二千四百二十。

閩舊曰東侯官，置晉安郡。平陳，郡廢，縣改曰原豐。十二年改曰閩，大業初置建安郡。有岱山、飛山。建安舊置建安郡。平陳廢。南安舊曰晉安，置南安郡。平陳，郡廢，縣改名焉；又置莆田縣，尋廢入焉。龍溪梁置，開皇十二年併蘭水、綏安二縣入焉。

遂安郡仁壽三年置睦州。統縣三，户七千三百四十三。

雉山舊置新安郡。平陳，廢爲新安縣。大業初縣改名焉，置遂安郡。有仙壇山。遂安平陳廢，仁壽中復。桐廬平陳廢，仁壽中復。有白石山。

鄱陽郡梁置吳州，陳廢。平陳，置饒州。統縣三，户一萬一百二。

鄱陽舊置鄱陽郡。平陳廢，又有陳銀城縣廢入焉〔三四〕。大業初復置郡。餘干　弋陽舊曰葛陽，開皇十二年改。有弋水。

臨川郡平陳，置撫州。統縣四，户一萬九百。

臨川舊置臨川郡。平陳，郡廢，大業三年復置郡。有銅山、黄山。有夢水。南城有五章山。崇仁梁置巴山郡，領大豐、新安、巴山、新建、興平、豐城、西寧七縣。平陳，郡縣並廢，以置縣焉。邵武開皇十二年置。

廬陵郡平陳，置吉州。統縣四，户二萬三千七百一十四。

廬陵舊置廬陵郡。平陳廢，大業初復置。泰和平陳置，曰西昌。十一年省東昌入，更名焉。安復舊置安成郡。平陳，郡廢，縣改曰安成。十八年又曰安復。有更生山、長嶺。新淦有玉笥山。

南康郡開皇九年置虔州。統縣四，户一萬一千一百六十八。

贛舊曰南康，置南康郡。平陳，郡廢。大業初縣改名焉，尋置郡。有儲山。有贛水。虔化舊曰寧都，開皇十八年改名焉。有石鼓山。雩都舊廢，平陳置。有金鷄山、君山。南康舊曰贛，大業初改名焉。有廩山、上洛山、贛山。

宜春郡平陳，置袁州。統縣三，户一萬一百一十六。

宜春舊曰宜陽。開皇十一年廢吴平縣入，十八年改名焉。大業初置郡。有廬溪、渝水。萍鄉有宜春江。新喻

豫章郡平陳，置洪州總管府。大業初府廢。統縣四，户一萬二千二十一。

豫章舊置豫章郡。平陳，郡廢。大業初復置郡。豐城平陳廢。十二年置，曰廣豐。仁壽初改名

焉。建昌開皇九年省并、永脩、豫章、新吴四縣入焉〔三五〕。建城有然石。

南海郡舊置廣州，梁、陳並置都督府〔三六〕。平陳，置總管府。仁壽元年置番州，大業初府廢。統縣十五，户三萬七千四百八十二。

南海舊置南海郡。平陳，郡廢；又分置番禺縣，尋廢入焉。大業初置郡。曲江舊置始興郡。平陳廢，十六年又廢湞陽縣入焉〔三七〕。有玉山、銀山。始興齊曰正階，梁改名焉，又置安遠郡，置東衡州。平陳，改郡置大庾縣，又於此置廣州總管。開皇末移向南海，又十六年廢大庾入焉。翁源梁置，陳又置清遠郡。平陳郡廢。增城舊置東官郡，平陳廢。有羅浮山。寶安　樂昌梁置，曰梁化，又分置平石縣。開皇十二年省平石入，十八年改名焉。四會舊置綏建郡，又有樂昌郡。平陳，二郡並廢。大業初又併始昌縣入焉。化蒙大業初廢威城縣入焉。清遠舊置清遠郡，又分置威正、廉平、恩洽、浮護等四縣。平陳並廢，以置清遠縣。又齊置齊康郡，至是亦廢入焉。含洭梁置衡州、陽山郡。平陳，州改曰洭州，廢郡。二十年州廢。有堯山。政賓舊置東官郡。平陳，郡廢。懷集　新會舊置新會郡。平陳，郡廢，又併盆允、永昌、新建、熙潭、化召、懷集六縣入，爲封州。十一年改爲允州，後又改爲岡州。大業初州廢，并廢封樂縣入。有社山。義寧開皇十年廢新夷、初賓二縣入；又有始康縣，廢入封平。大業初又廢封平入焉。有茂山。

龍川郡平陳，置循州總管府。大業初府廢。統縣五，户六千四百二十。

歸善帶郡。有歸化山、懷安山。**河源**開皇十一年省龍川縣入焉。又有新豐縣，十八年改曰休吉，大業初省入焉。有龍山、亢山。有脩江。**博羅** **興寧** **海豐**有黑龍山。有漲海。

義安郡梁置東揚州，後改曰瀛州〔三八〕，及陳州廢。平陳，置潮州。**統縣五，戶二千六十六。**

海陽舊置義安郡。平陳，郡廢。大業初置郡。有鳳皇山。**程鄉** **潮陽** **海寧**有龍溪山。**萬川**舊曰義招〔三九〕，大業初改名焉。

高涼郡梁置高州。**統縣九，戶九千九百一十七。**

高涼舊置高涼郡。平陳廢，大業初復置。**連江**梁置連江郡。平陳，郡廢。梁又置梁封縣，開皇十八年改爲義封。梁又置南巴郡。平陳，郡廢爲南巴縣。大業初二縣並廢入。**電白**梁置電白郡。平陳，郡廢。又有海昌郡廢入焉。**杜原**舊曰杜陵。梁置杜陵郡，又有永寧、宋康二郡。平陳，並廢爲縣。十八年改杜陵曰杜原，宋康曰義康。大業二年二縣並廢入杜原。**海安**舊曰齊安，置齊安郡。平陳，郡廢。開皇十八年改縣名焉。**陽春**梁置陽春郡。平陳，郡廢。**石龍**舊置羅州、高興郡。平陳，郡廢。大業初州廢。**吳川** **茂名**

信安郡平陳，置端州。**統縣七，戶一萬七千七百八十七。**

高要舊置高要郡。平陳，郡廢。大業初置信安郡。有定山。**端溪**舊置晉康郡。平陳，郡廢。有端水。**樂城**開皇十二年廢文招、悅成二縣入。**平興**舊置宋隆郡，領初寧、建寧、熙穆、崇德、召興、崇化、南安等縣。平陳，郡廢，并所領縣入焉。又梁置梁泰郡及縣。平陳，郡廢，縣改曰清泰。大業初廢入焉。**新興**梁置新州、新寧郡。平陳，郡廢。大業初州廢，又廢索盧縣入焉。**博林**大業初廢撫納縣入。**銅陵**有流南縣，開皇十八年改曰南流。又有西城縣，大業初廢入。

永熙郡梁置瀧州。**統縣六，户一萬四千三百一十九。**

瀧水舊置開陽縣，置開陽、平原、羅陽等郡。平陳，郡並廢，以名縣。開皇十八年改平原曰瀧水，羅陽縣爲正義。大業初廢永熙郡〔四〇〕，開陽、正義俱廢入焉。**懷德**舊曰梁德，置梁德郡。平陳，廢郡。十八年改名懷德。**良德**陳置，曰務德，後改名焉。**安遂**梁置建州、廣熙郡，尋廢州，大業初廢郡〔四一〕。**永業**梁置永業郡，尋改爲縣，後省。開皇十六年又置。**永熙**大業初併安南縣入。

蒼梧郡梁置成州，開皇初改爲封州。**統縣四，户四千五百七十八。**

封川梁曰梁信，置梁信郡。平陳，郡廢。十八年改爲封川。大業初又廢封興縣入焉。**都城**開皇十二年省威城、晉化二縣入焉。**蒼梧**舊置蒼梧郡。平陳，郡廢。**封陽**

始安郡梁置桂州。平陳，置總管府。大業元年府廢。**統縣十五，户五萬四千五百一十七。**

始安舊置始安、梁化二郡。平陳，郡並廢。大業初廢興安縣入焉。**平樂**有目山〔四二〕。**荔浦** **建陵** **陽朔** **象** **隋化** **義熙**舊曰齊熙，置齊熙、黄水二郡及東寧州。平陳，郡並廢。十八年改州曰融州，縣曰義熙。大業初州廢，並廢臨牂、黄水二縣入焉。**龍城**梁置。**馬平**開皇十二年置象州，大業初州廢。桂林大業初併西寧縣入。陽壽有馬平、桂林、象、韶陽等四郡。平陳，並廢。又有淮陽縣，開皇十八年改曰陽寧。大業初省入焉。富川舊置臨賀、樂梁二郡。平陳，並廢，置賀州。大業初州廢，又置臨賀、綏越、蕩山三縣入焉〔四三〕。龍平梁置靜州，梁壽、靜慰二郡。平陳，並廢，又置歸化縣。大業初州廢，又廢歸化、安樂、博勞三縣入焉。豪靜梁置開江、武城二郡，陳置逍遥郡。平陳，郡並廢。又有猛陵、開江二縣，大業初並廢入焉。

永平郡平陳，置藤州。統縣十一，户三萬四千四十九。

永平舊置永平郡。平陳，郡廢。大業置郡。武林有鷰石山。隋建開皇十九年置。安基梁置建陵郡。平陳，郡廢。隋安開皇十九年置。普寧舊曰陰石，梁置陰石郡。平陳，郡廢，改縣爲奉化。開皇十九年又改名焉。戎成〔四四〕梁置，曰遂成〔四五〕。開皇十一年改名焉。有農山。寧人開皇十五年置，曰安人。十八年改名焉。有壽原山。淳人開皇十九年置。大賓開皇十五年置。賀川開皇十九年置，又陳置建陵、綏越、蒼梧、永建等四郡。平陳，並廢。

鬱林郡梁置定州，後改爲南定州。平陳，改爲尹州。大業初改爲鬱州。統縣十二，户五萬九千二百。

鬱林舊置鬱林郡。平陳，郡廢。大業初又置郡，又廢武平、龍山、懷澤、布山四縣入。鬱平　領方梁置領方郡。平陳，郡廢。阿林　石南陳置石南郡。平陳，廢郡。桂平梁置桂平郡。平陳，郡廢。大業初又廢皇化縣入。馬度　安成梁置安成郡。平陳，郡廢。寧浦舊置寧浦郡，梁分立簡陽郡。平陳，郡廢，置簡州。十八年改爲緣州。大業二年州廢。樂山梁置樂陽郡。平陳，改爲樂陽縣。十八年改名焉。嶺山梁置嶺山郡。平陳，改爲嶺縣。十八年改爲嶺山。大業初併武緣縣入。有武緣山。宣化舊置晉興郡。平陳，廢爲縣。開皇十八年改名焉。

合浦郡舊置越州。大業初改爲禄州，尋改爲合州。統縣十一，户二萬八千六百九十。

合浦舊置合浦郡。平陳，郡廢。大業初置郡。南昌　北流大業初廢陸川縣入。封山大業初廢廉昌縣入。定川舊立定川郡。平陳，郡廢。龍蘇舊置龍蘇郡。平陳，郡廢。大業初又併大廉縣入。海康梁大通中，割番州合浦立高州，尋又分立合州。大同末，以合肥爲合州，此置南合州。平陳，以此爲合州，置海康縣。大業初州廢，又廢摸落、羅阿、雷川三縣入。抱成舊曰抱，并置郡。平陳，郡廢。十八年改曰抱成。隋康舊曰齊康，置齊康郡。平陳，郡廢，縣改名焉。扇沙舊有椹縣，開皇十八年改爲椹川，大業初廢入。鐵杷開皇十年置。

珠崖郡梁置崖州。統縣十，户一萬九千五百。

義倫帶郡。感恩　顏盧　毗善　昌化有藤山。吉安　延德　寧遠　澄邁　武德有扶山。

寧越郡梁置安州，開皇十八年改曰欽州。統縣六，户一萬二千六百七十。

欽江舊置宋壽郡。平陳，郡廢。開皇十八年改曰欽江，大業初置寧越郡。安京舊置安京郡。平陳，郡廢。有羅浮山。有武郎江。內亭舊置宋廣郡。平陳，郡廢。十七年改曰新化縣，十八年改名焉。南賓開皇十八年置。遵化開皇二十年置。海安梁置，曰安平，置黃州及寧海郡。平陳，郡廢。十八年改州曰玉州。大業初州廢，其年又省海平、玉山二縣入。

交趾郡舊曰交州。統縣九，户三萬五十六。

宋平舊置宋平郡。平陳，郡廢。大業初置交趾郡。龍編舊置交趾郡。平陳，郡廢。朱鳶舊置武平郡。平陳，郡廢。隆平舊曰武定，置武平郡。平陳，郡廢。開皇十八年縣改名焉。平道舊曰國昌，開皇十二年改名焉。交趾　嘉寧舊置興州、新昌郡。平陳，郡廢。十八年改曰峯州，大業初州廢。新昌　安人舊曰臨西，開皇十八年改名焉。

九真郡梁置愛州。統縣七，户一萬六千一百三十五。

九真帶郡。有陽山、堯山。移風舊置九真郡。平陳，郡廢。胥浦　隆安舊曰高安，開皇十八年改名焉。軍安　安順舊曰常樂，開皇十六年改名焉。日南

日南郡梁置德州，開皇十八年改曰驩州。統縣八，户九千九百一十五。

九德帶郡。咸驩　浦陽　越常　金寧梁置利州。開皇十八年改爲智州，大業初州廢。交谷梁置明州，大業初州廢。安遠　光安舊曰西安，開皇十八年改名焉。

比景郡大業元年平林邑，置蕩州，尋改爲郡。統縣四，户一千八百一十五。

比景　朱吾　壽泠　西捲

海陰郡大業元年平林邑，置農州，尋改爲郡。統縣四，户一千一百。

新容　真龍　多農　安樂

林邑郡大業元年平林邑，置沖州，尋改爲郡。統縣四，户一千二百二十。

象浦　金山　交江　南極

揚州於禹貢爲淮海之地。在天官，自斗十二度至須女七度，爲星紀，於辰在丑，吴、越得其分野。江南之俗，火耕水耨，食魚與稻，以漁獵爲業，雖無蓄積之資，然而亦無饑餒。其俗信鬼神，好淫祀，父子或異居，此大抵然也。江都、弋陽、淮南、鍾離、蘄春、同安、廬江、歷陽，人性並躁勁，風氣果決，包藏禍害，視死如歸，戰而貴詐，此則其舊風也。自平陳之後，其俗頗變，尚淳質，好儉約，喪紀婚姻，率漸於禮。其俗之敝者，稍愈於古焉。丹陽舊京所在，人物本盛，小人率多商販，君子資於官禄，市廛列肆，埒於二京，人雜五方，故俗頗相類。京口東通吴、會，南接江、湖，西連都邑，亦一都會也。其人本並習戰，號爲天下精兵。俗以五月五日爲鬭力之戲，各料彊弱相敵，事類講武。宣城、毗陵、吴郡、會稽、餘杭、東陽，其俗亦同。然數郡川澤沃衍，有海陸之饒，珍異所聚，故商賈並湊。其人君子尚禮，庸庶敦厖，故風俗澄清，而道教隆洽，亦其風氣所尚也。豫章之俗，頗同吴中，其君子善居室，小人勤耕稼。衣冠之人，多有數婦，暴面市廛，競分銖以給其夫。及舉孝廉，更要富者，前妻雖有積年之勤，子女盈室，猶見放逐，以避後人。俗少爭訟，而尚歌舞。一年蠶四五熟，勤於紡績，亦有夜浣紗而旦成布者，俗呼爲鷄鳴布。新安、永嘉、建安、遂安、鄱陽、九江、臨川、廬陵、南康、宜春，其俗又頗同豫章，而廬陵人厖淳，率多壽考。然此數郡，往往畜蠱，而宜春偏甚。其法以五月五日聚百種蟲，大者至蛇，小者至蝨，合置器中，令自相啖，餘一種存者留之，蛇則曰蛇蠱，蝨則曰蝨蠱，行以殺人。因食入人腹内，食其五藏，死則其産移入蠱主之家，三年不殺他人，則畜者自鍾其弊。累世子孫相傳不絶，亦有隨女子嫁焉。干寶謂之爲鬼，其實非也。自侯景亂後，蠱家多絶，既無主人，故飛遊道路之中則殞焉。

自嶺已南二十餘郡，大率土地下濕，皆多瘴厲，人尤夭折。南海、交趾，各一都會也，並所處近海，多犀象瑇瑁珠璣，奇異珍瑋，故商賈至者，多取富焉。其人性並輕悍，易興逆節，椎結踑踞，乃其舊風。其俚人則質直尚信，諸蠻則勇敢自立，皆重賄輕死，唯富爲雄。巢居崖處，盡力農事。刻木以爲符契，言誓則至死不改。父子别業，父貧，乃有質身於子。諸獠皆然。並鑄銅爲大鼓，初成，懸於庭中，置酒以招同類。來者有豪富子女，則以金銀爲大釵，執以叩鼓，竟乃留遺主人，名爲銅鼓釵。俗好相殺，多搆讎怨，欲相攻則鳴此鼓，到者如雲。有鼓者號爲「都老」，羣情推服。本之舊事，尉陀於漢，自稱「蠻夷大酋長、老夫臣」，故俚人猶呼其所尊爲「倒老」也。言訛，故又稱「都老」云。

南郡舊置荊州。西魏以封梁爲蕃國，又置江陵總管府。開皇初府廢。七年併梁，又置江陵總管，二十年改爲荊州總管。大業初廢。統縣一十，户五萬八千八百三十六。

江陵帶南郡。開皇初郡廢，大業初復置郡。長楊開皇八年置，并立睦州，十七年州廢。有宜陽山。宜昌開皇九年置松州，又省歸化、受陵二縣入。十一年州廢，又省宜都縣入。有丹山、黄牛山。枝江　當陽後周置平州，領漳川、安遠二郡，屬梁蕃。開皇七年改爲玉州，九年州郡並廢。梁又置安居縣，開皇十八年改曰昭丘，大業初改曰荊臺，尋廢入。有清溪山。松滋江左舊置河東郡。平陳，郡廢。有涔水。長林舊曰長寧縣。開皇十一年省長林縣入，十八年改曰長林。公安陳置荊州。開皇九年省孱陵、永安二縣入。有黄山。有靈溪水。安興舊置廣牧縣，開皇十一年省安興縣入，仁壽初改曰安興。又有定襄縣，大業初廢入。紫陵西魏置華陵縣，後周改名焉。其城南面，梁置鄀州，又置雲澤縣。大業初州縣俱廢入焉。有硤石山。

夷陵郡梁置宜州，西魏改曰拓州，後周改曰硤州。統縣三，户五千一百七十九。

夷陵帶郡。有馬穴。**夷道**舊置宜都郡，開皇七年廢。有女觀山。**遠安**舊曰高安，置汶陽郡。又周改縣曰安遠〔四六〕。開皇七年郡廢。

竟陵郡舊置郢州。**統縣八，戶五萬三千三百八十五。**

長壽後周置石城郡，開皇初郡廢，大業初置竟陵郡。又梁置北新州及梁寧等八郡，後周保定中，州及八郡總管廢入焉。有敖山。**藍水**宋僑立馮翊郡、蓮勺縣。西魏改郡爲漢東，縣爲藍水。又宋置高陸縣，西魏改曰激水。開皇初郡廢，大業初省激水入焉。有唐水。**蒶川**後周置，及置激川郡。又置清縣〔四七〕，西魏改曰激陂。開皇初郡廢，大業初省激陂入焉。**漢東**齊置，曰上蔡，及置齊興郡。後周郡廢。開皇十八年縣改名焉。有東温山。**清騰**梁置，曰梁安，又立崇義郡。後周廢郡。後周又有遂安郡，開皇初廢，七年改名焉。有清騰山。**樂鄉**舊置武寧郡，西魏置鄀州。又梁置旌陽縣，後改名惠懷，西魏又改曰武山。開皇七年郡廢，大業初州廢，又廢武山入焉。有武陵山。**豐鄉**西魏置，又置基州及章山郡。開皇七年郡廢，大業初州廢。**章山**西魏置，曰禄麻，及立上黄郡。開皇七年郡廢，大業初縣改名焉。

沔陽郡後周置復州，大業初改曰沔州。**統縣五，戶四萬一千七百一十四。**

沔陽梁置沔陽、營陽、州城三郡。西魏省州陵、惠懷二縣，置縣曰建興。後周置復州，後又省營陽、州城二郡入建興。開皇初州移郡廢，仁壽三年復置州。大業初改建興曰沔陽，州廢，復置沔陽郡焉。**監利** **竟陵**舊曰霄城，置竟陵郡。後周改縣曰竟陵〔四八〕。開皇初置復州，仁壽三年州復徙建興。又有京山縣，齊置建安郡，西魏改曰光川，後周郡廢。大業初京山縣又廢入焉。**甑山**梁置梁安郡。西魏改曰魏安郡，置江州，尋改郡曰汶川〔四九〕。後周置甑山縣，建德二年州廢。開皇初郡廢。有陽臺山。**漢陽**開皇十七年置，曰漢津，大業初改焉。有沌水。

沅陵郡開皇九年置辰州。**統縣五，户四千一百四十。**

沅陵舊置沅陵郡。平陳，郡廢，大業初復。**大鄉**梁置。**鹽泉**梁置。**龍檦**梁置。有武山。**辰溪**舊曰辰陽。平陳，改名；并廢故夜郎郡，置靜人縣，尋廢。又梁置南陽郡、建昌縣，陳廢縣。開皇初廢郡，置壽州，十八年改爲充州，大業初州廢。有郎溪。

武陵郡梁置武州，後改曰沅州。平陳，爲朗州。**統縣二，户三千四百一十六。**

武陵舊置武陵郡。平陳，郡廢，并臨沅、沅南、漢壽三縣置武陵縣。大業初復置武陵郡。有望夷山、龍山。**龍陽**有白查湖。

清江郡後周置亭州，大業初改爲庸州。**統縣五，户二千六百五十八。**

鹽水後周置縣，并置資田郡。開皇初郡廢，大業初置清江郡。**巴山**梁置宜都郡、宜昌縣，後周置江州。開皇初置清江縣，十八年改江州爲津州，大業初廢州，省清江入焉。**清江**後周置施州及清江郡。開皇初郡廢，五年置清江縣，大業初州廢。有陽瞿水。**開夷**後周置，曰烏飛，開皇初改焉。

建始後周置業州及軍屯郡。開皇初郡廢，五年置縣，大業初州廢。

襄陽郡江左並僑置雍州。西魏改曰襄州，置總管府。大業初府廢。統縣十一，户九萬九千五百七十七。

襄陽帶襄陽郡。開皇初郡廢，大業初復置。有鍾山、峴山、鳳林山。安養西魏置河南郡，後周廢樊城、山都二縣入，開皇初郡廢焉。穀城舊曰義城，置義城郡。後周廢郡，開皇十八年改縣名焉。又梁有筑陽，開皇初廢。又梁有興國、義城二郡，並西魏廢。有穀城山、闕林山。上洪宋僑立略陽縣，梁又立德廣郡。西魏改縣曰上洪。開皇初郡廢。又梁置新野郡，西魏改曰威寧，後周廢。有亞山。率道梁置。漢南宋曰華山，置華山郡。西魏改縣爲漢南，屬宜城郡。後周廢武建郡及惠懷、石梁、歸仁、鄀等四縣入，後省宜城郡入武泉。又梁置秦南郡，後周并武泉縣俱廢。有石梁山。陰城西魏置酇城郡，後周廢。又梁置南陽郡，西魏改爲山都郡，後周省。義清梁置，曰穰縣。西魏改爲義清，屬歸義郡。後周廢郡及左安、開南、歸仁三縣入焉。又有武泉郡，開皇初廢。有柤山〔五〇〕、靈山。有檀溪水、襄水。南漳西魏併新安、武昌、武平、安武、建平五縣置〔五一〕，初曰重陽，又立南襄陽郡。後周置沮州，尋廢，復改重陽縣曰思安。開皇初郡廢，十八年改縣曰南漳。有荆山。常平西魏置，曰義安，置長湖郡，後改縣曰常平。開皇初郡廢。又後魏置旱停縣，大業初廢。鄀春陵郡後魏置南荆州，西魏改曰昌州。統縣六，户四萬二千八百四十七。

棗陽舊曰廣昌，并置廣昌郡。開皇初郡廢，仁壽元年縣改名焉。大業初置春陵郡。又西魏置東荆州，尋廢。有霸山。有溲水。春陵舊置安昌郡，開皇初郡廢。又後魏置豐良縣，大業初廢。有石鼓山。有四望水。清潭有大洪山。有淯水。湖陽後魏置西淮安郡及南襄州〔五二〕，後郡廢，州改爲南平州。西魏改曰昇州，後又改曰湖州〔五三〕。後周改置昇平郡。開皇初郡廢。仁壽初改曰昇州，大業初州廢。又後魏置順陽郡，西魏改爲柘林郡。後周省郡，改縣曰柘林。大業初縣廢入焉。有蓼山。上馬後魏置，曰石馬，後訛爲上馬，因改焉。有鍾離縣，置洞州、洞川郡。後周州廢，開皇初郡廢。十八年改鍾離曰洞川縣，大業初廢入焉。蔡陽梁置蔡陽郡，後魏置南雍州。西魏改曰蔡州，分置南陽縣，後改曰雙泉；又置千金郡、瀴源縣。開皇初郡並廢，大業初州廢，雙泉、瀴源二縣並廢入焉。有唐子山、大鼓山。有瀴水。

漢東郡西魏置并州，後改曰隋州。統縣八，户四萬七千一百九十三。

隋舊置隨郡，西魏又析置溳西郡及溳西縣。梁又置曲陵郡。開皇初郡並廢。大業初廢溳西縣，尋置漢東郡。土山梁曰龍巢，置土州、東西二永寧、真陽三郡，及置石武縣。後周廢三郡爲齊郡，改龍巢曰左陽；又有阜陵縣，改爲漳川縣。開皇初郡廢。十八年改左陽爲真陽，石武爲宜人。大業初又改真陽爲土山，州及宜人、漳川並廢入焉。唐城後魏曰溳西，置義陽郡。西魏改溳西爲下溠，又立肆州，尋曰唐州。後周省均、款、湞、歸四州入，改曰唐州。又有東魏南豫州，至是改爲灄川郡，又置清嘉縣。開皇初郡並廢。十六年改下溠曰唐城，大業初州及諸縣並廢入焉。有清臺山。有灄水。安貴梁置，曰定陽，又置北郢州。西魏改定陽曰安貴，改北郢州爲歘州，又尋廢爲湞水郡，别置戟城郡及戟城縣。後廢戟城郡，改戟城縣曰横山。開皇初湞水郡廢，大業初又廢横山縣入焉。順義梁置北隨郡。西魏改爲南陽，析置淮南郡；以厲城、順義二縣立冀州〔五四〕，尋改爲順州；又置安化縣。開皇初郡並廢，十八年改安化曰寧化。大業初州廢，改厲城爲順義，其舊順義及寧化，並廢入焉。有浮山。平林梁置上明郡，開皇初廢。有漂水。上明西魏置，曰洛平縣，開皇十八年改名焉。有鸚鵡山。光化舊曰安化，西魏改爲新化，後周又改焉。

安陸郡梁置南司州，尋罷。西魏置安州總管府，開皇十四年府廢。統縣八，户六萬八千四十二。

安陸舊置安陸郡。開皇初郡廢，大業初復置郡。有舊永陽縣，西魏改曰吉陽，至是廢入。孝昌西魏置岳州及岳山郡，後周州郡並廢。又有澴岳郡，開皇初廢。有鳳皇岡。吉陽梁置，曰平陽，及立汝南郡。西魏改郡爲董城〔五五〕，改縣曰京池。後周置澴州，尋州郡並廢。大業初改縣曰吉陽。又梁置義陽郡，西魏改爲南司州，尋廢。應陽西魏置，曰應城，又置城陽郡。開皇初郡廢，大業初縣改名焉。有潼水、温水。雲夢西魏置。京山舊曰新陽，梁置新州、梁寧郡。西魏改州爲温州，改縣爲角陵，又置盤陂縣。開皇初郡廢，大業初州廢；改角陵曰京山，廢盤陂入焉。有角陵山、京山。**富水**舊曰南新市。西魏改爲富水，又置富水郡〔五六〕。開皇初郡廢。**應山**梁置，曰永陽，仍置應州，又有平靖郡。西魏又置平靖縣。開皇初郡廢，大業初州廢，又省平靖縣入焉。有大龜山、安居山。

永安郡後齊置衡州，陳廢，後周又置，開皇五年改曰黄州。**統縣四，户二萬八千三百九十八。**

黄岡齊曰南安，又置齊安郡。開皇初郡廢，十八年改縣曰黄岡。又後齊置巴州，陳廢。後周置，曰弋州，統西陽、弋陽、邊城三郡。開皇初州郡並廢，大業初置永安郡。**黄陂**後齊置南司州。後周改曰黄州，置總管府，又有安昌郡。開皇初府廢。又後齊置滻州〔五七〕，陳廢之。**木蘭**梁曰梁安，置梁安郡，又有永安、義陽二郡。後齊置湘州，後改爲北江州〔五八〕。開皇初別置廉城縣〔五九〕，尋及州、二郡相次並廢。十八年改縣曰木蘭。**麻城**梁置信安，又有北西陽縣。陳廢北西陽，置定州。後周改州曰亭州，又有建寧、陰平、定城三郡。開皇初州郡並廢，十八年縣改名焉。有陰山。

義陽郡齊置司州。梁曰北司州，後復曰司州。後魏改曰郢州，後周改曰申州，大業二年爲義州。**統縣五，户四萬五千九百三十。**

義陽舊曰平陽，置宋安郡。開皇初郡廢，縣改名焉。大業初置義陽郡。有大龜山、金山。**鍾山**舊曰鄳。後齊改曰齊安，仍置郡。開皇初郡廢，縣改曰鍾山。有鍾山。**羅山**後齊置，曰高安。開皇初廢，十六年置，曰羅山。**禮山**舊曰東隨，開皇九年改焉。有關官。有禮山。**淮源**後齊置，曰慕化，置淮安郡。開皇初郡廢，大業初縣改名焉。有油水。

九江郡舊置江州。統縣二，户七千六百一十七。

湓城舊曰柴桑，置尋陽郡。梁又立汝南縣。平陳，郡廢，又廢汝南、柴桑二縣，立尋陽縣，十八年改曰彭蠡。大業初置郡，縣改名焉。有巢湖、彭蠡湖。有廬山、望夫山。彭澤梁置太原郡，領彭澤、晉陽、和城、天水。平陳，郡縣並廢，置龍城縣。開皇十八年改名焉。有釣磯。

江夏郡舊置郢州。梁分置北新州，尋又分北新立土、富、洄、泉、豪五州。平陳，改置鄂州。統縣四，户一萬三千七百七十一。

江夏舊置江夏郡。平陳，郡廢，大業初復置。有烽火山、塗水。武昌舊置武昌郡。平陳，郡廢，又廢西陵、鄂二縣入焉。有樊山、白紵山。永興陳曰陽新。平陳，改曰富川。開皇十一年廢永興縣入，十八年改名焉。有五龍山。蒲圻梁置上雋郡，又有沙陽縣，置沙州，州尋廢。平陳，郡廢。有石頭山、魚嶽山、鮑山。

澧陽郡平陳，置松州，尋改爲澧州。統縣六，户八千九百六。

澧陽平陳，置縣，大業初置郡。有藥山。有油水。石門舊置天門郡〔六〇〕。平陳，郡廢。孱陵舊曰作唐〔六一〕，置南平郡。平陳，郡廢，縣改名焉。安鄉舊置義陽郡。平陳，郡廢。有皇山。崇義後周置衡州。開皇中置縣，名焉。十八年改州曰崇州，大業初州廢。有澧水。慈利開皇中置，曰零陵，十八年改名焉。有始零山。

巴陵郡梁置巴州。平陳，改曰岳州，大業初改曰羅州。**統縣五，户六千九百三十四。**

巴陵舊置巴陵郡。平陳，郡廢，大業初復置郡。**華容**舊曰安南，梁置南安湘郡〔六二〕，尋廢。開皇十八年縣改名焉。**沅江**梁置，曰藥山，仍爲郡。平陳，郡廢，縣改曰安樂，十八年改曰沅江。**湘陰**梁置岳陽郡及羅州，陳廢州。平陳，廢郡及湘陰入岳陽縣，置玉州。尋改岳陽爲湘陰，廢玉山縣入焉。十二年廢玉州。**羅**開皇九年廢吴昌、湘濱二縣入。有湞水〔六三〕、汨水。

長沙郡舊置湘州，平陳置潭州總管府，大業初府廢。**統縣四，户一萬四千二百七十五。**

長沙舊曰臨湘，置長沙郡。平陳，郡廢，縣改名焉。有銅山、錫山。**衡山**舊置衡陽郡。平陳，郡廢，併衡山、湘鄉、湘西三縣入焉〔六四〕。**益陽**平陳，併新康縣入焉。有浮梁山。**邵陽**舊置邵陵郡。平陳，郡廢，併扶夷、都梁二縣入焉。

衡山郡平陳，置衡州。**統縣四，户五千六十八。**

衡陽〔六五〕舊置湘東郡。平陳，郡廢，并省臨烝、新城、重安三縣入焉。有衡山、武水、連水〔六六〕。**耒陰**舊曰耒陽〔六七〕。平陳，改名焉。有肥水、黽水。**湘潭**平陳，廢茶陵、攸水、陰山、建寧四縣入焉。有武陽山。有歷水。**新寧**有宜溪水、舂江〔六八〕。

桂陽郡平陳，置郴州。**統縣三，户四千六百六十六。**

郴舊置桂陽郡。平陳，郡廢，大業初復置。有萬歲山。有溱水。臨武有華陰山。盧陽陳置盧陽郡。平陳，郡廢。有淥水〔六九〕。

零陵郡平陳初，置永州總管府，尋廢府。統縣五，戶六千八百四十五。

零陵舊曰泉陵〔七〇〕，置零陵郡。平陳，郡廢，又廢應陽、永昌、祁陽三縣入焉〔七一〕。大業初復置郡。

湘源平陳，廢洮陽、灌陽、零陵三縣置縣〔七二〕。有黃華山。有觀水、湘水、洮水。永陽舊曰營陽，梁置永陽郡〔七三〕。平陳，郡廢，併營浦、謝沐二縣入焉。營道平陳，併泠道、舂陵二縣入。有九疑山、營山。馮乘有馮水。

熙平郡平陳，置連州。統縣九，戶一萬二百六十五。

桂陽梁置陽山郡。平陳，郡廢。大業初置熙平郡。有貞女山、方山。有盧水、湟水〔七四〕。陽山有斟水。連山梁置，曰廣德，隋改曰廣澤〔七五〕，仁壽元年改名焉。有黃連山。宣樂梁置，曰梁樂，并置梁樂郡，平陳，郡廢，十八年改爲宣樂。游安 熙平舊置齊樂郡，平陳，郡廢。武化梁置。桂嶺舊曰興安，開皇十八年改名焉。開建梁置南靜郡，平陳，郡廢。

尚書：「荆及衡陽惟荆州。」上當天文，自張十七度至軫十一度，爲鶉首，於辰在巳，楚之分野。其風俗物産，頗同揚州。其人率多勁悍決烈，蓋亦天性然也。南郡、夷陵、竟陵、沔陽、沅陵、清江、襄陽、舂陵、漢東、安陸、永安、義陽、九江、江夏諸郡，多雜蠻左，其與夏人雜居者，則與諸華不別。其僻處山谷者，則言語不通，嗜好居處全異，頗與巴、渝同俗。諸蠻本其所出，承盤瓠之後，故服章多以班布爲飾。其相呼以蠻，則爲深忌。自晉氏南遷之後，南郡、襄陽，皆爲重鎮，四方湊會，故益多衣冠之緒，稍尚禮義經籍焉。九江襟帶所在，江夏、竟陵、安陸，各置名州，爲藩鎮重寄，人物乃與諸郡不同。大抵荆州率敬鬼，尤重祠祀之事，昔屈原爲制九歌，蓋由此也。屈原以五月望日赴汨羅，土人追至洞庭不見，湖大舡小，莫得濟者，乃歌曰：「何由得渡湖！」因爾鼓櫂爭歸，競會亭上，習以相傳，爲競渡之戲。其迅檝齊馳，櫂歌亂響，喧振水陸，觀者如雲，諸郡率然，而南郡、襄陽尤甚。二郡又有牽鉤之戲，云從講武所出，楚將伐吳，以爲教戰，流遷不改，習以相傳。鉤初發動，皆有鼓節，羣譟歌謡，振驚遠近，俗云以此厭勝，用致豐穰。其事亦傳于他郡。梁簡文之臨雍部，發教禁之，由是頗息。其死喪之紀，雖無被髮袒踊，亦知號叫哭泣。始死，即出屍於中庭，不留室内。斂畢，送至山中，以十三年爲限。先擇吉日，改入小棺，謂之拾骨。拾骨必須女壻，蠻重女壻，故以委之。拾骨者，除肉取骨，棄小取大。當葬之夕，女壻或三數十人，集會於宗長之宅，著芒心接籬，名曰茅綏。各執竹竿，長一丈許，上三四尺許，猶帶枝葉。其行伍前却，皆有節奏，歌吟叫呼，亦有章曲。傳云盤瓠初死，置之於樹，乃以竹木刺而下之，故相承至今，以爲風俗。隱諱其事，謂之刺北斗。既葬設祭，則親疎咸哭，哭畢，家人既至，但歡飲而歸，無復祭哭也。其左人則又不同，無衰服，不復魄。始死，置屍館舍，隣里少年，各持弓箭，遶屍而歌，以箭扣弓爲節。其歌詞説平生樂事，以至終卒，大抵亦猶今之挽歌。歌數十闋，乃衣衾棺斂，送往山林，别爲廬舍，安置棺柩。亦有於村側瘗之，待二三十喪，總葬石窟。長沙郡又雜有夷蜒，名曰莫徭，自云其先祖有功，常免徭役，故以爲名。其男子但著白布褌衫，更無巾袴；其女子青布衫、班布裙，通無鞋屩。婚嫁用鐵鈷鉾爲聘財。武陵、巴陵、零陵、桂陽、澧陽、衡山、熙平皆同焉。其喪葬之節，頗同於諸左云。

校勘記

〔一〕大業四年府廢　楊守敬考證卷七謂，本書卷三煬帝紀上，大業元年正月「廢諸州總管府」，則「四年」應是「元年」之誤。今按，寰宇記卷一五徐州稱，「隋初罷總管」，元和志卷九徐州則載開皇「十四年，廢總管府爲彭城郡」。諸書各有差歧。

〔二〕開皇十六年改曰滕縣　「滕縣」，原作「滕郡」。舊唐書卷三八地理志一，徐州滕縣「古滕國，隋置縣」。元和志卷九徐州滕縣：「後魏置蕃郡，以縣屬焉。北齊郡縣並廢。隋於此置滕縣，屬徐州。」今據改。

〔三〕大業二年改爲魯郡　「二年」，疑應作「三年」。按，本書卷三煬帝紀上，大業三年四月壬辰，始「改州爲郡」。元和志卷一〇兗州鄒縣：「隋大業二年改兗州爲魯州，三年罷魯州爲魯郡，縣皆屬焉。」

〔四〕舊曰博置泰山郡後齊改郡曰東平又併博平牟入焉　魏書卷一〇六中地形志中，兗州泰山郡領鉅平、博平、牟等縣，疑「舊曰博」應作「舊曰博平」，「博平」應是「鉅平」之誤。

〔五〕有奉高縣開皇六年改曰岱山大業初州廢　此稱「州廢」，但上文並無置州記載，當有奪文。廣弘明集卷一七王劭舍利感應記，仁壽元年，在全國三十處建舍利塔，「泰州於岱岳寺起塔」，所置當是「泰州」。

〔六〕舊置南青州及東安郡　下文稱「開皇初郡廢，改縣」，但未及所改何縣，楊守敬考證卷七據此認爲，此「『舊』下有脱文，當作『舊曰東莞』」。

〔七〕後齊分廣饒置東海縣　「後齊」，疑應作「後周」。元和志卷一一海州東海縣：「高齊廢臨海鎮。周武帝復置東海縣，後遂因之。」寰宇記卷二二海州東海縣：「後周建德四年又增置東海縣。」

〔八〕東魏改曰海安　「海安」，疑是「海西」之誤。魏書卷一〇六中地形志中，海西郡海西縣「武定七年分襄賁置」。

〔九〕梁置潼陽郡　「潼陽郡」，魏書卷一〇六中地形志中作「僮陽郡」。寰宇記卷二二海州沭陽縣：「梁武帝天監五年復置僮陽郡，領僮縣。至太清三年，地入魏；孝靜帝改僮陽郡爲沭陽，以在沭水之陽爲名。」

〔一〇〕義唐郡　魏書卷一〇六中地形志中南青州作「義塘郡」。

〔一一〕又有梁臨清天水浮陽三郡東魏併爲甬城縣　「甬城縣」，疑應作「角城縣」。魏書卷一〇六中地形志中東楚州淮陽郡角城「武定七年改蕭衍臨清、天水、浮陽三縣置」。

〔一二〕舊魏置盱眙郡　「魏」字疑是衍文。晉書卷一五地理志下，義熙七年，「以盱眙立盱眙郡，統考城、直瀆、陽城三縣」，宋書卷三五州郡志一亦稱，盱眙郡「晉安帝分立」。是晉、宋已置盱眙郡。

〔一三〕梁置涇城東陽二郡　「涇」下當補「州領涇」三字。通鑑卷一六五梁紀二一元帝承聖三年胡注：「五代志：江都郡永福縣舊曰沛，梁置涇州，領涇城、東陽二郡。」寰宇記卷一二三揚州六合縣引郡國志「梁于石梁置涇州」。此當涉「涇」字重出而誤。

〔一四〕濠州　原作「豪州」，寰宇記卷一二八作「濠州」，元和志卷九濠州：「隋開皇三年改爲濠州，因水爲名。」今據改。

〔一五〕大業初置淮南郡　「淮南郡」，原作「南郡」，據楊守敬考證卷八引宋本改。

〔一六〕有弋陽山浮光山　水經注卷三〇淮水：「淮水又東逕浮光山北，亦曰扶光山，即弋陽山也。」元和志卷九光州光山縣、寰宇記卷一二七光州光山縣略同。「扶光山」即「浮光山」。疑本條

「浮光山」原是注文，誤竄入正文。

〔一七〕省北弋陽入南弋陽改爲定遠焉　「定遠」，疑是「定城」之誤。寰宇記卷一二七光州定城縣引輿地志：「武平元年改南弋陽縣爲定城縣。」輿地廣記卷二一光州定城縣同。

〔一八〕梁置義城郡及建州并所領平高新蔡新城三郡　「平高」，疑應是「高平」之誤。魏書卷一〇六中地形志中，南建州「蕭衍置，魏因之，治高平城」，領高平、新蔡等七郡。又，地形志新城郡屬南朔州所領，與此異。

〔一九〕安陽山　原作「安陽郡」，據楊守敬考證卷八引宋本改。寰宇記卷一二七光州固始縣：「安陽山，在縣東六十里。山頂與霍縣分界。」

〔二〇〕雍州　原作「羅州」，據通典卷一八一州郡一一蘄春郡、寰宇記卷一二七蘄州、輿地廣記卷二一蘄州改。

〔二一〕梁置高塘郡　「高塘郡」，疑應作「高唐郡」。梁書卷六敬帝紀，太平二年正月「分尋陽、太原、齊昌、高唐、新蔡五郡，置西江州」。陳書卷五宣帝紀，太建八年十一月「丁酉，分江州晉熙、高唐、新蔡三郡爲晉州」。可證。

〔二二〕大業初置歷陽郡　上文歷陽縣下謂「大業初復置郡」，既已在歷陽縣置歷陽郡，則不得在烏江縣下復置歷陽郡，楊守敬考證卷八據此認爲本句應是衍文。今按，寰宇記卷一二四和州烏江縣下稱「隋爲烏江郡」，此處之「歷陽郡」或是「烏江郡」之誤。姑存疑。

〔二三〕于湖　原作「平湖」，據楊守敬考證卷八引宋本改。宋書卷三五州郡志一，于湖縣，晉武帝太康二年分丹楊縣立。元和志卷二八宣州當塗縣，隋煬帝大業十年廢于湖縣。

〔二四〕繁昌　原作「樊昌」，據宋書卷三五州郡志一、南齊書卷一四州郡志上改。

〔二五〕廢丹陽郡入　上文江寧縣下稱「平陳，又廢丹陽郡」，則此「丹陽郡」當作「丹陽縣」。梁書卷六敬帝紀太平元年五月庚寅，「齊軍水步入丹陽縣」，即此。

〔二六〕故治　疑應作「故冶」。寰宇記卷一〇五池州銅陵縣：「本漢南陵縣，自齊、梁之代爲梅根冶，以烹銅鐵。」

〔二七〕平陳改名焉　「平陳」二字原闕，楊守敬考證卷八：「各本脱『平陳』二字，今據宋本訂。」今據補。

〔二八〕臨津　原作「臨澤」，據宋書卷三五州郡志一、南齊書卷一四州郡志上改。

〔二九〕胥山　原作「首山」。寰宇記卷九一蘇州吴縣：「胥山，在縣西四十里。吴録云：『吴王殺子胥，投之於江，吴人立祠於江上，因名胥山。』」水經注卷四〇浙水引吴録同。今據改。

〔三〇〕重山　寰宇記卷九六越州山陰縣作「種山」，引吴越春秋稱「大夫種所葬處」。續漢書郡國志四引越絶書、元和志卷二六越州會稽縣作「重山」。御覽卷四七地部一二會稽東越諸山「重山」引孔曄會稽記：「重山，大夫種墓，語訛成『重』。」

〔三一〕鄮　原作「郥」，據漢書卷二八上地理志上、續漢書郡國志四改。

〔三〕石甑山　原作「不甑山」，據至順本、汲本改。寰宇記卷九三杭州於潛縣引郡國志：「石甑山，一名天姥山，有石危如甑，三石支在下，一人摇之，甑動，更加千人摇之，終不落。」

〔三〕龍山樓山丘山　「龍山丘山」，疑是「龍丘山」之誤。續漢書郡國志四太末縣注引東陽記，縣有龍丘山，「龍丘萇隱居於此，因以爲名」。後漢書卷七六循吏龍丘萇傳、寰宇記卷九七衢州龍游縣引略同。元和志卷二六衢州龍丘縣：「晉改太末爲龍丘，因縣東龍丘山爲名。隋末廢，貞觀八年又置。」

〔亖〕陳銀城縣廢入焉　「陳」，原作「鍊」，據至順本、汲本改。

〔亖〕開皇九年省并永脩豫章新吴四縣入焉　「并」，疑是「艾」之誤。寰宇記卷一〇六洪州武寧縣：「陳武帝初割建昌、豫寧、艾、永脩、新吴等五縣，立爲豫寧郡，屬江州。隋平陳，廢郡，置洪州。因廢豫寧郡，割艾、永脩、新吴、豫寧等入建昌，并隸洪州，爲總管府。」

〔云〕梁陳並置都督府　「都」字原闕，據楊守敬考證卷八引宋本補。

〔宅〕湞陽縣　原作「須陽縣」，據宋書卷三七州郡志三、南齊書卷一五州郡志下改。

〔六〕瀛州　原作「嬴州」，據通典卷一八二州郡一二潮陽郡潮州、寰宇記卷一五八嶺南道潮州改。

〔元〕義招　原作「昭義」，據宋書卷三八州郡志四、南齊書卷一四州郡志上改。寰宇記卷一五八潮州潮陽縣引南越志：「義安郡有義昭縣，昔流人營也。」即此。

〔四〇〕大業初廢永熙郡　「廢永熙郡」，與下文「開陽、正義俱廢入」文意不合。通典卷一八四州郡一四開陽郡瀧州稱，「隋煬帝初，州廢，瀧州置永熙郡」。寰宇記卷一六四嶺南道康州條之「廢瀧州」下亦載「隋煬帝初，廢州置永熙郡」。輿地廣記卷三五康州端溪縣：「大業初，以瀧水立永熙郡，而省開陽、正義入焉。」當從寰宇記，在「廢」下補「州置」二字，作「大業初，廢州置永熙郡」。

〔四一〕大業初廢郡　「郡」字原闕，據楊守敬考證卷八引宋本補。

〔四二〕目山　元和志卷三七昭州平樂縣、寰宇記卷一六三昭州平樂縣俱作「目巖山」。寰宇記引盛弘之荆州記：「平樂縣西南數十里有山，其巖間有兩目，如人眼極大，瞳子黑白分明，因名爲目巖山。」當從作「目巖山」。

〔四三〕又置臨賀綏越蕩山三縣入焉　元和志卷三七賀州臨賀縣：「隋大業二年省臨賀縣入富川縣，十二年重置，屬蒼梧郡。」同卷蕩山縣下亦稱「隋大業二年省」。此所謂「入」者，謂三縣廢入富川縣，疑「置」應作「廢」。

〔四四〕戎成　元和志卷三七梧州戎城縣、通典卷一八四州郡一四蒼梧郡戎城縣、舊唐書卷四一地理志四、新唐書卷四三上地理志七上、寰宇記卷一六四梧州戎城縣作「戎城」。

〔四五〕遂成　南齊書卷一四州郡志上、元和志卷三七梧州戎城縣、寰宇記卷一六四梧州戎城縣作「遂城」。

〔四六〕又周改縣曰安遠　「又」，疑應作「後」，「安遠」，疑應作「遠安」。按，輿地紀勝卷七三峽州遠安縣引隋志作「後周改縣曰遠安」。寰宇記卷一四七峽州遠安縣「後周明帝武成元年改高安爲遠安縣」。舊唐書卷三九地理志二「後周改爲遠安」，輿地紀勝引元和志亦稱「後周武成元年改爲遠安」。又，元豐九域志卷六夷陵郡遠安縣「有遠安山」，縣當因山得名。

〔四七〕又置清縣　楊守敬考證卷九：「清縣當是梁置，志脱『梁』字，文遂不順。」

〔四八〕後周改縣曰竟陵　「縣」字原闕，據楊守敬考證卷九引宋本補。

〔四九〕尋改郡曰汶川　舊唐書卷四〇地理志三鄂州汊川縣：「漢安陸縣地，後魏置汊川郡。」元和志卷二七沔州亦作「汊川」。

〔五〇〕柤山　原作「祖山」，據元和志卷二一襄州南漳縣、寰宇記卷一四五襄州南漳縣改。

〔五一〕西魏併新安武昌武平安武建平五縣　「武平安武建平」，原作「平武安武建」。按，南齊書卷一五州郡志下，南襄郡領新安、武昌、建武、武平，今據補改。

〔五二〕後魏置西淮安郡　魏書卷一〇六下地形志下，南襄州領西淮郡，無「西淮安郡」，疑「安」字衍。

〔五三〕西魏改曰昇州後又改曰湖州　周書卷二文帝紀下，魏廢帝三年正月，改「南襄爲湖州」、「南平爲昇州」，此將二州混而爲一。

〔五四〕以厲城順義二縣立冀州　「以」字原闕，據楊守敬考證卷九引宋本補。

〔五五〕董城　原作「重城」。輿地紀勝卷七七安州「古跡」載，董城「因孝子董黯得名」。又在晉董黯墓碑下稱：「圖經云，即董城，在孝感縣北一百三十里。昔孝子董黯家焉。故後魏大統十六年改爲董城。」梁書卷四簡文帝紀，大寶二年，「邵陵王綸走至安陸董城」，即此。今據改。

〔五六〕西魏改爲富水又置富水郡　「富水郡」，原作「富人郡」，據楊守敬考證卷九引宋本改。輿地紀勝卷八四郢州引隋志：「西魏改爲富水縣，又置富水郡。」疑前「富水」下應補「縣」字。

〔五七〕又後齊置滻州　「滻州」，原作「産州」。陳書卷五宣帝紀，太建五年十月，以「滻、湍爲漢陽郡」，屬司州。楊守敬考證卷九謂：「據此，則陳廢滻州，改置漢陽郡。」今據改。

〔五八〕又有永安義陽二郡後齊置湘州後改爲北江州　魏書卷一〇六中地形志中：湘州，「蕭衍置，魏因之，治大治關城」，領安蠻、梁寧、永安三郡；北江州，「蕭衍置，魏因之，治鹿城關」，領義陽、齊昌、新昌、梁安、光城、齊興六郡。楊守敬考證卷九據此認爲：「湘州、北江州明係兩地，此志既誤梁爲後齊，又合二州爲一；又僅載湘州之永安、江州之義陽，其餘并略之，皆其疏漏。」

〔五九〕開皇初别置廉城縣　魏書卷一〇六中地形志中，北江州「治鹿城關」，楊守敬考證卷九據此認爲，「廉城縣」應是「鹿城縣」之誤。

〔六〇〕天門郡　原作「石門郡」，據宋書卷三七州郡志三、水經注卷三七澧水、舊唐書卷四〇地理志三、輿地紀勝卷七〇澧州石門縣引元和志、寰宇記卷一一八澧州石門縣改。

〔六一〕作唐　原作「作塘」，據宋書卷三七州郡志三、水經注卷三七澧水、輿地紀勝卷七〇澧州安鄉縣引元和志改。

〔六二〕梁置南安湘郡　讀史方輿紀要卷七七岳州府華容縣引劉昫曰：「安南縣，劉表所置也，宋、齊因之。梁封蕭駿爲安南侯，又置南安郡于此，郡尋廢。」疑「湘」字爲衍文。

〔六三〕瀾水　原作「渭水」，據水經注卷三九瀾水改。

〔六四〕湘西　原作「湘東」，據楊守敬考證卷九引宋本改。

〔六五〕衡陽　原作「衡山」。按，上文長沙郡已有「衡山縣」，此不得重出。今據舊唐書卷四〇地理志三衡州、新唐書卷四一地理志五衡州改。

〔六六〕漣水　楊守敬考證卷九謂應作「漣水」。水經注卷三八漣水載，漣水出連道縣西，「過湘南縣南，又東北至臨湘縣西南，東入于湘」。即此。

〔六七〕舊曰洣陽　「洣陽」，原作「洙陽」，據至順本、殿本改。

〔六八〕舂江　原作「春江」，水經注卷三八湘水，舂水「上承營陽舂陵縣西北潭山，又北逕新寧縣東，又西北流注于湘水也」。從楊守敬考證卷九改。

〔六九〕渌水　原作「潒水」，據至順本、汲本改。

〔七〇〕泉陵　原作「泉陽」，據楊守敬考證卷九引宋本改。輿地紀勝卷五六永州零陵縣：「本漢零陵郡之泉陵縣，「歷晉、宋、齊、梁、陳，並無所改」。

〔七一〕祁陽　原作「初陽」，據楊守敬考證卷九引宋本改。宋書卷三七州郡志三亦作「祁陽」。

〔七二〕零陵　原作「小零陵」，據楊守敬考證卷九引宋本改。

〔七三〕梁置永陽郡　汲本、殿本「梁」下有「改名焉」三字。按，通典卷一八三州郡一三江華郡道州：「漢初屬長沙國，後屬零陵郡。後漢、魏及晉皆因之。宋齊爲營陽郡。梁改營陽爲永陽郡。」寰宇記卷一一六道州，梁天監十四年，改營陽郡爲永陽郡。

〔七四〕洭水　原作「淮水」，據楊守敬考證卷九改。按，水經注卷三九洭水載，洭水「出桂陽縣西北上驛山盧溪，爲盧溪水，東南流逕桂陽縣故城，謂之洭水」。楊守敬指出，「據此，則盧水即洭水，不知志何以分爲二」。

〔七五〕連山梁置曰廣德隋改曰廣澤　元和志卷二九連州連山縣：「梁武帝分桂陽置廣惠縣，隋開皇十年改爲廣澤。」寰宇記卷一一七連州連山縣略同。舊唐書卷四〇地理志三連州連山縣：「晉武分桂陽立廣惠縣，隋改爲廣澤。」「廣德」作「廣惠」。

〔唐〕魏徵　等撰

點校本二十四史修訂本

隋書

第四册

卷三二至卷四五

中華書局

2020 年 11 月北京第 1 版　　2020 年 11 月北京第 1 次印刷
ISBN 978-7-101-14826-8

隋書卷三十二

志第二十七

經籍一 經

夫經籍也者，機神之妙旨，聖哲之能事，所以經天地，緯陰陽，正紀綱，弘道德，顯仁足以利物，藏用足以獨善，學之者將殖焉，不學者將落焉。大業崇之，則成欽明之德，匹夫克念，則有王公之重。其王者之所以樹風聲，流顯號，美教化，移風俗，何莫由乎斯道？故曰：「其爲人也，温柔敦厚，詩教也；疏通知遠，書教也；廣博易良，樂教也；絜靜精微，易教也；恭儉莊敬，禮教也；屬辭比事，春秋教也。」遭時制宜，質文迭用，應之以通變，通變之以中庸。中庸則可久，通變則可大，其教有適，其用無窮，實仁義之陶鈞，誠道德之橐籥也。其爲用大矣，隨時之義深矣，言無得而稱焉。故曰：「不疾而速，不行而至。」今之所以知古，後之所以知今，其斯之謂也。是以大道方行，俯龜象而設卦，後聖有作，仰鳥跡以成文。書契已傳，繩木棄而不用，史官既立，經籍於是興焉。

夫經籍也者，先聖據龍圖，握鳳紀，南面以君天下者，咸有史官，以紀言行。言則左史書之，動則右史書之。故曰「君舉必書」，懲勸斯在。考之前載，則三墳、五典、八索、九丘之類是也。下逮殷、周，史官尤備，紀言書事，靡有闕遺，則周禮所稱：太史掌建邦之六典、八法、八則，以詔王治；小史掌邦國之志，定世繫，辨昭穆；内史掌王之八柄，策命而貳之；外史掌王之外令及四方之志，三皇五帝之書；御史掌邦國都鄙萬民之治令，以贊冢宰。此則天子之史，凡有五焉。諸侯亦各有國史，分掌其職。則春秋傳，晉趙穿弒靈公，太史董狐書曰「趙盾殺其君」，以示於朝。宣子曰：「不然。」對曰：「子爲正卿，亡不越境，反不討賊，非子而誰？」齊崔杼弒莊公，太史書曰「崔杼弒其君」，崔子殺之。其弟嗣書，死者二人。其弟又書，乃舍之。南史聞太史盡死，執簡以往，聞既書矣，乃還。楚靈王與右尹子革語，左史倚相趨而過。王曰：「此良史也，能讀三墳、五典、八索、九丘。」然則諸侯史官，亦非一人而已，皆以記言書事，太史總而裁之，以成國家之典。不虛美，不隱惡，故得有所懲勸，遺文可觀，則左傳稱周志，國語有鄭書之類是也。

暨夫周室道衰，紀綱散亂，國異政，家殊俗，褒貶失實，隳紊舊章。孔丘以大聖之才，當傾頽之運，歎鳳鳥之不至，惜將墜於斯文，乃述易道而删詩、書，脩春秋而正雅、頌。壞禮崩樂，咸得其所。自哲人萎而微言絶，七十子散而大義乖，戰國縱横，真僞莫辨，諸子之言，紛然殽亂。聖人之至德喪矣，先王之要道亡矣，陵夷踳駁，以至于秦。秦政奮豺狼之心，剗先代之迹，焚詩、書，坑儒士，以刀筆吏爲師，制挾書之令。學者逃難，竄伏山林，或失本經，口以傳説。

漢氏誅除秦、項，未及下車，先命叔孫通草緜蕝之儀，救擊柱之弊。其後張蒼治律曆，陸賈撰新語，曹參薦蓋公言黄老，惠帝除挾書之律，儒者始以其業行於民間。猶以去聖既遠，經籍散逸，簡札錯亂，傳説紕繆，遂使書分爲二，詩分爲三，論語有齊、魯之殊，春秋有數家之傳。其餘互有踳駁，不可勝言。此其所以博而寡要，勞而少功者也。武帝置太史公，命天下計書，先上太史，副上丞相，開獻書之路，置寫書之官，外有太常、太史、博士之藏，内有延閣、廣内、祕室之府。司馬談父子，世居太史，探采前代，斷自軒皇，逮于孝武，作史記一百三十篇。詳其體制，蓋史官之舊也。至於孝成，祕藏之書，頗有亡散，乃使謁者陳農，求遺書於天下。命光禄大夫劉向校經傳諸子詩賦，步兵校尉任宏校兵書，太史令尹咸校數術，太醫監李柱國校方技。每一書就，向輒撰爲一録，論其指歸，辨其訛謬，敍而奏之。向卒後，哀帝使其子歆嗣父之業。乃徙温室中書於天禄閣上。歆遂總括羣篇，撮其指要，著爲七略：一曰集略，二曰六藝略，三曰諸子略，四曰詩賦略，五曰兵書略，六曰術數略，七曰方技略。大凡三萬三千九十卷。王莽之末，又被焚燒。光武中興，篤好文雅，明、章繼軌，尤重經術。四方鴻生鉅儒，負袠自遠而至者，不可勝筭。石室、蘭臺，彌以充積。又於東觀及仁壽閣集新書，校書郎班固、傅毅等典掌焉。並依七略而爲書部，固又編之，以爲漢書藝文志。董卓之亂，獻帝西遷，圖書縑帛，軍人皆取爲帷囊。所收而西，猶七十餘載。兩京大亂，掃地皆盡。

魏氏代漢，采掇遺亡，藏在祕書中、外三閣。魏祕書郎鄭默，始制中經，祕書監荀勗，又因中經，更著新簿，分爲四部，總括羣書。一曰甲部，紀六藝及小學等書；二曰乙部，有古諸子家、近世子家、兵書、兵家、術數[一]；三曰丙部，有史記、舊事、皇覽簿、雜事；四曰丁部，有詩賦、圖讚、汲冢書，大凡四部合二萬九千九百四十五卷。但録題及言，盛以縹囊，書用緗素。至於作者之意，無所論辯。惠、懷之亂，京華蕩覆，渠閣文籍，靡有孑遺。

東晉之初，漸更鳩聚。著作郎李充，以勗舊簿校之，其見存者，但有三千一十四卷。充遂總沒衆篇之名，但以甲乙爲次。自爾因循，無所變革。其後中朝遺書，稍流江左。宋元嘉八年，祕書監謝靈運造四部目録，大凡六萬四千五百八十二卷。元徽元年，祕書丞王儉又造目録，大凡一萬五千七百四卷。儉又別撰七志：一曰經典志，紀六藝、小學、史記、雜傳；二曰諸子志，紀今古諸子；三曰文翰志，紀詩賦；四曰軍書志，紀兵書；五曰陰陽志，紀陰陽圖緯；六曰術藝志，紀方技；七曰圖譜志，紀地域及圖書。其道、佛附見，合九條。然亦不述作者之意，但於書名之下，每立一傳，而又作九篇條例，編乎首卷之中。文義淺近，未爲典則。齊永明中，祕書丞王亮、監謝朏，又造四部書目，大凡一萬八千一十卷。齊末兵火，延燒祕閣，經籍遺散。梁初，祕書監任昉，躬加部集，又於文德殿内列藏衆書，華林園中總集釋典，大凡二萬三千一百六卷，而釋氏不豫焉。梁有祕書監任昉、殷鈞四部目録，又文德殿目録。其術數之書，更爲一部，使奉朝請祖暅撰其名。故梁有五部目録。普通中，有處士阮孝緒，沉靜寡慾，篤好墳史，博采宋、齊已來，王公之家凡有書記，參校官簿，更爲七録：一曰經典録，紀六藝；二曰記傳録，紀史傳；三曰子兵録，紀子書、兵書；四曰文集録，紀詩賦；五曰技術録，紀數術；六曰佛録；七曰道録。其分部題目，頗有次序，割析辭義，淺薄不經。梁武敦悦詩書，下化其上，四境之内，家有文史。元帝克平侯景，收文德之書及公私經籍，歸于江陵，大凡七萬餘卷。周師入郢，咸自焚之。陳天嘉中，又更鳩集，考其篇目，遺闕尚多。

其中原則戰爭相尋，干戈是務，文教之盛，苻、姚而已。宋武入關，收其圖籍，府藏所有，纔四千卷。赤軸青紙，文字古拙。後魏始都燕、代，南略中原，粗收經史，未能全具。

孝文徙都洛邑，借書於齊，祕府之中，稍以充實。暨於尒朱之亂，散落人間。後齊遷鄴，頗更搜聚，迄於天統、武平，校寫不輟。後周始基關右，外逼彊鄰，戎馬生郊，日不暇給。保定之始，書止八千，後稍加增，方盈萬卷。周武平齊，先封書府，所加舊本，纔至五千。

隋開皇三年，祕書監牛弘，表請分遣使人，搜訪異本。每書一卷，賞絹一匹，校寫既定，本即歸主。於是民間異書，往往間出。及平陳已後，經籍漸備。檢其所得，多太建時書，紙墨不精，書亦拙惡。於是總集編次，存爲古本。召天下工書之士，京兆韋霈、南陽杜頵等，於祕書内補續殘缺，爲正副二本，藏于宫中，其餘以實祕書内、外之閣，凡三萬餘卷。煬帝即位，祕閣之書，限寫五十副本，分爲三品：上品紅瑠璃軸，中品紺瑠璃軸，下品漆軸。於東都觀文殿東西廂構屋以貯之，東屋藏甲乙，西屋藏丙丁。又聚魏已來古跡名畫，於殿後起二臺，東曰妙楷臺，藏古跡；西曰寶蹟臺〔二〕，藏古畫。又於内道場集道、佛經，別撰目録。

大唐武德五年，克平僞鄭，盡收其圖書及古跡焉。命司農少卿宋遵貴載之以船，泝河西上，將致京師。行經底柱，多被漂没，其所存者，十不一二。其目録亦爲所漸濡，時有殘缺。今考見存，分爲四部，合條爲一萬四千四百六十六部，有八萬九千六百六十六卷。其舊録所取，文義淺俗、無益教理者，並删去之。其舊録所遺，辭義可采，有所弘益者，咸附入之。遠覽馬史、班書，近觀王、阮志、録，挹其風流體制，削其浮雜鄙俚，離其疏遠，合其近密，約文緒義，凡五十五篇，各列本條之下，以備經籍志。雖未能研幾探賾，窮極幽隱，庶乎弘道設教，可以無遺闕焉。夫仁義禮智，所以治國也，方技數術，所以治身也，諸子爲經籍之鼓吹，文章乃政化之黼黻，皆爲治之具也。故列之於此志云。

歸藏十三卷晉太尉參軍薛貞注。

周易二卷魏文侯師卜子夏傳，殘缺。梁六卷。

周易十卷漢魏郡太守京房章句。

周易八卷漢曲臺長孟喜章句，殘缺。梁十卷。又有漢單父長費直注周易四卷，亡。

周易九卷後漢大司農鄭玄注。梁又有漢南郡太守馬融注周易一卷，亡。

周易五卷漢荊州牧劉表章句。梁有漢荊州五業從事宋忠注周易十卷，亡。

周易十一卷漢司空荀爽注。

周易十卷魏衛將軍王肅注。

周易十卷魏尚書郎王弼注六十四卦六卷，韓康伯注繫辭以下三卷，王弼又撰易略例一卷。梁有魏大司農卿董遇注周易十卷，魏散騎常侍荀煇注周易十卷，亡。

周易十卷吳太常姚信注。

周易四卷晉儒林從事黃潁注。梁有十卷，今殘缺。

周易九卷吳侍御史虞翻注。

周易十五卷吳鬱林太守陸績注。

周易十卷晉散騎常侍干寶注。

周易三卷晉驃騎將軍王廙注，殘缺。梁有十卷。

周易八卷晉著作郎張璠注，殘缺。梁有十卷。

周易馬鄭二王四家集解十卷

周易荀爽九家注十卷

周易楊氏集二王注五卷梁有集馬鄭二王解十卷，亡。

周易十卷蜀才注。梁有齊安西參軍費元珪注周易九卷〔三〕，謝氏注周易八卷，尹濤注周易六卷，亡。

周易十卷後魏司徒崔浩注。

周易十卷梁處士何胤注。梁有臨海令伏曼容注周易八卷〔四〕，侍中朱异集注周易一百卷，又周易集注三十卷，亡。

周易七卷姚規注。

周易十三卷崔覲注。

周易十三卷傅氏注。

周易一帙十卷盧氏注。

周易繫辭二卷晉桓玄注。

周易繫辭二卷晉西中郎將謝萬等注〔五〕。

周易繫辭二卷晉太常韓康伯注。

周易繫辭二卷梁太中大夫宋褰注。又有宋東陽太守卞伯玉注繫辭二卷，亡。

周易繫辭二卷荀柔之注。

周易集注繫辭二卷梁有宋太中大夫徐爰注繫辭二卷，亡。

周易音一卷東晉太子前率徐邈撰。

周易音一卷東晉尚書郎李軌弘範撰。

周易音一卷范氏撰。

周易并注音七卷祕書學士陸德明撰。

周易盡神論一卷魏司空鍾會撰。梁有周易無互體論三卷，鍾會撰，亡。

周易象論三卷晉尚書郎欒肇撰。

周易卦序論一卷晉司徒右長史楊乂撰。

周易統略五卷晉少府卿鄒湛撰。

周易論二卷晉馮翊太守阮渾撰。

周易論一卷晉荊州刺史宋岱撰。梁有擬周易說八卷，范氏撰；周易宗塗四卷，干寶撰；周易問難二卷，王氏撰；周易問答一卷，揚州從事徐伯珍撰；周易難王輔嗣義一卷，晉揚州刺史顧夷等撰〔六〕；周易雜論十四卷。亡。

周易義一卷宋陳令范歆撰。

周易玄品二卷

周易論十卷齊中書郎周顒撰。梁有三十卷，亡。

周易論四卷范氏撰。

周易統例十卷崔覲撰。

周易爻義一卷干寶撰。

周易乾坤義一卷齊步兵校尉劉瓛撰。梁又有齊臨沂令李玉之、梁釋法通等乾坤義各一卷，亡。

周易大義二十一卷梁武帝撰。

周易幾義一卷梁南平王撰。梁有周易疑通五卷，宋中散大夫何諲之撰；周易四德例一卷，劉瓛撰〔七〕。亡。

周易大義一卷梁有周易錯八卷，京房撰；周易日月變例六卷，虞翻、陸績撰；周易卦象數旨六卷，東晉樂安亭侯李顒撰；周易爻一卷，馬揩撰。亡。

周易大義二卷陸德明撰。

周易釋序義三卷

周易開題義十卷梁蕃撰。

周易問二十卷

周易義疏十九卷宋明帝集羣臣講。梁又有國子講易議六卷；宋明帝集羣臣講易義疏二十卷；齊永明國學講周易講疏二十六卷；又周易義三卷，沈林撰。亡。

周易講疏三十五卷梁武帝撰。

周易講疏十六卷梁五經博士褚仲都撰。

周易義疏十四卷梁都官尚書蕭子政撰。

周易繫辭義疏三卷蕭子政撰。

周易講疏三十卷陳諮議參軍張譏撰〔八〕。

周易文句義二十卷〔九〕梁有擬周易義疏十三卷。

周易義疏十六卷陳尚書左僕射周弘正撰。

周易私記二十卷

周易講疏十三卷國子祭酒何妥撰。

周易繫辭義疏二卷劉瓛撰。

周易繫辭義疏一卷梁武帝撰。

周易繫辭義疏二卷蕭子政撰。梁有周易乾坤三象、周易新圖各一卷；又周易普玄圖八卷，薛景和撰；周易大演通統一卷，顏氏撰〔一〇〕。

周易譜一卷

右六十九部，五百五十一卷。通計亡書，合九十四部，八百二十九卷。

昔宓羲氏始畫八卦，以通神明之德，以類萬物之情，蓋因而重之，爲六十四卦。及乎三代，實爲三易：夏曰連山，殷曰歸藏，周文王作卦辭，謂之周易。周公又作爻辭，孔子爲彖、象、繫辭、文言、序卦、説卦、雜卦，而子夏爲之傳。及秦焚書，周易獨以卜筮得存，唯失説卦三篇。後河内女子得之。漢初，傳易者有田何，何授丁寬，寬授田王孫，王孫授沛人施讎、東海孟喜、琅邪梁丘賀。由是有施、孟、梁丘之學。又有東郡京房，自云受易於梁國焦延壽，别爲京氏學。嘗立，後罷。後漢施、孟、梁丘、京氏，凡四家並立，而傳者甚衆。漢初又有東萊費直傳易，其本皆古字，號曰古文易。以授琅邪王璜，璜授沛人高相，相以授子康及蘭陵毋將永。故有費氏之學，行於人間，而未得立。後漢陳元、鄭衆，皆傳費氏之學。馬融又爲其傳，以授鄭玄。玄作易注，荀爽又作易傳。魏代王肅、王弼，並爲之注。自是費氏大興，高氏遂衰。梁丘、施氏、高氏，亡於西晉。孟氏、京氏，有書無師。梁、陳鄭玄、王弼二注，列於國學。齊代唯傳鄭義。至隋，王注盛行，鄭學浸微，今殆絶矣。歸藏，漢初已亡，案晉中經有之，唯載卜筮，不似聖人之旨。以本卦尚存，故取貫於周易之首，以備殷易之缺。

古文尚書十三卷漢臨淮太守孔安國傳。

尚書九卷鄭玄注。

今字尚書十四卷孔安國傳。

尚書十一卷王肅注。

尚書十一卷馬融注。

尚書十五卷晉祠部郎謝沈撰。

集解尚書十一卷李顒注。

集釋尚書十一卷宋給事中姜道盛注。

古文尚書舜典一卷晉豫章太守范甯注。梁有尚書十卷，范甯注，亡。

尚書亡篇序一卷梁五經博士劉叔嗣注。梁有尚書二十一卷，劉叔嗣注；又有尚書新集序一卷。亡。

尚書逸篇二卷

古文尚書音一卷徐邈撰。梁有尚書音五卷，孔安國、鄭玄、李軌、徐邈等撰。

今文尚書音一卷祕書學士顧彪撰。

尚書大傳三卷鄭玄注。

大傳音二卷顧彪撰。

尚書洪範五行傳論十一卷漢光祿大夫劉向注。

尚書駁議五卷王肅撰。梁有尚書義問三卷，鄭玄、王肅及晉五經博士孔晁撰；尚書釋問四卷，魏侍中王粲撰；尚書王氏傳問二卷；尚書義二卷，吳太尉范順問，劉毅答[二]。亡。

尚書新釋二卷李顒撰。

尚書百問一卷齊太學博士顧歡撰。

尚書大義二十卷梁武帝撰。

尚書百釋三卷梁國子助教巢猗撰。

尚書義三卷巢猗撰。

尚書義疏十卷梁國子助教費甝撰。梁有尚書義疏四卷，晉樂安王友伊說撰，亡。

尚書義疏三十卷蕭詧司徒蔡大寶撰。

尚書義注三卷呂文優撰。

尚書義疏七卷

尚書述義二十卷國子助教劉炫撰。

尚書疏二十卷顧彪撰。
尚書閏義一卷
尚書義三卷劉先生撰。

尚書釋問一卷虞氏撰。
尚書文外義一卷顧彪撰。

右三十二部，二百四十七卷。通計亡書，合四十一部，共二百九十六卷。

書之所興，蓋與文字俱起。孔子觀書周室，得虞、夏、商、周四代之典，删其善者，上自虞，下至周，爲百篇，編而序之。遭秦滅學，至漢，唯濟南伏生口傳二十八篇。又河内女子得泰誓一篇，獻之。伏生作尚書傳四十一篇，以授同郡張生，張生授千乘歐陽生，歐陽生授同郡兒寬，寬授歐陽生之子，世世傳之，至曾孫歐陽高，謂之尚書歐陽之學。又有夏侯都尉，受業於張生，以授族子始昌，始昌傳族子勝，爲大夏侯之學。勝傳從子建，别爲小夏侯之學。故有歐陽，大、小夏侯，三家並立。訖漢東京，相傳不絶，而歐陽最盛。初漢武帝時，魯恭王壞孔子舊宅，得其末孫惠所藏之書，字皆古文。孔安國以今文校之，得二十五篇。其泰誓與河内女子所獻不同。又濟南伏生所誦，有五篇相合。安國並依古文，開其篇第，以隸古字寫之，合成五十八篇。其餘篇簡錯亂，不可復讀，並送之官府。安國又爲五十八篇作傳，會巫蠱事起，不得奏上，私傳其業於都尉朝，朝授膠東庸生，謂之尚書古文之學，而未得立。後漢扶風杜林，傳古文尚書，同郡賈逵爲之作訓，馬融作傳，鄭玄亦爲之注。然其所傳，唯二十九篇，又雜以今文，非孔舊本。自餘絕無師說。晉世祕府所存，有古文尚書經文，今無有傳者。及永嘉之亂，歐陽、大、小夏侯尚書並亡。濟南伏生之傳，唯劉向父子所著五行傳，是其本法，而又多乖戾。至東晉，豫章內史梅賾，始得安國之傳，奏之，時又闕舜典一篇。齊建武中，吴姚方興〔一二〕，於大航市得其書，奏上，比馬、鄭所注，多二十八字，於是始列國學。梁、陳所講，有孔、鄭二家，齊代唯傳鄭義。至隋，孔、鄭並行，而鄭氏甚微。自餘所存，無復師說。又有尚書逸篇，出於齊、梁之間，考其篇目，似孔壁中書之殘缺者，故附尚書之末。

韓詩二十二卷漢常山太傅韓嬰，薛氏章句。

韓詩翼要十卷漢侯苞傳〔一三〕。

韓詩外傳十卷梁有韓詩譜二卷，詩神泉一卷，漢有道徵士趙曄撰〔一四〕，亡。

毛詩二十卷漢河間太傅毛萇傳〔一五〕，鄭氏箋。梁有毛詩十卷，馬融注，亡。

毛詩二十卷王肅注。梁有毛詩二十卷，鄭玄、王肅合注；毛詩二十卷，謝沈注；毛詩二十卷，晉兗州別駕江熙注。亡。

集注毛詩二十四卷梁桂州刺史崔靈恩注。梁有毛詩序一卷，梁隱居先生陶弘景注，亡。

毛詩箋音證十卷後魏太常卿劉芳撰。梁有毛詩音十六卷，徐邈等撰；毛詩音二卷，徐邈撰；毛詩音隱一卷，干氏撰。亡。

毛詩并注音八卷祕書學士魯世達撰。

毛詩譜三卷吳太常卿徐整撰。

毛詩譜二卷太叔求及劉炫注。

謝氏毛詩譜鈔一卷梁有毛詩雜議難十卷，漢侍中賈逵撰，亡。

毛詩義問十卷魏太子文學劉楨撰〔一六〕。

毛詩義駁八卷王肅撰。

毛詩奏事一卷王肅撰。有毛詩問難二卷〔一七〕，王肅撰，亡。

毛詩駁一卷魏司空王基撰，殘缺。梁五卷。又有毛詩答問、駁、譜，合八卷；又毛詩釋義十卷，謝沈撰；毛詩義四卷，毛詩箋傳是非二卷，並魏祕書郎劉璠撰；毛詩答雜問七卷，吳侍中韋昭、侍中朱育等撰；毛詩義注四卷。亡。

毛詩異同評十卷晉長沙太守孫毓撰。

難孫氏毛詩評四卷晉徐州從事陳統撰。梁有毛詩表隱二卷，陳統撰，亡。

毛詩拾遺一卷郭璞撰。梁又有毛詩略四卷，亡。

毛詩辯異三卷晉給事郎楊乂撰。梁有毛詩背隱義二卷，宋中散大夫徐廣撰；毛詩引辨一卷，宋奉朝請孫暢之撰；毛詩釋一卷，宋金紫光祿大夫何偃撰；毛詩檢漏義二卷，梁給事郎謝曇濟撰；毛詩總集六卷，毛詩隱義十卷，並梁處士何胤撰。亡。

毛詩異義二卷楊乂撰。梁有毛詩雜義五卷，楊乂撰；毛詩義疏十卷，謝沈撰；毛詩雜義四卷，晉江州刺史殷仲堪撰；毛詩義疏五卷，張氏撰。亡。

毛詩集解敍義一卷顧歡等撰。

毛詩序義二卷宋通直郎雷次宗撰。梁有毛詩義一卷，雷次宗撰；毛詩序注一卷，宋交州刺史阮珍之撰；毛詩序義七卷，孫暢之撰。亡。

毛詩集小序一卷劉炫注。

毛詩序義疏一卷劉瓛等撰，殘缺。梁三卷。梁有毛詩篇次義一卷，劉瓛撰；毛詩雜義注三卷。亡。

毛詩發題序義一卷梁武帝撰。

毛詩大義十一卷梁武帝撰。梁有毛詩十五國風義二十卷，梁簡文撰。

毛詩大義十三卷

毛詩草木蟲魚疏二卷烏程令吴郡陸機撰。

毛詩義疏二十卷舒援撰〔一八〕。

毛詩誼府三卷後魏安豐王元延明撰。

毛詩義疏二十八卷蕭巋散騎常侍沈重撰。

毛詩義疏二十卷

毛詩義疏二十九卷

毛詩義疏十卷

毛詩義疏十一卷

毛詩義疏二十八卷

毛詩述義四十卷國子助教劉炫撰。

毛詩章句義疏四十卷魯世達撰。

毛詩釋疑一卷梁有毛詩圖三卷，毛詩孔子經圖十二卷，毛詩古聖賢圖二卷，亡。

業詩二十卷宋奉朝請業遵注。

右三十九部，四百四十二卷。通計亡書，合七十六部，六百八十三卷。

詩者，所以導達心靈，歌詠情志者也。故曰：「在心爲志，發言爲詩。」上古人淳俗樸，情志未惑。其後君尊於上，臣卑於下，面稱爲諂，目諫爲謗，故誦美譏惡，以諷刺之。初但歌詠而已，後之君子，因被管絃，以存勸戒。夏、殷已上，詩多不存。周氏始自后稷，而公劉克篤前烈，太王肇基王迹，文王光昭前緒，武王克平殷亂，成王、周公化至太平，誦美盛德，踵武相繼。幽、厲板蕩，怨刺並興。其後王澤竭而詩亡，魯太師摯次而録之。孔子删詩，上采商，下取魯，凡三百篇。至秦，獨以爲諷誦，不滅。漢初，有魯人申公，受詩於浮丘伯，作詁訓，是爲魯詩。齊人轅固生亦傳詩，是爲齊詩。燕人韓嬰亦傳詩，是爲韓詩。終于後漢，三家並立。漢初又有趙人毛萇善詩，自云子夏所傳，作詁訓傳，是爲「毛詩古學」，而未得立。後漢有九江謝曼卿，善毛詩，又爲之訓。東海衞敬仲，受學於曼卿。先儒相承，謂之毛詩。序，子夏所創，毛公及敬仲又加潤益。鄭衆、賈逵、馬融，並作毛詩傳，鄭玄作毛詩箋。齊詩，魏代已亡；魯詩亡於西晉；韓詩雖存，無傳之者。唯毛詩鄭箋，至今獨立。又有業詩，宋奉朝請業遵所注〔一九〕，立義多異，世所不行。

周官禮十二卷馬融注。

周官禮十二卷鄭玄注。

周官禮十二卷王肅注。

周官禮十二卷伊説注。

周官禮十二卷干寶注。梁又有周官寧朔新書八卷，晉燕王師王懋約撰〔二〇〕，亡。

集注周官禮二十卷崔靈恩注。

禮音三卷劉昌宗撰。

周官禮異同評十二卷晉司空長史陳劭撰。

周官禮駁難四卷孫略撰。梁有周官駁難三卷，孫琦問，干寶駁，晉散騎常侍虞喜撰。

周官禮義疏四十卷沈重撰。

周官禮義疏十九卷

周官禮義疏十卷

周官禮義疏九卷

周官分職四卷

周官禮圖十四卷梁有郊祀圖二卷，亡。

儀禮十七卷鄭玄注。

儀禮十七卷王肅注。梁有李軌、劉昌宗音各一卷，鄭玄音二卷，亡。

儀禮義疏見二卷

儀禮義疏六卷

喪服經傳一卷馬融注。

喪服經傳一卷鄭玄注。

喪服經傳一卷王肅注。

喪服經傳一卷晉給事中袁準注。

集注喪服經傳一卷晉廬陵太守孔倫撰。

喪服經傳一卷陳銓注。

集注喪服經傳一卷宋太中大夫裴松之撰。

略注喪服經傳一卷雷次宗注。

集注喪服經傳二卷宋丞相諮議參軍蔡超注[二]。梁又有喪服經傳一卷，宋徵士劉道拔注，亡。

集解喪服經傳二卷齊東平太守田僧紹解。

喪服義疏二卷梁步兵校尉、五經博士賀瑒撰。

梁又有喪服經傳義疏五卷，齊散騎郎司馬憲

撰[二二]；喪服經傳義疏二卷，齊給事中樓幼瑜撰；喪服經傳義疏一卷，劉瓛撰；喪服經傳義疏一卷，齊徵士沈麟士撰。

喪服經傳義疏一卷梁尚書左丞何佟之撰，亡[二三]。

喪服傳一卷梁通直郎裴子野撰。

喪服文句義疏十卷梁國子助教皇侃撰[二四]。

喪服義十卷陳國子祭酒謝嶠撰。

喪服義鈔三卷梁有喪服經傳隱義一卷，亡。

喪服要記一卷王肅注。

喪服要記一卷蜀丞相蔣琬撰。梁有喪服變除圖五卷，吳齊王傅射慈撰，亡。

喪服要集二卷晉征南將軍杜預撰[二五]。又有喪服要記二卷，晉侍中劉逵撰，亡。

喪服儀一卷晉太保衞瓘撰。梁有喪服要記六卷，晉司空賀循撰[二六]；喪服要問六卷，劉德明撰；喪服三十一卷，宋員外郎、散騎常侍庾蔚之撰[二七]；喪服要問二卷，張耀撰；喪服難問六卷，崔凱撰；喪服雜記二十卷，伊氏撰；喪服釋疑二十卷，劉智撰[二八]。亡。

漢荆州刺史劉表新定禮一卷

喪服要略一卷晉太學博士環濟撰。

喪服要略二卷

喪服制要一卷徐氏撰。

喪服譜一卷鄭玄注。

喪服譜一卷晉開府儀同三司蔡謨撰。

喪服譜一卷賀循撰。

喪服變除一卷晉散騎常侍葛洪撰。

凶禮一卷晉廣陵相孔衍撰。

喪服要記十卷賀循撰。梁有喪服要記，宋員外常侍庾蔚之注；又喪服世要一卷，庾蔚之撰；喪服集議十卷，宋撫軍司馬費沈撰。

喪服古今集記三卷齊太尉王儉撰。

喪服世行要記十卷齊光禄大夫王逡撰〔二九〕。

喪服答要難一卷袁祈撰。

喪服記十卷王氏撰。

喪服五要一卷嚴氏撰。

駁喪服經傳一卷卜氏傳。

喪服疑問一卷樊氏撰〔三〇〕。

喪服圖一卷王儉撰。

喪服圖一卷賀遊撰。

喪服圖一卷崔逸撰。梁有喪服祥禫雜議二十九卷，喪服雜議故事二十一卷，又戴氏喪服五家要記圖譜五卷，喪服君臣圖儀一卷，亡。

五服圖一卷

五服圖儀一卷

喪服禮圖一卷

五服略例一卷

喪服要問一卷

喪服問答目十三卷皇侃撰。

喪服假寧制三卷

喪禮五服七卷大將軍袁憲撰。

論喪服決一卷

喪禮鈔三卷王隆伯撰。

大戴禮記十三卷漢信都王太傅戴德撰。梁有謚法三卷，後漢安南太守劉熙注，亡。

夏小正一卷戴德撰。

禮記十卷漢北中郎將盧植注。

禮記二十卷漢九江太守戴聖撰，鄭玄注。

禮記三十卷王肅注。梁有禮記十二卷，業遵

注，亡。

禮記寧朔新書八卷王懋約注。梁有二十卷。

月令章句十二卷漢左中郎將蔡邕撰。

禮記音義隱一卷謝氏撰。

禮記音二卷宋中散大夫徐爰撰。梁有鄭玄、王肅、射慈、射貞、孫毓、繆炳音各一卷，蔡謨、東晉安北諮議參軍曹耽、國子助教尹毅、李軌、員外郎范宣音各二卷，徐邈音三卷，劉昌宗音五卷，亡。

禮記音義隱七卷

禮記三十卷魏祕書監孫炎注。

禮略二卷

禮記要鈔十卷緱氏撰。梁有禮義四卷，魏侍中鄭小同撰〔三一〕；摭遺別記一卷，樓幼瑜撰。亡。

禮記新義疏二十卷賀瑒撰。梁有義疏三卷，宋豫章郡丞雷肅之撰，亡。

禮記講疏九十九卷〔三二〕皇侃撰。

禮記義疏四十八卷〔三三〕皇侃撰。

禮記義疏四十卷沈重撰。

禮記義十卷何氏撰。

禮記義疏三十八卷

禮記疏十一卷

禮記大義十卷梁武帝撰。

禮記文外大義二卷祕書學士褚輝撰〔三四〕。

禮大義十卷

禮記義證十卷劉芳撰。

禮大義章七卷

喪禮雜義三卷

禮記中庸傳二卷宋散騎常侍戴顒撰。

中庸講疏一卷梁武帝撰。

私記制旨中庸義五卷

禮記略解十卷庾氏撰。

禮記評十一卷劉雋撰。

石渠禮論四卷戴聖撰。梁有羣儒疑義十二卷，戴聖撰。

禮論三百卷宋御史中丞何承天撰。

禮論條牒十卷宋太尉參軍任預撰。

禮論帖三卷任預撰。梁四卷。

禮論鈔二十卷庾蔚之撰。

禮論要鈔十卷王儉撰。梁三卷。

禮論要鈔一百卷賀瑒撰。

禮論鈔六十九卷

禮論要鈔十卷梁有齊御史中丞荀萬秋鈔略二卷；尚書儀曹郎丘季彬論五十八卷，議一百三十卷，統六卷。亡。

禮論答問八卷宋中散大夫徐廣撰。

禮論答問十三卷徐廣撰。

禮答問二卷徐廣撰，殘缺。梁十一卷。

禮答問六卷庾蔚之撰。

禮答問三卷王儉撰。梁有晉益陽令吴商禮難十二卷〔三五〕，雜議十二卷，又禮議雜記故事十三卷，喪雜事二十卷；宋光禄大夫傅隆議二卷，祭法五卷。亡。

禮答問十二卷

禮雜問十卷范甯撰。

禮答問十卷何佟之撰。梁二十卷。

禮雜問十卷

禮雜答問八卷

禮雜答問六卷

禮雜問答鈔一卷何佟之撰。

問禮俗十卷董勛撰。

問禮俗九卷董子弘撰。

答問雜儀二卷任預撰。

禮義答問八卷王儉撰。

禮疑義五十二卷梁護軍周捨撰。

制旨革牲大義三卷梁武帝撰。

禮樂義十卷

禮祕義三卷

三禮目録一卷鄭玄撰。梁有陶弘景注一卷，亡。

三禮義宗三十卷崔靈恩撰。

三禮宗略二十卷元延明撰。

三禮大義十三卷

三禮大義四卷

三禮雜大義三卷梁有司馬法三卷，李氏訓記三卷；又郊丘議三卷，魏太尉蔣濟撰；祭法五卷，又明堂議三卷，王肅撰；雜祭法六卷，晉司空中郎盧諶撰；祭典三卷，晉安北將軍范汪撰；七廟議一卷，又後養議五卷，干寶撰；雜鄉射等議三卷，晉太尉庾亮撰；逆降義三卷，宋特進顏延之撰；逆降義一卷，田僧紹撰；分明士制三卷，何承天撰；釋疑二卷，郭鴻撰；答問四卷，徐廣撰；答問五十卷，何胤撰；又答問十卷。亡。

三禮圖九卷鄭玄及後漢侍中阮諶等撰。

周室王城明堂宗廟圖一卷祁諶撰〔三六〕。梁又有冠服圖一卷，五宗圖一卷，月令圖一卷，亡。

右一百三十六部，一千六百二十二卷。通計亡書，合二百一十一部〔三七〕，二千一百八十六卷。

自大道既隱，天下爲家，先王制其夫婦、父子、君臣、上下、親疎之節。至于三代，損益不同。周衰，諸侯僭忒，惡其害己，多被焚削。自孔子時，已不能具，至秦而頓滅。漢初，有高堂生傳十七篇，又有古經，出於淹中，而河間獻王，好古愛學，收集餘燼，得而獻之，合五十六篇，並威儀之事。而又得司馬穰苴兵法一百五十五篇，及明堂陰陽之記，並無敢傳之者。唯古經十七篇，與高堂生所傳不殊，而字多異。自高堂生，至宣帝時后蒼，最明其業，乃爲曲臺記。蒼授梁人戴德，及德從兄子聖、沛人慶普，於是有大戴、小戴、慶氏，三家並立。後漢唯曹充傳慶氏，以授其子褒〔三八〕。然三家雖存並微，相傳不絕。漢末，鄭玄傳小戴之學，後以古經校之，取其於義長者作注，爲鄭氏學。其喪服一篇，子夏先傳之，諸儒多爲注解，今又別行。而漢時有李氏得周官。周官蓋周公所制官政之法，上於河間獻王，獨闕冬官一篇。獻王購以千金不得，遂取考工記以補其處，合成六篇奏之。至王莽時，劉歆始置博士，以行於世。河南緱氏及杜子春受業於歆，因以教授。是後馬融作周官傳，以授鄭玄，玄作周官注。漢初，河間獻王又得仲尼弟子及後學者所記一百三十一篇獻之，時亦無傳之者。至劉向考校經籍，檢得一百三十篇，向因第而敍之。而又得明堂陰陽記三十三篇、孔子三朝記七篇、王史氏記二十一篇〔三九〕、樂記二十三篇，凡五種，合二百十四篇。

戴德删其煩重，合而記之，爲八十五篇，謂之大戴記。而戴聖又删大戴之書，爲四十六篇，謂之小戴記。漢末馬融，遂傳小戴之學。融又足月令一篇〔四〇〕、明堂位一篇、樂記一篇，合四十九篇；而鄭玄受業於融，又爲之注。今周官六篇、古經十七篇、小戴記四十九篇，凡三種。唯鄭注立於國學，其餘並多散亡，又無師説。

樂社大義十卷梁武帝撰。

樂論三卷梁武帝撰。梁有樂義十一卷，武帝集朝臣撰，亡。

樂論一卷衛尉少卿蕭吉撰。

古今樂録十二卷陳沙門智匠撰。

樂書七卷後魏丞相士曹行參軍信都芳撰。

樂雜書三卷

樂元一卷魏僧撰。

管絃記十卷凌秀撰。

樂要一卷何妥撰。

樂部一卷

春官樂部五卷梁有宋元嘉正聲伎録一卷，張鮮撰〔四一〕，亡。

樂府聲調六卷岐州刺史、沛國公鄭譯撰。

樂府聲調三卷鄭譯撰。

樂經四卷

琴操三卷晉廣陵相孔衍撰。

琴操鈔二卷

琴操鈔一卷

琴譜四卷戴氏撰。

琴經一卷

琴說一卷

琴曆頭簿一卷

新雜漆調絃譜一卷

樂譜四卷

樂譜集二十卷蕭吉撰。

樂略四卷

樂律義四卷沈重撰。

鍾律義一卷

樂簿十卷

齊朝曲簿一卷

大隋總曲簿一卷

推七音二卷并尺法。

樂論事一卷

樂事一卷

正聲伎雜等曲簿一卷

太常寺曲名一卷

太常寺曲簿十一卷

歌曲名五卷

歷代樂名一卷

鍾磬志二卷公孫崇撰。

樂懸一卷何晏等撰議。

樂懸圖一卷

鍾律緯辯宗見一卷

當管七聲二卷魏僧撰。

黃鍾律一卷梁有鍾律緯六卷，梁武帝撰，亡。

右四十二部，一百四十二卷。通計亡書，合四十六部，二百六十三卷。

樂者，先王所以致神祇，和邦國，諧萬姓，安賓客，悅遠人，所從來久矣。周人存六代之樂，曰雲門、咸池、大韶、大夏、大濩、大武。其後衰微崩壞，及秦而頓滅。漢初，制氏雖紀其鏗鏘鼓儛，而不能通其義。其後竇公、河間獻王、常山王、張禹，咸獻樂書。魏、晉已後，雖加損益，去正轉遠，事在聲樂志〔四二〕。今録其見書，以補樂章之闕。

春秋經十一卷吴衛將軍士燮注。

春秋左氏長經二十卷漢侍中賈逵章句。

春秋左氏解詁三十卷賈逵撰。

春秋左氏傳解誼三十一卷漢九江太守服虔注。

春秋左氏傳三十卷王肅注。

春秋左氏傳三十卷董遇章句。

春秋左氏傳義注十八卷孫毓注。

春秋左氏傳十二卷魏司徒王朗撰。

春秋左氏經傳集解三十卷杜預撰。

春秋杜氏服氏注春秋左傳十卷殘缺。

春秋左氏傳音三卷魏中散大夫嵇康撰。梁有服虔、杜預音三卷，魏高貴鄉公春秋左氏傳音三卷，曹耽音、尚書左人郎荀訥等音四卷，亡。

春秋左氏傳音三卷李軌撰。

春秋左氏傳音三卷徐邈撰。

春秋釋訓一卷賈逵撰。

春秋左氏經傳朱墨列一卷賈逵撰。

春秋釋例十卷漢公車徵士潁容撰。梁有春秋左氏傳條例九卷，漢大司農鄭衆撰。

春秋左氏膏肓釋痾十卷服虔撰。梁有春秋漢議駁二卷，服虔撰，亡。

駁何氏漢議二卷鄭玄撰。

春秋成長説九卷服虔撰。梁有春秋左氏達義一卷，漢司徒掾王玢撰，亡。

春秋塞難三卷服虔撰。梁有春秋雜議難五卷，漢少府孔融撰；春秋左氏釋駁一卷，王朗撰。亡。

春秋説要十卷魏樂平太守糜信撰。

春秋釋例十五卷杜預撰。梁有春秋釋例引序一卷，齊正員郎杜乾光撰，亡。

春秋左氏傳評二卷杜預撰。

春秋條例十一卷晉太尉劉寔撰。梁有春秋公羊達義三卷，劉寔撰，亡。

春秋經例十二卷晉方範撰。梁有春秋釋滯十卷，晉尚書左丞殷興撰；春秋釋難三卷，晉護軍范堅撰。亡。

春秋左氏傳條例二十五卷

春秋義例十卷

春秋左傳例苑十九卷梁有春秋經傳説例疑隱一卷，吴略撰；春秋左氏分野一卷；春秋十二公名一卷，鄭玄撰。亡。

春秋左氏經傳通解四卷王述之撰。

春秋左氏傳賈服異同略五卷孫毓撰。

春秋左氏函傳義十五卷干寶撰。

春秋左氏區別三十卷宋尚書功論郎何始真撰〔四三〕。

春秋文苑六卷

春秋叢林十二卷

春秋義林一卷

春秋大夫辭三卷

春秋嘉語六卷

春秋左氏諸大夫世譜十三卷

春秋五辯二卷梁五經博士沈宏撰。

春秋辯證六卷

春秋旨通十卷王述之撰。

春秋經傳解六卷崔靈恩撰。

春秋申先儒傳論十卷崔靈恩撰。

春秋左氏傳立義十卷崔靈恩撰。

劉寔等集解春秋序一卷

春秋序論二卷干寶撰。

春秋序一卷賀道養注。

春秋序一卷崔靈恩撰。

春秋序一卷田元休注。

春秋左傳杜預序集解一卷劉炫注。

春秋左氏經傳義略二十五卷陳國子博士沈文阿撰。

王元規續沈文阿春秋左氏傳義略十卷

春秋義略三十卷陳右軍將軍張沖撰。

春秋左氏義略八卷

春秋五十凡義疏二卷

春秋左氏傳述義四十卷東京太學博士劉炫撰。

春秋序義疏一卷梁有春秋發題一卷，梁簡文帝撰；春秋左氏圖十卷，漢太子太傅嚴彭祖撰；古今春秋盟會地圖一卷。亡。

春秋公羊傳十二卷嚴彭祖撰。

春秋公羊解詁十一卷漢諫議大夫何休注。

春秋公羊經傳十三卷晉散騎常侍王愆期注。梁有春秋公羊傳十二卷，晉河南太守高龍注；春秋公羊傳十四卷，孔衍集解；春秋公羊音，李軌、晉徵士江惇撰〔四四〕，各一卷。

春秋繁露十七卷漢膠西相董仲舒撰。

春秋決事十卷董仲舒撰。

春秋決疑論一卷

春秋左氏膏肓十卷何休撰。

春秋穀梁廢疾三卷何休撰。

春秋漢議十三卷何休撰。

駁何氏漢議二卷鄭玄撰。梁有漢議駁二卷，服虔撰，亡。

駁何氏漢議敍一卷

春秋公羊墨守十四卷何休撰。

春秋公羊例序五卷刁氏撰。

春秋公羊諡例一卷何休撰。梁有春秋公羊傳條例一卷，何休撰；春秋公羊傳問答五卷，荀爽問，魏安平太守徐欽答；春秋公羊論二卷，晉車騎將軍庾翼問，王愆期答。亡。

春秋公羊解序一卷鮮于公撰。

春秋公羊疏十二卷

春秋穀梁傳十三卷吴僕射唐固注。梁有春秋穀梁傳十五卷，漢諫議大夫尹更始撰〔四五〕，亡。

春秋穀梁傳十二卷魏樂平太守麋信注〔四六〕。

穀梁傳十卷晉堂邑太守張靖注。梁有春秋穀梁傳十三卷，晉給事郎徐乾注；春秋穀梁傳十卷，胡訥集解。亡。

春秋穀梁傳十六卷程闡撰。

春秋穀梁傳十四卷孔衍撰。

春秋穀梁傳十二卷徐邈撰。

春秋穀梁傳十四卷段肅注，疑漢人。

春秋穀梁傳五卷孔君指訓〔四七〕，殘缺。梁十四卷。

春秋穀梁傳十二卷范甯集解。梁有穀梁音一

卷，亡。

春秋穀梁傳四卷殘缺，張、程、孫、劉四家集解。

糜信理何氏漢議二卷魏人〔四八〕。

春秋穀梁傳義十卷徐邈撰。

春秋議十卷何休撰。

徐邈答春秋穀梁義三卷

薄叔玄問穀梁義二卷梁四卷。

春秋穀梁傳例一卷范甯撰。

春秋公羊穀梁集傳十二卷〔四九〕晉博士劉兆撰。

春秋穀梁廢疾三卷何休撰，鄭玄釋，張靖箋。

春秋公羊穀梁二傳評三卷

春秋三家經本訓詁十二卷賈逵撰。宋有三家經二卷，亡。

春秋三傳論十卷魏大長秋韓益撰。

春秋經合三傳十卷潘叔度撰。

春秋成奪十卷潘叔度撰。

春秋三傳評十卷胡訥撰。梁有春秋集三師難三卷，春秋集三傳經解十卷，胡訥撰。今亡。

春秋土地名三卷晉裴秀客京相璠等撰。

春秋外傳國語二十卷賈逵注。

春秋外傳國語二十一卷虞翻注。

春秋外傳章句一卷王肅撰。梁二十二卷。

春秋外傳國語二十二卷韋昭注。

春秋外傳國語二十卷晉五經博士孔晁注。

春秋外傳國語二十一卷唐固注。梁有春秋古今盟會地圖一卷，亡。

右九十七部，九百八十三卷。通計亡書，合一百三十部，一千一百九十二卷。

春秋者，魯史策書之名。昔成周微弱，典章淪廢，魯以周公之故，遺制尚存。仲尼因其舊史，裁而正之，或婉而成章，以存大順，或直書其事，以示首惡。故有求名而亡，欲蓋而彰，亂臣賊子，於是大懼。其所褒貶，不可具書，皆口授弟子。弟子退而異說，左丘明恐失其真，乃爲之傳。遭秦滅學，口說尚存。漢初，有公羊、穀梁、鄒氏、夾氏，四家並行。王莽之亂，鄒氏無師，夾氏亡。初齊人胡母子都，傳公羊春秋，授東海嬴公。嬴公授東海孟卿，孟卿授魯人眭孟，眭孟授東海嚴彭祖、魯人顏安樂。故後漢公羊有嚴氏、顏氏之學，與穀梁三家並立。漢末，何休又作公羊解詁〔五〇〕。而左氏，漢初出於張蒼之家，本無傳者。至文帝時，梁太傅賈誼爲訓詁，授趙人貫公。其後劉歆典校經籍，考而正之，欲立於學，諸儒莫應。至建武中，尚書令韓歆請立而未行。時陳元最明左傳，又上書訟之。於是乃以魏郡李封爲左氏博士。後羣儒蔽固者，數廷爭之。及封卒，遂罷。然諸儒傳左氏者甚衆。永平中，能爲左氏者，擢高第爲講郎。其後賈逵、服虔並爲訓解。至魏，遂行於世。晉時，杜預又爲經傳集解。穀梁范甯注、公羊何休注、左氏服虔、杜預注，俱立國學。然公羊、穀梁，但試讀文，而不能通其義。後學三傳通講，而左氏唯傳服義。至隋，杜氏盛行，服義及公羊、穀梁浸微，今殆無師說。

古文孝經一卷孔安國傳。梁末亡逸，今疑非古本。

孝經一卷鄭氏注。梁有馬融、鄭衆注孝經二卷，亡。

孝經一卷王肅解。梁有魏散騎常侍蘇林、吏部尚書何晏、光祿大夫劉邵、孫氏等注孝經各一卷，亡。

孝經解讚一卷韋昭解。

孝經嘿注一卷徐整注。

集解孝經一卷謝萬集。

集議孝經一卷晉中書郎荀昶撰，亡[五一]。

集議孝經一卷晉東陽太守袁敬仲集[五二]。梁有孝經皇義一卷，宋均撰；又有晉給事中楊泓、處士虞槃佐、孫氏、東陽太守殷仲文、晉陵太守殷叔道、丹陽尹車胤、孔光各注孝經一卷；荀昶注孝經二卷；宋何承天、費沈、齊光祿大夫王玄載、國子博士明僧紹、梁五經博士嚴植之、尚書功論郎曹思文、羽林監江係之、江遜等注孝經各一卷；釋慧始注孝經一卷；陶弘景集注孝經一卷；諸葛循孝經序一卷。亡。

孝經一卷釋慧琳注。梁有晉穆帝時晉孝經一卷，武帝時送總明館孝經講、議各一卷，宋大明中東宮講，齊永明三年東宮講，齊永明中諸王講及賀瑒講、議孝經義疏各一卷，齊臨沂令李玉之爲始興王講孝經義疏二卷，亡。

孝經義疏十八卷梁武帝撰。梁有皇太子講孝經義三卷，天監八年皇太子講孝經義一卷，梁簡文孝經義疏五卷，蕭子顯孝經義疏一卷，亡。

孝經敬愛義一卷梁吏部尚書蕭子顯撰。

古文孝經述義五卷〔五三〕劉炫撰。

孝經私記四卷無名先生撰。

孝經講疏六卷徐孝克撰。

孝經義一卷

孝經義一卷梁揚州文學從事太史叔明撰。梁有孝經玄、孝經圖各一卷，孝經孔子圖二卷，亡。

孝經義疏一卷趙景韶撰。

孝經義疏三卷皇侃撰。

國語孝經一卷

孝經私記二卷周弘正撰。

右十八部，合六十三卷。通計亡書，合五十九部，一百一十四卷。

夫孝者，天之經，地之義，人之行。自天子達於庶人，雖尊卑有差，及乎行孝，其義一也。先王因之以治國家，化天下，故能不嚴而順，不肅而成。斯實生靈之至德，王者之要道。孔子既敍六經，題目不同，指意差別，恐斯道離散，故作孝經，以總會之，明其枝流雖分，本萌於孝者也。遭秦焚書，爲河間人顔芝所藏。漢初，芝子貞出之，凡十八章，而長孫氏、博士江翁、少府后蒼、諫議大夫翼奉〔五四〕、安昌侯張禹，皆名其學。又有古文孝經，與古文尚書同出，而長有閨門一章〔五五〕，其餘經文，大較相似，篇簡缺解，又有衍出三章，并前合爲二十二章，孔安國爲之傳。至劉向典校經籍，以顔本比古文，除其繁惑，以十八章爲定。鄭衆、馬融，並爲之注。又有鄭氏注，相傳或云鄭玄，其立義與玄所注餘書不同，故疑之。

梁代，安國及鄭氏二家，並立國學，而安國之本，亡於梁亂。陳及周、齊，唯傳鄭氏。至隋，祕書監王劭於京師訪得孔傳，送至河間劉炫。炫因序其得喪，述其議疏，講于人間，漸聞朝廷，後遂著令，與鄭氏並立。儒者諠諠，皆云炫自作之，非孔舊本，而祕府又先無其書。又云魏氏遷洛，未達華語，孝文帝命侯伏侯可悉陵，以夷言譯孝經之旨，教于國人，謂之國語孝經。今取以附此篇之末。

論語十卷鄭玄注。梁有古文論語十卷，鄭玄注；又王肅、虞翻、譙周等注論語各十卷。亡。

論語九卷鄭玄注，晉散騎常侍虞喜讚。

集解論語十卷何晏集。

集注論語六卷晉八卷，晉太保衞瓘注。梁有論語補闕二卷，宋明帝補衞瓘闕，亡。

論語集義八卷晉尚書左中兵郎崔豹集。梁十卷。

論語十卷晉著作郎李充注。

集解論語十卷晉廷尉孫綽解。梁有盈氏及孟整注論語各十卷〔五六〕，亡。

集解論語十卷晉兗州別駕江熙解。

論語七卷盧氏注。梁有晉國子博士梁覬、益州刺史袁喬、尹毅、司徒左長史張憑及暢惠明〔五七〕、宋新安太守孔澄之、齊員外郎虞遐及許容、曹思文注，釋僧智略解，梁太史叔明集解，陶弘景集注論語各十卷；又論語音二卷，徐邈等撰。亡。

論語難鄭一卷梁有古論語義注譜一卷，徐氏撰；論語隱義注三卷，論語義注三卷。亡。

論語難鄭一卷

論語標指一卷司馬氏撰。

論語雜問一卷

論語孔子弟子目録一卷鄭玄撰。

論語體略二卷晉太傅主簿郭象撰。

論語旨序三卷晉衞尉繆播撰。

論語釋疑三卷王弼撰。

論語釋一卷張憑撰。

論語釋疑十卷晉尚書郎欒肇撰。梁有論語釋駁三卷，王肅撰；論語駁序二卷，欒肇撰；論語隱一卷，郭象撰；論語藏集解一卷，應琛撰；論語釋一卷，曹毗撰；論語君子無所爭一卷，庾亮撰；論語釋一卷，李充撰；論語釋一卷，庾翼撰；論語義一卷，王濛撰；又蔡系論語釋一卷，張隱論語釋一卷，郄原通鄭一卷，王氏修鄭錯一卷，姜處道論釋一卷。亡。

論語別義十卷范廙撰。梁有論語疏八卷，宋司空法曹張略等撰；新書對張論十卷，虞喜撰。

論語義疏十卷褚仲都撰。

論語義疏十卷皇侃撰。

論語述義十卷劉炫撰。

論語義疏八卷

論語講疏文句義五卷徐孝克撰，殘缺。

論語義疏二卷張沖撰。梁有論語義注圖十二卷，亡。

孔叢七卷陳勝博士孔鮒撰。梁有孔志十卷，梁太尉參軍劉被撰，亡。

孔子家語二十一卷王肅解。梁有當家語二

卷，魏博士張融撰，亡。

孔子正言二十卷梁武帝撰。

爾雅三卷漢中散大夫樊光注。梁有漢劉歆，犍爲文學、中黄門李巡爾雅注各三卷〔五八〕，亡。

爾雅七卷孫炎注。

爾雅五卷郭璞注。

集注爾雅十卷梁黄門郎沈琁注。

爾雅音八卷祕書學士江漼撰。梁有爾雅音二卷，孫炎、郭璞撰。

爾雅圖十卷郭璞撰。梁有爾雅圖讚二卷，郭璞撰，亡。

廣雅三卷魏博士張揖撰。梁有四卷。

廣雅音四卷祕書學士曹憲撰。

小爾雅一卷李軌略解。

方言十三卷漢揚雄撰，郭璞注。

釋名八卷劉熙撰。

辯釋名一卷韋昭撰。

五經音十卷徐邈撰。

五經正名十二卷劉炫撰。

白虎通六卷

五經異義十卷後漢太尉祭酒許慎撰。

五經然否論五卷晉散騎常侍譙周撰。

五經拘沈十卷晉高涼太守楊方撰。

五經大義三卷戴逵撰。梁有通五經五卷，王氏撰；五經咨疑八卷，周楊撰；五經異同評一卷，賀瑒撰；五經祕表要三卷〔五九〕。亡。

五經大義十卷後周縣伯中大夫樊文深撰。

經典大義十二卷沈文阿撰。

五經大義五卷何妥撰。

五經通義八卷梁九卷。

五經義六卷梁七卷。梁又有五經義略一卷，亡。

五經要義五卷梁十七卷，雷氏撰。

五經析疑二十八卷邯鄲綽撰。

五經宗略二十三卷元延明撰。

五經雜義六卷孫暢之撰。

長春義記一百卷梁簡文帝撰。

大義九卷

遊玄桂林九卷張譏撰。

六經通數十卷梁舍人鮑泉撰。

七經義綱二十九卷樊文深撰。

七經論三卷樊文深撰。

質疑五卷樊文深撰。

經典玄儒大義序録二卷沈文阿撰。

玄義問答二卷

六藝論一卷鄭玄撰。

聖證論十二卷王肅撰。

鄭志十一卷魏侍中鄭小同撰。

鄭記六卷鄭玄弟子撰。

謚法三卷劉熙撰。

謚法十卷特進、中軍將軍沈約撰。

謚法五卷梁太府卿賀瑒撰〔六〇〕。

江都集禮一百二十六卷

右七十三部，七百八十一卷。通計亡書，合一百一十六部，一千二十七卷。

論語者，孔子弟子所録。孔子既敍六經，講於洙、泗之上，門徒三千，達者七十。其與夫子應答，及私相講肄，言合於道，或書之於紳，或事之無厭。仲尼既没，遂緝而論之，謂之論語。漢初，有齊、魯之説。其齊人傳者，二十二篇；魯人傳者，二十篇。齊則昌邑中尉王吉、少府宗畸、御史大夫貢禹、尚書令五鹿充宗、膠東庸生。魯則常山都尉龔奮、長信少府夏侯勝、韋丞相節侯父子、魯扶卿、前將軍蕭望之、安昌侯張禹，並名其學。張禹本授魯論，晚講齊論，後遂合而考之，删其煩惑。除去齊論問王、知道二篇，從魯論二十篇爲定，號張侯論，當世重之。周氏、包氏，爲之章句，馬融又爲之訓。又有古論語，與古文尚書同出，章句煩省，與魯論不異，唯分子張爲二篇，故有二十一篇。孔安國爲之傳。漢末，鄭玄以張侯論爲本，參考齊論、古論而爲之注。魏司空陳羣、太常王肅、博士周生烈，皆爲義説。吏部尚書何晏，又爲集解。是後諸儒多爲之注，齊論遂亡。古論先無師説，梁、陳之時，唯鄭玄、何晏立於國學，而鄭氏甚微。周、齊，鄭學獨立。至隋，何、鄭並行，鄭氏盛於人間。其孔叢、家語，並孔氏所傳仲尼之旨。爾雅諸書，解古今之意，并五經總義，附于此篇。

河圖二十卷梁河圖洛書二十四卷，目録一卷，亡。

河圖龍文一卷

易緯八卷鄭玄注。梁有九卷。

尚書緯三卷鄭玄注。梁六卷。

尚書中候五卷鄭玄注。梁有八卷，今殘缺。

詩緯十八卷魏博士宋均注。梁十卷。

禮緯三卷鄭玄注，亡〔六一〕。

禮記默房二卷宋均注。梁有三卷，鄭玄注，亡。

樂緯三卷宋均注。梁有樂五鳥圖一卷，亡。

春秋災異十五卷郗萌撰。梁有春秋緯三十卷，宋均注；春秋內事四卷，春秋包命二卷，春秋祕事十一卷，書易詩孝經春秋河洛緯祕要一卷，五帝鉤命決圖一卷。亡。

孝經勾命決六卷宋均注。

孝經援神契七卷宋均注。

孝經內事一卷梁有孝經雜緯十卷，宋均注；孝經元命包一卷，孝經古祕援神二卷，孝經古祕圖一卷，孝經左右握二卷，孝經左右契圖一卷，孝經雌雄圖三卷，孝經異本雌雄圖二卷，孝經分野圖一卷，孝經內事圖二卷，孝經內事星宿講堂七十二弟子圖一卷，又口授圖一卷；又論語讖八卷，宋均注；孔老讖十二卷，老子河洛讖一卷，尹公讖四卷，劉向讖一卷，雜讖書二十九卷，堯戒舜禹一卷，孔子王明鏡一卷，郭文金雄記一卷，王子年歌一卷，嵩高道士歌一卷。亡。

右十三部，合九十二卷。通計亡書，合三十二部，共二百三十二卷。

易曰：「河出圖，洛出書。」然則聖人之受命也，必因積德累業，豐功厚利，誠著天地，澤被生人，萬物之所歸往，神明之所福饗，則有天命之應。蓋龜龍銜負，出於河、洛，以紀易代之徵，其理幽昧，究極神道。先王恐其惑人，祕而不傳。說者又云，孔子既敍六經，以明天人之道，知後世不能稽同其意，故別立緯及讖，以遺來世。其書出於前漢，有河圖九篇，洛書六篇，云自黄帝至周文王所受本文。又别有三十篇，云自初起至于孔子，九聖之所增演，以廣其意。又有七經緯三十六篇，並云孔子所作，并前合爲八十一篇。而又有尚書中候、洛罪級、五行傳，詩推度災、氾曆樞、含神務，孝經勾命決、援神契、雜讖等書。漢代有郗氏、袁氏説。漢末，郎中郗萌，集圖緯讖雜占爲五十篇，謂之春秋災異。宋均、鄭玄，並爲讖律之注。然其文辭淺俗，顛倒舛謬，不類聖人之旨。相傳疑世人造爲之後，或者又加點竄，非其實録。起王莽好符命，光武以圖讖興，遂盛行於世。漢時，又詔東平王蒼，正五經章句，皆命從讖。俗儒趨時，益爲其學，篇卷第目，轉加增廣。言五經者，皆憑讖爲説。唯孔安國、毛公、王璜、賈逵之徒獨非之，相承以爲祅妄，亂中庸之典。故因漢魯恭王、河間獻王所得古文，參而考之，以成其義，謂之「古學」。當世之儒，又非毁之，竟不得行。魏代王肅，推引古學，以難其義。王弼、杜預，從而明之，自是古學稍立。至宋大明中，始禁圖讖，梁天監已後，又重其制。及高祖受禪，禁之踰切。煬帝即位，乃發使四出，搜天下書籍與讖緯相涉者，皆焚之，爲吏所糾者至死。自是無復其學，祕府之内，亦多散亡。今録其見存，列于六經之下，以備異説。

三蒼三卷郭璞注。秦相李斯作蒼頡篇，漢揚雄作訓纂篇，後漢郎中賈魴作滂喜篇，故曰三蒼。梁有蒼頡二卷，後漢司空杜林注，亡。

坤蒼三卷張揖撰。梁有廣蒼一卷，樊恭撰，亡。

急就章一卷漢黃門令史游撰。

急就章二卷崔浩撰。

急就章三卷豆盧氏撰。

吴章二卷陸機撰。

小學篇一卷晉下邳内史王義撰。

少學九卷楊方撰。

始學一卷

勸學一卷蔡邕撰。有司馬相如凡將篇，班固太甲篇、在昔篇，崔瑗飛龍篇〔六二〕，蔡邕聖皇篇、黃初篇、吴章篇，蔡邕女史篇，合八卷；又幼學二卷，朱育撰；始學十二卷，吴郎中項峻撰；又月儀十二卷。亡。

發蒙記一卷晉著作郎束晳撰〔六三〕。

啓蒙記三卷晉散騎常侍顧愷之撰。

啓疑記三卷顧愷之撰。

千字文一卷梁給事郎周興嗣撰。

千字文一卷梁國子祭酒蕭子雲注。

千字文一卷胡肅注。

篆書千字文一卷

演千字文五卷

草書千字文一卷

古今字詁三卷張揖撰。梁有難字一卷，錯誤字一卷，並張揖撰〔六四〕；異字二卷，朱育撰；字屬一卷，賈魴撰。亡。

雜字解詁四卷魏掖庭右丞周氏撰。梁有解文字七卷，周成撰；字義訓音六卷，古今字苑十卷，曹侯彦撰。亡。

雜字指一卷後漢太子中庶子郭顯卿撰。

字指二卷晉朝議大夫李彤撰。梁有單行字四卷，李彤撰；又字偶五卷。亡。

說文十五卷許慎撰。梁有演說文一卷，庾儼默注，亡。

說文音隱四卷

字林七卷晉弦令呂忱撰。

字林音義五卷宋揚州督護吴恭撰。

古今字書十卷

字書三卷

字書十卷

字統二十一卷陽承慶撰〔六五〕。

玉篇三十一卷陳左衞將軍顧野王撰〔六六〕。

字類敍評三卷侯洪伯撰。

要字苑一卷宋豫章太守謝康樂撰。梁有常用字訓一卷，殷仲堪撰；要用字對誤四卷〔六七〕，梁輕車參軍鄒誕生撰，亡。

要用雜字三卷鄒里撰。梁有文字要記三卷，王義撰，亡。

俗語難字一卷祕書少監王劭撰。

雜字要三卷密州行參軍李少通撰。

文字整疑一卷

正名一卷

文字集略六卷梁文貞處士阮孝緒撰。

今字辯疑三卷李少通撰。

異字同音一卷梁有釋字同音三卷〔六八〕，宋散騎常侍吉文甫撰。

字宗三卷薛立撰。

文字譜一卷梁有古今文字序一卷，劉歆撰；文字統略一卷，焦子明撰。亡。

文字辯嫌一卷彭立撰。

辯字一卷戴規撰。

雜字音一卷

借音字一卷

音書考源一卷

聲韻四十一卷周研撰。

聲類十卷魏左校令李登撰。

韻集十卷

韻集六卷晉安復令呂靜撰。

四聲韻林二十八卷張諒撰。

韻集八卷段弘撰。

羣玉典韻五卷梁有文章音韻二卷，王該撰；又五音韻五卷。亡。

韻略一卷陽休之撰[六九]。

脩續音韻決疑十四卷李槩撰。

纂韻鈔十卷

四聲指歸一卷劉善經撰。

四聲一卷梁太子少傅沈約撰。

四聲韻略十三卷夏侯詠撰。

音譜四卷李槩撰。

韻英三卷釋靜洪撰。

通俗文一卷服虔撰。

訓俗文字略一卷後齊黄門郎顔之推撰。

證俗音字略六卷梁有詁幼二卷，顔延之撰；廣詁幼一卷，宋給事中荀楷撰。亡。

文字音七卷晉蕩昌長王延撰。梁有纂文三卷，亡。

翻真語一卷王延撰。

真言鑒誡一卷

字書音同異一卷

敍同音義三卷

河洛語音一卷王長孫撰。

國語十五卷

國語十卷

鮮卑語五卷

國語物名四卷後魏侯伏侯可悉陵撰。

國語真歌十卷

國語雜物名三卷侯伏侯可悉陵撰。

國語十八傳一卷

國語御歌十一卷

鮮卑語十卷

國語號令四卷

國語雜文十五卷

鮮卑號令一卷周武帝撰。

雜號令一卷

古文官書一卷後漢議郎衞敬仲撰。

古今奇字一卷郭顯卿撰。

六文書一卷

四體書勢一卷晉長水校尉衞恒撰。

雜體書九卷釋正度撰。

古今八體六文書法一卷

古今篆隸雜字體一卷蕭子政撰。

古今文等書一卷

篆隸雜體書二卷

文字圖二卷

古今字圖雜録一卷祕書學士曹憲撰。

婆羅門書一卷梁有扶南胡書一卷。

外國書四卷

秦皇東巡會稽刻石文一卷

一字石經周易一卷梁有三卷。

一字石經尚書六卷梁有今字石經鄭氏尚書八

卷，亡。

一字石經論語一卷梁有二卷。

一字石經典論一卷

一字石經魯詩六卷梁有毛詩二卷，亡。

一字石經儀禮九卷

一字石經尚書九卷梁有十三卷。

三字石經尚書五卷

一字石經春秋一卷梁有一卷。

三字石經春秋三卷梁有十二卷。

一字石經公羊傳九卷

右一百八部，四百四十七卷。通計亡書，合一百三十五部，五百六十九卷。

孔子曰：「必也正名乎？」名謂書字。「名不正則言不順，言不順則事不成。」說者以爲書之所起，起自黃帝蒼頡。比類象形謂之文，形聲相益謂之字，著於竹帛謂之書。故有象形、諧聲、會意、轉注、假借、處事六義之別。古者童子示而不誑，六年教之數與方名。十歲入小學，學書計。二十而冠，始習先王之道，故能成其德而任事。然自蒼頡訖于漢初，書經五變：一曰古文，即蒼頡所作。二曰大篆，周宣王時史籀所作。三曰小篆，秦時李斯所作。四曰隸書，程邈所作。五曰草書，漢初作。秦世既廢古文，始用八體，有大篆、小篆、刻符、摹印、蟲書、署書、殳書、隸書。漢時以六體教學童，有古文、奇字、篆書、隸書、繆篆、蟲鳥，并藁書、楷書、懸針、垂露、飛白等二十餘種之勢，皆出於上六書，因事生變也。魏世又有八分書。其字義訓讀，有史籀篇、蒼頡篇、三蒼、埤蒼、廣蒼等諸篇章訓詁，說文、字林音義，聲韻，體勢等諸書。自後漢佛法行於中國，又得西域胡書，能以十四字貫一切音，文省而義廣，謂之婆羅門書。與八體六文之義殊別。今取以附體勢之下。又後魏初定中原，軍容號令，皆以夷語。後染華俗，多不能通，故録其本言，相傳教習，謂之「國語」。今取以附音韻之末。又後漢鐫刻七經，著於石碑，皆蔡邕所書。魏正始中，又立三字石經〔七〇〕，相承以爲七經正字。後魏之末，齊神武執政，自洛陽徙于鄴都，行至河陽，值岸崩，遂没于水。其得至鄴者，不盈太半。至隋開皇六年，又自鄴京載入長安，置于祕書内省，議欲補緝，立于國學。尋屬隋亂，事遂寢廢，營造之司，因用爲柱礎。貞觀初，祕書監臣魏徵，始收聚之，十不存一。其相承傳拓之本，猶在祕府，并秦帝刻石，附於此篇，以備小學。

凡六藝經緯六百二十七部，五千三百七十一卷。通計亡書，合九百五十部，七千二百九十卷。

傳曰：「玉不琢，不成器，人不學，不知道。」古之君子，多識而不窮，畜疑以待問；學不踰等，教不陵節；言約而易曉，師逸而功倍；且耕且養，三年而成一藝。自孔子没而微言絶，七十子喪而大義乖，學者離羣索居，各爲異説。至于戰國，典文遺棄，六經之儒，不能究其宗旨，多立小數，一經至數百萬言。致令學者難曉，虚誦問答，脣腐齒落而不知益。

且先王設教，以防人欲，必本於人事，折之中道。上天之命，略而罕言，方外之理，固所未說。至後漢好圖讖，晉世重玄言，穿鑿妄作，日以滋生。先王正典，雜之以祆妄，大雅之論，汩之以放誕。陵夷至于近代，去正轉疎，無復師資之法。學不心解〔七一〕，專以浮華相尚，豫造雜難，擬爲讎對，遂有芟角、反對、互從等諸翻競之說。馳騁煩言，以紊彝敍，譊譊成俗，而不知變，此學者之蔽也。班固列六藝爲九種，或以緯書解經，合爲十種。

校勘記

〔一〕兵書兵家術數　「兵書兵家」，册府卷六〇八學校部目録作「兵書家」，玉海卷五二藝文書目作「兵書」，疑後「兵」字衍。

〔二〕西曰寶蹟臺　姚振宗考證卷二三：「諸本皆脱『蹟』字，今從張彦遠歷代名畫記補。」據補。按，隋書經籍志的校勘除吸收姚振宗的研究成果外，主要還參考了章宗源隋書經籍志考證、張鵬一隋書經籍志補以及興膳宏、川合康三隋書經籍志詳攷等，除特別情況外，以下參考這幾種著作不一一注明。

〔三〕齊安西參軍　「西」字原闕，據經典釋文卷一序録補。

〔四〕梁有臨海令伏曼容　「令」，疑當作「太守」。按，梁書卷四八、南史卷七一儒林伏曼容傳、册府卷六〇六學校部注釋，曼容自司馬出爲「臨海太守」。

〔五〕謝萬等注　舊唐書卷四六經籍志上、新唐書卷五七藝文志一無「等」字，疑衍。

〔六〕揚州刺史顧夷　「刺史」疑誤。按，本書卷三三經籍志二、卷三四經籍志三、世説新語卷上文學劉孝標注引顧氏譜俱作「主簿」。册府卷六〇五學校部注釋：「顧夷爲揚州從事，撰難王輔嗣義一卷。」主簿可稱從事。

〔七〕劉瓛　原作「劉巘」，據宋甲本、大德本、南監本、北監本、汲本、殿本改。劉瓛，南齊書卷三九、南史卷五〇有傳。

〔八〕張譏　原作「張機」，據宋甲本改。按，舊唐書卷四六經籍志上、新唐書卷五七藝文志一、通志卷六三藝文略易亦作「張譏」。張譏，陳書卷三三有傳。下文同改，不另出校。

〔九〕周易文句義二十卷　舊唐書卷四六經籍志上著録梁蕃周易文句義疏二十卷，新唐書卷五七藝文志一亦載「梁蕃文句義疏二十卷」，疑即同書。

〔一〇〕顔氏撰　據隋志著録體例，佚書或殘書附見於相關存書目下，並注明殘缺或亡佚情況，此「顔氏撰」下當闕書「殘缺」或「亡」字。以下此類情況凡不涉及其他錯誤，不另出校。

〔一一〕吴太尉范順問劉毅答　「吴太尉」三字原在「劉毅」上，侯康補三國藝文志：「『吴太尉』三字當上屬。吴志孫皓傳有太尉范慎，又見孫登傳注，即其人也。順、慎古通。」今據乙正。

〔一二〕姚方興　原作「姚興方」，據經典釋文卷一序録、史通卷一二古今正史、册府卷六〇六學校部注釋、玉海卷三七藝文漢古文尚書乙正。

〔三〕侯苞　殿本作「侯芭」。本書卷三四經籍志三子部儒家類著録侯苞注揚子法言六卷，漢書卷八七下揚雄傳下載，鉅鹿人侯芭「從雄居，受其太玄、法言」，可知「侯苞」、「侯芭」應指同一人。宋人論詩，多「侯苞」、「侯芭」雜稱。姚振宗考證卷三：「按，『苞』、『芭』字形相近，義亦相通，自來傳寫不一。」

〔四〕詩神泉一卷漢有道徵士趙曄撰　後漢書卷七九下儒林下趙曄傳：「曄著吴越春秋、詩細歷神淵。」「泉」字避唐諱改。

〔五〕河間太傅　「太傅」，原作「太守」，據日本國見在書目改。按，漢置河間國，後魏始設河間郡，毛萇應是漢河間王太傅。

〔六〕劉楨　原作「劉禎」，據殿本改。按，劉楨，三國志卷二一魏書有傳。

〔七〕有毛詩問難二卷　據隋志著録體例，凡見於七録著録，唐初亡佚或殘缺的書籍，俱稱「梁有」某書，疑此「有」上奪「梁」字。

〔八〕舒援　疑當作「舒瑗」。按，孔穎達毛詩正義序：「近代爲義疏者有全緩、何胤、舒瑗。」又毛詩正義卷一二、卷二〇孔疏皆引作「舒瑗」。

〔九〕宋奉朝請業遵　「宋」字原闕，據宋甲本、大德本、至順本、汲本補。

〔一〇〕梁又有周官寧朔新書八卷晉燕王師王懋約撰　「又」，原作「人」，據至順本改。又，本卷下文著録「禮記寧朔新書八卷」，注稱「王懋約注。梁有二十卷」。新唐書卷五七藝文志一：「司馬伷周官寧朔新書八卷，又禮記寧朔新書二十卷。並王懋約注。」據晉書卷三八宣五王琅邪王伷傳，伷起家寧朔將軍，與書名稱「寧朔」合，當從新唐書藝文志，寧朔新書撰者爲司馬伷，由王懋約作注。此誤題作王懋約撰。

〔二一〕蔡超　原作「蔡超宗」，據宋書卷六八武二王南郡王義宣傳、經典釋文卷一序録删改。

〔二二〕司馬憲　原作「司馬瓛」，據梁書卷四八儒林伏曼容傳、册府卷五六四掌禮部儀注改。

〔二三〕何佟之撰亡　據隋志著録體例，正文著録見存書目，殘書或亡書入注文。此書在正文而稱「亡」，或誤入正文，或「亡」字衍。又，隋書求是謂此「亡」字應在上文「沈麟士撰」下，誤移於此。

〔二四〕梁國子助教皇侃　「梁」，原作「陳」。按，梁書卷四八儒林皇侃傳，侃卒於梁武帝大同十一年，不得稱「陳」，今據改。

〔二五〕喪服要集二卷晉征南將軍杜預撰　「喪服要集」，舊唐書卷四六經籍志上、新唐書卷五七藝文志一作「喪服要集議」。又，「征南將軍」，姚振宗考證卷四據晉書卷三四杜預傳，太康初杜預代羊祜爲「鎮南將軍」，認爲「征」當作「鎮」。今按，册府卷五六四掌禮部儀注亦作「鎮南將軍」，與姚説合；惟本傳又稱，預卒後追贈「征南將軍」，稱「征南將軍」或另有所本。

〔二六〕喪服要記六卷晉司空賀循撰　「記」字原闕，據新唐書卷五七藝文志一補。舊唐書卷四六經籍志上作「喪服要紀」。又,「六卷」,兩唐志俱作「五卷」,本卷下文另著録賀循「喪服要記十卷」(册府卷五六四掌禮部儀注、通志卷六四藝文略喪服同),卷數各有差歧。

〔二七〕宋員外郎散騎常侍庾蔚之　「常侍」二字原闕。按,本卷下文作「員外常侍庾蔚之」,册府卷五六四掌禮部儀注作「員外散騎常侍」,今據補。

〔二八〕喪服釋疑二十卷劉智撰　「劉智」,原作「孔智」,據晉書卷四一劉寔傳附劉智傳、通典卷八一禮四一凶禮改。又,「喪服釋疑」,晉書作「喪服釋疑論」,通典卷八九禮四九凶禮作「釋疑答問」,卷九五禮五五凶禮等多處作「釋疑」。

〔二九〕喪服世行要記十卷齊光禄大夫王逡撰　「王逡」,原作「王逸」,舊唐書卷四六經籍志上、新唐書卷五七藝文志一作「王逡之」。王逡之,南齊書卷五二、南史卷二四有傳,稱撰世行五卷。六朝人名或綴「之」字,王逡之即王逡,因字形相近誤作「王逸」,今據改。又,「喪服世行要記」,舊唐書經籍志、新唐書藝文志作「喪服五代行要記」。

〔三〇〕喪服疑問一卷樊氏撰　周書卷四五儒林樊深傳:「撰孝經、喪服問疑各一卷」,疑即此書,惟「疑問」作「問疑」。

〔三一〕侍中　「侍」,原作「時」,據宋甲本、至順本、汲本、殿本改。

〔三二〕禮記講疏　原作「禮記義疏」,據舊唐書卷四六經籍志上、新唐書卷五七藝文志一改。本條蓋涉下條「禮記義疏」而誤,參見本卷校勘記〔三三〕。

〔三〕禮記義疏　原作「禮記講疏」。按，經典釋文卷一序録、舊唐書卷四六經籍志上、新唐書卷五七藝文志一俱作「禮記義疏」。梁書卷三武帝紀下，大同四年十二月「皇侃表上所撰禮記義疏五十卷」，即此。今據改。本書上條誤以「講」爲「義」，本條又以「義」爲「講」，上下相亂。

〔四〕褚輝　原作「褚暉」，本書卷七五本傳作「褚輝」，今據改。

〔五〕晉益陽令吴商　「益陽」，原作「益壽」，本書卷三五經籍志四集部别集類有「益陽令吴商集五卷」，晉書卷一五地理志下衡陽郡有益陽縣，無「益壽縣」，今據改。

〔六〕周室王城明堂宗廟圖一卷祁諶撰　祁諶無考，本卷上文著録鄭玄、阮諶三禮圖九卷，本書卷一二禮儀志七亦曾引阮諶禮圖。又，卷六八宇文愷傳，愷上明堂議表稱：「自古明堂圖惟有二本，一是宗周，劉熙、阮諶、劉昌宗等作，三圖略同。一是後漢建武三十年作，禮圖有本，不詳撰人。」可證此時僅見的幾位明堂圖作者中有阮諶無祁諶，疑「祁諶」是「阮諶」之誤。

〔七〕通計亡書合二百一十一部　「合」字原闕，據殿本補。按，殿本考證：「前後俱合亡書統算，此亦合現存書與亡書統算，部卷乃符。增『合』字。」

〔八〕後漢唯曹充傳慶氏以授其子褒　「曹充」，原作「曹元」，後漢書卷三五曹褒傳：「曹褒字叔通，魯國薛人也。父充，持慶氏禮。」又，後漢書卷七九下儒林下衛宏傳：「建武中，曹充習慶氏學，傳其子褒。」今據改。參見康有爲新學僞經考隋書經籍志糾謬第十一。

〔九〕王史氏記　原作「王氏史氏記」，漢書卷三〇藝文志禮類著録有「王史氏二十一篇」，禮類小序又稱「王史氏記」。錢大昕考異卷三四云：「王史，複姓也。漢有新豐令王史音，見廣韻。此衍一『氏』字。」今據删改。

〔四〇〕又足月令一篇　「足」，通典卷四一禮一禮序作「定」。

〔四一〕張鮮　南監本、殿本作「張解」。

〔四二〕事在聲樂志　今本隋書有音樂志無聲樂志。

〔四三〕何始真　原作「何賀真」，據宋書卷五七蔡廓傳附蔡興宗傳、新唐書卷五七藝文志一改。按，舊唐書卷四六經籍志上、册府卷六〇六學校部注釋作「何始貞」。

〔四四〕江惇　原作「江淳」，據經典釋文卷一序録、晉書卷五六江統傳附江惇傳改。

〔四五〕漢諫議大夫尹更始　「諫議大夫」，當作「諫大夫」。漢書卷七三韋賢傳附韋玄成傳兩見「諫大夫尹更始」。西漢有「諫大夫」，無「諫議大夫」，東漢始設「諫議大夫」，此「議」字當是衍文。

〔四六〕樂平太守麋信　「樂平」，原作「平樂」，本卷上文稱「魏樂平太守麋信」，魏書卷一〇六上地形志上有樂平郡，無「平樂」，今據改。

〔四七〕孔君指訓　原作「孔君揩訓」，據宋甲本、至順本、汲本改。按，玉海卷四〇藝文晉穀梁集解引隋志亦作「孔君指訓」。

〔四八〕麋信理何氏漢議二卷魏人　「魏人」下原有「撰」字，據至順本、汲本删。按，「魏人」者，注明著者靡信爲魏人，書名已出著者「靡信」，不當在注文中又稱「魏人撰」。又，玉海卷四〇藝文漢春秋議無「撰」字。

〔四九〕春秋公羊穀梁集傳　「集」字原闕，據宋甲本補。通志卷六三藝文略春秋亦作「春秋公羊穀梁集傳」。玉海卷四〇藝文春秋引隋志省作「劉兆公穀集傳十二卷」，可證。

〔五〇〕何休又作公羊解詁　「公羊解詁」，原作「公羊解説」，據本卷上文經部春秋類書目改。參見康有爲新學僞經考隋書經籍志糾謬第十一。

〔五一〕晉中書郎荀昶撰亡　「荀昶」，原作「荀勗」，據經典釋文卷一序録、唐會要卷七七論經義、日本國見在書目、册府卷六〇六學校部注釋改。下文「荀昶注孝經」同。又，經典釋文、册府稱荀昶爲宋中書郎，本書下文卷三五經籍志四集部别集類亦著録宋中書郎荀昶集，此「晉」，亦當作「宋」。復次，據隋志著録體例，亡書附見於注文，此「亡」字疑爲衍文。

〔五二〕晉東陽太守袁敬仲集　「袁敬仲」，經典釋文卷一序録作「袁彦伯」。按，東漢衛宏，字敬仲；晉東陽太守袁宏，字彦伯。隋志袁宏與衛宏相亂，誤題袁敬仲，當從經典釋文。參見本書卷三三校勘記〔四〇〕。

〔五三〕古文孝經述義　原作「千文孝經述義」，據通志卷六三藝文略孝經、玉海卷四一藝文漢古文孝經改。按，宋甲本作「十文」，亦誤。

〔五四〕諫議大夫翼奉　「諫議大夫」，當作「諫大夫」，漢書卷三〇藝文志孝經類小序、卷七五本傳、經典釋文卷一序録皆無「議」字。參見本卷校勘記〔四五〕。

〔五五〕長有閨門一章　「長」下原衍「孫」字。按，上文明謂長孫氏所傳孝經爲「十八章」，與漢書卷三〇藝文志著録合，屬今文學，而此敍古文孝經，不得夾入今文家。又據漢書藝文志，知古文孝經較今文多一章，經典釋文卷一序録明言古文孝經「別有閨門一章」，是長孫氏孝經無閨門一章無疑。「長有」成詞，意謂多出，爲六朝人校勘之語。皇侃論語義疏敍言「齊論題目與魯論大體不殊，而長有問王、知道二篇」，是其例。今據刪。

〔五六〕孟整　原作「孟鼇」，據經典釋文卷一序録、册府卷六〇五學校部注釋改。

〔五七〕暢惠明　原作「陽惠明」，據舊唐書卷四六經籍志上、新唐書卷五七藝文志一改。按，通志卷二九氏族略去聲：「陳留風俗傳有暢氏，不詳所出。齊有暢惠明，撰論語義十卷。」鄧名世古今姓氏書辨證卷三三引風俗通同。

〔五八〕梁有漢劉歆犍爲文學中黄門李巡爾雅注各三卷　「注」字原闕。按，經典釋文卷一序録爾雅「李巡注，三卷，汝南人，後漢中黄門」。舊唐書卷四六經籍志上、新唐書卷五七藝文志一同，今據補。

〔五九〕五經祕表要　「五經」，原作「五卷」，據宋甲本、至順本、殿本改。

〔六〇〕謚法五卷梁太府卿賀瑒　「卿」字原闕，據宋甲本、至順本補。又，「賀瑒」，舊唐書卷四六經籍志上、新唐書卷五七藝文志一作「賀琛」。按，賀琛爲賀瑒從子，叔侄俱以禮學名家。賀瑒梁書卷四八有傳，賀琛梁書卷三八有傳。據本傳，賀琛梁武帝時任太府卿，「詔琛撰新謚法，至今施用」。而賀瑒歷官無太府卿，且本傳亦不載曾著謚法一書，疑此處「賀瑒」當作「賀琛」。

〔六二〕禮緯三卷鄭玄注亡　據隋志著録體例，正文不録亡書，此「亡」字疑衍。

〔六三〕崔瑗　原作「崔援」，據宋甲本、汲本改。舊唐書卷四六經籍志上、新唐書卷五七藝文志一、通志卷六四藝文略法書亦作「崔瑗」。

〔六三〕束晳　原作「束晳」，據宋甲本、南監本改。晉書卷五一有傳，作「束晳」，「晳」通「晳」。據傳，晳才學博通，「其五經通論、發蒙記、補亡詩、文集數十篇，行于世云」。

〔六四〕錯誤字一卷並張揖撰　廣韻數引字諟，未及撰者。册府卷六〇八學校部小學著録有張揖撰「諟字一卷」，姚振宗考證卷一〇認爲，册府「諟字」應是「字諟」誤倒，而字諟則是錯誤字諟的省稱。此處「字」下疑奪「諟」字。

〔六五〕陽承慶　原作「楊承慶」，據魏書卷七二陽尼傳改。

〔六六〕陳左衞將軍顧野王　「衞」字原闕，據本書卷三五經籍志四集部别集類陳左衞將軍顧野王集補。又，陳書卷三〇、南史卷六九顧野王傳稱，至德二年贈「右衞將軍」，「左」、「右」形近易訛，姑存疑。

〔六七〕要用字對誤　日本國見在書目著録周字對語二卷，姚振宗考證卷一〇認爲，二者是同一書，「周」爲「用」之訛字，「對誤」應作「對語」。

〔六八〕釋字同音　原作「擇字同音」，據至順本、南監本、汲本、殿本改。冊府卷六〇八學校部小學正作「釋字同音」。

〔六九〕陽休之　原作「楊休之」，據宋甲本改。陽休之，北齊書卷四二有傳。

〔七〇〕三字石經　原作「一字石經」，據三國志卷二一魏書劉劭傳裴注引衞恒序、晉書卷三六衞恒傳改。「三字石經」，又稱「三體石經」。

〔七一〕學不心解　「心」，原作「必」，據宋甲本、大德本、至順本、汲本改。

隋書卷三十三

志第二十八

經籍二 史

史記一百三十卷目録一卷，漢中書令司馬遷撰。

史記八十卷宋南中郎外兵參軍裴駰注。

史記音義十二卷宋中散大夫徐野民撰。

史記音三卷梁輕車録事參軍鄒誕生撰。

古史考二十五卷晉義陽亭侯譙周撰。

漢書一百一十五卷漢護軍班固撰，太山太守應劭集解。

漢書集解音義二十四卷應劭撰。

漢書音訓一卷服虔撰。

漢書音義七卷韋昭撰。

漢書音二卷梁尋陽太守劉顯撰。

漢書音二卷夏侯詠撰。

漢書音義十二卷國子博士蕭該撰。

漢書音十二卷廢太子勇命包愷等撰。

漢書集注十三卷晉灼撰。

漢書注一卷齊金紫光祿大夫陸澄撰。

漢書續訓三卷梁平北諮議參軍韋稜撰〔一〕。

漢書訓纂三十卷陳吏部尚書姚察撰。

漢書集解一卷姚察撰。

論前漢事一卷蜀丞相諸葛亮撰。

漢書駁議二卷晉安北將軍劉寶撰。

定漢書疑二卷姚察撰。

漢書敘傳五卷項岱撰。

漢疏四卷梁有漢書孟康音九卷〔二〕，劉孝標注漢書一百四十卷，陸澄注漢書一百二卷，梁元帝注漢書一百一十五卷，並亡。

東觀漢記一百四十三卷起光武記注至靈帝，長水校尉劉珍等撰。

後漢書一百三十卷無帝紀，吴武陵太守謝承撰。

後漢記六十五卷本一百卷，梁有，今殘缺。晉散騎常侍薛瑩撰。

續漢書八十三卷晉祕書監司馬彪撰。

後漢書十七卷本九十七卷，今殘缺。晉少府卿華嶠撰。

後漢書八十五卷本一百二十二卷，晉祠部郎謝沈撰。

後漢南記四十五卷〔三〕本五十五卷，今殘缺。晉江州從事張瑩撰。

後漢書九十五卷本一百卷，晉祕書監袁山松撰。

後漢書九十七卷宋太子詹事范曄撰。

後漢書一百二十五卷范曄本，梁剡令劉昭注。

後漢書音一卷後魏太常劉芳撰。

范漢音訓三卷陳宗道先生臧競撰〔四〕。

范漢音三卷蕭該撰。

後漢書讚論四卷范曄撰。

漢書纘十八卷范曄撰。梁有蕭子顯後漢書一百卷，王韶後漢林二百卷，韋闡後漢音二卷，亡。

魏書四十八卷晉司空王沈撰。

吳書二十五卷韋昭撰。本五十五卷，梁有，今殘缺。

吳紀九卷晉太學博士環濟撰。晉有張勃吳録三十卷，亡。

三國志六十五卷敍録一卷。晉太子中庶子陳壽撰，宋太中大夫裴松之注。

魏志音義一卷盧宗道撰。

論三國志九卷何常侍撰。

三國志評三卷徐爰撰〔五〕。梁有三國志序評三卷，晉著作佐郎王濤撰，亡。

晉書八十六卷本九十三卷，今殘缺。晉著作郎王隱撰。

晉書二十六卷本四十四卷，訖明帝，今殘缺。晉散騎常侍虞預撰。

晉書十卷未成，本十四卷，今殘缺。晉中書郎朱鳳撰，訖元帝。

晉中興書七十八卷起東晉。宋湘東太守何法盛撰。

晉書三十六卷宋臨川内史謝靈運撰。

晉書一百一十卷齊徐州主簿臧榮緒撰。

晉書十一卷本一百二卷，梁有，今殘缺。蕭子雲撰。

晉史草三十卷梁蕭子顯撰。梁有鄭忠晉書七卷，沈約晉書一百一十一卷，庾銑東晉新書七卷，亡。

宋書六十五卷宋中散大夫徐爰撰。

宋書六十五卷齊冠軍録事參軍孫嚴撰。

宋書一百卷梁尚書僕射沈約撰。梁有宋大明中所撰宋書六十一卷，亡。

齊書六十卷梁吏部尚書蕭子顯撰。

齊紀十卷劉陟撰。

齊紀二十卷沈約撰。梁有江淹齊史十三卷，亡。

梁書四十九卷梁中書郎謝吴撰，本一百卷〔六〕。

梁史五十三卷陳領軍、大著作郎許亨撰。

梁書帝紀七卷姚察撰。

通史四百八十卷梁武帝撰。起三皇，訖梁。

後魏書一百三十卷後齊僕射魏收撰。

後魏書一百卷著作郎魏彦深撰。

陳書四十二卷訖宣帝，陳吏部尚書陸瓊撰。

周史十八卷未成。吏部尚書牛弘撰。

右六十七部，三千八十三卷。通計亡書，合八十部，四千三十卷。

古者天子諸侯，必有國史，以紀言行，後世多務，其道彌繁。夏殷已上，左史記言，右史記事，周則太史、小史、内史、外史、御史，分掌其事，而諸侯之國，亦置史官。又春秋國語引周志、鄭書之説，推尋事迹，似當時記事，各有職司，後又合而撰之，總成書記。其後陵夷衰亂，史官放絶，秦滅先王之典，遺制莫存。至漢武帝時，始置太史公，命司馬談爲之，以掌其職。時天下計書，皆先上太史，副上丞相，遺文古事，靡不畢臻。談乃據左氏、國語、世本、戰國策、楚漢春秋，接其後事，成一家之言。談卒，其子遷又爲太史令，嗣成其志。上自黄帝，訖于炎漢，合十二本紀、十表、八書、三十世家、七十列傳，謂之史記。遷卒以後，好事者亦頗著述，然多鄙淺，不足相繼。至後漢扶風班彪，綴後傳數十篇，并譏正前失。彪卒，明帝命其子固，續成其志。以爲唐、虞、三代，世有典籍，史遷所記，乃以漢氏繼於百王之末，非其義也。故斷自高祖，終於孝平王莽之誅，爲十二紀、八表、十志、六十九傳，潛心積思，二十餘年。建初中，始奏表及紀傳，其十志竟不能就。固卒後，始命曹大家續成之。先是明帝召固爲蘭臺令史，與諸先輩陳宗、尹敏、孟冀等，共成光武本紀。擢固爲郎，典校祕書。固撰後漢事，作列傳載記二十八篇。其後劉珍、劉毅、劉陶、伏無忌等，相次著述東觀，謂之漢記。及三國鼎峙，魏氏及吴，並有史官。晉時，巴西陳壽删集三國之事，唯魏帝爲紀，其功臣及吴、蜀之主，並皆爲傳，仍各依其國，部類相從，謂之三國志。壽卒後，梁州大中正范頵表奏其事〔七〕，帝詔河南尹、洛陽令，就壽家寫之。自是世有著述，皆擬班、馬，以爲正史，作者尤廣。一代之史，至數十家。唯史記、漢書，師法相傳，並有解釋。三國志及范曄後漢，雖有音注，既近世之作，並讀之可知。梁時，明漢書有劉顯、韋稜，陳時有姚察，隋代有包愷、蕭該，並爲名家。史記傳者甚微。今依其世代，聚而編之，以備正史。

紀年十二卷 汲冢書，并竹書同異一卷。

漢紀三十卷 魏祕書監荀悅撰〔八〕。

後漢紀三十卷 袁彥伯撰。

後漢紀三十卷 張璠撰。

獻帝春秋十卷 袁曄撰。

魏氏春秋二十卷 孫盛撰。

魏紀十二卷 左將軍陰澹撰。

漢魏春秋九卷 孔舒元撰。

晉紀四卷 陸機撰。

晉紀二十三卷〔九〕 干寶撰。訖愍帝。

晉紀十卷 晉前軍諮議曹嘉之撰。

漢晉陽秋四十七卷 訖愍帝。晉滎陽太守習鑿齒撰。

晉紀十一卷 訖明帝。晉荊州別駕鄧粲撰。

晉陽秋三十二卷 訖哀帝。孫盛撰。

晉紀二十三卷 宋中散大夫劉謙之撰。

晉紀十卷 宋吴興太守王韶之撰。

晉紀四十五卷 宋中散大夫徐廣撰。

續晉陽秋二十卷 宋永嘉太守檀道鸞撰。

續晉紀五卷 宋新興太守郭季産撰〔一〇〕。

宋略二十卷 梁通直郎裴子野撰。

宋春秋二十卷 梁吴興令王琰撰。

齊春秋三十卷 梁奉朝請吴均撰。

齊典五卷 王逸撰。

齊典十卷

三十國春秋三十一卷 梁湘東世子蕭方等撰〔一一〕。

梁太清紀十卷梁長沙蕃王蕭韶撰。

淮海亂離志四卷蕭世怡撰〔一三〕。敍梁末侯景之亂。

齊紀三十卷紀後齊事。崔子發撰。

齊志十卷後齊事。王劭撰。

戰國春秋二十卷李槩撰。

梁典三十卷劉璠撰。

梁典三十卷陳始興王諮議何之元撰。

梁撮要三十卷陳征南諮議陰僧仁撰。

梁後略十卷姚最撰〔一二〕。

右三十四部，六百六十六卷。

自史官放絶，作者相承，皆以班、馬爲準。起漢獻帝，雅好典籍，以班固漢書文繁難省，命潁川荀悅作春秋左傳之體，爲漢紀三十篇。言約而事詳，辯論多美，大行於世。至晉太康元年，汲郡人發魏襄王冢，得古竹簡書，字皆科斗。發冢者不以爲意，往往散亂。帝命中書監荀勖、令和嶠，撰次爲十五部，八十七卷。多雜碎怪妄，不可訓知，唯周易、紀年，最爲分了。其周易上下篇，與今正同。紀年皆用夏正建寅之月爲歲首，起自夏、殷、周三代王事，無諸侯國別。唯特記晉國，起自殤叔，次文侯、昭侯，以至曲沃莊伯，盡晉國滅。獨記魏事，下至魏哀王，謂之「今王」。蓋魏國之史記也。其著書皆編年相次，文意大似春秋經。諸所記事，多與春秋左氏扶同。學者因之，以爲春秋則古史記之正法，有所著述，多依春秋之體。今依其世代，編而敍之，以見作者之別，謂之古史。

周書十卷汲冢書，似仲尼删書之餘。

古文瑣語四卷汲冢書。

春秋前傳十卷何承天撰。

春秋前傳雜語九卷何承天撰〔一四〕。

春秋後傳三十一卷晉著作郎樂資撰。

戰國策三十二卷劉向録。

戰國策二十一卷高誘撰注。

戰國策論一卷漢京兆尹延篤撰。

楚漢春秋九卷陸賈撰。

古今注八卷伏無忌撰。

越絶記十六卷子貢撰。

吴越春秋十二卷趙曄撰。

吴越春秋削繁五卷楊方撰。

吴越春秋十卷皇甫遵撰。

吴越記六卷

南越志八卷沈氏撰。

小史八卷

漢靈獻二帝紀三卷漢侍中劉艾撰〔一五〕，殘缺。梁有六卷。

山陽公載記十卷樂資撰。

漢末英雄記八卷王粲撰，殘缺。梁有十卷。

九州春秋十卷司馬彪撰，記漢末事。

魏武本紀四卷梁并曆五卷。

魏尚書八卷孔衍撰。梁十卷，成。

魏晉世語十卷晉襄陽令郭頒撰。

魏末傳二卷梁又有魏末傳并魏氏大事三卷，亡。

吕布本事一卷毛范撰。

晉諸公讚二十一卷晉祕書監傅暢撰。

晉後略記五卷晉下邳太守荀綽撰。

晉書鈔三十卷梁豫章内史張緬撰。

晉書鴻烈六卷張氏撰。

宋中興伐逆事二卷

宋拾遺十卷梁少府卿謝綽撰。

左史六卷李槩撰。

魏國統二十卷梁祚撰。

梁帝紀七卷

梁太清録八卷

梁承聖中興略十卷劉仲威撰。

梁末代紀一卷

梁皇帝實録三卷周興嗣撰。記武帝事。

梁皇帝實録五卷梁中書郎謝吴撰〔一六〕。記元帝事。

棲鳳春秋五卷臧嚴撰。

陳王業曆一卷陳中書郎趙齊旦撰。

史要十卷漢桂陽太守衞颯撰。約史記要言，以類相從。

典略八十九卷魏郎中魚豢撰。

史漢要集二卷晉祠部郎王蔑撰。抄史記，入春秋者不録。

三史略二十九卷吴太子太傅張温撰。

史記正傳九卷張瑩撰。

後漢略二十五卷張緬撰。

漢皇德紀三十卷漢有道徵士侯瑾撰〔一七〕。起光武，至沖帝。

洞紀四卷韋昭撰。記庖犧已來，至漢建安二十七年。

續洞紀一卷臧榮緒撰。

帝王世紀十卷皇甫謐撰。起三皇，盡漢、魏。

帝王世紀音四卷虞綽撰。

帝王本紀十卷來奧撰。

續帝王世紀十卷何茂林撰〔一八〕。

十五代略十卷吉文甫撰。起庖犧，至晉。

帝王要略十二卷環濟撰。紀帝王及天官、地理、喪服。

周載八卷東晉臨賀太守孟儀撰。略記前代，下至秦。本三十卷，今亡。

漢書鈔三十卷晉散騎常侍葛洪撰。

拾遺録二卷僞秦姚萇方士王子年撰。

王子年拾遺記十卷蕭綺撰。

華夷帝王世紀三十卷楊曄撰。

正史削繁九十四卷阮孝緒撰。

童悟十二卷

帝王世録一卷甄鸞撰。

先聖本紀十卷劉縚撰。

年曆帝紀三十卷姚恭撰。

帝王諸侯世略十一卷

王霸記三卷潘傑撰。

歷代記三十二卷

隋書六十卷未成。祕書監王劭撰〔一九〕。

右七十二部，九百一十七卷。通計亡書，七十三部，九百三十九卷。

自秦撥去古文，篇籍遺散。漢初，得戰國策，蓋戰國遊士記其策謀。其後陸賈作楚漢春秋，以述誅鋤秦、項之事。又有越絶，相承以爲子貢所作。後漢趙曄，又爲吳越春秋。其屬辭比事，皆不與春秋、史記、漢書相似，蓋率爾而作，非史策之正也。靈、獻之世，天下大亂，史官失其常守。博達之士，愍其廢絶，各記聞見，以備遺亡。是後羣才景慕，作者甚衆。又自後漢已來，學者多鈔撮舊史，自爲一書，或起自人皇，或斷之近代，亦各其志，而體制不經。又有委巷之説，迂怪妄誕，真虛莫測。然其大抵皆帝王之事，通人君子，必博采廣覽，以酌其要，故備而存之，謂之雜史。

趙書十卷一曰二石集，記石勒事。僞燕太傅長史田融撰。

二石傳二卷晉北中郎參軍王度撰。

二石僞治時事二卷王度撰。

漢之書十卷常璩撰。

華陽國志十二卷常璩撰。梁有蜀平記十卷，蜀漢僞官故事一卷，亡。

燕書二十卷記慕容儁事。僞燕尚書范亨撰。

南燕録五卷記慕容德事。僞燕尚書郎張詮撰。

南燕録六卷記慕容德事。僞燕中書郎王景暉撰。

南燕書七卷遊覽先生撰。

燕志十卷記馮跋事〔二〇〕。後魏侍中高閭撰〔二一〕。

秦書八卷何仲熙撰〔二二〕。記苻健事。

秦記十一卷宋殿中將軍裴景仁撰，梁雍州主簿席惠明注〔二三〕。

秦紀十卷記姚萇事。魏左民尚書姚和都撰。

涼記八卷記張軌事。僞燕右僕射張諮撰。

涼書十卷記張軌事。僞涼大將軍從事中郎劉

景撰。

西河記二卷記張重華事。晉侍御史喻歸撰。

涼記十卷記呂光事。僞涼著作佐郎段龜龍撰。

涼書十卷高道讓撰。

涼書十卷沮渠國史。

托跋涼録十卷

敦煌實録十卷劉景撰。

纂録一十卷

戰國春秋二十卷李槩撰。

漢趙記十卷和苞撰。

吐谷渾記二卷宋新亭侯段國撰。梁有翟遼書二卷，諸國略記二卷，永嘉後纂年記二卷，段業傳一卷，亡。

天啓紀十卷記梁元帝子諝據湘州事。

十六國春秋一百卷魏崔鴻撰。

右二十七部，三百三十五卷。通計亡書，合三十三部，三百四十六卷。

傳曰：「不有君子，其能國乎？」自晉永嘉之亂，皇綱失馭，九州君長，據有中原者甚衆。或推奉正朔，或假名竊號，然其君臣忠義之節，經國字民之務，蓋亦勤矣。而當時臣子，亦各記録。後魏克平諸國，據有嵩、華，始命司徒崔浩，博采舊聞，綴述國史。諸國記注，盡集祕閣。尒朱之亂，並皆散亡。今舉其見在，謂之霸史。

穆天子傳六卷汲冢書。郭璞注。

漢獻帝起居注五卷

晉泰始起居注二十卷李軌撰。

晉咸寧起居注十卷李軌撰。

晉泰康起居注二十一卷李軌撰。

晉元康起居注一卷梁有永平元康永寧起居注六卷，又有惠帝起居注二卷，永嘉建興起居注十三卷，亡。

晉建武大興永昌起居注九卷梁有二十卷。

晉元康起居注一卷〔二四〕

晉咸和起居注十六卷李軌撰。

晉咸康起居注二十二卷

晉建元起居注四卷

晉永和起居注十七卷梁有二十四卷。

晉升平起居注十卷

晉隆和興寧起居注五卷

晉咸安起居注三卷

晉泰和起居注六卷梁十卷。

晉寧康起居注六卷

晉泰元起居注二十五卷梁五十四卷。

晉隆安起居注十卷

晉元興起居注九卷

晉義熙起居注十七卷梁三十四卷。

晉元熙起居注二卷

晉起居注三百一十七卷宋北徐州主簿劉道會撰。梁有三百二十二卷。

流別起居注三十七卷梁有晉宋起居注鈔五十一卷，晉宋先朝起居注二十卷，亡。

宋永初起居注十卷

宋景平起居注三卷

宋元嘉起居注五十五卷梁六十卷。

宋孝建起居注十二卷

宋大明起居注十五卷梁三十四卷，又有景和起居注四卷，明帝在蕃注三卷，亡。

宋泰始起居注十九卷梁二十三卷。

宋泰豫起居注四卷梁有宋元徽起居注二十卷〔二五〕，昇明起居注六卷，亡。

齊永明起居注二十五卷梁有三十四卷，又有建元起居注十二卷，隆昌延興建武起居注四卷，中興起居注四卷，亡。

梁大同起居注十卷

後魏起居注三百三十六卷

陳永定起居注八卷

陳天嘉起居注二十三卷

陳天康光大起居注十卷

陳太建起居注五十六卷

陳至德起居注四卷

後周太祖號令三卷

隋開皇起居注六十卷

南燕起居注一卷

右四十四部，一千一百八十九卷。

起居注者，録紀人君言行動止之事。春秋傳曰：「君舉必書，書而不法，後嗣何觀？」周官，内史掌王之命，遂書其副而藏之，是其職也。漢武帝有禁中起居注，後漢明德馬后撰明帝起居注，然則漢時起居，似在宮中，爲女史之職。然皆零落，不可復知。今之存者，有漢獻帝及晉代已來起居注，皆近侍之臣所録。晉時，又得汲冢書，有穆天子傳，體制與今起居正同，蓋周時内史所記王命之副也。近代已來，別有其職，事在百官志，今依其先後，編而次之。其僞國起居，唯南燕一卷，不可別出，附之於此。

漢武帝故事二卷

西京雜記二卷

漢魏吳蜀舊事八卷

晉朝雜事二卷

晉宋舊事一百三十五卷

晉要事三卷

晉故事四十三卷

晉建武故事一卷

晉咸和咸康故事四卷晉孔愉撰。

晉修復山陵故事五卷車灌撰。

交州雜事九卷記士燮及陶璜事〔二六〕。

晉八王故事十卷

晉四王起事四卷晉廷尉盧綝撰。

大司馬陶公故事三卷

郗太尉爲尚書令故事三卷

桓玄僞事三卷

晉東宮舊事十卷

秦漢已來舊事十卷

尚書大事二十卷范汪撰。

沔南故事三卷應思遠撰。

天正舊事三卷釋撰，亡名。

皇儲故事二卷

梁舊事三十卷內史侍郎蕭大圜撰〔二七〕。

東宮典記七十卷左庶子宇文愷撰。

開業平陳記二十卷

右二十五部，四百四卷。

古者朝廷之政，發號施令，百司奉之，藏于官府，各脩其職，守而弗忘。春秋傳曰「吾視諸故府」，則其事也。周官，御史掌治朝之法，太史掌萬民之約契與質劑，以逆邦國之治。然則百司庶府，各藏其事，太史之職，又總而掌之。漢時，蕭何定律令，張蒼制章程，叔孫通定儀法，條流派別，制度漸廣。晉初，甲令已下，至九百餘卷，晉武帝命車騎將軍賈充，博引羣儒，删采其要，增律十篇。其餘不足經遠者爲法令，施行制度者爲令，品式章程者爲故事，各還其官府。搢紳之士，撰而録之，遂成篇卷，然亦隨代遺失。今據其見存，謂之舊事篇。

漢官解詁三篇漢新汲令王隆撰，胡廣注。

漢官五卷應劭注。

漢官儀十卷應劭撰。

漢官典職儀式選用二卷漢衛尉蔡質撰。梁有荀攸魏官儀一卷，韋昭官儀職訓一卷，亡。

晉公卿禮秩故事九卷傅暢撰。

晉新定儀注十四卷梁有徐宣瑜晉官品一卷，荀綽百官表注十六卷，干寶司徒儀一卷，宋職官記九卷，晉百官儀服録五卷，大興二年定官品事五卷，百官品九卷，亡。

百官階次一卷

齊職儀五十卷齊長水校尉王珪之撰。梁有王

珪之齊儀四十九卷，亡。

齊職儀五卷

梁選簿三卷徐勉撰。

梁勳選格一卷

職官要録三十卷陶藻撰。

梁官品格一卷

百官階次三卷

新定將軍名一卷

吏部用人格一卷

官族傳十四卷何晏撰。

百官春秋五十卷王秀道撰〔二八〕。

百官春秋二十卷

魏晉百官名五卷

晉百官名三十卷

晉官屬名四卷

陳百官簿狀二卷

陳將軍簿一卷

新定官品二十卷梁沈約撰。

梁尚書職制儀注四十一卷

職令古今百官注十卷郭演撰。

右二十七部，三百三十六卷。通計亡書，合三十六部，四百三十三卷。

古之仕者，名書於所臣之策，各有分職，以相統治。周官，冢宰掌建邦之六典，而御史數凡從正者。然則冢宰總六卿之屬，以治其政，御史掌其在位名數，先後之次焉。今漢書百官表列衆職之事，記在位之次，蓋亦古之制也。漢末，王隆、應劭等，以百官表不具，乃作漢官解詁、漢官儀等書。是後相因，正史表志，無復百僚在官之名矣。搢紳之徒，或取官曹名品之書，撰而録之，別行於世。宋、齊已後，其書益繁，而篇卷零疊，易爲亡散；又多瑣細，不足可紀，故刪。其見存可觀者，編爲職官篇。

漢舊儀四卷衞敬仲撰。梁有衞敬仲漢中興儀一卷，亡。

晉新定儀注四十卷晉安成太守傅瑗撰。

晉雜儀注十一卷

晉尚書儀十卷

甲辰儀五卷江左撰。

封禪儀六卷

宋儀注十卷

宋儀注二十卷

宋尚書雜注十八卷本二十卷。

宋東宮儀記二十三卷宋新安太守張鏡撰。

徐爰家儀一卷

東宮新記二十卷蕭子雲撰。

梁吉禮儀注十卷明山賓撰。

梁賓禮儀注九卷賀瑒撰。案：梁明山賓撰吉儀注二百六卷，録六卷；嚴植之撰凶儀注四百七十九卷，録四十五卷；陸璉撰軍儀注一百九十卷，録二卷；司馬褧撰嘉儀注一百一十二卷〔二九〕，録三卷。並亡。存者唯嘉、吉及賓〔三〇〕，合十九卷。

皇典二十卷梁豫章太守丘仲孚撰。

雜凶禮四十二卷

政禮十卷何胤撰。梁有何胤士喪儀注九卷，亡。

雜儀注一百八十卷

陳尚書雜儀注五百五十卷

陳吉禮一百七十一卷

陳賓禮六十五卷

陳軍禮六卷

陳嘉禮一百二卷

後魏儀注五十卷

後齊儀注二百九十卷

雜嘉禮三十八卷

國親皇太子序親簿一卷

隋朝儀禮一百卷牛弘撰。

大漢輿服志一卷魏博士董巴撰。

魏晉謚議十三卷何晏撰。

汝南君諱議二卷

決疑要注一卷摯虞撰。

車服雜注一卷徐廣撰。

禮儀制度十三卷王逡之撰。

古今輿服雜事二十卷梁周遷撰。

晉鹵簿圖一卷

鹵簿儀二卷

陳鹵簿圖一卷

齊鹵簿儀一卷

諸衞左右廂旗圖樣十五卷

内外書儀四卷謝元撰。

書儀二卷蔡超撰。

書筆儀二十一卷謝朏撰。

宋長沙檀太妃薨弔答書十二卷

弔答儀十卷王儉撰。

書儀十卷王弘撰。

皇室儀十三卷鮑行卿撰。

吉書儀二卷王儉撰。

言語儀十卷

書儀疏一卷周捨撰。

嚴植之儀二卷

新儀三十卷鮑泉撰。

邇儀四卷馬樞撰。

文儀二卷梁脩端撰。

婦人書儀八卷

趙李家儀十卷録一卷，李穆叔撰。

僧家書儀五卷釋曇瑗撰。

書儀十卷唐瑾撰。

要典雜事五十卷

右五十九部，二千二十九卷。通計亡書，合六十九部，三千九十四卷。

儀注之興，其所由來久矣。自君臣父子，六親九族，各有上下親疏之别。養生送死，弔恤賀慶，則有進止威儀之數。唐、虞已上，分之爲三，在周因而爲五。周官，宗伯所掌吉、凶、賓、軍、嘉，以佐王安邦國，親萬民，而太史執書以協事之類是也。是時典章皆具，可履而行。周衰，諸侯削除其籍。至秦，又焚而去之。漢興，叔孫通定朝儀，武帝時始祀汾陰后土，成帝時初定南北之郊，節文漸具。後漢又使曹褒定漢儀，是後相承，世有制作。然猶以舊章殘缺，各遵所見，彼此紛爭，盈篇滿牘。而後世多故，事在通變，或一時之制，非長久之道，載筆之士，删其大綱，編于史志。而或傷於淺近，或失於未達，不能盡其旨要。遺文餘事，亦多散亡。今聚其見存，以爲儀注篇。

律本二十一卷杜預撰。
漢晉律序注一卷晉僮長張斐撰。
雜律解二十一卷張斐撰。案：梁有杜預雜律七卷，亡。
晉宋齊梁律二十卷蔡法度撰。
梁律二十卷梁義興太守蔡法度撰。
後魏律二十卷
北齊律十二卷目一卷。
陳律九卷范泉撰。
周律二十五卷
周大統式三卷
隋律十二卷
隋大業律十一卷
晉令四十卷
梁令三十卷録一卷。
梁科三十卷
北齊令五十卷
北齊權令二卷
陳令三十卷范泉撰。
陳科三十卷范泉撰。
隋開皇令三十卷目一卷。
隋大業令三十卷
漢朝議駮三十卷應劭撰。案：梁有建武律令故事二卷〔三一〕，劉劭律略論五卷〔三二〕，亡。
晉雜議十卷
晉彈事十卷
南臺奏事二十二卷
漢名臣奏事三十卷

魏王奏事十卷

魏名臣奏事四十卷目一卷，陳壽撰。

魏臺雜訪議三卷高堂隆撰。

魏廷尉決事十卷

晉駁事四卷

晉雜制六十卷

晉刺史六條制一卷

齊五服制一卷

陳新制六十卷

右三十五部，七百一十二卷。通計亡書，合三十八部，七百二十六卷。

刑法者，先王所以懲罪惡，齊不軌者也。書述唐、虞之世，五刑有服，而夏后氏正刑有五，科條三千。周官，司寇掌三典以刑邦國；司刑掌五刑之法，麗萬民之罪；太史又以典法逆于邦國；内史執國法以考政事。春秋傳曰：「在九刑不忘。」然則刑書之作久矣。蓋藏于官府，懼人之知爭端，而輕於犯。及其末也，肆情越法，刑罰僭濫。至秦，重之以苛虐，先王之正刑滅矣。漢初，蕭何定律九章，其後漸更增益，令甲已下，盈溢架藏。晉初，賈充、杜預，删而定之，有律，有令，有故事。梁時，又取故事之宜於時者爲梁科。後齊武帝時，又於麟趾殿删正刑典，謂之麟趾格。後周太祖，又命蘇綽撰大統式。隋則律令格式並行。自律已下，世有改作，事在刑法志。漢律久亡，故事駁議，又多零失。今録其見存可觀者，編爲刑法篇。

三輔決録七卷漢太僕趙岐撰，摯虞注。

海内先賢傳四卷魏明帝時撰。

四海耆舊傳一卷

海内士品一卷

先賢集三卷

兗州先賢傳一卷

徐州先賢傳一卷

徐州先賢傳贊九卷劉義慶撰。

海岱志二十卷齊前將軍記室崔慰祖撰〔三三〕。

交州先賢傳三卷晉范瑗撰〔三四〕。

益部耆舊傳十四卷陳長壽撰。

續益部耆舊傳二卷

諸國清賢傳一卷

魯國先賢傳二卷晉大司農白褒撰。

楚國先賢傳贊十二卷晉張方撰。

汝南先賢傳五卷魏周斐撰。

陳留耆舊傳二卷漢議郎圈稱撰。

陳留耆舊傳一卷魏散騎侍郎蘇林撰。

陳留先賢像贊一卷陳英宗撰。

陳留志十五卷東晉剡令江敞撰。

濟北先賢傳一卷

廬江七賢傳二卷

東萊耆舊傳一卷王基撰。

襄陽耆舊記五卷習鑿齒撰。

會稽先賢傳七卷謝承撰。

會稽後賢傳記二卷鍾離岫撰。

會稽典録二十四卷虞豫撰。

會稽先賢像贊五卷

漢世要記一卷

吴先賢傳四卷吴左丞相陸凱撰。

東陽朝堂像讚一卷晉南平太守留叔先撰。

豫章烈士傳三卷徐整撰。

豫章舊志三卷晉會稽太守熊默撰。

豫章舊志後撰一卷熊欣撰。

零陵先賢傳一卷

長沙耆舊傳讚三卷〔三五〕晉臨川王郎中劉彧撰。

桂陽先賢畫贊一卷〔三六〕吴左中郎張勝撰。

武昌先賢志二卷宋天門太守郭緣生撰。

蜀文翁學堂像題記二卷

聖賢高士傳贊三卷嵇康撰，周續之注。

高士傳六卷皇甫謐撰。

逸士傳一卷皇甫謐撰。

逸民傳七卷張顯撰。

高士傳二卷虞槃佐撰。

至人高士傳讚二卷晉廷尉卿孫綽撰。

高隱傳十卷阮孝緒撰。

高隱傳十卷

高僧傳六卷虞孝敬撰。

止足傳十卷

續高士傳七卷周弘讓撰。

孝子傳讚三卷王韶之撰〔三七〕。

孝子傳十五卷晉輔國將軍蕭廣濟撰。

孝子傳十卷宋員外郎鄭緝之撰。

孝子傳八卷師覺授撰。

孝子傳二十卷宗躬撰〔三八〕。

孝子傳略二卷

孝德傳三十卷梁元帝撰。

孝友傳八卷

曾參傳一卷

忠臣傳三十卷梁元帝撰。

顯忠録二十卷元懌撰〔三九〕。

丹陽尹傳十卷梁元帝撰。

英蕃可録二卷張萬賢撰，邵武侯新注。

高才不遇傳四卷後齊劉晝撰。

良吏傳十卷鍾岏撰。

海内名士傳一卷

正始名士傳三卷袁敬仲撰〔四〇〕。

江左名士傳一卷劉義慶撰。

竹林七賢論二卷晉太子中庶子戴逵撰。

七賢傳五卷孟氏撰。

文士傳五十卷張隱撰〔四一〕。

列士傳二卷劉向撰。

陰德傳二卷宋光禄大夫范晏撰。

悼善傳十一卷

雜傳三十六卷任昉撰。本一百四十七卷，亡。

東方朔傳八卷

毌丘儉記三卷

管輅傳三卷管辰撰。

雜傳四十卷賀蹤撰。本七十卷，亡。

雜傳十九卷陸澄撰。

雜傳十一卷

玄晏春秋三卷皇甫謐撰。

孔子弟子先儒傳十卷

李氏家傳一卷

桓任家傳一卷〔四二〕

王朗王肅家傳一卷

太原王氏家傳二十三卷

褚氏家傳一卷褚覬等撰。

薛常侍家傳一卷

江氏家傳七卷江祚等撰。

庾氏家傳一卷庾斐撰。

裴氏家傳四卷裴松之撰。

虞氏家記五卷虞覽撰。

曹氏家傳一卷曹毗撰。

范氏家傳一卷〔四三〕范汪撰。

紀氏家紀一卷紀友撰。

韋氏家傳一卷

何顒使君家傳一卷

明氏家訓一卷僞燕衞尉明岌撰。

明氏世録六卷梁信武記室明粲撰。

陸史十五卷

王氏江左世家傳二十卷王褒撰。

孔氏家傳五卷

崔氏五門家傳二卷崔氏撰。

暨氏家傳一卷

周齊王家傳一卷姚氏撰。

尒朱家傳二卷王氏撰。

周氏家傳一卷

令狐氏家傳一卷

新舊傳四卷

漢南庾氏家傳三卷〔四四〕

何氏家傳三卷

童子傳二卷王瑱之撰。

幼童傳十卷劉昭撰。

訪來傳十卷來奧撰。

懷舊志九卷梁元帝撰。

知己傳一卷盧思道撰。

全德志一卷梁元帝撰。

同姓名録一卷梁元帝撰。
列女傳十五卷劉向撰，曹大家注。
列女傳七卷趙母注。
列女傳八卷高氏撰。
列女傳頌一卷劉歆撰。
列女傳頌一卷曹植撰。
列女傳讚一卷繆襲撰。
列女後傳十卷項原撰。
列女傳六卷皇甫謐撰。
列女傳七卷綦毋邃撰。
列女傳要録三卷
女記十卷杜預撰。
美婦人傳六卷
妬記二卷虞通之撰。
道人善道開傳一卷〔四五〕康泓撰。

名僧傳三十卷釋寶唱撰。
高僧傳十四卷釋慧皎撰〔四六〕。
江東名德傳三卷釋法進撰。
法師傳十卷王巾撰。
衆僧傳二十卷裴子野撰。
薩婆多部傳五卷釋僧祐撰。
梁故草堂法師傳一卷
尼傳二卷皎法師撰〔四七〕。
法顯傳二卷
法顯行傳一卷
梁武皇帝大捨三卷嚴暠撰。
列仙傳讚三卷劉向撰，鬷續〔四八〕，孫綽讚。
列仙傳讚二卷劉向撰，晉郭元祖讚。
神仙傳十卷葛洪撰。
説仙傳一卷朱思祖撰。

養性傳二卷

漢武內傳三卷

太元真人東嶽上卿司命茅君內傳一卷〔四九〕弟子李遵撰。

清虛真人王君內傳一卷弟子華存撰。

清靈真人裴君內傳一卷〔五〇〕

正一真人三天法師張君內傳一卷

太極左仙公葛君內傳一卷

仙人馬君陰君內傳一卷

仙人許遠遊傳一卷

靈人辛玄子自序一卷

劉君內記一卷王珍撰。

陸先生傳一卷孔稚珪撰。

列仙讚序一卷郭元祖撰。

集仙傳十卷

洞仙傳十卷

王喬傳一卷

關令內傳一卷鬼谷先生撰。

南嶽夫人內傳一卷

蘇君記一卷周季通撰。

嵩高寇天師傳一卷

華陽子自序一卷

太上真人內記一卷李氏撰。

道學傳二十卷

宣驗記十三卷劉義慶撰。

應驗記一卷宋光祿大夫傅亮撰。

冥祥記十卷王琰撰。

列異傳三卷魏文帝撰。

感應傳八卷王延秀撰。

古異傳三卷宋永嘉太守袁王壽撰。

甄異傳三卷晉西戎主簿戴祚撰。

述異記十卷祖沖之撰。

異苑十卷宋給事劉敬叔撰。

續異苑十卷

搜神記三十卷干寶撰。

搜神後記十卷陶潛撰。

靈鬼志三卷荀氏撰。

志怪二卷祖台之撰。

志怪四卷孔氏撰。

神録五卷劉之遴撰。

齊諧記七卷宋散騎侍郎東陽无疑撰〔五一〕。

續齊諧記一卷吴均撰。

幽明録二十卷劉義慶撰。

補續冥祥記一卷王曼潁撰。

漢武洞冥記一卷郭氏撰。

嘉瑞記三卷陸瓊撰。

祥瑞記三卷

符瑞記十卷許善心撰。

靈異録十卷

靈異記十卷

研神記十卷蕭繹撰。

旌異記十五卷侯君素撰。

近異録二卷劉質撰。

鬼神列傳一卷謝氏撰。

志怪記三卷殖氏撰。

舍利感應記三卷王劭撰。

真應記十卷

周氏冥通記一卷

集靈記二十卷顏之推撰。

冤魂志三卷顏之推撰。

右二百一十七部，一千二百八十六卷。通計亡書，合二百一十九部，一千五百三卷。

古之史官，必廣其所記，非獨人君之舉。周官，外史掌四方之志，則諸侯史記，兼而有之。春秋傳曰：「虢仲、虢叔，王季之穆，勳在王室，藏於盟府。」臧紇之叛，季孫命太史召掌惡臣而盟之。周官司寇凡大盟約，涖其盟書，登于天府。太史、内史、司會、六官皆受其貳而藏之。是則王者誅賞，具録其事，昭告神明，百官史臣，皆藏其書。故自公卿諸侯，至于羣士，善惡之迹，畢集史職。而又閭胥之政，凡聚衆庶，書其敬敏任卹者，族師每月書其孝悌睦婣有學者，黨正歲書其德行道藝者，而入之於鄉大夫。鄉大夫三年大比，考其德行道藝，舉其賢者能者，而獻其書。王再拜受之，登于天府，内史貳之。是以窮居側陋之士，言行必達，皆有史傳。自史官曠絶，其道廢壞，漢初，始有丹書之約，白馬之盟。武帝從董仲舒之言，始舉賢良文學。天下計書，先上太史，善惡之事，靡不畢集。司馬遷、班固，撰而成之，股肱輔弼之臣，扶義俶儻之士，皆有記録。而操行高絜，不涉於世者，史記獨傳夷齊，漢書但述楊王孫之儔，其餘皆略而不説〔五二〕。又漢時，阮倉作列仙圖，劉向典校經籍，始作列仙、列士、列女之傳，皆因其志尚，率爾而作，不在正史。後漢光武，始詔南陽，撰作風俗，故沛、三輔有耆舊節士之序，魯、廬江有名德先賢之讚。郡國之書，由是而作。魏文帝又作列異，以序鬼物奇怪之事，嵇康作高士傳，以敍聖賢之風。因其事類，相繼而作者甚衆，名目轉廣，而又雜以虚誕怪妄之説。推其本源，蓋亦史官之末事也。載筆之士，删採其要焉。魯、沛、三輔，序贊並亡，後之作者，亦多零失。今取其見存，部而類之，謂之雜傳。

山海經二十三卷郭璞注。

水經三卷郭璞注。

黄圖一卷記三輔宫觀、陵廟、明堂、辟雍、郊畤等事。

洛陽記四卷

洛陽記一卷陸機撰。

洛陽宫殿簿一卷

洛陽圖一卷晉懷州刺史楊佺期撰〔五三〕。

述征記二卷郭緣生撰。

西征記二卷戴延之撰。

婁地記一卷吴顧啓期撰。

風土記三卷晉平西將軍周處撰。

吴興記三卷山謙之撰。

吴郡記一卷顧夷撰。

京口記二卷宋太常卿劉損撰。

南徐州記二卷山謙之撰。

會稽土地記一卷朱育撰。

會稽記一卷賀循撰。

隨王入沔記六卷〔五四〕宋侍中沈懷文撰。

荆州記三卷宋臨川王侍郎盛弘之撰。

神壤記一卷記滎陽山水。黄閔撰。

豫章記一卷雷次宗撰。

蜀王本記一卷揚雄撰。

三巴記一卷譙周撰。

珠崖傳一卷僞燕聘晉使蓋泓撰。

陳留風俗傳三卷圈稱撰。

鄴中記二卷晉國子助教陸翽撰。

春秋土地名三卷晉裴秀客京相璠撰。

衡山記一卷宗居士撰〔五五〕。

遊名山志一卷謝靈運撰。

聖賢冢墓記一卷李彤撰。

佛國記一卷沙門釋法顯撰。

遊行外國傳一卷沙門釋智猛撰。

交州以南外國傳一卷

十洲記一卷東方朔撰。

神異經一卷東方朔撰，張華注。

異物志一卷後漢議郎楊孚撰。

南州異物志一卷吴丹陽太守萬震撰。

蜀志一卷東京武平太守常寬撰。

發蒙記一卷束晳撰。載物産之異。

地理書一百四十九卷録一卷。陸澄合山海經已來一百六十家，以爲此書。澄本之外，其舊事並多零失。見存別部自行者，唯四十二家，今列之於上。

三輔故事二卷晉世撰。

湘州記二卷庾仲雍撰。

吴郡記二卷晉本州主簿顧夷撰。

日南傳一卷

江記五卷庾仲雍撰。

漢水記五卷庾仲雍撰。

居名山志一卷謝靈運撰。

西征記一卷戴祚撰。

廬山南陵雲精舍記一卷

永初山川古今記二十卷齊都官尚書劉澄之撰。

元康三年地記六卷

司州記二卷

并帖省置諸郡舊事一卷

地記二百五十二卷梁任昉增陸澄之書八十四家，以爲此記。其所增舊書，亦多零失。見存別部行者，唯十二家，今列之於上。

山海經圖讚二卷郭璞注。

山海經音二卷

水經四十卷酈善長注。

廟記一卷

地理書抄二十卷陸澄撰。

地理書抄九卷任昉撰。

地理書抄十卷劉黃門撰。

洛陽伽藍記五卷後魏楊衒之撰。

荊南地志二卷蕭世誠撰。

巴蜀記一卷

交州異物志一卷楊孚撰。

元康六年户口簿記三卷

元嘉六年地記三卷

九州郡縣名九卷

扶南異物志一卷朱應撰。

臨海水土異物志一卷〔五六〕沈瑩撰。

益州記三卷李氏撰。

湘州記一卷郭仲彥撰〔五七〕。

湘州圖副記一卷

四海百川水源記一卷釋道安撰。

京師寺塔記十卷録一卷。劉璆撰。

華山精舍記一卷張光禄撰。

南雍州記六卷鮑至撰。

京師寺塔記二卷釋曇宗撰〔五八〕。

張騫出關志一卷

外國傳五卷釋曇景撰。

歷國傳二卷釋法盛撰。

西京記三卷

京師録七卷

尋江源記一卷

後園記一卷

江表行記一卷

淮南記一卷

古來國名二卷

十三州志十卷闞駰撰。

慧生行傳一卷

宋武北征記一卷戴氏撰。

林邑國記一卷

涼州異物志一卷

閟象傳二卷閭先生撰。

司州山川古今記三卷劉澄之撰。

江圖一卷張氏撰。

江圖二卷劉氏撰。

廣梁南徐州記九卷虞孝敬撰。

水飾圖二十卷

甌閩傳一卷

北荒風俗記二卷

諸蕃風俗記二卷

男女二國傳一卷

突厥所出風俗事一卷

古今地譜二卷

輿地志三十卷陳顧野王撰。
序行記十卷姚最撰。
魏永安記三卷温子昇撰。
國都城記二卷
周地圖記一百九卷
冀州圖經一卷
齊州圖經一卷
齊州記四卷李叔布撰。
幽州圖經一卷
魏聘使行記六卷
聘北道里記三卷江德藻撰。
李諧行記一卷
聘遊記三卷劉師知撰。
朝覲記六卷
封君義行記一卷李繪撰。

輿駕東行記一卷薛泰撰。
北伐記七卷諸葛潁撰。
巡撫揚州記七卷諸葛潁撰。
大魏諸州記二十一卷
并州入朝道里記一卷蔡允恭撰。
趙記十卷
代都略記三卷
世界記五卷釋僧祐撰。
州郡縣簿七卷
大隋翻經婆羅門法師外國傳五卷
隋區宇圖志一百二十九卷
隋西域圖三卷裴矩撰。
隋諸州圖經集一百卷郎蔚之撰。
隋諸郡土俗物産一百五十一卷
西域道里記三卷

并州總管内諸州圖一卷

諸蕃國記十七卷

方物志二十卷許善心撰。

右一百三十九部，一千四百三十二卷。通計亡書，合一百四十部，一千四百三十四卷。

昔者先王之化民也，以五方土地，風氣所生，剛柔輕重，飲食衣服，各有其性，不可遷變。是故疆理天下，物其土宜，知其利害，達其志而通其欲，齊其政而脩其教。故曰廣谷大川異制，人居其間異俗。書録禹别九州，定其山川，分其圻界，條其物産，辨其貢賦，斯之謂也。周則夏官司險，掌建九州之圖，周知山林川澤之阻，達其道路。地官誦訓，掌方志以詔觀事，以知地俗。春官保章，以星土辨九州之地，所封之域，以觀祅祥。夏官職方〔五九〕，掌天下之圖地，辨四夷八蠻九貉五戎六狄之人，與其財用九穀六畜之數，周知利害，辨九州之國，使同其貫。司徒掌邦之土地之圖，與其人民之教，以佐王擾邦國，周知九州之域，廣輪之數，辨其山林川澤丘陵墳衍原隰之名物，及土會之法。然則其事分在衆職，而冢宰掌建邦之六典，實總其事。太史以典逆冢宰之治，其書蓋亦總爲史官之職。漢初，蕭何得秦圖書，故知天下要害。後又得山海經，相傳以爲夏禹所記。武帝時，計書既上太史，郡國地志，固亦在焉。而史遷所記，但述河渠而已。其後劉向略言地域，丞相張禹使屬朱貢條記風俗，班固因之作地理志。其州國郡縣山川夷險時俗之異，經星之分，風氣所生，區域之廣，户口之數，各有攸敍，與古禹貢、周官所記相埒。是後載筆之士，管窺末學，不能及遠，但記州郡之名而已。晉世，摯虞依禹貢、周官，作畿服經，其州郡及縣分野封略事業，國邑山陵水泉，鄉亭城道里土田，民物風俗，先賢舊好，靡不具悉，凡一百七十卷，今亡。而學者因其經歷，並有記載，然不能成一家之體。齊時，陸澄聚一百六十家之說，依其前後遠近，編而爲部，謂之地理書。任昉又增陸澄之書八十四家，謂之地記。陳時，顧野王抄撰衆家之言，作輿地志。隋大業中，普詔天下諸郡，條其風俗物産地圖，上于尚書。故隋代有諸郡物産土俗記一百五十一卷，區宇圖志一百二十九卷，諸州圖經集一百卷。其餘記注甚衆。今任、陸二家所記之内而又別行者，各録在其書之上，自餘次之於下，以備地理之記焉。

世本王侯大夫譜二卷

世本二卷劉向撰。

世本四卷宋衷撰〔六〇〕。

漢氏帝王譜三卷梁有宋譜四卷，劉湛百家譜二卷，亡。

齊帝譜屬十卷

百家集譜十卷王儉撰。梁有王逡之續儉百家譜四卷，南族譜二卷，百家譜拾遺一卷，又有齊梁帝譜四卷，梁帝譜十三卷，亡。

百家譜三十卷王僧孺撰。

百家譜集鈔十五卷王僧孺撰。

百家譜二十卷賈執撰。

百家譜十五卷傅昭撰〔六一〕。

百家譜世統十卷

百家譜鈔五卷

姓氏英賢譜一百卷賈執撰。案：梁有王司空新集諸州譜十一卷，又別有諸姓譜一百一十六卷，益州譜四十卷，關東關北譜三十三卷，梁武帝總責境内十八州譜六百九十卷〔六二〕，亡。

後魏辯宗録二卷元暉業撰〔六三〕。

後魏皇帝宗族譜四卷

魏孝文列姓族牒一卷

後齊宗譜一卷

益州譜三十卷

冀州姓族譜二卷

洪州諸姓譜九卷

吉州諸姓譜八卷

江州諸姓譜十一卷

諸州雜譜八卷

袁州諸姓譜八卷

揚州譜鈔五卷

京兆韋氏譜二卷

謝氏譜一十卷

楊氏血脉譜二卷

楊氏家譜狀并墓記一卷

楊氏枝分譜一卷

楊氏譜一卷

北地傅氏譜一卷

蘇氏譜一卷

述系傳一卷姚最撰。

氏族要狀十五卷　竹譜一卷

姓苑一卷何氏撰。　錢譜一卷顧烜撰。

複姓苑一卷　錢圖一卷

齊永元中表簿五卷

右四十一部，三百六十卷。通計亡書，合五十三部，一千二百八十卷。

氏姓之書，其所由來遠矣。書稱：「別生分類。」傳曰：「天子建德，因生以賜姓。」周家小史定繫世〔六四〕，辨昭穆，則亦史之職也。秦兼天下，剗除舊迹，公侯子孫，失其本繫。漢初，得世本，敍黄帝已來祖世所出。而漢又有帝王年譜，後漢有鄧氏官譜。晉世，摯虞作族姓昭穆記十卷，齊、梁之間，其書轉廣。後魏遷洛，有八氏十姓，咸出帝族。又有三十六族，則諸國之從魏者；九十二姓，世爲部落大人者，並爲河南洛陽人。其中國士人，則第其門閥，有四海大姓、郡姓、州姓、縣姓。及周太祖入關，諸姓子孫有功者，並令爲其宗長，仍撰譜録，紀其所承。又以關内諸州，爲其本望。其鄧氏官譜及族姓昭穆記，晉亂已亡。自餘亦多遺失。今録其見存者，以爲譜系篇。

七略別録二十卷劉向撰。　七略七卷劉歆撰。

晉中經十四卷荀勖撰。

晉義熙已來新集目録三卷

宋元徽元年四部書目録四卷王儉撰。

今書七志七十卷王儉撰。

梁天監六年四部書目録四卷殷鈞撰。

梁東宮四部目録四卷劉遵撰。

梁文德殿四部目録四卷劉孝標撰。

七録十二卷阮孝緒撰。

魏闕書目録一卷

陳祕閣圖書法書目録一卷

陳天嘉六年壽安殿四部目録四卷

陳德教殿四部目録四卷

陳承香殿五經史記目録二卷

開皇四年四部目録四卷

右三十部，二百一十四卷。

開皇八年四部書目録四卷

香厨四部目録四卷

隋大業正御書目録九卷

法書目録六卷

雜儀注目録四卷

雜撰文章家集敍十卷荀勖撰。

文章志四卷摯虞撰。

續文章志二卷傅亮撰。

晉江左文章志三卷宋明帝撰。

宋世文章志二卷沈約撰。

書品二卷

名手畫録一卷

正流論一卷

古者史官既司典籍，蓋有目録，以爲綱紀，體制堙滅，不可復知。孔子刪書，別爲之序，各陳作者所由。韓、毛二詩，亦皆相類。漢時劉向別録、劉歆七略，剖析條流，各有其部，推尋事迹，疑則古之制也。自是之後，不能辨其流別，但記書名而已。博覽之士，疾其渾漫，故王儉作七志，阮孝緒作七録，並皆別行。大體雖準向、歆，而遠不逮矣。其先代目録，亦多散亡。今總其見存，編爲簿録篇。

凡史之所記，八百一十七部，一萬三千二百六十四卷。通計亡書，合八百七十四部，一萬六千五百五十八卷。

夫史官者，必求博聞强識，疏通知遠之士，使居其位，百官衆職，咸所貳焉。是故前言往行，無不識也；天文地理，無不察也；人事之紀，無不達也。内掌八柄，以詔王治，外執六典，以逆官政。書美以彰善，記惡以垂戒，範圍神化，昭明令德，窮聖人之至賾，詳一代之亹亹。自史官廢絶久矣，漢氏頗循其舊，班、馬因之。魏、晉已來，其道逾替。南、董之位，以禄貴遊，政、駿之司〔六五〕，罕因才授。故梁世諺曰：「上車不落則著作，體中何如則祕書。」於是尸素之儔，盱衡延閣之上，立言之士，揮翰蓬茨之下。一代之記，至數十家，傳説不同，聞見舛駁，理失中庸，辭乖體要。致令允恭之德，有闕於典墳，忠肅之才，不傳於簡策。斯所以爲蔽也。班固以史記附春秋，今開其事類，凡十三種，別爲史部。

校勘記

〔一〕平北諮議參軍韋稜 「平北」，原作「北平」，錢大昕考異卷三四謂當作「平北」。按，韋稜見梁書卷一二韋叡傳，其父叡曾任平北將軍，又本書卷二八百官志下載梁將軍號有「平北」，無「北平」，今據改。

〔二〕漢書孟康音 舊唐書卷四六經籍志上、新唐書卷五八藝文志二、通志卷六五藝文略正史作孟康漢書音義。

〔三〕後漢南記 舊唐書卷四六經籍志上、新唐書卷五八藝文志二作「漢南紀」。世説新語卷上言語及文學劉孝標注、北堂書鈔卷二三后妃部臨朝、初學記卷二四居處部門、御覽卷五七地部二二林、玉海卷四七藝文漢紀等所引亦無「後」字。

〔四〕臧競 後漢書卷一上光武帝紀上李賢注、雲笈七籤卷五引唐茅山昇真王先生傳作「臧矜」。又藝文類聚卷七八引有周王褒過臧矜道館；徐鉉騎省集卷一二王棲霞碑載，建康有陳宣帝爲臧矜先生所建玄貞觀。

〔五〕三國志評三卷徐爰撰 「徐爰」，三國志卷七魏書臧洪傳裴注、舊唐書卷四六經籍志上、新唐書卷五八藝文志二作「徐衆」。册府卷六〇六學校部注釋：「徐爰，字季玉，爲太中大夫。注周易繫辭，爲易音、毛詩音、禮記音二卷，三國志評三卷。」

〔六〕梁書四十九卷梁中書郎謝吴撰本一百卷　舊唐書卷四六經籍志上、新唐書卷五八藝文志二著録「謝吴、姚察梁書三十四卷」。舊唐書卷七三姚思廉傳：「受詔與祕書監魏徵同撰梁、陳二史，思廉又採謝炅（「昊」之誤字，玉海卷四六藝文梁書引正作「昊」）等諸家梁史續成父書，并推究陳事，删益傅縡、顧野王所修舊史，撰成梁書五十卷、陳書三十卷。」又，史通卷一二古今正史：「梁史，武帝時，沈約與給事中周興嗣、步兵校尉鮑行卿、秘書監謝吴相承撰録，已有百篇。」此「已有百篇」，蓋即「本一百卷」。南史卷五一蕭猷傳附蕭韶傳、梁書曾鞏序、册府卷五五五國史部採撰作「謝吴」；下文雜史類著録梁皇帝實録作者「謝吴」，與册府同。新唐書卷五八藝文志二、通志卷六五藝文略雜史、玉海卷四八藝文梁實録亦作「謝吴」。

〔七〕范頵　原作「范穎」，據晉書卷八二陳壽傳、史通卷一二古今正史、册府卷五五五國史部採撰改。

〔八〕魏祕書監荀悦　據後漢書卷六二荀淑傳附荀悦傳，荀悦卒於漢獻帝建安十四年，「魏」應作「漢」。

〔九〕晉紀　原作「晉記」，據宋甲本、至順本、汲本改。舊唐書卷四六經籍志上、新唐書卷五八藝文志二亦作「晉紀」。

〔一〇〕郭季産　原作「郭李産」，據宋甲本、至順本、南監本、汲本改。舊唐書卷四六經籍志上、新唐書卷五八藝文志二亦作「郭季産」。

〔二〕三十國春秋三十一卷梁湘東世子蕭方等撰　「蕭方等」，原作「蕭萬等」，據宋甲本改。梁書卷四四世祖二子忠壯世子方等傳：「所撰三十國春秋及靜住子，行於世。」即此。蓋「方」因形近訛「万」，又從而作「萬」。

〔三〕梁後略十卷姚最撰　「姚最」，原作「姚勖」，據至順本、汲本、舊唐書卷四六經籍志上、新唐書卷五八藝文志二改。周書卷四七藝術姚最傳：「撰梁後略十卷，行於世。」即此。又，「梁後略」，兩唐志作「梁昭後略」。

〔三〕淮海亂離志四卷蕭世怡撰　「蕭世怡」，史通卷五補注作「蕭大圜」，舊唐書卷四六經籍志上、新唐書卷五八藝文志二作「蕭大圓」。周書卷四二蕭圓肅傳：「又撰時人詩筆爲文海四十卷，廣堪十卷，淮海亂離志四卷，行於世。」又，册府卷五五五國史部採撰：「蕭世怡，一云大圜，封樂浪王。仕隋，位内史侍郎。撰淮海亂離志四卷。」

〔四〕春秋前傳雜語　原作「春秋前雜傳」，據舊唐書卷四六經籍志上、新唐書卷五八藝文志二改。按，宋書卷六四何承天傳：「先是，禮論有八百卷，承天删減并合，以類相從，凡爲三百卷，并前傳、雜語、纂文、論並傳於世。」

〔五〕劉艾　原作「劉芳」，據宋甲本、汲本改。舊唐書卷四六經籍志上、新唐書卷五八藝文志二、册府卷五五五國史部採撰亦作「劉艾」。

〔一六〕謝吴　或作「謝昊」。參見本卷校勘記〔六〕。

〔一七〕侯瑾　原作「侯謹」，據宋甲本、至順本、汲本改。舊唐書卷四六經籍志上、新唐書卷五八藝文志二亦作「侯瑾」。

〔一八〕何茂林　原作「何茂材」，據宋甲本、至順本改。日本國見在書目、新唐書卷五八藝文志二亦作「何茂林」。

〔一九〕隋書六十卷未成祕書監王劭撰　本書卷六九王劭傳：「劭在著作，將二十年，專典國史，撰隋書八十卷。」史通卷一六家：「至隋祕書監太原王劭，又録開皇、仁壽時事，編而次之，以類相從，各爲其目，勒成隋書八十卷。尋其義例，皆準尚書。」舊唐書卷四六經籍志上、新唐書卷五八藝文志二亦著録「王劭隋書八十卷」。此稱「未成」，或指劭書之別本。

〔二〇〕馮跋　原作「馬跋」，據宋甲本、汲本改。

〔二一〕後魏侍中高閭　「後」字原闕，據宋甲本、至順本補。按，高閭，魏書卷五四有傳。

〔二二〕何仲熙　十六國春秋卷四二前秦録作「何熙仲」。

〔二三〕席惠明　舊唐書卷四六經籍志上、新唐書卷五八藝文志二作「杜惠明」。

〔二四〕晉元康起居注一卷　上文已出「晉元康起居注一卷」，此重出。本卷「起居注」敍稱，「依其先後，編而次之」。晉元帝之後爲明帝，在位三年，改元太寧。姚振宗考證卷一四認爲本條或是「太寧起居注」之誤。

〔五〕宋元徽起居注　原作「宋成徽起居注」，據宋甲本改。

〔六〕陶璜　原作「陶黄」，據宋甲本、汲本改。陶璜，晉書卷五七有傳。

〔七〕梁舊事三十卷內史侍郎蕭大圜　「蕭大圜」，原作「蕭大環」，周書卷四二蕭大圜傳「撰梁舊事三十卷」，今據改。新唐書卷五八藝文志二作「蕭大圓梁魏舊事三十卷」。

〔八〕王秀道　舊唐書卷四六經籍志上、新唐書卷五八藝文志二、唐六典卷九中書省注作「王道秀」。

〔九〕司馬褧　原作「司馬聚」，據至順本、南監本改。

〔一〇〕存者唯嘉吉及賓　「嘉」，原作「士」，宋甲本、至順本、汲本作「上」。按，梁書卷三武帝紀下：「天監初，則何佟之、賀瑒、嚴植之、明山賓等覆述制旨，並撰吉凶軍賓嘉五禮，凡一千餘卷，高祖稱制斷疑。」又據本條上文及梁書卷四〇司馬褧傳，嘉禮儀注爲司馬褧所撰。可知「士」、「上」俱誤，今據改。

〔一一〕梁有建武律令故事　「有」字原闕，據隋志著録體例，「梁」下應有「有」字，今據補。唐六典卷六刑部郎中注：「漢建武有律令故事」，即此。

〔一二〕劉劭律略論　「劉劭」，原作「應劭」，據舊唐書卷四六經籍志上、新唐書卷五八藝文志二改。按，三國志卷二一魏書劉劭傳「作新律十八篇，著律略論」，可證。

〔一三〕崔慰祖　原作「崔蔚祖」，南齊書卷五二文學崔慰祖傳云「慰祖著海岱志」，南史卷七二文學崔慰祖傳、册府卷六〇七學校部撰集同，今據改。

〔三四〕范瑗撰　「撰」，原作「傳」，據宋甲本、南監本、北監本、汲本、殿本改。

〔三五〕長沙耆舊傳讚　原作「長沙舊傳讚」，按，説郛（宛委山堂本）卷五八引劉彧長沙耆舊傳，本書卷一〇禮儀志五、水經注卷一五洛水、初學記卷二天部霽晴、藝文類聚卷二天部霽、御覽卷二六八職官部六六良令長下並引長沙耆舊傳，北堂書鈔卷七三設官部從事引長沙耆舊傳讚，今據改。

〔三六〕桂陽先賢畫讚　原作「桂陽先賢書讚」，據舊唐書卷四六經籍志上、新唐書卷五八藝文志二、通志卷六五藝文略傳記改。按，水經注卷三一汝水、北堂書鈔卷一四五酒食部肉、御覽卷四二一人事部六二義中並引桂陽先賢畫讚，可證。

〔三七〕王韶之　原作「王昭之」，據南史卷二四王韶之傳、舊唐書卷四六經籍志上、新唐書卷五八藝文志二改。

〔三八〕宗躬　原作「宋躬」，據宋甲本改。舊唐書卷四六經籍志上、新唐書卷五八藝文志二亦作「宗躬」。本書卷三五經籍志四集部別集類有宗躬集，即此人。

〔三九〕元懌　原作「梁元帝」，蓋涉上下文之「梁元帝」而誤。據舊唐書卷四六經籍志上、新唐書卷五八藝文志二删改。按，魏書卷六〇韓麒麟傳附韓子熙傳載韓子熙表云，元懌「撰顯忠録，區目十篇，分卷二十」，北史卷一九孝文六王清河王懌傳：「懌以忠而獲謗，乃鳩集昔忠烈之士，爲顯忠録二十卷以見意焉。」

〔四〇〕正始名士傳三卷袁敬仲撰　「袁敬仲」，當作「袁彦伯」。通志卷六五藝文略傳記「正始名士傳三卷，袁宏撰」，宋史卷二〇三藝文志二同；舊唐書卷四六經籍志上、新唐書卷五八藝文志二省稱作「袁宏名士傳」。按，東漢衞宏，字敬仲，晉袁宏字彦伯，隋志袁宏與衞宏相亂，因誤題作袁敬仲。參見本書卷三二校勘記〔五二〕。

〔四一〕張隱　舊唐書卷四六經籍志上、新唐書卷五八藝文志二作「張騭」。按，三國志卷二一魏書王粲傳裴注兩引文士傳作「張騭」，卷九曹肇傳裴注引又作「張隱」，姑存疑。

〔四二〕桓任家傳　北堂書鈔卷五八設官部散騎侍郎、御覽卷二二四職官部二二散騎侍郎引作「桓氏家傳」。

〔四三〕范氏家傳　宋甲本、汲本作「范氏世傳」，通志卷六五藝文略傳記同。

〔四四〕漢南庾氏家傳三卷　「庾氏」二字原闕，據新唐書卷五八藝文志二、通志卷六五藝文略傳記補。舊唐書卷四六經籍志上：「庾氏家傳三卷，庾守業撰。」可證。

〔四五〕道人善道開傳　「善道開」，當作「單道開」。參見晉書卷九五藝術單道開傳、高僧傳卷九晉羅浮山單道開傳。

〔四六〕釋慧皎　原作「釋僧祐」，據開元釋教録卷六、舊唐書卷四六經籍志上、新唐書卷五九藝文志三改。

〔四七〕尼傳二卷皎法師撰　開元釋教録卷六釋寶唱「別撰尼傳四卷」，舊唐書卷四六經籍志上、新唐書卷五九藝文志三著録寶唱比丘尼傳四卷。據此則尼傳或比丘尼傳應是釋寶唱所撰同一書，惟卷數稍異；但通志卷六七藝文略釋家又分別著録皎法師「尼傳二卷」，釋寶唱「比丘尼傳四卷」，姑存疑。

〔四八〕列仙傳讚三卷劉向撰鬷續　四庫全書總目卷一六四：「『鬷續』上似奪一字，有續傳一卷，故爲三卷也。」姚振宗考證卷二〇：「『鬷』是姓，非名，此蓋『鬷』下奪一字也。」

〔四九〕太元真人東嶽上卿司命茅君内傳　原作「太元真人東鄉司命茅君内傳」，據神仙傳卷五茅君傳、御覽卷六六一道部三真人下引茅君傳、雲笈七籤卷一〇四太元真人東嶽上卿司命真君傳改補。

〔五〇〕清靈真人裴君内傳　「清靈真人」，原作「清虛真人」，蓋涉上文「清虛真人王君内傳」而誤，今據雲笈七籤卷二三太素真人受太帝君日月訣法、卷一〇五清靈真人裴君傳改。

〔五一〕東陽无疑　原作「東陽元疑」，據新唐書卷五九藝文志三改。文選卷二〇應詔讌曲水作李善注、舊唐書卷四六經籍志上、廣韻卷一作「東陽無疑」。

〔五二〕略而不説　「説」，北監本、汲本、殿本作「記」。

〔五三〕晉懷州刺史楊佺期　錢大昕考異卷三四：「晉無『懷州』，當是『雍州』之訛。」按，晉書卷八四楊佺期傳，佺期曾任「都督梁雍秦三州諸軍事、雍州刺史」。

〔五四〕隨王入沔記　原作「隋王入沔記」，新唐書卷五八藝文志二作「隨王入沔記」。按，宋書卷八二沈懷文傳載，隨王誕鎮襄陽，懷文爲後軍主簿，「入沔」者蓋即此事。今據改。

〔五五〕衡山記一卷宗居士撰　「宗居士」，原作「宋居士」，南齊書卷五四高逸宗測傳：「又嘗遊衡山七嶺，著衡山、廬山記。」今據改。

〔五六〕臨海水土異物志　「異」字原闕，據舊唐書卷四六經籍志上、新唐書卷五八藝文志二補。

〔五七〕郭仲彦　寰宇記卷一六三嶺南道昭州、太平廣記卷四八二蠻夷木客引湘州記作「郭仲産」。

〔五八〕京師寺塔記二卷釋曇宗撰　「釋曇宗」，原作「釋曇景」。按，高僧傳卷一三曇宗傳「著京師塔寺記二卷」，卷一四序録亦載「沙門曇宗京師寺記」，此蓋涉下文「曇景」而誤，今據改。

〔五九〕夏官職方　「夏官」，原作「秋官」，據周禮夏官改。

〔六〇〕世本四卷宋衷撰　「宋衷」，原作「宋表」，據至順本、南監本、汲本、殿本改。

〔六一〕傅昭　原作「溥昭」，據宋甲本、至順本、汲本、殿本改。傅昭，梁武帝時人，梁書卷二六有傳。

〔六二〕梁武帝總責境内十八州譜六百九十卷　梁書卷三三王僧孺傳「僧孺集十八州譜七百一十卷」，「責」作「集」。又，舊唐書卷四六經籍志上、新唐書卷五八藝文志二俱載王僧孺「十八州譜七百一十二卷」，與本條「六百九十卷」差歧較著，姑存疑。

〔六三〕後魏辯宗録二卷元暉業撰　「元暉業」，原作「元曄業」，據北史卷一七景穆十二王上濟成王小新成傳附元暉業傳、舊唐書卷四六經籍志上、新唐書卷五八藝文志二改。又，北史本傳稱「乃撰魏藩王家世，號爲辨宗録四十卷」，卷數差别懸隔，或有訛誤。

〔六四〕周家小史定繫世　「周家」，疑當作「周官」。按，周禮春官：「小史掌邦國之志，奠繫世，辨昭穆。」本書引周禮多稱周官，不稱「周家」。

〔六五〕政駿之司　「政」，原作「正」，據殿本改。劉向，字子政；劉歆，字子駿。

隋書卷三十四

志第二十九

經籍三 子

晏子春秋七卷齊大夫晏嬰撰。

曾子二卷目一卷。魯國曾參撰。

子思子七卷魯穆公師孔伋撰。

公孫尼子一卷尼，似孔子弟子。

孟子十四卷齊卿孟軻撰，趙岐注。

孟子七卷鄭玄注。

孟子七卷劉熙注。梁有孟子九卷，綦毋邃撰，亡。

孫卿子十二卷楚蘭陵令荀況撰。梁有王孫子一卷，亡。

董子一卷戰國時，董無心撰。

魯連子五卷、録一卷魯連，齊人，不仕，稱爲先生。

新語二卷陸賈撰。

賈子十卷録一卷。漢梁太傅賈誼撰。

鹽鐵論十卷漢廬江府丞桓寬撰〔一〕。

新序三十卷録一卷。劉向撰。

説苑二十卷劉向撰。

揚子法言十五卷、解一卷揚雄撰，李軌注。梁有揚子法言六卷，侯苞注〔二〕，亡。

揚子法言十三卷宋衷注〔三〕。

揚子太玄經九卷宋衷注。梁有揚子太玄經九卷，揚雄自作章句，亡。

揚子太玄經十卷陸績、宋衷注〔四〕。

揚子太玄經十卷蔡文邵注。梁有揚子太玄經十四卷，虞翻注；揚子太玄經十三卷，陸凱注；揚子太玄經七卷，王肅注。亡。

桓子新論十七卷後漢六安丞桓譚撰。

潛夫論十卷後漢處士王符撰。梁有王逸正部論八卷，後漢侍中王逸撰；後序十二卷，後漢司隸校尉應奉撰；周生子要論一卷，録一卷，魏侍中周生烈撰。亡。

申鑒五卷荀悦撰。

魏子三卷後漢會稽人魏朗撰。梁有文檢六卷，似後漢末人作，亡。

牟子二卷後漢太尉牟融撰。

典論五卷魏文帝撰。

徐氏中論六卷魏太子文學徐幹撰，梁目一卷。

王子正論十卷王肅撰。梁有去伐論集三卷，王粲撰，亡。

杜氏體論四卷魏幽州刺史杜恕撰。梁有新書五卷，王基撰；周子九卷，吳中書郎周昭撰。亡。

顧子新語十二卷吳太常顧譚撰。通語十卷，

晉尚書左丞殷興撰；典語十卷、典語別二卷，並吳中夏督陸景撰。亡。

譙子法訓八卷譙周撰。梁有譙子五教志五卷，亡。

袁子正論十九卷袁準撰。梁又有袁子正書二十五卷，袁準撰；孫氏成敗志三卷，孫毓撰；古今通論二卷，王嬰撰；蔡氏化清經十卷，松滋令蔡洪撰〔五〕；通經二卷，晉丞相從事中郎王長文撰〔六〕。亡。

新論十卷晉散騎常侍夏侯湛撰。梁有楊子物理論十六卷，楊子大元經十四卷，並晉徵士楊泉撰；新論十卷，晉金紫光祿大夫華譚撰；梅子新論一卷。亡。

志林新書三十卷虞喜撰。梁有廣林二十四卷，又後林十卷，虞喜撰；干子十八卷，干寶撰；閎論二卷，晉江州從事蔡韶撰；顧子十卷，晉揚州主簿顧夷撰。亡。

要覽十卷晉郡儒林祭酒呂竦撰〔七〕。

正覽六卷梁太子詹事周捨撰。梁有三統五德論二卷，曹思文撰，亡。

諸葛武侯集誡二卷

衆賢誡十三卷

女篇一卷

女鑒一卷

婦人訓誡集十一卷

娣姒訓一卷〔八〕

曹大家女誡一卷

貞順志一卷〔九〕

右六十二部，五百三十卷。通計亡書，合六十七部，六百九卷。

儒者，所以助人君明教化者也。聖人之教，非家至而户説，故有儒者宣而明之。其大抵本於仁義及五常之道，黄帝、堯、舜、禹、湯、文、武，咸由此則。周官，太宰以九兩繫邦國之人，其四曰儒，是也。其後陵夷衰亂，儒道廢闕。仲尼祖述前代，修正六經，三千之徒，並受其義。至于戰國，孟軻、子思、荀卿之流〔一〇〕，宗而師之，各有著述，發明其指。所謂中庸之教，百王不易者也。俗儒爲之，不顧其本，苟欲譁衆，多設問難，便辭巧説，亂其大體，致令學者難曉，故曰「博而寡要」。

鬻子一卷周文王師鬻熊撰。

老子道德經二卷周柱下史李耳撰。漢文帝時，河上公注。梁有戰國時河上丈人注老子經二卷，漢長陵三老毋丘望之注老子二卷，漢徵士嚴遵注老子二卷〔一一〕，虞翻注老子二卷，亡。

老子道德經二卷王弼注。梁有老子道德經二卷，張嗣注；老子道德經二卷，蜀才注。亡。

老子道德經二卷鍾會注。梁有老子道德經二卷，晉太傅羊祜解釋；老子經二卷，東晉江州刺史王尚述注；老子二卷，晉郎中程韶集解；老子二卷，邯鄲氏注；老子二卷，常氏傳；老子二卷，孟氏注；老子二卷，盈氏注。亡。

老子道德經二卷、音一卷晉尚書郎孫登注。

老子道德經二卷劉仲融注。梁有老子道德經二卷，巨生解；老子道德經二卷，晉西中郎將袁真注；老子道德經二卷，張憑注；老子道德經二卷，釋惠琳注；老子道德經二卷，釋惠嚴注；老子道德經二卷，王玄載注。亡。

老子道德經二卷盧景裕撰。

老子音一卷李軌撰。梁有老子音一卷，晉散騎常侍戴逵撰，亡。

老子四卷梁曠撰〔一二〕。

老子指歸十一卷嚴遵注。

老子指趣三卷毌丘望之撰。

老子義綱一卷顧歡撰。梁有老子道德論二卷，何晏撰；老子序決一卷，葛仙公撰〔一三〕；老子雜論一卷，何、王等注；老子私記十卷，梁簡文帝撰；老子玄示一卷，韓壯撰；老子玄譜一卷，晉柴桑令劉遺民撰；老子玄機三卷，宗塞撰；老子幽易五卷，又老子志一卷，山琮撰。亡。

老子義疏一卷顧歡撰。梁有老子義疏一卷，釋慧觀撰，亡。

老子義疏五卷孟智周私記。

老子義疏四卷韋處玄撰。

老子講疏六卷梁武帝撰。

老子義疏九卷戴詵撰。

老子節解二卷

老子章門一卷

文子十二卷文子，老子弟子。七略有九篇，梁七録十卷，亡。

鶡冠子三卷楚之隱人。

列子八卷鄭之隱人列禦寇撰，東晉光禄勳張湛注。

莊子二十卷梁漆園吏莊周撰，晉散騎常侍向秀注。本二十卷，今闕〔一四〕。梁有莊子十卷，東晉議郎崔譔注，亡。

莊子十六卷司馬彪注。本二十一卷，今闕。

莊子三十卷、目一卷晉太傅主簿郭象注。梁七録三十三卷。

集注莊子六卷梁有莊子三十卷，晉丞相參軍李頤注；莊子十八卷，孟氏注，録一卷。亡。

莊子音一卷李軌撰。

莊子音三卷徐邈撰。

莊子集音三卷徐邈撰。

莊子注音一卷司馬彪等撰。

莊子音三卷郭象撰。梁有向秀莊子音一卷。

莊子外篇雜音一卷

莊子内篇音義一卷

莊子講疏十卷梁簡文帝撰。本二十卷，今闕。

莊子講疏二卷張譏撰，亡〔一五〕。

莊子講疏八卷

莊子文句義二十八卷本三十卷，今闕。梁有莊子義疏十卷，又莊子義疏三卷，宋處士王叔之撰〔一六〕，亡。

莊子内篇講疏八卷周弘正撰。

莊子義疏八卷戴詵撰。

南華論二十五卷梁曠撰，本三十卷。

南華論音三卷

莊成子十二卷梁有蹇子一卷，今亡。

玄言新記明莊部二卷梁澡撰。

守白論一卷

任子道論十卷魏河東太守任嘏撰。梁有渾輿經一卷，魏安成令桓威撰，亡。

唐子十卷吳唐滂撰。梁有蘇子七卷，晉北中郎參軍蘇彥撰；宣子二卷，晉宣城令宣舒撰〔一七〕；陸子十卷，陸雲撰。亡。

杜氏幽求新書二十卷杜夷撰。

抱朴子內篇二十一卷、音一卷葛洪撰。梁有顧道士新書論經三卷，晉方士顧谷撰，亡。

孫子十二卷孫綽撰。

符子二十卷東晉員外郎符朗撰。梁有賀子述言十卷，宋太學博士賀道養撰；少子五卷，齊司徒左長史張融撰；梁有養生論三卷，嵇康撰；攝生論二卷，晉河內太守阮侃撰；無宗論四卷，聖人無情論六卷。亡。

夷夏論一卷顧歡撰。梁二卷。梁又有談衆三卷，亡。

簡文談疏六卷晉簡文帝撰。

無名子一卷張太衡撰。

玄子五卷

遊玄桂林二十一卷、目一卷張譏撰。

廣成子十三卷商洛公撰。張太衡注，疑近人作。

右七十八部，合五百二十五卷。

道者，蓋爲萬物之奧，聖人之至賾也。易曰：「一陰一陽之謂道。」又曰：「仁者見之謂之仁，智者見之謂之智，百姓日用而不知。」夫陰陽者，天地之謂也。天地變化，萬物蠢生，則有經營之迹。至於道者，精微淳粹，而莫知其體，處陰與陰爲一，在陽與陽不二。仁者資道以成仁，道非仁之謂也；智者資道以爲智，道非智之謂也；百姓資道而日用，而不知其用也。聖人體道成性，清虛自守，爲而不恃，長而不宰，故能不勞聰明而人自化，不假脩營而功自成。其玄德深遠，言象不測。先王懼人之惑，置于方外，六經之義，是所罕言。周官九兩，其三曰師，蓋近之矣。然自黃帝以下，聖哲之士，所言道者，傳之其人，世無師說。漢時，曹參始薦蓋公能言黃老，文帝宗之。自是相傳，道學衆矣。下士爲之，不推其本，苟以異俗爲高，狂狷爲尚，迂誕譎怪而失其真。

管子十九卷齊相管夷吾撰。

商君書五卷秦相衞鞅撰。梁有申子三卷，韓相申不害撰，亡。

愼子十卷戰國時處士愼到撰。

韓子二十卷、目一卷韓非撰。梁有朝氏新書三卷，漢御史大夫鼂錯撰〔一八〕，亡。

正論六卷漢大尚書崔寔撰。梁有法論十卷，劉邵撰；政論五卷，魏侍中劉廙撰；阮子正論五卷，魏清河太守阮武撰。亡。

世要論十二卷魏大司農桓範撰。梁有二十卷。又有陳子要言十四卷，吴豫章太守陳融撰；蔡司徒難論五卷，晉三公令史黃命撰。亡。

右六部，合七十二卷。

法者，人君所以禁淫慝，齊不軌，而輔於治者也。易著「先王明罰飭法」，書美「明于五刑，以弼五教」。周官，司寇「掌建國之三典，以佐王刑邦國，詰四方」；司刑「以五刑之法，麗萬民之罪」，是也。刻者爲之，則杜哀矜，絕仁愛，欲以威劫爲化，殘忍爲治，乃至傷恩害親。

鄧析子一卷析，鄭大夫。

尹文子二卷尹文，周之處士，遊齊稷下。

士操一卷魏文帝撰〔一九〕。梁有刑聲論一卷，亡。

人物志三卷劉邵撰。梁有士緯新書十卷，姚信撰，又姚氏新書二卷，與士緯相似；九州人士論一卷，魏司空盧毓撰；通古人論一卷。亡。

右四部，合七卷。

名者，所以正百物，敍尊卑，列貴賤，各控名而責實，無相僭濫者也。春秋傳曰：「古者名位不同，節文異數。」孔子曰：「名不正則言不順，言不順則事不成。」周官，宗伯「以九儀之命，正邦國之位，辨其名物之類」，是也。拘者爲之，則苛察繳繞，滯於析辭而失大體。

墨子十五卷、目一卷宋大夫墨翟撰。

胡非子一卷非，似墨翟弟子。梁有田俅子一卷〔二〇〕，亡。

隨巢子一卷巢，似墨翟弟子。

右三部，合一十七卷。

墨者，强本節用之術也。上述堯、舜、夏禹之行，茅茨不翦，糲粱之食，桐棺三寸，貴儉兼愛，嚴父上德，以孝示天下，右鬼神而非命。漢書以爲本出清廟之守。然則周官宗伯「掌建邦之天神地祇人鬼」，肆師「掌立國祀及兆中廟中之禁令」，是其職也。愚者爲之，則守於節儉，不達時變，推心兼愛，而混於親疏也。

鬼谷子三卷皇甫謐注。鬼谷子，周世隱於鬼谷。梁有補闕子十卷，湘東鴻烈十卷，並元帝撰，亡。

鬼谷子三卷樂一注。

右二部，合六卷。

從横者，所以明辯説，善辭令，以通上下之志者也。漢書以爲本出行人之官，受命出疆，臨事而制。故曰：「誦詩三百，使于四方，不能專對，雖多亦奚以爲？」周官，掌交「以節與幣，巡邦國之諸侯及萬姓之聚，導王之德意志慮，使辟行之，而和諸侯之好，達萬民之説；諭以九税之利，九儀之親，九牧之維，九禁之難，九戎之威」，是也。佞人爲之，則便辭利口，傾危變詐，至於賊害忠信，覆邦亂家。

尉繚子五卷梁并録六卷。尉繚，梁惠王時人。

尸子二十卷、目一卷梁十九卷。秦相衞鞅上

客尸佼撰。其九篇亡，魏黃初中續。

呂氏春秋二十六卷秦相呂不韋撰，高誘注。

淮南子二十一卷漢淮南王劉安撰，許慎注。

淮南子二十一卷高誘注。

論衡二十九卷後漢徵士王充撰。梁有洞序九卷、録一卷，應奉撰，亡。

風俗通義三十一卷録一卷。應劭撰。梁三十卷。

仲長子昌言十二卷録一卷。漢尚書郎仲長統撰。

蔣子萬機論八卷蔣濟撰。梁有篤論四卷，杜恕撰；芻蕘論五卷，鍾會撰；梁有諸葛子五卷，吴太傅諸葛恪撰。亡。

傅子百二十卷晉司隸校尉傅玄撰。嘿記三卷，吴大鴻臚張儼撰。裴氏新言五卷，吴大鴻臚裴玄撰〔二〕。梁有新義十八卷，吴太子中庶子劉廞撰；析言論二十卷，晉議郎張顯撰；桑丘先生書二卷，晉征南軍師楊偉撰。亡。

時務論十二卷楊偉撰。梁有古世論十七卷，桓子一卷；秦子三卷，吴秦菁撰；劉子十卷，何子五卷。亡。

立言六卷蘇道撰。梁有孔氏説林二卷，孔衍撰，亡。

抱朴子外篇三十卷葛洪撰。梁有五十一卷。

金樓子十卷梁元帝撰。

博物志十卷張華撰。

張公雜記一卷張華撰。梁有五卷，與博物志相似，小小不同。又有雜記十卷，何氏撰，亡。

雜記十一卷張華撰。梁有子林二十卷，孟儀撰，亡。

廣志二卷郭義恭撰。

部略十五卷

博覽十三卷

諫林五卷齊晉陵令何望之撰〔三二〕。

述政論十三卷陸澄撰。

古今注三卷崔豹撰。

古今訓十一卷張顯撰。

古今善言三十卷宋車騎將軍范泰撰。

善諫二卷宋領軍長史虞通之撰。

缺文十三卷陸澄撰。

政論十三卷陸澄撰。

記聞二卷宋後軍參軍徐益壽撰。

新舊傳四卷

釋俗語八卷劉霽撰。

稱謂五卷後周大將軍盧辯撰。

備遺記三卷

纂要一卷戴安道撰，亦云顏延之撰。

方類六卷

俗說三卷沈約撰。梁五卷。

雜說二卷沈約撰。

袖中記二卷沈約撰。

袖中略集一卷沈約撰。

珠叢一卷沈約撰。

採璧三卷梁中書舍人庾肩吾撰。

物始十卷謝吴撰〔三三〕。

宜覽二十二卷

玉府集八卷

鴻寶十卷

顯用九卷

墳典三十卷盧辯撰。

玉燭寶典十二卷著作郎杜臺卿撰。

典言四卷後魏人李穆叔撰。

典言四卷後齊中書郎荀士遜等撰。

補文六卷

四時録十二卷

正訓二十卷

内訓二十卷

雜略十三卷

清神三卷

前言八卷

會林五卷

對林十卷

道言六卷叱羅羨撰。

道術志三卷

述伎藝一卷

諸書要略一卷魏彥深撰。

文府五卷梁有文章義府三十卷。

語對十卷朱澹遠撰。

語麗十卷朱澹遠撰。

對要三卷

雜語三卷

衆書事對三卷

廊廟五格二卷王彬撰。

名數八卷

新言四卷裴立撰[二四]。

善説五卷

君臣相起發事三卷

物重名五卷

真注要録一卷

天地體二卷

雜事鈔二十四卷

雜書鈔四十四卷

子抄三十卷梁黟令庾仲容撰。

子鈔二十卷梁有子鈔十五卷，沈約撰，亡。

論集八十六卷殷仲堪撰。梁九十六卷。梁又有雜論五十八卷，雜論十三卷，亡。

皇覽一百二十卷繆襲等撰〔二五〕。梁六百八十卷。梁又有皇覽一百二十三卷，何承天合；皇覽五十卷，徐爰合，皇覽目四卷；又有皇覽抄二十卷，梁特進蕭琛抄。亡。

帝王集要三十卷崔安撰〔二六〕。

類苑一百二十卷梁征虜刑獄參軍劉孝標撰。梁七録八十二卷。

華林遍略六百二十卷梁綏安令徐僧權等撰。

要録六十卷

壽光書苑二百卷梁尚書左丞劉杳撰。

科録二百七十卷〔二七〕元暉撰。

書圖泉海二十卷陳張式撰。

聖壽堂御覽三百六十卷

長洲玉鏡二百三十八卷

書鈔一百七十四卷

釋氏譜十五卷

内典博要三十卷

淨住子二十卷齊竟陵王蕭子良撰。

因果記十卷

歷代三寶記三卷費長房撰。

真言要集十卷

義記二十卷蕭子良撰。

感應傳八卷宋尚書郎王延秀撰〔二八〕。

衆僧傳二十卷裴子野撰。

高僧傳六卷虞孝敬撰。

皇帝菩薩清淨大捨記三卷謝吴撰，亡。

寶臺四法藏目録一百卷大業中撰。

玄門寶海一百二十卷大業中撰。

右九十七部，合二千七百二十卷。

雜者，兼儒、墨之道，通衆家之意，以見王者之化，無所不冠者也。古者，司史歷記前言往行，禍福存亡之道。然則雜者，蓋出史官之職也。放者爲之，不求其本，材少而多學，言非而博，是以雜錯漫羡，而無所指歸。

氾勝之書二卷漢議郎氾勝之撰。

四人月令一卷〔一九〕後漢大尚書崔寔撰。

禁苑實録一卷

齊民要術十卷賈思勰撰。

春秋濟世六常擬議五卷楊瑾撰。梁有陶朱公養魚法，卜式養羊法、養猪法、月政畜牧栽種法，各一卷，亡。

右五部，一十九卷。

農者，所以播五穀，藝桑麻，以供衣食者也。書敍八政，其一曰食，二曰貨。孔子曰：「所重民食。」周官，冢宰「以九職任萬民」，其一曰「三農生九穀」；地官司稼「掌巡邦野之稼，而辨穜稑之種，周知其名與其所宜地，以爲法而懸于邑閭」，是也。鄙者爲之，則棄君臣之義，徇耕稼之利，而亂上下之序。

燕丹子一卷丹，燕王喜太子。梁有青史子一卷；又宋玉子一卷、録一卷，楚大夫宋玉撰；羣英論一卷，郭頒撰；語林十卷，東晉處士裴啓撰。亡。

雜語五卷

郭子三卷東晉中郎郭澄之撰。

雜對語三卷

要用語對四卷

文對三卷

瑣語一卷梁金紫光禄大夫顧協撰。

笑林三卷後漢給事中邯鄲淳撰。

笑苑四卷

解頤二卷楊松玢撰〔三〇〕。

世説八卷宋臨川王劉義慶撰。

世説十卷劉孝標注。梁有俗説一卷，亡。

小説十卷梁武帝勑安右長史殷芸撰。梁目，三十卷。

小説五卷

邇説一卷梁南臺治書伏挺撰〔三一〕。

辯林二十卷蕭賁撰。

辯林二卷席希秀撰。

瓊林七卷周獸門學士陰顥撰〔三二〕。

古今藝術二十卷

雜書鈔十三卷

座右方八卷庾元威撰。

座右法一卷

魯史欹器圖一卷儀同劉徽注〔三三〕。

器準圖三卷後魏丞相士曹行參軍信都芳撰。

水飾一卷

右二十五部，合一百五十五卷。

小說者，街說巷語之說也。傳載輿人之誦，詩美詢于芻蕘。古者聖人在上，史爲書，瞽爲詩，工誦箴諫，大夫規誨，士傳言而庶人謗。孟春，徇木鐸以求歌謠，巡省觀人詩，以知風俗。過則正之，失則改之，道聽塗說，靡不畢紀。周官，誦訓「掌道方志以詔觀事，道方慝以詔辟忌，以知地俗」；而訓方氏「掌道四方之政事，與其上下之志，誦四方之傳道而觀新物」〔三四〕，是也。孔子曰：「雖小道，必有可觀者焉，致遠恐泥。」

司馬兵法三卷齊將司馬穰苴撰。

孫子兵法二卷吳將孫武撰，魏武帝注。梁三卷。

孫子兵法一卷魏武、王凌集解。

孫武兵經二卷張子尚注。

鈔孫子兵法一卷魏太尉賈詡鈔。梁有孫子兵法二卷，孟氏解詁；孫子兵法二卷，吳處士沈友撰；又孫子八陣圖一卷。亡。

吳起兵法一卷賈詡注。

吳孫子牝牡八變陣圖二卷〔三五〕

續孫子兵法二卷魏武帝撰。

孫子兵法雜占四卷梁有諸葛亮兵法五卷，又

慕容氏兵法一卷，亡。

皇帝兵法一卷宋武帝所傳神人書。梁有雜兵注二十四卷，兵法序二卷，亡。

太公六韜五卷梁六卷。周文王師姜望撰。

太公陰謀一卷梁六卷。梁又有太公陰謀三卷，魏武帝解。

太公陰符鈐録一卷

太公金匱二卷

太公兵法二卷梁三卷。

太公兵法六卷梁有太公雜兵書六卷。

太公伏符陰陽謀一卷

黃帝兵法孤虛雜記一卷

太公三宮兵法一卷梁有太一三宮兵法立成圖二卷。

太公書禁忌立成集二卷

太公枕中記一卷

周書陰符九卷

周呂書一卷

黃石公内記敵法一卷

黃石公三略三卷下邳神人撰，成氏注。梁又有黃石公記三卷，黃石公略注三卷〔三六〕。

黃石公三奇法一卷梁有兵書一卷，張良經與三略往往同，亡。

黃石公五壘圖一卷

黃石公陰謀行軍祕法一卷梁有黃石公祕經二卷。

大將軍兵法一卷

黃石公兵書三卷

兵書接要十卷魏武帝撰。梁有兵書接要別本五卷，又有兵書要論七卷，亡。

兵法接要三卷魏武帝撰。

三宮用兵法一卷

兵書略要九卷魏武帝撰。梁有兵要二卷。

魏武帝兵法一卷梁有魏時羣臣表伐吳策一卷，諸州策四卷，軍令八卷，尉繚子兵書一卷。

兵林六卷東晉江都相孔衍撰。

兵林一卷

玄女戰經一卷

武林一卷王略撰。

黃帝問玄女兵法四卷梁三卷。

秦戰鬭一卷

梁主兵法一卷

梁武帝兵書鈔一卷〔三七〕

梁武帝兵書要鈔一卷

玉韜十卷梁元帝撰。

金韜十卷

金策十九卷

兵書要略五卷後周齊王宇文憲撰。

兵書七卷

兵書要術四卷伍景志撰。

兵記八卷司馬彪撰。一本二十卷。

兵書要序十卷趙氏撰。

兵法五卷

雜兵書十卷梁有雜兵書八卷，三家兵法要集三卷，戎略機品二卷，亡。

大將軍一卷

雜兵圖二卷

兵略五卷

軍勝見十卷許昉撰。

戎決十三卷許昉撰。

陣圖一卷

陰策二十二卷大都督劉祐撰。

陰策林一卷

承神兵書二十卷

真人水鏡十卷

戰略二十六卷金城公趙煚撰。

金海三十卷蕭吉撰。

兵書二十五卷

雜撰陰陽兵書五卷莫珍寶撰。

黃帝兵法雜要決一卷

黃帝軍出大師年命立成一卷

黃帝複姓符二卷許昉撰。梁有辟兵法一卷。

黃帝太一兵歷一卷

黃帝蚩尤風后行軍祕術二卷梁有黃帝蚩尤兵法一卷，亡。

老子兵書一卷

吴有道占出軍決勝負事一卷梁二卷。又黃帝出軍雜用決十二卷，風氣占軍決勝戰二卷，太史令吴範撰〔三八〕。

對敵權變一卷吴氏撰。

對敵占風一卷梁有黃帝夏氏占氣六卷，兵法風氣等占三卷，亡。

對敵權變逆順一卷

兵法權儀一卷

六甲孤虛雜決一卷梁有孫子戰鬭六甲兵法一卷。

六甲孤虛兵法一卷

孤虛法十卷梁有兵法遁甲孤虛斗中域法九卷。

兵書雜占十卷梁有兵法日月風雲背向雜占十二卷，兵法三卷，虛占三卷，京氏征伐軍候八卷。

兵書雜歷八卷

太一兵書一十一卷梁二十卷。

兵書內術二卷

兵法要決九卷〔三九〕闕一卷。

軍國要略一卷

兵法要録二卷

用兵撮要二卷

用兵要術一卷

用兵祕法雲氣占一卷

五家兵法一卷

兵法三家軍占祕要一卷李行撰。

氣經上部占一卷

天大芒霧氣占一卷

鬼谷先生占氣一卷

五行候氣占災一卷

乾坤氣法一卷

雜匈奴占一卷漢武帝王朔注〔四〇〕。

對敵占一卷

雜占八卷梁有推元嘉十二年日時兵法二卷，逆推元嘉二十年太歲計用兵法一卷〔四一〕。

兵殺歷一卷

馬槊譜一卷梁二卷。梁有騎馬都格一卷，騎馬變圖一卷，馬射譜一卷，亡。

碁勢四卷梁有術藝略序五卷，孫暢之撰；圍碁勢七卷，湘東太守徐泓撰；齊高碁圖二卷；圍碁九品序録五卷，范汪等撰；圍碁勢二十九卷，晉趙王倫舍人馬朗等撰；碁品敍略三卷；建元永明碁品二卷，宋員外殿中將軍褚思莊撰；天監碁品一卷，梁尚書僕射柳惲撰。亡。

雜博戲五卷

投壺經一卷

梁東宮撰太一博法一卷

雙博法一卷

皇博法一卷梁有大小博法一卷；投壺經四卷，投壺變一卷，晉左光禄大夫虞潭撰；投壺道一卷，郝沖撰；擊壤經一卷。亡。

象經一卷周武帝撰。

博塞經一卷邵綱撰。

棊勢十卷沈敞撰。

棊勢十卷二卷，成。

棊勢十卷王子沖撰。

棊勢八卷

棊圖勢十卷

棊九品序録一卷范汪等注。

棊後九品序一卷袁遵撰。

圍棊品一卷梁武帝撰。

棊品序一卷陸雲公撰〔四三〕。

棊法一卷梁武帝撰。

彈棊譜一卷徐廣撰。

二儀十博經一卷

象經一卷王褒注。

象經三卷王裕注。

象經一卷何妥注。

象經發題義一卷

右一百三十三部，五百一十二卷。

兵者，所以禁暴靜亂者也。易曰：「古者弦木爲弧，剡木爲矢，弧矢之利，以威天下。」

孔子曰：「不教人戰，是謂棄之。」周官，大司馬「掌九法九伐，以正邦國」，是也。然皆動之以仁，行之以義，故能誅暴靜亂，以濟百姓。下至三季，恣情逞欲，爭伐尋常，不撫其人，設變詐而滅仁義，至乃百姓離叛，以致於亂。

周髀一卷趙嬰注。

周髀一卷甄鸞重述。

周髀圖一卷

靈憲一卷張衡撰。

渾天象注一卷吳散騎常侍王蕃撰。

渾天義二卷

渾天圖一卷石氏。

渾天圖一卷

渾天圖記一卷梁有昕天論一卷，姚信撰；安天論六卷，虞喜撰〔四三〕；圖天圖一卷，原天論一卷，神光內抄一卷。

定天論三卷

天儀說要一卷陶弘景撰。

玄圖一卷

石氏星簿經讚一卷

星經二卷

甘氏四七法一卷

巫咸五星占一卷

天儀說要一卷陶弘景撰。

録軌象以頌其章一卷內有圖。

天文集占十卷晉太史令陳卓定。

天文要集四十卷晉太史令韓楊撰。

天文要集四卷

天文要集三卷

天文集占十卷梁百卷。梁有石氏、甘氏天文占各八卷。

天文占六卷李暹撰。

天文占一卷

天文占氣書一卷

天文集要鈔二卷

天文書二卷梁有雜天文書二十五卷。

雜天文横占一卷

天文横圖一卷高文洪撰。

天文集占圖十一卷梁有天文五行圖十二卷，天文雜占十六卷，亡。

天文録三十卷梁奉朝請祖暅撰〔四四〕。

天文志十二卷吴雲撰。

天文志雜占一卷吴雲撰。梁有天文雜占十五卷，亡。

天文十二卷史崇注。

天文十二次圖一卷梁有天宫宿野圖一卷，亡。

婆羅門天文經二十一卷婆羅門捨仙人所説。

婆羅門竭伽仙人天文説三十卷

婆羅門天文一卷

陳卓四方宿占一卷梁四卷。

黄帝五星占一卷

五星占一卷丁巡撰。

五星占一卷梁有五星集占六卷，日月五星集占十卷。

五星占一卷陳卓撰。

五星犯列宿占六卷

雜星書一卷

星占二十八卷孫僧化等撰。

星占一卷梁有石氏星經七卷，陳卓記；又石氏星官十九卷，又星經七卷，郭歷撰。亡。

天官星占十卷陳卓撰。梁天官星占二十卷，吳襲撰。

星占八卷梁又有星占十八卷。

中星經簿十五卷梁有星官簿贊十三卷，又有星書三十四卷，雜家星占六卷，論星一卷，亡。

著明集十卷

雜星圖五卷

天文外官占八卷

雜星占七卷

雜星占十卷

海中星占一卷梁有論星一卷。

星圖海中占一卷

解天命星宿要決一卷

摩登伽經說星圖一卷

星圖二卷梁有星書圖七卷。

彗星占一卷

妖星流星形名占一卷

太白占一卷

流星占一卷

石氏星占一卷吳襲撰。

候雲氣一卷

星官次占一卷

彗孛占一卷

二十八宿二百八十三官圖一卷

荊州占二十卷宋通直郎劉嚴撰。梁二十二卷。

翼氏占風一卷

日月暈三卷梁日月暈圖二卷。

孝經內記二卷

京氏釋五星災異傳一卷

京氏日占圖三卷

夏氏日旁氣一卷許氏撰。梁四卷。

日食茀候占一卷

魏氏日旁氣圖一卷

日旁雲氣圖五卷

天文占雲氣圖一卷梁有雜望氣經八卷，候氣占一卷，章賢十二時雲氣圖二卷。

天文洪範日月變一卷

洪範占二卷梁有洪範五行星曆四卷。

黃道晷景占一卷梁有晷景記二卷。

月行黃道圖一卷梁有日月交會圖，鄭玄注一卷，又日月本次位圖二卷。

右九十七部，合六百七十五卷。

月暈占一卷

日月食暈占四卷

日食占一卷

日月薄蝕圖一卷

日變異食占一卷

日月暈珥雲氣圖占一卷梁有君失政大雲雨日月占二卷。

二十八宿十二次一卷

二十八宿分野圖一卷

五緯合雜一卷

五星合雜說一卷

垂象志一百四十八卷

太史注記六卷

靈臺祕苑一百一十五卷太史令庾季才撰。

天文者，所以察星辰之變，而參於政者也。易曰：「天垂象，見吉凶。」書稱：「天視自我人視，天聽自我人聽。」故曰：「王政不脩，謫見于天，日爲之蝕。后德不修，謫見于天，月爲之蝕。」其餘孛彗飛流，見伏陵犯，各有其應。周官，馮相「掌十有二歲、十有二月、十有二辰、十日、二十有八星之位，辨其敍事，以會天位」，是也。小人爲之，則指凶爲吉，謂惡爲善，是以數術錯亂而難明。

四分曆三卷梁四分曆三卷，漢修曆人李梵撰。梁又有三統曆法三卷，劉歆撰，亡。

趙隱居四分曆一卷

魏甲子元三統曆一卷

姜氏三紀曆一卷

曆序一卷姜氏撰。

乾象曆三卷吳太子太傅闞澤撰。梁有乾象曆五卷，漢會稽都尉劉洪等注；又有闞澤注五卷，又乾象五星幻術一卷。亡。

曆術一卷吳太史令吳範撰。

景初曆三卷晉楊偉撰。梁有景初曆術一卷，景初曆法三卷，又一本五卷，並楊偉撰；并景初曆略要二卷。亡。

景初壬辰元曆一卷楊沖撰。

正曆四卷晉太常劉智撰。

河西甲寅元曆一卷涼太史趙畋撰。

甲寅元曆序一卷趙畋撰。

宋元嘉曆二卷何承天撰。梁又有元嘉曆統二

卷，元嘉中論曆事六卷，元嘉曆疏一卷，元嘉二十六年度日景數一卷，亡。

曆術一卷何承天撰。梁有驗日食法三卷，何承天撰；又有論頻月合朔法五卷，雜曆七卷，曆法集十卷，又曆術十卷；京氏要集曆術四卷，姜岌撰。亡。

曆術一卷崔浩撰。

神龜壬子元曆一卷後魏護軍將軍祖瑩撰。

魏後元年甲子曆一卷

壬子元曆一卷後魏校書郎李業興撰。

甲寅元曆序一卷趙畋撰。

魏武定曆一卷

齊甲子元曆一卷宋氏撰。

宋景業曆一卷景業，後齊散騎常侍。

周天和年曆一卷甄鸞撰。

甲子元曆一卷李業興撰。

周大象年曆一卷王琛撰。

曆術一卷王琛撰。

壬辰元曆一卷

甲午紀曆術一卷

新造曆法一卷

開皇甲子元曆一卷

曆術一卷華州刺史張賓撰。

七曜本起三卷後魏甄叔遵撰。

七曜小甲子元曆一卷

七曜曆術一卷梁七曜曆法四卷。

七曜要術一卷

七曜曆法一卷

推七曜曆一卷

五星曆術一卷

天圖曆術一卷
陳永定七曜曆四卷
陳天嘉七曜曆七卷
陳天康二年七曜曆一卷
陳光大元年七曜曆二卷
陳光大二年七曜曆一卷
陳太建年七曜曆十三卷
陳至德年七曜曆二卷
陳禎明年七曜曆二卷
開皇七曜年曆一卷〔四五〕
仁壽二年七曜曆一卷
七曜曆經四卷張賓撰。
春秋去交分曆一卷
曆日義説一卷
律曆注解一卷

龍曆草一卷
推漢書律曆志術一卷
推曆法一卷崔隱居撰。
曆疑質讞序二卷
興和曆疏二卷
七曜曆數筭經一卷趙敺撰。
筭元嘉曆術一卷
七曜曆疏一卷李業興撰。
七曜義疏一卷李業興撰。
七曜術筭二卷甄鸞撰。
七曜曆疏五卷太史令張胄玄撰。
陰陽曆術一卷趙敺撰。梁有朔氣長曆二卷，皇甫謐撰；曆章句二卷，月令七十二候一卷，三五曆説圖一卷。亡。
雜注一卷

曆注一卷

曆記一卷

雜曆二卷

雜曆術一卷梁三棊推法一卷。

太史注記六卷

太史記注六卷

見行曆一卷

八家曆一卷

漏刻經一卷何承天撰。梁有後漢待詔太史霍融、何承天、楊偉等撰三卷，亡。

漏刻經一卷祖暅撰。

漏刻經一卷梁中書舍人朱史撰。

漏刻經一卷梁伏撰〔四六〕。梁有天監五年修漏刻事一卷，亡。

漏刻經一卷陳太史令宋景撰。

雜漏刻法十一卷皇甫洪澤撰。

晷漏經一卷

九章術義序一卷

九章筭術十卷劉徽撰。

九章筭術二卷徐岳、甄鸞重述。

九章筭術一卷李遵義疏。

九九筭術二卷楊淑撰。

九章別術二卷

九章筭經二十九卷徐岳、甄鸞等撰。

九章筭經二卷徐岳注。

九章六曹筭經一卷

九章重差圖一卷劉徽撰。

九章推圖經法一卷張峻撰。

綴術六卷

孫子筭經二卷

趙畋筭經一卷

筭法一卷

夏侯陽筭經二卷

黃鍾筭法三十八卷

張丘建筭經二卷

筭律呂法一卷

五經筭術録遺一卷

衆家筭陰陽法一卷

五經筭術一卷

婆羅門筭法三卷

筭經異義一卷張纘撰。

婆羅門陰陽筭曆一卷

張去斤筭疏一卷

婆羅門筭經三卷

右一百部，二百六十三卷。

曆數者，所以揆天道，察昬明，以定時日，以處百事，以辨三統，以知阨會，吉隆終始，窮理盡性，而至於命者也。易曰：「先王以治曆明時。」書敍：「朞，三百有六旬有六日，以閏月定四時，成歲。」春秋傳曰：「先王之正時也，履端於始，舉正於中，歸餘於終。」又曰：「閏以正時，時以序事，事以厚生，生民之道。」其在周官，則亦太史之職。小人爲之，則壞大爲小，削遠爲近，是以道術破碎而難知。

黃帝飛鳥曆一卷張衡撰。

黃帝四神曆一卷吴範撰。

黃帝地曆一卷

黃帝斗曆一卷

黃石公北斗三奇法一卷

風角集要占十二卷

風角要占三卷梁八卷，京房撰。

風角占三卷梁有侯公領中風角占四卷，亡。

風角總占要決十一卷梁有風角總集一卷，風角雜占要決十二卷，亡。

風角雜占四卷梁有風角雜占十卷，亡。

風角要集十卷

風角要集六卷梁十一卷。

風角要集一卷

風角要候十一卷翼奉撰。

風角書十二卷梁十卷。

風角七卷章仇太翼撰。

風角占候四卷梁有風角雜兵候十三卷，亡。

風角鐶歷占二卷呂氏撰。

風角要候一卷章仇太翼撰。

兵法風角式一卷

戰鬬風角鳥情三卷梁有風角五音六情經十三卷，風角兵候十二卷，亡。

風角鳥情一卷翼氏撰。

風角鳥情二卷儀同臨孝恭撰。

陰陽風角相動法一卷梁有風角迴風卒起占五卷，風角地辰一卷，風角望氣八卷，風雷集占一卷。

五音相動法二卷

五音相動法一卷梁有風角五音占五卷，京房撰，亡。

風角五音圖二卷

風角雜占五音圖五卷翼氏撰。梁十三卷，京房撰，翼奉撰，亡。

黃帝九宮經一卷

九宮經三卷鄭玄注。梁有黃帝四部九宮五卷，亡。

九宮行棊經三卷鄭玄注。

九宮行棊經三卷

九宮行棊法一卷房氏撰。

九宮行棊立成法一卷王琛撰〔四七〕。

九宮行棊雜法一卷

九宮行棊法一卷

行棊新術一卷

九宮行棊鈔一卷

九宮推法一卷

三元九宮立成二卷

九宮要集一卷豆盧晃撰。

九宮經解二卷李氏注。

九宮圖一卷

九宮變圖一卷

九宮八卦式蟠龍圖一卷

九宮郡縣録一卷

九宮雜書十卷梁有太一九宮雜占十二卷，亡。

射候二卷

太一飛鳥曆一卷王琛撰。

太一飛鳥曆一卷

太一飛鳥曆二卷

太一十精飛鳥曆一卷

太一飛鳥立成一卷

太一飛鳥雜決捕盜賊法一卷

太一三合五元要決一卷梁有黃帝太一雜書十

六卷，黃帝太一度厄祕術八卷，太一帝記法八卷，太一雜用十四卷，太一雜要七卷，雜太一經八卷，亡。

太一龍首式經一卷董氏注。梁三卷。梁又有式經三十三卷，亡。

太一經二卷宋琨撰。

太一式雜占十卷梁二十卷。

太一九宮雜占十卷

黃帝飛鳥曆一卷

黃帝集靈三卷

黃帝絳圖一卷

黃帝龍首經二卷

黃帝式經三十六用一卷曹氏撰。

黃帝式用當陽經二卷〔四八〕

黃帝奄心圖一卷

玄女式經要法一卷

黃帝陰陽遯甲六卷

遯甲決一卷吳相伍子胥撰。

遯甲文一卷伍子胥撰。

遯甲經要鈔一卷

遯甲萬一決二卷

遯甲九元九局立成法一卷

遯甲肘後立成囊中祕一卷葛洪撰。

遯甲囊中經一卷

遯甲囊中經疏一卷

遯甲立成六卷

遯甲敍三元玉曆立成一卷郭弘遠撰。

遯甲立成一卷

遯甲立成法一卷臨孝恭撰。

遯甲穴隱祕處經一卷

黃帝九元遯甲一卷王琛撰。

黃帝出軍遯甲式法一卷

遯甲法一卷

遯甲術一卷

陽遯甲用局法一卷臨孝恭撰。

雜遯甲鈔四卷

三元遯甲上圖一卷

三元遯甲圖三卷

遯甲九宮八門圖一卷

遯甲開山圖三卷榮氏撰。

遯甲返覆圖一卷葛洪撰。

遯甲年録一卷

遯甲支手決一卷

遯甲肘後立成一卷

遯甲行日時一卷

遯甲孤虛記一卷伍子胥撰。

遯甲孤虛注一卷

東方朔歲占一卷

斗中孤虛圖一卷

孤虛占一卷

遯甲九宮亭亭白姦書一卷

戰鬬博戲等法一卷

玉女反閉局法三卷

逆刺一卷京房撰。

逆刺占一卷

逆刺總決一卷

壬子決一卷

鳥情占一卷王喬撰。

鳥情逆占一卷

鳥情書二卷

鳥情雜占禽獸語一卷

占鳥情二卷

六情決一卷王琛撰。

六情鳥音内祕一卷焦氏撰。

孝經元辰決九卷

孝經元辰二卷

元辰本屬經一卷

推元辰厄會一卷

元辰事一卷

元辰救生削死法一卷

推元辰要祕次序一卷

元辰章用二卷

雜推元辰要祕立成六卷

元辰立成譜一卷

方正百對一卷京房撰。

晉災祥一卷京房撰。

災祥集七十六卷

地形志八十七卷庾季才撰。

海中仙人占災祥書三卷

周易占事十二卷漢魏郡太守京房撰。

遯甲三卷梁有遯甲經十卷，遯甲正經五卷，太一遯甲一卷，亡。

遯甲要用四卷葛洪撰。

遯甲祕要一卷葛洪撰。

遯甲要一卷葛洪撰。

遯甲三十三卷後魏信都芳撰。

三元遯甲六卷許昉撰。

三元遯甲六卷陳員外散騎常侍劉毗撰。

三元遯甲二卷梁太一遯甲一卷，遯甲三元三卷。

三元九宮遯甲二卷梁有遯甲三元三卷，亡。

三正遯甲一卷杜仲撰。

遯甲三十五卷

遯甲時下決三十三卷

陰陽遯甲十四卷

遯甲正經三卷梁五卷。

遯甲經十卷

遯甲開山圖一卷梁遯甲開山經圖一卷。

遯甲九星曆一卷

遯甲三奇三卷

遯甲推時要一卷

遯甲三元九甲立成一卷

雜遯甲五卷梁九卷。遯甲經外篇一百卷，六甲隱圖并遯甲圖二卷，亡。

陽遯甲九卷釋智海撰。

陰遯甲九卷

武王須臾二卷

六壬式經雜占九卷梁有六壬式經三卷，亡。

六壬釋兆六卷

破字要決一卷

桓安吴式經一卷梁有雜式占五卷，式經雜要決、式立成各九卷，式王曆〔四九〕、伍子胥式經章句、起射覆式、越相范蠡玉笥式，各二卷，亡。

光明符十二卷録一卷，梁簡文帝撰。

龜經一卷晉掌卜大夫史蘇撰。梁有史蘇龜經十卷〔五〇〕；龜決二卷，葛洪撰；管郭近要決、龜音色、九宮蓍龜序各一卷；龜卜要決、龜圖五行九親各四卷；又龜親經三十卷，周子曜撰。亡。

史蘇沉思經一卷

龜卜五兆動揺決一卷

周易占十二卷京房撰。梁周易妖占十三卷，京房撰。

周易守林三卷京房撰。

周易集林十二卷京房撰。七録云，伏萬壽撰。

周易飛候九卷京房撰。梁有周易飛候六日七分八卷，亡。

周易飛候六卷京房撰。

周易四時候四卷京房撰。

周易錯卦七卷京房撰。

周易混沌四卷京房撰。

周易委化四卷京房撰。

周易逆刺占災異十二卷京房撰。

周易占一卷張浩撰〔五二〕。

周易雜占十三卷

周易雜占十一卷

周易雜占九卷尚廣撰。梁有周易雜占八卷，武靖撰，亡。

易林十六卷焦贛撰。梁又本三十二卷。

易林變占十六卷焦贛撰。

易林二卷費直撰。梁五卷。

易内神筮二卷費直撰。梁有周易筮占林五卷，費直撰，亡。

易新林一卷後漢方士許峻等撰。梁十卷。

易災條二卷許峻撰。

易決一卷許峻撰。梁有易雜占七卷，許峻撰，又易要決三卷，亡。

周易通靈決二卷魏少府丞管輅撰。

周易通靈要決一卷管輅撰。

周易集林律曆一卷虞翻撰。梁有周易筮占二十四卷，晉徵士徐苗撰，亡。

周易新林四卷郭璞撰。梁有周易雜占十卷，葛洪撰，亡。

周易新林九卷郭璞撰。梁有周易林五卷，郭璞撰，亡。

易洞林三卷郭璞撰。

周易新林一卷

周易新林二卷

易林三卷魯洪度撰。

周易林十卷梁周易林三十三卷，録一卷。

易讚林二卷

易立成林二卷郭氏撰。

易立成四卷

易玄成一卷

周易立成占三卷顔氏撰。

神農重卦經二卷

文王幡音一卷

易三備三卷

易三備一卷

易占三卷

易射覆二卷

易射覆一卷

周易孔子通覆決三卷顔氏撰。

易林要決一卷

易要決二卷梁有周易曆、周易初學筮要法各一卷。

周易髓腦二卷

易腦經一卷鄭氏撰。

周易玄品二卷

易律曆一卷虞翻撰。

易曆七卷

易曆決疑二卷
周易卦林一卷
洞林三卷梁元帝撰。
連山三十卷梁元帝撰。
雜筮占四卷
五兆筭經一卷
十二靈棊卜經一卷梁有管公明筭占書一卷，
五行雜卜經十卷，亡。
京君明推偷盜書一卷
天皇大神氣君注曆一卷
太史公萬歲曆一卷
千歲曆祠一卷任氏撰。
萬歲曆祠二卷
萬年曆二十八宿人神一卷
六甲周天曆一卷孫僧化撰。

六十甲子曆八卷
曆祀一卷
田家曆十二卷
三合紀飢穰一卷
師曠書三卷
海中仙人占災祥書三卷
東方朔占二卷
東方朔書二卷
東方朔書鈔二卷
東方朔曆一卷
東方朔占候水旱卜人善惡一卷〔五二〕梁有擇
日書十卷，太歲所在占善惡書一卷，亡。
雜忌曆二卷魏光祿勳高堂隆撰。
百忌大曆要鈔一卷
百忌曆術一卷

百忌通曆法一卷梁有雜百忌五卷，亡。

曆忌新書十二卷

太史百忌曆圖一卷梁有太史百忌一卷，亡。

雜殺曆九卷梁有秦災異一卷，後漢中郎郗萌撰；後漢災異十五卷，晉災異簿二卷，宋災異簿四卷，雜凶妖一卷，破書、玄武書契各一卷。亡。

二儀曆頭堪餘一卷

堪餘曆二卷

注曆堪餘一卷

地節堪餘二卷

堪餘曆注一卷

堪餘四卷

大小堪餘曆術一卷梁大小堪餘三卷。

四序堪餘二卷殷紹撰。梁有堪餘天赦書七卷〔五三〕，雜堪餘四卷，亡。

八會堪餘一卷

雜要堪餘一卷

元辰五羅筭一卷

孝經元辰四卷梁有五行元辰厄會十三卷，孝經元辰會九卷，孝經元辰決一卷，亡。

元辰曆一卷

雜元辰禄命二卷

湴河禄命三卷梁有五行禄命厄會十卷，亡。

乾坤氣法一卷許辯撰。

易通統卦驗玄圖一卷

易通統圖二卷

易新圖序一卷

易通統圖一卷

易八卦命録斗内圖一卷郭璞撰。

易斗圖一卷郭璞撰。

易八卦斗内圖二卷

八卦斗内圖二卷梁有周易八卦五行圖、周易斗中八卦絶命圖、周易斗中八卦推遊年圖各一卷，亡。

周易分野星圖一卷

舉百事略一卷

五姓歲月禁忌一卷

舉百事要一卷

嫁娶經四卷

陰陽婚嫁書四卷

雜陰陽婚嫁書三卷

婚嫁書二卷

婚嫁黄籍科一卷

六合婚嫁曆一卷梁六合婚嫁書及圖，各一卷。

嫁娶迎書四卷

雜婚嫁書六卷

嫁娶陰陽圖二卷

陰陽嫁娶圖二卷

雜嫁娶房内圖術四卷

九天嫁娶圖一卷

六甲貫胎書一卷

産乳書二卷

産經一卷

推産婦何時産法一卷王琛撰。

推産法一卷

雜産書六卷

生産符儀一卷

産圖二卷

雜産圖四卷

拜官書三卷

臨官冠帶書一卷

仙人務子傳神通黃帝登壇經一卷

壇經一卷四等撰。

登壇經三卷

五姓登壇圖一卷

登壇文一卷梁有二公地基一卷，雜地基立成五卷，八神圖二卷，十二屬神圖一卷，亡。

沐浴書一卷梁有裁衣書一卷，亡。

占夢書三卷京房撰。

占夢書一卷崔元撰。

竭伽仙人占夢書一卷

占夢書一卷周宣等撰。

新撰占夢書十七卷并目録。

夢書十卷

解夢書二卷

海中仙人占體瞤及雜吉凶書三卷

海中仙人占吉凶要略二卷

雜占夢書一卷梁有師曠占五卷，東方朔占七卷，黃帝太一雜占十卷，和菟鳥鳴書、王喬解鳥語經、嚏書、耳鳴書、目瞤書各一卷，董仲舒請禱圖三卷，亡。

竈經十四卷梁簡文帝撰。梁又有祠竈書一卷，六甲祀書二卷，又有太玄禁經、白獸七變經、墨子枕中五行要記、淮南萬畢經、淮南變化術、陶朱變化術各一卷，三五步剛三十卷，五行變化墨子五卷，淮南中經四卷，六甲隱形圖五卷，太史公素王妙論二卷〔五四〕，亡。

瑞應圖三卷

瑞圖讚二卷梁有孫柔之瑞應圖記、孫氏瑞應圖贊各三卷，亡。

祥瑞圖十一卷

祥瑞圖八卷侯亶撰。

芝英圖一卷

祥異圖十一卷

災異圖一卷

地動圖一卷

張掖郡玄石圖一卷高堂隆撰。

張掖郡玄石圖一卷孟衆撰。梁有晉玄石圖一卷，晉德易天圖二卷，亡。

天鏡二卷

乾坤鏡二卷梁天鏡、地鏡、日月鏡、四規鏡經各一卷，地鏡圖六卷，亡。

望氣書七卷

雲氣占一卷梁望氣相山川寶藏祕記一卷，仙寶劍經二卷，亡。

地形志八十卷庾季才撰。

宅吉凶論三卷

相宅圖八卷

五姓墓圖一卷梁有冢書、黃帝葬山圖各四卷，五音相墓書五卷，五音圖墓書九十一卷，五姓圖山龍及科墓葬不傳各一卷，雜相墓書四十五卷，亡。

相書四十六卷

相經要錄二卷蕭吉撰。相經三十卷，鍾武隸撰；相書十一卷，樊、許、唐氏〔五五〕。武王相書一卷，雜相書九卷，相書圖七卷。亡。

相手板經六卷梁相手板經、受版圖、韋氏相板印法指略抄、魏征東將軍程申伯相印法各一卷，亡。

大智海四卷

白澤圖一卷

相馬經一卷梁有伯樂相馬經、闕中銅馬法、周穆王八馬圖、齊侯大夫甯戚相牛經、王良相牛經、高堂隆相牛經、淮南八公相鵠經、浮丘公相鶴書、相鴨經、相雞經、相鵝經、相貝經、祖暅權衡記〔五六〕、稱物重率術各一卷，劉潛泉圖記三卷，亡。

右二百七十二部，合一千二十二卷。

五行者，金、木、水、火、土，五常之形氣者也。在天爲五星，在人爲五藏，在目爲五色，在耳爲五音，在口爲五味，在鼻爲五臭。在上則出氣施變，在下則養人不倦。故傳曰：「天生五材，廢一不可。」是以聖人推其終始，以通神明之變，爲卜筮以考其吉凶，占百事以觀於來物，覩形法以辨其貴賤。周官則分在保章、馮相、卜師、筮人、占夢、眂祲，而太史之職，實司總之。小數者纔得其十一，便以細事相亂，以惑於世。

黃帝素問九卷梁八卷。

黃帝甲乙經十卷音一卷。梁十二卷。

黃帝八十一難二卷梁有黃帝衆難經一卷，呂博望注，亡。

黃帝鍼經九卷梁有黃帝鍼灸經十二卷，徐悅、龍銜素鍼經並孔穴蝦蟆圖三卷〔五七〕，雜鍼經四卷，程天祚鍼經六卷，灸經五卷，曹氏灸方七卷，秦承祖偃側雜鍼灸經三卷，亡。

徐叔嚮鍼灸要鈔一卷

玉匱鍼經一卷

赤烏神鍼經一卷

岐伯經十卷

脉經十卷王叔和撰。

脉經二卷梁脉經十四卷，又脉生死要訣二卷；又脉經六卷，黄公興撰；脉經六卷，秦承祖撰；脉經十卷，康普思撰。亡。

黄帝流注脉經一卷梁有明堂流注六卷，亡。

明堂孔穴五卷梁明堂孔穴二卷，新撰鍼灸穴一卷，亡。

明堂孔穴圖三卷

明堂孔穴圖三卷梁有偃側圖八卷，又偃側圖二卷。

神農本草八卷梁有神農本草五卷，神農本草屬物二卷，神農明堂圖一卷，蔡邕本草七卷，華佗弟子吴普本草六卷，陶隱居本草十卷，隨費本草九卷，秦承祖本草六卷，王季璞本草經三卷，李譡之本草經、談道術本草經鈔各一卷，宋大將軍參軍徐叔嚮本草病源合藥要鈔五卷，徐叔嚮等四家體療雜病本草要鈔十卷，王末鈔小兒用藥本草二卷，甘濬之癰疽耳眼本草要鈔九卷，陶弘景本草經集注七卷，趙贊本草經一卷，本草經輕行、本草經利用各一卷，亡。

神農本草四卷雷公集注。

甄氏本草三卷

桐君藥録三卷梁有雲麾將軍徐滔新集藥録四卷，李譡之藥録六卷，藥法四十二卷，藥律三卷，藥性、藥對各二卷，藥目三卷，神農採藥經二卷，藥忌一卷，亡。

太清草木集要二卷陶隱居撰。

張仲景方十五卷仲景，後漢人。梁有黃素藥方二十五卷，亡。

華佗方十卷吴普撰。佗，後漢人。梁有華佗内事五卷，又耿奉方六卷，亡。

集略雜方十卷

雜藥方一卷梁有雜藥方四十六卷。

雜藥方十卷

寒食散論二卷梁有寒食散湯方二十卷，寒食散方一十卷，皇甫謐、曹翕論寒食散方二卷〔五八〕，亡。

寒食散對療一卷釋道洪撰。

解寒食散方二卷釋智斌撰。梁解散論二卷。

解寒食散論二卷梁有徐叔嚮解寒食散方六卷，釋慧義寒食解雜論七卷，亡。

雜散方八卷梁有解散方、解散論各十三卷，徐叔嚮解散消息節度八卷，范氏解散方七卷，解釋慧義解散方一卷，亡。

湯丸方十卷

雜丸方十卷梁有百病膏方十卷，雜湯丸散酒煎薄帖膏湯婦人少小方九卷，羊中散雜湯丸散酒方一卷，療下湯丸散方十卷。

石論一卷

醫方論七卷梁有張仲景辨傷寒十卷，療傷寒身驗方、徐方伯辨傷寒各一卷〔五九〕，傷寒總要二卷，支法存申蘇方五卷，王叔和論病六卷，張仲景評病要方一卷，徐叔嚮、談道述、徐悦體療雜病疾源三卷，甘濬之癰疽部黨雜病疾源三卷〔六〇〕，府藏要三卷，亡。

肘後方六卷葛洪撰。梁二卷。陶弘景補闕肘後百一方九卷，亡。

姚大夫集驗方十二卷

范東陽方一百五卷〔六二〕録一卷。范汪撰。梁一百七十六卷。梁又有阮河南藥方十六卷，阮文叔撰；釋僧深藥方三十卷，孔中郎雜藥方二十九卷，宋建平王典術一百二十卷；羊中散藥方三十卷，羊欣撰；褚澄雜藥方二十卷，齊吴郡太守褚澄撰。亡。

秦承祖藥方四十卷見三卷。梁有陽眄藥方二十八卷，夏侯氏藥方七卷，王季琰藥方一卷，徐叔嚮雜療方二十二卷，徐叔嚮雜病方六卷，李譡之藥方一卷，徐文伯藥方二卷，亡。

胡洽百病方二卷梁有治卒病方一卷；徐奘要方一卷，無錫令徐奘撰；遼東備急方三卷，都尉臣廣上；殷荊州要方一卷，殷仲堪撰。亡。

俞氏療小兒方四卷梁有范氏療婦人藥方十一卷，徐叔嚮療少小百病雜方三十七卷，療少小雜方二十卷，療少小雜方二十九卷，范氏療小兒藥方一卷，王末療小兒雜方十七卷，亡。

徐嗣伯落年方三卷梁有徐叔嚮療脚弱雜方八卷，徐方伯辨脚弱方一卷，甘濬之療癰疽金創要方十四卷，甘濬之療癰疽毒惋雜病方三卷，甘伯齊療癰疽金創方十五卷，亡。

陶氏效驗方六卷梁五卷。梁又有療目方五卷，甘濬之療耳眼方十四卷，神枕方一卷；雜戎狄方一卷，宋武帝撰；摩訶出胡國方十卷，摩訶胡沙門撰；又范曄上香方一卷，雜香膏方一卷。亡。

彭祖養性經一卷

養生要集十卷張湛撰。

玉房祕決十卷

墨子枕内五行紀要一卷梁有神枕方一卷，疑此即是。

如意方十卷

練化術一卷

神仙服食經十卷

雜仙餌方八卷

服食諸雜方二卷梁有仙人水玉酒經一卷。

老子禁食經一卷

崔氏食經四卷

食經十四卷梁有食經二卷，又食經十九卷；劉休食方一卷，齊冠軍將軍劉休撰。亡。

食饌次第法一卷梁有黃帝雜飲食忌二卷。

四時御食經一卷梁有太官食經五卷，又太官食法二十卷，食法、雜酒食要方、白酒并作物法十二卷〔六二〕，家政方十二卷，食圖、四時酒要方、白酒方、七日麴酒法、雜酒食要法、雜藏釀法、雜酒食要法、酒并飲食方、鮭及鐺蟹方、羹臛法、䱟膢朐法、北方生醬法各一卷〔六三〕，亡。

療馬方一卷梁有伯樂療馬經一卷，疑與此同。

黃帝素問八卷全元起注〔六四〕。

脉經二卷徐氏撰。

華佗觀形察色并三部脉經一卷

脉經決二卷徐氏新撰。

脉經鈔二卷許建吴撰。

黃帝素問女胎一卷

三部四時五藏辨診色決事脉一卷

脉經略一卷

辨病形證七卷

五藏決一卷

論病源候論五卷目一卷，吳景賢撰。

服石論一卷

癰疽論方一卷

五藏論五卷

瘧論并方一卷

神農本草經三卷

本草經四卷蔡英撰。

藥目要用二卷

本草經略一卷

本草二卷徐太山撰。

本草經類用三卷

本草音義三卷姚最撰。

本草音義七卷甄立言撰。

本草集録二卷

本草鈔四卷

本草雜要決一卷

本草要方三卷甘濬之撰。

依本草録藥性三卷録一卷。

靈秀本草圖六卷原平仲撰。

芝草圖一卷

入林採藥法二卷

太常採藥時月一卷

四時採藥及合目録四卷

藥録二卷李密撰。

諸藥異名八卷沙門行矩撰。本十卷，今闕。

諸藥要性二卷

種植藥法一卷

種神芝一卷

藥方二卷徐文伯撰。

解散經論并增損寒食節度一卷

張仲景療婦人方二卷

徐氏雜方一卷

少小方一卷

療小兒丹法一卷

徐太山試驗方二卷

徐文伯療婦人瘕一卷

徐太山巾箱中方三卷

藥方五卷徐嗣伯撰。

墮年方二卷〔六五〕徐太山撰。

効驗方三卷徐氏撰。

雜要方一卷

玉函煎方五卷葛洪撰。

小品方十二卷陳延之撰。

千金方三卷范世英撰。

徐王方五卷

徐王八世家傳効驗方十卷

徐氏家傳祕方二卷

藥方五十七卷後齊李思祖撰〔六六〕。本百一十卷。

稟丘公論一卷

太一護命石寒食散二卷宋尚撰。

皇甫士安依諸方撰一卷〔六七〕

序服石方一卷

服玉方法一卷

劉涓子鬼遺方十卷龔慶宣撰。

療癰經一卷

療三十六瘻方一卷

王世榮單方一卷

集驗方十卷姚僧垣撰〔六八〕。

集驗方十二卷

備急草要方三卷許澄撰〔六九〕。

藥方二十一卷徐辨卿撰。

名醫集驗方六卷

名醫別録三卷陶氏撰。

删繁方十三卷謝士秦撰。

吴山居方三卷

新撰藥方五卷

療癰疽諸瘡方二卷秦政應撰。

單複要驗方二卷釋莫滿撰。

釋道洪方一卷

小兒經一卷

散方二卷

雜散方八卷

療百病雜丸方三卷釋曇鸞撰。

療百病散三卷

雜湯方十卷成毅撰。

雜療方十三卷

雜藥酒方十五卷

趙婆療漯方一卷

議論備豫方一卷于法開撰。

扁鵲陷冰丸方一卷

扁鵲肘後方三卷

療消渴衆方一卷謝南郡撰。

論氣治療方一卷釋曇鸞撰。

梁武帝所服雜藥方一卷

大略丸五卷

靈壽雜方二卷

經心録方八卷宋俠撰〔七〇〕。

黄帝養胎經一卷

療婦人産後雜方三卷
黄帝明堂偃人圖十二卷
黄帝鍼灸蝦蟆忌一卷
明堂蝦蟆圖一卷
鍼灸圖要決一卷
鍼灸圖經十一卷本十八卷。
十二人圖一卷
鍼灸經一卷
扁鵲偃側鍼灸圖三卷
流注鍼經一卷
曹氏灸經一卷
偃側人經二卷秦承祖撰。
華佗枕中灸刺經一卷
謝氏鍼經一卷
殷元鍼經一卷

要用孔穴一卷
九部鍼經一卷
釋僧匡鍼灸經一卷
三奇六儀鍼要經一卷
黄帝十二經脉明堂五藏人圖一卷
老子石室蘭臺中治癩符一卷
龍樹菩薩藥方四卷
西域諸仙所説藥方二十三卷目一卷。本二十五卷。
香山仙人藥方十卷
西域波羅仙人方三卷〔七一〕
西域名醫所集要方四卷本十二卷。
婆羅門諸仙藥方二十卷
婆羅門藥方五卷
耆婆所述仙人命論方二卷目一卷。本三卷。

乾陀利治鬼方十卷

新録乾陀利治鬼方四卷本五卷，闕。

伯樂治馬雜病經一卷

治馬經三卷俞極撰，亡〔七二〕。

治馬經四卷

治馬經目一卷

治馬經圖二卷

馬經孔穴圖一卷

雜撰馬經一卷

治馬牛駝騾等經三卷目一卷。

香方一卷宋明帝撰。

雜香方五卷

龍樹菩薩和香法二卷

食經三卷馬琬撰。

會稽郡造海味法一卷

論服餌一卷

淮南王食經并目百六十五卷〔七三〕大業中撰。

膳羞養療二十卷

金匱録二十三卷目一卷。京里先生撰。

練化雜術一卷陶隱居撰。

玉衡隱書七十卷目一卷。周弘讓撰。

太清諸丹集要四卷陶隱居撰。

雜神丹方九卷

合丹大師口訣一卷

合丹節度四卷陶隱居撰。

合丹要略序一卷孫文韶撰。

仙人金銀經并長生方一卷

狐剛子萬金決二卷葛仙公撰。

雜仙方一卷

神仙服食經十卷

神仙服食神祕方二卷

神仙服食藥方十卷抱朴子撰。

神仙餌金丹沙祕方一卷

衞叔卿服食雜方一卷

金丹藥方四卷

雜神仙丹經十卷

雜神仙黄白法十二卷

神仙雜方十五卷

神仙服食雜方十卷

神仙服食方五卷

服食諸雜方二卷

服餌方三卷陶隱居撰。

真人九丹經一卷

太極真人九轉還丹經一卷

練寶法二十五卷目三卷。本四十卷，闕。

太清璇璣文七卷沖和子撰〔七四〕。

陵陽子説黄金祕法一卷

神方二卷

狐子雜決三卷

太山八景神丹經一卷

太清神丹中經一卷

養生注十一卷目一卷。

養生術一卷翟平撰。

龍樹菩薩養性方一卷

引氣圖一卷

道引圖三卷立一，坐一，卧一。

養身經一卷

養生要術一卷

養生服食禁忌一卷

養生傳二卷

帝王養生要方二卷蕭吉撰。

素女祕道經一卷并玄女經。

素女方一卷

彭祖養性一卷

郯子說陰陽經一卷

序房内祕術一卷葛氏撰。

玉房祕決八卷

徐太山房内祕要一卷

新撰玉房祕決九卷

四海類聚方二千六百卷

四海類聚單要方三百卷

右二百五十六部，合四千五百一十卷。

醫方者，所以除疾疢，保性命之術者也。天有陰陽風雨晦明之氣，人有喜怒哀樂好惡之情。節而行之，則和平調理，專壹其情，則溺而生疢。是以聖人原血脉之本，因鍼石之用，假藥物之滋，調中養氣，通滯解結，而反之於素。其善者，則原脉以知政，推疾以及國。周官，醫師之職「掌聚諸藥物，凡有疾者治之」，是其事也。鄙者爲之，則反本傷性。故曰：「有疾不治，恒得中醫。」

凡諸子，合八百五十三部，六千四百三十七卷。

易曰：「天下同歸而殊塗，一致而百慮。」儒、道、小說，聖人之教也，而有所偏。兵及醫方，聖人之政也，所施各異。世之治也，列在衆職，下至衰亂，官失其守。或以其業遊説諸侯，各崇所習，分鑣並騖。若使總而不遺，折之中道，亦可以興化致治者矣。漢書有諸子、兵書、數術、方伎之略，今合而敍之，爲十四種，謂之子部。

校勘記

〔一〕漢廬江府丞桓寬　姚振宗考證卷二四：「此『府丞』當是『郡丞』。」按，漢書卷六六車千秋傳，寬任廬江郡太守丞。漢行郡縣制，姚校是。

〔二〕侯芭　殿本作「侯芭」，漢書卷八七下揚雄傳下、玉海卷五五藝文漢法言同。參見本書卷三二校勘記〔二三〕。

〔三〕揚子法言十三卷宋衷注　「注」，原作「撰」，據舊唐書卷四七經籍志下、新唐書卷五九藝文志三、玉海卷五五藝文漢法言改。

〔四〕揚子太玄經十卷陸績宋衷注　「注」，原作「撰」，姚振宗考證卷二四：「案當云『宋衷、陸績注』。」通志卷六三藝文略易、玉海卷三六藝文漢揚雄太玄作「注」。今據改。參見本卷校勘記〔三〕。

〔五〕古今通論二卷王嬰撰蔡氏化清經十卷松滋令蔡洪撰　「松滋令」三字原在「王嬰」上，按晉書卷九二文苑王沈傳，蔡洪曾任松滋令，本書卷三五經籍志四集部别集類有「松滋令蔡洪集二卷」，今據乙正。

〔六〕王長文　原作「王長元」，據晉書卷八二本傳、華陽國志卷一一後賢志改。

〔七〕晉郡儒林祭酒　姚振宗考證卷二四：「『晉』下似有脱文。」

〔八〕娣姒訓一卷　「娣姒訓」，原作「婦姒訓」，據本書卷三五經籍志四集部總集類改。通志卷六五藝文略傳記有馮少胄「娣姒訓一卷」，即此。

〔九〕貞順志　原作「真順志」，據宋甲本、汲本改。

〔一〇〕荀卿之流　「荀卿」，宋甲本、至順本作「孫卿」。按，漢時避宣帝諱，稱「荀卿」爲「孫卿」。本卷上文著録「孫卿子十二卷」，「孫卿之流」顯指上文而言。「荀卿」是後人所改。

〔一一〕漢徵士嚴遵　「徵」，南監本、北監本、殿本作「隱」。參見張元濟校勘記。

〔一二〕老子四卷梁曠撰　舊唐書卷四七經籍志下有梁曠注老子道德經品四卷，新唐書卷五九藝文志三、通志卷六七藝文略道家亦著録梁曠撰道德經品四卷，此「老子」下疑有奪文。

〔一三〕老子序決一卷葛仙公撰　「決」，北監本、殿本作「次」。按，葛仙公即葛玄，舊唐書卷四七經籍志下、新唐書卷五九藝文志三著録葛洪老子道德經序訣二卷。姚振宗考證卷二五：「案，葛洪，葛玄之從孫也，此或誤題爲洪，或洪注玄書，廣爲二卷，『序訣』爲『序註』之誤，皆未可知也。」

〔一四〕「莊子二十卷」至「本二十卷今闕」　上文作「莊子二十卷」，注稱「今闕」，則本來卷數當在二十以上；此「本二十卷」，與上文不符。經典釋文卷一序録：「向秀注二十卷二十六篇（一作二十七篇，一作二十八篇，亦無雜篇，爲音三卷）。」或「本二十卷」指傳本，「今闕」者是雜篇注。

〔一五〕莊子講疏二卷張譏撰亡　「張譏」，原作「張機」，據陳書卷三三本傳改。下文同改，不另出校。又，據隋志著録體例，正文不録亡書。上文「莊子音三卷」下注文稱「梁有向秀莊子音一卷」，闕「亡」字，本條「亡」字或爲上文錯簡，或上有奪文。

〔一六〕王叔之　原作「李叔之」，經典釋文卷一序録、册府卷六〇六學校部注釋作「王叔之」，舊唐書卷四七經籍志下、新唐書卷六〇藝文志四有王叔之集，今據改。

〔一七〕宣舒　原作「宣聘」，經典釋文卷一序録作「宣舒」，本書卷三五經籍志四集部别集類、通志卷六九藝文略别集有宣舒集，今據改。

〔一八〕梁有朝氏新書三卷漢御史大夫鼂錯撰　「朝氏新書」，原作「韓氏新書」，據宋甲本、至順本、汲本改。又「鼂錯」，宋甲本、至順本、汲本、玉海卷五五藝文漢晁氏新書引隋志作「朝錯」，「鼂錯」應是後人所改。

〔一九〕士操一卷魏文帝撰　姚振宗考證卷二七：「案魏武諱操，文帝安得以『操』名書？此必『士品』之誤。魏文有海内士品一卷，見史部雜傳類，而即其書，實重複也。」按，雜傳類之海内士品不著撰人。舊唐書卷四六經籍志上、新唐書卷五八藝文志二、通志卷六五藝文略傳記著録魏文帝海内士品録，應即姚振宗考證所稱之「海内士品」。

〔一〇〕田俅子　原作「田休子」，至順本、南監本、汲本、殿本作「田休子」，據漢書卷三〇藝文志、卷二〇古今人表改。

〔一一〕嘿記三卷吴大鴻臚張儼撰裴氏新言五卷吴大鴻臚裴玄撰　下文載「梁有新義十八卷」，姚振宗考證卷三〇：「按，此兩書以下始注『梁有』字，似原本爲大字，傳寫誤入注文也。」

〔一二〕何望之　疑當作「何翌之」，宋書卷九後廢帝紀，元徽元年「散騎常侍顧長康、長水校尉何翌之表上所撰諫林，上自虞、舜，下及晉武，凡十二卷」。翌之，何尚之（宋書卷六六有傳）弟。

〔一三〕謝吴　舊唐書卷四七經籍志下、新唐書卷五九藝文志三、通志卷六八藝文略雜家作「謝昊」，參見本書卷三三校勘記〔六〕。又，下文皇帝菩薩清淨大捨記的作者「謝吴」，也應是此人，不另出校。

〔一四〕新言四卷裴立撰　「裴立」，疑當作「裴玄」。本書上文有裴玄撰裴氏新言五卷，此四卷之新言，疑即裴氏新言之别本。

〔一五〕繆襲　原作「繆卜」，史記卷一五帝本紀索隱作「繆襲」，今據改。

〔一六〕崔安　新唐書卷五九藝文志三作「崔宏」。

〔一七〕科録二百七十卷　「二百」二字原闕，據北史卷一五魏諸宗室元暉傳、舊唐書卷四六經籍志上、新唐書卷五八藝文志二補。

〔二八〕宋尚書郎王延秀　「宋」，原作「晉」，宋書卷六六何尚之傳，延秀宋文帝時人，今據改。

〔二九〕四人月令　「人」，當作「民」，唐人諱改。

〔三〇〕解頤二卷楊松玢撰　據姚振宗考證卷三二比定，解頤應是談藪之異名。按，御覽卷三八〇人事部二一美丈夫下、卷四〇九人事部五〇交友、通鑑卷一三七齊紀三武帝永明九年考異引、通志卷六八藝文略小説俱作「楊松玠談藪」，「玢」疑是「玠」之誤字。又，史通卷一〇雜述、直齋書録解題卷七史部傳記類作「陽玠松」，姑存疑。

〔三一〕邇説一卷梁南臺治書伏挺撰　「伏挺」，原作「伏梴」，宋甲本作「伏捶」，據梁書卷五〇文學下伏挺傳、南史卷七一伏挺傳改。「一卷」，本傳作「十卷」。

〔三二〕獸門學士　「獸」，通志卷六八藝文略小説作「虎」，唐人諱改。

〔三三〕儀同劉徽　本書卷一七律曆志中有儀同劉暉其人，曾參與定新曆。姚振宗考證卷三二謂「劉徽」當是「劉暉」之誤。姑存疑。

〔三四〕觀新物　「新」，原作「衣」，據周禮夏官訓方氏改。

〔三五〕吴孫子牝牡八變陣圖　「牡」字原闕，據歷代名畫記卷三述古之祕畫珍圖補。

〔三六〕黄石公略注　姚振宗考證卷三三：「『略注』上或脱『記』字，或脱『三』字。」

〔三七〕梁武帝兵書鈔一卷　「一」字原闕，據宋甲本、至順本、南監本、北監本、汲本、殿本補。

〔三八〕吴範　原作「全範」，據三國志卷六三吴書吴範傳改。本卷下文另著録吴範曆術、黄帝四神曆。

〔三九〕兵法要決九卷 「兵法要決」，原作「兵法書決」，據宋甲本、至順本、汲本改。又，新唐書卷五九藝文志三著録「兵法要訣一卷」。

〔四〇〕雜匈奴占一卷漢武帝王朔注 通志卷六八藝文略兵家作「漢王朔撰」，疑「漢武帝」下有奪文。又，玉海卷一四〇兵制著録「漢匈奴占一卷」，不署撰人，或即此書。

〔四一〕逆推元嘉二十年太歲計用兵法 「二十」，原作「五十」，據至順本、汲本改。按，宋文帝元嘉共三十年，當以「二十」爲是。

〔四二〕陸雲公 原作「陸雲」，據梁書卷五〇文學下陸雲公傳補。

〔四三〕虞喜撰 「撰」字原闕，據舊唐書卷四七經籍志下補。

〔四四〕祖暅 原作「祖師」，據宋甲本、至順本、汲本改。

〔四五〕開皇七曜年曆 四庫全書考證卷二六：「刊本『年』字訛在『曜』字下。」文淵閣本隋書從作「開皇年七曜曆」，與上文陳至德年七曜曆、陳禎明年七曜曆等文例合。

〔四六〕梁伏 宋甲本、南監本、北監本作「梁代」。

〔四七〕九宫行棊立成法一卷王琛撰 「宫」，原作「州」，據舊唐書卷四七經籍志下、新唐書卷五九藝文志三、通志卷六八藝文略五行改。又，「王琛」，原作「王深」，據宋甲本、至順本、汲本改。

〔四八〕黄帝式用當陽經 新唐書卷五九藝文志三、玉海卷五天文黄帝式經作「黄帝式用常陽經」。

郡齋讀書志卷一四有常陽經一卷，晁公武題稱：「右崇文目題曰黃帝式用，蓋六壬占卜術也。」疑作「常」是。蓋「常」因形近訛「當」。

〔四九〕式王曆　姚振宗認爲「王」當作「玉」，考證卷三六：「案，唐日本國書目有赤松子玉曆一卷，似即此式玉曆。開元占經數引玉曆，似即其書。蓋依託赤松子者也。」

〔五〇〕梁有史蘇龜經十卷　「梁」字原在「卷」下，據隋志著録體例乙正。

〔五一〕張浩　宋甲本、通志卷六八藝文略五行作「張皓」。

〔五二〕東方朔占候水旱卜人善惡　「卜」，原作「下」，四庫全書總目卷一一〇東方朔占書條引作「卜」，姚振宗考證卷三六云「作『卜人』碻不可易」。按，本條注文有「太歲所在占善惡書一卷」，「占善惡」與「卜人善惡」文意差近，今據改。

〔五三〕梁有堪餘天赦書七卷　「有」字原在「赦」下，據隋志著録體例乙正。參見姚振宗考證卷三六。

〔五四〕素王妙論　原作「素王妙議」，據史記卷四一越王句踐世家集解、北堂書鈔卷四五刑法部律令、御覽卷四〇四人事部四五師、卷四七二人事部一一三富下引改。

〔五五〕相書十一卷樊許唐氏　「唐氏」下疑奪「撰」字。

〔五六〕祖暅權衡記　「祖暅」，原作「祖㮃」，據宋甲本、至順本、南監本、北監本、汲本、殿本改。

〔五七〕鍼經並孔穴蝦蟆圖　「經」字原闕，據舊唐書卷四七經籍志下、新唐書卷五九藝文志三補。

〔五八〕曹翕　原作「曹歙」，據三國志卷二〇魏書武文世王公東平靈王徽傳改。

〔五九〕徐方伯辨傷寒　「徐方伯」，通志卷六九藝文略醫方下作「徐文伯」。下文有「徐方伯辨脚弱方」，通志亦作「徐文伯」，不另出校。按，南史卷三二徐文伯傳，文伯與從弟嗣伯俱宋時名醫，惟不載文伯曾撰辨傷寒及辨脚弱方。姚振宗考證卷三七認爲徐方伯或即徐文伯、徐成伯、徐嗣伯昆季；又疑「方伯」字誤。

〔六〇〕甘濬之癰疽部黨雜病疾源　「甘濬之」，原作「甘睿之」，據宋甲本、至順本、汲本改。本書著録「甘濬之」醫著多種。

〔六一〕范東陽方一百五卷　「范東陽」，原作「范陽東」，舊唐書卷四七經籍志下「雜藥方一百七十卷」下謂「范汪方，尹穆撰」，晉書卷七五范汪傳，汪曾任東陽太守，故稱范東陽。今據改。新唐書卷五九藝文志三、通志卷六九藝文略醫方上著録「范東陽雜藥方一百七十卷」，即此，惟卷數有差歧。

〔六二〕食法雜酒食要方白酒并作物法十二卷　姚振宗考證卷三七：「此不似書名，似誤鈔梁目解題之文，亦即似家政方十二卷解題之語也。」説詳本卷校勘記〔六三〕引。

〔六三〕「家政方」至「各一卷」　姚振宗考證卷三七：「此云各一卷者，食圖一卷、四時酒要方一卷、白酒方一卷、七日麴酒法一卷、雜酒食要法一卷、雜藏釀法一卷、雜酒食要法一卷、酒并飲食方一卷、鮭及鐺蟹方一卷、羹臛法一卷、䏑膢朐法一卷、北方生醬法一卷，凡十二卷，證以前一條所載，似即家政方之篇目。其首一卷爲食物之圖，故云食圖，而此之食圖，即前條之食法也；此四時酒要方，即前條之雜酒食要方也；此白酒方，即前條之白酒也；此七日麴酒法以下諸種，即前條作物法之省文也。蓋亦如前條誤鈔梁目解題之文，非家政方之篇目，即作物法之子卷，斷可識矣。」按，雜酒食要法一卷重出，如是複文，則不符合「十二卷」之數。姑存疑。

〔六四〕全元起　原作「全元越」，據日本國見在書目、新唐書卷五九藝文志三、南史卷五九王僧孺傳改。

〔六五〕墮年方　日本國見在書目作「隨手方」。姚振宗考證卷三七以爲「『墮年』爲『隨手』之誤」。

〔六六〕後齊李思祖　「後齊」，疑當作「後魏」。魏書卷九一術藝李脩傳，李脩字思祖，「在東宮，撰諸藥方百餘卷，皆行於世」。據本傳，「遷洛，爲前軍將軍，領太醫令。後數年，卒。」李脩遷洛後數年卒，不得爲後齊人。

〔六七〕皇甫士安依諸方撰一卷　皇甫謐，字士安，晉書卷五一有傳。「皇甫士安依諸方撰」不類書名。隋志上文著録皇甫謐與曹翕合撰論寒食散方二卷，本條前承宋尚撰太一護命石寒食散二卷，下接序服石方一卷，疑原爲小字注文，因有奪文而誤竄入正文。

〔六八〕姚僧垣　原作「姚僧坦」，據周書卷四七藝術姚僧垣傳改。

〔六九〕備急草要方三卷許澄撰　「許澄」，原作「許證」，據本書卷七八藝術許智藏傳附許澄傳改。又，

「草要方」不詞，下文有「四海類聚單要方」，疑「草」爲「單」之誤字。

〔七〇〕經心録方八卷宋俠撰　「宋俠」，原作「宋侯」，據舊唐書卷一九一方伎宋俠傳、通志卷六九藝文略醫方上改。又，「經心録方」，舊唐書卷四七經籍志下、新唐書卷五九藝文志三作「經心方」，舊唐書本傳作「經心録」。

〔七一〕西域波羅仙人方　原作「西録波羅仙人方」，據通志卷六九藝文略醫方上改。

〔七二〕治馬經三卷俞極撰亡　據隋志著録體例，正文不録亡書。此「亡」字或衍，或前有奪文。

〔七三〕淮南王食經　大業雜記作「淮南玉食經」，姚振宗考證卷三六認爲作「玉」是。

〔七四〕沖和子撰　「沖和子」，原作「沖子」，漏書「撰」字，據舊唐書卷四七經籍志下、新唐書卷五九藝文志三改補。

隋書卷三十五

志第三十

經籍四 集 道經 佛經

楚辭十二卷并目録。後漢校書郎王逸注。

楚辭三卷郭璞注。梁有楚辭十一卷，宋何偃刪王逸注，亡。

楚辭九悼一卷楊穆撰。

參解楚辭七卷皇甫遵訓撰。

楚辭音一卷徐邈撰。

楚辭音一卷宋處士諸葛氏撰。

楚辭音一卷孟奧撰。

楚辭音一卷

楚辭音一卷釋道騫撰。

離騷草木疏二卷劉杳撰。

右十部，二十九卷。通計亡書，十一部，四十卷。

楚辭者，屈原之所作也。自周室衰亂，詩人寢息，諂佞之道興，諷刺之辭廢。楚有賢臣屈原，被讒放逐，乃著離騷八篇，言己離別愁思，申杼其心，自明無罪，因以諷諫，冀君覺悟，卒不省察，遂赴汨羅死焉。弟子宋玉，痛惜其師，傷而和之。其後，賈誼、東方朔、劉向、揚雄，嘉其文彩，擬之而作。蓋以原楚人也，謂之「楚辭」。然其氣質高麗，雅致清遠，後之文人，咸不能逮。始漢武帝命淮南王爲之章句，旦受詔，食時而奏之，其書今亡。後漢校書郎王逸，集屈原已下，迄於劉向，逸又自爲一篇〔一〕，并敍而注之，今行於世。隋時有釋道騫，善讀之，能爲楚聲，音韻清切，至今傳楚辭者，皆祖騫公之音。

楚蘭陵令荀況集一卷殘缺。梁二卷。

楚大夫宋玉集三卷

漢武帝集一卷梁二卷。

漢淮南王集一卷梁二卷。又有賈誼集四卷，鼂錯集三卷，漢弘農都尉枚乘集二卷，録各一卷，亡。

漢中書令司馬遷集一卷

漢太中大夫東方朔集二卷梁有漢光禄大夫吾丘壽王集二卷，亡。

漢孝文園令司馬相如集一卷〔二〕

漢膠西相董仲舒集一卷梁二卷。又有漢太常孔臧集二卷，亡。

漢騎都尉李陵集二卷梁有漢丞相魏相集二卷，録一卷；左馮翊張敞集一卷，録一卷。亡。

漢諫議大夫王褒集五卷〔三〕

漢諫議大夫劉向集六卷梁有漢射聲校尉陳湯集二卷，丞相韋玄成集二卷，亡。

漢諫議大夫谷永集二卷〔四〕梁有涼州刺史杜鄴集二卷，騎都尉李尋集二卷，亡。

漢司空師丹集一卷梁三卷，錄一卷。

漢光祿大夫息夫躬集一卷

漢太中大夫揚雄集五卷

漢太中大夫劉歆集五卷

漢成帝班婕妤集一卷梁有班昭集三卷，王莽建新大尹崔篆集一卷，保成師友唐林集一卷，中謁者史岑集二卷，後漢東平王蒼集五卷，桓譚集五卷，亡。

後漢司隸從事馮衍集五卷

後漢徐令班彪集二卷梁五卷。又有司徒掾陳元集一卷，王隆集二卷，雲陽令朱勃集二卷，後漢處士梁鴻集二卷，亡。

後漢車騎從事杜篤集一卷

後漢車騎司馬傅毅集二卷梁五卷。

後漢大將軍護軍司馬班固集十七卷梁有魏郡太守黃香集二卷，亡。

後漢長岑長崔駰集十卷

後漢侍中賈逵集一卷梁二卷。

後漢校書郎劉騊駼集一卷梁二卷，錄一卷。又有樂安相李尤集五卷，大鴻臚竇章集二卷，亡。

後漢濟北相崔瑗集六卷梁五卷。

後漢劉珍集二卷錄一卷。

後漢河間相張衡集十一卷〔五〕梁十二卷，又一本十四卷。又有郎中蘇順集二卷〔六〕，錄二卷，後漢太傅胡廣集二卷，録一卷。亡。

後漢黄門郎葛龔集六卷梁五卷，一本七卷。

後漢司空李固集十二卷梁十卷。

後漢南郡太守馬融集九卷梁有外黄令高彪集二卷，録一卷；王逸集二卷，録一卷；司徒掾桓麟集二卷〔七〕，録一卷。亡。

後漢徵士崔琦集一卷梁二卷。又有酈炎集二卷，録二卷；陳相邊韶集一卷，録一卷；益州刺史朱穆集二卷，録一卷。亡。

後漢京兆尹延篤集一卷梁二卷，録一卷。又有司農卿皇甫規集五卷，太常卿張奂集二卷，録一卷；王延壽集三卷，五原太守崔寔集二卷，録一卷；上計趙壹集二卷，録一卷。亡。

後漢諫議大夫劉陶集三卷梁二卷，録一卷。又有外黄令張升集二卷，録一卷；侯瑾集二卷，盧植集二卷，議郎廉品集二卷。亡。

後漢司空荀爽集一卷梁三卷，録一卷。

後漢野王令劉梁集三卷梁二卷，録一卷。又有鄭玄集二卷，録一卷，亡。

後漢左中郎將蔡邕集十二卷梁有二十卷，録一卷。又有尚書令士孫瑞集二卷，亡。

後漢太山太守應劭集二卷梁四卷。又有别部司馬張超集五卷，亡。

後漢少府孔融集九卷梁十卷，録一卷。

後漢侍御史虞翻集二卷梁三卷，録一卷。

後漢討虜長史張紘集一卷梁二卷，録一卷。梁有後漢處士禰衡集二卷，録一卷，亡。

後漢尚書右丞潘勖集二卷梁有録一卷，亡。

後漢丞相倉曹屬阮瑀集五卷梁有録一卷，亡。

魏太子文學徐幹集五卷梁有録一卷，亡。

魏太子文學應瑒集一卷梁有五卷，録一卷，亡。

後漢丞相軍謀掾陳琳集三卷梁十卷，録一卷。

魏太子文學劉楨集四卷録一卷。

後漢丞相主簿繁欽集十卷梁録一卷，亡。

後漢丞相主簿楊脩集一卷梁二卷，録一卷。

後漢侍中王粲集十一卷梁有魏國郎中令路粹集二卷，録一卷；行御史大夫袁渙集五卷，録一卷；魏國奉常王脩集二卷。亡。

後漢尚書丁儀集一卷梁二卷，録一卷。

後漢黄門郎丁廙集一卷梁二卷，録一卷。梁又有婦人後漢黄門郎秦嘉妻徐淑集一卷，後漢董祀妻蔡文姬集一卷，傅石甫妻孔氏集一卷，亡。

魏武帝集二十六卷梁三十卷，録一卷。梁又有武皇帝逸集十卷，亡。

魏武帝集新撰十卷

魏文帝集十卷梁二十三卷。

魏明帝集七卷梁五卷，或九卷，録一卷。梁又有高貴鄉公集四卷，亡。

魏陳思王曹植集三十卷梁又有司徒華歆集二卷，亡。

魏司徒王朗集三十四卷梁三十卷。又司空陳羣集五卷〔八〕，亡。

魏給事中邯鄲淳集二卷梁有録一卷。又有劉廙集二卷，侍中吴質集五卷，新城太守孟達集三卷，魏徵士管寧集三卷，録一卷，亡。

魏光禄勳高堂隆集六卷〔九〕梁十卷，録一卷。

又有光禄勳劉邵集二卷，録一卷〔一〇〕，亡。

魏散騎常侍繆襲集五卷梁有録一卷。又有散騎常侍王象集一卷；光禄大夫韋誕集三卷，録一卷；散騎常侍糜元集五卷；游擊將軍卞蘭集二卷，録一卷；隰陽侯李康集二卷，録一卷；陳郡太守孫該集二卷，録一卷；尚書傅巽集二卷，録一卷。亡。

魏章武太守殷褒集一卷梁二卷。

魏司空王昶集五卷梁有録一卷。

魏衛將軍王肅集五卷梁有録一卷。又有桓範集二卷，中領軍曹羲集五卷，録一卷，亡。

魏尚書何晏集十一卷梁十卷，録一卷。

魏衛尉卿應璩集十卷梁有録一卷。又有王弼集五卷，録一卷；中書令劉階集二卷；太常卿傅嘏集二卷，録一卷；樂安太守夏侯惠集二卷，録一卷。亡。

魏校書郎杜摯集二卷梁有毌丘儉集二卷，録一卷；征東軍司馬江奉集二卷。亡。

魏太常夏侯玄集三卷梁有車騎將軍鍾毓集五卷，録一卷，亡。

魏步兵校尉阮籍集十卷梁十三卷，録一卷。

魏中散大夫嵇康集十三卷梁十五卷，録一卷。又有魏徵士呂安集二卷，録一卷，亡。

魏司徒鍾會集九卷梁十卷，録一卷。

魏汝南太守程曉集二卷梁録一卷。

蜀丞相諸葛亮集二十五卷梁二十四卷。又有蜀司徒許靖集二卷，録一卷；征北將軍夏侯霸集二卷。亡。

吴輔義中郎將張温集六卷梁有士燮集五卷，亡。

吴偏將軍駱統集十卷梁有録一卷。又有太子少傅薛綜集三卷，録一卷，亡。

吴選曹尚書暨豔集二卷梁三卷，録一卷。又有姚信集二卷，録一卷；謝承集四卷〔一一〕。今亡。

吴人楊厚集二卷梁又有録一卷。

吴丞相陸凱集五卷梁有録一卷。

吴侍中胡綜集二卷梁有録一卷。又有東觀令華覈集五卷〔一二〕，録一卷，亡。

吴侍中張儼集一卷梁二卷，録一卷。又有韋昭集二卷，録一卷，亡。

吴中書令紀騭集三卷梁有録一卷。又有陸景集一卷，亡。

晉宣帝集五卷梁有録一卷。

晉文帝集三卷

齊王攸集二卷梁三卷。

晉王沈集五卷梁有鄭褒集二卷，亡。

晉宗正嵇喜集一卷〔一三〕殘缺。梁二卷，録一卷。

晉散騎常侍應貞集一卷梁五卷。

晉司隸校尉傅玄集十五卷梁五十卷，録一卷，亡。

晉著作郎成公綏集九卷殘缺。梁十卷。又有裴秀集三卷，録一卷，亡。

晉金紫光禄大夫何楨集一卷〔一四〕梁五卷。又有袁準集二卷，録一卷，亡。

晉少傅山濤集九卷梁五卷，録一卷，又一本十卷。齊奉朝請裴聿注〔一五〕。又梁有向秀集二卷，録一卷；平原太守阮种集二卷，録一卷；阮侃集五卷，録一卷。亡。

晉太傅羊祜集一卷殘缺。梁二卷，録一卷。又有蔡玄通集五卷；太宰賈充集五卷，録一卷；荀勖集三卷，録一卷。亡。

晉征南將軍杜預集十八卷

晉輔國將軍王濬集一卷殘缺。梁二卷，録一卷。

晉徵士皇甫謐集二卷録一卷。

晉侍中程咸集三卷梁有光禄大夫劉毅集二卷，録一卷；晉侍中庾峻集二卷，録一卷。亡。

晉巴西太守郤正集一卷

晉散騎常侍薛瑩集三卷梁又有散騎常侍陶濬集二卷，録一卷，亡。

晉通事郎江偉集六卷梁有宣舒集五卷；散騎常侍曹志集二卷，録一卷；鄒湛集三卷，録一卷。亡。

晉汝南太守孫毓集六卷

晉處士楊泉集二卷録一卷。梁有司徒王渾集五卷，冀州刺史王深集五卷，亡。

晉徵士閔鴻集三卷梁有光禄大夫裴楷集二卷，録一卷，亡。

晉司空張華集十卷録一卷。

晉尚書僕射裴頠集九卷梁有太子中庶子許孟集三卷，録一卷；太宰何劭集二卷〔一六〕，録一卷；光禄大夫劉頌集三卷，録一卷；劉寔集二卷，録一卷。亡。

晉散騎常侍王佑集三卷録一卷。梁有晉驃騎將軍王濟集二卷，亡。

華嶠集八卷梁二卷。

晉祕書丞司馬彪集四卷梁三卷，録一卷。又有尚書庾儵集二卷，録一卷；國子祭酒謝衡集二卷。亡。

晉漢中太守李虔集一卷梁二卷，録一卷。

晉司隸校尉傅咸集十七卷梁三十卷，録一卷。又有太子中庶子棗據集二卷，録一卷；劉寶集三卷。亡。

晉馮翊太守孫楚集六卷梁十二卷，録一卷。

晉散騎常侍夏侯湛集十卷梁有録一卷。又有弋陽太守夏侯淳集二卷，散騎侍郎王讚集五卷，亡。

晉衞尉卿石崇集六卷梁有録一卷。

晉尚書郎張敏集二卷梁五卷。又有黄門郎伏偉集一卷，亡。

晉黄門郎潘岳集十卷

晉太常卿潘尼集十卷

晉頓丘太守歐陽建集二卷梁有宗正劉許集二卷〔一七〕，録一卷；散騎常侍李重集二卷；光禄大夫欒廣集二卷，録一卷；阮渾集三卷，録一卷。亡。

晉侍中嵇紹集二卷録一卷。梁有錢唐令楊建集九卷，長沙相盛彦集五卷，左長史楊乂集三卷，録一卷。

晉尚書盧播集一卷梁二卷，録一卷。又有欒肇集五卷，録一卷；南中郎長史應亨集二卷。亡。

晉國子祭酒杜育集二卷

晉太常卿摯虞集九卷梁十卷，録一卷。又祕書監繆徵集二卷，録一卷，亡。

晉齊王府記室左思集二卷梁有五卷，録一卷。又有晉豫章太守夏靖集二卷，録一卷；吴王文學鄭豐集二卷，録一卷；大司馬東曹掾張翰集二卷，録一卷；清河王文學陳略集二卷，録一卷；揚州從事陸沖集二卷，録一卷。亡。

晉平原内史陸機集十四卷梁四十七卷，録一卷，亡。

晉清河太守陸雲集十二卷梁十卷，録一卷。又有少府丞孫極集二卷〔一八〕，録一卷，亡。

晉中書郎張載集七卷梁一本二卷，録一卷。

晉黄門郎張協集三卷梁四卷，録一卷。

晉著作郎束皙集七卷梁五卷，録一卷。又有征南司馬曹攄集三卷，録一卷；散騎常侍江統集十卷，録一卷；著作郎胡濟集五卷，録一卷。亡。

晉中書令卞粹集一卷梁五卷。又有光禄勳閭丘沖集二卷，録一卷，亡。

晉太傅從事中郎庾敳集一卷梁五卷，録一卷。又有太子中舍人阮瞻集二卷，録一卷；太子洗馬阮脩集二卷，録一卷；廣威將軍裴邈集二卷，録一卷。亡。

晉太傅主簿郭象集二卷〔一九〕梁五卷，録一卷。又有廣州刺史嵇含集十卷，録一卷，亡。

晉安豐太守孫惠集八卷梁十一卷，録一卷。又有松滋令蔡洪集二卷，録一卷，亡。

晉平北將軍牽秀集四卷梁三卷，録一卷。又有車騎從事中郎蔡克集二卷，録一卷；游擊將軍索靖集三卷；隴西太守閻纂集二卷，録一卷；秦州刺史張輔集二卷，録一卷；交趾太守殷巨集二卷，録一卷；太子洗馬陶佐集五卷，録一卷；東晉鄱陽太守虞溥集二卷〔二〇〕，録一卷；益陽令吴商集五卷；仲長敖集二卷；晉太常卿劉弘集三卷，録一卷；開府山簡集二卷，録一卷；兗州刺史宗岱集二卷；侍中王峻集二卷，録一卷；濟陽内史王曠集五卷，録一卷。亡。

晉散騎常侍棗嵩集一卷梁二卷，録一卷。又有襄陽太守棗腆集二卷，録一卷，亡。

晉太尉劉琨集九卷梁十卷。

劉琨別集十二卷

晉司空從事中郎盧諶集十卷梁有録一卷。

晉祕書丞傅暢集五卷梁有録一卷。又有晉明帝集五卷，録一卷；簡文帝集五卷，録一卷；孝武帝集二卷，録一卷；彭城王紘集二卷；譙烈王集九卷，録一卷。亡。

晉會稽王司馬道子集八卷梁九卷。又有鎮東從事中郎傅毅集五卷，亡。

晉衡陽内史曾瓌集三卷梁四卷，録一卷。又有驃騎將軍顧榮集五卷，録一卷，亡。

晉司空賀循集十八卷梁二十卷，録一卷。又有散騎常侍張亢集二卷〔三〕，録一卷；車騎長史賈彬集三卷，録一卷。亡。

晉光禄大夫衛展集十二卷梁十五卷。又有東晉太尉荀組集三卷，録一卷，亡。

晉祕書郎張委集九卷梁五卷。又有關内侯傅琨集一卷；光禄大夫周顗集二卷，録一卷。亡。

晉太常謝鯤集六卷梁二卷。

晉驃騎將軍王廙集十卷梁三十四卷，録一卷。又有華譚集二卷，亡。

晉御史中丞熊遠集十二卷梁五卷，録一卷。又有湘州秀才谷儉集一卷；大鴻臚周嵩集三卷，録一卷。亡。

晉弘農太守郭璞集十七卷梁十卷，録一卷。

晉張駿集八卷殘缺。

晉大將軍王敦集十卷梁有吴興太守沈充集三卷；散騎常侍傅純集二卷，録一卷。亡。

晉光禄大夫梅陶集九卷梁二十卷，録一卷。又有金紫光禄大夫荀邃集二卷，録一卷，亡。

晉散騎常侍王鑒集九卷〔三二〕梁五卷。又有晉著作佐郎王濤集五卷；廷尉卿阮放集十卷，録一卷；宗正卿張悛集五卷〔三三〕，録一卷；汝南太守應碩集二卷；金紫光禄大夫張闓集二卷，録一卷；揚州從事陸沈集二卷，録一卷；驃騎將軍卞壼集二卷，録一卷；光禄勳鍾雅集一卷，衞尉卿劉超集二卷；衞將軍戴邈集五卷，録一卷；光禄大夫荀崧集一卷，亡。

晉大將軍温嶠集十卷梁録一卷。

晉侍中孔坦集十七卷梁五卷，録一卷。又有臧沖集一卷，晉鎮南大將軍應詹集五卷〔三四〕，亡。

晉太僕卿王嶠集八卷梁有衞尉荀闓集一卷，鎮北將軍劉隗集二卷；大司馬陶侃集二卷，録一卷。亡。

晉丞相王導集十一卷梁十卷，録一卷。

晉太尉郗鑒集十卷録一卷。

晉太尉庾亮集二十一卷梁二十卷，録一卷。又有虞預集十卷，録一卷；平越司馬黄整集十卷，録一卷。亡。

晉護軍長史庾堅集十三卷梁十卷，録一卷。

晉司空庾冰集七卷梁二十卷，録一卷。

晉給事中庾闡集九卷梁十卷，録一卷。

晉著作郎王隱集十卷梁二十卷，録一卷。

晉散騎常侍干寶集四卷梁五卷。

晉太常卿殷融集十卷梁有衛尉張虞集十卷；光禄大夫諸葛恢集五卷，録一卷。亡。

晉車騎將軍庾翼集二十二卷梁二十卷，録一卷。

晉司空何充集四卷梁五卷。又有御史中丞郝默集五卷，征西諮議甄述集十二卷，武昌太守徐彦則集十卷，亡。

晉散騎常侍王愆期集七卷梁十卷，録一卷。又有司徒左長史王濛集五卷；丹陽尹劉惔集二卷〔二五〕，録一卷；益州刺史袁喬集七卷。亡。

晉尚書令顧和集五卷梁有録一卷。又有尚書僕射劉遐集五卷；徵士江惇集三卷〔二六〕，録一卷；魏興太守苟述集一卷；平南將軍賀翹集五卷，李軌集八卷。亡。

晉李充集二十二卷梁十五卷，録一卷。

晉司徒蔡謨集十七卷梁四十三卷。

晉揚州刺史殷浩集四卷梁五卷，録一卷。又有吴興孝廉鈕滔集五卷，録一卷；宣城内史劉系之集五卷，録一卷。亡。

庾赤玉集四卷〔二七〕

晉尋陽太守庾統集八卷〔二八〕梁有驃騎司馬王修集二卷，録一卷；衛將軍謝尚集十卷，録一卷；青州刺史王浹集二卷〔二九〕。亡。

晉西中郎將王胡之集十卷梁五卷，録一卷。

晉中書令王洽集五卷録一卷。梁有宜春令范保集七卷；徵士范宣集十卷，録一卷；建安太守丁纂集四卷，録一卷。亡。

晉金紫光禄大夫王羲之集九卷梁十卷，録一卷。

晉散騎常侍謝萬集十六卷梁十卷。

晉司徒長史張憑集五卷梁有録一卷。梁有高涼太守楊方集二卷，亡。

晉徵士許詢集三卷梁八卷，録一卷。

晉征西將軍張望集十卷梁十二卷，録一卷。

晉餘姚令孫統集二卷梁九卷，録一卷。又有晉陵令戴元集三卷，録一卷，亡。

晉衛尉卿孫綽集十五卷梁二十五卷。

晉太常江逌集九卷梁有謝沈集十卷，亡。

晉李顒集十卷録一卷。

晉光禄勳曹毗集十卷梁十五卷，録一卷。又有郡主簿王篋集五卷，亡。

晉沙門支遁集八卷梁十三卷。又有劉或集十六卷，亡。

張重華酒泉太守謝艾集七卷梁八卷。又有撫軍長史蔡系集二卷；護軍將軍江虨集五卷〔三〇〕，録一卷。亡。

晉范汪集一卷梁十卷。

晉尚書僕射王述集八卷梁又有王度集五卷，録一卷；中領軍庾龢集二卷，録一卷；將作大匠喻希集一卷；吴興太守孔嚴集十一卷，録一卷。亡。

晉大司馬桓温集十一卷梁有四十三卷。又有桓温要集二十卷，録一卷；豫章太守車灌集五卷，録一卷。亡。

晉尚書僕射王坦之集七卷梁五卷，録一卷，亡。

晉左光禄王彪之集二十卷梁有録一卷。

晉中書郎郄超集九卷梁十卷。又有南中郎桓嗣集五卷；平固令邵毅集五卷，録一卷；太學博士滕輔集五卷，錄一卷。亡。

晉苻堅丞相王猛集九卷錄一卷。梁有顧夷集五卷，散騎常侍鄭襲集四卷，撫軍掾劉暢集一卷，亡。

晉太常卿韓康伯集十六卷梁有黃門郎范啓集四卷；豫章太守王恪集十卷；零陵太守陶混集七卷，海鹽令祖撫集三卷；吳興太守殷康集五卷，錄一卷。亡。

晉太傅謝安集十卷梁十卷，錄一卷。又有中軍參軍孫嗣集三卷，錄一卷；司徒左長史劉衮集三卷。亡。

晉御史中丞孔欣時集八卷梁七卷。

晉伏滔集十一卷并目錄。梁五卷，錄一卷。

晉滎陽太守習鑿齒集五卷

晉祕書監孫盛集五卷殘缺。梁十卷，錄一卷。

晉東陽太守袁宏集十五卷梁二十卷，錄一卷。又有晉黃門郎顧淳集一卷，尋陽太守熊鳴鵠集十卷，車騎司馬謝韶集三卷；金紫光祿大夫王獻之集十卷，錄一卷；琅邪內史袁質集二卷，錄一卷；太宰從事中郎袁邵集五卷，錄一卷；車騎長史謝朗集六卷，錄一卷；車騎將軍謝頠集十卷，錄一卷。亡。

晉新安太守郗愔集四卷殘缺。梁五卷。又有吳郡功曹陸法之集十九卷，亡。

晉太常卿王珉集十卷〔三二〕梁錄一卷。

晉中散大夫羅含集三卷梁有太宰長史庾倩集二卷〔三三〕，大司馬參軍庾悠之集三卷，司徒右長史庾凱集二卷，亡。

晉國子博士孫放集一卷殘缺。梁十卷。

晉聘士殷叔獻集四卷并目錄。梁三卷，錄

一卷。

晉湘東太守庾肅之集十卷錄一卷。梁有晉北中郎參軍蘇彥集十卷，太子左率王肅之集三卷，錄一卷；黃門郎王徽之集八卷；徵士謝敷集五卷，錄一卷；太常卿孔汪集十卷，陳統集七卷，太常王愷集十五卷；右將軍王忱集五卷，錄一卷；太常殷允集十卷。亡。

晉徵士戴逵集九卷殘缺。梁十卷，錄一卷。又有晉光祿大夫孫廞集十卷〔三三〕，尚書左丞徐禪集六卷，亡。

晉太子前率徐邈集九卷并目錄。梁二十卷，錄一卷。

晉給事中徐乾集二十一卷并目錄。梁二十卷，錄一卷。又有晉冠軍將軍張玄之集五卷，錄一卷；員外常侍荀世之集八卷，袁山松集十卷〔三四〕，黃門郎魏逷之集五卷，驃騎參軍卞湛集五卷；金紫光祿大夫褚爽集十六卷，錄一卷。亡。

晉豫章太守范甯集十六卷梁有晉餘杭令范弘之集六卷，亡。

晉司徒王珣集十一卷并目錄。梁十卷，錄一卷，亡。

晉處士薄蕭之集九卷梁十卷。又有晉安北參軍薄要集九卷，薄邕集七卷；延陵令唐邁之集十一卷，錄一卷。亡。

晉孫恩集五卷梁有晉殿中將軍傅綽集十五卷，驍騎將軍弘戎集十六卷，御史中丞魏叔齊集十五卷，司徒右長史劉寧之集五卷，亡。

晉臨海太守辛德遠集五卷梁四卷。又有晉車騎參軍何瑾之集十一卷；太保王恭集五卷，録一卷；殷覬集十卷，録一卷。亡。

晉荆州刺史殷仲堪集十二卷并目録。梁十卷，録一卷，亡。

晉驃騎長史謝景重集一卷

晉桓玄集二十卷梁有晉丹陽尹卞範之集五卷〔三五〕，録一卷；光禄勳卞承之集十卷，録一卷。亡。

晉東陽太守殷仲文集七卷梁五卷。

晉司徒王謐集十卷録一卷。梁有晉光禄大夫伏系之集十卷，録一卷，亡。

晉右軍參軍孔璠集二卷

晉衛軍諮議湛方生集十卷録一卷。

晉光禄大夫祖台之集十六卷梁二十卷。

晉通直常侍顧愷之集七卷梁二十卷。

晉太常卿劉瑾集九卷梁五卷。

晉左僕射謝混集三卷梁五卷。

晉祕書監滕演集十卷録一卷。

晉司徒長史王誕集二卷梁有晉太尉咨議劉簡之集十卷，亡。

晉丹陽太守袁豹集八卷梁十卷，録一卷。又有晉廬江太守殷遵集五卷，録一卷；興平令荀軌集五卷。亡。

晉西中郎長史羊徽集九卷梁十卷，録一卷。

晉國子博士周祇集十一卷梁二十卷，録一卷。又有晉相國主簿殷闡集十卷，録一卷；太常傅迪集十卷。亡。

晉始安太守卞裕集十三卷梁十五卷。又有晉韋公藝集六卷，亡。

晉毛伯成集一卷

晉沙門支曇諦集六卷

晉沙門釋惠遠集十二卷

晉姚萇沙門釋僧肇集一卷

晉王茂略集四卷

晉曹毗集四卷

晉宗欽集二卷梁有晉中軍功曹殷曠之集五卷，太學博士魏説集十三卷；征西主簿丘道護集五卷，録一卷；柴桑令劉遺民集五卷，録一卷；郭澄之集十卷，徵士周續之集一卷〔三六〕，孔瞻集九卷。亡。

晉江州刺史王凝之妻謝道韞集二卷梁有婦人晉司徒王渾妻鍾夫人集五卷，晉武帝左九嬪集四卷，晉太宰賈充妻李扶集一卷，晉武平都尉陶融妻陳窈集一卷，晉都水使者妻陳玢集五卷〔三七〕，晉海西令劉臻妻陳珍集七卷〔三八〕，晉劉柔妻王邵之集十卷，晉散騎常侍傅伉妻辛蕭集一卷，晉松陽令鈕滔母孫瓊集二卷，晉成公道賢妻龐馥集一卷，晉宣城太守何殷妻徐氏集一卷，亡。

宋武帝集十二卷梁二十卷，録一卷。

宋文帝集七卷梁十卷，亡。

宋孝武帝集二十五卷梁三十一卷，録一卷。又有宋廢帝景和集十卷，録一卷；明帝集三十三卷。亡。

宋長沙王道憐集十卷録一卷。梁有宋臨川王道規集四卷，録一卷，亡。

宋臨川王義慶集八卷

宋江夏王義恭集十一卷梁十五卷，録一卷。又有江夏王集別本十五卷；宋衡陽王義季集十卷，録一卷。亡。

宋南平王鑠集五卷梁有宋竟陵王誕集二十

卷，建平王休度集十卷〔三九〕，新渝惠侯義宗集十二卷，散騎常侍祖柔之集二十卷，亡。

宋豫章太守謝瞻集三卷梁有宋征虜將軍沈林子集七卷，亡。

宋太常卿孔琳之集九卷并目録，梁十卷，録一卷。

宋王叔之集七卷梁十卷，録一卷。

宋太中大夫徐廣集十五卷録一卷。

宋秘書監盧繁集一卷殘缺。梁十卷，録一卷。

宋侍中孔甯子集十一卷并目録。梁十五卷，録一卷。

宋建安太守卞瑾集十卷梁十卷。

宋太常卿蔡廓集九卷并目録。梁十卷，録一卷。又有宋王韶之集二十四卷，亡。

宋尚書令傅亮集三十一卷梁二十卷，録一卷。又有宋征南長史孫康集十卷，左軍長史范述集三卷，亡。

宋太常卿鄭鮮之集十三卷梁二十卷，録一卷。

宋徵士陶潛集九卷梁五卷，録一卷。又有張野集十卷，宋零陵令陶階集八卷，東莞太守張元瑾集八卷；光禄大夫王曇首集二卷，録一卷。亡。

宋太常卿范泰集十九卷梁二十卷，録一卷。

宋中書郎荀昶集十四卷梁十五卷，録一卷。又有卞伯玉集五卷，録一卷；中散大夫羊欣集七卷。亡。

宋司徒王弘集一卷梁二十卷，録一卷。又有宋金紫光禄大夫沈演集十卷〔四〇〕，廣平太守范凱集八卷，亡。

宋沙門釋惠琳集五卷梁九卷，録一卷。又有宋范晏集十四卷，亡。

宋司徒府參軍謝惠連集六卷梁五卷，録一卷。又有宋太常謝弘微集二卷，亡。

宋臨川內史謝靈運集十九卷梁二十卷，録一卷。

宋給事中丘深之集七卷梁十五卷。又有義成太守祖台之集五卷，荆州西曹孫詔集十卷，殷淳集二卷；揚州刺史殷景仁集九卷；國子博士姚濤之集二十卷，録一卷；周祋集十一卷。亡。

殷闡之集一卷

宋徵士宗景集十六卷〔四一〕梁十五卷。

宋徵士雷次宗集十六卷梁二十九卷，録一卷。

宋奉朝請伍緝之集十二卷梁有宋南蠻主簿衞令元集八卷；范曄集十五卷，録一卷；撫軍諮議范廣集一卷〔四二〕；右光禄大夫王敬集五卷〔四三〕，録一卷；任豫集六卷。

宋御史中丞何承天集二十卷梁三十二卷，亡。

宋太中大夫裴松之集十三卷梁二十一卷。又有王韶之集十九卷；宋光禄大夫江湛集四卷，録一卷。亡。

宋太尉袁淑集十一卷并目録。梁十卷，録一卷。

宋秘書監王微集十卷梁有録一卷。又有宋太子舍人王僧謙集二卷，金紫光禄大夫王僧綽集一卷，征北行參軍顧邁集二十卷，魚復令陳超之集十卷，平南將軍何長瑜集八卷，亡。

宋員外郎荀雍集二卷梁四卷。又有宋國子博

士范演集八卷，錢唐令顧昱集六卷，臨成令韓濬之集八卷，南陽太守沈亮之集七卷〔四四〕，國子博士孔欣集九卷，臨海太守江玄叔集四卷，尚書郎劉馥集十一卷，太子中舍人張演集八卷，南昌令蔡眇之集三卷，太學博士顧雅集十三卷，巴東太守孫沖之集十一卷〔四五〕，太尉諮議參軍謝元集一卷，南海太守陸展集九卷，棘陽令山謙之集十二卷，廣州刺史羊希集九卷〔四六〕，員外常侍周始之集十一卷，主客郎羊崇集六卷，太子舍人孔景亮集三卷，亡。

宋中書郎袁伯文集十一卷并目録。梁有宋丞相諮議蔡超集七卷，亡。

宋東中郎長史孫緬集八卷并目録。梁十一卷。又有宋賀道養集十卷，太子洗馬謝登集六卷，新安太守張鏡集十卷；兼中書舍人褚詮之集八卷，録一卷。亡。

宋特進顏延之集二十五卷梁三十卷。又有顏延之逸集一卷，亡。

宋東揚州刺史顏竣集十四卷并目録。

宋大司馬録事顏測集十一卷并目録。

宋護軍將軍王僧達集十卷梁有録一卷。又有國子博士羊戎集十卷，江寧令蘇寶生集四卷，兗州別駕范義集十二卷，吳興太守劉瑀集七卷，本郡孝廉劉氏集九卷，亡。

宋會稽太守張暢集十二卷殘缺。梁十四卷，録一卷。又有宋司空何尚之集十卷，亡。

宋吏部尚書何偃集十九卷梁十六卷。又有廬江太守周朗集八卷，亡。

宋侍中沈懷文集十二卷殘缺。梁十六卷。

宋北中郎長史江智深集九卷〔四七〕并目一卷。

宋太子中庶子殷琰集七卷梁又有宋武陵太守袁顗集八卷，荀欽明集六卷，安北參軍王詢之集五卷，越騎校尉戴法興集四卷，亡。

宋黃門郎虞通之集十五卷梁二十卷。

宋司徒左長史沈勃集十五卷梁二十卷。

宋金紫光禄大夫謝莊集十九卷梁十五卷。又有宋金紫光禄大夫謝協集三卷，三巴校尉張悦集十一卷，揚州從事賀頠集十一卷，領軍長史孔邁之集八卷，撫軍參軍賀弼集十六卷，本州秀才劉遂集二卷，亡。

宋建平王景素集十卷

宋征虜記室參軍鮑照集十卷梁六卷。又有宋武康令沈懷遠集十九卷，裴駰集六卷，删定郎劉鯤集五卷，宜都太守費脩集十卷，亡。

宋太中大夫徐爰集六卷梁十卷。又有宋護軍司馬孫勃集六卷，右光禄大夫張永集十卷，陽羨令趙繹集十六卷，亡。

宋庾蔚之集十六卷梁二十卷。又有太子中舍人徵不就王素集十六卷，亡。

宋豫章太守劉愔集八卷梁十卷。又有宋起部費鏡運集二十卷，光禄大夫孫敻集十一卷，太尉從事中郎蔡頤集三卷；司空劉勔集二十卷〔四八〕，録一卷；青州刺史明僧暠集十卷〔四九〕，吴興太守蕭惠開集七卷，沈宗之集十卷，大司農張辯集十六卷；金紫光禄大夫王瓚集十五卷，録一卷；郭坦之集五卷，會稽主簿辛湛之集八卷，太子舍人朱百年集二卷〔五〇〕，東海王常侍鮑德遠集六卷，會稽郡丞張緩集六卷。亡。

宋寧國令劉薈集七卷

宋江州從事吴邁遠集一卷殘缺。梁八卷，亡。

宋宛朐令湯惠休集三卷梁四卷。又有南海太守孫奉伯集十卷，右將軍成元範集十卷，奉朝請虞喜集十一卷，延陵令唐思賢集十五卷，戴凱之集六卷，亡。

宋司徒袁粲集十一卷并目録。梁九卷。又有婦人牽氏集一卷，宋後宫司儀韓蘭英集四卷，亡。

齊文帝集一卷殘缺。梁十一卷。又有齊晉安王子懋集四卷，録一卷；隨王子隆集七卷，亡。

齊竟陵王子良集四十卷梁又有齊聞喜公蕭遥欣集十一卷，領軍諮議劉祥集十卷，亡。

齊太宰褚彦回集十五卷梁又有齊黄門侍郎崔祖思集二十卷，中軍佐鍾蹈集十二卷；餘杭令丘巨源集十卷，録一卷。亡。

齊太尉王儉集五十一卷梁六十卷。又有齊東海太守謝顥集十六卷，謝瀹集十卷，豫州刺史劉善明集十卷，侍中褚賁集十二卷，徵士劉虯集二十四卷，司徒主簿徵不就庾易集十卷，顧歡集三十卷，劉瓛集三十卷，射聲校尉劉璡集三卷，亡。

齊中書郎周顒集八卷梁十六卷。又有齊左侍郎鮑鴻集二十卷，録一卷；雍州秀才韋瞻集十卷；正員郎劉懷慰集十卷，録一卷；永嘉太守江山圖集十卷，驃騎記室參軍荀憲集十一卷。亡。

齊前軍參軍虞羲集九卷殘缺。梁十一卷。又有平陽令韋沈集十卷，車騎參軍任文集十一卷，卞鑠集十六卷，婁幼瑜集六十六卷，長水校尉祖沖之集五十一卷，亡。

齊中書郎王融集十卷

齊吏部郎謝朓集十二卷

謝朓逸集一卷梁又有王巾集十一卷，亡。

齊司徒左長史張融集二十七卷梁十卷。又有張融玉海集十卷、大澤集十卷、金波集六十卷，又有齊羽林監庾韶集十卷，黄門郎王僧祐集十卷；太常卿劉悛集二十卷，録一卷；祕書王寂集五卷。亡。

齊金紫光禄大夫孔稚珪集十卷

齊後軍法曹參軍陸厥集八卷梁十卷。

齊太尉徐孝嗣集十卷梁七卷。又有侍中劉暄集一十一卷，通直常侍裴昭明集九卷，虞炎集七卷，吏部郎劉瑱集十卷，梁國從事中郎劉繪集十卷，亡。

齊侍中袁彖集五卷并録。

齊中書郎江奐集九卷并録。

齊平西諮議宗躬集十三卷

齊太子舍人沈驎士集六卷

梁武帝集二十六卷梁三十二卷。

梁武帝詩賦集二十卷

梁武帝雜文集九卷

梁武帝別集目録二卷

梁武帝淨業賦三卷

梁簡文帝集八十五卷陸罩撰，并録。

梁元帝集五十二卷

梁元帝小集十卷

梁昭明太子集二十卷梁有梁安成王集三十卷〔五一〕，亡。

梁岳陽王詧集十卷

梁王蕭巋集十卷

梁邵陵王綸集六卷

梁武陵王紀集八卷

梁蕭琮集七卷梁又有安成煬王集五卷，亡。

梁司徒諮議宗夬集九卷〔五二〕并録。

梁國子博士丘遲集十卷并録。梁十一卷，又有謝朏集十五卷，亡。

梁金紫光禄大夫江淹集九卷梁二十卷。

江淹後集十卷

梁尚書僕射范雲集十一卷并録。

梁太常卿任昉集三十四卷梁有晉安太守謝纂集十卷，撫軍將軍柳惔集二十卷〔五三〕，中護軍柳惲集十二卷，豫州刺史柳憕集六卷，尚書令柳忱集十三卷，義興郡丞何僩集三卷，撫軍中兵參軍韋温集十卷，鎮西録事參軍到洽集十一卷，太子洗馬劉苞集十卷，南徐州秀才諸葛璩集十卷，亡。

梁特進沈約集一百一卷并録。梁又有謝綽集十一卷，亡。

梁中軍府諮議王僧孺集三十卷

梁尚書左丞范縝集十一卷

梁護軍將軍周捨集二十卷梁有祕書張纘金河集六十卷，劉歊集八卷〔五四〕，玄貞處士劉訏集一卷〔五五〕，亡。

梁蕭洽集二卷

梁隱居先生陶弘景集三十卷

陶弘景内集十五卷

梁徵士魏道微集三卷

梁黄門郎張率集三十八卷

梁南徐州治中王冏集三卷

梁都官尚書江革集六卷

梁奉朝請吳均集二十卷

梁光祿大夫庾曇隆集十卷并錄。

梁儀同三司徐勉前集三十五卷

徐勉後集十六卷并序錄。

梁吏部郎王錫集七卷并錄。

梁尚書左僕射王暕集二十一卷

梁平西刑獄參軍劉孝標集六卷

梁鴻臚卿裴子野集十四卷

梁仁威府長史司馬褧集九卷

梁蕭子暉集九卷

梁始興內史蕭子範集十三卷

梁建陽令江洪集二卷

梁鎮西府記室鮑幾集八卷

梁尚書祠部郎虞皭集十卷

梁新田令費昶集三卷

梁蕭機集二卷〔五六〕

梁東陽郡丞謝瑱集八卷

梁通直郎謝琛集五卷

梁仁威記室何遜集七卷梁有安西記室劉緩集四卷〔五七〕，沙門釋智藏集五卷，亡。

梁太常卿陸倕集十四卷

梁廷尉卿劉孝綽集十四卷

梁都官尚書劉孝儀集二十卷

梁太子庶子劉孝威集十卷

梁東陽太守王揖集五卷

梁黃門郎陸雲公集十卷

梁國子祭酒蕭子雲集十九卷

梁征西府長史楊眺集十一卷并錄。

梁太子洗馬王筠集十一卷并錄。

王筠中書集十一卷并錄。

王筠臨海集十一卷并録。

王筠左佐集十一卷并録。

王筠尚書集九卷并録。

梁西昌侯蕭深藻集四卷并録。

梁中書郎任孝恭集十卷

梁平北府長史鮑泉集一卷

梁雍州刺史張纘集十一卷并録。

梁尚書僕射張綰集十一卷并録。

梁度支尚書庾肩吾集十卷

梁太常卿劉之遴前集十一卷

劉之遴後集二十一卷

梁豫章世子侍讀謝郁集五卷

梁安成蕃王蕭欣集十卷

梁中書舍人朱超集一卷

梁護軍將軍甄玄成集十卷并録。

梁散騎常侍沈君游集十三卷〔五八〕

梁臨安恭公主集三卷武帝女。

梁征西記室范靖妻沈滿願集三卷

梁太子洗馬徐悱妻劉令嫺集三卷〔五九〕

後魏孝文帝集三十九卷

後魏司空高允集二十一卷

後魏司農卿李諧集十卷

後魏太常卿盧元明集十七卷

後魏司空祭酒袁躍集十三卷

後魏著作佐郎韓顯宗集十卷

後魏散騎常侍温子昇集三十九卷

後魏太常卿陽固集三卷

北齊特進邢子才集三十一卷

北齊尚書僕射魏收集六十八卷

北齊儀同劉逖集二十六卷

後周明帝集九卷

後周趙王集八卷

後周滕簡王集八卷

後周儀同宗懍集十二卷并録。

後周沙門釋亡名集十卷〔六〇〕

後周小司空王褒集二十一卷并録。

後周少傅蕭撝集十卷

後周開府儀同庾信集二十一卷并録。

陳後主集三十九卷

陳後主沈后集十卷

陳大匠卿杜之偉集十二卷

陳金紫光禄大夫周弘讓集九卷

陳周弘讓後集十二卷

陳侍中沈炯前集七卷

陳沈炯後集十三卷

陳沙門釋標集二卷〔六一〕

陳沙門釋洪偃集八卷

陳沙門釋瑗集六卷

陳沙門釋靈裕集四卷

陳尚書僕射周弘正集二十卷

陳鎮南府司馬陰鏗集一卷

陳左衛將軍顧野王集十九卷

陳沙門策上人集五卷

陳尚書左僕射徐陵集三十卷

陳右衛將軍張式集十四卷

陳尚書度支郎張正見集十四卷

陳司農卿陸琰集二卷

陳少府卿陸玠集十卷〔六二〕

陳光禄卿陸瑜集十一卷并録。

陳護軍將軍蔡景歷集五卷

陳沙門釋暠集六卷

陳御史中丞褚玠集十卷

陳安右府諮議司馬君卿集二卷

陳著作佐郎張仲簡集一卷

煬帝集五十五卷

王祐集一卷

武陽太守盧思道集三十卷

金州刺史李元操集十卷

蜀王府記室辛德源集三十卷

太尉楊素集十卷

懷州刺史李德林集十卷

吏部尚書牛弘集十二卷

司隸大夫薛道衡集三十卷

國子祭酒何妥集十卷

祕書監柳䛒集五卷

開府江總集三十卷

江總後集二卷

記室參軍蕭慤集九卷

著作郎魏彥深集三卷

著作郎諸葛潁集十四卷

劉子政母祖氏集九卷

著作郎王胄集十卷

右四百三十七部，四千三百八十一卷。通計亡書，合八百八十六部，八千一百二十六卷。

別集之名，蓋漢東京之所創也。自靈均已降，屬文之士衆矣，然其志尚不同，風流殊別。後之君子，欲觀其體勢，而見其心靈，故別聚焉，名之爲集。辭人景慕，並自記載，以成書部。年代遷徙，亦頗遺散。其高唱絶俗者，略皆具存，今依其先後，次之於此。

文章流別集四十一卷梁六十卷，志二卷，論二卷，摯虞撰。

文章流別志、論二卷摯虞撰。

文章流別本十二卷謝混撰。

續文章流別三卷孔甯撰。

集苑四十五卷梁六十卷。

集林一百八十一卷宋臨川王劉義慶撰。梁二百卷。

集林鈔十一卷

集鈔十卷沈約撰。梁有集鈔四十卷，丘遲撰，亡。

集略二十卷

撰遺六卷梁又有零集三十六卷，亡。

翰林論三卷李充撰。梁五十四卷。

文苑一百卷孔逭撰。

文苑鈔三十卷

文選三十卷梁昭明太子撰。

詞林五十八卷

文海五十卷

吴朝士文集十卷梁十三卷。又有漢書文府三卷，亡。

巾箱集七卷梁有文章志録雜文八卷，謝沈撰，又名士雜文八卷，亡。

婦人集二十卷梁有婦人集三十卷，殷淳撰。又有婦人集十一卷，亡。

婦人集鈔二卷

雜文十六卷爲婦人作。

文選音三卷蕭該撰。

文心彫龍十卷梁兼東宮通事舍人劉勰撰。

文章始一卷姚察撰〔六三〕。梁有文章始一卷，任昉撰；四代文章記一卷，吴郡功曹張防撰。亡。

賦集九十二卷謝靈運撰。梁又有賦集五十卷，宋新渝惠侯撰；賦集四十卷，宋明帝撰；樂器賦十卷；伎藝賦六卷。亡。

賦集鈔一卷

賦集八十六卷後魏祕書丞崔浩撰。

續賦集十九卷殘缺。

歷代賦十卷梁武帝撰。

皇德瑞應賦頌一卷梁十六卷。

五都賦六卷并録。張衡及左思撰。

雜都賦十一卷梁雜賦十六卷。又東都賦一卷，孔逭作；二京賦音二卷〔六四〕，李軌、綦毋邃撰；齊都賦二卷并音，左思撰；相風賦七卷，傅玄等撰；迦維國賦二卷，晉右軍行參軍虞干紀撰；遂志賦十卷，乘輿赭白馬二卷〔六五〕。亡。

述征賦一卷

神雀賦一卷後漢傅毅撰。

雜賦注本三卷梁有郭璞注子虚上林賦一卷，薛綜注張衡二京賦二卷，晁矯注二京賦一卷，傅巽注二京賦二卷〔六六〕，張載及晉侍中劉逵、晉懷令衞權注左思三都賦三卷〔六七〕，綦毋邃注三都賦三卷，項氏注幽通賦，蕭廣濟注木玄虚海賦一卷，徐爰注射雉賦一卷，亡。

獻賦十八卷

圍碁賦一卷梁武帝撰。

觀象賦一卷

洛神賦一卷孫壑注。

枕賦一卷張君祖撰〔六八〕。

二都賦音一卷李軌撰〔六九〕。

百賦音十卷宋御史褚詮之撰。梁有賦音二卷，郭徵之撰；雜賦圖十七卷。亡。

大隋封禪書一卷

上封禪書二卷梁有雜封禪文八卷，秦帝刻石文一卷，宋會稽太守褚淡撰，亡。

集雅篇五卷

靖恭堂頌一卷晉涼王李暠撰。梁有頌集二十卷，王僧綽撰；木連理頌二卷，太元十九年羣臣上。亡。

詩集五十卷謝靈運撰。梁五十一卷。又有宋侍中張敷、袁淑補謝靈運詩集一百卷；又詩集百卷，并例、録二卷，顏峻撰；詩集四十卷，宋明帝撰；雜詩七十九卷，江邃撰；雜詩二十卷，宋太子洗馬劉和注；二晉雜詩二十卷；古今五言詩美文五卷，荀綽撰；詩鈔十卷。亡。

詩集鈔十卷謝靈運撰。梁有雜詩鈔十卷，録一卷，謝靈運撰，亡。

古詩集九卷

六代詩集鈔四卷梁有雜言詩鈔五卷，謝朏撰，亡。

詩英九卷謝靈運集。梁十卷。又有文章英華三十卷，梁昭明太子撰，亡。

今詩英八卷

古今詩苑英華十九卷梁昭明太子撰。

詩纘十三卷

衆詩英華一卷

詩類六卷

玉臺新詠十卷徐陵撰。

百志詩九卷干寶撰。梁五卷。又有古遊仙詩一卷，應貞注應璩百一詩八卷；百一詩二卷，晉蜀郡太守李彪撰。亡。

齊釋奠會詩一十卷

齊讌會詩十七卷

青溪詩三十卷齊讌會作。梁有魏、晉、宋雜祖餞讌會詩集二十一部，一百四十三卷，亡，今略其數。

西府新文十一卷并録。梁蕭淑撰。

百國詩四十三卷

文林館詩府八卷後齊文林館作。

詩評三卷鍾嶸撰，或曰詩品。

古樂府八卷

文會詩三卷陳仁威記室徐伯陽撰。

五岳七星迴文詩一卷梁有雜詩圖一卷，亡。

毛伯成詩一卷伯成，東晉征西參軍〔七〇〕。

春秋寶藏詩四卷張朏撰。

江淹擬古一卷羅潛注。

樂府歌辭鈔一卷

歌録十卷

古歌録鈔二卷

晉歌章八卷梁十卷。

吴聲歌辭曲一卷梁二卷。又有樂府歌詩二十卷，秦伯文撰；樂府歌詩十二卷，樂府三校歌詩十卷，樂府歌辭九卷，太樂歌詩八卷，歌辭四卷，張永記；魏讌樂歌辭七卷，晉歌章十卷；又晉歌詩十八卷，晉讌樂歌辭十卷，荀勗撰；宋太始祭高禖歌辭十一卷，齊三調雅辭五卷；古今九代歌詩七卷，張湛撰；三調相和歌辭五卷，三調詩吟録六卷，奏鞞鐸舞曲二卷，管絃録一卷，伎録一卷；太樂備問鍾鐸律奏舞歌四卷，郝生撰；迴文集十卷，謝靈運撰；又迴文詩八卷；織錦迴文詩一卷，苻堅秦州刺史竇氏妻蘇氏作；頌集二十卷，王僧綽撰；木連理頌二卷，晉太元十九年羣臣上；又有鼓吹、清商、樂府、讌樂、高禖、鞞、鐸等歌辭舞録，凡十部。

陳郊廟歌辭三卷并録。徐陵撰。

樂府新歌十卷秦王記室崔子發撰。

樂府新歌二卷秦王司馬殷僧首撰。

古今箴銘集十四卷張湛撰。録一卷。梁有箴集十六卷，雜誡箴二十四卷，女箴一卷，女史箴圖一卷，又有銘集十一卷，又陸少玄撰佛像雜銘十三卷，釋僧祐撰箴器雜銘五卷，亡。

衆賢誡集十卷殘缺。梁有誡林三卷，綦毋邃撰；四帝誡三卷，王誕撰；雜家誡七卷，諸家雜誡九卷，集誡二十二卷。亡。

諸葛武侯誡一卷、女誡一卷

女誡一卷曹大家撰。

女鑒一卷梁有女訓十六卷。

婦人訓誡集十一卷并録。梁十卷。宋司空徐湛之撰。

娣姒訓一卷馮少胄撰。

貞順志一卷

讚集五卷謝莊撰。

畫讚五卷漢明帝殿閣畫，魏陳思王讚。梁五十卷。又有誄集十五卷，謝莊撰，亡。

七集十卷謝靈運集。

七林十卷梁十二卷，録二卷。卞景撰。梁又有七林三十卷，音一卷，亡。

七悟一卷顏之推撰。梁有弔文集六卷，録一卷；弔文二卷。亡。

碑集二十九卷

雜碑集二十九卷

雜碑集二十二卷梁有碑集十卷，謝莊撰；釋氏碑文三十卷，梁元帝撰；雜碑二十二卷，碑文十五卷，晉將作大匠陳勰撰；碑文十卷，車灌撰；又有羊祜墮淚碑一卷，桓宣武碑十卷，長沙景王碑文三卷，荆州雜碑三卷，雍州雜碑四卷，廣州刺史碑十二卷，義興周處碑一卷〔七一〕，太原王氏家碑誄頌讚銘集二十六卷；諸寺碑文四十六卷，釋僧祐撰；雜祭文六卷；衆僧行狀四十卷，釋僧祐撰。亡。

設論集二卷劉楷撰。梁有設論集三卷，東晉人撰；客難集二十卷。亡。

論集七十三卷

雜論十卷

明真論一卷晉兖州刺史宗岱撰。

東西晉興亡論一卷

陶神論五卷

正流論一卷

黃芳引連珠一卷

梁武連珠一卷沈約注。

梁武帝制旨連珠十卷梁邵陵王綸注。

梁武帝制旨連珠十卷陸緬注。梁有設論連珠十卷，謝靈運撰連珠集五卷，陳證撰連珠十五卷；又連珠一卷，陸機撰，何承天注；又班固典引一卷，蔡邕注。亡。

梁代雜文三卷

詔集區分四十一卷後周獸門學士宗幹撰。

魏朝雜詔二卷梁有漢高祖手詔一卷，亡。

録魏吴二志詔二卷梁有三國詔誥十卷，亡。

晉咸康詔四卷

晉朝雜詔九卷梁有晉雜詔百卷，録一卷。又有晉雜詔二十八卷，録一卷；又晉詔六十卷，晉文王、武帝雜詔十二卷。亡。

録晉詔十四卷梁有晉武帝詔十二卷〔七二〕，成帝詔草十七卷，康帝詔草十卷，建元直詔三卷，永和副詔九卷，升平隆和興寧副詔十卷，泰元咸寧寧康副詔二十二卷，隆安直詔五卷，元興大亨副詔三卷，亡。

晉義熙詔十卷梁有義熙副詔十卷，義熙以來至于大明詔三十卷，晉宋雜詔四卷；又晉宋雜詔八卷，王韶之撰；又雜詔十四卷，班五條詔十卷。亡。

宋永初雜詔十三卷梁有詔集百卷，起漢訖宋；武帝詔四卷，宋元熙詔令五卷，永初二年五年詔三卷〔七三〕，永初已來中書雜詔二十卷。亡。

宋孝建詔一卷梁有宋景平詔三卷，亡。

宋元嘉副詔十五卷梁有宋元嘉詔六十二卷，又宋孝武詔五卷，宋大明詔七十卷，宋永光景和詔五卷，宋泰始泰豫詔二十二卷，宋義嘉僞詔一卷，宋元徽詔十三卷，宋昇明詔四卷，亡。

齊雜詔十卷

齊中興二年詔三卷梁有齊建元詔五卷，永明詔三卷，武帝中詔十卷，齊隆昌延興建武詔九卷〔七四〕，齊建武二年副詔九卷，梁天監元年至七年詔十二卷，天監九年十年詔二卷，亡。

後魏詔集十六卷

後周雜詔八卷

雜詔八卷

雜赦書六卷

陳天嘉詔草三卷

霸朝集三卷李德林撰。

皇朝詔集九卷

皇朝陳事詔十三卷梁有雜九錫文四卷，亡。

上法書表一卷虞和撰。

梁中表十一卷梁邵陵王撰。梁有漢名臣奏三十卷，魏名臣奏三十卷，陳長壽撰；魏雜事七卷，晉諸公奏十一卷，雜表奏駁三十五卷，漢丞相匡衡大司馬王鳳奏五卷，劉隗奏五卷，孔羣奏二十二卷，晉金紫光祿大夫周閔奏事四卷，晉中丞劉邵奏事六卷，中丞司馬無忌奏事十三卷，中丞虞谷奏事六卷，中丞高崧奏事五卷，又諸彈事等十四部。亡。

雜露布十二卷梁有雜檄文十七卷，魏武帝露布文九卷，亡。

山公啓事三卷

范寧啓事三卷梁十卷。梁有雜薦文十二卷，薦文集七卷，亡。

善文五十卷杜預撰。

雜集一卷殷仲堪撰。

梁魏周齊陳皇朝聘使雜啓九卷

政道集十卷

書集八十八卷晉散騎常侍王履撰。梁八十卷，亡。

書林十卷

雜逸書六卷梁二十二卷。徐爰撰。應璩書林八卷，夏赤松撰；抱朴君書一卷，葛洪撰；蔡司徒書三卷，蔡謨撰；前漢雜筆十卷，吳晉雜筆九卷，吳朝文二十四卷，李氏家書八卷，晉左將軍王鎮惡與劉丹陽書一卷，亡。

後周與齊軍國書二卷

高澄與侯景書一卷

策集一卷殷仲堪撰。

策集六卷梁有孝秀對策十二卷，亡。

宋元嘉策孝秀文十卷

誹諧文三卷

誹諧文十卷袁淑撰〔七五〕。梁有續誹諧文集十卷，又有誹諧文一卷，沈宗之撰；任子春秋一卷，杜嵩撰；博陽秋一卷〔七六〕，宋零陵令辛邕之撰。亡。

法集百七卷梁沙門釋寶唱撰。

右一百七部，二千二百一十三卷。通計亡書，合二百四十九部，五千二百二十四卷。

總集者，以建安之後，辭賦轉繁，衆家之集，日以滋廣，晉代摯虞，苦覽者之勞倦，於是採擿孔翠，芟剪繁蕪，自詩賦下，各爲條貫，合而編之，謂爲流別。是後文集總鈔，作者繼軌，屬辭之士，以爲覃奧，而取則焉。今次其前後，并解釋評論，總於此篇。

凡集五百五十四部，六千六百二十二卷。通計亡書，合一千一百四十六部，一萬三千三百九十卷。

文者，所以明言也。古者登高能賦，山川能祭，師旅能誓，喪紀能誄，作器能銘，則可以爲大夫。言其因物騁辭，情靈無擁者也。唐歌虞詠，商頌、周雅，敍事緣情，紛綸相襲，自斯已降，其道彌繁。世有澆淳，時移治亂，文體遷變，邪正或殊。宋玉、屈原，激清風於南楚，嚴、鄒、枚、馬，陳盛藻於西京，平子豔發於東都，王粲獨步於漳、滏。爰逮晉氏，見稱潘、陸，並黼藻相輝，宮商間起，清辭潤乎金石，精義薄乎雲天。永嘉已後，玄風既扇，辭多平淡，文寡風力。降及江東，不勝其弊。宋、齊之世，下逮梁初，靈運高致之奇，延年錯綜之美，謝玄暉之藻麗，沈休文之富溢，煇焕斌蔚，辭義可觀。梁簡文之在東宮，亦好篇什，清辭巧製，止乎衽席之間，彫琢蔓藻，思極閨闈之内。後生好事，遞相放習，朝野紛紛，號爲宮體。流宕不已，訖于喪亡。陳氏因之，未能全變。其中原則兵亂積年，文章道盡。後魏文帝，頗效屬辭，未能變俗，例皆淳古。齊宅漳濱，辭人間起，高言累句，紛紜絡繹，清辭雅致，是所未聞。後周草創，干戈不戢，君臣戮力，專事經營，風流文雅，我則未暇。其後南平漢、沔，東定河朔，訖于有隋，四海一統，采荆南之杞梓，收會稽之箭竹，辭人才士，總萃京師。屬以高祖少文，煬帝多忌，當路執權，逮相擯壓。於是握靈蛇之珠，韞荆山之玉，轉死溝壑之内者，不可勝數，草澤怨刺，於是興焉。古者陳詩觀風，斯亦所以關乎盛衰者也。班固有詩賦略，凡五種，今引而伸之，合爲三種，謂之集部。

凡四部經傳三千一百二十七部，三萬六千七百八卷。通計亡書，合四千一百九十一部，四萬九千四百六十七卷。

經戒三百一部，九百八卷。餌服四十六部，一百六十七卷。房中十三部，三十八卷。符籙十七部〔七七〕，一百三卷。

右三百七十七部，一千二百一十六卷。

道經者，云有元始天尊，生於太元之先，禀自然之氣，沖虚凝遠，莫知其極。所說天地淪壞〔七八〕，劫數終盡，略與佛經同。以爲天尊之體〔七九〕，常存不滅。每至天地初開，或在玉京之上，或在窮桑之野，授以祕道，謂之開劫度人。然其開劫，非一度矣，故有延康、赤明、龍漢、開皇，是其年號。其間相去經四十一億萬載。所度皆諸天仙上品，有太上老君、太上丈人、天真皇人、五方天帝及諸仙官，轉共承受，世人莫之豫也。所說之經，亦禀元一之氣，自然而有，非所造爲，亦與天尊常在不滅。天地不壞，則藴而莫傳，劫運若開，其文自見。凡八字，盡道體之奥，謂之天書。字方一丈，八角垂芒，光輝照耀，驚心眩目，雖諸天仙，不能省視。天尊之開劫也，乃命天真皇人，改囀天音而辯析之。自天真以下，至于諸仙，展轉節級，以次相授。諸仙得之，始授世人。然以天尊經歷年載，始一開劫，受法之人，得而寶祕，亦有年限，方始傳授。上品則年久，下品則年近。故今授道者，經四十九年，始得授人。推其大旨，蓋亦歸於仁愛清靜，積而修習，漸致長生，自然神化，或白日登仙，與道合體。其受道之法，初受五千文籙，次受三洞籙，次受洞玄籙，次受上清籙。籙皆素書，紀諸天曹官屬佐吏之名有多少，又有諸符，錯在其間，文章詭怪，世所不識。受者必先潔齋，然後齎金環一，并諸贄幣，以見於師。師受其贄，以籙授之，仍剖金環，各持其半，云以爲約。弟子得籙，緘而佩之。

其潔齋之法，有黃籙、玉籙、金籙、塗炭等齋。爲壇三成，每成皆置緜蕝，以爲限域。傍各開門，皆有法象。齋者亦有人數之限，以次入于緜蕝之中，魚貫面縛，陳説愆咎，告白神祇，晝夜不息，或一二七日而止。其齋數之外有人者，並在緜蕝之外，謂之齋客，但拜謝而已，不面縛焉。而又有諸消災度厄之法，依陰陽五行數術，推人年命書之，如章表之儀，并具贄幣，燒香陳讀。云奏上天曹，請爲除厄，謂之上章。夜中，於星辰之下，陳設酒脯餅餌幣物，歷祀天皇太一，祀五星列宿，爲書如上章之儀以奏之，名之爲醮。又以木爲印，刻星辰日月於其上，吸氣執之，以印疾病，多有愈者。又能登刀入火而焚𢿱之，使刃不能割，火不能熱。而又有諸服餌、辟穀、金丹、玉漿、雲英，蠲除滓穢之法，不可殫記。云自上古黃帝、帝嚳、夏禹之儔，並遇神人，咸受道籙，年代既遠，經史無聞焉。

推尋事迹，漢時諸子，道書之流有三十七家，大旨皆去健羨，處沖虛而已，無上天官符籙之事。其黄帝四篇，老子二篇，最得深旨。故言陶弘景者，隱於句容，好陰陽五行，風角星筭，修辟穀導引之法，受道經符籙，武帝素與之遊。及禪代之際，弘景取圖讖之文，合成「景梁」字以獻之，由是恩遇甚厚。又撰登真隱訣，以證古有神仙之事；又言神丹可成，服之則能長生，與天地永畢。帝令弘景試合神丹，竟不能就，乃言中原隔絶，藥物不精故也。帝以爲然，敬之尤甚。然武帝弱年好事，先受道法，及即位，猶自上章，朝士受道者衆。三吴及邊海之際，信之踰甚。陳武世居吴興，故亦奉焉。後魏之世，嵩山道士寇謙之，自云嘗遇真人成公興，後遇太上老君，授謙之爲天師，而又賜之雲中音誦科誡二十卷。又使玉女授其服氣導引之法，遂得辟穀，氣盛體輕，顏色鮮麗。弟子十餘人，皆得其術。其後又遇神人李譜〔八〇〕，云是老君玄孫，授其圖籙真經，劾召百神，六十餘卷〔八一〕，及銷鍊金丹、雲英、八石、玉漿之法。太武始光之初，奉其書而獻之。帝使謁者，奉玉帛牲牢，祀嵩岳，迎致其餘弟子，於代都東南起壇宇，給道士百二十餘人，顯揚其法，宣布天下。太武親備法駕，而受符籙焉。自是道業大行，每帝即位，必受符籙，以爲故事，刻天尊及諸仙之象，而供養焉。遷洛已後，置道場於南郊之傍，方二百步。正月、十月之十五日，並有道士哥人百六人，拜而祠焉。後齊武帝遷鄴〔八二〕，遂罷之。文襄之世，更置館宇，選其精至者使居焉。後周承魏，崇奉道法，每帝受籙，如魏之舊，尋與佛法俱滅。開皇初又興，高祖雅信佛法，於道士蔑如也。大業中，道士以術進者甚衆。其所講經，由以老子爲本〔八三〕，次講莊子及靈寶、昇玄之屬。其餘衆經，或言傳之神人，篇卷非一。自云天尊姓樂名靜信，例皆淺俗，故世甚疑之。其術業優者，行諸符禁，往往神驗。而金丹玉液長生之事，歷代糜費，不可勝紀，竟無效焉。今考其經目之數，附之於此。

大乘經六百一十七部，二千七十六卷。五百五十八部，一千六百九十七卷，經。五十九部，三百七十九卷，疏。　小乘經四百八十七部，八百五十二卷。　雜經三百八十部，七百一十六卷。雜經目殘缺甚，見數如此。　雜疑經一百七十二部，三百三十六卷。　大乘律五十二部，九十一卷。　小乘律八十部，四百七十二卷。七十七部，四百九十卷，律。二部，二十三卷，講疏。　雜律二十七部，四十六卷。　大乘論三十五部，一百四十一卷。三十部，九十四卷，論。五部，四十七卷，疏。　小乘論四十一部，五百六十七卷。二十一部，四百九十一卷，論。二十部，七十六卷，講疏。　雜論五十一部，四百三十七卷。三十二部，二百九十九卷，論。九部，一百三十八卷〔八四〕，講疏。　記二十部，四百六十四卷。

右一千九百五十部，六千一百九十八卷。

佛經者，西域天竺之迦維衛國淨飯王太子釋迦牟尼所說。釋迦當周莊王之九年四月八日，自母右脅而生，姿貌奇異，有三十二相，八十二好。捨太子位，出家學道，勤行精進，覺悟一切種智，而謂之佛，亦曰佛陀，亦曰浮屠，皆胡言也。華言譯之爲淨覺。其所説云，人身雖有生死之異，至於精神，則恒不滅。此身之前，則經無量身矣。積而修習，精神清淨，則成佛道〔八五〕。天地之外，四維上下，更有天地，亦無終極，然皆有成有敗。一成一敗，謂之一劫。自此天地已前，則有無量劫矣。每劫必有諸佛得道，出世教化，其數不同。今此劫中，當有千佛。自初至于釋迦，已七佛矣。其次當有彌勒出世，必經三會，演説法藏，開度衆生。由其道者，有四等之果。一曰須陁洹，二曰斯陁含，三曰阿那含，四曰阿羅漢。至羅漢者，則出入生死，去來隱顯，而不爲累。阿羅漢已上，至菩薩者，深見佛性，以至成道。每佛滅度，遺法相傳，有正、象、末三等淳醨之異。年歲遠近，亦各不同。末法已後，衆生愚鈍，無復佛教，而業行轉惡，年壽漸短，經數百千載間，乃至朝生夕死。然後有大水、大火、大風之災，一切除去之，而更立生人，又歸淳朴，謂之小劫。每一小劫，則一佛出世。

初天竺中多諸外道，並事水火毒龍，而善諸變幻。釋迦之苦行也，是諸邪道，並來嬲惱，以亂其心，而不能得。及佛道成，盡皆摧伏，並爲弟子。弟子，男曰桑門，譯言息心，而總曰僧，譯言行乞。女曰比丘尼。皆剃落鬚髮，釋累辭家，相與和居，治心修淨，行乞以自資，而防心攝行。僧至二百五十戒，尼五百戒。俗人信馮佛法者，男曰優婆塞，女曰優婆夷，皆去殺、盜、淫、妄言、飲酒，是爲五誡。釋迦在世教化四十九年，乃至天龍人鬼並來聽法，弟子得道，以百千萬億數。然後於拘尸那城娑羅雙樹間，以二月十五日，入般涅槃。涅槃亦曰泥洹，譯言滅度，亦言常樂我淨。初釋迦說法，以人之性識根業各差，故有大乘小乘之說。至是謝世，弟子大迦葉與阿難等五百人，追共撰述，綴以文字，集載爲十二部。後數百年，有羅漢菩薩，相繼著論，贊明其義。然佛所說，我滅度後，正法五百年，像法一千年，末法三千年，其義如此。

推尋典籍，自漢已上，中國未傳。或云久以流布，遭秦之世，所以堙滅。其後張騫使西域，蓋聞有浮屠之教。哀帝時，博士弟子秦景使伊存口授浮屠經〔八六〕，中土聞之，未之信也。後漢明帝，夜夢金人飛行殿庭，以問於朝，而傅毅以佛對。帝遣郎中蔡愔及秦景使天竺求之，得佛經四十二章及釋迦立像。并與沙門攝摩騰、竺法蘭東還。愔之來也，以白馬負經，因立白馬寺於洛城雍門西以處之。其經緘于蘭臺石室，而又畫像於清涼臺及顯節陵上〔八七〕。章帝時，楚王英以崇敬佛法聞，西域沙門，齎佛經而至者甚衆。永平中，法蘭又譯十住經。其餘傳譯，多未能通。至桓帝時，有安息國沙門安靜，齎經至洛，翻譯最爲通解。靈帝時，有月支沙門支讖、天竺沙門竺佛朔等，並翻佛經。而支讖所譯泥洹經二卷，學者以爲大得本旨。漢末，太守竺融，亦崇佛法。三國時，有西域沙門康僧會，齎佛經至吳譯之，吳主孫權，甚大敬信。魏黃初中，中國人始依佛戒，剃髮爲僧。先是西域沙門來此，譯小品經，首尾乖舛，未能通解。甘露中，有朱仕行者，往西域，至于闐國，得經九十章，晉元康中，至鄴譯之，題曰放光般若經。太始中，有月支沙門竺法護，西遊諸國，大得佛經，至洛翻譯，部數甚多。佛教東流，自此而盛。

石勒時，常山沙門衞道安，性聰敏，誦經日至萬餘言。以胡僧所譯維摩、法華，未盡深旨，精思十年，心了神悟，乃正其乖舛，宣揚解釋。時中國紛擾，四方隔絕，道安乃率門徒，南遊新野，欲令玄宗所在流布，分遣弟子，各趨諸方。法性詣揚州，法和入蜀，道安與慧遠之襄陽。後至長安，苻堅甚敬之〔八八〕。道安素聞天竺沙門鳩摩羅什，思通法門，勸堅致之。什亦聞安令問，遙拜致敬。姚萇弘始二年〔八九〕，羅什至長安，時道安卒後已二十載矣，什深慨恨。什之來也，大譯經論，道安所正，與什所譯，辭義如一〔九〇〕，初無乖舛。

初，晉元熙中，新豐沙門智猛，策杖西行，到華氏城，得泥洹經及僧祇律，東至高昌，譯泥洹爲二十卷。後有天竺沙門曇摩羅讖復齎胡本，來至河西。沮渠蒙遜遣使至高昌取猛本，欲相參驗，未還而蒙遜破滅。姚萇弘始十年，猛本始至長安，譯爲三十卷。曇摩羅讖又譯金光明等經。時胡僧至長安者數十輩，惟鳩摩羅什才德最優。其所譯則維摩、法華、成實論等諸經，及曇無讖所譯金光明，曇摩羅讖所譯泥洹等經，並爲大乘之學。而什又譯十誦律，天竺沙門佛陀耶舍譯長阿含經及四分律〔九一〕，兜佉勒沙門曇摩難提譯增一阿含經〔九二〕，曇摩耶舍譯阿毗曇論，並爲小乘之學。其餘經論，不可勝記。自是佛法流通，極於四海矣。東晉隆安中，又有罽賓沙門僧伽提婆譯增一阿含經及中阿含經。義熙中，沙門支法領，從于闐國得華嚴經三萬六千偈，至金陵宣譯。又有沙門法顯，自長安遊天竺，經三十餘國。隨有經律之處，學其書語，譯而寫之。還至金陵，與天竺禪師跋羅，參共辯定，謂僧祇律，學者傳之。

齊梁及陳，並有外國沙門。然所宣譯，無大名部可爲法門者〔九三〕。梁武大崇佛法，於華林園中，總集釋氏經典，凡五千四百卷。沙門寶唱，撰經目録。又後魏時，太武帝西征長安，以沙門多違佛律，羣聚穢亂，乃詔有司，盡坑殺之，焚破佛像。長安僧徒，一時殲滅。自餘征鎮，豫聞詔書，亡匿得免者十一二。文成之世，又使修復。熙平中，遣沙門慧生使西域，采諸經律，得一百七十部。永平中，又有天竺沙門菩提留支，大譯佛經，與羅什相埒。其地持、十地論，並爲大乘學者所重。後齊遷鄴，佛法不改。至周武帝時，蜀郡沙門衞元嵩上書，稱僧徒猥濫，武帝出詔，一切廢毁。

開皇元年，高祖普詔天下，任聽出家，仍令計口出錢，營造經像。而京師及并州、相州、洛州等諸大都邑之處，並官寫一切經，置于寺内；而又别寫，藏于祕閣。天下之人，從風而靡，競相景慕，民間佛經，多於六經數十百倍。大業時，又令沙門智果，於東都内道場，撰諸經目，分别條貫，以佛所説經爲三部：一曰大乘，二曰小乘，三曰雜經。其餘似後人假託爲之者，别爲一部，謂之疑經。又有菩薩及諸深解奧義、贊明佛理者，名之爲論，及戒律並有大、小及中三部之别。又所學者，録其當時行事，名之爲記。凡十一種。今舉其大數，列於此篇。

右道、佛經二千三百二十九部，七千四百一十四卷。

道、佛者，方外之教，聖人之遠致也。俗士爲之，不通其指，多離以迂怪，假託變幻亂於世，斯所以爲弊也。故中庸之教，是所罕言，然亦不可誣也。故録其大綱，附于四部之末。

大凡經傳存亡及道、佛，六千五百二十部，五萬六千八百八十一卷。

校勘記

〔一〕逸又自爲一篇　「又」，原作「文」，據至順本、汲本改。

〔二〕漢孝文園令　「孝」字原闕，據史記卷一一七司馬相如列傳、漢書卷五七下司馬相如傳下補。

〔三〕漢諫議大夫王褒集　「諫議大夫」，當作「諫大夫」。西漢有「諫大夫」，無「諫議大夫」，漢書卷六四下王褒傳亦作「諫大夫」。下文「漢諫議大夫劉向集」，誤同，漢書卷三六楚元王劉交傳附劉向傳正作「諫大夫」。參見本書卷三二校勘記〔四五〕。

〔四〕漢諫議大夫谷永集　「諫議大夫」，當作「諫大夫」，參見本卷校勘記〔三〕。又，漢書卷八五本傳，谷永歷官無諫大夫，此蓋涉上文「漢諫議大夫王褒集」、「漢諫議大夫劉向集」而誤。

〔五〕河間相張衡集　「相」字原闕，據宋甲本、至順本、汲本補。參見後漢書卷五九張衡傳。

〔六〕蘇順　原作「籍順」，據後漢書卷八〇上文苑上蘇順傳、舊唐書卷四七經籍志下、新唐書卷六〇藝文志四改。

〔七〕桓麟　原作「桓鱗」，據後漢書卷三七桓榮傳附桓彬傳改。

〔八〕司空陳羣集　「司空」，原作「司徒」，據三國志卷二二魏書陳羣傳改。

〔九〕高堂隆集　「集」字原闕，據宋甲本、至順本、汲本補。舊唐書卷四七經籍志下、新唐書卷六〇藝文志四亦作「高堂隆集」。

〔一〇〕劉邵集二卷録一卷　「録」，原作「魏」，據隋志著録體例改。參見姚振宗考證卷三九之三。

〔一一〕謝承　原作「謝丞」，據本書卷三三經籍志二史部正史類、舊唐書卷四七經籍志下、新唐書卷六〇藝文志四改。

〔一二〕華覈　原作「華覆」，據南監本改。舊唐書卷四七經籍志下、新唐書卷六〇藝文志四亦作「華覈」，三國志卷六五吳書有傳。

〔一三〕嵇喜　原作「稽喜」,據舊唐書卷四七經籍志下、新唐書卷六〇藝文志四改。嵇喜見晉書卷四九嵇康傳。

〔一四〕晉金紫光禄大夫何楨集　「何楨」,原作「何禎」,據舊唐書卷四七經籍志下改。三國志卷一一魏書王烈傳裴注引文士傳,何楨字元幹,廬江人,「入晉爲尚書光禄大夫」。

〔一五〕裴聿　原作「裴津」,據宋甲本、汲本改。通志卷六九藝文略别集二、玉海卷一一七銓選晉山公啓事亦作「裴聿」。

〔一六〕何劭　原作「何邵」,據晉書卷三三何曾傳附何劭傳、舊唐書卷四七經籍志下、新唐書卷六〇藝文志四改。

〔一七〕宗正劉許集　「劉許」,原作「劉訏」,世説新語卷下排調劉孝標注引晉百官名,劉許,惠帝時官宗正卿,三國志卷一四魏書劉放傳裴注同。新唐書卷六〇藝文志四作「劉許集」,今據改。

〔一八〕孫極集　「孫極」,通志卷六九藝文略别集二作「孫拯」。按,晉書卷五四陸機傳附傳有孫拯傳,孫拯受陸機案牽累獲罪。疑此「孫極」是「孫拯」之誤,故七録附見於二陸之後。

〔一九〕太傅主簿郭象集　「主簿」二字原闕,據晉書卷五〇郭象傳補。

〔二〇〕東晉鄱陽太守虞溥集　晉書卷八二虞溥傳,溥「卒於洛」,不及東晉,此「東」字疑衍。

〔二一〕張亢　原作「張杭」,宋甲本、至順本作「張抗」,據晉書卷五五張載傳附張亢傳改。

〔二二〕王鑒　原作「王覽」,據宋甲本改。晉書卷七一王鑒傳、舊唐書卷四七經籍志下、新唐書卷六〇藝文志四亦作「王鑒」。

〔二三〕張悛　原作「張俊」，據宋甲本、至順本、汲本改。新唐書卷六〇藝文志四、通志卷六九藝文略別集二亦作「張悛」。

〔二四〕應詹　原作「應瞻」，據晉書卷七〇應詹傳、舊唐書卷四七經籍志下、新唐書卷六〇藝文志四改。

〔二五〕丹陽尹劉惔集　「劉惔」，原作「劉恢」，據晉書卷七五劉惔傳、舊唐書卷四七經籍志下、新唐書卷六〇藝文志四改。

〔二六〕江惇　原作「江淳」，據晉書卷五六江統傳附江惇傳、新唐書卷六〇藝文志四改。

〔二七〕庾赤玉　原作「庾赤王」，據世說新語卷中賞譽改。

〔二八〕尋陽太守庾統　「庾統」，原作「庾純」，據晉書卷七三庾亮傳附庾統傳、世說新語卷中賞譽劉孝標注引中興書改。舊唐書卷四七經籍志下、新唐書卷六〇藝文志四有「庾統集」，無「庾純集」。

〔二九〕王浹　原作「王俠」，據宋甲本、至順本、汲本改。舊唐書卷四七經籍志下、新唐書卷六〇藝文志四亦作「王浹」。

〔三〇〕江虨　原作「江彬」，據晉書卷五六江統傳附江虨傳、舊唐書卷四七經籍志下改。

〔三一〕王珉　原作「王岷」，據宋甲本、至順本改。晉書卷六五王導傳附王珉傳亦作「王珉」。

〔二二〕太宰長史庾蒨　「庾蒨」，世説新語卷中賞譽劉孝標注引徐廣晉紀、晉書卷七三庾亮傳附庾冰傳作「庾倩」。

〔二三〕晉光禄大夫孫廞集　姚振宗考證卷三九之五：「案闕里文獻考云：『孔氏别集有先聖二十七代孫晉廷尉廞集十一卷。』案，孔廞集隋唐志皆不見，似即此集，誤『孔』爲『孫』也。晉書孔羣傳，羣子沈，沈子廞，位吴興太守、廷尉（與文獻考稱官位合）。南史孔琳之傳，琳之父廞光禄大夫（與此所題官位亦合），似出孔廞爲多。」

〔二四〕袁山松　原作「袁崧」，據宋甲本、至順本、汲本改。

〔二五〕丹陽尹卞範之集　「尹」，原作「令」，據晉書卷九九卞範之傳改。

〔二六〕周續之　原作「周桓之」，據本書卷三三經籍志二史部雜傳類、宋書卷九三隱逸周續之傳、南史卷七五隱逸上周續之傳改。

〔二七〕晉都水使者妻陳玢　「使者」下疑有奪文。晉書卷九一儒林徐邈傳載，邈父藻，官都水使者。姚振宗考證卷三九之五以爲，陳玢應爲徐藻妻。

〔二八〕劉臻妻陳珍集七卷　「劉臻」，原作「劉璘」，據晉書卷九六列女劉臻妻陳氏傳、舊唐書卷四七經籍志下、新唐書卷六〇藝文志四改。又，「陳珍」原作「陳駗」，「七」原作「亡」，據宋甲本、至順本、汲本改。

〔二九〕建平王休度集　「休度」，原作「休祐」，據宋書卷七二文九王建平宣簡王宏傳、南史卷一四宋宗室及諸王下宋文帝諸子建平宣簡王宏傳改。

〔四〇〕沈演　即沈演之，參見宋書卷六三、南史卷三六沈演之傳。六朝人名後的「之」字，往往可以省略。

〔四一〕宋徵士宗景集十六卷　「宗景集」，舊唐書卷四七經籍志下、新唐書卷六〇藝文志四作「宗炳集」，避唐諱改「景」。宗炳，參見宋書卷九三隱逸傳。

〔四二〕范廣　即范廣淵，參見宋書卷六〇范泰傳、卷六九范曄傳。唐人避諱去「淵」字。

〔四三〕王敬　即王敬弘，據宋書卷六六王敬弘傳、南史卷二四王裕之傳，裕之，字敬弘。此或因宋人避諱省闕。

〔四四〕沈亮之　宋書卷一〇〇自序作「沈亮」。參見本卷校勘記〔四〇〕。

〔四五〕巴東太守孫沖之集　「孫沖之」，原作「孫仲之」，據宋書卷七四臧質傳附孫沖之傳改。

〔四六〕廣州刺史羊希集　「羊希」，原作「楊希」，據宋書卷五四、南史卷三六羊玄保傳附羊希傳改。

〔四七〕江智深集　「江智深」，即「江智淵」，見宋書卷五九本傳。唐人諱改。新唐書卷六〇藝文志四正作「江智淵集」。

〔四八〕劉勔　原作「劉緬」，據宋書卷八六劉勔傳、南史卷三九劉勔傳改。

〔四九〕明僧暠　原作「明舊暠」，據宋甲本、汲本改，至順本作「明宿暠」。宋書卷八明帝紀、卷八八沈文秀傳亦作「明僧暠」。

〔五〇〕朱百年　「百」字原闕，據宋書卷九三隱逸朱百年傳、南史卷七五隱逸上朱百年傳補。

〔五一〕梁安成王集　「梁」，原作「晉」，據梁書卷二二太祖五王安成王秀傳、南史卷五二梁宗室下安成康王秀傳改。

〔五二〕宗夬　原作「宗史」，據宋甲本改。宗夬，梁書卷一九有傳。

〔五三〕柳惔　原作「柳憺」，據梁書卷一二柳惔傳改。

〔五四〕劉敲集　「劉敲」，至順本作「劉敲」。按，本條與下文玄貞處士劉訏集同附於周捨集下，劉歊爲劉訏族兄，俱以隱逸知名於時，梁書卷五一處士傳爲二人立傳，歊謚貞節處士。疑應作「劉歊集」，「敲」、「敲」俱涉形近而誤。

〔五五〕玄貞處士劉訏集　「劉訏」，原作「劉許」，據南監本改，宋甲本、至順本、汲本作「劉訐」。按，梁書卷五一處士劉訏傳，訏謚玄貞處士。可證。

〔五六〕蕭機集　蕭機，襲安成郡王，謚煬，梁書卷二二太祖五王傳、南史卷五二梁宗室傳下有傳，本卷上文已著録「安成煬王集五卷，亡」，疑此「蕭機」是「蕭幾」之誤。蕭幾，梁書卷四一、南史卷四一齊宗室傳有傳。

〔五七〕劉緩　原作「劉綏」，據梁書卷四九文學上劉昭傳附劉緩傳、南史卷七二文學劉昭傳附劉緩傳改。

〔五八〕沈君游　原作「沈君攸」，據周書卷四八蕭詧傳附沈君游傳改。

〔五九〕徐悱　原作「徐俳」，據宋甲本、至順本、南監本、汲本改。梁書卷三三劉孝綽傳亦作「徐悱」。

〔六〇〕釋亡名集　「亡」，原作「忘」，據日本國見在書目、舊唐書卷四七經籍志下、新唐書卷六〇藝文志四改。

〔六一〕陳沙門釋標集　陳書卷一九虞荔傳附虞寄傳，「沙門慧摽涉獵有才思」，姚振宗考證卷三九之一二認爲「釋標」當作「釋慧摽」。

〔六二〕陸玠　原作「陸玢」，據陳書卷三四文學陸琰傳附陸玠傳改。

〔六三〕文章始一卷姚察撰　「姚察」，原作「姚蔡」，據宋甲本、至順本、南監本改。又，「文章始」，舊唐書卷四七經籍志下、新唐書卷五九藝文志三作「續文章始」。

〔六四〕二京賦音　「音」字原闕，據舊唐書卷四七經籍志下、新唐書卷六〇藝文志四、通志卷七〇藝文略賦補。

〔六五〕乘輿赭白馬　「馬」下疑奪「賦」字。按，宋文帝元嘉十七年，顔延年爲追念宋高祖所服御之「乘輿赭白」，作赭白馬賦，即此。原文見文選卷一四。

〔六六〕傅巽　原作「武巽」，據通志卷七〇藝文略賦改。按，本卷上文別集類有尚書傅巽集。傅巽，屢見於三國志魏書，而唐前史料不載「武巽」。

〔六七〕衞權　原作「衞瓘」，據三國志卷二一魏書衞臻傳裴注改。

〔六八〕張君祖　原作「張居祖」，據宋甲本、至順本、汲本改。通志卷七〇藝文略賦亦作「張君祖」。

〔六九〕二都賦音　「二」，宋甲本、汲本作「三」。

〔七〇〕伯成東晉征西參軍　「參軍」，原作「將軍」，據世説新語卷上言語劉孝標注引征西寮屬名改。

〔七一〕義興周處碑　原作「義興周許碑」，據晉書卷五八周處傳改。陸士衡文集卷一〇有晉平西將軍孝侯周處碑。

〔七二〕梁有晉武帝詔十二卷　「武帝」，宋甲本、汲本作「元帝」。玉海卷六四詔令晉詔書亦作「晉元帝詔十二卷」。

〔七三〕永初二年五年詔　「五」，疑當作「三」。按，宋武帝永初無五年。

〔七四〕齊隆昌延興建武詔　「隆昌」，原作「隆平」，按，南朝齊無「隆平」年號，南齊書卷四鬱林王紀，鬱林王即位改元「隆昌」，其下正接「延興」、「建武」兩年號，今據改。

〔七五〕誹諧文十卷袁淑撰　「誹諧文十卷」原闕，據宋甲本、汲本補。舊唐書卷四七經籍志下、新唐書卷六〇藝文志四作「俳諧文十五卷」。

〔七六〕博陽秋　原作「傅陽秋」，據宋甲本、南監本、北監本、殿本改。

〔七七〕符籙　「籙」，原作「録」，據宋甲本、至順本改。

〔七八〕所説天地淪壞　「所」下原有「以」字，據宋甲本、至順本、汲本删。

〔七九〕以爲天尊之體　「以爲」，原作「以而」，據殿本改。

〔八〇〕神人李譜　「李譜」，魏書卷一一四釋老志、通鑑卷一一九宋紀一營陽王景平元年、册府卷五三帝王部尚黃老作「李譜文」。

〔八一〕授其圖籙真經劾召百神六十餘卷　魏書卷一一四釋老志：「賜汝天中三真太文録，劾召百神，以授弟子。文録有五等，一曰陰陽太官，二曰正府真官，三曰正房真官，四曰宿宮散官，五曰並進録主。壇位、禮拜、衣冠儀式各有差品。凡六十餘卷，號曰録圖真經（當是圖籙真經之誤）。付汝奉持，輔佐北方泰平真君。」册府卷五三帝王部尚黃老同。通鑑卷一一九宋紀一營陽王景平元年作「授以圖籙真經六十餘卷，使之輔佐北方太平真君。」疑「劾召百神」應在「六十餘卷」下。

〔八二〕後齊武帝遷鄴　「武帝」，當作「神武帝」。

〔八三〕其所講經由以老子爲本　「所」下原有「以」字，據宋甲本、至順本、汲本删。「由」，至順本作「猶」。

〔八四〕九部一百三十八卷　「部」，原作「卷」，據宋甲本、至順本、汲本、殿本改。

〔八五〕則成佛道　「成」字原闕，據通考卷二二六經籍考五三釋氏補。

〔八六〕秦景使伊存口授浮屠經　魏書卷一一四釋老志作「秦景憲受大月氏王使伊存口授浮屠經」。

〔八七〕清涼臺　原作「清源臺」，據魏書卷一一四釋老志、御覽卷六五七釋部五像引高僧傳、册府卷五一帝王部崇釋氏改。

〔八八〕苻堅甚敬之　「苻堅」上原有「與」字，據通考卷二二六經籍考五三釋氏删。

〔八九〕姚萇弘始二年 「姚萇」疑誤。按，晉書卷一一七姚興載記上、魏書卷九五姚萇傳附姚興傳「弘始」是姚興年號，御覽卷一二三偏霸部七姚興引十六國春秋後秦録，羅什入長安在姚興弘始六年十一月。下文「姚萇弘始十年」同誤，不另出校。

〔九〇〕辭義如一 「辭」字原闕，據宋甲本、至順本、汲本補。

〔九一〕四分律 原作「四方律」，據宋甲本、至順本、汲本改。

〔九二〕兜佉勒沙門曇摩難提 「兜佉勒」，原作「兜法勒」；「曇摩難提」，原作「雲摩難提」，據高僧傳卷一晉長安曇摩難提、開元釋教録卷三改。

〔九三〕法門 原作「沙門」，據宋甲本、至順本、汲本改。

隋書卷三十六

列傳第一

后妃

夫陰陽肇分，乾坤定位，君臣之道斯著，夫婦之義存焉。陰陽和則裁成萬物，家道正則化行天下，由近及遠，自家刑國，配天作合，不亦大乎！興亡是繫，不亦重乎！是以先王慎之，正其本而嚴其防。後之繼體，靡克聿脩，甘心柔曼之容，罔念幽閑之操。成敗攸屬，安危斯在。故皇、英降而虞道隆，任、姒歸而姬宗盛，妹、妲致夏、殷之釁，褒、趙結周、漢之禍。爰歷晉、宋，寔繁有徒。皆位以寵升，榮非德進，恣行淫僻，莫顧禮儀，爲梟爲鴟，敗不旋踵。後之伉儷宸極，正位居中，罕蹈平易之塗，多遵覆車之轍。雎鳩之德，千載寂寥；牝雞之晨，殊邦接響。窈窕淑女，靡有求於寤寐；鏗鏘環珮，鮮克嗣於徽音。永念前脩，歎深彤管。覽載籍於既往，考行事於當時，存亡得失之機，蓋亦多矣。故述皇后列傳，所以垂戒將來。

然妃后之制，夏、殷以前略矣。周公定禮，内職始備列焉。秦、漢以下，代有沿革，品秩差次，前史載之詳矣。齊、梁以降，歷魏暨周，廢置益損，參差不一。周宣嗣位，不率典章，衣褘翟、稱中宫者，凡有五。夫人以下，略無定數。高祖思革前弊，大矯其違，唯皇后正位，傍無私寵，婦官稱號，未詳備焉。開皇二年，著内官之式〔一〕，略依周禮〔二〕，省減其數。嬪三員，掌教四德，視正三品。世婦九員，掌賓客祭祀，視正五品。女御三十八員，掌女工絲枲，視正七品。又採漢、晉舊儀，置六尚、六司、六典，遞相統攝，以掌宫掖之政。一曰尚宫，掌導引皇后及閨閤廩賜。管司令三人，掌圖籍法式，糾察宣奏；典琮三人，掌琮璽器翫。二曰尚儀，掌禮儀教學。管司樂三人，掌音律之事；典贊三人，掌導引内外命婦朝見。三曰尚服，掌服章寶藏。管司飾三人，掌簪珥花嚴；典櫛三人，掌巾櫛膏沐。四曰尚食，掌進膳先嘗。管司醫三人，掌方藥卜筮；典器三人，掌罇彝器皿。五曰尚寢，掌幃帳牀褥。管司筵三人，掌鋪設灑掃；典執三人，掌扇傘燈燭。六曰尚工，掌營造百役。管司製三人，掌衣服裁縫；典會三人，掌財帛出入。六尚各三員，視從九品，六司視勳品，六典視流外二品。初，文獻皇后功參歷試，外預朝政，内擅宫闈，懷嫉妬之心，虚嬪妾之位，不設三妃，防其上逼。自嬪以下，置六十員。加又抑損服章，降其品秩。至文獻崩後，始置貴人三員，增嬪至九員，世婦二十七員，御女八十一員。貴人等關掌宮闈之務，六尚已下，皆分隸焉。

煬帝時，后妃嬪御，無釐婦職，唯端容麗飾，陪從醼遊而已。帝又參詳典故，自製嘉名，著之於令。貴妃、淑妃、德妃，是爲三夫人，品正第一。順儀、順容、順華、脩儀、脩容、脩華、充儀、充容、充華，是爲九嬪，品正第二。婕妤一十二員，品正第三，美人、才人一十五員，品正第四，是爲世婦。寶林二十四員，品正第五；御女二十四員，品正第六；采女三十七員，品正第七，是爲女御。總一百二十，以敍於宴寢。又有承衣刀人，皆趨侍左右，並無員數，視六品已下。

時又增置女官，準尚書省，以六局管二十四司。一曰尚宮局，管司言，掌宣傳奏啓；司簿，掌名録計度；司正，掌格式推罰；司闈，掌門閤管鑰。二曰尚儀局，管司籍，掌經史教學，紙筆几案；司樂，掌音律；司賓，掌賓客；司贊，掌禮儀贊相導引。三曰尚服局，管司璽，掌琮璽符節；司衣，掌衣服；司飾，掌湯沐巾櫛翫弄；司仗，掌仗衛戎器。四曰尚食局，管司膳，掌膳羞；司醖，掌酒醴醯醢；司藥，掌醫巫藥劑；司饎，掌廪餼柴炭。五曰尚寢局，管司設，掌牀席帷帳，鋪設灑掃；司輿，掌輿輦繖扇，執持羽儀；司苑，掌園籞種植，蔬菜瓜果；司燈，掌火燭。六曰尚工局，管司製，掌營造裁縫；司寶，掌金玉珠璣錢貨；司綵，掌繒帛；司織，掌織染。六尚二十二司，員各二人，唯司樂、司膳員各四人。每司又置典及掌，以貳其職。六尚十人，品從第五；司二十八人，品從第六；典二十八人，品從第七；掌二十八人，品從第九。女使流外，量局閑劇，多者十人已下，無定員數。聯事分職，各有司存焉。

文獻獨孤皇后，河南洛陽人，周大司馬、河內公信之女也。信見高祖有奇表，故以后妻焉，時年十四。高祖與后相得，誓無異生之子。后初亦柔順恭孝，不失婦道。后姊爲周明帝后，長女爲周宣帝后，貴戚之盛，莫與爲比，而后每謙卑自守，世以爲賢。及周宣帝崩，高祖居禁中，總百揆，后使人謂高祖曰：「大事已然，騎獸之勢，必不得下，勉之！」高祖受禪，立爲皇后。

突厥嘗與中國交市，有明珠一篋，價值八百萬，幽州總管陰壽白后市之。后曰：「非我所須也。當今戎狄屢寇，將士罷勞，未若以八百萬分賞有功者。」百寮聞而畢賀。高祖甚寵憚之。上每臨朝，后輒與上方輦而進，至閤乃止。使宦官伺上〔三〕，政有所失，隨則匡諫，多所弘益。候上退朝而同反燕寢，相顧欣然。后早失二親，常懷感慕，見公卿有父母者，每爲致禮焉。有司奏以周禮百官之妻，命於王后，憲章在昔，請依古制。后曰：「以婦人與政，或從此漸，不可開其源也。」不許。后每謂諸公主曰：「周家公主，類無婦德，失禮於舅姑，離薄人骨肉，此不順事，爾等當誡之。」大都督崔長仁，后之中外兄弟也，犯法當斬。高祖以后之故，欲免其罪。后曰：「國家之事，焉可顧私！」長仁竟坐死。后異母弟陀，以猫鬼巫蠱，呪詛於后，坐當死。后三日不食，爲之請命曰：「陀若蠹政害民者，妾不敢言。今坐爲妾身，敢請其命。」陀於是減死一等。后每與上言及政事，往往意合，宮中稱爲二聖。

后頗仁愛，每聞大理決囚，未嘗不流涕。然性尤妬忌，後宮莫敢進御。尉遲迥女孫有美色，先在宮中。上於仁壽宮見而悅之，因此得幸。后伺上聽朝，陰殺之。上由是大怒，單騎從苑中而出，不由徑路，入山谷間二十餘里。高熲、楊素等追及上，扣馬苦諫。上太息曰：「吾貴爲天子，而不得自由！」高熲曰：「陛下豈以一婦人而輕天下！」上意少解，駐馬良久，中夜方始還宮。后俟上於閤內。及上至，后流涕拜謝，熲、素等和解之。上置酒極歡，后自此意頗衰折。初，后以高熲是父之家客，甚見親禮。至是，聞熲謂己爲一婦人，因此銜恨。又以熲夫人死，其妾生男，益不善之，漸加譖毁，上亦每事唯后言是用。后見諸王及朝士有妾孕者，必勸上斥之。時皇太子多內寵，妃元氏暴薨，后意太子愛妾雲氏害之。由是諷上黜高熲，竟廢太子立晉王廣，皆后之謀也。

仁壽二年八月甲子，月暈四重，己巳，太白犯軒轅。其夜，后崩於永安宮，時年五十〔四〕。葬於太陵。其後，宣華夫人陳氏、容華夫人蔡氏俱有寵，上頗惑之，由是發疾。及危篤，謂侍者曰「使皇后在，吾不及此」云。

宣華夫人陳氏，陳宣帝之女也。性聰慧，姿貌無雙。及陳滅，配掖庭，後選入宮爲嬪。時獨孤皇后性妬，後宮罕得進御，唯陳氏有寵。晉王廣之在藩也，陰有奪宗之計，規爲內助，每致禮焉。進金蛇、金駝等物，以取媚於陳氏。皇太子廢立之際，頗有力焉。及文獻皇后崩，進位爲貴人，專房擅寵，主斷內事，六宮莫與爲比。及上大漸，遺詔拜爲宣華夫人。

初，上寢疾於仁壽宮也，夫人與皇太子同侍疾。平旦出更衣，爲太子所逼，夫人拒之得免，歸於上所。上怪其神色有異，問其故，夫人泫然曰：「太子無禮。」上恚曰：「畜生何足付大事，獨孤誠誤我！」意謂獻皇后也。因呼兵部尚書柳述、黃門侍郎元巖曰：「召我兒！」述等將呼太子，上曰：「勇也。」述、巖出閤爲敕書訖，示左僕射楊素。素以其事白太子，太子遣張衡入寢殿，遂令夫人及後宮同侍疾者，並出就別室。俄聞上崩，而未發喪也。夫人與諸後宮相顧曰：「事變矣！」皆色動股慄。晡後，太子遣使者齎金合子，帖紙於際，親署封字，以賜夫人。夫人見之惶懼，以爲鴆毒，不敢發。使者促之，於是乃發，見合中有同心結數枚。諸宮人咸悅，相謂曰：「得免死矣！」陳氏恚而却坐，不肯致謝。諸宮人共逼之，乃拜使者。其夜，太子烝焉。

及煬帝嗣位之後，出居仙都宮。尋召入，歲餘而終，時年二十九。帝深悼之，爲製神傷賦。

容華夫人蔡氏，丹陽人也。陳滅之後，以選入宮，爲世婦。容儀婉嫕，上甚悅之。以文獻皇后故，希得進幸。及后崩，漸見寵遇，拜爲貴人，參斷宮掖之務，與陳氏相亞。上寢疾，加號容華夫人。上崩後，自請言事，亦爲煬帝所烝。

煬帝蕭皇后，梁明帝巋之女也。江南風俗，二月生子者不舉。后以二月生，由是季父岌收而養之。未幾，岌夫妻俱死，轉養舅氏張軻家。然軻甚貧窶，后躬親勞苦。煬帝爲晉王時，高祖將爲王選妃於梁，遍占諸女，諸女皆不吉。巋迎后於舅氏，令使者占之，曰：「吉。」於是遂策爲王妃。

后性婉順，有智識，好學解屬文，頗知占候。高祖大善之，帝甚寵敬焉。及帝嗣位，詔曰：「朕祗承丕緒，憲章在昔，爰建長秋，用承饗薦。妃蕭氏，夙禀成訓，婦道克脩，宜正位軒闈，式弘柔教，可立爲皇后。」

帝每遊幸，后未嘗不隨從。時后見帝失德，心知不可，不敢厝言，因爲述志賦以自寄。其詞曰：

承積善之餘慶，備箕箒於皇庭。恐脩名之不立，將負累於先靈。廼夙夜而匪懈，實寅懼於玄冥。雖自彊而不息，亮愚矇之所滯。思竭節於天衢，才追心而弗逮。寔庸薄之多幸，荷隆寵之嘉惠。賴天高而地厚，屬王道之升平。均二儀之覆載，與日月而齊明。廼春生而夏長，等品物而同榮。願立志於恭儉，私自兢於誡盈。孰有念於知足，苟無希於濫名。惟至德之弘深，情不邇於聲色。感懷舊之餘恩，求故劍於宸極。叨不世之殊盼，謬非才而奉職。何寵禄之踰分，撫胸襟而未識。雖沐浴於恩光，內慙惶而累息。顧微躬之寡昧，思令淑之良難。實不遑於啓處，將何情而自安！若臨深而履薄，心戰慄其如寒。

夫居高而必危，慮處滿而防溢。知恣夸之非道，乃攝生於沖謐。嗟寵辱之易驚，尚無爲而抱一。履謙光而守志，且願安乎容膝。珠簾玉箔之奇，金屋瑶臺之美，雖時俗之崇麗，蓋吾人之所鄙。愧絺綌之不工，豈絲竹之喧耳。知道德之可尊，明善惡之由己。蕩囂煩之俗慮，乃伏膺於經史。綜箴誡以訓心，觀女圖而作軌。遵古賢之令範，冀福禄之能綏。時循躬而三省，覺今是而昨非。嗤黄老之損思，信爲善之可歸。慕周姒之遺風，美虞妃之聖則。仰先哲之高才，貴至人之休德。質菲薄而難蹤，心恬愉而去惑。乃平生之耿介，實禮義之所遵。雖生知之不敏，庶積行以成仁。懼達人之蓋寡，謂何求而自陳。誠素志之難寫，同絶筆於獲麟。

及帝幸江都，臣下離貳，有宫人白后曰：「外聞人人欲反。」后曰：「任汝奏之。」宫人言於帝，帝大怒曰：「非所宜言！」遂斬之。後人復白后曰：「宿衛者往往偶語謀反。」后曰：「天下事一朝至此，勢已然，無可救也。何用言之，徒令帝憂煩耳。」自是無復言者。及宇文氏之亂，隨軍至聊城。化及敗，没於竇建德。突厥處羅可汗遣使迎后於洺州，建德不敢留，遂入於虜庭。大唐貞觀四年，破滅突厥，乃以禮致之，歸于京師。

史臣曰：二后，帝未登庸，早儷宸極，恩隆好合，始終不渝。文獻德異鳲鳩，心非均一，擅寵移嫡，傾覆宗社，惜哉！書曰：「牝雞之晨，惟家之索。」高祖之不能敦睦九族，抑有由矣。蕭后初歸藩邸，有輔佐君子之心。煬帝得不以道，便謂人無忠信。父子之間，尚懷猜阻，夫婦之際，其何有焉！暨乎國破家亡，竄身無地，飄流異域，良足悲矣！

校勘記

〔一〕著內官之式　「官」，原作「宮」，據宋甲本、至順本、汲本改。北史卷一三后妃上亦作「官」。

〔二〕略依周禮　「周禮」，原作「典禮」，據宋甲本、至順本、汲本改。北史卷一三后妃上亦作「周禮」。

〔三〕宦官　北史卷一四后妃下隋文獻皇后獨孤氏傳作「宮官」。

〔四〕時年五十　「五十」，北史卷一四后妃下隋文獻皇后獨孤氏傳作「五十九」。以其行年計之，作「五十九」是。

隋書卷三十七

列傳第二

李穆 子渾 穆兄子詢 詢弟崇 崇子敏

李穆字顯慶，自云隴西成紀人，漢騎都尉陵之後也。陵没匈奴，子孫代居北狄，其後隨魏南遷，復歸汧、隴。祖斌，以都督鎮高平，因家焉。父文保，早卒，及穆貴，贈司空。穆風神警俊，倜儻有奇節。周太祖首建義旗，穆便委質，釋褐統軍。永熙末，奉迎魏武帝，授都督，封永平縣子，邑三百户。又領鄉兵，累以軍功進爵爲伯。從太祖擊齊師於芒山，太祖臨陣墮馬，穆突圍而進，以馬策擊太祖而詈之，授以從騎，潰圍俱出。賊見其輕侮，謂太祖非貴人，遂緩之。以故得免。既而與穆相對泣，顧謂左右曰：「成我事者，其此人乎！」即令撫慰關中，所至克定，擢授武衞將軍、儀同三司，進封安武郡公，增邑一千七百户，賜以鐵券，恕其十死。尋加開府，領侍中。初，芒山之敗，穆以驄馬授太祖。太祖於是廄内驄馬盡以賜之，封穆姊妹皆爲郡縣君，宗從舅氏，頒賜各有差。轉太僕。從于謹破江陵，增邑千户，進位大將軍。擊曲沔蠻，破之，授原州刺史，拜嫡子惇爲儀同三司。穆以二兄賢、遠並爲佐命功臣，而子弟布列清顯，穆深懼盈滿，辭不受拜。太祖不許。俄遷雍州刺史，兼小冢宰。周元年，增邑三千户，通前三千七百户。又别封一子爲升遷伯。穆讓兄子孝軌，許之。

宇文護執政，穆兄遠及其子植俱被誅，穆當從坐。先是，穆知植非保家之主，每勸遠除之，遠不能用。及遠臨刑，泣謂穆曰：「顯慶，吾不用汝言，以至於此，將復奈何！」穆以此獲免，除名爲民，及其子弟亦免官。植弟淅州刺史基，當坐戮，穆請以二子代基之命，護義而兩釋焉。未幾，拜開府儀同三司、直州刺史，復爵安武郡公。武成中，子弟免官爵者悉復之。尋除少保，進位大將軍。歲餘，拜小司徒，進位柱國，轉大司空。奉詔築通洛城。天和中，進爵申國公，持節綏集東境，築武申、旦郛、慈澗、崇德、安民、交城、鹿盧等諸鎮。建德初，拜太保。歲餘，出爲原州總管。數年，進位上柱國，轉并州總管。大象初，加邑至九千户，拜大左輔，總管如故。

高祖作相，尉迥之作亂也，遣使招穆。穆鎖其使，上其書。穆子士榮，以穆所居天下精兵處，陰勸穆反。穆深拒之，乃奉十三環金帶於高祖，蓋天子之服也。穆尋以天命有在，密表勸進。高祖既受禪，下詔曰：「公既舊德，且又父黨，敬惠來旨，義無有違。便以今月十三日恭膺天命。」俄而穆來朝，高祖降坐禮之，拜太師，贊拜不名，真食成安縣三千户。於是穆子孫雖在襁褓，悉拜儀同，其一門執象笏者百餘人。穆之貴盛，當時無比。穆上表乞骸骨，詔曰：「朕初臨寓內，方藉嘉猷，養老乞言，實懷虛想。七十致仕，本爲常人。至若吕尚以期頤佐周，張蒼以華皓相漢，高才命世，不拘恒禮，遲得此心，留情規訓。公年既耆舊，筋力難煩，今勒所司，敬蠲朝集。如有大事，須共謀謨，別遣侍臣，就第詢訪。」

時太史奏云，當有移都之事。上以初受命，甚難之。穆上表曰：

帝王所居，隨時興廢，天道人事，理有存焉。始自三皇，暨夫兩漢，有一世而屢徙，無革命而不遷。曹、馬同洛水之陽，魏、周共長安之內，此之四代，蓋聞之矣。曹則三家鼎立，馬則四海尋分，有魏及周，甫得平定，事乃不暇，非曰師古。

往者周運將窮，禍生華裔，廟堂冠帶，屢覩姦回，士有苞藏，人稀柱石。四海萬國，皆縱豺狼，不叛不侵，百城罕一。伏惟陛下膺期誕聖，秉籙受圖，始晦君人之德，俯從將相之重。内翦羣兇，崇朝大定，外誅巨猾，不日肅清。變大亂之民，成太平之俗，百靈符命，兆庶謳歌。幽顯樂推，日月填積，方屈箕、潁之志，始順内外之請。自受命神宗，弘道設教，陶冶與陰陽合德，覆育共天地齊旨。萬物開闢之初，八表光華之旦，視聽以革，風俗且移。至若帝室天居，未議經剏，非所謂發明大造，光贊惟新。自漢已來，爲喪亂之地，爰從近代，累葉所都。未嘗謀龜問筮，瞻星定鼎，何以副聖主之規，表大隋之德？

竊以神州之廣，福地之多，將爲皇家興廟建寢，上玄之意，當別有之。伏願遠順天人，取決卜筮，時改都邑，光宅區夏。任子來之民，垂無窮之業，應神宮於辰極，順和氣於天壤，理康物阜，永隆長世。臣日薄桑榆，位高軒冕，經邦論道，自顧缺然。丹赤所懷，無容噤嘿。

上素嫌臺城制度迮小，又宮内多鬼祅，蘇威嘗勸遷，上不納。遇太史奏狀，意乃惑之。至是，省穆表，上曰：「天道聰明，已有徵應，太師民望，復抗此請，則可矣。」遂從之。歲餘，下詔曰：「禮制凡品，不拘上智，法備小人，不防君子。太師、上柱國、申國公，器宇弘深，風猷遐曠，社稷佐命，公爲稱首，位極帥臣，才爲人傑，萬頃不測，百鍊彌精。乃無伯玉之非，豈有顏回之貳，故以自居寥廓，弗關憲網。然王者作教，惟旌善人，去法弘道，示崇年德。自今已後，雖有愆罪，但非謀逆，縱有百死，終不推問。」

開皇六年薨于第，年七十七。遺令曰：「吾荷國恩，年宦已極，啓足歸泉，無所復恨。

竟不得陪玉鑾於岱宗，預金泥於梁甫，眷眷光景，其在斯乎！」詔遣黄門侍郎監護喪事，賵馬四匹，粟麥二千斛，布絹一千匹。贈使持節、冀定趙相瀛毛魏衞洛懷十州諸軍事、冀州刺史。謚曰明。賜以石椁、前後部羽葆鼓吹、輼輬車。百寮送之郭外。詔遣太常卿牛弘齎哀册，祭以太牢。孫筠嗣。

筠父惇，字士獻，穆長子也。仕周，官至安樂郡公、鳳州刺史，先穆卒。筠幼以穆功，拜儀同。開皇八年，以嫡孫襲爵。仁壽初，叔父渾忿其慳嗇，陰遣兄子善衡賊殺之。求盜不獲，高祖大怒，盡禁其親族。初，筠與從父弟瞿曇有隙，時渾有力，遂證瞿曇殺之。瞿曇竟坐斬，而善衡獲免。四年，議立嗣。邳公蘇威奏筠不義，骨血相殺，請絶其封。上不許。

惇弟怡，官至儀同，早卒，贈渭州刺史。怡弟雅，少有識量。周保定中，屢以軍功封西安縣男，拜大都督。天和中，從元定征江西，時諸軍失利，遂没於陳。後得歸國，拜開府儀同三司，領左右軍。其年，從太子西征吐谷渾，雅率步騎二千，督軍粮於洮河，爲賊所躡，相持數日。雅患之，遂與僞和，虜備稍解，縱奇兵擊破之。賜奴婢百口，封一子爲侯。後拜齊州刺史，俄徵還京。數載，授瀛州刺史。高祖作相，鎮靈州以備胡。還授大將軍，遷荆州總管，加邑八百户。開皇初，進爵爲公。

雅弟恒，官至鹽州刺史，封陽曲侯。恒弟榮，官至合州刺史、長城縣公。榮弟直，官至車騎將軍、歸政縣侯。直弟雄，官至柱國、密國公、驃騎將軍。雄弟渾，最知名。

渾字金才，穆第十子也。姿貌瓌偉，美鬚髯。起家周左侍上士。尉迥反於鄴，時穆在并州，高祖慮其爲迥所誘，遣渾乘驛往布腹心。穆遽令渾入京，奉熨斗於高祖，曰：「願執威柄以熨安天下也。」高祖大悅。又遣渾詣韋孝寬所而述穆意焉。適遇平鄴，以功授上儀同三司，封安武郡公。開皇初，進授象城府驃騎將軍。晉王廣出藩，渾以驃騎領親信，從往揚州。仁壽元年，從左僕射楊素爲行軍總管，出夏州北三百里，破突厥阿勿俟斤於納遠川〔一〕，斬首五百級。進位大將軍，拜左武衞將軍，領太子宗衞率。

初，穆孫筠卒，高祖議立嗣，渾規欲紹之，謂其妻兄太子左衞率宇文述曰：「若得襲封，當以國賦之半每歲奉公。」述利之，因入白皇太子曰：「立嗣以長，不則以賢。今申明公嗣絕，徧觀其子孫，皆無賴，不足以當榮寵。唯金才有勳於國，謂非此人無可以襲封者。」太子許之，竟奏高祖，封渾爲申國公，以奉穆嗣。大業初，轉右驍衞將軍。六年，有詔追改穆封爲郕國公，渾仍襲焉。累加光祿大夫。九年，遷右驍衞大將軍〔二〕。

渾既紹父業，日增豪侈，後房曳羅綺者以百數。二歲之後，不以俸物與述。述大恚之，因醉，迺謂其友人于象賢曰：「我竟爲金才所賣，死且不忘！」渾亦知其言，由是結隙。後帝討遼東，有方士安伽陀，自言曉圖讖，謂帝曰：「當有李氏應爲天子。」勸盡誅海内凡姓李者。述知之，因誣構渾於帝曰：「伽陀之言，信有徵矣。臣與金才夙親，聞其情趣大異常日，數共李敏、善衡等日夜屏語，或終夕不寐[三]。渾大臣也，家代隆盛，身捉禁兵，不宜如此。願陛下察之。」帝曰：「公言是矣，可覓其事。」述乃遣武賁郎將裴仁基表告渾反，即日發宿衛千餘人付述，掩渾等家，遣左丞元文都、御史大夫裴蘊雜治之。案問數日，不得其反狀，以實奏聞。帝不納，更遣述窮治之。述入獄中，召出敏妻宇文氏謂之曰：「夫人，帝甥也，何患無賢夫！李敏、金才，名當祅讖，國家殺之，無可救也。夫人當自求全，若相用語，身當不坐。」敏妻曰：「不知所出，惟尊長教之。」述曰：「可言李家謀反，金才嘗告敏云：『汝應圖籙，當爲天子。今主上好兵，勞擾百姓，此亦天亡隋時也，正當共汝取之。若復度遼，吾與汝必爲大將，每軍二萬餘兵，固以五萬人矣。又發諸房子姪，内外親婭，並募從征。吾家子弟，決爲主帥，分領兵馬，散在諸軍，伺候間隙，首尾相應。吾與汝前發，襲取御營，子弟響起，各殺軍將。一日之間，天下足定矣。』」述口自傳授，令敏妻寫表，封云上密。述持入奏之，曰：「已得金才反狀，并有敏妻密表。」帝覽之泣曰：「吾宗社幾傾，賴親家公而獲全耳。」於是誅渾、敏等宗族三十二人，自餘無少長，皆徙嶺外。

渾從父兄威，開皇初，以平蠻功，官至上柱國、黎國公。

詢字孝詢。父賢，周大將軍。詢沉深有大略，頗涉書記。仕周納言上士，俄轉内史上士，兼掌吏部，以幹濟聞。建德三年，武帝幸雲陽宫，拜司衞上士，委以留府事。周衞王直作亂，焚肅章門，詢於内益火，故賊不得入。帝聞而喜之〔四〕，拜儀同三司，遷長安令。累遷英果中大夫。屢以軍功，加位大將軍，賜爵平高郡公。

高祖爲丞相，尉迥作亂，遣韋孝寬擊之，以詢爲元帥長史，委以心膂。軍至永橋，諸將不一，詢密啓高祖，請重臣監護，高祖遂令高熲監軍。與熲同心協力，唯詢而已。及平尉迥，進位上柱國，改封隴西郡公，賜帛千匹，加以口馬。

開皇元年〔五〕，引杜陽水灌三時原〔六〕，詢督其役，民賴其利。尋檢校襄州總管事。歲餘，拜隰州總管。數年，以疾徵還京師，中使顧問不絶。卒於家，時年四十九，上悼惜者久之。謚曰襄。有子元方嗣。

崇字永隆，英果有籌筭，膽力過人。周元年，以父賢勳，封迴樂縣侯。時年尚小，拜爵之日，親族相賀，崇獨泣下。賢怪而問之，對曰：「無勳於國，而幼少封侯，當報主恩，不得終於孝養，是以悲耳。」賢由此大奇之。起家州主簿，非其所好，辭不就官，求爲將兵都督。隨宇文護伐齊，以功最，擢授儀同三司。尋除小司金大夫，治軍器監。建德初，遷少侍伯大夫，轉少承御大夫，攝太子宮正。周武帝平齊，引參謀議，以勳加授開府，封襄陽縣公，邑一千户。尋改封廣宗縣公，轉太府中大夫，歷工部中大夫，遷右司馭。

高祖爲丞相，遷左司武上大夫，加授上開府儀同大將軍。尋爲懷州刺史，進爵郡公，加邑至二千户。尉迥反，遣使招之。崇初欲相應，後知叔父穆以并州附高祖，慨然太息曰：「合家富貴者數十人，值國有難，竟不能扶傾繼絶，復何面目處天地間乎！」韋孝寬亦疑之，與俱卧起。其兄詢時爲元帥長史〔七〕，每諷諭之，崇由是亦歸心焉。及破尉惇，拜大將軍。既平尉迥，授徐州總管，尋進位上柱國。

開皇三年，除幽州總管。突厥犯塞，崇輒破之。奚、霫、契丹等懾其威略，爭來内附。其後突厥大爲寇掠，崇率步騎三千拒之，轉戰十餘日，師人多死，遂保於砂城。突厥圍之。城本荒廢，不可守禦，曉夕力戰，又無所食，每夜出掠賊營，復得六畜，以繼軍粮。突厥畏之，厚爲其備，每夜中結陣以待之。崇軍苦飢，出輒遇敵，死亡略盡，遲明奔還城者，尚且百許人，然多傷重，不堪更戰。突厥意欲降之，遣使謂崇曰：「若來降者，封爲特勤。」崇知必不免，令其士卒曰：「崇喪師徒，罪當死，今日効命以謝國家。待看吾死，且可降賊，方便散走，努力還鄉。若見至尊，道崇此意。」乃挺刃突賊，復殺二人。賊亂射之，卒于陣，年四十八。贈豫鄜申永澮亳六州諸軍事、豫州刺史，謚曰壯。子敏嗣。

敏字樹生。高祖以其父死王事，養宮中者久之。及長，襲爵廣宗公，起家左千牛。美姿儀，善騎射，歌舞管絃，無不通解。開皇初，周宣帝后封樂平公主，有女娥英，妙擇婚對，勅貴公子弟集弘聖宮者，日以百數。公主親在帷中，並令自序，并試技藝。選不中者，輒引出之。至敏而合意，竟爲姻媾。敏假一品羽儀，禮如尚帝之女。後將侍宴，公主謂敏曰：「我以四海與至尊，唯一女夫，當爲汝求柱國。若授餘官，汝慎無謝。」及進見上，上親御琵琶，遣敏歌舞。既而大悦，謂公主曰：「李敏何官？」對曰：「一白丁耳。」上因謂敏曰：「今授汝儀同。」敏不答。上曰：「不滿爾意邪？今授汝開府。」敏又不謝。上曰：「公主有大功於我，我何得向其女婿而惜官乎！今授卿柱國。」敏廼拜而蹈舞。遂於坐發詔授柱國，以本官宿衞。後避諱，改封經城縣公，邑一千户。歷蒲、豳、金、華、敷州刺史，多不莅職，常留京師，往來宮内，侍從遊宴，賞賜超於功臣。後幸仁壽宮，以爲岐州刺史。

大業初，轉衞尉卿。樂平公主之將薨也，遺言於煬帝曰：「妾無子息，唯有一女。不自憂死，但深憐之。今湯沐邑，乞迴與敏。」帝從之。竟食五千户，攝屯衞將軍。楊玄感反後城大興，敏之策也。轉將作監，從征高麗，領新城道軍將，加光禄大夫。十年，帝復征遼東，遣敏於黎陽督運。

時或言敏一名洪兒，帝疑「洪」字當讖，嘗面告之，冀其引決。敏由是大懼，數與金才、善衡等屏人私語。宇文述知而奏之，竟與渾同誅，年三十九。其妻宇文氏，後數月亦賜鴆而終。

梁睿

梁睿字恃德，安定烏氏人也。父禦，西魏太尉。睿少沉敏，有行檢。周太祖時，以功臣子養宫中者數年。其後命諸子與睿遊處，同師共業，情契甚歡。七歲，襲爵廣平郡公，累加儀同三司，邑五百户。尋爲本州大中正。魏恭帝時加開府，改封爲五龍郡公，拜渭州刺史。周閔帝受禪，徵爲御伯。未幾，出爲中州刺史，鎮新安，以備齊。齊人來寇，睿輒挫之，帝甚嘉歎。拜大將軍，進爵蔣國公，入爲司會。後從齊王憲拒齊將斛律明月於洛陽，每戰有功，遷小冢宰。武帝時，歷敷州刺史、涼安二州總管，俱有惠政，進位柱國。

高祖總百揆，代王謙爲益州總管。行至漢川而謙反，遣兵攻始州，睿不得進。高祖命睿爲行軍元帥，率行軍總管于義、張威、達奚長儒、梁昇、石孝義步騎二十萬討之。時謙遣開府李三王等守通谷，睿使張威擊破之，擒數千人，進至龍門。謙將趙儼、秦會擁衆十萬，據嶮爲營，周亘三十里。睿令將士銜枚出自間道，四面奮擊，力戰破之。蜀人大駭，睿鼓行而進。謙將敬豪守劍閣，梁巖拒平林，並懼而來降。謙又令高阿那瓌〔八〕、達奚惎等以盛兵攻利州。聞睿將至，惎分兵據開遠。睿顧謂將士曰：「此虜據要，欲遏吾兵勢，吾當出其不意，破之必矣。」遣上開府拓拔宗趣劍閣，大將軍宇文夐詣巴西，大將軍趙達水軍入嘉陵。睿遣張威、王倫、賀若震、于義、韓相貴、阿那惠等分道攻惎，自午及申，破之。惎奔歸于謙。睿進逼成都，謙令達奚惎、乙弗虔城守，親率精兵五萬，背城結陣。睿擊之，謙不利，將入城，惎、虔以城降，拒謙不內。謙將麾下三十騎遯走，新都令王寶執之。睿斬謙于市，劍南悉平。進位上柱國，總管如故。賜物五千段，奴婢一千口，金二千兩，銀三千兩，食邑千户。

睿時威振西川，夷、獠歸附，唯南寧酋帥爨震恃遠不賓。睿上疏曰：「竊以遠撫長駕，王者令圖，易俗移風，有國恒典。南寧州，漢世牂柯之地，近代已來，分置興古、雲南、建寧、朱提四郡。户口殷衆，金寶富饒，二河有駿馬、明珠，益寧出鹽井、犀角。晉太始七年，以益州曠遠，分置寧州。至僞梁南寧州刺史徐文盛，被湘東徵赴荆州，屬東夏尚阻，未遑遠略。土民爨瓚遂竊據一方，國家遥授刺史。其子震，相承至今。而震臣禮多虧，貢賦不入，每年奉獻，不過數十匹馬。其處去益，路止一千〔九〕，朱提北境，即與戎州接界。如聞彼人苦其苛政，思被皇風。伏惟大丞相匡贊聖朝，寧濟區宇，絶後光前，方垂萬代，闢土服遠，今正其時。幸因平蜀士衆，不煩重興師旅，押獠既訖，即請略定南寧。自盧、戎已來〔一〇〕，軍粮須給，過此即於蠻夷徵税，以供兵馬。其寧州、朱提、雲南、西爨，並置總管州鎮。計彼熟蠻租調，足供城防倉儲。一則以肅蠻夷，二則裨益軍國。今謹件南寧州郡縣及事意如别。有大都督杜神敬，昔曾使彼，具所諳練，今并送往。」書未答，又請曰：「竊以柔遠能邇，著自前經，拓土開疆，王者所務。南寧州，漢代牂柯之郡，其地沃壤，多是漢人，既饒寶物，又出名馬。今若往取，仍置州郡，一則遠振威名，二則有益軍國。其處與交、廣相接，路乃非遥。漢代開此，本爲討越之計。伐陳之日，復是一機，以此商量，決謂須取。」高祖深納之，然以天下初定，恐民心不安，故未之許。後竟遣史萬歲討平之，並因睿之策也。

睿威惠兼著，民夷悦服，聲望逾重，高祖陰憚之。薛道衡從軍在蜀，因入接宴，説睿曰：「天下之望，已歸于隋。」密令勸進，高祖大悦。及受禪，顧待彌隆。睿復上平陳之策，上善之，下詔曰：「公英風震動，妙筭縱横，清蕩江南，宛然可見。循環三復，但以欣然。

公既上才，若總戎律〔一二〕，一舉大定，固在不疑。但朕初臨天下，政道未洽，恐先窮武事，未爲盡善。昔公孫述、隗囂，漢之賊也，光武與其通和，稱爲皇帝。尉佗之於高祖，初猶不臣。孫皓之答晉文，書尚云白。或尋款服，或即滅亡。王者體大，義存遵養，雖陳國來朝，未盡藩節，如公大略，誠須責罪。尚欲且緩其誅，宜知此意。淮海未滅，必興師旅，若命水襲〔一三〕，終當相屈。想以身許國，無足致辭也。」睿乃止焉。

睿時見突厥方彊，恐爲邊患，復陳鎮守之策十餘事，上書奏之曰：「竊以戎狄作患，其來久矣。防遏之道，自古爲難。所以周無上筭，漢收下策，以其倏來忽往，雲屯霧散，彊則騁其犯塞，弱又不可盡除故也。今皇祚肇興，宇内寧一，唯有突厥種類，尚爲邊梗。此臣所以廢寢與食，寤寐思之。昔匈奴未平，去病辭宅〔一四〕，先零尚在，充國自劾。臣才非古烈，而志追昔士。謹件安置北邊城鎮烽候，及人馬糧貯戰守事意如別，謹并圖上呈，伏惟裁覽。」上嘉歎久之，答以厚意。

睿時自以周代舊臣，久居重鎮，内不自安，屢請入朝，於是徵還京師。及引見，上爲之興，命睿上殿，握手極歡。睿退謂所親曰：「功遂身退，今其時也。」遂謝病於家，闔門自守，不交當代。上賜以版輿，每有朝覲，必令三衞輿上殿。睿初平王謙之始，自以威名太盛，恐爲時所忌，遂大受金賄以自穢。由是勳簿多不以實，詣朝堂稱屈者，前後百數。上令有司案驗其事，主者多獲罪。睿惶懼，上表陳謝，請歸大理。上慰諭遣之。十五年，從上至洛陽而卒，時年六十五。謚曰襄。子洋嗣，官歷嵩、徐二州刺史、武賁郎將。大業六年，詔追改封睿爲戴公，命以洋襲焉。

史臣曰：李穆、梁睿，皆周室功臣，高祖王業初基，俱受腹心之寄。故穆首登師傅，睿終膺殊寵，觀其見機而動，抑亦民之先覺。然方魏朝之貞烈，有愧王陵，比晉室之忠臣，終慙徐廣。穆之子孫，特爲隆盛，朱輪華轂，凡數十人，見忌當時，禍難遄及。得之非道，可不戒歟！

校勘記

〔一〕阿勿俟斤　本書卷八四北狄突厥傳作「阿勿思力俟斤」。

〔二〕九年遷右驍衛大將軍　「驍衛」，北史卷五九李賢傳附李渾傳作「驍騎衛」。

〔三〕終夕不寐　「寐」，宋甲本、至順本、汲本作「寢」。

〔四〕帝聞而喜之　「喜」，宋甲本、至順本、北監本、汲本、殿本作「善」。

〔五〕開皇元年　「元年」，本書卷一高祖紀上、册府卷四九七邦計部河渠作「二年」。

〔六〕三時原　原作「三趾原」，據本書卷一高祖紀上開皇二年三月條、卷四六元暉傳、册府卷四九七邦計部河渠改。

〔七〕其兄詢時爲元帥長史　周書卷二五李賢傳，詢爲崇弟。按，本卷李崇傳，崇開皇三年戰死，年四十八；李詢傳，詢卒時年四十九，而本書卷二高祖紀下，詢卒於開皇八年。據此，則詢小崇四歲。

〔八〕高阿那瓌　「瓌」，北史卷九二高阿那肱傳云「後亡齊者遂屬高阿那肱云。雖作肱字，世人皆稱爲瓌音」。或本作「肱」，因音注而訛。

〔九〕路止一千　「止」，宋甲本、大德本、至順本、汲本作「正」。

〔一〇〕盧戎已來　「盧」，疑當作「瀘」。按，時無「盧州」而有「瀘州」。

〔一一〕若總戎律　「總」，原作「管」，據宋甲本、大德本、至順本、南監本、北監本、汲本、殿本改。册府卷四六帝王部智識亦作「總」。

〔一二〕若命水襲　「水」，原作「永」，據宋甲本、至順本、汲本改。北史卷五九梁禦傳附梁睿傳亦作「水」。

〔一三〕去病辭宅　「宅」，原作「老」，據宋甲本、至順本改。

隋書卷三十八

列傳第三

劉昉

劉昉，博陵望都人也。父孟良，大司農。從魏武入關，周太祖以爲東梁州刺史。昉性輕狡，有姦數。周武帝時，以功臣子入侍皇太子。及宣帝嗣位，以技佞見狎，出入宫掖，寵冠一時。授大都督，遷小御正，與御正中大夫顔之儀並見親信。及帝不悆，召昉及之儀俱入卧内，屬以後事。帝瘖不復能言。昉見靜帝幼沖，不堪負荷。然昉素知高祖，又以后父之故，有重名於天下，遂與鄭譯謀，引高祖輔政。高祖固讓，不敢當。昉曰：「公若爲，當速爲之；如不爲，昉自爲也。」高祖乃從之。

及高祖爲丞相，以昉爲司馬。時宣帝弟漢王贊居禁中，每與高祖同帳而坐。昉飾美妓進於贊，贊甚悦之。昉因説贊曰：「大王，先帝之弟，時望所歸。孺子幼沖，豈堪大事！今先帝初崩，羣情尚擾，王且歸第。待事寧之後，入爲天子，此萬全之計也。」贊時年未弱冠，性識庸下，聞昉之説，以爲信然，遂從之。高祖以昉有定策之功，拜上大將軍，封黄國公，與沛國公鄭譯皆爲心膂。前後賞賜鉅萬，出入以甲士自衞，朝野傾矚，稱爲黄、沛。時人爲之語曰：「劉昉牽前，鄭譯推後。」昉自恃其功，頗有驕色。然性麤疏，溺於財利，富商大賈朝夕盈門。

于時尉迥起兵，高祖令韋孝寬討之。至武陟，諸將不一。高祖欲遣昉、譯一人往監軍，因謂之曰：「須得心膂以統大軍，公等兩人，誰當行者？」昉自言未嘗爲將，譯又以母老爲請，高祖不懌。而高熲請行，遂遣之。由是恩禮漸薄。又王謙、司馬消難相繼而反，高祖憂之，忘寢與食。昉逸遊縱酒，不以職司爲意，相府事物，多所遺落。高祖深銜之，以高熲代爲司馬。是後益見疏忌。及受禪，進位柱國，改封舒國公，閑居無事，不復任使。

昉自以佐命元功，中被疏遠，甚不自安。後遇京師饑，上令禁酒，昉使妾賃屋，當壚沽酒。治書侍御史梁毗劾奏昉曰：「臣聞處貴則戒之以奢，持滿則守之以約。昉既位列羣公，秩高庶尹，縻爵稍久，厚禄已淹，正當戒滿歸盈，鑒斯止足，何乃規麴糵之潤，競錐刀之末，身昵酒徒，家爲逋藪？若不糾繩，何以肅厲！」有詔不治。

昉鬱鬱不得志。時柱國梁士彦、宇文忻俱失職怨望，昉並與之交，數相來往。士彦妻有美色，昉因與私通，士彦不之知也，情好彌協，遂相與謀反，許推士彦爲帝。後事泄，上窮治之。昉自知不免，默無所對。下詔誅之，曰：

朕君臨四海，慈愛爲心。加以起自布衣，入升皇極，公卿之内，非親則友，位雖差等，情皆舊人。護短全長，恒思覆育，每殷勤戒約，言無不盡。天之曆數，定於杳冥，豈慮苞藏之心，能爲國家之害？欲使其長守富貴，不觸刑書故也。

上柱國、郕國公梁士彦，上柱國、杞國公宇文忻，柱國、舒國公劉昉等，朕受命之初，並展勤力，酬勳報効，榮高禄重。待之既厚，愛之實隆，朝夕宴言，備知朕意。但心如谿壑，志等豺狼，不荷朝恩，忽謀逆亂。士彦爰始幼來，恒自誣罔，稱有相者，云其應籙，年過六十，必據九五。初平尉迥，暫臨相州，已有反心，彰於行路。朕即遣人代之，不聲其罪。入京之後，逆意轉深。忻、昉之徒，言相扶助。士彦許率僮僕，剋期不遠，欲於蒲州起事。即斷河橋，捉黎陽之關，塞河陽之路，劫調布以爲牟甲，募盜賊而爲戰士，就食之人，亦云易集。輕忽朝廷，嗤笑官人，自謂一朝奮發，無人當者。其第二子剛，每常苦諫，第三子叔諧，固深勸奬。朕既聞知，猶恐枉濫，乃授晉部之任，欲驗蒲州之情。士彦得以欣然，云是天贊，忻及昉等，皆賀時來。忻往定鄴城，自矜不已，位極人臣，猶恨賞薄。云我欲反，何慮不成。怒色忿言，所在流布。朕深念其功，不計其禮，任以武候，授以領軍，寄之爪牙，委之心腹。忻密爲異計，樹黨宮闈，多奏親友，入參宿衞。朕推心待物，言必依許。爲而弗止，心迹漸彰，仍解禁兵，令其改悔。而志規不逞，愈結於懷，乃與士彥情意偏厚，要請神明，誓不負約。俱營賊逆，逢則交謀，委彥河東，自許關右，蒲津之事，即望從征，兩軍結東西之旅，一舉合連横之勢，然後北破晉陽，還圖宗社。昉入佐相府，便爲非法，三度事發，二度其婦自論。常云姓是「卯金刀」，名是「一萬日」，劉氏應王，爲萬日天子。朕訓之導之，示其利害，每加寬宥，望其悛改。口請自新，志存如舊，亦與士彥情好深重，逆節姦心，盡探肝鬲。嘗共士彥論太白所犯，問東井之間，思秦地之亂，訪軒轅之裏，願宮掖之災。唯待蒲坂事興，欲在關内應接。

殘賊之策，千端萬緒。惟忻及昉，名位並高，寧肯北面曲躬，臣於士彥，乃是各懷不遜，圖成亂階，一得擾攘之基，方逞吞并之事。人之姦詐，一至於此！雖國有常刑，罪在不赦，朕載思草創，咸著厥誠，情用愍然，未忍極法。士彥、忻、昉，身爲謀首，叔諧贊成父意，義實難容，並已處盡。士彥、忻、昉兄弟叔姪，特恕其命，有官者除名。士彥小男女、忻母妻女及小男並放。士彥、叔諧妻妾及資財田宅，忻、昉妻妾及資財田宅，悉没官。士彦、昉兒年十五以上遠配。上儀同薛摩兒，是士彦交舊，上柱國府户曹參軍事裴石達，是士彦府寮，反狀逆心，巨細皆委。薛摩兒聞語，仍相應和，俱不申陳，宜從大辟。問即承引，頗是恕心，可除名免死。朕握圖當籙，六載於斯，政事徒勤，淳化未洽，興言軫念，良深歎憤！

臨刑，至朝堂，宇文忻見高熲，向之叩頭求哀。昉勃然謂忻曰：「事形如此，何叩頭之有！」於是伏誅，籍没其家。後數日，上素服臨射殿，盡取昉、忻、士彦三家資物置於前，令百寮射取之，以爲鑒誡云。

鄭譯

鄭譯字正義，滎陽開封人也。祖瓊，魏太常。父道邕，周司空〔一〕。譯頗有學識，兼知鍾律，善騎射。譯從祖開府文寬〔二〕，尚魏平陽公主，則周太祖元后之妹也。主無子，太祖令譯後之。由是譯少爲太祖所親，恒令與諸子遊集。年十餘歲，嘗詣相府司録李長宗，長宗於衆中戲之。譯斂容謂長宗曰：「明公位望不輕，瞻仰斯屬，輒相戲狎，無乃喪德也。」長宗甚異之。文寬後誕二子，譯復歸本生。

周武帝時，起家給事中士，拜銀青光祿大夫，轉左侍上士。與儀同劉昉恒侍帝側。譯時喪妻，帝命譯尚梁安固公主。及帝親總萬機，以爲御正下大夫，俄轉太子宫尹。時太子多失德，内史中大夫烏丸軌每勸帝廢太子而立秦王[三]，由是太子恒不自安。其後詔太子西征吐谷渾，太子乃陰謂譯曰：「秦王，上愛子也。烏丸軌，上信臣也。今吾此行，得無扶蘇之事乎？」譯曰：「願殿下勉著仁孝，無失子道而已。勿爲佗慮。」太子然之。既破賊，譯以功最，賜爵開國子，邑三百户。後坐褻狎皇太子，帝大怒，除名爲民。太子復召之，譯戲狎如初。因言於太子曰：「殿下何時可得據天下？」太子悦而益昵之。

及帝崩，太子嗣位，是爲宣帝。超拜開府、内史下大夫[四]，封歸昌縣公，邑一千户，委以朝政。俄遷内史上大夫，進封沛國公，邑五千户，以其子善願爲歸昌公，元琮爲永安縣男，又監國史。譯頗專權，時帝幸東京，譯擅取官材，自營私第，坐是復除名爲民。劉昉數言於帝，帝復召之，顧待如初。詔領内史事。

初，高祖與譯有同學之舊，譯又素知高祖相表有奇，傾心相結。至是，高祖爲宣帝所忌，情不自安，嘗在永巷私於譯曰：「久願出藩，公所悉也。敢布心腹，少留意焉。」譯曰：「以公德望，天下歸心，欲求多福，豈敢忘也。謹即言之。」時將遣譯南征，譯請元帥。帝曰：「卿意如何？」譯對曰：「若定江東，自非懿戚重臣無以鎮撫。可令隋公行，且爲壽陽總管以督軍事。」帝從之，乃下詔以高祖爲揚州總管，譯發兵俱會壽陽以伐陳。行有日矣，帝不悆，遂與御正下大夫劉昉謀，引高祖入受顧託。既而譯宣詔，文武百官皆受高祖節度。時御正中大夫顏之儀與宦者謀，引大將軍宇文仲輔政。仲已至御坐，譯知之，遽率開府楊惠及劉昉、皇甫績、柳裘俱入。仲與之儀見譯等，愕然，逡巡欲出，高祖因執之。於是矯詔復以譯爲内史上大夫。明日，高祖爲丞相，拜譯柱國、相府長史，治内史上大夫事。及高祖爲大冢宰，總百揆，以譯兼領天官都府司會，總六府事。出入卧内，言無不從，賞賜玉帛不可勝計。每出入，以甲士從。拜其子元璹爲儀同。時尉迥、王謙、司馬消難等作亂，高祖逾加親禮。俄而進位上柱國，恕以十死。

譯性輕險，不親職務，而贓貨狼籍。高祖陰疏之，然以其有定策功，不忍廢放，陰勑官屬不得白事於譯。譯猶坐廳事，無所關預。譯懼，頓首求解職，高祖寬諭之，接以恩禮。及上受禪，以上柱國、公歸第，賞賜豐厚。進子元璹爵城皋郡公〔五〕，邑二千户，元珣永安男。追贈其父及亡兄二人並爲刺史。譯自以被疏，陰呼道士章醮以祈福助，其婢奏譯厭蠱左道。上謂譯曰：「我不負公，此何意也？」譯無以對。譯又與母别居，爲憲司所劾，由是除名。下詔曰：「譯嘉謀良策，寂爾無聞，鬻獄賣官，沸騰盈耳。若留之於世，在人爲不道之臣，戮之於朝，入地爲不孝之鬼。有累幽顯，無以置之，宜賜以孝經，令其熟讀。」仍遣與母共居。

未幾，詔譯參撰律令，復授開府、隆州刺史。請還治疾，有詔徵之，見於醴泉宮。上賜宴甚歡，因謂譯曰：「貶退已久，情相矜愍。」於是復爵沛國公，位上柱國。上顧謂侍臣曰：「鄭譯與朕同生共死，間關危難，興言念此，何日忘之！」譯因奉觴上壽。上令內史令李德林立作詔書，高熲戲謂譯曰：「筆乾。」譯答曰：「出爲方岳，杖策言歸，不得一錢，何以潤筆。」上大笑。未幾，詔譯參議樂事。譯以周代七聲廢缺，自大隋受命，禮樂宜新，更脩七始之義，名曰樂府聲調，凡八篇。奏之，上嘉美焉。俄遷岐州刺史。在職歲餘，復奉詔定樂於太常，前後所論樂事，語在音律志。上勞譯曰：「律令則公定之，音樂則公正之。禮樂律令，公居其三，良足美也。」於是還岐州。

開皇十一年，以疾卒官，時年五十二，上遣使弔祭焉。謚曰達。子元璹嗣。煬帝初立，五等悉除，以譯佐命元功，詔追改封譯莘公，以元璹襲。

元璹初爲驃騎將軍，後轉武賁郎將，數以軍功進位右光祿大夫，遷右候衞將軍。大業末，出爲文城太守。及義兵起，義將張倫略地至文城，元璹以城歸之。

柳裘

柳裘字茂和，河東解人，齊司空世隆之曾孫也。祖惔，梁尚書左僕射。父明〔六〕，太子舍人、義興太守。裘少聰慧，弱冠有令名，在梁仕歷尚書郎、駙馬都尉。梁元帝爲魏軍所逼，遣裘請和於魏。俄而江陵陷，遂入關中。周明、武間，自麟趾學士累遷太子侍讀，封昌樂縣侯。後除天官府都上士。宣帝即位，拜儀同三司，進爵爲公，轉御飾大夫。及帝不悆，留侍禁中，與劉昉、韋謩、皇甫績同謀，引高祖入總萬機。高祖固讓不許。裘進曰：「時不可再，機不可失，今事已然，宜早定大計。天與不取，反受其咎，如更遷延，恐貽後悔。」高祖從之。進位上開府，拜内史大夫，委以機密。

及尉迥作亂，天下騷動，并州總管李穆頗懷猶豫，高祖令裘往喻之。裘見穆，盛陳利害，穆甚悦，遂歸心於高祖。後以奉使功，賜綵三百匹，金九環帶一腰。時司馬消難阻兵安陸，又令喻之，未到而消難奔陳。高祖即令裘隨便安集淮南，賜馬及雜物。

開皇元年，進位大將軍，拜許州刺史。在官清簡，吏民懷之。復轉曹州刺史。其後上思裘定策功，欲加榮秩，將徵之，顧問朝臣曰：「曹州刺史何當入朝？」或對曰：「即今冬也。」帝乃止。裘尋卒，高祖傷惜者久之，謚曰安。子惠童嗣。

皇甫績　韋謩

皇甫績字功明，安定朝那人也。祖穆，魏隴東太守。父道，周湖州刺史、雍州都督。績三歲而孤，爲外祖韋孝寬所鞠養。嘗與諸外兄博奕，孝寬以其惰業，督以嚴訓，愍績孤幼，特捨之。績歎曰：「我無庭訓，養於外氏，不能剋躬勵己，何以成立？」深自感激，命左右自杖三十。孝寬聞而對之流涕。於是精心好學，略涉經史。周武帝爲魯公時，引爲侍讀。建德初，轉宮尹中士。武帝嘗避暑雲陽宮，時宣帝爲太子監國。衞剌王作亂，城門已閉，百寮多有遯者。績聞難赴之，於玄武門遇皇太子，太子下樓執績手，悲喜交集。帝聞而嘉之，遷小宮尹。宣政初，録前後功，封義陽縣男，拜畿伯下大夫，累轉御正下大夫。

宣帝崩，高祖總己，績有力焉，語在鄭譯傳。加位上開府，轉内史中大夫，進封郡公，邑千户。尋拜大將軍。

開皇元年，出爲豫州刺史，增邑通前二千五百户。尋拜都官尚書。後數載，轉晉州刺史，將之官，稽首而言曰：「臣實庸鄙，無益於國，每思犯難以報國恩。今僞陳尚存，以臣度之，有三可滅。」上問其故。績答曰：「大吞小，一也；以有道伐無道，二也；納叛臣蕭巖，於我有詞，三也。陛下若命鷹揚之將，臣請預戎行，展絲髮之效。」上嘉其壯志，勞而遣之。及陳平，拜蘇州刺史。

高智慧等作亂江南，州民顧子元發兵應之，因以攻績，相持八旬。子元素感績恩，於冬至日遣使奉牛酒。績遺子元書曰：「皇帝握符受籙，合極通靈，受揖讓於唐、虞，棄干戈於湯、武。東踰蟠木，方朔所未窮，西盡流沙，張騫所不至。玄漠黄龍之外，交臂來王，葱嶺、榆關之表，屈膝請吏。曩者僞陳獨阻聲教，江東士民困於荼毒。皇天輔仁，假手朝廷，聊申薄伐，應時瓦解。金陵百姓，死而復生，吴、會臣民，白骨還肉。唯當懷音感德，行歌擊壤，豈宜自同吠主，翻成反噬。卿非吾民，何須酒禮？吾是隋將，何容外交？易子析骸，未能相告，況是足食足兵，高城深壍，坐待强援，綽有餘力。何勞踵輕敝之俗，作虚僞之辭，欲阻誠臣之心，徒惑驍雄之志。以此見期，必不可得。卿宜善思活路，曉諭黎元，能早改迷，失道非遠。」子元得書，於城下頓首陳謝。楊素援兵至，合擊破之。拜信州總管十二州諸軍事。俄以病乞骸骨，詔徵還京，賜以御藥，中使相望，顧問不絶。卒於家，時年五十二。謚曰安。子偲嗣。大業之世，官至尚書主爵郎。

韋謩者，京兆人也。仕周内史大夫。高祖以謩有定策之功，累遷上柱國，封普安郡公。開皇初，卒於蒲州刺史。

盧賁

盧賁字子徵，涿郡范陽人也。父光，周開府、燕郡公。賁略涉書記，頗解鍾律。周武帝時，襲爵燕郡公，邑一千九百户。後歷魯陽太守、太子小宮尹、儀同三司。平齊有功，增邑四百户，轉司武上士。時高祖爲大司武〔七〕，賁知高祖爲非常人，深自推結。宣帝嗣位，加開府。

及高祖初被顧託，羣情未一，乃引賁置於左右。高祖將之東第，百官皆不知所去。高祖潛令賁部伍仗衞，因召公卿而謂曰：「欲求富貴者，當相隨來。」往往偶語，欲有去就。賁嚴兵而至，衆莫敢動。出崇陽門，至東宮，門者拒不内。賁諭之，不去，瞋目叱之，門者遂却，既而高祖得入。賁恒典宿衞，後承問進説曰〔八〕：「周歷已盡，天人之望實歸明公，願早應天順民也。天與不取，反受其咎。」高祖甚然之。及受禪，命賁清宮，因典宿衞。賁於是奏改周代旗幟，更爲嘉名。其青龍、騶虞、朱雀、玄武、千秋、萬歲之旗，皆賁所創也。尋拜散騎常侍，兼太子左庶子、左領軍、右將軍〔九〕。

時高熲、蘇威共掌朝政，賁甚不平之。柱國劉昉時被疏忌，賁因諷昉及上柱國元諧、李詢、華州刺史張賓等，謀出熲、威〔一〇〕，五人相與輔政。又以晉王上之愛子，謀行廢立。復私謂皇太子曰：「賁將數謁殿下，恐爲上所譴，願察區區之心。」謀泄，上窮治其事。昉等委罪於賓、賁，公卿奏二人坐當死。上以龍潛之舊，不忍加誅，並除名爲民。賓未幾卒。

歲餘，賁復爵位，檢校太常卿。賁以古樂宮懸七八，損益不同，歷代通儒，議無定準。於是上表曰：「殷人以上，通用五音，周武克殷，得鶉火、天駟之應，其音用七。漢興，加應鍾，故十六枚而在一簴。鄭玄注周禮，二八十六爲簴〔一一〕。此則七八之義，其來遠矣。然世有沿革，用捨不同，至周武帝，復改懸七，以林鍾爲宮。夫樂者，治之本也，故移風易俗，莫善於樂，是以吳札觀而辯興亡。然則樂也者，所以動天地，感鬼神，情發於聲〔一二〕，治亂斯應。周武以林鍾爲宮，蓋將亡之徵也。且林鍾之管，即黃鍾下生之義。黃鍾，君也，而生於臣，明爲皇家九五之應。又陰者臣也，而居君位，更顯國家登極之祥。斯實冥數相符，非關人事。伏惟陛下握圖御寓，道邁前王，功成作樂，煥乎曩策。臣聞五帝不相沿樂，三王不相襲禮，此蓋隨時改制，而不失雅正者也。」上竟從之，即改七懸八，以黄鍾爲宫。詔賁與儀同楊慶和删定周、齊音律。

未幾，拜郢州刺史，尋轉虢州刺史。後遷懷州刺史，決沁水東注，名曰利民渠，又派入温縣，名曰温潤渠，以溉舄鹵，民賴其利。後數年，轉齊州刺史。民飢，穀米踊貴，閉人糶而自糶之，坐是除名爲民。

後從幸洛陽，上從容謂賁曰：「我始爲大司馬時，卿以布腹心於我。及總百揆，頻繁左右，與卿足爲恩舊。卿若無過者，位與高熲齊。坐與凶人交構，由是廢黜。言念疇昔之恩，復當牧伯之位，何乃不思報効，以至於此！吾不忍殺卿，是屈法申私耳。」賁俯伏陳謝，詔復本官。後數日，對詔失旨，又自敍功績，有怨言。上大怒，顧謂羣臣曰：「吾將與賁一州，觀此不可復用。」後皇太子爲其言曰：「此輩並有佐命之功，雖性行輕險，誠不可棄。」上曰：「我抑屈之，全其命也。微劉昉、鄭譯及賁、柳裘、皇甫績等，則我不至此。然此等皆反覆子也。當周宣帝時，以無賴得幸，及帝大漸，顔之儀等請以宗王輔政，此輩行詐，顧命於我。我將爲治，又欲亂之。故昉謀大逆於前，譯爲巫蠱於後。如賁之徒，皆不滿志。任之則不遜，致之則怨，自難信也，非我棄之。衆人見此，或有竊議，謂我薄於功臣，斯不然矣。」蘇威進曰：「漢光武欲全功臣，皆以列侯奉朝請。至尊仁育，復用此道以安之。」上曰：「然。」遂廢於家。是歲卒，年五十四。

史臣曰：高祖肇基王業，昉、譯實啓其謀，當軸執鈞，物無異論。不能忘身急病，以義斷恩，方乃慮難求全，偷安懷祿。曁夫帝遷明德，義非簡在，鹽梅之寄，自有攸歸。言追昔款，内懷觖望，恥居吴、耿之末，羞與絳、灌爲伍。事君盡禮，既闕於宿心，不愛其親，遽彰於物議。其在周也，靡忠貞之節，其奉隋也，愧竭命之誠。非義掩其前功，畜怨興其後釁，而望不陷刑辟，保貴全生，難矣。柳裘、皇甫績、盧賁，因人成事，協規不二，大運光啓，莫參樞要。斯固在人欲其悦己，在我欲其罵人，理自然也。晏嬰有言：「一心可以事百君，百心不可以事一君。」於昉、譯見之矣。

校勘記

〔一〕父道邕周司空　「周司空」，原作「魏司空」，鄭譯墓誌、通志卷一六二鄭譯傳作「周少司空」，今據改。按，道邕，周書卷三五有傳，即鄭孝穆傳。

〔二〕譯從祖開府文寬　「從祖」，當作「從父」。按，北史卷三五鄭羲傳附鄭譯傳殿本考證：「據上文瓊子道邕、道邕子譯，下文瓊弟儼、儼子文寬，則文寬乃譯從父也，『祖』字誤。」

〔三〕烏丸軌　即王軌，北周賜姓「烏丸氏」，周書卷四〇有傳。本書或作王軌，或作烏丸軌。

〔四〕內史下大夫　「下大夫」，鄭譯墓誌、北史卷三五鄭羲傳附鄭譯傳作「中大夫」。

〔五〕元璹　疑當作「元琮」。按，鄭譯墓誌稱「廻歸昌縣公封第二子善願，第三子元琮城皋郡公，第四子元珣永安縣男」。鄭譯卒，「長子太常卿、上柱國、沛國公元璹肅承家業，剋隆基緒」。

〔六〕父明　「明」，當作「昞」，唐人諱改。按，元和姓纂卷七，柳彥緒（世隆字）生惔，惔生昞、暉、映，昞生裘。

〔七〕時高祖爲大司武　「大司武」，北史卷三〇盧同傳附盧賁傳、通志卷一六四盧賁傳作「大司馬」。據本書卷一高祖紀上，時高祖先爲大司馬，後遷右司武。

〔八〕後承問進說曰　「承問」，北史卷三〇盧同傳附盧賁傳作「承間」。

〔九〕右將軍　北史卷三〇盧同傳附盧賁傳作「將軍」。

〔一〇〕謀出熲威　「出」，宋甲本、汲本作「黜」。北史卷三〇盧同傳附盧賁傳亦作「黜」。

〔一一〕二八十六爲簾　「爲」字原闕，據宋甲本補。北史卷三〇盧同傳附盧賁傳亦有「爲」字。

〔一二〕情發於聲　「聲」，原作「升」，據宋甲本、至順本、南監本、北監本、汲本、殿本改。北史卷三〇盧同傳附盧賁傳亦作「聲」。

隋書卷三十九

列傳第四

于義 子宣道 宣敏

于義字慈恭，河南洛陽人也。父謹，從魏武帝入關，仕周，官至太師，因家京兆。義少矜嚴，有操尚，篤志好學。大統末，以父功，賜爵平昌縣伯，邑五百户。起家直閤將軍，其後改封廣都縣公。周閔帝受禪，增邑六百户。累遷安武太守，專崇德教，不尚威刑。有郡民張善安、王叔兒爭財相訟，義曰：「太守德薄不勝任之所致，非其罪也。」於是取家財，倍與二人，喻而遣去。善安等各懷恥愧，移貫他州。於是風教大洽。其以德化人，皆此類也。進封建平郡公。明、武世，歷西兗、瓜、邵三州刺史。數從征伐，進位開府。

宣帝嗣位，政刑日亂，義上疏諫。時鄭譯、劉昉以恩倖當權，謂義不利於己，先惡之於帝。帝覽表色動，謂侍臣曰：「于義謗訕朝廷也。」御正大夫顏之儀進曰：「古先哲王立誹謗之木，置敢諫之鼓，猶懼不聞過。于義之言，不可罪也。」帝乃解。

及高祖作相，王謙構逆，高祖將擊之，問將於高熲。熲答曰：「于義素有經略，可爲元帥。」高祖初然之。劉昉進曰：「梁睿位望素重，不可居義之下。」高祖乃止。於是以睿爲元帥，以義爲行軍總管。謙將達奚惎擁衆據開遠，義將左軍擊破之。尋拜潼州總管，賜奴婢五百口，雜綵三千段，超拜上柱國。時義兄翼爲太尉，弟智、兄子仲文並上柱國，大將軍已上十餘人，稱爲貴戚。

歲餘，以疾免職，歸於京師。數月卒，時年五十。贈豫州刺史，謚曰剛。賻物千段，粟米五百石。子宣道、宣敏，並知名。

宣道字元明，性謹密，不交非類。仕周，釋褐左侍上士。以父功，賜爵成安縣男，邑二百户。後轉小承御上士。高祖爲丞相，引爲外兵曹，尋拜儀同。及踐阼，遷内史舍人，進爵爲子。丁父憂，水漿不入口者累日。獻皇后命中使敦諭，歲餘，起令視事。免喪，拜車騎將軍，兼左衞長史，舍人如故。後六歲，遷太子左衞副率，進位上儀同。卒，年四十二。子志寧，早知名，出繼叔父宣敏。

宣敏字仲達，少沉密，有才思。年十一，詣周趙王招，王命之賦詩。宣敏爲詩，甚有幽貞之志。王大奇之，坐客莫不嗟賞。起家右侍上士，遷千牛備身。高祖踐阼，拜奉車都尉，奉使撫慰巴、蜀。及還，上疏曰：

臣聞開盤石之宗，漢室於是惟永，建維城之固，周祚所以靈長。昔秦皇置牧守而罷諸侯，魏后暱諂邪而疎骨肉，遂使宗社移於佗族，神器傳於異姓。此事之明，甚於觀火。然山川設險，非親勿居。且蜀土沃饒，人物殷阜，西通邛、僰〔一一〕，南屬荆、巫。周德之衰，茲土遂成戎首，炎政失御，此地便爲禍先。是以明者防於無形，治者制其未亂，方可慶隆萬世，年逾七百。

伏惟陛下日角龍顔，膺樂推之運，參天貳地，居揖讓之期。億兆宅心，百神受職，理須樹建藩屏，封植子孫，繼周、漢之宏圖，改秦、魏之覆軌，抑近習之權勢，崇公族之本枝。但三蜀、三齊，古稱天險，分王戚屬，今正其時。若使利建合宜，封樹得所，巨猾息其非望，姦臣杜其邪謀。盛業洪基，同天地之長久，英聲茂實，齊日月之照臨。臣雖學謝多聞，然情深體國，輒申管見，戰灼惟深。

帝省表嘉之，謂高熲曰：「于氏世有人焉。」竟納其言，遣蜀王秀鎮於蜀。

宣敏常以盛滿之誡，昔賢所重，每懷靜退，著述志賦以見其志焉。未幾，卒官，時年二十九。

陰壽 子世師 骨儀

陰壽字羅雲，武威人也。父嵩，周夏州刺史。壽少果烈，有武幹，性謹厚，敦然諾。周世屢以軍功，拜儀同。從武帝平齊，進位開府，賜物千段，奴婢百口，女樂二十人。及高祖爲丞相，引壽爲掾。尉迥作亂，高祖以韋孝寬爲元帥擊之，令壽監軍。時孝寬有疾，不能親總戎事，每卧帳中，遣婦人傳教命。三軍綱紀，皆取決於壽。以功進位上柱國。尋以行軍總管鎮幽州，即拜幽州總管，封趙國公。

時有高寶寧者，齊氏之疎屬也，爲人桀黠，有籌筭。在齊久鎮黄龍，及齊滅，周武帝拜爲營州刺史，甚得華夷之心。高祖爲丞相，遂連結契丹、靺鞨舉兵反。高祖以中原多故，未遑進討，以書喻之而不得。開皇初，又引突厥攻圍北平。至是，令壽率步騎數萬，出盧龍塞以討之。寶寧求救於突厥。時衞王爽等諸將數道北征，突厥不能援。寶寧棄城奔于磧北，黄龍諸縣悉平。壽班師，留開府成道昂鎮之。寶寧遣其子僧伽率輕騎掠城下而去〔二〕。尋引契丹、靺鞨之衆來攻，道昂苦戰連日乃退。壽患之，於是重購寶寧，又遣人陰間其所親任者趙世模、王威等。月餘，世模率其衆降，寶寧復走契丹，爲其麾下趙脩羅所殺，北邊遂安。賜物千段。未幾，卒官，贈司空。子世師嗣。

世師少有節槩，性忠厚，多武藝。弱冠，以功臣子拜儀同，累遷驃騎將軍。煬帝嗣位，領東都瓦工監。後三歲，拜張掖太守。先是，吐谷渾及党項羌屢爲侵掠，世師至郡，有來寇者，親自捕擊，輒擒斬之，深爲戎狄所憚。入爲武賁郎將。遼東之役，出襄平道。明年，帝復擊高麗，以本官爲涿郡留守。于時盜賊蜂起，世師逐捕之，往往剋捷。及帝還，大加賞勞，拜樓煩太守。時帝在汾陽宮，世師聞始畢可汗將爲寇，勸帝幸太原。帝不從，遂有雁門之難。尋遷左翊衞將軍，與代王留守京師。及義軍至，世師自以世荷隋恩，又藩邸之舊，遂勒兵拒守。月餘，城陷，與京兆郡丞骨儀等見誅，時年五十三。

骨儀，京兆長安人也。性剛鯁，有不可奪之志。開皇初，爲侍御史，處法平當，不爲勢利所回。煬帝嗣位，遷尚書右司郎〔三〕。于時朝政漸亂，濁貨公行〔四〕，凡當樞要之職，無問貴賤，並家累金寶。天下士大夫莫不變節，而儀勵志守常，介然獨立。帝嘉其清苦，超拜京兆郡丞，公方彌著。時刑部尚書衞玄兼領京兆内史，頗行詭道，輒爲儀所執正。玄雖不便之，不能傷也。及義兵至，而玄恐禍及己，遂稱老病，無所干預。儀與世師同心叶契，父子並誅，其後遂絶。世師有子弘智等，以年幼獲全。

竇榮定

竇榮定，扶風平陵人也。父善，周太僕。季父熾，開皇初爲太傅。榮定沈深有器局，容貌瓌偉，美鬚髯，便弓馬。魏文帝時，爲千牛備身。周太祖見而奇之，授平東將軍，賜爵宜君縣子，邑三百户。後從太祖與齊人戰於北芒，周師不利。榮定與汝南公宇文神慶帥精騎二千邀擊之，齊師乃却，以功拜上儀同。後從武元皇帝引突厥木杆侵齊之并州，賜物三百段。襲爵永富縣公，邑千户，進位開府，除忠州刺史。從武帝平齊，加上開府，拜前將軍、佽飛中大夫。

其妻則高祖姊安成長公主也。高祖少小與之情契甚厚，榮定亦知高祖有人君之表，尤相推結。及高祖作相，領左右宮伯，使鎮守天臺，總統露門内兩箱仗衞，常宿禁中。遇尉迥初平，朝廷頗以山東爲意，乃拜榮定爲洛州總管以鎮之。前後賜縑四千匹，西涼女樂一部。

高祖受禪，來朝京師。上顧謂羣臣曰：「朕少惡輕薄，性相近者，唯竇榮定而已。」賜馬三百匹，部曲八十户而遣之〔五〕。坐事除名，高祖以長公主之故，尋拜右武候大將軍。上數幸其第，恩錫甚厚。每令尚食局日供羊一口，珍味稱是。以佐命功，拜上柱國、寧州刺史。未幾，復爲右武候大將軍。尋除秦州總管，賜吴樂一部。突厥沙鉢略寇邊，以爲行軍元帥，率九總管步騎三萬，出涼州。與虜戰於高越原，兩軍相持，其地無水，士卒渴甚，至刺馬血而飲，死者十有二三。榮定仰天太息，俄而澍雨，軍乃復振。於是進擊，數挫其鋒，突厥憚之，請盟而去。賜縑萬匹，進爵安豐郡公，增邑千六百户。復封子憲爲安康郡公，賜縑五千疋。

歲餘，拜右武衛大將軍，俄轉左武衛大將軍。上欲以爲三公，榮定上書曰：「臣每觀西朝衛、霍，東都梁、鄧，幸託葭莩，位極台鉉，寵積驕盈，必致傾覆。向使前賢少自貶損，遠避權勢，推而不居，則天命可保，何覆宗之有！臣每覽前脩，實爲畏懼。」上於是乃止。前後賞賜，不可勝計。

開皇六年卒，時年五十七。上爲之廢朝，令左衛大將軍元旻監護喪事，賻縑三千匹。上謂侍臣曰：「吾每欲致榮定於三事，其人固讓不可。今欲贈之，重違其志。」於是贈冀州刺史、陳國公，謚曰懿。子抗嗣。

抗美容儀，性通率，長於巧思。父卒之後，恩遇彌隆，所賜錢帛金寶，亦以鉅萬。抗官至定州刺史，復檢校幽州總管。煬帝即位，漢王諒構逆，以爲抗與通謀，由是除名，以其弟慶襲封陳公焉。

慶亦有姿儀，性和厚，頗工草隸。初封永富郡公，官至河東太守、衞尉卿。大業之末，出爲南郡太守，爲盜賊所害。

慶弟璡，亦工草隸，頗解鍾律。官歷潁川、南郡、扶風太守。

元景山

元景山字珤岳〔六〕，河南洛陽人也。祖燮，魏安定王。父琰，宋安王。景山少有器局，幹略過人。周閔帝時，從大司馬賀蘭祥擊吐谷渾，以功拜撫軍將軍。其後數從征伐，累遷儀同三司，賜爵文昌縣公，授亹川防主。後與齊人戰於北邙，斬級居多，加開府，遷建州刺史，進封宋安郡公，邑三千户。從武帝平齊，每戰有功，拜大將軍，改封平原郡公，邑二千户，賜女樂一部，帛六千匹，奴婢二百五十口，牛羊數千。

治亳州總管。先是，州民王迴洛、張季真等聚結亡命，每爲劫盜。前後牧守不能制。景山下車，逐捕之，迴洛、季真挺身奔江南。禽其黨與數百人，皆斬之。法令明肅，盜賊屏迹，稱爲大治。陳人張景遵以淮南内屬，爲陳將任蠻奴所攻，破其數栅。景山發譙、潁兵援之，蠻奴引軍而退。徵爲候正。

宣帝嗣位，從上柱國韋孝寬經略淮南。鄖州總管宇文亮謀圖不軌，以輕兵襲孝寬。孝寬窘迫，未得整陣，爲亮所薄。景山率鐵騎三百出擊，破之，斬亮傳首。以功拜亳州總管。

高祖爲丞相，尉迥稱兵作亂，滎州刺史宇文胄與迥通謀〔七〕，陰以書諷動景山。景山執其使，封書詣相府。高祖甚嘉之，進位上大將軍。司馬消難之以鄖州入陳也，陳遣將樊毅、馬傑等來援。景山率輕騎五百馳赴之，毅等懼，掠居民而遯。景山追之，一日一夜行三百餘里，與毅戰於漳口，一合皆剋。毅等退保甑山鎮。其城邑爲消難所陷者，悉平之。拜安州總管，進位柱國，前後賜帛二千匹。時桐柏山蠻相聚爲亂，景山復擊平之。

高祖受禪，拜上柱國。明年，大舉伐陳，以景山爲行軍元帥，率行軍總管韓延、吕哲出漢口。遣上開府鄧孝儒將勁卒四千，攻陳甑山鎮。陳人遣其將陸綸以舟師來援。孝儒逆擊，破之。陳將魯達、陳紀以兵守溳口，景山復遣兵擊走之。陳人大駭，甑山、沌陽二鎮守將皆棄城而遯。景山將濟江，會陳宣帝卒，有詔班師。景山大著威名，甚爲敵人所憚。後數載，坐事免，卒于家，時年五十五。贈梁州總管，賜縑千匹，謚曰襄。子成壽嗣。

成壽便弓馬，起家千牛備身。以上柱國世子，拜儀同。後爲秦王庫真車騎。煬帝嗣位，徵爲左親衞郎將。楊玄感之亂也，從刑部尚書衞玄擊之，以功進位正議大夫，拜西平通守。

源雄

源雄字世略，西平樂都人也。祖懷、父纂，俱爲魏隴西王。雄少寬厚，偉姿儀。在魏起家秘書郎，尋加征討將軍〔八〕。屬其父爲高氏所誅，雄脱身而遯，變姓名，西歸長安。周太祖見而器之，賜爵隴西郡公。後從武帝伐齊，以功授開府，改封朔方郡公，拜冀州刺史。時以突厥寇邊，徙雄爲平州刺史以鎮之。未幾，檢校徐州總管。

及高祖爲丞相，尉迥作亂。時雄家累在相州，迥潛以書誘之，雄卒不顧。高祖遺雄書曰：「公妻子在鄴城，雖言離隔，賊徒翦滅，聚會非難。今日已後，不過數旬之别，遲能開慰，無以累懷。徐部大蕃，東南襟帶，密邇吴寇，特須安撫。藉公英略，委以邊謀，善建功名，用副朝委也。」迴遣其將畢義緒據蘭陵，席毗陷昌慮、下邑。雄遣徐州刺史劉仁恩擊義緒，儀同劉弘、李琰討席毗，悉平之。

陳人見中原多故，遣其將陳紀、蕭摩訶、任蠻奴、周羅睺、樊毅等侵江北，西自江陵，東距壽陽，民多應之。攻陷城鎮。雄與吳州總管于顗、揚州總管賀若弼、黃州總管元景山等擊走之，悉復故地。東潼州刺史曹孝達據州作亂，雄遣兵襲斬之。進位上大將軍，拜徐州總管。後數歲，轉懷州刺史，尋遷朔州總管。突厥有來寇掠，雄輒捕斬之，深爲北夷所憚。

伐陳之役，高祖下册書曰：「於戲！唯爾上大將軍、朔方公雄，識悟明允，風神果毅。往牧徐方，時逢寇逆，建旟馬邑，安撫北蕃。嘉謀絶外境之虞，挺劍息韋鞴之望。沙漠以北，俱荷威恩，吕梁之間，罔不懷惠。但江淮蕞爾，有陳僭逆，今將董率戎旅，清彼東南，是用命爾爲行軍總管。往欽哉！」於是從秦王俊出信州道。及陳平，以功進位上柱國。賜子崇爵端氏縣伯，褒爲安化縣伯，賜物五千段，復鎮朔州。二歲，上表乞骸骨，徵還京師，卒于家，時年七十。

子崇嗣，官至儀同。大業中，自上黨贊治入爲尚書虞部郎。及天下盜起，將兵討北海，與賊力戰而死，贈正議大夫。

豆盧勣 子毓 勣兄通

豆盧勣字定東，昌黎徒河人也。本姓慕容，燕北地王精之後也。中山敗，歸魏，北人謂歸義爲「豆盧」，因氏焉。祖萇，魏柔玄鎮大將。父寧，柱國、太保。勣初生時，周太祖親幸寧家稱慶，時遇新破齊師，太祖因字之曰定東。勣聰悟，有器局。少受業國子學，略涉文藝。魏大統十二年，太祖以勣勳臣子，封義安縣侯。周閔帝受禪，授稍伯下大夫、開府儀同三司，改封丹陽郡公，邑千五百户。明帝時，爲左武伯中大夫。勣自以經業未通，請解職遊露門學。帝嘉之，勑以本官就學。未幾，齊王憲納勣妹爲妃，恩禮逾厚。

會武帝嗣位，拜邛州刺史。未之官，渭源燒當羌因飢饉作亂，以勣有才略，轉渭州刺史。甚有惠政，華夷悦服，德澤流行，大致祥瑞。鳥鼠山俗呼爲高武隴，其下渭水所出。其山絶壁千尋，由來乏水，諸羌苦之。勣馬足所踐，忽飛泉湧出。有白烏翔止聽前，乳子而後去，又白狼見於襄武。民爲之謡曰：「我有丹陽，山出玉漿。濟我民夷，神烏來翔。」百姓因號其泉爲玉漿泉。

後丁父艱，毁瘁過禮。天和二年，授邵州刺史，襲爵楚國公。復徵爲天官府司會，歷信夏二州總管、相州刺史，以母憂還京。宣帝大象二年〔九〕，拜利州總管，進位上大將軍。月餘，拜柱國。

高祖爲丞相，益州總管王謙作亂。勣嬰城固守，謙遣其將達奚惎、高阿那肱、乙弗虔等衆十萬攻之，起土山，鑿城爲七十餘穴，堰江水以灌之。勣時戰士不過二千，晝夜相拒。經四旬，勢漸迫。勣於是出奇兵擊之，斬數千級，降二千人。梁睿軍且至，賊因而解去。高祖遣開府趙仲卿勞之，詔曰：「勣器識優長，氣調英遠，總馭藩部，風化已行。巴、蜀稱兵，奄來圍逼，入守出戰，大摧凶醜。貞節雄規，厥功甚茂，可使持節、上柱國。賜一子爵中山縣公。」

開皇二年，突厥犯塞，以勣爲北道行軍元帥以備邊。歲餘，拜夏州總管。上以其家世貴盛，勣效克彰，甚重之。後爲漢王諒納勣女爲妃，恩遇彌厚。七年，詔曰：「上柱國、楚國公勣，蜀人寇亂之日，稱兵犯順，固守金湯，隱如敵國。嘉猷大節，其勞已多，可食始州臨津縣邑千户。」

十年，以疾徵還京師，詔諸王並至勣第，中使顧問，道路不絕。其年卒，時年五十五。上悼惜者久之，特加賵贈，鴻臚監護喪事，謚曰襄。子賢嗣，官至顯州刺史、大理少卿、武賁郎將。賢弟毓。

毓字道生，少英果，有氣節。漢王諒出鎮并州，毓以妃兄，爲王府主簿。從趙仲卿北征突厥，以功授儀同三司。

及高祖崩，煬帝即位，徵諒入朝。諒納諮議王頍之謀，發兵作亂。毓苦諫不從，因謂弟懿曰：「吾匹馬歸朝，自得免禍。此乃身計，非爲國也。今且僞從，以思後計。」毓兄顯州刺史賢言於帝曰：「臣弟毓素懷志節，必不從亂，但逼兇威，不能克遂。臣請從軍，與毓爲表裏，諒不足圖也。」帝以爲然，許之。賢密遣家人齎勑書至毓所，與之計議。諒出城，將往介州，令毓與總管屬朱濤留守。毓謂濤曰：「漢王構逆，敗不旋踵，吾豈坐受夷滅，孤負家國邪！當與卿出兵拒之。」濤驚曰：「王以大事相付，何得有是語！」因拂衣而去，毓追斬之。時諒司馬皇甫誕前以諫諒被囚。毓於是出誕，與之協計，及開府、盤石侯宿勤武，開府宇文永昌，儀同成端、長孫愷，車騎、安成侯元世雅，原武令皇甫文顥等，閉城拒諒。部分未定，有人告諒，諒襲擊之。毓見諒至，紿其衆曰：「此賊軍也。」諒攻城南門，毓時遣稽胡守堞，稽胡不識諒，射之，箭下如雨。諒復至西門，守兵皆并州人，素識諒，即開門納之。毓遂見害，時年二十八。

及諒平，煬帝下詔曰：「褒顯名節，有國通規，加等飾終，抑推令典。毓深識大義，不顧姻親，出於萬死，首建奇策。去逆歸順，殉義亡身，追加榮命，宜優恒禮。可贈大將軍，封正義縣公，賜帛二千匹，謚曰愍」。

子願師嗣，尋拜儀同三司。大業初，行新令，五等並除。未幾，帝復下詔曰：「故大將軍、正義愍公毓，臨節能固，捐生殉國，成爲令典，没世不忘。象賢無墜，德隆必祀，改封雍丘愍侯。」復以願師承襲。大業末，授千牛左右。

通字平東，勣之兄也，一名會。弘厚有器局。在周，少以父功，賜爵臨貞縣侯，邑千户。尋授大都督，俄遷儀同三司。大冢宰宇文護引之，令督親信兵，改封沃野縣公，邑四千七百户。後加開府，歷武賁中大夫、北徐州刺史。及高祖爲丞相，尉迥作逆，遣其所署莒州刺史烏丸尼率衆來攻。通逆擊，破之。賜物八百段，進位大將軍。開皇初，進爵南陳郡公。尋徵入朝，以本官典宿衞。歲餘，出拜定州刺史。後轉相州刺史。尚高祖妹昌樂長公主，自是恩禮漸隆。遷夏州總管、洪州總管。所在之職，並稱寬惠。十七年，卒官，年五十九。謚曰安。有子寬。

賀若誼

賀若誼字道機，河南洛陽人也。祖伏連，魏雲州刺史。父統，右衞將軍。誼性剛果，有幹略。在魏，以功臣子，賜爵容城縣男。累遷直閤將軍、大都督、通直散騎常侍、尚食典御。周太祖據有關中，引之左右。嘗使詣杏城，屬茹茹種落攜貳，屯於河表。誼因譬以禍福，誘令歸附，降者萬餘口。太祖深奇之，賜金銀百兩。齊遣其舍人楊暢結好於茹茹，太祖恐其并力，爲邊境之患，使誼聘茹茹。誼因啗以厚利，茹茹信之，遂與周連和，執暢付誼。太祖嘉之，拜車騎大將軍、儀同三司、略陽公府長史。

周閔帝受禪，除司射大夫，改封霸城縣子，轉左宫伯，尋加開府。後歷靈邵二州刺史，原信二州總管，俱有能名。其兄敦，爲金州總管，以讒毁伏誅。坐是免職。

武帝親總萬機，召誼治熊州刺史。平齊之役，誼率兵出函谷，先據洛陽，即拜洛州刺史，進封建威縣侯。齊范陽王高紹義之奔突厥也，誼以兵追之，戰於馬邑，遂禽紹義。以功進位大將軍。

高祖爲丞相，拜亳州總管，馳驛之部。西遏司馬消難，東拒尉迥。申州刺史李慧反，誼討之，進爵范陽郡公，授上大將軍。

開皇初，入爲右武候將軍。河間王弘北征突厥，以誼爲副元帥。軍還，轉左武候大將軍。坐事免。歲餘，拜華州刺史，俄轉敷州刺史，改封海陵郡公，復轉涇州刺史。時突厥屢爲邊患，朝廷以誼素有威名，拜靈州刺史，進位柱國。誼時年老，而筋力不衰，猶能重鎧上馬，甚爲北夷所憚。數載，上表乞骸骨，優詔許之。

誼家富於財，於郊外構一別廬，多植菓木。每邀賓客，列女樂，遊集其間。卒于家，時年七十七。子舉襲爵。

庶長子協，官至驃騎將軍。協弟祥，奉車都尉。祥弟與，車騎將軍。誼兄子弼，別有傳。

史臣曰：于義、竇榮定等，或南陽姻亞，或豐邑舊遊，運屬時來，俱宣力用。以勞定國，以功懋賞，保其禄位，貽厥子孫。析薪克荷，崇基弗墜，盛矣！豆盧毓遇屯剥之機，亡身殉義，陰世師遭天之所廢，捨命不渝。使夫死者有知，足以無愧君親矣。

校勘記

〔一〕西通卭僰　「僰」，原作「焚」，據宋甲本、北監本、汲本、殿本改。北史卷二三于栗磾傳附于宣敏傳、宋本册府卷五三一諫諍部規諫亦作「爽」。

〔二〕率輕騎掠城下　「輕」，原作「廣」，據宋甲本、至順本、汲本改。册府卷四一一將帥部間諜亦作「輕」。

〔三〕右司郎　北史卷七三陰壽傳附骨儀傳作「左司郎」。

〔四〕朝政漸亂濁貨公行　御覽卷二一三職官部一一右司郎中右司員外郎引隋書、册府卷四六二臺省部清儉作「政漸亂濁貨賂公行」，北史卷七三陰壽傳附骨儀傳作「朝政漸亂貨賄公行」。

〔五〕部曲八十户而遣之　「十」，原作「千」，據宋甲本改。北史卷六一竇熾傳附竇榮定傳亦作「十」。

〔六〕琉岳　北史卷一八景穆十二王傳下安定王休傳附元景山傳作「竇岳」。

〔七〕滎州　原作「榮州」，據北史卷一八景穆十二王傳下安定王休傳附元景山傳、本書卷一高祖紀上、卷四八楊素傳改。

〔八〕征討將軍　宋甲本、至順本、汲本作「征虜將軍」。册府卷九四九總録部逃難亦作「征虜將軍」。

〔九〕大象二年　「二」，原作「三」，據宋甲本、大德本、至順本、南監本、北監本、汲本、殿本改。隋書詳節卷一一豆盧勣傳、北史卷六八豆盧寧傳附豆盧勣傳亦作「二」。

隋書卷四十

列傳第五

梁士彥 子剛 梁默

梁士彥字相如，安定烏氏人也。少任俠，不仕州郡。性剛果，喜正人之是非。好讀兵書，頗涉經史。周世以軍功拜儀同三司。武帝將有事東夏，聞其勇決，自扶風郡守除九曲鎮將，進位上開府，封建威縣公，齊人甚憚焉。尋遷熊州刺史。

後從武帝拔晉州，進位柱國，除使持節、晉絳二州諸軍事、晉州刺史。及帝還後，齊後主親總六軍而圍之。獨守孤城，外無聲援，衆皆震懼，士彥慷慨自若。賊盡銳攻之，樓堞皆盡，城雉所存，尋仞而已。或短兵相接，或交馬出入。士彥謂將士曰：「死在今日，吾爲爾先！」於是勇烈齊奮，呼聲動地，無不一當百。齊師少卻，乃令妻妾軍民子女，晝夜修城，三日而就。帝率六軍亦至，齊師解圍，營於城東十餘里。士彥見帝，持帝鬚而泣曰：「臣幾不見陛下！」帝亦爲之流涕。時帝以將士疲倦，意欲班師。士彥叩馬諫曰：「今齊師遁，衆心皆動，因其懼也而攻之，其勢必舉。」帝從之，大軍遂進。帝執其手曰：「余之有晉州，爲平齊之基。若不固守，則事不諧矣。朕無前慮，惟恐後變，善爲我守之。」及齊平，封郕國公，進位上柱國、雍州主簿。

宣帝即位，除東南道行臺、使持節、徐州總管三十二州諸軍事、徐州刺史。與烏丸軌擒陳將吴明徹、裴忌於吕梁，别破黄陵，略定淮南地。

高祖作相，轉亳州總管二十四州諸軍事。尉迥之反也，以爲行軍總管，從韋孝寬擊之。至河陽，與迥軍相對。令家僮梁默等數人爲前鋒，士彥以其徒繼之，所當皆破。乘勝至草橋，迥衆復合，進戰，大破之。及圍鄴城，攻北門而入，馳啓西門，納宇文忻之兵。

及迥平，除相州刺史。高祖忌之，未幾，徵還京師，閑居無事。自恃元功，甚懷怨望，遂與宇文忻、劉昉等謀作亂。將率僮僕，於享廟之際〔二〕，因車駕出，圖以發機。復欲於蒲州起事，略取河北，捉黎陽關，塞河陽路，劫調布以爲牟甲，募盜賊以爲戰士。其甥裴通豫知其謀而奏之。高祖未發其事，授晉州刺史，欲觀其意。士彥欣然謂昉等曰：「天也！」又請儀同薛摩兒爲長史，高祖從之。後與公卿朝謁，高祖令左右執士彥、忻、昉等於行間，詰之曰：「爾等欲反，何敢發此意？」初猶不伏，捕薛摩兒適至，於是庭對之。摩兒具論始末，云：「第二子剛垂泣苦諫，第三子叔諧曰：『作猛獸要須成斑。』」士彥失色，顧謂摩兒曰：「汝殺我！」於是伏誅，時年七十二。

有子五人。操字孟德，出繼伯父，官至上開府、義鄉縣公、長寧王府驃騎，早卒。剛字永固，弱冠授儀同，以平尉迴勳，加開府。擊突厥有功，進位上大將軍、通政縣公、涇州刺史。士彥之誅也，以諫獲免，徙瓜州。叔諧官至上儀同、廣平縣公、車騎將軍。志遠爲安定伯，務爲建威伯，皆坐士彥誅。

梁默者，士彥之蒼頭，驍武絕人。士彥每從征伐，常與默陷陣。仕周，致位開府。開皇末，以行軍總管從楊素北征突厥，進位大將軍。漢王諒之反也，復以行軍總管從楊素討平之，加授柱國。大業五年，從煬帝征吐谷渾，遇賊力戰而死，贈光祿大夫。

宇文忻

宇文忻字仲樂，本朔方人，徙京兆。祖莫豆于，周安平公〔二〕。父貴，周大司馬〔三〕、許國公。忻幼而敏慧，爲兒童時，與羣輩遊戲，輒爲部伍，進止行列，無不用命，有識者見而異之。年十二，能左右馳射，驍捷若飛。恒謂所親曰：「自古名將，唯以韓、白、衞、霍爲美談，吾察其行事，未足多尚。若使與僕並時，不令豎子獨擅高名也。」其少小慷慨如此。年十八，從周齊王憲討突厥有功，拜儀同三司，賜爵興固縣公。韋孝寬之鎮玉壁也，以忻驍勇，請與同行。屢有戰功，加位開府、驃騎將軍，進爵化政郡公，邑二千户。

從武帝伐齊，攻拔晉州。齊後主親馭六軍，兵勢甚盛，帝憚之，欲旋師。忻諫曰：「以陛下之聖武，乘敵人之荒縱，何往不克！若使齊人更得令主，君臣協力，雖湯、武之勢，未易平也。今主暗臣愚，兵無鬬志，雖有百萬之衆，實爲陛下奉耳。」帝從之，戰遂大克。及帝攻陷并州，先勝後敗，帝爲賊所窘，左右皆殲，帝挺身而遁，諸將多勸帝還。忻勃然而進曰：「自陛下克晉州，破高緯，乘勝逐北，以至於此。致令僞主奔波，關東響振，自古行兵用師，未有若斯之盛也。昨日破城，將士輕敵，微有不利，何足爲懷。丈夫當死中求生，敗中取勝。今者破竹，其勢已成，奈何棄之而去？」帝納其言，明日復戰，遂拔晉陽。及齊平，進位大將軍，賜物千段。尋與烏丸軌破陳將吴明徹於吕梁，進位柱國，賜奴婢二百口，除豫州總管。

高祖龍潛時，與忻情好甚協，及爲丞相，恩顧彌隆。尉迥作亂，以忻爲行軍總管，從韋孝寬擊之。時兵屯河陽，諸軍莫敢先進。帝令高熲馳驛監軍，與熲密謀進取者，唯忻而已。迥遣子惇，盛兵武陟，忻先鋒擊走之。進臨相州，迥遣精甲三千伏於野馬岡，欲邀官軍。忻以五百騎襲之，斬獲略盡。進至草橋，迥又拒守，忻率奇兵擊破之，直趨鄴下。迥背城結陣，與官軍大戰，官軍不利。時鄴城士女觀戰者數萬人，忻與高熲、李詢等謀曰：「事急矣，當以權道破之。」於是擊所觀者，大囂而走，轉相騰藉，聲如雷霆。忻乃傳呼曰：「賊敗矣！」衆軍復振，齊力急擊之，迥軍大敗。及平鄴城，以功加上柱國，賜奴婢二百口，牛馬羊萬計。高祖顧謂忻曰：「尉迥傾山東之衆，運百萬之師，公舉無遺策，戰無全陣，誠天下之英傑也。」進封英國公，增邑三千户。自是以後，每參帷幄，出入卧内，禪代之際，忻有力焉。後拜右領軍大將軍，恩顧彌重。

忻妙解兵法，馭戎齊整，當時六軍有一善事，雖非忻所建，在下輒相謂曰：「此必英公法也。」其見推服如此。後改封杞國公。上嘗欲令忻率兵擊突厥，高熲言於上曰：「忻有異志，不可委以大兵。」乃止。

忻既佐命功臣，頻經將領，有威名於當世。上由是微忌焉，以讒去官。忻與梁士彦昵狎，數相往來，士彦時亦怨望，陰圖不軌。忻謂士彦曰：「帝王豈有常乎？相扶即是。公於蒲州起事，我必從征。兩陣相當，然後連結，天下可圖也。」謀洩伏誅，年六十四，家口籍没。

忻兄善，弘厚有武藝。仕周，官至上柱國、許國公。高祖受禪，遇之甚厚，拜其子穎爲上儀同。及忻誅，並廢于家。善未幾卒。穎至大業中，爲司農少卿。及李密逼東都，叛歸于密。忻弟愷，别有傳。

王誼

王誼字宜君，河南洛陽人也。父顯，周鳳州刺史。誼少慷慨，有大志，便弓馬，博覽羣言。周閔帝時，爲左中侍上士。時大冢宰宇文護執政，勢傾王室，帝拱默無所關預。有朝士於帝側，微爲不恭，誼勃然而進，將擊之。其人惶懼請罪，乃止。自是朝士無敢不肅。歲餘，遷御正大夫。丁父艱，毁瘁過禮，廬於墓側，負土成墳。歲餘，起拜雍州别駕，固讓，不許。

武帝即位，授儀同，累遷内史大夫，封楊國公。從帝伐齊，至并州，帝既入城，反爲齊人所敗，左右多死。誼率麾下驍雄赴之，帝賴以全濟。時帝以六軍挫衄，將班師。誼固諫，帝從之。及齊平，授相州刺史。未幾，復徵爲大内史。汾州稽胡爲亂，誼率兵擊之。帝弟越王盛、譙王儉雖爲總管，並受誼節度，其見重如此。及平賊而還，賜物五千段，封一子開國公。帝臨崩，謂皇太子曰：「王誼社稷臣，宜處以機密，不須遠任也。」皇太子即位，是爲宣帝。憚誼剛正，出爲襄州總管。

及高祖爲丞相，轉爲鄭州總管。司馬消難舉兵反，高祖以誼爲行軍元帥，率四總管討之。軍次近郊，消難懼而奔陳。于時北至商、洛，南拒江淮，東西二千餘里，巴蠻多叛，共推渠帥蘭雒州爲主。雒州自號河南王，以附消難，北連尉迥。誼率行軍總管李威、馮暉、李遠等分討之，旬月皆平。高祖以誼前代舊臣，甚加禮敬，遣使勞問，冠蓋不絶。以第五女妻其子奉孝，尋拜大司徒。誼自以與高祖有舊，亦歸心焉。

及上受禪，顧遇彌厚，上親幸其第，與之極歡。太常卿蘇威立議，以爲户口滋多，民田不贍，欲減功臣之地以給民。誼奏曰：「百官者，歷世勳賢，方蒙爵土。一旦削之，未見其可。如臣所慮，正恐朝臣功德不建，何患人田有不足？」上然之，竟寢威議。開皇初，上將幸岐州，誼諫曰：「陛下初臨萬國，人情未洽，何用此行？」上戲之曰：「吾昔與公位望齊等，一朝屈節爲臣，或當恥愧。是行也，震揚威武，欲以服公心耳。」誼笑而退。尋奉使突厥，上嘉其稱旨，進封郢國公。

未幾，其子奉孝卒。踰年，誼上表，言公主少，請除服。御史大夫楊素劾誼曰：「臣聞喪服有五，親疎異節，喪制有四，降殺殊文。王者之所常行，故曰不易之道也。是以賢者不得踰，不肖者不得不及。而儀同王奉孝，既尚蘭陵公主，奉孝以去年五月身喪，始經一周，而誼便請除釋。竊以雖曰王姬，終成下嫁之禮，公則主之，猶在移天之義。況復三年之喪，自上達下，及朞釋服，在禮未詳。然夫婦則人倫攸始，喪紀則人道至大，苟不重之，取笑君子。故鑽燧改火，責以居喪之速，朝祥暮歌，譏以忘哀之早。然誼雖不自彊，爵位已重，欲爲無禮，其可得乎？乃薄俗傷教，爲父則不慈，輕禮易喪，致婦於無義。若縱而不正，恐傷風俗，請付法推科。」有詔勿治，然恩禮稍薄，誼頗怨望。或告誼謀反，上令案其事。主者奏誼有不遜之言，實無反狀，上賜酒而釋之。

于時上柱國元諧亦頗失意，誼數與相往來，言論醜惡。胡僧告之，公卿奏誼大逆不道，罪當死。上見誼，愴然曰：「朕與公舊爲同學，甚相憐愍，將奈國法何？」於是下詔曰：「誼，有周之世，早豫人倫，朕共遊庠序，遂相親好。然性懷險薄，巫覡盈門，鬼言怪語，稱神道聖。朕受命之初，深存誡約，口云改悔，心實不悛。乃說四天王神道，誼應受命，書有誼讖，天有誼星，桃、鹿二川，岐州之下，歲在辰巳，興帝王之業。密令卜問，伺殿省之災。又說其身是明王，信用左道，所在詿誤，自言相表當王不疑。此而赦之，將或爲亂，禁暴除惡，宜伏國刑。」上復令大理正趙綽謂誼曰：「時命如此，將若之何！」於是賜死於家，時年四十六。

元諧

元諧，河南洛陽人也，家代貴盛。諧性豪俠，有氣調。少與高祖同受業於國子，甚相友愛。後以軍功，累遷大將軍。及高祖爲丞相，引致左右。諧白高祖曰：「公無黨援，譬如水間一堵牆，大危矣。公其勉之。」尉迥作亂，遣兵寇小鄉，令諧擊破之。及高祖受禪，上顧諧，笑曰：「水間牆竟何如也？」於是賜宴極歡。進位上大將軍，封樂安郡公，邑千户。奉詔參修律令。

時吐谷渾寇涼州，詔諧爲行軍元帥，率行軍總管賀婁子幹、郭竣、元浩等步騎數萬擊之。上勑諧曰：「公受朝寄，總兵西下，本欲自寧疆境，保全黎庶，非是貪無用之地，害荒服之民。王者之師，意在仁義。渾賊若至界首者，公宜曉示以德，臨之以教，誰敢不服也！」時賊將定城王鍾利房率騎三千度河，連結党項。諧率兵出鄯州，趣青海，邀其歸路。吐谷渾引兵拒諧，相遇於豐利山。賊鐵騎二萬，與諧大戰，諧擊走之。賊駐兵青海，遣其太子可博汗以勁騎五萬來掩官軍。諧逆擊，敗之，追奔三十餘里，俘斬萬計，虜大震駭。於是移書諭以禍福，其名王十七人、公侯十三人，各率其所部來降。上大悅，下詔曰：「褒善疇庸，有聞前載，諧識用明達，神情警悟，文規武略，譽流朝野。申威拓土，功成疆埸，深謀大節，實簡朕心。加禮延代，宜隆賞典。可柱國〔四〕，別封一子縣公。」諧拜寧州刺史，頗有威惠。然剛愎，好排詆，不能取媚於左右。嘗言於上曰：「臣一心事主，不曲取人意。」上曰：「宜終此言。」後以公事免。

時上柱國王誼有功於國，與諧俱無任用，每相往來。胡僧告諧、誼謀反，上按其事，無逆狀，上慰諭而釋之。未幾，誼伏誅，諧漸被疎忌。然以龍潛之舊，每預朝請，恩禮無虧。及上大宴百寮，諧進曰：「陛下威德遠被，臣請突厥可汗爲候正，陳叔寶爲令史。」上曰：「朕平陳國，以伐罪弔人，非欲誇誕取威天下。公之所奏，殊非朕心。突厥不知山川，何能警候！叔寶昏醉，寧堪驅使！」諧默然而退。

後數歲，有人告諧與從父弟上開府滂、臨澤侯田鸞、上儀同祁緒等謀反。上令案其事。有司奏：「諧謀令祁緒勒党項兵，即斷巴、蜀。時廣平王雄、左僕射高熲二人用事，諧欲譖去之，云：『左執法星動已四年矣，狀一奏，高熲必死。』又言：『太白犯月，光芒相照，主殺大臣，楊雄必當之。』諧嘗與滂同謁上，諧私謂滂曰：『我是主人，殿上者賊也。』因令滂望氣，滂曰：『彼雲似蹲狗走鹿，不如我輩有福德雲。』」上大怒，誻、滂、鸞、緒並伏誅，籍沒其家。

王世積

王世積，闡熙新囶人也。父雅，周使持節、開府儀同三司。世積容貌魁岸，腰帶十圍，風神爽拔，有傑人之表。在周，有軍功，拜上儀同，封長子縣公。高祖爲丞相，尉迥作亂，從韋孝寬擊之，每戰有功，拜上大將軍。

高祖受禪，進封宜陽郡公。高熲美其才能，甚善之。嘗密謂熲曰：「吾輩俱周之臣子，社稷淪滅，其若之何？」熲深拒其言。未幾，授蘄州總管。平陳之役，以舟師自蘄水趣九江，與陳將紀瑱戰於蘄口，大破之。既而晉王廣已平丹陽，世積於是移書告諭，遣千金公權始璋略取新蔡。陳江州司馬黄偲棄城而遁，始璋入據其城。世積繼至，陳豫章太守徐璒、廬陵太守蕭廉、潯陽太守陸仲容、巴山太守王誦、太原太守馬頲、齊昌太守黄正始、安成太守任瓘等，及鄱陽、臨川守將，並詣世積降。以功進位柱國、荆州總管，賜絹五千段，加之寶帶，邑三千户。後數歲，桂州人李光仕作亂，世積以行軍總管討平之。上遣都官員外郎辛凱卿馳勞之。及還，進位上柱國，賜物二千段。上甚重之。世積見上性忌刻，功臣多獲罪，由是縱酒，不與執政言及時事。上以爲有酒疾，舍之宮內，令醫者療之。世積詭稱疾愈，始得就第。

及起遼東之役，世積與漢王並爲行軍元帥，至柳城，遇疾疫而還。拜涼州總管，令騎士七百人送之官。未幾，其親信安定皇甫孝諧有罪，吏捕之，亡抵世積。世積不納，由是有憾。孝諧竟配防桂州，事總管令狐熙。熙又不之禮，甚困窮，因徼幸上變，稱：「世積嘗令道人相其貴不？道人答曰：『公當爲國主。』謂其妻曰：『夫人當爲皇后。』又將之涼州，其所親謂世積曰：『河西天下精兵處，可以圖大事也。』世積曰：『涼州土曠人稀，非用武之國。』」由是被徵入朝，按其事。有司奏：「左衞大將軍元旻、右衞大將軍元胄、左僕射高熲，並與世積交通，受其名馬之贈。」世積竟坐誅，旻、胄等免官，拜孝諧爲上大將軍。

虞慶則

虞慶則，京兆櫟陽人也。本姓魚，其先仕於赫連氏，遂家靈武，代爲北邊豪傑。父祥，周靈武太守。慶則幼雄毅，性倜儻，身長八尺，有膽氣，善鮮卑語，身被重鎧，帶兩鞬，左右馳射，本州豪俠皆敬憚之。初以弋獵爲事，中便折節讀書，常慕傅介子、班仲升爲人。仕周，釋褐中外府行參軍，稍遷外兵參軍事，襲爵沁源縣公。宣政元年，授儀同大將軍，除并州總管長史。二年，授開府。時稽胡數爲反叛，越王盛、內史下大夫高熲討平之。將班師，熲與盛謀，須文武幹略者鎮遏之。表請慶則，於是即拜石州總管。甚有威惠，境內清肅，稽胡慕義而歸者八千餘户。

開皇元年，進位大將軍，遷內史監、吏部尚書、京兆尹，封彭城郡公，營新都總監。二年冬，突厥入寇，慶則爲元帥討之。部分失所，士卒多寒凍，墮指者千餘人。偏將達奚長儒率騎兵二千人別道邀賊，爲虜所圍甚急，慶則案營不救。由是長儒孤軍獨戰，死者十八九，上不之責也。尋遷尚書右僕射。

後突厥主攝圖將內附，請一重臣充使，於是上遣慶則詣突厥所。攝圖恃彊，初欲亢禮，慶則責以往事，攝圖不服。其介長孫晟又說諭之，攝圖及弟葉護皆拜受詔，因即稱臣朝貢，請永爲藩附。初，慶則出使，高祖敕之曰：「我欲存立突厥，彼送公馬，但取五三匹。」攝圖見慶則，贈馬千匹，又以女妻之。上以慶則勳高，皆無所問。授上柱國，封魯國公，食任城縣千户。詔以彭城公迴授第二子義。

高祖平陳之後，幸晉王第，置酒會羣臣。高熲等奉觴上壽。上因曰：「高熲平江南，虞慶則降突厥，可謂茂功矣。」楊素曰：「皆由至尊威德所被。」慶則曰：「楊素前出兵武牢、硤石，若非至尊威德，亦無克理。」遂與互相長短。御史欲彈之，上曰：「今日計功爲樂，宜不須劾。」上觀羣臣宴射，慶則進曰：「臣蒙賚酒食，令盡樂，御史在側，恐醉而被彈。」上賜御史酒，因遣之出。慶則奉觴上壽，極歡。上謂諸公曰：「飲此酒，願我與諸公等子孫常如今日，世守富貴。」九年，轉爲右衞大將軍，尋改爲右武候大將軍。

開皇十七年，嶺南人李賢據州反，高祖議欲討之。諸將二三請行，皆不許。高祖顧謂慶則曰：「位居宰相，爵乃上公，國家有賊，遂無行意，何也？」慶則拜謝恐懼，上乃遣焉。爲桂州道行軍總管，以婦弟趙什柱爲隨府長史。什柱先與慶則愛妾通，恐事彰，乃宣言曰：「慶則不欲此行。」遂聞於上。先是，朝臣出征，上皆宴別，禮賜遣之。及慶則南討辭上，上色不悦，慶則由是怏怏不得志。暨平賢，至潭州臨桂鎮，慶則觀眺山川形勢，曰：「此誠嶮固，加以足糧，若守得其人，攻不可拔。」遂使什柱馳詣京奏事，觀上顏色。什柱至京，因告慶則謀反。上案驗之，慶則於是伏誅。拜什柱爲柱國。

慶則子孝仁，幼豪俠任氣，起家拜儀同，領晉王親信。坐父事除名。煬帝嗣位，以藩邸之舊，授候衞長史，兼領金谷監，監禁苑。有巧思，頗稱旨。九年，伐遼，授都水丞，充使監運，頗有功。然性奢華，以駱駝負函盛水養魚而自給。十一年，或告孝仁謀圖不軌，遂誅之。其弟澄道，東宮通事舍人，坐除名。

元胄

元胄，河南洛陽人也，魏昭成帝之六代孫。祖順，魏濮陽王。父雄，武陵王。胄少英果，多武藝，美鬚眉，有不可犯之色。周齊王憲見而壯之，引致左右，數從征伐。官至大將軍。

高祖初被召入，將受顧託，先呼胄，次命陶澄，並委以腹心，恒宿卧内。及爲丞相，每典軍在禁中，又引弟威俱入侍衞。周趙王招知高祖將遷周鼎，乃要高祖就第。趙王引高祖入寢室，左右不得從，唯楊弘與胄兄弟坐於户側。趙王謂其二子員、貫曰：「汝當進瓜，我因刺殺之。」及酒酣，趙王欲生變，以佩刀子刺瓜，連啗高祖，將爲不利。胄進曰：「相府有事，不可久留。」趙王訶之曰：「我與丞相言，汝何爲者！」叱之使却。胄瞋目憤氣，扣刀入衞。趙王問其姓名，胄以實對。趙王曰：「汝非昔事齊王者乎？誠壯士也！」因賜之酒，曰：「吾豈有不善之意邪？卿何猜警如是！」趙王僞吐，將入後閤，胄恐其爲變，扶令上坐，如此者再三。趙王稱喉乾，命胄就厨取飲，胄不動。會滕王逌後至，高祖降階迎之，胄與高祖耳語曰：「事勢大異，可速去。」高祖猶不悟，謂曰：「彼無兵馬，復何能爲？」胄曰：「兵馬悉他家物，一先下手，大事便去。胄不辭死，死何益耶？」高祖復入坐。胄聞屋後有被甲聲，遽請曰：「相府事殷，公何得如此？」因扶高祖下牀，趣而去。趙王將追之，胄以身蔽户，王不得出。高祖及門，胄自後而至。趙王恨不時發，彈指出血。及誅趙王，賞賜不可勝計。

高祖受禪，進位上柱國，封武陵郡公，邑三千户。拜左衞將軍，尋遷右衞大將軍。高祖從容曰：「保護朕躬，成此基業，元胄功也。」後數載，出爲豫州刺史，歷亳、淅二州刺史。時突厥屢爲邊患，朝廷以胄素有威名，拜靈州總管，北夷甚憚焉。後復徵爲右衞大將軍，親顧益密。嘗正月十五日，上與近臣登高，時胄下直，上令馳召之。及胄見，上謂曰：「公與外人登高，未若就朕勝也〔五〕。」賜宴極歡。晉王廣每致禮焉。

房陵王之廢也，胄豫其謀。上正窮治東宮事，左衞大將軍元旻苦諫，楊素乃譖之。上大怒，執旻於仗。胄時當下直，不去，因奏曰：「臣不下直者，爲防元旻耳。」復以此言激怒上，上遂誅旻，賜胄帛千匹。蜀王秀之得罪，胄坐與交通，除名。

煬帝即位，不得調。時慈州刺史上官政坐事徙嶺南〔六〕，將軍丘和亦以罪廢。胄與和有舊，因數從之遊。胄嘗酒酣謂和曰：「上官政壯士也，今徙嶺表，得無大事乎？」因自拊腹曰：「若是公者，不徒然矣。」和明日奏之，胄竟坐死。於是徵政爲驍衞將軍〔七〕，拜和代州刺史。

史臣曰：昔韓信愆垓下之期，則項王不滅，英布無淮南之舉，則漢道未隆。以二子之勳庸，咸憤怨而葅戮，況乃無古人之殊績，而懷悖逆之心者乎！梁士彥、宇文忻皆一時之壯士也，遭雲雷之會，並以勇略成名，遂貪天之功以爲己力。報者倦矣，施者未厭，將生厲階，求逞其欲。及茲顛墜，自取之也。王誼、元諧、王世積、虞慶則、元胄，或契闊艱厄，或綢繆恩舊，將安將樂，漸見遺忘，内懷怏怏，矜伐不已。雖時主之刻薄，亦言語以速禍乎？然高祖佐命元功，鮮有終其天命，配享清廟，寂寞無聞。斯蓋草創帝圖，事出權道，本異同心，故久而逾薄。其牽牛蹊田，雖則有罪，奪之非道，能無怨乎？皆深文巧詆，致之刑辟，高祖沉猜之心，固已甚矣。求其餘慶，不亦難哉！

校勘記

〔一〕於享廟之際　「享」，原作「亨」，據宋甲本、北監本、汲本、殿本改。

〔二〕周安平公　「周」，原作「魏」，周書卷一九宇文貴傳，其父因宇文貴勳而於北周保定中追贈安平郡公，今據改。

〔三〕周大司馬　據周書卷一九宇文貴傳，貴曾任大司空、大司徒，未言曾任大司馬。

〔四〕柱國　北史卷七三元諧傳、通志卷一六一元諧傳作「上柱國」。

〔五〕未若就朕勝也　宋甲本無「勝」字。北史卷七三元胄傳、册府卷六二六環衛部寵異亦無。

〔六〕時慈州刺史　「時」字原闕，據宋甲本、至順本補。北史卷七三元胄傳亦有「時」字。

〔七〕驍衛將軍　北史卷七三元胄傳作「驍騎將軍」。

隋書卷四十一

列傳第六

高熲

高熲字昭玄，一名敏，自云渤海蓨人也。父賓，背齊歸周，大司馬獨孤信引爲寮佐，賜姓獨孤氏。及信被誅，妻子徙蜀。文獻皇后以賓父之故吏，每往來其家。賓後官至鄀州刺史，及熲貴，贈禮部尚書、渤海公〔一〕。

熲少明敏，有器局，略涉書史，尤善詞令。初，孩孺時，家有柳樹，高百許尺，亭亭如蓋。里中父老曰：「此家當出貴人。」年十七，周齊王憲引爲記室。武帝時，襲爵武陽縣伯，除內史上士，尋遷下大夫。以平齊功，拜開府。尋從越王盛擊隰州叛胡，平之。

高祖得政，素知熲彊明，又習兵事，多計略，意欲引之入府。遣邗國公楊惠諭意，熲承旨欣然曰：「願受驅馳。縱令公事不成，熲亦不辭滅族。」於是爲相府司録。時長史鄭譯、司馬劉昉並以奢縱被疎，高祖彌屬意於熲，委以心膂。尉迥之起兵也，遣子惇率步騎八萬，進屯武陟。高祖令韋孝寬擊之，軍至河陽，莫敢先進。高祖以諸將不一，令崔仲方監之，仲方辭父在山東。時熲又見劉昉、鄭譯並無去意，遂自請行，深合上旨，遂遣熲。熲受命便發，遣人辭母，云忠孝不可兩兼，歔欷就路。至軍，爲橋於沁水，賊於上流縱火栰〔二〕，熲預爲木狗以禦之〔三〕。既度，焚橋而戰，大破之。遂至鄴下，與迥交戰，仍共宇文忻、李詢等設策，因平尉迥。軍還，侍宴於卧内，上撤御帷以賜之。進位柱國，改封義寧縣公，遷相府司馬，任寄益隆。

高祖受禪，拜尚書左僕射，兼納言，進封渤海郡公，朝臣莫與爲比，上每呼爲獨孤而不名也。熲深避權勢，上表遜位，讓於蘇威。上欲成其美，聽解僕射。數日，上曰：「蘇威高蹈前朝，熲能推舉。吾聞進賢受上賞，寧可令去官！」於是命熲復位。俄拜左衛大將軍，本官如故。時突厥屢爲寇患，詔熲鎮遏緣邊。及還，賜馬百餘匹，牛羊千計。領新都大監，制度多出於熲。熲每坐朝堂北槐樹下以聽事，其樹不依行列，有司將伐之。上特命勿去，以示後人。其見重如此。又拜左領軍大將軍，餘官如故。母憂去職，二旬起令視事。熲流涕辭讓，優詔不許。

開皇二年，長孫覽、元景山等伐陳，令熲節度諸軍。會陳宣帝薨，熲以禮不伐喪，奏請班師。蕭巖之叛也，詔熲綏集江、漢，甚得人和。上嘗問熲取陳之策，熲曰：「江北地寒，田收差晚，江南土熱，水田早熟。量彼收穫之際，微徵士馬，聲言掩襲。彼必屯兵禦守，足得廢其農時。彼既聚兵，我便解甲，再三若此，賊以爲常。後更集兵，彼必不信，猶豫之頃，我乃濟師，登陸而戰，兵氣益倍。又江南土薄，舍多竹茅，所有儲積，皆非地窖。密遣行人，因風縱火，待彼修立，復更燒之。不出數年，自可財力俱盡。」上行其策，由是陳人益弊。九年，晉王廣大舉伐陳，以熲爲元帥長史，三軍諮禀，皆取斷於熲。及陳平，晉王欲納陳主寵姬張麗華。熲曰：「武王滅殷，戮妲己。今平陳國，不宜取麗華。」乃命斬之，王甚不悅。及軍還，以功加授上柱國，進爵齊國公，賜物九千段，定食千乘縣千五百户。上因勞之曰：「公伐陳後，人言公反，朕已斬之。君臣道合，非青蠅所間也。」熲又遜位，詔曰：「公識鑒通遠，器略優深，出參戎律，廓清淮海，入司禁旅，實委心腹。自朕受命，常典機衡，竭誠陳力，心迹俱盡。此則天降良輔，翊贊朕躬，幸無詞費也。」其優獎如此。

是後右衛將軍龐晃及將軍盧賁等，前後短熲於上。上怒之，皆被疏黜。因謂熲曰：「獨孤公猶鏡也，每被磨瑩，皎然益明。」未幾，尚書都事姜曄、楚州行參軍李君才並奏稱水旱不調，罪由高熲，請廢黜之。二人俱得罪而去，親禮逾密。上幸并州，留熲居守。及上還京，賜縑五千匹，復賜行宮一所，以爲莊舍。其夫人賀拔氏寢疾，中使顧問，絡繹不絶。上親幸其第，賜錢百萬，絹萬匹，復賜以千里馬。上嘗從容命熲與賀若弼言及平陳事，熲曰：「賀若弼先獻十策，後於蔣山苦戰破賊。臣文吏耳，焉敢與大將軍論功！」帝大笑，時論嘉其有讓。尋以其子表仁取太子勇女，前後賞賜不可勝計。時熒惑入太微，犯左執法。術者劉暉私言於熲曰：「天文不利宰相，可修德以禳之。」熲不自安，以暉言奏之，上厚加賞慰。突厥犯塞，以熲爲元帥，擊賊破之。又出白道，進圖入磧，遣使請兵。近臣緣此言熲欲反，上未有所答，熲亦破賊而還。

時太子勇失愛於上，潛有廢立之意。謂熲曰：「晉王妃有神憑之，言王必有天下，若之何？」熲長跪曰：「長幼有序，其可廢乎！」上默然而止。獨孤皇后知熲不可奪，陰欲去之。初，夫人卒，后言於上曰：「高僕射老矣，而喪夫人，陛下何能不爲之娶！」上以后言謂熲，熲流涕謝曰：「臣今已老，退朝之後，唯齋居讀佛經而已。雖陛下垂哀之深，至於納室，非臣所願。」上乃止。至是，熲愛妾産男，上聞之極歡，后甚不悦。上問其故，后曰：「陛下當復信高熲邪？始陛下欲爲熲娶，熲心存愛妾，面欺陛下。今其詐已見，陛下安得信之！」上由是疎熲。會議伐遼東，熲固諫不可。上不從，以熲爲元帥長史，從漢王征遼東，遇霖潦疾疫，不利而還。后言於上曰：「熲初不欲行，陛下彊遣之，妾固知其無功矣。」

又上以漢王年少，專委軍於熲。熲以任寄隆重，每懷至公，無自疑之意。諒所言多不用，甚銜之。及還，諒泣言於后曰：「兒幸免高熲所殺。」上聞之，彌不平。俄而上柱國王世積以罪誅，當推覈之際，乃有宮禁中事，云於熲處得之。上欲成熲之罪，聞此大驚。時上柱國賀若弼、吴州總管宇文弢、刑部尚書薛胄、民部尚書斛律孝卿、兵部尚書柳述等明熲無罪，上逾怒，皆以之屬吏。自是朝臣莫敢言者。熲竟坐免，以公就第。

未幾，上幸秦王俊第，召熲侍宴。熲歔欷悲不自勝，獨孤皇后亦對之泣，左右皆流涕。上謂熲曰：「朕不負公，公自負也。」因謂侍臣曰：「我於高熲勝兒子，雖或不見，常似目前。自其解落，瞑然忘之，如本無高熲。不可以身要君，自云第一也。」

頃之，熲國令上熲陰事，稱：「其子表仁謂熲曰：『司馬仲達初託疾不朝，遂有天下。公今遇此，焉知非福！』」於是上大怒，囚熲於内史省而鞫之。憲司復奏熲他事，云：「沙門真覺嘗謂熲云：『明年國有大喪。』尼令暉復云：『十七、十八年，皇帝有大厄。十九年不可過。』」上聞而益怒，顧謂羣臣曰：「帝王豈可力求。孔子以大聖之才，作法垂世，寧不欲大位邪？天命不可耳。熲與子言，自比晉帝，此何心乎？」有司請斬熲。上曰：「去年殺虞慶則，今茲斬王世積，如更誅熲，天下其謂我何？」於是除名爲民。熲初爲僕射，其母誡之曰：「汝富貴已極，但有一斫頭耳，爾宜慎之！」熲由是常恐禍變。及此，熲歡然無恨色，以爲得免於禍。

煬帝即位，拜爲太常。時詔收周、齊故樂人及天下散樂。熲奏曰：「此樂久廢。今若徵之，恐無識之徒棄本逐末，遞相教習。」帝不悦。帝時侈靡，聲色滋甚，又起長城之役。熲甚病之，謂太常丞李懿曰：「周天元以好樂而亡，殷鑒不遥，安可復爾！」時帝遇啓民可汗恩禮過厚，熲謂太府卿何稠曰：「此虜頗知中國虚實、山川險易，恐爲後患。」復謂觀王雄曰：「近來朝廷殊無綱紀。」有人奏之，帝以爲謗訕朝政，於是下詔誅之，諸子徙邊。

熲有文武大略，明達世務。及蒙任寄之後，竭誠盡節，進引貞良，以天下爲己任。蘇威、楊素、賀若弼、韓擒等，皆熲所推薦，各盡其用，爲一代名臣。自餘立功立事者，不可勝數。當朝執政將二十年，朝野推服，物無異議。治致升平，熲之力也。論者以爲真宰相。及其被誅，天下莫不傷惜，至今稱冤不已。所有奇策密謀及損益時政，熲皆削藁，世無知者。

其子盛道，官至莒州刺史，徙柳城而卒。次弘德，封應國公，晉王府記室。次表仁，封渤海郡公，徙蜀郡。

蘇威 子夔

蘇威字無畏，京兆武功人也。父綽，魏度支尚書。威少有至性，五歲喪父，哀毁有若成人。周太祖時，襲爵美陽縣公，仕郡功曹。大冢宰宇文護見而禮之，以其女新興主妻焉。見護專權，恐禍及己，逃入山中，爲叔父所逼，卒不獲免。然威每屏居山寺，以諷讀爲娱。未幾，授使持節、車騎大將軍、儀同三司，改封懷道縣公。武帝親總萬機，拜稍伯下大夫。前後所授，並辭疾不拜。有從父妹者，適河南元雄。雄先與突厥有隙，突厥入朝，請雄及其妻子，將甘心焉。周遂遣之。威曰：「夷人昧利，可以賂動。」遂標賣田宅，罄家所有以贖雄，論者義之。宣帝嗣位，就拜開府。

高祖爲丞相，高熲屢言其賢，高祖亦素重其名，召之。及至，引入卧内，與語大悦。居月餘，威聞禪代之議，遁歸田里。高熲請追之，高祖曰：「此不欲預吾事，且置之。」及受禪，徵拜太子少保。追贈其父爲邳國公，邑三千户，以威襲焉。俄兼納言、民部尚書。威上表陳讓，詔曰：「舟大者任重，馬駿者遠馳。以公有兼人之才，無辭多務也。」威乃止。

初，威父在西魏，以國用不足，爲征税之法，頗稱爲重。既而歎曰：「今所爲者，正如張弓，非平世法也。後之君子，誰能弛乎？」威聞其言，每以爲己任。至是，奏減賦役，務從輕典，上悉從之。漸見親重，與高熲參掌朝政。威見宫中以銀爲幔鉤，因盛陳節儉之美以諭上。上爲之改容，彫飾舊物，悉命除毁。上嘗怒一人，將殺之，威入閤進諫，不納。上怒甚，將自出斬之，威當上前不去。上避之而出，威又遮止，上拂衣而入。良久，乃召威謝曰：「公能若是，吾無憂矣。」於是賜馬二匹，錢十餘萬。

尋復兼大理卿、京兆尹、御史大夫，本官悉如故。治書侍御史梁毗以威領五職，安繁戀劇，無舉賢自代之心，抗表劾威。上曰：「蘇威朝夕孜孜，志存遠大，舉賢有闕，何遽迫之！」顧謂威曰：「用之則行，舍之則藏，唯我與爾有是夫！」因謂朝臣曰：「蘇威不值我，無以措其言；我不得蘇威，何以行其道？楊素才辯無雙，至若斟酌古今，助我宣化，非威之匹也。蘇威若逢亂世，南山四皓，豈易屈哉！」其見重如此。

未幾，拜刑部尚書，解少保、御史大夫之官。後京兆尹廢，檢校雍州別駕。時高熲與威同心協贊，政刑大小，無不籌之，故革運數年，天下稱治。俄轉民部尚書，納言如故。屬山東諸州民饑，上令威賑卹之。後二載，遷吏部尚書。歲餘，兼領國子祭酒。隋承戰爭之後，憲章踳駁，上令朝臣釐改舊法，爲一代通典。律令格式，多威所定，世以爲能。九年，拜尚書右僕射。其年，以母憂去職，柴毀骨立。上勑威曰：「公德行高人，情寄殊重，大孝之道，蓋同俯就。必須抑割，爲國惜身。朕之於公，爲君爲父，宜依朕旨，以禮自存。」未幾，起令視事，固辭，優詔不許。明年，上幸并州，命與高熲同總留事。俄追詣行在所，使決民訟。

威子夔，少有盛名於天下，引致賓客，四海士大夫多歸之。後議樂事，夔與國子博士何妥各有所持。於是夔、妥俱爲一議，使百寮署其所同。朝廷多附威，同夔者十八九。妥恚曰：「吾席間函丈四十餘年，反爲昨暮兒之所屈也！」遂奏威與禮部尚書盧愷、吏部侍郎薛道衡、尚書右丞王弘、考功侍郎李同和等共爲朋黨，省中呼王弘爲世子，李同和爲叔，言二人如威之子弟也。復言威以曲道任其從父弟徹、肅等罔冒爲官。又國子學請蕩陰人王孝逸爲書學博士，威屬盧愷，以爲其府參軍。上令蜀王秀、上柱國虞慶則等雜治之，事皆驗。上以宋書謝晦傳中朋黨事，令威讀之。威惶懼，免冠頓首。上曰：「謝已晚矣。」於是免威官爵，以開府就第。知名之士坐威得罪者百餘人。

未幾，上曰：「蘇威德行者，但爲人所誤耳。」命之通籍。歲餘，復爵邳公，拜納言。從祠太山，坐不敬免。俄而復位。上謂羣臣曰：「世人言蘇威詐清，家累金玉，此妄言也。然其性很戾，不切世要，求名太甚，從己則悅，違之必怒，此其大病耳。」尋令持節巡撫江南，得以便宜從事。過會稽，踰五嶺而還。時突厥都藍可汗屢爲邊患，復使威至可汗所，與結和親。可汗即遣使獻方物。以勤勞，進位大將軍。仁壽初，復拜尚書右僕射。上幸仁壽宮，以威總留後事。及上還，御史奏威職事多不理，請推之。上怒，詰責威。威拜謝，上亦止。後上幸仁壽宮，不豫，皇太子自京師來侍疾，詔威留守京師。

煬帝嗣位，加上大將軍。及長城之役，威諫止之。高熲、賀若弼等之誅也，威坐與相連，免官。歲餘，拜魯郡太守。俄召還，參預朝政。未幾，拜太常卿。其年從征吐谷渾，進位左光禄大夫。帝以威先朝舊臣，漸加委任。後歲餘，復爲納言。與左翊衞大將軍宇文述、黄門侍郎裴矩、御史大夫裴藴、内史侍郎虞世基參掌朝政，時人稱爲「五貴」。

及遼東之役，以本官領左武衞大將軍〔四〕，進位光禄大夫，賜爵房陵侯〔五〕。其年，進封房公。威以年老，上表乞骸骨。上不許，復以本官參掌選事。明年，從征遼東，領右禦衞大將軍。

楊玄感之反也，帝引威帳中，懼見於色，謂威曰：「此小兒聰明，得不爲患乎？」威曰：「夫識是非，審成敗者，乃所謂聰明。玄感麤疎，非聰明者，必無所慮。但恐寖成亂階耳。」威見勞役不息，百姓思亂，微以此諷帝，帝竟不寤。從還至涿郡，詔威安撫關中。以威孫尚輦直長儇爲副。其子鴻臚少卿夔，先爲關中簡黜大使，一家三人，俱奉使關右，三輔榮之。歲餘，帝下手詔曰：「玉以絜潤，丹紫莫能渝其質，松表歲寒，霜雪莫能凋其采。可謂温仁勁直，性之然乎！房公威器懷温裕，識量弘雅，早居端揆，備悉國章，先皇舊臣，朝之宿齒。棟梁社稷，弼諧朕躬，守文奉法，卑身率禮。昔漢之三傑，輔惠帝者蕭何，周之十亂，佐成王者邵奭。國之寶器，其在得賢，參燮台階，具瞻斯允。雖復事藉論道，終期獻替，銓衡時務，朝寄爲重，可開府儀同三司，餘並如故。」威當時見尊重，朝臣莫與爲比。

後從幸雁門，爲突厥所圍，朝廷危懼。帝欲輕騎潰圍而出，威諫曰：「城守則我有餘力，輕騎則彼之所長。陛下萬乘之主，何宜輕脱！」帝乃止。突厥俄亦解圍而去。車駕至太原，威言於帝曰：「今者盜賊不止，士馬疲敝。願陛下還京師，深根固本，爲社稷之計。」帝初然之，竟用宇文述等議，遂往東都。

時天下大亂，威知帝不可改，意甚患之。屬帝問侍臣盜賊事，宇文述曰：「盜賊信少，不足爲虞。」威不能詭對，以身隱於殿柱。帝呼威而問之。威對曰：「臣非職司，不知多少，但患其漸近。」帝曰：「何謂也？」威曰：「他日賊據長白山，今者近在滎陽、汜水。」帝不悦而罷。尋屬五月五日，百寮上饋，多以珍翫。威獻尚書一部，微以諷帝，帝彌不平。後復問伐遼東事，威對願赦羣盜，遣討高麗，帝益怒。御史大夫裴藴希旨，令白衣張行本奏威昔在高陽典選，濫授人官；畏怯突厥，請還京師。帝令案其事。及獄成，下詔曰：「威立性朋黨，好爲異端，懷挾詭道，徼幸名利，詆訶律令，謗訕臺省。昔歲薄伐，奉述先志，凡預切問，各盡胸臆。而威不以開懷，遂無對命，啓沃之道，其若是乎！資敬之義，何其甚薄！」於是除名爲民。後月餘，有人奏威與突厥陰圖不軌者，大理簿責威。威自陳奉事二朝三十餘載，精誠微淺不能上感，咎釁屢彰，罪當萬死。帝憫而釋之。其年從幸江都宫，帝將復用威，裴藴、虞世基奏言昏耄羸疾，帝乃止。

宇文化及之弑逆也，以威爲光禄大夫、開府儀同三司。化及敗，歸於李密。未幾密敗，歸東都，越王侗以爲上柱國、邳公。王充僭號，署太師。威自以隋室舊臣，遭逢喪亂，所經之處，皆與時消息，以求容免。及大唐秦王平王充，坐於東都閶闔門内，威請謁見，稱老病不能拜起。王遣人數之曰：「公隋朝宰輔，政亂不能匡救，遂令品物塗炭，君弑國亡。見李密、王充，皆拜伏舞蹈。今既老病，無勞相見也。」尋歸長安，至朝堂請見，又不許。卒於家。時年八十八〔六〕。

威治身清儉，以廉慎見稱。每至公議，惡人異己，雖或小事，必固爭之。時人以爲無大臣之體。所修格令章程，並行於當世，然頗傷苛碎，論者以爲非簡久之法〔七〕。及大業末年，尤多征役，至於論功行賞，威每承望風旨，輒寢其事。時羣盜蜂起，郡縣有表奏詣闕者，又訶詰使人，令減賊數。故出師攻討，多不克捷。由是爲物議所譏。子夔。

夔字伯尼，少聰敏〔八〕，有口辯。八歲誦詩書，兼解騎射。年十三，從父至尚書省，與安德王雄馳射，賭得雄駿馬而歸。十四詣學，與諸儒論議，詞致可觀，見者莫不稱善。及長，博覽羣言，尤以鍾律自命。初不名夔，其父改之，頗爲有識所哂。起家太子通事舍人。

楊素甚奇之，素每戲威曰：「楊素無兒，蘇夔無父。」後與沛國公鄭譯、國子博士何妥議樂，因而得罪，議寢不行。著樂志十五篇，以見其志。數載，遷太子舍人。後加武騎尉。仁壽末，詔天下舉達禮樂之源者，晉王昭時爲雍州牧，舉夔應之。與諸州所舉五十餘人謁見，高祖望夔謂侍臣：「唯此一人，稱吾所舉。」於是拜晉王友。

煬帝嗣位，遷太子洗馬，轉司朝謁者。以父免職，夔亦去官。後歷尚書職方郎、燕王司馬。遼東之役，夔領宿衞，以功拜朝散大夫。時帝方勤遠略，蠻夷朝貢，前後相屬。帝嘗從容謂宇文述、虞世基等曰：「四夷率服，觀禮華夏，鴻臚之職，須歸令望。寧有多才藝，美容儀，可以接對賓客者爲之乎？」咸以夔對。帝然之，即日拜鴻臚少卿。其年，高昌王麴伯雅來朝，朝廷妻以公主。夔有雅望，令主婚焉。其後弘化、延安等數郡盜賊蜂起，所在屯結，夔奉詔巡撫關中。突厥之圍雁門也，夔領城東面事。夔爲弩樓車箱獸圈，一夕而就。帝見而善之，以功進位通議大夫。坐父事，除名爲民。復丁母憂，不勝哀而卒，時年四十九。

史臣曰：齊公，霸圖伊始，早預經綸，魚水冥符，風雲玄感。正身直道，弼諧興運，心同契合，言聽計從。東夏克平，南國底定，參謀帷幄，決勝千里。高祖既復禹迹，思布堯心，舟楫是寄，鹽梅斯在。兆庶賴以康寧，百寮資而輯睦，年將二紀，人無間言。屬高祖將廢儲宮，由忠信而得罪，逮煬帝方逞浮侈，以忤時而受戮。若使遂無猜釁，克終厥美，雖未可參蹤稷、契，足以方駕蕭、曹。繼之實難，惜矣！邳公，周道云季，方事幽貞，隋室龍興，首應旌命。綢繆任遇，窮極榮寵，久處機衡，多所損益，罄竭心力，知無不爲。然志尚清儉，體非弘曠，好同惡異，有乖直道，不存易簡，未爲通德。歷事二帝，三十餘年，雖廢黜當時，終稱遺老。君邪而不能正言，國亡而情均衆庶。予違汝弼，徒聞其語，疾風勁草，未見其人。禮命闕於興王，抑亦此之由也。夔志識沉敏，方雅可稱，若天假之年，足以不虧堂構矣。

校勘記

〔一〕渤海公　北史卷七二高熲傳、周書卷三七裴文舉傳附高賓傳作「武陽公」。

〔二〕火柀　原作「大柀」，據至順本改。北史卷七二高熲傳亦作「火柀」。

〔三〕木狗　北史卷七二高熲傳作「土狗」。

〔四〕左武衛大將軍　北史卷六三蘇綽傳附蘇威傳作「右武衛大將軍」。

〔五〕房陵侯　宋甲本、大德本、至順本、汲本作「寧陵侯」。通志卷一六〇蘇威傳亦作「寧陵侯」。

〔六〕時年八十八　「八十八」，宋甲本作「八十二」。隋書詳節卷一一蘇威傳、北史卷六三蘇綽傳附蘇威傳、通志卷一六〇蘇威傳亦作「八十二」。

〔七〕簡久之法　「久」，宋甲本、大德本、至順本、汲本作「允」。隋書詳節卷一一蘇威傳亦作「允」。

〔八〕少聰敏　「少」，原作「小」，據宋甲本改。

隋書卷四十二

列傳第七

李德林 子百藥

李德林字公輔，博陵安平人也。祖壽，湖州户曹從事。父敬族，歷太學博士、鎮遠將軍。魏孝靜帝時，命當世通人正定文籍，以爲内校書，别在直閤省。德林幼聰敏，年數歲，誦左思蜀都賦，十餘日便度。高隆之見而嗟歎，遍告朝士，云：「若假其年，必爲天下偉器。」鄴京人士多就宅觀之，月餘，日中車馬不絕。年十五，誦五經及古今文集，日數千言。俄而該博墳典，陰陽緯候無不通涉。善屬文，辭覈而理暢。魏收嘗對高隆之謂其父曰：「賢子文筆終當繼温子昇。」隆之大笑曰：「魏常侍殊已嫉賢，何不近比老、彭，乃遠求温子！」年十六，遭父艱，自駕靈輿，反葬故里。時正嚴冬，單衰跣足，州里人物由是敬慕之。

博陵豪族有崔諶者，僕射之兄，因休假還鄉，車服甚盛。將從其宅詣德林赴弔，相去十餘里，從者數十騎，稍稍減留。比至德林門，纔餘五騎，云「不得令李生怪人熛灼」。德林居貧轗軻，母氏多疾，方留心典籍，無復宦情。其後母病稍愈，逼令仕進。

任城王湝爲定州刺史，重其才，召入州館。朝夕同遊，殆均師友，不爲君民禮數。嘗語德林云：「竊聞蔽賢蒙顯戮。久令君沈滯，吾獨得潤身，朝廷縱不見尤，亦懼明靈所譴。」於是舉秀才入鄴，于時天保八年也。王因遺尚書令楊遵彥書云：「燕、趙固多奇士，此言誠不爲謬。今歲所貢秀才李德林者，文章學識，固不待言，觀其風神器宇，終爲棟梁之用。至如經國大體，是賈生、晁錯之儔；彫蟲小技，殆相如、子雲之輩。今雖唐、虞君世，俊乂盈朝，然脩大厦者，豈厭夫良材之積也。吾嘗見孔文舉薦禰衡表云：『洪水橫流，帝思俾乂。』以正平比夫大禹，常謂擬諭非倫。今以德林言之，便覺前言非大。」遵彥即命德林製讓尚書令表，援筆立成，不加治點。因大相賞異，以示吏部郎中陸卬。卬云：「已大見其文筆，浩浩如長河東注。比來所見後生制作，乃涓澮之流耳。」卬仍命其子乂與德林周旋，戒之曰：「汝每事宜師此人，以爲模楷。」時遵彥銓衡，深慎選舉，秀才擢第，罕有甲科。德林射策五條，考皆爲上，授殿中將軍。既是西省散員，非其所好，又以天保季世，乃謝病還鄉，闔門守道。

乾明初，遵彥奏追德林入議曹。皇建初，下詔搜揚人物，復追赴晉陽。撰春思賦一篇，代稱典麗。是時長廣王作相，居守在鄴。敕德林還京，與散騎常侍高元海等參掌機密，王引授丞相府行參軍。未幾而王即帝位，授奉朝請，寓直舍人省。河清中，授員外散騎侍郎，帶齋帥，仍別直機密省。天統初，授給事中，直中書，參掌詔誥，尋遷中書舍人。武平初，加通直散騎侍郎。又敕與中書侍郎宋士素，副侍中趙彥深別典機密。尋丁母艱去職，勺飲不入口五日。因發熱病，遍體生瘡，而哀泣不絕。諸士友陸騫、宋士素，名醫張子彥等，爲合湯藥，德林不肯進，遍體洪腫。數日間，一時頓差，身力平復，諸人皆云孝感所致。太常博士巴叔仁表上其事，朝廷嘉之。纔滿百日，奪情起復，德林以羸病屬疾，請急罷歸。

魏收與陽休之論齊書起元事，敕集百司會議。收與德林書曰：「前者議文，總諸事意，小如混漫，難可領解。今便隨事條列，幸爲留懷，細加推逐。凡言或者，皆是敵人之議。既聞人說，因而探論耳。」德林復書曰：「即位之元，春秋常義。謹按魯君息姑不稱即位，亦有元年，非獨即位得稱元年也。議云受終之元，尚書之古典。謹案大傳，周公攝政，一年救亂，二年伐殷，三年踐奄，四年建侯衛，五年營成周，六年制禮作樂，七年致政成王。論者或以舜、禹受終，是爲天子。然則周公以臣禮而死，此亦稱元，非獨受終爲帝也。蒙示議文，扶病省覽，荒情迷識，暫得發蒙。當世君子，必無橫議，唯應閣筆贊成而已。輒謂前二條有益於議，仰見議中不録，謹以寫呈。」收重遺書曰：「惠示二事，感佩殊深。以魯公諸侯之事，昨小爲疑。息姑不書即位，舜、禹亦不言即位。息姑雖攝，尚得書元，舜、禹之攝稱元，理也。周公居攝，乃云一年救亂，似不稱元。自無大傳，不得尋討。一之與元，其事何別？更有所見，幸請論之。」德林答曰：

攝之與相，其義一也。故周公攝政，孔子曰「周公相成王」；魏武相漢，曹植曰「如虞翼唐」。或云高祖身未居攝，灼然非理。攝者專賞罰之名，古今事殊，不可以體爲斷。陸機見舜肆類上帝，班瑞羣后，便云舜有天下，須格於文祖也，欲使晉之三主異於舜攝。竊以爲舜若堯死，獄訟不歸，便是夏朝之益，何得不須格於文祖也？若使用王者之禮，便曰即真，則周公負扆朝諸侯，霍光行周公之事，皆真帝乎？斯不然矣。必知高祖與舜攝不殊，不得從士衡之謬。

或以爲書元年者，當時實録，非追書也。大齊之興，實由武帝，謙匿受命，豈直史也？比觀論者聞追舉受命之元，多有河漢，但言追數受命之歲，情或安之。似所怖者元字耳，事類朝三，是許其一年，不許其元年也。案易「黄裳元吉」，鄭玄注云：「如舜試天子，周公攝政。」是以試攝不殊。大傳雖無元字，一之與元，無異義矣。春秋不言一年一月者，欲使人君體元以居正，蓋史之婉辭〔一〕，非一與元別也。漢獻帝死，劉備自尊崇。陳壽，蜀人，以魏爲漢賊，寧肯蜀主未立，已云魏武受命乎？士衡自尊本國，誠如高議，欲使三方鼎峙，同爲霸名。習氏漢晉春秋，意在是也。正司馬炎兼并，許其帝號。魏之君臣，吴人並以爲戮賊，亦寧肯當塗之世，云晉有受命之徵？史者，編年也，故魯號紀年。墨子又云，吾見百國春秋。史又有無事而書年者，是重年驗也。若欲高祖事事謙沖，即須號令皆推魏氏。便是編魏年，紀魏事，此即魏末功臣之傳，豈復皇朝帝紀者也。

陸機稱紀元立斷，或以正始，或以嘉平。束晳議云，赤雀白魚之事。恐晉朝之議，是并論受命之元，非止代終之斷也。公議云陸機不論元者〔二〕，是所未喻，願更思之。陸機以刊木著於虞書，龕黎見於商典，以蔽晉朝正始、嘉平之議，斯又謬矣。唯可二代相涉，兩史並書，必不得以後朝創業之迹，斷入前史。若然，則世宗、高祖皆天保以前，唯入魏氏列傳，不作齊朝帝紀，可乎？此既不可，彼復何證！

是時中書侍郎杜臺卿上世祖武成皇帝頌，齊主以爲未盡善，令和士開以頌示德林。宣旨云：「臺卿此文，未當朕意。以卿有大才，須敍盛德，即宜速作，急進本也。」德林乃上頌十六章并序，文多不載。武成覽頌善之，賜名馬一匹。三年，祖孝徵入爲侍中，尚書左僕射趙彥深出爲兗州刺史。朝士有先爲孝徵所待遇者，間德林，云是彥深黨與，不可仍掌機密。孝徵曰：「德林久滯絳衣，我常恨彥深待賢未足。內省文翰，方以委之。尋當有佳處分，不宜妄說。」尋除中書侍郎，仍詔脩國史。齊主留情文雅，召入文林館。又令與黃門侍郎顏之推二人同判文林館事。五年，敕令與黃門侍郎李孝貞、中書侍郎李若別掌宣傳。尋除通直散騎常侍，兼中書侍郎。隆化中，假儀同三司。承光中，授儀同三司。

及周武帝克齊，入鄴之日，敕小司馬唐道和就宅宣旨慰喻，云：「平齊之利，唯在於爾。朕本畏爾逐齊王東走，今聞猶在，大以慰懷，宜即入相見。」道和引之入內，遣內史宇文昂訪問齊朝風俗政教、人物善惡，即留內省，三宿乃歸。仍遣從駕至長安，授內史上士。自此以後，詔誥格式，及用山東人物，一以委之。武帝嘗於雲陽宮作鮮卑語謂羣臣云：「我常日唯聞李德林名，及見其與齊朝作詔書移檄，我正謂其是天上人。豈言今日得其驅使，復爲我作文書，極爲大異。」神武公紇豆陵毅答曰：「臣聞明王聖主，得騏驎鳳凰爲瑞，是聖德所感，非力能致之。瑞物雖來，不堪使用。如李德林來受驅策，亦陛下聖德感致，有大才用，無所不堪，勝於騏驎鳳凰遠矣。」武帝大笑曰：「誠如公言。」宣政末，授御正下大夫。大象初，賜爵成安縣男。

宣帝大漸，屬高祖初受顧命，邗國公楊惠謂德林曰：「朝廷賜令總文武事，經國任重，非羣才輔佐，無以克成大業。今欲與公共事，必不得辭。」德林聞之甚喜，乃答云：「德林雖庸懦，微誠亦有所在。若曲相提奬，必望以死奉公。」高祖大悦，即召與語。劉昉、鄭譯初矯詔召高祖受顧命輔少主，總知內外兵馬事。諸衞既奉敕，並受高祖節度。鄭譯、劉昉議，欲授高祖冢宰，鄭譯自攝大司馬，劉昉又求小冢宰。高祖私問德林曰：「欲何以見處？」德林云：「即宜作大丞相，假黃鉞，都督內外諸軍事。不爾，無以壓衆心。」及發喪，便即依此。以譯爲相府長史，帶內史上大夫，昉但爲丞相府司馬。譯、昉由是不平。以德林爲丞相府屬，加儀同大將軍。未幾而三方構亂，指授兵略，皆與之參詳。軍書羽檄，朝夕填委，一日之中，動逾百數。或機速競發，口授數人，文意百端，不加治點。鄖公韋孝寬爲東道元帥，師次永橋，爲沁水泛長，兵未得度。長史李詢上密啓云：「大將梁士彥、宇文忻、崔弘度並受尉遲迥饟金，軍中慅慅，人情大異。」高祖得詢啓，深以爲憂，與鄭譯議〔三〕，欲代此三人。德林獨進計云：「公與諸將，並是國家貴臣，未相伏馭，今以挾令之威，使得之耳。安知後所遣者，能盡腹心，前所遣人，獨致乖異？又取金之事，虛實難明，即令換易，彼將懼罪，恐其逃逸，便須禁錮。然則鄖公以下，必有驚疑之意。且臨敵代將，自古所難，樂毅所以辭燕，趙括以之而敗趙〔四〕。如愚所見，但遣公一腹心，明於智略，爲諸將舊來所信服者〔五〕，速至軍所，使觀其情僞。縱有異志〔六〕，必不敢動。」丞相大悟曰：「若公不發此言，幾敗大事。」即令高熲馳驛往軍所，爲諸將節度，竟成大功。凡厥謀謨，多此類也。進授丞相府從事内郎。禪代之際，其相國總百揆、九錫殊禮詔策牋表璽書，皆德林之辭也。高祖登阼之日，授内史令。初，將受禪，虞慶則勸高祖盡滅宇文氏，高熲、楊惠亦依違從之。唯德林固爭，以爲不可。高祖作色怒云：「君讀書人，不足平章此事。」於是遂盡誅之。自是品位不加，出於高、虞之下，唯依班例授上儀同，進爵爲子。

開皇元年，勑令與太尉任國公于翼、高熲等同脩律令。事訖奏聞，別賜九環金帶一腰，駿馬一匹，賞損益之多也。格令班後，蘇威每欲改易事條。德林以爲格式已頒，義須畫一，縱令小有踳駁，非過蠹政害民者，不可數有改張。威又奏置五百家鄉正，即令理民間辭訟。德林以爲本廢鄉官判事，爲其里閭親戚，剖斷不平，今令鄉正專治五百家，恐爲害更甚。且今時吏部，總選人物，天下不過數百縣，於六七百萬户内，詮簡數百縣令，猶不能稱其才，乃欲於一鄉之内，選一人能治五百家者，必恐難得。又即時要荒小縣，有不至五百家者，復不可令兩縣共管一鄉。勑令内外羣官，就東宫會議。自皇太子以下，多從德林議。蘇威又言廢郡，德林語之云：「脩令時，公何不論廢郡爲便。今令纔出，其可改乎？」然高熲同威之議，稱德林狠戾，多所固執。由是高祖盡依威議。

五年，勑令撰録作相時文翰，勒成五卷，謂之霸朝雜集。序其事曰：

竊以陽烏垂曜，微藿傾心，神龍騰舉，飛雲觸石。聖人在上，幽顯冥符，故稱比屋可封，萬物斯覩。臣皇基草刱，便豫驅馳，遂得參可封之民，爲萬物之一。其爲嘉慶，固以多也。若夫帝臣王佐，應運挺生，接踵於朝，諒有之矣。而班、爾之妙，曲木變容，朱藍所染，素絲改色。二十二臣，功成盡美，二十八將，效力於時。種德積善，豈皆比於稷、契，計功稱伐，非悉類於耿、賈。書契已還，立言立事，質非殆庶，何世無之。蓋上稟睿后，旁資羣傑，牧商鄙賤，屠釣幽微，化爲侯王，皆由此也。有教無類，童子羞於霸功，見德思齊，狂夫成於聖業。治世多士，亦因此焉。煙霧可依，騰蛇與蛟龍俱遠，栖息有所，蒼蠅同騏驥之速。因人成事，其功不難。自此而談，雖非上智，事受命之主，委質爲臣，遇高世之才，連官接席，皆可以翊亮天地，流名鐘鼎，何必蒼頡造書，伊尹制命，公旦操筆，老聃爲史，方可敘帝王之事，談人鬼之謀乎？至若臣者，本慙賓實，非勳非德，廁軒冕之流，無學無才，處藝文之職。若不逢休運，非遇天恩，光大含弘，博約文禮，萬官百辟，才悉兼人，收拙里閭，退仕鄉邑，不種東陵之瓜，豈過南陽之掾，安得出入閶闔之闈，趨走太微之庭，履天子之階，侍聖皇之側，樞機帷幄，霑及榮寵者也！

昔歲木行將季，諒闇在辰，火運肇興，羣官總己。有周典八柄之所，大隋納百揆之日，兩朝文翰，臣兼掌之。時溥天之下，三方構亂，軍國多務，朝夕填委。簿領紛紜，羽書交錯，或速均發弩，或事大滔天，或日有萬幾，或幾有萬事。皇帝内明外順，經營區宇，吐無窮之術，運不測之神，幽贊兩儀，財成萬類。咨謀臺閣，曉喻公卿，訓率土之濱，責反常之賊。三軍奉律，戰勝攻取之方，萬國承風，安上治民之道。讓受終之禮，報羣臣之令，有憲章古昔者矣，有隨事作故者矣。千變萬化，譬彼懸河，寸陰尺日，不棄光景。大則天壤不遺，小則毫毛無失。遠尋三古，未聞者盡聞，逖聽百王，未見者皆見。發言吐論，即成文章，臣染翰操牘，書記而已。昔放勛之化，老人覩而未知，孔丘之言，弟子聞而不達。愚情稟聖，多必乖舛。加以奏閤趨墀，盈懷滿袖，手披目閱，堆案積几。心無別慮，筆不蹔停，或畢景忘餐，或連宵不寐，以勤補拙，不遑自處。其有詞理疎謬，遺漏闕疑，皆天旨訓誘，神筆改定。運籌建策，通幽達冥，從命者獲安，違命者悉禍。懸測萬里，指期來事，常如目見，固乃神知。變大亂而致太平，易可誅而爲淳粹，化成道洽，其在人文，盡出聖懷，用成典誥，並非臣意所能至此。伯禹矢謨，成湯陳誓，漢光數行之札，魏武接要之書，濟時拯物，無以加也。屬神器大寶，將還明德，天道人心，同謨歸往。周靜南面，每詔褒揚，在位諸公，各陳本志，璽書表奏，羣情賜委。臣寰海之内，忝曰一民，樂推之心，切於黎獻，欣然從命，輒不敢辭。

比夫潘勗之册魏王，阮籍之勸晉后，道高前世，才謝往人，内手捫心，夙宵慙惕。敕書露板，及以諸文，有臣所作之，有臣潤色之。唯是愚思，非奏定者，雖詞乖黼藻，而理歸霸德，文有可忽，事不可遺。前奉勑旨，集納麓已還，至於受命文筆，當時制述，條目甚多，今日收撰，略爲五卷云爾。

高祖省讀訖，明旦謂德林曰：「自古帝王之興，必有異人輔佐。我昨讀霸朝集，方知感應之理。昨宵恨夜長，不能早見公面。必令公貴與國始終。」於是追贈其父恒州刺史。未幾，上曰：「我本意欲深榮之。」復贈定州刺史、安平縣公，謚曰孝。以德林襲焉。德林既少有才名，重以貴顯，凡製文章，動行於世。或有不知者，謂爲古人焉。

德林以梁士彦及元諧之徒頻有逆意，大江之南，抗衡上國。乃著天命論上之，其辭曰：

粤若邃古，玄黄肇闢，帝王神器，歷數有歸。生其德者天，應其時者命，確乎不變，非人力所能爲也。龍圖鳥篆，號謚遺跡，疑而難信，缺而未詳者，靡得而明焉。其在典文，焕乎緗素，欽明至德，莫盛於唐、虞，貽謀長世，莫過於文、武。大隋神功積於文王，天命顯於唐叔。昔邑姜方娠，夢帝謂己：「余命而子曰虞，將與之唐，而蕃育其子孫。」及生，有文在其手曰「虞」，遂以命之。成王滅唐而封太叔。又唐叔之封也，箕子曰：「其後必大。」易曰：「崇高富貴，莫大於帝王。」老子謂：「域内四大，王居一焉。」此則名虞與唐，美兼二聖，將令其後必大，終致唐、虞之美，蕃育子孫，用享無窮之祚。

逮皇家建國，初號大興，箕子必大之言，於兹乃驗。天之眷命，懸屬聖朝，重耳區區，豈足云也！有娀玄鳥，商以興焉，姜嫄巨跡，周以興焉，邑姜夢帝，隋以興焉。古今三代，靈命如一，本枝種德，奕葉丕基。佐高帝而滅楚，立宣皇以定漢，東京太尉，關西孔子，生感遺鱣之集，殁降巨鳥之奇，累仁積善，大申休命。太祖挺生，庇民匡主，立殊勳於魏室，建盛業於周朝。啓翼軫之國，肇炎精之紀，爰受厥命，陟配彼天。皇帝載誕之初，神光滿室，具興王之表，韞大聖之能。或氣或雲，蔭映於廊廟，如天如日，臨照於軒冕。内明外順，自險獲安，豈非萬福扶持，百禄攸集。有周之末，朝野騷然，降志執均，鎮衛宗社。明神饗其德，上帝付其民，誅姦逆於九重，行神化於四海。于斯時也，尉迥據有齊累世之都，乘新國易亂之俗，驅馳蛇豕，連合縱横，地迺九州陷三，民則十分擁六。王謙乘連率之威，憑全蜀之險，興兵舉衆，震蕩江山，鴆毒巴、庸，蠶食秦、楚。此二虜也，窮凶極逆，非欲割洪溝之地，閉劍閣之門，皆將長戟强弩，睥睨宸極。從漳河而達負海，連岱岳而距華陽，迫脅荆蠻，吐納江漢。佐闘嫁禍，紛若蝟毛，曝骨履腸，間不容礪。爾乃奉殪戎之命，運先天之略，不出户庭，推轂分閫，一麾以定三方，數旬而清萬國。蕩滌天壤之速，規摹指畫之神，造化以來，弗之聞也。光熙前緒，罔有不服，煙雲改色，鐘石變音，三靈顧望，萬物影響。木運告盡，褰裳克讓，天歷在躬，推而弗有。百辟庶尹，四方岳牧，稽圖讖之文，順億兆之請，披肝瀝膽，晝歌夜吟，方屈箕潁之高，式允幽明之願。基命宥密，如恒如升，推帝居歆，捌業垂統。殊徽號，改服色，建都邑，敍彝倫，薄賦輕徭，慎刑恤獄，除繁苛之政，興清靜之風，去無用之官，省相監之職。奇才間出，盛德無隱，星精雲氣，共趨走於堦墀，山神海靈，咸燮理於臺閣。東漸日谷，西被月川，教暨北溟之表，聲加南海之外，悠悠沙漠，區域萬里，蠢蠢百蠻，莫之與競。五帝所不化，三王所未賓，巢居穴處，化以宫室，不火不粒，訓以庖厨。殊方異類，書契不傳，梯山越海，貢琛奉贄，欣欣如也。禮樂合天地之同，律吕節寒暑之候，制作詳垂衣之後，淳粹得神農之前。遨遊文雅之場，出入杳冥之極，合神謨鬼，通幽洞微，羣物歲成，含生日用，飲和氣以自得，沐玄澤而不知也。丹雀爲使〔七〕，玄龜載書，甘露自天，醴泉出地。神禽異獸，珍木奇草，望風觀海，應化歸風。備休祥於圖牒，罄幽遐而戾止。猶且父天子民，兢兢翼翼，至矣大矣，七十四帝，曷可同年而語哉！

若夫天下之重，不可妄據，故唐之許由，夏之伯益，懷道立事，人授而弗可也。軒初四帝，周餘六王，藉世因基，自取而不得也。孟軻稱仲尼之德過於堯、舜，著述成帝者之事，弟子備王佐之才，黑不代蒼，泣麟歎鳳，栖栖汲汲，雖聖達而莫許也。蚩尤則黄帝抗衡，共工則黑帝勍敵，項羽誅秦摧漢，宰割神州，角逐爭驅，盡威力而無就也。其餘欻起妖妄，曾何足數！賊子逆臣，所以爲亂，皆由不識天道，不悟人謀，牽逐鹿之邪說，謂飛梟而爲鼎。若使四凶爭八元之誠，三監同九臣之志，韓信、彭越深明帝子之符，孫述、隗囂妙識真人之出，尉迥同謳歌之類，王謙比獄訟之民，福禄蟬聯，胡可窮也！而違天逆物，獲罪人神。嗚呼！此前事之大戒矣。誅夷烹醢，歷代共尤，僭逆凶邪，時煩獄吏，其可不戒慎哉！蓋積惡既成，心自絶於善道，物類相感，理必至於誅戮。天奪其魄，鬼惡其盈故也。大帝聰明，羣臣正直，耳目監於率土，賞罰參於國朝，輔助一人，覆育兆庶。豈有食人之禄，受人之榮，包藏禍心而不殲盡者也？必當執法未處其罪，司命已除其籍。自古明哲，慮遠防微，執一心，持一德，立功坐樹，上書削藁，位尊而心逾下，禄厚而志彌約，寵盛思之以懼，道高守之以恭，克念於此，則姦回不至。事乃畏天，豈惟愛禮，謙光滿覆，義在知幾，吉凶由人，妖不自作。

衆星共極，在天成象。夙沙則主雖愚蔽，民盡知歸，有苗則始爲跋扈，終而大服。

漢南諸國，見一面以從殷，河西將軍，率五郡以歸漢。故能招信順之助，保太山之安。彼陳國者，盜竊江外，民少一郡，地減半州。遇受命之主，逢太平之日，自可獻土銜璧，乞同溥天。乃復養喪家之疹，遵顛覆之軌，越趄吴、越，仍爲匪民。雖時屬大道，偃兵舞鉞，然國家當混一之運，金陵是殄滅之期，有命不恒，斷可知矣。房風之戮，元龜匪遥，孫皓之侯，守株難得。迷而未覺，諒可愍焉。斯故未辯玄天之心，不聞君子之論也。

德林自隋有天下，每贊平陳之計。八年，車駕幸同州，德林以疾不從。敕書追之，書後御筆注云：「伐陳事意，宜自隨也。」時高熲因使入京，上語熲曰：「德林若患未堪行，宜自至宅取其方略。」高祖以之付晉王廣。後從駕還，在塗中，高祖以馬鞭南指云：「待平陳訖，會以七寶裝嚴公，使自山東無及之者。」及陳平，授柱國、郡公，實封八百户，賞物三千段。晉王廣已宣敕訖，有人説高熲曰：「天子畫策，晉王及諸將戮力之所致也。今乃歸功於李德林，諸將必當憤惋，且後世觀公有若虚行。」熲入言之，高祖乃止。

初，大象末，高祖以逆人王謙宅賜之，文書已出，至地官府，忽復改賜崔謙。上語德林曰：「夫人欲得，將與其舅。於公無形迹，不須爭之，可自選一好宅。若不稱意，當爲營造，并覓莊店作替。」德林乃奏取逆人高阿那肱衛國縣市店八十堰爲王謙宅替。九年，車駕幸晉陽，店人上表訴稱：「地是民物，高氏强奪，於内造舍。」上命有司料還價直。遇追蘇威自長安至，奏云：「高阿那肱是亂世宰相，以諂媚得幸，枉取民地，造店賃之。德林誣罔，妄奏自入。」李圓通、馮世基等又進云：「此店收利如食千户，請計日追贓。」上因責德林，德林請勘逆人文簿及本换宅之意，上不聽，乃悉追店給所住者。自是益嫌之。十年，虞慶則等於關東諸道巡省使還，並奏云：「五百家鄉正，專理辭訟，不便於民。黨與愛憎，公行貨賄。」上仍令廢之。德林復奏云：「此事臣本以爲不可。然置來始爾，復即停廢，政令不一，朝成暮毁，深非帝王設法之義。臣望陛下若於律令輒欲改張，即以軍法從事。不然者，紛紜未已。」高祖遂發怒，大詬云：「爾欲將我作王莽邪？」初，德林稱父爲太尉諮議以取贈官，李元操與陳茂等陰奏之曰：「德林之父終於校書，妄稱諮議。」上甚銜之。至是，復庭議忤意，因數之曰：「公爲内史，典朕機密，比不可豫計議者，以公不弘耳。寧自知乎？朕方以孝治天下，恐斯道廢闕，故立五教以弘之。公言孝由天性，何須設教。然則孔子不當説孝經也。又罔冒取店，妄加父官，朕實忿之而未能發。今當以一州相遣耳。」因出爲湖州刺史。德林拜謝曰：「臣不敢復望内史令，請預散參。待陛下登封告成，一觀盛禮，然後收拙丘園，死且不恨。」上不許，轉懷州刺史。在州逢亢旱，課民掘井溉田，空致勞擾，竟無補益，爲考司所貶。歲餘，卒官，時年六十一。贈大將軍、廉州刺史，謚曰文。及將葬，勑令羽林百人，并鼓吹一部，以給喪事。贈物三百段，粟千石，祭以太牢。德林美容儀，善談吐，齊天統中，兼中書侍郎，於賓館受國書。陳使江總目送之曰：「此即河朔之英靈也。」器量沉深，時人未能測，唯任城王湝、趙彥深、魏收、陸卬大相欽重，延譽之言，無所不及。德林少孤，未有字，魏收謂之曰：「識度天才，必至公輔，吾輒以此字卿。」從官以後，即典機密，性重慎，嘗云古人不言温樹，何足稱也。少以才學見知，及位望稍高，頗傷自任，爭名之徒，更相譖毁，所以運屬興王，功參佐命，十餘年間竟不徙級。所撰文集，勒成八十卷，遭亂亡失，見五十卷行於世。敕撰齊史未成。

有子曰百藥，博涉多才，詞藻清贍。釋巾太子通事舍人，後遷太子舍人、尚書禮部員外郎，襲爵安平縣公，桂州司馬。煬帝惡其初不附己〔八〕，以爲步兵校尉。大業末，轉建安郡丞。

史臣曰：德林幼有操尚，學富才優，譽重鄴中，聲飛關右。王基締構，叶贊謀猷，羽檄交馳，絲綸間發，文誥之美，時無與二。君臣體合，自致青雲，不患莫己知，豈徒言也！

校勘記

〔一〕蓋史之婉辭　「蓋」，宋甲本、至順本、汲本作「此蓋」。冊府卷五五九國史部論議亦作「此蓋」。

〔二〕不論元者　「論」，宋甲本、汲本作「議」，冊府卷五五九國史部論議亦作「議」。

〔三〕與鄭譯議　「與」，宋甲本、大德本、至順本、汲本作「共」。隋書詳節卷一二李德林傳、通志卷一六〇李德林傳亦作「共」。

〔四〕趙括以之而敗趙　「而」，宋甲本、至順本、汲本、殿本無。隋書詳節卷一二李德林傳、冊府卷七二一幕府部謀畫亦無。

〔五〕爲諸將舊來所信服者　「服」，宋甲本、大德本作「伏」。隋書詳節卷一二李德林傳亦作「伏」。

〔六〕縱有異志　「志」，宋甲本、至順本作「意」。北史卷七二李德林傳、通志卷一六〇李德林傳亦作「意」。

〔七〕丹雀爲使　「使」，原作「史」，據宋甲本改。

〔八〕惡其初不附己　「惡」，原作「恐」，據宋甲本改。

隋書卷四十三

列傳第八

河間王弘 子慶

河間王弘字辟惡，高祖從祖弟也。祖愛敬，早卒。父元孫，少孤，隨母郭氏，養於舅族。及武元皇帝與周太祖建義關中，元孫時在鄴下，懼爲齊人所誅，因假外家姓爲郭氏〔一〕。元孫死，齊爲周所并，弘始入關，與高祖相得。高祖哀之，爲買田宅。弘性明悟，有文武幹略。數從征伐，累遷開府儀同三司。高祖爲丞相，常置左右，委以心腹。高祖詣周趙王宅，將及於難，弘時立於户外，以衛高祖。尋加上開府，賜爵永康縣公。

及上受禪，拜大將軍，進爵郡公。尋贈其父爲柱國、尚書令、河間郡公。其年立弘爲河間王，拜右衛大將軍。歲餘，進授柱國。時突厥屢爲邊患，以行軍元帥，率衆數萬，出靈州道，與虜相遇，戰，大破之，斬數千級。賜物二千段，出拜寧州總管，進位上柱國。弘在州，治尚清靜，甚有恩惠。後數載，徵還京師。未幾，拜蒲州刺史，得以便宜從事。時河東多盜賊，民不得安。弘奏爲盜者百餘人，投之邊裔，州境帖然，號爲良吏。每晉王廣入朝，弘輒領揚州總管，及晉王歸藩，弘復還蒲州。在官十餘年，風教大洽。煬帝嗣位，徵還，拜太子太保。歲餘，薨。大業六年，追封郇王。子慶嗣。

慶傾曲，善候時變。帝時猜忌骨肉，滕王綸等皆被廢放，唯慶獲全。累遷滎陽郡太守，頗有治績。

及李密據洛口倉，滎陽諸縣多應密，慶勒兵拒守，密頻遣攻之，不能克。歲餘，城中糧盡，兵勢日蹙。密因遺慶書曰：

自昏狂嗣位，多歷歲年，剥削生民，塗炭天下。璿室瑶臺之麗，未極驕奢，糟丘酒池之荒，非爲淫亂。今者共舉義旗，勘剪兇虐，八方同德，萬里俱來，莫不期入關以亡秦，爭渡河而滅紂。東窮海、岱，南洎江、淮，凡厥遺人，承風慕義，唯滎陽一郡，王獨守迷。夫微子，紂之元兄，族實爲重；項伯，籍之季父，戚乃非疎。然猶去朝歌而入周，背西楚而歸漢。豈不眷戀宗祊，留連骨肉，但識寶鼎之將移，知神器之先改。而王之先代，家住山東，本姓郭氏，乃非楊族。止爲宿與隋朝先有勳舊，遂得預霑盤石，名在葭莩。婁敬之與漢高，殊非血胤，吕布之於董卓，良異天親。芝焚蕙歎，事不同此。又王之昏主，心若豺狼，讎忿同胞，有逾沉、閼，惟勇及諒，咸罄甸師，況乃族類爲非，何能自保！爲王計者，莫若舉城從義，開門送款，安若太山，高枕而卧，長守富貴，足爲美談，乃至子孫，必有餘慶。

今王世充屢被摧衂，自救無聊，偷存晷漏，詎能支久？段達、韋津，東都自固，何暇圖人？世充朝亡，達便夕滅。又江都荒湎，流宕忘歸，内外崩離，人神怨憤。上江米船，皆被抄截，士卒饑餒，半菽不充，事切析骸，義均煮弩。舉烽火於驪山，諸侯莫至，浮膠船於漢水，還日未期。王獨守孤城，絶援千里，餱糧之計〔二〕，僅有月餘，敝卒之多，纔盈數百。有何恃賴，欲相拒抗！求枯魚於市肆，即事非虚，因歸雁以運糧，竟知何日。然城中豪傑，王之腹心，思殺長吏，將爲内啓。正恐禍生匕首，釁發蕭墻，空以七尺之軀，懸賞千金之購，可爲寒心，可爲酸鼻者也。幸能三思，自求多福。

于時江都敗問亦至，慶得書，遂降于密，改姓爲郭氏。密爲王世充所破，復歸東都，更爲楊氏，越王侗不之責也。及侗稱制，拜宗正卿。

世充將篡，慶首爲勸進。世充既僭僞號，降爵郇國公，慶復爲郭氏。世充以兄女妻之，署滎州刺史。及世充將敗，慶欲將其妻同歸長安，其妻謂之曰：「國家以妾奉箕箒於公者，欲以申厚意，結公心耳。今叔父窮迫，家國阽危，而公不顧婚姻，孤負付屬，爲全身之計，非妾所能責公也。妾若至長安，則公家一婢耳，何用妾爲！願得送還東都，君之惠也。」慶不許。其妻遂沐浴靚粧，仰藥而死。慶歸大唐，爲宜州刺史、郇國公，復姓楊氏。其嫡母元太妃，年老，兩目失明，王世充以慶叛己而斬之。

楊處綱

楊處綱，高祖族父也。生長北邊，少習騎射。在周，嘗以軍功拜上儀同。高祖受禪，贈其父鍾葵爲柱國、尚書令、義城縣公，以處綱襲焉。授開府，督武候事。尋爲太子宗衛率，轉左監門郎將。後數載，起授右領軍將軍。處綱雖無才藝，而性質直，在官彊濟，亦爲當時所稱。尋拜蒲州刺史，吏民悦之。進位大將軍。後遷秦州總管，卒官。謚曰恭。

弟處樂，官至洛州刺史。漢王諒之反也，朝廷以爲有二心，廢錮不齒。

楊子崇

楊子崇，高祖族弟也。父盆生，贈荆州刺史。子崇少好學，涉獵書記，有風儀，愛賢好士。開皇初，拜儀同，以車騎將軍恒典宿衞。後爲司門侍郎。煬帝嗣位，累遷候衞將軍，坐事免。未幾，復令檢校將軍事。從帝幸汾陽宫，子崇知突厥必爲寇患，屢請早還京師，帝不納。尋有雁門之圍。及賊退，帝怒之曰：「子崇怯愞，妄有陳請，驚動我衆心，不可居爪牙之寄。」出爲離石郡太守，治有能名。

自是突厥屢寇邊塞，胡賊劉六兒復擁衆劫掠郡境，子崇上表請兵鎮遏。帝復大怒，下書令子崇巡行長城。子崇出百餘里，四面路絶，不得進而歸。時百姓饑饉，相聚爲盜，子崇前後捕斬數千人。歲餘，朔方梁師都、馬邑劉武周等各稱兵作亂，郡中諸胡復相嘯聚。子崇患之，言欲朝集，遂與心腹數百人自孟門關將還京師。輜重半濟，遇河西諸縣各殺長吏，叛歸師都，道路隔絶，子崇退歸離石。所將左右，既聞太原有兵起，不復入城，遂各叛去。子崇悉收叛者父兄斬之。後數日，義兵夜至城下，城中豪傑復出應之。城陷，子崇爲讎家所殺。

觀德王雄 弟達

觀德王雄，初名惠，高祖族子也。父紹〔三〕，仕周，歷八州刺史、儻城縣公，賜姓叱呂引氏。雄美姿儀，有器度，雍容閑雅，進止可觀。周武帝時，爲太子司旅下大夫。帝幸雲陽宮，衞王直作亂，以其徒襲肅章門，雄逆拒破之。進位上儀同，封武陽縣公，邑千户。累遷右司衞上大夫。大象中，進爵邗國公，邑五千户。高祖爲丞相，雍州牧畢王賢謀作難，雄時爲別駕，知其謀，以告高祖。賢伏誅，以功授柱國、雍州牧，仍領相府虞候。周宣帝葬，備諸王有變，令雄率六千騎送至陵所。進位上柱國。

高祖受禪，除左衞將軍，兼宗正卿。俄遷右衞大將軍，參預朝政。進封廣平王，食邑五千户。以邗公別封一子，雄請封弟士貴，朝廷許之。或奏高熲朋黨者，上詰雄於朝。雄對曰：「臣忝衞宮闈，朝夕左右，若有朋附，豈容不知！至尊欽明睿哲，萬機親覽，熲用心平允，奉法而行。此乃愛憎之理，惟陛下察之。」高祖深然其言。雄時貴寵，冠絶一時，與高熲、虞慶則、蘇威稱爲「四貴」。

雄寬容下士，朝野傾矚。高祖惡其得衆，陰忌之，不欲其典兵馬。乃下册書，拜雄爲司空，曰：「維開皇九年八月朔壬戌，皇帝若曰：於戲！惟爾上柱國、左衞大將軍、宗正卿、廣平王，風度寬弘，位望隆顯，爰司禁旅，緜歷十載。入當心腹，外任爪牙，驅馳軒陛，勤勞著績。念舊庸勳，禮秩加等。公輔之寄，民具爾瞻，宜竭乃誠，副茲名實。是用命爾爲司空。往欽哉！光應寵命，得不慎歟！」外示優崇，實奪其權也。雄無職務，乃閉門不通賓客。尋改封清漳王。仁壽初，高祖曰：「清漳之名，未允聲望。」命職方進地圖，上指安德郡以示羣臣曰：「此號足爲名德相稱。」於是改封安德王。

大業初，授太子太傅。及元德太子薨，檢校鄭州刺史事。歲餘，授懷州刺史。尋拜京兆尹。帝親征吐谷渾，詔雄總管澆河道諸軍。及還，改封觀王。上表讓曰：「臣早逢興運，預班末屬，有命有時，藉風雲之會，無才無德，濫公卿之首。蒙先皇不次之賞，荷陛下非分之恩，久忝台槐，常慮盈滿，豈可仍叨匪服，重竊鴻名！臣實面墻，敢緣往例，臣誠昧寵，交懼身責。昔劉賈封王，豈備三階之任，曹洪上將，寧超五等之爵？況臣衮章踰於帝子，京尹亞於皇枝，錫土作藩，鈕金開國，於臣何以自處，在物謂其乖分。是以露款執愚，祈恩固守。伏願陛下曲留慈照，特鑒丹誠。頻觸宸嚴，伏增流汗。」優詔不許。

遼東之役，檢校左翊衞大將軍，出遼東道。次瀘河鎮，遘疾而薨，時年七十一。帝爲之廢朝，鴻臚監護喪事。有司考行，請謚曰懿。帝曰：「王道高雅俗，德冠生人。」乃賜謚曰德。贈司徒，襄國武安渤海清河上黨河間濟北高密濟陰長平等十郡太守。

子恭仁，位至吏部侍郎。恭仁弟綝，性和厚，頗有文學。歷義州刺史、淮南太守。及父薨，起爲司隸大夫。遼東之役，帝令綝於臨海頓別有所督。楊玄感之反也，玄感弟玄縱自帝所逃赴其兄，路逢綝。綝避人偶語久之，既別而復相就者數矣。司隸刺史劉休文奏之。時綝兄吏部侍郎恭仁將兵於外，帝以是寢之，未發其事。綝憂懼，發病而卒。綝弟續，仕至散騎侍郎。

雄弟達，字士達。少聰敏，有學行。仕周，官至儀同、内史下大夫，遂寧縣男。高祖受禪，拜給事黄門侍郎，進爵爲子。時吐谷渾寇邊，詔上柱國元諧爲元帥〔四〕，達爲司馬。軍還，兼吏部侍郎，加開府。歲餘，轉内史侍郎，出爲鄯、鄭、趙三州刺史，俱有能名。平陳之後，四海大同，上差品天下牧宰，達爲第一，賜雜綵五百段，加以金帶，擢拜工部尚書，加位上開府。達爲人弘厚，有局度。楊素每言曰：「有君子之貌，兼君子之心者，唯楊達耳。」獻皇后及高祖山陵制度，達並參豫焉。

煬帝嗣位，轉納言，仍領營東都副監，帝甚信重之。遼東之役，領右武衛將軍，進位左光禄大夫，卒於師，時年六十二。帝歎惜者久之，贈吏部尚書、始安侯。謚曰恭。贈物三百五十段。

史臣曰：高祖始遷周鼎，衆心未附，利建同姓，維城宗社，是以河間、觀德，咸啓山河。屬乃葭莩，地非寵逼，故高位厚秩，與時終始。楊慶二三其德，志在苟生，變本宗如反掌，棄慈母如遺跡，及身而絶，宜其然矣。觀王位登台衮，慶流後嗣，保兹寵禄，寔仁厚之所致乎！

校勘記

〔一〕因假外家姓爲郭氏　「姓」，宋甲本、大德本、至順本無。

〔二〕餱糧之計　「之」，北史卷七一隋宗室諸王河間王弘傳附楊慶傳作「支」。

〔三〕父紹　「紹」，原作「納」，據至順本、汲本改。楊紹，周書卷二九有傳。

〔四〕元諧　原作「元楷」，據宋甲本改。元諧，本書卷四〇有傳。

隋書卷四十四

列傳第九

滕穆王瓚 嗣王綸

滕穆王瓚字恒生，一名慧，高祖母弟也。周世，以太祖軍功封竟陵郡公，尚武帝妹順陽公主，自右中侍上士遷御伯中大夫。保定四年，改爲納言，授儀同。瓚貴公子，又尚公主，美姿儀，好書愛士，甚有令名於當世，時人號曰楊三郎。武帝甚親愛之。平齊之役，諸王咸從，留瓚居守，帝謂之曰：「六府事殷，一以相付。朕將遂事東方，無西顧之憂矣。」其見親信如此。宣帝即位，遷吏部中大夫，加上儀同。

未幾，帝崩，高祖入禁中，將總朝政，令廢太子勇召之，欲有計議。瓚素與高祖不協，聞召不從，曰：「作隋國公恐不能保，何乃更爲族滅事邪？」高祖作相，遷大將軍。尋拜大宗伯，典脩禮律。進位上柱國、邵國公。瓚見高祖執政，羣情未一，恐爲家禍，陰有圖高祖之計，高祖每優容之。及受禪，立爲滕王。後拜雍州牧。上數與同坐，呼爲阿三。後坐事去牧，以王就第。

瓚妃宇文氏，先時與獨孤皇后不平，及此鬱鬱不得志，陰有呪詛。上命瓚出之，瓚不忍離絶，固請。上不得已，從之，宇文氏竟除屬籍。瓚由是忤旨，恩禮更薄。開皇十一年，從幸栗園，暴薨，時年四十二。人皆言其遇鴆以斃。子綸嗣。

綸字斌籀，性弘厚，美姿容，頗解鍾律。高祖受禪，封邵國公，邑八千户。明年，拜邵州刺史。晉王廣納妃於梁，詔綸致禮焉，甚爲梁人所敬。

綸以穆王之故，當高祖之世，每不自安。煬帝即位，尤被猜忌。綸憂懼不知所爲，呼術者王琛而問之。琛答曰：「王相禄不凡。」乃因曰：「滕即騰也，此字足爲善應。」有沙門惠恩、崛多等，頗解占候，綸每與交通，常令此三人爲度星法。有人告綸怨望呪詛，帝命黄門侍郎王弘窮治之。弘見帝方怒，遂希旨奏綸厭蠱惡逆，坐當死。帝令公卿議其事，司徒楊素等曰：「綸希冀國災，以爲身幸。原其懷惡之由〔一〕，積自家世。惟皇運之始，四海同心，在於孔懷，彌須叶力。其先乃離阻大謀，棄同即異。父悖於前，子逆於後，非直覬覦朝廷，便是圖危社稷。爲惡有狀，其罪莫大，刑茲無赦，抑有舊章，請依前律。」帝以公族不忍，除名爲民，徙始安。諸弟散徙邊郡。大業七年，親征遼東，綸欲上表，請從軍自効，爲郡司所遏。未幾，復徙朱崖。及天下大亂，爲賊林仕弘所逼，攜妻子，竄于儋耳。後歸大唐，爲懷化縣公。

綸弟坦，字文籀，初封竟陵郡公，坐綸徙長沙。坦弟猛，字武籀，徙衡山。猛弟溫，字明籀，初徙零陵。溫好學，解屬文，既而作零陵賦以自寄，其辭哀思。帝見而怒之，轉徙南海。溫弟詵，字弘籀，前亦徙零陵。帝以其修謹，襲封滕王，以奉穆王嗣。大業末，薨於江都。

道悼王靜

道悼王靜字賢籀，滕穆王瓚之子也。出繼叔父嵩。嵩在周代，以太祖軍功，賜爵興城公，早卒。高祖踐位，追封道王，謚曰宣。以靜襲焉。卒，無子，國除。

衞昭王爽 嗣王集

衞昭王爽字師仁，小字明達，高祖異母弟也。周世，在襁褓中，以太祖軍功，封同安郡公。六歲而太祖崩，爲獻皇后之所鞠養，由是高祖於諸弟中特寵愛之。十七爲内史上士。高祖執政，拜大將軍、秦州總管。未之官，轉授蒲州刺史，進位柱國。及受禪，立爲衞王。尋遷雍州牧，領左右將軍。俄遷右領軍大將軍，權領并州總管。歲餘，進位上柱國，轉涼州總管。爽美風儀，有器局，治甚有聲。

其年，以爽爲行軍元帥，步騎七萬以備胡。出平涼，無虜而還。明年，大舉北伐，又爲元帥。河間王弘、豆盧勣、竇榮定、高熲、虞慶則等分道而進，俱受爽節度。爽親率李充節等四將出朔州〔二〕，遇沙鉢略可汗於白道，接戰，大破之，虜獲千餘人，驅馬牛羊鉅萬。沙鉢略可汗中重瘡而遁。高祖大悦，賜爽真食梁安縣千户。六年，復爲元帥，步騎十五萬，出合川，突厥遁逃而返。明年，徵爲納言。高祖甚重之。

未幾，爽寢疾，上使巫者薛榮宗視之，云衆鬼爲厲，爽令左右驅逐之。居數日，有鬼物來擊榮宗，榮宗走下階而斃。其夜爽薨，時年二十五。贈太尉、冀州刺史。子集嗣。

集字文會，初封遂安王，尋襲封衞王。煬帝時，諸侯王恩禮漸薄，猜防日甚。集憂懼不知所爲，乃呼術者俞普明，章醮以祈福助。有人告集呪詛，憲司希旨，鍛成其獄，奏集惡逆，坐當死。天子下公卿議其事，楊素等曰：「集密懷左道，厭蠱君親，公然呪詛，無慙幽顯。情滅人理，事悖先朝，是君父之罪人，非臣子之所赦，請論如律。」時滕王綸坐與相連，帝不忍加誅，乃下詔曰：「綸、集以附萼之華，猶子之重，縻之好爵，匪由德進。正應與國升降，休戚是同，乃包藏妖禍，誕縱邪僻。在三之義，愛敬俱淪，急難之情，孔懷頓滅。公卿議既如此，覽以潸然。雖復王法無私，恩從義斷，但法隱公族，禮有親親。致之極辟，情所未忍。」於是除名爲民，遠徙邊郡。遇天下大亂，不知所終。

蔡王智積

蔡王智積，高祖弟整之子也。整，周明帝時，以太祖軍功，賜爵陳留郡公。尋授開府、車騎大將軍。從武帝平齊，至并州，力戰而死。及高祖作相，贈柱國、大司徒、冀定瀛相懷衞趙貝八州刺史。高祖受禪，追封蔡王，謚曰景。以智積襲焉。又封其弟智明爲高陽郡公，智才爲開封縣公。尋拜智積爲開府儀同三司，授同州刺史，儀衞資送甚盛。頃之，以脩謹聞，高祖善之。在州未嘗嬉戲遊獵，聽政之暇，端坐讀書，門無私謁。有侍讀公孫尚儀，山東儒士，府佐楊君英、蕭德言，並有文學，時延於座，所設唯餅果，酒纔三酌。家有女妓，唯年節嘉慶，奏於太妃之前，其簡靜如此。昔高祖龍潛時，景王與高祖不睦，其太妃尉氏，又與獨孤皇后不相諧，以是智積常懷危懼，每自貶損。高祖知其若是，亦哀憐之。人或勸智積治產業者，智積曰：「昔平原露朽財帛，苦其多也。吾幸無可露，何更營乎？」有五男，止教讀論語、孝經而已，亦不令交通賓客。或問其故，智積答曰：「卿非知我者。」其意恐兒子有才能，以致禍也。開皇二十年，徵還京第，無他職任，闔門自守，非朝覲不出。

煬帝即位，滕王綸、衞王集並以讒構得罪，高陽公智明亦以交遊奪爵，智積逾懼。大業七年〔三〕，授弘農太守，委政寮佐，清靜自居〔四〕。及楊玄感作亂，自東都引軍而西，智積謂官屬曰：「玄感聞大軍將至，欲西圖關中。若成其計，則根本固矣。當以計縻之，使不得進。不出一旬，自可擒耳。」及玄感軍至城下，智積登陴詈辱之，玄感怒甚，留攻之。城門爲賊所燒，智積乃更益火，賊不得入。數日，宇文述等援軍至，合擊破之。

十二年，從駕江都，寢疾。帝時疎薄骨肉，智積每不自安，及遇患，不呼醫。臨終，謂所親曰：「吾今日始知得保首領没於地矣。」時人哀之。有子道玄。

史臣曰：周建懿親，漢開盤石，内以敦睦九族，外以輯寧億兆，深根固本，崇奬王室。安則有以同其樂，衰則有以恤其危，所由來久矣。魏、晉以下，多失厥中，不遵王度，各徇所私。抑之則勢齊於匹夫，抗之則權侔於萬乘，矯枉過正，非一時也。得失詳乎前史，不復究而論焉。高祖昆弟之恩，素非篤睦，閨房之隙，又不相容。至于二世承基，其弊愈甚。是以滕穆暴薨，人皆竊議，蔡王將没，自以爲幸。唯衞王養於獻后，故任遇特隆，而諸子遷流，莫知死所，悲夫！其錫以茅土，稱爲盤石，行無甲兵之衞，居與氓隸爲伍。外内無虞，顛危不暇，時逢多難，將何望焉！

校勘記

〔一〕懷惡之由　「懷」，原作「性」，據宋甲本改。北史卷七一隋宗室諸王滕穆王瓚傳附楊綸傳亦作「懷」。

〔二〕李充節　原作「李元節」，據北史卷一〇〇序傳、舊唐書卷六二李大亮傳改。北史卷七一隋宗室諸王衞昭王爽傳作「李充」，乃雙名單稱，本書卷五三劉方傳附李充傳。

〔三〕大業七年　「七」，北史卷七一隋宗室諸王蔡景王整傳附楊智積傳作「三」。

〔四〕清靜自居　「靜」，原作「淨」，據宋甲本改。北史卷七一隋宗室諸王蔡景王整傳附楊智積傳亦作「靜」。

隋書卷四十五

列傳第十

文四子

高祖五男，皆文獻皇后之所生也。長曰房陵王勇，次煬帝，次秦孝王俊，次庶人秀，次庶人諒。

房陵王勇字睍地伐，高祖長子也。周世，以太祖軍功，封博平侯。及高祖輔政，立爲世子，拜大將軍、左司衞，封長寧郡公。出爲洛州總管、東京小冢宰，總統舊齊之地。後徵還京師，進位上柱國、大司馬，領内史御正，諸禁衞皆屬焉。高祖受禪，立爲皇太子，軍國政事及尚書奏死罪已下，皆令勇參決之。上以山東民多流冗，遣使按檢，又欲徙民北實邊塞。勇上書諫曰：「竊以導俗當漸，非可頓革，戀土懷舊，民之本情，波迸流離，蓋不獲已。加有齊之末，主闇時昏，周平東夏，繼以威虐，民不堪命，致有逃亡，非厭家鄉，願爲羈旅。加以去年三方逆亂，賴陛下仁聖，區宇肅清，鋒刃雖屏，瘡痍未復。若假以數歲，沐浴皇風，逃竄之徒，自然歸本。雖北夷猖獗，嘗犯邊烽，今城鎮峻峙，所在嚴固，何待遷配，以致勞擾。臣以庸虛，謬當儲貳，寸誠管見，輒以塵聞。」上覽而嘉之，遂寢其事。是後時政不便，多所損益，上每納之。上嘗從容謂羣臣曰：「前世皇王，溺於嬖幸，廢立之所由生。朕傍無姬侍，五子同母，可謂真兄弟也。豈若前代多諸內寵，孽子忿諍，爲亡國之道邪！」

勇頗好學，解屬詞賦，性寬仁和厚，率意任情，無矯飾之行。引明克讓、姚察、陸開明等爲之賓友。勇嘗文飾蜀鎧，上見而不悅，恐致奢侈之漸，因而誡之曰：「我聞天道無親，唯德是與，歷觀前代帝王，未有奢華而得長久者。汝當儲后，若不上稱天心，下合人意，何以承宗廟之重，居兆民之上？吾昔日衣服，各留一物，時復看之，以自警戒。今以刀子賜汝，宜識我心。」

其後經冬至，百官朝勇，勇張樂受賀。高祖知之，問朝臣曰：「近聞至節，內外百官，相率朝東宮，是何禮也？」太常少卿辛亶對曰：「於東宮是賀，不得言朝。」高祖曰：「改節稱賀，正可三數十人，逐情各去。何因有司徵召，一時普集，太子法服設樂以待之？東宮如此，殊乖禮制。」於是下詔曰：「禮有等差，君臣不雜，爰自近代，聖教漸虧，俯仰逐情，因循成俗。皇太子雖居上嗣，義兼臣子，而諸方岳牧，正冬朝賀，任土作貢，別上東宮。事非典則，宜悉停斷。」自此恩寵始衰，漸生疑阻。

時高祖令選宗衞侍官，以入上臺宿衞。高熲奏稱，若盡取强者，恐東宮宿衞太劣。高祖作色曰：「我有時行動，宿衞須得雄毅。太子毓德東宮，左右何須强武？此極敝法，甚非我意。如我商量，恒於交番之日，分向東宮上下，團伍不別〔一〕，豈非好事？我熟見前代，公不須仍踵舊風。」蓋疑高熲男尚勇女，形於此言，以防之也。

勇多內寵，昭訓雲氏，尤稱嬖幸，禮匹於嫡。勇妃元氏無寵，嘗遇心疾，二日而薨。獻皇后意有他故，甚責望勇。自是雲昭訓專擅內政，后彌不平，頗遣人伺察，求勇罪過。晉王知之，彌自矯飾，姬妾但備員數，唯共蕭妃居處。皇后由是薄勇，愈稱晉王德行。其後晉王來朝，車馬侍從，皆爲儉素，敬接朝臣，禮極卑屈，聲名籍甚，冠於諸王。臨還揚州，入內辭皇后，因進言曰：「臣鎮守有限，方違顏色，臣子之戀，實結于心。一辭階闥，無由侍奉，拜見之期，杳然未日。」因哽咽流涕，伏不能興。皇后亦曰：「汝在方鎮，我又年老，今者之別，有切常離。」又泫然泣下，相對歔欷。王曰：「臣性識愚下，常守平生昆弟之意，不知何罪，失愛東宮，恒蓄盛怒，欲加屠陷。每恐讒譖生於投杼，鴆毒遇於杯勺，是用勤憂積念，懼履危亡。」皇后忿然曰：「睍地伐漸不可耐，我爲伊索得元家女，望隆基業，竟不聞作夫妻，專寵阿雲，使有如許豚犬。前新婦本無病痛，忽爾暴亡，遣人投藥，致此夭逝。事已如是，我亦不能窮治，何因復於汝處發如此意？我在尚爾，我死後，當魚肉汝乎？每思東宮竟無正嫡，至尊千秋萬歲之後，遣汝等兄弟向阿雲兒前再拜問訊，此是幾許大苦痛邪！」晉王又拜，嗚咽不能止，皇后亦悲不自勝。

此別之後，知皇后意移，始構奪宗之計。因引張衡定策，遣褒公宇文述深交楊約，令喻旨於越國公素，具言皇后此語。素瞿然曰：「但不知皇后如何？必如所言，吾又何爲者！」後數日，素入侍宴，微稱晉王孝悌恭儉，有類至尊，用此揣皇后意。皇后泣曰：「公言是也。我兒大孝順，每聞至尊及我遣內使到，必迎於境首。言及違離，未嘗不泣。又其新婦亦大可憐，我使婢去，常與之同寢共食。豈若睍地伐共阿雲相對而坐，終日酣宴，昵近小人，疑阻骨肉。我所以益憐阿麽者，常恐暗地殺之。」素既知意，因盛言太子不才。皇后遂遺素金，始有廢立之意。

勇頗知其謀，憂懼，計無所出。聞新豐人王輔賢能占候，召而問之。輔賢曰：「白虹貫東宮門，太白襲月，皇太子廢退之象也。」以銅鐵五兵造諸厭勝。又於後園之內作庶人村，屋宇卑陋，太子時於中寢息，布衣草褥，冀以當之。高祖知其不安，在仁壽宮，使楊素觀勇。素至東宮，偃息未入，勇束帶待之，故久不進，以激怒勇。勇銜之，形於言色。素還，言勇怨望，恐有他變，願深防察。高祖聞素譖毁，甚疑之。皇后又遣人伺覘東宮，纖介事皆聞奏，因加媒蘖〔二〕，構成其罪。高祖惑於邪議，遂疏忌勇。乃於玄武門達至德門量置候人，以伺動靜，皆隨事奏聞。又東宮宿衛之人，侍官已上，名籍悉令屬諸衛府，有健兒者，咸屏去之。晉王又令段達私於東宮幸臣姬威，遺以財貨，令取太子消息，密告楊素。於是內外諠謗，過失日聞。段達脅姬威曰：「東宮罪過，主上皆知之矣，已奉密詔，定當廢立。君能告之，則大富貴。」威遂許諾。

九月壬子，車駕至自仁壽宮，翌日，御大興殿，謂侍臣曰：「我新還京師，應開懷歡樂，不知何意，翻邑然愁苦？」吏部尚書牛弘對曰：「由臣等不稱職，故至尊憂勞。」高祖既數聞讒譖，疑朝臣皆具委，故有斯問，冀聞太子之愆。弘爲此對，大乖本旨。高祖因作色謂東宮官屬曰：「仁壽宮去此不遠，而令我每還京師，嚴備仗衛，如入敵國。我爲患利，不脱衣卧。昨夜欲得近廁，故在後房，恐有警急，還移就前殿。豈非爾輩欲壞我國家邪？」於是執唐令則等數人，付所司訊鞫。令楊素陳東宮事狀，以告近臣。素顯言之曰：「臣奉勅向京，令皇太子檢校劉居士餘黨。太子奉詔，乃作色奮厲，骨肉飛騰，語臣云：『居士黨盡伏法，遣我何處窮討？爾作右僕射，委寄不輕，自檢校之，何關我事？』又云：『若大事不遂〔三〕，我先被誅。今作天子，竟乃令我不如諸弟。一事以上，不得自由。』因長歎迴視云：『我大覺身妨。』」高祖曰：

此兒不堪承嗣久矣。皇后恒勸我廢之，我以布素時生，復是長子，望其漸改，隱忍至今。勇昔從南兖州來，語衞王云：「阿孃不與我一好婦女，亦是可恨。」因指皇后侍兒曰：「是皆我物。」此言幾許異事。其婦初亡，即以斗帳安餘老嫗。新婦初亡，我深疑使馬嗣明藥殺。我曾責之，便懟曰：「會殺元孝矩。」此欲害我而遷怒耳。

初，長寧誕育，朕與皇后共抱養之，自懷彼此，連遣來索。且雲定興女，在外私合而生，想此由來，何必是其體胤！昔晉太子取屠家女，其兒即好屠割。今儻非類，便亂宗社〔四〕。又劉金麟，諂佞人也，呼定興作親家翁，定興愚人，受其此語。我前解金麟者，爲其此事。勇嘗引曹妙達共定興女同讌，妙達在外說云：「我今得勸妃酒。」直以其諸子偏庶，畏人不服，故逆縱之，欲收天下之望耳。我雖德慙堯、舜，終不以萬姓付不肖子也。我恒畏其加害，如防大敵，今欲廢之，以安天下。

左衞大將軍、五原公元旻諫曰：「廢立大事，天子無二言，詔旨若行，後悔無及。讒言罔極，惟陛下察之。」旻辭直爭强，聲色俱厲，上不答。

是時姬威又抗表告太子非法。高祖謂威曰：「太子事跡，宜皆盡言。」威對曰：「皇太子由來共臣語，唯意在驕奢，欲得從樊川以至于散關，總規爲苑。兼云：『昔漢武帝將起上林苑，東方朔諫之，賜朔黄金百斤，幾許可笑。我實無金輒賜此等。若有諫者，正當斬之，不過殺百許人〔五〕，自然永息。』前蘇孝慈解左衛率，皇太子奮髯揚肘曰：『大丈夫會當有一日，終不忘之，決當快意。』又宫内所須，尚書多執法不與，便怒曰：『僕射以下，吾會戮一二人，使知慢我之禍。』又於苑内築一小城，春夏秋冬，作役不輟，營起亭殿，朝造夕改。每云：『至尊嗔我多側庶，高緯、陳叔寶豈是孽子乎？』嘗令師姥卜吉凶，語臣曰：『至尊忌在十八年，此期促矣。』」高祖泫然曰：「誰非父母生，乃至於此！我有舊使婦女，令看東宫，奏我云：『勿令廣平王至皇太子處。東宫憎婦，亦廣平教之。』元贇亦知其陰惡，勸我於左藏之東，加置兩隊。初平陳後，宫人好者悉配春坊，如聞不知厭足，於外更有求訪。朕近覽齊書，見高歡縱其兒子，不勝忿憤，安可效尤邪！」於是勇及諸子皆被禁錮，部分，收其黨與。楊素舞文巧詆，鍛鍊以成其獄。勇由是遂敗。

居數日，有司承素意，奏言左衛元旻身備宿衛，常曲事於勇，情存附託。在仁壽宫，裴弘將勇書於朝堂與旻，題封云勿令人見。高祖曰：「朕在仁壽宫，有纖小事，東宫必知，疾於驛馬。怪之甚久，豈非此徒耶？」遣武士執旻及弘付法治其罪。

先是，勇嘗從仁壽宮參起居還，塗中見一枯槐，根榦蟠錯，大且五六圍，顧左右曰：「此堪作何器用？」或對曰：「古槐尤堪取火。」于時衞士皆佩火燧，勇因令匠者造數千枚，欲以分賜左右。至是，獲於庫。又藥藏局貯艾數斛，亦搜得之。大將爲怪，以問姬威。威曰：「太子此意別有所在。比令長寧王已下，詣仁壽宮還，每嘗急行，一宿便至。恒飼馬千匹，云徑往捉城門，自然餓死。」素以威言詰勇，勇不服曰：「竊聞公家馬數萬匹，勇忝備位太子，有馬千匹，乃是反乎？」素又發洩東宮服翫，似加瑚飾者，悉陳之於庭，以示文武羣官，爲太子之罪。高祖遣將諸物示勇，以誚詰之。皇后又責之罪。高祖使使責問勇，勇不服。太史令袁充進曰：「臣觀天文，皇太子當廢。」上曰：「玄象久見矣。」羣臣無敢言者。

於是使人召勇。勇見使者，驚曰：「得無殺我耶？」高祖戎服陳兵，御武德殿，集百官，立於東面，諸親立於西面，引勇及諸子列於殿庭。命薛道衡宣廢勇之詔曰：「太子之位，實爲國本，苟非其人，不可虛立。自古儲副，或有不才，長惡不悛，仍令守器，皆由情溺寵愛，失於至理，致使宗社傾亡，蒼生塗地。由此言之，天下安危，繫乎上嗣，大業傳世，豈不重哉！皇太子勇，地則居長，情所鍾愛，初登大位，即建春宮，冀德業日新，隆茲負荷。而性識庸闇，仁孝無聞，昵近小人，委任姦佞，前後愆釁，難以具紀。但百姓者，天之百姓，朕恭天命，屬當安育，雖欲愛子，實畏上靈，豈敢以不肖之子，而亂天下。勇及其男女爲王、公主者，並可廢爲庶人。顧惟兆庶，事不獲已，興言及此，良深愧歎！」令薛道衡謂勇曰：「爾之罪惡，人神所棄，欲求不廢，其可得耶？」勇再拜而言曰：「臣合尸之都市，爲將來鑒誡，幸蒙哀憐，得全性命。」言畢，泣下流襟，既而舞蹈而去。左右莫不憫默。又下詔曰：

自古以來，朝危國亂，皆邪臣佞媚，凶黨扇惑，致使禍及宗社，毒流兆庶。若不標明典憲，何以肅清天下！左衞大將軍、五原郡公元旻，任掌兵衞，委以心膂，陪侍左右，恩寵隆渥；乃包藏姦伏，離間君親，崇長厲階，最爲魁首。太子左庶子唐令則，策名儲貳，位長宫寮，諂曲取容，音技自進，躬執樂器，親教内人，贊成驕侈，導引非法。太子家令鄒文騰，專行左道，偏被親昵，心腹委付，鉅細關知，占問國家，希覬災禍。左衞率司馬夏侯福，内事諂諛，外作威勢，凌侮上下，褻濁宫闈。典膳監元淹，謬陳愛憎，開示怨隙，妄起訕謗，潛行離阻，進引妖巫，營事厭禱。前吏部侍郎蕭子寶，往居省閣，舊非宫臣，禀性浮躁，用懷輕險，進畫姦謀，要射榮利，經營間構，開造禍端。前主璽下士何竦，假託玄象，妄説妖怪，志圖禍亂，心在速發，兼制奇器異服，皆竦規摹，增長驕奢，糜費百姓。凡此七人，爲害乃甚，並處斬，妻妾子孫皆悉没官。

車騎將軍閻毗、東郡公崔君綽、游騎尉沈福寶、瀛州民章仇太翼等四人，所爲之事，皆是悖惡，論其狀迹，罪合極刑。但朕情存好生，未能盡戮，可並特免死，各決杖一百，身及妻子資財田宅，悉可没官。副將作大匠高龍叉，豫追番丁，輒配東宫使役，營造亭舍，進入春坊。率更令晉文建，通直散騎侍郎、判司農少卿事元衡，料度之外，私自出給，虚破丁功，擅割園地。並處盡。

於是集羣官于廣陽門外，宣詔以戮之。廣平王雄答詔曰：「至尊爲百姓割骨肉之恩，廢黜無德，實爲大慶，天下幸甚！」乃移勇於内史省，立晉王廣爲皇太子，仍以勇付之，復囚於東宫。賜楊素物三千段，元胄、楊約並千段，楊難敵五百段，皆鞫勇之功賞也。

時文林郎楊孝政上書諫曰：「皇太子爲小人所誤，宜加訓誨，不宜廢黜。」上怒，撻其胸。尋而貝州長史裴肅表稱：「庶人罪黜已久，當克己自新，請封一小國。」高祖知勇之黜也，不允天下之情，乃徵肅入朝，具陳廢立之意。

時勇自以廢非其罪，頻請見上，面申冤屈。而皇太子遏之，不得聞奏。勇於是升樹大叫，聲聞於上，冀得引見。素因奏言：「勇情志昏亂，爲癲鬼所著，不可復收。」上以爲然，卒不得見。素誣陷經營，構成其罪，類皆如此。

高祖寢疾於仁壽宫，徵皇太子入侍醫藥，而姦亂宫闈，事聞於高祖。高祖抵牀曰：

「枉廢我兒！」因遣追勇。未及發使，高祖暴崩，秘不發喪。遽收柳述、元巖，繫於大理獄，僞爲高祖勑書，賜庶人死。追封房陵王，不爲立嗣。

勇有十男：雲昭訓生長寧王儼、平原王裕、安城王筠，高良娣生安平王嶷、襄城王恪，王良媛生高陽王該、建安王韶，成姬生潁川王煚，後宮生孝實、孝範。

長寧王儼，勇長子也。誕乳之初，以報高祖，高祖曰：「此即皇太孫，何乃生不得地？」雲定興奏曰：「天生龍種，所以因雲而出。」時人以爲敏對。六歲，封長寧郡王〔六〕。勇敗，亦坐廢黜。上表乞宿衞，辭情哀切，高祖覽而憫焉。楊素進曰：「伏願聖心同於螫手，不宜復留意。」煬帝踐極，儼常從行，卒於道，實鴆之也。諸弟分徙嶺外，仍勑在所皆殺焉。

秦孝王俊字阿祇，高祖第三子也。開皇元年立爲秦王。二年春，拜上柱國、河南道行臺尚書令、洛州刺史，時年十二。加右武衞大將軍，領關東兵。三年，遷秦州總管，隴右諸州盡隸焉。俊仁恕慈愛，崇敬佛道，請爲沙門，上不許。六年，遷山南道行臺尚書令。伐陳之役，以爲山南道行軍元帥，督三十總管，水陸十餘萬，屯漢口，爲上流節度。陳將周羅睺、荀法尚等，以勁兵數萬屯鸚鵡洲，總管崔弘度請擊之。俊慮殺傷，不許。羅睺亦相率而降。於是遣使奉章詣闕，垂泣謂使者曰：「謬當推轂，愧無尺寸之功，以此多慚耳。」上聞而善之。授揚州總管四十四州諸軍事，鎮廣陵。歲餘，轉并州總管二十四州諸軍事。

初，頗有令問，高祖聞而大悅，下書奬勵焉。其後俊漸奢侈，違犯制度，出錢求息，民吏苦之。上遣使按其事，與相連坐者百餘人。俊猶不悛，於是盛治宮室，窮極侈麗。俊有巧思，每親運斤斧，工巧之器，飾以珠玉。爲妃作七寶羃籬，又爲水殿，香塗粉壁，玉砌金堦，梁柱楣棟之間，周以明鏡，間以寶珠，極榮飾之美〔七〕。每與賓客妓女，絃歌於其上。俊頗好內，妃崔氏性妬，甚不平之，遂於瓜中進毒。俊由是遇疾，徵還京師。上以其奢縱，免官，以王就第。左武衛將軍劉昇諫曰：「秦王非有他過，但費官物營廨舍而已。臣謂可容。」上曰：「法不可違。」昇固諫，上忿然作色，昇乃止。其後楊素復進諫曰：「秦王之過，不應至此，願陛下詳之。」上曰：「我是五兒之父，非兆民之父〔八〕？若如公意，何不別制天子兒律？以周公之爲人，尚誅管、蔡，我誠不及周公遠矣，安能虧法乎？」卒不許。

俊疾篤，未能起，遣使奉表陳謝。上謂其使曰：「我戮力關塞，創茲大業，作訓垂範，庶臣下守之而不失。汝爲吾子，而欲敗之，不知何以責汝！」俊慚怖，疾甚。大都督皇甫統上表，請復王官，不許。歲餘，以疾篤，復拜上柱國。二十年六月，薨於秦邸。上哭之數聲而已。俊所爲侈麗之物，悉命焚之。勑送終之具，務從儉約，以爲後法也。王府僚佐請立碑，上曰：「欲求名，一卷史書足矣，何用碑爲？若子孫不能保家，徒與人作鎮石耳。」

妃崔氏以毒王之故，下詔廢絕，賜死於其家。子浩，崔氏所生也。庶子曰湛。羣臣議曰：「春秋之義，母以子貴，子以母貴。貴既如此，罪則可知。故漢時栗姬有罪，其子便廢，郭后被廢，其子斯黜。大既然矣，小亦宜同。今秦王二子，母皆罪廢，不合承嗣。」於是以秦國官爲喪主。俊長女永豐公主，年十二，遭父憂，哀慕盡禮，免喪，遂絕魚肉。每至忌日，輒流涕不食。有開府王延者，性忠厚，領親信兵十餘年，俊甚禮之。及俊有疾，延恒在閤下，衣不解帶。俊薨，勺飲不入口者數日，羸頓骨立。上聞而憫之，賜以御藥，授驃騎將軍，典宿衞。俊葬之日，延號慟而絕。上嗟異之，令通事舍人弔祭焉。詔葬延於俊墓側。

煬帝即位，立浩爲秦王，以奉孝王嗣。封湛爲濟北侯。後以浩爲河陽都尉。楊玄感作逆之際，左翊衞大將軍宇文述勒兵討之〔九〕。至河陽，脩啓於浩，浩復詣述營，共相往復〔一〇〕。有司劾浩，以諸侯交通内臣，竟坐廢免。宇文化及殺逆之始，立浩爲帝。化及敗於黎陽，北走魏縣，自僭僞號，因而害之。湛驍果，有膽烈。大業初，爲滎陽太守，坐浩免，亦爲化及所害。

庶人秀，高祖第四子也。開皇元年，立爲越王。未幾，徙封於蜀，拜柱國、益州刺史、總管二十四州諸軍事。二年，進位上柱國、西南道行臺尚書令，本官如故。歲餘而罷。十二年，又爲内史令、右領軍大將軍。尋復出鎮於蜀。

秀有膽氣，容貌瓌偉，美鬚髯，多武藝，甚爲朝臣所憚。上每謂獻皇后曰：「秀必以惡終。我在當無慮，至兄弟必反。」兵部侍郎元衡使於蜀，秀深結於衡，以左右爲請。既還京師，請益左右，上不許。大將軍劉噲之討西爨也，高祖令上開府楊武通將兵繼進。秀使嬖人萬智光爲武通行軍司馬，上以秀任非其人，譴責之。因謂羣臣曰：「壞我法者，必在子孫乎？譬如猛獸，物不能害，反爲毛間蟲所損食耳。」於是遂分秀所統。

秀漸奢侈，違犯制度，車馬被服，擬於天子。及太子勇以讒毁廢，晉王廣爲皇太子，秀意甚不平。皇太子恐秀終爲後變，陰令楊素求其罪而譖之。仁壽二年，徵還京師，上見，不與語。明日，使使切讓之。秀謝曰：「忝荷國恩，出臨藩岳，不能奉法，罪當萬死。」皇太子及諸王流涕庭謝。上曰：「頃者秦王糜費財物，我以父道訓之。今秀蠹害生民，當以君道繩之。」於是付執法者。開府慶整諫曰：「庶人勇既廢，秦王已薨，陛下兒子無多，何至如是？然蜀王性甚耿介，今被重責，恐不自全。」上大怒，欲斷其舌。因謂羣臣曰：「當斬秀於市，以謝百姓。」乃令楊素、蘇威、牛弘、柳述、趙綽等推治之。太子陰作偶人，書上及漢王姓字，縛手釘心，令人埋之華山下，令楊素發之。又作檄文曰：「逆臣賊子，專弄威柄，陛下唯守虛器，一無所知。」陳甲兵之盛，云「指期問罪」。置秀集中，因以聞奏。上曰：「天下寧有是耶！」於是廢爲庶人，幽内侍省，不得與妻子相見，令給獠婢二人驅使。與相連坐者百餘人。

秀既幽逼，憤懣不知所爲，乃上表曰：「臣以多幸，聯慶皇枝，蒙天慈鞠養，九歲榮貴，唯知富樂，未嘗憂懼。輕恣愚心，陷茲刑綱，負深山岳，甘心九泉。不謂天恩尚假餘漏，至如今者，方知愚心不可縱，國法不可犯，撫膺念咎，自新莫及。猶望分身竭命，少答慈造，但以靈祇不祐，福祿消盡，夫婦抱思，不相勝致。只恐長辭明世，永歸泉壤，伏願慈恩，賜垂矜愍，殘息未盡之間，希與爪子相見。請賜一穴，令骸骨有所。」爪子即其愛子也。上因下詔數其罪曰：

汝地居臣子，情兼家國，庸、蜀要重，委以鎮之。汝乃干紀亂常，懷惡樂禍，睥睨二宮，佇遲災釁，容納不逞，結構異端。我有不和，汝便覘候，望我不起，便有異心。

皇太子，汝兄也，次當建立，汝假託妖言，乃云不終其位。妄稱鬼怪，又道不得入宮，自言骨相非人臣，德業堪承重〔一一〕。妄道清城出聖，欲以己當之，詐稱益州龍見，託言吉兆。重述木易之姓，更治成都之宮，妄說禾乃之名〔一二〕，以當八千之運。橫生京師妖異，以證父兄之災，妄造蜀地徵祥，以符己身之籙。汝豈不欲得國家惡也，天下亂也？輒造白玉之珽，又爲白羽之箭，文物服飾，豈似有君？鳩集左道，符書厭鎮。漢王於汝，親則弟也，乃畫其形像，書其姓名，縛手釘心，枷鏁杻械。仍云請西岳華山慈父聖母神兵九億萬騎，收楊諒魂神，閉在華山下，勿令散蕩。我之於汝，親則父也，復云請西岳華山慈父聖母，賜爲開化楊堅夫妻，迴心歡喜。又畫我形像，縛手撮頭，仍云請西岳神兵收楊堅魂神。如此形狀，我今不知楊諒、楊堅是汝何親也？

苞藏凶慝，圖謀不軌，逆臣之迹也。希父之災，以爲身幸，賊子之心也。懷非分之望，肆毒心於兄，悖弟之行也。嫉妬於弟，無惡不爲，無孔懷之情也。違犯制度，壞亂之極也。多殺不辜，豺狼之暴也。剝削民庶，酷虐之甚也。唯求財貨，市井之業也。專事妖邪，頑嚚之性也。弗克負荷，不材之器也。凡此十者，滅天理，逆人倫，汝皆爲之，不祥之甚也，欲免禍患〔一三〕，長守富貴，其可得乎！

後復聽與其子同處。

煬帝即位，禁錮如初。宇文化及之殺逆也，欲立秀爲帝，羣議不許。於是害之，并其諸子。

庶人諒字德章，一名傑，開皇元年，立爲漢王。十二年，爲雍州牧，加上柱國、右衞大將軍。歲餘，轉左衞大將軍。十七年，出爲并州總管，上幸温湯而送之。自山以東，至于滄海，南拒黄河，五十二州盡隸焉。特許以便宜，不拘律令。十八年，起遼東之役，以諒爲行軍元帥，率衆至遼水，遇疾疫，不利而還。十九年，突厥犯塞，以諒爲行軍元帥，竟不臨戎。高祖甚寵愛之。

諒自以所居天下精兵處，以太子讒廢，居常怏怏，陰有異圖。遂諷高祖云：「突厥方强，太原即爲重鎮，宜修武備。」高祖從之。於是大發工役，繕治器械，貯納於并州。招傭亡命〔一四〕，左右私人，殆將數萬。王頍者，梁將王僧辯之子也，少倜儻，有奇略，爲諒咨議參軍。蕭摩訶者，陳氏舊將。二人俱不得志，每鬱鬱思亂，並爲諒所親善。

及蜀王以罪廢，諒愈不自安。會高祖崩，徵之不赴，遂發兵反。總管司馬皇甫誕切諫，諒怒，收繫之。王頍説諒曰：「王所部將吏家屬，盡在關西，若用此等，即宜長驅深入，直據京都，所謂疾雷不及掩耳。若但欲割據舊齊之地，宜任東人。」諒不能專定，乃兼用二策，唱言曰：「楊素反，將誅之。」聞喜人總管府兵曹裴文安説諒曰：「井陘以西，是王掌握之内，山東士馬，亦爲我有，宜悉發之。分遣羸兵，屯守要路，仍令隨方略地。率其精鋭，直入蒲津。文安請爲前鋒，王以大軍繼後，風行電擊，頓於霸上，咸陽以東可指麾而定。京師震擾，兵不暇集，上下相疑，羣情離駭，我即陳兵號令，誰敢不從，旬日之間，事可定矣。」諒大悅。於是遣所署大將軍余公理出太谷，以趣河陽。大將軍綦良出滏口，以趣黎陽。大將軍劉建出井陘〔一五〕，以略燕、趙。柱國喬鍾葵出雁門。署文安爲柱國，紇單貴、王聃〔一六〕、大將軍茹茹天保、侯莫陳惠直指京師。未至蒲津百餘里，諒忽改圖，令紇單貴斷河橋，守蒲州，而召文安。文安至曰：「兵機詭速，本欲出其不意。王既不行，文安又退，使彼計成，大事去矣。」諒不對。以王聃爲蒲州刺史，裴文安爲晉州，薛粹爲絳州，梁菩薩爲潞州，韋道正爲韓州，張伯英爲澤州。

煬帝遣楊素率騎五千，襲王聃、紇單貴於蒲州，破之。於是率步騎四萬趣太原。諒使趙子開守高壁，楊素擊走之。諒大懼，拒素於蒿澤。屬天大雨，諒欲旋師，王頍諫曰：「楊素懸軍，士馬疲弊，王以鋭卒親戎擊之，其勢必舉。今見敵而還，示人以怯，阻戰士之心，益西軍之氣，願王必勿還也。」諒不從，退守清源〔一七〕。素進擊之，諒勒兵與官軍大戰，死者萬八千人。諒退保并州，楊素進兵圍之。諒窮蹙，降於素。百寮奏諒罪當死，帝曰：「朕終鮮兄弟，情不忍言，欲屈法恕諒一死。」於是除名爲民，絶其屬籍，竟以幽死。子顥，因而禁錮，宇文化及弒逆之際，遇害。

史臣曰：高祖之子五人，莫有終其天命，異哉！房陵資於骨肉之親，篤以君臣之義，經綸締構，契闊夷險，撫軍監國，凡二十年。雖三善未稱，而視膳無闕。恩寵既變，讒言間之，顧復之慈，頓隔於人理，父子之道，遂滅於天性。隋室將亡之效，衆庶皆知之矣。慎子有言曰：「一兔走街，百人逐之，積兔於市，過者不顧。」豈其無欲哉？分定故也。房陵分定久矣，高祖一朝易之，開逆亂之源，長覬覦之望。又維城肇建，崇其威重，恃寵而驕，厚自封植，進之既踰制，退之不以道。俊以憂卒，實此之由。俄屬天步方艱，讒人已勝，尺布斗粟，莫肯相容。秀窺岷、蜀之阻，諒起晉陽之甲，成茲亂常之釁，蓋亦有以動之也。棠棣之詩徒賦，有鼻之封無期，或幽囚於囹圄，或顛殞於鴆毒。本根既絶，枝葉畢剪，十有餘年，宗社淪陷。自古廢嫡立庶，覆族傾宗者多矣，考其亂亡之禍，未若有隋之酷。詩曰：「殷鑒不遠，在夏后之世。」後之有國有家者，可不深戒哉！

校勘記

〔一〕團伍不別　「團」，原作「圍」，據宋甲本改。北史卷七一隋宗室諸王文帝四王房陵王勇傳亦作「團」。

〔二〕媒櫱　「櫱」，原作「蘖」，據殿本考證、張元濟校勘記改。

〔三〕若大事不遂　「若」，宋甲本作「昔」。北史卷七一隋宗室諸王文帝四王房陵王勇傳亦作「昔」。

〔四〕便亂宗社　「社」，宋甲本作「祏」。北史卷七一隋宗室諸王文帝四王房陵王勇傳亦作「祏」。

〔五〕不過殺百許人　「不過殺」，原作「不殺」，據南監本、北監本、汲本、殿本改。北史卷七一隋宗室諸王文帝四王房陵王勇傳亦作「不過殺」。

〔六〕長寧郡王　「王」，宋甲本、大德本、至順本作「公」。

〔七〕榮飾之美　「榮」，宋甲本作「瑩」。北史卷七一隋宗室諸王文帝四王秦王俊傳亦作「瑩」。

〔八〕非兆民之父　此句原闕，據宋甲本補。北史卷七一隋宗室諸王文帝四王秦王俊傳、册府卷二九七宗室部譴讓亦有此句。

〔九〕左翊衛大將軍宇文述勒兵討之　「翊」，原作「翼」，據宋甲本、至順本、汲本改。

〔一〇〕共相往復　「共」，原作「兵」，據宋甲本改。北史卷七一隋宗室諸王文帝四王秦王俊傳亦作「共」。

〔一一〕德業堪承重　南監本、北監本、汲本、殿本下有「器」字。北史卷七一隋宗室諸王文帝四王庶人秀傳亦有。

〔一二〕妄説禾乃之名　「説」，原作「訴」，據宋甲本、至順本、南監本、北監本、汲本、殿本改。北史卷七一隋宗室諸王文帝四王庶人秀傳亦作「説」。

〔一三〕欲免禍患　「禍患」，宋甲本、至順本作「患禍」。北史卷七一隋宗室諸王文帝四王庶人秀傳、御覽卷七三五方術部一六厭蠱引隋書亦作「患禍」。

〔一四〕招傭亡命　「傭」，宋甲本、大德本、至順本、汲本作「集」。北史卷七一隋宗室諸王文帝四王庶人諒傳亦作「集」。

〔一五〕劉建　北史卷七一隋宗室諸王文帝四王庶人諒傳作「鄧建」。通志卷八五宗室庶人諒傳作「鄭建」。

〔一六〕王聃　本書卷四八楊素傳作「王聃子」。

〔一七〕清源　原作「清原」，據宋甲本改。本書卷四八楊素傳、北史卷四一楊敷傳附楊素傳亦作「清源」。本書卷三〇地理志中有清源縣。

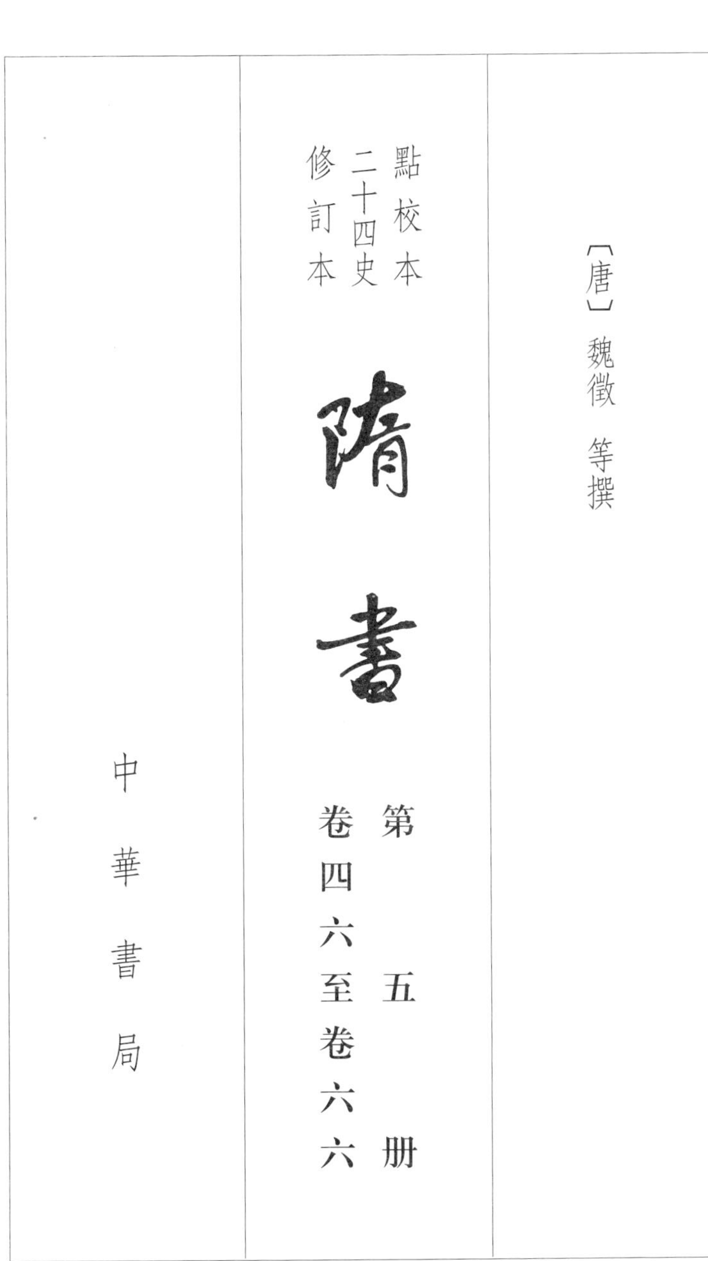

〔唐〕魏徵 等撰

點校本二十四史修訂本

隋書

第五册

卷四六至卷六六

中華書局

2020 年 11 月北京第 1 版　2020 年 11 月北京第 1 次印刷
ISBN 978-7-101-14826-8

隋書卷四十六

列傳第十一

趙煚

趙煚字賢通，天水西人也。祖超宗，魏河東太守。父仲懿，尚書左丞。煚少孤，養母至孝。年十四，有人盜伐其父墓中樹者〔一〕，煚對之號慟，因執送官。見魏右僕射周惠達，長揖不拜，自述孤苦，涕泗交集，惠達爲之隕涕，歎息者久之。及長，沉深有器局〔二〕，略涉書史。周太祖引爲相府參軍事。尋從破洛陽。及太祖班師，煚請留撫納亡叛，太祖從之。煚於是帥所領與齊人前後五戰，斬郡守、鎮將、縣令五人，虜獲甚衆，以功封平定縣男，邑三百户。累轉中書侍郎。

閔帝受禪，遷硤州刺史〔三〕。蠻酋向天王聚衆作亂，以兵攻信陵、秭歸。煚勒所部五百人，出其不意，襲擊破之，二郡獲全。時周人於江南岸置安蜀城以禦陳，屬霖雨數旬，城頹者百餘步。蠻酋鄭南鄉叛，引陳將吳明徹欲掩安蜀。議者皆勸煚益修守禦，煚曰：「不然，吾自有以安之。」乃遣使說誘江外生蠻向武陽，令乘虛掩襲所居，獲其南鄉父母妻子。南鄉聞之，其黨各散，陳兵遂退。明年，吳明徹屢爲寇患，煚勒兵禦之，前後十六戰，每挫其鋒。獲陳裨將覃冏、王足子、吳朗等三人，斬首百六十級。以功授開府儀同三司，遷荆州總管長史。入爲民部中大夫。

武帝出兵鞏、洛，欲收齊河南之地。煚諫曰：「河南洛陽，四面受敵，縱得之，不可以守。請從河北，直指太原，傾其巢穴，可一舉以定。」帝不納，師竟無功。尋從上柱國于翼率衆數萬，自三鵶道以伐陳，克陳十九城而還。以讒毁，功不見録，除益州總管長史。未幾，入爲天官司會，累遷御正上大夫。煚與宗伯斛斯徵素不協，徵後出爲齊州刺史，坐事下獄，自知罪重，遂踰獄而走。帝大怒，購之甚急。煚上密奏曰：「徵自以負罪深重，懼死遁逃，若不北竄匈奴，則南投吳越。徵雖愚陋，久歷清顯，奔彼敵國，無益聖朝。今者炎旱爲災，可因兹大赦。」帝從之。徵賴而獲免，煚卒不言。

高祖爲丞相，加上開府，復拜天官都司會。俄遷大宗伯。及踐阼，煚授璽紱，進位大將軍，賜爵金城郡公，邑二千五百户〔四〕，拜相州刺史。朝廷以煚曉習故事，徵拜尚書右僕射。視事未幾，以忤旨，尋出爲陝州刺史，俄轉冀州刺史，甚有威德。昃嘗有疾，百姓奔馳，爭爲祈禱，其得民情如此。冀州俗薄，市井多姦詐，昃爲銅斗鐵尺，置之於肆，百姓便之。上聞而嘉焉，頒告天下，以爲常法。嘗有人盜昃田中蒿者，爲吏所執。昃曰：「此乃刺史不能宣風化，彼何罪也。」慰諭而遣之，令人載蒿一車以賜盜者，盜者愧恧，過於重刑。其以儉化民〔五〕，皆此類也。上幸洛陽，昃來朝，上勞之曰：「冀州大藩，民用殷實，卿之爲政，深副朕懷。」開皇十九年卒，時年六十八。子義臣嗣，官至太子洗馬。後同楊諒反，誅。

趙芬

趙芬字士茂，天水西人也。父演〔六〕，周秦州刺史。芬少有辯智，頗涉經史。周太祖引爲相府鎧曹參軍，歷記室，累遷熊州刺史。撫納降附，得二千户，加開府儀同三司。大冢宰宇文護召爲中外府掾，俄遷吏部下大夫。芬性强濟，所居之職，皆有聲績。武帝親總萬機，拜内史下大夫，轉少御正。芬明習故事，每朝廷有所疑議，衆不能決者，芬輒爲評斷，莫不稱善。後爲司會。中國公李穆之討齊也，引爲行軍長史，封淮安縣男，邑五百户。復出爲淅州刺史，轉東京小宗伯，鎮洛陽。

高祖爲丞相，尉迥與司馬消難陰謀往來，芬察知之，密白高祖。由是深見親委，遷東京左僕射，進爵郡公。開皇初，罷東京官，拜尚書右僕射〔七〕，與郢國公王誼修律令。俄兼內史令，上甚信任之。未幾，以老病出拜蒲州刺史，加金紫光祿大夫，仍領關東運漕，賜錢百萬、粟五千石而遣之。後數年，上表乞骸骨，徵還京師。賜以二馬軺車、几杖被褥，歸于家。皇太子又致巾帔。後數年，卒。上遣使致祭，鴻臚監護喪事。

子元恪嗣，官至揚州總管司馬，左遷候衞長史。少子元楷，與元恪皆明幹世事。元楷，大業中爲歷陽郡丞，與廬江郡丞徐仲宗，皆竭百姓之產〔八〕，以貢于帝。仲宗遷南郡丞，元楷超拜江都郡丞，兼領江都宮使。

楊尚希

楊尚希，弘農人也。祖真，魏天水太守。父承賓，商、直、淅三州刺史。尚希齠齔而孤。年十一，辭母請受業長安。涿郡盧辯見而異之，令入太學，專精不倦，同輩皆共推伏。周太祖嘗親臨釋奠，尚希時年十八，令講孝經，詞旨可觀。太祖奇之，賜姓普六茹氏，擢爲國子博士。累轉舍人。仕明、武世，歷太學博士、太子宮尹、計部中大夫，賜爵高都縣侯，東京司憲中大夫。宣帝時，令尚希撫慰山東、河北，至相州而帝崩，與相州總管尉迥發喪於館。尚希出謂左右曰：「蜀公哭不哀而視不安，將有他計。吾不去，將及於難。」遂夜中從捷徑而遁。遲明，迥方覺，令數十騎自驛路追之〔九〕，不及，遂歸京師。高祖以尚希宗室之望，又背迥而至，待之甚厚。及迥屯兵武陟，遣尚希督宗室兵三千人鎮潼關。尋授司會中大夫。

高祖受禪，拜度支尚書，進爵爲公。歲餘，出爲河南道行臺兵部尚書，加銀青光禄大夫。尚希時見天下州郡過多，上表曰：「自秦并天下，罷侯置守，漢、魏及晉，邦邑屢改。竊見當今郡縣，倍多於古，或地無百里，數縣並置，或户不滿千，二郡分領。具寮以衆，資費日多，吏卒又倍〔一〇〕，租調歲減。清幹良才，百分無一，動須數萬，如何可覓？所謂民少官多，十羊九牧。琴有更張之義，瑟無膠柱之理。今存要去閑，併小爲大，國家則不虧粟帛，選舉則易得賢才。敢陳管見，伏聽裁處。」帝覽而嘉之，於是遂罷天下諸郡。尋拜瀛州刺史，未之官，奉詔巡省淮南。還除兵部尚書。俄轉禮部尚書，授上儀同。

尚希性弘厚，兼以學業自通，甚有雅望，爲朝廷所重。上時每旦臨朝，日側不倦，尚希諫曰：「周文王以憂勤損壽，武王以安樂延年。願陛下舉大綱，責成宰輔，繁碎之務，非人主所宜親也。」上懽然曰：「公愛我者。」尚希素有足疾，上謂之曰：「蒲州出美酒，足堪養病，屈公卧治之。」於是出拜蒲州刺史，仍領本州宗團驃騎。尚希在州，甚有惠政，復引瀵水，立隄防，開稻田數千頃，民賴其利。開皇十年卒官，時年五十七。謚曰平。子旻嗣，後改封丹水縣公，官至安定郡丞〔二一〕。

長孫平

長孫平字處均，河南洛陽人也。父儉，周柱國。平美容儀，有器幹，頗覽書記。仕周，釋褐衞王侍讀。時武帝逼於宇文護，謀與衞王誅之，王前後常使平往來通意於帝。及護伏誅，拜開府、樂部大夫。宣帝即位，置東京官屬〔二二〕，以平爲小司寇，與小宗伯趙芬分掌六府。

高祖龍潛時，與平情好款洽，及爲丞相，恩禮彌厚。尉迥、王謙、司馬消難並稱兵內侮，高祖深以淮南爲意。時賀若弼鎮壽陽，恐其懷二心，遣平馳驛往代之。弼果不從，平麾壯士執弼，送于京師。

開皇三年〔二三〕，徵拜度支尚書。平見天下州縣多罹水旱，百姓不給，奏令民間每秋家出粟麥一石已下，貧富差等，儲之閭巷，以備凶年，名曰義倉。因上書曰：「臣聞國以民爲本，民以食爲命，勸農重穀，先王令軌。古者三年耕而餘一年之積，九年作而有三年之儲，雖水旱爲災，而民無菜色，皆由勸導有方，蓄積先備者也。去年亢陽，關右飢餒，陛下運山東之粟，置常平之官，開發倉廩，普加賑賜，大德鴻恩，可謂至矣。然經國之道，義資遠筭，請勸諸州刺史、縣令，以勸農積穀爲務。」上深嘉納。自是州里豐衍，民多賴焉。

後數載，轉工部尚書，名爲稱職。時有人告大都督邴紹非毀朝廷爲憒憒者，上怒，將斬之。平進諫曰：「川澤納汙，所以成其深，山岳藏疾，所以就其大。臣不勝至願，願陛下弘山海之量，茂寬裕之德。鄙諺曰：『不癡不聾，未堪作大家翁。』此言雖小，可以喻大。邴紹之言，不應聞奏，陛下又復誅之，臣恐百代之後，有虧聖德。」上於是赦紹。因勑羣臣，誹謗之罪，勿復以聞。

其後突厥達頭可汗與都藍可汗相攻，各遣使請援。上使平持節宣諭，令其和解，賜縑三百匹，良馬一匹而遣之。平至突厥所，爲陳利害，遂各解兵。可汗贈平馬二百匹。及還，平進所得馬，上盡以賜之。

未幾，遇譴，以尚書檢校汴州事。歲餘，除汴州刺史。其後歷許、貝二州，俱有善政。鄴都俗薄，舊號難治，前後刺史多不稱職。朝廷以平所在善稱，轉相州刺史，甚有能名。在州數年，會正月十五日，百姓大戲，畫衣裳爲鍪甲之象，上怒而免之。俄而念平鎮淮南時事，進位大將軍，拜太常卿，判吏部尚書事。仁壽中卒〔一四〕。謚曰康。

子師孝，性輕狡好利，數犯法。上以其不克負荷，遣使弔平國官。師孝後爲渤海郡主簿，屬大業之季，政教陵遲，師孝恣行貪濁，一郡苦之。後爲王世充所害。

元暉

元暉字叔平，河南洛陽人也。祖琛，魏恒、朔二州刺史。父翌，尚書左僕射。暉鬚眉如畫，進止可觀，頗好學，涉獵書記。少得美名於京下，周太祖見而禮之，命與諸子遊處，每同席共硯，情契甚厚。弱冠，召補相府中兵參軍，尋遷武伯下大夫。于時突厥屢爲寇患，朝廷將結和親，令暉齎錦綵十萬，使于突厥。暉說以利害，申國厚禮，可汗大悦，遣其名王隨獻方物。俄拜儀同三司、賓部下大夫。保定初，大冢宰宇文護引爲長史，會齊人來結盟好，以暉多才辯〔一五〕，與千乘公崔睦俱使于齊〔一六〕。還振威中大夫。武帝之娉突厥后也，令暉致禮焉。加開府，轉司憲大夫。及平關東，使暉安集河北，封義寧子，邑四百户。

高祖總百揆，加上開府，進爵爲公。開皇初，拜都官尚書，兼領太僕。奏請決杜陽水灌三時原，溉舄鹵之地數千頃，民賴其利。明年，轉左武候將軍，太僕卿如故。尋轉兵部尚書，監漕渠之役。未幾，坐事免。頃之，拜魏州刺史，頗有惠政。在任數年，以疾去職。

歲餘，卒于京師，時年六十。上嗟悼久之，勑鴻臚監護喪事。謚曰元。子肅嗣，官至光禄少卿。肅弟仁器，性明敏，官至日南郡丞。

韋師

韋師字公穎，京兆杜陵人也。父瑱，周驃騎大將軍。師少沉謹，有至性。初就學，始讀孝經，捨書而歎曰：「名教之極，其在茲乎！」少丁父母憂，居喪盡禮，州里稱其孝行。及長，略涉經史，尤工騎射。周大冢宰宇文護引爲中外府記室，轉賓曹參軍。師雅知諸蕃風俗及山川險易，其有夷狄朝貢，師必接對，論其國俗，如視諸掌。夷人驚服，無敢隱情。齊王憲爲雍州牧，引爲主簿，本官如故。及武帝親總萬機，轉少府大夫。及平高氏，詔師安撫山東，徙爲賓部大夫。

高祖受禪，拜吏部侍郎，賜爵井陘侯，邑五百户。數年，遷河北道行臺兵部尚書，詔爲山東河南十八州安撫大使。奏事稱旨，賜錢三百萬，兼領晉王廣司馬。其族人世康，爲吏部尚書，與師素懷勝負。于時晉王爲雍州牧，盛存望第，以司空楊雄、尚書左僕射高熲並爲州都〔一七〕，引師爲主簿。而世康弟世約爲法曹從事。世康恚恨不能食，又恥世約在師之下，召世約數之曰：「汝何故爲從事？」遂杖之。

後從上幸醴泉宮，上召師與左僕射高熲、上柱國韓擒等，於卧内賜宴，令各敍舊事，以爲笑樂。平陳之役，以本官領元帥掾，陳國府藏，悉委於師，秋毫無所犯，稱爲清白。後上爲長寧王儼納其女爲妃。除汴州刺史，甚有治名，卒官。謚曰定。子德政嗣，大業中，仕至給事郎。

楊异

楊异字文殊，弘農華陰人也。祖鈞，魏司空。父儉，侍中。异美風儀，沉深有器局。髫齓就學，日誦千言，見者奇之。九歲丁父憂，哀毁過禮，殆將滅性。及免喪之後，絶慶弔，閉户讀書。數年之間，博涉書記。周閔帝時，爲寧都太守，甚有能名。賜爵昌樂縣子。後數以軍功，進爲侯。

高祖作相，行濟州事。及踐阼，拜宗正少卿，加上開府。蜀王秀之鎮益州也，朝廷盛選綱紀，以异方直，拜益州總管長史，賜錢二十萬，縑三百匹，馬五十匹而遣之。尋還西南道行臺兵部尚書。數載，復爲宗正少卿。未幾，擢拜刑部尚書〔一八〕。歲餘，出除吴州總管，甚有能名。時晉王廣鎮揚州，詔令昪每歲一與王相見，評論得失，規諷疑闕。數載，卒官，時年六十二。子虔遜。

蘇孝慈 兄子沙羅

蘇孝慈，扶風人也。父武周〔一九〕，周兗州刺史。孝慈少沉謹，有器幹，美容儀。周初爲中侍上士。後拜都督，聘于齊，以奉使稱旨，遷大都督。其年又聘于齊，還受宣納上士〔二〇〕。後從武帝伐齊，以功進位開府，賜爵文安縣公，邑千五百户。尋改封臨水縣公，增邑千二百户，累遷工部上大夫。

高祖受禪，進爵安平郡公，拜太府卿。于時王業初基，百度伊始，徵天下工匠，纖微之巧，無不畢集。孝慈總其事，世以爲能。俄遷大司農，歲餘，拜兵部尚書，待遇踰密。時皇太子勇頗知時政，上欲重宮官之望，多令大臣領其職。於是拜孝慈爲太子右衞率，尚書如故。明年，上於陝州置常平倉，轉輸京下。以渭水多沙，流乍深乍淺，漕運者苦之，於是決渭水爲渠以屬河，令孝慈督其役。渠成，上善之。又領太子右庶子，轉授左衞率，仍判工部、民部二尚書，稱爲幹理。數載，進位大將軍，轉工部尚書，率如故。先是，以百寮供費不足，臺省府寺咸置廨錢，收息取給。孝慈以爲官民爭利，非興化之道，上表請罷之，請公卿以下給職田各有差，上並嘉納焉。開皇十八年，將廢太子，憚其在東宮，出爲淅州刺史。太子以孝慈去，甚不平，形於言色。其見重如此。仁壽初，遷洪州總管，俱有惠政。其後桂林山越相聚爲亂，詔孝慈爲行軍總管，擊平之。其年卒官。有子會昌。

孝慈兄子沙羅，字子粹。父順，周眉州刺史。沙羅仕周，釋褐都督。後從韋孝寬破尉迥，以功授開府儀同三司，封通秦縣公〔三二〕。開皇初，蜀王秀鎮益州，沙羅以本官從，拜資州刺史。八年，冉尨羌作亂，攻汶山、金川二鎮，沙羅率兵擊破之，授邛州刺史。後數載，檢校利州總管事。從史萬歲擊西爨，累戰有功，進位大將軍，賜物千段。尋檢校益州總管長史。會越嶲人王奉舉兵作亂，沙羅從段文振討平之，賜奴婢百口。會蜀王秀廢，吏案奏沙羅云：「王奉爲奴所殺，秀迺詐稱左右斬之。又調熟獠，令出奴婢，沙羅隱而不奏。」由是除名，卒於家。有子康。

李雄

李雄字毗盧，趙郡高邑人也。祖榼，魏太中大夫。父徽伯，齊陝州刺史，陷于周，雄因隨軍入長安。雄少慷慨，有大志。家世並以學業自通，雄獨習騎射。其兄子旦讓之曰：「棄文尚武，非士大夫之素業。」雄答曰：「竊覽自古誠臣貴仕，文武不備而能濟其功業者鮮矣。雄雖不敏，頗觀前志，但不守章句耳。既文且武，兄何病焉！」子旦無以應之。周太祖時，釋褐輔國將軍。從達奚武平漢中，定興州，又討汾州叛胡，録前後功，拜驃騎大將軍、儀同三司。閔帝受禪，進爵爲公，遷小賓部。其後復從達奚武與齊人戰於芒山，諸軍大敗，雄所領獨全。武帝時，從陳王純迎后於突厥，進爵奚伯，拜硤州刺史。數歲，徵爲本府中大夫。尋出爲涼州總管長史。從滕王逌破吐谷渾於青海，以功加上儀同。宣帝嗣位，從行軍總管韋孝寬略定淮南〔二二〕。雄以輕騎數百至硤口〔二三〕，說下十餘城，拜豪州刺史〔二四〕。

高祖總百揆，徵爲司會中大夫。以淮南之功，加位上開府。及受禪，拜鴻臚卿，進爵高都郡公，食邑貳千户。後數年，晉王廣出鎮并州，以雄爲河北行臺兵部尚書。上謂雄曰：「吾兒既少，更事未多，以卿兼文武才，今推誠相委，吾無北顧之憂矣。」雄頓首而言曰：「陛下不以臣之不肖，寄臣以重任。臣雖愚固，心非木石，謹當竭誠效命，以答鴻恩。」歔欷流涕，上慰諭而遣之。雄當官正直，侃然有不可犯之色，王甚敬憚，吏民稱焉。歲餘，卒官。子公挺嗣。

張煚 劉仁恩 郭均 馮世基 庫狄嶔

張煚字士鴻，河間鄚人也。父羨，少好學，多所通涉，仕魏爲蕩難將軍。從武帝入關，累遷銀青光禄大夫。周太祖引爲從事中郎，賜姓叱羅氏。歷司織大夫〔二五〕、雍州治中、雍州刺史〔二六〕、儀同三司，賜爵虞鄉縣公。復入爲司成中大夫，典國史。周代公卿，類多武將，唯羨以素業自通，甚爲當時所重。後以年老，致仕于家。及高祖受禪，欽其德望，以書徵之曰：「朕初臨四海，思存政術，舊齒名賢，實懷勤佇。儀同昔在周室，德業有聞，雖云致仕，猶克壯年。即宜入朝，用副虛想。」及謁見，勑令勿拜，扶升殿，上降榻執手，與之同坐，宴語久之，賜以几杖。會遷都龍首，羨上表勸以儉約，上優詔答之。俄而卒，時年八十四。贈滄州刺史，謚曰定。撰老子、莊子義，名曰道言，五十二篇。

煚好學，有父風。在魏釋褐奉朝請，遷員外侍郎。周太祖引爲外兵曹。閔帝受禪，加前將軍。明、武世，歷膳部大夫、冢宰司録，賜爵北平縣子，邑四百户。宣帝時，加儀同，進爵爲伯。

高祖爲丞相，煚深自推結，高祖以其有幹用，甚親遇之。及受禪，拜尚書右丞，進爵爲侯。俄遷太府少卿，領營新都監丞。丁父憂去職，柴毀骨立。未朞，起令視事，固讓不許，授儀同三司，襲爵虞鄉縣公，增邑通前千五百户。尋遷太府卿，拜民部尚書。晉王廣爲揚州總管，授煚司馬，加銀青光禄大夫。煚性和厚，有識度，甚有當時之譽。後拜冀州刺史，晉王廣頻表請之，復爲晉王長史，檢校蔣州事。及晉王爲皇太子，復爲冀州刺史，進位上開府，吏民悦服，稱爲良二千石。仁壽四年卒官，時年七十四。子慧寶，官至絳郡丞。

開皇時有劉仁恩者，不知何許人也。倜儻，有文武幹用。初爲毛州刺史，治績號天下第一，擢拜刑部尚書。又以行軍總管從楊素伐陳，與素破陳將吕仲肅於荆門〔二七〕，仁恩之計居多，授上大將軍，甚有當時之譽。馮翊郭均、上黨馮世基，並明悟有幹略，相繼爲兵部尚書。代人庫狄嶔，性弘厚，有局度，官至民部尚書。此四人俱顯名於當世，然事行闕落，史莫能詳。

史臣曰：二趙明習故事，當世所推，及居端右，無聞殊績。固知人之才器，各有分限，大小異宜，不可踰量。長孫平諫赦誹謗之罪，可謂仁人之言，高祖悦而從之，其利亦已博矣。元暉以明敏顯達，韋師以清白成名，楊尚希、楊异，宗室之英，譽望隆重，蘇孝慈、李雄、張煚，内外所履，咸稱貞幹，並任開皇之初，蓋當時之選也。

校勘記

〔一〕有人盜伐其父墓中樹者　「盜」字原闕，據宋甲本、至順本補。按，北史卷七五趙煚傳亦有「盜」字。

〔二〕沉深有器局　「沉深」，原作「深沉」，據宋甲本、至順本改。按，北史卷七五趙煚傳作「沈深」。

〔三〕遷硤州刺史　「硤州」，原作「陝州」，據册府卷六九四牧守部武功改。按，北史卷七五趙煚傳，張森楷校勘記：「『陝』疑當作『硤』，以下所行事皆在今夔巫地，不在陝州也。」

〔四〕邑二千五百户　「百」，原作「伯」，據宋甲本、至順本、南監本、北監本、汲本、殿本改。

〔五〕其以儉化民　「儉」，北監本、殿本作「德」。

〔六〕父演　「演」，尉遲廓墓誌：「本姓趙氏，（中略）周初賜姓尉遲，祖演。」文館詞林卷四五二大將軍趙芬碑銘一首并序作「脩演」。「演」乃「脩演」省稱。

〔七〕拜尚書右僕射　「右僕射」，原作「左僕射」，據北史卷七五趙芬傳改。按，唐長孺讀隋書札記考訂開皇年間任尚書左僕射者僅高熲一人，此處疑因涉上文「東京左僕射」致誤。

〔八〕皆竭百姓之産　「皆」，宋甲本、至順本、汲本、殿本作「俱」。按，北史卷七五趙芬傳亦作「俱」。

〔九〕令數十騎自驛路追之　「令」，原作「分」，據宋甲本、大德本、至順本、南監本、北監本、汲本、殿本改。按，册府卷六五五奉使部智識亦作「令」。

〔一〇〕吏卒又倍　「又」，宋甲本作「人」。

〔一一〕官至安定郡丞　「郡」，原作「縣」，據宋甲本、至順本、汲本改。按，北史卷七五楊尚希傳亦作「郡」。

〔一二〕置東京官屬　「東京」，原作「東宫」，據宋甲本改。按，北史卷二二長孫嵩傳附長孫平傳亦作「東京」。

〔一三〕開皇二年　「二年」，原作「三年」，據本書卷一高祖紀上改。

〔一四〕仁壽中卒　宋甲本此下有「官」字。

〔一五〕以暉多才辯　「多」，宋甲本、至順本、汲本作「有」。

〔一六〕與千乘公崔睦俱使于齊　宋甲本此下有「還」字。

〔一七〕以司空楊雄尚書左僕射高熲並爲州都　「州都」，原作「州都督」，錢大昕考異卷四〇北史三「韋師傳」條，稱魏晉以後，諸州置大中正，隋避諱，改爲州都。唐長孺讀隋書札記，稱州都，晉時已見，北朝後期已見於碑刻，非僅因諱「中」字而改。本書卷二八百官志下，雍州牧屬官有州都。今據改。

〔一八〕擢拜刑部尚書　「刑部」，本書卷二高祖紀下開皇九年四月、開皇十一年九月、楊异墓誌作

「工部」。

〔一九〕父武周　「武周」，北史卷七五蘇孝慈傳、蘇慈墓誌作「武」。

〔二〇〕還受宣納上士　「受」，宋甲本、至順本、汲本、殿本作「授」。

〔二一〕封通秦縣公　「通秦」，北史卷七五蘇孝慈傳、册府卷三八三將帥部褒異作「通泰」。

〔二二〕從行軍總管韋孝寬略定淮南　「行」字原闕，據宋甲本補。按，北史卷三三李裔傳附李子雄傳、册府卷三八三將帥部褒異、卷四二六將帥部招降亦有「行」字。

〔二三〕雄以輕騎數百至硤口　「硤口」，宋甲本作「硤石」。

〔二四〕拜豪州刺史　「豪州」，北史卷三三李裔傳附李子雄傳、册府卷三八三將帥部褒異作「亳州」。王仲犖北周地理志卷六，疑作「豪州」是。

〔二五〕歷司織大夫　「司織」，原作「司職」，據北史卷七五張煚傳改。按，唐六典卷二二少府監織染署「後周有司織下大夫一人」。

〔二六〕雍州刺史　「雍州」，宋甲本作「應州」。按，北史卷七五張煚傳亦作「應州」。

〔二七〕與素破陳將吕仲肅於荆門　「吕仲肅」，張森楷校勘記：「陳書（卷一五）陳慧紀傳作『吕忠肅』，南史作『吕肅』，蓋本是『忠肅』，隋人諱改或省。」

隋書卷四十七

列傳第十二

韋世康 弟洸 藝 沖 從父弟壽

韋世康，京兆杜陵人也，世爲關右著姓。祖旭，魏南幽州刺史。父夐，隱居不仕，魏、周二代，十徵不出〔一〕，號爲逍遥公。世康幼而沉敏，有器度。年十歲，州辟主簿。在魏，弱冠爲直寢，封漢安縣公，尚周文帝女襄樂公主〔二〕，授儀同三司。後仕周，自典祠下大夫，歷沔、硤二州刺史。從武帝平齊，授司州總管長史。于時東夏初定，百姓未安，世康綏撫之，士民胥悦。歲餘，入爲民部中大夫，進位上開府，轉司會中大夫。

尉迥之作亂也，高祖憂之，謂世康曰：「汾、絳舊是周、齊分界，因此亂階，恐生摇動。今以委公，善爲吾守。」因授絳州刺史，以雅望鎮之，閫境清肅。世康性恬素好古，不以得喪干懷。在州，嘗慨然有止足之志，與子弟書曰：「吾生因緒餘，夙霑纓弁，驅馳不已，四紀於茲。亟登袞命，頻涖方岳，志除三惑，心慎四知，以不貪而爲寶，處膏脂而莫潤。如斯之事，頗爲時悉。今耄雖未及，壯年已謝，霜早梧楸，風先蒲柳。眼闇更劇，不見細書，足疾彌增，非可趨走。禄豈須多，防滿則退，年不待暮，有疾便辭。況孃春秋已高，溫凊宜奉，晨昏有闕，罪在我躬。今世穆、世文並從戎役，吾與世沖復嬰遠任，陟岵瞻望，此情彌切，桓山之悲，倍深常戀。意欲上聞，乞遵養禮，未訪汝等，故遣此及。興言遠慕，感咽難勝。」諸弟報以事恐難遂，於是乃止。

在任數年，有惠政，奏課連最，擢爲禮部尚書。世康寡嗜欲，不慕貴勢，未嘗以位望矜物。聞人之善，若己有之，亦不顯人過咎，以求名譽。尋進爵上庸郡公，加邑至二千五百户。其年轉吏部尚書，餘官如故。四年，丁母憂去職。未朞，起令視事。世康固請，乞終私制，上不許。世康之在吏部，選用平允，請托不行。開皇七年，將事江南，議重方鎮，拜襄州刺史。坐事免。未幾，授安州總管，尋遷爲信州總管。十三年，入朝，復拜吏部尚書。前後十餘年間，多所進拔，朝廷稱爲廉平。嘗因休暇，謂子弟曰：「吾聞功遂身退，古人常道。今年將耳順，志在懸車，汝輩以爲云何？」子福嗣答曰：「大人澡身浴德，名立官成，盈滿之誡，先哲所重。欲追蹤二疏，伏奉尊命。」後因侍宴，世康再拜陳讓曰：「臣無尺寸之功，位亞台鉉。今犬馬齒載，不益明時，恐先朝露，無以塞責。願乞骸骨，退避賢能。」上曰：「朕夙夜庶幾，求賢若渴，冀與公共治天下，以致太平。今之所請，深乖本望，縱令筋骨衰謝〔三〕，猶屈公臥治一隅。」於是出拜荆州總管。時天下唯置四大總管，并、揚、益三州，並親王臨統，唯荆州委於世康，時論以爲美。世康爲政簡靜，百姓愛悅，合境無訟。十七年，卒于州，時年六十七。上聞而痛惜之，贈賻甚厚〔四〕。贈大將軍，謚曰文。

世康性孝友，初以諸弟位並隆貴，獨季弟世約宦途不達，共推父時田宅，盡以與之，世多其義。

長子福子，官至司隸别駕。次子福嗣，仕至内史舍人，後以罪黜。楊玄感之作亂也，以兵逼東都，福嗣從衛玄戰於城北，軍敗，爲玄感所擒。令作文檄，辭甚不遜。尋背玄感還東都，帝銜之不已，車裂於高陽。少子福奬，通事舍人，在東都，與玄感戰没。

洸字世穆，性剛毅，有器幹，少便弓馬。仕周，釋褐主寢上士〔五〕。數從征伐，累遷開府，賜爵衛國縣公，邑千二百户。高祖爲丞相，從季父孝寬擊尉迥於相州，以功拜柱國，進封襄陽郡公，邑二千户。時突厥寇邊，皇太子屯咸陽，令洸統兵出原州道，與虜相遇，擊破之。尋拜江陵總管。未幾，以母疾徵還。俄拜安州總管。

伐陳之役，領行軍總管。及陳平，拜江州總管，率步騎二萬，略定九江。陳豫章太守徐璒據郡持兩端，洸遣開府呂昂、長史馮世基以兵相繼而進。既至城下，璒僞降，其夜率所部二千人襲擊昂。昂與世基合擊，大破之，擒璒於陣。高梁女子冼氏率衆迎洸〔六〕，遂進圖嶺南。上遺洸書曰：「公鴻勳大業，名高望重，率將戎旅，撫慰彼方，風行電掃，咸應稽服。若使干戈不用，兆庶獲安，方副朕懷，是公之力。」至廣州，說陳渝州都督王猛下之，嶺表皆定。上聞而大悅，許以便宜從事。洸所綏集二十四州，拜廣州總管。

歲餘，番禺夷王仲宣聚衆爲亂，以兵圍洸。洸勒兵拒之，中流矢而卒。贈上柱國，賜綿絹萬段，謚曰敬。子協嗣。

協字欽仁，好學，有雅量。起家著作佐郎，後轉祕書郎。開皇中，其父在廣州有功，上令協齎詔書勞問，未至而父卒。上以其父身死王事，拜協柱國。後歷定、息、秦三州刺史，皆有能名，卒官。

藝字世文，少受業國子。周武帝時，數以軍功，致位上儀同，賜爵脩武縣侯，邑八百户。授左旅下大夫。出爲魏郡太守。

及高祖爲丞相，尉迥陰圖不軌，朝廷微知之。遣藝季父孝寬馳往代迥。孝寬將至鄴，因詐病，止傳舍，從迥求藥，以察其變。迥遣藝迎孝寬。孝寬問迥所爲，藝黨於迥，不以實答。孝寬怒，將斬之，藝懼，乃言迥反狀。孝寬於是將藝西遁，每至亭驛，輒盡驅傳馬而去。復謂驛司曰：「蜀公將至，宜速具酒食。」迥尋遣騎追孝寬，追人至驛，輒逢盛饌，又無馬，遂遲留不進，孝寬與藝由是得免。高祖以孝寬故，弗問藝之罪，加授上開府，即從孝寬擊迥，及破尉惇，平相州，皆有力焉。以功進位上大將軍，改封武威縣公，邑千户。以脩武縣侯別封一子。

高祖受禪，進封魏興郡公。歲餘，拜齊州刺史。爲政清簡，士庶懷惠。在職數年，遷營州總管。藝容貌瓌偉，每夷狄參謁，必整儀衞，盛服以見之，獨坐滿一榻。番人畏懼，莫敢仰視。而大治産業，與北夷貿易，家資鉅萬，頗爲清論所譏。開皇十五年卒官，時年五十八。謚曰懷。

沖字世沖，少以名家子，在周釋褐衞公府禮曹參軍。後從大將軍元定渡江伐陳，爲陳人所虜，周武帝以幣贖而還之。帝復令沖以馬千匹使於陳，以贖開府賀拔華等五十人及元定之柩而還。沖有辭辯，奉使稱旨，累遷少御伯下大夫，加上儀同。于時稽胡屢爲寇亂，沖自請安集之，因拜汾州刺史。

高祖踐阼，徵爲兼散騎常侍，進位開府，賜爵安固縣侯。歲餘，發南汾州胡千餘人北築長城，在塗皆亡。上呼沖問計，沖曰：「夷狄之性，易爲反覆，皆由牧宰不稱之所致也。臣請以理綏靜，可不勞兵而定。」上然之，因命沖綏懷叛者。月餘皆至，並赴長城，上下書勞勉之。尋拜石州刺史，甚得諸胡歡心。以母憂去職。俄而起爲南寧州總管，持節撫慰。復遣柱國王長述以兵繼進。沖上表固讓。詔曰：「西南夷裔，屢有生梗，每相殘賊，朕甚愍之，已命戎徒，清撫邊服。以開府器幹堪濟，識略英遠，軍旅事重，故以相任。知在艱疚，日月未多，金革奪情，蓋有通式。宜自抑割，即膺往旨。」沖既至南寧，渠帥爨震及西爨首領皆詣府參謁。上大悅，下詔褒揚之。其兄子伯仁，隨沖在府，掠人之妻，士卒縱暴，邊人失望。上聞而大怒，令蜀王秀治其事。益州長史元巖性方正，案沖無所寬貸，沖竟坐免。其弟太子洗馬世約譖巖於皇太子。上謂太子曰：「古人有沽酒酸而不售者，爲噬犬耳。今何用世約乎？適累汝也。」世約遂除名。

後數載，令沖檢校括州事。時東陽賊帥陶子定、吴州賊帥羅慧方並聚衆爲亂，攻圍婺州永康、烏程諸縣，沖率兵擊破之。改封義豐縣侯，檢校泉州事。尋拜營州總管。沖容貌都雅，寬厚得衆心。懷撫靺鞨、契丹，皆能致其死力。奚、霫畏懼，朝貢相續。高麗嘗入寇，沖率兵擊走之。仁壽中，高祖爲豫章王暕納沖女爲妃，徵拜民部尚書。未幾，卒，時年六十六。少子挺，最知名。

壽字世齡。父孝寬，周上柱國、鄖國公。壽在周，以貴公子，早有令譽，爲右侍上士。遷千牛備身。趙王爲雍州牧，引爲主簿。尋遷少御伯。武帝親征高氏，拜京兆尹，委以後事。以父軍功，賜爵永安縣侯，邑八百户。高祖爲丞相，以其父平尉迥，拜壽儀同三司，進封滑國公，邑五千户。俄以父喪去職。高祖受禪，起令視事，尋遷恒、毛二州刺史，頗有治名。開皇十年，以疾徵還，卒于家，時年四十二。謚曰定。仁壽中，高祖爲晉王昭納其女爲妃〔七〕。以其子保繼嗣。

壽弟霽，位至太常少卿，安邑縣伯。津位至内史侍郎，判民部尚書事。世康從父弟操，字元節，剛簡有風槩。仕周，致位上開府、光州刺史。高祖爲丞相，以平尉迥功，進位柱國，封平桑郡公，歷青、荆二州總管，卒官。謚曰靜。

柳機 子述 機弟旦 肅 從弟雄亮 從子謇之 族兄昂 昂子調

柳機字匡時，河東解人也。父慶，魏尚書左僕射。機偉儀容，有器局，頗涉經史。年十九，周武帝時爲魯公，引爲記室。及帝嗣位，自宣納上士累遷少納言、太子宮尹，封平齊縣公。從帝平齊，拜開府，轉司宗中大夫。宣帝時，遷御正上大夫。機見帝失德，屢諫不聽，恐禍及己，託於鄭譯，陰求出外，於是拜華州刺史。

及高祖作相，徵還京師。時周代舊臣皆勸禪讓，機獨義形於色，無所陳請。俄拜衞州刺史。及踐阼，進爵建安郡公，邑二千四百户，徵爲納言。機性寬簡，有雅望，然當近侍，無所損益，又好飲酒，不親細務，在職數年，復出爲華州刺史，奉詔每月朝見。尋轉冀州刺史。後徵入朝，以其子述尚蘭陵公主，禮遇益隆。

初，機在周，與族人文城公昂俱歷顯要。及此，機、昂並爲外職，楊素時爲納言，方用事，因上賜宴，素戲機曰：「二柳俱摧，孤楊獨聳。」坐者歡笑，機竟無言。未幾，還州。前後作牧，俱稱寬惠。後數年，以疾徵還京師，卒於家，時年五十六。贈大將軍、青州刺史，謚曰簡。子述嗣。

柳述字業隆，性明敏，有幹略，頗涉文藝。少以父蔭，爲太子親衞。後以尚主之故，拜開府儀同三司，内史侍郎。上於諸壻中，特所寵敬。歲餘，判兵部尚書事。丁父艱去職。未幾，起攝給事黄門侍郎事，襲爵建安郡公。仁壽中，判吏部尚書事。

述雖職務修理，爲當時所稱，然不達大體，暴於馭下，又怙寵驕豪，無所降屈。楊素時稱貴倖，朝臣莫不讋憚，述每陵侮之，數於上前面折素短。判事有不合素意，素或令述改之，輒謂將命者曰：「語僕射，道尚書不肯。」素由是銜之。俄而楊素亦被疎忌，不知省務。述任寄踰重，拜兵部尚書，參掌機密。述自以無功可紀，過叨匪服，抗表陳讓。上許之，令攝兵部尚書〔八〕。

上於仁壽宮寢疾，述與楊素、黄門侍郎元巖等侍疾宮中。時皇太子無禮於陳貴人，上知而大怒，因令述召房陵王。述與元巖出外作勑書，楊素聞之，與皇太子協謀，便矯詔執述、巖二人，持以屬吏。及煬帝嗣位，述竟坐除名，與公主離絶。徙述于龍川郡。公主請與述同徙，帝不聽，事見列女傳。述在龍川數年，復徙寧越，遇瘴癘而死，時年三十九。

旦字匡德，工騎射，頗涉書籍。起家周左侍上士，累遷兵部下大夫。頃之，益州總管王謙起逆，拜爲行軍長史，從梁睿討平之，以功授儀同三司。開皇元年，加授開府，封新城縣男，遷授掌設驃騎。歷羅、淅、魯三州刺史，並有能名。大業初，拜龍川太守。民居山洞，好相攻擊，旦爲開設學校，大變其風。帝聞而善之，下詔褒美。四年，徵爲太常少卿，攝判黄門侍郎事。卒官，年六十一。子燮，官至河内掾。

肅字匡仁，少聰敏，閑於占對。起家周齊王文學，武帝見而異之，召拜宣納上士。高祖作相，引爲賓曹參軍。開皇初，授太子洗馬。陳使謝泉來聘，以才學見稱，詔肅宴接，時論稱其華辯。轉太子内舍人，遷太子僕。太子廢，坐除名爲民。大業中，帝與段達語及庶人罪惡之狀，達云：「柳肅在宮，大見疎斥。」帝問其故，答曰：「學士劉臻嘗進章仇太翼於宮中，爲巫蠱事。肅知而諫曰：『殿下帝之冢子，位當儲貳，誠在不孝，無患見疑。劉臻書生，鼓摇脣舌，適足以相詿誤，願殿下勿納之。』庶人不懌，他日謂臻曰：『汝何故漏洩，使柳肅知之，令面折我？』自是後，言皆不用。」帝曰：「肅横除名，非其罪也。」召守禮部侍郎，轉工部侍郎，大見親任。每行幸遼東，常委之於涿郡留守。十一年卒，時年六十二。

雄亮字信誠。父檜，仕周華陽太守。遇黄衆寶作亂，攻陷華陽，檜爲賊所害。雄亮時年十四，哀毁過禮，陰有復讎之志。武帝時，衆寶率其所部歸於長安，帝待之甚厚。雄亮手斬衆寶於城中，請罪闕下，帝特原之。尋治梁州總管記室，遷湖城令，累遷内史中大夫，賜爵汝陽縣子。

司馬消難作亂江北，高祖令雄亮聘于陳，以結鄰好。及還，會高祖受禪，拜尚書考功侍郎〔九〕，尋遷給事黃門侍郎。尚書省凡有奏事，雄亮多所駁正，深爲公卿所憚。俄以本官檢校太子左庶子，進爵爲伯。秦王俊之鎮隴右也，出爲秦州總管府司馬，領山南道行臺左丞。卒官，時年五十一〔一〇〕。有子贊。

謇之字公正。父蔡年，周順州刺史。謇之身長七尺五寸，儀容甚偉，風神爽亮，進止可觀。爲童兒時，周齊王憲嘗遇謇之於塗，異而與語，大奇之，因奏入國子，以明經擢第，拜宗師中士，尋轉守廟下士。武帝嘗有事太廟，謇之讀祝文，音韻清雅，觀者屬目。帝善之，擢爲宣納上士。及高祖作相，引爲田曹參軍，仍諳典籤事。

開皇初，拜通事舍人，尋遷內史舍人，歷兵部、司勳二曹侍郎。朝廷以謇之有雅望，善談謔，又飲酒至石不亂，由是每梁、陳使至，輒令謇之接對。後遷光祿少卿。出入十餘年，每參掌敷奏。會吐谷渾來降，朝廷以宗女光化公主妻之，以謇之兼散騎常侍，送公主於西域。俄而突厥啓民可汗求結和親，復令謇之送義成公主於突厥。謇之前後奉使，得二國所贈馬千餘匹〔一一〕，雜物稱是，皆散之宗族，家無餘財。仁壽中，出爲肅州刺史，尋轉息州刺史，俱有惠政。後二歲，以母憂去職。

煬帝踐阼，復拜光祿少卿。大業初，啓民可汗自以內附，遂畜牧於定襄、馬邑間，帝使謇之諭令出塞。及還，奏事稱旨，拜黃門侍郎。

時元德太子初薨，朝野注望，皆以齊王當立。帝方重王府之選，大業三年，車駕還京師，拜爲齊王長史。帝法服臨軒，備儀衞，命齊王立於西朝堂之前，北面。遣吏部尚書牛弘、內史令楊約、左衞大將軍宇文述等，從殿廷引謇之詣齊王所，西面立。牛弘宣勑謂齊王曰：「我昔階緣恩寵，啓封晉陽，出藩之初，時年十二。先帝立我於西朝堂，乃令高熲、虞慶則、元旻等，從內送王子相於我。于時誡我曰：『以汝幼沖，未更世事，今令子相作輔於汝，事無大小，皆可委之。無得昵近小人，疎遠子相。若從我言者，有益於社稷，成立汝名行。如不用此言，唯國及身，敗無日矣。』吾受勑之後，奉以周旋，不敢失墜。微子相之力，吾無今日矣。若與謇之從事，一如子相也。」又勑謇之曰：「今以卿作輔於齊，善思匡救之理，副朕所望。若齊王德業脩備，富貴自當鍾卿一門。若有不善，罪亦相及。」時齊王正擅寵，左右放縱，喬令則之徒，深見昵狎。謇之雖知其罪失，不能匡正。及王得罪，謇之竟坐除名。

帝幸遼東，召謇之檢校燕郡事。及帝班師，至燕郡，坐供頓不給，配戍嶺南，卒於洭口，時年六十。子威明。

昂字千里。父敏，有高名，好禮篤學，治家如官。仕周，歷職清顯。開皇初，爲太子太保。昂有器識，幹局過人。周武帝時，爲大内史，賜爵文城郡公，致位開府，當塗用事，百寮皆出其下。宣帝嗣位，稍被疎遠，然不離本職。及高祖爲丞相，深自結納。高祖大悦之，以爲大宗伯。昂受拜之日，遂得偏風，不能視事。高祖受禪，昂疾愈，加上開府，拜潞州刺史。昂見天下無事，可以勸學行禮，因上表曰：

臣聞帝王受命，建學制禮，故能移既往之風，成惟新之俗。自魏道將謝，分割九區，關右、山東，久爲戰國，各逞權詐，俱殉干戈，賦役繁重，刑政嚴急。蓋救焚拯溺，無暇從容，非朝野之願，以至於此。晚世因循，遂成希慕，俗化澆敝，流宕忘反。自非天然上哲，挺生於時，則儒雅之道，經禮之制，衣冠民庶，莫肯用心。世事所以未清，軌物由兹而壞。

伏惟陛下稟靈上帝，受命昊天〔一二〕，合三陽之期，膺千祀之運。往者周室頹毁，區宇沸騰，聖策風行，神謀電發〔一三〕，端坐廊廟，蕩滌萬方，俯順幽明，君臨四海。擇萬古之典，無善不爲，改百王之弊，無惡不盡。至若因情緣義，爲其節文，故以三百三千，事高前代。然下土黎獻，尚未盡行。臣謬蒙奬策，從政藩部，人庶軌儀，實見多闕，儒風以墜，禮教猶微，是知百姓之心，未能頓變。仰惟深思遠慮，情念下民，漸被以儉，使至於道。臣恐業淹事緩，動延年世。若行禮勸學，道教相催，必當靡然向風，不遠而就。家知禮節，人識義方，比屋可封，輒謂非遠。

上覽而善之，因下詔曰：

建國重道，莫先於學，尊主庇民，莫先於禮。自魏氏不競，周、齊抗衡，分四海之民，鬭二邦之力，遞爲强弱，多歷年所。務權詐而薄儒雅，重干戈而輕俎豆，民不見德，唯爭是聞。朝野以機巧爲師，文吏用深刻爲法，風澆俗弊，化之然也。雖復建立庠序，兼啓黌塾，業非時貴，道亦不行。其間服膺儒術，蓋有之矣，彼衆我寡，未能移俗。然其維持名教，獎飾彝倫，微相弘益，賴斯而已。王者承天，休咎隨化，有禮則祥瑞必降，無禮則妖孽興起。人稟五常，性靈不一，有禮則陰陽合德，無禮則禽獸其心。治國立身，非禮不可。

朕受命於天，財成萬物，去華夷之亂，求風化之宜。戒奢崇儉，率先百辟，輕徭薄賦，冀以寬弘。而積習生常，未能懲革，閭閻士庶，吉凶之禮，動悉乖方，不依制度。執憲之職，似塞耳而無聞，莅民之官，猶蔽目而不察。宣揚朝化，其若是乎？古人之學，且耕且養。今者民丁非役之日，農畝時候之餘，若敦以學業，勸以經禮，自可家慕大道，人希至德。豈止知禮節，識廉恥，父慈子孝，兄恭弟順者乎？始自京師，爰及州郡，宜祗朕意，勸學行禮。」自是天下州縣皆置博士習禮焉。

昂在州，甚有惠政。數年，卒官。

子調，起家秘書郎，尋轉侍御史。左僕射楊素嘗於朝堂見調，因獨言曰：「柳條通體弱，獨搖不須風。」調斂板正色曰：「調信無取者，公不當以爲侍御史；調信有可取，不應發此言。公當具瞻之秋，樞機何可輕發！」素甚奇之。煬帝嗣位，累遷尚書左司郎。時王綱不振，朝士多贓貨，唯調清素守常，爲時所美。然於幹用，非其所長。

史臣曰：韋氏自居京兆，代有人物。世康昆季，餘慶所鍾，或入處禮闈，或出總方岳，朱輪接軫，旟旆成陰，在周暨隋，勳庸並茂，盛矣！建安風韻閑雅，望重當時。述恃寵驕人，終致傾敗。旦屢有惠政，肅每存誠讜。雄亮名節自立，忠正見稱，謇之神情開爽，頗爲疎放。文城歷仕二朝，咸見推重，獻書高祖，遂興學校，言能弘道，其利博哉！

校勘記

〔一〕十徵不出　「出」，宋甲本作「屈」。按，隋書詳節卷一二韋世康傳亦作「屈」。

〔二〕尚周文帝女襄樂公主　「周文帝」，北史卷六四韋孝寬傳、册府卷三〇〇外戚部選尚俱載魏文帝以女妻世康。

〔三〕縱令筋骨衰謝　「筋骨」，宋甲本、至順本、汲本作「筋力」。按，北史卷六四韋孝寬傳附韋世康傳、册府卷七八帝王部委任、卷四六四臺省部謙退亦作「筋力」。

〔四〕贈賻甚厚　「贈」，宋甲本作「賵」。

〔五〕釋褐主寢上士　「主寢」，北史卷六四韋孝寬傳附韋洸傳作「直寢」。

〔六〕高梁女子洗氏率衆迎洸　隋書求是稱「梁」、「涼」二字常混用，「高梁」，應作「高涼」。

〔七〕高祖爲晉王昭納其女爲妃　「昭」，原作「廣」，據宋甲本、大德本、至順本、汲本改。按，北史卷七一隋宗室諸王煬帝三子元德太子昭傳「乃娶滑國公京兆韋壽女爲妃」。

〔八〕令攝兵部尚書　宋甲本、至順本、汲本此下有「事」字。

〔九〕拜尚書考功侍郎　「拜」，原作「梁」，據宋甲本、至順本、北監本、汲本、殿本改。

〔一〇〕時年五十一　「五十一」，柳雄亮墓誌作「五十」。

〔一一〕得二國所贈馬千餘匹　「千餘匹」，北史卷六四柳虯傳附柳謇之傳、元刻元明遞修本通志卷一六二柳機傳附柳謇之傳作「二千餘匹」，十通本通志作「二十餘匹」。

〔二〕受命昊天　「昊天」，原作「旻天」，據宋甲本、至順本、汲本、殿本改。按，册府卷六〇三學校部奏議亦作「昊天」。

〔三〕神謀電發　「神謀」，宋甲本、至順本、汲本作「神謨」。按，册府卷六〇三學校部奏議亦作「神謨」。

隋書卷四十八

列傳第十三

楊素 弟約 從父文思 文紀

楊素字處道，弘農華陰人也。祖暄，魏輔國將軍、諫議大夫。父敷，周汾州刺史，没於齊。素少落拓，有大志，不拘小節，世人多未之知，唯從叔祖魏尚書僕射寬深異之，每謂子孫曰：「處道當逸羣絶倫，非常之器，非汝曹所逮也。」後與安定牛弘同志好學，研精不倦，多所通涉。善屬文，工草隸，頗留意於風角。美鬚髯，有英傑之表。周大冢宰宇文護引爲中外記室，後轉禮曹，加大都督。武帝親總萬機，素以其父守節陷齊，未蒙朝命，上表申理。帝不許，至於再三。帝大怒，命左右斬之。素乃大言曰：「臣事無道天子，死其分也。」帝壯其言，由是贈敷爲大將軍，謚曰忠壯。拜素爲車騎大將軍、儀同三司，漸見禮遇。

帝命素爲詔書，下筆立成，詞義兼美。帝嘉之，顧謂素曰：「善自勉之，勿憂不富貴。」素應聲答曰：「臣但恐富貴來逼臣，臣無心圖富貴。」

及平齊之役，素請率父麾下先驅。帝從之，賜以竹策，曰：「朕方欲大相驅策，故用此物賜卿。」從齊王憲與齊人戰於河陰，以功封清河縣子，邑五百户。其年授司城大夫。明年，復從憲拔晉州。憲屯兵雞棲原，齊主以大軍至，憲懼而宵遁，爲齊兵所躡，衆多敗散。素與驍將十餘人盡力苦戰，憲僅而獲免。其後每戰有功，及齊平，加上開府，改封成安縣公〔一〕，邑千五百户，賜以粟帛、奴婢、雜畜。從王軌破陳將吴明徹於吕梁，治東楚州事。封弟慎爲義安侯。陳將樊毅築城於泗口，素擊走之，夷毅所築。

宣帝即位，襲父爵臨貞縣公，以弟約爲安成公。尋從韋孝寬徇淮南，素别下盱眙、鍾離。及高祖爲丞相，素深自結納，高祖甚器之，以素爲汴州刺史。行至洛陽，會尉迥作亂，滎州刺史宇文冑據武牢以應迥，素不得進。高祖拜素大將軍，發河内兵擊冑，破之。遷徐州總管，進位柱國，封清河郡公，邑二千户。以弟岳爲臨貞公。高祖受禪，加上柱國。開皇四年，拜御史大夫。其妻鄭氏性悍，素忿之曰：「我若作天子，卿定不堪爲皇后。」鄭氏奏之，由是坐免。

上方圖江表，先是，素數進取陳之計，未幾，拜信州總管，賜錢百萬、錦千段、馬二百匹而遣之。素居永安，造大艦，名曰五牙，上起樓五層，高百餘尺，左右前後置六拍竿，並高五十尺，容戰士八百人，旗幟加於上。次曰黄龍，置兵百人。自餘平乘、舴艋等各有差。及大舉伐陳，以素爲行軍元帥，引舟師趣三硤。軍至流頭灘，陳將戚欣，以青龍百餘艘、屯兵數千人守狼尾灘，以遏軍路。其地險峭，諸將患之。素曰：「勝負大計，在此一舉。若晝日下船，彼則見我，灘流迅激，制不由人，則吾失其便。」乃以夜掩之。素親率黄龍數千艘，銜枚而下，遣開府王長襲引步卒從南岸擊欣别栅，令大將軍劉仁恩率甲騎趣白沙北岸，遲明而至，擊之，欣敗走。悉虜其衆，勞而遣之，秋毫不犯，陳人大悦。素率水軍東下，舟艫被江，旌甲曜日。素坐平乘大船，容貌雄偉，陳人望之懼曰：「清河公即江神也。」陳南康内史吕仲肅屯岐亭，正據江峽，於北岸鑿岩，綴鐵鎖三條，横截上流，以遏戰船。素與仁恩登陸俱發，先攻其栅。仲肅軍夜潰，素徐去其鎖。仲肅復據荆門之延洲。素遣巴蜑卒千人，乘五牙四艘，以拍檣碎賊十餘艦，遂大破之，俘甲士二千餘人，仲肅僅以身免。陳主遣其信州刺史顧覺鎮安蜀城，荆州刺史陳紀鎮公安，皆懼而退走。巴陵以東，無敢守者。湘州刺史、岳陽王陳叔慎遣使請降。素下至漢口，與秦孝王會。及還，拜荆州總管，進爵郢國公，邑三千户，真食長壽縣千户。以其子玄感爲儀同，玄奬爲清河郡公。賜物萬段，粟萬石，加以金寶，又賜陳主妹及女妓十四人。素言於上曰：「里名勝母，曾子不入，逆人王誼，前封於郢，臣不願與之同。」於是改封越國公。尋拜納言。歲餘，轉内史令。

俄而江南人李稜等聚衆爲亂，大者數萬，小者數千，共相影響，殺害長吏。以素爲行軍總管，帥衆討之。賊朱莫問自稱南徐州刺史，以盛兵據京口。素率舟師入自楊子津，進擊破之。晉陵顧世興自稱太守，與其都督鮑遷等復來拒戰。素逆擊破之，執遷，虜三千餘人。進擊無錫賊帥葉略〔二〕，又平之。吴郡沈玄懀、沈傑等以兵圍蘇州，刺史皇甫績頻戰不利。素率衆援之，玄懀勢迫，走投南沙賊帥陸孟孫。素擊孟孫於松江，大破之，生擒孟孫、玄懀。黟、歙賊帥沈雪、沈能據栅自固，又攻拔之。浙江賊帥高智慧自號東揚州刺史，船艦千艘，屯據要害，兵甚勁。素擊之，自旦至申，苦戰而破。智慧逃入海，素躡之，從餘姚泛海趣永嘉。智慧來拒戰，素擊走之，擒獲數千人。賊帥汪文進自稱天子，據東陽，署其徒蔡道人爲司空，守樂安。進討，悉平之。又破永嘉賊帥沈孝徹。於是步道向天台，指臨海郡，逐捕遺逸寇。前後百餘戰，智慧遁守閩越。

上以素久勞於外，詔令馳傳入朝。加子玄感官爲上開府，賜綵物三千段。素以餘賊未殄，恐爲後患，又自請行。乃下詔曰：「朕憂勞百姓，日旰忘食，一物失所，情深納隍。江外狂狡，妄構妖逆，雖經殄除，民未安堵。猶有賊首凶魁，逃亡山洞，恐其聚結，重擾蒼生。内史令、上柱國、越國公素，識達古今，經謀長遠，比曾推轂，舊著威名，宜任以大兵，總爲元帥。宣布朝風，振揚威武，擒剪叛亡，慰勞黎庶，軍民事務，一以委之。」素復乘傳至會稽。先是，泉州人王國慶，南安豪族也，殺刺史劉弘，據州爲亂，諸亡賊皆歸之。自以海路艱阻，非北人所習，不設備伍。素汎海掩至，國慶遑遽，棄州而走，餘黨散入海島，或守溪洞。素分遣諸將，水陸追捕。乃密令人謂國慶曰：「爾之罪狀，計不容誅。唯有斬送智慧，可以塞責。」國慶於是執送智慧，斬於泉州。自餘支黨，悉來降附，江南大定。上遣左領軍將軍獨孤陀至浚儀迎勞。比到京師，問者日至。拜素子玄獎爲儀同，賜黃金四十斤，加銀瓶，實以金錢，縑三千段，馬二百匹，羊二千口，公田百頃，宅一區。代蘇威爲尚書右僕射，與高熲專掌朝政。

素性疎而辯，高下在心，朝臣之內，頗推高熲，敬牛弘，厚接薛道衡，視蘇威蔑如也。自餘朝貴，多被陵轢。其才藝風調，優於高熲，至於推誠體國，處物平當，有宰相識度，不如熲遠矣。

尋令素監營仁壽宮，素遂夷山堙谷，督役嚴急，作者多死，宮側時聞鬼哭之聲。及宮成，上令高熲前視，奏稱頗傷綺麗，大損人丁，高祖不悅。素憂懼，計無所出，即於北門啓獨孤皇后曰：「帝王法有離宮別館，今天下太平，造此一宮，何足損費！」后以此理諭上，上意乃解。於是賜錢百萬緡，絹三千段〔三〕。

十八年，突厥達頭可汗犯塞，以素爲靈州道行軍總管，出塞討之，賜物二千段，黄金百斤。先是，諸將與虜戰，每慮胡騎奔突，皆以戎車步騎相參，轝鹿角爲方陣，騎在其内。素謂人曰：「此乃自固之道，非取勝之方也。」於是悉除舊法，令諸軍爲騎陣。達頭聞之大喜，曰：「此天賜我也。」因下馬仰天而拜，率精騎十餘萬而至。素奮擊，大破之，達頭被重創而遁，殺傷不可勝計，羣虜號哭而去。優詔褒揚，賜縑二萬匹，及萬釘寶帶。加子玄感位大將軍，玄奬、玄縱、積善並上儀同。

素多權略，乘機赴敵，應變無方，然大抵馭戎嚴整，有犯軍令者，立斬之，無所寬貸。每將臨寇，輒求人過失而斬之，多者百餘人，少不下十數。流血盈前，言笑自若。及其對陣，先令一二百人赴敵，陷陣則已，如不能陷陣而還者，無問多少，悉斬之。又令二三百人復進，還如向法。將士股慄，有必死之心，由是戰無不勝，稱爲名將。素時貴倖，言無不從，其從素征伐者，微功必録，至於他將，雖有大功，多爲文吏所譴却。故素雖嚴忍，士亦以此願從焉。

二十年，晉王廣爲靈朔道行軍元帥，素爲長史。王卑躬以交素。及爲太子，素之謀也。

仁壽初，代高熲爲尚書左僕射，賜良馬百匹，牝馬二百匹，奴婢百口。其年，以素爲行軍元帥，出雲州擊突厥，連破之。突厥退走，率騎追躡，至夜而及之。將復戰，恐賊越逸，令其騎稍後。於是親將兩騎，并降突厥二人，與虜並行，不之覺也。候其頓舍未定，趣後騎掩擊，大破之。自是突厥遠遁，磧南無復虜庭。以功進子玄感位爲柱國，玄縱爲淮南郡公。賞物二萬段。

及獻皇后崩，山陵制度，多出於素。上善之，下詔曰：

君爲元首，臣則股肱，共治萬姓，義同一體。上柱國、尚書左僕射、仁壽宮大監、越國公素，志度恢弘，機鑒明遠，懷佐時之略，包經國之才。王業初基，霸圖肇建，策名委質，受脤出師，擒剪凶魁，克平虢、鄭。頻承廟筭，揚旍江表，每禀戎律，長驅塞陰，南指而吴越肅清，北臨而玁狁摧服。自居端揆，參贊機衡，當朝正色，直言無隱。論文則詞藻縱横，語武則權奇間出，既文且武，唯朕所命，任使之處，夙夜無怠。

獻皇后奄離六宫，遠日云及，塋兆安厝，委素經營。然葬事依禮，唯卜泉石，至如吉凶，不由於此。素義存奉上，情深體國，欲使幽明俱泰，寶祚無窮。以爲陰陽之書，聖人所作，禍福之理，特須審慎。乃徧歷川原，親自占擇，纖介不善，即更尋求，志圖元吉，孜孜不已。心力備盡，人靈協贊，遂得神皋福壤，營建山陵。論素此心，事極誠孝，豈與夫平戎定寇，比其功業？非唯廊廟之器，實是社稷之臣，若不加褒賞，何以申茲勸勵？可别封一子義康郡公，邑萬户，子子孫孫，承襲不絶。餘如故。

并賜田三十頃，絹萬段，米萬石，金鉢一，實以金，銀鉢一，實以珠，并綾錦五百段。

時素貴寵日隆，其弟約、從父文思、弟文紀，及族父异，並尚書列卿。諸子無汗馬之勞，位至柱國、刺史。家僮數千，後庭妓妾曳綺羅者以千數。第宅華侈，制擬宮禁。有鮑亨者，善屬文，殷胄者，工草隸，並江南士人，因高智慧沒爲家奴。親戚故吏，布列清顯，素之貴盛，近古未聞。煬帝初爲太子，忌蜀王秀，與素謀之，構成其罪，後竟廢黜。朝臣有違忤者，雖至誠體國，如賀若弼、史萬歲、李綱、柳彧等，素皆陰中之。若有附會及親戚，雖無才用，必加進擢。朝廷靡然，莫不畏附。唯兵部尚書柳述，以帝壻之重，數於上前面折素。大理卿梁毗，抗表上言〔四〕，素作威作福。上漸疎忌之，後因出勑曰：「僕射國之宰輔，不可躬親細務，但三五日一度向省，評論大事。」外示優崇，實奪之權也。終仁壽之末，不復通判省事。上賜王公以下射，素箭爲第一，上手以外國所獻金精盤，價直鉅萬，以賜之。四年，從幸仁壽宮，宴賜重疊。

及上不豫，素與兵部尚書柳述、黄門侍郎元巖等入閤侍疾。時皇太子入居大寶殿，慮上有不諱，須豫防擬，乃手自爲書，封出問素。素録出事狀以報太子〔五〕。宮人誤送上所，上覽而大恚。所寵陳貴人，又言太子無禮。上遂發怒，欲召庶人勇。太子謀之於素，素矯詔追東宮兵士帖上臺宿衞，門禁出入，並取宇文述、郭衍節度，又令張衡侍疾。上以此日崩，由是頗有異論。

漢王諒反，遣茹茹天保來據蒲州，燒斷河橋。又遣王聃子率數萬人并力拒守〔六〕。素將輕騎五千襲之，潛於渭口宵濟，遲明擊之，天保敗走，聃子懼而以城降。有詔徵還。初，素將行也，計日破賊，皆如所量。帝於是以素爲并州道行軍總管、河北安撫大使，率衆數萬討諒。時晉、絳、呂三州並爲諒城守，素各以二千人縻之而去。諒遣趙子開擁衆十餘萬，策絶徑路，屯據高壁，布陣五十里。素令諸將以兵臨之，自引奇兵潛入霍山，緣崖谷而進，直指其營，一戰破之，殺傷數萬。諒所署介州刺史梁脩羅屯介休，聞素至，懼，棄城而走。進至清源〔七〕，去并州三十里，諒率其將王世宗、趙子開、蕭摩訶等，衆且十萬，來拒戰。又擊破之，擒蕭摩訶。諒退保并州，素進兵圍之，諒窮蹙而降，餘黨悉平。帝遣素弟脩武公約齎手詔勞素曰：

我有隋之御天下也，于今二十有四年，雖復外夷侵叛，而内難不作，脩文偃武，四海晏然。朕以不天，銜恤在疚，號天叩地，無所逮及。朕本以藩王，謬膺儲兩，復以庸虛，纂承鴻業。天下者，先皇之天下也，所以戰戰兢兢，弗敢失墜，況復神器之重，生民之大哉！

賊諒苞藏禍心，自幼而長，羊質獸心〔八〕，假託名譽，不奉國諱，先圖叛逆，違君父之命，成莫大之罪。誑惑良善，委任奸回，稱兵內侮，毒流百姓。私假署置，擅相誅戮，小加大，少凌長，民怨神怒，衆叛親離，爲惡不同，同歸於亂。朕寡兄弟，猶未忍及言，是故開關門而待寇，戢干戈而不發。朕聞之，天生蒸民，爲之置君，仰惟先旨，每以子民爲念，朕豈得枕伏苫廬，顛而不救也！大義滅親，春秋高義，周旦以誅二叔，漢啓乃戮七藩，義在茲乎？事不獲已，是以授公戎律，問罪太原。且逆子賊臣，何代不有，豈意今者，近出家國。所歎荼毒甫爾，便及此事。由朕不能和兄弟，不能安蒼生，德澤未弘，兵戈先動，賊亂者止一人，塗炭者乃衆庶。非唯寅畏天威，亦乃孤負付囑，薄德厚恥，愧乎天下。

公乃先朝功臣，勳庸克茂。至如皇基草創，百物惟始，便匹馬歸朝，誠識兼至。汴部、鄭州，風卷秋籜，荆南、塞北，若火燎原，早建殊勳，夙著誠節。及獻替朝端，具瞻惟允，爰弼朕躬，以濟時難。昔周勃、霍光，何以加也！賊乃竊據蒲州，關梁斷絶，公以少擊衆，指期平殄。高壁據嶮，抗拒官軍，公以深謀，出其不意，霧廓雲除，冰消瓦解，長驅北邁，直趣巢窟。晉陽之南，蟻徒數萬，諒不量力，猶欲舉斧。公以稜威外討，發憤於內，忘身殉義，親當矢石。兵刃暫交，魚潰鳥散〔九〕，僵屍蔽野，積甲若山。諒遂守窮城，以拒鈇鉞。公董率驍勇，四面攻圍，使其欲戰不敢，求走無路，智力俱盡，面縛軍門。斬將搴旗，伐叛柔服，元惡既除，東夏清晏，嘉庸茂績，於是乎在。昔武安平趙，淮陰定齊，豈若公遠而不勞，速而克捷者也。朕殷憂諒闇，不得親御六軍，未能問道於上庠，遂使劬勞於行陣。言念於此，無忘寢食。公乃建累世之元勳，執一心之確志。古人有言曰：「疾風知勁草，世亂有誠臣。」公得之矣。乃銘之常鼎〔一〇〕，豈止書勳竹帛哉！功績克諧，哽歎無已。稍冷，公如宜。軍旅務殷，殊當勞慮，故遣公弟，指宣往懷。迷塞不次。

素上表陳謝曰：

臣自惟虛薄，志不及遠，州郡之職，敢憚劬勞，卿相之榮，無階覬望。然時逢昌運，王業惟始，雖涓流赴海，誠心屢竭，輕塵集岳，功力蓋微。徒以南陽里閈，豐、沛子弟，高位重爵，榮顯一時。遂復入處朝端，出總戎律，受文武之任，預帷幄之謀。豈臣才能，實由恩澤。欲報之德，義極昊天〔一一〕。伏惟陛下照重離之明，養繼天之德，牧臣於疎遠，照臣以光暉，南服降枉道之書，春官奉肅成之旨。然草木無識，尚榮枯候時，況臣有心，實自効無路。晝夜迴徨，寢食慙惕，常懼朝露奄至，虛負聖慈。

賊諒包藏禍心，有自來矣，因幸國哀，便肆凶逆，興兵晉、代，搖蕩山東。陛下拔臣於凡流，授臣以戎律，蒙心膂之寄，稟平亂之規。蕭王赤心，人皆以死〔一二〕，漢皇大度，天下爭歸，妖寇廓清，豈臣之力！曲蒙使臣弟約齎詔書問勞，高旨峻筆，有若天臨，洪恩大澤，便同海運。悲欣慙懼，五情振越，雖百殞微軀，無以一報。其月還京師，因從駕幸洛陽，以素領營東京大監。以平諒之功，拜其子萬石、仁行，姪玄挺，皆儀同三司，賚物五萬段，綺羅千匹，諒之妓妾二十人。

大業元年，遷尚書令，賜東京甲第一區，物二千段。尋拜太子太師，餘官如故。前後賞錫，不可勝計。明年，拜司徒，改封楚公，真食二千五百户。其年，卒官。謚曰景武，贈光禄大夫、太尉公、弘農河東絳郡臨汾文城河内汲郡長平上黨西河十郡太守。給輼車，班劍四十人，前後部羽葆鼓吹，粟麥五千石，物五千段。鴻臚監護喪事。帝又下詔曰：「夫銘功彝器，紀德豐碑，所以垂名迹於不朽，樹風聲於没世。故楚景武公素，茂績元勳，劬勞王室，竭盡誠節，叶贊朕躬。故以道邁三傑，功參十亂。未臻遐壽，遽戢清徽。春秋遞代，方綿歲祀，式播彫篆，用圖勳德，可立碑宰隧，以彰盛美。」素嘗以五言詩七百字贈番州刺史薛道衡，詞氣宏拔，風韻秀上，亦爲一時盛作。未幾而卒，道衡歎曰：「人之將死，其言也善，豈若是乎！」有集十卷。

素雖有建立之策及平楊諒功，然特爲帝所猜忌，外示殊禮，内情甚薄。太史言隋分野有大喪，因改封於楚。楚與隋同分，欲以此厭當之。素寢疾之日，帝每令名醫診候，賜以上藥。然密問醫人，恒恐不死。素又自知名位已極，不肯服藥，亦不將慎，每語弟約曰：「我豈須更活耶〔一三〕？」素負冒財貨，營求產業，東、西二京，居宅侈麗，朝毀夕復，營繕無已，爰及諸方都會處，邸店、水磑并利田宅以千百數，時議以此鄙之。子玄感嗣，別有傳。諸子皆坐玄感誅死。

約字惠伯，素異母弟也。在童兒時，嘗登樹墮地，爲查所傷，由是竟爲宦者。性如沉靜〔一四〕，內多譎詐，好學强記。素友愛之，凡有所爲，必先籌於約而後行之。在周末，以素軍功，賜爵安成縣公，拜上儀同三司。高祖受禪，授長秋卿。久之，爲邵州刺史，入爲宗正少卿，轉大理少卿。

時皇太子無寵，而晉王廣規欲奪宗，以素幸於上，而雅信約。於是用張衡計，遣宇文述大以金寶賂遺於約，因通王意説之曰：「夫守正履道，固人臣之常致，反經合義，亦達者之令圖。自古賢人君子，莫不與時消息，以避禍患。公之兄弟，功名蓋世，當塗用事，有年歲矣。朝臣爲足下家所屈辱者，可勝數哉！又儲宮以所欲不行〔一五〕，每切齒於執政。公雖自結於人主，而欲危公者，固亦多矣。主上一旦棄羣臣，公亦何以取庇？今皇太子失愛於皇后，主上素有廢黜之心，此公所知也。今若請立晉王，在賢兄之口耳。誠能因此時建大功，王必鐫銘於骨髓〔二六〕，斯則去累卵之危，成太山之安也。」約然之，因以白素。素本凶險，聞之大喜，乃撫掌而對曰：「吾之智思，殊不及此，賴汝起予。」約知其計行，復謂素曰：「今皇后之言，上無不用，宜因機會，早自結託，則匪唯長保榮禄，傳祚子孫，又晉王傾身禮士，聲名日盛，躬履節儉，有主上之風，以約料之，必能安天下。兄若遲疑，一旦有變，令太子用事，恐禍至無日矣。」素遂行其策，太子果廢。

及晉王入東宮，引約爲左庶子，改封脩武縣公，進位大將軍。及素被高祖所疎，出約爲伊州刺史。入朝仁壽宮，遇高祖崩，遣約入京。易留守者，縊殺庶人勇，然後陳兵集衆，發高祖凶問。煬帝聞之曰：「令兄之弟，果堪大任。」即位數日，拜内史令。約有學術，兼達時務，帝甚任之。後數載，加位右光禄大夫。

後帝在東都，令約詣京師享廟，行至華陰，見其兄墓，遂枉道拜哭，爲憲司所劾。坐是免官。未幾，拜淅陽太守。其兄子玄感，時爲禮部尚書，與約恩義甚篤。既愴分離，形於顔色，帝謂之曰：「公比憂瘁，得非爲叔邪？」玄感再拜流涕曰：「誠如聖旨。」帝亦思約廢立功，由是徵入朝。未幾，卒，以素子玄挺後之。

文思字温才，素從叔也。父寬，魏左僕射，周小冢宰。文思在周，年十一，拜車騎大將軍、儀同三司、散騎常侍。尋以父功，封新豐縣子，邑五百户。天和初，治武都太守。十姓獠反，文思討平之，復治翼州事。党項羌叛，文思率州兵討平之。進擊資中、武康、隆山生獠及東山獠，並破之。後從陳王攻齊河陰城，又從武帝攻拔晉州，以勳進授上儀同三司，改封永寧縣公，增邑至千户。壽陽劉叔仁作亂，從清河公宇文神舉討之，戰於埤井，在陣生擒叔仁。又別從王誼破賊於鯉魚栅。其後累以軍功，遷果毅右旅下大夫。

高祖爲丞相，從韋孝寬拒尉迥於武陟。迥遣其將李儁圍懷州，與行軍總管宇文述擊走之。破尉惇，平鄴城，皆有功，進授上大將軍，改封洛川縣公。尋拜隆州刺史。開皇元年，進爵正平郡公，加邑二千户。後爲魏州刺史，甚有惠政，及去職，吏民思之，爲立碑頌德。轉冀州刺史。

煬帝嗣位，徵爲民部尚書。轉納言，改授右光禄大夫。從幸江都宮，以足疾不堪趨奏，復授民部尚書，加位左光禄大夫。卒官，時年七十。謚曰定。初，文思當襲父爵，自以非嫡，遂讓封於弟文紀，當世多之。

文紀字温範，少剛正，有器局。在周，襲爵華山郡公，邑二千七百户。自右侍上士累遷車騎大將軍、儀同三司、安州總管長史。將兵迎陳降將李瑗於齊安〔一七〕，與陳將周法尚軍遇，擊走之。以功進授開府，入爲虞部下大夫。高祖爲丞相，改封汾陰縣公。從梁睿討王謙，以功進授上大將軍。前後增邑三千户。拜資州刺史。入爲宗正少卿，坐事除名。後數載，復其爵位，拜熊州刺史，改封上明郡公。除宗正卿，兼給事黄門侍郎，判禮部尚書事。仁壽二年，遷荆州總管。歲餘，卒官，時年五十八。謚曰恭。

史臣曰：楊素少而輕俠，俶儻不羈，兼文武之資，包英奇之略，志懷遠大，以功名自許。高祖龍飛，將清六合，許以腹心之寄，每當推轂之重。掃妖氛於牛、斗，江海無波，摧驍騎於龍庭，匈奴遠遁。考其夷凶靜亂，功臣莫居其右，覽其奇策高文，足爲一時之傑。然專以智詐自立，不由仁義之道，阿諛時主，高下其心，營構離宫，陷君於奢侈，謀廢冢嫡，致國於傾危。終使宗廟丘墟，市朝霜露，究其禍敗之源，實乃素之由也。幸而得死，子爲亂階，墳土未乾，闔門殂戮，丘隴發掘，宗族誅夷。則知積惡餘殃，信非徒語。多行無禮必自及，其斯之謂歟！約外示温柔，内懷狡筭，爲蛇畫足，終傾國本，俾無遺育，宜哉！

校勘記

〔一〕改封成安縣公　「成安縣公」，楊素墓誌作「安成公」。下文其弟楊約封「安成公」，本卷楊約傳稱「賜爵安成縣公」，楊約墓誌作「安成縣開國公」。

〔二〕進擊無錫賊帥葉略 「葉略」，北史卷四一楊敷傳附楊素傳作「葉皓」。

〔三〕於是賜錢百萬緍絹三千段 「緍」，宋甲本、至順本、汲本作「錦」，北史卷四一楊敷傳附楊素傳、册府卷三三九宰輔部邪佞作「綿」，屬下讀。

〔四〕抗表上言 宋甲本無「上」字。按，北史卷四一楊敷傳附楊素傳、册府卷一八一帝王部疑忌亦無「上」字。

〔五〕素録出事狀以報太子 「録出」，宋甲本、至順本、汲本作「條録」。按，北史卷四一楊敷傳附楊素傳、册府卷三三九宰輔部不忠亦作「條録」。

〔六〕又遣王聃子率數萬人并力拒守 「王聃子」，本書卷四五文四子楊諒傳作「王聃」。

〔七〕進至清源 「清源」，原作「清原」，據宋甲本、北史卷四一楊敷傳附楊素傳改。按，本書卷三〇地理志中太原郡晉陽「（開皇）十六年又置清源縣，大業初省入焉」。

〔八〕羊質獸心 「獸心」，宋甲本、至順本作「獸皮」，册府卷一三六帝王部慰勞作「虎皮」。疑原作「虎皮」，避唐諱改爲「獸皮」，後代版刻又訛爲「獸心」。

〔九〕魚潰鳥散 「魚」，原作「漁」，據宋甲本、殿本改。按，册府卷一三六帝王部慰勞亦作「魚」。

〔一〇〕乃銘之常鼎 「乃」，宋甲本、至順本、南監本、北監本、汲本、殿本作「方乃」。按，册府卷一三六帝王部慰勞亦作「方乃」。

〔二〕義極昊天　「昊」，原作「旻」，據宋甲本、至順本、南監本、北監本、汲本、殿本改。

〔三〕人皆以死　「以」，宋甲本、至順本作「爲」。按，册府卷一三六帝王部慰勞亦作「爲」。

〔三〕我豈須更活耶　「更」，原作「臾」，據宋甲本改。按，北史卷四一楊敷傳附楊素傳亦作「更」。

〔四〕性如沉靜　「如」，原作「好」，據宋甲本改。按，北史卷四一楊敷傳附楊約傳亦作「如」。

〔五〕又儲宮以所欲不行　「儲宮」，宋甲本、大德本、至順本、汲本作「儲后」。

〔六〕王必鐫銘於骨髓　「鐫」，原作「鎮」，據至順本改。按，通志卷一六〇楊約傳作「鏤」。

〔七〕將兵迎陳降將李瑗於齊安　「李瑗」，周法尚墓誌作「李援」，北史卷四一楊敷傳附楊紀傳作「王瑗」。

隋書卷四十九

列傳第十四

牛弘

牛弘字里仁，安定鶉觚人也，本姓尞氏。祖熾，郡中正。父允，魏侍中、工部尚書、臨涇公，賜姓爲牛氏。弘初在襁褓，有相者見之，謂其父曰：「此兒當貴，善愛養之。」及長，鬚貌甚偉，性寬裕，好學博聞。在周，起家中外府記室、内史上士。俄轉納言上士，專掌文翰，甚有美稱。加威烈將軍、員外散騎侍郎，脩起居注。其後襲封臨涇公。宣政元年，轉内史下大夫，進位使持節、大將軍、儀同三司。

開皇初，遷授散騎常侍、秘書監。弘以典籍遺逸，上表請開獻書之路，曰：

經籍所興，由來尚矣。爻畫肇於庖羲，文字生於蒼頡，聖人所以弘宣教導，博通古今，揚於王庭，肆於時夏。故堯稱至聖，猶考古道而言，舜其大智，尚觀古人之象。周官，外史掌三皇五帝之書，及四方之志。武王問黄帝、顓頊之道，太公曰：「在丹書。」是知握符御曆，有國有家者，曷嘗不以詩、書而爲教，因禮樂而成功也。

昔周德既衰，舊經紊棄。孔子以大聖之才，開素王之業，憲章祖述，制禮刊詩，正五始而修春秋，闡十翼而弘易道。治國立身，作範垂法。及秦皇馭寓，吞滅諸侯，任用威力，事不師古，始下焚書之令，行偶語之刑。先王墳籍，掃地皆盡。本既先亡，從而顛覆。臣以圖讖言之，經典盛衰，信有徵數。此則書之一厄也。漢興，改秦之弊，敦尚儒術，建藏書之策，置校書之官，屋壁山巖，往往間出。外有太常、太史之藏，内有延閣、秘書之府。至孝成之世，亡逸尚多，遣謁者陳農求遺書於天下，詔劉向父子讎校篇籍。漢之典文，於斯爲盛。及王莽之末，長安兵起，宫室圖書，並從焚燼。此則書之二厄也。光武嗣興，尤重經誥，未及下車，先求文雅。於是鴻生鉅儒，繼踵而集，懷經負帙，不遠斯至。肅宗親臨講肄，和帝數幸書林，其蘭臺、石室，鴻都、東觀，祕牒填委，更倍於前。及孝獻移都，吏民擾亂，圖書縑帛，皆取爲帷囊。所收而西，裁七十餘乘，屬西京大亂，一時燔蕩。此則書之三厄也。魏文代漢，更集經典，皆藏在秘書、内外三閣，遣秘書郎鄭默删定舊文。時之論者，美其朱紫有别。晉氏承之，文籍尤廣。晉祕書監荀勗定魏内經〔一〕，更著新簿。雖古文舊簡，猶云有缺，新章後録，鳩集已多，足得恢弘正道，訓範當世。屬劉、石憑陵，京華覆滅，朝章國典，從而失墜。此則書之四厄也。永嘉之後，寇竊競興，因河據洛，跨秦帶趙。論其建國立家，雖傳名號，憲章禮樂，寂滅無聞。劉裕平姚，收其圖籍，五經子史，纔四千卷，皆赤軸青紙，文字古拙。僭僞之盛，莫過二秦，以此而論，足可明矣。故知衣冠軌物，圖畫記注，播遷之餘，皆歸江左。晉、宋之際，學藝爲多，齊、梁之間，經史彌盛。宋祕書丞王儉，依劉氏七略，撰爲七志。梁人阮孝緒，亦爲七録。總其書數，三萬餘卷。及侯景渡江，破滅梁室，祕省經籍，雖從兵火，其文德殿内書史，宛然猶存。蕭繹據有江陵，遣將破平侯景，收文德之書，及公私典籍，重本七萬餘卷，悉送荊州。故江表圖書，因斯盡萃於繹矣。及周師入郢，繹悉焚之於外城，所收十纔一二。此則書之五厄也。後魏爰自幽方，遷宅伊、洛，日不暇給，經籍闕如。周氏創基關右，戎車未息。保定之始，書止八千，後加收集，方盈萬卷。高氏據有山東，初亦採訪，驗其本目，殘缺猶多。及東夏初平，獲其經史，四部重雜，三萬餘卷。所益舊書，五千而已。

今御書單本，合一萬五千餘卷，部帙之間，仍有殘缺。比梁之舊目，止有其半。至於陰陽河洛之篇，醫方圖譜之説，彌復爲少。臣以經書，自仲尼已後，迄于當今，年踰千載，數遭五厄，興集之期，屬膺聖世。伏惟陛下受天明命，君臨區宇，功無與二，德冠往初。自華夏分離，彝倫攸斁，其間雖霸王遞起，而世難未夷，欲崇儒業，時或未可。今土宇邁於三王，民黎盛於兩漢，有人有時，正在今日。方當大弘文教，納俗升平，而天下圖書尚有遺逸，非所以仰協聖情，流訓無窮者也。臣史籍是司，寢興懷懼。昔陸賈奏漢祖云「天下不可馬上治之」，故知經邦立政，在於典謨矣。爲國之本，莫此攸先。今祕藏見書，亦足披覽，但一時載籍，須令大備。不可王府所無，私家乃有。然士民殷雜，求訪難知，縱有知者，多懷悋惜，必須勒之以天威，引之以微利。若猥發明詔，兼開購賞，則異典必臻，觀閣斯積，重道之風，超於前世，不亦善乎！伏願天監，少垂照察。

上納之，於是下詔，獻書一卷，賚縑一匹。一二年間，篇籍稍備。進爵奇章郡公，邑千五百户。

三年，拜禮部尚書，奉勅修撰五禮，勒成百卷，行於當世。弘請依古制修立明堂，上議曰：

竊謂明堂者，所以通神靈，感天地，出教化，崇有德。孝經曰：「宗祀文王於明堂，以配上帝。」祭義云：「祀于明堂，教諸侯孝也。」黄帝曰合宫，堯曰五府，舜曰總章，布政興治，由來尚矣。周官考工記曰：「夏后氏世室，堂脩二七，廣四脩一。」鄭玄注云：「脩十四步，其廣益以四分脩之一，則堂廣十七步半也。」「殷人重屋，堂脩七尋，四阿重屋。」鄭云：「其脩七尋，廣九尋也。」「周人明堂，度九尺之筵，南北七筵，五室，凡室二筵。」鄭云：「此三者，或舉宗廟，或舉王寢，或舉明堂，互言之，明其同制也。」馬融、王肅、干寶所注，與鄭亦異，今不具出。漢司徒馬宮議云：「夏后氏世室，室顯於堂，故命以室。殷人重屋，屋顯於堂，故命以屋。周人明堂，堂大於夏室，故命以堂。夏后氏益其堂之廣百四十四尺，周人明堂，以爲兩序間大夏后氏七十二尺。」若據鄭玄之説，則夏室大於周堂，如依馬宮之言，則周堂大於夏室。後王轉文，周大爲是。但宮之所言，未詳其義。此皆去聖久遠，禮文殘缺，先儒解説，家異人殊。鄭注玉藻亦云：「宗廟路寢，與明堂同制。」王制曰：「寢不踰廟。」明大小是同。今依鄭玄注，每室及堂，止有一丈八尺，四壁之外，四尺有餘。若以宗廟論之，祫享之時，周人旅酬六尸，并后稷爲七，先公昭穆二尸，先王昭穆二尸，合十一尸，三十六主〔三〕，及君北面行事於二丈之堂，愚不及此。若以正寢論之，便須朝宴。據燕禮：「諸侯宴，則賓及卿大夫脱屨升坐。」是知天子宴，則三公九卿並須升堂。燕義又云：「席，小卿次上卿。」言皆侍席。止於二筵之間，豈得行禮？若以明堂論之，總享之時，五帝各於其室。設青帝之位，須於木室之內〔三〕，少北西面。太昊從食，坐於其西，近南北面。祖宗配享者，又於青帝之南，稍退西面。丈八之室，神位有三，加以簠簋籩豆〔四〕，牛羊之俎，四海九州美物咸設，復須席上升歌〔五〕，出罇反坫〔六〕，揖讓升降，亦以隘矣。據茲而說，近是不然。

案劉向別錄及馬宮、蔡邕等所見，當時有古文明堂禮〔七〕、王居明堂禮、明堂圖、明堂大圖、明堂陰陽、太山通義、魏文侯孝經傳等，並說古明堂之事〔八〕。其書皆亡，莫得而正。今明堂月令者，鄭玄云，是呂不韋著，春秋十二紀之首章，禮家鈔合爲記。蔡邕、王肅云周公所作，周書內有月令第五十三，即此也。各有證明，文多不載。束晳以爲夏時之書。劉瓛云：「不韋鳩集儒者，尋于聖王月令之事而記之。不韋安能獨爲此記？」今案不得全稱周書〔九〕，亦未可即爲秦典，其內雜有虞、夏、殷、周之法，皆聖王仁恕之政也。蔡邕具爲章句，又論之曰：「明堂者，所以宗祀其祖以配上帝也。夏后氏曰世室，殷人曰重屋，周人曰明堂。東曰青陽，南曰明堂，西曰總章，北曰玄堂，內曰太室〔一〇〕。聖人南面而聽，向明而治，人君之位莫不正焉。故雖有五名，而主以明堂也。制度之數，各有所依。堂方一百四十四尺，巛之策也，屋圓楣徑二百一十六尺，乾之策也。太廟明堂方六丈，通天屋徑九丈，陰陽九六之變，且圓蓋方覆，九六之道也。八闥以象卦，九室以象州，十二宫以應日辰。三十六户、七十二牖，以四户八牖乘九宫之數也。户皆外設而不閉，示天下以不藏也。通天屋高八十一尺，黄鍾九九之實也。二十八柱布四方，四方七宿之象也。堂高三尺，以應三統，四向五色，各象其行。水闊二十四丈，象二十四氣，於外，以象四海。王者之大禮也。」觀其模範天地，則象陰陽，必據古文，義不虚出。今若直取考工，不參月令，青陽總章之號不得而稱，九月享帝之禮不得而用。漢代二京所建，與此説悉同。

建安之後，海内大亂，京邑焚燒，憲章泯絶。魏氏三方未平，無聞興造。晉則侍中裴頠議曰：「尊祖配天，其義明著，而廟宇之制，理據未分。宜可直爲一殿，以崇嚴父之祀，其餘雜碎，一皆除之。」宋、齊已還，咸率兹禮。此乃世乏通儒，時無思術，前王盛事，於是不行。後魏代都所造，出自李沖，三三相重，合爲九室。簷不覆基，房間通街，穿鑿處多，迄無可取。及遷宅洛陽，更加營構，五九紛競〔一二〕，遂至不成，宗配之事，於焉靡託。

今皇猷遐闡，化覃海外，方建大禮，垂之無窮。弘等不以庸虚，謬當議限。今檢明堂必須五室者何？尚書帝命驗曰：「帝者承天立五府，赤曰文祖，黄曰神斗〔一三〕，白曰顯紀，黑曰玄矩，蒼曰靈府。」鄭玄注曰：「五府與周之明堂同矣。」且三代相沿，多有損益，至於五室，確然不變。夫室以祭天，天實有五，若立九室，四無所用。布政視朔，自依其辰。鄭司農云：「十二月分在青陽等左右之位。」不云居室。鄭玄亦言：「每月於其時之堂而聽政焉。」禮圖畫个，皆在堂偏，是以須爲五室。明堂必須上圓下方者何？孝經援神契曰：「明堂者，上圓下方，八窗四達，布政之宮。」禮記盛德篇曰：「明堂四户八牖，上圓下方。」五經異義稱講學大夫淳于登亦云：「上圓下方。」鄭玄同之。是以須爲圓方。明堂必須重屋者何？案考工記，夏言「九階，四旁兩夾窗，門堂三之二，室三之一。」殷、周不言者，明一同夏制。殷言「四阿重屋」，周承其後不言屋，制亦盡同可知也。其「殷人重屋」之下，本無五室之文。鄭注云：「五室者，亦據夏以知之。」明周不云重屋，因殷則有，灼然可見。禮記明堂位曰：「太廟天子明堂。」言魯爲周公之故，得用天子禮樂，魯之太廟與周之明堂同。又曰：「複廟重檐，刮楹達嚮，天子之廟飾。」鄭注：「複廟重屋也。」據廟既重屋，明堂亦不疑矣。春秋文公十三年：「太室屋壞。」五行志曰：「前堂曰太廟，中央曰太室，屋其上重者也。」服虔亦云：「太室，太廟太室之上屋也。」周書作洛篇曰：「乃立太廟宗宮路寢明堂，咸有四阿反坫，重亢重廊。」孔晁注曰：「重亢累棟，重廊累屋也。」依黄圖所載，漢之宗廟皆爲重屋。此去古猶近，遺法尚在，是以須爲重屋。明堂必須爲辟雍者何？

禮記盛德篇云：「明堂者，明諸侯尊卑也。外水曰辟雍。」明堂陰陽録曰：「明堂之制，周圜行水，左旋以象天，内有太室以象紫宫〔一三〕。」此明堂有水之明文也。然馬宫、王肅以爲明堂、辟雍、太學同處，蔡邕、盧植亦以爲明堂、靈臺、辟雍、太學同實異名。邕云：「明堂者，取其宗祀之清貌，則謂之清廟，取其正室，則曰太室，取其堂，則曰明堂，取其四門之學，則曰太學，取其周水圜如璧，則曰璧雍。其實一也。」其言別者，五經通義曰：「靈臺以望氣，明堂以布政，辟雍以養老教學。」三者不同。袁準、鄭玄亦以爲別。歷代所疑，豈能輒定？今據郊祀志云：「欲治明堂，未曉其制。濟南人公玉帶上黄帝時明堂圖，一殿無壁，蓋之以茅，水圜宫垣，天子從之。」以此而言，其來則久。漢中元二年，起明堂、辟雍、靈臺於洛陽，並別處。然明堂亦有璧水，李尤明堂銘云「流水洋洋」是也。以此須有辟雍。

夫帝王作事，必師古昔，今造明堂，須以禮經爲本。形制依於周法，度數取於月令，遺闕之處，參以餘書，庶使該詳沿革之理。其五室九階，上圜下方，四阿重屋，四旁兩門，依考工記、孝經説。堂方一百四十四尺，屋圜楣徑二百一十六尺，太室方六丈，通天屋徑九丈，八闥二十八柱，堂高三尺，四向五色，依周書月令論。殿垣方在内，水周如外〔一四〕，水内徑三百步，依太山、盛德記、覲禮經〔一五〕。仰觀俯察，皆有則象，足以盡誠上帝，祇配祖宗，弘風布教，作範於後矣。弘等學不稽古，輒申所見，可否之宜，伏聽裁擇。

上以時事草創，未遑制作，竟寢不行。

六年，除太常卿。九年，詔改定雅樂，又作樂府歌詞，撰定圓丘五帝凱樂，并議樂事。弘上議云：

謹案禮，五聲、六律、十二管還相爲宮。周禮奏黃鍾，歌大呂，奏太簇，歌應鍾，皆是旋相爲宮之義。蔡邕明堂月令章句曰：「孟春月則太簇爲宮，姑洗爲商，蕤賓爲角，南呂爲徵，應鍾爲羽，大呂爲變宮，夷則爲變徵。他月倣此。」故先王之作律呂也，所以辯天地四方陰陽之聲。揚子雲曰：「聲生於律，律生於辰。」故律呂配五行，通八風，歷十二辰，行十二月，循環轉運，義無停止。譬如立春木王火相，立夏火王土相，季夏餘分，土王金相，立秋金王水相，立冬水王木相。還相爲宮者，謂當其王月，名之爲宮。

今若十一月不以黃鍾爲宮，十三月不以太簇爲宮〔一六〕，便是春木不王，夏土不相〔一七〕，豈不陰陽失度，天地不通哉？劉歆鍾律書云：「春宮秋律，百卉必彫；秋宮春律，萬物必榮；夏宮冬律，雨雹必降；冬宮夏律，雷必發聲。」以斯而論，誠爲不易。

且律十二，今直爲黄鍾一均，唯用七律，以外五律，竟復何施？恐失聖人制作本意。故須依禮作還相爲宫之法。

上曰：「不須作旋相爲宫，且作黄鍾一均也。」弘又論六十律不可行：

謹案續漢書律曆志，元帝遣韋玄成問京房於樂府，房對：「受學故小黄令焦延壽。六十律相生之法，以上生下，皆三生二，以下生上，皆三生四。陽下生陰，陰上生陽，終於中吕，而十二律畢矣。中吕上生執始，執始下生去滅，上下相生，終於南事，六十律畢矣。十二律之變至於六十，猶八卦之變至於六十四也。冬至之聲，以黄鍾爲宫，太簇爲商，姑洗爲角，林鍾爲徵，南吕爲羽，應鍾爲變宫，蕤賓爲變徵。此聲氣之元，五音之正也。故各統一日。其餘以次運行，當日者各自爲宫〔一八〕，而商徵以類從焉。」房又曰：「竹聲不可以度調，故作准以定數。准之狀如瑟，長一丈而十三絃，隱間九尺，以應黄鍾之律九寸。中央一絃，下畫分寸，以爲六十律清濁之節。」執始之類，皆房自造。房云受法於焦延壽，未知延壽所承也。

至元和年，待詔候鍾律殷彤上言〔一九〕：「官無曉六十律以准調音者。故待詔嚴嵩具以准法教其子宣〔二〇〕，願召宣補學官，主調樂器。」大史丞弘試宣十二律，其二中，其四不中，其六不知何律，宣遂罷。自此律家莫能爲准施絃。熹平六年〔二一〕，東觀召典律者太子舍人張光問准意。光等不知，歸閲舊藏，乃得其器，形制如房書，猶不能定其絃緩急，故史官能辨清濁者遂絶。其可以相傳者，唯大榷常數及候氣而已。

據此而論，京房之法，漢世已不能行。沈約宋志曰：「詳案古典及今音家，六十律無施於樂。」禮云「十二管還相爲宮」，不言六十。封禪書云：「大帝使素女鼓五十絃瑟而悲，破爲二十五絃。」假令六十律爲樂得成，亦所不用，取「大樂必易，大禮必簡」之意也。

又議曰：

案周官云：「大司樂掌成均之法。」鄭衆注云：「均，調也。樂師主調其音。」三禮義宗稱：「周官奏黄鍾者，用黄鍾爲調，歌大吕者，用大吕爲調。奏者謂堂下四懸，歌者謂堂上所歌。但一祭之間，皆用二調。」是知據宮稱調，其義一也。明六律六吕迭相爲宮，各自爲調。

今見行之樂，用黄鍾之宮，乃以林鍾爲調，與古典有違。晉内書監荀勗依典記〔三〕，以五聲十二律還相爲宮之法，制十二笛。黄鍾之笛，正聲應黄鍾，下徵應林鍾，以姑洗爲清角。大吕之笛，正聲應大吕，下徵應夷則。以外諸均，例皆如是。然今所用林鍾，是勗下徵之調。不取其正，先用其下，於理未通，故須改之。

上甚善其議，詔弘與姚察、許善心、何妥、虞世基等正定新樂，事在音律志。是後議置明堂，詔弘條上故事，議其得失，事在禮志。上甚敬重之。

時楊素恃才矜貴，輕侮朝臣，唯見弘未嘗不改容自肅。素將擊突厥，詣太常與弘言別。弘送素至中門而止，素謂弘曰：「大將出征，故來敍別，何相送之近也？」弘遂揖而退。素笑曰：「奇章公可謂其智可及，其愚不可及也。」亦不以屑懷。

尋授大將軍，拜吏部尚書。時高祖又令弘與楊素、蘇威、薛道衡、許善心、虞世基、崔子發等并召諸儒，論新禮降殺輕重。弘所立議，衆咸推服之。仁壽二年，獻皇后崩，王公已下不能定其儀注。楊素謂弘曰：「公舊學，時賢所仰，今日之事，決在於公。」弘了不辭讓，斯須之間，儀注悉備，皆有故實。素歎曰：「衣冠禮樂盡在此矣，非吾所及也！」弘以三年之喪，祥禫具有降殺，朞服十一月而練者，無所象法，以聞於高祖，高祖納焉。下詔除朞練之禮，自弘始也。弘在吏部，其選舉先德行而後文才，務在審慎。雖致停緩，所有進用，並多稱職。吏部侍郎高孝基，鑒賞機晤，清慎絕倫，然爽俊有餘，迹似輕薄，時宰多以此疑之。唯弘深識其真，推心委任〔一三〕。隋之選舉，於斯爲最。時論彌服弘識度之遠。

煬帝之在東宮也，數有詩書遺弘，弘亦有答。及嗣位之後，嘗賜弘詩曰：「晉家山吏部，魏世盧尚書，莫言先哲異，奇才並佐余。學行敦時俗，道素乃沖虛，納言雲閣上，禮儀皇運初。彝倫攸有敍，垂拱事端居。」其同被賜詩者，至於文詞贊揚，無如弘美。大業二年，進位上大將軍。三年，改爲右光祿大夫。從拜恒岳，壇場珪幣，墠畤牲牢，並弘所定。還下太行〔二四〕，煬帝嘗引入內帳，對皇后賜以同席飲食。其禮遇親重如此。弘謂其諸子曰：「吾受非常之遇，荷恩深重。汝等子孫，宜以誠敬自立，以答恩遇之隆也。」六年，從幸江都。其年十一月，卒於江都郡，時年六十六。帝傷惜之，賵贈甚厚。歸葬安定，贈開府儀同三司、光祿大夫、文安侯，謚曰憲。

弘榮寵當世，而車服卑儉，事上盡禮，待下以仁，訥於言而敏於行。上嘗令其宣勑，弘至階下，不能言，退還拜謝，云：「並忘之。」上曰：「傳語小辯，故非宰臣任也。」愈稱其質直。大業之世，委遇彌隆。性寬厚，篤志於學，雖職務繁雜，書不釋手。隋室舊臣，始終信任，悔吝不及，唯弘一人而已。有弟曰弼，好酒而酗，嘗因醉，射殺弘駕車牛。弘來還宅，其妻迎謂之曰：「叔射殺牛矣。」弘聞之，以無所怪問〔二五〕，直答云：「作脯。」坐定，其妻又曰：「叔忽射殺牛，大是異事！」弘曰：「已知之矣。」顏色自若，讀書不輟。其寬和如此。有文集十三卷行於世〔二六〕。

長子方大，亦有學業，官至內史舍人。次子方裕，性凶險，無人心，從幸江都，與裴虔通等同謀弑逆，事見司馬德戡傳〔二七〕。

史臣曰：牛弘篤好墳籍，學優而仕，有淡雅之風，懷曠遠之度，採百王之損益，成一代之典章，漢之叔孫，不能尚也。綢繆省闥三十餘年，夷險不渝，始終無際。雖開物成務非其所長，然澂之不清，混之不濁，可謂大雅君子矣。子實不才，崇基不構，干紀犯義，以墜家風，惜哉！

校勘記

〔一〕晉祕書監荀勗定魏內經　「內經」，錢大昕考異卷四〇：「勗著中經簿，此稱內經者，避隋諱也。」

〔二〕三十六主　「主」，原作「王」，據宋甲本、殿本改。按，北史卷七二牛弘傳、册府卷五八四掌禮部奏議亦作「主」。

〔三〕須於木室之內　「木室」，原作「太室」，據至順本改。按，册府卷五八四掌禮部奏議、隋書詳節卷一三牛弘傳亦作「木室」。御覽卷五三三禮儀部一二明堂引三禮圖：「明堂者，布政之宮。周制五室，東爲木室、南爲火室、西爲金室、北爲水室，土室在中。」

〔四〕加以簠簋籩豆　「籩」，原作「邊」，據宋甲本、至順本、南監本改。

〔五〕復須席上升歌　「上」，原作「工」，據北史卷七二牛弘傳、册府卷五八四掌禮部奏議改。

〔六〕出鑮反坫　「坫」，原作「玷」，據宋甲本、至順本、殿本改。按，北史卷七二牛弘傳、册府卷五八四掌禮部奏議、隋書詳節卷一三牛弘傳亦作「坫」。

〔七〕當時有古文明堂禮　「文」，册府卷五八四掌禮部奏議作「大」。續漢書祭祀志中注引蔡邕明堂論，有「禮記古大明堂之禮」。

〔八〕並説古明堂之事　「古」，册府卷五八四掌禮部奏議作「立」。

〔九〕今案不得全稱周書　「今」，原作「令」，據宋甲本、殿本改。按，北史卷七二牛弘傳、册府卷五八四掌禮部奏議亦作「今」。

〔一〇〕内曰太室　「内」，明堂論本作「中」，避隋諱改。

〔一一〕五九紛競　「九」，原作「鬼」，據殿本改。按，北史卷七二牛弘傳、册府卷五八四掌禮部奏議亦作「九」。魏書卷一〇八之二禮志二：「初，世宗永平、延昌中，欲建明堂。而議者或云五室，或云九室，頻屬年饑，遂寢。」

〔一二〕黄曰神斗　「斗」，原作「升」，據本書卷六八宇文愷傳奏議引尚書帝命驗改。按，御覽卷五三三禮儀部一二明堂引尚書帝命驗「黄曰神斗」，注「斗，主也」。

〔一三〕内有太室以象紫宫　「太室」，宋甲本、大德本、至順本、汲本作「分室」。

〔一四〕水周如外　「如」，本書卷六八宇文愷傳、通志卷一六〇牛弘傳作「於」，隋書詳節卷一三牛弘傳作「于」。

〔一五〕依太山盛德記覲禮經　「太山」下疑脱「通議」二字，或爲簡稱。按，本書卷六八宇文愷傳即作「泰山通議」。盛德記指大戴禮盛德篇。

〔一六〕十三月不以太簇爲宫　「十三」，原作「十二」，據宋甲本改。按，百衲本北史卷七二牛弘傳亦作「十三」。十二律次序，黄鍾之下爲大吕，再次爲太簇。十一月以黄鍾爲宫，十二月以大吕爲宫，次年一月即十三月以太簇爲宫。十三月即夏曆正月。

〔一七〕夏土不相　「土」，原作「王」，據宋甲本、大德本、至順本、南監本、殿本改。按，北史卷七二牛弘傳、隋書詳節卷一三牛弘傳亦作「土」。

〔一八〕當日者各自爲宫　「當」，原作「宫」，據續漢書律曆志上、宋書卷一一律曆志上改。

〔一九〕待詔候鍾律殷彤上言　「律」字原闕，據續漢書律曆志上、宋書卷一一律曆志上補。

〔二〇〕故待詔嚴嵩具以准法教其子宣　「嚴嵩」，續漢書律曆志上作「嚴崇」。

〔二一〕熹平六年　原作「嘉平年」，據續漢書律曆志上、宋書卷一一律曆志上改補。

〔二二〕晉内書監荀勗依典記　「内書監」本作「中書監」，隋避諱改。

〔二三〕推心委任　「委任」，宋甲本作「任委」。按，北史卷七二牛弘傳亦作「任委」。

〔二四〕還下太行　「太行」，宋甲本、大德本、至順本、汲本作「太常」，北史卷七二牛弘傳作「太行山」。

〔二五〕以無所怪問　「以」，宋甲本無，南監本、殿本作「亦」。按，北史卷七二牛弘傳亦無此字。

〔二六〕有文集十三卷行於世　「十三」，宋甲本作「十二」。按，北史卷七二牛弘傳亦作「十二」。本書卷三五經籍志四：「吏部尚書牛弘集十二卷。」

〔二七〕事見司馬德戡傳　此事見本書卷八五宇文化及傳。

隋書卷五十

列傳第十五

宇文慶

宇文慶字神慶，河南洛陽人也。祖金殿，魏征南大將軍，仕歷五州刺史、安吉侯。父顯和，夏州刺史。慶沉深有器局，少以聰敏見知。周初，受業東觀，頗涉經史。既而謂人曰：「書足記姓名而已，安能久事筆硯，爲腐儒之業！」于時文州民夷相聚爲亂，慶應募從征。賊據保巖谷〔一〕，徑路懸絶，慶束馬而進，襲破之，以功授都督。衞王直之鎮山南也，引爲左右。慶善射，有膽氣，好格猛獸，直甚壯之。稍遷車騎大將軍、儀同三司、柱國府掾。及誅宇文護，慶有謀焉，進授驃騎大將軍，加開府。後從武帝攻河陰，先登攀堞，與賊短兵接戰，良久，中石廼墜，絶而後蘇。帝勞之曰：「卿之餘勇，可以賈人也。」復從武帝拔晉州。其後齊師大至，慶與宇文憲輕騎而覘，卒與賊相遇，爲賊所窘。憲挺身而遯，慶退據汾橋，衆賊爭進，慶引弓射之，所中人馬必倒，賊乃稍却。及破高緯，拔高壁，克并州，下信都，禽高湝，功並居最。周武帝詔曰：「慶勳庸早著，英望華遠，出內之績，簡在朕心。戎車自西，俱總行陣，東夏蕩定，實有茂功。高位縟禮，宜崇榮册。」於是進位大將軍，封汝南郡公，邑千六百戶。尋以行軍總管擊延安反胡，平之，拜延州總管，俄轉寧州總管。高祖爲丞相，復以行軍總管南征江表。師次白帝，徵還，以勞進位上大將軍。高祖與慶有舊，甚見親待，令督丞相軍事，委以心腹。尋加柱國。開皇初，拜左武衞將軍，進位上柱國。數年，出除涼州總管。歲餘，徵還，不任以職。

初，上潛龍時，嘗從容與慶言及天下事，上謂慶曰：「天元實無積德，視其相貌，壽亦不長。加以法令繁苛，耽恣聲色，以吾觀之，殆將不久。又復諸侯微弱，各令就國，曾無深根固本之計，羽翮既剪，何能及遠哉！尉迥貴戚，早著聲望，國家有釁，必爲亂階。然智量庸淺，子弟輕佻，貪而少惠，終致亡滅。司馬消難反覆之虜，亦非池內之物，變在俄頃〔二〕，但輕薄無謀，未能爲害，不過自竄江南耳。庸、蜀嶮隘，易生艱阻，王謙愚惷，素無籌略，但恐爲人所誤，不足爲虞。」未幾，上言皆驗。及此，慶恐上遺忘，不復收用，欲見舊蒙恩顧，具録前言爲表而奏之曰：「臣聞智侔造化，二儀無以隱其靈，明同日月，萬象不能藏其狀。先天弗違，寔聖人之體道，未萌見兆，諒達節之神機。伏惟陛下特挺生知，徇齊誕御，懷五岳其猶輕，吞八荒而不梗，藴妙見於胸襟，運奇謨於掌握。臣以微賤，早逢天睠，不以庸下，親蒙推赤。所奉成規，纖毫弗舛，尋惟聖慮，妙出蓍龜，驗一人之慶有徵，寔天子之言無戲。臣親聞親見，實榮實喜。」上省表大悦，下詔曰：「朕之與公，本來親密，懷抱委曲，無所不盡。話言歲久，尚能記憶，今覽表奏，方悟昔談。何謂此言，遂成實録。古人之先知禍福，明可信也，朕言之驗，自是偶然。公乃不忘，彌表誠節，深感至意，嘉尚無已。」自是上每加優禮。卒于家。

子靜禮，初爲太子千牛備身，尋尚高祖女廣平公主，授儀同、安德縣公，邑千五百户。後爲熊州刺史。先慶卒。

子協，歷武賁郎將、右翊衛將軍，宇文化及之亂遇害。

協弟晶，字婆羅門，大業之世，少養宫中。後爲千牛左右，煬帝甚親昵之。每有遊宴，晶必侍從，至於出入卧内，伺察六宫，往來不限門禁，其恩倖如此。時人號曰宇文三郎。晶與宫人淫亂，至於妃嬪公主，亦有醜聲。蕭后言於帝，晶聞而懼，數日不敢見。其兄協因奏曰：「晶今已壯，不可在宫掖。」帝曰：「晶安在？」協曰：「在朝堂。」帝不之罪，因召入，待之如初。宇文化及弒逆之際，晶時在玄覽門，覺變，將入奏，爲門司所遏，不得時進。

會日暝，宮門閉，退還所守。俄而難作，晶與五十人赴之，爲亂兵所害。

李禮成

李禮成字孝諧，隴西狄道人也。涼王暠之六世孫。祖延實，魏司徒。父彧，侍中。禮成年七歲，與姑之子蘭陵太守滎陽鄭顥隨魏武帝入關。顥母每謂所親曰：「此兒平生未嘗迴顧，當爲重器耳。」及長，沉深有行檢，不妄通賓客。魏大統中，釋褐著作郎，遷太子洗馬、員外散騎常侍。周受禪，拜平東將軍、散騎常侍。于時貴公子皆競習弓馬，被服多爲軍容。禮成雖善騎射，而從容儒服，不失素望。後以軍功，拜車騎大將軍、儀同三司，賜爵脩陽縣侯，拜遷州刺史。時朝廷有所徵發，禮成度以蠻夷不可擾，擾必爲亂，上表固諫。周武帝從之。伐齊之役，從帝圍晉陽，禮成以兵擊南門，齊將席毗羅率精甲數千拒帝，禮成力戰，擊退之。加開府，進封冠軍縣公，拜北徐州刺史。未幾，徵爲民部中大夫。

禮成妻竇氏早没，知高祖有非常之表，遂聘高祖妹爲繼室，情契甚歡。及高祖爲丞相，進位上大將軍，遷司武上大夫，委以心膂。及受禪，拜陝州刺史，進封絳郡公，賞賜優洽。尋徵爲左衛將軍，遷右武衛大將軍。歲餘，出拜襄州總管，稱有惠政。後數載，復爲左衛大將軍。時突厥屢爲寇患，緣邊要害，多委重臣，由是拜寧州刺史。歲餘，以疾徵還京師，終於家。其子世師，官至度支侍郎。

元孝矩 弟褒

元孝矩，河南洛陽人也。祖脩義，父子均，並爲魏尚書僕射。孝矩西魏時襲爵始平縣公，拜南豐州刺史。時見周太祖專政，將危元氏，孝矩每慨然有興復社稷之志，陰謂昆季曰：「昔漢氏有諸吕之變，朱虛、東牟，卒安劉氏。今宇文之心，路人所見，顛而不扶，焉用宗子？盍將圖之。」爲兄則所遏，孝矩乃止。其後周太祖爲兄子晉公護娶孝矩妹爲妻，情好甚密。及閔帝受禪，護總百揆，孝矩之寵益隆。及護誅，坐徙蜀。數載，徵還京師，拜益州總管司馬，轉司憲大夫。

高祖重其門地，娶其女爲房陵王妃。及高祖爲丞相，拜少冢宰，進位柱國，賜爵洵陽郡公。時房陵王鎮洛陽，及上受禪，立爲皇太子，令孝矩代鎮。既而立其女爲皇太子妃，親禮彌厚。俄拜壽州總管，賜孝矩璽書曰：「揚越氛祲，侵軼邊鄙，爭桑興役，不識大猷。以公志存遠略，今故鎮邊服，懷柔以禮，稱朕意焉。」時陳將任蠻奴等屢寇江北，復以孝矩領行軍總管，屯兵於江上。後數載，自以年老，筋力漸衰，不堪軍旅，上表乞骸骨，轉涇州刺史，高祖下書曰：「知執謙撝，請歸初服。恭膺寶命，實賴元功，方欲委裘，寄以分陝，何容便請高蹈，獨爲君子者乎！若以邊境務煩，即宜徙節涇郡，養德卧治也。」在州歲餘，卒官，年五十九。謚曰簡。子無竭嗣。

孝矩兄子文都，見誠節傳。孝矩次弟雅，字孝方，有文武幹用。開皇中，歷左領左右將軍、集沁二州刺史，封順陽郡公。季弟褒，最知名。

褒字孝整，便弓馬，少有成人之量。年十歲而孤，爲諸兄所鞠養。性友悌，善事諸兄。諸兄議欲别居，褒泣諫不得，家素富，多金寶，褒無所受，脱身而出，爲州里所稱。及長，寬仁大度，涉獵書史。仕周，官至開府、北平縣公、趙州刺史。

及高祖爲丞相，從韋孝寬擊尉迥，以功超拜柱國，進封河間郡公，邑二千户。開皇二年，拜安州總管。歲餘，徙原州總管。有商人爲賊所劫，其人疑同宿者而執之，褒察其色冤而辭正，遂捨之。商人詣闕訟褒受金縱賊，上遣使窮治之。使者薄責褒曰：「何故利金而捨盜也？」褒便即引咎，初無異詞。使者與褒俱詣京師，遂坐免官。其盜尋發於佗所，上謂褒曰：「公朝廷舊人，位望隆重，受金捨盜非善事，何至自誣也？」對曰：「臣受委一州，不能息盜賊，臣之罪一也。州民爲人所謗，不付法司，懸即放免，臣之罪二也。牽率愚誠，無顧形迹〔三〕，不恃文書約束〔四〕，至令爲物所疑，臣之罪三也。臣有三罪，何所逃責？臣又不言受賂，使者復將有所窮究，然則縲紲横及良善，重臣之罪，是以自誣。」上歎異之，稱爲長者。十四年，以行軍總管屯兵備邊。遼東之役，復以行軍總管從漢王至柳城而還。仁壽初，嘉州夷、獠爲寇，褒率步騎二萬擊平之。

煬帝即位，拜齊州刺史，尋改爲齊郡太守，吏民安之。及興遼東之役，郡官督事者前後相屬，有西曹掾當行，詐疾，褒詰之，掾理屈，褒杖之，掾遂大言曰：「我將詣行在所，欲有所告。」褒大怒，因杖百餘，數日而死，坐是免官。卒於家，時年七十三。

郭榮

郭榮字長榮，自云太原人也。父徽，魏大統末，爲同州司馬。時武元皇帝爲刺史，由是與高祖有舊。徽後官至洵州刺史、安城縣公。及高祖受禪，拜太僕卿，數年，卒官。榮容貌魁岸，外疎内密，與其交者多愛之。周大冢宰宇文護引爲親信。護察榮謹厚，擢爲中外府水曹參軍。時齊寇屢侵，護令榮於汾州觀賊形埶。時汾州與姚襄鎮相去懸遠，榮以爲二城孤迥，埶不相救，請於州鎮之間更築一城，以相控攝，護從之。俄而齊將段孝先攻陷姚襄、汾州二城，唯榮所立者獨能自守。護作浮橋，出兵度河，與孝先戰。孝先於上流縱大筏以擊浮橋〔五〕，護令榮督便水者引取其筏，以功授大都督。護又以稽胡數爲寇亂，使榮綏集之。榮於上郡、延安築周昌、弘信、廣安、招遠、咸寧等五城，以遏其要路，稽胡由是不能爲寇。武帝親總萬機，拜宣納中士。後從帝平齊，以戰功，賜馬二十匹，綿絹六百段，封平陽縣男，遷司水大夫。

榮少與高祖親狎，情契極歡，嘗與高祖夜坐月下，因從容謂榮曰：「吾仰觀玄象，俯察人事，周歷已盡，我其代之。」榮深自結納。宣帝崩〔六〕，高祖總百揆，召榮，撫其背而笑曰：「吾言驗未？」即拜相府樂曹參軍。俄以本官復領蕃部大夫。高祖受禪，引爲內史舍人，以龍潛之舊，進爵蒲城郡公，加位上儀同。累遷通州刺史。仁壽初，西南夷、獠多叛，詔榮領八州諸軍事、行軍總管，率兵討之。歲餘悉平，賜奴婢三百餘口。

煬帝即位，入爲武候驃騎將軍，以嚴正聞。後數歲，黔安首領田羅駒阻清江作亂，夷陵諸郡民夷多應者，詔榮擊平之。遷左候衞將軍。從帝西征吐谷渾，拜銀青光禄大夫。遼東之役，以功進位左光禄大夫。明年，帝復事遼東，榮以爲中國疲敝，萬乘不宜屢動，乃言於帝曰：「戎狄失禮，臣下之事。臣聞千鈞之弩不爲鼷鼠發機，豈有親辱大駕以臨小寇？」帝不納。復從軍攻遼東城，榮親蒙矢石，晝夜不釋甲胄百餘日。帝每令人窺諸將所爲，知榮如是，帝大悦，每勞勉之。九年，帝至東都，謂榮曰：「公年德漸高，不宜久涉行陣，當與公一郡，任所選也。」榮不願違離，頓首陳讓，辭情哀苦，有感帝心，於是拜爲右候衞大將軍。後數日，帝謂百寮曰：「誠心純至如郭榮者，固無比矣。」其見信如此。楊玄感之亂，帝令馳守太原。明年，復從帝至柳城，遇疾，帝令存問動靜，中使相望。卒於懷遠鎮，時年六十八。帝爲之廢朝，贈兵部尚書，謚曰恭，贈物千段。有子福善。

龐晃

龐晃字元顯，榆林人也。父虬，周驃騎大將軍。晃少以良家子，刺史杜達召補州都督。周太祖既有關中，署晃大都督，領親信兵，常置左右。晃因徙居關中。後遷驃騎將軍，襲爵比陽侯。衞王直出鎮襄州，晃以本官從。尋與長湖公元定擊江南，孤軍深入，遂没於陣。數年，衞王直遣晃弟車騎將軍元儁齎絹八百匹贖焉，乃得歸朝。拜上儀同，賜綵二百段，復事衞王。

時高祖出爲隨州刺史，路經襄陽，衞王令晃詣高祖。晃知高祖非常人，深自結納。及高祖去官歸京師，晃迎見高祖於襄邑。高祖甚歡，晃因白高祖曰：「公相貌非常，名在圖籙。九五之日，幸願不忘。」高祖笑曰：「何妄言也！」頃之，有一雄雉鳴於庭，高祖命晃射之，曰：「中則有賞。然富貴之日，持以爲驗。」晃既射而中，高祖撫掌大笑曰：「此是天意，公能感之而中也。」因以二婢賜之，情契甚密。武帝時，晃爲常山太守，高祖爲定州總管，屢相往來。俄而高祖轉亳州總管，將行，意甚不悅。晃因白高祖曰：「燕、代精兵之處，今若動衆，天下不足圖也。」高祖握晃手曰：「時未可也。」晃亦轉爲車騎將軍。及高祖爲揚州總管，奏晃同行。既而高祖爲丞相，進晃位開府，命督左右，甚見親待。及踐阼，謂晃曰：「射雉之符，今日驗不？」晃再拜曰：「陛下應天順民，君臨寓内，猶憶曩時之言，不勝慶躍。」上笑曰：「公之此言，何得忘也！」尋加上開府，拜右衛將軍，進爵爲公，邑千五百户。河間王弘之擊突厥也，晃以行軍總管從至馬邑。別路出賀蘭山，擊賊破之，斬首千餘級。

晃性剛悍，時廣平王雄當塗用事，勢傾朝廷，晃每陵侮之。嘗於軍中卧，見雄不起，雄甚銜之。復與高熲有隙，二人屢譖晃。由是宿衛十餘年，官不得進。出爲懷州刺史，數歲，遷原州總管。仁壽中卒官，年七十二。高祖爲之廢朝，贈物三百段，米三百石，謚曰敬。子長壽，頗知名，官至驃騎將軍。

李安

李安字玄德，隴西狄道人也。父蔚，仕周爲朔燕恒三州刺史、襄武縣公。安美姿儀，善騎射。周天和中，釋褐右侍上士，襲爵襄武公。俄授儀同、少師右上士〔七〕。高祖作相，引之左右，遷職方中大夫。復拜安弟悊爲儀同。安叔父梁州刺史璋，時在京師，與周趙王謀害高祖，誘悊爲内應。悊謂安曰：「寢之則不忠，言之則不義，失忠與義，何以立身？」安曰：「丞相父也，其可背乎？」遂陰白之。及趙王等伏誅，將加官賞，安頓首而言曰：「兄弟無汗馬之勞，過蒙獎擢，合門竭節，無以酬謝。不意叔父無狀，爲兇黨之所蠱惑，覆宗絶嗣，其甘若薺。蒙全首領，爲幸實多，豈可將叔父之命以求官賞？」於是俯伏流涕，悲不自勝。高祖爲之改容曰：「我爲汝特存璋子。」乃命有司罪止璋身，高祖亦爲安隱其事而不言。尋授安開府，進封趙郡公，悊上儀同、黄臺縣男。

高祖即位，授安内史侍郎，轉尚書左丞、黄門侍郎。平陳之役，以爲楊素司馬，仍領行軍總管，率蜀兵順流東下。時陳人屯白沙，安謂諸將曰：「水戰非北人所長。今陳人依險泊船，必輕我而無備。以夜襲之，賊可破也。」諸將以爲然。安率衆先鋒，大破陳師。高祖嘉之，詔書勞曰：「陳賊之意，自言水戰爲長，險隘之間，彌謂官軍所憚。開府親將所部，夜動舟師，摧破賊徒，生擒虜衆，益官軍之氣，破賊人之膽，副朕所委，聞以欣然。」進位上大將軍，除郢州刺史。數日，轉鄧州刺史。安請爲内職，高祖重違其意，除左領左右將軍。俄遷右領軍大將軍，復拜悊開府儀同三司、備身將軍。兄弟俱典禁衛，恩信甚重。八年，突厥犯塞〔八〕，以安爲行軍總管，從楊素擊之。安別出長川，會虜度河，與戰破之。仁壽元年，出安爲寧州刺史，悊爲衛州刺史。安子瓊、悊子瑋，始自襁褓，乳養宫中，至是年八九歲，始命歸家。其見親顧如是。

高祖嘗言及作相時事，因愍安兄弟滅親奉國，乃下詔曰：「先王立教，以義斷恩，割親愛之情，盡事君之道，用能弘奬大節，體此至公。往者周歷既窮，天命將及，朕登庸惟始，王業初基，承此澆季，寔繁姦宄。上大將軍、寧州刺史、趙郡公李安，其叔璋潛結藩枝，扇惑猶子，包藏不逞，禍機將發。安與弟開府儀同三司、衛州刺史、黄臺縣男悊，深知逆順，披露丹心，凶謀既彰，罪人斯得。朕每念誠節，嘉之無已，疇庸册賞，宜不踰時。但以事涉其親，猶有疑惑，欲使安等名教之方，自處有地，朕常爲思審，遂致淹年。今更詳按聖典，求諸往事，父子天性，誠孝猶不並立，況復叔姪恩輕，情禮本有差降，忘私奉國，深得正理，宜録舊勳，重弘賞命。」於是拜安、悊俱爲柱國，賜縑各五千匹，馬百匹，羊千口。復以悊爲備身將軍，進封順陽郡公。安謂親族曰：「雖家門獲全，而叔父遭禍，今奉此詔，悲愧交懷。」因歔欷悲感，不能自勝。先患水病，於是疾甚而卒，時年五十三。謚曰懷。子瓊嗣。少子孝恭，最有名。哲後坐事除名，配防嶺南，道病卒。

史臣曰：宇文慶等，龍潛惟舊，疇昔親姻，或素盡平生之言，或早有腹心之託。霑雲雨之餘潤，照日月之末光，騁步天衢，與時升降。高位厚秩，貽厥後昆，優矣。皛幼養宮中，未聞教義，煬帝愛之不以禮，其能不及於此乎？安、哲之於高祖，未有君臣之分，陷其骨肉，使就誅夷，大義滅親，所聞異於此矣。雖有悲悼，何損於釁。

校勘記

〔一〕賊據保巖谷　「據保」，宋甲本、至順本、汲本作「保據」。

〔二〕變在俄頃　「在」，原作「成」，據宋甲本、至順本、汲本改。按，册府卷四六帝王部智識、卷一七一帝王部求舊、卷七六六總録部攀附、隋書詳節卷一三宇文慶傳亦作「在」。

〔三〕無顧形迹　「形迹」，宋甲本、大德本、至順本、汲本作「刑迹」，册府卷七九三總録部長者作「刑法」。

〔四〕不恃文書約束　「恃」，宋甲本作「持」。按，册府卷七九三總録部長者、隋書詳節卷一三元褒傳亦作「持」。

〔五〕孝先於上流縱大筏以擊浮橋　「大筏」，册府卷四〇〇將帥部固守作「火筏」。

〔六〕宣帝崩　宋甲本、至順本此上有「未幾」二字。北史卷七五郭榮傳作「未幾周宣崩」。

〔七〕少師右上士　「少師」，宋甲本作「少司」，北史卷七五李安傳作「小司」。通典卷三九職官二一後周官品，正四命、正三命均有「小司右」。

〔八〕八年突厥犯塞　「八年」上疑脱「十」字。按，本書卷四八楊素傳，擊突厥在開皇十八年。本書卷五一長孫覽傳附長孫晟傳、通鑑卷一七八隋紀二，繫此事於開皇十九年。

隋書卷五十一

列傳第十六

長孫覽 從子熾 熾弟晟

長孫覽字休因，河南洛陽人也。祖稚，魏太師、假黄鉞、上黨文宣王。父紹遠，周小宗伯、上黨郡公。覽性弘雅，有器量，略涉書記，尤曉鍾律。魏大統中，起家東宫親信。周明帝時，爲大都督。武帝在藩，與覽親善，及即位，彌加禮焉，超拜車騎大將軍，每公卿上奏，必令省讀。覽有口辯，聲氣雄壯，凡所宣傳，百寮屬目，帝每嘉歎之。覽初名善，帝謂之曰：「朕以萬機委卿先覽。」遂賜名焉。及誅宇文護，以功進封薛國公。其後歷小司空。從平齊，進位柱國，封第二子寬管國公。宣帝時，進位上柱國、大司徒，俄歷同、涇二州刺史。高祖爲丞相，轉宜州刺史。

開皇二年，將有事於江南，徵爲東南道行軍元帥，統八總管出壽陽，水陸俱進。師臨江，陳人大駭。會陳宣帝卒，覽欲乘釁遂滅之〔一〕，監軍高熲以禮不伐喪而還。上常命覽與安德王雄、上柱國元諧〔二〕、李充、左僕射高熲、右衛大將軍虞慶則、吴州總管賀若弼等同宴，上曰：「朕昔在周朝，備展誠節，但苦猜忌，每致寒心。爲臣若此，竟何情賴？朕之於公，義則君臣，恩猶父子。朕當與公共享終吉，罪非謀逆，一無所問。朕亦知公至誠，特付太子，宜數參見之，庶得漸相親愛。柱臣素望，實屬於公，宜識朕意。」其恩禮如此。又爲蜀王秀納覽女爲妃。其後以母憂去職，歲餘，起令復位。俄轉涇州刺史，所在並有政績。卒官。子洪嗣，仕歷宋順臨三州刺史、司農少卿、北平太守。

熾字仲光，上黨文宣王稚之曾孫也。祖裕，魏太常卿、冀州刺史。父兕，周開府儀同三司、熊絳二州刺史、平原侯。熾性敏慧，美姿儀，頗涉羣書，兼長武藝。建德初，武帝尚道法，尤好玄言，求學兼經史、善於談論者，爲通道館學士。熾應其選，與英俊並遊，通涉彌博。建德二年，授雍州倉城令，尋轉盩厔令。頻宰二邑，考績連最，遷崤郡守。入爲御正上士。高祖作相，擢爲丞相府功曹參軍，加大都督，封陽平縣子，邑二百户。遷稍伯下大夫。其年王謙反，熾從信州總管王長述泝江而上。以熾爲前軍，破謙一鎮，定楚、合等五州，擒僞總管荆山公元振，以功拜儀同三司。

及高祖受禪，熾率官屬先入清宫，即日授内史舍人、上儀同三司。尋以本官攝判東宫右庶子，出入兩宫，甚被委遇。加以處事周密，高祖每稱美之。授左領軍長史，持節使於東南道三十六州，廢置州郡，巡省風俗。還授太子僕，加諫議大夫，攝長安令。與大興令梁毗俱爲稱職。然毗以嚴正聞，熾以寬平顯，爲政不同，部内各化。尋領右常平監，遷雍州贊治，改封饒良縣子。遷鴻臚少卿。後數歲，轉太常少卿，進位開府儀同三司。復持節爲河南道二十八州巡省大使，於路授吏部侍郎。大業元年，遷大理卿，復爲西南道大使，巡省風俗。擢拜户部尚書〔三〕。吐谷渾寇張掖，令熾率精騎五千擊走之，追至青海而還，以功授銀青光禄大夫。六年，幸江都宫，留熾於東都居守，仍攝左候衞將軍事。其年卒官，時年六十二。謚曰静。子安世，通事謁者。

晟字季晟，性通敏，略涉書記，善彈工射，趫捷過人。時周室尚武，貴遊子弟咸以相矜，每共馳射，時輩皆出其下。年十八，爲司衞上士，初未知名，人弗之識也。唯高祖一見，深嗟異焉，乃攜其手而謂人曰：「長孫郎武藝逸羣，適與其言，又多奇略。後之名將，非此子邪？」

宣帝時，突厥攝圖請婚于周，以趙王招女妻之。然周與攝圖各相誇競，妙選驍勇以充使者，因遣晟副汝南公宇文神慶送千金公主至其牙。前後使人數十輩，攝圖多不禮，見晟而獨愛焉，每共遊獵，留之竟歲。嘗有二鵰，飛而爭肉，因以兩箭與晟曰：「請射取之。」晟乃彎弓馳往，遇鵰相攫，遂一發而雙貫焉。攝圖喜，命諸子弟貴人皆相親友，冀昵近之，以學彈射。其弟處羅侯號突利設，尤得衆心，而爲攝圖所忌，密託心腹，陰與晟盟。晟與之遊獵，因察山川形勢，部衆强弱，皆盡知之。時高祖作相，晟以狀白高祖。高祖大喜，遷奉車都尉。

至開皇元年，攝圖曰：「我周家親也，今隋公自立而不能制，復何面目見可賀敦乎？」因與高寶寧攻陷臨渝鎮，約諸面部落謀共南侵。高祖新立，由是大懼，修築長城，發兵屯北境，命陰壽鎮幽州，虞慶則鎮并州，屯兵數萬人以爲之備。晟先知攝圖、玷厥、阿波、突利等叔姪兄弟各統强兵，俱號可汗，分居四面，内懷猜忌，外示和同，難以力征，易可離間，因上書曰：「臣聞喪亂之極，必致升平，是故上天啓其機，聖人成其務。伏惟皇帝陛下當百王之末，膺千載之期，諸夏雖安，戎場尚梗。興師致討，未是其時，棄於度外，又復侵擾〔四〕。故宜密運籌策，漸以攘之，計失則百姓不寧，計得則萬代之福。吉凶所係，伏願詳思。臣於周末，忝充外使，匈奴倚伏，實所具知。玷厥之於攝圖，兵强而位下，外名相屬，内隙已彰，鼓動其情，必將自戰。又處羅侯者，攝圖之弟，姦多而勢弱，曲取於衆心，國人愛之，因爲攝圖所忌，其心殊不自安，迹示彌縫，實懷疑懼。又阿波首鼠，介在其間，頗畏攝圖，受其牽率，唯强是與，未有定心。今宜遠交而近攻，離强而合弱，通使玷厥，説合阿波，則攝圖迴兵，自防右地。又引處羅，遣連奚、霫，則攝圖分衆，還備左方。首尾猜嫌，腹心離阻，十數年後，承釁討之，必可一舉而空其國矣。」上省表大悦，因召與語。晟復口陳形勢，手畫山川，寫其虛實，皆如指掌。上深嗟異，皆納用焉。因遣太僕元暉出伊吾道〔五〕，使詣玷厥〔六〕，賜以狼頭纛，謬爲欽敬，禮數甚優。玷厥使來，引居攝圖使上。反間既行，果相猜貳。授晟車騎將軍，出黄龍道，齎幣賜奚、霫、契丹等，遣爲嚮導，得至處羅侯所，深布心腹，誘令内附。

二年，攝圖四十萬騎自蘭州入，至于周盤，破達奚長儒軍，更欲南入。玷厥不從，引兵而去。時晟又説染干詐告攝圖曰：「鐵勒等反，欲襲其牙。」攝圖乃懼，迴兵出塞。

後數年〔七〕，突厥大入，發八道元帥分出拒之。阿波至涼州，與竇榮定戰，賊帥累北。時晟爲偏將，使謂之曰：「攝圖每來，戰皆大勝。阿波纔入，便即致敗，此乃突厥之恥，豈不内愧於心乎？且攝圖之與阿波，兵勢本敵。今攝圖日勝，爲衆所崇，阿波不利，爲國生辱。攝圖必當因以罪歸於阿波，成其夙計，滅北牙矣。願自量度，能禦之乎？」阿波使至，晟又謂之曰：「今達頭與隋連和，而攝圖不能制。可汗何不依附天子，連結達頭，相合爲强，此萬全之計。豈若喪兵負罪，歸就攝圖，受其戮辱邪？」阿波納之，因留塞上，使人隨晟入朝。時攝圖與衞王軍遇〔八〕，戰於白道，敗走至磧。聞阿波懷貳，乃掩北牙，盡獲其衆而殺其母。阿波還無所歸，西奔玷厥，乞師十餘萬，東擊攝圖，復得故地，收散卒數萬，與攝圖相攻。阿波頻勝，其勢益張。攝圖又遣使朝貢，公主自請改姓，乞爲帝女，上許之。

四年，遣晟副虞慶則使于攝圖，賜公主姓爲楊氏，改封大義公主。攝圖奉詔，不肯起拜，晟進曰：「突厥與隋俱是大國天子，可汗不起，安敢違意。但可賀敦爲帝女，則可汗是大隋女壻，奈何無禮，不敬婦公乎？」攝圖乃笑謂其達官曰：「須拜婦公，我從之耳。」於是乃拜詔書。使還稱旨，授儀同三司、左勳衞車騎將軍。

七年，攝圖死，遣晟持節拜其弟處羅侯爲莫何可汗，以其子雍閭爲葉護可汗。處羅侯因晟奏曰：「阿波爲天所滅，與五六千騎在山谷間，伏聽詔旨，當取之以獻。」乃召文武議焉。樂安公元諧曰：「請就彼梟首，以懲其惡。」武陽公李充曰：「請生將入朝，顯戮以示百姓。」上謂晟曰：「於卿何如？」晟對曰：「若突厥背誕，須齊之以刑。今其昆弟自相夷滅，阿波之惡，非負國家。因其困窮，取而爲戮，恐非招遠之道，不如兩存之。」上曰：「善。」

八年，處羅侯死，遣晟往弔，仍齎陳國所獻寶器以賜雍閭〔九〕。

十三年，流人楊欽亡入突厥，詐言彭城公劉昶共宇文氏女謀欲反隋〔一〇〕，稱遣其來，密告公主。雍閭信之，乃不修職貢。又遣晟出使，微觀察焉。公主見晟，乃言辭不遜，又遣所私胡人安遂迦共欽計議，扇惑雍閭。晟至京師，具以狀奏〔一一〕。又遣晟往索欽，雍閭欲勿與，謬答曰：「檢校客内，無此色人。」晟乃貨其達官，知欽所在，夜掩獲之，以示雍閭，因發公主私事，國人大恥。雍閭執遂迦等，並以付晟。上大喜，加授開府，仍遣入藩，涖殺大義公主。雍閭又表請婚，僉議將許之。晟又奏曰：「臣觀雍閭，反覆無信，特共玷厥有隙，所以依倚國家。縱與爲婚，終當必叛。今若得尚公主，承藉威靈，玷厥、染干必又受其徵發。强而更反，後恐難圖。且染干者，處羅侯之子也，素有誠款，于今兩代。臣前與相見，亦乞通婚，不如許之，招令南徙，兵少力弱，易可撫馴，使敵雍閭，以爲邊捍。」上曰：「善。」又遣慰喻染干，許尚公主。

十七年，染干遣五百騎隨晟來逆女，以宗女封安義公主以妻之。晟説染干率衆南徙，居度斤舊鎮。雍閭疾之，亟來抄略。染干伺知動靜，輒遣奏聞，是以賊來每先有備。

十九年，染干因晟奏，雍閭作攻具，欲打大同城。詔發六總管，並取漢王節度，分道出塞討之。雍閭大懼，復共達頭同盟，合力掩襲染干，大戰于長城下。染干敗績，殺其兄弟子姪，而部落亡散。染干與晟獨以五騎逼夜南走，至旦，行百餘里，收得數百騎，乃相與謀曰：「今兵敗入朝，一降人耳，大隋天子豈禮我乎？玷厥雖來，本無冤隙，若往投之，必相存濟。」晟知其懷貳，乃密遣從者入伏遠鎮，令速舉烽。染干見四烽俱發，問晟曰：「城上然烽何也？」晟紿之曰：「城高地迥，必遥見賊來。我國家法，若賊少舉二烽，來多舉三烽，大逼舉四烽，使見賊多而又近耳。」染干大懼，謂其衆曰：「追兵已逼，且可投城。」既入鎮，晟留其達官執室以領其衆，自將染干馳驛入朝。帝大喜，進授左勳衞驃騎將軍，持節護突厥。晟遣降虜覘候雍閭，知其牙内屢有災變，夜見赤虹，光照數百里，天狗賈，雨血三日，流星墜其營内，有聲如雷。每夜自驚，言隋師且至。並遣奏知，仍請出討突厥。都速等歸染干，前後至者男女萬餘口，晟安置之。由是突厥悦附。尋以染干爲意利珍豆啓人可汗〔三〕，賜射於武安殿。選善射者十二人，分爲兩朋。啓人曰：「臣由長孫大使得見天子，今日賜射，願入其朋。」許之。給晟箭六侯，發皆入鹿，啓人之朋竟勝。時有鳶羣飛，上曰：「公善彈，爲我取之。」十發俱中，並應丸而落。是日百官獲賚，晟獨居多。尋遣領五萬人，於朔州築大利城以處染干。安義公主死，持節送義城公主，復以妻之。晟又奏：「染干部落歸者既衆，雖在長城之内，猶被雍閭抄略，往來辛苦，不得寧居。請徙五原，以河爲固，於夏、勝兩州之間，東西至河，南北四百里，掘爲横壍，令處其内，任情放牧，免於抄略，人必自安。」上並從之。

二十年，都藍大亂，爲其部下所殺。晟因奏請曰：「今王師臨境，戰數有功，賊内攜離，其主被殺。乘此招誘，必並來降，請遣染干部下分頭招慰。」上許之，果盡來附。達頭恐怖，又大集兵。詔晟部領降人，爲秦川行軍總管〔一三〕，取晉王廣節度出討。達頭與王相抗，晟進策曰：「突厥飲泉，易可行毒。」因取諸藥毒水上流，達頭人畜飲之多死，於是大驚曰：「天雨惡水，其亡我乎？」因夜遁。晟追之，斬首千餘級，俘百餘口，六畜數千頭。王大喜，引晟入内，同宴極歡。有突厥達官來降，時亦預坐，説言突厥之内，大畏長孫總管，聞其弓聲，謂爲霹靂，見其走馬，稱爲閃電。王笑曰：「將軍震怒，威行域外，遂與雷霆爲比，一何壯哉！」師旋，授上開府儀同三司，復遣還大利城，安撫新附。

仁壽元年，晟表奏曰：「臣夜登城樓，望見磧北有赤氣，長百餘里，皆如雨足下垂被地。謹驗兵書，此名灑血，其下之國必且破亡。欲滅匈奴，宜在今日。」詔楊素爲行軍元帥，晟爲受降使者，送染干北伐。二年，軍次北河，值賊帥思力俟斤等領兵拒戰，晟與大將軍梁默擊走之，轉戰六十餘里，賊衆多降。晟又教染干分遣使者，往北方鐵勒等部招攜取之。三年，有鐵勒、思結、伏利具、渾、斛薩〔一四〕、阿拔、僕骨等十餘部，盡背達頭，請來降附。達頭衆大潰，西奔吐谷渾。晟送染干安置于磧口。

事畢，入朝，遇高祖崩，匿喪未發。煬帝引晟於大行前委以内衙宿衞，知門禁事，即日拜左領軍將軍。遇楊諒作逆，勑以本官爲相州刺史，發山東兵馬，與李雄等共經略之。晟辭曰：「有男行布，今在逆地，忽蒙此任，情所不安。」帝曰：「公著勤誠，朕之所悉。今相州之地，本是齊都，人俗澆浮，易可搔擾。儻生變動，賊勢即張，思所以鎮之，非公莫可。公體國之深，終不可以兒害義，故用相委，公其勿辭。」於是遣捉相州。諒破，追還，轉武衞將軍。

大業三年，煬帝幸榆林，欲出塞外，陳兵耀武，經突厥中，指于涿郡。仍恐染干驚懼，先遣晟往喻旨，稱述帝意。染干聽之，因召所部諸國，奚、霫、室韋等種落數十酋長咸萃。晟以牙中草穢，欲令染干親自除之，示諸部落，以明威重，乃指帳前草曰：「此根大香。」染干遽嗅之曰：「殊不香也。」晟曰：「天子行幸所在，諸侯躬親灑掃，耘除御路，以表至敬之心。今牙中蕪穢，謂是留香草耳。」染干乃悟曰：「奴罪過。奴之骨肉，皆天子賜也，得効筋力，豈敢有辭？特以邊人不知法耳，賴將軍恩澤而教導之。將軍之惠，奴之幸也。」遂拔所佩刀，親自芟草，其貴人及諸部爭放效之。乃發榆林北境，至于其牙，又東達于薊，長三千里，廣百步，舉國就役而開御道。帝聞晟策，乃益嘉焉。後除淮陽太守，未赴任，復爲右驍衞將軍。

五年，卒，時年五十八。帝深悼惜之，賵贈甚厚。後突厥圍雁門，帝歎曰：「向使長孫晟在，不令匈奴至此！」晟好奇計，務功名。性至孝，居憂毁瘠，爲朝士所稱。貞觀中，追贈司空、上柱國、齊國公，謚曰獻。少子無忌嗣。

其長子行布，亦多謀略，有父風。起家漢王諒庫直〔一五〕，甚見親狎。後遇諒於并州起逆，率衆南拒官軍，乃留行布城守，遂與豆盧毓等閉門拒諒，城陷，遇害。次子恒安，以兄功授鷹揚郎將。

史臣曰：長孫氏爰自代陰，來儀京洛，門傳鍾鼎，家誓山河。漢代八王，無以方其茂績，張氏七葉，不能譬此重光。覽獨擅雄辨，熾早稱爽俊，俱司禮閣，並統師旅，且公且侯，文武不墜。晟體資英武，兼包奇略，因機制變，懷彼戎夷。傾巢盡落，屈膝稽顙，塞垣絶鳴鏑之旅，渭橋有單于之拜。惠流邊朔，功光王府，保兹爵禄，不亦宜乎！

校勘記

〔一〕覽欲乘釁遂滅之　「欲」下原有「以」字，據宋甲本、至順本、汲本删。

〔二〕上柱國元諧　「諧」，原作「楷」，據宋甲本、至順本、汲本改。

〔三〕擢拜户部尚書　「户部」，當作「民部」，本書卷三煬帝紀上，大業四年正月拜熾爲民部尚書。唐人諱改。

〔四〕又復侵擾　「復」，宋甲本、至順本、汲本作「相」。

〔五〕因遣太僕元暉出伊吾道　「伊吾」，原作「伊吴」，據宋甲本改。按，北史卷二二長孫道生傳附長孫晟傳、册府卷四一一將帥部間諜、卷九九〇外臣部備禦亦作「伊吾」。

〔六〕使詣玷厥　「使」，原作「後」，據至順本改。按，北史卷二二長孫道生傳附長孫晟傳、册府卷四一一將帥部間諜、卷九九〇外臣部備禦、隋書詳節卷一三長孫晟傳亦作「使」。

〔七〕後數年　「年」，疑應作「月」。按，岑仲勉突厥集史卷二，上文述二年事，下文述四年事，不當歷「數年」之久。通鑑卷一七五陳紀九繫於陳至德元年（隋開皇三年）四月。

〔八〕使人隨晟入朝時攝圖與衛王軍遇　「朝」，大德本、至順本、汲本作「于」。宋甲本「朝」下有「于」字，屬下讀。

〔九〕仍齎陳國所獻寶器以賜雍閭　「以」，原作「欲」，據宋甲本、大德本、至順本、汲本、殿本改。按，北史卷二二長孫道生傳附長孫晟傳、册府卷六五五奉使部智識（應爲「謀略」）、卷九八〇外臣部通好亦作「以」。

〔一〇〕詐言彭城公劉昶共宇文氏女謀欲反隋　「彭城公」，宋甲本、大德本、至順本、汲本、册府卷六五五奉使部智識（應爲「謀略」）作「彭公」，本書卷八四北狄突厥傳作「彭國公」。按，本書卷二高祖紀下開皇十七年三月條、卷八〇列女劉昶女傳，劉昶封「彭國公」。此處「彭城公」疑當作「彭國公」。

〔二〕具以狀奏　「具」，原作「且」，據宋甲本、南監本、北監本、殿本改。按，册府卷六五五奉使部智識（應爲「謀略」）亦作「具」。

〔三〕尋以染干爲意利珍豆啓人可汗　「珍」，原作「彌」，據本書卷三煬帝紀上大業四年四月乙卯詔、卷八四北狄突厥傳、通鑑卷一七八隋紀二文帝開皇十九年十月條改。疑「珍」原作「珎」，與「弥」形近，誤刻爲「弥」，後又規範爲「彌」。

〔三〕爲秦川行軍總管　「秦川」，北史卷二二長孫道生傳附長孫晟傳作「秦州」。

〔四〕斛薩　原作「斜薩」，據宋甲本改。按，册府卷四〇五將帥部識略作「渾薩」。

〔五〕庫直　本書卷三九元景山傳，其子元成壽「後爲秦王庫真車騎」，「庫直」、「庫真」爲同一職。

隋書卷五十二

列傳第十七

韓擒虎〔一〕 弟僧壽 洪

韓擒字子通，河南東垣人也，後家新安。父雄，以武烈知名，仕周，官至大將軍、洛虞等八州刺史。擒少慷慨，以膽略見稱，容貌魁岸，有雄傑之表。性又好書，經史百家皆略知大旨。周太祖見而異之，令與諸子遊集。後以軍功，拜都督、新安太守，稍遷儀同三司，襲爵新義郡公。武帝伐齊，齊將獨孤永業守金墉城，擒說下之。進平范陽，加上儀同，拜永州刺史。陳人逼光州，擒以行軍總管擊破之。又從宇文忻平合州。高祖作相，遷和州刺史〔二〕。陳將甄慶、任蠻奴、蕭摩訶等共爲聲援，頻寇江北，前後入界。擒屢挫其鋒，陳人奪氣。

開皇初，高祖潛有吞并江南之志，以擒有文武才用，夙著聲名，於是拜爲廬州總管，委以平陳之任，甚爲敵人所憚。及大舉伐陳，以擒爲先鋒。擒率五百人宵濟，襲採石，守者皆醉，擒遂取之。進攻姑熟，半日而拔，次於新林。江南父老素聞其威信，來謁軍門，晝夜不絕。陳人大駭，其將樊巡、魯世真、田瑞等相繼降之。晉王廣上狀，高祖聞而大悦，宴賜羣臣。晉王遣行軍總管杜彦與擒合軍，步騎二萬。陳叔寶遣領軍蔡徵守朱雀航，聞擒將至，衆懼而潰。任蠻奴爲賀若弼所敗，棄軍降於擒。擒以精騎五百，直入朱雀門。陳人欲戰，蠻奴撝之曰：「老夫尚降，諸君何事！」衆皆散走。遂平金陵，執陳主叔寶。時賀若弼亦有功。乃下詔於晉王曰：「此二公者，深謀大略，東南逋寇，朕本委之，静地恤民，悉如朕意。九州不一，已數百年，以名臣之功，成太平之業，天下盛事，何用過此！聞以欣然，實深慶快。平定江表，二人之力也。」賜物萬段。又下優詔於擒、弼曰：「申國威於萬里，宣朝化於一隅，使東南之民俱出湯火，數百年寇旬日廓清，專是公之功也。高名塞於宇宙，盛業光於天壤，逖聽前古，罕聞其匹。班師凱入，誠知非遠，相思之甚，寸陰若歲。」

及至京，弼與擒爭功於上前，弼曰：「臣在蔣山死戰，破其鋭卒，擒其驍將，震揚威武，遂平陳國。韓擒略不交陣，豈臣之比！」擒曰：「本奉明旨，令臣與弼同時合勢，以取僞都。弼乃敢先期，逢賊遂戰，致令將士傷死甚多。臣以輕騎五百，兵不血刃，直取金陵，降任蠻奴，執陳叔寶，據其府庫，傾其巢穴。弼至夕，方扣北掖門，臣啓關而納之。斯乃救罪不暇，安得與臣相比！」上曰：「二將俱合上勳。」於是進位上柱國，賜物八千段。有司劾擒放縱士卒，淫汙陳宫，坐此不加爵邑。

先是，江東有謡歌曰：「黄班青驄馬，發自壽陽涘。來時冬氣末，去日春風始。」皆不知所謂。擒本名豹〔三〕，平陳之際，又乘青驄馬，往反時節與歌相應，至是方悟。其後突厥來朝，上謂之曰：「汝聞江南有陳國天子乎？」對曰：「聞之。」上命左右引突厥詣擒前，曰：「此是執得陳國天子者。」擒厲然顧之，突厥惶恐，不敢仰視，其有威容如此。别封壽光縣公，食邑千户。以行軍總管屯金城，禦備胡寇，即拜涼州總管。

俄徵還京，上宴之内殿，恩禮殊厚。無何，其鄰母見擒門下儀衞甚盛，有同王者，母異而問之。其中人曰：「我來迎王。」忽然不見。又有人疾篤，忽驚走至擒家曰：「我欲謁王。」左右問曰：「何王也？」答曰：「閻羅王。」擒子弟欲撻之，擒止之曰：「生爲上柱國，死作閻羅王，斯亦足矣。」因寢疾，數日竟卒，時年五十五。子世諤嗣。

世諤倜儻驍捷，有父風。楊玄感之作亂也，引世諤爲將，每戰先登。及玄感敗，爲吏所拘。時帝在高陽，送詣行所。世諤日令守者市酒殽以酣暢，揚言曰：「吾死在朝夕，不醉何爲！」漸以酒進守者，守者狎之，遂飲令致醉。世諤因得逃奔山賊，不知所終。

僧壽字玄慶，擒母弟也，亦以勇烈知名。周武帝時，爲侍伯中旅下大夫。高祖得政，從韋孝寬平尉迥，每戰有功，授大將軍，封昌樂公，邑千户。開皇初，拜安州刺史。時擒爲盧州總管，朝廷不欲同在淮南，轉爲熊州刺史。後轉蔚州刺史，進爵廣陵郡公。尋以行軍總管擊突厥於雞頭山，破之。後坐事免。數歲，復拜蔚州刺史。突厥甚憚之。十七年，屯蘭州以備胡。明年，遼東之役，領行軍總管，還，檢校靈州總管事。從楊素擊突厥，破之，進位上柱國，改封江都郡公。煬帝即位，又改封新蔡郡公。自是之後，不復任用。大業五年，從幸太原。有京兆人達奚通妾王氏〔四〕，能清歌，朝臣多相會觀之，僧壽亦豫焉，坐是除名。尋令復位。八年，卒於京師，時年六十五。有子孝基。

洪字叔明，擒季弟也。少驍勇，善射，膂力過人。仕周侍伯上士，後以軍功，拜大都督。高祖爲丞相，從韋孝寬破尉迥於相州，加上開府，甘棠縣侯，邑八百户。高祖受禪，進爵爲公。尋授驃騎將軍。開皇九年，平陳之役，授行軍總管。及陳平，晉王廣大獵於蔣山，有猛獸在圍中，衆皆懼。洪馳馬射之，應弦而倒。陳氏諸將，列觀於側，莫不歎伏焉。王大喜，賜縑百匹。尋以功加柱國，拜蔣州刺史。數歲，轉廉州刺史。

時突厥屢爲邊患，朝廷以洪驍勇，檢校朔州總管事。尋拜代州總管。仁壽元年，突厥達頭可汗犯塞，洪率蔚州刺史劉隆、大將軍李藥王拒之。遇虜於恒安，衆寡不敵，洪四面搏戰，身被重瘡，將士沮氣。虜悉衆圍之，矢下如雨。洪僞與虜和，圍少解。洪率所領潰圍而出，死者大半，殺虜亦倍。洪及藥王除名爲民，隆竟坐死。煬帝北巡，至恒安〔五〕，見白骨被野，以問侍臣。侍臣曰：「往者韓洪與虜戰處也。」帝憫然傷之，收葬骸骨，命五郡沙門爲設佛供，拜洪隴西太守。

未幾，朱崖民王萬昌作亂，詔洪擊平之。以功加位金紫光禄大夫，領郡如故。俄而萬昌弟仲通復叛，又詔洪討平之。師未旋，遇疾而卒，時年六十三。

賀若弼

賀若弼字輔伯，河南洛陽人也〔六〕。父敦，以武烈知名，仕周爲金州總管，宇文護忌而害之。臨刑，呼弼謂之曰：「吾必欲平江南，然此心不果，汝當成吾志。且吾以舌死，汝不可不思。」因引錐刺弼舌出血，誡以慎口。弼少慷慨，有大志，驍勇便弓馬，解屬文，博涉書記，有重名於當世。周齊王憲聞而敬之，引爲記室。未幾，封當亭縣公，遷小内史。周武帝時，上柱國烏丸軌言於帝曰：「太子非帝王器，臣亦嘗與賀若弼論之。」帝呼弼問之，弼知太子不可動搖，恐禍及己，詭對曰：「皇太子德業日新，未覩其闕。」帝嘿然。弼既退，軌讓其背己，弼曰：「君不密則失臣，臣不密則失身，所以不敢輕議也。」及宣帝嗣位，軌竟見誅，弼乃獲免。尋與韋孝寬伐陳，攻拔數十城，弼計居多。拜壽州刺史，改封襄邑縣公。高祖爲丞相，尉迥作亂鄴城，恐弼爲變，遣長孫平馳驛代之。

高祖受禪，陰有并江南之志，訪可任者。高熲曰：「朝臣之內，文武才幹，無若賀若弼者。」高祖曰：「公得之矣。」於是拜弼爲吴州總管，委以平陳之事，弼忻然以爲己任。與壽州總管源雄並爲重鎮。弼遺雄詩曰：「交河驃騎幕，合浦伏波營，勿使騏驎上，無我二人名。」獻取陳十策，上稱善，賜以寶刀。開皇九年，大舉伐陳，以弼爲行軍總管。將度江，酹酒而呪曰：「弼親承廟略，遠振國威，伐罪弔民，除凶翦暴。上天長江，鑒其若此。如使福善禍淫，大軍利涉；如事有乖違，得葬江魚腹中，死且不恨。」先是，弼請緣江防人每交代之際，必集歷陽〔七〕。於是大列旗幟，營幕被野。陳人以爲大兵至，悉發國中士馬。既知防人交代，其衆復散。後以爲常，不復設備。及此，弼以大軍濟江，陳人弗之覺也。襲陳南徐州，拔之，執其刺史黄恪。軍令嚴肅，秋毫不犯，有軍士於民間沽酒者，弼立斬之。進屯蔣山之白土岡，陳將魯達、周智安、任蠻奴〔八〕、田瑞、樊毅、孔範、蕭摩訶等以勁兵拒戰。

田瑞先犯弼軍，弼擊走之。魯達等相繼遞進，弼軍屢却。弼揣知其驕，士卒且惰，於是督厲將士〔九〕，殊死戰，遂大破之。麾下開府員明擒摩訶至，弼命左右牽斬之。摩訶顏色自若，弼釋而禮之。從北掖門而入。時韓擒已執陳叔寶，弼至，呼叔寶視之。叔寶惶懼流汗，股慄再拜。弼謂之曰：「小國之君，當大國卿，拜，禮也。入朝不失作歸命侯，無勞恐懼。」既而弼恚恨不獲叔寶，功在韓擒之後，於是與擒相詢，挺刃而出。上聞弼有功，大悅，下詔褒揚，語在韓擒傳。晉王以弼先期決戰，違軍命，於是以弼屬吏。上驛召之，及見，迎勞曰：「克定三吳，公之功也。」命登御坐，賜物八千段，加位上柱國，進爵宋國公，真食襄邑三千户，加以寶劍、寶帶、金罋、金盤各一，并雉尾扇、曲蓋，雜綵二千段，女樂二部，又賜陳叔寶妹爲妾。拜右領軍大將軍，尋轉右武候大將軍。

弼時貴盛，位望隆重，其兄隆爲武都郡公，弟東爲萬榮郡公，並刺史、列將。弼家珍玩不可勝計，婢妾曳綺羅者數百，時人榮之。弼自謂功名出朝臣之右，每以宰相自許。既而楊素爲右僕射，弼仍將軍〔一〇〕，甚不平，形於言色，由是免官，弼怨望愈甚。後數年，下弼獄，上謂之曰：「我以高熲、楊素爲宰相，汝每倡言，云此二人惟堪啗飯耳，是何意也？」弼曰：「熲，臣之故人，素，臣之舅子，臣並知其爲人，誠有此語。」公卿奏弼怨望，罪當死。上惜其功，於是除名爲民。歲餘，復其爵位。上亦忌之，不復任使，然每宴賜，遇之甚厚。開皇十九年，上幸仁壽宮，讌王公，詔弼爲五言詩，詞意憤怨，帝覽而容之。嘗遇突厥入朝，上賜之射，突厥一發中的。上曰：「非賀若弼無能當此。」於是命弼。弼再拜祝曰：「臣若赤誠奉國者，當一發破的。如其不然，發不中也。」既射，一發而中。上大悅，顧謂突厥曰：「此人，天賜我也！」

煬帝之在東宮，嘗謂弼曰：「楊素、韓擒、史萬歲三人，俱稱良將，優劣如何〔一二〕？」弼曰：「楊素是猛將，非謀將；韓擒是鬬將，非領將；史萬歲是騎將，非大將。」太子曰：「然則大將誰也？」弼拜曰：「唯殿下所擇。」弼意自許爲大將。及煬帝嗣位，尤被疎忌。大業三年，從駕北巡，至榆林。帝時爲大帳，其下可坐數千人，召突厥啓民可汗饗之。弼以爲大侈，與高熲、宇文弼等私議得失，爲人所奏，竟坐誅，時年六十四。妻子爲官奴婢，羣從徙邊。

子懷亮，慷慨有父風，以柱國世子拜儀同三司。坐弼爲奴，俄亦誅死。

史臣曰：夫天地未泰，聖哲啓其機，疆埸尚梗，爪牙宣其力。周之方、邵，漢室韓、彭，代有其人，非一時也。自晉衰微〔一三〕，中原幅裂，區宇分隔，將三百年。陳氏憑長江之地險，恃金陵之餘氣，以爲天限南北，人莫能窺。高祖爰應千齡，將一函夏。賀若弼慷慨，申必取之長策，韓擒奮發，賈餘勇以爭先，勢甚疾雷，鋒踰駭電。隋氏自此一戎，威加四海。稽諸天道，或時有廢興，考之人謀，實二臣之力。其俶儻英略，賀若居多，武毅威雄，韓擒稱重。方於晉之王、杜，勳庸綽有餘地。然賀若功成名立，矜伐不已，竟顛殞於非命，亦不密以失身。若念父臨終之言，必不及於斯禍矣。韓擒累世將家，威聲動俗，敵國既破，名遂身全，幸也。廣陵、甘棠，咸有武藝，驍雄膽略，並爲當時所推，赳赳干城，難兄難弟矣。

校勘記

〔一〕韓擒虎　「虎」字原闕。按，唐人避諱省「虎」字，因係本傳標題，今補。本書其他稱「韓擒」處，不一一增補。

〔二〕遷和州刺史　「和州」，原作「利州」，據北史卷六八韓雄傳附韓禽傳、集古録跋尾卷五隋韓擒虎碑改。按，本書卷一高祖紀上，開皇元年三月，以和州刺史韓擒爲廬州總管。

〔三〕擒本名豹　「豹」，北史卷六八韓雄傳附韓禽傳作「禽武」。錢大昕考異卷三四：「唐人諱『虎』，史多改爲『武』，或爲『獸』，或爲『彪』。此獨更爲『豹』者，欲以應『黄斑』之文也。虎豹皆有斑，『黄』、『韓』聲亦相近。」

〔四〕有京兆人達奚通妾王氏　「有」，宋甲本、至順本、北史卷六八韓雄傳附韓僧壽傳作「時有」。

〔五〕至恒安　「恒安」，原作「長安」，據宋甲本改。按，上文亦云「遇虜於恒安」。「長安」係避宋真宗諱改，然間有漏改之處。

〔六〕河南洛陽人也　「河南」，原作「河陽」，據宋甲本改。按，北史卷六八賀若敦傳亦作「河南」。

〔七〕必集歷陽　「歷陽」，通鑑卷一七七隋紀一文帝開皇九年正月作「廣陵」。

〔八〕陳將魯達周智安任蠻奴　錢大昕考異卷三四：「（魯達），陳書作『魯廣達』，此避諱去一字。蠻奴，本名『忠』，亦避諱稱其小字。」

〔九〕於是督厲將士　「厲」，原作「属」，據宋甲本、至順本、汲本改。按，北史卷六八賀若敦傳附賀若弼傳亦作「厲」。

〔一〇〕弼仍將軍　宋甲本「仍」下有「爲」字。按，北史卷六八賀若敦傳附賀若弼傳、册府卷一五〇帝王部寬刑、隋書詳節卷一四賀若弼傳亦有「爲」字。

〔一一〕優劣如何　宋甲本、至順本、隋書詳節卷一四賀若弼傳此上有「其間」二字。册府卷四五一將帥部矜伐、卷八二七總録部品藻，此句作「其間優劣何如」。

〔一二〕自晉衰微　宋甲本、至順本、汲本「晉」下有「政」字。按，隋書詳節卷一四賀若弼傳「史臣曰」亦有「政」字。

隋書卷五十三

列傳第十八

達奚長儒

達奚長儒字富仁，代人也。祖倹，魏定州刺史。父慶，驃騎大將軍、儀同三司。長儒少懷節操，膽烈過人。十五，襲爵樂安公。魏大統中，起家奉車都尉。周太祖引爲親信，以質直恭勤，授子都督。數有戰功，假輔國將軍，累遷使持節、撫軍將軍、通直散騎常侍。平蜀之役，恒爲先鋒，攻城野戰，所當必破之。除車騎大將軍、儀同三司，增邑三百户。天和中，除渭南郡守，遷驃騎大將軍、開府儀同三司。從帝平齊，遷上開府，進爵成安郡公，邑千二百户，別封一子縣公。宣政元年，除左前軍勇猛中大夫〔一〕。後與烏丸軌圍陳將吴明徹於吕梁，陳遣驍將劉景率勁勇七千來爲聲援，軌令長儒逆拒之。長儒於是取車輪數百，繫以大石，沉之清水，連轂相次，以待景軍。景至，船艦礙輪不得進，長儒乃縱奇兵，水陸俱發，大破之，俘數千人。及獲吴明徹，以功進位大將軍。尋授行軍總管，北巡沙塞，卒與虜遇，接戰，大破之。

高祖作相，王謙舉兵於蜀，沙氏上柱國楊永安扇動利、興、武、文、沙、龍等六州以應謙，詔長儒擊破之。謙二子自京師亡歸其父，長儒並捕斬之。高祖受禪，進位上大將軍，封蘄春郡公，邑二千五百户。

開皇二年，突厥沙鉢略可汗并弟葉護及潘那可汗衆十餘萬，寇掠而南，詔以長儒爲行軍總管，率衆二千擊之。遇於周槃，衆寡不敵，軍中大懼，長儒慷慨，神色愈烈。爲虜所衝突，散而復聚，且戰且行，轉鬬三日，五兵咸盡，士卒以拳毆之，手皆見骨，殺傷萬計，虜氣稍奪，於是解去。長儒身被五瘡，通中者二；其戰士死傷者十八九。突厥本欲大掠秦、隴，既逢長儒，兵皆力戰，虜意大沮，明日，於戰處焚屍慟哭而去。高祖下詔曰：「突厥猖狂，輒犯邊塞，犬羊之衆，彌亘山原。而長儒受任北鄙，式遏寇賊，所部之内，少將百倍。以晝通宵，四面抗敵，凡十有四戰，所向必摧。兇徒就戮，過半不反，鋒刃之餘，亡魂竄迹。自非英威奮發，奉國情深，撫御有方，士卒用命，豈能以少破衆，若斯之偉？言念勳庸，宜隆名器，可上柱國，餘勳迴授一子。其戰亡將士，皆贈官三轉，子孫襲之。」

其年，授寧州刺史，尋轉鄜州刺史，母憂去職。長儒性至孝，水漿不入口五日，毁悴過禮，殆將滅性，天子嘉歎。起爲夏州總管三州六鎮都將事，匈奴憚之，不敢窺塞。以病免。又除襄州總管，在職二年，轉蘭州總管。高祖遣涼州總管獨孤羅、原州總管元褒、靈州總管賀若誼等發卒備胡，皆受長儒節度。長儒率衆出祁連山北，西至蒲類海，無虜而還。復轉荆州總管三十六州諸軍事，高祖謂之曰：「江陵要害，國之南門，今以委公，朕無慮也。」歲餘，卒官。謚曰威。子嵩大業時〔二〕，官至太僕少卿。

賀婁子幹

賀婁子幹字萬壽，本代人也。隨魏氏南遷，世居關右。祖道成，魏侍中、太子太傅。父景賢，右衛大將軍。子幹少以驍武知名。周武帝時，釋褐司水上士，稱爲强濟。累遷小司水，以勤勞，封思安縣子。俄授使持節、儀同大將軍。大象初，領軍器監，尋除秦州刺史，進爵爲伯。

及尉迥作亂，子幹與宇文司録從韋孝寬討之。遇賊圍懷州，子幹與宇文述等擊破之。高祖大悦，手書曰：「逆賊尉迥，敢遣蟻衆，作寇懷州。公受命誅討，應機蕩滌，聞以嗟贊，不易可言。丈夫富貴之秋，正在今日，善建功名，以副朝望也。」其後每戰先登，及破鄴城，與崔弘度逐迥至樓上。進位上開府，封武川縣公，邑三千户，以思安縣伯別封子皎。

開皇元年，進爵鉅鹿郡公。其年，吐谷渾寇涼州，子幹以行軍總管從上柱國元諧擊之，功最，優詔褒美。高祖慮邊塞未安，即令子幹鎮涼州。明年，突厥寇蘭州〔三〕，子幹率衆拒之，至可洛峐山，與賊相遇。賊衆甚盛，子幹阻川爲營，賊軍不得水數日，人馬甚敝，縱擊，大破之。於是册授子幹爲上大將軍曰：「於戲！敬聽朕命。唯爾器量閑明，志情强果，任經武將，勤績有聞。往歲凶醜未寧，屢驚疆埸，拓土靜亂，殊有厥勞。是用崇兹賞典，加此車服，往欽哉！祇承榮册，可不慎歟！」徵授營新都副監，尋拜工部尚書。其年，突厥復犯塞，以行軍總管從竇榮定擊之。子幹別路破賊，斬首千餘級，高祖嘉之，遣通事舍人曹威齎優詔勞勉之。子幹請入朝，詔令馳驛奉見。吐谷渾復寇邊，西方多被其害，命子幹討之。馳驛至河西，發五州兵，入掠其國，殺男女萬餘口，二旬而還。高祖以隴西頻被寇掠，甚患之。彼俗不設村塢，勑子幹勒民爲堡，營田積穀，以備不虞。子幹上書曰：「比者凶寇侵擾，蕩滅之期，匪朝伊夕。伏願聖慮，勿以爲懷。今臣在此，觀機而作，不得準詔行事。且隴西、河右，土曠民稀，邊境未寧，不可廣爲田種。比見屯田之所，獲少費多，虛役人功，卒逢踐暴。屯田疎遠者，請皆廢省。但隴右之民以畜牧爲事，若更屯聚，彌不獲安。只可嚴謹斥候，豈容集人聚畜。請要路之所，加其防守。但使鎮戍連接，烽候相望，民雖散居，必謂無慮。」高祖從之。俄而虜寇岷、洮二州，子幹勒兵赴之，賊聞而遁去。高祖以子幹曉習邊事，授榆關總管十鎮諸軍事。歲餘，拜雲州刺史，甚爲虜所憚。後數年，突厥雍虞閭遣使請降，并獻羊馬。詔以子幹爲行軍總管，出西北道應接之。還拜雲州總管，以突厥所獻馬百匹、羊千口以賜之，乃下書曰：「自公守北門，風塵不警。突厥所獻，還以賜公。」母憂去職。朝廷以榆關重鎮，非子幹不可，尋起視事。十四年，以病卒官〔四〕，時年六十。高祖傷惜者久之，賻縑千匹，米麥千斛，贈懷、魏等四州刺史，謚曰懷。子善柱嗣，官至黔安太守。

子幹兄詮，亦有才器，位至銀青光禄大夫、鄯純深三州刺史〔五〕、北地太守、東安郡公。

史萬歲

史萬歲，京兆杜陵人也。父靜，周滄州刺史。萬歲少英武，善騎射，驍捷若飛。好讀兵書，兼精占候。年十五，值周、齊戰於芒山，萬歲時從父入軍，旗鼓正相望，萬歲令左右趣治裝急去。俄而周師大敗，其父由是奇之。武帝時，釋褐侍伯上士。及平齊之役，其父戰没，萬歲以忠臣子，拜開府儀同三司，襲爵太平縣公。

尉迥之亂也，萬歲從梁士彦擊之。軍次馮翊，見羣雁飛來，萬歲謂士彦曰：「請射行中第三者。」既射之，應弦而落，三軍莫不悦服。及與迥軍相遇，每戰先登。鄴城之陣，官軍稍却，萬歲謂左右曰：「事急矣，吾當破之。」於是馳馬奮擊，殺數十人，衆亦齊力，官軍乃振。及迥平，以功拜上大將軍。

尒朱勣以謀反伏誅，萬歲頗相關涉，坐除名，配敦煌爲戍卒。其戍主甚驍武，每單騎深入突厥中，掠取羊馬，輒大剋獲。突厥無衆寡，莫之敢當。其人深自矜負，數罵辱萬歲。萬歲患之，自言亦有武用。戍主試令馳射而工，戍主笑曰：「小人定可。」萬歲請弓馬，復掠突厥中，大得六畜而歸。戍主始善之，每與同行，輒入突厥數百里，名讋北夷。竇榮定之擊突厥也，萬歲詣轅門請自効。榮定數聞其名，見而大悦。因遣人謂突厥曰：「士卒何罪過，令殺之，但當各遣一壯士決勝負耳。」突厥許諾，因遣一騎挑戰。榮定遣萬歲出應之，萬歲馳斬其首而還。突厥大驚，不敢復戰，遂引軍而去。由是拜上儀同，領車騎將軍。平陳之役，又以功加上開府。

及高智慧等作亂江南，以行軍總管從楊素擊之。萬歲率衆二千，自東陽別道而進，踰嶺越海，攻陷溪洞不可勝數。前後七百餘戰，轉鬭千餘里，寂無聲問者十旬，遠近皆以萬歲爲没。萬歲以水陸阻絶，信使不通，乃置書竹筒中，浮之於水。汲者得之，以言於素。素大悦，上其事。高祖嗟歎，賜其家錢十萬，還拜左領軍將軍。

先是，南寧夷爨翫來降，拜昆州刺史，既而復叛。遂以萬歲爲行軍總管，率衆擊之。入自蜻蛉川，經弄凍，次小勃弄、大勃弄，至于南中。賊前後屯據要害，萬歲皆擊破之。行數百里，見諸葛亮紀功碑銘，其背曰：「萬歲之後，勝我者過此。」萬歲令左右倒其碑而進。度西二河，入渠濫川，行千餘里，破其三十餘部，虜獲男女二萬餘口。諸夷大懼，遣使請降，獻明珠徑寸。於是勒石頌美隋德。萬歲遣使馳奏，請將翫入朝，詔許之。爨翫陰有二心，不欲詣闕，因賂萬歲以金寶，萬歲於是捨翫而還。蜀王時在益州，知其受賂，遣使將索之。萬歲聞而悉以所得金寶沉之於江，索無所獲。以功進位柱國。晉王廣虚衿敬之，待以交友之禮。上知爲所善，令萬歲督晉府軍事。明年，爨翫復反，蜀王秀奏萬歲受賂縱賊，致生邊患，無大臣節。上令窮治其事，事皆驗，罪當死。上數之曰：「受金放賊，重勞士馬。朕念將士暴露，寢不安席，食不甘味，卿豈社稷臣也？」萬歲曰：「臣留爨翫者，恐其州有變，留以鎮撫。臣還至瀘水，詔書方到，由是不將入朝，實不受賂。」上以萬歲心有欺隱，大怒曰：「朕以卿爲好人，何乃官高禄重，翻爲國賊也？」顧有司曰：「明日將斬之。」萬歲懼而服罪，頓首請命。左僕射高熲、左衛大將軍元旻等進曰：「史萬歲雄略過人，每行兵用師之處，未嘗不身先士卒，尤善撫御，將士樂爲致力，雖古名將未能過也。」上意少解，於是除名爲民。歲餘，復官爵。尋拜河州刺史，復領行軍總管以備胡。

開皇末，突厥達頭可汗犯塞，上令晉王廣及楊素出靈武道，漢王諒與萬歲出馬邑道。萬歲率柱國張定和、大將軍李藥王、楊義臣等出塞，至大斤山，與虜相遇。達頭遣使問曰：「隋將爲誰？」候騎報「史萬歲也」。突厥復問曰：「得非敦煌戍卒乎？」候騎曰：「是也。」達頭聞之，懼而引去。萬歲馳追百餘里乃及，擊大破之，斬數千級，逐北入磧數百里，虜遁逃而還。楊素害其功，因譖萬歲云：「突厥本降，初不爲寇，來於塞上畜牧耳。」遂寢其功。萬歲數抗表陳狀，上未之悟。會上從仁壽宮初還京師，廢皇太子，窮東宮黨與。上問萬歲所在，萬歲實在朝堂，楊素見上方怒，因曰：「萬歲謁東宮矣。」以激怒上。上謂爲信然，令召萬歲。時所將士卒在朝稱冤者數百人，萬歲謂之曰：「吾今日爲汝極言於上，事當決矣。」既見上，言將士有功，爲朝廷所抑，詞氣憤厲，忤於上。上大怒，令左右擽殺之。既而悔，追之不及，因下詔罪萬歲曰：「柱國、太平公萬歲，拔擢委任，每總戎機。往以南寧逆亂，令其出討。而昆州刺史爨翫包藏逆心，爲民興患。朕備有成勑，令將入朝。萬歲乃多受金銀，違勑令住，致爨翫尋爲反逆，更勞師旅，方始平定。所司檢校，罪合極刑，捨過念功，恕其性命，年月未久，即復本官。近復總戎，進討蕃裔。突厥達頭可汗領其兇衆，欲相拒抗，既見軍威，便即奔退，兵不血刃，賊徒瓦解。如此稱捷，國家盛事，朕欲成其勳庸，復加褒賞。而萬歲、定和通簿之日，乃懷姦詐，妄稱逆面交兵，不以實陳，懷反覆之方，弄國家之法。若竭誠立節，心無虛罔者，乃爲良將，至如萬歲，懷詐要功，便是國賊，朝憲難虧，不可再捨。」死之日，天下士庶聞者，識與不識，莫不冤惜〔六〕。

萬歲爲將，不治營伍，令士卒各隨所安，無警夜之備，虜亦不敢犯。臨陣對敵，應變無方，號爲良將。有子懷義。

劉方 馮昱 王㩲 李充 楊武通 陳永貴 房兆

劉方，京兆長安人也。性剛決，有膽氣。仕周承御上士，尋以戰功，拜上儀同。高祖爲丞相，方從韋孝寬破尉迥於相州，以功加開府，賜爵河陰縣侯，邑八百户。高祖受禪，進爵爲公。開皇三年，從衞王爽破突厥於白道，進位大將軍。其後歷甘、瓜二州刺史，尚未知名。

仁壽中，會交州俚人李佛子作亂，據越王故城，遣其兄子大權據龍編城，其别帥李普鼎據烏延城。左僕射楊素言方有將帥之略，上於是詔方爲交州道行軍總管，以度支侍郎敬德亮爲長史，統二十七營而進。方法令嚴肅，軍容齊整，有犯禁者，造次斬之。然仁而愛士，有疾病者，親自撫養。長史敬德亮從軍至尹州，疾甚，不能進，留之州館。分別之際，方哀其危篤，流涕嗚咽，感動行路。其有威惠如此，論者稱爲良將。至都隆嶺，遇賊二千餘人來犯官軍，方遣營主宋纂、何貴、嚴願等擊破之。進兵臨佛子，先令人諭以禍福，佛子懼而降，送於京師。其有桀黠者，恐於後爲亂，皆斬之。

尋授驩州道行軍總管，以尚書右丞李綱爲司馬，經略林邑。方遣欽州刺史甯長真、驩州刺史李暈、上開府秦雄以步騎出越常，方親率大將軍張愻、司馬李綱舟師趣北景〔七〕。高祖崩，煬帝即位，大業元年正月，軍至海口。林邑王梵志遣兵守險，方擊走之。師次闍黎江，賊據南岸立柵，方盛陳旗幟，擊金鼓，賊懼而潰。既度江，行三十里，賊乘巨象，四面而至。方以弩射象，象中瘡，却蹂其陣，王師力戰，賊奔於柵，因攻破之，俘馘萬計。於是濟區粟，度六里，前後逢賊，每戰必擒。進至大緣江，賊據險爲柵，又擊破之。逕馬援銅柱，南行八日，至其國都。林邑王梵志棄城奔海，獲其廟主金人，汙其宮室，刻石紀功而還。士卒脚腫，死者十四五。方在道遇患而卒，帝甚傷惜之，乃下詔曰：「方肅承廟略，恭行天討，飲冰遄邁，視險若夷。摧鋒直指，出其不意，鯨鯢盡殪，巢穴咸傾，役不再勞，肅清海外。致身王事，誠績可嘉，可贈上柱國、盧國公。」子通仁嗣。

開皇時，有馮昱、王檦、李充、楊武通、陳永貴、房兆，俱爲邊將，名顯當時。昱、檦，並不知何許人也。昱多權略，有武藝。高祖初爲丞相，以行軍總管與王誼、李威等討叛蠻，平之，拜柱國。開皇初，又以行軍總管屯乙弗泊以備胡。突厥數萬騎來掩之，昱力戰累日，衆寡不敵，竟爲虜所敗，亡失數千人，殺虜亦過當。其後備邊數年，每戰常大克捷。檦驍勇善射，高祖以其有將帥才，每以行軍總管屯兵江北，禦陳寇。數有戰功，爲陳人所憚。伐陳之役，及高智慧反，攻討皆有殊績。官至柱國、白水郡公。充，隴西成紀人也。少慷慨，有英略。開皇中，頻以行軍總管擊突厥有功，官至上柱國、武陽郡公，拜朔州總管，甚有威名，爲虜所憚。後有人譖其謀反，徵還京師，上譴怒之。充性素剛，遂憂憤而卒。武通，弘農華陰人，性果烈，善馳射。數以行軍總管討西南夷，每有功，封白水郡公，拜左武衛大將軍。時党項羌屢爲邊患，朝廷以其有威名〔八〕，歷岷、蘭二州總管以鎮之。後與周法尚討嘉州叛獠，法尚軍初不利，武通率數千人，爲賊斷其歸路。武通於是束馬懸車，出賊不意，頻戰破之。賊知其孤軍無援，傾部落而至。武通轉鬭數百里，爲賊所拒，四面路絶。武通輕騎接戰，墜馬，爲賊所執，殺而噉之。永貴，隴右胡人也，本姓白氏，以勇烈知名。高祖甚親愛之，數以行軍總管鎮邊，每戰必單騎陷陣。官至柱國、蘭利二州總管，封北陳郡公。兆，代人也，本姓屋引氏，剛毅有武略。頻爲行軍總管擊胡，以功官至柱國、徐州總管。並史失其事。

史臣曰：長儒等結髮從戎，俱有驍雄之略，總統師旅，各擅禦侮之功。長儒以步卒二千，抗十萬之虜，師殲矢盡，勇氣彌厲，壯哉！子幹西涉青海〔九〕，北臨玄塞，胡夷懾憚，烽候無警，亦有可稱。萬歲實懷智勇，善撫士卒，人皆樂死，師不疲勞。北却匈奴，南平夷、獠，兵鋒所指，威驚絶域。論功杖氣，犯忤貴臣〔一〇〕，偏聽生姦，死非其罪，人皆痛惜，有李廣之風焉。劉方號令無私，治軍嚴肅，克剪林邑，遂清南海，徼外百蠻，無思不服。凡此諸將，志烈過人，出當推轂之重，入受爪牙之寄，雖馬伏波之威行南裔，趙充國之聲動西羌，語事論功，各一時也。

校勘記

〔一〕除左前軍勇猛中大夫　「左前軍」，北史卷七三達奚長儒傳作「左將軍」，册府卷三八三將帥部褒異作「前將軍」。

〔二〕子嵩大業時　「嵩」，宋甲本作「暠」。

〔三〕突厥寇蘭州　「蘭州」，原作「蘭川」，據宋甲本、大德本、至順本、南監本改。按，北史卷七三賀婁子幹傳、隋書詳節卷一四賀婁子幹傳亦作「蘭州」。

〔四〕十四年以病卒官　本書卷二高祖紀下繫其卒於大業十三年七月壬子。

〔五〕鄯純深三州刺史　「鄯」，北史卷七三賀婁子幹傳附賀婁詮傳作「鄭」。

〔六〕莫不冤惜　宋甲本、至順本、汲本、殿本此下有「之」字。

〔七〕北景　宋甲本、北監本、殿本作「比景」。按，隋書詳節卷一四劉方傳亦作「比景」。

〔八〕朝廷以其有威名　宋甲本、至順本、汲本無「有」字。

〔九〕子幹西涉青海　「青海」，原作「清海」，據宋甲本改。按，北史卷七三「論曰」亦作「青海」。

〔一〇〕犯忤貴臣　「忤」，原作「伍」，據宋甲本、至順本、南監本、汲本、殿本改。按，北史卷七三「論曰」亦作「忤」。

隋書卷五十四

列傳第十九

王長述

王長述，京兆霸城人也。祖羆，魏太尉。父慶遠，周淮州刺史。長述幼有儀範，年八歲，周太祖見而異之，曰：「王公有此孫，足爲不朽。」解褐員外散騎侍郎，封長安縣伯。累遷撫軍將軍、銀青光禄大夫、太子舍人。長述早孤，少爲祖羆所養，及羆薨，居喪過禮，有詔褒異之。免喪，襲封扶風郡公，邑三千户。除中書舍人，脩起居注，改封龍門郡公。從于謹平江陵有功，增邑五百户。周受禪，又增邑，通前四千七百户。拜賓部大夫，出爲晉州刺史，轉玉壁總管長史。尋授司憲大夫，出拜廣州刺史，甚有威惠，吏人懷之，在任數年，蠻夷歸之者三萬餘户。朝議嘉之，就拜大將軍。後歷襄、仁二州總管，並有能名。

及高祖爲丞相，授信州總管，部内夷、獠猶有未賓，長述討平之，進位上大將軍。王謙作亂益州，遣使致書於長述，因執其使，上其書，又陳取謙之策。上大悦，前後賜黄金五百兩，授行軍總管，率衆討謙。以功進位柱國。開皇初，復獻平陳之計，修營戰艦，爲上流之師。上善其能，頻加賞勞，下書曰：「每覽高策，深相嘉歎，命將之日，當以公爲元帥也。」後數歲，以行軍總管擊南寧，未至，道病卒。上甚傷惜之，令使者弔祭，贈上柱國、冀州刺史，謚曰莊。子謨嗣。謨弟軌〔一〕，大業末，東郡通守。少子文楷，起部郎。

李衍

李衍字拔豆，遼東襄平人也。父弼，周太師。衍少專武藝，慷慨有志略。周太祖時，釋褐千牛備身，封懷仁縣公。加開府，改封普寧縣公，遷義州刺史。尋從韋孝寬鎮玉壁城，數與賊戰，敵人憚之。及平齊，以軍功進授大將軍，改封真鄉郡公，拜左宫伯，賜雜綵三百匹，奴婢二十口，賜子仲威爵浮陽郡公。後歷定、鄜二州刺史。

及王謙作亂，高祖以衍爲行軍總管，從梁睿擊平之。進位上大將軍，賜縑二千匹。開皇元年，又以行軍總管討叛蠻，平之。進位柱國，賜帛二千匹。尋檢校利州總管事。明年，突厥犯塞，以行軍總管率衆討之，不見虜而還。轉介州刺史。後數年，朝廷將有事江南，詔衍於襄州道營戰船。及大舉伐陳，授行軍總管，從秦王俊出襄陽道，以功賜帛三千匹，米六百石。拜安州總管，頗有惠政，歲餘，以疾還京師，卒於家，時年五十七。子仲威嗣。

衍弟子長雅，尚高祖女襄國公主，襲父綸爵，爲河陽郡公。開皇初，拜將軍、散騎常侍，歷内史侍郎、河州刺史、檢校秦州總管。

衍從孫密，別有傳。

伊婁謙

伊婁謙字彦恭，本鮮卑人也。其先代爲酋長，隨魏南遷。祖信，中部太守。父靈，相、隆二州刺史。謙性忠直，善辭令。仕魏爲直閤將軍。周受禪，累遷宣納上士，使持節、車騎大將軍。

武帝將伐齊，引入内殿，從容謂曰：「朕將有事戎馬，何者爲先？」謙對曰：「愚臣誠不足以知大事，但僞齊僭擅，跋扈不恭，沈溺倡優，耽昏麴糵。其折衝之將斛律明月已斃讒人之口，上下離心，道路仄目。若命六師，臣之願也。」帝大笑，因使謙與小司寇拓拔偉聘齊觀釁。帝尋發兵。齊主知之〔二〕，令其僕射陽休之責謙曰：「貴朝盛夏徵兵，馬首何向？」謙答曰：「僕憑式之始，未聞興師。設復西增白帝之城，東益巴丘之戍，人情恒理，豈足怪哉！」謙參軍高遵以情輸於齊，遂拘留謙不遣。帝克并州，召謙勞之曰：「朕之舉兵，本俟卿還，不圖高遵中爲叛逆，乖朕宿心，遵之罪也。」乃執遵付謙，任令報復。謙頓首請赦之，帝曰：「卿可聚衆唾面，令知愧也。」謙跪曰：「以遵之罪，又非唾面之責。」帝善其言而止。謙竟待遵如初。其寬厚仁恕，皆此類也。尋賜爵濟陽縣伯，累遷前驅中大夫。大象中，進爵爲侯，加位開府。

高祖作相，授亳州總管，俄徵還京。既平王謙，謙恥與逆人同名，因爾稱字。高祖受禪，以彥恭爲左武候將軍，俄拜大將軍，進爵爲公。數年，出爲澤州刺史，清約自處，甚得人和。以疾去職，吏人攀戀，行數百里不絕。數歲，卒於家，時年七十。子傑嗣。

田仁恭

田仁恭字長貴，平涼長城人也。父弘，周大司空。仁恭性寬仁，有局度。在周，以明經爲掌式中士。後以父軍功，賜爵鶉陰子。大冢宰宇文護引爲中外兵曹。後數載，復以父功拜開府儀同三司，遷中外府掾。從護征伐，數有戰功，改封襄武縣公，邑五百户。從武帝平齊，加授上開府，進封淅陽郡公，增邑二千户，拜幽州總管。宣帝時，進爵雁門郡公。

高祖爲丞相，徵拜小司馬，進位大將軍。從韋孝寬破尉遲迥於相州，拜柱國。高祖受禪，進上柱國，拜太子太師，甚見親重，嘗幸其第，宴飲極歡，禮賜殊厚。奉詔營廟社，進爵觀國公，增邑通前五千户。未幾，拜右武衛大將軍。歲餘，卒官，時年四十七。贈司空，謚曰敬。子世師嗣。次子德懋，在孝義傳。

時有任城郡公王景〔三〕、鮮虞縣公謝慶恩，並官至上柱國。大義公辛遵及其弟韶，並官至柱國。高祖以其俱佐命功臣，特加崇貴，親禮與仁恭等。事皆亡失云。

元亨

元亨字德良，一名孝才，河南洛陽人也。父季海，魏司徒、馮翊王。遇周、齊分隔，季海遂仕長安。亨時年數歲，與母李氏在洛陽。齊神武帝以亨父在關西，禁錮之。其母則魏司空李沖之女也，素有智謀，遂詐稱凍餒，請就食於滎陽。齊人以其去關西尚遠，老婦弱子，不以爲疑，遂許之。李氏陰託大豪李長壽，攜亨及孤姪八人，潛行草間，得至長安。周太祖見而大悦，以亨功臣子，甚優禮之。亨年十二，魏恭帝在儲宫，引爲交友。釋褐千牛備身。大統末，襲爵馮翊王，邑千户。授拜之日，悲慟不能自勝。俄遷通直散騎常侍，歷武衞將軍、勳州刺史，改封平涼王。周閔帝受禪，例降爲公。明、武時，歷隴州刺史、御正大夫、小司馬。宣帝時，爲洛州刺史。

高祖爲丞相，遇尉遲迥作亂，洛陽人梁康、邢流水等舉兵應迥，旬日之間，衆至萬餘。州治中王文舒潛與梁康相結，將圖亨。亨陰知其謀，乃選關中兵，得二千人爲左右，執文舒斬之，以兵襲擊梁康、邢流水，皆破之。高祖受禪，徵拜太常卿，增邑七百户。尋出爲衞州刺史，加大將軍。衞土俗薄，亨以威嚴鎮之，在職八年，風化大洽。後以老病，表乞骸骨，吏人詣闕上表，請留卧治，上嗟歎者久之。其年，亨以篤疾，重請還京，上令使者致醫藥，問動靜，相望於道。歲餘，卒于家，時年六十九。謚曰宣。

杜整

杜整字皇育，京兆杜陵人也。祖盛，魏直閣將軍、潁川太守。父闢，渭州刺史。整少有風槩，九歲丁父憂，哀毁骨立，事母以孝聞。及長，驍勇有旅力，好讀孫、吴兵法。魏大統末，襲爵武鄉侯。周太祖引爲親信。後事宇文護子中山公訓，甚被親遇。俄授都督。明帝時，爲内侍上士，累遷儀同三司，拜武州刺史。從武帝平齊，加上儀同，進爵平原縣公，邑千户，入爲勳曹中大夫。

高祖爲丞相，進位開府。及受禪，加上開府，進封長廣郡公，俄拜左武衛將軍。在職數年，以母憂去職，起令視事。開皇六年，突厥犯塞，詔遣衛王爽總戎北伐，以整爲行軍總管兼元帥長史。至合川，無虜而還。整密進取陳之策，上善之，於是以行軍總管鎮襄陽。尋病卒，時年五十五。高祖聞而傷之，贈帛四百匹，米四百石，謚曰襄。子楷嗣。官至開府。

整弟肅，亦少有志行。開皇初，爲通直散騎常侍、北地太守。

李徹

李徹字廣達，朔方巖緑人也。父和，開皇初爲柱國。徹性剛毅，有器幹，偉容儀，多武藝。大冢宰宇文護引爲親信，尋拜殿中司馬，累遷奉車都尉。護以徹謹厚有才具，甚禮之。護子中山公訓爲蒲州刺史，護令徹以本官從焉。未幾，拜車騎大將軍、儀同三司。武帝時，從皇太子西征吐谷渾，以功賜爵同昌縣男，邑三百户。後從帝拔晉州。及帝班師，徹與齊王憲屯雞栖原。齊主高緯以大軍至，憲引兵西上，以避其鋒。緯遣其驍將賀蘭豹子率勁騎躡憲，戰於晉州城北。憲師敗，徹與楊素、宇文慶等力戰，憲軍賴以獲全。復從帝破齊師於汾北，乘勝下高壁，拔晉陽，擒高湝於冀州，俱有力焉。録前後功，加開府，别封蔡陽縣公，邑千户。宣帝即位，從韋孝寬略定淮南，每爲先鋒。及淮南平，即授淮州刺史，安集初附，甚得其歡心。

高祖受禪，加上開府，轉雲州刺史。歲餘，徵爲左武衛將軍。及晉王廣之鎮并州也，朝廷妙選正人有文武才幹者，爲之寮佐。上以徹前代舊臣，數持軍旅，詔徹總晉王府軍事，進爵齊安郡公。時蜀王秀亦鎮益州，上謂侍臣曰：「安得文同王子相，武如李廣達者乎？」其見重如此。

明年，突厥沙鉢略可汗犯塞，上令衛王爽爲元帥，率衆擊之，以徹爲長史。遇虜於白道，行軍總管李充言於爽曰：「周、齊之世，有同戰國，中夏力分，其來久矣。突厥每侵邊，諸將輒以全軍爲計，莫能死戰。由是突厥勝多敗少，所以每輕中國之師。今者沙鉢略悉國内之衆，屯據要險，必輕我而無備，精兵襲之，可破也。」爽從之。諸將多以爲疑，唯徹獎成其計，請與同行。遂與充率精騎五千，出其不意，掩擊大破之。沙鉢略棄所服金甲，潛草中而遁。以功加上大將軍。沙鉢略因此屈膝稱藩。未幾，沙鉢略爲阿拔所侵，上疏請援。以徹爲行軍總管，率精騎一萬赴之。阿拔聞而遁去。及軍還，復領行軍總管，屯平涼以備胡寇，封安道郡公。開皇十年，進位柱國。及晉王廣轉牧淮海，以徹爲揚州總管司馬，改封德廣郡公。尋徙封城陽郡公。其後突厥犯塞，徹復領行軍總管擊破之。

左僕射高熲之得罪也，以徹素與熲相善，因被疎忌，不復任使。後出怨言，上聞而召之，入卧内賜宴，言及平生，因遇鴆而卒。大業中，其妻宇文氏爲孽子安遠誣以呪咀，伏誅。

崔彭

崔彭字子彭，博陵安平人也。祖楷，魏殷州刺史。父謙，周荆州總管。彭少孤，事母以孝聞。性剛毅，有武略，工騎射。善周官、尚書，略通大義。周武帝時，爲侍伯上士，累轉門正上士。

及高祖爲丞相，周陳王純鎮齊州，高祖恐純爲變，遣彭以兩騎徵純入朝。彭未至齊州三十里，因詐病，止傳舍，遣人謂純曰：「天子有詔書至王所，彭苦疾，不能强步，願王降臨之。」純疑有變，多將從騎至彭所。彭出傳舍迎之，察純有疑色，恐不就徵，因詐純曰：「王可避人，將密有所道。」純麾從騎〔四〕，彭又曰：「將宣詔，王可下馬。」純遽下，彭顧其騎士曰：「陳王不從詔徵，可執也。」騎士因執而鎖之。彭乃大言曰：「陳王有罪，詔徵入朝，左右不得輒動。」其從者愕然而去。高祖見而大悅，拜上儀同。

及踐祚，遷監門郎將，兼領右衞長史，賜爵安陽縣男。數歲，轉車騎將軍，俄轉驃騎，恒典宿衞。性謹密，在省闥二十餘年，每當上在仗，危坐終日，未嘗有怠惰之容，上甚嘉之。上每謂彭曰：「卿當上日，我寢處自安。」又嘗曰：「卿弓馬固以絶人，頗知學不？」彭曰：「臣少愛周禮、尚書，每於休沐之暇，不敢廢也。」上曰：「試爲我言之。」彭因說君臣戒慎之義，上稱善。觀者以爲知言。後加上開府，遷備身將軍。

上嘗宴達頭可汗使者於武德殿，有鴿鳴於梁上。上命彭射之，既發而中。上大悅，賜錢一萬。及使者反，可汗復遣使於上曰：「請得崔將軍一與相見。」上曰：「此必善射聞於虜庭，所以來請耳。」遂遣之。及至匈奴中，可汗召善射者數十人，因擲肉於野，以集飛鳶，遣其善射者射之，多不中。復請彭射之，彭連發數矢，皆應弦而落。突厥相顧，莫不歎服。可汗留彭不遣百餘日，上賂以繒綵，然後得歸。仁壽末，進爵安陽縣公，邑二千户。

煬帝即位，遷左領軍大將軍。從幸洛陽，彭督後軍。時漢王諒初平，餘黨往往屯聚，令彭率衆數萬鎮遏山東，復領慈州事。帝以其清，賜絹五百匹。未幾而卒，時年六十三。

帝遣使弔祭，贈大將軍，謚曰肅。子寶德嗣。

史臣曰：王長述等，或出總方岳，或入司禁旅，咸著聲績，以功名終，有以取之也。伊婁謙志量弘遠，不念舊惡，請赦高遵之罪，有國士之風焉。崔彭巡警巖廊，毅然難犯，禦侮之寄，有足稱乎！

校勘記

〔一〕謨弟軌　「謨」字原闕，據宋甲本、至順本、汲本補。

〔二〕齊主知之　「齊主」，原作「齊王」，據宋甲本改。後同改，不另出校。

〔三〕時有任城郡公王景　「任城」，原作「玉城」，按，周書卷八靜帝紀，大象二年十二月丁巳條，有「任城公王景」等爲上柱國事；本書卷二高祖紀下，開皇十八年十二月庚子，「上柱國、夏州總管、任城郡公王景以罪伏誅」，今據改。

〔四〕純麾從騎　「麾」，宋甲本、至順本、汲本作「麾遣」。按，册府卷六五七奉使部機變亦作「麾遣」。

隋書卷五十五

列傳第二十

杜彥

杜彥，雲中人也。父遷，屬葛榮之亂，徙家於豳。彥性勇果，善騎射。仕周，釋褐左侍上士，後從柱國陸通擊陳將吳明徹於土州，破之。又擊叛蠻，剋倉塠、白楊二柵，并斬其渠帥。進平郢州賊帥樊志，以戰功，拜大都督。尋遷儀同，治隆山郡事。明年，拜隴州刺史，賜爵永安縣伯。高祖爲丞相，從韋孝寬擊尉迥於相州，每戰有功，賜物三千段，奴婢三十口。進位上開府，改封襄武縣侯，拜魏郡太守。

開皇初，授丹州刺史，進爵爲公。後六歲，徵爲左武衞將軍。平陳之役，以行軍總管與新義公韓擒相繼而進。軍至南陵，賊屯據江岸，彥遣儀同樊子蓋率精兵擊破其柵，獲船六百餘艘。度江，擊南陵城，拔之，擒其守將許翼。進至新林，與擒合軍。及陳平，賜物五千段，粟六千石，進位柱國，賜子寶安爵昌陽縣公。高智慧等之作亂也，復以行軍總管從楊素討之，別解江州圍。智慧餘黨往往屯聚，保投溪洞，彥水陸兼進，攻錦山、陽父、若、石壁四洞，悉平之，皆斬其渠帥。賊李陁擁衆數千，據彭山，彥襲擊破之，斬陁，傳其首。又擊徐州、宜豐二洞，悉平之。賜奴婢百餘口。拜洪州總管，甚有治名。

歲餘，雲州總管賀婁子幹卒，上悼惜者久之，因謂侍臣曰：「榆林國之重鎮，安得子幹之輩乎？」後數日，上曰：「吾思可以鎮榆林者，莫過杜彥。」於是徵拜雲州總管。突厥來寇，彥輒擒斬之，北夷畏憚，胡馬不敢至塞。後數年，朝廷復追録前功，賜子寶虔爵承縣公。十八年，遼東之役，以行軍總管從漢王至營州。上以彥曉習軍旅，令總統五十營事。及還，拜朔州總管。突厥復寇雲州，上令楊素擊走之，是後猶恐爲邊患，以彥素爲突厥所憚，復拜雲州總管。未幾，以疾徵還，卒，時年六十。子寶虔，大業末，文城郡丞。

高勱

高勱字敬德，渤海蓨人也，齊太尉、清河王岳之子也。幼聰敏，美風儀，以仁孝聞，爲齊祖所愛。年七歲，襲爵清河王。十四，爲青州刺史，歷右衞將軍、領軍大將軍、祠部尚書、開府儀同三司，改封樂安王〔一〕。性剛直，有才幹，甚爲時人所重。斛律明月雅敬之，每有征伐，則引之爲副。遷侍中、尚書右僕射。及後主爲周師所敗，勱奉太后歸鄴。時宦官放縱，儀同苟子溢尤稱寵幸，勱將斬之以徇。太后救之，乃釋。劉文殊竊謂勱曰：「子溢之徒，言成禍福，何得如此！」勱攘袂曰：「今者西寇日侵，朝貴多叛，正由此輩弄權，致使衣冠解體。若得今日殺之，明日受誅，無所恨也。」文殊甚愧。既至鄴，勱勸後主：「五品已上家累，悉置三臺之上，因脅之曰：『若戰不捷，則燒之。』此輩惜妻子，必當死戰，可敗也。」後主不從，遂棄鄴東遁。勱恒後殿，爲周軍所得。武帝見之，與語，大悅，因問齊亡所由。勱發言流涕，悲不自勝，帝亦爲之改容。授開府儀同三司。

高祖爲丞相，謂勱曰：「齊所以亡者，由任邪佞。公父子忠良聞於鄰境，宜善自愛。」勱再拜謝曰：「勱，亡齊末屬，世荷恩榮，不能扶危定傾，以致淪覆。既蒙獲宥，恩幸已多，況復濫叨名位，致速官謗。」高祖甚器之，以勱檢校揚州事。後拜楚州刺史，民安之。先是，城北有伍子胥廟，其俗敬鬼，祈禱者必以牛酒，至破産業。勱歎曰：「子胥賢者，豈宜損百姓乎？」乃告諭所部，自此遂止，百姓賴之。

七年，轉光州刺史，上取陳五策，又上表曰：「臣聞夷凶翦暴，王者之懋功，取亂侮亡，往賢之雅誥。是以苗民逆命，爰興兩階之舞，有扈不賓，終召六師之伐。皆所以寧一寓內，匡濟羣生者也。自昔晉氏失馭，天網絶維，羣凶於焉蝟起，三方因而鼎立。陳氏乘其際運，拔起細微，蒨頊縱其長蛇，竊據吴會，叔寶肆其昏虐，毒被金陵。數年已來，荒悖滋甚。牝雞司旦[二]，昵近姦回，尚方役徒，積骸千數，疆埸防守，長戍三年。或微行暴露，沉湎王侯之宅，或奔馳駿騎，顛墜康衢之首。有功不賞，無辜獲戮，烽燧日警，未以爲虞，耽淫靡嫚，不知紀極。天厭亂德，妖實人興，或空裏時有大聲，或行路共傳鬼怪，或刳人肝以祠天狗，或自捨身以厭妖訛。民神怨憤，災異荐發，天時人事，昭然可知。臣以庸才，猥蒙朝寄，頻歷藩任，與其鄰接，密邇仇讎，知其動靜，天討有罪，此即其時。若戎車雷動，戈舡電邁，臣雖駑怯，請效鷹犬。」高祖覽表嘉之，答以優詔。及大舉伐陳，以勱爲行軍總管，從宜陽公王世積下陳江州。以功拜上開府，賜物三千段。

隴右諸羌數爲寇亂，朝廷以勱有威名，拜洮州刺史。下車大崇威惠，民夷悦附，其山谷間生羌相率詣府稱謁，前後至者，數千餘户。豪猾屏迹，路不拾遺，在職數年，稱爲治理。後遇吐谷渾來寇，勱遇疾不能拒戰，賊遂大掠而去。憲司奏勱亡失户口，又言受羌饋遺，竟坐免官。後卒於家，時年五十六。子士廉，最知名。

尒朱敞

尒朱敞字乾羅，秀容契胡人，尒朱榮之族子也。父彦伯，官至司徒、博陵王。齊神武帝韓陵之捷，盡誅尒朱氏，敞小，隨母養於宫中。及年十二，自竇而走〔三〕，至于大街，見童兒羣戲者，敞解所著綺羅金翠之服，易衣而遁。追騎尋至，初不識敞，便執綺衣兒。比究問知非，會日已暮，由是得免。遂入一村，見長孫氏媪踞胡床而坐。敞再拜求哀，長孫氏愍之，藏於複壁。三年，購之愈急，迹且至，長孫氏曰：「事急矣，不可久留。」資而遣之。遂詐爲道士，變姓名，隱嵩山〔四〕，略涉經史。數年之間，人頗異之。嘗獨坐巖石之下，泫然而歎曰：「吾豈終於此乎？伍子胥獨何人也！」於是間行微服，西歸于周。太祖見而禮之，拜大都督、行臺郎中，封靈壽縣伯，邑千五百户。遷通直散騎常侍，轉車騎大將軍、儀同三司，進爵爲侯。保定中，遷使持節、驃騎大將軍，開府儀同三司。天和中，增邑五百户，歷信、臨、熊、潼四州刺史，進爵爲公。武帝東征，上表求從，許之。攻城陷陣，所當皆破，進位上開府。除南光州刺史，入爲護軍大將軍。歲餘，轉膠州刺史。於是迎長孫氏及弟置於家，厚資給之。

高祖受禪，改封邊城郡公。黔安蠻叛，命敞討平之。師旋，拜金州總管，尋轉徐州總管。在職數年，號爲明肅，民吏懼之。後以年老，上表乞骸骨，賜二馬軺車，歸於河内，卒於家，時年七十二。子最嗣。

周搖

周搖字世安，其先與後魏同源，初爲普乃氏，及居洛陽，改爲周氏。曾祖拔拔，祖右六肱，俱爲北平王。父恕延，歷行臺僕射、南荆州總管。搖少剛果，有武藝，性謹厚，動遵法度。仕魏，官至開府儀同三司。周閔帝受禪，賜姓車非氏，封金水郡公。歷鳳、楚二州刺史，吏民安之。從帝平齊，每戰有功，超授柱國，進封夔國公。未幾，拜晉州總管。時高祖爲定州總管，文獻皇后自京師詣高祖，路經搖所，主禮甚薄。既而白后曰：「公廨甚富於財，限法不敢輒費。又王臣無得効私。」其質直如此。高祖以其奉法，每嘉之。及爲丞相，徙封濟北郡公，尋拜豫州總管。高祖受禪，復姓周氏。

開皇初，突厥寇邊，燕、薊多被其患，前總管李崇爲虜所殺，上思所以鎮之，臨朝曰：「無以加周搖者。」拜爲幽州總管六州五十鎮諸軍事。搖修鄣塞，謹斥候，邊民以安。後六載〔五〕，徙爲壽州。初，自以年老，乞骸骨，上召之。既引見，上勞之曰：「公積行累仁，歷仕三代，克終富貴，保兹遐壽，良足善也。」賜坐褥，歸於第。歲餘，終于家，謚曰恭，時年八十四。

獨孤楷

獨孤楷字脩則，不知何許人也，本姓李氏。父屯，從齊神武帝與周師戰于沙苑，齊師敗績，因爲柱國獨孤信所擒，配爲士伍，給使信家，漸得親近，因賜姓獨孤氏。楷少謹厚，便弄馬槊，爲宇文護執刀，累轉車騎將軍。其後數從征伐，賜爵廣阿縣公，邑千户，拜右侍下大夫。周末，從韋孝寬平淮南，以功賜子景雲爵西河縣公。

高祖爲丞相，進授開府，每督親信兵。及受禪，拜右監門將軍，進封汝陽郡公。數歲，遷右衛將軍。仁壽初，出爲原州總管。時蜀王秀鎮益州，上徵之，猶豫未發。朝廷恐秀生變，拜楷益州總管，馳傳代之。秀果有異志〔六〕，楷諷諭久之，乃就路。楷察秀有悔色，因勒兵爲備。秀至興樂，去益州四十餘里，將反襲楷，密令左右覘所爲，知楷不可犯而止。楷在益州，甚有惠政，蜀中父老于今稱之。

煬帝即位，轉并州總管。遇疾喪明，上表乞骸骨。帝曰：「公先朝舊臣，歷職二代，高風素望，卧以鎮之，無勞躬親簿領也。」遣其長子凌雲監省郡事。其見重如此。數載，轉長平太守，未視事而卒。謚曰恭。子凌雲、平雲、彦雲，皆不知名〔七〕。楷弟盛，見誠節傳。

乞伏慧

乞伏慧字令和，馬邑鮮卑人也。祖周，魏銀青光禄大夫，父纂，金紫光禄大夫，並爲第一領民酋長。慧少慷慨，有大節，便弓馬，好鷹犬。齊文襄帝時，爲行臺左丞，加蕩寇將軍，累遷右衞將軍、太僕卿，自永寧縣公封宜民郡王。其兄貴和，又以軍功爲王，一門二王，稱爲貴顯。周武平齊，授使持節、開府儀同大將軍，拜佽飛右旅下大夫，轉熊渠中大夫。

高祖爲丞相，從韋孝寬擊尉惇於武陟，所當皆破，授大將軍，賜物八百段。及平尉迥，進位柱國，賜爵西河郡公，邑三千户，賚物二千三百段。請以官爵讓兄，朝廷不許，論者義之。高祖受禪，拜曹州刺史。曹土舊俗，民多姦隱，户口簿帳恒不以實。慧下車按察，得户數萬。遷涼州總管。先是，突厥屢爲寇抄，慧於是嚴警烽燧，遠爲斥候，虜亦素憚其名，竟不入境。歲餘，轉齊州刺史，得隱户數千。遷壽州總管。其年，左轉杞州刺史，在職數年，遷徐州總管。時年逾七十，上表求致仕，不許。俄轉荆州總管，又領潭、桂二州總管三十一州諸軍事。其俗輕剽，慧躬行樸素以矯之，風化大洽。曾見人以簺捕魚者，出絹買而放之，其仁心如此。百姓美之，號其處曰西河公簺。轉秦州總管。

煬帝即位，爲天水太守。大業五年，征吐谷渾，郡濱西境，民苦勞役，又遇帝西巡，坐爲道不整，獻食疎薄，帝大怒，命左右斬之。見其無髮，乃釋，除名爲民。卒於家。

張威

張威，不知何許人也。父琛，魏弘農太守。威少倜儻，有大志，善騎射，膂力過人。在周，數從征伐，位至柱國、京兆尹，封長壽縣公，邑千户。

王謙作亂，高祖以威爲行軍總管，從元帥梁睿擊之。軍次通谷，謙守將李三王擁勁兵拒守。睿以威爲先鋒。三王初閉壘不戰，威令人詈侮以激怒之，三王果出陣。威令壯士奮擊，三王軍潰，大兵繼至，於是擒斬四千餘人。進至開遠，謙將趙儼衆十萬，連營三十里。威鑿山通道，自西嶺攻其背，儼遂敗走。追至成都，與謙大戰，威將中軍。及謙平，進位上柱國，拜瀘州總管。

高祖受禪，歷幽、洛二州總管，改封晉熙郡公。尋拜河北道行臺僕射，後督晉王軍府事。數年，拜青州總管，賜錢八十萬，米五百石，雜綵三百段。威在青州，頗治産業，遣家奴於民間鬻蘆菔根，其奴緣此侵擾百姓。上深加譴責，坐廢於家。後從上祠太山，至洛陽，上謂威曰：「自朕之有天下，每委公以重鎮，可謂推赤心矣。何乃不脩名行，唯利是視？豈直孤負朕心，亦且累卿名德。」因問威曰：「公所執笏今安在？」威頓首曰：「臣負罪虧憲，無顏復執，謹藏於家。」上曰：「可持來。」威明日奉笏以見，上曰：「公雖不遵法度，功効實多，朕不忘之。今還公笏。」於是復拜洛州刺史，後封晥城郡公。尋轉相州刺史，卒官。有子植，大業中，至武賁郎將。

和洪

和洪，汝南人也。少有武力，勇烈過人。周武帝時，數從征伐，以戰功，累遷車騎大將軍、儀同三司。時龍州蠻任公忻、李國立等聚衆爲亂，刺史獨孤善不能禦。朝議以洪有武略，代善爲刺史。月餘，擒公忻、國立，皆斬首梟之，餘黨悉平。從帝攻河陰，洪力戰，陷其西門。帝壯之，賞物千段。復從帝平齊，進位上儀同，賜爵北平侯，邑八百户，拜左勳曹下大夫。柱國王軌之擒吴明徹也，洪有功焉，加位開府，遷折衝中大夫。尉迥作亂相州，以洪爲行軍總管，從韋孝寬擊之。軍至河陽，迥遣兵圍懷州，洪與總管宇文述等擊走。又破尉惇於武陟。及平相州，每戰有功，拜柱國，封廣武郡公，邑二千户。前後賜物萬段，奴婢五十口，金銀各百挺，牛馬百匹。時東夏初平，物情尚梗，高祖以洪有威名，令領冀州事，甚得人和。數歲，徵入朝，爲漕渠總管監，轉拜泗州刺史。屬突厥寇邊，詔洪爲北道行軍總管，擊走虜，至磧而還。後遷徐州總管，卒，時年六十四。

侯莫陳穎

侯莫陳穎字遵道，代人也。與魏南遷，世爲列將。父崇，魏、周之際，歷職顯要，官至大司空。穎少有器量，風神警發，爲時輩所推。魏大統末，以父軍功賜爵廣平侯，累遷開府儀同三司。周武帝時，從滕王逌擊龍泉、文城叛胡，與柱國豆盧勣各帥兵分路而進。穎懸軍五百餘里，破其三柵。先是，稽胡叛亂，輒略邊人爲奴婢。至是詔胡敢有壓匿良人者誅，籍没其妻子。有人言爲胡村所隱匿者，勣將誅之。穎謂勣曰：「將在外，君命有所不行。諸胡固非悉反，但相迫脅爲亂耳。大兵臨之，首亂者知懼，脅從者思降。今漸加撫慰，自可不戰而定。如即誅之，轉相驚恐，爲難不細。未若召其渠帥，以隱匿者付之，令自歸首，則羣胡可安。」勣從之。羣胡感悦，爭來降附，北土以安。遷司武，加振威中大夫。

高祖爲丞相，拜昌州刺史。會受禪，竟不行，加上開府，進爵昇平郡公。俄拜延州刺史。數年，轉陳州刺史。平陳之役，以行軍總管從秦王俊出魯山道。屬陳將荀法尚、陳紀降，穎與行軍總管段文振度江安集初附。尋拜饒州刺史，未之官，遷瀛州刺史，甚有惠政。在職數年，坐與秦王俊交通免官。百姓將送者，莫不流涕，因相與立碑，頌穎清德。未幾，檢校汾州事，俄拜邢州刺史。仁壽中，吏部尚書牛弘持節巡撫山東，以穎爲第一。高祖嘉歎，優詔褒揚。時朝廷以嶺南刺史、縣令多貪鄙，蠻夷怨叛，妙簡清吏以鎮撫之，於是徵穎入朝。及進見，上與穎言及平生，以爲歡笑。數日，進位大將軍，拜桂州總管十七州諸軍事，賜物而遣之。及到官，大崇恩信，民夷悦服，溪洞生越多來歸附。

煬帝即位，穎兄梁國公芮坐事徙邊，朝廷恐穎不自安，徵歸京師。數年，拜恒山太守。其年，嶺南、閩越多不附，帝以穎前在桂州有惠政，爲南土所信伏，復拜南海太守。後四歲，卒官。謚曰定。子虔會，最知名。

史臣曰：杜彥東夏、南服屢有戰功，作鎮朔垂，胡塵不起。高勱死亡之際，志氣懍然，疾彼姦邪，致茲餘慶。尒朱敞幼有權奇，終能止足，崇基墜而復構，不亦仁且智乎！周搖以質實見知，獨孤以恤人流譽，乞伏慧能以國讓，侯莫陳所居治理，或知牧人之道，或踐仁義之路，皆有可稱焉。慧以供帳不厚，至於放黜，並結髮登朝，出入三代，終享禄位，不夭性齡，蓋其任心而行，不爲矯飾之所致也。

校勘記

〔一〕改封樂安王　「樂安王」，册府卷二七一宗室部剛正作「安樂王」。

〔二〕牝雞司旦　「司」，宋甲本、大德本、至順本、汲本作「伺」。

〔三〕及年十二自竇而走　「十二」，疑應作「十四」。按，據爾朱敞墓誌，爾朱敞卒於開皇十年四月廿九日，「春秋七十有二」，則當生於神龜二年（五一九）。韓陵之戰發生於永熙元年（五三二），則其「自竇而走」應在其年十四時。詳見南北朝八書二史疑年録。

〔四〕隱嵩山　「嵩山」，原作「高山」，據宋甲本、至順本、汲本改。

〔五〕後六載　「六」，疑應作「八」。按，本書卷一高祖紀上，周搖以開皇三年七月爲幽州總管，十一年三月由幽州總管改任壽州總管。

〔六〕秀果有異志　「秀」字原闕，據宋甲本、至順本、汲本、殿本補。按，北史卷七三獨孤楷傳、册府卷三九〇將帥部警備亦有「秀」字。

〔七〕皆不知名　宋甲本無「不」字。

隋書卷五十六

列傳第二十一

盧愷

盧愷字長仁，涿郡范陽人也。父柔，終於魏中書監。愷性孝友，神情爽悟，略涉書記，頗解屬文。周齊王憲引爲記室。其後襲爵容城伯，邑千一百户。從憲伐齊，愷説柏杜鎮下之〔一〕。遷小吏部大夫，增邑七百户。染工上士王神歡者，嘗以賂自進，冢宰宇文護擢爲計部下大夫。愷諫曰：「古者登高能賦，可爲大夫，求賢審官，理須詳慎。今神歡出自染工，更無殊異，徒以家富自通，遂與搢紳並列，實恐惟鵜之刺聞之外境。」護竟寢其事。建德中，增邑二百户。歲餘，轉内史下大夫。武帝在雲陽宫，勑諸屯簡老牛，欲以享士。愷進諫曰：「昔田子方贖老馬，君子以爲美談。向奉明勑，欲以老牛享士，有虧仁政。」帝美其言而止。轉禮部大夫，爲聘陳使副。先是，行人多從其國禮，及愷爲使，一依本朝，陳人莫能屈。四年秋，李穆攻拔軹關、柏崖二鎮，命愷作露布，帝讀之大悅，曰：「盧愷文章大進，荀景倩故是令君之子。」尋授襄州總管司録，轉治中。大象元年，徵拜東京吏部大夫。

開皇初，加上儀同三司，除尚書吏部侍郎，進爵爲侯，仍攝尚書左丞。每有敷奏，侃然正色，雖逢喜怒，不改其常。帝嘉愷有吏幹，賜錢二十萬，并賚雜綵三百匹，加散騎常侍。八年，上親考百寮，以愷爲上。愷固讓，不敢受，高祖曰：「吏部勤幹，舊所聞悉。今者上考，僉議攸同，當仁不讓，何愧之有！皆在朕心，無勞飾讓。」

歲餘，拜禮部尚書，攝吏部尚書事。會國子博士何妥與右僕射蘇威不平，奏威陰事。愷坐與相連，上以愷屬吏。憲司奏愷曰：「房恭懿者，尉遲迥之黨，不當仕進。威、愷二人曲相薦達，累轉爲海州刺史。又吏部預選者甚多，愷不即授官，皆注色而遣。威之從父弟徹、肅二人，並以鄉正徵詣吏部。徹文狀後至而先任用，肅左足攣蹇，才用無算，愷以威故，授朝請郎。愷之朋黨，事甚明白。」上大怒曰：「愷敢將天官以爲私惠！」愷免冠頓首曰：「皇太子將以通事舍人蘇夔爲舍人，夔即蘇威之子，臣以夔未當遷，固啓而止。臣若與威有私，豈當如此！」上曰：「蘇威之子，朝廷共知，卿乃固執，以徼身倖。至所不知者，便行朋附，姦臣之行也。」於是除名爲百姓。未幾，卒于家。自周氏以降，選無清濁，及愷攝吏部，與薛道衡、陸彥師等甄別士流，故涉黨固之譖，遂及於此。子義恭嗣。

令狐熙

令狐熙字長熙，燉煌人也，代爲西州豪右。父整，仕周，官至大將軍、始豐二州刺史。熙性嚴重，有雅量，雖在私室，終日儼然。不妄通賓客，凡所交結，必一時名士。博覽羣書，尤明三禮，善騎射，頗知音律。起家以通經爲吏部上士，尋授帥都督〔二〕、輔國將軍，轉夏官府都上士，俱有能名。以母憂去職，殆不勝喪。其父戒之曰：「大孝在於安親，義不絕嗣。吾今見存，汝又隻立，何得過爾毁頓，貽吾憂也！」熙自是稍加饘粥。服闋，除小駕部，復丁父憂，非杖不起，人有聞其哭聲，莫不爲之下泣。河陰之役，詔令墨縗從事，還授職方下大夫，襲爵彭陽縣公，邑二千一百户。及武帝平齊，以留守功，增邑六百户。進位儀同，歷司勳、吏部二曹中大夫，甚有當時之譽。

高祖受禪之際，熙以本官行納言事。尋除司徒左長史，加上儀同，進爵河南郡公。時吐谷渾寇邊，以行軍長史從元帥元諧討之，以功進位上開府。會蜀王秀出鎮於蜀，綱紀之選，咸屬正人，以熙爲益州總管長史。未之官，拜滄州刺史。時山東承齊之弊，户口簿籍類不以實。熙曉諭之，令自歸首，至者一萬户〔三〕。在職數年，風教大洽，稱爲良二千石。開皇四年，上幸洛陽，熙來朝，吏民恐其遷易，悲泣於道。及熙復還，百姓出境迎謁，歡叫盈路。在州獲白烏、白麞、嘉麥，甘露降於庭前柳樹。八年，徙爲河北道行臺度支尚書，吏民追思，相與立碑頌德。及行臺廢，授并州總管司馬。後徵爲雍州別駕。尋爲長史，遷鴻臚卿。後以本官兼吏部尚書，往判五曹尚書事，號爲明幹，上甚任之。

及上祠太山還，次汴州，惡其殷盛，多有姦俠，於是以熙爲汴州刺史。下車禁游食，抑工商，民有向街開門者杜之，船客停於郭外星居者勒爲聚落，僑人逐令歸本，其有滯獄，並決遣之，令行禁止，稱爲良政。上聞而嘉之，顧謂侍臣曰：「鄴都，天下難理處也。」勑相州刺史豆盧通令習熙之法。其年來朝，考績爲天下之最，賜帛三百匹，頒告天下。

上以嶺南夷、越數爲反亂，徵拜桂州總管、十七州諸軍事，許以便宜從事，刺史以下官得承制補授。給帳内五百人，賜帛五百匹，發傳送其家累，改封武康郡公。熙至部，大弘恩信，其溪洞渠帥更相謂曰：「前時總管皆以兵威相脅，今者乃以手教相諭，我輩其可違乎？」於是相率歸附。先是，州縣生梗，長吏多不得之官，寄政於總管府。熙悉遣之，爲建城邑，開設學校，華夷感敬，稱爲大化。時有甯猛力者，與陳後主同日生，自言貌有貴相。在陳日，已據南海，平陳後，高祖因而撫之，即拜安州刺史。然驕倨，恃其阻險，未嘗參謁。

熙手書諭之，申以交友之分。其母有疢，熙復遺以藥物。猛力感之，詣府請謁，不敢爲非。熙以州縣多有同名者，於是奏改安州爲欽州，黄州爲峯州〔四〕，利州爲智州，德州爲驩州，東寧爲融州，上皆從之。在職數年，上表曰：「臣忝寄嶺表，四載于茲，犬馬之年，六十有一。才輕任重，媿懼兼深，常願收拙避賢，稍免官謗。然所管遐曠，綏撫尤難，雖未能頓革夷風，頗亦漸識皇化。但臣夙患消渴，比更增甚，筋力精神，轉就衰邁。昔在壯齒，猶不如人，況今年疾俱侵，豈可猶當重寄！請解所任。」優詔不許，賜以醫藥。熙奉詔，令交州渠帥李佛子入朝，佛子欲爲亂，請至仲冬上道，熙意在羈縻，遂從之。有人詣闕訟熙受佛子賂而捨之，上聞而固疑之。既而佛子反問至，上大怒，以爲信然，遣使者鎖熙詣闕。熙性素剛，鬱鬱不得志，行至永州，憂憤發病而卒，時年六十三。上怒不解，於是没其家財。及行軍總管劉方擒佛子送於京師，言熙實無贓貨，上乃悟，於是召其四子，聽預仕焉。少子德棻，最知名。

薛冑

薛冑字紹玄，河東汾陰人也。父端，周蔡州刺史。冑少聰明，每覽異書，便曉其義。

常歎訓注者不會聖人深旨，輒以意辯之，諸儒莫不稱善。性慷慨，志立功名。周明帝時，襲爵文城郡公。累遷上儀同，尋拜司金大夫，後加開府。

高祖受禪，擢拜魯州刺史，未之官，檢校廬州總管事。尋除兗州刺史。及到官，繫囚數百，胄剖斷旬日便了，囹圄空虛。有陳州人向道力者，僞作高平郡守，將之官，胄遇諸塗，察其有異，將留詰之。司馬王君馥固諫，乃聽詣郡。既而悔之，即遣主簿追禁道力。有部人徐俱羅者，嘗任海陵郡守，先是已爲道力僞代之。比至秩滿，公私不悟。俱羅遂語君馥曰：「向道力以經代俱羅爲郡，使君豈容疑之？」君馥以俱羅所陳，又固請胄。胄呵君馥曰：「吾已察知此人詐也。司馬容姦，當連其坐！」君馥乃止。遂往收之，道力懼而引僞。其發姦擿伏，皆此類也，時人謂爲神明。先是，兗州城東沂、泗二水合而南流，汎濫大澤中，胄遂積石堰之，使決令西注，陂澤盡爲良田。又通轉運，利盡淮海，百姓賴之，號爲薛公豐兗渠。胄以天下太平，登封告禪，帝王盛烈，遂遣博士登太山，觀古跡，撰封禪圖及儀上之。高祖謙讓不許。後轉郢州刺史，前後俱有惠政。徵拜衞尉卿，尋轉大理卿，持法寬平，名爲稱職。

後遷刑部尚書。時左僕射高熲稍被疎忌，及王世積之誅也，熲事與相連，上因此欲成熲罪。胄明雪之，正議其獄。由是忤旨，械繫之，久而得免。檢校相州事，甚有能名。會漢王諒作亂并州，遣僞將綦良東略地，攻逼慈州。刺史上官政請援於冑，冑畏諒兵鋒，不敢拒。良又引兵攻冑，冑欲以計却之，遣親人魯世範説良曰：「天下事未可知，冑爲人臣，去就須得其所，何遽相攻也？」良於是釋去，進圖黎陽。及良爲史祥所攻，棄軍歸冑。朝廷以冑懷貳心，鎖詣大理。相州吏人素懷其恩，詣闕理冑者百餘人，冑竟坐除名，配防嶺南，道病卒。有子筠、獻，並知名。

宇文弼

宇文弼字公輔，河南洛陽人也，其先與周同出。祖直力覲，魏鉅鹿太守。父珍，周宕州刺史。弼慷慨有大節，博學多通。仕周爲禮部上士，嘗奉使鄧至國及黑水、龍涸諸羌，前後降附三十餘部。及還，奉詔修定五禮，書成奏之，賜公田十二頃，粟百石。累遷少吏部，擢八人爲縣令，皆有異績，時以爲知人。轉内史都上士。武帝將出兵河陽以伐齊，謀及臣下，弼進策曰：「齊氏建國，于今累葉，雖曰無道，藩屏之寄，尚有其人。今之用兵，須擇其地。河陽衝要，精兵所聚，盡力攻圍，恐難得志。如臣所見，彼汾之曲，戍小山平，攻之易拔。用武之地，莫過於此，願陛下詳之。」帝不納，師竟無功。建德五年，大舉伐齊，卒用弢計。弢於是募三輔豪俠少年數百人以爲别隊，從帝攻拔晉州。身被三瘡，苦戰不息，帝奇而壯之。後從帝平齊，以功拜上儀同，封武威縣公，邑千五百户，賜物千五百段，奴婢百五十口，馬牛羊千餘頭，拜司州總管司録。

宣帝嗣位，遷左守廟大夫。時突厥寇甘州，帝令侯莫陳昶率兵擊之，弢爲監軍。弢謂昶曰：「黠虜之勢，來如激矢，去若絶絃，若欲追躡，良爲難及。且宜選精騎，直趣祁連之西。賊若收軍，必自蓼泉之北，此地險隘，兼復下濕，度其人馬，三日方度，緩轡追討，何慮不及？彼勞我逸，破之必矣。若邀此路，真上策也。」昶不能用之，西取合黎，大軍行遲，虜已出塞。其年，弢又率兵從梁士彦攻拔壽陽，尋改封安樂縣公，增邑六百户，賜物六百段，加以口馬。除澮州刺史，俄轉南司州刺史。後司馬消難之奔陳也，弢追之不及。遇陳將樊毅，戰於漳口，自旦及午，三戰三捷，虜獲三千人。除黄州刺史，尋轉南定州刺史。

開皇初，以前功封平昌縣公，加邑一千二百户，入爲尚書右丞。時西羌内附，詔弢持節安集之，置鹽澤、蒲昌二郡而還。遷尚書左丞，當官正色，爲百寮所憚。三年，突厥寇甘州，以行軍司馬從元帥竇榮定擊破之。還除太僕少卿，轉吏部侍郎。平陳之役，楊素出信州道，令弢持節爲諸軍節度，仍領行軍總管。劉仁恩之破陳將吕仲肅也，弢有謀焉。加開府，擢拜刑部尚書，領太子虞候率。上嘗親臨釋奠，弢與博士論議，詞致清遠，觀者屬目。

上大悦，顧謂侍臣曰：「朕今覩周公之制禮，見宣尼之論孝，實慰朕心。」於是頒賜各有差。時朝廷以晉陽爲重鎮，并州總管必屬親王，其長史、司馬亦一時高選。前長史王韶卒，以弢有文武幹用，出爲并州長史。俄以父艱去職，尋詔起之。十八年，遼東之役，授元帥漢王府司馬，仍尋領行軍總管。軍還之後，歷朔、代、吴三州總管，皆有能名。

煬帝即位，徵拜刑部尚書，仍持節巡省河北。還除泉州刺史。歲餘，復拜刑部尚書，尋轉禮部尚書。弢既以才能著稱，歷職顯要，聲望甚重，物議時談，多見推許，帝頗忌之。時帝漸好聲色，尤勤遠略，弢謂高熲曰：「昔周天元好聲色而國亡，以今方之，不亦甚乎？」又言「長城之役，幸非急務」。有人奏之，竟坐誅死，時年六十二，天下寃之。所著辭賦二十餘萬言，爲尚書、孝經注行於時。有子儉、瑗。

張衡

張衡字建平，河内人也。祖嶷，魏河陽太守。父光〔五〕，周萬州刺史。衡幼懷志尚，有骨鯁之風。年十五，詣太學受業，研精覃思，爲同輩所推。周武帝居太后憂，與左右出獵，衡露髮輿櫬，扣馬切諫。帝嘉焉，賜衣一襲，馬一匹，擢拜漢王侍讀。衡又就沈重受三禮，略究大旨。累遷掌朝大夫。

高祖受禪，拜司門侍郎。及晉王廣爲河北行臺，衡歷刑部、度支二曹郎。後以臺廢，拜并州總管掾。及王轉牧揚州，衡復爲掾，王甚親任之。衡亦竭慮盡誠事之，奪宗之計，多衡所建也。以母憂去職，歲餘，起授揚州總管司馬，賜物三百段。開皇中，熙州李英林聚衆反，署置百官，以衡爲行軍總管，率步騎五萬人討平之。拜開府，賜奴婢一百三十口，物五百段，金銀雜畜稱是。及王爲皇太子，拜衡右庶子，仍領給事黃門侍郎。

煬帝嗣位，除給事黃門侍郎，進位銀青光祿大夫，俄遷御史大夫，甚見親重。大業三年，帝幸榆林郡，還至太原，謂衡曰：「朕欲過公宅，可爲朕作主人。」衡於是馳至河內，與宗族具牛酒。帝上太行，開直道九十里，以抵其宅。帝悅其山泉，留宴三日，因謂衡曰：「往從先皇拜太山之始，塗經洛陽，瞻望於此，深恨不得相過，不謂今日得諧宿願。」衡俯伏辭謝，奉觴上壽。帝益歡，賜其宅傍田三十頃，良馬一匹、金帶，縑綵六百段，衣一襲，御食器一具。衡固讓，帝曰：「天子所至稱幸者，蓋爲此也，不足爲辭。」衡復獻食於帝，帝令頒賜公卿，下至衞士，無不霑洽。

衡以藩邸之舊，恩寵莫與爲比，頗自驕貴。明年，帝幸汾陽宮，宴從官，特賜絹五百匹。時帝欲大汾陽宮〔六〕，令衡與紀弘整具圖奏之。衡承間進諫曰：「比年勞役繁多，百姓疲弊，伏願留神，稍加折損。」帝意甚不平。後嘗目衡謂侍臣曰：「張衡自謂由其計畫，令我有天下也。」時齊王暕失愛於上，帝密令人求暕罪失。有人譖暕違制，將伊闕令皇甫詡從之汾陽宮。又録前幸涿郡及祠恒岳時，父老謁見者，衣冠多不整。帝譴衡以憲司皆不能舉正，出爲榆林太守。明年，帝復幸汾陽宮，衡督役築樓煩城，因而謁帝。帝惡衡不損瘦，以爲不念咎，因謂衡曰：「公甚肥澤，宜且還郡。」衡復之榆林。俄而勑衡督役江都宮。有人詣衡訟宮監者，衡不爲理，還以訟書付監，其人大爲監所困。禮部尚書楊玄感使至江都，其人詣玄感稱冤。玄感固以衡爲不可。及與衡相見，未有所言，又先謂玄感曰：「薛道衡真爲枉死。」玄感具上其事，江都丞王世充又奏衡頻減頓具。帝於是發怒，鎖衡詣江都市，將斬之，久而乃釋，除名爲民，放還田里。帝每令親人覘衡所爲。八年，帝自遼東還都，衡妾言衡怨望，謗訕朝政，竟賜盡于家。臨死大言曰：「我爲人作何物事，而望久活！」監刑者塞耳，促令殺之。義寧中，以死非其罪，贈大將軍、南陽郡公，謚曰忠。有子希玄。

楊汪

楊汪字元度，本弘農華陰人也，曾祖順，徙居河東。父琛，儀同三司，及汪貴，追贈平鄉縣公。汪少凶疎，好與人羣鬭，拳所毆擊，無不顛踣。長更折節勤學，專精左氏傳，通三禮。解褐周冀王侍讀，王甚重之，每曰：「楊侍讀德業優深，孤之穆生也。」其後問禮於沈重，受漢書於劉臻，二人推許之曰：「吾弗如也。」由是知名，累遷夏官府都上士。及高祖居相，引知兵事，遷掌朝下大夫。

高祖受禪，賜爵平鄉縣伯，邑二百户。歷尚書司勳兵部二曹侍郎、秦州總管長史，名爲明幹。遷尚書左丞〔七〕，坐事免。後歷荆、洛二州長史，每聽政之暇，必延生徒講授，時人稱之。數年，高祖謂諫議大夫王達曰：「卿爲我覓一好左丞。」達遂私於汪曰：「我當薦君爲左丞，若事果，當以良田相報也。」汪以達所言奏之，達竟以獲罪，卒拜汪爲尚書左丞。汪明習法令，果於剖斷，當時號爲稱職。

煬帝即位，守大理卿。汪視事二日，帝將親省囚徒。其時繫囚二百餘人，汪通宵究審，詰朝而奏，曲盡事情，一無遺誤，帝甚嘉之。歲餘，拜國子祭酒。帝令百寮就學，與汪講論，天下通儒碩學多萃焉，論難鋒起，皆不能屈。帝令御史書其問答奏之，省而大悦，賜良馬一匹。大業中，爲銀青光禄大夫。

及楊玄感反，河南贊治裴弘策出師禦之，戰不利，弘策出還，遇汪而屏人交語。既而留守樊子蓋斬弘策，以狀奏汪，帝疑之，出爲梁郡通守。後李密已逼東都，其徒頻寇梁郡，汪勒兵拒之，頻挫其鋭。煬帝崩，王世充推越王侗爲主，徵拜吏部尚書，頗見親委。及世充僭號，汪復用事，世充平，以兇黨誅死。

史臣曰：盧愷諫説可稱，令狐熙所居而治，薛胄執憲平允，宇文弼聲望攸歸，張衡以鯁正立名，楊汪以學業自許。然皆有善始，鮮克令終，九仞之基，俱傾於一簣，惜哉！夫忠爲令德，施非其人尚或不可，況託足邪徑，而又不得其人者歟！語曰：「無爲權首，將受其咎。」又曰：「無始禍，無召亂。」張衡既召亂源，實爲權首，動不以順，其能不及於此乎？

校勘記

〔一〕愷説柏杜鎮下之　「柏杜」，北史卷三〇盧玄傳附盧愷傳、周書卷一二齊煬王憲傳作「柏社」，疑是。

〔二〕尋授帥都督　「帥」字原闕，據宋甲本、大德本、汲本補。

〔三〕至者一萬户　「户」，宋甲本作「口」。按，册府卷六九二牧守部招輯亦作「口」。

〔四〕於是奏改安州爲欽州黄州爲峯州　錢大昕考異卷三四：「地理志『開皇十八年改黄州曰玉

州，改興州曰峯州』，此傳恐有脫文。」

〔五〕父光　「光」，北史卷七四張衡傳作「允」。

〔六〕時帝欲大汾陽宮　「時」字原闕，據宋甲本、至順本、汲本補。

〔七〕遷尚書左丞　「左丞」，宋甲本作「右丞」。

隋書卷五十七

列傳第二十二

盧思道 從父兄昌衡

盧思道字子行，范陽人也。祖陽烏，魏祕書監。父道亮，隱居不仕。思道聰爽俊辯，通侻不羈。年十六，遇中山劉松，松爲人作碑銘，以示思道。思道讀之，多所不解，於是感激，閉户讀書，師事河間邢子才。後思道復爲文，以示劉松，松又不能甚解。思道乃喟然歎曰：「學之有益，豈徒然哉！」因就魏收借異書，數年之間，才學兼著。然不持操行，好輕侮人。齊天保中，魏史未出，思道先已誦之，由是大被笞辱。前後屢犯，因而不調。其後左僕射楊遵彦薦之於朝，解褐司空行參軍，長兼員外散騎侍郎，直中書省。文宣帝崩，當朝文士各作挽歌十首，擇其善者而用之。魏收、陽休之、祖孝徵等不過得一二首〔一〕，唯思道獨得八首。故時人稱爲「八米盧郎」〔二〕。後漏洩省中語，出爲丞相西閤祭酒，歷太子舍人、司徒録事參軍。每居官，多被譴辱。後以擅用庫錢，免歸於家。嘗於薊北悵然感慨，爲五言詩以見意，人以爲工。數年，復爲京畿主簿，歷主客郎、給事黄門侍郎，待詔文林館。周武帝平齊，授儀同三司，追赴長安，與同輩陽休之等數人作聽蟬鳴篇。思道所爲，詞意清切，爲時人所重。新野庾信徧覽諸同作者，而深歎美之。未幾，以母疾還鄉，遇同郡祖英伯及從兄昌期、宋護等舉兵作亂，思道預焉。周遣柱國宇文神舉討平之，罪當法，已在死中。神舉素聞其名，引出之，令作露布。思道援筆立成，文無加點，神舉嘉而宥之。後除掌教上士。

高祖爲丞相，遷武陽太守，非其好也。爲孤鴻賦以寄其情曰：

余志學之歲，自鄉里遊京師，便見識知音，歷受羣公之眷。年登弱冠，甫就朝列，談者過誤，遂竊虚名。通人楊令君、邢特進已下，皆分庭致禮，倒屣相接，翦拂吹嘘，長其光價。而才本駑拙，性實疎嬾，勢利貨殖，淡然不營。雖籠絆朝市且三十載，而獨往之心未始去懷抱也。攝生舛和，有少氣疾。分符坐嘯，作守東原。洪河之湄，沃野彌望，囂務既屏，魚鳥爲鄰。有離羣之鴻，爲羅者所獲，野人馴養，貢之於余。置諸池庭，朝夕賞翫，既用銷憂，兼以輕疾。大易稱「鴻漸於陸」，羽儀盛也。揚子曰「鴻飛冥冥」，騫翥高也。淮南云「東歸碣石」，違溽暑也。平子賦曰「南寓衡陽」，避祁寒也。若其雅步清音，遠心高韻，鵷鸞以降，罕見其儔，而鎩翮牆陰，偶影獨立，唼喋粃粺，雞鶩爲伍，不亦傷乎！余五十之年，忽焉已至，永言身事，慨然多緒，乃爲之賦，聊以自慰云。其詞曰：

惟此孤鴻，擅奇羽蟲，實稟清高之氣，遠生遼碣之東。氄毛將落，和鳴順風，壯冰云厚，矯翅排空。出島嶼之緜邈，犯霜露之溟濛，驚結魚之密網，畏落雁之虚弓。若其斗柄東指，女夷司月，乃遥集於寒門，遂輕舉於玄闕。至如天高氣肅，摇落在時，既嘯儔於淮浦，亦弄吭於江湄。摩赤霄以凌厲，乘丹氣之威夷，遡商飆之嫋嫋，翫陽景之遲遲。彭蠡方春，洞庭初緑，理翮整翰，羣浮侶浴。振雪羽而臨風，掩霜毛而候旭，饜江湖之菁藻，飫原野之菽粟。行離離而高逝，響噰噰而相續，絜齊國之冰紈，皓密山之華玉。若乃晨沐清露，安趾徐步；夕息芳洲，延頸乘流；違寒競逐，浮沉水宿；避暑言歸，絶漠雲飛。望玄鵠而爲侶，比朱鷺而相依，倦天衢之冥漠，降河渚之芳菲。

忽值羅人設網，虞者懸機，永辭寥廓，蹈迹重圍。始則窘束籠樊，憂憚刀俎，靡軀絶命，恨失其所。終乃馴狎園庭，栖託池籞，稻粱爲惠，恣其容與。於是翕羽宛頸，屏氣銷聲，滅煙霞之高想，闕江海之幽情。何時驤首奮翼，上凌太清，騫翥鼓舞，遠薄層城。惡禽視而不貴，小鳥顧而相輕，安控地而無恥，豈沖天之復榮！若夫圖南之羽，偉而去羨，栖睫之蟲，微而不賤，各遂性於天壤，弗企懷以交戰。不聽咸池之樂，不饗太牢之薦，匹晨雞而共飲，偶野鳧以同膳。匪揚聲以顯聞，寧校體而求見，聊寓形乎沼沚，且夷心於溏淀。齊榮辱以晏如，承君子之餘眄。

開皇初，以母老，表請解職，優詔許之。思道自恃才地，多所陵轢，由是官塗淪滯。既而又著勞生論，指切當時，其詞曰：

莊子曰：「大塊勞我以生。」誠哉斯言也！余年五十，羸老云至，追惟疇昔，勤矣厥生。乃著茲論，因言時云爾。

罷郡屏居，有客造余者，少選之頃，盱衡而言曰：「生者天地之大德，人者有生之最靈，所以作配兩儀，稱貴羣品，姸蚩愚智之辯，天懸壤隔，行己立身之異，入海登山。今吾子生於右地，九葉卿族，天授俊才，萬夫所仰，學綜流略，慕孔門之游、夏，辭窮麗則，擬漢日之卿、雲。行藏有節，進退以禮，不諂不驕，無慍無懌，偃仰貴賤之間，從容語默之際，何其裕也！下走所欣羨焉。」余莞爾而笑曰：「未之思乎？何所言之過也！子其清耳，請爲左右陳之。夫人之生也，皆未若無生。在余之生，勞亦勤止，紈綺之年，伏膺教義，規行矩步，從善而登。巾冠之後，濯纓受署，纆鑠仁義，籠絆朝市。

失翹陸之本性，喪江湖之遠情，淪此風波，溺於倒躓，憂勞總至，事非一緒。何則？地胄高華，既致嫌於管庫，才識美茂，亦受嫉於愚庸。篤學强記，聾瞽於焉側目，清言河瀉，木訥所以疢心。豈徒蟲惜春漿，鴟恡腐鼠，相江都而永歎，傅長沙而不歸，固亦魯值臧倉，楚逢靳尚，趙壹爲之哀歌，張升於是慟哭。有齊之季，不遇休明，申脰就鞅，屏迹無地。段珪、張讓，金貝是視，賈謐、郭槐〔三〕，腥臊可饜。淫刑以逞，禍近池魚，耳聽惡來之譏，足踐龍逢之血。周氏末葉，仍值僻王，斂笏升階，汗流浹背，莒客之踵蹐焦原，匹茲非險，齊人之手執馬尾，方此未危。若乃羊腸、句注之道，據鞍振策，武落〔四〕、雞田之外，櫛風沐雨，三旬九食，不敢稱弊，此之爲役，蓋其小小者耳。

今泰運肇開，四門以穆，冕旒司契於上，夔、龍佐命於下，岐伯、善卷，恥徇幽憂，卞隨、務光，悔從木石。余年在秋方，已迫知命，情禮宜退，不獲晏安。一葉從風，無損鄧林之攢植，雙鳧退飛，不虧渤澥之游泳。耕田鑿井，晚息晨興，候南山之朝雲，攀北堂之明月。汜勝九穀之書，觀其節制，崔寔四人之令，奉以周旋。晨荷簑笠，白屋黄冠之伍，夕談穀稼，霑體塗足之倫。濁酒盈罇，高歌滿席，恍兮惚兮，天地一指。此野人之樂也，子或以是羨余乎？」

客曰：「吾子之事，既聞之矣。佗人有心，又請論其梗槩。」余答曰：「雲飛泥沉，卑高異等，圓行方止，動息殊致。是以摩霄運海，輕罻羅於藪澤，五衢四照，忽斤斧於山林。余晚值昌辰，遂其弱尚，觀人事之隕穫，覩時路之邅危。玄冬脩夜，靜言長想，可以累歎悼心，流涕酸鼻。人之百年，脆促已甚，奔駒流電，不可爲辭。顧慕周章，數紀之内，窮通榮辱，事無足道。而有識者鮮，無識者多，褊隘凡近，輕險躁薄。居家則人面獸心，不孝不義，出門則諂諛讒佞，無愧無恥。退身知足，忘伯陽之炯戒，陳力就列，棄周任之格言。悠悠遠古，斯患已積，迄於近代，此蠹尤深。范卿撝讓之風，搢紳不嗣，夏書昏墊之罪，執政所安。朝露未晞，小車盈董、石之巷，夕陽且落，皁蓋填閻、竇之里。皆如脂如韋，俯僂匍匐，嗽惡求媚，舐痔自親。美言諂笑，助其愉樂，詐泣佞哀，恤其喪紀。近通旨酒，遠貢文蛇，艷姬美女，委如脱屣，金銑玉華，棄同遺跡。及鄧通失路，一簪之賄無餘，梁冀就誅，五侯之貴將起。向之求官買職，晚謁晨趨，刺促望塵之舊遊，伊優上堂之夜客，始則亡魂褫魄，若牛兄之遇獸，心戰色沮，似葉公之見龍。俄而抵掌揚眉，高視闊步，結侶棄廉公之第，攜手哭聖卿之門。華轂生塵，來如激矢，雀羅蹔設，去等絶絃。飴蜜非甘，山川未阻，千變萬化，鬼出神入。爲此者皆衣冠士族，或有藝能，不恥不仁，不畏不義，靡愧友朋，莫慙妻子。外呈厚貌，内藴百心，繇是則紆青佩紫，牧州典郡，冠幘劫人，厚自封殖。妍歌妙舞，列鼎撞鍾，耳倦絲桐，口飫珍旨。雖素論以爲非，而時宰之不責，末俗蚩蚩，如此之敝。

余則違時薄宦，屏息窮居，甚恥驅馳，深畏乾没。心若死灰，不營勢利，家無儋石，不費囊錢。偶影聯官，將數十載，駑拙致笑，輕生所以告勞也。真人御宇，斵雕爲朴，人知榮辱，時反邕熙。風力上宰，内敷文教，方、邵重臣，外揚武節。被之大道，洽以淳風，舉必以才，爵無濫授。稟斯首鼠，不預衣簪，阿黨比周，掃地俱盡，輕薄之儔，滅影竄迹，礫石變成瑜瑾，莨莠化爲芝蘭。曩之扇俗攪時，駭耳穢目〔五〕，今悉不聞不見，莫余敢侮。易曰：『聖人作而萬物覩。』斯之謂乎！」

歲餘，被徵，奉詔郊勞陳使。頃之，遭母憂，未幾，起爲散騎侍郎，奏内史侍郎事〔六〕。于時議置六卿，將除大理。思道上奏曰：「省有駕部，寺留大僕，省有刑部，寺除大理，斯則重畜産而賤刑名，誠爲未可。」又陳殿庭非杖罰之所，朝臣犯笞罪，請以贖論，上悉嘉納之。是歲，卒于京師，時年五十二。上甚惜之，遣使弔祭焉。有集三十卷，行於時。子赤松，大業中，官至河東長史〔七〕。

昌衡字子均。父道虔，魏尚書僕射。昌衡小字龍子，風神澹雅，容止可法，博涉經史，工草行書。從弟思道，小字釋奴，宗中俱稱英妙。故幽州爲之語曰：「盧家千里，釋奴、龍子。」年十七，魏濟陰王元暉業召補太尉參軍事，兼外兵參軍。齊氏受禪，歷平恩令、太子舍人。尋爲僕射祖孝徵所薦，遷尚書金部郎。孝徵每曰：「吾用盧子均爲尚書郎，自謂無愧幽州矣。」其後兼散騎侍郎，迎勞周使。武帝平齊，授司玉中士，與大宗伯斛斯徵修禮令。

開皇初，拜尚書祠部侍郎。高祖嘗大集羣下，令自陳功績，人皆競進，昌衡獨無所言。左僕射高熲目而異之。陳使賀徹、周濆相繼來聘，朝廷每令昌衡接對之。未幾，出爲徐州總管長史，甚有能名。吏部尚書蘇威考之曰：「德爲人表，行爲士則。」論者以爲美談。嘗行至浚儀，所乘馬爲佗牛所觸，因致死。牛主陳謝，求還價直。昌衡謂之曰：「六畜相觸，自關常理，此豈人情也，君何謝？」拒而不受。性寬厚不校，皆此類也。轉壽州總管長史。總管宇文述甚敬之，委以州務。歲餘，遷金州刺史。仁壽中，奉詔持節爲河南道巡省大使，及還，以奉使稱旨，授儀同三司，賜物三百段〔八〕。昌衡自以年在懸車，表乞骸骨，優詔不許。大業初，徵爲太子左庶子，行詣洛陽，道卒，時年七十二。子寶素、寶胤。

李孝貞

李孝貞字元操，趙郡柏人人也。父希禮，齊信州刺史，世爲著姓。孝貞少好學，能屬文。在齊，釋褐司徒府參軍事。簡靜，不妄通賓客，與從兄儀曹郎中騷、太子舍人季節、博陵崔子武、范陽盧詢祖爲斷金之契。後以射策甲科，拜給事中。于時黃門侍郎高乾和親要用事，求婚於孝貞。孝貞拒之，由是有隙，陰譖之，出爲太尉府外兵參軍。後歷中書舍人、博陵太守、司州別駕，復兼散騎常侍、聘周使副，還除給事黃門侍郎。周武帝平齊，授儀同三司、少典祀下大夫。宣帝即位，轉吏部下大夫。

高祖爲丞相，尉迥作亂相州，孝貞從韋孝寬擊之，以功授上儀同三司。開皇初，拜馮翊太守，爲犯廟諱，於是稱字。後數歲，遷蒙州刺史，吏民安之。自此不復留意於文筆，人問其故，慨然歎曰：「五十之年，倏焉而過，鬢垂素髮，筋力已衰，宦意文情，一時盡矣，悲夫！」然每暇日，輒引賓客絃歌對酒，終日爲歡。徵拜内史侍郎，與内史李德林參典文翰。然孝貞無幹劇之用，頗稱不理，上譴怒之，勑御史劾其事，由是出爲金州刺史。卒官。所著文集二十卷，行於世。有子允王〔九〕。

孝貞弟孝威，亦有雅望，大業中，官至大理少卿。

薛道衡 從弟孺

薛道衡字玄卿，河東汾陰人也。祖聰，魏齊州刺史〔一〇〕。父孝通，常山太守。道衡六歲而孤，專精好學。年十三，講左氏傳，見子産相鄭之功，作國僑贊，頗有詞致，見者奇之。其後才名益著，齊司州牧、彭城王浟引爲兵曹從事。尚書左僕射弘農楊遵彦，一代偉人，見而嗟賞。授奉朝請。吏部尚書隴西辛術與語，歎曰：「鄭公業不亡矣。」河東裴讞目之曰：「自鼎遷河朔，吾謂關西孔子罕值其人，今復遇薛君矣。」武成作相，召爲記室，及即位，累遷太尉府主簿。歲餘，兼散騎常侍，接對周、陳二使。武平初，詔與諸儒修定五禮〔一一〕，除尚書左外兵郎。陳使傅縡聘齊，以道衡兼主客郎接對之。縡贈詩五十韻，道衡和之，南北稱美，魏收曰：「傅縡所謂以蚓投魚耳。」待詔文林館，與范陽盧思道、安平李德林齊名友善。復以本官直中書省，尋拜中書侍郎，仍參太子侍讀。後主之時，漸見親用，于時頗有附會之譏。後與侍中斛律孝卿參預政事，道衡具陳備周之策，孝卿不能用。及齊亡，周武引爲御史二命士。後歸鄉里，自州主簿入爲司禄上士。

高祖作相，從元帥梁睿擊王謙，攝陵州刺史。大定中，授儀同，攝邛州刺史。高祖受禪，坐事除名。河間王弘北征突厥，召典軍書，還除内史舍人。其年，兼散騎常侍，聘陳主使。道衡因奏曰：「江東蕞爾一隅，僭擅遂久，寔由永嘉已後，華夏分崩。劉、石、符、姚、慕容、赫連之輩，妄竊名號，尋亦滅亡。魏氏自北徂南，未遑遠略。周、齊兩立，務在兼并，所以江表逋誅，積有年祀。陛下聖德天挺，光膺寶祚，比隆三代，平一九州，豈容使區區之陳久在天網之外？臣今奉使，請責以稱藩。」高祖曰：「朕且含養，置之度外，勿以言辭相折，識朕意焉。」江東雅好篇什，陳主尤愛雕蟲，道衡每有所作，南人無不吟誦焉。

及八年伐陳，授淮南道行臺尚書吏部郎，兼掌文翰。王師臨江，高熲夜坐幕下，謂之曰：「今段之舉，克定江東已不？君試言之。」道衡答曰：「凡論大事成敗，先須以至理斷之。禹貢所載九州，本是王者封域。後漢之季，羣雄競起，孫權兄弟遂有吳、楚之地。晉武受命，尋即吞併，永嘉南遷，重此分割。自爾已來，戰爭不息，否終斯泰，天道之恒。郭璞有云：『江東偏王三百年，還與中國合。』今數將滿矣。以運數而言，其必克一也。有德者昌，無德者亡，自古興滅，皆由此道。主上躬履恭儉，憂勞庶政，叔寶峻宇雕牆，酣酒荒色。上下離心，人神同憤，其必克二也。爲國之體，在於任寄，彼之公卿，備員而已。拔小人施文慶委以政事，尚書令江總唯事詩酒，本非經略之才，蕭摩訶、任蠻奴是其大將，一夫之用耳。其必克三也。我有道而大，彼無德而小，量其甲士，不過十萬。西自巫峽，東至滄海，分之則勢懸而力弱，聚之則守此而失彼。其必克四也。席卷之勢，其在不疑。」熲忻然曰：「君言成敗，事理分明，吾今豁然矣。本以才學相期，不意籌略乃爾。」還除吏部侍郎。

後坐抽擢人物，有言其黨蘇威，任人有意故者，除名，配防嶺表。晉王廣時在揚州，陰令人諷道衡，從揚州路，將奏留之。道衡不樂王府，用漢王諒之計，遂出江陵道而去。尋有詔徵還，直内史省。晉王由是銜之，然愛其才，猶頗見禮。後數歲，授内史侍郎，加上儀同三司。

道衡每至構文，必隱坐空齋，蹋壁而卧，聞户外有人便怒，其沉思如此。高祖每曰：「薛道衡作文書稱我意。」然誡之以迂誕。後高祖善其稱職，謂楊素、牛弘曰：「道衡老矣，驅使勤勞，宜使其朱門陳戟。」於是進位上開府，賜物百段。道衡辭以無功，高祖曰：「爾久勞階陛，國家大事，皆爾宣行，豈非爾功也？」道衡久當樞要，才名益顯，太子諸王爭相與交，高熲、楊素雅相推重，聲名籍甚，無競一時。

仁壽中，楊素專掌朝政，道衡既與素善，上不欲道衡久知機密，因出檢校襄州總管。道衡久蒙驅策，一旦違離，不勝悲戀，言之哽咽。高祖愴然改容曰：「爾光陰晚暮，侍奉誠勞。朕欲令爾將攝，兼撫萌俗。今爾之去，朕如斷一臂。」於是賚物三百段，九環金帶，并時服一襲，馬十匹，慰勉遣之。在任清簡，吏民懷其惠。

煬帝嗣位，轉番州刺史〔三〕。歲餘，上表求致仕。帝謂内史侍郎虞世基曰：「道衡將至，當以祕書監待之。」道衡既至，上高祖文皇帝頌，其詞曰：

太始太素，荒茫造化之初，天皇、地皇，杳冥書契之外。其道絶，其迹遠，言談所不詣，耳目所不追。至於入穴登巢，鶉居鷇飲，不殊於羽族，取類於毛羣，亦何貴於人靈，何用於心識？羲、軒已降，爰暨唐、虞，則乾象而施法度，觀人文而化天下，然後帝王之位可重，聖哲之道爲尊。夏后、殷、周之國，禹、湯、文、武之主，功濟生民，聲流雅頌，然陵替於三五，慙德於干戈。秦居閏位，任刑名爲政本，漢執靈圖，雜霸道而爲業。當塗興而三方峙，典午末而四海亂，九州封域，窟穴鯨鯢之羣，五都遺黎，蹴踏戎馬之足。雖玄行定嵩、洛，木運據崤、函，未正滄海之流，詎息崑山之燎！叶千齡之旦暮，當萬葉之一朝者，其在大隋乎？

粵若高祖文皇帝，誕聖降靈則赤光照室，韜神晦迹則紫氣騰天。龍顔日角之奇，玉理珠衡之異，著在圖籙，彰乎儀表。而帝系靈長，神基崇峻，類邠、岐之累德，異豐、沛之勃起，俯膺歷試，納揆賓門，位長六卿，望高百辟，猶重華之爲太尉，若文命之任司空。蒼歷將盡，率土糜沸，玉弩驚天，金鉦照野，姦雄挺禍，據河朔而連海岱，猾長縱惡，杜白馬而塞成皋，庸、蜀逆命，憑銅梁之險，鄖、黄背誕，引金陵之寇，三川已震，九鼎將飛。高祖龍躍鳳翔，濡足授手，應赤伏之符，受玄狐之籙，命百下百勝之將，動九天九地之師，平共工而殄蚩尤，翦猰貐而戮鑿齒。不煩二十八將，無假五十二征，曾未踰時，妖逆咸殄，廓氛霧於區宇，出黎元於塗炭。天柱傾而還正，地維絶而更紐，殊方稽顙，識牛馬之内向，樂師伏地，懼鍾石之變聲。萬姓所以樂推，三靈於是改卜，壇場已備，猶弘五讓之心，億兆難違，方從四海之請。光臨寶祚，展禮郊丘，舞六代而降天神，陳四圭而饗上帝，乾坤交泰，品物咸亨。酌前王之令典，改易徽號，因庶萌之子來，移創都邑。天文上當朱鳥，地理下據黑龍，正位辨方，揆景於日月，内宫外座，取法於辰象。懸政教於魏闕，朝羣后於明堂，除舊布新，移風易俗。天街之表，地脉之外，獯獫孔熾，其來自久，横行十萬，樊噲於是失辭，提步五千，李陵所以陷没。周、齊兩盛，競結旄頭，娉狄后於漠北，未足息其侵擾，傾珍藏於山東，不能止其貪暴。炎靈啓祚，聖皇馭寓，運天策於帷扆，播神威於沙朔，柳室、氈裘之長，皆爲臣隸，瀚海、蹛林之地，盡充池苑〔三〕。三吴、百越，九江五湖，地分南北，天隔内外，談黄旗紫蓋之氣，恃龍蟠獸據之嶮，恒有僭僞之君，妄竊帝王之號。時經五代，年移三百，爰降皇情，永懷大道，愍彼黎獻，獨爲匪人。今上利建在唐，則哲居代，地憑宸極，天縱神武，受脤出車，一舉平定。於是八荒無外，九服大同，四海爲家，萬里爲宅。乃休牛散馬，偃武修文。

自華夏亂離，緜積年代，人造戰爭之具，家習澆僞之風，聖人之遺訓莫存，先王之舊典咸墜。爰命秩宗，刊定五禮，申勑大予〔一四〕，改正六樂，玉帛罇俎之儀，節文乃備，金石匏革之奏，雅俗始分。而留心政術，垂神聽覽，早朝晏罷，廢寢忘食，憂百姓之未安，懼一物之失所。行先王之道，夜思待旦，革百王之弊，朝不及夕，見一善事，喜彰於容旨，聞一愆犯，歎深於在予。薄賦輕徭，務農重穀，倉廩有紅腐之積，黎萌無阻飢之慮。天性弘慈，聖心惻隱，恩加禽獸，胎卵於是獲全，仁霑草木，牛羊所以勿踐。至於憲章重典，刑名大辟，申法而屈情，決斷於俄頃，故能彝倫攸敍，上下齊肅。左右絶諂諛之路，縉紳無勢力之門，小心翼翼，敬事於天地，終日乾乾，誡慎於亢極。陶黎萌於德化，致風俗於太康，公卿庶尹，遐邇岳牧，僉以天平地成，千載之嘉會，登封降禪，百王之盛典。宜其金泥玉檢，展禮介丘，飛聲騰實，常爲稱首。天子爲而不恃，成而不居，沖旨凝邈，固辭弗許。而雖休勿休，上德不德，更乃潔誠岱岳，遜謝愆咎。方知六十四卦，謙撝之道爲尊，七十二君，告成之義爲小。巍巍蕩蕩，無得以稱焉。而深誠至德，感達於穹壤，和氣薰風，充溢於宇宙。二儀降福，百靈薦祉，日月星象，風雲草樹之祥，山川玉石，鱗介羽毛之瑞，歲見月彰，不可勝紀。至於振古所未有，圖籍所不載，目所不見，耳所未聞。古語稱聖人作，萬物覩，神靈滋，百寶用，此其効矣。

既而遊心姑射，脫屣之志已深，鑄鼎荆山，升天之駕遂遠。凡在黎獻，具惟帝臣〔一五〕，慕深考妣，哀纏弓劍，塗山幽峻，無復玉帛之禮，長陵寂寞，空見衣冠之遊。若乃降精熛怒，飛名帝籙，開運握圖，創業垂統，聖德也；撥亂反正，濟國寧人，六合八紘，同文共軌，神功也；玄酒陶匏，雲和孤竹，禋祀上帝，尊極配天，大孝也；偃伯戢戈，正禮裁樂，納民壽域，驅俗福林，至政也。張四維而臨萬寓，侔三皇而並五帝，豈直錙銖周、漢，么麽魏、晉而已。雖五行之舞每陳於清廟，九德之歌無絶於樂府，而玄功暢洽不局於形器，懿業遠大豈盡於揄揚。

臣輕生多幸，命偶興運，趨事紫宸，驅馳丹陛，一辭天闕，奄隔鼎湖，空有攀龍之心，徒懷蓐蟻之意。庶憑毫翰，敢希贊述！昔堙海之禽不增於大地，泣河之士非益於洪流，盡其心之所存，忘其力之所及，輒緣斯義，不覺斐然。乃作頌曰：

悠哉邃古，邈矣季世，四海九州，萬王千帝。三代之後，其道逾替，爰逮金行，不勝其弊。戎狄猾夏，羣凶縱慝，竊號淫名，十有餘國。怙威逞暴，悖禮亂德，五嶽塵飛，三象霧塞。玄精啓曆，發迹幽方，并吞寇僞，獨擅雄强。載祀二百，比祚前王，江湖尚阻，區域未康。句吳、閩越，河朔渭涘，九縣瓜分，三方鼎跱。狙詐不息，干戈競起，東夏雖平，亂離瘼矣。五運叶期，千年肇旦，赫矣高祖，人靈攸贊。聖德迥生，神謀獨斷，癉惡彰善，夷凶靜難。宗伯撰儀，太史練日，孤竹之管，雲和之瑟。展禮上玄，飛煙太一，珪璧朝會，山川望秩。占揆星景，移建邦畿，下憑赤壤，上叶紫微。布政衢室，懸法象魏，帝宅天府，固本崇威。匈河、瀚海，龍荒狼望，種落陸梁，時犯亭障。皇威遠懾，帝德遐暢，稽顙歸誠，稱臣内向。吴越提封，斗牛星象，積有年代，自稱君長。大風未繳，長鯨漏網，授鉞天人，豁然清蕩。戴日戴斗，太平太蒙，禮教周被，書軌大同。復禹之跡，成舜之功，禮以安上，樂以移風。憂勞庶績，矜育黔首，三面解羅，萬方引咎。納民軌物，驅時仁壽，神化隆平，生靈熙阜。虔心恭己，奉天事地，協氣横流，休徵紹至。壇場望幸，云亭虚位，推而不居，聖道彌粹。齊跡姬文，登發嗣聖，道類漢光，傳莊寶命。知來藏往，玄覽幽鏡，鼎業靈長，洪基隆盛。崆峒問道，汾射窅然，御辯遐逝，乘雲上仙。哀纏率土，痛感穹玄，流澤萬葉，用教百年。尚想叡圖，永惟聖則，道洽幽顯，仁霑動植。爻象不陳，乾坤將息，微臣作頌，用申罔極。

帝覽之不悦，顧謂蘇威曰：「道衡致美先朝，此魚藻之義也。」於是拜司隸大夫，將置之罪。道衡不悟。司隸刺史房彦謙素相善，知必及禍，勸之杜絶賓客，卑辭下氣，而道衡不能用。會議新令，久不能決，道衡謂朝士曰：「向使高熲不死，令決當久行。」有人奏之，帝怒曰：「汝憶高熲邪？」付執法者勘之。道衡自以非大過，促憲司早斷。暨於奏日，冀帝赦之，勑家人具饌，以備賓客來候者。及奏，帝令自盡。道衡殊不意，未能引訣。憲司重奏，縊而殺之，妻子徙且末。時年七十。天下冤之。有集七十卷，行於世。

有子五人，收最知名，出繼族父孺。孺清貞孤介，不交流俗，涉歷經史，有才思，雖不爲大文，所有詩詠，詞致清遠。開皇中，爲侍御史、揚州總管司功參軍。每以方直自處，府寮多不便之。及滿，轉清陽令、襄城郡掾，卒官。所經並有惠政。與道衡偏相友愛，收初生，即與孺爲後，養於孺宅。至於成長，殆不識本生。太常丞胡仲操曾在朝堂，就孺借刀子割爪甲。孺以仲操非雅士，竟不與之。其不肯妄交，清介獨行，皆此類也。

道衡兄子邁，官至選部郎，從父弟道實，官至禮部侍郎、離石太守，並知名於世。從子德音，有雋才，起家爲游騎尉。佐魏澹修魏史，史成，遷著作佐郎。及越王侗稱制東都，王世充之僭號也，軍書羽檄，皆出其手。世充平，以罪伏誅。所有文筆，多行於時。

史臣曰：二三子有齊之季皆以辭藻著聞，爰歷周、隋，咸見推重。李稱一代俊偉，薛則時之令望，握靈蛇以俱照，騁逸足以並驅，文雅縱橫，金聲玉振。靜言揚榷，盧居二子之右。李、薛紆青拖紫，思道官塗寥落，雖窮通有命，抑亦不護細行之所致也。

校勘記

〔一〕魏收陽休之祖孝徵等不過得一二首　「一二」，原作「三」，據宋甲本改。按，北史卷三〇盧玄傳附盧思道傳、隋書詳節卷一四盧思道傳亦作「一二」。

〔二〕故時人稱爲八米盧郎　「米」，至順本作「采」。按，隋書詳節卷一四盧思道傳亦作「采」。

〔三〕郭槐　原作「郭淮」，文苑英華卷七五八盧思道勞生論作「郭槐」，注云「一作淮，非」，今據改。按，郭槐事，見晉書卷四〇賈充傳等。

〔四〕武落　本作「虎落」，唐人諱改。

〔五〕駭耳穢目　「駭」，原作「駮」，據宋甲本、至順本、汲本改。

〔六〕奏内史侍郎事　「奏」，北史卷三〇盧玄傳附盧思道傳作「參」，册府卷四七三臺省部奏議、通志卷一六四盧思道傳作「兼」。

〔七〕官至河東長史　「長史」，北史卷三〇盧玄傳附盧思道傳作「縣長」。

〔八〕賜物三百段　「三百」，宋甲本、至順本作「二百」。按，北史卷三〇盧玄傳附盧昌衡傳亦作「二百」。

〔九〕有子允王　「允王」，原作「允玉」，新唐書卷七二上宰相世系表二上趙郡李氏，孝貞六子，分别爲賓王、遵王、讓王、師王、來王、允王，均以「王」字排行，今據改。

〔一〇〕魏齊州刺史　「齊」，原作「濟」，據宋甲本、至順本、汲本改。

〔二〕詔與諸儒修定五禮　「五」，原作「三」，據宋甲本、至順本、汲本改。

〔三〕轉番州刺史　「番州」，原作「潘州」，據本書卷四八楊素傳、卷六六房彦謙傳改。按，本書地理志隋時無「潘州」，卷三一地理志下南海郡有番州。

〔三〕盡充池苑　「池」，原作「沙」，據宋甲本、至順本、汲本改。

〔四〕申勑大予　「大予」，原作「太子」，據宋甲本改。按，文苑英華卷七七二薛道衡隋高祖功德頌并序作「申勑太常」，注「一作太予，後漢樂名」。

〔五〕具惟帝臣　「具」，原作「共」，據宋甲本、大德本、至順本、汲本改。

隋書卷五十八

列傳第二十三

明克讓

明克讓字弘道，平原鬲人也。父山賓，梁侍中。克讓少好儒雅，善談論，博涉書史，所覽將萬卷。三禮禮論〔一〕，尤所研精，龜筴曆象，咸得其妙。年十四，釋褐湘東王法曹參軍。時舍人朱异在儀賢堂講老子，克讓預焉。堂邊有脩竹，异令克讓詠之。克讓覽筆輒成，其卒章曰：「非君多愛賞，誰貴此貞心。」异甚奇之。仕歷司徒祭酒、尚書都官郎中、散騎侍郎，兼國子博士、中書侍郎。梁滅，歸于長安，周明帝引爲麟趾殿學士，俄授著作上士，轉外史下大夫，出爲衞王友，歷漢東、南陳二郡守。武帝即位，復徵爲露門學士，令與太史官屬正定新曆。拜儀同三司，累遷司調大夫，賜爵歷城縣伯，邑五百户。

高祖受禪，拜太子內舍人，轉率更令，進爵爲侯。太子以師道處之，恩禮甚厚。每有四方珍味，輒以賜之。于時東宮盛徵天下才學之士，至於博物洽聞，皆出其下。詔與太常牛弘等修禮議樂，當朝典故多所裁正。開皇十四年，以疾去官，加通直散騎常侍。卒，年七十〔三〕。上甚傷惜焉，賻物五百段，米三百石。太子又贈絹布二千匹，錢十萬，朝服一具，給棺槨。著孝經義疏一部，古今帝代記一卷，文類四卷，續名僧記一卷，集二十卷。子餘慶，官至司門郎。越王侗稱制，爲國子祭酒。

魏澹

魏澹字彥深，鉅鹿下曲陽人也。祖鸞，魏光州刺史。父季景，齊大司農卿，稱爲著姓，世以文學自業。澹年十五而孤，專精好學，博涉經史，善屬文，詞采贍逸。齊博陵王濟聞其名，引爲記室。及琅邪王儼爲京畿大都督，以澹爲鎧曹參軍，轉殿中侍御史。尋與尚書左僕射魏收、吏部尚書陽休之、國子博士熊安生同修五禮。又與諸學士撰御覽，書成，除殿中郎中、中書舍人。復與李德林俱修國史。周武帝平齊，授納言中士。及高祖受禪，出爲行臺禮部侍郎。尋爲散騎常侍、聘陳主使。還除太子舍人。廢太子勇深禮遇之，屢加優錫，令注庾信集，復撰笑苑、詞林集，世稱其博物。數年，遷著作郎，仍爲太子學士。

高祖以魏收所撰書，褒貶失實，平繪爲中興書，事不倫序，詔澹别成魏史。澹自道武下及恭帝，爲十二紀，七十八傳，别爲史論及例一卷，并目録，合九十二卷。澹之義例與魏收多所不同：

其一曰，臣聞天子者，繼天立極，終始絶名。故穀梁傳曰：「太上不名。」曲禮曰：「天子不言出，諸侯不生名。」諸侯尚不生名，況天子乎！若爲太子，必須書名。良由子者對父生稱，父前子名，禮之意也。是以桓公六年九月丁卯，子同生，傳曰：「舉以太子之禮。」杜預注云：「桓公子莊公也。」十二公唯子同是嫡夫人之長子，備用太子之禮，故史書之於策。即位之日，尊成君而不名，春秋之義，聖人之微旨也。至如馬遷，周之太子並皆言名，漢之儲兩俱没其諱，以尊漢卑周，臣子之意也。竊謂雖立此理，恐非其義。何者？春秋、禮記，太子必書名，天王不言出。此仲尼之褒貶，皇王之稱謂，非當時與異代遂爲優劣也。班固、范曄、陳壽、王隱、沈約參差不同，尊卑失序。至於魏收，諱儲君之名，書天子之字，過又甚焉。今所撰史，諱皇帝名，書太子字，欲以尊君卑臣，依春秋之義也。

其二曰，五帝之聖，三代之英，積德累功，乃文乃武，賢聖相承，莫過周室，名器不及后稷，追謚止於三王，此即前代之茂實，後人之龜鏡也。魏氏平文以前，部落之君長耳。太祖遠追二十八帝，並極崇高，違堯、舜憲章，越周公典禮。但道武出自結繩，未師典誥，當須南、董直筆，裁而正之。反更飾非，言是觀過，所謂決渤澥之水，復去隄防，襄陵之災，未可免也。但力微天女所誕，靈異絶世，尊爲始祖，得禮之宜。平文、昭成雄據塞表，英風漸盛，圖南之業，基自此始。長孫斤之亂也，兵交御坐，太子授命，昭成獲免。道武此時，后緡方娠，宗廟復存，社稷有主，大功大孝，寔在獻明。此之三世，稱謚可也。自茲以外，未之敢聞。

其三曰，臣以爲南巢桀亡，牧野紂滅，斬以黄鉞，懸首白旗，幽王死於驪山，厲王出奔於彘，未嘗隱諱，直筆書之，欲以勸善懲惡，貽誡將來者也。而太武、獻文並皆非命，前史立紀，不異天年，言論之間，頗露首尾。殺主害君，莫知名姓，逆臣賊子，何所懼哉！君子之過，如日月之食，圓首方足，孰不瞻仰，況復兵交御坐，矢及王屋，而可隱没者乎！今所撰史，分明直書，不敢迴避。且隱、桓之死，閔、昭殺逐，丘明據實敍於經下，況復懸隔異代而致依違哉！

其四曰，周道陵遲，不勝其敝，楚子親問九鼎，吴人來徵百牢，無君之心，實彰行路，夫子刊經，皆書曰卒。自晉德不競，宇宙分崩，或帝或王，各自署置。當其生日，聘使往來，略如敵國，及其終也，書之曰死，便同庶人。存没頓殊，能無懷愧！今所撰史，諸國凡處華夏之地者，皆書曰卒，同之吴、楚。

其五曰，壺遂發問，馬遷答之，義已盡矣。後之述者，仍未領悟。董仲舒、司馬遷之意，本云尚書者，隆平之典，春秋者，撥亂之法，興衰理異，制作亦殊。治定則直敍欽明，世亂則辭兼顯晦，分路命家，不相依放。故云「周道廢，春秋作焉，堯、舜盛，尚書載之」，是也。「漢興以來，改正朔，易服色，臣力誦聖德，仍不能盡，余所謂述故事，而君比之春秋，謬哉」。然則紀傳之體出自尚書，不學春秋，明矣。而范曄云：「春秋者，文既總略，好失事形，今之擬作，所以爲短。紀傳者，史、班之所變也，網羅一代，事義周悉，適之後學，此焉爲優，故繼而述之。」觀曄此言，豈直非聖人之無法，又失馬遷之意旨。孫盛自謂鑽仰具體而放之。魏收云：「魯史既修，達者貽則，子長自拘紀傳，不存師表，蓋泉源所由，地非企及。」雖復遜辭畏聖，亦未思紀傳所由來也。

澹又以爲司馬遷創立紀傳以來，述者非一，人無善惡，皆爲立論。計在身行迹，具在正書，事既無奇，不足懲勸。再述乍同銘頌，重敍唯覺繁文。案丘明亞聖之才，發揚聖旨，言「君子曰」者，無非甚泰，其間尋常，直書而已。今所撰史，竊有慕焉，可爲勸戒者，論其得失，其無損益者，所不論也。

澹所著魏書，甚簡要，大矯收、繪之失。上覽而善之。未幾，卒，時年六十五。有文集三十卷行於世。子信言，頗知名。

澹弟彦玄，有文學，歷揚州總管府記室、洧州司馬。有子滿行。

陸爽 侯白

陸爽字開明，魏郡臨漳人也。祖順宗，魏南青州刺史。父槩之，齊霍州刺史。爽少聰敏，年九歲就學，日誦二千餘言。齊尚書僕射楊遵彦見而異之，曰：「陸氏代有人焉。」年十七，齊司州牧、清河王岳召爲主簿。擢殿中侍御史，俄兼治書，累轉中書侍郎。及齊滅，周武帝聞其名，與陽休之、袁叔德等十餘人俱徵入關。諸人多將輜重，爽獨載書數千卷。至長安，授宣納上士。

高祖受禪，轉太子内直監，尋遷太子洗馬。與左庶子宇文愷等撰東宫典記七十卷。朝廷以其博學，有口辯，陳人至境，常令迎勞。開皇十一年，卒官，時年五十三，贈上儀同、宣州刺史，賜帛百匹。

子法言，敏學有家風，釋褐承奉郎。初，爽之爲洗馬，嘗奏高祖云：「皇太子諸子未有嘉名，請依春秋之義更立名字。」上從之。及太子廢，上追怒爽云：「我孫製名，寧不自解，陸爽乃爾多事！扇惑於勇，亦由此人。其身雖故，子孫並宜屏黜，終身不齒。」法言竟坐除名。

爽同郡侯白，字君素，好學有捷才，性滑稽，尤辯俊。舉秀才，爲儒林郎。通侻不恃威儀〔三〕，好爲誹諧雜説，人多愛狎之，所在之處，觀者如市。楊素甚狎之。素嘗與牛弘退朝，白謂素曰：「日之夕矣。」素大笑曰：「以我爲牛羊下來邪？」高祖聞其名，召與語，甚悦之，令於祕書修國史。每將擢之，高祖輒曰「侯白不勝官」而止。後給五品食，月餘而死，時人傷其薄命。著旌異記十五卷，行於世。

杜臺卿

杜臺卿字少山，博陵曲陽人也。父弼，齊衞尉卿。臺卿少好學，博覽書記，解屬文。仕齊奉朝請，歷司空西閤祭酒、司徒户曹、著作郎、中書黄門侍郎。性儒素，每以雅道自居。及周武帝平齊，歸于鄉里，以禮記、春秋講授子弟。開皇初，被徵入朝。臺卿嘗采月令，觸類而廣之，爲書名玉燭寶典十二卷。至是奏之，賜絹二百匹。臺卿患聾，不堪吏職，請修國史。上許之，拜著作郎。十四年，上表請致仕，勑以本官還第。數載，終於家。有集十五卷，撰齊記二十卷，並行於世。無子。

有兄蕤，學業不如臺卿，而幹局過之。仕至開州刺史。子公贍，少好學，有家風，卒於安陽令。公贍子之松，大業中，爲起居舍人。

辛德源

辛德源字孝基，隴西狄道人也。祖穆，魏平原太守。父子馥，尚書右丞。德源沉靜好學，年十四，解屬文。及長，博覽書記，少有重名。齊尚書僕射楊遵彥、殿中尚書辛術皆一時名士，見德源，並虛襟禮敬，因同薦之於文宣帝。起家奉朝請，後爲兼員外散騎侍郎，聘梁使副。後歷馮翊、華山二王記室。中書侍郎劉逖上表薦德源曰：「弱齡好古，晚節逾厲，枕藉六經，漁獵百氏。文章綺豔，體調清華，恭慎表於閨門，謙撝著於朋執。實後進之辭人，當今之雅器。必能効節一官，騁足千里。」由是除員外散騎侍郎，累遷比部郎中，復兼通直散騎常侍。聘于陳，及還，待詔文林館，除尚書考功郎中，轉中書舍人。及齊滅，仕周爲宣納上士。因取急詣相州，會尉迥作亂，以爲中郎。德源辭不獲免，遂亡去。

高祖受禪，不得調者久之，隱於林慮山，鬱鬱不得志，著幽居賦以自寄，文多不載。德源素與武陽太守盧思道友善，時相往來。魏州刺史崔彦武奏德源潛爲交結，恐其有姦計。由是謫令從軍討南寧，歲餘而還。祕書監牛弘以德源才學顯著，奏與著作郎王劭同脩國史〔四〕。德源每於務隙撰集，注春秋三傳三十卷，注揚子法言二十三卷。蜀王秀聞其名而引之，居數歲，奏以爲掾。後轉諮議參軍，卒官。有集二十卷，又撰政訓、内訓各二十卷。有子素臣、正臣，並學涉有文義。

柳䛒

柳䛒字顧言，本河東人也，永嘉之亂，徙家襄陽。祖惔，梁侍中。父暉，都官尚書。䛒少聰敏，解屬文，好讀書，所覽將萬卷。仕梁，釋褐著作佐郎。後蕭詧據荆州，以爲侍中，領國子祭酒、吏部尚書。及梁國廢，拜開府、通直散騎常侍，尋遷内史侍郎。以無吏幹去職，轉晉王諮議參軍。王好文雅，招引才學之士諸葛潁、虞世南、王胄、朱瑒等百餘人以充學士。而晉爲之冠，王以師友處之，每有文什，必令其潤色，然後示人。嘗朝京師還，作歸藩賦，命晉爲序，詞甚典麗。初，王屬文，爲庾信體，及見晉已後，文體遂變。仁壽初，引晉爲東宮學士，加通直散騎常侍，檢校洗馬。甚見親待，每召入臥內，與之宴謔。晉尤俊辯，多在侍從，有所顧問，應答如響。性又嗜酒，言雜誹諧，由是彌爲太子之所親狎。以其好內典，令撰法華玄宗，爲二十卷，奏之。太子覽而大悅，賞賜優洽，儕輩莫與爲比。

煬帝嗣位，拜祕書監，封漢南縣公。帝退朝之後，便命入閤，言宴諷讀，終日而罷。帝每與嬪后對酒，時逢興會，輒遣命之，至與同榻共席，恩若友朋。帝猶恨不能夜召，於是命匠刻木偶人，施機關，能坐起拜伏，以像於晉。帝每在月下對酒，輒令宮人置之於座，與相酬酢，而爲歡笑。從幸揚州，遇疾卒，年六十九。帝傷惜者久之，贈大將軍，謚曰康。撰晉王北伐記十五卷，有集十卷，行於世。

許善心

許善心字務本，高陽北新城人也。祖茂〔五〕，梁太子中庶子，始平天門二郡守、散騎常侍。父亨，仕梁至給事黃門侍郎，在陳歷羽林監、太中大夫、衞尉卿，領大著作。善心九歲而孤，爲母范氏所鞠養。幼聰明，有思理，所聞輒能誦記，多聞默識，爲當世所稱。家有舊書萬餘卷，皆徧通涉。十五解屬文，牋上父友徐陵，陵大奇之，謂人曰：「才調極高，此神童也。」起家除新安王法曹。太子詹事江總舉秀才，對策高第，授度支郎中，轉侍郎，補撰史學士。

禎明二年，加通直散騎常侍，聘於隋。遇高祖伐陳，禮成而不獲反命，累表請辭。上不許，留縶賓館。及陳亡，高祖遣使告之。善心衰服號哭於西階之下，藉草東向，經三日。勑書唁焉。明日，有詔就館，拜通直散騎常侍，賜衣一襲。善心哭盡哀，入房改服，復出北面立，垂涕再拜受詔。明日乃朝，伏泣於殿下，悲不能興〔六〕。上顧左右曰：「我平陳國，唯獲此人。既能懷其舊君，即是我誠臣也。」勑以本官直門下省，賜物千段，草馬二十匹。從幸太山，還授虞部侍郎。

十六年，有神雀降於含章闥，高祖召百官賜讌，告以此瑞。善心於座請紙筆，製神雀頌，其詞曰：

臣聞觀象則天，乾元合其德，觀法審地，域大表其尊。雨施雲行，四時所以生殺，川流岳立，萬物於是裁成。出震乘離之君，紀鳥司鳳之后，玉鍾玉斗而降，金版金縢以傳。並陶冶性靈，含煦動植，眇玄珠於赤水，寂明鏡乎虛堂。莫不景福氤氳，嘉貺讙集，馳聲南、董，越響雲、韶。

粵我皇帝之君臨，闡大方，抗太極，負鳳邸，據龍圖。不言行焉，攝提建指，不肅清焉，喉鈐啓閉。括地復夏，截海翦商，就望體其尊，登咸昌其會。緜區浹宇，遐至邇安，騰實飛聲，直暢傍施。無體之禮，威儀布政之宫，無聲之樂，綴兆總章之觀。上庠養老，躬問百年，下土字民，心爲百姓。月棲日浴，熱坂寒門，吹鱗没羽之荒，赤蛇青馬之裔，解辮請吏，削衽承風。豈止呼韓北場，頻勒狼居之岫，熄慎南境，近表不耐之城。故使天弗愛道，地寧吝寶，川岳展異，幽明効靈。狎素游頳，團膏漱醴，半景青赤，孳歷虧盈。足足懷仁，般般擾義，祥祐之來若此，升隆之化如彼。而登封盛典，云亭佇白檢之儀，致治成功，柴燎靡玄珪之告。雖奉常定禮，武騎草文，天子抑而未行，推而不有。允恭克讓，其在斯乎？七十二君，信蔑如也！故神禽顯賁，玄應特昭，白爵主鐵豸之奇〔七〕，赤爵銜丹書之貴。班固神爵之頌，履武戴文，曹植嘉爵之篇，棲庭集牖。未若于飛武帳，來賀文榥，刷采青蒲，將翱赤闕。玉几朝御，取翫軒楯之間，金門旦開，兼留翬翟之鑒。終古曠世，未或前聞，福召冥徵，得之茲日。

歲次上章，律諧大吕，玄枵會節，玄英統時。至尊未明求衣，晨興於含章之殿。爰有瑞爵，翺翔而下。載行載止，當扆宁而徐前，來集來儀，承軒墀而顧步。夫瑞者符也，明主之休徵；雀者爵也，聖人之大寶。謹案考異郵云：「軒轅有黄爵赤頭，立日傍。」占云：「土精之應。」又禮稽命徵云：「祭祀合其宜，則黄爵集。」昔漢集泰畤之殿，魏下文昌之宫，一見雍丘之祠，三入平東之府，並旁觀迴矚，事陋人微，奚足稱矣。抑又聞之，不刳胎剖卵則鸞鳳馴鳴，不漉浸焚原則螭龍盤蜿。是知陛下止殺，故飛走宅心，皇慈好生，而浮濳育德。臣面奉綸綍，垂示休祥，預承嘉宴，不勝藻躍。李虔僻處西土，陸機少長東隅，微臣慙於往賢，逢時盛乎曩代。輒竭庸瑣，敢獻頌云：

太素式肇，大德資生，功玄不器，道要無名。質文鼎革，沿習因成，祥圖瑞史，赫赫明明。天保大定，於鑠我君，武義廼武，文教惟文。横塞宇宙，旁凝射、汾，軒物重造，姚風再薰。焕發王策，昭彰帝道，御地七神，飛天五老。山祇吐祕，河靈孕寶，黑羽升壇，青鱗伏皁。丹烏流火，白雉從風，棲阿德劭，鳴岐祚隆。未如神爵，近賀王宫，五靈何有，百福攸同。孔圖獻赤，荀文表白，節節奇音，行行瑞跡。化玉黼扆，銜環陛戟，上天之命，明神所格。綏應在旃〔八〕，伊臣預焉，永緝韋素，方流管絃。頌歌不足，蹈儛無宣，臣拜稽首，億萬斯年。

頌成，奏之，高祖甚悦，曰：「我見神雀，共皇后觀之。今旦召公等入，適述此事，善心於座始知，即能成頌。文不加點，筆不停豪，常聞此言，今見其事。」因賜物二百段。十七年，除秘書丞。于時祕藏圖籍尚多淆亂，善心放阮孝緒七録更製七林，各爲總敍，冠於篇首。又於部録之下，明作者之意，區分其類例焉。又奏追李文博〔九〕、陸從典等學者十許人，正定經史錯謬。仁壽元年，攝黄門侍郎。二年，加攝太常少卿，與牛弘等議定禮樂，秘書丞、黄門，並如故。四年，留守京師。高祖崩于仁壽宫，煬帝祕喪不發，先易留守官人，出除巖州刺史。逢漢王諒反，不之官。

大業元年，轉禮部侍郎，奏薦儒者徐文遠爲國子博士，包愷、陸德明、褚徽、魯世達之輩並加品秩，授爲學官。其年，副納言楊達爲冀州道大使，以稱旨，賜物五百段。左衞大將軍宇文述每旦借本部兵數十人，以供私役，常半日而罷。攝御史大夫梁毗奏劾之。上方以腹心委述，初付法推，千餘人皆稱被役。經二十餘日，法官候伺上意，乃言役不滿日，其數雖多，不合通計，縱令有實，亦當無罪。諸兵士聞之，更云初不被役。上欲釋之，付議虚實，百寮咸議爲虚。善心以爲述於仗衞之所抽兵私役，雖不滿日，闕於宿衞，與常役所部，情狀乃殊。又兵多下番，散還本府，分道追至，不謀同辭。今殆一月，方始翻覆，姦狀分明，此何可捨。蘇威、楊汪等二十餘人，同善心之議。其餘皆議免罪。煬帝可免罪之奏。後數月，述譖善心曰：「陳叔寶卒，善心與周羅睺、虞世基、袁充、蔡徵等同往送葬。善心爲祭文，謂爲陛下，敢於今日加叔寶尊號。」召問有實，自援古例，事得釋，而帝甚惡之。又太史奏帝即位之年，與堯時符合，善心議，以國哀甫爾，不宜稱賀。述諷御史劾之，左遷給事郎，降品二等。四年，撰方物志奏之。七年，從至涿郡，帝方自御戎以東討，善心上封事忤旨，免官。其年復徵爲守給事郎。九年，攝左翊衛長史，從度遼，授建節尉。帝嘗言及高祖受命之符，因問鬼神之事，勑善心與崔祖濬撰靈異記十卷〔一〇〕。

初，善心父撰著梁史，未就而歿。善心述成父志，脩續家書，其序傳末，述制作之意曰：

謹案太素將萌，洪荒初判，乾儀資始，辰象所以正時，巛載厚生，品物於焉播氣。參三才而育德，肖二統而降靈。有人民焉，樹之君長，有貴賤矣，爲其宗極。保上天之睠命，膺下土之樂推，莫不執大方，振長策，感召風雲，驅馳英俊。干戈揖讓，取之也殊功，鼎玉龜符，成之也一致。革命刱制，竹素之道稍彰，紀事記言，筆墨之官漸著。炎農以往，存其名而漏其迹，黄軒以來，晦其文而顯其用。登丘納麓，具訓誥及典謨，貫昴入房，傳夏正與殷祀。洎辯方正位，論時訓功，南北左右，兼四名之別，檮杌、乘車，擅一家之稱。國惡雖諱，君舉必書，故賊子亂臣，天下大懼，元龜明鏡，昭然可察。及三郊遞襲，五勝相沿，俱稱百谷之王，並以四海自任，重光累德，何世無哉！

逮有梁之君臨天下，江左建國，莫斯爲盛。受命在於一君，繼統傳乎四主，克昌四十八載，餘祚五十六年。武皇帝出自諸生，爰升寶曆，拯百王之弊，救萬姓之危，反墝季之末流，登上皇之獨道。朝多君子，野無遺賢，禮樂必備，憲章咸舉。弘深慈於不殺，濟大忍於無刑，蕩蕩巍巍，可爲稱首。屬陰戎入潁，羯胡侵洛，沸騰碜黷，三季所未聞，掃地滔天，一元之巨厄。廊廟有序，翦成狐兔之場，珪帛有儀，碎夫犬羊之手。福善積而身禍，仁義在而國亡。豈天道歟？豈人事歟？嘗別論之，在序論之卷。

先君昔在前代，早懷述作，凡撰齊書爲五十卷，梁書紀傳，隨事勒成，及闕而未就者，目録注爲一百八卷。梁室交喪，墳籍銷盡。冢壁皆殘，不准無所盜，帷囊同毁，陳農何以求！秦儒既坑，先王之道將墜，漢臣徒請，口授之文亦絶。所撰之書，一時亡散。有陳初建，詔爲史官，補闕拾遺，心識口誦。依舊目録，更加修撰，且成百卷，已有六帙五十八卷，上祕閣訖。

善心早嬰荼蓼，弗荷薪構，太建之末，頻抗表聞，至德之初，蒙授史任。方顧油素採訪，門庭記録，俯勵弱才，仰成先志，而單宗少强近，虚室類原、顔，退屏無所交遊，棲遲不求進益。假班嗣之書，徒聞其語，給王隱之筆，未見其人。加以庸瑣涼能，孤陋末學，忝職郎署，兼撰陳史，致此書延時，未即成續。禎明二年，以臺郎入聘，值本邑淪覆，佗鄉播遷，行人失時，將命不復。望都亭而長慟，遷别館而懸壺，家史舊書，在後焚蕩。今止有六十八卷在，又並缺落失次。自入京已來，隨見補葺，略成七十卷。四帝紀八卷，后妃一卷，三太子録一卷，爲一帙十卷。宗室王侯列傳一帙十卷。具臣列傳二帙二十卷。外戚傳一卷，孝德傳一卷，誠臣傳一卷，文苑傳二卷，儒林傳二卷，逸民傳一卷，數術傳一卷，藩臣傳一卷，合一帙十卷。止足傳一卷，烈女傳一卷〔一〕，權幸傳一卷，羯賊傳二卷，逆臣傳二卷，叛臣傳二卷，敍傳論述一卷，合一帙十卷。凡稱史臣者，皆先君所言，下稱名案者，並善心補闕。別爲敍論一篇，託于敍傳之末。

十年，又從至懷遠鎮，加授朝散大夫。突厥圍鴈門，攝左親衛武賁郎將，領江南兵宿衛殿省。駕幸江都郡，追敍前勳，授通議大夫，詔還本品，行給事郎。十四年，化及殺逆之日，隋官盡詣朝堂謁賀，善心獨不至。許弘仁馳告之曰：「天子已崩，宇文將軍攝政，合朝文武莫不咸集。天道人事，自有代終，何預於叔而低佪若此！」善心怒之，不肯隨去。弘仁反走上馬，泣而言曰：「將軍於叔全無惡意，忽自求死，豈不痛哉！」還告唐奉義，以狀白化及，遣人就宅執至朝堂。化及令釋之，善心不舞蹈而出。化及目送之曰：「此人大負氣。」命捉將來，罵云：「我好欲放你，敢如此不遜！」其黨輒牽曳，因遂害之，時年六十一。及越王稱制，贈左光禄大夫、高陽縣公，謚曰文節。

善心母范氏，梁太子中舍人孝才之女，少寡養孤，博學有高節。高祖知之，勑尚食每獻時新，常遺分賜。嘗詔范入内，侍皇后講讀，封永樂郡君。及善心遇禍，范年九十有二，臨喪不哭，撫柩曰：「能死國難，我有兒矣。」因卧不食，後十餘日亦終。

李文博

博陵李文博，性貞介鯁直，好學不倦，至於教義名理，特所留心。每讀書至治亂得失，忠臣烈士，未嘗不反覆吟翫。開皇中，爲羽騎尉，特爲吏部侍郎薛道衡所知，恒令在聽事帷中披檢書史，并察己行事。若遇治政善事，即抄撰記録，如選用疎謬，即委之臧否。道衡每得其語，莫不欣然從之。後直秘書内省，典校墳籍，守道居貧，晏如也。雖衣食乏絶，而清操逾厲，不妄通賓客，恒以禮法自處，儕輩莫不敬憚焉。道衡知其貧，每延于家，給以資費。文博商略古今，治政得失，如指諸掌，然無吏幹。稍遷校書郎，後出爲縣丞，遂得下考，數歲不調。道衡爲司隸大夫，遇之於東都尚書省，甚嗟愍之，遂奏爲從事。因爲齊王司馬李綱曰：「今日遂遇文博，得奏用之。」以爲歡笑。其見賞知音如此。在洛下，曾詣房玄齡，相送於衢路。玄齡謂之曰：「公生平志尚，唯在正直，今既得爲從事，故應有會素心。比來激濁揚清，所爲多少？」文博遂奮臂厲聲曰：「夫清其流者必絜其源，正其末者須端其本。今治源混亂，雖日免十貪郡守，亦何所益！」其謇直疾惡，不知忌諱，皆此類也。于時朝政浸壞，人多贓賄，唯文博不改其操，論者以此貴之。遭離亂播遷，不知所終。

初，文博在內校書，虞世基子亦在其內，盛飾容服，而未有所却。文博因從容問之年紀，答云：「十八。」文博乃謂之曰：「昔賈誼當此之年，議論何事？君今徒事儀容，故何爲者！」又秦孝王妃生男，高祖大喜，頒賜羣官各有差。文博家道屢空，人謂其悅，乃云：「賞罰之設，功過所歸，今王妃生男，於羣官何事，乃妄受賞也！」其循名責實，録過計功，必使賞罰不濫，功過無隱者皆爾。文博本爲經學，後讀史書，於諸子及論尤所該洽。性長議論，亦善屬文，著治道集十卷，大行於世。

史臣曰：明克讓、魏澹等，或博學洽聞，詞藻贍逸，既稱燕、趙之俊，寔曰東南之美。所在見寶，咸取禄位，雖無往非命，蓋亦道有存焉。澹之魏書，時稱簡正，條例詳密，足傳於後。此外諸子，各有記述，雖道或小大，皆志在立言，美矣。

校勘記

〔一〕三禮禮論　「禮論」，北史卷八三文苑明克讓傳作「論語」。

〔二〕年七十　明克讓墓誌稱其卒年「七十有三」。

〔三〕通侻不恃威儀　「恃」，宋甲本作「持」。按，北史卷八三文苑李文博傳附侯白傳、册府卷八九五總録部運命、卷九四四總録部佻薄、通志卷一六三陸爽傳附侯白傳亦作「持」。

〔四〕奏與著作郎王劭同脩國史　「王劭」，原作「王邵」，據殿本改。按，王劭，本書卷六九有傳。後同改，不另出校。

〔五〕祖茂　「茂」，梁書卷四〇、南史卷六〇有許懋傳，陳書卷三四文學許亨傳、通志卷一七六許善心傳均作「懋」。

〔六〕悲不能興　「能」，原作「復」，據宋甲本、至順本、汲本改。

〔七〕白爵主鐵豸之奇　「主」，原作「王」，據宋甲本、大德本、汲本、殿本改。

〔八〕綬應在旃　「綬」，原作「經」，據宋甲本、至順本、汲本改。

〔九〕李文博　原作「李文傅」，據宋甲本、至順本改。按，本卷下文有李文博傳。

〔一〇〕勑善心與崔祖濬撰靈異記十卷　「崔祖濬」，原作「崔祖璿」，據宋甲本、至順本、汲本、殿本改。按，北史卷八三文苑許善心傳亦作「崔祖濬」。崔祖濬即崔賾，本書卷七七有傳。

〔一一〕烈女傳一卷　「烈女傳」，宋甲本、殿本作「列女傳」。按，北史卷八三文苑許善心傳、册府卷五六一國史部自序亦作「列女傳」。

隋書卷五十九

列傳第二十四

煬三子

煬帝三男，蕭皇后生元德太子昭、齊王暕，蕭嬪生趙王杲。

元德太子昭，煬帝長子也，生而高祖命養宮中。三歲時，於玄武門弄石師子，高祖與文獻后至其所。高祖適患腰痛，舉手憑后，昭因避去，如此者再三。高祖歎曰：「天生長者，誰復教乎！」由是大奇之。高祖嘗謂曰：「當爲爾娶婦。」昭應聲而泣。高祖問其故，對曰：「漢王未婚時，恒在至尊所，一朝娶婦，便則出外。懼將違離，是以啼耳。」上歎其有至性，特鍾愛焉。

年十二，立爲河南王。仁壽初，徙爲晉王，拜内史令，兼左衛大將軍。後三年，轉雍州牧。煬帝即位，便幸洛陽宮，昭留守京師。大業元年，帝遣使者立爲皇太子。昭有武力，能引强弩。性謙沖，言色恂恂，未嘗忿怒。有深嫌可責者，但云「大不是」。所膳不許多品，帷席極於儉素。臣吏有老父母者，必親問其安否，歲時皆有惠賜。其仁愛如此。明年，朝於洛陽。後數月，將還京師，願得少留，帝不許。拜請無數，體素肥，因致勞疾。帝令巫者視之，云：「房陵王爲祟。」未幾而薨。詔内史侍郎虞世基爲哀册文曰：

維大業二年七月癸丑朔二十三日，皇太子薨于行宮[一]。粤三年五月庚辰朔六日，將還座于莊陵，禮也。蜃綍宵載，鶴關曉闢，肅文物以具陳，儼賓從其如昔。皇帝悼離方之云晦，嗟震宮之虧象，顧守器以長懷，臨登餕而興想。先遠戒日，占謀允從，庭彝徹祖，階肜收重，抗銘旌以啓路，動徐輪於振容。揆行度名，累德彰謚，爰詔史册，式遵典志，俾濬哲之徽猷，播長久乎天地。其辭曰：

宸基峻極，帝緒會昌。體元襲聖，儀耀重光。氣秀春陸，神華少陽。居周軼誦，處漢韜莊。有縱生知，誕膺惟睿。性道觿日，幾深綺歲。降迹大成，俯情多藝。樹親建國，命懿作藩。威蕤先路，舄奕渠門。庸服有紀，分器惟尊。風高楚殿，雅盛梁園。

睿后膺儲，天人叶順。本茂條遠，基崇體峻。改王參墟，奄有唐、晉。在貴能謙，居沖益慎。封畿千里，閶闔九重。神州王化，禁旅軍容。瞻言偃草，高視折衝。帷扆清祕，親賢允屬。泛景鳳瀾，飛華螭玉。揮翰泉涌，敷言藻縟。式是便煩，思謀啓沃。洪惟積德，豐衍繁祉。粤自天孫，光升元子。緑車逮事，翠纓奉祀。肅穆滿容，儀形讓齒。禮樂交暢，愛敬兼資。優游養德，恭己承儀。南山聘隱，東序尊師。有粹神儀，深穆其度。顯顯觀德，温温審諭。炯戒齊箴，留連王賦〔二〕。入監出撫，日就月將。沖情玉裕，令問金相。宜綏景福，永作元良〔三〕。神理冥漠，天道難究。仁不必壽，善或愆祐。遽瑶山之頽壞，忽桂宫之毁構。痛結幽明，悲纏宇宙。慟皇情之深憫，摧具僚其如疚。嗚呼哀哉！迴環氣朔，荏苒居諸。沾零露於瑶圃，下申霜於玉除。夜漏盡兮空階曙，曉月懸兮帷殿虚。嗚呼哀哉！將寧甫竁，長違望苑。渡渭涘於造舟，遵長平之脩坂。望鶴駕而不追，顧龍樓而日遠。嗚呼哀哉！永隔存没，長分古今。去榮華於人世，即潛燧之幽深。霏夕煙而稍起，慘落景而將沈。聽哀挽之悽楚，雜灌木之悲吟。紛徒御而流袂，欷纓弁以霑衿。嗚呼哀哉！九地黄泉，千年白日。雖金石之能久，終天壤乎長畢。敢圖芳於篆素，永飛聲而騰實。

帝深追悼。

有子三人，韋妃生恭皇帝，大劉良娣生燕王倓，小劉良娣生越王侗。

燕王倓字仁安。敏慧美姿儀，煬帝於諸孫中特所鍾愛，常置左右。性好讀書，尤重儒素，非造次所及，有若成人。良娣早終，每至忌日，未嘗不流涕嗚咽。帝由是益以奇之。宇文化及弒逆之際，倓覺變，欲入奏，恐露其事，因與梁公蕭鉅、千牛宇文晶等穿芳林門側水竇而入。至玄武門，詭奏曰：「臣卒中惡，命縣俄頃，請得面辭，死無所恨。」冀以見帝，爲司宮者所遏，竟不得聞。俄而難作，爲賊所害，時年十六。

越王侗字仁謹，美姿儀，性寬厚。大業二年，立爲越王。帝每巡幸，侗常留守東都。楊玄感作亂之際，與民部尚書樊子蓋拒之。及玄感平，朝於高陽，拜高陽太守。俄以本官復留守東都。十三年，帝幸江都，復令侗與金紫光禄大夫段達、太府卿元文都、攝民部尚書韋津、右武衛將軍皇甫無逸等總留臺事。

宇文化及之弒逆也，文都等議，以侗元德太子之子，屬最爲近，於是乃共尊立，大赦，改元曰皇泰。謚帝曰明，廟號世祖。追尊元德太子爲孝成皇帝，廟號世宗。尊其母劉良娣爲皇太后。以段達爲納言、右翊衛大將軍、攝禮部尚書，王世充亦納言、左翊衛大將軍、攝吏部尚書，元文都内史令、左驍衛大將軍，盧楚亦内史令，皇甫無逸兵部尚書、右武衛大將軍，郭文懿内史侍郎，趙長文黄門侍郎，委以機務，爲金書鐵券，藏之宫掖。于時洛陽稱段達等爲「七貴」。

未幾，宇文化及立秦王子浩爲天子，來次彭城，所經城邑多從逆黨。侗懼，遣使者蓋琮、馬公政，招懷李密。密遂遣使請降，侗大悦，禮其使甚厚。即拜密爲太尉、尚書令、魏國公，令拒化及。下書曰：

我大隋之有天下，於兹三十八載。高祖文皇帝聖略神功，載造區夏。世祖明皇帝則天法地，混一華戎。東暨蟠木，西通細柳，前踰丹徼，後越幽都。日月之所臨，風雨之所至，圓首方足，禀氣食芼，莫不盡入提封，皆爲臣妾。加以寶貺畢集，靈瑞咸臻，作樂制禮，移風易俗。智周寰海，萬物咸受其賜，道濟天下，百姓用而不知。世祖往因歷試，統臨南服，自居皇極，順兹望幸。所以往歲省方，展禮肆覲，停鑾駐蹕，按駕清道，八屯如昔，七萃不移。豈意釁起非常，逮於軒陛，災生不意，延及冕旒。奉諱之日，五情崩隕，攀號荼毒，不能自勝。

且聞之，自古代有屯剥，賊臣逆子，無世無之。至如宇文化及，世傳庸品。其父述，往屬時來，早霑厚遇，賜以婚媾，置之公輔。位尊九命，禄重萬鍾，禮極人臣，榮冠世表。徒承海嶽之恩，未有涓塵之益。化及以此下材，夙蒙顧眄，出入外內，奉望階墀。昔陪藩國，統領禁衛，及從升皇祚，陪列九卿。但本性兇狠，恣其貪穢，或交結惡黨，或侵掠貨財，事重刑篇，狀盈獄簡。在上不遺簪履，恩加草芥，應至死辜，每蒙恕免。三經除解，尋復本職，再徙邊裔，仍即追還。生成之恩，昊天罔極，獎擢之義，人事罕聞。化及梟獍爲心〔四〕，禽獸不若，縱毒興禍，傾覆行宮。諸王兄弟，一時殘酷，痛暴行路，世不忍言。有窮之在夏時，犬戎之於周代，釁辱之極，亦未是過。朕所以刻骨崩心，飲膽嘗血，瞻天視地，無處容身。

今王公卿士，庶寮百辟，咸以大寶鴻名，不可顛墜，元兇巨猾，須早夷殄，翼戴朕躬，嗣守寶位。顧惟寡薄，志不逮此。今者出黼扆而杖旄鉞，釋衰麻而擐甲胄，銜冤誓衆，忍淚治兵，指日遄征，以平大盜。且化及僞立秦王之子，幽遏比於囚拘，其身自稱霸相，專擅擬於九五。履踐禁御，據有宮闈，昂首揚眉，初無慙色。衣冠朝望，外懼兇威，志士誠臣，內皆憤怨。以我義師，順彼天道，梟夷醜族，匪夕伊朝。

太尉、尚書令、魏公丹誠內發，宏略外舉，率勤王之師，討違天之逆。果毅爭先，熊羆競逐，金鼓振讋，若火焚毛，鋒刃縱橫，如湯沃雪。魏公志在匡濟，投袂前驅，朕親御六軍，星言繼進。以此衆戰，以斯順舉，擘山可以動，射石可以入。況擁此人徒，皆有離德，京都侍衞，西憶鄉家，江左淳民，南思邦邑，比來表書駱驛，人信相尋。若王師一臨，舊章暫覩，自應解甲倒戈，冰銷葉散。且聞化及自恣，天奪其心，殺戮不辜，挫辱人士，莫不道路仄目〔五〕，號天跼地。朕今復讎雪恥，梟轘者一人，拯溺救焚，所哀者士庶。唯天鑒孔殷，祐我宗社，億兆感義，俱會朕心。梟戮元兇，策勳飲至，四海交泰，稱朕意焉。兵術軍機，並受魏公節度。

密見使者，大悦，北面拜伏，臣禮甚恭。密遂東拒化及。

「七貴」頗不協，陰有相圖之計。未幾，元文都、盧楚〔六〕、郭文懿、趙長文等爲世充所殺，皇甫無逸遁歸長安。世充詣侗所陳謝，辭情哀苦。侗以爲至誠，命之上殿，被髮爲盟，誓無貳志。自是侗無所關預。侗心不能平，遂與記室陸士季謀圖世充，事不果而止。及世充破李密，衆望益歸之，遂自爲鄭王，總百揆，加九錫，備法物，侗不能禁也。段達、雲定興等十人入見於侗曰：「天命不常，鄭王功德甚盛，願陛下揖讓告禪，遵唐、虞之迹。」侗聞之怒曰：「天下者，高祖之天下，東都者，世祖之東都。若隋德未衰，此言不可發；必天命有改，亦何論於禪讓！公等或先朝舊臣，績宣上代，或勤王立節，身服軒冕，忽有斯言，朕復當何所望！」神色懍然，侍衞者莫不流汗。既而退朝，對良娣而泣。世充更使人謂侗曰：「今海内未定，須得長君。待四方乂安，復子明辟，必若前盟，義不違負。」侗不得已，遜位於世充，遂被幽於含涼殿。世充僭僞號，封爲潞國公，邑五千户。月餘，宇文儒童、裴仁基等謀誅世充，復尊立侗，事泄，並見害。世充兄世惲因勸世充害侗，以絶民望。世充遣其姪行本齎鴆詣侗所曰：「願皇帝飲此酒。」侗知不免，請與母相見，不許。遂布席焚香禮佛，呪曰：「從今以去，願不生帝王尊貴之家。」於是仰藥，不能時絶，更以帛縊之。世充僞謚爲恭皇帝。

齊王暕字世朏，小字阿孩。美容儀，疎眉目，少爲高祖所愛。開皇中，立爲豫章王，邑千户。及長，頗涉經史，尤工騎射。初爲内史令。仁壽中，拜揚州總管沿淮以南諸軍事。煬帝即位，進封齊王，增邑四千户。大業二年，帝初入東都，盛陳鹵簿，暕爲軍導。尋轉豫州牧。俄而元德太子薨，朝野注望，咸以暕當嗣。帝又敕吏部尚書牛弘妙選官屬，公卿由是多進子弟。明年，轉雍州牧，尋徙河南尹，開府儀同三司。元德太子左右二萬餘人悉隸於暕，寵遇益隆，自樂平公主及諸戚屬競來致禮，百官稱謁，填咽道路。

暕頗驕恣，昵近小人，所行多不法，遣喬令則、劉虔安、裴該、皇甫諶、庫狄仲錡、陳智偉等求聲色狗馬。令則等因此放縱，訪人家有女者，輒矯暕命呼之，載入暕宅，因緣藏隱，恣行淫穢，而後遣之。仲鍏、智偉二人詣隴西，撾炙諸胡，責其名馬，得數匹以進於暕。暕令還主，仲鍏等詐言王賜，將歸於家，暕不之知也。又樂平公主嘗奏帝，言柳氏女美者，帝未有所答。久之，主復以柳氏進於暕，暕納之。其後帝問主，柳氏女所在，主曰：「在齊王所。」帝不悦。暕於東都營第，大門無故而崩，聽事栿中折，識者以爲不祥。其後從帝幸榆林，暕督後軍步騎五萬，恒與帝相去數十里而舍。會帝於汾陽宫大獵，詔暕以千騎入圍。暕大獲麋鹿以獻，而帝未有得也，乃怒從官，皆言爲暕左右所遏，獸不得前。帝於是發怒，求暕罪失。

時制縣令無故不得出境，有伊闕令皇甫詡幸於暕〔七〕，違禁將之汾陽宫。又京兆人達奚通有妾王氏善歌，貴遊宴聚，多或要致，於是展轉亦出入王家。御史韋德裕希旨劾暕，帝令甲士千餘〔八〕，大索暕第，因窮治其事。暕妃韋氏者，民部尚書沖之女也，早卒。暕遂與妃姊元氏婦通，遂産一女。外人皆不得知。陰引喬令則於第内酣宴，令則稱慶，脱暕帽以爲歡樂。召相工令徧視後庭，相工指妃姊曰：「此産子者當爲皇后。王貴不可言。」時國無儲副，暕自謂次當得立。又以元德太子有三子，内常不安，陰挾左道，爲厭勝之事。至是，事皆發，帝大怒，斬令則等數人，妃姊賜死，暕府寮皆斥之邊遠。時趙王杲猶在孩孺，帝謂侍臣曰：「朕唯有暕一子，不然者，當肆諸市朝，以明國憲也。」暕自是恩寵日衰，雖爲京尹，不復關預時政。帝恒令武賁郎將一人監其府事，暕有微失，武賁輒奏之。帝亦常慮暕生變，所給左右，皆以老弱，備員而已。暕每懷危懼，心不自安。又帝在江都宮，元會，暕具法服將朝，無故有血從裳中而下。又坐齋中，見羣鼠數十，至前而死，視皆無頭。暕意甚惡之。俄而化及作亂，兵將犯蹕，帝聞，顧謂蕭后曰：「得非阿孩邪？」其見疎忌如此。化及復令人捕暕，暕時尚卧未起，賊既進，暕驚曰：「是何人？」莫有報者，暕猶謂帝令捕之，因曰：「詔使且緩，兒不負國家。」賊於是曳至街而斬之，及其二子亦遇害。暕竟不知殺者爲誰。時年三十四。

有遺腹子政道〔九〕，與蕭后同入突厥，處羅可汗號爲隋王，中國人没入北蕃者，悉配之以爲部落，以定襄城處之。及突厥滅，歸于大唐，授員外散騎侍郎。

趙王杲小字季子。年七歲，以大業九年封趙王。尋授光禄大夫，拜河南尹。從幸淮南，詔行江都太守事。杲聰令，美容儀，帝有所製詞賦，杲多能誦之。性至孝，常見帝風動，不進膳，杲亦終日不食。又蕭后當灸，杲先請試炷，后不許之。杲泣請曰：「后所服藥，皆蒙嘗之。今灸，願聽嘗炷。」悲咽不已。后竟爲其停灸〔一〇〕，由是尤愛之。後遇化及反，杲在帝側，號慟不已。裴虔通使賊斬之於帝前，血湔御服。時年十一。

史臣曰：元德太子雅性謹重，有君人之量，降年不永，哀哉！齊王敏慧可稱，志不及遠，頗懷驕僭，故煬帝疏而忌之。心無父子之親，貌展君臣之敬，身非積善，國有餘殃。至令趙及燕、越皆不得其死，悲夫！

校勘記

〔一〕維大業二年七月癸丑朔二十三日皇太子薨于行宮　張元濟校勘記：「按本紀三，七月癸丑朔，甲戌皇太子昭薨，疑二十三日當作二十二日。」

〔二〕留連王賦　「王」，原作「主」，據宋甲本、至順本、汲本改。

〔三〕永作元良　「作」，宋甲本作「祚」，義長。

〔四〕化及梟獍爲心　「獍」，宋甲本、大德本、至順本、南監本、汲本、殿本作「鏡」。殿本考證引史記封禪書及顏氏家訓，以爲作「鏡」是。

〔五〕莫不道路仄目　「仄」，宋甲本作「以」。按，北史卷七一隋宗室諸王煬帝三子元德太子昭傳附越王侗傳、册府卷二八九宗室部圖興復亦作「以」。

〔六〕盧楚　原作「盧逸」，據本卷上文及北史卷七一隋宗室諸王煬帝三子元德太子昭傳附越王侗傳、册府卷二八九宗室部圖興復改。按，盧楚，本書卷七一有傳。

〔七〕有伊闕令皇甫詡幸於暕　「皇甫詡」，原作「皇甫翊」，據宋甲本、大德本、至順本、南監本改。按，北史卷七一隋宗室諸王煬帝三子齊王暕傳亦作「皇甫詡」。

〔八〕帝令甲士千餘　「千」，原作「十」，據宋甲本、至順本、汲本改。按，北史卷七一隋宗室諸王煬帝三子齊王暕傳亦作「千」。

〔九〕有遺腹子政道　「政道」，北史卷七一隋宗室諸王煬帝三子齊王暕傳作「愍」。

〔一〇〕後竟爲其儔灸　「後」，宋甲本、殿本作「后」。按，北史卷七一隋宗室諸王煬帝三子趙王杲傳亦作「后」。

隋書卷六十

列傳第二十五

崔仲方

崔仲方字不齊，博陵安平人也。祖孝芬，魏荆州刺史。父宣猷，周小司徒。仲方少好讀書，有文武才幹。年十五，周太祖見而異之，令與諸子同就學。時高祖亦在其中，由是與高祖少相款密。後以明經爲晉公宇文護參軍事，尋轉記室，遷司玉大夫，與斛斯徵、柳敏等，同修禮律。後以軍功，授平東將軍、銀青光禄大夫，賜爵石城縣男，邑三百户。時武帝陰有滅齊之志，仲方獻二十策，帝大奇之。後與少内史趙芬删定格式。尋從帝攻晉州，齊之亞將崔景嵩請爲内應，仲方與段文振等登城應接，遂下晉州，語在文振傳。又令仲方説翼城等四城，下之。授儀同，進爵范陽縣侯。後以行軍長史從郯公王軌禽陳將吴明徹於呂梁，仲方計策居多。宣帝嗣位，爲少内史，奉使淮南而還。

會帝崩，高祖爲丞相，與仲方相見，握手極懽，仲方亦歸心焉。其夜上便宜十八事，高祖並嘉納之。又見衆望有歸，陰勸高祖應天受命，高祖從之。及受禪，上召仲方與高熲議正朔服色事。仲方曰：「晉爲金行，後魏爲水，周爲木。皇家以火承木，得天之統。又聖躬載誕之初，有赤光之瑞，車服旗牲，並宜用赤。」又勸上除六官，請依漢、魏之舊。上皆從之。進位上開府，尋轉司農少卿，進爵安固縣公。令發丁三萬，於朔方、靈武築長城，東至黄河，西拒綏州，南至勃出嶺，緜亘七百里。明年，上復令仲方發丁十五萬，於朔方已東緣邊險要築數十城，以遏胡寇。丁父艱去職。未朞，起爲虢州刺史。上書論取陳之策曰：

臣謹案晉太康元年歲在庚子，晉武平吳，至今開皇六年歲次丙午，合三百七載。春秋寶乾圖云：「王者三百年一蠲法。」今三百之期，可謂備矣。陳氏草竊，起於丙子，至今丙午，又子午爲衝，陰陽之忌。昔史趙有言曰：「陳，顓頊之族，爲水，故歲在鶉火以滅。」又云：「周武王克商，封胡公滿於陳。」至魯昭公九年，陳災，裨竈曰：「歲五及鶉火而後陳亡，楚剋之。」楚，祝融之後也，爲火正，故復滅陳。陳承舜後，舜承顓頊，雖太歲左行，歲星右轉，鶉火之歲，陳族再亡，戊午之年，嬀虞運盡，語迹雖殊，考事無別。皇朝五運相承，感火德而王，國號爲隋，與楚同分。楚是火正，午爲鶉火，未爲鶉首，中爲實沈，西爲大梁。既當周、秦、晉、趙之分，若當此分發兵，將得歲之助，以今量古，陳滅不疑。

臣謂午未申酉，並是數極。蓋聞天時不如地利，地利不如人和，況主聖臣良，兵强國富，動植迴心，人神叶契。陳既主昏於上，民讟於下，險無百二之固，衆非九國之師。夏癸、殷辛尚不能立，獨此島夷而稽天討！伏度朝廷自有宏謨，但芻蕘所見，冀申螢爝。今唯須武昌已下，蘄、和、滁、方、吴、海等州更帖精兵，密營渡計。益、信、襄、荆、基、郢等州速造舟檝，多張形勢，爲水戰之具。蜀、漢二江，是其上流，水路衝要，必爭之所。賊雖於流頭、荆門、延洲、公安、巴陵、隱磯、夏首、蘄口、盆城置舡，然終聚漢口、峽口，以水戰大決。若賊必以上流有軍，令精兵赴援者，下流諸將即須擇便横渡。如擁衆自衞，上江水軍鼓行以前。雖恃九江五湖之險，非德無以爲固，徒有三吴、百越之兵，無恩不能自立。

上覽而大悦，轉基州刺史，徵入朝。仲方因面陳經略，上善之，賜以御袍袴，并雜綵五百段，進位開府而遣之。及大舉伐陳，以仲方爲行軍總管，率兵與秦王會。及陳平，坐事免。未幾，復位。後數載，轉會州總管。時諸羌猶未賓附，詔令仲方擊之，與賊三十餘戰，紫祖、四鄰、望方、涉題〔一〕、千碉，小鐵圍山、白男王、弱水等諸部悉平。賜奴婢一百三十口，黃金三十斤，雜物稱是。

仁壽初，授代州總管，在職數年，被徵入朝。會上崩，漢王諒餘黨據呂州不下，煬帝令周羅睺攻之，中流矢卒，乃令仲方代總其衆，月餘拔之。進位大將軍，拜民部尚書，尋轉禮部尚書。後三載，坐事免。尋爲國子祭酒，轉太常卿。朝廷以其衰老，出拜上郡太守。未幾，以母憂去職。歲餘，起爲信都太守，上表乞骸骨，優詔許之。尋卒於家，時年七十六。子民壽，官至定陶令。

于仲文 兄顗　從父弟璽

于仲文字次武，建平公義之兄子。父寔，周大左輔、燕國公。仲文少聰敏，髫齓就學，耽閱不倦。其父異之曰：「此兒必興吾宗矣。」九歲，嘗於雲陽宮見周太祖，太祖問曰：「聞兒好讀書，書有何事？」仲文對曰：「資父事君，忠孝而已。」太祖甚嗟歎之。其後就博士李祥受周易、三禮，略通大義。及長，倜儻有大志，氣調英拔，當時號爲名公子。起家爲趙王屬，尋遷安固太守。有任、杜兩家各失牛，後得一牛〔二〕，兩家俱認，州郡久不能決。益州長史韓伯儁曰：「于安固少聰察，可令決之。」仲文曰：「此易解耳。」於是令二家各驅牛羣至，乃放所認者，遂向任氏羣中。又陰使人微傷其牛，任氏嗟惋，杜家自若。仲文於是訶詰杜氏，杜氏服罪而去。始州刺史屈突尚，宇文護之黨也，先坐事下獄，無敢繩者。仲文至郡窮治，遂竟其獄。蜀中爲之語曰：「明斷無雙有于公，不避强禦有次武。」未幾，徵爲御正下大夫，封延壽郡公，邑三千五百户。數從征伐，累勳授儀同三司。宣帝時，爲東郡太守。

高祖爲丞相，尉迥作亂，遣將檀讓收河南之地。復使人誘致仲文，仲文拒之。迥怒其不同己，遣儀同宇文威攻之。仲文迎擊，大破威衆，斬首五百餘級，以功授開府。迥又遣其將宇文冑渡石濟，宇文威、鄒紹自白馬，二道俱進，復攻仲文。賊勢逾盛，人情大駭，郡人赫連僧伽、敬子哲率衆應迥。仲文自度不能支，棄妻子，將六十餘騎，開城西門，潰圍而遯。爲賊所追，且戰且行，所從騎戰死者十七八。仲文僅而獲免，達於京師。迥於是屠其三子一女。高祖見之，引入卧内，爲之下泣。賜綵五百段，黄金二百兩，進位大將軍，領河南道行軍總管。給以鼓吹，馳傳詣洛陽發兵，以討檀讓。

時韋孝寬拒迥於永橋，仲文詣孝寬有所計議。時總管宇文忻頗有自疑之心，因謂仲文曰：「公新從京師來，觀執政意何如也？尉迥誠不足平，正恐事寧之後，更有藏弓之慮。」仲文懼忻生變，因謂之曰：「丞相寬仁大度，明識有餘，苟能竭誠，必心無貳。仲文在京三日，頻見三善，以此爲觀，非尋常人也。」忻曰：「三善如何？」仲文曰：「有陳萬敵者，新從賊中來，即令其弟難敵召募鄉曲，從軍討賊。此其有大度一也。上士宋謙，奉使勾檢，謙緣此別求佗罪。丞相責之曰：『入網者自可推求，何須別訪，以虧大體。』此其不求人私二也。言及仲文妻子，未嘗不潸泫。此其有仁心三也。」忻自此遂安。

仲文軍至汴州之東倪塢，與迴將劉子昂、劉浴德等相遇，進擊破之。軍次蓼隄，去梁郡七里，讓擁衆數萬，仲文以羸師挑戰。讓悉衆來拒，仲文僞北，讓軍頗驕。於是遣精兵左右翼擊之，大敗讓軍，生獲五千餘人，斬首七百級。進攻梁郡，迴守將劉子寬棄城遁走。仲文追擊，禽斬數千人，子寬僅以身免。初，仲文在蓼隄，諸將皆曰：「軍自遠來，士馬疲弊，不可決勝。」仲文令三軍趣食，列陳大戰。既而破賊，諸將皆請曰：「前兵疲不可交戰，竟而剋勝，其計安在？」仲文笑曰：「吾所部將士皆山東人，果於速進，不宜持久。乘勢擊之，所以制勝。」諸將皆以爲非所及也。進擊曹州，獲迴所署刺史李仲康及上儀同房勁。

檀讓以餘衆屯城武，別將高士儒以萬人屯永昌。仲文詐移書州縣曰：「大將軍至，可多積粟。」讓謂仲文未能卒至，方槌牛享士，仲文知其怠，選精騎襲之，一日便至。遂拔城武。迴將席毗羅，衆十萬，屯於沛縣，將攻徐州。其妻子在金鄉。仲文遣人詐爲毗羅使者，謂金鄉城主徐善淨曰：「檀讓明日午時到金鄉，將宣蜀公令，賞賜將士。」金鄉人謂爲信然，皆喜。仲文簡精兵，僞建迴旗幟，倍道而進。善淨望見仲文軍且至，以爲檀讓，乃出迎謁。仲文執之，遂取金鄉。諸將多勸屠之，仲文曰：「此城是毗羅起兵之所，當寬其妻子，其兵可自歸。如即屠之，彼望絶矣。」衆皆稱善。於是毗羅恃衆來薄官軍，仲文背城結陣，去軍數里，設伏於麻田中。兩陣纔合，伏兵發，俱曳柴鼓噪，塵埃張天。毗羅軍大潰，仲文乘之，賊皆投洙水而死〔三〕，爲之不流。獲檀讓，檻送京師，河南悉平。毗羅匿滎陽人家，執斬之，傳首闕下。勒石紀功，樹於泗上。

入朝京師，高祖引入卧内，宴享極歡。賜雜綵千餘段，妓女十人，拜柱國、河南道大行臺。屬高祖受禪，不行。未幾，其叔父太尉翼坐事下獄，仲文亦爲吏所簿，於獄中上書曰：

臣聞春生夏長，天地平分之功，子孝臣誠，人倫不易之道。曩者尉迴逆亂，所在影從。臣任處關、河，地居衝要，嘗膽枕戈，誓以必死。迴時購臣，位大將軍，邑萬户。臣不顧妻子，不愛身命，冒白刃，潰重圍，三男一女，相繼淪没，披露肝膽，馳赴闕庭。蒙陛下授臣以高官，委臣以兵革。于時河南兇寇，狼顧鴟張，臣以羸兵八千，掃除氛祲。摧劉寬於梁郡，破檀讓於蓼隄，平曹州，復東郡，安城武，定永昌，解亳州圍，殄徐州賊。席毗十萬之衆，一戰土崩，河南蟻聚之徒，應時戡定。

當羣兇問鼎之際，黎元乏主之辰，臣第二叔翼先在幽州，總馭燕、趙，南鄰羣寇，北捍旄頭，内外安撫，得免罪戾。臣第五叔智建旟黑水，與王謙爲鄰，式遏蠻陬，鎮綏蜀道。臣兄顗作牧淮南，坐制勍敵，乘機勦定，傳首京師。王謙竊據二江，叛换三蜀。臣第三叔義受脤廟庭，龔行天討。自外父叔兄弟，皆當文武重寄，或銜命危難之間，或侍衞鉤陳之側，合門誠款，冀有可明。伏願垂泣辜之恩，降雲雨之施，追草昧之始，録涓滴之功，則寒灰更然，枯骨生肉，不勝區區之至，謹冒死以聞。

上覽表，并翼俱釋之。

未幾，詔仲文率兵屯白狼塞以備胡。明年，拜行軍元帥，統十二總管以擊胡。出服遠鎮，遇虜，破之，斬首千餘級，六畜巨萬計。於是從金河出白道，遣總管辛明瑾、元滂、賀蘭志、吕楚、段諧等二萬人出盛樂道，趣那頡山。至護軍川北，與虜相遇，可汗見仲文軍容齊肅，不戰而退。仲文率精騎五千，踰山追之，不及而還。上以尚書文簿繁雜，吏多姦計，令仲文勘録省中事。其所發擿甚多，上嘉其明斷，厚加勞賞焉。上每憂轉運不給，仲文請決渭水，開漕渠。上然之，使仲文總其事。及伐陳之役，拜行軍總管，以舟師自章山出漢口。陳郢州刺史荀法尚、魯山城主誕法澄、鄧沙彌等請降，秦王俊皆令仲文以兵納之。高智慧等作亂江南，復以行軍總管討之。時三軍乏食，米粟踊貴，仲文私糴軍糧，坐除名。明年，復官爵，率兵屯馬邑以備胡。數旬而罷。

晉王廣以仲文有將領之才〔四〕，每常屬意，至是奏之，乃令督晉王軍府事。後突厥犯塞，晉王爲元帥，以仲文將前軍，大破賊而還。仁壽初，拜太子右衞率。煬帝即位，遷右翊衞大將軍，參掌文武選事。從帝討吐谷渾，進位光禄大夫，甚見親幸。

遼東之役，仲文率軍指樂浪道。軍次烏骨城，仲文簡羸馬驢數千，置於軍後。既而率衆東過，高麗出兵掩襲輜重，仲文迴擊，大破之。至鴨緑水，高麗將乙支文德詐降，來入其營。仲文先奉密旨，若遇高元及文德者，必禽之。至是，文德來，仲文將執之。時尚書右丞劉士龍爲慰撫使，固止之。仲文遂捨文德。尋悔，遣人紿文德曰：「更有言議，可復來也。」文德不從，遂濟。仲文選騎渡水追之，每戰破賊。文德遺仲文詩曰：「神策究天文，妙筭窮地理。戰勝功既高，知足願云止。」仲文答書諭之，文德燒柵而遯。時宇文述以糧盡欲還，仲文議以精鋭追文德，可以有功。述固止之，仲文怒曰：「將軍仗十萬之衆，不能破小賊，何顏以見帝！且仲文此行也，固無功矣。」述因厲聲曰：「何以知無功？」仲文曰：「昔周亞夫之爲將也，見天子，軍容不變。此決在一人，所以功成名遂。今者人各其心，何以赴敵！」初，帝以仲文有計畫，令諸軍諮禀節度，故有此言。由是述等不得已而從之，遂行。東至薩水，宇文述以兵餒退歸，師遂敗績。帝以屬吏，諸將皆委罪於仲文。帝大怒，釋諸將，獨繫仲文。仲文憂恚發病，困篤方出之，卒於家，時年六十八。撰漢書刊繁三十卷、略覽三十卷。有子九人，欽明最知名。

顗字元武，身長八尺，美鬚眉。周大冢宰宇文護見而器之，妻以季女。尋以父勳，賜爵新野郡公，邑三千户。授大都督，遷車騎大將軍、儀同三司。其後累以軍功，授上開府。歷左、右宮伯，郢州刺史。大象中，以水軍總管從韋孝寬經略淮南。顗率開府元紹貴、上儀同毛猛等，以舟師自潁口入淮。陳防主潘深棄栅而走，進與孝寬攻拔壽陽。復引師圍硤石，守將許約懼而降，顗乃拜東廣州刺史。

尉迥之反也，時總管趙文表與顗素不協，顗將圖之，因卧閣内，詐得心疾，謂左右曰：「我見兩三人至我前者，輒大驚，即欲斫之，不能自制也。」其有賓客候問者，皆令去左右。顗漸稱危篤，文表往候之，令從者至大門而止，文表獨至顗所。顗欻然而起，抽刀斫殺之，因唱言曰：「文表與尉迥通謀，所以斬之。」其麾下無敢動者。時高祖以尉迥未平，慮顗復生邊患，因而勞勉之，即拜吴州總管。

陳將錢茂和率數千人襲江陽，顗逆擊走之。陳復遣將陳紀、周羅睺、燕合兒等襲顗，顗拒之而退，賜綵數百段。

高祖受禪，文表弟詣闕稱兄無罪。上令案其事，太傅竇熾等議顗當死。上以門著勳績，特原之，貶爲開府。後襲爵燕國公，邑萬六千户。尋以疾免。開皇七年，拜澤州刺史。數年，免職，卒於家。子世虔嗣。

璽字伯符。父翼，仕周爲上柱國、幽州總管、任國公。高祖爲丞相，尉迥作亂，遣人誘翼。翼鎖其使，送之長安，高祖甚悅。及高祖受禪，翼入朝，上爲之降榻，握手極歡。數日，拜爲太尉。歲餘，卒，謚曰穆。

璽少有器幹，仕周，起家右侍上士。尋授儀同，領右羽林，遷少胥附。武帝時，從齊王憲破齊師於洛陽，以功賜爵豐寧縣子，邑五百户。尋從帝平齊，加開府，改封黎陽縣公，邑千二百户，授職方中大夫。及宣帝嗣位，轉右勳曹中大夫。尋領右忠義。

高祖爲丞相，加上開府。及受禪，進位大將軍，拜汴州刺史，甚有能名。上聞而善之，優詔褒揚，賜帛百匹。尋加上大將軍，進爵郡公。轉邵州刺史，在州數年，甚有恩惠。後檢校江陵總管，州人張願等數十人，詣闕上表，請留璽。上嘉歎良久，令還邵州，父老相賀。尋遷洛州刺史，復爲熊州刺史，並有惠政。以疾徵還京師。仁壽末，卒于家，謚曰靜。有子志本。

段文振

段文振，北海期原人也。祖壽，魏滄州刺史。父威，周洮、河、甘、渭四州刺史。文振少有膂力，膽氣過人，性剛直，明達時務。初爲宇文護親信，護知其有幹用，擢授中外府兵曹。後武帝攻齊海昌王尉相貴於晉州，其亞將侯子欽、崔景嵩爲内應。文振杖槊登城，與崔仲方等數十人先登。文振隨景嵩至相貴所，拔佩刃劫之，相貴不敢動，城遂下。帝大喜，賜物千段。進拔文侯、華谷、高壁三城，皆有力焉。及攻并州，陷東門而入，齊安德王延宗懼而出降。録前後勳，將拜高秩，以讒毁獲譴，因授上儀同，賜爵襄國縣公，邑千户。入進平鄴都，又賜綺羅二千匹。後從滕王逌擊稽胡，破之。歷相州别駕、揚州總管長史。爲天官都上士，從韋孝寬經略淮南。

俄而尉迥作亂，時文振老母妻子俱在鄴城，迥遣人誘之，文振不顧，歸於高祖。高祖引爲丞相掾，領宿衛驃騎。司馬消難之奔陳也，高祖令文振安集淮南，還除衛尉少卿，兼内史侍郎。尋以行軍長史從達奚震討叛蠻，平之，加上開府。歲餘，遷鴻臚卿。衛王爽北征突厥，以文振爲長史，坐勳簿不實免官。後爲石、河二州刺史，甚有威惠。遷蘭州總管，改封龍崗縣公。突厥犯塞，以行軍總管擊破之，逐北至居延塞而還。九年，大舉伐陳，以文振爲元帥秦王司馬，别領行軍總管。及平江南，授揚州總管司馬。尋轉并州總管司馬，以母憂去職。未幾，起令視事，固辭不許。後數年，拜雲州總管，尋爲太僕卿。十九年，突厥犯塞，文振以行軍總管拒之，遇達頭可汗於沃野，擊破之。文振先與王世積有舊，初，文振北征，世積遺以駝馬。比還，世積以罪被誅，文振坐與交關，功遂不録。明年，率衆出靈州道以備胡，無虜而還。越巂蠻叛，文振擊平之，賜奴婢二百口。仁壽初，嘉州獠作亂，文振以行軍總管討之。引軍山谷間，爲賊所襲，前後阻險，不得相救，軍遂大敗。文振復收散兵，擊其不意，竟破之。文振性素剛直，無所降下。初，軍次益州，謁蜀王秀，貌頗不恭，秀甚銜之。及此，奏文振師徒喪敗。右僕射蘇威與文振有隙，因而譖之，坐是除名。及秀廢黜，文振上表自申理，高祖慰諭之，授大將軍。尋拜靈州總管。

煬帝即位，徵爲兵部尚書，待遇甚重。從征吐谷渾，文振督兵屯雪山，連營三百餘里，東接楊義臣，西連張壽，合圍渾主於覆袁川。以功進位右光禄大夫。帝幸江都，以文振行江都郡事。文振見高祖時容納突厥啓民居于塞内，妻以公主，賞賜重疊；及大業初，恩澤彌厚。文振以狼子野心，恐爲國患，乃上表曰：「臣聞古者遠不間近，夷不亂華，周宣外攘戎狄，秦帝築城萬里，蓋遠圖良筭，弗可忘也。竊見國家容受啓民，資其兵食，假以地利。

如臣愚計，竊又未安。何則？夷狄之性，無親而貪，弱則歸投，强則反噬，蓋其本心也。臣學非博覽，不能遠見，且聞晉朝劉曜，梁代侯景，近事之驗，衆所共知。以臣量之，必爲國患。如臣之計，以時喻遣，令出塞外。然後明設烽候，緣邊鎮防，務令嚴重，此乃萬歲之長策也。」時兵曹郎斛斯政專掌兵事，文振知政險薄，不可委以機要，屢言於帝，帝並弗納。

及遼東之役，授左候衞大將軍，出南蘇道。在道疾篤，上表曰：「臣以庸微，幸逢聖世，濫蒙奬擢，榮冠儕伍。而智能無取，叨竊已多，言念國恩，用忘寢食。常思効其鳴吠，以報萬分，而攝養乖方，疾患遂篤。抱此深愧，永歸泉壤，不勝餘恨，輕陳管穴。竊見遼東小醜，未服嚴刑，遠降六師，親勞萬乘。但夷狄多詐，深須防擬，口陳降款，心懷背叛，詭伏多端，勿得便受。水潦方降，不可淹遲，唯願嚴勒諸軍，星馳速發，水陸俱前，出其不意，則平壤孤城，勢可拔也。若傾其本根，餘城自剋。如不時定，脱遇秋霖，深爲艱阻，兵糧又竭，强敵在前，靺鞨出後，遲疑不決，非上策也。」後數日，卒於師。帝省表，悲歎久之，贈光禄大夫、尚書右僕射、北平侯，謚曰襄。賜物一千段，粟麥二千石，威儀鼓吹，送至墓所。有子十人。

長子詮，官至武牙郎將。次綸，少以俠氣聞。文振弟文操，大業中，爲武賁郎將，性甚剛嚴。帝令督祕書省學士。時學士頗存儒雅，文操輒鞭撻之，前後或至千數，時議者鄙之。

史臣曰：仲方兼資文武，雅有籌筭，伐陳之策，信爲深遠矣。聲績克舉，夫豈徒言哉！仲文博涉書記，以英略自許，尉迥之亂，遂立功名。自茲厥後，屢當推轂。遼東之役，實喪師徒。斯乃大樹將顛，蓋亦非戰人之罪也。文振少以膽略見重，終懷壯夫之志，時進讜言，頻稱諒直。其取高位厚秩，良有以也。

校勘記

〔一〕涉題　册府卷三五六將帥部立功作「涉匙」。

〔二〕後得一牛　「後」，原作「任」，據宋甲本、汲本改。按，北史卷二三于栗磾傳附于仲文傳、御覽卷二六二職官部六〇良太守下引隋書、册府卷六九五牧守部折獄、隋書詳節卷一五于仲文傳亦作「後」。

〔三〕賊皆投洙水而死　「洙水」，原作「沬水」，據宋甲本、至順本、汲本改。

〔四〕晉王廣以仲文有將領之才　「廣」，原作一字空格，宋甲本作「諱」，據大德本、至順本補。

隋書卷六十一

列傳第二十六

宇文述 雲定興

宇文述字伯通，代郡武川人也〔一〕。本姓破野頭，役屬鮮卑俟豆歸，後從其主爲宇文氏。父盛，周上柱國。述少驍鋭，便弓馬。年十一，時有相者謂述曰：「公子善自愛，後當位極人臣。」周武帝時，以父軍功，起家拜開府。述性恭謹沈密，周大冢宰宇文護甚愛之，以本官領護親信。及帝親總萬機，召爲左宫伯，累遷英果中大夫，賜爵博陵郡公，尋改封濮陽郡公。

高祖爲丞相，尉迥作亂相州，述以行軍總管率步騎三千，從韋孝寬擊之。軍至河陽，迥遣將李儁攻懷州，述别擊儁軍，破之。又與諸將擊尉惇於永橋，述先鋒陷陳，俘馘甚衆。

平尉迥，每戰有功，超拜上柱國，進爵褒國公，賜縑三千匹。

開皇初，拜右衞大將軍。平陳之役，復以行軍總管率衆三萬，自六合而濟。時韓擒、賀若弼兩軍趣丹陽，述進據石頭，以爲聲援。陳主既擒，而蕭瓛、蕭巖據東吳之地，擁兵拒守。述領行軍總管元契、張默言等討之，水陸兼進。落叢公燕榮以舟師自海至，亦受述節度。上下詔曰：「公鴻勳大業，名高望重，奉國之誠，久所知悉。金陵之寇，既已清蕩，而吳、會之地，東路爲遥，蕭巖、蕭瓛，並在其處。公率將戎旅，撫慰彼方，振揚國威，宣布朝化。以公明略，乘勝而往，風行電埽，自當稽服。若使干戈不用，黎庶獲安，方副朕懷，公之力也。」陳永新侯陳君範自晉陵奔瓛，并軍合勢。見述軍且至，瓛懼，立柵於晉陵城東，又絶塘道，留兵拒述。瓛自義興入太湖，圖掩述後。述進破其柵，迴兵擊瓛，大敗之，斬瓛司馬曹勒叉。前軍復陷吳州，瓛以餘衆保包山，燕榮擊破之。述進至奉公埭，蕭巖、陳君範等以會稽請降。述許之，二人面縛路左，吳、會悉平。以功拜一子開府，賜物三千段，拜安州總管。

時晉王廣鎮揚州，甚善於述，欲述近己，因奏爲壽州刺史總管。王時陰有奪宗之志，請計於述，述曰：「皇太子失愛已久，令德不聞於天下。大王仁孝著稱，才能蓋世，數經將領，深有大功。主上之與内宫，咸所鍾愛，四海之望，實歸於大王。然廢立者，國家之大事，處人父子骨肉之間，誠非易謀也。然能移主上者，唯楊素耳。素之謀者，唯其弟約。述雅知約，請朝京師，與約相見，共圖廢立。」晉王大悦，多齎金寶，資述入關。述數請約，盛陳器玩，與之酣暢，因而共博，每佯不勝，所齎金寶盡輸之。約所得既多，稍以謝述。述因曰：「此晉王之賜，令述與公爲歡樂耳。」約大驚曰：「何爲者？」述因爲王申意。約然其説，退言於素，素亦從之。於是素每與述謀事。晉王與述情好益密，命述子士及尚南陽公主，前後賞賜不可勝計。及晉王爲皇太子，以述爲左衞率。舊令，率官第四品，上以述素貴，遂進率品爲第三，其見重如此。

煬帝嗣位，拜左衞大將軍，改封許國公。大業三年，加開府儀同三司，每冬正朝會，輒給鼓吹一部。從幸榆林，時鐵勒契弊歌稜攻敗吐谷渾，其部攜散，遂遣使請降求救。帝令述以兵屯西平之臨羌城，撫納降附。吐谷渾見述擁强兵，懼不敢降，遂西遁。述領鷹揚郎將梁元禮、張峻、崔師等追之，至曼頭城，攻拔之，斬三千餘級。乘勝至赤水城，復拔之。其餘黨走屯丘尼川，述進擊，大破之，獲其王公、尚書、將軍二百人，前後虜男女四千口而還。渾主南走雪山，其故地皆空。帝大悦。明年，從帝西幸，巡至金山，登燕支，述每爲斥候。時渾賊復寇張掖，進擊走之。還至江都宮，勑述與蘇威常典選舉，參預朝政。述時貴重，委任與蘇威等，其親愛則過之。帝所得遠方貢獻及四時口味，輒見班賜，中使相望於道。述善於供奉，俯仰折旋，容止便辟，宿衞者咸取則焉。又有巧思，凡有所裝飾，皆出人意表。數以奇服異物進獻宮掖，由是帝彌悦焉。時述貴倖，言無不從，勢傾朝廷。左衞將軍張瑾與述連官，嘗有評議，偶不中意，述張目叱之，瑾惶懼而走，文武百寮莫敢違忤。然性貪鄙，知人有珍異之物，必求取之。富商大賈及隴右諸胡子弟，述皆接以恩意，呼之爲兒。由是競加餽遺，金寶累積。後庭曳羅綺者數百，家僮千餘人，皆控良馬，被服金玉。述之寵遇，當時莫與爲比。

及征高麗，述爲扶餘道軍將。臨發，帝謂述曰：「禮，七十者行役以婦人從，公宜以家累自隨。古稱婦人不入軍，謂臨戰時耳。至於營壘之間，無所傷也。項籍虞姬，即其故事。」述與九軍至鴨渌水，糧盡，議欲班師。諸將多異同，述又不測帝意。會乙支文德來詣其營，述先與于仲文俱奉密旨，令誘執文德。既而緩縱，文德逃歸，語在仲文傳。述内不自安，遂與諸將度水追之。時文德見述軍中多飢色，欲疲述衆，每鬭便北。述一日之中七戰皆捷，既恃驟勝，又内逼羣議，於是遂進，東濟薩水，去平壤城三十里，因山爲營。文德復遣使僞降，請述曰：「若旋師者，當奉高元朝行在所。」述見士卒疲弊，不可復戰，又平壤嶮固，卒難致力，遂因其詐而還。衆半濟，賊擊後軍，於是大潰不可禁止，九軍敗績，一日一夜，還至鴨渌水，行四百五十里。初度遼，九軍三十萬五千人，及還至遼東城，唯二千七百人。帝大怒，以述等屬吏。至東都，除名爲民。

明年，帝有事遼東，復述官爵，待之如初。從至遼東，與將軍楊義臣率兵復臨鴨淥水。會楊玄感作亂，帝召述班師，令馳驛赴河陽，發諸郡兵以討玄感。時玄感逼東都，聞述軍將至，懼而西遁，將圖關中。述與刑部尚書衞玄、左禦衞將軍來護兒、武衞將軍屈突通等躡之。至閿鄉皇天原，與玄感相及。述與來護兒列陣當其前，遣屈突通以奇兵擊其後，大破之，遂斬玄感，傳首行在所。賜物數千段。復從東征，至懷遠而還。

突厥之圍雁門，帝懼，述請潰圍而出。樊子蓋固諫不可，帝乃止。及圍解，車駕次太原，議者多勸帝還京師，帝有難色。述因奏曰：「從官妻子多在東都，便道向洛陽，自潼關而入可也。」帝從之。是歲，至東都，述又觀望帝意，勸幸江都，帝大悅。

述於江都遇疾，中使相望，帝將親臨視之，羣臣苦諫乃止。遂遣司宮魏氏問述曰：「必有不諱，欲何所言？」述二子化及、智及，時並得罪于家，述因奏曰：「化及臣之長子，早預藩邸，願陛下哀憐之。」帝聞，泫然曰：「吾不忘也。」及薨，帝爲之廢朝，贈司徒、尚書令、十郡太守，班劍四十人，輼輬車，前後部鼓吹，謚曰恭。帝令黃門侍郎裴矩，祭以太牢，鴻臚監護喪事。子化及，别有傳。

雲定興者，附會於述。初，定興女爲皇太子勇昭訓，及勇廢，除名配少府。定興先得昭訓明珠絡帳，私賂於述，自是數共交遊。定興每時節必有賂遺，并以音樂干述。述素好著奇服，炫耀時人。定興爲製馬韉，於後角上缺方三寸，以露白色。世輕薄者爭放學之，謂爲許公缺勢。又遇天寒，定興曰：「入內宿衞，必當耳冷。」述曰：「然。」乃製裌頭巾，令深袙耳。又學之，名爲許公袙勢。述大悅曰：「雲兄所作，必能變俗。我聞作事可法，故不虛也。」後帝將事四夷，大造兵器，述薦之，因敕少府工匠並取其節度。述欲爲之求官，謂定興曰：「兄所製器仗並合上心，而不得官者，爲長寧兄弟猶未死耳。」定興曰：「此無用物，何不勸上殺之。」述因奏曰：「房陵諸子，年並成立。今欲動兵征討，若將從駕，則守掌爲難；若留一處，又恐不可。進退無用，請早處分。」帝從之，因鴆殺長寧，又遣以下七弟分配嶺表，仍遣間使於路盡殺之。五年，大閱軍實，帝稱甲仗爲佳。述奏曰：「並雲定興之功也。」擢授少府丞。尋代何稠爲少監，轉衞尉少卿，遷左禦衞將軍，仍知少府事。十一年，授左屯衞大將軍。

凡述所薦達，皆至大官。趙行樞以太常樂户，家財億計，述謂爲兒，多受其賄。稱其驍勇，起家爲折衝郎將。

郭衍

郭衍字彦文，自云太原介休人也。父崇以舍人從魏武帝入關〔二〕，其後官至侍中。衍少驍武，善騎射。周陳王純引爲左右，累遷大都督。時齊氏未平，衍奉詔於天水募人，以鎮東境，得樂徙千餘家，屯於陜城。拜使持節、車騎大將軍、儀同三司。每有寇至，輒率所領禦之，一歲數告捷，頗爲齊人所憚。王益親任之。建德中，周武帝出幸雲陽，衍朝於行所〔三〕，時議欲伐齊，衍請爲前鋒。攻河陰城，授儀同大將軍。武帝圍晉州，慮齊兵來援，令衍從陳王守千里徑。又從武帝與齊主大戰於晉州，追齊師至高壁，敗之。仍從平并州，以功加授開府，封武强縣公〔四〕，邑一千二百户，賜姓叱羅氏。宣政元年，爲右中軍熊渠中大夫。

尉迥之起逆，從韋孝寬戰於武陟，進戰於相州。先是，迥遣弟子勤爲青州總管，率青、齊之衆來助迥。迥敗，勤與迥子惇、祐等欲東奔青州。衍將精騎一千，追破之，執祐於陣，勤遂遯走，而惇亦逃逸。衍至濟州，入據其城，又擊其餘黨於濟北，累戰破之，執送京師。超授上柱國，封武山郡公。賞物七千段。密勸高祖殺周室諸王，早行禪代。由是大被親暱。

開皇元年，敕復舊姓爲郭氏。突厥犯塞，以衍爲行軍總管，領兵屯於平涼。數歲，虜不入。徵爲開漕渠大監。部率水工，鑿渠引渭水，經大興城北，東至于潼關，漕運四百餘里。關内賴之，名之曰富民渠。五年，授瀛州刺史，遇秋霖大水，其屬縣多漂没，民皆上高樹，依大冢。衍親備船栰，并齎糧拯救之，民多獲濟。衍先開倉賑卹，後始聞奏。上大善之，選授朔州總管。所部有恒安鎮，北接蕃境，常勞轉運。衍乃選沃饒地，置屯田，歲剩粟萬餘石，民免轉輸之勞。又築桑乾鎮，皆稱旨。十年，從晉王廣出鎮揚州。遇江表構逆，命衍爲總管，領精鋭萬人先屯京口。於貴洲南，與賊戰，敗之，生擒魁帥，大獲舟楫粮儲，以充軍實。乃討東陽、永嘉、宣城、黟、歙諸洞，盡平之。授蔣州刺史。

衍臨下甚踞，事上姦謟。晉王愛暱之，宴賜隆厚。遷洪州總管。王有奪宗之謀，託衍心腹，遣宇文述以情告之。衍大喜曰：「若所謀事果，自可爲皇太子。如其不諧，亦須據淮海，復梁、陳之舊。副君酒客，其如我何？」王因召衍，陰共計議。又恐人疑無故來往，託以衍妻患癭，王妃蕭氏有術能療之。以狀奏高祖，高祖聽衍共妻向江都，往來無度。衍又詐稱桂州俚反，王乃奏衍行兵討之。由是大修甲仗，陰養士卒。及王入爲太子，徵授左監門率，轉左宗衞率。高祖於仁壽宮將大漸，太子與楊素矯詔，令衍、宇文述領東宮兵，帖上臺宿衞，門禁並由之〔五〕。及上崩，漢王起逆，而京師空虛，使衍馳還，總兵居守。

大業元年，拜左武衞大將軍。帝幸江都，令衍統左軍，改授光禄大夫。又從討吐谷渾，出金山道，納降二萬餘户。衍能揣上意，阿諛順旨。帝每謂人曰：「唯有郭衍，心與朕同。」又嘗勸帝取樂，五日一視事〔六〕，無得効高祖空自劬勞。帝從之，益稱其孝順。初，新令行，衍封爵從例除。六年，以恩倖封真定侯。七年，從往江都，卒。贈左衞大將軍，賵賜甚厚，謚曰襄。長子臻，武牙郎將。次子嗣本，孝昌縣令。

史臣曰：蹇蹇匪躬，爲臣之高節，和而不同，事君之常道。宇文述、郭衍以水濟水，如脂如韋，便辟足恭，柔顏取悦。君所謂可，亦曰可焉，君所謂不，亦曰不焉。無所是非，不能輕重，默默苟容，偷安高位，甘素餐之責，受彼己之譏。此固君子所不爲，亦丘明之深恥也。

校勘記

〔一〕代郡武川人也　「代郡武川」，宇文述墓誌作「遼西貝城」。

〔二〕父崇以舍人從魏武帝入關　「崇」字原闕，據北史卷七四郭衍傳補。

〔三〕衍朝於行所　「朝」，原作「詞」，據至順本、殿本改。按，册府卷三八九將帥部請行亦作「朝」。又，南監本作「伺」，意亦可通。或諸本「詞」是「伺」之誤字，姑存疑。

〔四〕封武强縣公　「武强」，册府卷三八四將帥部褒異作「武安」。

〔五〕令衍宇文述領東宫兵帖上臺宿衞門禁並由之　「兵」字原闕，據宋甲本、大德本、汲本補。按，北史卷七四郭衍傳亦有「兵」字。又，本書卷四八楊素傳、册府卷三三九宰輔部不忠作：「素矯詔追東宫兵士帖上臺宿衞，門禁出入，並取宇文述、郭衍節度。」

〔六〕五日一視事　「事」字原闕，據宋甲本、大德本、汲本補。按，北史卷七四郭衍傳、册府卷六二八環衞部奸佞亦有「事」字。

隋書卷六十二

列傳第二十七

王韶

王韶字子相，自云太原晉陽人也，世居京兆。祖諧，原州刺史。父諒，早卒〔一〕。韶幼而方雅，頗好奇節，有識者異之。在周，累以軍功，官至車騎大將軍、儀同三司。復轉軍正。武帝既拔晉州，意欲班師，韶諫曰：「齊失紀綱，於茲累世，天奬王室，一戰而扼其喉。加以主昏於上，民懼於下，取亂侮亡，正在今日〔二〕。方欲釋之而去，以臣愚固，深所未解，願陛下圖之。」帝大悅，賜縑一百匹。及平齊氏，以功進位開府，封晉陽縣公，邑五百户，賜口馬雜畜以萬計。遷內史中大夫。宣帝即位，拜豐州刺史，改封昌樂縣公。

高祖受禪，進爵項城郡公，邑二千户。轉靈州刺史，加位大將軍。晉王廣之鎮并州也，除行臺右僕射，賜綵五百匹。韶性剛直，王甚憚之，每事諮詢，不致違於法度。韶嘗奉使檢行長城，其後王穿池，起三山，韶既還，自鎖而諫，王謝而罷之。高祖聞而嘉歎，賜金百兩，并後宮四人。平陳之役，以本官爲元帥府司馬，帥師趣河陽，與大軍會。既至壽陽，與高熲支度軍機，無所擁滯。及剋金陵，韶即鎮焉。晉王廣班師，留韶於石頭防遏，委以後事。歲餘，徵還，高祖謂公卿曰：「晉王以幼稚出藩，遂能剋平吳、越，綏靜江湖，子相之力也。」於是進位柱國，賜奴婢三百口，綿絹五千段。

開皇十一年，上幸并州〔三〕，以其稱職，特加勞勉。其後，上謂韶曰：「自朕至此，公鬚鬢漸白，無乃憂勞所致？柱石之望，唯在於公，努力勉之！」韶辭謝曰：「臣比衰暮，殊不解作官人。」高祖曰：「是何意也？不解者，是未用心耳〔四〕。」韶對曰：「臣昔在昏季，猶且用心，況逢明聖，敢不罄竭！但神化精微，非駑蹇所逮。加以今年六十有六，桑榆云晚，比於疇昔，昏忘又多。豈敢自寬，以速身累，恐以衰暮，虧紊朝綱耳。」上勞而遣之。

秦王俊爲并州總管，仍爲長史。歲餘，馳驛入京，勞弊而卒，時年六十八。高祖甚傷惜之，謂秦王使者曰：「語爾王，我前令子相緩來，如何乃遣馳驛？殺我子相，豈不由汝邪？」言甚悽愴。使有司爲之立宅，曰：「往者何用宅爲，但以表我深心耳。」又曰：「子相受我委寄，十有餘年，終始不易，寵章未極，舍我而死乎！」發言流涕。因命取子相封事數十紙，傳示羣臣。上曰：「其直言匡正，裨益甚多，吾每披尋，未嘗釋手。」煬帝即位，追贈司徒、尚書令、靈豳等十州刺史、魏國公。子士隆嗣。

士隆略知書計，尤便弓馬，慷慨有父風。大業之世，頗見親重，官至備身將軍，改封耿公。數令討擊山賊，往往有捷。越王侗稱帝，士隆率數千兵自江、淮而至。會王世充僭號，甚禮重之，署尚書右僕射。士隆憂憤，疽發背卒。

元巖

元巖字君山，河南洛陽人也。父禎，魏敷州刺史。巖好讀書，不治章句，剛鯁有器局，以名節自許，少與渤海高熲、太原王韶同志友善。仕周，釋褐宣威將軍、武賁給事。大冢宰宇文護見而器之，以爲中外記室。累遷內史中大夫，昌國縣伯。宣帝嗣位，爲政昏暴，京兆郡丞樂運乃輿櫬詣朝堂，陳帝八失，言甚切至。帝大怒，將戮之。朝臣皆恐懼，莫有救者。巖謂人曰：「臧洪同日，尚可俱死，其況比干乎！若樂運不免，吾將與之俱斃。」詣閤請見，言於帝曰：「樂運知書奏必死，所以不顧身命者，欲取後世之名。陛下若殺之，乃成其名，落其術內耳。不如勞而遣之，以廣聖度。」運因獲免。後帝將誅烏丸軌，巖不肯署詔。御正顔之儀切諫不入，巖進繼之，脱巾頓顙，三拜三進。帝曰：「汝欲黨烏丸軌邪？」巖曰：「臣非黨軌，正恐濫誅失天下之望。」帝怒，使閹豎搏其面，遂廢于家。

高祖爲丞相，加位開府、民部中大夫。及受禪，拜兵部尚書，進爵平昌郡公，邑二千户。巖性嚴重，明達世務，每有奏議，侃然正色，庭諍面折，無所迴避。上及公卿，皆敬憚之。時高祖初即位，每懲周代諸侯微弱，以致滅亡，由是分王諸子，權侔王室，以爲磐石之固，遣晉王廣鎮并州，蜀王秀鎮益州。二王年並幼稚，於是盛選貞良有重望者爲之寮佐。于時巖與王韶俱以骨鯁知名，物議稱二人才具侔於高熲，由是拜巖爲益州總管長史，韶爲河北道行臺右僕射。高祖謂之曰：「公宰相大器，今屈輔我兒，亦如曹參相齊之意也〔五〕。」及巖到官，法令明肅，吏民稱焉。蜀王性好奢侈，嘗欲取獠口以爲閹人，又欲生剖死囚，取膽爲藥。巖皆不奉教，排閤切諫，王輒謝而止，憚巖爲人，每循法度。蜀中獄訟，巖所裁斷，莫不悅服。其有得罪者，相謂曰：「平昌公與吾罪，吾何怨焉。」上甚嘉之，賞賜優洽。十三年，卒官，上悼惜久之。益州父老莫不殞涕，于今思之。巖卒之後，蜀王竟行其志，漸致非法，造渾天儀、司南車、記里鼓，凡所被服，擬於天子。又共妃出獵，以彈彈人，多捕山獠，以充宦者。寮佐無能諫止。及秀得罪，上曰：「元巖若在，吾兒豈有是乎！」子弘嗣。仕歷給事郎、司朝謁者、北平通守。

劉行本

劉行本，沛人也。父瓌，仕梁，歷職清顯。行本起家武陵王國常侍〔六〕。遇蕭脩以梁州北附，遂與叔父璠同歸于周，寓居京兆之新豐。每以諷讀爲事，精力忘疲，雖衣食乏絶，晏如也。性剛烈，有不可奪之志。周大冢宰宇文護引爲中外府記室。武帝親總萬機，轉御正中士，兼領起居注。累遷掌朝下大夫。周代故事，天子臨軒，掌朝典筆硯，持至御坐，則承御大夫取以進之。及行本爲掌朝，將進筆於帝，承御復欲取之。行本抗聲謂承御曰：「筆不可得。」帝驚視問之，行本言於帝曰：「臣聞設官分職，各有司存。臣既不得佩承御刀，承御亦焉得取臣筆。」帝曰：「然。」因令二司各行所職。及宣帝嗣位，多失德，行本切諫忤旨，出爲河内太守。

高祖爲丞相，尉迥作亂，進攻懷州。行本率吏民拒之，拜儀同，賜爵文安縣子。及踐阼，徵拜諫議大夫，檢校治書侍御史。未幾，遷黄門侍郎。上嘗怒一郎，於殿前笞之。行本進曰：「此人素清，其過又小，願陛下少寬假之。」上不顧。行本於是正當上前曰：「陛下不以臣不肖，置臣左右。臣言若是，陛下安得不聽？臣言若非，當致之於理，以明國法，豈得輕臣而不顧也！臣所言非私。」因置笏於地而退，上斂容謝之，遂原所笞者。

于時天下大同，四夷内附，行本以党項羌密邇封域，最爲後服，上表劾其使者曰：「臣聞南蠻遵校尉之統，西域仰都護之威。比見西羌鼠竊狗盗，不父不子，無君無臣，異類殊方，於斯爲下。不悟羈縻之惠，詎知含養之恩，狼戾爲心，獨乖正朔。使人近至，請付推科。」上奇其志焉。雍州别駕元肇言於上曰：「有一州吏，受人餽錢二百文〔七〕，依律合杖一百。然臣下車之始，與其爲約。此吏故違，請加徒一年。」行本駁之曰：「律令之行，並發明詔，與民約束。今肇乃敢重其教命，輕忽憲章。欲申己言之必行，忘朝廷之大信，虧法取威，非人臣之禮。」上嘉之，賜絹百匹。

在職數年，拜太子左庶子，領治書如故。皇太子虚襟敬憚。時唐令則亦爲左庶子，太子昵狎之，每令以絃歌教内人。行本責之曰：「庶子當匡太子以正道，何有嬖昵房帷之間哉！」令則甚慙而不能改。時沛國劉臻、平原明克讓、魏郡陸爽並以文學爲太子所親。行本怒其不能調護，每謂三人曰：「卿等正解讀書耳。」時左衞率長史夏侯福爲太子所昵，嘗於閤内與太子戲。福大笑，聲聞於外。行本時在閤下聞之，待其出，行本數之曰：「殿下寬容，賜汝顔色。汝何物小人，敢爲褻慢！」因付執法者治之。數日，太子爲福致請，乃釋之。太子嘗得良馬，令福乘而觀之。太子甚悦，因欲令行本復乘之。行本不從，正色而進曰：「至尊置臣於庶子之位者，欲令輔導殿下以正道，非爲殿下作弄臣也。」太子慙而止。復以本官領大興令，權貴憚其方直，無敢至門者。由是請託路絶，法令清簡，吏民懷之。未幾，卒官，上甚傷惜之。及太子廢，上曰：「嗟乎！若使劉行本在，勇當不及於此。」無子。

梁毗

梁毗字景和，安定烏氏人也。祖越，魏涇、豫、洛三州刺史，郃陽縣公。父茂，周滄、兖二州刺史。毗性剛謇，頗有學涉。周武帝時，舉明經，累遷布憲下大夫。平齊之役，以毗爲行軍總管長史，剋并州，毗有力焉。除爲別駕，尋加儀同三司〔八〕。宣政中，封易陽縣子，邑四百户。遷武藏大夫。

高祖受禪，進爵爲侯。開皇初，置御史官，朝廷以毗鯁正，拜治書侍御史，名爲稱職。尋轉大興令，遷雍州贊治。毗既出憲司，復典京邑，直道而行，無所迴避，頗失權貴心，由是出爲西寧州刺史，改封邯鄲縣侯。在州十一年。先是，蠻夷酋長皆服金冠，以金多者爲豪儁，由此遞相陵奪，每尋干戈，邊境略無寧歲。毗患之。後因諸酋長相率以金遺毗，於是置金坐側，對之慟哭而謂之曰：「此物飢不可食，寒不可衣。汝等以此相滅，不可勝數。今將此來，欲殺我邪？」一無所納，悉以還之。於是蠻夷感悟，遂不相攻擊。高祖聞而善之，徵爲散騎常侍、大理卿。處法平允，時人稱之。歲餘，進位上開府。

毗見左僕射楊素貴寵擅權，百寮震慴，恐爲國患，因上封事曰：「臣聞臣無有作威福，臣之作威福，其害乎而家，凶乎而國。竊見左僕射、越國公素，幸遇愈重，權勢日隆，搢紳之徒，屬其視聽。忤意者嚴霜夏零，阿旨者膏雨冬澍，榮枯由其脣吻，廢興候其指麾。所私皆非忠讜，所進咸是親戚，子弟布列，兼州連縣。天下無事，容息異圖，四海稍虞，必爲禍始。夫姦臣擅命，有漸而來。王莽資之於積年，桓玄基之於易世，而卒殄漢祀，終傾晉祚。季孫專魯，田氏簒齊，皆載典誥，非臣臆説。陛下若以素爲阿衡，臣恐其心未必伊尹也。伏願揆鑒古今，量爲處置，俾洪基永固，率土幸甚。輕犯天顏，伏聽斧鑕。」高祖大怒，命有司禁止，親自詰之。毗極言曰：「素既擅權寵，作威作福，將領之處，殺戮無道。又太子及蜀王罪廢之日，百寮無不震悚，惟素揚眉奮肘，喜見容色，利國家有事以爲身幸。」毗發言謇謇，有誠亮之節，高祖無以屈也，乃釋之。素自此恩寵漸衰。但素任寄隆重，多所折挫，當時朝士無不慴伏，莫有敢與相是非。辭氣不撓者，獨毗與柳彧及尚書右丞李綱而已。後上不復專委於素，蓋由察毗之言也。

煬帝即位，遷刑部尚書，并攝御史大夫事。奏劾宇文述私役部兵，帝議免述罪，毗固諍，因忤旨，遂令張衡代爲大夫。毗憂憤，數月而卒。帝令吏部尚書牛弘弔之，贈縑五百匹。

子敬真，大業之世，爲大理司直。時帝欲成光祿大夫魚俱羅之罪，令敬真治其獄，遂希旨陷之極刑。未幾，敬真有疾，見俱羅爲之厲，數日而死。

柳彧

柳彧字幼文，河東解人也。七世祖卓，隨晉南遷，寓居襄陽。父仲禮，爲梁將，敗歸周，復家本土。彧少好學，頗涉經史。周大冢宰宇文護引爲中外府記室，久而出爲寧州總管掾。武帝親總萬機，彧詣闕求試。帝異之，以爲司武中士。轉鄭令。平齊之後，帝大賞從官，留京者不預。彧上表曰：「今太平告始，信賞宜明，酬勳報勞，務先有本。屠城破邑，出自聖規，斬將搴旗，必由神略。若負戈擐甲，征扞劬勞，至於鎮撫國家，宿衞爲重。俱稟成筭，非專己能，留從事同，功勞須等。皇太子以下，實有守宗廟之功。昔蕭何留守，茅土先於平陽，穆之居中，没後猶蒙優策。不勝管見，奉表以聞。」於是留守並加汎級。

高祖受禪，累遷尚書虞部侍郎，以母憂去職。未幾，起爲屯田侍郎，固讓弗許。時制三品已上，門皆列戟。左僕射高熲子弘德封應國公，申牒請戟。彧判曰：「僕射之子更不異居，父之戟槊已列門外。尊有壓卑之義，子有避父之禮，豈容外門既設，内閤又施！」事竟不行，熲聞而歎伏。後遷治書侍御史，當朝正色，甚爲百寮之所敬憚。上嘉其婞直，謂彧曰：「大丈夫當立名於世，無容容而已。」賜錢十萬，米百石。

于時刺史多任武將，類不稱職。彧上表曰：「方今天下太平，四海清謐，共治百姓，須任其才。昔漢光武一代明哲，起自布衣，備知情僞，與二十八將，披荆棘，定天下，及功成之後，無所職任。伏見詔書以上柱國和干子爲杞州刺史〔九〕，其人年垂八十，鍾鳴漏盡。前任趙州，闇於職務，政由羣小，賄賂公行，百姓吁嗟，歌謡滿道。乃云：『老禾不早殺，餘種穢良田。』古人有云：『耕當問奴，織當問婢。』此言各有所能也。干子弓馬武用，是其所長，治民莅職，非其所解。至尊思治，無忘寢興，如謂優老尚年，自可厚賜金帛，若令刺舉，所損殊大。臣死而後已，敢不竭誠。」上善之，干子竟免。有應州刺史唐君明，居母喪，娶雍州長史庫狄士文之從父妹。彧劾之曰：「臣聞天地之位既分，夫婦之禮斯著，君親之義生焉，尊卑之教攸設。是以孝惟行本，禮實身基，自國刑家，率由斯道。竊以愛敬之情，因心至切，喪紀之重，人倫所先。君明鑽燧雖改，在文無變，忽劬勞之痛，成嬿爾之親，冒此苴縗，命彼褕翟。不義不昵，春秋載其將亡，無禮無儀，詩人欲其遄死。士文贊務神州，名位通顯，整齊風教，四方是則。棄二姓之重匹，違六禮之軌儀。請禁錮終身，以懲風俗。」二人竟坐得罪。隋承喪亂之後，風俗頹壞，彧多所矯正，上甚嘉之。

又見上勤於聽受，百寮奏請，多有煩碎，因上疏諫曰：「臣聞自古聖帝，莫過唐、虞，象地則天，布政施化，不爲叢脞，是謂欽明。語曰：『天何言哉，四時行焉。』故知人君出令，誡在煩數。是以舜任五臣，堯咨四岳，設官分職，各有司存，垂拱無爲，天下以治。所謂勞於求賢，逸於任使。又云：『天子穆穆，諸侯皇皇。』此言君臣上下，體裁有別。比見四海一家，萬機務廣，事無大小，咸關聖聽。陛下留心治道，無憚疲勞，亦由羣官懼罪，不能自決，取判天旨。聞奏過多，乃至營造細小之事，出給輕微之物，一日之內，酬答百司，至乃日旰忘食，夜分未寢，動以文簿，憂勞聖躬。伏願思臣至言，少減煩務，以怡神爲意，以養性爲懷，思武王安樂之義，念文王勤憂之理。若其經國大事，非臣下裁斷者，伏願詳決。自餘細務，責成所司，則聖體盡無疆之壽，臣下蒙覆育之賜也。」上覽而嘉之。後以忤旨免。未幾，復令視事，因謂彧曰：「無改爾心。」以其家貧，勑有司爲之築宅。因曰：「柳彧正直士，國之寶也。」其見重如此。

右僕射楊素當塗顯貴，百寮慴憚，無敢忤者。嘗以少譴，勑送南臺。素恃貴，坐彧牀。

彧從外來，見素如此，於階下端笏整容謂素曰：「奉勑治公之罪。」素遽下。彧據案而坐，立素於庭，辨詰事狀。素由是銜之。彧時方爲上所信任，故素未有以中之。

彧見近代以來，都邑百姓每至正月十五日，作角抵之戲，遞相誇競，至於糜費財力，上奏請禁絶之，曰：「臣聞昔者明王訓民治國〔一〇〕，率履法度，動由禮典。非法不服，非道不行，道路不同，男女有別，防其邪僻，納諸軌度。竊見京邑，爰及外州，每以正月望夜，充街塞陌，聚戲朋遊。鳴鼓聒天，燎炬照地，人戴獸面，男爲女服，倡優雜技，詭狀異形。以穢嫚爲歡娛，用鄙褻爲笑樂，内外共觀，曾不相避。高棚跨路，廣幕陵雲，袨服靚粧，車馬填噎。肴醑肆陳，絲竹繁會，竭貲破產，競此一時。盡室并孥，無問貴賤，男女混雜，緇素不分。穢行因此而生，盜賊由斯而起。浸以成俗，實有由來，因循敝風，曾無先覺。非益於化，實損於民，請頒行天下，並即禁斷。康哉雅、頌，足美盛德之形容，鼓腹行歌，自表無爲之至樂。敢有犯者，請以故違勑論。」詔可其奏。是歲，持節巡省河北五十二州，奏免長吏贓汙不稱職者二百餘人，州縣肅然，莫不震懼。上嘉之，賜絹布二百匹、氈三十領，拜儀同三司。歲餘，加員外散騎常侍，治書如故。仁壽初，復持節巡省太原道十九州。及還，賜絹百五十匹。

彧嘗得博陵李文博所撰治道集十卷，蜀王秀遣人求之。彧送之於秀，秀復賜彧奴婢十口。及秀得罪，楊素奏彧以內臣交通諸侯，除名爲民，配戍懷遠鎮。行達高陽，有詔徵還。至晉陽，值漢王諒作亂，遣使馳召彧，將與計事。彧爲使所逼，初不知諒反，將入城而諒反形已露。彧度不得免，遂詐中惡不食，自稱危篤。諒怒，囚之。及諒敗，楊素奏彧心懷兩端，以候事變，迹雖不反，心實同逆，坐徙敦煌。楊素卒後，乃自申理，有詔徵還京師，卒於道。有子紹，爲介休令。

趙綽

趙綽，河東人也，性質直剛毅。在周，初爲天官府史，以恭謹恪勤，擢授夏官府下士。稍以明幹見知，累轉內史中士。父艱去職，哀毁骨立，世稱其孝。既免喪，又爲掌教中士。高祖爲丞相，知其清正，引爲録事參軍。尋遷掌朝大夫，從行軍總管是云暉擊叛蠻，以功拜儀同，賜物千段。

高祖受禪，授大理丞。處法平允，考績連最，轉大理正。尋遷尚書都官侍郎，未幾轉刑部侍郎。治梁士彥等獄，賜物三百段，奴婢十口，馬二十匹。每有奏讞，正色侃然，上嘉之，漸見親重。上以盜賊不禁，將重其法。綽進諫曰：「陛下行堯、舜之道，多存寬宥。況律者天下之大信，其可失乎！」上忻然納之，因謂綽曰：「若更有聞見，宜數陳之也。」遷大理少卿。故陳將蕭摩訶，其子世略在江南作亂，摩訶當從坐。上曰：「世略年未二十，亦何能爲！以其名將之子，爲人所逼耳。」因赦摩訶。綽固諫不可，上不能奪，欲綽去而赦之，固命綽退食。綽曰：「臣奏獄未決，不敢退朝。」上曰：「大理其爲朕特赦摩訶也。」因命左右釋之。刑部侍郎辛亶，嘗衣緋褌，俗云利於官，上以爲厭蠱，將斬之。綽曰：「據法不當死，臣不敢奉詔。」上怒甚，謂綽曰：「卿惜辛亶而不自惜也？」命左僕射高熲將綽斬之，綽曰：「陛下寧可殺臣，不得殺辛亶。」至朝堂，解衣當斬，上使人謂綽曰：「竟何如？」對曰：「執法一心，不敢惜死。」上拂衣而入，良久乃釋之。明日，謝綽，勞勉之，賜物三百段。時上禁行惡錢，有二人在市，以惡錢易好者，武候執以聞，上令悉斬之。綽進諫曰：「此人坐當杖，殺之非法。」上曰：「不關卿事。」綽曰：「陛下不以臣愚暗，置在法司，欲妄殺人，豈得不關臣事！」上曰：「撼大木不動者，當退。」對曰：「臣望感天心，何論動木！」上復曰：「啜羹者，熱則置之。天子之威，欲相挫耶？」綽拜而益前，訶之不肯退。上遂入。治書侍御史柳彧復上奏切諫，上乃止。上以綽有誠直之心，每引入閤中，或遇上與皇后同榻，即呼綽坐，評論得失。前後賞賜萬計。其後進位開府，贈其父爲蔡州刺史。

時河東薛胄爲大理卿，俱名平恕。然胄斷獄以情，而綽守法，俱爲稱職。上每謂綽曰：「朕於卿無所愛惜，但卿骨相不當貴耳。」仁壽中卒官，時年六十三。上爲之流涕，中使弔祭，鴻臚監護喪事。有二子：元方、元襲。

裴肅

裴肅字神封，河東聞喜人也。父俠，周民部大夫。肅少剛正，有局度，少與安定梁毗同志友善。仕周，釋褐給事中士，累遷御正下大夫。以行軍長史從韋孝寬征淮南。屬高祖爲丞相，肅聞而歎曰：「武帝以雄才定六合，墳土未乾，而一朝遷革，豈天道歟！」高祖聞之，甚不悅，由是廢于家。

開皇五年，授膳部侍郎。後二歲，遷朔州總管長史，轉貝州長史，俱有能名。仁壽中，肅見皇太子勇、蜀王秀、左僕射高熲俱廢黜，遣使上書曰：「臣聞事君之道，有犯無隱，愚情所懷，敢不聞奏。竊見高熲以天挺良才，元勳佐命，陛下光寵，亦已優隆。但鬼瞰高明，世疵俊異，側目求其長短者，豈可勝道哉！願陛下録其大功，忘其小過。臣又聞之，古先聖帝，教而不誅，陛下至慈，度越前聖。二庶人得罪已久，寧無革心？願陛下弘君父之慈，顧天性之義，各封小國，觀其所爲。若能遷善，漸更增益，如或不悛，貶削非晚。今者自新之路永絶，愧悔之心莫見，豈不哀哉！」書奏，上謂楊素曰：「裴肅憂我家事，此亦至誠也。」於是徵肅入朝。皇太子聞之，謂左庶子張衡曰：「使勇自新，欲何爲也？」衡曰：「觀肅之意，欲令如吴太伯、漢東海王耳。」皇太子甚不悦。頃之，肅至京師，見上于含章殿，上謂肅曰：「吾貴爲天子，富有四海，後宫寵幸，不過數人，自勇以下，並皆同母，非爲憎愛輕事廢立。」因言勇不可復收之意。既而罷遣之。

未幾，上崩。煬帝嗣位，不得調者久之，肅亦杜門不出。後執政者以嶺表荒遐，遂希旨授肅永平郡丞，甚得民夷心。歲餘，卒，時年六十二。夷獠思之，爲立廟於鄣江之浦。有子尚賢。

史臣曰：猛獸之處山林，藜藿爲之不採，正臣之立朝廷，姦邪爲之折謀。皆志在匪躬，義形于色，豈惟綱紀由其隆替，抑亦社稷繫以存亡者也。晉、蜀二王，帝之愛子，擅以權寵，莫拘憲令，求其恭肅，不亦難乎！元巖、王韶，任當彼相，並見嚴憚，莫敢爲非，謇諤之風，有足稱矣。行本正色於房陵，梁毗抗言於楊素，直辭鯁氣，懔焉可想。趙綽之居大理，囹圄無冤，柳彧之處憲臺，姦邪自肅。然不畏强禦，梁毗其有焉，邦之司直，行本、柳彧近之矣。裴肅朝不坐，宴不預，忠誠慷慨，犯忤龍鱗，固知嫠婦憂宗周之亡，處女悲太子之少，非徒語也。方諸前載，有閻纂之風焉。

校勘記

〔一〕祖諧原州刺史父諒早卒　傳主王韶，子士隆。王士隆墓誌載，祖毅，原州刺史。誌、傳名字不同，官職相混。姑存疑。

〔二〕正在今日　「今」，原作「令」，據宋甲本、至順本、南監本、北監本、汲本、殿本改。

〔三〕開皇十一年上幸并州　「十一年」，疑應作「十年」。按，本書卷二高祖紀下、北史卷一一隋本紀上文帝紀，開皇十年二月，高祖行幸并州，四月還。

〔四〕不解者是未用心耳　「者」字原闕，據宋甲本、至順本、南監本補。

〔五〕亦如曹參相齊之意也　「亦」字原闕，據宋甲本、至順本補。按，北史卷七五元巖傳、隋書詳節卷一五元巖傳亦有「亦」字。

〔六〕行本起家武陵王國常侍　「王」字原闕，據北史卷七〇劉璠傳附劉行本傳、册府卷七九八總録部勤學補。

〔七〕受人餽錢二百文　「二百文」，原作「三百文」，據宋甲本、大德本、至順本、南監本、北監本、汲本改。按，北史卷七〇劉璠傳附劉行本傳、册府卷四六九臺省部封駮、卷六一七刑法部守法、隋書詳節卷一五劉行本傳亦作「二百文」。

〔八〕尋加儀同三司　「尋」字原闕，據宋甲本補。

〔九〕伏見詔書以上柱國和干子爲杞州刺史　「和干子」，原作「和平子」，據宋甲本改。按，北史卷七七柳彧傳、周書卷八靜帝紀、隋書詳節卷一五柳彧傳亦作「和干子」。下同改，不另出校。

〔一〇〕臣聞昔者明王訓民治國　「明王」，原作「明主」，據宋甲本、至順本、汲本改。

隋書卷六十三

列傳第二十八

樊子蓋

樊子蓋字華宗，廬江人也。祖道則，梁越州刺史。父儒，侯景之亂奔于齊，官至仁州刺史。子蓋解褐武興王行參軍，出爲慎縣令，東汝、北陳二郡太守〔一〕，員外散騎常侍，封富陽縣侯，邑五百户。周武帝平齊，授儀同三司，治郢州刺史。

高祖受禪，以儀同領鄉兵，後除樅陽太守。平陳之役，以功加上開府，改封上蔡縣伯，食邑七百户，賜物三千段，粟九千斛。拜辰州刺史，俄轉嵩州刺史。母憂去職。未幾，起授齊州刺史，固讓，不許。其年，轉循州總管，許以便宜從事。十八年入朝，奏嶺南地圖，賜以良馬雜物，加統四州，令還任所，遣光禄少卿柳謇之餞於霸上。

煬帝即位，徵還京師，轉涼州刺史。子蓋言於帝曰：「臣一居嶺表，十載於茲，犬馬之情，不勝戀戀。願趨走闕庭，萬死無恨。」帝賜物三百段，慰諭遣之。授銀青光祿大夫，武威太守，以善政聞。大業三年入朝，帝引之內殿，特蒙褒美。乃下詔曰：「設官之道，必在用賢，安人之術，莫如善政。龔、汲振德化於前，張、杜垂清風於後，共治天下，實資良守。子蓋幹局通敏，操履清潔，自剖符西服〔三〕，愛惠爲先，撫道有方，寬猛得所，處脂膏不潤其質，酌貪泉豈渝其性，故能治績克彰，課最之首。凡厥在位，莫匪王臣，若能人思奉職，各展其効，朕將冕旒垂拱，何憂不治哉！」於是進位金紫光祿大夫，賜物千段，太守如故。

五年，車駕西巡，將入吐谷渾。子蓋以彼多鄣氣，獻青木香以禦霧露。及帝還，謂之曰：「人道公清，定如此不？」子蓋謝曰：「臣安敢言清，止是小心不敢納賄耳。」由此賜之口味百餘斛。又下詔曰：「導德齊禮，寔惟共治，懲惡勸善，用明黜陟。朕親巡河右，觀省人風，所歷郡縣，訪採治績，罕遵法度，多蹈刑綱。而金紫光祿大夫、武威太守樊子蓋，執操清潔，處涅不渝，立身雅正，臨人以簡。威惠兼舉，寬猛相資，故能畏而愛之，不嚴斯治。實字人之盛績，有國之良臣，宜加褒顯，以弘獎勵。可右光祿大夫，太守如故。」賜縑千匹，粟麥二千斛。子蓋又自陳曰：「臣自南裔，即適西垂，常爲外臣，未居內職。不得陪屬車，奉丹陛，溘死邊城，沒有遺恨。惟陛下察之。」帝曰：「公侍朕則一人而已，委以西方則萬人之敵，宜識此心。」

六年，帝避暑隴川宮，又云欲幸河西。子蓋傾望鑾輿，願巡郡境。帝知之，下詔曰：「卿夙懷恭順，深執誠心，聞朕西巡，欣然望幸。丹款之至，甚有可嘉，宜保此純誠，克終其美。」是歲，朝於江都宮，帝謂之曰：「富貴不還故鄉，真衣繡夜行耳。」勑廬江郡設三千人會，賜米麥六千石，使謁墳墓，宴故老。當時榮之。還除民部尚書。時處羅可汗及高昌王款塞，復以子蓋檢校武威太守，應接二蕃。

遼東之役，徵攝左武衞將軍，出長岑道。後以宿衞不行。進授左光禄大夫，尚書如故。其年帝還東都，以子蓋爲涿郡留守。九年，車駕復幸遼東，命子蓋爲東都留守。屬楊玄感作逆，來逼王城，子蓋遣河南贊治裴弘策逆擊之，返爲所敗，遂斬弘策以徇。國子祭酒楊汪小有不恭，子蓋又將斬之。汪拜謝，頓首流血，久乃釋免。於是三軍莫不戰慄，將吏無敢仰視。玄感每盡鋭攻城，子蓋徐設備禦，至輒摧破，故久不能克。會來護兒等救至，玄感解去。子蓋凡所誅殺者數萬人。

又檢校河南内史。車駕至高陽，追詣行在所。既而引見，帝逆勞之曰：「昔高祖留蕭何於關西，光武委寇恂以河内，公其人也。」子蓋謝曰：「臣任重器小，寧可竊譬兩賢！但以陛下威靈，小盜不足除耳。」進位光禄大夫，封建安侯，尚書如故。賜縑三千匹，女樂五十人。子蓋固讓，優詔不許。帝顧謂子蓋曰：「朕遣越王留守東都，示以皇枝盤石，社稷大事，終以委公，特宜持重。戈甲五百人而後出，此亦勇夫重閉之義也。無賴不軌者，便誅鋤之，凡可施行，無勞形迹。今爲公別造玉麟符，以代銅獸。」又指越、代二王曰：「今以二孫委公與衞文昇耳。宜選貞良宿德有方幅者教習之。動靜之節，宜思其可。」於是賜以良田、甲第。

十年冬，車駕還東都，帝謂子蓋曰：「玄感之反〔三〕，神明故以彰公赤心耳。析珪進爵，宜有令謨。」是日下詔，進爵爲濟公，言其功濟天下，特爲立名，無此郡國也。賜縑三千匹，奴婢二十口。後與蘇威、宇文述陪宴積翠亭，帝親以金杯屬子蓋酒，曰：「良筭嘉謀，俟公後動，即以此杯賜公，用爲永年之瑞。」并綺羅百匹。

十一年，從駕汾陽宮。至于雁門，車駕爲突厥所圍，頻戰不利。帝欲以精騎潰圍而出，子蓋諫曰：「陛下萬乘之主，豈宜輕脱，一朝狼狽，雖悔不追。未若守城以挫其鋭，四面徵兵，可立而待。陛下亦何所慮，乃欲身自突圍！」因垂泣，「願暫停遼東之役，以慰衆望。聖躬親出慰撫，厚爲勳格，人心自奮，不足爲憂」。帝從之。其後援兵稍至，虜乃引去。納言蘇威追論勳格太重，宜在斟酌。子蓋執奏不宜失信。帝曰：「公欲收物情邪？」子蓋默然不敢對。

從駕還東都。時絳郡賊敬槃陀、柴保昌等阻兵數萬，汾、晉苦之。詔令子蓋進討。于時人物殷阜，子蓋善惡無所分別，汾水之北，村塢盡焚之。百姓大駭，相率爲盜。其有歸首者，無少長悉坑之。擁數萬之衆，經年不能破賊，有詔徵還。又將兵擊宜陽賊，以疾停，卒于京第，時年七十有二。上悲傷者久之，顧謂黄門侍郎裴矩曰：「子蓋臨終有何語？」矩對曰：「子蓋病篤，深恨雁門之恥。」帝聞而歎息，令百官就弔，賜縑三百匹，米五百斛，贈開府儀同三司，謚曰景。會葬者萬餘人。武威民吏聞其死，莫不嗟痛，立碑頌德。

子蓋無佗權略，在軍持重，未嘗負敗，臨民明察，下莫敢欺。然嚴酷少恩，果於殺戮，臨終之日，見斷頭鬼前後重沓爲之厲云。

史祥

史祥字世休，朔方人也。父寧，周少司徒。祥少有文武才幹，仕周太子車右中士，襲爵武遂縣公。高祖踐阼，拜儀同，領交州事，進爵陽城郡公。祥在州頗有惠政。後數年，轉驃騎將軍。伐陳之役，從宜陽公王世積，以舟師出九江道，先鋒與陳人合戰，破之，進拔江州。上聞而大悅，下詔曰：「朕以陳叔寶世爲僭逆，揑虐生民，故命諸軍救彼塗炭。小寇狼狽，顧恃江湖之險，遂敢汎舟檝，擬抗王師。公親率所部，應機奮擊，沉溺俘獲，厥功甚茂。又聞帥旅進取江州。行軍總管、襄邑公賀若弼既獲京口，新義公韓擒尋剋姑熟。驃騎既渡江岸，所在横行。晉王兵馬即入建業，清蕩吴越，旦夕非遠。驃騎高才壯志，是朕所知，善爲經略，以取大賞，使富貴功名永垂竹帛也。」進位上開府。尋拜蘄州總管，未幾，徵拜左領左右將軍。後以行軍總管從晉王廣擊突厥於靈武，破之。遷右衞將軍。

仁壽中，率兵屯弘化以備胡。煬帝時在東宫，遺祥書曰：

將軍總戎塞表，胡虜清塵，秣馬休兵，猶事校獵，足使李廣慙勇，魏尚媿能，冠彼二賢，獨在吾子。昔余濫舉，推轂治兵，振皇靈於塞外，驅犬羊乎大漠。于時同行軍旅，契闊戎旃，望龍城而衝冠，眄狼居而發憤。將軍英圖不世，猛氣無前，但物不遂心，僶俛從事。每一思此，我勞如何。將軍宿心素志，早同膠漆，久而敬之，方成魚水。

近者陪隨鑾駕，言旋上京，本即述職南蕃，宣條下國，不悟皇鑒曲發，備位少陽，戰戰兢兢，如臨冰谷。至如建節邊境，征伐四方，褰帷作牧，綏撫百姓，上禀成規，下盡臣節，是所願也，是所甘心。仰慕前修，庶得自效。謬其入守神器，元良萬國，身輕負重，何以克堪！所望故人匡其不逮。

比監國多暇，養疾閑宮，厭北閣之端居，罷南皮之馳射。博望之苑，既乏名賢，飛蓋之園，理乖終宴。親朋遠矣，琴書寂然，想望吾賢，疹如疾首。

祥答書曰：

行人戾止，奉所賜況，恩紀綢繆，形於文墨。不悟飛雪增冰之地，忽載三陽，毳幙韋韝之鄉，俄聞九奏。精駭思越，莫知啓處。

祥少不學軍旅，長遇升平，幸以先人緒餘，備職宿衞。懼駑蹇無致遠之用，朽薄非折衝之材，豈欲追蹤古人，語其優劣？曩者王師薄伐，天人受脤，絶漠揚旌，威震海外。當此之時，猛將如雲，謀夫如雨，至若祥者，列於卒伍，預聞指蹤之規，得免逗遛之責，循涯揣分，實爲幸甚。爰以情喻雷、陳，事方劉、葛，信聖人之屈己，非庸人之擬議。何則？川澤之大，汙潦攸歸，松柏之高，蔦蘿斯託。微心眷眷，孟侯所知也。仰惟體元良之德，焕重離之暉，三善克修，萬邦以正。斯固道高周誦，契叶商皓，豈在管蠡所能窺測！

伏承監國多暇，養德怡神，咀嚼六經，逍遥百氏。追西園之愛客，眷南皮之出遊，疇昔之恩，無忘造次。祥自忝式遏，載罹寒暑，身在邊隅，情馳魏闕。每至清風夕起，朗月孤照，想鳴葭之啓路，思託乘於後車。塞表京華，山川悠遠，瞻望浮雲，伏增潸結。

太子甚親遇之。

煬帝即位，漢王諒發兵作亂，遣其將綦良自滏口徇黎陽〔四〕，塞白馬津，余公理自太行下河内。帝以祥爲行軍總管，軍於河陰，久不得濟。祥謂軍吏曰：「余公理輕而無謀，才用素不足稱。又新得志，謂其衆可恃。恃衆必驕。且河北人先不習兵，所謂擁市人而戰。以吾籌之，不足圖也。」乃令軍中修攻具，公理使諜知之，果屯兵於河陽内城以備祥。祥於是艤船南岸，公理聚甲以當之。祥乃簡精鋭於下流潛渡，公理率衆拒之。祥至須水，兩軍相對，公理未成列，祥縱擊，大破之〔五〕。東趣黎陽討綦良等。良列陣以待，兵未接，良棄軍而走。於是其衆大潰，祥縱兵乘之，殺萬餘人。進位上大將軍，賜縑綵七千段，女妓十人，良馬二十匹。轉太僕卿。帝嘗賜祥詩曰：「伯喫朝寄重，夏侯親遇深。貴耳唯聞古，賤目詎知今！早摽勁草質，久有背淮心。掃逆黎山外，振旅河之陰。功已書王府，留情太僕箴。」祥上表辭謝，帝降手詔曰：「昔歲勞公問罪河朔，賊爾日塞兩關之路，據倉阻河，百姓脅從，人亦衆矣。公竭誠奮勇，一舉剋定。詩不云乎：『喪亂既平，既安且寧。』非英才大略，其孰能與於此邪！故聊示所懷，亦何謝也。」

尋遷鴻臚卿。時突厥啓民可汗請朝，帝遣祥迎接之。從征吐谷渾，祥率衆出間道擊虜〔六〕，破之，俘男女千餘口。賜奴婢六十人，馬三百匹〔七〕。進位左光禄大夫，拜左驍衛將軍。及遼東之役，出蹋頓道，不利而還。由是除名爲民。俄拜燕郡太守，被賊高開道所圍，祥稱疾不視事。及城陷，開道甚禮之。會開道與羅藝通和，送祥於涿郡，卒於塗。

有子義隆，永年令。祥兄雲〔八〕，字世高，弟威，字世儀〔九〕，並有幹局。雲官至萊州刺史、武平縣公，威官至武賁郎將、武當縣公。

元壽

元壽字長壽，河南洛陽人也。祖敦，魏侍中、邵陵王。父寶，周涼州刺史。壽少孤，性仁孝，九歲喪父，哀毀骨立，宗族鄉黨咸異之。事母以孝聞。及長，方直，頗涉經史。周武成初，封隆城縣侯，邑千户。保定四年，改封儀隴縣侯，授儀同三司。

開皇初，議伐陳，以壽有思理，奉使於淮浦監修船艦，以彊濟見稱。四年，參督漕渠之役，授尚書主爵侍郎。八年，從晉王伐陳，除行臺左丞，兼領元帥府屬。及平陳，拜尚書左丞。高祖嘗出苑觀射，文武並從焉。開府蕭摩訶妻患且死，奏請遣子向江南收其家産，御史見而不言。壽奏劾之曰：

臣聞天道不言，功成四序，聖皇垂拱，任在百司。御史之官，義存糾察，直繩莫舉，憲典誰寄？今月五日，鑾輿徙蹕，親臨射苑，開府儀同三司蕭摩訶幸廁朝行，預觀盛禮，奏稱請遣子世略暫往江南重收家產。妻安遇患，彌留有日，安若長逝，世略不合此行。竊以人倫之義，伉儷爲重，資愛之道，烏鳥弗虧。摩訶遠念資財，近忘匹好，又命其子捨危惙之母，爲聚斂之行。一言纔發，名教頓盡。而兼殿内侍御史臣韓微之等親所聞見，竟不彈糾。若知非不舉，事涉阿縱；如不以爲非，豈關理識？謹按儀同三司、太子左庶子、檢校治書侍御史臣劉行本出入宮省，備蒙任遇，攝職憲臺，時月稍久，庶能整肅纓冕，澄清風教。而在法司虧失憲體，瓶罄罍恥，何所逃愆！臣謬膺朝寄，忝居左轄，無容寢嘿，謹以狀聞。其行本、微之等，請付大理。上嘉納之。尋授太常少卿。數年，拜基州刺史，在任有公廉之稱。入爲太府少卿，進位開府。

煬帝嗣位，漢王諒舉兵反，左僕射楊素爲行軍元帥，壽爲長史。壽每遇賊，爲士卒先，以功授大將軍，遷太府卿。四年，拜内史令，從帝西討吐谷渾。壽率衆屯金山，東西連營三百餘里，以圍渾主。及還，拜右光禄大夫。七年，兼左翊衞將軍，從征遼東。行至涿郡，遇疾卒，時年六十三。帝悼惜焉，哭之甚慟。贈尚書右僕射、光禄大夫，謚曰景。

子敏，頗有才辯，而輕險多詐。壽卒後，帝追思之，擢敏爲守内史舍人，而交通博徒，數漏泄省中語。化及之反也，敏創其謀，僞授内史侍郎，爲沈光所殺。

楊義臣

楊義臣，代人也，本姓尉遲氏。父崇，仕周爲儀同大將軍，以兵鎮恒山。時高祖爲定州總管，崇知高祖相貌非常，每自結納〔一〇〕，高祖甚親待之。及爲丞相，尉迥作亂，崇以宗族之故，自囚於獄，遣使請罪。高祖下書慰諭之，即令馳驛入朝，恒置左右。開皇初，封秦興縣公。歲餘，從行軍總管達奚長儒擊突厥於周盤，力戰而死。贈大將軍、豫州刺史，以義臣襲崇官爵。

時義臣尚幼，養於宫中，年未弱冠，奉詔宿衛如千牛者數年，賞賜甚厚。上嘗從容言及恩舊，顧義臣嗟歎久之，因下詔曰：「朕受命之初，羣凶未定，明識之士，有足可懷。尉義臣與尉迥，本同骨肉，既狂悖作亂鄴城，其父崇時在常山，典司兵甲，與迥鄰接，又是至親。知逆順之理，識天人之意，即陳丹款，慮染惡徒，自執有司，請歸相府。及北夷内侵，横戈制敵，輕生重義，馬革言旋。操表存亡，事貫幽顯，雖高官大賞，延及於世，未足表松筠之志，彰節義之門。義臣可賜姓楊氏，賜錢三萬貫，酒三十斛，米麥各百斛，編之屬籍，爲皇從孫。」未幾，拜陝州刺史。義臣性謹厚，能馳射，有將領之才，由是上甚重之。其後突厥達頭可汗犯塞，以行軍總管率步騎三萬出白道，與賊遇，戰，大破之。明年，突厥又寇邊，雁門、馬邑多被其患。義臣擊之，虜遂出塞，因而追之，至大斤山，與虜相遇。時太平公史萬歲軍亦至，義臣與萬歲合軍擊虜，大破之。萬歲爲楊素所陷而死，義臣功竟不録。仁壽初，拜朔州總管，賜以御甲。

煬帝嗣位，漢王諒作亂并州。時代州總管李景爲漢王將喬鍾葵所圍，詔義臣救之。義臣率馬步二萬，夜出西陘〔一〕，遲明行數十里。鍾葵覘見義臣兵少，悉衆拒之。鍾葵亞將王拔，驍勇，善用矟，射之者不能中，每以數騎陷陳。義臣患之，募能當拔者。車騎將軍楊思恩請當之。義臣見思恩氣貌雄勇〔二〕，顧之曰：「壯士也！」賜以巵酒。思恩望見拔立於陳後，投觴於地，策馬赴之。再往不剋，義臣復選騎士十餘人從之。思恩遂突擊，殺數人，直至拔麾下。短兵方接，所從騎士退，思恩爲拔所殺。拔遂乘之，義臣軍北者十餘里。於是購得思恩屍，義臣哭之甚慟，三軍莫不下泣。所從騎士皆要斬。義臣自以兵少，悉取軍中牛驢，得數千頭，復令兵數百人，人持一鼓，潛驅之澗谷間，出其不意。義臣晡後復與鍾葵軍戰，兵初合，命驅牛驢者疾進。一時鳴鼓，塵埃張天，鍾葵軍不知〔三〕，以爲伏兵發，因而大潰，縱擊破之。以功進位上大將軍，賜物二千段，雜綵五百段，女妓十人，良馬二十匹。尋授相州刺史。

後三歲，徵爲宗正卿。未幾，轉太僕卿。從征吐谷渾，令義臣屯琵琶峽，連營八十里，南接元壽，北連段文振，合圍渾主於覆袁川。其後復征遼東，以軍將指肅慎道。至鴨淥水，與乙支文德戰，每爲先鋒，一日七捷。後與諸軍俱敗，竟坐免。俄而復位。明年，以爲軍副，與大將軍宇文述趣平壤。至鴨淥水，會楊玄感作亂，班師，檢校趙郡太守。妖賊向海公聚衆作亂〔一四〕，寇扶風、安定間，義臣奉詔擊平之。尋從帝復征遼東，進位左光禄大夫。時渤海高士達、清河張金稱並相聚爲盜，衆已數萬，攻陷郡縣。帝遣將軍段達討之，不能剋，詔義臣率遼東還兵數萬擊之，大破士達，斬金稱。又收合降賊，入豆子䴚，討格謙，擒之，以狀聞奏。帝惡其威名，遽追入朝，賊由是復盛。義臣以功進位光禄大夫，尋拜禮部尚書。未幾，卒官。

衞玄

衞玄字文昇，河南洛陽人也。祖悦，魏司農卿。父攜，侍中、左武衞大將軍。玄少有器識，周武帝在藩，引爲記室。遷給事上士，襲爵興勢公，食邑四千户。轉宣納下大夫。

武帝親總萬機，拜益州總管長史，賜以萬釘寶帶。稍遷開府儀同三司、太府中大夫，治内史事，仍領京兆尹，稱爲强濟。宣帝時，以忤旨免官。

高祖作相，檢校熊州事。和州蠻反，玄以行軍總管擊平之。及高祖受禪，遷淮州總管，進封同軌郡公，坐事免。未幾，拜嵐州刺史。會起長城之役，詔玄監督之。俄檢校朔州總管事。後爲衞尉少卿。仁壽初，山獠作亂，出爲資州刺史以鎮撫之。玄既到官，時獠攻圍大牢鎮，玄單騎造其營，謂羣獠曰：「我是刺史，銜天子詔安養汝等，勿驚懼也。」諸賊莫敢動。於是説以利害，渠帥感悦，解兵而去，前後歸附者十餘萬口。高祖大悦，賜縑二千匹，除遂州總管，仍令劍南安撫。

煬帝即位，復徵爲衞尉卿。夷獠攀戀，數百里不絶。玄曉之曰：「天子詔徵，不可久住。」因與之訣，夷獠各揮涕而去。歲餘，遷工部尚書。其後拜魏郡太守，尚書如故。帝謂玄曰：「魏郡名都，衝要之所，民多姦宄，是用煩公。此郡去都，道里非遠，宜數往來，詢謀朝政。」賜物五百段而遣之。未幾，拜右候衞大將軍，檢校左候衞事。大業八年，轉刑部尚書。遼東之役，檢校右禦衞大將軍，率師出增地道。時諸軍多不利，玄獨全衆而還。拜金紫光禄大夫。

九年，車駕幸遼東，使玄與代王侑留守京師，拜爲京兆内史，尚書如故。許以便宜從事，勑代王待以師傅之禮。會楊玄感圍逼東都，玄率步騎七萬援之。至華陰，掘楊素家，焚其骸骨，夷其塋域，示士卒以必死。既出潼關，議者恐崤、函有伏兵，請於陝縣沿流東下，直趣河陽，以攻其背。玄曰：「以吾度之，此計非豎子所及。」於是鼓行而進。既度函谷，卒如所量。於是遣武賁郎將張峻爲疑軍於南道，玄以大兵直趣城北。玄感逆拒之，且戰且行，屯軍金谷。於軍中掃地而祭高祖曰：「刑部尚書、京兆内史臣衛文昇，敢昭告于高祖文皇帝之靈。自皇家啓運，三十餘年，武功文德，漸被海外。楊玄感孤負聖恩，躬爲虵豕，蜂飛蟻聚，犯我王略。臣二世受恩，一心事主，董率熊羆，志梟兇逆。若社稷靈長，宜令醜徒冰碎，如或大運去矣，幸使老臣先死。」詞氣抑揚，三軍莫不涕咽。時衆寡不敵，與賊頻戰不利，死傷太半。玄感盡鋭來攻，玄苦戰，賊稍却，進屯北芒。會宇文述、來護兒等援兵至，玄感懼而西遯。玄遣通議大夫斛斯萬善、監門直閤龐玉前鋒追之，及于閿鄉，與宇文述等合擊破之。車駕至高陽，徵詣行在所。帝勞之曰：「社稷之臣也。使朕無西顧之憂。」乃下詔曰：「近者妖氛充斥，擾動關、河，文昇率勵義勇，應機響赴，表裏奮擊，摧破兇醜，宜升榮命，式弘賞典。可右光禄大夫。」賜以良田、甲第，資物鉅萬。還鎮京師，帝謂之曰：「關右之任，一委於公。公安，社稷乃安；公危，社稷亦危。出入須有兵衛，坐卧恒宜自牢，勇夫重閉，此其義也。今特給千兵，以充侍從。」賜以玉麟符。

十一年，詔玄安撫關中。時盜賊蜂起，百姓饑饉，玄竟不能救恤，而官方壞亂，貨賄公行。玄自以年老，上表乞骸骨，帝使内史舍人封德彝馳諭之曰：「京師國本，王業所基，宗廟園陵所在。藉公耆舊，卧以鎮之。朕爲國計，義無相許，故遣德彝口陳指意。」玄乃止。義師入關，自知不能守，憂懼稱疾，不知政事。城陷，歸于家。義寧中卒，時年七十七。子孝則，官至通事舍人、兵部承務郎，早卒。

劉權

劉權字世略，彭城豐人也。祖軌，齊羅州刺史。權少有俠氣，重然諾，藏亡匿死，吏不敢過門。後更折節好學，動循法度。初爲州主簿，仕齊，釋褐奉朝請、行臺郎中。及齊滅，周武帝以爲假淮州刺史。

高祖受禪，以車騎將軍領鄉兵。後從晉王廣平陳，以功進授開府儀同三司，賜物三千段。宋國公賀若弼甚禮之。開皇十二年，拜蘇州刺史，賜爵宗城縣公。于時江南初平，物情尚擾，權撫以恩信，甚得民和。

煬帝嗣位，拜衞尉卿，進位銀青光禄大夫。大業五年，從征吐谷渾，權率衆出伊吾道〔一五〕，與賊相遇，擊走之。逐北至青海，虜獲千餘口，乘勝至伏俟城。帝復令權過曼頭、赤水，置河源郡、積石鎮，大開屯田，留鎮西境。在邊五載，諸羌懷附，貢賦歲入，吐谷渾餘燼遠遯，道路無壅。徵拜司農卿，加位金紫光禄大夫。

尋爲南海太守。行至鄱陽，會羣盜起，不得進，詔令權召募討之。權率兵與賊相遇，不與戰，先乘單舸詣賊營，説以利害。羣賊感悦〔一六〕，一時降附。帝聞而嘉之。既至南海，甚有異政。數歲，遇盜賊羣起，數來攻郡。豪帥多願推權爲首，權竟盡力固守以拒之。子世徹又密遣人齎書詣權，稱四方擾亂，英雄並起，時不可失，諷令舉兵。權召集佐寮，對斬其使，竟無異圖，守之以死。卒官，時年七十。

世徹倜儻不羈，頗爲時人所許。大業末，羣雄並起，世徹所至之處，輒爲所忌，多拘禁之，後竟爲兗州賊帥徐圓朗所殺。

權從父烈，字子將，美容儀，有器局，官至鷹揚郎將。有子德威，知名於世。

史臣曰：子蓋雅有幹局，質性嚴敏，見義而勇，臨機能斷，保全都邑，勤亦懋哉！楊諒干紀，史祥著獨克之効，羣盜侵擾，義臣致三捷之功。此皆名重當年，聲流後葉者也。文元壽彈奏行本，有意存夫名教，然其計功稱伐，猶居義臣之後，端揆之贈，不已優乎？

昇，東都解圍，頗亦宣力，西京居守，政以賄成，鄙哉鄙哉，夫何足數！劉權，淮、楚舊族，早著雄名，屬擾攘之辰，居尉佗之地，遂能拒子邪計，無所覬覦，雖謝勤王之謀，足爲守節之士矣。

校勘記

〔一〕東汝北陳二郡太守　「東汝」，北史卷七六樊子蓋傳作「東海」。

〔二〕自剖符西服　「西」，原作「四」，據宋甲本、至順本、汲本改。

〔三〕玄感之反　「反」，原作「友」，據宋甲本、大德本、至順本、汲本改。

〔四〕遣其將綦良自滏口徇黎陽　「綦良」，北史卷六一史寧傳附史祥傳、通志卷一六一史祥傳作「綦母良」。

〔五〕祥至須水兩軍相對公理未成列祥縱擊大破之　此十九字原闕，據宋甲本、至順本、汲本補。按，册府卷三六五將帥部機略、通典卷一五三兵六示形在彼而攻於此亦有此十九字。惟汲本闕前「祥」字。「須水」，通典作「溴水」，册府作「沮水」。

〔六〕祥率衆出間道擊虜　北史卷六一史寧傳附史祥傳、通志卷一六一史祥傳云「祥出玉門道，擊虜破之」。玉門道是隋時西方用兵的重要通道，「門」、「間」形近，疑「間道」或爲「玉門道」之訛文。

〔七〕馬三百匹　「三百」，宋甲本、至順本、北監本、汲本作「二百」。

〔八〕祥兄雲　「兄」，周書卷二八史寧傳作「弟」。

〔九〕弟威字世儀　「世儀」，原作「世武」。北史卷六一史寧傳附史祥傳作「世儀」。按，周書卷二八史寧傳、北史卷六一史寧傳附史雄傳俱載，史雄，字世武，則史威表字當從北史作世儀，今據改。

〔一〇〕高祖爲定州總管崇知高祖相貌非常每自結納　此十九字原闕，據宋甲本、至順本、汲本補。按，册府卷七六六總録部攀附亦有此十九字。

〔一一〕詔義臣救之義臣率馬步二萬夜出西陘　「義臣救之」四字原闕，據宋甲本、至順本、北監本、汲本、殿本補。按，御覽卷三一三兵部四四決戰下引隋書、册府卷四二五將帥部死事亦有此四字。

〔一二〕義臣見思恩氣貌雄勇　「義臣」，原作「義士」，據宋甲本、至順本、南監本、北監本、汲本、殿本改。按，北史卷七三楊義臣傳、御覽卷三一三兵部四四決戰下引隋書、册府卷四二五將帥部死事亦作「義臣」。

〔一三〕鍾葵軍不知　北史卷七三楊義臣傳此下有「所以」二字。

〔一四〕妖賊向海公聚衆作亂　「向海公」，本書卷四煬帝紀下、卷二三五行志下、北史卷一二隋本紀下煬帝紀、通鑑卷一八二隋紀六煬帝大業九年作「向海明」。

〔一五〕權率衆出伊吾道 「伊吾道」，本書卷六五趙才傳、北史卷七八趙才傳、册府卷三八四將帥部褒異作「合河道」。

〔一六〕羣賊感悦 「感」，至順本作「大」。

隋書卷六十四

列傳第二十九

李圓通

李圓通，京兆涇陽人也。父景，以軍士隸武元皇帝，因與家僮黑女私，生圓通。景不之認，由是孤賤，給使高祖家。及爲隋國公，擢授參軍事。初，高祖少時，每醮賓客，恒令圓通監厨。圓通性嚴整，左右婢僕咸所敬憚。唯世子乳母恃寵輕之，賓客未供，每有干請，圓通不許，或輒持去。圓通大怒，叱厨人撾之數十，叫呼之聲徹於閤内，僚吏左右代其失色。賓去之後，高祖具知之，召圓通，命坐賜食，從此獨善之，以爲堪當大任。

高祖作相，賜封懷昌男。久之，授帥都督，進爵新安子，委以心膂。圓通多力勁捷，長於武用。周氏諸王素憚高祖，每伺高祖之隙，圖爲不利，賴圓通保護，獲免者數矣。高祖深感之，由是參預政事。授相國外兵曹，仍領左親信。尋授上儀同。高祖受禪，拜内史侍郎，領左衞長史，進爵爲伯。歷左右庶子、給事黄門侍郎，尚書左丞，攝刑部尚書，深被任信。後以左丞領左翊衞驃騎將軍。伐陳之役，圓通以行軍總管從楊素出信州道，以功進位大將軍，進封萬安縣侯，拜揚州總管長史。尋轉并州總管長史。秦孝王仁柔自善，少斷決，府中事多決於圓通。入爲司農卿、治粟内史，遷刑部尚書。後數歲，復爲并州長史。孝王以奢侈得罪，圓通亦坐免官。尋檢校刑部尚書事。仁壽中，以勳舊進爵郡公。

煬帝嗣位，拜兵部尚書。帝幸揚州，以圓通留守京師。判宇文述田以還民，述訴其受賂。帝怒而徵之，見帝於洛陽，坐是免官。圓通憂懼發疾而卒。贈柱國，封爵悉如故。子孝常，大業末，爲華陰令。

陳茂

陳茂，河東猗氏人也。家世寒微，質直恭謹，爲州里所敬。高祖爲隋國公，引爲寮佐，遇待與圓通等。每令典家事，未嘗不稱旨，高祖善之。後從高祖與齊師戰於晉州，賊甚盛，高祖將挑戰，茂固止不得，因捉馬鞚。高祖忿之，拔刀斫其額，流血被面，詞氣不撓。

高祖感而謝之，厚加禮敬。其後官至上士。高祖爲丞相，委以心膂。及受禪，拜給事黄門侍郎，封魏城縣男，每典機密。在官十餘年，轉益州總管司馬，遷太府卿，進爵爲伯。後數載，卒官。子政嗣。

政字弘道，倜儻有文武大略，善鍾律，便弓馬。少養宫中，年十七，爲太子千牛備身。時京師大俠劉居士重政才氣，數從之遊。圓通子孝常與政相善，並與居士交結。及居士下獄誅，政及孝常當從坐，上以功臣子，撻之二百而赦之。由是不得調。煬帝時，授協律郎，遷通事謁者，兵曹承務郎。帝美其才，甚重之。宇文化及之亂也，以爲太常卿。後歸大唐，卒於梁州總管。

張定和

張定和字處謐，京兆萬年人也。少貧賤，有志節。初爲侍官。會平陳之役，定和當從征，無以自給。其妻有嫁時衣服，定和將鬻之，妻靳固不與，定和於是遂行。以功拜儀同，賜帛千匹，遂棄其妻。是後數以軍功，加上開府、驃騎將軍。從上柱國李充擊突厥，先登陷陣，虜刺之中頸，定和以草塞瘡而戰，神氣自若，虜遂敗走。上聞而壯之，遣使者齎藥，馳詣定和所勞問之。進位柱國，封武安縣侯，賞物二千段，良馬二匹，金百兩。

煬帝嗣位，拜宜州刺史，尋轉河內太守，頗有惠政。歲餘，徵拜左屯衞大將軍。從帝征吐谷渾，至覆袁川。時吐谷渾主與數騎而遁，其名王詐爲渾主，保車我真山，帝命定和率師擊之。既與賊相遇，輕其衆少，呼之令降，賊不肯下。定和不被甲，挺身登山，賊伏兵於巖谷之下，發矢中之而斃。其亞將柳武建擊賊，悉斬之。帝爲流涕，贈光禄大夫。時舊爵例除，於是復封武安侯，謚曰壯武。贈絹千匹，米千石。子世立嗣，尋拜爲光禄大夫。

張奫

張奫字文懿，自云清河人也，家於淮陰。好讀兵書，尤便刀楯。周世，鄉人郭子冀密引陳寇，奫父雙欲率子弟擊之，猶豫未決。奫贊成其謀，竟以破賊，由是以勇決知名。起家州主簿。

高祖作相，授大都督，領鄉兵。賀若弼之鎮壽春也〔一〕，恒爲間諜，平陳之役，頗有功焉。進位開府儀同三司，封文安縣子，邑八百户，賜物二千五百段，粟二千五百石。歲餘，率水軍破逆賊笮子游於京口，薛子建於和州。徵入朝，拜大將軍。高祖命升御坐而宴之，謂龕曰：「卿可爲朕兒，朕爲卿父。今日聚集，示無外也。」其後賜綺羅千匹，綠沉甲、獸文具裝。尋從楊素征江表，别破高智慧於會稽〔二〕，吴世華於臨海。進位上大將軍，賜奴婢六十口，縑綵三百匹。歷撫、顯、齊三州刺史〔三〕，俱有能名。開皇十八年，爲行軍總管，從漢王諒征遼東，諸軍多物故，龕衆獨全。高祖善之，賜物二百五十段。仁壽中，遷潭州總管，在職三年卒。有子孝廉。

麥鐵杖

麥鐵杖，始興人也。驍勇有膂力，日行五百里，走及奔馬。性疎誕使酒，好交遊，重信義，每以漁獵爲事，不治産業。陳太建中，結聚爲羣盜，廣州刺史歐陽頠俘之以獻，没爲官户，配執御傘。每罷朝後，行百餘里，夜至南徐州，踰城而入，行光火劫盜。旦還，及牙時〔四〕，仍又執傘。如此者十餘度，物主識之，州以狀奏。朝士見鐵杖每旦恒在，不之信也。後數告變，尚書蔡徵曰：「此可驗耳。」於仗下時，購以百金，求人送詔書與南徐州刺史。鐵杖出應募，齎勑而往，明旦及奏事〔五〕。帝曰：「信然，爲盜明矣。」惜其勇捷，誡而釋之。

陳亡後，徙居清流縣。遇江東反，楊素遣鐵杖頭戴草束，夜浮渡江，覘賊中消息，具知還報。後復更往，爲賊所擒。逆帥李稜遣兵仗三十人衞之，縛送高智慧。行至庱亭，衞者憩食，哀其餒，解手以給其餐。鐵杖取賊刀，亂斬衞者，殺之皆盡，悉割其鼻，懷之以歸。素大奇之。後敍戰勳，不及鐵杖，遇素馳驛歸于京師，鐵杖步追之，每夜則同宿。素見而悟，特奏授儀同三司。以不識書，放還鄉里。成陽公李徹稱其驍武，開皇十六年，徵至京師，除車騎將軍。仍從楊素北征突厥，加上開府。

煬帝即位，漢王諒反於并州，又從楊素擊之，每戰先登。進位柱國。尋除萊州刺史，無治名。後轉汝南太守，稍習法令，羣盜屏跡。後因朝集，考功郎竇威嘲之曰：「麥是何姓？」鐵杖應口對曰〔六〕：「麥豆不殊，那忽相怪！」威赧然，無以應之，時人以爲敏慧。尋除右屯衞大將軍，帝待之逾密。

鐵杖自以荷恩深重，每懷竭命之志。及遼東之役，請爲前鋒，顧謂醫者吴景賢曰：「大丈夫性命自有所在，豈能艾炷灸頞，瓜蔕歕鼻，治黄不差，而卧死兒女手中乎？」將度遼，謂其三子曰：「阿奴當備淺色黄衫。吾荷國恩，今是死日。我既被殺，爾當富貴。唯誠與孝，爾其勉之。」及濟，橋未成，去東岸尚數丈，賊大至。鐵杖跳上岸，與賊戰，死。武賁郎將錢士雄、孟金叉亦死之，左右更無及者。帝爲之流涕，購得其屍，下詔曰：「鐵杖志氣驍果，夙著勳庸，陪麾問罪，先登陷陣，節高義烈，身殞功存。興言至誠，追懷傷悼，宜賚殊榮，用彰飾德。可贈光禄大夫，宿國公。謚曰武烈。」子孟才嗣，尋授光禄大夫。孟才有二弟，仲才、季才，俱拜正議大夫。賵贈鉅萬，賜轀輬車，給前後部羽葆鼓吹。平壤道敗將宇文述等百餘人皆爲執紼，王公已下送至郊外。士雄贈左光禄大夫、右屯衛將軍、武强侯，謚曰剛。子傑嗣。金叉贈右光禄大夫，子善誼襲官。

孟才字智稜，果烈有父風。帝以孟才死節將子，恩賜殊厚，拜武賁郎將。及江都之難，慨然有復讎之志。與武牙郎錢傑素交友，二人相謂曰：「吾等世荷國恩，門著誠節。今賊臣弑逆，社稷淪亡，無節可紀，何面目視息世間哉！」於是流涕扼腕，遂相與謀，糾合恩舊，欲於顯福宫邀擊宇文化及。事臨發，陳藩之子謙知其謀而告之，與其黨沈光俱爲化及所害，忠義之士哀焉。

沈光

沈光字總持，吴興人也。父君道，仕陳吏部侍郎，陳滅，家于長安。皇太子勇引署學士。後爲漢王諒府掾，諒敗，除名。光少驍捷，善戲馬，爲天下之最。略綜書記，微有詞藻，常慕立功名，不拘小節。家甚貧窶，父兄並以傭書爲事，光獨跅弛，交通輕俠，爲京師惡少年之所朋附。人多贍遺，得以養親，每致甘食美服，未嘗困匱。初建禪定寺，其中幡竿高十餘丈，適遇繩絶，非人力所及，諸僧患之。光見而謂僧曰：「可持繩來，當相爲上耳〔七〕。」諸僧驚喜，因取而與之。光以口銜索，拍竿而上，直至龍頭。繫繩畢，手足皆放，透空而下，以掌拒地，倒行數十步。觀者駭悦，莫不嗟異，時人號爲「肉飛仙」。

大業中，煬帝徵天下驍果之士以伐遼左，光預焉。同類數萬人，皆出其下。光將詣行在所，賓客送至灞上者百餘騎。光酹酒而誓曰：「是行也，若不能建立功名，當死於高麗，不復與諸君相見矣。」及從帝攻遼東，以衝梯擊城，竿長十五丈，光升其端，臨城與賊戰，短兵接，殺十數人。賊競擊之而墜，未及於地，適遇竿有垂絙，光接而復上。帝望見，壯異之，馳召與語，大悦，即日拜朝請大夫〔八〕，賜寶刀良馬，恒致左右，親顧漸密。未幾，以爲折衝郎將，賞遇優重。帝每推食解衣以賜之，同輩莫與爲比。

光自以荷恩深重，思懷竭節。及江都之難，潛構義勇，將爲帝復讎。先是，帝寵昵官奴，名爲給使，宇文化及以光驍勇，方任之，令其總統，營於禁内。時孟才、錢傑等陰圖化及，因謂光曰：「我等荷國厚恩，不能死難以衛社稷，斯則古人之所恥也。今又俛首事讎，受其驅率，有靦面目，何用生爲？吾必欲殺之，死無所恨。公義士也，肯從我乎？」光泣下霑衿，曰：「是所望於將軍也。僕領給使數百人，並荷先帝恩遇，今在化及内營。以此復讎，如鷹鸇之逐鳥雀。萬世之功，在此一舉，願將軍勉之。」孟才爲將軍，領江淮之衆數千人，期以營將發時，晨起襲化及。光語洩，陳謙告其事。化及大懼曰：「此麥鐵杖子也，及沈光者，並勇決不可當，須避其鋒。」是夜即與腹心走出營外，留人告司馬德戡等，遣領兵馬，逮捕孟才。光聞營内諠聲，知事發，不及被甲，即襲化及營，空無所獲。值舍人元敏，數而斬之。遇德戡兵入，四面圍合。光大呼潰圍，給使齊奮，斬首數十級，賊皆披靡。德戡輒復遣騎，持弓弩，翼而射之。光身無介冑，遂爲所害。麾下數百人皆鬭而死，一無降者。時年二十八。壯士聞之，莫不爲之隕涕。

來護兒

來護兒字崇善，江都人也。幼而卓詭，好立奇節。初讀詩，至「擊鼓其鏜，踊躍用兵」，「羔裘豹飾，孔武有力」，捨書而歎曰：「大丈夫在世當如是。會爲國滅賊以取功名，安能區區久事隴畝！」羣輩驚其言而壯其志。

護兒所住白土村，密邇江岸。于時江南尚阻，賀若弼之鎮壽州也，常令護兒爲間諜，授大都督。平陳之役，護兒有功焉，進位上開府。從楊素擊高智慧于浙江，而賊據岸爲營，周亘百餘里，船艦被江，鼓譟而進。素令護兒率數百輕艓徑登江岸，直掩其營，破之。時賊前與素戰不勝，歸無所據，因而潰散。智慧將逃於海，護兒追至泉州，智慧窮蹙，遁走閩、越。進位大將軍，除泉州刺史。時有盛道延擁兵作亂，侵擾州境，護兒進擊，破之。又從蒲山公李寬破汪文進於黟、歙，進位柱國。仁壽三年，除瀛州刺史，賜爵黄縣公，邑三千户。尋加上柱國，除右禦衛將軍。

煬帝即位，遷右驍衛大將軍，帝甚親重之。大業六年，從駕江都，賜物千段，令上先人冢，宴父老，州里榮之。數歲，轉右翊衛大將軍。遼東之役，護兒率樓船，指滄海，入自浿水，去平壤六十里，與高麗相遇。進擊，大破之，乘勝直造城下，破其郛郭。於是縱軍大掠，稍失部伍，高元弟建武募敢死士五百人邀擊之。護兒因却，屯營海浦，以待期會。後知宇文述等敗，遂班師。明年，又出滄海道，師次東萊，會楊玄感作逆黎陽，進逼鞏、洛，護兒勒兵與宇文述等擊破之。封榮國公，邑二千户。十年，又帥師度海，至卑奢城，高麗舉國來戰，護兒大破之，斬首千餘級。將趣平壤，高元震懼，遣使執叛臣斛斯政，詣遼東城下，上表請降。帝許之，遣人持節詔護兒旋師。護兒集衆曰：「三度出兵，未能平賊。此還也，不可重來。今高麗困弊，野無青草，以我衆戰，不日剋之。吾欲進兵，徑圍平壤，取其僞主，獻捷而歸。」答表請行，不肯奉詔。長史崔君肅固爭，不許。護兒曰：「賊勢破矣，專以相任，自足辦之。吾在閫外，事合專決，豈容千里稟聽成規！俄頃之間，動失機會，勞而無功，故其宜也。吾寧征得高元，還而獲譴，捨此成功，所不能矣。」君肅告衆曰：「若從元帥，違拒詔書，必當聞奏，皆獲罪也。」諸將懼，盡勸還，方始奉詔。

十三年，轉爲左翊衞大將軍，進位開府儀同三司，任委逾密，前後賞賜不可勝計。江都之難，宇文化及忌而害之。

長子楷，以父軍功授散騎郎、朝散大夫。楷弟弘，仕至果毅郎將、金紫光祿大夫。弘弟整，武賁郎將、右光祿大夫。整尤驍勇，善撫士衆，討擊羣盜，所向皆捷。諸賊甚憚之，爲作歌曰：「長白山頭百戰場，十十五五把長槍，不畏官軍十萬衆，只畏榮公第六郎。」化及反，皆遇害，唯少子恒、濟獲免。

魚俱羅

魚俱羅，馮翊下邽人也。身長八尺，膂力絶人，聲氣雄壯，言聞數百步。弱冠爲親衞，累遷大都督。從晉王廣平陳，以功拜開府，賜物一千五百段。未幾，沈玄懀、高智慧等作亂江南，楊素以俱羅壯勇，請與同行。每戰有功，加上開府，封高唐縣公〔九〕，拜疊州總管。以母憂去職。還至扶風，會楊素率兵將出靈州道擊突厥，路逢俱羅，大悅，遂奏與同行。及遇賊，俱羅與數騎奔擊，瞋目大呼，所當皆披靡，出左入右，往返若飛。以功進位柱國，拜豐州總管。初，突厥數入境爲寇，俱羅輒擒斬之，自是突厥畏懼屏迹，不敢畜牧於塞下〔一〇〕。

初，煬帝在藩，俱羅弟贇以左右從，累遷大都督。及帝嗣位，拜車騎將軍。贇性凶暴，虐其部下，令左右炙肉，遇不中意，以籤刺瞎其眼。有温酒不適者，立斷其舌。帝以贇藩邸之舊，不忍加誅，謂近臣曰：「弟既如此，兄亦可知。」因召俱羅，譴責之，出贇於獄，令自爲計。贇至家，飲藥而死。帝恐俱羅不自安，慮生邊患，轉爲安州刺史。歲餘，遷趙郡太守。後因朝集，至東都，與將軍梁伯隱有舊，數相往來。又從郡多將雜物以貢獻，帝不受，因遺權貴。御史劾俱羅以郡將交通内臣，帝大怒，與伯隱俱坐除名。

未幾，越巂飛山蠻作亂，侵掠郡境。詔俱羅白衣領將，并率蜀郡都尉段鍾葵討平之。大業九年，重征高麗，以俱羅爲碣石道軍將。及還，江南劉元進作亂，詔俱羅將兵向會稽諸郡逐捕之。于時百姓思亂，從盜如市，俱羅擊賊帥朱爕、管崇等，戰無不捷。然賊勢浸盛，敗而復聚。俱羅度賊非歲月可平，諸子並在京、洛，又見天下漸亂，終恐道路隔絶。于時東都饑饉，穀食踊貴，俱羅遣家僕將船米至東都糶之，益市財貨，潛迎諸子。朝廷微知之，恐其有異志，發使案驗。使者至，前後察問，不得其罪。帝復令大理司直梁敬真就鎖將詣東都。俱羅相表異人，目有重瞳，陰爲帝之所忌。敬真希旨，奏俱羅師徒敗衄，於是斬東都市，家口籍没。

陳稜

陳稜字長威，廬江襄安人也。祖碩，以漁釣自給。父峴，少驍勇，事章大寶爲帳内部曲。告大寶反，授譙州刺史。陳滅，廢于家。高智慧、汪文進等作亂江南，廬江豪桀亦舉兵相應，以峴舊將，共推爲主。峴欲拒之，稜謂峴曰：「衆亂既作，拒之禍且及己。不如僞從，别爲後計。」峴然之。時柱國李徹軍至當塗，峴潛使稜至徹所，請爲内應。徹上其事，拜上大將軍、宣州刺史，封譙郡公，邑一千户，詔徹應接之。徹軍未至，謀泄，爲其黨所殺，稜僅以獲免。上以其父之故，拜開府，尋領鄉兵。

煬帝即位，授驃騎將軍。大業三年，拜武賁郎將。後三歲，與朝請大夫張鎮周發東陽兵萬餘人〔一二〕，自義安汎海，擊流求國，月餘而至。流求人初見船艦，以爲商旅，往往詣軍中貿易。稜率衆登岸，遣鎮周爲先鋒。其主歡斯渴刺兜遣兵拒戰，鎮周頻擊破之。稜進至低没檀洞，其小王歡斯老模率兵拒戰，稜擊敗之，斬老模。其日霧雨晦冥，將士皆懼，稜刑白馬以祭海神。既而開霽，分爲五軍，趣其都邑。渴刺兜率衆數千逆拒，稜遣鎮周又先鋒擊走之。稜乘勝逐北，至其柵，渴刺兜背柵而陣。稜盡鋭擊之，從辰至未，苦鬬不息。渴刺兜自以軍疲，引入柵。稜遂填壍，攻破其柵，斬渴刺兜，獲其子島槌，虜男女數千而歸。帝大悦，進稜位右光禄大夫，武賁如故，鎮周金紫光禄大夫。

遼東之役，以宿衞遷左光禄大夫。明年，帝復征遼東，稜爲東萊留守。楊玄感之作亂也，稜率衆萬餘人擊平黎陽，斬玄感所署刺史元務本。尋奉詔於江南營戰艦。至彭城，賊帥孟讓衆將十萬，據都梁宮，阻淮爲固。稜潛於下流而濟，至江都，率兵襲讓，破之。以功進位光禄大夫，賜爵信安侯。

後帝幸江都宮，俄而李子通據海陵，左才相掠淮北，杜伏威屯六合，衆各數萬。帝遣稜率宿衞兵擊之，往往克捷。超拜右禦衞將軍。復度清江，擊宣城賊。俄而帝以弑崩，宇文化及引軍北上，召稜守江都。稜集衆縞素，爲煬帝發喪，備儀衞，改葬於吴公臺下，衰杖送喪，慟感行路，論者深義之。稜後爲李子通所陷，奔杜伏威，伏威忌之，尋而見害。

王辯 斛斯萬善

王辯字警略，馮翊蒲城人也。祖訓，以行商致富。魏世，出粟助給軍糧，爲假清河太守。辯少習兵書，尤善騎射，慷慨有大志。在周，以軍功授帥都督。開皇初，遷大都督。仁壽中，遷車騎將軍。漢王諒之作亂也，從楊素討平之。賜爵武寧縣男，邑三百户。後三歲，遷尚舍奉御。從征吐谷渾，拜朝請大夫。數年，轉鷹揚郎將。遼東之役，以功加通議大夫，尋遷武賁郎將。

及山東盜賊起，上谷魏刀兒自號歷山飛，衆十餘萬，劫掠燕、趙。帝引辯升御榻，問以方略。辯論取賊形勢，帝稱善，曰：「誠如此計，賊何足憂也。」於是發從行步騎三千，擊敗之，賜黄金二百兩。明年，渤海賊帥高士達自號東海公，衆以萬數。復令辯擊之，屢挫其鋭。帝在江都宫，聞而馳召之。及引見，禮賜甚厚，復令往信都經略。士達於是復戰，破之，優詔褒顯。時賊帥郝孝德、孫宣雅、時季康、竇建德、魏刀兒等往往屯聚，大至十萬，小至數千，寇掠河北。辯進兵擊之，所往皆捷，深爲羣賊所憚。及翟讓寇徐、豫，辯進，頻擊走之。讓尋與李密屯據洛口倉，辯與王世充討密，阻洛水相持經年。辯率諸將攻敗密，因薄其營戰，破外栅，密諸營已有潰者。乘勝將入城，世充不知，恐將士勞倦，於是鳴角收兵，翻爲密徒所乘。官軍大潰，不可救止。辯至洛水，橋已壞，不得度，遂涉水，至中流，爲溺人所引墜馬。辯時身被重甲，敗兵前後相蹈藉，不能復上馬，竟溺死焉。時年五十六。三軍莫不痛惜之。

河南斛斯萬善，驍勇果毅，與辯齊名。大業中，從衞玄討楊玄感，頻戰有功。及玄感敗走，萬善與數騎追及之，玄感窘迫自殺。由是知名，拜武賁郎將。突厥始畢之圍雁門也，萬善奮擊之，所向皆破。每賊至，輒出當其鋒〔一二〕，或下馬坐地，引强弓射賊，所中皆殪。由是突厥莫敢逼城，十許日竟退，萬善之力也。其後頻討羣盜，累功至將軍。

時有將軍鹿愿、范貴、馮孝慈，俱爲將帥，數從征討，並有名於世。然事皆亡失，故史官無所述焉。

史臣曰：楚、漢未分，絳、灌所以宣力，曹、劉競逐，關、張所以立名。然則名立資草昧之初，力宣候經綸之會，攀附鱗翼，世有之矣。圓通、護兒之輩，定和、鐵杖之倫，皆一時之壯士，困於貧賤。當其鬱抑未遇，亦安知其有鴻鵠之志哉！終能振拔汙泥之中，騰躍風雲之上，符馬革之願，快生平之心，非遇其時，焉能至於此也！俱羅欲加之罪，非其咎釁，王辯殞身勍敵，志實勤王。陳稜縞素發喪，哀感行路，義之所動，固已深乎！孟才、錢傑、沈光等，感恩懷舊，臨難忘生，雖功無所成，其志有可稱矣。

校勘記

〔一〕賀若弼之鎮壽春也　「壽春」，北史卷七八張奫傳作「江都」。

〔二〕別破高智慧於會稽　「高智慧」，原作「高智惠」，據南監本改。按，本書卷三煬帝紀上、本卷陳稜傳亦作「高智慧」。

〔三〕歷撫顯齊三州刺史　「撫顯齊三州」，北史卷七八張奫傳作「撫濟二州」。

〔四〕及牙時　「牙」字原闕，據北史卷七八麥鐵杖傳、册府卷七八八總録部智、卷八四五總録部趫捷、卷九三〇總録部寇竊補。

〔五〕明旦及奏事　「及」，北史卷七八麥鐵杖傳作「反」。

〔六〕鐵杖應口對曰　「口」，宋甲本、至順本作「之」，北史卷七八麥鐵杖傳、册府卷八〇〇總録部敏捷作「聲」。

〔七〕可持繩來當相爲上耳　「相」，宋甲本、汲本作「柜」。下文稱「以掌拒地」，疑「相」、「柜」俱爲「拒」之訛字。北史卷七八麥鐵杖傳附沈光傳作「當相爲上繩」。

〔八〕即日拜朝請大夫　「朝請大夫」，北史卷七八麥鐵杖傳附沈光傳、册府卷八四五總録部趫捷作「朝散大夫」。

〔九〕封高唐縣公　「封」字原闕，據宋甲本、至順本、汲本補。按，北史卷七八魚俱羅傳亦有「封」字。

〔一〇〕不敢畜牧於塞下　「下」，原作「上」，據宋甲本、至順本、汲本改。按，北史卷七八魚俱羅傳、册府卷三九三將帥部威名亦作「下」。

〔一一〕與朝請大夫張鎮周發東陽兵萬餘人　「張鎮周」，本書卷三煬帝紀上、卷四煬帝紀下、卷二四食貨志、卷八一東夷流求國傳作「張鎮州」。

〔一二〕輒出當其鋒　汲本「輒」下有「獨」字，殿本「輒」作「獨」。

隋書卷六十五

列傳第三十

周羅睺

周羅睺字公布，九江尋陽人也。父法暠，仕梁冠軍將軍、始興太守、通直散騎常侍、南康内史，臨蒸縣侯。羅睺年十五，善騎射，好鷹狗，任俠放蕩，收聚亡命，陰習兵書。從祖景彦誡之曰：「吾世恭謹，汝獨放縱，難以保家。若不喪身，必將滅吾族。」羅睺終不改。

陳宣帝時，以軍功授開遠將軍、句容令。後從大都督吳明徹與齊師戰於江陽，爲流矢中其左目。齊師圍明徹於宿預也，諸軍相顧，莫有鬭心。羅睺躍馬突進，莫不披靡。太僕卿蕭摩訶因而副之，斬獲不可勝計。進師徐州，與周將梁士彦戰於彭城，摩訶臨陣墮馬，羅睺進救，拔摩訶於重圍之内，勇冠三軍。明徹之敗也，羅睺全衆而歸，拜光遠將軍、鍾離太守。十一年，授使持節、都督霍州諸軍事。平山賊十二洞，除右軍將軍、始安縣伯，邑四百户，總管檢校揚州内外諸軍事。賜金銀三千兩，盡散之將士，分賞驍雄。陳宣帝深歎美之。出爲晉陵太守，進爵爲侯，增封一千户。除太僕卿，增封并前一千六百户。尋除雄信將軍，使持節、都督豫章十郡諸軍事、豫章内史。獄訟庭決，不關吏手，民懷其惠，立碑頌德焉。

至德中，除持節、都督南川諸軍事。江州司馬吴世興密奏羅睺甚得人心，擁衆嶺表，意在難測，陳主惑焉。蕭摩訶、魯廣達等保明之。外有知者，或勸其反，羅睺拒絶之。軍還，除太子左衞率，信任逾重，時參宴席。陳主曰：「周左率武將，詩每前成，文士何爲後也？」都官尚書孔範對曰：「周羅睺執筆製詩，還如上馬入陣，不在人後。」自是益見親禮。出督湘州諸軍事，還拜散騎常侍。

晉王廣之伐陳也，都督巴峽緣江諸軍事，以拒秦王俊，軍不得度，相持踰月。遇丹陽陷，陳主被擒，上江猶不下，晉王廣遣陳主手書命之，羅睺與諸將大臨三日，放兵士散，然後乃降。高祖慰諭之，許以富貴。羅睺垂泣而對曰：「臣荷陳氏厚遇，本朝淪亡，無節可紀。陛下所賜，獲全爲幸，富貴榮禄，非臣所望。」高祖甚器之。賀若弼謂之曰：「聞公郢、漢捉兵，即知揚州可得。王師利涉，果如所量。」羅睺答曰：「若得與公周旋，勝負未可知也。」其年秋，拜上儀同三司，鼓吹羽儀，送之于宅。先是，陳裨將羊翔歸降于我，使爲鄉導，位至上開府，班在羅睺上。韓擒於朝堂戲之曰：「不知機變，立在羊翔之下，能無媿乎？」羅睺答曰：「昔在江南，久承令問，謂公天下節士。今日所言，殊匪誠臣之論。」擒有媿色。其年冬，除豳州刺史，俄轉涇州刺史，母憂去職。未朞，復起，授豳州刺史，並有能名。

十八年，起遼東之役，徵爲水軍總管。自東萊汎海，趣平壤城，遭風，船多飄没，無功而還。十九年，突厥達頭可汗犯塞，從楊素擊之，虜衆甚盛，羅睺白素曰：「賊陣未整，請擊之。」素許焉，與輕勇二十騎直衝虜陣，從申至酉，短兵屢接，大破之。進位大將軍。仁壽元年，爲東宮右虞候率，賜爵義寧郡公，食邑一千五百户。俄轉右衞率。

煬帝即位，授右武候大將軍。漢王諒反，詔副楊素討平之，進授上大將軍。其年冬，帝幸洛陽。陳主卒，羅睺請一臨哭，帝許之。縗絰送至墓所，葬還釋服而後入朝。帝甚嘉尚，世論稱其有禮。時諒餘黨據晉、絳等三州未下，詔羅睺行絳、晉、吕三州諸軍事，進兵圍之。爲流矢所中，卒于師，時年六十四。送柩還京，行數里，無故輿馬自止，策之不動，有飄風旋遶焉。絳州長史郭雅稽顙呪曰：「公恨小寇未平邪？尋即除殄，無爲戀恨。」於是風靜馬行，見者莫不悲歎。其年秋七月，子仲隱夢見羅睺曰：「我明日當戰。」其靈坐所有弓箭刀劍，無故自動，若人帶持之狀。絳州城陷，是其日也。贈柱國、右翊衛大將軍，謚曰壯。贈物千段。子仲安，官至上開府。

周法尚

周法尚字德邁，汝南安成人也。祖靈起，梁直閤將軍、義陽太守、廬桂二州刺史。父炅，定州刺史、平北將軍。法尚少果勁，有風槩，好讀兵書。年十八，爲陳始興王中兵參軍，尋加伏波將軍。其父卒後，監定州事，督父本兵。數有戰功，遷使持節、貞毅將軍、散騎常侍，領齊昌郡事，封山陰縣侯，邑五千户。以其兄武昌縣公法僧代爲定州刺史。

法尚與長沙王叔堅不相能，叔堅言其將反。陳宣帝執禁法僧，發兵欲取法尚。其下將吏皆勸之歸北，法尚猶豫未決。長史殷文則曰：「樂毅所以辭燕，良由不獲已。事勢如此，請早裁之。」法尚遂歸于周。宣帝甚優寵之，拜開府、順州刺史，封歸義縣公，邑千户。賜良馬五匹，女妓五人，綵物五百段，加以金帶。陳將樊猛濟江討之，法尚遣部曲督韓明詐爲背己奔于陳〔一〕，僞告猛曰：「法尚部兵不願降北，人皆竊議，盡欲叛還。若得軍來，必無鬭者，自當於陳倒戈耳。」猛以爲然，引師急進。法尚乃陽爲畏懼，自保於江曲。猛陳兵挑戰，法尚先伏輕舸於浦中，又伏精鋭於古村之北，自張旗幟，迎流拒之。戰數合〔二〕，僞退登岸，投古村。猛捨舟逐之，法尚又疾走，行數里，與村北軍合，復前擊猛。猛退走赴船，既而浦中伏舸取其舟楫，建周旗幟。猛於是大敗，僅以身免，虜八千人。

高祖爲丞相，司馬消難作亂，陰遣上開府段珣率兵陽爲助守，因欲奪其城。法尚覺其詐〔三〕，閉門不納，珣遂圍之。于時倉卒，兵散在外，因率吏士五百人守拒二十日。外無救援，自度力不能支，遂拔所領，棄城遁走。消難虜其母弟及家累三百人歸于陳。

高祖受禪，拜巴州刺史，破三鵶叛蠻於鐵山，復從柱國王誼擊走陳寇。遷衡州總管、四州諸軍事，改封譙郡公，邑二千户。後上幸洛陽，召之，及引見，賜金鈿酒鍾一雙，綵五百段，良馬十五匹，奴婢三百口，給鼓吹一部。法尚固辭，上曰：「公有大功於國，特給鼓吹者，欲令公鄉人知朕之寵公也。」固與之。歲餘，轉黄州總管，上降密詔，使經略江南，伺候動静。及伐陳之役，以行軍總管隸秦孝王，率舟師三萬出于樊口。陳城州刺史熊門超出師拒戰，擊破之，擒超於陣。轉鄂州刺史，尋遷永州總管，安集嶺南，賜縑五百段，良馬五匹，仍給黄州兵三千五百人爲帳内。陳桂州刺史錢季卿、南康内史柳璿、西衡州刺史鄧暠、陽山太守毛爽等前後詣法尚降。陳定州刺史呂子廓據山洞反，法尚引兵踰嶺，子廓兵衆日散，與千餘人走保巖嶮，其左右斬之而降。賜綵五百段，奴婢五十口，并銀甕寶帶，良馬十匹。十年，尋轉桂州總管，仍爲嶺南安撫大使。

後數年入朝，以本官宿衛。賜綵三百段，米五百石，絹五百匹。未幾，桂州人李光仕舉兵作亂〔四〕，令法尚與上柱國王世積討之〔五〕。法尚馳往桂州，發嶺南兵，世積出岳州，徵嶺北軍，俱會于尹州。光仕來逆戰，擊走之。世積所部多遇瘴，不能進，頓于衡州，法尚獨討之。光仕帥勁兵保白石洞，法尚捕得其弟光略、光度，大獲家口。其黨有來降附，輒以妻子還之。居旬日，降者數千人。法尚遣兵列陣，以當光仕，親率奇兵，蔽林設伏。兩陣始交，法尚馳擊其栅，栅中人皆走散，光仕大潰，追斬之。賜奴婢百五十口，黃金百五十兩，銀百五十斤。仁壽中，遂州獠叛，復以行軍總管討平之。巂州烏蠻反，攻陷州城，詔令法尚便道擊之。軍將至，賊棄州城，散走山谷間，法尚捕不能得。於是遣使慰諭，假以官號，僞班師，日行二十里。軍再舍，潛遣人覘之，知其首領盡歸栅，聚飲相賀。法尚選步騎數千人，襲擊破之，獲其渠帥數千人〔六〕，虜男女萬餘口。賜奴婢百口，物三百段，蜀馬二十匹。軍還，檢校潞州事。

煬帝嗣位，轉雲州刺史。後三歲，轉定襄太守，進位金紫光祿大夫。時帝幸榆林，法尚朝于行宮。內史令元壽言於帝曰：「漢武出塞，旍旗千里。今御營之外，請分爲二十四軍，日別遣一軍發，相去三十里，旗幟相望，鉦鼓相聞，首尾連注，千里不絕。此亦出師之盛者也。」法尚曰：「不然，兵亘千里，動間山川，卒有不虞，四分五裂。腹心有事，首尾未知，道阻且長，難以相救。雖是故事，此乃取敗之道也。」帝不懌曰：「卿意以爲如何？」法尚曰：「結爲方陣，四面外距，六宮及百官家口並住其間。若有變起，當頭分抗，內引奇兵，出外奮擊，車爲壁壘，重設鉤陳，此與據城理亦何異！若戰而捷，抽騎追奔，或戰不利，屯營自守。臣謂牢固萬全之策也。」帝曰：「善。」因拜左武衞將軍，賜良馬一匹，絹三百匹。

明年，黔安夷向思多反〔七〕，殺將軍鹿愿，圍太守蕭造，法尚與將軍李景分路討之。法尚擊思多于清江，破之，斬首三千級。還，從討吐谷渾，法尚别出松州道，逐捕亡散，至于青海。賜奴婢一百口，物二百段，馬七十匹。出爲敦煌太守，尋領會寧太守。

遼東之役，以舟師指朝鮮道，會楊玄感反，與將軍宇文述、來護兒等破之。以功進右光禄大夫，賜物九百段。時有齊郡人王薄、孟讓等舉兵爲盜，衆十餘萬，保長白山。頻戰，每挫其鋭。賜奴婢百口。明年，復臨滄海，在軍疾甚，謂長史崔君肅曰：「吾再臨滄海，未能利涉，時不我與，將辭人世。立志不果，命也如何！」言畢而終，時年五十九。贈武衞大將軍，謚曰僖。有子六人。長子紹基，靈壽令，少子紹範，最知名。

李景

李景字道興，天水休官人也。父超，周應、戎二州刺史。景容貌奇偉，膂力過人，美鬚髯，驍勇善射。平齊之役，頗有力焉，授儀同三司。以平尉迥，進位開府，賜爵平寇縣公，邑千五百户。開皇九年，以行軍總管從王世積伐陳，陷陣有功，進位上開府，賜奴婢六十口，物千五百段。及高智慧等作亂江南，復以行軍總管從楊素擊之。别平倉嶺，還授鄜州刺史。十七年，遼東之役，爲馬軍總管。及還，配事漢王。高祖奇其壯武，使袒而觀之，曰：「卿相表當位極人臣。」尋從史萬歲擊突厥於大斤山，别路邀賊，大破之。後與上明公楊紀送義成公主於突厥，至恒安，遇突厥來寇。時代州總管韓洪爲虜所敗，景率所領數百人援之。力戰三日，殺虜甚衆，賜物三千段〔八〕，授韓州刺史。以事王故，不之官。

仁壽中，檢校代州總管。漢王諒作亂并州，景發兵拒之。諒遣劉嵩襲景，戰於城東。升樓射之，無不應弦而倒。選壯士擊之，斬獲略盡。諒復遣嵐州刺史喬鍾葵率勁勇三萬攻之。景戰士不過數千，加以城池不固，爲賊衝擊，崩毁相繼〔九〕。景且戰且築，士卒皆殊死鬬，屢挫賊鋒。司馬馮孝慈、司法參軍吕玉並驍勇善戰，儀同三司侯莫陳乂多謀畫〔一〇〕，工拒守之術〔一一〕。景知將士可用，其後推誠於此三人，無所關預，唯在閤持重，時出撫循而已。月餘，朔州總管楊義臣以兵來援，合擊大破之。先是，景府內井中甃上生花如蓮，并有龍見，時變爲鐵馬甲士。又有神人長數丈見於城下，其跡長四尺五寸。景問巫，對曰：「此是不祥之物，來食人血耳。」景大怒，推出之。旬日而兵至，死者數萬焉。景尋被徵入京，進位柱國，拜右武衛大將軍，賜縑九千匹，女樂一部，加以珍物。

景智略非所長，而忠直爲時所許，帝甚信之。擊叛蠻向思多，破之，賜奴婢八十口〔一二〕。明年，擊吐谷渾於青海，破之，進位光祿大夫。賜奴婢六十口，縑二千匹。五年，車駕西巡，至天水，景獻食於帝。帝曰：「公，主人也。」賜坐齊王暕之上。至隴川宮，帝將大獵，景與左武衛大將軍郭衍俱有難言，爲人所奏。帝大怒，令左右捽之，竟以坐免。歲餘，復位，與宇文述等參掌選舉。明年，攻高麗武厲城〔一三〕，破之，賜爵苑丘侯〔一四〕，物一千段。八年，出渾彌道。九年，復出遼東。及旋師，以景爲殿。高麗追兵大至，景擊走之。賚物三千段，進爵滑國公。楊玄感之反也，朝臣子弟多預焉，而景獨無關涉。帝曰：「公誠直天然，我之梁棟也。」賜以美女。帝每呼李大將軍而不名，其見重如此。十二年，帝令景營遼東戰具於北平，賜御馬一匹，名師子騘。會幽州賊楊仲緒率衆萬餘人來攻北平，景督兵擊破之，斬仲緒。于時盜賊蜂起，道路隔絕，景遂召募，以備不虞。武賁郎將羅藝與景有隙，遂誣景將反。帝遣其子慰諭之曰：「縱人言公闚天闕，據京師〔一五〕，吾無疑也。」後爲高開道所圍〔一六〕，獨守孤城，外無聲援，歲餘，士卒患脚腫而死者十將六七，景撫循之，一無離叛。遼東軍資多在其所，粟帛山積，既逢離亂，景無所私焉。及帝崩於江都，遼西太守鄧暠率兵救之，遂歸柳城。後將還幽州，在道遇賊，見害。契丹、靺鞨素感其恩，聞之莫不流涕，幽、燕人士于今傷惜之。有子世謨。

慕容三藏

慕容三藏，燕人也。父紹宗，齊尚書左僕射，東南道大行臺。三藏幼聰敏，多武略，頗有父風。仕齊，釋褐太尉府參軍事，尋遷備身都督。武平初，襲爵燕郡公，邑八百户。其年，敗周師於孝水，又破陳師於壽陽，轉武衞將軍。又敗周師於河陽，授武衞大將軍。又轉右衞將軍，别封范陽縣公，食邑千户。周師入鄴也，齊後主失守東遁，委三藏等留守鄴宫。齊之王公以下皆降，三藏猶率麾下抗拒周師。及齊平，武帝引見，恩禮甚厚，詔曰：「三藏父子誠節著聞，宜加榮秩。」授開府儀同大將軍。其年，稽胡叛，令三藏討平之。

開皇元年，授吴州刺史。九年，奉詔持節涼州道黜陟大使。其年，嶺南酋長王仲宣反，圍廣州，詔令柱國、襄陽公韋洸爲行軍總管，三藏爲副。至廣州，與賊交戰，洸爲流矢所中，卒，詔令三藏檢校廣州道行軍事。十年，賊衆四面攻圍，三藏固守月餘。城中糧少矢盡，三藏以爲不可持久，遂自率驍鋭，夜出突圍擊之。賊衆敗散，廣州獲全。以功授大將軍，賜奴婢百口，加以金銀雜物。十二年，授廓州刺史。州極西界，與吐谷渾鄰接，姦宄犯法者皆遷配彼州，流人多有逃逸。及三藏至，招納綏撫，百姓愛悦，繦負日至，吏民歌頌之。高祖聞其能，屢有勞問。其年，當州畜産繁孳，獲醍醐奉獻，賚物百段。十三年，州界連雲山響，稱萬年者三，詔頒郡國，仍遣使醮於山所。其日景雲浮於上，雉間兔馴壇側，使還具以聞，上大悦。十五年，授疊州總管。党項羌時有翻叛，三藏隨便討平之，部内夷夏咸得安輯。仁壽元年，改封河内縣男。

大業元年，授和州刺史。三年，轉任淮南郡太守，所在有惠政。其年，改授金紫光禄大夫。大業七年卒〔一七〕。

三藏從子遐，爲澶水丞，漢王反，抗節不從，以誠節聞。

薛世雄

薛世雄字世英，本河東汾陰人也，其先寓居關中。父回，字道弘，仕周，官至涇州刺史。開皇初，封舞陰郡公，領漕渠監，以年老致事，終於家。世雄爲兒童時，與羣輩遊戲，輒畫地爲城郭，令諸兒爲攻守之勢，有不從令者，世雄輒撻之，諸兒畏憚，莫不齊整。其父見而奇之，謂人曰：「此兒當興吾家矣。」年十七，從周武帝平齊，以功拜帥都督。開皇時，數有戰功，累遷儀同三司、右親衞車騎將軍。煬帝嗣位，番禺夷獠相聚爲亂，詔世雄討平之。遷右監門郎將。從帝征吐谷渾，進位通議大夫。

世雄性廉謹，凡所行軍破敵之處，秋毫無犯，帝由是嘉之。帝嘗從容謂羣臣曰：「我欲舉好人，未知諸君識不？」羣臣咸曰：「臣等何能測聖心。」帝曰：「我欲舉者薛世雄。」羣臣皆稱善。帝復曰：「世雄廉正節槩，有古人之風。」於是超拜右翊衞將軍。

歲餘，以世雄爲玉門道行軍大將，與突厥啓民可汗連兵擊伊吾。師次玉門，啓民可汗背約，兵不至，世雄孤軍度磧。伊吾初謂隋軍不能至，皆不設備，及聞世雄兵已度磧，大懼，請降，詣軍門上牛酒。世雄遂於漢舊伊吾城東築城，號新伊吾，留銀青光祿大夫王威，以甲卒千餘人戍之而還。天子大悅，進位正議大夫，賜物二千段。

遼東之役，以世雄爲沃沮道軍將，與宇文述同敗績於平壤。還次白石山，爲賊所圍百餘重，四面矢下如雨。世雄以羸師爲方陣，選勁騎二百先犯之，賊稍却，因而縱擊，遂破之而還。所亡失多，竟坐免。明年，帝復征遼東，拜右候衞將軍，將兵指蹋頓道〔一八〕。軍至烏骨城，會楊玄感作亂，班師。帝至柳城，以世雄爲東北道大使，行燕郡太守，鎮懷遠。于時突厥頗爲寇盜，緣邊諸郡多苦之，詔世雄發十二郡士馬，巡塞而還。十年，復從帝至遼東，遷左禦衞大將軍，仍領涿郡留守。未幾，李密逼東都，中原搔動，詔世雄率幽、薊精兵將擊之。軍次河間，營於郡城南，河間諸縣並集兵，依世雄大軍爲營，欲討竇建德。建德將家口遁，自選精鋭數百，夜來襲之。先犯河間兵，潰奔世雄營。時遇雰霧晦冥，莫相辨識，軍不得成列，皆騰栅而走，於是大敗。世雄與左右數十騎遁入河間城，慙恚發病，歸於涿郡，未幾而卒，時年六十三。有子萬述、萬淑、萬鈞、萬徹，並以驍武知名。

王仁恭

王仁恭字元實，天水上邽人也。祖建，周鳳州刺史。父猛，鄯州刺史。仁恭少剛毅脩謹，工騎射。弱冠，州補主簿，秦孝王引爲記室，轉長道令，遷車騎將軍。從楊素擊突厥於靈武，以功拜上開府，賜物三千段。以驃騎將軍典蜀王軍事。山獠作亂，蜀王命仁恭討破之，賜奴婢三百口。及蜀王以罪廢，官屬多罹其患。上以仁恭素質直，置而不問。

煬帝嗣位，漢王諒舉兵反，從楊素擊平之。以功進位大將軍，拜呂州刺史〔一九〕，賜帛四千匹，女妓十人。歲餘，轉衞州刺史，尋改爲汲郡太守，有能名。徵入朝，帝呼上殿，勞勉之，賜雜綵六百段，良馬二匹。遷信都太守，汲郡吏民扣馬號哭於道，數日不得出境，其得人情如此。

遼東之役，以仁恭爲軍將。及帝班師，仁恭爲殿，遇賊，擊走之。進授左光禄大夫，賜絹六千段，馬四十匹。明年，復以軍將指扶餘道〔二〇〕，帝謂之曰：「往者諸軍多不利，公獨以一軍破賊。古人云，敗軍之將不可以言勇，諸將其可任乎？今委公爲前軍，當副所望也。」賜良馬十匹，黄金百兩。仁恭遂進軍，至新城，賊數萬背城結陣，仁恭率勁騎一千擊破之。賊嬰城拒守，仁恭四面攻圍。帝聞而大悦，遣舍人詣軍勞問，賜以珍物。進授光禄大夫，賜絹五千匹。會楊玄感作亂，其兄子武賁郎將仲伯預焉，仁恭由是坐免。

尋而突厥屢爲寇患，帝以仁恭宿將，頻有戰功，詔復本官，領馬邑太守。其年，始畢可汗率騎數萬來寇馬邑，復令二特勤將兵南過。時郡兵不滿三千，仁恭簡精鋭逆擊，破之。其二特勤衆亦潰，仁恭縱兵乘之，獲數千級，并斬二特勤。帝大悦，賜縑三千匹。其後突厥復入定襄，仁恭率兵四千掩擊，斬千餘級，大獲六畜而歸。

于時天下大亂，百姓饑餒，道路隔絶，仁恭頗改舊節，受納貨賄，又不敢輒開倉廩，賑卹百姓。其麾下校尉劉武周與仁恭侍婢姦通，恐事泄，將爲亂，每宣言郡中曰：「父老妻子凍餒，填委溝壑，而王府君閉倉不救百姓，是何理也！」以此激怒衆，吏民頗怨之。其後仁恭正坐廳事，武周率其徒數十人大呼而入，因害之，時年六十。武周於是開倉賑給，郡内皆從之，自稱天子，署置百官，轉攻傍郡。

權武

權武字武拼，天水人也。祖超，魏秦州刺史。父襲慶，周開府，從武元皇帝與齊師戰于并州，被圍百餘重。襲慶力戰矢盡，短兵接戰，殺傷甚衆，刀矟皆折，脱胄擲地，向賊大罵曰：「何不來斫頭也！」賊遂殺之。武以忠臣子，起家拜開府，襲爵齊郡公，邑千二百户。

武少果勁，勇力絶人，能重甲上馬。嘗倒投於井，未及泉，復躍而出，其拳捷如此。從王謙破齊服龍等五城，增邑八百户。平齊之役，攻陷邵州，别下六城，以功增邑三百户。宣帝時，拜勁捷左旅上大夫，進位上開府。

高祖爲丞相，引置左右。及受禪，增邑五百户。後六歲，拜淅州刺史。伐陳之役，以行軍總管從晉王出六合，還拜豫州刺史。在職數年，以創業之舊，進位大將軍，檢校潭州總管。其年，桂州人李世賢作亂〔二二〕，武以行軍總管與武候大將軍虞慶則擊平之。慶則以罪誅，功竟不録，復還于州。多造金帶，遺嶺南酋領，其人復答以寶物，武皆納之，由是致富。後武晚生一子，與親客宴集，酒酣，遂擅赦所部内獄囚。武常以南越邊遠，治從其俗，務適便宜，不依律令，而每言當今法急，官不可爲。上令有司案其事，皆驗。上大怒，命斬之。武於獄中上書，言其父爲武元皇帝戰死於馬前，以此求哀。由是除名爲民。仁壽中，復拜大將軍，封邑如舊。未幾，授太子右衞率。

煬帝即位，拜右武衞大將軍，坐事免，授桂州刺史。俄轉始安太守。久之，徵拜右屯衞大將軍，尋坐事除名。卒于家。有子弘。

吐萬緒

吐萬緒字長緒，代郡鮮卑人也。父通，周郢州刺史。緒少有武略，在周，起家撫軍將軍，襲爵元壽縣公。數從征伐，累遷大將軍、少司武〔二三〕。高祖受禪，拜襄州總管，進封穀城郡公，邑二千五百户。尋轉青州總管，頗有治名。歲餘，突厥寇邊，朝廷以緒有威略，徙爲朔州總管，甚爲北夷所憚。其後高祖潛有吞陳之志，轉徐州總管，令修戰具。及大舉濟江，以緒領行軍總管，與西河公紇豆陵洪景屯兵江北。及陳平，拜夏州總管。

晉王廣之在藩也，頗見親遇，及爲太子，引爲左虞候率。煬帝嗣位，漢王諒時鎮并州，帝恐其爲變，拜緒晉、絳二州刺史，馳傳之官。緒未出關，諒已遣兵據蒲坂，斷河橋，緒不得進。詔緒率兵從楊素擊破之，拜左武候將軍。大業初，轉光禄卿。賀若弼之遇讒也，引緒爲證，緒明其無罪，由是免官。歲餘，守東平太守。未幾，帝幸江都，路經其境，迎謁道傍。帝命升龍舟，緒因頓首陳謝往事。帝大悦，拜金紫光禄大夫，太守如故。遼東之役，請爲先鋒，帝嘉之，拜左屯衞大將軍，率馬步數萬指蓋馬道。及班師，留鎮懷遠，進位左光禄大夫。

時劉元進作亂江南，以兵攻潤州，帝徵緒討之。緒率衆至楊子津，元進自茅浦將度江，緒勒兵擊走。緒因濟江，背水爲栅。明旦，元進來攻，又大挫之，賊解潤州圍而去。緒進屯曲阿，元進復結栅拒。緒挑之，元進出戰，陣未整，緒以騎突之，賊衆遂潰，赴江水而死者數萬。元進挺身夜遁，歸保其壘。僞署僕射朱燮、管崇等屯於毗陵，連營百餘里。緒乘勢進擊，復破之，賊退保黄山。緒進軍圍之，賊窮蹙請降，元進、朱燮僅以身免。於陣斬管崇及其將軍陸顗等五千餘人，收其子女三萬餘口，送江都宫。進解會稽圍。元進復據建安，帝令進討之，緒以士卒疲敝，請息甲待至來春。帝不悅，密令求緒罪失，有司奏緒怯懦違詔，於是除名爲民，配防建安。尋有詔徵詣行在所，緒鬱鬱不得志，還至永嘉，發疾而卒。

董純

董純字德厚，隴西成紀人也。祖和，魏太子左衞率。父昇，周柱國。純少有膂力，便弓馬。在周，仕歷司御上士、典馭下大夫，封固始縣男，邑二百户。從武帝平齊，以功拜儀同，進爵大興縣侯，增邑通前八百户。

高祖受禪，進爵漢曲縣公，累遷驃騎將軍。後以軍功，進位上開府。開皇末，以勞舊擢拜左衞將軍，尋改封順政縣公。漢王諒作亂并州，以純爲行軍總管、河北道安撫副使，從楊素擊平之。以功拜柱國，進爵爲郡公，增邑二千户〔三〕。轉左備身將軍，賜女妓十人，縑綵五千匹。數年，轉左驍衞將軍、彭城留守。

齊王暕之得罪也，純坐與交通，帝庭譴之曰：「汝階緣宿衞，以至大官，何乃附傍吾兒，欲相離間也？」純曰：「臣本微賤下才，過蒙獎擢，先帝察臣小心，寵踰涯分，陛下重加收採，位至將軍。欲竭餘年，報國恩耳。比數詣齊王者，徒以先帝、先后往在仁壽宫，置元德太子及齊王於膝上，謂臣曰：『汝好看此二兒，勿忘吾言也。』臣奉詔之後，每於休暇出入〔二四〕，未嘗不詣王所。臣誠不敢忘先帝之言。于時陛下亦侍先帝之側。」帝改容曰：「誠有斯旨。」於是捨之。後數日，出爲汶山太守。

歲餘，突厥寇邊，朝廷以純宿將，轉爲榆林太守。虜有至境，純輒擊却之。會彭城賊帥張大彪、宗世模等衆至數萬，保懸薄山，寇掠徐、兖。帝令純討之。純初閉營不與戰，賊屢挑之不出，賊以純爲怯，不設備，縱兵大掠。純選精鋭擊之，合戰於昌慮，大破之，斬首萬餘級，築爲京觀。賊魏騏驎衆萬餘人，據單父，純進擊，又破之〔二五〕。及帝重征遼東，復以純爲彭城留守。東海賊彭孝才衆數千，掠懷仁縣，轉入沂水，保五不及山。純以精兵擊之，擒孝才於陣，車裂之，餘黨各散。

時百姓思亂，盜賊日益，純雖頻戰克捷，所在蜂起。有人譖純怯懦，不能平賊，帝大怒，遣使鎖純詣東都。有司見帝怒甚，遂希旨致純死罪，竟伏誅。

趙才

趙才字孝才，張掖酒泉人也。祖隗，魏銀青光禄大夫、樂浪太守。父壽，周順政太守。

才少驍武，便弓馬，性麤悍，無威儀。周世爲輿正上士。高祖受禪，屢以軍功遷上儀同三司，配事晉王。及王爲太子，拜右虞候率。煬帝即位，轉左備身驃騎，後遷右驍衞將軍。帝以才藩邸舊臣，漸見親待。才亦恪勤匪懈，所在有聲。歲餘，轉右候衞將軍。從征吐谷渾，以爲行軍總管，率衞尉卿劉權、兵部侍郎明雅等出合河道，與賊相遇，擊破之。以功進位金紫光禄大夫。及遼東之役，再出碣石道，還授左候衞將軍。俄遷右候衞大將軍。時帝每有巡幸，才恒爲斥候，肅遏姦非，無所迴避。在塗遇公卿妻子有違禁者，才輒醜言大罵，多所援及。時人雖患其不遜，然才守正，無如之何。十年，駕幸汾陽宫，以才留守東都。

十二年，帝在洛陽，將幸江都。才見四海土崩，恐爲社稷之患。自以荷恩深重，無容坐看亡敗，於是入諫曰：「今百姓疲勞，府藏空竭，盜賊蜂起，禁令不行。願陛下還京師，安兆庶，臣雖愚蔽，敢以死請。」帝大怒，以才屬吏，旬日，帝意頗解，乃令出之。帝遂幸江都，待遇踰昵。時江都糧盡，將士離心，內史侍郎虞世基、祕書監袁充等多勸帝幸丹陽。帝廷議其事，才極陳入京之策，世基盛言度江之便。帝默然無言，才與世基相忿而出。宇文化及弑逆之際，才時在苑北，化及遣驍果席德方矯詔追之。才聞詔而出，德方命其徒執之，以詣化及。化及謂才曰：「今日之事，祇得如此，幸勿爲懷。」才嘿然不對。化及忿才無言，將殺之，三日乃釋。以本官從事，鬱鬱不得志。才嘗對化及宴飲，請勸其同謀逆者一十八人楊士覽等酒，化及許之。才執杯曰：「十八人止可一度作，勿復餘處更爲。」諸人默然不對。行至聊城，遇疾。俄而化及爲竇建德所破，才復見虜。心彌不平，數日而卒，時年七十三。

仁壽、大業間，有蘭興浴、賀蘭蕃，俱爲武候將軍，剛嚴正直，不避强禦，咸以稱職知名。

史臣曰：羅睺、法尚、李景、世雄、慕容三藏並以驍武之姿，當有事之日，致茲富貴，自取之也。仁恭初在汲郡，以清能顯達，後居馬邑，以貪恡敗亡，鮮克有終，惜矣！吐萬緒、董純各以立效當年，取斯高秩。緒請息兵見責，純遭譖毁被誅。大業之季，盜可盡乎！淫刑暴逞，能不及焉！趙才雖人而無儀，志在强直，固拒世基之議，可謂不苟同矣。權武素無行檢，不拘刑憲，終取黜辱，宜哉。

校勘記

〔一〕法尚遣部曲督韓明詐爲背己奔于陳　「韓明」，北史卷七六周法尚傳、通鑑卷一七三陳紀七宣帝太建十一年作「韓朗」。

〔二〕戰數合　至順本「數」下有「十」字。

〔三〕法尚覺其詐　「詐」，册府卷四五〇將帥部失守作「計」。

〔四〕桂州人李光仕舉兵作亂　「李光仕」，周法尚墓誌作「李光士」。

〔五〕令法尚與上柱國王世積討之　「世」字原闕，據宋甲本、北監本、汲本、殿本補。按，北史卷七六周法尚傳、册府卷三五六將帥部立功、隋書詳節卷一六周法尚傳亦作「王世積」。

〔六〕獲其渠帥數千人　「千」，北監本、汲本、殿本作「十」。

〔七〕黔安夷向思多反　「向思多」，周法尚墓誌作「向多思」。

〔八〕賜物三千段　「三千」，宋甲本、至順本、汲本、殿本作「二千」。

〔九〕崩毁相繼　「崩毁」，宋本册府卷四〇〇將帥部固守作「摧毁」，明本册府作「摧攻」；册府卷四二一將帥部失守作「摧毁」。

〔一〇〕儀同三司侯莫陳乂多謀畫　「侯莫陳乂」，原作「侯莫陳叉」，據北史卷七六李景傳、册府卷四二一將帥部任謀、卷四二二將帥部推誠、通鑑卷一八〇隋紀四文帝仁壽四年改。

〔一一〕工拒守之術　「工」，册府卷四二一將帥部失守、卷四二二將帥部推誠作「上」。

〔一二〕賜奴婢八十口　「八十」，册府卷三八三將帥部褒異作「六十」。

〔一三〕攻高麗武厲城　「武厲城」，北史卷七六李景傳、册府卷三八三將帥部褒異作「武列城」。

〔一四〕賜爵苑丘侯　「苑丘侯」，册府卷三八三將帥部褒異作「宛丘侯」。按，本書卷三〇地理志中淮陽郡屬縣有宛丘。

〔一五〕據京師　「京師」，宋甲本、至順本、北監本、汲本、殿本作「京都」。按，北史卷七六李景傳、册府卷九九帝王部親信亦作「京都」。

〔一六〕後爲高開道所圍　「高開道」，原作「高開國」，據宋甲本、至順本、北監本、汲本、殿本改。按，北史卷七六李景傳、册府卷四〇〇將帥部固守亦作「高開道」。

〔一七〕大業七年卒　「七年」，當作「九年」。按，慕容三藏墓誌：「大業九年六月十一日，薨於私第，春秋六十有八。」

〔一八〕將兵指蹋頓道　「將」字原闕，據宋甲本、至順本補。

〔一九〕拜吕州刺史　「吕州」，北史卷七八王仁恭傳、册府卷三八四將帥部褒異作「吕衞二州」。

〔二〇〕復以軍將指扶餘道　「以軍將」，册府卷三八四將帥部褒異作「爲前軍」。

〔二一〕其年桂州人李世賢作亂　前承權武檢校潭州總管事。本書卷二高祖紀下，開皇十二年十一月「庚申，以豫州刺史權武爲潭州總管」。十七年「秋七月丁丑，桂州人李代賢反」。李代賢（或作李賢）即李世賢，唐人諱改。本書卷四〇虞慶則傳亦繫李賢反於開皇十七年。此繫於權武任潭州總管下，稱「其年」，疑誤。

〔二二〕少司武　「少」，北史卷七八吐萬緒傳、通志卷一六四吐萬緒傳作「小」。

〔三〕增邑二千户　册府卷三八四將帥部褒異無「二」字。

〔四〕每於休暇出入　「暇」，宋甲本作「下」。按，「休下」意同休暇。

〔五〕斬首萬餘級築爲京觀賊魏騏驎衆萬餘人據單父純進擊又破之　此二十六字原闕，據宋甲本、至順本、殿本補。按，册府卷三五七將帥部立功亦有此二十六字。

隋書卷六十六

列傳第三十一

李諤

李諤字士恢，趙郡人也。好學，解屬文。仕齊爲中書舍人，有口辯，每接對陳使。周武帝平齊，拜天官都上士。諤見高祖有奇表，深自結納。及高祖爲丞相，甚見親待，訪以得失。于時兵革屢動，國用虛耗，諤上重穀論以諷焉。高祖深納之。及受禪，歷比部、考功二曹侍郎，賜爵南和伯。諤性公方，明達世務，爲時論所推。遷治書侍御史。上謂羣臣曰：「朕昔爲大司馬，每求外職，李諤陳十二策，苦勸不許，朕遂決意在內。今此事業，諤之力也。」賜物二千段。

諤見禮教凋敝，公卿薨亡，其愛妾侍婢，子孫輒嫁賣之，遂成風俗。諤上書曰：「臣聞追遠慎終，民德歸厚，三年無改，方稱爲孝。如聞朝臣之内，有父祖亡没，日月未久，子孫無賴，便分其妓妾，嫁賣取財。有一於茲，實損風化。妾雖微賤，親承衣履，服斬三年，古今通式。豈容遽褫縗絰，强傅鉛華，泣辭靈几之前，送付佗人之室。凡在見者，猶致傷心，況乎人子，能堪斯忍？復有朝廷重臣，位望通貴〔一〕，平生交舊，情若弟兄。及其亡没，杳同行路，朝聞其死，夕規其妾，方便求娉，以得爲限，無廉恥之心，棄友朋之義。且居家理治〔二〕，可移於官，既不正私，何能贊務？」上覽而嘉之。五品以上妻妾不得改醮，始於此也。

諤又以屬文之家，體尚輕薄，遞相師効，流宕忘反，於是上書曰：

臣聞古先哲王之化民也，必變其視聽，防其嗜欲，塞其邪放之心，示以淳和之路。五教六行爲訓民之本，詩、書、禮、易爲道義之門。故能家復孝慈，人知禮讓，正俗調風，莫大於此。其有上書獻賦，制誄鐫銘，皆以褒德序賢，明勳證理。苟非懲勸，義不徒然。降及後代，風教漸落。魏之三祖，更尚文詞，忽君人之大道，好雕蟲之小藝。下之從上，有同影響，競騁文華，遂成風俗。江左齊、梁，其弊彌甚，貴賤賢愚，唯務吟詠。遂復遺理存異，尋虛逐微，競一韻之奇，爭一字之巧。連篇累牘，不出月露之形，積案盈箱，唯是風雲之狀。世俗以此相高，朝廷據茲擢士。禄利之路既開，愛尚之情愈篤。於是閭里童昏，貴遊總丱，未窺六甲，先製五言。至如羲皇、舜、禹之典，伊、傳、周、孔之説，不復關心，何嘗入耳。以傲誕爲清虚，以緣情爲勳績，指儒素爲古拙，用詞賦爲君子。故文筆日繁，其政日亂，良由棄大聖之軌模，構無用以爲用也。損本逐末〔三〕，流徧華壤，遞相師祖，久而愈扇。

及大隋受命，聖道聿興，屏黜輕浮〔四〕，遏止華僞。自非懷經抱質，志道依仁，不得引預搢紳，參廁纓冕。開皇四年，普詔天下，公私文翰，並宜實録。其年九月，泗州刺史司馬幼之文表華豔，付所司治罪。自是公卿大臣咸知正路，莫不鑽仰墳集，棄絶華綺，擇先王之令典，行大道於茲世。如聞外州遠縣，仍踵敝風，選吏舉人，未遵典則。至有宗黨稱孝，鄉曲歸仁，學必典謨，交不苟合，則擯落私門，不加收齒；其學不稽古，逐俗隨時，作輕薄之篇章，結朋黨而求譽，則選充吏職，舉送天朝。蓋由縣令、刺史未行風教，猶挾私情，不存公道。臣既忝憲司，職當糾察。若聞風即劾，恐挂綱者多，請勒諸司，普加搜訪，有如此者，具狀送臺。

諤又以當官者好自矜伐，復上奏曰：

臣聞舜戒禹云：「汝惟不矜，天下莫與汝爭能，汝惟不伐，天下莫與汝爭功。」言偃又云：「事君數，斯辱矣，朋友數，斯疏矣。」此皆先哲之格言，後王之軌轍。然則人臣之道，陳力濟時，雖勤比大禹，功如師望，亦不得厚自矜伐，上要君父。況復功無足紀，勤不補過，而敢自陳勳績，輕干聽覽！

世之喪道，極於周代，下無廉恥，上使之然。用人唯信其口，取士不觀其行，矜誇自大，便以幹濟蒙擢，謙恭靜退，多以恬嘿見遺。是以通表陳誠，先論己之功狀，承顔敷奏，亦道臣最用心。自衒自媒，都無慙恥之色，强干横請，唯以乾没爲能。自隋受命，此風頓改，耕夫販婦，無不革心，況乃大臣，仍遵敝俗！如聞刺史入京朝覲，乃有自陳勾檢之功，諠訴墀之側，言辭不遜，高自稱譽，上黷冕旒，特爲難恕。凡如此輩，具狀送臺，明加罪黜，以懲風軌。

上以謂前後所奏頒示天下，四海靡然向風，深革其弊。謂在職數年，務存大體，不尚嚴猛，由是無剛謇之譽，而潛有匡正多矣。

邳公蘇威以臨道店舍，乃求利之徒，事業汙雜，非敦本之義。遂奏高祖，約遣歸農，有願依舊者，所在州縣録附市籍，仍撤毁舊店，並令遠道，限以時日。正值冬寒，莫敢陳訴。謂因別使，見其如此，以爲四民有業，各附所安，逆旅之與旗亭，自古非同一槩，即附市籍，於理不可。且行旅之所依託，豈容一朝而廢，徒爲勞擾，於事非宜。遂專決之，並令依舊。使還詣闕，然後奏聞。高祖善之曰：「體國之臣，當如此矣。」

以年老，出拜通州刺史，甚有惠政，民夷悦服。後三歲，卒官。有子四人。大體、大鈞，並官至尚書郎。世子大方襲爵，最有材品，大業初，判内史舍人。帝方欲任之，遇卒。

鮑宏

鮑宏字潤身，東海郯人也。父機，以才學知名。事梁，官至治書侍御史。宏七歲而孤，爲兄泉之所愛育。年十二，能屬文，嘗和湘東王繹詩，繹嗟賞不已，引爲中記室。遷鎮南府諮議、尚書水部郎，轉通直散騎侍郎。江陵既平，歸于周〔五〕。明帝甚禮之，引爲麟趾殿學士。累遷遂伯下大夫，與杜子暉聘于陳，謀伐齊也。陳遂出兵江北以侵齊。帝嘗問宏取齊之策，宏對云：「我强齊弱，勢不相侔。齊主昵近小人，政刑日紊，至尊仁惠慈恕，法令嚴明。事等建瓴，何憂不剋。但先皇往日出師洛陽，彼有其備，每不剋捷。如臣計者，進兵汾、潞，直掩晉陽，出其不虞，以爲上策。」帝從之。及定山東，除少御正，賜爵平遥縣伯，邑六百户，加上儀同。

高祖作相，奉使山南。會王謙舉兵於蜀，路次潼州，爲謙將達奚惎所執，逼送成都，竟不屈節。謙敗之後，馳傳入京，高祖嘉之，賜以金帶。及受禪，加開府，除利州刺史，進爵爲公。轉邛州刺史，秩滿還京。時有尉義臣者，其父崇不從尉迥，後復與突厥戰死。上嘉之，將賜姓爲金氏，訪及羣下。宏對曰：「昔項伯不同項羽，漢高賜姓劉氏，秦真父能死難，魏武賜姓曹氏。如臣愚見，請賜以皇族。」高祖曰：「善。」因賜義臣姓爲楊氏。

後授均州刺史，以目疾免，卒於家，時年九十六。初，周武帝勑宏修皇室譜一部，分爲帝緒、疎屬、賜姓三篇。有集十卷，行於世。

裴政

裴政字德表，河東聞喜人也。高祖壽孫，從宋武帝徙家于壽陽，歷前軍長史、廬江太守。祖邃，梁侍中、左衛將軍、豫州大都督。父之禮，廷尉卿。政幼明敏，博聞强記，達於時政，爲當時所稱。年十五，辟邵陵王府法曹參軍事，轉起部郎、枝江令。湘東王之臨荆州也，召爲宣惠府記室，尋除通直散騎侍郎。侯景作亂，加壯武將軍，帥師隨建寧侯王琳進討之。擒賊率宋子仙，獻于荆州。及平侯景，先鋒入建鄴，以軍功連最，封夷陵侯。徵授給事黃門侍郎，復帥師副王琳，拒蕭紀，破之於硤口。加平越中郎將、鎮南府長史。及周師圍荆州，琳自桂州來赴難，次于長沙。政請從間道，先報元帝。至百里洲，爲周人所獲，蕭詧謂政曰：「我，武皇帝之孫也，不可爲爾君乎？爾亦何煩殉身於七父？若從我計，則貴及子孫；如或不然，分腰領矣。」政詭曰：「唯命。」詧鏁之，送至城下，使謂元帝曰：「王僧辯聞臺城被圍，已自爲帝。王琳孤弱，不復能來。」政許之。既而告城中曰：「援兵大至，各思自勉。吾以間使被擒，當以碎身報國。」監者擊其口，終不易辭。詧怒，命趣行戮。蔡大業諫曰：「此民望也。若殺之，則荊州不可下矣。」因得釋。會江陵陷，與城中朝士俱送于京師。

周文帝聞其忠，授員外散騎侍郎，引事相府。命與盧辯依周禮建六卿，設公卿大夫士，并撰次朝儀，車服器用，多遵古禮，革漢、魏之法，事並施行。尋授刑部下大夫，轉少司憲。政明習故事，又參定周律。能飲酒，至數斗不亂。簿案盈几〔六〕，剖決如流，用法寬平，無有冤濫。囚徒犯極刑者，乃許其妻子入獄就之，至冬，將行決，皆曰：「裴大夫致我於死，死無所恨。」其處法詳平如此。又善鍾律，嘗與長孫紹遠論樂，語在音律志〔七〕。宣帝時，以忤旨免職。

高祖攝政，召復本官。開皇元年，轉率更令，加位上儀同三司。詔與蘇威等修定律令。政採魏、晉刑典，下至齊、梁，沿革輕重，取其折衷。同撰著者十有餘人，凡疑滯不通，皆取決於政。

進位散騎常侍，轉左庶子，多所匡正，見稱純慤。東宮凡有大事，皆以委之。右庶子劉榮，性甚專固。時武職交番，通事舍人趙元愷作辭見帳，未及成。太子有旨，再三催促。榮語元愷云：「但爾口奏，不須造帳。」及奏，太子問曰：「名帳安在？」元愷曰：「禀承劉榮，不聽造帳。」太子即以詰榮，榮便拒諱，云無此語。太子付政推問。未及奏狀，有附榮者先言於太子曰：「政欲陷榮，推事不實。」太子召責之，政奏曰：「凡推事有兩，一察情，一據證，審其曲直，以定是非。臣察劉榮，位高任重，縱令實語元愷，蓋是纖介之愆。計理而論，不須隱諱。又察元愷受制於榮，豈敢以無端之言妄相點累。二人之情，理正相似。元愷引左衞率崔蒨等爲證，蒨等款狀悉與元愷符同。察情既敵，須以證定。臣謂榮語元愷，事必非虛。」太子亦不罪榮，而稱政平直。

政好面折人短，而退無後言。時雲定興數入侍太子，爲奇服異器，進奉後宮，又緣女寵，來往無節。政數切諫，太子不納。政因謂定興曰：「公所爲者，不合禮度。又元妃暴薨，道路籍籍，此於太子非令名也。願公自引退，不然將及禍。」定興怒，以告太子，太子益疏政，由是出爲襄州總管。妻子不之官，所受秩奉，散給僚吏。民有犯罪者，陰悉知之，或竟歲不發，至再三犯，乃因都會時，於衆中召出，親案其罪，五人處死，流徙者甚衆。合境惶慴，令行禁止，小民蘇息，稱爲神明。爾後不修囹圄，殆無爭訟。卒官，年八十九。著承聖降録十卷〔八〕。及太子廢，高祖追憶之曰：「向遣裴政、劉行本在，共匡弼之，猶應不令至此。」子南金，仕至膳部郎。

柳莊

柳莊字思敬，河東解人也。祖季遠，梁司徒從事中郎。父遐，霍州刺史。莊少有遠量，博覽墳籍，兼善辭令。濟陽蔡大寶有重名於江左，時爲岳陽王蕭詧諮議，見莊便歎曰：「襄陽水鏡，復在於茲矣。」大寶遂以女妻之。俄而詧辟爲參軍，轉法曹。及詧稱帝，還署中書舍人，歷給事黄門侍郎、吏部郎中、鴻臚卿。

及高祖輔政，蕭巋令莊奉書入關。時三方搆難，高祖懼巋有異志，及莊還，謂莊曰：「孤昔以開府從役江陵，深蒙梁主殊眷。今主幼時艱，猥蒙顧託，中夜自省，實懷慙懼。梁主奕葉重光，委誠朝廷，而今已後，方見松筠之節。君還本國，幸申孤此意於梁主也。」遂執莊手而别。時梁之將帥咸潛請興師，與尉迥等爲連衡之勢，進可以盡節於周氏，退可以席卷山南。唯巋疑爲不可。會莊至自長安，具申高祖結託之意，遂言於巋曰：「昔袁紹、劉表、王淩、諸葛誕之徒，並一時之雄傑也。及據要害之地，擁哮闞之羣，功業莫建，而禍不旋踵者，良由魏武、晉氏挾天子，保京都，仗大義以爲名，故能取威定霸。今尉迥雖曰舊將，昏耄已甚，消難、王謙，常人之下者，非有匡合之才。況山東、庸、蜀從化日近，周室之恩未洽。在朝將相，多爲身計，競效節於楊氏。以臣料之，迥等終當覆滅，隋公必移周國。未若保境息民，以觀其變。」巋深以爲然，衆議遂止。未幾，消難奔陳，迥及謙相次就戮，巋謂莊曰：「近者若從衆人之言，社稷已不守矣。」

高祖踐阼，莊又入朝，高祖深慰勉之。及爲晉王廣納妃于梁，莊因是往來四五反，前後賜物數千段。蕭琮嗣位，遷太府卿。及梁國廢，授開府儀同三司，尋除給事黃門侍郎，并賜以田宅。莊明習舊章，雅達政事，凡所駁正，帝莫不稱善。蘇威爲納言，重莊器識，常奏帝云：「江南人有學業者，多不習世務，習世務者，又無學業。能兼之者，不過於柳莊。」高熲亦與莊甚厚。莊與陳茂同官，不能降意，茂見上及朝臣多屬意於莊，心每不平，常謂莊爲輕己。帝與茂有舊，曲被引召，數陳莊短。經歷數載，譖愬頗行。尚書省嘗奏犯罪人依法合流，而上處以大辟，莊奏曰：「臣聞張釋之有言，法者天子所與天下共也。今法如是，更重之，是法不信於民心。方今海內無事，正是示信之時，伏願陛下思釋之之言，則天下幸甚。」帝不從，由是忤旨。俄屬尚藥進丸藥不稱旨，茂因密奏莊不親監臨，帝遂怒。

十一年，徐璒等反於江南，以行軍總管長史隨軍討之。璒平，即授饒州刺史，甚有治名。後數載卒官，年六十二。

源師

源師字踐言，河南洛陽人也。父文宗，有重名於齊。開皇初，終於莒州刺史。師早有聲望，起家司空府參軍事，稍遷尚書左外兵郎中，又攝祠部。後屬孟夏，以龍見請雩。時高阿那肱爲相，謂真龍出見，大驚喜，問龍所在，師整容報曰：「此是龍星初見，依禮當雩祭郊壇，非謂真龍別有所降。」阿那肱忿然作色曰：「何乃干知星宿！」祭竟不行。師出而竊歎曰：「國家大事，在祀與戎。禮既廢也，何能久乎？齊亡無日矣。」七年，周武帝平齊，授司賦上士。

高祖受禪，除魏州長史，入爲尚書考功侍郎，仍攝吏部。朝章國憲，多所參定。十七年，歷尚書左右丞，以明幹著稱。時蜀王秀頗違法度，乃以師爲益州總管司馬。俄而秀被徵，秀恐京師有變，將謝病不行。師數勸之，不可違命，秀作色曰：「此自我家事，何預卿也！」師垂涕對曰：「師荷國厚恩，忝參府幕，僚吏之節，敢不盡心。但比年以來，國家多故，秦孝王寢疾，奄至薨殂，庶人二十年太子，相次淪廢。聖上之情，何以堪處！而有勑追王，已淹時月，今乃遷延未去，百姓不識王心，儻生異議，内外疑駭，發雷霆之詔，降一介之使，王何以自明？願王自計之〔九〕。」秀乃從徵。秀廢之後，益州官屬多相連坐，師以此獲免。後加儀同三司。

煬帝即位，拜大理少卿。帝在顯仁宮，勑宮外衞士不得輒離所守。有一主帥，私令衞士出外，帝付大理繩之。師據律奏徒，帝令斬之，師奏曰：「此人罪誠難恕，若陛下初便殺之，自可不關文墨。既付有司，義歸恒典，脱宿衞近侍者更有此犯，將何以加之？」帝乃止。轉刑部侍郎。師居職强明，有口辯，而無廉平之稱。未幾，卒官。有子崐玉。

郎茂

郎茂字蔚之，恒山新市人也。父基，齊潁川太守。茂少敏慧，七歲誦騷、雅，日千餘言。十五師事國子博士河間權會，受詩、易、三禮及玄象、刑名之學。又就國子助教長樂張奉禮受三傳羣言，至忘寢食。家人恐茂成病，恒節其燈燭。及長，稱爲學者，頗解屬文。年十九，丁父憂，居喪過禮。仕齊，解褐司空府行參軍。會陳使傅縡來聘，令茂接對之。後奉詔於祕書省刊定載籍。遷保城令，有能名，百姓爲立清德頌。及周武平齊，上柱國王誼薦之，授陳州户曹。屬高祖爲亳州總管，見而悦之，命掌書記。時周武帝爲象經，高祖從容謂茂曰：「人主之所爲也，感天地，動鬼神，而象經多糾法，將何以致治？」茂竊歎曰：「此言豈常人所及也！」乃陰自結納，高祖亦親禮之。後還家爲州主簿。

高祖爲丞相，以書召之，言及疇昔，甚歡。授衞州司録，有能名。尋除衞國令。時有繫囚二百，茂親自究審數日，釋免者百餘人。歷年辭訟，不詣州省。魏州刺史元暉謂茂曰：「長史言衞國民不敢申訴者，畏明府耳。」茂進曰：「民猶水也，法令爲隄防。隄防不固，必致奔突，苟無決溢，使君何患哉？」暉無以應之。有民張元預，與從父弟思蘭不睦。丞尉請加嚴法，茂曰：「元預兄弟，本相憎疾，又坐得罪，彌益其忿，非化民之意也。」於是遣縣中耆舊更往敦諭，道路不絕。元預等各生感悔，詣縣頓首請罪。茂曉之以義，遂相親睦，稱爲友悌。

茂自延州長史轉太常丞，遷民部侍郎。時尚書右僕射蘇威立條章，每歲責民間五品不遜。或答者乃云：「管內無五品之家。」不相應領，類多如此。又爲餘糧簿，擬有無相贍。茂以爲繁紆不急，皆奏罷之。數歲，以母憂去職。未朞，起令視事。又奏身死王事者，子不退田，品官年老不減地〔一〇〕，皆發於茂。茂性明敏，剖決無滯，當時以吏幹見稱。仁壽初，以本官領大興令。

煬帝即位，遷雍州司馬，尋轉太常少卿。後二歲，拜尚書左丞，參掌選事。茂尤工法理〔一二〕，爲世所稱。時工部尚書宇文愷、右翊衞大將軍于仲文競河東銀窟。茂奏劾之曰：「臣聞貴賤殊禮，士農異業，所以人知局分，家識廉恥。宇文愷位望已隆，禄賜優厚，拔葵去織，寂爾無聞，求利下交，曾無愧色。于仲文大將，宿衞近臣，趨侍階庭，朝夕聞道。虞、芮之風，抑而不慕，分銖之利，知而必爭。何以貽範庶寮，示民軌物！若不糾繩，將虧政教。」愷與仲文竟坐得罪。茂撰州郡圖經一百卷奏之，賜帛三百段，以書付祕府。

于時帝每巡幸，王綱已紊，法令多失。茂既先朝舊臣，明習世事，然善自謀身，無謇諤之節。見帝忌刻，不敢措言，唯竊歎而已。以年老，上表乞骸骨，不許。會帝親征遼東，以茂爲晉陽宮留守。其年，恒山贊治王文同與茂有隙，奏茂朋黨，附下罔上。詔遣納言蘇威、御史大夫裴藴雜治之。茂素與二人不平，因深文巧詆，成其罪狀。帝大怒，及其弟司隸别駕楚之，皆除名爲民，徙且末郡。茂怡然受命〔一三〕，不以爲憂。在途作登壠賦以自慰，詞義可觀。復附表自陳，帝頗悟。十年，追還京兆，歲餘而卒，時年七十五。有子知年。

高構

高構字孝基，北海人也。性滑稽，多智，辯給過人，好讀書，工吏事。弱冠，州補主簿。

仕齊河南王參軍事，歷徐州司馬、蘭陵、平原二郡太守。齊滅後，周武帝以爲許州司馬。

高祖受禪，轉冀州司馬，甚有能名。徵拜比部侍郎，尋轉民部。時内史侍郎晉平東與兄子長茂爭嫡，尚書省不能斷，朝臣三議不決。構斷而合理，上以爲能，召入内殿，勞之曰：「我聞尚書郎上應列宿，觀卿才識，方知古人之言信矣。嫡庶者，禮教之所重，我讀卿判數徧，詞理愜當，意所不能及。」賜米百石。由是知名。尋遷雍州司馬，以明斷見稱。歲餘，轉吏部侍郎，號爲稱職。復徙雍州司馬，坐事左轉盩厔令，甚有治名。上善之，復拜雍州司馬。仁壽初，又爲吏部侍郎〔一三〕，以公事免。

煬帝立，召令復位。時爲吏部者，多以不稱職去官，唯構最有能名，前後典選之官，皆出其下。時人以構好劇談，頗謂輕薄，然其内懷方雅，特爲吏部尚書牛弘所重。後以老病解職，弘時典選，凡將有所擢用，輒遣人就第問其可不。河東薛道衡才高當世，每稱構有清鑒，所爲文筆，必先以草呈構，而後出之。構有所詆訶，道衡未嘗不嗟伏。大業七年，終于家，時年七十二。所舉杜如晦、房玄齡等，後皆自致公輔，論者稱構有知人之鑒。

開皇中〔一四〕，昌黎豆盧寔爲黃門侍郎，稱爲慎密。河東裴術爲右丞，多所糾正。河内士爕〔一五〕、平原東方舉、安定皇甫聿道，俱爲刑部，並執法平允。弘農劉士龍、清河房山基爲考功，河東裴鏡民爲兵部，並稱明幹。京兆韋焜爲民曹，屢進讜言。南陽韓則爲延州長史，甚有惠政。此等事行遺闕，皆有吏幹，爲當時所稱。

張虔威

張虔威字元敬〔二六〕，清河東武城人也。父晏之，齊北徐州刺史。虔威性聰敏，涉獵羣書。其世父暠之謂人曰：「虔威，吾家千里駒也。」年十二，州補主簿。十八爲太尉中兵參軍，後累遷太常丞。及齊亡，仕周爲宣納中士。

高祖得政，引爲相府典籤。開皇初，晉王廣出鎮并州，盛選僚佐，以虔威爲刑獄參軍，累遷爲屬。王甚美其才，與河內張衡甚見禮重〔二七〕，晉邸稱爲「二張」焉。及王爲太子，遷員外散騎侍郎、太子內舍人。

煬帝即位，授內史舍人、儀同三司。尋以藩邸之舊，加開府。尋拜謁者大夫，從幸江都，以本官攝江都贊治，稱爲幹理。虔威嘗在塗，見一遺囊，恐其主求失，因令左右負之而行。後數日，物主來認，悉以付之。淮南太守楊綝，嘗與十餘人同來謁見，帝問虔威曰：「其首立者爲誰？」虔威下殿就視而答曰：「淮南太守楊綝。」帝謂虔威曰：「卿爲謁者大夫，而乃不識參見人，何也？」虔威對曰：「臣非不識楊綝，但慮不審，所以不敢輕對。」石建數馬足，蓋慎之至也。」帝甚嘉之。其廉慎皆此類也。于時帝數巡幸，百姓疲敝，虔威因上封事以諫。帝不悦，自此見疎。未幾，卒官。有子爽，仕至蘭陵令。

虔威弟虔雄，亦有才器。秦孝王俊爲秦州總管，選爲法曹參軍。王嘗親案囚徒，虔雄誤不持狀，口對百餘人，皆盡事情，同輩莫不歎服。後歷壽春、陽城二縣令，俱有治績。

榮毗 兄建緒

榮毗字子諶，北平無終人也。父權，魏兵部尚書。毗少剛鯁，有局量，涉獵羣言。仕周，釋褐漢王記室，轉内史下士。

開皇中，累遷殿内監〔一八〕。時以華陰多盜賊，妙選長吏，楊素薦毗爲華州長史，世號爲能。素之田宅，多在華陰，左右放縱，毗以法繩之，無所寬貸。毗因朝集，素謂之曰：「素之舉卿，適以自罰也。」毗答曰：「奉法一心者，但恐累公所舉。」素笑曰：「前者戲耳。卿之奉法，素之望也。」時晉王在揚州，每令人密覘京師消息。遣張衡於路次往往置馬坊，以畜牧爲辭，實給私人也。州縣莫敢違，毗獨遏絶其事。上聞而嘉之，賚絹百匹，轉蒲州司馬。

漢王諒之反也，河東豪傑以城應諒。刺史丘和覺變〔一九〕，遁歸關中。長史渤海高義明謂毗曰：「河東要害，國之東門，若失之，則爲難不細。城中雖復恟恟，非悉反也。但收桀黠者十餘人斬之，自當立定耳。」毗然之。義明馳馬追和，將與協計。至城西門，爲反者所殺，毗亦被執。及諒平，拜治書侍御史，帝謂之曰：「今日之舉，馬坊之事也。無改汝心。」帝亦敬之。毗在朝侃然正色，爲百寮所憚。後以母憂去職。歲餘，起令視事。尋卒官。贈鴻臚少卿。

毗兄建緒，性甚亮直，兼有學業。仕周爲載師下大夫、儀同三司。及平齊之始，留鎮鄴城，因著齊紀三十卷。建緒與高祖有舊，及爲丞相，加位開府，拜息州刺史。將之官，時高祖陰有禪代之計，因謂建緒曰：「且躊躇，當共取富貴。」建緒自以周之大夫，因義形於色曰：「明公此旨，非僕所聞。」高祖不悅。建緒遂行。開皇初來朝，上謂之曰：「卿亦悔不？」建緒稽首曰：「臣位非徐廣，情類楊彪。」上笑曰：「朕雖不解書語，亦知卿此言不遜也。」歷始、洪二州刺史，俱有能名。

陸知命

陸知命字仲通，吴郡富春人也。父敖，陳散騎常侍。知命性好學，通識大體，以貞介自持。釋褐陳始興王行參軍，後歷太學博士、南獄正。及陳滅，歸于家。會高智慧等作亂于江左，晉王廣鎮江都，以其三吴之望，召令諷諭反者。知命説下賊十七城，得其渠帥陳正緒、蕭思行等三百餘人。以功拜儀同三司，賜以田宅，復用其弟恪爲汧陽令。知命以恪非百里才，上表陳讓，朝廷許之。

時見天下一統，知命勸高祖都洛陽，因上太平頌以諷焉。文多不載。數年不得調，詣朝堂上表，請使高麗，曰：「臣聞聖人當扆，物色芻蕘，匹夫奔踶，或陳狂瞽。伏願暫輟旒纊，覽臣所謁。昔軒轅馭曆，既緩夙沙之誅，虞舜握圖，猶稽有苗之伐。陛下當百代之末，膺千載之期，四海廓清，三邊底定，唯高麗小豎，狼顧燕垂。王度含弘，每懷遵養者，良由惡殺好生，欲諭之以德也。臣請以一節，宣示皇風，使彼君臣面縛闕下。」書奏，天子異之。歲餘，授普寧鎮將。人或言其正直者，由是待詔於御史臺。

煬帝嗣位，拜治書侍御史，侃然正色，爲百寮所憚。帝甚敬之。後坐事免。歲餘，復職。時齊王暕頗驕縱，暱近小人，知命奏劾之，暕竟得罪，百寮震慄。遼東之役，爲東暆道受降使者，卒於師，時年六十七。贈御史大夫。

房彦謙

房彦謙字孝沖，本清河人也。七世祖諶，仕燕太尉掾，隨慕容氏遷于齊，子孫因家焉。世爲著姓。高祖法壽，魏青、冀二州刺史，壯武侯。曾祖伯祖，齊郡、平原二郡太守，祖翼，宋安太守，並世襲爵壯武侯。父熊，釋褐州主簿，行清河、廣川二郡守。彦謙早孤，不識父，爲母兄之所鞠養。長兄彦詢〔二〇〕，雅有清鑒〔二一〕，以彦謙天性穎悟，每奇之，親教讀書。年七歲，誦數萬言，爲宗黨所異。十五，出後叔父子貞，事所繼母，有踰本生，子貞哀之，撫養甚厚。後丁所繼母憂，勺飲不入口者五日。事伯父樂陵太守豹，竭盡心力，每四時珍果，口弗先嘗。遇期功之戚，必蔬食終禮，宗從取則焉。其後受學于博士尹琳，手不釋卷，遂通涉五經。解屬文，工草隸，雅有詞辯，風槩高人。年十八，屬廣寧王孝珩爲齊州刺史，辟爲主簿。時禁網疎闊，州郡之職尤多縱弛。及彦謙在職，清簡守法，州境肅然，莫不敬憚。及周師入鄴，齊主東奔，以彦謙爲齊州治中。彦謙痛本朝傾覆，將糾率忠義，潛謀匡輔。事不果而止。齊亡，歸于家。周帝遣柱國辛遵爲齊州刺史，爲賊帥輔帶劍所執。彦謙以書諭之，帶劍慙懼，送遵還州，諸賊並各歸首。

及高祖受禪之後，遂優遊鄉曲，誓無仕心。開皇七年，刺史韋藝固薦之，不得已而應命。吏部尚書盧愷一見重之，擢授承奉郎，俄遷監察御史。後屬陳平，奉詔安撫泉、括等十州，以銜命稱旨，賜物百段，米百石，衣一襲，奴婢七口。遷秦州總管録事參軍。嘗因朝集，時左僕射高熲定考課，彦謙謂熲曰：「書稱三載考績，黜陟幽明，唐、虞以降，代有其法。黜陟合理，褒貶無虧，便是進必得賢，退皆不肖。如或舛謬，法乃虚設。比見諸州考校，執見不同，進退多少，參差不類。況復愛憎肆意，致乖平坦，清介孤直，未必高名，卑諂巧官，翻居上等。直爲真僞混淆，是非瞀亂。宰貴既不精練，斟酌取捨，曾經驅使者，多以蒙識獲成，未歷臺省者，皆爲不知被退。又四方懸遠，難可詳悉，唯量準人數，半破半成。徒計官員之少多，莫顧善惡之衆寡，欲求允當，其道無由。明公鑒達幽微，平心遇物，今所考校，必無阿枉。脱有前件數事，未審何以裁之？唯願遠布耳目，精加採訪，褒秋毫之善，貶纖介之惡。非直有光至治，亦足標奬賢能。」詞氣侃然，觀者屬目。熲爲之動容，深見嗟賞，因歷問河西、隴右官人景行，彦謙對之如響。熲顧謂諸州總管、刺史曰：「與公言，不如獨與秦州考使語。」後數日，熲言於上，上弗能用。以秩滿，遷長葛令，甚有惠化，百姓號爲慈父。仁壽中，上令持節使者巡行州縣，察長吏能不，以彦謙爲天下第一，超授鄀州司馬。吏民號哭相謂曰：「房明府今去，吾屬何用生爲！」其後百姓思之，立碑頌德。

鄀州久無刺史，州務皆歸彥謙，名有異政。

內史侍郎薛道衡，一代文宗，位望清顯，所與交結，皆海內名賢。重彥謙爲人，深加友敬，及爲襄州總管〔三〕，辭翰往來，交錯道路。煬帝嗣位，道衡轉牧番州，路經彥謙所，留連數日，屑涕而別。黃門侍郎張衡，亦與彥謙相善。于時帝營東都，窮極侈麗，天下失望。又漢王構逆，罹罪者多。彥謙見衡當塗而不能匡救，以書諭之曰：

竊聞賞者所以勸善，刑者所以懲惡，故疎賤之人，有善必賞，尊貴之戚，犯惡必刑。未有罰則避親，賞則遺賤者也。今諸州刺史，受委宰牧，善惡之間，上達本朝，懾憚憲章，不敢怠慢。國家祇承靈命，作民父母，刑賞曲直，升聞於天，夤畏照臨，亦宜謹肅。故文王云：「我其夙夜，畏天之威。」以此而論，雖州國有殊，高下懸邈，然憂民慎法，其理一也。

至如并州釁逆，須有甄明。若楊諒實以詔命不通，慮宗社危逼，徵兵聚衆，非爲干紀，則當原其本情，議其刑罰，上副聖主友于之意，下曉愚民疑惑之心。若審知內外無虞，嗣后纂統，而好亂樂禍，妄有覬覦，則管、蔡之誅，當在於諒，同惡相濟，無所逃罪，梟懸孥戮，國有常刑。其間乃有情非協同，力不自固，或被擁逼，淪陷凶威，遂使籍沒流移，恐爲冤濫。恢恢天網，豈其然乎？罪疑從輕，斯義安在？昔叔向寘鬻獄之死，晉國所嘉，釋之斷犯蹕之刑，漢文稱善。羊舌寧不愛弟，廷尉非苟違君，但以執法無私，不容輕重。

且聖人大寶，是曰神器，苟非天命，不可妄得。故蚩尤、項籍之驍勇，伊尹、霍光之權勢，李老、孔丘之才智，吕望、孫武之兵術，吴、楚連磐石之據，産、禄承母后之基，不應歷運之兆，終無帝王之位。況乎蕞爾一隅，蜂扇蟻聚，楊諒之愚鄙，羣小之凶慝，而欲憑陵畿甸，覬幸非望者哉！開闢以降，書契云及，帝皇之跡，可得而詳。自非積德累仁，豐功厚利，孰能道洽幽顯，義感靈祇。是以古之哲王，昧旦丕顯，履冰在念，御朽兢懷。逮叔世驕荒，曾無戒懼，肆於民上，騁嗜奔慾，不可具載，請略陳之。

曩者齊、陳二國，並居大位，自謂與天地合德，日月齊明，罔念憂虞，不恤刑政。近臣懷寵，稱善而隱惡，史官曲筆，掩瑕而録美。是以民庶呼嗟，終閉塞於視聽，公卿虚譽，日敷陳於左右。法網嚴密，刑辟日多，徭役煩興，老幼疲苦。昔鄭有子産，齊有晏嬰，楚有叔敖，晉有士會。凡此小國，尚足名臣，齊、陳之疆，豈無良佐？但以執政壅蔽，懷私徇軀，忘國憂家，外同内忌。設有正直之士，才堪幹持〔一三〕，於己非宜，即加擯壓；倘遇諂佞之輩，行多穢匿，於我有益，遽蒙薦舉。以此求賢，何從而至！夫賢材者，非尚膂力，豈繫文華，唯須正身負戴，確乎不動。譬棟之處屋，如骨之在身，所謂棟梁骨鯁之材也。齊、陳不任骨鯁，信近讒諛，天高聽卑，監其淫僻，故總收神器，歸我大隋。向使二國祇敬上玄，惠恤鰥寡，委任方直，斥遠浮華，卑菲爲心，惻隱是務〔二四〕，河朔彊富，江湖險隔，各保其業，民不思亂，泰山之固，弗可動也。然而寢卧積薪，宴安鴆毒，遂使禾黍生廟，霧露沾衣，弔影撫心，何嗟及矣！故詩云：「殷之未喪師，克配上帝。宜鑒于殷，駿命不易。」萬機之事，何者不須熟慮哉！

伏惟皇帝望雲就日，仁孝夙彰，錫社分珪，大成規矩。及總統淮海，盛德日新，當璧之符，遐邇僉屬。纘歷甫爾〔二五〕，寬仁已布，率土蒼生，翹足而喜。并州之亂，變起倉卒，職由楊諒詭惑，詿誤吏民，非有構怨本朝，棄德從賊者也。而有司將帥，稱其願反，非止誣陷良善，亦恐大點皇猷。足下宿當重寄，早預心膂，粵自藩邸，柱石見知。方當書名竹帛，傳芳萬古，稷、契、伊、呂，彼獨何人？既屬明時，須存謇諤，立當世之大誡，作將來之憲範。豈容曲順人主，以愛虧刑，又使脅從之徒，横貽罪譴？忝蒙眷遇，輒寫微誠，野人愚瞽，不知忌諱。

衡得書歎息，而不敢奏聞。

彦謙知王綱不振，遂去官隱居不仕，將結構蒙山之下，以求其志。會置司隸官，盛選天下知名之士。朝廷以彦謙公方宿著，時望所歸，徵授司隸刺史。彦謙亦慨然有澄清天下之志，凡所薦舉，皆人倫表式。其有彈射，當之者曾無怨言。司隸別駕劉炫，陵上侮下，訐以爲直，刺史憚之，皆爲之拜。唯彥謙執志不撓，亢禮長揖，有識嘉之。炫亦不敢爲恨。

大業九年，從駕度遼，監扶餘道軍。其後隋政漸亂，朝廷靡然，莫不變節。彥謙直道守常，介然孤立，頗爲執政者之所嫉。出爲涇陽令。未幾，終于官，時年六十九。

彥謙居家，每子姪定省，常爲講說督勉之，亹亹不倦。家有舊業，資産素殷，又前後居官，所得俸祿，皆以周恤親友，家無餘財，車服器用，務存素儉。自少及長，一言一行，未嘗涉私，雖致屢空，怡然自得。嘗從容獨笑，顧謂其子玄齡曰：「人皆因祿富，我獨以官貧。所遺子孫，在於清白耳。」所有文筆，恢廓閑雅，有古人之深致。又善草隸，人有得其尺牘者，皆寶翫之。太原王劭，北海高構，蓨縣李綱，河東柳彧、薛孺，皆一時知名雅澹之士，彥謙並與爲友。雖冠蓋成列，而門無雜賓。體資文雅，深達政務，有識者咸以遠大許之。初，開皇中，平陳之後，天下一統，論者咸云將致太平。彥謙私謂所親趙郡李少通曰：「主上性多忌剋，不納諫爭。太子卑弱，諸王擅威，在朝唯行苛酷之政，未施弘大之體。天下雖安，方憂危亂。」少通初謂不然，及仁壽、大業之際，其言皆驗。大唐馭宇，追贈徐州都督、臨淄縣公。謚曰定。

史臣曰：大夏云構，非一木之枝，帝王之功，非一士之略。長短殊用，大小異宜，棓梲棟梁，莫可棄也。李諤等或文能遵義，或才足幹時，識用顯於當年，故事留於臺閣。參之有隋多士，取其開物成務，皆廊廟之榱桷，亦北辰之衆星也。

校勘記

〔一〕位望通貴　「貴」，文苑英華卷六八六李諤論妓妾改嫁書作「顯」。

〔二〕且居家理治　「理治」，文苑英華卷六八六李諤論妓妾改嫁書作「治理」，注稱：「一作『理務』。」

〔三〕捐本逐末　「捐」，原作「損」，據宋甲本改。按，北史卷七七李諤傳、通典卷一六選舉四雜議論上、册府卷四七三臺省部奏議、通志卷一六三李諤傳亦作「捐」。

〔四〕屏黜輕浮　「黜」，原作「出」，據宋甲本、至順本改。按，北史卷七七李諤傳、通典卷一六選舉四雜議論上、册府卷四七三臺省部奏議、隋書詳節卷一六李諤傳亦作「黜」。

〔五〕江陵既平歸于周　攻克江陵在西魏恭帝元年。三年，恭帝禪位宇文覺後，始改國號爲周。

〔六〕簿案盈几　「几」，原作「机」，據北監本、殿本改。

〔七〕語在音律志　按，本書無「音律志」，音樂志亦無裴政與長孫紹遠論音樂的内容。北史卷七七裴政傳稱「事在紹遠傳」，周書卷二六長孫紹遠傳、北史卷二二長孫道生傳附長孫紹遠傳俱載此事。

〔八〕著承聖降録十卷　「承聖降録」，北史卷七七裴政傳、通志卷一六三裴政傳作「承聖實録」。

〔九〕願王自計之　「自」，宋甲本、至順本、汲本作「熟」。按，册府卷七二三幕府部規諷、通鑑卷一七九隋紀三文帝仁壽二年亦作「熟」。

〔一〇〕品官年老不減地　「年老」，北史卷五五郎基傳附郎茂傳、通志卷一六三郎茂傳作「左貶」。

〔一一〕茂尤工法理　「尤」字原闕，據宋甲本、至順本補。按，北史卷五五郎基傳附郎茂傳、册府卷五二〇憲官部彈劾、通志卷一六三郎茂傳亦有「尤」字。

〔一二〕茂怡然受命　「受」，宋甲本、至順本作「任」。按，北史卷五五郎基傳附郎茂傳、册府卷八九五總録部達命、通志卷一六三郎茂傳亦作「任」。

〔一三〕仁壽初又爲吏部侍郎　「仁壽初」三字原闕，據宋甲本、至順本、汲本補。按，北史卷七七高構傳、册府卷六三七銓選部公望亦有此三字。

〔一四〕開皇中　「開皇」，原作「開元」，據宋甲本、至順本改。按，北史卷七七高構傳、通志卷一六三高構傳、隋書詳節卷一六高構傳亦作「開皇」。

〔一五〕河内士燮　「河内」，原作「河東」，據宋甲本、至順本、南監本、北監本、汲本、殿本改。按，北史卷七七高構傳、册府卷四六七臺省部舉職、通志卷一六三高構傳、隋書詳節卷一六高構傳亦作「河内」。

〔一六〕張虔威字元敬　「張虔威」，北史卷四三張彝傳附張乾威傳作「張乾威」。下文「虔雄」，北史作「乾雄」，不另出校。

〔一七〕與河内張衡甚見禮重　「甚」，宋甲本、至順本、汲本作「俱」。按，北史卷四三張彝傳附張乾威傳亦作「俱」。

〔一八〕累遷殿内監　「殿内監」，北史卷七七榮毗傳作「殿内局監」，册府卷三二四宰輔部薦賢、通志卷一六三榮毗傳作「殿中局監」。按，隋門下省有殿中局，「内」字諱改。

〔一九〕刺史丘和覺變　「變」字原闕，據宋甲本、至順本、汲本補。按，北史卷七七榮毗傳亦有「變」字。

〔二〇〕長兄彦詢　「彦詢」，原作「彦雅」，據宋甲本、至順本改。按，北史卷三九房法壽傳附房彦謙傳、册府卷八一九總録部知子亦作「彦詢」。

〔二一〕雅有清鑒　「雅」，原作「雖」，據宋甲本、殿本改。按，北史卷三九房法壽傳附房彦謙傳、册府卷八一九總録部知子亦作「雅」。

〔二二〕及爲襄州總管　「爲」，原作「兼」，據宋甲本、至順本、汲本改。按，北史卷三九房法壽傳附房彦謙傳、册府卷八八二總録部交友、隋書詳節卷一六房彦謙傳亦作「爲」。

〔三〕才堪幹持　「持」，宋甲本、至順本、汲本作「時」。按，北史卷三九房法壽傳附房彦謙傳、册府卷八三二總録部規諷亦作「時」。

〔四〕惻隱是務　「是」，原作「爲」，據宋甲本、至順本、汲本改。按，北史卷三九房法壽傳附房彦謙傳、册府卷八三二總録部規諷亦作「是」。

〔五〕纘歷甫爾　「纘」，原作「讃」，據汲本改。按，北史卷三九房法壽傳附房彦謙傳、册府卷八三二總録部規諷亦作「纘」。

〔唐〕魏徵 等撰

點校本
二十四史
修訂本

隋書

第六册
卷六七至卷八五

中華書局

2020 年 11 月北京第 1 版　2020 年 11 月北京第 1 次印刷
ISBN 978-7-101-14826-8

隋書卷六十七

列傳第三十二

虞世基

虞世基字茂世，會稽餘姚人也。父荔，陳太子中庶子。世基幼沉靜，喜愠不形於色，博學有高才，兼善草隸。陳中書令孔奂見而歎曰："南金之貴，屬在斯人。"少傅徐陵聞其名，召之，世基不往。後因公會，陵一見而奇之，顧謂朝士曰："當今潘、陸也。"因以弟女妻焉。仕陳，釋褐建安王法曹參軍事，歷祠部殿中二曹郎、太子中舍人。遷中庶子、散騎常侍、尚書左丞。陳主嘗於莫府山校獵，令世基作講武賦，於坐奏之曰：

夫翫居常者，未可論匡濟之功，應變通者，然後見帝王之略。何則？化有文質，進讓殊風，世或澆淳，解張累務。雖復順紀合符之后，望雲就日之君，且修戰於版泉，亦治兵於丹浦。是知文德武功，蓋因時而並用，經邦創制，固與俗而推移。所以樹鴻名，垂大訓，拱揖百靈，包舉六合，其唯聖人乎！

鶉火之歲，皇上御宇之四年也。萬物交泰，九有乂安，俗躋仁壽，民資日用。然而足食足兵，猶載懷於履薄，可久可大，尚懔乎於御朽。至如昆吾遠賮，肅慎奇琛，史不絕書，府無虛月。貝胄雍弧之用，犀渠闞鞏之殷，鑄名劍於尚方，積琱戈於武庫。熊羆百萬，貔豹千羣，利盡五材，威加四海。爰於農隙，有事春蒐，舍爵策勳，觀使臣之以禮，沮勸賞罰，迺示民以知禁。盛矣哉，信百王之不易，千載之一時也！昔上林從幸，相如於是頌德，長楊校獵，子雲退而爲賦。雖則體物緣情，不同年而語矣，英聲茂實，蓋可得而言焉。其辭曰：

惟則天以稽古，統資始於羣分。膺録圖而出震，樹司牧以爲君。既濟寬而濟猛，亦乃武而乃文。北怨勞乎殷履，南伐盛於唐勛。彼周干與夏戚，粤可得而前聞。我大陳之創業，乃撥亂而爲武。戡定艱難，平壹區宇。從喋喋之樂推，爰蒼蒼而再補。故累仁以積德，諒重規而襲矩。惟皇帝之休烈，體徇齊之睿哲。敷九疇而咸敍，奄四海而有截。既搜揚於帝難，又文思之安安。幽明請吏，俊乂在官。御璇璣而七政辨，朝玉帛而萬國歡。昧旦丕顯，未明思治。道藏往而知來，功參天而兩地。運聖人之上德，盡生民之能事。於是禮暢樂和，刑清政肅。西臯析支，東漸蟠木。罄圖諜而効祉，漏川泉而禔福。在靈貺而必臻，亦何思而不服。

雖至治之隆平，猶戒國而强兵。選羽林於六郡，詔蹶張於五營。兼折衝而餘勇，咸重義而輕生。遂乃因農隙以教民，在春蒐而習戰。命司馬以示法，帥掌固而清甸。導旬始以前驅，伏鉤陳而後殿。抗鳥旌於析羽，飾魚文於被練。爾乃革軒按轡，玉虬齊軑。屯左矩以啓行，擊右鍾而傳響。交雲罕之掩映，紛劍騎而來往。指攝提於斗極，洞閶闔之弘敞。跨玄武而東臨，款黄山而北上。隱圓闕之迢遰，届方澤之塏爽。

于斯時也，青春晚候，朝陽明岫。日月光華，煙雲吐秀。澄波瀾於江海，靜氛埃於宇宙。乘輿乃御太一之玉堂，授軍令於紫房。藴龍韜之妙算，誓武旅於戎場。鋭金顔於庸、蜀，躪鐵騎於漁陽。彀神弩而持滿，彏天弧而並張。曳虹旗之正正，振夔鼓之鏜鏜。八陳肅而成列，六軍儼以相望。拒飛梯於縈帶，聳樓車於武岡。或掉鞅而直指，乍交綏而弗傷。裁應變而蛇擊，俄蹈厲以鷹揚。中小枝於戟刃，徹蹲札於甲裳。聊七縱於孟獲，乃兩擒於卞莊。始軒軒而鶴舉，遂離離以雁行。振川谷而横八表，蕩海岳而耀三光。諒窈冥之不測，羌進退而難常。亦有投石扛鼎，超乘挾輈。衝冠聳劍，鐵楯銅頭。熊渠殪兕，武勇操牛。雖任鄙與賁、育，故無得而爲仇。

九攻既決，三略已周。鳴鐲振響，風卷電收。於是勇爵班，金奏設，登元、凱而陪位，命方、邵而就列。三獻式序，八音未闋。舞干戚而有豫，聽鼓鞞而載悦。俾挾纊與投醪，咸忘軀而殉節。方席卷而横行，見王師之有征。登燕山而戮封豕，臨瀚海而斬長鯨。望云亭而載蹕，禮升中而告成。實皇王之神武，信蕩蕩而難名者也。

陳主嘉之，賜馬一匹。

及陳滅歸國，爲通直郎，直内史省。貧無産業，每傭書養親，怏怏不平。嘗爲五言詩以見意，情理悽切，世以爲工，作者莫不吟詠。未幾，拜内史舍人。煬帝即位，顧遇彌隆。祕書監河東柳顧言博學有才，罕所推謝，至是與世基相見，歎曰：「海内當共推此一人，非吾儕所及也。」俄遷内史侍郎，以母憂去職，哀毁骨立。有詔起令視事，拜見之日，殆不能起，帝令左右扶之。哀其羸瘠，詔令進肉，世基食輒悲哽，不能下〔一〕。帝使謂之曰：「方相委任，當爲國惜身。」前後敦勸者數矣。帝重其才，親禮逾厚，專典機密，與納言蘇威、左翊衛大將軍宇文述、黄門侍郎裴矩、御史大夫裴藴等參掌朝政。于時天下多事，四方表奏日有百數。帝方凝重，事不庭決，入閤之後，始召世基口授節度。世基至省，方爲勑書，日且百紙，無所遺謬。其精審如是。

遼東之役，進位金紫光禄大夫。後從幸雁門，帝爲突厥所圍，戰士多敗。世基勸帝重爲賞格，親自撫循，又下詔停遼東之事。帝從之，師乃復振。及圍解，勳格不行，又下伐遼之詔。由是言其詐衆，朝野離心。

帝幸江都，次鞏縣，世基以盜賊日盛，請發兵屯洛口倉，以備不虞。帝不從，但答云：「卿是書生，定猶恇怯。」于時天下大亂，世基知帝不可諫止，又以高熲、張衡等相繼誅戮，懼禍及己，雖居近侍，唯諾取容，不敢忤意。盜賊日甚，郡縣多没。世基知帝惡數聞之，後有告敗者，乃抑損表狀，不以實聞。是後外間有變，帝弗之知也。嘗遣太僕楊義臣捕盜於河北，降賊數十萬，列狀上聞。帝歎曰：「我初不聞賊頓如此，義臣降賊何多也！」世基對曰：「鼠竊雖多，未足爲慮。義臣剋之，擁兵不少，久在閫外，此最非宜。」帝曰：「卿言是也。」遽追義臣，放其兵散。又越王侗遣太常丞元善達間行賊中，詣江都奏事。稱李密有衆百萬〔二〕，圍逼京都。賊據洛口倉〔三〕，城内無食。若陛下速還，烏合必散；不然者，東都決没〔四〕。因歔欷嗚咽，帝爲之改容。世基見帝色憂，進曰：「越王年小，此輩誑之。若如所言，善達何緣來至？」帝乃勃然怒曰：「善達小人，敢廷辱我！」因使經賊中，向東陽催運，善達遂爲羣盜所殺。此後外人杜口，莫敢以賊聞奏。

世基貌沉審，言多合意，是以特見親愛，朝臣無與爲比。其繼室孫氏，性驕淫，世基惑之，恣其奢靡。雕飾器服，無復素士之風。孫復攜前夫子夏侯儼入世基舍，而頑鄙無賴，爲其聚斂。鬻官賣獄，賄賂公行，其門如市，金寶盈積。其弟世南，素國士，而清貧不立，未曾有所贍。由是爲論者所譏，朝野咸共疾怨。宇文化及殺逆也，世基乃見害焉。

長子肅，好學多才藝，時人稱有家風。弱冠早沒。肅弟熙，大業末爲符璽郎，次子柔、晦，並宣義郎。化及將亂之夕，宗人虞伋知而告熙曰：「事勢以然，吾將濟卿南度，且得免禍，同死何益！」熙謂伋曰：「棄父背君，求生何地？感尊之懷，自此訣矣。」及難作，兄弟競請先死，行刑人於是先世基殺之。

裴蘊

裴蘊，河東聞喜人也。祖之平，梁衞將軍。父忌，陳都官尚書，與吴明徹同没于周，賜爵江夏郡公，在隋十餘年而卒。蘊性明辯，有吏幹。在陳，仕歷直閤將軍、興寧令。蘊以其父在北，陰奉表於高祖，請爲内應。及陳平，上悉閲江南衣冠之士，次至蘊，上以爲夙有向化之心，超授儀同。左僕射高熲不悟上旨，進諫曰：「裴蘊無功於國，寵踰倫輩，臣未見其可。」上又加蘊上儀同，熲復進諫，上曰：「可加開府。」熲乃不敢復言，即日拜開府儀同三司，禮賜優洽。歷洋、直、棣三州刺史，俱有能名。

大業初，考績連最。煬帝聞其善政，徵爲太常少卿。初，高祖不好聲技，遣牛弘定樂，非正聲清商及九部四儛之色，皆罷遣從民。至是，蘊揣知帝意，奏括天下周、齊、梁、陳樂家子弟，皆爲樂户。其六品已下，至于民庶，有善音樂及倡優百戲者，皆直太常。是後異技淫聲咸萃樂府，皆置博士弟子，遞相教傳，增益樂人至三萬餘。帝大悦，遷民部侍郎。

于時猶承高祖和平之後，禁網疎闊，户口多漏。或年及成丁，猶詐爲小，未至於老，已免租賦。蘊歷爲刺史，素知其情，因是條奏，皆令貌閲。若一人不實，則官司解職，鄉正里長皆遠流配。又許民相告，若糾得一丁者，令被糾之家代輸賦役。是歲大業五年也。諸郡計帳，進丁二十四萬三千，新附口六十四萬一千五百。帝臨朝覽狀，謂百官曰：「前代無好人，致此罔冒。今進民户口皆從實者，全由裴蘊一人用心。古語云，得賢而治，驗之信矣。」由是漸見親委，拜京兆贊治，發擿纖毫，吏民懾憚。

未幾，擢授御史大夫，與裴矩、虞世基參掌機密。蘊善候伺人主微意，若欲罪者，則曲法順情，鍛成其罪。所欲宥者，則附從輕典，因而釋之。是後大小之獄皆以付蘊，憲部、大理莫敢與奪，必禀承進止，然後決斷。蘊亦機辯，所論法理，言若懸河，或重或輕，皆由其口，剖析明敏，時人不能致詰。楊玄感之反也，帝遣蘊推其黨與，謂蘊曰：「玄感一呼而從者十萬，益知天下人不欲多，多即相聚爲盜耳。不盡加誅，則後無以勸。」蘊由是乃峻法治之，所戮者數萬人，皆籍没其家。帝大稱善，賜奴婢十五口。司隸大夫薛道衡以忤意獲譴，蘊知帝惡之，乃奏曰：「道衡負才恃舊，有無君之心。見詔書每下，便腹非私議，推惡於國，妄造禍端。論其罪名，似如隱昧，源其情意，深爲悖逆。」帝曰：「然。我少時與此人相隨行役，輕我童稺，共高熲、賀若弼等外擅威權，自知罪當誣罔。及我即位，懷不自安，賴天下無事，未得反耳。公論其逆，妙體本心。」於是誅道衡。又帝問蘇威以討遼之策，威不願帝復行，且欲令帝知天下多賊，乃詭答曰：「今者之役，不願發兵，但詔赦羣盜，自可得數十萬。遣關内奴賊及山東歷山飛、張金稱等頭别爲一軍，出遼西道，諸河南賊王薄、孟讓等十餘頭並給舟楫，浮滄海道，必喜於免罪，競務立功，一歲之間，可滅高麗矣。」帝不懌曰：「我去尚猶未克，鼠竊安能濟乎？」威出後，蘊奏曰：「此大不遜，天下何處有許多賊〔五〕！」帝悟曰：「老革多姦，將賊脅我。欲搭其口，但隱忍之，誠極難耐。」蘊知上意，遣張行本奏威罪惡，帝付蘊推鞫之，乃處其死。帝曰：「未忍便殺。」遂父子及孫三世並除名。

蘊又欲重己權勢，令虞世基奏罷司隸刺史以下官屬，增置御史百餘人。於是引致姦黠，共爲朋黨，郡縣有不附者，陰中之。于時軍國多務，凡是興師動衆，京都留守，及與諸蕃互市，皆令御史監之。賓客附隸，徧於郡國，侵擾百姓，帝弗之知也。以度遼之役，進位銀青光禄大夫。

及司馬德戡將爲亂，江陽長張惠紹夜馳告之。蘊共惠紹謀，欲矯詔發郭下兵民，盡取榮公來護兒節度，收在外逆黨宇文化及等，仍發羽林殿脚，遣范富婁等入自西苑，取梁公蕭鉅及燕王處分，扣門援帝。謀議已定，遣報虞世基。世基疑反者不實，抑其計。須臾，難作，蘊嘆曰：「謀及播郎，竟悞人事。」遂見害。子愔爲尚輦直長，亦同日死。

裴矩

裴矩字弘大，河東聞喜人也。祖他，魏都官尚書。父訥之，齊太子舍人。矩繦褓而孤，及長好學，頗愛文藻，有智數。世父讓之謂矩曰：「觀汝神識，足成才士，欲求宦達〔六〕，當資幹世之務。」矩始留情世事。齊北平王貞爲司州牧，辟爲兵曹從事，轉高平王文學。及齊亡，不得調。高祖爲定州總管，召補記室，甚親敬之。以母憂去職。

高祖作相，遣使者馳召之，參相府記室事。及受禪，遷給事郎，奏舍人事。伐陳之役，領元帥記室。既破丹陽，晉王廣令矩與高熲收陳圖籍。明年，奉詔巡撫嶺南，未行而高智慧、汪文進等相聚作亂，吴越道閉，上難遣矩行。矩請速進，上許之。行至南康，得兵數千人。時俚帥王仲宣逼廣州，遣其所部將周師舉圍東衡州。矩與大將軍鹿愿赴之，賊立九柵，屯大庾嶺，共爲聲援。矩進擊破之，賊懼，釋東衡州，據原長嶺〔七〕。又擊破之，遂斬師舉，進軍自南海援廣州。仲宣懼而潰散。矩所綏集者二十餘州，又承制署其渠帥爲刺史、縣令。及還報，上大悅，命升殿勞苦之，顧謂高熲、楊素曰：「韋洸將二萬兵，不能早度嶺，朕每患其兵少。裴矩以三千敝卒，徑至南康〔八〕。有臣若此，朕亦何憂！」以功拜開府，賜爵聞喜縣公，賚物二千段。除民部侍郎，尋遷内史侍郎。

時突厥强盛，都藍可汗妻大義公主，即宇文氏之女也，由是數爲邊患。後因公主與從胡私通，長孫晟先發其事，矩請出使説都藍，顯戮宇文氏。上從之。竟如其言，公主見殺。後都藍與突利可汗搆難，屢犯亭鄣。詔太平公史萬歲爲行軍總管，出定襄道，以矩爲行軍長史，破達頭可汗於塞外。萬歲被誅，功竟不録。上以啓民可汗初附，令矩撫慰之，還爲尚書左丞。其年，文獻皇后崩，太常舊無儀注，矩與牛弘據齊禮參定之。轉吏部侍郎，名爲稱職。

煬帝即位，營建東都，矩職脩府省，九旬而就。時西域諸蕃，多至張掖，與中國交市。帝令矩掌其事。矩知帝方勤遠略，諸商胡至者，矩誘令言其國俗山川險易，撰西域圖記三卷，入朝奏之。其序曰：

臣聞禹定九州，導河不踰積石，秦兼六國，設防止及臨洮。故知西胡雜種，僻居遐裔，禮教之所不及，書典之所罕傳。自漢氏興基，開拓河右，始稱名號者，有三十六國，其後分立，乃五十五王。仍置校尉、都護，以存招撫。然叛服不恒，屢經征戰。後漢之世，頻廢此官。雖大宛以來，略知户數，而諸國山川未有名目。至如姓氏風土，服章物産，全無纂録，世所弗聞。復以春秋遞謝，年代久遠，兼并誅討，互有興亡。或地是故邦，改從今號，或人非舊類，因襲昔名。兼復部民交錯，封壃移改，戎狄音殊，事難窮驗。于闐之北，葱嶺以東，考于前史，三十餘國。其後更相屠滅，僅有十存。自餘淪没，掃地俱盡，空有丘墟，不可記識。

皇上膺天育物，無隔華夷，率土黔黎，莫不慕化。風行所及，日入以來，職貢皆通，無遠不至。臣既因撫納，監知關市，尋討書傳，訪採胡人，或有所疑，即詳衆口〔九〕。依其本國服飾儀形，王及庶人，各顯容止，即丹青模寫，爲西域圖記，共成三卷，合四十四國。仍別造地圖，窮其要害。從西頃以去，北海之南，縱横所亘，將二萬里。諒由富商大賈，周遊經涉，故諸國之事罔不徧知。復有幽荒遠地，卒訪難曉，不可憑虚，是以致闕。而二漢相踵，西域爲傳，户民數十，即稱國王，徒有名號，乃乖其實。今者所編，皆餘千户，利盡西海，多産珍異。其山居之屬，非有國名，及部落小者，多亦不載。

發自敦煌，至于西海，凡爲三道，各有襟帶。北道從伊吾，經蒲類海鐵勒部，突厥可汗庭，度北流河水，至拂菻國，達于西海。其中道從高昌，焉耆，龜茲，疏勒，度葱嶺，又經鏺汗，蘇對沙那國，康國，曹國，何國，大、小安國，穆國，至波斯，達于西海。其南道從鄯善，于闐，朱俱波，喝槃陀〔一〇〕，度葱嶺，又經護密，吐火羅，挹怛，忛延，漕國，至北婆羅門，達于西海。其三道諸國，亦各自有路，南北交通。其東女國、南婆羅門國等，並隨其所往，諸處得達。故知伊吾、高昌、鄯善，並西域之門户也。總湊敦煌，是其咽喉之地。

以國家威德，將士驍雄，汎濛汜而揚旌，越崐崙而躍馬，易如反掌，何往不至！但突厥、吐渾分領羌胡之國，爲其擁遏，故朝貢不通。今並因商人密送誠款，引領翹首，願爲臣妾。聖情含養，澤及普天，服而撫之，務存安輯。故皇華遣使，弗動兵車，諸蕃既從，渾、厥可滅〔一一〕。混一戎夏，其在茲乎！不有所記，無以表威化之遠也。

帝大悦，賜物五百段。每日引矩至御坐，親問西方之事。矩盛言胡中多諸寶物，吐谷渾易可并吞。帝由是甘心，將通西域，四夷經略，咸以委之。轉民部侍郎，未視事，遷黄門侍郎。帝復令矩往張掖，引致西蕃，至者十餘國。大業三年，帝有事於恒岳，咸來助祭。帝將巡河右，復令矩往敦煌。矩遣使説高昌王麴伯雅及伊吾吐屯設等，啗以厚利，導使入朝。及帝西巡，次燕支山，高昌王、伊吾設等，及西蕃胡二十七國，謁於道左。皆令佩金玉，被錦罽，焚香奏樂，歌儛諠譟。復令武威、張掖士女盛飾縱觀，騎乘填咽，周亘數十里，以示中國之盛。帝見而大悦。竟破吐谷渾，拓地數千里，並遣兵戍之。每歲委輸巨億萬計，諸蕃慴懼，朝貢相續。帝謂矩有綏懷之略，進位銀青光禄大夫。其冬，帝至東都，矩以蠻夷朝貢者多，諷帝令都下大戲。徵四方奇技異藝，陳於端門街，衣錦綺、珥金翠者，以十數萬。又勒百官及民士女列坐棚閣而縱觀焉。皆被服鮮麗，終月乃罷。又令三市店肆皆設帷帳，盛列酒食，遣掌蕃率蠻夷與民貿易，所至之處，悉令邀延就坐，醉飽而散。蠻夷嗟歎，謂中國爲神仙。帝稱其至誠，顧謂宇文述、牛弘曰：「裴矩大識朕意，凡所陳奏，皆朕之成筭。未發之頃，矩輒以聞。自非奉國用心，孰能若是！」

帝遣將軍薛世雄城伊吾，令矩共往經略。矩諷諭西域諸國曰：「天子爲蕃人交易懸遠，所以城伊吾耳。」咸以爲然，不復來競。及還，賜錢四十萬。矩又白狀，令反間射匱，潛攻處羅，語在西突厥傳〔一三〕。後處羅爲射匱所迫，竟隨使者入朝。帝大悦，賜矩以貂裘及西域珍器。

從帝巡于塞北，幸啓民帳。時高麗遣使先通于突厥，啓民不敢隱，引之見帝。矩因奏狀曰：「高麗之地，本孤竹國也。周代以之封于箕子，漢世分爲三郡，晉氏亦統遼東。今乃不臣，別爲外域，故先帝疾焉，欲征之久矣。但以楊諒不肖，師出無功。當陛下之時，安得不事，使此冠帶之境，仍爲蠻貊之鄉乎？今其使者朝於突厥，親見啓民合國從化，必懼皇靈之遠暢，慮後伏之先亡。脅令入朝，當可致也。」帝曰：「如何？」矩曰：「請面詔其使，放還本國，遣語其王，令速朝覲。不然者，當率突厥，即日誅之。」帝納焉。高元不用命，始建征遼之策。王師臨遼，以本官領武賁郎將。明年，復從至遼東。兵部侍郎斛斯政亡入高麗，帝令矩兼掌兵事。以前後度遼之役〔一三〕，進位右光祿大夫。于時皇綱不振，人皆變節，左翊衞大將軍宇文述、内史侍郎虞世基等用事，文武多以賄聞。唯矩守常，無贓穢之響，以是爲世所稱。

還至涿郡，帝以楊玄感初平，令矩安集隴右。因之會寧，存問曷薩那部落，遣闕達度設寇吐谷渾，頻有虜獲，部落致富。還而奏狀，帝大賞之。後從師至懷遠鎮，詔護北蕃軍事。矩以始畢可汗部衆漸盛，獻策分其勢，將以宗女嫁其弟叱吉設，拜爲南面可汗。叱吉不敢受，始畢聞而漸怨。矩又言於帝曰：「突厥本淳，易可離間，但由其内多有羣胡，盡皆桀黠，教導之耳。臣聞史蜀胡悉尤多姦計，幸於始畢，請誘殺之。」帝曰：「善。」矩因遣人告胡悉曰：「天子大出珍物，今在馬邑，欲共蕃内多作交關。若前來者，即得好物。」胡悉貪而信之，不告始畢，率其部落，盡驅六畜，星馳爭進，冀先互市。矩伏兵馬邑下，誘而斬之。詔報始畢曰：「史蜀胡悉忽領部落走來至此，云背可汗，請我容納。突厥既是我臣，彼有背叛，我當共殺。今已斬之，故令往報。」始畢亦知其狀，由是不朝。十一年，帝北巡狩，始畢率騎數十萬，圍帝於雁門。詔令矩與虞世基每宿朝堂，以待顧問。及圍解，從至東都。屬射匱可汗遣其猶子，率西蕃諸胡朝貢，詔矩醮接之。

尋從幸江都宮。時四方盜賊蜂起，郡縣上奏者不可勝計。矩言之，帝怒，遣矩詣京師接候蕃客，以疾不行。及義兵入關，帝令虞世基就宅問矩方略。矩曰：「太原有變，京畿不靜，遥爲處分，恐失事機。唯願鑾輿早還，方可平定。」矩復起視事。俄而驍衛大將軍屈突通敗問至，矩以聞，帝失色。矩素勤謹，未嘗忤物，又見天下方亂，恐爲身禍，其待遇人，多過其所望，故雖至厮役，皆得其歡心。時從駕驍果數有逃散，帝憂之，以問矩。矩答曰：「方今車駕留此，已經二年。驍果之徒，盡無家口，人無匹合，則不能久安。臣請聽兵士於此納室。」帝大喜曰：「公定多智，此奇計也。」因令矩檢校爲將士等娶妻。矩召江都境内寡婦及未嫁女，皆集宫監，又召將帥及兵等恣其所取。因聽自首，先有姦通婦女及尼、女冠等，並即配之。由是驍果等悦，咸相謂曰：「裴公之惠也。」

宇文化及之亂，矩晨起將朝，至坊門，遇逆黨數人，控矩馬詣孟景所。賊皆曰：「不關裴黄門。」既而化及從百餘騎至，矩迎拜，化及慰諭之。令矩參定儀注，推秦王子浩爲帝，以矩爲侍内，隨化及至河北。及僭帝位，以矩爲尚書右僕射，加光禄大夫，封蔡國公，爲河北道安撫大使。

及宇文氏敗，爲竇建德所獲，以矩隋代舊臣，遇之甚厚。復以爲吏部尚書，尋轉尚書右僕射，專掌選事。建德起自羣盜，未有節文，矩爲制定朝儀。旬月之間，憲章頗備，擬於王者。建德大悦，每諮訪焉。及建德度河討孟海公，矩與曹旦等於洺州留守。建德敗於武牢，羣帥未知所屬，曹旦長史李公淹、大唐使人魏徵等説旦及齊善行令歸順。旦等從之，乃令矩與徵、公淹領旦及八璽，舉山東之地歸于大唐。授左庶子，轉詹事、民部尚書。

史臣曰：世基初以雅澹著名，兼以文華見重，亡國羈旅，特蒙任遇。參機衡之職，預帷幄之謀，國危未嘗思安，君昏不能納諫。方更鬻官賣獄，黷貨無厭，顛隕厥身，亦其所也。裴藴素懷姦險，巧於附會，作威作福，唯利是視，滅亡之禍，其可免乎？裴矩學涉經史，頗有幹局，至於恪勤匪懈，夙夜在公，求諸古人，殆未之有。與聞政事，多歷歲年，雖處危亂之中，未虧廉謹之節，美矣。然承望風旨，與時消息，使高昌入朝，伊吾獻地，聚粮且末，師出玉門。關右騷然，頗亦矩之由也。

校勘記

〔一〕不能下　北史卷八三虞世基傳、通志卷一七六虞世基傳此下有「節」字。

〔二〕稱李密有衆百萬　「百萬」，北史卷八三虞世基傳、通志卷一七六虞世基傳作「數萬」。

〔三〕賊據洛口倉　「洛口倉」，册府卷三三九宰輔部邪佞作「敖倉」。

〔四〕東都決没　「決没」，册府卷三三九宰輔部邪佞作「必敗」。

〔五〕天下何處有許多賊　「許多」，宋甲本、汲本作「多許」。

〔六〕欲求宦達　「宦」，原作「官」，據宋甲本、汲本改。按，北史卷三八裴佗傳附裴矩傳、册府卷八一七總録部訓子亦作「宦」。

〔七〕據原長嶺　「原長嶺」，原作「愿長嶺」，據北史卷三八裴佗傳附裴矩傳、册府卷六五六奉使部立功、通志卷一六一裴矩傳改。

〔八〕徑至南康　「南康」，北史卷三八裴佗傳附裴矩傳、通鑑卷一七七隋紀一文帝開皇十年、通志卷一六一裴矩傳作「南海」。按，前稱矩至南康，得兵數千，進而自南海援廣州，「南康」與上文不協，疑作「南海」是。

〔九〕即詳衆口　「詳」，原作「譯」，據宋甲本、汲本改。按，北史卷三八裴佗傳附裴矩傳亦作「詳」。

〔一〇〕喝槃陀　原作「唱槃陀」，據北史卷三八裴佗傳附裴矩傳、新唐書卷一〇〇裴矩傳改。

〔一一〕渾厥可滅　「渾厥」，北史卷三八裴佗傳附裴矩傳、通鑑卷一八〇隋紀四煬帝大業三年、通志卷一六一裴矩傳作「突厥」。

〔一二〕語在西突厥傳　「西」字原闕，反間射匱事在本書卷八四北狄西突厥傳，今據補。

〔一三〕以前後度遼之役　「役」，北史卷三八裴佗傳附裴矩傳、通志卷一六一裴矩傳作「功」。

隋書卷六十八

列傳第三十三

宇文愷

宇文愷字安樂，杞國公忻之弟也。在周，以功臣子，年三歲，賜爵雙泉伯，七歲，進封安平郡公，邑二千户。愷少有器局。家世武將，諸兄並以弓馬自達，愷獨好學，博覽書記，解屬文，多伎藝，號爲名父公子〔一〕。初爲千牛，累遷御正中大夫、儀同三司。高祖爲丞相，加上開府中大夫〔二〕。及踐阼，誅宇文氏，愷初亦在殺中，以其與周本別，兄忻有功於國，使人馳赦之，僅而得免。後拜營宗廟副監、太子左庶子。廟成，别封甑山縣公，邑千户。及遷都，上以愷有巧思，詔領營新都副監。高熲雖總大綱，凡所規畫，皆出於愷。後決渭水達河，以通運漕，詔愷總督其事。後拜萊州刺史，甚有能名。兄忻被誅，除名於家，久不得調。會朝廷以魯班故道久絶不行，令愷修復之。既而上建仁壽宫，訪可任者，右僕射楊素言愷有巧思，上然之，於是檢校將作大匠。歲餘，拜仁壽宫監，授儀同三司，尋爲將作少監。文獻皇后崩，愷與楊素營山陵事，上善之，復爵安平郡公，邑千户。

煬帝即位，遷都洛陽，以愷爲營東都副監，尋遷將作大匠。愷揣帝心在宏侈，於是東京制度窮極壯麗。帝大悦之，進位開府，拜工部尚書。及長城之役，詔愷規度之。時帝北巡，欲誇戎狄，令愷爲大帳，其下坐數千人。帝大悦，賜物千段。又造觀風行殿，上容侍衛者數百人，離合爲之，下施輪軸，推移倏忽，有若神功。戎狄見之，莫不驚駭。帝彌悦焉，前後賞賚不可勝紀。

自永嘉之亂，明堂廢絶，隋有天下，將復古制，議者紛然，皆不能決。愷博考羣籍〔三〕，奏明堂議表曰：

臣聞在天成象，房心爲布政之宫，在地成形，丙午居正陽之位。觀雲告月，順生殺之序，五室九宫，統人神之際。金口木舌，發令兆民，玉瓚黄琮，式嚴宗祀。何嘗不矜莊扆宁，盡妙思於規摹，凝晬冕旒，致子來於矩矱。

伏惟皇帝陛下，提衡握契，御辯乘乾，咸五登三，復上皇之化，流凶去暴，丕下武之緒。用百姓之異心，驅一代以同域，康哉康哉，民無能而名矣。故使天符地寶，吐醴飛甘，造物資生，澄源反朴。九圍清謐，四表削平，襲我衣冠，齊其文軌。茫茫上玄，陳珪璧之敬，肅肅清廟，感霜露之誠。正金奏九韶、六莖之樂，定石渠五官、三雍之禮。乃卜瀍西，爰謀洛食，辨方面勢，仰稟神謀，敷土濬川，爲民立極。兼聿遵先言，表置明堂，爰詔下臣，占星揆日。於是採崧山之祕簡，披汶水之靈圖，訪通議於殘亡，購冬官於散逸。總集衆論，勒成一家。昔張衡渾象，以三分爲一度，裴秀輿地，以二寸爲千里。臣之此圖，用一分爲一尺，推而演之，冀輪奂有序。而經構之旨，議者殊途，或以綺井爲重屋，或以圓楣爲隆棟，各以臆說，事不經見。今録其疑難，爲之通釋，皆出證據，以相發明。議曰：

臣愷謹案淮南子曰：「昔者神農之治天下也，甘雨以時，五穀蕃植，春生夏長，秋收冬藏，月省時考，終歲獻貢，以時嘗穀，祀于明堂。明堂之制，有蓋而無四方，風雨不能襲，燥濕不能傷，遷延而入之。」臣愷以爲上古朴略，剏立典刑。尚書帝命驗曰：「帝者承天立五府，以尊天重象。赤曰文祖，黄曰神斗，白曰顯紀，黑曰玄矩，蒼曰靈府。」注云：「唐、虞之天府，夏之世室，殷之重屋，周之明堂，皆同矣。」尸子曰：「有虞氏曰總章。」周官考工記曰：「夏后氏世室，堂脩二七，博四脩一〔四〕。」注云：「脩，南北之深也。夏度以步，今堂脩十四步〔五〕，其博益以四分脩之一，則明堂博十七步半也。」臣愷按，三王之世，夏最爲古，從質尚文，理應漸就寬大，何因夏室乃大殷堂？相形爲論，理恐不爾。記云「堂脩七，博四脩一〔六〕」，若夏度以步，則應脩七步。注云「今堂脩十四步」，乃是增益記文。殷、周二堂獨無加字，便是其義，類例不同。山東禮本輒加二七之字，何得殷無加尋之文，周闕增筵之義？研覈其趣，或是不然。讎校古書，並無「二」字，此乃桑間俗儒信情加減。黃圖議云：「夏后氏益其堂之大一百四十四尺，周人明堂以爲兩杼間。」馬宮之言，止論堂之一面，據此爲準，則三代堂基並方，得爲上圓之制。諸書所說，並云下方，鄭注周官，獨爲此義，非直與古違異，亦乃乖背禮文。尋文求理，深恐未愜。

尸子曰：「殷人陽館。」考工記曰：「殷人重屋，堂脩七尋，堂崇三尺，四阿重屋。」注云：「其脩七尋，五丈六尺，放夏周則其博九尋，七丈二尺。」又曰：「周人明堂，度九尺之筵，東西九筵，南北七筵。堂崇一筵。五室，凡室二筵〔七〕。」禮記明堂位曰：「天子之廟，複廟重檐。」鄭注云：「複廟，重屋也。」注玉藻云：「天子廟及露寢，皆如明堂制。」禮圖云：「於內室之上，起通天之觀，觀八十一尺，得宮之數，其聲濁，君之象也。」大戴禮曰：「明堂者，古有之。凡九室，一室有四戶八牖。以茅蓋，上圓下方，外水曰璧雝〔八〕。赤綴户，白綴牖。堂高三尺，東西九仞，南北七筵。其宫方三百步。凡人民疾，六畜疫，五穀災，生於天道不順。天道不順，生於明堂不飾。故有天災，則飾明堂。」周書明堂曰：「堂方百一十二尺，高四尺，階博六尺三寸。室居内，方百尺，室内方六十尺。户高八尺，博四尺。」作洛曰：「明堂、太廟、露寢，咸有四阿，重亢重廊。」孔氏注云：「重亢累棟，重廊累屋也。」禮圖曰：「秦明堂九室十二階，各有所居。」呂氏春秋曰：「有十二堂。」與月令同，並不論尺丈。臣愷案，十二階雖不與禮合，一月一階，非無理思。

黄圖曰：「堂方百四十四尺，法坤之策也，方象地。屋圓楣徑二百一十六尺，法乾之策也，圓象天。室九宫，法九州。太室方六丈，法陰之變數。十二堂法十二月，三十六户法極陰之變數，七十二牖法五行所行日數。八達象八風，法八卦。通天臺徑九尺，法乾以九覆六。高八十一尺，法黄鍾九九之數。二十八柱象二十八宿。堂高三尺，土階三等，法三統。堂四向五色，法四時五行。殿門去殿七十二步，法五行所行。門堂長四丈，取太室三之二。垣高無蔽目之照，牖六尺，其外倍之。殿垣方，在水内，法地陰也。水四周於外，象四海，圓法陽也。水闊二十四丈，象二十四氣。水内徑三丈，應觀禮經。」武帝元封二年，立明堂汶上，無室。其外略依此制。泰山通議今亡，不可得而辨也。

元始四年八月，起明堂、辟雍長安城南門，制度如儀。一殿，垣四面，門八觀，水外周堤，壤高四尺，和會築作三旬〔九〕。五年正月六日辛未，始郊太祖高皇帝以配天，二十二日丁亥，宗祀孝文皇帝於明堂以配上帝，及先賢、百辟、卿士有益者，於是秩而祭之。親扶三老五更，袒而割牲，跪而進之。因班時令，宣恩澤。諸侯王、宗室、四夷君長、匈奴、西國侍子，悉奉貢助祭。

禮圖曰：「建武三十年作明堂，明堂上圓下方，上圓法天，下方法地，十二堂法日辰，九室法九州。室八牕，八九七十二，法一時之王。室有二户，二九十八户，法土王十八日〔一○〕。内堂正壇高三尺，土階三等。」胡伯始注漢官云〔一一〕：「古清廟蓋以茅，今蓋以瓦，瓦下藉茅，以存古制。」東京賦曰：「乃營三宮，布政頒常。複廟重屋，八達九房。造舟清池，惟水泱泱。」薛綜注云：「複重廇覆，謂屋平覆重棟也。」〔一二〕續漢書祭祀志云：「明帝永平二年，祀五帝於明堂，五帝坐各處其方，黄帝在未，皆如南郊之位。光武位在青帝之南，少退西面，各一犢，奏樂如南郊。」臣愷按詩云：「我將，祀文王於明堂。『我將我享，維牛維羊』。」據此則備太牢之祭。今云一犢，恐與古殊。

自晉以前，未有鵄尾，其圓牆璧水，一依本圖。晉起居注裴頠議曰：「尊祖配天，其義明著，廟宇之制，理據未分。直可爲一殿，以崇嚴祀，其餘雜碎，一皆除之。」臣愷案，天垂象，聖人則之。辟雍之星，既有圖狀，晉堂方構，不合天文。既闕重樓，又無璧水，空堂乖五室之義，直殿違九階之文。非古欺天，一何過甚！

後魏於北臺城南造圓牆，在璧水外〔一三〕，門在水内迴立，不與牆相連。其堂上九室，三三相重，不依古制，室間通巷，違舛處多。其室皆用墼累，極成褊陋。後魏樂志曰：「孝昌二年立明堂，議者或言九室，或言五室，詔斷從五室。後元叉執政，復改爲九室，遭亂不成。」〔一四〕

宋起居注曰：「孝武帝大明五年立明堂，其牆宇規範，擬則太廟，唯十二間，以應朞數。依漢汶上圖儀，設五帝位。太祖文皇帝對饗，鼎俎簠簋，一依廟禮。」梁武即位之後，移宋時太極殿以爲明堂。無室，十二間。禮疑議云：「祭用純，漆俎瓦樽〔一五〕，文於郊，質於廟。止一獻，用清酒。」平陳之後，臣得目觀，遂量步數，記其尺丈。猶見基内有焚燒殘柱，毀斫之餘，入地一丈，儼然如舊。柱下以樟木爲跗，長丈餘，闊四尺許，兩兩相並。瓦安數重〔一六〕。宮城處所，乃在郭内。雖湫隘卑陋，未合規摹，祖宗之靈，得崇嚴祀。周、齊二代，闕而不修，大饗之典，於焉靡託。

自古明堂圖惟有二本，一是宗周，劉熙、阮諶、劉昌宗等作，三圖略同。一是後漢建武三十年作，禮圖有本，不詳撰人。臣遠尋經傳，傍求子史，研究衆説，總撰今圖。其樣以木爲之，下爲方堂，堂有五室，上爲圓觀，觀有四門。帝可其奏。會遼東之役，事不果行。以度遼之功，進位金紫光禄大夫。其年卒官，時年五十八。帝甚惜之，謚曰康。撰東都圖記二十卷、明堂圖議二卷、釋疑一卷，見行於世。子儒童，游騎尉。少子温，起部承務郎。

閻毗

閻毗，榆林盛樂人也。祖進，魏本郡太守。父慶，周上柱國、寧州總管。毗七歲，襲爵石保縣公，邑千户。及長，儀貌矜嚴，頗好經史。受漢書於蕭該，略通大旨。能篆書，工草隸，尤善畫，爲當時之妙。周武帝見而悦之，命尚清都公主。宣帝即位，拜儀同三司，授千牛左右。

高祖受禪，以技藝侍東宫，數以琱麗之物取悦於皇太子，由是甚見親待，每稱之於上。尋拜車騎，宿衞東宫。上嘗遣高熲大閲於龍臺澤，諸軍部伍多不齊整，唯毗一軍，法制肅然。頲言之於上，特蒙賜帛。俄兼太子宗衛率長史，尋加上儀同。太子服翫之物，多毗所爲。及太子廢，毗坐杖一百，與妻子俱配爲官奴婢。後二歲，放免爲民。

煬帝嗣位，盛脩軍器〔一七〕，以毗性巧，諳練舊事，詔典其職。尋授朝請郎。毗立議，輦輅車輿，多所增損，語在輿服志〔一八〕。擢拜起部郎。

帝嘗大備法駕，嫌屬車太多，顧謂毗曰：「開皇之日，屬車十有二乘，於事亦得。今八十一乘，以牛駕車，不足以益文物。朕欲減之，從何爲可？」毗對曰：「臣初定數，共宇文愷參詳故實，據漢胡伯始、蔡邕等議，屬車八十一乘，此起於秦，遂爲後式。故張衡賦云『屬車九九』是也。次及法駕，三分減一，爲三十六乘。此漢制也。又據宋孝建時，有司奏議，晉遷江左，惟設五乘，尚書令、建平王宏曰：『八十一乘，議兼九國，三十六乘，無所準憑。江左五乘，儉不中禮。但帝王文物，旂旒之數，爰及冕玉，皆同十二〔一九〕。今宜準此，設十二乘。』開皇平陳，因以爲法令〔二〇〕，憲章往古，大駕依秦，法駕依漢，小駕依宋，以爲差等。」帝曰：「何用秦法乎？大駕宜三十六，法駕宜用十二，小駕除之。」毗研精故事，皆此類也。

長城之役，毗總其事。及帝有事恒岳，詔毗營立壇場。尋轉殿內丞，從幸張掖郡。高昌王朝于行所，詔毗持節迎勞，遂將護入東都。尋以母憂去職。未朞，起令視事。將興遼東之役，自洛口開渠，達於涿郡，以通運漕。毗督其役。明年，兼領右翊衞長史，營建臨朔宮。及征遼東，以本官領武賁郎將，典宿衞。時衆軍圍遼東城，帝令毗詣城下宣諭，賊弓弩亂發，所乘馬中流矢，毗顏色不變，辭氣抑揚，卒事而去。尋拜朝請大夫，遷殿内少監，又領將作少監事。後復從帝征遼東，會楊玄感作逆，帝班師，兵部侍郎斛斯政奔遼東，帝令毗率騎二千追之，不及。政據高麗柏崖城，毗攻之二日，有詔徵還。從至高陽，暴卒，時年五十。帝甚悼惜之，贈殿内監。

何稠　劉龍　黄亘　亘弟袞

何稠字桂林，國子祭酒妥之兄子也。父通，善斲玉。稠性絶巧，有智思，用意精微。年十餘歲，遇江陵陷，隨妥入長安。仕周御飾下士。及高祖爲丞相，召補參軍，兼掌細作署。

開皇初，授都督〔三二〕，累遷御府監，歷太府丞。稠博覽古圖，多識舊物。波斯嘗獻金綿錦袍〔三三〕，組織殊麗，上命稠爲之。稠錦既成，踰所獻者，上甚悦。時中國久絶瑠璃之作，匠人無敢厝意，稠以緑瓷爲之，與真不異。尋加員外散騎侍郎。

開皇末，桂州俚李光仕聚衆爲亂，詔稠召募討之。師次衡嶺，遣使者諭其渠帥洞主莫崇解兵降款。桂州長史王文同鏁崇以詣稠所。稠詐宣言曰：「州縣不能綏養，致邊民擾叛，非崇之罪也。」乃命釋之，引崇共坐，并從者四人，爲設酒食而遣之。崇大悦，歸洞不設備。稠至五更，掩入其洞，悉發俚兵〔一三〕，以臨餘賊。象州逆帥杜條遼、羅州逆帥龐靖等相繼降款。分遣建州開府梁昵討叛夷羅壽，羅州刺史馮暄討賊帥李大檀，並平之，傳首軍門。承制署首領爲州縣官而還，衆皆悦服。有欽州刺史甯猛力，帥衆迎軍。初，猛力倔强山洞，欲圖爲逆〔一四〕，至是惶懼，請身入朝。稠以其疾篤，因示無猜貳，遂放還州，與之約曰：「八九月間，可詣京師相見。」稠還奏狀，上意不懌。其年十月，猛力卒，上謂稠曰：「汝前不將猛力來，今竟死矣。」稠曰：「猛力共臣爲約，假令身死，當遣子入侍。越人性直，其子必來。」初，猛力臨終，誡其子長真曰：「我與大使爲約，不可失信於國士。汝葬我訖，即宜上路。」長真如言入朝，上大悦曰：「何稠著信蠻夷，乃至於此。」以勳授開府。

仁壽初，文獻皇后崩，與宇文愷參典山陵制度。稠性少言，善候上旨，由是漸見親昵。及上疾篤，謂稠曰：「汝既曾葬皇后，今我方死，宜好安置。屬此何益，但不能忘懷耳。魂其有知，當相見於地下。」上因攬太子頸謂曰：「何稠用心，我付以後事，動靜當共平章。」

大業初，煬帝將幸揚州，謂稠曰：「今天下大定，朕承洪業，服章文物，闕略猶多。卿可討閱圖籍，營造輿服羽儀，送至江都也。」其日，拜太府少卿。稠於是營黃麾三萬六千人仗，及車輿輦輅、皇后鹵簿、百官儀服，依期而就，送于江都。所役工十萬餘人，用金銀錢物鉅億計。帝使兵部侍郎明雅、選部郎薛邁等勾覈之〔二五〕，數年方竟，毫釐無舛。稠參會今古，多所改創。魏、晉以來，皮弁有纓而無笄導。稠曰：「此古田獵之服也。今服以入朝，宜變其制。」故弁施象牙簪導，自稠始也。又從省之服，初無佩綬。稠曰：「此乃晦朔小朝之服。安有人臣謁帝而去印綬，兼無佩玉之節乎？」乃加獸頭小綬及佩一隻。舊制，五輅於轅上起箱，天子與參乘同在箱內。稠曰：「君臣同所，過爲相逼。」乃廣爲盤輿，別構欄楯，侍臣立於其中。於內復起須彌平坐，天子獨居其上。自餘麾幢文物，增損極多，事見威儀志〔二六〕。帝復令稠造戎車萬乘，鈎陳八百連，帝善之，以稠守太府卿。

後三歲，兼領少府監。遼東之役，攝右屯衞將軍，領御營弩手三萬人。時工部尚書宇文愷造遼水橋不成，師未得濟〔二七〕，右屯衞大將軍麥鐵杖因而遇害。帝遣稠造橋，二日而就。初，稠制行殿及六合城，至是，帝於遼左與賊相對，夜中施之。其城周迴八里，城及女垣合高十仞，上布甲士，立仗建旗，四隅置闕，面別一觀，觀下三門，遲明而畢。高麗望見，謂若神功。是歲，加金紫光祿大夫。明年，攝左屯衞將軍，從至遼左。

十二年，加右光祿大夫，從幸江都。遇宇文化及作亂，以爲工部尚書。化及敗，陷于竇建德，建德復以爲工部尚書、舒國公。建德敗，歸于大唐，授將作少匠〔三八〕，卒。

開皇時，有劉龍者，河間人也。性强明，有巧思。齊後主知之，令修三爵臺，甚稱旨，因而歷職通顯。及高祖踐阼，大見親委，拜右衞將軍，兼將作大匠。遷都之始，與高熲參掌制度，代號爲能。

大業時，有黄亘者，不知何許人也，及其弟衮，俱巧思絶人。煬帝每令其兄弟直少府將作。于時改創多務，亘、衮每參典其事。凡有所爲，何稠先令亘、衮立樣，當時工人皆稱其善，莫能有所損益。亘官至朝散大夫，衮官至散騎侍郎。

史臣曰：宇文愷學藝兼該，思理通贍，規矩之妙，參蹤班、爾，當時制度，咸取則焉。其起仁壽宫，營建洛邑，要求時幸，窮侈極麗，使文皇失德，煬帝亡身，危亂之源，抑亦此之由。至於考覽書傳，定明堂圖，雖意過其通，有足觀者。毗、稠巧思過人，頗習舊事，稽前王之采章，成一代之文物。雖失之於華盛，亦有可傳於後焉。

校勘記

〔一〕號爲名父公子　北史卷六〇宇文貴傳附宇文愷傳、册府卷七七七總録部名望、卷七八六總録部多能、通志卷一六一宇文愷傳無「父」字。

〔二〕加上開府中大夫　「上開府中大夫」，疑應作「上開府匠師中大夫」。按，北史卷六〇宇文貴傳附宇文愷傳「上開府」下有「近師」二字，通志卷一六一宇文愷傳作「進師」。通典卷二七職官九將作監「後周有匠師中大夫，掌城郭宫室之制」，北史「近師」應爲「匠師」之訛，通志又訛「近」爲「進」。

〔三〕愷博考羣籍　「愷」字原闕，據宋甲本、至順本、汲本補。按，北史卷六〇宇文貴傳附宇文愷傳、册府卷五八四掌禮部奏議亦有「愷」字。

〔四〕博四脩一　「博」，周禮考工記匠人作「廣」，隋人諱改。下同。

〔五〕今堂脩十四步　「令」，周禮考工記匠人、通典卷四四禮四大享明堂、通志卷一六一宇文愷傳作「令」。北史卷六〇宇文貴傳附宇文愷傳作「合」。

〔六〕博四脩一　「一」字原闕，據周禮考工記匠人補。

〔七〕凡室二筵　「室」字原闕，據北史卷六〇宇文貴傳附宇文愷傳、册府卷五八四掌禮部奏議補。

〔八〕外水曰壁雝　「璧」，原作「壁」，據宋甲本改。按，北史卷六〇宇文貴傳附宇文愷傳亦作「璧」。

〔九〕壞高四尺和會築作三旬　「尺」，北史卷六〇宇文貴傳附宇文愷傳、册府卷五八四掌禮部奏議、通志卷一六一宇文愷傳作「方」。按，「四方和會」文意較長。如依諸書，則「壞高」下應有奪文。

〔一〇〕法土王十八日　「日」，原作「目」，據宋甲本、大德本、至順本、汲本改。按，北史卷六〇宇文貴傳附宇文愷傳、册府卷五八四掌禮部奏議亦作「日」。

〔一一〕胡伯始注漢官云　胡廣字伯始。隋人避諱，不稱其名。

〔一二〕複重廇覆謂屋平覆重棟也　「廇」，北史卷六〇宇文貴傳附宇文愷傳、通志卷一六一宇文愷傳作「廟」，宋本册府卷五八四掌禮部奏議作「簷」。文選卷三東京賦本句下薛綜注原文稱：「複廟，重覆也。重屋，重棟也。謂明堂廟屋前後異制。」

〔一三〕後魏於北臺城南造圓牆在壁水外　本節討論後魏造明堂事，而文稱「於北臺城南造圓牆」，與下文不屬。北史卷六〇宇文貴傳附宇文愷傳同，李慈銘北史札記卷三：「『造』下當有脱文，『北臺』字亦疑有誤。」

〔一四〕「後魏樂志」至「遭亂不成」　魏書卷一〇八之二禮志二熙平二年下載：「初，世宗永平、延昌中，欲建明堂。而議者或云五室，或云九室，頻屬年饑，遂寢。至是復議之，詔從五室。及元叉執政，遂改營九室。值世亂不成，宗配之禮，迄無所設。」即此。「樂志」當是「禮志」之誤。又，元叉賜死在孝昌元年，不得在二年後仍執政，魏書卷八世宗紀，延昌三年詔立明堂，與魏書禮志合，「孝昌」亦應從魏書禮志作「延昌」。

〔一五〕祭用純漆俎瓦樽　「漆」，通志卷一六一宇文愷傳作「柴」，與「祭用純」及「瓦樽」文意契合。疑「柴」訛「柒」，又從而誤作「漆」。

〔一六〕瓦安數重　「瓦」，北史卷六〇宇文貴傳附宇文愷傳、册府卷五八四掌禮部奏議、通志卷一六一宇文愷傳作「凡」。

〔一七〕盛脩軍器　「軍」，通志卷一六三閻毗傳作「車」。按，下文所議都是輦輅制度，與軍器無涉。本書卷一〇禮儀志五，大業元年，詔閻毗與楊素等人「更製車輦」，「於是審擇前朝故事，定其取捨云」，即此。作「車」是。

〔一八〕語在輿服志　本書無「輿服志」，輿服内容在本書禮儀志諸卷，閻毗議論增損車輿事在禮儀志五。

〔一九〕皆同十二　「同」，本書卷一〇禮儀志五、北史卷六一閻慶傳附閻毗傳、册府卷五八四掌禮部奏議作「用」，文意較長。

〔二〇〕開皇平陳因以爲法令　「令」，原作「今」，本書卷一〇禮儀志五作「令」，同卷上文稱：「至九年平陳，又得輿輦。舊著令者，以付有司，所不載者，並皆毁棄。」即此。今據改。

〔二一〕授都督　宋甲本、至順本此上有「加」字。

〔二二〕波斯嘗獻金緜錦袍　「緜」，北史卷九〇藝術下何稠傳、册府卷九〇八總録部工巧作「線」。

蓋因字形相近而誤「綫」爲「綿」，又涉「綿」、「緜」相通而作「緜」。梁書卷五四諸夷西北諸戎波斯傳「㸐著金綫錦袍」，可證。

〔三〕悉發俚兵　「發」，册府卷三六五將帥部機略作「散」。

〔四〕初猛力倔强山洞欲圖爲逆　御覽卷二四三職官部四一儀同引隋書：「初，猛力掘山洞，欲圖爲逆。」通志卷一八三何稠傳：「初，猛力欲圖爲逆。」職官分紀卷五開府儀同三司：「猛力據山洞，欲圖爲逆。」疑「倔」應作「掘」，「强」字衍。

〔五〕帝使兵部侍郎明雅選部郎薛邁等勾覈之　「覈」，北史卷九〇藝術下何稠傳、通志卷一八三何稠傳作「覆」。

〔六〕事見威儀志　本書無「威儀志」，何稠與宇文愷諸人參定輿輦制度事，見本書卷一〇禮儀志五。

〔七〕師未得濟　「未」，原作「不」，據宋甲本、至順本、汲本改。按，北史卷九〇藝術下何稠傳、御覽卷三三六兵部六七攻具上、册府卷九〇八總録部工巧亦作「未」。

〔八〕授將作少匠　「將作少匠」，北史卷九〇藝術下何稠傳、通志卷一八三何稠傳作「少府監」。

隋書卷六十九

列傳第三十四

王劭

王劭字君懋，太原晉陽人也。父松年，齊通直散騎侍郎。劭少沈嘿，好讀書。弱冠，齊尚書僕射魏收辟參開府軍事，累遷太子舍人，待詔文林館。時祖孝徵、魏收、陽休之等嘗論古事，有所遺忘，討閱不能得，因呼劭問之。劭具論所出，取書驗之，一無舛誤。自是大爲時人所許，稱其博物。後遷中書舍人。齊滅，入周，不得調。

高祖受禪，授著作佐郎。以母憂去職，在家著齊書。時制禁私撰史，爲内史侍郎李元操所奏。上怒，遣使收其書，覽而悦之。於是起爲員外散騎侍郎，修起居注。劭以古有鑽燧改火之義，近代廢絶，於是上表請變火，曰：「臣謹案周官，四時變火，以救時疾。明火不數變，時疾必興。聖人作法，豈徒然也！在晉時，有以洛陽火度江者，代代事之，相續不滅，火色變青。昔師曠食飯，云是勞薪所爨。晉平公使視之，果然車輞。今温酒及炙肉，用石炭、柴火、竹火、草火、麻荄火，氣味各不同。以此推之，新火舊火，理應有異。伏願遠遵先聖，於五時取五木以變火，用功甚少，救益方大。縱使百姓習久，未能頓同，尚食内厨及東宮、諸王食厨〔一〕，不可不依古法。」上從之。劭又言上有龍顔戴干之表，指示羣臣。上大悦，賜物數百段。拜著作郎。劭上表言符命曰：

昔周保定二年，歲在壬午，五月五日，青州黄河變清，十里鏡徹，齊氏以爲己瑞，改元曰河清。是月，至尊以大興公始作隋州刺史，歷年二十，隋果大興。臣謹案易坤靈圖曰：「聖人受命，瑞先見於河。河者最濁〔二〕，未能清也。」竊以靈貺休祥，理無虚發，河清啓聖，實屬大隋。午爲鶉火，以明火德，仲夏火王，亦明火德。月五日五，合天數地數，既得受命之辰，允當先見之兆。

開皇初，邵州人楊令悊近河，得青石圖一，紫石圖一，皆隱起成文，有至尊名，下云：「八方天心。」永州又得石圖，剖爲兩段，有楊樹之形，黄根紫葉。汝水得神龜，腹下有文曰：「天卜楊興。」安邑掘地，得古鐵版，文曰：「皇始天年，賫楊鐵券，王興。」同州得石龜，文曰：「天子延千年，大吉。」臣以前之三石，不異龍圖。何以用石？石體久固，義與上名符合。龜腹七字，何以著龜？龜亦久固，兼是神靈之物。孔子歎河不出圖，洛不出書，今於大隋聖世，圖書屢出。

建德六年，亳州大周村有龍鬭，白者勝，黑者死。大象元年夏，滎陽汴水北有龍鬭，初見白氣屬天，自東方歷陽武而來。及至，白龍也，長十許丈。有黑龍乘雲而至，兩相薄，乍合乍離，自午至申，白龍升天，黑龍墜地。謹案：龍，君象也。前鬭於亳州周村者，蓋象至尊以龍鬭之歲爲亳州總管，遂代周有天下。後鬭於滎陽者，「滎」字三火，明火德之盛也。白龍從東方來，歷陽武者，蓋象至尊將登帝位，從東第入自崇陽門也。西北升天者，當乾位天門。坤靈圖曰：「聖人殺龍。」龍不可得而殺，皆盛氣也。又曰：「泰姓商名宮，黃色，長八尺，六十世，河龍以正月辰見，白龍與五黑龍鬭，白龍陵，故泰人有命。」謹案：此言皆爲大隋而發也。聖人殺龍者，前後龍死是也。泰姓商者，皇家於五姓爲商也。名宮者，武元皇帝諱於五聲爲宮。黃色者，隋色尚黃。長八尺者，武元皇帝身長八尺。河龍以正月辰見者，泰正月卦，龍見之所，於京師爲辰地。白龍與黑龍鬭者，亳州、滎陽龍鬭是也。勝龍所以白者，楊姓納音爲商，至尊又辛酉歲生，位皆在西方，西方色白也。死龍所以黑者，周色黑。所以稱五者，周閔、明、武、宣、靖凡五帝。趙、陳、代、越、滕五王〔三〕，一時伏法，亦當五數。白龍陵者，陵猶勝也。鄭玄說：「陵當爲除。」凡鬪能去敵曰除。臣以泰人有命者，泰之爲言通也，大也，明其人道通德大，有天命也。乾鑿度曰：「泰表戴干。」鄭玄注云：「表者，人形體之彰識也。干，盾也。泰人之表戴干。」臣伏見至尊有戴干之表，益知泰人之表不爽毫釐。坤靈圖所云，字字皆驗。緯書又稱「漢四百年」，終如其言，則知六十世亦必然矣。昔宗周卜世三十，今則倍之。

稽覽圖云：「太平時，陰陽和合，風雨咸同，海内不偏，地有阻險，故風有遲疾。雖太平之政，猶有不能均同，唯平均乃不鳴條，故欲風於亳。亳者，陳留也。」謹案：此言蓋明至尊者爲陳留公世子〔四〕，亳州總管，遂受天命，海内均同，不偏不黨，以成太平之風化也。在大統十六年，武元皇帝改封陳留公。是時齊國有祕記云：「天王陳留入并州。」齊王高洋爲是誅陳留王彭樂。其後武元皇帝果將兵入并州。周武帝時，望氣者云亳州有天子氣，於是殺亳州刺史紇豆陵恭，至尊代爲之。又陳留老子祠有枯柏，世傳云老子將度世，云待枯柏生東南枝迴指，當有聖人出，吾道復行。至齊，枯柏從下生枝，東南上指。夜有三童子相與歌曰：「老子廟前古枯樹，東南狀如繖〔五〕，聖主從此去。」及至尊牧亳州，親至祠樹之下。自是柏枝迴抱，其枯枝，漸指西北，道教果行。校考衆事，太平主出於亳州陳留之地，皆如所言。

稽覽圖又云：「治道得，則陰物變爲陽物。」鄭玄注云：「葱變爲韭亦是。」謹案：自六年以來，遠近山石，多變爲玉。石爲陰，玉爲陽。又左衞園中葱皆變爲韭。

上覽之大悅，賜物五百段。

未幾，劭復上書曰：

易乾鑿度曰：「隨上六，拘係之，乃從維之，王用享于西山。隨者二月卦，陽德施行，藩決難解，萬物隨陽而出。故上六欲九五拘係之，維持之，明被陽化而陰隨從之也。」易稽覽圖：「坤六月，有子女，任政，一年，傳爲復。五月貧之從東北來立，大起土邑，西北地動星墜，陽衞。屯十一月神人從中山出，趙地動。北方三十日，千里馬數至。」謹案：凡此易緯所言，皆是大隋符命。隨者二月之卦，明大隋以二月即皇帝位也。陽德施行者，明楊氏之德教施行於天下也。藩決難解者，明當時藩鄣皆是通決，險難皆解散也。萬物隨陽而出者，明天地間萬物盡隨楊氏而出見也。上六欲九五拘係之者，五爲王，六爲宗廟，明宗廟神靈欲令登九五之位，帝王拘民以禮，係民以義也。「拘民以禮」，「係民以義」，此二句亦是乾鑿度之言。維持之者，明能以綱維持正天下也。被陽化而欲陰隨之者，明陰類被服楊氏之風化，莫不隨從。陰謂臣下也。王用享于西山者，蓋明至尊常以歲二月幸西山仁壽宮也。凡四稱隨，三稱陽，欲美隋楊，丁寧之至也。坤六月者，坤位在未，六月建未，言至尊以六月生也。有子女任政者，言樂平公主是皇帝子女，而爲周后，任理內政也。一年傳爲復者，復是坤之一世卦，陽氣初起，言周宣帝崩後一年，傳位與楊氏也。五月貧之從東北來立者，「貧之」當爲「真人」，字之誤也。言周宣帝以五月崩，真人革命，當在此時。至尊謙讓而逆大意，故踰年乃立。昔爲定州總管，在京師東北，本而言之，故曰真人從東北來立。大起土邑者，大起即大興，言營大興城邑也。西北地動星墜者，蓋天意去周授隋，故變動也。陽衞者，言楊氏得天衞助。屯十一月神人從中山出者，此卦動而大亨作，故至尊以十一月被授亳州總管，將從中山而出也。趙地動者，中山爲趙地，以神人將去，故變動也。北方三十日者，蓋至尊從北方將往亳州之時，停留三十日也。千里馬者，蓋至尊舊所乘騧騮馬也。屯卦震下坎上，震於馬作足，坎於馬爲美脊，是故騧騮馬脊有肉鞍，行則先作弄四足也。數至者，言曆數至也。

河圖帝通紀曰：「形瑞出，變矩衡。赤應隨，協靈皇。」河圖皇參持曰：「皇辟出，承元訖。道無爲，治率。被遂矩，戲作術。開皇色，握神日。投輔提，象不絕。立皇後，翼不格。道終始，德優劣。帝任政，河曲出〔六〕。叶輔嬉，爛可述。」謹案：凡此河圖所言，亦是大隋符命。形瑞出、變矩衡者，矩，法也，衡，北斗星名，所謂璿璣玉衡者也。大隋受命，形兆之瑞始出，天象則爲之變動。北斗主天之法度，故曰矩衡。易緯「伏戲矩衡神」，鄭玄注亦以爲法玉衡之神。與此河圖矩衡義同。赤應隋者，言赤帝降精，感應而生隋也。故隋以火德爲赤帝天子。叶靈皇者，叶，合也，言大隋德合上靈天皇大帝也。又年號開皇，與靈寶經之開皇年相合，故曰叶靈皇。皇辟出者，皇，大也，辟，君也，大君出，蓋謂至尊受命出爲天子也。承元訖者，言承周天元終訖之運也。道無爲、治率者，「治」下脱一字，言大道無爲，治定天下率從。被遂矩、戲作術者，矩，法也。昔遂皇握機矩，伏戲作八卦之術，言大隋被服三皇之法術也〔七〕。遂皇機矩，語見易緯。開皇色者，言開皇年易服色也。握神日者，握持羣神，明照如日也。又開皇以來日漸長，亦其義。投輔提者，言投授政事於輔佐，使之提挈也。象不絶者，法象不廢絶也。立皇後、翼不格者，格，至也，言本立太子以爲皇家後嗣，而其輔翼之人不能至於善也。道終始、德優劣者，言前東宫道終而德劣，今皇太子道始而德優也。帝任政、河曲出者，言皇帝親任政事，而邵州河濱得石圖也。叶輔嬉、爛可述者，叶，合也，嬉，興也，言羣臣合心輔佐，以興政治，爛然可紀述也。所以於皇參持、帝通紀二篇陳大隋符命者，明皇道帝德，盡在隋也。

上大悦，以劭爲至誠，寵錫日隆。

時有人於黃鳳泉浴，得二白石，頗有文理，遂附致其文以爲字，復言有諸物象而上奏曰：「其大玉有日月星辰，八卦五岳，及二麟雙鳳，青龍朱雀，騶虞玄武，各當其方位。又有五行、十日、十二辰之名，凡二十七字。又有『天門地户人門鬼門閉』九字。又有却非及二鳥，其鳥皆人面，則抱朴子所謂『千秋萬歲』也。其小玉亦有五嶽、却非、虯、犀之象。二玉俱有仙人玉女乘雲控鶴之象。别有異狀諸神，不可盡識，蓋是風伯、雨師、山精、海若之類。又有天皇大帝、皇帝及四帝坐，鉤陳、北斗、三公、天將軍、土司空、老人、天倉、南河、北河、五星、二十八宿，凡四十五官〔八〕。諸字本無行伍，然往往偶對。於大玉則有皇帝姓名，並臨南面，與日字正鼎足。復有老人星，蓋明南面象日而長壽也。皇后二字在西，上有月形，蓋明象月也。於次玉則皇帝名與九千字次比，兩『楊』字與『萬年』字次比，『隋』與『吉』字正並，蓋明長久吉慶也。」劭復迴互其字，作詩二百八十篇奏之。上以爲誠，賜帛千匹。劭於是採民間歌謠，引圖書讖緯，依約符命，捃摭佛經，撰爲皇隋靈感誌〔九〕，合三十卷，奏之。上令宣示天下。劭集諸州朝集使，洗手焚香，閉目而讀之，曲折其聲，有如哥詠。經涉旬朔，徧而後罷。上益喜，賞賜優洽。

仁壽中，文獻皇后崩，劭復上言曰：「佛説人應生天上〔一〇〕，及上品上生無量壽國之時，天佛放大光明，以香花妓樂來迎之。如來以明星出時入涅槃。伏惟大行皇后聖德仁慈，福善禎符，備諸秘記，皆云是妙善菩薩。臣謹案：八月二十二日，仁壽宮内再雨金銀之花。二十三日，大寶殿後夜有神光。二十四日卯時，永安宮北有自然種種音樂，震滿虛空。至夜五更中，奄然如寐，便即升遐，與經文所説，事皆符驗。臣又以愚意思之，皇后遷化，不在仁壽、大興宮者，蓋避至尊常居正處也。在永安宮者，象京師之永安門，平生所出入也。后升遐後二日，苑内夜有鍾聲三百餘處，此則生天之應顯然也。」上覽而且悲且喜。

時蜀王秀以罪廢，上顧謂劭曰：「嗟乎！吾有五子，三子不才。」劭進曰：「自古聖帝明王，皆不能移不肖之子。黄帝有二十五子，同姓者二，餘各異德。堯十子，舜九子，皆不肖。夏有五觀，周有三監。」上然其言。其後上夢欲上高山而不能得，崔彭捧脚，李盛扶肘得上，因謂彭曰：「死生當與爾俱。」劭曰：「此夢大吉。上高山者，明高崇大安，永如山也。彭猶彭祖，李猶李老，二人扶侍，實爲長壽之徵。」上聞之，喜見容色。其年，上崩。未幾，崔彭亦卒。

煬帝嗣位，漢王諒作亂，帝不忍加誅。劭上書曰：「臣聞黄帝滅炎，蓋云母弟，周公誅管，信亦天倫。叔向戮叔魚，仲尼謂之遺直，石碏殺石厚，丘明以爲大義。此皆經籍明文，帝王常法。今陛下置此逆賊，度越前聖，含弘寬大，未有以謝天下。謹案賊諒毒被生民者也。是知古者同德則同姓，異德則異姓，故黄帝有二十五子，其得姓者十有四人，唯青陽、夷鼓，與黄帝同爲姬姓。」諒既自絶，請改其氏。」劭以此求媚，帝依違不從。遷祕書少監，數載，卒官。

劭在著作，將二十年，專典國史，撰隋書八十卷。多録口勑，又採迂怪不經之語及委巷之言，以類相從，爲其題目，辭義繁雜，無足稱者，遂使隋代文武名臣列將善惡之迹，堙没無聞。初撰齊誌，爲編年體，二十卷，復爲齊書紀傳一百卷，及平賊記三卷。或文詞鄙野，或不軌不物，駭人視聽，大爲有識所嗤鄙。然其採擿經史謬誤，爲讀書記三十卷，時人服其精博。爰自志學，暨乎暮齒，篤好經史，遺落世事。用思既專，性頗恍忽，每至對食，閉目凝思，盤中之肉，輒爲僕從所噉。劭弗之覺，唯責肉少，數罰厨人。厨人以情白劭，劭依前閉目，伺而獲之，厨人方免笞辱。其專固如此。

袁充

袁充字德符，本陳郡陽夏人也。其後寓居丹陽。祖昂，父君正，俱爲梁侍中。充少警悟，年十餘歲，其父黨至門，時冬初，充尚衣葛衫。客戲充曰：「袁郎子絺兮綌兮，淒其以風。」充應聲答曰：「唯絺與綌，服之無斁。」以是大見嗟賞。仕陳，年十七，爲秘書郎。歷太子舍人、晉安王文學、吏部侍郎、散騎常侍。

及陳滅歸國，歷蒙、鄜二州司馬。充性好道術，頗解占候，由是領太史令。時上將廢皇太子，正窮治東宮官屬，充見上雅信符應，因希旨進曰：「比觀玄象，皇太子當廢。」上然之。充復表奏，隋興已後，日景漸長，曰：「開皇元年，冬至日影一丈二尺七寸二分，自爾漸短。至十七年，冬至影一丈二尺六寸三分。四年冬至，在洛陽測影，一丈二尺八寸八分。二年，夏至影一尺四寸八分，自爾漸短。至十六年，夏至影一尺四寸五分。周官以土圭之法正日影，日至之影尺有五寸〔一二〕。鄭玄云：『冬至之影一丈三尺。』今十六年夏至之影，短於舊影五分，十七年冬至之影，短於舊影三寸七分。日去極近則影短而日長，去極遠則影長而日短，行内道則去極近，外道則去極遠。堯典云：『日短星昴，以正仲冬。』據昴星昏中，則知堯時仲冬，日在須女十度。以曆數推之，開皇已來冬至，日在斗十一度，與唐堯之代去極並近。謹案春秋元命包云：『日月出内道，琁璣得常，天帝崇靈，聖王祖功〔一三〕。』京房別對曰：『太平日行上道，升平行次道，霸世行下道。』伏惟大隋啓運，上感乾元，影短日長，振古未之有也。」上大悅，告天下。將作役功，因加程課，丁匠苦之。

仁壽初，充言上本命與陰陽律呂合者六十餘條而奏之，因上表曰：「皇帝載誕之初，非止神光瑞氣，嘉祥應感，至於本命行年，生月生日，並與天地日月、陰陽律呂運轉相符，表裏合會。此誕聖之異，寶曆之元。今與物更新，改年仁壽，歲月日子，還共誕聖之時並同，明合天地之心，得仁壽之理。故知洪基長算，永永無窮。」上大悅，賞賜優崇，儕輩莫之比。

仁壽四年甲子歲，煬帝初即位，充及太史丞高智寶奏言：「去歲冬至，日景逾長，今歲皇帝即位，與堯受命年合。昔唐堯受命四十九年，到上元第一紀甲子，天正十一月庚戌冬至，陛下即位，其年即當上元第一紀甲子，天正十一月庚戌冬至，正與唐堯同。自放勳以來，凡經八上元，其間緜代，未有仁壽甲子之合。謹案：第一紀甲子，太一在一宮，天目居武德，陰陽曆數並得符同。唐堯丙辰生，丙子年受命，止合三五〔三〕，未若己丑甲子，支干並當六合。允一元三統之期，合五紀九章之會，共帝堯同其數，與皇唐比其蹤。信所謂皇哉唐哉，唐哉皇哉者矣。」仍諷齊王暕率百官拜表奉賀。其後熒惑守太微者數旬，于時繕治宮室，征役繁重，充上表稱「陛下修德，熒惑退舍」。百寮畢賀。帝大喜，前後賞賜將萬計。時軍國多務，充候帝意欲有所爲，便奏稱天文見象，須有改作，以是取媚於上。

大業六年，遷內史舍人。從征遼東，拜朝請大夫、祕書少監。其後天下亂，帝初罹雁門之厄，又盜賊益起，帝心不自安。充復假託天文，上表陳嘉瑞，以媚於上曰：

臣聞皇天輔德，皇天福謙，七政斯齊，三辰告應。伏惟陛下握録圖而馭黔首，提萬善而化八紘，以百姓爲心，匪以一人受慶，先天罔違所欲，後天必奉其時。是以初膺寶曆，正當上元之紀，乾之初九，又與天命符會〔一四〕。斯則聖人冥契，故能動合天經。謹按去年已來，玄象星瑞，毫釐無爽，謹録尤異，上天降祥、破突厥等狀七事。

其一，去八月二十八日夜，大流星如斗，出王良北，正落突厥營，聲如崩牆。其二，八月二十九日夜，復有大流星如斗，出羽林，向北流，正當北方。依占，頻二夜流星墜賊所，賊必敗散。其三，九月四日夜，頻有兩星大如斗，出北斗魁，向東北流。依占，北斗主殺伐，賊必敗。其四，歲星主福德，頻行京、都二處分野。依占，國家之福。其五，七月内，熒惑守羽林，九月七日已退舍。依占，不出三日，賊必敗散。其六，去年十一月二十日夜，有流星赤如火，從東北向西南，落賊帥盧明月營，破其橦車〔一五〕。其七，十二月十五日夜，通漢鎮北有赤氣亘北方，突厥將亡之應也。依勘城録，河南洛陽並當甲子，與乾元初九爻及上元甲子符合。此是福地，永無所慮。旋觀往政，側聞前古，彼則異時間出，今則一朝總萃。豈非天贊有道，助殲兇孽，方清九夷於東獄，沉五狄於北溟，告成岱岳，無爲汾水。

書奏，帝大悦，超拜秘書令，親待逾昵。帝每欲征討，充皆預知之，乃假託星象，奬成帝意，在位者皆切患之。宇文化及殺逆之際，并誅充，時年七十五。

史臣曰：王劭爰自幼童，迄乎白首，好學不倦，究極羣書。搢紳洽聞之士，無不推其博物。雅好著述，久在史官，既撰齊書，兼修隋典。好詭怪之説，尚委巷之談，文詞鄙穢，體統繁雜。直愧南、董，才無遷、固，徒煩翰墨，不足觀採。袁充少在江左，初以警晤見稱，委質隋朝，更以玄象自命。並要求時幸，干進務入。劭經營符瑞，雜以妖訛，充變動星占，謬增晷景。厚誣天道，亂常侮衆，刑茲勿捨，其在斯乎！且劭爲河朔清流，充乃江南望族，乾没榮利，得不以道，頹其家聲，良可歎息。

校勘記

〔一〕尚食内厨及東宫諸王食厨　「王」，原作「主」，據宋甲本、至順本、汲本改。按，北史卷三五王慧龍傳附王劭傳、册府卷四七三臺省部奏議、通志卷一六二王劭傳亦作「王」。

〔二〕河者最濁　「最」，宋甲本、汲本作「取」。按，通志卷一六二王劭傳亦作「取」。

〔三〕趙陳代越滕五王　「滕」，原作「當」，據北史卷三五王慧龍傳附王劭傳改。按，周宣帝大象二年，趙王招、陳王純、代王達、越王盛、滕王逌五人先後被殺，此「當」字蓋涉下文「亦當五數」

而誤。

〔四〕此言蓋明至尊者爲陳留公世子　「者」，北史卷三五王慧龍傳附王劭傳、通志卷一六二王劭傳作「昔」，文意較長。

〔五〕東南狀如繖　「狀」，北史卷三五王慧龍傳附王劭傳、通志卷一六二王劭傳作「枝」，與上文「從下生枝，東南上指」合，疑「枝」是。

〔六〕河曲出　「曲」，北史卷三五王慧龍傳附王劭傳、通志卷一六二王劭傳作「典」。下文「河曲出者」之「曲」，北史、通志亦作「典」，不另出校。

〔七〕言大隋被服三皇之法術也　北史卷三五王慧龍傳附王劭傳、通志卷一六二王劭傳作「被服彼二皇之法術也」，「彼二皇」者，蓋指上文遂皇、伏戲。作「二皇」文意較長。

〔八〕凡四十五官　「官」，原作「宫」，據宋甲本、至順本改。按，北史卷三五王慧龍傳附王劭傳亦作「官」。

〔九〕撰爲皇隋靈感誌　「皇」上原有「開」字，據宋甲本、至順本、汲本删。按，北史卷三五王慧龍傳附王劭傳亦無「開」字。

〔一〇〕佛説人應生天上　「佛」，北史卷三五王慧龍傳附王劭傳、通志卷一六二王劭傳作「佛經」，與本書下文「與經文所説，事皆符驗」合。

〔一一〕周官以土圭之法正日影日至之影尺有五寸　「日影」二字原闕，據宋甲本、至順本、汲本補。

按，本書卷一九天文志上、北史卷七四袁充傳亦有此二字。

〔二〕聖王祖功　「祖」，本書卷一九天文志上作「初」，北史卷七四袁充傳、通志卷一六二袁充傳作「相」。

〔三〕止合三五　「合」，原作「命」，據宋甲本改。按，北史卷七四袁充傳亦作「合」。

〔四〕又與天命符會　「天」，宋甲本、至順本、汲本作「本」。按，北史卷七四袁充傳亦作「本」。

〔五〕破其橦車　「橦」，至順本作「撞」。本書卷四煬帝紀下：「有大流星如斛，墜明月營，破其衝車。」卷二一天文志下：「大流星如斛，墜賊盧明月營，破其衝輣，壓殺十餘人。」

隋書卷七十

列傳第三十五

楊玄感

楊玄感，司徒素之子也。體貌雄偉，美鬚髯。少時晚成，人多謂之癡，其父每謂所親曰：「此兒不癡也。」及長，好讀書，便騎射。以父軍功，位至柱國，與其父俱爲第二品，朝會則齊列。其後高祖命玄感降一等，玄感拜謝曰：「不意陛下寵臣之甚，許以公廷獲展私敬。」初拜郢州刺史，到官，潛布耳目，察長吏能不。其有善政及贓汙者，纖介必知之，往往發其事，莫敢欺隱。吏民敬服，皆稱其能。後轉宋州刺史，父憂去職。歲餘，起拜鴻臚卿，襲爵楚國公，遷禮部尚書。性雖驕倨，而愛重文學，四海知名之士多趨其門。

自以累世尊顯，有盛名於天下，在朝文武多是父之將吏，復見朝綱漸紊，帝又猜忌日甚，內不自安，遂與諸弟潛謀廢帝，立秦王浩。及從征吐谷渾，還至大斗拔谷，時從官狼狽，玄感欲襲擊行宮。其叔慎謂玄感曰：「士心尚一，國未有釁，不可圖也。」玄感乃止。

時帝好征伐，玄感欲立威名，陰求將領。謂兵部尚書段文振曰：「玄感世荷國恩，寵踰涯分，自非立效邊裔，何以塞責！若方隅有風塵之警，庶得執鞭行陣，少展絲髮之功。明公兵革是司，敢布心腹。」文振因言於帝，帝嘉之，顧謂羣臣曰：「將門必有將，相門必有相，故不虛也。」於是賚物千段，禮遇益隆，頗預朝政。

帝征遼東，命玄感於黎陽督運。于時百姓苦役，天下思亂，玄感遂與武賁郎將王仲伯、汲郡贊治趙懷義等謀議，欲令帝所軍衆飢餒，每爲逗遛，不時進發。帝遲之，遣使者逼促，玄感揚言曰：「水路多盜賊，不可前後而發。」其弟武賁郎將玄縱、鷹揚郎將萬碩並從幸遼東，玄感潛遣人召之。時將軍來護兒以舟師自東萊將入海，趣平壤城，軍未發。玄感無以動衆，乃遣家奴僞爲使者，從東方來，謬稱護兒失軍期而反。玄感遂入黎陽縣，閉城大索男夫。於是取颿布爲牟甲，署官屬，皆準開皇之舊。移書傍郡，以討護兒爲名，各令發兵，會於倉所。以東光縣尉元務本爲黎州刺史，趙懷義爲衞州刺史，河內郡主簿唐禕爲懷州刺史。有衆且一萬，將襲洛陽。唐禕至河內，馳往東都告之。越王侗、民部尚書樊子蓋等大懼，勒兵備禦。修武縣民相率守臨清關，玄感不得濟，遂於汲郡南渡河，從亂者如市。數日，屯兵上春門，衆至十餘萬。子蓋令河南贊治裴弘策拒之，弘策戰敗。瀍、洛父老競致牛酒。玄感屯兵尚書省，每誓衆曰：「我身爲上柱國，家累鉅萬金，至於富貴，無所求也。今者不顧破家滅族者，但爲天下解倒懸之急，救黎元之命耳。」衆皆悦，詣轅門請自效者，日有數千。與樊子蓋書曰：

夫建忠立義，事有多途，見機而作，蓋非一揆。昔伊尹放太甲於桐宮，霍光廢劉賀於昌邑，此並公度内，不能一二披陳。

高祖文皇帝誕膺天命，造茲區宇，在璇璣以齊七政，握金鏡以馭六龍，無爲而至化流，垂拱而天下治。今上纂承寶曆，宜固洪基，乃自絶於天，殄民敗德。頻年肆眚，盜賊於是滋多，所在脩治，民力爲之凋盡。荒淫酒色，子女必被其侵，耽玩鷹犬，禽獸皆離其毒。朋黨相扇，貨賄公行，納邪佞之言，杜正直之口。加以轉輸不息，徭役無期，士卒填溝壑，骸骨蔽原野。黄河之北，則千里無煙，江淮之間，則鞠爲茂草。

玄感世荷國恩，位居上將，先公奉遺詔曰：「好子孫爲我輔弼之，惡子孫爲我屏黜之。」所以上稟先旨，下順民心，廢此淫昏，更立明哲。四海同心，九州響應，士卒用命，如赴私讎，民庶相趨，義形公道。天意人事，較然可知。公獨守孤城，勢何支久！願以黔黎在念，社稷爲心，勿拘小禮，自貽伊戚。誰謂國家一旦至此，執筆潸泫，言無所具。

遂進逼都城。

刑部尚書衛玄，率衆數萬，自關中來援東都。以步騎二萬渡瀍、澗挑戰，玄感僞北。玄逐之，伏兵發，前軍盡没。後數日，玄復與玄感戰，兵始合，玄感詐令人大呼曰：「官軍已得玄感矣。」玄軍稍怠。玄感與數千騎乘之，於是大潰，擁八千人而去。玄感驍勇多力，每戰親運長矛，身先士卒，喑嗚叱吒，所當者莫不震懾。論者方之項羽。又善撫馭，士樂致死，由是戰無不捷。玄軍日蹙，糧又盡，乃悉衆決戰，陣於北邙，一日之間，戰十餘合。玄感弟玄挺中流矢而斃，玄感稍却。樊子蓋復遣兵攻尚書省，又殺數百人。

帝遣武賁郎將陳稜攻元務本於黎陽，武衛將軍屈突通屯河陽，左翊衛大將軍宇文述發兵繼進，右驍衛大將軍來護兒復來赴援。玄感請計於前民部尚書李子雄，子雄曰：「屈突通曉習兵事，若一渡河，則勝負難決，不如分兵拒之。通不能濟，則樊、衛失援。」玄感然之，將拒通。子蓋知其謀，數擊其營，玄感不果進。通遂濟河，軍於破陵。玄感爲兩軍，西抗衛玄，東拒屈突通。子蓋復出兵，於是大戰，玄感軍頻北。復請計於子雄，子雄曰：「東都援軍益至，我師屢敗，不可久留。不如直入關中，開永豐倉以振貧乏，三輔可指麾而定。據有府庫，東面而爭天下，此亦霸王之業。」會華陰諸楊請爲鄉導，玄感遂釋洛陽，西圖關中，宣言曰：「我已破東都，取關西矣。」宇文述等諸軍躡之。至弘農宫，父老遮説玄感曰：「宮城空虛，又多積粟，攻之易下。進可絕敵人之食，退可割宜陽之地。」玄感以爲然，留攻之，三日城不下，追兵遂至。玄感西至閿鄉，上槃豆，布陣亘五十里，與官軍且戰且行，一日三敗。復陣於董杜原，諸軍擊之，玄感大敗，獨與十餘騎竄林木間，將奔上洛。追騎至，玄感叱之，皆懼而反走。至葭蘆戍，玄感窘迫，獨與弟積善步行。自知不免，謂積善曰：「事敗矣。我不能受人戮辱，汝可殺我。」積善抽刀斫殺之，因自刺，不死，爲追兵所執，與玄感首俱送行在所。磔其屍於東都市三日，復臠而焚之。餘黨悉平。其弟玄獎爲義陽太守，將歸玄感，爲郡丞周琁玉所殺。玄縱弟萬石〔一〕，自帝所逃歸，至高陽，止傳舍，監事許華與郡兵執之，斬於涿郡。萬碩弟民行，官至朝請大夫，斬於長安。並具梟磔。公卿請改玄感姓爲梟氏，詔可之。

初，玄感圍東都也，梁郡人韓相國舉兵應之，玄感以爲河南道元帥。旬月間，衆十餘萬，攻剽郡縣。至于襄城，遇玄感敗，兵漸潰散，爲吏所執，傳首東都。

李子雄〔二〕

李子雄，渤海蓨人也。祖伯賁〔三〕，魏諫議大夫。父桃枝〔四〕，東平太守，與鄉人高仲密同歸於周，官至冀州刺史。子雄少慷慨，有壯志。弱冠從周武帝平齊，以功授帥都督。高祖作相，從韋孝寬破尉迥於相州，拜上開府，賜爵建昌縣公。高祖受禪，爲驃騎將軍。伐陳之役，以功進位大將軍，歷郴、江二州刺史，並有能名。仁壽中，坐事免。漢王諒之作亂也，煬帝將發幽州兵以討之。時竇抗爲幽州總管，帝恐其有二心，問可任者於楊素。素進子雄，授上大將軍〔五〕，拜廣州刺史〔六〕，馳至幽州，止傳舍，召募得千餘人。抗恃素貴，不時相見。子雄遣人諭之。後二日，抗從鐵騎二千，來詣子雄所。子雄伏甲，請與相見，因禽抗。遂發幽州兵步騎三萬，自井陘以討諒。時諒遣大將軍劉建略地燕、趙，正攻井陘，相遇於抱犢山下，力戰，破之。遷幽州總管，尋徵拜民部尚書。

子雄明辯有器幹，帝甚任之。新羅嘗遣使朝貢，子雄至朝堂與語，因問其冠制所由。其使者曰：「皮弁遺象。安有大國君子而不識皮弁也！」子雄因曰：「中國無禮，求諸四夷。」使者曰：「自至已來，此言之外，未見無禮。」憲司以子雄失詞，奏劾其事，竟坐免。俄而復職，從幸江都。帝以仗衞不整，顧子雄部伍之。子雄立指麾，六軍肅然。帝大悅曰：「公真武侯才也。」尋轉右武候大將軍，後坐事除名。

遼東之役，帝令從軍自效，因從來護兒自東平將指滄海〔七〕。會楊玄感反於黎陽，帝疑之，詔鎖子雄送行在所。子雄殺使者，亡歸玄感。玄感每請計於子雄，語在玄感傳。及玄感敗，伏誅，籍没其家。

趙元淑

博陵趙元淑〔八〕，父世模，初事高寶寧，後以衆歸周，授上開府，寓居京兆之雲陽。高祖踐阼，恒典宿衛。後從晉王伐陳，先鋒遇賊，力戰而死。朝廷以其身死王事，以元淑襲父本官，賜物二千段。元淑性疎誕，不治産業，家徒壁立。後數歲，授驃騎將軍，將之官，無以自給。時長安富人宗連，家累千金，仕周爲三原令。有季女，慧而有色，連獨奇之，每求賢夫。聞元淑如是，請與相見。連有風儀，美談笑，元淑亦異之。及至其家，服翫居處擬於將相。酒酣，奏女樂，元淑所未見也。元淑辭出，連曰：「公子有暇，可復來也。」後數日，復造之，宴樂更侈。如此者再三，因謂元淑曰：「知公子素貧，老夫當相濟。」因問元淑所須，盡買與之。臨别，元淑再拜致謝，連復拜曰：「鄙人竊不自量，敬慕公子。今有一女，願爲箕帚妾，公子意何如？」元淑感愧，遂娉爲妻。連復送奴婢二十口、良馬十餘匹，加以縑帛錦綺及金寶珍玩。元淑遂爲富人。

及煬帝嗣位，漢王諒作亂，元淑從楊素擊平之。以功進位柱國，拜德州刺史，尋轉潁川太守，並有威惠。因入朝，會司農不時納諸郡租穀，元淑奏之。帝謂元淑曰：「如卿意者，幾日當了？」元淑曰：「如臣意不過十日。」帝即日拜元淑爲司農卿，納天下租，如言而了。帝悅焉。

禮部尚書楊玄感潛有異志，以元淑可與共亂，遂與結交，多遺金寶。遼東之役，領將軍，典宿衞，加授光祿大夫，封葛國公〔九〕。明年，帝復征高麗，以元淑鎮臨渝。及玄感作亂，其弟玄縱自帝所逃歸，路經臨渝。元淑出其小妻魏氏見玄縱，對宴極歡，因與通謀，并授玄縱賂遺。及玄感敗，人有告其事者，帝以屬吏。元淑言與玄感結婚，所得金寶則爲財娉，實無他故。魏氏復言初不受金。帝親臨問，卒無異辭。帝大怒，謂侍臣曰：「此則反狀，何勞重問！」元淑及魏氏俱斬於涿郡，籍沒其家。

斛斯政

河南斛斯政，祖椿，魏太保、尚書令、常山文宣王；父恢，散騎常侍、新蔡郡公。政明悟有器幹，初爲親衞，後以軍功授儀同，甚爲楊素所禮。大業中，爲尚書兵曹郎。政有風神，每奏事，未嘗不稱旨。煬帝悅之，漸見委信。楊玄感兄弟俱與之交。

遼東之役，兵部尚書段文振卒，侍郎明雅復以罪廢，帝彌屬意。尋遷兵部侍郎。于時外事四夷，軍國多務，政處斷辯速，稱爲幹理。玄感之反也，政與通謀。及玄縱等亡歸，亦政之計也。帝在遼東，將班師，窮治玄縱黨與。內不自安，遂亡奔高麗。明年，帝復東征，高麗請降，求執送政。帝許之，遂鎖政而還。至京師，以政告廟，左翊衛大將軍宇文述奏曰：「斛斯政之罪，天地所不容，人神所同忿。若同常刑，賊臣逆子何以懲肅，請變常法。」帝許之。於是將政出金光門，縛政於柱，公卿百僚並親擊射，臠割其肉，多有噉者。噉後烹煮，收其餘骨，焚而揚之。

劉元進

餘杭劉元進，少好任俠，爲州里所宗。兩手各長尺餘，臂垂過膝。煬帝興遼東之役，百姓騷動，元進自以相表非常，陰有異志，遂聚衆，合亡命。會帝復征遼東，徵兵吴、會，士卒皆相謂曰：「去年吾輩父兄從帝征者，當全盛之時，猶死亡太半，骸骨不歸；今天下已罷敝，是行也，吾屬其無遺類矣。」於是多有亡散，郡縣捕之急。既而楊玄感起於黎陽，元進知天下思亂，於是舉兵應之。三吴苦役者莫不響至，旬月衆至數萬。將渡江，而玄感敗。吴郡朱燮、晉陵管崇亦舉兵，有衆七萬，共迎元進，奉以爲主。據吴郡，稱天子，燮、崇俱爲僕射，署置百官。毗陵、東陽、會稽、建安豪傑多執長吏以應之。帝令將軍吐萬緒、光禄大夫魚俱羅率兵討焉。元進西屯茅浦，以抗官軍，頻戰互有勝負。元進退保曲阿〔二〇〕，與朱燮、管崇合軍，衆至十萬。緒進軍逼之，相持百餘日，爲緒所敗，保於黄山。緒復破之，燮戰死，元進引趣建安，休兵養士。二將亦以師老，頓軍自守。

俄而二將俱得罪，帝令江都郡丞王世充發淮南兵擊之。有大流星墜於江都，未及地而南逝，磨拂竹木皆有聲，至吴郡而落于地。元進惡之，令掘地，入二丈，得一石，徑丈餘。後數日，失石所在。世充既渡江，元進將兵拒戰，殺千餘人。世充窘急，退保延陵栅。元進遣兵，人各持茅，因風縱火。世充大懼，將棄營而遁。遇反風，火轉，元進之衆懼燒而退。世充簡鋭卒掩擊，大破之，殺傷太半，自是頻戰輒敗。元進謂管崇曰：「事急矣，當以死決之。」於是出挑戰，俱爲世充所殺。其衆悉降，世充坑之於黄亭澗，死者三萬人。其餘黨往往保險爲盜。其後董道沖、沈法興、李子通等乘此而起，戰爭不息，逮於隋亡。

李密

李密字法主，真鄉公衍之從孫也。祖耀，周邢國公。父寬，驍勇善戰，幹略過人，自周及隋，數經將領，至柱國、蒲山郡公，號爲名將。密多籌筭，才兼文武，志氣雄遠，常以濟物爲己任。開皇中，襲父爵蒲山公，乃散家産，賙贍親故，養客禮賢，無所愛悋。與楊玄感爲刎頸之交。後更折節，下帷耽學，尤好兵書，誦皆在口。師事國子助教包愷，受史記、漢書，勵精忘勌，愷門徒皆出其下。大業初，授親衞大都督，非其所好，稱疾而歸。

及楊玄感在黎陽，有逆謀，陰遣家僮至京師召密，令與弟玄挺等同赴黎陽。玄感舉兵而密至，玄感大喜，以爲謀主。玄感謀計於密，密曰：「愚有三計，惟公所擇。今天子出征，遠在遼外，地去幽州，懸隔千里。南有巨海之限，北有胡戎之患，中間一道，理極艱危。今公擁兵，出其不意，長驅入薊，直扼其喉。前有高麗，退無歸路，不過旬月，齎糧必盡。舉麾一召，其衆自降，不戰而禽，此計之上也。又關中四塞，天府之國，有衞文昇，不足爲意。今宜率衆，經城勿攻，輕齎鼓行，務早西入。天子雖還，失其襟帶，據險臨之，故當必剋，萬全之勢，此計之中也。若隨近逐便，先向東都，唐禕告之，理當固守。引兵攻戰，必延歲月，勝負殊未可知，此計之下也。」玄感曰：「不然。公之下計，乃上策矣。今百官家口並在東都，若不取之，安能動物？且經城不拔，何以示威？」密計遂不行。

玄感既至東都，皆捷，自謂天下響應，功在朝夕。及獲韋福嗣，又委以腹心，是以軍旅之事，不專歸密。福嗣既非同謀，因戰被執，每設籌畫，皆持兩端。後使作檄文，福嗣固辭不肯。密揣知其情，因謂玄感曰：「福嗣元非同盟，實懷觀望。明公初起大事，而姦人在側，聽其是非，必爲所誤矣。請斬謝衆，方可安輯。」玄感曰：「何至於此！」密知言之不用，退謂所親曰：「楚公好反而不欲勝，如何？吾屬今爲虜矣！」後玄感將西入，福嗣竟亡歸東都。

時李子雄勸玄感速稱尊號，玄感以問於密。密曰：「昔陳勝自欲稱王，張耳諫而被外，魏武將求九錫，荀彧止而見疎。今者密欲正言，還恐追蹤二子，阿諛順意，又非密之本圖。何者？兵起已來，雖復頻捷，至於郡縣，未有從者。東都守禦尚强，天下救兵益至，公當身先士衆，早定關中。廼欲急自尊崇，何示不廣也！」玄感笑而止。

及宇文述、來護兒等軍且至，玄感謂密曰：「計將安出？」密曰：「元弘嗣統强兵於隴右，今可揚言其反，遣使迎公，因此入關，可得紿衆。」玄感遂以密謀，號令其衆，因引西入。至陜縣，欲圍弘農宫，密諫之曰：「公今詐衆入西，軍事在速，況乃追兵將至，安可稽留！若前不得據關，退無所守，大衆一散，何以自全？」玄感不從，遂圍之，三日攻不能拔，方引而西。至於閿鄉，追兵遂及。

玄感敗，密間行入關，與玄感從叔詢相隨，匿於馮翊詢妻之舍。尋爲鄰人所告，遂捕獲，囚於京兆獄。是時煬帝在高陽，與其黨俱送帝所。在途謂其徒曰：「吾等之命，同於朝露，若至高陽，必爲葅醢。今道中猶可爲計，安得行就鼎鑊，不規逃避也？」衆咸然之。其徒多有金，密令出示使者曰：「吾等死日，此金並留付公，幸用相瘞。其餘即皆報德。」使者利其金，遂相然許。及出關外，防禁漸弛，密請通市酒食，每讌飲喧譁竟夕，使者不以爲意。行次邯鄲，夜宿村中，密等七人皆穿牆而遁，與王仲伯亡抵平原賊帥郝孝德。孝德不甚禮之，備遭饑饉，至削樹皮而食。仲伯潛歸天水，密詣淮陽，舍於村中，變姓名稱劉智遠，聚徒教授。經數月，密鬱鬱不得志，爲五言詩曰：「金風蕩初節，玉露凋晚林。此夕窮塗士，空軫鬱陶心。眺聽良多感，慷慨獨霑襟。霑襟何所爲？悵然懷古意。秦俗猶未平，漢道將何冀！樊噲市井徒，蕭何刀筆吏。一朝時運合，萬古傳名器。寄言世上雄，虛生真可愧。」詩成而泣下數行。時人有怪之者，以告太守趙他。縣捕之，密乃亡去，抵其妹夫雍丘令丘君明。後君明從子懷義以告，帝令捕密，密得遁去，君明竟坐死。

會東郡賊帥翟讓聚黨萬餘人，密歸之。其中有知密是玄感亡將，潛勸讓害之。密大懼，乃因王伯當以策干讓。讓遣說諸小賊，所至輒降下，讓始敬焉，召與計事。密謂讓曰：「今兵衆既多，糧無所出，若曠日持久，則人馬困敝，大敵一臨，死亡無日。未若直趣滎陽，休兵館穀，待士馬肥充，然可與人爭利。」讓從之，於是破金堤關，掠滎陽諸縣，城堡多下之。滎陽太守郇王慶及通守張須陁以兵討讓。讓數爲須陁所敗，聞其來，大懼，將遠避之。密曰：「須陁勇而無謀，兵又驟勝，既驕且狠，可一戰而禽。公但列陣以待，保爲公破之。」讓不得已，勒兵將戰，密分兵千餘人於林木間設伏。讓與戰不利，軍稍却，密發伏自後掩之，須陁衆潰。與讓合擊，大破之，遂斬須陁於陣。讓於是令密建牙，別統所部。

密復說讓曰：「昏主蒙塵，播揚吴越〔一二〕，蝟毛競起，海內飢荒。明公以英桀之才，而統驍雄之旅，宜當廓清天下，誅剪羣凶，豈可求食草間，常爲小盜而已！今東都士庶，中外離心，留守諸官，政令不一。明公親率大衆，直掩興洛倉，發粟以賑窮乏，遠近孰不歸附！百萬之衆，一朝可集，先發制人，此機不可失也。」讓曰：「僕起隴畝之間，望不至此。必如所圖，請君先發，僕領諸軍，便爲後殿。得倉之日，當別議之。」密與讓領精兵七千人，以大業十三年春，出陽城，北踰方山，自羅口襲興洛倉，破之。開倉恣民所取，老弱繦負，道路不絕。

越王侗武賁郎將劉長恭率步騎二萬五千討密，密一戰破之，長恭僅以身免。讓於是推密爲主。密城洛口周迴四十里以居之。房彥藻說下豫州，東都大懼。讓上密號爲魏公。密初辭不受，諸將等固請，乃從之。設壇場，即位，稱元年，置官屬，以房彥藻爲左長史，邴元真右長史，楊德方左司馬，鄭德韜右司馬。拜讓司徒，封東郡公。其將帥封拜各有差。長白山賊孟讓掠東都〔一二〕，燒豐都市而歸。密攻下鞏縣，獲縣長柴孝和，拜爲護軍。武賁郎將裴仁基以武牢歸密，因遣仁基與孟讓率兵二萬餘人襲迴洛倉，破之，燒天津橋，遂縱兵大掠。東都出兵乘之，仁基等大敗，僅以身免。密復親率兵三萬逼東都，將軍段達、武賁郎將高毗、劉長恭等出兵七萬拒之，戰於故都，官軍敗走，密復下迴洛倉而據之。俄而德韜、德方俱死，復以鄭頲爲左司馬，鄭虔象爲右司馬。

柴孝和說密曰：「秦地阻山帶河，西楚背之而亡，漢高都之而霸。如愚意者，令仁基守迴洛，翟讓守洛口，明公親簡精鋭，西襲長安，百姓孰不郊迎，必當有征無戰。既剋京邑，業固兵强，方更長驅崤、函，掃蕩京、洛，傳檄指撝，天下可定。但今英雄競起，實恐他人我先，一朝失之，噬臍何及！」密曰：「君之所圖，僕亦思之久矣，誠爲上策。但昏主尚在，從兵猶衆，我之所部，並山東人，既見未下洛陽，何肯相隨西入！諸將出於羣盜，留之各競雌雄。若然者，殆將敗矣。」孝和曰：「誠如公言，非所及也。大軍既未可西出，請間行觀隙。」密從之。孝和與數十騎至陝縣，山賊歸之者萬餘人。密時兵鋒甚鋭，每入苑，與官軍連戰。會密爲流矢所中，卧於營内，後數日，東都出兵擊之。密衆大潰，棄迴洛倉，歸洛口。孝和之衆聞密退，各分散而去。孝和輕騎歸密。

帝遣王世充率江、淮勁卒五萬來討密，密逆拒之，戰不利。柴孝和溺死於洛水，密甚傷之。世充營於洛西，與密相拒百餘日。武陽郡丞元寶藏、黎陽賊帥李文相、洹水賊帥張昇、清河賊帥趙君德、平原賊帥郝孝德並歸於密，共襲破黎陽倉據之。周法明舉江、黃之地以附密，齊郡賊帥徐圓朗、任城大俠徐師仁、淮陽太守趙他等前後款附，以千百數。

翟讓所部王儒信勸讓爲大冢宰，總統衆務，以奪密權。讓兄寬復謂讓曰：「天子止可自作，安得與人？汝若不能作，我當爲之。」密聞其言，有圖讓之計。會世充列陣而至，讓出拒之，爲世充所擊退者數百步。密與單雄信等率精鋭赴之，世充敗走。讓欲乘勝進破其營，會日暮，密固止之。明日，讓與數百人至密所，欲爲宴樂。密具饌以待之，其所將左右，各分令就食。諸門並設備，讓不之覺也。密引讓入坐，有好弓，出示讓，遂令讓射。讓引滿將發，密遣壯士蔡建自後斬之〔一三〕，殞於牀下。遂殺其兄寬及王儒信，并其從者亦有死焉。讓所部將徐世勣，爲亂兵所斫中，重創，密遽止之，僅而得免。單雄信等皆叩頭求哀，密並釋而慰諭之。於是率左右數百人詣讓本營。王伯當、邴元真、單雄信等入營，告以殺讓之意，衆無敢動者。乃令徐世勣、單雄信、王伯當分統其衆。

未幾，世充夜襲倉城，密逆拒破之，斬武賁郎將費青奴。世充復移營洛北，南對鞏縣，其後遂於洛水造浮橋，悉衆以擊密。密與千騎拒之，不利而退。世充因薄其城下，密簡鋭卒數百人，分爲三隊出擊之。官軍稍却，自相陷溺，死者數萬人，武賁郎將楊威、王辯〔一四〕、霍世舉、劉長恭、梁德重〔一五〕、董智通等諸將率皆没于陣。世充僅而獲免，不敢還東都，遂走河陽。其夜雨雪尺餘，衆隨之者，死亡殆盡。密於是修金墉故城居之，衆三十餘萬。復來攻上春門，留守韋津出拒戰，密擊敗之，執津於陣。其黨勸密即尊號，密不許。及義師圍東都，密出軍爭之，交綏而退。

俄而宇文化及殺逆，率衆自江都北指黎陽，兵十餘萬。密乃自率步騎二萬拒之。會越王侗稱尊號，遣使者授密太尉、尚書令、東南道大行臺、行軍元帥、魏國公，令先平化及，然後入朝輔政。密遣使報謝焉。化及與密相遇，密知其軍少食，利在急戰，故不與交鋒，又遏其歸路，使不得西。密遣徐世勣守倉城，化及攻之，不能下。密與化及隔水而語，密數之曰：「卿本匈奴皁隸破野頭耳，父兄子弟並受隋室厚恩，富貴累世，至妻公主，光榮隆顯，舉朝莫二。荷國士之遇者，當須國士報之，豈容主上失德，不能死諫，反因衆叛，躬行殺虐，誅及子孫，傍立支庶，擅自尊崇，欲規簒奪，汙辱妃后，枉害無辜？不追諸葛瞻之忠誠，乃爲霍禹之惡逆。天地所不容，人神所莫祐，擁逼良善，將欲何之！今若速來歸我，尚可得全後嗣。」化及默然，俯視良久，乃瞋目大言曰：「共你論相殺事，何須作書語邪？」密謂從者曰：「化及庸懦如此，忽欲圖爲帝王，斯乃趙高、聖公之流，吾當折杖驅之耳。」化及盛修攻具，以逼黎陽倉城，密領輕騎五百馳赴之。倉城兵又出相應，焚其攻具，經夜火不滅。

密知化及糧且盡，因僞與和，以敝其衆。化及不之悟，大喜，恣其兵食，冀密饋之。會密下有人獲罪，亡投化及，具言密情。化及大怒，其食又盡，乃渡永濟渠，與密戰于童山之下，自辰達酉。密爲流矢所中，頓於汲縣。化及掠汲郡，北趣魏縣，其將陳智略、張童仁等所部兵歸于密者〔一六〕，前後相繼。初，化及以輜重留於東郡，遣其所署刑部尚書王軌守之。至是，軌舉郡降密，以軌爲滑州總管。密引兵而西，遣記室參軍李儉朝於東都，執殺煬帝人于弘達以獻越王侗。侗以儉爲司農少卿，使之反命，召密入朝。密至温縣，聞世充已殺元文都、盧楚等，乃歸金墉。

世充既得擅權，乃厚賜將士，繕治器械，人心漸鋭。然密兵少衣，世充乏食，乃請交易。密初難之，邴元真等各求私利，遞來勸密，密遂許焉。初，東都絶糧，人歸密者，日有數百。至此，得食，而降人益少，密方悔而止。密雖據倉，無府庫，兵數戰不獲賞，又厚撫初附之兵，於是衆心漸怨。時遣邴元真守興洛倉。元真起自微賤，性又貪鄙，宇文温疾之，每謂密曰：「不殺元真，公難未已。」密不答，而元真知之，陰謀叛密。楊慶聞而告密〔一七〕，密固疑焉。會世充悉衆來決戰，密留王伯當守金墉，自引精兵就偃師，北阻邙山以待之。世充軍至，令數百騎度御河，密遣裴行儼率衆逆之。會日暮，暫交而退，行儼、孫長樂、程齩金等驍將十數人皆遇重瘡，密甚惡之。世充夜濟師，詰朝而陣，密方覺之，狼狽出戰，於是敗績，與萬餘人馳向洛口。世充夜圍偃師，守將鄭頲爲其部下所翻，以城降世充。密將入洛口倉城，元真已遣人潛引世充矣。密陰知之而不發其事，因與衆謀，待世充之兵半濟洛水，然後擊之。及世充軍至，密候騎不時覺，比將出戰，世充軍悉已濟矣。密自度不能支，引騎而遁。元真竟以城降於世充。

密衆漸離，將如黎陽。人或謂密曰：「殺翟讓之際，徐世勣幾至於死。今瘡猶未復，其心安可保乎？」密乃止。時王伯當棄金墉，保河陽，密以輕騎自武牢渡河以歸之，謂伯當曰：「兵敗矣！久苦諸君，我今自刎，請以謝衆。」衆皆泣，莫能仰視。密復曰：「諸君幸不相棄，當共歸關中。密身雖媿無功，諸君必保富貴。」其府掾柳燮對曰：「昔盆子歸漢，尚食均輸，明公與長安宗族有疇昔之遇，雖不陪起義，然而阻東都，斷隋歸路，使唐國不戰而據京師，此亦公之功也。」衆咸曰：「然。」密遂歸大唐，封邢國公，拜光祿卿。

裴仁基

河東裴仁基，字德本。祖伯鳳，周汾州刺史。父定，上儀同。仁基少驍武，便弓馬。

開皇初，爲親衞。平陳之役，先登陷陣，拜儀同，賜物千段。以本官領漢王諒府親信。煬帝嗣位，諒舉兵作亂，仁基苦諫。諒大怒，囚之於獄。及諒敗，帝嘉之，超拜護軍。數歲，改授武賁郎將，從將軍李景討叛蠻向思多於黔安，以功進位銀青光禄大夫，賜奴婢百口，絹五百匹。擊吐谷渾於張掖，破之，加授金紫光禄大夫。斬獲寇掠靺鞨，拜左光禄大夫。從征高麗，進位光禄大夫。

帝幸江都，李密據洛口，令仁基爲河南道討捕大使，據武牢以拒密。及滎陽通守張須陁爲密所殺，仁基悉收其衆，每與密戰，多所斬獲。時隋大亂，有功者不録。仁基見强寇在前，士卒勞敝，所得軍資，即用分賞。監軍御史蕭懷靜每抑止之，衆咸怨怒。懷靜又陰持仁基長短，欲有所奏劾。仁基懼，遂殺懷靜，以其衆歸密。密以爲河東郡公。其子行儼，驍勇善戰，密復以爲絳郡公，甚相委昵。

王世充以東都食盡，悉衆詣偃師，與密決戰。密問計於諸將，仁基對曰：「世充盡鋭而至，洛下必虛，可分兵守其要路，令不得東。簡精兵三萬，傍河西出，以逼東都。世充却還，我且按甲，世充重出，我又逼之。如此則此有餘力，彼勞奔命，兵法所謂『彼出我歸，彼歸我出，數戰以疲之，多方以誤之』者也。」密曰：「公知其一，不知其二。東都兵馬有三不可當：器械精，一也；決計而來，二也；食盡求鬬，三也。我按甲蓄力，以觀其敝，彼求鬬不得，欲走無路，不過十日，世充之首可懸於麾下。」單雄信等諸將輕世充，皆請戰，仁基苦爭不得。密難違諸將之言，戰遂大敗，仁基爲世充所虜。世充以其父子並驍鋭，深禮之，以兄女妻行儼。及僭尊號，署仁基爲禮部尚書，行儼爲左輔大將軍。行儼每有攻戰，所當皆披靡，號爲「萬人敵」。世充憚其威名，頗加猜防。仁基知其意，不自安，遂與世充所署尚書左丞宇文儒童、尚食直長陳謙、祕書丞崔德本等謀反，令陳謙於上食之際，持匕首以劫世充，行儼以兵應於階下。指麾事定，然後出越王侗以輔之。事臨發，將軍張童仁知其謀而告之，俱爲世充所殺。

史臣曰：古先帝王之興也，非夫至德深仁格於天地，有豐功博利，弘濟艱難，不然，則其道無由矣。

自周邦不競，隋運將隆，武元、高祖並著大功於王室，平南國，摧東夏，總百揆，定三方，然後變謳歌，遷寶鼎。于時匈奴驕倨，勾吴不朝，既爭長於黄池，亦飲馬於清渭。高祖内綏外禦，日不暇給，委心膂於俊傑，寄折衝於爪牙，文武爭馳，羣策畢舉。服猾夏之虜，掃黄旗之寇，峻五岳以作鎮，環四海以爲池，厚澤被於域中，餘威震於殊俗。煬帝蒙故業，踐丕基，阻伊、洛而固崤、函，跨兩都而總萬國。矜曆數之在己，忽王業之艱難，不務以道恤人，將以申威海外。運拒諫之智，騁飾非之辯，恥轍迹之未遠，忘德義之不修。於是鑿通渠，開馳道，樹以柳杞，隱以金槌。西出玉門，東踰碣石，塹山堙谷，浮河達海。民力凋盡，徭戍無期，率土之心，鳥驚魚潰。方西規奄蔡，南討流求，親總八狄之師，屢踐三韓之域。自以威行萬物，顧指無違，又躬爲長君，功高曩列，寵不假於外戚，權不逮於羣下，足以轥轢軒、唐，奄吞周、漢，子孫萬代，人莫能窺，振古以來，一君而已。遂乃外疎猛士，内忌忠良，恥有盜竊之聲，惡聞喪亂之事。出師命將，不料衆寡，兵少力屈者，以畏愞受顯誅，竭誠克勝者，以功高蒙隱戮。或斃鋒刃之下，或殞鴆毒之中，賞不可以有功求，刑不可以無罪免，畏首畏尾，進退維谷。彼山東之羣盜，多出厮役之中，無尺土之資，十家之産，豈有陳涉亡秦之志，張角亂漢之謀哉！皆苦於上欲無厭，下不堪命，飢寒交切，救死萑蒲。莫識旌旗什伍之容，安知行師用兵之勢！但人自爲戰，衆怒難犯，故攻無完城，野無横陣，星離棊布，以千百數。豪傑因其機以動之，乘其勢而用之，雖有勇敢之士，明智之將，連踵覆没，莫之能禦。煬帝魂褫氣懾，望絶兩京，謀竄身於江湖，襲永嘉之舊迹。既而禍生轂下，釁起舟中，思早告而莫追，唯請死而獲可。身棄南巢之野，首懸白旗之上，子孫勦絶，宗廟爲墟。

夫以開皇之初，比於大業之盛，度土地之廣狹，料户口之衆寡，筭甲兵之多少，校倉廩之虛實，九鼎之譬鴻毛，未喻輕重，培塿之方嵩岱，曾何等級！論地險則遼隧未擬於長江，語人謀則勾麗不侔於陳國。高祖掃江南以清六合，煬帝事遼東而喪天下。其故何哉？所爲之迹同，所用之心異也。高祖北却强胡，南并百越，十有餘載，戎車屢動，民亦勞止，不爲無事。然其動也，思以安之，其勞也，思以逸之。是以民致時雍，師無怨讟，誠在於愛利，故其興也勃焉。煬帝嗣承平之基，守已安之業，肆其淫放，虐用其民，視億兆如草芥，顧羣臣如寇讎，勞近以事遠，求名而喪實。兵纏魏闕，阽危弗圖，圍解雁門，慢遊不息。天奪之魄，人益其災，羣盜並興，百殃俱起，自絕民神之望，故其亡也忽焉。訊之古老，考其行事，此高祖之所由興，而煬帝之所以滅者也。可不謂然乎！其隋之得失存亡，大較與秦相類。始皇并吞六國，高祖統一九州，二世虐用威刑，煬帝肆行猜毒，皆禍起於羣盜，而身殞於匹夫。原始要終，若合符契矣。

玄感宰相之子，荷國重恩，君之失德，當竭股肱。未議致身，先圖問鼎，遂假伊、霍之事，將肆莽、卓之心。人神同疾，敗不旋踵，兄弟就葅醢之誅，先人受焚如之酷，不亦甚乎！李密遭會風雲，奮其鱗翼，思封函谷，將割鴻溝。朞月之間，衆數十萬，破化及，摧世充，聲動四方，威行萬里。雖運乖天眷，事屈興王，而義協人謀，雄名克振，壯矣！然志性輕狡，終致顛覆，其度長挈大，抑陳、項之季孟歟？

校勘記

〔一〕玄縱弟萬石　「萬石」，原作「萬碩」，據北史卷四一楊敷傳附楊玄感傳改。按，本書卷四八楊素傳亦載楊素子萬石。

〔二〕李子雄　北史卷七四李雄傳作「李雄」。

〔三〕祖伯賁　據北史卷七四李雄傳、周書卷四六孝義李棠傳、北史卷八五節義李棠傳，李雄父棠，棠父元胄，祖伯貴。則「伯賁」應即「伯貴」，惟「賁」、「貴」形近，未知孰是。又據周書、北史，伯貴應是李雄曾祖，此稱祖父，疑誤。

〔四〕父桃枝　「桃枝」，北史卷七四李雄傳作「棠」。按，李棠，字長卿，周書卷四六孝義傳、北史卷八五節義傳有傳。

〔五〕授上大將軍　「上」字原闕，據宋甲本、至順本、汲本補。按，北史卷七四李雄傳、册府卷三二四宰輔部薦賢、通鑑卷一八〇隋紀四文帝仁壽四年亦有「上」字。

〔六〕拜廣州刺史　「廣州」，北史卷七四李雄傳作「廉州」，册府卷三六五將帥部機略作「冀州」。

〔七〕因從來護兒自東平將指滄海　「東平」，本卷上文楊玄感傳、本書卷六四來護兒傳、北史卷七四李雄傳作「東萊」。按，東萊臨海，故自東萊能「將指滄海」，疑作「東平」誤。

〔八〕博陵趙元淑　「博陵」二字原闕，據宋甲本補。

〔九〕封葛國公　「國」字原闕，據宋甲本補。按，本書卷四煬帝紀下、北史卷一二隋本紀下煬帝紀、北史卷四一楊敷傳附趙元淑傳亦有「國」字。

〔一〇〕元進退保曲阿　「退」字原闕，據宋甲本、至順本、汲本補。

〔一一〕播揚吴越　「揚」，殿本作「蕩」。

〔一二〕長白山賊孟讓掠東都　「東都」，原作「東郡」，據本書卷四煬帝紀下、北史卷一二隋本紀下煬帝紀改。按，本書卷二三五行志下「李密逼東都，孟讓燒豐都市而去」，即此。

〔一三〕密遣壯士蔡建自後斬之　「蔡建」，通鑑卷一八四隋紀八恭帝義寧元年作「蔡建德」。

〔一四〕王辯　原作「王辨」，據本書卷五恭帝紀、卷六四王辯傳、舊唐書卷五三李密傳改。

〔一五〕梁德重　本書卷五恭帝紀、北史卷一二隋本紀下恭帝紀、舊唐書卷五三李密傳、册府卷四二五將帥部死事作「梁德」，梁德其人又見舊唐書卷五六梁師都傳附劉季真傳、新唐書卷八七梁師都傳附劉季真傳。「重」疑涉與下文「董」字形似而衍。

〔一六〕其將陳智略張童仁等所部兵歸于密者　「張童仁」，本書卷八五宇文化及傳、同卷王充傳、北史卷三八裴仁基傳、卷七九宇文述傳附宇文化及傳、同卷王世充傳作「張童兒」。下文同，不另出校。

〔一七〕楊慶聞而告密　「楊慶」，原作「揚慶」，據宋甲本、至順本改。按，北史卷六〇李弼傳附李密傳亦作「楊慶」。

隋書卷七十一

列傳第三十六

誠節

易稱：「聖人大寶曰位，何以守位曰仁。」又云：「立人之道曰仁與義。」然則士之立身成名，在乎仁義而已。故仁道不遠，則殺身以成仁，義重於生，則捐生而取義。是以龍逢投軀於夏癸，比干竭節於商辛，申蒯斷臂於齊莊，弘演納肝於衞懿。爰逮漢之紀信、欒布，晉之向雄、嵇紹，凡在立名之士，莫不庶幾焉。至於臨難忘身，見危授命，雖斯文不墜，而行之蓋寡，固知士之所重，信在茲乎！非夫內懷鐵石之心，外負凌霜之節，孰能安之若命，赴蹈如歸者也。皇甫誕等，當擾攘之際，踐必死之機，白刃臨頸，確乎不拔，可謂歲寒貞柏，疾風勁草，千載之後，懔懔如生。豈獨聞彼伯夷，懦夫立志，亦冀將來君子有所庶幾。故掇採所聞，爲誠節傳。

劉弘

劉弘字仲遠，彭城叢亭里人，魏太常卿芳之孫也。少好學，有行檢，重節槩。仕齊行臺郎中、襄城、沛郡、穀陽三郡太守、西楚州刺史。及齊亡，周武帝以爲本郡太守。

尉迥之亂也，遣其將席毗掠徐、兗。弘勒兵拒之，以功授儀同、永昌太守、齊州長史。志在立功，不安佐職。平陳之役，表請從軍，以行軍長史從總管吐萬緒度江。以功加上儀同，封濩澤縣公，拜泉州刺史。會高智慧作亂，以兵攻州，弘城守百餘日，救兵不至。前後出戰，死亡太半，糧盡無所食，與士卒數百人煮犀甲腰帶，及剥樹皮而食之，一無離叛。賊知其飢餓，欲降之，弘抗節彌厲。賊悉衆來攻，城陷，爲賊所害。上聞而嘉歎者久之，賜物二千段。子長信，襲其官爵。

皇甫誕 子無逸

皇甫誕字玄慮〔一〕，安定烏氏人也。祖和，魏膠州刺史。父璠，周隋州刺史。誕少剛毅，有器局。周畢王引爲倉曹參軍。高祖受禪，爲兵部侍郎。數年，出爲魯州長史。開皇中，復入爲比部、刑部二曹侍郎，俱有能名。遷治書侍御史，朝臣無不肅憚。上以百姓多流亡，令誕爲河南道大使以檢括之。及還，奏事稱旨，上甚悅，令判大理少卿。明年，遷尚書右丞。俄以母憂去職。未朞，起令視事。尋轉尚書左丞。

時漢王諒爲并州總管，朝廷盛選寮佐，前後長史、司馬，皆一時名士。上以誕公方著稱，拜并州總管司馬，總府政事，一以諮之，諒甚敬焉。及煬帝即位，徵諒入朝，諒用諮議王頍之謀〔二〕，發兵作亂。誕數諫止，諒不納。誕因流涕曰：「竊料大王兵資，無敵京師者。加以君臣位定，逆順勢殊，士馬雖精，難以取勝。願王奉詔入朝，守臣子之節，必有松、喬之壽，累代之榮。如更遷延，陷身叛逆，一挂刑書，爲布衣黔首不可得也。願察區區之心，思萬全之計，敢以死請。」諒怒而囚之。及楊素將至，諒屯清源以拒之。諒主簿豆盧毓出誕於獄，相與協謀，閉城拒諒。諒襲擊破之，並抗節而遇害。帝以誕亡身徇國，嘉悼者久之，下詔曰：「褒顯名節，有國通規，加等飾終，抑惟令典。并州總管司馬皇甫誕，性理淹通，志懷審正，効官贊務，聲績克宣。值狂悖構禍，凶威孔熾，確殉單誠，不從妖逆。雖幽縶寇手，而雅志彌厲，遂潛與義徒據城抗拒。衆寡不敵，奄致非命。可贈柱國，封弘義公，謚曰明。」子無逸嗣。

無逸尋爲淯陽太守，政甚有聲。大業令行，舊爵例除，以無逸誠義之後，賜爵平輿侯。入爲刑部侍郎，守右武衞將軍。

初，漢王諒之反也，州縣莫不響應。有嵐州司馬陶模〔三〕、繁畤令敬釗，並抗節不從。

陶模

陶模，京兆人也。性明敏，有器幹。仁壽初，爲嵐州司馬。諒既作亂，刺史喬鍾葵發兵將赴逆，模拒之曰：「漢王所圖不軌，公荷國厚恩，致位方伯，謂當竭誠效命以答慈造，豈有大行皇帝梓宮未掩，翻爲厲階！」鍾葵失色曰：「司馬反邪？」臨之以兵，辭氣不撓，鍾葵義而釋之〔四〕。軍吏進曰：「若不斬模，何以壓衆心？」於是因之於獄，悉掠取資財，分賜黨與。及諒平，煬帝嘉之，拜開府，授大興令。楊玄感之反也，率兵從衞玄擊之，以功進位銀青光禄大夫，卒官。

敬釗

敬釗字積善，河東蒲坂人也。父元約，周布憲中大夫。釗，仁壽中爲繁畤令，甚有能名。及賊至，力戰城陷。賊帥墨弼掠其資産而臨之以兵，釗辭氣不撓。弼義而止之，執送於僞將喬鍾葵所。鍾葵釋之，署爲代州總管司馬，釗正色拒之，至於再三。鍾葵忿然曰：「受官則可，不然當斬！」釗答曰：「忝爲縣宰，遭逢逆亂，進不能保境，退不能死節，爲辱已多，何乃復以僞官相迫也？死生唯命，餘非所聞。」鍾葵怒甚，熟視釗曰：「卿不畏死邪？」復將殺之。會楊義臣軍至，鍾葵遽出戰，因而大敗，釗遂得免。

大業三年，煬帝避暑汾陽宮，代州長史柳銓、司馬崔寶山上其狀，付有司將加褒賞，會虞世基奏格而止〔五〕。後遷朝邑令，未幾，終。

游元

游元字楚客，廣平任城人〔六〕，魏五更明根之玄孫也。父寶藏，位至太守。元少聰敏，年十六，齊司徒徐顯秀引爲參軍事。周武帝平齊之後，歷壽春令、譙州司馬，俱有能名。開皇中，爲殿内侍御史。晉王廣爲揚州總管，以元爲法曹參軍，父憂去職。後爲内直監。煬帝嗣位，遷尚書度支郎。

遼東之役，領左驍衞長史，爲蓋牟道監軍〔七〕，拜朝請大夫，兼治書侍御史。宇文述等九軍敗績，帝令元按其獄。述時貴倖，其子士及又尚南陽公主，勢傾朝廷。遣家僮造元，有所請屬。元不之見。他日，數述曰：「公地屬親賢，腹心是寄，當咎身責己，以勸事君，乃遣人相造，欲何所道？」按之愈急，仍以狀劾之。帝嘉其公正，賜朝服一襲。

九年，奉使於黎陽督運，楊玄感作逆，乃謂元曰：「獨夫肆虐，天下士大夫肝腦塗地，加以陷身絶域之所，軍糧斷絶，此亦天亡之時也。我今親率義兵，以誅無道，卿意如何？」元正色答曰：「尊公荷國寵靈，功參佐命，高官重禄，近古莫儔。公之弟兄，青紫交映，當謂竭誠盡節，上答鴻恩。豈意墳土未乾，親圖反噬，深爲明公不取，願思禍福之端。僕有死而已，不敢聞命。」玄感怒而囚之，屢脅以兵，竟不屈節，於是害之。帝甚嘉歎，贈銀青光禄大夫，賜縑五百匹。拜其子仁宗爲正議大夫、弋陽郡通守。

馮慈明

馮慈明字無佚，信都長樂人也。父子琮，仕齊官至尚書右僕射。慈明在齊，以戚屬之故，年十四，爲淮陽王開府參軍事。尋補司州主簿，進除中書舍人。周武平齊，授帥都督。高祖受禪，開三府官，除司空司倉參軍事。累遷行臺禮部侍郎。晉王廣爲并州總管，盛選寮屬，以慈明爲司士。後歷吏部員外郎，兼内史舍人。煬帝即位，以母憂去職。帝以慈明始事藩邸，後更在臺，意甚銜之，至是謫爲伊吾鎮副。未之官，轉交阯郡丞。大業九年，被徵入朝。時兵部侍郎斛斯政亡奔高麗，帝見慈明，深慰勉之。俄拜尚書兵曹郎，加位朝請大夫。十三年，攝江都郡丞事。

李密之逼東都也，詔令慈明安集瀍、洛，追兵擊密。至鄢陵，爲密黨崔樞所執。密延慈明於坐，勞苦之，因而謂曰：「隋祚已盡，區宇沸騰，吾躬率義兵，所向無敵，東都危急，計日將下。今欲率四方之衆，問罪於江都，卿以爲何如？」慈明答曰：「慈明直道事人，有死而已，不義之言，非所敢對。」密不悦，冀其後改，厚加禮焉。慈明潛使人奉表江都，及致書東都留守，論賊形勢。密知其狀，又義而釋之。出至營門，賊帥翟讓怒曰：「爾爲使人，爲我所執，魏公相待至厚，曾無感戴。寧有畏乎？」慈明勃然曰：「天子使我來，正欲除爾輩，不圖爲賊黨所獲。我豈從汝求活耶？欲殺但殺〔八〕，何須罵詈！」因謂羣賊曰：「汝等本無惡心，因飢饉逐食至此。官軍且至，早爲身計。」讓益怒，於是亂刀斬之。時年六十八。梁郡通守楊汪上狀，帝歎惜之，贈銀青光禄大夫。拜其二子惇、怦俱爲尚書承務郎。王充推越王侗爲主，重贈柱國、户部尚書、昌黎郡公，謚曰壯武。

長子忱，先在東都，王充破李密，忱亦在軍中，遂遣奴負父屍柩詣東都，身不自送。未幾，又盛花燭納室。時論醜之。

張須陁

張須陁，弘農閿鄉人也。性剛烈，有勇略。弱冠，從史萬歲討西爨，以功授儀同，賜物三百段。煬帝嗣位，漢王諒作亂并州，從楊素擊平之，加開府。大業中，爲齊郡丞。會興遼東之役，百姓失業，又屬歲饑，穀米踊貴，須陁將開倉賑給，官屬咸曰：「須待詔勑，不可擅與。」須陁曰：「今帝在遠，遣使往來，必淹歲序。百姓有倒懸之急，如待報至，當委溝壑矣。吾若以此獲罪，死無所恨。」先開倉而後上狀，帝知之而不責也。

明年，賊帥王薄，聚結亡命數萬人，寇掠郡境。官軍擊之，多不利。須陁發兵拒之，薄遂引軍南，轉掠魯郡。須陁躡之，及于岱山之下。薄恃驟勝，不設備。須陁選精鋭，出其不意擊之，薄衆大潰，因乘勝斬首數千級。薄收合亡散，得萬餘人，將北度河。須陁追之，至臨邑，復破之，斬五千餘級，獲六畜萬計。時天下承平日久，多不習兵，須陁獨勇決善戰。又長於撫馭，得士卒心，論者號爲名將。薄復北戰，連豆子䴚賊孫宣雅、石秪闍、郝孝德等衆十餘萬攻章丘。須陁遣舟師斷其津濟，親率馬步二萬襲擊，大破之，賊徒散走。既至津梁，復爲舟師所拒，前後狼狽，獲其家累輜重不可勝計，露布以聞。帝大悦，優詔褒揚，令使者圖畫其形容而奏之。

其年，賊裴長才、石子河等衆二萬，奄至城下，縱兵大掠。須陁未暇集兵，親率五騎與戰，賊競赴之，圍百餘重，身中數創，勇氣彌厲。會城中兵至，賊稍却，須陁督軍復戰，長才敗走。後數旬，賊帥秦君弘、郭方預等合軍圍北海，兵鋒甚鋭，須陁謂官屬曰：「賊自恃强，謂我不能救，吾今速去，破之必矣。」於是簡精兵，倍道而進，賊果無備，擊大破之，斬數萬級，獲輜重三千兩。司隸刺史裴操之上狀，帝遣使勞問之。

十年，賊左孝友衆將十萬，屯於蹲狗山。須陁列八風營以逼之，復分兵扼其要害。孝友窘迫，面縛來降。其黨解象、王良、鄭大彪、李晼等衆各萬計〔九〕，須陁悉討平之，威振東夏。以功遷齊郡通守，領河南道十二郡黜陟討捕大使。

俄而賊盧明月衆十餘萬，將寇河北，次祝阿，須陁邀擊，殺數千人。賊吕明星、帥仁泰、霍小漢等衆各萬餘，擾濟北，須陁進軍擊走之。尋將兵拒東郡賊翟讓，前後三十餘戰，每破走之。轉滎陽通守。時李密説讓取洛口倉，讓憚須陁，不敢進。密勸之，讓遂與密率兵逼滎陽，須陁拒之。讓懼而退，須陁乘之，逐北十餘里。時李密先伏數千人於林木間，邀擊須陁軍，遂敗績。密與讓合軍圍之，須陁潰圍輒出，左右不能盡出，須陁躍馬入救之。

來往數四，衆皆敗散，乃仰天曰：「兵敗如此，何面見天子乎？」乃下馬戰死。時年五十二。其所部兵，晝夜號哭，數日不止。越王侗遣左光祿大夫裴仁基，招撫其衆，移鎮武牢。帝令其子元備總父兵，元備時在齊郡，遇賊，竟不果行。

楊善會

楊善會字敬仁，弘農華陰人也。父初，官至毗陵太守。善會，大業中爲鄃令，以清正聞。俄而山東飢饉，百姓相聚爲盜，善會以左右數百人逐捕之，往皆克捷。其後賊帥張金稱衆數萬，屯于縣界，屠城剽邑，郡縣莫能禦。善會率勵所領，與賊搏戰，或日有數合，每挫其鋒。煬帝遣將軍段達來討金稱，善會進計於達，達不能用，軍竟敗焉。達深謝善會。後復與賊戰，進止一以謀之，於是大克。金稱復引渤海賊孫宣雅、高士達等衆數十萬，破黎陽而還，軍鋒甚盛。善會以勁兵千人邀擊，破之，擢拜朝請大夫、清河郡丞。金稱稍更屯聚，以輕兵掠冠氏。善會與平原通守楊元弘步騎數萬衆，襲其本營。武賁郎將王辯軍亦至，金稱釋冠氏來援，因與辯戰，不利，善會選精鋭五百赴之，所當皆靡，辯軍復振。賊退守本營，諸軍各還。于時山東思亂，從盜如市，郡縣微弱，陷没相繼。能抗賊者，唯善會而已。前後七百餘陣，未嘗負敗，每恨衆寡懸殊，未能滅賊。會太僕楊義臣討金稱，復爲賊所敗，退保臨清。取善會之策，頻與決戰，賊乃退走。乘勝遂破其營，盡俘其衆。金稱將數百人遁逃，後歸漳南，招集餘黨。善會追捕斬之，傳首行在所。帝賜以尚方甲矟弓劍，進拜清河通守。其年，從楊義臣斬漳南賊帥高士達，傳首江都宮。帝下詔褒揚之。士達所部將竇建德，自號長樂王，來攻信都。臨清賊王安阻兵數千，與建德相影響。善會襲安斬之。建德既下信都，復擾清河，善會逆拒之，反爲所敗，嬰城固守。賊圍之四旬，城陷，爲賊所執。建德釋而禮之，用爲貝州刺史。善會駡之曰：「老賊何敢擬議國士！恨吾力劣，不能擒汝等。我豈是汝屠酤兒輩，敢欲更相吏邪？」臨之以兵，辭氣不撓。建德猶欲活之，爲其部下所請，又知終不爲己用，於是害之。清河士庶莫不傷痛焉。

獨孤盛

獨孤盛，上柱國楷之弟也。性剛烈，有膽氣。煬帝在藩，盛以左右從，累遷爲車騎將軍。及帝嗣位，以藩邸之舊，漸見親待，累轉爲右屯衞將軍。宇文化及之作亂也，裴虔通引兵至成象殿，宿衞者皆釋仗而走。盛謂虔通曰：「何物兵？形勢太異也！」虔通曰：「事勢已然，不預將軍事。將軍慎無動。」盛大罵曰：「老賊是何物語！」不及被甲，與左右十餘人逆拒之，爲亂兵所殺。越王侗稱制，贈光祿大夫、紀國公，謚曰武節。

元文都

元文都，洵陽公孝矩之兄子也。父孝則，周小冢宰、江陵總管。文都性鯁直，明辯有器幹。仕周爲右侍上士。開皇初，授内史舍人，歷庫部、考功二曹郎，俱有能名。擢爲尚書左丞，轉太府少卿。煬帝嗣位，轉司農少卿、司隸大夫，尋拜御史大夫，坐事免。未幾，授太府卿，帝漸任之，甚有當時之譽。

大業十三年，帝幸江都宫，詔文都與段達、皇甫無逸、韋津等同爲東都留守。及帝崩，文都與達、津等共推越王侗爲帝。侗署文都爲内史令、開府儀同三司、光祿大夫、左驍衛大將軍、攝右翊衛將軍、魯國公。既而宇文化及立秦王浩爲帝，擁兵至彭城，所在響震。文都諷侗遣使通於李密。密於是請降，因授官爵，禮其使甚厚。王充不悦，因與文都有隙。文都知之，陰有誅充之計。侗復以文都領御史大夫，充固執而止。盧楚說文都曰：

「王充外軍一將耳，本非留守之徒〔一〇〕，何得預吾事！且洛口之敗，罪不容誅，今者敢懷跋扈，宰制時政〔一一〕，此而不除，方爲國患。」文都然之，遂懷奏入殿。事臨發，有人以告充。充時在朝堂，懼而馳還含嘉城，謀作亂。文都頻遣呼之，充稱疾不赴。至夜作亂，攻東太陽門而入，拜於紫微觀下。侗遣人謂之曰：「何爲者？」充曰：「元文都、盧楚謀相殺害，請斬文都，歸罪司寇。」侗見兵勢漸盛，度終不免，謂文都曰：「公自見王將軍也〔一二〕。」文都遷延而泣，侗遣其署將軍黄桃樹執文都以出。文都顧謂侗曰：「臣今朝亡，陛下亦當夕及。」侗慟哭而遣之，左右莫不憫默。出至興教門，充令左右亂斬之，諸子並見害。

盧楚

盧楚，涿郡范陽人也。祖景祚，魏司空掾。楚少有才學，鯁急口吃，言語澀難。大業中，爲尚書右司郎，當朝正色，甚爲公卿所憚。及帝幸江都，東都官寮多不奉法，楚每存糾舉，無所迴避。

越王侗稱尊號，以楚爲内史令、左備身將軍、攝尚書左丞、右光禄大夫，封涿郡公，與元文都等同心勠力以輔幼主。及王充作亂，兵攻太陽門，武衛將軍皇甫無逸斬關逃難，呼楚同去。楚謂之曰：「僕與元公有約，若社稷有難，誓以俱死，今捨去不義。」及兵入，楚匿於太官署，賊黨執之，送於充所。充奮袂令斬之，於是鋒刃交下，支體糜碎。

劉子翊

劉子翊，彭城叢亭里人也。父徧，齊徐州司馬。子翊少好學，頗解屬文，性剛謇，有吏幹。仕齊殿中將軍。開皇初，爲南和丞，累轉秦州司法參軍事。十八年，入考功，尚書右僕射楊素見而異之，奏爲侍御史。時永寧令李公孝四歲喪母，九歲外繼，其後父更別娶後妻，至是而亡。河間劉炫以無撫育之恩，議不解任。子翊駁之曰：

傳云：「繼母如母，與母同也。」當以配父之尊，居母之位，齊杖之制，皆如親母。又「爲人後者，爲其父母朞」。報朞者，自以本生，非殊親之與繼也。父雖自處傍尊之地，於子之情，猶須隆其本重。是以令云：「爲人後者，爲其父母並解官，申其心喪。父卒母嫁，爲父後者雖不服，亦申心喪。其繼母嫁不解官。」此專據嫁者生文耳。將知繼母在父之室，則制同親母。若謂非有撫育之恩，同之行路，何服之有乎？服既有之，心喪焉可獨異？三省令旨，其義甚明。今言令許不解，何其甚謬！

且後人者爲其父母朞，未有變隔以親繼，親繼既等，故知心喪不殊。服問云：「母出則爲繼母之黨服。」豈不以出母族絶，推而遠之，繼母配父，引而親之乎？子思曰：「爲伋也妻，是爲白也母。不爲伋也妻，是不爲白也母。」定知服以名重，情因父親，所以聖人敦之以孝慈，弘之以名義。是使子以名服，同之親母，繼以義報，等之己生。如謂繼母之來，在子出之後，制有淺深者，考之經傳，未見其文。譬出後之人，所後者初亡，後之者始至，此復可以無撫育之恩而不服重乎？昔長沙人王毖，漢末爲上計詣京師，既而吳、魏隔絶，毖於内國更娶〔一三〕，生子昌。毖死後爲東平相，始知吳之母亡，便情繫居重，不攝職事。于時議者，不以爲非。然則繼母之與前母，於情無別。若要以撫育始生服制，王昌復何足云乎？又晉鎮南將軍羊祜無子，取弟子伊爲子。祜薨，伊不服重，祜妻表聞。伊辭曰：「伯生存養己，伊不敢違。然無父命，故還本生。」尚書彭權議〔一四〕：「子之出養，必由父命，無命而出，是爲叛子。」於是下詔從之。然則心服之制，不得緣恩而生也。

論云：「禮者稱情而立文，仗義而設教。」還以此義，諭彼之情。稱情者，稱如母之情，仗義者，仗爲子之義。名義分定，然後能尊父順名，崇禮篤敬。苟以母養之恩始成母子，則恩由彼至，服自己來，則慈母如母，何得待父命？又云：「繼母慈母，本實路人，臨己養己，同之骨血。」若如斯言，子不由父，縱有恩育，得如母乎？其慈繼雖在三年之下，而居齊朞之上，禮有倫例，服以稱情。繼母本以名服，豈藉恩之厚薄也。至於兄弟之子猶子也，私昵之心實殊，禮服之制無二。彼言「以」輕「如」重，自以不同。此謂如重之辭，即同重法，若使輕重不等，何得爲「如」？律云「准枉法」者，但准其罪，「以枉法論」者，即同真法。律以弊刑，禮以設教，准者准擬之名，以者即真之稱。「如」、「以」二字，義用不殊，禮律兩文，所防是一。將此明彼，足見其義，取譬伐柯，何遠之有。

又論云：「取子爲後者，將以供承祧廟，奉養己身，不得使宗子歸其故宅，以子道事本父之後妻也。」然本父後妻，因父而得母稱，若如來旨，本父亦可無心喪乎？何直父之後妻。論又云：「禮言舊君，其尊豈復君乎？已去其位，非復純臣，須言『舊』以殊之。別有所重，非復純孝，故言『其』已見之[一五]。目以其父之文，是名異也。」此又非通論。何以言之？「其」、「舊」訓殊，所用亦別，舊者易新之稱，其者因彼之辭，安得以相類哉？至如禮云：「其父析薪，其子不克負荷。」傳云：「衞雖小，其君在焉。」若其父而有異，其君復有異乎？斯不然矣，斯不然矣。今炫敢違禮乖令，侮聖干法，使出後之子，無情於本生，名義之分，有虧於風俗。徇飾非於明世[一六]，彊媒孽於禮經〔一七〕，雖欲揚己露才，不覺言之傷理。事奏，竟從子翊之議。

仁壽中，爲新豐令，有能名。大業三年，除大理正，甚有當時之譽。擢授治書侍御史，每朝廷疑議，子翊爲之辯析，多出衆人意表。

從幸江都。值天下大亂，帝猶不悟，子翊因侍切諫，由是忤旨，令子翊爲丹陽留守。尋遣於上江督運，爲賊吴棊子所虜。子翊說之，因以衆首〔一八〕。復遣領首賊清江〔一九〕。遇煬帝被殺，賊知而告之。子翊弗信，斬所言者。賊又欲請以爲主，子翊不從。羣賊執子翊至臨川城下，使告城中，云「帝已崩」。子翊反其言，於是見害，時年七十。

堯君素

堯君素，魏郡湯陰人也。煬帝爲晉王時，君素以左右從。及嗣位，累遷鷹擊郎將。大業之末，盜賊蜂起，人多流亡，君素所部獨全。後從驍衞大將軍屈突通拒義兵於河東。俄而通引兵南遁，以君素有膽略，署領河東通守。義師遣將呂紹宗、韋義節等攻之，不剋。及通軍敗，至城下呼之。君素見通，歔欷流涕，悲不自勝，左右皆哽咽，通亦泣下霑衿，因謂君素曰：「吾軍已敗，義旗所指，莫不響應。事勢如此，卿當早降，以取富貴。」君素答曰：「公當爪牙之寄，爲國大臣，主上委公以關中，代王付公以社稷，國祚隆替，懸之於公。奈何不思報効，以至於此。縱不能遠慙主上，公所乘馬，即代王所賜也，公何面目乘之哉！」通曰：「吁！君素，我力屈而來。」君素曰：「方今力猶未屈，何用多言。」通慙而退。時圍甚急，行李斷絕，君素乃爲木鵝，置表於頸，具論事勢，浮之黄河，沿流而下。河陽守者得之，達于東都。越王侗見而歎息，於是承制拜君素爲金紫光禄大夫，密遣行人勞苦之。監門直閤龐玉、武衞將軍皇甫無逸前後自東都歸義，俱造城下，爲陳利害。大唐又賜金券，待以不死。君素卒無降心。其妻又至城下謂之曰：「隋室已亡，天命有屬，君何自苦，身取禍敗。」君素曰：「天下事非婦人所知。」引弓射之，應弦而倒。君素亦知事必不濟，然要在守死不易，每言及國家，未嘗不歔欷。嘗謂將士曰：「吾是藩邸舊臣，累蒙奬擢，至於大義，不得不死。今穀支數年，食盡此穀，足知天下之事。必若隋室傾敗，天命有歸，吾當斷頭以付諸君也。」時百姓苦隋日久，及逢義舉，人有息肩之望。然君素善於統領，下不能叛。歲餘，頗得外生口，城中微知江都傾覆。又粮食乏絕，人不聊生，男女相食，衆心離駭。白虹降於府門，兵器之端，夜皆光見。月餘，君素爲左右所害。

陳孝意

河東陳孝意，少有志尚，弱冠，以貞介知名。大業初，爲魯郡司法書佐，郡内號爲廉平。太守蘇威嘗欲殺一囚，孝意固諫，至於再三，威不許。孝意因解衣，請先受死。良久，威意乃解，謝而遣之。漸加禮敬。及威爲納言，奏孝意爲侍御史。後以父憂去職，居喪過禮，有白鹿馴擾其廬，時人以爲孝感之應。未朞，起授鴈門郡丞。在郡菜食齋居，朝夕哀臨，每一發聲，未嘗不絕倒，柴毁骨立，見者哀之。于時政刑日紊，長吏多贓汙，孝意清節彌厲，發姦擿伏，動若有神，吏民稱之。

煬帝幸江都，馬邑劉武周殺太守王仁恭，舉兵作亂。孝意率兵與武賁郎將王智辯討之，戰於下館城，反爲所敗。武周遂轉攻傍郡，百姓兇兇，將懷叛逆。前郡丞楊長仁、鴈門令王確等，並桀黠，爲無賴所歸，謀應武周。孝意陰知之，族滅其家，郡中戰慄，莫敢異志。俄而武周引兵來攻，孝意拒之，每致克捷。但孤城獨守，外無聲援，孝意執志，誓以必死。每遣使江都，道路隔絕，竟無報命。孝意亦知帝必不反，每每旦暮向詔敕庫俯伏流涕〔二〇〕，悲動左右。圍城百餘日，粮盡，爲校尉張倫所殺，以城歸武周。

張季珣

京兆張季珣，父祥，少爲高祖所知，其後引爲丞相參軍事。開皇中，累遷并州司馬。仁壽末，漢王諒舉兵反，遣其將劉建略地燕、趙。至井陘，祥勒兵拒守，建攻之，復縱火燒其郭下。祥見百姓驚駭，其城側有西王母廟，祥登城望之再拜，號泣而言曰：「百姓何罪，致此焚燒！神其有靈，可降雨相救。」言訖，廟上雲起，須臾驟雨，其火遂滅。士卒感其至誠，莫不用命。城圍月餘，李雄援軍至〔二二〕，賊遂退走。以功授開府，歷汝州刺史、靈武太守，入爲都水監，卒官。

季珣少慷慨，有志節。大業末，爲鷹擊郎將〔二三〕，其府據箕山爲固〔二四〕，與洛口連接。及李密、翟讓攻陷倉城，遣人呼之。季珣罵密極口，密怒，遣兵攻之，連年不能克。時密衆數十萬在其城下，季珣四面阻絕，所領不過數百人，而執志彌固，誓以必死。經三年，資用盡，樵蘇無所得，撤屋而爨，人皆穴處，季珣撫巡之，一無離叛。粮盡，士卒羸病不能拒戰，遂爲所陷。季珣坐聽事，顏色自若，密遣兵禽送之。羣賊曳季珣令拜密，季珣曰：「吾雖爲敗軍之將，猶是天子爪牙之臣，何容拜賊也！」密壯而釋之。翟讓從之求金不得，遂殺之，時年二十八。

其弟仲琰，大業末爲上洛令。及義兵起，率吏人城守，部下殺之以歸義。仲琰弟琮，爲千牛左右，宇文化及之亂遇害。季珣家素忠烈，兄弟俱死國難，論者賢之。

松贇〔二四〕

北海松贇，性剛烈，重名義，爲石門府隊正。大業末，有賊楊厚擁徒作亂，來攻北海縣，贇從郡兵討之。贇輕騎覘賊，爲厚所獲，厚令贇謂城中，云郡兵已破，宜早歸降。贇僞許之。既至城下，大呼曰：「我是松贇，爲官軍覘賊，邂逅被執，非力屈也。今官軍大來，並已至矣，賊徒寡弱，旦暮擒剪，不足爲憂。」賊以刀築贇口，引之而去，毆擊交下。贇罵厚曰：「老賊何敢致辱賢良，禍自及也！」言未卒，賊已斬斷其腰。城中望之，莫不流涕扼腕，鋭氣益倍。北海卒完。煬帝遣户曹郎郭子賤討厚破之，以贇亡身殉節，嗟悼不已，上表奏之。優詔褒揚，贈朝散大夫、本郡通守。

史臣曰：古人以天下至大，方身則小，生爲重矣，比義則輕。然則死有重於太山，生以理全者也，生有輕於鴻毛，死與義合者也。然死不可追，生無再得，故處不失節，所以爲難矣。楊諒、玄感、李密反形已成，凶威方熾，皇甫誕、游元、馮慈明臨危不顧，視死如歸，可謂勇於蹈義矣。獨孤盛、元文都、盧楚、堯君素豈不知天之所廢，人不能興，甘就菹醢之誅，以徇忠貞之節。雖功未存於社稷，力無救於顛危，然視彼苟免之徒，貫三光而洞九泉矣。須陁、善會有温序之風，子翊、松贇蹈解揚之烈。國家昬亂有忠臣，誠哉斯言也。

校勘記

〔一〕皇甫誕字玄慮　「玄慮」，皇甫誕碑作「玄憲」。

〔二〕諒用諮議王頍之謀　「王頍」，原作「王頗」，據本書卷七六文學王頍傳、北史卷七〇皇甫璠傳附皇甫誕傳改。

〔三〕有嵐州司馬陶模　「陶模」，北史卷七〇皇甫璠傳附皇甫誕傳作「陶世模」，本書避唐諱改。

〔四〕鍾葵義而釋之　「鍾」字原闕，據宋甲本補。按，册府卷一三八帝王部旌表、卷七二三幕府部規諷、卷七六二總録部忠義、卷七六三總録部忠烈亦有「鍾」字。

〔五〕會虞世基奏格而止　「虞」字原闕，據宋甲本、至順本、汲本補。按，册府卷九五三總録部不遇亦有「虞」字。

〔六〕廣平任城人　「任城」，疑當作「任」。按，游元高祖明根，魏書卷五五游明根傳「廣平任人」。魏書卷一〇六上地形志上，任縣屬北廣平郡，卷一〇六中地形志中，任城縣屬任城郡。本書卷三一地理志下，任城屬魯郡。

〔七〕爲蓋牟道監軍　「蓋牟道」，按，本書卷四煬帝紀下，時第四軍「蓋馬道」，無「蓋牟道」。本書卷六五吐萬緒傳亦云「率馬步數萬指蓋馬道」。

〔八〕欲殺但殺　「欲」，宋甲本、汲本作「須」。按，北史卷五五馮子琮傳附馮慈明傳、册府卷七六二總録部忠義亦作「須」。

〔九〕其黨解象王良鄭大彪李晼等衆各萬計　「李晼」，宋甲本、至順本作「李脘」。按，北史卷八五節義張須陁傳亦作「李脘」。

〔一〇〕本非留守之徒　「徒」，至順本作「材」，文意較長。

〔一一〕宰制時政　「政」，原作「制」，據宋甲本、至順本、汲本改。按，册府卷九三五總録部搆患亦作「政」。

〔一二〕公自見王將軍也　「自」字原闕，據宋甲本、至順本、汲本補。按，册府卷九三五總録部搆患亦有「自」字。

〔一三〕毖於内國更娶　「内國」即「中國」，避隋諱改。

〔一四〕尚書彭權議　「彭權」，原作「彭禮」，據宋甲本、至順本、汲本改。按，北史卷八五節義劉子翊傳亦作「彭權」。

〔五〕故言其已見之　「已」，册府卷五八四掌禮部奏議作「以」，與上文「言『舊』以殊之」契合。

〔六〕徇飾非於明世　「徇」，通志卷一六六忠義劉子翊傳作「苟」。

〔七〕彊媒孽於禮經　「孽」，原作「櫱」，據南監本改。

〔八〕因以衆首　「首」，北史卷八五節義劉子翊傳、通志卷一六六忠義劉子翊傳作「降」。

〔九〕復遣領首賊清江　「領首」，北史卷八五節義劉子翊傳、通志卷一六六忠義劉子翊傳作「首領」；「清」，作「渡」。

〔一〇〕每每旦暮向詔勑庫俯伏流涕　「每每旦暮」，宋甲本、至順本、汲本「每」字不重，北史卷八五節義陳孝意傳作「每旦夕」。

〔一一〕李雄援軍至　「李雄」，即李子雄，本書卷七〇有傳。北史卷七四李雄傳作「李雄」。

〔一二〕爲鷹擊郎將　「鷹擊郎將」，北史卷八五節義張季珣傳、册府卷三七三將帥部忠、通志卷一六六忠義張季珣傳作「鷹揚郎將」。

〔一三〕其府據箕山爲固　「其府」，北史卷八五節義張季珣傳、册府卷三七三將帥部忠作「其軍」，通志卷一六六忠義張季珣傳作「所居」。

〔一四〕松贇　北史卷八五節義杜松贇傳、通志卷一六六忠義陳孝意傳作「杜松贇」。古今姓氏書辯證卷二四杜「節義則杜叔毗、杜松贇」。

隋書卷七十二

列傳第三十七

孝義

孝經云：「夫孝，天之經也，地之義也，人之行也。」論語云：「君子務本，本立而道生。孝悌也者，其爲仁之本與！」呂覽云：「夫孝，三皇、五帝之本務，萬事之綱紀也。執一術而百善至，百邪去，天下順者，其唯孝乎！」然則孝之爲德至矣，其爲道遠矣，其化人深矣。故聖帝明王行之於四海，則與天地合其德，與日月齊其明。諸侯卿大夫行之於國家，則永保其宗社，長守其祿位。匹夫匹婦行之於閭閻，則播徽烈於當年，揚休名於千載。此皆資純至以感物，故聖哲之所重。

田翼、郎方貴等闕稽古之學，無俊偉之才，並能任其自然，情無矯飾。篤於天性，勤其四體，竭股肱之力，盡愛敬之心，自足膝下之歡，忘懷軒冕之貴。不言之化，人神通感。雖或位登台輔，爵列王侯，禄積萬鍾，馬踰千駟，死之日，曾不得與斯人之徒隸齒。孝之大也，不其然乎！故述其所行，爲孝義傳。

陸彦師

陸彦師字雲房，魏郡臨漳人。祖希道，魏定州刺史。父子彰，中書監。彦師少有行檢，爲邦族所稱，長而好學，解屬文。魏襄城王元旭引爲參軍事。以父艱去職，哀毁殆不勝喪。與兄卬廬於墓次，負土成墳。公卿重之，多就墓側存問，晦朔之際，車馬不絶。齊文宣聞而嘉歎，旌表其閭，號其所住爲孝終里〔一〕。

中書令河間邢邵表薦之，未報，彭城王浟爲司州牧，召補主簿。後歷中外府東閤祭酒。兄卬當襲父始平侯，以彦師昆弟中最幼，表讓封焉。彦師固辭而止。時稱友悌孝義，總萃一門。遷中書舍人，尋轉通直散騎侍郎。每陳使至，必令高選主客，彦師所接對者，前後六輩。歷中書黄門侍郎，以不阿宦者，遇讒，出爲中山太守，有惠政。數年，徵爲吏部郎中。周武平齊，授載師下大夫。宣帝時，轉少納言，賜爵臨水縣男，奉使幽、薊。

俄而高祖爲丞相，彥師遇疾，請假還鄴。尉迥將爲亂，彥師微知之，遂委妻子，潛歸長安。高祖嘉之，授内史下大夫，拜上儀同。高祖受禪，拜尚書左丞，進爵爲子。彥師素多病，未幾，以務劇疾動，乞解所職，有詔聽以本官就第。歲餘，轉吏部侍郎。隋承周制，官無清濁，彥師在職，凡所任人，頗甄别於士庶，論者美之。後復以病出爲汾州刺史，卒官。

田德懋

田德懋，觀國公仁恭之子也。少以孝友著名。開皇初，以父軍功，賜爵平原郡公，授太子千牛備身。丁父艱，哀毁骨立，廬於墓側，負土成墳。上聞而嘉之，遣員外散騎侍郎元志就弔焉。復降璽書曰：「皇帝謝田德懋。知在窮疾，哀毁過禮，倚廬墓所，負土成墳。朕孝理天下，思弘名教，復與汝通家，情義素重，有聞孝感，嘉歎兼深。春日暄和，氣力何似？宜自抑割，以禮自存也。」并賜縑二百匹，米百石。復下詔表其門閭。後歷太子舍人、義州司馬。大業中，爲給事郎、尚書駕部郎，卒官。

薛濬

薛濬字道賾，刑部尚書、内陽公胄之從祖弟也。父琰，周渭南太守。濬少喪父，早孤，養母以孝聞。幼好學，有志行，尋師於長安。時初平江陵，何妥歸國，見而異之，授以經業。周天和中，襲爵虞城侯，歷納言上士、新豐令。開皇初，擢拜尚書虞部侍郎，尋轉考功侍郎。帝聞濬事母至孝，以其母老，賜輿服机杖，四時珍味，當時榮之。後其母疾，濬貌甚憂瘁，親故弗之識也。暨丁母艱，詔鴻臚監護喪事，歸葬夏陽。于時隆冬極寒，濬衰絰徒跣，冒犯霜雪，自京及鄉，五百餘里，足凍墮指，瘡血流離，朝野爲之傷痛。州里賵助，一無所受。尋起令視事，濬屢陳誠欵，請終喪制，優詔不許。及至京，上見其毁瘠過甚，爲之改容，顧謂羣臣曰：「吾見薛濬哀毁，不覺悲感傷懷。」嗟異久之。濬竟不勝喪，病且卒。其弟謨時爲晉王府兵曹參軍事，在揚州，濬遺書與謨曰：

吾以不造，幼丁艱酷，窮遊約處，屢絶簞瓢。晚生早孤，不聞詩、禮，賴奉先人貽厥之訓，獲稟母氏聖善之規，負笈裹糧，不憚艱遠，從師就業，欲罷不能。砥行厲心，困而彌篤，服膺教義，爰至長成。自釋耒登朝，于茲二十三年矣。雖官非聞達，而禄喜逮親，庶保期頤，得終色養。何圖精誠無感，禍酷荐臻，兄弟俱被奪情，苫廬靡中哀訴。是用扣心泣血，賷氣摧魂者也。既而瘡巨釁深，不勝荼毒，啓手啓足，幸及全歸。使夫死而有知，得從先人於地下矣，豈非至願哉。但念爾伶俜孤宦，遠在邊服，顧此恨恨，如何可言。適已有書，冀得與汝面訣，忍死待汝，已歷一旬。汝既未來，便成今古，緬然永別，爲恨何言。勉之哉，勉之哉！

書成而絶〔二〕，時年四十二。有司以聞，高祖爲之屑涕，降使齎册書弔祭曰：「皇帝咨故考功侍郎薛濬。於戲！惟爾操履貞和，器業詳敏，允膺列宿，勤譽克彰。及遘私艱，奄從毁滅。嘉爾誠孝，感于朕懷，奠酹有加，抑惟朝典。故遣使人，指申往命，魂而有靈，歆兹榮渥。嗚呼哀哉！」

濬性清儉，死之日，家無遺資。濬初爲童兒時，與宗中諸兒遊戲于澗濱。見一黃蛇有角及足，召羣兒共視，了無見者。濬以爲不祥，歸，大憂悴。母逼而問之，濬以實對。時有胡僧詣宅乞食，濬母怖而告之，僧曰：「此乃兒之吉應。且是兒也，早有名位，然壽不過六七耳。」言終而出，忽然不見，時咸異之。既而終於四十二，六七之言，於是驗矣。子乾福，武安郡司倉書佐。

王頒

王頒字景彦，太原祁人也。祖神念，梁左衛將軍。父僧辯，太尉。頒少倜儻，有文武幹局。其父平侯景，留頒質於荆州，遇元帝爲周師所陷，頒因入關。聞其父爲陳武帝所殺，號慟而絶，食頃乃蘇，哭泣不絶聲，毁瘠骨立。至服闋，常布衣蔬食，藉藁而卧。周明帝嘉之，召授左侍上士，累遷漢中太守，尋拜儀同三司。

開皇初，以平蠻功，加開府，封蛇丘縣公。獻取陳之策，上覽而異之，召與相見，言畢而歔欷，上爲之改容。及大舉伐陳，頒自請行，率徒數百人，從韓擒先鋒夜濟。力戰被傷，恐不堪復鬬，悲感嗚咽。夜中因睡，夢有人授藥，比寤而瘡不痛，時人以爲孝感。及陳滅，頒密召父時士卒，得千餘人，對之涕泣。其間壯士或問頒曰：「郎君來破陳國，滅其社稷，讎恥已雪，而悲哀不止者，將爲霸先早死，不得手刃之邪？請發其丘壟，斲櫬焚骨，亦可申孝心矣。」頒頓顙陳謝，額盡流血，答之曰：「其爲帝王，墳塋甚大，恐一宵發掘，不及其屍，更至明朝，事乃彰露，若之何？」諸人請具鍫鍤，一旦皆萃。於是夜發其陵，剖棺，見陳武帝鬚並不落，其本皆出自骨中。頒遂焚骨取灰，投水而飲之。既而自縛，歸罪於晉王。王表其狀，高祖曰：「朕以義平陳，王頒所爲，亦孝義之道也，朕何忍罪之！」舍而不問。有司録其戰功，將加柱國，賜物五千段，頒固辭曰：「臣緣國威靈，得雪怨恥，本心徇私，非是爲國，所加官賞，終不敢當。」高祖從之。拜代州刺史，甚有惠政。母憂去職。後爲齊州刺史，卒官，時年五十二。弟頍，見文學傳。

楊慶

楊慶字伯悦，河間人也。祖玄，父剛，並以至孝知名。慶美姿儀，性辯慧。年十六，齊國子博士徐遵明見而異之。及長，頗涉書記。年二十五，郡察孝廉，以侍養不行。其母有疾，不解襟帶者七旬。及居母憂，哀毀骨立，負土成墳。齊文宣帝表其門閭，賜帛三十匹，繇十屯，粟五十石。高祖受禪，屢加褒賞，擢授儀同三司，版授平陽太守。年八十五，終於家。

郭儁

郭儁字弘乂，太原文水人也。家門雍睦，七葉共居，犬豕同乳，烏鵲通巢，時人以爲義感之應。州縣上其事，上遣平昌公宇文弢詣其家勞問之。治書御史柳彧巡省河北，表其門閭。漢王諒爲并州總管，聞而嘉歎，賜兄弟二十餘人衣各一襲。

田翼

田翼，不知何許人也。性至孝，養母以孝聞。其後母卧疾歲餘，翼親易燥濕，母食則食，母不食則不食。母患暴痢，翼謂中毒，遂親嘗惡。及母終，翼一慟而絶，其妻亦不勝哀而死。鄉人厚共葬之。

紐回

紐回字孝政〔三〕，河東安邑人也。性至孝，周武成中，父母喪，廬於墓側，負土成墳。廬前生麻一株，高丈許，圍之合拱，枝葉鬱茂，冬夏恒青。有烏棲其上，回舉聲哭，烏即悲鳴，時人異之。周武帝表其閭，擢授甘棠令。開皇初，卒。

子士雄，少質直孝友，喪父，復廬於墓側，負土成墳。其庭前有一槐樹，先甚鬱茂，及士雄居喪，樹遂枯死。服闋還宅，死樹復榮〔四〕。高祖聞之，歎其父子至孝，下詔褒揚，號其所居爲累德里。

劉士儁

劉士儁，彭城人也。性至孝，丁母喪，絶而復蘇者數矣。勺飲不入口者七日，廬於墓側，負土成墳，列植松柏。狐狼馴擾，爲之取食。高祖受禪，表其門閭。

郎方貴

郎方貴，淮南人也。少有志尚，與從父弟雙貴同居。開皇中，方貴嘗因出行遇雨，淮水汎長，於津所寄渡，船人怒之，撾方貴臂折。至家，其弟雙貴驚問所由，方貴具言之。雙貴恚恨，遂向津毆擊船人致死。守津者執送之縣官，案問其狀，以方貴爲首，當死，雙貴從坐，當流。兄弟二人爭爲首坐，縣司不能斷，送詣州。兄弟各引咎，州不能定，二人爭欲赴水而死。州狀以聞，上聞而異之，特原其罪，表其門閭，賜物百段。後爲州主簿。

翟普林

翟普林，楚丘人也。性仁孝，事親以孝聞。州郡辟命，皆固辭不就，躬耕色養，鄉鄰謂爲楚丘先生。後父母疾，親易燥濕，不解衣者七旬。大業初，父母俱終，哀毁殆將滅性，廬於墓側，負土爲墳。盛冬不衣繒絮，唯著單縗而已。家有一烏犬，隨其在墓，若普林哀臨，犬亦悲號，見者嗟異焉。有二鵲巢其廬前柏樹，每入其廬，馴狎無所驚懼。大業中，司隸巡察，奏其孝感，擢授孝陽令。

李德饒

李德饒，趙郡柏人人也。祖徹，魏尚書右丞。父純，開皇中爲介州長史。德饒少聰敏好學，有至性，宗黨咸敬之。弱冠爲校書郎，仍直内史省，參掌文翰。轉監察御史，糾正不避貴戚。大業三年，遷司隸從事，每巡四方，理雪冤枉，褒揚孝悌。雖位秩未通，其德行爲當時所重，凡與交結，皆海内髦彦。性至孝，父母寢疾，輒終日不食，十旬不解衣。及丁憂，水漿不入口五日，哀慟歐血數升。及送葬之日，會仲冬積雪，行四十餘里，單縗徒跣，號踴幾絶。會葬者千餘人，莫不爲之流涕。後甘露降於庭樹，有鳩巢其廬。納言楊達巡省河北，詣其廬弔慰之，因改所居村名孝敬村，里爲和順里。

後爲金河長，未之官，值羣盜蜂起，賊帥格謙、孫宣雅等十餘頭，聚衆於渤海。時有勑許其歸首，謙等懼不敢降，以德饒信行有聞，遣使奏曰：「若使德饒來者，即相率歸首。」帝於是遣德饒往渤海慰諭諸賊。行至冠氏，會他盜攻陷縣城，德饒見害。

其弟德伯，性重然諾。大業末，爲離石郡司法書佐，太守楊子崇特禮之。及義兵起，子崇遇害，棄尸城下，德佋赴哭盡哀，收瘞之。至介休，詣義師，請葬子崇。大將軍嘉之，因贈子崇官，令德佋爲使者，往離石禮葬子崇焉。

華秋

華秋，汲郡臨河人也。幼喪父，事母以孝聞。家貧，傭賃爲養。其母遇患，秋容貌毁悴，鬢鬢頓改，州里咸嗟異之。及母終之後，遂絶櫛沐，髮盡秃落。廬於墓側，負土成墳，有人欲助之者，秋輒拜而止之。大業初，調狐皮，郡縣大獵。有一兔，人逐之，奔入秋廬中，匿秋膝下。獵人至廬所，異而免之。自爾此兔常宿廬中，馴其左右。郡縣嘉其孝感，具以狀聞。煬帝降使勞問，表其門閭。後羣盜起，常往來廬之左右，咸相誡曰：「勿犯孝子。」鄉人賴秋而全者甚衆。

徐孝肅

徐孝肅，汲郡人也。宗族數千家，多以豪侈相尚，唯孝肅性儉約，事親以孝聞。雖在幼齒，宗黨間每有爭訟，皆至孝肅所平論之，爲孝肅所短者，無不引咎而退。孝肅早孤，不識父，及長，問其母父狀。因求畫工，圖其形像，構廟置之而定省焉，朔望享祭。養母至孝，數十年，家人未見其有忿恚之色。及母老疾，孝肅親易燥濕，憂悴數年，見者無不悲悼。母終，孝肅茹蔬飲水，盛冬單縗，毁瘠骨立。祖父母、父母墓皆負土成墳，廬於墓所四十餘載，被髮徒跣，遂以身終。

其弟德備，聰敏，通涉五經，河朔間稱爲儒者。德備終，子處默又廬於墓側，奕葉稱孝焉。

史臣曰：昔者弘愛敬之理，必籍王公大人，近古敦孝友之情，多茅屋之下。而彦師、道賾，或家傳纓冕，或身誓山河，遂乃負土成墳，致毁滅性。雖乖先王之制〔五〕，亦觀過以知仁矣。郎貴昆弟，爭死而身全，田翼夫妻俱喪而名立，德饒仁懷羣盜，德佋義感興王〔六〕，亦足稱也。紐回、劉儁之倫，翟林、華秋之輩，或茂草嘉樹榮枯於庭宇，或走獸翔禽馴狎於廬墓，非夫孝悌之至，通於神明者乎！

校勘記

〔一〕號其所住爲孝終里　上文稱陸彦師「與兄卬廬於墓次，負土成墳」，朝廷因旌表其閭爲孝終里。陸印兄弟爲陸俟之孫。唐人陸孝斌爲陸俟八世孫，文苑英華卷九二八張説陸孝斌碑載，孝斌「曾祖彥昇，北齊以文藝高選，任祕書郎，以至德表所居，號終孝里」。彥昇應即彥師昆季，惟「孝終里」作「終孝里」。

〔二〕書成而絶　「而絶」二字原闕，據宋甲本、至順本、汲本補。按，册府卷八五二總録部友悌作「書成已絶」。

〔三〕紐回字孝政　「紐回」，北史卷八四孝行紐因傳作「紐因」，册府卷一三八帝王部旌表作「紆回」，卷七五七總録部孝感作「細回」。

〔四〕死樹復榮　「樹」，宋甲本、汲本作「槐」。按，北史卷八四孝行紐因傳、册府卷一三八帝王部旌表、卷七五七總録部孝感亦作「槐」。

〔五〕雖乖先王之制　宋甲本「制」上有「典」字。按，北史卷八四孝行「論曰」亦有「典」字。

〔六〕德侶義感興王　「德」字原闕，據宋甲本補。

隋書卷七十三

列傳第三十八

循吏

古之善牧人者，養之以仁，使之以義，教之以禮，隨其所便而處之，因其所欲而與之，從其所好而勸之。如父母之愛子，如兄之愛弟，聞其飢寒爲之哀，見其勞苦爲之悲，故人敬而悦之，愛而親之。若子產之理鄭國，子賤之居單父，賈琮之牧冀州，文翁之爲蜀郡，皆可以恤其災患，導以忠厚，因而利之，惠而不費。其暉映千祀，聲芳不絶，夫何爲哉？用此道也。然則五帝、三王不易人而化，皆在所由化之而已。故有無能之吏，無不可化之人。

高祖膺運撫圖，除凶靜亂，日旰忘食，思邁前王。然不敦詩書，不尚道德，專任法令，嚴察臨下。吏存苟免，罕聞寬惠，乘時射利者，多以一切求名。暨煬帝嗣興，志存遠略，車轍馬跡，將徧天下，綱紀弛紊，四維不張。其或善於侵漁，彊於剥割，絶億兆之命，遂一人之求者，謂之奉公，即時升擢。其或顧名節，存綱紀，抑旅攘之心，以從百姓之欲者，則謂之附下，旋及誅夷。夫吏之侵漁，得其所欲，雖重其禁，猶或爲之。吏之清平，失其所欲，雖崇其賞，猶或不爲。況於上賞其姦，下得其欲，求其廉潔，不亦難乎！彦光等立嚴察之朝，屬昏狂之主，執心平允，終行仁恕，餘風遺愛，没而不忘，寬惠之音，足以傳於來葉。故列其行事，以繫循吏之篇爾。

梁彦光

梁彦光字脩芝〔一〕，安定烏氏人也。祖茂，魏秦、華二州刺史〔二〕。父顯，周荆州刺史。彦光少岐嶷，有至性，其父每謂所親曰：「此兒有風骨，當興吾宗。」七歲時，父遇篤疾，醫云餌五石可愈。時求紫石英不得〔三〕。彦光憂瘁不知所爲，忽於園中見一物，彦光所不識，怪而持歸，即紫石英也。親屬咸異之，以爲至孝所感。魏大統末，入太學，略涉經史，有規檢，造次必以禮。解褐祕書郎，時年十七。周受禪，遷舍人上士。武帝時，累遷小馭下大夫。母憂去職，毁瘁過禮。未幾，起令視事，帝見其毁甚，嗟歎久之，頻蒙慰諭。後轉小内史下大夫。建德中，爲御正下大夫。從帝平齊，以功授開府、陽城縣公，邑千户。宣帝即位，拜華州刺史，進封華陽郡公，增邑五百户，以陽城公轉封一子。尋進位上大將軍，遷御正上大夫。俄拜柱國、青州刺史，屬帝崩，不之官。

及高祖受禪，以爲岐州刺史，兼領岐州宫監，增邑五百户，通前二千户。甚有惠政，嘉禾連理，出於州境。開皇二年，上幸岐州，悦其能，乃下詔曰：「賞以勸善，義兼訓物。彦光操履平直，識用凝遠，布政岐下，威惠在人，廉慎之譽，聞於天下。三載之後，自當遷陟，恐其匱乏，且宜旌善。可賜粟五百斛，物三百段，御傘一枚，庶使有感朕心，日增其美。四海之内，凡曰官人，慕高山而仰止，聞清風而自勵。」未幾，又賜錢五萬。

後數歲，轉相州刺史。彦光前在岐州，其俗頗質，以靜鎮之，合境大化，奏課連最，爲天下第一。及居相部，如岐州法。鄴都雜俗，人多變詐，爲之作歌，稱其不能理化。上聞而譴之，竟坐免。歲餘，拜趙州刺史，彦光言於上曰：「臣前待罪相州，百姓呼爲戴帽餳。臣自分廢黜，無復衣冠之望，不謂天恩復垂收採。請復爲相州，改絃易調，庶有以變其風俗，上答隆恩。」上從之，復爲相州刺史。豪猾者聞彦光自請而來，莫不嗤笑。彦光下車，發擿姦隱，有若神明，於是狡猾之徒莫不潛竄，合境大駭。初，齊亡後，衣冠士人多遷關内，唯技巧、商販及樂户之家移實州郭。由是人情險詖，妄起風謡，訴訟官人，萬端千變。

彦光欲革其弊，乃用秩俸之物，招致山東大儒，每鄉立學，非聖哲之書不得教授。常以季月召集之，親臨策試。有勤學異等，聰令有聞者，升堂設饌，其餘並坐廊下。有好諍訟，惰業無成者，坐之庭中，設以草具。及大比當舉〔四〕，行賓貢之禮，又於郊外祖道，并以財物資之。於是人皆剋勵，風俗大改。有滏陽人焦通，性酗酒，事親禮闕，爲從弟所訟。彦光弗之罪，將至州學，令觀於孔子廟。于時廟中有韓伯瑜母杖不痛，哀母力弱，對母悲泣之像。通遂感悟，既悲且媿，若無自容。彦光訓諭而遣之。後改過勵行，卒爲善士。以德化人，皆此類也。吏人感悦，略無諍訟。後數歲，卒官，時年六十。贈冀、定、青、瀛四州刺史，謚曰襄。子文謙嗣。

文謙弘雅有父風，以上柱國嫡子，例授儀同。開皇十五年，拜上州刺史。煬帝即位，轉饒州刺史。歲餘，爲鄱陽太守，稱爲天下之最。徵拜户部侍郎。遼東之役，領武賁郎將，尋以本官兼檢校太府、衞尉二少卿。明年，又領武賁郎將，爲盧龍道軍副。會楊玄感作亂，其弟武賁郎將玄縱先隸文謙，玄感反問未至而玄縱逃走，文謙不之覺，坐是配防桂林而卒，時年五十六。

少子文讓，初封陽城縣公，後爲鷹揚郎將。從衞玄擊楊玄感於東都，力戰而死，贈通議大夫。

樊叔略

樊叔略，陳留人也。父歡〔五〕，仕魏爲南兗州刺史、阿陽侯〔六〕。屬高氏專權，將謀興復之計，爲高氏所誅。叔略時在髫亂，遂被腐刑，給使殿省。身長九尺，志氣不凡，頗爲高氏所忌。内不自安，遂奔關西。周太祖見而器之，引置左右。尋授都督，襲爵爲侯。大冢宰宇文護執政，引爲中尉。叔略多計數，曉習時事，護漸委信之，兼督内外。累遷驃騎大將軍、開府儀同三司。護誅後，齊王憲引爲園苑監。時憲素有吞關東之志，叔略因事數進兵謀，憲甚奇之。建德五年，從武帝伐齊，叔略部率精鋭，每戰身先士卒。以功加上開府，進封清鄉縣公，邑千四百户。拜汴州刺史，號爲明決。宣帝時，於洛陽營建東京，以叔略有巧思，拜營構監，宫室制度皆叔略所定。功未就而帝崩。尉迥之亂，高祖令叔略鎮大梁。迥將宇文威來寇，叔略擊走之。以功拜大將軍，復爲汴州刺史。

高祖受禪，加位上大將軍，進爵安定郡公。在州數年，甚有聲譽。鄴都俗薄，號曰難化，朝廷以叔略所在著稱，遷相州刺史，政爲當時第一。上降璽書褒美之，賜物三百段，粟五百石，班示天下。百姓爲之語曰：「智無窮，清鄉公。上下正，樊安定。」徵拜司農卿，吏人莫不流涕，相與立碑頌其德政。自爲司農，凡種植，叔略別爲條制，皆出人意表。朝廷有疑滯，公卿所未能決者，叔略輒爲評理。雖無學術，有所依據，然師心獨見，闇與理合。甚爲上所親委，高熲、楊素亦禮遇之。叔略雖爲司農，往往參督九卿事。性頗豪侈，每食必方丈，備水陸。十四年，從祠太山，行至洛陽，上令録囚徒。具狀將奏，晨起，至獄門，於馬上暴卒，時年五十九。上悼惜久之，贈亳州刺史，謚曰襄。

趙軌

趙軌，河南洛陽人也。父肅，魏廷尉卿。軌少好學，有行檢。周蔡王引爲記室，以清苦聞。遷衞州治中。高祖受禪，轉齊州別駕，有能名。其東鄰有桑，葚落其家，軌遣人悉拾還其主，誡其諸子曰：「吾非以此求名，意者非機杼之物，不願侵人。汝等宜以爲誡。」在州四年，考績連最。持節使者郃陽公梁子恭狀上，高祖嘉之，賜物三百段，米三百石，徵軌入朝。父老相送者，各揮涕曰：「別駕在官，水火不與百姓交，是以不敢以壺酒相送。公清若水，請酌一杯水奉餞。」軌受而飲之〔七〕。既至京師，詔與奇章公牛弘撰定律令格式。

時衞王爽爲原州總管，上見爽年少，以軌所在有聲，授原州總管司馬。在道夜行，其左右馬逸入田中，暴人禾。軌駐馬待明，訪禾主酬直而去。原州人吏聞之，莫不改操。

後數年，遷硤州刺史，撫緝萌夷，甚有恩惠。尋轉壽州總管長史。芍陂舊有五門堰，蕪穢不修。軌於是勸課人吏，更開三十六門，灌田五千餘頃，人賴其利。秩滿歸鄉里，卒于家，時年六十二。子弘安、弘智，並知名。

房恭懿

房恭懿字慎言，河南洛陽人也。父謨，齊吏部尚書。恭懿性沉深，有局量，達於從政。仕齊，釋褐開府參軍事，歷平恩令、濟陰守，並有能名。會齊亡，不得調。尉迥之亂，恭懿預焉，迥敗，廢于家。

開皇初，吏部尚書蘇威薦之，授新豐令，政爲三輔之最。上聞而嘉之，賜物四百段，恭懿以所得賜分給窮乏。未幾，復賜米三百石，恭懿又以賑貧人。上聞而止之。時雍州諸縣令每朔朝謁，上見恭懿，必呼至榻前，訪以理人之術。蘇威重薦之，超授澤州司馬，有異績，賜物百段，良馬一匹。

遷德州司馬，在職歲餘，盧愷復奏恭懿政爲天下之最。上甚異之，復賜百段，因謂諸州朝集使曰：「如房恭懿志存體國，愛養我百姓，此乃上天宗廟之所祐助，豈朕寡薄能致之乎！朕即拜爲刺史。豈止爲一州而已，當令天下模範之，卿等宜師斅也。」上又曰：「房恭懿所在之處，百姓視之如父母。朕若置之而不賞，上天宗廟其當責我。內外官人宜知我意。」於是下詔曰：「德州司馬房恭懿出宰百里，毗贊二藩，善政能官，標映倫伍。班條按部，寔允僉屬，委以方岳，聲實俱美。可使持節、海州諸軍事、海州刺史。」

未幾，會國子博士何妥奏恭懿尉迥之黨，不當仕進，威、愷二人朋黨，曲相薦舉。上大怒，恭懿竟得罪，配防嶺南。未幾，徵還京師，行至洪州，遇患卒。論者于今冤之。

公孫景茂

公孫景茂字元蔚，河間阜城人也。容貌魁梧，少好學，博涉經史。在魏，察孝廉，射策甲科，爲襄城王長史，兼行參軍。遷太常博士，多所損益，時人稱爲書庫。後歷高唐令、大理正，俱有能名。及齊滅，周武帝聞而召見，與語器之，授濟北太守。以母憂去職。開皇初，詔徵入朝，訪以政術，拜汝南太守。郡廢，轉曹州司馬。在職數年，以老病乞骸骨，優詔不許。俄遷息州刺史，法令清靜，德化大行。時屬平陳之役，征人在路，有疾病者，景茂撤減俸禄，爲饘粥湯藥，分賑濟之，賴全活者以千數。上聞而嘉之，詔宣告天下。

十五年，上幸洛陽，景茂謁見，時年七十七。上命升殿坐，問其年幾。景茂以實對。上哀其老，嗟歎久之。景茂再拜曰：「吕望八十而遇文王，臣踰七十而逢陛下。」上甚悦，賜物三百段。詔曰：「景茂脩身絜己，耆宿不虧，作牧化人，聲績顯著。年終考校，獨爲稱首，宜升戎秩，兼進藩條。可上儀同三司、伊州刺史。」

明年，以疾徵，吏人號泣於道。及疾愈，復乞骸骨，又不許，轉道州刺史。悉以秩俸買牛犢雞猪，散惠孤弱不自存者。好單騎巡人家，至户入，閲視百姓産業。有脩理者，於都會時乃褒揚稱述。如有過惡，隨即訓導，而不彰也。由是人行義讓，有無均通，男子相助耕耘，婦人相從紡績。大村或數百户，皆如一家之務。其後請致事，上優詔聽之。仁壽中，上明公楊紀出使河北，見景茂神力不衰，還以狀奏。於是就拜淄州刺史，賜以馬轝，便道之官。前後歷職，皆有德政，論者稱爲良牧。

大業初卒官，年八十七。謚曰康。身死之日，諸州人吏赴喪者數千人，或不及葬，皆望墳慟哭，野祭而去。

辛公義

辛公義，隴西狄道人也。祖徽，魏徐州刺史。父季慶，青州刺史。公義早孤，爲母氏所養，親授書傳。周天和中，選良家子任太學生，以勤苦著稱。武帝時，召入露門學，令受道義。每月集御前令與大儒講論，數被嗟異，時輩慕之。建德初，授宣納中士。從平齊，累遷掌治上士、掃寇將軍。高祖作相，授内史上士，參掌機要。開皇元年，除主客侍郎，攝内史舍人事，賜爵安陽縣男，邑二百户。每陳使來朝，常奉詔接宴。轉駕部侍郎，使往江陵安輯邊境。七年，使勾檢諸馬牧，所獲十餘萬匹。高祖喜曰：「唯我公義，奉國罄心。」

從軍平陳，以功除岷州刺史。土俗畏病，若一人有疾，即合家避之，父子夫妻不相看養，孝義道絶，由是病者多死。公義患之，欲變其俗。因分遣官人巡檢部内，凡有疾病，皆以牀輿來，安置聽事。暑月疫時，病人或至數百，廳廊悉滿。公義親設一榻，獨坐其間，終日連夕，對之理事。所得秩俸，盡用市藥，爲迎醫療之，躬勸其飲食，於是悉差，方召其親戚而諭之曰：「死生由命，不關相着〔八〕。前汝棄之，所以死耳。今我聚病者，坐卧其間，若言相染，那得不死，病兒復差！汝等勿復信之。」諸病家子孫慚謝而去。後人有遇病者，爭就使君，其家無親屬，因留養之〔九〕。始相慈愛，此風遂革，合境之内呼爲慈母。

後遷牟州刺史，下車，先至獄中，因露坐牢側〔一〇〕，親自驗問。十餘日間，決斷咸盡，方還大廳。受領新訟，皆不立文案，遣當直佐寮一人，側坐訊問。事若不盡，應須禁者，公義即宿廳事，終不還閤。人或諫之曰：「此事有程，使君何自苦也！」答曰：「刺史無德可以導人，尚令百姓係於囹圄，豈有禁人在獄而心自安乎？」罪人聞之，咸自款服。後有欲諍訟者，其鄉閭父老遽相曉曰：「此蓋小事，何忍勤勞使君。」訟者多兩讓而止。時山東霖雨，自陳、汝至于滄海，皆苦水災。境内犬牙，獨無所損。山出黄銀，獲之以獻。詔水部郎婁崱就公義禱焉，乃聞空中有金石絲竹之響。

仁壽元年，追充揚州道黜陟大使。豫章王暕恐其部内官寮犯法，未入州境，預令屬公義。公義答曰：「奉詔不敢有私。」及至揚州，皆無所縱捨，暕銜之。及煬帝即位，揚州長史王弘入爲黄門侍郎，因言公義之短，竟去官。吏人守闕訴冤，相繼不絕。後數歲，帝悟，除内史侍郎。丁母憂。未幾，起爲司隸大夫，檢校右禦衛武賁郎將。從征至柳城郡卒，時年六十二。子融。

柳儉

柳儉字道約，河東解人也。祖元璋，魏司州大中正、相華二州刺史。父裕，周聞喜令。儉有局量，立行清苦，爲州里所敬，雖至親昵，無敢狎侮。周代歷宣納上士、畿伯大夫。及高祖受禪，擢拜水部侍郎，封率道縣伯。未幾，出爲廣漢太守，甚有能名。俄而郡廢。時高祖初有天下，勵精思政，妙簡良能，出爲牧宰，以儉仁明著稱，擢拜蓬州刺史。獄訟者庭遣，不爲文書，約束佐史，從容而已。獄無繫囚。蜀王秀時鎮益州，列上其事，遷邛州刺史。在職十餘年，萌夷悦服。蜀王秀之得罪也，儉坐與交通，免職。及還鄉里，乘弊車羸馬，妻子衣食不贍，見者咸歎服焉。

煬帝嗣位，徵之。于時以功臣任職，牧州領郡者，並帶戎資，唯儉起自良吏〔二二〕。帝嘉其績用，特授朝散大夫，拜弘化太守，賜物一百段而遣之。儉清節逾勵。大業五年入朝，郡國畢集，帝謂納言蘇威、吏部尚書牛弘曰：「其中清名天下第一者爲誰？」威等以儉對。帝又問其次，威以涿郡丞郭絢、潁川郡丞敬肅等二人對。帝賜儉帛二百匹，絢肅各一百匹〔二三〕。令天下朝集使送至郡邸，以旌異焉。論者美之。及大業末，盜賊蜂起，數被攻逼。

儉撫結人夷，卒無離叛，竟以保全。及義兵至長安，尊立恭帝，儉與留守李粲縞素，於州南向慟哭。既而歸京師，相國賜儉物三百段，就拜上大將軍。歲餘，卒于家，時年八十九。

郭絢

郭絢，河東安邑人也。家素寒微。初爲尚書令史，後以軍功拜儀同，歷數州司馬長史，皆有能名。大業初，刑部尚書宇文弼巡省河北，引絢爲副。煬帝將有事於遼東，以涿郡爲衝要，訪可任者。聞絢有幹局，拜涿郡丞，吏人悅服。數載，遷爲通守，兼領留守。及山東盜賊起，絢逐捕之，多所剋獲。時諸郡無復完者，唯涿郡獨全。後將兵擊竇建德於河間，戰死，人吏哭之，數月不息。

敬肅

敬肅字弘儉，河東蒲坂人也。少以貞介知名，釋褐州主簿。開皇初，爲安陵令，有能名，擢拜秦州司馬，轉豳州長史〔一三〕。仁壽中，爲衞州司馬，俱有異績。煬帝嗣位，遷潁川郡丞。大業五年，朝東都，帝令司隸大夫薛道衡爲天下羣官之狀〔一四〕。道衡狀稱肅曰：

「心如鐵石，老而彌篤。」時左翊衛大將軍宇文述當塗用事，其邑在潁川，每有書屬肅。肅未嘗開封，輒令使者持去。述賓客有放縱者，以法繩之，無所寬貸。由是述銜之。八年，朝於涿郡，帝以其年老，有治名，將擢爲太守者數矣，輒爲述所毁，不行。大業末，乞骸骨，優詔許之。去官之日，家無餘財。歲餘，終于家，時年八十。

劉曠

劉曠，不知何許人也。性謹厚，每以誠恕應物。開皇初，爲平鄉令，單騎之官。人有諍訟者，輒丁寧曉以義理，不加繩劾，各自引咎而去。所得俸祿，賑施窮乏。百姓感其德化，更相篤勵，曰：「有君如此，何得爲非！」在職七年，風教大洽，獄中無繫囚，爭訟絶息，囹圄盡皆生草，庭可張羅。及去官，吏人無少長，號泣於路，將送數百里不絶。遷爲臨潁令，清名善政，爲天下第一。尚書左僕射高熲言其狀，上召之，及引見，勞之曰：「天下縣令固多矣，卿能獨異於衆，良足美也！」顧謂侍臣曰：「若不殊獎，何以爲勸！」於是下優詔，擢拜莒州刺史。

王伽

王伽，河間章武人也。開皇末，爲齊州行參軍，初無足稱。後被州使送流囚李參等七十餘人詣京師。時制，流人並枷鎖傳送。伽行次榮陽，哀其辛苦，悉呼而謂之曰：「卿輩既犯國刑，虧損名教，身嬰縲紲，此其職也。今復重勞援卒，豈獨不媿於心哉！」參等辭謝。伽曰：「汝等雖犯憲法，枷鎖亦大辛苦。吾欲與汝等脱去，行至京師總集，能不違期不？」皆拜謝曰：「必不敢違。」伽於是悉脱其枷，停援卒，與期曰：「某日當至京師，如致前却，吾當爲汝受死。」舍之而去。流人咸悦，依期而至，一無離叛。上聞而驚異之，召見與語，稱善久之。於是悉召流人，并令攜負妻子俱入，賜宴於殿庭而赦之。乃下詔曰：「凡在有生，含靈稟性，咸知好惡，並識是非。若臨以至誠，明加勸導，則俗必從化，人皆遷善。往以海内亂離，德教廢絶，官人無慈愛之心，兆庶懷姦詐之意，所以獄訟不息，澆薄難治。朕受命上天，安養萬姓，思遵聖法，以德化人，朝夕孜孜，意在於此。而伽深識朕意，誠心宣導。參等感悟，自赴憲司。明是率土之人非爲難教，良是官人不加曉示〔一五〕，致令陷罪，無由自新。若使官盡王伽之儔，人皆李參之輩，刑厝不用，其何遠哉！」於是擢伽爲雍令，政有能名。

魏德深

魏德深，本鉅鹿人也。祖沖，仕周爲刑部大夫、建州刺史，因家弘農。父毗，鬱林令。德深初爲文帝挽郎，後歷馮翊書佐、武陽司户書佐，以能遷貴鄉長。爲政清淨，不嚴而治。會興遼東之役，徵税百端，使人往來，責成郡縣。于時王綱弛紊，吏多贓賄，所在徵斂，下不堪命。唯德深一縣，有無相通，不竭其力，所求皆給，百姓不擾，稱爲大治。于時盜賊羣起，武陽諸城多被淪陷，唯貴鄉獨全。郡丞元寶藏受詔逐捕盜賊，每戰不利，則器械必盡，輒徵發於人，動以軍法從事，如此者數矣。其鄰城營造，皆聚於聽事，吏人遞相督責，晝夜喧囂，猶不能濟。德深各問其所欲，任隨便修營，官府寂然，恒若無事。唯約束長吏，所修不須過勝餘縣，使百姓勞苦。然在下各自竭心，常爲諸縣之最。尋轉館陶長，貴鄉吏人聞之，相與言及其事，皆歔欷流涕，語不成聲。及將赴任，傾城送之，號泣之聲，道路不絶。

既至館陶，闔境老幼皆如見其父母。有猾人員外郎趙君實，與郡丞元寶藏深相交結，前後令長未有不受其指麾者。自德深至縣，君實屏處於室，未嘗輒敢出門。逃竄之徒，歸來如市。貴鄉父老冒涉艱險，詣闕請留德深，有詔許之。館陶父老復詣郡相訟，以貴鄉文書爲詐。郡不能決。會持節使者韋霽、杜整等至，兩縣詣使訟之，乃斷從貴鄉。貴鄉吏人歌呼滿道，互相稱慶。館陶衆庶合境悲哭，因而居住者數百家〔一六〕。

寶藏深害其能。會越王侗徵兵於郡，寶藏遂令德深率兵千人赴東都。俄而寶藏以武陽歸李密。德深所領，皆武陽人也，以本土從賊，念其親戚，輒出都門東向慟哭而反。人或謂之曰：「李密兵馬近在金墉，去此二十餘里。汝必欲歸，誰能相禁，何爲自苦如此！」其人皆垂泣曰：「我與魏明府同來，不忍棄去，豈以道路艱難乎！」其得人心如此。後與賊戰，没於陣，貴鄉、館陶人庶至今懷之。

時有櫟陽令渤海高世衡、蕭令彭城劉高、城皋令弘農劉熾，俱有恩惠。大業之末，長史多贓汙，衡、高及熾清節逾厲，風教大洽，獄無繫囚，爲吏人所稱。

史臣曰：古語云，善爲水者，引之使平，善化人者，撫之使靜。水平則無損於隄防，人靜則不犯於憲章。然則易俗移風，服教從義，不資於明察，必藉於循良者也。彦光等皆内懷直道，至誠待物，故得所居而化，所去見思。至於景茂之遏惡揚善，公義之撫視疾病，劉曠之化行所部，德深之愛結人心，雖信臣、杜詩、鄭渾、朱邑，不能繼也。詩云：「愷悌君子，人之父母。」豈徒言哉！恭懿所在尤異，屢簡帝心，追既往之一眚，遂流亡於道路，惜乎！柳儉去官，妻子不贍，趙軌秩滿，酌水餞離，清矣！

校勘記

〔一〕梁彦光字脩芝　梁彦光墓誌云「公諱脩芝，字彦光」。

〔二〕祖茂魏秦華二州刺史　梁彦光墓誌云「曾祖茂，魏鎮西大將軍、秦州刺史、臨涇郡開國公。祖育，平西將軍、華州刺史」。疑本傳誤以「曾祖」爲「祖」，又誤將曾祖、祖二人歷官合併在了一起。

〔三〕時求紫石英不得　御覽卷九八七藥部四紫石英引隋書作「時求紫石英、五色文石於太行不得」，多出「五色文石於太行」七字。

〔四〕及大比當舉　「比」，宋甲本作「成」。按，北史卷八六循吏梁彦光傳亦作「成」。

〔五〕父歡　「歡」，北史卷八六循吏樊叔略傳作「觀」。

〔六〕阿陽侯　宋甲本、至順本作「河陽侯」。按，北史卷八六循吏樊叔略傳亦作「河陽侯」。

〔七〕軌受而飲之　「受」，原作「授」，據汲本改。

〔八〕不關相着　「着」，汲本作「看」，與隋書詳節卷一八辛公義傳同。北史卷八六循吏辛公義傳、通志卷一七〇循吏辛公義傳作「著」。按，上文稱「父子夫妻不相看養」，作「看」與上文更契合。

〔九〕其家無親屬因留養之　北史卷八六循吏辛公義傳、通志卷一七〇循吏辛公義傳作「其家親屬固留養之」，册府卷六七五牧守部仁惠作「其家親屬因留養之」。

〔一〇〕因露坐牢側　「因」，原作「囚」，據北史卷八六循吏辛公義傳、御覽卷六三九刑法部五聽訟引隋書、通志卷一七〇循吏辛公義傳改。

〔一一〕唯儉起自良吏　「起」字原闕，據宋甲本補。按，北史卷八六循吏柳儉傳、通志卷一七〇循吏柳儉傳、册府卷六七三牧守部褒寵亦有「起」字。

〔一二〕絢肅各一百匹　「絢」，原作「約」，據宋甲本、至順本、汲本改。按，北史卷八六循吏柳儉傳、隋書詳節卷一八亦作「絢」。本卷下文有郭絢傳。

〔一三〕轉豳州長史　「豳州」，北史卷八六循吏敬肅傳作「幽州」。按，下文稱「仁壽中，爲衞州司馬」，知事在文帝仁壽前。本書卷二九地理志上北地郡「後魏置豳州，西魏改爲寧州。大業初復曰豳州」。是隋大業前無豳州。當從北史作「幽州」，作「豳州」誤。

〔一四〕帝令司隸大夫薛道衡爲天下羣官之狀　「羣」，北史卷八六循吏敬肅傳、册府卷六三五銓選部考課作「郡」。按，「羣」或作「群」，「群」、「郡」形近易訛。姑存疑。

〔一五〕良是官人不加曉示　「曉示」，宋甲本作「示曉」。按，北史卷八六循吏王伽傳亦作「示曉」。

〔一六〕因而居住者數百家　北史卷八六循吏魏德深傳、通志卷一七〇循吏魏德深傳「因」下有「從」字，文意較長。

隋書卷七十四

列傳第三十九

酷吏

夫爲國之體有四焉：一曰仁義，二曰禮制，三曰法令，四曰刑罰。仁義禮制，政之本也，法令刑罰，政之末也。無本不立，無末不成。然教化遠而刑罰近，可以助化而不可以專行，可以立威而不可以繁用。老子曰：「其政察察，其人缺缺。」又曰：「法令滋章，盜賊多有。」然則令之煩苛，吏之嚴酷，不能致理，百代可知。考覽前載，有時而用之矣。昔秦任獄吏，赭衣滿道。漢革其風，矯枉過正，禁網疎闊，遂漏吞舟，大姦巨猾，犯義侵禮。故剛克之吏，摧拉凶邪，一切禁姦，以救時弊，雖乖教義，或有所取焉。

高祖膺期，平一江左，四海九州，服教從義。至於威行郡國，力折公侯，乘傳賦人，探丸斫吏者，所在蔑聞焉。無曩時之弊，亦已明矣。士文等功不足紀，才行無聞，遭遇時來，叨竊非據，肆其褊性，多行無禮，君子小人，咸罹其毒。凡厥所莅，莫不懍然。居其下者，視之如蛇虺，過其境者，逃之如寇讎。與人之恩，心非好善，加人之罪，事非疾惡。其所笞辱，多在無辜，察其所爲，豺狼之不若也。無禁姦除猾之志，肆殘虐幼賤之心，君子惡之，故編爲酷吏傳也。

庫狄士文

庫狄士文，代人也。祖干，齊左丞相。父敬，武衞將軍、肆州刺史。士文性孤直，雖鄰里至親莫與通狎。少讀書〔一〕。在齊，襲封章武郡王，官至領軍將軍。周武帝平齊，山東衣冠多迎周師，唯士文閉門自守。帝奇之，授開府儀同三司、隨州刺史。

高祖受禪，加上開府，封湖陂縣子，尋拜貝州刺史。性清苦，不受公料，家無餘財。其子常噉官厨餅，士文枷之於獄累日，杖之一百，步送還京。僮隸無敢出門，所買鹽菜，必於外境。凡有出入，皆封署其門，親舊絕跡，慶弔不通。法令嚴肅，吏人股戰，道不拾遺。有細過，必深文陷害。嘗入朝，遇上置酒高會，賜公卿入左藏，任取多少。人皆極重，士文獨口銜絹一匹，兩手各持一匹。上問其故，士文曰：「臣口手俱滿，餘無所須。」上異之，別加賞物，勞而遣之。士文至州，發擿姦隱，長吏尺布升粟之贓，無所寬貸。得千餘人而奏之[二]，上悉配防嶺南，親戚相送，哭泣之聲徧於州境。至嶺南，遇瘴癘死者十八九，於是父母妻子唯哭士文。士文聞之，令人捕捉，楇捶盈前，而哭者彌甚。有京兆韋焜爲貝州司馬，河東趙達爲清河令，二人並苛刻，唯長史有惠政。時人爲之語曰：「刺史羅剎政，司馬蝮蛇瞋，長史含笑判，清河生喫人。」上聞而歎曰：「士文之暴，過於猛獸。」竟坐免。

未幾，以爲雍州長史，士文謂人曰：「我向法深，不能窺候要貴，必死此官矣。」及下車，執法嚴正，不避貴戚，賓客莫敢至門，人多怨望。士文從父妹爲齊氏嬪，有色，齊滅之後，賜薛國公長孫覽爲妾。覽妻鄭氏性妬，譖之於文獻后，后令覽離絕。士文恥之，不與相見。後應州刺史唐君明居母憂，娉以爲妻，由是士文、君明並爲御史所劾。士文性剛，在獄數日，憤恚而死。家無餘財，有子三人，朝夕不繼，親友無內之者。

田式

田式字顯標，馮翊下邽人也。祖安興，父長樂，仕魏，俱爲本郡太守。式性剛果，多武藝，拳勇絶人。周明帝時，年十八，授都督，領鄉兵。後數載，拜渭南太守，政尚嚴猛，吏人重足而立，無敢違法者。遷本郡太守，親故屏跡，請託不行。武帝聞而善之，進位儀同三司，賜爵信都縣公，擢拜延州刺史。從帝平齊，以功加上開府，徙爲建州刺史〔三〕，改封梁泉縣公。

高祖總百揆，尉迥作亂鄴城，從韋孝寬擊之。以功拜大將軍，進爵武山郡公。及受禪，拜襄州總管，專以立威爲務。每視事于外，必盛氣以待其下，官屬股慄，無敢仰視。有犯禁者，雖至親昵，無所容貸。其女婿京兆杜寧，自長安省之，式誡寧無出外。寧久之不得還，竊上北樓，以暢羈思。式知之，笞寧五十。其所愛奴，嘗詣式白事，有蟲上其衣衿，揮袖拂去之。式以爲慢己，立榜殺之。或寮吏姦贓，部内劫盜者，無問輕重，悉禁地牢中，寢處糞穢，令其苦毒，自非身死，終不得出。每赦書到州，式未暇讀，先召獄卒，殺重囚，然後宣示百姓。其刻暴如此。由是爲上所譴，除名爲百姓。式慙恚不食，妻子至其所，輒怒，唯侍僮二人給使左右。從家中索椒，欲以自殺，家人不與。陰遣所侍僮詣市買毒藥，妻子又奪而棄之。式恚臥。其子信時爲儀同，至式前流涕曰：「大人既是朝廷舊臣，又無大過。比見公卿放辱者多矣，旋復升用，大人何能久乎？乃至於此！」式欻然而起，抽刀斫信，信遽走避之，刃中於閾。上知之，以式爲罪己之深，復其官爵。尋拜廣州總管，卒官。

燕榮

燕榮字貴公，華陰弘農人也〔四〕。父偘，周大將軍。榮性剛嚴，有武藝，仕周爲内侍上士。從武帝伐齊，以功授開府儀同三司，封高邑縣公。高祖受禪，進位大將軍，封落叢郡公，拜晉州刺史。從河間王弘擊突厥，以功拜上柱國，遷青州總管。榮在州，選絶有力者爲伍伯，吏人過之者，必加詰問，輒楚撻之，創多見骨。姦盜屏迹，境内肅然。他州縣人行經其界者，畏若寇讎，不敢休息。上甚善之。後因入朝覲，特加勞勉。榮以母老，請每歲入朝，上許之。及辭，上賜宴于内殿，詔王公作詩以餞之。伐陳之役，以爲行軍總管，率水軍自東萊傍海，入太湖，取吴郡。既破丹陽，吴人共立蕭瓛爲主，阻兵於晉陵，爲宇文述所敗，退保包山。榮率精甲五千躡之，瓛敗走，爲榮所執，晉陵、會稽悉平。檢校揚州總管。尋徵爲右武候將軍。突厥寇邊，以爲行軍總管，屯幽州。母憂去職。明年，起爲幽州總管。

榮性嚴酷，有威容，長史見者，莫不惶懼自失。范陽盧氏，代爲著姓，榮皆署爲吏卒以屈辱之。鞭笞左右，動至千數，流血盈前，飲噉自若。嘗按部，道次見叢荆，堪爲笞棰，命取之，輒以試人。人或自陳無咎，榮曰：「後若有罪，當免爾。」及後犯細過，將撾之，人曰：

「前日被杖，使君許有罪宥之。」榮曰：「無過尚爾，況有過邪！」榜捶如舊。榮每巡省管內，聞官人及百姓妻女有美色，輒舍其室而淫之。貪暴放縱日甚。是時元弘嗣被除爲幽州長史，懼爲榮所辱，固辭。上知之，勅榮曰：「弘嗣杖十已上罪，皆須奏聞。」榮忿曰：「豎子何敢弄我！」於是遣弘嗣監納倉粟，颺得一糠一粃，輒罰之。每笞雖不滿十，然一日之中，或至三數。如是歷年，怨隙日搆，榮遂收付獄，禁絶其粮。弘嗣飢餒，抽衣絮，雜水咽之。其妻詣闕稱冤，上遣考功侍郎劉士龍馳驛鞫問。奏榮虐毒非虛，又贓穢狼籍，遂徵還京師，賜死。先是，榮家寢室無故有蛆數斛，從地墳出。未幾，榮死於蛆出之處。有子詢。

趙仲卿

趙仲卿，天水隴西人也〔五〕。父綱〔六〕，周大將軍。仲卿性麤暴，有膂力，周齊王憲甚禮之。從擊齊，攻臨秦、統戎、威遠、伏龍、張壁等五城，盡平之。又擊齊將段孝先於姚襄城，苦戰連日，破之。以功授大都督，尋典宿衞。平齊之役，以功遷上儀同，兼趙郡太守。入爲畿伯中大夫。王謙作亂，仲卿使在利州，即與總管豆盧勣發兵拒守。爲謙所攻，仲卿督兵出戰，前後一十七陣。及謙平，進位大將軍，封長垣縣公，邑千户。

高祖受禪，進爵河北郡公。開皇三年，突厥犯塞，以行軍總管從河間王弘出賀蘭山。仲卿別道俱進，無虜而還。復鎮平涼，尋拜石州刺史。法令嚴猛，纖微之失，無所容捨，鞭笞長吏，輒至二百。官人戰慄，無敢違犯，盜賊屏息，皆稱其能。遷兗州刺史，未之官，拜朔州總管。于時塞北盛興屯田，仲卿總統之。微有不理者，仲卿輒召主掌，撻其胸背，或解衣倒曳於荊棘中。時人謂之猛獸。事多克濟，由是收穫歲廣，邊戍無餽運之憂。

會突厥啓民可汗求婚於國，上許之。仲卿因是間其骨肉，遂相攻擊。十七年，啓民窘迫，與隋使長孫晟投通漢鎮。仲卿率騎千餘馳援之，達頭不敢逼。潛遣人誘致啓民所部，至者二萬餘家。其年，從高熲指白道以擊達頭。仲卿率兵三千爲前鋒，至族蠡山，與虜相遇，交戰七日，大破之。追奔至乞伏泊〔七〕，復破之，虜千餘口，雜畜萬計。突厥悉衆而至，仲卿爲方陣，四面拒戰。經五日，會高熲大兵至，合擊之，虜乃敗走。追度白道，踰秦山七百餘里。時突厥降者萬餘家，上命仲卿處之恒安。以功進位上柱國，賜物三千段。朝廷慮達頭掩襲啓民，令仲卿屯兵二萬以備之，代州總管韓洪、永康公李藥王、蔚州刺史劉隆等，將步騎一萬鎮恒安。達頭騎十萬來寇，韓洪軍大敗，仲卿自樂寧鎮邀擊，斬首虜千餘級。明年，督役築金河、定襄二城，以居啓民。時有表言仲卿酷暴者，上令御史王偉按之，並實，惜其功不罪也。因勞之曰：「知公清正，爲下所惡。」賜物五百段。仲卿益恣，由是免官。

仁壽中，檢校司農卿。蜀王秀之得罪，奉詔往益州窮按之。秀賓客經過之處，仲卿必深文致法，州縣長吏坐者太半。上以爲能，賞婢奴五十口〔八〕，黄金二百兩，米粟五千石，奇寶雜物稱是。

煬帝嗣位，判兵部、工部二曹尚書事。其年，卒，時年六十四。謚曰肅。贈物五百段。子弘嗣。

崔弘度 弟弘昇

崔弘度字摩訶衍，博陵安平人也。祖楷，魏司空。父説，周敷州刺史。弘度膂力絶人，儀貌魁岸，鬚面甚偉。性嚴酷。年十七，周大冢宰宇文護引爲親信。尋授都督，累轉大都督。時護子中山公訓爲蒲州刺史，令弘度從焉。嘗與訓登樓，至上層，去地四五丈，俯臨之，訓曰：「可畏也。」弘度曰：「此何足畏！」欻然擲下，至地無損傷。訓以其拳捷，大奇之。後以戰勳，授儀同。從武帝滅齊，進位上開府，鄴縣公，賜物三千段，粟麥三千石，奴婢百口，雜畜千計。尋從汝南公宇文神舉破盧昌期於范陽。

宣帝嗣位，從鄖國公韋孝寬經略淮南。弘度與化政公宇文忻、司水賀婁子幹至肥口，陳將潘琛率兵數千來拒戰，隔水而陣。忻遣弘度諭以禍福，琛至夕而遁。進攻壽陽，降陳守將吴文立，弘度功最〔九〕。以前後勳，進位上大將軍，襲父爵安平縣公。及尉迥作亂，以弘度爲行軍總管，從韋孝寬討之。弘度募長安驍雄數百人爲别隊，所當無不披靡。弘度妹先適迥子爲妻，及破鄴城，迥窘迫升樓，弘度直上龍尾追之。迥彎弓將射弘度，弘度脱兜鍪謂迥曰：「相識不？今日各圖國事，不得顧私。以親戚之情，謹遏亂兵，不許侵辱。事勢如此，早爲身計，何所待也？」迥擲弓於地，罵大丞相極口而自殺。弘度顧其弟弘昇曰：「汝可取迥頭。」弘昇遂斬之。進位上柱國。時行軍總管例封國公，弘度不時殺迥，致縱惡言。由是降爵一等，爲武鄉郡公。

開皇初，突厥入寇，弘度以行軍總管出原州以拒之。虜退，弘度進屯靈武。月餘而還，拜華州刺史。納其妹爲秦孝王妃。尋遷襄州總管。弘度素貴，御下嚴急，動行捶罰，吏人讋氣，聞其聲，莫不戰慄。所在之處，令行禁止〔一〇〕，盜賊屏跡。梁主蕭琮來朝〔一一〕，上以弘度爲江陵總管，鎮荆州。弘度未至，而琮叔父巖擁居人以叛，弘度追之不及。陳人憚弘度，亦不敢窺荆州。平陳之役，以行軍總管從秦孝王出襄陽道。及陳平，賜物五千段。高智慧等作亂，復以行軍總管出泉門道，隸於楊素。弘度與素，品同而年長，素每屈下之。一旦隸素，意甚不平，素言多不用。素亦優容之。及還，檢校原州事，仍領行軍總管以備胡，無虜而還，上甚禮之。復以其弟弘昇女爲河南王妃。

仁壽中，檢校太府卿。自以一門二妃，無所降下，每誡其寮吏曰：「人當誠恕，無得欺誑。」皆曰：「諾。」後嘗食鼈，侍者八九人，弘度一一問之曰：「鼈美乎？」人懼之，皆云：「鼈美。」弘度大罵曰：「傭奴何敢誑我？汝初未食鼈，安知其美？」俱杖八十。官屬百工見之者，莫不流汗，無敢欺隱。時有屈突蓋爲武候驃騎，亦嚴刻，長安爲之語曰：「寧飲三升酢〔一二〕，不見崔弘度。寧茹三升艾，不逢屈突蓋。」然弘度理家如官，子弟班白，動行捶楚，閨門整肅，爲當時所稱。未幾，秦王妃以罪誅，河南王妃復被廢黜。弘度憂恚，謝病於家，諸弟乃與之別居，彌不得志。

煬帝即位，河南王爲太子，帝將復立崔妃，遣中使就第宣旨。使者詣弘昇家，弘度不之知也。使者返，帝曰：「弘度有何言？」使者曰：「弘度稱有疾不起。」帝默然，其事竟寢。弘度憂憤，未幾，卒。

弘昇字上客。在周爲右侍上士。尉迥作亂相州，與兄弘度擊之，以功拜上儀同。尋加上開府，封黄臺縣侯，邑八百户。高祖受禪，進爵爲公，授驃騎將軍。宿衞十餘年，以勳舊遷慈州刺史〔一三〕。數歲，轉鄭州刺史。後以戚屬之故，待遇愈隆，遷襄州總管。及河南王妃罪廢，弘昇亦免官。

煬帝即位，歷冀州刺史、信都太守，進位金紫光禄大夫，轉涿郡太守。遼東之役，檢校左武衛大將軍事，指平壤〔一四〕。與宇文述等同敗績，奔還，發病而卒，時年六十。

元弘嗣

元弘嗣，河南洛陽人也。祖剛，魏漁陽王。父經，周漁陽郡公。弘嗣少襲爵，十八爲左親衛。開皇九年，從晉王平陳，以功授上儀同。十四年，除觀州總管長史，在州專以嚴峻任事，吏人多怨之。二十年，轉幽州總管長史。于時燕榮爲總管，肆虐於弘嗣，每被笞辱。弘嗣心不伏，榮遂禁弘嗣於獄，將殺之。及榮誅死，弘嗣爲政，酷又甚之。每推鞫囚徒，多以酢灌鼻，或椓弋其下竅，無敢隱情，姦僞屏息。仁壽末，授木工監，脩營東都。大業初，煬帝潛有取遼東之意，遣弘嗣往東萊海口監造船。諸州役丁苦其捶楚，官人督役，晝夜立於水中，略不敢息，自腰以下，無不生蛆，死者十三四。尋遷黄門侍郎，轉殿内少監。遼東之役，進位金紫光禄大夫。明年，帝復征遼東，會奴賊寇隴右，詔弘嗣擊之。及玄感作亂，逼東都，弘嗣屯兵安定。或告之謀應玄感者，代王侑遣使執之，送行在所。以無反形當釋，帝疑不解，除名，徙日南，道死，時年四十九。有子仁觀。

王文同

王文同，京兆頻陽人也〔二五〕。性明辯，有幹用。開皇中，以軍功拜儀同，尋授桂州司馬。煬帝嗣位，徵爲光禄少卿，以忤旨，出爲恒山郡丞。有一人豪猾，每持長吏長短，前後守令咸憚之。文同下車，聞其名，召而數之。因令左右刻木爲大橛，埋之於庭，出尺餘，四角各埋小橛。令其人踣心於木橛上，縛四支於小橛，以棒毆其背，應時潰爛。郡中大駭，吏人相視懾氣。

及帝征遼東，令文同巡察河北諸郡。文同見沙門齋戒菜食者，以爲妖妄，皆收繫獄。比至河間，召諸郡官人，小有遲違者，輒皆覆面於地而箠殺之。求沙門相聚講論，及長老共爲佛會者數百人，文同以爲聚結惑衆，盡斬之。又悉裸僧尼，驗有淫狀非童男女者數千人，復將殺之。郡中士女號哭於路，諸郡驚駭，各奏其事。帝聞而大怒，遣使者達奚善意馳鏁之，斬於河間，以謝百姓。讎人剖其棺，臠其肉而噉之，斯須咸盡。

史臣曰：御之良者，不在於煩策，政之善者，無取於嚴刑。故雖寬猛相資，德刑互設，然不嚴而化，前哲所重。士文等運屬欽明，時無桀黠，未閑道德，實懷殘忍。賊人肌體，同諸木石，輕人性命，甚於芻狗。長惡不悛，鮮有不及，故或身嬰罪戮，或憂恚顛隕。凡百君子，以爲有天道焉。嗚呼！後來之士，立身從政，縱不能爲子高門以待封，其可令母掃墓而望喪乎？

校勘記

〔一〕少讀書　宋甲本此下有「傳」字。

〔二〕得千餘人而奏之　「奏」，原作「表」，據宋甲本、至順本、汲本改。

〔三〕徙爲建州刺史　「建州」，原作「庭州」，據北史卷八七酷吏田式傳、通志卷一七一酷吏田式傳改。按，北周無「庭州」。

〔四〕華陰弘農人也　華陰隋屬京兆郡，弘農不得屬華陰。魏書卷一〇六下地形志下：「華陰前漢屬京兆，後漢、晉屬恒農。」恒農即弘農。「弘農華陰」爲漢、晉舊望，此蓋誤倒。又，隋書詳節卷一九燕榮傳云「弘農人也」，無「華陰」二字。

〔五〕天水隴西人也　天水、隴西同爲隋郡，不得並稱。元和姓纂卷七天水西縣爲趙姓郡望。新唐書卷七三下宰相世系表三下，趙氏出自嬴姓，「世居隴西天水西縣」。北史卷六九趙文表傳

「其先天水西人也」。「隴」字當衍。參見隋書求是卷四六。又，隋書詳節卷一九趙仲卿傳云「天水人也」，無「隴西」二字。

〔六〕父綱　「綱」，周書卷三三趙剛傳、北史卷六九趙剛傳、通志卷一七一酷吏趙仲卿傳作「剛」。

〔七〕追奔至乞伏泊　「乞伏泊」，原作「乞伏洎」，據宋甲本、至順本改。按，北史卷六九趙剛傳附趙仲卿傳、册府卷三五六將帥部立功、通志卷一七一酷吏趙仲卿傳亦作「乞伏泊」。

〔八〕賞婢奴五十口　「婢奴」，隋書詳節卷一九趙仲卿傳同；宋甲本作「奴婢」，北史卷六九趙剛傳附趙仲卿傳、通志卷一七一酷吏趙仲卿傳亦作「奴婢」。

〔九〕弘度功最　「功」，原作「攻」，據至順本、南監本、北監本、汲本、殿本改。

〔一〇〕令行禁止　「止」，原作「上」，據宋甲本、至順本、汲本改。按，北史卷三二崔辯傳附崔弘度傳、通志卷一七一酷吏崔弘度傳亦作「止」。

〔一一〕梁主蕭琮來朝　「梁主」，原作「梁王」，據本書卷一高祖紀上開皇七年、北史卷三二崔辯傳附崔弘度傳、通志卷一七一酷吏崔弘度傳改。按，自西魏恭帝元年于謹平江陵，立蕭詧爲梁主，稱皇帝、建年號，歷蕭巋、蕭琮不改（參見周書卷四八蕭詧傳），「梁王」誤。

〔一二〕寧飲三升酢　「升」，北史卷三二崔辯傳附崔弘度傳、册府卷四四八將帥部殘酷、卷九四一總録部酷暴作「斗」。下文「三升艾」，北史、册府作「三斗艾」，不另出校。

〔一三〕以勳舊遷慈州刺史　「勳舊」，宋甲本、至順本作「勤舊」。

〔一四〕指平壤　「指」，册府卷四四二將帥部敗衄作「至」。

〔一五〕京兆頻陽人也　「頻陽」，原作「潁陽」，據北史卷八七酷吏王文同傳改。按，本書卷三〇地理志中，潁陽屬河南郡，與京兆無涉。本書卷二九地理志上，雍州華原縣有頻山，元和志卷二京兆府美原縣「秦、漢頻陽之地，以縣西北十一里有頻山，秦厲公於山南立縣，故曰頻陽。（中略）隋大業二年省，義寧二年再置」，當即此縣。

隋書卷七十五

列傳第四十

儒林

儒之爲教大矣，其利物博矣！篤父子，正君臣，尚忠節，重仁義，貴廉讓，賤貪鄙，開政化之本源，鑿生民之耳目，百王損益，一以貫之。雖世或汙隆，而斯文不墜，經邦致治，非一時也。涉其流者，無祿而富，懷其道者，無位而尊。故仲尼頓挫於魯君，孟軻抑揚於齊后，荀卿見珍於彊楚，叔孫取貴於隆漢。其餘處環堵以驕富貴，安陋巷而輕王公者，可勝數哉！

自晉室分崩，中原喪亂，五胡交爭，經籍道盡。魏氏發迹代陰，經營河朔，得之馬上，茲道未弘。暨夫太和之後，盛修文教，搢紳碩學，濟濟盈朝，縫掖巨儒，往往傑出，其雅誥奥義，宋及齊、梁不能尚也。南北所治，章句好尚，互有不同。江左周易則王輔嗣，尚書則孔安國，左傳則杜元凱。河、洛左傳則服子慎，尚書、周易則鄭康成。詩則並主於毛公，禮則同遵於鄭氏。大抵南人約簡，得其英華，北學深蕪，窮其枝葉。考其終始，要其會歸，其立身成名，殊方同致矣。

爰自漢、魏，碩學多清通，逮乎近古，巨儒必鄙俗。文、武不墜，弘之在人，豈獨愚蔽於當今，而皆明哲於往昔？在乎用與不用，知與不知耳。然曩之弼諧庶績，必舉德於鴻儒，近代左右邦家，咸取士於刀筆。縱有學優入室，勤踰刺股，名高海内，擢第甲科，若命偶時來，未有望於青紫，或數將運舛，必委棄於草澤。然則古之學者，禄在其中，今之學者，困於貧賤，明達之人，志識之士，安肯滯於所習，以求貧賤者哉？此所以儒罕通人，學多鄙俗者也。昔齊列康莊之第，多士如林，燕起碣石之宫，羣英自遠。是知俗易風移，必由上之所好，非夫聖明御世，亦無以振斯頹俗矣。

自正朔不一，將三百年，師説紛綸，無所取正。高祖膺期纂曆，平一寰宇，頓天網以掩之，賁旌帛以禮之，設好爵以縻之，於是四海九州强學待問之士靡不畢集焉。天子乃整萬乘，率百寮，遵問道之儀，觀釋奠之禮。博士罄懸河之辯，侍中竭重席之奥，考正亡逸，研覈異同，積滯羣疑，涣然冰釋。於是超擢奇儁，厚賞諸儒，京邑達乎四方，皆啓黌校。齊、魯、趙、魏，學者尤多，負笈追師，不遠千里，講誦之聲，道路不絕。中州儒雅之盛，自漢、魏以來，一時而已。及高祖暮年，精華稍竭，不悅儒術，專尚刑名，執政之徒，咸非篤好。暨仁壽間，遂廢天下之學，唯存國子一所，弟子七十二人。煬帝即位，復開庠序，國子郡縣之學，盛於開皇之初。徵辟儒生，遠近畢至，使相與講論得失於東都之下，納言定其差次，一以聞奏焉。于時舊儒多已凋亡，二劉拔萃出類，學通南北，博極今古，後生鑽仰，莫之能測。所製諸經義疏，搢紳咸師宗之。既而外事四夷，戎馬不息，師徒怠散，盜賊羣起，禮義不足以防君子，刑罰不足以威小人，空有建學之名，而無弘道之實。其風漸墜，以至滅亡，方領矩步之徒，亦多轉死溝壑。凡有經籍，自此皆湮沒於煨塵矣。遂使後進之士不復聞詩、書之言，皆懷攘奪之心〔一〕，相與陷於不義。傳曰：「學者將植，不學者將落。」然則盛衰是繫，興亡攸在，有國有家者可不慎歟！諸儒有身沒道存，遺風可想，皆採其餘論，綴之於此篇云。

元善

元善，河南洛陽人也。祖乂，魏侍中。父羅〔二〕，初爲梁州刺史，及乂被誅，奔於梁，官至征北大將軍、青冀二州刺史。善少隨父至江南，性好學，遂通涉五經，尤明左氏傳。及侯景之亂，善歸於周。武帝甚禮之，以爲太子宮尹，賜爵江陽縣公。每執經以授太子。開皇初，拜内史侍郎，上每望之曰：「人倫儀表也。」凡有敷奏，詞氣抑揚，觀者屬目。陳使袁雅來聘，上令善就館受書，雅出門不拜。善論舊事有拜之儀，雅不能對，遂拜，成禮而去。後遷國子祭酒。上嘗親臨釋奠，命善講孝經。於是敷陳義理，兼之以諷諫。上大悅曰：「聞江陽之説，更起朕心〔三〕。」賚絹百匹，衣一襲。

善之通博，在何妥之下，然以風流醖藉，俯仰可觀，音韻清朗，聽者忘倦，由是爲後進所歸。妥每懷不平，心欲屈善。因善講春秋，初發題，諸儒畢集。善私謂妥曰：「名望已定，幸無相苦。」妥然之。及就講肆，妥遂引古今滯義以難，善多不能對。善深銜之，二人由是有隙。

善以高熲有宰相之具，嘗言於上曰：「楊素麤疎，蘇威怯懦，元胄、元旻，正似鴨耳。可以付社稷者，唯獨高熲。」上初然之，及熲得罪，上以善之言爲熲游説，深責望之。善憂懼，先患消渴，於是疾動而卒，時年六十。

辛彥之

辛彦之，隴西狄道人也。祖世敍，魏涼州刺史。父靈輔〔四〕，周渭州刺史。彦之九歲而孤，不交非類，博涉經史，與天水牛弘同志好學。後入關，遂家京兆。周太祖見而器之，引爲中外府禮曹，賜以衣馬珠玉。時國家草創，百度伊始，朝貴多出武人，修定儀注，唯彦之而已。尋拜中書侍郎。及周閔帝受禪，彦之與少宗伯盧辯專掌儀制。明、武時，歷職典祀、太祝、樂部、御正四曹大夫，開府儀同三司。奉使迎突厥皇后還，賚馬二百匹，賜爵龍門縣公，邑千户。尋進爵五原郡公，加邑千户。宣帝即位，拜少宗伯。

高祖受禪，除太常少卿，改封任城郡公，進位上開府。尋轉國子祭酒。歲餘，拜禮部尚書，與祕書監牛弘撰新禮。吴興沈重名爲碩學，高祖嘗令彦之與重論議。重不能抗，於是避席而謝曰：「辛君所謂金城湯池，無可攻之勢。」高祖大悦。後拜隨州刺史。于時州牧多貢珍玩，唯彦之所貢，並供祭之物。高祖善之，顧謂朝臣曰：「人安得無學！彦之所貢，稽古之力也。」遷潞州刺史〔五〕，前後俱有惠政。彦之又崇信佛道，於城内立浮圖二所，並十五層。開皇十一年，州人張元暴死，數日乃蘇，云遊天上，見新構一堂，制極崇麗。元問其故，人云潞州刺史辛彦之有功德，造此堂以待之。彦之聞而不悦。其年卒官。謚曰宣。彦之撰墳典一部，六官一部，祝文一部，禮要一部，新禮一部，五經異義一部，並行於世。有子仲龕，官至猗氏令。

何妥

何妥字栖鳳，西城人也。父細胡〔六〕，通商入蜀，遂家郫縣，事梁武陵王紀，主知金帛，因致巨富，號爲西州大賈。妥少機警，八歲遊國子學，助教顧良戲之曰：「汝既姓何，是荷葉之荷，爲是河水之河？」應聲答曰：「先生姓顧，是眷顧之顧，是新故之故？」衆咸異之。十七，以技巧事湘東王，後知其聰明，召爲誦書左右。時蘭陵蕭昚亦有儁才，住青楊巷，妥住白楊頭，時人爲之語曰：「世有兩儁，白楊何妥，青楊蕭昚。」其見美如此。江陵陷，周武帝尤重之，授太學博士。宣帝初欲立五后，以問儒者，辛彦之對曰：「后與天子匹體齊尊，不宜有五。」妥駁曰：「帝嚳四妃，舜又二妃，亦何常數？」由是封襄城縣伯。

高祖受禪，除國子博士，加通直散騎常侍，進爵爲公。妥性勁急，有口才，好是非人物。時納言蘇威嘗言於上曰：「臣先人每誡臣云，唯讀孝經一卷，足可立身治國，何用多爲！」上亦然之。妥進曰：「蘇威所學，非止孝經。厥父若信有此言，威不從訓，是其不孝。若無此言，面欺陛下，是其不誠。不誠不孝，何以事君！且夫子有云：『不讀詩無以言，不讀禮無以立。』豈容蘇綽教子獨反聖人之訓乎？」威時兼領五職，上甚親重之，妥因奏威不可信任。又以掌天文律度，皆不稱職，妥又上八事以諫：

其一事曰：臣聞知人則哲，惟帝難之。孔子曰：「舉直錯諸枉則民服，舉枉錯諸直則民不服。」由此言之，政之治亂，必慎所舉，故進賢受上賞，蔽賢蒙顯戮。察今之舉人，良異于此，無論諂直，莫擇賢愚。心欲崇高，則起家喉舌之任，意須抑屈，必白首郎署之官。人之不服，實由於此。臣聞爵人於朝，與士共之，刑人於市，與衆棄之。伏見留心獄訟，愛人如子，每應決獄，無不詢訪羣公，刑之不濫，君之明也。刑既如此，爵亦宜然。若有懋功簡在帝心者，便可擢用。自斯以降，若選重官，必須參以衆議，勿信一人之舉。則上不偏私，下無怨望。

其二事曰：孔子云：「是察阿黨，則罪無掩蔽。」又曰：「君子周而不比，小人比而不周。」所謂比者，即阿黨也。謂心之所愛，既已光華榮顯，猶加提挈。心之所惡，既已沈滯屈辱，薄言必怒。提挈既成，必相掩蔽，則欺上之心生矣。屈辱既加，則有怨恨，謗讟之言出矣。伏願廣加逖訪，勿使朋黨路開，威恩自任。有國之患，莫大於此。

其三事曰：臣聞舜舉十六族，所謂八元、八愷也。計其賢明，理優今日，猶復擇才授任，不相侵濫，故得四門雍穆，庶績咸熙。今官員極多，用人甚少，有一人身上乃兼數職，爲是國無人也？爲是人不善也？今萬乘大國，髦彥不少，縱有明哲，無由自達。東方朔言曰：「尊之則爲將，卑之則爲虜。」斯言信矣。今當官之人，不度德量力，既無呂望、傅說之能，自負傅巖、滋水之氣，不慮憂深責重，唯畏總領不多，安斯寵任，輕彼權軸，好致顛蹶，實此之由。易曰：「鼎折足，覆公餗，其形渥，凶。」言不勝其任也。臣聞窮力舉重，不能爲用。伏願更任賢良，分才參掌，使各行有餘力，則庶事康哉。

其四事曰：臣聞禮云：「析言破律，亂名改作，執左道以亂政者殺。」孔子曰：「仍舊貫，何必改作！」伏見比年以來，改作者多矣。至如范威漏刻，十載不成，趙翊尺稱，七年方決。公孫濟迂誕醫方，費逾巨萬，徐道慶迴互子午，縻耗飲食。常明破律，多歷歲時，王渥亂名，曾無紀極。張山居未知星位，前已蹂藉太常，曹魏祖不識北辰，今復轔轢太史。莫不用其短見，便自夸毗，邀射名譽，厚相誣罔。請今日已後，有如此者，若其言不驗，必加重罰，庶令有所畏忌，不敢輕奏狂簡。

其餘文多不載。時蘇威權兼數司，先嘗隱武功，故妥言自負傅巖、滋水之氣，以此激上。書奏，威大銜之。十二年，威定考文學，又與妥更相訶詆。威勃然曰：「無何妥，不慮無博士！」妥應聲曰：「無蘇威，亦何憂無執事！」由是與威有隙〔七〕。

其後上令妥考定鍾律，妥又上表曰：

臣聞明則有禮樂，幽則有鬼神，然則動天地，感鬼神，莫近於禮樂。又云樂至則無怨，禮至則不爭，揖讓而治天下者，禮樂之謂也。臣聞樂有二，一曰姦聲，二曰正聲。夫姦聲感人而逆氣應之，逆氣成象而淫樂興焉。正聲感人，而順氣應之，順氣成象，而和樂興焉〔八〕。故樂行而倫清，耳目聰明，血氣和平，移風易俗，天下皆寧。孔子曰：「放鄭聲，遠佞人。」故鄭、衞、宋、趙之聲出，内則發疾，外則傷人。是以宫亂則荒，其君驕；商亂則陂，其官壞；角亂則憂，其人怨；徵亂則哀，其事勤；羽亂則危，其財匱。五者皆亂，則國亡無日矣。魏文侯問子夏曰：「吾端冕而聽古樂則欲寐，聽鄭、衞之音而不知倦，何也？」子夏對曰：「夫古樂者，始奏以文，復亂以武，修身及家，平均天下。鄭、衞之音者，姦聲以亂，溺而不止，獶雜子女〔九〕，不知父子。今君所問者樂也，所愛者音也。夫樂之與音，相近而不同，爲人君者，謹審其好惡。」案聖人之作樂也，非止苟悦耳目而已矣。欲使在宗廟之内，君臣同聽之則莫不和敬；在鄉里之内，長幼同聽之則莫不和順；在閨門之内，父子同聽之則莫不和親。此先王立樂之方也。故知聲而不知音者，禽獸是也，知音而不知樂者，衆庶是也。故黄鍾大吕，弦歌干戚，僮子皆能儛之。能知樂者，其唯君子！不知聲者，不可與言音，不知音者，不可與言樂，知樂則幾於道矣。紂爲無道，太師抱樂器以奔周。晉君德薄，師曠固惜清徵。

上古之時，未有音樂，鼓腹擊壤，樂在其間。易曰：「先王作樂崇德，殷薦之上帝，以配祖考。」至于黄帝作咸池，顓頊作六莖，帝嚳作五英，堯作大章，舜作大韶，禹作大夏，湯作大濩，武王作大武，從夏以來，年代久遠，唯有名字，其聲不可得聞。自殷至周，備于詩頌。故自聖賢已下，多習樂者，至如伏羲減瑟，文王足琴，仲尼擊磬，子路鼓瑟，漢高擊筑，元帝吹簫。漢高祖之初，叔孫通因秦樂人制宗廟之樂。迎神于廟門，奏嘉至之樂〔一〇〕，猶古降神之樂也。皇帝入廟門，奏永至之樂，以爲行步之節，猶采薺、肆夏也〔一一〕。乾豆上薦，奏登歌之樂，猶古清廟之歌也。登歌再終，奏休成之樂，美神饗也。皇帝就東廂坐定，奏永安之樂，美禮成也。其休成、永至二曲，叔孫通所制也。漢高祖廟奏武德、文始、五行之儛。當春秋時，陳公子完奔齊，陳是舜後，故齊有韶樂。孔子在齊聞韶，三月不知肉味是也。秦始皇滅齊，得齊韶樂。漢高祖滅秦，韶傳於漢，高祖改名文始，以示不相襲也。五行儛者，本周大武樂也，始皇改曰五行。及于孝文，復作四時之儛，以示天下安和，四時順也。孝景采武德儛以爲昭德，孝宣又采昭德以爲盛德，雖變其名，大抵皆因秦舊事。至於魏、晉，皆用古樂。魏之三祖，並制樂辭。自永嘉播越，五都傾蕩，樂聲南度，是以大備江東。宋、齊已來，至于梁代，所行樂事，猶皆傳古，三雍四始，實稱大盛。及侯景篡逆，樂師分散，其四儛、三調悉度僞齊。齊氏雖知傳受，得曲而不用之於宗廟朝廷也。

臣少好音律，留意管絃，年雖耆老，頗皆記憶。及東土剋定，樂人悉返，訪其逗遛，果云是梁人所教。今三調、四儛並皆有手，雖不能精熟，亦頗具雅聲。若令教習傳授，庶得流傳古樂。然後取其會歸，撮其指要，因循損益，更制嘉名。歌盛德於當今，傳雅正於來葉，豈不美歟！謹具録三調、四儛曲名，又製歌辭如別。其有聲曲流宕，不可以陳於殿庭者，亦悉附之於後。

書奏，别勑太常取妥節度。於是作清、平、瑟三調聲，又作八佾、鞞鐸巾拂四舞。先是，太常所傳宗廟雅樂，數十年唯作大吕，廢黄鍾。妥又以深乖古意，乃奏請用黄鍾。詔下公卿議，從之。

俄而妥子蔚爲秘書郎，有罪當刑，上哀之，減死論。是後恩禮漸薄。六年，出爲龍州刺史。時有負笈遊學者，妥皆爲講説教授之。爲刺史箴，勒于州門外。在職三年，以疾請還，詔許之。復知學事。時上方使蘇夔在太常，參議鍾律。夔有所建議，朝士多從之，妥獨不同，每言夔之短。高祖下其議，朝臣多排妥。妥復上封事，指陳得失，大抵論時政損益，并指斥當世朋黨。於是蘇威及吏部尚書盧愷、侍郎薛道衡等皆坐得罪。除伊州刺史，不行，尋爲國子祭酒。卒官。謚曰肅。撰周易講疏十三卷，孝經義疏三卷，莊子義疏四卷，及與沈重等撰三十六科鬼神感應等大義九卷，封禪書一卷，樂要一卷，文集十卷，並行於世。

蕭該

蘭陵蕭該者，梁鄱陽王恢之孫也。少封攸侯。梁荆州陷，與何妥同至長安。性篤學，詩、書、春秋、禮記並通大義，尤精漢書，甚爲貴遊所禮。開皇初，賜爵山陰縣公，拜國子博士。奉詔書與妥正定經史，然各執所見，遞相是非，久而不能就，上譴而罷之。該後撰漢書及文選音義，咸爲當時所貴。

包愷

東海包愷，字和樂。其兄愉，明五經，愷悉傳其業。又從王仲通受史記、漢書，尤稱精究。大業中，爲國子助教。于時漢書學者，以蕭、包二人爲宗匠。聚徒教授，著録者數千人。卒，門人爲起墳立碣焉。

房暉遠

房暉遠字崇儒，恒山真定人也。世傳儒學。暉遠幼有志行，治三禮、春秋三傳、詩、書、周易，兼善圖緯，恒以教授爲務。遠方負笈而從者，動以千計。齊南陽王綽爲定州刺史，聞其名，召爲博士。周武帝平齊，搜訪儒俊，暉遠首應辟命，授小學下士。及高祖受禪，遷太常博士。太常卿牛弘每稱爲五經庫。吏部尚書韋世康薦之，爲太學博士。尋與沛公鄭譯修正樂章。丁母憂解任。後數歲，授殄寇將軍，復爲太常博士。未幾，擢爲國子博士。會上令國子生通一經者，並悉薦舉，將擢用之。既策問訖，博士不能時定臧否。祭酒元善怪問之，暉遠曰：「江南、河北，義例不同，博士不能徧涉。學生皆持其所短〔一二〕，稱己所長，博士各各自疑，所以久而不決也。」祭酒因令暉遠考定之，暉遠覽筆便下，初無疑滯。或有不服者，暉遠問其所傳義疏，輒爲始末誦之，然後出其所短，自是無敢飾非者。所試四五百人，數日便決，諸儒莫不推其通博，皆自以爲不能測也。尋奉詔預修令式。高祖嘗謂羣臣曰：「自古天子有女樂乎？」楊素以下莫知所出，遂言無女樂。暉遠進曰：「臣聞『窈窕淑女，鍾鼓樂之』，此即王者房中之樂，著於雅頌，不得言無。」高祖大悦。仁壽中卒官，時年七十二，朝廷嗟惜焉，賵賻甚厚，贈員外散騎常侍。

馬光

馬光字榮伯，武安人也。少好學，從師數十年，晝夜不息，圖書讖緯，莫不畢覽，尤明三禮，爲儒者所宗。開皇初，高祖徵山東義學之士，光與張仲讓、孔籠、竇士榮〔三〕、張黑奴、劉祖仁等俱至，並授太學博士，時人號爲六儒。然皆鄙野，無儀範，朝廷不之貴也。士榮尋病死。仲讓未幾告歸鄉里，著書十卷，自云此書若奏，我必爲宰相。又數言玄象事。州縣列上其狀，竟坐誅。孔籠、張黑奴、劉祖仁未幾亦被譴去。唯光獨存。嘗因釋奠，高祖親幸國子學，王公以下畢集。光升座講禮，啓發章門。已而諸儒生以次論難者十餘人，皆當時碩學，光剖析疑滯，雖辭非俊辨，而理義弘贍，論者莫測其淺深，咸共推服，上嘉而勞焉。山東三禮學者，自熊安生後，唯宗光一人。初，教授瀛、博間，門徒千數，至是多負笈從入長安。後數年，丁母憂歸鄉里，遂有終焉之志。以疾卒於家，時年七十三。

劉焯

劉焯字士元，信都昌亭人也。父洽，郡功曹。焯犀額龜背，望高視遠，聰敏沈深，弱不好弄。少與河間劉炫結盟爲友，同受詩於同郡劉軌思〔一四〕，受左傳於廣平郭懋常〔一五〕，問禮於阜城熊安生，皆不卒業而去。武强交津橋劉智海家素多墳籍，焯與炫就之讀書，向經十載，雖衣食不繼，晏如也。遂以儒學知名，爲州博士。刺史趙煚引爲從事，舉秀才，射策甲科。與著作郎王劭同修國史〔一六〕，兼參議律曆，仍直門下省，以待顧問。俄除員外將軍。後與諸儒於祕書省考定羣言，因假還鄉里，縣令韋之業引爲功曹。尋復入京，與左僕射楊素、吏部尚書牛弘、國子祭酒蘇威、國子祭酒元善、博士蕭該何妥、太學博士房暉遠崔崇德、晉王文學崔賾等於國子共論古今滯義，前賢所不通者。每升座，論難鋒起，皆不能屈，楊素等莫不服其精博。六年，運洛陽石經至京師，文字磨滅，莫能知者，奉敕與劉炫等考定。

後因國子釋奠，與炫二人論義，深挫諸儒，咸懷妬恨，遂爲飛章所謗，除名爲民。於是優遊鄉里，專以教授著述爲務，孜孜不倦。賈、馬、王、鄭所傳章句，多所是非。九章算術、周髀、七曜曆書十餘部，推步日月之經，量度山海之術，莫不覈其根本，窮其祕奥。著稽極十卷，曆書十卷，五經述議，並行於世。劉炫聰明博學，名亞於焯，故時人稱二劉焉。天下名儒後進，質疑受業，不遠千里而至者，不可勝數。論者以爲數百年已來，博學通儒，無能出其右者。然懷抱不曠，又嗇於財，不行束脩者，未嘗有所教誨，時人以此少之。廢太子勇聞而召之，未及進謁，詔令事蜀王，非其好也，久之不至。王聞而大怒，遣人枷送於蜀，配之軍防。其後典校書籍。王以罪廢，焯又與諸儒脩定禮律，除雲騎尉。

煬帝即位，遷太學博士，俄以疾去職。數年，復被徵以待顧問，因上所著曆書，與太史令張胄玄多不同，被駁不用。大業六年卒〔一七〕，時年六十七。劉炫爲之請謚，朝廷不許。

劉炫

劉炫字光伯，河間景城人也。少以聰敏見稱，與信都劉焯閉户讀書，十年不出。炫眸子精明，視日不眩，强記默識，莫與爲儔。左畫方，右畫圓，口誦，目數，耳聽，五事同舉，無有遺失。周武帝平齊，瀛州刺史宇文亢引爲户曹從事。後刺史李繪署禮曹從事，以吏幹知名。歲餘，奉勑與著作郎王劭同修國史。俄直門下省，以待顧問。又與諸術者修天文律曆，兼於内史省考定羣言，内史令博陵李德林甚禮之。炫雖偏直三省，竟不得官，爲縣司責其賦役。炫自陳於内史〔一八〕，内史送詣吏部，吏部尚書韋世康問其所能〔一九〕。炫自爲狀曰：「周禮、禮記、毛詩、尚書、公羊、左傳、孝經、論語孔、鄭、王、何、服、杜等注，凡十三家，雖義有精粗，並堪講授。周易、儀禮、穀梁，用功差少。史子文集，嘉言美事，咸誦於心。天文律曆，窮覈微妙。至於公私文翰，未嘗假手。」吏部竟不詳試，然在朝知名之士十餘人，保明炫所陳不謬，於是除殿内將軍。

時牛弘奏請購求天下遺逸之書，炫遂僞造書百餘卷，題爲連山易、魯史記等，録上送官，取賞而去〔二〇〕。後有人訟之，經赦免死，坐除名，歸于家，以教授爲務。太子勇聞而召之，既至京師，勑令事蜀王秀，遷延不往。蜀王大怒，枷送益州。既而配爲帳内，每使執杖爲門衞。俄而釋之，典校書史。炫因擬屈原卜居，爲筮塗以自寄。

及蜀王廢，與諸儒修定五禮，授旅騎尉。吏部尚書牛弘建議，以爲禮諸侯絶傍朞，大夫降一等。今之上柱國，雖不同古諸侯，比大夫可也。官在第二品，宜降傍親一等。議者多以爲然。炫駁之曰：「古之仕者，宗一人而已，庶子不得進。由是先王重適，其宗子有分禄之義。族人與宗子雖疏遠，猶服縗三月，良由受其恩也。今之仕者，位以才升，不限適庶，與古既異，何降之有。今之貴者，多忽近親，若或降之，民德之疎，自此始矣。」遂寢其事。

開皇二十年，廢國子四門及州縣學，唯置太學博士二人，學生七十二人。炫上表言學校不宜廢，情理甚切，高祖不納。開皇之末，國家殷盛，朝野皆以遼東爲意。炫以爲遼東不可伐，作撫夷論以諷焉，當時莫有悟者。及大業之季，三征不克，炫言方驗。

煬帝即位，牛弘引炫脩律令。高祖之世，以刀筆吏類多小人，年久長姦，勢使然也。又以風俗陵遲，婦人無節。於是立格，州縣佐史，三年而代之，九品妻無得再醮。炫著論以爲不可，弘竟從之。諸郡置學官，及流外給廩，皆發自於炫。弘嘗從容問炫曰：「案周禮士多而府史少，今令史百倍於前，判官減則不濟，其故何也？」炫對曰：「古人委任責成，歲終考其殿最，案不重校，文不繁悉，府史之任，掌要目而已。今之文簿，恒慮覆治，鍛鍊若其不密，萬里追證百年舊案，故諺云『老吏抱案死』。古今不同，若此之相懸也，事繁政弊，職此之由。」弘又問：「魏、齊之時，令史從容而已，今則不遑寧舍，其事何由？」炫對曰：「齊氏立州不過數十，三府行臺，遞相統領，文書行下，不過十條。今州三百，其繁一也。往者州唯置綱紀，郡置守丞，縣唯令而已。其所具寮，則長官自辟，受詔赴任，每州不過數十。今則不然，大小之官，悉由吏部，纖介之迹，皆屬考功，其繁二也。省官不如省事，省事不如清心。官事不省而望從容，其可得乎？」弘甚善其言而不能用。納言楊達舉炫博學有文章，射策高第，除太學博士。歲餘，以品卑去任，還至長平，奉勑追詣行在所。或言其無行，帝遂罷之，歸于河間。

于時羣盜蜂起，穀食踊貴，經籍道息，教授不行。炫與妻子相去百里，聲問斷絶，鬱鬱不得志，乃自爲贊曰：

通人司馬相如、揚子雲、馬季長、鄭康成等，皆自敍風徽，傳芳來葉。余豈敢仰均先達，貽笑從昆〔二一〕。徒以日迫桑榆，大命將近，故友飄零，門徒雨散，溘死朝露，埋魂朔野，親故莫照其心，後人不見其迹，殆及餘喘，薄言胸臆，貽及行邁，傳示州里，使夫將來俊哲知余鄙志耳。

余從綰髮以來，迄於白首，嬰孩爲慈親所恕，棰楚未嘗加，從學爲明師所矜，榎楚弗之及。暨乎敦敍邦族，交結等夷，重物輕身，先人後己。昔在幼弱，樂參長者，爰及耆艾，數接後生。學則服而不厭，誨則勞而不倦，幽情寡適，心事方違〔二二〕。内省生平，顧循終始，其大幸有四，其深恨有一。性本愚蔽，家業貧寠，爲父兄所饒，廁縉紳之末，遂得博覽典誥，窺涉今古，小善著於丘園，虚名聞於邦國，其幸一也。隱顯人間，沈浮世俗，數忝徒勞之職，久執城旦之書，名不挂於白簡，事不染於丹筆，立身立行，慙恧實多，啓手啓足，庶幾可免，其幸二也。以此庸虚，屢動神眷，以此卑賤，每升天府，齊鑣驥騄，比翼鵷鴻，整緗素於鳳池，記言動於麟閣，參謁宰輔，造請羣公，厚禮殊恩，增榮改價，其幸三也。晝漏方盡，大耋已嗟，退反初服，歸骸故里，翫文史以怡神，閲魚鳥以散慮，觀省野物，登臨園沼，緩步代車，無罪爲貴，其幸四也。仰休明之盛世，慨道教之陵遲，蹈先儒之逸軌，傷羣言之蕪穢，馳鶩墳典，釐改僻謬，修撰始畢，圖事適成，天違人願，途不我與。世路未夷，學校盡廢，道不備於當時，業不傳於身後。銜恨泉壤，實在茲乎？其深恨一也。

時在郡城，糧餉斷絶，其門人多隨盜賊，哀炫窮乏，詣郡城下索炫，郡官乃出炫與之。炫爲賊所將，過城下堡。未幾，賊爲官軍所破，炫飢餓無所依，復投縣城。長吏意炫與賊相知，恐爲後變，遂閉門不納。是時夜冰寒，因此凍餒而死，時年六十八。其後門人謚曰宣德先生。

炫性躁競，頗俳諧，多自矜伐，好輕侮當世，爲執政所醜，由是宦塗不遂。著論語述議十卷，春秋攻昧十卷，五經正名十二卷，孝經述議五卷，春秋述議四十卷，尚書述議二十卷，毛詩述議四十卷，注詩序一卷，筭術一卷，並行於世。

褚輝

吴郡褚輝字高明，以三禮學稱於江南。煬帝時，徵天下儒術之士，悉集内史省，相次講論。輝博辯，無能屈者，由是擢爲太學博士。撰禮疏一百卷。

顧彪

餘杭顧彪字仲文，明尚書、春秋。煬帝時爲祕書學士，撰古文尚書疏二十卷。

魯世達

餘杭魯世達，煬帝時爲國子助教，撰毛詩章句義疏四十二卷〔一三〕，行於世。

張沖〔一四〕

吴郡張沖，字叔玄。仕陳爲左中郎將，非其好也，乃覃思經典，撰春秋義略，異於杜氏七十餘事，喪服義三卷，孝經義三卷，論語義十卷，前漢音義十二卷。官至漢王侍讀。

王孝籍

平原王孝籍，少好學，博覽羣言，徧治五經，頗有文翰。與河間劉炫同志友善。開皇中，召入祕書，助王劭修國史。劭不之禮，在省多年，而不免輸稅。孝籍鬱鬱不得志，奏記於吏部尚書牛弘曰：

竊以毒螫憯膚，則申旦不寐，飢寒切體，亦卒歲無聊。何則？痛苦難以安，貧窮易爲蹙。況懷抱之內，冰火鑠脂膏〔二五〕，腠理之間，風霜侵骨髓，安可齰舌緘唇，吞聲飲氣，惡呻吟之響，忍酸辛之酷哉！

伏惟明尚書公動哀矜之色，開寬裕之懷，咳唾足以活枯鱗，吹噓可用飛窮羽。芬椒蘭之氣，暖布帛之詞，許小人之請，聞大君之聽。雖復山川不遠，鬼神在茲，信而有徵，言無不履，猶恐拯溺遲於援手，救經緩於扶足〔二六〕，待越人之舟楫，求魯匠之雲梯，則必懸於槁樹之枝，没於深淵之底矣。夫以一介貧人，七年直省，課役不免，慶賞不霑。賣貢禹之田，供釋之之費，有弱子之累，乏强兄之産。加以老母在堂〔二七〕，光陰遲暮，寒暑違闕，關山超遠，齧臂爲期，前塗逾邈，倚閭之望，朝夕已勤。謝相如之病，無官可以免，發梅福之狂，非仙所能避。愁疾甚乎厲鬼，人生異夫金石，營魂且散，恐筮予無徵，齎恨入冥，則虛緣恩顧，此乃王稽所以致言，應侯爲之不樂也。潛鬢髮之內，居眉睫之間，子野未曾聞，離朱所不見，沈淪東觀，留滯南史，終無薦引，永同埋殯。三世不移，雖由寂寞，十年不調，實乏知己。

夫不世出者，聖明之君也，不萬一者，誠賢之臣也。以夫不世出而逢不萬一，此小人所以爲明尚書幸也。坐人物之源，運銓衡之柄，反披狐白，不好緇衣，此小人爲明尚書不取也。昔荆玉未剖，刖卞和之足，百里未用，碎禽息之首。居得言之地，有能用之資，增耳目之明，無手足之蹙，憚而弗爲，孰知其解！夫官或不稱其能，士或未申其屈，一夫竊議，語流天下。勞不見圖，安能無望！儻病未及死，狂還克念〔二八〕，執事，有點清塵，則不肖之軀，死生爲累，小人之罪，方且未刊〔三〇〕。汗窮愁之簡，屬離憂之詞，託志於前修〔二九〕，通心於來哲，使千載之下哀其不遇，追咎無忽！顧少加憐愍，留心

弘亦知其有學業，而竟不得調。

後歸鄉里，以教授爲業，終于家。注尚書及詩，遭亂零落。

史臣曰：古語云：「容體不足觀，勇力不足恃，族姓不足道，先祖不足稱。然而顯聞四方，流聲後胤者，其唯學乎？」信哉斯言也。暉遠、榮伯之徒，篤志不倦，自求諸己，遂能聞道下風，稱珍席上。或聚徒千百，或服冕乘軒，見重明時，實惟稽古之力也。江陽從容雅望，風韻閑遠，清談高論，籍甚當年。彥之敦經悦史，砥身礪行，志存典制，動蹈規矩。

何妥通涉儁爽，神情警悟，雅有口才，兼擅詞筆，然訐以爲直，失儒者之風焉。劉焯道冠縉紳，數窮天象，既精且博，洞幽究微，鉤深致遠，源流不測，數百年來，斯人而已。劉炫學實通儒，才堪成務，九流、七略，無不該覽。雖探賾索隱，不逮於焯，裁成義説，文雅過之。並道亞生知，時不我與，或纔登於下士，或餒棄於溝壑，惜矣。子夏有言：「死生有命，富貴在天。」天之所與者聰明，所不與者貴仕，上聖且猶不免，焯、炫其如命何！

校勘記

〔一〕皆懷攘奪之心　「奪」，原作「寇」，宋甲本作「敚」，「敚」即古「奪」字，今據改。北史卷八一儒林傳上作「竊」。

〔二〕祖乂魏侍中父羅　魏書卷一六道武七王京兆王黎傳附元羅傳、北史卷一六道武七王京兆王黎傳附元羅傳，元羅是元乂之弟，非父子。北史同卷元善傳，元善父爲梁征北大將軍、青冀二州刺史元舒。

〔三〕更起朕心　「起」，至順本作「啓」。

〔四〕父靈輔　「靈輔」，北史卷八二儒林下辛彦之傳作「靈補」。

〔五〕遷潞州刺史　「潞州」，原作「洛州」，據宋甲本改。按，北史卷八二儒林下辛彦之傳、册府卷八二一總録部崇釋教亦作「潞州」。本卷下文稱「人云潞州刺史辛彥之有功德」，可證。

〔六〕父細胡　「細胡」，北史卷八二儒林下何妥傳、通志卷一七四儒林何妥傳作「細脚胡」。

〔七〕由是與威有隙　「與」字原闕，據宋甲本、至順本補。按，册府卷九一八總録部忿爭亦有「與」字。

〔八〕「夫姦聲感人而逆氣應之」至「順氣成象而和樂興焉」　原作「夫姦聲感人而逆氣應之順氣成象」，今據册府卷五六八掌禮部作樂，在「逆氣應之」下補「逆氣成象而淫樂興焉正聲感人而順氣應之」十八字，「順氣成象」下補「而和樂興焉」五字。語出禮記樂記。

〔九〕獿雜子女　「獿」，原作「優」，據宋甲本、至順本改。按，北史卷八二儒林下何妥傳亦作「獿」。語出禮記樂記。

〔一〇〕迎神于廟門奏嘉至之樂　此上原有「迎神于道門奏嘉至之樂」十字，據宋甲本、北史卷八二儒林下何妥傳删。按，漢書卷二二禮樂志：「大祝迎神于廟門，奏嘉至，猶古降神之樂也。」御覽卷五六六樂部四歷代樂引漢書、册府卷五六五掌禮部作樂同。

〔一一〕猶采薺肆夏也　北史卷八二儒林下何妥傳「猶」下有「古」字。

〔一二〕學生皆持其所短　「持」，原作「恃」，據宋甲本、至順本改。按，北史卷八二儒林下房暉遠傳、册府卷六〇一學校部辯博、卷六四三貢舉部考試、御覽卷二三六職官部三四博士引隋書、隋書詳節卷一九房暉遠傳亦作「持」。

〔三〕竇士榮　北史卷八二儒林下馬光傳、錦繡萬花谷後集卷一一待詔金馬門條引隋書作「竇仕榮」。

〔四〕同受詩於同郡劉軌思　「受」，原作「授」，據北史卷八二儒林下劉焯傳、册府卷八一一總録部遊學、通志卷一七四儒林劉焯傳、隋書詳節卷一九劉焯傳改。

〔五〕受左傳於廣平郭懋常　「郭懋常」，原作「郭懋當」，據至順本、南監本、北監本、汲本、殿本改。按，北史卷八二儒林下劉焯傳、册府卷八一一總録部遊學、通志卷一七四儒林劉焯傳、隋書詳節卷一九劉焯傳作「郭懋嘗」。按，「常」通「嘗」，「當」或涉與「嘗」形近而誤。

〔六〕與著作郎王劭同修國史　「修」，原作「應」，據宋甲本、至順本改。按，北史卷八二儒林下劉焯傳、册府卷五五四國史部選任、隋書詳節卷一九劉焯傳亦作「修」。

〔七〕大業六年卒　本書卷一八律曆志下，劉焯卒於大業四年。

〔八〕炫自陳於内史　「炫」，原作「兹」，據宋甲本、至順本改。按，北史卷八二儒林下劉炫傳、册府卷七八六總録部博學、卷九一五總録部廢滯亦作「炫」。

〔九〕吏部尚書韋世康問其所能　「韋世康」，原作「韋世惠」，據宋甲本、至順本、汲本改。按，北史卷八二儒林下劉炫傳、册府卷七八六總録部博學、卷九一五總録部廢滯亦作「韋世康」。又，本書卷四七韋世康傳，世康開皇初爲吏部尚書。

〔一〇〕取稟而去　宋甲本、至順本、汲本作「賞」。按，北史卷八二儒林下劉炫傳、御覽卷六一九學校部一三圖書下採求遺逸引隋書、册府卷九二四總録部詐僞、隋書詳節卷一九劉炫傳亦作「賞」。

〔二一〕貽笑從昆　「從」，北史卷八二儒林下劉炫傳、册府卷九〇九總録部窮愁作「後」。按，上句稱「仰均先達」，疑作「後」是。

〔二二〕心事方違　「方」，北史卷八二儒林下劉炫傳、册府卷九〇九總録部窮愁作「多」。按，上句稱「幽情寡適」，疑作「多」是。

〔二三〕撰毛詩章句義疏四十一卷　「一」，宋甲本、至順本、南監本作「二」，本書卷三二經籍志一作「四十卷」。

〔二四〕張沖　原作「張仲」，殿本考證：「監本『沖』俱訛『仲』，惟目録作『沖』。北史本傳亦作『沖』。唐書藝文志載張沖春秋左氏義略三十卷，亦與本傳合。本書經籍志載春秋義略三十卷，注：『陳右將軍張沖撰。』本傳載沖仕陳爲左中郎將，官秩不符，或歷官不備載耳。本書潘徽傳，受書於張沖。俱作『沖』。又南齊張沖字思約，亦吴郡人，官至征虜將軍，封定襄侯，又一張沖也。」今據改。

〔二五〕冰火鑠脂膏　「冰」，至順本、汲本作「水」。按，文苑英華卷六九一王孝籍上牛弘書亦作「水」。

〔二六〕救經緩於扶足　「經」，文苑英華卷六九一王孝籍上牛弘書作「縊」。

〔二七〕加以老母在堂　「加」，原作「叨」，據宋甲本、殿本改。按，北史卷八二儒林下王孝籍傳亦作「加」。

〔二八〕狂還克念　「狂」，至順本作「枉」，文苑英華卷六九一王孝籍上牛弘書作「往」，按，「往還」文意較長，疑「狂」、「枉」俱涉形近誤。

〔二九〕託志於前修　「託」，原作「記」，據宋甲本改。按，北史卷八二儒林下王孝籍傳、文苑英華卷六九一王孝籍上牛弘書亦作「託」。

〔三〇〕方且未刊　「刊」，北史卷八二儒林下王孝籍傳作「刑」，文苑英華卷六九一王孝籍上牛弘書作「成」。

隋書卷七十六

列傳第四十一

文學

易曰：「觀乎天文，以察時變，觀乎人文，以化成天下。」傳曰：「言，身之文也，言而不文，行之不遠。」故堯曰則天，表文明之稱，周云盛德，著焕乎之美。然則文之爲用，其大矣哉！上所以敷德教於下，下所以達情志於上，大則經緯天地，作訓垂範，次則風謠歌頌，匡主和民。或離讒放逐之臣，塗窮後門之士，道轗軻而未遇，志鬱抑而不申，憤激委約之中，飛文魏闕之下，奮迅泥滓，自致青雲，振沈溺於一朝，流風聲於千載，往往而有。是以凡百君子，莫不用心焉。

自漢、魏以來，迄乎晉、宋，其體屢變，前哲論之詳矣。暨永明、天監之際，太和、天保之間，洛陽、江左，文雅尤盛。于時作者，濟陽江淹、吴郡沈約、樂安任昉、濟陰温子昇、河間邢子才、鉅鹿魏伯起等，並學窮書圃，思極人文，縟綵鬱於雲霞，逸響振於金石。英華秀發，波瀾浩蕩，筆有餘力，詞無竭源。方諸張、蔡、曹、王，亦各一時之選也。聞其風者，聲馳景慕，然彼此好尚，互有異同。江左宫商發越，貴於清綺，河朔詞義貞剛，重乎氣質。氣質則理勝其詞，清綺則文過其意，理深者便於時用，文華者宜於詠歌，此其南北詞人得失之大較也。若能掇彼清音，簡兹累句，各去所短，合其兩長，則文質斌斌，盡善盡美矣。梁自大同之後，雅道淪缺，漸乖典則，爭馳新巧。簡文、湘東，啓其淫放，徐陵、庾信，分路揚鑣。其意淺而繁，其文匿而彩，詞尚輕險，情多哀思。格以延陵之聽，蓋亦亡國之音乎！周氏吞併梁、荆，此風扇於關右，狂簡斐然成俗，流宕忘反，無所取裁。

高祖初統萬機，每念斲彫爲樸，發號施令，咸去浮華。然時俗詞藻，猶多淫麗，故憲臺執法，屢飛霜簡。煬帝初習藝文，有非輕側之論，暨乎即位，一變其風。其與越公書、建東都詔、冬至受朝詩及擬飲馬長城窟，並存雅體，歸於典制。雖意在驕淫，而詞無浮蕩，故當時綴文之士，遂得依而取正焉。所謂能言者未必能行，蓋亦君子不以人廢言也。

爰自東帝歸秦，逮乎青蓋入洛，四隩咸臮，九州攸同，江、漢英靈，燕、趙奇俊，並該天網之中，俱爲大國之寶。言刈其楚，片善無遺，潤木圓流，不能十數，才之難也，不其然乎！時之文人，見稱當世，則范陽盧思道、安平李德林、河東薛道衡、趙郡李元操、鉅鹿魏澹、會稽虞世基、河東柳䛒、高陽許善心等，或鷹揚河朔，或獨步漢南，俱騁龍光，並驅雲路，各有本傳，論而敍之。其潘徽、萬壽之徒，或學優而不切，或才高而無貴仕，其位可得而卑，其名不可堙没。今總之於此，爲文學傳云。

劉臻

劉臻字宣摯〔一〕，沛國相人也。父顯，梁尋陽太守。臻年十八，舉秀才，爲邵陵王東閣祭酒。元帝時，遷中書舍人。江陵陷没，復歸蕭詧，以爲中書侍郎。周冢宰宇文護辟爲中外府記室，軍書羽檄，多成其手。後爲露門學士，授大都督，封饒陽縣子，歷藍田令、畿伯下大夫。

高祖受禪〔二〕，進位儀同三司。左僕射高熲之伐陳也，以臻隨軍，典文翰，進爵爲伯。皇太子勇引爲學士，甚褻狎之。臻無吏幹，又性恍惚，耽悦經史，終日覃思，至於世事，多所遺忘。有劉訥者，亦任儀同，俱爲太子學士，情好甚密。臻住城南，訥住城東，臻嘗欲尋訥，謂從者曰：「汝知劉儀同家乎？」從者不知尋訥，謂臻還家，答曰：「知。」於是引之而去，既扣門，臻尚未悟，謂至訥家。乃據鞍大呼曰〔三〕：「劉儀同可出矣。」其子迎門，臻驚曰：「此汝亦來耶？」其子答曰：「此是大人家。」於是顧眄，久之乃悟，叱從者曰〔四〕：「汝大無意，吾欲造劉訥耳。」性好噉蜆，以音同父諱，呼爲扁螺。其疎放多此類也。精於兩漢書，時人稱爲漢聖。開皇十八年卒，年七十二〔五〕。有集十卷行於世。

王頍

王頍字景文，齊州刺史頒之弟也。年數歲，值江陵陷，隨諸兄入關。少好遊俠，年二十，尚不知書。爲其兄顒所責怒，於是感激，始讀孝經、論語，晝夜不倦。遂讀左傳、禮、易、詩、書，乃歎曰：「書無不可讀者！」勤學累載，遂遍通五經，究其旨趣，大爲儒者所稱。解綴文，善談論。年二十二，周武帝引爲露門學士。每有疑決〔六〕，多頍所爲。而頍性識甄明，精力不倦，好讀諸子，偏記異書〔七〕，當代稱爲博物。又曉兵法，益有縱横之志，每歎不逢時，常以將相自許。

開皇五年，授著作佐郎。尋令於國子講授。會高祖親臨釋奠，國子祭酒元善講孝經，頍與相論難，詞義鋒起，善往往見屈。高祖大奇之，超授國子博士〔八〕。後坐事解職，配防嶺南。數載，授漢王諒府諮議參軍，王甚禮之。時諒見房陵及秦、蜀二王相次廢黜，潛有異志。頍遂陰勸諒繕治兵甲。及高祖崩，諒遂舉兵反，多頍之計也。頍後數進奇策，諒不能用。楊素至蒿澤，將戰，頍謂其子曰：「氣候殊不佳，兵必敗。汝可隨從我。」既而兵敗，頍將歸突厥，至山中，徑路斷絶，知必不免，謂其子曰：「吾之計數，不減楊素，但坐言不見從，遂至於此。不能坐受擒執，以成豎子名也。吾死之後，汝慎勿過親故。」於是自殺，瘞之石窟中。其子數日不得食，遂過其故人，竟爲所擒。楊素求頍屍，得之，斬首，梟於太原。時年五十四。撰五經大義三十卷，有集十卷，並因兵亂，無復存者。

崔儦

崔儦字岐叔，清河武城人也。祖休，魏青州刺史。父仲文，齊高陽太守。世爲著姓。儦年十六，太守請爲功曹，不就。少與范陽盧思道、隴西辛德源同志友善。每以讀書爲務，負恃才地，忽略世人。大署其户曰：「不讀五千卷書者，無得入此室。」數年之間，遂博覽羣言，多所通涉。解屬文，在齊舉秀才，爲員外散騎侍郎，遷殿中侍御史。尋與熊安生、馬敬德等議五禮，兼脩律令。尋兼散騎侍郎，聘于陳。使還，待詔文林館。歷殿中、膳部員外，三曹郎中。儦與頓丘李若俱見稱重，時人爲之語曰：「京師灼灼，崔儦、李若。」齊亡，歸鄉里，仕郡爲功曹，州補主簿。

開皇四年，徵授給事郎，尋兼内史舍人。後數年，兼通直散騎侍郎，聘于陳，還授員外散騎侍郎。越國公楊素時方貴倖，重儦門地，爲子玄縱娶其女爲妻。聘禮甚厚。親迎之始，公卿滿座，素令騎迎儦，儦故敝其衣冠，騎驢而至。素推令上座，儦有輕素之色，禮甚倨，言又不遜。素忿然拂衣而起，竟罷座。後數日，儦方來謝，素待之如初。仁壽中，卒於京師，時年七十二。子世濟。

諸葛潁

諸葛潁字漢〔九〕，丹陽建康人也。祖銓，梁零陵太守。父規，義陽太守。潁年八歲，能屬文〔一〇〕，起家梁邵陵王參軍事，轉記室。侯景之亂，奔齊，待詔文林館。歷太學博士、太子舍人。周武平齊，不得調，杜門不出者十餘年。習周易、圖緯、倉、雅、莊子〔一一〕，頗得其要。清辯有俊才，晉王廣素聞其名，引爲參軍事，轉記室。及王爲太子，除藥藏監。煬帝即位，遷著作郎，甚見親倖。出入卧内，帝每賜之曲宴，輒與皇后嬪御連席共榻。潁因間隙〔一二〕，多所譖毁，是以時人謂之「治葛」。後録恩舊，授朝散大夫〔一三〕。帝常賜潁詩，其卒章曰：「參翰長洲苑，侍講肅成門。名理窮研覈，英華恣討論。實録資平允，傳芳導後昆。」其見待遇如此。從征吐谷渾，加正議大夫。後從駕北巡，卒於道，年七十七。

潁性褊急，與柳䛒每相忿鬩，帝屢責怒之，而猶不止。於後帝亦薄之。有集二十卷，撰鑾駕北巡記三卷，幸江都道里記一卷，洛陽古今記一卷，馬名録二卷，並行於世。有子嘉會。

孫萬壽

孫萬壽字仙期，信都武强人也。祖寶，魏散騎常侍。父靈暉，齊國子博士。萬壽年十四，就阜城熊安生受五經，略通大義，兼博涉子史。善屬文，美談笑，博陵李德林見而奇之。在齊，年十七，奉朝請。

高祖受禪，滕穆王引爲文學，坐衣冠不整，配防江南。行軍總管宇文述召典軍書。萬壽本自書生，從容文雅，一旦從軍，鬱鬱不得志，爲五言詩贈京邑知友曰：

賈誼長沙國，屈平湘水濱，江南瘴癘地，從來三逐臣〔一四〕。粤余非巧宦，少小拙謀身。欲飛無假翼，思鳴不值晨。如何載筆士，翻作負戈人！飄飄如木偶〔一五〕，棄置同芻狗。失路乃西浮，非狂亦東走。晚歲出函關，方春度京口。石城臨獸據，天津望牛斗。牛斗盛妖氛，梟獍已成羣。郗超初入幕，王粲始從軍。裹糧楚山際，被甲吳江濆。吳江一浩蕩，楚山何糾紛。驚波上濺日，喬木下臨雲。繫越恒資辯，喻蜀幾飛文。魯連唯救患，吾彥不爭勳。羈遊歲月久，歸思常搔首。非關不樹萱，豈爲無杯酒！數載辭鄉縣，三秋別親友。壯志後風雲，衰鬢先蒲柳。

心緒亂如絲，空懷疇昔時。昔時遊帝里，弱歲逢知己。旅食南館中，飛蓋西園裏。河間本好書，東平唯愛士。英辯接天人，清言洞名理。鳳池時寓直，麟閣常遊止。勝地盛賓僚，麗景相攜招。舟汎昆明水，騎指渭津橋。祓除臨灞岸，供帳出東郊。宜城醖始熟，陽翟曲新調。繞樹烏啼夜，雊麥雉飛朝。細塵梁下落，長袖掌中嬌。懽娛三樂至，懷抱百憂銷。夢想猶如昨，尋思久寂寥。一朝牽世網，萬里逐波潮。迴輪常自轉，懸旆不堪搖。

登高視衿帶，鄉關白雲外。迴首望孤城，愁人益不平。華亭宵鶴唳，幽谷早鶯鳴。斷絕心難續，惝怳魂屢驚。羣紀通家好，鄒魯故鄉情。若值南飛雁，時能訪死生。

此詩至京，盛爲當時之所吟誦，天下好事者多書壁而翫之。

後歸鄉里，十餘年不得調。仁壽初，徵拜豫章王長史，非其好也。王轉封于齊，即爲齊王文學。當時諸王官屬多被夷滅，由是彌不自安，因謝病免。久之，授大理司直，卒於官，時年五十二。有集十卷行於世。

王貞

王貞字孝逸，梁郡陳留人也〔一六〕。少聰敏，七歲好學，善毛詩、禮記、左氏傳、周易，諸子百家〔一七〕，無不畢覽。善屬文詞，不治産業，每以諷讀爲娱。開皇初，汴州刺史樊叔略引爲主簿，後舉秀才，授縣尉，非其好也，謝病于家。煬帝即位，齊王暕鎮江都，聞其名，以書召之曰：

夫山藏美玉，光照廊廡之間，地藴神劍，氣浮星漢之表。是知毛遂穎脱，義感平原，孫慧文詞，來迁東海〔一八〕。顧循寡薄，有懷髦彦，籍甚清風，爲日久矣，未獲披覯，良深佇遲。比高天流火，早應涼飆，陵雲仙掌，方承清露，想攝衞攸宜，與時休適。前園後圃，從容丘壑之情，左琴右書，蕭散煙霞之外。茂陵謝病，非無封禪之文，彭澤遺榮〔一九〕，先有歸來之作。優游儒雅，何樂如之！

余屬當藩屏，宣條揚、越，坐棠聽訟，事絶詠歌，攀桂摛詞，眷言高遯。至於揚旌北渚，飛蓋西園，託乘乏應、劉，置醴闕申、穆，背淮之賓，徒聞其語，趨燕之客，罕值其人。卿道冠鷹揚，聲高鳳舉，儒、墨泉海，詞章苑囿，棲遲衡泌，懷寶迷邦，徇茲獨善，良以於邑。今遣行人，具宣往意，側望起予，甚於飢渴，想便輕舉，副此虛心。無信投石之談，空慕鑿坏之逸，書不盡言，更慙詞費。

及貞至，王以客禮待之，朝夕遺問安不。又索文集，貞啓謝曰：

屬賀德仁宣教，須少來所有拙文。昔公旦之才藝，能事鬼神，夫子之文章，性與天道，雅志傳於游、夏，餘波鼓於屈、宋，雕龍之迹，具在風騷，而前賢後聖，代相師祖。賞逐時移，出門分路〔二〇〕，變清音於正始，體高致於元康，咸言坐握蛇珠，誰許獨爲麟角。

孝逸生於戰爭之季，長於風塵之世，學無半古，才不逮人。往屬休明，寸陰已昃，雖居可封之屋，每懷貧賤之恥。適鄢郢而迷塗，入邯鄲而失步，歸來反覆，心灰遂寒。豈謂横議過實，虛塵睿覽，枉高車以載鼷，費明珠以彈雀，遂得裹糧三月，重高門之餘地，背淮千里，望章臺之後塵。與懸黎而並肆，將駿驥而同皁，終朝擊缶，匪黄鍾之所諧，日暮却行，何前人之能及！顧想平生，觸塗多感〔二一〕，但以積年沈痼，遺忘日久，拙思所存，纔成三十三卷。仰而不至，方見學仙之遠，窺而不覩，始知游聖之難。咫尺天人，周章不暇，怖甚真龍之降，慙過白豕之歸，伏紙陳情，形神悚越。齊王覽所上集，善之，賜良馬四匹。貞復上江都賦，王賜錢十萬貫，馬二匹。未幾，以疾甚還鄉里，終于家。

虞綽 辛大德

虞綽字士裕，會稽餘姚人也。父孝曾，陳始興王諮議。綽身長八尺，姿儀甚偉，博學有俊才，尤工草隸。陳左衞將軍傅縡有盛名於世，見綽詞賦，歎謂人曰：「虞郎之文，無以尚也！」仕陳，爲太學博士，遷永陽王記室。

及陳亡，晉王廣引爲學士。大業初，轉爲祕書學士，奉詔與祕書郎虞世南、著作佐郎庾自直等撰長洲玉鏡等書十餘部。綽所筆削，帝未嘗不稱善，而官竟不遷。初爲校書郎，以藩邸左右，加宣惠尉。遷著作佐郎，與虞世南、庾自直、蔡允恭等四人常居禁中，以文翰待詔，恩盼隆洽。

從征遼東，帝舍臨海頓，見大鳥，異之〔三〕，詔綽爲銘。其辭曰：

維大業八年，歲在壬申，夏四月丙子，皇帝底定遼碣，班師振旅，龍駕南轅，鸞旗西邁〔二三〕，行宫次于柳城縣之臨海頓焉。山川明秀，寔仙都也。旌門外設，款跨重阜，帳殿周施，降望大壑。息清蹕，下輕輿，警百靈，綏萬福，踐素砂，步碧沚。同軒皇之襄野，邁漢宗於河上，想汾射以開襟，望蓬瀛而載佇。窅然齊肅，藐屬殊庭，兼以聖德遐宣，息别風與淮雨，休符潛感，表重潤於夷波。璧日矖光，卿雲舒采，六合開朗，十洲澄鏡。少選之間，儵焉靈感，忽有祥禽，皎同鶴鷺，出自霄漢，翻然雙下。高逾一丈，長乃盈尋，靡霜暉於羽翮，激丹華於觜距。鸞翔鳳跱，鵠起鴻騫，或蹶或啄，載飛載止，徘徊馴擾，咫尺乘輿。不藉揮琴，非因拊石，樂我君德，是用來儀。斯固類仙人之騏驥，冠羽族之宗長，西王青鳥，東海赤雁，豈可同年而語哉！竊以銘基華岳，事乖靈異，紀迹鄒山，義非盡美，猶方册不泯，遺文可觀。況盛德成功，若斯懿鑠，懷真味道，加此感通，不鐫名山，安用銘異！臣拜稽首，敢勒銘云：

來蘇興怨，帝自東征，言復禹績，乃御軒營。六師薄伐，三韓肅清，龔行天罰，赫赫明明。文德上暢，靈武外薄，車徒不擾，苛慝靡作。凱歌載路，成功允鑠，反旆還軒，遵林並壑。停輿海澨，駐驆巖阯，窅想遐凝，藐屬千里。金臺銀闕，雲浮岳峙，有感斯應，靈禽效祉。飛來清漢，俱集華泉，好音玉響，皓質冰鮮。狎仁馴德，習習翩翩，絶迹無泯，於萬斯年。

帝覽而善之，命有司勒於海上。以度遼功，授建節尉。

綽恃才任氣，無所降下。著作郎諸葛頴以學業倖於帝，綽每輕侮之，由是有隙。帝嘗問綽於頴，頴曰：「虞綽麤人也。」帝頷之。時禮部尚書楊玄感稱爲貴倨，虚襟禮之，與結布衣之友。綽數從之遊。其族人虞世南誡之曰：「上性猜忌，而君過厚玄感。若與絶交者，帝知君改悔，可以無咎；不然，終當見禍。」綽不從。尋有告綽以禁内兵書借玄感，帝甚銜之。及玄感敗後，籍没其家，妓妾並入宫。帝因問之，玄感平常時與何人交往，其妾以虞綽對。帝令大理卿鄭善果窮治其事，綽曰：「羈旅薄遊，與玄感文酒談款，實無他謀。」帝怒不解，徙綽且末。綽至長安而亡，吏逮之急，於是潛度江，變姓名，自稱吴卓。遊東陽，抵信安令天水辛大德，大德舍之。歲餘，綽與人爭田相訟，有識綽者而告〔二四〕，竟爲吏所執，坐斬江都，時年五十四。所有詞賦，並行於世。

大德爲令，誅翦羣盜，甚得民和。與綽俱爲使者所執，其妻泣曰：「每諫君無匿學士，今日之事，豈不哀哉！」大德笑曰：「我本圖脱長者，反爲人告之，吾罪也。當死以謝綽。」會有詔，死罪得以擊賊自効。信安吏民詣使者叩頭曰：「辛君人命所懸，辛君若去，亦無信安矣。」使者留之以討賊。帝怒，斬使者，大德獲全。

王胄

王胄字承基，琅邪臨沂人也。祖筠，梁太子詹事。父祥，陳黄門侍郎。胄少有逸才，仕陳，起家鄱陽王法曹參軍，歷太子舍人、東陽王文學。

及陳滅，晉王廣引爲學士。仁壽末，從劉方擊林邑，以功授帥都督。大業初，爲著作佐郎，以文詞爲煬帝所重。帝常自東都還京師，賜天下大酺，因爲五言詩，詔胄和之。其詞曰：「河、洛稱朝市，崤、函實奥區。周營曲阜作，漢建奉春謨。大君苞二代，皇居盛兩都。招摇正東指，天駟廼西驅。展軨齊玉軑，式道耀金吾。千門駐罕畢，四達儼車徒。是節春之暮，神皋華實敷。皇情感時物，睿思屬枌榆。詔問百年老，恩隆五日酺。小人荷鎔鑄，何由答大鑪。」帝覽而善之，因謂侍臣曰：「氣高致遠，歸之於胄；詞清體潤，其在世基；意密理新，推庾自直。過此者，未可以言詩也。」帝所有篇什，多令繼和。與虞綽齊名，同志友善，于時後進之士咸以二人爲准的。從征遼東，進授朝散大夫。

胄性疎率不倫，自恃才大〔二五〕，鬱鬱於薄宦，每負氣陵傲，忽略時人。爲諸葛潁所嫉，屢譖之於帝，帝愛其才而不罪。禮部尚書楊玄感虚襟與交，數遊其第。及玄感敗，與虞綽俱徙邊。胄遂亡匿，潛還江左，爲吏所捕，坐誅，時年五十六。所著詞賦，多行於世。

胄兄奝，字元恭，博學多通。少有盛名於江左。仕陳，歷太子洗馬、中舍人。陳亡，與胄俱爲學士。煬帝即位，授祕書郎，卒官。

庾自直

庾自直，潁川人也。父持，陳羽林監。自直少好學，沉靜寡欲。仕陳，歷豫章王府外兵參軍、宣惠記室。

陳亡，入關，不得調。晉王廣聞之，引爲學士。大業初，授著作佐郎。自直解屬文，於五言詩尤善。性恭慎，不妄交遊，特爲帝所愛。帝有篇章，必先示自直，令其詆訶。自直所難，帝輒改之，或至於再三，俟其稱善，然後方出。其見親禮如此。後以本官知起居舍人事。化及作逆，以之北上，自載露車中，感激發病卒。有文集十卷行於世。

潘徽

潘徽字伯彥，吳郡人也。性聰敏，少受禮於鄭灼，受毛詩於施公，受書於張沖，講莊、老於張譏，並通大義。尤精三史。善屬文，能持論。陳尚書令江總引致文儒之士，徽一詣總，總甚敬之。釋褐新蔡王國侍郎，選爲客館令。隋遣魏澹聘于陳，陳人使徽接對之。澹將反命，爲啓於陳主曰：「敬奉弘慈，曲垂餞送。」徽以爲「伏奉」爲重，「敬奉」爲輕，却其啓而不奏。澹立議曰：「曲禮注曰：『禮主於敬。』詩曰：『維桑與梓，必恭敬止。』孝經曰：『宗廟致敬。』又云：『不敬其親，謂之悖禮。』孔子敬天之怒，成湯聖敬日躋。宗廟極重，上天極高，父極尊，君極貴，四者咸同一敬，五經未有異文，不知以敬爲輕，竟何所據？」徽難之曰：「向所論敬字，本不全以爲輕，但施用處殊，義成通別。禮主於敬，此是通言，猶如男子『冠而字之』，注云『成人敬其名也』。春秋有冀缺，夫妻亦云『相敬』。既於子則有敬名之義，在夫亦有敬妻之説，此可復並謂極重乎？至若『敬謝諸公』〔二六〕，固非尊地，『公子敬愛』，止施賓友，『敬問』、『敬報』，彌見雷同，『敬聽』、『敬酬』，何關貴隔！當知敬之爲義，雖是不輕，但敬之於語，則有時混漫。今云『敬奉』，所以成疑。聊舉一隅，未爲深據。」澹不能對，遂從而改焉。

及陳滅，爲州博士，秦孝王俊聞其名，召爲學士。嘗從俊朝京師，在塗，令徽於馬上爲賦，行一驛而成，名曰述思賦〔二七〕。俊覽而善之。復令爲萬字文，并遣撰集字書，名爲韻纂。徽爲序曰：

文字之來尚矣。初則羲皇出震，觀象緯以法天，次則史頡佐軒，察蹄迹而取地。於是八卦爰始，爻文始作〔二八〕，繩用既息，墳籍生焉。至如龍筴授河，龜威出洛，緑綈白檢，述勛、華之運，金繩玉字，表殷、夏之符，銜甲示於姬壇，吐卷徵於孔室，莫不理包遠邇，迹會幽明，仰協神功，俯照人事。其制作也如彼，其祥瑞也如此，故能宣流萬代，正名百物，爲生民之耳目，作後王之模範，頌美形容，垂芬篆素。

暨大隋之受命也，追蹤三五，並曜參辰，外振武功，内修文德。飛英聲而勒嵩、岱，彰大定而銘鍾鼎，春干秋羽，盛禮樂於膠庠，省俗觀風，採歌謡於唐、衛。我秦王殿下，降靈霄極，禀秀天機，質潤珪璋，文兼黼黻。楚詩早習，頗屬懷於言志，沛易先通，每留神於索隱。尊儒好古，三雍之對已遒，博物多能，百家之工彌洽。遨遊必名教，漁獵唯圖史。加以降情引汲，擇善芻微，築館招賢，攀枝佇異。剖連城於井里，賁束帛於丘園，薄技無遺，片言便賞。所以人加脂粉，物競琢磨，俱報稻粱，各施鳴吠。

于時歲次鶉火，月躔夷則，驂駕務隙，靈光意靜。前臨竹沼，却倚桂巖，泉石瑩仁智之心，煙霞發文彩之致，賓僚霧集，教義風靡。乃討論羣藝，商略衆書，以爲小學之家，尤多舛雜，雖復周禮、漢律，務在貫通，而巧説邪辭，遞生同異。且文訛篆隸，音謬楚、夏，三蒼、急就之流，微存章句，説文、字林之屬，唯別體形。至於尋聲推韻，良爲疑混，酌古會今，未臻功要。末有李登聲類、吕静韻集，始判清濁，纔分宫羽，而全無引據，過傷淺局，詩賦所須，卒難爲用。遂躬紆睿旨，摽摘是非，撮舉宏綱，裁斷篇部。總會舊轍，創立新意，聲别相從，即隨注釋。詳之詁訓，證以經史，備包騷雅，博牽子集，汗簡云畢，題爲韻纂，凡三十卷，勒成一家。方可藏彼名山，副諸石室，見羣玉之爲淺，鄙懸金之不定。爰命末學，製其都序。徽業術已寡，思理彌殫，心若死灰，文慙生氣。徒以犬馬識養，飛走懷仁，敢執顛沛之辭，遂操狂簡之筆。而齊、魯富經學，楚、鄭多良士，西河之彦，幸不誚於索居，東里之才，請能加於潤色。

未幾，俊薨，晉王廣復引爲揚州博士，令與諸儒撰江都集禮一部。復令徽作序曰：

禮之爲用至矣。大與天地同節，明與日月齊照，源開三本，體合四端。巢居穴處之前，即萌其理，龜文鳥迹以後，稍顯其事。雖情存簡易〔三九〕，意非玉帛，而夏造殷因，可得知也。至如秩宗三禮之職，司徒五禮之官，邦國以和，人神惟敬，道德仁義，非此莫成，進退俯仰，去茲安適！若璽印塗，猶防止水，豈直譬彼耕耨，均斯粉澤而已哉！

自世屬坑焚，時移漢、魏，叔孫通之碩解，高堂隆之博識，專門者霧集，制作者風馳，節文頗備，枝條互起。皇帝負扆垂旒，辨方正位，纂勛、華之曆象，綴文、武之憲章。車書之所會通，觸境斯應，雲雨之所霑潤，無思不韙。東探石簣之符，西蠹羽陵之策，鳴鑾太室，偃伯靈臺，樂備五常，禮兼八代。

上柱國、太尉、揚州總管、晉王握珪璋之寶，履神明之德，隆化讚傑，藏用顯仁。地居周、邵，業冠河、楚，允文允武，多才多藝。戎衣而籠關塞，朝服而掃江湖，收杞梓之才，闢康莊之館。加以佃漁六學，網羅百氏，繼稷下之絶軌，弘泗上之淪風，賾無隱而不探，事有難而必綜。至於采標緑錯，華垂丹篆，刑名長短，儒、墨是非，書圃翰林之域，理窟談叢之内，謁者所求之餘，侍醫所校之逸，莫不澄涇辨渭，拾珠棄蚌。以爲質文遞改，損益不同，明堂、曲臺之記，南宫、東觀之説，鄭、王、徐、賀之答，崔、譙、何、庾之論，簡牒雖盈，菁華蓋鮮。乃以宣條暇日，聽訟餘晨，娱情窺寶之鄉，凝相觀濤之岸，總括油素，躬披緗縹，芟蕪刈楚，振領提綱，去其繁雜，撮其指要，勒成一家，名曰江都集禮。凡十二帙，一百二十卷，取方月數，用比星周，軍國之義存焉，人倫之紀備矣。昔者龜、蒙令后，睢、涣名藩，誠復出警入蹕，擬乘輿之制度，建羈載旂，用天子之禮樂。求諸述作，未聞茲典。方可韜之頖水，副彼名山，見刻石之非工，嗤懸金之已陋。是知沛王通論，不獨擅於前脩，寧朔新書，更追慚於往册。徽幸棲仁岳，忝遊聖海，謬承恩奬，敢敍該博之致云。

煬帝嗣位，詔徽與著作佐郎陸從典、太常博士褚亮、歐陽詢等助越公楊素撰魏書，會素薨而止。授京兆郡博士。楊玄感兄弟甚重之，數相來往。及玄感敗，凡交關多罹其患。徽以玄感故人，爲帝所不悅，有司希旨，出徽爲西海郡威定縣主簿。意甚不平，行至隴西，發病卒。

杜正玄 弟正藏

杜正玄字慎徽，其先本京兆人，八世祖曼，爲石趙從事中郎，因家於鄴。自曼至正玄，世以文學相授。正玄尤聰敏，博涉多通。兄弟數人，俱未弱冠，並以文章才辯籍甚三河之間。開皇末，舉秀才，尚書試方略，正玄應對如響，下筆成章。僕射楊素負才傲物，正玄抗辭酬對，無所屈撓，素甚不悅。久之，會林邑獻白鸚鵡，素促召正玄，使者相望。及至，即令作賦。正玄倉卒之際，援筆立成。素見文不加點，始異之。因令更擬諸雜文筆十餘條，又皆立成，而辭理華贍，素乃嘆曰：「此真秀才，吾不及也！」授晉王行參軍，轉豫章王記室，卒官。弟正藏。

正藏字爲善〔三〇〕，尤好學，善屬文。弱冠舉秀才，授純州行參軍，歷下邑正。大業中，學業該通，應詔舉秀才，兄弟三人俱以文章一時詣闕，論者榮之。著碑誄銘頌詩賦百餘篇。又著文章體式，大爲後進所實，時人號爲文軌，乃至海外高麗、百濟，亦共傳習，稱爲杜家新書。

常得志

京兆常得志，博學善屬文，官至秦王記室。及王薨，過故宫，爲五言詩，辭理悲壯，甚爲時人所重。復爲兄弟論，義理可稱。

尹式

河間尹式，博學解屬文，少有令問。仁壽中，官至漢王記室，王甚重之。及漢王敗，式自殺。其族人正卿、彦卿俱有儁才，名顯於世。

劉善經

河間劉善經，博物洽聞，尤善詞筆。歷仕著作佐郎〔三二〕、太子舍人。著酬德傳三十卷，諸劉譜三十卷，四聲指歸一卷，行於世。

祖君彥

范陽祖君彥，齊尚書僕射孝徵之子也〔三三〕。容貌短小，言辭訥澀，有才學。大業末，官至東平郡書佐。郡陷於翟讓，因爲李密所得。密甚禮之，署爲記室，軍書羽檄，皆成於其手。及密敗，爲王世充所殺。

孔德紹

會稽孔德紹，有清才，官至景城縣丞。竇建德稱王，署爲中書令，專典書檄。及建德敗，伏誅。

劉斌

南陽劉斌，頗有詞藻，官至信都郡司功書佐。竇建德署爲中書舍人。建德敗，復爲劉闔中書侍郎，與劉闔亡歸突厥，不知所終。

史臣曰：魏文有言「古今文人，類不護細行，鮮能以名節自立」，信矣！王胄、虞綽之輩，崔儦、孝逸之倫，或矜氣負才，遺落世事，或學優命薄，調高位下，心鬱抑而孤憤，志盤桓而不定，嘯傲當世，脫略公卿。是知跅弛見遺，嫉邪忤物，不獨漢陽趙壹、平原禰衡而已。故多離咎悔，鮮克有終。然其學涉稽古，文詞辨麗，並鄧林之一枝，崐山之片玉矣。有隋總一寰宇，得人爲盛，秀異之貢，不過十數。正玄昆季三人預焉，華萼相耀，亦爲難兄弟矣。

校勘記

〔一〕劉臻字宣摯　「劉臻」，劉大臻墓誌作「劉大臻」。

〔二〕高祖受禪　「受」，原作「授」，據宋甲本、至順本、南監本、北監本、汲本、殿本改。

〔三〕乃據鞍大呼曰　「鞍」，原作「桉」，據宋甲本改。按，北史卷八三文苑劉臻傳亦作「鞍」。

〔四〕叱從者曰　「叱」上原有「此」字，據宋甲本、至順本、南監本、北監本、汲本、殿本刪。

〔五〕開皇十八年卒年七十二　劉大臻墓誌作「以開皇十六年三月遘疾彌留，至于大漸」，「以其月廿五日奄捐館舍，春秋七十三」。當從誌，「十八年」應作「十六年」，「七十二」應是「七十三」。

〔六〕每有疑決　「疑」，宋甲本、至順本作「議」。按，北史卷八四孝行王頒傳附王頍傳亦作「議」。

〔七〕偏記異書　「偏」，北史卷八四孝行王頒傳附王頍傳作「徧」，文意較勝。

〔八〕超授國子博士　「超」，原作「起」，據北史卷八四孝行王頒傳附王頍傳、御覽卷二三六職官部三四博士引隋書、册府卷五九七學校部選任、卷六〇一學校部辯博改。

〔九〕諸葛潁字漢　「諸葛潁」，原作「諸葛頴」，據宋甲本改。按，北史卷八三文苑諸葛潁傳亦作「諸葛潁」。下文同改，不另出校。

〔一〇〕潁年八歲能屬文　「八歲」，宋甲本作「十八」。按，北史卷八三文苑諸葛潁傳亦作「十八」。

〔一一〕莊子　宋甲本作「莊老」。按，北史卷八三文苑諸葛潁傳亦作「莊老」。

〔一二〕潁因間隙　「間」，宋甲本、至順本作「閑」。按，册府卷九二四總録部傾險亦作「閑」。

〔一三〕授朝散大夫　「朝散大夫」，宋甲本、至順本、南監本、北監本、汲本、殿本作「朝請大夫」。

〔一四〕從來三逐臣　「三」，宋甲本、至順本、南監本、北監本、汲本、殿本作「多」。

〔一五〕飄飄如木偶　「飄飄」，宋甲本、至順本作「飄颻」。

〔一六〕梁郡陳留人也　「梁郡」，原作「梁都」，據宋甲本、南監本、北監本、汲本、殿本改。按，北史卷八三文苑王貞傳亦作「梁郡」。

〔一七〕諸子百家　宋甲本作「諸史百家」。按，北史卷八三文苑王貞傳亦作「諸史百家」。

〔一八〕孫慧文詞來迁東海　「迁」，南監本、北監本、汲本、殿本作「遷」，宋甲本、至順本、册府卷二九二宗室部禮士作「于」，隋書詳節卷二〇王貞傳作「干」。按，孫慧即孫惠。晉書卷七一孫惠傳云：「後東海王越舉兵下邳，惠乃詭稱南嶽逸士秦祕之，以書干越。」疑作「干」是。「于」、「迁」涉形近而訛，「遷」從「迁」誤。

〔一九〕彭澤遺榮　「遺」，册府卷二九二宗室部禮士作「辭」。

〔二〇〕出門分路　「分」，至順本作「外」。汲本「分」下小注稱：「宋本作『外』。」

〔二一〕觸塗多感　「感」，册府卷二九二宗室部禮士作「慰」，隋書詳節卷二〇王貞傳作「畏」。

〔二二〕見大鳥異之　御覽卷九一四羽族部一鳥引隋書作「見大鳥丈餘，縞身朱足，游泳自若，上異之」。多出「丈餘縞身朱足游泳自若上」十一字。

〔二三〕鸞旗西邁　「旗」下原有「遷」字，據宋甲本、北監本、汲本、殿本删。按，隋書詳節卷二〇虞綽傳正作「鸞旗西邁」。

〔二四〕有識綽者而告　宋甲本作「因有識綽者而告之」。按，北史卷八三文苑虞綽傳、册府卷九四九總録部亡命亦作「因有識綽者而告之」。

〔二五〕自恃才大　宋甲本、北史卷八三文苑王胄傳作「自恃才伐」。册府卷四七八臺省部簡傲作「恃才自伐」，疑是。

〔二六〕至若敬謝諸公　「敬」字原闕，據宋甲本補。按，北史卷八三文苑潘徽傳、隋書詳節卷二〇潘徽傳亦有「敬」字。

〔二七〕名曰述思賦　「述思賦」，宋甲本作「述恩賦」。按，北史卷八三文苑潘徽傳亦作「述恩賦」。

〔二八〕爻文始作　宋甲本作「六爻始作」，隋書詳節卷二〇潘徽傳作「爻文斯作」。

〔二九〕雖情存簡易　「存」，宋甲本作「有」。

〔三〇〕正藏字爲善　此上原有「杜」字，據宋甲本刪。

〔三一〕歷仕著作佐郎　「歷仕」，宋甲本、至順本、汲本作「仕歷」。

〔三二〕齊尚書僕射孝徵之子也　「孝徵」，原作「孝徽」，據北史卷四七祖瑩傳附祖珽傳改。按，君彦父祖珽，字孝徵。

隋書卷七十七

列傳第四十二

隱逸

自肇有書契，綿歷百王，雖時有盛衰，未嘗無隱逸之士。故易稱「遯世無悶」，又曰「不事王侯」；詩云「皎皎白駒，在彼空谷」；禮云「儒有上不臣天子，下不事王侯」；語曰「舉逸民，天下之人歸心焉」。雖出處殊途，語默異用，各言其志，皆君子之道也。洪崖兆其始，箕山扇其風，七人作乎周年，四皓光乎漢日，魏、晉以降，其流逾廣。其大者則輕天下，細萬物，其小者則安苦節，甘賤貧。或與世同塵，隨波瀾以俱逝，或違時矯俗，望江湖而獨往，狎玩魚鳥，左右琴書，拾遺粒而織落毛，飲石泉而蔭松柏。放情宇宙之外，自足懷抱之中，然皆欣欣於獨善，鮮汲汲於兼濟。而受命哲王，守文令主，莫不束帛交馳，蒲輪結轍，奔走巖谷，唯恐不逮者，何哉？以其道雖未弘，志不可奪，縱無舟檝之功，終有賢貞之操。足以立懦夫之志，息貪競之風，與夫苟得之徒，不可同年共日。所謂無用以爲用，無爲而無不爲者也。故敍其人，列其行，以備隱逸篇云。

李士謙

李士謙字子約，趙郡平棘人也。髫齓喪父，事母以孝聞。母曾歐吐，疑爲中毒，因跪而嘗之。伯父魏岐州刺史瑒，深所嗟尚，每稱曰：「此兒吾家之顏子也。」年十二，魏廣平王贊辟開府參軍事。後丁母憂，居喪骨立。有姊適宋氏，不勝哀而死。士謙服闋，捨宅爲伽藍，脱身而出。詣學請業，研精不倦，遂博覽羣籍，兼善天文術數。齊吏部尚書辛術召署員外郎，趙郡王叡舉德行，皆稱疾不就。和士開亦重其名，將諷朝廷，擢爲國子祭酒。士謙知而固辭，得免。隋有天下，畢志不仕。

自以少孤，未嘗飲酒食肉，口無殺害之言。至於親賓來萃，輒陳罇俎，對之危坐，終日不倦。李氏宗黨豪盛，每至春秋二社，必高會極歡，無不沉醉諠亂。嘗集士謙所，盛饌盈前，而先爲設黍，謂羣從曰：「孔子稱黍爲五穀之長，荀卿亦云食先黍稷，古人所尚，容可違乎？」少長肅然，不敢弛惰，退而相謂曰：「既見君子，方覺吾徒之不德也。」士謙聞而自責曰：「何乃爲人所疎，頓至於此！」家富於財，躬處節儉，每以振施爲務。州里有喪事不辦者，士謙輒奔走赴之，隨乏供濟。有兄弟分財不均，至相鬩訟，士謙聞而出財，補其少者，令與多者相埒。兄弟媿懼，更相推讓，卒爲善士。有牛犯其田者，士謙牽置涼處飼之，過於本主。望見盜刈其禾黍者，默而避之。其家僮嘗執盜粟者，士謙慰諭之曰：「窮困所致，義無相責。」遽令放之。其奴嘗與鄉人董震因醉角力，震扼其喉，斃於手下。震惶懼請罪，士謙謂之曰：「卿本無殺心，何爲相謝！然可遠去，無爲吏之所拘。」性寬厚，皆此類也。

其後出粟數千石，以貸鄉人，值年穀不登，債家無以償，皆來致謝。士謙曰：「吾家餘粟，本圖振贍，豈求利哉！」於是悉召債家，爲設酒食，對之燔契，曰：「債了矣，幸勿爲念也。」各令罷去。明年大熟，債家爭來償謙，謙拒之，一無所受。佗年又大飢，多有死者，士謙罄竭家資，爲之糜粥，賴以全活者將萬計。收埋骸骨，所見無遺。至春，又出粮種，分給貧乏。趙郡農民德之，撫其子孫曰：「此乃李參軍遺惠也。」或謂士謙曰：「子多陰德。」士謙曰：「所謂陰德者何？猶耳鳴，己獨聞之，人無知者。今吾所作，吾子皆知，何陰德之有！」

士謙善談玄理，嘗有一客在坐，不信佛家應報之義，以爲外典無聞焉。士謙喻之曰：

「積善餘慶，積惡餘殃，高門待封，掃墓望喪，豈非休咎之應邪？佛經云輪轉五道，無復窮已，此則賈誼所言，千變萬化，未始有極，忽然爲人之謂也。佛道未東，而賢者已知其然矣。至若鯀爲黃熊，杜宇爲鶗鴂，褒君爲龍，牛哀爲獸，君子爲鵠，小人爲猿，彭生爲豕，如意爲犬，黃母爲黿，宣武爲鼈，鄧艾爲牛，徐伯爲魚，鈴下爲烏，書生爲蛇，羊祜前身，李氏之子，此非佛家變受異形之謂邪？」客曰：「邢子才云，豈有松柏後身化爲樗櫟，僕以爲然。」士謙曰：「此不類之談也。變化皆由心而作，木豈有心乎？」客又問三教優劣，士謙曰：「佛，日也；道，月也；儒，五星也。」客亦不能難而止。

士謙平生時爲詠懷詩，輒毀棄其本，不以示人。又嘗論刑罰，遺文不具，其略曰：「帝王制法，沿革不同，自可損益，無爲頓改。今之贓重者死，是酷而不懲也。語曰：『人不畏死，不可以死恐之。』愚謂此罪宜從肉刑，刖其一趾，再犯者斷其右腕。流刑刖去右手三指，又犯者下其腕。小盜宜黥，又犯則落其所用三指，又不悛下其腕，無不止也。無賴之人，竄之邊裔，職爲亂階，適所以召戎矣，非求治之道也。博弈淫遊，盜之萌也，禁而不止，黥之則可。」有識者頗以爲得治體。

開皇八年，終於家，時年六十六。趙郡士女聞之，莫不流涕曰：「我曹不死，而令李參軍死乎！」會葬者萬餘人。鄉人李景伯等以士謙道著丘園，條其行狀，詣尚書省請先生之謚，事寢不行，遂相與樹碑於墓。

其妻范陽盧氏，亦有婦德，及夫終後，所有賻贈，一無所受，謂州里父老曰：「參軍平生好施，今雖殞歿，安可奪其志哉！」於是散粟五百石以振窮乏。

崔廓 子賾

崔廓字士玄，博陵安平人也。父子元，齊燕州司馬。廓少孤貧而母賤，由是不爲邦族所齒。初爲里佐，屢逢屈辱，於是感激，逃入山中。遂博覽書籍，多所通涉，山東學者皆宗之。既還鄉里，不應辟命。與趙郡李士謙爲忘年之友〔一〕，每相往來，時稱崔、李。及士謙死，廓哭之慟，爲之作傳，輸之秘府。士謙妻盧氏寡居，每有家事，輒令人諮廓取定。廓嘗著論，言刑名之理，其義甚精，文多不載。大業中，終于家，時年八十。有子曰賾。

賾字祖濬，七歲能屬文，容貌短小，有口才。開皇初，秦孝王薦之，射策高第，詔與諸儒定禮樂，授校書郎。尋轉協律郎，太常卿蘇威雅重之。母憂去職，性至孝，水漿不入口者五日。徵爲河南、豫章二王侍讀，每更日來往二王之第。及河南爲晉王，轉記室參軍，自此去豫章。王重之不已，遺賾書曰：

昔漢氏西京，梁王建國，平臺、東苑，慕義如林。馬卿辭武騎之官，枚乘罷弘農之守。每覽史傳，嘗切怪之，何乃脱略官榮，棲遲藩邸？以今望古，方知雅志。彼二子者，豈徒然哉！

足下博聞强記，鉤深致遠，視漢臣之三篋，似涉蒙山〔二〕，對梁相之五車，若吞雲夢。吾兄欽賢重士，敬愛忘疲，先築郭隗之宫，常置穆生之醴。今者重開土宇，更誓山河，地方七百〔三〕，牢籠曲阜，城兼七十，包舉臨淄，大啓南陽，方開東閤。想得奉飛蓋，曳長裾，藉玳筵，躡珠履，歌山桂之偃蹇，賦池竹之檀欒。其崇貴也如彼，其風流也如此，幸甚幸甚，何樂如之！高視上京，有懷德祖，才謝天人，多慚子建，書不盡意，寧俟繁辭。

賾答曰：

一昨伏奉教書，榮貺非恒，心靈自失。若乃理高象、繫，管輅思而不解，事富山海，郭璞注而未詳。至於五色相宣，八音繁會，鳳鳴不足喻，龍章莫之比。吴札之論周頌，詎盡揄揚，郢客之奏陽春，誰堪赴節！伏惟令王殿下，稟潤天潢，承輝日觀，雅道貴於東平，文藝高於北海。漢則馬遷、蕭望，晉則裴楷、張華，雞樹騰聲，鵷池播美，望我清塵，悠然路絶。

祖濬燕南贅客，河朔惰遊，本無意於希顏，豈有心於慕藺！未嘗聚螢映雪，懸頭刺股，讀論唯取一篇，披莊不過盈尺。復況桑榆漸暮，藜藿屢空，舉燭無成，穿楊盡棄。但以燕求馬首，薛養雞鳴，謬齒鴻儀，虚班驥皁。挾太山而超北海，比報德而非難，堙崐崘以爲池，匹酬恩而反易。忽屬周桐錫瑞，唐水承家，門有將相，樹宜桃李。真龍將下，誰好有名，濫吹先逃，何須別聽！但慈旨抑揚，損上益下，江海所以稱王，丘陵爲之不逮〔四〕。曹植儻預聞高論，則不隕令名，楊脩若切在下風〔五〕，亦詎虧淳德。無任荷戴之至，謹奉啓以聞。

豫章得書，賚米五十石，并衣服錢帛。

時晉邸文翰，多成其手。王入東宮，除太子齋帥〔六〕，俄遷舍人。及元德太子薨，以疾歸于家。後徵授起居舍人。

大業四年，從駕汾陽宫，次河陽鎮。藍田令王曇於藍田山得一玉人，長三尺四寸，著大領衣，冠幘，奏之。詔問羣臣，莫有識者，蹟答曰：「謹按漢文已前，未有冠幘，即是文帝以來所制作也。臣見魏大司農盧元明撰嵩高山廟記云，有神人，以玉爲形，像長數寸，或出或隱，出則令世延長。伏惟陛下應天順民，定鼎嵩、洛，岳神自見。臣敢稱慶。」因再拜，百官畢賀，天子大悅，賜縑二百匹。從駕登太行山，詔問蹟曰：「何處有羊腸坂？」蹟對曰：「臣按漢書地理志，上黨壺關縣有羊腸坂。」帝曰：「不是。」又答曰：「臣按皇甫士安撰地書云，太原北九十里有羊腸坂。」帝曰：「是也。」因謂牛弘曰：「崔祖濬所謂問一知二。」五年，受詔與諸儒撰區宇圖志二百五十卷，奏之。帝不善之，更令虞世基、許善心衍爲六百卷。以父憂去職，尋起令視事。遼東之役，授鷹揚長史，置遼東郡縣名，皆蹟之議也。奉詔作東征記。九年，除越王長史。于時山東盜賊蜂起，帝令撫慰高陽、襄國，歸首者八百餘人。十二年，從駕江都。宇文化及之弑帝也，引爲著作郎，稱疾不起。在路發疾，卒於彭城，時年六十九。

蹟與洛陽元善、河東柳䛒、太原王劭、吳興姚察、琅邪諸葛潁、信都劉焯、河間劉炫相善，每因休假，清談竟日。所著詞賦碑誌十餘萬言，撰洽聞志七卷，八代四科志三十卷，未及施行，江都傾覆，咸爲煨燼。

徐則

徐則，東海郯人也。幼沈靜，寡嗜欲。受業於周弘正，善三玄，精於議論，聲擅都邑，則歎曰：「名者實之賓，吾其爲賓乎！」遂懷棲隱之操，杖策入縉雲山。後學數百人，苦請教授，則謝而遣之。不娶妻，常服巾褐。陳太建時，應召來憩於至真觀。朞月，又辭入天台山，因絕穀養性，所資唯松水而已〔七〕，雖隆冬冱寒，不服綿絮。太傅徐陵爲之刊山立頌。

初在縉雲山，太極真人徐君降之曰：「汝年出八十，當爲王者師，然後得道也。」晉王廣鎮揚州，知其名，手書召之曰：「夫道得衆妙，法體自然，包涵二儀，混成萬物，人能弘道，道不虛行。先生履德養空，宗玄齊物，深明義味，曉達法門。悅性沖玄，怡神虛白，餐松餌朮，棲息煙霞。望赤城而待風雲，遊玉堂而駕龍鳳，雖復藏名台岳，猶且騰實江淮，藉甚嘉猷，有勞寤寐。欽承素道，久積虛襟，側席幽人，夢想巖穴。霜風已冷，海氣將寒，偃息茂林，道體休悆。昔商山四皓，輕舉漢庭，淮南八公，來儀藩邸。古今雖異，山谷不殊，市朝之隱，前賢已說，導凡述聖，非先生而誰！故遣使人往彼延請，想無勞束帛〔八〕，賁然來思，不待蒲輪，去彼空谷。希能屈己，竚望披雲。」則謂門人曰：「吾今年八十一，王來召我，徐君之旨，信而有徵。」於是遂詣揚州。晉王將請受道法，則辭以時日不便。其後夕中，命侍者取香火，如平常朝禮之儀。至于五更而死，支體柔弱如生，停留數旬，顏色無變。

晉王下書曰：「天台真隱東海徐先生，虛確居宗，沖玄成德，齊物處外，檢行安身。草褐蒲衣，餐松餌朮，棲隱靈岳，五十餘年。卓矣仙才，飄然勝氣〔九〕，千尋萬頃，莫測其涯。寡人欽承道風，久餐德素，頻遣使乎，遠此延屈，冀得虔受上法，式建良緣。至止甫爾，未淹旬日，厭塵羽化，反真靈府。身體柔軟，顏色不變，經方所謂屍解地仙者哉！誠復師禮未申，而心許有在，雖忘怛化，猶愴于懷，喪事所資，隨須供給。霓裳羽蓋，既且騰雲，空槨餘衣，詎藉墳壟！但杖舃猶存，示同俗法，宜遣使人送還天台定葬。」是時自江都至於天台，在道多見則徒步，云得放還。至其舊居，取經書道法分遺弟子，仍令淨掃一房，曰：「若有客至，宜延之於此。」然後跨石梁而去，不知所之。須臾，屍柩至，方知其靈化。時年八十二。晉王聞而益異之，賵物千段，遣畫工圖其狀貌，令柳䛒爲之讚曰：「可道非道，常道無名。上德不德，至德無盈。玄風扇矣，而有先生。夙鍊金液，怡神玉清。石髓方軟，雲丹欲成。言追葛稚，將侶茅嬴。我王遥屬，爰感靈誠。柱下暫啓，河上沉精。留符告信，化杖飛聲。永思靈迹，曷用攄情？時披素繪，如臨赤城。」

時有建安宋玉泉、會稽孔道茂、丹陽王遠知等，亦行辟穀，以松水自給，皆爲煬帝所重。

張文詡

張文詡，河東人也。父琚，開皇中爲洹水令，以清正聞。有書數千卷，教訓子姪，皆以明經自達。文詡博覽文籍，特精三禮，其周易、詩、書及春秋三傳，並皆通習。每好鄭玄注解，以爲通博，其諸儒異説，亦皆詳究焉。高祖引致天下名儒碩學之士，其房暉遠、張仲讓、孔籠之徒，並延之於博士之位。文詡時遊太學，暉遠等莫不推伏之，學内翕然，咸共宗仰。其門生多詣文詡，請質凝滯，文詡輒博引證據，辨説無窮，唯其所擇。治書侍御史皇甫誕一時朝彦，恒執弟子之禮。適至南臺，遽飾所乘馬，就學邀屈。文詡每牽馬步進，意在不因人以自致也。右僕射蘇威聞其名而召之，與語，大悦，勸令從官。文詡意不在仕，固辭焉。

仁壽末，學廢，文詡策杖而歸，灌園爲業。州郡頻舉，皆不應命。事母以孝聞。每以德化人，鄉黨頗移風俗。嘗有人夜中竊刈其麥者，見而避之，盜因感悟，棄麥而謝。文詡慰諭之，自誓不言，固令持去。經數年，盜者向鄉人説之，始爲遠近所悉。鄰家築牆，心有不直，文詡因毁舊堵以應之。文詡嘗有腰疾，會醫者自言善禁，文詡令禁之，遂爲刃所傷，至於頓伏牀枕。醫者叩頭請罪，文詡遽遣之，因爲其隱，謂妻子曰：「吾昨風眩，落坑所致。」其掩人之短，皆此類也。州縣以其貧素，將加振貽，輒辭不受。每閑居無事，從容長歎曰：「老冉冉而將至，恐脩名之不立！」以如意擊几，皆有處所，時人方之閔子騫、原憲焉。終於家，年四十。鄉人爲立碑頌，號曰張先生。

史臣曰：古之所謂隱逸者，非伏其身而不見也，非閉其言而不出也，非藏其智而不發也。蓋以恬淡爲心，不皦不昧，安時處順，與物無私者也。士謙等忘懷纓冕，畢志丘園，隱不違親，貞不絶俗，不教而勸，虚往實歸，愛之如父母，懷之如親戚，非有自然之純德，其孰能至於斯乎？然士謙聞譽不喜，文詡見傷無愠，徐則志在沉冥，不可親疎，莫能貴賤，皆抱樸之士矣。崔廓感於屈辱，遂以肥遯見稱，祖濬文籍之美，足以克隆先構，父子雖動靜殊方，其於成名一也，美哉！

校勘記

〔一〕與趙郡李士謙爲忘年之友　「年」，至順本、汲本作「言」。按，北史卷八八隱逸崔廓傳、御覽卷五〇六逸民部六逸民六引隋書、宋本册府卷八八二總録部交友、隋書詳節卷一〇崔廓傳亦作「言」。

〔二〕似涉蒙山　「涉」，至順本作「陟」。按，北史卷八八隱逸崔廓傳附崔賾傳、册府卷二九二宗室部禮士亦作「陟」。

〔三〕地方七百　宋本册府卷二九二宗室部禮士作「地方百二」，明本册府作「地方二百里」，隋書詳節卷二〇崔廓傳作「地方千里」。

〔四〕丘陵爲之不逮　「逮」，册府卷二九二宗室部禮士作「讓」。

〔五〕楊脩若切在下風　「切」，册府卷二九二宗室部禮士作「竊」。

〔六〕除太子齋帥　「太子齋帥」，原作「太子齋師」，據至順本、汲本改。按，北史卷八八隱逸崔廓傳附崔賾傳亦作「太子齋帥」。本書卷二八百官志下「太子齋帥，上戉主，爲正七品」。

〔七〕所資唯松水而已　「水」，北史卷八八隱逸徐則傳、通志卷一七八隱逸徐則傳作「朮」。

〔八〕想無勞束帛　「帛」，原作「帶」，據至順本、汲本改。按，北史卷八八隱逸徐則傳、册府卷八二二總録部尚黄老亦作「帛」。

〔九〕飄然勝氣　「勝」，北史卷八八隱逸徐則傳作「騰」。

隋書卷七十八

列傳第四十三

藝術

夫陰陽所以正時日，順氣序者也；卜筮所以決嫌疑，定猶豫者也；醫巫所以禦妖邪，養性命者也；音律所以和人神，節哀樂者也；相術所以辯貴賤，明分理者也；技巧所以利器用，濟艱難者也。此皆聖人無心，因民設教，救恤災患，禁止淫邪。自三五哲王，其所由來久矣。

然昔之言陰陽者，則有箕子、裨竈、梓慎、子韋；曉音律者，則師曠、師摯、伯牙、杜夔；敍卜筮，則史扁、史蘇、嚴君平、司馬季主；論相術，則內史叔服、姑布子卿、唐舉、許負；語醫，則文摯、扁鵲、季咸、華佗；其巧思，則奚仲、墨翟、張平子、馬德衡。凡此諸君者，仰觀俯察，探賾索隱，咸詣幽微，思侔造化，通靈入妙，殊才絶技。或弘道以濟時，或隱身以利物，深不可測，固無得而稱焉。近古涉乎斯術者，鮮有存夫貞一，多肆其淫僻，厚誣天道。或變亂陰陽，曲成君欲，或假託神怪，熒惑民心。遂令時俗妖訛，不獲返其真性，身罹災毒，莫得壽終而死。藝成而下，意在兹乎？

歷觀經史百家之言，無不存夫藝術，或敍其玄妙，或記其迂誕，非徒用廣異聞，將以明乎勸戒。是以後來作者，或相祖述〔一〕，故今亦採其尤著者，列爲藝術篇云。

庾季才 子質

庾季才字叔奕，新野人也。八世祖滔，隨晉元帝過江，官至散騎常侍，封遂昌侯，因家于南郡江陵縣。祖詵，梁處士，與宗人易齊名。父曼倩，光禄卿。季才幼穎悟，八歲誦尚書，十二通周易，好占玄象。居喪以孝聞。梁廬陵王續辟荆州主簿〔二〕，湘東王繹重其術藝，引授外兵參軍。西臺建，累遷中書郎，領太史，封宜昌縣伯。季才固辭太史，元帝曰：「漢司馬遷歷世尸掌，魏高堂隆猶領此職，不無前例，卿何憚焉。」帝亦頗明星曆，因共仰觀，從容謂季才曰：「朕猶慮禍起蕭墻，何方可息？」季才曰：「頃天象告變，秦將入郢，陛下宜留重臣，作鎮荆陝，整旆還都，以避其患。假令羯寇侵蹙，止失荆湘，在於社稷，可得無慮。必久停留，恐非天意也。」帝初然之，後與吏部尚書宗懍等議，乃止。俄而江陵陷滅，竟如其言。

周太祖一見季才，深加優禮，令參掌太史。每有征討，恒預侍從。賜宅一區，水田十頃，并奴婢牛羊什物等，謂季才曰：「卿是南人，未安北土，故有此賜者，欲絶卿南望之心。宜盡誠事我，當以富貴相答。」初，郢都之陷也，衣冠士人多没爲賤。季才散所賜物，購求親故。文帝問：「何能若此？」季才曰：「僕聞魏克襄陽，先昭異度，晉平建業，喜得士衡。伐國求賢，古之道也。今郢都覆敗，君信有罪，搢紳何咎，皆爲賤隸！鄙人羈旅，不敢獻言，誠切哀之，故贖購耳。」太祖乃悟曰：「吾之過也。微君遂失天下之望！」因出令免梁俘爲奴婢者數千口。

武成二年，與王褒、庾信同補麟趾學士。累遷稍伯大夫、車騎大將軍、儀同三司。其後大冢宰宇文護執政，謂季才曰：「比日天道，有何徵祥？」季才對曰：「荷恩深厚，若不盡言，便同木石。頃上台有變，不利宰輔，公宜歸政天子，請老私門。此則自享期頤，而受旦、奭之美，子孫藩屏，終保維城之固。不然者，非復所知。」護沈吟久之，謂季才曰：「吾本意如此，但辭未獲免耳。公既王官，可依朝例，無煩别參寡人也。」自是漸疏，不復别見。

及護滅之後，閱其書記，武帝親自臨檢，有假託符命，妄造異端者，皆致誅戮。唯得季才書兩紙，盛言緯候災祥，宜反政歸權。帝謂少宗伯斛斯徵曰：「庾季才至誠謹愨，甚得人臣之禮。」因賜粟三百石，帛二百段。遷太史中大夫，詔撰靈臺祕苑，加上儀同，封臨潁伯，邑六百戶。宣帝嗣位，加驃騎大將軍、開府儀同三司，增邑三百戶。

及高祖爲丞相，嘗夜召季才而問曰：「吾以庸虛，受茲顧命，天時人事，卿以爲何如？」季才曰：「天道精微，難可意察，切以人事卜之，符兆已定。季才縱言不可，公豈復得爲箕、潁之事乎？」高祖默然久之，因舉首曰：「吾今譬猶騎獸，誠不得下矣。」因賜雜綵五十匹，絹二百段，曰：「愧公此意，宜善爲思之。」大定元年正月，季才言曰：「今月戊戌平旦，青氣如樓闕，見於國城之上，俄而變紫，逆風西行。氣經云：『天不能無雲而雨，皇王不能無氣而立。』今王氣已見，須即應之。二月日出卯入酉，居天之正位，謂之二八之門。日者，人君之象，人君正位，宜用二月。其月十三日甲子，甲爲六甲之始，子爲十二辰之初，甲數九，子數又九，九爲天數。其日即是驚蟄，陽氣壯發之時。昔周武王以二月甲子定天下，享年八百，漢高帝以二月甲午即帝位，享年四百，故知甲子、甲午爲得天數。今二月甲子，宜應天受命。」上從之。

開皇元年，授通直散騎常侍。高祖將遷都，夜與高熲、蘇威二人定議，季才旦而奏曰：「臣仰觀玄象，俯察圖記，龜兆允襲，必有遷都。且堯都平陽，舜都冀土，是知帝王居止，世代不同。且漢營此城，經今將八百歲，水皆鹹鹵，不甚宜人。願陛下協天人之心，爲遷徙之計。」高祖愕然，謂熲等曰：「是何神也！」遂發詔施行，賜絹三百段，馬兩匹，進爵爲公。謂季才曰：「朕自今已後，信有天道矣。」於是令季才與其子質撰垂象、地形等志，上謂季才曰：「天地祕奥，推測多途，執見不同，或致差舛。朕不欲外人干預此事，故使公父子共爲之也。」及書成奏之，賜米千石，絹六百段。

九年〔三〕，出爲均州刺史。策書始降，將就藩，時議以季才術藝精通，有詔還委舊任。季才以年老，頻表去職，每降優旨不許。會張胄玄曆行，及袁充言日景長。上以問季才，季才因言充謬。上大怒，由是免職，給半禄歸第。所有祥異，常使人就家訪焉。仁壽三年卒，時年八十八。

季才局量寬弘，術業優博，篤於信義，志好賓遊。常吉日良辰，與琅琊王褒、彭城劉轂、河東裴政及宗人信等，爲文酒之會。次有劉臻、明克讓、柳䛒之徒，雖爲後進，亦申遊欵。撰靈臺祕苑一百二十卷，垂象志一百四十二卷，地形志八十七卷，並行於世。

庾質字行脩，少而明敏，早有志尚。八歲誦梁世祖玄覽、言志等十賦，拜童子郎。仕周齊煬王記室。開皇元年，除奉朝請，歷鄢陵令，遷隴州司馬。大業初，授太史令。操履貞慤，立言忠鯁，每有災異，必指事面陳。而煬帝性多忌刻，齊王暕亦被猜嫌。質子儉時爲齊王屬，帝謂質曰：「汝不能一心事我，乃使兒事齊王，何向背如此邪？」質曰：「臣事陛下，子事齊王，實是一心，不敢有二。」帝怒不解，由是出爲合水令。

八年，帝親伐遼東，徵詣行在所。至臨渝謁見，帝謂質曰：「朕承先旨，親事高麗，度其土地人民，纔當我一郡，卿以爲剋不？」質對曰：「以臣管窺，伐之可剋，切有愚見，不願陛下親行。」帝作色曰：「朕今總兵至此，豈可未見賊而自退也？」質又曰：「陛下若行，慮損軍威。臣猶願安駕住此，命驍將勇士指授規模，倍道兼行，出其不意。事宜在速，緩必無功。」帝不悅曰：「汝既難行，可住此也。」及師還，授太史令。九年，復征高麗，又問質曰：「今段復何如？」對曰：「臣實愚迷，猶執前見。陛下若親動萬乘，糜費實多。」帝怒曰：「我自行尚不能剋，直遣人去，豈有成功也！」帝遂行。既而禮部尚書楊玄感據黎陽反，兵部侍郎斛斯政奔高麗，帝大懼，遽而西還，謂質曰：「卿前不許我行，當爲此耳。今者玄感其成事乎？」質曰：「玄感地勢雖隆，德望非素，因百姓之勞苦，冀僥倖而成功。今天下一家，未易可動。」帝曰：「熒惑入斗如何？」對曰：「斗，楚之分，玄感之所封也。今火色衰謝，終必無成。」

十年，帝自西京將往東都，質諫曰：「比歲伐遼，民實勞敝，陛下宜鎮撫關內，使百姓畢力歸農。三五年間，令四海少得豐實，然後巡省，於事爲宜。陛下思之。」帝不悦，質辭疾不從。帝聞之，怒，遣使馳傳，鎖質詣行在所。至東都，詔令下獄，竟死獄中。子儉，亦傳父業，兼有學識。仕歷襄武令、元德太子學士、齊王屬。義寧初，爲太史令。

時有盧太翼、耿詢，並以星曆知名。

盧太翼

盧太翼字協昭，河間人也，本姓章仇氏。七歲詣學，日誦數千言，州里號曰神童。及長，閑居味道，不求榮利。博綜羣書，爰及佛道，皆得其精微。尤善占候筭曆之術。隱於白鹿山，數年徙居林慮山茱萸嶠，請業者自遠而至，初無所拒，後憚其煩，逃於五臺山。地多藥物，與弟子數人廬於巖下，蕭然絶世，以爲神仙可致。皇太子勇聞而召之，太翼知太子必不爲嗣，謂所親曰：「吾拘逼而來，不知所稅駕也！」及太子廢，坐法當死，高祖惜其才而不害，配爲官奴。久之，乃釋。其後目盲，以手摸書而知其字。

仁壽末，高祖將避暑仁壽宮，太翼固諫不納，至于再三。太翼曰：「臣愚豈敢飾詞，但恐是行鑾輿不反。」高祖大怒，繫之長安獄，期還而斬之。高祖至宮寢疾，臨崩，謂皇太子曰：「章仇翼，非常人也，前後言事，未嘗不中。吾來日道當不反，今果至此，爾宜釋之。」

及煬帝即位，漢王諒反，帝以問之。答曰：「上稽玄象，下參人事，何所能爲？」未幾，諒果敗。帝常從容言及天下氏族，謂太翼曰：「卿姓章仇，四岳之胄，與盧同源。」於是賜姓爲盧氏。大業九年，從駕至遼東，太翼言於帝曰：「黎陽有兵氣。」後數日而玄感反書聞，帝甚異之，數加賞賜。太翼所言天文之事，不可稱數，關諸祕密，世莫得聞。後數載，卒於洛陽。

耿詢

耿詢字敦信，丹陽人也。滑稽辯給，伎巧絶人。陳後主之世，以客從東衡州刺史王勇於嶺南。勇卒，詢不歸，遂與諸越相結，皆得其歡心。會郡俚反叛，推詢爲主。柱國王世積討禽之，罪當誅。自言有巧思，世積釋之，以爲家奴。久之，見其故人高智寶以玄象直太史，詢從之受天文筭術。詢創意造渾天儀，不假人力，以水轉之，施於闇室中，使智寶外候天時，合如符契。世積知而奏之，高祖配詢爲官奴，給使太史局。後賜蜀王秀，從往益州，秀甚信之。及秀廢，復當誅，何稠言於高祖曰：「耿詢之巧思若有神，臣誠爲朝廷惜之。」上於是特原其罪。詢作馬上刻漏，世稱其妙。

煬帝即位，進欹器，帝善之，放爲良民。歲餘，授右尚方署監事。七年，車駕東征，詢上書曰：「遼東不可討，師必無功。」帝大怒，命左右斬之，何稠苦諫得免。及平壤之敗，帝以詢言爲中，以詢守太史丞。宇文化及弑逆之後，從至黎陽，謂其妻曰：「近觀人事，遠察天文，宇文必敗，李氏當王，吾知所歸矣。」詢欲去之，爲化及所殺。著鳥情占一卷，行於世。

韋鼎

韋鼎字超盛，京兆杜陵人也。高祖玄，隱於商山，因而歸宋。祖叡，梁開府儀同三司。父正，黃門侍郎。鼎少通侻，博涉經史，明陰陽逆刺，尤善相術。仕梁，起家湘東王法曹參軍。遭父憂，水漿不入口者五日，哀毀過禮，殆將滅性。服闋，爲邵陵王主簿。侯景之亂，鼎兄昂卒於京城，鼎負屍出，寄于中興寺。求棺無所得，鼎哀憤慟哭，忽見江中有物，流至鼎所，鼎切異之。往見，乃新棺也，因以充殮。元帝聞之，以爲精誠所感。侯景平，司徒王僧辯以爲户曹屬，歷太尉掾、大司馬從事、中書侍郎。

陳武帝在南徐州，鼎望氣知其當王，遂寄孥焉。因謂陳武帝曰：「明年有大臣誅死，後四歲，梁其代終，天之曆數當歸舜後。昔周滅殷氏，封嬀滿于宛丘，其裔子孫因爲陳氏。僕觀明公天縱神武，繼絶統者，無乃是乎！」武帝陰有圖僧辯意，聞其言，大喜，因而定策。及受禪，拜黄門侍郎，俄遷司農卿、司徒右長史、貞威將軍，領安右晉安王長史、行府國事，轉廷尉卿。太建中，爲聘周主使，加散騎常侍。尋爲祕書監、宣遠將軍，轉臨海王長史，行吴興郡事。入爲太府卿。至德初，鼎盡質貨田宅，寓居僧寺。友人大匠卿毛彪問其故，答曰：「江東王氣盡於此矣。吾與爾當葬長安。期運將及，故破産耳。」

初，鼎之聘周也，嘗與高祖相遇，鼎謂高祖曰：「觀公容貌，故非常人，而神監深遠，亦非羣賢所逮也。不久必大貴，貴則天下一家，歲一周天，老夫當委質。公相不可言，願深自愛。」及陳平，上馳召之，授上儀同三司，待遇甚厚。上每與公王宴賞，鼎恒預焉。高祖嘗從容謂之曰：「韋世康與公相去遠近？」鼎對曰：「臣宗族分派，南北孤絶，自生以來，未嘗訪問。」帝曰：「公百世卿族，何得爾也。」乃命官給酒肴，遣世康與鼎還杜陵，樂飲十餘日。鼎乃考校昭穆，自楚太傅孟以下二十餘世，作韋氏譜七卷。時蘭陵公主寡，上爲之求夫，選親衞柳述及蕭瑒等以示於鼎。鼎曰：「瑒當封侯，而無貴妻之相，述亦通顯，而守位不終。」上曰：「位由我耳。」遂以主降述。上又問鼎：「諸兒誰得嗣？」答曰：「至尊、皇后所最愛者，即當與之，非臣敢預知也。」上笑曰：「不肯顯言乎？」

開皇十二年，除光州刺史，以仁義教導，務弘清靜。州中有土豪，外脩邊幅，而內行不軌，常爲劫盜。鼎於都會時謂之曰：「卿是好人，那忽作賊？」因條其徒黨謀議逗留，其人驚懼，即自首伏。又有人客遊，通主家之妾，及其還去，妾盜珍物，於夜亡，尋於草中爲人所殺。主家知客與妾通，因告客殺之。縣司鞫問，具得姦狀，因斷客死。獄成，上於鼎，鼎覽之曰：「此客實姦，而殺非也。乃某寺僧詃妾盜物，令奴殺之，贓在某處。」即放此客，遣掩僧，并獲贓物。自是部內肅然不言，咸稱其有神，道無拾遺。尋追入京，以年老多病，累加優賜。頃之，卒，年七十九。

來和

來和字弘順，京兆長安人也。少好相術，所言多驗。大冢宰宇文護引之左右，由是出入公卿之門。初爲夏官府下士，累遷少卜上士，賜爵安定鄉男。遷畿伯下大夫，進封洹水縣男。

高祖微時，來詣和相，和待人去，謂高祖曰：「公當王有四海。」及爲丞相，拜儀同，既受禪，進爵爲子。開皇末，和上表自陳曰：

臣早奉龍顔，自周代天和三年已來，數蒙陛下顧問，當時具言至尊膺圖受命，光宅區宇。此乃天授，非由人事所及。臣無勞效，坐致五品，二十餘年。臣是何人，敢不慙懼！愚臣不任區區之至，謹録陛下龍潛之時，臣有所言一得，書之祕府，死無所恨。

昔陛下在周，嘗與永富公竇榮定語臣曰：「我聞有行聲，即識其人。」臣當時即言公眼如曙星，無所不照，當王有天下，願忍誅殺。建德四年五月，周武帝在雲陽宮，謂臣曰：「諸公皆汝所識，隋公相禄何如？」臣報武帝曰：「隋公止是守節人，可鎮一方。若爲將領，陣無不破。」臣即於宮東南奏聞。陛下謂臣，此語不忘。明年，烏丸軌言於武帝曰：「隋公非人臣。」帝尋以問臣，臣知帝有疑，臣詭報曰：「是節臣，更無異相。」于時王誼、梁彦光等知臣此語。大象二年五月，至尊從永巷東門入，臣在永巷門東，北面立，陛下問臣曰：「我無災障不？」臣奏陛下曰：「公骨法氣色相應，天命已有付屬。」未幾，遂總百揆。

上覽之大悦，進位開府，賜物五百段，米三百石，地十頃。

和同郡韓則，嘗詣和相，和謂之曰：「後四五當得大官。」人初不知所謂。則至開皇十五年五月而終，人問其故，和曰：「十五年爲三五，加以五月爲四五。大官，椁也。」和言多此類。著相經四十卷。

道士張賓、焦子順、雁門人董子華〔四〕，此三人，當高祖龍潛時，並私謂高祖曰：「公當爲天子，善自愛。」及踐阼，以賓爲華州刺史，子順爲開府，子華爲上儀同。

蕭吉

蕭吉字文休，梁武帝兄長沙宣武王懿之孫也。博學多通，尤精陰陽筭術。江陵陷，遂歸于周〔五〕，爲儀同。宣帝時，吉以朝政日亂，上書切諫，帝不納。及隋受禪，進上儀同，以本官太常考定古今陰陽書。

吉性孤峭，不與公卿相沉浮，又與楊素不協，由是擯落於世，鬱鬱不得志。見上好徵祥之說，欲乾没自進，遂矯其迹爲悦媚焉。開皇十四年上書曰：「今年歲在甲寅，十一月朔旦，以辛酉爲冬至。來年乙卯，正月朔旦，以庚申爲元日，冬至之日，即在朔旦。樂汁圖徵云：『天元十一月朔旦冬至，聖王受享祚。』今聖主在位，居天元之首，而朔旦冬至，此慶一也。辛酉之日，即是至尊本命，辛德在丙，此十一月建丙子。酉德在寅，正月建寅爲本命，與月德合，而居元朔之首，此慶二也。庚申之日，即是行年，乙德在庚，卯德在申，來年乙卯，是行年與歲合德，而在元旦之朝，此慶三也。陰陽書云：『年命與歲月合德者，必有福慶。』洪範傳云：『歲之朝，月之朝，日之朝，主王者。』經書並謂三長應之者，延年福吉。況乃甲寅蔀首，十一月陽之始，朔旦冬至，是聖王上元。正月是正陽之月，歲之首，月之先。朔旦是歲之元〔六〕，月之朝，日之先，嘉辰之會。而本命爲九元之先，行年爲三長之首，並與歲月合德。所以靈寶經云：『角音龍精，其祚日强。』來歲年命納音俱角，曆之與經，如合符契。又甲寅、乙卯，天地合也，甲寅之年，以辛酉冬至，來年乙卯，以甲子夏至。冬至陽始，郊天之日，即是至尊本命，此慶四也。夏至陰始，祀地之辰，即是皇后本命，此慶五也。至尊德並乾之覆育，皇后仁同地之載養，所以二儀元氣，並會本辰。」上覽之大悦，賜物五百段。

房陵王時爲太子，言東宮多鬼魅，鼠妖數見。上令吉詣東宮，禳邪氣。於宣慈殿設神坐，有迴風從艮地鬼門來，掃太子坐。吉以桃湯葦火驅逐之，風出宮門而止。又謝土，於未地設壇，爲四門，置五帝坐。于時至寒，有蝦蟇從西南來，入人門，升赤帝坐，還從人門而出。行數步，忽然不見。上大異之，賞賜優洽。又上言，太子當不安位，時上陰欲廢立，得其言是之。由此每被顧問。

及獻皇后崩，上令吉卜擇葬所，吉歷筮山原，至一處，云「卜年二千，卜世二百」，具圖而奏之。上曰：「吉凶由人，不在於地。高緯父葬，豈不卜乎？國尋滅亡。正如我家墓田，若云不吉，朕不當爲天子；若云不凶，我弟不當戰没。」然竟從吉言。吉表曰：「去月十六日，皇后山陵西北，雞未鳴前，有黑雲方圓五六百步，從地屬天。東南又有旌旗車馬帳幕，布滿七八里，并有人往來檢校，部伍甚整，日出乃滅，同見者十餘人。謹案葬書云：『氣王與姓相生，大吉。』今黑氣當冬王，與姓相生，是大吉利，子孫無疆之候也。」上大悦。其後上將親臨發殯，吉復奏上曰：「至尊本命辛酉，今歲斗魁及天罡，臨卯酉，謹按陰陽書，不得臨喪。」上不納。退而告族人蕭平仲曰：「皇太子遣宇文左率深謝余云：『公前稱我當爲太子，竟有其驗，終不忘也。今卜山陵，務令我早立。我立之後，當以富貴相報。』吾記之曰：『後四載，太子御天下。』今山陵氣應，上又臨喪，兆益見矣。且太子得政，隋其亡乎！當有真人出治之矣。吾前紿云卜年二千者，是三十字也；卜世二百者，取三十二運也。吾言信矣，汝其誌之。」

及煬帝嗣位，拜太府少卿，加位開府。嘗行經華陰，見楊素冢上有白氣屬天，密言於帝。帝問其故，吉曰：「其候素家當有兵禍，滅門之象。改葬者，庶可免乎！」帝後從容謂楊玄感曰：「公家宜早改葬。」玄感亦微知其故，以爲吉祥，託以遼東未滅，不遑私門之事。未幾而玄感以反族滅，帝彌信之。後歲餘，卒官。著金海三十卷，相經要録一卷，宅經八卷，葬經六卷，樂譜二十卷及帝王養生方二卷，相手版要決一卷，太一立成一卷，並行於世。

時有楊伯醜、臨孝恭、劉祐，俱以陰陽術數知名。

楊伯醜

楊伯醜，馮翊武鄉人也。好讀易，隱於華山。開皇初，被徵入朝，見公卿不爲禮，無貴賤皆汝之。人不能測也。高祖召與語，竟無所答。上賜之衣服，至朝堂捨之而去。於是被髮陽狂，遊行市里，形體垢穢，未嘗櫛沐。

嘗有張永樂者，賣卜京師，伯醜每從之遊。永樂爲卦有不能決者，伯醜輒爲分析爻象，尋幽入微。永樂嗟服，自以爲非所及也。

伯醜亦開肆賣卜。有人嘗失子，就伯醜筮者。卦成，伯醜曰：「汝子在懷遠坊南門道東北壁上，有青裙女子抱之，可往取也。」如言果得。或者有金數兩，夫妻共藏之，於後失金，其夫意妻有異志，將逐之。其妻稱冤，以詣伯醜，爲筮之曰：「金在矣。」悉呼其家人，指一人曰：「可取金來！」其人赧然，應聲而取之。道士韋知常詣伯醜問吉凶〔七〕，伯醜曰：「汝勿東北行，必不得已，當早還。不然者，楊素斬汝頭。」未幾，上令知常事漢王諒。俄而上崩，諒舉兵反，知常逃歸京師。知常先與楊素有隙，及素平并州，先訪知常，將斬之，賴此獲免。又人有失馬，來詣伯醜卜者。時伯醜爲皇太子所召，在塗遇之，立爲作卦，卦成，曰：「我不遑爲卿占之，卿且向西市東壁門南第三店，爲我買魚作膾，當得馬矣。」其人如此言，須臾，有一人牽所失馬而至，遂擒之。崖州嘗獻徑寸珠，其使者陰易之，上心疑焉，召伯醜令筮。伯醜曰：「有物出自水中，質圓而色光，是大珠也。今爲人所隱。」具言隱者姓名容狀。上如言簿責之，果得本珠。上奇之，賜帛二十匹。國子祭酒何妥嘗詣之論易，聞妥之言，儵然而笑曰〔八〕：「何用鄭玄、王弼之言乎！」久之，微有辯答，所說辭義，皆異先儒之旨，而思理玄妙，故論者以爲天然獨得，非常人所及也。竟以壽終。

臨孝恭

臨孝恭，京兆人也。明天文筭術，高祖甚親遇之。每言災祥之事，未嘗不中，上因令考定陰陽〔九〕。官至上儀同。著欹器圖三卷，地動銅儀經一卷，九宮五墓一卷，遁甲月令十卷〔一〇〕，元辰經十卷，元辰厄一百九卷，百怪書十八卷，禄命書二十卷，九宮龜經一百一十卷，太一式經三十卷，孔子馬頭易卜書一卷，並行於世。

劉祐

劉祐，滎陽人也。開皇初，爲大都督，封索盧縣公。其所占候，合如符契，高祖甚親之。初與張賓、劉暉、馬顯定曆。後奉詔撰兵書十卷，名曰金韜，上善之。復著陰策二十卷，觀臺飛候六卷，玄象要記五卷，律曆術文一卷，婚姻志三卷，產乳志二卷，式經四卷，四時立成法一卷，安曆志十二卷，歸正易十卷，並行於世。

張胄玄

張胄玄，渤海蓨人也。博學多通，尤精術數。冀州刺史趙煚薦之，高祖徵授雲騎尉，直太史，參議律曆事。時輩多出其下，由是太史令劉暉等甚忌之。然暉言多不中，胄玄所推步甚精密，上異之。令楊素與術數人立議六十一事，皆舊法久難通者，令暉與胄玄等辯析之。暉杜口一無所答，胄玄通者五十四焉。由是擢拜員外散騎侍郎，兼太史令，賜物千段，暉及黨與八人皆斥逐之。改定新曆，言前曆差一日。内史通事顔敏楚上言曰：「漢時落下閎改顓頊曆作太初曆，云後當差一日。八百年當有聖者定之。計今相去七百一十年，術者舉其成數，聖者之謂，其在今乎！」上大悦，漸見親用。

胄玄所爲曆法，與古不同者有三事：

其一，宋祖沖之於歲周之末，創設差分，冬至漸移，不循舊軌。每四十六年，却差一度。至梁虞劆曆法，嫌沖之所差太多，因以一百八十六年冬至移一度。胄玄以此二術，年限懸隔，追檢古注，所失極多，遂折中兩家，以爲度法。冬至所宿，歲別漸移，八十三年却行一度，則上合堯時日永星火，次符漢曆宿起牛初。明其前後，並皆密當。

其二，周馬顯造丙寅元曆，有陰陽轉法，加減章分，進退蝕餘，乃推定日，創開此數。當時術者，多不能曉。張賓因而用之，莫能考正。胄玄以爲加時先後，逐氣參差，就月爲斷，於理未可。乃因二十四氣列其盈縮所出，實由日行遲則月逐日易及，令合朔加時早，日行速則月逐日少遲，令合朔加時晚。檢前代加時早晚，以爲損益之率。日行自秋分已後至春分，其勢速，計一百八十二日而行一百八十度〔二〕。自春分已後至秋分，日行遲，計一百八十二日而行一百七十六度。每氣之下，即其率也。

其三，自古諸曆，朔望值交，不問内外，入限便食。張賓立法，創有外限，應食不食，猶未能明。胄玄以日行黄道，歲一周天，月行月道，二十七日有餘一周天。月道交絡黄道，每行黄道内十三日有奇而出，又行黄道外十三日有奇而入，終而復始，月經黄道，謂之交。朔望去交前後各十五度已下，即爲當食。若月行内道，則在黄道之北，食多有驗。月行外道，在黄道之南也，雖遇正交，無由掩映，食多不驗。遂因前法，别立定限，隨交遠近，逐氣求差，損益食分，事皆明著。

其超古獨異者有七事：

其一，古曆五星行度皆守恒率，見伏盈縮，悉無格准。胄玄推之，各得其真率，合見之數，與古不同。其差多者，至加減三十許日。即如熒惑平見在雨水氣，即均加二十九日，見在小雪氣，則均減二十五日。加減平見，以爲定見。諸星各有盈縮之數，皆如此例，但差數不同。特其積候所知，時人不能原其意旨。

其二[一二]，辰星舊率，一終再見，凡諸古曆，皆以爲然，應見不見，人未能測。胄玄積候，知辰星一終之中，有時一見，及同類感召，相隨而出。即如辰星平晨見在雨水氣者，應見即不見，若平晨見在啓蟄氣者，去日十八度外，三十六度内，晨有木火土金一星者，亦相隨見。

其三，古曆步術，行有定限，自見已後，依率而推。進退之期，莫知多少。胄玄積候，知五星遲速留退真數皆與古法不同，多者至差八十餘日，留迴所在亦差八十餘度。即如熒惑前疾初見在立冬初，則二百五十日行一百七十七度，定見在夏至初，則一百七十日行九十二度。追步天驗，今古皆密。

其四，古曆食分，依平即用，推驗多少，實數罕符。胄玄積候，知月從木、火、土、金四星行有向背。月向四星即速，背之則遲，皆十五度外，乃循本率。遂於交分，限其多少。

其五，古曆加時，朔望同術。胄玄積候，知日食所在，隨方改變，傍正高下，每處不同。交有淺深，遲速亦異，約時立差，皆會天象。

其六，古曆交分即爲食數，去交十四度者食一分，去交十三度食二分，去交十度食三分。每近一度，食益一分，當交即食既。其應少反多，應多反少，自古諸曆，未悉其原。胄玄積候，知當交之中，月掩日不能畢盡，其食反少，去交五六時，月在日內，掩日便盡，故食乃既。自此已後，更遠者其食又少。交之前後在冬至皆爾。若近夏至，其率又差。所立食分，最爲詳密。

其七，古曆二分，晝夜皆等。胄玄積候，知其有差，春秋二分，晝多夜漏半刻，皆由日行遲疾盈縮使其然也。

凡此胄玄獨得於心，論者服其精密。大業中卒官。

許智藏

許智藏，高陽人也。祖道幼，嘗以母疾，遂覽醫方，因而究極，世號名醫。誡其諸子曰：「爲人子者，嘗膳視藥，不知方術，豈謂孝乎？」由是世相傳授。仕梁，官至員外散騎侍郎。父景，武陵王諮議參軍。

智藏少以醫術自達，仕陳爲散騎侍郎〔一三〕。及陳滅，高祖以爲員外散騎侍郎，使詣揚州。會秦孝王俊有疾，上馳召之。俊夜中夢其亡妃崔氏泣曰〔一四〕：「本來相迎，如聞許智藏將至，其人若到，當必相苦，爲之奈何？」明夜，俊又夢崔氏曰：「妾得計矣，當入靈府中以避之。」及智藏至，爲俊診脉，曰：「疾已入心，即當發癇，不可救也。」果如言，俊數日而薨。上奇其妙，賚物百段。煬帝即位，智藏時致仕于家，帝每有所苦，輒令中使就詢訪，或以轝迎入殿，扶登御牀。智藏爲方奏之，用無不效。年八十，卒于家。

宗人許澄，亦以醫術顯。父奭，仕梁太常丞、中軍長史。隨柳仲禮入長安，與姚僧垣齊名〔一五〕，拜上儀同三司。澄有學識，傳父業，尤盡其妙。歷尚藥典御、諫議大夫，封賀川縣伯。父子俱以藝術名重於周、隋二代。史失事，故附見云。

萬寶常 王令言

萬寶常，不知何許人也。父大通，從梁將王琳歸于齊。後復謀還江南，事泄，伏誅。由是寶常被配爲樂户，因而妙達鍾律，遍工八音。造玉磬以獻于齊。又嘗與人方食，論及聲調。時無樂器，寶常因取前食器及雜物，以箸扣之，品其高下，宫商畢備，諧於絲竹，大爲時人所賞。然歷周洎隋，俱不得調。

開皇初，沛國公鄭譯等定樂，初爲黄鍾調。寶常雖爲伶人，譯等每召與議，然言多不用。後譯樂成奏之，上召寶常，問其可不，寶常曰：「此亡國之音，豈陛下之所宜聞！」上不悦。寶常因極言樂聲哀怨淫放，非雅正之音，請以水尺爲律，以調樂器。上從之。寶常奉詔，遂造諸樂器，其聲率下鄭譯調二律。并撰樂譜六十四卷，具論八音旋相爲宫之法，改絃移柱之變。爲八十四調，一百四十四律，變化終於一千八百聲。時人以周禮有旋宫之義，自漢、魏已來，知音者皆不能通，見寶常特創其事，皆哂之。至是，試令爲之，應手成曲，無所凝滯，見者莫不嗟異。於是損益樂器，不可勝紀，其聲雅淡，不爲時人所好，太常善聲者多排毁之。

又太子洗馬蘇夔以鍾律自命，尤忌寶常。夔父威，方用事，凡言樂者，皆附之而短寶常。數詣公卿怨望，蘇威因詰寶常，所爲何所傳受。有一沙門謂寶常曰：「上雅好符瑞，有言徵祥者，上皆悦之。先生當言就胡僧受學，云是佛家菩薩所傳音律，則上必悦。先生所爲，可以行矣。」寶常然之，遂如其言以答威。威怒曰：「胡僧所傳，乃是四夷之樂，非中國所宜行也。」其事竟寢。寶常嘗聽太常所奏樂，泫然而泣。人問其故，寶常曰：「樂聲淫厲而哀，天下不久相殺將盡。」時四海全盛，聞其言者皆謂爲不然。大業之末，其言卒驗。

寶常貧無子，其妻因其卧疾，遂竊其資物而逃。寶常飢餒，無人贍遺，竟餓而死。將死也，取其所著書而焚之，曰：「何用此爲？」見者於火中探得數卷，見行於世，時論哀之。開皇之世，有鄭譯、何妥、盧賁、蘇夔、蕭吉，並討論墳籍，撰著樂書，皆爲當世所用。至於天然識樂，不及寶常遠矣。安馬駒、曹妙達、王長通、郭令樂等〔一六〕，能造曲，爲一時之妙，又習鄭聲，而寶常所爲，皆歸於雅。此輩雖公議不附寶常，然皆心服，謂以爲神。

時有樂人王令言，亦妙達音律。大業末，煬帝將幸江都，令言之子嘗從，於户外彈胡琵琶，作翻調安公子曲。令言時卧室中，聞之大驚，蹶然而起曰：「變，變！」急呼其子曰：「此曲興自早晚？」其子對曰：「頃來有之。」令言遂歔欷流涕，謂其子曰：「汝慎無從行，帝必不反。」子問其故，令言曰：「此曲宮聲往而不反，宮者君也，吾所以知之。」帝竟被殺於江都〔七〕。

史臣曰：陰陽卜祝之事，聖人之教在焉，雖不可以專行，亦不可得而廢也。人能弘道，則博利時俗，行非其義，則咎悔及身，故昔之君子所以戒乎妄作。今韋、來之骨法氣色，庾、張之推步盈虛，雖落下、高堂、許負、朱建，不能尚也。伯醜龜策，近知鬼神之情，耿詢渾儀，不差辰象之度，寶常聲律，動應宮商之和，雖不足遠擬古人，皆一時之妙也。許氏之運鍼石，世載可稱，蕭吉之言陰陽，近於誣誕矣。

校勘記

〔一〕或相祖述　「或」，至順本作「咸」。按，北史卷八九藝術傳上亦作「咸」。

〔二〕梁廬陵王續辟荊州主簿　「續」，原作「績」。梁書卷二九高祖三王傳、南史卷五三梁武帝諸子傳，梁武帝八男，第四子南康王績、第五子廬陵王續。大同中，續任荊州刺史。今據改。

〔三〕九年　原作「九月」，據至順本、汲本改。按，北史卷八九藝術上庾季才傳亦作「九年」。

〔四〕雁門人董子華　「雁門」，原作「應門」，據通志卷一八三藝術來和傳改。

〔五〕江陵陷遂歸于周　「周」，北史卷八九藝術上蕭吉傳、通志卷一八三藝術蕭吉傳作「魏」。按，陷江陵在西魏恭帝元年，三年，恭帝禪位宇文覺後，始改國號爲周。

〔六〕朔旦是歲之元　「歲」字原重出，據至順本、汲本、殿本删。按，北史卷八九藝術上蕭吉傳、册府卷九三七總録部姦佞亦不重。

〔七〕道士韋知常詣伯醜問吉凶　「道士韋知常」，北史卷八九藝術上楊伯醜傳、通志卷一八三藝術楊伯醜傳作「將軍許知常」。

〔八〕倏然而笑曰　「倏然而笑」，至順本作「倏爾而笑」，北史卷八九藝術上楊伯醜傳、册府卷七六八總録部儒學作「悠爾而笑」。

〔九〕上因令考定陰陽　「陰陽」，北史卷八九藝術上臨孝恭傳、通志卷一八三藝術臨孝恭傳作「陰陽書」。玉海卷五天文唐陰陽書：「隋文帝令臨孝恭考定陰陽書。」

〔一〇〕遯甲月令十卷　「遯甲月令」，北史卷八九藝術上臨孝恭傳、通志卷一八三藝術臨孝恭傳作「遯甲録」，本書卷三四經籍志三載臨孝恭所著遯甲立成法一卷、陽遯甲用局法一卷，無「遯甲月令」或「遯甲録」。

〔一一〕計一百八十二日而行一百八十度　上「一」「一百」，原作「二百」，據宋甲本、至順本、南監本、北監本、汲本、殿本改。

〔一二〕其二 「其」字原闕，據北史卷八九藝術上張冑玄傳、通志卷一八三藝術張冑玄傳補。

〔一三〕仕陳爲散騎侍郎 「侍郎」，北史卷九〇藝術下許智藏傳、御覽卷七二三方術部四醫三引隋書、通志卷一八三藝術許智藏傳作「常侍」。

〔一四〕俊夜中夢其亡妃崔氏泣曰 「俊」，原作「後」，據御覽卷七二三方術部四醫三引隋書改。按，北史卷九〇藝術下許智藏傳、通志卷一八三藝術許智藏傳亦作「俊」。

〔一五〕與姚僧垣齊名 「姚僧垣」，原作「姚僧坦」，據北史卷九〇藝術下許智藏傳附許澄傳、通志卷一八三藝術許智藏傳改。按，姚僧垣，周書卷四七有傳。

〔一六〕郭令樂 本書卷一五音樂志下、御覽卷五六四樂部二雅樂中引隋書、宋本册府卷八五七總録部知音作「郭金樂」，明本册府作「郭全樂」。

〔一七〕帝竟被殺於江都 「竟」字原闕，據至順本、南監本、北監本、殿本補。按，北史卷九〇藝術下萬寶常傳附王令言傳亦有「竟」字。

隋書卷七十九

列傳第四十四

外戚

歷觀前代外戚之家，乘母后之權以取高位厚秩者多矣，然而鮮有克終之美，必罹顛覆之患，何哉？皆由乎無德而尊，不知紀極，忽於滿盈之戒，罔念高危之咎，故鬼瞰其室，憂必及之。夫其誠著艱難，功宣社稷，不以謙沖自牧，未免顛蹶之禍。而況道不足以濟時，仁不足以利物，自矜於己，以富貴驕人者乎！此呂、霍、上官、閻、梁、竇、鄧所以繼踵而亡滅者也。

昔文皇潛躍之際，獻后便相推轂，煬帝大橫方兆，蕭妃密勿經綸，是以恩禮綢繆，始終不易。然內外親戚，莫預朝權，昆弟在位，亦無殊寵。至於居擅玉堂，家稱金穴，暉光戚里，熏灼四方，將三司以比儀，命五侯而同拜者，終始一代，寂無聞焉。考之前王，可謂矯其弊矣。故雖時經擾攘，無有陷於不義，市朝遷貿，而皆得以保全。比夫憑籍寵私，階緣恩澤，乘其非據，旋就顛隕者，豈可同日而言哉！此所謂愛之以禮，能改覆車。輒敍其事，爲外戚傳云。

高祖外家吕氏

高祖外家吕氏，其族蓋微，平齊之後，求訪不知所在。至開皇初，濟南郡上言，有男子吕永吉，自稱有姑字苦桃，爲楊忠妻〔一〕。勘驗知是舅子，始追贈外祖雙周爲上柱國、太尉、八州諸軍事、青州刺史，封齊郡公，謚曰敬，外祖母姚氏爲齊敬公夫人。詔並改葬，於齊州立廟，置守冢十家。以永吉襲爵，留在京師。大業中，授上黨郡太守，性識庸劣，職務不理。後去官，不知所終。

永吉從父道貴，性尤頑騃，言詞鄙陋。初自鄉里徵入長安，上見之悲泣。道貴略無戚容，但連呼高祖名，云：「種末定不可偷，大似苦桃姊。」是後數犯忌諱，動致違忤，上甚恥之。乃命高熲厚加供給，不許接對朝士。拜上儀同三司，出爲濟南太守，令即之任，斷其入朝。道貴還至本郡，高自崇重，每與人言，自稱皇舅。數將儀衞出入閭里，從故人遊宴，官民咸苦之。後郡廢，終於家，子孫無聞焉。

獨孤羅 弟陁

獨孤羅字羅仁，雲中人也。父信，初仕魏爲荆州刺史。武帝之入關也，信棄父母妻子西歸長安，歷職顯貴，羅由是遂爲高氏所囚。信後仕周爲大司馬。及信爲宇文護所誅，羅始見釋，寓居中山，孤貧無以自給。齊將獨孤永業以宗族之故，見而哀之，爲買田宅，遺以資畜。初，信入關之後，復娶二妻，郭氏生子六人，善、穆、藏、順、陁、整，崔氏生獻皇后。及齊亡，高祖爲定州總管，獻皇后遣人尋羅，得之，相見悲不自勝，侍御者皆泣。於是厚遺車馬財物。未幾，周武帝以羅功臣子，久淪異域，徵拜楚安郡太守。以疾去官，歸于京師。諸弟見羅少長貧賤，每輕侮之，不以兄禮事也。然性長者，亦不與諸弟校競長短，后由是重之。

及高祖爲丞相，拜儀同，常置左右。既受禪，下詔追贈羅父信官爵曰：「褒德累行，往代通規，追遠慎終，前王盛典。故柱國信，風宇高曠，獨秀生民，叡哲居宗，清猷映世〔二〕。

宏謀長策，道著於弼諧，緯義經仁，事深於拯濟。方當宣風廊廟，亮采台階，而運屬艱危，功高弗賞，睠言令範，事切於心。今景運初開，椒闈肅建，載懷塗山之義〔三〕，無忘褒、紀之典。可贈太師、上柱國、冀定等十州刺史、趙國公，邑萬户。」其諸弟以羅母没齊，先無夫人之號，不當承襲。上以問后，后曰：「羅誠嫡長，不可誣也。」於是襲爵趙國公。以其弟善爲河内郡公，穆爲金泉縣公，藏爲武平縣公，陁爲武喜縣公，整爲千牛備身。擢拜羅爲左領左右將軍，尋遷左衞將軍，前後賞賜不可勝計。久而出爲涼州總管〔四〕，進位上柱國。仁壽中，徵拜左武衞大將軍。煬帝嗣位，改封蜀國公。未幾，卒官〔五〕，謚曰恭〔六〕。

子纂嗣，仕至河陽郡尉。纂弟武都，大業末，亦爲河陽郡尉。庶長子開遠，宇文化及之弒逆也，裴虔通率賊入成象殿，宿衞兵士皆從逆，開遠時爲千牛，與獨孤盛力戰於閤下，爲賊所執，賊義而捨之。善後官至柱國。卒，子覽嗣，仕至左候衞將軍，大業末卒。

獨孤陁字黎邪。仕周胥附上士，坐父徙蜀郡十餘年。宇文護被誅，始歸長安。高祖受禪，拜上開府、右領左右將軍〔七〕。久之，出爲郢州刺史，進位上大將軍，累轉延州刺史。好左道。其妻母先事猫鬼〔八〕，因轉入其家。上微聞而不之信也。會獻皇后及楊素妻鄭氏俱有疾，召醫者視之，皆曰：「此猫鬼疾也。」上以陁后之異母弟，陁妻楊素之異母妹，由是意陁所爲，陰令其兄穆以情喻之。上又避左右諷陁，陁言無有。上不悦，左轉遷州刺史。出怨言。上令左僕射高熲、納言蘇威、大理正皇甫孝緒、大理丞楊遠等雜治之。陁婢徐阿尼言，本從陁母家來，常事猫鬼。每以子日夜祀之。言子者鼠也。其猫鬼每殺人者，所死家財物潛移於畜猫鬼家。陁嘗從家中索酒，其妻曰：「無錢可酤。」陁因謂阿尼曰：「可令猫鬼向越公家，使我足錢也。」阿尼便呪之歸。數日，猫鬼向素家。十一年，上初從并州還，陁於園中謂阿尼曰：「可令猫鬼向皇后所，使多賜吾物。」阿尼復呪之，遂入宫中。楊遠乃於門下外省遣阿尼呼猫鬼。阿尼於是夜中置香粥一盆，以匙扣而呼之曰：「猫女可來，無住宫中。」久之，阿尼色正青，若被牽曳者，云猫鬼已至。上以其事下公卿，奇章公牛弘曰：「妖由人興，殺其人可以絶矣。」上令以犢車載陁夫妻，將賜死於其家。陁弟司勳侍中整詣闕求哀〔九〕，於是免陁死，除名爲民，以其妻楊氏爲尼。先是，有人訟其母爲人猫鬼所殺者，上以爲妖妄，怒而遣之。及此，詔誅被訟行猫鬼家。陁未幾而卒。

煬帝即位，追念舅氏，聽以禮葬，乃下詔曰：「外氏衰禍，獨孤陁不幸早世，遷卜有期。言念渭陽之情，追懷傷切，宜加禮命，允備哀榮。可贈正議大夫。」帝意猶不已，復下詔曰：「舅氏之尊，戚屬斯重，而降年弗永，凋落相繼。緬惟先往，宜崇徽秩。復贈銀青光禄大夫。」有二子：延福、延壽。

陁弟整，官至幽州刺史，大業初卒，贈金紫光禄大夫、平鄉侯。

蕭巋 子琮　琮弟瓛

蕭巋字仁遠，梁昭明太子統之孫也。父詧，初封岳陽王，鎮襄陽。侯景之亂，其兄河東王譽與其叔父湘東王繹不協，爲繹所害。及繹嗣位，詧稱藩于西魏，乞師請討繹。周太祖以詧爲梁主，遣柱國于謹等率騎五萬襲繹，滅之。詧遂都江陵，有荆郡、其西平州延袤三百里之地，稱皇帝於其國，車服節文一同王者。仍置江陵總管，以兵戍之。詧薨，巋嗣立，年號天保。巋俊辯，有才學，兼好内典。周武帝平齊之後，巋來賀，帝享之甚歡。親彈琵琶，令巋起舞，巋曰：「陛下親御五絃，臣敢不同百獸！」

高祖受禪，恩禮彌厚，遣使賜金五百兩，銀千兩，布帛萬匹，馬五百匹。巋來朝，上甚敬焉，詔巋位在王公之上。巋被服端麗，進退閑雅，天子矚目，百僚傾慕。賞賜以億計。由月餘歸藩，帝親餞於滻水之上。後備禮納其女爲晉王妃，又欲以其子瑒尚蘭陵公主。由是漸見親待。獻皇后言於上曰：「梁主通家，腹心所寄，何勞猜防也。」上然之，於是罷江陵總管，巋專制其國。歲餘，巋又來朝，賜縑萬匹，珍玩稱是。及還，上親執手曰：「梁主久滯荆楚，未復舊都，故鄉之念，良軫懷抱。朕當振旅長江，相送旋反耳。」巋拜謝而去。其年五月，寢疾，臨終上表曰：「臣以庸闇，曲荷天慈，寵冠外藩，恩踰連山，爰及子女，尚主婚王。每願躬擐甲胄，身先士卒，掃蕩逋寇，上報明時。而攝生乖舛，遽罹痾疾，屬纊在辰，顧陰待謝。長違聖世，感戀嗚咽，遺嗣孤藐，特乞降慈。伏願聖躬與山岳同固，皇基等天日俱永，臣雖九泉，實無遺恨。」并獻所服金裝劍，上覽而嗟悼焉。巋在位二十三年，年四十四薨，梁之臣子謚曰孝明皇帝，廟號世宗。子琮嗣。巋著孝經、周易義記及大小乘幽微十四卷，行於世。

琮字温文，性寬仁，有大度，倜儻不羈，博學有文義。兼善弓馬，遣人伏地著帖〔一〇〕，琮馳馬射之，十發十中，持帖者亦不懼。初封東陽王，尋立爲梁太子。及嗣位，上賜璽書曰：「負荷堂構，其事甚重，雖窮憂勞，常須自力。緝諧内外，親任才良，聿遵世業，是所望也。彼之疆守，咫尺陳人，水潦之時，特宜警備。陳氏比日雖復朝聘相尋，疆埸之間猶未清肅，唯當恃我必不可干，勿得輕人而不設備。朕與梁國積世相知，重以親姻，情義彌厚。江陵之地，朝寄非輕，爲國爲民，深宜抑割，恒加饘粥，以禮自存。」又賜梁之大臣璽書，誡勉之。時琮年號廣運，有識者曰：「運之爲字，軍走也。吾君將奔走乎？」其年，琮遣大將軍戚昕以舟師襲陳公安，不克而還。徵琮叔父岑入朝，拜爲大將軍，封懷義公，因留不遣。復置江陵總管以監之。琮所署大將軍許世武密以城召陳將宜黄侯陳紀，謀洩，琮誅之。後二歲，上徵琮入朝，率其臣下二百餘人朝于京師，江陵父老莫不隕涕相謂曰：「吾君其不反矣！」上以琮來朝，遣武鄉公崔弘度將兵戍之。軍至鄀州，琮叔父巖及弟瓛等懼弘度掩襲之，遂引陳人至城下，虜居民而叛。於是廢梁國。上遣左僕射高熲安集之，曲赦江陵死罪，給民復十年。梁二主各給守墓十户。拜琮爲柱國，賜爵莒國公。

煬帝嗣位，以皇后之故，甚見親重。拜内史令，改封梁公。琮之宗族，緦麻以上，並隨才擢用，於是諸蕭昆弟布列朝廷。琮性澹雅，不以職務自嬰，退朝縱酒而已。内史令楊約與琮同列，帝令約宣旨誡勵，約復以私情喻之。琮答曰：「琮若復事事，則何異於公哉！」約笑而退。約兄素，時爲尚書令，見琮嫁從父妹於鉗耳氏，因謂琮曰：「公，帝王之族，望高戚美，何乃適妹鉗耳氏乎？」琮曰：「前已嫁妹於侯莫陳氏，此復何疑！」素曰：「鉗耳，羌也，侯莫陳，虜也，何得相比！」素意以虜優羌劣。琮曰：「以羌異虜，未之前聞。」素慚而止。琮雖羈旅，見北間豪貴，無所降下。嘗與賀若弼深相友善，弼既被誅，復有童謡曰：「蕭蕭亦復起。」帝由是忌之，遂廢於家，未幾而卒。贈左光禄大夫。子鉉，襄城通守。復以琮弟子鉅爲梁公。

鉅小名藏，煬帝甚昵之，以爲千牛，與宇文晶出入宮掖，伺察内外。帝每有遊宴，鉅未嘗不從焉，遂於宮中多行淫穢。江都之變，爲宇文化及所殺。

瓛字欽文，少聰敏，解屬文。在梁爲荆州刺史，頗有能名。崔弘度以兵至郢州，瓛懼，與其叔父巖奔于陳。陳主以爲侍中、安東將軍、吴州刺史，甚得物情，三吴父老皆曰：「吾君子也。」及陳亡，吴人推瓛爲主。吴人見梁武、簡文及詧、巋等兄弟並第三而踐尊位，瓛自以巋之第三子也，深自矜負。有謝異者，頗知廢興，梁、陳之際，言無不驗，江南人甚敬信之。及陳主被擒，異奔於瓛，由是益爲衆所歸。褒國公宇文述以兵討之，瓛遣王哀守吴州，自將拒述。述遣兵別道襲吴州，哀懼，衣道士服，棄城而遁。瓛衆聞之，悉無鬭志，與述一戰而敗。瓛將左右數人逃于太湖，匿於民家，爲人所執，送於述所，斬之長安，時年二十一。

弟璟，爲朝請大夫、尚衣奉御。瑒，歷衛尉卿、祕書監、陶丘侯。瑀，歷内史侍郎、河池太守。

史臣曰：三五哲王，防深慮遠，舅甥之國，罕執鈞衡，母后之家，無聞傾敗。爰及漢、晉，顛覆繼軌，皆由乎進不以禮，故其斃亦速。若使獨孤權侔呂、霍，必敗於仁壽之前，蕭氏勢均梁、竇，豈全於大業之後！今或不隕舊基，或更隆先構，豈非處之以道，不預權寵之所致乎！

校勘記

〔一〕楊忠妻　「忠」字原作一字空格，至順本、南監本、北監本作「廣」，殿本作「諱」，汲本作「□」，注稱：「『廣』，宋本『諱』。」冊府卷三〇三外戚部褒寵亦作「諱」，通志卷一六五外戚高祖外家呂氏傳作「忠」。按，前稱「高祖外家呂氏」，今據通志補「忠」字。蓋隋代諱「忠」，或空格，或作「諱」，後人誤改作「廣」。

〔二〕清猷映世　「猷」，原作「獻」，據至順本、南監本、北監本、汲本、殿本改。按，周書卷一六獨孤信傳、冊府卷三〇三外戚部褒寵亦作「猷」。

〔三〕載懷塗山之義　「載懷」，冊府卷三〇三外戚部褒寵作「允戴」。

〔四〕久而出爲涼州總管　「涼州」，原作「梁州」，據至順本、汲本改。按，獨孤羅墓誌題稱「涼州總管諸軍事、涼州刺史」，北史卷六一獨孤信傳附獨孤羅傳作「出爲涼州總管」，可證。

〔五〕未幾卒官　前稱「仁壽中，徵拜左武衞大將軍。煬帝嗣位，改封蜀國公」。則卒年應在大業以後。惟據獨孤羅墓誌，羅卒於開皇十九年二月六日，不得在仁壽之後拜官封爵。疑傳誤。

〔六〕諡曰恭　「恭」，獨孤羅墓誌作「德」。

〔七〕右領左右將軍　「左右」，册府卷三〇一外戚部封拜作「軍衞」。

〔八〕其妻母先事猫鬼　「妻母」，北史卷六一獨孤信傳附獨孤陁傳、御覽卷七三五方術部一六厭蠱引隋書、册府卷九二一總録部妖妄、通志卷一六五外戚獨孤羅傳附獨孤陀傳作「外祖母高氏」。

〔九〕陁弟司勳侍中整詣闕求哀　「司勳侍中」，疑誤。通鑑卷一七八隋紀二文帝開皇十八年作「司勳侍郎」。

〔一〇〕遣人伏地著帖　「帖」字原闕，據至順本、南監本、北監本、汲本補。按，册府卷一九〇閏位部才藝亦有「帖」字。「伏地著帖」，北史卷九三僭僞附庸後梁蕭氏傳作「伏地持帖」。

隋書卷八十

列傳第四十五

列女

自昔貞專淑媛，布在方策者多矣。婦人之德，雖在於温柔，立節垂名，咸資於貞烈。温柔，仁之本也；貞烈，義之資也。非温柔無以成其仁，非貞烈無以顯其義。是以詩書所記，風俗所在，圖像丹青，流聲竹素，莫不守約以居正，殺身以成仁者也。若文伯、王陵之母，白公、杞植之妻，魯之義姑，梁之高行，衞君靈主之妾，夏侯文寧之女，或抱信以含貞，或蹈忠而踐義，不以存亡易心，不以盛衰改節，其修名彰於既往，徽音傳於不朽，不亦休乎！或有王公大人之妃偶，肆情於淫僻之俗，雖衣繡衣，食珍膳，坐金屋，乘玉輦，不入彤管之書，不霑良史之筆，將草木以俱落，與麋鹿而同死，可勝道哉！永言載思，實庶姬之恥也。觀夫今之靜女，各勵松筠之操，甘於玉折蘭摧，足以無絶今古。故述其雅志，以纂前代之列女云。

蘭陵公主

蘭陵公主字阿五，高祖第五女也。美姿儀，性婉順，好讀書，高祖於諸女中特所鍾愛。初嫁儀同王奉孝，卒，適河東柳述，時年十八。諸姊並驕貴〔一〕，主獨折節遵於婦道，事舅姑甚謹，遇有疾病，必親奉湯藥。高祖聞之大悦。由是述漸見寵遇。

初，晉王廣欲以主配其妃弟蕭瑒，高祖初許之，後遂適述，晉王因不悦。及述用事，彌惡之。高祖既崩，述徙嶺表。煬帝令主與述離絶，將改嫁之。公主以死自誓，不復朝謁，上表請免主號，與述同徙。帝大怒曰：「天下豈無男子，欲與述同徙耶？」主曰：「先帝以妾適于柳家，今其有罪，妾當從坐，不願陛下屈法申恩。」帝不從，主憂憤而卒，時年三十二。臨終上表曰：「昔共姜自誓，著美前詩，鄎嬀不言，傳芳往誥。妾雖負罪，竊慕古人。生既不得從夫，死乞葬於柳氏。」帝覽之愈怒，竟不哭，乃葬主於洪瀆川，資送甚薄。朝野傷之。

南陽公主

南陽公主者，煬帝之長女也。美風儀，有志節，造次必以禮。年十四，嫁於許國公宇文述子士及，以謹肅聞。及述病且卒，主親調飲食，手自奉上，世以此稱之。及宇文化及殺逆，主隨至聊城，而化及爲竇建德所敗，士及自濟北西歸大唐。時隋代衣冠並在其所，建德引見之，莫不惶懼失常，唯主神色自若。建德與語，主自陳國破家亡，不能報怨雪恥，淚下盈襟，聲辭不輟，情理切至。建德及觀聽者莫不爲之動容隕涕，咸肅然敬異焉。及建德誅化及，時主有一子，名禪師，年且十歲。建德遣武賁郎將於士澄謂主曰：「宇文化及躬行殺逆，人神所不容。今將族滅其家，公主之子，法當從坐，若不能割愛，亦聽留之。」主泣曰：「武賁既是隋室貴臣，此事何須見問！」建德竟殺之。主尋請建德削髮爲尼。

及建德敗，將歸西京，復與士及遇於東都之下，主不與相見。士及就之，立於户外，請復爲夫妻。主拒之曰：「我與君讎家。今恨不能手刃君者，但謀逆之日察君不預知耳。」因與告絶，訶令速去。士及固請之，主怒曰：「必欲就死，可相見也。」士及見其言切，知不可屈，乃拜辭而去。

襄城王恪妃

襄城王恪妃者，河東柳氏女也。父旦，循州刺史。妃姿儀端麗，年十餘，以良家子合法相，娉以爲妃。未幾而恪被廢，妃修婦道，事之愈敬。煬帝嗣位，恪復徙邊，帝令使者殺之於道。恪與辭訣，妃曰：「若王死，妾誓不獨生。」於是相對慟哭。恪既死，棺斂訖，妃謂使者曰：「妾誓與楊氏同穴。若身死之後得不别埋，君之惠也。」遂撫棺號慟，自經而卒。見者莫不爲之涕流。

華陽王楷妃

華陽王楷妃者，河南元氏之女也。父巖，性明敏，有氣幹。仁壽中，爲黄門侍郎，封龍涸縣公。煬帝嗣位，坐與柳述連事，除名爲民，徙南海。後會赦，還長安。有人譖巖逃歸，收而殺之。妃有姿色，性婉順，初以選爲妃。未幾而楷被幽廢，妃事楷踰謹，每見楷有憂懼之色，輒陳義理以慰諭之，楷甚敬焉。及江都之亂，楷遇宇文化及之逆，以妃賜其黨元武達。武達初以宗族之禮〔二〕，置之別舍，後因醉而逼之。妃自誓不屈，武達怒，撻之百餘，辭色彌厲。因取甓自毀其面，血淚交下，武達釋之。妃謂其徒曰：「我不能早死，致令將見侵辱，我之罪也。」因不食而卒。

譙國夫人

譙國夫人者，高涼洗氏之女也。世爲南越首領，跨據山洞，部落十餘萬家。夫人幼賢明，多籌略，在父母家，撫循部衆，能行軍用師，壓服諸越。每勸親族爲善，由是信義結於本鄉。越人之俗，好相攻擊，夫人兄南梁州刺史挺，恃其富强，侵掠傍郡，嶺表苦之。夫人多所規諫，由是怨隙止息，海南、儋耳歸附者千餘洞。梁大同初，羅州刺史馮融聞夫人有志行，爲其子高涼太守寶娉以爲妻。融本北燕苗裔。初，馮弘之投高麗也，遣融大父業以三百人浮海歸宋，因留于新會。自業及融，三世爲守牧，他鄉羈旅，號令不行。至是，夫人誡約本宗，使從民禮。每共寶參決辭訟，首領有犯法者，雖是親族，無所舍縱。自此政令有序，人莫敢違。

遇侯景反，廣州都督蕭勃徵兵援臺。高州刺史李遷仕據大皐口，遣召寶。寶欲往，夫人止之曰：「刺史無故不合召太守，必欲詐君共爲反耳。」寶曰：「何以知之？」夫人曰：「刺史被召援臺，乃稱有疾，鑄兵聚衆，而後喚君。今者若往，必留質，追君兵衆。此意可見，願且無行，以觀其勢。」數日，遷仕果反，遣主帥杜平虜率兵入灨石。寶知之，遽告，夫人曰：「平虜，驍將也，領兵入灨石，即與官兵相拒，勢未得還。遷仕在州，無能爲也。若君自往，必有戰鬬。宜遣使詐之，卑辭厚禮，云身未敢出，欲遣婦往參。彼聞之喜，必無防慮。於是我將千餘人，步擔雜物，唱言輸賧，得至栅下，賊必可圖。」寶從之，遷仕果大喜，覘夫人衆皆擔物，不設備。夫人擊之，大捷。遷仕遂走，保于寧都。夫人總兵與長城侯陳霸先會于灨石。還謂寶曰：「陳都督大可畏，極得衆心。我觀此人必能平賊，君宜厚資之。」

及寶卒，嶺表大亂，夫人懷集百越，數州晏然。至陳永定二年，其子僕年九歲，遣帥諸首領朝于丹陽，起家拜陽春郡守。後廣州刺史歐陽紇謀反，召僕至高安，誘與爲亂。僕遣使歸告夫人，夫人曰：「我爲忠貞，經今兩代，不能惜汝輒負國家。」遂發兵拒境，帥百越酋長迎章昭達。內外逼之，紇徒潰散。僕以夫人之功，封信都侯，加平越中郎將，轉石龍太守。詔使持節册夫人爲中郎將、石龍太夫人〔三〕，賚繡幰油絡駟馬安車一乘，給鼓吹一部，并麾幢旌節，其鹵簿一如刺史之儀。至德中，僕卒。後遇陳國亡，嶺南未有所附，數郡共奉夫人，號爲聖母，保境安民。

高祖遣總管韋洸安撫嶺外，陳將徐璒以南康拒守〔四〕。洸至嶺下，逡巡不敢進。初，夫人以扶南犀杖獻于陳主，至此，晉王廣遣陳主遺夫人書，諭以國亡，令其歸化，并以犀杖及兵符爲信。夫人見杖，驗知陳亡，集首領數千，盡日慟哭。遣其孫魂帥衆迎洸，入至廣州，嶺南悉定。表魂爲儀同三司，册夫人爲宋康郡夫人。

未幾，番禺人王仲宣反，首領皆應之，圍洸於州城，進兵屯衡嶺。夫人遣孫暄帥師救洸。暄與逆黨陳佛智素相友善，故遲留不進。夫人知之，大怒，遣使執暄，繫於州獄。又遣孫盎出討佛智，戰剋，斬之。進兵至南海，與鹿愿軍會，共敗仲宣。夫人親被甲，乘介馬，張錦傘，領彀騎，衞詔使裴矩巡撫諸州，其蒼梧首領陳坦、岡州馮岑翁、梁化鄧馬頭、藤州李光略、羅州龐靖等皆來參謁。還令統其部落，嶺表遂定。高祖異之，拜盎爲高州刺史，仍赦出暄，拜羅州刺史。追贈寶爲廣州總管、譙國公，册夫人爲譙國夫人。以宋康邑迴授僕妾洗氏。仍開譙國夫人幕府，置長史以下官屬，給印章，聽發部落六州兵馬，若有機急，便宜行事。降勑書曰：「朕撫育蒼生，情均父母，欲使率土清淨，兆庶安樂。而王仲宣等輒相聚結，擾亂彼民，所以遣往誅翦，爲百姓除害。夫人情在奉國，深識正理，遂令孫盎斬獲佛智，竟破羣賊，甚有大功。今賜夫人物五千段。暄不進愆，誠合罪責，以夫人立此誠效，故特原免。夫人宜訓導子孫，敦崇禮教，遵奉朝化，以副朕心。」皇后以首飾及宴服一襲賜之，夫人並盛於金篋，并梁、陳賜物各藏于一庫。每歲時大會，皆陳于庭，以示子孫，曰：「汝等宜盡赤心向天子。我事三代主，唯用一好心。今賜物具存，此忠孝之報也，願汝皆思念之。」

時番州總管趙訥貪虐，諸俚獠多有亡叛。夫人遣長史張融上封事，論安撫之宜，并言訥罪狀，不可以招懷遠人。上遣推訥，得其贓賄，竟致於法。降勑委夫人招慰亡叛。夫人親載詔書，自稱使者，歷十餘州，宣述上意，諭諸俚獠，所至皆降。高祖嘉之，賜夫人臨振縣湯沐邑，一千五百户。贈僕爲崖州總管、平原郡公。仁壽初，卒，賻物一千段，謚爲誠敬夫人。

鄭善果母

鄭善果母者，清河崔氏之女也。年十三，出適鄭誠，生善果。而誠討尉迥，力戰死于陣。母年二十而寡，父彦穆欲奪其志，母抱善果謂彦穆曰：「婦人無再見男子之義。且鄭君雖死，幸有此兒。棄兒爲不慈，背死爲無禮。寧當割耳截髮以明素心，違禮滅慈，非敢聞命。」善果以父死王事，年數歲，拜使持節、大將軍，襲爵開封縣公，邑一千户。開皇初，進封武德郡公。年十四，授沂州刺史，轉景州刺史，尋爲魯郡太守。

母性賢明，有節操，博涉書史，通曉治方。每善果出聽事，母恒坐胡床，於鄣後察之。聞其剖斷合理，歸則大悦，即賜之坐，相對談笑。若行事不允，或妄瞋怒，母乃還堂，蒙被而泣，終日不食。善果伏於牀前，亦不敢起。母方起謂之曰：「吾非怒汝，乃愧汝家耳。吾爲汝家婦，獲奉灑掃，如汝先君，忠勤之士也，在官清恪，未嘗問私，以身徇國，繼之以死，吾亦望汝副其此心。汝既年小而孤，吾寡婦耳，有慈無威，使汝不知禮訓，何可負荷忠臣之業乎？汝自童子承襲茅土，位至方伯，豈汝身致之邪？安可不思此事而妄加瞋怒，心緣驕樂，墮於公政！內則墜爾家風，或亡失官爵，外則虧天子之法，以取罪戾。吾死之日，亦何面目見汝先人於地下乎？」

母恒自紡績，夜分而寐。善果曰：「兒封侯開國，位居三品，秩俸幸足，母何自勤如是邪？」答曰：「嗚呼！汝年已長，吾謂汝知天下之理，今聞此言，故猶未也。至於公事，何由濟乎？今此秩俸，乃是天子報爾先人之徇命也。當須散贍六姻，爲先君之惠，妻子奈何獨擅其利，以爲富貴哉！又絲枲紡織，婦人之務，上自王后，下至大夫士妻，各有所製。若墮業者，是爲驕逸。吾雖不知禮，其可自敗名乎？」

自初寡，便不御脂粉，常服大練。性又節儉，非祭祀賓客之事，酒肉不妄陳於前。靜室端居，未嘗輒出門閤。內外姻戚有吉凶事，但厚加贈遺，皆不詣其家。非自手作及莊園祿賜所得，雖親族禮遺，悉不許入門。

善果歷任州郡，唯內自出饌，於衙中食之，公廨所供，皆不許受，悉用脩治廨宇及分給寮佐。善果亦由此克己，號爲清吏。煬帝遣御史大夫張衡勞之，考爲天下最。徵授光祿卿。其母卒後，善果爲大理卿，漸驕恣，清公平允遂不如疇昔焉。

孝女王舜

孝女王舜者，趙郡王子春之女也。子春與從兄長忻不協，屬齊滅之際，長忻與其妻同謀殺子春。舜時年七歲，有二妹，粲年五歲，璠年二歲，並孤苦，寄食親戚。舜撫育二妹，恩義甚篤。而舜陰有復讎之心，長忻殊不爲備。姊妹俱長，親戚欲嫁之，輒拒不從。乃密謂其二妹曰：「我無兄弟，致使父讎不復。吾輩雖是女子，何用生爲？我欲共汝報復，汝意如何？」二妹皆垂泣曰：「唯姊所命。」是夜，姊妹各持刀踰墻而入，手殺長忻夫妻，以告父墓。因詣縣請罪，姊妹爭爲謀首，州縣不能決。高祖聞而嘉歎，特原其罪。

韓覬妻

韓覬妻者，洛陽于氏女也，字茂德。父寔〔五〕，周大左輔。于氏年十四，適于覬。雖生長膏腴，家門鼎盛，而動遵禮度，躬自儉約，宗黨敬之。年十八，覬從軍戰没，于氏哀毁骨立，慟感行路。每至朝夕奠祭，皆手自捧持。及免喪，其父以其幼少無子，將嫁之。誓無異志。復令家人敦喻，于氏晝夜涕泣，截髮自誓。其父喟然傷感，遂不奪其志焉。因養夫之孽子世隆爲嗣〔六〕，身自撫育，愛同己生，訓導有方，卒能成立。自孀居已後，唯時或歸寧，至於親族之家，絶不來往。有尊卑就省謁者，送迎皆不出户庭。蔬食布衣，不聽聲樂，以此終身。高祖聞而嘉歎，下詔褒美，表其門閭，長安中號爲節婦闕。終于家，年七十二。

陸讓母

陸讓母者，上黨馮氏女也。性仁愛，有母儀，讓即其孽子也。仁壽中，爲番州刺史，數有聚斂，贓貨狼籍，爲司馬所奏。上遣使按之皆驗，於是囚詣長安，親臨問。讓稱冤，上復令治書侍御史撫按之，狀不易前。乃命公卿百寮議之，咸曰「讓罪當死」。詔可其奏。讓將就刑，馮氏蓬頭垢面詣朝堂數讓曰：「無汗馬之勞，致位刺史，不能盡誠奉國，以答鴻恩，而反違犯憲章，贓貨狼籍。若言司馬誣汝，百姓百官不應亦皆誣汝。若言至尊不憐愍汝，何故治書覆汝？汝豈誠臣〔七〕？豈孝子？不誠不孝，何以爲人！」於是流涕嗚咽，親持盂粥勸讓令食。既而上表求哀，詞情甚切，上愍然爲之改容。獻皇后甚奇其意，致請於上。治書侍御史柳彧進曰：「馮氏母德之至，有感行路。如或殺之，何以爲勸？」上於是集京城士庶於朱雀門，遣舍人宣詔曰：「馮氏以嫡母之德，足爲世範，慈愛之道，義感人神，特宜矜免，用獎風俗。讓可減死，除名爲民。」復下詔曰：「馮氏體備仁慈，夙閑禮度。孽讓非其所生，往犯憲章，宜從極法，躬自詣闕，爲之請命，匍匐頓顙。朕哀其義，特免死辜。使天下婦人皆如馮者，豈不閨門雍睦，風俗和平！朕每嘉歎不能已。宜標揚優賞，用章有德。可賜物五百段。」集諸命婦，與馮相識，以寵異之。

劉昶女

劉昶女者，河南長孫氏之婦也。昶在周，尚公主，官至柱國、彭國公，數爲將帥，位望隆顯。與高祖有舊。及受禪，甚親任，歷左武衛大將軍、慶州總管。其子居士，爲太子千牛備身，聚徒任俠，不遵法度，數得罪。上以昶故，每輒原之。居士轉恣，每大言曰：「男兒要當辦頭反縛，籧篨上作獠儛。」取公卿子弟膂力雄健者，輒將至家，以車輪括其頸而棒之。殆死能不屈者，稱爲壯士，釋而與交。黨與三百人，其趫捷者號爲餓鶻隊，武力者號爲蓬轉隊。每韝鷹紲犬，連騎道中，毆擊路人，多所侵奪。長安市里無貴賤，見之者皆辟易，至於公卿妃主，莫敢與校者。其女則居士之姊也，每垂泣誨之，殷勤懇惻。居士不改，至破家產。昶年老，奉養甚薄。其女時寡居，哀昶如此，每歸寧于家，躬勤紡績，以致其甘脆。

有人告居士與其徒遊長安城，登故未央殿基，南向坐，前後列隊，意有不遜，每相約曰：「當爲一死耳。」又時有人言居士遣使引突厥令南寇，當於京師應之。上謂昶曰：「今日之事，當復如何？」昶猶恃舊恩，不自引咎，直前曰：「黑白在于至尊。」上大怒，下昶獄，捕居士黨與，治之甚急。憲司又奏昶事母不孝。其女知昶必不免，不食者數日，每親調飲食，手自捧持，詣大理餉其父。見獄卒，長跪以進，歔欷嗚咽，見者傷之。居士坐斬，昶竟賜死于家。詔百寮臨視。時其女絕而復蘇者數矣，公卿慰諭之。其女言父無罪，坐子以及於禍。詞情哀切，人皆不忍聞見。遂布衣蔬食以終其身。上聞而歎曰：「吾聞衰門之女，興門之男，固不虛也！」

鍾士雄母

鍾士雄母者，臨賀蔣氏女也。士雄仕陳，爲伏波將軍。陳主以士雄嶺南酋帥，慮其反覆，每質蔣氏於都下。及晉王廣平江南，以士雄在嶺表，欲以恩義致之，遣蔣氏歸臨賀。既而同郡虞子茂、鍾文華等作亂，舉兵攻城，遣人召士雄，士雄將應之。蔣氏謂士雄曰：「我前在揚都，備嘗辛苦。今逢聖化，母子聚集，没身不能上報，焉得爲逆哉！汝若禽獸其心，背德忘義者，我當自殺於汝前。」士雄於是遂止。蔣氏復爲書與子茂等，諭以禍福。子茂不從，尋爲官軍所敗。上聞蔣氏，甚異之，封爲安樂縣君。

時尹州寡婦胡氏者，不知何氏妻也。甚有志節，爲邦族所重。當江南之亂，諷諭宗黨，皆守險不從叛逆，封爲密陵郡君。

孝婦覃氏

孝婦覃氏者，上郡鍾氏婦也。與其夫相見未幾而夫死，時年十八。事後姑以孝聞。

數年之間，姑及伯叔皆相繼而死，覃氏家貧，無以葬。於是躬自節儉，晝夜紡績，稸財十年，而葬八喪，爲州里所敬。上聞而賜米百石，表其門閭。

元務光母

元務光母者，范陽盧氏女也。少好讀書，造次以禮。盛年寡居，諸子幼弱，家貧不能就學，盧氏每親自教授，勖以義方，世以此稱之。仁壽末，漢王諒舉兵反，遣將綦良往山東略地。良以務光爲記室。及良敗，慈州刺史上官政簿籍務光之家，見盧氏，悦而逼之，盧氏以死自誓。政爲人凶悍，怒甚，以燭燒其身。盧氏執志彌固，竟不屈節。

裴倫妻

裴倫妻，河東柳氏女也，少有風訓。大業末，倫爲渭源令。屬薛舉之亂，縣城爲賊所陷，倫遇害。柳時年四十，有二女及兒婦三人，皆有美色。柳氏謂之曰：「我輩遭逢禍亂，汝父已死，我自念不能全汝。我門風有素，義不受辱於羣賊，我將與汝等同死，如何？」其女等皆垂泣曰：「唯母所命。」柳氏遂自投于井，其女及婦相繼而下，皆重死於井中。

趙元楷妻

趙元楷妻者，清河崔氏之女也。父儦，在文學傳。家有素範，子女皆遵禮度。元楷父爲僕射，家富於財，重其門望，厚禮以聘之。元楷甚敬崔氏，雖在宴私，不妄言笑，進止容服，動合禮儀。

化及之反也，元楷隨至河北，將歸長安。至滏口，遇盜攻掠，元楷僅以身免。崔氏爲賊所拘，賊請以爲妻，崔氏謂賊曰：「我士大夫女，爲僕射子妻，今日破亡，自可即死。遣爲賊婦，終必不能。」羣賊毁裂其衣，形體悉露，縛於牀簀之上，將凌之。崔氏懼爲所辱，詐之曰：「今力已屈，當聽處分，不敢相違，請解縛。」賊遽釋之。崔因著衣，取賊佩刀，倚樹而立曰：「欲殺我，任加刀鋸。若覓死，可來相逼！」賊大怒，亂射殺之。元楷後得殺妻者，支解之，以祭崔氏之柩。

史臣曰：夫稱婦人之德，皆以柔順爲先，斯乃舉其中庸，未臻其極者也。至於明識遠圖，貞心峻節，志不可奪，唯義所在，考之圖史，亦何世而無哉。蘭陵主質邁寒松，南陽主心踰匪石，洗媪、孝女之忠壯，崔、馮二母之誠懇，足使義勇慚其志烈，蘭玉謝其貞芳。襄城、華陽之妃，裴倫、元楷之婦，時逢艱阻，事乖好合，甘心同穴，顛沛靡它。志勵冰霜，言踰皎日，雖詩詠共姜之自誓，傳述伯姬之守死，其將復何以加焉！

校勘記

〔一〕諸姊並驕貴　「貴」，至順本、南監本、北監本、汲本、殿本作「踞」。按，北史卷九一列女隋蘭陵公主傳、御覽卷一五三皇親部一九公主中引隋書、通志卷一八五列女蘭陵公主傳亦作「踞」。

〔二〕武達初以宗族之禮　「之禮」，北史卷九一列女華陽王楷妃傳、通志卷一八五列女華陽王楷妃傳作「禮之」，文意較長。

〔三〕詔使持節册夫人爲中郎將石龍太夫人　北史卷九一列女譙國夫人洗氏傳作「詔使持節册夫人爲高涼郡太夫人」。按，疑本書及北史各有奪文。通志卷一八五列女譙國夫人洗氏傳作「詔使持節册夫人爲高涼郡中郎將石龍太夫人」。

〔四〕陳將徐璒以南康拒守　本書卷四〇王世積傳、卷四七韋世康傳附韋洸傳，陳豫章太守徐璒降王世積，未幾復叛，爲韋洸所俘。隋書求是卷四〇：「按陳豫章郡後爲洪州，南康郡後爲虔州，兩地南北迥殊，璒既被洸擒，安能復在南康拒守？數傳中殆必有誤焉者。」

〔五〕父寔　「寔」，原作「實」，據北史卷九一列女韓覬妻于氏傳、御覽卷四三九人事部八〇貞女上引隋書改。按，于寔，周書卷一五有傳，本書卷六〇于仲文傳「父寔，周大左輔」，亦可證。

〔六〕因養夫之孽子世隆爲嗣　「孽子」，至順本、汲本作「弟子」。按，御覽卷四三九人事部八〇貞女上引隋書亦作「弟子」。

〔七〕汝豈誠臣　「汝」字原闕，據至順本補。按，御覽卷八五九飲食部一七糜粥引隋書亦有「汝」字。上文稱「何故治書覆汝」，此蓋涉「汝」字重出而奪。

隋書卷八十一

列傳第四十六

東夷

高麗

高麗之先，出自夫餘。夫餘王嘗得河伯女，因閉於室内，爲日光隨而照之，感而遂孕，生一大卵，有一男子破殼而出，名曰朱蒙。夫餘之臣以朱蒙非人所生，咸請殺之，王不聽。及壯，因從獵，所獲居多，又請殺之。其母以告朱蒙，朱蒙棄夫餘東南走。遇一大水，深不可越。朱蒙曰：「我是河伯外孫，日之子也。今有難，而追兵且及，如何得度？」於是魚鼈積而成橋，朱蒙遂度。追騎不得濟而還。朱蒙建國，自號高句麗，以高爲氏。朱蒙死，子閭達嗣。至其孫莫來興兵，遂并夫餘。

至裔孫位宮，以魏正始中入寇西安平，毌丘儉拒破之。位宮玄孫之子曰昭列帝，爲慕容氏所破，遂入丸都，焚其宮室，大掠而還。昭列帝後爲百濟所殺。其曾孫璉，遣使後魏。璉六世孫湯〔一〕，在周遣使朝貢，武帝拜湯上開府、遼東郡公、遼東王。高祖受禪，湯復遣使詣闕〔二〕，進授大將軍，改封高麗王。歲遣使朝貢不絕。

其國東西二千里，南北千餘里。都於平壤城，亦曰長安城，東西六里，隨山屈曲，南臨浿水。復有國內城、漢城，並其都會之所，其國中呼爲「三京」。與新羅每相侵奪，戰爭不息。官有太大兄，次大兄，次小兄，次對盧，次意侯奢〔三〕，次烏拙，次太大使者，次大使者，次小使者，次褥奢，次翳屬，次仙人，凡十二等。復有內評、外評、五部褥薩。人皆皮冠，使人加插鳥羽。貴者冠用紫羅，飾以金銀。服大袖衫，大口袴，素皮帶，黃革屨。婦人裙襦加襈。兵器與中國略同。每春秋校獵，王親臨之。人稅布五匹，穀五石。遊人則三年一稅，十人共細布一匹。租户一石，次七斗，下五斗。反逆者縛之於柱，爇而斬之，籍沒其家。盜則償十倍。用刑既峻，罕有犯者。樂有五絃、琴、箏、篳篥、橫吹、簫、鼓之屬，吹蘆以和曲。每年初，聚戲於浿水之上，王乘腰轝，列羽儀以觀之。事畢，王以衣服入水，分左右爲二部，以水石相濺擲，諠呼馳逐，再三而止。俗好蹲踞，潔淨自喜，以趨走爲敬，拜則曳一脚，立各反拱〔四〕，行必搖手。性多詭伏。父子同川而浴，共室而寢。婦人淫奔，俗多遊女。有婚嫁者，取男女相悦，然即爲之，男家送猪酒而已，無財聘之禮。或有受財者，人共恥之。死者殯於屋内，經三年，擇吉日而葬。居父母及夫之喪，服皆三年，兄弟三月。初終哭泣，葬則鼓儛作樂以送之。埋訖，悉取死者生時服翫車馬置於墓側，會葬者爭取而去。敬鬼神，多淫祠。

開皇初，頻有使入朝。及平陳之後，湯大懼，治兵積穀，爲守拒之策。十七年〔五〕，上賜湯璽書曰：

朕受天命，愛育率土，委王海隅，宣揚朝化，欲使圓首方足各遂其心。王每遣使人，歲常朝貢，雖稱藩附，誠節未盡。王既人臣，須同朕德，而乃驅逼靺鞨，固禁契丹。諸藩頓顙，爲我臣妾，忿善人之慕義，何毒害之情深乎？太府工人，其數不少，王必須之，自可聞奏。昔年潛行財貨，利動小人，私將弩手逃竄下國。豈非修理兵器，意欲不臧，恐有外聞，故爲盜竊？時命使者，撫慰王藩，本欲問彼人情，教彼政術。王乃坐之空館，嚴加防守，使其閉目塞耳，永無聞見。有何陰惡，弗欲人知，禁制官司，畏其訪察？又數遣馬騎，殺害邊人，屢騁姦謀，動作邪説，心在不賓。

朕於蒼生悉如赤子，賜王土宇，授王官爵，深恩殊澤，彰著遐邇。王專懷不信，恒自猜疑，常遣使人密覘消息，純臣之義豈若是也？蓋當由朕訓導不明，王之愆違，一已寬恕，今日以後，必須改革。守藩臣之節，奉朝正之典，自化爾藩，勿忤他國，則長享富貴，實稱朕心。彼之一方，雖地狹人少，然普天之下，皆爲朕臣。今若黜王，不可虛置，終須更選官屬，就彼安撫。王若洒心易行，率由憲章，即是朕之良臣，何勞別遣才彥也？昔帝王作法，仁信爲先，有善必賞，有惡必罰，四海之內，具聞朕旨。王若無罪，朕忽加兵，自餘藩國謂朕何也！王必虛心納朕此意，慎勿疑惑，更懷異圖。

往者陳叔寶代在江陰，殘害人庶，驚動我烽候，抄掠我邊境。朕前後誡勑，經歷十年，彼則恃長江之外，聚一隅之衆，惛狂驕傲，不從朕言。故命將出師，除彼凶逆，來往不盈旬月，兵騎不過數千。歷代逋寇，一朝清蕩，遐邇乂安，人神胥悅。聞王歎恨，獨致悲傷，黜陟幽明，有司是職，罪王不爲陳滅，賞王不爲陳存，樂禍好亂，何爲爾也？王謂遼水之廣何如長江？高麗之人多少陳國？朕若不存含育，責王前愆，命一將軍，何待多力！殷懃曉示，許王自新耳。宜得朕懷，自求多福。

湯得書惶恐，將奉表陳謝，會病卒。子元嗣立。高祖使使拜元爲上開府、儀同三司，襲爵遼東郡公，賜衣一襲。元奉表謝恩，并賀祥瑞，因請封王。高祖優册元爲王。

明年，元率靺鞨之衆萬餘騎寇遼西，營州總管韋沖擊走之。高祖聞而大怒，命漢王諒爲元帥，總水陸討之，下詔黜其爵位。時餽運不繼，六軍乏食，師出臨渝關，復遇疾疫，王師不振。及次遼水，元亦惶懼，遣使謝罪，上表稱「遼東糞土臣元」云云。上於是罷兵，待之如初，元亦歲遣朝貢。

煬帝嗣位，天下全盛，高昌王、突厥啓人可汗並親詣闕貢獻，於是徵元入朝。元懼，藩禮頗闕。大業七年，帝將討元之罪，車駕度遼水，上營於遼東城，分道出師，各頓兵於其城下。高麗率兵出拒，戰多不利，於是皆嬰城固守。帝令諸軍攻之，又勑諸將：「高麗若降者，即宜撫納，不得縱兵。」城將陷，賊輒言請降，諸將奉旨不敢赴機，先令馳奏。比報至，賊守禦亦備，隨出拒戰。如此者再三，帝不悟。由是食盡師老，轉輸不繼，諸軍多敗績，於是班師。是行也，唯於遼水西拔賊武厲邏，置遼東郡及通定鎮而還。

九年，帝復親征之，乃勑諸軍以便宜從事。諸將分道攻城，賊勢日蹙。會楊玄感作亂，反書至，帝大懼，即日六軍並還。兵部侍郎斛斯政亡入高麗，高麗具知事實，悉鋭來追，殿軍多敗。十年，又發天下兵，會盜賊蜂起，人多流亡，所在阻絶，軍多失期。至遼水，高麗亦困弊，遣使乞降，囚送斛斯政以贖罪。帝許之，頓於懷遠鎮，受其降款。仍以俘囚軍實歸。至京師，以高麗使者親告於太廟，因拘留之。仍徵元入朝，元竟不至。帝勑諸軍嚴裝，更圖後舉，會天下大亂，遂不克復行。

百濟

百濟之先，出自高麗國。其國王有一侍婢，忽懷孕，王欲殺之。婢云：「有物狀如雞子，來感於我，故有娠也。」王捨之。後遂生一男，棄之廁溷，久而不死，以爲神，命養之，名曰東明。及長，高麗王忌之，東明懼，逃至淹水〔六〕，夫餘人共奉之。東明之後，有仇台者，篤於仁信，始立其國于帶方故地。漢遼東太守公孫度以女妻之，漸以昌盛，爲東夷强國。初以百家濟海，因號百濟。歷十餘代，代臣中國，前史載之詳矣。開皇初，其王餘昌遣使貢方物，拜昌爲上開府、帶方郡公、百濟王。

其國東西四百五十里，南北九百餘里，南接新羅，北拒高麗。其都曰居拔城。官有十六品：長曰左平，次大率，次恩率，次德率，次杆率〔七〕，次奈率，次將德，服紫帶；次施德，皂帶；次固德，赤帶；次李德〔八〕，青帶；次對德以下，皆黄帶；次文督〔九〕，次武督，次佐軍，次振武，次剋虞，皆用白帶。其冠制並同，唯奈率以上飾以銀花。長史三年一交代。畿内爲五部，部有五巷，士人居焉。五方各有方領一人，方佐貳之。方有十郡，郡有將。其人雜有新羅、高麗、倭等〔一〇〕，亦有中國人。其衣服與高麗略同。婦人不加粉黛，女辮髮垂後〔一一〕，已出嫁則分爲兩道，盤於頭上。俗尚騎射，讀書史，能吏事，亦知醫藥、蓍龜、占相之術。以兩手據地爲敬。有僧尼，多寺塔。有鼓角、箜篌、箏、竽、篪、笛之樂，投壺、圍棊、樗蒱、握槊、弄珠之戲。行宋元嘉曆，以建寅月爲歲首。國中大姓有八族，沙氏、燕氏、劦氏、解氏、貞氏、國氏、木氏、苩氏〔一二〕。婚娶之禮，略同於華。喪制如高麗。有五穀、牛、猪、雞，多不火食。厥田下濕，人皆山居。有巨栗〔一三〕。每以四仲之月，王祭天及五帝之神。立其始祖仇台廟於國城，歲四祠之。國西南人島居者十五所，皆有城邑。

平陳之歲，有一戰船漂至海東躭牟羅國，其舡得還，經于百濟，昌資送之甚厚，并遣使奉表賀平陳。高祖善之，下詔曰：「百濟王既聞平陳，遠令奉表，往復至難，若逢風浪，便致傷損。百濟王心迹淳至，朕已委知。相去雖遠，事同言面，何必數遣使來相體悉。自今以後，不須年別入貢，朕亦不遣使往，王宜知之。」使者舞蹈而去。

開皇十八年，昌使其長史王辯那來獻方物，屬興遼東之役，遣使奉表，請爲軍導。帝下詔曰：「往歲爲高麗不供職貢，無人臣禮，故命將討之。高元君臣恐懼，畏服歸罪，朕已赦之，不可致伐。」厚其使而遣之。高麗頗知其事，以兵侵掠其境。

昌死，子餘宣立，死，子餘璋立。

大業三年，璋遣使者燕文進朝貢。其年，又遣使者王孝鄰入獻，請討高麗。煬帝許之，令覘高麗動靜。然璋内與高麗通和，挾詐以窺中國。七年，帝親征高麗，璋使其臣國智牟來請軍期。帝大悦，厚加賞錫，遣尚書起部郎席律詣百濟，與相知。明年，六軍度遼，璋亦嚴兵於境，聲言助軍，實持兩端。尋與新羅有隙，每相戰爭。十年，復遣使朝貢。後天下亂，使命遂絶。

其南海行三月，有𨈭牟羅國，南北千餘里，東西數百里，土多麞鹿，附庸於百濟。百濟自西行三日，至貊國云。

新羅

新羅國，在高麗東南，居漢時樂浪之地，或稱斯羅。魏將毌丘儉討高麗，破之，奔沃沮。其後復歸故國，留者遂爲新羅焉。故其人雜有華夏、高麗、百濟之屬，兼有沃沮、不耐、韓、獩之地。其王本百濟人，自海逃入新羅，遂王其國。傳祚至金真平，開皇十四年，遣使貢方物。高祖拜真平爲上開府、樂浪郡公、新羅王。其先附庸於百濟，後因百濟征高麗，高麗人不堪戎役，相率歸之，遂致强盛，因襲百濟附庸於迦羅國〔一四〕。

其官有十七等：其一曰伊罰干，貴如相國；次伊尺干，次迎干，次破彌干，次大阿尺干，次阿尺干，次乙吉干，次沙咄干，次及伏干，次大奈摩干，次奈摩，次大舍，次小舍，次吉士〔一五〕，次大烏，次小烏，次造位。外有郡縣。其文字、甲兵同於中國。選人壯健者悉入軍，烽、戍、邏俱有屯管部伍〔一六〕。風俗、刑政、衣服，略與高麗、百濟同。每正月旦相賀，王設宴會，班賚羣官。其日拜日月神。至八月十五日，設樂〔一七〕，令官人射，賞以馬布。其有大事，則聚羣官詳議而定之。服色尚素。婦人辮髮繞頭，以雜綵及珠爲飾。婚嫁之禮，唯酒食而已，輕重隨貧富。新婚之夕，女先拜舅姑，次即拜夫。死有棺斂，葬起墳陵。王及父母妻子喪，持服一年。田甚良沃，水陸兼種。其五穀、果菜、鳥獸物産，略與華同。大業以來，歲遣朝貢。新羅地多山險，雖與百濟構隙，百濟亦不能圖之。

靺鞨

靺鞨，在高麗之北，邑落俱有酋長，不相總一。凡有七種：其一號粟末部〔一八〕，與高麗相接，勝兵數千，多驍武，每寇高麗中。其二曰伯咄部〔一九〕，在粟末之北，勝兵七千。其三曰安車骨部，在伯咄東北。其四曰拂涅部，在伯咄東。其五曰號室部，在拂涅東。其六曰黑水部，在安車骨西北。其七曰白山部，在粟末東南。勝兵並不過三千，而黑水部尤爲勁健。自拂涅以東，矢皆石鏃，即古之肅慎氏也。所居多依山水，渠帥曰大莫弗瞞咄，東夷中爲强國。有徒太山者，俗甚敬畏，上有熊羆豹狼，皆不害人，人亦不敢殺。地卑濕，築土如堤，鑿穴以居，開口向上，以梯出入。相與偶耕，土多粟麥穄。水氣鹹，生鹽於木皮之上。其畜多猪。嚼米爲酒，飲之亦醉。婦人服布，男子衣猪狗皮。俗以溺洗手面，於諸夷最爲不絜。其俗婬而妬，其妻外婬，人有告其夫者，夫輒殺妻，殺而後悔，必殺告者，由是姦婬之事終不發揚。人皆射獵爲業，角弓長三尺，箭長尺有二寸。常以七八月造毒藥，傅矢以射禽獸，中者立死。

開皇初，相率遣使貢獻。高祖詔其使曰：「朕聞彼土人庶多能勇捷，今來相見，實副朕懷。朕視爾等如子，爾等宜敬朕如父。」對曰：「臣等僻處一方，道路悠遠，聞内國有聖人，故來朝拜。既蒙勞賜，親奉聖顔，下情不勝懽喜，願得長爲奴僕也。」其國西北與契丹相接，每相劫掠。後因其使來，高祖誡之曰：「我憐念契丹與爾無異，宜各守土境，豈不安樂？何爲輒相攻擊，甚乖我意！」使者謝罪。高祖因厚勞之，令宴飲於前。使者與其徒皆起舞，其曲折多戰鬭之容。上顧謂侍臣曰：「天地間乃有此物，常作用兵意，何其甚也！」然其國與隋懸隔，唯粟末、白山爲近。

煬帝初與高麗戰，頻敗其衆，渠帥度地稽率其部來降。拜爲右光禄大夫，居之柳城，與邊人來往。悦中國風俗，請被冠帶，帝嘉之，賜以錦綺而褒寵之。及遼東之役，度地稽率其徒以從，每有戰功，賞賜優厚。十三年，從帝幸江都，尋放歸柳城。在塗遇李密之亂，密遣兵邀之，前後十餘戰，僅而得免。至高陽，復没於王須拔。未幾，遁歸羅藝。

流求國

流求國，居海島之中，當建安郡東，水行五日而至。土多山洞。其王姓歡斯氏，名渴刺兜，不知其由來有國代數也。彼土人呼之爲可老羊，妻曰多拔茶。所居曰波羅檀洞，塹栅三重，環以流水，樹棘爲藩。王所居舍，其大一十六間，琱刻禽獸。多鬬鏤樹，似橘而葉密，條纖如髮，紛然下垂〔二〇〕。國有四五帥，統諸洞，洞有小王。往往有村，村有鳥了帥，並以善戰者爲之，自相樹立，理一村之事。男女皆以白紵繩纏髮，從項後盤繞至額〔二一〕。其男子用鳥羽爲冠，裝以珠貝，飾以赤毛，形製不同。婦人以羅紋白布爲帽，其形正方。織鬬鏤皮并雜色紵及雜毛以爲衣，製裁不一。綴毛垂螺爲飾，雜色相間，下垂小貝，其聲如珮。綴鐺施釧，懸珠於頸。織藤爲笠，飾以毛羽。有刀、矟、弓、箭、劍、鈹之屬。其處少鐵，刃皆薄小，多以骨角輔助之。編紵爲甲，或用熊豹皮。王乘木獸，令左右轝之而行，導從不過數十人。小王乘机，鏤爲獸形。國人好相攻擊，人皆驍健善走，難死而耐創。諸洞各爲部隊，不相救助。兩陣相當，勇者三五人出前跳噪，交言相罵，因相擊射。如其不勝，一軍皆走，遣人致謝，即共和解。收取鬭死者，共聚而食之，仍以髑髏將向王所。王則賜之以冠，使爲隊帥。無賦斂，有事則均稅。用刑亦無常准，皆臨事科決。犯罪皆斷於鳥了帥；不伏，則上請於王，王令臣下共議定之。獄無枷鏁，唯用繩縛。決死刑以鐵錐，大如筯，長尺餘，鑽頂而殺之。輕罪用杖。俗無文字，望月虧盈以紀時節，候草藥枯以爲年歲。

人深目長鼻，頗類於胡，亦有小慧。無君臣上下之節，拜伏之禮。父子同牀而寢。男子拔去髭鬢，身上有毛之處皆亦除去。婦人以墨黥手，爲蟲蛇之文。嫁娶以酒肴珠貝爲娉，或男女相悅，便相匹偶。婦人產乳，必食子衣，產後以火自炙，令汗出，五日便平復。以木槽中暴海水爲鹽，木汁爲酢，釀米麪爲酒，其味甚薄。食皆用手。偶得異味〔二二〕，先進尊者。凡有宴會，執酒者必待呼名而後飲。上王酒者，亦呼王名。銜杯共飲，頗同突厥。歌呼蹋蹄，一人唱，衆皆和，音頗哀怨。扶女子上膊，搖手而舞。其死者氣將絶，舉至庭，親賓哭泣相弔。浴其屍，以布帛纏之，裹以葦草，親土而殯〔二三〕，上不起墳。子爲父者，數月不食肉。南境風俗少異，人有死者，邑里共食之。

有熊羆豺狼，尤多豬雞，無牛羊驢馬。厥田良沃，先以火燒而引水灌之。持一插，以石爲刃，長尺餘，闊數寸，而墾之。土宜稻、粱、床黍、麻、豆、赤豆、胡豆、黑豆等，木有楓、栝、樟、松、楩、楠、杉、梓、竹、籐、果、藥同於江表，風土氣候與嶺南相類。

俗事山海之神，祭以酒肴，鬭戰殺人，便將所殺人祭其神。或依茂樹起小屋，或懸髑髏於樹上，以箭射之，或累石繫幡以爲神主。王之所居，壁下多聚髑髏以爲佳。人間門户上必安獸頭骨角。

大業元年，海師何蠻等，每春秋二時，天清風静，東望依希，似有煙霧之氣，亦不知幾千里。三年，煬帝令羽騎尉朱寬入海求訪異俗，何蠻言之，遂與蠻俱往，因到流求國。言不相通，掠一人而返。明年，帝復令寬慰撫之，流求不從，寬取其布甲而還。時倭國使來朝，見之曰：「此夷邪久國人所用也。」帝遣武賁郎將陳稜、朝請大夫張鎮州率兵自義安浮海擊之。至高華嶼，又東行二日至鼅鼊嶼，又一日便至流求。初，稜將南方諸國人從軍，有崐崘人頗解其語，遣人慰諭之，流求不從，拒逆官軍。稜擊走之，進至其都，頻戰皆敗，焚其宮室，虜其男女數千人，載軍實而還。自爾遂絶。

倭國

倭國，在百濟、新羅東南，水陸三千里，於大海之中依山島而居。魏時，譯通中國三十餘國，皆自稱王〔三四〕。夷人不知里數，但計以日。其國境東西五月行，南北三月行，各至於海。其地勢東高西下。都於邪靡堆，則魏志所謂邪馬臺者也。古云去樂浪郡境及帶方郡並一萬二千里，在會稽之東，與儋耳相近。漢光武時，遣使入朝，自稱大夫。安帝時，又遣使朝貢，謂之倭奴國。桓、靈之間，其國大亂，遞相攻伐，歷年無主。有女子名卑彌呼，能以鬼道惑衆，於是國人共立爲王。有男弟，佐卑彌理國。其王有侍婢千人，罕有見其面者，唯有男子二人給王飲食，通傳言語。其王有宫室樓觀，城柵皆持兵守衛，爲法甚嚴。自魏至于齊、梁，代與中國相通。

開皇二十年，倭王姓阿每，字多利思比孤〔三五〕，號阿輩雞彌，遣使詣闕。上令所司訪其風俗。使者言倭王以天爲兄，以日爲弟，天未明時出聽政，跏趺坐，日出便停理務，云委我弟。高祖曰：「此太無義理。」於是訓令改之。王妻號雞彌，後宫有女六七百人。名太子爲利歌彌多弗利。無城郭。内官有十二等：一曰大德，次小德，次大仁，次小仁，次大義，次小義，次大禮，次小禮，次大智，次小智，次大信，次小信，員無定數。有軍尼一百二十人，猶中國牧宰。八十户置一伊尼翼，如今里長也。十伊尼翼屬一軍尼。其服飾，男子衣裙襦，其袖微小，履如屨形，漆其上，繫之於脚。人庶多跣足。不得用金銀爲飾。故時衣橫幅，結束相連而無縫。頭亦無冠，但垂髮於兩耳上。至隋，其王始制冠，以錦綵爲之，以金銀鏤花爲飾。婦人束髮於後，亦衣裙襦，裳皆有襈。攕竹爲梳，編草爲薦，雜皮爲表，緣以文皮。有弓、矢、刀、矟、弩、穳、斧，漆皮爲甲，骨爲矢鏑。雖有兵，無征戰。其王朝會，必陳設儀仗，奏其國樂。户可十萬。

其俗殺人强盜及姦皆死，盜者計贓酬物，無財者没身爲奴。自餘輕重，或流或杖。每訊究獄訟，不承引者，以木壓膝，或張强弓，以弦鋸其項。或置小石於沸湯中，令所競者探之，云理曲者即手爛。或置蛇瓮中，令取之，云曲者即螫手矣。人頗恬靜，罕爭訟，少盜賊。樂有五弦琴、笛。男女多黥臂點面文身，没水捕魚。無文字，唯刻木結繩。敬佛法，於百濟求得佛經，始有文字。知卜筮，尤信巫覡。每至正月一日，必射戲飲酒，其餘節略與華同。好棊博、握槊、樗蒲之戲。氣候温暖，草木冬青，土地膏腴，水多陸少。以小環挂鸕鷀項，令入水捕魚，日得百餘頭。俗無盤俎，藉以槲葉，食用手餔之。性質直，有雅風。女多男少，婚嫁不取同姓，男女相悦者即爲婚。婦入夫家，必先跨犬〔二六〕，乃與夫相見。婦人不妬。死者斂以棺槨，親賓就屍歌舞，妻子兄弟以白布製服。貴人三年殯於外，庶人卜日而瘞。及葬，置屍船上，陸地牽之，或以小轝。有阿蘇山，其石無故火起接天者，俗以爲異，因行禱祭。有如意寶珠，其色青，大如雞卵，夜則有光，云魚眼精也。新羅、百濟皆以倭爲大國，多珍物，並敬仰之，恒通使往來。

大業三年，其王多利思比孤遣使朝貢。使者曰：「聞海西菩薩天子重興佛法，故遣朝拜，兼沙門數十人來學佛法。」其國書曰「日出處天子致書日没處天子無恙」云云。帝覽之不悦，謂鴻臚卿曰：「蠻夷書有無禮者，勿復以聞。」明年，上遣文林郎裴清使於倭國〔二七〕。度百濟，行至竹島，南望𨈭羅國，經都斯麻國，迥在大海中。又東至一支國，又至竹斯國，又東至秦王國，其人同於華夏，以爲夷洲，疑不能明也。又經十餘國，達於海岸。自竹斯國以東，皆附庸於倭。倭王遣小德阿輩臺〔二八〕，從數百人，設儀仗，鳴鼓角來迎。後十日，又遣大禮哥多毗，從二百餘騎郊勞。既至彼都，其王與清相見，大悦，曰：「我聞海西有大隋，禮義之國，故遣朝貢。我夷人，僻在海隅，不聞禮義，是以稽留境内，不即相見。今故清道飾館，以待大使，冀聞大國惟新之化。」清答曰：「皇帝德並二儀，澤流四海，以王慕化，故遣行人來此宣諭。」既而引清就館。其後清遣人謂其王曰：「朝命既達，請即戒塗。」於是設宴享以遣清，復令使者隨清來貢方物。此後遂絶。

史臣曰：廣谷大川異制，人生其間異俗，嗜欲不同，言語不通，聖人因時設教，所以達其志而通其俗也。九夷所居，與中夏懸隔，然天性柔順，無獷暴之風，雖緜邈山海，而易以道御。夏、殷之代，時或來王。暨箕子避地朝鮮，始有八條之禁，疎而不漏，簡而可久，化之所感，千載不絶。今遼東諸國，或衣服參冠冕之容，或飲食有俎豆之器，好尚經術，愛樂文史，遊學於京都者，往來繼路，或亡没不歸。非先哲之遺風，其孰能致於斯也？故孔子曰：「言忠信，行篤敬，雖蠻貊之邦行矣。」誠哉斯言。其俗之可採者，豈徒楛矢之貢而已乎？自高祖撫有周餘，惠此中國，開皇之末，方事遼左，天時不利，師遂無功。二代承基，志包宇宙，頻踐三韓之域，屢發千鈞之弩。小國懼亡，敢同困獸，兵連不戢，四海騷然，遂以土崩，喪身滅國。兵志有之曰：「務廣德者昌，務廣地者亡。」然遼東之地，不列於郡縣久矣。諸國朝正奉貢，無闕於歲時，二代震而矜之，以爲人莫若己，不能懷以文德，遽動干戈。内恃富强，外思廣地，以驕取怨，以怒興師。若此而不亡，自古未之聞也。然則四夷之戒，安可不深念哉！

校勘記

〔一〕璉六世孫湯　「湯」，本書卷一高祖紀上作「陽」。三國史記卷一九高麗本紀七平原王「諱陽成」，注稱：「隋唐書作『湯』。」

〔二〕湯復遣使詣闕　「闕」，原作「關」，據至順本、南監本、北監本、汲本、殿本改。

〔三〕次意侯奢　「意侯奢」，周書卷四九異域上高麗傳、册府卷九六二外臣部官號作「意俟奢」。

〔四〕立各反拱　「各」，北史卷九四高麗傳、册府卷九五九外臣部土風作「多」。

〔五〕十七年　「七」字疑衍。按，高麗平原王高陽卒於在位第三十二年，即隋文帝開皇十年。三國史記卷一九高麗本紀七：「王在位三十二年，冬十月薨，號曰平原王。」注稱：「是開皇十年。隋書及通鑑書高祖賜璽書於開皇十七年，誤也。」

〔六〕逃至淹水　「淹水」，梁書卷五四諸夷東夷高句驪傳、北史卷九四百濟傳作「淹滯水」，後漢書卷八五東夷夫餘國傳作「掩㴲水」，册府卷九五六外臣部種族作「掩淲水」。

〔七〕次杆率　「杆率」，通典卷一八五邊防一百濟作「扞率」。

〔八〕次李德　「李德」，北史卷九四百濟傳、通典卷一八五邊防一百濟、册府卷九六二外臣部官號作「季德」。

〔九〕次對德以下皆黄帶次文督　北史卷九四百濟傳「皆黄帶」在「文督」下。通典卷一八五邊防一百濟、册府卷九六二外臣部官號云「對德十一品，文督十二品，皆黄帶」，與北史合。

〔一〇〕其人雜有新羅高麗倭等　「倭」，原作「俀」。二字時或通用，以下凡涉倭國，統一作「倭」。

〔一一〕女辮髮垂後　至順本、南監本、北監本、汲本、殿本無「女」字。按，前稱「婦人不加粉黛」，「女」字顯爲贅文。

〔一二〕苩氏　原作「苗氏」，據通典卷一八五邊防一百濟、寰宇記卷一七二四夷一百濟國、通志卷一九四四夷一百濟改。

〔一三〕有巨栗　「栗」，原作「粟」，據至順本、南監本、北監本、汲本、殿本改。

〔一四〕因襲百濟附庸於迦羅國　通典卷一八五邊防一新羅、寰宇記卷一七四四夷三新羅國、通考卷三二六四裔考三新羅國作「因襲加羅任那諸國滅之」。

〔一五〕次吉士　「吉士」，原作「吉土」，據北史卷九四新羅傳、册府卷九六二外臣部官號改。按，三國史記卷三八雜誌七職官亦作「吉士」，注稱：「或云稽知，或云吉次」，可證。

〔一六〕烽戍邏俱有屯管部伍　「管」，通典卷一八五邊防一新羅、册府卷九五九外臣部土風作「營」。

〔一七〕其日拜日月神至八月十五日設樂　「至」，北史卷九四新羅傳、御覽卷七八一四夷部二新羅引北史、通志卷一九四四夷一新羅作「主」，屬上句。

〔一八〕其一號粟末部　「粟末」，原作「栗末」，據北史卷九四勿吉傳、通典卷一八六邊防二勿吉、新唐書卷二一九北狄黑水靺鞨傳、册府卷九五六外臣部種族改。下同改，不另出校。

〔一九〕其二曰伯咄部　「伯咄部」，通典卷一八六邊防二勿吉、新唐書卷二一九北狄黑水靺鞨傳、通志卷一九四四夷一百濟作「汨咄部」。下同，不另出校。

〔二〇〕條纖如髮紛然下垂　「紛」字原闕，據通典卷一八六邊防二流求、御覽卷七八四四夷部五流求引隋書補。

〔二一〕從項後盤繞至額　「項」，通典卷一八六邊防二流求作「頭」，此句御覽卷七八四四夷部五流求引隋書作「從頭盤繞」。

〔二二〕偶得異味　「偶」，至順本作「遇」。按，北史卷九四流求傳、通典卷一八六邊防二流求、御覽卷七八四四夷部五流求引隋書亦作「遇」。

〔二三〕親土而殯　「親」，北史卷九四流求傳、御覽卷七八四四夷部五流求引隋書、寰宇記卷一七五四夷四流求國作「襯」，通典卷一八六邊防二流求作「雜」。

〔二四〕魏時譯通中國三十餘國皆自稱王　三國志卷三〇魏書東夷倭人傳：「漢時有朝見者，今使譯所通三十國。」晉書卷九七四夷東夷倭人傳：「至魏時，有三十國通好。」即「魏時譯通中國三十餘國」所本。

〔二五〕多利思比孤　原作「多利思北孤」，據北史卷九四倭國傳、通典卷一八五邊防一倭、御覽卷七八二四夷部三倭引北史、通鑑卷一八一隋紀五煬帝大業四年改。

〔二六〕必先跨犬　「犬」，北史卷九四倭國傳、通典卷一八五邊防一倭、御覽卷七八二四夷部三倭引北史、寰宇記卷一七四四夷三倭國、通志卷一九四四夷一倭作「火」。

〔二七〕上遣文林郎裴清使於倭國　「裴清」，即裴世清，避唐諱闕「世」字。

〔二八〕倭王遣小德阿輩臺　「阿輩臺」，北史卷九四倭國傳、御覽卷七八二四夷部三倭引北史、通考卷三二四四裔考一倭國作「何輩臺」。

隋書卷八十二

列傳第四十七

南蠻

南蠻雜類，與華人錯居，曰蜒，曰獽，曰俚，曰獠，曰㐌，俱無君長，隨山洞而居，古先所謂百越是也。其俗斷髮文身，好相攻討，浸以微弱，稍屬於中國，皆列爲郡縣，同之齊人，不復詳載。大業中，南荒朝貢者十餘國，其事迹多湮滅而無聞。今所存録，四國而已。

林邑

林邑之先，因漢末交阯女子徵側之亂，内縣功曹子區連殺縣令，自號爲王。無子，其甥范熊代立，死，子逸立。日南人范文因亂爲逸僕隸，遂教之築宫室，造器械。逸甚信任，使文將兵，極得衆心。文因間其子弟，或奔或徙。及逸死，國無嗣，文自立爲王。其後范佛爲晉揚威將軍戴桓所破。宋交州刺史檀和之將兵擊之，深入其境。至梁、陳，亦通使往來。

其國延袤數千里，土多香木金寶，物産大抵與交阯同。以塼爲城，蜃灰塗之，東向户。尊官有二：其一曰西那婆帝，其二曰薩婆地歌。其屬官三等：其一曰倫多姓，次歌倫致帝，次乙他伽蘭〔一〕。外官分爲二百餘部。其長官曰弗羅，次曰可輪，如牧宰之差也。王戴金花冠，形如章甫，衣朝霞布，珠璣瓔珞，足躡革履，時復錦袍〔二〕。良家子侍衞者二百許人，皆執金裝刀。有弓、箭、刀、槊，以竹爲弩，傅毒於矢。樂有琴、笛、琵琶、五絃，頗與中國同。每擊鼓以警衆，吹蠡以即戎。

其人深目高鼻，髮拳色黑。俗皆徒跣，以幅布纏身。冬月衣袍。婦人椎髻。施椰葉席。每有婚媾，令媒者齎金銀釧、酒二壺、魚數頭至女家。於是擇日，夫家會親賓，歌儛相對。女家請一婆羅門，送女至男家，壻盥手，因牽女授之。王死七日而葬，有官者三日，庶人一日。皆以函盛屍，鼓儛導從，輿至水次，積薪焚之。收其餘骨，王則内金甖中，沉之於海；有官者以銅甖，沉之於海口；庶人以瓦，送之於江。男女皆截髮，隨喪至水次〔三〕，盡哀而止，歸則不哭。每七日，然香散花，復哭，盡哀而止，盡七七而罷，至百日、三年，亦如之。人皆奉佛，文字同於天竺。

高祖既平陳，乃遣使獻方物，其後朝貢遂絶。時天下無事，羣臣言林邑多奇寶者。仁壽末，上遣大將軍劉方爲驩州道行軍總管，率欽州刺史甯長真、驩州刺史李暈、開府秦雄步騎萬餘及犯罪者數千人擊之。其王梵志率其徒乘巨象而戰，方軍不利。方於是多掘小坑，草覆其上，因以兵挑之。梵志悉衆而陣，方與戰，僞北，梵志逐之，至坑所，其象多陷〔四〕，轉相驚駭，軍遂亂。方縱兵擊之，大破之。頻戰輒敗，遂棄城而走。方入其都，獲其廟主十八枚，皆鑄金爲之，蓋其有國十八葉矣。方班師，梵志復其故地，遣使謝罪，於是朝貢不絶。

赤土

赤土國，扶南之別種也。在南海中，水行百餘日而達所都。土色多赤，因以爲號。東波羅剌國，西婆羅娑國，南訶羅旦國，北拒大海，地方數千里。其王姓瞿曇氏，名利富多塞，不知有國近遠。稱其父釋王位出家爲道，傳位於利富多塞，在位十六年矣。有三妻，並鄰國王之女也。居僧祇城，有門三重，相去各百許步。每門圖畫飛仙、仙人、菩薩之像，縣金花鈴毦，婦女數十人，或奏樂，或捧金花。又飾四婦人，容飾如佛塔邊金剛力士之狀，夾門而立。門外者持兵仗，門内者執白拂。夾道垂素網，綴花。王宫諸屋悉是重閣，北户，北面而坐。坐三重之榻。衣朝霞布，冠金花冠，垂雜寶瓔珞。四女子立侍，左右兵衞百餘人。王榻後作一木龕，以金銀五香木雜鈿之。龕後懸一金光燄，夾榻又樹二金鏡，鏡前並陳金甕，甕前各有金香爐。當前置一金伏牛，牛前樹壹寶蓋，蓋左右皆有寶扇。婆羅門等數百人，東西重行，相向而坐。其官有薩陀迦羅一人，陀拏達叉二人，迦利蜜迦三人，共掌政事；俱羅末帝一人，掌刑法。每城置那邪迦一人，鉢帝十人。

其俗等皆穿耳剪髮〔五〕，無跪拜之禮。以香油塗身。其俗敬佛，尤重婆羅門。婦人作髻於項後。男女通以朝霞、朝雲雜色布爲衣。豪富之室，恣意華靡，唯金鏁非王賜不得服用。每婚嫁，擇吉日，女家先期五日，作樂飲酒，父執女手以授壻，七日乃配焉。既娶則分財别居，唯幼子與父同居。父母兄弟死則剔髮素服，就水上構竹木爲棚，棚内積薪，以屍置上。燒香建幡，吹蠡擊鼓以送之，縱火焚薪，遂落於水。貴賤皆同。唯國王燒訖，收灰貯以金瓶，藏於廟屋。冬夏常温，雨多霽少，種植無時，特宜稻、穄、白豆、黑麻，自餘物産多同於交阯。以甘蔗作酒，雜以紫瓜根。酒色黄赤，味亦香美。亦以椰漿爲酒〔六〕。

煬帝即位，募能通絶域者。大業三年，屯田主事常駿、虞部主事王君政等請使赤土。

帝大悅，賜駿等帛各百匹，時服一襲而遣。齎物五千段，以賜赤土王。其年十月，駿等自南海郡乘舟，晝夜二旬，每值便風。至焦石山而過，東南泊陵伽鉢拔多洲，西與林邑相對，上有神祠焉。又南行，至師子石，自是島嶼連接。又行二三日，西望見狼牙須國之山，於是南達雞籠島，至於赤土之界。其王遣婆羅門鳩摩羅以舶三十艘來迎，吹蠡擊鼓，以樂隋使，進金鏁以纜駿船。月餘，至其都，王遣其子那邪迦請與駿等禮見。先遣人送金盤，貯香花并鏡鑷，金合二枚，貯香油，金瓶八枚，貯香水〔七〕，白疊布四條，以擬供使者盥洗。其日未時，那邪迦又將象二頭，持孔雀蓋以迎使人，并致金花、金盤以藉詔函。男女百人奏蠡鼓，婆羅門二人導路，至王宮。駿等奉詔書上閣，王以下皆坐。宣詔訖，引駿等坐，奏天竺樂。事畢，駿等還館，又遣婆羅門就館送食，以草葉爲盤，其大方丈。因謂駿曰：「今是大國中人〔八〕，非復赤土國矣。飲食疎薄，願爲大國意而食之。」後數日，請駿等入宴，儀衞導從如初見之禮。王前設兩牀，牀上并設草葉盤，方一丈五尺，上有黃白紫赤四色之餅，牛、羊、魚、鼈、猪、蝳蝐之肉百餘品。延駿升牀，從者坐於地席，各以金鍾置酒，女樂迭奏，禮遺甚厚。尋遣那邪迦隨駿貢方物，并獻金芙蓉冠、龍腦香。以鑄金爲多羅葉，隱起成文以爲表，金函封之，令婆羅門以香花奏蠡鼓而送之。既入海，見緑魚羣飛水上。浮海十餘日，至林邑東南，並山而行。其海水闊千餘步，色黃氣腥，舟行一日不絕，云是大魚糞也。

循海北岸，達于交阯。駿以六年春與那邪迦於弘農謁帝，帝大悦〔九〕，賜駿等物二百段，俱授秉義尉，那邪迦等官賞各有差。

真臘

真臘國，在林邑西南，本扶南之屬國也。去日南郡舟行六十日而至，南接車渠國〔一〇〕，西有朱江國。其王姓刹利氏，名質多斯那。自其祖漸已强盛，至質多斯那，遂兼扶南而有之。死，子伊奢那先代立。居伊奢那城，郭下二萬餘家。城中有一大堂，是王聽政之所。總大城三十，城有數千家，各有部帥，官名與林邑同。其王三日一聽朝，坐五香七寶牀，上施寶帳。其帳以文木爲竿，象牙、金鈿爲壁，狀如小屋，懸金光燄，有同於赤土。前有金香鑪，二人侍側。王着朝霞古貝，瞞絡腰腹，下垂至脛，頭戴金寶花冠，被真珠瓔珞，足履革屣，耳懸金璫。常服白疊，以象牙爲屩。若露髮，則不加瓔珞。臣人服製〔一一〕，大抵相類。有五大臣，一曰孤落支，二曰高相憑〔一二〕，三曰婆何多陵〔一三〕，四曰舍摩陵，五曰髯多婁〔一四〕，及諸小臣。朝於王者，輒以階下三稽首。王喚上階，則跪，以兩手抱膊，遶王環坐。議政事訖，跪伏而去。階庭門閣，侍衛有千餘人，被甲持仗。其國與參半、朱江二國和親，數與林邑、陀桓二國戰爭。其人行止皆持甲仗，若有征伐，因而用之。其俗非王正妻子，不得爲嗣。王初立之日，所有兄弟並刑殘之，或去一指，或劓其鼻，別處供給，不得仕進。

人形小而色黑。婦人亦有白者。悉拳髮垂耳，性氣捷勁。居處器物頗類赤土。以右手爲淨，左手爲穢。每旦澡洗，以楊枝淨齒，讀誦經呪。又澡洒乃食，食罷還用楊枝淨齒，又讀經呪。飲食多蘇酪、沙糖、秔粟、米餅。欲食之時，先取雜肉羹與餅相和，手擩而食。娶妻者，唯送衣一具，擇日遣媒人迎婦。男女二家各八日不出，晝夜燃燈不息。男婚禮畢，即與父母分財別居。父母死，小兒未婚者，以餘財與之。若婚畢，財物入官。其喪葬，兒女皆七日不食，剔髮而哭，僧尼、道士、親故皆來聚會，音樂送之。以五香木燒屍，收灰以金銀瓶盛，送于大水之內。貧者或用瓦，而以彩色畫之。亦有不焚，送屍山中，任野獸食者。

其國北多山阜，南有水澤，地氣尤熱，無霜雪，饒瘴癘毒蠚。土宜粱稻，少黍粟，果菜與日南、九真相類。異者有婆那娑樹，無花，葉似柿，實似冬瓜；菴羅樹，花葉似棗，實似李；毗野樹，花似木瓜，葉似杏，實似楮；婆田羅樹，花葉實並似棗而小異；歌畢佗樹，花似林檎，葉似榆而厚大，實似李，其大如升。自餘多同九真。海中有魚名建同，四足，無鱗，其鼻如象，吸水上噴，高五六十尺。有浮胡魚，其形似䱉，觜如鸚鵡，有八足。多大魚，半身出水，望之如山。

每五六月中，毒氣流行〔一五〕，即以白猪、白牛、白羊於城西門外祠之。不然者，五穀不登，六畜多死，人衆疾疫。近都有陵伽鉢婆山，上有神祠，每以兵五千人守衛之。城東有神名婆多利，祭用人肉。其王年別殺人，以夜祀禱，亦有守衛者千人。其敬鬼如此。多奉佛法，尤信道士，佛及道士並立像於館。

大業十三年，遣使貢獻〔一六〕，帝禮之甚厚，其後亦絕。

婆利

婆利國，自交阯浮海，南過赤土、丹丹，乃至其國。國界東西四月行，南北四十五日行。王姓刹利邪伽，名護濫那婆〔一七〕。官曰獨訶邪挐，次曰獨訶氏挐。國人善投輪刀，其大如鏡，中有竅，外鋒如鋸，遠以投人，無不中。其餘兵器與中國略同。俗類真臘，物産同於林邑。其殺人及盜，截其手，姦者鏁其足，朞年而止。祭祀必以月晦，盤貯酒肴，浮之流水。每十一月，必設大祭。海出珊瑚。有鳥名舍利，解人語。

大業十二年，遣使朝貢，後遂絕。于時南荒有丹丹、盤盤二國，亦來貢方物，其風俗物產，大抵相類云。

史臣曰：禮云：「南方曰蠻，有不火食者矣。」書稱：「蠻夷猾夏。」詩曰：「蠢爾蠻荆。」種類寔繁，代爲紛梗。自秦并二楚〔一八〕，漢平百越，地窮丹徼，景極日南，水陸可居，咸爲郡縣。曁乎境分吴、蜀，時經晉、宋，道有汙隆，服叛不一。高祖受命，克平九宇，煬帝纂業，威加八荒。甘心遠夷，志求珍異，故師出於流求，兵加於林邑，威振殊俗，過於秦、漢遠矣。雖有荒外之功，無救域中之敗。傳曰：「非聖人，外寧必内憂。」誠哉斯言也！

校勘記

〔一〕次乙他伽藍　「乙他伽藍」，北史卷九五林邑傳、通典卷一八八邊防四林邑、御覽卷七八六四夷部七林邑國、寰宇記卷一七六四夷五林邑國、通志卷一九八四夷五林邑作「乙地伽藍」。

〔二〕時復錦袍　「復」，北史卷九五林邑傳、御覽卷七八六四夷部七林邑國、册府卷九五九外臣部土風作「服」。

〔三〕隨喪至水次　北史卷九五林邑傳、御覽卷七八六四夷部七林邑國作「哭至水次」。按，下文稱「歸則不哭」，以「哭」字文意勝。

〔四〕其象多陷　「象」，原作「衆」，據通典卷一六一兵一四因機設權、卷一八八邊防四林邑改。按，此句北史卷九五林邑傳作「其象陷」。

〔五〕其俗等皆穿耳剪髮　北史卷九五赤土傳、通典卷一八八邊防四赤土、御覽卷七八七四夷部八赤土引隋書、寰宇記卷一七七四夷六赤土國、册府卷九六〇外臣部土風、通志卷一九八四夷五赤土俱無「等」字，疑衍。

〔六〕亦以椰漿爲酒　「以」，原作「名」，據北史卷九五赤土傳、通志卷一九八四夷五赤土、册府卷九六〇外臣部土風改。

〔七〕金瓶八枚貯香水　「瓶」，原作「缾」，據至順本、汲本、殿本改。按，北史卷九五赤土傳作「金瓶二枚貯香水」。

〔八〕今是大國中人　「中人」，北史卷九五赤土傳、通志卷一九八四夷五赤土作「臣」。

〔九〕駿以六年春與那邪迦於弘農謁帝帝大悦　「帝」字原不重，據至順本、汲本補。按，北史卷九五赤土傳、通志卷一九八四夷五赤土亦重「帝」字。

〔一〇〕去日南郡舟行六十日而至南接車渠國　「至」字原闕，據北史卷九五真臘傳、通典卷一八八邊防四真臘、寰宇記卷一七七四夷六真臘國、通志卷一九八四夷五真臘補。

〔一一〕臣人服製　「人」，北史卷九五真臘傳、通志卷一九八四夷五真臘作「下」。

〔一二〕二曰高相憑　「高相憑」，北史卷九五真臘傳、通志卷一九八四夷五真臘作「相高憑」。

〔三〕三曰婆何多陵　「婆何多陵」，御覽卷七八六四夷部七真臘引隋書作「婆阿多陵」。

〔四〕五曰髯多婁　「髯多婁」，北史卷九五真臘傳、通志卷一九八四夷五真臘作「髯羅婁」。

〔五〕毒氣流行　御覽卷七八六四夷部七真臘引隋書「毒」下有「熱」字。

〔六〕大業十三年遣使貢獻　「十三年」，北史卷九五真臘傳作「十二年」。按，本書卷四煬帝紀下、北史卷一二隋本紀下煬帝紀，十二年二月真臘貢物，十三年不載真臘朝貢事。「十三」疑是「十二」之誤。

〔七〕護濫那婆　至順本作「藍護濫那婆」。

〔八〕自秦并二楚　「二」，北史卷九五「論曰」作「三」。按，三楚指東楚、西楚、南楚，説見史記卷一二九貨殖列傳，當以「三楚」是。

隋書卷八十三

列傳第四十八

西域

漢氏初開西域，有三十六國，其後分立五十五王，置校尉、都護以撫納之。王莽篡位，西域遂絶。至於後漢，班超所通者五十餘國，西至西海，東西四萬里，皆來朝貢，復置都護、校尉以相統攝。其後或絶或通，漢朝以爲勞弊中國，其官時廢時置。暨魏、晉之後，互相吞滅，不可詳焉。

煬帝時，遣侍御史韋節、司隸從事杜行滿使於西蕃諸國。至罽賓，得碼碯柸；王舍城，得佛經；史國，得十儛女、師子皮、火鼠毛而還。帝復令聞喜公裴矩於武威、張掖間往來以引致之。其有君長者四十四國。矩因其使者入朝，啗以厚利，令其轉相諷諭。大業年中，相率而來朝者三十餘國，帝因置西域校尉以應接之。尋屬中國大亂，朝貢遂絶。然事多亡失，今所存録者，二十國焉。

吐谷渾

吐谷渾，本遼西鮮卑徒河涉歸子也。初，涉歸有二子，庶長曰吐谷渾，少曰若洛廆。涉歸死，若洛廆代統部落，是爲慕容氏。吐谷渾與若洛廆不協，遂西度隴，止于甘松之南，洮水之西，南極白蘭山，數千里之地，其後遂以吐谷渾爲國氏焉。當魏、周之際，始稱可汗。都伏俟城，在青海西十五里。有城郭而不居，隨逐水草。官有王公、僕射、尚書、郎中、將軍。其主以皁爲帽，妻戴金花。其器械衣服略與中國同。其王公貴人多戴羃䍦，婦人裙襦辮髮，綴以珠貝。國無常税。殺人及盗馬者死，餘坐則徵物以贖罪。風俗頗同突厥。喪有服制，葬訖而除。性皆貪忍。有大麥、粟、豆。青海周迴千餘里，中有小山，其俗至冬輒放牝馬於其上，言得龍種。吐谷渾嘗得波斯草馬，放入海，因生驄駒，能日行千里，故時稱青海驄焉。多氂牛，饒銅、鐵、朱砂。地兼鄯善、且末。西北有流沙數百里，夏有熱風，傷斃行旅。風之將至，老駝預知之，則引項而鳴，聚立，以口鼻埋沙中。人見則知之，以氊擁蔽口鼻而避其患。

其主吕夸〔一〕，在周數爲邊寇，及開皇初，以兵侵弘州。高祖以弘州地曠人梗，因而廢之。遣上柱國元諧率步騎數萬擊之。賊悉發國中兵，自曼頭至於樹敦，甲騎不絶。其所署河西總管、定城王鍾利房及其太子可博汗，前後來拒戰。諧頻擊破之，俘斬甚衆。吕夸大懼，率其親兵遠遁。其名王十三人〔二〕，各率部落而降。上以其高寧王移茲裒素得衆心，拜爲大將軍，封河南王，以統降衆，自餘官賞各有差。未幾，復來寇邊，旭州刺史皮子信出兵拒戰，爲賊所敗，子信死之。汶州總管梁遠以鋭卒擊之，斬千餘級，奔退。俄而入寇廓州，州兵擊走之。

吕夸在位百年，屢因喜怒廢其太子而殺之。其後太子懼見廢辱，遂謀執吕夸而降，請兵於邊吏。秦州總管、河間王弘請將兵應之，上不許。太子謀洩，爲其父所殺，復立其少子嵬王訶爲太子。疊州刺史杜粲請因其釁而討之，上又不許。六年，嵬王訶復懼其父誅之，謀率部落萬五千人户將歸國，遣使詣闕，請兵迎接。上謂侍臣曰：「渾賊風俗，特異人倫，父既不慈，子復不孝。朕以德訓人，何有成其惡逆也！吾當教之以義方耳。」乃謂使者曰：「朕受命於天，撫育四海，望使一切生人皆以仁義相向。況父子天性，何得不相親愛也！吐谷渾主既是嵬王之父，嵬王是吐谷渾主太子，父有不是，子須陳諫。若諫而不從，當令近臣親戚内外諷諭。必不可，泣涕而道之。人皆有情，必當感悟。不可潛謀非法，受不孝之名。溥天之下，皆是朕臣妾，各爲善事，即稱朕心。嵬王既有好意，欲來投朕，朕唯教嵬王爲臣子之法，不可遠遣兵馬，助爲惡事。」嵬王乃止。八年，其名王拓拔木彌請以千餘家歸化。上曰：「溥天之下，皆曰朕臣，雖復荒遐，未識風教，朕之撫育，俱以仁孝爲本。渾賊惛狂，妻、子懷怖，並思歸化，自救危亡。然叛夫背父，不可收納。又其本意，正自避死，若今遣拒，又復不仁。若更有音信〔三〕，但宜慰撫，任其自拔，不須出兵馬應接之。其妹夫及甥欲來，亦任其意，不勞勸誘也。」是歲河南王移茲裒死，高祖令其弟樹歸襲統其衆。平陳之後，呂夸大懼，遁逃保險，不敢爲寇。

十一年，呂夸卒，子伏立〔四〕。使其兄子無素奉表稱藩，并獻方物，請以女備後庭。上謂滕王曰：「此非至誠，但急計耳。」乃謂無素曰：「朕知渾主欲令女事朕，若依來請，佗國聞之，便當相學。一許一塞，是謂不平。若並許之，又非好法。朕情存安養，欲令遂性，豈可聚斂子女以實後宮乎？」竟不許。十二年，遣刑部尚書宇文弼撫慰之。十六年，以光化公主妻伏，伏上表稱公主爲天后，上不許。

明年，其國大亂，國人殺伏，立其弟伏允爲主。使使陳廢立之事，并謝專命之罪，且請依俗尚主，上從之。自是朝貢歲至，而常訪國家消息，上甚惡之。

煬帝即位，伏允遣其子順來朝。時鐵勒犯塞，帝遣將軍馮孝慈出敦煌以禦之，孝慈戰不利。鐵勒遣使謝罪，請降，帝遣黄門侍郎裴矩慰撫之，諷令擊吐谷渾以自効。鐵勒許諾，即勒兵襲吐谷渾，大敗之。伏允東走，保西平境。帝復令觀王雄出澆河、許公宇文述出西平以掩之，大破其衆。伏允遁逃，部落來降者十萬餘口，六畜三十餘萬。述追之急，伏允懼，南遁於山谷間。其故地皆空，自西平臨羌城以西，且末以東，祁連以南，雪山以北，東西四千里，南北二千里，皆爲隋有。置郡縣鎮戍，發天下輕罪徙居之。於是留順不之遣。伏允無以自資，率其徒數千騎客於党項〔五〕。帝立順爲主，送出玉門，令統餘衆，以其大寶王尼洛周爲輔。至西平，其部下殺洛周，順不果入而還。大業末，天下亂，伏允復其故地，屢寇河右，郡縣不能禦焉。

党項

党項羌者，三苗之後也。其種有宕昌、白狼，皆自稱獼猴種。東接臨洮、西平，西拒葉護，南北數千里，處山谷間。每姓别爲部落，大者五千餘騎，小者千餘騎。織犛牛尾及羖䍽毛以爲屋。服裘褐，披氈以爲上飾。俗尚武力，無法令，各爲生業，有戰陣則相屯聚。無徭賦，不相往來。牧養犛牛、羊、猪以供食，不知稼穡。其俗婬穢蒸報，於諸夷中最爲甚。無文字，但候草木以記歲時。三年一聚會，殺牛羊以祭天。人年八十以上死者，以爲令終，親戚不哭。少而死者，則云夭枉〔六〕，共悲哭之。有琵琶、横吹，擊缶爲節。

魏、周之際，數來擾邊。高祖爲丞相時，中原多故，因此大爲寇掠。蔣公梁睿既平王謙，請因還師以討之，高祖不許。開皇四年，有千餘家歸化。五年，拓拔寧叢等各率衆詣旭州内附，授大將軍，其部下各有差。十六年，復寇會州，詔發隴西兵以討之，大破其衆。又相率請降，願爲臣妾，遣子弟入朝謝罪。高祖謂之曰：「還語爾父兄，人生須有定居，養老長幼。而乃乍還乍走，不羞鄉里邪！」自是朝貢不絶。

高昌

高昌國者，則漢車師前王庭也，去敦煌十三日行。其境東西三百里，南北五百里，四面多大山。昔漢武帝遣兵西討，師旅頓敝，其中尤困者因住焉。其地有漢時高昌壘，故以爲國號。初，蠕蠕立闞伯周爲高昌王〔七〕。伯周死，子義成立，爲從兄首歸所殺。首歸自立爲高昌王，又爲高車阿伏至羅所殺。以敦煌人張孟明爲主。孟明爲國人所殺，更以馬儒爲王，以鞏顧、麴嘉二人爲左右長史〔八〕。儒又通使後魏，請内屬。内屬人皆戀土，不願東遷〔九〕，相與殺儒，立嘉爲王。嘉字靈鳳，金城榆中人，既立，又臣于茹茹。及茹茹主爲高車所殺，嘉又臣于高車。屬焉耆爲挹怛所破，衆不能自統，請主於嘉。嘉遣其第二子爲焉耆王〔一〇〕，由是始大，益爲國人所服。嘉死，子堅立。

其都城周迴一千八百四十步，於坐室畫魯哀公問政於孔子之像。國内有城十八。官有令尹一人，次公二人，次左右衛，次八長史，次五將軍，次八司馬，次侍郎、校郎、主簿、從事、省事。大事決之於王，小事長子及公評斷，不立文記。男子胡服，婦人裙襦，頭上作髻。其風俗政令與華夏略同。地多石磧，氣候温暖，穀麥再熟，宜蠶，多五果。有草名爲羊刺，其上生蜜，而味甚佳。出赤鹽如朱，白鹽如玉。多蒲陶酒。俗事天神，兼信佛法。國中羊馬牧於隱僻之處，以避外寇，非貴人不知其所。北有赤石山，山北七十里有貪汗山〔一一〕，夏有積雪。此山之北，鐵勒界也。從武威西北，有捷路，度沙磧千餘里，四面茫然，無有蹊徑。欲往者，尋有人畜骸骨而去。路中或聞歌哭之聲，行人尋之，多致亡失，蓋魑魅魍魎也。故商客往來，多取伊吾路。

開皇十年，突厥破其四城，有二千人來歸中國。堅死，子伯雅立。其大母本突厥可汗女，其父死，突厥令依其俗，伯雅不從者久之。突厥逼之，不得已而從。煬帝嗣位，引致諸蕃。大業四年，遣使貢獻，帝待其使甚厚。明年，伯雅來朝。因從擊高麗，還尚宗女華容公主。八年冬歸蕃，下令國中曰：「夫經國字人，以保存爲貴，寧邦緝政，以全濟爲大。先者以國處邊荒，境連猛狄，同人無咎，被髮左衽。今大隋統御，宇宙平一，普天率土，莫不齊向。孤既沐浴和風，庶均大化，其庶人以上皆宜解辮削衽。」帝聞而甚善之，下詔曰：「彰德嘉善，聖哲所隆，顯誠遂良，典謨貽則。光祿大夫、弁國公、高昌王伯雅識量經遠，器懷温裕，丹款夙著，亮節遐宣。本自諸華，歷祚西壤，昔因多難，淪迫獯戎，數窮毁冕，翦爲胡服。自我皇隋平一宇宙，化偃九圍，德加四表。伯雅踰沙忘阻，奉賮來庭，觀禮容於舊章，慕威儀之盛典。於是襲纓解辮，削衽曳裾，變夷從夏，義光前載。可賜衣冠之具，仍班製造之式。并遣使人部領將送。被以采章，復見車服之美，棄彼氊毳，還爲冠帶之國。」然伯雅先臣鐵勒，而鐵勒恒遣重臣在高昌國，有商胡往來者，則稅之送於鐵勒。雖有此令取悅中華，然竟畏鐵勒而不敢改也。自是歲令使人貢其方物。

康國

康國者，康居之後也。遷徙無常，不恒故地，然自漢以來相承不絶。其王本姓温，月氏人也。舊居祁連山北昭武城，因被匈奴所破，西踰葱嶺，遂有其國。支庶各分王，故康國左右諸國並以昭武爲姓，示不忘本也。王字代失畢〔一二〕，爲人寬厚，甚得衆心。其妻突厥達度可汗女也。都於薩寶水上阿禄迪城。城多衆居〔一三〕。大臣三人共掌國事。其王索髮，冠七寶金花，衣綾羅錦繡白疊。其妻有髻，幪以皂巾。丈夫翦髮錦袍。名爲强國，而西域諸國多歸之。米國、史國、曹國、何國、安國、小安國、那色波國、烏那曷國、穆國皆歸附之。有胡律，置於祆祠，決罰則取而斷之。重罪者族，次重者死，賊盜截其足。

人皆深目高鼻，多鬚髯。善於商賈，諸夷交易多湊其國。有大小鼓、琵琶、五絃、箜篌、笛。婚姻喪制與突厥同。國立祖廟，以六月祭之，諸國皆來助祭。俗奉佛，爲胡書。氣候温，宜五穀，勤修園蔬，樹木滋茂。出馬、駝、騾、驢、封牛、黄金、鐃沙、䞥香、阿薩那香、瑟瑟、麖皮〔一四〕、氍毹、錦疊。多蒲陶酒，富家或致千石，連年不敗。

大業中，始遣使貢方物，後遂絶焉。

安國

安國，漢時安息國也。王姓昭武氏，與康國王同族，字設力登〔一五〕。妻，康國王女也。都在那密水南，城有五重，環以流水。宮殿皆爲平頭。王坐金駝座，高七八尺。每聽政，與妻相對，大臣三人評理國事。風俗同於康國，唯妻其姊妹〔一六〕，及母子遞相禽獸，此爲異也。煬帝即位之後，遣司隸從事杜行滿使於西域，至其國，得五色鹽而返。國之西百餘里有畢國，可千餘家。其國無君長，安國統之。大業五年，遣使貢獻，後遂絶焉。

石國

石國，居於藥殺水，都城方十餘里。其王姓石，名涅。國城之東南立屋，置座於中，正月六日、七月十五日以王父母燒餘之骨，金甕盛之，置于牀上，巡遶而行，散以花香雜果，王率臣下設祭焉。禮終，王與夫人出就別帳，臣下以次列坐，享宴而罷。有粟麥，多良馬。其俗善戰，曾貳於突厥，射匱可汗興兵滅之，令特勤甸職攝其國事〔一七〕。南去鏺汗六百里，東南去瓜州六千里。

甸職以大業五年遣使朝貢，其後不復至。

女國

女國，在葱嶺之南，其國代以女爲王。王姓蘇毗，字末羯，在位二十年。女王之夫，號曰金聚，不知政事。國内丈夫唯以征伐爲務。山上爲城，方五六里，人有萬家。王居九層之樓，侍女數百人，五日一聽朝。復有小女王，共知國政。

其俗貴婦人，輕丈夫〔一八〕，而性不妬忌。男女皆以彩色塗面，一日之中，或數度變改之。人皆被髮〔一九〕，以皮爲鞋，課税無常。氣候多寒，以射獵爲業。出鍮石、朱砂、麝香、犛牛、駿馬、蜀馬。尤多鹽，恒將鹽向天竺興販，其利數倍。亦數與天竺及党項戰爭。其女王死，國中則厚斂金錢，求死者族中之賢女二人，一爲女王，次爲小王。貴人死，剥取皮，以金屑和骨肉置於瓶内而埋之。經一年，又以其皮内於鐵器埋之。俗事阿脩羅神，又有樹神，歲初以人祭，或用獼猴。祭畢，入山祝之，有一鳥如雌雉，來集掌上，破其腹而視之，有粟則年豐，沙石則有災，謂之鳥卜。

開皇六年，遣使朝貢，其後遂絶。

焉耆

焉耆國，都白山之南七十里，漢時舊國也。其王姓龍，字突騎。都城方二里。國内有九城，勝兵千餘人。國無綱維。其俗奉佛，書類婆羅門。婚姻之禮有同華夏。死者焚之，持服七日。男子剪髮。有魚鹽蒲葦之利。東去高昌九百里，西去龜茲九百里，皆沙磧。東南去瓜州二千二百里。大業中，遣使貢方物。

龜茲

龜茲國，都白山之南百七十里，漢時舊國也。其王姓白，字蘇尼咥。都城方六里。勝兵者數千。俗殺人者死，劫賊斷其一臂，并刖一足。俗與焉耆同。王頭繫綵帶，垂之於後，坐金師子座。土多稻、粟、菽、麥，饒銅、鐵、鉛、麖皮、氍毹、鐃沙、鹽綠、雌黄、胡粉、安息香、良馬、封牛。東去焉耆九百里，南去于闐千四百里，西去疏勒千五百里，西北去突厥牙六百餘里，東南去瓜州三千一百里〔二〇〕。大業中，遣使貢方物。

疏勒

疏勒國，都白山南百餘里，漢時舊國也。其王字阿彌厥〔二一〕，手足皆六指。産子非六指者，即不育。都城方五里。國内有大城十二，小城數十，勝兵者二千人。王戴金師子冠。土多稻、粟、麻、麥、銅、鐵、錦、雌黃〔二二〕，每歲常供送於突厥。南有黃河，西帶葱嶺，東去龜茲千五百里，西去䥐汗國千里，南去朱俱波八九百里，東北去突厥牙千餘里，東南去瓜州四千六百里。大業中，遣使貢方物。

于闐

于闐國，都葱嶺之北二百餘里。其王姓王，字卑示閉練〔二三〕。都城方八九里。國中大城有五，小城數十，勝兵者數千人。俗奉佛，尤多僧尼，王每持齋戒。城南五十里有贊摩寺者，云是羅漢比丘比盧旃所造，石上有辟支佛徒跣之跡。于闐西五百里有比摩寺，云是老子化胡成佛之所。俗無禮義，多賊盜淫縱。王錦帽，金鼠冠，妻戴金花。其王髮不令人見。俗云，若見王髮，年必儉。土多麻、麥、粟、稻、五果，多園林，山多美玉。東去鄯善千五百里，南去女國三千里，西去朱俱波千里，北去龜茲千四百里，東北去瓜州二千八百里〔二四〕。大業中，頻遣使朝貢。

䥐汗

鏺汗國，都葱嶺之西五百餘里，古渠搜國也。王姓昭武，字阿利柒。都城方四里。勝兵數千人。王坐金羊牀，妻戴金花。俗多朱砂、金、鐵。東去疏勒千里，西去蘇對沙那國五百里，西北去石國五百里，東北去突厥牙二千餘里，東去瓜州五千五百里。大業中，遣使貢方物。

吐火羅

吐火羅國，都葱嶺西五百里，與挹怛雜居。都城方二里。勝兵者十萬人，皆習戰。其俗奉佛。兄弟同一妻，迭寢焉，每一人入房，户外挂其衣以爲志。生子屬其長兄。其山穴中有神馬，每歲牧牝馬於穴所，必産名駒。南去漕國千七百里，東去瓜州五千八百里。大業中，遣使朝貢。

挹怛

挹怛國，都烏滸水南二百餘里，大月氏之種類也。勝兵者五六千人。俗善戰。先時國亂，突厥遣通設字詰强領其國。都城方十餘里。多寺塔，皆飾以金。兄弟同妻。婦人有一夫者，冠一角帽，夫兄弟多者，依其數爲角。南去漕國千五百里〔二五〕，東去瓜州六千五百里。大業中，遣使貢方物。

米國

米國，都那密水西，舊康居之地也。無王。其城主姓昭武，康國王之支庶，字閉拙。都城方二里。勝兵數百人。西北去康國百里，東去蘇對沙那國五百里，西南去史國二百里，東去瓜州六千四百里。大業中，頻貢方物。

史國

史國，都獨莫水南十里，舊康居之地也。其王姓昭武，字逖遮，亦康國王之支庶也。都城方二里。勝兵千餘人。俗同康國。北去康國二百四十里，南去吐火羅五百里，西去那色波國二百里，東北去米國二百里，東去瓜州六千五百里。大業中，遣使貢方物。

曹國

曹國，都那密水南數里，舊是康居之地也。國無主，康國王令子烏建領之。都城方三里。勝兵千餘人。國中有得悉神，自西海以東諸國並敬事之。其神有金人焉，金破羅闊丈有五尺，高下相稱。每日以駝五頭、馬十匹、羊一百口祭之，常有千人食之不盡。東南去康國百里，西去何國百五十里，東去瓜州六千六百里。大業中，遣使貢方物。

何國

何國，都那密水南數里，舊是康居之地也。其王姓昭武，亦康國王之族類，字敦。都城方二里。勝兵千人。其王坐金羊座。東去曹國百五十里，西去小安國三百里，東去瓜州六千七百五十里。大業中，遣使貢方物。

烏那曷

烏那曷國，都烏滸水西，舊安息之地也。王姓昭武，亦康國種類〔二六〕，字佛食。都城方二里。勝兵數百人。王坐金羊座。東北去安國四百里，西北去穆國二百餘里，東去瓜州七千五百里。大業中，遣使貢方物。

穆國

穆國，都烏滸河之西，亦安息之故地，與烏那曷爲鄰。其王姓昭武，亦康國王之種類也，字阿濫密。都城方三里。勝兵二千人。東北去安國五百里，東去烏那曷二百餘里，西去波斯國四千餘里，東去瓜州七千七百里。大業中，遣使貢方物。

波斯

波斯國，都達曷水之西蘇藺城，即條支之故地也〔二七〕。其王字庫薩和。都城方十餘里。勝兵二萬餘人，乘象而戰。國無死刑，或斷手刖足，没家財，或剃去其鬚，或繫排於項，以爲標異。人年三歲已上，出口錢四文。妻其姊妹。人死者，棄屍于山，持服一月。王著金花冠，坐金師子座，傅金屑於鬚上以爲飾。衣錦袍，加瓔珞於其上。土多良馬，大驢，師子，白象，大鳥卵，真珠，頗黎，獸魄，珊瑚，瑠璃，碼碯，水精，瑟瑟，呼洛羯，呂騰，火齊，金剛，金，銀，鍮石〔二八〕，銅，鑌鐵，錫，錦疊，細布，氍㲣，毾㲪，護那，越諾布，檀，金縷織成，赤麖皮，朱沙，水銀，薰陸、鬱金、蘇合、青木等諸香，胡椒，畢撥，石蜜，半蜜，千年棗，附子〔二九〕，訶黎勒，無食子，鹽緑，雌黄。突厥不能至其國，亦羈縻之。波斯每遣使貢獻。西去海數百里，東去穆國四千餘里，西北去拂菻四千五百里，東去瓜州萬一千七百里。煬帝遣雲騎尉李昱使通波斯，尋遣使隨昱貢方物。

漕國

漕國，在葱嶺之北〔三〇〕，漢時罽賓國也。其王姓昭武，字順達，康國王之宗族。都城方四里。勝兵者萬餘人。國法嚴整，殺人及賊盜皆死。其俗淫祠。葱嶺山有順天神者，儀制極華，金銀鍱爲屋，以銀爲地，祠者日有千餘人。祠前有一魚脊骨，其孔中通，馬騎出入。國王戴金魚頭冠〔三一〕，坐金馬座。土多稻、粟、豆、麥；饒象，馬，封牛，金，銀，鑌鐵，氍㲣，朱砂，青黛，安息、青木等香，石蜜，半蜜，黑鹽，阿魏，没藥〔三二〕，白附子。北去帆延七百里，東去刦國六百里〔三三〕，東北去瓜州六千六百里。大業中，遣使貢方物。

附國

附國者，蜀郡西北二千餘里，即漢之西南夷也。有嘉良夷，即其東部，所居種姓自相率領，土俗與附國同，言語少殊，不相統一。其人並無姓氏。附國王字宜繒。其國南北八百里，東南千五百里，無城柵，近川谷，傍山險。俗好復讎，故壘石爲礫而居，以避其患。其礫高至十餘丈，下至五六丈，每級丈餘，以木隔之。基方三四步，礫上方二三步，狀似浮圖。於下級開小門，從內上通，夜必關閉，以防賊盜。國有二萬餘家，號令自王出。嘉良夷政令繫之酋帥，重罪者死，輕刑罰牛〔三四〕。

人皆輕捷，便於擊劍。漆皮爲牟甲，弓長六尺，以竹爲弦〔三五〕。妻其羣母及嫂，兒弟死，父兄亦納其妻。好歌儛，鼓簧，吹長笛〔三六〕。有死者，無服制，置屍高牀之上，沐浴衣服，被以牟甲，覆以獸皮。子孫不哭，帶甲儛劍而呼云：「我父爲鬼所取，我欲報冤殺鬼。」自餘親戚哭三聲而止。婦人哭，必以兩手掩面。死家殺牛，親屬以猪酒相遺，共飲噉而瘞之。死後十年而大葬〔三七〕，其葬必集親賓，殺馬動至數十匹。立其祖父神而事之。其俗以皮爲帽，形圓如鉢，或帶羃䍦。衣多毛毼皮裘，全剥牛脚皮爲靴。項繫鐵鎖，手貫鐵釧。王與酋帥，金爲首飾，胸前懸一金花，徑三寸。其土高，氣候涼，多風少雨。土宜小麥、青稞〔三八〕。山出金、銀，多白雉。水有嘉魚，長四尺而鱗細。

大業四年，其王遣使素福等八人入朝。明年，又遣其弟子宜林率嘉良夷六十人朝貢。欲獻良馬，以路險不通，請開山道以脩職貢。煬帝以勞人不許。

嘉良有水，闊六七十丈，附國有水，闊百餘丈，並南流，用皮爲舟而濟。

附國南有薄緣夷，風俗亦同。西有女國。其東北連山，緜亘數千里，接於党項。往往有羌：大、小左封，昔衞，葛延，白狗，向人，望族，林臺，春桑，利豆，迷桑，婢藥，大硤，白蘭，叱利摸徒〔三九〕，那鄂，當迷，渠步，桑悟，千碉，並在深山窮谷，無大君長。其風俗略同於党項，或役屬吐谷渾，或附附國。

大業中，來朝貢。緣西南邊置諸道總管，以遥管之。

史臣曰：自古開遠夷，通絶域，必因宏放之主，皆起好事之臣。張騫鑿空於前，班超投筆於後，或結之以重寶，或懾之以利劍，投軀萬死之地，以要一旦之功，皆由主尚來遠之名，臣殉輕生之節。是知上之所好，下必有甚者也。煬帝規摹宏侈，掩吞秦、漢，裴矩方進西域圖記以蕩其心，故萬乘親出玉門關，置伊吾、且末〔四〇〕，而關右暨於流沙，騷然無聊生矣。若使北狄無虞，東夷告捷，必將修輪臺之戍，築烏壘之城，求大秦之明珠，致條支之鳥卵，往來轉輸，將何以堪其弊哉！古者哲王之制，方五千里，務安諸夏，不事要荒。豈威不能加，德不能被？蓋不以四夷勞中國，不以無用害有用也。是以秦戍五嶺，漢事三邊，或道殣相望，或户口減半。隋室恃其强盛，亦狼狽於青海〔四一〕。此皆一人失其道，故億兆羅其毒。若深思即敍之義，固辭都護之請，返其千里之馬，不求白狼之貢，則七戎九夷，候風重譯，雖無遼東之捷，豈及江都之禍乎！

校勘記

〔一〕其主呂夸　「呂夸」，周書卷五〇異域下吐谷渾傳、北史卷九六吐谷渾傳、通典卷一九〇邊防六吐谷渾、册府卷九六七外臣部繼襲、通鑑卷一五八梁紀一四武帝大同六年及以下、通志卷一九五四夷二吐谷渾作「夸呂」。

〔二〕其名王十三人　疑「名王」下奪「十七人公侯」五字。按，本書卷四〇元諧傳、北史卷七三元諧傳、册府卷四二六將帥部招降作「名王十七人公侯十三人」。通鑑卷一七五陳紀九宣帝太建十三年通計名王、公侯之數，作「王侯三十人」，可證。

〔三〕若更有音信　「音」，原作「意」，據北史卷九六吐谷渾傳、通鑑卷一七六陳紀一〇長城公禎明二年改。

〔四〕子伏立　「伏」，北史卷九六吐谷渾傳、册府卷九六七外臣部繼襲、通鑑卷一七七隋紀一文帝開皇十一年、通志卷一九五四夷二吐谷渾作「世伏」。此蓋避唐諱闕「世」字。下同，不另出校。

〔五〕率其徒數千騎客於党項　「數」，北監本、汲本、殿本作「二」。

〔六〕則云夭枉　「夭」，原作「大」，據御覽卷七九五四夷部一六党項引隋書改。按，北史卷九六党項傳、舊唐書卷一九八西戎党項羌傳、唐會要卷九八党項、新唐書卷二二一上西域上党項傳俱作「夭枉」，可證。

〔七〕蠕蠕立闞伯周爲高昌王　「蠕蠕」，本卷下文作「茹茹」，或涉史源不同而同名異譯。

〔八〕以鞏顧麴嘉二人爲左右長史　「鞏顧」，北史卷九七西域高昌傳、通志卷一九六四夷三車師作「鞏顧禮」。

〔九〕儒又通使後魏請内屬内屬人皆戀土不願東遷　通典卷一九一邊防七高昌、册府卷九六六外臣部繼襲與隋書措詞全同，惟「内屬」二字不重出，疑後「内屬」爲衍文。北史卷九七西域高昌傳、通志卷一九六四夷三車師作「高昌舊人情戀本土不願東遷」。

〔一〇〕嘉遣其第二子爲焉耆王　「王」，原作「主」，據宋乙本、北監本、汲本、殿本改。按，北史卷九七西域高昌傳載，前部胡人徙居焉耆，被嚈噠所破，「國人分散，衆不自立，請王於嘉。嘉遣第二子爲焉耆王以主之」，可證。

〔一一〕貪汗山　原作「貪污山」，宋乙本、至順本作「貪汙山」，本書卷八四北狄鐵勒傳、北史卷九七西域高昌傳、通典卷一九一邊防七高昌作「貪汗山」，今據改。

〔一二〕王字代失畢　「代失畢」，北史卷九七西域康國傳、通志卷一九六四夷三康居作「世夫畢」。「代」字或避唐諱改。「失」、「夫」形近，姑存疑。

〔三〕都於薩寶水上阿祿迪城城多衆居　「阿祿迪城」，御覽卷七九三四夷部一四康國引隋書作「阿祿連城」。「城多衆居」頗費解。北史卷九七西域康國傳作「多人居」，通典卷一九三邊防九康居、寰宇記卷一八三四夷一二康居國、通志卷一九六四夷三康居、通考卷三三八四裔考一五康居俱無此四字。

〔四〕麕皮　北史卷九七西域康國傳、通志卷一九六四夷三康居作「麞皮」。

〔五〕字設力登　「設力登」，北史卷九七西域安國傳、通志卷一九六四夷三安息作「設力」。

〔六〕唯妻其姊妹　「其」，原作「與」，據宋乙本、至順本改。按，北史卷九七西域安國傳、通典卷一九二邊防八安息亦作「其」。

〔七〕令特勤甸職攝其國事　「甸職」，新唐書卷二二一下西域下康傳作「匐職」。

〔八〕其俗貴婦人輕丈夫　「貴」字原闕，據通典卷一九三邊防九女國、通志卷一九六四夷三女國補。

〔九〕人皆被髮　通典卷一九三邊防九女國、通志卷一九六四夷三女國作「男子皆被髮婦人辮髮而縈之」。

〔一〇〕東南去瓜州三千一百里　「東南去」，原作「東去南」，據北監本、汲本、殿本改。按，北史卷九七西域龜茲傳亦作「東南去」。

〔一一〕其王字阿彌厥　「阿彌厥」，御覽卷七九三四夷部一四疏勒引隋書作「阿你厥」。

〔三〕土多稻粟麻麥銅鐵錦雌黄　「錦」，北史卷九七西域疏勒傳作「錫」，御覽卷七九三四夷部一四疏勒引隋書作「銀」。

〔三〕字卑示閉練　「卑示閉練」，北史卷九七西域于闐傳、御覽卷七九二四夷部一三于闐引北史作「早示門練」。

〔四〕東北去瓜州二千八百里　「二」，至順本作「三」。

〔五〕南去漕國千五百里　「去」字原闕，據宋乙本、至順本、北監本、汲本、殿本補。

〔六〕亦康國種類　北史卷九七西域烏那遏傳、通志卷一九六四夷三烏那遏「國」下有「王」字。按，本卷安國傳「王姓昭武氏，與康國王同族」，史國傳「其王姓昭武，字逖遮，亦康國王之支庶也」，米國傳「其城主姓昭武，康國王之支庶」，何國傳「其王姓昭武，亦康國王之族類」，穆國傳「其王姓昭武，亦康國王之種類也」。以彼例此，疑「康國」下奪「王」字。

〔七〕都達曷水之西蘇藺城即條支之故地也　通典卷一九三邊防九波斯云「在達曷水之西，都宿利城」（通志卷一九六四夷三波斯同）。杜佑自注：「後周史云蘇利城，隋史云蘇藺城，記録音訛，其實一也。」一稱波斯國在達曷水西，一謂國都蘇藺城在達曷水西。

〔八〕鍮石　原作「瑜石」，據宋乙本、汲本、殿本改。

〔九〕附子　北史卷九七西域波斯傳、通典卷一九三邊防九波斯、舊唐書卷一九八西戎波斯傳、通志卷一九六四夷三波斯作「香附子」。

〔二〇〕在葱嶺之北　「北」，通典卷一九二邊防八罽賓作「西南」，新唐書卷二二一上西域上罽賓傳：「罽賓，隋漕國也，居葱嶺南。」與隋時漕國實際方位合。

〔二一〕國王戴金魚頭冠　「魚」，北史卷九七西域漕國傳、御覽卷七九六四夷部一七漕國引北史、通志卷一九六四夷三罽賓作「牛」。

〔二二〕阿魏没藥　「没」字原闕，據北史卷九七西域漕國傳、通典卷一九三邊防九漕國、通志卷一九六四夷三罽賓補。

〔二三〕東去刦國六百里　「東去」，原作「東北」，據宋乙本、至順本、南監本改。按，北史卷九七西域漕國傳正作「東去」。北監本、殿本作「東北去」。

〔二四〕輕刑罰牛　「刑」，宋乙本、至順本、南監本、北監本、汲本、殿本作「罪」。

〔二五〕以竹爲弦　「弦」，北史卷九七西域附國傳、通志卷一九七四夷四附國作「箭」。

〔二六〕吹長笛　「笛」，北史卷九七西域附國傳、通志卷一九七四夷四附國作「角」。

〔二七〕死後十年而大葬　「十年」，北史卷九七西域附國傳作「一年」，御覽卷七八八四夷部九附國引隋書作「十日」。「大」，册府卷九六一外臣部土風作「火」。

〔二八〕青穄　「穄」，北史卷九七西域附國傳、通志卷一九七四夷四附國作「稞」。通典卷一八七邊防三附國、御覽卷七八八四夷部九附國引隋書作「科」。

〔二九〕叱利摸徒　原作「北利摸徒」，據通典卷一九〇邊防六白蘭、通志卷一九五四夷二白蘭改。參見顧頡剛白蘭考。

〔四〇〕置伊吾且末　北史卷九七西域傳論作「且末鎮」，通典卷一九三邊防九魏徵論、御覽卷七九二四夷部一三總序西戎引魏徵西戎論「且末」下有「郡」字。

〔四一〕亦狼狽於青海　「青海」，原作「清海」，據北史卷九七西域傳論、通典卷一九三邊防九魏徵論、御覽卷七九二四夷部一三總序西戎引魏徵西戎論改。

隋書卷八十四

列傳第四十九

北狄

突厥

突厥之先，平涼雜胡也，姓阿史那氏。後魏太武滅沮渠氏，阿史那以五百家奔茹茹，世居金山，工於鐵作。金山狀如兜鍪，俗呼兜鍪爲「突厥」，因以爲號。或云，其先國於西海之上，爲鄰國所滅，男女無少長盡殺之。至一兒，不忍殺，刖足斷臂，棄於大澤中。有一牝狼，每啣肉至其所，此兒因食之，得以不死。其後遂與狼交，狼有孕焉。彼鄰國者，復令人殺此兒，而狼在其側。使者將殺之，其狼若爲神所憑，欻然至於海東，止於山上。其山在高昌西北，下有洞穴，狼入其中，遇得平壤茂草，地方二百餘里。其後狼生十男，其一姓阿史那氏，最賢，遂爲君長，故牙門建狼頭纛，示不忘本也。

有阿賢設者，率部落出於穴中，世臣茹茹。至大葉護，種類漸强。當後魏之末，有伊利可汗，以兵擊鐵勒，大敗之，降五萬餘家，遂求婚於茹茹。茹茹主阿那瓌大怒，遣使罵之。伊利斬其使，率衆襲茹茹，破之。卒，弟逸可汗立〔一〕，又破茹茹。病且卒，捨其子攝圖，立其弟俟斗〔二〕，稱爲木杆可汗。木杆勇而多智，遂擊茹茹，滅之，西破挹怛，東走契丹，北方戎狄悉歸之，抗衡中夏。後與西魏師入侵東魏，至于太原。

其俗畜牧爲事，隨逐水草，不恒厥處。穹廬氈帳，被髮左衽，食肉飲酪，身衣裘褐，賤老貴壯。官有葉護，次設，次特勤〔三〕，次俟利發，次吐屯發，下至小官，凡二十八等，皆世爲之。有角弓、鳴鏑、甲、矟、刀、劍。善騎射，性殘忍。無文字，刻木爲契。候月將滿，輒爲寇抄。謀反叛殺人者皆死，淫者割勢而腰斬之。鬬傷人目者償之以女，無女則輸婦財，折支體者輸馬，盜者則償贓十倍。有死者，停屍帳中，家人親屬多殺羊馬而祭之〔四〕，遶帳號呼，以刀劃面，血淚交下，七度而止。於是擇日置屍馬上而焚之，取灰而葬。表木爲塋，立屋，其中圖畫死者形儀及其生時所經戰陣之狀。嘗殺一人，則立一石，有至千百者。父兄死，子弟妻其羣母及嫂。五月中，多殺羊馬以祭天。男子好樗蒲，女子踏鞠，飲馬酪取醉，歌呼相對。敬鬼神，信巫覡，重兵死而恥病終，大抵與匈奴同俗。

木杆在位二十年，卒，復捨其子大邏便而立其弟，是爲佗鉢可汗。佗鉢以攝圖爲爾伏可汗，統其東面，又以其弟褥但可汗子爲步離可汗，居西方。時佗鉢控弦數十萬，中國憚之，周、齊爭結姻好，傾府藏以事之。佗鉢益驕，每謂其下曰：「我在南兩兒常孝順，何患貧也！」齊有沙門惠琳，被掠入突厥中，因謂佗鉢曰：「齊國富强者，爲有佛法耳。」遂説以因緣果報之事。佗鉢聞而信之，建一伽藍，遣使聘于齊氏，求淨名、涅槃、華嚴等經，并十誦律。佗鉢亦躬自齋戒，遶塔行道，恨不生内地。在位十年，病且卒，謂其子菴羅曰：「吾聞親莫過於父子。吾兄不親其子，委位於我〔五〕。我死，汝當避大邏便也。」及佗鉢卒，國中將立大邏便，以其母賤，衆不服。菴羅母貴，突厥素重之。攝圖最後至，謂國中曰：「若立菴羅者，我當率兄弟以事之；如立大邏便，我必守境，利刃長矛以相待矣。」攝圖長而且雄，國人皆憚，莫敢拒者，竟立菴羅爲嗣。大邏便不得立，心不服菴羅，每遣人罵辱之。菴羅不能制，因以國讓攝圖。國中相與議曰：「四可汗之子，攝圖最賢。」因迎立之，號伊利俱盧設莫何始波羅可汗，一號沙鉢略。治都斤山。菴羅降居獨洛水，稱第二可汗。大邏便乃請沙鉢略曰：「我與爾俱可汗子，各承父後。爾今極尊，我獨無位，何也？」沙鉢略患之，以爲阿波可汗，還領所部。

沙鉢略勇而得衆，北夷皆歸附之。及高祖受禪，待之甚薄，北夷大怨。會營州刺史高寶寧作亂，沙鉢略與之合軍，攻陷臨渝鎮。上勑緣邊修保鄣，峻長城，以備之，仍命重將出鎮幽、并。沙鉢略妻，宇文氏之女，曰千金公主，自傷宗祀絶滅，每懷復隋之志，日夜言之於沙鉢略。由是悉衆爲寇，控弦之士四十萬。上令柱國馮昱屯乙弗泊，蘭州總管叱李長叉守臨洮，上柱國李崇屯幽州，達奚長儒據周槃，皆爲虜所敗。於是縱兵自木硤、石門兩道來寇，武威、天水、安定、金城、上郡、弘化、延安六畜咸盡。天子震怒，下詔曰：

往者魏道衰弊，禍難相尋，周、齊抗衡，分割諸夏。突厥之虜，俱通二國。周人東慮，恐齊好之深，齊氏西虞，懼周交之厚。謂虜意輕重，國逐安危〔六〕，非徒並有大敵之憂，思減一邊之防。竭生民之力，供其來往，傾府庫之財，棄於沙漠，華夏之地，實爲勞擾。猶復劫剥烽戍，殺害吏民，無歲月而不有也。惡積禍盈，非止今日。

朕受天明命，子育萬方，愍臣下之勞，除既往之弊。以爲厚斂兆庶，多惠豺狼，未嘗感恩，資而爲賊，違天地之意，非帝王之道。節之以禮，不爲虚費，省徭薄賦，國用有餘。因入賊之物，加賜將士，息道路之民，務於耕織。清邊制勝，成策在心。凶醜愚闇，未知深旨，將大定之日，比戰國之時，乘昔世之驕，結今時之恨。近者盡其巢窟，俱犯北邊，朕分置軍旅，所在邀截，望其深入，一舉滅之。而遠鎮偏師，逢而摧翦，未及南上，遽已奔北，應弦染鍔，過半不歸。且彼渠帥，其數凡五，昆季爭長，父叔相猜，外示彌縫，内乖心腹，世行暴虐，家法殘忍。東夷諸國，盡挾私讎，西戎羣長，皆有宿怨。突厥之北，契丹之徒〔七〕，切齒磨牙，常伺其便。達頭前攻酒泉，其後于闐、波斯、挹怛三國一時即叛。沙鉢略近趣周槃，其部内薄孤、東紇羅尋亦翻動。往年利稽察大爲高麗、靺鞨所破〔八〕，娑毗設又爲紇支可汗所殺。與其爲鄰，皆願誅剿〔九〕。部落之下，盡異純民，千種萬類，仇敵怨偶，泣血拊心，銜悲積恨。圓首方足，皆人類也，有一於此，更切朕懷。

彼地咎徵祆作，年將一紀，乃獸爲人語，人作神言，云其國亡，訖而不見。每冬雷震，觸地火生，種類資給，惟藉水草。去歲四時，竟無雨雪，川枯蝗暴，卉木燒盡，飢疫死亡，人畜相半。舊居之所，赤地無依，遷徙漠南，偷存晷刻。斯蓋上天所忿，驅就齊斧，幽明合契，今也其時。故選將治兵，贏糧聚甲，義士奮發，壯夫肆憤，願取名王之首，思撻單于之背，雲歸霧集，不可數也。東極滄海，西盡流沙，縱百勝之兵，横萬里之衆〔一〇〕，亘朔野之追躡，望天崖而一掃。此則王恢所説，其猶射癰，何敵能當，何遠不服！

但皇王舊迹，北止幽都，荒遐之表，文軌所棄。得其地不可而居，得其民不忍皆殺，無勞兵革，遠規溟海。諸將今行，義兼含育，有降者納，有違者死。異域殊方，被其擁抑〔一一〕，放聽復舊。廣闢邊境，嚴治關塞，使其不敢南望，永服威刑。卧鼓息烽，暫勞終逸，制御夷狄，義在斯乎！何用侍子之朝，寧勞渭橋之拜。普告海內，知朕意焉。

於是以河間王弘、上柱國豆盧勣、竇榮定、左僕射高熲、右僕射虞慶則並爲元帥，出塞擊之。沙鉢略率阿波、貪汗二可汗等來拒戰，皆敗走遁去。時虜飢甚，不能得食，於是粉骨爲糧，又多災疫，死者極衆。

既而沙鉢略以阿波驍悍，忌之，因其先歸，襲擊其部，大破之，殺阿波之母。阿波還無所歸，西奔達頭可汗。達頭者，名玷厥，沙鉢略之從父也，舊爲西面可汗。既而大怒，遣阿波率兵而東，其部落歸之者將十萬騎，遂與沙鉢略相攻。又有貪汗可汗，素睦於阿波，沙鉢略奪其衆而廢之，貪汗亡奔達頭。沙鉢略從弟地勤察别統部落，與沙鉢略有隙，復以衆叛歸阿波。連兵不已，各遣使詣闕，請和求援，上皆不許。

會千金公主上書，請爲一子之例，高祖遣開府徐平和使於沙鉢略。晉王廣時鎮并州，請因其釁而乘之，上不許。沙鉢略遣使致書曰：「辰年九月十日，從天生大突厥天下賢聖天子、伊利俱盧設莫何始波羅可汗致書大隋皇帝：使人開府徐平和至，辱告言語，具聞也。皇帝是婦父，即是翁，此是女夫，即是兒例。兩境雖殊，情義是一。今重疊親舊，子子孫孫，乃至萬世不斷，上天爲證，終不違負。此國所有羊馬，都是皇帝畜生，彼有繒綵，都是此物，彼此有何異也！」高祖報書曰：「大隋天子貽書大突厥乙利俱盧設莫何沙鉢略可汗〔一二〕：得書，知大有好心向此也。既是沙鉢略婦翁，今日看沙鉢略共兒子不異。既以親舊厚意，常使之外，今特別遣大臣虞慶則往彼看女，復看沙鉢略也。」沙鉢略陳兵，列其寶物，坐見慶則，稱病不能起，且曰：「我父伯以來，不向人拜。」慶則責而喻之。千金公主私謂慶則曰：「可汗豺狼性，過與爭，將齧人。」長孫晟説諭之，攝圖辭屈，乃頓顙跪受璽書，以戴於首。既而大慙，其羣下因相聚慟哭。慶則又遣稱臣，沙鉢略謂其屬曰：「何名爲臣？」報曰：「隋國稱臣，猶此稱奴耳。」沙鉢略曰：「得作大隋天子奴，虞僕射之力也。」贈慶則馬千匹，并以從妹妻之〔一三〕。

時沙鉢略既爲達頭所困，又東畏契丹，遣使告急，請將部落度漠南，寄居白道川内，有詔許之。詔晉王廣以兵援之，給以衣食，賜以車服鼓吹。沙鉢略因西擊阿波，破擒之。而阿拔國部落乘虛掠其妻子。官軍爲擊阿拔，敗之，所獲悉與沙鉢略。沙鉢略大喜，乃立約，以磧爲界，因上表曰：

大突厥伊利俱盧設始波羅莫何可汗臣攝圖言：大使尚書右僕射虞慶則至，伏奉詔書，兼宣慈旨，仰惟恩信之著，逾久愈明，徒知負荷，不能答謝。伏惟大隋皇帝之有四海，上契天心，下順民望，二儀之所覆載，七曜之所照臨，莫不委質來賓，回首面内。實萬世之一聖，千年之一期，求之古昔，未始聞也。

突厥自天置以來，五十餘載，保有沙漠，自王蕃隅。地過萬里，士馬億數，恒力兼戎夷，抗禮華夏，在於北狄，莫與爲大。頃者氣候清和，風雲順序，意以華夏其有大聖興焉。況今被霑德義，仁化所及，禮讓之風，自朝滿野。竊以天無二日，土無二王，伏惟大隋皇帝，真皇帝也。豈敢阻兵恃險，偷竊名號，今便感慕淳風，歸心有道，屈膝稽顙，永爲藩附。雖復南瞻魏闕，山川悠遠，北面之禮，不敢廢失。當令侍子入朝〔一四〕，神馬歲貢，朝夕恭承，唯命是視。至於削衽解辮，革音從律，習俗已久，未能改變。闔國同心，無不銜荷，不任下情欣慕之至。謹遣第七兒臣窟含真等奉表以聞〔一五〕。

高祖下詔曰：「沙鉢略稱雄漠北，多歷世年，百蠻之大，莫過於此。往雖與和，猶是二國，今作君臣，便成一體。情深義厚，朕甚嘉之。荷天之休，海外有截，豈朕薄德所能致此！已勑有司肅告郊廟，宜普頒天下，咸使知聞。」自是詔答諸事並不稱其名以異之。其妻可賀敦周千金公主，賜姓楊氏，編之屬籍，改封大義公主。策拜窟含真爲柱國，封安國公，宴於内殿，引見皇后，賞勞甚厚。沙鉢略大悦，於是歲時貢獻不絶。

七年正月，沙鉢略遣其子入貢方物，因請獵於恒、代之間，又許之，仍遣人賜其酒食。

沙鉢略率部落再拜受賜。沙鉢略一日手殺鹿十八頭，齎尾舌以獻。還至紫河鎮，其牙帳爲火所燒，沙鉢略惡之，月餘而卒。上爲廢朝三日，遣太常弔祭焉。贈物五千段。

初，攝圖以其子雍虞閭性愞，遺令立其弟葉護處羅侯。雍虞閭遣使迎處羅侯，將立之。處羅侯曰：「我突厥自木杆可汗以來，多以弟代兄，以庶奪嫡，失先祖之法，不相敬畏。汝當嗣位，我不憚拜汝也。」雍虞閭又遣使謂處羅侯曰：「叔與我父，共根連體，我是枝葉。寧有我作主，令根本反同枝葉，令叔父之尊下我卑稚！又亡父之命，其可廢乎！願叔勿疑。」相讓者五六，處羅侯竟立，是爲葉護可汗。以雍虞閭爲葉護。遣使上表言狀，上賜之鼓吹幡旗。

處羅侯長頤僂背，眉目疎朗，勇而有謀，以隋所賜旗鼓西征阿波。敵人以爲得隋兵所助，多來降附，遂生擒阿波。既而上書請阿波死生之命，上下其議。左僕射高熲進曰：「骨肉相殘，教之蠹也。存養以示寬大。」上曰：「善。」熲因奉觴進曰：「自軒轅以來，獯粥多爲邊患。今遠窮北海，皆爲臣妾，此之盛事，振古未聞，臣敢再拜上壽。」

其後處羅侯又西征，中流矢而卒。其衆奉雍虞閭爲主，是爲頡伽施多那都藍可汗。雍虞閭遣使詣闕，賜物三千段。每歲遣使朝貢。時有流人楊欽亡入突厥中，謬云彭國公劉昶與宇文氏謀反，令大義公主發兵擾邊。都藍執欽以聞，并貢㔉布、魚膠。其弟欽羽設部落强盛，都藍忌而擊之，斬首於陣。其年，遣其母弟褥但特勤獻于闐玉杖，上拜褥但爲柱國、康國公。明年，突厥部落大人相率遣使貢馬萬匹，羊二萬口，駝、牛各五百頭。尋遣使請緣邊置市，與中國貿易，詔許之。

平陳之後，上以陳叔寶屏風賜大義公主，主心恒不平，因書屏風爲詩，敍陳亡自寄。其辭曰：「盛衰等朝暮，世道若浮萍。榮華實難守，池臺終自平。富貴今何在？空事寫丹青。盃酒恒無樂，弦歌詎有聲！余本皇家子，飄流入虜庭。一朝覩成敗，懷抱忽縱横。古來共如此，非我獨申名。唯有明君曲，偏傷遠嫁情。」上聞而惡之，禮賜益薄。公主復與西面突厥泥利可汗連結，上恐其爲變，將圖之。會主與所從胡私通，因發其事，下詔廢黜之。恐都藍不從，遣奇章公牛弘將美妓四人以啗之。時沙鉢略子曰染干〔一六〕，號突利可汗，居北方，遣使求婚。上令裴矩謂之曰：「當殺大義主者，方許婚。」突利以爲然〔一七〕，復譖之，都藍因發怒，遂殺公主於帳。都藍與達頭可汗有隙，數相征伐，上和解之，各引兵而去。

十七年，突利遣使來逆女，上舍之太常，教習六禮，妻以宗女安義公主。上欲離間北夷，故特厚其禮，遣牛弘、蘇威、斛律孝卿相繼爲使，突厥前後遣使入朝三百七十輩。突利本居北方，以尚主之故，南徙度斤舊鎮，錫賚優厚。雍虞閭怒曰：「我，大可汗也，反不如染干！」於是朝貢遂絶，數爲邊患。十八年，詔蜀王秀出靈州道以擊之。明年，又遣漢王諒爲元帥，左僕射高熲率將軍王詧、上柱國趙仲卿並出朔州道，右僕射楊素率柱國李徹、韓僧壽出靈州，上柱國燕榮出幽州，以擊之。雍虞閭與玷厥舉兵攻染干，盡殺其兄弟子姪，遂度河，入蔚州。染干夜以五騎與隋使長孫晟歸朝。上令染干與雍虞閭使者因頭特勤相辯詰，染干辭直，上乃厚待之。雍虞閭弟都速六棄其妻子，與突利歸朝，上嘉之。敕染干與都速六摴蒲，稍稍輸以寶物，用慰其心。

夏六月，高熲、楊素擊玷厥，大破之。拜染干爲意利珍豆啓民可汗，華言「意智健」也。啓民上表謝恩曰：「臣既蒙豎立，復改官名，昔日姦心，今悉除去，奉事至尊，不敢違法。」上於朔州築大利城以居之。是時安義主已卒，上以宗女義成公主妻之，部落歸者甚衆。雍虞閭又擊之，上復令入塞。雍虞閭侵掠不已，遂遷於河南〔一八〕，在夏、勝二州之間，發徒掘塹數百里，東西拒河，盡爲啓民畜牧之地。於是遣越國公楊素出靈州，行軍總管韓僧壽出慶州，太平公史萬歲出燕州，大將軍姚辯出河州，以擊都藍。

師未出塞，而都藍爲其麾下所殺，達頭自立爲步迦可汗，其國大亂。遣太平公史萬歲出朔州以擊之〔一九〕，遇達頭於大斤山，虜不戰而遁，追斬首虜二千餘人。晉王廣出靈州，達頭遁逃而去。尋遣其弟子俟利伐從磧東攻啓民。上又發兵助啓民守要路，俟利伐退走入磧。啓民上表陳謝曰：「大隋聖人莫緣可汗，憐養百姓，如天無不覆也，如地無不載也。諸姓蒙威恩，赤心歸服，並將部落歸投聖人可汗來也。或南入長城，或住白道，人民羊馬，徧滿山谷。染干譬如枯木重起枝葉，枯骨重生皮肉，千萬世長與大隋典羊馬也。」

仁壽元年，代州總管韓洪爲虜所敗於恒安，廢爲庶人。詔楊素爲雲州道行軍元帥，率啓民北征。斛薛等諸姓初附于啓民，至是而叛。素軍河北，值突厥阿勿思力俟斤等南度，掠啓民男女六千口、雜畜二十餘萬而去。素率上大將軍梁默輕騎追之〔三〇〕，轉戰六十餘里，大破俟斤，悉得人畜以歸啓民。素又遣柱國張定和、領軍大將軍劉昇別路邀擊，並多斬獲而還。兵既度河，賊復掠啓民部落，素率驃騎范貴於窟結谷東南奮擊，復破之，追奔八十餘里。是歲，泥利可汗及葉護俱被鐵勒所敗。步迦尋亦大亂，奚、霫五部内徙〔三一〕，步迦奔吐谷渾。啓民遂有其衆，歲遣朝貢。

大業三年四月，煬帝幸榆林，啓民及義成公主來朝行宮，前後獻馬三千匹。帝大悅，賜物萬三千段〔三二〕。啓民上表曰：「已前聖人先帝莫緣可汗存在之日，憐臣，賜臣安義公主，種種無少短。臣種末爲聖人先帝憐養，臣兄弟妬惡，相共殺臣，臣當時無處去，向上看只見天，下看只見地，實憶聖人先帝言語，投命去來。聖人先帝見臣，大憐臣，死命養活，勝於往前，遣臣作大可汗坐著也。其突厥百姓，死者以外，還聚作百姓也。至尊今還如聖人先帝，捉天下四方坐也。還養活臣及突厥百姓，實無少短。臣今憶想聖人及至尊養活事，具奏不可盡，並至尊聖心裏在。臣今非是舊日邊地突厥可汗，臣即是至尊臣民，至尊憐臣時，乞依大國，服飾法用一同華夏。臣今率部落，敢以上聞，伏願天慈不違所請。」表奏，帝下其議，公卿請依所奏。帝以爲不可，乃下詔曰：「先王建國，夷夏殊風，君子教民，不求變俗。斷髮文身，咸安其性，旃裘卉服，各尚所宜，因而利之，其道弘矣。何必化諸削衽，縻以長纓，豈遂性之至理，非包含之遠度。衣服不同，既辨要荒之敍，庶類區別，彌見天地之情。」仍璽書答啓民，以爲磧北未靜，猶須征戰，但使好心孝順，何必改變衣服也。

帝法駕御千人大帳，享啓民及其部落酋長三千五百人，賜物二十萬段，其下各有差。復下詔曰：「德合天地〔二三〕，覆載所以弗遺，功格區寓，聲教所以咸洎。至於梯山航海，請受正朔，襲冠解辮，同彼臣民〔二四〕。是故王會納貢，義彰前冊，呼韓入臣，待以殊禮。突厥意利珍豆啓民可汗志懷沈毅〔二五〕，世脩藩職。往者挺身違難，拔足歸仁，先朝嘉此款誠，授以徽號。資其甲兵之衆，收其破滅之餘〔二六〕，復祀於既亡之國，繼絶於不存之地。斯固施均亭育，澤漸要荒者矣。朕以薄德，祇奉靈命〔二七〕，思播遠猷，光融令緒〔二八〕，是以親巡朔野，撫寧藩服。啓民深委誠心〔二九〕，入奉朝覲，率其種落，拜首軒墀，言念丹款，良以嘉尚。宜隆榮數，式優恒典。可賜路車〔三〇〕、乘馬、鼓吹、幡旗，贊拜不名，位在諸侯王上。」帝親巡雲内，泝金河而東，北幸啓民所居。啓民奉觴上壽，跪伏甚恭。帝大悅，賦詩曰：「鹿塞鴻旗駐，龍庭翠輦迴。氊帳望風舉〔三二〕，穹廬向日開。呼韓頓顙至，屠耆接踵來。索辮擎羶肉，韋韝獻酒杯。何如漢天子，空上單于臺。」帝賜啓民及主金甕各一〔三三〕，及衣服被褥錦綵，特勤以下各有差。

先是，高麗私通使啓民所，啓民推誠奉國，不敢隱境外之交。是日，將高麗使人見，勑令牛弘宣旨謂之曰：「朕以啓民誠心奉國，故親至其所。明年當往涿郡。爾還日，語高麗王知，宜早來朝，勿自疑懼。存育之禮，當同於啓民。如或不朝，必將啓民巡行彼土。」使人甚懼。啓民仍扈從入塞，至定襄，詔令歸藩。

明年，朝於東都，禮賜益厚。是歲，疾終，上爲之廢朝三日，立其子咄吉世，是爲始畢可汗。表請尚公主，詔從其俗。十一年，來朝於東都。其年，車駕避暑汾陽宮，八月，始畢率其種落入寇，圍帝於雁門。詔諸郡發兵赴行在所，援軍方至，始畢引去。由是朝貢遂絕。明年，復寇馬邑，唐公以兵擊走之。

隋末亂離，中國人歸之者無數，遂大强盛，勢陵中夏。迎蕭皇后，置於定襄。薛舉、竇建德、王世充、劉武周、梁師都、李軌、高開道之徒，雖僭尊號，皆北面稱臣，受其可汗之號。使者往來，相望於道也。

西突厥

西突厥者，木杆可汗之子大邏便也。與沙鉢略有隙，因分爲二，漸以强盛。東拒都斤，西越金山，龜茲、鐵勒、伊吾及西域諸胡悉附之。大邏便爲處羅侯所執，其國立鞅素特勤之子，是爲泥利可汗。卒，子達漫立，號泥撅處羅可汗。其母向氏，本中國人，生達漫而泥利卒，向氏又嫁其弟婆實特勤。開皇末，婆實共向氏入朝，遇達頭亂，遂留京師，每舍之鴻臚寺。處羅可汗居無恒處，然多在烏孫故地。復立二小可汗，分統所部。一在石國北，以制諸胡國。一居龜茲北，其地名應娑。官有俟發、閻洪達，以評議國事，自餘與東國同。每五月八日〔三〕，相聚祭神，歲遣重臣向其先世所居之窟致祭焉。

當大業初，處羅可汗撫御無道，其國多叛，與鐵勒屢相攻，大爲鐵勒所敗。時黄門侍郎裴矩在敦煌引致西域，聞國亂，復知處羅思其母氏，因奏之。煬帝遣司朝謁者崔君肅齎書慰諭之。處羅甚踞，受詔不肯起。君肅謂處羅曰：「突厥本一國也，中分爲二，自相仇敵。每歲交兵，積數十年而莫能相滅者，明知啓民與處羅國其勢敵耳。今啓民舉其部落，兵且百萬，入臣天子，甚有丹誠者，何也？但以切恨可汗而不能獨制，故卑事天子以借漢兵，連二大國，欲滅可汗耳。百官兆庶咸請許之，天子弗違，師出有日矣。顧可汗母向氏，本中國人，歸在京師，處于賓館。聞天子之詔，懼可汗之滅，旦夕守闕，哭泣悲哀。是以天子憐焉，爲其輟策。向夫人又匍匐謝罪，因請發使以召可汗，令入内屬，乞加恩禮，同於啓民。天子從之，故遣使到此。可汗若稱藩拜詔，國乃永安，而母得延壽；不然者，則向夫人爲誑天子，必當取戮而傳首虜庭。發大隋之兵，資北蕃之衆，左提右挈，以擊可汗，死亡則無日矣。奈何惜兩拜之禮，剿慈母之命，悋一句稱臣，喪匈奴國也！」處羅聞之，矍然而起，流涕再拜，跪受詔書。君肅又説處羅曰：「啓民内附，先帝嘉之，賞賜極厚，故致兵强國富。今可汗後附，與之爭寵，須深結於天子，自表至誠。既以道遠，未得朝覲，宜立一功，以明臣節。」處羅曰：「如何？」君肅曰：「吐谷渾者，啓民少子莫賀咄設之母家也。今天子又以義成公主妻於啓民，啓民畏天子之威而與之絶。吐谷渾亦因憾漢故，職貢不脩。今可汗若請誅之，天子必許。漢擊其内，可汗攻其外，破之必矣。然後身自入朝，道路無阻，因見老母，不亦可乎？」處羅大喜，遂遣使朝貢。

帝將西狩，六年，遣侍御史韋節召處羅，令與車駕會於大斗拔谷〔三四〕。其國人不從，處羅謝使者，辭以佗故。帝大怒，無如之何。適會其酋長射匱遣使來求婚，裴矩因奏曰：「處羅不朝，恃强大耳。臣請以計弱之，分裂其國，即易制也。射匱者，都六之子，達頭之孫，世爲可汗，君臨西面。今聞其失職，附隸於處羅，故遣使來，以結援耳。願厚禮其使，拜爲大可汗，則突厥勢分，兩從我矣。」帝曰：「公言是也。」因遣裴矩朝夕至館，微諷諭之。帝於仁風殿召其使者，言處羅不順之意，稱射匱有好心，吾將立爲大可汗，令發兵誅處羅，然後當爲婚也。帝取桃竹白羽箭一枚以賜射匱〔三五〕，因謂之曰：「此事宜速，使疾如箭也。」使者返，路經處羅，處羅愛箭，將留之，使者譎而得免。射匱聞而大喜，興兵襲處羅，處羅大敗，棄妻子，將左右數千騎東走。在路又被劫掠，遁於高昌東，保時羅漫山。高昌王麴伯雅上狀，帝遣裴矩將向氏親要左右，馳至玉門關晉昌城。矩遣向氏使詣處羅所，論朝廷弘養之義，丁寧曉諭之，遂入朝，然每有怏怏之色。

以七年冬，處羅朝於臨朔宮，帝享之。處羅稽首謝曰：「臣總西面諸蕃，不得早來朝拜，今參見遲晚，罪責極深，臣心裏悚懼，不能道盡。」帝曰：「往者與突厥相侵擾，不得安居。今四海既清，與一家無異，朕皆欲存養，使遂性靈。譬如天上止有一箇日照臨，莫不寧帖；若有兩箇三箇日，萬物何以得安？比者亦知處羅總攝事繁，不得早來相見。今日見處羅，懷抱豁然歡喜，處羅亦當豁然，不煩在意。」明年元會，處羅上壽曰：「自天以下，地以上，日月所照，唯有聖人可汗。今是大日，願聖人可汗千歲萬歲常如今日也。」詔留其累弱萬餘口，令其弟達度闕設牧畜會寧郡〔三六〕。

處羅從征高麗，賜號爲曷薩那可汗，賞賜甚厚。十年正月，以信義公主嫁焉，賜錦綵袍千具，綵萬匹。帝將復其故地，以遼東之役，故未遑也。每從巡幸。江都之亂，隨化及至河北。化及將敗，奔歸京師，爲北蕃突厥所害。

鐵勒

鐵勒之先，匈奴之苗裔也，種類最多。自西海之東，依據山谷，往往不絶。獨洛河北有僕骨、同羅、韋紇、拔也古、覆羅並號俟斤，蒙陳、吐如紇、斯結、渾、斛薛等諸姓，勝兵可二萬。伊吾以西，焉耆之北，傍白山，則有契弊、薄落職、乙咥、蘇婆、那曷、烏讙〔三七〕、紇骨、也咥、於尼讙等〔三八〕，勝兵可二萬。金山西南有薛延陀、咥勒兒、十槃、達契等，一萬餘兵。康國北，傍阿得水，則有訶咥、曷𡙇〔三九〕、撥忽、比干〔四〇〕、具海、曷比悉、何嵯蘇〔四一〕、拔也未渴達等〔四二〕，有三萬許兵。得嶷海東西有蘇路羯〔四三〕、三索〔四四〕、咽蔑〔四五〕、促隆忽等諸姓〔四六〕，八千餘。拂菻東則有恩屈、阿蘭、北褥九離、伏嗢昏等，近二萬人。北海南則都波等。雖姓氏各别，總謂爲鐵勒。並無君長，分屬東、西兩突厥。居無恒所，隨水草流移。人性凶忍，善於騎射，貪婪尤甚，以寇抄爲生。近西邊者，頗爲藝植，多牛羊而少馬。自突厥有國，東西征討，皆資其用，以制北荒。開皇末，晉王廣北征，納啓民〔四七〕，大破步迦可汗，鐵勒於是分散。大業元年，突厥處羅可汗擊鐵勒諸部，厚稅斂其物，又猜忌薛延陀等，恐爲變，遂集其魁帥數百人，盡誅之。由是一時反叛，拒處羅，遂立俟利發、俟斤契弊歌楞爲易勿真莫何可汗，居貪汗山〔四八〕。復立薛延陀内俟斤字也咥爲小可汗〔四九〕。處羅可汗既敗，莫何可汗始大。莫何勇毅絶倫，甚得衆心，爲鄰國所憚，伊吾、高昌、焉耆諸國悉附之。

其俗大抵與突厥同，唯丈夫婚畢，便就妻家，待産乳男女，然後歸舍，死者埋殯之，此其異也。大業三年，遣使貢方物，自是不絶云。

奚

奚本曰庫莫奚，東部胡之種也。爲慕容氏所破，遺落者竄匿松、漠之間。其俗甚爲不潔，而善射獵，好爲寇鈔。初臣於突厥，後稍强盛，分爲五部：一曰辱紇王〔五〇〕，二曰莫賀弗，三曰契箇，四曰木昆，五曰室得。每部俟斤一人爲其帥。隨逐水草，頗同突厥。有阿會氏，五部中爲盛，諸部皆歸之。每與契丹相攻擊，虜獲財畜，因而得賞。死者以葦薄裹屍，懸之樹上。自突厥稱藩之後，亦遣使入朝，或通或絶，最爲無信。大業時，歲遣使貢方物。

契丹 室韋

契丹之先，與庫莫奚異種而同類，並爲慕容氏所破，俱竄於松、漠之間。其後稍大，居黄龍之北數百里。其俗頗與靺鞨同。好爲寇盜。父母死而悲哭者，以爲不壯，但以其屍置於山樹之上，經三年之後，乃收其骨而焚之。因酹而祝曰：「冬月時，向陽食。若我射獵時，使我多得猪鹿。」其無禮頑嚚，於諸夷最甚。

當後魏時，爲高麗所侵，部落萬餘口求内附，止于白貔河。其後爲突厥所逼，又以萬家寄於高麗。開皇四年，率諸莫賀弗來謁。五年，悉其衆款塞，高祖納之，聽居其故地。六年，其諸部相攻擊，久不止，又與突厥相侵，高祖使使責讓之。其國遣使詣闕，頓顙謝罪。其後契丹别部出伏等背高麗，率衆内附。高祖納之，安置於渴奚那頡之北。開皇末，其别部四千餘家背突厥來降。上方與突厥和好，重失遠人之心，悉令給糧還本部〔五二〕，勑突厥撫納之。固辭不去。部落漸衆，遂北徙逐水草，當遼西正北二百里，依託紇臣水而居。東西亘五百里，南北三百里，分爲十部。兵多者三千，少者千餘，逐寒暑，隨水草畜牧。有征伐，則酋帥相與議之，興兵動衆合符契。突厥沙鉢略可汗遣吐屯潘垤統之。

室韋，契丹之類也〔五二〕。其南者爲契丹，在北者號室韋，分爲五部，不相總一，所謂南室韋、北室韋、鉢室韋、深末怛室韋、大室韋。並無君長，人民貧弱，突厥常以三吐屯總領之。

南室韋在契丹北三千里，土地卑濕，至夏則移向西北貸勃、欠對二山，多草木，饒禽獸，又多蚊蚋，人皆巢居，以避其患。漸分爲二十五部，每部有餘莫弗瞞咄，猶酋長也。死則子弟代立，嗣絶則擇賢豪而立之。其俗丈夫皆被髮，婦人槃髮，衣服與契丹同。乘牛車，籧篨爲屋，如突厥氈車之狀。度水則束薪爲栰，或有以皮爲舟者〔五三〕。馬則織草爲韉，結繩爲轡。寢則屈木爲屋〔五四〕，以籧篨覆上，移則載行。以猪皮爲席，編木爲藉。婦女皆抱膝而坐。氣候多寒，田收甚薄，無羊，少馬，多猪牛。造酒食噉，與靺鞨同俗。婚嫁之法，二家相許，壻輒盜婦將去，然後送牛馬爲娉，更將歸家。待有娠，乃相隨還舍。婦人不再嫁，以爲死人之妻難以共居。部落共爲大棚，人死則置屍其上。居喪三年，年唯四哭。其國無鐵，取給於高麗。多貂。

南室韋北行十一日至北室韋，分爲九部落，繞吐紇山而居。其部落渠帥號乞引莫賀咄，每部有莫何弗三人以貳之。氣候最寒，雪深没馬。冬則入山，居土穴中，牛畜多凍死。饒麞鹿，射獵爲務，食肉衣皮。鑿冰，没水中而網射魚鼈〔五五〕。地多積雪，懼陷坑穽，騎木而行。俗皆捕貂爲業，冠以狐狢，衣以魚皮。

又北行千里，至鉢室韋，依胡布山而住，人衆多北室韋，不知爲幾部落。用樺皮蓋屋，其餘同北室韋。

從鉢室韋西南四日行，至深末怛室韋，因水爲號也。冬月穴居，以避太陰之氣。

又西北數千里，至大室韋，徑路險阻，語言不通。尤多貂及青鼠。

北室韋時遣使貢獻，餘無至者。

史臣曰：四夷之爲中國患也久矣，北狄尤甚焉。種落寔繁，迭雄邊塞，年代遐邈，非一時也。五帝之世，則有獯粥焉；其在三代，則獫狁焉；逮乎兩漢，則匈奴焉；當塗、典午，則烏丸、鮮卑焉；後魏及周，則蠕蠕、突厥焉。此其酋豪相繼，互爲君長者也。皆以畜牧爲業，侵鈔爲資，倏來忽往，雲飛鳥集。智謀之士，議和親於廟堂之上，折衝之臣，論奮擊於塞垣之下。然事無恒規，權無定勢，親疎因其强弱，服叛在其盛衰。衰則款塞頓顙，盛則彎弓寇掠，屈申異態，强弱相反。正朔所不及，冠帶所不加，唯利是視，不顧盟誓。至於莫相救讓，驕黠憑陵，和親約結之謀，行師用兵之事，前史論之備矣，故不詳而究焉。及蠕蠕衰微，突厥始大，至於木杆，遂雄朔野。東極東胡舊境，西盡烏孫之地，彎弓數十萬，列處於代陰，南向以臨周、齊。二國莫之能抗，爭請盟好，求結和親。乃與周合從，終亡齊國。高祖遷鼎，厥徒孔熾，負其衆力，將蹈秦郊。内自相圖，遂以乖亂，達頭可汗遠遁，啓民願保塞下。於是推亡固存，返其舊地，助討餘燼，部衆遂强。卒於仁壽，不侵不叛，暨乎始畢，未虧臣禮。煬帝撫之非道，始有雁門之圍。俄屬羣盜並興，於此寖以雄盛，豪傑雖建名號，莫不請好息民。於是分置官司，總統中國，子女玉帛，相繼於道，使者之車，往來結轍。自古蕃夷驕僭，未有若斯之甚也。及聖哲膺期，掃除氛祲，暗於時變，猶懷旅拒，率其羣醜，屢隳亭鄣，殘毁我雲、代，摇蕩我太原，肆掠於涇陽，飲馬於渭汭。聖上奇謀潛運，神機密動，遂使百世不羈之虜一舉而滅，瀚海、龍庭之地畫爲九州，幽都窮髮之民隸於編户。實帝皇所不及，書契所未聞。由此言之，雖天道有盛衰，亦人事之工拙也。加以爲而弗恃，有而弗居，類天地之含容，同陰陽之化育，斯乃大道之行也，固無得而稱焉。

校勘記

〔一〕弟逸可汗立　「逸可汗」，北史卷九九突厥傳、册府卷九六七外臣部繼襲、通志卷二〇〇四夷七突厥作「阿逸可汗」。周書卷五〇異域下突厥傳載，伊利可汗卒，子科羅立，號乙息記可汗。「乙息記可汗」，史善應墓誌作「緢傑娑那可汗」。

〔二〕立其弟俟斗　「俟斗」，周書卷五〇異域下突厥傳、北史卷九九突厥傳、册府卷九六七外臣部繼襲、通志卷二〇〇四夷七突厥作「俟斤」。通鑑卷一六五梁紀二一元帝承聖二年亦作「俟斤」，考異稱：「隋書作『俟斗』。」

〔三〕次設次特勤　後一「次」字原闕，據北史卷九九突厥傳、通典卷一九七邊防一三突厥上補。

〔四〕家人親屬多殺羊馬而祭之　「羊」，原作「牛」，據宋乙本、汲本改。按，北史卷九九突厥傳、通典卷一九七邊防一三突厥上亦作「羊」。北史下文稱「以祭之羊、馬頭，盡懸之於標上」，可證作「羊」是。

〔五〕委位於我　「位」，原作「地」，據宋乙本、至順本改。按，北史卷九九突厥傳、通志卷二〇〇四夷七突厥亦作「位」。本卷下文大邏便稱「爾今極尊，我獨無位」云云，可證作「位」是。

〔六〕國逐安危　「逐」，北史卷九九突厥傳、册府卷九八四外臣部征討、通鑑卷一七五陳紀九長城公至德元年作「遂」，文意較長。

〔七〕突厥之北契丹之徒　「契丹」，北史卷九九突厥傳作「契骨」。按，契丹在突厥東，作「契骨」是。

〔八〕往年利稽察大爲高麗靺鞨所破　「利稽察」，原作「利察」，據宋乙本、至順本、南監本、北監本、汲本、殿本改。

〔九〕皆願誅剿　「誅」，原作「諫」，據宋乙本、至順本、殿本改。

〔一〇〕橫萬里之衆　「衆」，册府卷九八四外臣部征討作「種」。

〔一一〕被其擁抑　「擁」，册府卷九八四外臣部征討作「摧」。

〔一二〕大隋天子貽書大突厥乙利俱盧設莫何沙鉢略可汗　「乙利俱盧設莫何沙鉢略可汗」，至順本、北監本、汲本、殿本作「伊利俱盧設莫何沙鉢略可汗」，與本卷上文同。

〔一三〕并以從妹妻之　「從妹」，本書卷四〇虞慶則傳、通鑑卷一七六陳紀一〇長城公至德二年作「女」。

〔一四〕當令侍子入朝　「令」，原作「今」，據北史卷九九突厥傳、通志卷二〇〇四夷七突厥改。

〔一五〕謹遣第七兒臣窟含真等奉表以聞　「窟含真」，本書卷一高祖紀上作「庫合真」，北史卷九九突厥傳、通志卷二〇〇四夷七突厥作「窟合真」。下同，不另出校。

〔一六〕時沙鉢略子曰染干　本書卷五一長孫覽傳附長孫晟傳載「染干者，處羅侯之子」。通典卷一九七邊防一三突厥上亦在「突利可汗」下注稱：「沙鉢略之弟處羅侯之子，名染干。」岑仲勉突厥集史卷二據此認爲「隋傳殆有脱文」，是。

〔一七〕突利以爲然　「突利」，原作「突厥」，據北史卷九九突厥傳、册府卷九七八外臣部和親、通志卷二〇〇四夷七突厥改。

〔一八〕遂遷於河南　「遂」字原闕，據宋乙本、至順本補。按，北史卷九九突厥傳亦有「遂」字。

〔一九〕遣太平公史萬歲出朔州以擊之　「出朔州以擊之」，原作「以朔州擊之」，據宋乙本、至順本、汲本改補。按，册府卷九八四外臣部征討亦作「出朔州以擊之」。

〔二〇〕素率上大將軍梁默輕騎追之　「大」字原闕，據宋乙本、至順本、汲本補。按，北史卷九九突厥傳、册府卷九八四外臣部征討亦有「大」字。

〔二一〕奚霫五部内徙　「徙」，原作「從」，據北史卷九九突厥傳、册府卷九九五外臣部交侵、通志卷二〇〇四夷七突厥改。

〔二二〕賜物萬三千段　「三千」，原作「二千」，據宋乙本、至順本、南監本、北監本、汲本、殿本改。按，北史卷九九突厥傳、册府卷九七八外臣部和親亦作「三千」。

〔二三〕德合天地　「地」，文館詞林卷六六四隋煬帝褒顯匈奴詔作「下」。

〔二四〕同彼臣民　「臣民」，文館詞林卷六六四隋煬帝褒顯匈奴詔作「黔黎」。

〔二五〕突厥意利珍豆啓民可汗志懷沈毅　「意利珍豆啓民可汗」，原作「意利珍寶啓民可汗」，據本卷上文及文館詞林卷六六四隋煬帝褒顯匈奴詔改。

〔二六〕收其破滅之餘　「收」，文館詞林卷六六四隋煬帝褒顯匈奴詔作「牧」；「破」，作「殘」。

〔二七〕祗奉靈命　「奉靈」，宋乙本、至順本、汲本作「上方」。

〔二八〕光融令緒　「融」，文館詞林卷六六四隋煬帝褒顯匈奴詔作「熙」。

〔一九〕啓民深委誠心　「委」，文館詞林卷六六四隋煬帝褒顯匈奴詔作「執」。

〔二〇〕可賜路車　「路」，文館詞林卷六六四隋煬帝褒顯匈奴詔作「輅」。

〔二一〕氈帳望風舉　「帳」，宋乙本、至順本、南監本、北監本、汲本、殿本作「帷」。按，册府卷九七四外臣部褒異亦作「帷」。

〔二二〕帝賜啓民及主金甕各一　「主」，册府卷九七四外臣部褒異、卷九七八外臣部和親、通鑑卷一八〇隋紀四煬帝大業三年作「公主」。

〔二三〕每五月八日　「每」，原作「年」，據宋乙本、至順本、汲本改。

〔二四〕令與車駕會於大斗拔谷　「大斗拔谷」，原作「大升拔谷」，據本書卷三煬帝紀上、卷二四食貨志、卷七〇楊玄感傳改。按，北史卷九九西突厥傳、通典卷一九九邊防一五突厥下、册府卷九九〇外臣部備禦、寰宇記卷一九七四夷二六西突厥、通志卷二〇〇四夷七突厥載煬帝召處羅可汗事，亦作「大斗拔谷」。

〔二五〕帝取桃竹白羽箭一枚以賜射匱　「一」，原作「二」，據宋乙本、至順本、南監本、北監本、汲本、殿本改。「枚」，諸本作「枝」。

〔二六〕令其弟達度闕設牧畜會寧郡　「達度闕設」，原作「達度闕」，據北史卷九九西突厥傳、通鑑卷一八一隋紀五煬帝大業八年正月下考異引隋書西突厥傳改補。又，本書卷六七裴矩傳、新唐書卷二一五下突厥下西突厥傳作「闕達度設」，通典卷一九九邊防一五突厥下、舊唐書卷一九四下突厥傳下作「闕達設」，蓋職銜排列順序及繁簡各不相同。

〔三七〕烏讙　北史卷九九鐵勒傳、通典卷一九九邊防一五鐵勒、寰宇記卷一九八四夷二七鐵勒、通志卷二〇〇四夷七鐵勒作「烏護」。

〔三八〕於尼讙　北史卷九九鐵勒傳、通典卷一九九邊防一五鐵勒、寰宇記卷一九八四夷二七鐵勒、通志卷二〇〇四夷七鐵勒作「於尼護」。

〔三九〕曷巀　汲本作「曷薎」，北史卷九九鐵勒傳作「曷截」。

〔四〇〕比干　原作「比千」，據宋乙本、至順本改。按，北史卷九九鐵勒傳、通典卷一九九邊防一五鐵勒、寰宇記卷一九八四夷二七鐵勒、通志卷二〇〇四夷七鐵勒亦作「比干」。

〔四一〕何蓍蘇　宋乙本作「何差蘇」，至順本作「何崖蘇」，汲本作「何差蘇」。又，北史卷九九鐵勒傳，寰宇記卷一九八四夷二七鐵勒作「何嵯蘇」，通典卷一九九邊防一五鐵勒作「阿嵯蘇」，通志卷二〇〇四夷七鐵勒作「阿蹉蘇」。

〔四二〕拔也未渴達　南監本作「拔也末渴達」，北史卷九九鐵勒傳、通志卷二〇〇四夷七鐵勒作「拔也末謁達」。

〔四三〕得嶷海東西有蘇路羯　「得嶷海」，通典卷一九九邊防一五鐵勒、寰宇記卷一九八四夷二七鐵勒、通志卷二〇〇四夷七鐵勒作「傍嶷海」。

〔四四〕三索　北史卷九九鐵勒傳作「三素」。

〔四五〕咽蔑　北史卷九九鐵勒傳作「咽篾」。

〔四六〕促隆忽　北史卷九九鐵勒傳、寰宇記卷一九八四夷二七鐵勒作「促薩忽」，通典卷一九九邊防一五鐵勒、通志卷二〇〇四夷七鐵勒作「促薛忽」。

〔四七〕納啓民　「啓」字原闕，據北史卷九九鐵勒傳、通志卷二〇〇四夷七鐵勒補。

〔四八〕貪汗山　原作「貪汙山」，據宋乙本、至順本改。按，北史卷九九鐵勒傳亦作「貪汗山」。

〔四九〕復立薛延陀内俟斤字也咥爲小可汗　北史卷九九鐵勒傳云「復立薛延陀内俟斤子也咥爲小可汗」，以「也咥」爲俟斤之子。按，據本卷上文，也咥爲鐵勒諸部之一，並非人名。舊唐書卷一九九下北狄鐵勒傳載「鐵勒相率而叛，共推契苾哥楞爲易勿真莫賀可汗，居貪汗山北，又以薛延陀乙失鉢爲也咥小可汗，居燕末山北」（冊府卷九六七外臣部繼襲同），新唐書卷二一七下回鶻下鐵勒傳載「奉薛延陀乙失鉢爲野咥可汗，保燕末山」，冊府卷九五六外臣部種族亦稱「以延陀之祖乙失鉢爲野咥可汗，居燕末山」。「也咥」即「野咥」。據諸書記載，疑本句「字」應作「子」，「爲」應在「也咥」之上，作「復立薛延陀内俟斤子爲也咥小可汗」。

〔五〇〕一曰辱紇王　「辱紇王」，周書卷四九異域上庫莫奚傳、北史卷九四奚傳、通典卷二〇〇邊防一六庫莫奚、寰宇記卷一九八四夷二七庫莫奚、通志卷二〇〇四夷七庫莫奚作「辱紇主」。

〔五一〕悉令給糧還本部　「部」字原闕，據北史卷九四契丹傳、通典卷二〇〇邊防一六契丹補。按，冊府卷一七〇帝王部來遠「部」字作「蕃」。

〔五二〕室韋契丹之類也　「室韋」二字原闕，據北史卷九四室韋傳、通志卷二〇〇四夷七室韋補。

〔五三〕或有以皮爲舟者　「有」字原闕，據宋乙本、至順本補。按，北史卷九四室韋傳亦有「有」字。

〔五四〕寢則屈木爲屋　「木」字原闕，據北史卷九四室韋傳、通典卷二〇〇邊防一六室韋補。

〔五五〕鑿冰没水中而網射魚鼈　「射」，北史卷九四室韋傳、通志卷二〇〇四夷七室韋作「取」，文意較長。

隋書卷八十五

列傳第五十

夫肖形天地，人稱最靈，以其知父子之道，識君臣之義，異夫禽獸者也。傳曰：「人生在三，事之如一。」然則君臣父子，其道不殊，父不可以不父，子不可以不子，君不可以不君，臣不可以不臣。故曰君猶天也，天可讎乎！是以有罪歸刑，見危授命，竭忠貞以立節，不臨難而苟免。故聞其風者，懷夫慷慨，千載之後，莫不願以爲臣。此其所以生榮死哀，取貴前哲者矣。至於委質策名，代卿世祿，出受心膂之寄，入參帷幄之謀，身處機衡，肆趙高之姦宄，世荷權寵，行王莽之桀逆，生靈之所讎疾，犬豕不食其餘。雖薦社汙宮，彰必誅之釁，斲棺焚骨，明篡殺之咎，可以懲夫既往，未足深誡將來。昔孔子脩春秋，而亂臣賊子知懼，抑使之求名不得，欲蓋而彰者也。今故正其罪名，以冠於篇首，庶後之君子見作者之意焉。

宇文化及 弟智及

宇文化及，左翊衞大將軍述之子也。性凶險，不循法度，好乘肥挾彈，馳騖道中，由是長安謂之輕薄公子。煬帝爲太子時，常領千牛，出入卧内。累遷至太子僕。數以受納貨賄，再三免官。太子嬖昵之，俄而復職。又以其弟士及尚南陽公主。化及由此益驕，處公卿間，言辭不遜，多所陵轢。見人子女狗馬珍玩，必請託求之。常與屠販者遊，以規其利。煬帝即位，拜太僕少卿，益恃舊恩，貪冒尤甚。大業初，煬帝幸榆林，化及與弟智及違禁與突厥交市。帝大怒，囚之數月。還至青門外，欲斬之而後入城，解衣辮髮，以公主故，久之乃釋，并智及並賜述爲奴。述薨後，煬帝追憶之，遂起化及爲右屯衞將軍，智及爲將作少監。

是時李密據洛口，煬帝懼，留淮左，不敢還都。從駕驍果多關中人，久客羈旅，見帝無西意，謀欲叛歸。時武賁郎將司馬德戡總領驍果，屯於東城，風聞兵士欲叛，未之審，遣校尉元武達陰問驍果，知其情，因謀構逆。共所善武賁郎將元禮、直閤裴虔通互相扇惑曰：「今聞陛下欲築宫丹陽，勢不還矣。所部驍果莫不思歸，人人耦語，並謀逃去。我欲言之，陛下性忌，惡聞兵走，即恐先事見誅。今知而不言，其後事發，又當族滅我矣。進退爲戮，將如之何？」虔通曰：「上實爾，誠爲公憂之。」德戡謂兩人曰：「我聞關中陷没，李孝常以華陰叛，陛下收其二弟，將盡殺之。吾等家屬在西，安得無此慮也！」虔通曰：「我子弟已壯，誠不自保，正恐旦暮及誅，計無所出。」德戡曰：「同相憂，當共爲計取。驍果若走，可與俱去。」虔通等曰：「誠如公言，求生之計，無以易此。」因遞相招誘。又轉告内史舍人元敏、鷹揚郎將孟秉，符璽郎李覆、牛方裕，直長許弘仁、薛良，城門郎唐奉義，醫正張愷等，日夜聚博，約爲刎頸之交，情相款昵，言無迴避，於座中輒論叛計，並相然許。時李孝質在禁，令驍果守之，中外交通，所謀益急。趙行樞者，樂人之子，家産巨萬，先交智及，勳侍楊士覽者，宇文甥，二人同告智及。智及素狂悖，聞之喜，即共見德戡，期以三月十五日舉兵同叛，劫十二衛武馬，虜掠居人財物，結黨西歸。智及曰：「不然。當今天實喪隋，英雄並起，同心叛者已數萬人，因行大事，此帝王業也。」德戡然之。行樞、薛良請以化及爲主，相約既定，方告化及。化及性本駑怯，初聞大懼，色動流汗，久之乃定。

義寧二年三月一日，德戡欲宣言告衆，恐以人心未一，更思譎詐以脅驍果，謂許弘仁、張愷曰：「君是良醫，國家任使，出言惑衆，衆必信。君可入備身府，告識者，言陛下聞説驍果欲叛，多醖毒酒，因享會盡鴆殺之，獨與南人留此。」弘仁等宣布此言，驍果聞之，遞相告語，謀叛逾急。德戡知計既行，遂以十日總召故人，諭以所爲。衆皆伏曰：「唯將軍命！」其夜，奉義主閉城門，乃與虔通相知，諸門皆不下鑰。至夜三更，德戡於東城内集兵，得數萬人，舉火與城外相應。帝聞有聲，問是何事。虔通僞曰：「草坊被燒，外人救火，故諠囂耳。」中外隔絶，帝以爲然。孟秉、智及於城外得千餘人，劫候衛武賁馮普樂，共布兵分捉郭下街巷。至五更中，德戡授虔通兵，以换諸門衛士。虔通因自開門，領數百騎，至成象殿，殺將軍獨孤盛。武賁郎將元禮遂引兵進，宿衛者皆走。虔通進兵，排左閤，馳入永巷，問：「陛下安在？」有美人出，方指云：「在西閤。」從往執帝。帝謂虔通曰：「卿非我故人乎！何恨而反？」虔通曰：「臣不敢反，但將士思歸，奉陛下還京師耳。」帝曰：「與汝歸。」虔通因勒兵守之。

至旦，孟秉以甲騎迎化及。化及未知事果，戰慄不能言，人有來謁之者，但低頭據鞍，答云「罪過」。時士及在公主第，弗之知也。智及遣家僮莊桃樹就第殺之，桃樹不忍，執詣智及，久之乃見釋。化及至城門，德戡迎謁，引入朝堂，號爲丞相。令將帝出江都門以示羣賊，因復將入。遣令狐行達弑帝於宫中，又執朝臣不同己者數十人及諸外戚，無少長害之，唯留秦孝王子浩，立以爲帝。

十餘日，奪江都人舟檝，從水路西歸。至顯福宫，宿公麥孟才、折衝郎將沈光等謀擊化及，反爲所害。化及於是入據六宫，其自奉養一如煬帝故事。每於帳中南面端坐，人有白事者，嘿然不對。下牙時，方收取啓狀，共奉義、方裕、良、愷等參決之。行至徐州，水路不通，復奪人車牛，得二千兩，並載宮人珍寶。其戈甲戎器，悉令軍士負之。道遠疲極，三軍始怨。德戡失望，竊謂行樞曰：「君大謬誤我。當今撥亂，必藉英賢，化及庸暗，羣小在側〔一〕，事將必敗，當若之何？」行樞曰：「在我等爾，廢之何難！」因共李本、宇文導師、尹正卿等謀，以後軍萬餘兵襲殺化及，更立德戡爲主。弘仁知之，密告化及，盡收捕德戡及其支黨十餘人，皆殺之。引兵向東郡，通守王軌以城降之。

元文都推越王侗爲主，拜李密爲太尉，令擊化及。密遣徐勣據黎陽倉。化及度河，保黎陽縣，分兵圍勣。密壁清淇，與勣以烽火相應。化及每攻倉，密輒引兵救之。化及數戰不利，其將軍于弘達爲密所禽，送於侗所，鑊烹之。化及糧盡，度永濟渠，與密決戰於童山，遂入汲郡求軍糧，又遣使拷掠東郡吏民以責米粟。王軌怨之，以城歸於李密。化及大懼，自汲郡將率衆圖以北諸州。其將陳智略率嶺南驍果萬餘人，張童兒率江東驍果數千人，皆叛歸李密。化及尚有衆二萬，北走魏縣。張愷等與其將陳伯謀去之，事覺，爲化及所殺。腹心稍盡，兵勢日蹙，兄弟更無佗計，但相聚酣宴，奏女樂。醉後，因尤智及曰：「我初不知，由汝爲計，强來立我。今所向無成，士馬日散，負殺主之名，天下所不納。今者滅族，豈不由汝乎？」持其兩子而泣。智及怒曰：「事捷之日，都不賜尤，及其將敗，乃欲歸罪。何不殺我以降建德？」兄弟數相鬬鬩，言無長幼，醒而復飲，以此爲恒。其衆多亡，自知必敗，化及歎曰：「人生故當死，豈不一日爲帝乎？」於是鴆殺浩，僭皇帝位於魏縣，國號許，建元爲天壽，署置百官。

攻元寶藏於魏州，四旬不剋，反爲所敗，亡失千餘人。乃東北趣聊城，將招攜海曲諸賊。時遣士及徇濟北，求餽餉。大唐遣淮安王神通安撫山東，并招化及。化及不從，神通進兵圍之，十餘日不剋而退。竇建德悉衆攻之。先是，齊州賊帥王薄聞其多寶物，詐來投附。化及信之，與共居守。至是，薄引建德入城，生禽化及，悉虜其衆。先執智及、元武達、孟秉、楊士覽、許弘仁，皆斬之。乃以轞車載化及之河間，數以殺君之罪，并二子承基、承趾皆斬之，傳首於突厥義成公主，梟於虜庭。士及自濟北西歸長安。

智及幼頑凶，好與人羣鬬，所共遊處，皆不逞之徒，相聚鬬雞，習放鷹狗。初以父功，賜爵濮陽郡公。蒸淫醜穢，無所不爲。其妻長孫，妬而告述，述雖爲隱，而大忿之，纖芥之愆，必加鞭箠。弟士及恃尚主，又輕忽之。唯化及每事營護，父再三欲殺，輒救免之，由是頗相親昵。遂勸化及遣人入蕃，私爲交易。事發，當誅，述獨證智及罪惡，而爲化及請命。帝因兩釋。述將死，抗表言其凶勃，必且破家。帝後思述，授智及將作少監。

其江都殺逆之事，智及之謀也。化及爲丞相，以爲左僕射，領十二衛大將軍。化及僭號，封齊王。竇建德破聊城，獲而斬之，并其黨十餘人，皆暴屍梟首。

司馬德戡

司馬德戡，扶風雍人也。父元謙，仕周爲都督。德戡幼孤，以屠豕自給。有桑門釋粲，通德戡母和氏〔二〕，遂撫教之，因解書計。開皇中，爲侍官〔三〕，漸遷至大都督。從楊素出討漢王諒，充内營左右，進止便僻，俊辯多姦計，素大善之。以勳授儀同三司。大業三年，爲鷹揚郎將。從討遼左，進位正議大夫，遷武賁郎將。煬帝甚昵之。

從至江都，領左右備身驍果萬人，營於城内。因隋末大亂，乃率驍果謀反，語在化及事中。既獲煬帝，與其黨孟秉等推化及爲丞相。化及首封德戡爲温國公，邑三千户，加光禄大夫，仍統本兵。化及意甚忌之。後數日，化及署諸將，分配士卒，乃以德戡爲禮部尚書，外示美遷，實奪其兵也。由是憤怨，所獲賞物皆賂於智及，智及爲之言。行至徐州，捨舟登陸，令德戡將後軍，乃與趙行樞、李本、尹正卿、宇文導師等謀襲化及，遣人使于孟海公，結爲外助。遷延未發，以待使報。許弘仁、張愷知之，以告化及，因遣其弟士及陽爲遊獵，至于後軍。德戡不知事露，出營參謁，因命執之，并其黨與。化及責之曰：「與公勠力共定海內，出於萬死。今始事成，願得同守富貴，公又何爲反也？」德戡曰：「本殺昏主，苦其毒害。推立足下，而又甚之。逼於物情，不獲已也。」化及不對，命送至幕下〔四〕，縊而殺之，時年三十九。

裴虔通

裴虔通，河東人也。初，煬帝爲晉王，以親信從，稍遷至監門校尉。煬帝即位，擢舊左右，授宣惠尉，遷監門直閤。累從征役，至通議大夫。與司馬德戡同謀作亂，先開宮門，騎至成象殿，殺將軍獨孤盛，擒帝于西閤。化及以虔通爲光禄大夫、莒國公。化及引兵之北也，令鎮徐州。化及敗後，歸於大唐，即授徐州總管，轉辰州刺史，封長蛇男。尋以隋朝殺逆之罪，除名，徙於嶺表而死。

王充〔五〕

王充字行滿，本西域人也。祖支頹耨，徙居新豐。頹耨死，其妻少寡，與儀同王粲野合，生子曰瓊，粲遂納之以爲小妻。其父收幼孤，隨母嫁粲，粲愛而養之，因姓王氏，官至懷、汴二州長史。充捲髮豺聲，沉猜多詭詐，頗窺書傳，尤好兵法，曉龜策推步盈虚，然未嘗爲人言也。

開皇中，爲左翊衞，後以軍功拜儀同，授兵部員外。善敷奏，明習法律，而舞弄文墨，高下其心。或有駁難之者，充利口飾非，辭義鋒起，衆雖知其不可而莫能屈，稱爲明辯。煬帝時，累遷至江都郡丞。時帝數幸江都，充善候人主顏色，阿諛順旨，每入言事，帝善之。又以郡丞領江都宫監〔六〕，乃雕飾池臺，陰奏遠方珍物以媚於帝，由是益昵之。

大業八年，隋始亂，充内懷徼倖，卑身禮士，陰結豪俊，多收衆心。江淮間人素輕悍，又屬盜賊羣起，人多犯法，有繫獄抵罪者，充皆枉法出之，以樹私恩。及楊玄感反，吴人朱燮、晉陵人管崇起兵江南以應之，自稱將軍，擁衆十餘萬。帝遣將軍吐萬緒、魚俱羅討之，不能剋。充募江都萬餘人，擊頻破之。每有剋捷，必歸功於下，所獲軍實，皆推與士卒，身無所受。由此人爭爲用，功最居多。

十年，齊郡賊帥孟讓自長白山寇掠諸郡，至盱眙，有衆十餘萬。充以兵拒之，而羸師示弱，保都梁山爲五栅，相持不戰。後因其懈弛，出兵奮擊，大破之，乘勝盡滅賊，讓以數十騎遁去，斬首萬人，六畜、軍資莫不盡獲。帝以充有將帥才略，始遣領兵，討諸小盜，所向皆破之。然性矯僞，詐爲善，能自勤苦，以求聲譽。

十一年，突厥圍帝於雁門，充盡發江都人，將往赴難。在軍中，反首垢面，悲泣無度，曉夜不解甲，藉草而卧。帝聞之，以爲愛己，益信任之。

十二年，遷爲江都通守。時厭次人格謙爲盜數年〔七〕，兵十餘萬，在豆子䴚中。充帥師破斬之，威振羣賊。又擊盧明月，破之於南陽，斬首數萬，虜獲極多。後還江都，帝大悅，自執杯酒以賜之。時充又知帝好内，乃言江淮良家有美女，並願備後庭，無由自進。帝逾喜，因密令充閲視諸女〔八〕，姿質端麗合法相者，取正庫及應入京物以娉納之。所用不可勝計，帳上云敕别用，不顯其實。有合意者，則厚賞充；或不中者，又以賚之。後令以船送東京，而道路賊起，使者苦役，於淮泗中沉船溺之者，前後十數。或有發露，充爲秘之，又遽簡閲以供進。是後益見親昵。

遇李密攻陷興洛倉，進逼東都，官軍數却，光禄大夫裴仁基以武牢降于密，帝惡之，大發兵，將討焉。發中詔遣充爲將軍，於洛口以拒密，前後百餘戰，互有勝負。充乃引軍度洛水，逼倉城。李密與戰，充敗績，赴水溺死者萬餘人。時天寒大雪，兵士既度水，衣皆霑濕，在道凍死者又數萬人，比至河陽，纔以千數。充自繫獄請罪，越王侗遣使赦之，召令還都。收合亡散，復得萬餘人，屯於含嘉城中〔九〕，不敢復出。

宇文化及殺帝於江都，充與太府卿元文都、將軍皇甫無逸、右司郎盧楚奉侗爲主。侗以充爲吏部尚書，封鄭國公。及侗取元文都、盧楚之謀，拜李密爲太尉、尚書令，密遂稱臣，復以兵拒化及於黎陽，遣使告捷。衆皆悅，充獨謂其麾下諸將曰：「文都之輩，刀筆吏耳。吾觀其勢，必爲李密所擒。且吾軍人每與密戰，殺其父兄子弟，前後已多，一旦爲之下，吾屬無類矣。」出此言以激怒其衆。文都知而大懼，與楚等謀，將因充入内，伏甲而殺之。期有日矣，將軍段達遣其女婿張志以楚謀告之。充夜勒兵圍宫城，將軍費曜、田世闍等與戰於東太陽門外。曜軍敗，充遂攻門而入，無逸以單騎遁走。獲楚，殺之。時宫門尚閉，充令扣門言於侗曰：「元文都等欲執皇帝降于李密，段達知而以告臣。臣非敢謀反，誅反者耳。」文都聞變，入奉侗於乾陽殿，陳兵衛之。令將帥乘城以拒難，兵敗，又獲文都殺之。侗命開門以納充，充悉遣人代宿衞者，乃入謁，頓首流涕而言曰：「文都等無狀，謀相屠害，事急爲此，不敢背國。」侗與之盟。充尋遣韋節等諷侗，令拜爲尚書左僕射、總督内外諸軍事。又授其兄惲爲内史令，入居禁中。

未幾，李密破化及還，其勁兵良馬多戰死，士卒皆勌。充欲乘其獘而擊之，恐人不一，乃假託鬼神，言夢見周公，乃立祠於洛水之上，遣巫宣言周公欲令僕射急討李密，當有大功，不則兵皆疫死。充兵多楚人，俗信妖妄，故出此言以惑之。衆皆請戰。充簡練精勇，得二萬餘人，馬千餘，遷營於洛水南。密軍偃師北山上。時密新得志於化及，有輕充之心，不設壁壘。充夜遣二百餘騎潛入北山，伏溪谷中，令軍秣馬蓐食。既而宵濟，人奔馬馳，遲明而薄密。密出兵應之，陣未成列而兩軍合戰，其伏兵蔽山而上，潛登北原，乘高下馳，壓密營。營中亂，無能拒者，即入縱火。密軍大驚而潰，降其將張童兒、陳智略，進下偃師。初，充兄偉及子玄應隨化及至東郡，密得而囚之於城中，至是，盡獲之。又執密長史邴元真妻子、司馬鄭虔象之母及諸將子弟，皆撫慰之，各令潛呼其父兄。兵次洛口，邴元真、鄭虔象等舉倉城以應之。密以數十騎遁逸，充悉收其衆。而東盡于海，南至于江，悉來歸附。充又令韋節諷侗，拜爲太尉，署置官屬，以尚書省爲其府。尋自稱鄭王。遣其將高略帥師攻壽安〔一〇〕，不利而旋。又帥師攻圍穀州，三日而退。明年，自稱相國，受九錫備物，是後不朝侗矣。

有道士桓法嗣者，自言解圖讖，充昵之。法嗣乃以孔子閉房記，畫作丈夫持一干以驅羊。法嗣云：「楊，隋姓也。干一者，王字也。居羊後，明相國代隋爲帝也。」又取莊子人間世、德充符二篇上之，法嗣釋曰：「上篇言世，下篇言充，此即相國名矣。明當德被人間，而應符命爲天子也。」充大悦曰：「此天命也。」再拜受之。即以法嗣爲諫議大夫。充又羅取雜鳥，書帛繫其頸，自言符命而散放之。或有彈射得鳥而來獻者，亦拜官爵。既而廢侗於別宮，僭即皇帝位，建元曰開明，國號鄭。大唐遣秦王率衆圍之，充頻出兵，戰輒不利，都外諸城相繼降款。充窘迫，遣使請救於竇建德，建德率精兵援之。師至武牢，爲秦王所破，禽建德以詣城下。充將潰圍而出，諸將莫有應之者，自知潛竄無所，於是出降。至長安，爲讎人獨孤脩德所殺。

段達

段達，武威姑臧人也。父嚴，周朔州刺史。達在周，年始三歲，襲爵襄垣縣公。及長，身長八尺，美鬚髯，便弓馬。

高祖爲丞相，以大都督領親信兵，常置左右。及踐阼，爲左直齋，累遷車騎將軍，兼晉王參軍。高智惠、李積等之作亂也，達率衆一萬，擊定方、滁二州，賜縑千段，遷進儀同。又破汪文進等於宣州，加開府，賜奴婢五十口，縣絹四千段。仁壽初，太子左衞副率。

大業初，以蕃邸之舊，拜左翊衞將軍。征吐谷渾，進位金紫光禄大夫。帝征遼東，百姓苦役，平原郝孝德〔一一〕、清河張金稱等並聚衆爲羣盜，攻陷城邑，郡縣不能禦。帝令達擊之，數爲金稱等所挫，亡失甚多。諸賊輕之，號爲段姥。後用鄃令楊善會之計，更與賊戰，方致剋捷。還京師，以公事坐免。

明年，帝征遼東，以達留守涿郡。俄復拜左翊衞將軍。高陽魏刀兒聚衆十餘萬，自號歷山飛，寇掠燕、趙。達率涿郡通守郭絢擊敗之。于時盜賊既多，官軍惡戰，達不能因機決勝，唯持重自守，頓兵饋糧，多無剋獲，時皆謂之爲怯懦。

十二年，帝幸江都宮，詔達與太府卿元文都留守東都。李密據洛口，縱兵侵掠城下，達與監門郎將龐玉、武牙郎將霍舉率內兵出禦之。頗有功，遷左驍衞大將軍。王充之敗也，密復進據北芒，來至上春門，達與判左丞郭文懿〔一三〕、尚書韋津出兵拒之。達見賊盛，不陣而走，爲密所乘，軍大潰，津沒於陣。由是賊勢日盛。

及帝崩於江都，達與元文都等推越王侗爲主，署開府儀同三司，兼納言，封陳國公。元文都等謀誅王充也，達陰告充，爲之內應。及事發，越王侗執文都於充，充甚德於達，特見崇重。既破李密，達等勸越王加充九錫備物，尋諷令禪讓。充僭尊號，以達爲司徒。及東都平，坐誅，妻子籍沒。

史臣曰：化及庸愞下才，負恩累葉，王充斗筲小器，遭逢時幸，俱蒙獎擢，禮越舊臣。既屬崩剥之期，不能致身竭命，乃因利乘便，先圖干紀，率羣不逞，職爲亂階，拔本塞源，裂冠毁冕。或躬爲戎首，或親行鴆毒，釁深指鹿，事切食蹯，天地所不容，人神所同憤。故梟獍凶魁，相尋葅戮，蛇豕醜類，繼踵誅夷，快忠義於當年，垂炯戒於來葉。嗚呼，爲人臣者可不殷鑒哉！可不殷鑒哉！

校勘記

〔一〕羣小在側　「在」，至順本作「布」。

〔二〕通德戡母和氏　「和氏」，北史卷七九宇文述傳附司馬德戡傳、通志卷一六四司馬德戡傳作「娥氏」。

〔三〕爲侍官　「官」，原作「宫」，據北史卷七九宇文述傳附司馬德戡傳、册府卷九三七總録部姦佞、通志卷一六四司馬德戡傳改。

〔四〕命送至幕下　「至」字原闕，據宋乙本、至順本、汲本補。按，北史卷七九宇文述傳附司馬德戡傳亦有「至」字。

〔五〕王充　即王世充。避唐諱省「世」字。

〔六〕又以郡丞領江都宫監　「宫」，原作「官」，據宋乙本、至順本、汲本改。按，北史卷七九王世充傳、册府卷六九七牧守部邪佞亦作「宫」。

〔七〕時厭次人格謙爲盜數年　「人」，原作「之」，據宋乙本、至順本、汲本改。按，北史卷七九王世充傳、冊府卷三五七將帥部立功亦作「人」。

〔八〕因密令充閱視諸女 「充」字原闕，據宋乙本、汲本補。

〔九〕屯於含嘉城中 「含嘉城」，原作「含喜城」，據本書卷七一誠節元文都傳、北史卷七九王世充傳、通鑑卷一八五唐紀一高祖武德元年、通志卷一六四王世充傳改。

〔一〇〕遣其將高略帥師攻壽安 「高略」，冊府卷三五七將帥部立功作「高毗」。新唐書卷一〇九崔義玄傳、通鑑卷一八七唐紀三高祖武德二年亦載王世充將高毗攻河内郡事，可參見。

〔一一〕平原郝孝德 「郝孝德」，原作「祁孝德」，據本書卷六四王辯傳、卷七〇李密傳、卷七一誠節張須陁傳改。按，舊唐書卷五三李密傳、新唐書卷八四李密傳亦作「郝孝德」。

〔一二〕達與判左丞郭文懿 「郭文懿」，原作「郭大懿」，據本書卷五九煬三子越王侗傳、北史卷七一隋宗室諸王煬帝三子越王侗傳、通鑑卷一八五唐紀一高祖武德元年、冊府卷二八九宗室部圖興復改。

附録

宋天聖二年隋書刊本原跋

隋書自開皇、仁壽時，王劭爲書八十卷〔一〕，以類相從，定爲篇目。至於編年紀傳，並闕其體〔二〕。唐武德五年，起居舍人令狐德棻奏請修五代史。五代謂梁、陳、齊、周、隋也。十二月，詔中書令封德彝、舍人顔師古脩隋史，緜歷數載，不就而罷。貞觀三年〔三〕，續詔秘書監魏徵脩隋史，左僕射房喬總監。徵又奏於中書省置秘書内省，令前中書侍郎顔師古、給事中孔穎達、著作郎許敬宗撰隋史〔四〕。徵總知其務，多所損益，務存簡正。序、論皆徵所作。凡成帝紀五，列傳五十。十年正月壬子，徵等詣闕上之。十五年，又詔左僕射于志寧、太史令李淳風、著作郎韋安仁、符璽郎李延壽同脩五代史志。凡勒成十志三十卷。顯慶元年五月己卯，太尉長孫無忌等詣朝堂上進〔五〕，詔藏秘閣。後又編第入隋書，其實別行，亦呼爲五代史志。案魏徵本傳，貞觀七年爲侍中，十年，五代史成，加光禄大夫，進封鄭國公。俄請遜位，拜特進。今諸本並云特進。又經籍志四卷，獨云侍中、鄭國公魏徵撰。無忌傳又云，永徽三年，始受詔監脩，疑當時先已刊脩，無忌因成書而進。今紀、傳題以徵，志以無忌，從衆本所載也。紀傳亦有題太子少師許敬宗撰。案敬宗傳，貞觀八年，除著作郎，脩國史，遷中書舍人。十年，左授洪州司馬。龍朔三年，始拜太子少師。與今録年月官位不同，疑後人所益。房喬、志寧初並受詔。又李延壽傳云，被詔與著作佐郎敬播同脩五代史志。按延壽貞觀三年與顔師古同被勑脩隋史，其年以内憂去職。今諸本並不載喬等名位。天文、律曆、五行三志，皆淳風獨作。五行志序，諸本云褚遂良作。案本傳未嘗受詔撰述，疑祇爲一序，今故略其名氏。

天聖二年五月十一日，上御藥供奉藍元用奉傳聖旨，齎禁中隋書一部，付崇文院。至六月五日，勑差官校勘，時命臣綬、臣燁提點，右正言、直史館張觀等校勘〔六〕。觀尋爲度支判官，續命黃鑑代之〔七〕。**仍内出版式雕造**〔八〕。

校勘記

〔一〕王劭爲書八十卷　汲本「爲」下注稱：「雍本改『纂』。」北監本、殿本亦作「纂」。

〔二〕並闕其體　汲本「體」下注稱：「雍本改『序』。」北監本、殿本亦作「序」，南監本作「傳」。

〔三〕貞觀三年　「貞觀」，原作「正觀」，避宋諱改，今回改。下同改，不另出校。又，「三年」，原作「二年」，據宋乙本、南監本、北監本、汲本改。按，舊唐書卷七三令狐德棻傳、新唐書卷一〇二令狐德棻傳、唐會要卷六三史館上修前代史、册府卷五五六國史部採撰俱作「三年」。

〔四〕令前中書侍郎顏師古給事中孔穎達著作郎許敬宗撰隋史　「許敬宗」，原作「許恭宗」，避宋諱改，今回改。下同改，不另出校。

〔五〕太尉長孫無忌等詣朝堂上進　「朝」，原作「明」；「上」，原作「左」，據宋乙本、南監本、北監本、汲本、殿本改。

〔六〕右正言直史館張觀等校勘　「右正言」，原作「左正言」，據宋乙本改。按，宋史卷二九二張觀傳亦作「右正言」。

〔七〕續命黄鑑代之　「黄鑑」，原作「黄爁」，據宋乙本改。按，黄鑑，宋史卷四四二文苑傳有傳。

〔八〕仍内出版式雕造　「雕」，宋乙本作「刊」。

隋書考證跋語

翰林院編修臣映斗謹言：右隋書八十五卷，奉敕校刻者。宋本殘缺，乃以監本爲底本。此外完書備校者，有南監本、汲古閣本。他本殘缺，亦可參校者，宋本外有兩舊本。考隋書十志，向稱「五代史志」，有單行本，今已不可得見。其帝紀、列傳略見於北史、南史及梁、陳、齊、周本書，然各本皆年深漫漶，並有淆譌。臣等參互考据，公同商確，譌者正之、闕者補之、脱者增之、衍者删之，文異則取其義長、義通亦辨其文異。又如志中條目，或異事而牽連，或同條而割裂，列傳次第，亦有凌躐，目録、本傳前後抵牾，或分傳而不標名，或附傳而名複見。皆乖體例，不合本文。再如所引經史子集，間與本書有異，改之不可，仍之實疎，自非詳繹本文，明徵往籍，沿譌襲謬，長貽學者之疑。即此隋朝一代之書，欲存善本，愈仰睿鑒，精詳攷證，不可不作也。丹鉛既畢，得如干條勒於各卷之後。臣等職在編摩，匪有學問，要自百十字之增補，以至單辭隻字之改易，並有依據，無考者仍闕之。不敢稍憑臆見，妄有損益於其間，校讎之分云爾。臣謹識。原任詹事臣陳浩，侍講學士臣萬承蒼，侍讀臣齊召南，洗馬臣陸宗楷，編修臣孫人龍、臣張映斗、拔貢生臣郭世燦等奉敕恭校刊。

百衲本跋

張元濟

此元大德九路刊本也。明黄佐南雍志：「元江東建康道肅政廉訪使以十七史艱得善本，從太平路學官之請，偏牒九路，令本路以兩漢書率先，諸路咸取而式之。」按元史，建康道所轄九路，一寧國、二徽州、三饒州、四集慶、五太平、六池州、七信州、八廣德，其九爲鉛山州，不稱路，然直隸行省，與路同。是本版心有「堯學」、「路學」、「番泮」、「浮學」、「樂平」、「錦江」、「初菴」等字。「堯」爲「饒」之省文，「堯學」、「路學」即饒州路學。「番泮」即鄱陽縣學，「浮學」、「樂平」即浮梁、樂平二州學，蓋某路承刊某史，又與其所屬州縣分任之。至「錦江」、「初菴」皆書院名，錦江在安仁縣，爲宋倪玠講學之所；初菴在德興縣，爲邑人傅立號初菴者所設。元制，書院設山長，亦爲朝廷命官，故與州縣學同任刊刻之役也。

殿本是書據宋刻校勘，故訛脱視他史爲少。然校刊官張映斗識語，謂宋本殘缺，乃以監本爲底本，故有時不免爲監本所誤。即以地名、人名、官名、物名言之，如高祖紀下開皇十年六月癸亥以「浙州刺史元胄爲靈州總管」，監本「浙州」乃作「浙江」。本書地理志下

「餘杭郡」注「平陳，置杭州」，當時並無「浙江」之名，至「浙江」則至明洪武時始有之。而地理志中有「淅陽郡」，注「西魏置淅州」，隋初未改，郡當仍其稱。此「浙」字必「淅」字之訛。殿本不知改「浙」爲「淅」，而反沿監本「浙江」之名，誤一。又地理志上西城郡統縣黄土，注「西魏置淯陽郡，後周改郡，置縣曰黄土」，監本「淯陽」乃作「涓陽」，本書地理志中淯陽郡，注「西魏置蒙州，仁壽中改曰淯州」。寰宇記淯水在廢淯陽縣西一百步，自商州上津縣來，東流注於漢。是淯陽實以淯水得名。殿本沿監本作「涓」，誤二。又張煚傳，「河間鄚人也」，監本「鄚」乃作「鄭」，本書地理志中河間郡統縣十三，有鄚縣。隋有鄭州，屬滎陽郡，有鄭縣，屬京兆郡，去河間均甚遠。舊唐書地理志河北道，莫州本瀛州之鄚縣，開元十三年以「鄚」字類「鄭」字，改爲「莫」。是「鄭」之訛「鄚」由來已久，監本然，殿本亦然，誤三。又李密傳，王世充引兵來與密決戰，「密留王伯當守金墉，自引精兵就偃師，北阻邙山以待之」。舊唐書紀此事亦作「邙山」，監本「邙山」乃作「邛山」。元和郡縣志北邙山在偃師縣北二里，此云「就偃師」，必爲邙山無疑。監本作「邛」者誤於形似也，殿本仍之，誤四。又律曆志中張賓改曆，劉孝孫等駁言其失，謂「漢書武帝太初元年丁丑歲落下閎等考定太初曆」，又天文志渾天儀篇「落下閎爲漢孝武帝於地中轉渾天定時節」，監本「落下」乃均作「洛下」。漢書律曆志武帝元封七年議造漢曆，募治曆者，「方士唐都、巴郡落下閎與焉」。「落下」不作「洛下」。監本妄改，殿本從之，誤五。又王充傳「有道士桓法嗣者，自言解圖讖」，監本「桓」乃作「相」。北史、兩唐書世充傳紀此事均作「桓法嗣」，不作「相法嗣」，蓋「桓」爲宋諱。避缺末筆，元本亦往往沿之，監本不察，誤認爲「相」，殿本循之，誤六。又禮儀志六紀文武冠服「尚書都令史」節，「謁都水令史」，監本乃作「謁都令史」。按「謁」爲謁者臺，「都水」爲都水臺，「令史」爲二臺屬官。且上文有「尚書都令史」，謁者位卑，不當有都令史，必爲「都水」無疑。監本既脱，殿本不予補正，誤七。又史祥傳，「進位上開府，尋拜蘄州總管，未幾徵拜左領左右將軍」，監本乃作「左領軍右將軍」。本書百官志「左右領左右府，各大將軍一人、將軍二人」，曰「各」一人、二人者，必有左領或右領左右大將軍、將軍矣。且獨孤陁傳亦有「拜上開府、右領左右將軍」之語，此可證左領左右將軍實有其官。監本疑疊見「左」字有譌，故改其一，殿本因之，誤八。又裴矩傳「祖他，魏都官尚書」，監本乃作「郡官尚書」。魏書官氏志有列曹尚書，都官爲列曹之一。魏書、北史本傳雖不言其曾官此職，然若以「郡」上屬「魏」字，「官」下屬「尚書」字爲句，則更不成詞，且魏官名無獨用「尚書」二字者。監本失於前，殿本踵於後，誤九。又李崇傳，突厥欲降崇，遣使謂之曰，「若來降者，封爲特勤」。西突厥傳「其國立鞅素特勤之子」。監本二「特勤」字乃均作「特勒」。耶律鑄雙溪醉隱集自注，和林城東北有唐明皇開元壬申御製御書闕特勤碑，「其碑額及碑文皆是『殷勤』之『勤』字。唐新舊史，凡書『特勤』皆作『銜勒』之『勒』字，誤也。諸突厥部之遺俗，猶呼可汗之子爲『特勤』、『特謹』字也」。近人在三音諾顏之哲里夢獲覩是碑，拓以示人，釋之者謂今蒙古呼王之子弟皆爲「台吉」，即「特勤」、「特謹」之轉音。且據此以駁顧亭林、畢秋帆之言而伸錢竹汀之說。又突厥傳，都藍可汗「遣其母弟褥但特勒獻于闐玉杖」，是本亦已誤「勤」爲「勒」，監、殿二本且更誤爲「持勒」矣。是「特勤」二字之見於是本者，豈非碩果之遺。殿本襲監本之謬，誤十。尚有一字，其異同僅在點畫之微，亦正惟其微而愈徵舊本之足貴。禮儀志六「皇后衣十二等」節，其翟衣有六，「采桑則服鳪衣」，注「黄色」。其下諸公夫人、諸伯夫人、諸子夫人、三妃、三公夫人，均服此衣，故「鳪」字凡七見。是本惟「諸公夫人」節誤作「忄」旁，監本則全作「⿰忄鳥」。爾雅釋鳥，「鳪雉」，郭璞注「黄色，鳴自呼」，與本書注正同。鳪衣外尚有翬衣、䄏衣、鷩衣、鵫衣、翙衣五者，皆以雉文爲色，故稱「翟衣」，亦正與爾雅鷩雉、秩秩、海雉、鵫雉、翬鷂各注色澤相合。是「鳪」之當從「卜」旁，毫無疑義。是本誤者一而未誤者六，校刊監本者見舊本互有異同，以「卜」旁之字罕見，遂不問上下文之意義及其字之有無，而昧然盡改爲「忄」旁。武英殿校刊諸臣一仍舊貫，更無所容心於其間，而「鳪」字遂從此湮滅。刊書之人愈多而識字之人愈少，豈非事之可哀者乎！儀顧堂題跋謂是本百官志上、董純傳各有闕文，證之是本，所脱正同。古籍日稀，奚能姑舍。美猶有憾，吾無諱焉。海鹽張元濟。

主要參考文獻

一

隋書八十五卷，百衲本二十四史影印元大德刻本，並借北平圖書館、江蘇省立國學圖書館藏本配補，商務印書館，一九三五年。

隋書八十五卷，存六十五卷，中華再造善本影印中國國家圖書館藏宋刻遞修本，北京圖書館出版社，二〇〇六年。

隋書八十五卷，宋刻本，存八卷，其卷二四、二五、八三至八五，中華再造善本影印中國國家圖書館藏本，北京圖書館出版社，二〇〇三年；卷九至一一（卷一一有缺葉），臺北「國家圖書館」藏；卷一一殘葉，上海圖書館藏。

隋書八十五卷，元大德饒州路儒學刻明正德嘉靖遞修公文紙印本，中國國家圖書館藏。

隋書八十五卷，元至順三年瑞州路儒學刻明修本，中國國家圖書館藏。

隋書八十五卷，明萬曆二十二年至二十三年南京國子監刻明清遞修本，中華書局圖書館藏。

隋書八十五卷，明萬曆二十六年北京國子監刻清康熙二十五年補修本，中華書局圖書館藏。

隋書八十五卷，明崇禎八年毛氏汲古閣刻本，中華書局圖書館藏。

隋書八十五卷，二十五史縮印涵芬樓一九一六年影印清乾隆四年武英殿刻本，上海古籍出版社、上海書店，一九八六年。

二

十三經注疏（清嘉慶刊本），清阮元校刻，中華書局影印本，二〇〇九年。

十三經注疏校記，清孫詒讓撰，雪克輯點，孫詒讓遺書，齊魯書社，一九八三年。

五禮通考，清秦蕙田撰，景印文淵閣四庫全書本，臺灣商務印書館，一九八六年。

經典釋文彙校，唐陸德明撰，黄焯彙校，中華書局，一九八三年。

樂書，宋陳暘撰，景印文淵閣四庫全書本，臺灣商務印書館，一九八六年。

燕樂考原，清凌廷堪撰，紀健生校點，凌廷堪全集，黄山書社，二〇〇九年。
説文解字，中華書局影印同治陳昌治刻本，一九六三年。
説文解字注，漢許慎撰，清段玉裁注，上海古籍出版社影印經韻樓本，一九八一年。
鉅宋廣韻，宋陳彭年撰，上海古籍出版社影印宋本，一九八三年。
廣韻校本，周祖謨校，中華書局影印清張士俊澤存堂刊本，二〇〇四年。
史記，漢司馬遷撰，南朝宋裴駰集解，唐司馬貞索隱，唐張守節正義，中華書局，一九八二年。
史記斠證，王叔岷撰，中華書局，二〇〇七年。
漢書，漢班固撰，唐顏師古注，中華書局，一九六二年。
後漢書，南朝宋范曄撰，唐李賢等注，中華書局，一九六五年。
三國志，晉陳壽撰，南朝宋裴松之注，中華書局，一九八二年。
晉書，唐房玄齡等撰，中華書局，一九七四年。
宋書，南朝梁沈約撰，中華書局，一九七四年。
南齊書，南朝梁蕭子顯撰，中華書局，一九七二年。

梁書，唐姚思廉撰，中華書局，一九七三年。
陳書，唐姚思廉撰，中華書局，一九七二年。
魏書，北齊魏收撰，中華書局，一九七四年。
北齊書，唐李百藥撰，中華書局，一九七二年。
周書，唐令狐德棻等撰，中華書局，一九七一年。
南史，唐李延壽撰，中華書局，一九七五年。
北史，唐李延壽撰，中華書局，一九七四年。
隋書詳節，宋吕祖謙纂，十七史詳節，日本宫内廳書陵部藏宋元版漢籍選刊影印元刊本，上海古籍出版社，二〇一二年。
舊唐書，後晉劉昫等撰，中華書局，一九七五年。
新唐書，宋歐陽脩、宋祁撰，中華書局，一九七五年。
新唐書宰相世系表集校，趙超編著，中華書局，一九九八年。
宋史，元脱脱等撰，中華書局，一九七七年。
縮印百衲本二十四史，商務印書館，一九五八年。
三國史記，金富軾撰，學習院東洋文化研究所，一九六四年。

讀史舉正，清張熷著，叢書集成初編本，商務印書館，一九三七年。
十七史商榷，清王鳴盛撰，商務印書館，一九五九年。
廿二史劄記校證，清趙翼著，王樹民校證，中華書局，一九八四年。
廿二史考異，清錢大昕著，方詩銘、周殿傑校點，上海古籍出版社，二〇〇四年。
諸史考異，清洪頤煊撰，叢書集成初編本，中華書局，一九九一年。
越縵堂讀史札記全編，清李慈銘著，北京圖書館出版社影印本，二〇〇三年。
五史斠議（隋書），羅振玉撰，二十五史三編本，岳麓書社，一九九四年。
校史隨筆，張元濟著，商務印書館影印本，一九九〇年。
讀二十五史蠡述，李澄宇撰，北京圖書館出版社影印本，二〇〇五年。
漢紀，漢荀悦撰，張烈點校，兩漢紀，中華書局，二〇〇二年。
通紀，唐馬總撰，江蘇古籍出版社影印宛委别藏本，一九八八年。
大唐創業起居注，唐温大雅撰，李季平、李錫厚點校，上海古籍出版社，一九八三年。
資治通鑑，宋司馬光編著，元胡三省音注，中華書局，一九八六年。
資治通鑑考異，宋司馬光撰，四部叢刊初編本，上海書店，一九八九年。
建康實録，唐許嵩撰，張忱石點校，中華書局，一九八六年。

通志，宋鄭樵撰，中華再造善本影印元大德三山郡庠刻元明遞修弘治公文紙本，北京圖書館出版社，二〇〇六年。
通志，宋鄭樵撰，中華書局影印十通本，一九八七年。
通志二十略，宋鄭樵撰，王樹民點校，中華書局，一九九五年。
越絶書，漢袁康、漢吴平輯録，樂祖謀點校，上海古籍出版社，一九八五年。
華陽國志校補圖注，晉常璩撰，任乃强校注，上海古籍出版社，一九八七年。
十六國春秋，北魏崔鴻撰，叢書集成初編本，商務印書館，一九三六年。
元和郡縣圖志，唐李吉甫撰，賀次君點校，中華書局，一九八三年。
太平寰宇記，宋樂史撰，王文楚等點校，中華書局，二〇〇七年。
宋本輿地廣記，宋歐陽忞撰，國家圖書館出版社影印宋刻遞修本，二〇一七年。
輿地廣記，宋歐陽忞撰，李勇先、王小紅校注，四川大學出版社，二〇〇三年。
輿地紀勝，宋王象之撰，中華書局影印清道光懼盈齋本，一九九二年。
方輿勝覽，宋祝穆撰，宋祝洙增訂，施和金點校，中華書局，二〇〇三年。
宋本方輿勝覽，宋祝穆編，宋祝洙補訂，上海古籍出版社影印本，二〇一二年。
讀史方輿紀要，清顧祖禹撰，賀次君、施和金點校，中華書局，二〇〇五年。

嘉慶重修一統志，中華書局影印本，一九八六年。
續山東考古録，清葉圭綬撰，續修四庫全書影印清咸豐葉氏刊本，上海古籍出版社，二〇〇二年。
古本敦煌鄉土志八種箋證，李正宇著，甘肅人民出版社，二〇〇八年。
北周地理志，王仲犖著，中華書局，一九八〇年。
水經注，北魏酈道元撰，陳橋驛點校，上海古籍出版社，一九九〇年。
水經注圖（外二種），清楊守敬等編繪，中華書局影印本，二〇〇九年。
水經注疏，北魏酈道元注，清楊守敬纂疏、熊會貞參疏，謝承仁、侯英賢整理，楊守敬集，湖北人民出版社、湖北教育出版社，一九九七年。
唐六典，唐李林甫等撰，陳仲夫點校，中華書局，一九九二年。
大唐六典，日廣池千九郎訓點，日内田智雄補訂，広池學園事業部，一九七三年。
北周六典，王仲犖著，中華書局，一九七九年。
通典，唐杜佑撰，王文錦等點校，中華書局，一九八八年。
北宋版通典，唐杜佑著，日長澤規矩也、日尾崎康校，韓昇譯，上海人民出版社影印本，二〇〇八年。

通典，唐杜佑撰，中華書局影印十通本，一九八四年。

通典食貨志校箋，曾貽芬校箋，巴蜀書社，二〇一三年。

唐會要，宋王溥撰，上海古籍出版社，一九九一年。

文獻通考，元馬端臨撰，上海師範大學古籍研究所、華東師範大學古籍研究所點校，中華書局，二〇一一年。

文獻通考經籍考，元馬端臨撰，華東師大古籍研究所標校，華東師範大學出版社，一九八五年。

大唐開元禮（附大唐郊祀録），民族出版社影印本，二〇〇〇年。

唐律疏議，唐長孫無忌等撰，劉俊文點校，中華書局，一九八三年。

隋代墓誌銘彙考，王其禕、周曉薇編著，綫裝書局，二〇〇七年。

西安碑林博物館新藏墓誌續編，趙力光主編，陝西師範大學出版社，二〇一四年。

秦晉豫新出墓誌蒐佚續編，趙文成、趙君平編，國家圖書館出版社，二〇一五年。

墨香閣藏北朝墓誌，葉煒、劉秀峰主編，上海古籍出版社，二〇一六年。

長安高陽原新出土隋唐墓誌，李明等主編，文物出版社，二〇一六年。

洛陽新獲墓誌二〇一五，齊運通、楊建鋒編，中華書局，二〇一七年。

陜西新見隋朝墓誌，劉文編著，三秦出版社，二〇一八年。
史通通釋，唐劉知幾著，清浦起龍通釋，王煦華整理，上海古籍出版社，二〇〇九年。
崇文總目，中國歷代書目叢刊影印粤雅堂叢書本，現代出版社，一九八七年。
郡齋讀書志校證，宋晁公武撰，孫猛校證，上海古籍出版社，一九九〇年。
直齋書録解題，宋陳振孫撰，徐小蠻、顧美華點校，上海古籍出版社，一九八七年。
四庫全書總目，清永瑢等撰，臺灣商務印書館影印殿本，二〇一三年。
四庫提要辨證，余嘉錫著，中華書局，一九八〇年。
日本國見在書目詳考，孫猛著，上海古籍出版社，二〇一五年。
四民月令輯釋，漢崔寔著，繆啓愉輯釋，萬國鼎審訂，農業出版社，一九八一年。
周髀算經，錢寶琮校點，算經十書，中華書局，一九六三年。
九章算術，錢寶琮校點，算經十書，中華書局，一九六三年。
唐開元占經，唐瞿曇悉達撰，景印文淵閣四庫全書本，臺灣商務印書館，一九八六年。
疇人傳，清阮元撰，臺灣復興書局影印庚申補版皇清經解本，一九六一年。
戎事類占，元李克家撰，四庫全書存目叢書影印明萬曆刻本，齊魯書社，一九九五年。

歷代名畫記，唐張彦遠著，秦仲文、黄苗子點校，人民美術出版社，一九六三年。
吕氏春秋注疏，王利器著，巴蜀書社，二〇〇二年。
淮南子校釋（增訂本），張雙棣撰，北京大學出版社，二〇一三年。
習學記言序目，宋葉適著，中華書局，一九七七年。
蘇氏演義，唐蘇鶚撰，商務印書館，一九五六年。
西溪叢語，宋姚寬撰，孔凡禮點校，中華書局，一九九三年。
學林，宋王觀國撰，田瑞娟點校，中華書局，一九八八年。
日知録集釋（外七種），清顧炎武著，清黄汝成集釋，上海古籍出版社影印本，一九八五年。
炳燭偶鈔，清陸錫熊纂，叢書集成初編本，中華書局，一九八五年。
讀書雜志，清王念孫撰，中華書局影印金陵書局本，一九九一年。
銅熨斗齋隨筆，清沈濤撰，清人考訂筆記（七種）影印清咸豐自刻本，中華書局，二〇〇四年。
越縵堂讀書記，清李慈銘撰，由雲龍輯，上海書店出版社，二〇〇〇年。
封氏聞見記校注，唐封演撰，趙貞信校注，中華書局，一九五八年。
北堂書鈔，唐虞世南撰，中國書店影印清光緒南海孔氏刊本，一九八九年。

藝文類聚，唐歐陽詢撰，汪紹楹校，上海古籍出版社，一九八二年。
初學記，唐徐堅等著，中華書局，一九六二年。
元和姓纂（附四校記），唐林寶撰，岑仲勉校記，郁賢皓、陶敏整理，孫望審訂，中華書局，一九九四年。
太平御覽，宋李昉等撰，中華書局縮印商務印書館影宋本，一九六〇年。
宋本册府元龜，宋王欽若等編，中華書局影印本，一九八九年。
册府元龜，宋王欽若等編，中華書局影印明本，一九六〇年。
古今姓氏書辨證，宋鄧名世撰，叢書集成初編本，商務印書館，一九三六年。
職官分紀，宋孫逢吉撰，景印文淵閣四庫全書本，臺灣商務印書館，一九八六年。
錦繡萬花谷，宋佚名撰，上海辭書出版社影印明繡石書堂本，一九九二年。
山堂考索，宋章如愚編撰，中華書局影印明慎獨齋本，一九九二年。
玉海，宋王應麟輯，臺灣華聯出版社影印元刻本，一九六四年。
玉海，宋王應麟輯，江蘇古籍出版社、上海書店影印清光緒九年浙江書局本，一九八七年。
玉海藝文志校證，宋王應麟撰，武秀成、趙庶洋校證，鳳凰出版社，二〇一三年。
説郛，明陶宗儀等編，説郛三種，上海古籍出版社影印宛委山堂本，一九八八年。

世説新語箋疏(修訂本),南朝宋劉義慶著,南朝梁劉孝標注,余嘉錫箋疏,周祖謨、余淑宜、周士琦整理,上海古籍出版社,一九九三年。
冥祥記,南朝齊王琰撰,李劍國輯釋,唐前志怪小説輯釋(修訂本),上海古籍出版社,二〇一一年。
太平廣記,宋李昉等編,汪紹楹點校,中華書局,一九六一年。
唐語林校證,宋王讜撰,周勛初校證,中華書局,一九八七年。
高僧傳,南朝梁釋慧皎撰,湯用彤校注,湯一玄整理,中華書局,一九九二年。
開元釋教録,唐釋智昇撰,中華大藏經(漢文部分)影印本,中華書局,一九九二年。
神仙傳校釋,晉葛洪撰,胡守爲校釋,中華書局,二〇一〇年。
雲笈七籤,宋張君房編,李永晟點校,中華書局,二〇〇三年。
宋尤袤刻本文選,南朝梁蕭統輯,唐李善注,國家圖書館出版社影印本,二〇一七年。
日本足利學校藏宋刊明州本六臣注文選,南朝梁蕭統選編,唐呂延濟等注,人民文學出版社影印本,二〇〇八年。
日藏弘仁本文館詞林校證,唐許敬宗編,羅國威整理,中華書局,二〇〇一年。

影弘仁本文館詞林，唐許敬宗編，日本古典研究會影印本，一九六九年。
文苑英華，宋李昉等編，中華書局影印本，一九六六年。
文苑英華校記，傅增湘撰，北京圖書館出版社影印本，二〇〇六年。
樂府詩集，宋郭茂倩編，中華書局，一九七九年。
樂府詩集，宋郭茂倩編，人民文學出版社影印傅增湘藏宋本，二〇一〇年。
先秦漢魏晉南北朝詩，逯欽立輯校，中華書局，一九八三年。
隋文紀，明梅鼎祚輯，景印文淵閣四庫全書本，臺灣商務印書館，一九八六年。
漢魏六朝百三名家集，明張溥輯，江蘇古籍出版社影印本，二〇〇二年。
全上古三代秦漢三國六朝文，清嚴可均輯，中華書局影印清光緒黄岡王毓藻刻本，一九五八年。
全隋文補遺，韓理洲輯校編年，三秦出版社，二〇〇四年。

三

隋書求是，岑仲勉著，商務印書館，一九五八年。

百衲本二十四史校勘記隋書校勘記，張元濟著，王紹曾等整理，商務印書館，二〇〇一年。
張森楷史學遺著輯略，張森楷著，西南師範大學出版社，一九九八年。
欽定四庫全書考證，清王太岳、王燕緒等輯，書目文獻出版社影印清内府抄本，一九九一年。
隋書高祖本紀疑誤十則，邢東升撰，書品二〇〇八年第四輯。
楊堅誅五王史實補考——從大周故滕國問公墓誌説起，牛敬飛撰，中國中古史集刊第一輯，商務印書館，二〇一五年。
中華點校本隋書質疑二十二則，馬俊民撰，中國古代社會高層論壇文集：紀念鄭天挺先生誕辰一百一十周年，中華書局，二〇一一年。
隋書禮儀志正誤一則，許雲和撰，中國史研究二〇〇六年第二期。
重讀隋書（經籍志、律曆志天文志、百官志及其他），陰法魯撰，陰法魯學術論文集，中華書局，二〇〇八年。
歷代樂志律志校釋，丘瓊蓀校釋，中華書局，一九六四年。
隋書音樂志標點瑣議，日山寺三知撰，文化藝術研究第五卷第一期，二〇一二年。
隋書音楽志訳注，日六朝楽府の会編著，和泉書院，二〇一六年。

魏晉南北朝音樂史料，吉聯抗輯譯，上海文藝出版社，一九八二年。
隋唐燕樂調研究，日林謙三著，郭沫若譯，商務印書館，一九三六年。
燕樂探微，丘瓊蓀遺著，隗芾輯補，上海古籍出版社，一九八九年。
歷代律曆志校證，陳美東著，中華書局，二〇〇八年。
中算家的内插法研究，李儼撰，科學出版社，一九五七年。
隋書律曆志十五等尺，馬衡撰，凡將齋金石叢稿，中華書局，一九七七年。
中國度量衡史，吴承洛著，商務印書館，一九三七年。
諸史天象記録考證，劉次沅著，中華書局，二〇一五年。
隋書天文志脱文拾補，彭益林撰，古籍整理出版情況簡報一九八六年第十二期。
隋書天文志斠證，李國祥、彭益林撰，古籍整理與研究第四期，中華書局，一九八九年。
隋書天文志辨正，劉黎明撰，雲南教育學院學報第八卷第二期，一九九二年四月。
隋書天文志之日星杵星考，劉青平撰，歷史文獻研究北京新第六輯，北京師範大學出版社，一九九五年。
隋書天文志天象記録選注，劉次沅撰，陝西天文臺臺刊一九九六年第一期。
隋書天文志五代災變應勘誤，唐燮軍撰，古籍整理研究學刊二〇〇七年第六期。

對校十三史食貨志，日中嶋敏監修，極東書店，一九六五年。
歷代食貨志注釋，王雷鳴編著，農業出版社，一九八四年。
「兵功」糾誤，李鴻賓撰，中國史研究，一九八八年第一期。
魏書食貨志隋書食貨志訳注，日渡辺信一郎著，汲古書院，二〇〇八年。
隋書食貨志勘誤二則，張勇盛撰，江海學刊二〇一五年第二期。
譯注隋書刑法志，日内田智雄編，譯注續中國歷代刑法志，創文社，一九七〇年。
隋書刑法志考異，顧吉辰撰，歷史文獻研究北京新第三輯，北京師範大學出版社，一九九二年。
隋書兩唐書百（職）官志校讀拾零，張國剛撰，南開學報一九八五年第二期。
隋書百官志上點校匡補，熊清元撰，黄岡師範學院學報第二十卷第二期，二〇〇〇年四月。
隋書百官志後周禄秩解，陳垣撰，陳垣史源學雜文（增訂本），三聯書店，二〇〇七年。
隋書百官志勘誤一則，彭麗華撰，中國史研究二〇一五年第四期。
隋書地理志考證，清楊守敬撰，施和金整理，楊守敬集，湖北人民出版社、湖北教育出版社，一九九七年。
隋書地理志考辨，施和金撰，中國歷史地理研究，南京師範大學出版社，二〇〇〇年。

隋書地理志舊唐書地理志正誤——以與今北京地區有關的州、郡爲例，王毓藺、尹鈞科撰，北京社會科學二〇〇八年第三期。

隋書經籍志考證，清章宗源撰，二十五史補編本，中華書局，一九五五年。

隋書經籍志考證，清姚振宗撰，二十五史補編本，中華書局，一九五五年。

隋書經籍志補，張鵬一撰，二十五史補編本，中華書局，一九五五年。

隋書經籍志糾謬，清康有爲撰，新學僞經考，三聯書店，一九九八年。

隋書經籍志詳攷，日興膳宏、日川合康三著，汲古書院，一九九五年。

隋書經籍志標點勘誤，李慶撰，古籍整理與研究第一期，中華書局，一九八六年。

隋書經籍志標點失誤及其所引起的誤會，馮浩菲撰，歷史文獻研究北京新第五輯，北京師範大學出版社，一九九四年。

隋志「並目録」考證，李大明撰，四川師範大學學報（社會科學版）第二十五卷第四期，一九九八年十月。

漢長孫氏孝經有閨門章辨惑，陳鴻森撰，復旦學報（社會科學版）二〇一四年第四期。

補三國藝文志，清侯康撰，二十五史補編本，中華書局，一九五五年。

隋書劉焯傳劉焯卒年記載有誤，王興文撰，温州師範學院學報（哲學社會科學版）第二十七卷第六期，二〇〇六年十二月。
隋書四夷傳地理考證，清丁謙撰，浙江圖書館叢書第一集，二十五史三編本，岳麓書社，一九九四年。
東アジア民族史（一），日井上秀雄等訳注，平凡社，一九七四年。
訳注中国正史日本伝，日石原道博著，国書刊行会，一九七五年。
隋書標點一誤，韋建培撰，陝西師範大學學報一九八六年第一期。
騎馬民族史：正史北狄伝（一、二），日内田吟風、日佐口透等訳注，平凡社，一九七一、一九七二年。
突厥集史，岑仲勉著，中華書局，一九五八年。
隋書訂誤二則，瞿林東撰，古籍整理出版情況簡報一九八〇年第二期。
隋書考異摘要，易民撰，文史第二十二輯，中華書局，一九八四年。
讀隋書札記，唐長孺撰，山居存稿，中華書局，一九八九年。
讀隋書札記二則，凍國棟撰，魏晉南北朝隋唐史資料第十二輯，一九九三年。
隋史考證九則，韓昇撰，厦門大學學報（哲學社會科學版）一九九九年第一期。
隋書標點勘誤及校勘補遺五則，侯旭東撰，中國史研究二〇〇一年第一期。

隋書標點勘誤及校勘補遺四則，侯旭東撰，中國史研究二〇〇一年第二期。

隋書勘誤四則，王化昆撰，中國史研究二〇〇二年第三期。

中華書局點校本隋書質疑二十九則，唐華全撰，河北師範大學學報（哲學社會科學版）第三十五卷第一期，二〇一二年。

隋書勘誤十八則，唐華全撰，南昌航空大學學報（社會科學版）第十四卷第二期，二〇一二年。

宋書校勘記長編，王仲犖著，中華書局影印稿本，二〇〇九年。

通鑑隋唐紀比事質疑，岑仲勉著，陳達超整理，中華書局，一九六四年。

南北朝八書二史疑年録，許福謙著，北京出版社、文津出版社，二〇〇三年。

十七史疑年録，牛繼清、張林祥著，黄山書社，二〇〇七年。

魏晉南北朝史札記，周一良著，中華書局，一九八五年。

魏晉南北朝地方行政制度，嚴耕望撰，中國地方行政制度史乙部，「中研院」歷史語言研究所專刊之四十五，一九九〇年。

正史宋元版之研究，日尾崎康著，喬秀岩、王鏗編譯，中華書局，二〇一八年。

二十史朔閏表，陳垣著，中華書局，一九六二年。
中西史曆日和中西曆日對照表，方詩銘、方小芬編著，上海辭書出版社，一九八七年。

點校本二十四史及清史稿修訂工程組織機構

總　修　纂　任繼愈

學術顧問　王元化　王永興　王鍾翰　何茲全　季羨林　馮其庸　蔡尚思
戴　逸　饒宗頤（以姓氏筆畫爲序）

修纂委員會　丁福林　王小盾　王　素　朱　雷　吴玉貴　吴金華　吴麗娛
汪桂海　辛德勇　周天游　武秀成　孟彦弘　南炳文　施新榮
烏　蘭　凍國棟　陳尚君　陳高華　徐　俊　張　帆　張金龍
程妮娜　景蜀慧　趙生群　裴汝誠　鄭小容　劉次沅　劉浦江
戴建國　羅　新（以姓氏筆畫爲序）

審定委員會　王天有　王文楚　王春瑜　王　堯　王曾瑜　王繼如　白化文

田餘慶　安平秋　安作璋　何英芳　何齡修　吴宗國　吴榮曾

宋德金　李學勤　周良霄　周振鶴　周清澍　周偉洲　來新夏

祝總斌　陳允吉　陳祖武　陳智超　袁行霈　高　敏　陶　敏

徐蘋芳　張大可　張文强　張忱石　崔文印　梁太濟　許逸民

黄留珠　鄒逸麟　程毅中　傅璇琮　傅熹年　裘錫圭　蔡美彪

熊國禎　樓宇烈　劉鳳翥　龔延明

（以姓氏筆畫爲序）